Buch mit E-Book

Bei Galileo Press gehört zum Buch das E-Book dazu. So können Sie selbst entscheiden, wie und wo Sie lesen wollen. Zu Hause, im Büro oder unterwegs, gedruckt oder elektronisch, auf Ihrem PC, Smartphone oder Tablet-Computer. Soviel Lesefreiheit muss sein.

Und so schalten Sie Ihr E-Book frei. Gehen Sie auf unsere Verlagswebsite www.galileo-press.de und klicken Sie dort auf **Bibliothek**. Registrieren Sie sich und geben Sie den untenstehenden Zugangscode ein. Und schon steht Ihnen nach wenigen Klicks das E-Book zum Onlinelesen und Herunterladen zur Verfügung.

Weitere Infos und eine genaue Anleitung finden Sie auf unserer Website unter **Hilfe ▸ Buch mit E-Book**.

Ihr persönlicher Zugangscode:

[redacted]

Bitte beachten Sie, mit dem Freirubbeln des Zugangscodes erlischt Ihr Recht zur Rückgabe!

Christian Ullenboom

Java SE 8 Standard-Bibliothek

Das Handbuch für Java-Entwickler

Galileo Press

Liebe Leserin, lieber Leser,

Sie halten nun bereits die zweite Auflage der Insel zu den Java SE-Bibliotheken in den Händen, aktuell zu Java 8.

Java wächst und gedeiht, und da wir nicht alles zu Java und seinen Bibliotheken in einem Buch zusammenfassen können, bieten wir Ihnen seit Java 7 zwei umfangreiche und in sich vollständige Werke an: Ein Einsteiger- und Lehrwerk für Studenten und Auszubildende, die umfassendes Grundlagenwissen brauchen - die erste Insel. Und die zweite Insel für den erfahrenen Java-Programmierer, der konkrete Fragen aus der Praxis hat und sich schnell und gründlich in verschiedene Spezialgebiete einarbeiten muss. Insgesamt 2.700 Seiten Java-Wissen, fundiert und reich an Details, passgenau auf ihre jeweiligen Bedürfnisse zugeschnitten. Ohne dass Sie Abstriche machen müssen!

Die Inseln sind Kultbücher. Und diese Bücher wollen sorgfältig gepflegt und aktualisiert werden. Dass der Inhalt up-to-date ist, versteht sich von selbst. Die Präsentation, sprich: das Layout, ist es jetzt auch. Frischer, aufgeräumter und lesefreundlicher. Sie haben bestimmt Ihre Freude daran.

Wir hoffen, dass keine Java-Fragen offen bleiben! Sollten Sie dennoch kleine Fehler oder Ungenauigkeiten finden, so haben Sie jederzeit die Möglichkeit, sich an Christian Ullenboom (c.ullenboom@tutego.com) oder an mich zu wenden. Wir freuen uns über eine freundliche Rückmeldung!

Ihre Judith Stevens-Lemoine
Lektorat Galileo Computing

judith.stevens@galileo-press.de
www.galileocomputing.de
Galileo Press · Rheinwerkallee 4 · 53227 Bonn

Auf einen Blick

Wir hoffen sehr, dass Ihnen dieses Buch gefallen hat. Bitte teilen Sie uns doch Ihre Meinung mit. Eine E-Mail mit Ihrem Lob oder Tadel senden Sie direkt an die Lektorin des Buches: *judith.stevens@galileo-press.de*. Im Falle einer Reklamation steht Ihnen gerne unser Leserservice zur Verfügung: *service@galileo-press.de*. Informationen über Rezensions- und Schulungsexemplare erhalten Sie von: *britta.behrens@galileo-press.de*.

Informationen zum Verlag und weitere Kontaktmöglichkeiten finden Sie auf unserer Verlagswebsite *www.galileo-press.de*. Dort können Sie sich auch umfassend und aus erster Hand über unser aktuelles Verlagsprogramm informieren und alle unsere Bücher versandkostenfrei bestellen.

An diesem Buch haben viele mitgewirkt, insbesondere:

Lektorat Judith Stevens-Lemoine, Anne Scheibe
Korrektorat Annette Lennartz, Bonn
Herstellung Melanie Zinsler
Typografie und Layout Vera Brauner
Einbandgestaltung Mai Loan Nguyen Duy
Satz SatzPro, Krefeld
Druck und Bindung C. H. Beck, Nördlingen

Dieses Buch wurde gesetzt aus der TheAntiquaB (9/13,35 pt) in FrameMaker.
Gedruckt wurde es auf chlorfrei gebleichtem Offsetpapier (70 g/m^2).

Der Name Galileo Press geht auf den italienischen Mathematiker und Philosophen Galileo Galilei (1564–1642) zurück. Er gilt als Gründungsfigur der neuzeitlichen Wissenschaft und wurde berühmt als Verfechter des modernen, heliozentrischen Weltbilds. Legendär ist sein Ausspruch *Eppur si muove* (Und sie bewegt sich doch). Das Emblem von Galileo Press ist der Jupiter, umkreist von den vier Galileischen Monden. Galilei entdeckte die nach ihm benannten Monde 1610.

Bibliografische Information der Deutschen Nationalbibliothek:
Die Deutsche Nationalbibliothek verzeichnet diese Publikation in der Deutschen Nationalbibliografie; detaillierte bibliografische Daten sind im Internet über *http://dnb.d-nb.de* abrufbar.

ISBN 978-3-8362-2874-9

2., aktualisierte Auflage 2014

Inhalt

13 Netzwerkprogrammierung 1077

21 Datenbankmanagement mit JDBC 1337

22 Java Native Interface (JNI) 1383

23 Dienstprogramme für die Java-Umgebung 1401

Vorwort

»Alles, was einen Anfang hat, hat auch ein Ende, und meistens hat das, was ein Ende hat, auch eine Fortsetzung.«
– Sprichwort

Willkommen im zweiten Teil der Insel. Während der erste Band in die Grundlagen von Java einführte und sich dabei insbesondere auf die objektorientierten Konzepte und die Syntax der Sprache Java konzentrierte, kümmert sich der zweite Band um die Bibliotheken aus der Java SE.

Organisation der Kapitel

Den Einstieg ins Buch bildet **Kapitel 1**, »Neues in Java 8 und Java 7«, mit einer kompakten Darstellung der Neuerungen. Die Änderungen in den Bibliotheken fließen dabei in die jeweiligen Kapitel ein; so konzentriert sich das kurze Kapitel eher auf die neuen Spracheigenschaften. Die Inhalte sind Auszüge aus dem ersten Insel-Buch »Java ist auch eine Insel«.

Neben den grundlegenden Basisklassen für Zeichenkettenverarbeitung gibt es spezielle Klassen, etwa für Mustererkennung, die **Kapitel 2**, »Fortgeschrittene String-Verarbeitung«, vorstellt.

Kapitel 3 beschäftigt sich mit »Threads und nebenläufiger Programmierung«. Das Kapitel umfasst auch die Koordination mehrerer kooperierender oder konkurrierender Threads.

Kapitel 4 befasst sich mit den »Datenstrukturen und Algorithmen«, die die Standardbibliothek anbietet. Die wichtigsten Klassen wie Listen, Mengen, Stapel, Bitmengen und Assoziativspeicher werden vorgestellt, und dann werden unterschiedliche Aufgaben mit den jeweils passenden Datenstrukturen gelöst. Als Algorithmen kommen beispielsweise vorgefertigte Sortierverfahren zum Einsatz. Das Kapitel diskutiert ebenfalls für Nebenläufigkeit optimierte Datenstrukturen.

Zeitzonen und unterschiedliche Ausgabeformate für Datumswerte sind Thema in **Kapitel 5**, »Raum und Zeit«. Darunter fallen auch Datumsberechnungen auf der Grundlage des gregorianischen Kalenders. Interessant sind Java-Möglichkeiten zur Internationalisierung, die sich durchweg durch alle APIs zieht, die in irgendeiner Weise Nachrichten zum Benutzer geben.

Das **Kapitel 6**, »Dateien, Verzeichnisse und Dateizugriffe«, setzt den Fokus auf Dateiverarbeitung. Zuerst zeigen wir, wie sich Attribute von Dateien und Verzeichnissen auslesen lassen, und dann, wie sich wahlfreier Zugriff auf eine Datei realisieren lässt. Das in Java 7 eingeführte NIO.2-Paket nimmt dabei einen großen Raum ein, da es sehr leistungsfähig ist.

Nahtlos folgt in **Kapitel 7**, »Datenströme«, die Verarbeitung von Daten aus beliebigen Quellen und Senken. Während sich Kapitel 5 nur auf Dateien beschränkt, geht es in diesem Kapitel um allgemeinere Ein-/Ausgabe-Konzepte, die auch bei Datenströmen aus Netzwerken, Datenbanken oder Schnittstellen vorkommen. Die Datenströme können dabei durch Filter geschickt werden. Von Letzteren stellen wir einige vor, die zum Beispiel die Zeilennummer zählen, einen Datenstrom puffern oder ihn komprimieren. Eine elegante Möglichkeit ist das Serialisieren von Objekten. Dabei wird der Zustand eines Objekts ausgelesen und so in einen Datenstrom geschrieben, dass sich das Objekt später wiederherstellen lässt. Eine eigene Speicherroutine kann somit entfallen.

Ein neues Thema spannt **Kapitel 8** mit »Die eXtensible Markup Language (XML)« auf. Java als plattformunabhängige Programmiersprache und XML als dokumentenunabhängige Beschreibungssprache sind ein ideales Paar, und die Kombination dieser beiden Technologien ist der Renner der letzten Jahre. Das Kapitel beginnt auf der höchsten Abstraktionsebene, beschreibt, wie XML-Daten auf Objekte übertragen werden, und geht dann weiter zur elementaren Verarbeitung der XML-Dokumente, wie sie zum Beispiel als Objektbaum aufgebaut und modifiziert werden.

Heutzutage ist die Speicherung in XML populär, und auch Office-Dokumente werden in diesem Stil gespeichert. Doch keiner würde auf die Idee kommen, die Dokumente im XML-Format auszulesen und dort die Absätze und Zeichen herauszuziehen. Das Gleiche gilt für Grafikdateien: Es ist zwar eine Byte-Datei, doch die wird nicht Byte für Byte von uns eingelesen, sondern es gibt immer eine API, die sich darum kümmert, Zeichen oder Bytes in ein für uns komfortables Format zu bringen. Ein paar populäre Dateiformate stellt **Kapitel 9**, »Dateiformate«, vor. Zu den beschriebenen Formaten zählen nicht nur Dokumentenformate, wie für Microsoft Office, sondern auch Formate für die Kompression.

Kapitel 10, »Grafische Oberflächen mit Swing«, stellt die Swing-Komponenten zur Interaktion vor, wie zum Beispiel Schaltflächen. Es geht auf die Behandlung von Ereignissen ein, die aus Benutzeraktionen resultieren, und beschreibt Container, die andere Komponenten aufnehmen und layouten.

Das anschließende **Kapitel 11** deckt die zweite Aufgabe der grafischen Oberflächen ab, indem es auf die »Grafikprogrammierung« eingeht. Das AWT (Abstract Window Toolkit) ist die Java-Möglichkeit, grafische Oberflächen zu gestalten. Dabei gliedert es sich in zwei große Teile: zum einen in die direkte Ausgabe von Grafik-Primitiven wie Linien und zum anderen in Komponenten für grafische Oberflächen. Das Kapitel behandelt die Themen Fenster, Zeichenketten und Zeichensätze, Farben und Bilder.

Ein alternatives GUI-Framework ist »JavaFX«, das **Kapitel 12** beleuchtet. JavaFX ist eine relativ neue Technologie, die spät in Java 7 eingezogen ist und als JavaFX 8 fester Bestandteil von Java 8 ist. Das Kapitel fasst auf der einen Seite die fantastischen neuen Eigenschaften wie 2D/3D, die Transformationen und Animationen zusammen und auf der anderen Seite die neue Komponentenbibliothek von JavaFX.

Kapitel 13, »Netzwerkprogrammierung«, stellt vor, welche Informationen eine URL hat und wie mit dieser URL Daten von Webservern bezogen werden können. Bei Webservern werden wir CGI-Programme ansprechen, um an gewünschte Inhalte zu kommen. Mithilfe von Sockets wollen wir eine eigene Client-Server-Kommunikation aufbauen. Außer auf die gesicherte Verbindung TCP gehen wir auch auf ungesicherte UDP-Verbindungen ein.

»Verteilte Programmierung mit RMI« in **Kapitel 14** zeigt auf, wie ein Java-Programm einfach Objekte und Methoden nutzen kann, die auf einem anderen Rechner gespeichert bzw. ausgeführt werden. Dabei wird der Aufruf einer Methode über das Netzwerk übertragen, und für das aufrufende Programm sieht es so aus, als ob es sich um einen normalen Methodenaufruf für ein lokales Objekt handelt.

Kapitel 15, »RESTful und SOAP-Web-Services«, stellt mit REST einen neuen Trend in der Kommunikation zwischen Browser und Webserver vor und mit SOAP einen Klassiker für den entfernten Methodenaufruf zwischen Systemen. SOAP ist Teil der Java SE, und für REST wird Jersey vorgestellt, die Referenzimplementierung der JAX-RS-API.

Viele der vorgestellten Technologien sind sehr speziell, doch **Kapitel 16**, »Technologien für die Infrastruktur«, geht auf den Aufbau großer Anwendungen ein und stellt Basistechnologien vor, die ein gutes Fundament für eigene Anwendungen bilden und in jeder Architektur zu finden sein dürften, ob es nun grafische Anwendungen sind oder reine Serveranwendungen.

Mit **Kapitel 17** widmen wir uns einer Java-typischen Technik: »Typen, Reflection und Annotationen«. Java-Klassen liegen selbst wieder als Meta-Objekte, als Exemplare der speziellen Klasse `Class`, vor. Diese `Class`-Objekte geben Auskunft über die verfügbaren und definierten Variablen, Methoden und Konstruktoren. So lassen sich beispielsweise dynamisch bestimmte Methoden aufrufen oder die Werte von dynamisch ausgewählten Objektvariablen abfragen. Annotationen ermöglichen es Entwicklern, Metadaten an Programmteilen festzumachen. Wie neue Annotationstypen erstellt und gesetzte Annotationen abgefragt werden, zeigt das Kapitel ebenfalls.

Am Anfang war die JVM fest mit der Programmiersprache Java verbunden, doch das änderte sich im Laufe der Jahre. Heute gibt es unterschiedliche Programmiersprachen, die auf einer JVM laufen – von ganz entwickelten Skriptsprachen bis zu portierten. **Kapitel 18**, »Dynamische Übersetzung und Skriptsprachen«, stellt Skriptsprachen vor und auch die Möglichkeit, wie eigene Klassen mit der Compiler-API übersetzt werden.

Wie Java-Programme zu Testzwecken überwacht werden können, zeigt **Kapitel 19**, »Logging und Monitoring«. Mit der JMX-API lassen sich MBeans an einem MBean-Server anmelden, und das Dienstprogramm *jconsole* ermöglicht den Zugriff und die Steuerung der Komponenten.

Kapitel 20 zeigt kurz »Sicherheitskonzepte«, etwa das Sandkastenprinzip, und Sicherheitsmanager auf, zeigt aber auch, wie von Daten eine Prüfsumme gebildet werden kann und wie Daten mit DES oder RSA verschlüsselt werden.

»Datenbankmanagement mit JDBC« ist das Thema von **Kapitel 21**. Als freie, quelloffene Beispieldatenbank wird HSQLDB vorgestellt, da sie sehr leicht zu installieren und zu betreiben ist und praktischerweise Beispieldaten mitbringt. Die Java-Beispiele bauen eine Verbindung zu HSQLDB auf, setzen SQL-Anweisungen ab, holen die Ergebnisse herein und visualisieren sie.

Java kann nicht alles plattformunabhängig lösen. An einer bestimmen Stelle muss plattformabhängiger Programmcode eingebaut werden. Um von Java auf Nicht-Java-Code wie C(++) zuzugreifen, definiert Oracle das in **Kapitel 22** vorgestellte »Java Native Interface (JNI)«.

In **Kapitel 23**, »Dienstprogramme für die Java-Umgebung«, geht es um die zum JDK gehörigen Programme und um einige Extratools, die für unsere Arbeit nützlich sind. Im Mittelpunkt stehen Compiler, Interpreter und die Handhabung von JAR-Archiven. Dieses Archivformat ist vergleichbar mit den bekannten ZIP-Archiven und fasst mehrere Dateien zusammen. Mit den eingebetteten Dokumentationskommentaren in Java kann aus einer Quellcodedatei ganz einfach eine komplette HTML-Dokumentation der Klassen, Schnittstellen, Vererbungsbeziehungen und Eigenschaften inklusive Verlinkung erstellt werden. Unter den Programmen, die zu keiner Standardinstallation gehören, sind etwa Tools, die Java-Programme in C-Programme übersetzen, sie neu einrücken und formatieren und Bytecode wieder in lesbaren Java-Quellcode umwandeln.

Konventionen

In diesem Buch werden folgende Konventionen verwendet:

- Neu eingeführte Begriffe sind *kursiv* gesetzt, und der Index verweist genau auf diese Stelle. Des Weiteren sind *Dateinamen*, *HTTP-Adressen*, *Namen ausführbarer Programme*, *Programmoptionen* und *Dateiendungen* (*.txt*) kursiv. Einige Links führen nicht direkt zur Ressource, sondern werden über *http://tutego.de/go* zur tatsächlichen Quelle umgeleitet, was nachträgliche URL-Änderungen erleichtert.
- Begriffe der Benutzeroberfläche stehen in KAPITÄLCHEN.
- Listings, Methoden und sonstige Programmelemente sind in `nichtproportionaler` Schrift gesetzt. An einigen Stellen wurde hinter eine Listingzeile ein abgeknickter Pfeil (⮐) als Sonderzeichen gesetzt, das den Zeilenumbruch markiert. Der Code aus der nächsten Zeile gehört also noch zur vorigen.
- Bei Methodennamen und Konstruktoren folgt immer ein Klammerpaar, um Methoden/Konstruktoren von Attributen abgrenzen zu können. So ist bei der Schreibweise `System.out` und `System.gc()` klar, dass Ersteres ein Attribut ist und Letzteres eine Methode.
- Hat eine Methode/ein Konstruktor einen Parameter, so steht der Typ in Klammern. Beispiele: `Math.abs(double a)`, `GregorianCalendar(int year, int month, int date)`. Oft wird auch der Parametername ausgelassen. Beispiel: »`System.exit(int)` beendet das Programm mit einem Rückgabewert«. Die Java-API-Dokumentation macht das genauso. Hat eine Methode/ein Konstruktor eine Parameterliste, ist diese aber im Text gerade nicht relevant, wird sie mit »...«, abgekürzt. Beispiel: »Die Methode `System.out.print(...)` konvertiert die übergebenen Argumente in Strings und gibt sie aus«. Ein leeres Klammerpaar bedeutet demnach, dass eine Methode/ein Konstruktor wirklich keine Parameterliste hat. Um die Angabe kurz und dennoch präzise zu machen, gibt es im Text teilweise Angaben wie `getProperty(String key [,`

String def]), was eine Abkürzung für getProperty(String key) und getProperty(String key, String def) ist.

- Um eine Gruppe von Methoden anzugeben, symbolisiert die Kennung XXX einen Platzhalter. So steht zum Beispiel printXXX(…) für die Methoden println(…), print(…) und printf(…). Aus dem Kontext geht hervor, welche Methoden gemeint sind.
- Lange Paketnamen werden teilweise abgekürzt, sodass com.tutego.insel.game etwa zu c.t.i.g wird.
- Um im Programmcode Compilerfehler oder Laufzeitfehler anzuzeigen, steht in der Zeile ein . So ist auf den ersten Blick abzulesen, dass die Zeile nicht compiliert wird oder zur Laufzeit aufgrund eines Programmierfehlers eine Ausnahme auslöst. Beispiel:

```
int p = new java.awt.Point();      //  Compilerfehler: Type mismatch
```

- Bei Compilerfehlern – wie im vorangehenden Punkt – kommen die Fehlermeldungen in der Regel von Eclipse. Sie sind dort anders benannt als in NetBeans bzw. dem Kommandozeilencompiler *javac*. Aber natürlich führen beide Compiler zu ähnlichen Fehlermeldungen.
- Raider heißt jetzt Twix, und Sun ging Anfang 2010 an Oracle. Auch wenn es für langjährige Entwickler hart ist: Der Name »Sun« verschwindet, und der geliebte Datenbankhersteller tritt an seine Stelle. Er taucht immer nur dann auf, wenn es um eine Technologie geht, die von Sun initiiert wurde und in der Zeit auf den Markt kam, in der Sun sie verantwortete.

Programmlistings

Komplette Programmlistings sind wie folgt aufgebaut:

Listing 5.1: Person.java

```
class Person {
}
```

Der abgebildete Quellcode befindet sich in der Datei *Person.java*. Befindet sich der Typ (Klasse, Aufzählung, Schnittstelle, Annotation) in einem Paket, steht die Pfadangabe beim Dateinamen:

Listing 5.2: com/tutego/insel/Person.java

```
package com.tutego.insel.Person;
class Person { }
```

Um Platz zu sparen, stellt das Buch oftmals Quellcode-Ausschnitte dar. Der komplette Quellcode ist im Internet verfügbar. Hinter dem Typ folgen in dem Fall Kennungen des abgedruckten Teils. Ist nur die Typdeklaration einer Datei ohne package- oder import-Deklaration aufgelistet, so steht hinter dem Dateinamen der Typ, etwa so:

Listing 5.3: Person.java, Person

Listing 5.4: Person.java, House

Im folgenden Fall wird nur die `main(…)`-Methode abgebildet:

Listing 5.5: Person.java, main()

Wird ein Ausschnitt einer Datei *Person.java* abgebildet, steht »Ausschnitt« oder »Teil 1«, »Teil 2« … dabei:

Listing 5.6: Person.java, Ausschnitt

Listing 5.7: Person.java, main() Teil 1

Gibt es Beispielprogramme für bestimmte Klassen, so enden die Klassennamen dieser Programme im Allgemeinen auf *-Demo*. Für die Java-Klasse `DateFormat` heißt somit ein Beispielprogramm, das die Funktionalität der Klasse `DateFormat` vorführt, *DateFormatDemo*.

API-Dokumentation im Buch

Attribute, Konstruktoren und Methoden finden sich in einer speziellen Auflistung, die es ermöglicht, sie leicht im Buch zu finden und die Insel als Referenzwerk zu nutzen.

```
abstract class java.text.DateFormat
extends Format
implements Cloneable, Serializable
```

- `Date parse(String source) throws ParseException`
  Parst einen Datum- oder einen Zeit-String.

Im Rechteck steht der vollqualifizierte Klassen- oder Schnittstellenname (etwa die Klasse `DateFormat` im Paket `java.text`) bzw. der Name vom Annotations- oder Aufzählungstyp. In den nachfolgenden Zeilen sind die Oberklasse (`DateFormat` erbt von `Format`) und die implementierten Schnittstellen (`DateFormat` implementiert `Cloneable` und `Serializable`) aufgeführt. Da jede Klasse, die keine explizite Oberklasse hat, automatisch von `Object` erbt, ist diese nicht extra angegeben. Die Sichtbarkeit ist, wenn nicht anders angegeben, `public`, da dies für Bibliotheksmethoden üblich ist. Wird eine Schnittstelle beschrieben, sind die Methoden automatisch abstrakt und öffentlich, und die Schlüsselwörter `abstract` und `public` werden nicht zusätzlich angegeben. In der anschließenden Aufzählung folgen Konstruktoren, Methoden und Attribute. Wenn nicht anders angegeben, ist die Sichtbarkeit `public`. Sind mit `throws` Fehler angegeben, dann handelt es sich nicht um `RuntimeException`s, sondern nur um geprüfte Ausnahmen. Veraltete (deprecated) Methoden sind nicht aufgeführt, lediglich, wenn es überhaupt keine Alternative gibt.

Ausführbare Programme

Ausführbare Programme auf der Kommandozeile sind durch ein allgemeines Dollarzeichen am Anfang zu erkennen (auch wenn andere Betriebssysteme und Kommandozeilen ein anderes Prompt anzeigen). Die vom Anwender einzugebenden Zeichen sind fett gesetzt, die Ausgabe nicht:

```
$ java FirstLuck
Hart arbeiten hat noch nie jemanden getötet. Aber warum das Risiko auf sich nehmen?
```

Über die richtige Programmierer-»Sprache«

Die Programmierer-Sprache in diesem Buch ist Englisch, um ein Vorbild für »echte« Programme zu sein. Bezeichner wie Klassennamen, Methodennamen und auch eigene API-Dokumentationen sind auf Englisch, um eine Homogenität mit der englischen Java-Bibliothek zu schaffen. Zeichenketten und Konsolenausgaben sowie die Zeichenketten in Ausnahmen (Exceptions) sind in der Regel auf Deutsch, da es in realistischen Programmen kaum hart einkodierte Meldungen gibt – spezielle Dateien halten unterschiedliche Landessprachen vor. Zeilenkommentare sind als interne Dokumentation ebenfalls auf Deutsch vorhanden.

Vorwort zur 2. Auflage

Das String-Kapitel aus Band 1, »Java ist auch eine Insel«, wurde aufgeteilt, und so finden sich nun fortgeschrittene String-Techniken – insbesondere zu regulären Ausdrücken – in einem neuen Kapitel hier im Buch wieder. Fundamentale Fehler gibt es keine zu berichtigen, ein paar Dinge sind sprachlich genauer, wo es früher etwa »Hash-Tabelle« hieß (eine technische Realisierung), heißt es nun allgemeiner »Assoziativspeicher«.

Natürlich enthält das Buch alle Updates zu Java 8, angefangen bei den Lambda-Ausdrücken, die im ersten Kapitel eine zentrale Rolle einnehmen. Auf der Bibliotheksseite sind besonders hervorzuheben die Stream-API in der Collection-API und die Date-Time-API. Da in Java 8 auch nicht nur Dinge hinzukamen, sondern auch verschwanden, tritt der seltene Fall ein, dass ein Abschnitt entfällt, und zwar über die JDBC-ODBC Bridge. Zudem taucht mit JavaFX eine neue API zur GUI-Entwicklung auf, die die Java Foundation Classes (AWT, Swing, Java 2D, ...) auf lange Sicht verdrängen werden, daher gibt es ein neues JavaFX-Kapitel, während die anderen GUI-Kapitel gekürzt wurden. Das Applet-Kapitel wurde komplett entfernt, die Zeit der Java-Applets ist (vorerst) vorbei.

Mit der aktuellen Java-Version 8 sind auch alle Beispiele auf die vorhergehende Version 7 umgestellt. Die Syntax von Java 7 bietet zwar nur kleine Verbesserungen, doch nutzen zum Beispiel alle Demos mit Ressourcen das Sprachkonstrukt `try` mit Ressourcen. Da nun die `File`-Klasse durch neue NIO.2-Typen uninteressant wurde, verschwand `File` aus den Beispielen fast komplett. Und während das IO-Kapitel bisher die Abschnitte zu NIO.2 hinter `File` setzte, ist es nun andersherum: NIO.2 führt, und `File` folgt.

Vorwort zur 1. Auflage

Es ist unverkennbar, dass dieses Buch seinen Ursprung in »Java ist auch eine Insel« hat. Es enthält alle fortgeschrittenen Java-Konzepte der vorangegangenen Insel. Bei dieser Aufspaltung ist es natürlich nicht geblieben, denn sonst wäre das Buch ja auch nur 700 Seiten dick und nicht 1.400. Es gab also Änderungen und Neuerungen gegenüber diesen Kapiteln in der alten Insel.

Zu den Neuerungen: Natürlich ist das Buch auf der Höhe der Zeit und beschreibt die aktuellen Java 7-Features. Das erste Kapitel fasst die bescheidenen Sprachänderungen zusammen. Auf Seiten der Bibliothek gibt es zwei größere Zuwächse: NIO.2 und das kleinere Fork-and-Join-Framework. Swing bietet eine neue Klasse namens `JLayer` und bekommt kleine Updates, etwa durch eine generische Typvariable bei `ListModel` oder `JComboBox`.

Ein weiteres neues Kapitel behandelt die dynamische Übersetzung mit dem Java-Compiler zur Laufzeit und Skriptsprachen, wobei es einige Beispiele zur beliebten JVM-Sprache *Groovy* gibt. Und da Web-Services nicht mehr nur durch SOAP realisiert werden, gibt es einen Abschnitt zum REST-Prinzip und JAW-RS. Am Ende des Swing-Kapitels befindet sich ein Ausblick auf die freie Komponentenbibliothek SwingX, mit der Entwickler die GUIs aufhübschen können.

Zu den Aktualisierungen: Auch ohne die Anpassungen aus Java 7 gibt es Verbesserungen und Aktualisierungen. Im Tooling-Bereich ist der Decompiler *Jad* durch *JD* ersetzt worden. Gleichzeitig gibt das gleiche Kapitel eine Einführung in Java-Bytecode und das Tool *javap*. Weiterhin ist im Bereich Datenbanktools eine kleine Änderung nötig geworden, da der Datenbank-Browser in die *Eclipse Data Tools Platform* (DTP) gewandert ist und sich auch die grafische Oberfläche veränderte.

Christian Ullenboom
Sonsbeck, im Juni 2014

Kapitel 1
Neues in Java 8 und Java 7

»Jede Lösung eines Problems ist ein neues Problem.«
– Johann Wolfgang von Goethe (1749–1832)

Dieses Kapitel fasst die wesentlichen Änderungen von Java 8 kompakt zusammen, sodass sich langjährige Entwickler schnell einen Überblick verschaffen können.

1.1 Sprachänderungen in Java 8

1.1.1 Statische ausprogrammierte Methoden in Schnittstellen

In der Regel deklariert eine Schnittstelle Operationen, also abstrakte Objektmethoden, die eine Klasse später implementieren muss. Die in Klassen implementierte Schnittstellenmethode kann später wieder überschrieben werden, nimmt also ganz normal an der dynamischen Bindung teil. Einen Objektzustand kann die Schnittstelle nicht deklarieren, denn Objektvariablen sind in Schnittstellen tabu – jede deklarierte Variable ist automatisch statisch, also eine Klassenvariable.

Ab Java 8 lassen sich in Schnittstellen statische Methoden unterbringen und als Utility-Methoden neben Konstanten stellen. Als statische Methoden werden sie nicht dynamisch gebunden.

[«]

Beispiel

Im vorangehenden Kapitel hatten wir schone eine Schnittstelle `Buyable` deklariert. Die Idee ist, dass alles, was käuflich ist, diese Schnittstelle implementiert und einen Preis hat. Zusätzlich gibt es eine Konstante für einen Maximalpreis:

```
interface Buyable {
  int MAX_PRICE = 10_000_000;
  double price();
}
```

Hinzufügen lässt sich nun eine statische Methode `isValidPrice(double)`, die prüft, ob sich ein Kaufpreis im gültigen Rahmen bewegt:

```
interface Buyable {
  int MAX_PRICE = 10_000_000;
  static boolean isValidPrice( double price ) {
```

```
        return price >= 0 && price < MAX_PRICE;
    }
    double price();
}
```

Von außen ist dann der Aufruf `Buyable.isValidPrice(123)` möglich.

Alle deklarierten Eigenschaften sind implizit immer `public`, sodass dieser Sichtbarkeitsmodifizierer redundant ist. Konstanten sind implizit immer statisch. Statische Methoden müssen einen Modifizierer tragen, wenn nicht, gelten sie als abstrakte Operationen.

Der Zugriff auf eine statische Schnittstellenmethode ist ausschließlich über den Namen der Schnittstelle möglich, bzw. die Eigenschaften können statisch importiert werden. Bei statischen Methoden von Klassen ist im Prinzip auch der Zugriff über eine Referenz erlaubt (wenn auch unerwünscht), etwa wie bei `new Integer(12).MAX_VALUE`. Allerdings ist das bei statischen Methoden von Schnittstellen nicht zulässig. Implementiert etwa `Car` die Schnittstelle `Buyable`, würde `new Car().isValidPrice(123)` zu einem Compilerfehler führen. Selbst `Car.isValidPrice(123)` ist falsch, was doch ein wenig verwundert, da statische Methoden normalerweise vererbt werden.

Fassen wir die erlaubten Eigenschaften einer Schnittstelle zusammen:

	Attribut	Methode
Objekt-	nein, nicht erlaubt	ja, üblicherweise abstrakt
Statische(s)	ja, als Konstante	ja, immer mit Implementierung

Tabelle 1.1 Erlaubte Eigenschaften einer Schnittstelle

Gleich werden wir sehen, dass Schnittstellenmethoden durchaus eine Implementierung besitzen können, also nicht zwingend abstrakt sein müssen.

Design

Eine Schnittstelle mit nur statischen Methoden ist ein Zeichen für ein Designproblem und sollte durch eine finale Klasse mit privatem Konstruktor ersetzt werden. Schnittstellen sind immer als Vorgaben zum Implementieren gedacht. Wenn nur statische Methoden in einer Schnittstelle vorkommen, erfüllt die Schnittstelle nicht ihren Zweck, Vorgaben zu machen, die unterschiedlich umgesetzt werden können.

1.1.2 Default-Methoden

Ist eine Schnittstelle einmal verbreitet, so sollte es dennoch möglich sein, Operationen hinzuzufügen. Java 8 bringt dafür eine Sprachänderung mit, die es Entwicklern erlaubt, neue Operationen einzuführen, ohne dass Unterklassen verpflichtet werden, diese Methoden zu implementieren. Damit das möglich ist, muss die Schnittstelle eine Standardimplementierung mitbringen. Auf diese Weise ist das Problem der »Pflicht-Implementierung« gelöst, denn wenn eine Implementierung vorhanden ist, haben die implementierenden Klassen nichts zu meckern und können bei Bedarf das Standardverhalten überschreiben. Oracle nennt diese Methoden in Schnittstellen mit vordefinierter Implementierung *Default-Methoden*.[1] Schnittstellen mit Default-Methoden heißen *erweiterte Schnittstellen*.

Eine Default-Methode unterscheidet sich syntaktisch in zwei Aspekten von herkömmlichen implizit abstrakten Methodendeklarationen:

- Die Deklaration einer Default-Methode beginnt mit dem Schlüsselwort `default`.[2]
- Statt eines Semikolons markiert bei einer Default-Methode ein Block mit der Implementierung in geschweiften Klammen das Ende der Deklaration. Die Implementierung wollen wir Default-Code nennen.

Sonst verhalten sich erweiterte Schnittstellen wie normale Schnittstellen. Eine Klasse, die eine Schnittstelle implementiert, erbt alle Operationen, sei es die abstrakten Methoden oder die Default-Methoden. Falls die Klasse nicht abstrakt sein soll, muss sie alle von der Schnittstelle geerbten abstrakten Methoden realisieren; sie kann die Default-Methoden überschreiben, muss das aber nicht, denn eine Vorimplementierung ist ja schon in der Default-Methode der Schnittstelle gegeben.

[+]

Hinweis

Erweiterte Schnittstellen bringen »Code« in eine Schnittstelle, doch das ging vorher auch schon, indem zum Beispiel eine implizite öffentliche und statische Variable auf eine Realisierung verweist:

```
interface Comparators {
  Comparator<String> TRIM_COMPARATOR = new Comparator<String>() {
    @Override public int compare( String s1, String s2 ) {
      return s1.trim().compareTo( s2.trim() );
    } };
}
```

Die Realisierung nutzt hier eine innere anonyme Klasse, ein Konzept, das genauer in Kapitel 8, »Die eXtensible Markup Language (XML)«, beleuchtet wird.

1 Der Name hat sich während der Planung für dieses Feature mehrfach gewandelt. Ganz am Anfang war der Name »defender methods« im Umlauf, dann lange Zeit »virtuelle Erweiterungsmethoden« (engl. *virtual extension methods*).

2 Am Anfang sollte `default` hinter dem Methodenkopf stehen, doch die Entwickler wollten `default` so wie einen Modifizierer wirken lassen; da Modifizierer aber am Anfang stehen, rutschte auch `default` nach vorne. Eigentlich ist ein Modifizierer auch gar nicht nötig, denn wenn es eine Implementierung, also einen Codeblock, in `{}` gibt, ist klar, dass es eine Default-Methode wird. Doch die Entwickler wollten eine explizite Dokumentation, so wie auch `abstract` eingesetzt wird – auch dieser Modifizierer bei Methoden wäre eigentlich gar nicht nötig, denn gibt es keinen Codeblock, wenn eine Methode immer abstrakt ist.

1.1.3 Erweiterte Schnittstellen deklarieren und nutzen

Realisieren wir dies in einem Beispiel. Für Spielobjekte soll ein Lebenszyklus möglich sein; der besteht aus `start()` und `finish()`. Der Lebenszyklus ist als Schnittstelle vorgegeben, die Spielobjektklassen implementieren können. Version 1 der Schnittstelle sieht also so aus:

```
interface GameLifecycle {
  void start();
  void finish();
}
```

Klassen wie `Player`, `Room`, `Door` können die Schnittstelle erweitern, und wenn sie dies tun, müssen sie die beiden Methoden implementieren. Bei Spielobjekten, die diese Schnittstelle implementieren, kann unser Hauptprogramm, das Spiel, diese Methoden aufrufen und den Spielobjekten Rückmeldung geben, ob sie gerade in das Spiel gebracht wurden oder ob sie aus dem Spiel entfernt wurden.

Je länger Software lebt, desto mehr bedauern Entwickler Designentscheidungen. Die Umstellung einer ganzen Architektur ist eine Mammutaufgabe, einfache Änderungen wie das Umbenennen sind über ein Refactoring schnell erledigt. Nehmen wir an, dass es auch bei unserer Schnittstelle einen Änderungswunsch gibt – nur die Initialisierung und das Ende zu melden, reicht nicht. Geht das Spiel in einen Pausemodus, soll ein Spielobjekt die Möglichkeit bekommen, im Hintergrund laufende Programme anzuhalten. Das soll durch eine zusätzliche `pause()`-Methode in der Schnittstelle realisiert werden. Hier spielen uns Default-Methoden perfekt in die Hände, denn wir können die Schnittstelle erweitern, aber eine leere Standardimplementierung mitgeben. So müssen Unterklassen die `pause()`-Methode nicht implementieren, können dies aber; Version 2 der nun erweiterten Schnittstelle `GameLifecycle`:

```
interface GameLifecycle {
  void start();
  void finish();
  default void pause() {}
}
```

Klassen, die `GameLifecycle` schon genutzt haben, bekommen von der Änderung nichts mit. Der Vorteil: Die Schnittstelle kann sich weiterentwickeln, aber alles bleibt binärkompatibel, und nichts muss neu compiliert werden. Vorhandener Code kann auf die neue Methode zurückgreifen, die automatisch mit der »leeren« Implementierung vorhanden ist. Weiterhin verhalten sich Default-Methoden wie andere Methoden von Schnittstellen auch: Es bleibt bei der dynamischen Bindung, wenn implementierende Klassen die Methoden überschreiben. Wenn eine Unterklasse wie `Flower` zum Beispiel bei der Spielpause nicht mehr blühen möchte, so überschreibt sie die Methode und lässt etwa den Timer pausieren. Eine Tür dagegen hat nichts zu stoppen und kann mit dem Default-Code in `pause()` gut leben. Das Vorgehen ist ein wenig vergleichbar mit normalen nichtfinalen Methoden: Sie können, müssen aber nicht überschrieben werden.

[+] 1

Hinweis

Statt des leeren Blocks könnte der Rumpf auch `throw new UnsupportedOperationException("Not yet implemented");` beinhalten, um anzukündigen, dass es keine Implementierung gibt. So führt eine hinzugenommene Default-Methode zwar zu keinem Compilerfehler, aber zur Laufzeit führen nicht überschriebene Methoden zu einer Ausnahme. Erreicht ist das Gegenteil vom Default-Code, weil eben keine Logik standardmäßig ausgeführt wird; das Auslösen einer Ausnahme zum Melden eines Fehlers wollen wir nicht als Logik ansehen.

Kontext der Default-Methoden

Default-Methoden verhalten sich wie Methoden in abstrakten Klassen und können alle Methoden der Schnittstelle (inklusive der geerbten Methoden) aufrufen.[3] Die Methoden werden später dynamisch zur Laufzeit gebunden.

Nehmen wir eine Schnittstelle `Buyable` für käufliche Objekte:

```
interface Buyable {
  double price();
}
```

Leider schreibt die Schnittstelle nicht vor, ob Dinge überhaupt käuflich sind. Eine Methode wie `hasPrice()` wäre in `Buyable` ganz gut aufgehoben. Was kann aber die Default-Implementierung sein? Wir können auf `price()` zurückgreifen und testen, ob die Rückgabe ein gültiger Preis ist. Das soll gegeben sein, wenn der Preis echt größer 0 ist.

```
interface Buyable {
  double price();
  default boolean hasPrice() { return price() > 0; }
}
```

Implementieren Klassen die Schnittstelle `Buyable`, müssen sie `price()` implementieren, wenn die Methode keine Default-Methode ist. Doch es ist ihnen freigestellt `hasPrice()` zu überschreiben, mit eigener zu Logik füllen und nicht die Default-Implementierung zu verwenden. Wenn implementierende Klassen keine neue Implementierung wählen, bekommen sie den Default-Code und erben eine konkrete Methode `hasPrice()`. In dem Fall geht ein Aufruf von `hasPrice()` intern weiter an `price()` und dann genau an die Klasse, die `Buyable` und die Methode `price()` implementiert. Die Aufrufe sind dynamisch gebunden und landen bei der tatsächlichen Implementierung.

3 Und damit lässt sich das bekannte Template-Design-Pattern realisieren.

[+]

Hinweis

Eine Schnittstelle kann die Methoden der absoluten Oberklasse `java.lang.Object` ebenfalls deklarieren, etwa um mit Javadoc eine Beschreibung hinzuzufügen. Allerdings ist es *nicht* möglich, mittels Default-Code Methoden wie `toString()` oder `hashCode()` vorzubelegen.

Neben der Möglichkeit, auf Methoden der eigenen Schnittstelle zurückzugreifen, steht auch die `this`-Referenz zur Verfügung. Das ist sehr wichtig, denn so kann der Default-Code an Utility-Methoden delegieren und einen Verweis auf sich selbst übergeben. Hätten wir zum Beispiel schon eine `hasPrice(Buyable)`-Methode in einer Utility-Klasse `PriceUtils` implementiert, so könnte der Default-Code aus einer einfachen Delegation bestehen:

```
class PriceUtils {
  public static boolean hasPrice( Buyable b ) { return b.price() > 0; }
}
interface Buyable {
  double price();
  default boolean hasPrice() { return PriceUtils.hasPrice( this ); }
}
```

Dass die Methode `PriceUtils.hasPrice(Buyable)` für den Parameter den Typ `Buyable` vorsieht und sich der Default-Code mit `this` auf genauso ein `Buyable`-Objekt bezieht, ist natürlich kein Zufall, sondern bewusst gewählt. Der Typ der `this`-Referenz zur Laufzeit entspricht dem der Klasse, die die Schnittstelle implementiert hat und deren Objektexemplar gebildet wurde.

Haben die Default-Methoden weitere Parameter, so lassen sich auch diese an die statische Methode weiterreichen:

```
class PriceUtils {
  public static boolean hasPrice( Buyable b ) { return b.price() > 0; }
  public static double defaultPrice( Buyable b, double defaultPrice ) {
    if ( b != null && b.price() > 0 )
      return b.price();
    return defaultPrice;
  }
}
interface Buyable {
  double price();
  default boolean hasPrice() { return PriceUtils.hasPrice( this ); }
  default double defaultPrice( double defaultPrice ) {
   return PriceUtils.defaultPrice( this, defaultPrice );
  }
}
```

Da Schnittstellen auch statische Utility-Methoden mit Implementierung enthalten können, kann der Default-Code auch hier weiterleiten. Allerdings sind die statischen Schnittstellen-Methoden immer öffentlich, und vielleicht möchte der Default-Code an eine geschützte paketsichtbare Methode weiterleiten. Außerdem ist es vorzuziehen, die Implementierung auszulagern, um die Schnittstellen nicht so codelastig werden zu lassen. Nutzt das JDK Default-Code, so gibt es in der Regel immer eine statische Methode in einer Utility-Klasse.

1.1.4 Erweiterte Schnittstellen, Mehrfachvererbung und Mehrdeutigkeiten *

Hintergrund zur Einführung von Default-Methoden war die Notwendigkeit, Schnittstellen im Nachhinein ohne nennenswerte Compilerfehler mit neuen Operationen ausstatten zu können. Ideal ist, wenn neue Default-Methoden hinzukommen und Standardverhalten definieren, und es dadurch zu keinem Compilerfehler für implementierende Klassen kommt oder zu Fehlern bei Schnittstellen, die erweiterte Schnittstellen erweitern.

Erweiterte Schnittstellen mit Default-Code nehmen ganz normal an der objektorientierten Modellierung teil, können vererbt und überschrieben werden und werden dynamisch gebunden. Nun gibt es einige Sonderfälle, die wir uns anschauen müssen. Es kann vorkommen, dass zum Beispiel

- eine Klasse von einer Oberklasse eine Methode erbt, aber gleichzeitig auch von einer Schnittstelle Default-Code für die gleiche Methode oder
- eine Klasse von zwei erweiterten Schnittstellen unterschiedliche Implementierungen angeboten bekommt.

Gehen wir verschiedene Fälle durch.

Überschreiben von Default-Code

Eine Schnittstelle kann andere Schnittstellen erweitern und neuen Default-Code bereitstellen. Mit anderen Worten: Default-Methoden können andere Default-Methoden aus Oberschnittstellen überschreiben und mit neuem Verhalten implementieren.

Führen wir eine Schnittstelle `Priced` mit einer Default-Methode ein:

```
interface Priced {
  default boolean hasPrice() { return true; }
}
```

Eine andere Schnittstelle kann die Default-Methode überschreiben:

```
interface NotPriced extends Priced {
  @Override default boolean hasPrice() { return false; }
}

public class TrueLove implements NotPriced {
  public static void main( String[] args ){
```

```
    System.out.println( new TrueLove().hasPrice() );          // false
  }
}
```

Implementiert die Klasse TrueLove die Schnittstelle NotPriced, so ist alles in Ordnung und es entsteht kein Konflikt. Die Vererbungsbeziehung ist linear TrueLove → NotPriced → Priced.

Klassenimplementierung geht vor Default-Methoden

Implementiert eine Klasse eine Schnittstelle und erbt außerdem von einer Oberklasse, kann Folgendes passieren: Die Schnittstelle hat Default-Code für ein Methode, und die Oberklasse vererbt ebenfalls die gleiche Methode mit Code. Dann bekommt die Unterklasse von zwei Seiten eine Implementierung. Zunächst muss der Compiler entscheiden, ob so etwas überhaupt syntaktisch korrekt ist. Ja, das ist es!

```
interface Priced {
  default boolean hasPrice() { return true; }
}

class Unsaleable {
  public boolean hasPrice() { return false; }
}

public class TrueLove extends Unsaleable implements Priced {
  public static void main( String[] args ) {
    System.out.println( new TrueLove().hasPrice() );   // false
  }
}
```

TrueLove erbt die Implementierung hasPrice() von der Oberklasse Unsaleable und auch von der erweiterten Schnittstelle Buyable. Der Code compiliert und führt zu der Ausgabe false – die Klasse mit dem Code »gewinnt« also gegen den Default-Code. Merken lässt sich das ganz einfach an der Reihenfolge class ... extends ... implements ... – es steht extends am Anfang, also haben Methoden aus Implementierungen hier eine höhere Priorität als die aus erweiterten Schnittstellen.

Default-Methoden aus speziellen Oberschnittstellen ansprechen *

Eine Unterklasse kann eine konkrete Methode der Oberklasse überschreiben, aber dennoch auf die Implementierung der überschriebenen Methode zugreifen. Allerdings muss der Aufruf über super erfolgen, da sich sonst ein Methodenaufruf rekursiv verfängt.

Default-Methoden können andere Default-Methoden aus Oberschnittstellen ebenfalls überschreiben und mit neuem Verhalten implementieren. Doch genauso wie normale Methoden können sie mit super auf Default-Verhalten aus dem übergeordneten Typ zurückgreifen.

Nehmen wir für ein Beispiel unsere bekannte Schnittstelle Buyable und eine neue erweiterte Schnittstelle PeanutsBuyable an:

```
interface Buyable {
  double price();
  default boolean hasPrice() { return price() > 0; }
}

interface PeanutsBuyable extends Buyable {
  @Override default boolean hasPrice() {
    return Buyable.super.hasPrice() && price() < 50_000_000;
  }
}
```

In der Schnittstelle Buyable sagt der Default-Code von hasPrice() aus, dass alles einen Preis hat, das größer als 0 ist. PeanutsBuyable dagegen nutzt eine erweiterte Definition und implementiert daher das Default-Verhalten neu. Nach den berühmten kopperschen Peanuts[4] ist alles unter 50 Millionen problemlos käuflich und verursacht – zumindest für die Deutsche Bank – keine Schmerzen. In der Implementierung von hasPrice() greift PeanutsBuyable auf den Default-Code von Buyable zurück, um vom Obertyp eine Entscheidung über die Preiseigenschaft zu bekommen, die aber mit der Und-Verknüpfung noch spezialisiert wird.

Default-Code für eine Methode von mehreren Schnittstellen erben *

Wenn eine Klasse aus zwei erweiterten Schnittstellen den gleichen Default-Code angeboten bekommt, führt das zu einem Compilerfehler. Die Klasse RockAndRoll zeigt dieses Dilemma:

```
interface Sex {
  default boolean hasPrice() { return false; }
}

interface Drugs {
  default boolean hasPrice() { return true; }
}
public class RockAndRoll implements Sex, Drugs { } // Compilerfehler
```

Selbst wenn beide Implementierungen identisch wären, müsste der Compiler das ablehnen, denn der Code könnte sich ja jederzeit ändern.

Mehrfachvererbungsproblem mit super lösen

Die Klasse RockAndRoll lässt sich so nicht übersetzen, weil die Klasse aus zwei Quellen Code bekommt. Das Problem kann aber einfach gelöst werden, indem in RockAndRoll die hasPrice()-Me-

4 *http://de.wikipedia.org/wiki/Hilmar_Kopper#.E2.80.9EPeanuts.E2.80.9C*

thode überschrieben und dann an eine Methode delegiert wird. Um rekursive Aufrufe zu vermeiden, kommt wieder super mit der neuen Schreibweise ins Spiel:

```
interface Sex {
  default boolean hasPrice() { return false; }
}

interface Drugs {
  default boolean hasPrice() { return true; }
}

class RockAndRoll implements Sex, Drugs {
  @Override public boolean hasPrice() { return Sex.super.hasPrice(); }
}
```

Abstrakte überschriebene Schnittstellenoperationen nehmen Default-Methoden weg

Default-Methoden haben eine interessante Eigenschaft, dass Untertypen den Status von »haben Implementierung« auf »habe keine Implementierung« ändern können:

```
interface Priced {
  default boolean hasPrice() { return false; }
}
interface Buyable extends Priced {
  @Override boolean hasPrice();
}
```

Die Schnittstelle Priced bietet eine Default-Methode. Buyable erweitert die Schnittstelle Priced, aber überschreibt die Methode – jedoch nicht mit Code! Dadurch wird sie in Buyable abstrakt. Eine abstrakte Methode kann also durchaus eine Default-Methode überschreiben. Klassen, die Buyable implementieren, müssen also weiterhin eine hasPrice()-Methode implementieren, wenn sie nicht selbst abstrakt sein wollen. Es ist schon ein interessantes Java-Feature, dass die Implementierung einer Default-Methode in einem Untertyp wieder »weggenommen« werden kann. Bei der Sichtbarkeit ist das zum Beispiel nicht möglich: Ist eine Methode einmal öffentlich, kann eine Unterklasse die Sichtbarkeit nicht einschränken.

Das Verhalten vom Compiler hat einen großen Vorteil: Bestimmte Veränderungen der Oberschnittstelle sind erlaubt und haben keine Auswirkungen auf die Untertypen. Nehmen wir an, hasPrice() hätte es in Priced vorher nicht gegeben, sondern nur abstrakt in Buyable. Default-Code ist ja nur eine nette Geste, und diese sollte schmerzlos in Priced integriert werden können. Anders gesagt: Entwickler können in den Basistyp so eine Default-Methode ohne Probleme aufnehmen, ohne dass es in den Untertypen zu Fehlern kommt. Obertypen lassen sich also ändern, ohne die Untertypen anzufassen. Im Nachhinein kann aber zur Dokumentation die Annotation @Override an die Unterschnittstelle gesetzt werden.

Nicht nur eine Unterschnittstelle kann die Default-Methoden »wegnehmen«, sondern auch eine abstrakte Klasse:

```
abstract class Food implements Priced {
  @Override public abstract double price();
}
```

Die Schnittstelle `Priced` bringt eine Default-Methode mit, doch die abstrakte Klasse `Buyable` nimmt diese wieder weg, sodass erweiternde `Buyable`-Klassen auf jeden Fall `price()` implementieren müssen, wenn sie nicht selbst `abstract` sein wollen.

1.1.5 Bausteine bilden mit Default-Methoden *

Default-Methoden geben Bibliotheksdesignern ganz neue Möglichkeiten. Heute ist noch gar nicht richtig abzusehen, was Entwickler damit machen werden und welche Richtung die Java-API einschlagen wird. Auf jeden Fall wird sich die Frage stellen, ob eine Standardimplementierung als Default-Code in eine Schnittstelle wandert oder wie bisher eine Standardimplementierung als abstrakte Klasse bereitgestellt wird, von der wiederum andere Klassen ableiten. Als Beispiel sei auf die Datenstrukturen verwiesen: Eine Schnittstelle `Collection` schreibt Standardverhalten vor, `AbstractCollection` gibt eine Implementierung soweit wie möglich vor, und Unterklassen wie Listen setzen dann noch einmal auf diese Basisimplementierung auf. Erweiterte Schnittstellen können Hierarchien abbauen, denn auf eine abstrakte Basisimplementierung kann verzichtet werden. Auf der anderen Seite kann aber eine abstrakte Klasse einen Zustand über Objektvariablen einführen, was eine Schnittstelle nicht kann.

Default-Methoden können aber noch etwas ganz anderes: Sie können als Bauelemente für Klassen dienen. Eine Klasse kann mehrere Schnittstellen mit Default-Methoden implementieren und erbt im Grunde damit Basisfunktionalität von verschiedenen Stellen. In anderen Programmiersprachen ist das als Mixin bzw. Trait bekannt. Das ist ein Unterschied zur Mehrfachvererbung, die in Java nicht zulässig ist. Schauen wir uns diesen Unterschied jetzt einmal genauer an.

Default-Methoden zur Entwicklung von Traits nutzen

Was ist das Kernkonzept der objektorientierten Programmierung? Wohl ohne zu Zögern können wir Klassen, Kapselung und Abstraktion nennen. Klassen und Klassenbeziehungen sind das Gerüst eines jeden Java-Programms. Bei der Vererbung wissen wir, dass Unterklassen Spezialisierungen sind und das liskovsche Substitutionsprinzip gilt: Falls ein Typ gefordert ist, können wir auch einen Untertyp übergeben. So sollte perfekte Vererbung aussehen: Eine Unterklasse spezialisiert das Verhalten, aber erbt nicht einfach von einer Klasse, weil sie nützliche Funktionalität hat. Aber warum eigentlich nicht? Als Erstes ist zu nennen, dass das Erben aufgrund der Nützlichkeit oft gegen die Ist-eine-Art-von-Beziehung verstößt und dass uns Java zweitens nur Einfachvererbung mit nur einer einzigen Oberklasse erlaubt. Wenn eine Klasse etwas Nützliches wie Logging anbietet und unsere Klasse davon erbt, kann sie nicht gleichzeitig von einer anderen Klasse erben, um zum Beispiel Zustände in Konfigurationsdaten festzuhalten. Eine unglückliche Vererbung verbaut also eine spätere Erweiterung. Das Problem bei der »Funktionalitätsvererbung« ist also, dass wir uns nur einmal festlegen können.

Wenn eine Klasse eine gewisse Funktionalität einfach braucht, woher soll sie denn dann kommen, wenn nicht aus der Oberklasse? Eigentlich gibt es hier nur eine naheliegende Variante: Die Klasse greift auf andere Objekte per Delegation zurück. Wenn ein Punkt mit Farbe nicht von `java.awt.Point` erben soll, kann ein Farbpunkt einfach in einer internen Variablen einen `Point` referenzieren. Das ist eine Lösung, aber dann nicht optimal, wenn eine Ist-eine-Art-von-Beziehung besteht. Und Schnittstellen wurden ja gerade eingeführt, damit eine Klasse mehrere Typen besitzt. Abstraktionen über Schnittstellen und Oberklassen sind wichtig, und Delegation hilft hier nicht. Gewünscht ist eine Technik, die einen Programmbaustein in eine Klasse setzen kann – im Grunde so etwas wie Mehrfachvererbung, aber doch anders, weil die Bausteine nicht als komplette Typen auftreten, der Baustein selbst ist nur ein Implantat und alleine uninteressant. Auch ein Objekt kann von diesem Bausteintyp nicht erzeugt werden.

Am ehesten sind die Bausteine mit abstrakten Klassen vergleichbar, doch das wären Klassen, und Nutzer könnten nur einmal von diesem Baustein erben. Mit Java 8 gibt es aber eine ganz neue Möglichkeit, und zwar mit den erweiterten Schnittstellen: Sie bilden die Bausteine, von denen Klassen Funktionalität bekommen können. Andere Programmiersprachen bieten so etwas Ähnliches, und das Konzept wird dort Mixin oder Trait genannt.[5] Diese Bausteine sind nützlich, denn so lässt sich ein Algorithmus in eine extra Kompilationseinheit setzen und leichter wiederverwenden. Ein Beispiel: Nehmen wir zwei erweiterte Schnittstellen `PersistentPreference` und `Logged` an. Die erste erweiterte Schnittstelle soll mit `store()` Schlüssel-Wert-Paare in die zentrale Konfiguration schreiben, und `get()` soll sie auslesen:

```
import java.util.prefs.Preferences;

interface PersistentPreference {

  default void store( String key, String value ) {
    Preferences.userRoot().put( key, value );
  }

  default String get( String key ) {
    return Preferences.userRoot().get( key, "" );
  }
}
```

Die zweite erweiterte Schnittstelle ist `Logged` und bietet uns drei kompakte Logger-Methoden:

```
import java.util.logging.*;

interface Logged {
```

5 Siehe etwa *http://scg.unibe.ch/archive/papers/Scha02aTraitsPlusGlue2002.pdf.*

```
  default void error( String message ) {
    Logger.getLogger( getClass().getName() ).log( Level.SEVERE, message );
  }

  default void warn( String message ) {
    Logger.getLogger( getClass().getName() ).log( Level.WARNING, message );
  }

  default void info( String message ) {
    Logger.getLogger( getClass().getName() ).log( Level.INFO, message );
  }
}
```

Eine Klasse kann diese Bausteine nun einbauen:

```
class Player implements PersistentPreference, Logged {
  // ...
}
```

Die Methoden sind nun Teil vom `Player` und können auch von Unterklassen überschrieben werden. Als Aufgabe für den Leser bleibt, die Implementierung von `store()` im `Player` zu verändern, sodass der Schlüssel immer mit »player.« beginnt. Die Frage, die der Leser beantworten sollte, ist, ob `store()` von `Player` auf das `store()` von der erweiterten Schnittstelle zugreifen kann.

Default-Methoden weiter gedacht

Für diese Bausteine, also die erweiterten Schnittstellen, gibt es viele Anwendungsfälle. Da die Java-Bibliothek schon an die 20 Jahre alt ist, würden heute einige Typen anders aussehen. Dass sich Objekte mit `equals()` vergleichen lassen können, könnte heute zum Beispiel in einer erweiterten Schnittstelle stehen, etwa so: `interface Equals { boolean equals( Object that ) default { return this == that; } }`. So müsste `java.lang.Object` die Methode nicht für alle vorschreiben, wobei das jetzt sicherlich kein Nachteil ist. Natürlich gilt das Gleiche auch für die `hashCode()`-Methode, die heutzutage aus einer erweiterten Schnittstelle `Hashable` stammen könnte.

Und `java.lang.Number` ist ein weiteres Beispiel. Die abstrakte Basisklasse für Werte repräsentierende Objekte deklariert die abstrakten Methoden `doubleValue()`, `floatValue()`, `intValue()`, `longValue()` und die konkreten Methoden `byteValue()` und `shortValue()`. Bisher erben `AtomicInteger`, `AtomicLong`, `BigDecimal`, `BigInteger`, `Byte`, `Double`, `Float`, `Integer`, `Long`, `Short` von dieser Oberklasse. Auch diese Funktionalität ließe sich mit einer erweiterten Schnittstelle umsetzen.

Zustand in den Bausteinen?

Nicht jeder wünschenswerte Baustein ist mit erweiterten Schnittstellen möglich. Ein Grund ist, dass die Schnittstellen keinen Zustand einbringen können. Nehmen wir zum Beispiel einen Container als Datenstruktur, der Elemente aufnimmt und verwaltet. Einen Baustein für einen

Container können wir nicht so einfach implementieren, da ein Container Kinder verwaltet, und hierfür ist eine Objektvariable für den Zustand nötig. Schnittstellen haben nur statische Variablen, und die sind für alle sichtbar; und selbst wenn die Schnittstelle eine modifizierbare Datenstruktur referenzieren würde, würde jeder Nutzer des Container-Bausteins von den Veränderungen betroffen sein. Da es keinen Zustand gibt, existieren auch für Schnittstellen keine Konstruktoren und folglich auch nicht für solche Bausteine. Denn wo es keinen Zustand gibt, gibt es auch nichts zu initialisieren. Wenn eine Default-Methode einen Zustand benötigt, muss sie selbst diesen Zustand erfragen. Hier lässt sich eine Technik einsetzen, die Oracles Java Language Architect Brian Goetz »virtual field pattern«[6] nennt. Wie das geht, zeigt das folgende Beispiel.

Referenziert ein Behälter eine Menge von Objekten, die sortierbar sind, können wir einen Baustein `Sortable` mit einer Methode `sort()` realisieren. Die Schnittstelle `Comparable` soll die Klasse nicht direkt implementieren, da ja nur die referenzierten Elemente sortierbar sind, nicht aber Objekte der Klasse selbst, und zudem soll weiterhin eine neue Methode `sort()` hinzukommen. Damit das Sortieren gelingt, muss die Implementierung irgendwie an die Daten gelangen, und hier kommt ein Trick ins Spiel: Zwar ist `sort()` eine Default-Methode, doch die erweiterte Schnittstelle besitzt Methoden, die die Klasse implementieren muss, die dem Sortierer die Daten geben. Im Quellcode sieht das so aus:

Listing 1.1 SortableDemo.java, Teil 1

```
import java.util.*;

interface Sortable<T extends Comparable<?>> {

  T[] getValues();

  void setValues( T[] values );

  default void sort() {
    T[] values = getValues();
    Arrays.sort( values );
    setValues( values );
  };
}
```

Damit `sort()` an die Daten kommt, erwartet `Sortable` von den implementieren Klassen eine Methode `getValues()`. Und damit die Daten nach dem Sortieren wieder zurückgeschrieben werden können, eine zweite Methode `setValues(…)`. Der Clou ist, dass die spätere Implementierung von `Sortable` mit den beiden Methoden dem Sortierer Zugriff auf die Daten gewährt – allerdings auch jedem anderem Stück Code, da die Methoden öffentlich sind. Da bleibt ein unschönes »Geschmäckle« zurück.

6 *http://mail.openjdk.java.net/pipermail/lambda-dev/2012-July/005171.html*

Ein Nutzer von `Sortable` soll `RandomValues` sein; die Klasse erzeugt intern Zufallszahlen.

Listing 1.2 SortableDemo.java, Teil 2

```
class RandomValues implements Sortable<Integer> {

  private List<Integer> values = new ArrayList<>();

  public RandomValues() {
    Random r = new Random();
    for ( int i = r.nextInt( 20 ) + 1; i > 0; i-- )
      values.add( r.nextInt(10000) );
  }

  @Override public Integer[] getValues() {
    return values.toArray( new Integer[values.size()] );
  }

  @Override public void setValues( Integer[] values ) {
    this.values.clear();
    Collections.addAll( this.values, values );
  }
}
```

Damit sind die Typen vorbereitet, und eine Demo schließt das Beispiel ab:

Listing 1.3 SortableDemo.java, Teil 3

```
public class SortableDemo {
  public static void main( String[] args ) {
    RandomValues r = new RandomValues();
    System.out.println( Arrays.toString( r.getValues() ) );
    r.sort();
    System.out.println( Arrays.toString( r.getValues() ) );
  }
}
```

Aufgerufen kommt auf die Konsole zum Beispiel:

```
[2732, 4568, 4708, 4302, 4315, 5946, 2004]
[2004, 2732, 4302, 4315, 4568, 4708, 5946]
```

So interessant diese Möglichkeit auch ist, ein Problem wurde schon angesprochen: Jede Methode in einer Schnittstelle ist `public`, ob sie nun eine abstrakte oder Default-Methode ist. Es wäre schön, wenn die Datenzugriffsmethoden nicht öffentlich sind, aber das geht nicht.

Wo wir gerade bei der Sichtbarkeit sind. Gibt es im Default-Code Codeduplizierung, so kann der gemeinsame Code bisher nicht in private Methoden ausgelagert werden, da es private Operationen in Schnittstellen nicht gibt. Allerdings läuft gerade ein Test, ob so etwas eingeführt werden soll

[!]

Warnung!

Natürlich lässt sich mit Rumgetrickse ein Speicherort finden, der Exemplarzustände speichert. Es lässt sich zum Beispiel in der Schnittstelle ein Assoziativspeicher referenzieren, der eine this-Instanz mit einem Objekt assoziiert. Ein Container-Baustein, der mit add() Objekte in eine Liste setzt und sie mit iterable() herausgibt, könnte so aussehen:

```
interface ListContainer<T> {
  Map<Object,List<Object>> $ = new HashMap<>();
  default void add( T e ) {
    if ( ! $.containsKey( this ) )
      $.put( this, new ArrayList<Object>() );
    $.get( this ).add( e );
  }
  default public Iterable<T> iterable() {
    if ( ! $.containsKey( this ) )
      return Collections.emptyList();
    return (Iterable<T>) $.get( this );
  }
}
```

Nicht nur die öffentliche Konstante $ ist ein Problem, sondern auch, dass es ein großartiges doppeltes Speicherloch ist. Ein Exemplar der Klasse, die diese erweiterte Schnittstelle nutzt, kann nicht so einfach entfernt werden, denn in der Sammlung ist noch eine Referenz auf das Objekt, und diese Referenz verhindert eine automatische Speicherbereinigung. Selbst wenn dieses Objekt weg wäre, hätten wir noch all die referenzierten Kinder der Sammlung in der Map. Das Problem ist nicht wirklich zu lösen, und hier müsste mit schwachen Referenzen tief in die Java-Voodoo-Kiste gegriffen werden. Alles in allem, keine gute Idee, und Java-Chefentwickler Brian Goetz macht auch klar:

> *»Please don't encourage techniques like this. There are a zillion ›clever‹ things you can do in Java, but shouldn't. We knew it wouldn't be long before someone suggested this, and we can't stop you. But please, use your power for good, and not for evil. Teach people to do it right, not to abuse it.«*[7]

Daher: Es ist eine schöne Spielerei, aber der Zustand sollte eine Aufgabe der abstrakten Basisklassen oder vom Delegate sein.

7 *http://mail.openjdk.java.net/pipermail/lambda-dev/2012-July/005166.html*

Zusammenfassung

Was wir in den letzten Beispielen zu den Bausteinen gemacht haben, war, ein Standardverhalten in Klassen einzubauen, ohne dass dabei der Zugriff auf die nur einmal existierende Basisklasse nötig war und ohne dass die Klasse an Hilfsklassen delegiert. In dieser Arbeitsweise können Unterklassen in jedem Fall die Methoden überschreiben und spezialisieren. Wir haben es also mit üblichen Klassen zu tun und mit erweiterten Schnittstellen, die nicht selbst eigenständige Entitäten bilden. In der Praxis wird es immer Fälle geben, in denen für eine Umsetzung eines Problems entweder eine abstrakte Klasse oder eine erweiterte Schnittstelle in Frage kommt. Wir sollten uns dann noch einmal an die Unterschiede erinnern: Eine abstrakte Klasse kann Methoden aller Sichtbarkeiten haben und sie auch final setzen, sodass sie nicht mehr überschrieben werden können. Eine Schnittstelle dagegen ist mit puren virtuellen und öffentlichen Methoden darauf ausgelegt, dass die Implementierung überschrieben werden kann.

1.2 Lambda-Ausdrücke und funktionale Programmierung

Bei der Entwicklung von Maschinensprache (bzw. Assembler) hin zur Hochsprache ist eine interessante Geschichte der Parametrisierung abzulesen. Schon die ersten Hochsprachen erlaubten eine Parametrisierung von Funktionen mit unterschiedlichen Argumenten. Die Programmiersprache Java, die im Jahr 1996 geboren wurde, bot das von Anfang an, da sie erst mehrere Jahrzehnte nach den ersten Hochsprachen entstand. Relativ spät folgten dann die Generics. Die Parametrisierung des Typs wurde erst 2004 mit der Version 5 realisiert. Bis dahin konnte eine Liste zum Beispiel Zeichenketten ebenso enthalten wie Zwerge (als Java-Objekte). Funktionale Programmierung ermöglichte nun eine Parametrisierung des Verhaltens; eine Sortiermethode arbeitet immer gleich, aber ihr Verhalten bei den Vergleichen wird angepasst. Das ist eine ganz andere Qualität, als unterschiedliche Werte zu übergeben. Das bietet nun seit 2014 die Version Java 8 elegant und einfach mit den so genannten Lambda-Ausdrücken.

1.2.1 Code = Daten

Wer den Begriff »Daten« hört, denkt zunächst einmal an Zahlen, Bytes, Zeichenketten oder auch komplexe Objekte mit ihrem Zustand. Wir wollen in diesem Kapitel diese Sicht ein wenig erweitern und auf Programmcode lenken. Java-Code, versinnbildlicht als Serie von Bytecodes, besteht auch aus Daten. Und wenn wir uns einmal auf diese Sichtweise einlassen, dass Code gleich Daten ist, dann lässt sich Code auch wie Daten übergeben und so von einem Punkt zum anderen übertragen, speichern und später referenzieren. Mit dieser Möglichkeit, Code zu übertragen, lässt sich das Verhalten von Algorithmen leicht anpassen. Beginnen wir mit ein paar Beispielen, bei denen Programmcode übergeben wird, auf den dann später zugegriffen wird:

- Ein Thread führt Programmcode im Hintergrund aus. Der Programmcode, den der Java-Thread ausführen soll, wird in ein Objekt vom Typ `Runnable` verpackt, genau genommen in eine `run()`-Methode gesetzt. Kommt der Thread zum Zuge, ruft er die `run()`-Methode auf.

- Ein Timer ist eine java.util-Klasse, die zu bestimmen Zeitpunkten Programmcode ausführen kann. Der Objektmethode scheduleAtFixedRate(...) wird dabei ein Objekt vom Typ TimerTask übergeben, das den Programmcode enthält.
- Zum Sortieren von Daten kann eine eigene Ordnung definiert werden, die dem Sortierer als Comparator übergeben werden kann. Der Comparator deklariert eine Vergleichsmethode, an die sich der Sortierer wendet, um zwei Objekte in die gewünschte Reihenfolge zu bringen.
- Aktiviert der Benutzer auf der Oberfläche eine Schaltfläche, so führt das zu einer Aktion. Der Programmcode steckt – beim UI-Framework Swing – in einem Objekt vom Typ ActionListener und wird an der Schaltfläche JButton mit addActionListener(...) fest gemacht. Kommt es zu einer Schaltflächenaktivierung, arbeitet das UI-System den Programmcode in der Methode actionPerformed(...) des gespeicherten ActionListener ab.

Um Programmcode von einer Stelle zur anderen zu bringen, wird in Java immer der gleiche Mechanismus eingesetzt: Eine Klasse implementiert eine (in der Regel nichtstatische) Methode, in der der auszuführende Programmcode steht. Ein Objekt dieser Klasse wird an eine andere Stelle übergeben und der Interessent greift dann über die Methode auf den Programmcode zu. Dass ein Objekt noch mehr als diese eine Implementierung enthalten kann, etwa Variablen, Konstanten, Konstruktoren, ist dafür nicht relevant. Diesen Mechanismus schauen wir uns jetzt in verschiedenen Varianten genauer an.

Innere Klassen als Code-Transporter

Bleiben wir bei dem Beispiel mit den Vergleichen. Angenommen, wir sollen Strings so sortieren, dass Leerraum vorne und hinten bei den Vergleichen ignoriert wird, also " Newton " gleich "Newton" ist. Bei Vorgaben dieser Art muss einem Sortieralgorithmus ein Stückchen Code übergeben werden, damit er die korrekte Reihenfolge herstellen kann. Praktisch sieht das so aus:

```
import java.util.*;

public class CompareTrimmedStrings {
  public static void main( String[] args ) {
    class TrimmingComparator implements Comparator<String> {
      @Override public int compare( String s1, String s2 ) {
        return s1.trim().compareTo( s2.trim() );
      }
    }

    String[] words = { "M", "\nSkyfall", " Q", "\t\tAdele\t" };
    Arrays.sort( words, new TrimmingComparator() );
    System.out.println( Arrays.toString( words ) );
  }
}
```

Die Ausgabe ist:

```
[		Adele	, M,  Q, 
Skyfall]
```

Der `TrimmingComparator` enthält in der `compare(…)`-Methode den Programmcode für die Vergleichslogik. Ein Exemplar vom `TrimmingComparator` wird aufgebaut und `Arrays.sort(…)` übergeben. Das geht mit weniger Code!

Innere anonyme Klassen als Code-Transporter

Klassen enthalten Programmcode, und Exemplare der Klassen werden an Methoden wie `sort(…)` übergeben, damit der Programmcode dort hinkommt, wo er gebraucht wird. Doch elegant ist das nicht. Für die Beschreibung des Programmcodes ist extra eine eigene Klasse erforderlich. Das ist viel Schreibarbeit, und über eine innere anonyme Klasse lässt sich der Programmcode schon ein wenig verkürzen:

```
String[] words = { "M", "\nSkyfall", " Q", "\t\tAdele\t" };
Arrays.sort( words, new Comparator<String>() {
  @Override public int compare( String s1, String s2 ) {
    return s1.trim().compareTo( s2.trim() );
  } } );
System.out.println( Arrays.toString( words ) );
```

Allerdings ist das immer noch aufwändig: Wir müssen eine Methode überschreiben und dann ein Objekt aufbauen. Für Programmautoren ist das lästig, und die JVM hat es mit vielen überflüssigen Klassendeklarationen zu tun.

Abkürzende Schreibweise durch Lambda-Ausdrücke

Ab Java 8 lässt sich Programmcode leichter an eine Methode übergeben, denn es gibt eine kompakte Syntax für die Implementierung von Schnittstellen mit einer Operation. Für unser Beispiel sieht das so aus:

```
String[] words = { "M", "\nSkyfall", " Q", "\t\tAdele\t" };
Arrays.sort( words,
             (String s1, String s2) -> { return s1.trim().compareTo(s2.trim()); } );
System.out.println( Arrays.toString( words ) );
```

Der in fett gesetzte Ausdruck nennt sich *Lambda-Ausdruck*. Er ist eine kompakte Art und Weise, Schnittstellen mit genau einer Methode zu implementieren; die Schnittstelle `Comparator` hat genau eine Operation `compare(…)`.

Optisch sind sich ein Lambda-Ausdruck und eine Methodendeklaration ähnlich; was wegfällt sind Modifizierer, der Rückgabetyp, der Methodenname und (mögliche) `throws`-Klauseln.

Methodendeklaration	Lambda-Ausdruck
`public int compare`	
`( String s1, String s2 )`	`( String s1, String s2 )`
	`->`
`{ return s1.trim().compareTo( s2.trim() );`	`{ return s1.trim().compareTo( s2.trim() );`
`}`	`}`

Tabelle 1.2 Vergleich der Methodendeklaration einer Schnittstelle mit dem Lambda-Ausdruck

Wenn wir uns den Lambda-Ausdruck als Implementierung dieser Schnittstelle anschauen, dann lässt sich dort nichts von `Comparator` oder `compare(…)` ablesen – ein Lambda-Ausdruck repräsentiert mehr oder weniger nur den Java-Code und lässt das, was der Compiler aus dem Kontext herleiten kann, weg.

Alle Lambda-Ausdrücke lassen sich in einer Syntax formulieren, die die folgende allgemeine Form hat:

```
'(' LambdaParameter ')' '->' '{' Anweisungen '}'
```

Lambda-Parameter sind sozusagen die Eingabewerte für die Anweisungen. Die Parameterliste wird so deklariert, wie von Methoden oder Konstruktoren bekannt, allerdings gibt es kein Varargs.

Es gibt syntaktische Abkürzungen, wie wir später sehen werden, doch vorerst bleiben wir bei dieser Schreibweise.

Geschichte

Der Java-Begriff »Lambda-Ausdruck« geht auf das Lambda-Kalkül (engl. *Lambda calculus*, auch geschrieben als λ-calculus) aus den 1930er Jahren zurück und ist eine formale Sprache zur Untersuchung von Funktionen.

1.2.2 Funktionale Schnittstellen und Lambda-Ausdrücke im Detail

In unserem Beispiel haben wir den Lambda-Ausdruck als Argument von `Array.sort(…)` eingesetzt:

```
Arrays.sort( words,
             (String s1, String s2) -> { return s1.trim().compareTo(s2.trim()); } );
```

Wir hätten aber auch den Lambda-Ausdruck explizit einer lokalen Variablen zuweisen können, was deutlich macht, dass der hier eingesetzte Lambda-Ausdruck vom Typ `Comparator` ist:

```
Comparator<String> c = (String s1, String s2) -> {
                         return s1.trim().compareTo( s2.trim() ); }
Arrays.sort( words, c );
```

Funktionale Schnittstellen

Nicht zu jeder Schnittstelle gibt es eine Abkürzung über einen Lambda-Ausdruck, und es gibt eine zentrale Bedingung, wann ein Lambda-Ausdruck verwendet werden kann.

> **Definition**
>
> Schnittstellen, die nur eine Operation (abstrakte Methode) besitzen, heißen *funktionale Schnittstellen*. Ein *Funktions-Deskriptor* beschreibt diese Methode. Eine abstrakte Klasse mit genau einer abstrakten Methode zählt *nicht* als funktionale Schnittstelle.

Lambda-Ausdrücke und funktionale Schnittstellen haben eine ganz besondere Beziehung, denn ein Lambda-Ausdruck ist ein Exemplar einer solchen funktionalen Schnittstelle. Natürlich müssen Typen und Ausnahmen passen. Dass funktionale Schnittstellen genau eine abstrakte Methode vorschreiben, ist eine naheliegende Einschränkung, denn gäbe es mehrere, müsste ein Lambda-Ausdruck ja auch mehrere Implementierungen anbieten oder irgendwie eine Methode bevorzugen und andere ausblenden.

Wenn wir also ein Objekt vom Typ einer funktionalen Schnittstelle aufbauen möchten, können wir folglich zwei Wege einschlagen: Es lässt sich die traditionelle Konstruktion über die Bildung von Klassen wählen, die funktionale Schnittstellen implementieren, und dann mit `new` ein Exemplar bilden, oder es lässt sich mit kompakten Lambda-Ausdrücken arbeiten. Moderne IDEs zeigen uns an, wenn kompakte Lambda-Ausdrücke zum Beispiel statt innerer anonymer Klassen genutzt werden können, und bieten uns mögliche Refactorings an. Lambda-Ausdrücke machen den Code also kompakter und nach kurzer Eingewöhnung auch lesbarer.

> **Hinweis** [+]
>
> Funktionale Schnittstellen müssen auf genau eine zu implementierende Methode hinauslaufen, auch wenn aus Oberschnittstellen mehrere Operationen vorgeschrieben werden, die sich aber durch den Einsatz von Generics auf eine Operation verdichten:
>
> ```
> interface I<S, T extends CharSequence> {
>   void len( S text );
>   void len( T text );
> }
> interface FI extends I<String, String> { }
> ```
>
> `FI` ist unsere funktionale Schnittstelle mit einer eindeutigen Operation `len(String)`.

Viele funktionale Schnittstellen in der Java-Standardbibliothek

Java 7 bringt schon viele Schnittstellen mit, die in Java 8 als funktionale Schnittstellen gekennzeichnet sind. Darüber hinaus führt Java 8 mit dem Paket `java.util.function` mehr als 40 neue funktionale Schnittstellen ein. Eine kleine Auswahl:

- `interface Runnable { void run(); }`
- `interface Supplier<T> { T get(); }` (Java 8)
- `interface Consumer<T> { void accept(T t); }` (Java 8)
- `interface Comparator<T> { int compare(T o1, T o2); }`
- `interface ActionListener { void actionPerformed(ActionEvent e); }`

Ob die Schnittstelle noch andere Default-Methoden hat – also Schnittstellenmethoden mit vorgegebener Implementierung –, ist egal, wichtig ist nur, dass sie genau eine zu implementierende Operation deklariert.

Typ eines Lambda-Ausdrucks ergibt sich durch Zieltyp

In Java hat jeder Ausdruck einen Typ. `1` und `1*2` haben einen Typ (nämlich `int`), genauso wie `"A" + "B"` (Typ `String`) oder `String.CASE_INSENSITIVE_ORDER` (Typ `Comparator<String>`). Lambda-Ausdrücke haben auch immer einen Typ, denn ein Lambda-Ausdruck ist immer Exemplar einer funktionalen Schnittstelle. Damit steht auch der Typ fest. Allerdings ist es im Vergleich zu Ausdrücken wie `1*2` bei Lambda-Ausdrücken etwas anders gelagert, denn der Typ von Lambda-Ausdrücken ergibt sich ausschließlich aus dem Kontext. Erinnern wir uns an den Aufruf von `sort(…)`:

```
Arrays.sort( words, (String s1, String s2) -> { return … ) } );
```

Dort steht nichts vom Typ `Comparator`, sondern der Compiler erkennt aus dem Typ des zweiten Parameters von `sort(…)`, ob der Lambda-Ausdruck auf `Comparator` passt oder nicht.

Der Typ eines Lambda-Ausdrucks ist also abhängig davon, welche funktionale Schnittstelle er im jeweiligen Kontext gerade realisiert. Der Compiler kann ohne Kenntnis des *Zieltyps* (engl. *target type*) keinen Lambda-Ausdruck aufbauen.

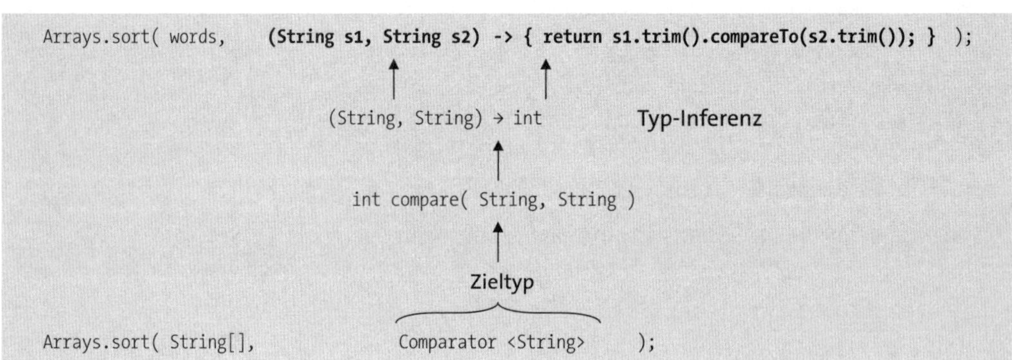

Abbildung 1.1 Typ-Inferenz vom Compiler

[«]

Beispiel

Callable und Supplier sind funktionale Schnittstellen mit Methoden, die keine Parameterlisten deklarieren und eine Referenz zurückgeben; der Code für den Lambda-Ausdruck sieht gleich aus:

```
java.util.concurrent.Callable<String> c = () -> { return "Rückgabe"; };
java.util.function.Supplier<String>   s = () -> { return "Rückgabe"; };
```

Wer bestimmt den Zieltyp?

Gerade weil an dem Lambda-Ausdruck der Typ nicht abzulesen ist, kann er nur dort verwendet werden, wo ausreichend Typinformationen vorhanden sind. Das sind unter anderem die folgenden Stellen:

- Variablendeklarationen: Etwa wie bei Supplier<String> s = () -> { return "" };
- Argumente an Methoden oder Konstruktoren: Der Parametertyp gibt alle Typinformationen. Ein Beispiel lieferte Arrays.sort(…).
- Methodenrückgaben: Das könnte aussehen wie Comparator<String> trimComparator() { return (s1, s2) -> { return … }; }.
- Bedingungsoperator: Der ?:-Operator liefert je nach Bedingung einen unterschiedlichen Lambda-Ausdruck. Beispiel: Supplier<Double> randomNegOrPos = Math.random() > 0.5 ? () -> { return -Math.random(); } : () -> { return Math.random(); };.

Parametertypen

In der Praxis ist der häufigste Fall, dass die Parametertypen von Methoden den Zieltyp vorgeben. Der Einsatz von Lambda-Ausdrücken ändert ein wenig die Sichtweise auf überladene Methoden. Unser Beispiel mit () -> { return "Rückgabe"; } macht das deutlich, denn es »passt« auf den Zieltyp Callable<String> genauso wie auf Supplier<String>. Nehmen wir an, wir würden zwei überladene Methoden run(…) deklarieren:

- <V> void run(**Callable**<V> callable) { }
- <V> void run(**Supplier**<V> callable) { }

Spielen wir den Aufruf der Methoden einmal durch:

```
Callable<String> c = () -> { return "Rückgabe"; };
Supplier<String> s = () -> { return "Rückgabe"; };
run( c );
run( s );
// run( () -> { return "Rückgabe"; } ); // ☠ Compilerfehler
run( ((Callable<String>) () -> { return "Rückgabe"; } ) );
```

Rufen wir run(c) bzw. run(s) auf, ist das kein Problem, denn c und s sind klar typisiert. Aber run(…) mit dem Lambda-Ausdruck aufzurufen funktioniert nicht, denn der Zieltyp (entweder Callable oder Supplier) ist mehrdeutig; der (Eclipse-)Compiler meldet: »The method run(Callable<Object>) is ambiguous for the type T«. Hier sorgt eine explizite Typanpassung für Abhilfe.

> **Tipp zum API-Design**
>
> Aus Sicht eines API-Designers sind überladene Methoden natürlich schön, aus Sicht des Nutzers sind Typanpassungen aber nicht schön. Um explizite Typanpassungen zu vermeiden, sollte auf überladene Methoden verzichtet werden, wenn diese den Parametertyp einer funktionalen Schnittstelle aufweisen. Stattdessen lassen sich die Methoden unterschiedlich benennen (was bei Konstruktoren natürlich nicht funktioniert).

Wird in unserem Fall die Methode `runCallable(…)` und `runSupplier(…)` genannt, ist keine Typanpassung mehr nötig, und der Compiler kann den Typ herleiten.

Rückgabetypen

Typinferenz spielt bei Lambda-Ausdrücken eine große Rolle – das gilt insbesondere für die Rückgabetypen, die überhaupt nicht in der Deklaration auftauchen und für die es gar keine Syntax gibt; der Compiler »inferred« sie. In unserem Beispiel

```
Comparator<String> c =
  (String s1, String s2) -> { return s1.trim().compareTo( s2.trim() ); };
```

ist `String` als Parametertyp der `Comparator`-Methode ausdrücklich gegeben, der Rückgabetyp `int`, den der Ausdruck `s1.trim().compareTo( s2.trim())` liefert, taucht dagegen nicht auf.

Mitunter muss dem Compiler etwas geholfen werden: Nehmen wir die funktionale Schnittstelle `Supplier<T>`, die eine Methode `T get()` deklariert, für ein Beispiel. Die Zuweisung

```
Supplier<Long> two  = () -> { return 2; }        // ☠ Compilerfehler
```

ist nicht korrekt und führt zum Compilerfehler »incompatible types: bad return type in lambda expression«. `2` ist ein Literal vom Typ `int`, und der Compiler kann es nicht an `Long` anpassen. Wir müssen schreiben

```
Supplier<Long> two  = () -> { return 2L };
```

oder

```
Supplier<Long> two  = () -> { return (long) 2 };
```

Bei Lambda-Ausdrücken gelten keine wirklich neuen Regeln im Vergleich zu Methodenrückgaben, denn auch eine Methodendeklaration wie

```
Long two() { return 2; }                         // ☠ Compilerfehler
```

wird vom Compiler bemängelt. Doch weil Wrapper-Typen durch die Generics bei funktionalen Schnittstellen viel häufiger sind, treten diese Besonderheiten öfter auf als bei Methodendeklarationen.

Sind Lambda-Ausdrücke Objekte?

Ein Lambda-Ausdruck ist ein Exemplar einer funktionalen Schnittstelle und tritt als Objekt auf. Bei Objekten besteht normalerweise zu `java.lang.Object` immer eine natürliche Ist-eine-Art-von-Beziehung. Fehlt aber der Kontext, ist selbst die Ist-eine-Art-von-Beziehung zu `java.lang.Object` gestört und Folgendes nicht korrekt:

```
Object o = () -> {};                    // ☠ Compilerfehler
```

Der Compilerfehler ist: »incompatible types: the target type must be a functional interface«. Nur eine explizite Typanpassung kann den Fehler korrigieren und dem Compiler den Zieltyp vorgeben:

```
Object r = (Runnable) () -> {};
```

Lambda-Ausdrücke haben also keinen eigenen Typ an sich, und für das Typsystem von Java ändert sich im Prinzip nichts. Möglicherweise ändert sich das in späteren Java-Versionen.

[+]

Hinweis

Dass Lambda-Ausdrücke Objekte sind, ist eine Eigenschaft, die nicht überstrapaziert werden sollte. So sind die üblichen `Object`-Methoden `equals(Object)`, `hashCode()`, `getClass()`, `toString()` und die zur Thread-Kontrolle ohne besondere Bedeutung. Es sollte auch nie ein Szenario geben, in dem Lambda-Ausdrücke mit == verglichen werden müssen, denn das Ergebnis ist laut Spezifikation undefiniert. Echte Objekte haben eine Identität, einen Identity-Hashcode, lassen sich vergleichen und mit `instanceof` testen, können mit einem synchronisierten Block abgesichert werden; all dies gilt für Lambda-Ausdrücke nicht. Im Grunde charakterisiert der Begriff »Lambda-Ausdruck« schon sehr gut, was wir nie vergessen sollten: Es handelt sich um einen Ausdruck, also etwas, das ausgewertet wird und ein Ergebnis produziert.

Annotation @FunctionalInterface

Jede Schnittstelle mit genau einer abstrakten Methode eignet sich als funktionale Schnittstelle und damit für einen Lambda-Ausdruck. Jedoch soll nicht jede Schnittstelle in der API, die im Moment nur eine abstrakte Methode deklariert, auch für Lambda-Ausdrücke verwendet werden. So kann zum Beispiel eine Weiterentwicklung der Schnittstelle mit mehreren (abstrakten) Methoden geplant sein, aber zurzeit ist nur eine abstrakte Methode vorhanden. Der Compiler kann nicht wissen, ob sich eine Schnittstelle vielleicht weiterentwickelt. Um kenntlich zu machen, dass ein `interface` als funktionale Schnittstelle gedacht ist, existiert der Annotationstyp `FunctionalInterface` im `java.lang`-Paket. Diese markiert, dass es bei genau einer abstrakten Methode und damit bei einer funktionalen Schnittstelle bleiben soll.

[»]

Beispiel

Eine eigene funktionale Schnittstelle sollte immer als `FunctionalInterface` markiert werden:

```
@FunctionalInterface
public interface MyFunctionalInterface {
  void foo();
}
```

Der Compiler prüft, ob die Schnittstelle mit einer solchen Annotation tatsächlich nur exakt eine abstrakte Methode enthält, und löst einen Fehler aus, wenn dem nicht so ist. Aus Kompatibilitätsgründen erzwingt der Compiler diese Annotation bei funktionalen Schnittstellen allerdings nicht; das ermöglicht es, dass innere Klassen, die herkömmliche Schnittstellen mit einer Methode implementieren, einfach in Lambda-Ausdrücke umgeschrieben werden können. Die Annotation ist also keine Voraussetzung für die Nutzung der Schnittstelle in einem Lambda-Ausdruck und dient bisher nur der Dokumentation. In der Java SE sind aber alle zentralen funktionalen Schnittstellen so ausgezeichnet.

Syntax für Lambda-Ausdrücke

Lambda-Ausdrücke haben wie Methoden mögliche Parameter- und Rückgabewerte. Die Java-Grammatik für die Schreibweise von Lambda-Ausdrücken sieht ein paar nützliche syntaktische Abkürzungen vor.

Ausführliche Schreibweise

Lambda-Ausdrücke lassen sich auf unterschiedliche Art und Weise schreiben, da es für diverse Konstruktionen Abkürzungen gibt. Eine Form, die jedoch immer gilt ist:

```
'(' LambdaParameter ')' '->' '{' Anweisungen '}'
```

Der Lambda-Parameter besteht (voll ausgeschrieben) wie ein Methodenparameter aus a) dem Typ, b) dem Namen und c) optionalen Modifizierern.

Der Parametername öffnet einen neuen Gültigkeitsbereich für eine Variable, wobei der Parametername *keine* anderen Namen von lokalen Variablen überlagern darf. Hier verhält sich die Lambda-Parametervariable wie eine neue Variable aus einem inneren Block und nicht wie eine Variable aus einer inneren Klasse, wo die Sichtbarkeit anders ist.

[»]

Beispiel

Folgendes ergibt einen Compilerfehler im Lambda-Ausdruck, weil `var` schon deklariert ist; die Parametervariable vom Lambda-Ausdruck muss also »frisch« sein:

```
String var = "";
var.chars().forEach( var -> { System.out.println( var ); } );  // ☠ Compilerfehler
```

Abkürzung 1: Typinferenz

Der Java-Compiler kann viele Typen aus dem Kontext ablesen, was Typ-Inferenz genannt wird. Wir kennen so etwas vom Diamant-Operator, wenn wir etwa schreiben:

```
List<String> list = new ArrayList<>()
```

Sind für den Compiler genug Typ-Informationen verfügbar, dann erlaubt der Compiler bei Lambda-Ausdrücken eine Abkürzung. Bei

```
Comparator<String> c =
  (String s1, String s2) -> { return s1.trim().compareTo( s2.trim() ); };
```

ist Typ-Inferenz einfach (Comparator<String> sagt alles aus), daher funktioniert die folgende Abkürzung:

```
Comparator<String> c = (s1, s2) -> { return s1.trim().compareTo( s2.trim() ); };
```

Die Parameterliste enthält also entweder explizit deklarierte Parametertypen oder implizite Inferred-Typen. Eine Mischung ist nicht erlaubt, der Compiler blockt so etwas wie `(String s1, s2)` oder `(s1, String s2)` mit einem Fehler ab.

Wenn der Compiler die Typen ablesen kann, sind die Parametertypen optional. Aber Typ-Inferenz ist nicht immer möglich, weshalb die Abkürzung nicht immer möglich ist. Außerdem hilft die explizite Schreibweise auch der Lesbarkeit: Kurze Ausdrücke sind nicht unbedingt die verständlichsten.

[+]

Hinweis

Der Compiler liest aus den Typen ab, ob alle Eigenschaften vorhanden sind. Die Typen sind dabei entweder explizit oder implizit gegeben.

```
Comparator<String> sc = (a, b) -> { return Integer.compare( a.length(), b.length() ); };
Comparator<BitSet> bc = (a, b) -> { return Integer.compare( a.length(), b.length() ); };
```

Die Klassen `String` und `BitSet` besitzen beide die Methode `length()`, daher ist der Lambda-Ausdruck korrekt. Der gleiche Lambda-Code lässt sich für zwei völlig verschiedene Klassen einsetzen, die überhaupt keine Gemeinsamkeiten haben, nur dass sie zufällig beide eine Methode namens `length()` besitzen.

Abkürzung 2: Lambda-Rumpf ist entweder einzelner Ausdruck oder Block

Besteht der Rumpf eines Lambda-Ausdrucks nur aus einem einzelnen Ausdruck, kann eine verkürzte Schreibweise die Blockklammern und das Semikolon einsparen. Statt

```
( LambdaParameter ) -> { return Ausdruck; }
```

heißt es dann

```
( LambdaParameter ) -> Ausdruck
```

Lambda-Ausdrücke mit einer return-Anweisung im Rumpf kommen häufig vor, da dies den typischen Funktionen entspricht. Somit ist es eine willkommene Verkürzung, wenn die abgekürzte Syntax für Lambda-Ausdrücke lediglich den Ausdruck fordert, der dann die Rückgabe bildet. Hier sind drei Beispiele:

Lange Schreibweise	Abkürzung
`(s1, s2) -> { return s1.trim().compareTo( s2.trim() ); }`	`(s1, s2) -> s1.trim().compareTo( s2.trim() )`
`(a, b) -> { return a + b; }`	`(a, b) -> a + b`
`() -> { System.out.println(); }`	`() -> System.out.println()`

Tabelle 1.3 Ausführliche und abgekürzte Schreibweise

Ausdrücke können in Java auch zu void ausgewertet werden, sodass ohne Probleme ein Aufruf wie System.out.println() in der kompakten Schreibweise ohne Block gesetzt werden kann. Das heißt, wenn Lambda-Ausdrücke mit der kurzen Ausdruckssyntax eingesetzt werden, können diese Ausdrücke etwas zurückgeben, müssen aber nicht.

[+]

Hinweis

Die Schreibweise mit den geschweiften Klammern und den Rückgabe-Ausdrücken kann nicht gemischt werden. Entweder gibt es einen Block geschweifter Klammern und return oder keine Klammern und kein return-Schlüsselwort. Fehler ergeben also diese falschen Mischungen:

```
Comparator<String> c;
c = (s1, s2) -> { s1.trim().compareTo( s2.trim() ) };     // ☠ Compilerfehler (1)
c = (s1, s2) -> return s1.trim().compareTo( s2.trim() ); // ☠ Compilerfehler (2)
```

Würden wir in (1) ein explizites return nutzen wäre alles in Ordnung, würde bei (2) das return wegfallen, wäre die Zeile auch compilierbar.

Ob Lambda-Ausdrücke eine Rückgabe haben, drücken zwei Begriffe aus:

- void-kompatibel: Der Lambda-Rumpf gibt kein Ergebnis zurück, entweder weil der Block kein return enthält oder ein return ohne Rückgabe oder weil ein void-Ausdruck in der verkürzten Schreibweise eingesetzt wird. Der Lambda-Ausdruck () -> System.out.println() ist also void-kompatibel, genauso wie () -> {}.
- Wert-kompatibel: Der Rumpf beendet den Lambda-Ausdruck mit einer return-Anweisung, die einen Wert zurückgibt, oder besteht aus der kompakten Schreibenweise mit einer Rückgabe ungleich void.

Eine Mischung aus void- und Wert-kompatibel ist nicht erlaubt und führt wie bei Methoden zu einem Compilerfehler.[8]

8 Wohl aber gibt es wie bei { throw new RuntimeException(); } Ausnahmen, bei denen Lambda-Ausdrücke beides sind.

Abkürzung 3: Einzelner Identifizierer statt Parameterliste und Klammern

Besteht die Parameterliste

1. nur aus einem einzelnen Identifizierer
2. und ist der Typ durch Typ-Inferenz klar,

können die runden Klammern wegfallen.

Lange Schreibweise	Typen inferred	Vollständig abgekürzt
`(String s) -> s.length()`	`(s) -> s.length()`	`s -> s.length()`
`(int i) -> Math.abs( i )`	`(i) -> Math.abs( i )`	`i -> Math.abs( i )`

Tabelle 1.4 Unterschiedlicher Grad von Abkürzungen

Kommen alle Abkürzungen zusammen, lässt sich etwa die Hälfte an Code einsparen. Aus `(int i) -> { return Math.abs( i ); }` wird einfach `i -> Math.abs( i )`.

Syntax-Hinweis

Nur bei genau einem Lambda-Parameter können die Klammern weggelassen werden, da es sonst Mehrdeutigkeiten gibt, für die es wieder komplexe Regeln zur Auflösung geben müsste. Heißt es etwa `foo( k, v -> { … } )`, ist unklar, ob `foo` zwei Parameter deklariert. Ist das zweite Argument ein Lambda-Ausdruck, oder handelt es sich um nur genau einen Parameter, wobei dann ein Lambda-Ausdruck übergeben wird, der selbst zwei Parameter deklariert? Um Problemen wie diesen aus dem Weg zu gehen, können Entwickler auf den ersten Blick sehen, dass `foo( k, v -> { … } )` eindeutig für Parameter steht, und `foo( (k, v) -> { … } )` nur einen Parameter besitzt.

Unbenutzte Parameter in Lambda-Ausdrücken

Es kommt vor, dass ein Lambda-Ausdruck eine funktionale Schnittstelle implementiert, aber nicht jeder Parameter von Interesse ist. Als Beispiel schauen wir uns an:

```
interface Consumer<A> { void apply( A a ); }
```

Ein Konsument, der das Argument in Hochkommata ausgibt, sieht so aus:

```
Consumer<String> printQuoted = s -> System.out.printf( "'%s'", s );
printQuoted.accept( "Chris" );  // 'Chris'
```

Was ist nun, wenn ein Konsument auf das Argument gar nicht zugreifen möchte, weil zum Beispiel die aktuelle Zeit ausgegeben wird?

```
Consumer<String> printNow =
  s -> System.out.println( System.currentTimeMillis() );
```

Die Variable s in der Lambda-Parameterliste ist ungenutzt und wird vom Compiler auch als »unused« bemängelt. Daher erlaubt eine spezielle Schreibweise, den Variablennamen wegzulassen und nur den Typ anzugeben:

```
Consumer<String> printNow =
  String /* bzw. (String)*/ -> System.out.println( System.currentTimeMillis() );
```

Der Typ selbst darf nicht entfallen, denn () -> ... passt nicht auf die funktionale Schnittstelle Consumer, die immer einen Parameter deklariert.

Hinweis

Nur bei einem Lambda-Parameter ist diese Form der Abkürzung erlaubt. Folgendes führt zu einem Compilerfehler:

```
BiFunction<Double, Double, Double> bifunc = (Double a, Double /* ☠ */)
  -> Math.signum( a );
```

Die Umgebung der Lambda-Ausdrücke und Variablenzugriffe

Ein Lambda-Ausdruck »sieht« seine Umgebung genauso wie der Code, der vor oder nach dem Lambda-Ausdruck steht. Insbesondere hat ein Lambda-Ausdruck vollständigen Zugriff auf alle Eigenschaften der Klasse, genauso wie auch der einschließende äußere Block sie hat. Es gibt keinen besonderen Namensraum, sondern nur neue und vielleicht überdeckte Variablen durch die Parameter. Das ist einer der grundlegenden Unterschiede zwischen Lambda-Ausdrücken und inneren Klassen. Somit ist auch die Bedeutung von this und super bei Lambda-Ausdrücken und inneren Klassen unterschiedlich.

Zugriff auf finale, lokale Variablen/Parametervariablen

Lambda-Ausdrücke können problemlos auf Objektvariablen und Klassenvariablen lesend und schreibend zugreifen. Auch auf lokale Variablen und Parameter hat ein Lambda-Ausdruck Zugriff. Doch greift ein Lambda-Ausdruck auf lokale Variablen bzw. Parametervariablen zu, müssen diese final sein. Dass eine Variable final ist, muss nicht extra mit einem Modifizierer geschrieben werden, aber sie muss *effektiv final* (engl. *effectively final*) sein. Effektiv final ist eine Variable, wenn sie nach der Initialisierung nicht mehr beschrieben wird.

Ein Beispiel: Der Benutzer soll über eine Eingabe die Möglichkeit bekommen, zu bestimmen, ob String-Vergleiche mit unserem trimmenden Comparator unabhängig von der Groß-/Kleinschreibung stattfinden sollen:

```
public class CompareIgnoreCase {
  public static void main( String[] args ) {
    /*final*/ boolean compareIgnoreCase = new Scanner( System.in ).nextBoolean();
    Comparator<String> c = (s1, s2) -> compareIgnoreCase ?
                                   s1.trim().compareToIgnoreCase( s2.trim() ) :
```

```
                                   s1.trim().compareTo( s2.trim() );
    String[] words = { "M", "\nSkyfall", " Q", "\t\tAdele\t" };
    Arrays.sort( words, c );
    System.out.println( Arrays.toString( words ) );
  }
}
```

Ob `compareIgnoreCase` von uns `final` gesetzt wird oder nicht, ist egal, denn die Variable wird hier effektiv final verwendet. Natürlich kann es nicht schaden, `final` als Modifizierer immer davorzusetzen, um dem Leser des Codes diese Tatsache bewusst zu machen.

Neu eingeschobene Lambda-Ausdrücke, die auf lokale Variablen bzw. Parametervariablen zugreifen, können also im Nachhinein zu Compilerfehlern führen. Folgendes Segment ist ohne Lambda-Ausdruck korrekt:

```
/*1*/ boolean compareIgnoreCase = new Scanner( System.in ).nextBoolean();
/*2*/ …
/*3*/ compareIgnoreCase = true;
```

Schiebt sich zwischen Zeile 1 und 3 nachträglich ein Lambda-Ausdruck, der auf `compareIgnoreCase` zugreift, gibt es anschließend einen Compilerfehler. Allerdings liegt der Fehler nicht in Zeile 3, sondern beim Lambda-Ausdruck. Denn die Variable `compareIgnoreCase` ist nach der Änderung nicht mehr effektiv final, was sie aber sein müsste, um in dem Lambda-Ausdruck verwendet zu werden.

Tipp

Lambda-Ausdrücke verhalten sich genauso wie innere anonyme Klassen, die auch nur auf finale Variablen zugreifen können. Mit Behältern wie einem Feld oder den speziellen `AtomicXXX`-Klassen aus dem `java.util.concurrent.atomic`-Paket lässt sich das Problem im Prinzip lösen. Denn greift ein Lambda-Ausdruck etwa auf das Feld `boolean[] compareIgnoreCase = new boolean[1];` zu, so ist die Variable `compareIgnoreCase` selbst final, aber `compareIgnoreCase[0] = true;` ist erlaubt, denn es ist ein Schreibzugriff auf das Feld, nicht auf die Variable `compareIgnoreCase`. Je nach Code besteht jedoch die Gefahr, dass Lambda-Ausdrücke parallel ausgeführt werden. Wird etwa ein Lambda-Ausdruck mit Veränderung auf diesem Feldinhalt parallel ausgeführt, so ist der Zugriff nicht synchronisiert, und das Ergebnis kann »kaputt« sein, denn paralleler Zugriff auf Variablen muss immer koordiniert vorgenommen werden.

Namensräume

Deklariert eine innere anonyme Klasse Variablen innerhalb der Methode, so sind diese immer »neu«, das heißt, die neuen Variablen überlagern vorhandene lokale Variablen aus dem äußeren Kontext. Die Variable `compareIgnoreCase` kann im Rumpf von `compare(…)` zum Beispiel problemlos neu deklariert werden:

```
boolean compareIgnoreCase = true;
Comparator<String> c = new Comparator<String>() {
  @Override public int compare( String s1, String s2 ) {
   boolean compareIgnoreCase = false;        // völlig ok
   return …
  }
};
```

In einem Lambda-Ausdruck ist das nicht möglich, und Folgendes führt zu einer Fehlermeldung des Compilers: »variable compareIgnoreCase ist already defined«.

```
boolean compareIgnoreCase = true;
Comparator<String> c = (s1, s2) -> {
  boolean compareIgnoreCase = false;  // ☠ Compilerfehler
  return …
}
```

this-Referenz

Ein Lambda-Ausdruck unterscheidet sich von einer inneren (anonymen) Klasse auch in dem, worauf die `this`-Referenz verweist:

- Beim Lambda-Ausdruck zeigt `this` immer auf das Objekt, in dem der Lambda-Ausdruck eingebettet ist.
- Bei einer inneren Klasse referenziert `this` die innere Klasse, und die ist ein komplett neuer Typ.

Folgendes Beispiel macht das deutlich:

Listing 1.4 InnerVsLambdaThis.java

```
class InnerVsLambdaThis {

  InnerVsLambdaThis() {
    Runnable lambdaRun = () -> System.out.println( this.getClass().getName() );
    Runnable innerRun  = new Runnable() {
      @Override public void run() { System.out.println( this.getClass().getName()); }
    };

    lambdaRun.run();       // InnerVsLambdaThis
    innerRun.run();        // InnerVsLambdaThis$1
  }

  public static void main( String[] args ) {
    new InnerVsLambdaThis();
  }
}
```

Als Erstes nutzen wir this in einen Lambda-Ausdruck im Konstruktor der Klasse InnerVsLambdaThis. Damit bezieht sich this auf jedes gebaute InnerVsLambdaThis-Objekt. Bei der inneren Klasse referenziert this ein anderes Exemplar, und zwar vom Typ Runnable. Da es bei anonymen Kassen keinen Namen hat, trägt es lediglich die Kennung InnerVsLambdaThis$1.

Rekursive Lambda-Ausdrücke

Lambda-Ausdrücke können auf sich selbst verweisen. Da aber ein this zur Selbstreferenz nicht funktioniert, ist ein kleiner Umweg nötig. Erst muss eine Objekt- oder eine Klassenvariable deklariert werden, dann muss dieser Variablen ein Lambda-Ausdruck zugewiesen werden, und dann kann der Lambda-Ausdruck auf diese Variable zugreifen und einen rekursiven Aufruf starten. Für den Klassiker der Fakultät sieht das so aus:

```
public class RecursiveFactLambda {
  public static IntFunction<Integer> fact = n -> (n == 0) ? 1 : n * fact.apply(n-1);
  public static void main( String[] args ) {
    System.out.println( fact.apply( 5 ) );   // 120
  }
}
```

IntFunction ist eine funktionale Schnittstelle aus dem Paket java.util.function mit einer Operation T apply(int i). T ist ein generischer Rückgabetyp, den wir hier mit Integer belegt haben.

fact hätte genauso gut als normale Methode deklariert werden können. Großartige Vorteile bietet die Schreibweise mit Lambda-Ausdrücken hier nicht. Zumal jetzt auch der Begriff *anonyme Methode* nicht mehr so richtig passt, da der Lambda-Ausdruck ja doch einen Namen hat, nämlich fact. Und weil der Lambda-Ausdruck einer Variablen zugewiesen wurde, kann er in dieser Form natürlich auch nicht mehr als Implementierung an eine Methode oder einen Konstruktor übergeben werden, sondern nur als Methoden-/Konstruktor-Referenz, dazu später mehr.

Ausnahmen in Lambda-Ausdrücken

Lambda-Ausdrücke sind Implementierungen von funktionalen Schnittstellen, und bisher haben wir noch nicht die Frage betrachtet, was passiert, wenn der Codeblock vom Lambda-Ausdruck eine Ausnahme auslöst, und wer diese auffangen muss.

Ausnahmen im Codeblock eines Lambda-Ausdrucks

In java.util.function gibt es eine funktionale Schnittstelle Predicate, deren Deklaration im Kern wie folgt ist:

```
public interface Predicate<T> { boolean test( T t ); }
```

Ein Predicate führt einen Test durch und liefert wahr oder falsch als Ergebnis. Ein Lambda-Ausdruck kann diese Schnittstelle nun implementieren. Nehmen wir an, wir wollten testen, ob eine Datei die Länge 0 hat, um etwa Dateileichen zu finden. In einer ersten Idee greifen wir auf die existierende Files-Klasse zurück, die size(…)anbietet:

```
Predicate<Path> isEmptyFile = path -> Files.size( path ) == 0;  // ✗ Compilerfehler
```

Problem dabei ist, dass Files.size(…) eine IOException auslöst, die behandelt werden muss, und zwar *nicht* vom Block, in dem der Lambda-Ausdruck als Ganzes steht, sondern vom Code im Lambda-Ausdruck selbst. Das schreibt der Compiler so vor. Folgendes ist also keine Lösung:

```
try {
  Predicate<Path> isEmptyFile = path -> Files.size( path ) == 0; // ☠
} catch ( IOException e ) { … }
```

sondern nur:

```
Predicate<Path> isEmptyFile = path -> {
  try {
    return Files.size( path ) == 0;
  } catch ( IOException e ) { return false; }
};
```

Die Eigenschaft, die Java fehlt, nennt sich *Exception-Transparenz*, und hier ist deutlich der Unterschied zwischen geprüften und ungeprüften Ausnahmen zu sehen. Bei der Exception-Transparenz wäre keine Ausnahmebehandlung im Lambda-Ausdruck nötig und an einer übergeordneten Stelle möglich. Doch da diese Möglichkeit in Java fehlt, bleibt uns nur übrig, geprüfte Ausnahmen im Lambda-Ausdrücken direkt zu behandeln.

Funktionale Schnittstellen mit throws-Klausel

Ungeprüfte Ausnahmen können immer auftreten und führen (nicht abgefangen) wie üblich zum Abbruch des Threads. Eine throws-Klausel an den Methoden/Konstruktoren ist dafür nicht nötig. Doch können funktionale Schnittstellen eine throws-Klausel mit geprüften Ausnahmen deklarieren, und die Implementierung einer funktionalen Schnittstelle kann logischerweise geprüfte Ausnahmen auslösen.

Eine Deklaration wie Callable aus dem Paket java.util.concurrent macht das deutlich. (Callable trägt kein @FunctionalInterface):

```
public interface Callable<V> {
  V call() throws Exception;
}
```

Das könnte durch folgenden Lambda-Ausdruck realisiert werden:

```
Callable<Integer> randomDice = () -> (int)(Math.random() * 6) + 1;
```

Der Aufruf von call() auf einem randomDice muss mit einer Ausnahmebehandlung einhergehen, da call() eine Exception auslöst, etwa so:

```
try {
  System.out.println( randomDice.call() );
  System.out.println( randomDice.call() );
}
catch ( Exception e ) { … }
```

Dass der Aufrufer die Ausnahme behandeln muss, ist klar. Die Deklaration des Lambda-Ausdrucks enthält keinen Hinweis auf die Ausnahme, das ist ein Unterschied zum vorangegangenen Abschnitt.

Design-Tipp

Ausnahmen in Methoden funktionaler Schnittstellen schränken den Nutzen stark ein, und daher löst keine der funktionalen Schnittstellen aus etwa `java.util.function` eine geprüfte Ausnahme aus. Der Grund ist einfach, denn jeder Methodenaufrufer müsste sonst entweder die Ausnahme weiterleiten oder behandeln.[9]

Um die Einschränkungen und Probleme mit einer `throws`-Klausel noch etwas deutlicher zu machen, stellen wir uns vor, dass die funktionale Schnittstelle `Predicate` ein `throws Exception` (vom Sinn der Typs `Exception` an sich einmal abgesehen) enthält:

```
interface Predicate<T> { boolean test( T t ) throws Exception; } // Was wäre wenn?
```

Die Konsequenz wäre, dass jeder Aufrufer von `test(…)` nun seinerseits die `Exception` in die Hände bekäme und sie auffangen oder weiterleiten müsste. Leitet der `test(…)`-Aufrufer mit `throws Exception` die Ausnahme weiter nach oben, bekommen wir plötzlich an allen Stellen ein `throws Exception` in die Methodensignatur, was auf keinen Fall gewünscht ist. So enthält jetzt etwa `ArrayList` eine Deklaration von `removeIf(Predicate filter)`; hier müsste sich dann `removeIf(…)` – was letztendlich `filter.test(…)` aufruft – mit der Testausnahme rumärgern, und `removeIf(Predicate filter) throws Exception` ist keine gute Sache.

Von geprüft nach ungeprüft

Geprüfte Ausnahmen sind in Lamba-Ausdrücken nicht schön. Eine Lösung ist, Code, der geprüfte Ausnahmen auslöst, zu verpacken und die geprüfte Ausnahme in einer ungeprüften zu manteln. Das kann etwa so aussehen:

Listing 1.5 PredicateWithException.java

```
public class PredicateWithException {

  @FunctionalInterface
  public interface ExceptionalPredicate<T, E extends Exception> {
    boolean test( T t ) throws E;
  }

  public static <T> Predicate<T> asUncheckedPredicate(
```

9 Von `Callable` gibt es zwar Nutzer, die mit Nebenläufigkeit (daher das Paket `java.util.concurrent`) in Zusammenhang stehen, aber keine weiteren Verwendungen in der Java-Bibliothek, von zwei Beispielen aus `javax.tools` abgesehen. Mit `java.util.function.Supplier` existiert eine entsprechende Alternative ohne `throws` Klausel.

```
    ExceptionalPredicate<T, Exception> predicate ) {
    return t -> {
      try {
        return predicate.test( t );
      }
      catch ( Exception e ) {
        throw new RuntimeException( e.getMessage(), e );
      }
    };
  }

  public static void main( String[] args )  {
    Predicate<Path> isEmptyFile = asUncheckedPredicate( path -> Files.size( path ) == 0 );
    System.out.println( isEmptyFile.test( Paths.get( "c:/" ) ) );
  }
}
```

Die Schnittstelle `ExceptionalPredicate` ist ein Prädikat mit optionaler Ausnahme. In der eigenen Hilfsmethode `asUncheckedPredicate(ExceptionalPredicate)` nehmen wir so ein `ExceptionalPredicate` an und packen es in ein `Predicate`, was die Methode zurückgibt. Geprüfte Ausnahmen werden in eine ungeprüfte Ausnahme vom Typ `RuntimeException` gesetzt. Somit muss `Predicate` keine geprüfte Ausnahme weiterleiten, was es ja laut Deklaration auch nicht kann.

Die Java-Bibliothek selbst bringt keine Ummantelungen dieser Art mit. Es gibt nur eine interne Methode, die etwas Vergleichbares tut:

Listing 1.6 java.nio.file.Files.java, asUncheckedRunnable(...)

```
/**
 * Convert a Closeable to a Runnable by converting checked IOException
 * to UncheckedIOException
 */
private static Runnable asUncheckedRunnable( Closeable c ) {
  return () -> {
    try {
      c.close();
    }
    catch ( IOException e ) {
      throw new UncheckedIOException( e );
    }
  };
}
```

Hier kommt die Klasse `UncheckedIOException` zum Einsatz. Diese ist eine ungeprüfte Ausnahme, die als Wrapper-Klasse für Ein-/Ausgabefehler genutzt wird. Wir finden die `UncheckedIOException` etwa bei `lines()` von `BufferedReader` bzw. `Files`, die einen `Stream<String>` mit Zeilen liefert – geprüfte Ausnahmen sind hier nur im Weg.

Klassen mit einer abstrakten Methode als funktionale Schnittstelle? *

Als die Entwickler der Sprache Java die Lambda-Ausdrücke diskutierten, stand auch die Frage im Raum, ob abstrakte Klassen, die nur über eine abstrakte Methode verfügen, ebenfalls für Lambda-Ausdrücke genutzt werden können.[10] Sie entschieden sich dagegen, unter anderem deswegen, weil bei der Implementierung von Schnittstellen die JVM weitreichende Optimierungen vornehmen kann. Und bei Klassen wird das schwierig. Das liegt auch daran, dass ein Konstruktor umfangreiche Initialisierungen mit Seiteneffekten vornimmt (die Konstruktoren aller Oberklassen nicht zu vergessen) sowie Ausnahmen auslösen könnte. Gewünscht ist aber nur die Ausführung einer Implementierung der funktionalen Schnittstelle und kein anderer Code.

Es gibt nun im JDK einige abstrakte Klassen, die genau eine abstrakte Methode vorschreiben, etwa `java.util.TimerTask`. Solche Klassen können nicht über einen Lambda-Ausdruck realisiert werden; hier müssen Entwickler weiterhin zu Klassenimplementierungen greifen, und die kürzeste Lösung ist eine innere anonyme Klasse. Eigene Hilfsklassen können natürlich den Code etwas abkürzen, aber eben nur mithilfe einer eigenen Implementierung.

Wer abstrakte Methoden mit Lambda-Ausdrücken implementieren möchte, kann mit Hilfsklassen arbeiten. Denn wenn eine Hilfsklasse funktionale Schnittstellen einsetzt, so können Lambda-Ausdrücke wieder ins Spiel kommen, indem die Implementierung der abstrakten Methode an den Lambda-Ausdruck weiterleitet. Nehmen wir das Beispiel für `TimerTask` und gehen zwei unterschiedliche Strategien der Implementierung durch. Mit Delegation sieht das so aus:

```
import java.util.*;

class TimerTaskLambda {

  public static TimerTask createTimerTask( Runnable runnable ) {
    return new TimerTask() {
        @Override public void run() { runnable.run(); }
    };
  }

  public static void main( String[] args ) {
    new Timer().schedule( createTimerTask( () -> System.out.println("Hi") ), 500 );
  }
}
```

10 Früher wurde hier die Abkürzung *SAM (Single Abstract Method)* genutzt.

Mit Vererbung erhalten wir:

```
public class LambdaTimerTask extends TimerTask {

  private final Runnable runnable;

  public LambdaTimerTask( Runnable runnable ) {
    this.runnable = runnable;
  }

  @Override public void run() { runnable.run(); }
}
```

Der Aufruf erfolgt dann statt über `createTimerTask(…)` mit dem Konstruktor:

```
new Timer().schedule( new LambdaTimerTask( () -> System.out.println("Hi") ), 500 );
```

1.2.3 Methoden-Referenz

Je größer Softwaresysteme werden, desto wichtiger werden Dinge wie Klarheit, Wiederverwendbarkeit und Dokumentation. Wir haben für unseren String-Comparator eine Implementierung geschrieben, anfangs über eine innere Klasse, später über einen Lambda-Ausdruck. In jedem Fall haben wir Code geschrieben. Doch was wäre, wenn eine Utility-Klasse schon eine Implementierung mitbringen würde? Dann könnte der Lambda-Ausdruck natürlich an die vorhandene Implementierung delegieren, und wir sparen Code.

Schauen wir uns das mal an einem Beispiel an:

```
class StringUtils {
  public static int compareTrimmed( String s1, String s2 ) {
    return s1.trim().compareTo( s2.trim() );
  }
}

public class CompareIgnoreCase {
  public static void main( String[] args ) {
    String[] words = { "A", "B", "a" };
      Arrays.sort( words, (String s1, String s2) -> StringUtils.compareTrimmed(s1, s2) );
      System.out.println( Arrays.toString( words ) );
  }
}
```

Auffällig ist hier, dass die referenzierte Methode `compareTrimmed(String,String)` von den Parametertypen und vom Rückgabetyp genau auf die `compare(…)`-Methode eines `Comparator` passt. Für genau solche Fälle gibt es eine weitere syntaktische Verkürzung, sodass im Code kein Lambda-Ausdruck, sondern nur noch ein Methodenverweis notwendig ist.

Definition

Eine *Methoden-Referenz* ist ein Verweis auf eine Methode, ohne diese jedoch aufzurufen. Syntaktisch trennen zwei Doppelpunkte den Klassenamen bzw. die Referenz auf der linken Seite von dem Methodennamen auf der rechten.

Die Zeile

```
Arrays.sort( words, (String s1, String s2) -> StringUtils.compareTrimmed(s1, s2) );
```

lässt sich mit einer Methoden-Referenz abkürzen zu:

```
Arrays.sort( words, StringUtils::compareTrimmed );
```

Die Sortiermethode erwartet vom `Comparator` eine Methode, die zwei Strings annimmt und eine Ganzzahl zurückgibt. Der Name der Klasse und der Name der Methode sind unerheblich, weshalb an dieser Stelle eine Methoden-Referenz eingesetzt werden kann.

Eine Methoden-Referenz ist wie ein Lambda-Ausdruck ein Exemplar einer funktionalen Schnittstelle, jedoch für eine existierende Methode einer bekannten Klasse. Wie üblich bestimmt der Kontext, von welchem Typ genau der Ausdruck ist.

[+]

Hinweis

Gleicher Code für eine Methoden-Referenz kann zu komplett unterschiedlichen Typen führen – der Kontext macht den Unterschied:

```
Comparator<String>                  c1 = StringUtils::compareTrimmed;
BiFunction<String, String, Integer> c2 = StringUtils::compareTrimmed;
```

Varianten von Methoden-Referenzen

Im Beispiel ist die Methode `compareTrimmed(…)` statisch, und links vom Doppelpunkt steht der Name eines Typs. Allerdings kann beim Einsatz eines Typnamens die Methode auch nichtstatisch sein, `String::length` ist so ein Beispiel. Das wäre eine Funktion, die ein `String` auf ein `int` abbildet, in Code:

```
Function<String, Integer> len = String::length;
```

Links von den zwei Doppelpunkten kann auch eine Referenz stehen, was dann immer eine Objektmethode referenziert.

[»]

Beispiel

Während String::length eine Funktion ist, wäre string::length ein Supplier, unter der Annahme, dass string eine Referenzvariable ist:

```
String string = "Goll";
Supplier<Integer> len = string::length;
System.out.println( len.get() );      // 4
```

System.out ist eine Referenz, und eine Methode wie println(…) kann an einen Consumer gebunden werden. Es ist aber auch ein Runnable, weil es println() auch ohne Parameterliste gibt:

```
Consumer<String> out = System.out::println;
out.accept( "Kates kurze Kleider" );
Runnable out = System.out::println;
out.run();
```

Ist eine Hauptmethode mit main(String... args) deklariert, so ist das auch ein Runnable:

```
Runnable r = JavaApplication1::main;
```

Anders wäre das bei main(String[]), hier ist ein Parameter zwingend, doch ein Vararg kann auch leer sein.

Anstatt den Namen einer Referenzvariablen zu wählen, kann auch this das Objekt beschreiben, und auch super ist möglich. this ist praktisch, wenn die Implementierung einer funktionalen Schnittstelle auf eine Methode der eigenen Klasse delegieren möchte. Wenn zum Beispiel eine lokale Methode compareTrimmed(…) in der Klasse existieren würde, in der auch der Lambda-Ausdruck steht, und wenn diese Methode als Comparator in Arrays.sort(…) verwendet werden sollte, könnte es heißen: Arrays.sort(words, this::compareTrimmed).

[+]

Hinweis

Es ist nicht möglich eine spezielle Methode über die Methodenreferenz auszuwählen. Eine Angabe wie String::valueOf oder Arrays::sort ist relativ breit – bei Letzterem wählt der Compiler eine der 18 passenden überladenen Methoden aus. Da kann es passieren, dass der Compiler eine falsche Methode auswählt. In dem Fall muss ein expliziter Lambda-Ausdruck eine Mehrdeutigkeit auflösen. Bei generischen Typen kann zum Beispiel List<String>::length oder auch List::length stehen, auch hier erkennt der Compiler wieder alles selbst.

Was soll das alles?

Einem Einsteiger in die Sprache Java wird dieses Sprache-Feature wie der größte Zauber auf Erden vorkommen, und auch Java-Profis bekommen hier zittrige Finger, entweder vor Furcht oder Aufregung … In der Vergangenheit musste in Java sehr viel Code explizit geschrieben werden, aber mit diesen neuen Methoden-Referenzen erkennt und macht der Compiler vieles von selbst.

Nützlich wird diese Eigenschaft mit den funktionalen Bibliotheken bei der Stream-API aus Java 8, die in Abschnitt 4.11 vorgestellt wird. Hier nur ein kurzer Vorgeschmack:

```
Object[] words = { " ", '3', null, "2", 1, "" };
Arrays.stream( words )
      .filter( Objects::nonNull )
      .map( Objects::toString )
      .map( String::trim )
      .filter( s -> ! s.isEmpty() )
      .map( Integer::parseInt )
      .sorted()
      .forEach( System.out::println );    // 1 2 3
```

1.2.4 Konstruktor-Referenz

Um ein Objekt aufzubauen, nutzen wir den `new`-Operator. Wenn wir `new` nutzen, dann wird ein Konstruktor aufgerufen, und optional lassen sich Argumente an den Konstruktor übergeben. Die Java-API deklariert aber auch Typen, von denen sich keine Exemplare mit `new` aufbauen lassen. Stattdessen gibt es Erzeuger, deren Aufgabe es ist, Objekte aufzubauen. Die Erzeuger können statische oder auch nichtstatische Methoden sein:

Konstruktor …	**… erzeugt**	**Erzeuger …**	**… baut**
`new Integer( "1" )`	`Integer`	`Integer.valueOf( "1" )`	`Integer`
`new File( "dir" )`	`File`	`Paths.get( "dir" )`	`Path`
`new BigInteger( val )`	`BigInteger`	`BigInteger.valueOf( val )`	`BigInteger`

Tabelle 1.5 Beispiele für Konstruktoren und Erzeuger-Methoden

Beide, Konstruktoren und Erzeuger, lassen sich als spezielle Funktionen sehen, die von einem Typ in einen anderen Typ konvertieren. Damit eignen sie sich perfekt für Transformationen, und in einem Beispiel haben wir das schon eingesetzt:

```
Arrays.stream( words )
      . …
      .map( Integer::parseInt )
      . …
```

`Integer.parseInt(string)` ist eine Methode, die sich einfach mit einer Methoden-Referenz fassen lässt, und zwar als `Integer::parseInt`. Aber was ist mit Konstruktoren? Auch sie transformieren! Statt `Integer.parseInt(string)` hätte ja auch `new Integer(string)` eingesetzt werden können.

Wo Methoden-Referenzen statische Methoden und Objektmethoden angeben können, bieten *Konstruktor-Referenzen* die Möglichkeit, Konstruktoren anzugeben, sodass diese als Erzeuger an anderer Stelle übergeben werden können. Damit lassen sich elegant Konstruktoren als Erzeuger angeben, und zwar auch von einer Klasse, die nicht über Erzeugermethoden verfügt. Wie auch bei Methoden-Referenzen spielt eine funktionale Schnittstelle eine entscheidende Rolle, doch dieses Mal ist es die Methode der funktionalen Schnittstelle, die mit ihrem Aufruf zum Konstruktor-Aufruf führt. Wo syntaktisch bei Methoden-Referenzen rechts vom Doppelpunkt ein Methodenname steht, ist dies bei Konstruktor-Referenzen ein `new`.[11] Also ergibt sich alternativ zu

```
.map( Integer::parseInt )        // Methode Integer.parseInt(String)
```

in unserem Beispiel das Ergebnis mittels:

```
.map( Integer::new )             // Konstruktor Integer(String)
```

Mit der Konstruktor-Referenz gibt es also vier Möglichkeiten, funktionale Schnittstellen zu implementieren; die drei verbleibenden Varianten sind Lambda-Ausdrücke, Methoden-Referenzen und klassische Implementierung über eine Klasse.

[»]

Beispiel

Die funktionale Schnittstelle sei:

```
interface DateFactory { Date create(); }
```

Die folgende Konstruktor-Referenz bindet den Konstruktor an die Methode `create()` der funktionalen Schnittstelle:

```
DateFactory factory = Date::new;
System.out.print( factory.create() ); // zum Beispiel Sat Dec 29 09:56:35 CET 2012
```

Beziehungsweise die letzten beiden Zeilen zusammengefasst:

```
System.out.println( ((DateFactory)(Date::new)).create() );
```

Soll nur der Standard-Konstruktor aufgerufen werden, muss die funktionale Schnittstelle nur eine Methode besitzen, die keinen Parameter besitzt und etwas zurückliefert. Der Rückgabetyp der Methode muss natürlich mit dem Klassentyp zusammenpassen. Das gilt für den Typ `DateFactory` aus unserem Beispiel. Doch es geht noch etwas generischer, zum Beispiel mit der vorhandenen funktionalen Schnittstelle `Supplier`, wie wir gleich sehen werden.

In der API finden sich oftmals Parameter vom Typ `Class`, die als Typangabe dazu verwendet werden, dass die Methode mit `newInstance()` Exemplare bilden kann. Der Einsatz von `Class` lässt sich durch eine funktionale Schnittstelle ersetzen, und Konstruktor-Referenzen lassen sich an Stelle von `Class`-Objekten übergeben.

Standard- und parametrisierte Konstruktoren

Beim Standard-Konstruktor hat die Methode nur eine Rückgabe, bei einem parametrisierten Konstruktor muss die Methode der funktionalen Schnittstelle natürlich über eine kompatible Parameterliste verfügen:

11 Da `new` ein Schlüsselwort ist, kann keine Methode so heißen; der Identifizierer ist also sicher.

Konstruktor	Date()	Date(long t)

Kompatible funktionale Schnittstelle	`interface DateFactory {`
	`  Date create();`
	`}`
		`interface DateFactory {`
		`  Date create(long t);`
		`}`

Konstruktor-Referenz	`DateFactory factory =` `  Date::new;`	`DateFactory factory =` `  Date::new;`
Aufruf	`factory.create();`	`factory.create(1);`

Tabelle 1.6 Standard- und parametrisierter Konstruktor mit korrespondierenden funktionalen Schnittstellen

Hinweis

Kommt die Typ-Inferenz des Compilers an ihre Grenzen, sind zusätzliche Typinformationen gefordert. In diesem Fall werden hinter dem Doppelpunkt in eckigen Klammen weitere Angaben gemacht, etwa `Klasse::<Typ1, Typ2>new`.

Nützliche vordefinierte Schnittstellen für Konstruktor-Referenzen

Die für einen Standard-Konstruktor passende funktionale Schnittstelle muss eine Rückgabe besitzen und keinen Parameter annehmen; die funktionale Schnittstelle für einen parametrisierten Konstruktor muss eine entsprechende Parameterliste haben. Es kommt nun häufig vor, dass der Konstruktor ein Standard-Konstruktor ist oder genau einen Parameter annimmt. Hier ist es vorteilhaft, dass für diese beiden Fälle die Java-API zwei praktische (generisch deklarierte) funktionale Schnittstellen mitbringt:

Funktionale Schnittstelle	Funktions-Deskriptor	Abbildung	Passt auf
`Supplier<T>`	`T get()`	`() -> T`	Standard-Konstruktor
`Function<T, R>`	`R apply(T t)`	`(T) -> R`	einfacher parametrisierter Konstruktor

Tabelle 1.7 Vorhandene funktionale Schnittstellen als Erzeuger

Beispiel

Die funktionale Schnittstelle `Supplier<T>` hat eine `T get()`-Methode, die wir mit dem Standard-Konstruktor von `Date` verbinden können:

```
Supplier<Date> factory = Date::new;
System.out.print( factory.get() );
```

Wir nutzen `Supplier` mit dem Typparameter `Date`, was den parametrisierten Typ `Supplier<Date>` ergibt, und `get()` liefert folglich den Typ `Date`. Der Aufruf `factory.get()` führt zum Aufruf des Konstruktors.

Ausblick *

Besonders interessant werden die Konstruktor-Referenzen mit den neuen Bibliotheksmethoden von Java 8. Nehmen wir eine Liste vom Typ Zeitstempel an. Der Konstruktor `Date(long)` nimmt einen solchen Zeitstempel entgegen, und mit einem `Date`-Objekt können wir Vergleiche vornehmen, etwa ob ein Datum hinter einem anderen Datum liegt. Folgendes Beispiel listet alle Datumswerte auf, die nach dem 1.1.2012 liegen:

```
Long[] timestamps = { 2432558632L, 1455872986345L };
Date thisYear = new GregorianCalendar( 2012, Calendar.JANUARY, 1 ).getTime();
Arrays.stream( timestamps )
      .map( Date::new )
      .filter( thisYear::before )
      .forEach( System.out::println );  // Fri Feb 19 10:09:46 CET 2016
```

Die Konstruktor-Referenz `Date::new` hilft dabei, das `long` mit dem Zeitstempel in ein `Date`-Objekt zu konvertieren.

Denksportaufgabe

Ein Konstruktor kann als `Supplier` bzw. `Function` gelten. Problematisch sind mal wieder geprüfte Ausnahmen. Der Leser soll überlegen, ob der Konstruktor `URI(String str) throws URISyntaxException` über `URI::new` angesprochen werden kann.

1.2.5 Implementierung von Lambda-Ausdrücken

Als die Compilerentwickler einen Prototyp für Lambda-Ausdrücke bauten, setzten sie diese technisch mit inneren Klassen um. Doch das war nur in der Testphase, denn innere Klassen sind für die JVM komplette Klassen und relativ schwergewichtig. Das Laden und Initialisieren ist relativ teuer und würde bei den vielen kleinen Lambda-Ausdrücken einen großen Overhead darstellen. Daher nutzt die Implementierung in Java 8 ein Konstrukt aus Java 7, genannt *invokedynamic*. Das hat den großen Vorteil, dass die Laufzeitumgebung viel Gestaltungsraum in der Optimierung hat. Innere Klassen sind nur eine mögliche technische Umsetzung für Lambda-Ausdrücke, invokedynamic ist sozusagen die deklarative Variante, und innere Klassen sind die imperative. Letztendlich ist der Overhead mit invokedynamic gering, und Programmcode von inneren Klassen hin zu Lambda-Ausdrücken zu refaktorisieren führt zu kleinen Bytecodedateien. Von der Performance her unterscheiden sich Lambda-Ausdrücke und die Implementierung funktionaler Schnittstellen und Klassen nicht, eher ist die Optimierung auf der Seite der JVM zu finden, die es mit weniger Klassendateien zu tun hat. Umgekehrt bedeutet das auch, wenn Entwickler ihre alte vorhandene Implementierung von funktionalen Schnittstellen durch Lambda-Ausdrücke ersetzen, wird der Bytecode kompakter, da ein kleines invokedynamic viel kürzer ist als komplexe neue Klassendateien.

1.2.6 Funktionale Programmierung mit Java

Programmierparadigmen: imperativ oder deklarativ

In irgendeiner Weise muss ein Entwickler sein Problem in Programmform beschreiben, damit der Computer es letztendlich ausführen kann. Hier gibt es verschiedene Beschreibungsformen, die wir *Programmierparadigmen* nennen. Bisher haben wir uns immer mit der imperativen Programmierung beschäftigt, bei der Anweisungen im Mittelpunkt stehen. Wir haben im Deutschen den Imperativ, also die Befehlsform, die sehr gut mit dem Programmierstil vergleichbar ist, denn es handelt sich in beiden Fällen um Anweisungen der Art »tue dies, tue das«. Diese »Befehle« mit Variablen, Fallunterscheidungen, Sprüngen beschreiben das Programm und den Lösungsweg.

Zwar ist imperative Programmierung die technisch älteste, aber nicht die einzige Form, Programme zu beschreiben; es gibt daneben die deklarative Programmierung, die nicht das Wie zur Problemlösung beschreibt, sondern das Was, also was eigentlich gefordert ist, ohne sich in genauen Abläufen zu verstricken. Auf den ersten Blick klingt das abstrakt, aber für jeden, der schon einmal

- einen Selektion wie **.html* auf der Kommandozeile/im Explorer-Suchfeld getätigt,
- eine Datenbankabfrage mit SQL geschrieben,
- eine XML-Selektion mit XQuery genutzt,
- ein Build-Skript mit Ant oder make formuliert oder
- eine XML-Transformation mit XSLT beschrieben hat,

wird das Prinzip kennen.

Bleiben wir kurz bei SQL, um einen Punkt deutlich zu machen. Natürlich ist im Endeffekt die Abarbeitung der Tabellen und Auswertungen der Ergebnisse von der CPU rein imperativ, doch es geht um die Programmbeschreibung auf einem höheren Abstraktionsniveau. Deklarative Programme sind üblicherweise wesentlich kürzer, und damit kommen weitere Vorteile wie leichtere Erweiterbarkeit, Verständlichkeit ins Spiel. Da deklarative Programme oftmals einen mathematischen Hintergrund haben, lassen sich die Beschreibungen leichter formal in ihrer Korrektheit beweisen.

Deklarative Programmierung ist ein Programmierstil, und eine deklarative Beschreibung braucht eine Art »Ablaufumgebung«, denn SQL kann zum Beispiel keine CPU direkt ausführen. Aber anstatt nur spezielle Anwendungsfälle wie Datenbank- oder XML-Abfragen zu behandeln, können auch typische Algorithmen deklarativ formuliert werden, und zwar mit funktionaler Programmierung. Damit sind imperative Programme und funktionale Programme gleich mächtig in ihren Möglichkeiten.

Funktionale Programmierung und funktionale Programmiersprachen

Bei der funktionalen Programmierung stehen Funktionen im Mittelpunkt und ein im Idealfall zustandsloses Verhalten, in dem viel mit Rekursion gearbeitet wird. Ein typisches Beispiel ist die Berechnung der Fakultät. Es ist n! = 1 × 2 × 3 × ... × n, und mit Schleifen und Variablen, dem imperativen Weg, sieht sie so aus:

```
public static int factorial( int n ) {
  int result = 1;
  for ( int i = 1; i <= n; i++ )
    result *= i;
  return result;
}
```

Deutlich sind die vielen Zuweisungen und die Fallunterscheidung durch die Schleife abzulesen, die typischen Indikatoren für imperative Programme. Der Schleifenzähler erhöht sich, damit kommt Zustand in das Programm, denn der aktuelle Index muss ja irgendwo im Speicher gehalten werden. Bei der rekursiven Variante ist das ganz anders, hier gibt es keine Zuweisungen im Programm, und die Schreibweise erinnert an die mathematische Definition:

```
public static int factorial( int n ) {
  return n == 0 ? 1 : n * factorial( n - 1 );
}
```

Mit der funktionalen Programmierung haben wir eine echte Alternative zur imperativen Programmierung. Die Frage ist nur: Mit welcher Programmiersprache lassen sich funktionale Programme schreiben? Im Grunde mit jeder höheren Programmiersprache! Denn funktional zu programmieren ist ja ein Programmierstil, und Java unterstützt funktionale Programmierung, wie wir am Beispiel mit der Fakultät ablesen können. Da das im Prinzip schon alles ist, stellt sich die Frage, warum funktionale Programmierung einen so schweren Stand hat und bei den Entwicklern gefürchtet ist. Das hat mehrere Gründe:

- **Lesbarkeit**: Am Anfang der funktionalen Programmiersprachen steht historisch LISP aus dem Jahr 1958, eine sehr flexible, aber ungewohnt zu lesende Programmiersprache. Unsere Fakultät sieht in LISP so aus:

  ```
  (defun factorial (n) (if (= n 1) 1 (* n (factorial (- n 1)))))
  ```

  Die ganzen Klammern machen die Programme nicht einfach lesbar, und die Ausdrücke stehen in der Präfix-Notation `- n 1` statt der üblichen Infix-Notation `n - 1`. Bei anderen funktionalen Programmiersprachen ist es anders, dennoch führt das zu einem gewissen Vorurteil, dass alle funktionalen Programmiersprachen schlecht lesbar sind.

- **Performance und Speicherverbrauch**: Ohne clevere Optimierungen von Seiten des Compilers und der Laufzeitumgebung führen insbesondere rekursive Aufrufe zu prall gefüllten Stacks und schlechter Laufzeit.

- **Rein funktional**: Es gibt funktionale Programmiersprachen, die als »rein« oder »pur« bezeichnet werden und keine Zustandsänderungen erlauben. Die Entwicklung von Ein-/Ausgabeoperationen oder simplen Zufallszahlen ist ein großer Akt, der für normale Entwickler nicht mehr nachvollziehbar ist. Die Konzepte sind kompliziert, doch zum Glück sind die meisten funktionalen Sprachen nicht so rein und erlauben Zustandsänderungen, nur Programmierer versuchen genau diese Zustandsänderungen zu vermeiden, um sich nicht die Nachteile damit einzuhandeln.
- **Funktional mit Java**: Wenn es darum geht, nur mit Funktionen zu arbeiten, kommen Entwickler schnell an einen Punkt, an dem Funktionen andere Funktionen als Argumente übergeben oder Funktionen zurückgeben. So etwas lässt sich in Java in der traditionellen Syntax nur sehr umständlich schreiben. Dies führt dazu, dass alles so unlesbar wird, dass der ganze Vorteil der kompakten deklarativen Schreibweise verloren geht.

Aus heutiger Sicht stellt sich eine Kombination aus beiden Konzepten als zukunftsweisend dar. Mit der in Java 8 eingeführten Schreibweise der Lambda-Ausdrücke sind funktionale Programme kompakt und relativ gut lesbar, und die JVM hat gute Optimierungsmöglichkeiten. Java ermöglicht beide Programmierparadigmen, und Entwickler können den Weg wählen, der für eine Problemlösung gerade am besten ist. Diese Mehrdeutigkeit schafft natürlich auch Probleme, denn immer wenn es mehrere Lösungswege gibt, entstehen Auseinandersetzungen um die beste der Varianten – und hier kann von Entwickler zu Entwickler eine konträre Meinung herrschen. Funktionale Programmierung hat unbestrittene Vorteile, und das wollen wir uns genau anschauen.

Funktionale Programmierung in Java am Beispiel vom Comparator

Funktionale Programmierung hat auch daher etwas Akademisches, weil in den Köpfen der Entwickler oftmals dieses Programmierparadigma nur mit mathematischen Funktionen in Verbindung gebracht wird. Und die wenigsten werden tatsächlich Fakultät oder Fibonacci-Zahlen in Programmen benötigen und daher schnell funktionale Programmierung beiseitelegen. Doch diese Vorurteile sind unbegründet, und es ist hilfreich, funktionale Programmierung gedanklich von der Mathematik zu lösen, denn die allermeisten Programme haben nichts mit mathematischen Funktionen im eigentlichen Sinne zu tun, wohl aber viel stärker mit formal beschriebenen Methoden.

Betrachten wir erneut unser Beispiel aus der Einleitung, die Sortierung von Strings, diesmal aus der Sicht eines funktionalen Programmierers. Ein `Comparator` ist eine einfache »Funktion«, mit zwei Parametern und einer Rückgabe. Diese »Funktion« (realisiert als Methode) wiederum wird an die `sort(…)`-Methode übergeben. Alles das ist funktionale Programmierung, denn wir programmieren Funktionen und übergeben sie. Drei Beispiele (Generics ausgelassen):

Code	Bedeutung
`Comparator c = (c1, c2) -> ...`	Implementiert eine Funktion über einen Lambda-Ausdruck.
`Arrays.sort(T[] a, Comparator c)`	Nimmt eine Funktion als Argument an.
`Collections.reverseOrder(Comparator cmp)`	Nimmt eine Funktion an und liefert auch eine zurück.

Tabelle 1.8 Beispiele für Funktionen in der Übergabe und als Rückgabe

Funktionen selbst können in Java nicht übergeben werden, also helfen sich Java-Entwickler mit der Möglichkeit, die Funktionalität in eine Methode zu setzen, sodass die Funktion zum Objekt mit einer Methode wird, was die Logik realisiert. Lambda-Ausdrücke bzw. Methoden/Konstruktor-Referenzen geben eine kompakte Syntax ohne den Ballast, extra eine Klasse mit einer Methode schreiben zu müssen.

Der Typ `Comparator` ist eine funktionale Schnittstelle und steht für eine besondere Funktion mit zwei Parametern gleichen Typs und einer Ganzzahl-Rückgabe. Es gibt weitere funktionale Schnittstellen, die etwas flexibler sind als `Comparator`, in der Weise, dass etwa die Rückgabe statt `int` auch `double`oder etwas anderes sein kann.

Lambda-Ausdrücke als Funktionen sehen

Wir haben gesehen, dass sich Lambda-Ausdrücke in einer Syntax formulieren lassen, die folgende allgemeine Form hat:

```
'(' LambdaParameter ')' '->' '{' Anweisungen '}'
```

Der Pfeil macht gut deutlich, dass wir es bei Lambda-Ausdrücken mit Funktionen zu tun haben, die etwas abbilden. Im Fall vom `Comparator` ist es eine Abbildung von zwei Strings auf eine Ganzzahl – in eine etwas mathematischere Notation gepackt: (String, String) → int.

[»]

Beispiel

Methoden gibt es mit und ohne Rückgabe und mit und ohne Parameter. Genauso ist das mit Lambda-Ausdrücken. Ein paar Beispiele in Java-Code mit ihren Abbildungen sehen Sie in Tabelle 1.9:

Lambda-Ausdruck	Abbildung
`(int a, int b) -> a + b`	(int, int) → int
`(int a) -> Math.abs( a )`	(int) → int
`(String s) -> s.isEmpty()`	(String) → boolean

Tabelle 1.9 Lambda-Ausdrücke und was sie als Funktionen abbilden

Lambda-Ausdruck	Abbildung
(Collection c) -> c.size()	(Collection) → int
() -> Math.random()	() → double
(String s) -> { System.out.print(s); }	(String) → void
() -> {}	() → void

Tabelle 1.9 Lambda-Ausdrücke und was sie als Funktionen abbilden (Forts.)

Begriff: Funktion versus Methode

Die Java-Sprachdefinition kennt den Begriff »Funktion« nicht, sondern spricht nur von Methoden. Methoden hängen immer an Klassen, und das heißt, dass Methoden immer an einem Kontext hängen. Das ist zentral bei der Objektorientierung, da Methoden auf Attribute lesend und schreibend zugreifen können. Lambda-Ausdrücke wiederum realisieren Funktionen, die erst einmal ihre Arbeitswerte rein aus den Parametern beziehen, sie hängen nicht an Klassen und Objekten. Der Gedanke bei funktionalen Programmiersprachen ist der, ohne Zustände auszukommen, also Funktionen so clever anzuwenden, dass sie ein Ergebnis liefern. Funktionen geben für eine spezifische Parameterkombination immer dasselbe Ergebnis zurück, unabhängig vom Zustand des umgebenden Gesamtprogramms.

1.2.7 Funktionale Schnittstelle aus dem java.util.function-Paket

Funktionen realisieren Abbildungen, und da es verschiedene Arten von Abbildungen geben kann, bietet die Java-Standardbibliothek im Paket `java.util.function` für die häufigsten Fälle funktionale Schnittstellen an. Ein erster Überblick:

Schnittstelle	Abbildung
Consumer<T>	(T) → void
DoubleConsumer	(double) → void
BiConsumer<T, U>	(T, U) → void
Supplier<T>	() → T
BooleanSupplier	() → boolean
Predicate<T>	(T) → boolean
LongPredicate	(long) → boolean

Tabelle 1.10 Beispiele einiger vordefinierter funktionaler Schnittstellen

Schnittstelle	Abbildung
`BiPredicate<T, U>`	(T, U) → boolean
`Function<T, R>`	(T) → R
`LongToDoubleFunction`	(long) → double
`BiFunction<T, U, R>`	(T, U) → R
`UnaryOperator<T>`	(T) → T
`DoubleBinaryOperator`	(double) → boolean

Tabelle 1.10 Beispiele einiger vordefinierter funktionaler Schnittstellen (Forts.)

Blöcke mit Code und die funktionale Schnittstelle java.util.function.Consumer

Anweisungen von Code lassen sich in eine Methode eines Objekts setzen und auf diese Weise weitergeben. Das ist eine häufige Notwendigkeit, für die das Paket `java.util.function` eine einfache funktionale Schnittstelle `Consumer` vorgibt, die einen Konsumenten repräsentiert, der Daten annimmt und dann verbraucht (konsumiert).

```
interface java.util.function.Consumer<T>
```

- `void accept(T t)`
  Führt Operationen mit der Übergabe `t` durch.
- `default Consumer<T> andThen(Consumer<? super T> after)`
  Liefert einen neuen `Consumer`, der erst den aktuellen `Consumer` ausführt und danach `after`.

Die `accept(…)`-Methode bekommt ein Argument – wobei die Implementierung natürlich nicht zwingend darauf zurückgreifen muss – und liefert keine Rückgabe. Transformationen sind damit nicht möglich, denn nur über Umwege kann der Konsument die Ergebnisse speichern, und dafür ist die Schnittstelle nicht gedacht. `Consumer`-Typen sind eher gedacht als Endglied einer Kette, in der zum Beispiel Dateien in eine Datei geschrieben werden, die vorher verarbeitet wurden. Diese Seiteneffekte sind beabsichtigt, da sie nach einer Kette von seiteneffektfreien Operationen stehen.

Immer repräsentieren Konsumenten Code, und eine API kann nun einfach einen Codeblock nach der Art `doSomethingWith(myConsumer)` annehmen, um ihn etwa in einem Hintergrund-Thread abzuarbeiten oder wiederholend auszuführen, oder kann ihn nach einer erlaubten Maximaldauer abbrechen oder die Zeit messen oder, oder, oder …

[»]

Beispiel

Implementiere einen `Consumer`-Wrapper, der die Ausführungszeit eines anderen Konsumenten loggt:

```
import java.util.function.*;
import java.util.logging.Logger;
class Consumers {
  public static <T> Consumer<T> measuringConsumer( Consumer<T> block ) {
    return t -> {
      long start = System.nanoTime();
      block.accept( t );
      long duration = System.nanoTime() - start;
      Logger.getAnonymousLogger().info( "Ausführungszeit (ns): " + duration );
    };
  }
}
```

Folgender Aufruf zeigt die Nutzung:

```
Consumer<Void> wrap = measuringConsumer( Void -> System.out.println( "Test" ) );
wrap.accept( null );
```

Was wir hier implementiert haben, ist ein Beispiel vom Execute-around-Method-Muster, bei dem wir um einen Block Code noch etwas anderes legen.

Typ Consumer in der API

In der Java-API zeigt sich der Typ `Consumer` in der Regel als Argument einer Methode `forEach(Consumer)`, die Datenquellen abläuft und für jedes Element `accept(…)` aufruft. Interessant ist die Methode am Typ `Iterable`, denn die wichtigen `Collection`-Datenstrukturen wie `ArrayList` implementieren diese Schnittstelle. So lässt sich einfach über alle Daten laufen und ein Stück Code für jedes Element ausführen. Auch `Iterator` hat eine vergleichbare Methode, da heißt sie `forEachRemaining(Consumer)` – das »Remaining« macht deutlich, dass der `Iterator` schon ein paar `next()`-Aufrufe erlebt haben könnte und die Konsumenten daher nicht zwingend die ersten Elemente mitbekommen.

Beispiel

Gib jedes Element einer Liste auf der Konsole aus:

```
Arrays.asList( 1, 2, 3, 4 ).forEach( System.out::println );
```

Gegenüber einem normalen Durchiterieren ist die funktionale Variante ein wenig kürzer im Code, aber sonst gibt es keinen Unterschied. Auch `forEach(…)` macht auf dem `Iterable` nichts anderes, als alle Elemente über den `Iterator` zu holen.

Supplier

Ein *Supplier* (auch *Provider* genannt) ist eine Fabrik und sorgt für Objekte. In Java deklariert das Paket `java.util.function` die funktionale Schnittstelle `Supplier` für Objektgeber:

```
interface java.util.function.Supplier<T>
```

- `T get()`
  Führt Operationen mit der Übergabe `t` durch.

Weitere statische oder Default-Methoden deklariert `Supplier` nicht. Was `get()` nun genau liefert, ist Aufgabe der Implementierung und ein Interna. Es können neue Objekte sein, immer die gleichen Objekte (Singleton) oder Objekte aus einem Cache.

Prädikate und java.util.function.Predicate

Ein Prädikat ist eine Aussage über einen Gegenstand, die wahr oder falsch ist. Die Frage mit `Character.isDigit('a')`, ob das Zeichen »a« eine Ziffer ist, wird mit falsch beantwortet – `isDigit` ist also ein Prädikat, weil es über einen Gegenstand, ein Zeichen, eine Wahrheitsaussage fällen kann.

Flexibler sind Prädikate, wenn sie als Objekte repräsentiert werden, weil sie dann an unterschiedliche Stellen weitergegeben werden können – etwa wenn über ein Prädikat bestimmt wird, das aus einer Sammlung gelöscht werden soll, oder wenn mindestens ein Element in einer Sammlung ist, welches ein Prädikat erfüllt.

Das `java.util.function`-Paket[12] deklariert eine flexible funktionale Schnittstelle `Predicate` auf folgende Weise:

```
interface java.util.function.Predicate<T>
```

- `boolean test(T t)`
  Führt einen Test auf `t` durch und liefert `true`, wenn das Kriterium erfüllt ist, sonst `false`.

[»]

Beispiel

Der Test, ob ein Zeichen eine Ziffer ist, kann durch Prädikat-Objekte nun auch anders durchgeführt werden:

```
Predicate<Character> isDigit = c -> Character.isDigit( c );
// kurz: Character::isDigit
System.out.println( isDigit.test('a') );  // false
```

Hätte es die Schnittstelle `Predicate` schon früher in Java 1.0 gegeben, hätte es der Methode `Character.isDigit(…)` gar nicht bedurft, es hätte auch ein `Predicate<Character>` als statische Variable in der Klasse `Character` geben können, sodass ein Test dann geschrieben würde als `Character.IS_DIGIT.test(…)` oder als Rückgabe von einer Methode `Predicate<Character> isDigit()` mit der Nutzung `Character.isDigit().test(…)`. Es ist daher gut möglich, dass sich in Zukunft die API

12 Achtung, in `javax.sql.rowset` gibt es ebenfalls eine Schnittstelle `Predicate`.

dahingehend verändert, dass Aussagen auf Gegenständen mit Wahrheitsrückgabe nicht mehr als Methoden bei den Klassen realisiert werden, sondern als Prädikat-Objekte angeboten werden. Aber Methoden-Referenzen geben zum Glück die Flexibilität, dass existierende Methoden problemlos als Lambda-Ausdrücke genutzt werden können, und so kommen wir wieder von Methoden zu Funktionen.

Typ Predicate in der API

Es gibt in der Java-API einige Stellen, an denen `Predicate`-Objekte genutzt werden:

- als Argument für Löschmethoden, um in Sammlungen Elemente zu spezifizieren, die gelöscht oder nach denen gefiltert werden soll
- bei den Default-Methoden der Predicate-Schnittstelle selbst, um Prädikate zu verknüpfen
- bei regulären Ausdrücken; ein `Pattern` liefert mit `asPredicte()` ein `Predicate` für Tests.
- in der Stream-API, bei der Objekte beim Durchlaufen des Stroms über ein Prädikat identifiziert werden, um sie etwa auszufiltern

Beispiel

Lösche aus einer Liste mit Zeichen alle, die Ziffern sind (es bleiben nur Zeichen übrig, etwa Buchstaben):

```
Predicate<Character> isDigit = Character::isDigit;
List<Character> list = new ArrayList<>( Arrays.asList( 'a', '1' ) );
list.removeIf( isDigit );
```

Auf diese Weise steht nicht die Schleife, sondern das Löschen im Vordergrund.

Default-Methoden von Predicate

Es gibt eine Reihe von Default-Methoden, die die funktionale Schnittstelle `Predicate` anbietet. Zusammenfassend:

```
interface java.util.function.Predicate<T>
```

- `default Predicate<T>negate()`
  Liefert vom aktuellen Prädikat eine Negation. Implementiert als `return t -> ! test(t);`.
- `default Predicate<T>and(Predicate<? super T> p)`
- `default Predicate<T>or(Predicate<? super T> p)`
  Und/Oder-verknüpfen das aktuelle Prädikat mit einem anderen Prädikat.
- `static <T> Predicate<T> isEqual(Object targetRef)`
  Liefert ein neues Prädikat, welches einen Gleichheitstest mit `targetRef` vornimmt, im Grunde `return ref -> Objects.equals(ref, targetRef)`.

[»]

Beispiel

Lösche aus einer Liste mit Zeichen alle die, die *keine* Ziffern sind:

```
Predicate<Character> isDigit = Character::isDigit;
Predicate<Character> isNotDigit = isDigit.negate();
List<Character> list = new ArrayList<>( Arrays.asList( 'a', '1' ) );
list.removeIf( isNotDigit );
```

Prädikate aus Pattern

Seit Java 8 liefert die `Pattern`-Methode `asPredicate()` ein `Predicate<String>`, sodass ein regulärer Ausdruck als Kriterium, zum Beispiel zum Filtern oder Löschen von Einträgen in Datenstrukturen, genutzt werden kann.

[»]

Beispiel

Lösche aus einer Liste alle Strings, die leer oder Zahlen sind:

```
List<String> list = new ArrayList<>( Arrays.asList( "Peaches", "", "25", "Geldof" ) );
list.removeIf( Pattern.compile( "\\d+" ).asPredicate().or( String::isEmpty ) );
System.out.println( list );             // [Peaches, Geldof]
```

Funktionen und die allgemeine funktionale Schnittstelle java.util.function.Function

Funktionen im Sinne der funktionalen Programmierung können in verschiedenen Bauarten vorkommen: mit Parameterliste/Rückgabe oder ohne. Doch im Grunde sind es Spezialformen, und die funktionale Schnittstelle `java.util.function.Function` ist die allgemeinste, die zu einem Argument ein Ergebnis liefert.

```
interface java.util.function.Function<T, R>
```

- `R apply(T t)`
  Wendet eine Funktion an, und liefert zur Eingabe `t` eine Rückgabe.

[»]

Beispiel

Eine Funktion zur Bestimmung des Absolutwerts:

```
Function<Double, Double> abs = a -> Math.abs( a );  // alternativ Math::abs
System.out.println( abs.apply( -12. ) );            // 12.0
```

Auch bei Funktionen ergibt sich für das API-Design ein Spannungsfeld, denn im Grunde müssen »Funktionen« nun gar nicht mehr als Methoden angeboten werden, sondern Klassen könnten sie auch als `Function`-Objekte anbieten. Doch da Methoden-Referenzen problemlos die Brücke von Methodennamen zu Objekten schlagen, fahren Entwickler mit klassischen Methoden ganz gut.

Typ Function in der API

Die Stream-API ist der größte Nutznießer vom Function-Typ. Es finden sich einige wenige Beispiele bei Objekt-Vergleichen (Comparator), im Paket für Nebenläufigkeiten und bei Assoziativspeichern. Im Abschnitt über die Stream-API werden wir daher viele weitere Beispiele kennenlernen.

[«]

Beispiel

Ein Assoziativspeicher soll als Cache realisiert werden, der zu Dateinamen den Inhalt assoziiert. Ist zu dem Schlüssel (dem Dateinamen) noch kein Inhalt vorhanden, soll dieser in den Assoziativspeicher gelegt werden.

```
class FileCache {
  private Map<String, byte[]> map = new HashMap<>();
  public byte[] getContent( String filename ) {
    return map.computeIfAbsent( filename, file -> {
      try {
        return Files.readAllBytes( Paths.get( file ) );
      } catch ( IOException e ) { throw new UncheckedIOException( e ); }
    } );
  }
}
```

Auf die Methode kommt Kapitel 15, »RESTful und SOAP-Web-Services«, noch einmal zurück, das Beispiel soll nur eine Idee geben, dass Funktionen an andere Funktionen übergeben werden – hier eine Function<String, byte[]) an computeIfAbsent(…). Sobald an den Datei-Cache der Aufruf getContent(String)geht, wird dieser die Map fragen und wenn diese zu dem Schlüssel keinen Wert hat, wird sie den Lambda-Ausdruck auswerten, um zu dem Dateinamen den Inhalt zu liefern.

Getter-Methoden als Function über Methoden-Referenzen

Methoden-Referenzen gehören zu den stärksten Sprachmitteln von Java 8. In Kombination mit Gettern ist ein Muster abzulesen, welches oft in Code zu sehen ist. Zunächst noch einmal zur Wiederholung von Function und der Nutzung bei Methoden-Referenzen:

```
Function<String, String> func2a = (String s) -> s.toUpperCase();
Function<String, String> func2b = String::toUpperCase;

Function<Point, Double> func1a = (Point p) -> p.getX();
Function<Point, Double> func1b = Point::getX;

System.out.println( func2b.apply( "jocelyn" ) );         // JOCELYN
System.out.println( func1b.apply( new Point( 9, 0 ) ) ); // 9.0
```

Dass Function auf die gegebene Methoden-Referenz passt, ist auf den ersten Blick unverständlich, da die Signaturen von toUpperCase() und getX() keinen Parameter deklarieren, also im üblichen Sinne keine Funktionen sind, wo etwas reinkommt und wieder rauskommt. Wir haben es hier aber mit einem speziellen Fall zu tun, denn die in der Methoden-Referenz genannten Methoden sind a) nicht statisch – wie `Math::max` – und b) ist auch keine Referenz – wie `System.out::print` – im Spiel, sondern hier wird der Compiler eine Objektmethode auf genau dem Objekt aufrufen, das als erstes Argument der funktionalen Schnittstelle übergeben wurde. (Diesen Satz bitte zweimal lesen.)

Damit ist `Function` ein praktischer Typ bei allen Szenarien, bei denen irgendwie über Getter Zustände erfragt werden, wie es etwa bei einem `Comparator` öfter vorkommt. Hier ist eine statische Methode – die Generics einmal ausgelassen – `Comparator<…> Comparator.comparing(Function<…> keyExtractor)` sehr nützlich.

[»]

Beispiel

Besorge eine Liste von Pakten, die vom Klassenlader zugänglich sind, und sortiere sie nach Namen:

```
List<Package> list = Arrays.asList( Package.getPackages() );
Collections.sort( list, Comparator.comparing( Package::getName ) );
System.out.println( list ); // [package java.io, … sun.util.locale …
```

Default-Methoden in Function

Die funktionale Schnittstelle schreibt nur eine Methode `apply(…)` vor, deklariert jedoch noch drei zusätzliche Default-Methoden:

```
interface java.util.function.Function<T,R>
```

- `static <T> Function<T,T> identity()`
  Liefert eine neue Funktion, die immer die Eingabe als Ergebnis liefert.
- `default <V> Function<T,V> andThen(Function<? super R,? extends V> after)`
  Entspricht `t -> after.apply(apply(t))`.
- `default <V> Function<V,R> compose(Function<? super V,? extends T> before)`
  Entspricht `v -> apply(before.apply(v))`.

Die Methoden `andThen(…)` und `compose(…)` unterscheiden sich also darin, in welcher Reihenfolge die Funktionen aufgerufen werden. Das Gute ist, dass die Parameternamen (»before«, »after«) klarmachen, was hier in welcher Reihenfolge aufgerufen wird, wenn auch »compose« selbst wenig aussagt.

Function versus Consumer/Predicate

Im Grunde lässt sich alles als `Function` darstellen, denn

- ein `Consumer<T>` lässt sich auch als `Function<T,Void>` verstehen (es geht etwas rein, aber nichts raus),
- ein `Predicate<T>` als `Function<T,Boolean>` und
- ein `Supplier<T>` als `Function<Void,T>`.

Dennoch erfüllen diese speziellen Typen ihren Zweck, denn je genauer der Typ, desto besser.

UnaryOperator

Es gibt auch eine weitere Schnittstelle im `java.util.function`-Paket, die `Function` spezialisiert, und zwar `UnaryOperator`. Ein `UnaryOperator` ist eine spezielle Funktion, bei der die Typen für »Eingang« und »Ausgang« gleich sind.

```
interface java.util.function.UnaryOperator<T>
extends Function<T,T>
```

- `static <T> UnaryOperator<T> identity()`
  Liefert den Identitäts-Operator, der alle Eingaben auf die Ausgaben abbildet.

Die generischen Typen machen deutlich, dass der Typ des Methodenparameters gleich dem Ergebnistyp ist. Bis auf `identity()` gibt es keine weitere Funktionalität, die Schnittstelle dient lediglich zur Typdeklaration.

An einigen Stellen der Java-Bibliothek kommt dieser Typ auch vor, etwa bei der Methode `replaceAll(UnaryOperator)` der `List`-Typen.

[«]

Beispiel

Verdopple jeden Eintrag in der Liste:

```
List<Integer> list = Arrays.asList( 1, 2, 3 );
list.replaceAll( e -> e * 2 );
System.out.println( list );  // [2, 4, 6]
```

Ein bisschen Bi …

Bi ist eine bekannte lateinische Vorsilbe für »zwei«, was übertragen auf die Typen aus `java.util.function` bedeutet, das statt eines Arguments zwei übergeben werden können.

Typ	Schnittstelle	Operation
Konsument	`Consumer<T>`	`void accept(T t)`
	`BiConsumer<T,U>`	`void accept(T t, U u)`
Funktion	`Function<T,R>`	`R apply(T t)`
	`BiFunction<T,U,R>`	`R apply(T t, U u)`
Prädikat	`Predicate<T>`	`boolean test(T t)`
	`BiPredicate<T,U>`	`boolean test(T t, U u)`

Tabelle 1.11 Ein-/Zwei-Argument-Methoden im Vergleich

Die Bi-Typen haben mit den Nicht-Bi-Typen keine Typbeziehung.[13]

BiConsumer

Der BiConsumer deklariert die Methode accept(T, U) mit zwei Parametern, die jeweils unterschiedliche Typen tragen können. Haupteinsatzpunkt des Typs in der Java-Standardbibliothek sind Assoziativspeicher, die Schlüssel und Werte an accept(…) übergeben. So deklariert Map die Methode:

```
interface java.util.Map<K,V>
```

- default void forEach(BiConsumer<? super K,? super V> action)
  Läuft den Assoziativspeicher ab und ruft auf jedem Schlüssel-Wert-Paar die accept(…)-Methode vom übergebenen BiConsumer auf.

[»] **Beispiel**

Gib die Temperaturen der Städte aus:

```
Map<String, Integer> map = new HashMap<>();
map.put( "Manila", 25 );
map.put( "Leipzig", -5 );
map.forEach( (k,v) -> System.out.printf("%s hat %d Grad%n", k, v) );
```

Ein BiConsumer besitzt eine Default-Methode andThen(…), wie auch der Consumer sie zur Verkettung deklariert.

```
interface java.util.function.BiConsumer<T,U>
```

- default BiConsumer<T,U> andThen(BiConsumer<? super T,? super U> after)
  Verknüpft den aktuellen BiConsumer mit after zu einem neuen BiConsumer.

BiFunction und BinaryOperator

Eine BiFunction ist eine Funktion mit zwei Argumenten, während eine normale Function nur ein Argument annimmt.

[»] **Beispiel**

Nutzung von Function und BiFunction mit Methoden-Referenzen:

```
Function<Double, Double> sign = Math::abs;
BiFunction<Double, Double, Double> max = Math::max;
```

Die Java-Bibliothek greift viel öfter auf Function zurück als auf BiFunction. Der häufigste Einsatz findet sich in der Standardbibliothek rund um Assoziativspeicher, bei denen Schlüssel und Wert an eine BiFunction übergeben werden.

13 Irgendwie finden das manche Leser lustig …

Beispiel

Konvertiere alle assoziierten Werte einer HashMap nach Großschreibung:

```
Map<Integer, String> map = new HashMap<>();
map.put( 1, "eins" ); map.put( 2, "zwEi" );
System.out.println( map );  // {1=eins, 2=zwEi}
BiFunction<Integer, String, String> func = (k, v) -> v.toUpperCase();
map.replaceAll( func );
System.out.println( map );  // {1=EINS, 2=ZWEI}
```

Ist bei einer Function der Typ derselbe, bietet die Java-API dafür den spezielleren Typ UnaryOperator. Sind bei einer BiFunction alle drei Typen gleich, bietet sich hier BinaryOperator an zum Vergleich:

- interface UnaryOperator<T> extends Function<T,T>
- interface BinaryOperator<T> extends BiFunction<T,T,T>

Beispiel

BiFunction und BinaryOperator:

```
BiFunction<Double, Double, Double> max1 = Math::max;
BinaryOperator<Double>             max2 = Math::max;
```

BinaryOperator spielt bei so genannten Reduktionen eine große Rolle, wenn zum Beispiel wie bei max aus zwei Werten einer wird, auch das beleuchtet der Abschnitt über die Stream-API später genauer.

Die Schnittstelle BiFunction deklariert genau eine Default-Methode:

```
interface java.util.function.BiFunction<T,U,R>
extends Function<T, T>
```

- default <V> BiFunction<T,U,V> andThen(Function<? super R,? extends V> after)

BinaryOperator dagegen wartet mit zwei statischen Methoden auf:

```
public interface java.util.function.BinaryOperator<T>
extends BiFunction<T,T,T>
```

- static <T> BinaryOperator<T> maxBy(Comparator<? super T> comparator)
- static <T> BinaryOperator<T> minBy(Comparator<? super T> comparator)
  Liefert einen BinaryOperator, der das Maximum/Minimum bezüglich eines gegebenen comparator liefert.

BiPredicate

Ein BiPredicate testet zwei Argumente und verdichtet sie zu einem Wahrheitswert. Wie Predicate deklariert auch BiPredicate drei Default-Methoden and(...), or(...) und negate(...), wobei natürlich eine statische isEqual(...)-Methode wie bei Predicate in BiPredicate fehlt. Für BiPredicate gibt es in der Java-Standardbibliothek nur eine Verwendung bei einer Methode zum Finden von Dateien – der Gebrauch ist selten, zudem ja auch ein Prädikat immer einer Funktion mit boolean-Rückgabe ist, sodass es eigentlich für diese Schnittstelle keine zwingende Notwendigkeit gibt.

[»]

Beispiel

Bei BiXXX und zwei Argumenten hört im Übrigen die Spezialisierung auf, es gibt keine Typen TriXXX, QuardXXX, ... Das ist in der Praxis auch nicht nötig, denn zum einen kann oftmals eine Reduktion stattfinden, so ist etwa max(1, 2,3) gleich max(1, max(2, 3)), und zum anderen kann auch der Parametertyp eine Sammlung sein, wie in Function<List<Integer>, Integer> max.

Funktionale Schnittstellen mit Primitiven

Die bisher vorgestellten funktionalen Schnittstellen sind durch die generischen Typparameter sehr flexibel, aber was fehlt, sind Signaturen mit Primitiven – Java hat das »Problem«, dass Generics nur mit Referenztypen funktionieren, nicht aber mit primitiven Typen. Aus diesem Grund gibt es von fast allen Schnittstellen aus dem function-Paket vier Versionen: eine generische für beliebige Referenzen sowie Versionen für den Typ int, long und double. Die API-Designer wollten gerne die Wrapper-Typen außen vor lassen und gewisse primitive Typen unterstützen, auch aus Performance-Gründen, um nicht immer ein Boxing durchführen zu müssen.

Tabelle 1.12 gibt einen Überblick über die funktionalen Schnittstellen, die alle keinerlei Vererbungsbeziehungen zu anderen Schnittstellen haben.

Funktionale Schnittstelle	Funktions-Deskriptor
XXXSupplier	
BooleanSupplier	boolean getAsBoolean()
IntSupplier	int getAsInt()
LongSupplier	long getAsLong()
DoubleSupplier	double getAsDouble()
XXXConsumer	
IntConsumer	void accept(int value)
LongConsumer	void accept(long value)
DoubleConsumer	void accept(double value)

Tabelle 1.12 Spezielle funktionale Schnittstellen für primitive Werte

Funktionale Schnittstelle	Funktions-Deskriptor
`ObjIntConsumer<T>`	`void accept(T t, int value)`
`ObjLongConsumer<T>`	`void accept(T t, long value)`
`ObjDoubleConsumer<T>`	`void accept(T t, double value)`
XXXPredicate	
`IntPredicate`	`boolean test(int value)`
`LongPredicate`	`boolean test(long value)`
`DoublePredicate`	`boolean test(double value)`
XXXFunction	
`DoubleToIntFunction`	`int applyAsInt(double value)`
`IntToDoubleFunction`	`double applyAsDouble(int value)`
`LongToIntFunction`	`int applyAsInt(long value)`
`IntToLongFunction`	`long applyAsLong(int value)`
`DoubleToLongFunction`	`long applyAsLong(double value)`
`LongToDoubleFunction`	`double applyAsDouble(long value)`
`IntFunction<R>`	`R apply(int value)`
`LongFunction<R>`	`R apply(long value)`
`DoubleFunction<R>`	`R apply(double value)`
`ToIntFunction<T>`	`int applyAsInt(T t)`
`ToLongFunction<T>`	`long applyAsLong(T t)`
`ToDoubleFunction<T>`	`double applyAsDouble(T t)`
`ToIntBiFunction<T,U>`	`int applyAsInt(T t, U u)`
`ToLongBiFunction<T,U>`	`long applyAsLong(T t, U u)`
`ToDoubleBiFunction<T,U>`	`double applyAsDouble(T t, U u)`
XXXOperator	
`IntUnaryOperator`	`int applyAsInt(int operand)`
`LongUnaryOperator`	`long applyAsLong(long operand)`

Tabelle 1.12 Spezielle funktionale Schnittstellen für primitive Werte (Forts.)

Funktionale Schnittstelle	Funktions-Deskriptor
`DoubleUnaryOperator`	`double applyAsDouble(double operand)`
`IntBinaryOperator`	`int applyAsInt(int left, int right)`
`LongBinaryOperator`	`long applyAsLong(long left, long right)`
`DoubleBinaryOperator`	`double applyAsDouble(double left, double right)`

Tabelle 1.12 Spezielle funktionale Schnittstellen für primitive Werte (Forts.)

Statische und Default-Methoden

Einige generisch deklarierte funktionale Schnittstellen-Typen besitzen Default-Methoden bzw. statische Methoden, und Ähnliches findet sich auch bei den primitiven funktionalen Schnittstellen wieder:

- Die `XXXConsumer`-Schnittstellen deklarieren `default XXXConsumer andThen(XXXConsumer after)`, aber nicht die `ObjXXXConsumer`-Typen, sie besitzen keine Default-Methode.
- Die `XXXPredicate`-Schnittstellen deklarieren:
  - `default XXXPredicate negate()`
  - `default XXXPredicate and(XXXPredicate other)`
  - `default IntPredicate or(XXXPredicate other)`
- Jeder `XXXUnaryOperator` besitzt:
  - `default XXXUnaryOperator andThen(IntUnaryOperator after)`
  - `default XXXUnaryOperator compose(XXXUnaryOperator before)`
  - `static IntUnaryOperator identity()`
- `BinaryOperator` hat zwei statische Methoden `maxBy(…)` und `minBy(…)`, die es nicht in der primitiven Version `XXXBinaryOperator` gibt, da kein `Comparator` bei primitiven Vergleichen nötig ist.
- Die `XXXSupplier`-Schnittstellen deklarieren keine statische- oder Default-Methoden, genauso wie es auch `Supplier` nicht tut.

1.2.8 Optional ist keine Nullnummer

Java hat eine besondere Referenz, die Entwicklern die Haare zu Berge stehen lässt und die Grund für lange Debug-Stunden ist: die `null`-Referenz. Eigentlich sagt `null` nur aus: »nicht initialisiert«. Doch was `null` so problematisch macht, ist die `NullPointerExcpetion`, die durch referenzierte `null`-Ausdrücke ausgelöst wird.

[»]

Beispiel

Entwickler haben vergessen, das Attribut `location` mit einem Objekt zu initialisieren, sodass `setLocation(…)` fehlschlagen wird:

```
class Place {
  private Point2D location;
  public void setLocation( double longitude, double latitude ) {
    location.setLocation( longitude, latitude );  // ☠ NullPointerException
  }
}
```

Einsatz von null

Fehler dieser Art sind durch Tests relativ leicht aufzuspüren. Aber hier liegt nicht das Problem. Das eigentliche Problem ist, dass Entwickler allzu gerne die typenlose `null`[14] als magischen Sonderwert sehen, sodass sie neben »nicht initialisiert« noch etwas anderes bedeutet:

- Erlaubt die API in Argumenten für Methoden/Konstruktoren `null`, heißt das meistens »nutze einen Default-Wert« oder »nichts gegeben, ignorieren«.
- In Rückgaben von Methoden steht `null` oftmals für »nichts gemacht« oder »keine Rückgabe«. Im Gegensatz dazu kodieren andere Methoden wiederum mit der Rückgabe `null`, dass eine Operation erfolgreich durchlaufen wurde, und würden sonst zum Beispiel Fehlerobjekte zurückgegeben.[15]

Beispiel 1

Die Javadoc Methode `getTask(out, fileManager, diagnosticListener, options, classes, compilationUnits)` in der Schnittstelle `JavaCompiler` ist so ein Beispiel:

- `out`: »a writer for additional output from the compiler; use system.err **if null**«
- `fileManager`: »a file manager; **if null** use the compiler's standard filemanager«
- `diagnosticListener`: »a diagnostic listener; **if null** use the compiler's default method for reporting diagnostics«
- `options`: »compiler options, **null** means no options«
- `classes`: »names of classes to be processed by annotation processing, **null** means no class names«
- `compilationUnits`: »the compilation units to compile, null means no compilation units«

Alle Argumente können `null` sein, `getTask(null, null, null, null, null, null)` ist also ein korrekter Aufruf. Schön ist die API nicht, und besser wäre sie wohl mit einem Builder-Pattern gelöst.

Beispiel 2

Der `BufferedReader` erlaubt das zeilenweise Einlesen aus Datenquellen, und `readLine()` liefert `null`, wenn es keine Zeile mehr zu lesen gibt.

14 `null instanceof Typ` ist immer `false`.

15 Zum Glück wird `null` selten als Fehler-Identifikator genutzt, die Zeiten sind vorbei. Hier sind Ausnahmen die bessere Wahl, denn Fehler sind Ausnahmen im Programm.

Beispiel 3

Viel Irritation gibt es mit der API vom Assoziativspeicher. Eine gewöhnliche `HashMap` kann als assoziierten Wert `null` bekommen, doch `get(key)` liefert auch dann `null`, wenn es keinen assoziierten Wert gibt. Das führt zu einer Mehrdeutigkeit, da die Rückgabe von `get(…)` nicht verrät, ob es eine Abbildung auf `null` gibt oder ob der Schlüssel nicht vorhanden ist.

```
Map<Integer, String> map = new HashMap<>();
map.put( 0, null );
System.out.println( map.containsKey( 0 ) );       // true
System.out.println( map.containsValue( null ) ); // true
System.out.println( map.get( 0 ) );              // null
System.out.println( map.get( 1 ) );              // null
```

Kann die Map `null`-Werte enthalten, muss es immer ein Paar der Art `if(map.containsKey(key))`, gefolgt von `map.get(key)` geben. Am besten verzichten Entwickler auf `null` in Datenstrukturen.

Da `null` so viele Einsatzfälle hat und das Lesen der API-Dokumentation gerne übersprungen wird, sollte es zu einigen `null`-Einsätzen Alternativen geben. Manches Mal ist das einfach, etwa wenn die Rückgabe Sammlungen sind. Dann gibt es mit einer leeren Sammlung eine gute Alternative zu `null`. Das ist ein Spezialfall des so genannten Null-Object-Patterns und wird in Kapitel 15, »RESTful und SOAP-Web-Services«, näher beschrieben.

Fehler, die aufgrund einer `NullPointerException` entstehen, ließen sich natürlich komplett vermeiden, wenn immer ordentlich auf `null`-Referenzen getestet würde. Aber gerade die `null`-Prüfungen werden von Entwicklern gerne vergessen, da ihnen nicht bewusst ist oder sie nicht erwarten, dass eine Rückgabe `null` sein kann. Gewünscht ist ein Programmkonstrukt, bei dem explizit wird, dass ein Wert nicht vorhanden sein kann, sodass nicht `null` diese Rolle übernehmen muss. Wenn im Code lesbar ist, dass ein Wert optional ist, also vorhanden sein kann oder nicht, reduziert das Fehler.

Geschichte

Tony Hoare gilt als »Erfinder« der `null`-Referenz. Heute bereut er es und nennt die Entscheidung »my billion-dollar mistake«.[16]

---

16 Er sagt dazu: *»It was the invention of the null reference in 1965. At that time, I was designing the first comprehensive type system for references in an object oriented language (ALGOL W). My goal was to ensure that all use of references should be absolutely safe, with checking performed automatically by the compiler. But I couldn't resist the temptation to put in a null reference, simply because it was so easy to implement. This has led to innumerable errors, vulnerabilities, and system crashes, which have probably caused a billion dollars of pain and damage in the last forty years.«*
Unter *http://www.infoq.com/presentations/Null-References-The-Billion-Dollar-Mistake-Tony-Hoare* gibt es ein Video mit ihm und Erklärungen.

Optional-Typ

Seit Java 8 bietet die Java-API eine Art Container, der ein Element enthalten kann oder nicht. Wenn der Container ein Element enthält, ist es nie `null`. Dieser Container kann befragt werden, ob er ein Element enthält oder nicht. Eine `null` als Kennung ist somit überflüssig.

[«]

Beispiel

```
Optional<String> opt1 = Optional.of( "Aitazaz Hassan Bangash" );
System.out.println( opt1.isPresent() );   // true
System.out.println( opt1.get() );         // Aitazaz Hassan Bangash
Optional<String> opt2 = Optional.empty();
System.out.println( opt2.isPresent() );   // false
// opt2.get() -> java.util.NoSuchElementException: No value present
Optional<String> opt3 = Optional.ofNullable( "Malala" );
System.out.println( opt3.isPresent() );   // true
System.out.println( opt3.get() );         // Malala
Optional<String> opt4 = Optional.ofNullable( null );
System.out.println( opt4.isPresent() );   // false
// opt4.get() -> java.util.NoSuchElementException: No value present
```

```
final class java.lang.Optional<T>
```

- `static <T> Optional<T> empty()`
  Liefert ein leeres `Optional`-Objekt.
- `boolean isPresent()`
  Liefert wahr, wenn dieses `Optional` einen Wert hat, sonst ist wie im Fall von `empty()` die Rückgabe `false`.
- `static <T> Optional<T> of(T value)`
  Baut ein neues `Optional` mit einem Wert auf, der nicht `null` sein darf; andernfalls gibt es eine `NullPointerException`. `null` in das `Optional` hineinzubekommen, geht also nicht.
- `static <T> Optional<T> ofNullable(T value)`
  Erzeugt ein `Optional` mit dem Wert, wenn dieser ungleich `null` ist, bei `null` ist die Rückgabe ein `empty()`-`Optional`.
- `T get()`
  Liefert den Wert. Handelt es sich um ein `Optional` `empty()`, folgt eine `NoSuchElementException`.
- `T orElse(T other)`
  Liefert den Wert vom `Optional` und, wenn dieser leer ist, `other`.

Weiterhin überschreibt `Optional` die Methoden `equals(…)`, `toString()` und `hashCode()` – 0, wenn kein Wert gegeben ist, sonst Hashcode vom Element – und ein paar weitere Methoden, die wir uns später anschauen.

[+]

Hinweis

Intern `null` zu verwenden hat zum Beispiel den Vorteil, dass die Objekte serialisiert werden können. `Optional` implementiert `Serializable` *nicht*, daher sind `Optional` Attribute nicht serialisierbar, können also etwa nicht im Fall von Remote-Aufrufen mit RMI übertragen werden. Auch die Abbildung auf XML oder auf Datenbanken ist umständlicher, wenn nicht JavaBean-Properties herangezogen werden, sondern die internen Attribute.

Ehepartner oder nicht?

`Optional` wird also dazu verwendet, im Code explizit auszudrücken, ob ein Wert vorhanden ist oder nicht. Das gilt auf beiden Seiten: Der Erzeuger muss explizit `ofXXX(…)` aufrufen und der Nutzer explizit `isPresent()` oder `get()`. Beide Seiten sind sich also bewusst, dass sie es mit einem Wert zu tun haben, der optional ist, also existieren kann oder nicht. Wir wollen das in einem Beispiel nutzen und zwar für eine Person, die einen Ehepartner haben kann:

Listing 1.7 com/tutego/insel/java/lang/Person.java, Person

```
public class Person {
  private Person spouse;

  public void setSpouse( Person spouse ) {
    this.spouse = Objects.requireNonNull( spouse );
  }

  public void removeSpouse() {
    spouse = null;
  }

  public Optional<Person> getSpouse() {
    return Optional.ofNullable( spouse );
  }
}
```

In diesem Beispiel ist `null` für die interne Referenz auf den Partner möglich; diese Kodierung soll aber nicht nach außen gelangen. Daher liefert `getSpouse()` nicht direkt die Referenz, sondern es kommt `Optional` zum Einsatz und drückt aus, ob eine Person einen Ehepartner hat oder nicht. Auch bei `setSpouse(…)` akzeptieren wir kein `null`, denn `null`-Argumente sollten soweit wie möglich vermieden werden. Ein `Optional` ist hier nicht angemessen, weil es ein Fehler ist, `null` zu übergeben. Zusätzlich sollte natürlich die Javadoc an `setSpouse (…)` dokumentieren, dass ein `null`-Argument zu einer `NullPointerException` führt. Daher passt `Optional` als Parametertyp nicht.

Listing 1.8 com/tutego/insel/java/lang/OptionalDemo.java, main()

```
Person heinz = new Person();
System.out.println( heinz.getSpouse().isPresent() ); // false
Person eva = new Person();
heinz.setSpouse( eva );
System.out.println( heinz.getSpouse().isPresent() ); // true
System.out.println( heinz.getSpouse().get() ); // com/.../Person
heinz.removeSpouse();
System.out.println( heinz.getSpouse().isPresent() ); // false
```

Primitive optionale Typen

Während Referenzen `null` sein können, und auf diese Weise das Nichtvorhandensein anzeigen, ist das bei primitiven Datentypen nicht so einfach. Wenn eine Methode ein `boolean` zurückgibt, bleibt neben `true` und `false` nicht viel übrig, und ein »nicht zugewiesen« wird dann doch gerne wieder über einen `Boolean` verpackt und auf `null` getestet. Gerade bei Ganzzahlen gibt es immer wieder Rückgaben wie –1.[17] Das ist bei den folgenden Beispielen der Fall:

- Wenn bei `InputStreams` `read(...)` keine Eingaben mehr kommen, wird `-1` zurückgegeben.
- `indexOf(Object)` von `List` liefert `-1`, wenn das gesuchte Objekt nicht in der Liste ist und folglich auch keine Position vorhanden ist.
- Bei einer unbekannten Bytelänge einer MIDI-Datei (Typ `MidiFileFormat`) hat `getByteLength()` als Rückgabe `-1`.

Diese magischen Werte sollten vermieden werden, und daher kann auch der optionale Typ wieder erscheinen.

Als generischer Typ kann `Optional` beliebige Typen kapseln, und primitive Werte könnten in Wrapper verpackt werden. Allerdings bietet Java für drei primitive Typen spezielle `Optional`-Typen an: `OptionalInt`, `OptionalLong`, `OptionalDouble`:

Optional<T>	OptionalInt	OptionalLong	OptionalDouble
static <T> Optional<T> empty()	static OptionalInt empty()	static OptionalLong empty()	static OptionalDouble empty()
T get()	int getAsInt()	long getAsLong()	double getAsDouble()
boolean isPresent()			

Tabelle 1.13 Methodenvergleich zwischen den vier OptionalXXX-Klassen

17 Unter *http://download.java.net/jdk8/docs/api/constant-values.html* lassen sich alle Konstantendeklarationen einsehen.

Optional<T>	OptionalInt	OptionalLong	OptionalDouble
static <T> Optional<T> of(T value)	static OptionalInt of(int value)	static OptionalLong of(long value)	static OptionalDouble of(double value)
static <T> Optional<T> ofNullable(T value)	nicht übertragbar		
T orElse(T other)	int orElse(int other)	long orElse(long other)	double orElse(double other)
boolean equals(Object obj)			
int hashCode()			
String toString()			

Tabelle 1.13 Methodenvergleich zwischen den vier OptionalXXX-Klassen (Forts.)

Die Optional-Methode ofNullable(…) fällt in den primitiven Optional-Klassen natürlich raus. Die optionalen Typen für die drei primitiven Typen haben insgesamt weniger Methoden, und die obere Tabelle ist nicht ganz vollständig. Wir kommen im Rahmen der funktionalen Programmierung in Java noch auf die verbleibenden Methoden wie isPresent(…) zurück.

Best Practice

OptionalXXX-Typen eignen sich hervorragend als Rückgabetyp, sind als Parametertyp denkbar, doch wenig attraktiv für interne Attribute. Intern ist null eine akzeptable Wahl, der »Typ« ist schnell und speicherschonend.

Erstmal funktional mit Optional

Neben den vorgestellten Methoden wie ofXXX(…), isPresent(), … gibt es weitere, die auf funktionale Schnittstellen zurückgreifen, die wir uns jetzt anschauen wollen:

```
final class java.lang.Optional<T>
```

- void ifPresent(Consumer<? super T> consumer)
  Repräsentiert das Optional einen Wert, rufe den Consumer mit diesem Wert auf, andernfalls mache nichts.
- Optional<T> filter(Predicate<? super T> predicate)
  Repräsentiert das Optional einen Wert und das Prädikat predicate auf dem Wert ist wahr, ist die Rückgabe das eigene Optional, sonst ist die Rückgabe Optional.empty().

- `<U> Optional<U> map(Function<? super T,? extends U> mapper)`
  Repräsentiert das `Optional` einen Wert, dann wende die Funktion an, und verpacke das Ergebnis (wenn es ungleich `null` ist) wieder in ein `Optional`. War das `Optional` ohne Wert, dann ist die Rückgabe `Optional.empty()`, genauso, wenn die Funktion `null` liefert.
- `<U> Optional<U>flatMap(Function<? super T,Optional<U>> mapper)`
  Wie `map(…)`, nur dass die Funktion ein `Optional` statt eines direkten Werts gibt. Liefert die Funktion `mapper` ein leeres `Optional`, so ist das Ergebnis von `flatMap(…)` auch `Optional.empty()`.
- `T orElseGet(Supplier<? extends T> other)`
  Repräsentiert das `Optional` einen Wert, so liefere ihn, ist das `Optional` leer, so beziehe den Alternativwert aus dem `Supplier`.
- `<X extends Throwable> T orElseThrow(Supplier<? extends X> exceptionSupplier)`
  Repräsentiert das `Optional` einen Wert, so liefere ihn, andernfalls hole mit `Supplier` das Ausnahme-Objekt, und löse es aus.

Beispiel für NullPointerException-sichere Kaskadierung von Aufrufen mit Optional

Die beiden `XXXmap(…)`-Methoden sind besonders interessant und ermöglichen einen ganz neuen Programmierstil. Warum, soll ein Beispiel zeigen.

Der folgende Zweizeiler gibt auf meinem System »MICROSOFT KERNELDEBUGGER-NETZWERKADAPTER« aus:

```
String s = NetworkInterface.getByIndex( 2 ).getDisplayName().toUpperCase();
System.out.println( s );
```

Allerdings ist der Programmcode alles andere als gut, denn `NetworkInterface.getByIndex(int)` kann `null` zurückgeben und `getDisplayName()` auch. Um ohne eine `NullPointerException` um die Klippen zu schiffen, müssen wir schreiben:

```
NetworkInterface networkInterface = NetworkInterface.getByIndex( 2 );
if ( networkInterface != null ) {
  String displayName = networkInterface.getDisplayName();
  if ( displayName != null )
    System.out.println( displayName.toUpperCase() );
}
```

Von der Eleganz des Zweizeilers ist nicht mehr viel geblieben. Integrieren wir `Optional` (was ja eigentlich ein toller Rückgabetyp für `getByIndex()` und `getDisplayName()` wäre):

```
Optional<NetworkInterface> networkInterface =
 Optional.ofNullable( NetworkInterface.getByIndex( 2 ) );
if ( networkInterface.isPresent() ) {
  Optional<String> name =
 Optional.ofNullable( networkInterface.get().getDisplayName() );
```

```
  if ( name.isPresent() )
    System.out.println( name.get().toUpperCase() );
}
```

Mit Optional wird es nicht sofort besser, doch statt if können wir einen Lambda-Ausdruck nehmen und bei ifPresent(…) einsetzen:

```
Optional<NetworkInterface> networkInterface =
 Optional.ofNullable( NetworkInterface.getByIndex( 2 ) );
networkInterface.ifPresent( ni -> {
  Optional<String> displayName = Optional.ofNullable( ni.getDisplayName() );
  displayName.ifPresent( name -> {
    System.out.println( name.toUpperCase() );
  } );
} );
```

Wenn wir nun die lokalen Variablen networkInterface und displayName entfernen, kommen wir aus bei:

```
Optional.ofNullable( NetworkInterface.getByIndex( 2 ) ).ifPresent( ni -> {
  Optional.ofNullable( ni.getDisplayName() ).ifPresent( name -> {
    System.out.println( name.toUpperCase() );
  } );
} );
```

Von der Struktur her ist das mit der if-Abfrage identisch und über die Einrückungen auch zu erkennen. Fallunterscheidungen mit Optional und ifPresent(…) umzuschreiben bringt also keinen Vorteil.

In Fallunterscheidungen zu denken hilft hier nicht weiter. Was wir uns bei NetworkInterface.getByIndex(2).getDisplayName().toUpperCase() vor Augen halten müssen, ist eine Kette von Abbildungen. NetworkInterface.getByIndex(int) bildet auf NetworkInterface ab, getDisplayName() von NetworkInterface bildet auf String ab, und toUpperCase() bildet von einem String auf einen anderen String ab. Wir verketten also drei Abbildungen und müssten ausdrücken können: Wenn eine Abbildung fehlschlägt, dann höre mit der Abbildung auf. Und genau hier kommen Optional und map(…) ins Spiel. In Code:

```
Optional<String> s = Optional.ofNullable( NetworkInterface.getByIndex( 2 ) )
                             .map( ni -> ni.getDisplayName() )
                             .map( name -> name.toUpperCase() );
s.ifPresent( System.out::println );
```

Die Klasse Optional hilft uns bei zwei Dingen: Erstens wird map(…) beim Empfangen einer null-Referenz auf ein Optional.empty() abbilden, und zweitens ist das Verketten von leeren Optionals kein Problem, es passiert einfach nichts – Optional.empty().map(…) führt nichts aus, und die

Rückgabe ist einfach nur ein leeres `Optional`. Am Ende der Kette steht also nicht mehr `String` (wie am Anfang des Beispiels), sondern `Optional<String>`.

Umgeschrieben mit Methoden-Referenzen und weiter verkürzt ist der Code sehr gut lesbar und Null-Pointer-Exception-sicher:

```
Optional.ofNullable( NetworkInterface.getByIndex( 2 ) )
        .map( NetworkInterface::getDisplayName )
        .map( String::toUpperCase )
        .ifPresent( System.out::println );
```

Die Logik kommt ohne externe Fallunterscheidungen aus und arbeitet nur mit optionalen Abbildungen. Das ist ein schönes Beispiel für funktionale Programmierung.

Primitiv-Optionales

Die eigentliche `Optional`-Klasse ist generisch und kapselt jeden Referenztyp. Auch für die primitiven Typen `int`, `long` und `double` gibt es in drei spezielle Klassen `OptionalInt`, `OptionalLong`, `OptionalDouble` Methoden zur funktionalen Programmierung. Stellen wir die Methoden der vier `OptionalXXX`-Klassen gegenüber:

Optional<T>	OptionalInt	OptionalLong	OptionalDouble
`static <T> Optional<T> empty()`	`static OptionalInt empty()`	`static OptionalLong empty()`	`static OptionalDouble empty()`
`T get()`	`int getAsInt()`	`long getAsLong()`	`double getAsDouble()`
`boolean isPresent()`			
`static <T> Optional<T> of(T value)`	`static OptionalInt of(int value)`	`static OptionalLong of(long value)`	`static OptionalDouble of(double value)`
`static <T> Optional<T> ofNullable(T value)`	nicht übertragbar		
`T orElse(T other)`	`int orElse(int other)`	`long orElse(long other)`	`double orElse( double other)`
`boolean equals(Object obj)`			
`int hashCode()`			
`String toString()`			

Tabelle 1.14 Vergleich von Optional mit den primitiven OptionalXXX-Klassen

Optional<T>	OptionalInt	OptionalLong	OptionalDouble
void ifPresent(Consumer<? super T> consumer)	void ifPresent(IntConsumer consumer)	void ifPresent(LongConsumer consumer)	void ifPresent(DoubleConsumer consumer)
T orElseGet(Supplier<? extends T> other)	int orElseGet(IntSupplier other)	long orElseGet(LongSupplier other)	double orElseGet(DoubleSupplier other)
<X extends Throwable> T orElseThrow(Supplier<? extends X> exceptionSupplier)	<X extends Throwable> int orElseThrow(Supplier<X> exceptionSupplier)	<X extends Throwable> long orElseThrow(Supplier<X> exceptionSupplier)	<X extends Throwable> double orElseThrow(Supplier<X> exceptionSupplier)
Optional<T> filter(Predicate<? super T> predicate)			
<U> Optional<U> flatMap(Function <? super T,Optional<U>> mapper)	nicht vorhanden		
<U> Optional<U> map(Function<? super T,? extends U> mapper)			

Tabelle 1.14 Vergleich von Optional mit den primitiven OptionalXXX-Klassen (Forts.)

1.2.9 Was ist jetzt so funktional?

Bisher hat dieser Abschnitt einen Großteil darauf verwendet, die Typen aus dem `java.util.function`-Paket vorzustellen, also die funktionalen Schnittstellen, mit denen Entwickler Abbildungen in Java ausdrücken können. Wenig war von funktionaler Programmierung und den Vorteilen die Rede, das holen wir jetzt nach.

Wiederverwertbarkeit

Zunächst einmal bieten Funktionen eine zusätzliche Ebene der Wiederverwertbarkeit von Code. Nehmen wir ein Prädikat wie

```
Predicate<Path> exists = path -> Files.exists( path );
```

Dieses `exists`-Prädikat ist relativ einfach, könnte aber natürlich komplexer sein. Der Punkt ist, dass diese Prädikate an allen möglichen Stellen wiederverwendet werden können, etwa zum Filtern in Listen, zum Löschen von Elementen aus Listen usw. Das Prädikat kann also als Funktion weitergereicht oder zu neuen Prädikaten verbunden werden, etwa zu:

```
Predicate<Path> exists    = path -> Files.exists( path );
Predicate<Path> directory = path -> Files.isDirectory( path );
Predicate<Path> existsAndDirectory = exists.and( directory );
```

Methoden wie `ifPresent(Predicate)` oder `removeIf(Predicate)` nehmen dann dieses Prädikat und führen Operationen durch. Diese kleinen Mini-Objekte lassen sich sehr gut testen, und das minimiert insgesamt Fehler im Code.

Während aktuelle Bibliotheken wenig davon Gebrauch machen, Typen wie `Supplier`, `Consumer`, `Function`, `Predicate` anzunehmen und zurückzugeben, wird sich dieses im Laufe der nächsten Jahre ändern.

Zustandslos, immutable

Bei der funktionalen Programmierung geht es darum, ohne externe Zustände auszukommen.

> **Definition**
>
> Funktionen heißen pur, wenn sie ohne einen Zustand auskommen und keine Seiteneffekte haben. `Math.max(3, 4)` ist eine pure Funktion, `System.out.println()` oder `Math.random()` sind es nicht. Einen aus puren Funktionen aufgebauten Ausdruck nennen wir *puren Ausdruck*. Er hat eine Eigenschaft, die sich in der Informatik *referenzielle Transparenz* nennt, dass nämlich das Ergebnis eines Ausdrucks an Stelle des Ausdrucks selbst gesetzt werden kann, ohne dass das Programm ein anderes Verhalten zeigt. Statt `Math.max(3, 4)` kann jederzeit 4 gesetzt werden, das Ergebnis wäre das gleiche. Ein Compiler kann bei referenzieller Transparenz diverse Optimierungen durchführen.

Pure funktionale Programmiersprachen basieren auf puren Funktionen, und auch in Java muss nicht jede Methode einen äußeren Zustand verändern. Allerdings sind es Java-Entwickler gewohnt, in Zuständen zu denken, und daran ist an sich nichts Falsches: Ein Textdokument im Speicher ist eben ein Objektgraph genauso wie eine grafische Anwendung mit Eingabefeldern. Worauf funktionale Programmierung aber abzielt, sind die Operationen auf den Datenstrukturen und Berechnungen, dass sie ohne Seiteneffekte sind.

Pure Funktionen ohne Zustand haben den Vorteil, dass sie

- beliebig oft ausgeführt werden können, ohne dass sich Systemzustände ändern,
- in beliebiger Reihenfolge ausgeführt werden können, ohne dass das Ergebnis ein anderes wird.

Diese Vorteile sind reizvoll unter dem Gesichtspunkt der Parallelisierung, denn die Prozessoren werden nicht wirklich schneller, aber wir haben mehr Prozessorkerne zur Verfügung. Pure Funktionen erlauben es Bibliotheken, Aufgaben wie Suchen und Filtern auf Kerne zu verteilen und so zu parallelisieren. Je weniger Zustand dabei im Spiel ist, desto besser, denn je weniger Zustand, desto weniger Synchronisation und Warteeffekte gibt es.

Aufpassen müssen Entwickler natürlich trotzdem, denn ein Lambda-Ausdruck muss nicht pur sein und kann Seiteneffekte haben. Daher ist es wichtig zu wissen, wann diese Lambda-Ausdrücke vielleicht nebenläufig sind und eine Synchronisation nötig ist.

[»]

Beispiel

Die Schnittstelle `Iterable` deklariert eine Methode `forEach(…)`, mit einem Parameter vom Typ einer funktionalen Schnittstelle. Hier ist ein Lambda-Ausdruck möglich. Es wäre natürlich grundlegend falsch, wenn dieser Lambda-Ausdruck selbst in die Sammlung eingreift:

```
List<Integer> ints = new ArrayList<>( Arrays.asList( 1, 99, 2 ) );
ints.forEach( v -> { System.out.println( ints + ", " + v); ints.set( v, 0 ); } );
```

Die Ausgabe ist weit von dem, was erwartet wurde, aber kein Wunder, wenn Lambda-Ausdrücke illegale Seiteneffekte hervorrufen:

```
[1, 99, 2], 1
[1, 0, 2], 0
[0, 0, 2], 2
```

Die Vermeidung von Zuständen gekoppelt an die Unveränderbarkeit von Werten (engl. *immutability*) erhöht das Verständnis des Programms, da Entwickler es schwer haben, im Kopf das System mit den ganzen Änderungen »nachzuspielen«, insbesondere wenn diese Änderungen noch nebenläufig sind. Das zeigt das vorangehende Beispiel recht gut; solche Systeme zu verstehen und zu debuggen ist schwer. Je weniger Seiteneffekte es gibt, desto einfacher ist das Programm zu verstehen. Zustände machen ein Programm komplex, nicht nur in nebenläufigen Umgebungen. Wenn die Methode pur ist, muss ein Entwickler nichts anderes tun, als den Code der Methode zu verstehen. Wenn die Methode von Zuständen des Objekts abhängt, muss ein Entwickler den Code der gesamten Klasse verstehen. Und wenn das Objekt von Zuständen im Gesamtprogramm abhängt, ufert das Ganze aus, denn dann ist noch viel mehr vom System zu verstehen.

1.2.10 Zum Weiterlesen

Funktional zu Programmieren ändert das grundlegend das Design von Java-Programmen: weg von Methoden mit Seiteneffekten hin zu kleinen Funktionen. Die Zukunft wird uns Muster und Best-Practices an die Hand geben, wie in Java entwickelt wird. Auch wird sich zeigen, ob weitere Konzepte der funktionalen Programmierung in Java bzw. die JVM einfließen werden. Bisher ist zum Beispiel Immutability kein Sprachkonstrukt, sondern durch die API gewährleistet, wenn es keine Setter oder Schreibzugriffe auf Variablen gibt; Reflection kann aber auch hier einen bösen Strich durch die Rechnung machen. Doch für Java 9 sind noch keine Planungen in dieser Richtung gemacht, das Gleiche gilt für Möglichkeiten wie Pattern Matching oder algebraische Datentypen (ADT) auf der Sprachseite oder Optimierung von Endrekursion (engl. *tail call optimization*) auf Seiten der JVM, etwas, das in anderen funktionalen Programmiersprachen immer hochgehalten wird.

Entwickler, die noch tiefer in die Denkweise funktionaler Programmierung eintauchen möchten, können sich mit puren funktionalen Programmiersprachen wie Haskell beschäftigen und müssen dort ohne Seiteneffekte auskommen. Etwas einfacher für Java-Programmierer ist die Sprachfamilie ML, die auch imperative Elemente wie `while`-Schleifen bietet. Für Java-Programmierer wirkt das meist fremd, die hippe Programmiersprache Scala vereinet objektorientierte und funktionale Programmierung nahezu perfekt.

1.3 Bibliotheksänderungen in Java 8

Dieser Band widmet sich ausführlich den Änderungen in Java 8. Die neue Stream-API ist Bestandteil von Kapitel 4, »Datenstrukturen und Algorithmen«, und die neue Date-Time-API wird in Kapitel 5, »Raum und Zeit«, vorgestellt.

1.4 JDK 8-HotSpot-JVM-Änderungen

Wenn es um Java geht, müssen wir immer unterscheiden, ob es um die Sprache selbst geht, um die Bibliotheken, um die JVM oder um die Implementierung von Oracle, die das JDK darstellt. Eine zentrale Neuerung in der Version 8 der HotSpot-JVM ist der Umgang mit der internen Repräsentation von Klassen und Metadaten; die Daten landen nicht mehr auf dem Java-Heap, sondern im nativen Speicher, der *Metaspace* heißt. Vorher gehörte ein `java.lang.OutOfMemoryError: PermGen space` bei großen Anwendungen zum Alltag.[18] Das Problem ist (im Prinzip) Vergangenheit, es gibt keinen Perm-Space mehr in der JDK 8-JVM; die Oracle JRockit und JVM von IBM hatten übrigens immer Metaspace. Der Metaspace-Speicherbedarf kann mit dem Schalter `MaxMetaspaceSize` begrenzt werden, ein Übertritt führt zur `java.lang.OutOfMemoryError: Metadata space`. Eine Begrenzung ist nicht verkehrt, das Ergebnis unter Java 7 und Java 8 aber das gleiche, ein `OutOfMemoryError`.

1.5 Auf Java 7/8-Syntax mit NetBeans und Eclipse migrieren

Wer eine große Codebasis auf Java 8 oder Java 7 migrieren möchte, steht vor dem Problem, wie das ohne großen manuellen Aufwand funktionieren kann. Als Erstes steht die Umsetzung auf die neuen Syntax-Möglichkeiten an. Das ist ein echter Mehrwert, und hier können moderne Entwicklungsumgebungen einiges als Vorarbeit leisten. Bei den Bibliotheken gibt es keine automatische Umsetzung von Alt nach Neu, hier ist leider Handarbeit angesagt.

Schauen wir uns an, welche Möglichkeiten die modernen IDEs bieten.

18 *http://stackoverflow.com/questions/88235/dealing-with-java-lang-outofmemoryerror-permgen-space-error*

1.5.1 Java 8-Syntax-Migration mit NetBeans

Die aktuelle NetBeans-IDE bringt einen Code-Transformator mit, der elegant die Codebasis durchsucht und Transformationen automatisch durchführt. Das Menü REFACTOR bietet den Unterpunkt INSPECT AND TRANSFORM..., der zu einem Dialog führt:

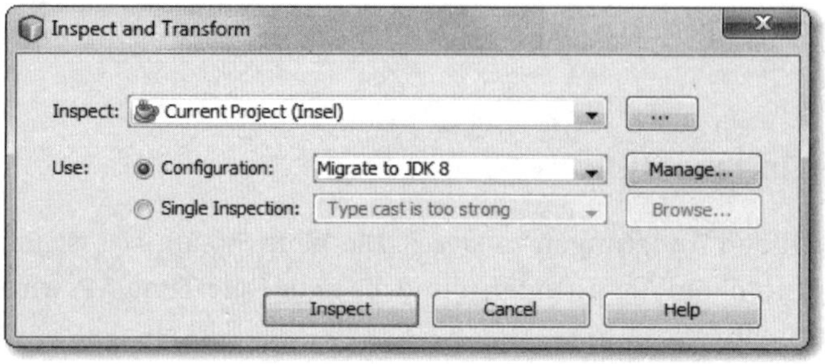

Abbildung 1.2 Transformationen in Java 8/Java 7 anstoßen

Unter MANAGE... öffnet sich ein weiterer Dialog, bei dem JDK MIGRATION SUPPORT aktiviert ist und einige Änderungen voreingestellt sind; neu für Java 8 ist CONVERT TO LAMBDA OR METHOD REFERENCES. Auch die Transformationen in die neue Java 7-Syntax sind voreingestellt, aktiviert werden kann: CAN USE DIAMOND, CONVERT TO TRY-WITH-RESOURCES, JOIN CATCH SECTIONS USING MULITCATCH, USE SPECIFIC CATCH und USE SWITCH OVER STRINGS WHEN POSSIBLE.

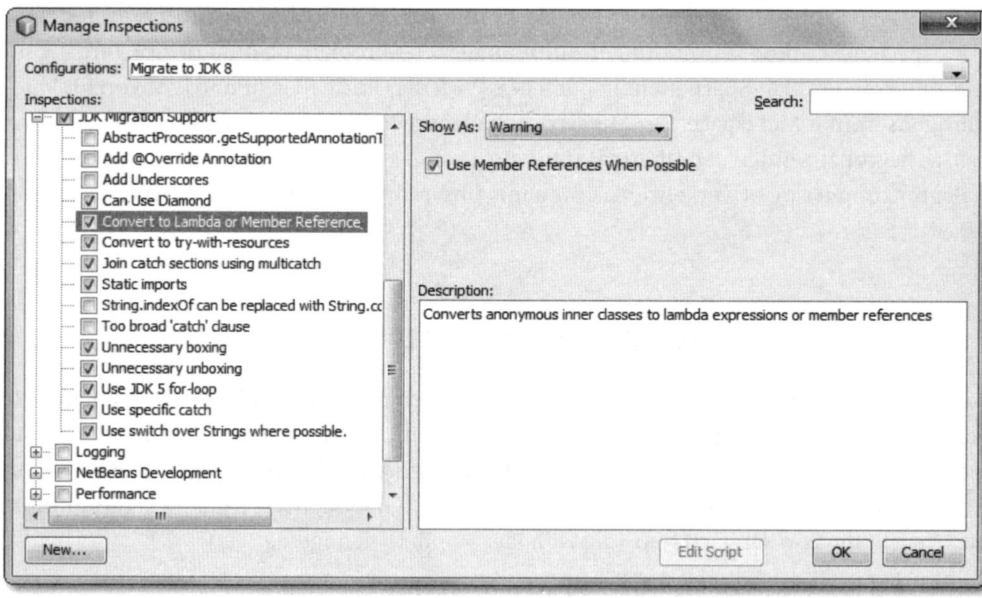

Abbildung 1.3 Einstellungsmöglichkeiten

Wer Programmcode neu mit NetBeans schreibt, wird gleich auf die neue Syntax hingewiesen. Vervollständigungen nutzen ganz natürlich zum Beispiel den Diamond-Operator.

1.5.2 Java 8-Syntax-Migration mit Eclipse

Seit der Version Eclipse 4.4 (bzw. Eclipse 4.3.2 mit Feature Pack für Java 8-Erweiterung) integriert die IDE einen Code-Transformator, der Klassenimplementierung von funktionalen Schnittstellen in Lambda-Ausdrücke verkürzen kann. Diese Transformationen sind über die Quick-Fixes/Quick-Assists möglich.

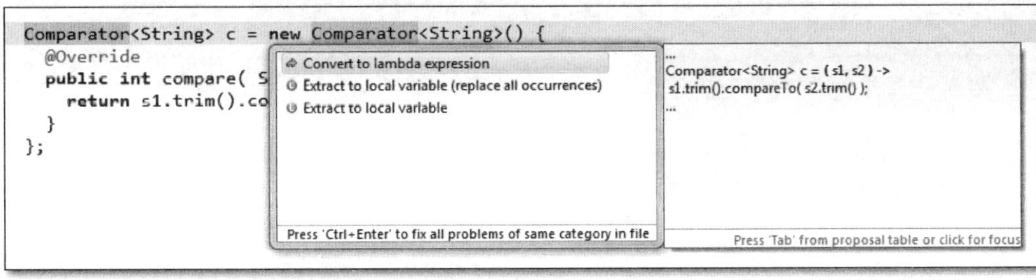

Abbildung 1.4 Konvertierung in Lambda-Ausdruck

Leider kann diese Umsetzung (bisher) nicht für ein ganzes Projekt erfolgen und keine umfangreiche Codebasis komplett und automatisch auf die neuen Lambda-Ausdrücke gebracht werden.

1.5.3 File-Klassen auf NIO.2 umstellen

Um sich von der Klasse `java.io.File` zu lösen und in Richtung `Path` zu migrieren, ist Handarbeit angesagt. Zunächst gilt es, alle Stellen zu finden, die im Workspace oder Projekt die Klasse `File` referenzieren. Am einfachsten ist es, eine Anweisung wie `File f;` in den Code zu setzen, dann zum Beispiel in Eclipse [Strg] + [⇧] + [G] zu aktivieren. Es folgt eine Liste aller Vorkommen. Diese Liste muss nun abgearbeitet werden und der Code auf NIO.2 konvertiert werden. Nicht immer ist es so einfach

```
Scanner s = new Scanner( new File(dateiname) );
```

in

```
Scanner s = new Scanner( Paths.get(dateiname) );
```

umzusetzen oder

```
new File( dateiname ).delete();
```

in

```
Files.delete( Paths.get( dateiname ) );
```

Eine andere Stelle, an der Konvertierungen möglich sind, betreffen `FileReader` und `FileWriter`. Diese Klassen sind gefährlich, weil sie standardmäßig die im System voreingestellte Kodierung verwenden. Eine Kodierung (wie UTF-8) im Konstruktor explizit vorzugeben ist jedoch nicht möglich. NIO.2 bietet eine bessere Methode, um an einen Reader/Writer aus einer Datei zu kommen, wobei in Java 8 Entwickler auch nicht gezwungen werden, diese Kodierung immer sichtbar anzugeben, denn das ist optional, ohne Angabe ist UTF-8 voreingestellt.

Deklaration	Klassisch	Mit NIO.2
Reader r =	new FileReader(f);	Files.newBufferedReader(Paths.get(f), StandardCharsets.ISO_8859_1);
Writer w =	new FileWriter(f);	Files.newBufferedWriter(Paths.get(f), StandardCharsets.ISO_8859_1);

Tabelle 1.15 Beziehen eines Dateistroms klassisch und mit NIO.2

Der Quellcode wird erst einmal länger, doch der Gewinn ist, dass die Kodierung nicht verschwindet und auch die Ein-/Ausgabe gleich gepuffert ist. Freunde der statischen Import-Anweisung komprimieren weiterhin zu Anweisungen wie:

```
Reader r = newBufferedReader( get( f ), ISO_8859_1 );
```

Es ist auf jeden Fall manuelle Arbeit angesagt. Eigene Blöcke, etwa zum Schreiben in Dateien, können komplett zusammengestrichen werden auf einfache Methodenaufrufe wie:

```
Files.write( Paths.get( f ), bytes );
byte[] bytes = Files.readAllBytes( Paths.get( f ) );
Files.write( Paths.get( f ), Collections.singleton( "Zeile 1" ),
                             StandardCharsets.ISO_8859_1  );
List<String> lines = Files.readAllLines( Paths.get( f ),
                                         StandardCharsets.ISO_8859_1 );
```

1.6 Zum Weiterlesen

Alle neuen Typen und Eigenschaften von Java 8 listet die Webseite *http://www.tutego.de/java/java-8-opendjk-8-java-se-8.html* auf. Welche Quick-Fixes Eclipse für Java 7 bietet, listet *http://www.eclipse.org/jdt/ui/r3_8/Java7news/whats-new-java-7.html* auf. Eine zusammenfassende Liste der Eclipse-Neuerungen für Java 8 war zum Zeitpunkt der Drucklegung noch nicht verfügbar.

Kapitel 2
Fortgeschrittene String-Verarbeitung

»Vieles hätte ich verstanden, wenn man es mir nicht erklärt hätte.«
– Stanislaw Jerzy Lec (1909–1966)

2.1 Erweiterte Zeicheneigenschaften

2.1.1 isXXX(....)-Methoden

Die Klasse `java.lang.Character` steht im Fokus aller Zeichenoperationen, und von den knapp 90 Methoden sind fast die Hälfte Zugehörigkeitsmethoden wie `isLetter(char)`, `isWhitespace(char)`, die also prüfen, ob ein Zeichen in eine gewisse Klasse fällt. Zu den eher exotischen zählen:

```
final class java.lang.Character
implements Serializable, Comparable<Character>
```

- `static boolean isJavaIdentifierStart(char ch)`
  Prüft, ob es ein Java-Buchstabe ist, mit dem Bezeichner beginnen dürfen.
- `static boolean isJavaIdentifierPart(char ch)`
  Prüft, ob es ein Java-Buchstabe ist oder eine Ziffer, der bzw. die in der Mitte eines Bezeichners vorkommen darf.
- `static boolean isTitleCase(char ch)`
  Es gibt einige wenige Zeichen, die als ein Zeichen zählen, aber so aussehen wie zwei getrennt geschriebene Zeichen. Dies kommt etwa im Spanischen vor, wo »lj« (\u01C9) bzw. »LJ« (\u01C7) für einen einzigen Buchstaben stehen. Die Methode `isTitleCase(char)` testet, ob es sich um so ein besonderes Zeichen handelt.

Unicode-Surrogates

Dazu kommen noch eine ganze Reihe `isXXX()`-Methoden, die sich des Sonderfalls annehmen, dass ein Zeichen über den Wertebereich eines Java-`char` hinausgeht und als so genanntes *Surrogate* ausgedrückt wird. Musikalische Symbole etwa liegen im Bereich von U+1D100 bis U+1D1FF.[1] Das spezielle Unicode-Zeichen 'MUSICAL SYMBOL HALF NOTE' (U+1D15E) wird in Java als Paar von zwei `char`-Zeichen `"\uD834\uDD5E"`[2] geschrieben. Das Paar zeigt schön das High-Surrogate

1 *http://www.fileformat.info/info/unicode/block/musical_symbols/images.htm*
2 *http://www.fileformat.info/info/unicode/char/1d15e/index.htm*

(geht von \uD800 bis \uDBFF) und das Low-Surrogate (von \uDC00 bis \uDFFF). Kein einzelnes Zeichen liegt im Bereich von \uD800 bis \uDFFF, um Mehrdeutigkeiten auszuschließen.

2.1.2 Unicode-Blöcke

Unicode-Zeichen gehören immer Blöcken an, und bei denen ist teilweise etwas Platz, um nachrückende Zeichen noch aufnehmen zu können. Beim lateinischen Alphabet ist das nicht so wichtig, wohl aber bei mathematischen Sonderzeichen oder anderen Symbolen.

Die Klasse `Character` deklariert eine öffentliche statische finale Klasse `UnicodeBlock` mit einer Vielzahl von Unicode-Blöcken, die als öffentliche statische Variablen in `UnicodeBlock` deklariert sind und selbst vom Typ `UnicodeBlock` sind. `Character.UnicodeBlock.BASIC_LATIN` ergibt zum Beispiel so einen Block, allerdings ist der Typ nicht so ausdrucksstark, nur der Name kommt bei einem `toString()` dabei heraus, aber nicht etwa, in welchem Bereich die Zeichen liegen. Auch fehlt die Möglichkeit, alle Zeichen aufzuzählen oder zu testen, ob ein Zeichen im Block liegt. Was jedoch der Typ `UnicodeBlock` bietet, sind zwei statische Methoden `of(int)` und `of(char)`, die als Fabrikfunktionen einen `UnicodeBlock` für ein gewisses Zeichen geben. Der Ist-ein-Element-von-Test lässt sich also damit indirekt realisieren. Die Namen der Blöcke definiert der Unicode-Standard.[3]

[»]

Beispiel

Gib die Namen der Unicode-Blöcke für einige Zeichen aus:

```
UnicodeBlock basicLatin = Character.UnicodeBlock.BASIC_LATIN;
System.out.println( basicLatin );
System.out.println( Character.UnicodeBlock.of( 'ß' ) );
System.out.println( Character.UnicodeBlock.of( '\u263A' ) );
System.out.println( Character.UnicodeBlock.of( '\u20ac' ) );
System.out.println( Character.UnicodeBlock.of( 0x1D15E ) );
```

Das liefert BASIC_LATIN LATIN_1_SUPPLEMENT MISCELLANEOUS_SYMBOLS CURRENCY_SYMBOLS MUSICAL_SYMBOLS.

Das Wissen um den Bereich ist immer dann hilfreich, wenn ein unbekannter Text zugeordnet werden soll, denn auf diese Weise lässt sich erahnen, ob der Text zum Beispiel auf lateinischen Buchstaben basiert, ob er arabisch, chinesisch oder japanisch (Kanji/Kana) ist.

2.1.3 Unicode-Skripte

Neben den Unicode-Blöcken gibt es noch ein anderes Konzept, das vielleicht noch wichtiger ist als die Blöcke selbst: *Unicode-Skripte*. Darunter ist eine Gruppe von Zeichen für eine Sprache (in der Regel) zu verstehen.[4] Um den Unterschied zu Blöcken noch einmal zusammenzufassen:

---

3 *http://www.unicode.org/Public/UNIDATA/Blocks.txt*

4 Siehe auch *http://www.unicode.org/reports/tr24/*.

- Ein Unicode-Block ist ein einfacher Von-bis-Bereich, und Stellen können für die spätere Belegung leer sein.
- Ein Unicode-Skript enthält keine freien Positionen.
- Zeichen eines Unicode-Skripts können aus verschiedenen Unicode-Blöcken stammen.
- Zeichen aus einem Block können in verschiedenen Unicode-Skripten auftauchen.

Für Skripte bietet Java in der Klasse `Character` einen öffentlichen, statischen, inneren Aufzählungstyp `Character.UnicodeScript`. Es besteht aus einer Reihe von Konstanten, wobei die Namen nach ISO 15924[5] gewählt sind. Auch gibt es eine `of(int)`-Methode, um das Skript für ein Zeichen zu erfragen, und ein `UnicodeScript`-Objekt kann über `forName(String)` mit einem Namen aufgebaut werden.

Auch wenn die `Character`- und die `String`-Klasse arm an weiteren Methoden zu den Unicode-Blöcken und Unicode-Skripten sind, gibt es doch Unterstützung von ganz anderer Stelle: von den regulären Ausdrücken. Sie können testen, ob Zeichen in gewissen Skripten oder Blöcken enthalten sind, und damit Zeichen in Teil-Strings aufspüren, sie löschen und entfernen. (Wir springen nun thematisch etwas vor.) Die Syntax in den regulären Ausdrücken ist `\p{script=Skriptname}` bzw. `\p{block=Blockname}` (auch das Präfix `Is` oder `In` ist ohne Nutzung des `script=`/`block=`-Konstrukts erlaubt). Achtung, nicht alle Unicode-Skripte werden unterstützt!

[«]

Beispiel

Teste drei Zeichen darauf, ob sie arabisch sind:

```
System.out.println( "ح".matches( "\\p{script=Arabic}" ) ); // true
System.out.println( "ح".matches( "\\p{IsArabic}" ) );       // true
System.out.println( "ש".matches( "\\p{IsArabic}" ) );       // false
System.out.println( "1".matches( "\\p{IsArabic}" ) );       // false
```

Die Abfrage testet mithilfe von regulären Ausdrücken, was Teil der nächsten Seiten ist.

2.2 Reguläre Ausdrücke

Ein regulärer Ausdruck (engl. *regular expression*) ist die Beschreibung eines Musters (engl. *pattern*). Reguläre Ausdrücke werden bei der Zeichenkettenverarbeitung beim Suchen und Ersetzen eingesetzt. Für folgende Szenarien bietet die Java-Bibliothek entsprechende Unterstützung an:

- *Frage nach einer kompletten Übereinstimmung*: Passt eine Zeichenfolge komplett auf ein Muster? Wir nennen das *match*. Die Rückgabe einer solchen Anfrage ist einfach wahr oder falsch.
- *Finde Teil-Strings*: Das Pattern beschreibt einen Teil-String, und gesucht sind alle Vorkommen dieses Musters in einem Such-String.

5 *http://unicode.org/iso15924/iso15924-codes.html*

- *Ersetze Teilfolgen*: Das Pattern beschreibt Wörter, die durch andere Wörter ersetzt werden.
- *Zerlegen einer Zeichenfolge*: Das Muster steht für Trennzeichnen, sodass nach dem Zerlegen eine Sammlung von Zeichenfolgen entsteht.

Ein *Pattern-Matcher* ist die »Maschine«, die reguläre Ausdrücke verarbeitet. Zugriff auf diese Mustermaschine bietet die Klasse `Matcher`. Dazu kommt die Klasse `Pattern`, die die regulären Ausdrücke in einem vorcompilierten Format repräsentiert. Beide Klassen befinden sich im Paket `java.util.regex`. Um die Sache etwas zu vereinfachen, gibt es bei `String` zwei kleine Hilfsmethoden, die im Hintergrund auf die Klassen verweisen, um eine einfachere API anbieten zu können; diese nennen sich auch *Fassaden-Methoden*.

2.2.1 Pattern.matches(…) bzw. String#matches(…)

Die statische Methode `java.util.regex.Pattern.matches(…)` und die Objektmethode `matches(…)` der Klasse `String` testen, ob ein regulärer Ausdruck eine Zeichenfolge komplett beschreibt.

Wir wollen testen, ob eine Zeichenfolge in einfache Hochkommata eingeschlossen ist:

Ausdruck	Ergebnis
`Pattern.matches( "'.*'", "'Hallo Welt'" )`	`true`
`"'Hallo Welt'".matches( "'.*'" )`	`true`
`Pattern.matches( "'.*'", "''" )`	`true`
`Pattern.matches( "'.*'", "Hallo Welt" )`	`false`
`Pattern.matches( "'.*'", "'Hallo Welt" )`	`false`

Tabelle 2.1 Einfache reguläre Ausdrücke und ihr Ergebnis

Der Punkt im regulären Ausdruck steht für ein beliebiges Zeichen, und der folgende Stern ist ein Quantifizierer, der wahllos viele beliebige Zeichen erlaubt.

Regeln für reguläre Ausdrücke

Für reguläre Ausdrücke existiert eine ganze Menge an Regeln. Während die meisten Zeichen aus dem Alphabet erlaubt sind, besitzen Zeichen wie der Punkt, die Klammer, ein Sternchen und einige weitere Zeichen Sonderfunktionen. So maskiert auch ein vorangestelltes »\« das folgende Sonderzeichen aus, was bei besonderen Zeichen wie ».« oder »\« wichtig ist. Zunächst gilt es, die Anzahl an Wiederholungen zu bestimmen. Dazu dient ein *Quantifizierer* (auch *Wiederholungsfaktor* genannt). Drei wichtige gibt es. Für eine Zeichenkette `X` gilt:

Quantifizierer	Anzahl an Wiederholungen
X?	X kommt einmal oder keinmal vor.
X*	X kommt keinmal oder beliebig oft vor.
X+	X kommt einmal oder beliebig oft vor.

Tabelle 2.2 Quantifizierer im Umgang mit einer Zeichenkette X

Eine Sonderform ist X(?!Y) – das drückt aus, dass der reguläre Ausdruck Y dem regulären Ausdruck X *nicht* folgen darf (die API-Dokumentation spricht von »zero-width negative lookahead«).

Ausdruck	Ergebnis
Pattern.matches(**"0"**, "0")	true
Pattern.matches(**"0"**, "1")	false
Pattern.matches(**"0"**, "00")	false
Pattern.matches(**"0*"**, "0000")	true
Pattern.matches(**"0*"**, "01")	false
Pattern.matches(**"0*"**, "01")	false
Pattern.matches(**"0*"**, "0*")	true

Tabelle 2.3 Beispiele für reguläre Ausdrücke mit Wiederholungen

Da in regulären Ausdrücken oftmals ein Bereich von Zeichen, etwa alle Buchstaben, abgedeckt werden muss, gibt es die Möglichkeit, *Zeichenklassen* zu definieren.

Zeichenklasse	Enthält
[aeiuo]	Zeichen a, e, i, o oder u
[^aeiuo]	nicht die Zeichen a, e, i, o, u
[0-9a-fA-F]	Zeichen 0, 1, 2, ..., 9 oder Groß-/Kleinbuchstaben a, b, c, d, e, f

Tabelle 2.4 Definition von Zeichenklassen

Das »^« definiert *negative Zeichenklassen*, also Zeichen, die nicht vorkommen dürfen. Mit dem »-« lässt sich ein Bereich von Zeichen angeben.

Listing 2.1 RegExDemo.java, main(), Ausschnitt

```
System.out.println( Pattern.matches( "[01]*", "0" ) );          // true
System.out.println( Pattern.matches( "[01]*", "01001" ) );      // true
System.out.println( Pattern.matches( "[0123456789]*", "112" ) ); // true
```

Daneben gibt es vordefinierte Zeichenklassen, die in erster Linie Schreibarbeit ersparen. Die wichtigsten sind:

Zeichenklasse	Enthält
.	jedes Zeichen
\d	Ziffer: [0-9]
\D	keine Ziffer: [^0-9] bzw. [^\d]
\s	Weißraum: [\t\n\x0B\f\r]
\S	keinen Weißraum: [^\s]
\w	Wortzeichen: [a-zA-Z_0-9]
\W	keine Wortzeichen: [^\w]
\p{Blank}	Leerzeichen oder Tab: [\t]
\p{Lower}, \p{Upper}	einen Klein-/Großbuchstaben: [a-z] bzw. [A-Z]
\p{Alpha}	einen Buchstaben: [\p{Lower}\p{Upper}]
\p{Alnum}	ein alphanumerisches Zeichen: [\p{Alpha}\p{Digit}]
\p{Punct}	ein Punktzeichen: !"#$%&'()*+,-./:;<=>?@[\]^_`{|}~
\p{Graph}	ein sichtbares Zeichen: [\p{Alnum}\p{Punct}]
\p{Print}	ein druckbares Zeichen: [\p{Graph}]

Tabelle 2.5 Vordefinierte Zeichenklassen

Weitere vordefinierte Zeichenklassen listet die API-Dokumentation *http://docs.oracle.com/javase/8/docs/api/java/util/regex/Pattern.html* auf.

[+]

Hinweis

Eine ganze Reihe von Zeichen hat Sonderfunktionen und muss mit einem Backslash ausmaskiert werden. Dazu zählen unter anderem der Punkt, runde und geschweifte Klammern. Nach einem Punkt zu suchen geht daher nicht mit ".", sondern mit "\\.".

Bei den Wortzeichen handelt es sich standardmäßig um die ASCII-Zeichen und nicht um deutsche Zeichen mit unseren Umlauten oder allgemeine Unicode-Zeichen. Eine umfassende Übersicht liefert die API-Dokumentation der Klasse `java.util.regex.Pattern`.

Listing 2.2 RegExDemo.java, main(), Ausschnitt

```
System.out.println( Pattern.matches( "\\d*", "112" ) );          // true
System.out.println( Pattern.matches( "\\d*", "112a" ) );         // false
System.out.println( Pattern.matches( "\\d*.", "112a" ) );        // true
System.out.println( Pattern.matches( ".\\d*.", "x112a" ) );      // true
```

[+]

Tipp

Die Methode `contains(…)` der `String`-Klasse testet nur Teilzeichenfolgen, aber diese Zeichenfolge ist kein regulärer Ausdruck (sonst würde so etwas wie `contains(".")` auch eine völlig andere Bedeutung haben). Wer ein `s.contains("pattern")` sucht, kann es als `s.matches(".*pattern.*")` umschreiben.

2.2.2 Die Klassen Pattern und Matcher

Der Aufruf der Objektmethode `matches(String)` auf einem `String`-Objekt bzw. das statische `Pattern.matches(String, CharSequence)` ist nur eine Abkürzung für die Übersetzung eines Patterns und Anwendung von `matches()` auf einem `Matcher`-Objekt.

String#matches(…)	Pattern.matches(…)

`public boolean`
`matches(String regex) {`
` return Pattern.matches(regex, this);`
`}`
	`public static boolean`
	`matches(String regex, CharSequence input) {`
	` Pattern p = Pattern.compile(regex);`
	` Matcher m = p.matcher(input);`
	` return m.matches();`
	`}`

Tabelle 2.6 Implementierungen der beiden matches()-Methoden

Während also die Objektmethode `matches(String)` von `String` zu `Pattern.matches(String, CharSequence)` delegiert, steht hinter der statischen Fassadenmethode in `Pattern` die wirkliche Nutzung der beiden zentralen Klassen `Pattern` für das Muster und `Matcher` für die Mustermaschine. Für unser erstes Beispiel `Pattern.matches("'.*'", "'Hallo Welt'")` hätten wir also äquivalent schreiben können:

```
Pattern p = Pattern.compile( "'.*'" );
Matcher m = p.matcher( "'Hallo Welt'" );
boolean b = m.matches();
```

[+]

Hinweis

Bei mehrmaliger Anwendung des gleichen Patterns sollte es compiliert gecacht werden, denn das immer wieder nötige Übersetzen über die Objektmethode `String#matches(String)` bzw. die Klassenmethode `Pattern.matches(String, CharSequence)` kostet Speicher und Laufzeit.

```
final class java.util.regex.Pattern
implements Serializable
```

- `static Pattern compile(String regex)`
  Übersetzt den regulären Ausdruck in ein `Pattern`-Objekt.
- `static Pattern compile(String regex, int flags)`
  Übersetzt den regulären Ausdruck in ein `Pattern`-Objekt mit Flags. Als Flags sind `CASE_INSENSITIVE`, `MULTILINE`, `DOTALL`, `UNICODE_CASE`, `CANON_EQ` und `UNICODE_CHARACTER_CLASS` erlaubt.
- `int flags()`
  Liefert die Flags, auf die geprüft wird.
- `Matcher matcher(CharSequence input)`
  Liefert ein `Matcher`-Objekt, das prüft.
- `static boolean matches(String regex, CharSequence input)`
  Liefert `true`, wenn der reguläre Ausdruck `regex` auf die Eingabe passt.
- `static Stringquote(String s)`
  Maskiert die Metazeichen/Escape-Sequenzen aus. So liefert `Pattern.quote("*.[\\d")` den String `\Q*.[\d\E`.
- `String pattern()`
  Liefert den regulären Ausdruck, den das Pattern-Objekt repräsentiert.

Zwei weitere `split(…)`-Methoden finden sich bei `String` und `Pattern`; Abschnitt 2.3.1, »Zerlegen von Zeichensequenzen über String oder Pattern«, kommt darauf zurück.

```
final class java.util.regex.Matcher
implements MatchResult
```

- `boolean matches()`
  Testet den gesamten bei `Pattern` übergebenen String auf Übereinstimmung.
- `Matcher reset()`
  Setzt die Zustände vom Matcher zurück.
- `Matcher reset(CharSequence input)`
  Setzt die Zustände zurück und weist eine neue Zeichenfolge zu. Normalerweise bekommt der `Matcher` den String von `Pattern` übergeben, doch mit dieser Methode lässt sich eine neue zu testende Zeichenfolge zuweisen.

- `boolean lookingAt()`
  Schaut, ob der Anfang der Eingabe mit dem regulären Ausdruck übereinstimmt.

```
final class java.lang.String
implements Serializable, Comparable<String>, CharSequence
```

- `boolean matches(String regex)`
  Äquivalent zu `Pattern.matches(regex, this /*String*/)`.

Pattern-Flags *

Die Flags sind in speziellen Situationen ganz hilfreich, etwa wenn die Groß-/Kleinschreibung keine Rolle spielt oder sich die Suche über eine Zeile erstrecken soll. Doch Java zwingt uns nicht, die `Pattern`-Klasse zu nutzen, um die Flags einsetzen zu können, sondern erlaubt es, mit einer speziellen Schreibweise die Flags auch im regulären Ausdruck selbst anzugeben, was die Nutzung bei `String#matches(String)` ermöglicht.

Flag in der Pattern-Klasse	Eingebetteter Flag-Ausdruck
`Pattern.CASE_INSENSITIVE`	`(?i)`
`Pattern.COMMENTS`	`(?x)`
`Pattern.MULTILINE`	`(?m)`
`Pattern.DOTALL`	`(?s)`
`Pattern.UNICODE_CASE`	`(?u)`
`Pattern.UNICODE_CHARACTER_CLASS`	`(?U)`
`Pattern.UNIX_LINES`	`(?d)`

Tabelle 2.7 Pattern-Flags

In einem regulären Ausdruck sind die Varianten rechts sehr praktisch, da sie an unterschiedlichen Positionen ein- und ausgeschaltet werden können. Ein nach dem Fragezeichen platziertes Minus stellt die Option wieder ab, etwa `"(?i)jetzt insensitive(?-i) wieder sensitive"`. Mehrere Flag-Ausdrücke lassen sich auch zusammensetzen, etwa zu `"(?ims)"`.

In der Praxis häufiger im Einsatz sind `Pattern.DOTALL/(?s)`, `Pattern.CASE_INSENSITIVE/(?i)` und `Pattern.MULTILINE/(?m)`. Es folgen Beispiele, wobei wir `MULTILINE` bei den Wortgrenzen vorstellen.

Standardmäßig matcht der ».« kein Zeilenendezeichen, sodass ein regulärer Ausdruck einen Zeilenumbruch nicht erkennt. Das lässt sich mit dem `Pattern.DOTALL`-Flag bzw. `(?s)` ändern.

[»]

Beispiel

Die Auswirkung vom `DOTALL` bzw. `(?s)`:

```
System.out.println( "wau  wau miau".matches( "wau.+wau.*" ) );       // true
System.out.println( "wau\nwau miau".matches( "wau.+wau.*" ) );       // false
System.out.println( "wau  wau miau".matches( "(?s)wau.+wau.*" ) ); // true
System.out.println( "wau\nwau miau".matches( "(?s)wau.+wau.*" ) ); // true
```

Quantifizierer und Wiederholungen *

Neben den Quantifizierern `?` (einmal oder keinmal), `*` (keinmal oder beliebig oft) und `+` (einmal oder beliebig oft) gibt es drei weitere Quantifizierer, die es erlauben, die Anzahl eines Vorkommens genauer zu beschreiben:

- `X{n}`. X muss genau `n`-mal vorkommen.
- `X{n,}`. X kommt mindestens `n`-mal vor.
- `X{n,m}`. X kommt mindestens `n`-, aber maximal `m`-mal vor.

[»]

Beispiel

Eine E-Mail-Adresse endet mit einem Domain-Namen, der zwei oder drei Zeichen lang ist:

```
Static Pattern p = Pattern.compile( "[\\w|-]+@\\w[\\w|-]*\\.[a-z]{2,3}" );
```

Ränder und Grenzen testen *

Die bisherigen Ausdrücke waren nicht ortsgebunden, sondern haben geprüft, ob es irgendwo im String eine Übereinstimmung gibt. Dateiendungen zum Beispiel sind aber – wie der Name schon sagt – am Ende zu prüfen, genauso wie ein URL-Protokoll wie »http://« am Anfang stehen muss. Um diese Anforderungen mit berücksichtigen zu können, können bestimmte Positionen mit in einem regulären Ausdruck gefordert werden. Die Pattern-API erlaubt folgende Matcher:

Matcher	Bedeutung
`^`	Beginn einer Zeile
`$`	Ende einer Zeile
`\b`	Wortgrenze
`\B`	keine Wortgrenze
`\A`	Beginn der Eingabe
`\Z`	Ende der Eingabe ohne Zeilenabschlusszeichen wie `\n` oder `\r`

Tabelle 2.8 Erlaubte Matcher

Matcher	Bedeutung
`\z`	Ende der Eingabe mit allen Zeilenabschlusszeichen
`\G`	Ende des vorherigen Matches, sehr speziell für iterative Suchvorgänge

Tabelle 2.8 Erlaubte Matcher (Forts.)

Wichtig ist zu verstehen, dass diese Matcher keine »Breite« haben, also nicht wirklich ein Zeichen oder eine Zeichenfolge matchen, sondern lediglich die Position beschreiben.

Die Matcher `^` und `$` lösen gut das Problem mit den Dateiendungen und HTTP-Protokollen und leisten gute Dienste bei bestimmten Löschanweisungen.

Beispiel

Die String-Methode `trim()` schneidet den Weißraum vorne und hinten ab. Mit `replaceAll(…)` und den Matchern für den Beginn und das Ende einer Zeile ist schnell ein Ausdruck gefunden, der nur den Weißraum vorne oder nur hinten entfernt:

```
String s = " \tWo ist die Programmiersprache des Lächelns?\t\t  ";
String ltrim = s.replaceAll( "^\\s+", "" );
String rtrim = s.replaceAll( "\\s+$", "" );
System.out.printf( "'%s'%n", ltrim ); // 'Wo ist die Programmiersprache des
                                      // Lächelns?      '
System.out.printf( "'%s'%n", rtrim ); // '  Wo ist die Programmiersprache des
                                      // Lächelns?'
```

Der Matcher `\b` ist nützlich, wenn es darum geht, ein Wort umrandet von Weißraum in einer Teilzeichenkette zu finden. In der Zeichenkette »Spaß **in** Ch**in**a **in**nerhalb der Grenzen« wird die Suche nach »in« drei Fundstellen ergeben, aber `\bin\b` nur eine und `\bin\B` auch eine, und zwar »innerhalb«. Es matcht demnach ein `\b` genau die Stelle, bei der ein `\w` auf ein `\W` folgt (bzw. andersherum).

Multiline-Modus *

Normalerweise sind `^` und `$` *nicht* zeilenorientiert, das heißt, es ist ihnen egal, ob im String Zeilenumbruchzeichen wie `\n` oder `\r` vorkommen oder nicht. Mitunter soll der Test aber lokal auf einer Zeile stattfinden – hierzu muss der Multiline-Modus aktiviert werden.

Beispiel

Teste, ob eine E-Mail die Zeile »Hi,« enthält:

```
System.out.println( "Hi,".matches( ".*^Hi,$.*" ) );
System.out.println( "Fwd:\nHi,mir geht's gut!".matches( ".*^Hi,$.*" ) );
System.out.println( "Fwd:\nHi,\nmir geht's gut!".matches( "(?sm).*^Hi,$.*" ) );
```

Der Test auf ».*^Hi,$.*« gibt im ersten Fall true zurück, da der String wirklich matcht und wir auch überhaupt keinen Zeilentrenner haben, der uns Probleme bereiten könnte. Die zweite Zeile aber liefert false, da sie global mit »Fwd« und nicht mit »Hi« beginnt und mit »!« endet statt mit einem Komma. Führen wir den Test mit der Option (?sm) zeilenweise durch und überspringen wir die Zeilentrenner, dann ist das Ergebnis true, denn die zweite Zeile in

```
Fwd:
Hi,
mir geht's gut!
```

passt genau auf unseren regulären Ausdruck.

Der Multiline-Modus erklärt auch den Grund, warum es gleich mehrere Grenz-Matcher gibt. Die Matches \A und \Z bzw. \z sind im Prinzip wie ^ und $, unterscheiden sich aber dann, wenn der Multiline-Modus aktiviert ist. Dann arbeiten (wie im Beispiel) ^ und $ zeilenorientiert, \A und \Z bzw. \z aber nie – die letzten drei Matcher kennen Zeilentrenner überhaupt nicht. Damit ist "Fwd:\nHi,\nalles OK!".matches("(?sm).*\\AHi,\\Z.*") auch trotz (?sm) ganz einfach false.

Es bleiben \z und \Z. Sie unterscheiden, ob bei Zeilen, die abschließende Zeilentrenner wie \n oder \r besitzen, diese Zeilentrenner mit zum Match gehören oder nicht. Das \z ist wie $ ein Matcher auf das absolute Ende inklusive aller Zeilentrenner. Das große \Z ignoriert am Ende stehende Zeilentrenner, sodass sozusagen der Match schon vorher zu Ende ist.

[»]

Beispiel

Das Trennzeichen beim split(…) soll einmal \z und einmal \Z sein:

```
String[] tokens1 = "Lena singt\r\n".split( "\\z" );
String[] tolens2 = "Lena singt\r\n".split( "\\Z" );
System.out.printf( "%d %s%n", tokens1.length, Arrays.toString( tokens1 ) );
System.out.printf( "%d %s%n", tolens2.length, Arrays.toString( tolens2 ) );
```

Bei \z gehören alle Zeilentrenner zum String, und daher ist die Ausgabe:

```
1 [Lena singt
]
```

Die zweite Ausgabe ist:

```
2 [Lena singt,
]
```

Und die abschließenden Zeilentrenner sind ein zweites Token.

2.2.3 Finden und nicht matchen

Bisher haben wir mit regulären Ausdrücken lediglich festgestellt, ob eine Zeichenfolge vollständig auf ein Muster passt. Doch genau genommen hat Matcher drei Aufgaben:

- Abgleich: Das Pattern muss auf die gesamte Eingabe passen. Das übernimmt `matches()`.
- Anschauen: Die Eingabe muss mit dem Muster beginnen. Das prüft `lookingAt()`.
- Finden: Das Muster muss irgendwie in der Eingabe vorkommen.

Die `Matcher`-Klasse kann also feststellen, ob sich eine durch ein Muster beschriebene Teilfolge im String befindet. Dazu dient die Methode `find(…)`. Sie hat zwei Aufgaben: Zunächst sucht sie nach einer Fundstelle und gibt bei Erfolg `true` zurück. Das Nächste ist, dass jedes `Matcher`-Objekt einen Zustand mit Fundstellen besitzt, den `find()` aktualisiert. Einem `Matcher`-Objekt entlockt die Methode `group(…)` den erkannten Substring, und `start(…)/end(…)` liefert die Positionen. Wiederholte Aufrufe von `find(…)` setzen die Positionen weiter:

Listing 2.3 RegExAllNumbers.java, main()

```
String s = "'Demnach, welcher verheiratet, der tut wohl; welcher aber " +
           "nicht verheiratet, der tut besser.' 1. Korinther 7, 38";
Matcher matcher = Pattern.compile( "\\d+" ).matcher( s );
while ( matcher.find() )
  System.out.printf( "%s an Position [%d,%d]%n",
                     matcher.group(),
                     matcher.start(), matcher.end() );
```

Die Ausgabe des Zahlenfinders ist:

```
1 an Position [94,95]
7 an Position [107,108]
38 an Position [110,112]
```

Die gefundene Gruppe und die Start-/Endposition des letztes Ergebnisses liefern `group(…)`, `start(…)` und `end(…)`. Die Methoden gibt es in drei Versionen. Für die komplette Übereinstimmung sind es `group()`, `start()`, `end()`, und `matcher.group()` entspricht dem Teil-String von `matcher.start(g)` bis `matcher.end(g)`. Gruppen können mit einem Index bzw. mit einem Namen versehen werden, auf die dann `group(int)`, `group(String)` zugreifen, und die Position liefern `start(int)/start(String)` und `end(int)/end(String)`.

Beispiel

[«]

Da es in der `String`-Klasse zwar ein `contains(CharSequence)`, aber kein `containsIgnoreCase(CharSequence)` gibt, lässt sich für diesen Zweck entweder ein Ausdruck wie `s1.toLowerCase().contains(s2.toLowerCase())` formen oder ein `Pattern`-Flag verwenden:

```
String s1 = "Prince Michael I, Paris, Prince Michael II (Blanket)";
String s2 = "PARIS";
boolean in = Pattern.compile( Pattern.quote( s2 ),
                              Pattern.CASE_INSENSITIVE ).matcher( s1 ).find();
System.out.println( in );                // true
```

2.2.4 Gruppen

In regulären Ausdrücken lassen sich Teilausdrücke in runde Klammern setzen, und diese bilden dann Gruppen; im Englischen heißen sie *capturing groups*. Gruppen haben zwei Vorteile:

- An die Gruppe gesetzte Operationen wirken für die Gruppe. Beispiel: Der Ausdruck (\d\d)+ steht für eine gerade Anzahl von Ziffern.
- Eine Gruppe fängt einen Teil-String, und auf den lässt sich gezielt zurückgreifen.

Beispiel

Ein String enthält zwei Zahlen, die mit einem Doppelpunkt getrennt sind. Wir interessieren uns für die erste und zweite Zahl:

```
Matcher matcher = Pattern.compile( "(\\d+):(\\d+)").matcher( "1:123" );
if ( matcher.find() )
  System.out.println( matcher.group(1) + "," + matcher.group(2) ); // 1,123
```

Der Trick ist also, bei group(int) einen Index anzugeben; der beginnt bei 1.

Beispiel

Ein String aus einer Datei enthält einen Block in geschweiften Klammern. Wir interessieren uns für den Block:

```
String input = "line1\n{line2\nline3}\nline4";
Matcher matcher = Pattern.compile( "\\{(.*)\\}",
  Pattern.MULTILINE | Pattern.DOTALL ).matcher( input );
if ( matcher.find() )
  System.out.println( matcher.group( 1 ) );  // line1, dann Umbruch, line2
```

Bei der Angabe ohne Index, also group(), ist die Rückgabe alles, was find() gefunden hat. Die Fundstellen sind natürlich Teil-Strings der gesamten Gruppe.

2.2.5 Gierige und nicht gierige Operatoren *

Die drei Operatoren ?, * und + haben die Eigenschaft, die längste mögliche Zeichenfolge abzudecken – das nennt sich *gierig* (engl. *greedy*). Deutlich wird diese Eigenschaft bei dem Versuch, in einem HTML-String alle fett gesetzten Teile zu finden. Gesucht ist also ein Ausdruck, der im String

```
String string = "Echt <b>fett</b>. <b>Cool</b>!";
```

die Teilfolgen <b>fett</b> und <b>Cool</b> erkennt. Der erste Versuch für ein Programm könnte so aussehen:

```
Pattern pattern = Pattern.compile( "<b>.*</b>" );
Matcher matcher = pattern.matcher( string );
while ( matcher.find() )
  System.out.println( matcher.group() );
```

Nun ist die Ausgabe aber `<b>fett</b>. <b>Cool</b>`! Das verwundert nicht, denn mit dem Wissen, dass * gierig ist, passt `<b>.*</b>` auf die Zeichenkette vom ersten `<b>` bis zum letzten `</b>`.

Die Lösung ist der Einsatz eines *nicht gierigen Operators* (auch *genügsam*, *zurückhaltend*, *non-greedy* oder *reluctant* genannt). In diesem Fall wird hinter den Qualifizierer einfach ein Fragezeichen gestellt:

Gieriger Operator	Nicht gieriger Operator
X?	X??
X*	X*?
X+	X+?
X{n}	X{n}?
X{n,}	X{n,}?
X{n,m}	X{n,m}?

Tabelle 2.9 Gierige und nicht gierige Operatoren

Mit einem solchen nicht gierigen Operator lösen wir einfach das Fettproblem:

Listing 2.4 RegExFindBold.java, main()

```
Pattern pattern = Pattern.compile( "<b>.*?</b>" );
Matcher matcher = pattern.matcher( "Echt <b>fett</b>. <b>Cool</b>!" );
while ( matcher.find() )
  System.out.println( matcher.group() );
```

Wie gewünscht ist die Ausgabe:

```
<b>fett</b>
<b>Cool</b>
```

2.2.6 Mit MatchResult alle Ergebnisse einsammeln *

Die Schnittstelle `java.util.regex.MatchResult` deklariert Operationen, die Zugriff auf das Ergebnis (String, Startposition, Endposition, Anzahl der Gruppen) eines Matches ermöglichen. Ein `Matcher`-Objekt wird dafür mit `toMatchResult()` nach dem `MatchResult`-Objekt gefragt.

Ein einfaches Beispiel verdeutlicht die Arbeitsweise: Die eigene statische Utility-Methode `findMatches()` soll für ein Muster und eine Zeichenkette alle Ergebnisse zurückliefern:

Listing 2.5 MatchResultDemo.java, Teil 1

```
static Iterable<MatchResult> findMatches( String pattern, CharSequence s ) {
  Collection<MatchResult> results = new ArrayList<>();

  for ( Matcher m = Pattern.compile(pattern).matcher(s); m.find(); )
    results.add( m.toMatchResult() );

  return results;
}
```

Abbildung 2.1 Die Matcher-Klasse implementiert die MatcherResult-Schnittstelle.

Die Methode liefert ein einfaches `Iterable` zurück, was in unserem Beispiel ausreicht, um die Methode auf der rechten Seite des Doppelpunktes vom erweiterten `for` nutzen zu können. Vor dem Schleifendurchlauf übersetzt `compile(…)` den Muster-String in ein `Pattern`-Objekt, und `matcher(…)` gibt Zugang zum konkreten Mustererkenner, also `Matcher`-Objekt. Die Bedingung der Schleife ist so, dass pro Durchlauf ein Muster erkannt wird. Im Rumpf der Schleife sammelt die Ergebnisliste die `MatchResult`-Objekte, die die Funddaten repräsentieren. Nach Ablauf der Schleife liefert die Methode die gesammelten Objekte zurück. Das Programm greift mit `Iterable`, `Collection` und `ArrayList` auf Typen aus den Datenstrukturen zurück.

Ein paar Programmzeilen zeigen schnell die Möglichkeiten. Ein einfaches Muster soll für ISBN-10-Nummern stehen – ohne Leerzeichen oder Bindestriche.

Listing 2.6 MatchResultDemo.java, Teil 2

```
String pattern = "\\d{9,10}[\\d|x|X]";
String s = "Insel: 3898425266, Reguläre Ausdrücke: 3897213494";

for ( MatchResult r : findMatches( pattern, s ) )
  System.out.println( r.group() + " von " + r.start() + " bis " + r.end() );
```

Das Ergebnis auf der Konsole ist:

```
3898425266 von 7 bis 17
3897213494 von 39 bis 49
```

Die Informationen in einem `MatchResult` entsprechen also einem Zustand eines `Matchers` während des Parsens, genauer gesagt nach dem Erkennen einer Zeichenfolge. Daher implementiert auch die Klasse `Matcher` die Schnittstelle `MatchResult`.

2.2.7 Suchen und Ersetzen mit Mustern

Von der `Pattern`/`Matcher`-Klasse haben wir bisher zwei Eigenschaften kennengelernt: zum einen, wie sie prüft, ob eine komplette Zeichenkette auf ein Muster passt, und zum anderen die Suchmöglichkeit, dass `find(…)` uns sagt, an welchen Stellen ein Muster in einer Zeichenkette vorkommt. Für den zweiten Fall gibt es noch eine Erweiterung, dass nämlich die `Pattern`-Klasse die Fundstellen nicht nur ermittelt, sondern sie auch durch etwas anderes ersetzen kann.

[«]

Beispiel

In einem String sollen alle Nicht-JVM-Sprachen ausgepiept werden:

```
String  text    = "Ich mag Java, Groovy und auch ObjectiveC und PHP.";
Matcher matcher = Pattern.compile("ObjectiveC|PHP" ).matcher( text );
StringBuffer sb = new StringBuffer();
while ( matcher.find() )
  matcher.appendReplacement( sb, "[PIEP]" );
matcher.appendTail( sb );
System.out.println( sb );  // Ich mag Java, Groovy und auch [PIEP] und [PIEP].
```

Um mit dem Mechanismus »Suchen und Ersetzen« zu arbeiten, wird zunächst ein StringBuffer aufgebaut, denn in dem echten String kann Pattern die Fundstellen nicht ersetzen. (Leider ist ein StringBuffer nötig, die API akzeptiert keinen StringBuilder.) Erkennt der Matcher ein Muster, ersetzt appendReplacement(…) es durch eine Alternative, die in den StringBuffer kommt. So wächst der StringBuffer von Schritt zu Schritt. Nach der letzten Fundstelle setzt appendTail(…) das noch verbleibende Teilstück an den StringBuffer.

Toll an appendReplacement(…) ist, dass die Ersetzung nicht einfach nur ein einfacher String ist, sondern dass er mit $ Zugriff auf die Suchgruppe hat. Damit lassen sich sehr elegante Lösungen bauen. Nehmen wir an, wir müssen in einer Zeichenkette alle URLs in HTML-Hyperlinks konvertieren. Dann rahmen wir einfach jede Fundstelle in die nötigen HTML-Tags ein. In Quellcode sieht das so aus:

Listing 2.7 RegExSearchAndReplace.java, main()

```
String  text    = "Hi, schau mal bei http://stackoverflow.com/ " +
                  "oder http://www.tutego.de/ vorbei.";
String  regex   = "http://[a-zA-Z0-9\\-\\.]+\\.[a-zA-Z]{2,3}(\\S*)?";
Matcher matcher = Pattern.compile( regex ).matcher( text );
StringBuffer sb = new StringBuffer( text.length() );

while ( matcher.find() )
  matcher.appendReplacement( sb, "<a href=\"$0\">$0</a>" );

matcher.appendTail( sb );

System.out.println( sb );
```

Der StringBuffer enthält dann zum Schluss "Hi, schau mal bei <a href="http://stackoverflow.com/">http://stackoverflow.com/</a> oder <a href="http://www.tutego.de/">http://www.tutego.de/</a> vorbei.". (Der gewählte reguläre Ausdruck für URLs ist kurz, aber nicht vollständig. Für das Beispiel spielt das aber keine Rolle.)

[+]

Hinweis

Der Ersetzungsausdruck "<a href=\"$0\">$0</a>" enthält mit $ Steuerzeichen für den Matcher. Wenn die Ersetzung aber überhaupt nicht mit $n auf das gefundene Wort zurückgreift, sollten die beiden Sonderzeichen \ und $ ausmaskiert werden. Auf diese Weise werden merkwürdige Fehler vermieden, wenn doch in der Ersetzung ein Dollar-Zeichen oder ein Backslash vorkommt. Das Ausmaskieren übernimmt die Methode quoteReplacement(…), sodass sich zum Beispiel Folgendes ergibt:

```
matcher.appendReplacement( sb, Matcher.quoteReplacement( replacement ) );
```

2.2.8 Hangman Version 2

Im ersten Band der Insel wurde ein Hangman-Spiel vorgestellt, das Ersetzungen ohne reguläre Ausdrücke vornimmt. Mit regulären Ausdrücken lässt sich eine ganz spezielle Aufgabe unseres Hangman-Spiels noch verbessern. Wir hatten die Aufgabe, dass ungeratene Zeichen durch einen Unterstrich ersetzt werden. Diese Ersetzung kann sehr gut `replaceAll(…)` übernehmen:

Listing 2.8 Hangman2.java

```
import java.util.*;

public class Hangman2 {
  @SuppressWarnings( "resource" )
  public static void main( String[] args ) {
    String[] hangmanWords = { "samoa", "tonga", "fiji", "vanuatu" };
    String hangmanWord = hangmanWords[ new Random().nextInt( hangmanWords.length ) ];

    String usedChars = "";
    String guessedWord = hangmanWord.replaceAll( ".", "_" );

    for ( int guesses = 0; ; guesses++ ) {
      if ( guesses == 10 ) {
        System.out.printf( "Nach 10 Versuchen ist jetzt Schluss. Sorry! Apropos,
                            das Wort war '%s'.", hangmanWord );
        break;
      }

      System.out.printf( "Runde %d. Bisher geraten: %s. Was wählst du für
                          ein Zeichen?%n", guesses, guessedWord );
      char guessedChar = new java.util.Scanner( System.in ).next().charAt( 0 );

      if ( usedChars.indexOf( guessedChar ) >= 0 )
        System.out.printf( "%c hast du schon mal getippt!%n", guessedChar );
      else {  // Zeichen wurde noch nicht benutzt
        usedChars += guessedChar;
        if ( hangmanWord.indexOf( guessedChar ) >= 0 ) {
          guessedWord = hangmanWord.replaceAll( "[^"+usedChars+"]", "_" );
          if ( guessedWord.contains( "_" ) )
            System.out.printf( "Gut geraten, '%s' gibt es im Wort. Aber es fehlt
                                noch was!%n", guessedChar );
          else {
            System.out.printf( "Gratulation, du hast das Wort '%s' erraten!",
                               hangmanWord );
            break;
```

```
          }
        }
        else { // hangmanWord.indexOf( c ) == -1
          System.out.printf( "Pech gehabt, %c kommt im Wort nicht vor!%n",
             guessedChar );
        }
      }
    }
  }
}
```

2.3 Zerlegen von Zeichenketten

Die Java-Bibliothek bietet eine Reihe von Möglichkeiten zum Zerlegen von Zeichenfolgen, wobei `split(…)` von `String` und Grundzüge vom `Scanner` schon im ersten Band in Kapitel 4, »Datenstrukturen und Algorithmen«, vorgestellt wurden. Fassen wir zusammen:

- `Pattern`: Zerlegt Zeichenketten zum Beispiel mit `split(CharSequence input)` und liefert ein Feld von Strings zurück. Reguläre Ausdrücke, die das Pattern-Objekt repräsentieren, bestimmen die Trennpunkte.
- `String`: eine einfache Fassade für die `Pattern`-Klasse und deren `split(…)`-Methode
- `Scanner`: komfortable Klasse zum Ablaufen von Eingaben aus beliebigen Quellen, etwas aus Dateien
- `StringTokenizer`: Der Klassiker aus Java 1.0. Delimiter sind nur einzelne Zeichen.
- `BreakIterator`: Findet Zeichen-, Wort-, Zeilen- oder Satzgrenzen.

2.3.1 Zerlegen von Zeichensequenzen über String oder Pattern

Die Klassen `String` und `Pattern` bieten beide eine `split(…)`-Methode, doch die eigentliche Arbeit macht `Pattern`, denn `String` delegiert nur – wie auch bei `matches(…)` – an das `Pattern`-Objekt:

Listing 2.9 java/lang/String.java, Ausschnitt

```
public String[] split( String regex, int limit ) {
  return Pattern.compile( regex ).split( this, limit );
}
public String[] split( String regex ) {
  return split( regex, 0 );
}
```

Am Quellcode ist zu erkennen, dass jeder Methodenaufruf von split(…) auf dem String-Objekt zu einem neuen Pattern-Objekt führt. Das ist nicht ganz billig.

Eine neu in Java 8 eingeführte Methode splitAsStream(CharSequence) liefert kein Feld als Rückgabe, sondern einen Stream von Strings.

> **Tipp**
>
> Beim mehrmaligen Zerlegen (von unterschiedlichen Eingaben) mit dem gleichen Zerlege-Muster sollte direkt ein Pattern-Objekt mit der dort angesiedelten split(…)-Methode verwendet werden.

```
final class java.util.regex.Pattern
implements Serializable
```

- String[] split(CharSequence input)
  Zerlegt die Zeichenfolge input in Teilzeichenketten, wie es das aktuelle Pattern-Objekt befiehlt.
- String[] split(CharSequence input, int limit)
  Wie split(CharSequence), doch nur höchstens limit viele Teilzeichenketten.
- Stream<String> splitAsStream(CharSequence input)
  Liefert die Tokens nicht als komplettes Array zurück, sondern als Stream von Strings. Die Methode ist nützlich in Kombination mit Lambda-Ausdrücken, da Stream-Objekte eine ganze Reihe von interessanten Methoden bieten, etwa zum Filtern von Elementen.

> **Beispiel**
>
> Gib alle Strings aus, die länger als ein Zeichen sind:

```
Pattern.compile( " " )
       .splitAsStream( "99 12 c" )
       .filter( s -> s.length() > 1 )
       .forEach( s -> System.out.println( s ) );
```

2.3.2 Mehr vom Scanner

Der Konstruktor vom Scanner nimmt unterschiedliche Textquellen an, etwa Strings, Path oder Datenströme, und ermöglicht dann das Durchlaufen mittels hasNextXXX()/nextXXX()-Methoden. Soweit die Grundlagen.

Trennzeichen definieren

useDelimiter(…) setzt für die folgenden Filter-Vorgänge den Delimiter.

Beispiel

Der String s enthält eine Zeile wie a := b. Uns interessieren der linke und der rechte Teil:

```
String s = "Url := http://www.tutego.com";
Scanner scanner = new Scanner( s ).useDelimiter( "\\s*:=\\s*" );
System.out.printf( "%s = %s", scanner.next(), scanner.next() );
// Url = http://www.tutego.com
```

Um nur lokal für das nächste Zerlegen einen Trenner zu setzen, lässt sich `next()` mit einem Argument ausstatten, also mit `next(String)` oder `next(Pattern)` ein Trennmuster angeben. `hasNext(String)` bzw. `hasNext(Pattern)` liefern `true`, wenn das nächste Token dem Muster entspricht.

In einer Zeile und im ganzen Text suchen

Mit `findInLine(String)` bzw. `findInLine(Pattern)` wird der `Scanner` angewiesen, nach einem Muster nur bis zum nächsten Zeilenendezeichen zu suchen; Delimiter ignoriert er.

Beispiel

Suche mit `findInLine(…)` nach einem Muster:

```
String text = "Hänsel-und-Gretel\ngingen-durch-den-Wald";
Scanner scanner = new Scanner( text ).useDelimiter( "-" );
System.out.println( scanner.findInLine( "Wald" ) ); // null
System.out.println( scanner.findInLine( "ete" ) );  // "ete"
System.out.println( scanner.next() );               // "l" "gingen"
System.out.println( scanner.next() );               // "durch"
```

`findInLine(…)` ist eine Methode, die der Methode `indexOf(…)` von `String` ähnelt, nur kann hier nach einem regulären Ausdruck gesucht werden. Und statt des Index gibt die Methode den gematchten String zurück oder `null`, falls es keinen Match gab, und der `Scanner` positioniert nach dieser Fundstelle. Mit regulären Ausdrücken wird das Ganze leistungsfähig.

Beispiel

Finde alles, was in HTML zwischen <b></b> steht:

```
String s = "Wichtig: <b>essen</b> und <b>trinken</b>!";
Scanner scanner = new Scanner( s );
for ( String match = null; (match = scanner.findInLine( "<b>(.+?)</b>" )) != null; )
  System.out.println( match );
```

Die Ausgabe ist: »<b>essen</b>« und dann »<b>trinken</b>«. Interessieren wir uns nur für das »Innere«, muss auf die Match-Gruppe zugegriffen werden. Kurz skizziert:

```
while ( sc.findInLine( "<b>(.+?)</b>" ) != null )
  System.out.println( scanner.match().group( 1 ) );
```

Die Ausgabe ist dann »essen« und »trinken«.

Mit `findWithinHorizon(Pattern, int)` bzw. `findWithinHorizon(String, int)` lässt sich eine Obergrenze von Code-Points (vereinfacht ausgedrückt von Zeichen) angeben, die maximal berücksichtigt werden sollen, und zudem sucht die Methode im ganzen String und ignoriert Zeilenendezeichen. Hätten wir etwa ein Zeilenumbruchzeichen im String wie folgt, hätten wir nur »essen« gefunden:

```
String s = "Wichtig: <b>essen</b>\nund <b>trinken</b>!";
```

Anders ist da `findWithinHorizon(…)`; diese Methode ignoriert Zeilenendezeichen.

Beispiel

Finde alles Wichtige, Teil 2:

```
String s = "Wichtig: <b>essen</b>\n<b>trinken</b>!";
Scanner sc = new Scanner( s );
for ( String match = null; (match = sc.findWithinHorizon( "<b>(.+?)</b>", 0 ))
  != null; ) {
  System.out.println( match );
}
```

Liefert die Methode in dieser Grenze kein Token, liefert sie `null` und setzt auch den Positionszeiger nicht weiter. Ist die Grenze 0, gibt es keinen Suchhorizont, und er ist unendlich.

Beispiel

```
Scanner sc = new Scanner( "Laber Rhabarber: 12" );
System.out.println( sc.findWithinHorizon( "\\d+", 2 ) );  // null
System.out.println( sc.findWithinHorizon( "\\d+", 20 ) ); // 12
```

Scanner und Gruppen der regulären Ausdrücke

Reguläre Ausdrücke machen die Klasse `Scanner` leistungsfähiger, und erst wenn Entwickler vollständig die Verzahlung verinnerlicht haben, kann die Klasse ihr volles Potenzial entfalten. An einzelnen Methoden wie `findWithinHorizon(…)` haben wir Beispiele für reguläre Ausdrücke bei Suchen gesehen, aber die Anzahl der Methoden, die mit regulären Ausdrücken zu tun haben, ist doch überraschend groß. Zusammenfasst:

- `String findInLine(Pattern pattern)`
- `String findInLine(String pattern)`

- String findWithinHorizon(Pattern pattern, int horizon)
- String findWithinHorizon(String pattern, int horizon)
- boolean hasNext(Pattern pattern)
- boolean hasNext(String pattern)
- String next(Pattern pattern)
- String next(String pattern)
- Scanner skip(Pattern pattern)
- Scanner skip(String pattern)
- Scanner useDelimiter(Pattern pattern)
- Scanner useDelimiter(String pattern)
- Pattern delimiter()

Immer dann, wenn ein Scanner mit einem regulären Ausdruck konfiguriert wurde, wird intern der Zustand vom dafür zugewiesenen Matcher aktualisiert. Die Scanner-Methode match() liefert einen MatchResult der letzten Operation, allerdings folgt eine IllegalStateException, wenn es keinen Match gab oder der letzte Match nicht erfolgreich war.

In Kombination mit findWithinHorizon(…) ist ein MatchResult sehr nützlich, denn er erlaubt den Zugriff auf die Gruppen, die in regulären Ausdrücken eingesetzt werden können, sodass es möglich ist, ganz gezielt auf Teil-Strings zuzugreifen. Wir wollen das an einem Beispiel nutzen, in dem wir das Windows-Programm *netstat* aufrufen und die Ausgabe zerlegen. Normalerweise sieht die Ausgabe so aus:

```
$ netstat -n

Aktive Verbindungen

  Proto  Lokale Adresse         Remoteadresse          Status
  TCP    127.0.0.1:16709        127.0.0.1:49159        HERGESTELLT
  TCP    127.0.0.1:19872        127.0.0.1:49176        HERGESTELLT
  TCP    127.0.0.1:49159        127.0.0.1:16709        HERGESTELLT
...
```

Es ist eine tabellenförmige Auflistung von Verbindungen von dem eigenen Rechner zu anderen Rechnern.

Ein eigenes Java-Programm soll *netstat* aufrufen, die Spalten auslesen und in einem eigenen Format ausgeben. Das Erkennen von Spalten übernehmen Gruppen in dem regulären Ausdruck "**(TCP|UDP)**\\s+**(\\S+)**\\s+**(\\S+)**\\s+**(\\S+)**". Die erste Gruppe fängt TCP oder UDP, dann folgt nach einem beliebigen Weißraum in der zweiten Gruppe die eigene IP-Adresse mit Port usw.

Listing 2.10 Netstat.java, main()

```
ProcessBuilder builder = new ProcessBuilder( "netstat", "-n" );
Process p = builder.start();
try ( Scanner scanner = new Scanner( p.getInputStream() ) ) {
  Pattern pattern = Pattern.compile( "(TCP|UDP)\\s+(\\S+)\\s+(\\S+)\\s+(\\S+)" );
  while ( scanner.findWithinHorizon( pattern, 0 ) != null )
    System.out.printf( "%-6s %-22s %-22s %s%n",
               scanner.match().group( 1 ), scanner.match().group( 2 ),
               scanner.match().group( 3 ), scanner.match().group( 4 ) );
}
```

Die eigene Ausgabe beginnt damit:

```
TCP    127.0.0.1:16709        127.0.0.1:49159        HERGESTELLT
TCP    127.0.0.1:19872        127.0.0.1:49176        HERGESTELLT
TCP    127.0.0.1:49159        127.0.0.1:16709        HERGESTELLT
...
```

Die Designer der Java-Bibliotheken hätten `findInLine(…)`/`findWithinHorizon(…)` natürlich auch einen `MatchResult` zurückgeben lassen können, doch empfanden sie die Rückgabe eines Strings wohl als nützlicher.

Landessprachen

Auch ist die `Scanner`-Klasse dazu in der Lage, die Dezimalzahlen unterschiedlicher Sprachen zu erkennen.

[«]

Beispiel

Mit dem passenden `Locale`-Objekt erkennt der Scanner bei `nextDouble()` auch Fließkommazahlen mit Komma, etwa `"12,34"`:

```
Scanner scanner = new Scanner( "12,34" ).useLocale( Locale.GERMAN );
System.out.println( scanner.nextDouble() );    // 12.34
```

Das klingt logisch, funktioniert aber bei einem deutschsprachigen Betriebssystem in der Regel auch ohne `useLocale(Locale.GERMAN)`. Der Grund ist einfach: Der `Scanner` setzt das `Locale` vorher standardmäßig auf `Locale.getDefault()`, und bei auf Deutsch eingestellten Betriebssystemen ist das eben `Locale.GERMAN`. Andersherum bedeutet das, dass eine in englischer Schreibweise angegebene Zahl wie 12.34 nicht erkannt wird und der `Scanner` eine `java.util.InputMismatchException` meldet.

```
final class java.util.Scanner
implements Iterator<String>, Closeable
```

- Scanner useLocale(Locale locale)
  Setzt die Sprache zum Erkennen der *lokalisierten Zahlen*, insbesondere der Fließkommazahlen.
- Locale locale()
  Liefert die eingestellte Sprache.

IO-Fehler während des Parsens

Bezieht der Scanner die Daten von einem Readable, kann es Ein-/Ausgabefehler in Form von IOExceptions geben. Methoden wie next() geben diese Fehler nicht weiter, sondern fangen sie ab und speichern sie intern. Die Methode ioException() liefert dann das letzte IOException-Objekt oder null, falls es keinen Fehler gab.

2.3.3 Die Klasse StringTokenizer *

Die Klasse StringTokenizer zerlegt ebenfalls eine Zeichenkette in Tokens. Der StringTokenizer ist jedoch auf *einzelne* Zeichen als Trennsymbole beschränkt, während die Methode split(...) aus der Klasse Pattern bzw. String einen regulären Ausdruck zur Beschreibung der Trennsymbole erlaubt. Es sind keine Zeichenfolgen wie »:=« denkbar.

[»]

Beispiel

Um einen String mithilfe eines StringTokenizer-Objekts zu zerlegen, wird dem Konstruktor der Klasse der zu unterteilende Text als Argument übergeben:

```
String s = "Faulheit ist der Hang zur Ruhe ohne vorhergehende Arbeit";
StringTokenizer tokenizer = new StringTokenizer( s );
while ( tokenizer.hasMoreTokens() )
  System.out.println( tokenizer.nextToken() );
```

Der Text ist ausschließlich ein Objekt vom Typ `String`.

Um den Text abzulaufen, gibt es die Methoden `nextToken()` und `hasMoreTokens()`.[6] Die Methode `nextToken()` liefert das nächste Token im String. Ist kein Token mehr vorhanden, wird eine `NoSuchElementException` ausgelöst. Damit wir frei von diesen Überraschungen sind, können wir mit der Methode `hasMoreTokens()` nachfragen, ob noch ein weiteres Token vorliegt.

In der Voreinstellung sind Tabulator, Leerzeichen und Zeilentrenner die Delimiter. Sollen andere Zeichen als die voreingestellten Trenner den Satz zerlegen, kann dem Konstruktor als zweiter String eine Liste von Trennern übergeben werden. Jedes Zeichen, das in diesem String vorkommt, fungiert als einzelnes Trennzeichen:

```
StringTokenizer st = new StringTokenizer( "Blue=0000ff\nRed:ff0000\n", "=:\n" );
```

Neben den beiden Konstruktoren existiert noch ein dritter, der auch die Trennzeichen als eigenständige Bestandteile bei `nextToken()` übermittelt.

```
class java.util.StringTokenizer
implements Enumeration<Object>
```

- `StringTokenizer(String str, String delim, boolean returnDelims)`
  Ein String-Tokenizer für `str`, wobei jedes Zeichen in `delim` als Trennzeichen gilt. Ist `returnDelims` gleich `true`, so sind auch die Trennzeichen Tokens der Aufzählung.
- `StringTokenizer(String str, String delim)`
  Ein String-Tokenizer für `str`, wobei alle Zeichen in `delim` als Trennzeichen gelten. Entspricht dem Aufruf von `this(str, delim, false)`.
- `StringTokenizer(String str)`
  Ein String-Tokenizer für `str`. Entspricht dem Aufruf von `this(str, " \t\n\r\f", false)`. Die Trennzeichen sind Leerzeichen, Tabulator, Zeilenende und Seitenvorschub.
- `boolean hasMoreTokens()`
- `boolean hasMoreElements()`
  Testet, ob ein weiteres Token verfügbar ist. `hasMoreElements()` implementiert die Methode der Schnittstelle `Enumeration`, aber beide Methoden sind identisch.
- `String nextToken()`

6 Die Methode `hasMoreElements()` ruft direkt `hasMoreTokens()` auf und wurde nur implementiert, da ein `StringTokenizer` die Schnittstelle `Enumeration` implementiert.

- `Object nextElement()`
  Liefert das nächste Token vom String-Tokenizer. `nextElement()` existiert nur, damit der Tokenizer als `Enumeration` benutzt werden kann. Der weniger spezifische Ergebnistyp `Object` macht eine Typumwandlung erforderlich.
- `String nextToken(String delim)`
  Setzt die Delimiter-Zeichen neu und liefert anschließend das nächste Token.
- `int countTokens()`
  Zählt die Anzahl der noch möglichen `nextToken()`-Methodenaufrufe, ohne die aktuelle Position zu berühren. Der Aufruf der Methode ist nicht billig.

2.3.4 BreakIterator als Zeichen-, Wort-, Zeilen- und Satztrenner *

Benutzer laufen Zeichenketten aus ganz unterschiedlichen Gründen ab. Ein Anwendungsszenario ist das Ablaufen eines Strings Zeichen für Zeichen. In anderen Fällen sind nur einzelne Wörter interessant, die durch Wort- oder Satztrenner separiert sind. In wieder einem anderen Fall ist eine Textausgabe auf eine bestimmte Zeilenlänge gewünscht.

Zum Zerlegen von Zeichenfolgen sieht die Standardbibliothek im Java-Paket `java.text` die Klasse `BreakIterator` vor. Einen konkreten Iterator erzeugen diverse statische Methoden, die optional auch nach speziellen Kriterien einer Sprache trennen. Wenn keine Sprache übergeben wird, wird automatisch die Standardsprache verwendet.

```
abstract class java.text.BreakIterator
implements Cloneable
```

- `static BreakIterator getCharacterInstance()`
- `static BreakIterator getCharacterInstance(Locale where)`
  Trennt nach Zeichen. Vergleichbar mit einer Iteration über `charAt()`.
- `static BreakIterator getSentenceInstance()`
- `static BreakIterator getSentenceInstance(Locale where)`
  Trennt nach Sätzen. Delimiter sind übliche Satztrenner wie ».«, »!«, »?«.
- `static BreakIterator getWordInstance()`
- `static BreakIterator getWordInstance(Locale where)`
  Trennt nach Wörtern. Trenner wie Leerzeichen und Satzzeichen gelten ebenfalls als Wörter.
- `static BreakIterator getLineInstance()`
- `static BreakIterator getLineInstance(Locale where)`
  Trennt *nicht* nach Zeilen, wie der Name vermuten lässt, sondern ebenfalls nach Wörtern. Nur werden Satzzeichen, die am Wort »hängen«, zum Wort hinzugezählt. Praktisch ist dies für Algorithmen, die Textblöcke in eine bestimmte Breite bringen wollen. Ein Beispiel für die drei Typen zeigt das gleich folgende Programm.

> **Hinweis**
>
> Auf den ersten Blick ergibt ein `BreakIterator` von `getCharacterInstance(…)` keinen großen Sinn, denn für das Ablaufen einer Zeichenkette ließe sich viel einfacher eine Schleife nehmen und mit `charAt(…)` arbeiten. Der `BreakIterator` kann jedoch korrekt mit Unicode 4 umgehen, wo zwei `char` ein Unicode 4-Zeichen bilden. Zum zeichenweisen Iterieren über Strings ist auch `CharacterIterator` eine gute Lösung.

Beispiel für die drei BreakIterator-Typen

Das nächste Beispiel zeigt, wie ohne großen Aufwand durch Zeichenketten gewandert werden kann. Die Verwendung eines String-Tokenizers ist nicht nötig. Unsere statische Hilfsmethode `out(…)` gibt die Abschnitte der Zeichenkette bezüglich eines `BreakIterator` aus:

Abbildung 2.2 Klassendiagramm vom BreakIterator

Listing 2.11 BreakIteratorDemo.java, out()

```
static void out( String s, BreakIterator iter ) {
  iter.setText( s );

  for ( int last = iter.first(),next = iter.next();
        next != BreakIterator.DONE;
        last = next, next = iter.next() ) {
    CharSequence part = s.subSequence( last, next );
```

```
    if ( Character.isLetterOrDigit( part.charAt( 0 ) ) )
      System.out.println( part );
  }
}
```

Einmal sollen die Wörter und einmal die Sätze ausgegeben werden:

Listing 2.12 BreakIteratorDemo.java, main()

```
public static void main( String[] args ) {
  String helmutKohl1 = "Ich weiß, dass ich 1945 fünfzehn war und 1953 achtzehn.",
         helmutKohl2 = "Das ist eine klassische journalistische Behauptung. " +
                       "Sie ist zwar richtig, aber sie ist nicht die Wahrheit.";

  BreakIterator sentenceIter = BreakIterator.getSentenceInstance();
  BreakIterator wordIter     = BreakIterator.getWordInstance();
  BreakIterator lineIter     = BreakIterator.getLineInstance();

  out( helmutKohl1, sentenceIter );
  out( helmutKohl2, sentenceIter );

  System.out.println( "-----------------" );

  out( helmutKohl1, wordIter );
  out( helmutKohl2, wordIter );

  System.out.println( "-----------------" );

  out( helmutKohl1, lineIter );
  out( helmutKohl2, lineIter );
}
```

Die Ausgabe enthält (skizziert):

```
Ich weiß, dass ich 1945 fünfzehn war und 1953 achtzehn.
Das ist eine klassische journalistische Behauptung.
Sie ist zwar richtig, aber sie ist nicht die Wahrheit.
-----------------
Ich
weiß
…
die
Wahrheit
-----------------
```

```
Ich
weiß,
…
die
Wahrheit.
```

Im letzten Beispiel ist sehr gut zu sehen, dass die Wörter am Ende ihre Leer- und Satzzeichen behalten.

2.3.5 StreamTokenizer *

Die Klasse `StreamTokenizer` aus dem `java.io`-Paket arbeitet noch spezialisierter als die `StringTokenizer`-Klasse aus dem `util`-Paket, und die Klasse `Scanner` kommt der Klasse `StreamTokenizer` schon sehr nahe. Im Gegensatz zum `Scanner` beachtet ein `StreamTokenizer` keine Unicode-Eingabe, sondern nur Zeichen aus dem Bereich von \u0000 bis \u00FF, kann aber mit Kommentaren umgehen.

Während des Parsens erkennt der Tokenizer bestimmte Merkmale, so unter anderem Bezeichner (etwa Schlüsselwörter), Zahlen, Strings in Anführungszeichen und verschiedene Kommentararten (C-Stil oder C++-Stil). Verschiedene Java-Tools von Oracle verwenden intern einen `StreamTokenizer`, um ihre Eingabedateien zu verarbeiten, etwa das Policy-Tool für die Rechteverwaltung. Der Erkennungsvorgang wird anhand einer Syntaxtabelle überprüft. Diese Tabelle enthält zum Beispiel die Zeichen, die ein Schlüsselwort identifizieren, oder die Zeichen, die Trennzeichen sind. Jedes gelesene Zeichen wird dann keinem, einem oder mehreren Attributen zugeordnet. Diese Attribute fallen in die Kategorie Trennzeichen, alphanumerische Zeichen, Zahlen, Hochkommata bzw. Anführungszeichen oder Kommentarzeichen.

Zur Benutzung der Klasse wird zunächst ein `StreamTokenizer`-Objekt erzeugt, und dann werden die Syntaxtabellen initialisiert. Ob Kommentarzeilen überlesen werden sollen, wird durch

```
st.slashSlashComments( true );        // Kommentar
st.slashStarComments( true );         /* Kommentar */
```

gesteuert. Die erste Methode überliest im Eingabestrom alle Zeichen bis zum Return. Die zweite Methode überliest nur alles bis zum Stern/Slash. Geschachtelte Kommentare sind hier nicht möglich.

Beim Lesen des Datenstroms mit `nextToken()` kann über bestimmte Flags erfragt werden, ob im Stream ein Wort bzw. Bezeichner (`TT_WORD`), eine Zahl (`TT_NUMBER`), das Ende der Datei (`TT_EOF`) oder das Ende der Zeile (`TT_EOL`) vorliegt. Wichtig ist, `eolIsSignificant(true)` zu setzen, da andernfalls der `StreamTokenizer` nie ein `TT_EOL` findet. Wurde ein Wort erkannt, dann werden alle Zeichen in Kleinbuchstaben konvertiert. Dies lässt sich über die Methode `lowerCaseMode(boolean)` einstellen. Nach der Initialisierung eines `StreamTokenizer`-Objekts wird normalerweise so lange `nextToken()` aufgerufen, bis die Eingabe keine neuen Zeichen mehr hergibt, also ein `TT_EOF`-Token erkannt wurde.

Ein Beispiel: Die folgende Klasse liest die Eingabe vom Netzwerk und gibt die erkannten Textteile aus:

Listing 2.13 com/tutego/insel/io/stream/StreamTokenizerDemo.java, main()

```
URL url = new URL( "http://www.tutego.com/index.html" );
Reader reader = new InputStreamReader( url.openStream() );
StreamTokenizer st = new StreamTokenizer( reader );

//     st.slashSlashComments( true ); */
st.slashStarComments( true );
st.ordinaryChar( '/' );
st.parseNumbers();
st.eolIsSignificant( true );

for ( int tval; (tval = st.nextToken()) != StreamTokenizer.TT_EOF; ) {
  if ( tval == StreamTokenizer.TT_NUMBER )
    System.out.println( "Nummer: " + st.nval );
  else if ( tval == StreamTokenizer.TT_WORD )
    System.out.println( "Wort: " + st.sval );
  else if ( tval == StreamTokenizer.TT_EOL )
    System.out.println( "Ende der Zeile" );
  else
    System.out.println( "Zeichen: " + (char) st.ttype );
}
```

class java.io.**StreamTokenizer**

- StreamTokenizer(Reader r)
  Erzeugt einen Tokenizer, der den Datenstrom zerlegt. Der Konstruktor, der das Ganze auch mit einem InputStream macht, ist veraltet.
- void resetSyntax()
  Reinitialisiert die Syntaxtabelle des Tokenizers, sodass kein Zeichen eine Sonderbehandlung genießt. Mit ordinaryChar() lässt sich das Verhalten eines Zeichens bestimmen.
- void wordChars(int low, int hi)
  Zeichen im Bereich von low <= c <= hi werden als Bestandteile von Wörtern erkannt, dementsprechend zusammengefasst und als Word-Token übergeben.[7]
- void whitespaceChars(int low, int hi)
  Zeichen im Bereich von low <= c <= hi werden als Trennzeichen erkannt.

7 Dass der Endwert – wie sonst bei den Intervallangaben üblich – inklusive und nicht exklusive ist, stellt einen Stilbruch dar.

- `void ordinaryChars(int low, int hi)`
  Zeichen im Bereich von `low <= c <= hi` genießen keine Sonderbehandlung und werden als normale Zeichen einzeln behandelt.
- `void ordinaryChar(int ch)`
  Das Zeichen besitzt keine zusätzliche Funktion, ist zum Beispiel kein Kommentarzeichen, Trennsymbol oder Nummernzeichen. Spezialform für `ordinaryChars(ch, ch)`.
- `void parseNumbers()`
  Zahlen (Zahl-Literale) sollen vom Tokenizer erkannt werden. In der Syntaxtabelle gelten die zwölf Zeichen 0, 1, 2, 3, 4, 5, 6, 7, 8, 9, . und – als numerisch. Liegt eine Ganz- oder Fließkommazahl vor, wird der Zahlenwert in `nval` abgelegt, und das Token ergibt im Attribut `ttype` den Wert `TT_NUMBER`.
- `void commentChar(int ch)`
  Gibt das Zeichen an, das einen einzeiligen Kommentar einleitet. Alle nachfolgenden Zeichen werden dann bis zum Zeilenende ignoriert. So ließen sich beispielsweise FORTRAN-Kommentare nach `commentChar('C')` überlesen.
- `void slashStarComments(boolean flag)`
  Der Tokenizer soll Kommentare im C-Stil (/* `Müll` */) erkennen oder nicht.
- `void slashSlashComments(boolean flag)`
  Der Tokenizer soll Kommentare im C++-Stil (// `Zeile`) erkennen oder nicht.
- `void lowerCaseMode(boolean fl)`
  Liegt in `ttype` ein Token vom Typ `TT_WORD` vor, wird es automatisch in Kleinschreibweise konvertiert, falls `fl` gleich `true` ist.
- `int nextToken() throws IOException`
  Liefert das nächste Token im Datenstrom. Der Typ des Tokens wird im Attribut `ttype` hinterlegt. Zusätzliche Informationen befinden sich im Attribut `nval` (Nummer) oder `sval` (Zeichenkette). In der Regel wird so lange geparst, bis das Token `TT_EOF` zurückgegeben wird.
- `void pushBack()`
  Legt das aktuelle Token in den Eingabestrom zurück. Ein Aufruf von `nextToken()` liefert erneut den aktuellen Wert im Attribut `ttype` und ändert `nval` oder `sval` nicht.
- `int lineno()`
  Liefert die aktuelle Zeilennummer in der Eingabedatei.

Erweiterungen und Schwächen

Obwohl die `nextToken()`-Methode eine ganze Reihe von Konvertierungen durchführt, erkennt sie keine in der Exponentialdarstellung geschriebenen Zahlen. Bei einer Gleitkommazahl wie –31.415E-1 versagt die Konvertierung und liefert nur –31.415 als Token vom Typ `TT_NUMBER`. Da `StreamTokenizer` nicht final ist, kann jedoch jeder die Klasse so erweitern, dass sie zum Beispiel `TT_FLOAT_NUMBER` bei einer Gleitkommazahl liefert. Dazu ist die öffentliche Methode `nextToken()` zu überschreiben und vielleicht auch noch `toString()`. Die Erweiterung von `nextToken()` erfordert jedoch etwas Arbeit, da das Original ein wenig unübersichtlich ist.

2.4 Zeichenkodierungen, XML/HTML-Entities, Base64 *

2.4.1 Unicode und 8-Bit-Abbildungen

Einzelne Zeichen sind in Java intern immer in 16-Bit-Unicode kodiert, und ein String ist eine Folge von Unicode-Zeichen. Wollen wir diese Unicode-Zeichenkette in eine Datei schreiben, können mitunter andere Programme die Dateien nicht wieder einlesen, da sie keine Unicode-Zeichen erwarten oder nicht damit umgehen können. Die Unicode-Strings müssen daher in unterschiedliche Codepages, etwa Latin-1, umkodiert werden.

2.4.2 Kodierungen über die Klasse String vornehmen

Die `String`-Klasse konvertiert mit der Methode `getBytes(String charsetName)` bzw. `getBytes(Charset charset)` den String in ein Byte-Feld mit einer bestimmten Zeichenkodierung. Auf diese Weise kann Java die interne Unicode-Repräsentation zum Beispiel in den EBCDIC-Zeichensatz eines IBM-Mainframes übertragen. Jede Kodierung (engl. *encoding*) ist durch eine Zeichenfolge oder ein `Charset`-Objekt definiert; die Namen sind unter *http://tutego.de/go/encoding* aufgeführt. Für den EBCDIC-Zeichensatz ist das die Codepage »Cp037«. Die DOS-Konsole unter Windows nutzt einen veränderten IBM-Zeichensatz, dessen Codepage »Cp850« heißt.

[»]

Beispiel

Kodiere den String `"Vernaschen"` in EBCDIC:

```
try {
  byte[] ebcdic = "Vernaschen".getBytes( "Cp037" );
  System.out.println( Arrays.toString(ebcdic) );
  // [-27, -123, -103, -107, -127, -94, -125, -120, -123, -107]
}
catch ( UnsupportedEncodingException e ) { … }
```

Zur Kodierung in die andere Richtung, also von einem Byte-Feld in einen Unicode-String, müssen Sie einen Konstruktor der `String`-Klasse mit der Kodierung nutzen. Auch hier kann eine `UnsupportedEncodingException` folgen, wenn es die Kodierung nicht gibt.

[»]

Beispiel

Kodiere das Byte-Feld mit den Zeichen nach dem EBCDIC-Alphabet zurück in einen String:

```
byte[] ebcdic = "Vernaschen".getBytes( "Cp037" );
String s = new String( ebcdic, "Cp037" );
System.out.println( s );                    // Vernaschen
```

2.4.3 Das Paket java.nio.charset und der Typ Charset

Konvertierungen zwischen Unicode-Strings und Byte-Folgen übernehmen java.nio.charset.Charset-Implementierungen. Die statische Methode Charset.availableCharsets() liefert eine Map<String, Charset> mit etwa 150 Einträgen – und somit Namen und assoziierte Klassen aller angemeldeten Kodierer. Ein Charset-Objekt lässt sich über einen Namen und dann mit Charset.forName(String charsetName) erfragen.

Beispiel

Gib alle Kodierungen aus:

```
for ( String charsetName : Charset.availableCharsets().keySet() ) {
  System.out.println( charsetName );
  Charset charset = Charset.forName( charsetName );
  System.out.println( charset );      // Ausgabe wie oben
}
```

Mit dem konkreten Charset-Objekt lässt sich auf zwei Wegen weiter verfahren:

- direkt mit den Methoden encode(…) und decode(…) konvertieren
- über die Methode newDecoder(…) einen CharsetDecoder bzw. über newEncoder(…) einen CharsetEncoder erfragen und damit arbeiten

Oftmals wird ein Charset aber an Klassen übergeben, die ein Charset für ihre Arbeit nutzen. Eine kleine Auswahl:

- byte[] String.getBytes(Charset charset)
- InputStreamReader(InputStream in, Charset cs)
- OutputStreamWriter(OutputStream out, Charset cs)
- String(byte[] bytes, Charset charset)
- String(byte[] bytes, int offset, int length, Charset charset)

StandardCharsets

Die am System voreingestellte Kodierung liefert die statische Methode Charset.defaultCharset(). Weiterhin gibt es eine Klasse StandardCharsets mit Konstanten für oft gebrauchte Charset-Objekte:

```
final class java.nio.charset.StandardCharsets
implements Cloneable
```

- final static Charset ISO_8859_1
- final static Charset US_ASCII
- final static Charset UTF_16

- final static Charset UTF_16BE
- final static Charset UTF_16LE
- final static Charset UTF_8

2.4.4 Konvertieren mit OutputStreamWriter-/InputStreamReader-Klassen

Neben der Klasse `String` mit `getBytes(…)` unterstützen auch andere Klassen die Umkodierung. Dazu zählen:

- `OutputStreamWriter`: Ein spezieller `Writer`, der Unicode-Zeichen mit einer gewählten Kodierung in einen binären Datenstrom schreibt.
- `InputStreamReader`: Übernimmt den anderen Weg zum Lesen von Byte-Folgen und Konvertieren in Unicode. Ist ein `Reader`.

Genauer stellt Kapitel 7, »Datenströme«, die Klassen vor, daher folgt an dieser Stelle nur kurz ein Beispiel.

Konvertieren in DOS-Latin-1

Zum korrekten Darstellen der Umlaute auf der Windows-DOS-Konsole wird ein `OutputStreamWriter` mit der Codepage 850 (DOS-Latin-1) verwendet:

Listing 2.14 GetBytesConverter.java, main()

```
try {
  System.out.println( "Ich kann Ä Ü Ö und ß" );
  PrintWriter out = new PrintWriter(
    new OutputStreamWriter(System.out, "Cp850") );
  out.println( "Ich kann Ä Ü Ö und ß" );
  out.flush();
}
catch ( UnsupportedEncodingException e ) { e.printStackTrace(); }
```

Die Standardkodierung von Windows, »Cp1252« (Windows-1252 bzw. Windows Latin-1), ist eine Anpassung von ISO 8859-1, die andere Zeichen in den Bereich `0x80` bis `0x9f` setzt.

[+] **Tipp**

Sollen ganze Dateien umkodiert werden, lässt sich auf der Kommandozeile das Dienstprogramm *native2ascii* nutzen.

2.4.5 XML/HTML-Entities ausmaskieren

In einer XML-Datei dürfen bestimmte Zeichen im normalen Textstrom nicht vorkommen und müssen umkodiert werden:

Zeichen	Umkodierung
"	`"`
&	`&`
'	`'`
<	`<`
>	`>`

Tabelle 2.10 Umkodierungen für eine XML-Datei

Eine Konstruktion wie `"` nennt sich *Entity*. Die gültigen Entities werden im XML-Standard beschrieben.

Weiterhin gilt, dass bei einer Webseitenkodierung in ISO-8859-1 nur die »sicheren« Zeichen wie Ziffern und Buchstaben verwendet werden können, aber keine Sonderzeichen, wie etwa das Copyright- oder das Euro-Zeichen. Daher bietet HTML eine Umkodierung für Sonderzeichen an, die nicht im Zeichenvorrat von ISO 8859-1 enthalten sind – für das Copyright-Zeichen ist es etwa `©` und das Euro-Zeichen `€`. In XML ist diese Umkodierung nicht nötig, da XML leicht als UTF-8 geschrieben werden kann, und dann heißt es für das Euro-Zeichen nach der Position in der Unicode-Tabelle einfach `€`.[8]

Java-Programme, die XML- oder HTML-Ausgaben erstellen oder XML-/HTML-Dokumente lesen, müssen auf die korrekte Konvertierung achten. Die Standardbibliothek bringt hier nichts Offensichtliches mit, aber Open-Source-Bibliotheken füllen diese Lücke – so etwa *Apache Commons Lang* (*http://commons.apache.org/lang/*), das mit der Klasse `org.apache.commons.lang.StringEscapeUtils` einige Kodierungsmethoden bietet, um einen String in XML/HTML umzukodieren und einen XML-/HTML-String mit Entities in einen Java-String zu bringen, bei dem insbesondere die HTML-Entities aufgelöst wurden. Die Klasse `StringEscapeUtils` bringt neben den statischen Methoden

- `String escapeHtml3(String input)`
- `String unescapeHtml3(String input)`
- `String escapeHtml4(String input)`
- `String unescapeHtml4(String input)`
- `String escapeXml(String input)`
- `String unescapeXml(String input)`

auch Methoden zum Maskieren von CSV-, Java- und JavaScript-Strings.

8 Das führt in HTML zu viel mehr Entities als bei XML, sodass es ein Problem werden kann, eine HTML-Datei als XML einzulesen – der XML-Parser meckert dann über die unbekannten Entities.

Beispiel

Für eine einfache Kodierung (ohne Hochkommata) lässt sich ein `XMLStreamWriter` einsetzen:

```
try {
  StringWriter result = new StringWriter();
  XMLStreamWriter converter =
     XMLOutputFactory.newInstance().createXMLStreamWriter(result);
  converter.writeCharacters( "<&'Müsli\">" );
  System.out.println( result );    // &lt;&amp;'Müsli"&gt;
}
catch ( XMLStreamException | FactoryConfigurationError e ) {
  e.printStackTrace();
}
```

2.4.6 Base64-Kodierung

Für die Übertragung von Binärdaten hat sich im Internet die Base64-Kodierung durchgesetzt, die zum Beispiel bei E-Mail-Anhängen und SOAP-Nachrichten zu finden ist. Auch bei der HTTP-Authentifizierung Basic Authentication kommt Base64 zum Tragen, denn die Konkatenation von Benutzername + »:« + Passwort wird über Base64 kodiert und so zum Server gesendet – der Sicherheitsgewinn ist natürlich null.

Die Base64-Kodierung wird im RFC 4648[9] beschrieben. Drei Bytes (24 Bit) werden in vier Base64-kodierte Zeichen (vier Zeichen mit jeweils sechs repräsentativen Bits) umgesetzt. Die Konsequenz dieser Umformung ist, dass Binärdaten rund 33 % größer werden. Die Base64-Zeichen bestehen aus den Buchstaben des lateinischen Alphabets, den Ziffern 0 bis 9 sowie (im Normalfall) »+«, »/« und »=«.

Das JDK liefert seit Java 8 für diese Base64-Kodierung die Klasse `java.util.BASE64` aus. Zwei innere Klassen `Base64.Decoder` bzw. `Base64.Encoder` kümmern sich um die Umwandlung. Zur Erzeugung der Exemplare gibt es statische Methoden in `BASE64`, und zwar nicht nur zwei, sondern sieben. Der Grund ist, dass es neben der Standardkonvertierung »Base« noch MIME und URL-/Dateiname-sicher gibt:

- `getEncoder()` und `getDecoder()` liefern Exemplare vom Typ `Base64.Encoder` und `Base64.Decoder` bzw. für den normalen Basic-Typ.
- `getEncoder(int lineLength, byte[] lineSeparator)`, `getMimeEncoder()` und `getMimeDecoder()` liefern `Encoder`/`Decoder` für MIME-Nachrichten, bei denen Zeilen mit einem »\r« getrennt sind.
- `getUrlEncoder()` und `getUrlDecoder()` nutzen zur Kodierung nur Zeichen, die für URL und Dateinamen gültig sind, und ersetzen »+« durch »-« und »/« durch »_«.

9 *http://tools.ietf.org/html/rfc4648*

Beispiel

Das folgende Beispiel erzeugt zuerst ein Byte-Feld mit Zufallszahlen. Die Base64-Klasse kodiert das Byte-Feld in einen String, der auf dem Bildschirm ausgegeben wird. Nachdem der String wieder zurückkodiert wurde, werden die Byte-Felder verglichen und liefern natürlich `true`:

Listing 2.15 Base64Demo.java, main()

```
byte[] bytes1 = SecureRandom.getSeed( 20 );

// byte[] -> String
String s = Base64.getEncoder().encodeToString( bytes1 );
System.out.println( s );  // z. B. TVST9v+JMk/vVUOSCNmIcriXFLo=

// String -> byte[]
byte[] bytes2 = Base64.getDecoder().decode( s );
System.out.println( Arrays.equals(bytes1, bytes2) );    // true
```

Wer nicht mit Java 8 arbeiten kann, aber mit älteren Versionen vom Oracle-JDK, der kann `BASE64Encoder`/`BASE64Decoder` aus dem nichtöffentlichen Paket `sun.misc` nutzen.[10] Wem das nicht ganz geheuer ist, der kann `javax.mail.internet.MimeUtility` von der JavaMail-API nutzen[11] oder unter *http://commons.apache.org/proper/commons-codec/* die Bibliothek *Commons Codec* beziehen.

2.5 Ausgaben formatieren

Ausgaben sind in Programmen alltäglich, wobei wir hierunter nicht nur die Konsolenausgaben verstehen wollen, sondern alle Umwandlungen in ein lesbares Format. In diesem Kapitel geht es um die diversen Formatierungsklassen zum Aufbereiten von Strings.

2.5.1 Die Formatter-Klasse *

Die `String.format(…)`-Methode und `prinf(…)`-Methoden der Ein-/Ausgabeklassen übernehmen die Aufbereitung nicht selbst, sondern delegieren sie an die Klasse `java.util.Formatter`. Das ist auch der Grund, warum die Dokumentation für die Formatspezifizierer nicht etwa an `String.format(…)` hängt, sondern an `Formatter`.

10 Siehe dazu *http://www.oracle.com/technetwork/java/faq-sun-packages-142232.html*. Bisher existieren sie aber seit über 10 Jahren, und wer Oracles Philosophie kennt, der weiß, dass die Abwärtskompatibilität oberste Priorität hat.

11 *http://www.rgagnon.com/javadetails/java-0598.html* gibt ein Beispiel. Die JavaMail-API ist Teil von Java EE 5 und muss sonst für das Java SE als Bibliothek hinzugenommen werden.

Konstruktor vom Formatter

Die Klasse `Formatter` hat eine beeindruckende Anzahl an Konstruktoren:

- `Formatter()`
- `Formatter(Appendable a)`
- `Formatter(Appendable a, Locale l)`
- `Formatter(File file)`
- `Formatter(File file, String csn)`
- `Formatter(File file, String csn, Locale l)`
- `Formatter(Locale l)`
- `Formatter(OutputStream os)`
- `Formatter(OutputStream os, String csn)`
- `Formatter(OutputStream os, String csn, Locale l)`
- `Formatter(PrintStream ps)`
- `Formatter(String fileName)`
- `Formatter(String fileName, String csn)`
- `Formatter(String fileName, String csn, Locale l)`

Wird nicht der Standard-Konstruktor eingesetzt, schreibt der `Formatter` in die angegebene Quelle. Daher ist die Klasse schön für das Schreiben von Texten in Dateien geeignet. `Formatter` implementiert `Closeable`, ist also auch `AutoCloseable`. Ein Beispiel zum Schreiben in Dateien:

Listing 2.16 WriteFormattedStringToFile.java, main()

```
try ( Formatter out = new Formatter( "ausgabe.txt",
                                     StandardCharsets.ISO_8859_1.name() ) ) {
  for ( int i = 0; i < 10; i++ )
    out.format( "%02d%n", i );
}
catch ( FileNotFoundException | UnsupportedEncodingException e ) {
  e.printStackTrace();
}
```

format(...)-Aufrufe optimieren

Ein Blick auf die Methode `format(...)` der Klasse `String` verrät, wie der `Formatter` ins Spiel kommt:

Listing 2.17 java.lang.String, format()

```
public static String format( String format, Object... args ) {
  return new Formatter().format( format, args ).toString();
}
```

Ein Formatter übernimmt zwei Aufgaben. Er übernimmt zum einen die tatsächliche Formatierung, und zum anderen gibt er die formatierten Ausgaben an ein Ziel weiter. Wird der Formatter mit dem Standard-Konstruktor aufgerufen, so baut er selbst das Ausgabeziel aus einem StringBuilder auf, den folgende format(...)-Aufrufe dann füllen. toString() vom Formatter ist so implementiert, dass es auf dem Ausgabeziel (also in unserem Fall dem StringBuilder) toString() aufruft.

Das Wissen um diesen Mechanismus ist für die Optimierung wichtig, um nicht zu viele Zwischenobjekte zu erzeugen. So führt die Schleife

```
StringBuilder sb = new StringBuilder();
for ( double d = 0; d <= 1; d += 0.1 ) {
  String s = String.format( "%.1f%n", d );
  sb.append( s );
}
System.out.println( sb );    // 0,1 0,2 ... 1,0
```

zu:

```
StringBuilder sb = new StringBuilder();
for ( double d = 0; d <= 1; d += 0.1 ) {
  String s = new Formatter().format( "%.1f%n", d ).toString();
  sb.append( s );
}
System.out.println( sb );    // 0,1 0,2 ... 1,0
```

Bei jedem Schleifendurchlauf wird also ein neuer Formatter aufgebaut. Intern entsteht damit ein neuer StringBuilder als Ziel für die formatierten Strings und schlussendlich über toString() ein String-Objekt. Nicht zu vergessen sind die internen char-Felder und die automatische Speicherbereinigung, die die Objekte wieder wegräumen muss.

Würden wir gleich das Ziel angeben, so könnte das viel effizienter werden. Dazu wird nicht der Standard-Konstruktor von Formatter eingesetzt, der das Ziel mit einem neuen StringBuilder vorbestimmt, sondern ein eigenes Zielobjekt, das unser StringBuilder sein kann (es ist alles erlaubt, was vom Typ Appendable ist). Optimiert folgt somit:

Listing 2.18 FormatterDemo.java, main()

```
StringBuilder sb = new StringBuilder();
Formatter formatter = new Formatter( sb );

for ( double d = 0; d <= 1; d += 0.1 )
  formatter.format( "%.1f%n", d );

System.out.println( formatter );    // 0,1 0,2 ... 1,0
```

Wir weisen in der Schleife den `Formatter` an, die Formatierung vorzunehmen. Da dieser mit dem Ziel `StringBuilder` aufgebaut wurde, füllen die Zahlen nach und nach unseren `StringBuilder`. Temporäre Zwischenobjekte werden so minimiert. Zum Schluss wird der `Formatter` nach dem Ergebnis gefragt.

Formattable und formatTo(...)

Der Formatspezifizierer `%s` kann auf jedem Argumenttyp angewendet werden, denn durch die Varargs werden auch primitive Elemente zu Wrapper-Objekten, die eine `toString()`-Methode haben. Nun kann es aber sein, dass `toString()` besonders implementiert werden muss und nicht unbedingt die Zeichenkette liefert, die für die Ausgabe gewünscht ist. Für diesen Fall berücksichtigt der `Formatter` einen besonderen Typ. Implementiert die Klasse die besondere Schnittstelle `java.util.Formattable`, so ruft der `Formatter` nicht die `toString()`-Methode auf, sondern `formatTo(Formatter formatter, int flags, int width, int precision)`. Die API-Dokumentation liefert ein Beispiel.

2.5.2 Formatieren mit Masken *

Oftmals unterscheidet sich bei grafischen Oberflächen die Darstellung von Daten von dem tiefer liegenden Datenmodell. Während ein Datum zum Beispiel intern als große Zahl vorliegt, soll der Anwender sie in der gewünschten Landessprache sehen können. Bei einigen Ausgaben kommen Trennzeichen in die Ausgabe, um sie für den Leser besser verständlich zu machen. Eine IP-Adresse enthält Punkte an ganz bestimmten Stellen, eine Telefonnummer trennt die Vorwahl vom Rest ab, und die Segmente eines Datums trennen in der Regel die Zeichen »/« oder »-«.

Für Formatierungen, bei denen ein Original-String in einen Ausgabe-String konvertiert wird und dabei neue Zeichen zur Ausgabe eingefügt werden, bietet die Java-API eine Klasse `javax.swing.text.MaskFormatter`. Die Swing-Klasse hilft bei der Formatierung und dem Parsen:

Listing 2.19 MaskFormatterDemo.java, main()

```
MaskFormatter mf = new MaskFormatter( "**-**-****" );
mf.setValueContainsLiteralCharacters( false );
String valueToString = mf.valueToString( "12031973" );
System.out.println( valueToString );        // 12-03-1973
Object stringToValue = mf.stringToValue( valueToString );
System.out.println( stringToValue );        // 12031973
```

Der Konstruktor von `MaskFormatter` bekommt ein Muster, wobei es Platzhalter gibt. Das Sternchen * steht für ein Zeichen. Die Methode `valueToString(...)` bringt einen String in das Muster. Der gemusterte String wandelt `stringToValue()` wieder in das Original um.

Das Schöne ist, dass die Musterdefinitionen aus einer externen Quelle stammen können, ohne den Programmcode mit speziellen Formatierungsanweisungen zu verschmutzen. Neben * gibt es weitere Platzhalter, die erlaubte Zeichen eingrenzen, sodass bei der Umwandlung mit `valueToString()` eine `ParseException` ausgelöst wird, wenn das Zeichen nicht im Format des Musterplatzhalters ist.

Musterzeichen	Steht für
*	jedes Zeichen
#	eine Zahl, wie `Character.isDigit(…)` sie testet
?	ein Zeichen nach `Character.isLetter(…)`
A	ein Zeichen oder eine Ziffer, also `Character.isLetter(…)` oder `Character.isDigit(…)`
U	ein Zeichen nach `Character.isLetter(…)`, aber konvertiert in einen Großbuchstaben
L	ein Zeichen nach `Character.isLetter(…)`, aber konvertiert in einen Kleinbuchstaben
H	ein Hexadezimalzeichen (0–9, a–f oder A–F)
'	einen ausmaskierten und nicht interpretierten Bereich

Tabelle 2.11 Musterplatzhalter

Weitere Möglichkeiten der Klasse beschreibt die API-Dokumentation.

2.5.3 Format-Klassen

Die Methode `format(…)` formatiert Zahlen, Datumswerte und sonstige Ausgaben und benötigt wegen ihrer Komplexität eine Beschreibung von mehreren Bildschirmseiten. Dabei gibt es noch eine andere Möglichkeit, für unterschiedliche Typen von zu formatierenden Werten eigene Klassen zu haben:

- `DateFormat`: Formatieren von Datums-/Zeitwerten
- `NumberFormat`: Formatieren von Zahlen
- `MessageFormat`: Formatieren für allgemeine Programmmeldungen

Die Klassen haben gemeinsam, dass sie die abstrakte Klasse `Format` erweitern und so eine gemeinsame Schnittstelle haben. Jede dieser Klassen implementiert auf jeden Fall die Methode `format(…)` zur Ausgabe und zum Parsen, also zur Konvertierung vom String in das Zielobjekt, die Methode `parseObject(…)`.

Zwei Gründe sprechen für den Einsatz der `Format`-Klassen:

- Es gibt in `String` zwar eine `format(…)`-Methode, aber keine `parseXXX(…)`-Methode.
- Die `Format`-Klassen liefern mit statischen `getXXXInstance(…)`-Methoden vordefinierte `Format`-Objekte, die übliche Standardausgaben erledigen, etwa gerundete Ganzzahlen, Prozente oder unterschiedlich genaue Datums-/Zeitangaben.

Das folgende Beispiel zeigt einige Anwendungen zum zweiten Punkt.

Ergebnis	Formatiert mit
02.09.2005	`DateFormat.getDateInstance().format( new Date() )`
15:25:16	`DateFormat.getTimeInstance().format( new Date() )`
02.09.2005 15:25:16	`DateFormat.getDateTimeInstance().format( new Date() )`
12.345,679	`NumberFormat.getInstance().format( 12345.6789 )`
12.345,68 €	`NumberFormat.getCurrencyInstance().format( 12345.6789 )`
12 %	`NumberFormat.getPercentInstance().format( 0.123 )`

Tabelle 2.12 Formatobjekte im Einsatz

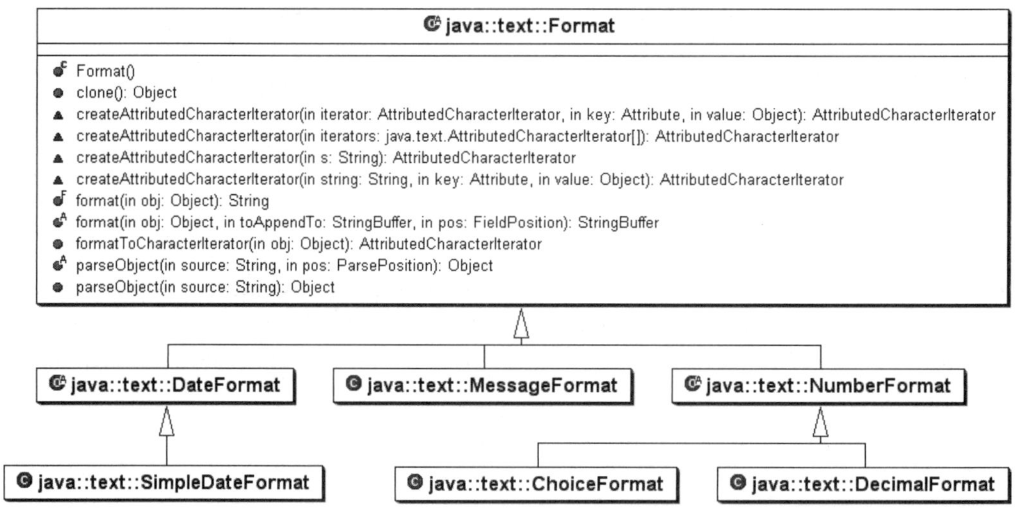

Abbildung 2.3 DateFormat, MessageFormat und NumberFormat erweitern die abstrakte Klasse Format. Die Unterklassen übernehmen die Ein-/Ausgabe für Datumsangaben, für allgemeine Programmmeldungen und für Zahlen.

Beim Einsatz von `DateFormat.`**`getDateInstance`**`().format(date)` berücksichtigt die Methode korrekt je nach Land die Reihenfolge von Tag, Monat und Jahr und das Trennzeichen. Bei einem

`String.format(…)` über `%t` müssten die drei Segmente je nach Sprache in die richtige Reihenfolge gebracht werden, sodass die Variante über `DateFormat` besser ist.

[+]

Hinweis

`NumberFormat` stellt die Zahlen nicht in Exponentialschreibweise dar, und standardmäßig ist die Anzahl an Nachkommastellen beschränkt:

```
System.out.println( NumberFormat.getInstance().format( 2E30 ) );
System.out.println( NumberFormat.getInstance().format( 2E-30 ) );
```

Die Ausgabe ist:

```
2.000.000.000.000.000.000.000.000.000.000
0
```

```
abstract class java.text.Format
implements Serializable, Cloneable
```

- `String format(Object obj)`
  Formatiert das Objekt `obj` und gibt eine Zeichenkette zurück.
- `abstract StringBuffer format(Object obj, StringBuffer toAppendTo, FieldPosition pos)`
  Formatiert ein Objekt und hängt den Text an den angegebenen `StringBuffer` an (eine Methode mit `StringBuilder` gibt es nicht). Kann die Zeichenkette nicht mit `format(…)` nach den Regeln des `Format`-Objekts ausgegeben werden, löst die Methode eine `IllegalArgumentException` aus. Ist die Formatierungsanweisung falsch, so gibt `format(…)` das Unicode-Zeichen `\uFFFD` zurück.
- `Object parseObject(String source)`
  Analysiert den Text von Anfang an.
- `abstract Object parseObject(String source, ParsePosition pos)`
  Der Text wird ab der Stelle `pos` umgewandelt. Konnte `parseObject(…)` die Zeichenkette nicht zurückübersetzen, so folgt eine `ParseException`. `parseObject(String, ParsePosition)` verändert das `ParsePosition`-Objekt nicht und gibt die `null`-Referenz zurück.
- `Object clone()`
  Gibt eine Kopie zurück.

Die Mehrzahl der `Format`-Unterklassen implementiert statische Fabrikmethoden der Art.

- `static XXXFormat getYYYInstance()`
  Liefert ein Formatierungsobjekt mit den Formatierungsregeln für das voreingestellte Land.
- `static XXXFormat getYYYInstance(Locale l)`
  Liefert ein Formatierungsobjekt mit den Formatierungsregeln für das angegebene Land. So erlauben es die Unterklassen von `Format` dem Benutzer auch, weitere Objekte zu erzeugen, die an die speziellen Sprachbesonderheiten der Länder angepasst sind.

2.5.4 Zahlen, Prozente und Währungen mit NumberFormat und DecimalFormat formatieren *

`NumberFormat` widmet sich der Ausgabe von Zahlen. Dabei unterstützt die Klasse vier Typen von Ausgaben, für die es jeweils eine statische Fabrikmethode gibt.

```
abstract class java.text.NumberFormat
extends Format
```

- `static NumberFormat getNumberInstance()`
  Liefert den einfachen Formatierer für Zahlen.
- `static NumberFormat getIntegerInstance()`
  Liefert einen Formatierer, der den Nachkommateil abschneidet und rundet.
- `static NumberFormat getPercentInstance()`
  Liefert einen Formatierer, der Fließkommazahlen über die `format(…)`-Methode im Bereich von 0 bis 1 annimmt und dann als Prozentzahl formatiert. Nachkommastellen werden abgeschnitten.
- `static NumberFormat getCurrencyInstance()`
  Liefert einen Formatierer für Währungen, der ein Währungszeichen zur Ausgabe hinzufügt.

Die genannten vier statischen Methoden gibt es jeweils in der parameterlosen Variante und in der Variante mit einem `Locale`-Objekt, um etwa das Währungszeichen oder das Kommazeichen anzupassen.

Dezimalzahlformatierung mit DecimalFormat

`DecimalFormat` ist eine Unterklasse von `NumberFormat` und ermöglicht individuellere Anpassungen an die Ausgabe. Dem Konstruktor kann ein Formatierungs-String übergeben werden, sozusagen eine Vorlage, wie die Zahlen zu formatieren sind. Die Formatierung einer Zahl durch `DecimalFormat` erfolgt mit Rücksicht auf die aktuell eingestellte Sprache:

Listing 2.20 DecimalFormatDemo.java, main()

```
double d = 12345.67890;
DecimalFormat df = new DecimalFormat( "###,##0.00" );
System.out.println( df.format( d ) );           // 12.345,68
```

Der Formatierungs-String kann eine Menge von Formatierungsanweisungen vertragen; im Beispiel kommen `#`, `0` und das Komma vor. Die beiden wichtigen Symbole sind jedoch `0` und `#`. Beide repräsentieren Ziffern. Der Unterschied tritt erst dann zu Tage, wenn weniger Zeichen zum Formatieren da sind, als im Formatierungs-String genannt werden.

Symbol	Bedeutung
0	Repräsentiert eine Ziffer – ist die Stelle nicht belegt, wird eine Null angezeigt.
#	Repräsentiert eine Ziffer – ist die Stelle nicht belegt, bleibt sie leer, damit führende Nullen und unnötige Nullen hinter dem Komma nicht angezeigt werden.
.	Dezimaltrenner, trennt Vor- und Nachkommastellen.
,	Gruppiert die Ziffern (eine Gruppe ist so groß wie der Abstand von »,« zu ».«).
;	Trennzeichen; links davon steht das Muster für positive Zahlen, rechts davon das Muster für negative Zahlen.
-	das Standardzeichen für das Negativpräfix
%	Die Zahl wird mit 100 multipliziert und als Prozentwert ausgewiesen.
\u2030	Die Zahl wird mit 1.000 multipliziert und als Promillewert ausgezeichnet.
\u00A4	nationales Währungssymbol (€ für Deutschland)
\u00A4\u00A4	internationales Währungssymbol (EUR für Deutschland)
X	Alle anderen Zeichen – symbolisch X – können ganz normal benutzt werden.
'	Ausmaskieren von speziellen Symbolen im Präfix oder Suffix

Tabelle 2.13 Formatierungsanweisungen für DecimalFormat

Hier sehen wir ein Beispiel für die Auswirkungen der Formatanweisungen auf einige Zahlen:

Format	Eingabezahl	Ergebnis
0000	12	0012
0000	12,5	0012
0000	1234567	1234567
##	12	12
##	12.3456	12
##	123456	123456
.00	12.3456	12,35
.00	.3456	,35

Tabelle 2.14 Beispiel für verschiedene Formatanweisungen

Format	Eingabezahl	Ergebnis
0.00	.789	0,79
#.000000	12.34	12,340000
,###	12345678.901	12.345.679
#.#;(#.#)	12345678.901	12345678,9
#.#;(#.#)	–12345678.901	(12345678,9)
,###.## \u00A4	12345.6789	12.345,68 €
,#00.00 \u00A4\u00A4	–12345678.9	–12.345.678,90 EUR
,#00.00 \u00A4\u00A4	0.1	00,10 EUR

Tabelle 2.14 Beispiel für verschiedene Formatanweisungen (Forts.)

Währungen angeben und die Klasse Currency

Die `NumberFormat`-Klasse liefert mit `getCurrencyInstance()` ein `Format`-Objekt, das neben der Dezimalzahl auch noch ein Währungssymbol mit anzeigt. So liefert `NumberFormat.getCurrencyInstance().format(12345.6789)` dann 12.345,68 €, also automatisch mit einem Euro-Zeichen. Dass es ein Euro-Zeichen ist und kein Yen-Symbol, liegt einfach daran, dass Java standardmäßig das eingestellte Land »sieht« und daraus die Währung ableitet. Wenn wir explizit den `Formatter` mit einem Land initialisieren, etwa wie in

```
NumberFormat frmt1 = DecimalFormat.getCurrencyInstance( Locale.FRANCE );
System.out.println( frmt1.format( 12345.6789 ) );          // 12345,68 €
```

so ist die Währung automatisch Euro (denn Frankreich nutzt den Euro); schreiben wir `DecimalFormat.getCurrencyInstance(Locale.JAPAN)`, ist sie Yen, und wir bekommen ¥12,346 (es gibt standardmäßig keine Nachkommastellen beim Yen). `Locale`-Objekte repräsentieren immer eine Sprachregion.

`DecimalFormat` bzw. schon die Oberklasse `NumberFormat` ermöglicht die explizite Angabe der Währung. In der Java-Bibliothek wird sie durch die Klasse `java.util.Currency` repräsentiert. `NumberFormat` liefert mit `getCurrency()` die eingestellte `Currency`, die zur Formatierung verwendet wird, und `setCurrency()` setzt sie neu. Das löst Szenarios, in denen etwa ein Euro-Zeichen die Währung darstellt, aber die Zahlenformatierung englisch ist, wie die folgenden Zeilen zeigen:

```
NumberFormat frmt = DecimalFormat.getCurrencyInstance( Locale.ENGLISH );
frmt.setCurrency( Currency.getInstance( "EUR" ) );
System.out.println( frmt.format( 12345.6789 ) );  // EUR12,345.68
```

Die `Currency`-Klasse bietet drei statische Methoden, die `Currency`-Objekte liefern. Da ist zum einen `getAvailableCurrencies()`, was ein `Set<Currency>` liefert, und zum anderen gibt es die beiden Fabrikfunktionen `getInstance(Locale locale)` und `getInstance(String currencyCode)`. `Currency`-Objekte besitzen eine ganze Reihe von Objektfunktionen, die etwa den ISO-4217-Währungscode liefern oder den ausgeschriebenen Währungsnamen (und das auch noch in verschiedenen Sprachen, wenn gewünscht).

Folgendes Programm geht über alle Währungen und gibt die zentralen Informationen aus:

```
for ( Currency currency : Currency.getAvailableCurrencies() ) {
  System.out.printf( "%s, %s, %s (%s)%n",
                     currency.getCurrencyCode(),
                     currency.getSymbol(),
                     currency.getDisplayName(),
                     currency.getDisplayName(Locale.ENGLISH) );
}
```

Wir bekommen dann mehr als 200 Ausgaben, und die Ausgabe beginnt mit:

```
EGP, EGP, Ägyptisches Pfund (Egyptian Pound)
IQD, IQD, Irak Dinar (Iraqi Dinar)
GHS, GHS, Ghana Cedi (Ghana Cedi)
AFN, AFN, Afghani (Afghani)
MUR, MUR, Mauritius Rupie (Mauritius Rupee)
SGD, SGD, Singapur Dollar (Singapore Dollar)
...
```

2.5.5 MessageFormat und Pluralbildung mit ChoiceFormat

`MessageFormat` ist eine besondere Unterklasse von `Format`, die für die Formulierung von Texten gedacht ist. Insbesondere bei internationalisierten Ausgaben kommt die Klasse zum Einsatz. Die Klasse ist in etwa mit den Formatierungen über `printf(…)` vergleichbar, nur werden bei `MessageFormat` die Platzhalter immer per Index in geschweiften Klammern angesprochen.

Beispiel

Formuliere einen Nachrichten-String mit drei Feldern:

```
int soldCars = 10;
double sum   = 1234534534;
String s = MessageFormat.format( "{0} Auto(s) verkauft am {1,date} zum "+
                                 "Gesamtpreis von {2,number,currency}.",
                                 soldCars, new Date(), sum );
System.out.println( s );
```

Die Ausgabe ist:
»10 Auto(s) verkauft am 01.07.2011 zum Gesamtpreis von 1.234.534.534,00 €.«
Sie ist automatisch lokalisiert, die Sprache lässt sich jedoch wieder als `Locale`-Objekt übergeben.

ChoiceFormat

Eine besondere Möglichkeit ist die Verbindung von `MessageFormat` und `ChoiceFormat`, um das Problem zu lösen, das unser Beispiel im Fall von verkauften Autos mit »Auto(s)« löst. Im Deutschen ist die Pluralbildung anspruchsvoll, da es »0 Autos, 1 Auto, 2 Autos, 3 Autos« usw. heißt, aber nur »0 Koffer, 1 Koffer, 2 Koffer, ...«. Das in Software zu modellieren ist nicht ganz einfach, aber mit `ChoiceFormat` lässt es sich lösen. Dem Konstruktor werden zum Generieren der Ausgabe zwei Felder mitgegeben: Ein Limit-Array kodiert Bereiche, und ein zweites Feld enthält die zugeordneten Elemente für den Bereich.

[»]

Beispiel

Löse das Problem mit »0 Autos, 1 Auto, 2 Autos« usw.:

```
MessageFormat formatter = new MessageFormat( "Du hast {0} {1} verkauft." );
double[] limits  = { 0.,       1.,      2.       };
String[] formats = { "Autos", "Auto", "Autos" };
ChoiceFormat choices = new ChoiceFormat( limits, formats );
formatter.setFormatByArgumentIndex( 1, choices );
int size = 4;
Object[] params = { size, size };
System.out.println( formatter.format( params ) ); // Du hast 4 Autos verkauft.
```

Das Feld `{0., 1., 2.}` interpretiert sich so: Liegt der Wert zwischen größer gleich 0 und echt kleiner 1 (also bei Ganzzahlen ist er effektiv 0), wird das erste Element des Feldes `{"Autos", "Auto", "Autos"}`, also »Autos«, gewählt. Liegt es zwischen größer gleich 1 und echt kleiner 2, dann ist es das »Auto«. Alles, was echt größer 2 ist, wird auf »Autos« abgebildet. Für die 2 im Feld ist `Math.nextUp(1.)` eine Alternative, und wenn auf »Komma-Autos« gewechselt wird, ist es gleich korrekt, denn es heißt zwar »1 Auto« aber »1,5 Autos«. (Genau genommen sind es sogar »1,0 Autos«, wodurch die ganze Pluralbildung wegfällt.)

Die API-Dokumentation der Klasse `ChoiceFormat` gibt weitere Beispiele und zeigt insbesondere, wie sich die Bereiche auch in den Strings selbst kodieren lassen, was für externe Übersetzungsdateien optimal ist.

2.6 Sprachabhängiges Vergleichen und Normalisierung *

Für die deutsche Sprache gilt, dass »ä« zwischen »a« und »b« äquivalent zu »ae« einsortiert wird und nicht so, wie Unicode das Zeichen einordnet: hinter dem »z«. Ähnliches gilt für das »ß«. Auch das Spanische hat seine Besonderheiten im Alphabet: Hier gelten das »ch« und das »ll« als einzelner Buchstabe, die passend einsortiert werden müssen.

Damit Java für alle Landessprachen die String-Vergleiche korrekt durchführen kann, bietet die Bibliothek `Collator`-Klassen.

2.6.1 Die Klasse Collator

Mit den `java.text.Collator`-Objekten ist es möglich, Zeichenketten nach jeweils landesüblichen Kriterien zu vergleichen. So werden die Sprachbesonderheiten jedes Landes beachtet. Ein `Collator`-Objekt wird vor seiner Benutzung mit `getInstance()` erzeugt.

[«]

Beispiel

Das »Ä« liegt zwischen »A« und »B«:

Listing 2.21 CollatorDemo.java

```
Collator col = Collator.getInstance();
System.out.println( col.compare( "Armleuchter", "Ätsch" ) ); // -1
System.out.println( col.compare( "Ätsch", "Bätsch" ) );      // -1
```

Die statische Fabrikmethode `getInstance(…)` nimmt optional einen Ländercode als `Locale`-Objekt an. Explizit setzt `getInstance(Locale.GERMAN)` das Vergleichsverfahren für deutsche Zeichenketten; die Länderbezeichnung ist in diesem Fall eine Konstante der `Locale`-Klasse. Standardmäßig nutzt `getInstance()` die aktuelle Einstellung des Systems.

```
abstract class java.text.Collator
implements Comparator<Object>, Cloneable
```

- `static Collator getInstance()`
  Liefert einen Collator für die aktuelle Landessprache.
- `static Collator getInstance(Locale desiredLocale)`
  Liefert einen Collator für die gewünschte Sprache.
- `abstract int compare(String source, String target)`
  Vergleicht die beiden Zeichenketten auf ihre Ordnung. Der Rückgabewert ist entweder <0, 0 oder >0.
- `int compare(Object o1, Object o2)`
  Vergleicht die beiden Argumente auf ihre Ordnung. Ruft `compare((String)o1, (String)o2)` auf.

Vergleichsarten

Die `Collator`-Klasse deklariert sinnvolle Methoden, die über die Vergleichsmöglichkeiten der `String`- und `StringBuffer-/StringBuilder`-Klasse hinausgehen. So ist es über die Methode `setStrength(…)` möglich, unterschiedliche Vergleichsarten einzustellen. Die `Collator`-Klasse deklariert vier Strenge-Konstanten:

- `PRIMARY`: Erkennt Unterschiede im Grundzeichen, sodass »a« kleiner »b« ist. Es gibt keine Unterschiede durch Akzente und Umlaute, sodass »a«, »ä« und »á« gleich sind.

- SECONDARY: Erkennt Zeichen mit Akzenten. So sind »a« und »á« nicht mehr gleich wie bei PRIMARY.
- TERTIARY: Unterscheidet in der Groß- und Kleinschreibung; bei PRIMARY und SECONDARY ist die Schreibweise egal, und »a« ist gleich »A«.
- IDENTICAL: Wirklich alle Unicode-Zeichen sind anders. Während die ersten drei Konstanten nicht sichtbare Buchstaben wie '\u0001' oder '\u0006' gleich behandeln, sind sie unter IDENTICAL wirklich unterschiedlich.

Was die einzelnen Werte für jede Sprache bedeuten, beschreibt der Unicode-Standard präzise. Beispielsweise erkennt der tolerante Vergleich »abc« und »ABC« als gleich. Ohne explizit gesetztes setStrength(…) ist der Standard TERTIARY:

Listing 2.22 CollatorStrengthDemo.java

```
import java.util.*;
import java.text.*;

class CollatorStrengthDemo {

  static void compare( Collator col, String a, String b ) {
    if ( col.compare( a, b ) < 0 )
      System.out.println( a + " < " + b );

    if ( col.compare( a, b ) == 0 )
      System.out.println( a + " = " + b );

    if ( col.compare( a, b ) > 0 )
      System.out.println( a + " > " + b );
  }

  public static void main( String[] args ) {
    Collator col = Collator.getInstance( Locale.GERMAN );

    System.out.println( "Strength = PRIMARY" );
    col.setStrength( Collator.PRIMARY );
    compare( col, "abc", "ABC" );
    compare( col, "Quäken", "Quaken" );
    compare( col, "boß", "boss" );
    compare( col, "boß", "boxen" );

    System.out.printf( "%nStrength =  SECONDARY%n" );
    col.setStrength( Collator.SECONDARY );
    compare( col, "abc", "ABC" );
    compare( col, "Quäken", "Quaken" );
```

```
    compare( col, "boß", "boss" );
    compare( col, "boß", "boxen" );

    System.out.printf( "%nStrength =  TERTIARY%n" );
    col.setStrength( Collator.TERTIARY );
    compare( col, "abc", "ABC" );
    compare( col, "Quäken", "Quaken" );
    compare( col, "boß", "boss" );
    compare( col, "boß", "boxen" );
  }
}
```

Die Ausgabe ist folgende:

```
Strength = PRIMARY
abc = ABC
Quäken = Quaken
boß = boss
boß < boxen
Strength =  SECONDARY
abc = ABC
Quäken > Quaken
boß = boss
boß < boxen
Strength =  TERTIARY
abc < ABC
Quäken > Quaken
boß > boss
boß < boxen
```

2.6.2 Effiziente interne Speicherung für die Sortierung

Obwohl sich mit der `Collator`-Klasse sprachspezifische Vergleiche korrekt umsetzen lassen, ist die Geschwindigkeit gegenüber einem normalen String-Vergleich geringer. Daher bietet die `Collator`-Klasse die Objektmethode `getCollationKey(…)` an, die ein `CollationKey`-Objekt liefert, das schnellere Vergleiche zulässt.

```
Collator col = Collator.getInstance( Locale.GERMAN );
CollationKey key1 = col.getCollationKey( "ätzend" );
CollationKey key2 = col.getCollationKey( "Bremsspur" );
```

Durch `CollationKeys` lässt sich die Performance bei Vergleichen zusätzlich verbessern, da der landesspezifische String in einen dazu passenden, normalen Java-String umgewandelt wird, der dann schneller gemäß der internen Unicode-Zeichenkodierung verglichen werden kann. Dies bietet sich zum Beispiel beim Sortieren einer Tabelle an, wo mehrere Vergleiche *mit einem glei-*

chen String durchgeführt werden müssen. Der Vergleich wird mit `compareTo(CollationKey)` durchgeführt.

[»]

Beispiel

Der Vergleich von `key1` und `key2` lässt sich durch folgende Zeile ausdrücken:

```
int comp = key2.compareTo( key1 );
```

Das Ergebnis ist wie bei der `compare(…)`-Methode bei `Collator`-Objekten entweder <0, 0 oder >0.

```
final class java.text.CollationKey
implements Comparable<CollationKey>
```

- `int compareTo(CollationKey target)`
  Vergleicht zwei `CollationKey`-Objekte miteinander.
- `int compareTo(Object o)`
  Vergleicht den aktuellen `CollationKey` mit dem angegebenen Objekt. Ruft lediglich `compareTo((CollationKey)o)` auf.
- `byte[] toByteArray()`
  Konvertiert den `CollationKey` in eine Folge von Bytes.
- `boolean equals(Object target)`
  Testet die beiden `CollationKey`-Objekte auf Gleichheit.
- `String getSourceString()`
  Liefert den String zum `CollationKey`.
- `int hashCode()`
  Berechnet den Hashcode für den `CollationKey`.

```
abstract class java.text.Collator
implements Comparator<Object>, Cloneable
```

- `abstract CollationKey getCollationKey(String source)`
  Liefert einen `CollationKey` für den konkreten String.

2.6.3 Normalisierung

Die Klasse `java.text.Normalizer` ermöglicht eine Unicode-Normalisierung (*http://unicode.org/faq/normalization.html*). Die Klasse bietet zwei einfache statische Methoden:

- `boolean isNormalized(CharSequence src, Normalizer.Form form)`
- `String normalize(CharSequence src, Normalizer.Form form)`

Der Normalizer normalisiert oder testet nach den Vorgaben des Unicode-Standards (*http://www.unicode.org/reports/tr15/*) einen String nach den Normalisierungsformaten NFC, NFD, NFKC und NFKD.

[«]

Beispiel

Normalisiere einen String:

```
String s = Normalizer.normalize( "aäüöñ", Normalizer.Form.NFKD );
System.out.println( s );                    // aa?u?o?n?
System.out.println( Arrays.toString( s.getBytes( StandardCharsets.ISO_8859_1 ) ) );
// [97, 97, 63, 117, 63, 111, 63, 110, 63]
```

Die übrig gebliebenen Striche und Punkte lassen sich einfach entfernen, denn so ist das Ergebnis nicht sonderlich nützlich.

[«]

Beispiel

Ersetze in einem String alle diakritischen Zeichen:

```
String s = "Müller";
s = Normalizer.normalize( s, Normalizer.Form.NFD );
s = s.replaceAll( "[\\p{InCombiningDiacriticalMarks}\\p{IsLm}\\p{IsSk}]+", "" );
System.out.println( s );  // Muller
```

Die Lösung geht zweistufig vor. Der Normalisierer zerlegt zunächst den String und macht die eigentliche Arbeit. replaceAll(…) entfernt dann übrig gebliebene Punkte, Striche, Kreise und Häkchen.

2.7 Phonetische Vergleiche *

Bei der equals(…)-Methode ist das Ergebnis nur dann true, wenn beide Zeichenketten absolut gleich sind, also jedes Zeichen »passt«. equalsIgnoreCase(…) ist schon etwas großzügiger, und hier sind etwa »vuvuzela« und »VuVuZeLa« gleich. Noch entspanntere Vergleiche erlauben Collator-Objekte, die etwa den Umlauten die Punkte nehmen, sodass »männo« und »manno« dann gleich sind.

Vergleiche aufgrund von Ähnlichkeiten und gleichem »Klang« gibt es jedoch in der Java-Standardbibliothek nicht. Das ist aber bei Namen interessant. Mein Name »Ullenboom« wird oft zu »Uhlenbohm« umgebaut, was sich im Prinzip gleich anhört (und jeder Maier, Meyer, Mayer, Meir, Myer, Meier kennt das Problem).

Zur Erkennung helfen besondere String-Algorithmen weiter. Für (insbesondere englische) Namen sind der *Soundex*-Algorithmus und seine Verbesserungen *(Double) Metaphone* entwickelt worden. Wer eine Realisierung in Java sucht, der findet bei *Apache Commons Codec* (*http://commons.apache.org/proper/commons-codec/userguide.html*) passende Implementierungen. So liefert etwa `isDoubleMetaphoneEqual(String value1, String value2)` einen Wahrheitswert, der aussagt, ob die Strings ähnlich sind. Interessant sind die Algorithmen auch für Korrekturhilfen.[12] Der Name `"Ullenboom"` ist dem Soundex-Code U451 zugeordnet. Schreibt jemand diesen Namen falsch, etwa `"Uhlenbohm"`, und ist dieser Name nicht im Wörterbuch, so berechnet das Programm von `"Uhlenbohm"` ebenfalls den Soundex und kommt auf U451. Ein Blick in die Datenstruktur bei U451 liefert dann den korrekten Namen `"Ullenboom"` oder andere Vorschläge, die den gleichen Soundex ergeben.

Wie ähnlich denn nun Strings sind, sagen andere Algorithmen. Die *Levenshtein-Distanz* zum Beispiel berechnet sich aus der (kleinstnötigen) Anzahl der einzufügenden, zu löschenden oder zu ersetzenden Zeichen, um von einem String zum anderen zu kommen; daher nennt sie sich auch *Edit-Distanz*. Von `"Chris"` nach `"Char"` ist die Edit-Distanz drei (zwei Löschungen plus eine Einfügung) und von `"Ullenboom"` nach `"Uhlenbohm"` zwei (zwei Ersetzungen). *Jaro-Winkler* ist ein weiterer Algorithmus, der die Ähnlichkeit zwischen 0 und 1 angibt. Das Projekt *SecondString* (*http://secondstring.sourceforge.net/*) implementiert diese Algorithmen – und noch ein Dutzend mehr.

2.8 Zum Weiterlesen

Perl-Entwickler wachsen mit regulären Ausdrücken auf, während sich Java-Entwickler mit ihnen traditionell schwerer tun. Es lohnt sich auch für uns, sich mit diesem Bereich auseinanderzusetzen und zu üben, üben, üben – etwa an den unter *http://regexlib.com/* gesammelten Ausdrücken. Bei *http://www.rexv.org/* können die Ausdrücke über die Ajax-Technologie direkt im Webbrowser getestet werden. Oracle bietet unter *http://docs.oracle.com/javase/tutorial/essential/regex/index.html* auch ein Tutorial an. Für Entwicklungsumgebungen bietet es sich an, ein Plugin zu installieren, mit dem reguläre Ausdrücke einfach eingegeben, getestet und dann in den Java-Editor übernommen werden können. Für Eclipse leistet das zum Beispiel *http://github.com/sbrosinski/RegexTester*.

12 Wobei ich die Korrekturvorschläge »Ullendorf«, »Quellenbox«, »Patrouillenboot« und »Müllenborn« in den Textboxen von Google Chrome schon sehr schräg finde.

Kapitel 3
Threads und nebenläufige Programmierung

»Es ist nicht zu wenig Zeit, die wir haben, sondern es ist zu viel Zeit, die wir nicht nutzen.«
– Lucius Annaeus Seneca (ca. 4 v. Chr.– 65 n. Chr.), römischer Philosoph und Staatsmann

3.1 Threads erzeugen

Die folgenden Abschnitte verdeutlichen, wie der nebenläufige Programmcode in einen `Runnable` verpackt und dem Thread zur Ausführung vorgelegt wird.

3.1.1 Threads über die Schnittstelle Runnable implementieren

Damit der Thread weiß, was er ausführen soll, müssen wir ihm Anweisungsfolgen geben. Diese werden in einem Befehlsobjekt vom Typ `Runnable` verpackt und dem Thread übergeben. Wird der Thread gestartet, arbeitet er die Programmzeilen aus dem Befehlsobjekt nebenläufig zum restlichen Programmcode ab. Die Schnittstelle `Runnable` ist schmal und schreibt nur eine `run()`-Methode vor.

```
interface java.lang.Runnable
```

- `void run()`
  Implementierende Klassen realisieren die Operation und setzen dort den nebenläufig auszuführenden Programmcode ein.

Abbildung 3.1 UML-Diagramm der einfachen Schnittstelle Runnable

Wir wollen zwei Threads angeben, wobei einer zwanzigmal das aktuelle Datum und die Uhrzeit ausgibt und der andere einfach eine Zahl:

Listing 3.1 com/tutego/insel/thread/DateCommand.java

```
package com.tutego.insel.thread;

public class DateCommand implements Runnable {
  @Override public void run() {
    for ( int i = 0; i < 20; i++ )
      System.out.println( new java.util.Date() );
  }
}
```

Listing 3.2 com/tutego/insel/thread/CounterCommand.java

```
package com.tutego.insel.thread;

class CounterCommand implements Runnable {
  @Override public void run() {
    for ( int i = 0; i < 20; i++ )
      System.out.println( i );
  }
}
```

Unser nebenläufig auszuführender Programmcode in `run()` besteht aus einer Schleife, die in einem Fall ein aktuelles `Date`-Objekt ausgibt und im anderen Fall einen Schleifenzähler.

3.1.2 Thread mit Runnable starten

Nun reicht es nicht aus, einfach die `run()`-Methode einer Klasse direkt aufzurufen, denn dann wäre nichts nebenläufig, sondern wir würden einfach eine Methode sequenziell ausführen. Damit der Programmcode neben der eigentlichen Applikation läuft, müssen wir ein `Thread`-Objekt mit dem `Runnable` verbinden und dann den Thread explizit starten. Dazu übergeben wir dem Konstruktor der Klasse `Thread` eine Referenz auf das `Runnable`-Objekt und rufen `start()` auf. Nachdem `start()` für den Thread eine Ablaufumgebung geschaffen hat, ruft es intern selbstständig die Methode `run()` genau einmal auf. Läuft der Thread schon, so löst ein zweiter Aufruf der `start()`-Methode eine `IllegalThreadStateException` aus:

Listing 3.3 com/tutego/insel/thread/FirstThread.java, main()

```
Thread t1 = new Thread( new DateCommand() );
t1.start();

Thread t2 = new Thread( new CounterCommand() );
t2.start();
```

Beim Starten des Programms erfolgt eine Ausgabe auf dem Bildschirm, die so aussehen kann:

```
0
1
2
Tue Aug 21 16:59:58 CEST 2007
3
4
5
6
7
8
9
Tue Aug 21 16:59:58 CEST 2007
10
...
```

In meiner Ausgabe ist die Verzahnung der beiden Threads zu erkennen. Zwar ist innerhalb eines Threads durch die Schleife die Reihenfolge klar definiert, doch wann welcher Thread an der Reihe ist, ist frei. So sollte auch nicht verwundern, dass die erste Zeile in meiner Ausgabe vom Zähl-Thread kommt – dem eigentlich zweiten Thread. Das zeigt deutlich den Nichtdeterminismus[1] bei Threads. Interpretiert werden kann die Ausgabe durch die unterschiedlichen Laufzeiten, die für die Datums- und Zeitausgabe nötig sind; bei der Datumsverarbeitung sind viel mehr Objekte nötig, sie aufzubauen dauert. Aber das ist ein Interna, welches bei der Reihenfolge nicht beachtet werden darf. Wer Thread-Ergebnisse in bestimmten Reihenfolgen erwartet, muss Threads synchronisieren – das ist Thema von Abschnitt 3.4, »Synchronisation über kritische Abschnitte«.

```
class java.lang.Thread
implements Runnable
```

- `Thread(Runnable target)`
  Erzeugt einen neuen Thread mit einem `Runnable`, das den nebenläufig auszuführenden Programmcode vorgibt.
- `void start()`
  Ein neuer Thread – neben dem die Methode aufrufenden Thread – wird gestartet. Der neue Thread führt die `run()`-Methode nebenläufig aus. Jeder Thread kann nur einmal gestartet werden.

[+]

Hinweis

Wenn ein Thread im Konstruktor einer `Runnable`-Implementierung gestartet wird, sollte die Arbeitsweise bei der Vererbung beachtet werden. Nehmen wir an, eine Klasse leitet von einer ande-

1 Nicht vorhersehbar, bedeutet hier: Wann der Scheduler den Kontextwechsel vornimmt, ist unbekannt.

ren Klasse ab, und der Konstruktor der Oberklasse startet einen Thread. Bildet die Applikation ein Exemplar der Unterklasse, so werden bei der Bildung des Objekts immer erst die Konstruktoren der Oberklasse aufgerufen. Dies hat zur Folge, dass der Thread schon läuft, auch wenn das Objekt noch nicht ganz gebaut ist. Die Erzeugung ist erst abgeschlossen, wenn nach dem Aufruf der Konstruktoren der Oberklassen der eigene Konstruktor vollständig abgearbeitet wurde.

3.1.3 Die Klasse Thread erweitern

Da die Klasse `Thread` selbst die Schnittstelle `Runnable` implementiert und die `run()`-Methode mit leerem Programmcode bereitstellt, können wir auch `Thread` erweitern, wenn wir eigene nebenläufige Aktivitäten programmieren wollen:

Listing 3.4 com/tutego/insel/thread/DateThread.java, DateThread

```
public class DateThread extends Thread {
  @Override public void run() {
    for ( int i = 0; i < 20; i++ )
      System.out.println( new java.util.Date() );
  }
}
```

Dann müssen wir kein `Runnable`-Exemplar mehr in den Konstruktor einfügen, denn wenn unsere Klasse eine Unterklasse von `Thread` ist, reicht ein Aufruf der geerbten Methode `start()`.

Danach arbeitet das Programm direkt weiter, führt also kurze Zeit später die nächste Anweisung hinter `start()` aus:

Listing 3.5 com/tutego/insel/thread/DateThreadUser.java, main()

```
Thread t = new DateThread();
t.start();
new DateThread().start();        // (*)
```

Die `(*)`-Zeile zeigt, dass das Starten sehr kompakt auch ohne Zwischenspeicherung der Objektreferenz möglich ist.

```
class java.lang.Thread
implements Runnable
```

- `void run()`
  Diese Methode in `Thread` hat einen leeren Rumpf. Unterklassen überschreiben `run()`, sodass sie den nebenläufig auszuführenden Programmcode enthält.

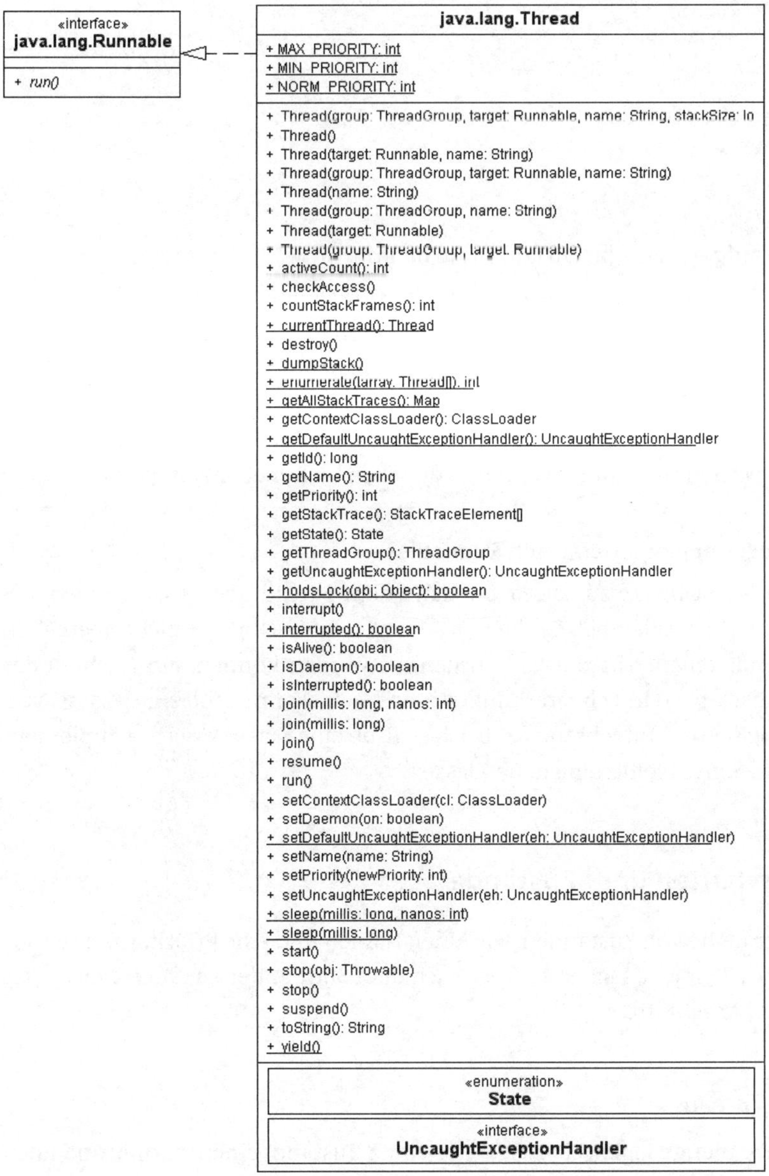

Abbildung 3.2 UML-Diagramm der Klasse Thread, die Runnable implementiert

Überschreiben von start() und Selbststarter

Die Methode `start()` kann von uns auch überschrieben werden, was aber nur selten sinnvoll bzw. nötig ist. Wir müssen dann darauf achten, `super.start()` aufzurufen, damit der Thread wirklich startet.

Damit wir als Thread-Benutzer nicht erst die `start()`-Methode aufrufen müssen, kann sich ein Thread auch selbst starten. Der Konstruktor ruft dazu einfach die eigene `start()`-Methode auf:

```
class DateThread extends Thread {
  DateThread() {
    start();
  }
  // ...  der Rest bleibt ...
}
```

statt start() wurde run() aufgerufen – ja, wo laufen sie denn?

Ein Programmierfehler, der Anfängern schnell unterläuft, ist folgender: Statt `start()` rufen sie aus Versehen `run()` auf dem `Thread` auf. Was geschieht? Fast genau das Gleiche wie bei `start()`, mit dem Unterschied, dass die Objektmethode `run()` nicht nebenläufig zum übrigen Programm abgearbeitet wird. Der aktuelle Thread bearbeitet die `run()`-Methode sequenziell, bis sie zu Ende ist und die Anweisungen nach dem Aufruf an die Reihe kommen. Der Fehler fällt nicht immer direkt auf, denn die Aktionen in `run()` finden ja statt – nur eben nicht nebenläufig.

Erweitern von Thread oder Implementieren von Runnable?

Die beste Idee wäre, `Runnable`-Objekte zu bauen, die dann dem Thread übergeben werden. Befehlsobjekte dieser Art sind recht flexibel, da die einfachen `Runnable`-Objekte leicht übergeben und sogar von Threads aus einem Thread-Pool ausgeführt werden können. Ein Nachteil der `Thread`-Erweiterung ist, dass die Einfachvererbung störend sein kann; erbt eine Klasse von `Thread`, ist die Erweiterung schon »aufgebraucht«. Doch egal, ob eine Klasse `Runnable` implementiert oder `Thread` erweitert, eines bleibt: eine neue Klasse.

3.2 Thread-Eigenschaften und -Zustände

Ein Thread hat eine ganze Reihe von Zuständen, wie einen Namen und eine Priorität, die sich erfragen und setzen lassen. Nicht jede Eigenschaft ist nach dem Start änderbar, doch welche das sind, zeigen die folgenden Abschnitte.

3.2.1 Der Name eines Threads

Ein Thread hat eine ganze Menge Eigenschaften – wie einen Zustand, eine Priorität und auch einen Namen. Dieser kann mit `setName(…)` gesetzt und mit `getName()` erfragt werden:

```
class java.lang.Thread
implements Runnable
```

- `Thread(String name)`
  Erzeugt ein neues Thread-Objekt und setzt den Namen. Sinnvoll bei Unterklassen, die den Konstruktor über `super(name)` aufrufen.

- `Thread(Runnable target, String name)`
  Erzeugt ein neues Thread-Objekt mit einem `Runnable` und setzt den Namen.
- `final String getName()`
  Liefert den Namen des Threads. Der Name wird im Konstruktor angegeben oder mit `setName(…)` zugewiesen. Standardmäßig ist der Name »Thread-x«, wobei x eine eindeutige Nummer ist.
- `final void setName(String name)`
  Ändert den Namen des Threads.

3.2.2 Wer bin ich?

Eine Erweiterung der Klasse `Thread` hat den Vorteil, dass geerbte Methoden wie `getName()` sofort genutzt werden können. Wenn wir `Runnable` implementieren, genießen wir diesen Vorteil nicht.

Die Klasse `Thread` liefert mit der statischen Methode `currentThread()` die Objektreferenz für das `Thread`-Exemplar, das diese Anweisung gerade ausführt. Auf diese Weise lassen sich nichtstatische `Thread`-Methoden wie `getName()` verwenden.

[«]

Beispiel

Gib die aktuelle Priorität des laufenden Threads und den Namen aus:

```
System.out.println( Thread.currentThread().getPriority() ); // z. B. 5
System.out.println( Thread.currentThread().getName() );     // z. B. main
```

Falls es in einer Schleife wiederholten Zugriff auf `Thread.currentThread()` gibt, sollte das Ergebnis zwischengespeichert werden, denn der Aufruf ist nicht ganz billig.

```
class java.lang.Thread
implements Runnable
```

- `static Thread currentThread()`
  Liefert den Thread, der das laufende Programmstück ausführt.

3.2.3 Die Zustände eines Threads *

Bei einem Thread-Exemplar können wir einige Zustände feststellen:

1. *Nicht erzeugt*: Der Lebenslauf eines `Thread`-Objekts beginnt mit `new`, doch befindet er sich damit noch nicht im Zustand *ausführend*.
2. *Laufend* (vom Scheduler berücksichtigt) und *nicht laufend* (vom Scheduler nicht berücksichtigt): Durch `start()` gelangt der Thread in den Zustand »ausführbar« bzw. »laufend«. Der Zustand kann sich ändern, wenn ein anderer Thread zur Ausführung gelangt und dann dem

aktuellen Thread den Prozessor entzieht. Der vormals laufende Thread kommt in den Zustand *nicht laufend*, bis der Scheduler ihm wieder Rechenzeit zuordnet.

3. *Wartend*: Dieser Zustand wird mittels spezieller Synchronisationstechniken oder Ein-/Ausgabefunktionen erreicht – der Thread verweilt in einem Wartezustand.
4. *Beendet*: Nachdem die Aktivität des Thread-Objekts beendet wurde, kann es nicht mehr aktiviert werden und ist tot, also beendet.

Mit Lebenszeichen – Zustand über Thread.State

In welchem Zustand ein Thread gerade ist, zeigt die Methode `getState()`. Sie liefert ein Objekt vom Typ der Aufzählung `Thread.State` (die einzige Aufzählung im Paket `java.lang`), das Folgendes deklariert:

Zustand	Erläuterung
`NEW`	neuer Thread, noch nicht gestartet
`RUNNABLE`	Läuft in der JVM.
`BLOCKED`	Wartet auf einen `MonitorLock`, wenn er etwa einen `synchronized`-Block betreten möchte.
`WAITING`	Wartet etwa auf ein `notify()`.
`TIMED_WAITING`	Wartet etwa in einem `sleep()`.
`TERMINATED`	Ausführung ist beendet.

Tabelle 3.1 Zustände eines Threads

Zudem lässt sich die Methode `isAlive()` verwenden, die erfragt, ob der Thread gestartet wurde, aber noch nicht tot ist.

3.2.4 Schläfer gesucht

Manchmal ist es notwendig, einen Thread eine bestimmte Zeit lang anzuhalten. Dazu lassen sich Methoden zweier Klassen nutzen:

- **Die überladene statische Methode `Thread.sleep(…)`**: Etwas erstaunlich ist sicherlich, dass sie keine Objektmethode von einem `Thread`-Objekt ist, sondern eine statische Methode. Ein Grund wäre, dass dadurch verhindert wird, externe Threads zu beeinflussen. Es ist nicht möglich, einen fremden Thread, über dessen Referenz wir verfügen, einfach einige Sekunden lang schlafen zu legen und ihn so von der Ausführung abzuhalten.
- **Die Objektmethode `sleep(…)` auf einem `TimeUnit`-Objekt**: Auch sie bezieht sich immer auf den ausführenden Thread. Der Vorteil gegenüber `sleep(…)` ist, dass hier die Zeiteinheiten besser sichtbar sind.

[«]

3

Beispiel

Der ausführende Thread soll 2 Sekunden lang schlafen. Einmal mit `Thread.sleep(...)`:

```
try {
  Thread.sleep( 2000 );
} catch ( InterruptedException e ) { }
```

Dann mit `TimeUnit`:

```
try {
  TimeUnit.SECONDS.sleep( 2 );
} catch ( InterruptedException e ) { }
```

Der Schlaf kann durch eine `InterruptedException` unterbrochen werden, etwa durch `interrupt()`. Die Ausnahme muss behandelt werden, da sie keine `RuntimeException` ist.

Praktisch wird das Erweitern der Klasse `Thread` bei inneren anonymen Klassen. Die folgende Anweisung gibt nach 2 Sekunden Schlafzeit eine Meldung auf dem Bildschirm aus:

Listing 3.6 com/tutego/insel/thread/SleepInInnerClass.java, main()

```
new Thread() {
  @Override public void run() {
    try {
      Thread.sleep( 2000 );
      System.out.println( "Zeit ist um." );
    } catch ( InterruptedException e ) { e.printStackTrace(); }
  }
}.start();
```

Da `new Thread(){...}` ein Exemplar der anonymen Unterklasse ergibt, lässt die auf dem Ausdruck aufgerufene Objektmethode `start()` den Thread gleich loslaufen. Aufgaben dieser Art, also etwas nach einer gewissen Zeit zu tun, lösen auch die Timer gut.

```
class java.lang.Thread
implements Runnable
```

- `static void sleep(long millis) throws InterruptedException`
  Der aktuell ausgeführte Thread wird mindestens `millis` Millisekunden schlafen gelegt. Unterbricht ein anderer Thread den schlafenden, wird vorzeitig eine `InterruptedException` ausgelöst.
- `static void sleep(long millis, int nanos) throws InterruptedException`
  Der aktuell ausgeführte Thread wird mindestens `millis` Millisekunden und zusätzlich `nanos` Nanosekunden schlafen gelegt. Im Gegensatz zu `sleep(long)` wird bei einer negativen Milli-

sekundenanzahl eine `IllegalArgumentException` ausgelöst; diese Exception wird auch ausgelöst, wenn die Nanosekundenanzahl nicht zwischen 0 und 999.999 liegt.

```
enum java.util.concurrent.TimeUnit
extends Enum<TimeUnit>
implements Serializable, Comparable<TimeUnit>
```

- `NANOSECONDS`, `MICROSECONDS`, `MILLISECONDS`, `SECONDS`, `MINUTES`, `HOURS`, `DAYS`
  Aufzählungselemente von `TimeUnit`
- `void sleep(long timeout) throws InterruptedException`
  Führt ein `Thread.sleep()` für die Zeiteinheit aus.

Eine überladene Methode `Thread.sleep(long, TimeUnit)` wäre nett, gibt es aber nicht.

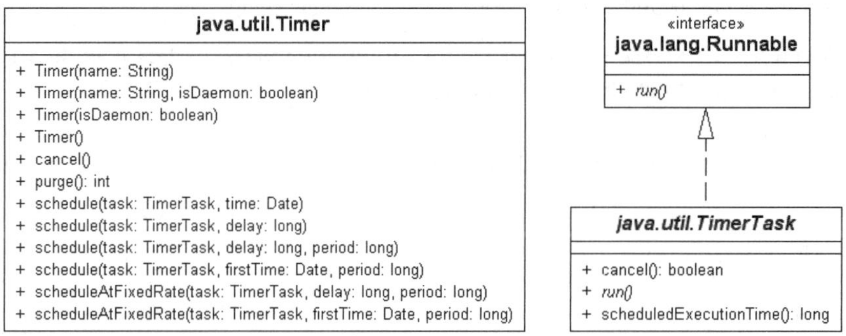

Abbildung 3.3 UML-Diagramme für Timer und TimerTask

3.2.5 Mit yield() auf Rechenzeit verzichten

Neben `sleep()` gibt es eine weitere Methode, um kooperative Threads zu programmieren: die Methode `yield()`. Sie funktioniert etwas anders als `sleep(…)`, da hier nicht nach Ablauf der genannten Millisekunden zum Thread zurückgekehrt wird, sondern `yield()` den Thread bezüglich seiner Priorität wieder in die Thread-Warteschlange des Systems einordnet. Einfach ausgedrückt, sagt `yield()` der Thread-Verwaltung: »Ich setze diese Runde aus und mache weiter, wenn ich das nächste Mal dran bin.«

```
class java.lang.Thread
implements Runnable
```

- `static void yield()`
  Der laufende Thread gibt freiwillig seine Rechenzeit ab. Die Methode ist für Implementierungen der JVM nicht verbindlich.

3.2.6 Der Thread als Dämon

Ein Server reagiert oft in einer Endlosschleife auf eingehende Aufträge vom Netzwerk und führt die gewünschte Aufgabe aus. In unseren bisherigen Programmen haben wir oft Endlosschleifen eingesetzt, sodass ein gestarteter Thread nie beendet wird. Wenn also `run()` wie in den vorangehenden Beispielen nie abbricht (Informatiker sprechen hier von *terminiert*), läuft der Thread immer weiter, auch wenn die Hauptapplikation beendet ist. Dies ist nicht immer beabsichtigt, da vielleicht Server-Funktionalität nach dem Beenden der Applikation nicht mehr gefragt ist. Dann sollte auch der endlos laufende Thread beendet werden. Um dies auszudrücken, erhält ein im Hintergrund arbeitender Thread eine spezielle Kennung: Der Thread wird als *Dämon*[2] gekennzeichnet. Standardmäßig ist ein aufgebauter Thread kein Dämon.

Ein Dämon ist wie ein Heinzelmännchen im Hintergrund mit einer Aufgabe beschäftigt. Wenn das Hauptprogramm beendet ist und die Laufzeitumgebung erkennt, dass kein normaler Thread mehr läuft, sondern nur Dämonen, dann ist das Ende der Dämonen eingeläutet, und die JVM kommt zum Ende. Denn Dämonen-Threads sind Zulieferer: Gibt es keine Klienten mehr, werden auch sie nicht mehr gebraucht. Das ist wie bei den Göttern der Scheibenwelt: Glaubt keiner an sie, hören sie auf zu existieren. Wir müssen uns also um das Ende des Dämons nicht kümmern. Gleichzeitig heißt das aber auch, dass ein Dämonen-Thread vorsichtig mit Ein-/Ausgabeoperationen sein muss, denn er kann jederzeit – auch etwa während einer Schreiboperation auf die Festplatte – abgebrochen werden, was zu beschädigten Daten führen kann.

Hinweis

Die automatische Speicherbereinigung ist ein gutes Beispiel für einen Dämon. Nur, wenn es andere Threads gibt, muss der Speicher aufgeräumt werden. Gibt es keine anderen Threads mehr, kann auch die JVM mit beendet werden, was auch die Dämonen-Threads beendet.

Wie ein Thread in Java zum Dämon wird

Einen Thread in Java als Dämon zu kennzeichnen, heißt, die Methode `setDaemon(boolean)` mit dem Argument `true` aufzurufen. Die Methode ist nur vor dem Starten des Threads erlaubt. Danach kann der Status nicht wieder vom Dämon in den normalen Benutzer-Thread umgesetzt werden. Die Auswirkungen von `setDaemon(true)` können wir am folgenden Programm ablesen:

2 Das griechische δαίμων (engl. *daemon*) bezeichnet allerlei Wesen zwischen Gott und Teufel. Eine gute Einleitung gibt *http://de.wikipedia.org/wiki/D%C3%A4mon*.

Listing 3.7 com/tutego/insel/thread/DaemonThread.java

```
package com.tutego.insel.thread;

class DaemonThread extends Thread {

  DaemonThread() {
    setDaemon( true );
  }

  @Override public void run() {
    while ( true )
      System.out.println( "Lauf, Thread, lauf" );
  }

  public static void main( String[] args ) {
    new DaemonThread().start();
  }
}
```

In diesem Programm wird der Thread gestartet, und danach ist die Anwendung sofort beendet. Vor dem Ende kann der neue Thread aber schon einige Zeilen auf der Konsole ausgeben. Klammern wir die Anweisung mit `setDaemon(true)` aus, läuft das Programm ewig, da die Laufzeitumgebung auf das natürliche Ende der Thread-Aktivität wartet.

```
class java.lang.Thread
implements Runnable
```

- `final void setDaemon(boolean on)`
  Markiert den Thread als Dämon oder normalen Thread. Die Methode muss aufgerufen werden, bevor der Thread gestartet wurde, andernfalls folgt eine `IllegalThreadStateException`. Mit anderen Worten: Nachträglich kann ein existierender Thread nicht mehr zu einem Dämon gemacht werden, und ihm kann auch nicht die Dämonenhaftigkeit genommen werden, so er sie hat.
- `final boolean isDaemon()`
  Testet, ob der `Thread` ein Dämon-Thread ist.

AWT und Dämonen *

Obwohl Dämonen für Hintergrundaufgaben eine gute Einrichtung sind, ist der `AWT`-Thread kein Dämon. Unterschiedliche `AWT`-Threads sind normale Benutzer-Threads; dazu gehören `AWT-Input`, `AWT-Motif` oder `Screen_Updater`. Dies bedeutet, dass bei einmaliger Nutzung einer `AWT`-Methode ein spezieller Nicht-Dämon-Thread gestartet wird, sodass die Applikation nicht automatisch beendet wird, wenn das Hauptprogramm endet. Daher muss die Applikation in vielen Fällen hart mit `System.exit(int)` beendet werden.

3.2.7 Freiheit für den Thread – das Ende

Es gibt Threads, die dauernd laufen, weil sie zum Beispiel Serverfunktionen implementieren. Andere Threads führen einmalig eine Operation aus und sind danach beendet. Allgemein ist ein Thread beendet, wenn eine der folgenden Bedingungen zutrifft:

- Die `run()`-Methode wurde ohne Fehler beendet. Wenn wir eine Endlosschleife programmieren, würde diese potenziell einen nie endenden Thread bilden.
- In der `run()`-Methode tritt eine `RuntimeException` auf, die die Methode beendet. Das beendet weder die anderen Threads noch die JVM als Ganzes.
- Der Thread wurde von außen abgebrochen. Dazu dient die prinzipbedingt problematische Methode `stop()`, von deren Verwendung abgeraten wird und die auch veraltet ist.
- Die virtuelle Maschine wird beendet und nimmt alle Threads mit ins Grab.

Wenn der Thread einen Fehler melden soll

Da ein Thread nebenläufig arbeitet, kann die `run()`-Methode synchron schlecht Exceptions melden oder einen Rückgabewert liefern. Wer sollte auch an welcher Stelle darauf hören? Eine Lösung für das Problem ist ein Listener, der sich beim Thread anmeldet und darüber informiert wird, ob der Thread seine Arbeit machen konnte oder nicht. Eine andere Lösung gibt `Callable`, mit dem ein spezieller Fehlercode zurückgegeben oder eine Exception angezeigt werden kann. Speziell bei ungeprüften Ausnahmen kann ein `UncaughtExceptionHandler` weiterhelfen.

3.2.8 Einen Thread höflich mit Interrupt beenden

Der Thread ist in der Regel zu Ende, wenn die `run()`-Methode ordentlich bis zum Ende ausgeführt wurde. Enthält eine `run()`-Methode jedoch eine Endlosschleife – wie etwa bei einem Server, der auf eingehende Anfragen wartet –, so muss der Thread von außen zur Kapitulation gezwungen werden. Die naheliegende Möglichkeit, mit der `Thread`-Methode `stop()` einen Thread abzuwürgen, wollen wir in Abschnitt 3.2.10, »Der stop() von außen und die Rettung mit ThreadDeath *«, diskutieren.

Wenn wir den Thread schon nicht von außen beenden wollen, können wir ihn immerhin bitten, seine Arbeit aufzugeben und freiwillig den Freitod zu wählen. Periodisch müsste er dann nur überprüfen, ob jemand von außen den Abbruchswunsch geäußert hat.

Die Methoden interrupt() und isInterrupted()

Die Methode `interrupt()` setzt von außen in einem Thread-Objekt ein internes Flag, das dann in der `run()`-Methode durch `isInterrupted()` periodisch abgefragt werden kann.

Das folgende Programm soll jede halbe Sekunde eine Meldung auf dem Bildschirm ausgeben. Nach 2 Sekunden wird der Unterbrechungswunsch mit `interrupt()` gemeldet. Auf dieses Signal achtet die sonst unendlich laufende Schleife und bricht ab:

Listing 3.8 com/tutego/insel/thread/ThreadusInterruptus.java, main()

```
Thread t = new Thread() {
  @Override
  public void run() {
    System.out.println( "Es gibt ein Leben vor dem Tod.  " );

    while ( ! isInterrupted() ) {
      System.out.println( "Und er läuft und er läuft und er läuft" );

      try {
       Thread.sleep( 500 );
      }
      catch ( InterruptedException e ) {
       interrupt();
       System.out.println( "Unterbrechung in sleep()" );
      }
    }

    System.out.println( "Das Ende" );
  }
};
t.start();
Thread.sleep( 2000 );
t.interrupt();
```

Die Ausgabe zeigt hübsch die Ablaufsequenz:

```
Es gibt ein Leben vor dem Tod.
Und er läuft und er läuft und er läuft
Und er läuft und er läuft und er läuft
Und er läuft und er läuft und er läuft
Und er läuft und er läuft und er läuft
Unterbrechung in sleep()
Das Ende
```

Die `run()`-Methode im Thread ist so implementiert, dass die Schleife genau dann verlassen wird, wenn `isInterrupted()` den Wert `true` ergibt, also von außen die `interrupt()`-Methode für dieses Thread-Exemplar aufgerufen wurde. Genau dies geschieht in der `main(…)`-Methode. Auf den ersten Blick ist das Programm leicht verständlich, doch vermutlich erzeugt das `interrupt()` im `catch`-Block die Aufmerksamkeit. Stünde diese Zeile dort nicht, würde das Programm aller Wahrscheinlichkeit nach nicht funktionieren. Das Geheimnis ist folgendes: Wenn die Ausgabe nur jede halbe Sekunde stattfindet, befindet sich der Thread fast die gesamte Zeit über in der Schlafmethode `sleep(...)`. Also wird vermutlich der `interrupt()` den Thread gerade beim Schlafen stören. Genau dann wird `sleep(...)` durch `InterruptedException` unterbrochen, und der `catch`-Behandler fängt die Ausnahme ein. Jetzt passiert aber etwas Unerwartetes: Durch die Unterbrechung wird das interne Flag zurückgesetzt, sodass `isInterrupted()` meint, die Unterbrechung habe gar nicht stattgefunden. Daher muss `interrupt()` erneut aufgerufen werden, da das Abbruch-Flag neu gesetzt werden muss, damit `isInterrupted()` das Ende bestimmen kann.

Wenn wir mit der Objektmethode `isInterrupted()` arbeiten, müssen wir beachten, dass neben `sleep(...)` auch die `Object`-Methoden `join(...)` und `wait(...)` durch die `InterruptedException` das Flag löschen.

[+]

Hinweis

Die Methoden `sleep(...)`, `wait(...)` und `join(...)` lösen alle eine `InterruptedException` aus, wenn sie durch die Methode `interrupt()` unterbrochen werden. Das heißt, `interrupt()` beendet diese Methoden mit der Ausnahme.

Zusammenfassung: interrupted(), isInterrupted() und interrupt()

Die Methodennamen sind verwirrend gewählt, sodass wir die Aufgaben noch einmal zusammenfassen wollen: Die Objektmethode `interrupt()` setzt in einem (anderen) Thread-Objekt ein Flag, dass es einen Antrag gab, den Thread zu beenden. Sie beendet aber den Thread nicht, obwohl es der Methodenname nahelegt. Dieses Flag lässt sich mit der Objektmethode `isInterrupted()` abfragen. In der Regel wird dies innerhalb einer Schleife geschehen, die darüber bestimmt, ob die Aktivität des Threads fortgesetzt werden soll. Die statische Methode `interrupted()` ist zwar auch eine Anfragemethode und testet das entsprechende Flag des aktuell laufenden Threads, wie `Thread.currentThread().isInterrupted()`, aber zusätzlich löscht es den Interrupt-Status auch, was `isInterrupted()` nicht tut. Zwei aufeinanderfolgende Aufrufe von `interrupted()` führen daher zu einem `false`, es sei denn, in der Zwischenzeit erfolgt eine weitere Unterbrechung.

3.2.9 UncaughtExceptionHandler für unbehandelte Ausnahmen

Einer der Gründe für das Ende eines Threads ist eine unbehandelte Ausnahme, etwa von einer nicht aufgefangenen `RuntimeException`. Um in diesem Fall einen kontrollierten Abgang zu ermöglichen, lässt sich an den Thread ein `UncaughtExceptionHandler` hängen, der immer dann benachrichtigt wird, wenn der Thread wegen einer nicht behandelten Ausnahme endet.

`UncaughtExceptionHandler` ist eine in `Thread` deklarierte innere Schnittstelle, die eine Operation `void uncaughtException(Thread t, Throwable e)` vorschreibt. Eine Implementierung der Schnittstelle lässt sich entweder einem individuellen Thread oder allen Threads anhängen, sodass im Fall des Abbruchs durch unbehandelte Ausnahmen die JVM die Methode `uncaughtException(...)`

aufruft. Auf diese Weise kann die Applikation im letzten Atemzug noch den Fehler loggen, den die JVM über das `Throwable e` übergibt.

```
class java.lang.Thread
implements Runnable
```

- `void setUncaughtExceptionHandler(Thread.UncaughtExceptionHandler eh)`
  Setzt den `UncaughtExceptionHandler` für den Thread.
- `Thread.UncaughtExceptionHandler getUncaughtExceptionHandler()`
  Liefert den aktuellen `UncaughtExceptionHandler`.
- `static void setDefaultUncaughtExceptionHandler(Thread.UncaughtExceptionHandler eh)`
  Setzt den `UncaughtExceptionHandler` für alle Threads.
- `static Thread.UncaughtExceptionHandler getDefaultUncaughtExceptionHandler()`
  Liefert den zugewiesenen `UncaughtExceptionHandler` aller Threads.

Ein mit `setUncaughtExceptionHandler(…)` lokal gesetzter `UncaughtExceptionHandler` überschreibt den Eintrag für den `setDefaultUncaughtExceptionHandler(…)`. Zwischen dem mit dem Thread assoziierten Handler und dem globalen gibt es noch einen Handler-Typ für Thread-Gruppen, der jedoch seltener verwendet wird.

3.2.10 Der stop() von außen und die Rettung mit ThreadDeath *

Wenn ein Thread nicht auf `interrupt()` hört, aber aus irgendwelchen Gründen dringend beendet werden muss, müssen wir wohl oder übel die veraltete Methode `stop()` einsetzen.

eclipse

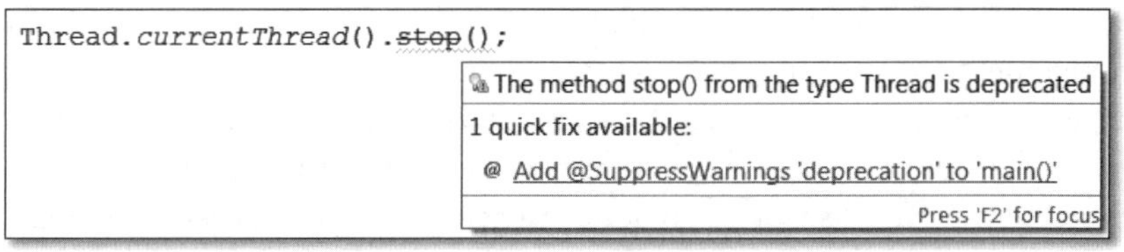

Abbildung 3.4 Dass die Methode stop() veraltet ist, zeigen in Eclipse eine unterschlängelte Linie und ein Symbol am linken Rand an. Steht der Cursor auf der problematischen Zeile, weist eine Fehlermeldung ebenfalls auf das Problem hin.

deprecated gibt uns schon einen guten Hinweis darauf, `stop()` besser nicht zu benutzen (leider gibt es hier, im Gegensatz zu den meisten anderen veralteten Methoden, keinen einfachen, empfohlenen Ersatz). Überschreiben können wir `stop()` auch nicht, da es final ist. Wenn wir einen Thread von außen beenden, geben wir ihm keine Chance mehr, seinen Zustand konsistent zu verlassen. Zudem kann die Unterbrechung an beliebiger Stelle erfolgen, sodass angeforderte Ressourcen frei in der Luft hängen können.

```
class java.lang.Thread
implements Runnable
```

- `final void stop()`
  Wurde der Thread gar nicht gestartet oder ist er bereits abgearbeitet bzw. beendet, kehrt die Methode sofort zurück. Andernfalls wird über `checkAccess(...)` geprüft, ob wir überhaupt das Recht haben, den Thread abzuwürgen. Dann wird der Thread beendet, egal, was er zuvor unternommen hat; jetzt kann er nur noch sein Testament in Form eines `ThreadDeath`-Objekts als Exception anzeigen.

Das ThreadDeath-Objekt

So unmöglich ist das Reagieren auf ein `stop()` auch nicht. Immer dann, wenn ein Thread mit `stop()` zum Ende kommen soll, löst die JVM eine `ThreadDeath`-Ausnahme aus, die letztendlich den Thread beendet. `ThreadDeath` ist eine Unterklasse von `Error`, das wiederum von `Throwable` abgeleitet ist, sodass `ThreadDeath` mit einem `try`-Block abgefangen werden kann. Die Java-Entwickler haben `ThreadDeath` nicht zu einer Unterklasse von `Exception` gemacht, weil sie nicht wollten, dass `ThreadDeath` bei einer allgemeinen Exception-Behandlung über `catch(Exception e)` abgefangen wird.[3]

Wenn wir `ThreadDeath` auffangen, können wir noch auf den Tod reagieren und Aufräumarbeiten erlauben. Wir sollten aber nicht vergessen, anschließend das aufgefangene `ThreadDeath`-Objekt wieder auszulösen, weil der Thread sonst nicht beendet wird:

Listing 3.9 com/tutego/insel/thread/ThreadStopRecovery.java, main()

```
Thread t = new Thread() {
  @Override public void run() {
    try {
      while ( true ) System.out.println( "I Like To Move It." );
    }
    catch ( ThreadDeath td ) {
      System.out.println( "Das Leben ist nicht totzukriegen." );
      throw td;
    }
  }
};
t.start();
try { Thread.sleep( 1 ); } catch ( Exception e ) { }
t.stop();
```

3 Dass wir die Klasse überhaupt nutzen können, ist einem Fehler von Sun zuzuschreiben; die Klasse sollte eigentlich nicht sichtbar sein.

ThreadDeath bietet eine extravagante Möglichkeit, um das aktuell laufende Programm zu beenden: throw new ThreadDeath(). Die Anweisung System.exit(int) ist aber weniger aufsehenerregend.

3.2.11 Ein Rendezvous mit join(...) *

Wollen wir Aufgaben auf mehrere Threads verteilen, kommt der Zeitpunkt, an dem die Ergebnisse eingesammelt werden. Die Resultate können allerdings erst dann zusammengebracht werden, wenn alle Threads mit ihrer Ausführung fertig sind. Da sie sich zu einem bestimmten Zeitpunkt treffen, heißt das auch *Rendezvous*.

Zum Warten gibt es mehrere Strategien. Zunächst lässt sich mit Callable arbeiten, um dann mit get() synchron auf das Ende zu warten. Arbeiten wir mit Runnable, so kann ein Thread keine direkten Ergebnisse wie eine Methode nach außen geben, weil die run()-Methode den Ergebnistyp void hat. Da ein nebenläufiger Thread zudem asynchron arbeitet, wissen wir nicht einmal, wann wir das Ergebnis erwarten können.

Die Übertragung von Werten ist kein Problem. Hier können Klassenvariablen und auch Objektvariablen helfen, denn über sie können wir kommunizieren. Jetzt fehlt nur noch, dass wir auf das Ende der Aktivität eines Threads warten können. Das funktioniert mit join(...)-Methoden.

In unserem folgenden Beispiel legt ein Thread t in der Variablen result ein Ergebnis ab. Wir können die Auswirkungen von join() sehen, wenn wir die auskommentierte Zeile hineinnehmen:

Listing 3.10 com/tutego/insel/thread/JoinTheThread.java

```
package com.tutego.insel.thread;

class JoinTheThread {

  static class JoinerThread extends Thread {
    public int result;
    @Override public void run() {
      result = 1;
    }
  }

  public static void main( String[] args ) throws InterruptedException {
    JoinerThread t = new JoinerThread();
    t.start();
//    t.join();
    System.out.println( t.result );
  }
}
```

Ohne den Aufruf von `join()` wird als Ergebnis 0 ausgegeben, denn das Starten des Threads kostet etwas Zeit. In dieser Zeit geben wir aber die automatisch auf 0 initialisierte Klassenvariable aus. Nehmen wir `join()` hinein, wird die `run()`-Methode zu Ende ausgeführt, und der Thread setzt die Variable `result` auf 1. Das sehen wir dann auf dem Bildschirm.

```
class java.lang.Thread
implements Runnable
```

- `final void join() throws InterruptedException`
  Der aktuell ausgeführte Thread wartet auf den Thread, für den die Methode aufgerufen wird, bis dieser beendet ist.
- `final void join(long millis) throws InterruptedException`
  Wie `join()`, doch wartet diese Variante höchstens `millis` Millisekunden. Wurde der Thread bis dahin nicht vollständig beendet, fährt das Programm fort. Auf diese Weise kann versucht werden, innerhalb einer bestimmten Zeitspanne auf den Thread zu warten, sonst aber weiterzumachen. Ist `millis` gleich `0`, so hat dies die gleiche Wirkung wie `join()`.
- `final void join (long millis, int nanos) throws InterruptedException`
  Wie `join(long)`, jedoch mit potenziell genauerer Angabe der maximalen Wartezeit

Nach einem `thread.join(long)` ist mitunter die `thread.isAlive()`-Methode nützlich, denn sie sagt aus, ob `thread` noch aktiv arbeitet oder beendet ist.

In `TimeUnit` gibt es mit `timedJoin()` eine Hilfsmethode, um mit der Dauer schöner zu arbeiten.

```
class java.lang.TimeUnit
implements Runnable
```

- `voidtimedJoin(Thread thread, long timeout) throws InterruptedException`
  Berechnet aus der `TimeUnit` und dem `timeout` Millisekunden (`ms`) und Nanosekunden (`ns`) und führt ein `join(ms, ns)` auf dem `thread` aus.

Warten auf den Langsamsten

Große Probleme lassen sich in mehrere Teile zerlegen, und jedes Teilproblem kann dann von einem Thread gelöst werden. Dies ist insbesondere bei Mehrprozessorsystemen eine lohnenswerte Investition. Zum Schluss müssen wir nur noch darauf warten, dass die Threads zum Ende gekommen sind, und das Ergebnis einsammeln. Dazu eignet sich `join(…)` gut.

Beispiel

Zwei Threads arbeiten an einem Problem. Anschließend wird gewartet, bis beide ihre Aufgabe erledigt haben. Dann könnte etwa ein anderer Thread die von `a` und `b` verwendeten Ressourcen wieder nutzen:

```
Thread a = new AThread();
Thread b = new BThread();
a.start();
b.start();
a.join();
b.join();
```

Es ist unerheblich, wessen `join()` wir zuerst aufrufen, da wir ohnehin auf den langsamsten Thread warten müssen. Wenn ein Thread schon beendet ist, kehrt `join()` sofort zurück.

Eine andere Lösung für zusammenlaufende Threads besteht darin, diese in einer Thread-Gruppe zusammenzufassen. Dann können sie zusammen behandelt werden, sodass nur das Ende der Thread-Gruppe beobachtet wird.

3.2.12 Arbeit niederlegen und wieder aufnehmen *

Wollen wir erreichen, dass ein Thread für eine bestimmte Zeit die Arbeit niederlegt und ein anderer den schlafenden Thread wieder aufwecken kann, müssten wir das selbst implementieren. Zwar gibt es mit `suspend()` und `resume()` zwei Methoden, doch diese Start-Stopp-Technik ist nicht erwünscht, da sie ähnlich problematisch ist wie `stop()`.

```
class java.lang.Thread
implements Runnable
```

- `final void suspend()`
  Lebt der Thread, wird er so lange eingefroren (schlafen gelegt), bis `resume()` aufgerufen wird.
- `final void resume()`
  Weckt einen durch `suspend()` lahmgelegten Thread wieder auf, der dann wieder arbeiten kann.

3.2.13 Priorität *

Jeder Thread verfügt über eine Priorität, die aussagt, wie viel Rechenzeit ein Thread relativ zu anderen Threads erhält. Die Priorität ist eine Zahl zwischen `Thread.MIN_PRIORITY` (1) und `Thread.MAX_PRIORITY` (10). Durch den Wert kann der Scheduler erkennen, welchem Thread er den Vorzug geben soll, wenn mehrere Threads auf Rechenzeit warten. Bei seiner Initialisierung bekommt jeder Thread die Priorität des erzeugenden Threads. Normalerweise ist es die Priorität `Thread.NORM_PRIORITY` (5).

Das Betriebssystem (oder die JVM) nimmt die Threads immer entsprechend der Priorität aus der Warteschlange heraus (daher *Prioritätswarteschlange*). Ein Thread mit der Priorität *N* wird vor allen Threads mit der Wichtigkeit kleiner N, aber hinter denen der Priorität größer gleich N gesetzt. Ruft nun ein kooperativer Thread mit der Priorität N die Methode `yield()` auf, bekommt ein Thread mit der Priorität <= N auch eine Chance zur Ausführung.

Die Priorität kann durch Aufruf von `setPriority(…)` geändert und mit `getPriority()` abgefragt werden. Allerdings macht Java nur sehr schwache Aussagen über die Bedeutung und Auswirkung von Thread-Prioritäten.

Beispiel

Wir weisen dem Thread `t` die höchste Priorität zu:

```
t.setPriority( Thread.MAX_PRIORITY );
```

```
class java.lang.Thread
implements Runnable
```

- `final int getPriority()`
  Liefert die Priorität des Threads.
- `final void setPriority(int newPriority)`
  Setzt die Priorität des Threads. Die Methode liefert eine `IllegalArgumentException`, wenn die Priorität nicht zwischen `MIN_PRIORITY` (1) und `MAX_PRIORITY` (10) liegt.

Granularität und Vorrang

Die zehn Prioritätsstufen garantieren nicht zwingend unterschiedliche Ausführungen. Obwohl anzunehmen ist, dass ein Thread mit der Priorität `NORM_PRIORITY+1` häufiger Programmcode ausführt als ein Thread mit der Priorität `NORM_PRIORITY`, kann ein Betriebssystem dies anders implementieren. Nehmen wir an, die Plattform implementiert lediglich fünf Prioritätsstufen. Ist 1 die niedrigste Stufe und 5 die höchste – die mittlere Stufe ist 3 –, werden wahrscheinlich `NORM_PRIORITY` und `NORM_PRIORITY + 1` auf die Stufe 3 transformiert und haben demnach dieselbe Priorität. Was wir daraus lernen: Auch bei unterschiedlichen Prioritäten können wir nicht erwarten, dass ein bestimmtes Programmstück zwingend schneller läuft. Zudem gibt es Betriebssysteme mit Schedulern, die keine Prioritäten unterstützen oder diese unerwartet interpretieren.

3.3 Der Ausführer (Executor) kommt

Zur nebenläufigen Ausführung eines `Runnable` ist immer ein Thread notwendig. Obwohl die nebenläufige Abarbeitung von Programmcode ohne Threads nicht möglich ist, sind doch beide sehr stark verbunden, und es wäre gut, wenn das `Runnable` von dem tatsachlich abarbeitenden Thread etwas getrennt wäre. Das hat mehrere Gründe:

- Schon beim Erzeugen eines `Thread`-Objekts muss das `Runnable`-Objekt im `Thread`-Konstruktor übergeben werden. Es ist nicht möglich, das `Thread`-Objekt aufzubauen, dann über eine JavaBean-Setter-Methode das `Runnable`-Objekt zuzuweisen und anschließend den Thread mit `start()` zu starten.

- Wird start() auf dem Thread-Objekt zweimal aufgerufen, so führt der zweite Aufruf zu einer Ausnahme. Ein erzeugter Thread kann also ein Runnable durch zweimaliges Aufrufen von start() nicht gleich zweimal abarbeiten. Für eine erneute Abarbeitung eines Runnable ist also mit unseren bisherigen Mitteln immer ein neues Thread-Objekt nötig.
- Der Thread beginnt mit der Abarbeitung des Programmcodes vom Runnable sofort nach dem Aufruf von start(). Die Implementierung vom Runnable selbst müsste geändert werden, wenn der Programmcode nicht sofort, sondern später (nächste Tagesschau) oder wiederholt (immer Weihnachten) ausgeführt werden soll.

Wünschenswert ist eine Abstraktion, die das Ausführen des Runnable-Programmcodes von der technischen Realisierung (etwa den Threads) trennt.

3.3.1 Die Schnittstelle Executor

Anstatt das Runnable direkt an einen Thread und somit an seinen Ausführer zu binden, gibt es eine Abstraktion für alle »Abarbeiter«. Die Schnittstelle Executor schreibt eine Methode vor:

```
interface java.util.concurrent.Executor
```

- void execute(Runnable command)
  Wird später von Klassen implementiert, die ein Runnable abarbeiten können.

Jeder, der nun Befehle über Runnable abarbeitet, ist Executor.

Konkrete Executoren

Von dieser Schnittstelle gibt es bisher zwei wichtige Implementierungen:

- ThreadPoolExecutor: Die Klasse baut eine Sammlung von Threads auf, den *Thread-Pool*. Ausführungsanfragen werden von den freien Threads übernommen.
- ScheduledThreadPoolExecutor. Eine Erweiterung von ThreadPoolExecutor um die Fähigkeit, zu bestimmten Zeiten oder mit bestimmten Wiederholungen Befehle abzuarbeiten.

Die beiden Klassen haben nicht ganz so triviale Konstruktoren, und eine Utility-Klasse vereinfacht den Aufbau dieser speziellen Executor-Objekte.

```
class java.util.concurrent.Executors
```

- static ExecutorService newCachedThreadPool()
  Liefert einen Thread-Pool mit wachsender Größe.
- static ExecutorService newFixedThreadPool(int nThreads)
  Liefert einen Thread-Pool mit maximal nThreads.
- static ScheduledExecutorService newSingleThreadScheduledExecutor()

- `static ScheduledExecutorService newScheduledThreadPool(int corePoolSize)`
  Gibt spezielle `Executor`-Objekte zurück, um Wiederholungen festzulegen.
- Es gibt über 20 Methoden in `Executors`, diese Aufzählung hier zeigt nur die, die für uns in den nächsten Abschnitten relevant sind.

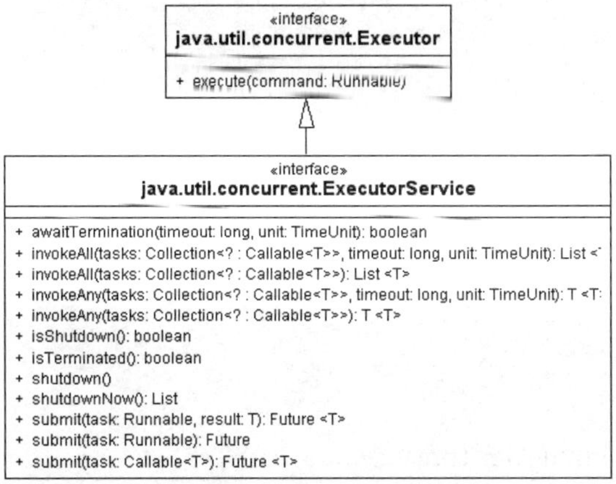

Abbildung 3.5 Die Schnittstelle ExecutorService, die Executor erweitert

`ExecutorService` ist eine Schnittstelle, die `Executor` erweitert. Unter anderem sind hier Operationen zu finden, die die Ausführer herunterfahren. Im Falle von Thread-Pools ist das nützlich, da die Threads ja sonst nicht beendet würden, weil sie auf neue Aufgaben warten.

3.3.2 Glücklich in der Gruppe – die Thread-Pools

Eine wichtige statische Methode der Klasse `Executors` ist `newCachedThreadPool(…)`. Das Ergebnis ist ein `ExecutorService`-Objekt, eine Implementierung von `Executor` mit der Methode `execute(Runnable)`:

Listing 3.11 com/tutego/insel/thread/concurrent/ThreadPoolDemo.java, main(), Teil 1

```
Runnable r1 = new Runnable() {
  @Override public void run() {
    System.out.println( "A1 " + Thread.currentThread() );
    System.out.println( "A2 " + Thread.currentThread() );
  }
};

Runnable r2 = new Runnable() {
  @Override public void run() {
    System.out.println( "B1 " + Thread.currentThread() );
    System.out.println( "B2 " + Thread.currentThread() );
  }
};
```

Jetzt lässt sich der Thread-Pool als `ExecutorService` beziehen und lassen sich die beiden Befehlsobjekte als `Runnable` über `execute(…)` ausführen:

Listing 3.12 com/tutego/insel/thread/concurrent/ThreadPoolDemo.java, main(), Teil 2

```
ExecutorService executor = Executors.newCachedThreadPool();

executor.execute( r1 );
executor.execute( r2 );

Thread.sleep( 500 );

executor.execute( r1 );
executor.execute( r2 );

executor.shutdown();
```

Die Ausgabe zeigt sehr schön die Wiederverwendung der Threads:

```
A1 Thread[pool-1-thread-1,5,main]
A2 Thread[pool-1-thread-1,5,main]
B1 Thread[pool-1-thread-2,5,main]
B2 Thread[pool-1-thread-2,5,main]
B1 Thread[pool-1-thread-1,5,main]
B2 Thread[pool-1-thread-1,5,main]
A1 Thread[pool-1-thread-2,5,main]
A2 Thread[pool-1-thread-2,5,main]
```

Die `toString()`-Methode von `Thread` ist so implementiert, dass zunächst der Name der Threads auftaucht, den die Pool-Implementierung gesetzt hat, dann die Priorität und der Name des Threads, der den neuen Thread gestartet hat. Am neuen Namen ist abzulesen, dass hier zwei Threads von einem Thread-Pool 1 verwendet werden: `thread-1` und `thread-2`. Nach dem Ausführen der beiden Aufträge und der kleinen Warterei sind die Threads fertig und zu neuen Jobs bereit, sodass `A1` und `A2` beim zweiten Mal mit den wieder freien Threads abgearbeitet werden.

Interessant sind die folgenden drei Operationen zur Steuerung des Pool-Endes:

```
interface java.util.concurrent.ExecutorService
extends Executor
```

- `void shutdown()`
  Fährt den Thread-Pool herunter. Laufende Threads werden nicht abgebrochen, aber neue Anfragen werden nicht angenommen.
- `boolean isShutdown()`
  Wurde der Executor schon heruntergefahren?

- `List<Runnable> shutdownNow()`
  Gerade ausführende Befehle werden zum Stoppen angeregt. Die Rückgabe ist eine Liste der zu beendenden Kommandos.

3.3.3 Threads mit Rückgabe über Callable

Der nebenläufige Thread kann nur über Umwege Ergebnisse zurückgeben. In einer eigenen Klasse, die `Runnable` erweitert, lässt sich im Konstruktor zum Beispiel eine Datenstruktur übergeben, in die der Thread ein berechnetes Ergebnis hineinlegt. Die Datenstruktur kann dann vom Aufrufer auf Änderungen hin untersucht werden.

Die Java-Bibliothek bietet noch einen anderen Weg, denn während `run()` in `Runnable` als Rückgabe `void` hat, übermittelt `call()` einer anderen Schnittstelle `Callable` eine Rückgabe. Zum Vergleich:

`interface java.lang.`**`Runnable`**	`interface java.util.concurrent.`**`Callable<V>`**
▶ `void run()` Diese Methode enthält den nebenläufig auszuführenden Programmcode.	▶ `V call()` Diese Methode enthält den nebenläufig auszuführenden Programmcode und liefert eine Rückgabe vom Typ `V`.

Tabelle 3.2 Methoden in Runnable und Callable

Abbildung 3.6 Die einfache Schnittstelle Callable mit einer Operation

Beispiel: Felder sortieren über Callable

Wir wollen ein Beispiel implementieren, das ein Feld sortiert. Das Sortieren soll ein `Callable` im Hintergrund übernehmen. Ist die Operation beendet, soll der Verweis auf das sortierte Feld zurückgegeben werden. Das Sortieren erledigt wie üblich `Arrays.sort(…)`:

Listing 3.13 com/tutego/insel/thread/concurrent/SorterCallable.java, SorterCallable

```
class SorterCallable implements Callable<byte[]> {

  private final byte[] b;

  SorterCallable( byte[] b ) {
    this.b = b;
  }
```

```
  @Override public byte[] call() {
    Arrays.sort( b );
    return b;
  }
}
```

Natürlich bringt es wenig, das `Callable`-Objekt aufzubauen und selbst `call()` aufzurufen, denn ein Thread soll die Aufgabe im Hintergrund erledigen. Dazu ist jedoch nicht die Klasse `Thread` selbst zu verwenden, sondern ein `ExecutorService`, den wir etwa über `Executors.newCachedThreadPool()` bekommen:

Listing 3.14 com/tutego/insel/thread/concurrent/CallableGetDemo.java, main() Ausschnitt

```
byte[] b = new byte[ 4000000 ];
new Random().nextBytes( b );
Callable<byte[]> c = new SorterCallable( b );
ExecutorService executor = Executors.newCachedThreadPool();
Future<byte[]> result = executor.submit( c );
```

Der `ExecutorService` bietet eine `submit(Callable)`-Methode, die unser `Callable` annimmt und einen Thread für die Abarbeitung aussucht.

Erinnerungen an die Zukunft – die Future-Rückgabe

Weil das Ergebnis asynchron ankommt, liefert `submit(…)` ein `Future`-Objekt zurück, über das wir herausfinden können, ob das Ergebnis schon da ist oder ob wir noch warten müssen. Die Operationen im Einzelnen:

```
interface java.util.concurrent.Future<V>
```

- `V get() throws InterruptedException, ExecutionException`
  Wartet auf das Ergebnis und gibt es dann zurück. Die Methode blockiert so lange, bis das Ergebnis da ist.
- `V get(long timeout, TimeUnit unit)`
  `throws InterruptedException, ExecutionException, TimeoutException`
  Wartet eine gegebene Zeit auf das Ergebnis und gibt es dann zurück. Kommt es in der vorgegebenen Dauer nicht, gibt es eine `TimeoutException`.
- `boolean isDone()`
  Wurde die Arbeit beendet oder sogar abgebrochen?
- `boolean cancel(boolean mayInterruptIfRunning)`
  Bricht die Arbeit ab.
- `boolean isCancelled()`
  Wurde die Arbeit vor dem Ende abgebrochen?

Das Ergebnis von submit(Callable) ist also das Future-Objekt. Eigentlich ist nach einem submit(...) die beste Zeit, noch andere nebenläufige Aufgaben anzustoßen, um dann später mit get(...) das Ergebnis einzusammeln. Das Programmiermuster ist immer gleich: Erst Arbeit an den ExecutorService übergeben, dann etwas anderes machen und später zurückkommen. Da wir in unserem Beispiel jedoch in der Zwischenzeit nichts anderes zu tun haben, als ein Bytefeld zu sortieren, setzen wir das Callable ab und warten mit get() sofort auf das sortierte Feld:

Listing 3.15 com/tutego/insel/thread/concurrent/CallableGetDemo.java, main()

```
byte[] b = new byte[ 4000000 ];
new Random().nextBytes( b );
Callable<byte[]> c = new SorterCallable( b );
ExecutorService executor = Executors.newCachedThreadPool();
Future<byte[]> result = executor.submit( c );
try {
  byte[] bs = result.get();
  System.out.printf( "%d, %d, %d%n",
                     bs[0], bs[1], bs[bs.length-1] ); // -128, -128, 127
}
catch ( InterruptedException | ExecutionException e ) {
  e.printStackTrace();
}
```

Da das Feld sortiert ist und der Wertebereich eines Bytes mit –128 bis +127 sehr klein ist, ist vermutlich bei 4.000.000 Werten das kleinste Element der Zufallszahlen –128 und das größte 127.

[«]

Beispiel

Nicht immer ist das potenziell unendliche Blockieren erwünscht. Für diesen Fall ermöglicht die überladene Methode von get(...) eine Parametrisierung mit einer Wartezeit und Zeiteinheit:

Listing 3.16 com/tutego/insel/thread/concurrent/CallableGetTimeUnitDemo.java, Ausschnitt

```
byte[] bs = result.get( 2, TimeUnit.SECONDS );
```

Ist das Ergebnis nicht innerhalb von 2 Sekunden verfügbar, löst die Methode eine TimeoutException aus, die so aussehen wird:

```
java.util.concurrent.TimeoutException
  at java.util.concurrent.FutureTask$Sync.innerGet(FutureTask.java:228)
  at java.util.concurrent.FutureTask.get(FutureTask.java:91)
  at com.tutego.insel.thread.concurrent.CallableDemo.main(CallableDemo.java:27)
```

Ein Runnable mit Zukunft oder als Callable

Aus Gründen der Symmetrie gibt es neben submit(Callable) noch zwei submit(...)-Methoden, die ebenfalls ein Runnable annehmen. Zusammen ergeben sich:

```
interface java.util.concurrent.ExecutorService
extends Executor
```

- <T> Future<T> submit(Callable<T> task)
  Der ExecutorService soll die Aufgabe abarbeiten und Zugriff auf das Ergebnis über die Rückgabe geben.
- Future<?> submit(Runnable task)
  Der ExecutorService arbeitet das Runnable ab und ermöglicht es, über das Future-Objekt zu erfragen, ob die Ausgabe schon abgearbeitet wurde oder nicht. get() liefert am Ende null.
- <T> Future<T> submit(Runnable task, T result)
  Wie submit(task), nur: Die get(…)-Anfrage über Future liefert result.

Um ein Runnable in ein Callable umzuwandeln, gibt es noch einige Hilfsmethoden in der Klasse Executors. Dazu zählen die statische Methode callable(Runnable task), die ein Callable<Object> liefert, und die Methode callable(Runnable task, T result), die ein Callable<T> zurückgibt.

3.3.4 Mehrere Callable abarbeiten

Die Methode submit(Callable)vom ExecutorService nimmt genau ein Callable an und führt es aus:

- <T> Future<T> submit(Callable<T> task)

Muss eine Anwendung mehrere Callable abarbeiten, kann es natürlich mehrere Aufrufe von submit(Callable) geben. Doch ein ExecutorService kann von sich aus mehrere Callable abarbeiten. Dabei gibt es zwei alternative Varianten:

- Alle Callable einer Liste werden ausgeführt, und das Ergebnis ist eine Liste von Future-Objekten.
- Alle Callable einer Liste werden ausgeführt, doch der erste, der mit der Arbeit fertig wird, ergibt das Resultat.

Das ergibt zwei Methoden, und da sie zusätzlich noch mit einer Zeitbeschränkung ausgestattet werden, sind es vier:

```
interface java.util.concurrent.ExecutorService
extends Executor
```

- <T> List<Future<T>> invokeAll(Collection<? extends Callable<T>> tasks) throws InterruptedException
  Führt alle Ausgaben aus. Liefert eine Liste von Future-Objekten, die die Ergebnisse repräsentieren.

- <T> List<Future<T>> invokeAll(Collection<? extends Callable<T>> tasks, long timeout, TimeUnit unit) throws InterruptedException
  Führt alle Ausgaben aus und wird die Ergebnisse als Liste von Future-Objekten liefern, solange die Zeit timeout in der gegebenen Zeiteinheit nicht überschritten wird.
- <T> T invokeAny(Collection<? extends Callable<T>> tasks) throws InterruptedException, ExecutionException
  Führt alle Aufgaben aus, aber liefert das Ergebnis eines Ausführers, der als Erster fertig ist. Ein get(…) wird also nie warten müssen.
- <T> T invokeAny(Collection<? extends Callable<T>> tasks, long timeout, TimeUnit unit) throws InterruptedException, ExecutionException, TimeoutException
  Führt alle Aufgaben aus, gilt aber nur für eine beschränkte Zeit. Das erste Ergebnis eines Callable-Objekts, das in der Zeit fertig wird, gibt invokeAny(…) zurück.

3.3.5 ScheduledExecutorService für wiederholende Ausgaben und Zeitsteuerungen nutzen

Die Klasse ScheduledThreadPoolExecutor ist eine weitere Klasse neben ThreadPoolExecutor, die die Schnittstellen Executor und ExecutorService implementiert. Die wichtige Schnittstelle, die diese Klasse außerdem implementiert, ist aber ScheduledExecutorService – sie schreibt scheduleXXX(…)-Operationen vor, um ein Runnable oder Callable zu bestimmten Zeiten und Wiederholungen auszuführen. (Zwar gibt es mit dem java.util.Timer etwas Ähnliches, doch der ScheduledThreadPoolExecutor nutzt Threads aus dem Pool.)

Das folgende Beispiel führt nach einer Startzeit von 1 Sekunde alle 2 Sekunden eine Ausgabe aus:

Listing 3.17 com/tutego/insel/thread/concurrent/ScheduledExecutorServiceDemo.java. main()

```
ScheduledExecutorService scheduler = Executors.newScheduledThreadPool( 1 );
scheduler.scheduleAtFixedRate(
    new Runnable() {
      @Override public void run() {
        System.out.println( "Tata" );
      }
    },
    1 /* Startverzögerung */,
    2 /* Dauer */,
    TimeUnit.SECONDS );
```

Nach 1 Sekunde Startverzögerung bekommen wir jede zweite Sekunde ein »Tata«.

3.4 Synchronisation über kritische Abschnitte

Wenn Threads in Java ein eigenständiges Leben führen, ist dieser Lebensstil nicht immer unproblematisch für andere Threads, insbesondere beim Zugriff auf gemeinsam genutzte Ressourcen. In den folgenden Abschnitten erfahren wir mehr über gemeinsam genutzte Daten und Schutzmaßnahmen beim konkurrierenden Zugriff durch mehrere Threads.

3.4.1 Gemeinsam genutzte Daten

Ein Thread besitzt zum einen seine eigenen Variablen, etwa die Objektvariablen, kann aber auch statische Variablen nutzen, wie das folgende Beispiel zeigt:

```
class T extends Thread {
  static int result;
  public void run() { … }
}
```

In diesem Fall können verschiedene Exemplare der Klasse `T`, die jeweils einen Thread bilden, Daten austauschen, indem sie die Informationen in `result` ablegen oder daraus entnehmen. Threads können aber auch an einer zentralen Stelle eine Datenstruktur erfragen und dort Informationen entnehmen oder Zugriff auf gemeinsame Objekte über eine Referenz bekommen. Es gibt also viele Möglichkeiten, wie Threads – und damit potenziell parallel ablaufende Aktivitäten – Daten austauschen können.

3.4.2 Probleme beim gemeinsamen Zugriff und kritische Abschnitte

Da Threads ihre eigenen Daten verwalten – sie haben alle eigene lokale Variablen und einen Stack –, kommen sie sich gegenseitig nicht in die Quere. Auch wenn mehrere Threads gemeinsame Daten nur lesen, ist das unbedenklich; Schreiboperationen sind jedoch kritisch. Wenn sich zehn Nutzer einen Drucker teilen, der die Ausdrucke nicht als unteilbare Einheit bündelt, lässt sich leicht ausmalen, wie das Ergebnis aussieht. Seiten, Zeilen oder gar einzelne Zeichen aus verschiedenen Druckaufträgen werden bunt gemischt ausgedruckt.

Die Probleme haben ihren Ursprung in der Art und Weise, wie die Threads umgeschaltet werden. Der Scheduler unterbricht zu einem uns unbekannten Zeitpunkt die Abarbeitung eines Threads und lässt den nächsten arbeiten. Wenn nun der erste Thread gerade Programmzeilen abarbeitet, die zusammengehören, und der zweite Thread beginnt, nebenläufig auf diesen Daten zu arbeiten, so ist der Ärger vorprogrammiert. Wir müssen also Folgendes ausdrücken können: »Wenn ich den Job mache, dann möchte ich der einzige sein, der die Ressource – etwa einen Drucker – nutzt.« Erst nachdem der Drucker den Auftrag eines Benutzers fertiggestellt hat, darf er den nächsten in Angriff nehmen.

Kritische Abschnitte

Zusammenhängende Programmblöcke, denen während der Ausführung von einem Thread kein anderer Thread »reinwurschteln« sollte und die daher besonders geschützt werden müssen, nennen sich *kritische Abschnitte*. Wenn lediglich ein Thread den Programmteil abarbeitet, dann nennen wir dies *gegenseitigen Ausschluss* oder *atomar*. Wir könnten das etwas lockerer sehen, wenn wir wüssten, dass innerhalb der Programmblöcke nur von den Daten gelesen wird. Sobald aber nur ein Thread Änderungen vornehmen möchte, ist ein Schutz nötig. Denn arbeitet ein Programm bei nebenläufigen Threads falsch, ist es nicht *threadsicher* (engl. *thread-safe*).

Wir werden uns nun Beispiele für kritische Abschnitte anschauen und dann sehen, wie wir diese in Java realisieren können.

Nicht kritische Abschnitte

Wenn mehrere Threads auf das gleiche Programmstück zugreifen, muss das nicht zwangsläufig zu einem Problem führen, und Thread-Sicherheit ist immer gegeben. Immutable Objekte – nehmen wir an, ein Konstruktor belegt einmalig die Zustände – sind automatisch threadsicher, da es keine Schreibzugriffe gibt und bei Lesezugriffen nichts schiefgehen kann. Immutable Klassen wie `String` oder Wrapper-Klassen kommen daher ohne Synchronisierung aus.

Das Gleiche gilt für Methoden, die keine Objekteigenschaften verändern. Da jeder Thread seine threadeigenen Variablen besitzt – jeder Thread hat einen eigenen Stack –, können lokale Variablen, auch Parametervariablen, beliebig gelesen und geschrieben werden. Wenn zum Beispiel zwei Threads die folgende statische Utility-Methode aufrufen, ist das kein Problem:

```
public static String reverse( String s ) {
  return new StringBuilder( s ).reverse().toString();
}
```

Jeder Thread wird eine eigene Variablenbelegung für `s` haben und ein temporäres Objekt vom Typ `StringBuilder` referenzieren.

Threadsichere und nicht threadsichere Klassen der Java-Bibliothek

Es gibt in Java viele Klassen, die nicht threadsicher sind – das ist sogar der Standard. So sind etwa alle `Format`-Klassen, wie `MessageFormat`, `NumberFormat`, `DecimalFormat`, `ChoiceFormat`, `DateFormat` und `SimpleDateFormat` nicht für den nebenläufigen Zugriff gemacht. In der Regel steht das in der Javadoc, etwa bei `DateFormat`:

> *»Synchronization. Date formats are not synchronized. It is recommended to create separate format instances for each thread. If multiple threads access a format concurrently, it must be synchronized externally.«*

Wer also Objekte nebenläufig verwendet, der sollte immer in der Java-API-Dokumentation nachschlagen, ob es dort einen Hinweis gibt, ob die Objekte überhaupt threadsicher sind.

In einigen wenigen Fällen haben Entwickler die Wahl zwischen threadsicheren und nicht threadsicheren Klassen im JDK:

Nicht threadsicher	Threadsicher
`StringBuilder`	`StringBuffer`
`ArrayList`	`Vector`
`HashMap`	`Hashtable`

Tabelle 3.3 Threadsichere und nicht threadsichere Klassen

Obwohl es die Auswahl bei den Datenstrukturen im Prinzip gibt, werden `Vector` und `Hashtable` dennoch nicht verwendet.

3.4.3 Punkte nebenläufig initialisieren

Nehmen wir an, ein Thread T1 möchte ein `Point`-Objekt `p` mit den Werten (1,1) belegen und ein zweiter Thread T2 möchte eine Belegung mit den Werten (2,2) durchführen.

Thread T1	Thread T2
`p.x = 1;` `p.y = 1;`	`p.x = 2;` `p.y = 2;`

Tabelle 3.4 Zwei Threads belegen beide den Punkt p.

Beide Threads können natürlich bei einem 2-Kern-Prozessor parallel arbeiten, aber da sie auf gemeinsame Variablen zugreifen, ist der Zugriff auf `x` bzw. `y` von `p` trotzdem sequenziell. Um es nicht allzu kompliziert zu machen, vereinfachen wir unser Ausführungsmodell so, dass wir zwar zwei Threads laufen haben, aber nur jeweils einer ausgeführt wird. Dann ist es möglich, dass T1 mit der Arbeit beginnt und `x = 1` setzt. Da der Thread-Scheduler einen Thread jederzeit unterbrechen kann, kann nun T2 an die Reihe kommen, der `x = 2` und `y = 2` setzt. Wird dann T1 wieder Rechenzeit zugeteilt, darf T1 an der Stelle weitermachen, wo er aufgehört hat, und `y = 1` folgt. In einer Tabelle ist das Ergebnis noch besser zu sehen:

Thread T1	Thread T2	x/y
`p.x = 1;`		1/0
	`p.x = 2;`	2/0
	`p.y = 2;`	2/2
`p.y = 1;`		2/1

Tabelle 3.5 Mögliche sequenzielle Abarbeitung der Punktbelegung

Wir erkennen das nicht beabsichtigte Ergebnis (2,1), es könnte aber auch (1,2) sein, wenn wir das gleiche Szenario beginnend mit T2 durchführen. Je nach zuerst abgearbeitetem Thread wäre jedoch nur (1,1) oder (2,2) korrekt. Die Threads sollen ihre Arbeit aber atomar erledigen, denn die Zuweisung bildet einen kritischen Abschnitt, der geschützt werden muss. Standardmäßig sind die zwei Zuweisungen nichtatomare Operationen und können unterbrochen werden. Um dies an einem Beispiel zu zeigen, sollen zwei Threads ein `Point`-Objekt verändern. Die Threads belegen `x` und `y` immer gleich, und immer dann, wenn sich die Koordinaten unterscheiden, soll es eine Meldung geben:

Listing 3.18 com/tutego/insel/thread/concurrent/ParallelPointInit.java, main()

```
final Point p = new Point();

Runnable r = new Runnable() {
  @Override public void run() {
    int x = (int)(Math.random() * 1000), y = x;

    while ( true ) {
      p.x = x; p.y = y;              // *

      int xc = p.x, yc = p.y;        // *

      if ( xc != yc )
        System.out.println( "Aha: x=" + xc + ", y=" + yc );
    }
  }
};

new Thread( r ).start();
new Thread( r ).start();
```

Die interessanten Zeilen sind mit * markiert. `p.x = x; p.y = y;` belegt die Koordinaten neu, und `int xc = p.x, yc = p.y;` liest die Koordinaten erneut aus. Würden Belegung und Auslesen in einem Rutsch passieren, dürfte überhaupt keine unterschiedliche Belegung von `x` und `y` zu finden sein. Doch das Beispiel zeigt es anders:

```
Aha: x=58, y=116
Aha: x=116, y=58
Aha: x=58, y=116
Aha: x=58, y=116
...
```

Was wir mit den nebenläufigen Punktinitialisierungen vor uns haben, sind Effekte, die von den Ausführungszeiten der einzelnen Operationen abhängen. In Abhängigkeit von dem Ort der Unterbrechung wird ein fehlerhaftes Verhalten produziert. Dieses Szenario nennt sich im Englischen *race condition* bzw. *race hazard* (zu Deutsch auch *Wettlaufsituation*).

3.4.4 i++ sieht atomar aus, ist es aber nicht *

Das Beispiel von vorhin ist plastisch und einleuchtend, weil zwischen Anweisungen unterbrochen werden kann. Das Problem liegt aber noch tiefer. Schon einfache Anweisungen wie `i++` müssen geschützt werden. Um dies zu verstehen, wollen wir einen Blick auf folgende Zeilen werfen:

Listing 3.19 com/tutego/insel/thread/IPlusPlus.java, IPlusPlus

```
public class IPlusPlus {
  static int i;
  static void foo()  {
   i++;
  }
}
```

Die Objektmethode `foo()` erhöht die statische Variable `i`. Um zu erkennen, dass `i++` ein kritischer Abschnitt ist, sehen wir uns den dazu generierten Bytecode[4] für die Methode `foo()` an:

```
0 getstatic #19 <Field int i>
3 iconst_1
4 iadd
5 putstatic #19 <Field int i>
8 return
```

Die einfach aussehende Operation `i++` ist also etwas komplizierter. Zuerst wird `i` gelesen und auf dem Stack abgelegt. Danach wird die Konstante 1 auf den Stack gelegt, und anschließend addiert `iadd` beide Werte. Das Ergebnis steht wiederum auf dem Stack und wird von `putstatic` zurück in `i` geschrieben.

Wenn jetzt auf die Variable `i` von zwei Threads A und B gleichzeitig zugegriffen wird, kann folgende Situation eintreten:

- Thread A holt sich den Wert von `i` in den internen Speicher, wird dann aber unterbrochen. Er kann das um 1 erhöhte Resultat nicht wieder `i` zuweisen.
- Nach der Unterbrechung von A kommt Thread B an die Reihe. Auch er besorgt sich `i`, kann aber `i + 1` berechnen und das Ergebnis in `i` ablegen. Dann ist B beendet, und der Scheduler beachtet Thread A.
- Jetzt steht in `i` das von Thread B um 1 erhöhte `i`. Thread A addiert nun 1 zu dem gespeicherten alten Wert von `i` und schreibt dann nochmals denselben Wert wie Thread B zuvor. Insgesamt

4 Machbar ist das zum Beispiel mit dem jeder Java-Distribution beiliegenden Dienstprogramm *javap* und der Option `-c`.

wurde die Variable `i` nur um 1 erhöht, obwohl zweimal inkrementiert werden sollte. Jeder Thread hat für sich gesehen das korrekte Ergebnis berechnet.

Wenn wir unsere Methode `foo()` atomar ausführen, haben wir das Problem nicht mehr, weil das Lesen aus `i` und das Schreiben zusammen einen unteilbaren, kritischen Abschnitt bilden.

3.4.5 Kritische Abschnitte schützen

Beginnen wir mit einem anschaulichen Alltagsbeispiel. Gehen wir aufs Klo, schließen wir die Tür hinter uns. Möchte jemand anderes auf die Toilette, muss er warten. Vielleicht kommen noch mehrere dazu, die müssen dann auch warten, und eine Warteschlage bildet sich. Dass die Toilette besetzt ist, signalisiert die abgeschlossene Tür. Jeder Wartende muss so lange vor dem Klo ausharren, bis das Schloss geöffnet wird, selbst wenn der auf der Toilette Sitzende nach einer langen Nacht einnicken sollte.

Wie übertragen wir das auf Java? Wenn die Laufzeitumgebung nur einen Thread in einen Block lassen soll, ist ein *Monitor*[5] nötig. Ein Monitor wird mithilfe eines *Locks* (zu Deutsch *Schloss*) realisiert, den ein Thread öffnet oder schließt. Tritt ein Thread in den kritischen Abschnitt ein, muss Programmcode wie eine Tür abgeschlossen werden (engl. *lock*). Erst wenn der Abschnitt durchlaufen wurde, darf die Tür wieder aufgeschlossen werden (engl. *unlock*), und ein anderer Thread kann den Abschnitt betreten.

[+]

Hinweis

Ein anderes Wort für Lock ist *Mutex* (engl. *mutual exclusion*, also »gegenseitiger Ausschluss«). Der Begriff *Monitor* wird oft mit *Lock* (*Mutex*) gleichgesetzt, doch kann ein Monitor mit Warten/Benachrichtigen mehr als ein klassischer Lock. In der Definition der Sprache Java (JLS Kapitel 17) tauchen die Begriffe *Mutex* und *Lock* allerdings nicht auf; die Autoren sprechen nur von den Monitor-Aktionen *lock* und *unlock*. Die Java Virtual Machine definiert dafür die Opcodes `monitorenter` und `monitorexit`.

Java-Konstrukte zum Schutz der kritischen Abschnitte

Wenn wir auf unser Punkte-Problem zurückkommen, so stellen wir fest, dass zwei Zeilen auf eine Variable zugreifen:

```
p.x = x; p.y = y;
int xc = p.x, yc = p.y;
```

Diese beiden Zeilen bilden also einen kritischen Abschnitt, den jeweils nur ein Thread betreten darf. Wenn also einer der Threads mit `p.x = x` beginnt, muss er so lange den exklusiven Zugriff bekommen, bis er mit `yc = p.y` endet.

5 Der Begriff geht auf C. A. R. Hoare zurück, der in seinem Aufsatz »Communicating Sequential Processes« von 1978 erstmals dieses Konzept veröffentlichte.

Aber wie wird nun ein kritischer Abschnitt bekannt gegeben? Zum Markieren und Abschließen dieser Bereiche gibt es zwei Konzepte:

Konstrukt	Eingebautes Schlüsselwort	Java-Standardbibliothek
Schlüsselwort/Typen	`synchronized`	`java.util.concurrent.locks.Lock`

Nutzungsschema	`synchronized {`
	`  tue 1`
	`  tue 2`
	`}`
		`lock.lock(); {`
		`  tue 1`
		`  tue 2`
		`}`
		`lock.unlock();*`

*) Vereinfachte Darstellung, später mehr.		

Tabelle 3.6 Lock-Konzepte

Beim `synchronized` entsteht Bytecode, der der JVM sagt, dass ein kritischer Block beginnt und endet. So überwacht die JVM, ob ein zweiter Thread warten muss, wenn er in einen synchronisierten Block eintritt, der schon von einem Thread ausgeführt wird. Bei `Lock` ist das Ein- und Austreten explizit vom Entwickler programmiert, und vergisst er das, ist das ein Problem. Und während bei der `Lock`-Implementierung das Objekt, an dem synchronisiert wird, offen hervortritt, ist das bei `synchronized` nicht so offensichtlich. Hier gilt es, zu wissen, dass jedes Objekt in Java implizit mit einem Monitor verbunden ist. Auf diesen Unterschied kommen wir in Abschnitt 3.4.9, »Mit synchronized synchronisierte Blöcke«, noch einmal zurück. Da moderne Programme aber mittlerweile mit `Lock`-Objekten arbeiten, tritt die `synchronized`-Möglichkeit, die schon Java 1.0 zur Synchronisation bot, etwas in den Hintergrund.

Fassen wir zusammen: Nicht threadsichere Abschnitte müssen geschützt werden. Sie können entweder mit `synchronized` geschützt werden, bei dem der Eintritt und Austritt implizit geregelt ist, oder durch `Lock`-Objekte. Befindet sich dann ein Thread in einem geschützten Block und möchte ein zweiter Thread in den Abschnitt, muss er so lange warten, bis der erste Thread den Block wieder freigibt. So ist die Abarbeitung über mehrere Threads einfach synchronisiert, und das Konzept eines Monitors gewährleistet seriellen Zugriff auf kritische Ressourcen. Die kritischen Bereiche sind nicht per se mit einem Monitor verbunden, sondern werden eingerahmt, und dieser Rahmen ist mit einem Monitor (Lock) verbunden.

Mit dem Abschließen und Aufschließen werden wir uns noch intensiver in den folgenden Abschnitten beschäftigen.

3.4.6 Kritische Abschnitte mit ReentrantLock schützen

`Lock` ist eine Schnittstelle mit Methoden, mit der sich ein kritischer Block markieren lässt. Ein Abschnitt beginnt mit `lock()` und endet mit `unlock()`. Eine Implementierung der Schnittstelle ist `ReentrantLock`.

Listing 3.20 com/tutego/insel/thread/concurrent/ParallelPointInitSync.java, main()

```
final Lock lock = new ReentrantLock();
final Point p = new Point();

Runnable r = new Runnable() {
  @Override public void run() {
    int x = (int)(Math.random() * 1000), y = x;

    while ( true ) {
      lock.lock();

      p.x = x; p.y = y;             // *
      int xc = p.x, yc = p.y;       // *

      lock.unlock();

      if ( xc != yc )
        System.out.println( "Aha: x=" + xc + ", y=" + yc );
    }
  }
};

new Thread( r ).start();
new Thread( r ).start();
```

Mit dieser Implementierung wird keine Ausgabe auf dem Bildschirm folgen.

Die Schnittstelle java.util.concurrent.locks.Lock

`Lock` ist eine Schnittstelle, von der `ReentrantLock` die wichtigste Implementierung ist. Mit ihr lässt sich der Block betreten und verlassen.

```
interface java.util.concurrent.locks.Lock
```

- `void lock()`
  Wartet so lange, bis der ausführende Thread den kritischen Abschnitt betreten kann, und markiert ihn dann als betreten. Hat schon ein anderer Thread an diesem `Lock`-Objekt ein `lock()` aufgerufen, so muss der aktuelle Thread warten, bis der Lock wieder frei ist. Hat der aktuelle Thread schon den Lock, kann er bei der Implementierung `ReentrantLock` wiederum `lock()` aufrufen und sperrt sich nicht selbst.
- `boolean tryLock()`
  Wenn der kritische Abschnitt sofort betreten werden kann, ist die Funktionalität wie bei `lock()`, und die Rückgabe ist `true`. Ist der Lock gesetzt, so wartet die Methode nicht wie `lock()`, sondern kehrt mit einem `false` zurück.

- `boolean tryLock(long time, TimeUnit unit) throws InterruptedException`
  Versucht in der angegebenen Zeitspanne den Lock zu bekommen. Das Warten kann mit `interrupt()` auf dem Thread unterbrochen werden, was `tryLock()` mit einer Exception beendet.
- `void unlock()`
  Verlässt den kritischen Block.
- `void lockInterruptibly() throws InterruptedException`
  Wartet wie `lock()`, um den kritischen Abschnitt betreten zu dürfen, kann aber mit einem `interrupt()` von außen abgebrochen werden (der `lock()`-Methode ist ein Interrupt egal). Implementierende Klassen müssen diese Vorgabe nicht zwingend umsetzen, sondern können die Methode auch mit einem einfachen `lock()` realisieren. `ReentrantLock` implementiert `lockInterruptibly()` erwartungsgemäß.

[»]

Beispiel

Wenn wir sofort in den kritischen Abschnitt gehen können, tun wir das; sonst tun wir etwas anderes:

```
Lock lock = …;
if ( lock.tryLock() ) {
  try {
    …
  }
  finally { lock.unlock(); }
}
else
  …
```

Klasse ReentrantLock

Die Implementierung `ReentrantLock` kann noch ein bisschen mehr als `lock()` und `unlock()`:

```
class java.util.concurrent.locks.ReentrantLock
implements Lock, Serializable
```

- `ReentrantLock()`
  Erzeugt ein neues Lock-Objekt, das nicht dem am längsten Wartenden den ersten Zugriff gibt.
- `ReentrantLock(boolean fair)`
  Erzeugt ein neues Lock-Objekt mit fairem Zugriff, gibt also dem am längsten Wartenden den ersten Zugriff.
- `boolean isLocked()`
  Fragt an, ob der Lock gerade genutzt wird und im Moment kein Betreten möglich ist.
- `final int getQueueLength()`
  Ermittelt, wie viele auf das Betreten des Blocks warten.

- `int getHoldCount()`
  Gibt die Anzahl der erfolgreichen `lock()`-Aufrufe ohne passendes `unlock()` zurück. Sollte nach Beenden des Vorgangs 0 sein.

Beispiel

Das Warten auf den Lock kann unterbrochen werden:

```
Lock l = new ReentrantLock();
try {
  l.lockInterruptibly();
  try {
    …
  }
  finally { l.unlock(); }
}
catch ( InterruptedException e ) { … }
```

Wenn wir den Lock nicht bekommen haben, dürfen wir ihn auch nicht freigeben!

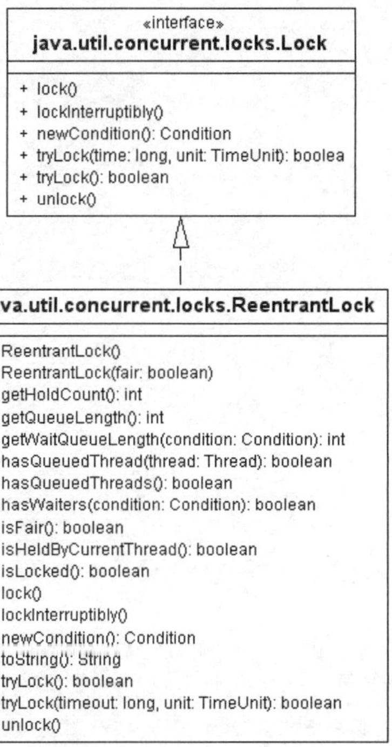

Abbildung 3.7 Die Klasse ReentrantLock implementiert die Schnittstelle Lock.

Schnittstelle ReentrantReadWriteLock

Die Klasse `ReentrantLock` blockt bei jedem `lock()` und lässt keinen Interessenten in den kritischen Abschnitt. Viele Szenarien sind jedoch nicht so streng, und so kommt es zu Situationen, in denen lesender Zugriff durchaus von mehreren Parteien möglich ist, schreibender Zugriff aber blockiert wird.

Für diese Lock-Situation gibt es die Schnittstelle `ReadWriteLock`, die nicht von `Lock` abgeleitet ist, sondern mit `readLock()` und `writeLock()` die Lock-Objekte liefert. Die bisher einzige Implementierung der Schnittstelle ist `java.util.concurrent.locks.ReentrantReadWriteLock`. Ein Programmausschnitt könnte so aussehen:

```
ReentrantReadWriteLock lock = new ReentrantReadWriteLock();
try {
  lock.readLock().lock();
  ...
}
finally {
  lock.readLock().unlock();
}
```

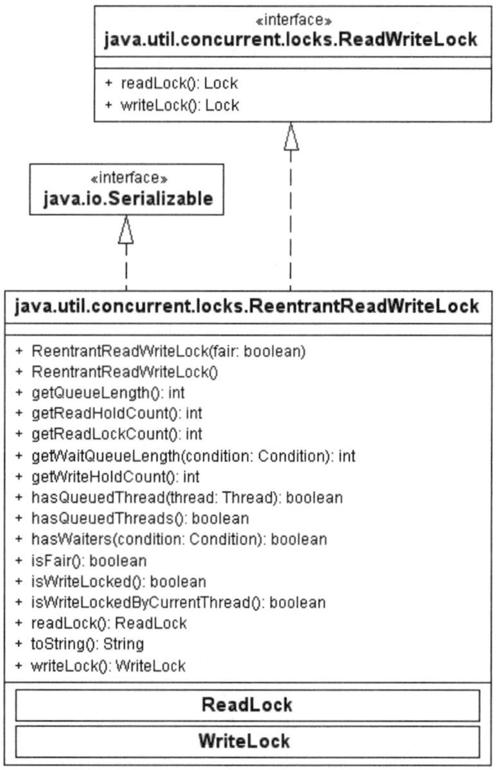

Abbildung 3.8 Die Klasse ReentrantReadWriteLock implementiert ReadWriteLock.

Das Schreiben sperren, das Lesen durchlassen *

In Java sind drei Typen von Datenstrukturen essenziell: Listen (dynamische Felder), Mengen (Elemente gibt es nur einmal) und Assoziativspeicher (ein Objekt ist mit einem anderen Objekt verbunden). Die Operationen der Datenstrukturen beschreiben Schnittstellen, und konkrete Klassen realisieren sie. Dabei sind drei Implementierungen hervorzuheben: `ArrayList` (Implementierung für Listen), `TreeSet` (sortierte Menge) und `HashSet` (Assoziativspeicher). Eine Besonderheit der meisten `java.util`-Klassen ist, dass sie nicht gegen nebenläufige Zugriffe gesichert sind, also Datenmüll enthalten können, wenn mehrere Threads gleichzeitig Operationen durchführen.

Java bietet zwar auch threadsichere Datenstrukturen, doch wollen wir mit `ReentrantReadWriteLock` zwei Datenstrukturen nachträglich synchronisieren, sodass nebenläufige Lesezugriffe erlaubt und Schreibzugriffe nur atomar sind.

Nehmen wir an, eine Liste soll Strings speichern. Dann müssen wir das `get(…)` über den Lese-`Lock` anmelden und das `set(…)` über den Schreib-`Lock` sperren. Das Ganze sieht so aus:

Listing 3.21 com/tutego/insel/thread/concurrent/ConcurrentReadWriteStringList.java, ConcurrentReadWriteStringList

```
private final List<String> list = new ArrayList<>();
private final ReentrantReadWriteLock lock = new ReentrantReadWriteLock();
private final Lock readLock  = lock.readLock();
private final Lock writeLock = lock.writeLock();

public String get( int index ) {
  readLock.lock();
  try {
    return list.get( index );
  }
  finally {
    readLock.unlock();
  }
}

public void add( int index, String element ) {
  writeLock.lock();
  try {
    list.add( index, element );
  }
  finally {
    writeLock.unlock();
  }
}
```

Der `readLock` und der `writeLock` kommen zwingend vom gleichen `ReentrantReadWriteLock` und koordinieren sich dadurch.

Die Absicherung, dass beliebig viele Leser, aber nur ein Schreiber erlaubt sind, sieht in der Programmierung immer gleich aus. Daher noch ein zweites Beispiel: HashMap ist eine Java-Klasse, die über put(...) eine Assoziation herstellt und über get(...) erfragt. Im Unterschied zum vorangegangenen Beispiel ist die von uns angebotene Datenstruktur selbst generisch deklariert:

Listing 3.22 com/tutego/insel/thread/concurrent/ConcurrentReadWriteMap.java

```
package com.tutego.insel.thread.concurrent;

import java.util.*;
import java.util.concurrent.locks.*;

public class ConcurrentReadWriteMap<K,V> {

  private final HashMap<K, V> map       = new HashMap<>();
  private final ReadWriteLock lock      = new ReentrantReadWriteLock();
  private final Lock          readLock  = lock.readLock(),
                              writeLock = lock.writeLock();

  public V get( K key ) {
    readLock.lock();
    try {
      return map.get( key );
    }
    finally {
      readLock.unlock();
    }
  }

  public V put( K key, V value ) {
    writeLock.lock();
    try {
      return map.put( key, value );
    }
    finally {
      writeLock.unlock();
    }
  }

  public void clear() {
    writeLock.lock();
    try {
      map.clear();
    }
```

```
    finally {
      writeLock.unlock();
    }
  }
}
```

Wenn Lese- und Schreiboperationen nach dem optimistischen Locking durchgeführt werden sollen, kann die Klasse `StampedLock` weiterhelfen. Sie ist neu in Java 8.

[+]

Hinweis

Die Java-Bibliothek verfügt im Paket `java.util.concurrent` über einige Datenstrukturen, die speziell für den nebenläufigen Zugriff geschrieben wurden. `ConcurrentHashMap` ist eine sehr performante Klasse für sichere nebenläufige Lese-/Schreibzugriffe. Mehr Informationen dazu gibt es in Abschnitt 4.11, »Stream-API«.

3.4.7 Synchronisieren mit synchronized

Schon seit Java 1.0 können kritische Abschnitte mit `synchronized` geschützt werden. Im einfachsten Fall markiert der Modifizierer `synchronized` die gesamte Methode. Ein betretender Thread setzt bei Objektmethoden den Monitor des `this`-Objekts und bei statischen Methoden den Lock des dazugehörigen `Class`-Objekts.

Betritt ein Thread A eine synchronisierte Methode eines Objekts O und versucht anschließend Thread B eine synchronisierte Methode des gleichen Objekts O aufzurufen, muss der nachfolgende Thread B so lange warten, bis A wieder aus dem synchronisierten Teil austritt. Das geschieht, wenn der erste Thread A die Methode verlässt, denn mit dem Verlassen einer Methode – oder auch einer Ausnahme – gibt die JVM automatisch den Lock frei. Die Dauer eines Locks hängt folglich mit der Dauer des Methodenaufrufs zusammen, was zur Konsequenz hat, dass längere kritische Abschnitte eine mögliche parallele Abarbeitung einschränken und zu längeren Wartezeiten führen. Eine Endlosschleife in der synchronisierten Methode gäbe den Lock niemals frei.

Das aus *IPlusPlus.java* bekannte Problem mit dem `i++` lässt sich mit `synchronized` einfach lösen:

```
synchronized void foo() { i++; }
```

Bei einem Konflikt (mehrere Threads rufen `foo()` auf) verhindert `synchronized`, dass sich mehr als ein Thread gleichzeitig im kritischen Abschnitt, dem Rumpf der Methode `foo()`, befinden kann. Dies bezieht sich nur auf mehrere Aufrufe von `foo()` für dasselbe Objekt. Zwei verschiedene Threads können durchaus nebenläufig die Methode `foo()` für unterschiedliche Objekte ausführen.

[+]

Hinweis

Wird eine synchronized-Methode überschrieben, aber die Unterklasse setzt nicht selbst den Modifizierer bei der Methodendeklaration, so wird die Ausführung der Unterklassenmethode nicht synchronisiert. Daher sollte eine überschriebene synchronized-Methode auch immer ein synchronized bekommen, es sei denn natürlich, sie sollte ausdrücklich nichtsynchronisiert sein.

Neben diesem speziellen Problem für atomares Verändern von Variablen lassen sich auch Klassen aus dem Paket java.util.concurrent.atomic verwenden – sie werden in Abschnitt 3.7.2, »Das Paket java.util.concurrent.atomic«, vorgestellt.

eclipse

Bei einem orthografisch anspruchsvollen Wort wie synchronized ist es praktisch, dass Eclipse auch Schlüsselwörter vervollständigt. Hier reicht ein Tippen von sync und [Strg] + Leertaste für einen Dialog.

Hat der aktuelle Thread den Lock? *

Die statische Methode Thread.holdsLock(...) zeigt an, ob der aktuelle Thread den Lock hält:

Listing 3.23 com/tutego/insel/thread/HoldsLockDemo.java, main()

```
final Object obj = new Object();
System.out.println( Thread.holdsLock(obj) );      // false
synchronized ( obj ) {
  System.out.println( Thread.holdsLock(obj) );    // true
}
```

Und Thread.holdsLock(this) wird etwa in einer Objektmethode feststellen können, ob der Lock durch eine synchronisierte Methode oder einen synchronized(this)-Block gelockt ist.

3.4.8 Synchronized-Methoden der Klasse StringBuffer *

Wir wollen uns anhand einiger Beispiele noch ansehen, an welchen Objekten der Monitor bzw. Lock gespeichert wird. Zunächst betrachten wir die Methode charAt(...) der Klasse StringBuffer und versuchen zu verstehen, warum die Methode synchronized ist.

```
public synchronized char charAt( int index ) {
  if ( (index < 0) || (index >= count) )
    throw new StringIndexOutOfBoundsException( index );

  return value[index];
}
```

Neben charAt(...) sind noch eine ganze Reihe anderer Methoden synchronisiert, etwa getChars(...), setCharAt(...) und append(...). Bei einer synchronized-Methode wird also der Lock bei einem konkreten StringBuffer-Objekt gespeichert. Wäre die Methode charAt(...) nicht atomar, dann könnte es passieren, dass durch Multithreading zwei Threads das gleiche `StringBuffer`-Objekt bearbeiten. Probleme können sich zum Beispiel dann ergeben, wenn ein Thread gerade den String verkleinert und gleichzeitig `charAt(...)` aufgerufen wird. Auch wenn zuerst `charAt(...)` einen gültigen Index feststellt, dann aber der `StringBuffer` verkleinert wird, gibt es ein Problem. Dann wäre nämlich der Index ungültig und `value[index]` fehlerhaft. Da aber `charAt(...)` synchronisiert ist, kann kein anderer Thread dasselbe `StringBuffer`-Objekt über synchronisierte Methoden modifizieren.

[«]

Beispiel

Das `StringBuffer`-Objekt `sb1` wird von zwei Threads T1 und T2 bearbeitet, indem synchronisierte Methoden genutzt werden. Bearbeitet Thread T1 den `StringBuffer sb1` mit einer synchronisierten Methode, dann kann T2 erst dann eine synchronisierte Methode für `sb1` aufrufen, wenn T1 die Methode abgearbeitet hat. Denn T1 setzt bei `sb1` die Sperre, die T2 warten lässt. Gleichzeitig kann aber T2 synchronisierte Methoden für ein anderes `StringBuffer`-Objekt `sb2` aufrufen, da `sb2` einen eigenen Monitor besitzt. Das macht noch einmal deutlich, dass die Locks zu einem Objekt gehören und nicht zur synchronisierten Methode.

3.4.9 Mit synchronized synchronisierte Blöcke

Wenn wir mit `Lock`-Objekten arbeiten, können wir den Block so fein wählen, wie es erforderlich ist. Mit `synchronized` haben wir bisher nur eine gesamte Methode sperren können, was in manchen Fällen etwas viel ist. Dann kann eine allgemeinere Variante in Java eingesetzt werden, die nur einen Block synchronisiert. Dazu schreiben wir in Java Folgendes:

```
synchronized ( objektMitDemMonitor ) {
  ...
}
```

Der Block wird in die geforderten geschweiften Klammern gesetzt, und hinter dem Schlüsselwort in Klammern muss ein Objekt stehen, das den zu verwendenden Monitor besitzt. Die Konsequenz ist die Möglichkeit, über einen beliebigen Monitor zu synchronisieren und nicht unbedingt über den Monitor des Objekts, für das die synchronisierte Methode aufgerufen wurde, wie es bei synchronisierten Objektmethoden üblich ist.

[+]

Hinweis

Eine synchronisierte Objektmethode ist nichts anderes als eine Variante von:

```
synchronized( this )
{
  // Code der Methode.
}
```

Statisch synchronisierte Blöcke

Nicht nur Objektmethoden, sondern auch Klassenmethoden können `synchronized` sein. Doch die Nachbildung in einem Block sieht etwas anders aus, da es keine `this`-Referenz gibt. Hier kann ein `Object`-Exemplar für einen Lock herhalten, der extra für die Klasse angelegt wird. Dies ist eines der seltenen Beispiele, in denen ein Exemplar der Klasse `Object` Sinn ergibt:

Listing 3.24 com/tutego/insel/thread/StaticSync.java

```
package com.tutego.insel.thread;

class StaticSync {
  private static final Object o = new Object();
  static void staticFoo() {
    synchronized( o ) {
      // ...
    }
  }
}
```

Alternativ könnten wir auch das zugehörige `Class`-Objekt einsetzen. Wir müssen das entsprechende Klassenobjekt dann nur mittels `StaticSync.class` erfragen. Würden wir gleich mit `Lock`-Objekten arbeiten, stellte sich die Frage erst gar nicht.

[+]

Hinweis

Bei `Lock`-Objekten oder `synchronized`-Blöcken kann der zwingend synchronisierbare Teil in einem kleinen Abschnitt bleiben. Die JVM kann die anderen Teile nebenläufig abarbeiten, und andere Threads dürfen die anderen Teile betreten. Als Resultat ergibt sich eine verbesserte Geschwindigkeit.

3.4.10 Dann machen wir doch gleich alles synchronisiert!

In nebenläufigen Programmen kann es schnell zu unerwünschten Nebeneffekten kommen. Das ist auch der Grund, warum threadlastige Programme schwer zu debuggen sind. Warum sollten wir also nicht alle Methoden synchronisieren? Wäre dann nicht das Problem aus der Welt geschafft? Prinzipiell würde das einige Probleme lösen, doch hätten wir uns damit andere Nachteile eingefangen:

- Methoden, die synchronisiert sind, müssen von der JVM besonders bedacht werden, damit keine zwei Threads die Methode für das gleiche Objekt ausführen. Wenn also ein zweiter Thread in die Methode eintreten möchte, kann er das nicht einfach machen, sondern muss vielleicht erst neben vielen anderen Threads warten. Es muss also eine Datenstruktur geben, in der wartende Threads eingetragen und ausgewählt werden. Das kostet zusätzlich Zeit und ist im Vergleich zu einem normalen Methodenaufruf teurer.

- Zusätzlich kommt ein Problem hinzu, wenn eine nicht notwendigerweise, also überflüssigerweise, synchronisierte Methode eine Endlosschleife oder lange Operationen durchführt. Dann warten alle anderen Threads auf die Freigabe, und das kann im Fall der Endlosschleife ewig sein. Auch bei Multiprozessorsystemen profitieren wir nicht von dieser Programmiertechnik. Unnötig und falsch synchronisierte Blöcke machen die Vorteile von Mehrprozessormaschinen zunichte.
- Wenn alle Methoden synchronisiert sind, steigt auch die Gefahr eines Deadlocks. In den folgenden Abschnitten erfahren wir etwas mehr über den Fall, dass zwei Threads wechselseitig auf Ressourcen eines jeweils anderen Threads zugreifen wollen und sich dabei im Weg stehen.

Ist der gesamte Zugriff auf ein Objekt synchronisiert und kann kein zweiter Thread irgendwelche Eigenschaften nebenläufig zu einem anderen Thread nutzen, nennt sich das Objekt *voll synchronisiert* im Gegensatz zu *teilsynchronisiert*. Sind einige Methoden der Klasse nicht synchronisiert, kann ein zweiter Thread nebenläufig zu den synchronisierten Blöcken an die Eigenschaften gehen.

3.4.11 Lock-Freigabe im Fall von Exceptions

Kommt es innerhalb eines `synchronized`-Blocks bzw. innerhalb einer synchronisierten Methode zu einer nicht überprüften `RuntimeException`, wird die JVM den Lock automatisch freigeben. Der Grund: Die Laufzeitumgebung gibt den Lock automatisch frei, wenn der Thread den synchronisierten Block verlässt, was bei einer Exception der Fall ist.

Werden die mit dem Schlüsselwort `synchronized` geschützten Blöcke durch `Lock`-Objekte umgesetzt, ist darauf zu achten, die Locks auch im Exception-Fall wieder freizugeben. Ein `finally` mit `unlock()` kommt da gerade recht, denn `finally` wird ja immer ausgeführt, egal, ob es einen Fehler gab oder nicht:

Listing 3.25 com/tutego/insel/thread/concurrent/UnlockInFinally.java, main()

```
ReentrantLock lock = new ReentrantLock();

try {
  lock.lock();

  try {
    System.out.println( lock.getHoldCount() ); // 1
    System.out.println( 12 / 0 );
  }
  finally {
    lock.unlock();
  }
}
```

```
catch ( Exception e ) {
  System.out.println( e.getMessage() );     // / by zero
}
System.out.println( lock.getHoldCount() ); // 0
```

Nach dem lock() liefert getHoldCount() 1, da ein Thread den Block betreten hat. Die Division durch null provoziert eine RuntimeException, und finally gibt den Lock frei. Die Ausnahme wird abgefangen, und getHoldCount() liefert wieder 0, da finally das unlock() ausgeführt hat. Würden wir die Zeile mit unlock() auskommentieren, so würde getHoldCount() weiterhin 1 liefern, was ein Fehler ist.

3.4.12 Deadlocks

Ein *Deadlock* (zu Deutsch etwa *tödliche Umarmung*) kommt beispielsweise dann vor, wenn ein Thread A eine Ressource belegt, die ein anderer Thread B haben möchte, und Thread B eine Ressource belegt, die A gerne nutzen würde. In dieser Situation können beide nicht vor und zurück und befinden sich in einem dauernden Wartezustand. Deadlocks können in Java-Programmen nicht erkannt und verhindert werden. Uns fällt also die Aufgabe zu, diesen ungünstigen Zustand gar nicht erst herbeizuführen.

Das nächste Beispiel soll über eine Verklemmung einen Deadlock provozieren. Zwei Threads wetteifern um die Lock-Objekte lock1 und lock2. Dabei kommt es zu einem Deadlock, da der eine genau den einen Lock besetzt, den der jeweils andere zum Weiterarbeiten benötigt:

Listing 3.26 com/tutego/insel/thread/Deadlock.java

```
package com.tutego.insel.thread;

import java.util.concurrent.TimeUnit;
```

```
import java.util.concurrent.locks.*;

class Deadlock {
  static Lock lock1 = new ReentrantLock(),
              lock2 = new ReentrantLock();

  static class T1 extends Thread {
    @Override public void run() {
      lock1.lock();
      System.out.println( "T1: Lock auf lock1 bekommen" );

      try { TimeUnit.SECONDS.sleep( 1 ); } catch ( InterruptedException e ) { }

      lock2.lock();
      System.out.println( "T1: Lock auf lock2 bekommen" );

      lock2.unlock();
      lock1.unlock();
    }
  }

  static class T2 extends Thread {
    @Override public void run()
    {
      lock2.lock();
      System.out.println( "T2: Lock auf lock2 bekommen" );

      lock1.lock();
      System.out.println( "T2: Lock auf lock1 bekommen" );

      lock1.unlock();
      lock2.unlock();
    }
  }

  public static void main( String[] args ) {
    new T1().start();
    new T2().start();
  }
}
```

In der Ausgabe sehen wir nur zwei Zeilen, und schon hängt das gesamte Programm:

```
T1: Lock auf lock1 bekommen
T2: Lock auf lock2 bekommen
```

Eine Lösung des Problems wäre, bei geschachteltem Synchronisieren auf mehrere Objekte diese immer in der gleichen Reihenfolge zu belegen, also etwa immer erst `lock1`, dann `lock2`. Bei unbekannten, dynamisch wechselnden Objekten muss dann unter Umständen eine willkürliche Ordnung festgelegt werden.

[+]

Hinweis

Die JVM von Oracle verfügt über eine eingebaute Deadlock-Erkennung, die auf der Konsole aktiviert werden kann. Dazu ist unter Windows die Tastenkombination [Strg] + [Pause] zu drücken und unter Linux oder Solaris [Strg] + [\].

3.4.13 Mit synchronized nachträglich synchronisieren *

Einige Java-Methoden in der Standardbibliothek sind synchronisiert, bei anderen haben die Entwickler auf eine Synchronisierung verzichtet. Nichtsynchronisierte Methoden bilden eindeutig die Mehrheit. Wenn keine ausdrücklichen Gründe für die Synchronisierung vorliegen und im Allgemeinen nur maximal ein Thread die Methode gleichzeitig aufruft, muss der Entwickler eine Absicherung nicht standardmäßig in Erwägung ziehen. Synchronisierung führt zu Geschwindigkeitsverlusten, und warum sollten wir – wenn keine Nebenläufigkeit gefragt ist – für etwas bezahlen, was keiner bestellt hat?

Im ersten Beispiel haben wir die Initialisierung eines `Point`-Objekts betrachtet. Dass der direkte Zugriff auf zwei Variablen nicht atomar sein kann, ist klar. Doch auch der Methodenaufruf über die nichtsynchronisierte Methode `setLocation(…)` bringt uns nicht weiter, weil ein Thread in dieser Methode unterbrochen werden könnte.

Wollen wir nachträglich sichergehen, dass `setLocation(…)` atomar ist, können wir über zwei Dinge nachdenken:

1. Wir verwenden ein `Lock`-Objekt, das allen Threads zugänglich ist. Das Objekt nutzen sie zur Synchronisation.
2. Wir besorgen uns einen Monitor auf das `Point`-Objekt und synchronisieren über diesen.

Die erste Variante haben wir schon gesehen, sodass wir uns ein Beispiel für die zweite Variante anschauen:

```
Point p = new Point();
synchronized( p ) {
  p.setLocation( 1, 2 );
}
```

Auf diese Weise kann jeder Aufruf einer nichtsynchronisierten Methode nachträglich synchronisiert werden. Jedoch muss dann jeder Zugriff wiederum mit einem `synchronized`-Block geschützt sein, sonst besteht keine Sicherheit, weil `setLocation(…)` selbst auf keinen Monitor achtet. Ruft demnach ein anderer Thread `setLocation(...)` außerhalb des `synchronized`-Blocks auf, ist die atomare Bearbeitung nichtig.

Wrapper

Einen anderen Weg gehen komplette Wrapper, die sich durch Delegation oder Vererbung implementieren lassen. Für unseren Punkt können wir zum Beispiel eine Unterklasse `SynchronizedPoint` implementieren, die alle kritischen Methoden überschreibt, die Signatur mit `synchronized` erweitert und im Rumpf ein `super.methode()` durchführt. Wrapper gibt es für Datenstrukturen aus der Collection-API mit statischen Methoden der Art `synchronizedDatenstruktur(Datenstruktur)` – etwa für Listen:

```
List list = Collections.synchronizedList( myList );
```

3.4.14 Monitore sind reentrant – gut für die Geschwindigkeit *

Betritt das Programm eine synchronisierte Methode, bekommt es den Monitor des aufrufenden Objekts. Wenn diese Methode eine andere aufruft, die am gleichen Objekt synchronisiert ist, kann sie sofort eintreten und muss nicht warten. Diese Eigenschaft heißt *reentrant*. Ohne diese Möglichkeit würde Rekursion nicht funktionieren!

Wenn das Programm den synchronisierten Block betritt, reserviert er den Monitor und kann alle synchronisierten Methoden ohne weitere Überprüfungen ausführen. Im Allgemeinen reduziert diese Technik aber auch die Nebenläufigkeit, da der kritische Abschnitt künstlich vergrößert wird. Die Technik kann geschwindigkeitssteigernd sein, wenn viele synchronisierte Methoden hintereinander aufgerufen werden.

[«]

Beispiel

In `StringBuffer` sind viele Methoden synchronisiert. Dies bedeutet, dass bei jedem Aufruf einer Methode der Monitor reserviert werden muss. Das kostet natürlich eine Kleinigkeit, und als Lösung bietet es sich an, die Aufrufe in einem eigenen synchronisierten Block zu bündeln:

```
StringBuffer sb = new StringBuffer();
synchronized( sb ) {
  sb.append( "Transpirations-" );
  sb.append( "Illustration" );
  sb.append( "\t" );
  sb.append( "Röstreizstoffe" );
}
```

Wir können uns vorstellen, dass bei der Klasse ein kleiner Zähler ist, der bei jedem Betreten inkrementiert und beim Verlassen dekrementiert wird. Ist der Zähler null, befindet sich kein Thread im Block. Ist er größer null, haben wir einen reentranten Zugriff.

Die Klasse ReentrantLock verwaltet den Zähler – er geht bis 2^{31} – selbst, und einige Methoden geben Zugriff auf die Informationen, die meistens zum Testen nützlich sind. Mit isLocked() finden wir heraus, ob der Lock frei ist oder nicht. isHeldByCurrentThread() liefert true, wenn der ausführende Thread den Lock verwendet. getHoldCount() liefert die Anzahl der Anfragen, die der aktuelle Thread an den Lock gestellt hat. Ist die Rückgabe null, so schließt der aktuelle Thread nicht ab, doch könnte dies wohl ein anderer Thread erledigen. getQueueLength() gibt eine (durch *Race Conditions* mögliche) Schätzung über die Anzahl der wartenden Threads ab, die lock() aufgerufen haben.

3.4.15 Synchronisierte Methodenaufrufe zusammenfassen *

Synchronisierte Methoden stellen sicher, dass bei mehreren nebenläufig ausführenden Threads die Operationen atomar ausgeführt werden. Das gilt jedoch ausschließlich für jede synchronisierte Methode, aber nicht für eine Sequenz von synchronisierten Methoden. Wir wissen zum Beispiel, dass StringBuffer alle Methoden synchronisiert und daher der StringBuffer bei nebenläufigen Zugriffen keine inkonsistenten Zustände erzeugt. Was geschieht, wenn zwei Threads auf den folgenden Block zugreifen, wobei sb eine Variable ist, die auf einen gemeinsamen StringBuffer zeigt?

```
for ( char c = 'a'; c <= 'z'; c++ )
  sb.append( c );
```

Greifen zwei Threads – nennen wir sie *T1* und **T2** – auf sb zu, erzeugen möglicherweise beide zusammen die folgende Zeichenkette: *abc***abcdefg***d***hi***hij*... Das Ergebnis ist logisch, denn synchronized bedeutet nur, dass zwei Threads eine einzelne Operation atomar ausführen, aber kein Bündel.

Diese Aufgabe löst ein synchronisierter Block ausgezeichnet:

```
synchronized ( sb ) {
  for ( char c = 'a'; c <= 'z'; c++ )
    sb.append( c );
}
```

Betritt der erste Thread den synchronisierten Block, schließt er ab, sodass andere Threads warten müssen. Der betretende Thread selbst kann aber, weil er den Monitor des StringBuffer schon besitzt, reentrant die anderen synchronisierten Methoden aufrufen.

Das Beispiel zeigt, wie gut sich ein synchronized-Block nutzen lässt, wenn an anderen Objekten synchronisiert wird. Mit einem Lock-Objekt könnten wir hier nicht arbeiten, weil es zwar die einzelnen append(...)-Aufrufe zusammenfasst, aber von außen eine Unterbrechung nicht verhindern kann. Wenn sich ein zweiter Thread in die Aufrufkette mogelt, kann er jedes Mal, wenn ein append(...) verlassen und dabei der Monitor frei wird, ein neues append(...) aufrufen und so außerhalb des lock()/unlock()-Blocks eintreten.

3.5 Synchronisation über Warten und Benachrichtigen

Die Synchronisation von Methoden oder Blöcken ist eine einfache Möglichkeit, konkurrierende Zugriffe von der virtuellen Maschine auflösen zu lassen. Obwohl die Umsetzung mit den Locks die Programmierung einfach macht, reicht dies für viele Aufgabenstellungen nicht aus. Wir können zwar Daten in einer synchronisierten Abfolge austauschen, doch gerne möchte ein Thread das Ankommen von Informationen signalisieren, und andere Threads wollen informiert werden, wenn Daten bereitstehen und abgeholt werden können.

Bei der Realisierung der Benachrichtigungen gibt es eine Reihe von Möglichkeiten. Im Folgenden nennen wir die einfachsten:

- Jedes Objekt besitzt über die Klasse `java.lang.Object` die Methoden `wait(…)` und `notify()`. Ein Thread, der über den Monitor verfügt, kann die Methoden aufrufen und sich so in einen Wartezustand versetzen oder einen anderen Thread aufwecken. Diese Möglichkeit gibt es seit Java 1.0 (es ist schon ein wenig seltsam, dass Java für die Synchronisation ein eingebautes Schlüsselwort hat, aber die Benachrichtigung über Methoden realisiert).
- Von einem `ReentrantLock` – der den Monitor repräsentiert – liefert `newCondition()` ein `Condition`-Objekt, das über `await(…)` wartet und sich mit `signalXXX()`benachrichtigen lässt.

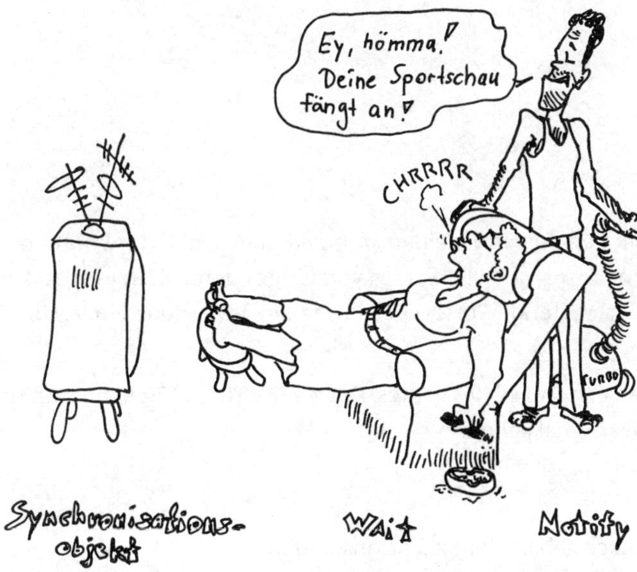

Szenarien mit Warten und Benachrichtigen sind oft Produzenten-Konsumenten-Beispiele. Ein Thread liefert Daten, die ein anderer Thread verwenden möchte. Da dieser in keiner kostspieligen Schleife auf die Information warten soll, synchronisieren sich die Partner über ein beiden bekanntes Objekt. Erst wenn der Produzent sein Okay gegeben hat, ergibt es für den Datennutzer Sinn, weiterzuarbeiten; jetzt hat er seine benötigten Daten. So wird keine unnötige Zeit in Warteschleifen vergeudet, und der Prozessor kann die übrige Zeit anderen Threads zuteilen.

3.5.1 Die Schnittstelle Condition

Mit einem Lock-Objekt wie ReentrantLock können zwecks Benachrichtigung Condition-Objekte abgeleitet werden. Dazu dient die Methode newCondition():

```
interface java.util.concurrent.locks.Lock
```

- Condition newCondition()
  Liefert ein Condition-Objekt, das mit dem Lock verbunden ist. Mit einem Lock-Objekt können beliebig viele Condition-Objekte gebildet werden.

Warten mit await(...) und Aufwecken mit signalXXX()

Damit das Warten und Benachrichtigen funktioniert, kommunizieren die Parteien über ein gemeinsames Condition-Objekt, das vom Lock erfragt wird:

```
Condition condition = lock.newCondition();
```

In einem fiktiven Szenario soll ein Thread T1 auf ein Signal warten und ein Thread T2 dieses Signal geben. Da nun beide Threads Zugriff auf das gemeinsame Condition-Objekt haben, kann T1 sich mit folgender Anweisung in den Schlaf begeben:

```
try {
  condition.await();
} catch ( InterruptedException e ) {
  ...
}
```

Mit dem await() geht der Thread in den Zustand *nicht ausführend* über. Der Grund für den try-Block ist, dass ein await() durch eine InterruptedException vorzeitig abgebrochen werden kann. Das passiert zum Beispiel, wenn der wartende Thread per interrupt()-Methode einen Hinweis zum Abbruch bekommt.

Die Methode await() bestimmt den ersten Teil des Paares. Der zweite Thread T2 kann nun nach dem Eintreffen einer Bedingung das Signal geben:

```
condition.signal();
```

Um das signal() muss es keinen Block geben, der Exceptions auffängt.

[+]

Hinweis

Wenn ein Thread ein signal() auslöst und es keinen wartenden Thread gibt, dann verhallt das signal() ungehört. Der Hinweis wird nicht gespeichert, und ein nachfolgendes await(...) muss mit einem neuen signal() aufgeweckt werden.

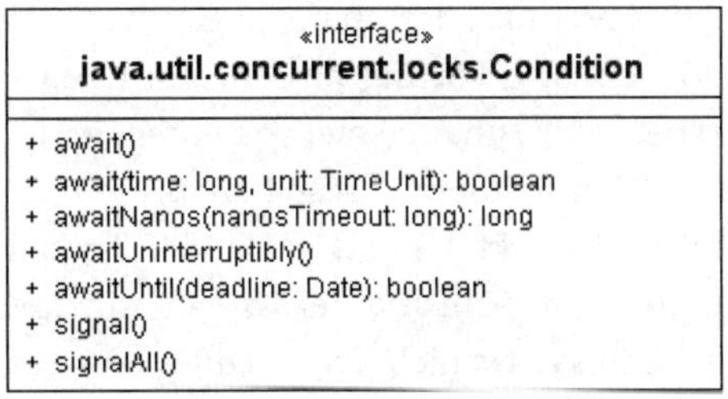

Abbildung 3.9 Die Schnittstelle Condition

```
interface java.util.concurrent.lock.Condition
```

- `void await() throws InterruptedException`
  Wartet auf ein Signal, oder die Methode wird unterbrochen.
- `void signal()`
  Weckt einen wartenden Thread auf.

Vor der Condition kommt ein Lock

Auf den ersten Blick scheint es, als ob das `Lock`-Objekt nur die Aufgabe hat, ein `Condition`-Objekt herzugeben. Das ist aber noch nicht alles, denn die Methoden `await(…)` und auch `signal()` können nur dann aufgerufen werden, wenn vorher ein `lock()` den Signal-Block exklusiv sperrt:

```
lock.lock();
try {
  condition.await();
} catch ( InterruptedException e ) {
  ...
}
finally {
  lock.unlock();
}
```

Doch was passiert ohne Aufruf von `lock()`? Zwei Zeilen zeigen die Auswirkung:

Listing 3.27 com/tutego/insel/thread/concurrent/AwaitButNoLock.java, main()

```
Condition condition = new ReentrantLock().newCondition();
condition.await();        // java.lang.IllegalMonitorStateException
```

Das Ergebnis ist eine `java.lang.IllegalMonitorStateException`.

Temporäre Lock-Freigabe bei await()

Um auf den `Condition`-Objekten also `await(…)` und `signal()` aufrufen zu können, ist ein vorangehender `Lock` nötig. Augenblick mal: Wenn ein `await(…)` kommt, hält der Thread doch den Monitor, und kein anderer Thread könnte in einem kritischen Abschnitt, der über das gleiche Lock-Objekt gesperrt ist, `signal()` aufrufen. Wie ist das möglich? Die Lösung besteht darin, dass `await(…)` den Monitor freigibt und den Thread so lange sperrt, bis zum Beispiel von einem anderen Thread das `signal()` kommt (wenn wir ein Programm mit nur einem Thread haben, dann ergibt natürlich so ein Pärchen keinen Sinn). Kommt das Signal, weckt das den wartenden Thread wieder auf, und er kann am Scheduling wieder teilnehmen. Da also ein anderer Thread prinzipiell in den gleichen Block wie der Wartende hineinlaufen kann, ist das nicht *logisch atomar* – was es wäre, wenn der Thread komplett einen synchronisierten Block durchliefe, bevor ein anderer Thread den Block betritt.

Mehrere Wartende und signalAll()

Es kann durchaus vorkommen, dass mehrere Threads in einer Warteposition an demselben Objekt sind und aufgeweckt werden wollen. `signal()` wählt dann aus der Liste der Wartenden einen Thread aus und gibt ihm das Signal. Sollten alle Wartenden einen Hinweis bekommen, lässt sich `signalAll()` verwenden.

interface java.util.concurrent.lock.**Condition**

- `void signalAll()`
  Weckt alle wartenden Threads auf.

await(…) mit einer Zeitspanne

Ein `await()` wartet im schlechtesten Fall bis zum Sankt-Nimmerleins-Tag, wenn es kein `signalXXX()` gibt. Es gibt jedoch Situationen, in denen wir eine bestimmte Zeit lang warten, aber bei Fehlen der Benachrichtigung weitermachen wollen. Dazu kann dem `await(…)` in unterschiedlichen Formen eine Zeit mitgegeben werden.

interface java.util.concurrent.lock.**Condition**

- `long awaitNanos(long nanosTimeout) throws InterruptedException`
  Wartet eine bestimmte Anzahl Nanosekunden auf ein Signal, oder die Methode wird unterbrochen. Die Rückgabe gibt die Wartezeit an.
- `boolean await(long time, TimeUnit unit) throws InterruptedException`
- `boolean awaitUntil(Date deadline) throws InterruptedException`
  Wartet eine bestimmte Zeit lang auf ein Signal. Kommt das Signal in der Zeit nicht, geht die Methode weiter und liefert `true`. Kam das Signal oder ein `interrupt()`, liefert die Methode `false`.
- `void awaitUninterruptibly()`
  Wartet ausschließlich auf ein Signal und lässt sich nicht durch ein `interrupt()` beenden.

An den Methoden ist schon zu erkennen, dass die Wartezeit einmal relativ (`await(…)`) und einmal absolut (`awaitUntil(…)`) sein kann (mit den eingebauten Methoden `wait(…)` und `notify()` ist immer nur eine relative Angabe möglich).

Eine `IllegalMonitorStateException` wird das Ergebnis sein, wenn beim Aufruf der `Condition`-Methode `lock()` des zugrunde liegenden `Lock`-Objekts gefehlt hat.

Beispiel

Warte maximal 2 Sekunden auf das Signal über `condition1`. Wenn es nicht ankommt, versuche `signalXXX()` von `condition2` zu bekommen:

```
condition1.await( 2, TimeUnit.SECONDS );
condition2.await();
```

Die Ausnahmebehandlung muss bei einem lauffähigen Beispiel noch hinzugefügt werden.

3.5.2 It's Disco-Time *

Ein kleines Programm soll die Anwendung von Threads kurz demonstrieren. Gegeben sind eine Tanzfläche und Tänzer, die auf die Tanzfläche möchten. Gleichzeitig holen Hütchenspieler immer wieder Tänzer von der Tanzfläche herunter. In die Java-Sprache übersetzt heißt das, dass zwei Threads auf eine gemeinsame Datenbasis, eine Queue, zurückgreifen. Ein Thread produziert unentwegt Tänzer und setzt sie in die Queue. Der Hütchenspieler-Thread nimmt die Tänzer aus der Queue heraus.

Beginnen wir mit einer Klasse `Dancefloor`, die mit den Methoden `in(String)` und `out()` Tänzer auf die Tanzfläche setzt und sie dort wieder entnimmt. Die Größe der Tanzfläche ist auf 5 beschränkt, und so blockiert die Methode `in(String)`, wenn mehr als das definierte Maximum von Tänzern gespeichert werden soll. (Gut, wir hätten die Elemente auch verwerfen können, aber das ist hier keine gute Idee, denn Daten sollen nicht einfach verschwinden. In einigen Szenarien ist aber das Verwerfen von Anfragen die beste Strategie.) Eine zweite Wartesituation haben wir auch noch: Ist die Tanzfläche leer, kann `out()` keinen Tänzer ausgeben:

Listing 3.28 com/tutego/insel/thread/concurrent/DanceFloorDemo.java, Teil 1

```
class Dancefloor {

  private final Queue<String> dancers = new LinkedList<>();
  private final Lock lock             = new ReentrantLock();
  private final Condition notFull     = lock.newCondition();
  private final Condition notEmpty    = lock.newCondition();

  public void in( String name ) throws InterruptedException {
    lock.lock();
    try {
```

```
      while ( dancers.size() == 5 ) {
        System.out.printf( "Tanzfläche ist voll, kann %s nicht aufnehmen!%n", name  );
        notFull.await();
      }

      dancers.add( name );
      System.out.printf( "%s ist neu auf der Tanzfläche.%n", name );

      notEmpty.signalAll();
    }
    finally {
      lock.unlock();
    }
  }

  public String out() throws InterruptedException {
    lock.lock();
    try {
      while ( dancers.isEmpty() ) {
        System.out.println( "Keiner auf der Tanzfläche!" );
        notEmpty.await();
      }

      String elem = dancers.poll();

      notFull.signalAll();

      return elem;
    }
    finally {
      lock.unlock();
    }
  }
}
```

Als Objektvariable wird eine Warteschlange als Objekt vom Typ `Queue` deklariert, die die Daten aufnimmt, auf die die Threads dann zurückgreifen. Die erste deklarierte Methode ist `in(String)`. Wenn noch Platz in der Warteschlange ist, dann hängt die Methode die Zeichenketten mit dem Tänzernamen an. Ist die Tanzfläche voll, muss gewartet werden, bis jemand einen Tänzer von der Tanzfläche nimmt:

```
while ( dancers.size() == 5 )
  notFull.await();
```

Es ist typisch für Wartesituationen, dass await() – die synchronisierte Aktion, die ein zusätzliches Kriterium sicherstellt – in einem Schleifenrumpf aufgerufen wird. Denn falls signalAll() einen Thread aus dem await() holt, muss außerdem getestet werden, ob die Bedingung immer noch gilt. Ein einfaches if würde dazu führen, dass bei zwei aufgeweckten Threads beide glauben, die Queue könne jeweils ein Element, also in der Summe zwei, aufnehmen. Doch bei nur einem entnommenen Element – und dem damit verbundenen signalAll() – darf auch nur ein Element wieder hinein. Die Schleife verhindert, dass jeder Geweckte ein Element hineinlegt. Die Bedingung, ob schon maximal viele Produkte in der Datenstruktur stecken, wird im Englischen *guard* (zu Deutsch etwa *Wache*) genannt, und die überwachte Aktion (engl. *guarded action*) Warte wird damit zum so genannten *überwachten Warten* (engl. *guarded wait*).

Bei der Methode out() finden wir das gleiche Muster. Sind in der Warteschlange keine Daten vorhanden, so muss der interessierte Thread warten. Kommt ein Element hinein, kann genau eines herausgenommen werden. Eine einfache Fallunterscheidung könnte bei zwei Wartenden und einem signalAll() vom neuen Element dazu führen, dass beide Threads ein Element entnehmen. Das geht aber nicht, da nur ein Element in der Queue ist.

Die Schleifenbedingung – etwa dancers.isEmpty() – ist das Gegenteil der Bedingung, auf die gewartet werden soll: Anzahl Tänzer ungleich null, dann geht's weiter.

Unsere Dancefloor-Klasse ist ein Beispiel für eine so genannte *beschränkte blockierende Queue*. BlockingQueue ist eine Schnittstelle für blockierende Operationen, und die Klasse ArrayBlockingQueue ist eine solche Warteschlange, die blockiert, wenn keine Daten enthalten sind oder ein Maximum erreicht ist. Jetzt haben wir uns eine einfache Variante einer solchen Datenstruktur selbst gebaut!

In der Quellcodedatei folgt zunächst ein Thread, der unermüdlich Tänzer generiert und auf die Tanzfläche schickt:

Listing 3.29 com/tutego/insel/thread/concurrent/DanceFloorDemo.java, Teil 2

```
public class DancefloorDemo {

  public static void main( String[] args ) {
    final Dancefloor dancefloor = new Dancefloor();

    new Thread() {
      @Override public void run() {
        try {
          while ( true ) {
            dancefloor.in( "Tony Manero " + System.nanoTime() % 100 );

            TimeUnit.MILLISECONDS.sleep( new Random().nextInt( 200 ) + 1 );
          }
        }
```

```
        catch ( InterruptedException e ) { e.printStackTrace(); }
      }
    }.start();
```

Der letzte Teil soll eine Thread-Klasse für Hütchenspieler deklarieren. Ein Hütchenspieler wird dann an der Tanzfläche lauern und Tänzer entnehmen:

Listing 3.30 com/tutego/insel/thread/concurrent/DanceFloorDemo.java, Teil 3

```
    class Thimblerigger extends Thread {
      final private String name;

      Thimblerigger( String name ) {
        this.name = name;
      }

      @Override public void run() {
        try {
          while ( true ) {
            System.out.println( name + " nahm " + dancefloor.out()
                                + " von der Tanzfläche." );

            TimeUnit.MILLISECONDS.sleep( new Random().nextInt( 2000 ) + 1 );
          }
        }
        catch ( InterruptedException e ) { e.printStackTrace(); }
      }
    }

    new Thimblerigger( "Hütchenspieler Heinz" ).start();
    new Thimblerigger( "Pronto Salvatore" ).start();
    new Thimblerigger( "Flinker Finger Jo" ).start();
  }
}
```

Das Programm startet drei Hütchenspieler, was eine Ausgabe ähnlich dieser ergibt:

```
Tony Manero 84 ist neu auf der Tanzfläche.
Hütchenspieler Heinz nahm Tony Manero 84 von der Tanzfläche.
Keiner auf der Tanzfläche!
Keiner auf der Tanzfläche!
Tony Manero 4 ist neu auf der Tanzfläche.
Pronto Salvatore nahm Tony Manero 4 von der Tanzfläche.
Keiner auf der Tanzfläche!
Tony Manero 98 ist neu auf der Tanzfläche.
```

```
Flinker Finger Jo nahm Tony Manero 98 von der Tanzfläche.
Tony Manero 55 ist neu auf der Tanzfläche.
Tony Manero 62 ist neu auf der Tanzfläche.
Flinker Finger Jo nahm Tony Manero 55 von der Tanzfläche.
Tony Manero 35 ist neu auf der Tanzfläche.
Tony Manero 33 ist neu auf der Tanzfläche.
Tony Manero 38 ist neu auf der Tanzfläche.
Tony Manero 79 ist neu auf der Tanzfläche.
Hütchenspieler Heinz nahm Tony Manero 62 von der Tanzfläche.
Tony Manero 70 ist neu auf der Tanzfläche.
Hütchenspieler Heinz nahm Tony Manero 35 von der Tanzfläche.
Tony Manero 35 ist neu auf der Tanzfläche.
Tanzfläche ist voll, kann Tony Manero 60 nicht aufnehmen!
Flinker Finger Jo nahm Tony Manero 33 von der Tanzfläche.
Tony Manero 60 ist neu auf der Tanzfläche.
Tanzfläche ist voll, kann Tony Manero 33 nicht aufnehmen!
Flinker Finger Jo nahm Tony Manero 38 von der Tanzfläche.
Tony Manero 33 ist neu auf der Tanzfläche.
Pronto Salvatore nahm Tony Manero 79 von der Tanzfläche.
Tony Manero 98 ist neu auf der Tanzfläche.
Tanzfläche ist voll, kann Tony Manero 65 nicht aufnehmen!
Flinker Finger Jo nahm Tony Manero 70 von der Tanzfläche.
Tony Manero 65 ist neu auf der Tanzfläche.
Tanzfläche ist voll, kann Tony Manero 36 nicht aufnehmen!
Hütchenspieler Heinz nahm Tony Manero 35 von der Tanzfläche.
Tony Manero 36 ist neu auf der Tanzfläche.
Tanzfläche ist voll, kann Tony Manero 82 nicht aufnehmen!
Pronto Salvatore nahm Tony Manero 60 von der Tanzfläche.
Tony Manero 82 ist neu auf der Tanzfläche.
Tanzfläche ist voll, kann Tony Manero 32 nicht aufnehmen!
Hütchenspieler Heinz nahm Tony Manero 33 von der Tanzfläche.
Tony Manero 32 ist neu auf der Tanzfläche.
Pronto Salvatore nahm Tony Manero 98 von der Tanzfläche.
Tony Manero 44 ist neu auf der Tanzfläche.
Tanzfläche ist voll, kann Tony Manero 76 nicht aufnehmen!
… bis in die Unendlichkeit
```

3.5.3 Warten mit wait(…) und Aufwecken mit notify()/notifyAll() *

Nachdem im vorigen Abschnitt der Weg mit den aktuellen Typen beschritten wurde, wollen wir uns abschließend mit den Möglichkeiten beschäftigen, die Java seit der Version 1.0 mitbringt. Das ist selten nötig, doch hin und wieder laufen Entwickler über älteren Programmcode, den es zu verstehen gilt.

Nehmen wir wieder zwei Threads an. Sie sollen sich am Objekt o synchronisieren – die Methoden wait(…) und notify()/notifyAll() sind nur mit dem entsprechenden Monitor gültig, und den besitzt das Programmstück, wenn es sich in einem synchronisierten Block aufhält. Thread T1 soll auf Daten warten, die Thread T2 liefert. T1 führt dann etwa den folgenden Programmcode aus:

```
synchronized( o ) {
  try {
    o.wait();
    // Habe gewartet, kann jetzt loslegen.
  }
  catch ( InterruptedException e ) {
    ...
  }
}
```

Wenn der zweite Thread den Monitor des Objekts o bekommt, kann er den wartenden Thread aufwecken. Er bekommt den Monitor durch das Synchronisieren der Methode, was ja bei Objektmethoden synchronized(this) entspricht. T2 gibt das Signal mit notify():

```
synchronized( o ) {
  // Habe etwas gemacht und informiere jetzt meinen Wartenden.
  o.notify();
}
```

Um notify() muss es keinen Block geben, der Exceptions auffängt. Wenn ein Thread ein notify() auslöst und es keinen wartenden Thread gibt, dann verpufft es.

class java.lang.**Object**

- void wait() throws InterruptedException
  Der aktuelle Thread wartet an dem aufrufenden Objekt darauf, dass er nach einem notify()/notifyAll() weiterarbeiten kann. Der aktive Thread muss natürlich den Monitor des Objekts belegt haben. Andernfalls kommt es zu einer IllegalMonitorStateException.
- void wait(long timeout) throws InterruptedException
  Wartet auf ein notify()/notifyAll() eine gegebene Anzahl von Millisekunden. Nach Ablauf dieser Zeit geht es ohne Fehler weiter.
- void wait(long timeout, int nanos) throws InterruptedException
  Wartet auf ein notify()/notifyAll() – angenähert 1.000.000 * timeout + nanos Nanosekunden.
- void notify()
  Weckt einen beliebigen Thread auf, der an diesem Objekt wartet.
- void notifyAll()
  Benachrichtigt alle Threads, die auf dieses Objekt warten.

Für die Variante `wait(long)/wait(long,int)` mit der Zeiteinheit bietet `TimeUnit` eine Alternative.

```
enum java.util.concurrent.TimeUnit
extends Enum<TimeUnit>
```

- `void timedWait(Object obj, long timeout) throws InterruptedException`
  Berechnet aus der gewählten `TimeUnit` und dem `timeout` die Millisekunden (`ms`) und Nanosekunden (`ns`) und führt `obj.wait(ms, ns)` aus.

Ein `wait(…)` kann mit einer `InterruptedException` vorzeitig abbrechen, wenn der wartende Thread per `interrupt()`-Methode unterbrochen wird. Die Tatsache, dass `wait(…)` temporär den Lock freigibt, was für uns mit `synchronized` aber nicht möglich ist, spricht dafür, dass etwas wie `wait(…)` nativ implementiert werden muss.

3.5.4 Falls der Lock fehlt – IllegalMonitorStateException *

Wenn `wait(…)` oder `notify()/notifyAll()` aufgerufen werden, uns aber der entsprechende Lock für das Objekt fehlt, kommt es zum Laufzeitfehler `IllegalMonitorStateException`, wie wir es schon bei `Condition` und dem fehlenden `lock()` vom `Lock` gesehen haben.

Was wird bei folgendem Programm passieren?

Listing 3.31 com/tutego/insel/thread/NotOwner1.java, main()

```
package com.tutego.insel.thread;

class NotOwner {
  public static void main( String[] args ) throws InterruptedException {
    new NotOwner().wait();
  }
}
```

Der Compiler kann das Programm übersetzen, doch zur Laufzeit wird es zu einem Fehler kommen:

```
java.lang.IllegalMonitorStateException: current thread not owner
  at java.lang.Object.wait(Native Method)
  at java.lang.Object.wait(Object.java:426)
  at NotOwner.main(NotOwner.java:5)
Exception in thread "main"
```

Der Fehler zeigt an, dass der aktuell ausführende Thread (*current thread*) nicht den nötigen `Lock` besitzt, um `wait()` auszuführen. Das Problem ist hier mit einem `synchronized`-Block (oder einer `synchronized`-Methode) zu lösen. Um den Fehler zu beheben, setzen wir:

Listing 3.32 com/tutego/insel/thread/IsOwner.java, main()

```
IsOwner o = new IsOwner();
synchronized( o ) {
  o.wait();
}
```

Dies zeigt, dass das Objekt o, das den Lock besitzt, für ein wait() »bereit« sein muss. In die richtige Stimmung wird es nur mit synchronized gebracht. Dabei muss natürlich der Lock der richtige sein! Synchronisieren wir etwa an der Klasse, fragen aber nach dem Lock im wait(), folgt wiederum eine IllegalMonitorStateException:

```
synchronized( NotOwner.class ) {
  new NotOwner().wait();
}
```

Synchronisieren wir am Class-Objekt, also an der Klasse, ist alles wieder in Ordnung:

```
synchronized( NotOwner.class ) {
  NotOwner.class.wait();
}
```

[+]

Hinweis

Die Ähnlichkeit zwischen Lock auf der einen Seite und einem synchronisierten Block bzw. einer synchronisierten Methode auf der anderen und den Methoden wait(...) und notify()/notifyAll() bei Object und den analogen Methoden await(...) und signalXXX() bei den Condition-Objekten ist nicht zu übersehen. Auch der Fehler beim Fehlen des Monitors ist der gleiche: Ein Aufruf der Methoden await(...)/wait(...) und notifyXXX()/signalXXX() führt zu einer IllegalMonitorStateException. Es muss also erst ein synchronisierter Block für den Monitor her oder ein Aufruf lock() auf dem Condition zugrunde liegenden Lock-Objekt.

3.6 Datensynchronisation durch besondere Concurrency-Klassen *

Arbeiten mehrere Threads zusammen, so wollen sie in der Regel Daten austauschen und sich an bestimmten Bedingungen synchronisieren. Die Java-API bietet für diese Zusammenarbeit eine Reihe von Klassen:

- Semaphore: Erlaubt eine maximale Anzahl Threads in einem Programmblock.
- CyclicBarrier: Eine Menge von Threads wartet aufeinander, um zu einem gemeinsamen Punkt zu kommen.
- CountDownLatch: Ein oder mehrere Threads warten auf eine Bedingung. Ist sie erfüllt, können die Threads fortfahren.
- Exchanger: Zwei Threads treffen sich und tauschen Daten aus.

3.6.1 Semaphor

Ein Semaphor[6] stellt sicher, dass nur eine bestimmte Anzahl von Threads auf ein Programmstück zugreift, und zählt damit zur Technik der Sperrmechanismen. Es lassen sich zwei Typen von Semaphoren unterscheiden:

- *Binäre Semaphoren* lassen höchstens einen Thread auf ein Programmstück zu. Das bekannte Paar `await(…)/signalXXX()` bei `Condition` bzw. `wait(…)/notifyXXX()` von `Object` bietet sich für binäre Semaphoren an.
- *Allgemeine Semaphoren* erlauben eine begrenzte Anzahl an Threads in einem kritischen Abschnitt. Das Semaphor verwaltet intern eine Menge so genannter Erlaubnisse (engl. *permits*).

Die Klasse Semaphore

Für allgemeine Semaphoren mit einer maximalen Anzahl Threads im Programmstück deklariert die Java-Bibliothek die Klasse `java.util.concurrent.Semaphore`.

Die wichtigen Eigenschaften der `Semaphore`-Klasse sind der Konstruktor und die Methoden zum Betreten und Verlassen des kritischen Abschnitts. Intern vermerkt das Semaphor jedes Betreten und lässt Threads warten, wenn das gesetzte Maximum erreicht ist, bis ein anderer Thread das Programmsegment verlässt.

```
class java.util.concurrent.Semaphore
implements Serializable
```

- `Semaphore(int permits)`
  Das neue Semaphor, das bestimmt, wie viele Threads in einem Block sein dürfen.
- `void acquire()`
  Versucht, in den kritischen Block einzutreten. Wenn der gerade belegt ist, wird gewartet. Vermindert die Menge der Erlaubnisse um eins.
- `void release()`
  Verlässt den kritischen Abschnitt und legt eine Erlaubnis zurück.

Allgemeine Semaphoren vereinfachen das Konsumenten-Produzenten-Problem, da eine bestimmte Anzahl von Threads in einem Block erlaubt ist. Die verbleibende Größe des Puffers ist somit automatisch die maximale Anzahl von Produzenten, die sich nebenläufig im Einfügeblock befinden können.

Unser Beispiel soll mit einem Semaphor arbeiten, das nur zwei Threads gleichzeitig in den kritischen Abschnitt lässt:

6 Semaphoren wurden 1968 vom niederländischen Informatiker Edsger Wybe Dijkstra eingeführt, also 10 Jahre vor Hoares Monitoren.

Listing 3.33 com/tutego/insel/thread/concurrent/SemaphoreDemo.java, Teil 1

```
package com.tutego.insel.thread.concurrent;

import java.util.concurrent.Semaphore;

public class SemaphoreDemo {

  static Semaphore semaphore = new Semaphore( 2 );
```

Der kritische Abschnitt besteht aus zwei Operationen: einer Ausgabe auf dem Bildschirm und einer Wartezeit von 2 Sekunden. Er ist in einem `Runnable` eingebettet:

Listing 3.34 com/tutego/insel/thread/concurrent/SemaphoreDemo.java, Teil 2

```
  static Runnable r = new Runnable() {
    @Override public void run() {
      while ( true ) {
        try {
          semaphore.acquire();
          try {
            System.out.println( "Thread=" + Thread.currentThread().getName() +
                                ", Available Permits=" + semaphore.availablePermits() );
            TimeUnit.SECONDS.sleep( 2 );
          }
          finally {
            semaphore.release();
          }
        }
        catch ( InterruptedException e ) {
          e.printStackTrace();
          Thread.currentThread().interrupt();
          break;
        }
      }
    }
  };
```

Der kritische Abschnitt beginnt mit dem `acquire()` und endet mit `release()`. Wichtig ist die richtige Ausnahmebehandlung. Fünf Dinge müssen beachtet werden und formen den Quellcode:

- Das `acquire()` kann eine `InterruptedException` auslösen, was eine geprüfte Ausnahme ist. Wir müssen sie folglich behandeln.
- Da `acquire()` sowie `sleep()` eine `InterruptedException` auslösen können, ist die Frage, wie damit umzugehen ist. Im Prinzip signalisiert die Ausnahme die Bitte, das Warten zu beenden. Das wollen wir berücksichtigen, und wir brechen daher aus der Endlosschleife aus. Details zu

der Ausnahme und zur `interrupt()`-Methode enthält Abschnitt 3.2.8, »Einen Thread höflich mit Interrupt beenden«.

- Immer dann, wenn ein `acquire()` erfolgreich war, muss auch ein `release()` folgen. Das `release()` ist im `finally` sehr gut aufgehoben, denn wir wollen in jedem Fall die Semaphoren wieder freigeben, auch wenn irgendwie eine andere `RuntimeException` auftauchen sollte.
- Ein `release()` darf nur dann erfolgen, wenn es ein zugehöriges `acquire()` gibt. Eine Programmierung wie `try { semaphore.acquire(); … } finally { semaphore.release(); }` ist unsicher, denn wenn ein `acquire()` wirklich eine Ausnahme erzeugt, wird fälschlicherweise ein `release()` ausgelöst.
- Ein `release()` erzeugt keine Ausnahme, daher muss auch nichts behandelt werden.

Drei Threads sollen sich koordinieren:

Listing 3.35 com/tutego/insel/thread/concurrent/SemaphoreDemo.java, Teil 3

```
  public static void main( String[] args ) {
    new Thread( r ).start();
    new Thread( r ).start();
    new Thread( r ).start();
  }
}
```

Nach dem Starten ist gut zu beobachten, wie jeweils zwei Threads im Abschnitt sind (eine Leerzeile symbolisiert die Wartezeit):

```
Thread=Thread-0, Available Permits=1
Thread=Thread-1, Available Permits=0

Thread=Thread-2, Available Permits=0
Thread=Thread-0, Available Permits=0

Thread=Thread-2, Available Permits=0
Thread=Thread-0, Available Permits=0
```

Fair und unfair

In der Ausgabe ist zu sehen, dass Thread 0, 1 und 2 zwar ihre Aufgaben ausführen können, aber plötzlich eine Sequenz 0, 2, 0 entsteht. Unser Gerechtigkeitssinn sagt uns jedoch, dass Thread 1 wieder an die Reihe kommen müsste. Wie ist das möglich? Die Antwort lautet, dass das `acquire()` nicht berücksichtigt, wer am längsten wartet, sondern dass es sich aus der Liste der Wartenden einen beliebigen Thread auswählt (wir kennen das von `notify()` her und dem Betreten eines `synchronized`-Blocks). Um ein faires Verhalten zu realisieren, wird die Fairness einfach über den Konstruktor von `Semaphore` angegeben. Ändern wir im Programm folgende Zeile:

```
static Semaphore semaphore = new Semaphore( 2, true );
```

Nun bekommen wir eine Ausgabe wie die folgende:

```
Thread=Thread-0, Available Permits=1
Thread=Thread-1, Available Permits=0
Thread=Thread-2, Available Permits=0
Thread=Thread-0, Available Permits=0
Thread=Thread-1, Available Permits=0
Thread=Thread-2, Available Permits=0
Thread=Thread-0, Available Permits=0
Thread=Thread-1, Available Permits=0
```

3.6.2 Barrier und Austausch

Der Punkt, an dem alle Threads zusammenkommen und sich die Ergebnisse zusammenlegen lassen, heißt auf Englisch *barrier*. Die Klasse `CyclicBarrier` im Paket `java.util.concurrent` realisiert eine solche Barriere. Der Vorteil gegenüber `join(…)` besteht in der Tatsache, dass der für die Abarbeitung verwendete Thread nicht enden muss – und ein Thread im Thread-Pool endet eigentlich nicht –, sondern dass er mit `awaitXXX(…)` signalisiert, dass die Arbeit erledigt ist und er auf neue Arbeit wartet. Das folgende Beispiel zeigt anhand eines nebenläufigen Summierers die Funktionsweise:

Listing 3.36 com/tutego/insel/thread/concurrent/ArraySummer.java, ArraySummer

```
public class ArraySummer {

  public static void main( String[] args ) {
    int[] array = new int[ 1000 ];

    Random r = new Random();
    for ( int i = 0; i < array.length; i++ )
      array[ i ] = Math.abs( r.nextInt() / 2 );

    parallSummer( array );
  }

  public static void parallSummer( int[] array ) {
    int prozessors = 2; // Runtime.getRuntime().availableProcessors();

    final List<Long> longs = new ArrayList<>();

    Runnable merger = new Runnable() {
      @Override public void run() {
        long sum = 0;
        for ( long i : longs )
```

```
        sum += i;
      System.out.println( sum );
    }
  };

  CyclicBarrier barrier = new CyclicBarrier( prozessors, merger );

  for ( int part = 0; part < prozessors; part++ )
    new Thread( new AtomarSummer( barrier, array, prozessors, part,
                                  longs)).start();
  }
}
```

Listing 3.37 com/tutego/insel/thread/concurrent/ArraySummer.java, AtomarSummer

```
class AtomarSummer implements Runnable {

  private final CyclicBarrier barrier;
  private final int[]         array;
  private final List<Long>    longs;
  private int                 start, end;

  public AtomarSummer( CyclicBarrier barrier, int[] array, int maxPart,
                       int currentPart, List<Long> longs ) {
    this.barrier = barrier;
    this.array   = array;
    this.longs   = longs;

    start = (int) ((double) array.length / maxPart * currentPart);
    end   = (int) ((double) array.length / maxPart * (currentPart + 1) - 1);
  }

  @Override public void run() {
    long sum = 0;

    for ( int i = start; i < end; i++ )
      sum += array[ i ];

    longs.add( sum );

    try {
      barrier.await();
    }
    catch ( InterruptedException | BrokenBarrierException e ) {
```

```
        e.printStackTrace();
      }
    }
  }
```

3.6.3 Stop and go mit Exchanger

Die generische Klasse `java.util.concurrent.Exchanger` dient ebenfalls dem Zusammenkommen von Threads, die jedoch bei ihrem *Rendezvous* Daten austauschen können. Ein üblicher Fall betrifft das Füllen von Puffern, etwa wenn ein Thread Daten vom Datensystem liest und ein anderer Thread die Daten über das Netzwerk weiterschickt. Ein Dateisystem-Thread füllt den Puffer, und wenn er komplett gefüllt ist, trifft er sich mit einem anderen Netzwerk-Thread, dem er den vollen Puffer gibt und von dem er wieder einen leeren Puffer empfängt. Der Netzwerk-Thread kann dann den Inhalt des Puffers wieder »verbrauchen« und der erste Thread den Puffer wieder mit Daten vom Dateisystem füllen.

3.7 Atomare Operationen und frische Werte mit volatile *

Die JVM arbeitet bei den Ganzzahl-Datentypen kleiner gleich `int` intern nur mit einem `int`. Doch obwohl es auch für die 64-Bit-Datentypen `long` und `double` einzelne Bytecode-Befehle gibt, ist nicht gesichert, dass die Operationen auf diesen Datentypen unteilbar sind, da sich etwa eine 64-Bit-Zuweisung aus zwei 32-Bit-Zuweisungen zusammensetzen lässt. Es kann also passieren, dass ein Thread mitten in einer `long`- oder `double`-Operation von einem anderen Thread verdrängt wird. Greifen zwei Threads auf die gleiche 64-Bit-Variable zu, so könnte möglicherweise der eine Thread eine Hälfte schreiben und der andere Thread die andere.

[»]

Beispiel

Zwei Threads versuchen gleichzeitig, die Variable `l` vom Typ `long` zu ändern (aus Gründen der Übersichtlichkeit ist ein Leerzeichen nach dem ersten 32-Bit-Block in der hexadezimalen Notation eingefügt):

```
l = 0x00000000 00000000          l = 0xFFFFFFFF FFFFFFFF
```

Schreibt der erste Thread den ersten Teil der `long`-Variablen mit `00000000` und findet dann ein Kontextwechsel statt, sodass der zweite Thread die Variable komplett mit `FFFFFFFF FFFFFFFF` initialisiert, gibt es nach dem erneuten Umschalten ein Problem, weil dann der erste Thread seine zweite Hälfte schreiben wird und die Belegung der Variablen `FFFFFFFF 00000000` ist. Insgesamt gibt es vier denkbare Belegungen durch das Scheduling beim Kontextwechsel:

```
l = 0x00000000 00000000
l = 0xFFFFFFFF FFFFFFFF
l = 0x00000000 FFFFFFFF
l = 0xFFFFFFFF 00000000
```

3.7.1 Der Modifizierer volatile bei Objekt-/Klassenvariablen

Um dies zu vermeiden, können die Objekt- und Klassenvariablen mit dem Modifizierer volatile deklariert werden. Die Zugriffsoperationen werden auf diesen Variablen dann atomar ausgeführt. Der Modifizierer ist bei lokalen Variablen nicht gestattet, da sie auf dem Stapel liegen und für andere Threads nicht zugänglich sind. Achtung: Auch mit volatile sind Operationen wie i++ natürlich noch nicht atomar, da i++ aus Grundoperationen besteht: Lesen von i, Erhöhen um eins und Schreiben von i; Abschnitt 3.4.9, »Mit synchronized synchronisierte Blöcke«, nannte die Teile schon.

Zwischenspeicherung untersagen

volatile beugt zusätzlich einem anderen Problem vor: Während der Berechnung könnte die Laufzeitumgebung Inhalte von Variablen im Prozessorspeicher (zum Beispiel Register) zwischengespeichert haben. Das passiert etwa, wenn in einer Schleife ein Wert immer hochgezählt wird, der in einer Objektvariablen gespeichert wird.

Eine Laufzeitumgebung könnte den (teureren) Zugriff auf Objektvariablen optimieren, indem sie zuerst den Variableninhalt in eine (schnelle) interne lokale Variable kopiert und anschließend, nach einer Berechnung, das Ergebnis zurückgespeichert. Nehmen wir eine Objektvariable cnt und folgende Schleife an:

```
for ( int cnt = 0; cnt < 1000000; cnt++ )
  cnt++;
```

Eine optimierende Laufzeitumgebung könnte nun auf die Idee kommen, nicht bei jedem Schleifendurchlauf den Speicher der Objektvariablen cnt auszulesen und zu beschreiben, sondern nur am Ende, etwa so:

```
int i = cnt;
for ( int i = 0; i < 1000000; i++ )
  i++;
cnt = i;
```

Wenn die Umgebung cnt zuerst in eine interne lokale Variable kopiert, dann die gesamte Schleife ausführt und erst anschließend den internen Wert nach cnt zurückkopiert, hätten wir viel Zeit gespart, denn der Zugriff auf eine lokale Variable, die sich im Register des Prozessors aufhalten kann, ist wesentlich schneller als der Zugriff auf eine Objektvariable. Dies ist im Übrigen eine beliebte Strategie, um die Performance eines Programms zu steigern. Mit dieser internen Optimierung kommt es jedoch zu schwer kontrollierbaren Nebeneffekten, und Änderungen am Wert von cnt sind nicht sofort für andere Threads sichtbar, denen damit die Information über die einzelnen Inkrementschritte fehlt.

Oder ein anderes Beispiel:

```
int i = cnt;
Thread.sleep( 10000 );
int j = cnt;
```

Verändert ein anderer Thread während des Wartens die Variable cnt, könnte j = i sein, wenn die Laufzeitumgebung die Variable j nicht frisch mit dem Wert aus cnt initialisiert. Nebenläufige Programmierung und Programmoptimierung passen schwer zusammen!

Auch hier hilft wieder das ungewöhnliche Schlüsselwort. Ist die Variable mit volatile gekennzeichnet, wird das Ergebnis nicht im Zwischenspeicher belassen, sondern ständig aktualisiert. Die nebenläufigen Threads sehen somit immer den korrekten Variablenwert, da er vor jeder Benutzung aus dem Speicher gelesen und nach einer Änderung sofort wieder zurückgeschrieben wird. Sehr gut ist das für boolean-Werte, die Flags anzeigen, die andere Threads zur Synchronisation beobachten. Ein Array, das mit volatile markiert ist, hat alle Zugriffe auf die Elemente volatile, denn auch hier könnte die JVM die Elemente aus Performance-Gründen zwischenspeichern. Wohlgemerkt bleiben nur die Werte aktuell; nichtatomare Operationen wie cnt++ sind damit immer noch nicht atomar.

3.7.2 Das Paket java.util.concurrent.atomic

Während volatile das Lesen und Schreiben auf den 64-Bit-Datentypen atomar macht, ist eine Operation wie cnt++ oder cnt > 12 nicht atomar. Kurz vor dem Erhöhen oder dem Vergleich kann ein Thread-Wechsel stattfinden und cnt geändert werden, sodass der Vergleich einen anderen Ausgang findet. Die Rettung ist ein synchronisierter Block, wobei jedoch eine Synchronisationsvariable nötig ist.

Noch einfacher geht es mit den Klassen im Paket java.util.concurrent.atomic, die Operationen auf Werten durchführen, ohne dass Entwickler sich selbst um die Synchronisation kümmern müssen.

AtomicXXX-Klassen

Ein Beispiel für einen veränderbaren Behälter ist AtomicInteger, der Operationen wie getAndIncrement() anbietet, die den Wert des Behälters atomar erhöhen.

[»]

Beispiel

Eine öffentliche Klasse bietet über eine statische Methode eine ID (im Bereich long) an:

Listing 3.38 com/tutego/insel/thread/atomic/Id.java

```
public class Id {

  private static final AtomicLong id = new AtomicLong();
```

```
    private Id() { /* Empty */ }

    public long next() {
      return id.getAndIncrement();
    }
  }
```

Insgesamt befinden sich im Paket java.util.concurrent.atomic folgende Klassen für elementare Datentypen: AtomicBoolean, AtomicInteger, AtomicLong – es gibt weder AtomicShort noch AtomicByte. Da diese Objekte alle veränderbar sind, eignen sie sich nicht unbedingt als Ersatz für immutable Wrapper-Objekte wie Integer, insbesondere nicht in allgemeinen Assoziativspeichern oder Mengen; sie deklarieren auch gar kein eigenes equals(…) und hashCode().

Für Felder stehen bereit: AtomicIntegerArray, AtomicLongArray. Die Klassen AtomicIntegerFieldUpdater<T> und AtomicLongFieldUpdater<T> gehen über Reflection an Attribute heran, die volatile sind, und ermöglichen atomare Operationen. Dazu kommen noch einige Klassen zum atomaren Arbeiten mit Referenzen: AtomicReference, AtomicReferenceArray<E>, AtomicReferenceFieldUpdater<T, V>, AtomicMarkableReference<V> (assoziiert ein Objekt mit einem Flag, das atomar geändert werden kann) und AtomicStampedReference<V> (assoziiert ein Objekt mit einer Ganzzahl).

LongAdder und DoubleAdder

Die AtomicXXX-Klassen sind gut, wenn es nicht zu viele parallele Threads gibt, die gleichzeitig die AtomicXXX-Exemplare verändern. Der Grund ist einfach: Jeder Thread muss warten, bis ein anderer Thread die Veränderung am AtomicXXX vorgenommen hat. Stehen also 100 Threads in der Schlange, um AtomicXXX zu verändern, werden sie erst nacheinander abgearbeitet – das geht zwar an sich schnell, dennoch führt die sequenzielle Verarbeitung zu Wartesituationen.

Wenn es wirklich viele nebenläufige Threads gibt, sind die AtomicXXX-Klassen nicht optimal, und Java 8 bietet deshalb im Paket java.util.concurrent.atomic zwei neue Klassen LongAdder und DoubleAdder an. Ein XXXAdder sieht nach außen wie ein long/double aus (die Klassen erweitern auch Number), doch intern ist es vielmehr eine Liste von Werten, auf die dann unterschiedliche Threads zugreifen können, ohne zu warten. Um sich das vorstellen zu können, ein Beispiel: Nehmen wir an, mehrere Threads teilen sich einen LongAdder. Ruft ein Thread add(1) auf, so führt das intern zu einem Element in einer Liste.[7] Kommt gleichzeitig add(2) am LongAdder an, muss der Thread nicht auf das Ende vom ersten add(…) warten, sondern fügt einen neuen Knoten an. Kommen später ein dritter und vierter Thread über den Weg und führen add(3) und add(4) aus, können diese ohne zu warten an den ersten und zweiten existierenden Knoten gehen und die Werte addieren, in den beiden internen Knoten stehen also 4 und 6. Es sind also nur so viele Knoten intern nötig, wie wirklich parallele Threads auftauchen. Eine Summation am Ende mit sum() läuft dann über die internen Knoten und summiert sie auf zu 10, was 1+2+3+4 ist.

7 Genau genommen beim ersten Element noch in einer Variablen, die Liste beginnt erst beim zweiten Element, also beim zweiten parallelen Thread.

LongAccumulator und DoubleAccumulator

Die beiden `XXXAdder`-Klassen haben eine ganz spezielle Aufgabe, und die ist, Werte zu addieren und aufzusummieren. Allerdings gibt es noch viele weitere Aufgaben, die ähnlich wie die Summation auf ein Endergebnis gebracht werden. Für diesen Anwendungsfall deklariert das Paket `java.util.concurrent.atomic` weiterhin `LongAccumulator` und `DoubleAccumulator`. Im Konstruktor nehmen die Klassen einen `XXXBinaryOperator` an und die Identität, die beim binären Operator auf nur einem Ergebnis genau das Ergebnis gibt.

- `LongAccumulator(LongBinaryOperator accumulatorFunction, long identity)`
- `DoubleAccumulator(DoubleBinaryOperator accumulatorFunction, double identity)`

Die Methoden heißen dann `accumulate(long x)` bzw. `accumulate(double x)`, und `get()` verdichtet das Ergebnis zum Schluss. Die Addition der Klassen `LongAdder` und `DoubleAdder` lässt sich dann alternativ ausdrücken durch `new XXXXAccumulator((x, y) -> x + y, 0)`.

3.8 Teile und herrsche mit Fork und Join *

3.8.1 Algorithmendesign per »teile und herrsche«

Eine effektive Problemlösungsstrategie ist es, zunächst das Problem in Teilprobleme zu zerlegen, dann die Teilprobleme zu lösen und anschließend zur Gesamtlösung zu kommen. Wer morgens im Bett liegt und Hunger verspürt, der wird erst dann satt sein, wenn gewisse Teilprobleme gelöst sind. Hierarchisch kann das etwa so aussehen:

der Morgen	aufstehen	Augen auf
		räkeln
		aus dem Bett steigen/fallen
	essen	Kühlschrank aufmachen
		Essen entnehmen
		Essen zubereiten
		Essen aufnehmen

Tabelle 3.7 Sequenzielle und parallelisierbare Aufgaben beim Aufstehen

Diese Problemlösungsstrategie wird *Teile und herrsche* (engl. *divide and conquer, D&C*) genannt. Zunächst wird die Aufgabe ist kleine Häppchen zerlegt und anschließend abgearbeitet.

Teile und herrsche ist nicht nur eine Lösung, wie wir eine große Pizza »verarbeiten«, sondern auch in der Informatik eine beliebte algorithmische Methode: Das Hauptproblem wird in Teilprobleme zerlegt, und dann werden die Teilprobleme gelöst und zur großen Lösung zusammengefügt. Zwei populäre Beispiele sind Sortierungen und die Multiplikation von großen Zahlen.

Sortieren über das Merge-Sort-Verfahren

Der von John von Neumann vorgestellte Algorithmus basiert auf der Idee, die zu sortierende Liste in zwei Teillisten zu zerlegen, diese dann wiederum in zwei Teile zu zerlegen, diese wiederum usw., bis die Listen so klein sind, dass sie vielleicht nur noch aus zwei Zahlen bestehen, die trivial in eine Reihenfolge zu bringen sind. Ist eine Teilfolge dann sortiert, muss sie mit der sortieren Nachbarfolge zusammenfügt (engl. *merge*) werden. Während also das Zerlegen und Sortieren von oben nach unten erfolgt, läuft das Zusammenlegen der sortierten Teillisten zu neuen größeren und sortierten Teillisten von unten nach oben, bis schließlich die Gesamtliste sortiert ist. Der Algorithmus lässt sich sehr gut rekursiv implementieren. Auch das bekannte *Quicksort* arbeitet ähnlich. (Hier geht es allerdings darum, ein so genanntes *Pivot-Element* zu wählen, dann die Liste in zwei Teillisten aufzuspalten, wobei in die erste Liste – erst einmal unsortiert – die Elemente kleiner dem Pivot-Element verschoben werden und in die andere Liste die Elemente größer dem Pivot-Element. Die Auswahl eines neuen Pivot-Elements und das Kopieren in den richtigen Bereich wird rekursiv für die Unterbereiche wiederholt, was natürlich zu einer Sortierung führt.) In der Regel kommt Quicksort mit weniger Speicher aus und ist in der Praxis schneller, da Merge-Sort in der einfachen Implementierung immer neue Teillisten aufbauen muss und Quicksort die Vertauschoperationen auf der originalen Datenstruktur (also *in-place*) ausführen kann.

Multiplikation von großen Ganzzahlen

In Java ist das Multiplizieren von Ganzahlen einfach. Sind die Zahlen klein genug, erledigt der *-Operator die Aufgabe, sind sie größer, helfen die Klasse `BigInteger` und die Methode `multiply(...)`. Das sind natürlich hübsche Abstraktionen, aber im Java-Bytecode gibt es für die Multiplikation von `int` und `long` lediglich `imul` und `lmul`,[8] und alles andere, etwa die Multiplikation von großen Zahlen für RSA-Schlüssel, müssen wir anders lösen.

Das Produkt von großen Zahlen lässt sich einfach mit ein paar Additionen auf das Produkt von kleineren Zahlen abbilden. Anstatt Zahlen mit Hunderten von Stellen zu nehmen, nutzen wir ein einfacheres Beispiel, das das Prinzip zeigt. Nehmen wir dazu die Zahl A = 1234, die mit B = 5678 multipliziert werden soll. Dann ist AB = (12 × 10^2 + 34) × (56 × 10^2 + 78) = **12 × 56** × 10^4 + (**12 × 78** + **34 × 56**) × 10^2 + **34 × 78**. Waren bei 1234 und 5678 die Zahlen noch vierstellig, sind sie bei der Umschreibung nur noch zweistellig. Zählen wir die Anzahl der Multiplikationen – und lassen wir die einfachen Multiplikation mit 10^4 bzw. 10^2 beiseite –, so kommen wir auf vier, denn wir müssen 12 × 56, 12 × 78, 34 × 56 und 34 × 78 ausführen. Bei einem rekursiven D&C-Algorithmus ist also das Problem zur Multiplikation von 1234 × 5678 auf die vier Multiplikationen und Additionen abgeschwächt worden. Das können wir dann auch weiter aufspalten, bis wir bei einstelligen Zahlen sind.

Stehen wir also vor der Aufgabe, beliebig große Zahlen mit *n* Stellen zur multiplizieren, können wir das auf eine Multiplikation von Zahlen der Größe *n/2* und ein paar Additionen abbilden.

8 *http://java.sun.com/docs/books/jvms/second_edition/html/Mnemonics.doc.html*

Kommen wir noch zu einer kleinen Optimierung. Wenn Zahlen sehr groß werden und dann multipliziert werden müssen (etwa zu Schlüsselgenerierung), ist es wichtig, jede überflüssige Operation wegzulassen, da arithmetische Operationen dann bei großen Zahlen und häufiger Durchführung doch ihre Zeit brauchen. Interessanterweise kann durch geschickte Umstellung die Anzahl der Multiplikationen von 4 auf 3 gesenkt werden. Zwei der Multiplikationen aus 12 × 56 × 10^4 + **(12 × 78 + 34 × 56)** × 10^2 + 34 × 78 stammen aus dem Teil 12 × 78 + 34 × 56. Hier können wir etwas umschreiben, denn 12 × 78 + 34 × 56 = (12 + 34) × (56 + 78) – 12 × 56 – 34 × 78. Obwohl das auf den ersten Blick schlimmer aussieht (drei Multiplikationen statt zwei), fällt bei einem zweiten Blick auf, dass wir die beiden Produkte 12 × 56 und 34 × 78 schon im ersten Schritt berechnet haben. Also ergibt sich letztendlich **12 × 56** × 10^4 + (**(12 + 34) × (56 + 78)** – **12 × 56** – **34 × 78**) × 10^2 + **34 × 78**, und das macht insgesamt drei Multiplikationen für den Preis von ein paar zusätzlichen Subtraktionen, die im Allgemeinen billiger sind als die Multiplikationen, die bei dem D&C-Ansatz ja recht aufwändig sind.

Die Arbeitsweise von D&C-Algorithmen sieht im Pseudocode wie folgt aus:

```
löse Problem:
  ist Problem klein:
    löse Problem direkt
  andernfalls:
    zerlege das Problem in Teilprobleme
    löse die Teilprobleme
    setze Problemlösung aus den Teillösungen zusammen
```

Attraktiv sind D&C-Algorithmen dann, wenn die Teilprobleme unabhängig voneinander und parallel gelöst werden können.

Bei unserem Eingangsbeispiel mit dem Aufstehen und Essen gibt es eine Abhängigkeit, sodass beide Teilprozesse zwar eine Teilaufgabe des Gesamtproblems lösen, man aber ohne aufzustehen nicht zum Kühlschrank kommt. Das Sortieren über Merge-Sort erfüllt dabei das Kriterium, dass, wenn die Liste in zwei Unterlisten zerlegt wird, die beiden Unterlisten problemlos parallel sortiert werden können.

3.8.2 Nebenläufiges Lösen von D&C-Algorithmen

Die Abarbeitung von Teilproblemen durch Threads ergibt immer dann Sinn, wenn

- durch die Kommunikation mit externen Subsystemen einzelne Threads den Prozessor immer wieder durch Wartezeiten nicht vollständig ausnutzen oder
- Threads effektiv parallel auf mehreren Prozessoren oder Cores laufen.

Kommen wir kurz zum Pseudo-Code vom D&C-Algorithmus zurück. Die mögliche Parallelisierung ist an einer Stelle:

```
löse Problem:
  ist Problem klein:
    löse Problem direkt
  andernfalls:
    zerlege das Problem in Teilprobleme
    löse die Teilprobleme parallel
    warte auf die Fertigstellung
    setze Problemlösung aus den Teillösungen zusammen
```

Die Teilprobleme könnten parallel gelöst werden, und es muss keine Rekursion stattfinden.

Mit den Standardmitteln von Java 1.0 könnten wir eine nebenläufige D&C-Lösung prinzipiell implementieren. Wir bauen mit `new Thread()` einen Thread auf, geben die zu lösende Aufgabe als `Runnable` mit, starten mit `start()` den Thread und warten anschließend mit `join()` auf das Ende. Anschließend bringen wir die Ergebnisse zusammen.

Ein genauer Blick auf diese Lösung zeigt ein zentrales Problem auf: Es werden viele Threads benötigt. Nehmen wir eine Problemgröße von n an. Im ersten Schritt werden zwei Threads benötigt, die jeweils die Probleme der Größe $n/2$ und $n/2$ lösen. Für diese würden wieder Threads benötigt, diesmal 4, die dann die Problemgrößen $n/4$, $n/4$, $n/4$ und $n/4$ lösen. Da sich die Problemgröße immer halbiert, ergibt sich ein Binärbaum der Tiefe $\log_2(n)$. Die Anzahl der Threads ist $2 + 4 + 8 + 16 + ... + 2^{\log2(n)} = n$, also abhängig von der Problemgröße und in der Größenordnung $O(n)$. Wir könnten nun argumentieren, das Problem mit dem Thread-Pool abzumildern, aber im Grunde werden immer noch zu viele Threads benötigt. Und wenn am Anfang durch die erste Teilung für die Problemgröße $n/2$ zwei Threads erzeugt werden, was machen sie? Zunächst nichts als warten. Sie warten auf die Berechnung der aufgespannten Threads, die die zwei $n/4$-Lösungen liefern. Diese warten wiederum bis zum Boden, bis die Lösung wirklich so klein ist, dass sie direkt berechnet werden kann. Erst dann läuft das Ergebnis wieder nach oben, und Schritt für Schritt beendet das die oberen wartenden Threads.

Im Grunde warten die Threads mehr, als dass sie arbeiten. Daher bringt auch ein Thread-Pool keine unglaubliche Verbesserung, denn wartende Threads können vom Thread-Pool nicht für andere Aufgaben herangezogen werden, sondern der Thread-Pool muss neue Threads aufbauen. Wenn wir dann fordern, dass der Thread-Pool nur so groß ist wie die Anzahl an Prozessoren (etwa 2), dann ist klar, dass wir sofort in einer Sackgasse stecken würden. Traditionelle Thread-Pools helfen bei der Lösung von nebenläufigen D&C-Ansätzen so einfach nicht.

3.8.3 Fork und Join

Java integriert in `java.util.concurrent` ein Framework zum Lösen von nebenläufigen D&C-Algorithmen. Die grundlegende Idee ist, neben Threads noch eine andere Arbeitseinheit einzuführen, die *Tasks*:

- **Threads**: Werden vom Betriebssystem verwaltet und laufen entweder pseudo-parallel auf einem Prozessor/Core oder echt parallel. Threads können sich mit anderen Threads koordinieren. Zu viele Threads, die sich im Weg stehen und aufeinander warten, führen zu keiner verbesserten Ausführungszeit gegenüber einer sequenziellen Lösung.

- **Tasks**. Werden von Threads bzw. einem Thread-Pool ausgeführt. Sie sind Arbeitseinheiten, die nicht auf andere Tasks warten.

Die Tasks sind kleine Arbeitspakete und werden in eine Task-Queue gelegt und dann von Threads abgearbeitet. Hat das System zwei Prozessoren und hat der Thread-Pool die Größe 2, so ist es wahrscheinlich, dass zwei Tasks parallel abgearbeitet werden. Gibt es vier Prozessoren, können vielleicht vier Tasks parallel laufen. Tasks lassen sich also grundsätzlich auf eine beliebige Anzahl von Threads und somit Prozessoren/Cores bringen, wobei im Gegensatz die Effektivität von Threads immer mit der physikalischen Anzahl von Prozessoren/Cores assoziiert ist.

Das so genannte *Fork/Join*-Framework wurde im Rahmen von *jsr166y* (*http://gee.cs.oswego.edu/dl/concurrency-interest/*) unter maßgeblicher Mitarbeit von Doug Lea entwickelt. Wie der Name schon andeutet, geht es bei Fork um das Erstellen eines neuen Tasks und bei Join um das Zusammenführen der Ergebnisse. Dabei ist es auf berechnungsintensive parallelisierbare Aufgaben ausgelegt.

Die Fork/Join-Bibliothek stellt dazu die Klasse `ForkJoinPool` als Koordinator zur Verfügung, einen besonderen `ExecutorService` bzw. `Executor`. Für die Task-Beschreibung gibt es die abstrakte Basisklasse `ForkJoinTask` und davon bisher drei Unterklassen: `RecursiveAction` (Tasks ohne Ergebnisse), `RecursiveTask` (Tasks mit Ergebnissen) und seit Java 8 `CountedCompleter` (siehe umfangreiche Javadoc). Die zentralen Methoden sind `fork()` und `join()`, die Klasse ist mit etwa 40 Methoden aber recht umfangreich und unter Java 8 noch etwas gewachsen.

Zur Abarbeitung der Tasks stellt das Framework die Threads zur Verfügung, deren Anzahl wir zwar für die Lösung des Problems selbst bestimmen können, aber die Anzahl der Prozessoren/Cores ist eine gute Standardgröße.[9] Die Methode `fork()` erzeugt einen neuen Task, der an den Anfang (!) einer Queue gestellt wird. Dabei haben alle Threads eine Queue für ihre Arbeitsaufträge, und sollte einmal eine Queue leergelaufen sein, so nimmt sich der Thread einfach einen Task vom Ende (!) einer anderen, nicht leeren Queue. (Das nennt sich *work-stealing* und ist im wahren Leben ziemlich selten anzutreffen.) Dass neue Tasks an den Anfang gestellt werden, ist einfach zu erklären: Die Tasks werden ja immer kleiner, und somit stehen die kleinen, schnell lösbaren Aufgaben vorne. Erst später folgen die größeren Aufgaben, die auf die Ergebnisse der kleinen Aufgaben zurückgreifen, die dann logischerweise schon berechnet wurden.

Zur Theorie ein Beispiel: Es geht darum, mit Fork/Join ein Programm zu haben, das nebenläufig das Maximum eines Arrays sucht. Der Start ist:

Listing 3.39 com/tutego/insel/thread/concurrent/ForkJoinPoolDemo.java, main()

```
int[] array = { 0, 9, 10, 111, 1, 12, 13, 14, 17 };
System.out.println( MaxElementInArrayFinder.findMax( array ) );
```

9 Dass die Maximalanzahl von Threads beim `ForkJoinPool` zurzeit 32767 ist, dürfte für normale Nutzer keine Einschränkung sein.

Die eigene Klasse MaxElementInArrayFinder bietet die Methode findMax(int[]), die auf den ForkJoinPool zurückgreift, um mit invoke(…) den Haupt-Task abzusetzen:

Listing 3.40 com/tutego/insel/thread/concurrent/ForkJoinPoolDemo,java, MaxElementInArrayFinder

```
class MaxElementInArrayFinder {

  private static final ForkJoinPool fjPool = new ForkJoinPool();

  ...
  public static int findMax( int[] array ) {
    return fjPool.invoke( new MaxElemTask( array, 0, array.length -1 ) );
  }
}
```

Unsere Klasse MaxElemTask repräsentiert ein Arbeitspaket. Das Objekt referenziert jeweils das Array sowie die Anfangs-/Endposition, ab der sie nach dem Maximum suchen soll:

Listing 3.41 com/tutego/insel/thread/concurrent/ForkJoinPoolDemo.java, MaxElementInArrayFinder.MaxElemTask

```
private static class MaxElemTask extends RecursiveTask<Integer> {

  private final int[] array;
  private final int start, end;

  MaxElemTask( int[] array, int start, int end ) {
    assert array != null && start >= 0 && start <= end;

    this.array = array;
    this.start = start;
    this.end = end;
  }

  @Override protected Integer compute() {
    ...
  }
}
```

Unsere Klasse erweitert die Basisklasse RecursiveTask<Integer> und deutet durch den generischen Typ schon an, dass das Ergebnis des Tasks eine Ganzzahl sein wird, nämlich das Feldmaximum aus dem gewünschten Bereich. Der Konstruktor sichert die Werte, und compute() führt die eigentliche Arbeit aus: Es löst entweder das Problem direkt, wenn es klein genug ist, oder spannt Unter-Tasks auf und wartet anschließend auf deren Ergebnisse:

Listing 3.42 com/tutego/insel/thread/concurrent/ForkJoinPoolDemo.java, MaxElementInArrayFinder.MaxElemTask.compute()

```
@Override protected Integer compute() {
  assert array != null && array.length > 0;

  System.out.printf( "max( start=%d, end=%d )%n", start, end );

  if ( end - start < 4 ) {
    int max = array[start];
    for ( int i = start + 1; i <= end; i++ )
      if ( array[i] > max )
        max = array[i];

    return max;
  }

  int middle = (start + end) / 2;

  MaxElemTask leftTask = new MaxElemTask( array, start, middle );
  leftTask.fork();

  MaxElemTask rightTask = new MaxElemTask( array, middle + 1, end );

  int rightMax = rightTask.compute();
  int leftMax = leftTask.join();

  return Math.max( rightMax, leftMax );
}
```

[+]

Hinweis

Fork/Join ist am besten für rechenzeitintensive Programme geeignet. Gibt es Wartezeiten auf Ressourcen, dann ist der klassische Executor noch besser.

3.9 CompletionStage und CompletableFuture *

Eine CompletionStage ist eine neue Schnittstelle in Java 8 mit einer beeindruckenden Anzahl an Methoden, die es erlauben, Operationen in einer Kette von Schritten koordiniert auszuführen. Sollen etwa von einem Server Daten abgerufen, verarbeitet und weitergeleitet werden, so sind das drei Schritte, die je Daten annehmen, verarbeiten und weiterleiten. Eine CompletionStage deklariert dafür diverse thenXXX()-Methoden, um diese Phasen festzuhalten, zusammen mit weiteren Methoden.

Die CompletionStage ist eine Schnittstelle aus java.util.concurrent, die durch CompletableFuture implementiert wird, hier kommen noch einmal ein paar Methoden hinzu, sodass die Klasse auf 60 Methoden kommt.

3.10 Mit dem Thread verbundene Variablen *

Unterschiedliche Threads können ohne Probleme das gleiche Runnable ausführen, was auch ein übliches Szenario ist, wenn der Programmcode immer der gleiche ist. Doch auch wenn der Programmcode immer gleich bleibt, soll jedem Thread doch vielleicht ein eigener Speicherbereich zugeteilt werden, in dem er Kontext-Informationen ablegen kann. Natürlich könnte jedem Runnable-Exemplar so eine lokale Datenstruktur gegeben werden, doch Java bringt von Haus etwas Besseres mit. Das ist praktisch, denn so sind Runnable und die vom Thread referenzierte Datenstruktur unabhängig voneinander.

3.10.1 ThreadLocal

Java bietet mit der Klasse java.lang.ThreadLocal eine Implementierung für *threadlokale Variablen* (engl. *thread-local storage [TLS])* an, sodass mit dem laufenden Thread ein Objekt, zum Beispiel eine Datenstruktur, assoziiert werden kann. Dieses Objekt ist dann aus dem Runnable-Objekt heraus referenzierbar. Sie sind ein wenig wie globale Variablen im Speicherraum der Threads.

```
class java.lang.ThreadLocal<T>
```

- ThreadLocal()
  Erzeugt eine neue threadlokale Variable.
- void set(T value)
  Setzt den Wert für den lokalen Thread.
- T get()
  Liefert den Wert, der mit dem aktuellen Thread verbunden ist.
- protected T initialValue()
  Die Methode kann überschrieben werden und liefert dann den Anfangswert beim ersten Aufruf von get() ohne vorangehendes set(). Der Standard ist null.
- void remove()
  Entfernt den Wert der threadlokalen Variablen, um etwa Speicher freizumachen. Ein anschließendes get() liefert wieder den Wert aus initialValue().
- static <S> ThreadLocal<S> withInitial(Supplier<? extends S> supplier)
  Erzeugt über die Fabrikmethode ein neues ThreadLocal-Objekt, wobei der angegebene Supplier den Initialwert liefert. Neu in Java 8.

Zählen mit threadlokalen Variablen

Das folgende Beispiel soll ein Runnable definieren, das endlos zählt. Der Clou ist aber, dass der Zähler keine lokale Variable, sondern eine threadlokale Variable ist, die ThreadLocal verwaltet. Drei Threads sollen das gleiche Runnable abarbeiten: zwei neue Threads und der aktuell ausführende main-Thread:

Listing 3.43 com/tutego/insel/thread/ThreadLocalDemo.java

```
package com.tutego.insel.thread;

public class ThreadLocalDemo {

  public static void main( String[] args ) {
    Runnable runnable = new SimpleRunnable();
    new Thread( runnable ).start();
    new Thread( runnable ).start();
    runnable.run();
  }
}

class SimpleRunnable implements Runnable {

  private static final ThreadLocal<Integer> mem =
                         new ThreadLocal<Integer>() {
    @Override protected Integer initialValue() { return 1; }
  };

  @Override public void run() {
    while ( true ) {
      System.out.println( Thread.currentThread().getName() +
                          ", " + mem.get() );
      mem.set( mem.get() + 1 );
    }
  }
}
```

Den Startwert legt die überschriebene Methode initialValue() mit 1 fest. Da ThreadLocal einen Zähler speichert, ist der Datencontainer mit Integer typisiert.

Die Ausgabe kann beginnen mit:

```
main, 1
main, 2
main, 3
main, 4
```

```
main, 5
Thread-0, 1
Thread-1, 1
Thread-0, 2
Thread-1, 2
Thread-0, 3
Thread-1, 3
```

`ThreadLocal` bietet eine schöne Lösung, um Synchronisation zu vermeiden, indem jeder Thread einfach sein eigenes Objekt bekommt. Folglich muss sich ein Thread nicht mit anderen Threads um den Zugriff streiten. Natürlich funktioniert das nur dann, wenn diese geteilten Objekte wirklich unabhängig sind. In einem Java EE-Server werden üblicherweise die Transaktionsinformationen in threadlokalen Variablen gehalten.

Entwicklungsumgebungen

Die IDE *IntelliJ* bietet die komfortable Möglichkeit, statische referenzierte nicht threadsichere Objekte in `ThreadLocal`-Objekte zu konvertieren. Informationen dazu gibt es unter *http://blogs.jetbrains.com/idea/2009/10/threadlocal-in-one-click/*.

remove() nutzen

Jeder Thread speichert einen Assoziativspeicher mit allen threadlokalen Variablen. Damit im `ThreadLocal` vergessene Werte nicht zum Problem werden, müssen sie mit `remove()` wieder entfernt werden. Sonst entstehen langlebige Objektreferenzen, die zu einem Speicherleck führen können. Denn in heutigen Umgebungen werden Threads nicht einfach so gestartet und beendet, sondern leben fast schon ewig in einem Thread-Pool und werden immer wieder recycelt. Der Tipp, der sich daraus ableitet, ist der folgende: Wenn threadlokale Variablen nicht mehr benötigt werden, sollten sie entfernt werden, denn werden sie es nicht, verstopfen sie den Speicher. Das Problem ist nur, dass ein Thread im Thread-Pool ja gar nicht weiß, was für ein `Runnable` er abarbeitet, sodass es schwierig ist, Einträge wieder zu entfernen.

3.10.2 InheritableThreadLocal

Jeder Thread kann einen neuen Thread bilden, der dann Kind ist. Da die statische `main`-Methode selbst von einem Haupt-Thread ausgeführt wird, wie das Beispiel zeigt, ist schon dieser Thread der Vater, der neue Unter-Threads bildet.

Mit der Klasse `InheritableThreadLocal`, die eine Unterklasse von `ThreadLocal` ist, kann das Kind vom Vater den gespeicherten Wert übernehmen. Das würde sonst nicht funktionieren, da der neue Thread ja ganz eigene Werte hat, aber mit `InheritableThreadLocal` bleibt dieser Wert erhalten und wird auf die Kinder vererbt.

Dass ein gestarteter Kind-Thread den Wert vom Vater-Thread übernimmt, zeigt das folgende Programm. Ein Thread gibt den geerbten Wert aus und setzt anschließend einen neuen Wert für ein Kind, das der Thread in die Welt entlässt:

Listing 3.44 com/tutego/insel/thread/InheritableThreadLocalDemo.java

```
package com.tutego.insel.thread;

public class InheritableThreadLocalDemo {
  public static void main( String[] args ) {
    new InheritingThread().start();
  }
}

class InheritingThread extends Thread {
//  private static final ThreadLocal<String> mem = new ThreadLocal<>();
  private static final InheritableThreadLocal<String> mem =
                              new InheritableThreadLocal<>();
  @Override public void run() {
    System.out.println( Thread.currentThread() + " bekommt " + mem.get() );
    mem.set( Thread.currentThread().getName() );

    new InheritingThread().start();
  }
}
```

Die Ausgabe beginnt mit:

```
Thread[Thread-0,5,main] bekommt null
Thread[Thread-1,5,main] bekommt Thread-0
Thread[Thread-2,5,main] bekommt Thread-1
Thread[Thread-3,5,main] bekommt Thread-2
```

Der erste Thread bekommt noch nichts von seinem Vater-Thread. Da jedoch der erste Thread den eigenen Namen in den Speicher von `InheritableThreadLocal` legt und dann der zweite neu gestartete Kind-Thread auf den Wert zugreift, empfängt er die Zeichenfolge »Thread-0«.

Wer zum Testen `InheritableThreadLocal` durch `ThreadLocal` ersetzt, der wird merken, dass das Beispiel so nicht funktioniert.

3.10.3 ThreadLocalRandom als schneller nebenläufiger Zufallszahlengenerator

Zufallszahlen sind immer nur Pseudozufallszahlen und werden mit einer mathematischen Formel aus dem Vorgänger generiert. Der Vorgänger muss dabei gespeichert werden, und das ist die

Aufgabe eines Random-Objekts. Die Methode Math.random() nutzt intern ein Random-Objekt, und jetzt kann es zu Wartezeiten kommen, wenn mehrere Threads gleichzeitig random() aufrufen, denn die Methode darf intern ja nur einen Thread die letzte Zufallszahl schreiben lassen. Math ist also eine Klasse mit Zustand, und Zustandsverwaltung ist bei Multithreaded Anwendungen immer etwas speziell.

Um Zufallszahlen schnell generieren zu können, sind diese Verzögerungen ungünstig, und es gibt zwei Lösungen dafür. Einmal lässt sich pro Thread ein Random-Objekt generieren, sodass es im Code der Random-Klasse dann keine Konkurrenzsituation geben kann. Aber optimal ist das noch nicht, denn der Programmcode der Random-Klasse ist auf diese Nebenläufigkeit vorbereitet, und bei nur einem Thread wäre ein schlankerer Programmcode besser, der für eine Single-Threaded Abarbeitung optimiert ist. Und hier kommt die Klasse java.util.concurrent.ThreadLocalRandom ins Spiel. Sie ist eine Unterklasse von Random und überschreibt die eigentliche Generatormethode next(int)-Methode so, dass es keine Synchronisation gibt; die Ausführung in einer Multithreaded Umgebung ist dementsprechend schnell.

Beispiel

Erzeuge Zufallszahlen zwischen 1 und 10:

Listing 3.45 com/tutego/insel/thread/ThreadLocalRandomDemo.java

```
ThreadLocalRandom threadLocalRandom = ThreadLocalRandom.current();
System.out.println( threadLocalRandom.nextInt( 1, 10 + 1 ) );
System.out.println( threadLocalRandom.nextInt( 1, 10 + 1 ) );
```

Die Variable threadLocalRandom kann problemlos zwischen verschiedenen Threads »geteilt« werden.

Die Klasse ThreadLocalRandom erbt alle Methoden von Random und überschreibt etwa die neuen Methoden aus Java 8, die einen Stream von Zufallszahlen liefern. Des Weiteren kommen einige neue Methoden hinzu, um etwa Zufallszahlen in einem gewissen Bereich zu generieren – das fehlt in Random. Ein neuer Seed kann nicht gesetzt werden, ThreadLocalRandom überschreibt setSeed(long) so, dass eine UnsupportedOperationException ausgelöst wird.

```
class java.util.concurrent.ThreadLocalRandom
extends Random
```

- static ThreadLocalRandom current()
  Liefert das aktuelle ThreadLocalRandom-Objekt.
- void setSeed(long seed)
  Nicht unterstützt, löst UnsupportedOperationException aus.
- double nextDouble(double n)

- `double nextDouble(double least, double bound)`
- `double nextGaussian()`
- `int nextInt(int least, int bound)`
- `long nextLong(long n)`
- `long nextLong(long least, long bound)`
  Liefert Zufallszahl und aktualisiert den Seed.
- `DoubleStream doubles()`
- `IntStream ints()`
- `LongStream longs()`
- `DoubleStream gaussians()`
  Liefert einen Stream von Daten.
- `protected int next(int bits)`
  Liefert die nächste Zufallszahl, eine interne Methode, die `ThreadLocalRandom` aus `Random` überschreibt und `protected` belässt.

3.10.4 ThreadLocal bei der Performance-Optimierung

`ThreadLocal` ist eine schöne Klasse zur Performance-Optimierung. Sollen zum Beispiel zwei Threads große Datenmengen über einen zentralen Puffer lesen, müssten sie an diesem Puffer synchronisiert werden. Mit `ThreadLocal` kann je ein Puffer beim Thread gespeichert sein, und die Synchronisation kann entfallen. Da es im Allgemeinen wenige Threads gibt, ist die Anzahl nötiger Puffer klein. Performance-Interessierte können einen Blick auf `StringCoding` werfen, wie sie `ThreadLocal` beim Caching von (De)Kodierer-Objekten nutzt. Die Klasse `String` nutzt `StringCoding` bei der Byte-/Zeichen-Kodierung. Verschweigen dürfen wir aber nicht, dass der Zugriff auch etwas kostet, sodass ein kleiner synchronisierter Bereich durchaus schneller sein kann.

Dazu noch ein Punkt zum Caching: Wir hatten gesagt, dass sich gecachte Objekte sehr gut in einem `ThreadLocal` ablegen lassen, insbesondere dann, wenn diese Objekte teuer im Aufbau sind. Hier müssen wir aber vorsichtig sein. Ein Szenario: Ein Server nutzt 100 Threads für Anfragen. Es kommt eine Anfrage herein, ein Thread übernimmt sie und setzt ein zu cachendes Objekt in den `ThreadLocal`. Das Dumme ist, dass die nächste Anfrage aber nicht wieder bei diesem Thread landen muss, denn es gibt ja 99 andere Threads, und die haben den gecachten Wert nicht im `ThreadLocal`. Also machen die das Gleiche, und es endet nach einer Zeit damit, dass alle 100 Threads dieses Objekt in einem lokalen Cache haben. Diese Herangehensweise kostet viel Speicher, kann aber intelligent sein, da so eine Synchronisation unnötig wird. Ist Speicher satt vorhanden und sind die Objekte klein und *nicht* threadsicher, ist das eine gute Philosophie, ansonsten ist vielleicht doch eine zentrale Stelle für die Objekte eine speicherschonendere Strategie.

3.11 Threads in einer Thread-Gruppe *

Wenn wir einen Thread erzeugen, gehört dieser automatisch zu einer Gruppe, die durch ein `ThreadGroup`-Objekt repräsentiert wird. Die Verwaltung ist Aufgabe der Laufzeitumgebung. Die Gruppenzugehörigkeit bekommt jeder Thread bei seiner Erzeugung zugeteilt; wir können sie aber beeinflussen: Entweder geben wir die Gruppe explizit an, wofür es einen passenden Konstruktor gibt, oder der Thread wird automatisch der Gruppe jenes Threads zugeordnet, der ihn erzeugt hat. Da Thread-Gruppen baumartig organisiert sind, kann jede Thread-Gruppe wiederum weitere Untergruppen besitzen. Die Wurzel dieses Baums bildet für Benutzer-Threads die Gruppe `main`. Über diese Gruppenzugehörigkeit lassen sich Threads leicht verwalten, da sich beispielsweise alle Threads einer Gruppe gleichzeitig stoppen lassen oder die Priorität geändert werden kann. Von Applets erzeugte Threads gehören automatisch zu speziellen Untergruppen, sodass sie die Laufzeitumgebung nicht negativ beeinflussen.

3.11.1 Aktive Threads in der Umgebung

Es gibt zwei Möglichkeiten, um herauszufinden, welche Threads gerade im System laufen. Der erste Weg führt über die Klasse `Thread`, der zweite über die Klasse `ThreadGroup`.

```
class java.lang.Thread
implements Runnable
```

- `static int activeCount()`
  Liefert die Anzahl der noch nicht beendeten Threads in der Gruppe des aktiven Threads.
- `static int enumerate(Thread[] tarray)`
  Jeder Thread in der gleichen Gruppe wie der aktive Thread und alle Threads in den Untergruppen dieser Gruppe werden in das Feld kopiert. Der `SecurityManager` überprüft, ob wir dies überhaupt dürfen, und kann eine `SecurityException` auslösen. Die Rückgabe ist die Anzahl kopierter Elemente im Feld.

3.11.2 Etwas über die aktuelle Thread-Gruppe herausfinden

Das folgende Programm nutzt die Methode getThreadGroup(), um das ThreadGroup-Objekt des aktuellen Threads zu bekommen. Anschließend verwendet es getParent(), um die Thread-Gruppen ebenenweise nach oben zu durchlaufen und somit das Vater-Objekt für alle Threads auszulesen:

Listing 3.46 com/tutego/insel/thread/group/ShowThreadsInMain.java

```
package com.tutego.insel.thread.group;

public class ShowThreadsInMain {

  public static void main( String[] args ) {
    ThreadGroup top = Thread.currentThread().getThreadGroup();

    while ( top.getParent() != null )
      top = top.getParent();

    showGroupInfo( "  ", top );
  }

  public static void showGroupInfo( String indent, ThreadGroup group ) {
    Thread[] threads = new Thread[ group.activeCount() ];
    group.enumerate( threads, false );
    System.out.println( group );

    for ( Thread t : threads )
      if ( t != null )
        System.out.printf( "%s%s -> %s ist %sDaemon-Thread%n",
                           indent, group.getName(), t, t.isDaemon() ? "" : "kein " );

    ThreadGroup[] activeGroup = new ThreadGroup[ group.activeGroupCount() ];
    group.enumerate( activeGroup, false );

    for ( ThreadGroup g : activeGroup )
      showGroupInfo( indent + indent, g );
  }
}
```

Dann wird mit der schon bekannten enumerate(…)-Methode eine Liste erstellt und eine Auflistung aller Untergruppen auf den Bildschirm ausgegeben. Die Anzahl der Threads in der Gruppe ergibt sich mit activeCount(). Die Methoden enumerate(…) sowie activeCount() beziehen sich hier auf Objektmethoden einer Thread-Gruppe und nicht mehr auf Klassenmethoden von Thread.

```
java.lang.ThreadGroup[name=system,maxpri=10]
  system -> Thread[Reference Handler,10,system] is Daemon
  system -> Thread[Finalizer,8,system] is Daemon
  system -> Thread[Signal Dispatcher,9,system] is Daemon
  system -> Thread[Attach Listener,5,system] is Daemon
java.lang.ThreadGroup[name=main,maxpri=10]
    main -> Thread[main,5,main] is no Daemon
```

```
class java.lang.Thread
implements Runnable
```

- `static Thread currentThread()`
  Liefert eine Referenz auf den aktuell laufenden Thread.
- `final ThreadGroup getThreadGroup()`
  Liefert die Thread-Gruppe, zu der der Thread gehört. Wenn es den Thread schon nicht mehr gibt, liefert die Methode `null`.

```
class java.lang.ThreadGroup
implements Thread.UncaughtExceptionHandler
```

- `final ThreadGroup getParent()`
  Liefert die Obergruppe der Thread-Gruppe.
- `int activeCount()`
  Liefert die Anzahl aktiver Threads in der Gruppe inklusive aller Untergruppen.
- `int activeGroupCount()`
  Liefert die Anzahl aktiver Untergruppen in der Gruppe.
- `int enumerate(Thread[] threadList)`
  Kopiert eine Referenz auf jeden aktiven Thread der Gruppe und auf alle Threads in ihren Untergruppen in das Array.
- `int enumerate(Thread[] threadList, boolean recurse)`
  Kopiert eine Referenz auf jeden aktiven Thread der Gruppe in das Array. Ist `recurse` gleich `true`, werden auch Referenzen auf die Threads der Untergruppen mit kopiert.
- `int enumerate(ThreadGroup[] groupList)`
  Kopiert Referenzen auf die Untergruppen, die mindestens einen aktiven Thread enthalten, inklusive aller Unteruntergruppen in das Array.
- `int enumerate(ThreadGroup[] groupList, boolean recurse)`
  Kopiert Referenzen auf jede aktive Untergruppe inklusive aller Unteruntergruppen, wenn `recurse` gleich `true` ist.

Ein Array der passenden Größe müssen wir zunächst anlegen. Dies geschieht am besten mit `activeCount()`. Ist das Array für die Threads zu klein, werden die überzähligen Threads nicht mehr in das Array kopiert.

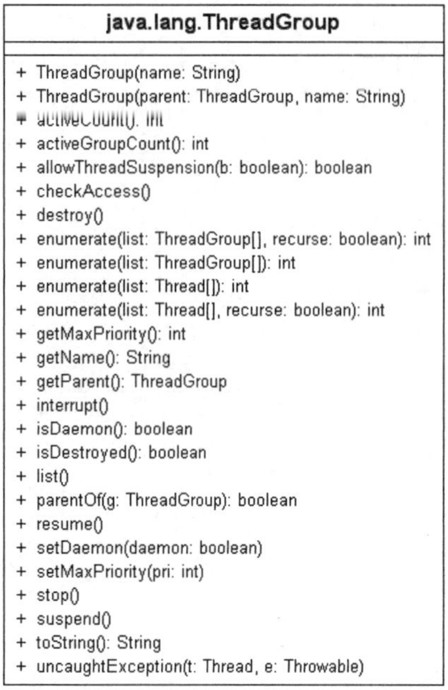

Abbildung 3.10 Klassendiagramm für ThreadGroup

3.11.3 Threads in einer Thread-Gruppe anlegen

Wollen wir Threads in einer Gruppe anlegen, dann müssen wir zunächst ein `ThreadGroup`-Objekt erzeugen. Dazu bietet die Klasse zwei Konstruktoren. Im ersten müssen wir lediglich den Namen der Gruppe angeben. Da eine Thread-Gruppe, die mehrere Threads zusammenfasst, wiederum Mitglied eines `ThreadGroup`-Objekts sein kann, existiert ein zweiter Konstruktor, der die übergeordnete Gruppe bestimmt. Ohne diese Angabe wird die Thread-Gruppe des aktuellen Threads zum Vater der neuen Gruppe.

```
class java.lang.ThreadGroup
implements Thread.UncaughtExceptionHandler
```

- `ThreadGroup(String name)`
  Erzeugt eine Thread-Gruppe namens `name`.
- `ThreadGroup(ThreadGroup parent, String name)`
  Erzeugt eine neue Thread-Gruppe, deren Vater `parent` ist.

Die Gruppe haben wir angelegt, nun fehlen uns noch die Threads. Diese können nur bei ihrer Erzeugung in die Gruppe aufgenommen werden. Dafür bietet uns die `Thread`-Klasse spezielle Konstruktoren, um den neuen Thread einer bestimmten Gruppe hinzuzufügen. Folgende Zeilen reichen aus, um die drei Comic-Helden in eine Gruppe zu stecken:

```
ThreadGroup group = new ThreadGroup( "Disney Family" );
Thread thread1    = new Thread( group, "Donald" );
Thread thread2    = new Thread( group, "Daisy" );
Thread thread3    = new Thread( group, "Micky" );
```


[+]

Hinweis

Die Zugehörigkeit eines Threads zu einer Gruppe lässt sich nachträglich nicht mehr ändern.

```
class java.lang.Thread
implements Runnable
```

- `Thread(ThreadGroup group, Runnable target, String name)`
  Erzeugt ein neues `Thread`-Objekt mit dem Namen `name` in der Gruppe `group` und dem `Runnable`-Objekt `target`, das die auszuführende `run()`-Methode enthält. Ist die Gruppe `null`, so wird der Thread in der Gruppe erzeugt, in der auch der erzeugende Thread liegt. Ist `target` gleich `null`, hat das `Thread`-Objekt selbst das passende `run()`.
- `Thread(ThreadGroup group, Runnable target)`
  Erzeugt ein neues `Thread`-Objekt. Der Konstruktor verweist auf `Thread(parent, target, "Thread-" + n)`, wobei `n` eine Ganzzahl ist, die mit `nextThreadNum()` erfragt wird. Bei jedem erzeugten Thread wird `n` inkrementiert.
- `Thread(ThreadGroup group, String name)`
  Erzeugt ein neues `Thread`-Objekt in der Gruppe `group`. Entspricht dem Konstruktor `Thread(group, null, name)`.

Das nachfolgende Beispiel zeigt die Erstellung und Nutzung einer eigenen Thread-Gruppe:

Listing 3.47 com/tutego/insel/thread/group/ThreadInThreadGroup.java

```
package com.tutego.insel.thread.group;

public class ThreadInThreadGroup {
  static public void main( String[] args ) {
    ThreadGroup group = new ThreadGroup( "Helden" );

    new OwnThread( group, "Darkwing Duck" ).start();
    new OwnThread( group, "Kikky" ).start();

    Thread[] threads = new Thread[ group.activeCount() ];

    // Fülle Array mit allen Threads der Gruppe

    group.enumerate( threads );
```

```
    // Eigenes Auflisten der Gruppe

    for ( Thread t : threads )
      System.out.println( t );
    System.out.println( "--" ); System.out.flush();

    // Eingebaute list()-Methode nutzen

    group.list();
  }
}

class OwnThread extends Thread {
  public OwnThread( ThreadGroup group, String name ) {
    super( group, name );
  }

  @Override
  public void run() {
    for ( int i = 0; i < 3; i++ ) {
      System.out.printf( "%s: Ich bin der Schrecken, der die Nacht durchflattert%n",
                         getName() );
    }
  }
}
```

Läuft das Programm, produziert es eine Ausgabe folgender Art:

```
Darkwing Duck: Ich bin der Schrecken, der die Nacht durchflattert
Darkwing Duck: Ich bin der Schrecken, der die Nacht durchflattert
Darkwing Duck: Ich bin der Schrecken, der die Nacht durchflattert
Kikky: Ich bin der Schrecken, der die Nacht durchflattert
Kikky: Ich bin der Schrecken, der die Nacht durchflattert
Kikky: Ich bin der Schrecken, der die Nacht durchflattert
Thread[Darkwing Duck,5,Helden]
Thread[Kikky,5,]
--
java.lang.ThreadGroup[name=Helden,maxpri=10]
```

Wesentlich einfacher ist die Testausgabe einer Thread-Gruppe mit der Objektmethode `list()`. Diese Methode ergibt aber nur zu Testzwecken Sinn.

```
class java.lang.ThreadGroup
implements Thread.UncaughtExceptionHandler
```

- `void list()`
  Schreibt eine Liste mit Informationen über die Thread-Gruppe auf die Standardausgabe.

3.11.4 Methoden von Thread und ThreadGroup im Vergleich

Einige Methoden, die ein Thread besitzt, lassen sich auf Gruppen übertragen, wobei es zum Teil Bedeutungsunterschiede gibt. So suggeriert vielleicht `setMaxPriority()`, dass die Priorität aller Threads in der Gruppe verändert wird, aber das ist nicht so. `setMaxPriority()` und `getMaxPriority()` beziehen sich auf die interne Variable `maxPriority` aus der Thread-Gruppe – die Threads aus der Gruppe werden von den beiden Methoden überhaupt nicht beeinflusst.

```
class java.lang.ThreadGroup
implements Thread.UncaughtExceptionHandler
```

- `final void setMaxPriority( int priority )`
  Setzt die höchstens einstellbare Priorität für Threads aus der `ThreadGroup`. Hat ein Thread zum Beispiel die Priorität 7 und wird danach die `maxPriority` seiner Gruppe auf 3 gesetzt, dann wird die Priorität des Threads bei einem folgenden `setPriority(i)` (wobei `i` zwischen 3 und 7 sein kann) auch nur auf 3 gesetzt. Existierende Threads ändern ihre Priorität nicht.
- `final int getMaxPriority()`
  Gibt zurück, wie hoch die Priorität eines Threads aus einer `ThreadGroup` höchstens gesetzt werden kann. Sie gibt nicht zurück, wie hoch die höchste Priorität aller Prioritäten der Threads aus der Thread-Gruppe ist!

[+]

Hinweis
Wird von einem Thread ein neuer Thread erzeugt, erbt der neue Thread üblicherweise die Priorität. Ist die Priorität des erzeugenden Threads aber höher als die maximale Priorität der Gruppe, dann erhält der neue Thread trotzdem nur den maximalen Prioritätswert der Gruppe zuerkannt.

Veraltete Methoden und Ähnliches

Einige Methoden sind veraltet und sollten nicht mehr verwendet werden. Dazu zählen `allowThreadSuspension(boolean)`, `resume()`, `stop()` und `suspend()`. Außer `allowThreadSuspension()` sind die anderen Methoden auch in der Klasse `Thread` veraltet. Immer noch aktuell und nützlich sind die `ThreadGroup`-Methoden `destroy()` und `interrupt()`.

```
class java.lang.ThreadGroup
implements Thread.UncaughtExceptionHandler
```

- `final void destroy()`
  Entfernt die Thread-Gruppe und alle Untergruppen. Die darin enthaltenen Threads müssen beendet worden sein. Eine `IllegalThreadStateException` wird ausgelöst, wenn die Gruppe nicht leer ist oder wenn die Gruppe schon entfernt wurde.
- `final void interrupt()`
  Unterbricht alle Threads in der Gruppe und den Untergruppen.
- `final void setDaemon(boolean daemon)`
  Ändert den Status der Thread-Gruppe. Diese Gruppeneigenschaft ist orthogonal zur Dämon-Eigenschaft einzelner Threads. Die Dämon-Gruppe wird entfernt, falls der letzte Thread stoppt oder die letzte Thread-Gruppe entfernt wurde.
- `final boolean isDaemon()`
  Testet, ob die Thread-Gruppe eine Dämon-Gruppe ist. Eine Dämon-Thread-Gruppe wird automatisch entfernt, wenn der letzte Thread gestoppt oder zerstört wurde.

Kein join in einer Thread-Gruppe

Eine Thread-Gruppe kennt keine `join(…)`-Methode wie ein Thread, sodass es über eine einzelne Methode nicht möglich ist, das Ende aller Threads in einer Gruppe zu erkennen. Doch die Thread-Gruppe besitzt die nützliche Methode `activeCount()`, über die etwa die Anzahl aktiver Threads – inklusive der Threads in Untergruppen – in Erfahrung gebracht werden kann. Damit ist Folgendes denkbar:

```
void join( ThreadGroup tg ) throws InterruptedException {
  synchronized( tg ) {
    while ( tg.activeCount() > 0 )
      tg.wait( 10 );
  }
}
```

Das alles kommt noch in einen `synchronized`-Block und in ein `wait(…)`, damit die Schleife nicht zu viel Zeit kostet.

3.12 Zeitgesteuerte Abläufe

Ein Scheduler arbeitet Programmstücke nach einer festen Zeitspanne oder zu einem fixen Zeitpunkt einmal oder wiederholt ab. Die Notwendigkeit für ein Scheduling gibt es insbesondere im Enterprise-Bereich häufig: In regelmäßigen Abständen müssen Reports erstellt werden, temporäre Daten sollen verschwinden usw. Zwei Scheduling-Technologien sollen kurz vorgestellt werden: die Bibliotheksklasse `java.util.Timer` und das Scheduling-Framework Quartz.

3.12.1 Die Typen Timer und TimerTask

Die Implementierung von zeitgesteuerten Abläufen nimmt uns zum Teil die Java-Bibliothek ab, die dazu die Klassen `java.util.Timer` und `java.util.TimerTask` anbietet. Sie helfen bei der zeitgesteuerten Ausführung. Ein `TimerTask` ist eine Klasse, die uns `Runnable` implementieren lässt und Operationen umfasst, die zu einem Zeitpunkt oder in einer beliebigen Wiederholung ausgeführt werden sollen. Ein `TimerTask` wird dann einer `Timer`-Klasse übergeben, die den dazugehörigen Verwaltungs-Thread startet.

Unser `TimerTask` soll einfach einen Text auf dem Bildschirm ausgeben:

Listing 3.48 com/tutego/insel/thread/timer/TimerTaskDemo.java, Task

```
class Task extends TimerTask {
  @Override public void run() {
    System.out.println( "Make my day." );
  }
}
```

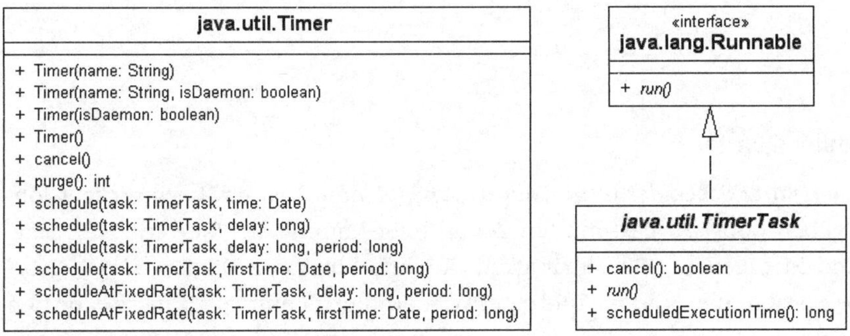

Abbildung 3.11 Timer und TimerTask

Jetzt müssen wir nur noch dieses `TimerTask`-Objekt erzeugen und eine der Objektmethoden von `Timer` übergeben. In unserem Beispiel soll unser Text 2 Sekunden nach dem Eintragen auf dem Bildschirm ausgegeben werden und in einem zweiten Fall – nach einer Wartesekunde – alle 5 Sekunden:

Listing 3.49 com/tutego/insel/thread/timer/TimerTaskDemo.java, TimerTaskDemo

```
public class TimerTaskDemo {
  public static void main( String[] args ) {
    Timer timer = new Timer();

    // Start in 2 Sekunden
    timer.schedule( new Task(), 2000 );

    // Start in 1 Sekunde, dann Ablauf alle 5 Sekunden
```

```
    timer.schedule( new Task(), 1000, 5000 );
  }
}
```

Die schedule(…)-Methode gibt es in vier Ausführungen. Dazu kommen zwei Methoden namens scheduleAtFixedRate(…), die versuchen, die Genauigkeit zu verbessern. Dies lohnt sich bei Operationen, die über einen langen Zeitraum präziser ohne Drift ausgeführt werden sollen, wie es etwa bei einer Uhr gilt, die jede Stunde ihren großen Zeiger bewegt. Selbst wenn Hintergrundoperationen, wie die Garbage-Collection, die pünktliche Ausführung der Operation verhindern, wird die Verspätung bis zur nächsten Wiederholung aufgeholt.

Ein Timer kann abgebrochen werden, wenn die cancel()-Methode aufgerufen wird.

[+]

Hinweis

Insgesamt gibt es drei Timer in Java: java.util.Timer, javax.management.timer.Timer und javax.swing.Timer. Der Management-Timer ist eine TimerMBean und als Managed Bean mit einer ganz besonderen Schnittstelle für Außenstehende zugänglich. Der Swing-Timer führt hingegen keine Task-Objekte aus, sondern ActionListener – und die auch immer im speziellen AWT-Event-Thread.

3.12.2 Job-Scheduler Quartz

Der OpenSymphony *Quartz Scheduler* (*http://quartz-scheduler.org/*) ist ein hochwertiger Job-Scheduler, der Aufgaben (Jobs) zu bestimmten Zeiten (hier kommt die java.util.Calendar-Klasse ins Spiel) und in gegebener Regelmäßigkeit durchführen kann. Die java.util.Timer-Klasse bietet nur die Angabe einer Startzeit und eines Wiederholungsintervalls. Quartz kann den Zustand der Jobs in einem JobStore speichern, etwa in einer Datenbank (JDBCJobStore), sodass auch nach einem unrühmlichen Ende die Jobs wieder gestartet und weitergeführt werden können. Die Timer-Klasse kann das nicht! Quartz und der Timer sprechen ihre Jobs durch eine Schnittstelle an. Bei Quartz heißt sie Job, und die Callback-Methode execute(…) ruft der Scheduler zu vorgegebenen Zeiten auf. Die zentrale ausführende Einheit erfragt eine statische Fabrikmethode:

```
SchedulerFactory schedFact = new org.quartz.impl.StdSchedulerFactory();
Scheduler sched = schedFact.getScheduler();
```

Die Methode sched.start() startet schließlich den Scheduler. Mit scheduleJob() lässt sich ein Job zusammen mit einem Trigger – das ist eine Beschreibung der Zeitparameter – starten. Eine Dokumentation findet sich auf der Website der Bibliothek und unter *http://tutego.de/go/quartzbosanc*.

3.13 Einen Abbruch der virtuellen Maschine erkennen

3.13.1 Shutdown-Hook

Läuft ein Java-Programm, so kann der Benutzer es jederzeit beenden, indem er die virtuelle Maschine stoppt. Das kann er zum Beispiel durch die Tastenkombination `Strg` + `C` auf der Konsole oder auch durch Abbruchsignale vornehmen. Ein plötzlicher Programmabbruch kann aber für das Programm sehr unsicher sein, und zwar aus den gleichen Gründen wie bei einem unvermittelten Abbruch durch die `stop()`-Methode der Klasse `Thread`. Daher bietet Java durch einen *Shutdown-Hook* die Möglichkeit, das Abbruchsignal zu erkennen und Ressourcen sauber freizugeben. Das Teilwort *Hook* erinnert an einen Haken, der sich ins System einhängt, um Informationen abzugreifen. Der Hook ist ein initialisierter, aber noch nicht gestarteter Thread.

[«]

Beispiel

Eine Endlosschleife schmort im eigenen Saft. Der eingefügte Hook reagiert auf das Ende der virtuellen Maschine. Das Programm muss auf der Konsole beendet werden, da die meisten Entwicklungsumgebungen das `Strg` + `C` nicht an die Java-Umgebung weiterleiten.

Listing 3.50 com/tutego/insel/thread/ThatsMyEnd.java, main()

```
Runtime.getRuntime().addShutdownHook( new Thread() {
  @Override public void run() {
    System.out.println( "Jedes Leben endet tödlich." );
  }
} );
JOptionPane.showConfirmDialog( null, "Ende?" );
System.exit( 0 );
```

Zusätzlich zum bewussten Abbruch wird der Thread auch immer dann ausgeführt, wenn das Programm normal beendet wird. Es können mehrere Threads als Shutdown-Hooks installiert sein. Wenn sich dann die JVM beendet, werden die Threads in beliebiger Reihenfolge abgearbeitet.

[+]

Hinweis

Wird unter Windows der Prozess mit dem Task-Manager beendet, läuft der Shutdown-Hook nicht!

```
class java.lang.Runtime
```

- `void addShutdownHook(Thread hook)`
  Startet den angegebenen Thread, wenn die JVM beendet wird. Der Thread kann keinen neuen Thread unter dem Hook registrieren. Die `run()`-Methode des Threads sollte schnell ablaufen,

um das Beenden der JVM nicht länger als nötig aufzuhalten. Es ist nicht möglich (vorgesehen), das bevorstehende Ende der JVM zu verhindern.

- `boolean removeShutdownHook(Thread hook)`
  Entfernt den angegebenen Hook. Der Rückgabewert ist `true`, falls der Hook registriert war und entfernt werden konnte.

3.13.2 Signale

Das Betriebssystem sendet beim Abbruch eines Programms Signale. Für Windows-/Unix-Systeme sind das zum Beispiel `INT` (Abbruch zum Beispiel mit [Strg] + [C]), `TERM` (Aufforderung zur Terminierung), `BREAK` (Break-Anforderung vom Termin) usw.

Java kann diese unterschiedlichen Feinheiten des Programmabbruchs nicht auswerten, jedenfalls nicht mit einer erlaubten API. Es gibt aber zwei Klassen, `sun.misc.Signal` und `sun.misc.SignalHandler`, die verwendet werden können, wenn Entwickler sich der Konsequenzen bewusst sind, dass diese API in Zukunft verschwinden könnte. Die Nutzung sieht so aus:

```
class MySignalHandler implements SignalHandler {
  public void handle( Signal signal ) { … }
}
String signalName = "TERM";
handler = Signal.handle( new Signal( signalName ), new MySignalHandler() );
```

Weitere Informationen auch zu den unterschiedlichen Signaltypen liefern *http://tutego.de/go/signal* und die referenzierten Unterseiten.

3.14 Zum Weiterlesen

Im Bereich Java-Threads gibt es eigentlich nur ein ernst zu nehmendes Buch: »Concurrent Programming in Java: Design Principles and Patterns« von Doug Lea bei Prentice Hall, ISBN 0201310090, der auch die Implementierung im JDK beisteuerte (seine Webseite *http://g.oswego.edu/dl/cpj/* listet ein bescheidenes Erratum auf). Aufschlussreich hinsichtlich des Speichermodells ist Kapitel 16, »Technologien für die Infrastruktur«, der Java Language Specification unter *http://docs.oracle.com/javase/specs/jls/se7/html/jls-17.html#jls-17.4*. Die Webseite *http://www.cs.umd.edu/~pugh/java/memoryModel/* fasst die Diskussionen über das Speichermodell zusammen und verweist auf Dokumente, die Themen wie den Stack von Threads, `volatile` und JSR-133 genauer untersuchen. Einen bei Einsteigern beliebten Fehler, das *double-checked locking*, beschreibt unter anderem *http://tutego.de/go/doublecheckedlocking*. `CompletableFuture` ist eine spannende neue Schnittstelle, die die Blog-Einträge *http://tutego.de/go/completablefuture1* und *http://tutego.de/go/completablefuture2* am Beispiel beschreiben.

Kapitel 4
Datenstrukturen und Algorithmen

»Überlege einmal, bevor du gibst, zweimal, bevor du annimmst, und tausendmal, bevor du verlangst.«
– Marie von Ebner-Eschenbach (1830–1916)

Algorithmen[1] sind ein zentrales Thema der Informatik. Ihre Erforschung und Untersuchung nimmt dort einen bedeutenden Platz ein. Algorithmen operieren nur dann effektiv mit Daten, wenn diese geeignet strukturiert sind. Schon das Beispiel Telefonbuch zeigt, wie wichtig die Ordnung der Daten nach einem Schema ist. Die Suche nach einer Telefonnummer bei gegebenem Namen gelingt schnell, während die Suche nach einem Namen bei bekannter Telefonnummer ein mühseliges Unterfangen darstellt. Datenstrukturen und Algorithmen sind also eng miteinander verbunden, und die Wahl der richtigen Datenstruktur entscheidet über effiziente Laufzeiten; beide erfüllen allein nie ihren Zweck. Leider ist die Wahl der »richtigen« Datenstruktur nicht so einfach, wie es sich anhört, und eine Reihe von schwierigen Problemen in der Informatik ist wohl deswegen noch nicht gelöst, weil eine passende Datenorganisation bis jetzt nicht gefunden wurde.

Die wichtigsten Datenstrukturen, wie Listen, Mengen, Kellerspeicher und Assoziativspeicher, sollen in diesem Kapitel vorgestellt werden. In der zweiten Hälfte des Kapitels wollen wir uns dann stärker den Algorithmen widmen, die auf diesen Datenstrukturen operieren.

4.1 Datenstrukturen und die Collection-API

Dynamische Datenstrukturen passen ihre Größe der Anzahl der Daten an, die sie aufnehmen. Schon in Java 1.0 brachte die Standardbibliothek fundamentale Datenstrukturen mit, aber erst mit Java 1.2 wurde mit der so genannten *Collection-API* der Umgang mit Datenstrukturen und Algorithmen auf eine gute Basis gestellt. In Java 5 gab es große Anpassungen durch Einführung der Generics und in Java 8 Anpassungen durch das neue Sprachkonstrukt der Lambda-Ausdrücke. Die Datenstrukturen finden sich allesamt im Java-Paket `java.util` respektive Unterpaket `java.util.concurrent`.

1 Das Wort *Algorithmus* geht auf den Namen des persisch-arabischen Mathematikers Ibn Mûsâ Al-Chwârismî zurück, der im 9. Jahrhundert lebte.

Sprachregelung

Ein Container ist ein Objekt, das wiederum andere Objekte aufnimmt und die Verantwortung für die Elemente übernimmt. Wir werden die Begriffe *Container*, *Sammlung* und *Collection* synonym[2] verwenden.

4.1.1 Designprinzip mit Schnittstellen, abstrakten und konkreten Klassen

Das Design der Collection-Klassen folgt vier Prinzipien:

- Schnittstellen legen Gruppen von Operationen für die verschiedenen Behältertypen fest. So gibt es zum Beispiel mit `List` eine Schnittstelle für Sequenzen (Listen) und mit `Map` eine Schnittstelle für Assoziativspeicher, die Schlüssel-Wert-Paare verbinden.
- Konkrete Klassen für bestimmte Behältertypen beerben die entsprechende abstrakte Basisklasse und ergänzen die unbedingt erforderlichen Grundoperationen (und ergänzen einige die Performance steigernde Methoden gegenüber der allgemeinen Lösung in der Oberklasse). Sie sind in der Nutzung unsere direkten Ansprechpartner. Für eine Liste können wir zum Beispiel die konkrete Klasse `ArrayList` und als Assoziativspeicher die Klasse `TreeMap` nutzen.
- Algorithmen, wie die Suche nach einem Element, gehören zum Teil zur Schnittstelle der Datenstrukturen. Zusätzlich gibt es mit der Klasse `Collections` eine Utility-Klasse mit weiteren Algorithmen.
- Weniger interessant für Anwender, aber für Implementierer einer Datenstruktur sind eine Vielzahl abstrakte Basisklassen, die die Operationen der Schnittstellen soweit wie möglich realisieren und auf eine minimale Zahl von als abstrakt deklarierten Grundoperationen zurückführen. So greift etwa `addAll(…)` auf mehrere `add(…)`-Aufrufe zurück oder `isEmpty()` auf `getSize()`. (Mit den abstrakten Basisimplementierungen wollen wir uns nicht weiter beschäftigen. Sie sind interessanter, wenn eigene Datenstrukturen auf der Basis der Grundimplementierung entworfen werden.)

4.1.2 Die Basisschnittstellen Collection und Map

Alle Datenstrukturen aus der Collection-API fußen auf zwei Schnittstellen:

- `java.util.Collection` (für Listen, Mengen, Schlangen)
- `java.util.Map` (für Assoziativspeicher)

Durch die gemeinsame Schnittstelle erhalten alle implementierenden Klassen einen gemeinsamen Rahmen. Die Operationen lassen sich grob einteilen in:

- Basisoperationen zum Erfragen der Elementanzahl und zum Hinzufügen, Löschen, Selektieren und Finden von Elementen

2 Wie war noch mal das andere Wort für synonym?

- Mengenoperationen, um etwa andere Sammlungen einzufügen
- Feldoperationen bei `Collection`, um die Sammlung in ein Array zu konvertieren, und bei `Map` in Operationen, um alternative Ansichten von Schlüsseln oder Werten zu bekommen

4.1.3 Die Utility-Klassen Collections und Arrays

Datenstrukturen implementieren Algorithmen, etwa die Verwaltung von Elementen in einem Binärbaum oder einem Array. Java bietet zudem zwei besondere Klassen für insbesondere Such- und Sortier-Algorithmen: die Utility-Klasse `Collections` bietet Hilfsmethoden für `Collection`-Objekte – und einige wenige Methoden für Mengen –, und `Arrays` bietet statische Hilfsmethoden für Felder. Wichtig ist, auf die Schreibweise zu achten: `Collection` versus `Collections`. Die Namensgebung ist jedoch einheitlich, denn in der gesamten Java-API gibt es mehrere Beispiele für Utility-Klassen, die ein »s« am Ende bekommen und ausschließlich statische Methoden bereitstellen. Einige Algorithmen sind auch direkt bei den Klassen zu finden, so etwa `sort(…)` bei Listen, aber auch `Collections` bietet eine `sort(…)`-Methode.

4.1.4 Das erste Programm mit Container-Klassen

Bis auf Assoziativspeicher implementieren alle Container-Klassen das Interface `Collection` und haben dadurch schon wichtige Methoden, um Daten aufzunehmen, zu manipulieren und auszulesen. Das folgende Programm erzeugt als Datenstruktur eine *verkettete Liste*, fügt Strings ein und gibt zum Schluss die Sammlung auf der Standardausgabe aus:

Listing 4.1 com/tutego/insel/util/MyFirstCollection.java, MyFirstCollection

```
public class MyFirstCollection {
  private static void fill( Collection<String> c ) {
    c.add( "Juvy" );
    c.add( "Tina" );
    c.add( "Joy" );
  }

  public static void main( String[] args ) {
    List<String> c = new LinkedList<>();
    fill( c );
    System.out.println( c );      // [Juvy, Tina, Joy]
    Collections.sort( c );
    System.out.println( c );      // [Joy, Juvy, Tina]
  }
}
```

Das Beispiel zeigt unterschiedliche Aspekte der Collection-API:

- Alle Datenstrukturen sind generisch deklariert. Statt `new LinkedList()` schreiben wir zum Beispiel `new LinkedList<String>()`, weil die Sammlung String-Objekte aufnehmen soll und durch die Generics typsicher wird.
- Unserer eigenen statischen Methode `fill(Collection<String>)` ist es egal, welche konkrete `Collection` wir ihr geben. Statt einer `LinkedList` hätten wir auch eine `ArrayList` übergeben können, denn auch sie ist vom Typ `Collection`. Das Gleiche gilt für Mengen (`Set`-Objekte), denn alle `Set`-Klassen implementieren ebenfalls `Collection`.
- Eine Liste lässt sich mit `add(…)` füllen. Die Methode schreibt die Schnittstelle `Collection` vor, und `LinkedList` realisiert die Operation aus der Schnittstelle.
- Während `Collection` eine Schnittstelle ist, die von unterschiedlichen Datenstrukturen implementiert wird, ist `Collections` eine Utility-Klasse mit vielen Hilfsmethoden, etwa zum Sortieren mit `Collections.sort(…)`.

[+]

Tipp

Nutze immer den kleinstnötigen Typ! Wir haben das an zwei Stellen getan. Statt `fill (`**`LinkedList`**`<String> c)` deklariert das Programm `fill(`**`Collection`**`<String> c)`, und statt **`LinkedList`**`<String> c = new LinkedList<>()` nutzt es **`List`**`<String> c = new LinkedList<>()`. Mit der Nutzung des Basistyps lassen sich unter softwaretechnischen Gesichtspunkten leicht die konkreten Datenstrukturen ändern, aber etwa die Methodensignatur ändert sich nicht und ist breiter aufgestellt. Es ist immer schön, wenn wir – etwa aus Gründen der Geschwindigkeit oder Speicherplatzbeschränkung – auf diese Weise leicht die Datenstruktur ändern können und der Rest des Programms unverändert bleibt. Das ist die Idee der schnittstellenorientierten Programmierung, und es ist in Java selten nötig, den konkreten Typ einer Klasse direkt anzugeben.

4.1.5 Die Schnittstelle Collection und Kernkonzepte

Unterschnittstellen erweitern `Collection` und schreiben Verhalten vor, ob etwa der Container die Reihenfolge des Einfügens beachtet, Werte doppelt beinhalten darf oder die Werte sortiert hält; `List`, `Set`, `Queue`, `Deque` und `NavigableSet` sind dabei die wichtigsten.

Es folgt eine Übersicht über alle Methoden:

```
interface java.util.Collection<E>
extends Iterable<E>
```

- `boolean add(E o)`
  Optional. Fügt dem Container ein Element hinzu und gibt `true` zurück, falls sich das Element einfügen lässt. Gibt `false` zurück, wenn schon ein Objekt gleichen Werts vorhanden ist und doppelte Werte nicht erlaubt sind. Diese Semantik gilt etwa bei Mengen. Erlaubt der Container das Hinzufügen grundsätzlich nicht, löst er eine `UnsupportedOperationException` aus.

- boolean addAll(Collection<? extends E> c)
  Fügt alle Elemente der Collection c dem Container hinzu.
- void clear()
  Optional. Löscht alle Elemente im Container. Wird dies vom Container nicht unterstützt, wird eine UnsupportedOperationException ausgelöst.
- boolean contains(Object o)
  Liefert true, falls der Container ein inhaltlich gleiches Element enthält.
- boolean containsAll(Collection<?> c)
  Liefert true, falls der Container alle Elemente der Collection c enthält.
- boolean isEmpty()
  Liefert true, falls der Container keine Elemente enthält.
- Iterator<E> iterator()
  Liefert ein Iterator-Objekt über alle Elemente des Containers.
- boolean remove(Object o)
  Optional. Entfernt das angegebene Objekt aus dem Container, falls es vorhanden ist.
- boolean removeAll(Collection<?> c)
  Optional. Entfernt alle Objekte der Collection c aus dem Container.
- default boolean removeIf(Predicate<? super E> filter)
  Entfernt alle Elemente aus dem Container, bei denen das Prädikat erfüllt ist. Neu in Java 8. (Sollte eigentlich auch als optional gekennzeichnet sein, weil es intern auf das remove() vom Iterator zurückgreift.)
- boolean retainAll(Collection<?> c)
  Optional. Entfernt alle Objekte, die nicht in der Collection c vorkommen.
- int size()
  Gibt die Anzahl der Elemente im Container zurück.
- Object[] toArray()
  Gibt ein Array mit allen Elementen des Containers zurück.
- <T> T[] toArray(T[] a)
  Gibt ein Array mit allen Elementen des Containers zurück. Verwendet das als Argument übergebene Array als Zielcontainer, wenn es groß genug ist. Sonst wird ein Array passender Größe angelegt, dessen Laufzeittyp a entspricht.
- boolean equals(Object o)
  Prüft, a) ob das angegebene Objekt o ein kompatibler Container ist und b) ob alle Elemente aus dem eigenen Container equals(...)-gleich den Elementen des anderen Containers sind und c) ob sie – falls vorhanden – die gleiche Ordnung haben.
- int hashCode()
  Liefert den Hashwert des Containers. Dies ist wichtig, wenn der Container als Schlüssel in Assoziativspeichern verwendet wird. Dann darf der Inhalt aber nicht mehr geändert werden, da der Hashwert von allen Elementen des Containers abhängt.

[+]

Hinweis

Der Basistyp `Collection` ist typisiert, genauso wie die Unterschnittstellen und implementierenden Klassen. Auffällig sind die Methoden `remove(Object)` und `contains(Object)`, die gerade nicht mit dem generischen Typ `E` versehen sind, was zur Konsequenz hat, dass diese Methoden mit beliebigen Objekten aufgerufen werden können. Fehler schleichen sich schnell ein, wenn der Typ der eingefügten Objekte ein anderer ist als der beim Löschversuch, etwa bei `HashSet<Long> set` mit anschließendem `set.add(1L)` und `remove(1)`.

Die Schnittstelle `Collection` erweitert die Schnittstelle `Iterable`, sodass jede Datenstruktur vom Typ `Collection` rechts vom Doppelpunkt eines erweiterten `for` stehen kann – mehr dazu gleich in Abschnitt 4.1.9, »Die Schnittstelle Iterable und das erweiterte for«.

Anzeige der Veränderungen durch boolesche Rückgaben

Der Rückgabewert einiger Methoden wie `addXXX(…)` oder `removeXXX(…)` ist ein `boolean` und könnte natürlich auch `void` sein. Doch die Collection-API signalisiert über die Rückgabe, ob eine Änderung der Datenstruktur erfolgte oder nicht. Bei Mengen liefert `add(…)` etwa `false`, wenn ein gleiches Element schon in der Menge ist; `add(…)` ersetzt das alte nicht durch das neue.

Optionale Methoden und UnsupportedOperationException

Einige Methoden aus der Schnittstelle `Collection` und Unterschnittstellen sind in der API-Dokumentation als *optional* notiert, weil konkrete Container oder Realisierungen die Operationen nicht realisieren wollen oder können. Da eine Schnittstellenimplementierung aber auf jeden Fall die Operation als Methode implementieren muss, lösen die Methoden eine `UnsupportedOperationException` aus, wenn sie die Operation nicht durchführen. Es gibt zum Beispiel Nur-Lese-Container, die Lesezugriffe zulassen, aber Veränderungen abblocken. Die Reaktion auf den Änderungsversuch zeigt folgendes Beispiel:

Listing 4.2 com/tutego/insel/util/UnsupportedOperationExceptionDemo.java, main()

```
Collection<Integer> set = new HashSet<>();
set.add( 1 );
Collection<Integer> c = Collections.unmodifiableCollection( set );
System.out.println( c );            // [1]
c.clear(); // Exception in thread "main" java.lang.UnsupportedOperationException
```

Die Optional-Anmerkungen erschrecken zunächst und lassen die Klassen bzw. Schnittstellen irgendwie unzuverlässig oder nutzlos erscheinen. Die konkreten Standardimplementierungen der Collection-API bieten diese Operationen jedoch vollständig an.

Das Konzept der optionalen Operationen ist umstritten, wenn Methoden zur Laufzeit eine Exception auslösen. Besser wären natürlich kleinere separate Schnittstellen, die nur die Leseoperationen enthalten und zur Übersetzungszeit überprüft werden können; dann gäbe es jedoch deutlich mehr Schnittstellen im `java.util`-Paket.

Vergleiche im Allgemeinen auf Basis von equals(…)

Der Methode `equals(…)` kommt bei den Elementen, die in die Datenstrukturen wandern, eine besondere Rolle zu. Jedes Objekt, das eine `ArrayList`, `LinkedList`, `HashSet` und alle anderen Datenstrukturen[3] aufnehmen soll, muss zwingend `equals(…)` implementieren. Denn Methoden wie `contains(…)`, `remove(…)` vergleichen die Elemente mit `equals(…)` auf Gleichheit und nicht mit `==` auf Identität.

[«]

Beispiel

Ein neues Punkt-Objekt kommt in die Datenstruktur. Nun wird es mit einem anderen `equals(…)`-gleichen Objekt auf das Vorkommen in der `Collection` geprüft und gelöscht:

```
Collection<Point> list = new ArrayList<>();
list.add( new Point(47, 11) );
System.out.println( list.size() );                          // 1
System.out.println( list.contains( new Point(47, 11) ) ); // true
list.remove( new Point(47, 11) );
System.out.println( list.size() );                          // 0
```

Eigene Klassen müssen folglich `equals(…)` aus der absoluten Oberklasse `Object` überschreiben. Umgekehrt heißt das auch, dass Objekte, die kein sinnvolles `equals(…)` besitzen, nicht von den Datenstrukturen aufgenommen werden können; ein Beispiel hierfür ist `StringBuilder`/`StringBuffer`.

Besonderheit

Die Datenstrukturen selbst deklarieren eine `equals(…)`-Methode. Zwei Datenstrukturen sind `equals(…)`-gleich, wenn sie die gleichen Elemente – gleich nach der `equals(…)`-Relation – besitzen und die gleiche Ordnung haben. Ein Detail in der Implementierung überrascht jedoch. Exemplarisch:

```
LinkedList<String> l1 = new LinkedList<>( Arrays.asList( "" ) );
ArrayList<String>  l2 = new ArrayList<>( Arrays.asList( "" ) );
System.out.println( l1.equals( l2 ) );          // true
```

Die beiden Datenstrukturen sind gleich, obwohl ihre Typen unterschiedlich sind. Das ist einmalig in der Java-API. Dahinter steht, dass die `equals(…)`-Implementierung von etwa `ArrayList`, `LinkedList` nur betrachtet, ob das an `equals(…)` übergebene Objekt vom Typ `List` ist. Das Gleiche gilt im Übrigen auch für `Set` und `Map`. Nach dem Typtest folgen die Tests auf die Gleichheit der Elemente.

3 Lassen wir die besondere Klasse `IdentityHashMap` außen vor.

4.1.6 Schnittstellen, die Collection erweitern, und Map

Es gibt einige elementare Schnittstellen, die einen Container weiter untergliedern, etwa in der Art, wie Elemente gespeichert werden.

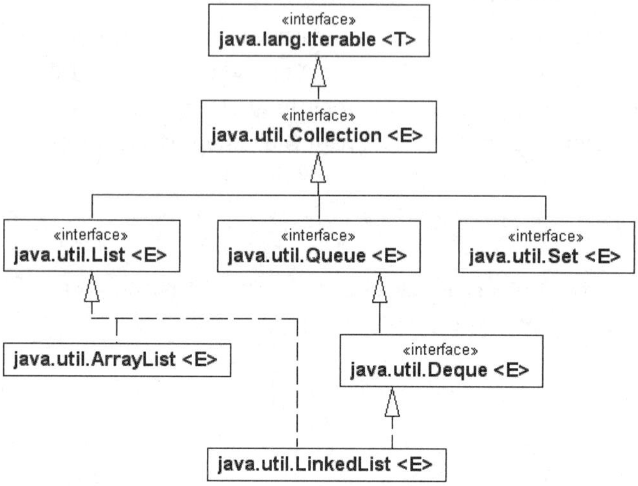

Abbildung 4.1 Zentrale Schnittstellen und Klassen der Collection-API

Die Schnittstelle List für Sequenzen

Die Schnittstelle `List`[4], die die `Collection`-Schnittstelle erweitert, enthält zusätzliche Operationen für eine *geordnete Liste* (auch *Sequenz* genannt) von Elementen. Auf die Elemente einer Liste lässt sich über einen ganzzahligen Index zugreifen, und es kann linear nach Elementen gesucht werden. Doppelte Elemente sind erlaubt, auch beliebig viele `null`-Einträge.

Zwei bekannte implementierende Klassen sind `LinkedList` sowie `ArrayList`. Weil das AWT-Paket eine Klasse mit dem Namen `List` deklariert, muss bei der `import`-Deklaration darauf geachtet werden, das richtige `java.util.List` statt `java.awt.List` zu verwenden.

Die Schnittstelle Set für Mengen

Ein `Set` ist eine im mathematischen Sinne definierte Menge von Objekten. Wie von mathematischen Mengen bekannt, darf ein `Set` keine doppelten Elemente enthalten. Für zwei nicht identische Elemente `e1` und `e2` eines `Set`-Objekts liefert der Vergleich `e1.equals(e2)` also immer `false`. Genauer gesagt: Aus `e1.equals(e2)` folgt, dass `e1` und `e2` identische Objektreferenzen sind, sich also auf dasselbe Mengenelement beziehen.

Besondere Beachtung muss Objekten geschenkt werden, die ihren Wert nachträglich ändern, da so zunächst ungleiche Mengenelemente inhaltlich gleich werden können. Dies kann ein `Set` nicht kontrollieren. Als weitere Einschränkung gilt, dass eine Menge sich selbst nicht als Element enthalten darf. Die wichtigste konkrete Mengen-Klasse ist `HashSet`.

4 Wie in der Collection-Design-FAQ unter *http://docs.oracle.com/javase/8/docs/technotes/guides/collections/designfaq.html#a11* nachzulesen ist, hätte die Schnittstelle durchaus `Sequence` heißen können.

`NavigableSet` – bzw. ihr Muttertyp `SortedSet` – erweitert `Set` um die Eigenschaft, Elemente sortiert auslesen zu können. Das Sortierkriterium wird durch ein Exemplar der Hilfsklasse `Comparator` bestimmt, oder die Elemente implementieren `Comparable`. Die Klassen `TreeSet` und `ConcurrentSkipListSet` implementieren die Schnittstellen und erlauben mit einem Iterator oder einer Feld-Repräsentation Zugriff auf die sortierten Elemente.

Die Schnittstelle Queue für (Warte-)Schlangen

Eine Queue arbeitet nach dem FIFO-Prinzip (für engl. *first in, first out*); zuerst eingefügte Elemente werden zuerst wieder ausgegeben, getreu dem Motto: »Wer zuerst kommt, mahlt zuerst.« Die Schnittstelle `Queue` deklariert Operationen für alle Warteschlangen und wird etwa von den Klassen `LinkedList` und `PriorityQueue` implementiert.

Queue mit zwei Enden

Während die Queue Operationen bietet, um an einem Ende Daten anzuhängen und zu erfragen, bietet die Datenstruktur `Deque` (vom Englischen *Double-Ended QUEue*) Operationen an beiden Enden. Die Klasse `LinkedList` ist zum Beispiel eine Implementierung von `Deque`. Die Datenstruktur wird wie »Deck« ausgesprochen.

Die Schnittstelle Map

Eine Datenstruktur, die einen *Schlüssel* (engl. *key*) mit einem *Wert* (engl. *value*) verbindet, heißt *assoziativer Speicher*. Sie erinnert an ein Gedächtnis und ist mit einem Wörterbuch oder Nachschlagewerk vergleichbar. Betrachten wir ein Beispiel: Auf einem Personalausweis findet sich eine eindeutige Nummer, eine ID, die einmalig für jeden Bundesbürger ist. Wenn nun in einem Assoziativspeicher alle Passnummern gespeichert sind, lässt sich leicht über die Passnummer (Schlüssel) die Person (Wert) herausfinden, also der Name der Person, die Gültigkeit des Ausweises usw. In die gleiche Richtung geht ein Beispiel, das ISB-Nummern mit Büchern verbindet. Ein Assoziativspeicher könnte zu der ISB-Nummer zum Beispiel das Erscheinungsjahr assoziieren, ein anderer Assoziativspeicher eine Liste von Rezensionen.

[+]

Hinweis

Gerne wird als Beispiel für einen Assoziativspeicher ein Telefonbuch mit einer Assoziation zwischen Namen und Telefonnummern genannt. Wenn das mit einem Assoziativspeicher realisiert werden muss, reicht natürlich der Name alleine nicht aus, sondern der Ort/das Land müssen dazukommen (ich bin zum Beispiel nicht der einzige Christian Ullenboom; in Erlangen wohnt mein Namensvetter). Auch ist es weniger ein Problem, dass in einem Familienhaushalt mehrere Personen die gleiche Telefonnummer besitzen. Vielmehr wird die Tatsache zum Problem, dass eine Person unterschiedliche Telefonnummern, etwa eine Mobil- und Festnetznummer, besitzen kann. Damit das Modell korrekt bleibt, muss eine Assoziation zwischen einem Namen und einer Liste von Telefonnummern bestehen. Ein Assoziativspeicher ist flexibel genug dafür: Der assoziierte Wert muss kein einfacher Wert wie eine Zahl oder String sein, sondern kann eine komplexe Datenstruktur sein.

In Java schreibt die Schnittstelle Map Verhalten für einen Assoziativspeicher vor. Map ist ein wenig anders als die anderen Schnittstellen. So erweitert die Schnittstelle Map die Schnittstelle Collection nicht. Das liegt daran, dass bei einem Assoziativspeicher Schlüssel und Wert immer zusammen vorkommen müssen und die Datenstruktur eine Operation wie add(Object) nicht unterstützen kann. Im Gegensatz zu List gibt es bei einer Map auch keine Position.

Die Schlüssel einer Map können mithilfe eines Kriteriums sortiert werden. Ist das der Fall, implementieren diese speziellen Klassen die Schnittstelle NavigableMap (bzw. den Muttertyp SortedSet), die Map direkt erweitert. Das Sortierkriterium wird entweder über ein externes Comparator-Objekt festgelegt, oder die Elemente in der Map sind vom Typ Comparable. Damit kann ein Iterator in einer definierten Reihenfolge einen assoziativen Speicher ablaufen. Bisher implementieren TreeMap und ConcurrentSkipListMap die Schnittstelle NavigableMap.

4.1.7 Konkrete Container-Klassen

Alle bisher vorgestellten Schnittstellen und Klassen dienen der Modellierung und dem Programmierer nur als Basistyp. Die Klassen in Tabelle 4.1 sind konkrete Klassen und können von uns benutzt werden.

Alle Datenstrukturen sind serialisierbar und implementieren Serializable, die Basisschnittstellen wie Set, List ... machen das nicht!

Typ	Implementierung	Erklärung
Listen (List)	ArrayList	Implementiert Listen-Funktionalität durch die Abbildung auf ein Feld; implementiert die Schnittstelle List.
	LinkedList	LinkedList ist eine doppelt verkettete Liste, also eine Liste von Einträgen mit einer Referenz auf den jeweiligen Nachfolger und Vorgänger. Das ist nützlich beim Einfügen und Löschen von Elementen an beliebigen Stellen innerhalb der Liste.
Mengen (Set)	HashSet	Implementierung der Schnittstelle Set durch ein schnelles Hash-Verfahren
	TreeSet	Implementierung von Set durch einen Baum, der alle Elemente sortiert hält
	LinkedHashSet	schnelle Mengen-Implementierung, die sich parallel auch die Reihenfolge der eingefügten Elemente merkt

Tabelle 4.1 Konkrete Container-Klassen

Typ	Implementierung	Erklärung
Assoziativspeicher (Map)	`HashMap`	Implementiert einen assoziativen Speicher durch ein Hash-Verfahren.
	`TreeMap`	Exemplare dieser Klasse halten ihre Elemente in einem Binärbaum sortiert; implementiert `NavigableMap`.
	`LinkedHashMap`	schneller Assoziativspeicher, der sich parallel auch die Reihenfolge der eingefügten Elemente merkt
	`WeakHashMap`	Verwaltet Elemente mit schwachen Referenzen, sodass die Laufzeitumgebung bei Speicherknappheit Elemente entfernen kann.
Schlange (Queue)	`LinkedList`	Die verkettete Liste implementiert `Queue` und auch `Deque`.
	`ArrayBlockingQueue`	blockierende Warteschlange
	`PriorityQueue`	Prioritätswarteschlange

Tabelle 4.1 Konkrete Container-Klassen (Forts.)

Welche Container-Klasse nehmen?

Bei der großen Anzahl von Klassen sind Entscheidungskriterien angebracht, nach denen Entwickler Klassen auswählen können. Die folgende Aufzählung soll einige Vorschläge geben:

- Ist eine Sequenz, also eine feste Ordnung, gefordert? Wenn ja, dann nimm eine Liste.
- Soll es einen schnellen Zugriff über einen Index geben? Wenn ja, ist die `ArrayList` gegenüber der `LinkedList` im Vorteil.
- Werden oft am Ende und Anfang Elemente eingefügt? Dann kann `LinkedList` punkten.
- Wenn eine Reihenfolge der Elemente uninteressant ist, aber schnell entschieden werden soll, ob ein Element Teil einer Menge ist, erweist sich `HashSet` als interessant.
- Sollen Elemente nur einmal vorkommen und immer sortiert bleiben? Dann ist `TreeSet` eine gute Wahl.
- Wenn es eine Assoziation zwischen Schlüssel und Elementen geben muss, ist eine `Map` von Vorteil.

4.1.8 Generische Datentypen in der Collection-API

Die Collection-API macht massiv Gebrauch von Generics. Das fällt unter anderem dadurch auf, dass die API-Dokumentation einen parametrisierten Typ erwähnt und die `Collection`-Schnittstelle zum Beispiel nicht `add(`**`Object`**` o)` deklariert, sondern `add(E o)`. Generics gewährleisten bes sere Typsicherheit, da nur spezielle Objekte in die Datenstruktur kommen. Mit den Generics lässt sich bei der Konstruktion einer Collection-Datenstruktur angeben, welche Typen zum Beispiel in der Datenstruktur-Liste erlaubt sind. Soll eine Spielerliste players nur Objekte vom Typ Player aufnehmen, so sieht die Deklaration so aus:

```
List<Player> players = new ArrayList<>(); // bzw. ArrayList<Player>
```

Mit dieser Schreibweise lässt die Liste nur den Typ Player beim Hinzufügen und Anfragen zu, nicht aber andere Typen, wie etwa Zeichenketten. Das ist eine schöne Sicherheit für den Programmierer.

Geschachtelte Generics

Die Schreibweise List<String> deklariert eine Liste, die Strings enthält. Um eine verkettete Liste aufzubauen, deren Elemente wiederum Listen mit Strings sind, lassen sich die Deklarationen auch zusammenführen:[5]

```
List<List<String>> las = new LinkedList<>();
```

4.1.9 Die Schnittstelle Iterable und das erweiterte for

Das erweiterte for erwartet rechts vom Doppelpunkt den Typ java.lang.Iterable, um durch eine Sammlung laufen zu können. Praktisch ist, dass alle java.util.Collection-Klassen die Schnittstelle Iterable implementieren, denn damit kann das erweiterte for leicht über diverse Sammlungen laufen.

Beispiel

Füge Zahlen in eine sortierte Menge ein, und gib sie aus:

```
Collection<Integer> numbers = new TreeSet<>();
numbers.add( 10 ); numbers.add( 2 ); numbers.add( 5 );
for ( Integer number : numbers )
  System.out.println( number );  // 2 5 10
```

Von der Datenstruktur übernimmt das erweiterte for den konkreten generischen Typ, hier Integer.

Ist die Sammlung nicht typisiert, wird die lokale Variable vom erweiterten for nicht den Typ bekommen können, sondern nur Object. Dann muss eine explizite Typanpassung im Inneren der Schleife vorgenommen werden.

5 Das erinnert mich immer unangenehm an C: ein Feld von Pointern, die auf Strukturen zeigen, die Pointer enthalten.

[+]

Hinweis

Ist die Datenstruktur `null`, so führt das zu einer `NullPointerException`:

```
Collection<String> list = null;
for ( String s : list )       // ☠ NullPointerException zur Laufzeit
  ;
```

Es wäre interessant, wenn Java dann die Schleife überspringen würde, aber der Grund für die Ausnahme ist, dass die Realisierung vom erweiterten `for` versucht, eine Methode vom `Iterable` aufzurufen, was natürlich bei `null` schiefgeht. Bei Feldern gilt übrigens das Gleiche, auch wenn hier keine Methode aufgerufen wird.

4.2 Listen

Eine Liste steht für eine Sequenz von Daten, bei der die Elemente eine feste Reihenfolge besitzen. Die Schnittstelle `java.util.List` schreibt Verhalten vor, die alle konkreten Listen implementieren müssen. Interessante Realisierungen der `List`-Schnittstelle sind:

- `java.util.ArrayList`: Liste auf der Basis eines Feldes
- `java.util.LinkedList`: Liste durch verkettete Elemente
- `java.util.concurrent.CopyOnWriteArrayList`: schnelle Liste, optimal für häufige nebenläufige Lesezugriffe
- `java.util.Vector`: synchronisierte Liste seit Java 1.0, die der `ArrayList` wich. Die Klasse ist zwar nicht deprecated, sollte aber nicht mehr verwendet werden.

Die Methoden zum Zugriff über die gemeinsame Schnittstelle `List` sind immer die gleichen. So ermöglicht jede Liste einen Punktzugriff über `get(index)`, und jede Liste kann alle gespeicherten Elemente sequenziell über einen Iterator geben. Doch die Realisierungen einer Liste unterscheiden sich in Eigenschaften wie der Performance, dem Speicherplatzbedarf oder der Möglichkeit der sicheren Nebenläufigkeit.

Da in allen Datenstrukturen jedes Exemplar einer von `Object` abgeleiteten Klasse Platz findet, sind die Listen grundsätzlich nicht auf bestimmte Datentypen fixiert, doch Generics spezifizieren diese Typen genauer.

4.2.1 Erstes Listen-Beispiel

Listen haben die wichtige Eigenschaft, dass sie sich die Reihenfolge der eingefügten Elemente merken und dass Elemente auch doppelt vorkommen können. Wir wollen diese Listenfähigkeit für ein kleines Gedächtnisspiel nutzen. Der Anwender gibt Städte für eine Route vor, die sich das Programm in einer Liste merkt. Nach der Eingabe eines neuen Ziels auf der Route soll der Anwender alle Städte in der richtigen Reihenfolge wiedergeben. Hat er das geschafft, kommt eine neue Stadt hinzu. Im Prinzip ist das Spiel unendlich, doch da sich kein Mensch unendlich viele

Städe in der Reihenfolge merken kann, wird es zu einer Falscheingabe kommen, was das Programm beendet.

Listing 4.3 com/tutego/insel/util/list/HowDoesYourRouteLooksLike.java

```
package com.tutego.insel.util.list;

import java.text.*;
import java.util.*;

public class HowDoesYourRouteLooksLike {
  @SuppressWarnings( "resource" )
  public static void main( String[] args ) {
    List<String> cities = new ArrayList<>();

    while ( true ) {
      System.out.println( "Welche neue Stadt kommt hinzu?" );
      String newCity = new Scanner( System.in ).nextLine();
      cities.add( newCity );

      System.out.printf( "Wie sieht die gesamte Route aus? (Tipp: %d %s)%n",
                         cities.size(), cities.size() == 1 ? "Stadt" : "Städte" );

      for ( String city : cities ) {
        String guess = new Scanner( System.in ).nextLine();
        if ( ! city.equalsIgnoreCase( guess ) ) {
          System.out.printf( "%s ist nicht richtig, %s wäre korrekt. Schade!%n",
                             guess, city );
          return;
        }
      }
      System.out.println( "Prima, alle Städte in der richtigen Reihenfolge!" );
    }
  }
}
```

4.2.2 Auswahlkriterium ArrayList oder LinkedList

Eine `ArrayList` (das Gleiche gilt für `Vector`) speichert Elemente in einem internen Array. `LinkedList` dagegen speichert die Elemente in einer verketteten Liste und realisiert die Verkettung mit einem eigenen Hilfsobjekt für jedes Listenelement. Es ergeben sich Einsatzgebiete, die einmal für `LinkedList` und einmal für `ArrayList` sprechen:

- Da ArrayList intern ein Array benutzt, ist der Zugriff auf ein spezielles Element über die Position in der Liste sehr schnell. Eine LinkedList muss aufwändiger durchsucht werden, und dies kostet Zeit.
- Die verkettete Liste ist aber deutlich im Vorteil, wenn Elemente mitten in der Liste gelöscht oder eingefügt werden; hier muss einfach nur die Verkettung der Hilfsobjekte an einer Stelle verändert werden. Bei einer ArrayList bedeutet dies viel Arbeit, es sei denn, das Element kann am Ende gelöscht oder – bei ausreichender Puffergröße – eingefügt werden. Soll ein Element nicht am Ende eingefügt oder gelöscht werden, müssen alle nachfolgenden Listenelemente verschoben werden.
- Bei einer ArrayList kann die Größe des internen Feldes zu klein werden. Dann bleibt der Laufzeitumgebung nichts anderes übrig, als ein neues, größeres Feld-Objekt anzulegen und alle Elemente zu kopieren.

4.2.3 Die Schnittstelle List

Die Schnittstelle List schreibt das allgemeine Verhalten für Listen vor. Die allermeisten Methoden kennen wir schon vom Collection-Interface, und zwar deshalb, weil List die Schnittstelle Collection erweitert. Hinzugekommen sind Methoden, die einen Bezug zur Position eines Elements haben – Mengen, die auch Collection implementieren, kennen keinen Index.

Hinzufügen und Setzen von Elementen

Die add(…)-Methode fügt neue Elemente an die Liste an, wobei eine Position die Einfügestellen bestimmen kann. Die Methode addAll(…) fügt fremde Elemente einer anderen Sammlung in die Liste ein. set(…) setzt ein Element an eine bestimmte Stelle, überschreibt das ursprüngliche Element und verschiebt es auch nicht wie add(…). Die Methode size() nennt die Anzahl der Elemente in der Datenstruktur:

Listing 4.4 com/tutego/insel/util/list/ListDemo.java. main()

```
List<String> list1 = new ArrayList<>();
list1.add( "Eva" );
list1.add( 0, "Charisma" );
list1.add( "Pallas" );

List<String> list2 = Arrays.asList( "Tina", "Wilhelmine" );
list1.addAll( 3, list2 );
list1.add( "XXX" );
list1.set( 5, "Eva" );

System.out.println( list1 );        // [Charisma, Eva, Pallas, Tina, Wilhelmine, Eva]
System.out.println( list1.size() ); // 6
```

Positionsanfragen und Suchen

Ob die Sammlung leer ist, bestimmt `isEmtpy()`. Ein Element an einer speziellen Stelle erfragen kann `get(int)`. Ob Elemente Teil der Sammlung sind, beantworten `contains(…)` und `containsAll(…)`. Wie bei Strings liefern `indexOf(…)` und `lastIndexOf(…)` die Fundpositionen:

```
boolean b = list1.contains( "Tina" );
System.out.println( b );              // true

b = list1.containsAll( Arrays.asList( "Tina", "Eva" ) );
System.out.println( b );              // true

Object o = list1.get( 1 );
System.out.println( o );              // Eva

int i = list1.indexOf( "Eva" );
System.out.println( i );              // 1

i = list1.lastIndexOf( "Eva" );
System.out.println( i );              // 5

System.out.println( list1.isEmpty() ); // false
```

Listen zu Feldern und neue Listen bilden

Von den Listen können Arrays abgeleitet werden und sich Schnittmengen bilden lassen:

```
String[] array = list1.toArray( new String[list1.size()] );
System.out.println( array[3] );       // "Tina"

List<String> list3 = new LinkedList<>( list1 );
System.out.println( list3 );          // [Charisma, Eva, Pallas, Tina,
                                      // Wilhelmine, Eva]
list3.retainAll( Arrays.asList( "Tina", "Eva" ) );
System.out.println( list3 );          // [Eva, Tina, Eva]
```

Löschen von Elementen

Außerdem gibt es Methoden zum Löschen von Elementen. Hier bietet die Liste eine überladene `remove(…)`-Methode, `removeIf(…)` (seit Java 8) und `removeAll(…)`. Den kürzesten Weg, um alles aus der Liste zu löschen, bietet `clear()`:

```
System.out.println( list1 );      // [Charisma, Eva, Pallas, Tina, Wilhelmine, Eva]
list1.remove( 1 );
System.out.println( list1 );      // [Charisma, Pallas, Tina, Wilhelmine, Eva]

list1.remove( "Wilhelmine" );
```

```
System.out.println( list1 );      // [Charisma, Pallas, Tina, Eva]

list1.removeAll( Arrays.asList( "Pallas", "Eva" ) );
System.out.println( list1 );      // [Charisma, Tina]

list1.clear();
System.out.println( list1 );      // []
```


[+]

Hinweis

Die Methode remove(int) löscht ein Element an der gegebenen Stelle, remove(Object) sucht einmal nach einem equals-gleichen Objekt und löscht es dann, würde aber nicht weitersuchen nach anderen Vorkommen. removeIf(…) und removeAll(…) laufen immer komplett über die ganze Datenstruktur und schauen, ob ein Element dem Kriterium genügt, um es zu löschen, was mehrmals vorkommen kann.

[«]

Beispiel

Lösche alle null-Referenzen und Weißraum-Strings aus der Liste:

```
List<String> list = new ArrayList<>();
Collections.addAll( list, "1", "", " ", "zwei", null, "Polizei" );
list.removeIf( e -> Objects.isNull( e ) || e.trim().isEmpty() );
System.out.println( list ); // [1, zwei, Polizei]
```

Zusammenfassung

Die Methoden der Schnittstelle List (inklusive der aus der erweiterten Schnittstelle Collection) sind:

```
interface java.util.List<E>
extends Collection<E>
```

- boolean add(E o)
  Fügt das Element am Ende der Liste an. Eine optionale Operation.
- void add(int index, E element)
  Fügt ein Objekt an der angegebenen Stelle in die Liste ein. Eine optionale Operation.
- boolean addAll(int index, Collection<? extends E> c)
  Fügt alle Elemente der Collection an der angegebenen Stelle in die Liste ein. Eine optionale Operation.
- void clear()
  Löscht alle Elemente aus der Liste. Eine optionale Operation.

- `boolean contains(Object o)`
  Liefert `true`, wenn das Element `o` in der Liste ist. Den Vergleich übernimmt `equals(…)`, und es ist kein Referenz-Vergleich.
- `boolean containsAll(Collection<?> c)`
  Liefert `true`, wenn alle Elemente der Sammlung `c` in der aktuellen Liste sind.
- `E get(int index)`
  Wird das Element an dieser angegebenen Stelle der Liste liefern.
- `int indexOf(Object o)`
  Liefert die Position des ersten Vorkommens für `o` oder –1, wenn kein Listenelement mit `o` inhaltlich – also per `equals(…)` und nicht per Referenz – übereinstimmt. Leider gibt es keine Methode, um ab einer bestimmten Stelle weiterzusuchen, so wie sie die Klasse `String` bietet. Dafür lässt sich jedoch eine Teilliste einsetzen, die `subList(…)` bildet – eine Methode, die später in der Aufzählung folgt.
- `boolean isEmpty()`
  Liefert `true`, wenn die Liste leer ist.
- `Iterator<E> iterator()`
  Liefert den Iterator. Die Methode ruft aber `listIterator()` auf und gibt ein `ListIterator`-Objekt zurück.
- `int lastIndexOf(Object o)`
  Sucht von hinten in der Liste nach dem ersten Vorkommen von `o` und liefert –1, wenn kein Listenelement inhaltlich mit `o` übereinstimmt.
- `ListIterator<E> listIterator()`
  Liefert einen Listen-Iterator für die ganze Liste. Ein Listen-Iterator bietet gegenüber dem allgemeinen Iterator für Container zusätzliche Operationen.
- `ListIterator<E> listIterator(int index)`
  Liefert einen Listen-Iterator, der die Liste ab der Position `index` durchläuft.
- `E remove(int index)`
  Entfernt das Element an der Position `index` aus der Liste.
- `boolean remove(Object o)`
  Entfernt das erste Objekt in der Liste, das `equals(…)`-gleich mit `o` ist. Liefert `true`, wenn ein Element entfernt wurde. Eine optionale Operation.
- `boolean removeAll(Collection<?> c)`
  Löscht in der eigenen Liste die Elemente aus `c`. Eine optionale Operation.
- `default boolean removeIf(Predicate<? super E> filter)`
  Entfernt alle Elemente aus der Liste, bei denen das Prädikat erfüllt ist. Neu in Java 8.
- `boolean retainAll(Collection<?> c)`
  Optional. Entfernt alle Objekte aus der Liste, die nicht in der Collection `c` vorkommen.
- `default void replaceAll(UnaryOperator<E> operator)`
  Ruft auf jedem Element den Operator auf und schreibt das Ergebnis zurück. Neu in Java 8.

- `E set(int index, E element)`
  Ersetzt das Element an der Stelle `index` durch `element`. Eine optionale Operation.
- `List<E> subList(int fromIndex, int toIndex)`
  Liefert den Ausschnitt dieser Liste von Position `fromIndex` (einschließlich) bis `toIndex` (nicht mit dabei). Die zurückgelieferte Liste stellt eine Ansicht eines Ausschnitts der Originalliste dar. Änderungen an der Teilliste wirken sich auf die ganze Liste aus und umgekehrt (soweit sie den passenden Ausschnitt betreffen).
- `default void sort(Comparator<? super E> c)`
  Sortiert die Liste, entspricht `Collections.sort(dieseListe, c)`. Neu in Java 8.
- `boolean equals(Object o)`
  Vergleicht die Liste mit einer anderen Liste. Zwei Listenobjekte sind gleich, wenn ihre Elemente paarweise gleich sind.
- `int hashCode()`
  Liefert den Hashwert der Liste.

Was `List` der `Collection` hinzufügt, sind also die indexbasierten Methoden `add(int index, E element)`, `addAll(int index, Collection<? extends E> c)`, `get(int index)`, `indexOf(Object o)`, `lastIndexOf(Object o)`, `listIterator()`, `listIterator(int index)`, `remove(int index)`, `set(int index, E element)` und `subList(int fromIndex, int toIndex)`. Zudem in Java 8 die beiden Default-Methoden `replaceAll(…)` und `sort(…)`.

[+]

Hinweis

Die `remove(…)`-Methode ist überschrieben und löscht a) einmal ein Element, das mit `equals(…)` gesucht wird, und b) mit `remove(int)` ein Element an der gegebenen Position. Irritierend ist Folgendes:

```
List<Integer> list = new ArrayList<>( Arrays.asList( 9, 8, 1, 7 ) );
Integer index = 1;
list.remove( index );
System.out.println( list );  // [9, 8, 7]
```

Es wird `remove(Object)` aufgerufen, weil `Object` dem Argumenttyp `Integer` am ähnlichsten ist. Somit verschwindet das Element `Integer.valueOf(1)` aus der Liste. Unboxing findet nicht statt. Das dürfte zu erwarten sein, und daher ist die Namensgebung `index` im Beispiel irreführend.

Nach Elementen suchen und ihre Position ausgeben

Ein zweites Beispiel zeigt die Möglichkeit von `index(…)` und `subList(…)`, um alle Positionen eines Elements in einer Liste zu finden. Die Code-Kompression gewinnt sicherlich keinen Preis. `Arrays.asList(…)` erzeugt aus einer Aufzählung eine Liste:

Listing 4.5 com/tutego/insel/util/list/IndexOfSubList.java, main()

```
List<Integer> list = Arrays.asList( 1, 3, 4, 1 );
Integer o = 1;

for ( int i = list.indexOf( o ), j = -1;
      i > j;
      j = i, i += list.subList( i + 1, list.size() ).indexOf( o ) + 1 ) {
  System.out.println( i );
}
```

Da nach 1 gesucht wurde, ist die Ausgabe 0 und 3.

Kopieren und Ausschneiden

Die Listen-Klassen implementieren `clone()` und erzeugen eine flache Kopie.

Um einen Bereich zu löschen, nutzen wir `subList(from, to).clear()`. Die `subList`-Technik deckt gleich noch einige andere Operationen ab, für die es keine speziellen Range-Varianten gibt, zum Beispiel `indexOf(…)`, also die Suche in einem Teil der Liste.

[»]

Beispiel

Baue eine Liste auf, kürze sie, und gib die Elemente rückwärts aus:

```
List<String> list = new ArrayList<>(
    Arrays.asList( "0 1 2 3 4 5 6 7 8 9".split( " " ) ) );
list.subList( 2, list.size() - 2 ).clear();
System.out.println( list );                    // [0, 1, 8, 9]
for ( ListIterator<String> it = list.listIterator( list.size() );
      it.hasPrevious(); )
  System.out.print( it.previous() + " " );     // 9 8 1 0
```

`subList(…)` erzeugt wie viele andere Methoden der `Collection`-Datenstrukturen eine Ansicht auf die Liste, was bedeutet, dass Änderungen an dieser Teilliste zu Änderungen des Originals führen. Das gilt auch für `clear()`, was dazu genutzt werden kann, einen Teilbereich der Originalliste zu löschen.

[+]

Hinweis

Die zum Löschen naheliegende Methode `removeRange(int, int)` kann nicht (direkt) eingesetzt werden, da sie `protected`[6] ist. Das lässt sich zum Beispiel wie folgt beheben:

6 In `AbstractList` ist `removeRange(int, int)` gültig mit einem `ListIterator` implementiert, also nicht abstrakt. Die API-Dokumentation begründet das damit, dass `removeRange(…)` nicht zur offiziellen Schnittstelle von Listen gehört, sondern für die Autoren neuer Listenimplementierungen gedacht ist.

```
List<gewünschterTyp> list = new ArrayList<gewünschterTyp>() {
  @Override public void removeRange( int fromIndex, int toIndex ) {
    super.removeRange( fromIndex, toIndex );
  }
};
```


4.2.4 ArrayList

Jedes Exemplar der Klasse `ArrayList` vertritt ein Array mit variabler Länge. Der Zugriff auf die Elemente erfolgt effizient über Indizes, was `ArrayList` über die Implementierung der Markierungsschnittstelle `RandomAccess` andeutet.

Eine ArrayList erzeugen

Um ein `ArrayList`-Objekt zu erzeugen, existieren drei Konstruktoren:

```
class java.util.ArrayList<E>
extends AbstractList<E>
implements List<E>, RandomAccess, Cloneable, Serializable
```

- `ArrayList()`
  Eine leere Liste mit einer Anfangskapazität von zehn Elementen wird angelegt. Werden mehr als zehn Elemente eingefügt, muss sich die Liste vergrößern.
- `ArrayList(int initialCapacity)`
  Eine Liste mit der internen Größe von `initialCapacity`-vielen Elementen wird angelegt.
- `ArrayList(Collection<? extends E> c)`
  Kopiert alle Elemente der Collection `c` in das neue `ArrayList`-Objekt.

Die interne Arbeitsweise von ArrayList und Vector *

Die Klassen `ArrayList` und `Vector` verwalten zwei Größen: zum einen die Anzahl der gespeicherten Elemente nach außen, zum anderen die interne Größe des Feldes. Ist die Kapazität des Feldes größer als die Anzahl der Elemente, so können noch Elemente aufgenommen werden, ohne dass die Liste etwas unternehmen muss. Die Anzahl der Elemente in der Liste, die Größe, liefert die Methode `size()`; die Kapazität des darunterliegenden Arrays liefert `capacity()`.

Die Liste vergrößert sich automatisch, falls mehr Elemente aufgenommen werden, als ursprünglich am Platz vorgesehen waren. Diese Operation heißt *Resizing*. Dabei spielt die Größe `initialCapacity` für effizientes Arbeiten eine wichtige Rolle. Sie sollte passend gewählt sein. Betrachten wir daher zunächst die Funktionsweise der Liste, falls das interne Array zu klein ist.

Wenn das Array zehn Elemente fasst, nun aber ein elftes eingefügt werden soll, so muss das Laufzeitsystem einen neuen Speicherbereich reservieren und jedes Element des alten Feldes in das neue kopieren. Das kostet Zeit. Schon aus diesem Grund sollte der Konstruktor `ArrayList(int initialCapacity)`/`Vector(int initialCapacity)` gewählt werden, weil dieser eine Initialgröße festsetzt. Das Wissen über unsere Daten hilft dann der Datenstruktur. Falls kein Wert voreingestellt wurde, so werden zehn Elemente angenommen. In vielen Fällen ist dieser Wert zu klein.

Nun haben wir zwar darüber gesprochen, dass ein neues Feld angelegt wird und die Elemente kopiert werden, wir haben aber nichts über die Größe des neuen Feldes gesagt. Hier gibt es Strategien wie die »Verdopplungsmethode« beim `Vector`. Wird er vergrößert, so ist das neue Feld doppelt so groß wie das alte. Dies ist eine Vorgehensweise, die für kleine und schnell wachsende Felder eine clevere Lösung darstellt, großen Feldern jedoch schnell zum Verhängnis werden kann. Für den Fall, dass wir die Vergrößerung selbst bestimmen wollen, nutzen wir den Konstruktor `Vector(int initialCapacity, int capacityIncrement)`, der die Verdopplung ausschaltet und eine fixe Vergrößerung befiehlt. Die `ArrayList` verdoppelt nicht, sie nimmt die neue Größe mal 1,5. Bei ihr gibt es leider auch nicht den `capacityIncrement` im Konstruktor.

Die Größe eines Feldes *

Die interne Größe des Arrays kann mit `ensureCapacity(int)` geändert werden. Ein Aufruf von `ensureCapacity(int minimumCapacity)` bewirkt, dass die Liste insgesamt mindestens `minimumCapacity` Elemente aufnehmen kann, ohne dass ein Resizing nötig wird. Ist die aktuelle Kapazität der Liste kleiner als `minimumCapacity`, so wird mehr Speicher angefordert. Der Vektor verkleinert die aktuelle Kapazität nicht, falls sie schon höher als `minimumCapacity` ist. Um aber auch diese Größe zu ändern und somit ein nicht mehr wachsendes Vektor-Array so groß wie nötig zu machen, gibt es, ähnlich wie beim String mit Weißraum, die Methode `trimToSize()`. Sie reduziert die Kapazität des Vektors auf die Anzahl der Elemente, die gerade in der Liste sind. Mit `size()` lässt sich die Anzahl der Elemente in der Liste erfragen. Sie gibt die wirkliche Anzahl der Elemente zurück.

Bei der Klasse `Vector` lässt sich mit `setSize(int newSize)` auch die Größe der Liste verändern. Ist die neue Größe kleiner als die alte, werden die Elemente am Ende des Vektors abgeschnitten. Ist `newSize` größer als die alte Größe, werden die neu angelegten Elemente mit `null` initialisiert.[7] Vorsicht ist bei `newSize=0` geboten, denn `setSize(0)` bewirkt das Gleiche wie `removeAllElements()`.

4.2.5 LinkedList

Die Klasse `LinkedList` realisiert die Schnittstelle `List` als verkettete Liste und bildet die Elemente nicht auf ein Feld ab. Die Implementierung realisiert die `LinkedList` als doppelt verkettete Liste, in der jedes Element – die Ränder lassen wir außen vor – einen Vorgänger und Nachfolger hat. (Einfach verkettete Listen haben nur einen Nachfolger, was die Navigation in beide Richtungen schwierig macht.)

7 Zudem können `null`-Referenzen ganz normal als Elemente eines Vektors auftreten, bei den anderen Datenstrukturen gibt es Einschränkungen.

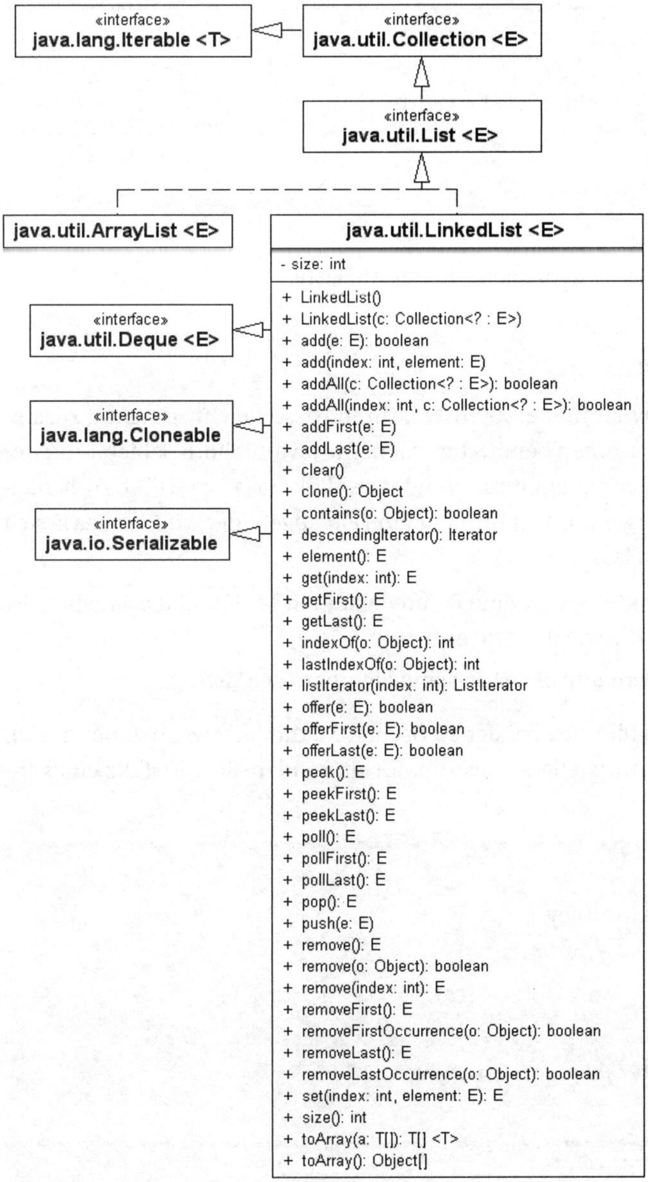

Abbildung 4.2 Klassendiagramm von LinkedList mit Vererbungsbeziehungen

Eine `LinkedList` hat neben den gegebenen Operationen aus der Schnittstelle `List` weitere Hilfsmethoden: Dabei handelt es sich um die Methoden `addFirst(…)`, `addLast(…)`, `getFirst()`, `getLast()`, `removeFirst()` und `removeLast()`. Die implementierten Schnittstellen `Queue` und `Deque` sind nicht ganz unschuldig an diesen neuen Methoden.

```
class java.util.LinkedList<E>
extends AbstractSequentialList<E>
implements List<E>, Deque<E>, Cloneable, Serializable
```

- `LinkedList()`
  Erzeugt eine neue leere Liste.
- `LinkedList(Collection<? extends E> c)`
  Kopiert alle Elemente der Collection `c` in die neue verkettete Liste.

4.2.6 Der Feld-Adapter Arrays.asList(...)

Arrays von Objektreferenzen und dynamische Datenstrukturen passen nicht so richtig zusammen, obwohl sie schon häufiger zusammen benötigt werden. Die Java-Bibliothek bietet mit der statischen Methode `Arrays.asList(...)` an, ein existierendes Feld als `java.util.List` zu behandeln. Der Parametertyp ist ein Vararg – was ja intern auf ein Feld abgebildet wird –, sodass sich `asList(...)` auf zwei Arten verwenden lässt:

- `Arrays.asList(array)`: Die Variable `array` ist eine Referenz auf ein Feld, und das Ergebnis ist eine Liste, die die gleichen Elemente wie das Feld enthält.
- `Arrays.asList(e1, e2, e3)`: Die Elemente `e1, e2, e3` sind Elemente der Liste.

Das Entwurfsmuster, das die Java-Bibliothek bei der statischen Methode anwendet, nennt sich *Adapter*. Es löst das Problem, die Schnittstellen eines Typs an eine andere Schnittstelle eines anderen Typs anzupassen.

[»]

Beispiel

Ermittle die Anzahl der »:-)«-Smileys im String.

```
String s = "Oten :-) Bilat :-) Iyot";
int i = Collections.frequency( Arrays.asList(s.split("\\s")), ":-)" );
System.out.println( i );    // 2
```

In `String` gibt es keine Methode zum Zählen von Teil-Strings.

[»]

Beispiel

Gib das größte Element eines Feldes aus:

```
Integer[] ints = { 3, 9, -1, 0 };
System.out.println( Collections.max( Arrays.asList( ints ) ) );
```

Zum Ermitteln des Maximums bietet die Utility-Klasse `Arrays` keine Methode, daher bietet sich die `max(...)`-Methode von `Collections` an. Auch etwa zum Ersetzen von Feldelementen bietet `Arrays` nichts, aber `Collections`. Sortieren und füllen kann `Arrays` aber schon, hier muss `asList()` nicht einspringen.

```
class java.util.Arrays
```

- public static <T> List<T> asList(T... a)
  Ermöglicht es, mit der Schnittstelle einer Liste Zugriff auf ein Feld zu erhalten. Die variablen Argumente sind sehr praktisch.

Hinweis

Wegen der Generics ist der Parameter-Typ von asList() ein Objekt-Feld, aber niemals ein primitives Feld. In unserem Beispiel von eben würde so etwas wie

```
int[] ints = { 3, 9, -1, 0 };
Arrays.asList( ints );
```

zwar compilieren, aber die Rückgabe von Arrays.asList(ints) ist vom Typ List<int[]>, was bedeutet, die gesamte Liste besteht aus genau einem Element, und dieses Element ist das primitive Feld. Zum Glück führt Collections.max(Arrays.asList(ints)) zu einem Compilerfehler, denn von einer List<int[]>, also einer Liste von Feldern, kann max(Collection<? extends T>) kein Maximum ermitteln. Anders wäre das bei Arrays.asList(3, 9, -1, 0), denn hier konvertiert der Compiler die Varargs-Argumente über Autoboxing schon direkt in Wrapper-Objekte, und es kommt eine Liste von Integer-Objekten heraus.

Internes

Die Rückgabe von asList(…) ist kein konkreter Klassentyp wie ArrayList oder LinkedList, sondern irgendetwas Unbekanntes, was asList(…) als List herausgibt. Diese Liste ist nur eine andere Ansicht des Feldes.

Jetzt gibt es allerdings einen Interpretationsspielraum, was genau mit der Rückgabe möglich ist. Zudem ist es nicht ganz uninteressant, zu wissen, ob die Liste einen schnellen Punktzugriff zulässt (RandomAccess implementiert) bzw. ob optionale Operationen wie Veränderungen oder sogar totale Reorganisationen denkbar sind. Ein Blick auf die Implementierung verrät mehr. Das Ergebnis ist ein Adapter, der Listen-Methoden wie get(index) oder set(index, element) direkt auf das Feld umleitet. Da Feldlängen final sind, führen Modifikationsmethoden wie remove(…) oder add(…) zu einer UnsupportedOperationException.

Hinweis

Sind Veränderungen an der asList(…)-Rückgabe erwünscht, so muss das Ergebnis in eine neue Datenstruktur kopiert werden, etwa so:

```
List<String> list = new ArrayList<>( Arrays.asList( "A", "B" ) );
list.add( "C" );
```

4.2.7 ListIterator *

Die Schnittstelle `ListIterator` ist eine Erweiterung von `Iterator`. Diese Schnittstelle fügt noch Methoden hinzu, damit an der aktuellen Stelle auch Elemente eingefügt werden können. Mit einem `ListIterator` lässt sich rückwärts laufen und auf das vorhergehende Element zugreifen:

Listing 4.6 com/tutego/insel/util/list/ListIteratorDemo.java, main()

```
List<String> list = new ArrayList<>();
Collections.addAll( list, "b", "c", "d" );

ListIterator<String> it = list.listIterator();

it.add( "a" );                          // Vorne anfügen
System.out.println( list );             // [a, b, c, d]

it.next();                              // Position vor
it.remove();                            // Element löschen
System.out.println( list );             // [a, c, d]

it.next();                              // Position vor
it.set( "C" );                          // Element ersetzen
System.out.println( list );             // [a, C, d]

it = list.listIterator( 1 );            // Neuen Iterator mit Startpos. 1
it.add( "B" );                          // B hinzufügen
System.out.println( list );             // [a, B, C, d]

it = list.listIterator( list.size() );

it.previous();                          // Eine Stelle nach vorne
it.remove();                            // Und letztes Element löschen
System.out.println( list );             // [a, B, C]
```

[+]

Tipp

Ein `ListIterator` kann die Elemente auch rückwärts verarbeiten:

```
List<String> list = new ArrayList<String>();
Collections.addAll( list, "1", "2", "3", "4" );
for ( ListIterator<String> it = list.listIterator( list.size() );
      it.hasPrevious(); )
  System.out.print( it.previous() + " " ); // 4 3 2 1
```

```
interface ListIterator<E>
extends Iterator<E>
```

- boolean hasPrevious()
- boolean hasNext()
  Liefert true, wenn es ein vorhergehendes/nachfolgendes Element gibt.
- E previous()
- E next()
  Liefert das vorangehende/nächste Element der Liste oder NoSuchElementException, wenn es das Element nicht gibt.
- int previousIndex()
- int nextIndex()
  Liefert den Index des vorhergehenden/nachfolgenden Elements. Geht previousIndex() vor die Liste, so liefert die Methode die Rückgabe –1. Geht nextIndex() hinter die Liste, liefert die Methode die Länge der gesamten Liste.
- void remove()
  Optional. Entfernt das letzte von next() oder previous() zurückgegebene Element.
- void add(E o)
  Optional. Fügt ein neues Objekt in die Liste ein.
- void set(E o)
  Optional. Ersetzt das Element, das next() oder previous() als Letztes zurückgegeben haben.

4.2.8 toArray(...) von Collection verstehen – die Gefahr einer Falle erkennen

Die toArray()-Methode aus der Schnittstelle Collection gibt laut Definition ein Array von Objekten zurück. Es ist wichtig, zu verstehen, welchen Typ die Einträge und das Array selbst haben. Eine Implementierung der Collection-Schnittstelle ist ArrayList.

[«]

Beispiel

Diese Anwendung von toArray() kopiert Punkte in ein Feld:

```
ArrayList<Point> list = new ArrayList<>();
list.add( new Point(13, 43) );
list.add( new Point(9, 4) );
Object[] points = list.toArray();
```

Wir erhalten nun ein Feld mit Referenzen auf Point-Objekte, können jedoch zum Beispiel nicht einfach points[1].x schreiben, um auf das Attribut des Point-Exemplars zuzugreifen, denn das Array points hat den deklarierten Elementtyp Object. Es fehlt die explizite Typumwandlung, und erst ((Point)points[1]).x ist korrekt. Doch spontan kommen wir sicherlich auf die Idee, einfach den Typ des Arrays auf Point zu ändern. In dem Array befinden sich ja nur Referenzen auf Point-Exemplare:

```
Point[] points = list.toArray();                 // ☠ Compilerfehler
```

Jetzt wird der Compiler einen Fehler melden, weil der Rückgabewert von toArray() ein Object[] ist. Spontan reparieren wir dies, indem wir eine Typumwandlung auf ein Point-Array an die rechte Seite setzen:

```
Point[] points = (Point[]) list.toArray();    // ☠ Problem zur Laufzeit
```

Jetzt haben wir zur Übersetzungszeit kein Problem mehr, aber zur Laufzeit wird es immer knallen, auch wenn sich im Array tatsächlich nur Point-Objekte befinden.

Diesen Programmierfehler müssen wir verstehen. Was wir falsch gemacht haben, ist einfach: Wir haben den Typ des Arrays mit den Typen der Array-Elemente durcheinandergebracht. Einem Array von Objekt-Referenzen können wir alles zuweisen:

```
Object[] os = new Object[ 3 ];
os[0] = new Point();
os[1] = "Trecker fahr'n";
os[2] = new Date();
```

Wir merken, dass der Typ des Arrays Object[] ist, und die Array-Elemente sind ebenfalls vom Typ Object. Hinter dem new-Operator, der das Array-Objekt erzeugt, steht der gemeinsame Obertyp für zulässige Array-Elemente. Bei Object[]-Arrays dürfen die Elemente Referenzen für beliebige Objekte sein. Klar ist, dass ein Array nur Objektreferenzen aufnehmen kann, die mit dem Typ für das Array selbst kompatibel sind, sich also auf Exemplare der angegebenen Klasse beziehen oder auf Exemplare von Unterklassen dieser Klasse:

```
/* 1 */  Object[] os = new Point[ 3 ];
/* 2 */  os[0] = new Point();
/* 3 */  os[1] = new Date();           // ☠  ArrayStoreException
/* 4 */  os[2] = "Trecker fahr'n";     // ☠  ArrayStoreException
```

Zeilen 3 und 4 sind vom Compiler erlaubt, führen aber zur Laufzeit zu einer ArrayStoreException.

Kommen wir wieder zur Methode toArray() zurück. Weil die auszulesende Datenstruktur alles Mögliche enthalten kann, muss der Typ der Elemente also Object sein. Wir haben gerade festgestellt, dass der Elementtyp des Array-Objekts, das die Methode toArray() als Ergebnis liefert, mindestens so umfassend sein muss. Da es keinen allgemeineren (umfassenderen) Typ als Object gibt, ist auch der Typ des Arrays Object[]. Dies muss so sein, auch wenn die Elemente einer Datenstruktur im Einzelfall einen spezielleren Typ haben. Einer allgemeingültigen Implementierung von toArray() bleibt gar nichts anderes übrig, als das Array vom Typ Object[] und die Elemente vom Typ Object zu erzeugen.

Wenn sich auch die Elemente wieder in einen spezielleren Typ konvertieren lassen, ist das bei dem Array-Objekt selbst jedoch nicht der Fall. Ein Array-Objekt mit Elementen vom Typ `X` ist nicht automatisch auch selbst vom Typ `X[]`, sondern von einem Typ `Y[]`, wobei `Y` eine (echte) Oberklasse von `X` ist.

Die Lösung für das Problem

Bevor wir nun eine Schleife mit einer Typumwandlung für jedes einzelne Array-Element schreiben oder eine Typumwandlung bei jedem Zugriff auf die Elemente vornehmen, sollten wir einen Blick auf die zweite `toArray(T[])`-Methode werfen. Sie akzeptiert als Parameter ein vorgefertigtes Array für das Ergebnis. Mit dieser Methode lässt sich erreichen, dass das Ergebnis-Array von einem spezielleren Typ als `Object[]` ist.

[«]

Beispiel

Wir fordern von der `toArray()`-Methode ein Feld vom Typ `Point`:

```
List<Point> list = new ArrayList<>();
list.add( new Point(13,43) );
list.add( new Point(9,4) );
Point[] points = (Point[]) list.toArray( new Point[0] );
```

Die Listenelemente bekommen wir in ein Array kopiert, und der Typ des Arrays ist `Point[]` – passend zu den aktuell vorhandenen Listenelementen. Der Parameter zeigt dabei den Wunschtyp an, der hier das `Point`-Feld ist.

Performance-Tipp

Am besten ist es, bei `toArray(T[])` ein Feld anzugeben, das so groß ist wie das Ergebnisfeld, also so groß wie die Liste. Dann füllt nämlich `toArray(T[])` genau dieses Feld und gibt es zurück, anstatt ein neues Feld aufzubauen:

```
ArrayList<Point> list = new ArrayList<>();
list.add( new Point(13,43) );
list.add( new Point(9,4) );
Point[] points = list.toArray( new Point[list.size()] );
```

Felder mit Reflection anlegen *

Spannend ist die Frage, wie so etwas funktionieren kann. Dazu verwendet die Methode `toArray(T[])` die Technik *Reflection*, um dynamisch ein Array vom gleichen Typ wie das übergebene Array zu erzeugen.

Intensiver wird dieses Thema in Kapitel 17, »Typen, Reflection und Annotationen«, behandelt; an dieser Stelle erfolgt jedoch schon ein kleiner Vorgriff.

Wollten wir ein Array b vom Typ des Arrays a mit Platz für len Elemente anlegen, so schreiben wir:

```
Object[] b=(Object[])Array.newInstance(a.getClass().getComponentType(), len);
```

Mit a.getClass().getComponentType() erhalten wir ein Class-Objekt für den Elementtyp des Arrays. Zum Beispiel liefert das Class-Objekt Point.class für die Klasse Point. a.getClass() allein ein Class-Objekt für das Array a, etwa ein Objekt, das den Typ Point[] repräsentiert. Array.newInstance(), eine statische Methode von java.lang.reflect.Array, konstruiert ein neues Array mit dem Elementtyp aus dem Class-Objekt und der angegebenen Länge. Nichts anderes macht auch ein new X[len], nur dass hier der Elementtyp zur Übersetzungszeit festgelegt werden muss. Da der Rückgabewert von newInstance() ein allgemeines Object ist, muss letztendlich noch die Konvertierung in ein passendes Array stattfinden.

Ist das übergebene Array so groß, dass es alle Elemente der Sammlung aufnehmen kann, kopiert toArray(T[]) die Elemente aus der Collection in das Feld. Im Übrigen entspricht toArray(new Object[0]) dem Aufruf von toArray().

4.2.9 Primitive Elemente in Datenstrukturen verwalten

Jede Datenstruktur der Collection-API akzeptiert, auch wenn sie generisch verwendet wird, nur Objekte. Primitive Datentypen nehmen die Sammlungen nicht auf, was zur Konsequenz hat, dass Wrapper-Objekte nötig sind (über das Boxing fügt Java scheinbar primitive Elemente ein, doch in Wahrheit sind es Wrapper-Objekte). Auch wenn es also

```
List<Double> list = new ArrayList<>();
list.add( 1.1 );
list.add( 2.2 );
```

heißt, sind es zwei neue Double-Objekte, die aufgebaut werden und in die Liste wandern. Anders und klarer geschrieben, sehen wir hier, was wirklich passiert:

```
List<Double> list = new ArrayList<>();
list.add( Double.valueOf(1.1) );
list.add( new Double(2.2) );
```

Dem Aufruf von Double.valueOf(...) ist der new-Operator nicht abzulesen, doch die Methode ist implementiert als: Double valueOf(double d){ return **new Double(d)**; }.

Spezialbibliotheken

Für performante Anwendungen und große Mengen von primitiven Elementen ist es sinnvoll, eine Klasse für den speziellen Datentyp einzusetzen. Anstatt so etwas selbst zu programmieren, kann der Entwickler auf drei Implementierungen zurückgreifen:

- *fastutil* (*http://fastutil.dsi.unimi.it/*): Erweiterung um Datenstrukturen für (sehr viele) primitive Elemente und hochperformante Ein-/Ausgabe-Klassen

- *GNU Trove: High performance collections for Java* (*http://bitbucket.org/robeden/trove/*): Stabil, und die Entwicklung ist relativ aktiv.
- *Commons Primitives* (*http://commons.apache.org/proper/commons-primitives/*): Stabil in der Version 1.0, aber seit Ende 2003 nicht mehr aktualisiert.

4.3 Mengen (Sets)

Eine Menge ist eine (erst einmal) ungeordnete Sammlung von Elementen. Jedes Element darf nur einmal vorkommen. Für Mengen sieht die Java-Bibliothek die Schnittstelle `java.util.Set` vor. Beliebte implementierende Klassen sind:

- `HashSet`: schnelle Mengenimplementierung durch Hashing-Verfahren (dahinter steckt die `HashMap`)
- `TreeSet`: Mengen werden durch balancierte Binärbäume realisiert, die eine Sortierung ermöglichen.
- `LinkedHashSet`: schnelle Mengenimplementierung unter Beibehaltung der Einfügereihenfolge
- `EnumSet`: eine spezielle Menge ausschließlich für Aufzählungen
- `CopyOnWriteArraySet`: schnelle Datenstruktur für viele lesende Operationen

4.3.1 Ein erstes Mengen-Beispiel

Das folgende Programm analysiert einen Text und erkennt Städte, die vorher in eine Datenstruktur eingetragen wurden. Alle Städte, die im Text vorkommen, werden gesammelt und später ausgegeben.

Listing 4.7 com/tutego/insel/util/set/WhereHaveYouBeen.java

```
package com.tutego.insel.util.set;

import java.text.BreakIterator;
import java.util.*;

public class WhereHaveYouBeen {
  // Besser String.join(...) in Java 8
  public static String join( Iterable<?> iterable ) {
    StringBuilder result = new StringBuilder();
    for ( Object o : iterable ) {
      if ( result.length() != 0 )
        result.append( ", " );
      result.append( o.toString() );
    }
```

```
    return result.toString();
  }

  public static void main( String[] args )
  {
    // Menge mit Städten aufbauen

    Set<String> allCities = new HashSet<>();
    allCities.add( "Sonsbeck" );
    allCities.add( "Düsseldorf" );
    allCities.add( "Manila" );
    allCities.add( "Seol" );
    allCities.add( "Siquijor" );

    // Menge für besuchte Städte aufbauen

    Set<String> visitedCities = new TreeSet<>();

    // Satz parsen und in Wörter zerlegen. Alle gefundenen Städte
    // in neue Datenstruktur aufnehmen
    String sentence = "Von Sonsbeck fahre ich nach Düsseldorf und fliege nach Manila.";
    BreakIterator iter = BreakIterator.getWordInstance();
    iter.setText( sentence );

    for ( int first = iter.first(), last = iter.next();
          last != BreakIterator.DONE;
          first = last, last = iter.next() ) {
      String word = sentence.substring( first, last );
      if ( allCities.contains( word ) )
        visitedCities.add( word );
    }

    // Kleine Statistik

    System.out.println( "Anzahl besuchter Städte: " + visitedCities.size() );
    System.out.println( "Anzahl nicht besuchter Städte: " +
                        (allCities.size() - visitedCities.size()) );
    System.out.println( "Besuchte Städte: " + join( visitedCities ) );
    Set<String> unvisitedCities = new TreeSet<>( allCities );
    unvisitedCities.removeAll( visitedCities );
    System.out.println( "Unbesuchte Städte: " + join( unvisitedCities ) );
  }
}
```

Insgesamt kommen drei Mengen im Programm vor:

- `allCities` speichert alle möglichen Städte. Die Wahl fällt auf den Typ `HashSet`, da die Menge nicht sortiert sein muss, Nebenläufigkeit kein Thema ist und `HashSet` eine gute Zugriffszeit bietet.
- Ein `TreeSet visitedCities` merkt sich die besuchten Städte. Auch dieses `Set` ist schnell, hat aber den Vorteil, dass es die Elemente sortiert hält. Das ist später hübsch in der Ausgabe.
- Um alle nicht besuchten Städte herauszufinden, berechnet das Programm die Differenzmenge zwischen allen Städte und besuchten Städten. Es gibt in der Schnittstelle `Set` keine Methode, die das direkt macht, genau genommen gibt es keine Operation in `Set`, die den Rückgabetyp `Set` oder `Collection` hat. Also können wir nur mit einer Methode wie `removeAll(…)` arbeiten, die aus der Menge aller Städte die besuchten entfernt, um zu denen zu kommen, die noch nicht besucht wurden. Das »Problem« der `removeAll(…)`-Methode ist aber ihre zerstörerische Art – die Elemente werden genau aus der Menge gelöscht. Da die Originalmenge jedoch nicht verändert werden soll, kopieren wir alle Städte in einen Zwischenspeicher (`unvisitedCities`) und löschen aus diesem Zwischenspeicher, was die Originalmenge unangetastet lässt.

4.3.2 Methoden der Schnittstelle Set

Eine Mengenklasse deklariert neben Operationen für die Anfrage und das Einfügen von Elementen auch Methoden für Schnitt und Vereinigung von Mengen.

```
interface java.util.Set<E>
extends Collection<E>
```

- `boolean add(E o)`
  Setzt `o` in die Menge, falls es dort noch nicht vorliegt. Liefert `true` bei erfolgreichem Einfügen.
- `boolean addAll(Collection<? extends E> c)`
  Fügt alle Elemente von `c` in das `Set` ein und liefert `true` bei erfolgreichem Einfügen. Ist `c` ein anderes `Set`, so steht `addAll(…)` für die Mengenvereinigung.
- `void clear()`
  Löscht das `Set`.
- `boolean contains(Object o)`
  Ist das Element `o` in der Menge?
- `boolean containsAll(Collection<?> c)`
  Ist `c` eine Teilmenge von `Set`?
- `boolean isEmpty()`
  Ist das `Set` leer?
- `Iterator<E> iterator()`
  Gibt einen Iterator für das `Set` zurück.

- `boolean remove(Object o)`
  Löscht `o` aus dem `Set`, liefert `true` bei erfolgreichem Löschen.
- `boolean removeAll(Collection<?> c)`
  Löscht alle Elemente der `Collection` aus dem `Set` und liefert `true` bei erfolgreichem Löschen.
- `boolean retainAll(Collection<?> c)`
  Bildet die Schnittmenge mit `c`.
- `int size()`
  Gibt die Anzahl der Elemente in der Menge zurück.
- `Object[] toArray()`
  Erzeugt zunächst ein neues Feld, in dem alle Elemente der Menge Platz finden, und kopiert anschließend die Elemente in das Feld.
- `<T> T[] toArray(T[] a)`
  Ist das übergebene Feld groß genug, dann werden alle Elemente der Menge in das Feld kopiert. Ist das Feld zu klein, wird ein neues Feld vom Typ `T` angelegt, und alle Elemente werden vom `Set` in das Array kopiert und zurückgegeben.

In der Schnittstelle `Set` werden die aus `Object` stammenden Methoden `equals(…)` und `hashCode()` mit ihrer Funktionalität bei Mengen in der API-Dokumentation präzisiert.

[+]

Hinweis

In einem `Set` gespeicherte Elemente müssen immutable bleiben. Einerseits sind sie nach einer Änderung vielleicht nicht wiederzufinden, und andererseits können Elemente auf diese Weise doppelt in der Menge vorkommen, was der Philosophie der Schnittstelle widerspricht.

Ein Element erneut hinzunehmen

Ist ein Element in der Menge noch nicht vorhanden, fügt `add(…)` es ein und liefert als Rückgabe `true`. Ist es schon vorhanden, macht `add(…)` nichts und liefert `false` (das ist bei einer `Map` anders, denn dort überschreibt `put(…)` den Schlüssel). Ob ein hinzuzufügendes Element mit einem existierenden in der Menge übereinstimmt, bestimmt die `equals(…)`-Methode, also die Gleichheit und nicht die Identität:

Listing 4.8 com/tutego/insel/util/set/HashSetDoubleAdd.java, main()

```
Set<Point> set = new HashSet<>();
Point p1 = new Point(), p2 = new Point();
System.out.println( set.add(p1) );      // true
System.out.println( set.add(p1) );      // false
System.out.println( set.add(p2) );      // false
System.out.println( set.contains(p1) ); // true
System.out.println( set.contains(p2) ); // true
```

4.3.3 HashSet

Ein `java.util.HashSet` verwaltet die Elemente in einer schnellen hashbasierten Datenstruktur. Dadurch sind die Elemente schnell einsortiert und schnell zu finden. Falls eine Sortierung vom `HashSet` nötig ist, müssen die Elemente nachträglich umkopiert und dann sortiert werden.

```
class java.util.HashSet<E>
extends AbstractSet<E>
implements Set<E>, Cloneable, Serializable
```

- `HashSet()`
  Erzeugt ein leeres `HashSet`-Objekt.
- `HashSet(Collection<? extends E> c)`
  Erzeugt aus der Sammlung `c` ein neues unsortiertes `HashSet`.
- `HashSet(int initialCapacity)`
- `HashSet(int initialCapacity, float loadFactor)`
  Die beiden Konstruktoren sind zur Optimierung gedacht und werden bei der `HashMap` im Abschnitt »Der Füllfaktor und die Konstruktoren« in Abschnitt 4.6.9 genauer erklärt – `HashSet` basiert intern auf der `HashMap`.

4.3.4 TreeSet – die sortierte Menge

Die Klasse `java.util.TreeSet` implementiert ebenfalls wie `HashSet` die `Set`-Schnittstelle, verfolgt aber eine andere Implementierungsstrategie. Ein `TreeSet` verwaltet die Elemente immer sortiert (intern werden die Elemente in einem balancierten Binärbaum gehalten). Speichert `TreeSet` ein neues Element, so fügt `TreeSet` das Element automatisch sortiert in die Datenstruktur ein. Das kostet zwar etwas mehr Zeit als ein `HashSet`, doch ist diese Sortierung dauerhaft. Daher ist es auch nicht zeitaufwändig, alle Elemente geordnet auszugeben. Die Suche nach einem einzigen Element ist aber etwas langsamer als im `HashSet`. Der Begriff »langsamer« muss jedoch relativiert werden: Die Suche ist logarithmisch und daher nicht wirklich »langsam«. Beim Einfügen und Löschen muss bei bestimmten Konstellationen eine Reorganisation des Baums in Kauf genommen werden, was die Einfüge-/Löschzeit verschlechtert. Doch auch beim Re-Hashing gibt es diese Kosten, die sich dort jedoch durch die passende Startgröße vermeiden lassen.

```
class java.util.TreeSet<E>
extends AbstractSet<E>
implements NavigableSet<E>, Cloneable, Serializable
```

- `TreeSet()`
  Erzeugt ein neues, leeres `TreeSet`.
- `TreeSet(Collection<? extends E> c)`
  Erzeugt ein neues `TreeSet` aus der gegebenen `Collection`.

- `TreeSet(Comparator<? super E> c)`
  Erzeugt ein leeres `TreeSet` mit einem gegebenen `Comparator`, der für die Sortierung der internen Datenstruktur die Vergleiche übernimmt.
- `TreeSet(SortedSet<E> s)`
  Erzeugt ein neues `TreeSet`, und übernimmt alle Elemente von `s` und auch die Sortierung von `s`. (Einen Konstruktor mit `NavigableSet` gibt es nicht.)

[»]

Beispiel

Teste, ob eine Liste von Datumswerten aufsteigend sortiert ist:

```
List<Date> dates = Arrays.asList( new Date( 2L ), new Date( 3L ) );
boolean isSorted = new ArrayList<>( new TreeSet<>( dates ) ).equals( dates );
```

Nimmt der Konstruktor von `TreeSet` eine andere Sammlung entgegen, so entsteht eine sortierte Sammlung aller Elemente. Diese Sammlung kann wiederum in einen anderen Konstruktor gegeben werden, der `Collection`-Objekte annimmt, wie zum Beispiel eine `ArrayList`. Unser Beispiel vergleicht zwei `List`-Exemplare mit `equals(…)`, wobei Listen eine Ordnung haben. Stimmt die Ordnung nach dem Sortieren mit der vor der Sortierung überein, war die Liste schon sortiert.

Bedeutung der Sortierung

Durch die interne sortierte Speicherung gibt es zwei ganz wichtige Bedingungen:

- Die Elemente müssen sich vergleichen lassen. Kommen zum Beispiel `Player`-Objekte in das `TreeSet`, aber implementiert `Player` nicht die Schnittstelle `Comparable`, löst `TreeSet` eine Ausnahme aus, da `TreeSet` nicht weiß, in welcher Reihenfolge die Spieler stehen.
- Die Elemente müssen vom gleichen Typ sein. Wie sollte sich ein Kirchen-Objekt mit einem Staubsauger-Objekt vergleichen lassen?

[»]

Beispiel

Sortiere Strings in eine Menge ein, wobei die Groß-/Kleinschreibung und vorangestellter bzw. nachfolgender Weißraum keine Rolle spielen. Anders gesagt: Wörter sollen auch dann als gleich angesehen werden, wenn sie sich in der Groß-/Kleinschreibweise unterscheiden oder etwa Weißraum am Anfang und Ende besitzen:

```
Set<String> set = new TreeSet<>( new Comparator<String>() {
 @Override public int compare( String s1, String s2 ) {
  return String.CASE_INSENSITIVE_ORDER.compare( s1.trim(), s2.trim() );
  }
} );

Collections.addAll( set, "xxx ", " XXX", "tang", " xXx", "  QUEEF  " );
System.out.println( set );   // [  QUEEF  , tang, xxx ]
```

Die Methode equals(...) und die Vergleichsmethoden

Die Methode equals(...) spielt für Datenstrukturen eine große Rolle. Beim TreeSet ist das anders, denn es nutzt zur Einordnung einen externen Comparator bzw. die compareTo(...)-Eigenschaft, wenn die Elemente Comparable sind. Gibt die Vergleichsmethode 0 zurück, so sind die Elemente gleich, und gleiche Elemente sind in der Menge nicht erlaubt – equals(...) wird dabei nicht gefragt!

Nehmen wir als Beispiel den Comparator aus dem vorangegangenen Beispiel für String-Objekte, der unabhängig von der Groß-/Kleinschreibung und Weißraum vergleicht. Dann sind laut equals(...) die Strings "xxx " und " XXX" sicherlich nicht gleich, der Comparator würde aber Gleichheit anzeigen. Dies führt dazu, dass tatsächlich nur eines der beiden Objekte in das TreeSet kommt, und eine Anfrage nach einem Comparator-gleichen Objekt daher das Element liefert:

```
Set<String> set = new TreeSet<String>( new Comparator<String>() { … } );
Collections.addAll( set, "xxx ", " XXX", "tang", " xXx", "  QUEEF  " );
System.out.println( set.contains( " XXX    " ) );    // true
```

4.3.5 Die Schnittstellen NavigableSet und SortedSet

TreeSet implementiert die Schnittstelle NavigableSet und bietet darüber Methoden, um insbesondere zu einem gegebenen Element das nächsthöhere/-kleinere zu liefern. Somit sind auf Mengen nicht nur die üblichen Abfragen über Mengenzugehörigkeit denkbar, sondern auch Abfragen wie »Gib mir das Element, das größer oder gleich einem gegebenen Element ist«.

Folgendes Beispiel reiht in ein TreeSet drei Calendar-Objekte ein – die Klasse Calendar implementiert Comparable<Calendar>. Die Methoden lower(...), ceiling(...), floor(...) und higher(...) wählen aus der Menge das angefragte Objekt aus:

Listing 4.9 com/tutego/insel/util/set/SortedSetDemo.java

```
NavigableSet<Calendar> set = new TreeSet<>();
set.add( new GregorianCalendar(2007, Calendar.MARCH, 10) );
set.add( new GregorianCalendar(2007, Calendar.MARCH, 12) );
set.add( new GregorianCalendar(2007, Calendar.APRIL, 12) );

Calendar cal1 = set.lower( new GregorianCalendar(2007, Calendar.MARCH, 12) );
System.out.printf( "%tF%n", cal1 );   // 2007-03-10

Calendar cal2 = set.ceiling( new GregorianCalendar(2007, Calendar.MARCH, 12) );
System.out.printf( "%tF%n", cal2 );   // 2007-03-12

Calendar cal3 = set.floor( new GregorianCalendar(2007, Calendar.MARCH, 12) );
System.out.printf( "%tF%n", cal3 );   // 2007-03-12

Calendar cal4 = set.higher( new GregorianCalendar(2007, Calendar.MARCH, 12) );
System.out.printf( "%tF%n", cal4 );   // 2007-04-12
```

Eine Methode wie tailSet(…) ist insbesondere bei Datumsobjekten sehr praktisch, da sie alle Zeitpunkte liefern kann, die nach einem Startdatum liegen.

TreeSet implementiert die Schnittstelle NavigableSet, die ihrerseits SortedSet erweitert. Insgesamt bietet NavigableSet 15 Operationen, wobei sie aus SortedSet die Methoden headSet(…), tailSet(…) und subSet(…) um die überladene Version der Methoden ergänzt, die die Grenzen exklusiv oder inklusiv erlauben.

```
interface java.util.NavigableSet<E>
extends SortedSet<E>
```

- NavigableSet<E> headSet(E toElement)
- NavigableSet<E> tailSet(E fromElement)
  Liefert eine Teilmenge von Elementen, die echt kleiner/größer als toElement/fromElement sind.
- NavigableSet<E> headSet(E toElement, boolean inclusive)
- NavigableSet<E> tailSet(E fromElement, boolean inclusive)
  Bestimmt gegenüber den oberen Methoden zusätzlich, ob das Ausgangselement zur Ergebnismenge gehören darf.
- NavigableSet<E> subSet(E fromElement, E toElement)
  Liefert eine Teilmenge im gewünschten Bereich.
- E pollFirst()
- E pollLast()
  Holt und entfernt das erste/letzte Element. Die Rückgabe ist null, wenn das Set leer ist.
- E higher(E e)
- E lower(E e)
  Liefert das folgende/vorangehende Element im Set, das echt größer/kleiner als E ist, oder null, falls ein solches Element nicht existiert.
- E ceiling(E e)
- E floor(E e)
  Liefert das folgende/vorangehende Element im Set, das größer/kleiner oder gleich E ist, oder null, falls ein solches Element nicht existiert.
- Iterator<E> descendingIterator()
  Liefert die Elemente in umgekehrter Reihenfolge.

Aus der Schnittstelle SortedSet erbt NavigableSet im Grunde nur drei Operationen, denn subSet(…), headSet(…) und tailSet(…) werden mit kovariantem Rückgabetyp in NavigableSet redefiniert.

```
interface java.util.SortedSet<E>
extends Set<E>
```

- `E first()`
  Liefert das erste Element in der Liste.
- `E last()`
  Liefert das größte Element.
- `Comparator<? super E> comparator()`
  Liefert den mit der Menge verbundenen `Comparator`. Die Rückgabe kann `null` sein, wenn sich die Objekte mit `Comparable` selbst vergleichen können.
- `SortedSet<E> subSet(E fromElement, E toElement)`
- `SortedSet<E> headSet(E toElement)`
- `SortedSet<E> tailSet(E fromElement)`

Anders als `HashSet` liefert der Iterator beim `TreeSet` die Elemente aufsteigend sortiert. Davon profitieren auch die beiden `toArray(…)`-Methoden – implementiert in `AbstractCollection` –, da sie den Iterator nutzen, um ein sortiertes Feld zurückzugeben.

[«]

Beispiel

Eine Variable `contacts` ist vom Typ `Map<Long, String>` und assoziiert IDs vom Typ `long` mit Strings. Ein neuer Kontakt soll eine ID bekommen, die um 1 höher ist als die höchste ID des Assoziativspeichers:

```
contact.setId( new TreeSet<Long>( contacts.keySet() ).last() + 1L );
```

4.3.6 LinkedHashSet

Ein `LinkedHashSet` vereint die Reihenfolgentreue einer Liste und die hohe Performance für Mengenoperationen vom `HashSet`. Dabei bietet die Klasse keine Listen-Methoden wie `first()` oder `get(int index)`, sondern ist eine Implementierung ausschließlich der `Set`-Schnittstelle, in der der Iterator die Elemente in der Einfügereihenfolge liefert:

Listing 4.10 com/tutego/insel/util/set/LinkedHashSetDemo.java, main()

```
Set<Integer> set = new LinkedHashSet<>(
  Arrays.asList( 9, 8, 7, 6, 9, 8 )
);

for ( Integer i : set )
  System.out.print( i + " " );       // 9 8 7 6

System.out.printf( "%n%s", set );   // [9, 8, 7, 6]
```

Da ein `Set` nur jedes Element einmal beinhalten kann, bekommen wir als Ergebnis jedes Element nur einmal, aber gleichzeitig geht die Reihenfolge des Einfügens nicht verloren. Der Iterator liefert die Elemente genau in der Einfügereihenfolge.

[»]

Beispiel

Dass ein `LinkedHashSet` eine Menge ist, die Elemente nur einmal enthält, sich aber beim Einfügen wie eine Liste verhält, ist nützlich, um doppelte Elemente aus einer Liste zu löschen:

```
public static <T> List<T> removeDuplicate( List<T> list ) {
  return new ArrayList<>( new LinkedHashSet<>( list ) );
}
```

Das Ergebnis ist eine neue Liste, und `list` selbst wird nicht modifiziert. Es ergibt zum Beispiel `removeDuplicate( Arrays.asList( 1,2,1,3,1,2,4 ) )` die Liste [1, 2, 3, 4].

LinkedHashSet und Iterator

Mit einem Iterator lässt sich jedes Element von `LinkedHashSet` nach der Reihenfolge des Einfügens auflisten. Der Iterator von `LinkedHashSet` unterstützt auch die `remove()`-Methode. Sie kann eingesetzt werden, um die ältesten Einträge zu löschen und nur noch die neuesten zwei Elemente beizubehalten:

```
LinkedHashSet<Integer> set = new LinkedHashSet<>();
set.addAll( Arrays.asList( 3, 2, 1, 6, 5, 4 ) );
System.out.println( set );  // [3, 2, 1, 6, 5, 4]
for ( Iterator<Integer> iter = set.iterator(); iter.hasNext(); ) {
  iter.next();
  if ( set.size() > 2 )
    iter.remove();
}
System.out.println( set );  // [5, 4]
```

4.4 Queues (Schlangen) und Deques

In der Klassenbibliothek von Java gibt es die Schnittstelle `java.util.Queue` für Datenstrukturen, die nach dem FIFO-Prinzip (für engl. *first in, first out*) arbeiten. Die verwandte Datenstruktur ist der `Stack`, der nach dem Prinzip LIFO (für engl. *last in, first out*) arbeitet. Eine Deque bietet Methoden für die FIFO-Verarbeitung an beiden Enden über eine Schnittstelle `java.util.Deque`, die direkt `java.util.Queue` erweitert.

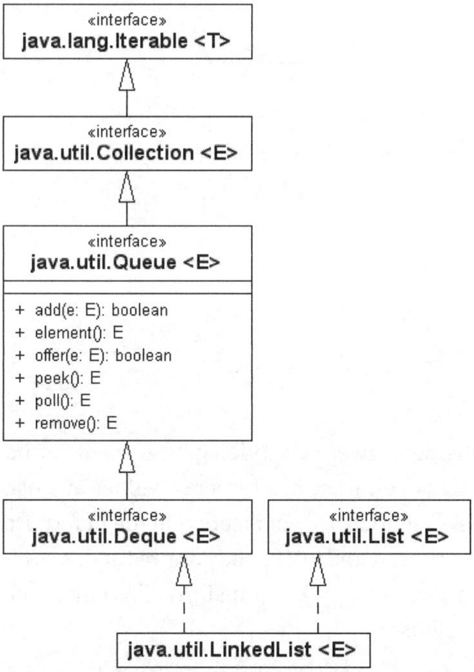

Abbildung 4.3 Queue- und Deque-Schnittstellen

4.4.1 Queue-Klassen

Die Schnittstelle `Queue` erweitert `Collection` und ist somit auch vom Typ `Iterable`. Zu den Klassen, die `Queue` implementieren, gehört unter anderem `LinkedList`:

Listing 4.11 com/tutego/insel/util/queue/QueueDemo.java, main()

```
Queue<String> queue = new LinkedList<>();
queue.offer( "Fischers" );
queue.offer( "Fritze" );
queue.offer( "fischt" );
queue.offer( "frische" );
queue.offer( "Fische" );

queue.poll();

queue.offer( "Nein, es war Paul!" );

while ( ! queue.isEmpty() )
  System.out.println( queue.poll() );
```

Die Operationen sind:

```
interface java.util.Queue<E>
extends Collection<E>
```

- boolean empty()
- E element()
- boolean offer(E o)
- E peek()
- E poll()
- E remove()

Auf den ersten Blick sieht es so aus, als ob es für das Erfragen zwei Methoden gibt: element() und peek(). Doch der Unterschied besteht darin, dass element() eine NoSuchElementException auslöst, wenn die Queue kein Element mehr liefern kann, peek() jedoch null bei leerer Queue liefert. Da null als Element erlaubt ist, kann peek() das nicht detektieren; die Rückgabe könnte für das null-Element oder als Anzeige für eine leere Queue stehen. Daher ist peek() nur sinnvoll, wenn keine null-Elemente vorkommen, was aber in der Regel erfüllt ist.

Gefüllt werden kann die Queue mit der von Collection geerbten Methode add(…) oder durch die neue Methode offer(…). Der Unterschied: Im Fehlerfall löst add(…) eine Exception aus, während offer(…) durch die Rückgabe false anzeigt, dass das Element nicht hinzugefügt wurde. Tabelle 4.2 macht den Zusammenhang deutlich:

	Mit Ausnahme	Ohne Ausnahme
Einfügen	add(…)	offer(…)
Erfragen	element()	peek()
Löschen	remove()	poll()

Tabelle 4.2 Operationen von Queue mit Ausnahmen und ohne

4.4.2 Deque-Klassen

Eine *Deque* (gesprochen »Deck«) bietet Queue-Operationen an beiden Enden an. Die Operationen schreibt eine Schnittstelle Deque vor.

Deque-API

Da es jeweils die Queue-Operationen an beiden Enden gibt, erscheint die Schnittstelle erst einmal groß, was sie aber im Prinzip nicht ist.

	Erstes Element (Kopf)		Letztes Element (Schwanz)	
	Ausnahme im Fehlerfall	Besondere Rückgabe	Ausnahme im Fehlerfall	Besondere Rückgabe
Einfügen	`addFirst(e)`	`offerFirst(e)`	`addLast(e)`	`offerLast(e)`
Löschen	`removeFirst()`	`pollFirst()`	`removeLast()`	`pollLast()`
Entnehmen	`getFirst()`	`peekFirst()`	`getLast()`	`peekLast()`

Tabelle 4.3 Operationen der Datenstruktur Deque

»Besondere Rückgabe« in der Tabelle bedeutet, dass etwa `getFirst()`/`getLast()` eine Ausnahme auslösen, wenn die `Deque` leer ist, aber `peekFirst()`/`peekLast()` die Rückgabe `null` liefern.

[«]

Beispiel

Die Methode `removeLast()` eignet sich gut dafür, die Datenstruktur auf eine gewisse Anzahl an Elementen zu beschränken. Nehmen wir an, eine Liste soll maximal zehn Elemente aufnehmen, dann können wir beim Einfügen eines neuen Elements schreiben:

```
if ( searches.size() > 10 )
  searches.removeLast();
```

Deque-Implementierungen

Von der Schnittstelle gibt es drei Implementierungen:

- `ArrayDeque`: Wie der Namensbestandteil »Array« schon andeutet, sitzt hinter dieser Realisierung ein Feld, das die Deque beschränken kann.
- `LinkedList`: Einer `LinkedList` ist diese Beschränkung fremd; sie kann beliebig wachsen.
- `LinkedBlockingDeque`: Realisiert `BlockingDeque` als blockierende `Deque`, was weder `ArrayDeque` noch `LinkedList` machen.

4.4.3 Blockierende Queues und Prioritätswarteschlangen

Die Schnittstelle `java.util.concurrent.BlockingQueue` erweitert die Schnittstelle `java.util.Queue`. Implementierende Klassen blockieren, falls eine Operation wie `take()` aufgrund fehlender Daten nicht durchgeführt werden konnte. Die Konsumenten/Produzenten sind mit diesen Klassen ausgesprochen einfach zu implementieren.

Spannende `Queue`-Klassen (und speziellere `BlockingQueue`-Klassen) sind:

- `ConcurrentLinkedQueue`: threadsichere Queue, durch verkettete Listen implementiert
- `DelayQueue`: Queue, der die Elemente erst nach einer gewissen Zeit entnommen werden können

- ArrayBlockingQueue: Queue mit einer maximalen Kapazität, abgebildet auf ein Feld
- LinkedBlockingQueue: unbeschränkte oder beschränkte Queue (also mit maximaler Kapazität), abgebildet durch eine verkettete Liste
- PriorityQueue: Hält in einem Heap-Speicher Elemente sortiert und liefert bei Anfragen das jeweils größte Element. Wie beim TreeSet müssen die Elemente entweder Comparable implementieren, oder es muss ein Comparator angegeben werden. Unbeschränkt.
- PriorityBlockingQueue: wie PriorityQueue, nur blockierend
- SynchronousQueue: Eine blockierende Queue zum Austausch von genau einem Element. Wenn ein Thread ein Element in die Queue setzt, muss ein anderer Thread auf dieses Element warten, andernfalls blockiert die Datenstruktur den Ableger. Erwartet ein Thread ein Element, ohne dass ein anderer Thread etwas in die Queue gesetzt hat, blockiert sie ebenfalls den Holer. Durch diese Funktionsweise benötigt die SynchronousQueue keine Kapazität, denn Elemente werden, falls platziert, direkt konsumiert und müssen nicht zwischengelagert werden.

Die PriorityXXX-Klassen implementieren im Gegensatz zu den übrigen kein FIFO-Verhalten.

4.4.4 PriorityQueue

Eine Prioritätswarteschlange ist eine Datenstruktur, die vergleichbar wie ein SortedSet die Elemente sortiert. Wenn etwa Nachrichten in ein System kommen, sind diese in der Regel nicht alle gleich wichtig, sondern unterscheiden sich in ihrer Priorität. Elemente höherer Priorität sollen zuerst verarbeitet werden. Das Fundament bildet eine Queue mit einem modifizierten FIFO-Prinzip, das deswegen nicht nur pur FIFO ist (»Wer zuerst kommt, mahlt zuerst«), weil Elemente, die schon am Anfang stehen, von später kommenden Elementen mit höherer Priorität verdrängt werden können.

PriorityQueue ist eine Implementierung einer solchen Prioritätswarteschlange. Damit die Priorisierung möglich ist, müssen die Elemente eine natürliche Sortierung besitzen (String oder Wrapper-Objekte haben diese zum Beispiel), oder ein Comparator muss angegeben werden. PriorityQueue verbietet das null-Element, und Elemente dürfen durchaus doppelt vorkommen (wie eine Liste); daher kann auch SortedSet nicht die Aufgabe einer Prioritätswarteschlange übernehmen, da eine Menge Elemente nur einmal enthalten kann.

Bleibt die Frage, ob Elemente hoher Priorität vorne oder hinten stehen, denn das beeinflusst die Implementierung. Eine Queue hat einen Kopf, und dort steht das kleinste Element. Das ist entgegen der Intuition, denn wir sprechen immer von »hoher Priorität«, nur bei der Datenstruktur ist es so, dass sich die hohe Priorität in »kleiner in der Ordnung« übersetzt. Sehr anschaulich zeigt es das nächste Beispiel, in dem wir einige Integer-Objekte in die PriorityQueue einsortieren; da Integer die Schnittstelle Comparable implementiert, ist dadurch eine natürliche Ordnung gegeben.

Listing 4.12 com/tutego/insel/util/queue/PriorityQueueDemo.java, main()

```
PriorityQueue<Integer> q = new PriorityQueue<>();
q.addAll( Arrays.asList( 9, 2, 3, 1, 3, 8, 1 ) );
System.out.println( q );               // [1, 2, 1, 9, 3, 8, 3]
System.out.println( q.remove() ) ;  // 1
System.out.println( q );               // [1, 2, 3, 9, 3, 8]
System.out.println( q.remove() ) ;  // 1
System.out.println( q );               // [2, 3, 3, 9, 8]
System.out.println( q.remove() ) ;  // 2
System.out.println( q );               // [3, 8, 3, 9]
System.out.println( q.remove() ) ;  // 3
System.out.println( q.remove() ) ;  // 3
System.out.println( q.remove() ) ;  // 8
System.out.println( q );               // [9]
System.out.println( q.remove() ) ;  // 9
System.out.println( q );               // []
```

Beim Entnehmen mit `remove()` liefert die `PriorityQueue` immer das kleinste Element und entfernt es aus der Sammlung. Wichtig ist zu verstehen, dass der Iterator über die Elemente (anschaulich durch `toString()`) keine sortierte Sammlung zeigt – daher darf eine `PriorityQueue` nicht als sortiertes `Set` gesehen werden, sondern eben als `java.util.Queue`, bei der nur Anfrage-Operationen am Kopf erlaubt sind. Dass dabei zum Beispiel die 9 vor der 8 steht, ist ein Interna, das zwar irgendwie interessant, aber für den Entwickler irrelevant ist, da nur Kopfoperationen wie `element()`, `remove()`, `peek()`, `poll()`, `remove()` erlaubt sind. Während das kleinste Element entnommen und entfernt wird, sortiert sich die interne Datenstruktur um, wobei dies auch die Reihenfolge der 8 und 9 in unserem Beispiel verändert, aber hier dringt nur die interne Arbeitsweise nach außen, die uns nicht interessiert.

Comparator für wichtige Strings

Um mit der Klasse `PriorityQueue` und den Vergleichen warm zu werden, wollen wir mit einem `Comparator` beginnen, der allen Zeichenketten mit den Wörtern »wichtig«, »important« und »sofort« eine höhere Priorität einräumt als anderen Zeichenketten. In die Rückgabe eines `Comparator` übersetzt, bedeutet das, dass die höher priorisierten Zeichenketten »kleiner« als die Zeichenketten ohne Signalwörter sind. Ein `s1 = "Wichtig! Essen ist fertig"` ist damit kleiner als `s2 = "Bier ist kalt!"`, und ein `compare(s1, s2)` würde –1 liefern.

Listing 4.13 com/tutego/insel/util/queue/ImportanceComparator.java, main()

```
package com.tutego.insel.util.queue;

import java.util.Comparator;
import java.util.regex.Pattern;
```

```
class ImportanceComparator implements Comparator<String> {

  private static final Pattern IMPORTANT_PATTERN =
                          Pattern.compile( "(?i)(wichtig|important|sofort)" );

  @Override public int compare( String s1, String s2 ) {
    boolean isS1Important = IMPORTANT_PATTERN.matcher( s1 ).find(),
            isS2Important = IMPORTANT_PATTERN.matcher( s2 ).find();

    // Wenn beide Strings wichtig oder beide Strings unwichtig sind,
    // dann ist die Rückgabe 0.
    if ( isS1Important == isS2Important )
      return 0;     // wichtigkeit(s1) == wichtigkeit(s2)

    // Andernfalls ist einer der Strings wichtig und der andere unwichtig
    if ( isS1Important )
      return -1;    // wichtigkeit(s1) > wichtigkeit(s2) -> s1 < s2
    // else if ( isS2Important )
    return +1;      // wichtigkeit(s2) > wichtigkeit(s1) -> s1 > s2
  }
}
```

Die Pattern-Klasse aus dem regex-Paket hilft uns bei der Frage, ob ein Teil-String im String vorkommt. Der Vorteil der Pattern-Klasse ist, dass sie den Code für die Abfrage reduziert, denn andernfalls müssten wir dreimal mit equalsIgnoreCase(…) arbeiten.

Die Funktionalität vom Comparator testet ein kleines Beispielprogramm:

Listing 4.14 com/tutego/insel/util/queue/ImportanceComparatorDemo.java, main()

```
ImportanceComparator comp = new ImportanceComparator();

String s1 = "Schönes Wetter heute.";
String s2 = "Chices Kleid!";

// Beides nicht wichtig, daher ist das Ergebnis 0
System.out.println( comp.compare( s1, s2 ) );       // 0

String s3 = "Sofort nach den Blumen schauen!";

// Zweiter String wichtiger als der erste String
System.out.println( comp.compare( s1, s3 ) );       // 1

// Erster String wichtiger als der zweite String
System.out.println( comp.compare( s3, s1 ) );       // -1
```

```
String s4 = "Wichtig! An Lakritz denken!";

// Beide Strings gleich wichtig
System.out.println( comp.compare( s3, s4 ) );      // 0

List<String> list = new ArrayList<>();
Collections.addAll( list, s1, s2, s3, s4, s1 );
System.out.println( list );
Collections.sort( list, comp );
System.out.println( list );
```

Das Beispielprogramm endet mit einer Liste, die nach der Sortierung mit dem `Comparator` folgende Ausgabe liefert:

```
[Sofort nach den Blumen schauen!, Wichtig! An Lakritz denken!, Schönes Wetter heute., ➥
Chices Kleid!, Schönes Wetter heute.]
```

Die wichtigen Zeichenketten stehen vorne in der Liste. Dort stehen sie genau richtig, damit die Prioritätswarteschlange sie direkt abholen kann.

Wichtige Meldungen in der Prioritätswarteschlange

Für die Prioritätswarteschlange ist das Element mit der höchsten Priorität das wichtigste und steht vorne, am Kopf.

Listing 4.15 com/tutego/insel/util/queue/ImportancePriorityQueue.java, main()

```
ImportanceComparator comp = new ImportanceComparator();
// PriorityQueue<String> queue = new PriorityQueue<>( 11, comp );
PriorityQueue<String> queue = new PriorityQueue<>( comp ); // Java 8

queue.add( "Schönes Wetter heute." );
System.out.println( queue );
// [Schönes Wetter heute.]
queue.add( "Sofort nach den Blumen schauen!" );
System.out.println( queue );
// [Sofort nach den Blumen schauen!, Schönes Wetter heute.]
queue.add( "Chices Kleid!" );
System.out.println( queue );
// [Sofort nach den Blumen schauen!, Schönes Wetter heute., Chices Kleid!]
queue.remove();
System.out.println( queue );
// [Chices Kleid!, Schönes Wetter heute.]
queue.add( "Wichtig! An Lakritz denken!" );
System.out.println( queue );
// [Wichtig! An Lakritz denken!, Schönes Wetter heute., Chices Kleid!]
```

Im Konstruktor von PriorityQueue geben wir Comparator an, der für die Vergleiche herangezogen wird und die Elemente an den Kopf setzt.

Bemerkung

Bei unserer Implementierung kann es passieren, dass Elemente in der Queue verhungern, wenn sich wichtigere Elemente immer vorschieben.

```
class java.util.PriorityQueue<E>
extends AbstractQueue<E>
implements Serializable
```

- PriorityQueue()
  Erzeugt eine neue PriorityQueue mit der Anfangsgröße von elf Elementen. Die Elemente werden nach ihrer natürlichen Ordnung sortiert.
- PriorityQueue(Collection<? extends E> c)
  Erzeugt eine neue PriorityQueue, die mit den Elementen aus c vorkonfiguriert wird. Die Elemente werden nach ihrer natürlichen Ordnung sortiert.
- PriorityQueue(int initialCapacity)
  Erzeugt eine neue PriorityQueue mit der Anfangsgröße initialCapacity. Die Elemente werden nach ihrer natürlichen Ordnung sortiert. Die Initialkapazität ist eine Größenabschätzung, die für die Performanz bei vielen Elementen wichtig ist.
- PriorityQueue(int initialCapacity, Comparator<? super E> comparator)
  Erzeugt eine neue PriorityQueue mit der Anfangsgröße initialCapacity. Die Elemente werden mit einem Comparator verglichen.
- PriorityQueue(Comparator<? super E> comparator)
  Erzeugt eine neue PriorityQueue mit der Anfangsgröße von elf Elementen. Die Elemente werden mit einem Comparator verglichen.
- PriorityQueue(PriorityQueue<? extends E> c)
- PriorityQueue(SortedSet<? extends E> c)
  Erzeugt eine neue PriorityQueue, die mit den Elementen aus c vorkonfiguriert wird. Die Sortiereigenschaft, entweder natürlich oder mit einem Comparator, wird aus der übergebenen PriorityQueue bzw. dem SortedSet übernommen.

Die Klasse PriorityQueue übernimmt die Operationen aus der Schnittstelle Queue und fügt nur eine neue Methode hinzu:

- Comparator<? super E> comparator()
  Liefert den Comparator der PriorityQueue oder null, falls die natürliche Ordnung verwendet wird.

Wichtig zu wissen ist, dass die Elemente entweder eine natürliche Ordnung haben müssen oder sich ein Comparator um die Vergleiche kümmern muss – der Comparator kann später nicht mehr verändert werden! Daher gibt es auch nur eine `comparator()`-Methode zum Holen, aber das Zuweisen eines `Comparator` geschieht immer nur einmal im Konstruktor.

4.5 Stack (Kellerspeicher, Stapel)

Einen Stapelspeicher, auch *Keller* genannt, ist eine LIFO-(Last-in-First-out-)Datenstruktur. Die lässt sich mit einem Stapel Teller veranschaulichen. Beim Hinzufügen von Elementen wächst die Datenstruktur dynamisch, wobei das zuletzt abgelegte Element als erstes auch wieder entnommen wird – ein wahlfreier Zugriff ist nicht vorgesehen.

In Java gibt es drei unterschiedliche Herangehensweisen, falls ein LIFO-Verhalten erwünscht ist:

- `Stack`: Die Klasse `Stack` repräsentiert einen Stapelspeicher seit Java 1.0. Die Methode `push(…)` setzt Elemente auf den Stack, `pop()` holt sie herunter. Die Klasse erweitert `Vector` (wir diskutieren diese prickelnde Designentscheidung weiter unten), womit die Klasse zusätzliche Funktionalität besitzt, beispielsweise die Fähigkeit zur Aufzählung und zum wahlfreien Zugriff auf Kellerelemente. `Stack` ist nicht mehr angebracht.
- `Deque` ist ein Typ, dessen implementierende Klassen sich je nach Methoden FIFO (für engl. *first in, first out*) oder LIFO verhalten. Das bestimmen die Methoden. Soll sich eine `Deque`-Datenstruktur als LIFO-Stack verhalten, sind die Methoden `addFirst(…)` (entspricht `push(…)` bei `Stack`) und `removeFirst()` (entspricht `pop()` bei `Stack`) zu nutzen. Eine `LinkedList` implementiert `Deque`, kann also als Stack verwendet werden.
- `Collections.asLifoQueue(Deque)`: `Deque` zeigt das LIFO-Verhalten nur bei den entsprechenden Methoden `addFirst(…)` und `removeFirst(…)`, doch ist der Typ anfällig für Programmierfehler, denn schnell ist statt `addFirst(…)` nur `add(…)` geschrieben, und schon landet das Element an der falschen Stelle. Interessant ist daher die Methode `Collections.asLifoQueue(Deque)`. Sie liefert eine `Queue` zurück, also eine Datenstruktur mit weniger Methoden, als eine `Deque`, wobei das traditionelle FIFO-Prinzip einer Queue umgedreht wurde in ein LIFO-Verhalten. Mit anderen Worten: Die Queue einer `Collections.asLifoQueue(Deque)` zeigt das typische Verhalten eines Stacks. Und weil die Schnittstelle `Queue` nur wenige Methoden hat, minimiert sich die Fehlerquelle, aus Versehen die falsche Methode aufgerufen zu haben.

Beispiel

Füge in den Stack `view` Strings ein, und lies sie wieder aus:

```
Queue<String> stack = Collections.asLifoQueue( new LinkedList<>() );
stack.add( "59" );
stack.add( "59ing" );
stack.addAll( Arrays.asList( "fifty-nine", "fifty-nining" ) );
while ( ! stack.isEmpty() )
  System.out.println( stack.remove() ); // fifty-nining fifty-nine 59ing 59
```

4.5.1 Die Methoden von java.util.Stack

`Stack` besitzt nur wenige zusätzliche Methoden.

```
class java.util.Stack<E>
extends Vector<E>
```

- `Stack()`
  Der Konstruktor erzeugt einen neuen Stack.
- `boolean empty()`
  Testet, ob Elemente auf dem Stapel vorhanden sind.
- `E push(E item)`
  Das Element `item` wird auf den Stapel gebracht.
- `E pop()`
  Holt das letzte Element vom Stapel. `EmptyStackException` signalisiert einen leeren Stapel.
- `E peek()`
  Das oberste Element wird nur vom Stapel gelesen, aber nicht wie bei `pop()` entfernt. Bei leerem Stapel wird eine `EmptyStackException` ausgelöst.
- `int search(Object o)`
  Sucht im Stapel nach dem obersten Eintrag, der mit dem Objekt `o` übereinstimmt. Gibt die Distanz von der Spitze zurück oder –1, falls das Objekt nicht im Stapel ist. 1 bedeutet, dass der gesuchte Eintrag ganz oben auf dem Stapelspeicher liegt, 2 bezeichnet die zweitoberste Position usw. Die Zählweise ist ungewöhnlich, da sie nicht nullbasiert ist wie alle anderen Methoden, die mit Positionen arbeiten. Doch hier handelt es sich ausdrücklich um die Distanz und nicht um die Position!

[+]

Hinweis

Exceptions von Stack: Im Gegensatz zu `Vector` kann `Stack` die Exception `EmptyStackException` erzeugen, um einen leeren Stapel zu signalisieren. Durch einen Rückgabewert `null` ist ein Fehlschlag nicht angezeigt, da `null` ein gültiger Rückgabewert sein kann.

Ein Stack ist ein Vector – aha!

Eine genaue Betrachtung der Klasse `Stack` zeigt den unsinnigen und falschen Einsatz der Vererbung, und es stellt sich die Frage, warum sich der Autor Jonathan Payne für jene Variante entschieden hat. `Stack` erbt alle Methoden von `Vector` (einer `List`) und damit viele Methoden, die im krassen Gegensatz zu den charakteristischen Eigenschaften eines Stapels stehen. Dazu zählen unter anderem die Methoden `elementAt(…)`, `indexOf(…)`, `insertElementAt(…)`, `removeElementAt(…)`, `setElementAt(…)` und weitere. Wenn eine Unterklasse nicht bedingungslos alle Eigenschaften der Oberklasse unterstützt, ist die Vererbung falsch angewendet.

4.6 Assoziative Speicher

Ein assoziativer Speicher verbindet einen Schlüssel mit einem Wert. Java bietet für Datenstrukturen dieser Art die allgemeine Schnittstelle `Map` mit wichtigen Operationen wie `put(key, value)` zum Aufbau einer Assoziation und `get(key)` zum Erfragen eines assoziierten Werts.

4.6.1 Die Klassen HashMap und TreeMap

Die Java-Bibliothek implementiert assoziativen Speicher mit einigen Klassen, wobei wir unser Augenmerk zunächst auf zwei wichtige Klassen richten wollen:

- Eine schnelle Implementierung ist die *Hash-Tabelle* (engl. *hashtable*), die in Java durch `java.util.HashMap` implementiert ist. Vor Java 1.2 wurde `java.util.Hashtable` verwendet. Die Schlüsselobjekte müssen »hashbar« sein, also `equals(…)` und `hashCode()` konkret implementieren. Eine besondere Schnittstelle für die Elemente ist nicht nötig.
- Daneben existiert die Klasse `java.util.TreeMap`, die etwas langsamer im Zugriff ist, doch dafür alle Schlüsselobjekte immer sortiert hält. Sie sortiert die Elemente in einen internen Binärbaum ein. Die Schlüssel müssen sich in eine Ordnung bringen lassen, wozu etwas Vorbereitung nötig ist.

[«]

Beispiel

Ein Assoziativspeicher, dem wir Werte[8] hinzufügen:

```
Map<String,String> aldiSupplier = new HashMap<>();
aldiSupplier.put( "Carbo, spanischer Sekt", "Freixenet" );
aldiSupplier.put( "ibu Stapelchips", "Bahlsen Chipsletten" );
aldiSupplier.put( "Ko-kra Katzenfutter", "felix Katzenfutter" );
aldiSupplier.put( "Küchenpapier", "Zewa" );
aldiSupplier.put( "Nuss-Nougat-Creme", "Zentis" );
aldiSupplier.put( "Pommes Frites", "McCaine" );
```

Die zweite `HashMap` soll Strings mit Zahlen assoziieren:

```
Map<String,Number> num = new HashMap<>();
num.put( "zwei", 2 );     // Boxing durch Integer.valueOf(2)
num.put( "drei", 3.0 );  // Boxing durch Double.valueOf(3.0)
```

Während also bei den Assoziativspeichern nach dem Hashing-Verfahren eine `hashCode()`- und `equals(…)`-Methode bei den Schlüssel-Objekten essenziell ist, ist das bei den baumorientierten Verfahren nicht nötig – hier muss nur eine Ordnung zwischen den Elementen entweder mit `Comparable` oder `Comparator` her.

8 Siehe dazu auch *http://www.aldibaran.de/?page_id=13#2*.

Ein Assoziativspeicher arbeitet nur in eine Richtung schnell. Wenn etwa im Fall eines Telefonbuchs ein Name mit einer Nummer assoziiert wurde, kann die Datenstruktur die Frage nach einer Telefonnummer schnell beantworten. In die andere Richtung dauert es wesentlich länger, weil hier keine Verknüpfung besteht. Sie ist immer nur einseitig. Auf wechselseitige Beziehungen sind die Klassen nicht vorbereitet.

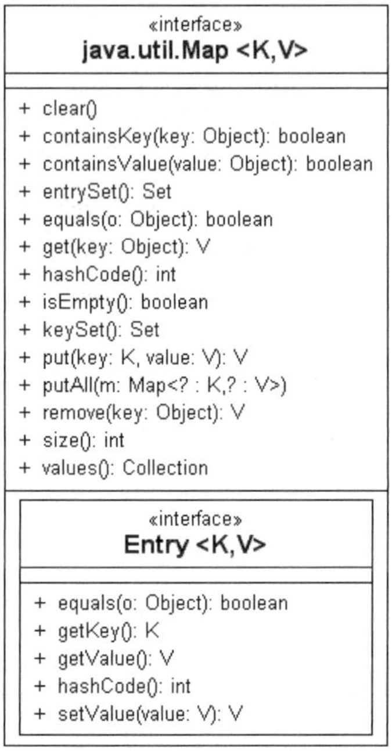

Abbildung 4.4 Klassendiagramm der Schnittstelle Map

Die Klasse HashMap

Die Klasse `HashMap` eignet sich ideal dazu, viele Elemente unsortiert zu speichern und sie über die Schlüssel schnell wieder verfügbar zu machen. Das interne Hashing-Verfahren ist schnell, eine Sortierung der Schlüssel nach einem gegebenen Kriterium aber nicht möglich.

```
class java.util.HashMap<K,V>
extends AbstractMap<K,V>
implements Map<K,V>, Cloneable, Serializable
```

- `HashMap()`
  Erzeugt eine neue Hash-Tabelle.
- `HashMap(Map<? extends K, ? extends V> m)`
  Erzeugt eine neue Hash-Tabelle aus einer anderen `Map`.

Die Klasse TreeMap und die Schnittstelle SortedMap/NavigableMap

Eine TreeMap implementiert die Schnittstelle NavigableMap, die wiederum von der Schnittstelle SortedMap erbt, wobei diese wiederum Map erweitert. Eine NavigableMap sortiert die Elemente eines Assoziativspeichers nach Schlüsseln und bietet Zugriff auf das kleinste oder größte Element.

- Einige Methoden aus SortedMap: firstKey(), lastKey(). subMap(fromKey, toKey) und tailMap(fromKey, toKey) bilden Teilansichten des Assoziativspeichers.
- Einige Methoden aus NavigableMap: pollFirstEntry(), pollLastEntry(), descendingMap()

Damit die Schlüssel in einer TreeMap sortiert werden können, gilt das Gleiche wie beim TreeSet: Die Elemente müssen eine natürliche Ordnung besitzen, oder ein externer Comparator muss die Ordnung festlegen.

```
class java.util.TreeMap<K,V>
extends AbstractMap<K,V>
implements NavigableMap<K,V>, Cloneable, Serializable
```

- TreeMap()
  Erzeugt eine neue TreeMap, die eine natürliche Ordnung von ihren Elementen erwartet.
- TreeMap(Comparator<? super K> comparator)
  Erzeugt eine neue TreeMap mit einem Comparator, sodass die Elemente keine natürliche Ordnung besitzen müssen.
- TreeMap(Map<? extends K, ? extends V> m)
  Erzeugt eine TreeMap mit einsortierten Elementen aus m, die eine natürliche Ordnung besitzen müssen.
- TreeMap(SortedMap<K, ? extends V> m)
  Erzeugt eine TreeMap mit einsortierten Elementen aus m und übernimmt von m auch die Ordnung.

Um die Sortierung zu ermöglichen, ist der Zugriff etwas langsamer als über HashMap, aber mit dem Hashing-Verfahren lassen sich Elemente nicht sortieren.

4.6.2 Einfügen und Abfragen des Assoziativspeichers

Wir haben gesagt, dass die Elemente des Assoziativspeichers Paare aus Schlüssel und zugehörigem Wert sind. Das Wiederfinden der Werte ist effizient nur über Schlüssel möglich.

Daten einfügen

Zum Hinzufügen von Schlüssel-Wert-Paaren dient die Methode put(key, value). Das erste Argument ist der Schlüssel und das zweite Argument der mit dem Schlüssel zu assoziierende Wert.

[+]

Hinweis für Nullen

Bei manchen Implementierungen der Map-Schnittstelle kann der Schlüssel bzw. Wert null sein – hier lohnt ein Blick auf die Javadoc der einzelnen Klassen. Bei HashMap ist null als Schlüssel und Wert ausdrücklich erlaubt, bei ConcurrentHashMap dürfen weder Schlüssel noch Wert null sein.

```
interface java.util.Map<K,V>
```

- `V put(K key, V value)`
  Speichert den Schlüssel und den Wert im Assoziativspeicher. Falls sich zu diesem Schlüssel schon ein Eintrag im Assoziativspeicher befand, wird der alte Wert überschrieben und der vorherige Wert zum Schlüssel zurückgegeben (das ist anders als beim Set, wo die Operation dann nichts tut). Ist der Schlüssel neu, liefert put(…) den Rückgabewert null. Das heißt auch, dass mit put(key, value) == null nicht klar ist, ob put(…) einen Wert überschreibt und der alte Wert null war, oder ob noch kein Schlüssel-Wert-Paar in dem Assoziativspeicher lag.
- `default V compute(K key, BiFunction<? super K,? super V,? extends V> remappingFunction)`
  Speichert ein neues Schlüssel-Wert-Paar, wobei der assoziierte Wert von einer Funktion zum Zeitpunkt des Einfügens berechnet wird. War mit dem alten Wert etwas assoziiert, wird der alte Wert zurückgegeben. Ein Sonderfall ist es, wenn die Funktion null liefert, dann passiert nichts, bzw. ein altes existierendes Schlüssel-Wert-Paar wird gelöscht.
- `void putAll(Map<? extends K,? extends V> m)`
  Fügt alle Schlüssel-Wert-Paare aus m in die aktuelle Map ein. Auch diese Methode überschreibt unter Umständen vorhandene Schlüssel.

Über alle Werte laufen

Eine neue Default-Methode in Java ist forEach(java.util.function.BiConsumer); sie läuft über alle Schlüssel-Wert-Paare und ruft einen BiConsumer auf, das ist eine funktionale Schnittstelle mit einer Methode, die zwei Paramater bekommt, nämlich Schüssel und Wert. Der Consumer kann die Daten dann auswerten.

[»]

Beispiel

Die Ausgabe wird sein: »zwei=2« und »drei=3.0«.

```
Map<String,Number> num = new HashMap<>();
num.put( "zwei", 2 );
num.put( "drei", 3.0 );
BiConsumer<String,Number> action =
    (key, value) -> System.out.println( key + "=" + value );
num.forEach( action );
```

Intern greift die Methode auf entrySet() zurück, wir werden die Methode später vorstellen.

Assoziierten Wert erfragen

Um wieder ein Element auszulesen, deklariert `Map` die Operation `get(key)`. Das Argument identifiziert das zu findende Objekt über den Schlüssel, indem dasjenige Objekt aus der Datenstruktur herausgesucht wird, das im Sinne von `equals(…)` mit dem Abfrageobjekt gleich ist. Wenn das Objekt nicht vorhanden ist, ist die Rückgabe `null`. Allerdings kann auch `null` der mit einem Schlüssel assoziierte Wert sein, da `null` als Wert durchaus erlaubt ist.

[«]

Beispiel

Erfrage den Assoziativspeicher nach »zwei«. Das Ergebnis wird ein `Number`-Objekt sein:

```
Map<String,Number> num = new HashMap<>();
Number number = num.get( "zwei" );
if ( number != null )
  System.out.println( number.intValue() );
```

Mit Generics kann eine Typanpassung entfallen, wenn – wie in unserem Beispiel – `Number`-Objekte mit dem String assoziiert waren. Wurde der Typ nicht angegeben, ist eine Typanpassung nötig.

```
interface java.util.Map<K,V>
```

- `V get(Object key)`
  Liefert das mit dem entsprechenden Schlüssel verbundene Objekt. Falls kein passendes Objekt vorhanden ist, liefert die Methode `null`.
- `default V getOrDefault(Object key, V defaultValue)`
  Existiert zum Schlüssel `key` ein assoziierter Wert, so wird dieser zurückgegeben, andernfalls der vorgegebene `defaultValue`.

Existiert der Schlüssel, existiert der Wert?

Mit `get(…)` kann nicht wirklich sicher das Vorhandensein eines Schlüssels getestet werden, da mit einem Schlüssel `null` assoziiert sein kann – das gilt zum Beispiel für `HashMap`, in der `null` als Schlüssel und Wert erlaubt sind. Eine sichere Alternative bietet die Methode `containsKey(…)`, die `true` zurückgibt, wenn ein Schlüssel in der Tabelle vorkommt.

Im Gegensatz zu `get(…)` und `containsKey(…)`, die das Auffinden eines Werts bei gegebenem Schlüssel erlauben, lässt sich auch nur nach den Werten ohne Schlüssel suchen. Dies ist allerdings wesentlich langsamer, da alle Werte der Reihe nach durchsucht werden müssen. Die Klasse bietet hierzu `containsValue(…)` an.

```
interface java.util.Map<K,V>
```

- `boolean containsKey(Object key)`
  Liefert `true`, falls der Schlüssel im Assoziativspeicher vorkommt. Den Vergleich auf Gleichheit führt `HashMap` mit `equals(…)` durch. Demnach sollte das zu vergleichende Objekt diese Metho-

de aus `Object` passend überschreiben. `hashCode()` und `equals(…)` müssen miteinander konsistent sein. Aus der Gleichheit zweier Objekte unter `equals(…)` muss auch jeweils die Gleichheit von `hashCode()` folgen.

- `boolean containsValue(Object value)`
  Liefert `true`, falls der Assoziativspeicher einen oder mehrere Werte enthält, die mit dem Objekt inhaltlich (also per `equals(…)`) übereinstimmen.

Einträge ersetzen

Die Methode `getOrDefault(Object key, V defaultValue)` ist insofern interessant, als dass sie zwei Dinge tut: testen und in Abhängigkeit vom Ausgang des Tests eine Operation durchführen. Zum Austauschen bietet die Java-API seit Java 8 drei neue `replace(…)`-Methoden, die nach dem gleichen Prinzip funktionieren; es muss ein Element erst existieren, bevor es ersetzt werden kann.

interface java.util.**Map**<K,V>

- `default V replace(K key, V value)`
  Wenn es zu `key` schon einen assoziierten Wert gab, wird dieser überschrieben. Wenn mit `key` noch nichts assoziiert war, passiert nichts. Das ist der Unterschied zu `put(…)`, das in jedem Fall ein Paar assoziiert.
- `default boolean replace(K key, V oldValue, V newValue)`
  Assoziiert `key` mit `newValue` genau dann, wenn `key` bisher mit `oldValue` assoziiert war.
- `default void replaceAll(BiFunction<? super K,? super V,? extends V> function)`
  Läuft über alle Schlüssel-Wert-Paare der Map, ruft die gegebene Funktion mit den Parametern Schlüssel und Wert auf und überschreibt den alten assoziierten Wert mit dem Ergebnis der Funktion.

> **Implementierungsdetail**
>
> Die Implementierung von `replaceAll(…)` ist über die Default-Methode gegeben und sieht (abgesehen von der internen Ausnahmebehandlung) so aus:
>
> ```
> for ( (Map.Entry<K, V> entry : map.entrySet() )
>   entry.setValue( function.apply( entry.getKey(), entry.getValue() ) );
> ```

Einträge löschen oder die ganze Map leeren

Zum Löschen eines Elements gibt es zwei Formen von `remove(…)`, und zum Löschen der gesamten `Map` gibt es die Methode `clear()`:

```
interface java.util.Map<K,V>
```

- `V remove(Object key)`
  Löscht den Schlüssel und seinen zugehörigen Wert. Wenn der Schlüssel nicht im Assoziativspeicher ist, so bewirkt die Methode nichts. Im letzten Atemzug wird noch der Wert zum Schlüssel zurückgegeben.
- `default boolean remove(Object key, Object value)`
  Löscht den Schlüssel mit dem Wert nur dann, wenn `key` auch mit `value` assoziiert ist und nicht mit etwas anderem. Die Rückgabe ist `true`, wenn der Wert gelöscht wurde. Die Methode ist neu seit Java 8.
- `void clear()`
  Löscht den Assoziativspeicher so, dass er keine Werte mehr enthält.

Map-Operationen in Abhängigkeit von (nicht-)existierenden Werten (ab Java 8)

Die Map-API hat seit Java 8 einige clevere Methoden, die mehrere Operationen zusammenfassen, wobei die Funktionsweise folgendem Bauplan entspricht: Ist ein assoziierter Wert zu einem Schlüssel (nicht) vorhanden, dann tue dies, sonst das.

```
interface java.util.Map<K,V>
```

- `default V putIfAbsent(K key, V value)`
  Testet zuerst, ob zu dem gegebenen Schlüssel `key` ein assoziierter Wert existiert, wenn ja, gibt es keine Änderung an der Datenstruktur, nur der alte assoziierte Wert wird zurückgegeben. Existiert kein assoziierter Wert, speichert die Datenstruktur den `value` zum Schlüssel. Die Rückgabe von `putIfAbsent(…)` ist `null`, falls es vorher keinen alten assoziierten Wert gab, andernfalls die Referenz vom alten Objekt (das auch `null` sein kann, wenn die `Map` auch `null`-Werte erlaubt), das jetzt durch den neuen Wert überschrieben wurde. Falls `null` als Wert in der `Map` erlaubt ist – wie etwa in `HashMap` –, so gilt eine Besonderheit: Ist ein existierender Schlüssel mit `null` assoziiert, dann würde `putIfAbsent(…)` den Wert `null` mit etwas anderem überschreiben.
- `default V computeIfAbsent(K key, Function<? super K,? extends V> mappingFunction)`
  Vergleichbar mit `putIfAbsent(…)`, nur nutzt diese Methode eine Berechnungsmethode statt eines festen Werts. Ein wichtiger Punkt ist, dass, wenn die Berechnungsfunktion `null` zurückgibt, nichts an dem Assoziativspeicher verändert wird und der alte Wert bleibt. Der Rückgabewert ist immer entweder der letzte assoziierte Wert oder der neue Eintrag, es sein denn, die `mappingFunction` liefert `null`. Die Methode lässt sich damit perfekt in einer Methodenkaskadierung der Art `map.computeIfAbsent(…).`*`methodeVonV`*`(…)` verwenden.
- `default V computeIfPresent(K key, BiFunction<? super K,? super V,? extends V> remappingFunction)`
  Überschreibt den assoziierten Wert mit einem von der Funktion berechneten neuen Wert, wenn das Schlüssel-Wert-Paar existiert. Dann liefert die Methode den neuen Wert zurück.

Zwei Sonderfälle sind zu unterscheiden: Falls es zu dem Schlüssel `key` keinen Wert gibt, macht `computeIfPresent(…)` nichts, und die Rückgabe ist `null`. Gibt es einen assoziierten Wert, doch die auf den Wert angewendete Funktion liefert `null`, wird das Schlüssel-Wert-Paar gelöscht, und die Rückgabe ist ebenfalls `null`.

[»]

Beispiel

Java bietet von Haus aus keine Datenstruktur, die wie ein Assoziativspeicher arbeitet, aber einen Schlüssel mit einer Sammlung von Werten assoziieren kann. Doch so eine Klasse ist schnell geschrieben:[9]

Listing 4.16 com/tutego/insel/util/map/MultimapDemo.java, Multimap

```
class Multimap<K, V> {
  private final Map<K,Collection<V>> map = new HashMap<>();

  public Collection<V> get( K key ) {
    return map.getOrDefault( key, Collections.<V> emptyList() );
  }

  public void put( K key, V value ) {
    map.computeIfAbsent( key, k -> new ArrayList<>() )
       .add( value );
  }
}
```

Ein kleines Beispiel:

```
Multimap<Integer,String> mm = new Multimap<>();
System.out.println( mm.get( 1 ) ); // []
mm.put( 1, "eins" );
System.out.println( mm.get( 1 ) ); // [eins]
mm.put( 1, "one" );
System.out.println( mm.get( 1 ) ); // [eins, one]
```

```
interface java.util.Map<K,V>
```

- `default V merge(K key, V value, BiFunction<? super V,? super V,? extends V> remappingFunction)`
  Setzt einen neuen Eintrag in die Map oder verschmilzt einen existierenden Eintrag mit der angegebenen Funktion. Von der Semantik her ist das die komplexeste Methode. Der erste Fall ist einfach, denn wenn es zum Schlüssel keinen Wert gibt, dann wird das Schlüssel-Wert-Paar in die `Map` gesetzt, und `merge(…)` liefert als Rückgabe den `value`. Gibt es schon einen assoziierten Wert, wird die Funktion mit dem alten Wert und `value` aufgerufen (eine `BiFunction` hat

9 Und so etwas ist Teil jeder Java-API-Erweiterung, wir kommen darauf noch zu sprechen.

zwei Parameter) und der alte assoziierte Wert mit diesem neuen Wert überschrieben, woraufhin die Rückgabe von merge(…)diesen neuen Wert liefert. Jetzt gibt es noch zwei Sonderfälle, und die hängen damit zusammen, wenn das Argument value gleich null ist oder die Funktion null liefert. In beiden Fällen wird das Schlüssel-Wert-Paar gelöscht, und die Rückgabe von merge(…) ist null.

[«]

Beispiel

Zu einer ID soll ein Punkt assoziiert werden. Neue, hinzugefügte Punkte zu dieser ID sollen die Koordinate des ursprünglichen Punktes verschieben.

```
Map<Integer,Point> map = new HashMap<>();
BiFunction<? super Point,? super Point,? extends Point> remappingFunc =
    (oldVal, val) -> { val.translate( oldVal.x, oldVal.y ); return val; };
map.merge( 1, new Point( 12, 3 ), remappingFunc );
System.out.println( map.get( 1 ) );  // java.awt.Point[x=12,y=3]
map.merge( 1, new Point( -2, 2 ), remappingFunc );
System.out.println( map.get( 1 ) );  // java.awt.Point[x=10,y=5]
map.merge( 1, new Point( 0, 5 ), remappingFunct );
System.out.println( map.get( 1 ) );  // java.awt.Point[x=10,y=10]
```

Größe und Leertest

Mit size() lässt sich die Anzahl der Werte im Assoziativspeicher erfragen. isEmpty() entspricht einem size() == 0, gibt also true zurück, falls der Assoziativspeicher keine Elemente enthält.

String-Repräsentation, Gleichheitstest, Hashwert und Klon eines Assoziativspeichers *

Viele Methoden von Object überschreiben die Assoziativspeicher-Klassen. toString() auf Assoziativspeichern liefert eine Zeichenkette, die den Inhalt der Sammlung aufzeigt. Die String-Repräsentation liefert jeden enthaltenen Schlüssel, gefolgt von einem Gleichheitszeichen und dem zugehörigen Wert. Entwickler sollten nie diese Zeichenkennung parsen bzw. irgendwelche Annahmen über die Formatierung machen.

[«]

Beispiel

Ein Assoziativspeicher soll die Zahlen 1, 2, 3 jeweils mit ihrem Quadrat assoziieren. Zum Aufbau benutzen wir eine fortgeschrittene Technik aus Java 8:

```
Map<Integer,Integer> map = Arrays.asList( 1, 2, 3 )
    .stream()
    .collect( Collectors.<Integer,Integer,Integer>toMap( id -> id, id -> id*id) );
System.out.println( map );   // {1=1, 2=4, 3=9}
```

Aus Object überschreiben die Standardimplementierungen die Methoden equals(…) und hashCode().

Die Klassen `HashMap` (und Unterklasse `LinkedHashMap`), `IdentityHashMap`, `TreeMap`, `ConcurrentSkipListMap` und `EnumMap` deklarieren eine öffentliche `clone()`-Methode, die eine Kopie eines Assoziativspeichers erzeugt. Die Kopie bezieht sich allerdings nur auf den Assoziativspeicher selbst; die Schlüssel- und Wert-Objekte teilen sich Original und Klon. Diese Form der Kopie nennt sich auch *flache Kopie* (engl. *shallow copy*). Eine Veränderung an den enthaltenen Schlüssel-Wert-Objekten betrifft also immer beide Datenstrukturen, und eine unsachgemäße Modifikation kann zu Unregelmäßigkeiten im Original führen. Eine `ConcurrentHashMap` oder `WeakHashMap` unterstützt kein `clone()`, und eigentlich ist `clone()` überhaupt nicht nötig, denn die Konstruktoren der Datenstrukturen können immer eine andere Datenstruktur als Vorlage nehmen, etwa `clone = new ConcurrentHashMap(existingMap)`.

```
interface java.util.Map<K,V>
```

- `boolean equals(Object o)`
  Damit die Gleichheit von zwei Assoziativspeichern gezeigt werden kann, vergleicht `equals(…)` alle Elemente von beiden Sammlungen.
- `int hashCode()`
  Liefert den Hashwert des Assoziativspeichers. Das ist wichtig, wenn die Sammlung selbst als Schlüssel benutzt wird – was jedoch als problematisch gelten kann, wenn der (grundsätzlich mutable) Assoziativspeicher später noch verändert werden soll.[10]

```
class java.util.HashMap<K,V> …
class java.util.TreeMap<K,V> …
```

- `Object clone()`
  Fertigt eine Kopie an, ohne jedoch die Werte selbst zu klonen.

4.6.3 Über die Bedeutung von equals(…) und hashCode() bei Elementen

Wenn wir Assoziativspeicher wie eine `HashMap` nutzen, dann sollte uns bewusst sein, dass Vergleiche nach dem Hashwert und der Gleichheit durchgeführt werden, nicht aber nach der Identität. Die folgenden Zeilen zeigen ein Beispiel:

Listing 4.17 com/tutego/insel/util/map/HashMapAndEquals.java(), main()

```
Map<Point,String> map = new HashMap<>();
Point p1 = new Point( 10, 20 );
map.put( p1, "Point p1" );
```

10 Fast schon philosophisch wird's, wenn eine Hash-Tabelle als Schlüssel oder Wert in sich selbst eingefügt werden soll. Das kann sie zwar noch erkennen, aber bei `Map<Object,String> h = new HashMap<>(); h.put(h, "a"); h.put(h, "b");` gibt es einen `StackOverflowError`, und damit ist die Philosophie am Ende. Mit Generics fallen Fehler wie diese schneller auf. Interessanterweise fängt ein `HashSet` diesen Sonderfall ab, und `Set<Object> s = new HashSet<>(); s.add(s);` führt zu keinem Fehler.

Die HashMap assoziiert den Punkt p1 mit einer Zeichenkette. Was ist nun, wenn wir ein zweites Punkt-Objekt mit den gleichen Koordinaten bilden und die Map nach diesem Objekt fragen?

```
Point p2 = new Point( 10, 20 );
System.out.println( map.get( p2 ) );                    // ???
```

Die Antwort ist die Zeichenfolge »Point p1«. Das liegt daran, dass zunächst der Hashwert von p1 und p2 gleich ist. Des Weiteren liefert auch equals(…) ein true, sodass dies als ein Fund zu werten ist (das liefert noch einmal einen wichtigen Hinweis darauf, dass immer beide Methoden equals(…) und hashCode() in Unterklassen zu überschreiben sind).

Mit etwas Überlegung folgt dieser Punkt fast zwangsläufig, denn bei einer Abfrage ist ja das zu erfragende Objekt nicht bekannt. Daher kann der Vergleich nur auf Gleichheit, nicht aber auf Identität stattfinden.

4.6.4 Eigene Objekte hashen

Für Objekte, die als Schlüssel in einen Hash-Assoziativspeicher gesetzt werden, gibt es keine Schnittstelle zu implementieren, lediglich die Aufforderung, dass equals(…) und hashCode() in geeigneter Weise (also der Bedeutung oder Semantik des Objekts entsprechend) untereinander konsistent implementiert sein sollen. Wenn equals(…) von zwei Objekten gleichen Typs zum Beispiel true ergibt, muss der Hashwert auch gleich sein, und wenn zwei Hashwerte ungleich sind, darf equals(…) nicht wahr ergeben. Viele Standardklassen, wie String oder Point, erfüllen diese Anforderung, andere, wie StringBuilder, implementieren kein eigenes hashCode() und equals(…). Ein weiteres Problem ist, dass bei Vergleichen mit Ordnung ein externer Comparator eingesetzt werden kann, aber die Logik für einen Test auf Gleichheit und die Berechnung eines Hashwerts lassen sich nicht in ein externes Objekt setzen. Für Schlüsselobjekte in einer NavigableMap/SortedMap ist hashCode() nicht erforderlich, da es hier auf die Ordnung ausdrücklich ankommt.

Wir wollen eine Klasse entwerfen, die hashCode() und equals(…) so implementiert, dass Strings unabhängig von ihrer Groß-/Kleinschreibung einsortiert und gefunden werden:

Listing 4.18 com/tutego/insel/util/map/EqualsIgnoreCaseString.java

```
package com.tutego.insel.util.map;

public class EqualsIgnoreCaseString {

  private final String string;

  public EqualsIgnoreCaseString( String string ) {
    this.string = string.toLowerCase();
  }
```

```
  @Override public int hashCode() {
    return string.hashCode();
  }

  @Override public boolean equals( Object obj ) {
    if ( this == obj )
      return true;
    if ( obj == null )
      return false;
    if ( getClass() != obj.getClass() )
      return false;
    return string.equals( ((EqualsIgnoreCaseString) obj).string );
  }
}
```

Ein kleiner Test mit den Rückgaben im Kommentar:

Listing 4.19 com/tutego/insel/util/map/EqualsIgnoreCaseStringDemo.java, main()

```
Map<EqualsIgnoreCaseString, String> map = new HashMap<>();
map.put( new EqualsIgnoreCaseString("tutego"), "tutego" ); // null
map.put( new EqualsIgnoreCaseString("Tutego"), "Tutego" ); // tutego
map.put( new EqualsIgnoreCaseString("TUTI!"), "TUTI!" );   // null

map.get( new EqualsIgnoreCaseString("tutego") );           // Tutego
map.get( new EqualsIgnoreCaseString("TUTEGO") );           // Tutego
map.get( new EqualsIgnoreCaseString("tUtI!") );            // TUTI!
map.get( new EqualsIgnoreCaseString("tröt") );             // null
```

4.6.5 LinkedHashMap und LRU-Implementierungen

Da die Reihenfolge der eingefügten Elemente bei einem Assoziativspeicher verloren geht, gibt es mit `LinkedHashMap` eine Mischung, also einen schnellen Assoziativspeicher mit gleichzeitiger Speicherung der Reihenfolge der Objekte. Die Bauart des Klassenamens `LinkedHashMap` macht schon deutlich, dass es eine `Map` ist, und die Reihenfolge der Objekte liefert einen `Iterator`; es gibt keine listenähnliche Schnittstelle mit `get(int)`. `LinkedHashMap` ist für Assoziativspeicher das, was `LinkedHashSet` für `HashSet` ist.

Im Gegensatz zur normalen `HashMap` ruft `LinkedHashMap` immer genau dann die besondere Methode `boolean removeEldestEntry(Map.Entry<K,V> eldest)` auf, wenn intern ein Element der Sammlung hinzugenommen wird. Die Standardimplementierung dieser Methode liefert immer `false`, was bedeutet, dass das älteste Element nicht gelöscht werden soll, wenn ein neues hinzukommt. Doch bietet das JDK die Methode aus Absicht `protected` an, denn sie kann von uns überschrieben werden, um eine Datenstruktur aufzubauen, die eine maximale Anzahl an Elementen hat.

So sieht das aus:

Listing 4.20 com/tutego/tutego/insel/util/map/LRUMap.java

```
package com.tutego.insel.util.map;

import java.util.*;

public class LRUMap<K,V> extends LinkedHashMap<K,V> {
  private final int capacity;

  public LRUMap( int capacity ) {
    super( capacity, 0.75f, true );
    this.capacity = capacity;
  }

  @Override
  protected boolean removeEldestEntry( Map.Entry<K,V> eldest ) {
    return size() > capacity;
  }
}
```

LinkedHashSet bietet eine vergleichbare Methode removeEldestEntry(…) nicht. Wer diese benötigt, muss eine eigene Mengenklasse auf der Basis von LinkedHashMap realisieren.

4.6.6 IdentityHashMap

Es gibt eine besondere Datenstruktur mit dem Namen IdentityHashMap, die statt der internen equals(…)-Vergleiche einen Identitätsvergleich mit == durchführt. Die Implementierung ist selten im Einsatz, kann aber im Bereich der Performance-Optimierung eine interessante Rolle übernehmen und auch das Problem lösen, wenn in der Map denn absichtlich Objekte enthalten sein sollen, die equals-gleich, aber nicht identisch sind. Es lässt sich auch so sehen: IdentityHashMap ist attraktiv, wenn als Schlüssel Objekte zum Einsatz kommen, bei denen Gleichheit und Identität dasselbe bedeuten.

[+]

Hinweis

An Integer-Objekten in einer IdentityHashMap zeigt sich genau der Unterschied zur klassischen Map wie einer HashMap. Nehmen wir

```
Integer key1 = 1;
Integer key2 = 1;
Integer key3 = 1000;
Integer key4 = 1000;
```

dann sind wegen des Autoboxings und wegen des internen Caches `key1 == key2`, aber `key3 != key4` (die `Integer`-Klasse cacht standardmäßig Ganzzahlen im Wertebereich eines `byte`). Abfragen mit `equals`-gleichen `Integer`-Objekten sind in der `HashMap` üblich, laufen aber bei `IdentityHashMap` ins Leere, da es unmöglich ist, zum Beispiel später über `Integer.value(1000)` ein genau identisches `Integer`-Objekt aufzubauen, sodass es als Schlüssel in der `IdentityHashMap` »passt« und der Identitätsvergleich wahr wird.

4.6.7 Das Problem veränderter Elemente

Ein Hashwert ergibt sich aus den Attributen eines Objekts. Um ein Objekt in einem Assoziativspeicher zu finden, wird dann nach dem Hashwert gesucht; dumm, wenn sich dieser in der Zwischenzeit geändert hat:

Listing 4.21 com/tutego/insel/util/map/MapImmutable.java, main()

```
Map<Point,String> map = new HashMap<>();
Point q = new Point( 1, 1 );
map.put( q, "Punkt q" );
q.x = 12345;
System.out.println( map.get( q ) ); // ???
q.x = 1;
System.out.println( map.get( q ) ); // ???
```

Nach der Zuweisung an `x` wird `hashCode()` einen anderen Wert als vorher liefern. Wenn nun `get(…)` nach dem Objekt sucht, berechnet es den Hashwert und sucht in den internen Datenstrukturen. Ändert sich der Hashwert jedoch unterdessen, kann das Element nicht mehr gefunden werden und liegt als Leiche in der Map. Daher kann nur davor gewarnt werden, Attribute von Objekten, die durch Assoziativspeicher verwaltet werden, nachträglich zu ändern. Das Prinzip Hashing benutzt gerade diese Eigenschaft, um Objekte durch unveränderte Zustände wiederzufinden.

4.6.8 Aufzählungen und Ansichten des Assoziativspeichers

Eine `Map` kann beim erweiterten `for` nicht rechts vom Doppelpunkt stehen, da sie kein `Iterable` implementiert – nicht direkt und, da eine `Map` keine `Collection` ist, auch nicht indirekt. Auch fehlt der `Map` irgendeine direkte Methode `iterator()`.

Eine `Map` kann auf drei Arten Sammlungen zurückgeben, über die sich iterieren lässt:

- `keySet()` liefert eine Menge der Schlüssel.
- `values()` liefert eine `Collection` der Werte.
- `entrySet()` liefert eine Menge mit speziellen `Map.Entry`-Objekten. Die `Map.Entry`-Objekte speichern gleichzeitig den Schlüssel sowie den Wert.

Für die Sammlungen gibt es erst einmal keine definierte Reihenfolge beim Auflaufen, es sei denn, die `Map` ist eine `NavigableMap`, wo ein `Comparator` die Ordnung vorgibt oder die Elemente `Comparable` sind.

[«]

Beispiel

Laufe die Schlüssel einer `HashMap` mit einem Iterator (über das erweiterte `for`) ab:

```
Map<String,String> h = new HashMap<>();
h.put( "C.Ullenboom", "c.ullenboom@no-spam.com" );
h.put( "Webmaster", "c.ullenboom@spammer.com" );
h.put( "Weihnachtsmann", "wunsch@weihnachtsmann.com" );
h.put( "Christkind", "wunsch@weihnachtsmann.com" );
for ( String elem : h.keySet() )
  System.out.println( elem );
```

Liefert:

```
Weihnachtsmann
C.Ullenboom
Christkind
Webmaster
```

```
interface java.util.Map<K,V>
```

- `Set<K> keySet()`
  Liefert eine Menge mit den Schlüsseln.
- `Set<Map.Entry<K,V>> entrySet()`
  Liefert eine Menge von `Map.Entry`-Objekten, die Zugriff auf die Schlüssel und Werte bieten.
- `Collection<V> values()`
  Liefert eine Sammlung der Werte.

Da eine `Map` immer typisiert ist, gilt das natürlich auch für die Sichten auf die Daten.

keySet() und values()

`keySet()` liefert eine Sammlung als Menge, da die Schlüssel eines Assoziativspeichers immer eindeutig sind.

[«]

Beispiel

Es ist zu erfragen, ob sich in zwei Assoziativspeichern `map1` und `map2` die gleichen Schlüssel befinden – unabhängig vom Wert:

```
boolean sameKeys = map1.keySet().equals( map2.keySet() );
```

Für eine Sammlung aller Werte gibt es *keine* `Set`-liefernde Methode `valueSet()`, weil ein Wert mehr als einmal vorkommen kann, wie auch unser Beispiel mit "Weihnachtsmann" → "wunsch@weihnachtsmann.com", "Christkind" → "wunsch@weihnachtsmann.com" zeigt. Daher heißt die Methode für alle assoziierten Werte einfach `values()`; die Methode liefert die spezielle `Collection` mit den Werten. Ein Aufruf von `iterator()` auf dieser `Collection` bietet dann eine Aufzählung dieser Werte. Über den Iterator oder die `Collection` können Elemente aus der `Map` gelöscht, aber keine neuen eingefügt werden.

[»] **Beispiel**

Laufe die Werte einer `HashMap` mit einem Iterator ab:

```
for ( String elem : h.values() )
  System.out.println( elem );
```

Das liefert:

```
wunsch@weihnachtsmann.com
c.ullenboom@no-spam.com
wunsch@weihnachtsmann.com
c.ullenboom@spammer.com
```

Map.Entry

Während `keySet()` nur die eindeutigen Schlüssel in einer Menge liefert und die assoziierten Elemente in einem zweiten Schritt geholt werden müssten, gibt `entrySet()` ein `Set` von Elementen, typisiert mit `Map.Entry` zurück. `Entry` ist eine innere Schnittstelle von `Map`, die eine API zum Zugriff auf Schlüssel-Wert-Paare deklariert. Die wichtigen Operationen dieser Schnittstelle sind `getKey()`, `getValue()` und `setValue()`, wobei die letzte Methode optional ist, aber etwa von `HashMap` angeboten wird. Neben diesen Methoden überschreibt `Entry` auch `hashCode()` und `equals(…)`.

[»] **Beispiel**

Laufe die Elemente `HashMap` als Menge von `Map.Entry`-Objekten ab:

```
for ( Map.Entry<String,String> e : h.entrySet() )
  System.out.println( e.getKey() + "=" + e.getValue() );
```

`Map.Entry` ist eher ein Interna, und die Objekte dienen nicht der langfristigen Speicherung. Ein `entrySet()` ist eine Momentaufnahme, und das Ergebnis sollte nicht referenziert werden, denn ändert sich der darunterliegende Assoziativspeicher, ändern sich auch die `Entry`-Objekte, und das `Set<Map.Entry>` als Ganzes ist vielleicht nicht mehr gültig. `Entry`-Objekte sind nur gültig im Moment der Iteration, was den Nutzen einschränkt. Daher ist die Rückgabe von `entrySet()` mit `Set<Map.Entry<K,V>>` auch relativ unspezifisch, und es ist unklar, um was für eine Art von Set es sich genau handelt; ob `HashSet` oder vielleicht `NavigableSet` spielt keine Rolle.

Auch wenn die Map.Entry-Objekte nicht für die Speicherung gedacht sind, können Sie in Java 8 in einem Strom von Daten verarbeitet und in einer zustandsbehafteten Operation sortiert werden. Der Bonus der Entry-Objekte im Strom ist einfach, dass es von Vorteil ist, Schüssel und Wert in einem Objekt gekapselt zu sehen. Aber was ist, wenn jetzt der Strom sortiert werden soll, etwa nach dem Schlüssel oder dem Wert? Hier kommen neue Methoden von Java 8 ins Spiel, die den nötigen Comparator liefern.

Beispiel *

Erfrage eine Menge von Entry-Objekten, und sortiere sie nach dem assoziierten Wert:

```
map.entrySet()
    .stream()
    .sorted( Map.Entry.<String,String>comparingByValue() )
    .forEach( System.out::println );
```

static interface **Map.Entry**<K,V>

- static <K extends Comparable<? super K>,V> Comparator<Map.Entry<K,V>> comparingByKey()
- static <K,V extends Comparable<? super V>> Comparator<Map.Entry<K,V>> comparingByValue()
- static <K,V> Comparator<Map.Entry<K,V>> comparingByKey(Comparator<? super K> cmp)
- static <K,V> Comparator<Map.Entry<K,V>> comparingByValue(Comparator<? super V> cmp)

Verändernde Ansichten

Allen Methoden ist gemeinsam, dass sie nur eine andere Sicht auf die Originalmenge darstellen. Wir müssen uns dessen bewusst sein, dass Löschoperationen die ursprüngliche Menge verändern. Mit anderen Worten: Die von keySet(), values() oder entrySet() zurückgegebenen Sammlungen sind verschiedene Ansichten des Originals, und Veränderungen wirken sich unmittelbar auf das Original aus:

Listing 4.22 com/tutego/insel/util/map/MapView.java, main()

```
Map<Integer,String> m = new HashMap<>();
m.put( 1, "Eins" );
m.put( 2, "ZZZZZWWWWEEEEEIIII" );
m.put( 3, "drei" );
System.out.println( m );      // {1=Eins, 2=ZZZZZWWWWEEEEEIIII, 3=drei}

m.keySet().remove( 2 );
System.out.println( m );      // {1=Eins, 3=drei}

m.values().remove( "Eins" );
System.out.println( m );      // {3=drei}
```

```
m.entrySet().clear();
System.out.println( m );     // {}
```

4.6.9 Die Arbeitsweise einer Hash-Tabelle *

Für Assoziativspeicher gibt es unterschiedliche Implementierungen; eine basiert auf sortierten Bäumen, eine andere nutzt eine besondere mathematische Funktion, sodass wir bei diesen Assoziativspeichern von Hash-Tabellen sprechen. Insgesamt setzt Java bei mehreren Datenstrukturen auf das Hashing-Verfahren; die Klassen sind durch das Wort »Hash« zu identifizieren:

- **Hash**Maps
- **Hash**table
- **Hash**Set
- Linked**Hash**Map
- Linked**Hash**Set
- Weak**Hash**Map
- Concurrent**Hash**Map

Die Arbeitsweise ist wie folgt: Aus dem Schlüssel wird nach einer mathematischen Funktion – der so genannten *Hash-Funktion* – ein *Hashwert* (auch *Hashcode*) berechnet. Dieser dient dann als Index für ein internes Array. Dieses Array hat am Anfang eine feste Größe. Wenn später eine Anfrage nach dem Schlüssel gestellt wird, muss einfach diese Berechnung erfolgen, und wir können dann an dieser Stelle nachsehen. Wir können uns eine einfache Hash-Funktion für folgendes Problem denken: Beliebige Zeichenketten sollen in der Hash-Tabelle abgelegt werden. Die Hash-Funktion summiert einfach alle ASCII-Werte der Buchstaben und nimmt sie Modulo 77. Dann können in einem Array mit 77 Elementen 77 verschiedene Wörter aufgenommen werden. Leider hat diese Technik einen entscheidenden Nachteil: Wenn zwei unterschiedliche Wörter denselben Hashwert besitzen, kommt es zu einer Kollision. Darauf muss die Datenstruktur vorbereitet sein. Hier gibt es verschiedene Lösungsansätze. Die unter Java implementierte Lösung referenziert eine Datenstruktur hinter jedem Feldelement (einen so genannten *Bucket*); diese Implementierungsvariante heißt *Hashing mit Verkettung*. Falls eine Kollision auftritt, wird dieses Element in die Datenstruktur gesetzt. Oftmals ist es eine simple lineare Liste (ein Feld), in der aktuellen Java SE ist es eine Kombination aus Baum und Liste.

Der Füllfaktor und die Konstruktoren

Um ein Maß für den Füllgrad zu bekommen, wird ein *Füllfaktor* (Füllgrad; engl. *load factor*) eingeführt. Dieser liegt zwischen 0 % und 100 %. Ist er 0 %, so bedeutet dies, dass die Hash-Tabelle leer ist; ist er 100 %, so enthält die Hash-Tabelle genauso viele Einträge, wie das interne Array Elemente umfasst. Die Verteilung der Einträge auf die Array-Elemente wird dabei in der Regel ungleichmäßig sein. Einige Array-Elemente enthalten bereits (kurze) Listen mit kollidierenden Einträgen, während andere Array-Elemente noch unbenutzt sind. Der Füllfaktor einer Hash-Tabelle sollte für einen schnellen Zugriff nicht höher als 75 % sein. Das heißt, ein Viertel der Array-Elemente wird grundsätzlich nicht belegt.

Der Füllfaktor gibt also an, wie »voll« die Hash-Tabelle ist. Es lässt sich nun einstellen, dass die Hash-Tabelle sich automatisch vergrößert, damit der Zugriff wieder schneller wird. Dazu ordnen wir dem Füllgrad einen Prozentwert als Fließkommazahl zwischen 0,0 und 1,0 zu. Ein Wert von 0,75 entspricht also dem oben angesprochenen idealen Füllgrad von 75 %. Es gibt einen Konstruktor für `HashMap`/`Hashtable`-Exemplare, der die Angabe eines Füllgrads erlaubt. Ist dieser überschritten, wird die Hash-Tabelle neu berechnet. Dies nennt sich *Re-Hashing*. Dazu wird eine neue Hash-Tabelle angelegt, deren Array größer als das alte ist. Jeder Wert aus der alten Hash-Tabelle wird dabei gemäß der Hash-Funktion an die passende Stelle in das größere Array eingefügt. Ist dies für alle Elemente geschehen, wird die alte Hash-Tabelle gelöscht. Dieses Kopieren und Neuberechnen dauert zwar einige Zeit, doch direkt danach lassen sich die Anfragen an die Datenstruktur wieder schnell beantworten. Wenn die Hash-Tabelle zu oft vergrößert und neu organisiert werden muss, ist dies natürlich ein gewaltiger Geschwindigkeitsnachteil. Doch durch die Vergrößerung wird der Zugriff wieder schneller. Das Re-Hashing kann nicht ausdrücklich erzwungen werden.

```
class java.util.HashMap<K,V>
extends AbstractMap<K,V>
implements Map<K,V>, Cloneable, Serializable
```

- `HashMap()`
  Die Hash-Tabelle enthält initial eine Kapazität von 16 freien Plätzen und einen Füllfaktor von 75 %, also 0,75.
- `HashMap(int initialCapacity)`
  Erzeugt eine Hash-Tabelle mit einer vorgegebenen Kapazität und dem Füllfaktor 0,75.
- `HashMap(int initialCapacity, float loadFactor)`
  Erzeugt eine Hash-Tabelle mit einer vorgegebenen Kapazität und dem angegebenen Füllfaktor.

Die anfängliche Größe des internen Arrays lässt sich in zwei Konstruktoren angeben; ein unsinniger Wert löst eine `IllegalArgumentException` aus. Zusätzlich kann der Füllfaktor angegeben werden; ist dieser falsch, wird diese Exception ebenfalls ausgelöst. `initialCapacity` muss größer als die geplante Nutzlast der Hash-Tabelle gewählt werden. Das heißt, bei geplanten 1.000 Einträgen ist `initialCapacity` etwa 1000 × (1/0,75) = 1333. Ist ein Füllfaktor nicht explizit angegeben, wird die Hash-Tabelle dann vergrößert und neu organisiert, wenn die Anzahl der Einträge in der Hash-Tabelle größer gleich 0,75 × *Größe des Arrays* ist.

Auch die Konstruktoren von HashSet ermöglichen die Angabe des Füllfaktors und der Initialgröße.

```
class java.util.HashSet<E>
extends AbstractSet<E>
implements Set<E>, Cloneable, Serializable
```

- HashSet()
  Erzeugt ein neues HashSet-Objekt mit 16 freien Plätzen und einem Füllfaktor von 0,75.
- HashSet(int initialCapacity)
  Erzeugt ein neues HashSet mit einer gegebenen Anzahl freier Plätze und dem Füllfaktor von 0,75.
- HashSet(int initialCapacity, float loadFactor)
  Erzeugt ein neues, leeres HashSet mit einer Startkapazität und einem gegebenen Füllfaktor.

Die Startgröße ist für die Performance wichtig. Ist die Größe zu klein gewählt, muss die Datenstruktur bei neu hinzugefügten Elementen vergrößert werden – hier unterscheidet sich die Klasse HashSet nicht von der Klasse HashMap, da HashSet intern auf HashMap basiert.

Kollisionen und Hash-Funktionen

Die Wahl der richtigen Hash-Funktion ist wichtig für die Performance. Denn eine »dumme« Hash-Funktion, die beispielsweise alle Schlüssel nur auf einen konstanten Wert abbildet, erreicht keine Verteilung, sondern lediglich eine lange Liste von Schlüssel-Wert-Paaren; diese Anhäufung an einer Stelle nennt sich *Clustering*. Doch auch bei der besten Verteilung über N Buckets ist nach dem Einfügen des Elements $N + 1$ irgendwo eine Liste mit mindestens zwei Elementen aufgebaut, daher vergrößert die Bibliothek standardmäßig das Feld. Ist aber die Hash-Funktion so schlecht, dass alles auf das gleiche Bucket abgebildet wird, hilft dieses Re-Hashing auch nicht.

Je länger die Datenstruktur der miteinander kollidierenden Einträge wird, desto langsamer wird der Zugriff der auf Hashing basierenden Datenstruktur insgesamt. Java basiert beim Hashing einzig auf der hashCode()-Methode, und es liegt in unserer Hand sie gut zu implementieren. Die Klasse String hat eine relativ einfache (dafür schnelle) Implementierung von hashCode(), die in der Vergangenheit zu Denial-of-Service-Attacken führte, gerade weil es zu Kollisionen kam.[11]

4.6.10 Die Properties-Klasse

Die Klasse java.util.Properties ist eine Sonderform der Assoziativspeicher, bei der Schlüssel-Wert-Paare immer vom Typ String sind. Ein Assoziativspeicher, der Strings mit Strings verbin-

11 In Java 7 wurde dafür in String eine zusätzliche Hash-Methode realisiert, doch in Java 8 wurde diese Implementierung wieder entfernt und die Implementierung für das Hashing insgesamt verändert, zumindest für die aktuellen Klassen; das ältere java.util.Hashtable blieb unverändert.

det, ist auch HashMap<String,String>, doch die Klasse Properties kann noch mehr: Sie kann Properties hierarchisch verketten und Einträge in einer Datei speichern und wieder auslesen. Auf diese Weise lassen sich fest verdrahtete Zeichenketten aus dem Programmtext externalisieren, sodass sich die Werte auch ohne Neuübersetzung bequem verändern lassen.

Im Folgenden schauen wir uns an, wie ein Properties-Objekt aufgebaut, gefüllt und erfragt wird. Die Speicherung und das Laden mithilfe von Properties gehören thematisch zu den Datenformaten und sind Bestandteil von Kapitel 9, »Dateiformate«.

Properties setzen und lesen

Die Methode setProperty(String, String) fügt dem Properties-Objekt ein Schlüssel-Wert-Paar hinzu. Um später wieder an den Wert zu kommen, wird getProperty(String) mit dem Schlüssel aufgerufen und liefert dann – wenn beide Zeichenketten vorher verbunden wurden – den Wert:

```
Properties props = new Properties();
props.setProperty( "User", "Eddie Grundies" );
props.setProperty( "Version", "0.02" );
System.out.println( props.getProperty("User") );       // Eddie Grundies
System.out.println( props.getProperty("Passwort") );   // null
```

Von der Klassendeklaration her erweitert Properties die Klasse Hashtable<Object, Object>, und da Hashtable die Schnittstelle Map implementiert, ist Properties auch vom Typ Map. Die Map-Methoden werden jedoch nicht eingesetzt.

Properties verketten

Properties-Objekte lassen sich hierarchisch verbinden, sodass im Fall einer erfolglosen Suche nach einem Schlüssel das Properties-Objekt die Anfrage an ein übergeordnetes Properties-Objekt weiterleitet; das Eltern-Properties-Objekt wird einfach im Konstruktor übergeben:

Listing 4.23 com/tutego/insel/util/map/PropertiesDemo.java. main()

```
Properties defaultProperties = new Properties(),
           userProperties    = new Properties( defaultProperties );
```

Die Zeilen erzeugen zwei Properties-Objekte. Obwohl am Anfang beide leer sind, werden doch die in defaultProperties hinzugefügten Einträge auch in userProperties sichtbar sein. Im Folgenden ist abzulesen, wie userProperties einen Eintrag überschreibt:

```
defaultProperties.setProperty( "User", "Bill Grundies" );
defaultProperties.setProperty( "Password", "(nicht gesetzt)" );
userProperties.setProperty( "Password", "SagIchNet" );
```

Zuerst durchsucht ein Property-Exemplar die eigene Datenstruktur. Liefert diese Property keinen Eintrag oder keinen Wert vom Typ String, so wird das im Konstruktoraufruf angegebene Property-Objekt durchsucht. Auf diese Weise lassen sich mehrstufige Hierarchien von Property-Verzeichnissen konstruieren.

```
class java.util.Properties
extends Hashtable<Object,Object>
```

- Properties()
  Erzeugt ein leeres Properties-Objekt ohne Schlüssel und Werte.
- Properties(Properties defaults)
  Erzeugt ein leeres Properties-Objekt, das bei Anfragen auch auf die Einträge in dem übergebenen Properties-Objekt zurückgreift.
- String getProperty(String key)
  Sucht in den Properties nach der Zeichenkette key als Schlüssel und liefert den zugehörigen Wert. Durchsucht auch übergeordnete Properties-Objekte.
- String getProperty(String key, String default)
  Sucht in den Properties nach der Zeichenkette key als Schlüssel und liefert den zugehörigen Wert. Ist der Schlüssel nicht vorhanden, wird der String default zurückgegeben.
- Object setProperty(String key, String value)
  Trägt Schlüssel und Wert im Properties-Exemplar ein. Existiert der Schlüssel schon, wird er überschrieben. Mitunter verdeckt der Schlüssel den Wert der Property in der übergeordneten Property.
- void Enumeration<?> propertyNames()
  Liefert eine Enumeration aller Schlüssel in der Properties-Liste inklusive der Standardwerte aus übergeordneten Properties.

Hierarchische Eigenschaften

Leider kann eine Eigenschaften-Datei nicht segmentiert werden, wie etwa alte Windows-INI-Dateien dies machen. Die Alternative besteht darin, hierarchisch benannte Eigenschaften zu erzeugen, indem eine Zeichenkette vor jeden Schlüssel gesetzt wird. Um zum Beispiel einen Schlüssel User einmal unter Private und einmal unter Public zu halten, lassen sich die Eigenschaften Private.User und Public.User einsetzen. Doch leider tauchen sie nach dem Speichern durcheinandergewürfelt in der Datei auf, weil der Assoziativspeicher keine Sortierung besitzt (Properties basiert nicht auf TreeMap).

Eigenschaften auf der Konsole ausgeben *

Die Methoden list(PrintStream) bzw. list(PrintWriter) wandern durch die Daten eines Properties-Exemplars und schreiben sie in den Datenstrom. Eine Ausgabe auf dem Bildschirm erhalten wir mit list(System.out). Schlüssel und Werte trennt ein Gleichheitszeichen. Die Ausgabe über list(…) ist gekürzt, denn ist ein Wert länger als 40 Zeichen, wird er abgekürzt; daher eignet sich die Methode nicht dafür, die Belegungen gültig in eine Datei zu schreiben. Ein list(System.out) auf die defaultProperties bzw. userProperties von unserem vorangegangenen Beispiel ergibt folgende Ausgabe:

```
-- listing properties --
Password=(nicht gesetzt)
User=Bill Grundies
-- listing properties --
Password=SagIchNet
User=Bill Grundies
```

Den Paaren geht eine Kopfzeile der Art -- listing properties -- voran. Es ist wichtig zu verstehen, dass durch die Art der Speicherung (ein Assoziativspeicher auf Basis des Hashings) die Ausgabe unsortiert erfolgt.

```
class java.util.Properties
extends Hashtable<Object,Object>
```

- void list(PrintStream out)
  Listet die Properties aus dem PrintStream auf.
- void list(PrintWriter out)
  Listet die Properties aus dem PrintWriter auf.

Klassenbeziehungen – Properties und Hashtable *

Die Properties-Klasse ist eine Erweiterung von Hashtable, weil die Speicherung der Einstellungsdaten in dieser Datenstruktur erfolgt. Ein Properties-Objekt erweitert den Assoziativspeicher um die Möglichkeit, die Schlüssel-Wert-Paare in einem festgelegten Format aus einer Textdatei bzw. einem Datenstrom zu laden und wieder zu speichern. Doch gerade weil Hashtable erweitert wird, sind auch alle Methoden der Klasse Hashtable auf ein Properties-Objekt anwendbar. Das ergibt nicht für alle Methoden Sinn und ist auch nicht in jedem Fall problemlos. Dass Properties eine Unterklasse von Hashtable ist, ist ähnlich fragwürdig wie die Vererbungsbeziehung von Stack als Unterklasse von Vector. So ist ein Augenmerk auf die put(…)-Methode zu richten. Sie gibt es in der Klasse Properties nicht, denn put(…) wird von Hashtable geerbt. Wir sollten sie auch nicht verwenden, da es über sie möglich ist, Objekte einzufügen, die nicht vom Typ String sind. Das gleiche Argument könnte für get(…) gelten, doch sprechen zwei Dinge dagegen: zum einen, dass wir beim get(…) aus einem Hashtable-Objekt immer ein Object-Objekt bekommen und daher meistens eine Typanpassung benötigen; und zum anderen durchsucht diese Methode lediglich den Inhalt des angesprochenen Properties-Exemplars. getProperties() arbeitet da etwas anders. Nicht nur ist der Rückgabewert automatisch ein String, sondern getProperties() durchsucht auch übergeordnete Properties-Objekte mit, die zum Beispiel Standardwerte speichern.

4.7 Mit einem Iterator durch die Daten wandern

Wenn wir mit einer `ArrayList` oder `LinkedList` arbeiten, so haben wir zumindest eine gemeinsame Schnittstelle `List`, um an die Daten zu kommen. Doch was vereinigt eine Menge (`Set`) und eine Liste, sodass sich die Elemente der Sammlungen mit gleichem Programmcode erfragen lassen? Listen geben als Sequenz den Elementen zwar Positionen, aber in einer Menge hat kein Element eine Position. Hier bieten sich *Iteratoren* bzw. *Enumeratoren* an, die unabhängig von der Datenstruktur alle Elemente auslesen – wir sagen dann, dass sie »über die Datenstruktur iterieren«. Und nicht nur eine Datenstruktur kann Daten liefern; eine Dateioperation könnte genauso gut Datengeber für alle Zeilen sein.

In Java gibt es für Iteratoren zum einen die Schnittstelle `java.util.Iterator` und zum anderen die ältere `java.util.Enumeration`. Der `Enumerator` ist nicht mehr aktuell, daher konzentrieren wir uns zunächst auf die aktuelle Schnittstelle.

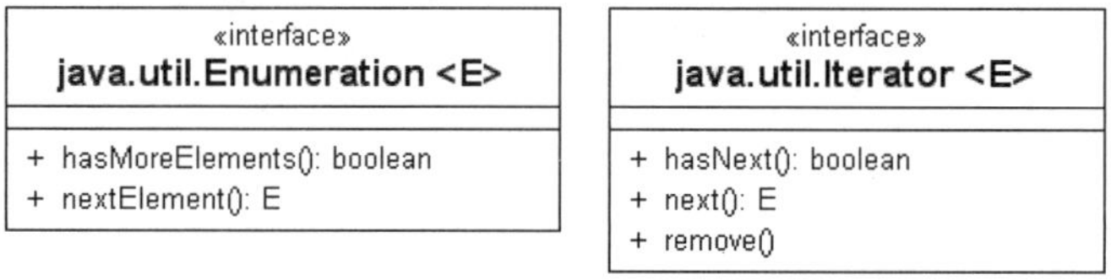

Abbildung 4.5 Iterator und Enumeration

4.8 Iterator-Schnittstelle

Die `Iterator`-Schnittstelle ist klein und schreibt drei Methoden vor, dazu kommt in Java 8 eine Default-Methode, die wir uns später anschauen.

```
interface java.util.Iterator<E>
```

- `boolean hasNext()`
  Liefert `true`, falls die Iteration weitere Elemente bietet.
- `E next()`
  Liefert das nächste Element in der Aufzählung oder `NoSuchElementException`, wenn keine weiteren Elemente mehr vorhanden sind.
- `void remove()`
  Entfernt das Element, das der Iterator zuletzt bei `next()` geliefert hat. Kann ein Iterator keine Elemente löschen, so löst er eine `UnsupportedOperationException` aus.

[»]

Beispiel

Da jede `Collection` eine Methode `iterator()` besitzt, lassen sich alle Elemente einer Sammlung wie folgt auf dem Bildschirm ausgeben:

```
Collection<String> set = new TreeSet<>();
Collections.addAll( set, "Horst", "Schlämmer", "Hape" , "Kerkeling" );
for ( Iterator<String> iter = set.iterator(); iter.hasNext(); )
  System.out.println( iter.next() );
```

Das erweiterte `for` macht das Ablaufen aber noch einfacher, und der gleiche Iterator steckt dahinter.

4.8.1 Der Iterator kann (eventuell auch) löschen

Die Schnittstelle `Iterator` bietet prinzipiell die Möglichkeit, das zuletzt aufgezählte Element aus dem zugrunde liegenden Container mit `remove()` zu entfernen. Vor dem Aufruf muss also `next()` das zu löschende Element als Ergebnis geliefert haben. Eine `Enumeration` kann die aufgezählte Datenstruktur grundsätzlich nicht verändern.

In der Dokumentation ist die Methode `remove()` als optional gekennzeichnet. Das heißt, dass ein konkreter Iterator kein `remove()` können muss – auch eine `UnsupportedOperationException` ist möglich. Das ist etwa dann der Fall, wenn ein Iterator von einer unveränderbaren Datenstruktur kommt.

Hinweis

Warum es die Methode `remove()` im Iterator gibt, ist eine interessante Frage. Die Erklärung dafür: Der Iterator kennt die Stelle, an der sich die Daten befinden (eine Art Cursor). Darum können die Daten dort auch effizient und direkt gelöscht werden. Das erklärt jedoch nicht unbedingt, warum es keine Einfüge-Methode gibt. Ein allgemeiner Grund mag sein, dass bei vielen Container-Typen das Einfügen an einer bestimmten Stelle keinen Sinn ergibt, etwa bei einem sortierten `NavigableSet` oder einer `NavigableMap`. Dort ist die Einfügeposition durch die Sortierung vorgegeben oder belanglos (bzw. bei `HashSet` durch die interne Realisierung bestimmt), also kein Fall für einen Iterator. Dazu wirft das Einfügen weitere Fragen auf: vor oder nach dem zuletzt per `next()` gelieferten Element? Soll das neue Element mit aufgezählt werden oder nicht? Soll es auch dann nicht aufgezählt werden, wenn es in der Sortierung erst später an die Reihe käme? Eine Löschen-Methode ist problemloser und universell anwendbar.

4.8.2 Operationen auf allen Elementen durchführen

Mit der in Java 8 neu eingeführten Default-Methode `forEachRemaining(…)` lässt sich Programmcode (genannt Konsument) für jedes (verbleibende) Element des Iterators aufrufen. Statt also von Hand in einer Schleife das Paar `hashNext()`/`next()` zu verwenden, läuft `forEachRemaining(…)` für uns den Iterator komplett ab. Verschiedene Implementierungen des Iterators können dabei frei machen, was sie wollen, etwa die Abarbeitung in einem Extra-Thread setzen.

```
interface java.util.Iterator<E>
```

- `default void forEachRemaining(Consumer<? super E> action)`

4.8.3 Einen Zufallszahlen-Iterator schreiben

Zur Übung wollen wir einen Iterator schreiben, der Zufallszahlen liefert. Der Konstruktor soll dazu die maximale Zufallszahl entgegennehmen (exklusiv), die Methode `next()` liefert anschließend immer die Zufallszahl und `hasNext()` immer `true`. Da auch `remove()` von der Schnittstelle `Iterator` vorgeschrieben ist, müssen wir die Methode implementieren, lösen jedoch eine Ausnahme aus, da es nichts zu löschen gibt.

Listing 4.24 com/tutego/insel/util/RandomIterator.java

```java
package com.tutego.insel.util;

import java.util.*;

/**
 * Iterator for pseudorandom numbers.
 */
public class RandomIterator implements Iterator<Integer> {

  private final Random random = new Random();
  private final int bound;

  /**
   * Initializes this iterator with a maximum value (exclusive) for
   * pseudorandom numbers.
   * @param bound  Maximum (exclusive) pseudorandom
   */
  public RandomIterator( int bound ) {
    this.bound = bound;
  }

  /**
   * Always true.
   * @return {@code true}.
   */
  @Override
  public boolean hasNext() {
    return true;
  }
```

```
  /**
   * Returns a pseudorandom, uniformly distributed {@code Integer} value
   * between 0 (inclusive) and the specified value (exclusive).
   * @return Next pseudorandom.
   */
  @Override
  public Integer next() {
    return random.nextInt( bound );
  }

  /**
   * Not supported.
   * @throws UnsupportedOperationException
   */
  @Override
  public void remove() {
    throw new UnsupportedOperationException();
  }
}
```

Ein Beispiel:

Listing 4.25 com/tutego/insel/util/RandomIteratorDemo.java, main()

```
Iterator<Integer> random = new RandomIterator( 6 );
int dice1 = random.next();
int dice2 = random.next();
System.out.println( dice1 );
System.out.println( dice2 );
```

Als Übung kann jeder den Iterator so verändern, dass auch ein Startwert definiert werden kann (jetzt ist er 0).

4.8.4 Iteratoren von Sammlungen, das erweiterte for und Iterable

Jede `Collection` wie `ArrayList` oder `HashSet` liefert mit `iterator()` einen `Iterator`.

```
interface java.util.Collection<E>
extends Iterable<E>
```

- `Iterator<E> iterator()`
  Liefert den Iterator der Datenstruktur.

Collection erweitert eine Schnittstelle Iterable, die diese Methode auch vorschreibt. Iterable kam erst in Java 5 in die Bibliothek, und da gab es iterator() schon, sonst wäre die Methode in Collection nicht noch einmal nötig.

```
interface java.util.Iterable<T>
```

- Iterator<T> iterator()
  Liefert den Iterator für eine Sammlung.

Der typisierte Iterator

Von einer typisierten Collection liefert iterator() ebenfalls einen typisierten Iterator. Das heißt, die Datenstruktur überträgt den generischen Typ auf den Iterator. Nehmen wir eine mit String typisierte Sammlung an:

```
Collection<String> c = new LinkedList<>();
```

Ein Aufruf von c.iterator() liefert nun Iterator<String>, und beim Durchlaufen über den Iterator kann die explizite Typanpassung beim next() entfallen:

```
for ( Iterator<String> i = c.iterator(); i.hasNext(); ) {
  String s = i.next();
  ...
}
```

Iterator und erweitertes for

Stößt der Compiler auf ein erweitertes for, und erkennt er rechts vom Doppelpunkt den Typ Iterable, so erzeugt er Bytecode für eine Schleife, die den Iterator und seine bekannten Methoden hasNext() und next() nutzt. Nehmen wir eine statische Methode totalStringLength(List) an, die ermitteln soll, wie viele Zeichen alle Strings zusammen besitzen. Aus

```
static int totalStringLength( List<String> strings ) {
  int result = 0;

  for ( String s : strings )
    result += s.length();

  return result;
}
```

erzeugt der Compiler selbstständig:

```
static int totalStringLength( List<String> strings ) {
  int result = 0;
```

```
  for ( Iterator<String> iter = strings.iterator(); iter.hasNext(); )
    result += iter.next().length();

  return result;
}
```


Da die erweiterte Schleife das Ablaufen einer Datenstruktur vereinfacht, wird ein explizit ausprogrammierter Iterator selten benötigt. Doch der Iterator kann ein Element über die remove() Methode des Iterators löschen, was über das erweiterte for nicht möglich ist.

Ein eigener Iterator und Iterable-Implementierung

Die Konzepte Iterator und Iterable müssen sauber getrennt werden: Ein Iterator ist das Objekt, das durch eine Datensammlung läuft, während ein Iterable das Objekt ist, das einen anderen Iterator liefert. Eine Klasse kann beide Schnittstellen implementieren, doch oft kommt das nicht vor. Für unser nächstes Beispiel ergibt das aber Sinn – es nutzt einem Iterator, der durch eine Sammlung läuft und immer dann, wenn er an das Ende kommt, wieder von vorne beginnt. Zunächst der Einsatz:

Listing 4.26 com/tutego/insel/util/RotatingIteratorDemo.java, main()

```
int i = 0;
for ( String s : new RotatingIterator<>( "Bohnen", "Eintopf" ) ) {
  System.out.println( "Toll, heute gibt es " + s );
  if ( i++ == 7 )
    break;
}
```

Zur Implementierung:

Listing 4.27 com/tutego/insel/util/RotatingIterator.java

```
package com.tutego.insel.util;

import java.util.Arrays;
import java.util.Collection;
import java.util.ConcurrentModificationException;
import java.util.Iterator;
import java.util.NoSuchElementException;

/**
 * An {@link Iterator} that goes over a given {@link Collection}
 * but rolls back to the start when it reaches the end.
 * If the underling {@link Collection} contains no elements the method
```

```
 * {@link #hasNext()} will return {@code false}. Removing elements is
 * supported if the Iterator of the underlying Collection
 * supports {@link Iterator#remove()}. Iterating over the underling
 * Collection and modifying it at the same time will probably result in a
 * {@link ConcurrentModificationException}.
 */
public class RotatingIterator<E> implements Iterator<E>, Iterable<E> {

  private final Collection<? extends E> collection;
  private Iterator<? extends E>         iterator;

  public RotatingIterator( Collection<? extends E> collection ) {
    if ( collection == null )
      throw new IllegalArgumentException( "Collection darf nicht null sein" );

    this.collection = collection;
    iterator = collection.iterator();
  }

  public RotatingIterator( E... elements ) {
    this( Arrays.asList( elements ) );
  }

  @Override
  public boolean hasNext() {
    return ! collection.isEmpty();
  }

  @Override
  public E next() {
    if ( ! hasNext() )
      throw new NoSuchElementException( "Keine Elemente in der Collection" );

    if ( ! iterator.hasNext() )
      iterator = collection.iterator();

    return iterator.next();
  }

  @Override
  public void remove() {
    iterator.remove();
  }
```

```
  @Override
  public Iterator<E> iterator() {
    return this;
  }
}
```


4.8.5 Fail-Fast-Iterator und die ConcurrentModificationException

Beackern zwei Programmstellen gleichzeitig eine Datenstruktur, so kann es zu Schwierigkeiten kommen, wenn sich die Datenstruktur strukturell verändert, also neue Elemente hinzukommen oder wegfallen. Probleme treten leicht auf, wenn ein Verweis auf die Datenstruktur im Programm an verschiedenen Stellen weitergegeben wird. Führt nun eine Stelle strukturelle Änderungen mit Methoden wie `remove(…)` oder `add(…)` durch und verändert sich damit die Größe der Liste, dann kann das zu Zugriffsfehlern führen, wenn die andere Stelle von der Änderung nichts mitbekommt.

Nehmen wir an, zwei Programmteile greifen auf eine gemeinsame Liste zurück. Ein Programmteil merkt sich eine Suchstelle und will anschließend auf das gefundene Element zurückgreifen. Zwischen diesen beiden Operationen verändert jedoch ein anderer Programmteil die Liste, und die Position des Elements verschiebt sich:

Listing 4.28 com/tutego/insel/util/ConcurrentModification.java, main()

```
List<String> list = new ArrayList<>( Arrays.asList( "Trullo", "Zippus" ) );
int posOfZippus = list.indexOf( "Zippus" );
System.out.println( list.get( posOfZippus ) );  // Zippus
list.add( 0, "Apulien" );
System.out.println( list.get( posOfZippus ) );  // Trullo
```

Nach dem Einfügen von `"Apulien"` ist `posOfZippus` also veraltet. Es wäre eine Hilfe, wenn `get(…)` die strukturelle Veränderung bemerken würde.

Beim Erfragen über Listen-Iteratoren ist das anders. Die Entwickler der Java-Bibliothek haben einen Entwurf gewählt, bei dem konfliktträchtige Änderungen über die Listen-Iteratoren auffallen und zu einer `ConcurrentModificationException` führen:

Listing 4.29 com/tutego/insel/util/ConcurrentModificationExceptionDemo.java, main()

```
List<String> list = new ArrayList<>( Arrays.asList( "Stunden", "der" ) );
Iterator<String> iterator = list.iterator();  // modCount = 0, expectedModCount = 0
list.get( 0 );                                // Anfragen ändert modCount nicht
list.add( "Entspannung" );                    // modCount = 1, expectedModCount = 0
iterator.next();                              // modCount != expectedModCount => CME
```

Das funktioniert so, dass sich die Liste die Anzahl struktureller Änderungen merkt – bei der Standardimplementierung vom JDK intern in der Variablen modCount. Der Iterator registriert also die Änderungen, da sich der modCount in der Zwischenzeit durch das add(…) verändert hat. Wird der Iterator initialisiert, erfragt er den modCount der Liste und speichert den Wert in expectedModCount. Jede strukturelle Änderung in der Liste führt zum Inkrement vom modCount. Wird später eine Operation über den Iterator durchgeführt, testet er, ob der gemerkte expectedModCount mit dem aktuellen modCount übereinstimmt. In unserem Fall tut er das nicht, denn add(…) ist eine strukturelle Änderung und modCount wird 1. Beim nachfolgenden next() kommt es zu einer ConcurrentModificationException.

CurrentModificationException vermeiden

Die CurrentModificationException lässt sich in der Regel durch Umbau des Programmcodes vermeiden. Rekapitulieren wir, woher die Ausnahme eigentlich kommt: Sie kommt vom parallelen Verändern, also dem Einfügen oder Löschen der Datenstruktur, während ein Lesedurchlauf über den Iterator stattfindet. Die Lösung besteht darin, die Veränderungen über den Iterator vorzunehmen, denn dieser besitzt Einfüge-/Löschoperationen. Der Standard-Iterator bietet nur remove(), doch der ListIterator bietet auch eine set(…) bzw. add(…)-Methode.

Beispiel: Die folgenden Zeilen sollen eine Datenstruktur result ablaufen und alle Personen rausschmeißen, die verrückt sind. Lösung eins führt zur CurrentModificationException:

```
for ( Person p : result )
  if ( p.isWired() )
    result.remove( p );     // ☠ CurrentModificationException
```

Übertragen wir das Löschen dem Iterator, funktioniert es:

```
for ( Iterator<Person> iterator = result.iterator(); iterator.hasNext(); )
  if ( iterator.next().isWired() )
    iterator.remove();
```

4.8.6 Die Schnittstelle Enumerator *

Für Iteratoren deklariert die Java-Bibliothek zwei unterschiedliche Schnittstellen. Das hat historische Gründe: Die Schnittstelle Enumeration[12] gibt es seit den ersten Java-Tagen; die Schnittstelle Iterator gibt es seit Java 1.2, seit der Collection-API. Der Typ Iterator ist jedoch deutlich weiter verbreitet. Die Namen der Operationen unterscheiden sich in den Schnittstellen ein wenig und sind beim neuen Iterator kürzer.

12 Nicht Enumerable!

	Hast du mehr?	Gib mir das Nächste!
`Iterator`	`hasNext()`	`next()`
`Enumeration`	`hasMoreElements()`	`nextElement()`

Tabelle 4.4 Methoden von Iterator und Enumeration

```
interface java.util.Enumeration<E>
```

- `boolean hasMoreElements()`
  Testet, ob ein weiteres Element aufgezählt werden kann.
- `E nextElement()`
  Liefert das nächste Element der Enumeration zurück. Diese Methode kann später eine `NoSuchElementException` (eine `RuntimeException`) auslösen, wenn `nextElement()` aufgerufen und das Ergebnis `false` beim Aufruf von `hasMoreElements()` ignoriert wird.

Wie auch `Iterable` erweitert `Enumeration` keine weitere Schnittstelle.

Konvertieren von Enumeration, Iterator, Iterable *

Es gibt keine direkte Methode, die eine `Enumeration` in einen `Iterator` oder einen `Iterator` in eine `Enumeration` konvertiert. Nur über Umwege lässt sich das erreichen. Es helfen dabei zwei Methoden in der Utility-Klasse `Collections`:

```
class java.util.Collections
```

- `static <T> Enumeration<T> enumeration(Collection<T> c)`
- `static <T> ArrayList<T> list(Enumeration<T> e)`

Die Methode `enumeration()` liefert zu einer `Collection` eine Aufzählung vom Typ `Enumeration`. (Für einen gewünschten `Iterator` ist keine Hilfsmethode nötig, da jede `Collection` die Methode `iterator()` besitzt.) Ist eine `Collection` gegeben, so bleibt nichts anderes übrig, als eine temporäre Datenstruktur aufzubauen, Element für Element den `Iterator` abzulaufen und diese Elemente in die temporäre Datenstruktur zu setzen, die dann Argument der Methode `enumeration()` wird.

Der zweite Fall ist einfacher. Ist eine `Enumeration` gegeben, liefert `list()` eine `ArrayList` – der Rückgabetyp ist wirklich sehr erstaunlich, da er ungewöhnlich konkret ist. Die `ArrayList` ist eine `Collection` und somit `Iterable`, kann also rechts vom Doppelpunkt beim erweiterten `for` stehen bzw. liefert mit `iterator()` einen `Iterator`.

Blick über den Tellerrand

Unter C++ ist die *Standard Template Library* (STL) eine Bibliothek, die Datenstrukturen und Algorithmen implementiert. Ein Vergleich der STL mit der Collection-API ist schwierig, obwohl beide Konzepte wie Listen, Mengen und Iteratoren besitzen. So gibt es in Java nur eine Klasse pro Datenstruktur (auch durch Generics), was die STL durch Template-Klassen (daher *Template* Library) realisiert, die auch primitive Werte (ohne die lästigen Java-Wrapper) speichert. Während Java über den globalen Basistyp `Object` jedes Objekt in jeder Datenstruktur erlaubt und sich auf die Prüfung zur Laufzeit verlässt, ist C++ da viel strenger. Die Java-Datenstrukturen referenzieren die Objekte und speichern nicht ihre Zustände an sich, wie es bei der STL üblich ist – hier steht Referenz-Semantik gegen Wert-Semantik. Fehler werden von der Collection-API über Exceptions angezeigt, während die STL kaum Ausnahmen auslöst und oft undefinierte Zustände hinterlässt; Entwickler müssen eben korrekte Anfragen stellen. STL nutzt überladene Operatoren wie `==` statt des Java-`equals(…)`, `<` für die Ordnung in sortierten Sammlungen, `[]` beim Zugriff und Überschreiben und den Operator `++` für Iteratoren. Iteratoren spielen bei der STL eine sehr große Rolle – es gibt auch einen Random-Access-Iterator, der Indexierung durch `[]` erlaubt. Die STL-Algorithmen sind von den Datenstrukturen abgetrennt – anders als in Java – und bekommen die Elemente über Iteratoren.

4.9 Algorithmen in Collections

Um Probleme in der Informatik zu lösen, ist die Wahl einer geeigneten Datenstruktur nur der erste Schritt. Im zweiten Schritt müssen Algorithmen implementiert werden. Da viele Algorithmen immer wiederkehrende (Teil-)Probleme lösen, hilft uns auch hier die Java-Bibliothek mit einigen Standardalgorithmen weiter. Dazu zählen etwa Methoden zum Sortieren und Suchen in Containern und zum Füllen von Containern. Einige Algorithmen sind Teil der jeweiligen Datenstruktur selbst, andere wiederum befinden sich in der Extraklasse `java.util.Collections`. Diese Utility-Klasse, die wir nicht mit der Schnittstelle `Collection` verwechseln dürfen, bietet Methoden, um zum Beispiel

- Listen zu sortieren, zu mischen, umzudrehen, zu kopieren und zu füllen,
- Elemente nach der Halbierungssuche zu finden,
- die Anzahl `equals(…)`-gleicher Elemente zu ermitteln,
- Extremwerte zu bestimmen,
- Elemente in einer Liste zu ersetzen und
- Wrapper um existierende Datenstrukturen zu legen.

Viele Algorithmen sind nur auf `List`-Objekten definiert, denn der einfache Typ `Collection` reicht oft nicht aus. Das ist nicht erstaunlich, denn wenn ein Container keine Ordnung definiert, kann er nicht sortiert werden. Auch die binäre Suche erfordert Container mit einer impliziten Reihenfolge der Elemente. Nur Min- und Max-Methoden arbeiten auf allgemeinen `Collection`-Objekten. Nutzt die Collections-Klasse keine List-Objekte, arbeitet sie doch nur mit Collection-Objekten und nicht mit Iteratoren.

Alle Methoden sind statisch, sodass Collections eine Utility-Klasse wie Math ist. Ein Exemplar von Collections lässt sich nicht anlegen – der Konstruktor ist privat.

Beispiel

Fülle eine Liste mit Strings, sortiere die Strings, und suche nach einem String:

```
List<String> list = new ArrayList<>();
Collections.addAll( list, "Doha,Berlin,Wesel".split( "," ) );
Collections.sort( list );
System.out.println( Collections.binarySearch( list, "Wesel" ) >= 0 ); // true
```

4.9.1 Die Bedeutung von Ordnung mit Comparator und Comparable

Die Ordnung der Elemente spielt bei Daten eine große Rolle. Um Elemente in einem TreeSet sortiert zu halten oder in einer Liste das größte Element zu finden, muss die Ordnung definiert sein.

Um Ordnung herzustellen, unterscheidet Java zwei Wege:

- Elemente können eine *natürliche Ordnung* haben. Dann implementieren Klassen die Schnittstelle Comparable. Beispiele sind String, Date und Integer.
- Ein externes Vergleichsobjekt, das die Schnittstelle Comparator implementiert, stellt fest, wie die Ordnung für zwei Elemente ist.

Um Such- oder Sortieroperationen möglichst unabhängig von Klassen zu machen, die eine natürliche Ordnung besitzen oder die eine Ordnung über einen externen Comparator definiert bekommen, haben Utility-Klassen wie java.util.Arrays oder java.util.Collections oft zwei Arten von Methoden: einmal mit einem zusätzlichen Comparator-Parameter und einmal ohne. Wird kein Comparator angegeben, so müssen die Objekte vom Typ Comparable sein.

```
class java.util.Arrays
```

- static void sort(Object[] a)
  Sortiert die Elemente. Zum Vergleichen wird vorausgesetzt, dass sie die Klasse Comparable implementieren. Falls sie dies nicht tun, wird eine Ausnahme ausgelöst.
- static <T> void sort(T[] a, Comparator<? super T> c)
  Vergleicht die Objekte mit einem externen Comparator. Falls die Objekte auch noch Comparable implementieren, wird diese Sortierordnung nicht genutzt.
- static int binarySearch(Object[] a, Object key)
  Sucht binär nach key. Die Objekte im Feld müssen Comparable implementieren.
- static <T> int binarySearch(T[] a, T key, Comparator<? super T> c)
  Sucht im sortierten Feld. Der Comparator bestimmt das Sortierkriterium.

```
class java.util.Collections
```

- static <T extends Comparable<? super T>> void sort(List<T> list)
- static <T> void sort(List<T> list, Comparator<? super T> c)
- static <T> int binarySearch(List<? extends Comparable<? super T>> list, T key)
- static <T> int binarySearch(List<? extends T> list, T key, Comparator<? super T> c)

Die Datenstrukturen, die eine Sortierung verlangen, wie TreeSet oder TreeMap, nehmen entweder einen Comparator entgegen oder erwarten von den Elementen eine Implementierung von Comparable.

4.9.2 Sortieren

Mit zwei statischen sort(…)-Methoden bietet die Utility-Klasse Collections die Möglichkeit, die Elemente einer Liste stabil zu sortieren.

```
class java.util.Collections
```

- static <T extends Comparable<? super T>> void sort(List<T> list)
  Sortiert die Elemente der Liste gemäß ihrer natürlichen Ordnung, die ihnen die Implementierung über Comparable gibt.
- static <T> void sort(List<T> list, Comparator<? super T> c)
  Sortiert die Elemente der Liste gemäß der Ordnung, die durch den Comparator c festgelegt wird. Eine mögliche natürliche Ordnung spielt keine Rolle.

Seit Java 8 besitzt die Schnittstelle List auch direkt eine sort(Comparator<? super E> c)-Methode, sie ist eine Default-Methode, die an Collections delegiert.

Die Sortiermethode arbeitet nur mit List-Objekten. Bei den anderen Datenstrukturen wäre das ohnehin kaum sinnvoll, weil diese entweder unsortiert sind oder extern eine bestimmte Ordnung aufweisen, wie oben schon angemerkt wurde. Eine analoge Sortiermethode sort(…) für die Elemente von Arrays bietet die Klasse Arrays.

Beispielprogramm zum Sortieren

Das folgende Programm sortiert eine Reihe von Zeichenketten aufsteigend.

Listing 4.30 com/tutego/insel/util/CollectionsSortDemo.java, main()

```
List<String> list = Arrays.asList(
  "Saskia", "Regina", "Angela", "Astrid", "Manuela", "Silke",
  "Linda",  "Daniela", "Silvia", "Samah",  "Radhia",  "Mejda"
);
```

```
Collections.sort( list );
System.out.println( list );
```

Die statische Methode Arrays.asList(…) baut aus einem String-Feld (getarnt als Vararg) eine Liste auf. Die Liste ist im Ergebnis veränderbar.

Strings sortieren, auch unabhängig von der Groß- und Kleinschreibung

Die Klasse String realisiert über die Implementierung von Comparable eine natürliche Sortierung. Alle String-Objekte, die in einem Feld sind, können problemlos über Arrays.sort(…) sortiert werden, und alle Strings in Collection-Sammlungen können über Collections.sort(…) sortiert werden.

Um unabhängig von der Groß- und Kleinschreibung zu sortieren, bietet die Klasse String eine praktische Konstante: String.CASE_INSENSITIVE_ORDER. Das ist ein Comparator<String>, der gut als Argument für sort(…) passt. Im Übrigen ist es die einzige statische Variable der Klasse.

Beispiel

Füge in ein TreeSet eine Liste von Strings ein, die sortiert unabhängig von der Groß-/Kleinschreibung gehalten werden:

```
TreeSet<String> set = new TreeSet<>( String.CASE_INSENSITIVE_ORDER );
Collections.addAll( set, "noah", "abraham", "Isaak", "Ismael",
                         "moses", "JESUS", "Muhammed" );
System.out.println( set ); // [abraham, Isaak, Ismael, JESUS, moses, Muhammed, noah]
```

Tipp

Für länderabhängige Vergleiche helfen spezielle Untertypen von Comparator: die Collator-Objekte.

```
List<String> list = Arrays.asList( "A", "b", "ä", "ß", "S", "s" );
Comparator<Object> collator = Collator.getInstance( Locale.GERMAN );
Collections.sort( list, collator );
System.out.println( list ); // [A, ä, b, s, S, ß]
```

Daten in umgekehrter Reihenfolge sortieren

Da es keine spezielle Methode reverseSort(…) gibt, ist hier ein spezielles Comparator-Objekt im Einsatz, um Daten entgegengesetzt ihrer natürlichen Reihenfolge zu sortieren. Mit der statischen Methode Collections.reverseOrder() können wir ein geeignetes Comparator-Exemplar anfordern.

[»]

Beispiel

Sortiere Zeichenfolgen absteigend:

```
List<String> list = new ArrayList<>();
Collections.addAll( list, "hubbies", "scoops", "sweets", "berries", "coconuts" );
list.sort( Collections.reverseOrder() );
System.out.println( list ); // [sweets, scoops, hubbies, coconuts, berries]
```

Eine andere Möglichkeit für umgekehrt sortierte Listen besteht darin, erst die Liste mit `Collections.sort(…)` zu sortieren und anschließend mit `Collections.reverse(List<?> list)` umzudrehen. Das Umdrehen ist jedoch ein zusätzlicher Durchlauf, der mit dem `reverseOrder()`-Comparator vermieden wird. Zudem ist die Lösung mit einem `Comparator` über `reverseOrder()` stabil. Für einen existierenden `Comparator` liefert `Collections.reverseOrder(Comparator<T> cmp)` einen `Comparator<T>`, der genau umgekehrt arbeitet.

Implementierung von sort(…) über Arrays.sort(…) *

`Collections.sort(List)` arbeitet intern so, dass zunächst die Listenelemente in ein temporäres Array kopiert werden. Das übernimmt die `toArray()`-Methode von `List`. Anschließend wird `Arrays.sort(…)` zum Sortieren genutzt. Am Ende überträgt ein `ListIterator` das sortierte Array zurück in die Liste:

Listing 4.31 java/util/Collections.java, sort()

```
public static <T extends Comparable<? super T>> void sort( List<T> list ) {
  Object[] a = list.toArray();
  Arrays.sort( a );
  ListIterator<T> i = list.listIterator();
  for ( int j = 0; j < a.length; j++ ) {
    i.next();
    i.set( (T)a[j] );
  }
}
```

Stabiles Sortieren *

Stabile Sortieralgorithmen lassen die Reihenfolge von gleichen Elementen unverändert. Dies spielt dann eine Rolle, wenn nicht alle Attribute der Elemente in den Vergleich eingehen. Wenn wir etwa die Folge (27,1), (3,2), (56,1), (4,2) (3,1) nach der zweiten Komponente der Zahlenpaare sortieren und anschließend nach der ersten Komponente, dann erwarten wir, dass (3,1) vor (3,2) liegt und der Algorithmus die Reihenfolge der beiden Zahlenpaare nicht wieder ändert. Diese Eigenschaft ist nur dann garantiert, wenn die zweite Sortierung mit einem stabilen Sortieralgorithmus erfolgt. Etwas praktischer lässt sich diese Eigenschaft an einem E-Mail-Programm demonstrieren: Sortieren wir unsere Nachrichten zuerst nach dem Datum und anschließend nach dem Absender, so sollen die Nachrichten von demselben Absender immer noch nach dem Datum sortiert bleiben. Java sortiert immer stabil.[13]

4.9.3 Den größten und kleinsten Wert einer Collection finden

Bisher kennen wir die überladenen statischen Methoden `min(…)` und `max(…)` der Utility-Klasse `Math` für numerische Datentypen. Es gibt aber auch statische Methoden `min(…)` und `max(…)` in `Collections` und `Arrays`, die das kleinste und größte Element einer Sammlung ermitteln. Die Laufzeit ist linear zur Größe der Sammlung. Die Methoden unterscheiden nicht, ob die Elemente der Datenstruktur schon sortiert sind oder nicht.

```
class java.util.Collections
```

- `static <T extends Object & Comparable<? super T>> T min(Collection<? extends T> coll)`
- `static <T> T min(Collection<? extends T> coll, Comparator<? super T> comp)`
- `static <T extends Object & Comparable<? super T>> T max(Collection<? extends T> coll)`
- `static <T> T max(Collection<? extends T> coll, Comparator<? super T> comp)`

Wir sehen, dass es eine überladene Version der jeweiligen Methode gibt, da für beliebige Objekte eventuell ein `Comparator`-Objekt erforderlich ist, das den Vergleich vornimmt. Es sei auch bemerkt, dass dies mit die komplexesten Beispiele für Generics sind.

Aufbauen, Schütteln, Beschneiden, Größensuche

In unserem nächsten Beispiel geht es darum, dass zwei Spieler aus einem Kartenspiel mit 56 Karten je 10 zufällige Karten bekommen. Die Karten sind Aufzählungen. Derjenige mit der höchstwertigen Karte (ein Ass ist zum Beispiel mehr »wert« als eine Sieben) gewinnt, wobei auch beide gewinnen können, wenn sie die gleiche höchstwertige Karte haben. Auf die Anzahl der Karten kommt es nicht an.

Listing 4.32 com/tutego/insel/util/BestCard.java

```
package com.tutego.insel.util;

import java.util.*;

public class BestCard {

  enum Cards { ONE, TWO, THREE, FOUR, FIVE, SIX, SEVEN, EIGHT,
               NINE, TEN, JACK, QUEEN, KING, ALAS }

  public static void main( String[] args ) {
```

13 Die STL-Bibliothek von C++ unterstützt stabile und nicht stabile Sortieralgorithmen.

```
    // Initialisiere Kartenspiel, beginne mit 14 Karten
    List<Cards> cards = new ArrayList<>( EnumSet.allOf( Cards.class ) );

    // Verdopple zweimal die Karten auf insgesamt 56
    cards.addAll( cards );
    cards.addAll( cards );

    // Vermische Karten
    Collections.shuffle( cards );

    // Der erste Spieler bekommt die ersten 10 Karten
    List<Cards> player1 = new ArrayList<>( cards.subList( 0, 10 ) );

    // Der zweite Spieler bekommt die nächsten 10 Karten
    List<Cards> player2 = new ArrayList<>( cards.subList( 11, 20 ) );

    // Größte Karte suchen, also die Karte mit der größten Ordinalzahl
    System.out.printf( "Spieler 1: %s%nSpieler 2: %s%n", player1, player2 );
    Cards bestCardPlayer1 = Collections.max( player1 );
    Cards bestCardPlayer2 = Collections.max( player2 );
    System.out.println( "Beste Karte Spieler 1: " + bestCardPlayer1 );
    System.out.println( "Beste Karte Spieler 2: " + bestCardPlayer2 );

    // Enums implementieren Comparable. Ausgeben, wer die beste Karte hat
    int winner = bestCardPlayer1.compareTo( bestCardPlayer2 );
    if ( winner > 0 )
      System.out.println( "Spieler 1 gewinnt" );
    else if ( winner < 0 )
      System.out.println( "Spieler 2 gewinnt" );
    else
      System.out.println( "Beide Spieler gewinnen" );
  }
}
```

Das Beispiel baut im ersten Schritt eine Liste mit `Card`-Objekten auf und schüttelt diese mit `shuffle(…)` durch. Dann ordnet `subList(…)` je zehn Karten dem ersten und dem zweiten Spieler zu. In dem Kontext wäre nicht unbedingt eine Kopie in eine neue `ArrayList` nötig gewesen, doch das ist bei einer Weiterführung des Beispiels vermutlich nützlicher, denn `subList(…)` ist eine Live-Ansicht, und wir könnten sonst keine Elemente aus der Unterliste löschen und hinzufügen, ohne dabei gleichzeitig die gesamten 56 Karten anzugreifen.

Aufzählungen sind besondere `Enum`-Objekte, die `Comparable` implementieren und daher eine natürliche Ordnung haben. Aus diesem Grunde funktioniert `max(…)` überhaupt, was ein Ordnungskriterium zur Extremwertsuche benötigt. Aus den Karten der beiden Spieler ist so die größte Karte leicht ermittelt.

Implementierung der Extremwertmethoden bei Comparable-Objekten

Wenn wir ein String-Objekt in eine Liste packen oder ein Double-Objekt in eine Menge, werden sie korrekt gesucht, da insbesondere die Wrapper-Klassen die Schnittstelle Comparable implementieren.

An der Implementierung Collections.min(…) ohne extra Comparator lässt sich gut der Aufruf von compareTo(…) ablesen:

Listing 4.33 java/util/Collections.java, min()

```
public static <T extends Object & Comparable<? super T>>
  T min( Collection<? extends T> coll ) {
  Iterator<? extends T> i = coll.iterator();
  T candidate = i.next();

  while( i.hasNext() ) {
    T next = i.next();
    if ( next.compareTo(candidate) < 0 )
      candidate = next;
  }
  return candidate;
}
```

Die generische Schreibweise verlangt, dass die Elemente in der Collection vom Typ Comparable sein müssen und somit eine compareTo(…)-Methode vorhanden ist.

4.9.4 Nichtänderbare Datenstrukturen, immutable oder nur lesen?

Nehmen wir an, ein Spieler speichert Gegenstände in einer ArrayList. Wollen wir diese Gegenstände in irgendeiner Form nach außen geben, bringt ein einfacher Getter das Problem mit sich, dass der Nutzer eine direkte Referenz auf das interne Attribut bekommt und Unsinn anrichten kann. Wenn die direkte Rückgabe etwa lautet:

```
private List<String> items = new ArrayList<>();
public List<String> getItems() {
  return items;
}
```

dann kann der Nutzer getItems().clear() aufrufen, und alle Daten sind futsch, und ein ((List)getItems()).add(int.class) führt in der Folge sicherlich zu tollen Überraschungen.

Eine Nur-Lese-Schnittstelle von `List` oder `Collection` gibt es nicht, und selbst ein `Iterator` hilft nicht viel, denn er hat ein potenziell löschendes `remove()`. (`Enumeration` wäre eine Alternative. Es wird von den modernen Datenstrukturen aber nicht mehr unterstützt und liefert auch keinen wahlfreien Zugriff bei Listen. Es ist somit auch keine echte performante Lösung.)

Wir können das Problem mit unterschiedlichen Lösungen angehen. Doch als Erstes müssen wir klarstellen, was wir genau wollen, denn das resultiert in unterschiedlichen Ansätzen, die verhindern, dass der Client an die interne Datenstruktur kommt.

- **Kopie der Datenstruktur**: Eine Kopie mit dem Copy-Konstruktor herzustellen, ist eine einfache Lösung; wir schreiben `getItems() { return new ArrayList<String>(items); }`. Das Problem bei der Lösung ist jedoch, dass sie leicht zu Performance-Problemen führt, wenn die Datenmenge groß ist. Aber nach der Kopie sind die interne Datenstruktur und die herausgegebene Sammlung komplett unabhängig, und Änderungen machen keine Probleme. Allerdings muss der Client natürlich auch wissen, dass er auf einer Kopie arbeitet und Änderungen eben nicht durchgeschrieben werden. Dafür gibt es die API-Dokumentation.
- **Nur-Lese-Sichten**: Wenn es möglich ist, Modifikationsoperationen zu verbieten und nur ungefährliche Leseoperationen durchzulassen bzw. eine Nur-Lese-Sicht anzubieten, könnte mehr oder weniger direkt die Datenstruktur nach außen gereicht werden. Java bietet dafür eine gewisse Unterstützung – gleich mehr dazu. Allerdings muss beachtet werden, dass auch diese Sicht nicht unproblematisch ist, denn Änderungen aus dem Inneren einer Komponente spiegeln sich auch in der Sicht wider. »Unmodifiable« bedeutet also nur eine »nicht veränderbare« Datenstruktur für den Client. Wenn zum Beispiel der Client mit der Sicht auf die Datenstruktur arbeitet und sich die Länge holt, dann die Komponente intern Daten löscht und so die Länge ändert, hat der Client eine alte Länge, die schnell zur Ausnahme führen kann. Wenn sich also die interne Datenstruktur ändert, bekommt der Client das immer mit, und es kann Probleme mit der Nebenläufigkeit geben.
- **Immutable Datenstruktur**: In Java sind alle typischen Datenstrukturen mutable, das heißt, Elemente können neu gesetzt oder auch in die Datenstruktur eingefügt und gelöscht werden. Würde es immutable Datenstrukturen geben (so wie es etwa die quelloffene Bibliothek *Google Guava* anbietet), so könnten diese problemlos nach außen gegeben werden. Die angenehme Begleiterscheinung ist, dass die Kopie und das Original nicht auseinanderlaufen können und Nebenläufigkeit kein Problem darstellt. Jedoch könnte selbst die Komponente keine Veränderungen mehr vornehmen, da das Objekt sozusagen abgeschlossen ist; nur komplett neue Objekte als Kopie mit veränderten Elementen lassen sich dann wieder aufbauen.

Collections.unmodifiableXXX(...)

Diverse `Collections.unmodifiableXXX(...)`-Methoden legen eine Hülle um eine Datenstruktur und lassen nur die Lesemethoden zum Container durch, blockieren aber Modifizierungsbefehle wie `add(...)` durch eine `UnsupportedOperationException`. Diese Herangehensweise ist gut und performant und trägt keine internen Details nach außen.

Listing 4.34 com/tutego/insel/util//PlayerWithUnmodifiableItems.java

```
public class PlayerWithUnmodifiableItems {

  private List<String> items = new ArrayList<>();

  public List<String> getItems() {
    return Collections.unmodifiableList( items );
  }

  public void addItem( String item ) {
    items.add( item );
  }

  public static void main( String[] args ) {
    PlayerWithUnmodifiableItems p = new PlayerWithUnmodifiableItems();
    p.addItem( "Lasso" );
    System.out.println( p.getItems().get( 0 ) );  // Lasso
    p.getItems().clear();  // ☠ java.lang.UnsupportedOperationException
  }
}
```

Die Rückgaben von `Collections.unmodifiableXXX(…)` sind Wrapper um die Datenstruktur, die die guten Lesemethoden durchlassen und die ungewollten Modifikationen durch eine `UnsupportedOperationException` abblocken. Für den Aufrufer ändert sich die Schnittstelle nicht, es bleibt in beiden Fällen bei `List`. Wichtig zu verstehen ist, dass die Rückgabe der `unmodifiableXXX(…)`-Methoden immer nur ein Schnittstellentyp ist und der konkrete Klassentyp der Datenstruktur nicht mit durchgereicht wird. Das ist in der Praxis selten hinderlich, wobei es wünschenswert wäre, wenn `Queue` und `Deque` noch als Typ unterstützt würden, denn `peek()` zum Beispiel gibt es in keiner der von `unmodifiableXXX(…)`-unterstützten Schnittstellen.

class java.util.**Collections**

- static <T> Collection<T> unmodifiableCollection(Collection<? extends T> c)
- static <T> List<T> unmodifiableList(List<? extends T> list)
- static <K,V> Map<K,V> unmodifiableMap(Map<? extends K,? extends V> m)
- static <T> Set<T> unmodifiableSet(Set<? extends T> s)
- static <K,V> SortedMap<K,V> unmodifiableSortedMap(SortedMap<K,? extends V> m)
- static <T> SortedSet<T> unmodifiableSortedSet(SortedSet<T> s)
- static <T> NavigableSet<T> unmodifiableNavigableSet(NavigableSet<T> s)
  Neu in Java 8.
- static <K,V> NavigableMap<K,V> unmodifiableNavigableMap(NavigableMap<K,? extends V> m)
  Neu in Java 8.

API-Design

Aus objektorientierter Sicht mag es komisch vorkommen, wenn eine Methode da ist, sie aber nicht genutzt werden kann, weil sie eine Ausnahme auslöst. Die ganzen Bemühungen auch mit Generics gehen in die Richtung, mehr Fehler zur Compilezeit zu finden statt irgendwann später zur Laufzeit. Die Collection-API ist um das Konzept der *optionalen Operationen* gebaut. Das heißt, die Java-API sagt ziemlich klar, ob eine Methode optional ist, also von der implementierenden Klasse nicht zwingend angeboten werden muss. So löst `new HashMap<String, String>().values().add("")` eine `UnsupportedOperationException` aus, denn die Operation kann nicht gelingen. Auch die Methode `remove()` vom `Iterator` ist optional und löst eine `UnsupportedOperationException` aus, wenn der Iterator keine Daten löschen kann. Es gibt keine zwei Schnittstellen `ReadOnlyIterator` und `Iterator`. Weiterhin gilt: Alle die von den `unmodifiableXXX(…)`-geblockten Methoden sind in den Schnittstellen als »optional« gekennzeichnet, daher kann der Entwickler ihre Implementierung nicht erwarten.

Natürlich wäre es schöner, wenn nicht die API-Dokumentation sagt, ob eine Methode vorhanden ist, sondern eine Schnittstelle eine Modifikationsmethode schlichtweg nicht anbieten würde. Der Grund wurde schon kurz im Abschnitt »Optionale Methoden und UnsupportedOperationException« in Abschnitt 4.1.5 angesprochen: Es würden sehr viel mehr Schnittstellen werden, und die Java-Architekten haben sich vor 15 Jahren dagegen entschieden.[14] Zudem könnte es je nach Umsetzung mit Nur-Lese-Schnittstellen doch wieder Probleme geben. Das sei am Beispiel von `CharSequence` erklärt. Die Schnittstelle deklariert Nur-Lese-Operationen auf Zeichenfolgen und wird zum Beispiel von `String` und `StringBuilder` implementiert. Bei einer Deklaration wie

```
public class Buffer {
  private StringBuilder buffer = new StringBuilder();
  public CharSequence getBuffer() { return buffer; }
}
```

könnte ein Entwickler `((StringBuffer)new Buffer().getBuffer()).setLength(0)` schreiben, also einfach einen expliziten Typecast durchführen, und damit doch wieder Unsinn anrichten.

Das gleiche Problem würde sich ergeben, wenn veränderbare Datenstrukturen einfach nur die Nur-Lese-Schnittstelle implementieren, aber immer noch den konkreten Typ zur Laufzeit darstellen und dann etwa unsere Methode `getItems()` – unter der Annahme es gibt eine Schnittstelle `ReadOnlyList` – als `ReadOnlyList getItems() { return items; }` implementiert würde. Zwar ist eine explizite Typanpassung vom unartigen Entwickler zurück auf den wahren Typ alles andere als guter Stil, jedoch sollte durch solche einfachen Tricks nicht das ganze Sicherheitsgefüge aus den Angeln gehoben werden. Gegen Zugriff auf private Attribute kann ein Sicherheitsmanager helfen, gegen ungewünschte Typanpassungen nicht. Doch auch hier könnten im Prinzip die `unmodifiableXXX(…)`-Wrapper helfen, denn die Miniklassen würden die Nur-Lese-Schnittstellen implementieren und an die tatsächliche Implementierung delegieren.

14 Mehr zu der Design-Entscheidung gibt es unter *http://docs.oracle.com/javase/8/docs/technotes/guides/collections/designfaq.html#a1*.

[+]

Hinweis

Der Aufruf der `unmodifiableXXX(…)`-Methoden liefert immer eine neue Datenstruktur, was etwas Laufzeit kostet. Das Problem durch diese immer neuen Objekte irritiert auch OR-Mapper wie *Hibernate*. Zudem ist es Auslegungssache, ob die Methodenimplementierung der von `unmodifiableXXX(…)` zurückgegebenen Objekte wirklich bei `clear()` und `addAll(jede leere Collection)`, `removeAll(jede leere Collection)` eine `UnsupportedOperationException` auslösen muss, denn die Operation ist gültig und könnte unterstützt werden. Wenn das Verhalten so bleibt, lässt sich so zumindest herausfinden, ob die Sammlung unmodifiable ist oder nicht, denn darüber gibt es sonst keine Auskunft: Es gibt weder eine besondere Testmethode noch eine Schnittstelle oder Annotation.

4.9.5 Null Object Pattern und leere Sammlungen/Iteratoren zurückgeben

In Java gilt es als guter Stil, auf `null` wenn möglich in der Rückgabe zu verzichten. Das Problem ist, dass der Aufrufer dann eine Fallunterscheidung auf `null` bzw. ungleich `null` vornehmen muss, ob die Operation durchführbar war. Insbesondere bei Methoden, die Datenstrukturen liefern, kann leicht auf die `null`-Rückgabe verzichtet werden, denn sie geben einfach eine leere Sammlung zurück. Das nennt sich *Null Object Pattern*, denn statt `null` wird ein Objekt ohne Inhalt, eben ein Null-Objekt zurückgegeben.

Ein Beispiel soll dieses Vorgehen zeigen. Eine eigene statische Methode `words(String)` soll eine Zeichenkette nach Wörtern zerlegen und diese Wörter in einer `List` zurückgeben:

```
public static List<String> words( String sentence ) {
  if ( sentence == null || sentence.trim().isEmpty() )
    return new ArrayList<>( 0 );

  return Collections.unmodifiableList(
             Arrays.asList( sentence.split( "[^\\wäöüÄÖÜß]+" ) ) );
}
```

Ist ein übergebenes Argument `null` oder nur Weißraum im String, so soll eine leere Liste zurückgegeben werden. Andernfalls zerlegen wir die Zeichenkette mit `split(…)`, wobei als Trennausdruck der Einfachheit halber entweder ein Zeichensetzungszeichen alleine oder ein Zeichensetzungszeichen, gefolgt von Leerraum, möglich ist. Das ergibt in der Anwendung:

Listing 4.35 com/tutego/insel/util/EmptyCollections.java, main()

```
words( "Du bist,  was du programmierst! !" )  [Du, bist, was, du, programmierst]
words( " \n   \t" ) );                        []
words( null ) );                              []
```

Der Vorteil, dass das Null-Objekt, also die leere Liste, eine Fallunterscheidung auf null unnötig macht, ist praktisch, da zum Beispiel einfach die Methode words(Sting) im erweiterten for eingesetzt werden kann:

```
for ( String word : words("The Eagle has landed.") )
  System.out.println( word );
```

Ist der übergebene »String« bei words(String) nun null, so kümmert das die erweiterte for-Schleife nicht, denn über eine leere Liste muss das erweiterte for nicht iterieren.

Im API-Design immutable Listen in der Rückgabe bevorzugen

Nun lässt das API-Design drei Varianten bei Rückgaben von Sammlungen zu (nicht nur bezogen auf unseren Anwendungsfall):

1. Der Empfänger bekommt eine immutable Sammlung, die er also nicht ändern kann.
2. Der Empfänger bekommt eine Kopie der Daten und kann die empfangene Sammlung nach Herzenslust ändern.
3. Der Empfänger bekommt direkten Zugriff auf interne Zustände und kann diese somit modifizieren.

Alle Varianten haben ihre Vor- und Nachteile, aber üblicherweise wählen Entwickler die erste Variante. Der Grund ist, dass, wie im dritten Fall, Aufrufern kein Einblick in die Interna gegeben werden soll und dass, wie im zweiten Fall, der Aufrufer vielleicht gar keine Änderung vornehmen möchte, sodass die Kopie überflüssig ist – wenn ein Aufrufer eine veränderbare Kopie für sich möchte, erzeugt er einfach eine, etwa mit new ArrayList(resultList).

Szenarien, in denen aufgrund von Bedingungen leere Datenstrukturen zurückgegeben werden, gibt es viele. Nun haben alle diese leeren Sammlungen auch eine Sache gemeinsam: Sie sind alle gleich leer und können sozusagen »gemeinsam« verwendet werden. Und so kommen die Frage »Was tun bei leeren Sammlungen in der Rückgabe?« und die drei Rückgabemöglichkeiten zusammen. Die bisherige Anweisung return new ArrayList<String>(0) in words(String) ist eine Anwendung der zweiten Lösung, denn der Aufrufer bekommt eine neue veränderbare Liste, die er ändern kann. Das Unschöne ist aber, dass unnötig Speicher verbraucht wird, wenn der Aufrufer diese Liste überhaupt nicht ändern möchte und er sich diese Liste auch noch merkt. Ein Beispiel: Eine Schleife läuft zeilenweise durch eine Datei und ruft words(String) auf, etwa so:

```
List<List<String>> allLines = new ArrayList<>();
while ( in.hasNextLine() )
  allLines.add( words(in.nextLine()) );
```

Die zurückgegebenen Wort-Listen werden in einer Datenstruktur allLines gespeichert, um einfachen Zugriff auf die Zeilen zu bekommen. Wenn nun viele Leerzeilen in der Datei sind, so würde words(String) mit der bisherigen Lösung immer eine new ArrayList<String>(0) aufbauen, die dann allLines referenziert. Bei vielen leeren Zeilen kostet das also (wenn auch nur wenig) unnötig Speicher und Laufzeit. Wenn wir die Semantik der Rückgabe von words(String) ändern und nun leere immutable Listen zurückgeben, ist eine interessante Optimierung möglich.

Collections.emptyXXX()

Java bietet in Collections diverse vorgefertigte leere immutable Datenstrukturen. Dabei gibt es zwei Möglichkeiten.

Seit Java 1.3 existieren drei statische finale Variablen:

- Collections.EMPTY_SET ist ein leeres immutable Set.
- Collections.EMPTY_LIST ist eine leere immutable List.
- Collections.EMPTY_MAP ist eine leere immutable Map.

Die Variablen werden wir aber nicht nutzen wollen, denn sie sind alle nicht mit einem generischen Typ deklariert, also im Raw-Typ angeboten. Es ist besser, auf Methoden zurückzugreifen, die Type-Inference nutzen:

class java.util.**Collections**

- static <T> List<T> emptyList()
- static <T> Set<T> emptySet()
- static <K,V> Map<K,V> emptyMap()
  Liefert eine leere unveränderbare Datenstruktur.
- static <E> SortedSet<E> emptySortedSet()
- static <E> NavigableSet<E> emptyNavigableSet()
  Liefert eine leere unveränderbare Menge. Methoden neu in Java 8.
- static final <K,V> SortedMap<K,V> emptySortedMap()
- static final <K,V> NavigableMap<K,V> emptyNavigableMap()
  Liefert einen leeren unveränderbaren Assoziativspeicher. Methoden neu in Java 8.

Unser Beispiel mit der Methode word(String) kann daher mit einer passenden Collections-Methode optimiert werden. Und da konsequenterweise auch im nicht leeren Fall eine immutable Datenstruktur zurückgegeben werden sollte, sieht die Lösung wie folgt aus:

Listing 4.36 com/tutego/insel/util/EmptyCollections.java, words()

```
public static List<String> words( String sentence ) {
  if ( sentence == null || sentence.trim().isEmpty() )
    return Collections.emptyList();

  return Collections.unmodifiableList(
            Arrays.asList( sentence.split( "[^\\wäöüÄÖÜß]+" ) ) );
}
```

Die Performance ist nun ausgezeichnet, und der Druck auf die automatische Speicherbereinigung ist genommen, denn ist der String leer oder null, muss nun keine neue leere ArrayList mehr aufgebaut werden.

Des Weiteren kommen drei statische Methoden hinzu, die leere Iteratoren geben, also Iteratoren, die keine Elemente liefern.

```
class java.util.Collections
```

- static <T> Iterator<T> emptyIterator()
- static <T> ListIterator<T> emptyListIterator()
- static <T> Enumeration<T> emptyEnumeration()

Ein Iterable<E> emptyIterable() ist nicht nötig, da ja Set und List die Schnittstelle Iterable implementieren und somit emptySet() und emptyList() sozusagen emptyIterable() sind.

Beispiel

Bei for (Object o : iterable) muss die Variable iterable vom Typ Iterable und zugleich ungleich null sein – bei null folgt eine NullPointerException. Um diese ungeprüfte Ausnahme zu vermeiden, lässt sich for (Object o : unnull(iterable)) nutzen, und unnull(Iterable) ist eine eigene Methode, die bei einem null-Argument ein leeres Iterable liefert:

```
public static <E> Iterable<E> unnull( Iterable<E> iterable ) {
  return iterable != null ? iterable : Collections.<E>emptySet();
}
```

4.9.6 Echte typsichere Container

Verwenden Entwickler die Sammlungen untypisiert, also mit dem Raw-Typ, so lässt sich nicht verhindern, dass ein ungewünschter Typ die Sammlung betritt und beim Entnehmen zu einer Ausnahme führen kann. Der Grund liegt in der internen Umsetzung, dass nur der Compiler selbst die Typsicherheit sicherstellt, aber nicht die Laufzeitumgebung. Um die Typsicherheit zu erhöhen, bietet die Collections-Klasse ein paar Wrapper-Methoden, die eine Sammlung nehmen und Operationen nur eines gewissen Typs durchlassen – verstößt ein Aufrufer dagegen, gibt es eine ClassCastException.

```
class java.util.Collections
```

- static <E> Collection<E> checkedCollection(Collection<E> c, Class<E> type)
- static <E> List<E> checkedList(List<E> list, Class<E> type)
- static <K,V> Map<K,V> checkedMap(Map<K,V> m, Class<K> keyType, Class<V> valueType)
- static <E> Queue<E> checkedQueue(Queue<E> queue, Class<E> type)
  Neu in Java 8.

- static <E> Set<E> checkedSet(Set<E> s, Class<E> type)
- static <K,V> SortedMap<K,V> checkedSortedMap(SortedMap<K,V> m, Class<K> keyType, Class<V> valueType)
- static <E> SortedSet<E> checkedSortedSet(SortedSet<E> s, Class<E> type)
- static <E> NavigableSet<E> checkedNavigableSet(NavigableSet<E> s, Class<E> type) Neu in Java 8.
- static <K,V> NavigableMap<K,V> checkedNavigableMap(NavigableMap<K,V> m, Class<K> keyType, Class<V> valueType) Neu in Java 8.

Beispiel

Lass in eine Menge nur Strings, aber nichts anderes:

```
Set<String> set = Collections.checkedSet( new HashSet<>(), String.class );
set.add( "yoyo" );          // Compiler OK
Set rawset = set;           // Bewusster Einsatz von Rawtype
rawset.add( "catso" );      // Compiler OK
rawset.add( new Object() ); // Compiler OK,  ☠ Laufzeitfehler
```

Die Ausnahme ist: »Exception in thread "main" java.lang.ClassCastException: Attempt to insert class java.lang.Object element into collection with element type class java.lang.String«

Auch wenn kein Programmierer freiwillig falsche Typen in einer Sammlung platziert, ist es doch besser, eine absolute Sicherheit zu bekommen, die nicht auf dem Compiler beruht. Wenn etwa ein Programm einer Skriptsprache die Möglichkeit eröffnet, Elemente in eine Datenstruktur zu setzen, so lässt sich für die Skriptsprache eine geprüfte Sammlung zur Ablage nach außen geben. Achtet das Skript nicht auf den richtigen Typ, so knallt es im Skript. Das ist gewünscht, denn andernfalls würde der falsche Typ erst viel später bei der Bearbeitung auffallen, und dann knallt es an der ganz falschen Stelle.

4.9.7 Mit der Halbierungssuche nach Elementen fahnden

Die Collection-Klassen enthalten mit contains(Object) eine Methode, die true zurückgibt, wenn ein Element gefunden wurde, oder false liefert, wenn nicht. Die Position eines Elements in einer List liefert die Objektfunktion indexOf(Object). Ist die Liste sortiert, lässt sich eine Suche schneller durch das Halbierungsverfahren durchführen, was Java durch die statische Methode binarySearch(…) in den Klassen Arrays und Collections bietet.

Der *Halbierungssuche* (auch *binäre Suche*, engl. *binary search*) liegt eine einfache Idee zugrunde: Die Suche nach einem Objekt beginnt in der Mitte der Liste. Ist das gesuchte Objekt kleiner als das mittlere Listenelement, dann muss es sich links von der Mitte befinden, andernfalls rechts. Die Liste wird also in zwei gleich große Abschnitte unterteilt, von denen nur einer weiter durchsucht werden muss. Diesen Vorgang wiederholen wir so oft, bis das Element gefunden wurde. Auf diese Weise ist die Suche sehr schnell und benötigt höchstens log(*n*) Listenhalbierungen bei einer Liste mit *n* Elementen. Es ist jedoch gut möglich, dass das gesuchte Element in der Liste nicht vorkommt. Dieser Fall wird erkannt, wenn durch das wiederholte Halbieren der Liste ein Listenabschnitt mit nur einem Element entstanden ist. Stimmt dieses eine Element nicht mit dem gesuchten Objekt überein, lautet das Ergebnis der Suche »nicht gefunden«. Die Suche nach einem nicht vorhandenen Element ist geringfügig aufwändiger als eine erfolgreiche Suche, benötigt aber ebenfalls nur logarithmisch viele Halbierungsschritte. Enthält die Liste mehrere gleiche Elemente, dann ist nicht gesichert, welches davon bei der Suche gefunden wird. Besteht die Liste etwa aus zehn gleichen Zahlen, dann liefert der Algorithmus das fünfte Element, denn schon nach der ersten Prüfung in der Mitte der Liste gibt es einen Treffer.

Statische Methoden `binarySearch(…)` gibt es in der Klasse `Arrays` und auch `Collections`. Im ersten Fall von `Arrays.binarySearch(…)` erwarten die statischen Methoden ein Array, im zweiten Fall `Collections.binarySearch(…)` eine `List`. Die Arbeitsweise und Rückgaben sind aber gleich:

- Ist das Element in der Sammlung, so liefert `binarySearch(…)` die Position des Objekts.
- Gibt es ein Element mehrmals in der Sammlung, wird irgendein Index zurückgegeben.
- Wurde kein passendes Element gefunden, ist das Ergebnis eine negative Zahl und beschreibt recht trickreich die Stelle, an der der Algorithmus den letzten Vergleich durchgeführt hat.
- Ist die Sammlung nicht sortiert, kann die Halbierungssuche nicht richtig funktionieren, da sie möglicherweise in die falsche Richtung läuft und das Element sich in der anderen Hälfte der unterteilten Sammlung befindet. Eine nicht sortierte Sammlung lässt sich mit `sort(…)` sortieren. Es ist aber immer noch schneller, in einer unsortierten Sammlung mit *n* Elementen zu suchen – Laufzeit O(*n*) –, als erst die Sammlung zu sortieren – Laufzeit O(*n* × log(*n*)) – und darin mit der Halbierungssuche zu suchen – Laufzeit noch einmal O(log(*n*)). Wenn ausreichend viele Suchvorgänge nacheinander in der gleichen Sammlung durchzuführen sind, lohnt sich das vorherige Sortieren der Sammlung natürlich schon.

Ist das gesuchte Element nicht in der Sammlung, so ist der Rückgabewert `(-(`*`Einfügepunkt`*`) - 1)`, und der Einfügepunkt ist die Position in der Sammlung, an der der Wert gemäß Sortierung eingesetzt werden kann.

[»]

Beispiel

Wir können folgende Programmzeilen verwenden, um einen nicht gefundenen Wert gleich passend einzufügen:

```
int pos = Collections.binarySearch( l, key );
if ( pos < 0 )
  l.add( -pos - 1, key );
```

Von `binarySearch(…)` in der Klasse `Collections` gibt es zwei Varianten: Die erste Methode nimmt an, dass die Werte in ihrer natürlichen Form sortiert sind. Die zweite arbeitet wieder mit einem `Comparator`-Objekt zusammen.

```
class java.util.Collections
```

- `static <T extends Object & Comparable<? super T>> int binarySearch(List<? extends T> list, T key)`
  Sucht ein Element in der Liste. Gibt die Position zurück oder einen Wert kleiner 0, falls kein passendes Element in der Liste ist.
- `static <T> int binarySearch(List<? extends T> list, T key, Comparator<? super T> c)`
  Sucht ein Element mithilfe des `Comparator`-Objekts in der Liste. Gibt die Position oder einen Wert kleiner 0 zurück, falls kein passendes Element in der Liste ist.

4.9.8 Ersetzen, Kopieren, Füllen, Umdrehen, Rotieren *

Mit `replaceAll(List<T> list, T oldVal, T newVal)` werden die Elemente einer Liste gesucht und durch einen neuen Wert ersetzt.

[«]

Beispiel

Ersetze alle `null`-Referenzen durch Leer-Strings:

```
List<String> list = new ArrayList<>();
Collections.addAll( list, "rheomist", null, "fricatrix" );
System.out.println( list ); // [rheomist, null, fricatrix]
Collections.replaceAll( list, null, "" );
System.out.println( list );  // [rheomist, , fricatrix]
```

Die statische Methode `copy(List<? super T> dest, List<? extends T> src)` kopiert alle Elemente von `src` in die Liste `dest` und überschreibt dabei solche, die eventuell schon an den entsprechenden Positionen der Zielliste liegen. Die Zielliste muss mindestens so lang wie die Quellliste sein, andernfalls wird eine `IndexOutOfBoundsException` ausgelöst. Hat das Ziel weitere Elemente, ist das egal, weil `copy(…)` diese nicht antastet.

Die statische Methode `fill(List<? super T> list, T obj)` belegt eine Liste in linearer Zeit mit lauter identischen Elementen. Das heißt aber, dass es immer das gleiche Objekt ist, das an allen Positionen sitzt. Es ist die Frage, ob dies immer so sinnvoll und nützlich ist.

`rotate(List<?> list, int distance)` bewegt die Elemente um `distance` Positionen.

[«]

Beispiel

Die Monate sollen um zwei Positionen nach rechts und wieder zurückgeschoben werden:

```
List<String> list = Arrays.asList( new DateFormatSymbols().getShortMonths() );
System.out.println( list );
// [Jan, Feb, Mrz, Apr, Mai, Jun, Jul, Aug, Sep, Okt, Nov, Dez, ]
Collections.rotate( list, 2 );
System.out.println( list );
// [Dez, , Jan, Feb, Mrz, Apr, Mai, Jun, Jul, Aug, Sep, Okt, Nov]
```

```
Collections.rotate( list, -2 );
System.out.println( list );
// [Jan, Feb, Mrz, Apr, Mai, Jun, Jul, Aug, Sep, Okt, Nov, Dez, ]
```

Die statische Methode `reverse(List<?> list)` dreht die Reihenfolge der Elemente in einer Liste um. Die Laufzeit ist linear zur Anzahl der Elemente.

[»]

Beispiel

Ein Satz besteht aus englischen weißraumgetrennten Wörtern ohne weitere Sonderzeichen, und die Wörter des Satzes sollen umgedreht werden:

```
public static String reverseWords( String text ) {
  List<String> list = Arrays.asList( text.split( "\\s+" ) );
  Collections.reverse( list );
  return String.join( " ", list );
}
```

```
class java.util.Collections
```

- `static <T> void copy(List<? super T> dest, List<? extends T> src)`
  Kopiert alle Elemente von `src` nach `dest`. Ist `dest` zu klein, gibt es eine `IndexOutOfBoundsException`. Ist die Zielliste größer als die Quellliste, lässt `copy(…)` die letzten Elemente von `dest` unangetastet.
- `static <T> void fill(List<? super T> list, T obj)`
  Füllt die Liste `list` mit dem Element `obj`. Vorhandene Elemente werden mit `obj` überschrieben.
- `static boolean replaceAll(List<T> list, T oldVal, T newVal)`
  Sucht nach dem Auftreten von `oldVal` über `equals(…)` in der Liste und ersetzt die gefundenen Elemente durch `newVal`. Die Größe der Liste ändert das nicht. Die Rückgabe ist `true`, wenn mindestens ein Element ersetzt wurde.
- `static void reverse(List<?> list)`
  Kehrt die Reihenfolge der Elemente in der Liste um.
- `static void rotate(List<?> list, int distance)`
  Bewegt die Elemente der Liste um `distance` Positionen.

4.9.9 Listen durchwürfeln *

`Collections.shuffle(…)` durchmischt die Elemente einer Liste neu. Jedes Element kommt dabei an eine neue zufällige Position.

Beispiel

Elemente gehen geordnet in eine Liste hinein und kommen durchgeschüttelt wieder heraus. Das wahllose Vertauschen der Elemente übernimmt `Collections.shuffle(…)`. Da `shuffle(…)` allgemein auf `List`-Objekten arbeitet, können wir hier `LinkedList`- oder `ArrayList`-Objekte, aber auch `Vector` und `Stack` einsetzen:

```
List<String> cards = new ArrayList<>();
Collections.addAll( cards, "Bube", "Dame", "König", "Ass" );
Collections.shuffle( cards );
System.out.println( cards );        // z.  B. [König, Ass, Bube, Dame]
```

```
class java.util.Collections
```

- `static void shuffle(List<?> list)`
  Würfelt die Elemente der Liste durcheinander. Dafür wird ein Standardgenerator für Zufallszahlen verwendet.
- `static void shuffle(List<?> list, Random rnd)`
  Würfelt die Elemente der Liste durcheinander und benutzt dafür den Random-Generator `rnd`.

4.9.10 Häufigkeit eines Elements *

`Collections.frequency(Collection<?>, Object)` gibt die Anzahl der Elemente zurück, die zu einem Suchobjekt `equals`-gleich sind.

Beispiel

Wie viele nur mit Standardwerten initialisierte Punkt-Objekte gibt es, und wie viele `null`-Referenzen befinden sich in der `Collection`?

```
List<Point> list = new ArrayList<>();
Collections.addAll( list,
                    new Point(), null, new Point(12, 3),
                    new Point(0, 0), null, null );
System.out.println( Collections.frequency( list, new Point() ) ); // 2
System.out.println( Collections.frequency( list, null ) );        // 3
```

```
class java.util.Collections
```

- `static int frequency(Collection<?> c, Object o)`
  Liefert die Anzahl der Elemente, die mit `o` gleich sind. Für einen »Treffer« `e` aus der Collection `c` muss gelten: `o == null ? e == null : o.equals(e)`. Ist die übergebene `Collection c` gleich `null`, folgt eine `NullPointerException`.

4.9.11 Singletons *

Singletons sind Objekte, die genau ein Exemplar realisieren. Die Klasse Collections bietet drei statische Methoden, die ein gegebenes Element als einziges Element einer immutable Menge, Liste oder eines Assoziativspeichers verpacken:

```
class java.util.Collections
```

- static <T> Set<T> singleton(T o)
- static <T> List<T> singletonList(T o)
- static <K,V> Map<K,V> singletonMap(K key, V value)

Auf den ersten Blick erscheinen die Methoden ziemlich unnütz. Sie sind jedoch immer dann nützlich, wenn Methoden vorhanden sind, die zwar Sammlungen annehmen – auch wenn sie nur aus einem Element bestehen –, aber mit einzelnen Elementen nicht viel anfangen können.

Löschen von Elementen in einer Sammlung

Die Collection-Klassen bieten bisher keine Lösung zum Löschen aller Vorkommen eines Elements. Zwar gibt es die Collection-Methode remove(Object), doch löscht diese nur das erste Vorkommen. Um alle Vorkommen zu löschen, ist entweder eine Schleife zu schreiben oder singleton(…) zu nutzen. Uns hilft beim Löschen aller Elemente die Methode removeAll(Collection), doch erwartet sie als Argument eine Collection, die wir ja gerade durch singleton(…) bekommen, da ein Set eine Erweiterung von Collection ist. Auf diese Weise entfernt unsere statische Methode removeAll(Collection c, Object o) jedes Vorkommen eines Objekts aus der Datenstruktur:

Listing 4.37 com/tutego/insel/util/SingletonDemo.java, removeAll()

```
public static void removeAll( Collection<?> c, Object o ) {
  c.removeAll( Collections.singleton(o) );
}
```

[»]

Beispiel

Lösche aus der Collection ids alle null-Einträge:

```
ids.removeAll( Collections.singleton( null ) );
```

4.9.12 nCopies(…) *

Die statische Methode nCopies(int, T) erzeugt eine Liste mit der gewünschten Anzahl von Elementen aus einem Objekt.

```
class java.util.Collections
```

- static <T> List<T> nCopies(int n, T o)
  Erzeugt eine unveränderbare Liste mit n Elementen von o.

Die Liste besteht *nicht* aus einer Anzahl von Kopien des Elements, sondern aus einer Liste, die ein Element immer wiederholt. Daher sind auch nur Leseoperationen wie get(…) oder contains(…) erlaubt, jedoch keine Veränderungen. Infolgedessen ist der Einsatzbereich der Liste beschränkt, jener der Methode aber nicht. Denn die Elemente der Liste können als Ausgang für eine modifizierbare Datenstruktur gelten, der sich eine Liste übergeben lässt. Das gilt zum Beispiel für eine ArrayList, die im Konstruktor eine andere Liste akzeptiert, der sie die Werte entnimmt.

Beispiel

[«]

Initialisiere eine Liste mit zehn Leer-Strings, und hänge an eine Liste zwei Zeichenketten mit ».« an:

```
List<String> list = new ArrayList<>( Collections.nCopies(10, "") );
list.addAll( Collections.nCopies(2, ".") );
System.out.println( list );   // [, , , , , , , , , , ., .]
```

Ein Collections.nCopies(1, value) entspricht einem Singleton, für das Java aber die Methode singleton(…) bereithält.

4.10 Datenstrukturen mit Änderungsmeldungen

Datenstrukturen aus den Paketen java.util und java.util.concurrent, wie ArrayList, HashSet, TreeMap, ConcurrentHashMap, haben die Aufgabe, Daten zu verwalten und Zugriffe zur Verfügung zu stellen. Was diese Datenstrukturen (und Arrays) nicht können, ist das Melden von Veränderungen. Wenn zum Beispiel eine Standardsammlung ein neues Element bekommt, kann sich kein Interessent bei der Datenstruktur anmelden, der über die Neuerung informiert wird und zum Beispiel das neue Element verarbeitet. Was wir uns wünschen, ist eine Listener-Benachrichtigung über alle Änderungen an der Sammlung an sich (nicht an den Elementen in der Sammlung).

4.10.1 Das Paket javafx.collections

Im Zuge von JavaFX sind neue Datenstrukturen zur Java SE gestoßen, allerdings finden sich diese nicht im Paket java.util, sondern im Paket javafx.collections inklusive eines Unterpakets javafx.collections.transformation. Die neuen Datenstrukturen erweitern die java.util-Datenstrukturen List, Set und Map und können Veränderungen melden.

Typen	Funktion
ObservableList, ObservableSet, ObservableMap	Schnittstellen für die änderungsmeldenden Typen
ObservableArray, ObservableFloatArray, ObservableIntegerArray	Schnittstellen für die änderungsmeldenden Arrays
FXCollections	Klasse, die Exemplare der änderungsmeldenden Typen erzeugt
ListChangeListener, SetChangeListener, MapChangeListener, ArrayChangeListener	Listener-Schnittstellen mit onChanged(...)-Methoden
ListChangeListener.Change, SetChangeListener.Change, MapChangeListener.Change	Ereignis-Objekte, an denen der Typ der Änderung abzulesen ist
WeakListChangeListener, WeakSetChangeListener, WeakMapChangeListener	spezielle Wrapper-Klassen, falls die Elemente der Datenstruktur schwache Referenzen sind
FilteredList, SortedList	zwei änderungsmeldende Klassen aus javafx.collections.transformation, die eine spezielle Sicht auf die Daten bieten
ObservableArrayBase, ObservableListBase	abstrakte Basisklassen für eigene änderungsmeldende Klassen

Tabelle 4.5 Alle Typen des Pakets javafx.collections[.transformation]

Die Schnittstelle ObservableList erweitert java.util.List, ObservableSet erweitert java.util.Set und ObservableMap erweitert java.util.Map. Somit bieten die neuen ObservableXXX-Typen mindestens die gleichen Methoden wie die bekannten Basistypen.

4.10.2 Fabrikmethoden in FXCollections

Alle änderungsmeldenden Datenstrukturen sind nur über die genannten ObservableXXX-Schnittstellen beschrieben, und es gibt keine sichtbaren implementierenden Klassen, die über einen Konstruktor angelegt werden. Als Erzeuger der Typen deklariert FXCollections genau zehn Fabrikmethoden, die alle mit dem Präfix observable beginnen:

```
class javafx.collections.FXCollections
```

- static <E> ObservableList<E> observableArrayList()
- static <E> ObservableList<E> observableArrayList(E... items)
- static <K,V> ObservableMap<K,V> observableHashMap()
- static <E> ObservableSet<E> observableSet(E... elements)

Die Datenstrukturen lassen sich über die statischen Methoden leer oder bereits gefüllt anlegen, wobei die Konstruktoren dann Elemente direkt über eine variable Argumentliste annehmen.

Eine weitere Möglichkeit ist, existierende Sammlungen zu übergeben (und natürlich auch andere änderungsmeldende Sammlungen) und auf diese Weise die änderungsmeldende Sammlung zu initialisieren:

```
class javafx.collections.FXCollections
```

- static <E> ObservableList<E> observableArrayList(Collection<? extends E> col)
- static <E> ObservableList<E> observableList(List<E> list)
- static <E> ObservableList<E> observableList(List<E> list, Callback<E,Observable[]> extractor)
- static <E> ObservableSet<E> observableSet(Set<E> set)
- static <K,V> ObservableMap<K,V> observableMap(Map<K,V> map)
- static <E> ObservableList<E> observableArrayList(Callback<E,Observable[]> extractor)

Die letzte Methode in der Liste tanzt etwas aus der Reihe, da sie auf den Typ javafx.beans.Callback und javafx.beans.Observable (nicht java.util.Observable) aufbaut und somit eine Abhängigkeit zu einem anderen JavaFX-Paket hat.

Hinweis

Keine der Fabrikmethoden schreibt direkt auf die darunterliegende Sammlung durch. Es sind also keine Wrapper. Mit der übergebenen Sammlung wird lediglich die neue Datenstruktur initialisiert, um am Anfang keine Ereignisse auszulösen.

Eine Methode observable**Tree**Map(...) fehlt, da hier ein Sortierkriterium nötig wäre; wer einen geordneten Assoziativspeicher benötigt, kann so etwas wie FXCollections.observableMap(new TreeMap<>(comparator)) einsetzen.

Überhaupt ist interessant, dass die Methodenamen auf der einen Seite verraten, welche Implementierung eingesetzt wird (observable**Array**List) und dann wiederum nicht (observableSet), wobei hinter Letzterem ein HashSet steht, die Elemente also daher eine gültige hashCode()-Methode implementieren müssen, auch wenn sie sonst überhaupt nichts mit Hashing zu tun haben. Wer ein änderungsmeldendes TreeSet erzeugen möchte, nutzt den gleichen Trick wie auch bei der TreeMap, verwendet also FXCollections.observableSet(new TreeSet<>(comparator)).

Hinweis

Änderungsmeldende Datenstrukturen können natürlich auch geschachtelt werden. Es spricht nichts dagegen, mehrere ObservableListen in eine ObservableList zu setzen, um so eine Tabelle nachzubauen. Allerdings heißt das nicht, dass eine Änderung an der »inneren« Liste zur Meldung der äußeren Liste führt.

4.10.3 Änderungen melden über InvalidationListener

An änderungsmeldenden Datenstrukturen lassen sich zwei Arten von Listenern setzen, die über Änderungen informieren:

1. Zunächst erweitern alle `ObservableXXX`-Schnittstellen die JavaFX-Schnittstelle `javafx.beans.Observable` und lassen sich so mit einem `InvalidationListener` beobachten. Das dient dazu, herauszufinden, ob sich ein beobachteter Wert (in diesem Fall die Datenstruktur) irgendwie verändert hat. Das sagt aber nichts über die genaue Veränderung aus. Meldungen dieser Art reichen aber oft aus und sind unkompliziert. Anwendungen gibt es viele: Nehmen wir an, wir stellen ein geometrisches Objekt auf dem Bildschirm dar. Das Objekt selbst kann aus einer Liste von Punkten bestehen. Ändert sich die Liste, reicht ein an die Liste angehängter `InvalidationListener` aus, um dort bei einer Änderung den Befehl zum Neuzeichnen zu geben.
2. Der `InvalidationListener` informiert nur, dass die Datenstruktur »invalide« ist, aber nicht, was genau mit der Datenstruktur passiert ist. Um das herauszufinden, etwa an welcher Stelle etwas in einer Liste passiert ist, gibt es für die `ObservableXXX`-Typen extra `XXXChangeListener` mit sehr vielen Statusinformationen. Die versendeten `Change`-Objekte sind etwas teuer in der Herstellung, sodass sie nur dann zum Einsatz kommen sollten, wenn die feinen Informationen auch verwendet werden, sonst ist ein `InvalidationListener` besser.

4.10.4 Änderungen melden über XXXChangeListener

Im Folgenden schauen wir uns erst die Behandlung der änderungsmeldenden Datenstrukturen an, Arrays werden folgen. Drei `ObservableXXX`-Typen bieten eigene überladene Methoden `addListener(…)`/`removeListener(…)` für `XXXChangeListener`, die die genauen Änderungen in den Datenstrukturen melden:

Typ	An-/Abmelde-Methoden, Rückgabe void
`ObservableList<E>`	`addListener(ListChangeListener<? super E> listener)` `removeListener(ListChangeListener<? super E> listener)`
`ObservableSet<E>`	`addListener(SetChangeListener<? super E> listener)` `removeListener(SetChangeListener<? super E> listener)`
`ObservableMap<K,V>`	`addListener(MapChangeListener<? super K,? super V> listener)` `removeListener(MapChangeListener<? super K,? super V> listener)`

Tabelle 4.6 Alle addListener(…)/removeListener(…)-Methoden von drei ObservableXXX-Typen

Argumente der `xxxListener(…)`-Methoden sind `XXXChangeListener`-Objekte. Werden die Listener hinzugefügt und folgt dann eine Änderung an der Datenstruktur, wird sie diese Änderung an den Listener melden. Es können beliebig viele Listener hinzugefügt werden.

Schauen wir uns diese `XXXChangeListener`-Schnittstellen genauer an (`WeakXXXChangeListener` außen vor gelassen); sie verfügen alle über genau eine `onChanged(…)`-Methode:

XXXChangeListener-Typ	void-Methode
`ListChangeListener`	`onChanged(ListChangeListener.Change<? extends E> c)`
`SetChangeListener`	`onChanged(SetChangeListener.Change<? extends E> change)`
`MapChangeListener`	`onChanged(MapChangeListener.Change<? extends K,? extends V> change)`

Tabelle 4.7 onChanged(...)-Methoden der XXXChangeListener

4.10.5 Change-Klassen

Drei `XXXChangeListener`-Schnittstellen haben eine statische innere Klasse, genannt `Change`, welche genaue Informationen über die Änderungen verrät, also etwa, was hinzukam oder entfernt wurde.

[«]

Beispiel

Fülle eine `ObservableMap` mit allen Einträgen aus den System-Properties. Mache drei Änderungen, und lass einen Listener die Änderungen protokollieren:

```
ObservableMap<Object, Object> observableMap =
  FXCollections.observableMap( System.getProperties() );
MapChangeListener<Object, Object> listener = change -> System.out.println( change );
observableMap.addListener( listener );
observableMap.put( "name", "chris" ); // added chris at key name
observableMap.put( "name", "sha-sha" ); // replaced chris by sha-sha at key name
observableMap.remove( "name" ); // removed sha-sha at key name
```

Hinter jeder `XXXChangeListener.Change`-Klasse stehen diverse Abfragemethoden, die uns genau sagen, was passiert ist und was modifiziert und verändert wurde:

Klasse	Methoden

`ListChangeListener.Change<E>`	`boolean wasAdded()`
	`boolean wasPermutated()`
	`boolean wasRemoved()`
	`boolean wasReplaced()`
	`boolean wasUpdated()`
	`int getAddedSize()`
	`List<E> getAddedSubList()`
	`abstract int getFrom()`
	`ObservableList<E> getList()`
	`protected abstract int[] getPermutation()`

Tabelle 4.8 Abfragemethoden der Change-Ereignis-Klassen

Klasse	Methoden
ListChangeListener.Change<E> (Forts.)	int getPermutation(int i) abstract List<E> getRemoved() int getRemovedSize() abstract int getTo() abstract boolean next() abstract void reset()
SetChangeListener.Change<E>	abstract boolean wasAdded() abstract boolean wasRemoved() abstract E getElementAdded() abstract E getElementRemoved() ObservableSet<E> getSet()
MapChangeListener.Change<K,V>	abstract boolean wasAdded() abstract boolean wasRemoved() abstract K getKey() ObservableMap<K,V> getMap() abstract V getValueAdded() abstract V getValueRemoved()

Tabelle 4.8 Abfragemethoden der Change-Ereignis-Klassen (Forts.)

Alle drei Change-Klassen deklarieren eine getXXX()-Methode, die die Datenstruktur selbst wieder hergibt. Das Objekt ListChangeListener.Change verfügt über die meisten Informationen, was ganz einfach daran liegt, dass das Ereignis mehrere geänderte Elemente beschreiben kann, während bei der Menge und dem Assoziativspeicher höchstens eine Veränderung bei einem Element stattfindet. Bei einer Liste kann eine Teilliste komplett hinzukommen – was dann getAddedSubList() erfragbar macht. So etwas ist bei einer Menge oder einem Assoziativspeicher nicht möglich. Hier werden mehrere Elemente auch über mehrere Ereignisse gemeldet.

Während die meisten Methoden durch ihren Namen klar beschrieben sind, gilt das nicht für alle Methoden, insbesondere von ListChangeListener.Change:

- wasPermutted() zeigt Permutationen an, wie sie bei einer Durchmischung oder Sortierung stattfinden. wasReplaced() zeigt an, dass es eine Ersetzung gab, wasRemoved(), wenn ein Element aus der Liste genommen wurde, und wasAdded() wenn ein Element hinzukam.
- War die Änderung eine Permutation, so lässt sich eine Schleife bauen der Art for (int i = change.getFrom(); i < getTo(); i++) und für den Index i mit change.getPermutation(i) bestimmen, wohin ihn die Permutation am Ende verschoben hat; das heißt, dass Element an der Stelle i wanderte an die Stelle change.getPermutation(i).
- Ein Änderungsereignis kann mehrere Vorgänge repräsentieren. Es gibt wie beim Iterator eine Art Cursor, den next() weitersetzt und reset() zurücksetzt. Es ist so lange ein next() gültig, bis die Rückgabe false() ergibt. Um alle Änderungen abzuarbeiten, ist eine Iteration der Art while (change.next()) { … } nötig.

[«]

Beispiel

Die wasXXX()-Methoden müssen in einer speziellen Reihenfolge ausgewertet werden. Am Anfang steht der Test auf Permutation, dann folgt der Test auf Ersetzung, dann Entfernung und zum Schluss Ergänzung. In einem Beispiel wollen wir 1, 2, 3 in eine Liste setzen, dann 1, 3 entfernen und sehen, wie der Durchlauf durch die Änderungen arbeitet:

```
ObservableList<Integer> list = FXCollections.observableArrayList( 1, 2, 3 );
ListChangeListener<Integer> listener = change -> {
  while ( change.next() ) {
    if ( change.wasPermutated() )
      System.out.println( "permutted" );
    else if ( change.wasReplaced() )
      System.out.println( "replaced" );
    else if ( change.wasRemoved() )
      System.out.printf( "removed [%d,%d]%n", change.getFrom(), change.getTo() );
    else if ( change.wasAdded() )
      System.out.println( "added" );
  }
};
list.addListener( listener );
System.out.println( list );
list.removeAll( 1, 3 );
System.out.println( list );
```

Die Ausgabe ist:

```
[1, 2, 3]
removed [0,0]
removed [1,1]
[2]
```

An der zweimaligen Ausgabe von »removed« lässt sich ganz gut der Durchlauf der Schleife ablesen und zudem die Position, die next() beim Change-Objekt verändert.

In den Change-Objekten gibt es viele Informationen, so dass auf diese Weise zwei Sammlungen synchron gehalten werden können: Gibt es in einer beobachteten Liste Änderungen, kann ein eigener XXXChangeListener die durchgeführten Operationen auf eine andere Sammlung spielen und so synchron halten. Meine Leser können als Übung so etwas einmal implementieren.

4.10.6 Weitere Hilfsmethoden einer ObservableList

Die ObservableXXX-Typen bieten alle die Methoden addListener(…)/removeListener(…), doch ObservableList hat als einzige von den drei Schnittstellen noch ein paar nützliche Extra-Methoden, weil ObservableList in der Praxis – zumindest bei JavaFX-Anwendungen – am häufigsten eingesetzt wird.

```
interface javafx.collections.ObservableList<E>
extends java.util.List<E>, Observable
```

- boolean addAll(E... elements)
- void remove(int from, int to)
- boolean removeAll(E... elements)
- boolean retainAll(E... elements)
- boolean setAll(Collection<? extends E> col)
- boolean setAll(E... elements)

Die Hilfsmethoden bieten auf den ersten Blick nichts wirklich Neues, haben aber zwei Vorteile. Erstens sind sie komfortabler, denn ein `list.remove(from, to)` ist allemal kürzer als `list.sublist(from, to).clear()`. Der zweite Vorteil der Methoden ist die Anzahl der Änderungen, die sie verschicken. Ein `observablelist.addAll(…)` wird nur ein `Change`-Event produzieren, aber ein `Collections.addAll(observablelist, …)` ist eine Kaskade von `add(…)`-Aufrufen, was also eine Reihe von Ereignissen nach sich zieht.[15] Das Gleiche gilt für `setAll(…)`, was erst löscht und dann hinzufügt, aber nur ein Ereignis auslöst.

Die anderen beiden `ObservableXXX`-Typen für die `java.util`-Datenstrukturen bieten bisher keine solche Hilfsmethoden, sondern haben nur die Methoden zum An-/Abmelden der Listener.

4.10.7 Melden von Änderungen an Arrays

Die Datenstrukturen der Collection-API sind schön über Schnittstellen gekapselt, weshalb es einfach ist, hier einen Stellvertreter mit der gleichen API hinzustellen, der im Hintergrund Ereignisse meldet. Bei Arrays geht das aber nicht, da hier ein Feldzugriff über eine Sprachsyntax gegeben ist und nicht über einen Methodenaufruf. Ein Beobachten von Array-Schreibzugriffen lässt sich also nur über einen neuen Typ realisieren, der genau wie `ArrayList` Methoden anbietet, die auf die Feldwerte schreiben.

JavaFX bietet änderungsmeldende Arrays für Ganzzahlen vom Typ `int` und Fließkommazahlen vom Typ `float` über zwei Hilfstypen `ObservableIntegerArray` und `ObservableFloatArray`.

```
class javafx.collections.FXCollections
```

- static ObservableIntegerArray observableIntegerArray()
- static ObservableIntegerArray observableIntegerArray(int... values)
- static ObservableIntegerArray observableIntegerArray(ObservableIntegerArray array)

15 Die Implementierung ist: `public static <T> boolean addAll(Collection<? super T> c, T... elements) { boolean result = false; for (T element : elements) result |= c.add(element); return result; }`

- static ObservableFloatArray observableFloatArray()
- static ObservableFloatArray observableFloatArray(float... values)
- static ObservableFloatArray observableFloatArray(ObservableFloatArray array)

Beide Schnittstellen ObservableIntegerArray und ObservableFloatArray erweitern die Schnittstelle ObservableArray, was gemeinsame Methoden wie das An-/Abmelden von Listenern vorschreibt sowie die Methoden size()und clear(). Die typbezogenen Schnittstellen ObservableIntegerArray und ObservableFloatArray haben die erwarteten Methoden wie get(int index) oder set(int index).

Bei der Ereignisbehandlung sind die Array-Typen etwas einfacher gestrickt, denn es gibt kein Ereignisobjekt. Stattdessen meldet der ArrayChangeListener bei Aufruf von onChanged(T observableArray, boolean sizeChanged, int from, int to) alle Details, mehr Informationen gibt es nicht.

4.10.8 Transformierte FXCollections

Insbesondere auf grafischen Oberflächen werden Listen von Einträgen oftmals gefiltert oder sortiert dargestellt. Das ist aber in der Regel nur eine Frage der Darstellung, und die darunterliegende Datenstruktur ist natürlich vollständig und unsortiert. Um jetzt bei Änderungen so einer unterliegenden Datenstruktur komfortabel zu einer gefilterten und sortierten Darstellung zu kommen, bietet JavaFX zwei Implementierungen für spezielle ObservableList-Wrapper an: FilteredList und SortedList. Die erste Klasse enthält nur Elemente, die einem Predicate genügen (eine Schnittstelle aus java.util.function), und die zweite Klasse SortedList sortiert nach einem Comparator. FilteredList und SortedList sind selbst auch wieder vom Typ Observable und ObservableList, sodass sie sich problemlos schachteln lassen. Ungewöhnlich ist, dass die Klassen mittels Konstruktor erzeugt werden und nicht über die Fabrikmethoden in FXCollections.

Beispiel

Eine observableList soll auf dem Bildschirm sortiert dargestellt werden, aber keinen Leer-String enthalten:

```
ObservableList<String> observableList = FXCollections.observableArrayList();
ObservableList<String> filteredList = new FilteredList<>(
  observableList, s -> ! s.isEmpty() );
ObservableList<String> sortedList =
 new SortedList<>( filteredList, Comparator.naturalOrder() );
observableList.addAll( "", "Hausschwein", "Buttercup" );
System.out.println( sortedList );  // [Buttercup, Hausschwein]
```

Änderungen an observableList werden nun automatisch weitergeleitet, so dass der Beobachter sortedList diese Veränderung mitbekommt und die Liste neu darstellen kann.

4.10.9 Weitere statische Methoden in FXCollections

Von FXCollections haben wir bisher die Fabrikmethoden für die ObservableXXX-Typen kennengelernt. Die Klasse bietet aber Hilfsmethoden, die an java.util.Collections angelehnt sind:

```
class javafx.collections.FXCollections
```

- static <E> ObservableList<E> checkedObservableList(ObservableList<E> list, Class<E> type)
- static <K,V> ObservableMap<K,V> checkedObservableMap(ObservableMap<K,V> map, Class<K> keyType, Class<V> valueType)
- static <E> ObservableSet<E> checkedObservableSet(ObservableSet<E> set, Class<E> type)
- static <E> ObservableList<E> concat(ObservableList<E>... lists)
- static <T> void copy(ObservableList<? super T> dest, List<? extends T> src)
- static <E> ObservableList<E> emptyObservableList()
- static <K,V> ObservableMap<K,V> emptyObservableMap()
- static <E> ObservableSet<E> emptyObservableSet()
- static <T> void fill(ObservableList<? super T> list, T obj)
- static <T> boolean replaceAll(ObservableList<T> list, T oldVal, T newVal)
- static void reverse(ObservableList list)
- static void rotate(ObservableList list, int distance)
- static void shuffle(ObservableList<?> list)
- static void shuffle(ObservableList list, Random rnd)
- static <E> ObservableList<E> singletonObservableList(E e)
- static <T extends Comparable<? super T>> void sort(ObservableList<T> list)
- static <T> void sort(ObservableList<T> list, Comparator<? super T> c)
- static <E> ObservableList<E> synchronizedObservableList(ObservableList<E> list)
- static <K,V> ObservableMap<K,V> synchronizedObservableMap(ObservableMap<K,V> map)
- static <E> ObservableSet<E> synchronizedObservableSet(ObservableSet<E> set)
- static <E> ObservableList<E> unmodifiableObservableList(ObservableList<E> list)
- static <K,V> ObservableMap<K,V> unmodifiableObservableMap(ObservableMap<K,V> map)
- static <E> ObservableSet<E> unmodifiableObservableSet(ObservableSet<E> set)

Die Methoden sind alleine deshalb schon wichtig, weil sie die Anzahl an gemeldeten Änderungen reduzieren. Würde etwa Collections.shuffle(anObservableList) aufgerufen, würde es an Ereignissen nur so rappeln, denn jede Umpositionierung ist ein set(…), und das ist ein Ereignis (zumindest könnte eine Implementierung das so machen). FXCollections.shuffle(anObservableList) führt jedoch zu nur einem Ereignis.

4.11 Stream-API

Zusammen mit Lambda-Ausdrücken, die auf der Sprache-Seite stehen, ist in Java 8 eine ganz neue Bibliothek implementiert worden, die ein einfaches Verarbeiten von Datenmengen möglich macht – ihr Name: Stream-API. Im Zentrum stehen Operationen zum Filtern, Abbilden und Reduzieren von Daten aus Sammlungen. Die API ist im funktionalen Stil, und Programme lesen sich damit sehr kompakt:

```
Object[] words = { " ", '3', null, "2", 1, "" };
Arrays.stream( words )
      .filter( Objects::nonNull )
      .map( Objects::toString )
      .map( String::trim )
      .filter( s -> ! s.isEmpty() )
      .map( Integer::parseInt )
      .sorted()
      .forEach( System.out::println );  // 1 2 3
```

Während die Klassen aus der Collection-API optimale Speicherformen für Daten realisieren, ist es Aufgabe der Stream-API, die Daten komfortabel zu erfragen. Gut ist hier zu erkennen, dass die Stream-API das *Was* betont, nicht das *Wie*. Das heißt, Durchläufe und Iterationen kommen im Code nicht vor, sondern die Fluent-API beschreibt deklarativ, wie das Ergebnis aussehen soll. Die Bibliothek realisiert schlussendlich das Wie. So kann eine Implementierung zum Beispiel entscheiden, ob die Abarbeitung sequenziell oder parallel erfolgt, ob die Reihenfolge eine Rolle spielen muss oder alle Daten zwecks Sortierung zwischengespeichert werden müssen usw.

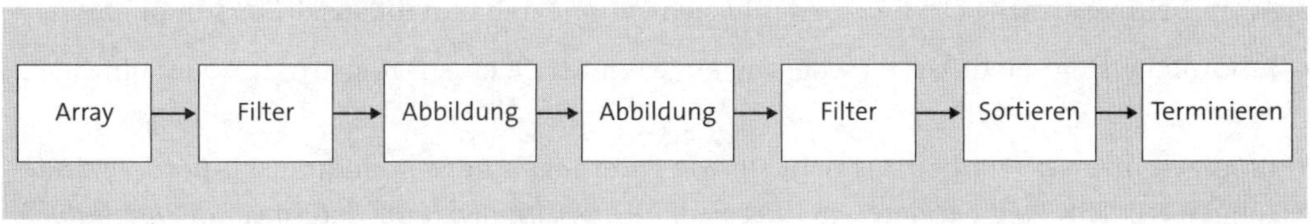

Abbildung 4.6 Pipeline-Prinzip bei Streams

Interne versus externe Iteration

Als Erstes fällt bei der Stream-API auf, dass die klassische Schleife fehlt. Normalerweise gibt es Schleifen, die durch Daten laufen und dann Abfragen auf den Elementen vornehmen. Traditionelle Schleifen sind immer sequenziell und laufen von Element zu Element, und zwar vom Anfang bis zum Ende. Das Gleiche gilt auch für einen Iterator. Die Stream-API verfolgt einen anderen Ansatz, hier wird die so genannte externe Iteration (durch Schleifen vom Entwickler gesteuert) durch eine interne Iteration (die Stream-API holt sich Daten) abgelöst. Wenn etwa `forEach(…)` nach Daten fragt, wird die Datenquelle abgezapft und ausgesaugt, aber erst dann. Der Vorteil ist, dass wir zwar bestimmen, welche Datenstruktur abgelaufen werden soll, aber wie das intern geschieht, kann die Implementierung selbst bestimmen und dahingehend optimieren.

Wenn wir selbst die Schleife schreiben, läuft die Verarbeitung immer Element für Element, während die interne Iteration auch von sich aus parallelisieren und Teilprobleme von mehreren Ausführungseinheiten berechnen lassen kann.

[+]

Hinweis

An verschiedenen Sammlungen hängt eine `forEach(…)`-Methode, die über alle Elemente läuft und sie verarbeitet. Das heißt jetzt nicht, dass die klassische `for`-Schleife – etwa über das erweiterte `for` – damit überflüssig wird. Neben der einfachen Schreibweise und dem einfachen Debuggen hat die übliche Schleife immer noch einige Vorteile. `forEach(…)` bekommt den auszuführenden Code in der Regel über einen Lambda-Ausdruck, und der hat Einschränkungen. So darf er etwa keine lokalen Variablen beschreiben (alle vom Lambda-Ausdruck adressierten lokalen Variablen sind effektiv final), und Lambda-Ausdrücke dürfen keine geprüften Ausnahmen auslösen – im Inneren einer Schleife ist das alles kein Thema. Im Übrigen gibt es für Schleifenabbrüche das `break`, das in Lambda-Ausdrücken nicht existiert (ein `return` im Lambda entspricht `continue`).

Was ist ein Stream?

Ein Strom ist eine Sequenz von Daten, aber keine Datenquelle an sich, die Daten wie eine Datenstruktur speichert. Die Daten vom Strom werden in einer Kette von nachgeschalteten Verarbeitungsschritten

- gefiltert (engl. *filter*),
- transformiert/abgebildet (engl. *map*) und
- komprimiert/reduziert (engl. *reduce*).

Die Verarbeitung entlang einer Kette nennt sich *Pipeline* und besteht aus drei Komponenten:

- Am Anfang steht eine Datenquelle, wie etwa ein Array, eine Datenstruktur oder ein Generator.
- Es folgen diverse Verarbeitungsschritte wie Filterungen oder Abbildungen; diese Veränderungen auf dem Weg nennen sich *intermediäre Operationen* (engl. *intermediate operations*). Ergebnis einer intermediären Operation ist wieder ein Stream.
- Am Schluss wird das Ergebnis eingesammelt, das Ergebnis ist kein Stream mehr.

Die eigentliche Datenstruktur wird nicht verändert, vielmehr steht am Ende der intermediären Operationen eine terminale Operation, die das Ergebnis erfragt. So eine terminale Operation ist etwa `forEach(…)`; sie steht am Ende der Kette, und der Strom bricht ab.

Alle intermediären Operationen sind »faul« (engl. *lazy*), weil sie die Berechnungen so lange hinausschieben, bis sie benötigt werden. Im Gegensatz zu den fortführenden Operationen stehen terminale Operationen, bei denen das Ergebnis vorliegen muss: Sie sind »begierig« (engl. *eager*). Im Prinzip wird alles so lange aufgeschoben, bis ein Wert gebraucht wird, das heißt, bis eine terminale Operation auf das Ergebnis wirklich zugreifen möchte.

Intermediäre Operationen können einen Zustand haben oder nicht. Eine Filteroperation zum Beispiel hat keinen Zustand, weil sie zur Erfüllung ihrer Aufgabe nur das aktuelle Element betrachten muss, nicht aber vorangehende. Eine Sortierungsoperation hat dagegen einen Status, sie »will«, dass alle anderen Elemente gespeichert werden, denn das aktuelle Element reicht für die Sortierung nicht aus, sondern auch alle vorangehenden werden benötigt.

Viele terminale Operationen reduzieren die durchlaufenden Daten auf einen Wert, anders als etwa forEach(…). Dazu gehören etwa Methoden zum einfachen Zählen der Elemente oder zum Summieren; das nennen wir *reduzierende Operationen*. In der API gibt es für Standardreduktionen – wie Bildung der Summe, des Maximums, des Durchschnitts – vorgefertigte Methoden, doch sind allgemeine Reduktionen über eigene Funktionen möglich, etwa statt der Summe das Produkt.

4.11.1 Stream erzeugen

Das Paket java.util.stream deklariert diverse Typen rund um Streams. Im Mittelpunkt steht für Objektströme eine generisch deklarierte Schnittstelle Stream. Ein konkretes Exemplar wird immer von einer Datenquelle erzeugt, unter anderem stehen folgende Stream-Erzeuger zur Verfügung:

Typ	Rückgabe	Methode
BufferedReader	Stream<String>	lines()
Collection	Stream<E>	stream()
Arrays	Stream<T>	stream(T[] array)
	Stream<T>	stream(T[] array, int start, int end)
Pattern	Stream<String>	splitAsStream(CharSequence input)
ZipFile	Stream<? extends ZipEntry>	stream()
JarFile	Stream<JarEntry>	stream()
Stream	Stream<T>	empty() **(statisch)**
	Stream<T>	of(T... values) **(statisch)**
	Stream<T>	of(T value) **(statisch)**
	Stream<T>	generate(Supplier<T> s)**(statisch)**
	Stream<T>	iterate(T seed, UnaryOperator<T> f)**(statisch)**

Tabelle 4.9 Methoden, die Stream-Exemplare liefern

Stream hat einige Fabrikmethoden für neue Ströme (etwa of(…)), alles andere sind Objektmethoden anderer Klassen, die Ströme liefern. Die of(…)-Methoden sind als statische Schnittstellen methoden von Stream implementiert, und of(T... values) ist nur eine Fassade für Arrays.stream(values). Die Methode Stream.empty() liefert wie erwartet einen Strom ohne Elemente, generate(...) produziert Elemente aus einem Supplier, iterate(...) aus einem Startwert und einer Funktion, die die nächsten Elemente produziert, beide Ströme sind immer unendlich.

[»]

Beispiele

Produziere einen Stream aus gegebenen Ganzzahlen, entferne die Vorzeichen, sortiere und platziere das Ergebnis in eine neue Liste:

```
System.out.println(
  Stream.of( -4, 1, -2, 3 )
        .map( Math::abs ).sorted().collect( Collectors.toList() )
); // [1, 2, 3, 4]
```

Erzeuge ein Feld von zehn Zufallszahlen nach Normalverteilung:

```
Random random = new Random();
double[] randoms = Stream.generate( random::nextGaussian )
                         .limit( 10 ).mapToDouble( e -> e ).toArray();
System.out.println( Arrays.toString( randoms ) );
```

Produziere Zufallszahlen, wobei das Vorzeichen in der Belegung von sign das Vorzeichen der Zufallszahlen bestimmt:

```
double sign = +1.234;
Stream.iterate( sign, seed -> Math.signum( seed ) * Math.random() )
      .limit( 10 ).forEach( System.out::println );
```

Erzeuge einen Strom von Fibonacci-Zahlen[16]:

```
class FibSupplier implements Supplier<BigInteger> {
  private final Queue<BigInteger> fibs =
      new LinkedList<>( Arrays.asList( BigInteger.ZERO, BigInteger.ONE ) );
  @Override public BigInteger get() {
    fibs.offer( fibs.remove().add( fibs.peek() ) );
    return fibs.peek();
  }
};
Stream.generate( new FibSupplier() ).limit( 1000 ).forEach( System.out::println );
```

Die Implementierung nutzt keinen Lambda-Ausdruck, sondern eine altmodische Klassenimplementierung, da wir uns für die Fibonacci-Folgen die letzten beiden Elemente merken müssen. Sie speichert eine LinkedList, die als Queue genutzt wird. Bei der Anfrage an ein neues Element nehmen wir das erste Element heraus, sodass das zweite nachrutscht, und addieren es mit dem Kopfelement, was die Fibonacci-Zahl ergibt. Die hängen wir im zweiten Schritt hinten an und geben sie zurück.

16 *https://de.wikipedia.org/wiki/Fibonacci-Folge*

Parallele oder sequenzielle Streams

Ein Stream kann parallel oder sequenziell sein, das heißt, es ist möglich, dass Threads gewisse Operationen nebenläufig durchführen, wie zum Beispiel die Suche nach einem Element. `Stream` liefert über `isParallel()` die Rückgabe `true`, wenn ein Stream Operationen nebenläufig durchführt.

Alle `Collection`-Datenstrukturen können mit der Methode `parallelStream()` einen potenziell nebenläufigen Stream liefern.

Typ	Rückgabe	Methode
`Collection`	`Stream<E>`	`parallelStream()`
`Collection`	`Stream<E>`	`stream()`

Tabelle 4.10 Parallele und nichtparallele Streams von jeder Collection erfragen

Jeder parallele Stream lässt sich mithilfe der `Stream`-Methode `sequencial()` in einen sequenziellen Stream konvertieren. Parallele Streams nutzen intern das Fork-&-Join-Framework, doch sollte nicht automatisch jeder Stream parallel sein, da das nicht zwingend zu einem Performance-Vorteil führt; wenn zum Beispiel keine Parallelisierung möglich ist, bringt es wenig, Threads einzusetzen.

4.11.2 Terminale Operationen

Wir haben gesehen, dass sich Operationen in intermediär und terminal unterscheiden lassen. Die Schnittstelle `Stream` bietet insgesamt 18 terminale Operationen, und die Rückgaben der Methoden sind etwa `void` oder ein Array. Bei den intermediären Operationen sind die Rückgaben allesamt neue `Stream`-Exemplare.

Wir schauen uns nacheinander die terminalen Operationen an.

Anzahl Elemente

Die vielleicht einfachste terminale Operation ist `count()`: Sie liefert ein `long` mit der Anzahl der Elemente im Strom.

```
interface java.util.stream.Stream<T>
extends BaseStream<T,Stream<T>>
```

- `long count()`

[»]

Beispiele

Wie viele Elemente hat ein Feld von Referenzen, von null einmal abgesehen?

```
Object[] array = { null, 1, null, 2, 3 };
long size = Stream.of( array )
                  .filter( Objects::nonNull ).count();
System.out.println( size );  // 3
```

Und jetzt alle – forEachXXX(…)

Die Stream-API bietet zwei forEachXXX(…)-Methoden zum Ablaufen der Ergebnisse:

```
interface java.util.stream.Stream<T>
extends BaseStream<T,Stream<T>>
```

- void forEach(Consumer<? super T> action)
- void forEachOrdered(Consumer<? super T> action)

Übergeben wird immer ein Codeblock vom Typ Consumer:

```
Consumer<A> { void apply(A a); }
```

Die funktionale Schnittstelle Consumer hat einen Parameter, und forEachXXX(…) übergibt beim Ablaufen Element für Element an den Consumer.

Das Ablaufen mit forEach(…) ist erst einmal ohne Reihenfolge, es kommt darauf an, wie der Stream das realisiert. Einen Unterschied macht es schon, ob der Stream parallel ist oder nicht, und hier liegt der Unterschied zwischen forEach(…) und forEachOrdered(…) – Letzteres ist im Prinzip eine Abkürzung für sequential().forEach(…).

[»]

Beispiel

Im ersten Fall ist die Ausgabe der Werte ungeordnet (cedab), im zweiten Fall geordnet (abcde).

```
Character[] chars = { 'a', 'b', 'c', 'd', 'e' };
Arrays.asList( chars ).parallelStream().forEach( System.out::print );
System.out.println();
Arrays.asList( chars ).parallelStream().forEachOrdered( System.out::print );
```

Einzelne Elemente aus dem Strom holen

Produziert der Strom mehrere Daten, so erfragt findFirst() das erste Element im Strom, wohingegen findAny() irgendein Element vom Strom liefern kann. Letztere Methode ist insbesondere bei parallelen Operationen interessant, wobei es völlig offen ist, welches Element das ist. Beide

Methoden haben den Vorteil, dass sie so genannte abkürzende Operationen sind, das heißt, sie ersparen einem einiges an Arbeit.

Da ein Strom von Elementen leer sein kann, ist die Rückgabe der Methoden immer `Optional`:


```
interface java.util.stream.Stream<T>
extends BaseStream<T,Stream<T>>
```

- `Optional<T> findFirst()`
- `Optional<T> findAny()`

Beispiel

```
Predicate<Character> p = Character::isDigit;
System.out.println( Stream.of('9', 'a', '0').parallel().filter( p ).findFirst() );
System.out.println( Stream.of('9', 'a', '0').parallel().filter( p ).findAny() );
System.out.println( Stream.of('9', 'a', '0').filter( p ).findFirst() );
System.out.println( Stream.of('9', 'a', '0').filter( p ).findAny() );
```

Die Ausgabe könnte sein: Optional[9], Optional[0], Optional[9], Optional[9].

Hängen andere zustandsbehaftete Operationen dazwischen, ist eine Optimierung mit `findAny()` mitunter hinfällig. So wird `stream.sorted().findAny()` nicht die Sortierung umgehen können.

Existenz-Tests mit Prädikaten

Ob Elemente eines Stroms eine Bedingung erfüllen, zeigen drei Methoden:

```
interface java.util.stream.Stream<T>
extends BaseStream<T,Stream<T>>
```

- `boolean anyMatch(Predicate<? super T> predicate)`
- `boolean allMatch(Predicate<? super T> predicate)`
- `boolean noneMatch(Predicate<? super T> predicate)`

Die Bedingung wird immer als `Predicate` formuliert.

Beispiel

Teste in einem Stream mit zwei Strings, ob entweder alle, irgendein oder kein Element leer ist:

```
System.out.println( Stream.of("", "").allMatch( String::isEmpty ) );   // true
System.out.println( Stream.of("", "a").anyMatch( String::isEmpty ) );  // true
System.out.println( Stream.of("", "a").noneMatch( String::isEmpty ) ); // false
```

Strom reduzieren

Ein Strom kann aus beliebig vielen Elementen bestehen, die durch Reduktionsfunktionen auf einen Wert reduziert werden können. Ein bekanntes Beispiel ist die `Math.max(a, b)`-Methode, die zwei Werte auf das Maximum abbildet. Diese Maximum-/Minimum-Methoden gibt es auch im `Stream`:

```
interface java.util.stream.Stream<T>
extends BaseStream<T,Stream<T>>
```

- `Optional<T> min(Comparator<? super T> comparator)`
- `Optional<T> max(Comparator<? super T> comparator)`

Interessant ist, dass immer ein `Comparator` übergeben werden muss und die Methoden nie auf die natürliche Ordnung zählen. Hilfreich ist hier eine `Comparator`-Utility-Methode, die genau so einen natürlichen `Comparator` liefert. Die Methoden liefern ein `Optional.empty()`, wenn der Stream leer ist.

[»]

Beispiel

Was ist die größte Fließkommazahl im Stream?

```
System.out.println( Stream.of( 9, 3, 4, 11 ).max( Comparator.naturalOrder() ).get() );
```

Die Bestimmung des Minimums/Maximums sind nur zwei Beispiele einer Reduktion. Allgemein kann jedes Paar von Werten auf einen Wert reduziert werden. Das sieht im Prinzip für die Minimum-Funktion wie folgt aus:

Stream (4, 2, 3, 1)	Funktionsanwendung	Resultat (Minimum)
4	–	4
2	min(4, 2)	2
3	min(2, 3)	2
1	min(2, 1)	1

Tabelle 4.11 Minimum-Berechnung beim Stream durch Reduktion

Java greift für Reduktionen auf die funktionalen Schnittstellen `BiFunction<T,U,R>` bzw. `BinaryOperator<T>` zurück (`BinaryOperator<T>` ist durch Vererbung eine `BiFunction<T,T,T>`).

Der `Stream`-Typ deklariert drei `reduce(…)`-Methoden, die mit diesen funktionalen Schnittstellen arbeiten. Wichtig ist, dass diese Reduktionsfunktion assoziativ ist, also $f(a, f(b, c)) = f(f(a, b), c)$ gilt, denn insbesondere bei nebenläufiger Verarbeitung können beliebige Paare gebildet und reduziert werden.

```
interface java.util.stream.Stream<T>
extends BaseStream<T,Stream<T>>
```

- Optional<T> reduce(BinaryOperator<T> accumulator)
  Reduziert alle Paare von Werten schrittweise mit dem accumulator auf einen Wert. Ist der Stream leer, liefert die Methode Optional.empty(). Gibt es nur ein Element, bildet das die Rückgabe.
- T reduce(T identity, BinaryOperator<T> accumulator)
  Reduziert die Werte, wobei das erste Element mit identity über den accumulator reduziert wird. Ist der Strom leer, bildet identity die Rückgabe.
- <U> U reduce(U identity, BiFunction<U,? super T,U> accumulator, BinaryOperator<U> combiner)
  Die beiden anderen Methoden liefern als Ergebnistyp immer den Elementtyp T des Streams. Mit dieser Methode ist der Ergebnistyp nicht T, sondern U, da der accumulator die Typen (U, T) auf U abbildet. Der combiner ist *nur* dann nötig, wenn in der parallelen Verarbeitung zwei Ergebnisse zusammengelegt werden, sonst ist der combiner überflüssig. Da er aber nicht null sein darf, haben wir es mit dem unschönen Fall zu tun, irgendetwas übergeben zu müssen, auch wenn das bei der sequenziellen Verarbeitung unnötig ist.

Beispiel

Was ist das größte Element im Stream von positiven Zahlen?

```
System.out.println( Stream.of( 9, 3, 4, 11 ).reduce( 0, Math::max ) );  // 11
```

Anders als die max(…)-Methode vom Stream liefert reduce(…) direkt ein Integer und kein Optional, weil bei leerem Stream 0 – die Identität – zurückgegeben wird. Das ist problematisch, denn 0 ist nicht das größte Element eines leeren Streams.

Beispiel

Reduziere einen Strom von Dimension-Objekten auf die Summe der Flächen:

```
Dimension[] dims = { new Dimension( 10, 10 ), new Dimension( 100, 100 ) };
BiFunction<Integer, Dimension, Integer> accumulator =
    (area, dim) -> area + dim.height * dim.width;
BinaryOperator<Integer> combiner = Integer::sum;
System.out.println( Arrays.stream( dims ).reduce( 0, accumulator, combiner ) );
// 10100
```

Das Ergebnis einer Reduktion ist immer ein neuer Wert, wobei »Wert« natürlich alles sein kann, eine Zahl, ein String, ein Datum oder eine Datenstruktur, wenn es insbesondere darum geht, als Ergebnis zum Schluss alle Elemente in einer Datenstruktur zu haben.

Ergebnisse in einen Container schreiben, Teil 1: collect(...)

Während die `reduce(...)`-Methoden durch den Akkumulator immer neue Werte in jedem Verarbeitungsschritt produzieren, können die `Stream`-Methoden `collect(...)` etwas anders arbeiten. Vereinfacht gesagt erlauben sie es, Daten eines Streams in einen Container (Datenstruktur oder auch String) zu setzen und diesen Container zurückzugeben.

```
interface java.util.stream.Stream<T>
extends BaseStream<T,Stream<T>>
```

- `<R> R collect(Supplier<R> resultFactory, BiConsumer<R,? super T> accumulator, BiConsumer<R,R> combiner)`
  Der `Supplier` baut den Container auf, und der `BiConsumer` bekommt zwei Argumente, den Container und das Element, und muss dann das Element dem Container hinzufügen. Der `combiner` ist wieder dafür verantwortlich, zwei Container zusammenzulegen, was aber nur bei Parallelverarbeitung nötig ist.

[»]

Beispiel

Vier Zahlen eines Streams sollen im `LinkedHashSet` landen:

```
LinkedHashSet<Integer> set =
    Stream.of( 2, 3, 1, 4 )
          .collect( LinkedHashSet::new, LinkedHashSet::add, LinkedHashSet::addAll );
System.out.println( set );  // [2, 3, 1, 4]
```

Zur allgemeinen Initialisierung eines `LinkedHashSet` ist das natürlich noch etwas zu viel Code, hier geht es einfacher, mit `Collection.addAll(...)` die Elemente hinzuzufügen.

Wie bei `reduce(...)` bekommt die `collect(...)`-Methode jedes Element, doch verbindet es dieses Element nicht zu einem Kombinat, sondern setzt es in Container. Daher sind auch die verwendeten Typen nicht `BinaryOperator`/`BiFunction` (bekommen etwas und liefern etwas zurück), sondern `BiConsumer` (bekommt etwas, liefert aber nicht zurück). Der Zustand sitzt damit im Container und nicht in den Zwischenverarbeitungsschritten.

[»]

Beispiel

Eine eigene Klasse macht diese Zustandshaltung nötig, wenn zum Beispiel bei einem Strom von Ganzzahlen am Ende die Frage steht, wie viele Zahlen positiv, negativ oder null waren. Der Kollektor sieht dann so aus:

```
class NegZeroPosCollector {
  public long neg, zero, pos;

  public void accept( int i ) {
    if ( i > 0 ) pos++; else if ( i < 0 ) neg++; else zero++;
```

```
    }

    public void combine( NegZeroPosCollector other ) {
      neg += other.neg; zero += other.zero; pos += other.pos;
    }
  }
```

Bei der Nutzung muss der Kollektor aufgebaut und müssen Akkumulator und Kombinierer angegeben werden:

```
NegZeroPosCollector col = Stream.of( 1, -2, 4, 0, 4 )
                              .collect( NegZeroPosCollector::new,
                                        NegZeroPosCollector::accept,
                                        NegZeroPosCollector::combine );
System.out.printf( "-:%d, 0:%d, +:%d", col.neg, col.zero, col.pos ); // -:1, 0:1, +:3
```

Ergebnisse in einen Container schreiben, Teil 2: Collector und Collectors

Es gibt zwei Varianten der `collect(…)`-Methode, und die zweite ist:

```
interface java.util.stream.Stream<T>
extends BaseStream<T,Stream<T>>
```

- `<R> R collect(Collector<? super T,R> collector)`

Ein `Collector` fasst Supplier, Akkumulator und Kombinierer zusammen. Die statische `Collector.of(…)`-Methode baut einen `Collector` auf, den wir ebenso an `collect(Collector)` übergeben können – unser Beispiel von eben ist also mit folgendem identisch:

```
.collect( Collector.of( LinkedHashSet::new,
                        LinkedHashSet::add, LinkedHashSet::addAll) );
```

Vorteil vom `Collector` ist also, dass dieser drei Objekte zusammenfasst (genau genommen noch ein viertes, `Collector.Characteristics` kommt noch dazu). Die Schnittstelle deklariert zwei statische `of(…)`-Methoden und weitere Methoden, die jeweils die Funktionen vom `Collector` erfragen, also `accumulator()`, `characteristics()`, `combiner()`, `finisher()` und `supplier()`. Die `Collector.Characteristics` sind eine Aufzählung mit Eigenschaften so eines `Collector`, das sind Aufzählungen wie `CONCURRENT`, `IDENTITY_FINISH` und `UNORDERED`.

Dazu kommt eine Utility-Klasse `Collectors` mit knapp 40 statischen Methoden, die alle `Collector`-Exemplare liefern, etwa `Collectors.toSet()`, `toList()`, `toXXXMap(…)`, aber auch `joining(…)` zum Zusammenhängen von Zeichenketten und Methoden, die keine Sammlung liefern, sondern Werte wie `averagingLong(…)` und Methoden zum einfachen Bilden von Gruppen, was wir uns gleich anschauen werden.

[»]

Beispiel

Füge Ganzzahlen in einem Strom zu einer Zeichenkette zusammen:

```
String s = Stream.of( 192, 0, 0, 1 )
                 .map( Integer::toUnsignedString )
                 .collect( Collectors.joining(".") );
System.out.println( s );  // 192.0.0.1
```

Baue ein `Set<String>` mit zwei Startwerten auf:

```
Set<String> set = Stream.of( "a", "b" ).collect( Collectors.toSet() );
```

Baue eine `Map<Integer, String>` auf, die aus zwei Schlüssel-Wert-Paaren besteht:

```
Map<Integer,String> map =
  Stream.of( "1=one", "2=two" )
        .collect( Collectors.toMap( k -> Integer.parseInt(k.split("=")[0]),
                                    v -> v.split("=")[1] ) );
```

```
final class java.util.stream.Collectors
```

- `static <T> Collector<T,?,List<T>> toList()`
- `static <T> Collector<T,?,Set<T>> toSet()`

Die weiteren Methoden sollten Leser in der Javadoc studieren.

[+]

Hinweis

Ein `Collector` ist das einzig vernünftige Mittel, um die Stream-Elemente in einen Container zu transferieren. Von einem Seiteneffekt aus irgendeiner intermediären oder terminalen Operation sollten Entwickler absehen, da erstens der Vorteil der funktionalen Programmierung dahin ist (Operationen haben dort keine Seiteneffekte) und zweitens würde bei paralleler Verarbeitung bei nichtsynchronisierten Datenstrukturen Chaos ausbrechen. Folgendes ist also *keine* Alternative zum charmanten `Collectors.joining(".")`:

```
StringBuilder result = new StringBuilder();
Stream.of( 192, 0, 0, 1 )
      .map( Integer::toUnsignedString )
      .forEach( s -> result.append( result.length() == 0 ? "" : "." ).append( s ) );
System.out.print( result );
```

Wenn ein Lambda-Ausdruck Schreibzugriffe auf äußere Variablen macht, sollten die Alarmglocken schrillen. Das Gleiche gilt im Übrigen auch für Reduktionen. Zwar kann im Prinzip in einem `forEach(…)` alles zum Beispiel in einen threadsicheren Atomic-Datentyp geschrieben werden, aber wenn es auch funktional geht, dann richtig mit `reduce(…)`.

Ergebnisse in einen Container schreiben, Teil 3: Gruppierungen

Oftmals lassen sich Objekte dadurch in Gruppen einteilen, dass referenzierte Unterobjekte eine Kategorie bestimmen. Da das furchtbar abstrakt klingt, ein paar Beispiele:

- Konten haben einen Kontentyp, und gesucht ist eine Aufstellung aller Konten nach Kontotyp. Mit dem Kontotyp sind also N Konten verbunden, die alle den gleichen Kontotyp haben.
- Menschen haben einen Beruf, und gesucht ist eine Liste aller Menschen nach Berufen.
- Threads können in unterschiedlichen Zuständen (wartend, schlafend, ...) sein; gesucht ist eine Assoziation zwischen Zustand und Threads in diesem Zustand.

Um dies mit der Stream-API zu lösen, lässt sich `collect(...)` mit einem besonderen `Collector` nutzen, den die `groupingByXXX(...)`-Methoden von `Collectors` liefern. Wir wollen uns nur mit der einfachsten Variante beschäftigen.

Beispiel

Gib alle laufenden Threads aus:

```
Map<Thread.State, List<Thread>> map =
  Thread.getAllStackTraces().keySet().stream()
        .collect( Collectors.groupingBy( Thread::getState ) );
System.out.println( map.get( Thread.State.RUNNABLE ) );
```

Zunächst liefert `Thread.getAllStackTraces().keySet()` ein `Set<Threads>` mit allen aktiven Threads. Aus der Menge leiten wir einen Strom ab und nutzen einen Kollektor, der nach Thread-Status gruppiert. Das Ergebnis ist eine Assoziation zwischen `Thread.State` und einer `List<Threads>`.

Wenn es Methoden in der Java-API gibt, die Entwicklern Generics nur so um die Ohren hauen, dann sind es die gruppierenden `Collector`-Exemplare – in der Übersicht:

final class java.util.stream.**Collectors**

- static <T,K> Collector<T,?,Map<K,List<T>>> groupingBy(Function<? super T,? extends K> classifier)
- static <T,K,A,D> Collector<T,?,Map<K,D>> groupingBy(Function<? super T,? extends K> classifier, Collector<? super T,A,D> downstream)
- static <T,K,D,A,M extends Map<K,D>> Collector<T,?,M> groupingBy(Function<? super T,? extends K> classifier, Supplier<M> mapFactory, Collector<? super T,A,D> downstream)
- static <T,K> Collector<T,?,ConcurrentMap<K,List<T>>> groupingByConcurrent(Function<? super T,? extends K> classifier)
- static <T,K,A,D> Collector<T,?,ConcurrentMap<K,D>> groupingByConcurrent(Function<? super T,? extends K> classifier, Collector<? super T,A,D> downstream)

- static <T,K,A,D,M extends ConcurrentMap<K,D>> Collector<T,?,M> groupingByConcurrent(Function<? super T,? extends K> classifier, Supplier<M> mapFactory, Collector<? super T,A,D> downstream)

Die Funktion, die den Schlüssel für den Assoziativspeicher extrahiert, ist in der API der classifier. Er muss immer angegeben werden. Wir haben uns die einfachste Methode – die erste – an einem Beispiel angeschaut; sie liefert immer eine Map von Listen. Die anderen Methoden können auch eine Map mit anderen Datenstrukturen liefern (bzw. statt Listen einfache akkumulierte Werte), dafür ist der downstream gedacht. Auch können die konkreten Map-Implementierungen bestimmt werden (etwa TreeMap), das gibt die mapFactory an – sonst wählt groupingBy(Function) für uns eine Map-Klasse aus.

Beispiel

Sammle die Namen aller Threads nach Status ein:

```
Map<Thread.State, List<String>> map =
  Thread.getAllStackTraces().keySet().stream()
        .collect( Collectors.groupingBy(
             Thread::getState,
             Collectors.mapping( Thread::getName, Collectors.toList() ) ) );
System.out.println( map.get( Thread.State.RUNNABLE ) );
```

Baue einen Assoziativspeicher auf, der den Thread-Status nicht mit den Threads selbst verbindet, sondern einfach nur mit der Anzahl an Threads:

```
Map<Thread.State, Long> map =
  Thread.getAllStackTraces().keySet().stream()
         .collect( Collectors.groupingBy( Thread::getState,
                                          Collectors.counting() ) );
System.out.println( map.get( Thread.State.RUNNABLE ) );    // 3
```

Assoziiere jeden Thread-Status mit einem Durchschnittswert der Prioritäten derjenigen Threads mit demselben Status:

```
Map<Thread.State, Double> map =
  Thread.getAllStackTraces().keySet().stream()
      .collect( Collectors.groupingBy( Thread::getState,
                                       Collectors.averagingInt(Thread::getPriority) )
);
System.out.println( map.get( Thread.State.RUNNABLE ) );  // 6.33..
System.out.println( map.get( Thread.State.WAITING ) );   // 9.0
```

Stream-Elemente in Array oder Iterator übertragen

Kümmern wir uns abschließend um die letzten drei aggregierenden Methoden. Zwei toArray(…)-Methoden von Stream übertragen die Daten des Stroms in ein Array. iterator() auf dem

Stream wiederum liefert einen Iterator mit all den Daten (die Methode stammt aus dem Obertyp BaseStream).

```
interface java.util.stream.Stream<T>
extends BaseStream<T,Stream<T>>
```

- Object[] toArray()
- <A> A[] toArray(IntFunction<A[]> generator)
- Iterator<T> iterator()

Die zwei toArray(…)-Methoden sind nötig, da im ersten Fall unklar ist, was für ein Typ das Feld hat – es kommt standardmäßig nur Object[] heraus. Der IntFunction wird die Größe des Streams übergeben, und Ergebnis ist in der Regel ein Feld dieser Größe. Konstruktor-Referenzen kommen hier sehr schön zum Zuge. Primitive Felder können nie die Rückgabe bilden, hierfür müssen wir spezielle primitive Stream-Klassen nutzen.

[«]

Beispiel

Setze alle Elemente eines Stroms in ein String-Feld:

```
String[] strings = Stream.of( "der", "die", "das" ).toArray( String[]::new );
```

Es bleibt zu bemerken, dass Stream selbst nicht Iterable implementiert, sondern iterator() eine terminierende Operation ist, nachdem der Stream »leergesaugt« ist. Bei Klassen, die Iterable implementieren, muss ein Aufruf von iterator() beliebig oft möglich sein. Bei Streams ist das nicht gegeben, da die Streams selbst nicht für die Daten stehen wie eine Collection, die daher Iterable ist.

Iterator ist ein Datentyp, der häufig in der Rückgabe verwendet wird, seltener als Parametertyp. Mit stream.iteraor() ist es aber möglich, die Daten vom Stream genau an solchen Stellen zu übergeben. Einen Stream in einen Iterator zu konvertieren, um diesen dann mit hasNext()/next() abzulaufen, ist wenig sinnvoll, hierfür bietet sich genauso gut forEarch(…) auf dem Stream an.

Ist auf der anderen Seite ein Iterator gegeben, lässt sich dieser nicht direkt in einen Stream bringen. Iteratoren können wie Streams unendlich sein, und es gibt keinen Weg, die Daten eines Iterators als Quelle zu benutzen. Natürlich ist es möglich, den Iterator abzulaufen und daraus einen neuen Stream aufzubauen, dann muss der Iterator aber endlich sein.

[«]

Beispiel

Die Methode ImageIO.getImageReadersBySuffix(String) liefert einen Iterator von ImageReader-Objekten – sie sollen über einen Strom zugänglich sein:

```
Builder<ImageReader> builder = Stream.builder();
for ( Iterator<ImageReader> iter = ImageIO.getImageReadersBySuffix( "jpg" );
```

```
      iter.hasNext(); )
    builder.add( iter.next() );
  Stream<ImageReader> stream = builder.build();
  System.out.println( stream.count() );    // 1
```

Ist eine alte `Enumeration` gegeben, hilft `Collections.list(enumeration).stream()`, denn `list(…)` liefert eine `ArrayList` mit allen Einträgen; `list(Iterator)` gibt es da hingegen nicht.

4.11.3 Intermediäre Operationen

Alle terminalen Operationen führen zu keinem neuen veränderten Stream, sondern beenden den aktuellen Stream. Anders sieht das bei intermediären Operationen aus, sie verändern den Stream, indem sie etwa Elemente herausnehmen, abbilden auf andere Werte und Typen oder sortieren. Jede der intermediären Methoden liefert ein neues Stream-Objekt – das haben wir in den ersten Schreibweisen durch die Konkatenation etwas verschleiert, aber vollständig sieht es so aus:

Vollständige Schreibweise	Kaskadierte Schreibweise

`Stream<Object> s1 =`
` Stream.of(" ",'3',null,"2",1,"");`
`Stream<Object> s2 =`
` s1.filter( Objects::nonNull );`
`Stream<String> s3 =`
` s2.map( Objects::toString );`
`Stream<String> s4 = s3.map( String::trim );`
`Stream<String> s5 = s4.filter( s ->`
` !s.isEmpty() );`
`Stream<Integer> s6 =`
` s5.map( Integer::parseInt );`
`Stream<Integer> s7 = s6.sorted();`
`s7.forEach( System.out::println );`
	`Stream.of(" ",'3',null,"2",1,"")`
	`      .filter( Objects::nonNull )`
	`      .map( Objects::toString )`
	`      .map( String::trim )`
	`      .filter( s -> ! s.isEmpty() )`
	`      .map( Integer::parseInt )`
	`      .sorted()`
	`      .forEach( System.out::println );`

Tabelle 4.12 Ausführliche und kompakte Schreibweise im Vergleich

[+]

Hinweis

Keine Strommethode darf die Stromquelle modifizieren, da das Ergebnis sonst unbestimmt ist. Veränderungen treten nur entlang der Kette von einem Strom zum nächsten auf. Wir haben das schon im Abschnitt »Ergebnisse in einen Container schreiben, Teil 2: Collector und Collectors« diskutiert.

Element-Vorschau

Eine einfache intermediäre Operation ist `peek(…)`; sie darf sich das aktuelle Element während des Durchlaufs anschauen.

```
interface java.util.stream.Stream<T>
extends BaseStream<T,Stream<T>>
```

- `Stream<T> peek(Consumer<? super T> action)`

[«]

Beispiel

Schaue in den Strom vor und nach einer Sortierung:

```
System.out.println( Stream.of( 9, 4, 3 )
                          .peek( System.out::println ) // 9 4 3
                          .sorted()
                          .peek( System.out::println ) // 3 4 9
                          .collect( Collectors.toList() ) );
```

Filtern von Elementen

Eine der wichtigsten Stream-Methoden ist `filter(…)`: Sie belässt alle Elemente im Stream, die einem Kriterium genügen, und löscht alle anderen, die nicht diesem Kriterium genügen.

```
interface java.util.stream.Stream<T>
extends BaseStream<T,Stream<T>>
```

- `Stream<T> filter(Predicate<? super T> predicate)`

[«]

Beispiel

Gib alle Wörter aus, bei denen zwei beliebige Vokale hintereinander vorkommen:

```
Stream.of( "Moor", "Aha", "Meister" )
      .filter( Pattern.compile( "[aeiou]{2}" ).asPredicate() )
      .forEach( System.out::println );      // Moor Meister
```

Statusbehaftete intermediäre Operationen

Die allermeisten intermediären Operationen können Elemente direkt während des Durchlaufs bewerten und verändern, sodass keine speicherintensive Zwischenspeicherung nötig ist. Einige intermediäre Operationen haben jedoch einen Status, dazu zählen `limit(long)` – begrenzt den Strom auf eine gewisse Anzahl maximaler Elemente –, `skip(long)` – überspringt eine Anzahl Elemente –, `distinct()` – löscht alle doppelten Elemente – und `sorted(…)` – sortiert den Strom.

```
interface java.util.stream.Stream<T>
extends BaseStream<T,Stream<T>>
```

- Stream<T> limit(long maxSize)
- Stream<T> skip(long n)
- Stream<T> distinct()
- Stream<T> sorted()
- Stream<T> sorted(Comparator<? super T> comparator)

[»]

Beispiel

Zerlege eine Zeichenkette in Teilzeichenketten, bilde diese auf das ersten Zeichen ab, und lösche aus dem Stream doppelte Elemente:

```
List<String> list = Pattern.compile( " " ).splitAsStream( "Pu Po Aha La" )
    .map( s -> s.substring(0, 1) )
    .peek( System.out::println ) // P P A L
    .distinct()                  // \/\/\/
    .peek( System.out::println ) //  P A L
    .collect( Collectors.toList() );
System.out.print( list );                         // [P, A, L]
```

peek(…) macht gut deutlich, wie die Elemente vor und nach dem Anwenden von distinct() aussehen.

[+]

Hinweis

Eine Methode wie skip(…) sieht auf den ersten Blick unschuldig aus, kann aber ganz schön auf den Speicherbedarf und die Performance gehen, wenn parallele Ströme mit Ordnung (etwa durch Sortierung) ins Spiel kommen. Bei einem stream.parallel().sorted().skip(10000) müssen trotzdem alle Elemente erst sortiert werden, damit die ersten 10.000 übersprungen werden können. Sequenzielle Ströme bzw. Ströme ohne Ordnung (die liefert die Stream-Methode unordered()) sind ungleich schneller, aber natürlich nicht in jedem Fall möglich.

Abbildungen

Die Abbildung von Elementen im Strom auf neue Elemente ist eines der mächtigsten Werkzeuge der Stream-API. Zu unterscheiden sind drei verschiedene Typen von Abbildungsmethoden:

- Die einfachste Variante ist map(Function). Die Funktion bekommt das Stromelement als Argument und liefert ein Ergebnis, das dann in den Strom kommt. Hierbei kann sich der Typ ändern, wenn die Funktion nicht den gleichen Typ gibt, wie sie nimmt. Die Funktion wird nach und nach auf jedem Element angewendet, die Reihenfolge ergibt sich aus der Ordnung des Stroms.

- Die drei Methoden mapTo[Int|Long|Double]([int|long|double]Function) arbeiten wie map(Function), nur liefern die Funktionen einen primitiven Wert, und das Ergebnis ist ein primitiver Stream – diese Typen schauen wir uns später an.
- flatMapXXX(XXXFunction)-Methoden ersetzen ebenfalls Elemente im Stream, mit dem Unterschied, dass die Funktionen alle selbst Stream-Objekte liefern, deren Elemente dann in den Ergebnisstrom gesetzt werden. Der Begriff »flat« (engl. für »flach«) kommt daher, dass die »inneren« Streams nicht selbst alle als Elemente in den Ursprungs-Stream kommen (sozusagen ein Stream<Stream>), sondern flachgeklopft werden. Anwendungsbeispiel sind in der Regel Szenarien wie »N Spieler assoziieren M Gegenstände, gesucht ist ein Strom aller Gegenstände aller Spieler«. Die Funktion kann null liefern, wenn wird nichts in den Stream gelegt haben.

```
interface java.util.stream.Stream<T>
extends BaseStream<T,Stream<T>>
```

- <R> Stream<R> map(Function<? super T,? extends R> mapper)
- IntStream mapToInt(ToIntFunction<? super T> mapper)
- LongStream mapToLong(ToLongFunction<? super T> mapper)
- DoubleStream mapToDouble(ToDoubleFunction<? super T> mapper)
- <R> Stream<R> flatMap(Function<? super T,? extends Stream<? extends R>> mapper)
- IntStream flatMapToInt(Function<? super T,? extends IntStream> mapper)
- LongStream flatMapToLong(Function<? super T,? extends LongStream> mapper)
- DoubleStream flatMapToDouble(Function<? super T,? extends DoubleStream> mapper)

Beispiel

Die Methode Locale.getAvailableLocales() liefert ein Feld von Locale-Objekten, die ein System unterstützt. Wir interessieren uns für alle Ländercodes:

```
Stream.of( Locale.getAvailableLocales() )
      .map( Locale::getCountry )
      .distinct()
      .forEach( System.out::println );
```

Über ein Locale-Objekt erfragt DateFormatSymbols.getInstance(locale).getWeekdays() die Namen der Wochentage. Wir interessieren uns als Ergebnis für alle Wochentage aller installierten Gebiete:

```
Stream.of( Locale.getAvailableLocales() )
      .flatMap( l -> Stream.of( DateFormatSymbols.getInstance( l ).getWeekdays() ) )
      .filter( s -> ! s.isEmpty() )
      .distinct()
      .forEach( System.out::println );
```

[+]

Tipp

Die an `flatMap(…)` übergebene Funktion muss als Ergebnis einen Stream liefern oder `null`, wenn nichts passieren soll. Es ist nicht verkehrt, immer einen Stream zu liefern und statt `null` der Funktion einen leeren Stream mit `Stream.empty()` zurückgeben zu lassen. Anwendungen für diese leeren Ströme kommen aus folgendem Szenario: In der API gibt es Methoden, die statt Feldern/Sammlungen nur `null` geben. Nehmen wir an, `result` ist so eine Rückgabe, die `null` oder ein Feld sein kann, dann bekommen wir einen `Stream` wie folgt:

```
Stream<…> flatStream = Optional.ofNullable( result )
                               .map( Stream::of ).orElse( Stream.empty() );
```

Die Fallunterscheidung, ob die Sammlung `null` ist, ist hier funktional mit `Optional` gelöst, alternativ `result != null ? result : Stream.empty()`. Das statische `Stream.of(…)`, was wir hier über eine Methodenreferenz nutzen, funktioniert für ein Feld, für einen Stream aus einer Sammlung wäre `result.stream()` nötig.

Fassen wir das in einem Beispiel zusammen. Die Methode `getEnumConstants()` auf ein `Class`-Objekt liefert ein Feld von Konstanten, wenn das `Class`-Objekt eine Aufzählung repräsentiert – andernfalls ist das Feld nicht etwa leer, sondern `null` (so lässt sich unterscheiden, ob das `Class`-Objekt entweder keine Elemente hat oder überhaupt kein Aufzählungstyp ist). Wir wollen von drei `Class`-Objekten alle Konstanten einsammeln und ausgeben:

```
Stream.of( Object.class, Thread.State.class, DayOfWeek.class )
      .flatMap( clazz -> Optional.ofNullable( clazz.getEnumConstants() )
                                 .map( Stream::of ).orElse( Stream.empty() ) )
      .forEach( System.out::println );
```

4.11.4 Streams mit primitiven Werten

Datenstrukturen der Collection-API referenzieren immer nur Objekte. Wenn primitive Werte wie ein `int` oder `boolean` in zum Beispiel einer `ArrayList` oder einem `HashSet` gespeichert werden sollen, so werden die Werte immer nur in einem Wrapper abgelegt, der alle primitiven Werte verpackt. Nun gibt es aber neben Datenstrukturen der Collection-API auch echte Arrays, und es macht einen Unterschied, ob ein Typ `int[]` oder `Integer[]` ist. Aber die Stream-API, so wie wir sie kennengelernt haben, arbeitet zunächst einmal auf Objekten, und das heißt bei Zahlen, auf Wrapper-Objekten. Aber da weiterhin Felder mit primitiven Werten vorkommen und es auch Erzeuger von einfachen Werten gibt (wie Ströme von Zufallszahlen), ist das Umpacken in Wrapper-Objekte nicht die beste Lösung. Daher bietet die Java-API einige besondere Stream-Klassen extra für primitive Datenströme, damit die bekannten Stream-Operationen wie Filtern und Transformieren auch bei Arrays mit Primitiven möglich sind.

Primitive Streams aus Arrays

Die Klasse `java.util.Arrays` deklariert insgesamt folgende statische `stream(…)`-Methoden, die für Felder einen Stream generieren, wobei wir die ersten beiden Methoden schon kennen:

Rückgabe	Arrays-Methode
Stream<T>	stream(T[] array)
	stream(T[] array, int startInclusive, int endExclusive)
IntStream	stream(int[] array)
	stream(int[] array, int startInclusive, int endExclusive)
LongStream	stream(long[] array)
	stream(long[] array, int startInclusive, int endExclusive)
DoubleStream	stream(double[] array)
	stream(double[] array, int startInclusive, int endExclusive)

Tabelle 4.13 Statische stream(...)-Methoden in Arrays

Drei Dinge fallen auf:

- Von jeder Methode gibt es zwei Varianten: eine, die das ganze Feld betrachtet, und eine für einen Ausschnitt.
- Nicht für jeden primitiven Typ gibt es einen eigenen Stream-Typ, sondern nur für int, long und double, aber es fehlen boolean, char, byte und short. Die Konsequenz daraus ist, dass zum Beispiel bei primitiven Feldern vom Typ byte die komfortable Stream-API nicht verwendet werden kann.
- Für die primitiven Typen int, long und double gibt es jeweils drei eigene Stream-Klassen: IntStream, LongStream und DoubleStream. Wie wir gleich sehen werden, duplizieren sie im Wesentlichen die API von Stream, sind aber typisiert auf jeweils den primitiven Datentyp, den sie repräsentieren.

Da es nur IntStream, LongStream und DoubleString gibt, fehlen primitive Streams für boolean, byte, short, char und float. Damit lässt sich leben und ja immer noch Wrapper verwenden.

Tipp: IntStream vom String

Jede CharSequence, also String, StringBuilder usw., deklariert die Default-Methoden chars() und codePoints(), die einen IntStream liefern. Wichtig ist zu bedenken, dass der IntStream Ganzzahlen vom Typ int liefert, gewünscht ist aber in der Regel ein char, was eine Typanpassung nötig macht:

```
"Gentrifizierer".chars().forEach( System.out::print );                 // 71101110...
"Gentrifizierer".chars().forEach( c -> System.out.print( (char) c ) ); // Gen...
```

Fabrikmethoden der XXXStream-Klassen

Die drei Klassen für primitive Streams bieten wie `Stream` direkte Möglichkeiten zum Aufbau. Dazu deklarieren die drei Klassen statische Methoden:

- `of(…)`: Die überlade Methode nimmt Werte direkt an.
- `builder()`: Bezieht ein `Builder`-Objekt, dem Primitive hinzugefügt werden können.
- `generate(supplier)`: Erzeugt einen endlosen Strom aus einem Datengeber.
- `iterate(seed, f)`: Erzeugt einen endlosen Strom aus einem Startwert und einer Funktionsanwendung.

Primitive Streams aus anderen Datenquellen

Während zum Beispiel `lines()` vom `BufferedReader` auf den normalen `Stream`-Typ zurückgreift und einen Strom vom Strings liefert, nutzen anderen Klasse wie `BitSet`, `Random` oder `ThreadLocalRandom` direkt die primitiven Stream-Typen:

Klasse	Rückgabe	Methode
`BitSet`	`IntStream`	`stream()`
`Random`	`IntStream`	`ints()`, `ints(long)`, `ints(int, int)`, `ints(long, int, int)`
	`LongStream`	`longs()`, `longs(long)`, `longs(long, long)`, `longs(long, long, long)`
	`DoubleStream`	`doubles()`, `doubles(long)`, `doubles(long, double, double)`, `doubles(double, double)`
`ThreadLocalRandom`	`IntStream`	`ints()`, `ints(long)`, `ints(int, int)`, `ints(long, int, int)`
	`LongStream`	`longs()`, `longs(long)`, `longs(long, long, long)`, `longs(long, long)`
	`DoubleStream`	`doubles()`, `doubles(long)`, `doubles(long, double, double)`, `doubles(double, double)`

Tabelle 4.14 Klassen außerhalb der Stream-API, die primitive Streams liefern

Elemente vom Stream in primitiven Stream konvertieren

Mit den Methoden `mapToXXX(ToXXXFunction)` und `flatMapToXXX(Function)` lässt sich ein `Stream` in einen primitiven Stream konvertieren. Übergeben wird eine Funktion, die einen Wert extrahiert – das kann eine einfache Typkonvertierung sein oder eine sonstige Berechnung.

Beispiel

Welche Gesamtlänge haben gegebene Strings?

```
System.out.println( Stream.of( "Sharp", "dressed", "man" )    // Stream<String>
                    .mapToInt( String::length )                 // IntStream
                    .sum() );                                   // 15
```

sum() ist eine Spezialmethode vom IntStream und summiert über alle Elemente.

Rückgabetyp	Stream-Methode
IntStream	mapToInt(ToIntFunction<? super T> mapper)
	flatMapToInt(Function<? super T, ? extends IntStream> mapper)
LongStream	mapToLong(ToLongFunction<? super T> mapper)
	flatMapToLong(Function<? super T, ? extends LongStream> mapper)
DoubleStream	mapToDouble(ToDoubleFunction<? super T> mapper)
	flatMapToDouble(Function<? super T, ? extends DoubleStream> mapper)

Tabelle 4.15 Stream-Methoden, die primitive Streams geben

Beispiel

Zeichne auf der Konsole eine Sinus-Kurve:

```
DoubleStream.iterate( 3*Math.PI/2, d -> d + 0.1 )   // DoubleStream
            .limit( 100 )                            // DoubleStream
            .map( Math::sin )                        // DoubleStream
            .map( d -> d * 40 + 40 )                 // DoubleStream
            .mapToInt( d -> (int) d )                // IntStream
            .mapToObj( i -> String.format( "%" + (i + 1) + "s", "*") ) // Stream
            .forEach( System.out::println );
```

Die Konstruktion mit format(…) erzeugt einen Leer-String einer gewissen Länge, um das Sternchen einzurücken. So liefert etwa String.format("%2s", "*") den String " *"; 2 gibt die Gesamtlänge an, also gibt es ein Leerzeichen im Ziel-String.

Konvertieren von primitivem Stream in Objekt-Stream

Produziert ein primitiver Stream Werte, können diese auf zwei Arten in einen regulären Stream gebracht werden. Die erste Möglichkeit ist mit boxed() zu arbeiten, was die primitiven Werte in Wrapper-Objekte bringt. Im nächsten Schritt kann dann etwa map(…) die Wrapper-Objekte in etwas anderes konvertieren.

Beispiel

Erzeuge einen String mit zwei Zufallszahlen, die durch einen Doppelpunkt getrennt sind:

```
String s = new Random().doubles().limit( 2 ).boxed()
                      .map( Objects::toString ).collect( Collectors.joining( ":" ) );
System.out.println(s);    // z.B. 0.749886795314456:0.9826385271336343
```

Geht es um eine Folge von boxed() und map(…), gibt es eine Abkürzung in Form von mapToObj(…)-Methoden:

Primitive Stream-Klasse	Methode
IntStream	<U> Stream<U> mapToObj(IntFunction<? extends U> mapper)
LongStream	<U> Stream<U> mapToObj(LongFunction<? extends U> mapper)
DoubleStream	<U> Stream<U> mapToObj(DoubleFunction<? extends U> mapper)

Tabelle 4.16 Umwandeln eines primitiven Streams in einen regulären Stream

Beispiel

Alternative zum Erzeugen eines Strings mit zwei Zufallszahlen:

```
String s = new Random().doubles().limit( 2 )
                      .mapToObj( Objects::toString )
                      .collect( Collectors.joining( ":" ) );
```

API-Unterschiede von Stream zu [Int|Long|Double]Stream

Die Schnittstelle Stream ist mit einem generischen Typen T deklariert, und dieses T bestimmt den Typ vieler Übergaben und Rückgaben der API, so etwa beim Filtern: Stream<T> filter(Predicate<? super T> predicate) – ein Stream hat den Elementtyp T, und nach dem Filtern kommen Elemente vom Typ T wieder »heraus«.

Bei den Streams für Primitive ist das genauso, doch bei einem IntStream ist die Filteroperation als IntStream filter(IntPredicate predicate) deklariert, damit der primitive Stream auch nach der Verarbeitung ein primitiver Stream bleibt.

Für Prädikate, Konsumenten, Funktionen, Operatoren, optionale Rückgaben, Spliteratoren, Stream-Builder gibt es ebenfalls individuelle Typen (wie IntPredicate/LongPredicate/DoublePredicate) statt der generischen Typen Predicate, Consumer, Optional usw.

Methoden von Stream	Methoden von DoubleStream
boolean allMatch(**Predicate**<? super T> predicate)	boolean allMatch(**DoublePredicate** predicate)
boolean anyMatch(**Predicate**<? super T> predicate)	boolean anyMatch(**DoublePredicate** predicate)
	OptionalDouble average()
	Stream<Double> boxed()
static <T> **StreamBuilder**<T> builder()	static **DoubleStream.Builder** builder()
void close()	void close()
<R> R collect(Collector<? super T,R> collector)	
<R> R collect(Supplier<R> resultFactory, **BiConsumer**<R,? super T> accumulator, BiConsumer<R,R> combiner)	<R> R collect(Supplier<R> resultFactory, **ObjDoubleConsumer**<R> accumulator, BiConsumer<R,R> combiner)
static <T> **Stream**<T> concat(**Stream**<? extends T> a, **Stream**<? extends T> b)	static **DoubleStream** concat(**DoubleStream** a, DoubleStream b)
long count()	long count()
Stream<T> distinct()	**DoubleStream** distinct()
static <T> **Stream**<T> empty()	static **DoubleStream** empty()
Stream<T> filter(**Predicate**<? super T> predicate)	**DoubleStream** filter(**DoublePredicate** predicate)
Optional<T> findAny()	**OptionalDouble** findAny()
Optional<T> findFirst()	**OptionalDouble** findFirst()
<R> **Stream**<R> flatMap(**Function**<? super T,? extends Stream<? extends R>> mapper)	**DoubleStream** flatMap(**DoubleFunction**<? extends DoubleStream> mapper)
DoubleStream flatMapToDouble(Function<? super T,? extends DoubleStream> mapper)	
IntStream flatMapToInt(Function<? super T,? extends IntStream> mapper)	
LongStream flatMapToLong(Function<? super T,? extends LongStream> mapper)	

Tabelle 4.17 Vergleich von Stream und DoubleStream inklusive geerbter Methoden von BaseStream

Methoden von Stream	Methoden von DoubleStream
void forEach(**Consumer**<? super T> action)	void forEach(**DoubleConsumer** action)
void forEachOrdered(**Consumer**<? super T> action)	void forEachOrdered(**DoubleConsumer** action)
static <T> **Stream**<T> generate(Supplier<T> s)	static **DoubleStream** generate(DoubleSupplier s)
static <T> **Stream**<T> iterate(T seed, **UnaryOperator**<T> f)	static **DoubleStream** iterate(double seed, **DoubleUnaryOperator** f)
Iterator<T> iterator()	**PrimitiveIterator.OfDouble** iterator()
Stream<T> limit(long maxSize)	**DoubleStream** limit(long maxSize)
<R> **Stream**<R> map(**Function**<? super T, ? extends R> mapper)	
DoubleStream mapToDouble(**ToDoubleFunction**<? super T> mapper)	**DoubleStream** map(**DoubleUnaryOperator** mapper)
IntStream mapToInt(**ToIntFunction**<? super T> mapper)	IntStream mapToInt(**DoubleToIntFunction** mapper)
LongStream mapToLong(**ToLongFunction**<? super T> mapper)	LongStream mapToLong(**DoubleToLongFunction** mapper)
	<U> Stream<U> mapToObj(DoubleFunction<? extends U> mapper)
Optional<T> max(Comparator<? super T> comparator)	**OptionalDouble** max()
Optional<T> min(Comparator<? super T> comparator)	**OptionalDouble** min()
boolean noneMatch(**Predicate**<? super T> predicate)	boolean noneMatch(**DoublePredicate** predicate)
Stream<T> onClose(Runnable closeHandler)	**DoubleStream** onClose(Runnable closeHandler)
static <T> **Stream**<T> of(**T...** values)	static **DoubleStream** of(**double...** values)
static <T> **Stream**<T> of(**T** t)	static **DoubleStream** of(**double** t)
S parallel()	**DoubleStream** parallel()

Tabelle 4.17 Vergleich von Stream und DoubleStream inklusive geerbter Methoden von BaseStream

Methoden von Stream	Methoden von DoubleStream
Stream<T> peek(**Consumer**<? super T> consumer)	**DoubleStream** peek(**DoubleConsumer** consumer)
Optional<T> reduce(**BinaryOperator**<T> accumulator)	**OptionalDouble** reduce(**DoubleBinaryOperator** op)
T reduce(**T** identity, **BinaryOperator**<T> accumulator)	**double** reduce(**double** identity, **DoubleBinaryOperator** op)
<U> U reduce(U identity, BiFunction<U,? super T,U> accumulator, BinaryOperator<U> combiner)	
S sequential()	**DoubleStream** sequential()
Stream skip(long n)	**DoubleStream** skip(long n)
Stream<T> sorted()	**DoubleStream** sorted()
Stream<T> sorted(Comparator<? super T> comparator)	
Spliterator<T> spliterator()	**Spliterator.OfDouble** spliterator()
	double sum()
	DoubleSummaryStatistics summaryStatistics()
Object[] toArray()	**double**[] toArray()
<A> A[] toArray(IntFunction<A[]> generator)	
S unordered()	**DoubleStream** unordered()

Tabelle 4.17 Vergleich von Stream und DoubleStream inklusive geerbter Methoden von BaseStream

Neben den bekannten Methoden haben die primitiven Stream-Typen einige neue Spezialmethoden, unter ihnen:

- average() und sum(), die den arithmetischen Mittelwert und die Summe bilden, sowie die Methode summaryStatistics(), die Anzahl, Minimum, Maximum und Durchschnitt auf einmal ermittelt und in einem Objekt zugänglich macht
- boxed(), das einen Stream von Wrapper-Objekten generiert
- range(…)/rangeClosed(…), die einen Stream für Von-bis-Bereiche generieren – die Methoden haben nur IntStream und LongStream, nicht aber DoubleStream

- IntStream hat asLongStream() sowie asDoubleStream() und LongStream ein asDoubleStream(). In DoubleStream gibt es keine asXXXStream()-Methoden.

[»]

Beispiel

Die Implementierung von count() ist:

Listing 4.38 java.util.stream.DoublePipeline.java, Ausschnitt

```
abstract class DoublePipeline<E_IN>
        extends AbstractPipeline<E_IN, Double, DoubleStream>
        implements DoubleStream {
  …
  public final long count() {
    return mapToObj( e -> null ).mapToInt( e -> 1 ).sum();
  }
  …
}
```

Bereiche

Mit der Stream-API lassen sich externe Iterationen durch interne ersetzen und auf diese Weise auch Dinge parallelisieren. Auch für klassische Zählschleifen, die von einem Anfangswert bis zu einem Endwert zählen, bieten IntStream und LongStream eine Lösung über range(…)/rangeClosed(…)-Methoden, denn sie liefern einen Stream vom Primitiven:

Schnittstelle	Statische Methode
IntStream	range(int startInclusive, int endExclusive) rangeClosed(int startInclusive, int endInclusive)
LongStream	range(long startInclusive, long endExclusive) rangeClosed(long startInclusive, long endInclusive)

Tabelle 4.18 Statische rangeXXX(…)-Methoden in den zwei primitiven Stream-Schnittstellen

[»]

Beispiel

Laufe alle Kommandozeilenargumente ab, und gib sie mit Position aus:

```
IntStream.range( 0, args.length ).forEach(
  i -> System.out.printf( "Argument an Postion %d ist %s%n", i, args[ i ] )
);
```

Würden wir mit dem normalen Stream über das Feld laufen, hätten wir keinen Index zur Verfügung.

[+]

Hinweis

Die Schrittweite ist immer 1, und DoubleStream deklariert überhaupt kein range(…)/rangeClosed(…). Das ist an sich kein Problem, denn für die beiden Hilfsmethoden gibt es Alternativen über einen Generator und ein Limit. Beispiel: Zähle von 1.0 bis inklusive 10.0 in 0.5er Schritten:

```
DoubleStream.iterate( 1, v -> v + .5 ).limit( 19 ).forEach( System.out::println );
```

Natürlich ist das nicht besonders lesbar, da aus 19 nicht direkt der Endwert abzulesen ist.

Abbildungen

Mit einem IntStream kann mehr gemacht werden, als einfach nur ein Feld abzulaufen. Insbesondere map(…) und flatMap(…) geben kreative (nicht unbedingt lesbare und bevorzugte) Lösungen, einen Index auf ein Objekt zu übertragen.

[«]

Beispiel

Wir laufen ein Feld in Zweierschritten ab, erfragen mit dem Index das Feldelement, übertragen dieses auf ein Pair (Klasse aus JavaFX) und setzen diese am Schluss in ein Properties-Objekt:

```
String[] keyVal = { "name", "chris", "age", "40" };
Properties props =
  IntStream.iterate( 0, i -> i + 2 ).limit( keyVal.length / 2 )
           .mapToObj( i -> new Pair<String, String>(keyVal[i], keyVal[i+1]) )
           .collect( Properties::new,
                     (map, pair) -> map.setProperty( pair.getKey(), pair.getValue() ),
                     (a, b) -> {} /* Ignore in sequential stream */ );
System.out.println( props );  // {age=40, name=chris}
```

XXXSummaryStatistics

Jede der drei primitiven Stream-Schnittstellen deklariert eine Methode summaryStatistics(), die ein Objekt liefert, das fünf Arten von Zusammenfassungen kapselt: die Summe, das Minimum, das Maximum, den Durchschnitt und die Anzahl an Elementen eines Stroms von Primitiven.

Schnittstelle	summaryStatistics()-Methode und Rückgabe
IntStream	IntSummaryStatistics summaryStatistics()
LongStream	LongSummaryStatistics summaryStatistics()
DoubleStream	DoubleSummaryStatistics summaryStatistics()

Tabelle 4.19 summaryStatistics()-Methoden der drei Stream-Schnittstellen

Beispiel

Bestimme von 10.000 Zufallszahlen einige Statistiken:

```
DoubleSummaryStatistics summaryStatistics =
  ThreadLocalRandom.current().doubles().limit( 10000 ).summaryStatistics();
System.out.println( summaryStatistics );
```

Die Ausgabe sieht aus wie diese:

```
DoubleSummaryStatistics{count=10000, sum=5013,689626, min=0,000397, average=
0,501369, max=0,999774}
```

Alle drei Statistikklassen realisieren eine praktische `toString()`-Methode und liefern bis auf die fünf Zustände keine weiteren Informationen:

IntSummaryStatistics	LongSummaryStatistics	DoubleSummaryStatistics
long getCount()		
int getMax()	long getMax()	double getMax()
int getMin()	long getMin()	double getMin()
long getSum()		double getSum()
double getAverage()		

Tabelle 4.20 Statistikmethoden der drei XXXSummaryStatistics-Klassen

Die Klassen berücksichtigen also die Wertebereiche, wobei anzumerken ist, dass die Summation ohne Überlaufkontrolle realisiert wird.

Die Objekte sind nicht nur einfache Behälter, sondern auch Konsumenten, was sich in folgender Typbeziehung widerspiegelt:

- `class DoubleSummaryStatistics implements DoubleConsumer`
- `class IntSummaryStatistics implements IntConsumer`
- `class LongSummaryStatistics implements LongConsumer, IntConsumer`

`LongSummaryStatistics` nimmt eine Doppelrolle ein, indem es `LongConsumer` und `IntConsumer` gleichzeitig implementiert. Als `XXXSummaryStatistics`-Klassen haben sie also eine `accept(XXX)`-Methode sowie eine Methode `combine(XXXSummaryStatistics)`, die nützlich ist, wenn ein `XXXSummaryStatistics` in `collect(…)` eingesetzt wird, etwa so: `IntSummaryStatistics stats = intStream.collect(IntSummaryStatistics::new, IntSummaryStatistics::accept, IntSummaryStatistics::combine)`. Praktisch sind auch spezielle `Collectors`-Methoden `summarizingXXX(…)`, die uns über eine Funktion (hier ist sehr gut eine Methodenreferenz eingesetzt) ein `XXXSummaryStatistics` liefern.

Beispiel

Beziehe einen Stream aller aktiven Threads, und erfrage Statistikinformationen über die Prioritäten der Threads:

```
IntSummaryStatistics priorities = Thread.getAllStackTraces().keySet().stream()
    .collect( Collectors.summarizingInt( Thread::getPriority ) );
System.out.println( priorities ); // IntSummaryStatistics{count=5, sum=37, min=5,
    average=7,400000, max=10}
```

4.11.5 Stream-Beziehungen, AutoCloseable

Stream ist eine Schnittstelle, die mit einer Typvariablen deklariert ist, denn jeder Stream ist typisiert. Mit Stream nimmt die Typbeziehung jedoch nicht den Anfang, denn Stream erweitert eine andere Schnittstelle BaseStream:

- interface BaseStream<T,S extends BaseStream<T,S>> extends AutoCloseable

Die Typvariable T steht für den Typ der Elemente und S für den Stream-Typ, der BaseStream implementiert. Stream ist eine der Erweiterungen von BaseStream, aber mit den primitiven Stream gibt es insgesamt vier:

- interface Stream<T> extends BaseStream<T,Stream<T>>
- interface IntStream extends BaseStream<Integer,IntStream>
- interface LongStream extends BaseStream<Long,LongStream>
- interface DoubleStream extends BaseStream<Double,DoubleStream>

Als Entwickler kommen wir mit dem Typ BaseStream nicht direkt in Kontakt, und eigene Implementierungen sind unwahrscheinlich. In BaseStream sind jedoch einige Methoden deklariert, auf die wir in diesem Kapitel schon hingewiesen haben:

```
interface java.util.stream.BaseStream<T,S extends BaseStream<T,S>>
extends AutoCloseable
```

- Iterator<T> iterator()
- Spliterator<T> spliterator()
- boolean isParallel()
- S sequential()
- S parallel()
- S unordered()
- S onClose(Runnable closeHandler)
- void close()

Schließen von Streams

Da BaseStream die Schnittstelle AutoCloseable implementiert, hat jeder Stream ein close() und kann in einem try mit Ressourcen eingesetzt werden. Üblicherweise ist das nicht nötig, da ein Stream oftmals durch Datenstrukturen wie Arrays iteriert, doch gibt es im Bereich der Ein-/Ausgabe auch Stream-Lieferanten, bei denen das Schließen eine Rolle spielt, nämlich genau dann, wenn der Stream eine Ressource öffnet, die dann wieder geschlossen werden muss. War die Ressource schon geöffnet, und holt der Stream nur Daten ab, ist das etwas anderes. In Java 8 existiert in BufferedReader die praktische Methode Stream<String> lines(), hier muss der Stream nicht geschlossen werden, da lines() ja den BufferedReader (die eigentliche Ressource) nicht aufmacht, und folglich ist ein close()/try mit Ressourcen auf lines() nicht nötig.

Anders sieht es bei der Files-Methode Stream<String> lines(Path path) aus. Die Methode öffnet die Datei zum Auslesen, und dann muss die offene Datei nach dem Ablaufen der Zeilen wieder von uns geschlossen werden – das kann lines(…) nicht selbst machen. Dass die Methode statisch ist, gibt schon einen ersten Hinweis darauf, dass der offene Zustand hier nicht in der Klasse Files selbst liegt, sondern bei uns bzw. in der lines(…), und es ist unsere Aufgabe close() bzw. try mit Ressourcen zu verwenden.

Hinweis

Das Schließen eines Streams wird durchgeleitet zu einem Schließen der darunterliegenden Ressource. Dafür ruft der Entwickler direkt close() auf dem Stream auf oder nutzt try mit Ressourcen. Doch auch implizit schließt die Stream-Implementierung Ressourcen, und zwar dann, wenn mit flatMap(Function<…> mapper) die Elemente eines anderen Streams in den Ergebnis-Stream zusammengelegt werden. In diesem Fall wird der Stream, der die mapper-Funktion liefert, von flatMap(…) selbst geschlossen. Das ist sinnvoll, denn der Entwickler bekommt den Stream der mapper-Funktion ja gar nicht zu Gesicht.

Interessant ist nun die Frage, wie lines() das close() auf dem Stream zum Schließen der Ressource verwendet. Hier kommt die onClose(Runnable closeHandler)-Methode jedes Stream ins Spiel. An den Stream wird ein Callback-Handler gesetzt, der immer dann aufgerufen wird, wenn auf dem Stream close() aufgerufen wird. Der closeHandler wird in lines() dann die Ressource schließen. Vereinfacht (ohne die umfangreiche Ausnahmebehandlung!) sieht das so aus:

```
public static Stream<String> lines(Path path, Charset cs) throws IOException {
  BufferedReader br = Files.newBufferedReader(path, cs);
  return br.lines()                          // Liefert Stream<Stream>
           .onClose( () -> br.close() ); // Liefert Stream<Stream> mit Close-Handler
}
```

Bisher gibt es in der Java-API nicht viele Implementierungen von onClose(). Was Ressourcen angeht, ist Files der einzige Nutzer, und neben lines(…) sind es noch die Methoden walk(…) und list(…).

[+]

Hinweis

Von außen ist einem Stream nicht anzusehen, ob er Ressourcen hält, die geschlossen werden müssen. Entwickler sollten daher immer die API-Dokumentation konsultieren, was für einen Stream sie in der Hand halten. In der Entwicklung der Stream-API haben die Oracle-Entwickler immer wieder herumexperimentiert, und zwischendurch waren spezielle schließende Streams (Untertyp von `Stream`, `CloseableStream`), eine Schnittstelle `MayHoldCloseableResource` und eine Annotation `HoldsResource` im Gespräch, doch das ist alles Vergangenheit.

4.11.6 Stream-Builder

Streams werden in der Regel aus Arrays oder Datenstrukturen bezogen. Für eine beliebige Anzahl von Elementen bietet sich auch ein Stream-Builder an, damit nicht zuerst Elemente in einen Container gesetzt und von diesem Container dann ein Stream besorgt werden muss.

[+]

Hinweis

Sammle alle Eingaben von einem Dialog ein, sortiere sie, und gib sie dann aus:

```
StreamBuilder<String> streamBuilder = Stream.builder();
for ( String input; (input = JOptionPane.showInputDialog( "Eingabe" )) != null; )
  streamBuilder.add( input );
streamBuilder.build().sorted().forEach( System.out::println );
```

Es gibt insgesamt vier Typen zum Aufbauen von Strömen, alle realisiert als innere statische Schnittstellen:

- `java.util.stream.Stream.Builder`
- `java.util.stream.IntStream.Builder`
- `java.util.stream.LongStream.Builder`
- `java.util.stream.DoubleStream.Builder`

Die API der Schnittstellen ist – abgesehen von der Tatsache, dass `Stream` generisch ist und die primitiven Stream-Klassen nicht – ähnlich:

Stream.Builder<T> extends Consumer<T>	IntStream.Builder extends IntConsumer	LongStream.Builder extends LongConsumer	DoubleStream.Builder extends DoubleConsumer
`void accept(T t)`	`void accept(int t)`	`void accept(long t)`	`void accept(double t)`
`default Stream.Builder<T> add(T t)`	`default IntStream.Builder add(int t)`	`default LongStream.Builder add(long t)`	`default DoubleStream.Builder add(double t)`
`Stream<T> build()`	`IntStream build()`	`LongStream build()`	`DoubleStream build()`

Tabelle 4.21 Stream-Builder im Vergleich

Die add(…)-Methoden basieren auf accept(…) und geben die this-Referenz zurück, was das Kaskadieren der Aufrufe ermöglicht.

4.11.7 Spliterator

Neben dem Iterator zum Ablaufen von Datensammlungen deklariert Java 8 einen neuen Typ Spliterator. Der hat zwei Aufgaben, und zwar zum Ablaufen und Partitionieren, also zum Zerlegen, von Sammlungen. Das ist zentral bei paralleler Verarbeitung, denn kann eine Sammlung zum Beispiel von zwei Threads abgelaufen werden, so entscheidet der Spliterator, wo genau eine Sammlung in zwei (oder mehr) Teile zerlegt wird und wo welches Element verarbeitet wird.

Ein Spliterator hat eine Reihe von Eigenschaften, die Charakteristiken genannt werden. Für diese gibt es static int-Konstanten (dieses Mal keine Aufzählungen) in Spliterator wie CONCURRENT, DISTINCT, IMMUTABLE, NONNULL, ORDERED, SIZED, SORTED, SUBSIZED.

[»]

Beispiel

```
Spliterator<?> split = Stream.of( 1, 2 ).parallel().sorted().spliterator();
System.out.println( split.characteristics() );                          // 16468
System.out.println( split.hasCharacteristics( Spliterator.CONCURRENT ) ); // false
System.out.println( split.hasCharacteristics( Spliterator.ORDERED ) );    // true
System.out.println( split.hasCharacteristics( Spliterator.SIZED | Spliterator.SORTED )
 ); // true
```

Auch für primitive Typen deklariert die Java-Bibliothek neue Typen – sie sind innere Schnittstellen von Spliterator. Zusammenfassend: Spliterator<T>, Spliterator.OfDouble, Spliterator.OfInt, Spliterator.OfLong, Spliterator.OfPrimitive<T,T_CONS,T_SPLITR extends Spliterator.OfPrimitive<T,T_CONS,T_SPLITR>>.

Da ein Spliterator unabhängig von der Stream-API ist, sitzt er direkt in java.util und nicht in java.util.stream. Aber wirklich interessant ist er nur im Zusammenhang mit der Stream-API. Und viele Klassen aus der Java-API haben eine neue Methode spliterator() bekommen, denn das gibt jede java.util.Collection seit Java 8 vor. Zudem deklariert auch java.util.Arrays einige neue spliterator(…)-Methoden.

Zu Spliterator gibt es ebenso eine neue Utility-Klasse java.util.Spliterators mit fast 30 statischen Methoden, wobei die meisten einen Spliterator.OfXXX liefern und sinnvoll sind für eigene Implementierungen, die einen Spliterator liefern müssen; zudem sind hier Konvertierungsmethoden vom Spliterator zum Iterator zu finden. Auch befinden sich ein paar abstrakte innere Klassen für eigene Spliteratoren in Spliterators.

4.11.8 Klasse StreamSupport

Als letzte verbleibende Klasse der Stream-API bleibt StreamSupport. Sie ist eher nicht für Endanwender gedacht, sondern für Bibliotheksentwickler und besteht ausschließlich aus statischen

Utility-Methoden zum Aufbauen von Streams, wie zum Beispiel `stream(Spliterator<T> spliterator, boolean parallel)` und `doubleStream(Supplier<? extends Spliterator.OfDouble> supplier, int characteristics, boolean parallel)`. Normale Programmierer können die Klasse ignorieren.

4.12 Spezielle threadsichere Datenstrukturen

In Zeiten der Kernexplosion – jedes moderne Handy hat heute schon mindestens zwei CPU-Kerne – ändert sich auch die Programmierung grundlegend. Datenstrukturen, auf die Programme nebenläufig zugreifen, müssen auf diese Situation vorbereitet sein, denn andernfalls gehen Daten verloren, tauchen doppelt auf, oder die Datenstruktur ist komplett unbrauchbar.

4.12.1 Zu Beginn nur synchronisierte Datenstrukturen in Java 1.0

Als Java geboren wurde, gab es im Grunde nur zwei Datenstrukturen: `Vector` und `Hashtable`. Es gab keine Mengen oder Queues, wer die benötigte, musste die Funktionalität mit `Vector` und `Hashtable` realisieren oder neu programmieren. Das `java.util`-Paket enthält mit `Stack` und `Properties` noch zwei weitere Datenstrukturen, doch `Stack` ist eine simple Unterklasse von `Vector` und `Properties` eine einfache Unterklasse von `Hashtable`, sodass sich die Implementierungsdetails von `Vector`/`Hashtable` auf die Unterklassen übertragen.

Eine wichtige Eigenschaft der Klassen `Vector` und `Hashtable` ist, dass sie synchronisiert sind. Das bedeutet, dass ein Thread, der eine Methode aufruft, damit allen anderen Threads so lange den Zutritt verwehrt, bis die Operation angeschlossen ist. Erst dann öffnet sich das Tor wieder für andere Methoden.

Eine Dauersynchronisation klingt zwar nett, hat aber zwei Nachteile: Zum einen kostete insbesondere zu Anfangszeiten der virtuellen Maschinen die Steuerung der Zugriffe Geschwindigkeit, und zum anderen muss bedacht werden, dass einige Operationen ja grundsätzlich schon parallel ohne Synchronisation abgearbeitet werden können, insbesondere alle Leseoperationen.

4.12.2 Nicht synchronisierte Datenstrukturen in der Standard-Collection-API

Bei den aktuellen Klassen wie `ArrayList`, `TreeSet` oder `HashMap` sind die Methoden nicht mehr automatisch `synchronized`. Nutzen Programme diese Datenstrukturen nicht nebenläufig, gibt es folglich auch keinen Geschwindigkeitsverlust. Allerdings müssen Entwickler sich nun selbst um eine korrekte Sperrung kümmern.

Sollen Listen, Mengen oder Assoziativspeicher vor nebenläufigen Änderungen sicher sein, gibt es zwei Möglichkeiten: einmal über spezielle so genannte *Wait-free-* bzw. *Lock-free-Algorithmen*, die tatsächlich parallele Zugriffe – wenn möglich – ohne Lock erlauben, und einmal über synchronisierende Wrapper.

Wait-free-Algorithmen

Wenn zum Beispiel bei einer verketteten Liste ein Thread vorn etwas anhängt und der andere hinten etwas entfernt, ist das tatsächlich nebenläufig möglich, und es muss nicht die ganze Datenstruktur gelockt werden. Auch bei anderen Datenstrukturen kann direkt ohne Lock eine Operation durchgeführt werden, und es muss nur im Spezialfall eine besondere Absicherung vorgenommen werden.

Hierfür gibt es neue Klassen, die nicht im Paket `java.util` liegen, sondern in einem Unterpaket, `java.util.concurrent`. So lässt sich leicht merken: Bis auf `Vector` und `Hashtable` sind alle Datenstrukturen in `java.util` nicht threadsicher, alle in `java.util.concurrent` schon.

4.12.3 Nebenläufiger Assoziativspeicher und die Schnittstelle ConcurrentMap

Die Schnittstelle `java.util.concurrent.ConcurrentMap` erweitert die Schnittstelle `java.util.Map`, führt aber keine Methoden hinzu, sondern dokumentiert nur das Verhalten von elf Operationen, dass diese threadsicher und atomar sind. Die Implementierungen der Schnittstelle sind:

- `ConcurrentHashMap`: Ein schneller threadsicherer Assoziativspeicher nach dem Hashing-Verfahren. Seit Java 8 gibt es über 30 neue Methoden, die insbesondere die funktionale Programmierung unterstützen. Auch neu in Java 8 ist die Rückgabe von `keySet()`, die nun nicht mehr `Set<K>` ist, sondern `ConcurrentHashMap.KeySetView<K,V>`, eine besondere `Set`-Implementierung; hier nutzt Java 8 also kovariante Rückgabetypen.
- `ConcurrentSkipListMap`: Ein threadsicherer Assoziativspeicher, der automatisch sortiert ist, also vergleichbar mit `TreeMap`. Die Klasse implementiert `ConcurrentNavigableMap` (die wiederum `NavigableMap` erweitert), eine Schnittstelle, die Methoden zur Teilmengenbildung vorgibt.

Beide sind sehr schnelle Datenstrukturen für gleichzeitig operierende Threads, die dann auch keine `ConcurrentModificationException` auslösen, wenn es parallele Veränderungen über einen Iterator gibt.

4.12.4 ConcurrentLinkedQueue

Obwohl es keine Schnittstellen `ConcurrentSet` und `ConcurrentList` gibt, existiert zumindest eine Klasse `ConcurrentLinkedQueue`, die eine threadsichere und wartefreie Liste (genauer Queue) ist. Wie der Name schon andeutet, beruht die Realisierung auf verketteten Listen und nicht auf Arrays. Ein eigenes `ConcurrentSet` könnte auf der Basis von `ConcurrentHashMap` implementiert werden, so wie auch `HashSet` intern mit einer `HashMap` realisiert ist. Die Klasse `ConcurrentSkipListSet` ist eine performante nebenläufige Implementierung der Schnittstelle `NavigableSet`.

4.12.5 CopyOnWriteArrayList und CopyOnWriteArraySet

Ist die Anzahl der Leseoperationen hoch, kann es sich lohnen, bei jedem Schreibzugriff erst die Daten zu kopieren und dann das Element hinzuzufügen, damit im Hintergrund andere Threads ohne einen Lock, der für das Schreiben nötig ist, Daten lesen können. Zwei dieser Datenstrukturen bietet Java an: `CopyOnWriteArrayList` für Listen und `CopyOnWriteArraySet` für Mengen. Die Klassen sind genau dann optimal, wenn wenig verändert – das ist teuer – und fast ausschließlich gelesen wird. Auch führen die Klassen zu keiner `ConcurrentModificationException` beim Ändern und gleichzeitigen Ablauf über Iteratoren. Denn falls die `CopyOnWriteXXX`-Datenstruktur verändert wird, arbeiten die »alten« Interessenten ja mit der herkömmlichen Version. Wenn zum Beispiel ein Iterator durch die Daten läuft und es dann eine Änderung gibt, so führt die Änderung zu einer Kopie der Daten und zur anschließenden Veränderung. Kommt eine Anfrage an die Datenstruktur nach der Veränderung, so bekommt der Anfrager Daten aus der neuen veränderten Datenstruktur. Kommt eine Anfrage während der Veränderung, also zu dem Zeitpunkt, an dem die Veränderung noch nicht abgeschlossen ist, so ist weiterhin die alte Version die einzig korrekte, und Daten kommen aus dieser `CopyOnWriteXXX`-Datenstruktur.

4.12.6 Wrapper zur Synchronisation

Können zur Absicherung nebenläufiger Operationen die oben aufgeführten Datenstrukturen aus `java.util.concurrent` nicht verwendet werden, etwa bei Java 1.4 oder bei eigenen, nicht nebenläufig implementierten Versionen von `Set`, `Map`, `List` und `Queue`, lassen sich Zugriffe auf die Datenstrukturen extern synchronisieren. Dazu fordern statische Methoden wie `synchronizedXXX(...)` einen Wrapper an, der sich um die existierende Datenstruktur legt. Die Wrapper arbeiten mit einem Lock, und Parallelität in den Datenstrukturen ist nicht gegeben.

Beispiel

Eine synchronisierte Liste:

```
List<Byte> syncList = Collections.synchronizedList( new ArrayList<>() );
```

Der generische Typ der Datenstruktur geht auch weiter an den Wrapper.

[«]

Die statischen `synchronizedXXX(...)`-Methoden liefern eine neue Sammlung, die sich wie eine Hülle um die existierende Datenstruktur legt und alle Methodenaufrufe synchronisiert. Paralleler Zugriff darf natürlich dann nur noch über den Wrapper laufen, wobei nichtparalleler Zugriff weiterhin über die Original-Datenstruktur möglich ist.

```
class java.util.Collections
```

- `static <T> Collection<T> synchronizedCollection(Collection<T> c)`
- `static <T> List<T> synchronizedList(List<T> list)`
- `static <K,V> Map<K,V> synchronizedMap(Map<K,V> m)`
- `static <T> Set<T> synchronizedSet(Set<T> s)`
- `static <K,V> SortedMap<K,V> synchronizedSortedMap(SortedMap<K,V> m)`
- `static <T> SortedSet<T> synchronizedSortedSet(SortedSet<T> s)`

- static <T> NavigableSet<T> synchronizedNavigableSet(NavigableSet<T> s)
  Neu in Java 8.
- static <K,V> NavigableMap<K,V> synchronizedNavigableMap(NavigableMap<K,V> m)
  Neu in Java 8. Liefert synchronisierte, also threadsichere Datenstrukturen.

[+]

Hinweis zu Iteratoren von synchronisierten Wrappern

Mit dem Wrapper ist der nebenläufige Zugriff über die Methoden gesichert, aber nicht der Zugriff über den Iterator. Ist syncList eine synchronisierte Datenstruktur, die ein Iterator ablaufen möchte und soll während des Ablaufens jeder andere Zugriff gesperrt sein, so ist Folgendes zu schreiben:

```
List<Byte> syncList = Collections.synchronizedList( new ArrayList<>() );
synchronized ( syncList ) {
  Iterator<Byte> iter = syncList.iterator();
}
```

Die Synchronisation ist immer auf dem Wrapper und nicht auf dem »Gewrappten«.

4.12.7 Blockierende Warteschlangen

Die Schnittstelle BlockingQueue steht für besondere Queues, die blockieren können. Das kann aus zwei Gründen geschehen: Entweder sind keine Daten zu entnehmen, da die Queue leer ist, oder eine maximale Anzahl von zu haltenden Elementen ist erreicht. Besonders in Produzenten-/Konsumenten-Szenarien sind blockierende Warteschlangen sehr nützlich.

Eine performante threadsichere Implementierung ist in der Praxis sehr wichtig, und die Java SE-Bibliothek hat zwei besondere Realisierungen auf Lager:

- ArrayBlockingQueue: Queue immer mit einer maximalen Kapazität, intern realisiert mit einem Feld
- LinkedBlockingQueue: Queue unbeschränkt oder mit maximaler Kapazität, intern realisiert durch eine verkettete Liste
- PriorityBlockingQueue: eine blockierende PriorityQueue

Die anderen Realisierungen wie DelayQueue sind für uns jetzt nicht relevant.

Das Schöne an blockierenden Warteschlangen ist ihr Verhalten in Produzenten-/Konsumenten-Verhältnissen; ein Thread (oder beliebig viele Threads) setzt (viele setzen) Daten in die Queue, ein Thread (oder beliebig viele Threads) holt (viele Threads holen) die Daten wieder raus. Bei einer Queue ist es ja so, dass sie nach dem FIFO-Verfahren arbeitet, das heißt, die Daten, die zuerst hineingelegt wurden, werden auch zuerst verarbeitet. Bei einer Prioritätswarteschlange ist das etwas anders, aber dazu gleich mehr.

4.12.8 ArrayBlockingQueue und LinkedBlockingQueue

Bei den normalen blockierenden Datenstrukturen geht es darum, sich zwischen `ArrayBlockingQueue` und `LinkedBlockingQueue` zu entscheiden. Der wesentliche Unterschied ist – bis auf die interne Realisierung – dass die `ArrayBlockingQueue` immer mit einer maximalen Schranke von Elementen konfiguriert werden muss; ist diese Schranke erreicht, blockiert die Queue und nimmt keine neuen Elemente mehr an. Die `LinkedBlockingQueue` kann unbegrenzt wachsen (also bis `Integer.MAX_VALUE`). Ist die Queue dann offen, wird nur geblockt, wenn kein Element vorhanden ist, ein Thread aber eines entnehmen möchte.

Beispiel mit unbeschränkter LinkedBlockingQueue

Dazu ein einfaches Beispiel: Wir haben zwei Produzenten für Meldungen und einen Konsumenten, der sie nach Eingang einfach auf der Konsole ausgibt:

Listing 4.39 com/tutego/insel/thread/concurrent/LoggingInQueue.java, LoggingInQueue

```
public class LoggingInQueue {

  private static final BlockingQueue<String> messages =
    new LinkedBlockingQueue<>();

  private static class MessageOutputter extends Thread {
    @Override public void run() {
      while ( true )
        try {
          long startTime = System.currentTimeMillis();
          System.out.printf( "%s (Wartete %d ms)%n",
                             messages.take(),
                             System.currentTimeMillis() - startTime );        }
        catch ( InterruptedException e ) { }
    }
  }

  private static class UserMessageProducer extends Thread {
    @Override public void run() {
      for( int i = 0; ; i++ )
        messages.add( "msg " + i + " " +
                      JOptionPane.showInputDialog( "Meldung eingeben" ) );
    }
  }

  private static class DiskspaceMessageProducer extends Thread {
    @Override public void run() {
      for( int i = 0; ; i++ ) {
```

```
        String dir = System.getProperty( "user.dir" );
        messages.add( "spc " + i + " " + new File( dir ).getFreeSpace() );
        try { TimeUnit.SECONDS.sleep( 1 ); }
        catch ( InterruptedException e ) { }
      }
    }
  }

  public static void main( String[] args ) {
    new MessageOutputter().start();
    new UserMessageProducer().start();
    new DiskspaceMessageProducer().start();
  }
}
```

Auf der einen Seite steht der Thread, der die blockiere Queue abhorcht. Wir fragen die Daten mit take() ab, damit die Methode – und somit der Thread – blockiert, falls keine Daten in der Queue sind. Die BlockingQueue-Schnittstelle definiert auch noch andere Methoden wie poll() oder peek(), aber die blockieren nicht, sondern liefern null, wenn keine Daten in der Queue sind – eigentlich sind die Methoden unpassend in einer blockierenden Datenstruktur, aber BlockingQueue erbt diese Methoden von Queue. (Leser sollten zum Test take() durch poll() ersetzen und das Ergebnis testen.) Um eine Vorstellung zu bekommen, wie lange take() warten muss, holen wir über System.currentTimeMillis() die Systemzeit in Millisekunden relativ zum 1.1.1970 vor dem Aufruf von take() sowie nach dem Aufruf von take() – die Differenz der Zeiten gibt uns eine Idee von der Dauer, während der der Thread wartet und auch keine Rechenzeit verbraucht.

Die Produzenten sind in unserem Fall zwei Threads. Der eine holt permanent die Anzahl freier Bytes auf der Festplatte des Benutzers, der andere Thread offeriert einen Benutzerdialog, und die Benutzereingabe kommt auf den Schirm. Gestartet mit ein paar Eingaben ist die Ausgabe dann auch recht unspektakulär:

```
1stspc 0 55943192576 (Wartete 11 ms)
spc 1 55942631424 (Wartete 943 ms)
spc 2 55943192576 (Wartete 1005 ms)
spc 3 55943192576 (Wartete 1007 ms)
msg 0 eingabe (Wartete 716 ms)
spc 4 55943192576 (Wartete 290 ms)
msg 1 eingabe (Wartete 822 ms)
spc 5 55943192576 (Wartete 180 ms)
msg 2 eingabe (Wartete 112 ms)
```

4.12.9 PriorityBlockingQueue

Eine blockierende Prioritätswarteschlange ist eine besondere Prioritätswarteschlange, die threadsicher ist und den Entnehmer-Thread blockiert, wenn kein Element vorhanden ist, also die Queue leer ist. Für blockierende Prioritätswarteschlangen bietet Java eine Klasse: PriorityBlockingQueue; sie implementiert PriorityQueue. Die Sortierung ist entweder natürlich oder über einen externen Comparator geregelt, bei Letzterem muss das Vergleichsobjekt im Konstruktor übergeben werden.

Tickets mit Priorität

Unser nächstes Beispiel legt Tickets in eine blockierende Prioritätswarteschlange. Tickets mit der höchsten Priorität sollen nach vorne wandern. Gleichzeitig messen wir die Zeit beim Anlegen des Tickets, um bei Tickets mit gleicher Priorität dem Ticket den Vorzug zu geben, das als Erstes angelegt wurde.

Listing 4.40 com/tutego/insel/thread/concurrent/Ticket.java

```
package com.tutego.insel.util.concurrent;

import java.util.Date;

class Ticket implements Comparable<Ticket> {

  enum Priority { SEVERE, NORMAL }

  private final Priority priority;
  private final String   message;
  private final Date     arrivalDate;

  Ticket( Priority priority, String message ) {
    this.priority = priority;
    this.message  = message;
    arrivalDate   = new Date();
  }

  @Override public int compareTo( Ticket that ) {
    int ticketPriority = this.priority.compareTo( that.priority );
    // Wenn Ticket-Priorität ungleich 0, dann ist ein Ticket wichtiger als das
    // andere und die Zeit spielt keine Rolle.
    if ( ticketPriority != 0 )
      return ticketPriority;
    // Wenn Ticket-Priorität gleich 0, dann sind beide Tickets
    // gleich wichtig. Die Zeit kommt dann als Kriterium hinzu.
    return this.arrivalDate.compareTo( that.arrivalDate );
  }

  @Override public String toString() {
```

```
    return String.format( "%tT.%1$TL (%s) kam '%s'",
                          arrivalDate, priority, message );
  }
}
```

Die Ticket-Klasse implementiert Comparable, sodass es eine natürliche Ordnung der Elemente gibt.

Ein Test, der die Ordnung bei der Sortierung zeigt, ist schnell geschrieben:

Listing 4.41 com/tutego/insel/thread/concurrent/TicketDemo.java, main()

```
List<Ticket> tickets = Arrays.asList(
  new Ticket( Priority.NORMAL, "Kein Senf" ),
  new Ticket( Priority.SEVERE, "Feuer" ),
  new Ticket( Priority.NORMAL, "Bier warm" ),
  new Ticket( Priority.SEVERE, "Erdbeben" ) );
Collections.sort( tickets );
System.out.println( tickets );
```

Die Ausgabe ist wie:

```
13:45:20.777 (SEVERE) kam 'Feuer'
13:45:20.777 (SEVERE) kam 'Erdbeben'
13:45:20.777 (NORMAL) kam 'Kein Senf'
13:45:20.777 (NORMAL) kam 'Bier warm'
```

Die Ausgabe macht zwei Dinge deutlich: Zunächst, dass die wichtigen Meldungen vorne liegen, und dann als zweites, dass zuerst eingefügte Meldungen auch zeitlich vor den nachfolgenden Meldungen liegen (wobei das Programm so schnell ist, dass die Zeit gar nicht als Komponente berücksichtigt werden kann).

Tickets generieren und mit der blockierenden Warteschlange verarbeiten

Im letzten Schritt können wir zwei Threads starten, wobei ein Thread neue Tickets (mit zufälliger Wichtigkeit) in die Queue legt und ein anderer Thread die Nachrichten permanent entnimmt:

Listing 4.42 com/tutego/insel/thread/concurrent/PrioritizedTicketsQueue.java

```
package com.tutego.insel.util.concurrent;

import java.util.concurrent.*;
import com.tutego.insel.util.concurrent.Ticket.Priority;

public class PrioritizedTicketsQueue {
```

```
  private static final BlockingQueue<Ticket> tickets =
    new PriorityBlockingQueue<>();

  private static class TicketProducer extends Thread {
    @Override public void run() {
      while ( true ) {
        Ticket ticket = new Ticket(
          Priority.values()[ (int)(Math.random() * 2) ], "Hilfe!" );
        tickets.add( ticket );
        System.out.println( "Neues Ticket: " + ticket );
        try { TimeUnit.MILLISECONDS.sleep( (int)(Math.random() * 2000) ); }
        catch ( InterruptedException e ) { /* Empty */ }
      }
    }
  }

  private static class TicketSolver extends Thread {
    @Override public void run() {
      while ( true ) {
        try {
          System.out.println( tickets.take() );
          TimeUnit.SECONDS.sleep( 1 );
        }
        catch ( InterruptedException e ) { /* Empty */ }
      }
    }
  }

  public static void main( String[] args ) {
    new TicketProducer().start();
    new TicketSolver().start();
  }
}
```

Lassen wir das Programm starten, kann die Ausgabe wie folgt sein:

```
Neues Ticket: 14:28:55.422 (SEVERE) kam 'Hilfe!'
14:28:55.422 (SEVERE) kam 'Hilfe!'
Neues Ticket: 14:28:56.038 (NORMAL) kam 'Hilfe!'
Neues Ticket: 14:28:56.445 (NORMAL) kam 'Hilfe!'
14:28:56.038 (NORMAL) kam 'Hilfe!'
Neues Ticket: 14:28:57.213 (NORMAL) kam 'Hilfe!'
Neues Ticket: 14:28:57.264 (NORMAL) kam 'Hilfe!'
```

```
Neues Ticket: 14:28:57.443 (SEVERE) kam 'Hilfe!'
14:28:57.443 (SEVERE) kam 'Hilfe!'
14:28:56.445 (NORMAL) kam 'Hilfe!'
Neues Ticket: 14:28:58.618 (SEVERE) kam 'Hilfe!'
Neues Ticket: 14:28:59.025 (SEVERE) kam 'Hilfe!'
14:28:58.618 (SEVERE) kam 'Hilfe!'
Neues Ticket: 14:29:00.418 (SEVERE) kam 'Hilfe!'
14:28:59.025 (SEVERE) kam 'Hilfe!'
```

Interessant ist die fett gedruckte Zeile, denn sie zeigt deutlich, dass – obwohl zwei Tickets vorher generiert wurden – diese durch die spätere Meldung verdrängt werden, da die spätere Meldung eine höhere Wichtigkeit hat als die beiden Meldungen zuvor.

4.12.10 Transfer-Warteschlangen – TransferQueue und LinkedTransferQueue

Setzen Produzenten etwas in eine Queue, so ist das in der Regel eine Ablegeoperation, die entkoppelt von der Entnahme ist. Vielleicht muss ein Ableger noch warten, wenn die Queue voll ist, aber sobald Platz ist, kehrt ein Geber-Thread sofort zurück. Ob ein Konsument vorhanden ist, spielt erst einmal keine Rolle.

Eine Unterschnittstelle von `BlockingQueue` ist `TransferQueue`. Sie deklariert neue Transfermethoden, die direkt Daten vom Produzenten zum wartenden Konsumenten bringen bzw. melden, wenn es keinen wartenden Thread gibt. Anders als bei den anderen Queues wächst bei den Transfermethoden die Queue nicht, denn ein `xxxTransfer(…)` ist kein `add(…)`. Die Transfermethoden realisieren immer einen direkten Weg von einem Produzenten zu einem Konsumenten, der etwa mit `take()` schon auf Daten wartet. Insgesamt deklariert die Schnittstelle drei Übertragungsmethoden:

- `void transfer(E e) throws InterruptedException`
- `boolean tryTransfer(E e)`
- `boolean tryTransfer(E e, long timeout, TimeUnit unit) throws InterruptedException`

Die erste Methode versucht eine Übermittlung, und gibt es keinen wartenden Konsumenten, blockiert `transfer(…)` so lange, bis das Datum abgeholt ist. Die zweite Methode ist ungeduldiger, denn gibt es keinen Konsumenten, wartet `tryTransfer(..)` nicht, sondern kehrt direkt mit der Rückgabe `false` zurück. Die zweite `tryTransfer(…)`-Variante bietet ein Zeitintervall, in dem ein Konsument die Daten abholen muss.

Die Java SE bietet bisher nur eine realisierende Klasse der Schnittstelle: `LinkedTransferQueue`.

4.13 Google Guava (Google Collections Library)

Obwohl die Java-Bibliothek mit Listen, Mengen und Assoziativspeichern einen guten Grundstock für die alltäglichen Aufgaben zur Datenverwaltung bietet, gibt es dennoch Bedarf an weiteren Speicherstrukturen. Anstatt sie selbst zu definieren, ist es sinnvoll, in die Open-Source-Welt zu schauen. Besonders hervorzuheben ist *Guava* (*http://code.google.com/p/guava-libraries/*), das eine Open-Source-Bibliothek unter der Apache-Lizenz mit neuen Datenstrukturen, Utility-Methoden für die existierenden `java.util`-Datenstrukturen sowie einigen anderen Utility-Klassen ist, etwa für String-Behandlung oder zum Zerlegen von Zeichenketten. Die Datenstrukturen von Guava stammen aus dem Projekt *Google Collections Library*, aber die Entwicklung geht bei Guava weiter.

Für die folgenden Beispiele muss von der Webseite das JAR *guava-17.0.jar* (oder aktuellere Version) in den Klassenpfad eingebunden werden.

4.13.1 Beispiel Multi-Set und Multi-Map

Da Java schon alles Grundlegende mitbringt, stellt sich die Frage, was denn überhaupt fehlt. Dazu zwei Szenarien:

- Beispiel 1: Eine Textdatei soll analysiert werden. Am Ende soll feststehen, wie oft jedes Wort (unabhängig von der Groß-/Kleinschreibung) in der Datei steht. Enthält die Datei etwa »In Ulm, um Ulm, um Ulm herum.«, so sollte Folgendes herauskommen: »in«: 1, »ulm«: 3, »um«: 2, »herum«: 1. Im Grunde müsste es eine Menge geben, die Elemente mehrmals enthalten kann, eine so genannte *Multi-Menge* (auch *Multi-Set* bzw. *Bag* genannt). Eine Anfrage an die Multi-Menge gibt dann nicht nur einen Wahrheitswert für »enthält« oder »enthält nicht« zurück, sondern gibt auch an, wie oft ein Element in der Multi-Menge enthalten ist. Das ist so etwas wie eine Einkaufsliste, in der auch stehen kann: »10 Tafeln Schokolade«. Die Datenstruktur ist nicht Teil von Java, kann aber mit Standardmitteln für unseren Anwendungsfall mit einer `Map<String, Integer>` realisiert werden.
- Beispiel 2: Wieder soll eine Textdatei analysiert werden. Gespeichert werden soll für jedes Wort auch die Position, sodass sich später feststellen lässt, ob gewisse Wörter nicht vielleicht zu nah beieinander stehen, was schlechter Stil wäre. Bei der Zeichenfolge »In Ulm, um Ulm« wäre das: »in«: 0, »ulm«: 3, 11, »um«: 8. Kämen nicht mehrere Positionen für das gleiche Wort in Frage – wie bei »Ulm«, das an Position 3 und 11 beginnt –, wäre eine `Map` perfekt. Nur gibt es in unserem Anwendungsfall zu einem Schlüssel gleich mehrere Werte. Gesucht ist eine so genannte *Multi-Map*. Die Java-Bibliothek enthält bisher keine Multi-Map, da die Sun-Entwickler damals argumentierten, eine solche Datenstruktur werde selten benötigt.[17] Für unseren Fall kann sie aber mit `Map<String, List<Integer>>` nachgebildet werden.

4.13.2 Datenstrukturen aus Guava

Guava bietet Entwicklern Klassen für Multi-Set, Mutli-Map und mehr. Dabei ist das Design vorbildlich und fügt sich perfekt in die Java-Standarddatenstrukturen ein. Das tut es aus zwei Gründen:

17 *http://docs.oracle.com/javase/tutorial/collections/interfaces/map.html*

- Schnittstellen deklarieren Operationen, die konkrete Klassen implementieren. So wie `List` eine Schnittstelle ist, die `ArrayList` implementiert, so wird `Multimap` etwa durch `ArrayListMultimap` implementiert.
- Die Datenstrukturen nutzen sehr präzise die Möglichkeiten von Java Generics. So wie `Map<K,V>` aus `java.util` ist es die `Multimap<K,V>` aus Guava.

Schauen wir uns ein paar Schnittstellen und Implementierungen aus dem Paket `com.google.common.collect` an – die API-Dokumentation gibt es online unter *http://docs.guava-libraries.googlecode.com/git/javadoc/index.html* (die Schnittstellen sind jeweils mit ihren generischen Typvariablen genannt, die Implementierungen zur Abkürzung nicht):

Schnittstelle	Aufgabe	Implementierungen
`BiMap<K,V>`	eine `Map`-Unterschnittstelle für bidirektionale Abbildungen, um nicht nur vom Schlüssel auf den Wert, sondern auch vom Wert auf den Schlüssel zu kommen	`HashBiMap`, `EnumBiMap`, `EnumHashBiMap`, `ImmutableBiMap`
`Multimap<K,V>`	Erlaubt für einen Schlüssel eine Sammlung von assoziierten Werten.	`ArrayListMultimap`, `HashMultimap`, `LinkedHashMultimap`, `LinkedListMultimap`, `TreeMultimap`, `ImmutableListMultimap`, `ImmutableMultimap`, `ImmutableSetMultimap`, `ForwardingListMultimap`, `ForwardingMultimap`, `ForwardingSetMultimap`, `ForwardingSortedSetMultimap`
`Multiset<E>`	eine besondere `Collection`, die als Menge auch mehrere gleiche Elemente erlaubt	`HashMultiset`, `LinkedHashMultiset`, `TreeMultiset`, `ConcurrentHashMultiset`, `EnumMultiset`, `ImmutableMultiset`, `ForwardingMultiset`
`SetMultimap<K,V>`	eine besondere `Multimap<K,V>`, die die zum Schlüssel gehörenden Werte in einer Menge speichert	`HashMultimap`, `LinkedHashMultimap`, `TreeMultimap`, `ImmutableSetMultimap`, `ForwardingSetMultimap`, `ForwardingSortedSetMultimap`

Tabelle 4.22 Schnittstellen und Implementierungen aus com.google.common.collect

Schnittstelle	Aufgabe	Implementierungen
`SortedSetMultimap<K,V>`	eine besondere `SetMultimap`, die die zum Schlüssel gehörende Menge sortiert hält	`TreeMultimap`, `ForwardingSortedSetMultimap`
`ListMultimap<K,V>`	eine besondere `Multimap<K,V>`, die die zu einem Schlüssel gehörenden Werte in einer Liste speichert, um die Reihenfolge beim Einfügen festzuhalten	`ArrayListMultimap`, `LinkedListMultimap`, `ImmutableListMultimap`, `ForwardingListMultimap`

Tabelle 4.22 Schnittstellen und Implementierungen aus com.google.common.collect (Forts.)

Bei den Klassen springen zwei Dinge ins Auge, Klassen, die mit `Immutable` und mit `Forwarding` beginnen:

- `Immutable`-Datenstrukturen kennen wir schon – das sind Datenstrukturen, die nur Lesezugriff erlauben, die aber nicht modifiziert werden können. Die Utility-Klasse `Collections` bietet uns ein Paar `unmodifiableXXX(…)`-Methoden, die einen Nur-Lese-Wrapper um die Basistypen `Collection`, `List`, `Set`, `Map`, `SortedSet` und `SortedMap` legen. Die `ImmutableXXX`-Klassen aus Guava sind die nichtveränderbaren Google-Datenstrukturen.
- Die abstrakten `ForwardingXXX`-Klassen arbeiten nach dem Dekorator-Pattern und leiten alle Operationen an eine andere Datenstruktur weiter. Es sind sehr spezielle Klassen, und Guava nutzt sie intern – für Entwickler sind sie weniger relevant.

Im Grunde bleiben dann nur noch ein paar Datenstrukturen übrig, und das Implementierungsmuster ist wie bei den Java-Standardbibliotheken: Einige Datenstrukturen speichern die tatsächlichen Daten in Array-Listen, andere in Hashing-Datenstrukturen, andere wiederum in Mengen, die über Binärbäume sortiert sind.

Realisierung	Klassen
Hashing	`HashBiMap`, `HashMultimap`, `LinkedHashMultimap`, `HashMultiset`, `LinkedHashMultiset`
Array-List	`ArrayListMultimap`
Linked-List	`LinkedListMultimap`
Binärbaum	`TreeMultimap`, `TreeMultiset`

Tabelle 4.23 Mengen- und Assoziativspeicher-Implementierungen

Die Klassen `ConcurrentHashMultiset` (eine sichere nebenläufige `Multiset`-Implementierung) und `EnumBiMap`, `EnumHashBiMap` (diese Typen sind auf `Enum` eingeschränkt) sind Sonderfälle.

4.13.3 Utility-Klassen von Guava

Auf der einen Seite bietet Guava neue Datenstrukturen, auf der anderen Seite Utility-Klassen, die eine Ergänzung zu der einen Standardklasse `Collections` sind:

Utility-Klasse	Aufgabe	Beispielmethoden
`Collections2`	Filtert und transformiert eine `Collection`.	`filter(…)`, `transform(…)`
`Lists`	Erzeugt `List`-Exemplare, teilt oder transformiert sie.	`asList(…)`, `newArrayList()`, `newLinkedList()`, `partition(…)`, `transform(…)`
`Maps`	Erzeugt eine neue `Map`, filtert und transformiert sie.	`newHashMap()`, `fromProperties(…)`, `difference(…)`, `transformValues(…)`
`Sets`	Erzeugt neue Mengen und bietet mengenorientierte Funktionen.	`newTreeSet()`, `newHashSet()`, `cartesianProduct(…)`, `complementOf(…)`, `difference(…)`, `union(…)`, `powerSet(…)`
`Iterators`, `Iterables`	Operiert auf `Iterator`/`Iterable`, fügt etwa einige `Iterator`/`Iterable` zusammen oder setzt ihre Elemente in ein Feld.	`addAll(…)`, `concat(…)`, `filter(…)`, `get(…)`, `limit(…)`, `reverse(…)`, `toString(…)`

Tabelle 4.24 Utility-Klassen von Guava

Weiterhin gibt es für die neuen Guava-Klassen die zwei Utility-Klassen `Multimaps` und `Multisets`.

4.13.4 Prädikate

Ein *Prädikat* ist ein Objekt, das auf einem Argument eine Bedingung prüft und »wahr« oder »falsch« liefert. Guava gibt eine Prädikat-Schnittstelle `Predicate<T>` mit der Operation `boolean apply(T input)` vor. Ein Prädikat könnte etwa testen, ob eine Objektreferenz `null` ist oder ein String eine Mindestlänge besitzt. Prädikate verändern die Argumente nie und dürfen sie nicht »zurechtbiegen«.

Mit eigenen `Predicate`-Objekten lässt sich auf diverse Methoden zurückgreifen, die Sammlungen filtern. Ein paar Beispielmethoden:

- `static <E> Collection<E> Collections2.filter(Collection<E> unfiltered, Predicate<? super E> predicate)`
  Liefert in der Rückgabe eine `Collection`, die alle Elemente von `unfiltered` enthält, die das Prädikat erfüllen.

- `static <E> Set<E> Sets.filter(Set<E> unfiltered, Predicate<? super E> predicate)`
  Liefert als Rückgabe eine Menge, bei der jedes Element das Prädikat erfüllt.
- `static <T> boolean Iterables.all(Iterable<T> iterable, Predicate<? super T> predicate)`
  Prüft, ob alle Elemente vom `Iterable` (eine `List` ist zum Beispiel `Iterable`, aber auch `Set`) das Prädikat erfüllen.

Zum Verknüpfen von Prädikaten bietet die `Predicates`-Klasse statische Kombinationsmethoden wie `and(…)`, `compose(…)` und `or(…)`.

4.13.5 Transformationen

Oftmals müssen die Elemente in Datenstrukturen von einem Format in ein anderes gebracht werden. Zum Beispiel soll bei einem String in einer Liste der Weißraum vorne und hinten abgeschnitten werden, oder Farben sollen in Graustufen übersetzt werden.

Für Transformationen deklariert Guava die Schnittstelle `Function<F,T>` mit einer Operation `T apply(F from)`. In den Guava-Utility-Klassen gibt es jeweils `transform(…)`-Methoden, die alle Elemente einer Datenstruktur durch eine `Function` leiten und auf der anderen Seite das Ergebnis in eine Datenstruktur setzen und diese zurückgeben. Ein paar Beispiele:

- `static <F,T> Collection<T> Collections2.transform(Collection<F> fromCollection, Function<? super F,T> function)`
- `static <F,T> Iterable<T> Iterables.transform(Iterable<F> fromIterable, Function<? super F,? extends T> function)`
- `static <F,T> Iterator<T> Iterators.transform(Iterator<F> fromIterator, Function<? super F,? extends T> function)`
- `static <F,T> List<T> Lists.transform(List<F> fromList, Function<? super F,? extends T> function)`
- `static <K,V1,V2> Map<K,V2> Maps.transformValues(Map<K,V1> fromMap, Function<? super V1,V2> function)`
- `static <E> Collection<E> Collections2.filter(Collection<E> unfiltered, Predicate<? super E> predicate)`

4.14 Die Klasse BitSet für Bitmengen *

Die Klasse `BitSet` ist eine platzsparende und performante Alternative zu `boolean`-Arrays und bietet komfortable Möglichkeiten zur bitweisen Manipulation von Daten. Beliebig viele Bits lassen sich wie in anderen dynamischen Datenstrukturen hinzufügen und verwalten. Die Methoden von `BitSet` lesen und modifizieren die einzelnen Bits leicht und führen Mengenoperationen durch. Auch wenn der Klassenname auf »Set« endet, ist `BitSet` keine Implementierung der `Set`-Schnittstelle und sogar ein bisschen irreführend, da ein `Set` Elemente nur einmal enthalten kann, in BitSet aber natürlich beliebig viele Nullen und Einsen vorkommen können, indem die Reihenfolge auch eine elementare Rolle spielt.

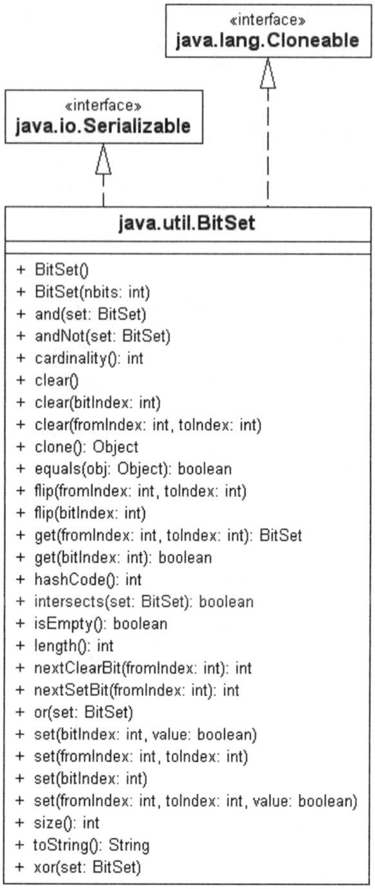

Abbildung 4.7 Klassendiagramm von BitSet

4.14.1 Ein BitSet anlegen

Ein leeres BitSet wird mit dem Standard-Konstruktor angelegt. Ein weiterer Konstruktor erlaubt eine Startgröße, die ein Vergrößern der internen Datenstruktur aufschiebt.

```
class java.util.BitSet
implements Cloneable, Serializable
```

- BitSet()
  Erzeugt ein neues BitSet-Objekt.
- BitSet(int nbits)
  Erzeugt ein BitSet mit der vorgegebenen Größe von nbits. Alle Bits sind am Anfang auf false gesetzt. Ist die Größe kleiner null, so wird eine NegativeArraySizeException ausgelöst.

Weiterhin gibt es die statischen Methoden BitSet valueOf(long[])/valueOf(byte[])/valueOf(ByteBuffer)/valueOf(LongBuffer), um Bitmengen aus anderen Quellen zu importieren. Es exportieren dann das BitSet mit toByteArray() in ein byte[] und toLongArray() in ein long[].

4.14.2 BitSet füllen und Zustände erfragen

Jedes Bit an einer Position besitzt zwei Zustände: gesetzt oder nicht gesetzt. Dies bringt es in die Nähe der booleschen Werte, die ebenso zwei Zustände besitzen. Mit zwei Methoden lassen sich die Bits des BitSet leicht ändern: set(bitPosition) und clear(bitPosition). Da der Bit-Container automatisch wachsen kann, ist es problemlos möglich, in einem BitSet-Exemplar mit 100 Bit das Bit 300 zu setzen. Das Objekt wird automatisch mit 200 false-Bits aufgefüllt, bevor das Bit 300 gesetzt wird.

Die Abfrage, ob ein Bit gesetzt ist, erfolgt mit der Methode get(bitPosition). Sie gibt true zurück, falls das Bit gesetzt ist, andernfalls false.

Beispiel

Setze in einem BitSet das erste und das dritte Bit:

Listing 4.43 com/tutego/insel/util/BitSetDemo.java, main()

```
BitSet bs = new BitSet();
bs.set( 0 );
bs.set( 2 );
System.out.println( bs.get(0) );        // true
System.out.println( bs.get(1) );        // false
System.out.println( bs.nextSetBit(1) ); // 2
```

```
class java.util.BitSet
implements Cloneable, Serializable
```

- boolean get(int bitIndex)
  Liefert den Wert des Bits am übergebenen Index. Kann bei negativem Index wieder eine IndexOutOfBoundsException auslösen.
- BitSet get(int fromIndex, int toIndex)
  Liefert ein neues BitSet-Objekt mit den ausgewählten Bits.
- void set(int bitIndex)
- clear(int bitIndex)
  Setzt oder löscht ein Bit. Ist der Index negativ, wird eine IndexOutOfBoundsException ausgelöst.
- void set(int bitIndex, boolean value)
  Setzt den Wahrheitswert value an die Stelle bitIndex.
- void set(int fromIndex, int toIndex)

- `clear(int fromIndex, int toIndex)`
  Setzt oder löscht Bits im ausgewiesenen Bereich.
- `void set(int fromIndex, int toIndex, boolean value)`
  Setzt den Wahrheitswert `value` im ausgewählten Bereich.
- `void flip(int bitIndex)`
  Setzt das Bit an der Stelle `bitIndex` auf das Komplement. Aus `true` wird `false`, und aus `false` wird `true`.
- `void flip(int fromIndex, int toIndex)`
  Setzt alle Bits im gegebenen Bereich auf das Komplement.
- `int nextSetBit(int fromIndex)/previousSetBit(int fromIndex)`
- `int nextClearBit(int fromIndex)/previousClearBit(int fromIndex)`
  Liefert den Index des nächsten/vorangehenden als `true` bzw. `false` gesetzten Bits ab `fromIndex`. Gibt es keine Position, ist die Rückgabe –1. Der Index ist inklusiv.

4.14.3 Mengenorientierte Operationen

Das `BitSet` erlaubt mengenorientierte Operationen wie Und, Oder, XOR mit einem weiteren `BitSet`, etwa in der Methode `and(BitSet)`. Jedes Bit des übergebenen `BitSet` wird mit dem aktuellen Objekt in einer bestimmten Weise verknüpft. Das Ergebnis der Operation wird dem aktuellen Objekt zugewiesen. Wichtige Operationen sind:

- Die Oder-Operation setzt das Bit, falls es im eigenen `BitSet` oder im zweiten `BitSet` gesetzt ist.
- Die Und-Operation setzt das Bit, falls es im eigenen Objekt und im zweiten `BitSet` gesetzt ist.
- Die XOR-Operation setzt das Bit, falls es nur in einem der beiden `BitSet`-Objekte gesetzt ist.

Die Operationen bilden die Basis für die Mengenvereinigung, den Durchschnitt und den symmetrischen Durchschnitt.

```
class java.util.BitSet
implements Cloneable, Serializable
```

- `void and(BitSet set)`
- `void or(BitSet set)`
- `void xor(BitSet set)`
  Verknüpft dieses `BitSet`-Exemplar per Und-, Oder-, XOR-Operation mit dem angegebenen `BitSet`-Objekt.
- `void andNot(BitSet set)`
  Löscht alle Bits im aktuellen `BitSet`, deren korrespondierendes Bit in `set` gesetzt ist.
- `boolean intersects(BitSet set)`
  Liefert `true`, wenn das eigene `BitSet` die gleichen gesetzten Bits wie `set` hat.

4.14.4 Weitere Methoden von BitSet

Über die Methode `size()` erfahren wir, wie viele Bits das `BitSet` zur internen Speicherung der Werte nutzt.[18] Die Methode `length()` liefert die Position des höchsten gesetzten Bits. Die Anzahl aller gesetzten Bits liefert `cardinality()`.

[«]

Beispiel

Die Methoden `size()`, `length()` und `cardinality()` im Vergleich:

```
BitSet bs = BitSet.valueOf( new byte[]{ 0b011001 } );
System.out.println( bs.size() );        // 64
System.out.println( bs.length() );      // 5
System.out.println( bs.cardinality() ); // 3
```

Die sonstigen Methoden von `BitSet` sind überschaubar:

```
class java.util.BitSet
implements Cloneable, Serializable
```

- `int size()`
  Liefert den Platzbedarf in Bits für dieses BitSet.
- `int cardinality()`
  Liefert die Anzahl der Bits, die `true` sind.
- `int length()`
  Liefert die »Größe« des `BitSet`, also den Index des höchsten gesetzten Bits.
- `boolean clear()`
  Leert den Container, indem alle Bits auf `false` gesetzt werden.
- `boolean isEmpty()`
  Liefert `true`, wenn keine Bits gesetzt sind.
- `boolean equals(Object o)`
  Vergleicht sich mit einem anderen `BitSet`-Objekt `o`.
- `IntStream stream()`
  Liefert einen Stream der Indexe mit gesetztem Bit, vom niedrigsten zum höchsten.

[«]

Beispiel

Gib alle Postionen gesetzter Bytes aus, und prüfe, ob auf allen geraden Indexen das Bit gesetzt ist:

```
boolean b = BitSet.valueOf( new byte[]{ 0b1010 } ).stream()
                  .peek( System.out::println )
                  .allMatch( i -> (i & 1) == 1 );
```

Die Ausgabe wird hier sein: 1, 3.

18 Es ist vergleichbar mit dem `capacity()`-Wert eines Vektors.

Implementierungsdetails

Intern legt die Implementierung von `BitSet` die Bit-Sammlungen in einem `long`-Array ab. Um die Geschwindigkeit zu optimieren, sind die Methoden der Klasse `BitSet` nicht synchronisiert. Greift also ein Thread auf die Daten zu, während ein anderer modifiziert, kann es zu möglichen Inkonsistenzen kommen.

4.14.5 Primzahlen in einem BitSet verwalten

Das folgende Programm zeigt die Anwendung der Klasse `BitSet` am Beispiel der Konstruktion der Menge von Primzahlen. Jedes nicht gesetzte Bit entspricht einer Primzahl. In diesem Fall ist der Einsatz der Klasse `BitSet` angebracht, da eine Zahl in einem Wertebereich nur eine Primzahl oder keine sein kann:

Listing 4.44 com/tutego/insel/util/Primtest.java, main()

```
final int    MAXPRIM  = 1000;
final int    ROOT     = (int) Math.sqrt( MAXPRIM );
final BitSet nonPimes = new BitSet();                  // Nicht-Primzahlen

for ( int i = 2; i <= ROOT; ++i )
  if ( ! nonPimes.get( i ) )
    for ( int j = 2 * i; j <= MAXPRIM; j += i )
      nonPimes.set( j );

for ( int i = 2; i <= MAXPRIM; i = nonPimes.nextClearBit( i + 1 ) )
  System.out.printf( "%d ", i );
```

Zwar ist die Performance etwas schlechter als beim Einsatz eines `boolean`-Feldes, doch der Speicherverbrauch ist um etwa 1/8 geringer.

4.15 Zum Weiterlesen

Java bietet grundlegende Datenstrukturen, und insbesondere existieren effiziente Datenstrukturen im Concurrent-Paket, die hochperformante nebenläufige Zugriffe erlauben. Doch immer noch gibt es Datenstrukturen, die die Java-API standardmäßig nicht anbietet und die nachprogrammiert werden müssen. Hier füllen *Guava* (*http://code.google.com/p/guava-libraries/*) und *Commons Collections* (*http://commons.apache.org/proper/commons-collections/*) die Lücke.

Kapitel 5
Raum und Zeit

»Schurken verschiedener Nationalität verstehen einander wortlos.«
– Halldór Laxness (1902–1998)

5.1 Weltzeit *

Zeitmessung und Kalenderwesen zählten zu den wichtigsten Aufgaben der frühen Astronomie. Astronomen beobachteten Sterne, um etwa Prognosen über kommende Ernteperioden abzugeben. Bis zur atomgenauen Zeitmessung war die Zeit durch Beobachtung der Sonne und des Planetenlaufs gegeben. Leider sind die Daten der Planeten nicht eindeutig. Mehrdeutigkeiten gibt es zum Beispiel bei der Definition einer Umdrehung. Ein bekanntes Problem ist die Unvergleichbarkeit von Tag, Monat und Jahr – *Inkommensurabilität* genannt: Ein Jahr lässt sich nicht präzise durch eine ganze Anzahl von Monaten oder Tagen ausdrücken. Auch ein Monat besteht nicht immer aus einer ganzen Zahl von Tagen. In den unterschiedlichen Lösungen wurden in der Vergangenheit Schaltsekunden[1] und Schaltjahre eingeführt, um die sich verlangsamende Erdumlaufzeit mit der festen Atomzeit TAI abzugleichen. Dies führte zu einer Vielzahl von Zeitskalen und Kalendern. Eine bekannte Zeitskala ist die Sternzeit[2], die sich aus der Umdrehung der Erde gegenüber dem Hintergrund der in großer Entfernung stehenden Sterne ableitet.

Ein wichtiger Begriff für Astronomen ist der Meridian. Er ist der vom Erdmittelpunkt aus auf die Himmelskugel projizierte Längenkreis des Beobachtungsortes. Die dadurch gebildete Zeit ist ortsabhängig. Um auf eine weltweit einheitliche Sternzeit zu kommen, erklärte eine Kommission 1884 den Meridian von Greenwich zum Nullpunkt und definierte die so erhaltene Zeitskala als *Greenwich Mean Sidereal Time* (GMST). Alle anderen Zeiten berechnen sich durch eine relativ einfache Formel aus der Greenwich-Zeit.

Mit der Zeit ergaben sich unterschiedliche Bedeutungen der GMT, und 1928 wurde die *Universal Time* (UT) als Ersatz für die Greenwich Mean Time eingeführt. Die Zeit nach UT basiert ebenfalls auf astronomischen Beobachtungen und ist mit dem mittleren Sonnentag, bezogen auf den

---

1 Die letzte Schaltsekunde wurde in der Nacht vom 31.12.2008 um 23:59:59 Uhr UTC eingeführt, sodass es 61 Sekunden gab. Schaltsekunden führen zu einer lästigen Synchronisation der Zeiten, weshalb ihre Abschaffung diskutiert wird.

2 Mit der Sternzeit aus Star Trek hat das wenig zu tun. In den alten Folgen gab es auch eine andere Deutung als in den neuen – die Sternzeiten von Raumschiff Enterprise bezogen sich damals lediglich auf die Länge der Mission eines Schiffs. Ab TNG (und auch in DS9 und VOY) setzt sie sich aus fünf Stellen und einer Nachkommastelle zusammen: ein Jahr besteht dann aus 1.000 so genannten Stardate-Einheiten. Da es keine Schalttage gibt, wurde jeder Tag ein bisschen verlängert.

Nullmeridian von Greenwich, gleichzusetzen. Aufgrund der Erdrotation, die sich ständig verlangsamt, ist UT keine Konstante.

Da die rein aus astronomischen Beobachtungen abgeleiteten Zeiteinheiten nicht mehr reichten, wurde 1968 die *koordinierte Weltzeit* (UTC) eingeführt, insbesondere seit 1956 die SI-Sekunde nicht mehr an die Erdrotation gekoppelt ist. UTC ist eine Kombination aus der astronomischen UT und der internationalen Atomzeit TAI *(Temps Atomique International)*. Die TAI-Messungen basieren auf einer Atomuhr, und somit sind die erdbedingten Verschiebungen nicht berücksichtigt. So werden Schaltsekunden in bestimmten Jahresabständen am 31. Dezember oder 30. Juni eingeführt, die die wechselnde Geschwindigkeit der Erdrotation ausgleichen.

5.2 Wichtige Datum-Klassen im Überblick

Weil Datumsberechnungen verschlungene Gebilde sind, können wir den Entwicklern von Java dankbar sein, dass sie uns viele Klassen zur Datumsberechnung und -formatierung beigelegt haben. Die Entwickler hielten die Klassen so abstrakt, dass lokale Besonderheiten wie Ausgabeformatierung, Parsen, Zeitzonen, Sommer- und Winterzeit unter verschiedenen Kalendern möglich sind.

Bis zur Java-Version 1.1 stand zur Darstellung und Manipulation von Datumswerten ausschließlich die Klasse `java.util.Date` zur Verfügung. Diese hatte mehrere Aufgaben:

- Erzeugung eines Datum-Objekts aus Jahr, Monat, Tag, Minute und Sekunde
- Abfrage von Tag, Monat, Jahr ... mit der Genauigkeit von Millisekunden
- Ausgabe und Verarbeitung von Datum-Zeichenketten

Da die `Date`-Klasse nicht ganz fehlerfrei und internationalisiert war, wurden im JDK 1.1 neue Klassen eingeführt:

- `Calendar` nimmt sich der Aufgabe von `Date` an, zwischen verschiedenen Datumsrepräsentationen und Zeitskalen zu konvertieren. Die Unterklasse `GregorianCalendar` wird direkt erzeugt.
- `DateFormat` zerlegt Datum-Zeichenketten und formatiert die Ausgabe. Auch Datum-Formate sind vom Land abhängig, das Java durch `Locale`-Objekte darstellt, und von einer Zeitzone, die durch die Exemplare der Klasse `TimeZone` repräsentiert ist.

In Java 8 ist eine weitere Datumsbibliothek mit ganz neuen Typen eingezogen. Endlich können auch Datum und Zeit getrennt repräsentiert werden:

- `LocalDate`, `LocalTime`, `LocalDateTime` sind die temporalen Klassen für ein Datum, für eine Zeit und für eine Kombination aus Datum und Zeit.
- `Period` und `Duration` stehen für Abstände.

5.2.1 Der 1.1.1970

Der 1.1.1970 war ein Tag mit wegweisenden Änderungen. In der katholischen Kirche wurde der Allgemeine Römische Kalender eingeführt,[3] und die Briten freuten sich, dass die Volljährigkeit von 24 Jahren auf 18 Jahre fiel. Auch für uns Java-Entwickler ist der 1.1.1970 von Bedeutung, denn viele Zeiten in Java sind relativ zu diesem Datum. Der Zeitstempel 0 bezieht sich auf den 1.1.1970 0:00:00 Uhr Greenwich-Zeit – das entspricht 1 Uhr nachts deutscher Zeit. Die Genauigkeit, in der Java zählt, liegt auf der Ebene von Millisekunden. So ist 0 der 1.1.1970, und 1273222647313 verweist auf den Vormittag des 7. Mai 2010.

5.2.2 System.currentTimeMillis()

Die Anzahl der Millisekunden wird in einem `long` repräsentiert, also in 64 Bit. Das reicht für etwa 300 Millionen Jahre. Die Methode `System.currentTimeMillis()`liefert die vergangenen Millisekunden relativ zum 1.1.1970, wobei allerdings die Uhr des Betriebssystems nicht so genau gehen muss.

5.2.3 Einfache Zeitumrechnungen durch TimeUnit

Eine Zeitdauer wird in Java oft durch Millisekunden ausgedrückt. 1.000 Millisekunden entsprechen 1 Sekunde, 1.000 × 60 Millisekunden 1 Minute usw. Diese ganzen großen Zahlen sind jedoch nicht besonders anschaulich, sodass zur Umrechnung `TimeUnit`-Objekte mit ihren `toXXX(…)`-Methoden genutzt werden.

Java deklariert folgende Konstanten in `TimeUnit`:

- `NANOSECONDS`
- `MICROSECONDS`
- `MILLISECONDS`
- `DAYS`
- `HOURS`
- `SECONDS`
- `MINUTES`

Jedes der Aufzählungselemente definiert die Umrechnungsmethoden `toDays(…)`, `toHours(…)`, `toMicros(…)`, `toMillis(…)`, `toMinutes(…)`, `toNanos(…)`, `toSeconds(…)`; sie bekommen ein `long` und liefern ein `long` in der entsprechenden Einheit. Zudem gibt es eine Methode `convert(…)`, die von einer Einheit in einer andere umrechnet.

---

3 Cäsar und der julianische Kalender liegen noch weiter zurück.

[»]

Beispiel

Konvertiere 23.746.387 Millisekunden in Stunden:

```
System.out.println( TimeUnit.MILLISECONDS.toHours( 23746387 ) ); // 6
System.out.println( TimeUnit.HOURS.convert(
                      23746387, TimeUnit.MILLISECONDS ) );       // 6
```

```
enum java.util.concurrent.TimeUnit
extends Enum<TimeUnit>
implements Serializable, Comparable<TimeUnit>
```

- `NANOSECONDS`, `MICROSECONDS`, `MILLISECONDS`, `SECONDS`, `MINUTES`, `HOURS`, `DAYS`
  Aufzählungselemente von `TimeUnit`
- `long toDays(long duration)`
- `long toHours(long duration)`
- `long toMicros(long duration)`
- `long toMillis(long duration)`
- `long toMinutes(long duration)`
- `long toNanos(long duration)`
- `long toSeconds(long duration)`
- `long convert(long sourceDuration, TimeUnit sourceUnit)`
  Liefert `sourceUnit.toXXX(sourceDuration)`, wobei `XXX` für die jeweilige Einheit steht. Beispielsweise liefert es **`HOURS`**`.convert(sourceDuration, sourceUnit)`, dann `sourceUnit.to`**`Hours`**`(1)`. Die Lesbarkeit der Methode ist nicht optimal, daher sollten die anderen Methoden bevorzugt werden.

5.3 Sprachen der Länder

Programme der ersten Generation konnten nur mit fest verdrahteten Landessprachen und landesüblichen Bezeichnungen umgehen. Daraus ergaben sich natürlich vielfältige Probleme. Mehrsprachige Programme mussten aufwändig entwickelt werden, damit sie unter mehreren Sprachen lokalisierte Ausgaben lieferten. (Es ergaben sich bereits Probleme durch unterschiedliche Zeichenkodierungen. Dies umging aber der Unicode-Standard.) Es blieb das Problem, dass sprachabhängige Zeichenketten, wie alle anderen Zeichenketten auch, überall im Programmtext verteilt sind und eine nachträgliche Sprachanpassung nur aufwändig zu erreichen ist. Java bietet hier eine Lösung an: zum einen durch die Definition einer Sprache und damit durch automatische Formatierungen und zum anderen durch die Möglichkeit, sprachenabhängige Teile in Ressourcen-Dateien auszulagern.

5.3.1 Sprachen und Regionen über Locale-Objekte

In Java repräsentieren Locale-Objekte geografische, politische oder kulturelle Regionen. Die Sprache und die Region müssen getrennt werden, denn nicht immer gibt eine Region oder ein Land die Sprache eindeutig vor. Für Kanada in der Umgebung von Quebec ist die französische Ausgabe relevant, und die unterscheidet sich von der englischen. Jede dieser sprachspezifischen Eigenschaften ist in einem speziellen Objekt gekapselt. Locale-Objekte werden dann etwa einem Scanner oder printf(…) übergeben.

Konstanten für einige Länder und Sprachen

Die Locale-Klasse besitzt Konstanten für häufig auftretende Länder und Sprachen. Unter den Konstanten für Länder und Sprachen sind: CANADA, CANADA_FRENCH, CHINA ist gleich CHINESE (und auch PRC bzw. SIMPLIFIED_CHINESE), ENGLISH, FRANCE, FRENCH, GERMAN, GERMANY, ITALIAN, ITALY, JAPAN, JAPANESE, KOREA, KOREAN, TAIWAN (ist gleich TRADITIONAL_CHINESE), UK und US.

Methoden von Locale

Locale-Objekte bieten eine Reihe von Methoden an, um etwa den ISO-639-Code des Landes preiszugeben.

[«]

Beispiel

Gib für Deutschland zugängliche Informationen aus. Das Objekt out aus System und GERMANY aus Locale sind statisch importiert:

Listing 5.1 com/tutego/insel/locale/GermanyLocal.java, main()

```
out.println( GERMANY.getCountry() );         // DE
out.println( GERMANY.getLanguage() );        // de
out.println( GERMANY.getVariant() );         //
out.println( GERMANY.getDisplayCountry() );  // Deutschland
out.println( GERMANY.getDisplayLanguage() ); // Deutsch
out.println( GERMANY.getDisplayName()  );    // Deutsch (Deutschland)
out.println( GERMANY.getDisplayVariant() );  //
out.println( GERMANY.getISO3Country() );     // DEU
out.println( GERMANY.getISO3Language() );    // deu
```

```
final class java.util.Locale
implements Cloneable, Serializable
```

- String getCountry()
  Liefert das Länderkürzel nach dem ISO-3166-zwei-Buchstaben-Code.
- String getLanguage()
  Liefert das Kürzel der Sprache im ISO-639-Code.

- `String getVariant()`
  Liefert das Kürzel der Variante.
- `final String getDisplayCountry()`
  Liefert ein Kürzel des Landes für Bildschirmausgaben.
- `final String getDisplayLanguage()`
  Liefert ein Kürzel der Sprache für Bildschirmausgaben.
- `final String getDisplayName()`
  Liefert den Namen der Einstellungen.
- `final String getDisplayVariant()`
  Liefert den Namen der Variante.
- `String getISO3Country()`
  Liefert die ISO-Abkürzung des Landes dieser Einstellungen und löst eine `MissingResourceException` aus, wenn die ISO-Abkürzung nicht verfügbar ist.
- `String getISO3Language()`
  Liefert die ISO-Abkürzung der Sprache dieser Einstellungen und löst eine `MissingResourceException` aus, wenn die ISO-Abkürzung nicht verfügbar ist.
- `static Locale[] getAvailableLocales()`
  Liefert eine Aufzählung aller installierten `Locale`-Objekte. Das Feld enthält mindestens `Locale.US` und 160 Einträge.

Locale-Objekte aufbauen

`Locale`-Objekte werden immer mit dem Namen der Sprache und optional mit dem Namen des Landes bzw. einer Region und Variante erzeugt. Die `Locale`-Klasse bietet drei Möglichkeiten zum Aufbau der Objekte:

- `Locale`-Konstruktor
- Die innere Klasse `Builder` von `Locale` nutzt das Builder-Pattern zum Aufbau neuer `Locale`-Objekte.
- über die `Locale`-Methode `forLanguageTag(…)` und eine String-Kennung

[»]

Beispiel

Im Konstruktor der Klasse `Locale` werden Länderabkürzungen angegeben, etwa für ein Sprachobjekt für Großbritannien oder Frankreich:

```
Locale greatBritain = new Locale( "en", "GB" );
Locale french       = new Locale( "fr" );
```

Hinter der Abkürzung `Locale.UK` steht nichts anderes als die Initialisierung mit `new Locale("en", "GB")`. Im zweiten Beispiel ist uns das Land egal. Wir haben einfach nur die Sprache Französisch ausgewählt, egal in welchem Teil der Welt.

Die Sprachen sind durch Zwei-Buchstaben-Kürzel aus dem ISO-639-Code[4] (ISO Language Code) identifiziert, und die Ländernamen sind Zwei-Buchstaben-Kürzel, die in ISO 3166[5] (ISO Country Code) beschrieben sind.

[«]

Beispiel

Drei Varianten zum Aufbau der `Locale.JAPANESE`:

```
Locale loc1 = new Locale( "ja" );
Locale loc2 = new Locale.Builder().setLanguage( "ja" ).build();
Locale loc3 = Locale.forLanguageTag( "ja" );
```

```
final class java.util.Locale
implements Cloneable, Serializable
```

- `Locale(String language)`
  Erzeugt ein neues `Locale`-Objekt für die Sprache (`language`), die nach dem ISO-693-Standard gegeben ist.
- `Locale(String language, String country)`
  Erzeugt ein `Locale`-Objekt für eine Sprache (`language`) nach ISO 693 und ein Land (`country`) nach dem ISO-3166-Standard.
- `public Locale(String language, String country, String variant)`
  Erzeugt ein `Locale`-Objekt für eine Sprache, ein Land und eine Variante. `variant` ist eine herstellerabhängige Angabe wie »WIN« oder »MAC«.

Die statische Methode `Locale.getDefault()` liefert die aktuell eingestellte Sprache. Für die laufende JVM kann `Locale.setDefault(Locale)` diese ändern.

Unter Java 7 und Java 8 hat die Klasse `Locale` an Gewicht zugelegt; Entwickler sollten für den `Builder`, für `forLanguageTag(…)` und die neuen Erweiterungen und Filtermethoden die Javadoc studieren.[6]

5.4 Internationalisierung und Lokalisierung

Soll ein Programm in jeder Kultur und jedem Sprachraum optimal laufen, ist auf eine ganze Reihe von Dingen zu achten:

- Texte der Beschriftungen
- Konventionen in Bezug auf Datum, Dezimalzahlen, Währungen, Telefonnummern

4 *http://www.loc.gov/standards/iso639-2/php/code list.php*
5 *http://www.iso.org/iso/en/prods-services/iso3166ma/02iso-3166-code-lists/index.html*
6 Auf Englisch beschreibt das Java-Tutorial von Oracle die Erweiterungen unter *http://docs.oracle.com/javase/tutorial/i18n/locale/index.html*.

- Ausrichtungen und Schreibrichtung
- Grafiken, Farben
- Töne, Musiken

In der Softwareentwicklung gibt es zwei Begriffe, die sich um sprachabhängige Programme drehen, *Internationalisierung* und *Lokalisierung*:

- **Internationalisierung**: Die Internationalisierung eines Programms bedeutet, dass es so entwickelt und vorbereitet wurde, dass es unter beliebig vielen Sprachen arbeitet.
- **Lokalisierung**: Die Lokalisierung ist der Prozess des Anpassens an eine bestimmte neue Sprache.

Eine Software, die gleich internationalisiert entworfen wird, kann leicht um andere Sprachen erweitert werden, und Unternehmen können somit schnell in neue Märkte eintreten. Java unterstützt das mit diversen Möglichkeiten:

- `Format`-Klassen erleichtern die Formatierung von Datum und Zahlen.
- `ResourceBundle`-Objekte ermöglichen unterschiedliche Sprachen durch Übersetzungsdateien bzw. eigene Abbildungen zwischen einem Schlüssel und einer Übersetzung.
- `Collator`-Klassen aus dem `java.text`-Paket können sprachabhängig sortieren.
- Swing kann Text und Komponenten mühelos von rechts nach links laufen lassen.

Die Vorbereitung kostet natürlich Zeit und gestalterische Klarheit. Ein Zuviel an Grafiken kann dabei der Lokalisierung im Weg stehen, etwa bei Handgesten, Bildern von Tieren oder Gesichtern.

5.4.1 ResourceBundle-Objekte und Ressource-Dateien

Sollen Java-Programme sprachunabhängig gestaltet werden, müssen in der ersten Phase der Internationalisierung alle Zeichenketten einer Landessprache durch symbolische Namen ersetzt werden. Die Verbindung zwischen den symbolischen Namen und den landessprachlichen Texten übernimmt ein `ResourceBundle`-Objekt, hinter dem eine Lokalisierungsdatei steht. Wenn das Programm später eine Zeichenkette nutzen will, greift es auf den symbolischen Namen zurück, den dann das `ResourceBundle`-Objekt auf die entsprechende Übersetzung überträgt. `ResourceBundle`-Objekte sind spezielle Assoziativspeicher, die alle programmrelevanten Texte und Informationen für ein spezielles Land repräsentieren. Ein wesentliches Merkmal von Java besteht in der Fähigkeit dieser Datenspeicher, sich die passenden Lokalisierungsdateien selbst herauszusuchen.

5.4.2 Ressource-Dateien zur Lokalisierung

Die Übersetzungen können aus Dateien oder einfachen Listen stammen; wir nehmen im Folgenden Dateien an. Da wir die Sprachen Englisch und Deutsch unterstützen wollen, legen wir im (frei wählbaren) Verzeichnis *resources* zwei Dateien an, eine für die englische und eine für deutsche Version:

Listing 5.2 resources/HelloWorld_en.properties

```
# HelloWorld_en.properties
Hello=Hello World.
Bye=Bye.
```

Listing 5.3 resources/HelloWorld_de.properties

```
# HelloWorld_de.properties
Hello=Hallo Welt.
Bye=Tschüss.
```

Die Datei enthält Schlüssel-Wert-Paare sowie Kommentare, die mit einer Raute beginnen. Mit einem Identifizierer – wie »Hello« – sind die landes-/sprachabhängigen Zeichenketten als Werte verbunden.

[+]

Hinweis

Intern greift `ResourceBundle` zum Laden der Ressourcen-Dateien auf die Java-Klasse `Properties` zurück. Die Zeichenkodierung ist standardmäßig ISO 8859-1, was eher ungewöhnlich ist, da in der Java-Welt sonst UTF-8 Standard ist. Sind die Properties-Dateien nicht im ISO-8859-1-Format, gibt es schnell Datenmüll, insbesondere, wenn Zeichen in der Datei sind, die nicht Teil von ISO 8859-1 sind. Denn Nicht-ISO-8859-1-Zeichen müssen umkodiert werden in der Form `\uXXXX`, wobei `X` für ein Hexadezimalzeichen steht. Das ist aufwändig, und das JDK-Tool *native2ansi* kann UTF-8-Dateien in ISO-8859-1-Dateien konvertieren. Das sieht etwa so aus:

```
$ native2ascii -encoding utf8 utf8-resources.properties resources.properties
```

Richtig schön ist das aber nicht, doch zum Glück kann `ResourceBundle` über `ResourceBundle.Control`-Objekte das Laden selbst in die Hand nehmen.

Hinweise zum Einsatz gibt etwa *http://stackoverflow.com/questions/4659929/how-to-use-utf-8-in-resource-properties-with-resourcebundle.*

Die Dateinamen für die Ressourcen-Dateien haben dabei einen speziellen Aufbau. Sie setzen sich aus dem so genannten *Basisnamen* (hier `HelloWorld`), einem Unterstrich (»_«), einer Landeskennung und dem Datei-Suffix `properties` zusammen. Damit ergeben sich für die Sprachen Englisch und Deutsch die Dateinamen *HelloWorld_en.properties* und *HelloWorld_de.properties.*

Eclipse kann die Zeichenketten eines Programms automatisch in eine Datei auslagern. Dazu ist im Menü SOURCE der Eintrag EXTERNALIZE STRINGS... aufzurufen.

5.4.3 Die Klasse ResourceBundle

Um auf die Übersetzungsdateien zurückgreifen zu können, benötigen wir ein Objekt der Klasse `ResourceBundle`. Die statische Fabrikmethode `ResourceBundle.getBundle(String)` liefert den Assoziativspeicher, wobei das Argument der Basisname wie »HelloWorld« ist. Über den Schlüssel sucht die Methode `getString(String key)` die landesspezifische Meldung heraus:

Listing 5.4 com/tutego/insel/bundle/InternationalHelloWorld.java

```
package com.tutego.insel.bundle;

import java.util.*;

//$java -Duser.language=en com.tutego.insel.bundle.InternationalHelloWorld
public class InternationalHelloWorld {

  public static void main( String[] args ) {
    String baseName = "resources.HelloWorld";

    try {
      ResourceBundle bundle = ResourceBundle.getBundle( baseName );
      System.out.println( bundle.getString("Hello") );
    }
    catch ( MissingResourceException e ) {
      System.err.println( e );
    }
  }
}
```

5.4.4 Ladestrategie für ResourceBundle-Objekte

Die Methode `getBundle(…)` sucht automatisch anhand der eingestellten Landessprache die passende Datei aus dem Klassenpfad (aus diesem Grund heißt unser Basisname »resources.HelloWorld« und nicht nur einfach »HelloWorld«). Die Dateinamen für die jeweiligen `ResourceBundle`-Objekte können sehr variabel zusammengesetzt werden, wobei `getBundle(…)` die nachfolgenden Bildungsgesetze verwendet und bei der Dateisuche mit der speziellsten Beschreibung beginnt:

- *bundleName_localeLanguage_localeCountry_localeVariant*
- *bundleName_localeLanguage_localeCountry*
- *bundleName_localeLanguage*
- *bundleName_defaultLanguage_defaultCountry_defaultVariant*
- *bundleName_defaultLanguage_defaultCountry*
- *bundleName_defaultLanguage*
- *bundleName*

Sind mehrere Ressourcen-Dateien im Klassenpfad, so integriert sie getBundle(…). Eine Datei wie *HelloWorld_de.properties* erweitert (und überschreibt unter Umständen) die Inhalte von *HelloWorld.properties*. Eine *localeCountry* ist zum Beispiel »CH« (das ist keine Variante), was zu einem Dateinamen *HelloWorld_de_***CH***.properties* führt.

Listing 5.5 resources/HelloWorld_de_CH.properties

```
Hello=Grüezi.
```

Die Anfrage bundle.getString("Hello") liefert »Grüezi«, und bundle.getString("Bye") retourniert »Tschüss« aus der übergeordneten Datei. Die Datei *HelloWorld_de_***CH***.properties* überschreibt die hochdeutschen Wörter aus *HelloWorld_de.properties* mit Wörtern auf Schwyzerdütsch, was wiederum Wörter aus *HelloWorld.properties* überschreiben würde. Um das Programm zu testen, ändert folgende Zeile vor getBundle(…) die Sprache:

```
Locale.setDefault( new Locale("de", "CH") );
```

Gibt es dann eine Datei wie *HelloWorld_de_***CH***.properties,* aber *HelloWorld_de.properties* fehlt und die eingestellte Sprache ist nur Deutsch und nicht ausschließlich Schweizerdeutsch, beachtet getBundle(…) die Datei *HelloWorld_de_***CH***.properties* nicht, sondern nur eventuell vorgelagerte Dateien wie *HelloWorld.properties*.

```
abstract class java.util.ResourceBundle
```

- static ResourceBundle getBundle(String baseName)
  Liefert das ResourceBundle für einen Basisnamen. Eine MissingResourceException folgt, wenn kein Resource-Bundle mit diesem Basisnamen gefunden werden konnte.
- String getString(String key)
  Gibt den mit key assoziierten Wert von diesem Resource-Bundle oder von den Vätern zurück.
- boolean containsKey(String key)
  Erfragt, ob es im Resource-Bundle für den Schlüssel eine Übersetzung gibt.
- Set<String> keySet()
  Liefert alle Übersetzungen dieses Resource-Bundles.
- String getBaseBundleName()
  Liefert den Namen des Resource-Bundles oder null, falls dieser nicht gegeben ist. Neu in Java 8.

Die einfache statische Fabrikmethode getBundle(…) bezieht zum Ansprechen der Dateien die Standardsprache aus Locale.getDefault().

5.4.5 Ladeprozess und Format anpassen *

Die Lademethode getBundle(…) ist stark mit Logik verbunden, doch bietet die Java-API drei Varianten zur Anpassung:

- Von ResourceBundle gibt es zwei Unterklassen, ListResourceBundle und PropertyResourceBundle. Während ListResourceBundle im Grunde ein zweidimensionales Feld mit den Übersetzungen aufbaut, lädt PropertyResourceBundle aus Property-Dateien, wobei hier auch beliebige Kodierungen wie UTF-8 erlaubt sind. Beispiele liefert die API-Dokumenation.
- Die zweite Anpassung ist mit ResourceBundle.Control-Objekten möglich, die etwa bei getBundle(String baseName, ResourceBundle.Control control) übergeben werden. Diese Objekte werden »zurückgerufen« und können Einfluss auf das Laden und die Auswahl von Sprachen nehmen.
- Die dritte Variante ist ResourceBundleControlProvider und neu in Java 8. Implementierungen dieser Schnittstelle lassen sich über den Service-Loader einbinden. Die Oracle-Seite *http://docs.oracle.com/javase/tutorial/i18n/serviceproviders/resourcebundlecontrolprovider.html* gibt ein paar Details.

Beispiel ListResourceBundle

Ein Resource-Bundle ohne Dateien, realisiert als ListResourceBundle, kann so aussehen:

Listing 5.6 com/tutego/insel/bundle/MonthResourceBundle_de_DE.java, MonthResourceBundle_de_DE

```
public class MonthResourceBundle_de_DE extends ListResourceBundle {

  private static final String[] MONTHS = {
      "Jan", "Feb", "Mrz", "Apr", "Mai", "Jun", "Jul", "Aug", "Sep", "Okt", "Nov", "Dez"
  };

  private static final Object[][] contents = {
    { "jan", MONTHS[0] },
    { "month", MONTHS }
  };

  @Override
  protected Object[][] getContents() {
    return contents;
  }
}
```

Die Nutzung der Klasse ist wie folgt:

Listing 5.7 com/tutego/insel/bundle/MonthResourceBundleDemo.java, main()

```
ResourceBundle bundle = ResourceBundle.getBundle(
                          "com.tutego.insel.bundle.MonthResourceBundle" );
System.out.println( bundle.getString( "jan" ) ); // Jan
```

```
System.out.println( Arrays.toString( bundle.getStringArray( "month" ) ) );
// [Jan, Feb, …
System.out.println( Collections.list( bundle.getKeys() ) ); // [month, jan]
```

In diesem Fall lädt ResourceBundle.getBundle(…) keine Property-Datei, sondern eine Klasse im Klassenpfad. Die API von ResourceBundle bietet auch eine Methode getStringArray(), die ein Feld zurückgibt, jedoch ist das bei Ressourcen-Dateien nicht nötig, nur bei Ressourcen, die »von Hand« programmiert wurden, wie in unserem Beispiel.

5.5 Die Klasse Date

Die ältere Klasse java.util.Date ist durch die Aufgabenverteilung auf die Klassen DateFormat und Calendar sehr schlank. Ein Exemplar der Klasse Date verwaltet ein besonderes Datum oder eine bestimmte Zeit; die Zeitgenauigkeit beträgt eine Millisekunde. Date-Objekte sind mutable, also veränderbar. Sie lassen sich daher nur mit Vorsicht an Methoden übergeben oder zurückgeben.

Im SQL-Paket gibt es eine Unterklasse von java.util.Date, die Klasse java.sql.Date. Bis auf eine statische Methode java.sql.Date.valueOf(String), die Zeichenfolgen mit dem Aufbau »yyyy-mm-dd« erkennt, gibt es keine Unterschiede.

5.5.1 Objekte erzeugen und Methoden nutzen

Viele Methoden von Date sind veraltet, und zwei Konstruktoren der Klasse bleiben uns:

```
class java.util.Date
implements Serializable, Cloneable, Comparable<Date>
```

- Date()
  Erzeugt ein Datum-Objekt und initialisiert es mit der Zeit, die bei der Erzeugung gelesen wurde. Die gegenwärtige Zeit erfragt dieser Konstruktor mit System.currentTimeMillis().
- Date(long date)
  Erzeugt ein Datum-Objekt und initialisiert es mit der übergebenen Anzahl von Millisekunden seit dem 1. Januar 1970, 00:00:00 GMT.

Beispiel

Mit der toString()-Methode können wir ein minimales Zeitanzeige-Programm schreiben. Wir rufen den Standard-Konstruktor auf und geben dann die Zeit aus. Die println(…)-Methode ruft wie üblich automatisch toString() auf:

Listing 5.8 com/tutego/insel/date/MiniClock.java

```
package com.tutego.insel.date;

class MiniClock {
  public static void main( String[] args ) {
    System.out.println( new java.util.Date() ); // Fri Jun 08 18:58:21 CEST 2012
  }
}
```

Die anderen Methoden erlauben Zeitvergleiche und operieren auf den Millisekunden.

```
class java.util.Date
implements Serializable, Cloneable, Comparable<Date>
```

- `long getTime()`
  Liefert die Anzahl der Millisekunden nach dem 1. Januar 1970, 00:00:00 GMT zurück. Der Wert ist negativ, wenn der Zeitpunkt vor dem 1.1.1970 liegt.
- `void setTime(long time)`
  Setzt wie der Konstruktor die Anzahl der Millisekunden des Datum-Objekts neu.
- `boolean before(Date when)`
- `boolean after(Date when)`
  Testet, ob das eigene Datum vor oder nach dem übergebenen Datum liegt: Gibt `true` zurück, wenn `when` vor oder nach dem eigenen Datum liegt, sonst `false`. Falls die Millisekunden in `long` bekannt sind, kommt ein Vergleich mit den primitiven Werten zum gleichen Ergebnis.
- `boolean equals(Object obj)`
  Testet die Datumsobjekte auf Gleichheit. Gibt `true` zurück, wenn `getTime()` für den eigenen Zeitwert und das Datumsobjekt hinter `obj` den gleichen Wert ergibt und der aktuelle Parameter nicht `null` ist.
- `int compareTo(Date anotherDate)`
  Vergleicht zwei Datum-Objekte und gibt 0 zurück, falls beide die gleiche Zeit repräsentieren. Der Rückgabewert ist kleiner 0, falls das Datum des aufrufenden Exemplars vor dem Datum von `anotherDate` ist, sonst größer 0.
- `int compareTo(Object o)`
  Ist das übergebene Objekt vom Typ `Date`, dann verhält sich die Methode wie `compareTo(…)`. Andernfalls löst die Methode eine `ClassCastException` aus. Die Methode ist eine Vorgabe aus der Schnittstelle `Comparable`. Mit der Methode lassen sich `Date`-Objekte in einem Feld über `Arrays.sort(Object[])` oder `Collections.sort(…)` einfach sortieren.
- `String toString()`
  Gibt eine Repräsentation des Datums aus. Das Format ist nicht landesspezifisch.

5.5.2 Date-Objekte sind nicht immutable

Dass Date-Objekte nicht immutable sind, ist sicherlich aus heutiger Sicht eine große Designschwäche. Immer dann, wenn Date-Objekte übergeben und zurückgegeben werden sollen, ist eine Kopie des Zustands das Beste, damit nicht später plötzlich ein verteiltes Date-Objekt ungewünschte Änderungen an den verschiedensten Stellen provoziert. Am besten sieht es also so aus:

Listing 5.9 com.tutego.insel.date.Person.java, Person

```
class Person {

  private Date birthday;

  public void setBirthday( Date birthday ) {
    this.birthday = new Date( birthday.getTime() );
  }

  public Date getBirthday() {
    return new Date( birthday.getTime() );
  }
}
```

[+]

Hinweis

Eigentlich hat Sun die verändernden Methoden wie setHours(...) oder setMinutes(...)für *deprecated* erklärt. Allerdings blieb eine Methode außen vor: setTime(long), die die Anzahl der Millisekunden seit dem 1.1.1970 neu setzt. In Programmen sollte diese zustandsverändernde Methode vorsichtig eingesetzt und stattdessen die Millisekunden im Konstruktor für ein neues Date-Objekt übergeben werden.

5.6 Calendar und GregorianCalendar

Ein Kalender unterteilt die Zeit in Einheiten wie Jahr, Monat, Tag. Der bekannteste Kalender ist der *gregorianische Kalender*, den Papst Gregor XIII. im Jahre 1582 einführte. Vor seiner Einführung war der *julianische Kalender* populär, der auf Julius Cäsar zurückging – daher auch der Name. Er stammt aus dem Jahr 45 vor unserer Zeitrechnung. Der gregorianische und der julianische Kalender sind Sonnenkalender, die den Lauf der Erde um die Sonne als Basis für die Zeiteinteilung nutzen; der Mond spielt keine Rolle. Daneben gibt es Mondkalender wie den islamischen Kalender und die Lunisolarkalender, die Sonne und Mond miteinander verbinden. Zu diesem Typus gehören der chinesische, der griechische und der jüdische Kalender.

Mit Exemplaren vom Typ Calendar ist es möglich, Datum und Uhrzeit in den einzelnen Komponenten wie Jahr, Monat, Tag, Stunde, Minute, Sekunde zu setzen und zu erfragen. Da es unterschiedliche Kalendertypen gibt, ist `Calendar` eine abstrakte Basisklasse, und Unterklassen bestimmen, wie konkret eine Abfrage oder Veränderung für ein bestimmtes Kalendersystem aussehen muss. Bisher bringt die Java-Bibliothek mit der Unterklasse `GregorianCalendar` nur eine öffentliche konkrete Implementierung mit, deren Exemplare Daten und Zeitpunkte gemäß dem gregorianischen Kalender verkörpern. Intern gibt es weiterhin eine Klasse für einen japanischen und eine für einen buddhistischen Kalender; sie werden immer verwendet, wenn die `Locale` ja_JP_JP bzw. th_TH sind.[7] IBM hat mit *International Components for Unicode for Java* (ICU4J) unter *http://icu.sourceforge.net/* weitere Klassen wie `ChineseCalendar`, `BuddhistCalendar`, `JapaneseCalendar`, `HebrewCalendar` und `IslamicCalendar` freigegeben. Hier findet sich auch einiges zum Thema Ostertage.

5.6.1 Die abstrakte Klasse Calendar

Die Klasse `Calendar` besitzt zum einen Anfrage- und Modifikationsmethoden für konkrete Exemplare und zum anderen statische Fabrikmethoden. Eine einfache statische Methode ist `getInstance()`, um ein konkretes Objekt zu bekommen.

```
abstract class java.util.Calendar
implements Serializable, Cloneable, Comparable<Calendar>
```

- `static Calendar getInstance()`
  Liefert einen Standard-`Calendar` mit der Standardzeitzone und Standardlokalisierung zurück.

Neben der parameterlosen Variante von `getInstance()` gibt es drei weitere Varianten, denen ein `TimeZone`-Objekt und `Locale`-Objekt mit übergeben werden kann. Damit kann dann der Kalender auf eine spezielle Zeitzone und einen Landstrich zugeschnitten werden.

[+]

Hinweis

Anders als `Date` hat `Calendar` (bzw. `GregorianCalendar`) keine menschenfreundliche `toString()`-Methode. Der String ist eher eine Debug-Meldung und listet alle Zustände des Objekts auf:

`java.util.GregorianCalendar[time=1187732409256,areFieldsSet=true,areAllFieldsSet= ...`

Insgesamt gibt es drei Varianten, um an ein konkretes `Calendar`-Exemplar zu kommen:

- Aufruf einer Fabrikmethode `Calendar.getInstance(...)`
- Nutzen vom `Calendar.Builder`, was das Builder-Pattern realisiert
- Nutzen einer Unterklasse von `Calendar`, etwa `GregorianCalendar`

7 *http://docs.oracle.com/javase/8/docs/technotes/guides/intl/calendar.doc.html*

5.6.2 Calendar nach Date und Millisekunden fragen

Um von einem `Calendar` die Anzahl der vergangenen Millisekunden seit dem 1.1.1970 abzufragen, dient `getTimeInMillis()` (eine ähnliche Methode hat auch `Date`, nur heißt sie dort `getTime()`).

[+] 5

Hinweis

`Calendar` und `Date` haben beide eine `getTime()`-Methode. Nur liefert die `Calendar`-Methode `getTime()` ein `java.util.Date`-Objekt und die `Date`-Methode `getTime()` ein `long`. Gutes API-Design sieht anders aus. Damit Entwickler aber keine unschönen `cal.getTime().getTime()`-Ausdrücke schreiben müssen, um vom `Calendar` die Anzahl der Millisekunden zu beziehen, ist `getTimeInMillis()` im Angebot.

```
abstract class java.util.Calendar
implements Serializable, Cloneable, Comparable<Calendar>
```

- `final long getTimeInMillis()`
  Liefert die seit der Epoche (January 1, 1970 00:00:00.000 GMT, Gregorian) vergangene Zeit in Millisekunden.
- `final Date getTime()`
  Liefert ein `Date`-Objekt zu diesem `Calendar`.

[«]

Beispiel

Bestimme die Anzahl der Tage, die seit einem bestimmten Tag, Monat und Jahr vergangen sind:

```
int date  = 1;
int month = Calendar.JANUARY;
int year  = 1900;
long ms = new GregorianCalendar( year, month, date ).getTimeInMillis();
long days = TimeUnit.MILLISECONDS.toDays( System.currentTimeMillis() - ms );
System.out.println( days );                        // 40303
```

Zum Aufbau eines `Calendar`-Objekts nutzt das Beispiel den parametrisieren Konstruktor von `GregorianCalendar`.

5.6.3 Abfragen und Setzen von Datumselementen über Feldbezeichner

Das Abfragen und Setzen von Datumselementen eines Kalenders erfolgt mit den überladenen Methoden `get(…)` und `set(…)`. Beide erwarten als erstes Argument einen Feldbezeichner – eine Konstante aus der Klasse `Calendar` –, der angibt, auf welches Datum-/Zeitfeld zugegriffen werden soll. Die `get(…)`-Methode liefert den Inhalt des angegebenen Feldes, und `set(…)` schreibt den als zweites Argument übergebenen Wert in das Feld.

[»] **Beispiel**

Führe Anweisungen aus, wenn es 19 Uhr ist:

```
if ( Calendar.getInstance().get( Calendar.HOUR_OF_DAY ) == 19 )
  ...
```

Tabelle 5.1 gibt eine Übersicht der Feldbezeichner und ihrer Wertebereiche im Fall des konkreten `GregorianCalendar`:

```
abstract class java.util.Calendar
implements Serializable, Cloneable, Comparable<Calendar>
```

Feldbezeichner Calendar.*	Minimalwert	Maximalwert	Erklärung
ERA	0 (BC)	1 (AD)	Datum vor oder nach Christus
YEAR	1	theoretisch unbeschränkt	Jahr
MONTH	0	11	Monat (nicht von 1 bis 12!)
DAY_OF_MONTH alternativ DATE	1	31	Tag
WEEK_OF_YEAR	1	54	Woche
WEEK_OF_MONTH	1	6	Woche des Monats
DAY_OF_YEAR	1	366	Tag des Jahres
DAY_OF_WEEK	1	7	Tag der Woche (1 = Sonntag, 7 = Samstag)
DAY_OF_WEEK_IN_MONTH	–1	6	Tag der Woche im Monat
HOUR	0	11	Stunde von 12
HOUR_OF_DAY	0	23	Stunde von 24
MINUTE	0	59	Minute
SECOND	0	59	Sekunden
MILLISECOND	0	999	Millisekunden

Tabelle 5.1 Konstanten aus der Klasse Calendar

Feldbezeichner Calendar.*	Minimalwert	Maximalwert	Erklärung
AM_PM	0	1	vor 12, nach 12
ZONE_OFFSET	–13 × 60 × 60 × 1000	+14 × 60 × 60 × 1000	Zeitzonenabweichung in Millisekunden
DST_OFFSET	0	2 × 60 × 60 × 1000	Sommerzeitabweichung in Millisekunden

Tabelle 5.1 Konstanten aus der Klasse Calendar (Forts.)

Beachtenswert sind der Anfang der Monate mit 0 und der Anfang der Wochentage mit 1 (`SUNDAY`), 2 (`MONDAY`), ..., 7 (`SATURDAY`) – Konstanten der Klasse `Calendar` stehen in Klammern. Die Woche beginnt in der Java-Welt also bei 1 und Sonntag, statt – wie vielleicht anzunehmen – bei 0 und Montag.

Beispiel

Ist ein `Date`-Objekt gegeben, so speichert es Datum und Zeit. Soll der Zeitanteil gelöscht werden, so bietet Java dafür keine eigene Methode. Die Lösung ist, Stunden, Minuten, Sekunden und Millisekunden von Hand auf 0 zu setzen. Löschen wir vom Hier und Jetzt die Zeit:

```
Date date = new Date();
Calendar cal = Calendar.getInstance();
cal.setTime( date );
cal.set( Calendar.HOUR_OF_DAY, 0 );
cal.set( Calendar.MINUTE, 0 );
cal.set( Calendar.SECOND, 0 );
cal.set( Calendar.MILLISECOND, 0 );
date = cal.getTime();
```

Eine Alternative wäre, den Konstruktor `GregorianCalendar(int year, int month, int dayOfMonth)` mit den Werten vom Datum zu nutzen.

```
abstract class java.util.Calendar
implements Serializable, Cloneable, Comparable<Calendar>
```

- `int get(int field)`
  Liefert den Wert für `field`.
- `void set(int field, int value)`
  Setzt das Feld `field` mit dem Wert `value`.
- `final void set(int year, int month, int date)`
  Setzt die Werte für Jahr, Monat und Tag.

- `final void set(int year, int month, int date, int hourOfDay, int minute)`
  Setzt die Werte für Jahr, Monat, Tag, Stunde und Minute.
- `final void set(int year, int month, int date, int hourOfDay, int minute, int second)`
  Setzt die Werte für Jahr, Monat, Tag, Stunde, Minute und Sekunde.

[+]

Hinweis

Wo die `Date`-Klasse etwa spezielle (veraltete) Methoden wie `getYear()`, `getDay()`, `getHours()` anbietet, müssen Nutzer der `Calendar`-Klasse immer die `get(int field)`-Methode nutzen. Es gibt kaum Getter für den Zugriff auf ein bestimmtes Feld.

Werte relativ setzen

Neben der Möglichkeit, die Werte entweder über den Konstruktor oder über `set(…)` absolut zu setzen, sind auch relative Veränderungen möglich. Dazu wird die `add(…)`-Methode eingesetzt, die wie `set(…)` als erstes Argument einen Feldbezeichner bekommt und als zweites die Verschiebung.

[»]

Beispiel

Was ist der erste und letzte Tag einer Kalenderwoche?

```
Calendar cal = Calendar.getInstance();
cal.set( Calendar.YEAR, 2014 );
cal.set( Calendar.WEEK_OF_YEAR, 15 );
cal.set( Calendar.DAY_OF_WEEK, Calendar.MONDAY );
System.out.printf( "%tD ", cal );                    // 04/07/14
cal.add( Calendar.DAY_OF_WEEK, 6 );
System.out.printf( "%tD", cal );                     // 04/13/14
```

Die Methode `add(…)` setzt das Datum um 6 Tage hoch.

Da es keine `sub(…)`-Methode gibt, können die Werte bei `add(…)` auch negativ sein.

[»]

Beispiel

Wo waren wir heute vor einem Jahr?

```
Calendar cal = Calendar.getInstance();
System.out.printf( "%tF%n", cal );                  // 2013-02-01
cal.add( Calendar.YEAR, -1 );
System.out.printf( "%tF%n", cal );                  // 2012-02-01
```

Eine weitere Methode `roll(…)` ändert keine folgenden Felder, was `add(…)` macht, wenn etwa zum 30. eines Monats 10 Tage addiert werden.

```
abstract class java.util.Calendar
implements Serializable, Cloneable, Comparable<Calendar>
```

- abstract void add(int field, int amount)
  Addiert (bzw. subtrahiert, wenn amount negativ ist) den angegebenen Wert auf dem (bzw. vom) Feld.
- abstract void roll(int field, boolean up)
  Setzt eine Einheit auf dem gegebenen Feld hoch oder runter, ohne die nachfolgenden Felder zu beeinflussen. Ist der aktuelle Feldwert das Maximum (bzw. Minimum) und wird um eine Einheit addiert (bzw. subtrahiert), ist der nächste Feldwert das Minimum (bzw. Maximum).
- void roll(int field, int amount)
  Ist amount positiv, führt diese Methode die Operation roll(field, true) genau amount-mal aus, ist amount negativ, dann wird amount-mal roll(field, false) aufgerufen.

5.6.4 Kalender-Typen *

Welchen Kalendertyp ein konkreter Kalender repräsentiert, ermittelt ab Java 8 die Calendar-Objektmethode getCalendarType(); die Rückgabe ist ein String und lautet bei dem typischen gregorianischen Kalender »gregory«, könnte aber auch »buddhist« oder »japanese« heißen. Welche Kalendertypen Java überhaupt unterstützt, liefert die statische Methode Calendar.getAvailableCalendarTypes() in Java 8 als Set<String>. Im Moment sind es genau die drei genannten.

5.6.5 Kalender-Exemplare bauen über den Calendar.Builder

Java 8 hat in Calendar die neue statische innere Klasse Builder eingeführt, mit der sich leicht Calendar-Exemplare mit gesetzten Feldern aufbauen lassen. Die allgemeine Schreibweise ist wie folgt:

```
Calendar cal = new Calendar.Builder()
                          .setXXX( … ).setXXX( … ).setXXX( … )
                          .build();
```

Zum Setzen von Feldern gibt es setXXX(…)-Methoden, am Ende folgt ein Aufruf von build(), der ein fertiges Calendar-Objekt liefert.

```
static class java.util.Calendar.Builder
```

- Calendar.Builder setDate(int year, int month, int dayOfMonth)
- Calendar.Builder set(int field, int value)
- Calendar.Builder setFields(int... fieldValuePairs)

- Calendar.Builder setInstant(Date instant)
- Calendar.Builder setInstant(long instant)
- Calendar.Builder setTimeOfDay(int hourOfDay, int minute, int second)
- Calendar.Builder setTimeOfDay(int hourOfDay, int minute, int second, int millis)
- Calendar.Builder setWeekDate(int weekYear, int weekOfYear, int dayOfWeek)
- Calendar.Builder setTimeZone(TimeZone zone)

Etwas weniger gebräuchliche Methoden sind weiterhin setCalendarType(String type) – was Rückgaben von Calendar.getAvailableCalendarTypes() erlaubt und alternativ zu »gregory« auch »gregorian« bzw. »iso8601« –, setLenient(boolean lenient), setLocale(Locale locale) und setWeekDefinition(int firstDayOfWeek, int minimalDaysInFirstWeek).

5.6.6 Wie viele Tage hat der Monat, oder wie viele Monate hat ein Jahr? *

Das Calendar Objekt kann nicht nur nach einem bestimmen Element, etwa dem Tag oder dem Jahr, abgefragt werden, sondern auch nach Bereichen der Elemente, etwa wie viele Tage maximal in einem Monat sind oder nach dem Start der Woche.

Fragen nach dem ersten/letzten bzw. größten/kleinsten Element lassen sich mit unterschiedlichen Methoden getXXXMinimum(…), getXXXMaximum(…) klären. Als Argument bekommt diese Methode einen Feldbezeichner aus der Klasse Calendar übermittelt, dessen Maximum sie dann bestimmt.

Das nachfolgende Programm listet alle Monate des aktuellen Kalenders auf. Zwar umfasst der gregorianische Kalender genau 12 Monate, trotzdem ist die Grenze nicht bei Calendar.DECEMBER gesetzt, sondern dynamisch erfragt. Den Beweis, dass das Programm korrekt funktioniert, sollten wir mit einem Abzählen der Fingerknöchel führen:

Listing 5.10 com/tutego/insel/date/Knuckles.java, main()

```
Calendar cal = Calendar.getInstance();

System.out.println( cal.getTime() );

for ( int month = Calendar.JANUARY;
      month <= cal.getActualMaximum( Calendar.MONTH );
      month++ ) {
  cal.set( Calendar.MONTH, month );

  System.out.printf( "%d. Monat hat %d Tage%n", month + 1,
                     cal.getActualMaximum(Calendar.DAY_OF_MONTH) );
}
```

Die Ausgabe:

```
Sat Apr 16 11:31:38 CEST 2011
1. Monat hat 31 Tage
2. Monat hat 28 Tage
3. Monat hat 31 Tage
4. Monat hat 30 Tage
5. Monat hat 31 Tage
6. Monat hat 30 Tage
7. Monat hat 31 Tage
8. Monat hat 31 Tage
9. Monat hat 30 Tage
10. Monat hat 31 Tage
11. Monat hat 30 Tage
12. Monat hat 31 Tage
```

Die Methoden im Überblick:

```
abstract class java.util.Calendar
implements Serializable, Cloneable, Comparable<Calendar>
```

- abstract int getMinimum(int field)
- abstract int getMaximum(int field)
  Liefert den kleinsten/größten Wert, den das Kalenderfeld grundsätzlich annehmen kann.
- int getActualMinimum(int field)
- int getActualMaximum(int field)
  Liefert den kleinsten/größten Wert, den das Kalenderfeld bei dem aktuellen Kalenderexemplar annehmen kann. Der Februar 2010 hat zum Beispiel 28 Tage, der Februar 2012 aber 29. Demnach ist das Ergebnis je nach Jahr unterschiedlich, getMaximum(...) wäre aber immer gleich.
- abstract int getGreatestMinimum(int field)
- abstract int getLeastMaximum(int field)
  Liefert den größten/kleinsten Wert von getActualMinimum(int)/getActualMaximum(int) für alle möglichen gültigen Kalender.

5.6.7 Wann beginnt die Woche und wann die erste Woche im Jahr? *

Die Konstante Calendar.SUNDAY definiert mit 1 den Start der Woche. Das ist insbesondere für deutsche Verhältnisse unüblich, denn nach DIN-Norm 1355 beginnt die Woche mit Montag. Die Vereinbarung wurde 1975 mit der ISO getroffen und von den Kalenderherstellern in den folgenden Jahren umgesetzt. Wer »weltliche« Software schreibt, sollte jedoch berücksichtigen, dass die katholische und evangelische Kirche sich dieser Anpassung nicht angeschlossen haben. Sonntag bleibt der erste Tag der Woche.

Da der offizielle Start der Woche in den einzelnen Ländern unterschiedlich ist, bietet die Calendar-Klasse die Methode getFirstDayOfWeek().

[»] **Beispiel**

An welchem Tag beginnt die Woche?

```
Calendar cal = Calendar.getInstance( Locale.GERMANY );
System.out.println( cal.getFirstDayOfWeek() );  // 2 = MONDAY
cal = Calendar.getInstance( Locale.US );
System.out.println( cal.getFirstDayOfWeek() );  // 1 = SUNDAY
cal = Calendar.getInstance( Locale.FRANCE );
System.out.println( cal.getFirstDayOfWeek() );  // 2 = MONDAY
```

Liegt der 1.1. immer in der der KW 1?

Zwar beginnt das Jahr immer am 1.1., allerdings nicht immer mit einem Sonntag oder Montag, also dem Tag, der laut getFirstDayOfWeek() die Woche beginnen lässt. Der 1.1.2011 war ein Samstag, der 1.1.2012 ein Sonntag und der 1.1.2013 ein Dienstag. Da der 1.1. eine neue Woche beginnen lässt, ergibt sich die interessante Fragestellung, ob der 1.1. denn immer in der KW 1 liegen muss oder nicht. Die Antwort liefert das Wochennummerierungssystem und das ist – wie so vieles in Deutschland – in einer DIN-Norm geregelt. Damit der 1.1. in der KW 1 liegt, müssen in Deutschland mindestens 4 Tage in dieser ersten Woche liegen. Ist es zum Beispiel nur 1 Tag, so liegt der 1.1. in der letzten KW des vorherigen Jahres, etwa in der KW 52. Da in Deutschland die Woche am Montag beginnt, heißt das bei 4 Tagen: Wenn der 1.1. am Montag, Dienstag, Mittwoch oder Donnerstag liegt, gehört er zur KW 1, andernfalls nicht.

Wer Kalender anzeigt und die Kalenderwochen einträgt, der muss so etwas wissen. In Deutschland beträgt die Grenze 4 Tage, aber das ist landesabhängig. Und genau für diesen Fall bietet die Calendar-Klasse eine Methode getMinimalDaysInFirstWeek(). Für Deutschland liefert sie 4, aber für viele andere Länder gibt sie 1 zurück.

[»] **Beispiel**

Rückgabe von getMinimalDaysInFirstWeek() in verschiedenen Ländern:

```
Calendar cal = Calendar.getInstance( Locale.GERMANY );
System.out.println( cal.getMinimalDaysInFirstWeek() );  // 4
cal = Calendar.getInstance( Locale.US );
System.out.println( cal.getMinimalDaysInFirstWeek() );  // 1
cal = Calendar.getInstance( Locale.CANADA_FRENCH );
System.out.println( cal.getMinimalDaysInFirstWeek() );  // 1
```

Die Methode `getWeeksInWeekYear()` sagt bei einem gesetzten Feld für die Kalenderwoche, wie viele Wochen das Jahr maximal hat. `GregorianCalendar` unterstützt die Methode, doch nicht jeder `Calendar` muss das tun.

5.6.8 Der gregorianische Kalender

Die Klasse `GregorianCalendar` erweitert die abstrakte Klasse `Calendar`. Sieben Konstruktoren stehen zur Verfügung; vier davon sehen wir uns an.

```
class java.util.GregorianCalendar
extends Calendar
```

- `GregorianCalendar()`
  Erzeugt ein standardmäßiges `GregorianCalendar`-Objekt mit der aktuellen Zeit in der voreingestellten Zeitzone und Lokalisierung.
- `GregorianCalendar(int year, int month, int date)`
  Erzeugt ein `GregorianCalendar`-Objekt in der voreingestellten Zeitzone und Lokalisierung. Jahr, Monat (der zwischen 0 und 11 und nicht zwischen 1 und 12 liegt) und Tag legen das Datum fest.
- `GregorianCalendar(int year, int month, int date, int hour, int minute)`
  Erzeugt ein `GregorianCalendar`-Objekt in der voreingestellten Zeitzone und Lokalisierung. Das Datum legen Jahr, Monat (0 <= `month` <= 11), Tag, Stunde und Minute fest.
- `GregorianCalendar(int year, int month, int date, int hour, int minute, int second)`
  Erzeugt ein `GregorianCalendar`-Objekt in der voreingestellten Zeitzone und Lokalisierung. Das Datum legen Jahr, Monat (0 <= `month` <= 11), Tag, Stunde, Minute und Sekunde fest.

[+]

Hinweis

Die Monate beginnen bei 0, sodass `new GregorianCalendar(1973, 3, 12)` nicht den 12. März, sondern den 12. April ergibt! Damit Anfrageprobleme vermieden werden, sollten die `Calendar`-Konstanten `JANUARY` (0), `FEBRUARY`, `MARCH`, `APRIL`, `MAY`, `JUNE`, `JULY`, `AUGUST`, `SEPTEMBER`, `OCTOBER`, `NOVEMBER`, `DECEMBER` (11) verwendet werden. Die spezielle Variable `UNDECIMBER` (12) steht für den 13. Monat, der etwa bei einem Mondkalender anzutreffen ist. Die Konstanten sind keine typsicheren Aufzählungen, bieten aber den Vorteil, als `int` einfach mit ihnen zählen zu können.

Neben den hier aufgeführten Konstruktoren gibt es noch weitere, die es erlauben, die Zeitzone und Lokalisierung zu ändern. Standardmäßig eingestellt sind die lokale Zeitzone und die aktuelle Lokalisierung. Ist eines der Argumente im falschen Bereich, löst der Konstruktor eine `IllegalArgumentException` aus.

[+]

Hinweis

Zum Aufbau von Calendar-Objekten gibt es nun zwei Möglichkeiten:

```
Calendar c = Calendar.getInstance();
```

und

```
Calendar c = new GregorianCalendar();
```

Die erste Variante ist besonders in internationalisierter Software zu bevorzugen, da es einige Länder gibt, die nicht nach dem gregorianischen Kalender arbeiten.

```
Calendar c = Calendar.getInstance( new Locale("ja", "JP", "JP") );
```

Fehlerquelle: Der Standard-Konstruktor setzt eine falsche Zeitzone *

Leider liefert der Standard-Konstruktor von GregorianCalendar nicht immer die erwarteten Ergebnisse. Zur Klärung sehen wir uns die Implementierung genauer an:

```
public GregorianCalendar() {
  this( TimeZone.getDefault(), Locale.getDefault() );
}
```

Konstruieren wir den gregorianischen Kalender ohne Zeitzonenangabe, so ruft die Klasse TimeZone die statische Methode getDefault() auf. Die Implementierung von getDefault() fragt nach einer Systemeigenschaft user.timezone. Sie lässt sich

1. programmatisch mit System.setProperty("user.timezone","Zeitzone"); oder
2. mit -Duser.timezone=Zeitzone über die Kommandozeile setzen.

Ist die user.timezone-Variable nicht explizit gesetzt, nimmt der Kalender die Zeitzone 0 an. In Deutschland haben wir jedoch die *Central European Time* (CET). Ist die Zeitzone auf Rechnern nicht auf CET gestellt, gehen alle Zeitangaben eine Stunde nach. Um dieses Problem zu beheben, sollte die korrekte Zeitzone mit dem Konstruktor GregorianCalendar(TimeZone) oder mit der Methode setTimeZone(TimeZone) aus der Klasse Calendar eingestellt werden:

```
calendar = new GregorianCalendar();
calendar.setTimeZone( TimeZone.getTimeZone("CET") );
```

[+]

Hinweis

Natürlich verfehlt dies vollkommen seinen Zweck, da wir die Zeitzone nicht von Hand setzen sollten. Aber leider funktioniert es auf einigen Computern nicht ohne explizites Setzen.

Ein gregorianischer Kalender mit eigenen Werten *

Wir wollen im folgenden Beispiel ein Calendar-Objekt erzeugen und mit einer selbst geschriebenen statischen Methode printCalendar(Calendar) wichtige Felder ausgeben. Weil die Daten nicht bearbeitet werden, handelt es sich um das aktuelle Tagesdatum. Anschließend manipulieren wir mit den set(…)-Methoden das Objekt und setzen es auf das Geburtsdatum des Autors:

Listing 5.11 com/tutego/insel/date/CalendarDemo.java

```
package com.tutego.insel.date;

import java.util.Calendar;

public class CalendarDemo {

  public static void main( String[] args ) {
    Calendar cal = Calendar.getInstance();
    printCalendar( cal );

    cal.set( Calendar.DATE, 12 );
    cal.set( Calendar.MONTH, Calendar.MARCH );
    cal.set( Calendar.YEAR, 1973 );
    printCalendar( cal );
  }

  private static final String[] DAYS = { "Sonntag", "Montag", "Dienstag", "Mittwoch",
                                          "Donnerstag", "Freitag", "Samstag"};

  public static void printCalendar( Calendar cal ) {
    String dayOfWeek = DAYS[ cal.get(Calendar.DAY_OF_WEEK) - 1 ];  // Sonntag = 1

    System.out.printf( "%s, %s.%s.%s, %02d:%02d:%02d und %d ms%n",
                       dayOfWeek,
                       cal.get(Calendar.DATE),
                       cal.get(Calendar.MONTH) + 1,
                       cal.get(Calendar.YEAR),
                       cal.get(Calendar.HOUR_OF_DAY),
                       cal.get(Calendar.MINUTE),
                       cal.get(Calendar.SECOND),
                       cal.get(Calendar.MILLISECOND));

    System.out.printf( "Es ist die %d. Woche im Jahr und %d. Woche im Monat%n",
                       cal.get(Calendar.WEEK_OF_YEAR),
                       cal.get(Calendar.WEEK_OF_MONTH) );
  }
}
```

Die Ausgabe des Programms lautet in etwa so:

```
Samstag, 5.5.2007, 10:57:54 und 609 ms
Es ist die 18. Woche im Jahr und 1. Woche im Monat
Montag, 12.3.1973, 10:57:54 und 609 ms
Es ist die 11. Woche im Jahr und 3. Woche im Monat
```

Da die Ausgabe auf diese Art und Weise nicht besonders komfortabel ist, werden wir mit `DateFormat` eine Klasse kennenlernen, die die Formatierung der Ausgabe vereinfacht (wir hätten im Programm schon ein Problem, wenn die Woche mehr als 7 Tage hätte). Das Beispiel soll ausschließlich die Nutzung der Feldbezeichner zeigen. Und da wir schon beim Thema »Formatieren« sind: Auch mit Format-Strings aus `Formatter`, die wir mit `printf(…)` oder `String.format(…)` nutzen, sind Datumsausgaben möglich.

5.7 Zeitzonen in Java *

Eine Zeitzone ist ein Gebiet mit gleicher Zeitrechnung. Im Allgemeinen ist sie an einem geografischen Längenkreis ausgerichtet, und die lokale Zeit einer Zeitzone unterscheidet sich im Allgemeinen um eine ganze Stundenzahl von der Weltzeit UTC. Für Zeitzonen östlich des Nullmeridians ist die Differenz der Ortszeit minus der Weltzeit positiv, für westliche Zeitzonen negativ. Deutschland liegt in der Zeitzone 1, und die Standardzeit heißt *Mitteleuropäische Zeit* (MEZ) oder auch CET *(Central European Time)*.

Da die UTC-Zeit keinen Wechsel zwischen Sommer- und Winterzeit kennt, ist mitunter im Sommer zu unserer Zeit eine weitere Stunde zu addieren. Sommerzeiten (engl. *daylight saving time*) haben keine astronomische Grundlage.

5.7.1 Zeitzonen durch die Klasse TimeZone repräsentieren

Ein Exemplar der Klasse `TimeZone` repräsentiert eine Zeitzone inklusive Zeitverschiebung. Mit der statischen Methode `getDefault()` lässt sich immer ein Zeitzonen-Objekt passend zu den lokalen Gegebenheiten ermitteln; die explizitere Methode `getTimeZone()` erwartet einen String, die so genannte Zeitzonen-ID, aus der sie das `TimeZone`-Objekt aufbaut.

[»] **Beispiel**

Hole die Zeitzone für Deutschland:

```
TimeZone timezone = TimeZone.getTimeZone( "Europe/Berlin" );
System.out.println( timezone.getDisplayName() ); // Mitteleuropäische Zeit
```

```
abstract class java.util.TimeZone
implements Serializable, Cloneable
```

- `static TimeZone getDefault()`
  Gibt die Zeitzone für die aktuelle (geografische) Umgebung zurück. Diese Zeitzone muss nicht unbedingt die deutsche Sommer-/Winterzeit kennen.
- `static TimeZone getTimeZone(String ID)`
  Liefert die Zeitzone für eine gegebene Abkürzung. So liefert `TimeZone.getTimeZone("CET")` unsere Zeitzone, in der auch die Sommer-/Winterzeit voreingestellt ist.
- `static String[] getAvailableIDs()`
  Liefert alle der Bibliothek bekannten Abkürzungen für Zeitzonen. Die Liste ist über 600 Einträge lang und beginnt mit »ACT«, geht über »CET«, »Europe/Berlin« bis »Zulu«.
- `static String[] getAvailableIDs(int rawOffset)`
  Liefert die Abkürzungen für Zeitzonen in einer gegebenen Zeitzone.

Merkwürdigkeiten

Fast immer läuft die Uhr vorwärts und nur in ganz seltenen Fällen rückwärts. Eine Ausnahme betraf Shanghai am 1.1.1928 um 00:00 Uhr, an dem die Uhr auf den 31.12.1927 23:54:08 zurückgestellt wurde, also um fast 6 Minuten. Diese Eigenschaft ist abhängig von der Zeitzone und taucht so nur in der Zeitzone »Asia/Shanghai« auf.

5.7.2 SimpleTimeZone

`SimpleTimeZone` ist eine konkrete Unterklasse der abstrakten Klasse `TimeZone`. Um ein Exemplar für die mitteleuropäische Zeit zu konfigurieren, initialisieren wir das Objekt mit der gewünschten Zeitverschiebung gegenüber der UTC. Zusätzlich wird ein Kürzel für die Zeitzone als String übergeben. Danach stellen wir noch passend die Regeln für Anfang und Ende der Sommerzeit ein. Der Wechsel erfolgt am letzten Sonntag im März bzw. Oktober jeweils um 2 Uhr nachts.

Beispiel

Eine `SimpleTimeZone` für Deutschland:

```
SimpleTimeZone mez = new SimpleTimeZone( +1*60*60*1000, "CET" );
mez.setStartRule( Calendar.MARCH, -1, Calendar.SUNDAY, 2*60*60*1000 );
mez.setEndRule( Calendar.OCTOBER, -1, Calendar.SUNDAY, 2*60*60*1000 );
```

Wenn wir ein `Calendar`-Objekt mit der mitteleuropäischen Zeit als Grundlage versehen wollen, schreiben wir:

```
Calendar cal = GregorianCalendar.getInstance( mez );
```

Hinweis: Das Beispiel zeigt die Möglichkeit der `SimpleTimeZone`-Klasse; für ein deutsches Zeitzonen-Objekt ist `TimeZone.getTimeZone("CET")` kürzer.

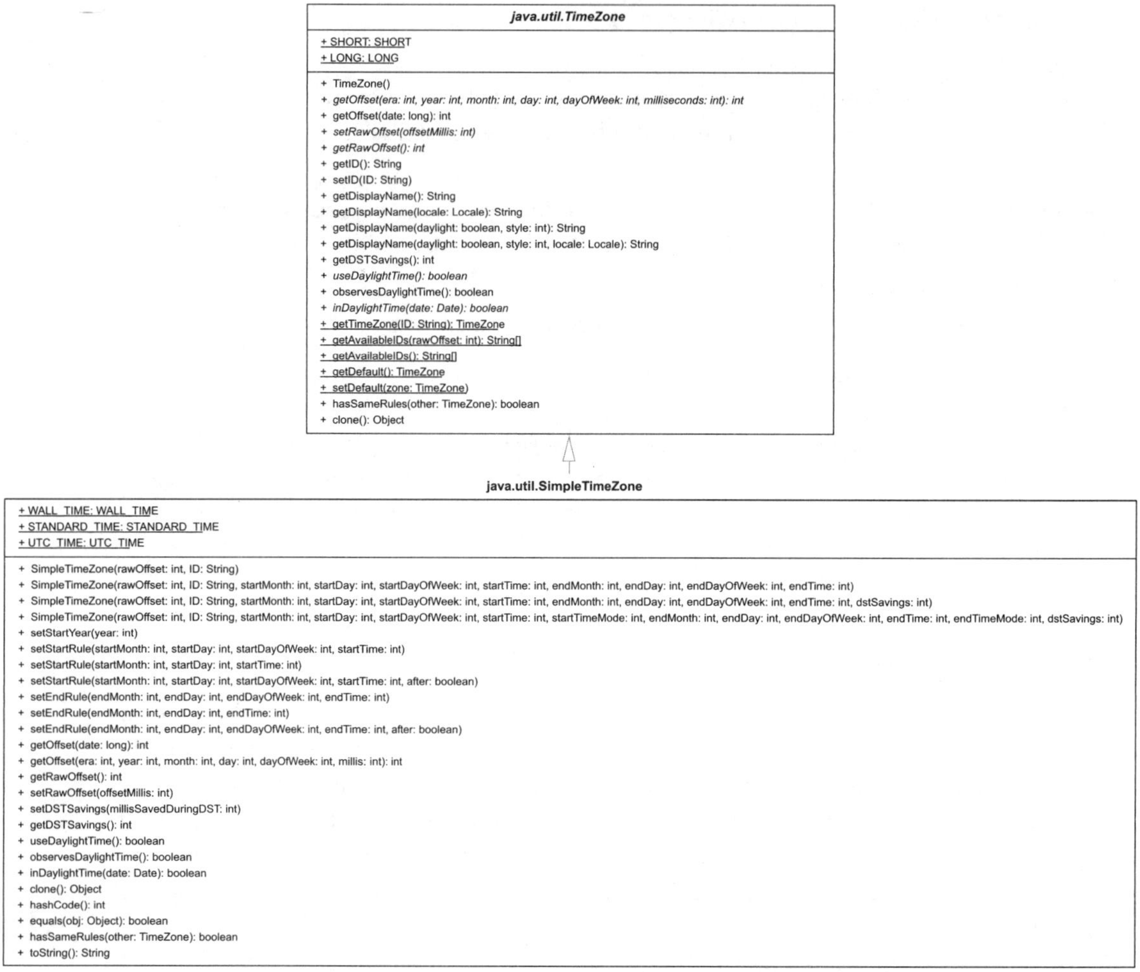

Abbildung 5.1 SimpleTimeZone ist eine Unterklasse von TimeZone.

Da Java die CET-Zeitzone und alle anderen Zeitzonen korrekt beschreibt, müssen wir in der Regel nie ein eigenes `TimeZone`-Objekt aufbauen. Die Daten aller wichtigen Zeitzonen sind in Java hinterlegt, und Änderungen werden laufend übernommen. Java greift hier auf die Zeitzonen-Daten der *Olsen-Datenbank* (auch *tz database* genannt) zurück.

```
class java.util.SimpleTimeZone
extends TimeZone
```

- `SimpleTimeZone(int rawOffset, String ID)`
- `SimpleTimeZone(int rawOffset, String ID, int startMonth, int startDay, int startDayOfWeek, int startTime, int endMonth, int endDay, int endDayOfWeek, int endTime)`
- `SimpleTimeZone(int rawOffset, String ID, int startMonth, int startDay, int startDayOfWeek, int startTime, int endMonth, int endDay, int endDayOfWeek, int endTime, int dstSavings)`
- `SimpleTimeZone(int rawOffset, String ID, int startMonth, int startDay, int startDayOfWeek, int startTime, int startTimeMode, int endMonth, int endDay, int endDayOfWeek, int endTime, int endTimeMode, int dstSavings)`
  Erzeugt mit unterschiedlichen Belegungen ein Zeitzonen-Objekt.

5.7.3 Methoden von TimeZone

Die ersten vorgestellten Methoden der `TimeZone`-Klasse waren alle statisch, also nicht an Eigenschaften eines konkreten Zeitzonen-Objekts gebunden. Die `TimeZone`-Klasse bietet eine Reihe von Methoden (einige sind abstrakt), und die Unterklasse `SimpleTimeZone` fügt noch Methoden hinzu. Eine Gruppe von überladenen `getDisplayName()`-Methoden liefert String-Repräsentationen der Zeitzone, damit sie zum Beispiel in grafischen Dialogen angezeigt werden kann. Eine andere Gruppe von Gettern liefert zum Beispiel eine Zeitzonen-ID oder den UTC-Offset.

Sommer oder Winterzeit?

Die Methode `inDaylightTime(Date)` in `TimeZone` liefert `true`, wenn das Datum vom `Date`-Objekt in der Sommerzeit liegt (engl. *daylight saving time*). Ob die Zeitzone überhaupt Sommer-/Winterzeit kennt, liefert die Methode `observesDaylightTime()`.

[«]

Beispiel

Ist der 1. Januar oder der 1. Juli 2012 in der Sommerzeit?

```
TimeZone mez = TimeZone.getTimeZone( "CET" );
Calendar cal1 = new GregorianCalendar( 2012, Calendar.JANUARY, 1 );
System.out.println( mez.inDaylightTime( cal1.getTime() ) ); // false
Calendar cal2 = new GregorianCalendar( 2012, Calendar.JULY, 1 );
System.out.println( mez.inDaylightTime( cal2.getTime() ) ); // true
```

Die Zeitzone sollte besser explizit gesetzt werden, denn `TimeZone.getDefault()` muss nicht funktionieren. Das `GregorianCalendar`-Objekt ist standardmäßig auch mit der Default-Zeitzone belegt, sodass `cal1.getTimeZone().inDaylightTime(cal1.getTime())` nicht zwingend funktioniert.

[»]

Beispiel

Die Default-Zeitzone muss nicht zwingend die Sommer-/Winterzeit kennen:

```
TimeZone tz = TimeZone.getDefault();
System.out.println( tz.observesDaylightTime() );  // false
TimeZone cet = TimeZone.getTimeZone( "CET" );
System.out.println( cet.observesDaylightTime() ); // true
```

5.8 Formatieren und Parsen von Datumsangaben

Nachdem wir die Calendar-Exemplare dazu benutzt haben, Datumswerte zu verwalten, wollen wir nun untersuchen, wie Formatierungsklassen dazu landestypische Ausgaben erzeugen. Unsere eigenen Ausgaben haben wir ja schon gemacht, doch geht es noch besser, weil die Java-Bibliothek für viele Länder selbstständig die richtigen Ausgaben durchführt.

5.8.1 Ausgaben mit printf(...)

Die format(...)- bzw. printf(...)-Methoden sind in Java sehr flexibel und können auch Datumswerte ausgeben. Das können sie allerdings nicht so gut wie Klassen rund um DateFormat, doch kann es ausreichen, wenn Datumswerte nicht lokalisiert behandelt werden müssen:

Listing 5.12 com/tutego/insel/date/DateFormatWithPrintf.java, main()

```
Calendar cal = Calendar.getInstance();
System.out.printf( "%tR%n", cal );                 // 06:17
System.out.printf( "%tT%n", cal );                 // 06:17:05
System.out.printf( "%tD%n", cal );                 // 03/12/14
System.out.printf( "%tF%n", cal );                 // 2014-03-12
System.out.printf( Locale.CHINA, "%tD%n", cal );   // 03/12/14 (!)
System.out.printf( Locale.GERMANY, "%tD%n", cal ); // 03/12/14 (!)
```

Das Ergebnis ist zweistellig, daher nicht ganz Jahr-2000-fest.[8] Besonders beim letzten Beispiel ist abzulesen, dass die Locale-Angabe für Datumswerte generell nicht funktioniert (chinesische Datumsangaben beginnen mit dem Jahr). Die Abkürzungen %tR, %tT, %tD und %tF sind mit festen Reihenfolgen definiert, die die API-Dokumentation zeigt. So ist %tD nichts anderes als eine Abkürzung für %tm/%td/%ty. Die Zeitwerte können auch von den neuen Klassen der Date-Time-API stammen.

8 Im November 1999 wurde ein Algorithmus zur Lösung des Jahr-2000-Problems patentiert, der einfach aussagt, dass zweistellige Jahreszahlen unter 30 zu 20XX und alle Jahreszahlen >30 zu 19XX zu ergänzen sind. Das Patent konnte allerdings erfolgreich angefochten werden.

5.8.2 Ausgaben mit Calendar-Methoden getDisplayName(...) *

Die `Calendar`-Klasse liefert mit `getDisplayName(int field, int style, Locale locale)` einen String für einen Feldwert zurück. Der `style` ist eine Konstante, und deklariert sind folgende Konstanten: `SHORT_FORMAT` (`SHORT`), `SHORT_STANDALONE`, `LONG_FORMAT` (`LONG`), `LONG_STANDALONE`, `NARROW_FORMAT`, `NARROW_STANDALONE`, einige neu seit Java 8. Eine weitere Methode `getDisplayNames(int field, int style, Locale locale)` liefert ein `Map<String,Integer>` mit allen String-Repräsentationen für ein Feld.

[«]

Beispiel

```
Calendar cal = Calendar.getInstance();
System.out.println( cal.getDisplayName( Calendar.MONTH, Calendar.LONG_FORMAT,
                    Locale.GERMANY ) ); // Februar
System.out.println( cal.getDisplayNames( Calendar.MONTH, Calendar.LONG_FORMAT,
                    Locale.GERMANY ) ); // {Oktober=9, Mai=4, …
```

5.8.3 Mit DateFormat und SimpleDateFormat formatieren

Eine Klasse, die die Ausgabe und das Einlesen der Datum-Felder übernimmt, ist `DateFormat`. Da `DateFormat` abstrakt ist, ist erst eine implementierende Unterklasse einsatzbereit. Natürlich liegt eine solche Klasse auch vor: `SimpleDateFormat`. Die Klasse bietet reichhaltige Methoden zur Zerlegung von Datum-Zeichenketten sowie Methoden zur Ausgabe unter verschiedenen Sprachen und Formatierungen an.

[«]

Beispiel

Ausgabe des Datums ohne zusätzliche Formatierungsanweisungen mit der Klasse `SimpleDateFormat` und einmal mit der `printf(…)`-Methode:

```
Calendar cal  = Calendar.getInstance();
Date     time = cal.getTime();
DateFormat formatter = new SimpleDateFormat();
System.out.println( formatter.format( time ) ); // 12.03.16 18:11
System.out.printf( "%tT%n", cal );              // 18:11:11
System.out.printf( "%tT%n", time );             // 18:11:11
System.out.printf( "%tT%n", time.getTime() );   // 18:11:11
```

Formatiert `printf(…)` ein Datum, kann es als `Calendar`-, `Date`- oder `Long`-Objekt angegeben werden. Bei `format(…)` ist nur `Date` erlaubt; ist es ein `Calendar`, folgt eine »java.lang.IllegalArgumentException: Cannot format given Object as a Date«.

Um das Datum zu formatieren, müssen wir zunächst ein Exemplar von `SimpleDateFormat` erzeugen. Dieses bekommt dann eventuell Formatierungsanweisungen (über eine andere Methode oder über einen weiteren Konstruktor) und formatiert mit der `format(…)`-Methode das Datum.

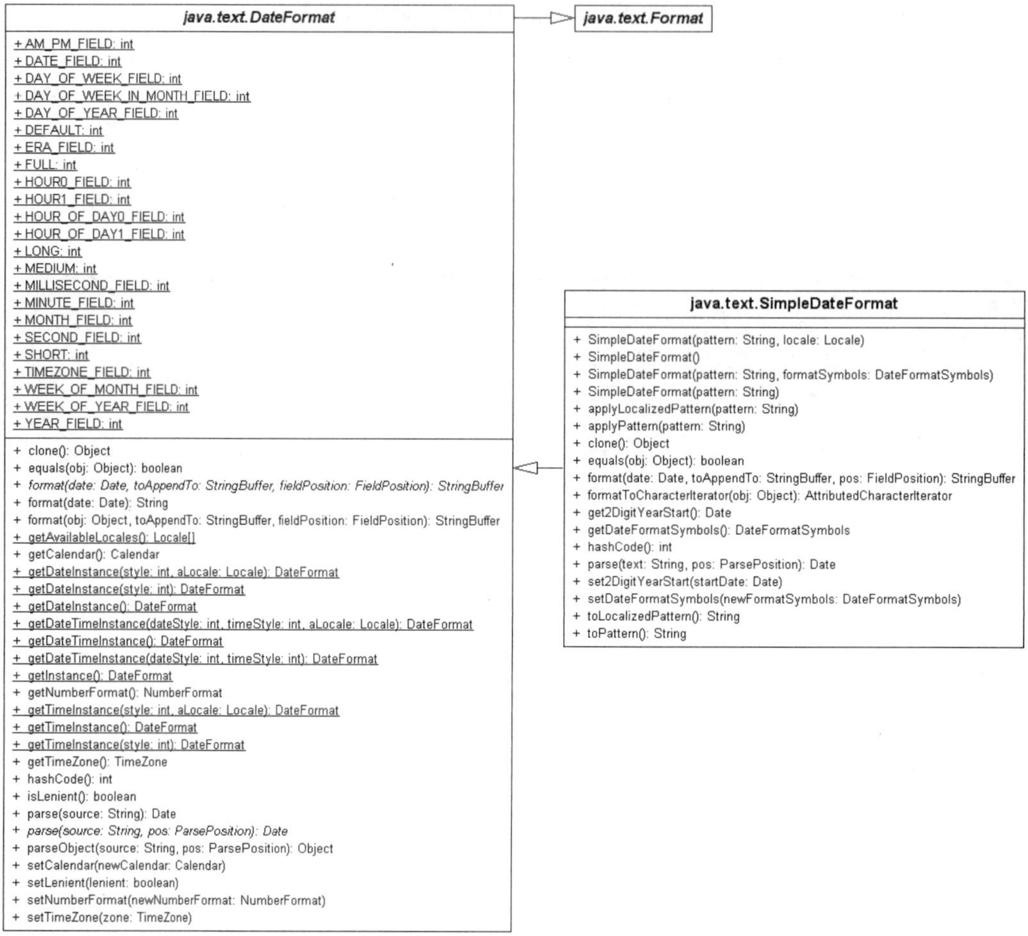

Abbildung 5.2 Vererbungsbeziehungen von DateFormat und SimpleDateFormat

```
class java.text.SimpleDateFormat
extends DateFormat
```

- `SimpleDateFormat()`
  Erzeugt ein neues `SimpleDateFormat`-Objekt in der voreingestellten Sprache.

```
abstract class java.text.DateFormat
extends Format
implements Cloneable
```

- `final String format(Date date)`
  Formatiert das Datum `date` in einen Datum-/Zeit-String. Ein `Calendar`-Objekt ist bisher nicht erlaubt. Wer es dennoch versucht, wird eine »java.lang.IllegalArgumentException: Cannot

format given Object as a Date« ernten. Zur Erinnerung: `cal.getTime()` liefert vom `Calendar`-Objekt `cal` ein passendes `Date`-Objekt.

Vorgefertigte Formatierungen

Wir haben im vorigen Beispiel gesehen, dass das Ausgabeformat auf Monat, Tag, Jahr, Leerzeichen, Stunde, Minute festgelegt ist. Nun bietet die `DateFormat`-Klasse drei statische Fabrikmethoden für vorgefertigte Formatierungen:

- `DateFormat getDateInstance()`: Formatierung nur für Datum
- `DateFormat getTimeInstance()`: Formatierung nur für Zeit
- `DateFormat getDateTimeInstance()`: Formatierung für Datum und Zeit

Optional lassen sich den Methoden Argumente für Präzisionen mitgeben, und zwar `DateFormat.SHORT`, `DateFormat.MEDIUM`, `DateFormat.LONG` oder `DateFormat.FULL`. Diese ermöglichen es, dass sich die Zeit bzw. das Datum auf vier Arten formatieren lässt:

Konstante	Beispiel für Datum	Beispiel für Zeit
`DateFormat.SHORT`	24.12.16	21:54
`DateFormat.MEDIUM`	24.12.2016	21:54:46
`DateFormat.LONG`	24. Dezember 2016	21:54:20 GMT+02:00
`DateFormat.FULL`	Samstag, 24. Dezember 2016	21.54 Uhr GMT+02:00

Tabelle 5.2 Konstanten aus DateFormat und ihre Wirkung

Den statischen Methoden lässt sich weiterhin ein `Locale`-Objekt übergeben, sodass sie für eine bestimmte Landessprache formatieren:

Listing 5.13 com/tutego/insel/date/DateTimeInstance.java, main()

```
Date d = new Date();

DateFormat df = DateFormat.getDateTimeInstance(
                  /* dateStyle = */ DateFormat.FULL,
                  /* timeStyle = */ DateFormat.MEDIUM );
out.println( df.format(d) ); // Mittwoch, 12. März 2014 16:01:11

df = DateFormat.getDateTimeInstance( DateFormat.FULL,
                                     DateFormat.MEDIUM,
                                     Locale.ITALY );
out.println( df.format(d) ); // mercoledì 12 marzo 2014 16.01.11
```

```
df = DateFormat.getDateTimeInstance( DateFormat.SHORT,
                                     DateFormat.FULL,
                                     Locale.CANADA_FRENCH );
out.println( df.format(d) ); // 14-03-12 16 h 01 CET
```

Die statischen Methoden, die das vordefinierte `DateFormat` erzeugen, sind:

```
abstract class java.text.DateFormat
extends Format
implements Cloneable
```

- `static final DateFormat getDateInstance()`
- `static final DateFormat getTimeInstance()`
- `static final DateFormat getDateTimeInstance()`
  Liefert einen Datum-/Zeit-Formatierer mit dem vorgegebenen Stil aus der Standardumgebung.
- `static final DateFormat getDateInstance(int dateStyle)`
- `static final DateFormat getTimeInstance(int style)`
  Liefert einen Datum-/Zeit-Formatierer mit dem Stil `style` und der Standardsprache.
- `static final DateFormat getDateInstance(int style, Locale aLocale)`
- `static final DateFormat getTimeInstance(int style, Locale aLocale)`
  Liefert einen Datum-/Zeit-Formatierer mit dem Stil `style` und der Sprache `aLocale`.
- `static final DateFormat getDateTimeInstance(int dateStyle, int timeStyle)`
  Gibt einen Datum-/Zeit-Formatierer für die gesetzte Sprache im angegebenen Formatierungsstil zurück.
- `static final DateFormat getDateTimeInstance(int dateStyle, inttimeStyle, LocaleaLocale)`
  Gibt einen Datum-/Zeit-Formatierer für die Sprache `aLocale` im angegebenen Formatierungsstil zurück.

Eine noch individuellere Ausgabe *

Um das Ausgabeformat zu individualisieren, kann ein Formatierungs-String die Ausgabe anpassen. Diese Formatierungsanweisung, in der alle ASCII-Zeichen eine bestimmte Bedeutung haben, wird entweder dem Konstruktor der Klasse `SimpleDateFormat` übergeben oder kann mit der `applyPattern(String)`-Methode geändert werden:

Listing 5.14 com/tutego/insel/date/SimpleDateFormatPattern.java, main()

```
DateFormat dfmt = new SimpleDateFormat( "E.', den' dd.MM.yy 'um' hh:mm:ss" );
System.out.println( dfmt.format(new Date()) );    // Mi., den 21.03.07 um 09:14:20

SimpleDateFormat sdfmt = new SimpleDateFormat();
```

```
sdfmt.applyPattern( "EEEE', 'dd. MMMM yyyy hh:mm" );
System.out.println( sdfmt.format(new Date()) ); // Mittwoch, 21. März 2007 09:14
```

Tabelle 5.3 zeigt die erlaubten Symbole mit ihren Sonderbedeutungen. Mehrfach wiederholte Zeichen werden, wenn möglich, durch die Langform der jeweiligen Angabe ersetzt. Diese Symbole sind sprachunabhängig.

Symbol	Bedeutung	Präsentation	Beispiel
G	Ära	Text	AD
yy	Jahr, zweistellig	Nummer	07
yyyy	Jahr, vierstellig	Nummer	2007
M	Monat im Jahr	Nummer	7
MM	Monat im Jahr mit 0	Nummer	07
MMM	Monat im Jahr, kurz	Text	Sep
MMMM	Monat im Jahr, lang	Text	September
d	Tag im Monat	Nummer	26
h	Stunde (1–12)	Nummer	9
H	Stunde am Tag (0–23)	Nummer	0
m	Minute der Stunde	Nummer	13
s	Sekunde der Minute	Nummer	22
S	Millisekunde	Nummer	257
E	Tag der Woche, kurz	Text	Mi
EEEE	Tag der Woche, lang	Text	Mittwoch
D	Tag im Jahr	Nummer	304
F	Tag der Woche im Monat	Nummer	3
w	Woche im Jahr	Nummer	12
W	Woche im Monat	Nummer	3
a	am- und pm-Text	Text	AM
k	Stunde am Tag (1–24)	Nummer	24

Tabelle 5.3 Symbole im Formatierungs-String zur Steuerung der Ausgabe bei SimpleDateFormat

Symbol	Bedeutung	Präsentation	Beispiel
K	Stunde (0–11)	Nummer	0
z	allgemeine Zeitzone	Text	GMT+02:00
Z	Zeitzone nach RFC 822	Text	+0200
'	Zeichen für unbehandelten Text	Trennzeichen	Hallo Welt
''	einzelnes Hochkomma	Literal	'

Tabelle 5.3 Symbole im Formatierungs-String zur Steuerung der Ausgabe bei SimpleDateFormat (Forts.)

Formatierungs-String	Ergebnis
`yyyy.MM.dd G 'um' hh:mm:ss z`	2004.07.23 n. Chr. um 09:15:53 CEST
`EEE, MMM d, ''yy`	Fr, Jul 23, '04
`H:mm a`	9:16 AM
`hh 'o''clock' a, zzzz`	09 o'clock AM, zentraleuropäische Sommerzeit
`K:mm a, z`	9:17 AM, CEST
`yyyy. MMMMM. dd GGG hh:mm aaa`	2004. Juli. 23 n. Chr. 09:18 AM

Tabelle 5.4 Beispiele für Symbole bei SimpleDateFormat

```
class java.text.SimpleDateFormat
extends DateFormat
```

- `SimpleDateFormat()`
  Erzeugt ein neues `SimpleDateFormat`-Objekt in der eingestellten Sprache.
- `SimpleDateFormat(String pattern)`
  Erzeugt ein `SimpleDateFormat`-Objekt mit dem vorgegebenen Formatierungs-String in der voreingestellten Sprache.
- `SimpleDateFormat(String pattern, Locale locale)`
  Erzeugt ein `SimpleDateFormat`-Objekt mit dem vorgegebenen Formatierungs-String in der Sprache `locale`.
- `SimpleDateFormat(String pattern, DateFormatSymbols formatSymbols)`
  Erzeugt ein `SimpleDateFormat`-Objekt mit dem vorgegebenen Formatierungs-String und einem Objekt `formatSymbols`, das die formatierungstypischen Informationen sammelt.

- `void applyPattern(String pattern)`
  Setzt den Formatierungs-String.
- `String toPattern()`
  Liefert den aktuell eingestellten Formatierungs-String.
- `String toLocalizedPattern()`
  Liefert einen übersetzten Formatierungs-String. Substituiert einige Formatierungssymbole.

5.8.4 Parsen von Datumswerten

Mit der Klasse `DateFormat` zerlegt `parse(String)` Strings, die ein Datum darstellen. Die Methode liefert ein `Date`-Objekt zurück und kann so zum Beispiel den Zeit-String »Wed Jul 11 09:35:27 CEST 2012« parsen und ein Datumsobjekt liefern, was `new Date(1341992127435)` gleichkommt. Da `parse(...)` allzu leicht schiefgehen kann, muss der Aufruf entweder in einen `try`-Block gesetzt werden, oder der Fehler muss anderweitig weitergeleitet werden.

Beispiel

Parse eine einfache Datumsrepräsentation. Erzeuge dann vom Datumsobjekt eine String-Repräsentation, und parse diese wieder:

Listing 5.15 com/tutego/insel/date/FormatAndParseDate.java, main()

```
try {
  DateFormat formatter = DateFormat.getDateTimeInstance();
  Date d  = formatter.parse( "24.12.2007 16:59:12" );
  System.out.println( d );                    // Mon Dec 24 16:59:12 CET 2007
  String s = formatter.format( new Date() );
  System.out.println( formatter.parse(s) ); // Wed Jul 11 09:34:40 CEST 2012
}
catch ( ParseException e ) { e.printStackTrace(); }
```

Die Methode `parse()` ist sehr empfindlich, wenn einige Felder nicht angegeben werden. Nach der Dokumentation sollte zwar ein Fehlen der Stunden nichts ausmachen, aber leider ist uns dann doch immer eine `ParseException` sicher, auch wenn nur die Sekunden fehlen. Wegen dieser Unzulänglichkeiten ist die Klasse `SimpleDateFormat` sehr komplex und nicht leicht zu durchschauen.

Beispiel

Parse ein Datum, das das Format »Tag-Monat-Jahr« hat, wobei das Jahr vierstellig sein soll und der Monat zweistellig:

```
DateFormat formatter = new SimpleDateFormat( "dd-MM-yyyy " );
Date date = formatter.parse( "12-03-2008" );
```

Jetzt haben wir ein Datum in ein Date-Objekt umgewandelt. Es taucht aber wieder das Problem auf, dass Date an kein spezielles Land und an keine Zeitzone angepasst ist, sondern die GMT in Englisch repräsentiert.

```
abstract class java.text.DateFormat
extends Format
implements Cloneable, Serializable
```

- Date parse(String source) throws ParseException
  Zerlegt einen Datums- oder einen Zeit-String.

parse(...) – die Nachsichtige

Die Methode parse(...) beschwert sich standardmäßig *nicht* über unsinnige Werte. Um für eine Ausnahme zu sorgen, bietet DateFormat eine Methode setLenient(boolean), die den »Mildmodus« mit setLenient(false) ausschaltet. Das zeigen die folgenden Zeilen:

Listing 5.16 com/tutego/insel/date/ParseLenient.java, main()

```
try {
  DateFormat formatter1 = new SimpleDateFormat( "dd-MM-yyyy" );
  System.out.printf( "%tF%n", formatter1.parse( "29-02-2008" ) ); // 2008-02-29
  System.out.printf( "%tF%n", formatter1.parse( "29-02-2007" ) ); // 2007-03-01
  System.out.printf( "%tF%n", formatter1.parse( "33-02-2008" ) ); // 2008-03-04

  formatter1.setLenient( false );
  System.out.println( formatter1.parse( "29-02-2007" ) );          // ☠
}
catch ( ParseException e ) {
  e.printStackTrace();
}
```

Am zweiten und dritten Beispiel lässt sich ablesen, dass das Datum auf den nächsten Monat »rollt«. Mit setLenient(false) gibt es für den 29.02.2007 eine ParseException:

```
2008-02-29
2007-03-01
2008-03-04
java.text.ParseException: Unparseable date: "29-02-2007"
  at java.text.DateFormat.parse(DateFormat.java:357)
  at com.tutego.insel.date.ParseLenient.main(ParseLenient.java:17)
```

Der 29.02.2008 ist in Ordnung, weil 2008 ein Schaltjahr war.

[+]

Hinweis

Die Objektmethode `isLeapYear(int year)` testet, ob `year` ein Schaltjahr repräsentiert. Auf den ersten Blick ist es schon seltsam, dass die Methode nicht statisch ist.

5

Parsen und Formatieren ab bestimmten Positionen *

Von den Methoden `format(…)` und `parse(…)` gibt es zwei Varianten, mit denen Teile eines Strings ausgegeben oder formatiert werden können. Zur Kapselung der Position dient ein neues Objekt, `ParsePosition`. Diese Klasse nutzt `format(…)` intern, um beim Parse-Prozess die aktuelle Position zu verwalten.

```
abstract class java.text.DateFormat
extends Format
implements Cloneable, Serializable
```

- `abstract Date parse(String source, ParsePosition pos) throws ParseException`
  Zerlegt einen Datums- oder einen Zeit-String und beginnt beim Parsen ab einer vorgegebenen Position.

5.9 Date-Time-API in Java 8

Seit Java 8 gibt es ein neues Paket `java.time`, das alle bisherigen Java-Typen rund um Datum- und Zeitverarbeitung überflüssig macht. Mit anderen Worten: Mit den neuen Typen lassen sich `Date`, `Calendar`, `GregorianCalendar`, `TimeZone` usw. streichen und ersetzen. Natürlich gibt es Adapter zwischen den APIs, doch gibt es nur noch sehr wenige zwingende Gründe, heute bei neuen Programmen auf die älteren Typen zurückzugreifen – ein Grund ist natürlich die heilige Kompatibilität.

Die neue API basiert auf dem standardisierten Kalendersystem von ISO-8601, und das deckt ab, wie ein Datum, wie Zeit, Datum und Zeit, UTC, Zeitintervalle (Dauer/Zeitspanne) und Zeitzonen repräsentiert werden. Die Implementierung basiert auf dem gregorianischen Kalender, wobei auch andere Kalendertypen denkbar sind. Javas Kalendersystem greift auf andere Standards bzw. Implementierungen zurück, unter anderem auf das Unicode Common Locale Data Repository (CLDR) zur Lokalisierung von Wochentagen oder die Time-Zone Database (TZDB), die alle Zeitzonenwechsel seit 1970 dokumentiert. In Java nutzen die XML-APIs schon länger ISO-8601-Kalender, denn Schema Dateien nutzen einen `XMLGregorianCalendar`, und selbst für Dauern gibt einen eigenen Typ `Duration`.

Geschichte

Über die alten Datumsklassen meckert die Java-Community seit über zehn Jahren; nicht ganz zu Unrecht, da ein `Date` zum Beispiel ein Date-Time ist, Kalender fehlen, die Sommerzeitumstellung verschiedener Länder nicht korrekt behandelt wird und wegen weiterer Schwächen.[9] Daher geht die Entwicklung der Date-Time-API lange zurück und basiert auf Ideen von Joda-Time (*http://joda-time.sourceforge.net/*), einer populären quelloffenen Bibliothek. Spezifiziert im JSR-310 (eingereicht am 30. Jan 2007)[10] und angedacht für Java 7 (was vier Jahre später, im Juli 2011 kam) wurde die API erst in Java 8 Teil der Java SE. Für Java 1.7 gibt es einen Back-Port (*https://github.com/ThreeTen/threetenbp*), um später leicht die Codebasis auf Java 8 zu migrieren, der durchaus interessant ist.

Erster Überblick

Die zentralen temporalen Typen aus der Date-Time-API sind schnell dokumentiert:

Typ	Beschreibung	Feld(er)
`LocalDate`	Repräsentiert ein übliches Datum.	Jahr, Monat, Tag
`LocalTime`	Repräsentiert eine übliche Zeit.	Stunden, Minuten, Sekunden, Nanosek.
`LocalDateTime`	Kombination aus Datum und Zeit	Jahr, Monat, Tag, Stunden, Minuten, Sekunden, Nanosek.
`Period`	Dauer zwischen zwei `LocalDate`s	Jahr, Monat, Tag
`Year`	nur Jahr	Jahr
`Month`	nur Monat	Monat
`MonthDay`	nur Monat und Tag	Monat, Tag
`OffsetTime`	Zeit mit Zeitzone	Stunden, Minuten, Sekunden, Nanosek., Zonen-Offset
`OffsetDateTime`	Datum und Zeit mit Zeitzone als UTC-Offset	Jahr, Monat, Tag, Stunden, Minuten, Sekunden, Nanosek., Zonen-Offset
`ZonedDateTime`	Datum und Zeit mit Zeitzone als ID und Offset	Jahr, Monat, Tag, Stunden, Minuten, Sekunden, Nanosek., Zonen-Info

Tabelle 5.5 Alle temporalen Klassen aus java.timeMenschenzeit und Maschinenzeit

9 Der Quellcode stammt von IBM. Trifft Oracle jetzt die Schuld, weil Sun die Implementierung damals übernahm? Siehe zu den Kritiken auch *http://tutego.de/go/dategotchas*.

10 *https://jcp.org/en/jsr/detail?id=310*

Typ	Beschreibung	Feld(er)
`Instant`	fortlaufende Maschinenzeit	Nanosekunden
`Duration`	Zeitintervall zwischen zwei `Instants`	Sekunden/Nanosek.

Tabelle 5.5 Alle temporalen Klassen aus java.timeMenschenzeit und Maschinenzeit (Forts.)

Datum und Zeit, die wir als Menschen in Einheiten wie Tagen und Minuten verstehen, nennen wir Menschenzeit (engl. *human time*), die fortlaufende Zeit des Computers, die eine Auflösung im Nanosekundenbereich hat, Maschinenzeit. Die Maschinenzeit startet dabei von einer Zeit, die wir Epoche nennen.

Aus Tabelle 5.5 lässt sich gut ablesen, dass die meisten Klassen für uns Menschen gemacht sind, und sich nur `Instant`/`Duration` auf die Maschinenzeit bezieht. `LocalDate`, `LocalTime` und `LocalDateTime` repräsentieren Menschenzeit ohne Bezug zu einer Zeitzone, `ZonedDateTime` mit Zeitzone. Bei der Auswahl der richtigen Zeitklassen für eine Aufgabenstellung ist das natürlich die erste Überlegung, ob die Menschenzeit oder die Maschinenzeit repräsentiert werden soll, dann was genau für Felder nötig sind und ob eine Zeitzone relevant ist oder nicht. Soll zum Beispiel die Ausführungszeit gemessen werden, ist es unnötig, zu wissen, an welchem Datum die Messung begann und endet, hier ist `Duration` korrekt, nicht `Period`.

[«]

Beispiel

```
LocalDate now = LocalDate.now();
System.out.println( now ); // 2014-01-30
System.out.printf( "%d. %s %d", now.getDayOfMonth(), now.getMonth(), now.getYear() );
// 30. JANUARY 2014
LocalDate bdayMLKing = LocalDate.of( 1929, Month.JANUARY, 15 );
DateTimeFormatter formatter = DateTimeFormatter.ofPattern( "d. MMMM yyyy" );
System.out.println( formatter.format( bdayMLKing ) ); // 15. Januar 1929
```

Alle Klassen basieren standardmäßig auf dem ISO-System, andere Kalendersysteme, wie der japanische Kalender, werden über Typen aus `java.time.chrono` erzeugt, natürlich sind auch ganz neue Systeme möglich.

[«]

Beispiel

```
ChronoLocalDate now = JapaneseChronology.INSTANCE.dateNow();
System.out.println( now );                // Japanese Heisei 26-01-30
```

Paketübersicht

Die Typen der Date-Time-API verteilen sich auf verschiedene Pakete:

- `java.time`: Enthält die Standardklassen wie `LocalTime`, `Instant` usw. Alle Typen basieren auf dem Kalendersystem ISO-8601, das landläufig unter gregorianischer Kalender bekannt ist. Der wird erweitert zum sogenannten Proleptic Gregorian Kalender, das ist ein gregorianischer Kalender, der auch für die Zeit vor 1582 (der Einführung des Kalenders) gültig ist, damit eine konsistente Zeitlinie entsteht.
- `java.time.chrono`: Hier befinden sich vorgefertigte alternative (also Nicht-ISO-) Kalendersysteme, wie japanischer Kalender, Thai-Buddhist-Kalender, islamischer Kalender (genannt Hijrah) und ein paar weitere.
- `java.time.format`: Klassen zum Formatieren und Parsen von Datum- und Zeit, wie der genannte `DateTimeFormatter`
- `java.time.zone`: Unterstützende Klassen für Zeitzonen, etwa `ZonedDateTime`
- `java.time.temporal`: Tiefer liegende API, die Zugriff und Modifikation einzelner Felder eines Datums/Zeitwerts erlaubt

Design-Prinzipen

Bevor wir uns mit den einzelnen Klassen auseinandersetzen, wollen wir uns mit den Design-Prinzipien beschäftigen, denn alle Typen der Date-Time-API folgen wiederkehrenden Mustern. Die erste und wichtigste Eigenschaft ist, dass alle Objekte *immutable* sind, also nicht veränderbar. Das ist bei der »alten« API anders, `Date` und die `Calendar`-Klassen sind veränderbar, mit teils verheerenden Folgen; denn werden diese Objekte rumgereicht und verändert, kann es zu unkalkulierbaren Seiteneffekten kommen. Die Klassen der neuen Date-Time-API sind immutable, und so stehen die Datums-/Zeit-Klassen wie `LocalTime` oder `Instant` den veränderbaren Typen wie `Date` oder `Calendar` gegenüber. Alle Methoden, die nach Änderung aussehen, erzeugen neue Objekte mit den gewünschten Änderungen. Seiteneffekte bleiben also aus, und alle Typen sind threadsicher.

Unveränderbarkeit ist eine Designeigenschaft wie auch die Tatsache, dass `null` nicht als Argument erlaubt wird. In der Java-API wird oftmals `null` akzeptiert, weil es etwas Optionales ausdrückt, doch die Date-Time-API straft dies in der Regel mit einer `NullPointerExcpetion`. Dass `null` nicht als Argument und nicht als Rückgabe im Einsatz ist, kommt einer weiteren Eigenschaft zugute: Die API gestattet »flüssige« Ausdrücke, also kaskadierte Aufrufe, da viele Methoden die `this`-Referenz zurückgeben, so wie das auch von `StringBuilder` bekannt ist.

Zu diesen eher technischen Eigenschaften kommt eine neue Namensgebung hinzu, die sich von der Namensgebung der bekannten JavaBeans absetzt. So gibt es keine Konstruktoren und keine Setter (das brauchen die immutablen Klassen nicht), sondern neue Muster, die viele der neuen Typen aus der Date-Time-API einhalten:

Methode	Klassen-/Exemplarmethode	Grundsätzliche Bedeutung
`now()`	statisch	Liefert Objekt mit aktueller Zeit/aktuellem Datum.
`ofXXX()`	statisch	Erzeugt neue Objekte.
`fromXXX()`	statisch	Erzeugt neue Objekte aus anderen Repräsentationen.
`parseXXX()`	statisch	Erzeugt neues Objekt aus einer String-Repräsentation.
`format()`	Exemplar	Formatiert und liefert einen String.
`getXXX()`	Exemplar	Liefert Felder eines Objekts.
`isXXX()`	Exemplar	Fragt Status eines Objekts ab.
`withXXX()`	Exemplar	Liefert Kopie des Objekts mit einer geänderten Eigenschaft.
`plusXXX()`	Exemplar	Liefert Kopie des Objekts mit einer aufsummierten Eigenschaft.
`minusXXX()`	Exemplar	Liefert Kopie des Objekts mit einer reduzierten Eigenschaft.
`toXXX()`	Exemplar	Konvertiert Objekt in neuen Typ.
`atXXX()`	Exemplar	Kombiniert dieses Objekt mit einem anderen Objekt.
`XXXInto()`	Exemplar	Kombiniert eigenes Objekt mit einem anderen Zielobjekt.

Tabelle 5.6 Namensmuster in der Date-Time-API

Die Methode `now()` haben wir schon in den ersten Beispielen verwendet, sie liefert zum Beispiel das aktuelle Datum. Weitere Erzeugermethoden sind die mit dem Präfix `of`, `from` oder `with`; Konstruktoren gibt es nicht. `withXXX()`-Methoden nehmen die Rolle der Setter ein.

5.9.1 Datumsklasse LocalDate

Ein Datum (ohne Zeitzone) repräsentiert die Klasse `LocalDate`. Damit lässt sich zum Beispiel ein Geburtsdatum repräsentieren.

Ein temporales Objekt kann über die statischen `of(…)`-Fabrikmethoden aufgebaut oder von einem anderen Objekt abgeleitet werden. Interessant sind die Methoden, die mit einem `TemporalAdjuster` arbeiten.

[»]

Beispiel

```
LocalDate today = LocalDate.now();
LocalDate nextMonday = today.with( TemporalAdjusters.next( DayOfWeek.SATURDAY ) );
System.out.printf( "Heute ist der %s, und frei ist am Samstag, den %s",
                   today, nextMonday );
```

Mit den Objekten in der Hand können wir diverse Getter nutzen und einzelne Felder erfragen, etwa `getDayOfMonth()`, `getDayOfYear()` (liefern `int`) oder `getDayOfWeek()`, das eine Aufzählung vom Typ `DayOfWeek` liefert, und `getMonth()`, das eine Aufzählung vom Typ `Month` liefert. Dazu kommen Methoden, die mit `minusXXX(…)` oder `plusXXX(…)` neue `LocalDate`-Objekte liefern, wenn zum Beispiel mit `minusYear(long yearsToSubtract)` eine Anzahl Jahre zurückgelaufen werden soll. Durch die Negation des Vorzeichens kann auch die jeweils entgegengesetzte Methode genutzt werden, sprich `LocalDate.now().minusMonths(1)` kommt zum gleichen Ergebnis wie `LocalDate.now().plusMonths(-1)`. Die `withXXX(…)`-Methoden belegen ein Feld neu und liefern ein modifiziertes neues `LocalDate`-Objekt.

Von einem `LocaleDate` lassen sich andere temporale Objekte bilden, `atTime(…)` etwa liefert `LocalDateTime`-Objekte, bei denen gewisse Zeit-Felder belegt sind. `atTime(int hour, int minute)` ist so ein Beispiel. Mit `until(…)` lässt sich eine Zeitdauer vom Typ `Period` liefern.

5.9.2 Ostertage *

In vielen Geschäftsprogrammen gibt es Fragen nach dem *Ostersonntag*[11], da er der Bezugspunkt für viele Feiertage ist:

- *Aschermittwoch* (Beginn des 40-tägigen Fastens) ist 46 Tage *vor* Ostersonntag (und zwei Tage nach Rosenmontag, egal, ob mit Helau! oder Alaaf!).
- *Christi Himmelfahrt* (Auffahrt): 39 Tage *nach* Ostersonntag und immer an einem Donnerstag
- *Pfingstsonntag*: 49 Tage nach Ostersonntag
- *Fronleichnam* (Fronleichnamsfest): 60 Tage nach Ostersonntag
- In manchen Gegenden werden drei Tage vor Christi Himmelfahrt *Bitttage* gefeiert.
- Der vorletzte Sonntag vor Ostern heißt *Passionssonntag*.
- Der Sonntag vor Ostern ist der *Palmsonntag*.

Zur Berechnung des beweglichen Ostersonntags gibt es unzählige Algorithmen. Eine Formel wurde 1876 in Butchers »Ecclesiastical Calendar« veröffentlicht. Er arbeitet für Jahre ab 1582 im gregorianischen Kalender korrekt, berücksichtigt aber keine julianischen Zeiten. Der Ostersonntag liegt zwischen dem 22. März und dem 25. April:

11 Viele wissen es nicht mehr: Da ist Jesus auferstanden.

Listing 5.17 com/tutego/insel/time/easter/Easter.java

```
package com.tutego.insel.time.easter;

import java.util.*;

public class Easter {

  /**
   * Returns the date of Easter Sunday for a given year.
   * @param year > 1583
   * @return The date of Easter Sunday for a given year.
   */
   public static LocalDate easterSunday( int year ) {
    int i = year % 19;
    int j = year / 100;
    int k = year % 100;

    int l = (19 * i + j - (j / 4) - ((j - ((j + 8) / 25) + 1) / 3) + 15) % 30;
    int m = (32 + 2 * (j % 4) + 2 * (k / 4) - l - (k % 4)) % 7;
    int n = l + m - 7 * ((i + 11 * l + 22 * m) / 451) + 114;

    int month = n / 31;
    int day   = (n % 31) + 1;

    return LocalDate.of( year, month, day );
  }
}
```

Ein Test soll für das aktuelle Jahr und die vorangehenden Jahre den Ostersonntag ausgeben:

Listing 5.18 com/tutego/insel/easter/time/EasterDemo.java. main()

```
String format = "%1$ta %1$tD%n";
LocalDate date = Easter.easterSunday( Year.now().getValue() );
System.out.printf( format, date );                           // zum Beispiel So 04/20/14
System.out.printf( format, Easter.easterSunday( 2012 ) );    // So 04/08/12
System.out.printf( format, Easter.easterSunday( 2013 ) );    // So 03/31/13
```

5.9.3 Die Klasse YearMonth

Die Klasse `YearMonth` repräsentiert nur einen Monat und ein Jahr. Aufgebaut werden kann das Objekt wieder über `now()` oder über statische `of(…)`-Methoden. Auch `YearMonth` hat nicht viele Getter, das erwartete `Month getMonth()` oder `int getMonthValue()`. `isAfter(…)/isBefore(…)` ermöglicht relative Vergleiche, `with(…)` verändert Felder in einem neuen `YearMonth`-Objekt.

[»] **Beispiel**

Zu den Gettern zählt `lengthOfMonth()`, das die maximale Anzahl der Tage eines Monats liefert:

```
System.out.println( YearMonth.parse( "2010-02" ).lengthOfMonth() ); // 28
System.out.println( YearMonth.parse( "2012-02" ).lengthOfMonth() ); // 29
```

5.9.4 Die Klasse MonthDay

Ein `MonthDay` repräsentiert einen Tag im Monat, wie den Geburtstag (aber eben ohne Jahr) oder Neujahr. Neben den erwartbaren Anfragemethoden wie `Month getMonth()`, `int getDayOfMonth()` ist `isValidYear(int)` interessant, das uns sagt, ob der Tag/Monat für ein Jahr gültig ist.

[»] **Beispiel**

Der Februar 2010 hat 28, nicht 29 Tage und ist ein Schaltjahr.

```
System.out.println( YearMonth.parse( "2010-02" ).lengthOfMonth() );    // 28
System.out.println( MonthDay.parse( "--02-29" ).isValidYear( 2010 ) ); // false
```

5.9.5 Aufzählung DayOfWeek und Month

Das ganze Paket `java.time` verfügt nur über zwei Aufzählungen, eine für die Wochentage und eine für die Monate. Auch wenn `DayOfWeek` und `Month` so klingen wie temporale Klassen, so lassen sie sich *nicht* zum Speichern eines Monats oder Wochentages verwenden, es sind reine Aufzählungstypen ohne benutzerdefinierten Zustand.

Aufzählung DayOfWeek für alle Wochentage

`LocalDate` liefert mit `getDayOfWeek()` kein `int` zwischen 1 und 7, sondern eine Aufzählung vom Typ `DayOfWeek`; sie besteht aus sieben Konstanten von `MONDAY` bis `SUNDAY`. Das nette an dem Aufzählungstyp sind Methoden wie `plus(…)`/`minus(…)`, um einfach auf einen Tag eine Anzahl zu addieren bzw. von ihm zu subtrahieren.

[»] **Beispiel**

In 100 Tagen läuft eine Wette ab, an welchem Tag genau?

```
LocalDate now = LocalDate.now();
DayOfWeek dayOfWeek = now.getDayOfWeek();
System.out.println( dayOfWeek.plus( 100 ) ); // z.B. SATURDAY
```

Die Ausgaben mit `toString()` sind natürlich die großgeschriebenen `enum`-Konstanten. Formatierung ist zum Beispiel über die `DayOfWeek`-Methode `getDisplayName(TextStyle, Locale)` möglich, wobei `TextStyle` auch wiederum ein Aufzählungstyp ist und die Ausführlichkeit bestimmt.

[«]

Beispiel

Gib vom oberen Beispiel den Wochentag in Deutsch aus:

```
DayOfWeek dow = LocalDate.now().getDayOfWeek().plus( 100 );
System.out.println( dow.getDisplayName( TextStyle.FULL, Locale.GERMANY ) ); // Samstag
```


Aufzählung Month für alle Monate

So wie auch `DayOfWeek` ein Aufzählungstyp ist, so deklariert Java für die Monate den Aufzählungstyp `Month` mit zwölf Konstanten von `JANUARY` bis `DECEMBER`. Die Methode `length(boolean leapYear)` liefert in Abhängigkeit von der Schaltjahr-Information die Anzahl der Tage des Monats, `minLength()`/`maxLength()` die kleinste bzw. größte Anzahl an Tagen, was natürlich nur wieder für den Februar einen Unterschied macht. Februar hat ein Minimum von 28 Tagen und ein Maximum von 29, zusammen mit allen anderen Monaten ergibt sich also ein Wertebereich von 28 bis 31.

Des Weiteren gibt es wieder eine Methode `getDisplayName(TextStyle, Locale)`.

5.9.6 Klasse LocalTime

Während `LocalDate` nur das Datum repräsentiert, speichert `LocalTime` nur die Zeit. Oftmals wird `now()` die zentrale Methode sein, um einen Zeitstempel zu erfragen, und wir haben die üblichen `of(…)`-Methoden zum Aufbau eines `LocalTime`-Objekts. Mit `ofNanoOfDay(long nanoOfDay)` bzw. `ofSecondOfDay(long secondOfDay)` ist ein `LocalTime` auch aus Nanosekunden/Sekunden seit 00:00 aufgebaut. Mit den Gettern `getHour()`, `getMinute()`, `getSecond()`, `getNano()` sind die Felder dann einfach erfragt.

5.9.7 Klasse LocalDateTime

`LocalDateTime` kombiniert `LocalTime` und `LocalDate`, speichert aber keine Zeitzone. Damit stehen Entwicklern Jahr, Monat, Tag und Stunden, Minuten, Sekunden, Nanosekunden zur Verführung. Dem Aufbau des Objekts dienen wieder die `of(…)`-Methoden oder die anderen `withXXX()`-Methoden, um ein existierendes Datum abzuwandeln.

[«]

Beispiel

Welches Datum und welche Zeit sind heute in einem Jahr und einer Stunde?

```
LocalDateTime dateTime = LocalDateTime.now()
                                      .plusYears( 1 ).plusHours( 1 );
System.out.println( dateTime );       // zum Beispiel 2016-05-02T00:12
```

Mit der Methode `until(…)` bekommen wir relativ zu diesem Zeitpunkt eine Zeiteinheit aufaddiert.

[»] **Beispiel**

Wie viel Tage sind bisher vom 1. März 1973 bis heute vergangen?

```
long until = LocalDate.of( 1973,  Month.MARCH, 1 )
                      .until( LocalDate.now(), ChronoUnit.DAYS );
System.out.println( until );
```

Auf das gleiche Ergebnis kommt auch:

```
until = ChronoUnit.DAYS.between( LocalDate.of(1973,Month.MARCH,1), LocalDate.now() );
```

Die anderen temporalen Klassen bieten übrigens auch `until(…)`.

Während die `of(…)`-Methoden Objekte immer aufbauen, konvertieren die `toXXX()`-Methoden, sodass eine Umwandlung von `LocalDateTime` in `LocalTime` und `LocalDate` möglich ist.

[»] **Beispiel**

```
LocalDate date = LocalDate.now();
LocalTime time = LocalTime.now();
LocalDateTime dateTimeFromDateAndTime = LocalDateTime.of( date, time );
LocalDate dateFromDateTime = dateTimeFromDateAndTime.toLocalDate();
LocalTime timeFromDateTime = dateTimeFromDateAndTime.toLocalTime();
```

5.9.8 Klasse Year

Mit `Year` bekommen wir ein Jahr gespeichert. Vorteil gegenüber der üblichen Speicherung als `int` sind Abfragemethoden, wenn ein Jahr ein eigener Datentyp ist. `length()` liefert die Anzahl der Tage im Jahr, mit `isLeap()` bekommen wir heraus, ob das Jahr ein Schaltjahr ist, das Gleiche übernimmt auch die statische Methode `isLeap(long year)`. Eine weitere Abfragemethode ist `isValidMonthDay(MonthDay monthDay)`, die uns sagt, ob der Tag/Monat für das gegebene Jahr erlaubt ist.

Es gibt einige `atXXX()`-Methoden, die mit weiteren Informationen neue temporale Objekte bilden, etwa `LocalDate atDay(int dayOfYear)`, `YearMonth atMonth(int month)`, `YearMonth atMonth(Month month)`, `LocalDate atMonthDay(MonthDay monthDay)`.

5.9.9 Zeitzonen-Klassen ZoneId und ZoneOffset

Unsere bisherigen Klassen für ein Datum speichern keine Informationen über eine Zeitzone. Dabei sind Zeitzonen das gewisse Extra, denn wir können nicht ignorieren, dass Menschen in verschiedenen Zeitzonen wohnen und wir selbst innerhalb eines Landes (wie Russland, USA, aber nicht China) unterschiedliche Zeitzonen haben; Online-Meetings in diesen Ländern fallen regelmäßig flach, weil Mitarbeiter vergessen, die Zeitzone zu berücksichtigen.

Eine Zeitzone ist also eine Region mit der gleichen Zeit, und sie wird in einer Textform festgehalten, die Region und Stadt benennt, etwa Europe/Berlin. Mit `ZoneId.systemDefault()` bekommen wir die aktuelle Zeitzone, und eine weitere API-Funktion ermittelt alle diese Kennungen.

Beispiel

```
Set<String> allZones = new TreeSet<>( ZoneId.getAvailableZoneIds() );
System.out.println( allZones ); // [Africa/Abidjan, …, Zulu]
```

Jede dieser Zeitzonen ist mit einem Offset assoziiert, der relativ zur Greenwich/UTC-Zeit ist. Wir in Deutschland sind zum Beispiel UTC+1 bei der mitteleuropäischen Zeit (MEZ) und UTC+2 bei der mitteleuropäischen Sommerzeit (MESZ). All diese Informationen über Zeitzonen und Offsets stecken in zwei Klassen, `ZoneId` und `ZoneOffset`. `ZoneId` selbst repräsentiert den Identifizierer, `ZoneOffset` den Zeitzonen-Offset.

Beispiel

```
Set<String> allZones = new TreeSet<>( ZoneId.getAvailableZoneIds() );
for ( String zone : allZones ) {
  ZonedDateTime zdt = LocalDateTime.now().atZone( ZoneId.of( zone ) );
  ZoneOffset zoneOffset = zdt.getOffset();
  System.out.println( zone + " " + zoneOffset.getId() );
}
```

Es gibt nur eine statische Methode `getAvailableZoneIds()`, die alle verfügbaren Zeitzonen in String-Form liefert, sodass wir im nächsten Schritt über `ZoneId.of(…)` arbeiten müssen, um ein `ZoneId`-Objekt zu bekommen. Das hat jedoch keine Offset-Informationen, sodass wir von dort aus weitergehen müssen: Das über `now()` bezogene temporale Objekt `LocalTime` können wir über `atZone(…)` mit einer Zeitzone verbinden; `ZonedDateTime` ist sozusagen das `LocalDateTime` mit Zeitzonen-Information (`ZoneDate` alleine gibt es nicht). Bei `ZonedDateTime` können wir dann den Offset erfragen.

5.9.10 Temporale Klassen mit Zeitzoneninformationen

Die Date-Time-API bietet Entwicklern drei Klassen mit Zeitzonen-Informationen, wobei die Klasse `ZonedDateTime` schon kurz im Beispiel vorkam. In einem `ZonedDateTime` sind die üblichen Werte über das Datum (Tag, Monat, Jahr) und die Zeit (Stunde, Minute, Sekunde, Nanosekunde) kodiert sowie die Zeitzone (also Region/Stadt) und den Offset. `ZonedDateTime` ist dabei keine Unterklasse von `LocalDateTime`, die Klasse hat keine besondere Basisklasse. Doch nicht immer ist die Region (Time-Zone-ID) relevant, daher existieren zwei Klassen nur mit dem Offset-Wert einer Zeitzone und das sind die Klassen `OffsetDateTime` und `OffsetTime`, wobei der Klassename schon klarmacht, dass Ersteres wieder Datum plus Zeit repräsentiert, Letzteres aber nur die Zeit mit einem Offset.

Die Klassen `OffsetDateTime` und `OffsetTime` sind immer dann nützlich, wenn die Region eben keine Rolle spielt, doch müssen sich Entwickler bewusst sein, dass nur `ZonedDateTime` die ganzen Regeln für die Zeitzonen, Zeitwechsel (Sommer-/Winterzeit) berücksichtigt.

ZonedDateTime

Ein Objekt vom Typ `ZonedDateTime` lässt sich mit diversen `ofXXX(…)`-Methoden aufbauen. Die Daten kommen direkt von den Datum-Zeit-Werten oder aus vorhandenen `LocalXXX`-Objekten. Immer angegeben werden muss die `ZoneId`.

- `static ZonedDateTime of(int year, int month, int dayOfMonth, int hour, int minute, int second, int nanoOfSecond, ZoneId zone)`
- `static ZonedDateTime of(LocalDate date, LocalTime time, ZoneId zone)`
- `static ZonedDateTime of(LocalDateTime localDateTime, ZoneId zone)`

Eine weitere Methode erlaubt die Angabe einer `Instant` (Sekunden seit dem 1.1.1970):

- `static ZonedDateTime ofInstant(Instant instant, ZoneId zone)`

Weiterhin existieren drei Methoden mit zusätzlichem `ZoneOffset`:

- `static ZonedDateTime ofInstant(LocalDateTime localDateTime, ZoneOffset offset, ZoneId zone)`
- `static ZonedDateTime ofLocal(LocalDateTime localDateTime, ZoneId zone, ZoneOffset preferredOffset)`
- `static ZonedDateTime ofStrict(LocalDateTime localDateTime, ZoneOffset offset, ZoneId zone)`

Die letzte Methode sticht hervor, weil sie prüft, ob die Zeit überhaupt möglich ist, etwa dann, wenn versucht wird, einen Zeitpunkt zwischen einem Wechsel von Winter- nach Sommerzeit anzugeben, in der die Uhr eine Stunde vorgestellt wird und in der folglich eine Stunde fehlt.

Eine Alternative ist, auf einem `LocalDateTime`-Objekt über die Methode `atZone(ZoneId)` in ein `ZonedDateTime` zu konvertieren.

[»]

Beispiel

```
ZoneId zone = ZoneId.of( "Europe/Berlin" );
ZonedDateTime zdt1 =
 LocalDateTime.now().withMonth( Month.JANUARY.getValue() ).atZone( zone );
ZonedDateTime zdt2 =
 LocalDateTime.now().withMonth( Month.JULY.getValue() ).atZone( zone );
System.out.println( zdt1.getOffset().getId() + " " + zdt2.getOffset().getId() );
```

Die Ausgabe ist +01:00 +02:00 und zeigt den Unterschied zwischen Winterzeit im Januar und Sommerzeit im Juni.

ZoneId hat eine interessante Methode, getRules(), die wiederum isDaylightSavings(…) bietet, worüber wir einen Wahrheitswert erfahren, ob wir in der Sommerzeit (engl. *Daylight Saving Time*, kurz DST) oder Winterzeit sind.

[«]

Beispiel

```
ZoneId zone = ZoneId.of( "Europe/Berlin" );
ZonedDateTime date = LocalDateTime.now().atZone( zone );
Instant instant1 = date.withMonth( Month.JANUARY.getValue() ).toInstant();
System.out.println( zone.getRules().isDaylightSavings( instant1 ) ); // false
Instant instant2 = date.withMonth( Month.JULY.getValue() ).toInstant();
System.out.println( zone.getRules().isDaylightSavings( instant2 ) ); // true
```

Intern greift ZonedDateTime auf die Klasse ZoneRules zurück, die alle Zeitzonen und Veränderungen der letzten Jahre kennt. Zur Erinnerung: OffsetDateTime und OffsetTime greifen nicht auf ZoneRules zurück.

[«]

Beispiel

Libyen hat im letzten Jahrhundert relativ viele Zeitzonenwechsel erlebt:

```
ZoneRules rules = ZoneRulesProvider.getRules( "Libya", false );
for ( ZoneOffsetTransition rule : rules.getTransitions() )
  System.out.println( rule );
```

Die Ausgabe besteht aus 30 Einträgen von

```
Transition[Gap at 1920-01-01T00:00+00:52:44 to +01:00]
Transition[Gap at 1951-10-14T02:00+01:00 to +02:00]
```

bis

```
Transition[Overlap at 2012-11-10T02:00+02:00 to +01:00]
Transition[Gap at 2013-03-29T01:00+01:00 to +02:00]
```

In der Ausgabe entdecken wir »Overlap« immer dann, wenn die Zeit zurückgestellt wird, und »Gap«, wenn eine Lücke entsteht, dadurch dass die Uhr vorgestellt wird.

Die ZoneRules arbeiten eher im Hintergrund und sind für übliche Anwendungen wenig relevant. Viel wichtiger ist die Tatsache, dass ZonedDateTime automatisch auf diese zurückgreift, wenn zum Beispiel das aktuelle ZonedDateTime-Objekt in eine Zeitzone verschoben wird.

[«]

Beispiel

Wie spät haben wir es jetzt in Deutschland, und wie viel Uhr wäre das auf den Philippinen?

```
ZonedDateTime zdt1 = ZonedDateTime.now( ZoneId.of( "Europe/Berlin" ) );
ZonedDateTime zdt2 = zdt1.withZoneSameInstant( ZoneId.of( "Asia/Manila" ) );
System.out.println( zdt1 );  // 2014-02-02T19:03:33.361+01:00[Europe/Berlin]
System.out.println( zdt2 );  // 2014-02-03T02:03:33.361+08:00[Asia/Manila]
```

In dem Zusammenhang sind die `plusXXX()`/`minusXXX()`-Methoden wieder interessant.

[»]

Beispiel

Morgen um 10 Uhr geht ein Flieger von Frankfurt nach Manila. Der Flug dauert 15 Stunden. Wann kommt die Maschine in Manila an?

```
ZoneId departureTimezone = ZoneId.of( "Europe/Berlin" );
ZoneId arrivalTimezone   = ZoneId.of( "Asia/Manila" );
ZonedDateTime zdt1 = LocalTime.of( 10, 0 ).atDate( LocalDate.now() )
                      .atZone( departureTimezone );
ZonedDateTime zdt2 = zdt1.withZoneSameInstant( arrivalTimezone ).plusHours( 15 );
System.out.println( zdt1 );  // 2014-02-02T10:00+01:00[Europe/Berlin]
System.out.println( zdt2 );  // 2014-02-03T08:00+08:00[Asia/Manila]
```

Zusammenfassung zur Umwandlung

Ist ein `ZonedDateTime` gefragt, und ein `LocalTime` + `LocalDate` bzw. `LocalDateTime` gegeben, so ist die Objektkonstruktion über `of(LocalDate date, LocalTime time, ZoneId zone)` oder `of(LocalDateTime localDateTime, ZoneId zone)` möglich. Alternativ liefert die `atZone(ZoneId)`-Methode von `LocalDateTime` ein `ZonedDateTime`-Objekt. Eine Verschiebung der Zeit/des Datums wird nicht vorgenommen. Intern referenziert `ZonedDateTime` lediglich `LocalDateTime`, `ZoneOffset` und `ZoneId`.

Umgekehrt existieren die Methoden `LocalDate toLocalDate()`, `LocalDateTime toLocalDateTime()`, `LocalTime toLocalTime()` für die Konvertierung in die andere Richtung. Ein erfragtes `DateTime`-Objekt behält das gleiche Jahr und den gleichen Monat und Tag, eine Konvertierung findet hier nicht statt.

[»]

Beispiel

Setzen von Zeitzone und Entfernen von Zeitzone:

```
LocalDateTime date = LocalDateTime.of( 2014, 3, 1, 2, 0, 0, 0 );
ZonedDateTime zdt1 = ZonedDateTime.of( date, ZoneId.of( "Europe/Berlin" ) );
ZonedDateTime zdt2 = ZonedDateTime.of( date, ZoneId.of( "Asia/Oral" ) );
System.out.println( zdt1 );     // 2014-03-01T02:00+01:00[Europe/Berlin]
System.out.println( zdt1.toLocalDateTime() ); // 2014-03-01T02:00
System.out.println( zdt2 );     // 2014-03-01T02:00+05:00[Asia/Oral]
System.out.println( zdt2.toLocalDateTime() ); // 2014-03-01T02:00
```

Klassen OffsetTime und OffsetDateTime

Die beiden Klassen `OffsetTime` und `OffsetDateTime` speichern die Zeit bzw. Datum und Zeit, aber keine wirklichen Zeitzonen, sondern nur eine Verschiebung bezüglich der Greenwich/UTC-Zeit.

Dieser Zeitzonen-Offset wird nicht einfach als double repräsentiert, sondern vom Typ ZoneOffset, womit dann die Information in einer String-Repräsentation aussieht wie »+/–Stunden:Minuten«.

Aufgebaut werden die temporalen Objekte OffsetTime und OffsetDateTime wieder über die of(…)-Methoden, wobei diese im Argument ein ZoneOffset-Objekt annehmen.

[«]

Beispiel

```
LocalDateTime date = LocalDateTime.now();
ZoneOffset offset = ZoneOffset.of( "+01:00" );
OffsetDateTime offsetDate = OffsetDateTime.of( date, offset );
System.out.println( offsetDate ); // 2014-02-02T19:25:44.983+01:00
```

5.9.11 Klassen Period und Duration

Für den Abstand zweier Zeiteinheiten gibt die Date-Time-API zwei Klassen vor:

- Den Abstand zweier datumsbasierter Zeiteinheiten repräsentiert Period, und es entspricht den uns bekannten Zeitintervallen wie »1 Jahr, 3 Monate, 4 Tage«. Wichtig ist zu wissen, dass es keinen Zeitanteil gibt, also eine Period nur Jahr, Monat, Tag speichert, aber keine Stunden und anderen kleineren Anteile.
- Den Abstand zweier Zeitwerte repräsentiert Duration; die betrachtete Einheit ist Sekunden bzw. Nanosekunden, Datumsanteile hat Duration nicht.

Üblicherweise verwenden wir eine der beiden Klassen, um Abstände zu repräsentieren, und natürlich bieten die Objekte auch elegante Methoden. Wer Differenzen nicht als Objekt braucht, sondern mit einem long zufrieden ist, kann auch between(Temporal temporal1Inclusive, Temporal temporal2Exclusive) auf dem Aufzählungstyp ChronoUnit nutzen.

Period

Die statischen Methoden of(int years, int months, int days), ofDays(int days), ofMonths(int months), ofWeeks(int weeks), ofYears(int years) liefern ein neues Period-Objekt. Abwandeln tun es die Methoden withDays(int days), withMonths(int months) und withYears(int years) und die Additions-/Subtraktionsmethoden. Oftmals wird eine Period aber auch als Differenz zweier Datumswerte berechnet, dafür bietet Period die Methode between(LocalDate startDateInclusive, LocalDate endDateExclusive). Auch liefert until(ChronoLocalDate endDateExclusive) aus LocalDate ein Period-Objekt zurück, sonst nutzt keine andere temporale Klasse Period, von IsoChronology einmal abgesehen …

[«]

Beispiel

```
Period duration = Period.between( LocalDate.of( 1973, 2, 3 ), LocalDate.now() );
System.out.println( duration );                                // P40Y11M2D
```

```
boolean hasBirthday = duration.withYears( 0 ).isZero();
System.out.println( hasBirthday );
```

Die toString()-Methode liefert eine standardisierte Kennung, wie sie ISO-8601 beschreibt. Wenn wir eine Person mit Geburtstag haben, gibt es nur einen Unterschied in Jahren, aber Tag und Monat sind bei Period null; also können wir auf einen Geburtstag prüfen, in dem wir bei der Period das Jahr auf null setzen und dann mit isZero() testen, ob alle Felder 0 sind.

Period bietet die erwarteten Abfragemethoden wie getMonths(), getDays() und getYears(). isNegative() und isZero() sind selbsterklärend. Falls die Gesamtdauer zum Beispiel in Tagen erfragt werden soll, kann Period nicht helfen, hier kann zur between(…)-Methode von ChronoUnit gegriffen werden. Die Felder einer Period können negativ sein, wenn der Endwert vor dem Startwert liegt.

Bisher unangesprochen ist die Frage, wie sich Zeitzonen verhalten. Wenn wir Period.between(…) nutzen, ist das Argument sowieso ein LocalDate, und das hat keine Zeitzoneninformationen; die Differenz zwischen zwei Datumswerten mit Zeitzoneninformationen muss also anders berechnet werden. Hier bietet sich zum Beispiel long until(Temporal endExclusive, TemporalUnit unit) von ZonedDateTime an, aber das hat nichts mehr mit Period zu tun. Period kann bei ZonedDateTime nur zum Addieren/Subtrahieren verwendet werden, denn diversen Methoden lässt sich ein TemporalAmount mitgeben, und eine Period (und auch Duration) implementiert die Schnittstelle TemporalAmount.

Duration

Die Klasse Period als Zeitintervall für zwei Datumswerte haben wir gerade besprochen. Eine weitere Klasse Duration repräsentiert Dauern von Zeiten und ist weder mit Zeitzonen verbunden noch mit anderen Zeitleisten. Daher ist auch ein Tag idealisiert exakt 24 Stunden lang, Schaltsekunden kennt die Klasse nicht, und einen Tag zu addieren heißt, 24 Stunden aufzurechnen.

Die interne Berechnungseinheit ist Sekunden bzw. Nanosekunden, auch wenn Hilfsmethoden Zeiteinheiten bis Stunden erlauben. Darüber wird eine Duration auch aufgebaut, über ofXXX()-Methoden wie ofSeconds(long seconds, long nanoAdjustment) oder ofDays(long days). Differenzen bildet wieder Duration between(Temporal startInclusive, Temporal endExclusive), wobei Temporal eine Schnittstelle ist, die etwa von LocalDate, LocalDateTime, LocalTime, OffsetDateTime, OffsetTime, ZonedDateTime, Year, YearMonth, Instant implementiert wird, nicht aber von Period.

Abgewandelt wird eine Duration wieder über withXXX(…) oder die minusXXX(…)/plusXXX(…)-Methoden. toNanos(), toMillis(), toMinutes(), toHours(), toDays() konvertieren in den gewünschten Typ, getNano() und getSeconds() liefern die zwei Bestandteile einer Duration. Wichtig ist der Unterschied: Die Getter liefern den Feldwert von Duration, während toXXX() immer konvertiert, also ist eine Duration mit 1 Sekunde und 0 Nanosekunden gleich 1 bei getSecond() und 0 bei getNano(), aber 1.000.000.000 Nanosekunden bei toNanos().

[«]

Beispiel

Wie viel Zeit vergeht zwischen der Ausführung?

```
Instant start = Instant.now();
try {
  Files.walk( Paths.get( System.getProperty( "user.home" ) ) ).count();
} catch ( Exception e ) { }
Instant end = Instant.now();
System.out.println( Duration.between( start, end ).toMillis() + " ms" );
```


5.9.12 Klasse Instant

Die bisherigen temporalen Klassen arbeiten mit Konzepten, die für Menschen im Mittelpunkt stehen, also mit Stunden, Minuten, Tagen, Monaten. Das ist bei der Klasse `Instant` anders, sie repräsentiert eine Anzahl Millisekunden seit dem 1.1.1970 – der Referenzpunkt heißt Epoche. Der Wert einer `Instant` ist positiv (später als 1970) oder negativ (vor 1970) und ist eine gute Basis, wenn eine Applikation einen Zeitstempel benötigt, etwa für eine Log-Datei.

Exemplar einer `Instant` bilden bekannte Methoden wie `now()` oder `ofEpochMilli(…)`, `ofEpochSecond(…)`, `ofEpochSecond(…)`. Bei den Abfragemethoden sind `isAfter(Instant)`/`isBefore(Instant)` für Vergleiche nützlich – im Übrigen implementiert die Klasse auch `Comparable` mit exakt dieser Vergleichslogik. Mit der Methode `until(…)` bekommen wir wieder den Abstand berechnet, bei `Instant` also die Zeitdifferenz zwischen zwei `Instant`-Objekten.

[«]

Beispiel

Wie viele Tage sind nach dem 1.1.1970 bis heute vergangen?

```
long daysFromEpoch = Instant.ofEpochSecond( 0 ).until( Instant.now(), ChronoUnit.DAYS );
System.out.println( daysFromEpoch );  // z.B. 16104
```

Die Berechnung basiert auf der idealisierten Form, dass ein Tag genau 60 * 60 * 24 Sekunden hat. Drehen wir die Berechnung um, schreiben also `Instant.now().until(Instant.ofEpochSecond(0), ChronoUnit.DAYS)`, ist das Ergebnis negativ.

Existierende `Instant`-Exemplare können als Basis für neue abgewandelte Exemplare dienen, etwa mit den `with(…)`-Methoden oder mit `plusXXX(…)`/`minusXXX(…)`.

[«]

Beispiel

Wie ist die `Instant` in einer Stunde?

```
Instant inOneHourInstant = Instant.now().plus( 1, ChronoUnit.DAYS );
System.out.println( inOneHourInstant );  // 2014-02-04T10:12:13.344Z
```

Die `toString()`-Methode liefert eine ISO-8601-Kennung wie `LocalDateTime`, eine `format()`-Methode gibt es bei `Instant` aber *nicht*. `Instant` bietet eben keine Abfragemethoden nach Jahr, Tag; das obliegt den anderen Klassen, die aber durchaus ein `Instant` annehmen, um darüber ein temporales Objekt zu bilden. Um die Zeit/das Datum zu formatieren, gibt es unterschiedliche Varianten:

- `Instant` bietet über `atOffset(ZoneOffset offset)` (liefert `OffsetDateTime`) oder `atZone(ZoneId zone)` (liefert `ZonedDateTime`) ein neues temporales Objekt mit `format(…)`-Methode.
- `LocalDateTime` bietet die statische Methode `ofInstant(Instant instant, ZoneId zone)`, um zusammen mit `Instant` und der Zeitzone eine `LocalDateTime` zu bilden. Im Prinzip könnten auch dem `Instant` über `getNano()` die Nanosekunden entlockt und über die statische `LocalDateTime`-Methode `ofEpochSecond(long epochSecond, int nanoOfSecond, ZoneOffset offset)` ein `LocalDateTime` aufgebaut werden.

5.9.13 Parsen und Formatieren von Datumszeitwerten

Alle temporalen Typen überschreiben standardmäßig die `toString()`-Methode und liefern eine standardisierte Ausgabe. Daneben bieten die Typen eine `format(…)`-Methode, der ein Formatierungsobjekt übergeben wird, sodass individuelle Ausgaben nach einem Muster möglich sind. Neben dem Formatieren bieten die Typen auch eine statische `parse(…)`-Methode, die einmal mit einem String-Parameter das Format erwartet, was `toString()`liefert, und eine Version mit zwei Parametern, wobei dann ein Formatierungsobjekt erlaubt ist, um genau das Format anzugeben, nach dem geparst werden soll. Weiterhin lassen sich die in Java 8 eingeführten temporalen Typen auch bei `String.format(…)` und den `java.util.Formatter` einsetzen.

[»] **Beispiel**

```
LocalDate now = LocalDate.now();
System.out.println( now );          // 2014-03-21
DateTimeFormatter formatter = DateTimeFormatter.ofPattern( "d. MMMM yyyy" );
String nowAsString = now.format( formatter );
System.out.println( nowAsString );  // 21. März 2014
LocalDate nowAgain = LocalDate.parse( nowAsString, formatter );
System.out.println( nowAgain );     // 2014-03-21
```

Die API-Dokumentation zu `DateTimeFormatter` zeigt einige vordefinierte Formatierungsobjekte und listet alle Formatspezifizierer auf.

5.9.14 Das Paket java.time.temporal *

Bisher haben wir uns nicht mit den Vererbungsbeziehungen der Date-Time-Klassen auseinandergesetzt – das wollen wir jetzt nachholen. Gleichzeitig zeigt der Abschnitt auch die tiefer liegenden Schichten der Date-Time-API, die die einzelnen Felder (wie Jahr, Sekunde) eines Datums/einer Zeit in den Fokus rücken.

Schnittstelle Temporal

Alles das, was in der Date-Time-API einen temporalen Typ darstellt, implementiert die Schnittstelle `Temporal`. Dazu gehören:

- `Instant`, `LocalDate`, `LocalDateTime`, `LocalTime`, `OffsetDateTime`, `OffsetTime`, `Year`, `YearMonth`, `ZonedDateTime`
- `HijrahDate`, `JapaneseDate`, `MinguoDate`, `ThaiBuddhistDate`

`Temporal` deklariert Methoden zum Lesen und Verändern von temporalen Werten, wobei `Period` nicht dazugehört. Die wichtigsten Methoden sind:

- `plus(…)/minus(…)`
- `until(…)`
- `with(TemporalAdjuster)`
- `with(TemporalField field, long newValue)`

Schnittstelle TemporalAmount

Ein Zeitabschnitt drückt die Schnittstelle `TemporalAmount` aus, sie wird von `Period` und `Duration` implementiert. Wir finden in der Schnittstelle etwa `addTo(Temporal)` und `subtractFrom(Temporal)`, die ein `Temporal` zurückgeben.

Schnittstelle TemporalAccessor

Während `Temporal` zugleich Lese- und Modifikationsmethoden deklariert, gibt `TemporalAccessor` nur Methoden zum Lesen der Zustände vor – `Temporal` ist folglich eine Erweiterung von `TemporalAccessor`. Zu den implementierenden Klassen zählen die, die natürlich auch `Temporal` erweitern und zusätzlich `DayOfWeek`, `Month`, `IsoEra`, `MonthDay`, `ZoneOffset` und ein paar Klassen von den Nicht-ISO-Kalender-Systemen. Zusammenfassend:

- `DayOfWeek`, `Instant`, `IsoEra`, `LocalDate`, `LocalDateTime`, `LocalTime`, `Month`, `MonthDay`, `OffsetDateTime`, `OffsetTime`, `Year`, `YearMonth`, `ZonedDateTime`, `ZoneOffset`
- `HijrahDate`, `HijrahEra`, `JapaneseDate`, `JapaneseEra`, `MinguoDate`, `MinguoEra`, `ThaiBuddhistDate`, `ThaiBuddhistEra`

Die beiden Nicht-Default-Methoden sind `long getLong(TemporalField field)` und `boolean isSupported(TemporalField field)`; sie machen schon klar, dass es um einen Zugriff auf ein Feld geht, also etwa ein `ChronoField` `HOUR_OF_DAY`, `YEAR`, …

Schnittstelle TemporalField und Aufzählungstyp ChronoField

Bisher haben wir es in der Date-Time-API in der Regel mit Abfragemethoden wie `getYear()` oder `getSeconds()` zu tun gehabt. Doch das sind nichts anderes als Felder eines temporalen Typs, und für genauso ein Feld wie Jahr, Monat, Sekunde gibt es eine Schnittstelle `TemporalField`.

TemporalField deklariert Methoden wie range() oder getFrom(TemporalAccessor temporal), und eine Implementierung der Schnittstelle ist der Aufzählungstyp ChronoField. Es gibt reichlich Aufzählungen für alle Felder, die ein Datum bzw. eine Zeit in der Date-Time-API haben können:

- ALIGNED_DAY_OF_WEEK_IN_MONTH, ALIGNED_DAY_OF_WEEK_IN_YEAR, ALIGNED_WEEK_OF_MONTH, ALIGNED_WEEK_OF_YEAR
- AMPM_OF_DAY
- CLOCK_HOUR_OF_AMPM, CLOCK_HOUR_OF_DAY
- DAY_OF_MONTH, DAY_OF_WEEK, DAY_OF_YEAR
- EPOCH_DAY
- ERA
- HOUR_OF_AMPM, HOUR_OF_DAY
- INSTANT_SECONDS
- MICRO_OF_DAY, MICRO_OF_SECOND
- MILLI_OF_DAY, MILLI_OF_SECOND
- MINUTE_OF_DAY, MINUTE_OF_HOUR, MONTH_OF_YEAR
- NANO_OF_DAY, NANO_OF_SECOND
- OFFSET_SECONDS
- PROLEPTIC_MONTH
- SECOND_OF_DAY, SECOND_OF_MINUTE
- YEAR
- YEAR_OF_ERA

[»]

Beispiel

```
TemporalAccessor now = LocalDate.now();
System.out.println( ChronoField.YEAR.isSupportedBy( now ) ); // true
System.out.println( ChronoField.YEAR.getFrom( now ) ); // 2014
System.out.println( ChronoField.MILLI_OF_DAY.isSupportedBy( now ) ); // false
// System.out.println( ChronoField.MILLI_OF_DAY.getFrom( now ) ); //
 UnsupportedTemporalTypeException
```

Neben der Aufzählung ChronoField gibt es zudem eine Klasse IsoFields mit einigen TemporalField-Konstanten wie QUARTER_OF_YEAR, was nützlich für ISO-8601 Kalender ist, die mit Quartalen und Kalenderwochen arbeiten. Weitere Konstanten stecken in WeekFields und JulianFields.

Schnittstelle TemporalUnit und Aufzählungstyp ChronoUnit

Die in ChronoField deklarieren Aufzählungen repräsentieren alle Felder eines Datums bzw. einer Zeit (wie Tag, Sekunden), und getFrom(TemporalAccessor temporal) liefert ein long mit der Belegung des Feldes. Allerdings sagt es nichts über den Typ des Feldes aus. Um das auszudrücken, gibt es eine weitere Schnittstelle TemporalUnit und einen Aufzählungstyp ChronoUnit, der TemporalUnit implementiert:

- CENTURIES, DAYS, DECADES, FOREVER, HALF_DAYS, HOURS, MICROS, MILLENNIA, MILLIS, MINUTES, MONTHS, NANOS, SECONDS, WEEKS, YEARS

Die Genauigkeit geht folglich von Millisekunden bis Millennium.

In der TemporalField-Schnittstelle (und somit vom Aufzählungstyp ChronoField realisiert) gibt es zwei Operationen, die die TemporalUnit eines Feldes zurückgeben: getBaseUnit() und getRangeUnit().

Beispiel

```
System.out.println( ChronoField.MONTH_OF_YEAR.getBaseUnit() );  // Months
System.out.println( ChronoField.MONTH_OF_YEAR.getRangeUnit() ); // Years
```

Um zu erfragen, ob ein Typ der Date-Time-API auch eine Einheit unterstützt, deklariert jeder TemporalAccessor die Methode isSupported(TemporalUnit). Eine Instant zum Beispiel unterstützt kein Monat oder Jahr, also gibt Instant.now().isSupported(ChronoUnit.MONTHS) false zurück.

TemporalUnit finden wir auch bei den Klassen Duration und Period, die die Schnittstelle TemporalAmount implementieren, denn dort sind deklariert: long get(TemporalUnit unit) und List<TemporalUnit> getUnits().

Funktionale Schnittstelle TemporalAdjuster

Zum Verändern eines Datum-/Zeitwerts gibt es im Paket java.time.temporal den TemporalAdjuster. Das ist eine funktionale Schnittstelle mit einer Methode adjustInto(Temporal temporal), die Anpassungen an einem übermittelten temporalen Objekt vornimmt, wobei das Ergebnis ein neues justiertes temporales Objekt ist. Implementierende Klassen sind unter anderem DayOfWeek, Month, MonthDay, Year, YearMonth, Instant, LocalDate, LocalTime, LocalDateTime, OffsetDateTime, OffsetTime, ZoneOffset; sie belegen das übergebene Termporal mit dem eigenen Wert.

Beispiel

Nehmen wir ein LocalDateTime (unser Temporal) an, und setzen wir Zeit- und Datumsanteil neu:

```
TemporalAdjuster temporalAdjuster1 = LocalDate.of( 1986, Month.JANUARY, 28 );
TemporalAdjuster temporalAdjuster2 = LocalTime.of( 11, 39 );
Temporal temporal = LocalDateTime.MIN;
temporal = temporalAdjuster1.adjustInto( temporal );
temporal = temporalAdjuster2.adjustInto( temporal );
System.out.println( temporal ); // 1986-01-28T11:39
```

Die Schreibweise mit `temporal = temporalAdjuster.adjustInto(temporal)` ist ungewöhnlich, und klarer ist stattdessen `temporal = temporal.with(temporalAdjuster)`. Hierbei ist offensichtlicher, dass der `TemporalAdjuster` eine Justierung vornimmt.

Beispiel

Auf unser Beispiel umgeschrieben:

```
TemporalAdjuster temporalAdjuster1 = LocalDate.of( 1986, Month.JANUARY, 28 );
TemporalAdjuster temporalAdjuster2 = LocalTime.of( 11, 39 );
Temporal temporal = LocalDateTime.MIN;
temporal = temporal.with( temporalAdjuster1 ).with( temporalAdjuster2 );
System.out.println( temporal ); // 1986-01-28T11:39
```

Dass `LocalDate` und `LocalTime` spezielle `TemporalAdjuster` sind, fällt nicht so auf, weil sie den Wert vom `Temporal` einfach nur setzen. Interessanter werden die `TemporalAdjuster` aber bei komplexerem Verhalten, etwa dem Setzen auf den nächsten Arbeitstag oder auf den 1.1 des nächsten Jahrs oder Ähnliches. Für einige Szenarien deklariert die Utility-Klasse `java.time.temporal.TemporalAdjusters` diverse statische Methoden.

Beispiel

Von heute aus gesehen, wann ist der nächste Montag?

```
Temporal now = LocalDate.now();
System.out.println( now );          // 2014-02-25
Temporal nextMonday = now.with( TemporalAdjusters.next( DayOfWeek.MONDAY ) );
System.out.println( nextMonday );   // 2014-03-03
```

`java.time.temporal.TemporalAdjusters` deklariert folgende Methoden:

- `static TemporalAdjuster dayOfWeekInMonth(int ordinal, DayOfWeek dayOfWeek)`
- `static TemporalAdjuster firstDayOfMonth()`
- `static TemporalAdjuster firstDayOfNextMonth()`
- `static TemporalAdjuster firstDayOfNextYear()`
- `static TemporalAdjuster firstDayOfYear()`
- `static TemporalAdjuster firstInMonth(DayOfWeek dayOfWeek)`
- `static TemporalAdjuster lastDayOfMonth()`
- `static TemporalAdjuster lastDayOfYear()`
- `static TemporalAdjuster lastInMonth(DayOfWeek dayOfWeek)`
- `static TemporalAdjuster next(DayOfWeek dayOfWeek)`
- `static TemporalAdjuster nextOrSame(DayOfWeek dayOfWeek)`
- `static TemporalAdjuster ofDateAdjuster(UnaryOperator<LocalDate> dateBasedAdjuster)`

- `static TemporalAdjuster previous(DayOfWeek dayOfWeek)`
- `static TemporalAdjuster previousOrSame(DayOfWeek dayOfWeek)`

Beispiel

Implementierung von `firstDayOfNextYear()` in `TemporalAdjusters`:

```
public static TemporalAdjuster firstDayOfNextYear() {
  return (temporal) -> temporal.with(DAY_OF_YEAR, 1).plus(1, YEARS);
}
```

Eigene `TemporalAdjuster` sind damit natürlich leicht implementiert.

Beispiel

Nachrichten kommen jeden Tag um 12 Uhr und um 20 Uhr. Schreibe einen `TemporalAdjuster`, der ein `Temporal` für die nächste Nachrichtensendung erzeugt:

```
TemporalAdjuster nextNewsTemporalAdjuster = temporal -> {
  LocalDateTime result = LocalDateTime.from( temporal );
  if ( result.getHour() < 12 )
    result = result.withHour( 12 );
  else if ( result.getHour() < 20 )
    result = result.withHour( 20 );
  else
    result = result.withHour( 12 ).plusDays( 1 );
  return result.withMinute( 0 ).withSecond( 0 ).withNano( 0 );
};

System.out.println( LocalDateTime.now().with( nextNewsTemporalAdjuster ) );
```

5.9.15 Konvertierungen zwischen der klassischen API und Date-Time-API

Die alten und neuen Typen sind komplett getrennt und eigenständig, aber natürlich ist es notwendig, Brücken zu haben. Dabei ist interessant zu sehen, dass diese nur in eine Richtung gehen, von der klassischen API hin zur Date-Time-API, aber die neue API ist nicht mit `Date`, `Calendar`, und Ähnlichem »verschmutzt«. So finden sich in den alten Klassen ab Java 8 folgende Neuerungen:

- In `java.util.Calendar`: Objektmethode `toInstant()` liefert `Instant`.
- In `java.util.Date`: Objektmethode `toInstant()` liefert `Instant`.
- In `java.util.Date`: Statische Methode `from(java.time.Instant)` liefert `java.util.Date`.
- In `java.util.GregorianCalendar`: Statische Methode `from(java.time.ZonedDateTime)` liefert `GregorianCalendar`.
- In `java.util.GregorianCalendar`: Objektmethode `toZonedDateTime()` liefert `ZonedDateTime`.

- In `java.util.TimeZone`: Statische Methode `getTimeZone(ZoneId zoneId)` liefert `TimeZone`, passend zur existierenden Klassemethode `getTimeZone(String ID)`.
- In `java.util.TimeZone`: Objektmethode `toZoneId()` liefert `ZoneId`.

Erwartet eine neue API die neuen Date-Time-API-Typen, doch ist eigener alter Code mit den klassischen Datum-Zeit-Klassen vorhanden, werden `toInstant()` oder `toZonedDateTime()` am häufigsten vorkommen.

[+]

Hinweis

Richtig typsicher ist die neue API nicht, denn ohne Compilerfehler geht zwar eine Zeile wie `LocalDate.from(new Date().toInstant())` durch, aber zur Laufzeit gibt es eine `java.time.DateTimeException`: »Unable to obtain LocalDate from TemporalAccessor: 2014-02-04T08:39:34.060Z of type java.time.Instant.« Von einem `Instant` kann so nicht ein `LocalDate` erfragt werden, korrekt wäre aber `LocalDateTime.ofInstant(new Date().toInstant(), ZoneId.systemDefault())`, und mit einem `.toLocalDate()` hinten dran, wenn nur `LocalDate` gebraucht wird, bzw. mit `.toLocalTime()` am Ende, wenn nur `LocaleTime` interessant ist. Insgesamt ist festzuhalten, dass die Mischung von alten und neuen Klassen zu Code-Monstern führt, etwa:

```
YearMonth yearMonth = YearMonth.from(
  LocalDateTime.ofInstant( new Date().toInstant(), ZoneId.systemDefault() ) );
System.out.println( yearMonth );     // z.B. 2014-02
```

Code-Migration

Wer Code migrieren möchte, hat etwas mehr Arbeit vor sich, da die neue Date-Time-API viel präziser ist und weil es deutlich mehr Typen gibt. Wer ernsthaft Code umstellen möchte, muss sich noch einmal daran erinnern, was die ursprünglichen Typen eigentlich ausdrücken sollten. Repräsentierte zum Beispiel `Date` a) nur eine Zeit, b) nur ein Datum oder c) ein Datum und eine Zeit oder d) nur eine Anzahl Millisekunden seit dem 1.1.1970? In Abhängigkeit von der Antwort wird die Austauschklasse `LocalDate`, `LocalTime`, `LocalDateTime` oder `Instant` lauten. Bei `GregorianCalendar` ist der Austausch schon etwas einfacher, hier ist `ZonedDateTime` üblich, wenn denn `GregorianCalendar` eine Zeitzone nutzt; wenn keine Zeitzone reinspielt, sind auch `LocalDateTime` bzw. `LocalDate` möglich. Im Fall von Zeitzonenklassen verteilen sich die Möglichkeiten von `java.util.TimeZone` nun auf `java.time.ZoneId` und `java.time.ZoneOffset`.

5.10 Die Default-Falle

Insbesondere bei Kodierungen und zeitgebundenen Eigenschaften müssen sich Entwickler zu jeder Zeit bewusst sein, welche Einstellung gerade verwendet wird. Neulinge greifen oft auf Default-Einstellungen zurück, und String-Parsing mit `Scanner` und Ausgaben mit `Formatter` funktionieren in der Entwicklung. Doch spätestens wenn die Software halb um den Globus wandert, läuft nichts mehr, weil die Default-Werte plötzlich anders sind.

Wenn Konstruktoren oder Methoden es nicht explizit verlangen, greift das JDK auf Standardwerte zurück, unter anderem für:

- Zeilenendezeichen
- Zeichenkodierung
- Sprache (`Locale`)
- Zeitzone (`TimeZone`)

Ein Beispiel: Der Konstruktor `Scanner(File)` öffnet eine Datei zum Lesen und konvertiert die Bytes in Unicodes mit einem Konverter, den die Default-Zeichenkodierung bestimmt. Wird aus dem `Scanner` eine Zahl gelesen, etwa mit `nextDouble()`, greift die voreingestellte Default-`Locale`, die dem `Scanner` sagt, ob Dezimalzahlen mit »,« oder ».« interpretiert werden müssen. Verarbeitet ein Java-Programm die gleiche Textdatei einmal in den USA und einmal in Deutschland, ist das Ergebnis unterschiedlich, und in der Regel sollte das nicht so sein.

Default-Werte sind eine gute Sache, allerdings sollten sich Entwickler bewusst sein, an welchen Stellen das JDK auf sie zurückgreift, um keine Überraschungen zu erleben. Es lohnt sich, immer konkrete Belegungen anzugeben, auch wenn als Argument zum Beispiel `Locale.getDefault()` steht. Das dokumentiert das gewollte Nutzen der Default-Werte. In Java 8 sind dann einige Methoden/Konstruktoren ergänzt worden, die standardmäßig als Dateikodierung UTF-8 annehmen, das macht das Chaos natürlich komplett. Zwei Beispiele:

- `Files.newBufferedReader(Path)`
- `Files.lines(Path)`

Natürlich ist UTF-8 immer eine gute Standardbelegung, nur sollten sich Entwickler bewusst sein, dass ein `new FileReader(File)` eben mit dem Default-Charset arbeitet, und `newBufferedReader(Path)` mit UTF-8.

5.11 Zum Weiterlesen

Zeitmessung ist eine sehr spannende Angelegenheit, und ein erster Einstieg könnten die Wikipedia-Beiträge *http://de.wikipedia.org/wiki/Schaltsekunde*, *http://de.wikipedia.org/wiki/Koordinierte_Weltzeit* und *http://de.wikipedia.org/wiki/Universal_Time* sein.

Im Bereich Internationalisierung ist die Java-API sehr gut aufgestellt, und die PHP-API ist ein nahezu hundertprozentiger Klon. Anstatt Properties-Dateien für Internationalisierung zu verwenden, gibt es Ansätze, XML-Dateien einzusetzen. *http://www.oasis-open.org/committees/tc_home.php?wg_abbrev=xliff* gibt einen Überblick über das *OASIS XML Localisation Interchange File Format* (XLIFF).

Kapitel 6
Dateien, Verzeichnisse und Dateizugriffe

»Schlagersänger sind junge Männer, die bei Stromausfall keine Sänger mehr sind.«
– Danny Kaye (1913–1987)

Computer sind für uns so nützlich, weil sie Daten bearbeiten. Der Bearbeitungszyklus beginnt mit dem **E**inlesen der Daten, umfasst das **V**erarbeiten und endet mit der **A**usgabe der Daten. In der deutschsprachigen Informatikliteratur wird deswegen auch vom EVA-Prinzip der Datenverarbeitungsanlagen gesprochen. In frühen EDV-Zeiten wurde die Eingabe vom Systemoperator auf Lochkarten gestanzt. Glücklicherweise sind diese Zeiten vorbei. Heutzutage speichern wir unsere Daten in Dateien (engl. *files*[1]) und Datenbanken ab. Es ist wichtig anzumerken, dass eine Datei nur in ihrem Kontext interessant ist, andernfalls beinhaltet sie für uns keine Information – die Sichtweise auf eine Datei ist demnach wichtig. Auch ein Programm besteht aus Daten und wird oft in Form einer Datei repräsentiert.

6.1 Alte und neue Welt in java.io und java.nio

6.1.1 java.io-Paket mit File-Klasse

Das `java.io`-Paket gibt es schon seit Java 1.0. Es deklariert eine zentrale Klasse `File`, und diese bietet zahlreiche dateiorientierte Operationen. Dazu zählen Möglichkeiten, Dateien anzulegen, zu löschen, umzubenennen und sie in Verzeichnissen zu strukturieren. Allerdings konzentriert sich alles auf eine Klasse, und sie kann alltägliche Probleme nicht wirklich lösen:

- Wie lässt sich eine Datei einfach und schnell kopieren?
- Wie lässt sich eine Datei verschieben, wobei die Semantik auf unterschiedlichen Plattformen immer gleich ist?
- Wie lässt sich auf eine Änderung im Dateisystem reagieren, sodass uns ein Callback informiert, sobald sich eine Datei verändert hat?
- Wie lässt sich einfach ein Verzeichnis rekursiv ablaufen?
- Wie lässt sich eine symbolische Verknüpfung anlegen und verfolgen?

1 Das englische Wort »file« geht auf das lateinische Wort »filum« zurück. Dies bezeichnete früher eine auf Draht aufgereihte Sammlung von Schriftstücken.

- Die File-Klasse wurde immer mehr zum Sammelbecken für alle möglichen Anfragemethoden wie Lesbarkeit, Änderungsdatum usw. Ein Problem ist dabei, dass gewisse Dinge nicht wirklich auf jedem System identisch sind – etwa die Dateirechte.
- Wie lässt sich realisieren, dass die File-Operationen abstrahiert werden und nicht nur auf dem lokalen Dateisystem basieren? Wünschenswert ist eine Abstraktion, sodass die gleiche API auch ein virtuelles Dateisystem im Hauptspeicher, entfernte Dateisysteme wie FTP oder ein Repository anspricht.

6.1.2 NIO.2 und java.nio-Paket

Diese Probleme wurden für Java 7 angegangen und in der JSR-203, »More New I/O APIs for the Java™ Platform ("NIO.2")«, spezifiziert. Die JSR begann schon 2003, und so waren die Erwartungen der Java-Community groß, dass sie nicht so lange warten müssten. Aber erst in Java 7 kam es zum großen Wurf. Das macht die »alte« File-Klasse eigentlich überflüssig, aber vermutlich scheut sich Oracle davor, ein @Deprecated an die Klasse zu setzen, denn sonst würden plötzlich riesige Mengen Quellcode in vielen Programmen markiert.

Die neuen Typen befinden sich im Gegensatz zu File, das im java.io-Paket liegt, im Paket java.nio.file. Es gibt zwar Brücken zwischen den APIs, doch ersetzen die neuen NIO.2-Typen die File-Klasse vollständig. Wir setzen daher die aktuellen und leistungsfähigen Typen in den Vordergrund und schieben die nunmehr uninteressante Klasse File nach hinten.

6.2 Dateisysteme und Pfade

Im Zentrum von NIO.2 stehen die Typen FileSystem und Path:

- FileSystem beschreibt ein Datensystem und ist eine abstrakte Klasse. Es wird von konkreten Dateisystemen, wie dem lokalen Dateisystem oder einem ZIP-Archiv, realisiert. Um an das aktuelle Dateisystem zu kommen, deklariert die Klasse FileSystems eine statische Methode: FileSystems.getDefault().
- Path repräsentiert einen Pfad zu einer Datei oder einem Verzeichnis, wobei die Pfadangaben relativ oder absolut sein können. Die Methoden erinnern ein wenig an die alte Klasse File, doch der große Unterschied ist, dass File selbst die Datei oder das Verzeichnis repräsentiert und Abfragemethoden wie isDirectory() oder lastModified() deklariert, während Path nur den Pfad repräsentiert und nur pfadbezogene Methoden anbietet. Modifikationsmethoden gehören nicht dazu; dazu dienen Extra-Typen wie BasicFileAttributes für Attribute.

6.2.1 FileSystem und Path

Ein Path-Objekt lässt sich nicht wie File über einen Konstruktor aufbauen, da die Klasse abstrakt ist. File und Path haben aber dennoch einiges gemeinsam, etwa dass sie immutable sind. Das FileSystem-Objekt bietet die entsprechende Methode getPath(…), und ein FileSystem wird über eine Fabrikmethode von FileSystems erfragt.

Beispiel

Baue ein Path-Objekt auf:

```
FileSystem fs = FileSystems.getDefault();
Path p = fs.getPath( "C:/Windows/Fonts/" );
```

Da der Ausdruck `FileSystems.getDefault().getPath(…)` etwas unhandlich ist, existiert eine Utility-Klasse, und der Aufruf von `Paths.get()` kürzt das Ganze ab. Auch aus einem `File`-Objekt lässt sich mit `toPath()` ein `Path` ableiten. Wir werden die Vereinfachung mit `Paths.get(…)` im Folgenden nutzen.

```
final class java.nio.file.Paths
```

- `static Path get(String first, String... more)`
  Erzeuge einen Pfad aus Segmenten. Wenn etwa »\« der Separator ist, dann ist `Paths.get("a", "b", "c")` gleich `Paths.get("a\\b\\c")`.
- `static Path get(URI uri)`
  Erzeugt einen Pfad aus einem URI.

Jedes `Path`-Objekt hat auch eine Methode `getFileSystem()`, um wieder an das `FileSystem` zu kommen.

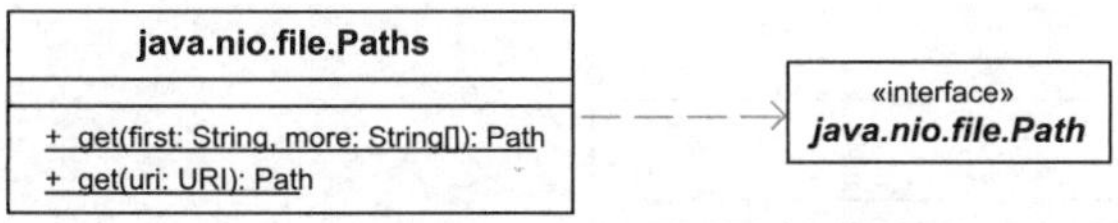

Abbildung 6.1 Abhängigkeiten der Klassen Paths und Path

Hinweis

Der Pfad-String darf unter Java kein \u0000 enthalten, andernfalls gibt es eine Ausnahme. So führt `Paths.get("my.php\u0000.jpg")` zur Ausnahme »java.nio.file.InvalidPathException: Illegal char < > at index 6: my.php«. Das ist ein wichtiges Sicherheitsmerkmal, um zum Beispiel einen Webserver zu schützen, keine falschen Dateien anzunehmen. Der Dateiname sieht über `"my.php\u0000.jpg".endsWith(".jpg")` wie eine JPG-Datei aus, aber würde alles nach dem Null-String abgeschnitten (was einige Dateisysteme machen), wäre plötzlich eine Datei *my.php* angelegt.

Path-Eigenschaften erfragen

Die `Path`-Klasse deklariert diverse `getXXX(…)`-Methoden (und eine `isAbsolute()`-Methode), die eine gewisse Ähnlichkeit mit den Methoden aus `File` haben. Ein paar Beispiele zur Anwendung:

Listing 6.1 com/tutego/insel/nio2/FileSystemPathFileDemo1.java, main()

```
Path p = Paths.get( "C:/Windows/Fonts/" );
System.out.println( p.toString() );                    // C:\Windows\Fonts
System.out.println( p.isAbsolute() );                  // true
System.out.println( p.getRoot() );                     // C:\
System.out.println( p.getParent() );                   // Fonts
System.out.println( p.getNameCount() );                // 2
System.out.println( p.getName(p.getNameCount()-1) ); // Fonts
```

Methoden wie getPath(), getRoot() und getParent() liefern alle wiederum Path-Objekte aus den Bestandteilen eines gegebenen Pfades. Es gibt drei Methoden, um das Ergebnis nicht als Path weiterzuverarbeiten:

- toString() liefert eine String-Repräsentation,
- die Methode toUri() einen URI und
- toFile() ein traditionelles File-Objekt.

Dadurch, dass Path eine hierarchische Liste von Namen für den Pfad speichert, lässt sich jedes Segment des Pfades erfragen; das ist die Aufgabe von getName(int n), das wiederum einen Path liefert. Die Methode subpath(int beginIndex, int endIndex) liefert einen Path mit den Segmenten des angegebenen Bereichs. Path implementiert die Iterable-Schnittstelle, was eine Methode iterator() vorschreibt – das wiederum bedeutet, dass Path rechts vom Doppelpunkt im erweiterten for auftauchen kann.

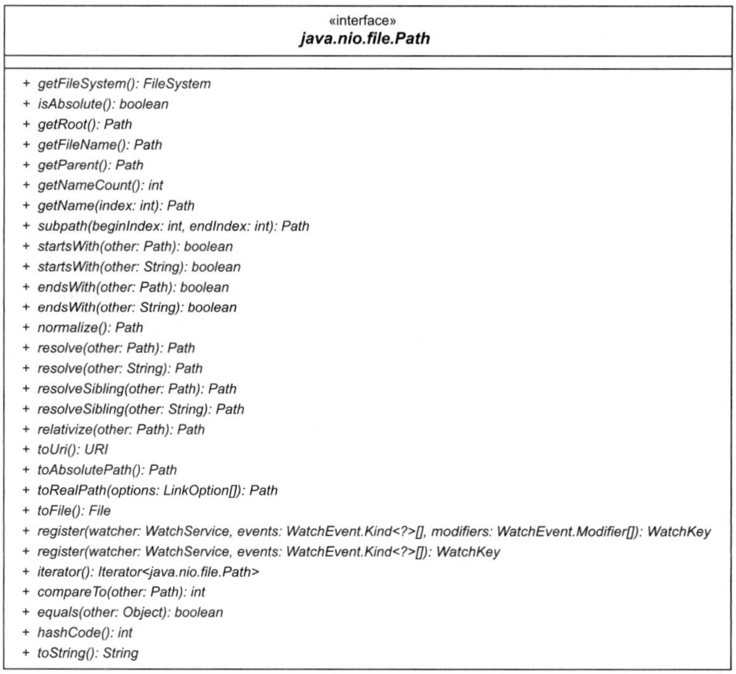

Abbildung 6.2 Klassendiagramm von Path

Praktisch sind die Prüfmethoden startsWith(Path other) und endsWith(Path other), die feststellen, ob der Pfad mit einem bestimmten anderen Pfad beginnt oder endet. Aus Object wird equals(…) überschrieben. Da Path die Schnittstelle Comparable<Path> realisiert, wird zudem compareTo(Path) implementiert. Die Methode equals(…) löst die Pfade nicht auf, sondern betrachtet nur den Namen; die statische Methode isSameFile(Path, Path) der Klasse Files macht diesen Test und löst relative Bezüge auf. Neben equals(…) überschreibt Path auch hashCode().


```
interface java.nio.file.Path
extends Comparable<Path>, Iterable<Path>, Watchable
```

- String toString()
- File toFile()
- URI toUri()
- Path getFileName()
- Path getParent()
- Path getRoot()
- boolean isAbsolute()
- int getNameCount()
- Path getName(int index)
- Iterator<Path> iterator()
- Path subpath(int beginIndex, int endIndex)
- boolean endsWith(Path other)
- boolean endsWith(String other)
- boolean startsWith(Path other)
- boolean startsWith(String other)
- boolean equals(Object other)
- int compareTo(Path other)
- int hashCode()

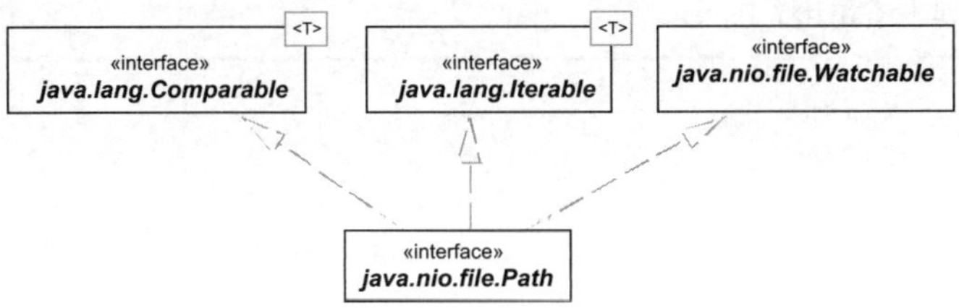

Abbildung 6.3 Vererbungsbeziehung von Path

[+]

Hinweis

Die Methode getFileName() liefert keinen String, sondern ein Path-Objekt nur mit dem Dateinamen. Daher führt path.getFileName().endsWith(".xml") zum Testen, ob ein Dateiname auf ».xml« endet, nicht zum Ziel, sondern nur path.getFileName().toString().endsWith(".xml"). Das kann für Umsteiger schnell zu einer Falle werden.

Neue Pfade aufbauen

Die Methode resolve(…) baut neue Pfade zusammen und akzeptiert die Parametertypen String und Path.

[»]

Beispiel

Hänge das Benutzerverzeichnis mit dem Bilderverzeichnis zusammen:

```
Path picturePath = Paths.get( System.getProperty("user.home") )
                        .resolve( "Pictures" )
                        .resolve( "Cora" );
System.out.println( picturePath ); // z.  B. C:\Users\Chris\Pictures\Cora
```

Eine interessante Methode ist auch relativize(Path) – sie liefert aus einer Basisangabe einen relativen Pfad, der zu einem anderen Pfad führt.

[»]

Beispiel

Von *c:/Windows/Fonts* nach *c:/Windows/Cursors* führt der relative Pfad *..\Cursors*:

```
System.out.println( Paths.get( "C:/Windows/Fonts" )
                         .relativize( Paths.get("C:/Windows/Cursors") )
); // ..\Cursors
```

Der Pfad kann unter Windows mit »/« oder mit »\« angegeben werden.

```
interface java.nio.file.Path
extends Comparable<Path>, Iterable<Path>, Watchable
```

- Path relativize(Path other)
- Path resolve(Path other)
- Path resolve(String other)
- Path resolveSibling(Path other)
- Path resolveSibling(String other)

Normalisierung und Pfadauflösung

Genauso wie die File-Klasse symbolisiert die Path-Klasse einen Pfad, aber dieser muss nicht auf eine konkrete Datei oder ein konkretes Verzeichnis zeigen. Daher liefern die vorgestellten Methoden lediglich Informationen, die sich aus dem vorgegebenen Namen erschließen lassen, ohne auf das Dateisystem zurückzugreifen. Bei relativen Pfaden liefern die Anfragemethoden daher wenig Spannendes:

Listing 6.2 com/tutego/insel/nio2/FileSystemPathFileDemo2.java, main()

```
Path p = Paths.get( "../.." );
System.out.println( p.toString() );                      // ..\..
System.out.println( p.isAbsolute() );                    // false
System.out.println( p.getRoot() );                       // null
System.out.println( p.getParent() );                     // ..
System.out.println( p.getNameCount() );                  // 2
System.out.println( p.getName(p.getNameCount()-1) ); // ..
```

Um ein wenig Ordnung in relative Pfadangaben zu bringen, bietet die Path-Klasse die Methode normalize(), die ohne Zugriff auf das Dateisystem die Bezüge ».« und »..« entfernt.

Zum Auflösen der relativen Adressierung mit Zugriff auf das Dateisystem bietet die Path-Klasse die beiden Methoden toAbsolutePath() bzw. toRealPath(...) an.

Listing 6.3 com/tutego/insel/nio2/RealAndAbsolutePath.java, main()

```
Path p2 = Paths.get( "../.." );
System.out.println( p2.toAbsolutePath() );
// C:\Users\Christian\Documents\Insel\programme\2_06_Files\..\..
try {
  System.out.println( p2.toRealPath( LinkOption.NOFOLLOW_LINKS ) );
  // C:\Users\Christian\Documents\Insel
}
catch ( IOException e ) { e.printStackTrace(); }
```

Die erste Methode toAbsolutePath() normalisiert nicht, sondern löst einfach nur den relativen Pfad in einen absoluten Pfad auf. Die Auflösung vom ../.. erledigt toRealPath(LinkOption...), wobei das (optionale) Argument ausdrückt, ob Verknüpfungen verfolgt werden sollen oder nicht.

Beispiel

Die Methode toRealPath(...) löst eine Ausnahme aus, wenn eine Auflösung eines Pfades zu einer Datei versucht wird, die nicht existiert.

So führt zum Beispiel

Paths.get("../0x").toRealPath(true)

zur »java.nio.file.NoSuchFileException: C:\Users\Chris\0x«. Paths.get("../0x").toAbsolutePath() führt zu keinem Fehler.

```
interface java.nio.file.Path
extends Comparable<Path>, Iterable<Path>, Watchable
```

- Path normalize()
- Path toAbsolutePath()
- Path toRealPath(LinkOption... options)

Es gibt noch zwei register(…)-Methoden in Path, doch die haben etwas mit dem Anmelden eines Horchers zu tun, der auf Änderungen im Dateisystem reagiert. Sie werden später vorgestellt.

6.2.2 Die Utility-Klasse Files

Da die Klasse Path nur Pfade, aber keine Dateiinformationen wie die Länge oder Änderungszeit repräsentiert, und da Path auch keine Möglichkeit bietet, Dateien anzulegen und zu löschen, übernimmt die Klasse Files diese Aufgaben.

Einfaches Einlesen und Schreiben von Dateien

Mit den Methoden readAllBytes(…), readAllLines(…), lines(…) bzw. write(…) kann Files einfach einen Dateiinhalt einlesen oder Strings bzw. ein Byte-Feld schreiben.

Listing 6.4 com/tutego/insel/nio2/ListAllLines.java, main()

```
URI uri = ListAllLines.class.getResource( "/lyrics.txt" ).toURI();
Path p = Paths.get( uri );
System.out.printf( "Datei '%s' mit Länge %d Byte(s) hat folgende Zeilen:%n",
                   p.getFileName(), Files.size( p ) );
int lineCnt = 1;
for ( String line : Files.readAllLines( p /*, StandardCharsets.UTF_8 vor Java 8 */) )
  System.out.println( lineCnt++ + ": " + line );
```

```
final class java.nio.file.Files
```

- static long size(Path path) throws IOException
  Liefert die Größe der Datei.
- static byte[] readAllBytes(Path path) throws IOException
  Liest die Datei komplett in ein Byte-Feld ein.

- static List<String> readAllLines(Path path) throws IOException(Java 8)
- static List<String> readAllLines(Path path, Charset cs) throws IOException
  Liest die Datei Zeile für Zeile ein und liefert eine Liste dieser Zeilen. Optional ist die Angabe einer Kodierung, standardmäßig ist es StandardCharsets.UTF_8.
- static Path write(Path path, byte[] bytes, OpenOption... options) throws IOException
  Schreibt ein Byte-Feld in eine Datei.
- static Path write(Path path, Iterable<? extends CharSequence> lines, OpenOption... options) throws IOException (Java 8)
- static Path write(Path path, Iterable<? extends CharSequence> lines, Charset cs, OpenOption... options) throws IOException
  Schreibt alle Zeilen aus dem Iterable in eine Datei. Optional ist die Kodierung, die StandardCharsets.UTF_8 ist, so nicht anders angegeben.
- static Stream<String> lines(Path path)
- Stream<String> lines(Path path, Charset cs)
  Liefert einen Stream von Zeilen einer Datei. Optional ist die Angabe der Kodierung, die sonst standardmäßig StandardCharsets.UTF_8 ist. Beide Methoden sind neu in Java 8.

Die Aufzählung OpenOption ist ein Vararg, und daher sind Argumente nicht zwingend nötig. StandardOpenOption ist eine Aufzählung vom Typ OpenOption mit Konstanten wie APPEND, CREATE usw.

[+]

Hinweis

Auch wenn es naheliegt, die Files-Methode zum Einlesen mit einem Path-Objekt zu füttern, das einen HTTP-URI repräsentiert, funktioniert dies nicht. So liefert schon die erste Zeile des Programms eine Ausnahme des Typs »java.nio.file.FileSystemNotFoundException: Provider "http" not installed«.

```
URI uri = new URI( "http://tutego.de/javabuch/aufgaben/bond.txt" );
Path path = Paths.get( uri );      // ☠
List<String> content = Files.readAllLines( path );
System.out.println( content );
```

Vielleicht kommt in der Zukunft ein Standard-Provider von Oracle, doch es ist davon auszugehen, dass quelloffene Lösungen diese Lücke schließen werden. Schwer zu programmieren sind Dateisystem-Provider nämlich nicht.

Datenströme kopieren

Sollen die Daten nicht direkt aus einer Datei in ein byte-Feld/eine String-Liste gehen bzw. aus einem byte-Feld/einer String-Sammlung in eine Datei, sondern von einer Datei in einen Datenstrom, so bieten sich zwei copy(...)-Methoden an:

```
final class java.nio.file.Files
```

- `static long copy(InputStream in, Path target, CopyOption... options)`
  Entleert den Eingabestrom und kopiert die Daten in die Datei.
- `static long copy(Path source, OutputStream out)`
  Kopiert alle Daten aus der Datei in den Ausgabestrom.

Im Zusammenhang mit Datenströmen kommen wir noch einmal auf diese beiden Methoden zurück.

6.2.3 Dateien kopieren und verschieben

Zum Kopieren und Verschieben (bzw. Umbenennen) von Dateien und Verzeichnissen bietet die `Files`-Klasse eine `copy(…)`- und eine `move(…)`-Methode:[2]

```
final class java.nio.file.Files
```

- `static Path copy(Path source, Path target, CopyOption... options) throws IOException`
- `static Path move(Path source, Path target, CopyOption... options) throws IOException`
  Kopiert oder verschiebt eine Datei. Die Rückgabe ist der Zielpfad.

Da `CopyOption` in einem Vararg ist, ist der Aufruf ohne Zusatzoptionen sehr einfach – nur ein Zielort muss angegeben werden:

Listing 6.5 com/tutego/insel/nio2/FilesCopyAndMoveDemo.java, main()

```
Path copySourcePath = Paths.get( "src/lyrics.txt" );
Path copyTargetPath = Paths.get( "src/lyrics - Kopie.txt" );
Files.copy( copySourcePath, copyTargetPath );

Path moveSourcePath = Paths.get( "src/lyrics.txt" );
Path moveTargetPath = Paths.get( "bin/lyrics.txt" );
Files.move( moveSourcePath, moveTargetPath );
```

Die Methoden versuchen die Dateiattribute auf das Ziel zu übertragen; unterstützt das Ziel ein Attribut nicht, kann es sein, dass nur einige Attribute übertragen werden.

Das Kopieren und Verschieben sind Betriebssystemoperationen, und es ist zu erwarten, dass dies schneller ist, als von Hand die Bytes von einer Stelle zur anderen zu kopieren.

2 Damit ist ein `mv bin/laden /dev/null` nun auch in Java möglich.

[+]

Hinweis

Die Methoden copy(...) und move(...) werden nicht parallel im Hintergrund ausgeführt, sondern blockieren so lange, bis die Operation durchgeführt wurde. Wer es parallel haben möchte, der muss einen Hintergrund-Thread nutzen.

6

Kopier- und Verschiebeoptionen

copy(...) und move(...) führen zu einer IOException, wenn die Dateien/Verzeichnisse nicht kopiert oder verschoben werden konnten. Das ist insbesondere dann wichtig, wenn sich die Dateiattribute nicht übertragen lassen. Das bringt uns zu den optionalen CopyOption-Elementen. CopyOption ist eine Schnittstelle, die von zwei Aufzählungen StandardCopyOption und LinkOption wie folgt implementiert wird:

Listing 6.6 java/nio/file/StandardCopyOption.java, StandardCopyOption

```
public enum StandardCopyOption implements CopyOption {
  REPLACE_EXISTING,
  COPY_ATTRIBUTES,
  ATOMIC_MOVE;
}
```

Listing 6.7 java/nio/file/LinkOption.java, LinkOption

```
public enum LinkOption implements OpenOption, CopyOption {
  NOFOLLOW_LINKS;
}
```

StandardCopyOption und LinkOption stellen somit gültige Argumente für copy(...) und move(...) dar. Die Bedeutung der Aufzählungselemente ist wie folgt:

Argument	Bedeutung bei copy(...)	Bedeutung bei move(...)
REPLACE_EXISTING	Ersetzt, falls vorhanden, die Datei bzw. das Verzeichnis am Zielort. Ist das Ziel eine existierende symbolische Verknüpfung, so wird nur die Verknüpfung selbst ersetzt, aber nicht die Datei bzw. das Verzeichnis, auf die/das die Verknüpfung zeigt.	
COPY_ATTRIBUTES	Versucht, alle Attribute zu kopieren.	–
NOFOLLOW_LINKS	Ist der Path eine Verknüpfung, so wird nur die Verknüpfung selbst kopiert, aber nicht die Datei, auf die die Verknüpfung zeigt.	–

Tabelle 6.1 Konstanten aus StandardCopyOption

Argument	Bedeutung bei copy(...)	Bedeutung bei move(...)
ATOMIC_MOVE	–	Führt das Verschieben (also das Anlegen der Kopie und das Löschen des Originals) atomar durch. Führt zu AtomicMoveNotSupportedException, falls das Dateisystem dies nicht unterstützt.

Tabelle 6.1 Konstanten aus StandardCopyOption (Forts.)

Beim Kopieren von symbolischen Verknüpfungen wird standardmäßig die referenzierte Datei kopiert, aber nicht die Verknüpfung. Daher gibt es die Option `NOFOLLOW_LINKS`. Falls `REPLACE_EXISTING` nicht angegeben ist und im Zielordner schon eine Datei bzw. ein Verzeichnis existiert, lösen `copy(…)` und `move(…)` eine `FileAlreadyExistsException` aus. Das Kopieren von Dateien ist nicht automatisch atomar, und eine Option lässt sich auch nicht setzen.

Im Fall von Verzeichnissen wird `copy(…)` nur ein leeres Verzeichnis anlegen, aber nicht die Dateien eines Quellverzeichnisses automatisch mit kopieren. Das muss per Hand übernommen werden; `Files.walkFileTree(…)` ist für diesen Fall ganz gut geeignet und hilft beim Ablaufen von Verzeichnisbäumen. Die Semantik bei `move(…)` und nicht leeren Verzeichnissen ist komplizierter, da es hier darauf ankommt, ob es sich um ein Verschieben auf dem lokalen Dateisystem handelt (also um eine Art »Umbenennen«) oder um ein Verschieben auf zum Beispiel ein anderes Laufwerk. Wenn die Einträge in einem Verzeichnis wirklich auf ein anderes Dateisystem verschoben werden müssen, so übernimmt `move(…)` diese Arbeit nicht; hier müssen wir selbst per `copy(…)` auf der Ebene der einzelnen Einträge kopieren.

[+]

Hinweis

Kommt es während einer Kopier- oder Verschiebeoperation zu Problemen und tritt eine `IOException` auf, so müssen wir uns um eventuell übrig gebliebene Reste und halb kopierte Dateien kümmern.

6.2.4 Dateiattribute *

Für das Attribut-Management wurde das Paket `java.nio.file.attribute` geschaffen. Wer einen Blick auf das Paket wirft, dem fallen eine ganze Reihe von Schnittstellen und ein Namensmuster auf. Zunächst ist es wichtig zu verstehen, dass es auf die Attribute eine Reihe von Sichten für unterschiedliche Betriebssysteme gibt, etwa eine DOS-Sicht oder eine Unix-Sicht. Das gab es bisher unter Java nicht.

Für diese Sichten gibt es jeweils Schnittstellen, die die Dateisystem-Attribute für diese Sicht lesen oder schreiben. So ist es zum Beispiel die Aufgabe der Schnittstelle `BasicFileAttributeView`,

Methoden zu deklarieren, die grundlegende Attribute einlesen und modifizieren, oder die Aufgabe von DosFileAttributeView, einer Unterschnittstelle von BasicFileAttributeView, die Attribute eines DOS-Dateisystems zu lesen und zu schreiben.

Nun kommt für die XXXAttributeView-Schnittstellen je eine Tochterschnittstelle XXXAttributes hinzu. Die Aufgabe dieser XXXAttributes-Schnittstellen ist es, Methoden zum Lesen der Eigenschaften vorzuschreiben. So ist zum Beispiel BasicFileAttributeView mit BasicFileAttributes verbunden und DosFileAttributeView mit BasicFileAttributes. Die angebotenen Methoden bei XXXAttributes sind nicht nach der JavaBeans-Notation als Getter aufgebaut, sondern kurz und knapp. BasicFileAttributes deklariert zum Beispiel creationTime() und size().

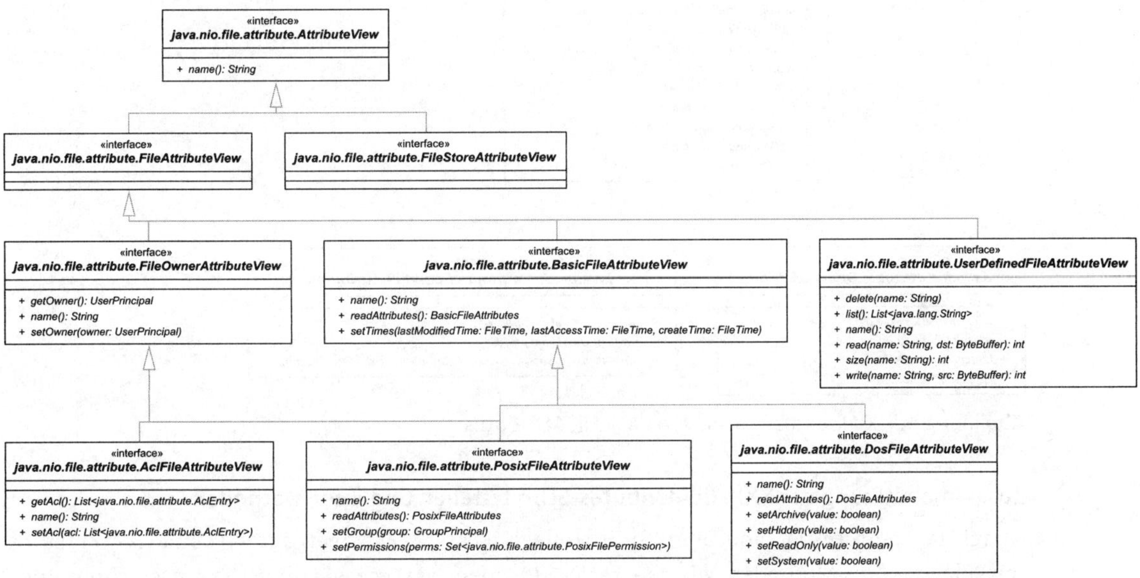

Abbildung 6.4 Vererbungsbeziehungen bei den AttributeView-Klassen

Dateiattribute mit XXXFileAttributes-Typen lesen

Um Dateiattribute zu modifizieren bzw. einzulesen, müssen wir an ein XXXAttributeView- bzw. ein XXXAttributes-Objekt kommen.

Für die XXXAttributes steht die Files.readAttributes(…)-Methode bereit. Ihr wird ein Class-Typ für die Attribut-Schnittstelle (etwa BasicFileAttributes.class) als Typ-Token mitgegeben, und die Rückgabe ist eine Implementierung der Schnittstelle. Damit lassen sich dann die Abfragemethoden aufrufen.

Ein Beispiel soll die einfachen Attribute ausgeben:

Listing 6.8 com/tutego/insel/nio2/BasicFileAttributesDemo.java, main()

```
Path p = Paths.get( "src/lyrics.txt" );
BasicFileAttributes attrs = Files.readAttributes( p, BasicFileAttributes.class );
System.out.println( attrs.isRegularFile() );     // true
```

```
System.out.println( attrs.isDirectory() );      // false
System.out.println( attrs.isSymbolicLink() );   // false
System.out.println( attrs.isOther() );          // false
System.out.println( attrs.lastModifiedTime() ); // 2006-05-23T12:36:54Z
System.out.println( attrs.lastAccessTime() );   // 2009-07-17T12:24:33Z
System.out.println( attrs.creationTime() );     // 2006-05-23T12:36:54Z
System.out.println( attrs.size() );             // 14
```

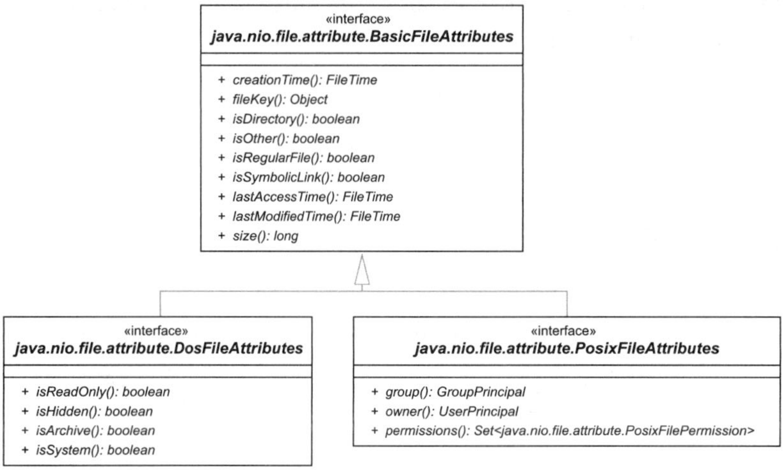

Abbildung 6.5 Klassendiagramm von BasicFileAttributes

Zusammenfassung der XXXFileAttributes-Schnittstellen und ihrer Methoden

`BasicFileAttributes` ist eine Oberschnittstelle von `DosFileAttributes` und `PosixFileAttributes` mit allgemeinen Methoden wie `isDirectory()` oder `lastAccessTime()`. Die Unterschnittstelle `DosFileAttributes` schreibt Methoden vor, die nur auf DOS-Dateisystemen sinnvoll sind, etwa `isSystem()`, und `PosixFileAttributes` fügt insbesondere Operationen zur Abfrage von Rechten hinzu.

Operationen	Funktion
BasicFileAttributes	
`long size()`	Größe der Datei in Bytes
`boolean isDirectory()`	Verzeichnis?
`boolean isOther()`	Datei/Verzeichnis/Verknüpfung oder etwas anderes?
`boolean isRegularFile()`	Normale Datei?
`boolean isSymbolicLink()`	Symbolische Verknüpfung?

Tabelle 6.2 Operationen auf unterschiedlichen XXXFileAttributes-Schnittstellen

Operationen	Funktion
`FileTime creationTime()`	Erstellungszeit
`FileTime lastAccessTime()`	Zeit des letzten Zugriffs
`FileTime lastModifiedTime()`	Zeit der letzten Änderung
`Object fileKey()`	stabiler eindeutiger Identifizierer der Datei
`DosFileAttributes`	
`boolean isArchive()`	Archiv-Bit gesetzt?
`boolean isHidden()`	Hidden-Bit gesetzt?
`boolean isReadOnly()`	Nur-Lese-Bit gesetzt?
`boolean isSystem()`	Systemdatei-Bit gesetzt?
`PosixFileAttributes`	
`UserPrincipal owner()`	Eigentümer
`GroupPrincipal group()`	Gruppeneigentümer
`Set<PosixFilePermission> permissions()`	Rechte der Datei

Tabelle 6.2 Operationen auf unterschiedlichen XXXFileAttributes-Schnittstellen (Forts.)

Bei Posix-Systemen (Windows wird nicht als solches erkannt) lassen sich die Rechte und der Benutzer erfragen:

Listing 6.9 com/tutego/insel/nio2/PosixFileAttributesDemo.java, main()

```
Path p = Paths.get( "src/lyrics.txt" );
PosixFileAttributes attrs = Files.readAttributes( p, PosixFileAttributes.class );
System.out.println( attrs.group() );
System.out.println( attrs.permissions() );
System.out.println( attrs.owner() );
```

Die Methode `permissions()` liefert ein `Set<PosixFilePermission>`, wobei ein `PosixFilePermission` ein Aufzählungstyp mit den Konstanten `GROUP_EXECUTE`, `GROUP_READ`, `GROUP_WRITE`, `OTHERS_EXECUTE`, `OTHERS_READ`, `OTHERS_WRITE`, `OWNER_EXECUTE`, `OWNER_READ` und `OWNER_WRITE` ist.

Um die Mengen mit `PosixFilePermission`-Elementen leicht ausgeben und aufbauen zu können, gibt es eine Utility-Klasse `java.nio.file.attribute.PosixFilePermissions`. Sie dient der Konvertierung von Rechteangaben in der Unix-Notation.

```
Set<PosixFilePermission> perms = PosixFilePermissions.fromString("rwxr-x---");
System.out.println( PosixFilePermissions.toString( perms ) ); // rwxr-x---
```

Anstatt in unserem Beispiel `PosixFileAttributesDemo` also einfach nur

```
System.out.println( attrs.permissions() );
```

zu nutzen, ist eine andere Schreibweise zu empfehlen:

```
System.out.println( PosixFilePermissions.toString( attrs.permissions() ) );
```

FileTime-Klasse

`java.nio.file.attribute.FileTime` ist eine finale Klasse und repräsentiert Zeitstempel, die von den `BasicFileAttributes` Folgendes liefern (nicht jedes Betriebssystem liefert alle Werte):

- `creationTime()`: Wann wurde die Datei angelegt?
- `lastAccessTime()`: Wann wurde die Datei zuletzt angefasst/gelesen?
- `lastModifiedTime()`: Wann gab es den letzen Schreibzugriff?

Mit dem `FileTime` in der Hand können wir die Zeit auslesen mit `to(TimeUnit)` oder `toInstant()` (liefert das neu in Java 8 eingeführte `java.time.Instant`). Sonst lässt sich mit `FileTime` nicht viel anstellen, es überschreibt aber `equals(…)` und `hashCode()` und implementiert `Comparable<FileTime>`.

`FileTime`-Objekte lassen sich über statische `fromXXX(…)`-Methoden aufbauen und dann den Dateiattributen zuweisen, wie wir gleich sehen werden.

Attribute über XXXAttributeView-Schnittstellen schreiben

Die `XXXAttributes`-Schnittstellen bieten nur Lesemethoden (und das auch nicht in der Getter-Konvention, wie wir gesehen haben), aber Modifikationen müssen auf einem anderen Weg durchgeführt werden. Einfach ist zum Beispiel das Setzen der letzten Zugriffszeit, da `Files` mit `setLastModifiedTime(Path path, FileTime time)` für diesen speziellen Fall schon eine Methode mitbringt – das ist aber neben ein paar anderen Methoden eine Besonderheit.

Der Weg, um Attribute zu modifizieren, führt über die `XXXAttributeView`-Schnittstellen, da sie die entsprechenden Methoden wie `setReadOnly()` bereithalten. Zur Erinnerung: Bei den `XXXAttributes`-Typen brauchen wir nicht zu suchen, dort finden sich nur Lesemethoden, wie `isReadOnly()`. Bleibt die Frage, wer Exemplare dieser `XXXAttributeView`-Typen zurückgibt. Das ist die Aufgabe einer Methode `getFileAttributeView()` in `Files`:

final class java.nio.file.**Files**

- `static <V extends FileAttributeView>`
  `V getFileAttributeView(Path path, Class<V> type, LinkOption... options)`

Erfragen und modifizieren wir zum Beispiel das Archiv-Flag einer Datei:

Listing 6.10 com/tutego/insel/nio2/FileAttributeViewDemo.java, main()

```
Path p = Paths.get( "src/lyrics.txt" );
DosFileAttributeView fileAttributeView = Files.getFileAttributeView(
                                         p, DosFileAttributeView.class );
System.out.println( fileAttributeView.readAttributes().isArchive() );  // true
fileAttributeView.setArchive( false );
System.out.println( fileAttributeView.readAttributes().isArchive() );  // false
fileAttributeView.setArchive( true );
System.out.println( fileAttributeView.readAttributes().isArchive() );  // true
```

6

Alle `XXXAttributeView`-Implementierungen bieten die Methode `readAttributes()`, die die Attribute liefert. Es entspricht also

```
BasicFileAttributes a = Files.getFileAttributeView(
                          p, BasicFileAttributeView.class ).readAttributes();
```

der Variante:

```
BasicFileAttributes a = Files.readAttributes( p, BasicFileAttributes.class );
```

Das heißt, von einem `XXXAttributeView` kommen wir zu `XXXAttributes`, aber nicht umgekehrt.

[+]

Hinweis

In `BasicFileAttributeView` (und somit auch in `DosFileAttributeView` und `PosixFileAttributeView`) gibt es zum Setzen der Dateizeiten eine Megamethode `setTimes(FileTimelastModifiedTime, FileTime lastAccessTime, FileTime createTime)` statt drei kleiner Methoden wie `setLastModifiedTime()`. Soll ein Glied nicht gesetzt werden, ist hier `null` zu übergeben.

Attribute-Strings als Schlüssel für einen Attributspeicher

Die Anzahl möglicher Attribute ist im Prinzip unbeschränkt, und Java bietet den Zugriff auf die wichtigsten. Doch da neue Dateisystem-Provider im System angemeldet werden können, die wiederum Attribute ganz anderer Art einführen können, gibt es neben den bekannten `XXXAttributes`-Schnittstellen auch einen alternativen Weg, um Attributzustände über einen String-Schlüssel zu erfragen und zu verändern. Das ist so, als ob mit der Datei ein Assoziativspeicher verbunden wäre, der sich anfragen lässt. Das gibt große Flexibilität, da eine Implementierung neue Attribute veröffentlichen kann, ohne dass die API (also die `XXXAttributes`) geändert werden muss. Konkrete Plattformen können etwa die Information anbieten,

- mit welcher Software eine Datei erstellt wurde (Apple tut das),
- was das zugewiesene Icon ist,

- ob die Datei indexiert wurde,
- und neue Dateisysteme etwa für ZIP-Archive können Detailinformationen wie die CRC-Prüfsumme anbieten, ohne dafür über Methoden einer Java-Schnittstelle gehen zu müssen.

Die bekannten `XXXAttributeView`-Schnittstellen (nicht `XXXAttributes`) dokumentieren einen String für den Schlüssel zum Zugriff auf den Attributspeicher. Allerdings sind die Strings nicht als Konstante deklariert, sondern einfach in der Dokumentation genannt. Drei Schnittstellen schauen wir uns näher an:

- `BasicFileAttributeView` (sollte für alle Systeme gelten)
- `DosFileAttributeView` (Windows)
- `PosixFileAttributeView` (POSIX-Systeme, Unix)

Schlüssel	Typ
BasicFileAttributeView (basic)	
`isRegularFile`	`Boolean`
`isDirectory`	`Boolean`
`isSymbolicLink`	`Boolean`
`isOther`	`Boolean`
`fileKey`	`Object`
`lastModifiedTime`	`FileTime`
`lastAccessTime`	`FileTime`
`creationTime`	`FileTime`
`size`	`Long`
DosFileAttributeView (dos)	
`readonly`	`Boolean`
`Hidden`	`Boolean`
`System`	`Boolean`
`Archive`	`Boolean`
PosixFileAttributeView (posix)	
`Permissions`	`Set<PosixFilePermission>`
`Group`	`GroupPrincipal`

Tabelle 6.3 Schlüssel für Attributspeicher und erwarteter Typ der Rückgabe

Eine Anfrage an den Schlüssel liefert einen Wert mit unterschiedlichen Typen; Object, Boolean, Long und Set sind klar. Neu ist eine spezielle Klasse java.nio.file.attribute.FileTime für Zeiten, die Comparable<FileTime> erweitert, aber keine Erweiterung von Date oder Calendar ist. Nur mit der Methode long to(TimeUnit unit) lassen sich die Dateizeiten konvertieren. GroupPrincipal repräsentiert einen Benutzernamen bzw. eine Gruppe, und ein UserPrincipalLookupService bietet einen Anfragedienst.

Beispiel

Chris soll der Besitzer der Datei path sein:

```
UserPrincipalLookupService upls = FileSystems.getDefault()
                                     .getUserPrincipalLookupService();
UserPrincipal principal = upls.lookupPrincipalByName( "chris" );
Files.setOwner( path, principal );
```

Zum Lesen der Attribute gibt es einmal eine Methode Files.getAttribute(Path path, String attribute, LinkOption... options), die genau ein Attribut erfragt, und zwei überladene Methoden Files.readAttributes(…), die gleich mehrere Attribute auf einmal laden.

Dazu ein Beispiel, wie die Methode Files.getAttribute(…) diverse Attribute erfragt:

Listing 6.11 com/tutego/insel/nio2/AttributesDemo.java, main()

```
Path p = Paths.get( "src/lyrics.txt" );
System.out.println( Files.getAttribute( p, "basic:isRegularFile" ) ); // true
System.out.println( Files.getAttribute( p, "isDirectory" ) );        // false
System.out.println( Files.getAttribute( p, "isSymbolicLink" ) );     // false
System.out.println( Files.getAttribute( p, "isOther" ) );            // false
System.out.println( Files.getAttribute( p, "fileKey" ) );            // null
System.out.println( Files.getAttribute( p, "lastModifiedTime" ) ); // 2006-05-23T12:36:54Z
System.out.println( Files.getAttribute( p, "lastAccessTime" ) );    // 2009-07-17T12:24:33Z
System.out.println( Files.getAttribute( p, "creationTime" ) );      // 2006-05-23T12:36:54Z
System.out.println( Files.getAttribute( p, "size" ) );              // 14
System.out.println( Files.getAttribute( p, "dos:readonly" ) );      // false
System.out.println( Files.getAttribute( p, "dos:hidden" ) );        // false
System.out.println( Files.getAttribute( p, "dos:system" ) );        // false
System.out.println( Files.getAttribute( p, "dos:archive" ) );       // true
```

Der Attribut-String hat ein Präfix dos: oder posix:, das, falls es sich nicht gerade um die Standardparameter handelt, mit angegeben wird.

[+]

Hinweis

Falls ein Präfix nicht unterstützt wird, ist eine Ausnahme die Folge und die Rückgabe von `getAttribute(…)` nicht einfach nur `null`. So löst unter Windows ein `Files.getAttribute(p, "posix:permissions")` eine »java.lang.UnsupportedOperationException: View 'posix' not available« aus. Welche Sichten das System unterstützt, sagt `supportedFileAttributeViews()`. So liefert

```
for ( String fs : FileSystems.getDefault().supportedFileAttributeViews() )
  System.out.println( fs );
```

unter einem Windows-System die Zeichenfolgen `acl`, `basic`, `owner`, `user`, `dos`.

Auch das Setzen der Werte ist möglich; dazu dient `Files.setAttribute(…)`. Ein Beispiel:

Listing 6.12 com/tutego/insel/nio2/SetDosAttribute.java, main()

```
Path p = Paths.get( "src/lyrics.txt" );
System.out.println(
  Files.readAttributes( p, DosFileAttributes.class ).isArchive() ); // true
Files.setAttribute( p, "dos:archive", false );
System.out.println(
  Files.readAttributes( p, DosFileAttributes.class ).isArchive() ); // false
Files.setAttribute( p, "dos:archive", true );
System.out.println(
  Files.readAttributes( p, DosFileAttributes.class ).isArchive() ); // true
```

Benutzerdefinierte Datei-Attribute

Der Typ `UserDefinedFileAttributeView` fällt ein wenig aus dem Rahmen, da er für benutzerdefinierte Schlüssel-Wert-Eigenschaften steht, die als Metadaten mit einem Dateisystemelement assoziiert werden können. Ohne den Dateiinhalt selbst zu verändern, lassen sich ganz neue Metadaten vermerken. Ein Java-Programm könnte zum Beispiel speichern, wer der letzte zugreifende Benutzer war, oder einen Screenshot der Anwendung anhängen.

Listing 6.13 com/tutego/insel/nio2/UserDefinedFileAttributeViewDemo.java, main()

```
Path p = Paths.get( "src/lyrics.txt" ).toAbsolutePath();
UserDefinedFileAttributeView attrs = Files.getFileAttributeView( p,
                                       UserDefinedFileAttributeView.class );
List<String> attrsList = attrs.list();
System.out.println( attrsList );    // []
attrs.write( "last-user",
             ByteBuffer.wrap( "chris".getBytes( StandardCharsets.UTF_8 ) ) );
System.out.println( attrs.list() ); // [last-user]
ByteBuffer attrValue = ByteBuffer.allocate( attrs.size( "last-user" ) );
attrs.read( "last-user", attrValue );
```

```
attrValue.rewind();
String value = StandardCharsets.UTF_8.decode( attrValue ).toString();
System.out.println( value );        // chris
```

Der mit dem Schlüssel assoziierte Wert kann ein beliebiges Byte-Feld sein, etwa aus einem String erzeugt oder einer Grafik. Ein wenig ungelenk ist es jedoch, dass hier nicht der Typ `byte[]` Verwendung findet, sondern `ByteBuffer`, eine andere NIO-Klasse. Die Nutzung wird an dieser Stelle nicht weiter vertieft, das Beispiel zeigt eine einfache Nutzung für eine Zeichenfolge.

6.2.5 Neue Dateien, Verzeichnisse, symbolische Verknüpfungen anlegen und löschen

Die Klasse `Files` deklariert zum Anlegen von neuen Dateien und Verzeichnissen die zwei Methoden `createFile(…)` und `createDirectory(…)`:

- `static Path createFile(Path path) throws IOException`
- `static Path createDirectory(Path dir) throws IOException`

Beide Methoden liefern das `Path`-Objekt zurück, das `createFile(…)` bzw. `createDirectory(…)` übergeben wurde. Die Methoden deklarieren `throws IOException`, wenn die Datei bzw. das Verzeichnis nicht angelegt werden kann, und eine `java.nio.file.FileAlreadyExistsException` (eine Unterklasse von `IOException`), wenn die Datei bzw. das Verzeichnis schon existiert.

FileAttribute

Beim Erzeugen neuer Dateien oder Verzeichnisse (auch temporärer) spielen Attribute eine wichtige Rolle. Daher lassen sich den `createXXX(…)`-Methoden `FileAttribute`-Argumente übergeben. Sie kommen über ein Vararg, sodass entweder überhaupt keine Attribute mitgegeben werden (das haben wir im oberen Fall so geschrieben), oder eben beliebig viele. Die genaue Deklaration der Methoden lautet:

final class java.nio.file.**Files**

- `static Path createFile(Path path, FileAttribute<?>... attrs) throws IOException`
- `static Path createDirectory(Path dir, FileAttribute<?>... attrs) throws IOException`

`FileAttribute` ist eine Schnittstelle, und bisher gibt es nur eine Stelle in der NIO-API, die Objekte vom Typ `FileAttribute` liefert: Die Utility-Klasse `PosixFilePermissions` bietet eine statische Hilfsmethode, die die Menge mit `PosixFilePermission`-Objekten zurückgibt:

class java.nio.file.attribute.**PosixFilePermissions**

- `static FileAttribute<Set<PosixFilePermission>> asFileAttribute(Set<PosixFilePermission> perms)`
  Das Argument für die Methode `asFileAttribute(…)` ist vom Typ `Set<PosixFilePermission>`,

und dies kann wiederum über `EnumSet` aufgebaut werden oder über die statische Utility-Methode `PosixFilePermissions.fromString(string)`, die wir schon kennengelernt haben.

Temporäre Dateien und Verzeichnisse anlegen

Vier Methoden der Klasse `Files` erlauben das Anlegen von temporären Dateien bzw. Verzeichnissen:

```
final class java.nio.file.Files
```

- `static Path createTempDirectory(Path dir, String prefix, FileAttribute<?>... attrs) throws IOException`
- `static Path createTempDirectory(String prefix, FileAttribute<?>... attrs) throws IOException`
- `static Path createTempFile(Path dir, String prefix, String suffix, FileAttribute<?>... attrs) throws IOException`
- `static Path createTempFile(String prefix, String suffix, FileAttribute<?>... attrs) throws IOException`

Misslingt dies, gibt es eine Ausnahme, etwa wenn das Dateisystem keine temporären Dateien zulässt oder die Attribute falsch sind.

Rekursiv alle Verzeichnisse anlegen

Gilt es ein Verzeichnis rekursiv mit vorangehenden Verzeichnissen anzulegen, übernimmt die statische Methode `Files.createDirectories(…)` diese Aufgabe:

```
final class java.nio.file.Files
```

- `static Path createDirectories(Path dir, FileAttribute<?>... attrs) throws IOException`

Symbolische Verknüpfungen anlegen *

Dem Anlegen von symbolischen Verknüpfungen (symbolischer Link) dient die Methode `Files.createSymbolicLink(…)`:

```
final class java.nio.file.Files
```

- `static Path createSymbolicLink(Path link, Path target, FileAttribute<?>... attrs) throws IOException`
  Legt eine neue Verknüpfung an. Der Parameter `link` ist der Ort, an dem die Verknüpfung angelegt werden soll, und der Parameter `target` bestimmt den Zielpunkt der Verknüpfung. Die Angabe kann absolut oder relativ sein.

Dem Lesen der symbolischen Verknüpfung dient die Files-Methode readSymbolicLink(Path). Die Methode wie auch createSymbolicLink(…) sind optional, müssen also vom Dateisystem-Provider nicht angeboten werden – nicht jedes Dateisystem hat symbolische Verknüpfungen.

Dateien und Verzeichnisse löschen

Die Klasse Files bietet zum Löschen die zwei Methoden delete(…) und deleteIfExists(…):

```
final class java.nio.file.Files
```


- static void delete(Path path) throws IOException
- static boolean deleteIfExists(Path path) throws IOException

Steht der Pfad für eine Datei, wird diese gelöscht. Steht er für eine symbolische Verknüpfung, wird nur diese gelöscht, aber nicht die Datei bzw. das Verzeichnis, auf die/das er zeigt. Nur leere Verzeichnisse können gelöscht werden. Nicht leere Verzeichnisse bei einem delete(…)-Aufruf können eine DirectoryNotEmptyException auslösen, allerdings ist dieser Ausnahmetyp von der Implementierung abhängig. Anders als delete() testet deleteIfExists() vorher, ob die Datei bzw. das Verzeichnis existiert. Dieser Test ist allerdings nicht atomar. delete() sollte eine NoSuchFileException auslösen, wenn die Datei bzw. das Verzeichnis nicht vorhanden bzw. nicht gelöscht werden konnte. Gibt es grundsätzliche Probleme, wird immer eine Ausnahme vom Typ IOException ausgelöst und nicht einfach wie bei der File-Methode delete() die Rückgabe false geliefert.

6.2.6 MIME-Typen herausfinden *

Die Erkennung von Dateitypen spielt eine wichtige Rolle, etwa dann, wenn für einen Dateityp ein Programm zum Betrachten oder Bearbeiten aufgerufen werden soll oder ein passendes Icon für einen Dateityp auf der grafischen Oberfläche auftauchen soll. Relativ früh wurde daher der MIME-Typ (*Internet Media Type*) eingeführt, der Medientypen kennzeichnet. Die wichtigsten Medientypen sind:

Medientyp	Beispiel mit Subtyp	Bedeutung
text	text/plain, text/xml, text/html	Text
image	image/gif, image/png	Bilder
video	video/mpeg, video/quicktime	Videos
audio	audio/mid, audio/mpeg	Audios
application	application/msword, application/octet-stream	Binärdaten

Tabelle 6.4 Einige MIME-Typen

Der MIME-Typ wird im Idealfall nicht nach Dateiendungen ermittelt, da es Systeme gibt, die nicht mit Dateiendungen arbeiten, und Dateiendungen auch mehrdeutig sind. Ein guter MIME-Typ-Erkenner (*MIME-Sniffer* genannt) schaut daher in die Datei und ermittelt den korrekten Typ – einige Dateisysteme speichern den MIME-Typ auch als Metainformation ab.

NIO.2 bietet `FileTypeDetector`-Klassen, die MIME-Typen identifizieren können. Alle `FileTypeDetector`-Objekte werden in einer Liste gesammelt, und wenn es darum geht, den MIME-Typ einer bestimmten Datei zu ermitteln, geht eine Schleife über alle angemeldeten Detektoren und fragt jeden Detektor, ob er den MIME-Typ ermitteln kann. Zugang zu diesem Suchalgorithmus bietet die einfache statische Methode `Files.probeContentType(Path)`.

Listing 6.14 com/tutego/insel/nio2/MimeTypeDetector.java, main()

```
Path path1 = Paths.get( "../lyrics.txt" );
System.out.println( Files.probeContentType( path1 ) );  // text/plain

Path path2 = Paths.get( "C:/Windows/Web/Wallpaper/img1.jpg" );
System.out.println( Files.probeContentType( path2 ) );  // image/jpeg
```

[+]

Hinweis

Wir haben schon gesehen und diskutiert, dass `Path`-Objekte über `URI`-Objekte aufgebaut werden können. Doch MIME-Typen von Webressourcen lassen sich so nicht ermitteln:

```
Path p = Paths.get( new URI( "http://www.tutego.de/index.html" ) );
System.out.println( Files.probeContentType( p ) );
```

Wie schon erwähnt wurde, führt `Paths.get(…)` zu einer Ausnahme, da es standardmäßig keinen Provider für das Protokoll HTTP gibt.

Eigene Detektoren können über den Service-Mechanismus eingebunden werden. Die API-Dokumentation bei `probeContentType(…)` in der Klasse `Files` gibt dazu Hinweise.

[+]

Hinweis

Die `Files`-API gibt es seit Java 7, und für Java 6 bietet etwa `new MimetypesFileTypeMap().getContentType(fileName)` eine Alternative – das zu den Bordmitteln von Java. Quelloffene Ergänzungen für MIME-Erkennungen gibt es viele. Eine Empfehlung kann für *Apache Tika* ausgesprochen werden, Details unter *http://tika.apache.org/1.5/detection.html*.

6.2.7 Verzeichnislistings (DirectoryStream/Stream) und Filter *

In der Klasse `Files` finden sich vier Methoden (eine mehr unter Java 8), um zu einem gegebenen Verzeichnis alle Dateien und Unterverzeichnisse aufzulisten:

```
final class java.nio.file.Files
```

- static Stream<Path> list(Path dir) throws IOException
  Neu in Java 8.
- static DirectoryStream<Path> newDirectoryStream(Path dir) throws IOException
- static DirectoryStream<Path> newDirectoryStream(Path dir, DirectoryStream.Filter<? super Path> filter) throws IOException
- static DirectoryStream<Path> newDirectoryStream(Path dir, String glob) throws IOException

Die Rückgabe DirectoryStream<T> ist ein Closeable (und somit AutoCloseable) sowie Iterable<T>, und so unterscheidet sich die Möglichkeit zur Anfrage der Dateien im Ordner grundsätzlich von der Methode list(…) in der Klasse File, die immer alle Dateien in einem Feld auf einmal zurückliefert. Bei einem DirectoryStream wird Element für Element über den Iterator geholt; trotz des Namensanhangs »Stream« ist der DirectoryStream kein Strom im Sinne von java.util.stream. Ein Stream<String> hingegen liefert die kompakte Methode list(Path), sie nutzt intern einen DirectoryStream.

Listing 6.15 com/tutego/insel/nio2/Dir.java, main()

```
try ( DirectoryStream<Path> files =
        Files.newDirectoryStream( Paths.get( "c:/" ) ) ) {
  for ( Path path : files )
    System.out.println( path.getFileName() );
}
```

Aus der Tatsache, dass die Dateien und Unterverzeichnisse nicht in einem Rutsch geholt werden, leitet sich die Konsequenz ab, dass der DirectoryStream/Stream<String> geschlossen werden muss, da nicht klar ist, ob der Benutzer wirklich alle Dateien abholt oder nach den ersten zehn Einträgen aufhört. Die Schnittstelle DirectoryStream erweitert die Schnittstelle Closeable (und die ist AutoCloseable, weshalb unser Beispiel ein try mit Ressourcen nutzt), und Stream implementiert AutoCloseable, daher ist es guter Stil, den DirectoryStream/Stream am Ende zu schließen, um blockierte Ressourcen freizugeben. try mit Ressourcen gibt immer etwaige Ressourcen frei, auch wenn es beim Ablaufen des Verzeichnisses zu einer Ausnahme kam.

Filtern

Die Methoden list(Path) bzw. newDirectoryStream(Path) bilden die einfachsten Varianten für ein Ablaufen eines Ordnerinhalts; sie liefern immer ungefiltert alle Inhalte. Doch lässt sich die Ergebnisliste filtern, und zwar:

- über bekannte reguläre Ausdrücke
- über eine spezielle Syntax, mit der sich zum Beispiel **.txt* schreiben lässt
- über eigene Filterklassen

Neben `newDirectoryStream(Path)` erlauben zwei weitere parametrisierte `newDirectoryStream(…)`-Methoden zusätzliche Filter, für `list(…)` gibt es keine Variante mit Filter. In der Version `newDirectoryStream(Path, String)` ist das Filterkriterium durch eine Zeichenkette beschrieben. Oracle nutzt hier die so genannte *Globbing-Syntax*, die an reguläre Ausdrücke erinnert. In der API-Dokumentation von `FileSystem` sind bei der Methode `getPathMatcher(String syntaxAndPattern)` einige Beispiele gegeben.

Nutzen wir `newDirectoryStream(Path, String)`, um GIF-, JPG- und PNG-Dateien in einem bestimmten Verzeichnis aufzulisten:

Listing 6.16 com/tutego/insel/nio2/ListAllImages.java, main()

```
String userHomeDir = System.getProperty( "user.home" );
Path picturePath = Paths.get( userHomeDir ).resolve( "Pictures" );

try ( DirectoryStream<Path> files =
        Files.newDirectoryStream( picturePath, "*.{gif,jpg,png}" ) ) {
  for ( Path path : files )
    System.out.println( path.getFileName() );
}
```

Noch weiter geht beim Filtern die Methode `newDirectoryStream(Path dir, DirectoryStream.Filter<? super Path> filter)`. Hier lässt sich ein Filter frei programmieren. Nutzen wir als Beispiel einen Filter, der alle leeren Dateien in einem Verzeichnis aufspürt:

Listing 6.17 com/tutego/insel/nio2/ListZeroFiles.java

```
package com.tutego.insel.nio2;

import java.io.IOException;
import java.nio.file.*;
import java.nio.file.attribute.BasicFileAttributes;

public class ListZeroFiles {
  static final class EmptyFilesFilter implements DirectoryStream.Filter<Path> {
    @Override public boolean accept( Path path ) throws IOException {
      BasicFileAttributes attrib =
        Files.readAttributes( path,BasicFileAttributes.class );

      return attrib.isRegularFile() && attrib.size() == 0;
    }
  }

  public static void main( String[] args ) throws IOException {
    try ( DirectoryStream<Path> files = Files.newDirectoryStream(
                                 Paths.get( "c:/Windows" ), new EmptyFilesFilter() ) ) {
```

```
    for ( Path path : files )
      System.out.println( path.getFileName() );
  }
 }
}
```

Alle drei `newDirectoryStream(...)`-Methoden arbeiten nichtrekursiv. Für die Suche und den rekursiven Abstieg tief in den Verzeichnisbaum gibt es mit `FileVisitor` eine andere Möglichkeit. Unschön ist auch, dass bei `Files.newDirectoryStream(...)` nicht mehrere Filter übergeben werden können und dass die Java-API auch keine Klasse mitbringt, die mehrere Filter zu einem Filter zusammenfasst. Das Gleiche gilt im Übrigen auch für andere Dateifilter.

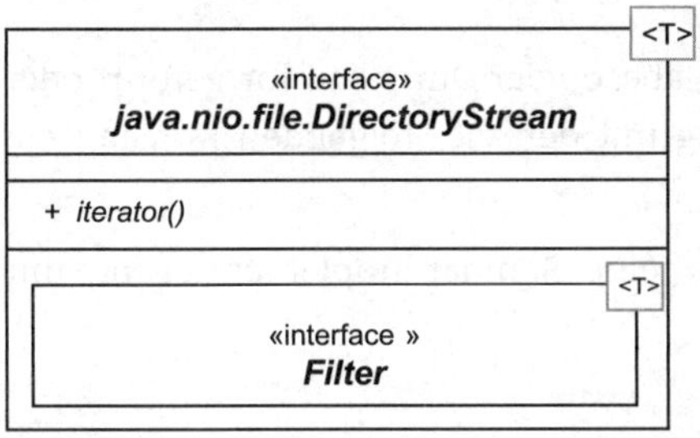

Abbildung 6.6 DirectoryStream und Filter als innerer Typ

6.2.8 Rekursives Ablaufen des Verzeichnisbaums *

Die Utility-Klasse `Files` bietet vier statische Methoden (zwei mehr in Java 8), die, bei einem Startordner beginnend, die Verzeichnisse rekursiv ablaufen:

```
final class java.nio.file.Files
```

- `static Stream<Path> walk(Path start, FileVisitOption... options) throws IOException`
  Neu in Java 8.
- `static Stream<Path> walk(Path start, int maxDepth, FileVisitOption... options) throws IOException`
  Neu in Java 8.
- `static Path walkFileTree(Path start, FileVisitor<? super Path> visitor)`
- `static Path walkFileTree(Path start, Set<FileVisitOption> options, int maxDepth, FileVisitor<? super Path> visitor)`

Bei allen Varianten bestimmt der erste Parameter den Startordner. Während `walk(...)`einen `java.util.stream.Stream` liefert (die Methoden sind neu in Java 8), erwarten die anderen beiden `walkFileTree(...)`-Methoden ein Objekt mit Callback-Methoden, die `walkFileTree(...)` beim Ablaufen des Verzeichnisbaums aufruft. Dieses Objekt implementiert die Schnittstelle `FileVisitor` und hat folgende Methodendeklarationen:

interface java.nio.file.**FileVisitor**<T>

- FileVisitResult postVisitDirectory(T dir, IOException exc)
- FileVisitResult preVisitDirectory(T dir)
- FileVisitResult visitFile(T file, BasicFileAttributes attrs)
- FileVisitResult visitFileFailed(T file, IOException exc)

Die Operation visitFile(…) ist die wichtigste. Ihr übergibt walkFileTree(…) beim internen Ablaufen den Pfad auf die gefundene Datei bzw. den Ordner (es wird sich in der Regel immer um FileVisitor<Path> handeln) sowie die BasicFileAttributes, die es einfach machen, Attribute wie die Dateigröße ohne große Umwege auszuwerten.

Die aufgerufenen Methoden bestimmen über die Rückgabe, ob der Durchlauf fortgeführt oder abgebrochen wird. FileVisitResult ist eine Aufzählung mit den vier folgenden Konstanten: CONTINUE, SKIP_SIBLINGS, SKIP_SUBTREE, TERMINATE.

Von FileVisitor<T> gibt es mit SimpleFileVisitor<T> eine Standardimplementierung mit folgendem Verhalten:

Methode	Implementierung
preVisitDirectory	return FileVisitResult.CONTINUE;
visitFile	return FileVisitResult.CONTINUE;
visitFileFailed	throw exc;
postVisitDirectory	if (exc != null) throw exc; return FileVisitResult.CONTINUE;

Tabelle 6.5 Methoden aus SimpleFileVisitor

Kommt es also beim Ablaufen zu einem Fehler, führt dies beim SimpleFileVisitor zur IOException, und der Durchlauf bricht ab.

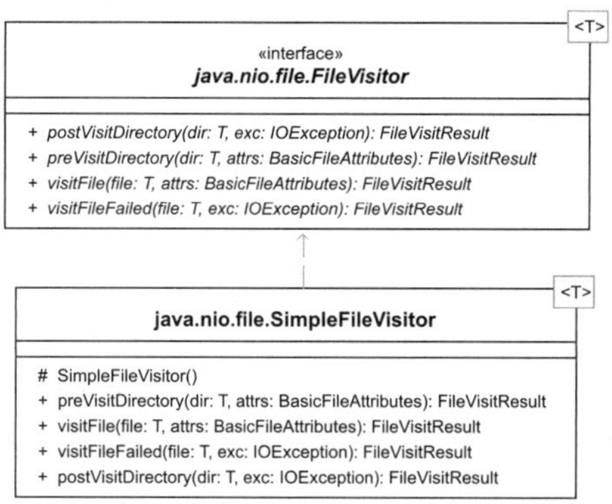

Abbildung 6.7 SimpleFileVisitor ist eine Unterklasse von FileVisitor

Geschichtliches

In den ersten Versionen von NIO.2 hatte die Schnittstelle `FileVisitor` eine weitere Operation, `preVisitDirectoryFailed(…)`, die immer dann aufgerufen wurde, wenn ein Verzeichnis nicht betreten werden konnte. Diese Methode ist in der finalen Java-API nicht mehr zu finden, denn auch im Fall eines nicht besuchbaren Verzeichnisses ruft der File-Visitor `visitFileFailed(…)` auf.

Finde alle Bilder (und auch Nemo)

In einem Beispiel wollen wir einen Verzeichnisbesucher schreiben, der alle Bilder ab einem Startverzeichnis findet:

Listing 6.18 com/tutego/insel/nio2/CrawlForImages.java, main()

```
Files.walkFileTree( Paths.get( System.getProperty( "user.home" ) ),
                    new SimpleFileVisitor<Path>() {
  @Override
  public FileVisitResult visitFileFailed( Path file, IOException exc ) {
    return FileVisitResult.SKIP_SUBTREE;
  }

  @Override
  public FileVisitResult visitFile( Path path, BasicFileAttributes attribs ) {
    try {
      String mime = Files.probeContentType( path );
      if ( mime != null && mime.startsWith( "image/" ) )
        System.out.println( path );
    }
    catch ( IOException e ) { }

    return FileVisitResult.CONTINUE;
  }
} );
```

Vom `SimpleFileVisitor` überschreiben wir zwei Methoden. In `visitFile(…)` testen wir mit dem MIME-Typ-Erkenner, ob es sich um eine Grafik handelt. In diesem Fall beginnt der String mit »image/«. Dass wir auch `visitFileFailed(…)` überschreiben, hat den Hintergrund, dass das Standardverhalten von `SimpleFileVisitor` mit dem Auslösen einer Ausnahme bei Fehlern zu einschränkend ist. Damit verhindern wir zum Beispiel einen Komplettabbruch bei einer `java.nio.file.AccessDeniedException`, die immer dann ausgelöst wird, wenn Zugriffsrechte fehlen. Wir wollen nicht, dass die Abarbeitung gänzlich beendet wird und die JVM mit einem Error abbricht, sondern wir wollen diesen Unterbaum, den wir nicht besuchen können, einfach überspringen. Daher liefert unser `visitFileFailed(…)` im Fehlerfall nur `SKIP_SUBTREE`, was in unserer Implementierung auch bedeutet, dass die Suche gleich im Baum abgebrochen wird, wenn nur ein Dateizugriff zu einem Fehler führt. Sollte die Suche bei einem Fehler komplett beendet werden, ist die Rückgabe `TERMINATE` zu setzen.

Zyklen erkennen, Verknüpfungen verfolgen, Tiefen angeben

Die einfachen statischen Methoden `walk(Path)` und `Files.walkFileTree(Path, FileVisitor)` laufen den Verzeichnisbaum bis in eine beliebige Tiefe ab.[3] Zudem folgen sie standardmäßig keinen Verknüpfungen. Für einfache Durchsuchungen ist die Methode gut geeignet, aber wer mehr Gestaltungsraum sucht, der greift zu einer alternativen statischen Methode:

- `Stream<Path> walk(Path start,` **`int maxDepth, FileVisitOption... options`**`)` (seit Java 8) bzw.
- `Path walkFileTree(Path start,` **`Set<FileVisitOption> options, int maxDepth`**`, FileVisitor<? super Path> visitor)`

Das Startverzeichnis und die Rückgabe `Stream` bzw. der Parameter `FileVisitor`bleiben, neu sind die maximale Suchtiefe in Verzeichnisebenen (nicht in der Anzahl der Dateien) und Aufzählungselemente, die bestimmen, ob Zyklen erkannt werden und ob symbolischen Verknüpfungen gefolgt werden soll.

`FileVisitOption` ist eine Aufzählung mit den Konstanten `DETECT_CYCLES` und `FOLLOW_LINKS`. Bisher kommt in der Java-API der Argumenttyp »Menge von Aufzählungselementen« (`Set<FileVisitOption>` bei `walkFileTree(…)`) selten vor. Hier müssen sich Entwickler zurückerinnern, wie ein `EnumSet` (Menge bestehend aus Aufzählungen) einfach aufgebaut werden kann. Dazu einige Beispiele:

```
Path p = …;
FileVisitor<? super Path> v = …;
Files.walkFileTree( p, EnumSet.of( FileVisitOption.DETECT_CYCLES ), 2, v );
Files.walkFileTree( p, EnumSet.of( FileVisitOption.DETECT_CYCLES,
                    FileVisitOption.FOLLOW_LINKS ), 2, v );
Files.walkFileTree( p, EnumSet.allOf( FileVisitOption.class ), 2, v );
```

Die einfache Methode `walkFileTree(Path start, FileVisitor<? super Path> visitor)` ist übrigens auch nur eine Weiterleitung mit `walkFileTree(start, EnumSet.noneOf(FileVisitOption.class), Integer.MAX_VALUE, visitor)`. Die einfachere `walk(…)`-Methode nutzt ein Vararg statt der Menge.

6.2.9 Rekursiv nach Dateien/Ordnern suchen mit Files.find(…) *

Neu in Java 8 ist die Methode `find(…)` in `Files`. Damit sind Dateien nach gewissen Kriterien zu finden:

---

3 Nur theoretisch durch `Integer.MAX_VALUE` beschränkt.

```
final class java.nio.file.Files
```

- `static Stream<Path> find(Path start, int maxDepth, BiPredicate<Path, BasicFileAttributes> matcher, FileVisitOption... options) throws IOException`
  Sucht einen Verzeichnisbaum rekursiv ab und wendet auf jeden `Path` den Filter (Prädikat) an. Falls der Filter zusagt, kommt der `Path` in den Ergebnis-Stream.

[«]

Beispiel und Hinweis

Finde alle Ordner unter dem Windows-Standard-Bilderverzeichnis, und gib sie aus:

```
Files.find( Paths.get( System.getProperty( "user.home" ) )
                 .resolve( "Pictures" ),
            Integer.MAX_VALUE,
            (p,attr) -> Files.isReadable( p ) && attr.isDirectory()
           ).forEach( System.out::println );
```

Intern greift `find(…)` auf den gleichen Mechanismus wie `walk(…)` zurück, doch ist eine Eigenimplementierung mithilfe von `walk(…)` mitunter besser, da wir beim `visitFileFailed(…)` Fehler ignorieren können – bei `find(…)` führen Fehler direkt zum Abbruch. Bei Windows führt eine rekursive Suche schnell zu einer `java.nio.file.AccessDeniedException` durch einen Ordner, an den Java nicht heran darf, und dann ist mit `find(…)` sofort Schluss.

6.2.10 Dateisysteme und Dateisystemattribute *

Dateisysteme werden durch den Typ `FileSystem` beschrieben, und die Utility-Klasse `FileSystems` bietet die wichtige Methode `getDefault()`, die das Standard-Dateisystem zurückgibt. Da es aber unterschiedliche Dateisysteme geben kann – und jedes durch eine Implementierung von `FileSystemProvider` realisiert wird –, müssen sie unterscheidbar sein. Dafür gibt es einen URI, bei dem das Protokoll ausschlaggebend ist.

[«]

Beispiel

Laufe alle installierten `FileSystemProvider` ab, und gib die unterstützten Protokolle aus:

```
for ( FileSystemProvider p : FileSystemProvider.installedProviders() )
  System.out.println( p.getScheme() );
```

Die Ausgabe ergibt »file« und »jar«, woran wir ablesen können, dass NIO.2 das Standard-Dateisystem sowie Java- bzw. ZIP-Archive als Dateisystem unterstützt. Die internen realisierenden Klassen sind `sun.nio.fs.WindowsFileSystemProvider` und `com.sun.nio.zipfs.ZipFileSystemProvider`, wobei der ZIP-Provider aus *jdk1.8.0\jre\lib\ext\zipfs.jar* stammt.

Neue Dateisysteme lassen sich zum Beispiel für die Protokolle `http`, `svn`, `memory`[4] usw. aufbauen.

Implementierung

Die Aufrufe `FileSystems.getDefault()` und `FileSystems.getFileSystem(new URI("file:/"))` führen unter Windows zum gleichen Ergebnis: zur Klasse `sun.nio.fs.WindowsFileSystem`.

Mit einem `FileSystem` lässt sich dann über die bekannte Methode `getPath(String first, String... more)` ein Pfad erfragen. Ob ein Dateisystem nur lesbar ist, beantwortet `isReadOnly()`. Da es unterschiedliche Pfadtrenner je nach Dateisystem geben kann, liefert `getSeparator()` einen String mit dem Separator.

Eine weitere Methode ist `getRootDirectories()`, die ein `Iterable<Path>` für die Wurzelverzeichnisse liefert.

[»]

Beispiel

Gib alle Wurzelverzeichnisse aus:

```
for ( Path root : FileSystems.getDefault().getRootDirectories() )
  System.out.println( root );
```

Die Ausgabe könnte *C:* und *D:* sein.

Eine ZIP-Datei komplett ablaufen

Da das JDK einen Dateisystem-Provider für ZIP-Archive mitbringt, lassen sich ZIP-Archive genauso ablaufen wie »normale« Dateisysteme. Unser nächstes Beispiel soll das *rt.jar* – Java-Archive sind ZIP-Archive – ablaufen. Das sieht so aus:

Listing 6.19 com/tutego/insel/nio2/WalkZipFile.java, main()

```
Path path = Paths.get( System.getProperty( "java.home" ), "lib", "rt.jar" );
try ( FileSystem fs = FileSystems.newFileSystem( path, null ) ) {
  Files.walkFileTree( fs.getPath( "/" ), new SimpleFileVisitor<Path>() {
    String indent = "";

    @Override
    public FileVisitResult visitFile( Path path, BasicFileAttributes attrs ) {
      System.out.println( "    " + indent + path );
      return FileVisitResult.CONTINUE;
    }

    @Override
    public FileVisitResult preVisitDirectory( Path path, BasicFileAttributes attrs ) {
      System.out.println( "cd " + indent + path );
```

4 *https://github.com/marschall/memoryfilesystem*

```
      indent += "  ";
      return FileVisitResult.CONTINUE;
    }

    @Override
    public FileVisitResult postVisitDirectory( Path path, IOException ioe ) {
      indent = indent.substring( 2 );
      return FileVisitResult.CONTINUE;
    }
  } );
}
```


Die ZIP-Datei bildet eine Ressource, die geschlossen werden muss. Daher kommt der Aufbau in ein `try` mit Ressourcen. Der Ausdruck `Paths.get(System.getProperty("java.home"), "lib", "rt.jar")` liefert über eine Systemeigenschaft einen kompletten Pfad zur *rt.jar*-Datei.

Der Ablauf führt zur folgenden (gekürzten) Ausgabe:

```
cd /
cd   /sunw/
cd     /sunw/util/
         /sunw/util/EventObject.class
         /sunw/util/EventListener.class
cd     /sunw/io/
         /sunw/io/Serializable.class
cd   /sun/
cd     /sun/util/
         /sun/util/PreHashedMap.class
         ...
cd     /com/oracle/
cd       /com/oracle/net/
           /com/oracle/net/Sdp.class
           /com/oracle/net/Sdp$SdpSocket.class
           /com/oracle/net/Sdp$1.class
cd   /META-INF/
       /META-INF/MANIFEST.MF
```

Hinweis [+]

Damit NIO.2 eine ZIP-Datei auch anlegen kann, muss eine spezielle Eigenschaft[5] gesetzt werden.

```
URI p = Paths.get( "c:/Users/Christian/Dropbox/jokes.zip" ).toUri();
URI uri = URI.create( "jar:" + p );
```

5 Bisher gibt es nur zwei Eigenschaften. `create` und `encoding` (*http://docs.oracle.com/javase/8/docs/technotes/guides/io/fsp/zipfilesystemproviderprops.html*). Kompressionsgrad oder Ähnliches lässt sich nicht angeben.

```
Map<String,String> env = new HashMap<>();
env.put( "create", "true" );
try ( FileSystem zipfs = FileSystems.newFileSystem( uri, env ) ) {
  Files.write( zipfs.getPath( "/j1.txt" ),
               "The truth is out there. Anybody got the URL?".getBytes() );
  Files.write( zipfs.getPath( "/j2.txt" ),
               "The more I C, the less I see.".getBytes() );
}
```

FileStore und Attribute eines Dateisystems

Die Methode getRootDirectories() liefert nur Path-Objekte, aber sonst keine weiteren Informationen zum Dateisystem. Die physikalischen Eigenschaften lassen sich auch nicht über das FileSystem-Objekt erfragen, sondern sind in eine Extraklasse FileStore ausgelagert. Die FileSystem-Methode getFileStores() liefert eine Iteration über die FileStore-Objekte.

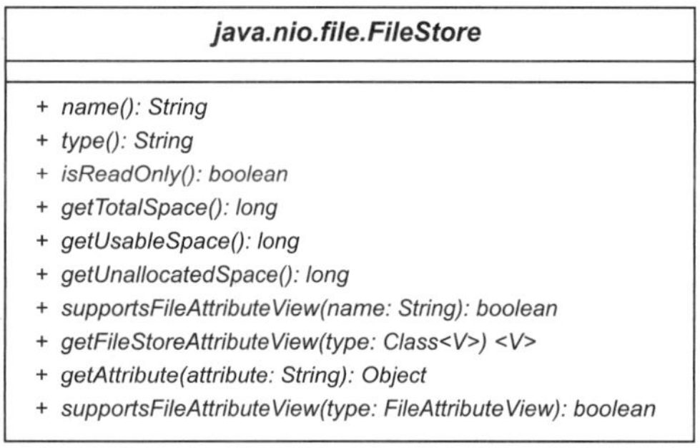

Abbildung 6.8 Klassendiagramm von FileStore

Listing 6.20 com/tutego/insel/nio2/FileStoreDemo.java, main()

```
for ( FileStore store : FileSystems.getDefault().getFileStores() ) {
  long total     = store.getTotalSpace() >> 30;
  long available = store.getUsableSpace() >> 30;
  System.out.println( store + " " + store.name() + " " +
                      available + " GiB frei von " + total + " GiB" +
                      ", Typ " + store.type() );
}
```

Mit dem Verschiebeoperator >> 30 bekommen wir gerade die Umrechnung von Byte nach Gibibyte (also Gigabyte, aber binär gesehen), denn 2^30 Byte = 1.073.741.824 Byte. Die Ausgabe kann dann etwa sein:

```
(C:)  50 GiB frei von 99 GiB, Typ NTFS
(D:)  13 GiB frei von 122 GiB, Typ NTFS
```

6.2.11 Verzeichnisse im Dateisystem überwachen *

Schreibt eine Anwendung etwa Log-Dateien in ein Verzeichnis und soll ein anderes Programm dies erkennen, so ist eine Lösung, ständig das Verzeichnis abzulaufen und nach Änderungen zu suchen. Allerdings ist das ziemlich informant, und es gibt in der Java-Bibliothek eine besser Lösung, die (im Idealfall) mit Betriebssystemunterstützung aufwarten kann: Ein `WatchService` überwacht ein bestimmtes Verzeichnis, arbeitet aber nicht rekursiv. Die Implementierung bekommt diese Ereignisse vom Betriebssystem, welches die Änderungen an Java weitergibt. Daher ist es auch nicht möglich, entfernte Dateisysteme zu überwachen – unter Windows etwa die, die über einen UNC-Pfad angegeben sind –, da die Dateisystem-Ereignisse nicht an andere Rechner verteilt werden.

Ein Beispiel, um auf Änderungen im Verzeichnis *C:* zu reagieren:

Listing 6.21 com/tutego/insel/nio2/WatchServiceDemo.java, main()

```
WatchService watcher = FileSystems.getDefault().newWatchService();

Paths.get( "C:/" ).register( watcher, StandardWatchEventKinds.ENTRY_CREATE,
                                      StandardWatchEventKinds.ENTRY_DELETE,
                                      StandardWatchEventKinds.ENTRY_MODIFY );

while ( true ) {
  WatchKey key = watcher.take();
  System.out.println( "Änderung" );

  for ( WatchEvent<?> event : key.pollEvents() )
    System.out.println( "Kind: " + event.kind() + ", Path: " +  event.context() );

  key.reset();
}
```

Ein Ablauf kann so aussehen:

```
Änderung
Kind: ENTRY_CREATE, Path: tutego - Kopie.log
Kind: ENTRY_MODIFY, Path: tutego - Kopie.log
Änderung
Kind: ENTRY_MODIFY, Path: tutego - Kopie.log
Änderung
Kind: ENTRY_DELETE, Path: tutego - Kopie.log
Kind: ENTRY_CREATE, Path: tutego2.log
Kind: ENTRY_MODIFY, Path: tutego2.log
Änderung
Kind: ENTRY_DELETE, Path: tutego2.log
```

Die WatchService-API

Ein WatchService überwacht Änderungen an Watchable-Objekten. Path ist bisher die einzige Klasse, die die Schnittstelle Watchable implementiert. Grundsätzlich ist der Überwachungsdienst nicht an Dateien und Verzeichnisse gebunden, doch Oracle hat WatchService und Watchable in das Paket java.nio.file gelegt. Es bleibt abzuwarten, ob Oracle diese API auch noch für andere Dinge nutzen wird.

Ein Watchable-Objekt, wie also unser Path, meldet sich mit register(…) an einem WatchService an. Der WatchService stammt von FileSystems.getDefault().newWatchService(). Da es verschiedene Ereignistypen gibt, ist register(…) mit einem Varargs-Parametertyp deklariert, der WatchEvent.Kind fordert: die Aufzählung StandardWatchEventKinds deklariert drei mögliche WatchEvent.Kind-Typen.

Nach der Registrierung wird der Watcher nach den angefallenen Ereignissen gefragt. Hier gibt es eine Variante mit take(), die blockierend wartet, oder poll(), das null liefert, falls keine Ereignisgruppe vorliegt. Mit close() lässt sich der WatchService beenden.

Das mit take() oder poll() entnommene Element ist vom Typ WatchKey. Ein WatchKey ist eine Art Gruppe aus einzelnen WatchEvents. Auf einem WatchKey-Objekt liefert pollEvents() genau diese List<WatchEvent<?>>. Vom WatchEvent erfragt kind() den WatchEvent.Kind, liefert also etwa StandardWatchEventKinds.ENTRY_CREATE, und context() liefert das Objekt, auf das es sich bezog. Bei Dateisystemen dürfte context() immer ein Path liefern, aber der Rückgabetyp von context() ist mit T parametrisiert, was uns allerdings nicht hilft, denn key.pollEvents() liefert nur einen WatchEvent<?>, also ohne Typ. Hier zeigt sich, dass Wildcards in der Rückgabe nicht besonders hilfreich sind.

[+]

Hinweis

Der Watch-Service hat mit ENTRY_CREATE, ENTRY_DELETE und ENTRY_MODIFY nur drei Anzeigemöglichkeiten. Das heißt, dass gewisse Dinge nicht kodiert werden können. Ein Umbenennen ergibt zum Beispiel eine Sequenz von drei Ereignissen, aber es gibt kein StandardWatchEventKinds.LÖSCHEN:

Kind: ENTRY_DELETE, Path: *Datei*

Kind: ENTRY_CREATE, Path: *umbenannte Datei*

Kind: ENTRY_MODIFY, Path: *umbenannte Datei*

Wird eine Datei verschoben, so entspricht das einem Löschen, und es gibt nur ein Ereignis:

Kind: ENTRY_DELETE, Path: *zu löschende Datei*

Der Watch-Service kann nicht sagen, wohin die Datei verschoben wurde, da er immer mit einem konkreten Verzeichnis assoziiert ist – die Lösung, an jedes Verzeichnis einen Watch-Service anzuhängen, ist auch nicht optimal. Wenn Dateien auf dem Dateisystem mit [Strg] + [X] ausgeschnitten werden, ist noch keine Dateioperation geschehen, denn das Ausschneiden ist nur eine Explorer-Aktion; daher gibt es auch kein Ereignis, sondern erst, wenn die Datei mit [Strg] + [V] dann tatsächlich verschoben wird. Das Gleiche gilt bei Drag & Drop. Das Ziehen selbst ist nur ein »Trick« vom Explorer, aber am Dateisystem gibt es erst dann eine Operation, wenn die Datei wirklich fallen gelassen wird.

6.3 Datei- und Verzeichnis-Operationen mit der Klasse File

Die Klasse `File` hat die Aufgabe, Dateioperationen plattformunabhängig durchzuführen. Plattformunabhängigkeit ist aber auch eine Einschränkung, denn wie sollen Rechte vergeben werden, wenn dies etwa der Macintosh mit Mac OS X oder ein Android-Smartphone nicht unterstützen? Unix und Windows haben zwei völlig verschiedene Ansätze zur Rechteverwaltung. Die `File`-Klasse ignoriert diese Frage und bietet überhaupt keine Lösung. In NIO.2 jedoch geht Java einen anderen Weg und neigt wieder deutlich mehr zu plattformspezifischen Details.

Das alte File und der neue Path

Die Klasse `File` ist schon immer da gewesen und stark mit dem lokalen Dateisystem verbunden. So findet sich der Typ `File` weiterhin bei vielen Operationen. Wenn `Runtime.exec(String[] cmdarray, String[] envp, File dir)` einen Hintergrundprozess startet, dann ist `dir` genau das Startverzeichnis. Eine Abstraktion auf virtuelle Dateisysteme ist unpassend, und `File` passt als Typ sehr gut. Doch obwohl sich Pfade vom NIO.2-Typ `Path` schon an einigen Stellen in der Java-API finden lassen, sind doch immer noch viele APIs mit `File` ausgestattet. Dass `ImageIO.read(File input)` nur ein `File`-Objekt annimmt, aber kein `Path`-Objekt, um ein Bild zu laden, ist schade, wo es doch auch eine `read(InputStream)` und `read(URL)`-Methode gibt. Die Bibliotheksdesigner haben bisher keine Notwendigkeit gesehen, das nachzubessern, vielleicht aus deswegen nicht, weil Entwickler die Möglichkeit haben, etwa mit `Files.newInputStream(path)` von einem Pfad einen Eingabestrom zu erfragen. Der Weg ist auch der beste, denn vom `Path` ein `File`-Objekt zu erfragen und dann Methoden aufzurufen, die das `File`-Objekt annehmen, birgt eine Gefahr: Von einem NIO.2-Dateisystem, etwa ZIP, ein `File`-Objekt zu erfragen, wird nicht funktionieren, weil es die Datei vom `File`-Objekt ja gar nicht im lokalen Verzeichnis gibt! Einige Klasse erwarten nur `File`-Objekte und nichts anderes, also auch keinen Strom, und hier zeigt sich, dass diese Klassen nicht auf virtuellen Dateisystemen funktionieren können. Etwa der `JFileChooser`, der operiert nur auf dem lokalen Dateisystem, was sich an `JFileChooser.getSelectedFile()` und `JFileChooser.setCurrentDirectory(File dir)` ablesen lässt.

6.3.1 Dateien und Verzeichnisse mit der Klasse File

Ein `File`-Objekt repräsentiert einen Datei- oder Verzeichnisnamen im Dateisystem. Die Datei oder das Verzeichnis, das das `File`-Objekt beschreibt, muss nicht physikalisch existieren. Der Verweis wird durch einen Pfadnamen spezifiziert. Dieser kann absolut oder relativ zum aktuellen Verzeichnis angegeben werden.

Beispiel

Erzeuge ein `File`-Objekt für das Laufwerk *C*:

```
File f = new File( "C:/" );
System.out.println( f );    // C:\
```

Folgende Konstruktoren erzeugen ein `File`-Objekt:

```
class java.io.File
implements Serializable, Comparable<File>
```

- `File(String pathname)`
  Erzeugt ein `File`-Objekt aus einem Dateinamen.
- `File( String parent, String child)`
- `File(File parent, String child)`
  Setzt ein neues `File`-Objekt aus einem Basisverzeichnis und einem weiteren Teil zusammen, der auch wieder ein Verzeichnis oder ein Dateiname sein kann.
- `File(URI uri)`
  Erfragt von `uri` den Pfadnamen (`uri.getPath()`) und erzeugt ein neues `File`-Objekt. Ist `uri` gleich `null`, folgt eine `NullPointerException`. Ist der URI falsch formuliert, gibt es eine `IllegalArgumentException`.

Die Pfadangabe kann in allen Fällen absolut sein, muss es aber nicht.

Pfadtrenner

Die Angabe des Pfades ist wegen der Pfadtrenner plattformabhängig. Auf Windows-Rechnern trennt ein Backslash »\« die Pfade, auf Unix-Maschinen ein normaler Slash »/« und unter dem älteren MAC OS 9 ein Doppelpunkt.

Glücklicherweise speichert die Klasse `File` den Pfadtrenner in zwei öffentlichen Konstanten: `File.separatorChar`[6] ist ein `char`, und `File.separator` stellt den Pfadtrenner als String bereit (dies ist wiederum auf `System.getProperty("file.separator")` zurückzuführen).

Hinweis

Wie bei den Dateitrennern gibt es einen Unterschied bei der Darstellung des Wurzelverzeichnisses. Unter Unix ist dies ein einzelnes Divis »/«, und unter Windows steht die Laufwerksbezeichnung vor dem Doppelpunkt und dem Backslash-Zeichen (»*Z:*«).

6 Eigentlich sollte der Variablenname großgeschrieben werden, da die Variable als `public static final char` eine Konstante ist.

Abbildung 6.9 Klassendiagramm für File

Namen erfragen und auflösen

Mit einem File-Objekt erfragen ganz unterschiedliche Methoden den Dateinamen, den kompletten Pfad, das vorangehende Verzeichnis und ob eine Angabe absolut oder relativ ist. Bei einigen Methoden lässt sich wählen, ob die Rückgabe ein String-Objekt mit dem Dateinamen sein soll oder ein File-Objekt.

[»]

Beispiel

Liefere einen Dateinamen, bei dem die relativen Bezüge aufgelöst sind:

```
try {
  File f = new File("C:/./WasNDas//..\\Programme/").getCanonicalFile();
  System.out.println( f );                          // C:\Programme
}
catch ( IOException e ) { e.printStackTrace(); }
```

Nicht viele Methoden der File-Klasse lösen eine IOException aus, diese ist eher eine Ausnahme.

```
class java.io.File
implements Serializable, Comparable<File>
```

- String getName()
  Gibt den Dateinamen zurück.
- String getPath()
  Gibt den Pfadnamen zurück.
- String getAbsolutePath()
- File getAbsoluteFile()
  Liefert den absoluten Pfad. Ist das Objekt kein absoluter Pfadname, so wird ein Objekt aus dem aktuellen Verzeichnis, einem Separator-Zeichen und dem Dateinamen aufgebaut.
- String getCanonicalPath () throws IOException
- File getCanonicalFile() throws IOException
  Gibt den Pfadnamen des Dateiobjekts zurück, der keine relativen Pfadangaben mehr enthält. Kann im Gegensatz zu den anderen Pfadmethoden eine IOException aufrufen, da mitunter verbotene Dateizugriffe erfolgen.
- String getParent()
- File getParentFile()
  Gibt den Pfad des Vorgängers als String- oder File-Objekt zurück. Die Rückgabe ist null, wenn es keinen Vater gibt, etwa beim Wurzelverzeichnis.
- boolean isAbsolute()
  Liefert true, wenn der Pfad in der systemabhängigen Notation absolut ist.

6.3.2 Verzeichnis oder Datei? Existiert es?

Das `File`-Objekt muss nicht unbedingt eine existierende Datei oder ein existierendes Verzeichnis repräsentieren. Für Dateioperationen mit `File`-Objekten und nachfolgendem Zugriff testet `exists()`, ob die Datei oder das Verzeichnis tatsächlich vorhanden ist. Da nun aber ein `File`-Objekt Dateien sowie Verzeichnisse gleichzeitig repräsentiert, ermöglichen `isDirectory()` und `isFile()` eine genauere Aussage über den `File`-Typ. Es kann gut sein, dass für ein `File` weder `isDirectory()` noch `isFile()` die Rückgabe `true` liefern (in Java können nur normale Dateien erzeugt werden).

```
class java.io.File
implements Serializable, Comparable<File>
```

- `boolean exists()`
  Liefert `true`, wenn das `File`-Objekt eine existierende Datei oder einen existierenden Ordner repräsentiert.
- `boolean isDirectory()`
  Gibt `true` zurück, wenn es sich um ein Verzeichnis handelt.
- `boolean isFile()`
  Liefert `true`, wenn es sich um eine »normale« Datei handelt (kein Verzeichnis und keine Datei, die vom zugrunde liegenden Betriebssystem als besonders markiert wird, keine Blockdateien, Verknüpfungen).

6.3.3 Verzeichnis- und Dateieigenschaften/-attribute

Eine Datei oder ein Verzeichnis besitzt zahlreiche Eigenschaften, die sich mit Anfragemethoden auslesen lassen. In einigen wenigen Fällen lassen sich die Attribute auch ändern.

```
class java.io.File
implements Serializable, Comparable<File>
```

- `boolean canExecute()`, `boolean canRead()`, `boolean canWrite()`
  Liefert `true`, wenn die Ausführungsrechte/Leserechte/Schreibrechte gesetzt sind.
- `long length()`
  Gibt die Länge der Datei in Byte zurück oder `0L`, wenn die Datei nicht existiert oder es sich um ein Verzeichnis handelt.

Änderungsdatum einer Datei

Eine Datei verfügt unter jedem Dateisystem nicht nur über Attribute wie Größe und Rechte, sondern verwaltet auch das Datum der letzten Änderung. Letzteres nennt sich *Zeitstempel*. Die `File`-Klasse verfügt zum Abfragen dieser Zeit über die Methode `lastModified()` und zum Setzen über `setLastModified()`.

Die Methode `setLastModified(long)` ändert (wenn möglich) den Zeitstempel, und ein anschließender Aufruf von `lastModified()` liefert die gesetzte Zeit (womöglich gerundet) zurück. Die Methode ist von vielfachem Nutzen, aber in Hinblick auf die Sicherheit bedenklich, denn ein Programm kann den Dateiinhalt einschließlich des Zeitstempels ändern. Auf den ersten Blick ist nicht mehr erkennbar, dass eine Veränderung der Datei vorgenommen wurde. Doch die Methode ist von größerem Nutzen bei der Programmerstellung, wo Quellcodedateien etwa mit Objektdateien verbunden sind. Nur über einen Zeitstempel ist eine einigermaßen intelligente Projektdateiverwaltung möglich.

Dabei bleibt es verwunderlich, warum `lastModified()` nicht als veraltet ausgezeichnet ist und zu `getLastModified()` wurde, wo doch nun die passende Methode zum Setzen der Namensgebung genügt.

```
class java.io.File
implements Serializable, Comparable<File>
```

- `long lastModified()`
  Liefert den Zeitpunkt, an dem die Datei zum letzten Mal geändert wurde. Die Zeit wird in Millisekunden ab dem 1. Januar 1970, 00:00:00 UTC, gemessen. Die Methode liefert 0, wenn die Datei nicht existiert oder ein Ein-/Ausgabefehler auftritt.
- `boolean setLastModified(long time)`
  Setzt die Zeit (wann die Datei zuletzt geändert wurde). Die Zeit ist wiederum in Millisekunden seit dem 1. Januar 1970 angegeben. Ist das Argument negativ, dann wird eine `IllegalArgumentException` ausgelöst.

[+]

Hinweis

Zwar lässt Java die Ermittlung der Zeit der letzten Änderung zu, doch gilt dies nicht für die Erzeugungszeit. Das Standard-Dateisystem von Unix-Systemen speichert diese Zeit nicht. Windows speichert sie hingegen schon, sodass hier grundsätzlich der Zugriff, etwa über JNI, möglich wäre. Legt ein Java-Programm die Dateien an, deren Anlegezeiten später wichtig sind, müssen die Zeiten beim Anlegen gemessen und gespeichert werden. Falls die Datei nicht verändert wird, stimmt `lastModified()` mit der Anlegezeit überein.

Dateiattribute verändern

Zu den Anfragemethoden `canXXX()` kann ein `File`-Objekt auch Dateiattribute verändern.

[»]

Beispiel

Lege eine neue temporäre Datei an, und teste das Lesen und Verändern des Lese-Schreib-Attributs. Nach dem Test lösche die Datei wieder:

Listing 6.22 com/tutego/insel/io/file/PermissionDemo.java, main()

```
File f = File.createTempFile( "bla", "blub" );
System.out.printf( "readable=%s, writable=%s%n", f.canRead(), f.canWrite() );
f.setReadOnly();
System.out.printf( "readable=%s, writable=%s%n", f.canRead(), f.canWrite() );
f.setWritable( true );
System.out.printf( "readable=%s, writable=%s%n", f.canRead(), f.canWrite() );
f.deleteOnExit();
```

Die Ausgabe ist:

```
readable=true, writable=true
readable=true, writable=false
readable=true, writable=true
```

Es gibt Methoden wie `setLastModified(long)`, die auf dem Dateiobjekt wirklich eine Änderung ausführen. Insofern muss die Aussage in der API-Dokumentation genau genommen werden: »Instances of the `File` class are immutable; that is, once created, the abstract pathname represented by a `File` object will never change.« Nur der Dateiname ist immutable, aber nicht die Zustände.

```
class java.io.File
implements Serializable, Comparable<File>
```

- `boolean setReadOnly()`
  Setzt die Datei auf Nur-Lesezugriff. Liefert »wahr«, wenn die Änderung möglich war.
- `boolean setExecutable(boolean executable, boolean ownerOnly)`
- `boolean setReadable(boolean readable, boolean ownerOnly)`
- `boolean setWritable(boolean writable, boolean ownerOnly)`
  Setzt das Recht zum Ausführen/Lesen/Schreiben der Datei. Ist `ownerOnly` `true`, gilt das Recht nur für den Benutzer, sonst für alle.
- `boolean setExecutable(boolean executable)`
- `boolean setReadable(boolean readable)`
- `boolean setWritable(boolean writable)`
  Die Implementierung leitet weiter an die mit zwei Parametern deklarierte Methode `setXXXable(boolean, boolean)`, und das zweite Argument ist `true`.

Die `setXXX(…)`-Methoden melden über die Rückgabe, ob die Veränderung möglich war.

Ist eine Datei eine Verknüpfung? *

Wer nicht mindestens Java 7 nutzen kann, der muss die Frage nach der Dateiverknüpfung über eine interne Klasse `sun.awt.shell.ShellFolder` beantworten lassen. Die Klasse liefert bei

.lnk-Dateien unter Windows mit `isLink()` ein klares `true/false`, gibt die Zieladresse mit `getLinkLocation()` und auf Anfrage mit `getIcon()` das assoziierte Datei-Icon als `Image` dazu an:

Listing 6.23 ShellFolderDemo.java, main()

```
String s = "C:\\Dokumente und Einstellungen\\All Users\\Startmenü\\"+
           "Programmzugriff und -standards.lnk";
ShellFolder folder = ShellFolder.getShellFolder( new File( s ) );
System.out.println( folder.getFolderType() );     // Verknüpfung
if ( folder.isLink() )
  System.out.println( folder.getLinkLocation() ); // C:\WINDOWS\system32\control.exe
```

6.3.4 Umbenennen und Verzeichnisse anlegen

Mit `mkdir()` lassen sich Verzeichnisse anlegen und mit `renameTo(File)` Dateien oder Verzeichnisse umbenennen.

```
class java.io.File
implements Serializable, Comparable<File>
```

- `boolean mkdir()`
  Legt das Unterverzeichnis an.
- `boolean mkdirs()`
  Legt das Unterverzeichnis inklusive weiterer Verzeichnisse an.
- `boolean renameTo(File d)`
  Benennt die Datei in den Namen um, der durch das `File`-Objekt `d` gegeben ist. Ging alles gut, wird `true` zurückgegeben. Bei zwei Dateinamen `alt` und `neu` benennt `new File(alt).renameTo(new File(neu));` die Datei um. Die Methode muss vom Betriebssystem nicht atomar ausgeführt werden, und die tatsächliche Implementierung ist von der JVM und vom Betriebssystem abhängig.

Über `renameTo(File)` sollte noch ein Wort verloren werden: `File`-Objekte sind immutable, stehen also immer nur für genau eine Datei. Ändert sich der Dateiname, ist das `File`-Objekt ungültig, und es ist kein Zugriff mehr über dieses `File`-Objekt erlaubt. Auch wenn eine Laufzeitumgebung keine Exception auslöst, sind alle folgenden Ergebnisse von Anfragen unsinnig.

6.3.5 Verzeichnisse auflisten und Dateien filtern

Um eine Verzeichnisanzeige oder einen Dateiauswahldialog zu programmieren, benötigen wir eine Liste von Dateien, die in einem Verzeichnis liegen. Ein Verzeichnis kann reine Dateien oder auch wieder Unterverzeichnisse besitzen. Die `list(…)`- und `listFiles(…)`-Methoden der Klasse `File` geben ein Feld von Zeichenketten mit Dateien und Verzeichnissen bzw. ein Feld von `File`-Objekten mit den enthaltenen Elementen zurück.

```
class java.io.File
implements Serializable, Comparable<File>
```

- `File[] listFiles()`
- `String[] list()`
  Gibt eine Liste der Dateien in einem Verzeichnis als `File`-Array oder `String`-Array zurück. Das Feld enthält weder ».« noch »..«.

Beispiel

Ein einfacher Directory-Befehl ist leicht mittels einiger Zeilen programmiert:

```
String[] entries = new File( "." ).list();
System.out.println( Arrays.toString(entries) );
```

Die einfache Methode `list()` liefert dabei nur relative Pfade, also einfach den Dateinamen oder den Verzeichnisnamen. Den absoluten Namen zu einer Dateiquelle müssen wir also erst zusammensetzen. Praktischer ist da schon die Methode `listFiles()`, da wir hier komplette `File`-Objekte bekommen, die ihre ganze Pfadangabe schon kennen. Wir können den Pfad mit `getName()` erfragen.

Dateien mit FilenameFilter und FileFilter nach Kriterien filtern

Ein Filter filtert aus den Dateinamen diejenigen heraus, die einem gesetzten Kriterium genügen. Eine Möglichkeit ist, nach den Endungen zu separieren. Doch auch komplexere Selektionen sind denkbar; so kann in die Datei hineingesehen werden, ob sie beispielsweise bestimmte Informationen am Dateianfang enthält. Besonders für Macintosh-Benutzer ist dies wichtig zu wissen, denn dort sind die Dateien nicht nach Endungen sortiert. Die Information über den Dateityp liegt in der Datei selbst kodiert. Unter Windows und Unix-Systemen ist das anders, da ist die Dateiendung alles und identifiziert den Dateityp. Fehlt er, stehen Windows und Unix-Systeme orientierungslos da und wissen mit der Datei nichts anzufangen; sie können dann weder das richtige Programm zur Anzeige noch und zum Bearbeiten auswählen.

Sollen aus einer Liste von Dateien einige mit besonderen Eigenschaften herausgenommen werden, so müssen wir dies nicht selbst programmieren. Der Schlüssel hierzu sind die Schnittstellen `FilenameFilter` und `FileFilter`. Wenn wir etwas später den grafischen Dateiauswahldialog kennenlernen, so können wir dort auch den `FilenameFilter` einsetzen.[7] Eine Filterklasse implementiert die Operation `accept(File)` so, dass alle von `accept(File)` angenommenen Dateien den Rückgabewert `true` liefern.

---

7 Leider hatte der Fehlerteufel seine Finger im Spiel, und der `FilenameFilter` funktioniert nicht, weil der `FileSelector` fehlerhaft ist. Obwohl die Funktionalität dokumentiert ist, findet sich unter der Bug-Nummer 4031440 kurz: *»The main issue is that support for FilenameFilter in the FileDialog class was never implemented on any platform – it's not that there's a bug which needs to be fixed, but that there's no code to run nor was the design ever evaluated to see if it *could* be implemented on our target platforms.«*

```
interface java.io.FileFilter
```

- `boolean accept(File pathname)`
  Muss `true` liefern, wenn die Datei `pathname` in die Ergebnisliste aufgenommen werden soll.

```
interface java.io.FilenameFilter
```

- `boolean accept(File dir, String name)`
  Muss `true` liefern, wenn die Datei mit dem Namen `name` im Verzeichnis `dir` in die Ergebnisliste soll.

Beim `FilenameFilter` empfängt `accept(File, String)` zwei Argumente, nämlich das Verzeichnis `dir`, in dem die Datei `name` liegt, und beim `FileFilter` enthält `pathname` die voll qualifizierte Datei schon direkt als `File`-Objekt. (Was für Dateien in einem Verzeichnis gilt, gilt ebenso für Unterverzeichnisse.) Im Fall von `FileFilter` liefert also `pathname.getName()` den Dateinamen.

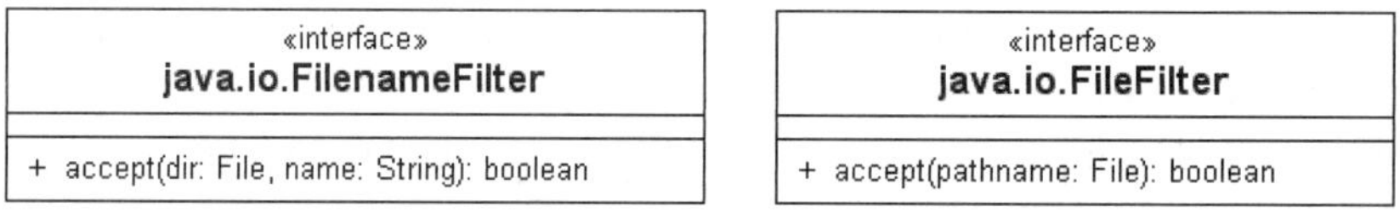

Abbildung 6.10 Klassendiagramm der beiden Filter-Schnittstellen

[»] **Beispiel**

Wollen wir nur auf Textdateien reagieren, so geben wir ein `true` bei allen Dateien mit der Endung *.txt* zurück. Die anderen werden mit `false` abgelehnt.

Listing 6.24 com/tutego/insel/io/file/TxtFilenameFilter.java, TxtFilenameFilter

```
public class TxtFilenameFilter implements FilenameFilter {
  @Override public boolean accept( File f, String s ) {
    return new File(f, s).isFile() &&
           s.toLowerCase().endsWith( ".txt" );
  }
}
```

Exemplare der implementierenden Klassen werden der Methode `list(…)` bzw. `listFiles(…)` als Argument übergeben.

```
class java.io.File
implements Serializable, Comparable<File>
```

- `String[] list(FilenameFilter filter)`
  Wie `list()`, nur filtert ein spezielles `FilenameFilter`-Objekt Objekte heraus.

- `File[] listFiles(FilenameFilter filter)`
  Wie `listFiles()`, nur filtert ein spezielles `FilenameFilter`-Objekt Objekte heraus.
- `File[] listFiles(FileFilter filter)`
  Wie `list()`, nur filtert ein spezielles `FileFilter`-Objekt bestimmte Objekte heraus.

Nun können `list(…)` mit dem `FilenameFilter` und `listFiles(…)` mit dem `FileFilter` bzw. `FilenameFilter` aufgerufen werden. Die Methode erfragt zuerst alle Dateien und Unterverzeichnisse und ruft dann für jeden Eintrag die `accept(…)`-Methode auf. Bei der Rückgabe `true` nimmt die Auflistungsmethode den Eintrag in eine interne Liste auf, die dann später als Feld zurückgegeben wird.

6

[«]

Beispiel

Zur Implementierung von `FilenameFilter` und `FileFilter` bieten sich innere Klassen an. In einem Beispiel soll `listFiles(…)` nur Unterverzeichnisse von `dir` zurückliefern:

Listing 6.25 com/tutego/insel/io/file/SubDir.java, main() Ausschnitt

```
File[] subDirs = dir.listFiles( new FileFilter() {
  @Override public boolean accept( File d ) {
    return d.isDirectory();
  } } );
```

Dateien aus dem aktuellen Verzeichnis filtern

Wir können somit ein einfaches Verzeichnisprogramm programmieren, indem wir die Möglichkeiten von `getProperty(…)` und `listFiles(…)` zu einem Beispiel zusammenfügen. Zusätzlich wollen wir nur Dateien mit der Endung *.txt* angezeigt bekommen:

Listing 6.26 com/tutego/insel/io/file/Dir.java, main()

```
File userdir = new File( System.getProperty("user.dir") );
System.out.println( userdir );

for ( File file : userdir.listFiles( new TxtFilenameFilter() ) )
  System.out.println( file );
```

[+]

Hinweis

Die zusätzliche Java-Bibliothek *Commons IO* (*http://commons.apache.org/proper/commons-io/*) bietet über das Paket `org.apache.commons.io.filefilter` vielfältige Datei-Filter, wie `SuffixFileFilter` oder `WildcardFilter`. Auch NIO.2 hat hier etwas mehr zu bieten, zum Beispiel die Globbing-Syntax, mit der sich »*.txt« scheiben lässt.

6.3.6 Dateien berühren, neue Dateien anlegen, temporäre Dateien

Unter dem Unix-System gibt es das Shell-Kommando `touch`, das wir in einer einfachen Variante in Java umsetzen wollen. Das Programm berührt (engl. *touch*) eine Datei, indem der Zeitstempel auf das aktuelle Datum gesetzt wird. Wie beim Kommando `touch` soll unser Java-Programm über alle auf der Kommandozeile übergebenen Dateien gehen und sie berühren. Falls eine Datei nicht existiert, soll sie kurzerhand angelegt werden:

Listing 6.27 com/tutego/insel/io/file/Touch.java

```
package com.tutego.insel.io.file;

import java.io.*;

public class Touch {
  public static void main( String[] args ) {
    for ( String s : args ) {
      File f = new File( s );

      if ( f.exists() ) {
        if ( f.setLastModified( System.currentTimeMillis() ) )
          System.out.println( "Berührte " + s );
        else
          System.out.println( "Konnte nicht berühren " + s );
      }
      else {
        try {
          f.createNewFile();
          System.out.println( "Legte neue Datei an " + s );
        } catch ( IOException e ) { e.printStackTrace(); }
      }
    }
  }
}
```

Gibt `setLastModified(long)` den Wahrheitswert `false` zurück, so wissen wir, dass die Operation fehlschlug, und geben eine Informationsmeldung aus.

```
class java.io.File
implements Serializable, Comparable<File>
```

- `boolean createNewFile() throws IOException`
  Legt atomar eine neue, leere Datei mit dem im `File`-Objekt gespeicherten Namen an, wenn eine Datei mit diesem Namen noch nicht existiert.

- `static File createTempFile(String prefix, String suffix) throws IOException`
  Legt eine neue Datei im temporären Verzeichnis an. Das Verzeichnis findet sich häufig unter einem Standard-Unix */tmp* oder unter Windows *C:\Dokumente und Einstellungen\Benutzername\Lokale Einstellungen\Temp*. Der Dateiname setzt sich aus einem benutzerdefinierten Präfix, einer Zufallsfolge und einem Suffix zusammen.
- `static File createTempFile(String prefix, String suffix, File directory) throws IOException`
  Legt eine neue Datei im gewünschten Verzeichnis an. Der Dateiname setzt sich aus einem benutzerdefinierten Präfix, einer Zufallsfolge und einem Suffix zusammen.

6.3.7 Dateien und Verzeichnisse löschen

Mithilfe der Methode `delete()` auf einem `File`-Objekt lässt sich eine Datei oder ein Verzeichnis entfernen. Diese Methode löscht wirklich! Sie ist nicht so zu verstehen, dass sie `true` liefert, falls die Datei potenziell gelöscht werden kann. Konnte die Laufzeitumgebung `delete()` nicht ausführen, so sollte die Rückgabe `false` sein. Ein zu löschendes Verzeichnis muss leer sein, andernfalls kann das Verzeichnis nicht gelöscht werden. Unsere unten stehende Implementierung geht dieses Problem so an, dass sie rekursiv die Unterverzeichnisse löscht.

```
class java.io.File
implements Serializable, Comparable<File>
```

- `boolean delete()`
  Löscht die Datei oder das leere Verzeichnis. Falls die Datei nicht gelöscht werden konnte, gibt es keine Ausnahme, sondern den Rückgabewert `false`.
- `void deleteOnExit()`
  Löscht die Datei bzw. das Verzeichnis, wenn die virtuelle Maschine korrekt beendet wird. Einmal vorgeschlagen, kann das Löschen nicht mehr rückgängig gemacht werden. Falls die JVM vorzeitig die Grätsche macht – Reinigungsfachkraft stolpert über Kabel –, kann natürlich die Datei möglicherweise noch immer nicht gelöscht sein, was insbesondere für temporäre Dateien, die über `createTempFile(…)` angelegt wurden, eventuell lästig wäre.

[+]

Hinweis

Auf manchen Systemen liefert `delete()` die Rückgabe `true`, die Datei ist aber nicht gelöscht. Der Grund kann eine noch geöffnete Datei sein, mit der zum Beispiel ein Eingabestrom verbunden ist und die dadurch gelockt ist.

Rekursiv Verzeichnisse löschen

Die `delete()`-Methode operiert auf `File`-Objekten, die Dateien und auch Verzeichnisse repräsentieren. Doch wenn Verzeichnisse nicht leer sind, wird `delete()` nicht auch noch alle Dateien in diesem Verzeichnis inklusive aller Unterverzeichnisse löschen. Das muss von Hand erledigt werden, lässt sich aber in wenigen Programmcodezeilen rekursiv umsetzen. Eine eigene statische Methode `deleteTree(File)` soll einen Baum inklusive seiner Unterverzeichnisse löschen. `listFiles()` liefert ein Feld aller Elemente in dem Unterverzeichnis, und falls ein Element wiederum ein Verzeichnis ist, wird wieder `deleteTree(File)` auf diesem aufgerufen:

Listing 6.28 com/tutego/insel/io/file/DeleteTree.java

```
package com.tutego.insel.io.file;

import java.io.File;

public class DeleteTree {
  public static void deleteTree( File path ) {
    for ( File file : path.listFiles() ) {
      if ( file.isDirectory() )
        deleteTree( file );
      else
        if ( ! file.delete() )
          System.err.println( file + " konnte nicht gelöscht werden!" );
    }

    if ( ! path.delete() )
      System.err.println( path + " konnte nicht gelöscht werden!" );
  }

  public static void main( String[] args ) {
    deleteTree( new File("c:/ati/") );
  }
}
```

[+]

Tipp

Das Beispiel beachtet den Rückgabetyp von `delete()` und meldet einen Fehler, wenn das Verzeichnis oder die Datei nicht gelöscht werden konnte. Das sollte jedes Programm machen, da `delete()` keine Ausnahme auslöst, wenn es schiefging.

6.3.8 Wurzelverzeichnis, Laufwerksnamen, Plattenspeicher *

Die statische Methode `listRoots()` gibt ein Feld von `File`-Objekten zurück. Jeder Eintrag des Feldes repräsentiert eine Wurzel (engl. *root*) des Dateisystems. Dies macht es einfach, Programme zu schreiben, die etwa über dem Dateisystem eine Suche ausführen. Da es unter Unix nur eine Wurzel gibt, ist der Rückgabewert von `File.listRoots()` immer »/« – ein anderes Root gibt es nicht. Unter Windows wird es aber zu einem richtigen Feld, da es mehrere Wurzeln für die Partitionen oder logischen Laufwerke gibt. Die Wurzeln tragen Namen wie »A:« oder »Z:«. Dynamisch eingebundene Laufwerke, die etwa unter Unix mit `mount` integriert werden, oder Wechselfestplatten werden mit berücksichtigt. Die Liste wird immer dann aufgebaut, wenn `listRoots()` aufgerufen wird. Komplizierter ist es, wenn entfernte Dateibäume mittels NFS oder SMB eingebunden sind, weil es dann nicht darauf ankommt, ob das zuständige Programm eine Verbindung noch aktiv hält oder nicht. Denn nach einer abgelaufenen Zeit ohne Zugriff wird das Verzeichnis wieder aus der Liste genommen. Dies ist aber wieder sehr plattformabhängig.

Beispiel

Gewünscht ist eine Liste der verfügbaren Wurzeln mit der Angabe, ob auf das Gerät eine Zugriffsmöglichkeit besteht. Ist unter Windows etwa ein Diskettenlaufwerk eingebunden, befindet sich aber keine Diskette im Schacht, dann ist das Gerät nicht bereit. Ein Diskettenlaufwerk taucht in der Liste auf, aber `exists()` liefert `false`.

Listing 6.29 com/tutego/insel/io/file/ListRoot.java, main()

```
for ( File root : File.listRoots() )
  System.out.println( root.getPath() + " ist " +
                      (root.exists() ? "" : "nicht ") + "bereit" );
```

Bei der Ausgabe mit `println(…)` entspricht `root.getPath()` einem `root.toString()`. Da aber nicht unbedingt klar ist, dass `toString()` auf `getPath()` verweist, schreiben wir `getPath()` direkt.

```
class java.io.File
implements Serializable, Comparable<File>
```

- `static File[] listRoots()`
  Liefert die verfügbaren Wurzeln der Dateisysteme oder `null`, falls keine Wurzeln festgestellt werden können. Jedes `File`-Objekt beschreibt eine Dateiwurzel. Es ist gewährleistet, dass alle kanonischen Pfadnamen mit einer der Wurzeln beginnen. Wurzeln, für die der `SecurityManager` den Zugriff verweigert, werden nicht aufgeführt. Das Feld ist leer, aber nicht `null`, falls es keine Dateisystem-Wurzeln gibt.

Namen der Laufwerke

Die Namen der Laufwerksbuchstaben sind ein wenig versteckt, denn eine Methode zum Erfragen ist nicht bei der Klasse `File` zu finden. Zwar liefert `listRoots()` schon einen passenden Anfang, um unter Windows die Laufwerke preiszugeben, aber die Namen liefert erst `getSystemDisplayName(File)` des `FileSystemView`-Objekts. Die Klasse gehört zu Swing und dort zum Dateiauswahldialog.

[»]

Beispiel

Zeige alle Laufwerksbuchstaben:

Listing 6.30 com/tutego/insel/io/file/SystemDisplayName.java. main()

```
FileSystemView view = FileSystemView.getFileSystemView();
for ( File f : File.listRoots() )
  System.out.println( view.getSystemDisplayName(f) );
```

Die Ausgabe ist bei mir:

```
WINDOWS (C:)
Daten (D:)
Share (S:)
```

```
abstract class javax.swing.filechooser.FileSystemView
```

- `static FileSystemView getFileSystemView()`
  Statische Fabrikmethode, die ein Exemplar von `FileSystemView` liefert.
- `boolean isDrive(File dir)`
- `boolean isFloppyDrive(File dir)`
- `boolean isComputerNode(File dir)`
  Ist `dir` ein Laufwerk/Wechsellaufwerk/Netzwerkknoten?

`FileSystemView` hält noch andere gute Methoden bereit, wie `getHomeDirectory()` oder `isTraversable(File)`.

Freier Plattenspeicher

Die Methoden `getFreeSpace()`, `getUsableSpace()` und `getTotalSpace()` ermitteln den freien Plattenspeichers:

Listing 6.31 com/tutego/insel/io/file/DiscSpace.java. main()

```
System.out.println( "Laufwerk  Total        Frei    Nutzbar" );
System.out.println( "-------------------------------------" );

for ( File dir : File.listRoots() )
  System.out.printf( "%s    %6d MB    %6d MB   %6d MB%n", dir,
                     dir.getTotalSpace() / (1024*1024),
                     dir.getFreeSpace() / (1024*1024),
                     dir.getUsableSpace() / (1024*1024) );
```

Die Ausgabe ist bei mir:

```
Drive    Total        Free    Usable
-----------------------------------
C:\    10001 MB    1467 MB   1467 MB
D:\    66283 MB   63477 MB  63477 MB
S:\    32145 MB    3194 MB   3194 MB
```


6.3.9 URL-, URI- und Path-Objekte aus einem File-Objekt ableiten *

Da es bei URL-Objekten recht häufig vorkommt, dass eine Datei die Basis ist, wurde die Methode toURI() in die Klasse File aufgenommen, über die sich mit toURL() ein URL-Objekt aufbauen lässt (eine Methode toURL() gibt es auch, nur ist diese veraltet).

```
File f = new File( "C:/Dokumente und Einstellungen/" );
URL u = f.toURL();          // veraltet!
System.out.println( u );    // file:/C:/Dokumente und Einstellungen/
u = f.toURI().toURL();
System.out.println( u );    // file:/C:/Dokumente%20und%20Einstellungen/
```

Da File-Objekte ebenfalls einen Pfad repräsentieren, kann das File-Objekt mit toPath() diesen Pfad vom Typ Path liefern. Umgekehrt liefert auf einem Path-Objekt die Methode toFile() wiederum ein File-Objekt.

```
class java.io.File
implements Serializable, Comparable<File>
```

- URI toURI()
  Liefert ein URI-Objekt vom File-Objekt, über das toURL() ein URL-Objekt generiert.
- Path toPath()
  Liefert den Pfadanteil als Path-Objekt.

6.3.10 Mit Locking Dateien sperren *

Damit eine Datei gegen konkurrierenden parallelen Zugriff geschützt ist, lässt sie sich über *Locking* absichern. Um einen Lock für Dateien zu erwerben, bietet die Java-API ein FileLock-Objekt. So ein FileLock bekommt ein Programm von der Methode lock() eines FileChannels – ein FileChannel wiederum kommt von getChannel(), einer Methode, die FileInputStream, FileOutputStream oder RandomAccessFile anbieten.

[»]

Beispiel

Öffne eine Datei, erzeuge exklusiven Zugriff, und schreibe Daten:

```
FileOutputStream fos = new FileOutputStream( file );
try ( FileLock fileLock = fos.getChannel().tryLock() ) {
  fos.write( … );
}
```

Hinweis: Die übliche Schreibweise `OutputStream fos` funktioniert natürlich nicht, da ein allgemeiner `OutputStream` keine `getChannel()`-Methode bietet.

Die `lock(…)`-Methode liefert als Ergebnis ein `FileLock`-Objekt. Das wiederum bietet einige Methoden, wobei für uns nur `release()` bzw. `close()` interessant sind, die den Lock wieder freigeben. `FileLock` implementiert die Schnittstelle `AutoCloseable`, sodass ein `FileLock` auch mit `try` mit Ressourcen verwendet werden kann, wie im Beispiel geschehen. Um zu testen, ob eine gegebene Datei gelockt ist, lässt sich `tryLock()` verwenden – etwa mit der folgenden statischen Hilfsmethode:

Listing 6.32 com/tutego/insel/io/file/FileUtils.java, isLocked()

```
public static boolean isLocked( String filename ) {
  try ( RandomAccessFile raf = new RandomAccessFile( filename, "rw" );
        FileLock lock = raf.getChannel().tryLock() ) {
    // Nothing to do here
  }
  catch ( IOException e ) {
    return false;
  }
  return true;
}
```

Die Methoden `tryLock(…)` und `lock(…)` liefern ein `FileLock`-Objekt, und diese Ressource muss immer korrekt geschlossen werden.

[+]

Hinweis

Unter Unix-Systemen gibt es kein eindeutig vorgeschriebenes Verfahren zum File-Locking,[8] sodass Oracle das Sperren bisher nur so umsetzt, dass zwei Java-Programme sich gegenseitig nicht in die Quere kommen, es aber sein kann, dass ein anderes Unix-Programm diesen Lock nicht respektiert. So kann unter Unix eine Datei von mehreren Seiten gelesen werden, selbst wenn ein Java-Programm sie aktuell beschreibt. Auch kann eine Datei auf dem Dateisystem gelöscht werden, selbst wenn das Java-Programm sie noch offen hält. Das Windows-Betriebssystem unterstützt hingegen Locks. Wenn ein Prozess keinen Lock auf die Datei besitzt, kann der Prozess sie auch nicht lesen.

8 Zum Beispiel mit dem Alleskönner `fcntl()` aus dem POSIX-Standard oder `flock()` von 4.2 BSD.

6.3.11 Sicherheitsprüfung *

Wir müssen uns der Tatsache bewusst sein, dass verschiedene Methoden eine `SecurityException` auslösen können, sofern ein Security-Manager die Dateioperationen überwacht. Security-Manager kommen beispielsweise bei Applets zum Zuge. Folgende Methoden sind Kandidaten für eine `SecurityException`: `exists()`, `canRead()`, `canWrite()`, `isDirectory()`, `lastModified()`, `length()`, `mkdir()`, `mkdirs()`, `list()`, `delete()` und `renameTo(File)`.

6.3.12 Zugriff auf SMB-Server mit jCIFS *

Microsoft Windows nutzt zur Datei- und Verzeichnisfreigabe, zur Freigabe von Druckern und Kommunikationsschnittstellen das Protokoll SMB (*Server Message Block*). Es ist weit verbreitet, und jede aktuelle Windows-Version lässt sich als Client und Server konfigurieren – gleichzeitig gibt es unter Unix das populäre Samba, einen SMB-Server unter Open Source, der von Andrew Tridgell und Kollegen entwickelt wurde.

Mithilfe der *jCIFS*-SMB-Bibliothek (*http://jcifs.samba.org/*) kann ein Java-Programm auf Datei- und Verzeichnisfreigaben zugreifen und Freigaben auflisten. jCIFS ist eine erweiterte Implementierung von CIFS und unterstützt Unicode, Batching, verschlüsselte Authentifizierung, Transactions, das *Remote Access Protocol* (RAP) und Weiteres. Die Bibliothek steht unter der LGPL.

Die Klassen `jcifs.smb.SmbFile`, `SmbFileInputStream` und `SmbFileOutputStream` verhalten sich ähnlich wie `java.io.File`, `FileInputStream` und `FileOutputStream`. Sie werden mit einem Dateipfad (URL) parametrisiert, der mit *smb://* beginnt. Um eine Datei zu beziehen, muss vorher der Server spezifiziert werden. Dazu dienen Eigenschaften wie WINS. Sie werden mit `Config.setProperty("wins", "IP-Adresse");` gesetzt.

Beispiel

Lies eine Datei aus, und kopiere sie um:

```
InputStream in =
  new SmbFileInputStream( "smb://user:passwd@host/c/My Documents/doc.txt" );
Path target = …
Files.copy( in, target );
```

6.4 Dateien mit wahlfreiem Zugriff

Dateien können auf zwei unterschiedliche Arten gelesen und modifiziert werden: zum einen über einen Datenstrom, der Bytes wie in einem Medien-Stream verarbeitet, zum anderen über *wahlfreien Zugriff* (engl. *random access*). Während der Datenstrom eine strenge Sequenz erzwingt, ist dies beim wahlfreien Zugriff egal, da innerhalb der Datei beliebig hin und her gesprungen werden kann und ein Dateizeiger verwaltet wird, den wir setzen können. Da wir es mit

Dateien zu tun haben, heißt das Ganze dann *Random Access File*, und die Klasse, die wahlfreien Zugriff anbietet, ist `java.io.RandomAccessFile`.

6.4.1 Ein RandomAccessFile zum Lesen und Schreiben öffnen

Die Klasse deklariert zwei Konstruktoren, um mit einem Dateinamen oder `File`-Objekt ein `RandomAccessFile`-Objekt anzulegen. Im Konstruktor bestimmt der zweite Parameter eine Zeichenkette für den Zugriffsmodus; damit lässt sich eine Datei lesend oder schreibend öffnen. Die Angabe vermeidet Fehler, da eine zum Lesen geöffnete Datei nicht versehentlich überschrieben werden kann.

Modus	Funktion
`r`	Die Datei wird zum Lesen geöffnet. Wenn sie nicht vorhanden ist, wird ein Fehler ausgelöst. Der Versuch, auf diese Datei schreibend zuzugreifen, wird mit einer Exception bestraft.
`rw`	Die Datei wird zum Lesen oder Schreiben geöffnet. Eine existierende Datei wird dabei geöffnet, und hinten können die Daten angehängt werden, ohne dass die Datei gelöscht wird. Existiert die Datei nicht, wird sie neu angelegt, und ihre Startgröße ist null. Soll die Datei gelöscht werden, so müssen wir dies ausdrücklich über `delete()` der `File`-Klasse selbst tun.

Tabelle 6.6 Zwei Modi für den Konstruktor von RandomAccessFile

Zusätzlich lässt sich bei `rw` noch ein `s` oder `d` anhängen; sie stehen für Möglichkeiten, beim Schreiben die Daten mit dem Dateisystem zu synchronisieren.

```
class java.io.RandomAccessFile
implements DataOutput, DataInput, Closeable
```

- `RandomAccessFile(String name, String mode) throws FileNotFoundException`
- `RandomAccessFile(File file, String mode) throws FileNotFoundException`
  Öffnet die Datei. Ob die Datei zum Lesen oder Schreiben vorbereitet ist, bestimmt der String `mode` mit gültigen Belegungen »r« oder »rw«. Ist der Modus falsch gesetzt, zeigt eine `IllegalArgumentException` dies an. Löst eine `FileNotFoundException`[9] aus, falls die Datei nicht geöffnet werden kann.
- `void close()`
  Schließt eine geöffnete Datei wieder.

9 Eingedeutscht »DöösIschNetDoo«.

6.4.2 Aus dem RandomAccessFile lesen

Um Daten aus einer mit einem `RandomAccessFile` verwalteten Datei zu bekommen, nutzen wir eine der `readXXX(…)`-Methoden. Sie lesen direkt das Byte-Feld aus der Datei oder mehrere Bytes, die zu einem primitiven Datentyp zusammengesetzt sind. `readChar()`etwa liest hintereinander 2 Byte und verknüpft diese zu einem `char`.

```
class java.io.RandomAccessFile
implements DataOutput, DataInput, Closeable
```


- `int read() throws IOException`
  Liest genau ein Byte und liefert es als `int` zurück.
- `int read(byte[] b) throws IOException`
  Liest `b.length()` viele Bytes und speichert sie im Feld `b`.
- `int read(byte[] b, int off, int len) throws IOException`
  Liest `len` Bytes aus der Datei und schreibt sie in das Feld `b` ab der Position `off`. Wurden mehr als ein, aber weniger als `len` Bytes gelesen, wird die gelesene Größe als Rückgabewert zurückgegeben.
- `final boolean readBoolean() throws IOException`
- `final byte readByte() throws IOException`
- `final short readShort() throws IOException`
- `final int readInt() throws IOException`
- `final long readLong() throws IOException`
- `final char readChar() throws IOException`
- `final double readDouble() throws IOException`
- `final float readFloat() throws IOException`
  Liest einen primitiven Datentyp.
- `final int readUnsignedByte() throws IOException`
  Liest ein als vorzeichenlos interpretiertes Byte.
- `final int readUnsignedShort() throws IOException`
  Liest zwei als vorzeichenlos interpretierte Bytes.
- `final void readFully(byte[] b) throws IOException`
  Versucht, den gesamten Puffer `b` zu füllen.
- `final void readFully(byte[] b, int off, int len) throws IOException`
  Liest `len` Bytes und speichert sie im Puffer `b` ab dem Index `off`.

Zum Schluss bleiben zwei Methoden, die eine Zeichenkette liefern:

- `final String readLine() throws IOException`
  Liest eine Textzeile, die das Zeilenendezeichen `\r` oder `\n` bzw. eine Kombination `\r\n` abschließt. Die letzte Zeile muss nicht so abgeschlossen sein, denn ein Dateiende zählt als Zei-

lenende. `readLine()` interpretiert die Zeichen nicht als Unicode, sondern übernimmt die Zeichen einfach als ASCII-Bytes. (Ohne die Konvertierung verschiedener Codepages, etwa von einer Datei in einem ungewohnten IBM-Format, liest `readLine()` nicht die korrekten entsprechenden Unicode-Zeilen heraus. Diese Byte-in-Char-Umwandlung müsste manuell vorgenommen werden.) Auch weil `RandomAccessFile` nicht puffert, bietet sich aus Geschwindigkeitsgründen eine zeilenweise Verarbeitung von ASCII-Dateien über `readLine()` nicht an, und die passende Klasse `Scanner` oder `BufferedReader` sollte Verwendung finden.

- `final String readUTF()`
  Liest einen modifizierten UTF-kodierten String und gibt einen Unicode-String zurück. Ein UTF-String fasst entweder 1, 2 oder 3 Byte zu einem Unicode-Zeichen zusammen. Der übernächste Abschnitt erklärt die Kodierung genauer.

Rückgabe –1 und EOFException *

Die Methoden liefern nicht alle einen Fehler, wenn die Datei schon fertig abgearbeitet wurde und keine Daten mehr anliegen. Im Fall von `int read()`, `int read(byte[])` oder `int read(byte[], int, int)` gibt es einfach den Rückgabewert –1 und keine Exception. Ähnliches gilt für `readLine()`. Die Methode liefert `null` am Dateiende. Für die anderen Lesemethoden gilt, dass sie eine bestimmte Anzahl Bytes erzwingen, etwa `readLong()` 8 oder auch nur 1 Byte für `readByte()`, sodass im Fall eines Dateiendes eine `EOFException` folgt. Bis auf wenige Ausnahmen gibt es kaum weitere Einsatzgebiete von `EOFException` in der Java-Bibliothek.

Die UTF-8-Kodierung *

`writeUTF(String)` und `readUTF()` sind zwei Operationen, die die Schnittstellen `DataOutput` und `DataInput` vorschreiben. Neben `RandomAccessFile` implementiert `DataOutputStream` die Schnittstelle `DataOutput` und `DataInputStream` die Schnittstelle `DataInput`.

Java verwaltet Unicode-Zeichen über den Datentyp `char`, der (immer noch[10]) 16 Bit lang ist. In unseren Breiten stammen die meisten Zeichen aus den herkömmlichen 8 Bit des Latin-1-Zeichensatzes. Würden die Zeichen als Unicode (also 2 Byte) versendet, bestände der 16-Bit-Datenstrom im Wesentlichen zur Hälfte aus Nullen. Aus diesem Grund gibt es eine alternative Kodierung, die jedes 16-Bit-Unicode-Zeichen platzsparend schreibt und in Abhängigkeit von der Belegung 1, 2 oder 3 Byte lang ist. Die Kodierung der Zeichen richtet sich nach der Belegung der Bits wie folgt:

- `'\u0001'` bis `'\u007F'`: Die Zeichen werden direkt mit einem Byte geschrieben. Die westlichen Texte, die zum Großteil in 7-Bit-ASCII verfasst sind, lassen sich somit kompakt schreiben.
- `'\u0080'` bis `'\u07FF'`: Die Zeichen werden mit 2 Byte kodiert.
- `'\u0800'` bis `'\uFFFF'`: Die Zeichen werden mit 3 Byte kodiert.

10 Eine Anspielung, da Java seit Version 5 Unicode 4 mit 32-Bit-Zeichen unterstützt und wir für die Umsetzung erheblich tricksen müssen.

Die Kodierung, die Java wählt, ist an UTF-8 angelehnt und wird im Folgenden einfach *UTF-8-Kodierung* genannt. Das modifizierte UTF-8-Format[11] von Java kodiert etwa – anders als es der Unicode-Standard im Kapitel »Unicode Encoding Forms« beschreibt – das Zeichen `'\u0000'` in 2 Byte, was laut Unicode-Standard in einem Byte geschrieben würde.

[+]

Hinweis

Würden die Zeichenfolgen lediglich mit der vorgestellten Kodierung geschrieben, wüsste der Zeichenleser nicht, wann das Ende der Zeichenfolge erreicht ist. Daher beginnt `writeUTF(String)` mit einer Längenkennung. Zum Lesen von Zeilen ist `readUTF()` von Vorteil, denn `readLine()` führt keine korrekte Unicode-Konvertierung durch.

6.4.3 Schreiben mit RandomAccessFile

Da `RandomAccessFile` die Schnittstellen `DataOutput` und `DataInput` implementiert, werden zum einen die `readXXX(…)`-Methoden, wie bisher vorgestellt, implementiert und zum anderen eine Reihe von Schreibmethoden der Form `writeXXX(…)`. Diese sind analog zu den Lesemethoden:

- `write(byte[] b)`
- `write(int b)`
- `write(byte[] b, int off, int len)`
- `writeBoolean(boolean v)`
- `writeByte(int v)`
- `writeBytes(String s)`
- `writeChar(int v)`
- `writeChars(String s)`
- `writeDouble(double v)`
- `writeFloat(float v)`
- `writeInt(int v)`
- `writeLong(long v)`
- `writeShort(int v)`
- `writeUTF(String str)`

Der Rückgabetyp ist `void`, und die Methoden können eine `IOException` auslösen.

6.4.4 Die Länge des RandomAccessFile

Mit zwei Methoden greifen wir auf die Länge der Datei zu: einmal schreibend (verändernd) und einmal lesend.

11 *http://tutego.de/go/modifiedutf8*

```
class java.io.RandomAccessFile
implements DataOutput, DataInput, Closeable
```

- `void setLength(long newLength) throws IOException`
  Setzt die Größe der Datei auf `newLength`. Ist die Datei kleiner als `newLength`, wird sie mit unbestimmten Daten vergrößert; wenn die Datei größer war als die zu setzende Länge, wird die Datei abgeschnitten. Dies bedeutet, dass der Dateiinhalt mit `setLength(0)` leicht zu löschen ist.
- `long length() throws IOException`
  Liefert die Länge der Datei. Schreibzugriffe erhöhen den Wert, und `setLength()` modifiziert ebenfalls die Länge.

6.4.5 Hin und her in der Datei

Die bisherigen Lesemethoden setzen den Datenzeiger automatisch eine Position weiter. Wir können den Datenzeiger jedoch auch manuell an eine selbst gewählte Stelle setzen und damit durch die Datei navigieren.

[»]

Beispiel

Erzeuge eine Datei, und setze an die Stelle 1.000 das Byte 0xFF:

Listing 6.33 com/tutego/insel/io/raf/CreateBigFile.java, main()

```
try ( RandomAccessFile file = new RandomAccessFile("c:/test.bin", "rw" ) ) {
  file.seek( 999 );
  file.write( -1 );
}
```

Da `skipBytes(int)` den Dateizeiger nicht »hinter« die Datei stellen kann, funktioniert die Lösung nur mit `seek(long)`.

Die nachfolgenden Lese- oder Schreibzugriffe setzen dann dort an. Die im Folgenden beschriebenen Methoden haben etwas mit diesem Dateizeiger und seiner Position zu tun:

```
class java.io.RandomAccessFile
implements DataOutput, DataInput, Closeable
```

- `long getFilePointer() throws IOException`
  Liefert die momentane Position des Dateizeigers. Das erste Byte steht an der Stelle null.
- `void seek(long pos) throws IOException`
  Setzt die Position des Dateizeigers auf `pos`. Diese Angabe ist absolut und kann daher nicht negativ sein. Falls doch, wird eine Ausnahme ausgelöst. `file.seek(file.length());` setzt den Zeiger auf das Ende der Datei.

- int skipBytes(int n) throws IOException
  Im Gegensatz zu seek() positioniert skipBytes() relativ. n ist die Anzahl, um die der Dateizeiger bewegt wird. Ist n negativ, werden keine Bytes übersprungen. Eine relative Positionierung mit positivem und negativem n für ein RandomAccessFile raf erreicht raf.seek(raf.getFilePointer() + n). Die Summe darf aber nicht negativ sein, sonst gibt es von seek() eine IOException. Die Rückgabe gibt die tatsächlich gesprungenen Bytes zurück, was nicht mit n identisch sein muss! Es ist schon interessant, dass seek(long) mit long parametrisiert wird, skipBytes(int) aber nur mit int.

Setzt seek(long) den Zeiger weiter, als es möglich ist, wird die Datei dadurch nicht automatisch größer. Sie verändert jedoch ihre Größe, wenn Daten geschrieben werden.

6.5 Wahlfreier Zugriff mit SeekableByteChannel und ByteBuffer *

Für den wahlfreien Zugriff auf Bytes in Dateien bietet Java seit Version 1.0 die Klasse RandomAccessFile. Eine moderne Alternative für wahlfreie Ein-/Ausgabe bietet SeekableByteChannel. Der Typ steht für einen so genannten Channel; diese repräsentieren eine offene Verbindung mit einem Datenkanal. Mit einem Path ist so ein SeekableByteChannel leicht erfragt, und dann lässt sich ein Dateizeiger positionieren und lassen sich Daten lesen und schreiben. Gegenüber RandomAccessFile ist wegen einer hardwarenahen Implementierung eine bessere Geschwindigkeit möglich, sonst bietet ein SeekableByteChannel keine großartigen Vorzüge, er ist sogar etwas umständlicher in der Nutzung.

6.5.1 SeekableByteChannel

Der SeekableByteChannel deklariert Operationen zum Lesen und Schreiben von Daten und zur Positionierung des Dateizeigers.

```
interface java.nio.channels.SeekableByteChannel
extends ByteChannel
```

- int read(ByteBuffer dst) throws IOException
- int write(ByteBuffer src) throws IOException
- long size() throws IOException
- long position() throws IOException
- SeekableByteChannel position(long newPosition) throws IOException
- SeekableByteChannel truncate(long size) throws IOException

Die Methoden close() und isOpen() kommen aus Channel hinzu.

Es fällt auf, und das ist einer der großen Unterschiede zu RandomAccessFile, dass SeekableByteChannel kein byte-Feld oder einzelne Bytes liest oder schreibt, sondern mit ByteBuffer einen ganz eigenen Typ erwartet.

6.5.2 ByteBuffer

Ein `ByteBuffer` ist einem Byte-Feld sehr ähnlich; seine maximale Größe wird vorher festgelegt und kann später nicht dynamisch wachsen. Ist ein `ByteBuffer` angelegt, so können über einen Index die einzelnen Bytes gelesen und geschrieben werden, zum Beispiel mit `byte get()` oder `put(byte)` relativ zur letzten Position – oder mit `byte get(int index)` und `put(int index, byte b)` absolut. Der wirkliche Unterschied ist aber, dass Java zwei verschiedene Arten von `ByteBuffer`-Implementierungen bietet (`ByteBuffer` ist eine abstrakte Klasse):

- *Nicht direkte* `ByteBuffer` sind wie `byte[]`-Felder, also Java-Objekte, die auf dem Heap Platz einnehmen.
- Bei einem *direkten* `ByteBuffer` versucht Java, einen Speicherbereich vom Betriebssystem zu bekommen. Während die nicht direkten `ByteBuffer` und `byte`-Arrays auf dem Heap leben und der normalen automatischen Speicherbereinigung unterworfen sind, sollten die direkten `ByteBuffer` vom Betriebssystem verwaltet werden. Im Idealfall sind dadurch hohe Ein-/Ausgabegeschwindigkeiten möglich, denn mit direkten `ByteBuffer`n kann sich das Betriebssystem Kopieroperationen zwischen nativen internen Puffern und Java-Puffern sparen.

Die Methoden auf direkten oder nicht direkten `ByteBuffer`n sind identisch. Insbesondere gilt das für das Speichern aller Pufferzustände: die Position, ein Limit und eine Kapazität. Diesen Eigenschaften wollen wir aber in der Insel nicht nachgehen.

6.5.3 Beispiel mit Path + SeekableByteChannel + ByteBuffer

Das folgende Beispiel fasst alles zusammen: Von einem `Path` wird über `newByteChannel` ein `SeekableByteChannel` erfragt. Anschließend leiten wir aus einer Zeichenkette über das `byte[]` einen nicht direkten `ByteBuffer` ab und schreiben diesen in den `SeekableByteChannel`, sodass später die Datei *Kurt Cobain.txt* einen ASCII-Text enthält.

Listing 6.34 com/tutego/insel/nio2/SeekableByteChannelDemo.java, main()

```
try ( SeekableByteChannel raf = Files.newByteChannel( Paths.get("Kurt Cobain.txt"),
                                                      StandardOpenOption.CREATE,
                                                      StandardOpenOption.WRITE ) ) {
  String s = "Drugs are bad for you. ";
  ByteBuffer byteBuffer = ByteBuffer.wrap( s.getBytes() );
  raf.write( byteBuffer );
  raf.write( ByteBuffer.wrap( "They will f*ck you up.".getBytes() ) );
  raf.position( 34 );
  raf.write( ByteBuffer.wrap( new byte[]{'u'} ) );
}
```

Das Beispiel zeigt, dass mit `ByteBuffer.wrap(byte[])` aus dem Byte-Feld des Strings ein nicht direkter Buffer angelegt wird, den `write(ByteBuffer)` dann in den Kanal schreibt.

	0001	0203	0405	0607	0809	0A0B	0C0D	0E0F	1011	1213	1415	16	0123456789ABCDEF0123456
00	4472	7567	7320	6172	6520	6261	6420	666F	7220	796F	752E	20	Drugs are bad for you.
17	5468	6579	2077	696C	6C20	6675	636B	2079	6F75	2075	702E		They will fuck you up.

Abbildung 6.11 Die Datei im Hex-Editor

Nur zum Testen schreiben wir ASCII-Zeichen, was aber im »echten Leben« eher nicht der Fall sein wird, denn wir müssen hier die korrekten Zeichenkodierungen beachten. Auch für sequenzielle Schreiboperationen ist der `SeekableByteChannel` eher weniger komfortabel – dennoch ist der Einsatz von Kanälen nicht per se falsch. Im nächsten Kapitel werden die Ströme vorgestellt, mit denen das Schreiben, insbesondere von Textdokumenten, viel einfacher wird.

6.5.4 FileChannel

Die Schnittstelle `SeekableByteChannel` gibt Operationen an, um die aktuelle Position auszulesen und den Positionszeiger neu zu setzen und über `ByteBuffer` Bytes und Bytefolgen zu lesen und zu schreiben. `SeekableByteChannel` ist dabei nicht an Dateien gebunden und enthält keine Informationen zu Dateipfaden oder sonstigen tiefer liegenden Schichten. Und da `Path` grundsätzlich ein Pfad auf alles Mögliche sein kann, etwa auf ein BLOB in der Datenbank, liefert `newByteChannel(…)` eine Rückgabe mindestens von Typ `SeekableByteChannel` – und damit erst einmal keine Möglichkeiten, um dateispezifische Operationen vorzunehmen.

Wird allerdings `newByteChannel(…)` auf einem Pfad aufgerufen, der eine Datei vom Dateisystem repräsentiert, so ist die Rückgabe nicht einfach nur ein `SeekableByteChannel`, sondern der Untertyp `FileChannel`.[12] Ein Typecast ist daher möglich:

```
Path p = Paths.get( "Kurt Cobain.txt" );
FileChannel channel = (FileChannel) Files.newByteChannel( p, options );
```

Da `FileChannel` die Schnittstelle `SeekableByteChannel` implementiert, bietet natürlich `FileChannel` alle Methoden zum Lesen, Schreiben und Positionieren. Zusätzlich bietet `FileChannel` aber Methoden, die explizit an Dateien gebunden sind. Drei Methoden fallen sofort auf:

- `lock(…)`: Sperrt die Datei (oder Dateiteile) für andere, soweit es das Betriebssystem unterstützt.
- `force(…)`: Updates werden sofort materialisiert, das heißt auf das Dateisystem übertragen.
- `map(…)`: Blendet die Datei, oder einen Teil der Datei, in den Speicher ein.

Die Methode `map(FileChannel.MapMode, long, long)` ist besonders interessant. Damit kann ein `FileChannel` auf einen `ByteBuffer` abgebildet werden, sodass unsere Lese-/Schreiboperationen auf dem `ByteBuffer` direkt aus der Datei kommen oder direkt in die Datei gehen. Das Betriebssystem versucht sein Bestes, die Operationen zu optimieren und geeignete Blöcke der Datei in den Speicher zu laden. Java und das Betriebssystem kooperieren also eng, um die Operationen so

12 Den Typ `FileChannel` gibt es in Java schon länger, nämlich seit Java 1.4. Und vor Java 7 lieferten die Methoden `getChannel()` von `FileInputStream`, `FileOutputStream` und `RandomAccessFile` den `FileChannel`.

schnell wie möglich und mit wenigen Kopieroperationen zwischen den internen Puffern des Dateisystems und den Java-Puffern durchzuführen.

Das folgende Beispiel bezieht im ersten Schritt über `newByteChannel(…)` den `FileChannel`. Anschließend bildet die Methode `map(…)` die gesamte Datei auf einen `MappedByteBuffer` ab, der ein `ByteBuffer` ist, wie wir ihn im letzten Beispiel schon kennengelernt haben. Wir könnten nun Methoden auf dem `ByteBuffer` aufrufen und die Bytes auslesen, doch hier gehen wir etwas anders vor: Die Bytes des `ByteBuffer` konvertiert ein `CharsetDecoder` von ASCII in Java-Unicode; das Ergebnis ist ein `CharBuffer`. Den `CharBuffer` laufen wir ab und geben die Zeichen auf der Konsole aus:

Listing 6.35 com/tutego/insel/nio2/FileChannelDemo.java, main()

```
Path p = Paths.get( "Kurt Cobain.txt" );
try ( FileChannel fileChannel = (FileChannel) Files.newByteChannel( p,
                                              StandardOpenOption.READ ) ) {
  ByteBuffer byteBuffer = fileChannel.map( FileChannel.MapMode.READ_ONLY, 0,
                                           fileChannel.size() );

  CharsetDecoder decoder = StandardCharsets.ISO_8859_1.newDecoder();
  CharBuffer charBuffer = decoder.decode( byteBuffer );

  while ( charBuffer.hasRemaining() )
    System.out.print( charBuffer.get() );
}
```

Beim `FileChannel` gilt das Gleiche wie beim `SeekableByteChannel`. Sequenzieller Lese- oder Schreibzugriff wird am einfachsten über die Stromklassen realisiert. Sie werden im folgenden Kapitel vorgestellt.

6.6 Zum Weiterlesen

Während dieses Kapitel die Dateiklassen von NIO.2 ausführlich darstellt, sind die übrigen Fähigkeiten von NIO und NIO.2 sehr speziell und im Allgemeinen nur für diejenigen interessant, die hochperformante Client-Server-Anwendungen schreiben wollen und sich nicht auf ein Framework verlassen können – diese Zielgruppe ist sehr klein. Leser, die gerne über NIO genauer Bescheid wissen wollen, finden viele Detailinformationen, auch zur performanten NON-Blocking-IO bei Netzwerkzugriffen, im Standardbuch (es gibt kein anderes NIO-Buch) »Java NIO« von Ron Hitchens, O'Reilly Media, ISBN 978-0-596-00288-6 aus dem Jahr 2002. NIO.2 ist noch zu neu, daher geht das Buch nicht darauf ein.

Kapitel 7
Datenströme

»Wer zur Quelle will, muss gegen den Strom schwimmen.«
– Danny Kaye (1913–1987)

7

Um an die Information einer Datei oder an andere Ressourcen zu gelangen, müssen wir den Inhalt auslesen können. Das geht für Dateien mit einer Klasse wie `RandomAccessFile`, allerdings funktioniert so etwas nicht bei Daten, die etwa aus dem Internet kommen, denn hier gibt es keinen wahlfreien Zugriff. Hier rückt ein anderes Konzept in den Mittelpunkt: der *Datenstrom* (engl. *stream*). Dieser entsteht beim Fluss der Daten von der Eingabe über die Verarbeitung hin zur Ausgabe. Mittels Datenströmen können Daten sehr elegant bewegt werden; ein Programm ohne Datenfluss ist eigentlich undenkbar. Die Eingabeströme (engl. *input streams*) sind zum Beispiel Daten der Tastatur oder vom Netzwerk; über die Ausgabeströme (engl. *output streams*) fließen die Daten in ein Ausgabemedium, beispielsweise in den Drucker oder in eine Datei. Die Kommunikation der Threads erfolgt über Pipes.

In Java sind über 30 Klassen zur Verarbeitung der Datenströme vorgesehen. Da die Datenströme an kein spezielles Ein- oder Ausgabeobjekt gebunden sind, können sie beliebig miteinander gemischt werden. Dies ist mit dem elektrischen Strom vergleichbar: Es gibt mehrere Stromlieferanten (Solarkraftwerke, Nutzung geothermischer Energie, Umwandlung von Meereswärmeenergie [OTEC]) und mehrere Verbraucher (Wärmedecke, Mikrowelle), die die Energie wieder umsetzen.

7.1 Stream-Klassen für Bytes und Zeichen

Unterschiedliche Klassen zum Lesen und Schreiben von Binär- und Zeichendaten sammeln sich im Paket `java.io`. Für die byteorientierte Verarbeitung, etwa von PDF- oder MP3-Dateien, gibt es andere Klassen als für Textdokumente, zum Beispiel HTML oder Konfigurationsdateien. Binär- von Zeichendaten zu trennen ist sinnvoll, da zum Beispiel beim Einlesen von Textdateien diese immer in Unicode konvertiert werden müssen, da Java intern alle Zeichen in Unicode kodiert.

Die vier Basisklassen sind:

- die zeichenorientierten Klassen `Reader` und `Writer`
- die byteorientierten Klassen `InputStream` und `OutputStream`

Zusammen wollen wir sie *Stromklassen* nennen. Hier in den Klassen sind die zu erwartenden Methoden wie `read(…)` und `write(…)` zu finden.

7.1.1 Lesen aus Dateien und Schreiben in Dateien

Um Daten aus Dateien lesen oder sie schreiben zu können, ist eine Stromklasse nötig, die es schafft, die Operationen von `Reader`, `Writer`, `InputStream` und `OutputStream` auf Dateien abzubilden. Um an solche Implementierungen zu kommen, gibt es drei verschiedene Ansätze:

- Die Utility-Klasse `Files` bietet vier `newXXX(…)`-Methoden, um Lese-/Schreib-Datenströme für zeichen- und byteorientierte Dateien zu bekommen.
- Ein `Class`-Objekt bietet `getResourceAsStream(…)` und liefert einen `InputStream`, um Bytes aus Dateien im Klassenpfad zu lesen. Zum Schreiben gibt es nichts Vergleichbares. Falls Unicode-Zeichen gelesen werden sollen, muss der `InputStream` in einen `Reader` konvertiert werden.
- Die speziellen Klassen `FileInputStream`, `FileReader`, `FileOutputStream`, `FileWriter` sind Stromklassen, die `read(…)`/`write(…)`-Methoden auf Dateien abbilden.

Jede der Varianten hat Vor- und Nachteile. Wir wollen die einzelnen Möglichkeiten nun kennenlernen und voneinander abgrenzen.

7.1.2 Byteorientierte Datenströme über Files beziehen

Die `Files`-Klasse bietet Methoden, die direkt den Eingabe-/Ausgabestrom liefern. Beginnen wir mit den byteorientierten Stream-Klassen:

```
final abstract java.nio.file.Files
```

- `static OutputStream newOutputStream(Path path, OpenOption... options) throws IOException`
  Legt eine Datei an und liefert den Ausgabestrom auf die Datei.
- `static InputStream newInputStream(Path path, OpenOption... options) throws IOException`
  Öffnet die Datei und liefert einen Eingabestrom zum Lesen.

Da die `OpenOption` ein Vararg ist und somit weggelassen werden kann, ist der Programmcode kurz. (Er wäre noch kürzer ohne die korrekte Fehlerbehandlung …)

Beispiel: Eine kleine PPM-Grafikdatei schreiben

Das PPM-Format ist ein einfaches Grafikformat. Es beginnt mit einem Identifizierer, dann folgen die Ausmaße und schließlich die ARGB-Werte für die Pixelfarben.

Listing 7.1 com/tutego/insel/stream/WriteTinyPPM.java, main()

```
try ( OutputStream out = Files.newOutputStream( Paths.get( "littlepic.ppm" ) ) ) {
  out.write( "P3 1 1 255 255 0 0".getBytes( StandardCharsets.ISO_8859_1 ) );
}
```

```
catch ( IOException e ) {
  e.printStackTrace();
}
```

7.1.3 Zeichenorientierte Datenströme über Files beziehen

Neben den statischen Files-Methoden newOutputStream(…) und newInputStream(…) gibt es zwei Methoden, die zeichenorientierte Ströme liefern, also Reader/Writer:


```
final abstract java.nio.file.Files
```

- static BufferedReader newBufferedReader(Path path, Charset cs)
  throws IOException
- static BufferedWriter newBufferedWriter(Path path, Charset cs, OpenOption... options)
  throws IOException
  Liefert einen Unicode-Zeichen lesenden Ein-/Ausgabestrom. Das Charset-Objekt bestimmt, in welcher Zeichenkodierung sich die Texte befinden, damit sie korrekt in Unicode konvertiert werden.
- static BufferedReader newBufferedReader(Path path)
  throws IOException
  Entspricht newBufferedReader(path, StandardCharsets.UTF_8). Neu in Java 8.
- static BufferedWriter newBufferedWriter(Path path, OpenOption... options)
  throws IOException
  Entspricht Files.newBufferedWriter(path, StandardCharsets.UTF_8, options). Neu in Java 8.

BufferedReader und BufferedWriter sind Unterklassen von Reader/Writer, die zum Zwecke der Optimierung Dateien im internen Puffer zwischenspeichern.

newBufferedWriter(…)

Die Rückgabe von newBufferedWriter(…) ist ein BufferedWriter, eine Unterklasse von Writer. Jeder Writer hat Methoden wie write(String), die Zeichenketten in den Strom schreiben. Die Methode soll das nächste Beispiel nutzen:

Listing 7.2 com/tutego/insel/stream/NewBufferedWriterDemo.java, main()

```
try ( Writer out = Files.newBufferedWriter( Paths.get( "out.bak.txt" ),
                                            StandardCharsets.ISO_8859_1 ) ) {
  out.write( "Zwei Jäger treffen sich ..." );
  out.write( System.lineSeparator() );
}
catch ( IOException e ) {
  e.printStackTrace();
}
```

newBufferedReader()

Der BufferedReader bietet neben den einfachen geerbten Lesemethoden der Oberklasse Reader zwei weitere praktische Methoden:

- String readLine(): Liest eine Zeile und liefert am Ende null, wenn die letzte Zeile erreicht wurde.
- Stream<String> lines(): Liefert einen Stream von Strings. Neu in Java 8.

So einfach ist ein Programm formuliert, welches alle Zeilen einer Datei abläuft:

Listing 7.3 com/tutego/insel/stream/NewBufferedReaderDemo.java, main()

```
try ( BufferedReader in = Files.newBufferedReader( Paths.get( "lyrics.txt" ),
                                                   StandardCharsets.ISO_8859_1 ) ) {
 for ( String line; (line = in.readLine()) != null; )
  System.out.println( line );
}
catch ( IOException e ) {
  e.printStackTrace();
}
```

[»]

Beispiel

Mit der Stream-API sieht es ähnlich aus; kurz skizziert:

```
try ( BufferedReader in = Files.newBufferedReader( … ) ) {
  in.lines().forEach( System.out::println );
}
```

Falls es beim Lesen über den Stream zu einem Fehler kommt, wird eine RuntimeException vom Typ UncheckedIOException ausgelöst.

7.1.4 Funktion von OpenOption bei den Files.newXXX(…)-Methoden

Sofern eine Datei schon existiert, wird sie beim Schreibe-Öffnen überschrieben; existiert sie nicht, wird sie neu angelegt. Diese Standardoption ist aber ein wenig zu einschränkend, und daher beschreibt OpenOption Zusatzoptionen. OpenOption ist eine Schnittstelle, die von den Aufzählungen LinkOption und StandardOpenOption realisiert wird.

OpenOption	Beschreibung
java.nio.file.StandardOpenOption	
READ	Öffnen für Lesezugriff
WRITE	Öffnen für Schreibzugriff

Tabelle 7.1 Konstanten aus StandardOpenOption und LinkOption

OpenOption	Beschreibung
APPEND	Neue Daten kommen an das Ende. Atomar bei parallelen Schreiboperationen
TRUNCATE_EXISTING	Für Schreiber: Existiert die Datei, wird die Länge vorher auf 0 gesetzt.
CREATE	Legt Datei an, falls sie noch nicht existiert.
CREATE_NEW	Legt Datei nur an, falls sie vorher noch nicht existierte.
DELETE_ON_CLOSE	Die Java-Bibliothek versucht, die Datei zu löschen, wenn sie geschlossen wird.
SPARSE	Hinweis für das Dateisystem, die Datei kompakt zu speichern, da sie aus vielen Null-Bytes besteht
SYNC	Jeder Schreibzugriff und jedes Update der Metadaten soll sofort zum Dateisystem.
DSYNC	Jeder Schreibzugriff soll sofort zum Dateisystem.
java.nio.file.LinkOption	
NOFOLLOW_LINKS	Symbolischen Links wird nicht gefolgt.

Tabelle 7.1 Konstanten aus StandardOpenOption und LinkOption (Forts.)

Die Option CREATE_NEW kann nur funktionieren, wenn die Datei noch nicht vorhanden ist. Das zeigt anschaulich das folgende Beispiel:

Listing 7.4 com/tutego/insel/nio2/StandardOpenOptionCreateNewDemo.java, main()

```
Files.deleteIfExists( Paths.get( "opa.herbert.tmp" ) );
Files.newOutputStream( Paths.get( "opa.herbert.tmp" ) ).close();
Files.newOutputStream( Paths.get( "opa.herbert.tmp" ) ).close();
Files.newOutputStream( Paths.get( "opa.herbert.tmp" ),
                       StandardOpenOption.CREATE_NEW ).close();
```

Hier führt die letzte Zeile zu einer »java.nio.file.FileAlreadyExistsException: opa.herbert.tmp«.

Die Option DELETE_ON_CLOSE ist für temporäre Dateien nützlich. Das folgende Beispiel verdeutlicht die Arbeitsweise:

Listing 7.5 com/tutego/insel/nio2/StandardOpenOptionDeleteOnCloseDemo.java, main()

```
Path path = Paths.get( "opa.herbert.tmp" );

Files.deleteIfExists( path );
System.out.println( Files.exists( path ) );    // false
```

```
Files.newOutputStream( path ).close();
System.out.println( Files.exists( path ) );   // true

Files.newOutputStream( path, StandardOpenOption.DELETE_ON_CLOSE,
                             StandardOpenOption.SYNC ).close();
System.out.println( Files.exists( path ) );   // false
```

Im letzten Fall wird die Datei angelegt, ein Datenstrom geholt und gleich wieder geschlossen. Wegen `StandardOpenOption.DELETE_ON_CLOSE` wird Java die Datei von sich aus löschen, was `Files.exists(Path, LinkOption...)` belegt.

7.1.5 Ressourcen aus dem Klassenpfad und aus JAR-Archiven laden

Um Ressourcen wie Grafiken oder Konfigurationsdateien aus JAR-Archiven zu laden, gibt es eine Methode am `Class`-Objekt: `getResourceAsStream(String)`:

```
final class java.lang.Class<T>
implements Serializable, GenericDeclaration, Type, AnnotatedElement
```

- `InputStream getResourceAsStream(String name)`
  Gibt einen Eingabestrom auf die Datei mit dem Namen `name` zurück oder `null`, falls es keine Ressource mit dem Namen im Klassenpfad gibt.

Da der Klassenlader die Ressource findet, entdeckt er alle Dateien, die im Pfad des Klassenladers eingetragen sind. Das gilt auch für JAR-Archive, weil dort vom Klassenlader alles verfügbar ist. Die Methode `getResourceAsStream(String)` liefert auch `null`, wenn die Sicherheitsrichtlinien das Lesen verbieten. Da die Methode keine Ausnahme auslöst, muss auf jeden Fall getestet werden, ob die Rückgabe ungleich `null` war.

Das folgende Programm liest ein Byte ein und gibt es auf dem Bildschirm aus:

Listing 7.6 com/tutego/insel/io/stream/GetResourceAsStreamDemo.java

```
package com.tutego.insel.io.stream;

import java.io.*;
import java.util.Objects;

public class GetResourceAsStreamDemo {

  public static void main( String[] args ) {
    String filename = "onebyte.txt";
    try ( InputStream is = Objects.requireNonNull(
            GetResourceAsStreamDemo.class.getResourceAsStream( filename ),
```

```
          "Datei gibt es nicht!" ) ) {
      System.out.println( is.read() );  // 49
    }
    catch ( IOException e ) {
      e.printStackTrace();
    }
  }
}
```


Die Datei *onebyte.txt* befindet sich im gleichen Pfad wie auch die Klasse, sie liegt also in *com/tutego/insel/io/stream/onebyte.txt*. Liegt sie zum Beispiel im Wurzelverzeichnis des Pakets, muss sie mit "/onebyte.txt" angegeben werden. Liegen die Ressourcen außerhalb des Klassenpfades, können sie nicht gelesen werden. Der große Vorteil ist aber, dass die Methode alle Ressourcen anzapfen kann, die über den Klassenlader zugänglich sind, und das ist insbesondere der Fall, wenn die Dateien aus JAR-Archiven kommen – hier gibt es keinen üblichen Pfad im Dateisystem, der hört in der Regel beim JAR-Archiv selbst auf.

Zum Nutzen der getResourceAsStream(String)-Methoden ist ein Class-Objekt nötig, das wir in unserem Fall über *Klassenname*.class besorgen. Das ist nötig, weil unser main(String[]) statisch ist. Andernfalls kann innerhalb von Objektmethoden auch getClass() eingesetzt werden, eine Methode, die jede Klasse aus der Basisklasse java.lang.Object erbt.

7.1.6 Die Schnittstellen Closeable, AutoCloseable und Flushable

Zwei besondere Schnittstellen, Closeable und Flushable, schreiben Methoden vor, die alle Ressourcen implementieren, die geschlossen und/oder Daten aus einem internen Puffer herausschreiben sollen.

Closeable

Closeable wird von allen lesenden und schreibenden Datenstromklassen implementiert, die geschlossen werden können. Das sind alle Reader/Writer- und InputStream/OutputStream-Klassen und weitere Klassen wie Socket.

```
interface java.io.Closeable
extends AutoClosable
```

- void close() throws IOException
  Schließt den Datenstrom. Einen geschlossenen Strom noch einmal zu schließen, hat keine Konsequenz.

Die Schnittstelle Closeable erweitert java.**lang**.AutoCloseable, sodass alles, was Closeable implementiert, damit vom Typ AutoCloseable ist und als Variable bei einem try mit Ressorcen verwendet werden kann.

```
interface java.lang.AutoClosable
```

- `void close() throws Exception`
  Schließt den Datenstrom. Einen geschlossenen Strom noch einmal zu schließen, hat keine Konsequenz.

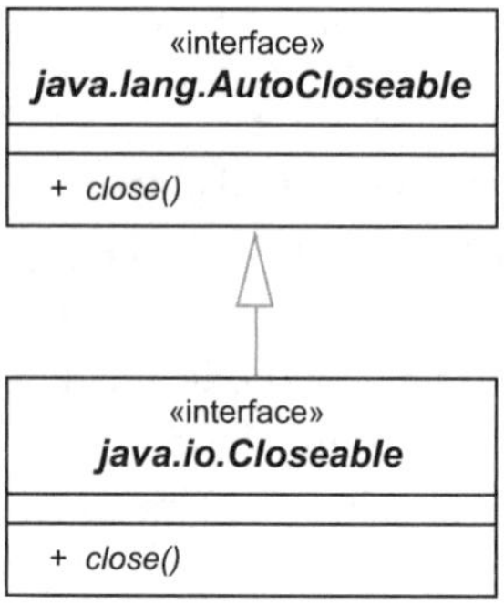

Abbildung 7.1 Das Klassendiagramm zeigt die Vererbungsbeziehung zwischen Closeable und AutoCloseable.

[+]

Hinweis

Jeder `InputStream`, `OutputStream`, `Reader` und `Writer` implementiert `close()` – und mit dem `close()` auch den Zwang, eine geprüfte `IOException` zu behandeln. Bei einem Eingabestrom ist die Exception nahezu wertlos und kann auch tatsächlich ignoriert werden. Bei einem Ausgabestrom ist die Exception schon deutlich wertvoller. Das liegt an der Aufgabe von `close()`, die nicht nur darin besteht, die Ressource zu schließen, sondern vorher noch gepufferte Daten zu schreiben. Somit ist ein `close()` oft ein indirektes `write(…)`, und hier ist es sehr wohl wichtig zu wissen, ob alle Restdaten korrekt geschrieben wurden. Die Ausnahme sollte auf keinen Fall ignoriert werden, und der `catch`-Block darf nicht einfach leer bleiben; Logging ist hier das Mindeste.

Flushable

`Flushable` findet sich nur bei schreibenden Klassen und ist insbesondere bei den Klassen wichtig, die Daten puffern:

```
interface java.io.Flushable
```

- `void flush() throws IOException`
  Schreibt gepufferte Daten in den Strom.

Die Basisklassen `Writer` und `OutputStream` implementieren diese Schnittstelle, aber auch `Formatter` tut dies.

7.2 Basisklassen für die Ein-/Ausgabe

Die Stromklassen aus dem `java.io`-Paket sind um drei zentrale Prinzipien aufgebaut:

1. Es gibt abstrakte Basisklassen, die Operationen für die Ein-/Ausgabe vorschreiben.
2. Die abstrakten Basisklassen gibt es einmal für Unicode-Zeichen und einmal für Bytes.
3. Die Implementierungen der abstrakten Basisklassen realisieren entweder die konkrete Ein-/Ausgabe in eine bestimmte Ressource (etwa eine Datei oder auch ein Bytefeld) oder sind Filter.

7.2.1 Die abstrakten Basisklassen

Die konkreten Ein-/Ausgabeklassen wie `FileInputStream`, `FileOutputStream`, `FileWriter` oder `BufferedWriter` erweitern abstrakte Oberklassen. Im Allgemeinen können wir vier Kategorien bilden: Klassen zur Ein-/Ausgabe von Bytes (oder Byte-Arrays) und Klassen zur Ein-/Ausgabe von Unicode-Zeichen (Arrays oder Strings).

Basisklasse für	Bytes (oder Byte-Arrays)	Zeichen (oder Zeichen-Arrays)
Eingabe	`InputStream`	`Reader`
Ausgabe	`OutputStream`	`Writer`

Tabelle 7.2 Basisklassen für Ein- und Ausgabe

Die Klassen `InputStream` und `OutputStream` bilden die Basisklassen für alle byteorientierten Klassen und dienen somit als Bindeglied bei Methoden, die als Parameter ein Eingabe- und Ausgabe-Objekt verlangen. So ist ein `InputStream` nicht nur für Dateien denkbar, sondern auch für Daten, die über das Netzwerk kommen. Das Gleiche gilt für `Reader` und `Writer`; sie sind die abstrakten Basisklassen zum Lesen und Schreiben von Unicode-Zeichen und Unicode-Zeichenfolgen. Die Basisklassen geben abstrakte `read(…)`- oder `write(…)`-Methoden vor, die Unterklassen überschreiben, da nur sie wissen, wie etwas tatsächlich gelesen oder geschrieben wird.

7.2.2 Übersicht über Ein-/Ausgabeklassen

Während die abstrakten Basisklassen von keiner konkreten Datenquelle lesen oder in keine Ressource schreiben, implementieren die Unterklassen eine ganz bestimmte Strategie für eine Ressource. So weiß zum Beispiel ein `FileWriter`, wie für Dateien die abstrakte Klasse `Writer` zu implementieren ist, also wie Unicode-Zeichen in eine Datei geschrieben werden.

Die folgenden Tabellen vermitteln einen Überblick über die wichtigsten Unterklassen von `InputStream`/`OutputStream` und `Reader`/`Writer`.

Die erste Tabelle listet die Eingabeklassen auf und stellt die byteorientierten und zeichenorientierten Klassen gegenüber, die zweite Tabelle zeigt die wesentlichen Ausgabeklassen:

Byte-Stream-Klasse für die Eingabe	Zeichen-Stream-Klasse für die Eingabe	Beschreibung
`InputStream`	`Reader`	abstrakte Klasse für Zeicheneingabe und Byte-Arrays
`FileInputStream`	`FileReader`	Liest aus einer Datei.
`BufferedInputStream`	`BufferedReader`	Puffert die Eingabe.
`LineNumberInputStream`†	`LineNumberReader`	Merkt sich Zeilennummern beim Lesen.
`ByteArrayInputStream`	`CharArrayReader`	Liest Zeichen-Arrays oder Byte-Arrays.
(keine Entsprechung)	`InputStreamReader`	Wandelt einen Byte-Stream in einen Zeichen-Stream um. Diese Klasse ist das Bindeglied zwischen Byte und Zeichen.
`DataInputStream`	(keine Entsprechung)	Liest Primitive und auch UTF-8.
`FilterInputStream`	`FilterReader`	abstrakte Klasse für gefilterte Eingabe
`PushbackInputStream`	`PushbackReader`	Erlaubt, gelesene Zeichen wieder in den Stream zu geben.
`PipedInputStream`	`PipedReader`	Liest von einem `PipedWriter` oder `PipedOutputStream`.
`StringBufferInputStream`†	`StringReader`	Liest aus Strings.
`SequenceInputStream`	(keine Entsprechung)	Verbindet mehrere `InputStreams`.
`TelepathicInputStream`	`TelepathicWriter`	Überträgt Daten mittels Telepathie.*
*) Noch in der Entwicklung.		

Tabelle 7.3 Wichtige Eingabeklassen. Die mit † markierten Klassen sind veraltet (deprecated).

Byte-Stream-Klasse für die Ausgabe	Zeichen-Stream-Klasse für die Ausgabe	Beschreibung
OutputStream	Writer	abstrakte Klasse für Zeichenausgabe oder Byte-Ausgabe
FileOutputStream	FileWriter	Schreibt in eine Datei.
BufferedOutputStream	BufferedWriter	Ausgabe des Puffers. Nutzt passendes Zeilenendezeichen.
ByteArrayOutputStream	CharArrayWriter	Schreibt in Arrays.
DataOutputStream	(keine Entsprechung)	Schreibt Primitive und auch UTF-8.
(keine Entsprechung)	OutputStreamWriter	Übersetzt Zeichen-Streams in Byte-Streams.
FileOutputStream	FileWriter	Schreibt in eine Datei.
PrintStream	PrintWriter	Konvertiert primitive Datentypen in Strings und schreibt sie in einen Ausgabestrom.
PipedOutputStream	PipedWriter	Schreibt in eine Pipe.
(keine Entsprechung)	StringWriter	Schreibt in einen String.

Tabelle 7.4 Wichtige Ausgabeklassen

Die beiden vorangehenden Tabellen sind nach Eingabe- und Ausgabeklassen segmentiert. Die Klassen lassen sich aber auch anders sortieren, etwa nach der Ressource:

Ressource	Zeichenorientierte Klasse	Byteorientierte Klasse
Datei	FileReader FileWriter	FileInputStream FileOutputStream
Hauptspeicher	CharArrayReader CharArrayWriter StringReader StringWriter	ByteArrayInputStream ByteArrayOutputStream – –
Pipe	PipeReader PipeWriter	PipeInputStream PipeOutputStream

Tabelle 7.5 Ein-/Ausgabeklassen nach Ressourcenzugehörigkeit

7.2.3 Die abstrakte Basisklasse OutputStream

Der Clou bei allen Datenströmen ist, dass spezielle Unterklassen wissen, wie sie genau die vorgeschriebene Funktionalität implementieren. Wenn wir uns den `OutputStream` anschauen, dann sehen wir auf den ersten Blick, dass hier alle wesentlichen Operationen rund um das Schreiben versammelt sind. Das heißt, dass ein konkreter Stream, der in Dateien schreibt, nun weiß, wie er Bytes in Dateien schreiben wird. Java ist auf der unteren Ebene mit seiner Plattformunabhängigkeit am Ende, und native Methoden schreiben die Bytes.

```
abstract class java.io.OutputStream
implements Closeable, Flushable
```

- `abstract void write(int b) throws IOException`
  Schreibt ein einzelnes Byte in den Datenstrom.
- `void write(byte[] b) throws IOException`
  Schreibt die Bytes aus dem Array in den Strom.
- `void write(byte[] b, int off, int len) throws IOException`
  Schreibt Teile des Byte-Feldes, nämlich `len` Byte ab der Position `off`, in den Ausgabestrom.
- `void close() throws IOException`
  Schließt den Datenstrom. Einzige Methode aus `Closeable`.
- `void flush() throws IOException`
  Schreibt noch im Puffer gehaltene Daten. Einzige Methode aus der Schnittstelle `Flushable`.

Die `IOException` ist keine `RuntimeException`, muss also behandelt werden.

Zwei Eigenschaften lassen sich an den Methoden ablesen: zum einen, dass nur Bytes geschrieben werden, und zum anderen, dass nicht wirklich alle Methoden `abstract` sind. Nicht alle diese Methoden sind wirklich elementar, müssen also nicht von allen Ausgabeströmen überschrieben werden. Wir entdecken, dass nur `write(int)` abstrakt ist. Das würde aber bedeuten, dass alle anderen Methoden konkret wären. Gleichzeitig stellt sich die Frage, wie ein `OutputStream`, der die Eigenschaften für alle erdenklichen Ausgabeströme vorschreibt, denn wissen kann, wie ein spezieller Ausgabestrom etwa geschlossen (`close()`) wird oder seine gepufferten Bytes schreibt (`flush()`). Das weiß er natürlich nicht, aber die Entwickler haben sich dazu entschlossen, eine leere Implementierung anzugeben. Der Vorteil besteht darin, dass Programmierer von Unterklassen nicht verpflichtet werden, immer die Methoden zu überschreiben, auch wenn sie sie gar nicht nutzen wollen.

Über konkrete und abstrakte Schreibmethoden *

Es fällt auf, dass es zwar drei Schreibmethoden gibt, dass aber nur eine davon wirklich abstrakt ist. Das ist trickreich, denn tatsächlich lassen sich die Methoden, die ein Byte-Feld schreiben, auf die Methode abbilden, die ein einzelnes Byte schreibt. Wir werfen einen Blick in den Quellcode der Bibliothek:

Listing 7.7 java/lang/OutputStream,java, Ausschnitt

```
public abstract void write(int b) throws IOException;

public void write(byte[] b) throws IOException {
  write(b, 0, b.length);
}

public void write(byte b[], int off, int len) throws IOException {
  if (b == null) {
    throw new NullPointerException();
  } else if ((off < 0) || (off > b.length) || (len < 0) ||
             ((off + len) > b.length) || ((off + len) < 0)) {
    throw new IndexOutOfBoundsException();
  } else if (len == 0) {
    return;
  }
  for (int i = 0 ; i < len ; i++) {
    write(b[off + i]);
  }
}
```

An beiden Implementierungen ist zu erkennen, dass sie die Arbeit sehr bequem an andere Methoden verschieben. Doch diese Implementierung ist nicht optimal! Stellen wir uns vor, ein Dateiausgabestrom überschreibt nur die eine abstrakte Methode, die nötig ist. Und nehmen wir weiterhin an, dass unser Programm nun immer ganze Byte-Felder schreibt, etwa eine 5-MB-Datei, die im Speicher steht. Dann werden für jedes Byte im Byte-Array in einer Schleife alle Bytes der Reihe nach an eine vermutlich native Methode übergeben. Wenn es so implementiert wäre, könnten wir die Geschwindigkeit des Mediums überhaupt nicht nutzen, zumal jedes Dateisystem Funktionen bereitstellt, mit denen sich ganze Blöcke übertragen lassen. Glücklicherweise sieht die Implementierung nicht so aus, da wir in dem Modell vergessen haben, dass die Unterklasse zwar die abstrakte Methode implementieren muss, aber immer noch andere Methoden überschreiben kann. Ein späterer Blick auf die Klasse `FileOutputStream` bestätigt dies.

[+]

Hinweis

Ruft eine Oberklasse eine abstrakte Methode auf, die in der Unterklasse implementiert wird, ist das ein Entwurfsmuster mit dem Namen *Schablonenmuster* oder auf Englisch *template pattern*.

7.2.4 Ein Datenschlucker *

Damit wir sehen können, wie alle Unterklassen prinzipiell mit `OutputStream` umgehen, wollen wir eine Klasse entwerfen, die alle ihre gesendeten Daten verwirft. Die Klasse ist mit dem Unix-

Device */dev/null* vergleichbar. Die Implementierung ist die einfachste, die sich denken lässt, denn alle `write(…)`-Methoden machen nichts:

Listing 7.8 com/tutego/insel/io/stream/NullOutputStream.java

```
package com.tutego.insel.io.stream;

public final class NullOutputStream extends java.io.OutputStream {
  @Override public void write( byte[] b ) { /* Empty */ }
  @Override public void write( byte[] b, int off, int len ) { /* Empty */ }
  @Override public void write( int b ) { /* Empty */ }
}
```

Da `close()` und `flush()` ohnehin schon mit einem leeren Block implementiert sind, brauchen wir sie nicht noch einmal zu überschreiben. Aus Effizienzgründen (!) geben wir auch eine Implementierung für die Schreibfeld-Methoden an.

7.2.5 Die abstrakte Basisklasse InputStream

Das Gegenstück zu `OutputStream` ist `InputStream`; jeder binäre Eingabestrom wird durch die abstrakte Klasse `InputStream` repräsentiert. Die Konsoleneingabe `System.in` ist vom Typ `InputStream`.

```
abstract class java.io.InputStream
implements Closeable
```

- `int available() throws IOException`
  Gibt die Anzahl der verfügbaren Zeichen im Datenstrom zurück, die sofort ohne Blockierung gelesen werden können.
- `abstract int read() throws IOException`
  Liest ein Byte als Integer aus dem Datenstrom. Ist das Ende des Datenstroms erreicht, wird `-1` übergeben. Die Methode ist überladen, wie die nächsten Signaturen zeigen.
- `int read(byte[] b) throws IOException`
  Liest mehrere Bytes in ein Feld. Die tatsächliche Länge der gelesenen Bytes wird zurückgegeben und muss nicht `b.length` sein, es können auch weniger Bytes gelesen werden.
- `int read(byte[] b, int off, int len) throws IOException`
  Liest den Datenstrom in ein Byte-Feld, schreibt ihn aber erst an der Stelle `off` in das Byte-Feld. Zudem begrenzt `len` die maximale Anzahl der zu lesenden Zeichen.
- `long skip(long n) throws IOException`
  Überspringt eine Anzahl von Zeichen. Die Rückgabe gibt die tatsächlich gesprungenen Bytes zurück, was nicht mit `n` identisch sein muss.

- `void close() throws IOException`
  Schließt den Datenstrom. Operation aus der Schnittstelle `Closeable`.
- `boolean markSupported()`
  Gibt einen Wahrheitswert zurück, der besagt, ob der Datenstrom das Merken und Zurücksetzen von Positionen gestattet. Diese Markierung ist ein Zeiger, der auf bestimmte Stellen in der Eingabedatei zeigen kann.
- `void mark(int readlimit)`
  Merkt sich eine Position im Datenstrom.
- `void reset() throws IOException`
  Springt wieder zu der Position zurück, die mit `mark()` gesetzt wurde.

Auffällig ist, dass bis auf `mark(int)` und `markSupported()` alle Methoden im Fehlerfall eine `IOException` auslösen.

[+]

Hinweis

`available()` liefert die Anzahl der Bytes, die ohne Blockierung gelesen werden können. (»Blockieren« bedeutet, dass die Methode nicht sofort zurückkehrt, sondern erst wartet, bis neue Daten vorhanden sind.) Die Rückgabe von `available()` sagt nichts darüber aus, wie viele Zeichen der `InputStream` insgesamt hergibt. Während aber bei `FileInputStream` die Methode `available()` üblicherweise doch die Dateilänge liefert, ist dies bei den Netzwerk-Streams im Allgemeinen nicht der Fall.

7.2.6 Ströme mit SequenceInputStream zusammensetzen *

Ein `SequenceInputStream`-Filter hängt mehrere Eingabeströme zu einem großen Eingabestrom zusammen. Nützlich ist dies, wenn wir aus Strömen lesen wollen und es uns egal ist, was für ein Strom es ist, wo er startet und wo er aufhört. Der `SequenceInputStream` lässt sich erzeugen, indem im Konstruktor zwei `InputStream`-Objekte mitgegeben werden. Soll aus zwei Eingabeströmen ein zusammengesetzter Datenstrom gebildet werden, benutzen wir folgende Programmzeilen:

```
InputStream s1 = ...
InputStream s2 = ...;
InputStream s  = new SequenceInputStream( s1, s2 );
```

Ein Aufruf einer `read(...)`-Methode liest nun erst Daten aus `s1`. Liefert `s1` keine Daten mehr, kommen die Daten aus `s2`. Liegen keine Daten mehr an `s2`, aber wieder an `s1`, ist es zu spät.

Für drei Ströme kann eine Kette aus zwei `SequenceInputStream`-Objekten gebaut werden:

```
InputStream in = new SequenceInputStream( stream1,
                                          new SequenceInputStream(stream2,
                                                                  stream3) );
```

Sollen mehr als zwei Ströme miteinander verbunden werden, kann auch eine `Enumeration` im Konstruktor übergeben werden. Die `Enumeration` einer Datenstruktur gibt dann die zu kombinierenden Datenströme zurück. Wir können entweder eine Datenstruktur wie `Vector` nutzen, die mit `elements()` einen Enumerator liefert, oder einer beliebigen `Collection` über `Collections.enumeration(Collection<T> c)` eine `Enumeration` entlocken.

```
List<InputStream> list = new ArrayList<>();
list.addElement( stream1 );
list.addElement( stream2 );
list.addElement( stream3 );
InputStream seq = new SequenceInputStream( Collections.enumeration(list) );
```

```
class java.io.SequenceInputStream
extends InputStream
```

- `SequenceInputStream(InputStream s1, InputStream s2)`
  Erzeugt einen `SequenceInputStream` aus zwei einzelnen `InputStream`-Objekten. Zuerst werden die Daten aus `s1` gelesen und dann aus `s2`.
- `SequenceInputStream(Enumeration<? extends InputStream> e)`
  Die Eingabeströme für den `SequenceInputStream` werden aus der `Enumeration` mit `nextElement()` geholt. Ist ein Strom ausgesaugt, wird die `close()`-Methode aufgerufen und der nächste vorhandene Strom geöffnet.
- `int available() throws IOException`
  Liefert die Anzahl der Zeichen, die gelesen werden können. Die Daten betreffen immer den aktuellen Strom.
- `int read() throws IOException`
  Liefert das Zeichen oder –1, wenn das Ende aller Datenströme erreicht ist.
- `int read(byte[] b, int off, int len) throws IOException`
  Liest Zeichen in ein Feld und gibt die Anzahl tatsächlich gelesener Zeichen oder –1 zurück.
- `void close() throws IOException`
  Schließt alle Ströme, die vom `SequenceInputStream`-Objekt eingebunden sind.

Der folgende Programmausschnitt legt mit einem `SequenceInputStream` den Datenstrom eines `ByteArrayInputStreams` mit einem Datei-Datenstrom zusammen. Es werden anschließend Zeilennummern und Zeileninhalt ausgegeben, wobei sehr schön deutlich wird, dass erst der String und dann die Datei ausgelesen wird. Die Datei muss sich im Pfad befinden, da sie sonst nicht gefunden werden kann.

Listing 7.9 com/tutego/insel/io/stream/SequenceInputStreamDemo.java, main()

```
String s = "Gezeitenrechnung\nfür\nSchlickrutscher\n";

try ( InputStream bais = new ByteArrayInputStream(
                             s.getBytes(StandardCharsets.ISO_8859_1) );
```

```
        InputStream reis =
          SequenceInputStreamDemo.class.getResourceAsStream( "/lyrics.txt" );
        InputStream sis = new SequenceInputStream( bais, reis );
        InputStreamReader isr =
            new InputStreamReader( sis, StandardCharsets.ISO_8859_1 );
        LineNumberReader  lnr = new LineNumberReader( isr ) ) {
        for ( String line; (line = lnr.readLine()) != null; )
          System.out.printf( "%2d:%s%n", lnr.getLineNumber(), line );
}
catch ( IOException e ) {
  e.printStackTrace();
}
```

Zum Ausgeben der Zeilen nutzt das Programm einen `LineNumberReader`, der neben der Methode `readLine()` auch die Methode `getLineNumber()` anbietet. Um für Unicode-Zeichen einen `LineNumberReader` aber überhaupt verwenden zu können – und keinen veralteten `LineNumberInputStream` für Bytes –, konvertiert ein `InputStreamReader` die `byte` des `SequenceInputStream` in `char` für den Reader. Es gibt leider keinen `SequenceReader`.

7.2.7 Die abstrakte Basisklasse Writer

Die Basis für alle wichtigen Klassen ist die abstrakte Basisklasse `Writer`.

```
abstract class java.io.Writer
implements Appendable, Closeable, Flushable
```

- `protected Writer(Object lock)`
  Erzeugt einen `Writer`-Stream, der sich mit dem übergebenen Synchronisationsobjekt initialisiert. Ist die Referenz `null`, so gibt es eine `NullPointerException`.
- `protected Writer()`
  Erzeugt einen `Writer`-Stream, der sich selbst als Synchronisationsobjekt nutzt. Der Konstruktor ist für die Unterklassen interessant, die kein eigenes `Lock`-Objekt zuordnen wollen.
- `void write(int c) throws IOException`
  Schreibt ein einzelnes Zeichen. Von der 32-Bit-Ganzzahl wird der niedrige Teil (16 Bit des `int`) geschrieben.
- `void write(char[] cbuf) throws IOException`
  Schreibt ein Feld von Zeichen.
- `abstract void write(char[] cbuf, int off, int len) throws IOException`
  Schreibt `len` Zeichen des Feldes `cbuf` ab der Position `off`.
- `void write(String str) throws IOException`
  Schreibt einen String.

- `void write(String str, int off, int len) throws IOException`
  Schreibt `len` Zeichen der Zeichenkette `str` ab der Position `off`.
- `Writer append(char c) throws IOException`
  Hängt ein Zeichen an. Verhält sich wie `write(c)`, nur liefert es, wie die Schnittstelle `Appendable` verlangt, ein `Appendable` zurück. `Writer` ist ein passendes `Appendable`.
- `Writer append(CharSequence csq) throws IOException`
  Hängt eine Zeichenfolge an. Implementierung aus der Schnittstelle `Appendable`.
- `abstract void flush() throws IOException`
  Schreibt den internen Puffer. Hängt verschiedene `flush()`-Aufrufe zu einer Kette zusammen, die sich aus der Abhängigkeit der Objekte ergibt. So werden alle Puffer geschrieben. Implementierung aus der Schnittstelle `Flushable`.
- `abstract void close() throws IOException`
  Schreibt den gepufferten Strom und schließt ihn. Nach dem Schließen durchgeführte `write(...)`- oder `flush()`-Aufrufe bringen eine `IOException` mit sich. Ein zusätzliches `close()` löst keine Exception aus. Implementierung aus der Schnittstelle `Closeable`.

Wie die abstrakten Methoden genutzt und überschrieben werden *

Uns fällt auf, dass von den sieben Methoden lediglich `flush()`, `close()` und `write(char[], int, int)` abstrakt sind. Zum einen bedeutet dies, dass konkrete Unterklassen nur diese Methoden implementieren müssen, und zum anderen, dass die übrigen `write(...)`-Methoden auf die eine überschriebene Implementierung zurückgreifen. Werfen wir daher einen Blick auf die Nutznießer:

```
public void write( int c ) throws IOException {
  synchronized ( lock ) {
    if ( writeBuffer == null )
      writeBuffer = new char[ writeBufferSize ];

    writeBuffer[0] = (char) c;
    write( writeBuffer, 0, 1 );
  }
}
```

Wird ein Zeichen geschrieben, so wird zunächst einmal nachgesehen, ob schon früher ein temporärer Puffer eingerichtet wurde (ein schöner Trick, denn Speicherbeschaffung ist nicht ganz billig). Wenn nicht, dann erzeugt die Methode zunächst ein Array mit der Größe von 1.024 Zeichen (dies ist die eingestellte Puffergröße). Dann schreibt `write(int)` das Zeichen in den Puffer und ruft die abstrakte Methode auf – die ja in einer Unterklasse implementiert wird. Ist der Parameter ein Feld, so muss lediglich die Größe an die abstrakte Methode übergeben werden. Alle Schreiboperationen sind mit einem `lock`-Objekt synchronisiert und können sich demnach nicht in die Quere kommen. Die Synchronisation wird entweder durch ein eigenes `lock`-Objekt durchgeführt, das dann im Konstruktor angegeben werden muss, oder die Klasse verwendet das `this`-Objekt der `Writer`-Klasse als Sperrobjekt.

7.2.8 Die Schnittstelle Appendable *

Alle `Writer` und auch die Klassen `PrintStream`, `CharBuffer` sowie `StringBuffer` und `StringBuilder` implementierten die Schnittstelle `Appendable`, die drei Methoden vorschreibt:

```
interface java.io.Appendable
```


- `Appendable append(char c)`
  Hängt das Zeichen `c` an das aktuelle `Appendable` an und liefert das aktuelle Objekt vom Typ `Appendable` wieder zurück.
- `Appendable append(CharSequence csq)`
  Hängt die Zeichenfolge an dieses `Appendable` an und liefert es wieder zurück.
- `Appendable append(CharSequence csq, int start, int end)`
  Hängt einen Teil der Zeichenfolge an dieses `Appendable` an und liefert es wieder zurück.

Kovariante Rückgabe in Writer von Appendable

Die Klasse `Writer` demonstriert gut einen kovarianten Rückgabetyp, also dass der Rückgabetyp einer überschriebenen oder implementierten Methode ebenfalls ein Untertyp sein kann. So verfährt auch `Writer`, der die Schnittstelle `Appendable` implementiert. Die Methode `append(…)` in `Writer` besitzt nicht einfach den Rückgabetyp `Appendable` aus der Schnittstelle `Appendable`, sondern konkretisiert ihn zu `Writer`, was ein `Appendable` ist.

```
public Writer append( char c ) throws IOException {
  write( c );
  return this;
}
```

7.2.9 Die abstrakte Basisklasse Reader

Die abstrakte Klasse `Reader` dient dem Lesen von Zeichen aus einem zeichengebenden Eingabestrom. Die einzigen Methoden, die Unterklassen implementieren müssen, sind `read (char[], int, int)` und `close()`. Dies entspricht dem Vorgehen bei den `Writer`-Klassen, die auch nur `close()` und `write(char[], int, int)` implementieren müssen. Eine abstrakte `flush()`-Methode, wie sie `Writer` besitzt, kann `Reader` nicht haben. Es bleiben demnach für die `Reader`-Klasse zwei abstrakte Methoden übrig. Die Unterklassen implementieren jedoch auch andere Methoden aus Geschwindigkeitsgründen neu.

```
abstract class java.io.Reader
implements Readable, Closeable
```

- `protected Reader()`
  Erzeugt einen neuen Reader, der sich mit sich selbst synchronisiert.
- `protected Reader(Object lock)`
  Erzeugt einen neuen Reader, der mit dem Objekt `lock` synchronisiert ist.
- `abstract int read(char[] cbuf, int off, int len) throws IOException`
  Liest `len` Zeichen in den Puffer `cbuf` ab der Stelle `off`. Wenn `len` Zeichen nicht vorhanden sind, wartet der Reader. Die Methode gibt die Anzahl gelesener Zeichen zurück oder –1, wenn das Ende des Stroms erreicht wurde.
- `int read(CharBuffer target) throws IOException`
  Liest Zeichen in den `CharBuffer`. Die Methode schreibt die Schnittstelle `Readable` vor.
- `int read() throws IOException`
  Die parameterlose Methode liest das nächste Zeichen aus dem Eingabestrom. Sie wartet, wenn kein Zeichen im Strom bereitliegt. Der Rückgabewert ist ein `int` im Bereich von 0 bis 65.635 (0x0000–0xFFFF). Warum dann der Rückgabewert aber `int` und nicht `char` ist, kann leicht damit erklärt werden, dass die Methode den Rückgabewert –1 (0xFFFFFFFF) kodieren muss, falls keine Daten anliegen.
- `int read(char[] cbuf) throws IOException`
  Liest Zeichen aus dem Strom und schreibt sie in ein Feld. Die Methode wartet, bis Eingaben anliegen. Der Rückgabewert ist die Anzahl der gelesenen Zeichen oder –1, wenn das Ende des Datenstroms erreicht wurde.
- `abstract void close() throws IOException`
  Schließt den Strom. Folgt anschließend noch ein Aufruf von `read(…)`, `mark(int)` oder `reset()`, lösen diese eine `IOException` aus. Ein doppelt geschlossener Stream hat keinen weiteren Effekt.

Weitere Methoden

Zu diesen notwendigen Methoden, die bei der Klasse `Reader` gegeben sind, kommen noch weitere interessante Methoden hinzu, die den Status abfragen und Positionen setzen lassen. Die Methode `ready()` liefert als Rückgabe `true`, wenn ein `read(…)` ohne Blockierung der Eingabe möglich ist. Die Standardimplementierung der abstrakten Klasse `Reader` gibt immer `false` zurück.

[»]

Beispiel

Zum Lesen aller Zeichen muss der Datenstrom so lange ausgesaugt werden, bis keine Daten mehr verfügbar sind. Der Endetest kann auf zwei Arten geschehen: einmal über `ready()` und einmal durch den Test der Rückgabe von `read()` auf –1. Die erste Variante:

```
while ( reader.ready() )
  System.out.println( (char) reader.read() );
```

Und die zweite:

```
for ( int c; (c = reader.read()) != -1; )
  System.out.println( (char) c );
```

Die erste Lösung wirkt aufgeräumter.


```
abstract class java.io.Reader
implements Readable, Closeable
```

- `public boolean ready() throws IOException`
  Liefert `true`, wenn aus dem Stream direkt gelesen werden kann. Das heißt allerdings nicht, dass `false` immer Blocken bedeutet.

[+]

Hinweis

`InputStream` und `Reader` sind sich zwar sehr ähnlich, aber ein `InputStream` deklariert keine Methode `ready()`. Dafür gibt es in `InputStream` eine Methode `available()`, die sagt, wie viele Bytes ohne Blockierung gelesen werden können. Diese Methode gibt es wiederum nicht im `Reader`.

Sprünge und Markierungen

Mit der Methode `mark(int)` lässt sich eine bestimmte Position innerhalb des Eingabestroms markieren, das heißt, die Methode sichert die Position. Mit beliebigen `reset()`-Aufrufen lässt sich diese konkrete Stelle zu einem späteren Zeitpunkt wieder anspringen. `mark(int)` besitzt einen Ganzzahlparameter (`int`, nicht `long`), der angibt, wie viele Zeichen gelesen werden dürfen, bevor die Markierung nicht mehr gültig ist. Die Zahl ist wichtig, da sie die interne Größe des Puffers bezeichnet, der für den Strom angelegt werden muss. Nicht jeder Datenstrom unterstützt dieses Hin- und Herspringen. Die Klasse `StringReader` unterstützt etwa die Markierung einer Position, die Klasse `FileReader` dagegen nicht. Daher sollte vorher mit `markSupported()` überprüft werden, ob das Markieren auch unterstützt wird. Wenn der Datenstrom es nicht unterstützt und wir diese Warnung ignorieren, werden wir eine `IOException` bekommen. Denn `Reader` implementiert `mark(int)` und `reset()` ganz einfach und muss von uns im Bedarfsfall überschrieben werden:

Listing 7.10 java/io/Reader.java, Ausschnitt

```
public void mark( int readAheadLimit ) throws IOException {
  throw new IOException("mark() not supported");
}
```

```
public void reset() throws IOException {
  throw new IOException("reset() not supported");
}
```

Daher gibt `markSupported()` auch in der `Reader`-Klasse `false` zurück.

```
abstract class java.io.Reader
implements Readable, Closeable
```

- `long skip(long n) throws IOException`
  Überspringt `n` Zeichen. Blockt, bis Zeichen vorhanden sind. Gibt die Anzahl der wirklich übersprungenen Zeichen zurück.
- `boolean markSupported()`
  Der Stream unterstützt die `mark()`-Operation.
- `void mark(int readAheadLimit) throws IOException`
  Markiert eine Position im Stream. Der Parameter bestimmt, nach wie vielen Zeichen die Markierung ungültig wird, mit anderen Worten: Er gibt die Puffergröße an.
- `void reset() throws IOException`
  Falls eine Markierung existiert, setzt der Stream an der Markierung an. Wurde die Position vorher nicht gesetzt, dann wird eine `IOException` mit dem String »Stream not marked« ausgelöst.

`Reader` implementiert die schon bekannte Schnittstelle `Closeable` mit der Methode `close()`. Und so, wie ein `Writer` die Schnittstelle `Appendable` implementiert, so implementiert ein `Reader` die Schnittstelle `Readable` und damit die Operation `int read(CharBuffer target) throws IOException`.

7.3 Formatierte Textausgaben

Um mit einem `Writer` oder `OutputStream` komfortabel Zeichenfolgen – zum Beispiel String-Repräsentationen primitiver Datentypen – zu erzeugen, ist eine Menge Schreibaufwand nötig, da ein einfacher `Writer` nur Zeichen bzw. Strings und ein simpler `OutputStream` sogar nur Bytes oder Byte-Folgen schreibt. Dieser Abschnitt stellt die beiden Klassen `PrintWriter` und `PrintStream` vor, die das Erzeugen textueller Ausgaben vereinfachen und das Ergebnis in einen Zielstrom oder in eine Datei schreiben.

7.3.1 Die Klassen PrintWriter und PrintStream

Schon in den ersten Programmen haben wir ein `PrintStream`-Objekt verwendet – doch vermutlich, ohne es zu wissen. Es steckte im `out`-Attribut der Klasse `System`. Typisch für `PrintStream` und

`PrintWriter` sind die vielen überladenen Methoden namens `print(…)`, `println(…)`, `printf(…)` und `format(…)`, die unterschiedliche Datentypen annehmen und eine String-Repräsentation erzeugen. Anders als viele Stromklassen erzeugen die Klassen bei Schreibproblemen keine `IOException`, sondern setzen intern ein Flag, das durch die Methode `checkError()` nach außen kommt.

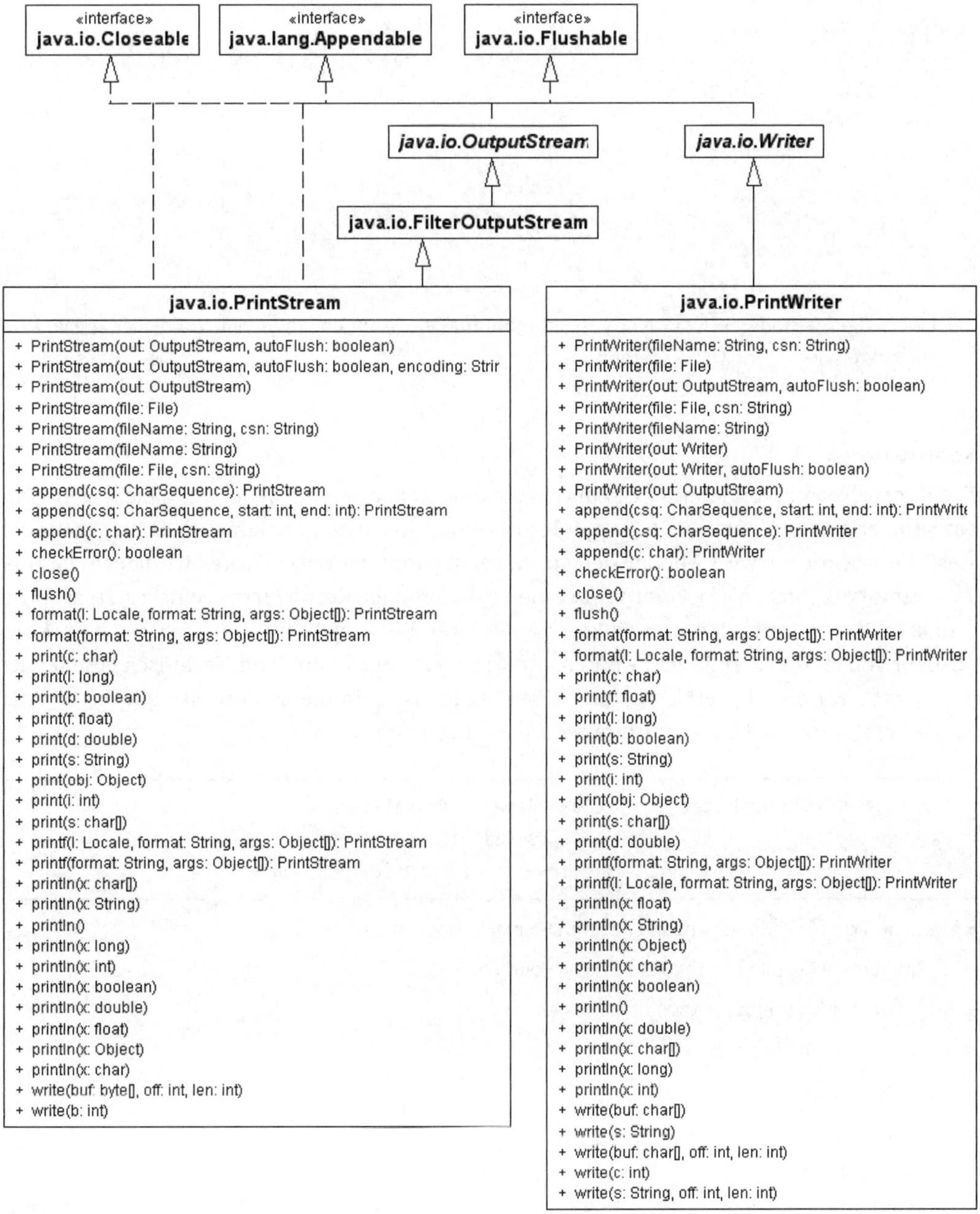

Abbildung 7.2 UML-Diagramme der Klassen PrintStream und PrintWriter

[»]

Beispiel

Schreibe eine Zeichenkette und die String-Repräsentation des aktuellen Datums in eine Datei:

Listing 7.11 com/tutego/insel/io/stream/WriteInFile.java, main()

```
try ( PrintWriter out = new PrintWriter( "c:/datei.txt",
                                         StandardCharsets.ISO_8859_1.name() ) ) {
  out.println( "Hallo Welt!" );
  out.print( "Es ist " );
  out.printf( "%tT Uhr.", new Date() );
}
catch ( FileNotFoundException | UnsupportedEncodingException e ) {
  e.printStackTrace();
}
```

Obwohl die Methoden selbst keine Ausnahmen auslösen können, kann es doch dieser spezielle Konstruktor, der in eine Datei schreibt.

Konstruktoren

Die Konstruktoren von `PrintStream` und `PrintWriter` erwarten entweder ein Objekt vom Typ `OutputStream`, `Writer` (nur `PrintWriter`), `File` oder einen String für den Namen der Datei, in die die Ausgabe geschrieben wird. Mit den beiden zuletzt genannten Konstruktoren wird der `PrintWriter/PrintStream` nicht als Dekorator um einen existierenden `Writer/Stream` eingesetzt; es muss also kein `FileWriter` in den Konstruktor von `PrintWriter` bzw. kein `FileOutputStream` im Konstruktor von `PrintStream` gesetzt werden, um in eine Datei zu schreiben. Technisch gesehen ist ein `PrintStream` eine Unterklasse von `FilterOutputStream` (interessanterweise gilt das für die Klasse `PrintWriter` nicht, die eine direkte Unterklasse von `Writer` ist.)

class java.io.**PrintWriter** extends Writer	class java.io.**PrintStream** extends FilterOutputStream implements Appendable, Closeable

- `PrintWriter(File file) throws FileNotFoundException`
- `PrintStream(File file) throws FileNotFoundException`
- `PrintWriter(String fileName)`
- `PrintStream(String fileName)`
- `PrintWriter(Writer out)`
- `PrintWriter(OutputStream out)`
- `PrintStream(OutputStream out)`
  Erzeugt einen neuen `PrintWriter` bzw. `PrintStream`, der in die angegebene Datei – die entweder durch den Dateinamen oder ein `File`-Objekt gegeben ist –, den `Writer` bzw. `OutputStream` schreibt. Bei einem Zeilenende wird nicht automatisch in den Puffer geschrieben.

Auto-Flush

Die Ausgabe in den `PrintWriter` und `PrintStream` ist so lange gepuffert, bis `flush()` ausgeführt wird. Das Verhalten lässt sich mit einem Schalter ändern, denn einige Konstruktoren nehmen optional ein »Auto-Flush« an, das bestimmt, ob die Daten bei einem `println(…)` oder einem `printf(…)` bzw. `format(…)` mit explizitem »%n« aus dem Puffer gespült werden. So schreibt `println("Hallo")` auf jeden Fall den String in den Datenstrom, wenn der Konstruktor mit `autoFlush` gleich `true` aufgerufen wurde, und es bleiben keine Daten im Puffer. Für den `PrintStream` gilt zusätzlich beim aktivierten Auto-Flush, dass bei jedem Byte »\n« in der Zeichenkette der Puffer geleert wird, also auch bei Zeichen, die über die `write(…)`-Methoden geschrieben werden.

class java.io.**PrintWriter** extends Writer	class java.io.**PrintStream** extends FilterOutputStream implements Appendable, Closeable

- `PrintWriter(Writer out, boolean autoFlush)`
- `PrintWriter(OutputStream out, boolean autoFlush)`
- `PrintStream(OutputStream out, boolean autoFlush)`
  Erzeugt einen neuen `PrintWriter` bzw. `PrintStream`, der automatisch bei `autoFlush` gleich `true` auf ein »\n« im Strom achtet und im Puffer befindliche Daten wegschreibt.

Zeichenkodierung und Konvertierungen

Standardmäßig nutzt der `PrintWriter` die voreingestellte Zeichenkodierung der Plattform, um Unicodezeichen anzunehmen und sie als Byte weiterzureichen. Eine explizite Kodierung lässt sich angeben.

class java.io.**PrintWriter** extends Writer	class java.io.**PrintStream** extends FilterOutputStream implements Appendable, Closeable

- `PrintWriter(File file, String csn)`
  `throws FileNotFoundException, UnsupportedEncodingException`
- `PrintStream(File file, String csn)`
  `throws FileNotFoundException, UnsupportedEncodingException`
- `PrintWriter(String fileName, String csn)`
  `throws FileNotFoundException, UnsupportedEncodingException`
- `PrintStream(String fileName, String csn)`
  `throws FileNotFoundException, UnsupportedEncodingException`
  Erzeugt einen neuen `PrintWriter` zum Schreiben in Dateien mit den angegebenen Kodierungen.
- `PrintStream(OutputStream out, boolean autoFlush, String encoding)`
  `throws UnsupportedEncodingException`
  Erzeugt einen `PrintStream` mit gewünschter Pufferleerung und Zeichenkodierung.

[+]

Hinweis

Die Zeichenkodierung sollte immer explizit angegeben werden!

Methodenübersicht

Als Methoden bieten `PrintWriter` und `PrintStream` im Wesentlichen das Gleiche: eine Reihe von `print(…)`-, `println(…)`-, `format(…)`-, `printf(…)`- sowie `append(…)`-Methoden aus `Appendable`.

```
class java.io.PrintWriter        class java.io.PrintStream
extends Writer                   extends FilterOutputStream
                                 implements Appendable, Closeable
```

- `void print(boolean b)`
- `void print(char c)`
- `void print(char[] s)`
- `void print(double d)`
- `void print(float f)`
- `void print(int i)`
- `void print(String s)`
  Schreibt `boolean`, ein einzelnes Zeichen, ein Array von Zeichen, Fließkommazahlen, Ganzzahlen oder einen `String`. Ist das `char`-Feld `null`, gibt es eine `NullPointerException`.
- `void print(Object o)`
  Ruft `o.toString()` auf und gibt das Ergebnis aus, wenn `o` ungleich `null` ist. Sonst ist die Ausgabe `null`.
- `void println()`
  Schreibt Zeilenvorschubzeichen.
- `void println(boolean b)`
- `void println(char c)`
- `void println(char[] s)`
- `void println(double d)`
- `void println(float f)`
- `void println(int i)`
- `void println(String s)`
  Schreibt den Datentyp wie `print(…)` und schließt die Zeile mit einem Zeilenendezeichen ab.
- `PrintWriter/PrintStream format(Locale l, String format, Object... args)`
- `PrintWriter/PrintStream format(String format, Object... args)`
- `PrintWriter/PrintStream printf(Locale l, String format, Object... args)`

- PrintWriter/PrintStream printf(String format, Object... args)
  Gibt eine nach dem Formatierungs-String gegebene Zeichenfolge aus. Ist das Format null, folgt eine NullPointerException; bei inkorrektem Formatierungs-String folgt eine IllegalFormatException.
- PrintWriter/PrintStream append(char c)
- PrintWriter/PrintStream append(CharSequence csq)
- PrintWriter/PrintStream append(CharSequence csq, int start, int end)
  Schreibt Zeichen, Felder von Zeichen oder einen String. Die append(…)-Methoden stammen aus der Schnittstelle Appendable.
- void close()
  Schließt den Stream. Ist eine Methode aus Closeable.
- void flush()
  Schreibt gepufferte Daten. Ist eine Methode aus Flushable.

Der PrintWriter und PrintStream implementieren als typischer Writer und OutputStream noch die write(…)-Methoden; einmal mit char und einmal mit byte.

Umgang im Fehlerfall

Keine der Methoden löst eine IOException aus (nur die Konstruktoren können eine FileNotFoundException, also eine IOException auslösen). Intern fangen der PrintWriter und PrintStream eine mögliche IOException ab und setzen ein internes Flag trouble, auf das der Programmablauf jedoch keinen weiteren Einfluss hat. (Daher musste auch die Methode write(String) neu deklariert werden, da die Methode write(String) der Writer-Klasse eine IOException auslöst.) Den Fehlerstatus erfragt checkError().

class java.io.**PrintWriter** extends Writer	class java.io.**PrintStream** extends FilterOutputStream implements Appendable, Closeable

- boolean checkError()
  Schreibt mit flush() gepufferte Daten und testet, ob intern bei der Verarbeitung eine IOException (außer InterruptedIOException) aufgetreten ist oder manuell setError() aufgerufen wurde. Die Abfrage ist wichtig, da die Klasse keine Ein-/Ausgabe-Exception auslöst.
- protected void setError()
  Setzt den Fehlerstatus auf true. Mit der protected-Methode können Unterklassen eines PrintWriter den Fehlerstatus setzen, den checkError() einbezieht.
- protected void clearError()
  Löscht den internen Fehlerstatus.

7.3.2 System.out, System.err und System.in

Beim Aufbau der `System`-Klasse erzeugt Java automatisch drei Stream-Objekte, die üblicherweise die Eingaben über die Tastatur und Ausgaben über den Bildschirm repräsentieren:

- `System.in` ist das Standardeingabegerät. `System.in` ist ein Exemplar der Klasse `InputStream` (genauer gesagt vom Typ `BufferedInputStream`).
- `System.out` und `System.err` stehen für das Standardausgabegerät für normale Ausgaben und Fehlerausgaben. Sie sind Exemplare von `PrintStream`.

[+]

Hinweis

Wird ein Programm von der Konsole aus aufgerufen, so können mithilfe so genannter Umleitungen auch Datenströme von Dateien in das (und aus dem) Java-Programm gelenkt werden, sodass dann `System.in` und `System.out`/`System.err` automatisch Dateiströme sind und somit nicht mehr auf die Konsole gehen. Das kann etwa so aussehen:

```
$ java WithRedirectedStreams > out.text < in.txt
```

```
final class java.lang.System
```

- `static final InputStream in`
  Dies ist der Standardeingabestrom. Er ist immer geöffnet und nimmt die Benutzereingaben normalerweise über die Tastatur entgegen.
- `static final PrintStream out`
  Der Standardausgabestrom. Er ist immer geöffnet und normalerweise mit der Bildschirmausgabe verbunden.
- `static final PrintStream err`
  Der Standard-Fehlerausgabestrom. Er wurde eingeführt, um die Fehlermeldungen von den Ausgabemeldungen zu unterscheiden. Auch wenn der Ausgabekanal umgeleitet wird, bleiben diese Meldungen erreichbar.

[»]

Beispiel

In eigenen Projekten gibt es selten die Notwendigkeit für `PrintStream`, da die Bytes nicht in einer speziellen Kodierung geschrieben werden. Wir stützen uns auf die Klasse `PrintWriter`, die die abstrakte Klasse `Writer` erweitert. Das Attribut `System.out` bleibt weiterhin vom Typ `PrintStream`, und die Deklaration `PrintWriter o = System.out` ist falsch.

Wenn die Standardkodierung in Ordnung ist, kann `PrintStream` für Debug-Code auf die Konsole mittels `System.out` verwendet werden. Sonst ist `PrintWriter` eine bessere Wahl, da er auch nach `System.out` schreiben kann:

```
PrintWriter o = new PrintWriter( System.out );
```

Schreibarbeit sparen *

Natürlich ist es Schreibarbeit, immer System.out.printXXX(…) angeben zu müssen, so wie in:

```
System.out.println( "Das Programm gibt die Ausgabe:" );
System.out.println( 1.234 );
System.out.println( "Die drei Fragezeichen sind toll." );
```

Eine Möglichkeit, das Ganze abzukürzen, besteht darin, das statische import zu nutzen. Doch auch mit einem Verweis können wir uns Arbeit sparen. Das funktioniert, da System.out ein Objekt vom Typ PrintStream ist:

```
final PrintStream o = System.out;
o.println( "Neu!" );
o.println( "Jetzt noch weniger zu schreiben." );
o.println( "Hilft auch Gelenken wieder auf die Sprünge!" );
```

Ströme umlenken *

Die Ströme hinter System.out, System.err und System.in sind vom Laufzeitsystem vorbelegt und lassen sich ändern. Dazu deklariert die Klasse System drei statische Methoden:

```
final class java.lang.System
```

- static void setOut(PrintStream out)
- static void setErr(PrintStream err)
  Der Standardausgabekanal/Fehlerkanal wird auf den angegebenen PrintStream gesetzt.
- static void setIn(InputStream in)
  Der Eingabestrom kann umgesetzt werden, um beispielsweise aus einer Datei oder Netzwerkverbindung Daten zu beziehen, die an in anliegen sollen.

[«]

Beispiel

Setze den Eingabestrom auf einen Latin-1-String mit drei Zeilen:

```
System.setIn( new ByteArrayInputStream(
  "1\n2\n3\n".getBytes(StandardCharsets.ISO_8859_1) ) );
```

Für Applikationen ist es nur möglich, über die drei genannten Methoden die Standardeingabe auf einen beliebigen InputStream und die Standardausgabe auf einen beliebigen PrintStream umzuleiten. Sehr erstaunlich in der System-Klasse ist die Tatsache, dass die Attribute in, out und err final sind und daher eigentlich nicht geändert werden können. Hier greift das JDK tief in die Trickkiste.

Den Bildschirm löschen und Textausgaben optisch aufwerten *

Die Java-Umgebung setzt keine spezielle grafische Architektur und kein spezielles Terminal voraus. Als systemunabhängige Programmiersprache bietet Java außer der einfachen Textausgabe keine Möglichkeit, die Farben für die Textzeichen zu ändern, den Cursor zu setzen oder den Bildschirm zu löschen.

Ein VT100-Terminal speichert neben dem Text auch Attribute, und es existieren unterschiedliche Kontrollsequenzen, sodass die Konsole Text formatiert ausgeben kann. Wir können bei einem VT100-Terminal Kontrollzeichen über `System.out` ausgeben und so zum Beispiel den Bildschirm löschen.

```
System.out.println( "\u001b[H\u001b[2J" );
```

Diese Kontrollzeichen sind kryptisch, und so gibt es eine Curses-Bibliothek, mit der Entwickler auf einem VT100-Terminal Zeichenattribute auf der Konsole ändern, den Cursor zum Wandern bringen und einfache ASCII-Fenster erstellen können. Unter Unix implementiert *ncurses* die Funktionalität – unter Windows gibt es Vergleichbares als *PDCurses*. Zwei bekanntere Open-Source-Bibliotheken bieten Java-Zugriff auf die Curses-Bibliothek: *CHARVA* (*http://www.pitman.co.za/projects/charva/*) und *Jcurzez* (*http://www.nongnu.org/jcurzez/*).

7.4 Die FileXXX-Stromklassen

Das Paket `java.io` deklariert vier Klassen zum Lesen/Schreiben aus/in Dateien, und zwar jeweils die zeichen- und byteorientierten Klassen:

	Bytes (oder Byte-Arrays)	**Zeichen (oder Zeichen-Arrays, Strings)**
Aus Dateien lesen	`FileInputStream`	`FileReader`
In Dateien schreiben	`FileOutputStream`	`FileWriter`

Tabelle 7.6 Lese- und Schreibklassen für Dateien

[»]

Beispiel

Lies den ganzen Dateiinhalt in ein Byte-Feld:

```
Path p = Paths.get( "dateiname" );
try ( InputStream in = new FileInputStream( p.toFile() ) ) {
  byte[] buffer = new byte[ Math.toIntExact( Files.size( p ) ) ];
  in.read( buffer );
}
```

Sinnvoller als das gesamte Einlesen ist aber im Allgemeinen das Lesen in Blöcken. Eine korrekte Fehlerbehandlung ist immer notwendig, wird aber hier erst einmal ausgeblendet. Das Beispiel soll nur den Basistyp `InputStream`, die konkrete Unterklasse `FileInputStream` und die Methoden read(…) und close() zeigen. Da die Dateilänge ein long ist, Arrays »nur« maximal von der Größe eines int sind, konvertieren wir das long in ein int über eine Java 8-Methode, die eine Ausnahme auslöst, wenn die Datei so groß ist, dass sie nicht in ein Java-Array passen würde. Vermutlich hätte ein normales System dafür aber sowieso zu wenig Speicher.

7.4.1 Kopieren mit FileOutputStream und FileInputStream

Die Klasse FileOutputStream bietet grundlegende Methoden, um in Dateien zu schreiben. FileOutputStream implementiert alle nötigen Methoden, die java.io.OutputStream vorschreibt, also etwa write(int), write(byte[]).

```
class java.io.FileOutputStream
extends OutputStream
```

- FileOutputStream(String name) throws FileNotFoundException
  Erzeugt einen FileOutputStream mit einem gegebenen Dateinamen.
- FileOutputStream(File file) throws FileNotFoundException
  Erzeugt einen FileOutputStream aus einem File-Objekt.
- FileOutputStream(String name, boolean append) throws FileNotFoundException
  Wie FileOutputStream(name), hängt jedoch bei append=true Daten an.
- FileOutputStream(File file, boolean append) throws FileNotFoundException
  Wie FileOutputStream(file), hängt jedoch bei append=true Daten an.
- FileOutputStream(FileDescriptor fdObj)
  Erzeugt einen FileOutputStream aus einem FileDescriptor-Objekt.

Ist der Parameter append nicht mit true belegt, wird der alte Inhalt überschrieben. Die FileNotFoundException wirkt vielleicht etwas komisch, wird aber dann ausgelöst, wenn zum Beispiel die Dateiangabe ein Verzeichnis repräsentiert oder die Datei gelockt ist.

FileInputStream ist der Gegenspieler und dient zum Lesen der Binärdaten. Um ein Objekt anzulegen, haben wir die Auswahl zwischen drei Konstruktoren. Sie binden eine Datei (etwa repräsentiert als ein Objekt vom Typ File) an einen Datenstrom:

```
class java.io.FileInputStream
extends InputStream
```

- FileInputStream(String name) throws FileNotFoundException
  Erzeugt einen FileInputStream mit einem gegebenen Dateinamen.
- FileInputStream(File file) throws FileNotFoundException
  Erzeugt FileInputStream aus einem File-Objekt.
- FileInputStream(FileDescriptor fdObj)
  Erzeugt FileInputStream aus einem FileDescriptor-Objekt.

Der FileInputStream ist ein spezieller InputStream und besitzt daher Methoden wie int read(), int read(byte[]) zum Lesen.

Zur Veranschaulichung dient die folgende Grafik.

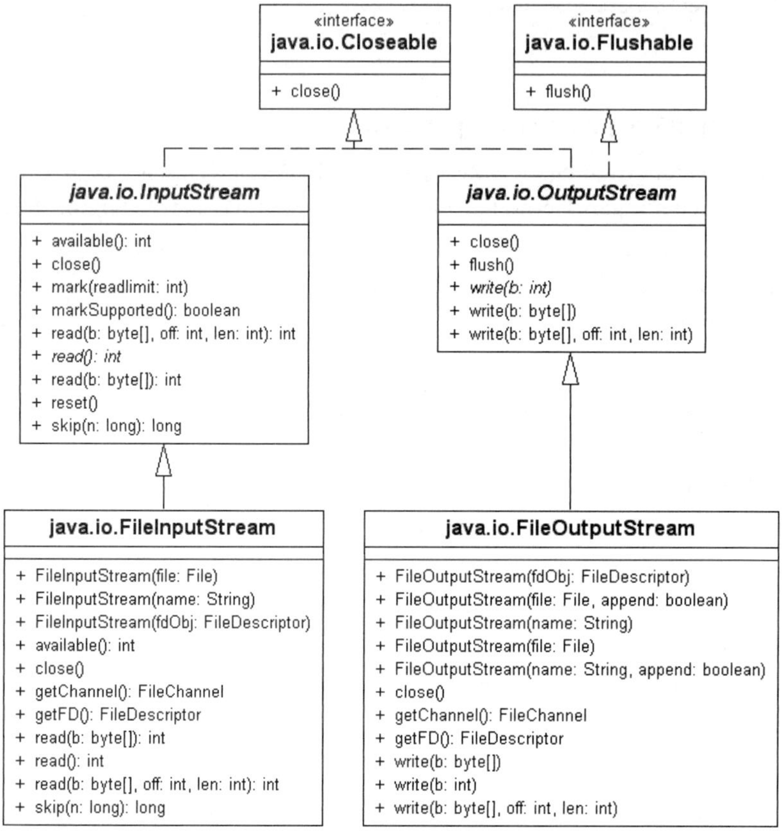

Abbildung 7.3 UML-Diagramm der Klassen FileInputStream und FileOutputStream

Kopieren von Dateien *

Als Beispiel für das Zusammenspiel von FileInputStream und FileOutputStream wollen wir ein Dateikopierprogramm entwerfen. Es ist einleuchtend, dass wir zunächst die Quelldatei öffnen müssen. Taucht ein Fehler auf, wird dieser zusammen mit allen anderen Fehlern in einer besonderen IOException-Fehlerbehandlung ausgegeben. Wir trennen hier die Fehler nicht besonders. Nach dem Öffnen der Quelle wird eine neue Datei angelegt. Das erledigt der Konstruktor FileOutputStream, dem es jedoch gleichgültig ist, ob es bereits eine Datei dieses Namens gibt; wenn, dann überschreibt er sie gnadenlos. Auch darum kümmern wir uns nicht. Wollten wir das berücksichtigen, sollten wir mithilfe der File-Klasse prüfen, ob eine gleichnamige Datei existiert.

Nach dem Anlegen können wir Byte für Byte auslesen und kopieren. Die Lösung über diesen nativen Weg ist natürlich in puncto Geschwindigkeit erbärmlich. Eine Lösung wäre, einen Dekorator dazwischenzuschalten, den `BufferedInputStream`. Doch das ist nicht nötig, weil wir einen Puffer mit `read(byte[])` selbst füllen können. Da diese Methode die Anzahl tatsächlich gelesener Bytes zurückliefert, schreiben wir diese direkt mittels `write(…)` in den Ausgabepuffer. Hier erbringt eine Pufferung über eine Zwischenpufferklasse keinen Geschwindigkeitsgewinn, da wir ja selbst einen 64-KiB-Puffer einrichten:

Listing 7.12 com/tutego/insel/io/stream/cp.java

```
package com.tutego.insel.io.stream;

import java.io.*;

public class cp {

  private static void copy( InputStream in, OutputStream out ) throws IOException {
    byte[] buffer = new byte[ 0xFFFF ];

    for ( int len; (len = in.read(buffer)) != -1; )
      out.write( buffer, 0, len );
  }

  private static void copyFile( String srcFilename, String destFilename ) {
    try ( FileInputStream  fis = new FileInputStream( srcFilename );
          FileOutputStream fos = new FileOutputStream( destFilename ) ) {
      copy( fis, fos );
    }
    catch ( IOException e ) {
      e.printStackTrace();
    }
  }

  public static void main( String[] args ) {
    if ( args.length != 2 )
      System.err.println( "Benutzung: FileCopy <src> <dest>" );
    else
      copyFile( args[0], args[1] );
  }
}
```

Der Klassenname ist hier – entgegen üblichen Konventionen – klein- und kryptisch geschrieben, um dem Charakter eines Kommandozeilenprogramms zu entsprechen.

[+]

Hinweis

NIO.2 bietet copy(…)-Methoden an, die schon im vorangegangenen Kapitel vorgestellt wurden. Wer noch vor Java 7 festhängt, kann auch Commons IO (*http://commons.apache.org/proper/commons-io/*) nutzen; die Klasse IOUtils bietet fertige copy(…)-Methoden. Natürlich hätten wir in unserem Beispiel auch wieder die Files.newXXXStream(…)-Methoden bemühen können.

7.4.2 Das FileDescriptor-Objekt *

Die Klasse java.io.FileDescriptor repräsentiert eine offene Datei (oder eine Socket-Verbindung) mittels eines Deskriptors. Er lässt sich bei File-Objekten mit getFD() erfragen, aber nicht von Hand gültig aufbauen.[1]

In der Regel kommt der Entwickler mit keinem FileDescriptor-Objekt in Kontakt. Es gibt allerdings eine Anwendung, in der die Klasse FileDescriptor nützlich ist: Sie bietet eine sync()-Methode an, die im internen Puffer des Betriebssystems verbleibende Speicherblöcke auf das Gerät schreibt. Damit lässt sich erreichen, dass Daten auch tatsächlich auf dem Datenträger materialisiert werden. Die Stream-Objekte (OutputStream/Writer) haben auch eine Methode flush(), der vergleichbare Funktionalität zuzuschreiben ist, jedoch kümmert sich flush() nur um das Leeren des Puffers, nicht allerdings um das tatsächliche Schreiben, also Materialisieren auf einem Hintergrundspeicher. Ist der Java-Puffer mit flush() geleert, können die Daten trotzdem noch in einem internen Puffer des Betriebssystems liegen – aber auf den hat flush() keinen Einfluss, nur sync().

[»]

Beispiel

Arbeite mit einem Ausgabestrom, und materialisiere alle Änderungen:

```
try ( FileOutputStream os = new FileOutputStream( ... ) ) {
  os.write( ... );
  os.flush();
  FileDescriptor fd = os.getFD();
  fd.sync();
}
```

Neben FileInputStream kennen auch FileOutputStream und RandomAccessFile eine Methode getFD(). Mit einem FileDescriptor kann auch die Arbeit zwischen Stream-Objekten und RandomAccessFile-Objekten koordiniert werden.

1 Die Socket-Klasse selbst bietet keine Methode zum Abfragen eines Deskriptors. Nur Unterklassen von SocketImpl (und DatagramSocketImpl) ist der Zugriff über eine protected-Methode getFileDescriptor() gestattet.

```
final class java.io.FileDescriptor
```

- void sync()
  Materialisiert die Daten. sync() kehrt erst dann zum Aufrufer zurück, wenn die Daten geschrieben wurden.

7.4.3 Mit dem FileWriter Texte in Dateien schreiben

Der FileWriter ist ein spezieller Writer, der Ausgaben in eine Datei schreibt. Da der Konstruktor und die write(…)/append(…)-Methoden eine IOException in dem Fall auslösen, wenn ein Schreiben nicht möglich ist, müssen wir einen try-Block um die Anweisungen setzen oder mit throws den Fehler nach oben weitergeben.

[+]

Hinweis

Da sich die Zeichenkodierung nicht angeben lässt, sondern immer automatisch die vom System eingestellte Kodierung eingesetzt wird, sollte die Klasse verstoßen werden. Zum Schreiben in Dateien ist Files.newBufferedReader(…) anzuraten.

Die Konstruktoren und Methoden kurz zusammengefasst:

```
class java.io.FileWriter
extends OutputStreamWriter
```

- FileWriter(File file) throws IOException
- FileWriter(String filename) throws IOException
- FileWriter(File file, boolean append) throws IOException
- FileWriter(String filename, boolean append) throws IOException
  Erzeugt einen Ausgabestrom und hängt die Daten an eine existierende Datei an, wenn append gleich true ist. Eine weitere Möglichkeit, Daten hinten anzuhängen, bietet die Klasse RandomAccessFile oder FileOutputStream.
- FileWriter(FileDescriptor fd)
  Erzeugt einen Ausgabestrom zum Schreiben in eine Datei. Existiert die Datei bereits, deren Namen wir übergeben, wird die Datei gelöscht.

Auf den ersten Blick scheinen der Klasse FileWriter die versprochenen write(…)-Methoden zu fehlen. Fakt ist aber, dass diese von OutputStreamWriter geerbt werden, und die Klasse erbt und überschreibt wiederum die Methoden aus Writer. Mit den Oberklassen verfügt der FileWriter insgesamt über folgende Methoden, deren Ausnahme IOException hier nicht genannt ist:

- Writer append(char c)
- Writer append(CharSequence csq)
- Writer append(CharSequence csq, int start, int end)

- `void write(int c)`
- `void write(String str)`
- `void write(String str, int off, int len)`
- `void write(char[] cbuf)`
- `void write(char[] cbuf, int off, int len)`
- `void close()`
- `void flush()`
- `String getEncoding()`

Bis auf `getEncoding()` lösen alle verbleibenden Methoden im Fehlerfall eine `IOException` aus, die als geprüfte Ausnahme behandelt werden muss. Die Methoden stellt Abschnitt 7.2.7, »Die abstrakte Basisklasse Writer«, genauer vor.

7.4.4 Zeichen mit der Klasse FileReader lesen

Der `FileReader` liest aus Dateien entweder einzelne Zeichen, Strings oder Zeichenfelder. Wie beim `Writer` deklariert die Klasse Konstruktoren zur Annahme des Dateinamens. Die Methoden im Überblick:

```
class java.io.FileReader
extends InputStreamReader
```

- `public FileReader(String fileName) throws FileNotFoundException`
  Öffnet die Datei über einen Dateinamen zum Lesen. Falls sie nicht vorhanden ist, löst der Konstruktor eine `FileNotFoundException` aus.
- `public FileReader(File file) throws FileNotFoundException`
  Öffnet die Datei zum Lesen über ein `File`-Objekt. Falls sie nicht verfügbar ist, löst der Konstruktor eine `FileNotFoundException` aus.
- `public FileReader(FileDescriptor fd)`
  Nutzt die schon vorhandene offene Datei über ein `FileDescriptor`-Objekt.

Die Methoden zum Lesen stammen aus den Oberklassen `InputStreamReader` und `Reader`. Aus `InputStreamReader` kommen `int read()`, `int read(char[], int, int)`, `close()`, `getEncoding()` und `ready()`. Da `InputStreamReader` wiederum `Reader` erweitert, kommen die Methoden `int read(char[])`, `int read(CharBuffer)`, `mark(int)`, `markSupported()`, `reset()`, `skip(long)` hinzu. Abschnitt 7.2.9, »Die abstrakte Basisklasse Reader«, beschreibt die Methoden genauer.

[+]

Hinweis

Da sich die Zeichenkodierung nicht angeben lässt, sondern immer automatisch die vom System eingestellte Kodierung eingesetzt wird, sollte die Klasse verstoßen werden. Zum Lesen von Zeichen aus Dateien sollte besser `Files.newBufferedReader(…)` verwendet werden.

7.5 Schreiben und Lesen aus Strings und Byte-Feldern

Zwei interessante `Writer` sind `StringWriter` und `CharArrayWriter`, weil sie die Ausgabe nicht in eine Datei, sondern in einen `StringBuffer` bzw. in ein Zeichen-Array schreiben. Die Felder werden automatisch vergrößert. Für Byte-Felder sind `ByteArrayOutputStream` und `ByteArrayInputStream` relevant. Die Klassen lassen sich exzellent für Testfälle nutzen, denn für eine Methode, die zum Beispiel in einen beliebigen `Writer` schreibt, ist es egal, ob sie zum Testen in einen `StringWriter` oder produktiv in einen `FileWriter` schreibt.

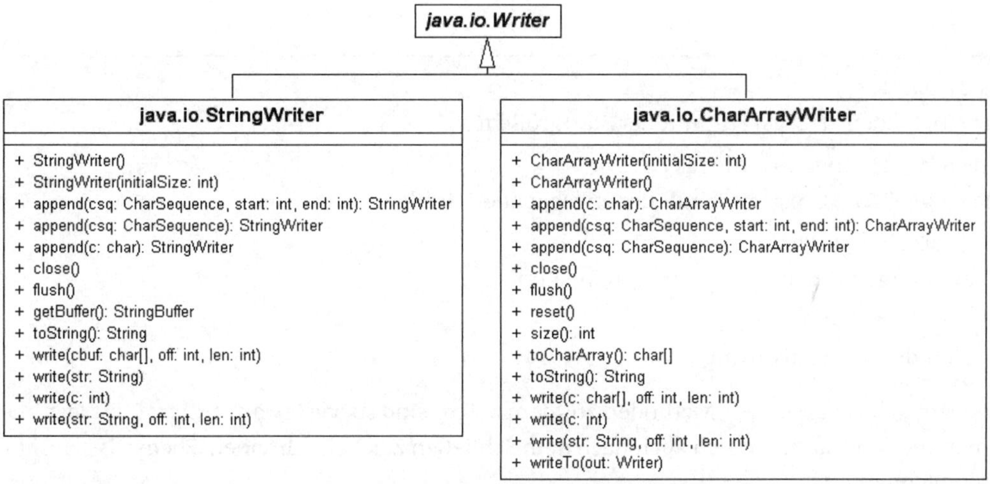

Abbildung 7.4 UML-Diagramm der Klassen StringWriter und CharArrayWriter

7.5.1 Mit dem StringWriter ein String-Objekt füllen

Die folgenden Programmzeilen werten einen `StringWriter` noch zu einem `PrintWriter` auf, damit wir die komfortablen `printXXX(...)`-Methoden verwenden können:

Listing 7.13 com/tutego/insel/io/stream/StringWriterDemo.java, main()

```
StringWriter buffer = new StringWriter();
PrintWriter out = new PrintWriter( buffer );
out.print( "Christian" );
out.printf( "ist lieb.%n" );
out.println();
String result = buffer.toString();
System.out.println( result );  // Christian ist lieb.\n\n
```

Der parameterlose Konstruktor `new StringWriter()` legt einen internen Puffer mit der Größe 16 an (der Standardgröße eines `StringBuffer`-Objekts). Daneben existiert aber noch ein Konstruktor mit dem Parameter `int`, der die anfängliche Größe festsetzt. Ist die Zeichenkette, die der

StringWriter später aufnimmt, auf jeden Fall größer als 16, sollte aus Effizienzgründen immer der zweite Konstruktor Verwendung finden. So muss sich das interne StringBuffer-Objekt bei wiederholten write(...)-Aufrufen nicht immer in der Größe ändern.

Mit den Methoden getBuffer() und toString() lesen wir den Inhalt wieder aus. Die Methoden unterscheiden sich darin, dass getBuffer() ein StringBuffer-Objekt zurückgibt und toString() das gewohnte String-Objekt. Eine Methode, die einen StringBuilder zurückgibt, fehlt.

```
class java.io.StringWriter
extends Writer
```

- StringWriter()
  Erzeugt einen StringWriter mit der Startgröße 16.
- StringWriter(int initialSize)
  Erzeugt einen StringWriter mit der angegebenen Größe.
- StringBuffer getBuffer()
  Liefert den internen StringBuffer, keine Kopie.
- String toString()
  Liefert den Puffer als String.

Die write(...)- bzw. append(...)-Methoden aus dem Writer sind so wie erwartet. close() ist leer implementiert, und so lassen sich auch nach dem Schließen Zeichen schreiben. Ebenso ist flush() leer implementiert.

7.5.2 CharArrayWriter

Neben StringWriter schreibt auch die Klasse CharArrayWriter Zeichen in einen Puffer, doch diesmal in ein Zeichenfeld. Sie bietet zudem drei zusätzliche Methoden an: reset(), size() und writeTo(Writer):

```
class java.io.CharArrayWriter
extends Writer
```

- CharArrayWriter()
  Erzeugt einen neuen CharArrayWriter mit einer Standardgröße.
- CharArrayWriter(int initialSize)
  Erzeugt einen neuen CharArrayWriter mit einer Startkapazität von initialSize Zeichen.
- void writeTo(Writer out)
  Schreibt den Inhalt des Puffers in einen anderen Zeichenstrom. Diese Methode ist recht nützlich, um die Daten weiterzugeben.

- `void reset()`
  Setzt den internen Puffer zurück, sodass das `CharArrayWriter`-Objekt ohne neue Speicheranforderung genutzt werden kann.
- `int size()`
  Liefert die Größe des Puffers.
- `char[] toCharArray()`
  Gibt eine Kopie der Eingabedaten zurück. Es ist wirklich eine Kopie und keine Referenz.
- `String toString()`
  Konvertiert die Eingabedaten in einen String.

Die `write(…)`- und `append(…)`-Methoden gibt der `Writer` vor. `close()` und `flush()` sind wie beim `StringWriter` leer.

7.5.3 StringReader und CharArrayReader

Die Klassen `StringWriter` und `CharArrayWriter` schreiben in Strings oder Zeichenfelder und haben die entsprechenden Leseklassen `StringReader` und `CharArrayReader`. Beide erlauben das Lesen von Zeichen und Zeichenfolgen aus einem String bzw. aus einem Zeichenfeld. Sie leiten sich beide direkt aus `Reader` ab.

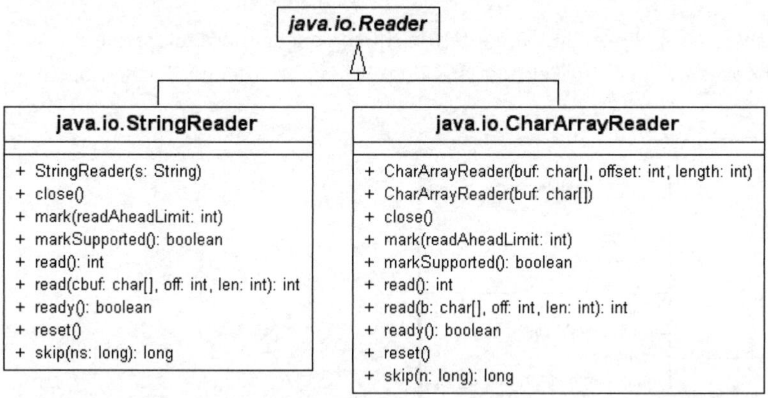

Abbildung 7.5 UML-Diagramm der Klassen StringReader und CharArrayReader

Listing 7.14 com/tutego/insel/io/stream/StringReaderDemo.java, main()

```
String s = "Hölle Hölle Hölle";
Reader sr = new StringReader( s );

char H = (char) sr.read();
char ö = (char) sr.read();

for ( int c; (c = sr.read()) != -1; )
  System.out.print( (char) c );
```

```
class java.io.StringReader
extends Reader
```

- `StringReader(String s)`
  Erzeugt einen neuen `StringReader`, der die Zeichen aus dem String `s` liest.

```
class java.io.CharArrayReader
extends Reader
```

- `CharArrayReader(char[] buf)`
  Erzeugt einen `CharArrayReader` vom angegebenen Feld.
- `CharArrayReader(char[] buf, int offset, int length)`
  Erzeugt einen `CharArrayReader` vom angegebenen Feld der Länge `length` und mit der angegebenen Verschiebung.

Die Klassen `StringReader` und `CharArrayReader` überschreiben die Methoden `close()`, `mark(int)`, `markSupported()`, `read()`, `read(char[] cbuf, int off, int len)`, `ready()`, `reset()` und `skip(long)`. Sie unterstützen `skip(int)`, `mark(int)` und `reset()`.

[+]

Hinweis

Das Zeichenfeld, das `CharArrayReader` erhält, wird intern nicht kopiert, sondern referenziert. Das heißt, dass nachträgliche Änderungen am Feld die aus dem Stream gelesenen Zeichen beeinflussen.

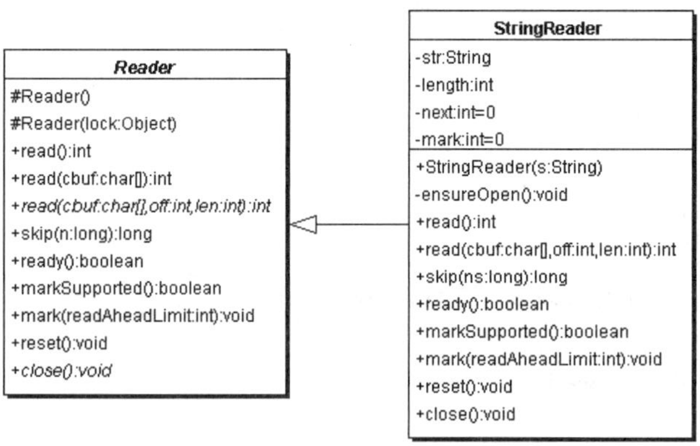

Abbildung 7.6 Vererbungsbeziehung StringReader und Reader

7.5.4 Mit ByteArrayOutputStream in ein Byte-Feld schreiben

Die Klasse `ByteArrayOutputStream` lässt sich gut verwenden, wenn mehrere unterschiedliche primitive Datentypen in ein Byte-Feld kopiert werden sollen, die dann später eventuell binär weiterkodiert werden müssen. Erstellen wir etwa eine GIF-Datei, müssen wir nacheinander verschiedene Angaben schreiben. So erstellen wir leicht eine Grafikdatei im Speicher. Anschließend konvertieren wir mit `toByteArray()` den Inhalt des Datenstroms in ein Byte-Feld:

Listing 7.15 com/tutego/insel/io/stream/ByteArrayOutputStreamDemo.java, main()

```
try ( ByteArrayOutputStream baos = new ByteArrayOutputStream();
      DataOutputStream out = new DataOutputStream( baos ) ) {
  // Header
  out.write( 'G' ); out.write( 'I' ); out.write( 'F' );
  out.write( '8' ); out.write( '9' ); out.write( 'a' );
  // Logical Screen Descriptor
  out.writeChar( 128 );    // Logical Screen Width  (Unsigned)
  out.writeChar( 37 );     // Logical Screen Height (Unsigned)
  // <Packed Fields>, Background Color Index, Pixel Aspect Ratio
  // and so on.
  out.flush();

  byte[] result = baos.toByteArray();
  System.out.println( new String(result) );  // GIF89a ...
}
```

Um komfortabel nicht nur primitive Bytes, sondern auch vorzeichenlose 16-Bit-Wörter schreiben zu können, nutzen wir `DataOutputStream` und zweckentfremden `writeChar(char)`.

```
class java.io.ByteArrayOutputStream
extends OutputStream
```

- `ByteArrayOutputStream()`
  Erzeugt ein neues `OutputStream`-Objekt, das die Daten in einem Byte-Feld abbildet.
- `ByteArrayOutputStream(int size)`
  Erzeugt ein `ByteArrayOutputStream` mit einer gewünschten Pufferkapazität.

Mit die wichtigste Methode ist `toByteArray()`, die ein `byte[]` mit dem geschriebenen Inhalt liefert. `reset()` löscht den internen Puffer. Eine praktische Methode ist `writeTo(OutputStream out)`. Hinter ihr steckt ein `out.write(buf, 0, count)`, das das für uns nicht sichtbare interne Feld `buf` schreibt.

7.5.5 Mit ByteArrayInputStream aus einem Byte-Feld lesen

Ein `ByteArrayInputStream` ist ein besonderer `InputStream`, der aus Byte-Feldern liest. Die Quelle der Daten, das Byte-Feld, wird im Konstruktor übergeben und intern nicht kopiert.

```
class java.io.ByteArrayInputStream
extends InputStream
```

- `ByteArrayInputStream(byte[] buf)`
  Erzeugt ein neues `ByteArrayInputStream`-Objekt, das alle Daten aus dem Byte-Feld `buf` liest.
- `ByteArrayInputStream(byte[] buf, int offset, int length)`
  Erzeugt `ByteArrayInputStream`, das einem Teil des Feldes Daten entnimmt.

7.6 Datenströme filtern und verketten

So wie im alltäglichen Leben Filter beim Kaffee oder bei Fotoapparaten eine große Rolle spielen, so sind sie auch bei Datenströmen zu finden. Immer dann, wenn Daten von einer Quelle gelesen oder in eine Senke geschrieben werden, können Filter die Daten auf dem Weg verändern. Die Java-Bibliothek sieht eine ganze Reihe von Filtern vor, die sich zwischen die Kommunikation schalten können:

Eingabe	Ausgabe	Anwendung
`BufferedInputStream`	`BufferedOutputStream`	Daten puffern
`BufferedReader`	`BufferedWriter`	
`CheckedInputStream`	`CheckedOutputStream`	Checksumme berechnen
`DataInputStream`	`DataOutputStream`	primitive Datentypen aus dem Strom holen und in den Strom schreiben
`DigestInputStream`	`DigestOutputStream`	Digest (Checksumme) mitberechnen
`InflaterInputStream`	`DeflaterOutputStream`	Kompression von Daten
`LineNumberInputStream`		Mitzählen von Zeilen
`LineNumberReader`		
`PushbackInputStream`		Daten in den Lesestrom zurücklegen
`PushbackReader`		
`CipherInputStream`	`CipherOutputStream`	Daten verschlüsseln und entschlüsseln

Tabelle 7.7 Filter zwischen Ein- und Ausgabe

Der `CipherOutputStream` stammt aus dem Paket `javax.crypto`, manche Typen sind aus `java.util.zip`, `DigestInputStream`/`DigestOutputStream` sind aus dem Paket `java.security`, und alle anderen stammen aus `java.io`.

7.6.1 Streams als Filter verketten (verschachteln)

Die Funktionalität der bisher vorgestellten Ein-/Ausgabeklassen reicht für den Alltag zwar aus, doch sind Ergänzungen gefordert, die die Fähigkeiten der Klassen erweitern; so zum Beispiel beim Puffern. Da die Programmlogik zur Pufferung mit Daten unabhängig von der Quelle ist, aus der die Daten stammen, findet sich die Pufferung in einer gesonderten Klasse. Java implementiert hier ein bekanntes Muster, das sich *Dekorator* nennt.

[«]

Beispiel

Das Modell für diese Verkettung ist immer gleich, am Beispiel fiktiver `Writer`-Klassen:

```
Writer w1 = new XXXWriter( wasauchimmer );
Writer w2 = new YYYWriter( w1 );
Writer w3 = new ZZZWriter( w2 );
```

Oder anders geschrieben:

```
Writer w = new ZZZWriter( new YYYWriter( new XXXWriter( wasauchimmer ) ) );
```

Da wir das Schließen nicht vergessen dürfen, setzen wir in der Regel die Kette in einen `try`-mit-Ressourcen-Block:

```
try ( Writer w1 = new XXXWriter( wasauchimmer );
      Writer w2 = new YYYWriter( w1 );
      Writer w3 = new ZZZWriter( w2 ) ) { … }
```

Der `try`-Block schließt `w3` zuerst, dann `w2` und `w1`. Dass in der Regel ein `w3.close()` ein `w2.close()` involviert, und `w2` dann noch einmal vom `try` mit Ressourcen geschlossen wird, ist in der Regel in Ordnung, da mehrfaches Schließen nicht falsch ist. Es gibt aber Ressourcen, die nur einmal geschlossen werden können, weil sie sonst Ausnahmen werden – diese lassen sich dann verkettet nicht mit `try` mit Ressourcen verwalten.

Schauen wir uns die Klassen im Paket `java.io` genau an, die andere Ströme im Konstruktor entgegennehmen:

- `BufferedWriter`, `PrintWriter`, `FilterWriter` nehmen `Writer`.
- `BufferedReader`, `FilterReader`, `LineNumberReader`, `PushbackReader`, `StreamTokenizer` nehmen `Reader`.
- `BufferedOutputStream`, `DataOutputStream`, `FilterOutputStream`, `ObjectOutputStream`, `OutputStreamWriter`, `PrintStream`, `PrintWriter` nehmen `OutputStream`.
- `BufferedInputStream`, `DataInputStream`, `FilterInputStream`, `InputStreamReader`, `ObjectInputStream`, `PushbackInputStream` nehmen `InputStream`.

Beispiel zum BufferedInputStream mit Datei-Reader und einigen anderen Klassen

Mit `Files.newInputStream(…)` bekommen wir einen `InputStream`, der aus Dateien list. Wir wollen jedoch Zugriffe immer puffern, denn Dateizugriffe sind sonst etwas langsam. Anstatt also Byte für Byte aus der Datei zu lesen, soll erst einmal ein Bündel von Daten in einen Puffer gelesen werden und Lesezugriffe dann aus diesem Puffer heraus erfolgen. Der Konstruktor von BufferedInputStream nimmt jeden beliebigen InputStream entgegen, denn der Pufferung ist es egal, ob die Daten aus einer Datei, Datenbank oder vom Netzwerk gelesen werden. Das Prinzip ist also immer, dass der Filter einen anderen Strom annimmt, an den er die Daten weitergibt oder von dem er sie holt. In unserem Fall: Der BufferedInputStream wird also beim ersten Lesen an die Datei gehen und sich den Puffer vollmachen. Jeder Lesezugriff vom Programm geht an den BufferedInputStream und nicht an den Stream von der Datei. Beim BufferedInputStream wollen wir aber nicht aufhören. Wir ummanteln diesen InputStream mit einem DigestInputStream, um beim Einlesen eine Checksumme berechnen zu können; damit lässt sich feststellen, ob die Datei verändert wurde. Danach übergeben wir den DigestInputStream an einen InputStreamReader, der den Byte-Strom in einen Zeichenstrom konvertiert. Diesen Reader übergeben wir Scanner, damit wir zeilenweise die Datei ausgeben können:

Listing 7.16 com/tutego/insel/io/writer/ChainedReader.java, main()

```
try ( InputStream       fis = Files.newInputStream( Paths.get( "lyrics.txt" ) );
      InputStream       bis = new BufferedInputStream( fis );
      DigestInputStream dis = new DigestInputStream( bis,
                              MessageDigest.getInstance( "SHA-256" ) );
      Reader            isr = new InputStreamReader( dis, StandardCharsets.ISO_8859_1 );
      Scanner scanner = new Scanner( isr ) ) {
  while ( scanner.hasNextLine() )
    System.out.println( scanner.nextLine() );
  System.out.printf( "%X", new BigInteger( 1, dis.getMessageDigest().digest() ) );
}
catch ( IOException e ) {
  System.err.println( "Konnte Datei nicht einlesen!" );
  e.printStackTrace();
}
catch ( NoSuchAlgorithmException e ) {
  System.err.println( "SHA-256 ist unbekannt!" );
}
```

7.6.2 Gepufferte Ausgaben mit BufferedWriter und BufferedOutputStream

Die Klassen BufferedWriter und BufferedOutputStream haben die Aufgabe, die mittels write(…) in den Ausgabestrom geleiteten Ausgaben zu puffern. Dies ist immer dann nützlich, wenn viele Schreiboperationen gemacht werden, denn das Puffern macht insbesondere Dateioperationen wesentlich schneller, da so mehrere Schreiboperationen zu einer zusammengefasst werden. Um die Funktionalität eines Puffers zu erhalten, besitzen die Klassen einen internen Puffer, in dem die Ausgaben von write(…) zwischengespeichert werden. Standardmäßig fasst der Puffer 8.192 Symbole. Er kann aber über einen parametrisierten Konstruktor auf einen anderen Wert gesetzt werden. Erst wenn der Puffer voll ist oder die Methoden flush() oder close() aufgerufen werden, werden die gepufferten Ausgaben geschrieben. Durch die Verringerung der Anzahl tatsächlicher write(...)-Aufrufe an das externe Gerät erhöht sich die Geschwindigkeit der Anwendung im Allgemeinen deutlich.

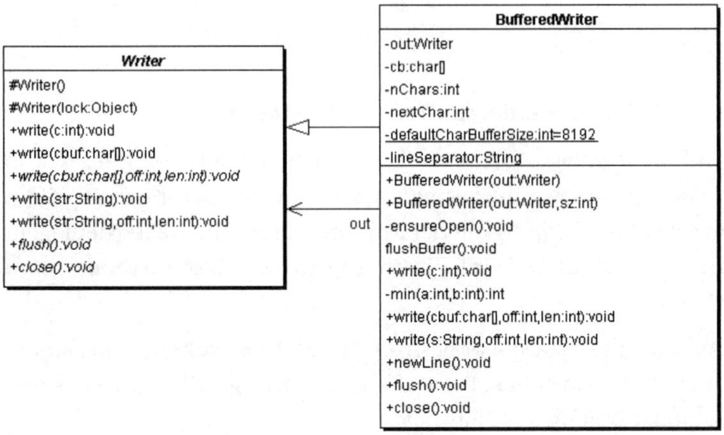

Abbildung 7.7 BufferedWriter ist ein Writer und dekoriert einen anderen Writer.

Um einen BufferedWriter/BufferedOutputStream anzulegen, gibt es zwei Konstruktoren, denen ein bereits existierender Writer/OutputStream übergeben wird. An diesen Writer/OutputStream wird dann der Filter seinerseits die Ausgaben weiterleiten, insbesondere nach einem Aufruf von flush(), close() oder einem internen Überlauf.

class java.io.**BufferedWriter** extends Writer	class java.io.**BufferedOutputStream** extends FilterOutputStream

- BufferedWriter(Writer out)
- BufferedOutputStream(OutputStream out)
  Erzeugt einen puffernden Ausgabestrom mit der Puffergröße von 8.192 Symbolen.
- BufferedWriter(Writer out, int sz)
- BufferedOutputStream(OutputStream out, int size)
  Erzeugt einen puffernden Ausgabestrom mit einer Puffergröße. Ist sie nicht echt größer 0, gibt es eine IllegalArgumentException.

Alle write(...)- und append(...)-Methoden sind so implementiert, dass die Daten erst im Puffer landen. Wenn der Puffer voll ist – oder flush() aufgerufen wird –, werden sie an den im Konstruktor übergebenen Writer durchgespült.

Zusätzlich bietet die Klasse BufferedWriter die Methode newLine(), die in der Ausgabe eine neue Zeile beginnt. Das Zeichen für den Zeilenwechsel wird aus der Systemeigenschaft line.separator genommen. Da sie intern mit der write(...)-Methode arbeitet, kann sie eine IOException auslösen.

[+]

Hinweis

Ein über `Files` bezogener `Reader/Writer` ist automatisch gepuffert; das drückt auch schon der Methodenname aus: `Files.newBufferedReader(…)` und `Files.newBufferedWriter(…)`. Sie noch einmal zu ummanteln ist unnötig.

7.6.3 Gepufferte Eingaben mit BufferedReader/BufferedInputStream

Die Klassen `BufferedReader` und `BufferedInputStream` puffern Eingaben. Die Daten werden also zuerst in einen Zwischenspeicher geladen, was insbesondere bei Dateien zu weniger Zugriffen auf den Datenträger führt und so die Geschwindigkeit der Anwendung erhöht. Neben der Eigenschaft, dass `BufferedReader` als Filter eingesetzt wird, bietet er noch zwei Extramethoden zum komfortablen Lesen von Eingaben.

Die Klassen `BufferedReader` und `BufferedInputStream` besitzen je zwei Konstruktoren. Bei einem lässt sich die Größe des internen Puffers angeben. Die Puffergröße beträgt wie beim `BufferedWriter/BufferedOutputStream` standardmäßig 8.192 Einträge.

class java.io.**BufferedReader** extends Reader	class java.io.**BufferedInputStream** extends FilterInputStream

- `BufferedReader(Reader in)`
- `BufferedInputStream(InputStream in)`
  Erzeugt einen puffernden Zeichenstrom mit der Puffergröße von 8.192.
- `BufferedReader( Reader in, int sz )`
- `BufferedInputStream(InputStream in, int size)`
  Erzeugt einen puffernden Zeichenstrom mit der gewünschten Puffergröße.

Da ein `BufferedReader` Markierungen und Sprünge erlaubt, werden die entsprechenden Methoden von `Reader` überschrieben.

[+]

Hinweis

Insbesondere beim externen Hintergrundspeichern ergibt eine Pufferung Sinn. So sollten zum Beispiel die dateiorientierten Klassen immer gepuffert werden, insbesondere, wenn einzelne Bytes/Zeichen gelesen oder geschrieben werden.

Ohne Pufferung	In der Regel schneller mit Pufferung
`new FileInputStream(f)`	`new BufferedInputStream(new FileInputStream(f))`
`new FileOutputStream(f)`	`new BufferedOutputStream(new FileOutputStream(f))`

Zeilen lesen mit BufferedReader und readLine()/stream()

Die Klasse `BufferedReader` stellt die Methode `readLine()` zur Verfügung, die eine komplette Textzeile liest und als String an den Aufrufer zurückgibt; `BufferedOutputStream` als byteorientierte Klasse bietet die Methode nicht an. Mit dieser Methode lässt sich jeder Datenstrom komplett Zeile für Zeile ablaufen. Eine weitere Methode ist neu seit Java 8: `lines()`. Sie liefert keinen String, sondern einen Stream von String-Objekten. Für ein Beispiel siehe auch Abschnitt 7.1.3, »Zeichenorientierte Datenströme über Files beziehen«.


```
class java.io.BufferedReader
extends Reader
```

- `String readLine() throws IOException`
  Liest eine Zeile bis zum Zeilenende und gibt den String ohne die Endezeichen zurück. Die Rückgabe ist `null`, wenn der Stream am Ende ist.
- `Stream<String> lines()`
  Liefert einen Stream von Strings. Im Fehlerfall wird keine geprüfte Ausnahme ausgelöst, sondern eine ungeprüfte Ausnahme vom Typ `UncheckedIOException`. Neu in Java 8.

7.6.4 LineNumberReader zählt automatisch Zeilen mit *

Aus `BufferedReader` geht direkt die – bisher einzige – Unterklasse `LineNumberReader` hervor, die Zeilennummern zugänglich macht. Sie verfügt damit natürlich auch über `readLine()`. Mit `getLineNumber()` und `setLineNumber(int)` lässt sich aber zusätzlich auf die Zeilennummer zugreifen. Dass die Zeilennummer auch geschrieben werden kann, ist sicherlich ungewöhnlich, intern wird aber nur die Variable `lineNumber` geschrieben; der Datenzeiger wird nicht verändert.

Bei jedem `read(…)` untersuchen die Methoden, ob im Eingabestrom ein »\n«, »\r« oder eine Folge dieser beiden Zeichen vorkommt. Wenn dies der Fall ist, inkrementieren sie die Variable `lineNumber`. Zeilennummern beginnen bei 0.

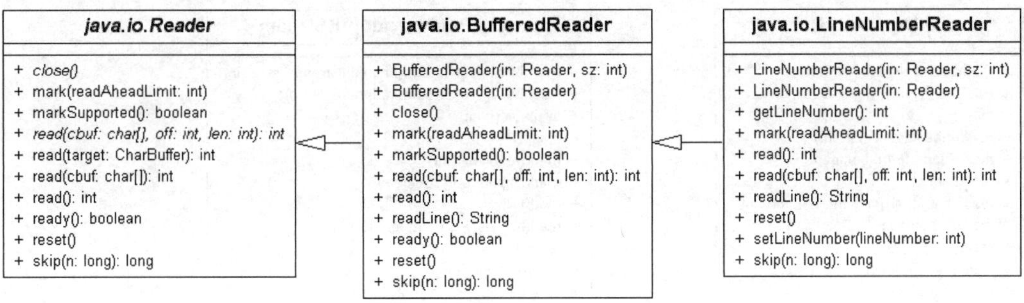

Abbildung 7.8 Die Klassenhierarchie von LineNumberReader

```
class java.io.LineNumberReader
extends BufferedReader
```

- `LineNumberReader(Reader in)`
  Dekoriert einen gegebenen `Reader`.
- `LineNumberReader(Reader in, int sz)`
  Dekoriert einen gegebenen `Reader` mit gegebener Puffergröße.
- `int getLineNumber()`
  Liefert die aktuelle Zeilennummer.
- `void setLineNumber(int lineNumber)`
  Setzt die aktuelle Zeilennummer.

7.6.5 Daten mit der Klasse PushbackReader zurücklegen *

Die Klassen `PushbackReader` und `PushbackInputStream` können schon gelesene Eingaben wieder in den Strom zurücklegen. Das ist nützlich für so genannte *vorausschauende Parser*, die eine Wahl anhand des nächsten gelesenen Zeichens treffen. Mit den beiden Klassen kann dieses Vorschauzeichen wieder in den Eingabestrom gelegt werden, wenn der Parser den Weg doch nicht verfolgen möchte. Der nächste Lesezugriff liest dann nämlich dieses zurückgeschriebene Zeichen.

Die Filterklassen besitzen einen internen Puffer beliebiger Größe, in dem Symbole gespeichert werden, um sie später zurückholen zu können. Im Folgenden wollen wir uns nur mit dem `PushbackReader` beschäftigen; die Nutzung der Klasse `PushbackInputStream` ist ähnlich.

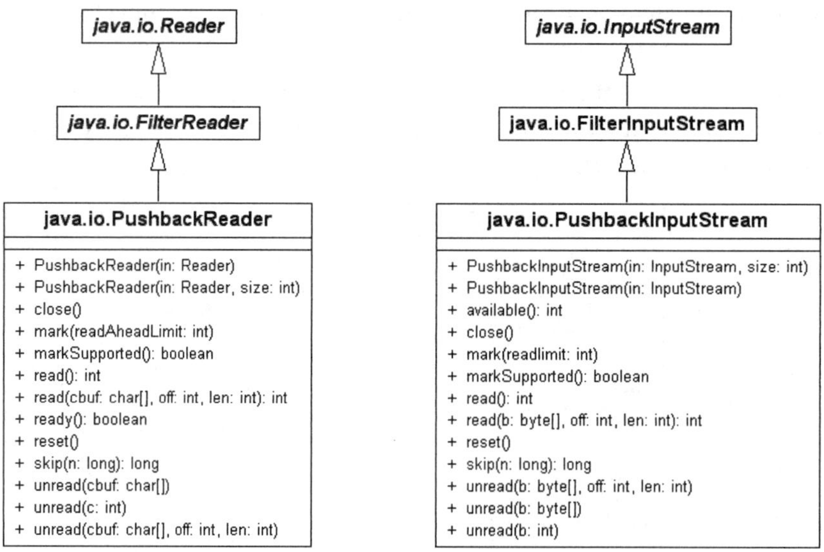

Abbildung 7.9 UML-Diagramm mit den PushbackXXX-Klassen

```
class java.io.PushbackReader
extends FilterReader
```

- `PushbackReader(Reader in)`
  Erzeugt einen `PushbackReader` aus dem Reader `in` mit der Puffergröße 1.
- `PushbackReader(Reader in, int size)`
  Erzeugt einen `PushbackReader` aus dem Reader `in` mit der Puffergröße `size`.

Um ein Zeichen oder eine Zeichenfolge wieder in den Eingabestrom zu legen, wird die Methode `unread(…)` ausgeführt:

- `public void unread(int c) throws IOException`
- `public void unread(char[] cbuf, int off, int len) throws IOException`
- `public void unread(char[] cbuf) throws IOException`
  Legt ein Zeichen oder ein Feld von Zeichen zurück in den Zeichenstrom.

`PushbackReader` ist ein Eingabefilter und die einzige Klasse, die direkt aus `FilterReader` abgeleitet ist.

Zeilennummern mit einem PushbackReader entfernen

Das nächste Programm demonstriert die Möglichkeiten eines `PushbackReaders`. Die Implementierung wirkt möglicherweise etwas gezwungen, sie zeigt jedoch, wie `unread(char)` eingesetzt werden kann. Das Programm löst folgendes Problem: Wir haben eine Textdatei (im Programm einfach als String über einen `StringReader` zur Verfügung gestellt), in der Zeilennummern mit dem String verbunden sind:

```
134Erste Zeile
234Zeile
```

Wir wollen nun die Zahlen vom Rest der Zeilen trennen. Dazu lesen wir so lange die Zahlen ein, bis ein Zeichen folgt, bei dem `Character.isDigit(…)` die Rückgabe `false` ergibt. Dann wissen wir, dass wir keine Ziffer mehr im Strom haben. Das Problem ist nun, dass zum Testen schon ein Zeichen mehr gelesen werden musste. In einem normalen Programm ohne die Option, das Zeichen zurücklegen zu können, würde das ungemütlich. Dieses Zeichen müsste dann gesondert behandelt werden, da es das erste Zeichen der neuen Eingabe ist und nicht mehr zur Zahl gehört. Doch an Stelle dieser Sonderbehandlung legen wir es einfach wieder mit `unread(char)` in den Datenstrom, und dann kann der nachfolgende Programmcode einfach so weitermachen, als ob nichts gewesen wäre:

Listing 7.17 com/tutego/insel/io/stream/PushbackReaderDemo.java, main()

```
String s = "134Erste Zeile\n234Zeile";

PushbackReader in = new PushbackReader( new StringReader(s) );
```

```
for ( int c; ; ) {
  try {
    int number = 0;

    // Read until no digit

    while ( Character.isDigit((char)(c = in.read())) )
      number = number * 10 + Character.digit( c, 10 );

    if ( c == -1 )          // Ende erreicht? Dann aufhören
      break;

    in.unread( c );         // Gelesenes Zeichen zurücklegen

    System.out.print( number + ":" );

    while ( (c = in.read()) != -1 ) {
      System.out.print( (char) c );

      if ( c == '\n' )
        break;
    }
    if ( c == -1 )
      break;
  }
  catch ( EOFException e ) {
    break;
  }
}
```

PushbackReader und das fehlende readLine()

Da `PushbackReader` nicht von `BufferedReader` abgeleitet ist und auch selbst keine Methode `readLine()` anbietet, müssen wir mit einer kleinen Schleife selbst Zeilen lesen. Im Bedarfsfall muss die Zeichenkombination »\r\n« gelesen werden. So wie die Methode von uns jetzt programmiert ist, ist sie auf Plattformen beschränkt, die nur ein einziges Endezeichen einfügen. Doch warum nutzen wir nicht `readLine()`? Wer nun auf die Idee kommt, folgende Zeilen zu schreiben, um doch in den Genuss der Methode `readLine()` zu kommen, ist natürlich auf dem Holzweg:

```
StringReader   sr = new StringReader( s );
BufferedReader br = new BufferedReader ( sr );
PushbackReader in = new PushbackReader( br );
...
br.readLine();      // Achtung, br!!
```

Wenn wir dem PushbackReader das Zeichen wiedergeben, dann arbeitet der BufferedReader genau eine Ebene darüber und bekommt vom Zurückgeben nichts mit. Daher ist es sehr gefährlich, die Verkettung zu umgehen. Im konkreten Fall wird das unread(char) nicht durchgeführt, und das erste Zeichen nach der Zahl fehlt.

7.6.6 DataOutputStream/DataInputStream *

Während der OutputStream nur einzelne Bytes bzw. Byte-Felder schreibt und der InputStream aus einer Eingabe Bytes lesen kann, erweitern die Klassen DataOutputStream und DataInputStream diese Schreib- und Lesefähigkeit um primitive Datentypen. Die Vorgaben bekommen sie aus DataOutput und DataInput, die wir schon bei RandomAccessFile sahen. Wichtige Methoden sind zum Beispiel writeChar(char), writeInt(int), writeUTF(char) oder readUnsignedByte(), readLong() und readFully(byte[]).

[+]

Hinweis

Der DataInputStream implementiert DataInput und erweitert FilterInputStream, was wiederum ein InputStream ist. Bei InputStream ist für die Methode read() eine Rückgabe von –1 vermerkt, wenn kein Byte mehr gelesen werden kann. Der DataInputStream muss aber mit einer Methode wie readLong() 8 Byte aus der Eingabe lesen.

Sind zum Beispiel nur 7 Byte im Strom und das letzte Byte kann nicht gelesen werden, ist das Ergebnis eine EOFException und nicht –1 (das kann auch nicht sein, da –1 im Datenstrom stehen könnte). Eine IOException kann auch ausgelöst werden, aber nicht, wenn Daten fehlen, sondern wenn beim Lesen der einzelnen Bytes die Ausnahme aufkam.

7.6.7 Basisklassen für Filter *

Als Basisklassen für existierende Filter – und insbesondere für eigene Filter – sieht die Standardbibliothek folgende Klassen vor:

- FilterInputStream
- FilterOutputStream für die Binärseite
- FilterReader
- FilterWriter für die Zeichenseite

Eine konkrete Filterklasse überschreibt nötige Methoden ihrer Basisklassen (also vom InputStream, OutputStream, Reader oder Writer) und ersetzt diese durch neue Methoden mit erweiterter Funktionalität. Die folgende Abbildung stellt die zentralen Filter vor.

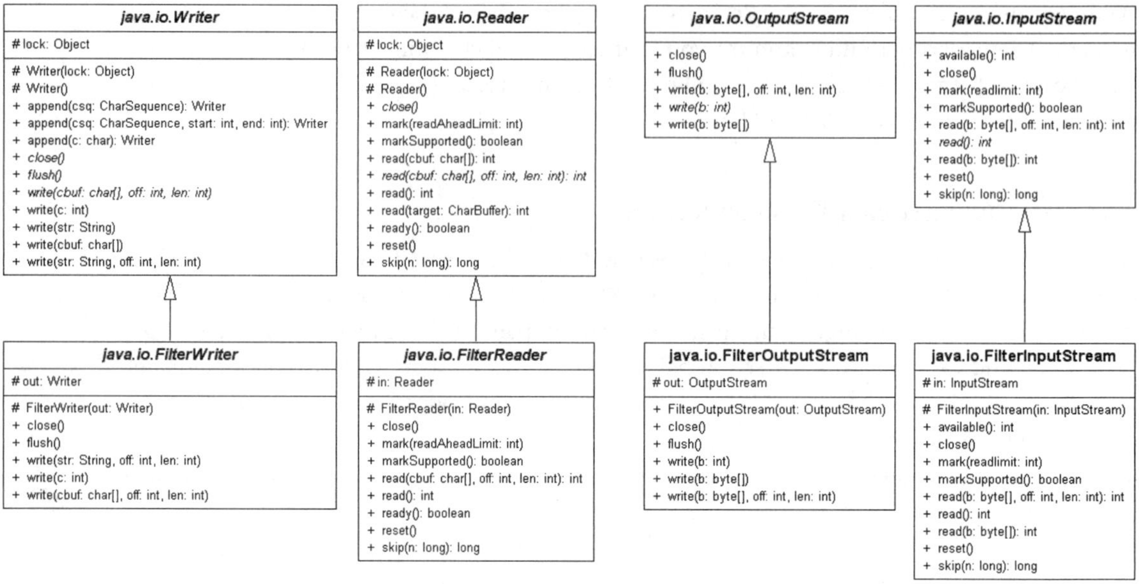

Abbildung 7.10 UML-Diagramm mit ausgewählten Filterklassen

Am UML-Diagramm fällt besonders auf, dass jeder Filter zum einen selbst ein Stream ist und zum anderen einen Stream verwaltet. Damit nimmt er Daten entgegen und leitet sie gleich weiter. Das ist ein bekanntes Design-Pattern und nennt sich *Dekorator*.

7.6.8 Die Basisklasse FilterWriter *

Die Basis für eigene zeichenorientierte Filter, die vor dem Verarbeiten vom Client modifiziert werden sollen, ist die abstrakte Klasse `FilterWriter`. Wir übergeben im Konstruktor ein `Writer`-Objekt, an das die späteren Ausgaben weitergeleitet werden. Das Konstruktor-Argument wird in dem `protected`-Attribut `out` des `FilterWriter`-Objekts gesichert. In der Unterklasse greifen wir darauf zurück, denn dorthin schickt der Filter seine Ausgaben.

Die Standardimplementierung der Klasse `FilterWriter` überschreibt drei der `write(…)`-Methoden so, dass die Ausgaben an den im Konstruktor übergebenen `Writer` gehen.

```
abstract class java.io.FilterWriter
extends Writer
```

- `protected Writer out`
  Der Ausgabestrom, an den die Daten geschickt werden. Er wird dem Konstruktor übergeben, der ihn in `out` speichert.
- `protected FilterWriter(Writer out)`
  Erzeugt einen neuen filternden `Writer`.

- `void write(int c)`
  Schreibt ein einzelnes Zeichen.
- `void write(char[] cbuf, int off, int len)`
  Schreibt einen Teil eines Zeichenfeldes.
- `void write(String str, int off, int len)`
  Schreibt einen Teil eines Strings.
- `void close()`
  Schließt den Stream.
- `void flush()`
  Leert den internen Puffer des Streams.

Die Klasse ist abstrakt, also können keine direkten Objekte erzeugt werden. Dennoch gibt es einen `protected`-Konstruktor, der für Unterklassen wichtig ist. Abgeleitete Klassen bieten in der Regel selbst einen Konstruktor mit dem Parameter vom Typ `Writer` an und rufen im Rumpf mit `super(write)` den geschützten Konstruktor der Oberklasse `FilterWriter` auf. Über die initialisierte geschützte Objektvariable `out` kommen wir dann an diesen Ur-`Writer`.

7.6.9 Ein LowerCaseWriter *

Wir wollen im Folgenden einen Filter schreiben, der alle in den Strom geschriebenen Zeichen in Kleinbuchstaben umwandelt. Drei Dinge sind für einen eigenen `FilterWriter` nötig:

- Die Klasse leitet sich von `FilterWriter` ab.
- Unser Konstruktor nimmt als Parameter ein `Writer`-Objekt und ruft mit `super(out)` den Konstruktor der Oberklasse auf, also `FilterWriter`. Die Oberklasse speichert das übergebene Argument in der geschützten Objektvariablen `out`, sodass die Unterklassen darauf zugreifen können.
- Wir überlagern die drei `write(...)`-Methoden und eventuell noch `close()` und `flush()`. Unsere `write(...)`-Methoden führen dann die Filteroperationen aus und geben die wahren Daten an den `Writer` weiter.

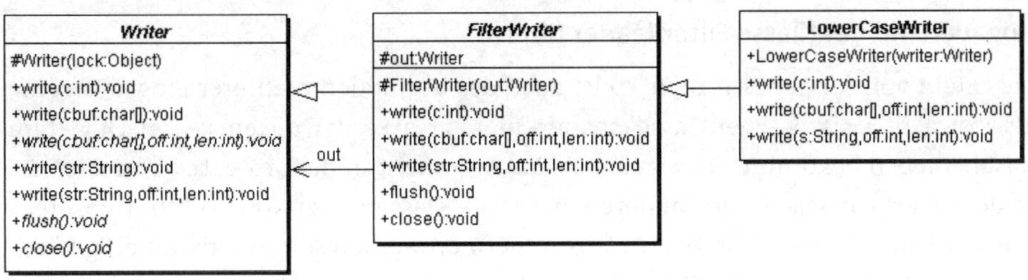

Abbildung 7.11 Vererbungsbeziehungen der neuen Klasse LowerCaseWriter

Listing 7.18 com/tutego/insel/io/stream/LowerCaseWriterDemo.java, LowerCaseWriter

```
class LowerCaseWriter extends FilterWriter {

  public LowerCaseWriter( Writer writer ) {
    super( writer );
  }

  @Override
  public void write( int c ) throws IOException {
    out.write( Character.toLowerCase((char)c) );
  }

  @Override
  public void write( char[] cbuf, int off, int len ) throws IOException {
    write( String.valueOf( cbuf ), off, len );
  }

  @Override
  public void write( String s, int off, int len ) throws IOException {
    out.write( s.toLowerCase(), off, len );
  }
}
```

Und die Nutzung sieht dann so aus:

Listing 7.19 com/tutego/insel/io/stream/LowerCaseWriterDemo.java, LowerCaseWriterDemo main()

```
StringWriter sw = new StringWriter();
PrintWriter  pw = new PrintWriter( new LowerCaseWriter( sw ) );
pw.println( "Eine Zeile für klein und groß" );
System.out.println( sw.toString() );
```

7.6.10 Eingaben mit der Klasse FilterReader filtern *

Wie das Schachteln von Ausgabeströmen, so ist auch das Verbinden mehrerer Eingabeströme möglich. Als abstrakte Basiszwischenklasse existiert hier `FilterReader`, die ein `Reader`-Objekt im Konstruktor übergeben bekommt. Dieser sichert das Argument in der `protected`-Variablen `in`. (Das ist das gleiche Prinzip wie bei den anderen `FilterXXX`-Klassen.) Der Konstruktor ist `protected`, da er von der Unterklasse mit `super(reader)` aufgerufen werden soll. Standardmäßig leiten die Methoden vom `FilterReader` die Methoden an den `Reader` aus der Variablen `in` weiter; das heißt etwa: Wenn der `FilterReader` geschlossen wird, wird der Aufruf `in.close()` ausgeführt. Aus diesem Grund muss der `FilterReader` auch alle Methoden von `Reader` überschreiben, da ja eine Umleitung stattfindet.

```
abstract class java.io.FilterReader
extends Reader
```

- protected Reader in
  Der Zeicheneingabestrom oder `null`, wenn der Strom geschlossen wurde.
- protected FilterReader(Reader in)
  Erzeugt einen neuen filternden Reader.

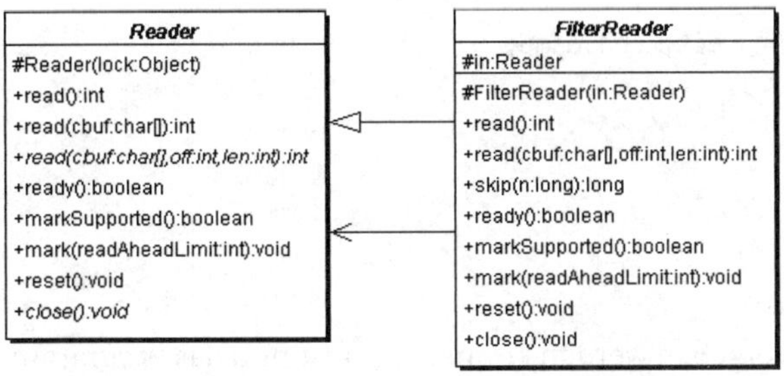

Abbildung 7.12 UML-Diagramm von FilterReader

Die Methoden `read()`, `read(char[] cbuf, int off, int len)`, `skip(long n)`, `ready()`, `markSupported()`, `mark(int readAheadLimit)`, `reset()` und `close()` werden überschrieben und leiten die Aufrufe direkt an `Reader` weiter. Lösen die Methoden eine Ausnahme aus, leitet der `FilterReader` sie standardmäßig an uns weiter.

7.6.11 Anwendungen für FilterReader und FilterWriter *

Unsere nächste Klasse bringt uns etwas näher an das HTML-Format heran. Wir wollen eine Klasse `HTMLWriter` entwerfen, die `FilterWriter` erweitert und Textausgaben in HTML konvertiert. In HTML werden Tags eingeführt, die vom Browser erkannt und besonders behandelt werden. Findet etwa der Browser im HTML-Text eine Zeile der Form `<strong>Dick</strong>`, so stellt er den Inhalt »Dick« in fetter Schrift dar, da das `<strong>`-Element den Zeichensatz umstellt. Alle Tags werden in spitzen Klammern geschrieben. Daraus ergibt sich, dass HTML einige spezielle Zeichenfolgen (Entities genannt) verwendet. Wenn diese Zeichen auf der HTML-Seite dargestellt werden, muss dies durch spezielle Zeichensequenzen geschehen:

- < wird zu `<`
- > wird zu `>`
- & wird zu `&`

Kommen diese Zeichen im Quelltext vor, so muss unser `HTMLWriter` diese Zeichen durch die entsprechende Sequenz ersetzen. Andere Zeichen sollen nicht ersetzt werden.

Den Browsern ist die Struktur der Zeilen in einer HTML-Datei egal. Sie formatieren wiederum nach speziellen Tags. Zeilenvorschübe etwa werden mit `<br/>` eingeleitet. Unser `HTMLWriter` soll zwei leere Zeilen durch das Zeilenvorschub-Element `<br/>` markieren.

HTML-Dokument schreiben

Alle sauberen HTML-Dateien haben einen wohldefinierten Anfang und ein wohldefiniertes Ende. Das folgende kleine HTML-Dokument ist wohlgeformt und zeigt, was unser Programm später erzeugen soll:

```
<!DOCTYPE HTML PUBLIC "-//W3C//DTD HTML 4.01//EN"
                      "http://www.w3.org/TR/html4/strict.dtd">
<html><head><title>Superkreativer Titel</title></head>
<body><p>
Und eine Menge von Sonderzeichen: &lt; und &gt; und &amp;
Zweite Zeile
<br/>
Leerzeile
Keine Leerzeile danach
</p></body></html>
```

Der Titel der Seite sollte im Konstruktor übergeben werden können. Hier ist nun das Programm für den `HTMLWriter`:

Listing 7.20 com/tutego/insel/io/stream/HTMLWriter.java

```
package com.tutego.insel.io.stream;

import java.io.*;

class HTMLWriter extends FilterWriter {

  private boolean newLine;

  /**
   * Creates a new filtered HTML writer with a title for the web page.
   *
   * @param out  a Writer object to provide the underlying stream.
   * @throws IOException if the header cannot be written
   */
  public HTMLWriter( Writer out, String title ) throws IOException {
    super( out );

    out.write( "<!DOCTYPE HTML PUBLIC \"-//W3C//DTD HTML 4.01//EN\"" +
           " \"http://www.w3.org/TR/html4/strict.dtd\">\n"  );
    out.write( "<html><head><title>" + title + "</title></head>\n<body><p>\n" );
  }

  /**
   * Creates a new filtered HTML writer with no title for the web page.
```

```
 *
 * @param out  a Writer object to provide the underlying stream.
 */
public HTMLWriter( Writer out ) {
  super( out );
}

/**
 * Writes a single character.
 */
@Override
public void write( int c ) throws IOException {
  switch ( c ) {
    case '<':
      out.write( "&lt;" );
      newLine = false;
      break;
    case '>':
      out.write( "&gt;" );
      newLine = false;
      break;
    case '&':
      out.write( "&amp;" );
      newLine = false;
      break;
    case '\n':
      if ( newLine ) {
        out.write( "<br/>\n" );
        newLine = false;
      }
      else
        out.write( "\n" );
      newLine = true;
      break;
    case '\r':
      break; // ignore

    default :
      out.write( c );
      newLine = false;
  }
}

/**
```

```
 * Writes a portion of an array of characters.
 *
 * @param  cbuf Buffer of characters to be written
 * @param  off  Offset from which to start reading characters
 * @param  len  Number of characters to be written
 * @exception   IOException If an I/O error occurs
 */
@Override
public void write( char[] cbuf, int off, int len ) throws IOException {
  for ( int i = off; i < len; i++ )
    write( cbuf[ i ] );
}

/**
 * Writes a portion of a string.
 *
 * @param  str  String to be written.
 * @param  off  Offset from which to start reading characters
 * @param  len  Number of characters to be written
 * @exception   IOException If an I/O error occurs
 */
@Override
public void write( String str, int off, int len ) throws IOException {
  for ( int i = off; i < len; i++ )
    write( str.charAt( i ) );
}

/**
 * Closes the stream.
 *
 * @throws IOException If the prolog can not be written or the underlying stream
 * not be closed
 */
@Override
public void close() throws IOException {
  try {
    out.write( "</p></body></html>" );
  }
  finally {
    out.close();  // Ignoriere, falls out.close() und out.write() knallt
  }
}
}
```

Ein Demo-Programm soll die aufbereiteten Daten in einen StringWriter schreiben:

Listing 7.21 com/tutego/insel/io/stream/HTMLWriterDemo.java, main()

```
StringWriter sw = new StringWriter();
HTMLWriter html = new HTMLWriter( sw, "Superkreativer Titel" );
PrintWriter pw = new PrintWriter( html );
pw.println( "Und eine Menge von Sonderzeichen: < und > und &" );
pw.println( "Zweite Zeile" );
pw.println();
pw.println( "Leerzeile" );
pw.println( "Keine Leerzeile danach" );
pw.close();
System.out.println( sw.toString() );
```

HTML-Tags mit einem speziellen Filter überlesen

Unser nächstes Beispiel ist eine Klasse, die den FilterReader so erweitert, dass HTML-Tags überlesen werden. Die Klasse FilterReader deklariert den notwendigen Konstruktor zur Annahme des Readers, der die wirklichen Daten liefert, und überschreibt zwei read(…)-Methoden. Die read()-Methode ohne Parameter – die ein int für ein gelesenes Zeichen zurückgibt – legt einfach ein 1 Zeichen großes Feld an und ruft dann die zweite überschriebene read(**char[], int , int**)-Methode auf, die die Daten in ein Feld liest. Da dieser Methode neben dem Feld auch noch die Größe übergeben werden kann, müssen wirklich so viele Zeichen gelesen werden. Es reicht einfach nicht aus, die übergebene Anzahl von Zeichen vom tiefer liegenden Reader zu lesen, sondern hier müssen wir beachten, dass eingestreute Tags nicht zählen. Die Zeichenkette <p>Hallo<p> ist ja nur fünf Zeichen lang und nicht elf!

Listing 7.22 com/tutego/insel/io/stream/HTMLReader.java

```
package com.tutego.insel.io.stream;

import java.io.*;

public class HTMLReader extends FilterReader {
  private boolean inTag = false;

  public HTMLReader( Reader in ) {
    super( in );
  }

  @Override
  public int read() throws IOException {
    char[] buf = new char[1];
    return read( buf, 0, 1 ) == -1 ? -1 : buf[0];
```

```
  }

  @Override
  public int read( char[] cbuf, int off, int len ) throws IOException {
    int numchars = 0;

    while ( numchars == 0 ) {
      numchars = in.read( cbuf, off, len );

      if ( numchars == -1 ) // EOF?
        return -1;

      int last = off;

      for ( int i = off; i < off + numchars; i++ ) {
        if ( ! inTag ) {
          if ( cbuf[i] == '<' )
            inTag = true;
          else
            cbuf[last++] = cbuf[i];
        }
        else if ( cbuf[i] == '>' )
          inTag = false;
      }
      numchars = last - off;
    }
    return numchars;
  }
}
```

Ein Beispielprogramm soll die Daten aus einem `StringReader` ziehen. Der `HTMLReader` bekommt diesen `StringReader` und wird selbst von `Scanner` genutzt, damit wir die komfortable `nextLine()`-Methode nutzen können. Da hier keine externen Ressourcen vorkommen, müssen wir nichts schließen, und ein `try` mit Ressourcen kann entfallen.

Listing 7.23 com/tutego/insel/io/stream/HTMLReaderDemo.java, main()

```
String s = "<html>Hallo! <b>Ganz schön fett.</b> "
           + "Ah, wieder normal.</html>";

Reader sr = new StringReader( s );
Reader hr = new HTMLReader( sr );
Scanner scanner = new Scanner( hr );
while ( scanner.hasNextLine() )
  System.out.println( scanner.nextLine() );
```

Es produziert dann die einfache Ausgabe:

```
Hallo! Ganz schön fett. Ah, wieder normal.
```

7.7 Vermittler zwischen Byte-Streams und Unicode-Strömen

Dateien bestehen immer aus Bytes, also Sammlungen von 8-Bit-Werten. Zeichen dagegen bestehen in der Regel aus 16-Bit-Unicode-Werten. Daraus ist abzuleiten, dass es eine Konvertierung geben muss von einer byteweisen Speicherung und einer zeichenbasierten Java-Repräsentation. Im Mittelpunkt stehen zwei Kassen: `InputStreamReader` und `OutputStreamWriter`:

- Beliebiger `Writer` schreibt Zeichen in `OutputStreamWriter`, der konvertiert in Bytes und schreibt in `OutputStream`.
- Beliebiger `Reader` liest Zeichen aus `InputStreamReader`, der liest aus `InputStream` und konvertiert von Bytes.

Die Angabe der Zeichenkodierung erfolgt über einen String, über ein `Charset` oder über einen `CharsetEncoder`. Für ein `Charset` stehen Konstanten in `StandardCharsets` bereit.

7.7.1 Datenkonvertierung durch den OutputStreamWriter

Die Klasse `OutputStreamWriter` ist sehr interessant, da sie Konvertierungen der Zeichen nach einer Zeichenkodierung vornimmt. So wird sie, unterstützt durch die einzige Unterklasse `FileWriter`, für Ausgaben in Dateien noch wichtiger. Jeder `OutputStreamWriter` konvertiert auf diese Weise Zeichenströme von einer Zeichenkodierung (etwa EBCDIC) in die andere (etwa Latin-1). Die Zeichenkodierung kann im Konstruktor eines `OutputStreamWriter`-Objekts angegeben werden. Ohne Angabe ist es der Standardkonvertierer, der in den Systemeigenschaften unter dem Schlüssel `file.encoding` geschrieben ist. Die Kodierung der Zeichen nimmt ein `StreamEncoder` im Paket `sun.nio.cs` vor.

```
class java.io.OutputStreamWriter
extends Writer
```

- `OutputStreamWriter(OutputStream out)`
  Erzeugt einen `OutputStreamWriter`, der die Standardkodierung zur Umwandlung von Bytes in Zeichen verwendet.
- `OutputStreamWriter(OutputStream out, Charset cs)`
- `OutputStreamWriter(OutputStream out, CharsetEncoder enc)`
  Erzeugt einen `OutputStreamWriter` mit einem `Charset` oder einem `CharsetEncoder`.
- `OutputStreamWriter(OutputStream out, String enc)`
  Erzeugt einen `OutputStreamWriter` mit der vorgegebenen Kodierung.

- `void close()`
  Schließt den Datenstrom.
- `void flush()`
  Schreibt den gepufferten Strom.
- `String getEncoding()`
  Liefert die Kodierung des Datenstroms als String.
- `void write(char[] cbuf, int off, int len)`
  Schreibt Zeichen des Feldes.
- `void write(int c)`
  Schreibt ein einzelnes Zeichen.
- `void write(String str, int off, int len)`
  Schreibt den Teil eines Strings.

FileWriter, OutputStreamWriter und FileOutputStream

`OutputStreamWriter` ist die Basisklasse für die konkrete Klasse `FileWriter` und ist für die Konvertierung der Zeichen in Bytefolgen verantwortlich. Die Konstruktoren bauen ein `FileOutputStream`-Objekt auf und füttern damit den Konstruktor von `OutputStreamWriter`. Die `write(…)`-Methoden vom `OutputStreamWriter` konvertieren die Zeichen in Bytes, die letztendlich der `FileOutputStream` schreibt:

Listing 7.24 java/io/FileWriter.java, Ausschnitt

```
public class FileWriter extends OutputStreamWriter {
  public FileWriter(String fileName) throws IOException {
    super(new FileOutputStream(fileName));
  }
  public FileWriter(String fileName, boolean append)
      throws IOException {
    super(new FileOutputStream(fileName, append));
  }
  …
}
```

7.7.2 Automatische Konvertierungen mit dem InputStreamReader

Die konkrete Klasse `InputStreamReader` nimmt eine Konvertierung zwischen Byte- und Zeichen-Streams vor. Sie arbeitet wie ein `OutputStreamWriter` und konvertiert die Daten mithilfe eines `sun.nio.cs.StreamDecoder`.

```
class java.io.InputStreamReader
extends Reader
```

- `InputStreamReader(InputStream in)`
  Erzeugt einen `InputStreamReader` mit der Standardkodierung.
- `InputStreamReader(InputStream in, String enc)`
  `throws UnsupportedEncodingException`
  Erzeugt einen `InputStreamReader`, der die angegebene Zeichenkodierung anwendet.
- `String getEncoding()`
  Liefert einen String mit dem Namen der Kodierung zurück. Der Name ist kanonisch und kann sich daher von dem String unterscheiden, der im Konstruktor übergeben wurde.
- `int read() throws IOException`
  Liest ein einzelnes Zeichen oder gibt –1 zurück, falls der Stream am Ende ist.
- `int read(char[] cbuf, int off, int len) throws IOException`
  Liest Zeichen in einen Teil eines Feldes.
- `boolean ready() throws IOException`
  Kann vom Stream gelesen werden. Ein `InputStreamReader` ist bereit, wenn der Eingabepuffer nicht leer ist oder Bytes des darunter befindlichen `InputStreams` anliegen.

Wie wir an dieser Stelle bemerken, unterstützt ein reiner `InputStream` kein `mark()` und `reset()`. Da `FileReader` die einzige Klasse in der Java-Bibliothek ist, die einen `InputStreamReader` erweitert, und da diese Klasse ebenfalls kein `mark(int)` bzw. `reset()` unterstützt, lässt sich sagen, dass kein `InputStreamReader` der Standardbibliothek Positionsmarkierungen erlaubt.

Vergleich Reader und InputStream *

Wir erinnern uns, dass Java standardmäßig 16-Bit-Unicode-Zeichen verwendet, aber viele Computersysteme nur mit 8-Bit-ASCII-Zeichen arbeiten. Wenn wir also ein einzelnes Zeichen lesen, muss die passende Konvertierung in das richtige Zeichenformat gesichert sein. Der einfachste Weg besteht darin, ein Zeichen zu lesen und es in ein `char` – allerdings ohne Konvertierung – zu casten, beispielsweise wie folgt:

```
try ( InputStream     fis = new FileInputStream( "file.txt" );
      DataInputStream dis = new DataInputStream( fis ) ) {
  char c = (char) dis.readByte();
}
```

Da die Lösung keine Konvertierung durchführt, ist dieser Weg nicht so gut. Empfehlenswert ist die Verwendung eines `InputStreamReader`, der die 8 Bit in ein Unicode-Zeichen portiert. Der `InputStreamReader` ist ein Adapter, der aus einem Byte lesenden `InputStream` einen Unicode-Zeichen gebenden `Reader` macht:

```
try ( InputStream fis = new FileInputStream( "file.txt" );
      Reader isr = new InputStreamReader( fis ) ) {
  char c = (char) isr.read();
}
```

In der Regel es ratsam, die Konvertierung explizit zu dokumentieren, also zu schreiben:

```
Reader isr = new InputStreamReader( fis, StandardCharsets.ISO_8859_1 ) )
```

Die Klasse `FileReader` ist eine Unterklasse von `InputStreamReader`, die direkt eine Datei öffnet und den `FileInputStream` für uns anlegt. Allerdings lässt sich die Konvertierung nicht angeben, sodass `FileReader` keine so gute Wahl ist.

7.8 Kommunikation zwischen Threads mit Pipes *

Die Kommunikation zwischen Programmteilen kann auf vielfältige Weise geschehen. Einige Möglichkeiten haben wir bei Threads kennengelernt. Bei getrennten Programmen lässt sich die Kommunikation über Dateien realisieren. Auch Datenströme können von einem Teil geschrieben und vom anderen gelesen werden. Wenn wir jedoch mit Threads arbeiten, wäre eine Kommunikation über Dateien zwar denkbar, aber zu aufwändig. Ein anderes Stromkonzept ist praktisch.

7.8.1 PipedOutputStream und PipedInputStream

Einfacher ist der Austausch der Daten über eine so genannte *Pipe*. Sie wird über Paare spezieller Stromklassen gebildet:

- `PipedOutputStream`, `PipedInputStream` bzw.
- `PipedWriter`, `PipedReader`

Die `PipedXXX`-Klassen sind übliche Unterklassen von `OutputStream`/`InputStream` und `Writer`/`Reader` (im nächsten Beispiel verfolgen wir die Byte-Variante). Wenn dann Threads Daten austauschen wollen, kann ein Produzent sie über `write(…)` in den Ausgabestrom schreiben, und der andere Thread wird sie dort über `read(…)` empfangen können.

Natürlich muss ein schreibender Pipe-Strom wissen, wer der Empfänger ist. Daher müssen die Schreib-/Lese-Pipes miteinander verbunden werden. Eine Möglichkeit bietet `connect()`.

[»] **Beispiel**

Ein `PipedOutputStream` soll mit einem `PipedInputStream` verbunden werden:

```
PipedOutputStream pos = new PipedOutputStream();
PipedInputStream  pis = new PipedInputStream();
```

```
pos.connect( pis );
// oder pis.connect( pos );
```

Werden jetzt Daten produziert und in den pos geschrieben, kommen sie über den pis wieder an und können dort konsumiert werden.

Ob wir nun vom `PipedOutputStream` die Methode `connect(PipedInputStream)` nehmen oder vom `PipedInputStream` die Methode `connect(PipedOutputStream)`, ist dabei egal.

Anstatt nach dem Aufbau der Ströme über den Standard-Konstruktor beide mit `connect(…)` zu verbinden, gibt es eine alternative Lösung: Entweder lässt sich nach dem Erzeugen des `PipedOutputStream` über den Standard-Konstruktor das frische Stromobjekt in den parametrisierten Konstruktor von `PipedInputStream` übergeben oder eben umgekehrt ein neues `PipedInputStream`-Objekt in den parametrisierten Konstruktor von `PipedOutputStream` legen.

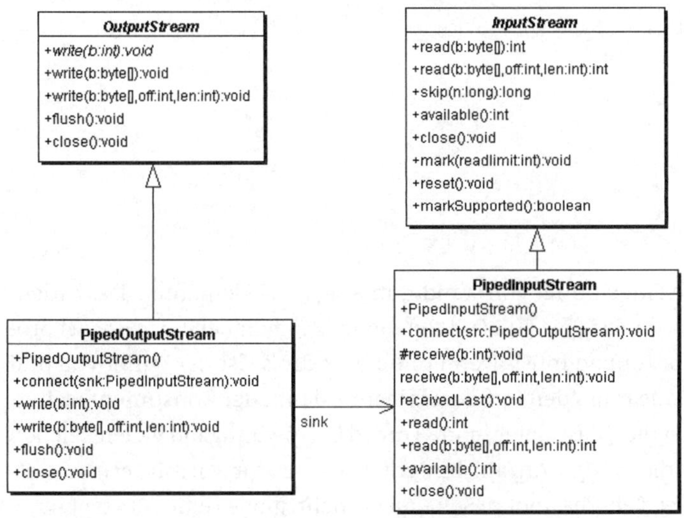

Abbildung 7.13 UML-Diagramm mit den Beziehungen zwischen den PipedXXX-Klassen

Beispiel

Verbinde den Eingabe-Stream pis mit dem Ausgabe-Stream pos:

```
PipedInputStream  pis = new PipedInputStream();
PipedOutputStream pos = new PipedOutputStream( pis );
```

Interna

Der Austausch der Daten geschieht über einen internen Puffer, den `PipedInputStream` anlegt. Die Daten, die `PipedOutputStream` über `write(…)` schreiben soll, gelangen direkt zum Puffer des Eingabestroms. Werfen wir einen kurzen Blick auf die relevanten Teile der Implementierung:

Listing 7.25 java/lang/PipedOutputStream.java, Ausschnitt

```
class PipedOutputStream extends OutputStream {

   private PipedInputStream sink;

   public PipedOutputStream( PipedInputStream snk )
      throws IOException {
    /* Auskommentierte Fehlerbehandlung */
    sink = snk;
    snk.in = -1;
    snk.out = 0;
    snk.connected = true;
  }

  public void write( int b )  throws IOException {
    if ( sink == null )
      throw new IOException( "Pipe not connected" );

    sink.receive( b );
  }
}
```

Der `PipedInputStream` nutzt intern einen Puffer von standardmäßig 1.024 Elementen. Das bedeutet: Der Schreibende kann standardmäßig bis zu 1.024 Byte (oder Zeichen bei `PipedReader`) produzieren, bis die Kommunikation stoppen muss. Denn mit dieser Größe ist der Puffer voll und der Produzent blockiert; der Lesende muss den Puffer erst leeren, damit der Konsument weiterarbeiten darf. Umgekehrt bedeutet dies, dass der lesende Thread bei ungenügend vielen Zeichen warten muss, bis der Schreiber die nötige Anzahl hinterlegt hat. Dafür wird intern mittels Thread-Synchronisation gearbeitet. Lebt die andere Seite nicht mehr, gibt es eine `IOException`.

Die Größe des Puffers lässt sich über einen Konstruktor wie `PipedInputStream(int pipeSize)`, `PipedInputStream(PipedOutputStream src, int pipeSize)`, `PipedReader(int pipeSize)` oder `PipedReader(PipedWriter src, int pipeSize)` setzen.

7.8.2 PipedWriter und PipedReader

Die Klassen `PipedWriter` und `PipedReader` sind die `char`-Varianten für die sonst byteorientierten Klassen `PipedOutputStream` und `PipedInputStream`. Diese sollen uns als Beispiel dienen. Zwei Threads arbeiten miteinander und tauschen Daten aus. Der eine Thread produziert Zufallszahlen, die ein anderer Thread auf dem Bildschirm darstellt:

Listing 7.26 com/tutego/insel/io/stream/PipeDemo.java, PipeRandomWriter

```
package com.tutego.insel.io.stream;

import java.io.*;

class PipeRandomWriter extends PipedWriter implements Runnable {
  @Override public void run() {
    while ( true )
      try {
        write( String.format( "%f%n", Math.random() ) );
        Thread.sleep( 200 );
      }
      catch ( Exception e ) { e.printStackTrace(); }
  }
}
```

Die Klasse ist eine Spezialisierung von `PipedWriter` und produziert in `run()` endlos Zufallszahlen, die in den Ausgabestrom vom `PipedWriter` geschoben werden. Der `PipeRandomReader` wiederum ist ein `PipedReader`, der über einen `BufferedReader` alle geschriebenen Zeilen ausliest:

Listing 7.27 com/tutego/insel/io/stream/PipeDemo.java, PipeRandomReader

```
class PipeRandomReader extends PipedReader implements Runnable {
  @Override public void run() {
    BufferedReader br = new BufferedReader( this );
    while ( true )
      try {
        System.out.println( br.readLine() );
      }
      catch ( IOException e ) { e.printStackTrace(); }
  }
}
```

Das Hauptprogramm erzeugt die beiden spezialisierten Pipes und verbindet sie. Danach werden die Threads gestartet:

Listing 7.28 com/tutego/insel/io/stream/PipeDemo.java, PipeDemo main()

```
PipeRandomWriter out = new PipeRandomWriter();
PipeRandomReader in  = new PipeRandomReader();
in.connect( out );

new Thread( out ).start();
new Thread( in ).start();
```

7.9 Prüfsummen

Damit Fehler bei Dateien oder bei Übertragungen von Daten auffallen, werden vor der Übertragung *Prüfsummen* (engl. *checksums*) gebildet und mit dem Paket versendet. Der Empfänger berechnet diese Prüfsumme neu und vergleicht sie mit dem übertragenen Wert. Stimmt der berechnete Wert mit dem übertragenen überein, so war die Übertragung höchstwahrscheinlich in Ordnung. Es sollte ziemlich unwahrscheinlich sein, dass eine Änderung einzelner Bits nicht auffällt.

Prüfsummen erkennen auch beschädigte Archive. Pro Datei wird eine Prüfsumme berechnet. Soll die Datei entpackt werden, so errechnen wir wieder die Summe. Ist diese fehlerhaft, muss auch die Datei fehlerhaft sein (wir wollen hier ausschließen, dass zufälligerweise die Prüfsumme fehlerhaft ist, was natürlich ebenfalls der Fall sein kann).

7.9.1 Die Schnittstelle Checksum

Wir finden Zugang zur Prüfsummenberechnung über die Schnittstelle `java.util.zip.Checksum`, die für ganz allgemeine Prüfsummen steht. Eine Prüfsumme wird entweder für ein Feld oder ein Byte berechnet. `Checksum` liefert die Schnittstelle zum Initialisieren und Auslesen von Prüfsummen, die die konkreten Prüfsummen-Klassen implementieren müssen.

```
interface java.util.zip.Checksum
```

- `long getValue()`
  Liefert die aktuelle Prüfsumme.
- `void reset()`
  Setzt die aktuelle Prüfsumme auf einen Anfangswert.
- `void update(int b)`
  Aktualisiert die aktuelle Prüfsumme mit `b`.
- `void update(byte[] b, int off, int len)`
  Aktualisiert die aktuelle Prüfsumme mit dem Feld.

Die Standardbibliothek bietet bisher zwei Klassen für die Prüfsummenberechnung als Implementierungen von `Checksum`:

- `java.util.zip.CRC32`:
  CRC-32 basiert auf einer zyklischen Redundanzprüfung und testet etwa ZIP-Archive oder PNG-Grafiken.
- `java.util.zip.Adler32`:
  Die Berechnung von CRC-32-Prüfsummen kostet – obwohl sie in C programmiert ist – viel Zeit. Eine Adler-32-Prüfsumme kann wesentlich schneller berechnet werden und bietet eine ebenso geringe Wahrscheinlichkeit, dass Fehler unentdeckt bleiben.

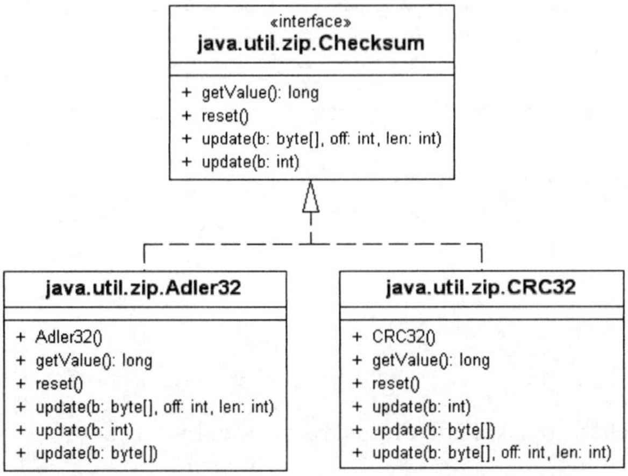

Abbildung 7.14 UML-Diagramm der Prüfsummenklassen Adler32 und CRC32

7.9.2 Die Klasse CRC32

Oft sind Polynome die Basis der Prüfsummenberechnung. Eine häufig für Dateien verwendete Prüfsumme ist CRC-32, und das bildende Polynom lautet:

$$x^{32} + x^{26} + x^{23} + x^{22} + x^{16} + x^{12} + x^{11} + x^{10} + x^8 + x^7 + x^5 + x^4 + x^2 + x + 1$$

Nun lässt sich zu einer 32-Bit-Zahl eine Prüfsumme berechnen, die genau für diese 4 Byte steht. Damit bekommen wir aber noch keinen ganzen Block kodiert. Um das zu erreichen, berechnen wir den Wert eines Zeichens und XOR-verknüpfen den alten CRC-Wert mit dem neuen. Jetzt lassen sich beliebig Blöcke sichern. Die Berechnung ist insgesamt sehr zeitaufwändig, und Adler-32 stellt eine schnellere Alternative dar.

Beispiel

Die Klasse CRC32 berechnet eine Prüfsumme über alle durchlaufenden Bytes, die gereicht werden als einzelne Bytes oder Felder. In aller Kürze sieht ein Programm zur Berechnung von Prüfsummen für ein paar Eingaben folgendermaßen aus:

```
CRC32 crc = new CRC32();
crc.update( 1 );
crc.update( new byte[]{ 2, 3, 4, 5, 6, 7 } );
System.out.println( crc.getValue() ); // 1894017160
```

CRC32 implementiert nicht nur alle Methoden, sondern fügt noch zwei Methoden und natürlich einen Konstruktor hinzu:

```
class java.util.zip.CRC32
implements Checksum
```

- `CRC32()`
  Erzeugt ein neues `CRC32`-Objekt mit der Start-Prüfsumme 0.
- `long getValue()`
  Liefert den `CRC32`-Wert.
- `void reset()`
  Setzt die interne Prüfsumme auf 0.
- `void update(byte[] b)`
  Aktualisiert die Prüfsumme mit dem Feld durch Aufruf von `update(b, 0, b.length)`.
- `void update(int b)`
  Implementiert `update(int)` aus `Checksum` für ein Byte. Nativ implementiert.
- `void update(byte[] b, int off, int len)`
  Implementiert `update(byte[], int, int)` aus `Checksum` für ein Feld. Nativ implementiert.
- `void update(ByteBuffer buffer)`
  Aktualisiert die Prüfsumme mit den Bytes des NIO-`ByteBuffer`. Neu in Java 8.

CRC eines Datenstroms berechnen

Eine Möglichkeit, die `CRC32` eines Datenstroms zu berechnen, bestünde darin, einen Datenstrom entgegenzunehmen und anschließend so lange Byte-Folgen auszulesen, bis `available()` null liefert. An diesem Punkt lässt sich mit `update(...)` jeweils die Prüfsumme korrigieren. Bei großen Dateien ist es sicherlich angebracht, Blöcke einzulesen, die `crc.update(byte[])` verarbeitet. Für diese Aufgabe verfügt die Java-Bibliothek über zwei Filterklassen: `CheckedInputStream` und `CheckedOutputStream`. Beide sind Filter, die existierende andere Streams ummanteln und gleichzeitig die Berechnung erledigen:

Listing 7.29 com/tutego/insel/io/CRC32Demo.java, main()

```
CRC32 crc = new CRC32();
try ( InputStream in = CRC32Demo.class.getResourceAsStream( "/lyrics.txt" );
      InputStream cis = new CheckedInputStream( in, crc );
      InputStream bis = new BufferedInputStream( cis ) ) {
  while ( cis.read() != -1 ) { /* Bis zum Ende */ }

  System.out.printf( "%08X", crc.getValue() ); // F9A39CFC
}
catch ( IOException e ) {
  e.printStackTrace();
}
```

7.9.3 Die Adler32-Klasse

Der Algorithmus Adler-32 ist nach seinem Programmierer Mark Adler benannt und im RFC 1950 beschrieben. Die Adler-32-Prüfsumme gilt für 32-Bit-Zahlen und setzt sich aus zwei Summen für ein Byte zusammen. `s1` ist die Summe aller Bytes und `s2` die Summe aller `s1`. Beide Werte werden Modulo 65521 genommen. Am Anfang ist `s1 = 1` und `s2 = 0`. Die Prüfsumme speichert den Wert als `s2 * 65536 + s1` in der MSB-Reihenfolge (*most significant byte first*, Netzwerkreihenfolge).

```
class java.util.zip.Adler32
implements Checksum
```

- `Adler32()`
  Erzeugt ein neues `Adler32`-Objekt mit der Start-Prüfsumme 1.
- `long getValue()`
  Liefert den `Adler32`-Wert.
- `void reset()`
  Setzt die interne Prüfsumme auf 1.

Aus der Schnittstelle `Checksum` implementiert `Adler32` natürlich auch die `update(…)`-Methoden und seit Java 8 `update(ByteBuffer buffer)`.

7.10 Persistente Objekte und Serialisierung

Objekte liegen zwar immer nur zur Laufzeit vor, doch auch nach dem Beenden der virtuellen Maschine soll ihre Struktur nicht verloren gehen. Gewünscht ist ein Mechanismus, der die Objektstruktur und Variablenbelegung zu einer bestimmten Zeit sicher (persistent) macht und an anderer Stelle wieder hervorholt und die Objektstruktur und Variablenbelegung restauriert. Im gespeicherten Datenformat müssen alle Informationen wie der Objekttyp und der Variablentyp enthalten sein, um später das richtige Wiederherstellen zu ermöglichen. Da Objekte oftmals weitere Objekte einschließen, müssen auch diese Unterobjekte gesichert werden (schreibe ich eine Liste mit Bestellungen, so ist die Liste ohne die referenzierten Objekte sinnlos). Genau dieser Mechanismus wird auch dann angewendet, wenn Objekte über das Netzwerk schwirren.[2] Die persistenten Objekte sichern also neben ihren eigenen Informationen auch die Unterobjekte – also die von der betrachtenden Stelle aus erreichbaren. Beim Speichern wird rekursiv ein Objektbaum durchlaufen, um eine vollständige Datenstruktur zu erhalten. Der doppelte Zugriff auf ein Objekt wird hier ebenso beachtet wie der Fall, dass zyklische Abhängigkeiten auftreten. Jedes Objekt bekommt dabei ein Handle, sodass es im Datenstrom nur einmal kodiert wird.

Unter Java SE lassen sich Objekte über verschiedene Ansätze automatisch persistent abbilden und speichern:

2 Die Rede ist hier von RMI.

- **Standardserialisierung**: Die Objektstruktur und Zustände werden in einem binären Format gesichert. Das Verfahren wird auch *Java Object Serialization* (JOS) genannt – der Punkt, mit dem wir uns im Folgenden beschäftigen wollen. Die Standardserialisierung ist bei entfernten Methodenaufrufen sehr wichtig und weniger, um Dinge über einen langen Zeitraum abzuspeichern und dann irgendwann einmal wieder aus dem Schrank zu holen.
- **XML-Serialisierung über JavaBeans Persistence**: JavaBeans – und nur solche – können wir in einem XML-Format sichern. Eine Lösung ist die *JavaBeans Persistence* (JBP), die ursprünglich für Swing gedacht war. Denn wenn der Zustand einer grafischen Oberfläche mit JOS binär persistiert wird, sind Änderungen an den Interna der Swing-API nicht so einfach möglich, da das Binärformat der JOS sehr eng mit dem Objektmodell verbunden ist. Das heißt, Objekte lassen sich mitunter nicht mehr aus dem Binärdokument rekonstruieren. JBP entkoppelt das, indem nur über Setter/Getter kommuniziert wird und nicht auf internen Referenzen, die ein Implementierungsdetail sind, das sich jederzeit ändern kann. Heutzutage spielt JBP in der Praxis kaum eine Rolle.
- **XML-Abbildung über JAXB**: Mit *JAXB* steht eine zweite API zum Abbilden der Objektstruktur auf XML-Dokumente bereit. JAXB ist Teil der Standardbibliothek ab Version 6 und wird in Kapitel 8, »Die eXtensible Markup Language (XML)«, erklärt. Sie ist eine sehr wichtige Technologie, insbesondere für Web-Service-Aufrufe.

Die drei Möglichkeiten JOS, JBP und JAXB sind in Java SE schon eingebaut. Die Standardserialisierung erzeugt ein binäres Format und ist sehr stark auf Java ausgerichtet, sodass andere Systeme nicht viel mit den Daten anfangen können. XML ist als Format praktisch, da es auch von anderen Systemen verarbeitet werden kann. Ein anderes kompaktes Binärformat, das auch Interoperabilität erlaubt, ist *Protocol Buffers* (*http://code.google.com/p/protobuf/*) von Google; das Unternehmen setzt es intern ein, wenn unterschiedliche Anwendungen Daten austauschen sollen. Und auch bei Apple sind Protocol Buffers im Einsatz, etwa bei den iCloud-Diensten.

Etwas weiter gedacht lassen sich auch Objekte in relationalen Datenbanken speichern, was sich *objektrelationales Mapping(OR-Mapping)* nennt. Das ist sehr anspruchsvoll, da die Objektmodelle und Tabellen so ganz anders sind. Die Java SE bietet keine Unterstützung für das OR-Mapping an, doch mit zusätzlichen Frameworks, wie der JPA (*Java Persistence API*) aus der Java Platform, Enterprise Edition, ist das zu schaffen. Auch von Hand können die Objekte über JDBC in die Datenbank gebracht werden, was aber nicht zeitgemäß ist.

7.10.1 Objekte mit der Standardserialisierung speichern und lesen

Die Standardserialisierung bietet eine einfache Möglichkeit, um Objekte persistent zu machen und später wiederherzustellen. Dabei werden die Objektzustände (keine statischen!) in einen Byte-Strom geschrieben (Serialisierung), woraus sie später wieder zu einem Objekt rekonstruiert werden können (Deserialisierung). Im Zentrum stehen zwei Klassen und ihre (De-)Serialisierungsmethoden:

- **Serialisierung**: Die Klasse `ObjectOutputStream` und die Methode `writeObject(Object)`. Während der Serialisierung geht der `ObjectOutputStream` die Zustände und Objektverweise rekursiv ab und schreibt die Zustände Schritt für Schritt in einen Ausgabestrom.
- **Deserialisierung**: Dem Lesen der serialisierten Objektzustände dient die Klasse `ObjectInputStream`. Ihre Methode `readObject()` findet den Typ des serialisierten Objekts und baut daraus zur Laufzeit das Zielobjekt auf.

ObjectOutputStream

An einem Beispiel lässt sich gut erkennen, wie ein `ObjectOutputStream` einen String und das aktuelle Tagesdatum in einen `OutputStream` speichert. Um die Daten in eine Datei zu holen, ist der `OutputStream` ein `FileOutputStream` für eine Datei *datum.ser*. Der Dateiname wird meist so gewählt, dass er mit *.ser* endet:

Listing 7.30 com/tutego/insel/io/ser/SerializeNameAndDate.java, main()

```
try ( OutputStream fos = Files.newOutputStream( Paths.get( "name_date.ser" ) );
      ObjectOutputStream oos = new ObjectOutputStream( fos ) ) {
  oos.writeObject( "Chris" );
  oos.writeObject( new Date() );
}
catch ( IOException e ) {
  System.err.println( e );
}
```

Allen Anfang bildet wie üblich ein `OutputStream`, der die Zustände der Objekte und Meta-Informationen aufnimmt. In unserem Fall ist das der `FileOutputStream`. Die Verbindung zwischen der Datei und dem Objektstrom durch die Klasse `ObjectOutputStream` geschieht über den Konstruktor, der einen `OutputStream` annimmt. `ObjectOutputStream` implementiert die Schnittstelle `ObjectOutput` und bietet so beispielsweise die Methode `writeObject(Object)` zum Schreiben von Objekten. Damit wird das Serialisieren des String-Objekts (der Name) und des anschließenden Datum-Objekts zum Kinderspiel.

```
class java.io.ObjectOutputStream
extends OutputStream
implements ObjectOutput, ObjectStreamConstants
```

- `ObjectOutputStream(OutputStream out) throws IOException`
  Erzeugt einen `ObjectOutputStream`, der in den angegebenen `OutputStream` schreibt. Ein Fehler kann von den Methoden aus dem `OutputStream` kommen.
- `final void writeObject(Object obj) throws IOException`
  Schreibt das Objekt.
- `void flush() throws IOException`
  Schreibt noch gepufferte Daten.

- `void close() throws IOException`
  Schließt den Datenstrom. Die Methode muss aufgerufen werden, bevor der Datenstrom zur Eingabe verwendet werden soll.

Die Methode `writeObject(Object)` kann nicht nur bei Ein-/Ausgabefehlern eine `IOException` auslösen, sondern auch eine `NotSerializableException`, wenn das Objekt gar nicht serialisierbar ist, und eine `InvalidClassException`, wenn beim Serialisieren etwas falsch läuft. Die Typen `NotSerializableException` und `InvalidClassException` sind Unterklassen von `IOException`, sodass ein `catch(IOException)` diese Typen gleich mit fängt.

Objekte über die Standardserialisierung lesen

Aus den Daten im Datenstrom stellt der `ObjectInputStream` ein neues Objekt her und initialisiert die Zustände, wie sie geschrieben wurden. Wenn nötig, restauriert der `ObjectInputStream` auch Objekte, auf die verwiesen wurde. Die Klasseninformationen müssen zur Laufzeit vorhanden sein, weil bei der Serialisierung nur die Zustände, aber keine *.class*-Dateien gesichert werden. Während des Lesens findet `readObject()` also bei unserem Beispiel den String und das Datum. Der `ObjectInputStream` erwartet die Rohdaten wie üblich über einen Eingabestrom. Kommen die Informationen aus einer Datei, verwenden wir den `FileInputStream`:

Listing 7.31 com/tutego/insel/io/ser/DeSerializeNameAndDate.java, main()

```
try ( InputStream fis = Files.newInputStream( Paths.get( "name_date.ser" ) );
      ObjectInputStream ois = new ObjectInputStream( fis ) ) {
  String name = (String) ois.readObject();
  Date   date = (Date) ois.readObject();

  System.out.println( name );
  System.out.println( date );
}
catch ( IOException | ClassNotFoundException e ) {
  e.printStackTrace();
}
```

Die explizite Typumwandlung kann natürlich bei einer falschen Zuweisung zu einem Fehler führen. Insbesondere bei generischen Typen ist diese Typanpassung immer etwas lästig.

```
class java.io.ObjectInputStream
extends InputStream
implements ObjectInput, ObjectStreamConstants
```

- `ObjectInputStream(InputStream out) throws IOException`
  Erzeugt einen `ObjectInputStream`, der aus einem gegebenen `InputStream` liest.

- `final Object readObject() throws ClassNotFoundException, IOException`
  Liest ein `Object` und gibt es zurück. Eine `ClassNotFoundException` wird ausgelöst, wenn das Objekt zu einer Klasse gehört, die nicht auffindbar ist.

Die Schnittstellen ObjectOutput und ObjectInput *

Die Klasse `ObjectOutputStream` bekommt die Vorgabe für `writeObject(Object)` aus einer Schnittstelle `ObjectOutput`, genauso wie `ObjectInputStream` die Operation `readObject()` aus `ObjectInput` implementiert. Bis auf die Standardserialisierung haben die Schnittstellen `ObjectOutput` und `ObjectInput` in Java keine weitere Verwendung.

Die Schnittstelle `ObjectOutput` erweitert selbst die Schnittstelle `DataOutput` um das Schreiben von Primitiven: `write(byte[])`, `write(byte[], int, int)`, `write(int)`, `writeBoolean(boolean)`, `writeByte(int)`, `writeBytes(String)`, `writeChar(int)`, `writeChars(String)`, `writeDouble(double)`, `writeFloat(float)`, `writeInt(int)`, `writeLong(long)`, `writeShort(int)` und `writeUTF(String)`. Das ist bei einer eigenen angepassten Serialisierung interessant, wenn wir selbst das Schreiben von Zuständen übernehmen. Umgekehrt erweitert die Schnittstelle `ObjectInput` die Schnittstelle `DataInput` und bietet diverse `readXXX(…)`-Methoden.

7.10.2 Zwei einfache Anwendungen der Serialisierung *

Im Folgenden wollen wir uns zwei Beispiele für die Serialisierung anschauen:

- Objektzustände zu verpacken, ist bei der Kommunikation über ein Netzwerk sehr sinnvoll. Die Serialisierung kann einfach die Zustände von einem Rechner auf den anderen übertragen.
- Serialisierung ist aber auch eine Möglichkeit, die Zustände als Byte-Feld etwa in eine Datenbank zu schreiben. Dabei werden wir sehen, dass der `ByteArrayOutputStream` eine nützliche Stream-Klasse ist.

Objekte über das Netzwerk schicken

Es ist natürlich wieder feines objektorientiertes Design, dass es der Methode `writeObject(Object)` egal ist, wohin das Objekt geschoben wird. Dazu wird ja einfach dem Konstruktor von `ObjectOutputStream` ein `OutputStream` übergeben, und `writeObject(Object)` delegiert dann das Senden der entsprechenden Einträge an die passenden Methoden der `Output`-Klasse. Im Beispiel `SerializeAndDeserializeDate` haben wir ein `FileOutputStream` benutzt.

Es gibt aber noch eine ganze Menge anderer Klassen, die vom Typ `OutputStream` sind. So können die Objekte auch in einer Datenbank abgelegt bzw. über das Netzwerk verschickt werden.

[»] **Beispiel**

Öffne eine Netzwerkverbindung zum Server `host` unter dem Port `port`, und sende Objekt `object`:

```
try ( Socket socket = new Socket( host, port );
      OutputStream os = socket.getOutputStream();
      ObjectOutputStream oos = new ObjectOutputStream( os ) ) {
  oos.writeObject( object );
}
```

Über `s.getOutputStream()` gelangen wir an den Datenstrom. Dann sieht alles wie gewohnt aus. Da wir allerdings auf der Empfängerseite noch ein Protokoll ausmachen müssen, verfolgen wir diesen Weg der Objektversendung nicht weiter und verlassen uns vielmehr auf eine Technik, die sich *RMI* nennt.

Objekte in ein Byte-Feld schreiben

Die Klassen `ObjectOutputStream` und `ByteArrayOutputStream` sind zusammen zwei gute Partner, wenn es darum geht, eine Repräsentation eines Objekts im Speicher zu erzeugen. So lässt sich auch die geschätzte Größe eines Objekts herauszufinden.

[»] **Beispiel**

Wie viele Bytes umfasst eine serialisierte Liste mit zwei Punkten?

```
Object object = Arrays.asList( new Point( 0, 0 ), new Point( 1, 2 ) );
ByteArrayOutputStream baos = new ByteArrayOutputStream();
try ( ObjectOutputStream oos = new ObjectOutputStream( baos ) ) {
  oos.writeObject( object );
}
byte[] array = baos.toByteArray();
System.out.println( array.length );  // 172
```

7.10.3 Die Schnittstelle Serializable

Bisher nahmen wir immer an, dass eine Klasse weiß, wie sie geschrieben wird. Das funktioniert wie selbstverständlich bei vielen vorhandenen Klassen, und so müssen wir uns bei `writeObject(new Date())` keine Gedanken darüber machen, wie die Bibliothek das Datum schreibt und auch wieder liest.

Damit Objekte serialisiert werden können, müssen die Klassen die Schnittstelle `Serializable` implementieren. Diese Schnittstelle enthält keine Methoden und ist nur eine *Markierungsschnittstelle* (engl. *marker interface*). Implementiert eine Klasse diese Schnittstelle nicht, folgt beim Serialisierungsversuch eine `NotSerializableException`. Eine Klasse wie `java.util.Date` implementiert somit `Serializable`, `Thread` jedoch nicht. Der Serialisierer lässt damit alle Klassen

»durch«, die instanceof Serializable sind. Daraus folgt, dass alle Unterklassen einer Klasse, die serialisierbar ist, auch ihrerseits serialisierbar sind. So implementiert java.lang.Number – die Basisklasse der Wrapper-Klassen – die Schnittstelle Serializable, und die konkreten Wrapper-Klassen wie Integer, BigDecimal sind somit ebenfalls serialisierbar.

[+]

Hinweis

Werden Exemplare einer nichtstatischen inneren Klasse serialisiert, ohne dass die äußere Klasse Serializable implementiert, gibt es einen Fehler, denn intern hält ein Objekt der inneren Klasse einen Verweis auf das Exemplar der äußeren Klasse. Statische innere Klassen machen das nicht, was das Problem mit der Serialisierung lösen kann. Das Datenvolumen kann natürlich groß werden, wenn schlanke, nichtstatische innere Serializable-Klassen in einer äußeren Serializable-Klasse liegen, die sehr viele Eigenschaften besitzt.

Die serialisierbare Klasse Person

Wir wollen im Folgenden eine Klasse Person serialisierbar machen. Dazu benötigen wir das folgende Gerüst:

Listing 7.32 com/tutego/insel/io/ser/Person.java

```
package com.tutego.insel.io.ser;

import java.io.Serializable;
import java.util.Date;

public class Person implements Serializable {

  static int BMI_OVERWEIGHT = 25;

  String name;
  Date   birthday;
  double bodyHeight;
}
```

Erzeugen wir ein Person-Objekt p und rufen writeObject(p) auf, so schiebt der ObjectOutputStream die Variablenbelegungen (hier name, birthday und bodyHeight) in den Datenstrom.

Statische Variablen wie BMI_OVERWEIGHT werden nicht mit dem Standardserialisierungs-Mechanismus gesichert. Bevor durch Deserialisierung ein Objekt einer Klasse erzeugt wird, muss schon die Klasse geladen sein, was bedeutet, dass statische Variablen schon initialisiert sind. Wenn zwei Objekte wieder deserialisiert werden, könnte es andernfalls vorkommen, dass beide unterschiedliche Werte aufweisen. Was sollte dann passieren?

[+]

Hinweis

Feld-Objekte sind standardmäßig serialisierbar – sie implementieren versteckt die Schnittstelle `Serializable`.

Nicht serialisierbare Objekte

Nicht alle Objekte sind serialisierbar. Zu den nicht serialisierbaren Klassen gehören zum Beispiel `Thread` und `Socket` und viele weitere Klassen aus dem `java.io`-Paket. Das liegt daran, dass nicht klar ist, wie zum Beispiel ein Wiederaufbau aussehen sollte. Wenn ein Thread etwa eine Datei zum Lesen geöffnet hat, wie soll der Zustand serialisiert werden, sodass er beim Deserialisieren auf einem anderen Rechner sofort wieder laufen und dort weitermachen kann, wo er mit dem Lesen aufgehört hat?

Ob Objekte als Träger sensibler Daten serialisierbar sein sollen, ist gut zu überlegen. Denn bei der Serialisierung der Zustände – es werden auch private Attribute serialisiert, an die zunächst nicht so einfach heranzukommen ist – öffnet sich die Kapselung. Aus dem Datenstrom lassen sich die internen Belegungen ablesen und auch manipulieren.

7.10.4 Nicht serialisierbare Attribute aussparen

Es gibt eine Reihe von Objekttypen, die sich nicht serialisieren lassen – technisch gesprochen implementieren diese Klassen die Schnittstelle `Serializable` nicht. Der Grund, dass nicht alle Klassen diese Schnittstelle implementieren, kann zum Beispiel die Sicherheit sein: Ein Objekt, das Passwörter speichert, soll nicht einfach geschrieben werden. Da reicht es nicht, dass die Attribute privat sind, denn auch sie werden geschrieben. Der andere Punkt ist die Tatsache, dass sich nicht alle Zustände beim Deserialisieren wiederherstellen lassen. Was ist, wenn ein `FileInputStream` oder `Thread` serialisiert wird? Soll dann bei der Deserialisierung eine Datei geöffnet werden oder der Thread neu starten? Was ist, wenn die Datei nicht vorhanden ist? Da all diese Fragen ungeklärt sind, ist es am einfachsten, wenn die Klassen nicht serialisierbarer Objekte die Schnittstelle `Serializable` nicht implementieren.

Doch was soll geschehen, wenn ein Objekt geschrieben wird, das intern auf ein nicht serialisierbares Objekt – etwa auf einen Thread – verweist?

Die Serialisierung der folgenden Klasse führt zu einem Laufzeitfehler:

Listing 7.33 com/tutego/insel/io/ser/SerializeTransient.java, NotTransientNotSerializable

```
class NotTransientNotSerializable implements Serializable {
  Thread t = new Thread();
//  transient Thread t = new Thread();
  String s = "Fremde sind Freunde, die man nur noch nicht kennengelernt hat.";
}
```

Der Fehler wird eine `NotSerializableException` sein:

```
java.io.NotSerializableException: java.lang.Thread
 at java.io.ObjectOutputStream.writeObject0(Unknown Source)
 at java.io.ObjectOutputStream.defaultWriteFields(Unknown Source)
 at java.io.ObjectOutputStream.writeSerialData(Unknown Source)
 at java.io.ObjectOutputStream.writeOrdinaryObject(Unknown Source)
 at java.io.ObjectOutputStream.writeObject0(Unknown Source)
 at java.io.ObjectOutputStream.writeObject(Unknown Source)
 at com.tutego.insel.io.ser.SerializeTransient.main(SerializeTransient.java:20)
```


Die Begründung dafür ist einfach: Ein Thread lässt sich nicht serialisieren.

Wollten wir ein Objekt vom Typ `NotTransientNotSerializable` ohne Thread serialisieren, müssen wir dem Serialisierungsmechanismus mitteilen: »Nimm so weit alle Objekte, aber nicht den Thread!«

Um Elemente bei der Serialisierung auszusparen, bietet Java zwei Möglichkeiten:

- ein spezielles Schlüsselwort: `transient`
- das Feld `private final ObjectStreamField[] serialPersistentFields = {...}`, das alle serialisierbaren Eigenschaften aufzählt

Statische Eigenschaften würden auch nicht serialisiert, aber das ist hier nicht unser Ziel.

[+]

Hinweis

Ausnahmen sind standardmäßig serialisierbar, da `Throwable` die Schnittstelle `Serializable` implementiert. Denn gibt es Serverfehler bei entfernten Methodenaufrufen, so werden die Fehler gerne mit über die Leitung übertragen. Natürlich darf in dem Fall die zu serialisierende Ausnahme auch nur serialisierbare Attribute referenzieren.

Das Schlüsselwort transient

Um beim Serialisieren Attribute auszusparen, bietet Java den Modifizierer `transient`, der alle Attribute markiert, die *nicht* persistent sein sollen. Damit lassen wir die nicht serialisierbaren Kandidaten außen vor und speichern alles ab, was sich speichern lässt.

[«]

Beispiel

Das `Thread`-Objekt hinter `t` soll nicht serialisiert werden:

```
transient Thread t;
```

Die Variable serialPersistentFields *

Erkennt der Serialisierer in der Klasse eine private statische Feldvariable `serialPersistentFields`, wird er die `ObjectStreamField`-Einträge des Feldes beachten und nur die dort aufgezählten Elemente serialisieren, egal, was als `transient` markiert ist.

[»]

Beispiel

Von einer Klasse sollen nur der String `name` und das Datum `date` serialisiert werden:

```
private static final ObjectStreamField[] serialPersistentFields {
  new ObjectStreamField( "name", String.class ),
  new ObjectStreamField( "date", Date.class )
};
```

7.10.5 Das Abspeichern selbst in die Hand nehmen

Die Java-Bibliothek realisiert intern ein Serialisierungsprotokoll, das beschreibt, wie die Abbildung auf einen Bytestrom aussieht. Dieses *Object Serialization Stream Protocol* beschreibt Oracle unter *http://docs.oracle.com/javase/8/docs/platform/serialization/spec/protocol.html* etwas genauer, aber Details sind nicht nötig.

Es kann aber passieren, dass die Standardserialisierung nicht erwünscht ist, wenn zum Beispiel beim Zurücklesen weitere Objekte erzeugt werden sollen oder wenn beim Schreiben eine bessere Abbildung durch Kompression möglich ist.

Für diesen Fall müssen spezielle (private!) Methoden implementiert werden. Beide müssen die nachstehenden Signaturen aufweisen:

```
private synchronized void writeObject( java.io.ObjectOutputStream s )
  throws IOException
```

und

```
private synchronized void readObject( java.io.ObjectInputStream s )
  throws IOException, ClassNotFoundException
```

Die Methode `writeObject(ObjectOutputStream)` ist für das Schreiben verantwortlich. Ist der Rumpf leer, gelangen keine Informationen in den Strom, und das Objekt wird folglich nicht gesichert. `readObject(ObjectInputStream)` wird während der Deserialisierung aufgerufen. Ist dieser Rumpf leer, werden keine Zustände rekonstruiert.

Mit diesen Methoden können wir also die Serialisierung selbst in die Hand nehmen und die Attribute so speichern, wie wir es für sinnvoll halten; eine Kompatibilität lässt sich erzwingen. Eine kleine Versionsnummer im Datenstrom könnte eine Verzweigung provozieren, in der die Daten der Version 1 oder andere Daten der Version 2 gelesen werden.

Beim Lesen können komplette Objekte wieder aufgebaut werden, und es lassen sich zum Beispiel nichttransiente Objekte wiederbeleben. Stellen wir uns einen Thread vor, dessen Zustände beim Schreiben persistent gemacht werden; beim Lesen wird ein Thread-Objekt wieder erzeugt und zum Leben erweckt.

Oberklassen serialisieren sich gleich mit

Wird eine Klasse serialisiert, so werden automatisch die Informationen der Oberklasse mit serialisiert. Hierbei gilt, dass wie beim Konstruktor erst die Attribute der Oberklasse in den Datenstrom geschrieben werden und anschließend die Attribute der Unterklasse. Insbesondere bedeutet dies, dass die Unterklasse nicht noch einmal die Attribute der Oberklasse speichern sollte. Das folgende Programm zeigt den Effekt:

Listing 7.34 com/tutego/insel/io/ser/WriteTop.java

```
import java.io.*;

class Base implements Serializable {

  private void writeObject( ObjectOutputStream oos ) {
    System.err.println( "Base" );
  }
}

public class WriteTop extends Base {
  public static void main( String[] args ) throws IOException {
    try ( ObjectOutputStream oos = new ObjectOutputStream( System.out ) ) {
      oos.writeObject( new WriteTop() );
    }
  }

  private void writeObject( ObjectOutputStream oos ) {
    System.err.println( "Top" );
  }
}
```

Doch noch den Standardserialisierer nutzen

Die privaten Methoden `readObject(ObjectInputStream)`/`writeObject(ObjectOutputStream)` arbeiten nach dem Alles-oder-nichts-Prinzip. Erkennt der Serialisierer, dass die Schnittstelle `Serializable` implementiert wird, fragt er die Klasse, ob sie die Methoden implementiert. Wenn nicht, beginnt bei der Serialisierung der Serialisierungsmechanismus eigenständig, die Attribute auszulesen und in den Datenstrom zu schreiben. Gibt es die privaten `readObject(…)`/`writeObject(…)`-Methoden, so wird der Serialisierer diese aufrufen und nicht selbst die Objekte nach den Werten fragen oder die Objekte mit Werten füllen.

Doch die Arbeit des Serialisierers ist eine große Hilfe. Falls viele Attribute zu speichern sind, fällt viel lästige Arbeit beim Programmieren an, da für jedes zu speichernde Attribut der Aufruf einer `writeXXX(…)`-Methode und beim Lesen eine entsprechende `readXXX(…)`-Methode nötig ist. Aus diesem Dilemma gibt es einen Ausweg, weil der Serialisierer in den privaten `readObject(ObjectInputStream)`/`writeObject(ObjectOutputStream)`-Methoden auch nachträglich dazu verpflichtet werden kann, die nichttransienten Attribute zu lesen oder zu schreiben. Und zwar helfen zwei Methoden aus den übergebenen Typen `ObjectInputStream` und `ObjectOutputStream`. Die Klasse `ObjectOutputStream` erweitert `java.io.OutputStream` unter anderem um die Methode `defaultWriteObject()`. Sie speichert die Attribute einer Klasse.

```
class java.io.ObjectOutputStream
extends OutputStream
implements ObjectOutput, ObjectStreamConstants
```

- `public final void defaultWriteObject() throws IOException`
  Schreibt alle nichtstatischen und nichttransienten Attribute in den Datenstrom. Die Methode kann nur innerhalb einer privaten `writeObject(ObjectOutputStream)`-Methode aufgerufen werden; andernfalls erhalten wir eine `NotActiveException`.

Das Gleiche gilt für die Methode `defaultReadObject()` in der Klasse `ObjectInputStream`.

[+]

Hinweis

Die Standarddeserialisierung hat mit finalen Variablen kein Problem. Wenn wir allerdings selbst `readObject()` aufrufen, können wir nicht problemlos finale Variablen initialisieren. Hier bietet sich an, auf `defaultReadObject()` zurückzugreifen oder abartig zu tricksen, was etwa nötig ist, wenn eine Variable `final` und `transient` ist, da ja transiente Variablen erst gar nicht von der Standardserialisierung berücksichtigt werden. Das Problem ist unter der Fehlernummer 6379948 (*http://bugs.sun.com/bugdatabase/view_bug.do?bug_id=6379948*) bekannt, und dort werden auch einige Lösungen präsentiert.

Beispiel für defaultReadObject()/defaultWriteObject() *

Unsere nächste Klasse `SpecialWomen` deklariert zwei Attribute: `name` und `alter`. Da manche Frauen nicht über ihr Alter sprechen wollen, soll `alter` nicht serialisiert werden; es ist transient. Wir implementieren eigene private `readObject(…)`/`writeObject(…)`-Methoden, die den Standardserialisierer bemühen. Bei der Rekonstruktion über `readObject()` wird die Frau dann immer 30 bleiben:

Listing 7.35 com/tutego/insel/io/ser/SpecialWomen.java

```
package com.tutego.insel.io.ser;

import java.io.*;
```

```
public class SpecialWomen implements Serializable {

  private static final long serialVersionUID = 2584203323009771108L;

  String name = "Madonna";
  transient int age = 30;

  private void writeObject( ObjectOutputStream oos ) throws IOException {
    oos.defaultWriteObject();  // Schreibe Name, aber kein Alter
  }

  private void readObject( ObjectInputStream ois ) throws IOException {
    try {
      ois.defaultReadObject(); // Lies Name, aber kein Alter
      age = 30;
    }
    catch ( ClassNotFoundException e ) {
      throw new IOException( "No class found. HELP!!" );
    }
  }
}
```


[+]

Hinweis

Es ist gar nicht so abwegig, nur eine `readObject(…)`-, aber keine `writeObject(…)`-Methode zu implementieren. In `readObject()` lässt ein `defaultReadObject()` alle Eigenschaften initialisieren und danach noch Initialisierungsarbeit ähnlich einem Konstruktor durchführen. Dazu zählen etwa die Initialisierung von transienten Attributen, die Registrierung von Listenern und Weiteres.

7.10.6 Tiefe Objektkopien *

Implementieren Klassen die Markierungsschnittstelle `Serializable` und überschreiben sie die `clone()`-Methode von `Object`, so können sie eine Kopie der Werte liefern. Die üblichen Implementierungen liefern aber nur flache Kopien. Dies bedeutet, dass Referenzen auf Objekte, die von dem zu klonenden Objekt ausgehen, beibehalten und diese Objekte nicht extra kopiert werden. Als Beispiel kann die Datenstruktur `List` genügen, die `Map`-Objekte enthält. Ein Klon dieser Liste ist lediglich eine zweite Liste, deren Elemente auf die gleichen `Maps` zeigen.

Möchten wir das Verhalten ändern und eine tiefe Kopie anfertigen, so haben wir dank eines kleinen Tricks damit keine Mühe: Wir könnten das zu klonende Objekt einfach serialisieren und dann wieder auspacken. Die zu klonenden Objekte müssen dann neben `Cloneable` noch das `Serializable`-Interface implementieren:

Listing 7.36 com/tutego/insel/io/ser/Dolly.java, deepCopy()

```
@SuppressWarnings("unchecked")
public static <T> T deepCopy( T o ) throws Exception {
  ByteArrayOutputStream baos = new ByteArrayOutputStream();
  ObjectOutputStream oos = new ObjectOutputStream( baos );
  oos.writeObject( o );
  oos.close();

  ByteArrayInputStream bais = new ByteArrayInputStream( baos.toByteArray() );
  return (T) new ObjectInputStream( bais ).readObject();
}
```

Das Einzige, was wir zum Gelingen der Methode `deepCopy(…)` beitragen müssen, ist, das Objekt in einem Byte-Feld zu serialisieren, es wieder auszulesen und zu einem Objekt zu konvertieren. Den Einsatz eines `ByteArrayOutputStream` haben wir schon beobachtet, als wir die Länge eines Objekts herausfinden wollten. Nun fügen wir das Feld einfach wieder zu einem `ByteArrayInputStream` hinzu, aus dessen Daten dann `ObjectInputStream` das Objekt rekreieren kann. Ein `try` mit Ressourcen können wir uns hier sparen, und alle Fehler werden an den Aufrufer von `deepClone(…)` weitergereicht.

Überzeugen wir uns anhand eines kleinen Programms, dass die tiefe Kopie tatsächlich etwas anderes als ein flaches `clone()` ist:

Listing 7.37 Dolly.java, main()

```
Map<String,String> map = new HashMap<>();
map.put( "Cul de Paris",
         "hinten unter dem Kleid getragenes Gestell oder Polster" );

LinkedList<Map<String,String>> o1 = new LinkedList<>();
o1.add( map );

@SuppressWarnings("unchecked")
List<Map<String, String>> o2 = (List<Map<String, String>>) o1.clone();

List<Map<String,String>> o3 = deepCopy( o1 );

map.clear();

System.out.println( o1 ); // [{}]
System.out.println( o2 ); // [{}]
System.out.println( o3 ); // [{Cul de Paris=hinten unter dem Kleid ...}]
```

Zunächst erstellen wir eine Map, die wir anschließend in eine Liste packen. Die Map enthält ein Pärchen. Kopiert clone() die Liste, so wird sie zwar selbst kopiert, aber nicht die referenzierten Map-Objekte – erst die tiefe Kopie kopiert die Map mit. Das sehen wir dann, wenn wir den Eintrag aus der Map löschen. Dann ergibt o1 genauso wie o2 eine leere Liste, da o2 nur die Verweise auf die Map gespeichert hat, die dann aber geleert ist. Anders ist dies bei o3, der tiefen Kopie: Hier ist das Paar noch vorhanden.

7.10.7 Versionenverwaltung und die SUID

Die erste Version einer Klassenbibliothek ist in der Regel nicht vollständig und nicht beendet. Es kann gut sein, dass Attribute und Methoden nachträglich in die Klasse eingefügt, gelöscht oder modifiziert werden. Das bedeutet aber auch, dass die Serialisierung zu einem Problem werden kann. Denn ändert sich der Variablentyp oder kommen Variablen hinzu, ist eine gespeicherte Objektserialisierung nicht mehr gültig.

Bei der Serialisierung wird in Java nicht nur der Objektinhalt geschrieben, sondern zusätzlich eine eindeutige Kennung der Klasse, die *UID*. Die UID ist ein Hashcode aus Namen, Attributen, Parametern, Sichtbarkeit usw. Sie wird als long wie ein Attribut gespeichert. Ändert sich der Aufbau einer Klasse, ändern sich der Hashcode und damit die UID. Klassen mit unterschiedlicher UID sind nicht kompatibel. Erkennt der Lesemechanismus in einem Datenstrom eine UID, die nicht zur Klasse passt, wird eine InvalidClassException ausgelöst. Das bedeutet, dass schon ein einfaches Hinzufügen von Attributen zu einem Fehler führt.

Wir wollen uns dies einmal anhand einer einfachen Klasse ansehen. Wir entwickeln eine Klasse Player mit einem einfachen Ganzzahlattribut für ein Alter. Später ändern wir den Typ für das Alter in eine Fließkommazahl:

Listing 7.38 com/tutego/insel/io/ser/Player.java, Player

```
class Player implements Serializable {
  String name;
  int    age;
}
```

Dann benötigen wir noch das Hauptprogramm. Wir bilden ein Exemplar von Player und schreiben es in eine Datei:

Listing 7.39 com/tutego/insel/io/ser/SerializePlayer.java, main()

```
try ( OutputStream fos = Files.newOutputStream( Paths.get( "player.ser" ) );
      ObjectOutputStream oos = new ObjectOutputStream( fos ) ) {
  oos.writeObject( new Player() );
}
```

Ohne Änderungen können wir es direkt wieder deserialisieren:

Listing 7.40 com/tutego/insel/io/ser/DeSerializePlayer.java, main()

```
try ( InputStream fis = Files.newInputStream( Paths.get( "player.ser" ) );
      ObjectInputStream ois = new ObjectInputStream( fis ) ) {
  Player player = (Player) ois.readObject();
  System.out.println( player );
}
```

Ändern wir die Klassendeklaration `Player`, sodass wir etwa aus dem `int age` ein `double age` machen, und führen dann noch einmal `DeSerializePlayer` auf, führt dies zu einem Fehler:

```
Exception in thread "main" java.io.InvalidClassException: com.tutego.insel.io.ser.Player;
 local class incompatible: stream classdesc serialVersionUID =
 8962277452270582278, local class serialVersionUID = 44259824709362049
  at java.io.ObjectStreamClass.initNonProxy(Unknown Source)
  at java.io.ObjectInputStream.readNonProxyDesc(Unknown Source)
  at java.io.ObjectInputStream.readClassDesc(Unknown Source)
  at java.io.ObjectInputStream.readOrdinaryObject(Unknown Source)
  at java.io.ObjectInputStream.readObject0(Unknown Source)
  at java.io.ObjectInputStream.readObject(Unknown Source)
  at com.tutego.insel.io.ser.DeSerializePlayer.main(DeSerializePlayer.java:12)
```

Die eigene SUID

Dem oberen Fehlerauszug entnehmen wir, dass der Serialisierungsmechanismus die SUID selbst berechnet. Das Attribut ist als statische, finale Variable mit dem Namen `serialVersionUID` in der Klasse abgelegt. Ändern sich die Klassenattribute, ist es günstig, eine eigene SUID einzutragen, denn der Mechanismus zum Deserialisieren kann dann etwas gutmütiger mit den Daten umgehen. Beim Einlesen gibt es nämlich Informationen, die nicht hinderlich sind. Wir sprechen in diesem Zusammenhang auch von *stream-kompatibel*. Dazu gehören zwei Bereiche:

- **Neue Felder**: Befinden sich in der neuen Klasse Attribute, die im Datenstrom nicht benannt sind, werden diese Attribute mit `0` oder `null` initialisiert.
- **Fehlende Felder**: Befinden sich im Datenstrom Attribute, die in der neuen Klasse nicht vorkommen, werden sie einfach ignoriert.

Die SUID kann eigentlich beliebig sein, doch die IDE bzw. das kleine Java-Dienstprogramm *serialver* berechnet einen Wert, der der gleiche Wert wie der ist, den der Serialisierungsmechanismus berechnet. Auf diese Weise erreichen wir eine stream-kompatible Serialisierung.

[«]

Beispiel

Dies wollen wir für unsere Klasse Player mit dem Dienstprogramm testen:

```
$ serialver  com.tutego.insel.io.ser.Player
com.tutego.insel.io.ser.Player:    static final long serialVersionUID = ➲
8962277452270582278L;
```

Die Anweisung aus der letzten Zeile können wir in unsere Klasse Player kopieren. Wird danach ein weiteres Attribut in die Klasse gesetzt, gelöscht oder ändert sich der Typ eines Attributs, tritt die InvalidClassException nicht mehr auf, da die Stream-Kompatibilität über die serialVersionUID gewährleistet ist.

[+]

Tipp

Da der Wert der Variablen serialVersionUID egal ist, kann sie bei 1 beginnen und immer dann, wenn es inkompatible Änderungen gibt, um eins erhöht werden.

7.10.8 Wie die ArrayList serialisiert *

Am Beispiel einer java.util.ArrayList lässt sich sehr schön beobachten, wie sich die privaten Methoden writeObject(…) und readObject(…) nutzen lassen. Eine ArrayList beinhaltet eine Reihe von Elementen. Zur Speicherung nutzt die Datenstruktur ein internes Feld. Das Feld kann größer als die Anzahl der Elemente sein, damit bei jedem add(…) das Feld nicht immer neu vergrößert werden muss. Nehmen wir an, die ArrayList würde eine Standardserialisierung nutzen. Was passiert nun? Es könnte das Problem entstehen, dass bei nur einem Objektverweis in der Liste und einer internen Feldgröße von 1.000 Elementen leider 999 null-Verweise gespeichert würden. Das wäre aber Verschwendung! Besser ist es, eine angepasste Serialisierung zu verwenden:

Listing 7.41 java.util.ArrayList.java, Ausschnitt

```
private void writeObject(java.io.ObjectOutputStream s)
  throws java.io.IOException{
  // Write out element count, and any hidden stuff
  int expectedModCount = modCount;
  s.defaultWriteObject();

  // Write out array length
  s.writeInt(elementData.length);

  // Write out all elements in the proper order.
  for (int i=0; i<size; i++)
      s.writeObject(elementData[i]);
```

```
  if (modCount != expectedModCount) {
      throw new ConcurrentModificationException();
  }

}
private void readObject(java.io.ObjectInputStream s)
  throws java.io.IOException, ClassNotFoundException {
  // Read in size, and any hidden stuff
  s.defaultReadObject();

  // Read in array length and allocate array
  int arrayLength = s.readInt();
  Object[] a = elementData = new Object[arrayLength];

  // Read in all elements in the proper order.
  for (int i=0; i<size; i++)
      a[i] = s.readObject();
}
```

7.10.9 Probleme mit der Serialisierung

Der klassische Weg von einem Objekt zu einer persistenten Speicherung führt über den Serialisierungsmechanismus von Java über die Klassen `ObjectOutputStream` und `ObjectInputStream`. Die Serialisierung in Binärdaten ist aber nicht ohne Nachteile. Schwierig ist beispielsweise die Weiterverarbeitung von Nicht-Java-Programmen oder die nachträgliche Änderung ohne Einlesen und Wiederaufbauen der Objektverbünde. Wünschenswert ist daher eine Textrepräsentation. Diese hat nicht die oben genannten Nachteile.

Ein weiteres Problem ist die Skalierbarkeit. Die Standardserialisierung arbeitet nach dem Prinzip: Alles, was vom Basisknoten aus erreichbar ist, gelangt serialisiert in den Datenstrom. Ist der Objektgraph sehr groß, steigen die Zeit für die Serialisierung und das Datenvolumen an. Anders als bei anderen Persistenz-Konzepten ist es nicht möglich, nur die Änderungen (die Differenz) zu schreiben. Wenn sich zum Beispiel in einer sehr großen Adressliste die Hausnummer einer Person ändert, muss die gesamte Adressliste neu geschrieben werden – das nagt an der Performance.

Auch parallele Änderungen können ein Problem sein, da die Serialisierung über kein transaktionales Konzept verfügt. Während der Serialisierung sind die Objekte und Datenstrukturen nicht gesperrt, und ein anderer Thread kann derweil alles Mögliche modifizieren. Der Entwickler muss sich selbst auferlegen, während des Schreibens keine Änderungen vorzunehmen, damit der Schreibzugriff isoliert ist. Auch wenn es während des Schreibens ein Problem (etwa eine Ausnahme) gibt, kommt ein halbfertiger Datenstrom beim Client an.

Bibliotheksdesign

Heutzutage würden Bibliotheksdesigner keine Markierungsschnittstelle wie `Serializable` mehr einführen, sondern eine Annotation deklarieren. Die Serialisierungs-ID würde dann auch nicht mehr eine private statische Variable mit einem magischen Variablennamen sein, sondern ein Attribut der Annotation, sodass es zum Beispiel an einer Klasse heißen würde: `@Serializable(1234566778L)`. Markierungsschnittstellen haben noch ein anderes Problem, das mit der Endgültigkeit von Vererbung und Typen zu tun hat: Implementiert eine Klasse einmal `Serializable`, so gilt diese Eigenschaft auch für alle Unterklassen, auch wenn vielleicht die Unterklassen gar nicht serialisierbar sein sollen. Auch hier lösen Annotationen das Problem, denn es lässt sich einstellen, ob Annotationen vererbt werden sollen oder nicht. Zu guter Letzt: Für transiente, also nicht serialisierte Zustände hätte kein Schlüsselwort in der Sprache reserviert, sondern lediglich eine neue Annotation deklariert werden müssen. Auch statt der magischen privaten Methoden `readObject(…)`/`writeObject(…)` hätte gut eine Annotation deklariert werden können, die eben die Methoden markiert, die bei der (De-)Serialisierung aufgerufen werden sollen.

7.11 Alternative Datenaustauschformate

Die Standardserialisierung hat das Problem, dass sie nicht plattformunabhängig ist. Sollen aber über Rechnergrenzen Daten übertragen und ausgetauscht werden, so kommen andere Formate ins Spiel. Dieses Kapitel stellt einige Lösungen zur Serialisierung vor.

7.11.1 Serialisieren in XML-Dateien

Eine Abbildung in XML hat viele Vorteile, unter anderem den, dass auch andere Programmiersprachen leicht an die Daten kommen. Mittlerweile finden sich viele Bibliotheken, die Objektgraphen in XML abbilden:

- XStream (*http://xstream.codehaus.org/*)
- Java Architecture for XML Binding: JAXB (Teil der Java SE)
- Simple (*http://simple.sourceforge.net/*), auch für Android
- XMLBeans (*http://xmlbeans.apache.org/*)

7.11.2 XML-Serialisierung von JavaBeans mit JavaBeans Persistence *

Um mit der JavaBeans Persistence Objekte in XML zu schreiben und von dort zu laden, werden statt der Klassen `ObjectOutputStream` und `ObjectInputStream` die Klassen `XMLEncoder` und `XMLDecoder` eingesetzt.

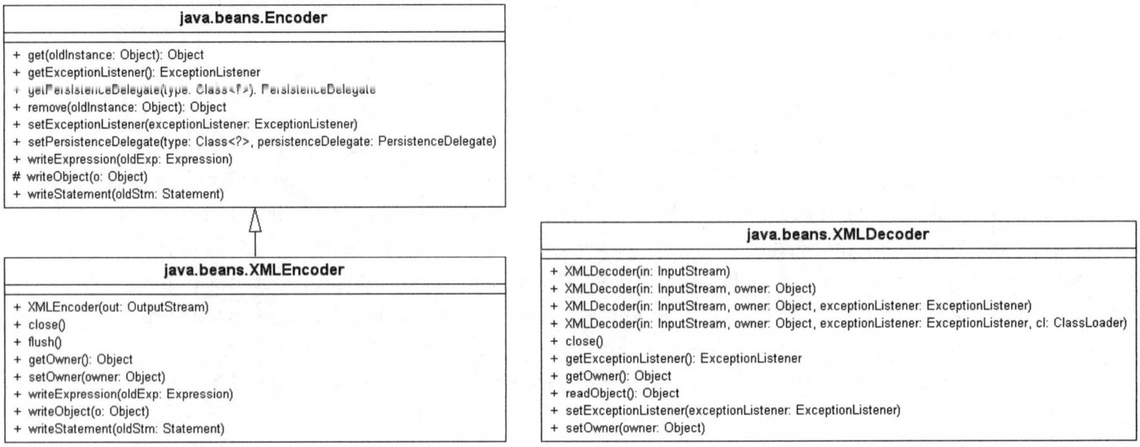

Abbildung 7.15 Klassendiagramme von XMLEncoder und XMLDecoder (der keine besondere Oberklasse hat)

Die folgende Klasse ist unserem Programm `SerializeAndDeserialize` nachempfunden. Ersetzen müssen wir lediglich die `ObjectXXXStream`-Klassen. Die Klassen `XMLEncoder` und `XMLDecoder` liegen auch nicht in `java.io`, sondern unter dem Paket `java.beans`. Interessanterweise muss die Ausnahme `ClassNotFoundException` nicht mehr aufgefangen werden:

Listing 7.42 com/tutego/insel/io/ser/SerializeAndDeserializeXML.java

```
String filename = "datum.ser.xml";

// Serialisieren

try ( OutputStream fos = Files.newOutputStream( Paths.get( filename ) );
      XMLEncoder   enc = new XMLEncoder( fos ) ) {
  enc.writeObject( "Today" );
  enc.writeObject( new Date() );
}
catch ( IOException e ) {
  e.printStackTrace();
}

// Deserialisieren

try ( InputStream fis = Files.newInputStream( Paths.get( filename ) );
      XMLDecoder  dec = new XMLDecoder( fis ) ) {
  String string = (String) dec.readObject();
  Date   date   = (Date)   dec.readObject();

  System.out.println( string );
```

```
  System.out.println( date );
}
catch ( IOException e ) {
  e.printStackTrace();
}
```

Und so sehen wir nach Ablauf des Programms in der Datei *datum.ser.xml* Folgendes:

```
<?xml version="1.0" encoding="UTF-8"?>
<java version="1.8.0" class="java.beans.XMLDecoder">
 <string>Today</string>
 <object class="java.util.Date">
  <long>1391951692450</long>
 </object>
</java>
```

Bei eigenen Objekten ist immer zu bedenken, dass der eingebaute XML-Serialisierer nur Java-Beans schreibt. Eigene Klassen müssen daher immer `public` sein, einen Standard-Konstruktor besitzen und ihre serialisierbaren Eigenschaften über `getXXX()`/`setXXX(…)`-Methoden bereitstellen; sie müssen jedoch die Markierungsschnittstelle `Serializable` nicht implementieren.

PersistenceDelegate

Dem `XMLEncoder` lässt sich über `setPersistenceDelegate(Class, PersistenceDelegate)` für einen speziellen Klassentyp ein `java.beans.PersistenceDelegate` mitgeben, das den Zustand eines Objekts speichert. Das ist immer dann praktisch, wenn der Standardmechanismus Eigenschaften nicht mitnimmt oder Klassen so nicht abbilden kann, weil sie zum Beispiel keinen Standard-Konstruktor deklarieren. Für eigene Delegates ist die Unterklasse `DefaultPersistenceDelegate` recht praktisch. Sie ist auch hilfreich, um bestimmte Typen erst gar nicht zu schreiben:

```
XMLEncoder e = new java.beans.XMLEncoder( out );
e.setPersistenceDelegate( NonSer.class, new DefaultPersistenceDelegate() );
```

7.11.3 Die Open-Source-Bibliothek XStream *

XStream[3] ist eine quelloffene Software unter der BSD-Lizenz, mit der sich serialisierbare Objekte in XML umwandeln lassen. Damit ähnelt XStream eher der Standardserialisierung als der Java-Beans Persistence. Nachdem die unter *http://xstream.codehaus.org/download.html* geladene Bibliothek *xstream-x.y.jar* sowie der schnelle XML-Parser *xpp3_min-x.y.jar* auf der gleichen Seite eingebunden worden sind, ist ein Beispielprogramm schnell formuliert:

```
Point p = new Point( 120, 32 );
XStream xstream = new XStream();
String xml = xstream.toXML( p );
```

3 Wer im Internet nach XStream sucht, der findet auch pinkfarbene Inhalte.

```
System.out.println( xml );
Point q = (Point) xstream.fromXML( xml );
```

Alle Ausnahmen von XStream sind Unterklassen von `RuntimeException` und müssen daher nicht explizit aufgefangen werden. Der String hinter `xml` enthält:

```
<java.awt.Point>
<x>120</x>
<y>32</y>
</java.awt.Point>
```

Ein XML-Prolog fehlt.

7.11.4 Binäre Serialisierung mit Google Protocol Buffers *

Da Google unterschiedliche Programmiersprachen in seiner Softwarelandschaft nutzt, stand das Unternehmen vor der Frage, wie ein effektiver Datenaustausch aussehen kann, wenn etwa ein Server in C++ und ein Client in Java geschrieben ist. Für den Zweck hat Google das Datenformat *Protocol Buffers* entwickelt, das mittlerweile quelloffen unter der BSD-Lizenz für jeden unter *http://code.google.com/p/protobuf/* verfügbar ist.

Der Ausgangspunkt für die plattformunabhängige Übertragung von Strukturen, die Nachrichten (engl. *messages*) genannt werden, ist eine Strukturdefinition in einer *Proto-Definition-Datei* (Dateiendung *.proto*). Sie enthält die unterschiedlichen Nachrichten mit Feldern und Größenangaben und kann auch Aufzählungen enthalten. Der Protocol-Buffer-Compiler *protoc* generiert aus der Datei eine Klasse mit einer bestimmten Protocol-Buffer-API, die Java-Objekte entweder über den JavaBeans-Standard oder über das Builder-Pattern aufbaut und Methoden zum Serialisieren/Deserialisieren oder zum Zusammenfügen anbietet. Mehr zur Arbeitsweise zeigt das Tutorial unter *https://developers.google.com/protocol-buffers/docs/javatutorial.*

7.12 Zum Weiterlesen

Was dieses Kapitel (und Buch im Allgemeinen) nicht beleuchtet, eine sehr performante Ein-/Ausgabe aber realisierbar macht, ist NIO. Dieses komplexe Thema erfordert ein eigenes Buch; die Beispiele von Oracle unter *http://docs.oracle.com/javase/8/docs/technotes/guides/io/example/* vermitteln einen ersten Einblick. Auch die Serialisierung bietet weitere Extras, *http://docs.oracle.com/javase/8/docs/platform/serialization/spec/serialTOC.html* beschreibt das alles.

Kapitel 8
Die eXtensible Markup Language (XML)

»Ich bin überall in diesem Land gewesen und habe mit den besten Leuten gesprochen. Ich kann Ihnen versichern, dass Datenverarbeitung ein Tick ist, der sich nächstes Jahr erledigt hat.«
– Editor für Computerbücher bei Prentice Hall, 1957

8.1 Auszeichnungssprachen

Auszeichnungssprachen dienen der strukturierten Gliederung von Texten und Daten. Ein Text besteht zum Beispiel aus Überschriften, Fußnoten und Absätzen, eine Vektorgrafik dagegen aus einzelnen Grafikelementen wie Linien und Textfeldern. Auszeichnungssprachen liegt die Idee zugrunde, besondere Bausteine durch Auszeichnung hervorzuheben. Ein Text könnte etwa so beschrieben sein:

```
<Überschrift>
Mein Buch
<Ende Überschrift>
Hui ist das <fett>toll<Ende fett>.
```

Als Leser eines Buchs erkennen wir optisch eine Überschrift an der Schriftart. Ein Computer hat damit aber seine Schwierigkeiten. Wir wollen auch dem Rechner die Fähigkeit verleihen, diese Struktur zu erkennen.

HTML ist die erste populäre Auszeichnungssprache, die Auszeichnungselemente (engl. *tags*) wie `<b>fett</b>` benutzt, um bestimmte Eigenschaften von Elementen zu kennzeichnen. Damit wurde eine Visualisierung verbunden, etwa bei einer Überschrift fett und mit großer Schrift. Leider werden Auszeichnungssprachen wie HTML auch dazu benutzt, Formatierungseffekte zu erzielen. Beispielsweise werden Überschriften richtigerweise mit dem Überschriften-Tag ausgezeichnet. Wenn an anderer Stelle eine Textstelle fett und groß sein soll, wird diese aber auch oft mit dem Überschriften-Tag markiert, obwohl sie keine Überschrift ist.

8.1.1 Die Standard Generalized Markup Language (SGML)

Das Beispiel der Überschrift in einem Buch veranschaulicht die Idee, Bausteine mit Typen in Verbindung zu bringen. Der allgemeine Aufbau mit diesen Auszeichnungselementen ließe sich dann für beliebige hierarchische Dokumente nutzen. Die Definition einer Auszeichnungssprache (Metasprache) ist daher auch nicht weiter schwierig. Schon Mitte der 1980er Jahre wurde als

ISO-Standard die *Standard Generalized Markup Language* (SGML)[1] definiert, die die Basis für beliebige Auszeichnungssprachen ist. Ab der Version 2.0 ist auch HTML als SGML-Anwendung definiert. Leider kam mit den vielen Freiheiten und der hohen Flexibilität eine große und aufwändige Deklaration der Anwendungen hinzu. Ein SGML-Dokument musste einen ganz bestimmten Aufbau besitzen. SGML-Dateien waren daher etwas unflexibel, weil die Struktur genau eingehalten werden musste. Für HTML-Dateien wäre das schlecht, weil die Browser-Konkurrenten produktspezifische Tags definieren, die auf den Browser des jeweiligen Herstellers beschränkt bleiben. So interpretiert der Internet Explorer zum Beispiel das Tag `<blink>blinkend </blink>` nicht. Tags, die ein Browser nicht kennt, überliest er einfach.

8.1.2 Extensible Markup Language (XML)

Für reine Internetseiten hat sich HTML etabliert, aber für andere Anwendungen wie Datenbanken oder Rechnungen ist HTML nicht geeignet. Für SGML sprechen die Korrektheit und Leistungsfähigkeit – dagegen sprechen die Komplexität und die Notwendigkeit, eine Beschreibung für die Struktur angeben zu müssen. Daher setzte sich das W3C zusammen, um eine neue Auszeichnungssprache zu entwickeln, die einerseits so flexibel wie SGML, andererseits aber so einfach zu nutzen und zu implementieren ist wie HTML. Das Ergebnis war die *eXtensible Markup Language* (XML). Diese Auszeichnungssprache ist für Compiler einfach zu verarbeiten, da es genaue Vorgaben dafür gibt, wann ein Dokument in Ordnung ist.

XML ist nicht nur der Standard zur Beschreibung von Daten, denn oft verbinden sich mit diesem Ausdruck eine oder mehrere Technologien, die mit der Beschreibungssprache im Zusammenhang stehen. Und: Ohne XML kein WiX[2]! Die wichtigsten Technologien zur Verarbeitung von XML in Java werden hier kurz vorgestellt. Eine ausführliche Beschreibung mit allen Nachbartechnologien finden Sie bei Interesse auf den Webseiten des W3C unter *http://www.w3c.org/*.

8.2 Eigenschaften von XML-Dokumenten

8.2.1 Elemente und Attribute

Der Inhalt eines XML-Dokuments besteht aus strukturierten *Elementen*, die hierarchisch geschachtelt sind. Dazwischen befindet sich der Inhalt, der aus weiteren Elementen (daher »hierarchisch«) und reinem Text bestehen kann. Die Elemente können *Attribute* enthalten, die zusätzliche Informationen in einem Element ablegen:

1 Der Vorgänger von SGML war GML; hier standen die Buchstaben (sicherlich inoffiziell) für Charles Goldfarb, Edward Mosher und Raymond Lorie, die bei IBM in den 1960er Jahren diese Dokumentenbeschreibungssprache geschaffen hatten.

2 Windows Installer XML – Definition von Auslieferungspaketen für Microsoft Windows

Listing 8.1 party.xml

```
<?xml version="1.0"?>
<party datum="31.12.2012">
  <gast name="Albert Angsthase">
    <getraenk>Wein</getraenk>
    <getraenk>Bier</getraenk>
    <zustand ledig="true" nuechtern="false"/>
  </gast>
</party>
```

Die Groß- und Kleinschreibung der Namen für Elemente und Attribute ist für die Unterscheidung wichtig. Ein Attribut besteht aus einem Attributnamen und einem Wert. Der Attributwert steht immer in einfachen oder doppelten Anführungszeichen, und das Gleichheitszeichen weist dem Attributnamen den Wert zu.

Verwendung von Tags

Gemäß der *Reference Concrete Syntax* geben Elemente in spitzen Klammern die Tags an. Elemente existieren in zwei Varianten: Falls das Element einen Wert einschließt, besteht es aus einem Anfangs-Tag und einem End-Tag.

Element = öffnendes Tag + Inhalt + schließendes Tag

Das Anfangs-Tag gibt den Namen des Tags vor und enthält die Attribute. Das End-Tag hat den gleichen Namen wie das Anfangs-Tag und wird durch einen Schrägstrich nach der ersten Klammer gekennzeichnet. Zwischen dem Anfangs- und dem End-Tag befindet sich der Inhalt des Elements.

Beispiel

Das Element `<getraenk>` mit dem Wert `Wein`:

```
<getraenk>Wein</getraenk>
```

Ein Element, das keine Inhalte einschließt, besteht aus nur einem Tag mit einem Schrägstrich vor der schließenden spitzen Klammer. Diese Tags haben entweder Attribute als Inhalt, oder das Auftreten des Tags ist Bestandteil des Inhalts.

Beispiel

Das Element `<zustand>` mit den Attributen `ledig` und `nuechtern`:

```
<zustand ledig="true" nuechtern="false" />
```

Bedeutung der Tags

Durch die freie Namensvergabe in XML-Dokumenten ist eine formatierte Darstellung eines Dokuments nicht möglich. Anders als bei HTML gibt es keine festgelegte Menge von Tags, die den Inhalt nach bestimmten Kriterien formatieren. Falls das XML-Dokument in einem Browser dargestellt werden soll, sind zusätzliche Beschreibungen in Form von Formatvorlagen (Stylesheets) für die Darstellung in HTML notwendig.

Wohlgeformt

Ein XML-Dokument muss einige Bedingungen erfüllen, damit es *wohlgeformt* ist. Wenn es nicht wohlgeformt ist, ist es auch kein XML-Dokument. Damit ein XML-Dokument wohlgeformt ist, muss jedes Element aus einem Anfangs- und einem End-Tag oder nur aus einem abgeschlossenen Tag bestehen. Hierarchische Elemente müssen in umgekehrter Reihenfolge ihrer Öffnung wieder geschlossen werden. Die Anordnung der öffnenden und schließenden Tags legt die Struktur eines XML-Dokuments fest. Jedes XML-Dokument muss ein Wurzelelement enthalten, das alle anderen Elemente einschließt.

[»]

Beispiel

Das Wurzelelement heißt <party> und schließt das Element <gast> ein:

```
<party datum="31.12.11">
  <gast name="Albert Angsthase"></gast>
</party>
```

Spezielle Zeichen in XML (Entitäten)

Wir müssen darauf achten, dass einige Zeichen in XML bestimmte Bedeutungen haben. Dazu gehören &, <, >, " und '. Sie werden im Text durch spezielle Abkürzungen, die *Entitäten*, abgebildet. Dies sind für die oben genannten Zeichen &, <, >, " und '. Diese Entitäten für die Sonderzeichen sind als einzige durch den Standard festgelegt.

<!-- Kommentare -->

XML-Dokumente können auch Kommentare enthalten. Diese werden beim Auswerten der Daten übergangen. Kommentare verbessern die Qualität des XML-Dokuments für den Benutzer wesentlich. Sie können an jeder Stelle des Dokuments verwendet werden, nur nicht innerhalb der Tags. Kommentare haben die Form:

```
<!-- Text des Kommentars -->
```

Der beste Kommentar eines XML-Dokuments ist die sinnvolle Gliederung des Dokuments und die Wahl selbsterklärender Namen für Tags und Attribute.

Kopfdefinition

Die Wohlgeformtheit muss mindestens erfüllt sein. Zusätzlich dürfen andere Elemente eingebaut werden. Dazu gehört etwa eine Kopfdefinition, die beispielsweise

```
<?xml version="1.0"?>
```

lauten kann. Diese Kopfdefinition lässt sich durch Attribute erweitern. In diesem Beispiel werden die verwendete XML-Version und die Zeichenkodierung angegeben:

```
<?xml version="1.0" encoding="UTF-8"?>
```

Wenn eine XML-Deklaration vorhanden ist, muss sie ganz am Anfang des Dokuments stehen. Dort lässt sich im Prinzip die benutzte Zeichenkodierung definieren, wenn sie nicht automatisch UTF-8 oder UTF-16 ist. Automatisch kann jedes beliebige Unicode-Zeichen unabhängig von der Kodierung über das Kürzel `ꯍ` (`A`, `B`, `C`, `D` stehen für Hexadezimalzeichen) dargestellt werden.

[+]

Hinweis

Java und andere XML-Parser nehmen standardmäßig die Zeichenkodierung UTF-8 an. Es ist daher eine gute Idee, grundsätzlich alle XML-Dokumente in UTF-8 abzulegen.

8.2.2 Beschreibungssprache für den Aufbau von XML-Dokumenten

Im Gegensatz zu HTML ist bei XML die Menge der Tags und deren Kombination nicht festgelegt. Für jede Anwendung können Entwickler beliebige Tags definieren und verwenden. Um aber überprüfen zu können, ob eine XML-Datei für eine bestimmte Anwendung die richtige Form hat, wird eine formale Beschreibung dieser Struktur benötigt. Diese formale Struktur ist in einem bestimmten Format beschrieben, wobei zwei Formate populär sind: das *XML Schema* und die *Document Type Definition* (DTD). Sie legen fest, welche Tags zwingend vorgeschrieben sind, welche Art Inhalt diese Elemente haben, wie Tags miteinander verschachtelt sind und welche Attribute ein Element besitzen darf. Hält sich ein XML-Dokument an die Definition, ist es *gültig* (engl. *valid*).

Mittlerweile gibt es eine große Anzahl von Beschreibungen in Form von Schemas und DTDs, die Gültigkeiten für die verschiedensten Daten definieren. Einige DTDs sind unter *http://tutego.de/go/xmlapplications* aufgeführt. Um einen Datenaustausch für eine bestimmte Anwendung zu gewährleisten, ist eine eindeutige Beschreibung unerlässlich. Es wäre problematisch, wenn die Unternehmen unter der Struktur einer Rechnung immer etwas anderes verstünden.

Document Type Definition (DTD)

Für die folgende XML-Datei entwickeln wir eine DTD zur Beschreibung der Struktur:

Listing 8.2 party.xml

```
<?xml version="1.0" ?>
<party datum="31.12.2012">
    <gast name="Albert Angsthase">
        <getraenk>Wein</getraenk>
        <getraenk>Bier</getraenk>
        <zustand ledig="true" nuechtern="false"/>
    </gast>
    <gast name="Martina Mutig">
        <getraenk>Apfelsaft</getraenk>
        <zustand ledig="true" nuechtern="true"/>
    </gast>
    <gast name="Zacharias Zottelig"></gast>
</party>
```

Für diese XML-Datei legen wir die Struktur fest und beschreiben sie in einer DTD. Dazu sammeln wir zuerst die Daten, die in dieser XML-Datei stehen:

Elementname	Attribute	Untergeordnete Elemente	Aufgabe
`party`	`datum` Datum der Party	`gast`	Wurzelelement mit dem Datum der Party als Attribut
`gast`	`name` Name des Gastes	`getraenk` und `zustand`	die Gäste der Party; Name des Gastes als Attribut
`getraenk`			Getränk des Gastes als Text
`zustand`	`ledig` und `nuechtern`		Familienstand und Zustand als Attribute

Tabelle 8.1 Struktur der Beispiel-XML-Datei

Elementbeschreibung

Die Beschreibung der Struktur eines Elements besteht aus dem Elementnamen und dem Typ. Sie kann auch aus einem oder mehreren untergeordneten Elementen in Klammern bestehen. Der Typ legt die Art der Daten in dem Element fest. Mögliche Typen sind etwa `PCDATA` (*Parsed Character Data*) für einfachen Text oder `ANY` für beliebige Daten.

Untergeordnete Elemente werden als Liste der Elementnamen angegeben. Die Namen sind durch ein Komma getrennt. Falls verschiedene Elemente oder Datentypen alternativ vorkommen können, werden diese ebenfalls in Klammern angegeben und mit dem Oder-Operator (`|`) verknüpft. Hinter jedem Element und hinter der Liste von Elementen legt ein Operator fest, wie häufig das Element oder die Folgen von Elementen erscheinen müssen. Falls kein Operator angegeben ist, muss das Element oder die Elementliste genau einmal erscheinen. Folgende Operatoren stehen zur Verfügung:

Operator	Wie oft erscheint das Element?
?	einmal oder gar nicht
+	mindestens einmal
*	keinmal, einmal oder beliebig oft

Tabelle 8.2 DTD-Operatoren für Wiederholungen

[«]

Beispiel

Das Element `<party>` erlaubt beliebig viele Unterelemente vom Typ `<gast>`:

```
<!ELEMENT party (gast)*>
```

Drückt aus, dass auf einer Party beliebig viele Gäste erscheinen können.

Attributbeschreibung

Die Beschreibung der Attribute sieht sehr ähnlich aus. Sie besteht aus dem Element, den Attributnamen, den Datentypen der Attribute und einem Modifizierer. In einem Attribut können als Werte keine Elemente angegeben werden, sondern nur Datentypen wie `CDATA` (*Character Data*). Der Modifizierer legt fest, ob ein Attribut zwingend vorgeschrieben ist oder nicht. Folgende Modifizierer stehen zur Verfügung:

Modifizierer	Erläuterung
`#IMPLIED`	Muss nicht vorkommen.
`#REQUIRED`	Muss auf jeden Fall vorkommen.
`#FIXED [Wert]`	Wert wird gesetzt und kann nicht verändert werden.

Tabelle 8.3 Attribut-Modifizierer

[«]

Beispiel

Das Attribut `datum` für das Element `<party>`:

```
<!ATTLIST party datum CDATA #REQUIRED>
```

Der Wert des Attributs `datum` ist Text und muss angegeben sein (festgelegt durch den Modifizierer `#REQUIRED`).

Kümmern wir uns um die Beschreibung eines Gastes, der einen Namen und einen Zustand hat:

```
<!ELEMENT gast (getraenk*, zustand?)>
<!ATTLIST gast name CDATA #REQUIRED>
```

Das Element hat als Attribut name und die Unterelemente <getraenk> und <zustand>. Ein Gast kann kein Getränk, ein Getränk oder viele einnehmen. Die Attribute des Elements <zustand> müssen genau einmal oder gar nicht vorkommen.

Das Element <getraenk> hat keine Unterelemente, aber einen Text, der das Getränk beschreibt:

```
<!ELEMENT getraenk (#PCDATA)>
```

Das Element <zustand> hat keinen Text und keine Unterelemente, aber die Attribute ledig und nuechtern, die mit Text gefüllt sind. Die Attribute müssen nicht unbedingt angegeben werden (Modifizierer #IMPLIED).

```
<!ELEMENT zustand EMPTY>
<!ATTLIST zustand ledig CDATA #IMPLIED
   nuechtern CDATA #IMPLIED>
```

Bezugnahme auf eine DTD

Falls die DTD in einer speziellen Datei steht, wird im Kopf der XML-Datei angegeben, wo die DTD für dieses XML-Dokument steht:

```
<!DOCTYPE party SYSTEM "dtd\partyfiles\party.dtd">
```

Hinter DOCTYPE steht das Wurzelelement der zu beschreibenden XML-Datei. Hinter SYSTEM steht der URI mit der Adresse der DTD-Datei. Die DTD selbst kann in einer eigenen Datei stehen oder Bestandteil der XML-Datei sein.

Die vollständige DTD zu dem Party-Beispiel sieht folgendermaßen aus:

Listing 8.3 party.dtd

```
<!ELEMENT party (gast)*>
<!ATTLIST party datum CDATA #REQUIRED>
<!ELEMENT gast (getraenk*, zustand?)>
<!ATTLIST gast name CDATA #REQUIRED>
<!ELEMENT getraenk (#PCDATA)>
<!ELEMENT zustand EMPTY>
<!ATTLIST zustand ledig CDATA #IMPLIED nuechtern CDATA #IMPLIED>
```

Diese DTD definiert somit die Struktur aller XML-Dateien, die die Party beschreiben.

8.2.3 Schema – die moderne Alternative zu DTD

Ein anderes Verfahren, um die Struktur von XML-Dateien zu beschreiben, ist das *Schema*. Es ermöglicht eine Strukturbeschreibung wie eine DTD – nur in Form einer XML-Datei. Das vereinfacht das Parsen der Schema-Datei, da die Strukturbeschreibung und die Daten vom gleichen Dateityp sind. Ein Schema beschreibt im Gegensatz zu einer DTD die Datentypen der Elemente und Attribute einer XML-Datei viel detaillierter. Die üblichen Datentypen wie `string`, `integer` und `double` der gängigen Programmiersprachen sind bereits vorhanden. Weitere Datentypen wie `date` und `duration` existieren ebenfalls. Zusätzlich ist es möglich, eigene Datentypen zu definieren. Mit einem Schema kann weiterhin festgelegt werden, ob ein Element wie eine Ganzzahl in einem speziellen Wertebereich liegt oder ein String auf einen regulären Ausdruck passt. Die Vorteile sind eine genauere Beschreibung der Daten, die in einer XML-Datei dargestellt werden. Das macht aber auch die Strukturbeschreibung aufwändiger als mit einer DTD. Durch die detaillierte Beschreibung der XML-Struktur ist jedoch der Mehraufwand gerechtfertigt.

Party-Schema

Hier ist ein Beispiel für ein Schema, das die Struktur der Datei *party.xml* beschreibt:

Listing 8.4 party.xsd

```
<?xml version="1.0"?>
<xsd:schema xmlns:xsd="http://www.w3.org/2001/XMLSchema">

  <xsd:element name="party" type="partyType" />

  <xsd:complexType name="partyType">
    <xsd:sequence>
      <xsd:element name="gast" type="gastType" />
    </xsd:sequence>
    <xsd:attribute name="datum" type="datumType" />
  </xsd:complexType>

  <xsd:complexType name="gastType">
    <xsd:sequence>
      <xsd:element name="getraenk" type="xsd:string" />
      <xsd:element name="zustand" type="zustandType" />
    </xsd:sequence>
  </xsd:complexType>

  <xsd:simpleType name="datumType">
    <xsd:restriction base="xsd:string">
      <xsd:pattern value="[0-3][0-9].[0-1][0-9].[0-9]{4}" />
    </xsd:restriction>
  </xsd:simpleType>
```

```
  <xsd:complexType name="zustandType">
    <xsd:complexContent>
      <xsd:restriction base="xsd:anyType">
        <xsd:attribute name="nuechtern" type="xsd:boolean" />
        <xsd:attribute name="ledig" type="xsd:boolean" />
      </xsd:restriction>
    </xsd:complexContent>
  </xsd:complexType>

</xsd:schema>
```

In diesem Beispiel werden die Typen `string` (für die Beschreibung des Elements `<getraenk>`) und `boolean` (für die Beschreibung des Elements `<ledig>`) verwendet. Die Typen `gastType` und `datumType` sind selbst definierte Typen. Ein sehr einfacher regulärer Ausdruck beschreibt die Form eines Datums. Ein Datum besteht aus drei Gruppen zu je zwei Ziffern, die durch Punkte getrennt werden. Die erste Ziffer der ersten Zifferngruppe muss aus dem Zahlenbereich 0 bis 3 stammen.

In der Schema-Datei basieren die Typen `datumType` und `zustandType` auf vorhandenen Schema-Typen, um diese einzuschränken. So schränkt `datumType` den Typ `string` auf die gewünschte Form eines Datums ein, und `zustandType` schränkt den `anyType` auf die beiden Attribute `nuechtern` und `ledig` ein. Die Schreibweise erzeugt einen neuen Typ, der keinen Text als Inhalt enthält, sondern nur die beiden Attribute `nuechtern` und `ledig` erlaubt. Der Wert der beiden Attribute ist ein Wahrheitswert.

Simple und komplexe Typen

Ein XML-Schema unterscheidet zwischen simplen und komplexen Typen. Simple Typen sind alle Typen, die keine Unterelemente und keine Attribute haben, sondern nur textbasierten Inhalt.

[»]

Beispiel

Das Element `<getraenk>` besteht nur aus einer Zeichenkette:

```
<xsd:element name="getraenk" type="xsd:string" />
```

Komplexe Typen können neben textbasiertem Inhalt auch Unterelemente und Attribute inkludieren.

[»]

Beispiel

Das Element `<gast>` hat den Typ `gastType` und die Unterelemente `<getraenk>` und `<zustand>`:

```
<xsd:element name="gast" type="gastType" />
<xsd:complexType name="gastType">
```

```
    <xsd:sequence>
      <xsd:element name="getraenk" type="xsd:string" />
      <xsd:element name="zustand" type="zustandType" />
    </xsd:sequence>
  </xsd:complexType>
```

Simple und komplexe Typen können andere Typen einschränken. Komplexe Typen können zusätzlich andere Typen erweitern. Beim Erweitern ist es möglich, mehrere Typen miteinander zu kombinieren, um einen neuen Typ mit Eigenschaften verschiedener Typen zu erschaffen.

Das vorige Beispiel kann nur einen kleinen Einblick in die Möglichkeiten von XML-Schemas geben. Eine umfangreiche Dokumentation ist unter der URL *http://www.w3.org/XML/Schema* vorhanden. Dort gibt es drei verschiedene Dokumentationen zum Schema:

- **Schema Part0 Primer**: gut lesbares Tutorial mit vielen Beispielen
- **Schema Part1 Structures**: genaue Beschreibung der Struktur einer Schema-Datei
- **Schema Part2 Datatypes**: Beschreibung der Datentypen, die in XML-Schemas verwendet werden

Der erste Teil bietet eine grundlegende Einführung mit vielen Beispielen. Die beiden anderen Teile dienen als Referenzen für spezielle Fragestellungen.

8.2.4 Namensraum (Namespace)

Das Konzept des *Namensraums* ist besonders wichtig, wenn

- XML-Daten nicht nur lokal mit einer Anwendung benutzt werden,
- Daten ausgetauscht oder
- XML-Dateien kombiniert werden.

Eine Überschneidung der Namen der Tags, die in den einzelnen XML-Dateien verwendet werden, lässt sich nicht verhindern. Daher ist es möglich, einer XML-Datei einen Namensraum oder mehrere Namensräume zuzuordnen.

Der Namensraum ist eine Verknüpfung zwischen einem Präfix, das vor den Elementnamen steht, und einem URI. Ein Namensraum wird als Attribut an ein Element (typischerweise das Wurzelelement) gebunden und kann dann von allen Elementen verwendet werden. Das Attribut hat die Form:

```
xmlns:Präfix="URI"
```

Dem Element, das den Namensraum deklariert, wird ein Präfix vorangestellt. Es hat die Form:

```
<Präfix:lokaler Name xmlns:Präfix="URI">
```

Das Präfix ist ein frei wählbares Kürzel, das den Namensraum benennt. Dieses Kürzel wird dem Namen der Elemente, die zu diesem Namensraum gehören, vorangestellt. Der Name eines Elements des Namensraums `Präfix` hat die Form:

```
<Präfix:lokaler Name>...</Präfix:lokaler Name>
```

Angenommen, wir möchten für unsere Party das Namensraum-Präfix `geburtstag` verwenden. Der URI für diesen Namensraum ist *http://www.geburtstag.de*. Der Namensraum wird in dem Wurzelelement `party` deklariert. Das Präfix wird jedem Element zugeordnet:

```
<geburtstag:party xmlns:geburtstag="http://www.geburtstag.de"
                  geburtstag:datum="31.12.2012">
  <geburtstag:gast geburtstag:name="Albert Angsthase">
  </geburtstag:gast>
</geburtstag:party>
```

Eine weitere wichtige Anwendung von Namensräumen ist es, Tags bestimmter Technologien zu kennzeichnen. Für die XML-Technologien, etwa für Schemas, werden feste Namensräume vergeben.

[»]

Beispiel

Namensraumdefinition für ein XML-Schema:

```
<xsd:schema xmlns:xsd="http://www.w3.org/2001/XMLSchema">
```

Eine Anwendung, die XML-Dateien verarbeitet, kann anhand des Namensraums erkennen, welche Technologie verwendet wird. Dabei ist nicht das Präfix, sondern der URI für die Identifikation des Namensraums entscheidend. Für XML-Dateien, die eine Strukturbeschreibung in Form eines Schemas definieren, ist es üblich, das Präfix `xsd` zu verwenden. Es ist aber jedes andere Präfix möglich, wenn der URI auf die Adresse *http://www.w3.org/2001/XMLSchema* verweist. Diese Adresse muss nicht unbedingt existieren, und eine Anwendung kann auch nicht erwarten, dass sich hinter dieser Adresse eine konkrete HTML-Seite verbirgt. Der URI dient nur der Identifikation des Namensraums für eine XML-Datei.

8.2.5 XML-Applikationen *

Eine *XML-Applikation* ist eine festgelegte Auswahl von XML-Elementen und einem Namensraum. XHTML ist eine XML-Applikation, bei der die XML-Elemente die HTML-Elemente zur Beschreibung von Webseiten sind. Durch die Beschränkung auf eine bestimmte Menge von Elementen ist es möglich, diese XML-Dateien für bestimmte Anwendungen zu nutzen. Der Namensraum legt fest, zu welcher Applikation die einzelnen XML-Elemente gehören. Dadurch können verschiedene XML-Applikationen miteinander kombiniert werden.

Eine bekannte XML-Applikation ist XHTML. Unterschiedliche DTDs beschreiben die Menge möglicher Tags. Für XHTML 1.0 sind es folgende:

- *XHTML1-strict.dtd:* minimale Menge von HTML-Tags
- *XHTML1-transitional.dtd:* die gängigsten HTML-Tags
- *XHTML1-frameset.dtd:* HTML-Tags zur Beschreibung von Frames

Der Standard XHTML 1.1 geht noch einen Schritt weiter und bietet modulare DTDs an. Hier kann sehr genau differenziert werden, welche HTML-Tags für die eigene XML-Applikation gültig sind. Dadurch ist es sehr einfach möglich, XHTML-Elemente mit eigenen XML-Elementen zu kombinieren. Durch die Verwendung von Namensräumen können die XHTML- und die XML-Tags zur Datenbeschreibung unterschieden werden.

8.3 Die Java-APIs für XML

Für XML-basierte Daten gibt es vier Verarbeitungstypen:

- **DOM-orientierte APIs** (repräsentieren den XML-Baum im Speicher): *W3C-DOM, JDOM, dom4j, XOM* ...
- **Pull-API** (wie ein Tokenizer wird über die Elemente gegangen): Dazu gehören *XPP* (XML Pull Parser), wie sie der StAX-Standard definiert.
- **Push-API** (nach dem Callback-Prinzip ruft der Parser Methoden auf und meldet Elementvorkommen): *SAX* (Simple API for XML) ist der populäre Repräsentant.
- **Mapping-API** (der Nutzer arbeitet überhaupt nicht mit den Rohdaten einer XML-Datei, sondern bekommt die XML-Datei auf ein Java-Objekt umgekehrt abgebildet): *JAXB, XStream, Castor*...

Während DOM das gesamte Dokument in einer internen Struktur einliest und bereitstellt, verfolgt SAX einen ereignisorientierten Ansatz. Das Dokument wird in Stücken geladen, und immer dann, wenn ein angemeldetes Element beim Parser vorbeikommt, meldet er dies in Form eines Ereignisses, das für die Verarbeitung abgefangen werden kann.

Klassische Anwendungen für SAX und StAX sind:

- die Suche nach bestimmten Inhalten
- das Einlesen von XML-Dateien, um eine eigene Datenstruktur aufzubauen

Für einige Anwendungen ist es erforderlich, die gesamte XML-Struktur im Speicher zu verarbeiten. Für diese Fälle ist eine Struktur, wie DOM sie bietet, notwendig:

- Sortierung der Struktur oder einer Teilstruktur der XML-Datei
- Auflösen von Referenzen zwischen einzelnen XML-Elementen
- interaktives Arbeiten mit der XML-Datei

Ob ein eigenes Programm DOM oder StAX einsetzt, ist von Fall zu Fall unterschiedlich. In manchen Fällen ist dies auch Geschmackssache, doch unterscheidet sich das Programmiermodell, sodass eine Umstellung nicht so angenehm ist.

8.3.1 Das Document Object Model (DOM)

DOM ist eine Entwicklung des W3C und wird von vielen Programmiersprachen unterstützt. Das Standard-DOM ist so konzipiert, dass es unabhängig von einer Programmiersprache ist und eine strikte Hierarchie erzeugt. DOM definiert eine Reihe von Schnittstellen, die durch konkrete Programmiersprachen implementiert werden.

8.3.2 Simple API for XML Parsing (SAX)

SAX ist zum schnellen Verarbeiten der Daten von David Megginson als Public Domain entworfen worden. SAX ist im Gegensatz zu DOM nicht so speicherhungrig, weil das XML-Dokument nicht vollständig im Speicher abgelegt ist, und daher auch für sehr große Dokumente geeignet. Da SAX auf einem Ereignismodell basiert, wird die XML-Datei wie ein Datenstrom gelesen, und für erkannte Elemente wird ein Ereignis ausgelöst. Dies ist aber mit dem Nachteil verbunden, dass wahlfreier Zugriff auf ein einzelnes Element nicht ohne Zwischenspeicherung möglich ist.

8.3.3 Pull-API StAX

Im Gegensatz zu SAX, bei dem Methoden bereitgestellt werden, die beim Parsen aufgerufen werden, wird bei der Pull-API wie StAX aktiv der nächste Teil eines XML-Dokuments angefordert. Das Prinzip entspricht dem Iterator-Design-Pattern, das auch von der Collection-API bekannt ist. Es werden die beiden grundsätzlichen Verarbeitungsmodelle *Iterator* und *Cursor* unterschieden. Die Verarbeitung mit dem Iterator ist flexibler, aber auch ein bisschen aufwändiger. Die Cursor-Verarbeitung ist einfacher und schneller, aber nicht so flexibel. Beide Formen sind sich sehr ähnlich. Später werden beide Verfahren vorgestellt.

8.3.4 Java Document Object Model (JDOM)

JDOM ist eine einfache Möglichkeit, XML-Dokumente leicht und effizient mit einer schönen Java-API zu nutzen. Die aktuelle Entwicklung von JDOM geht von Jason Hunter und Rolf Lear aus, die erste Version hat Brett McLaughlin mitgestaltet.

Im Gegensatz zu SAX und DOM, die unabhängig von einer Programmiersprache sind, wurde JDOM speziell für Java entwickelt. Während das Original-DOM keine Rücksicht auf die Java-Datenstrukturen nimmt, nutzt JDOM konsequent die Collection-API. Auch ermöglicht JDOM eine etwas bessere Performance und eine bessere Speichernutzung als das Original-DOM.

Warum behandele ich JDOM in diesem Buch?

Das Original-W3C-DOM für Java ist historisch am ältesten, und JDOM war eine der ersten alternativen Java-XML-APIs. Mittlerweile steht JDOM nicht mehr alleine als W3C-DOM-Alternative da, und APIs wie *dom4j* (*http://dom4j.sourceforge.net/*) oder *XOM* (*http://www.xom.nu/*) gesellen sich dazu. Obwohl es um die Entwicklung von JDOM lange Zeit still war, zählt JDOM immer noch zu den populärsten[3] XML-APIs, wohl auch wegen der üppigen Dokumentation.

8.3.5 JAXP als Java-Schnittstelle zu XML

Die angesprochenen Technologien wie DOM, SAX, XPath, StAX sind erst einmal pure APIs. Für die APIs sind grundsätzlich verschiedene Implementierungen denkbar, jeweils mit Schwerpunkten wie Performance, Speicherverbrauch, Unicode-4-Unterstützung usw. Zwei Parser-Implementierungen sind zum Beispiel:

- **Xerces** (*http://tutego.de/go/xerces*): Die Standardimplementierung ab JDK 5. XSL-Stylesheet-Transformationen werden standardmäßig über einen *Compiling XSLT Processor* (XSLTC) verarbeitet.
- **Crimson** (*http://tutego.de/go/crimson*): Die Referenzimplementierung in Java 1.4.

Java API for XML Parsing (JAXP)

Der Nachteil bei der direkten Nutzung der Parser ist die Abhängigkeit von bestimmten Klassen. Daher wurde eine API mit dem Namen *Java API for XML Parsing* (JAXP) entworfen, die als Abstraktionsschicht über folgenden Technologien liegt:

- XML 1.0, XML 1.1
- DOM Level 3
- W3C XML Schema 1.0
- XSLT 1.0
- XInclude 1.0
- XPath 1.0
- SAX 2.0.2
- StAX 1.2 (JSR-173)

Die Parser validieren mit DTD oder einem W3C-XML-Schema und können mit *XInclude* Dokumente integrieren. Von DOM werden *DOM Level 3 Core* und *DOM Level 3 Load and Save* unterstützt.

JAXP ist schon lange ein Bestandteil der Java SE. Java 7 aktualisiert auf JAXP 1.4.5 und im Java SE 7 Update 40 auf JAXP 1.5.0, was auch Teil von Java 8 ist. Mehr Informationen zu den Versionen und Implementierungen gibt die Webseite *http://jaxp.java.net/*.

3 Laut *http://www.servlets.com/polls/results.tea?name=doms*.

Mit JAXP können Entwickler also einfach zwischen verschiedenen Parsern und XSLT-Transformern wählen, ohne den eigentlichen Code zu verändern. Das ist das gleiche Prinzip wie bei den Datenbanktreibern.

8.3.6 DOM-Bäume einlesen mit JAXP *

Um einen DOM-Baum einzulesen, soll unser folgendes Beispiel mit JAXP arbeiten. Eine Fabrik liefert uns einen XML-Parser, sodass wir den DOM-Baum einlesen können:

Listing 8.5 com/tutego/insel/xml/dom/DOMParty.java, main()

```
DocumentBuilderFactory factory = DocumentBuilderFactory.newInstance();
DocumentBuilder builder = factory.newDocumentBuilder();
try ( InputStream in = Files.newInputStream( Paths.get( "party.xml" ) ) ) {
  Document document = builder.parse( in );
  System.out.println( document.getFirstChild().getTextContent() );
}
```

Die Parser sind selbstständig bei `DocumentBuilderFactory` angemeldet, und `newInstance()` liefert eine Unterklasse des `DocumentBuilder`.

8.4 Java Architecture for XML Binding (JAXB)

Java Architecture for XML Binding (JAXB) ist eine API zum Übertragen von Objektzuständen auf XML-Dokumente und umgekehrt. Anders als eine manuelle Abbildung von Java-Objekten auf XML-Dokumente oder das Parsen von XML-Strukturen und Übertragen der XML-Elemente auf Geschäftsobjekte arbeitet JAXB automatisch. Die Übertragungsregeln definieren Annotationen, die Entwickler selbst an die JavaBeans setzen können, aber JavaBeans werden gleich zusammen mit den Annotationen von einem Werkzeug aus einer XML-Schema-Datei generiert.

JAXB läuft in anderen Versionsnummern als das JDK. Java 7 aktualisiert auf JAXB 2.2, die gleiche Version, die auch Java 8 hat.

8.4.1 Bean für JAXB aufbauen

Wir wollen einen `Player` deklarieren, und JAXB soll ihn anschließend in ein XML-Dokument übertragen:

Listing 8.6 com/tutego/insel/xml/jaxb/Player.java, Player

```
@XmlRootElement
class Player {

  private String name;
```

```
  private Date   birthday;

  public String getName() {
    return name;
  }

  public void setName( String name ) {
    this.name = name;
  }

  public void setBirthday( Date birthday ) {
    this.birthday = birthday;
  }

  public Date getBirthday() {
    return birthday;
  }
}
```


Die Klassen-Annotation `@XmlRootElement` ist an der JavaBean nötig, wenn die Klasse das Wurzelelement eines XML-Baums bildet. Die Annotation stammt aus dem Paket `javax.xml.bind.annotation`.

8.4.2 Utility-Klasse JAXB

Ein kleines Testprogramm baut eine Person auf und bildet sie dann in XML ab – die Ausgabe der Abbildung kommt auf den Bildschirm. Um ein Objekt in seine XML-Repräsentation zu bringen, lässt sich auf eine einfache statische `marshall(…)`-Methode der Utility-Klasse `JAXB` zurückgreifen:

Listing 8.7 com/tutego/insel/xml/xml/jaxb/SimplePlayerMarshaller.java, main()

```
Player johnPeel = new Player();
johnPeel.setName( "John Peel" );
johnPeel.setBirthday( new GregorianCalendar(1939,Calendar.AUGUST,30).getTime() );
JAXB.marshal( johnPeel, System.out );
```

JAXB beachtet standardmäßig alle Bean-Properties, also `birthday` und `name`, und nennt die XML-Elemente nach den Properties:

```
<?xml version="1.0" encoding="UTF-8" standalone="yes"?>
<player>
    <birthday>1939-08-30T00:00:00+01:00</birthday>
    <name>John Peel</name>
</player>
```

Die `marshall(…)`-Methode schreibt das in XML transformierte `Player`-Objekt in unserem Beispiel in den Konsolenausgabestrom. Die `JAXB`-Klasse bietet daneben auch `unmarshall(…)`-Methoden, um das Objekt wiederherzustellen, das schauen wir uns im nächsten Beispiel an.

Falls das Schreiben oder Lesen misslingt, gibt es eine `RuntimeException`. Diese referenziert die intern geprüften Ausnahmen vom Typ `DataBindingException`.

```
class javax.xml.bind.JAXB
```

- static void marshal(Object jaxbObject, File xml)
- static void marshal(Object jaxbObject, OutputStream xml)
- static void marshal(Object jaxbObject, Result xml)
- static void marshal(Object jaxbObject, String xml)
- static void marshal(Object jaxbObject, URI xml)
- static void marshal(Object jaxbObject, URL xml)
- static void marshal(Object jaxbObject, Writer xml)
  Schreibt das XML-Dokument in die angegebene Ausgabe. Im Fall von `URI`/`URL` wird ein HTTP-POST gestartet. Ist der Parametertyp `String`, wird er als URL gesehen und führt ebenfalls zu einem HTTP-Zugriff. `Result` ist ein Typ für eine XML-Transformation und wird später vorgestellt.
- static <T> T unmarshal(File xml, Class<T> type)
- static <T> T unmarshal(InputStream xml, Class<T> type)
- static <T> T unmarshal(Reader xml, Class<T> type)
- static <T> T unmarshal(Source xml, Class<T> type)
- static <T> T unmarshal(String xml, Class<T> type)
- static <T> T unmarshal(URI xml, Class<T> type)
- static <T> T unmarshal(URL xml, Class<T> type)
  Rekonstruiert aus der gegebenen XML-Quelle den Java-Objektgraphen.

8.4.3 Ganze Objektgraphen schreiben und lesen

JAXB bildet nicht nur das zu schreibende Objekt ab, sondern auch rekursiv alle referenzierten Unterobjekte. Wir wollen den Spieler dazu in einen Raum setzen und den Raum in XML abbilden. Dazu muss der Raum die Annotation `@XmlRootElement` bekommen, und bei `Player` kann sie entfernt werden, wenn nur der Raum selbst, aber keine `Player` als Wurzelobjekte zum Marshaller kommen:

Listing 8.8 com/tutego/insel/xml/xml/jaxb/Room.java, Room

```
@XmlRootElement( namespace = "http://tutego.com/" )
public class Room {

  private List<Player> players = new ArrayList<>();

  @XmlElement( name = "player" )
  public List<Player> getPlayers() {
    return players;
  }

  public void setPlayers( List<Player> players ) {
    this.players = players;
  }
}
```


Zwei Annotationen kommen vor: Da `Room` der Start des Objektgraphen ist, trägt es `@XmlRootElement`. Als Erweiterung ist das Element `namespace` für den Namensraum gesetzt, da bei eigenen XML-Dokumenten immer ein Namensraum genutzt werden soll. Weiterhin ist eine Annotation `@XmlElement` am Getter `getPlayers()` platziert, um den Namen des XML-Elements zu überschreiben, damit das XML-Element nicht `<players>` heißt, sondern `<player>`.

Kommen wir abschließend zu einem Beispiel, das einen Raum mit zwei Spielern aufbaut und diesen Raum dann in eine XML-Datei schreibt:

Listing 8.9 com/tutego/insel/xml/jaxb/RoomMarshaller.java, main()

```
Player john = new Player();
john.setName( "John Peel" );

Player tweet = new Player();
tweet.setName( "Zwitscher Zoe" );

Room room = new Room();
room.setPlayers( Arrays.asList( john, tweet ) );

Path path = Paths.get( "room.xml" );
try ( Writer out = Files.newBufferedWriter( path, StandardCharsets.UTF_8 ) ) {
  JAXB.marshal( room, out );

  Room room2 = JAXB.unmarshal( path.toFile(), Room.class );
  System.out.println( room2.getPlayers().get( 0 ).getName() ); // John Peel
}
```

```
catch ( IOException e ) {
  e.printStackTrace();
}
```

Die Ausgabe ist:

```
<?xml version="1.0" encoding="UTF-8" standalone="yes"?>
<ns2:room xmlns:ns2="http://tutego.com/">
    <player>
        <name>John Peel</name>
    </player>
    <player>
        <name>Zwitscher Zoe</name>
    </player>
</ns2:room>
```

Da beim Spieler das Geburtsdatum nicht gesetzt war (`null` wird referenziert), wird es auch nicht in XML abgebildet.

8.4.4 JAXBContext und Marshaller/Unmarshaller nutzen

Die Utility-Klasse `JAXB` verfügt ausschließlich über statische überladene `marshal(…)`- und `unmarshal(…)`-Methoden, ist aber in Wirklichkeit nur eine Fassade. Vielmehr ist `JAXBContext` das tatsächliche Ausgangsobjekt, und davon erfragt werden ein `Marshaller` zum Schreiben und ein `Unmarshaller` zum Lesen:

Listing 8.10 com/tutego/insel/xml/xml/jaxb/PlayerMarshaller.java, main()

```
Player johnPeel = new Player();
johnPeel.setName( "John Peel" );
johnPeel.setBirthday( new GregorianCalendar(1939,Calendar.AUGUST,30).getTime() );
JAXBContext context = JAXBContext.newInstance( Player.class );
Marshaller m = context.createMarshaller();
m.setProperty( Marshaller.JAXB_FORMATTED_OUTPUT, Boolean.TRUE );
m.marshal( johnPeel, System.out );
```

Die Ausgabe ist identisch mit der ersten:

```
<?xml version="1.0" encoding="UTF-8" standalone="yes"?>
<player>
    <birthday>1939-08-30T00:00:00+01:00</birthday>
    <name>John Peel</name>
</player>
```

Alles bei JAXB beginnt mit der zentralen Klasse `JAXBContext`. Die statische Methode `JAXBContext.newInstance(Class...)` erwartet standardmäßig eine Aufzählung der Klassen, die JAXB behandeln soll; die Klassennamen können auch voll qualifiziert über einen String angegeben werden mit `newInstance(String)`. Der `JAXBContext` liefert den `Marshaller` zum Schreiben und den `Unmarshaller` zum Lesen. Die Fabrikmethode `createMarshaller()` gibt dabei einen Schreiberling, der mit `marshal(Object, ...)` das Wurzelobjekt in einen Datenstrom schreibt. Das zweite Argument von `marshal(Object, ...)` ist unter anderem ein `OutputStream` (wie `System.out` in unserem Beispiel), `Writer` oder `File`-Objekt.

```
class javax.xml.bind.JAXBContext
```

- `static JAXBContext newInstance(Class... classesToBeBound) throws JAXBException`
  Liefert ein Exemplar vom `JAXBContext` mit Klassen, die als Wurzelklassen für JAXB verwendet werden können.
- `abstract Marshaller createMarshaller()`
  Erzeugt einen `Marshaller`, der Java-Objekte in XML-Dokumente konvertieren kann.
- `abstract Unmarshaller createUnmarshaller()`
  Erzeugt einen `Unmarshaller`, der XML-Dokumente in Java-Objekte konvertiert.

8

```
class javax.xml.bind.Marshaller
```

- `void marshal(Object jaxbElement, File output)`
- `void marshal(Object jaxbElement, OutputStream os)`
- `void marshal(Object jaxbElement, Writer writer)`
  Schreibt den Objektgraphen von `jaxbElement` in eine Datei oder einen Ausgabestrom.
- `void marshal(Object jaxbElement, Node node)`
  Erzeugt vom Objekt einen DOM-Knoten. Der kann dann in ein XML-Dokument gesetzt werden.
- `void marshal(Object jaxbElement, XMLEventWriter writer)`
- `void marshal(Object jaxbElement, XMLStreamWriter writer)`
  Erzeugt für ein `jaxbElement` einen Informationsstrom für den `XMLEventWriter` bzw. `XMLStreamWriter`. Die StAX-Klassen werden später genauer vorgestellt.
- `void setProperty(String name, Object value)`
  Setzt eine Eigenschaft der `Marshaller`-Implementierung. Eine Einrückung etwa setzt das Paar `Marshaller.JAXB_FORMATTED_OUTPUT, Boolean.TRUE`.

Der `Unmarshaller` bietet über zehn Varianten von `unmarshal(...)`, unter anderem mit den Parametertypen `File`, `InputSource`, `InputStream`, `Node`, `Reader`, `URL`, `XMLEventReader`.

Tipps uns Tricks mit JAXBContext

Den `JAXBContext` aufzubauen kostet Zeit und Speicher. Er sollte daher für wiederholte Operationen gespeichert werden. Noch eine Information: `Marshaller` und `Unmarshaller` sind nicht threadsicher; es darf keine zwei Threads geben, die gleichzeitig den `Marshaller`/`Unmarshaller` nutzen.

Die `unmarshal(…)`-Methode ist überladen mit Parametern, die typische Datenquellen repräsentieren, etwa Dateien oder Eingabeströme wie ein `Reader`. Allerdings sind noch andere Parametertypen interessant, und es lohnt sich, hier einmal in die API-Dokumentation zu schauen. Ein spannender Typ ist `javax.xml.transform.Source` bzw. die Implementierung der Schnittstelle durch `JAXBSource`. `JAXBSource` ist die Quelle, aus der JAXB seine Informationen bezieht, um ein neues Java-Objekt zu rekonstruieren.

Das nächste Beispiel nimmt sich das aus dem vorangehenden Beispiel aufgebaute Objekt `room` als Basis und erzeugt eine tiefe Kopie davon:

Listing 8.11 com/tutego/insel/xml/xml/jaxb/RoomCopy.java, main() Ausschnitt

```
Room room = …
JAXBContext context = JAXBContext.newInstance( Room.class );
Unmarshaller unmarshaller = context.createUnmarshaller();
JAXBSource source = new JAXBSource( context, room );
Room copiedRoom = Room.class.cast( unmarshaller.unmarshal( source ) );
System.out.println( copiedRoom.getPlayers() ); // [com.tutego.insel.xml.jaxb.Player@...]
```

Das Beispiel zeigt somit, wie sich mithilfe von JAXB Objektkopien erzeugen lassen.

8.4.5 Validierung

Beim Schreiben und auch beim Lesen von XML-Dokumenten kann JAXB diese gegen ein XML-Schema validieren:

- Falsche XML-Dokumente sollen nicht eingelesen werden. Wenn die Schema-Datei zum Beispiel vorschreibt, dass eine Zahl (etwa für die Bohrtiefe) nur im Wertebereich von 0 bis 10.000 liegen darf, und in einer XML-Datei taucht dann ein Wert von 10.600 auf, dann wäre die XML-Datei nach diesem Schema nicht valide. JAXB sollte sie ablehnen.
- Falsche Werte in JavaBeans dürfen nicht zu nichtvaliden XML-Dokumenten führen. JavaBeans bestehen aus einfachen Settern und Gettern, und die Prüfungen im XML-Schema gehen weit über das hinaus, was üblicherweise eine JavaBean prüft. So kann eine Schema-Definition etwa vorschreiben, dass eine Zeichenkette nach einem ganz speziellen regulären Ausdruck geschrieben wird. In der Regel sind die Setter aber nicht so implementiert, dass sie die Strings direkt prüfen. JAXB sollte es auch nicht erlauben, dass JavaBeans mit falschen Strings geschrieben werden und zu nichtvaliden XML-Dokumenten führen können.

Zentral bei der Validierung ist eine XML-Schema-Datei. Doch wo kommt diese her? Wurden aus der Schema-Datei die JavaBeans generiert, ist logischerweise die Schema-Beschreibung schon da. Sind die JavaBeans aber zuerst da, gibt es erst einmal keine Schema-Datei. Über unterschiedliche Wege lässt sich eine passende Schema-Datei entwickeln:

- **Per Hand**: Die XML-Schema-Datei wird per Hand selbstständig ohne Tool entwickelt.
- **Über die XML-Dokumente**: Ein Tool analysiert XML-Dateien und erzeugt aufgrund der erkannten Strukturen eine XML-Schema-Datei. Für dieses Verfahren gibt es eine Reihe von Tools, und einige sind auch online verfügbar, etwa *http://tutego.de/go/xml-2-xsd*.
- **Mit schemagen**: Das JDK bringt ein Tool mit dem Namen *schemagen* mit, das auf JAXB-annotierte Beans angesetzt wird und die Schema-Datei generiert.

Mit schemagen aus JAXB-Beans eine XML-Schema-Datei generieren

Das Tool *schemagen* befindet sich wie alle anderen JDK-Tools im *bin*-Verzeichnis. Das Kommandozeilentool erwartet die Angabe einer Quellcodeklasse oder einer compilierten Klasse und spuckt die Schema-Beschreibungen aus. Kapseln wir das in ein Skript:

Listing 8.12 room-schemagen.bat

```
@echo off
PATH=%PATH%;C:\Program Files\Java\jdk1.8.0\bin
schemagen com.tutego.insel.xml.jaxb.Room
```

Und rufen wir es auf:

```
$ room-schemagen.bat
Note: Writing C:\...\schema1.xsd
Note: Writing C:\...\schema2.xsd
```

Das Tool erzeugt zwei Schema-Dateien, und sie sehen so aus:

Listing 8.13 schema1.xsd

```
<?xml version="1.0" encoding="UTF-8" standalone="yes"?>
<xs:schema version="1.0" targetNamespace="http://tutego.com/"
          xmlns:xs="http://www.w3.org/2001/XMLSchema">

  <xs:import schemaLocation="schema2.xsd" />

  <xs:element name="room" type="room" />

</xs:schema>
```

Listing 8.14 schema2.xsd

```
<?xml version="1.0" encoding="UTF-8" standalone="yes"?>
<xs:schema version="1.0" xmlns:xs="http://www.w3.org/2001/XMLSchema">

  <xs:element name="player" type="player" />
```

```
  <xs:complexType name="room">
    <xs:sequence>
      <xs:element ref="player" minOccurs="0" maxOccurs="unbounded" />
    </xs:sequence>
  </xs:complexType>

  <xs:complexType name="player">
    <xs:sequence>
      <xs:element name="birthday" type="xs:dateTime" minOccurs="0" />
      <xs:element name="name" type="xs:string" minOccurs="0" />
    </xs:sequence>
  </xs:complexType>
</xs:schema>
```

Ein genaues Verständnis des Schemas ist nicht nötig.

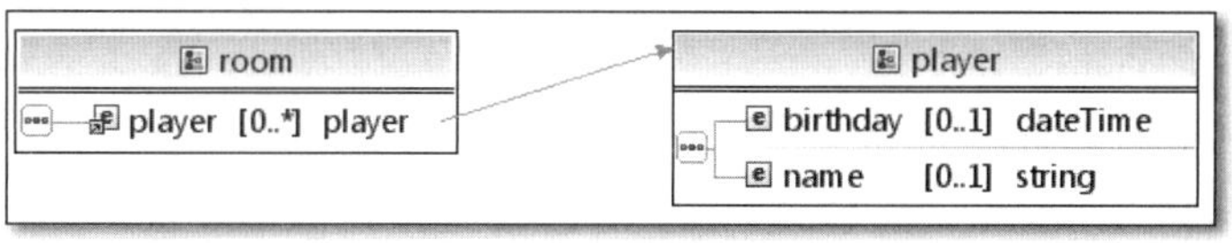

Abbildung 8.1 Visualisierung des Schemas

Schema-Validierung mit JAXB

Wir wollen die Validierungsmöglichkeiten von JAXB für unsere bekannte Raum-Datei ausprobieren und bewusst zwei Fehler einbauen (siehe Tabelle 8.4).

Valide XML-Datei (nach Schema)	Nichtvalide XML-Datei (nach Schema)
Listing 8.15 room.xml	**Listing 8.16** room-invalid.xml

`<?xml version="1.0" encoding="UTF-8"?>`
`<ns2:room xmlns:ns2="http://tutego.com/">`
`  <player>`
`    <name>John Peel</name>`
`  </player>`
`  <player>`
`    <name>Zwitscher Zoe</name>`
`  </player>`
`</ns2:room>`
	`<?xml version="1.0" encoding="UTF-8"?>`
	`<room>`
	`  <player>`
	`    <name>John Peel</name>`
	`  </player>`
	`  <player>`
	`    <name>Zwitscher Zoe</name>`
	`    <name>Heini Hayward</name>`
	`  </player>`
	`</room>`

Tabelle 8.4 Nach dem Schema valide und nichtvalide XML-Datei

Das Java-Programm aus dem vorigen Abschnitt schrieb eine korrekte XML-Datei *room.xml*. In *room-invalid.xml* fehlt einmal der Namensraum, und dann sind zwei Namen angegeben, obwohl die Schema-Datei nur einen Namen erlaubt.

Damit JAXB den Fehler erkennt, muss es mit der neuen Schema-Datei verbunden werden. JAXP hat eine eigene API für Validierungen, die dafür eingesetzt wird (mehr zur Schema-Validierung folgt später in Abschnitt 8.9, »XML-Schema-Validierung *«):

Listing 8.17 com/tutego/insel/xml/jaxb/ValidatingRoomUnmarshaller.java, main()

```
JAXBContext context = JAXBContext.newInstance( Room.class );
Unmarshaller unmarshaller = context.createUnmarshaller();
SchemaFactory sf = SchemaFactory.newInstance( W3C_XML_SCHEMA_NS_URI );
Schema schema = sf.newSchema(
  ValidatingRoomUnmarshaller.class.getResource( "/schema1.xsd" ) );
unmarshaller.setSchema( schema );
URL url = Paths.get( "invalid-room.xml" ).toUri().toURL();
Room room = (Room) unmarshaller.unmarshal( url );
System.out.println( room.getPlayers() );
```

Es wird ein Exemplar eines `Schema`-Objekts erzeugt und dieses über `setSchema(Schema)` beim `Unmarshaller` gesetzt. (Achtung: `JAXB.unmarshal(file, Room.class)` wird nicht funktionieren!)

Schon der erste Fehler in *invalid-room.xml* führt zum Abbruch:

```
Exception in thread "main" javax.xml.bind.UnmarshalException
 - with linked exception:
[org.xml.sax.SAXParseException; systemId: ➲
file:/C:/Insel/programme/18_XML/invalid-room.xml; lineNumber: 2; columnNumber: 7; ➲
cvc-elt.1: Cannot find the declaration of element 'room'.]
```

Ist der Fehler behoben, kommt das zweite Problem zum Tragen, nämlich der Umstand, dass es zwei Namen gibt:

```
Exception in thread "main" javax.xml.bind.UnmarshalException
 - with linked exception:
[org.xml.sax.SAXParseException; systemId: ➲
file:/C:/Insel/programme/18_XML/invalid-room.xml; lineNumber: 8; columnNumber: 11; ➲
cvc-complex-type.2.4.d: Invalid content was found starting with element 'name'. ➲
No child element is expected at this point.]
```

Erst wenn der Fehler behoben wurde, gibt es keine Ausnahme mehr, und JAXB gibt Ruhe.

8.4.6 Weitere JAXB-Annotationen *

XML-Schemas können recht komplex werden, sodass auch die Anzahl der JAXB-Annotationen und Möglichkeiten hoch ist. Im Folgenden sollen verschiedene JAXB-Annotationen ihre Wirkung auf die XML-Ausgaben zeigen.

Zugriff über Setter/Getter oder Attribute

JAXB kann sich die Werte über JavaBean-Properties – also Setter/Getter – setzen und lesen und/oder direkt auf die Attribute zugreifen. Der Attributzugriff ist vergleichbar mit der Standardserialisierung, und der Zugriff über die Property ist von der JavaBeans Persistence über `java.beans.XMLEncoder`/`java.beans.XMLDecoder` realisiert. Welchen Weg JAXB gehen soll, bestimmt die Annotation `@XmlAccessorType`, die üblicherweise an der Klasse festgemacht wird. Drei Werte sind interessant:

Wert	Datenaustausch über
`@XmlAccessorType(XmlAccessType.FIELD)`	jedes nichtstatische Attribut
`@XmlAccessorType(XmlAccessType.PROPERTY)`	jede JavaBean-Property
`@XmlAccessorType(XmlAccessType.PUBLIC_MEMBER)`	jede öffentliche JavaBean-Property oder jedes öffentliche Attribut

Tabelle 8.5 Womit JAXB die Daten austauscht

Die Standardbelegung ist `AccessType.PUBLIC_MEMBER`.

@Transient

Die Annotation `@Transient` nimmt ein Element von der XML-Abbildung aus. Das ist nützlich für den `XmlAccessType.FIELD` oder `XmlAccessType.PROPERTY`, da dann auch private Eigenschaften geschrieben werden, was allerdings nicht in jedem Fall erwünscht ist:

<table>
<tr><th>Java-Beispiel</th><th>XML-Ergebnis</th></tr>
<tr><td><pre>class Person {
 @XmlTransient public int id;
 public String firstname;
 public String lastname;
}</pre></td><td><pre><person>
 <firstname>Christian</firstname>
 <lastname>Ullenboom</lastname>
</person></pre></td></tr>
</table>

Tabelle 8.6 Beispiel für @Transient und Ergebnis

Werte als Attribute schreiben mit @XmlAttribute

Üblicherweise schreibt JAXB jeden Wert in ein eigenes XML-Element. Soll der Wert als Attribut geschrieben werden, kommt die Annotation `@XmlAttribute` zum Einsatz:

Java-Beispiel	XML-Ergebnis

class Person {
 public String name;
 public **@XmlAttribute** int id;
}
	<person id="123">
	 <name>Christian</name>
	</person>

Tabelle 8.7 Beispiel für @XmlAttribute und Ergebnis

Reihenfolge der Elemente ändern

Ist die Reihenfolge der XML-Elemente wichtig, so lässt sich mit dem `propOrder` von `@XmlType` die Reihenfolge der Eigenschaften bestimmen:

Java-Beispiel	XML-Ergebnis

class Person {
 public String lastname,
 firstname;
}
	<person>
	 <lastname>Ullenboom</lastname>
	 <firstname>Christian</firstname>
	</person>

@XmlType(
 propOrder = { "firstname", "lastname" }
)
class Person {
 public String lastname, firstname;
}
	<person>
	 <firstname>Christian</firstname>
	 <lastname>Ullenboom</lastname>
	</person>

Tabelle 8.8 XML-Abbildung ohne und mit @XmlType(propOrder…)

Einzelner Wert ohne eigenes XML-Element

Gibt es nur ein Element in der Klasse, so kann `@XmlValue` es direkt ohne Unterelement in den Rumpf setzen:

Java-Beispiel	XML-Ergebnis

class Person {
 public int id;
}
	<person>
	 <id>123</id>
	</person>

class Person {
 public **@XmlValue** int id;
}
	<person>123</person>

Tabelle 8.9 XML-Abbildung mit @XmlValue

Kompakte Listendarstellung

Die Datenstruktur Liste wird in JAXB üblicherweise so abgebildet, dass jedes Listenelement einzeln in ein XML-Element kommt. Die Annotation `@XmlList` weist JAXB an, Elemente einer Sammlung mit Leerzeichen zu trennen. Das funktioniert gut bei IDs, aber natürlich nicht mit allgemeinen Zeichenketten, die Leerzeichen enthalten:

Java-Beispiel	XML-Ergebnis

class Person {
  public List<String> emails;
}
	<person>
	 <emails>muh@kuh.de</emails>
	 <emails>zick@zak.com</emails>
	</person>

class Person {
 public **@XmlList** List<String> emails;
}
	<person>
	  <emails>muh@kuh.de zick@zak.com</emails>
	</person>

Tabelle 8.10 Beispiel für @XmlList

Elemente zusätzlich einpacken

Die Annotation `@XmlElementWrapper` dient dazu, ein zusätzliches XML-Element zu erzeugen. In der Regel wird das für Sammlungen angewendet, wie auch das folgende Beispiel zeigt:

Java-Beispiel	XML-Ergebnis

class Person {
  public List<String> emails;
}
	<person>
	  <emails>muh@kuh.de</emails>
	  <emails>zick@zack.com</emails>
	</person>

class Person {
 @XmlElementWrapper(name = "emails")
 @XmlElement(name = "email")
 public List<String> emails;
}
	<person>
	  <emails>
	    <email>muh@kuh.de**</email>**
	    <email>zick@zack.com**</email>**
	  </emails>
	</person>

Tabelle 8.11 Beispiel für @XmlElementWrapper/@XmlElement

Anpassen der XML-Abbildung

Nicht immer passt die Standardabbildung eines Datentyps gut. Für Farben sollen zum Beispiel nicht die Rot-, Grün- und Blau-Werte einzeln geschrieben werden, sondern alles kompakt in einem String. Auch die Standardabbildung für Datumswerte trifft nicht jeden Geschmack:

Java-Beispiel	XML-Ergebnis

class Person {
  public Date birthday;
}
	<person>
	  <birthday>1973-03-12T00:00:00+01:00</birthday>
	</person>

Tabelle 8.12 Standard-XML-Abbildung eines Datums

Für Aufgaben dieser Art erlaubt die Annotation `@XmlJavaTypeAdapter` die Angabe einer Konverterklasse, die einmal den Weg vom Objekt in eine String-Repräsentation für das XML-Element und dann vom String in das Objekt zurück beschreibt:

```
class Person {
  @XmlJavaTypeAdapter( DateAdapter.class )
  public Date birthday;
}
```

Die eigene Klasse `DateAdapter` erweitert die vorgegebene JAXB-Klasse `XmlAdapter` und überschreibt zwei Methoden für beide Konvertierungswege:

```
class DateAdapter extends XmlAdapter<String, Date> {
  private final static DateFormat formatter = new SimpleDateFormat( "dd/MM/yyyy" );

  public Date unmarshal( String date ) throws ParseException {
    return formatter.parse( date );
  }

  public String marshal( Date date ) {
    return formatter.format( date );
  }
}
```

Damit bekommt die Ausgabe das gewünschte Format:

```
<person>
    <birthday>12/03/1973</birthday>
</person>
```

```
abstract class javax.xml.bind.annotation.adapters.XmlAdapter<ValueType,BoundType>
```

- `abstract ValueType marshal(BoundType v)`
  Konvertiert `v` in einen Werttyp, der dann in eine XML-Repräsentation überführt wird.
- `abstract BoundType unmarshal(ValueType v)`
  Überführt den Wert in den XML-Typ.

ValueType und BoundType sind Typvariablen, aber ungewöhnlicherweise sind es keine einfachen Großbuchstaben.

Der spezielle Datentyp XMLGregorianCalendar

Neben der Möglichkeit, Datumswerte mit einem @XmlJavaTypeAdapter/XmlAdapter zu übersetzen, bietet JAXB den speziellen abstrakten Datentyp XMLGregorianCalendar. Die Abbildung in XML ist kompakter:

Java-Beispiel	XML-Ergebnis

class Person {
 public **XMLGregorianCalendar** birthday;
}
	<person>
	 <birthday>1973-03-12</birthday>
	</person>

Tabelle 8.13 Standardabbildung von XMLGregorianCalendar

XMLGregorianCalendar wird auch automatisch von dem Werkzeug xjc genutzt, wenn in der XML-Schema-Datei ein Datum vorkommt. Nicht ganz einfach sind die Erzeugung eines XMLGregorian-Calendar-Objekts und die Belegung – hier gibt es noch Potenzial für Verbesserungen:

```
Person p = new Person();
GregorianCalendar c = new GregorianCalendar( 1973, Calendar.MARCH, 12 );
XMLGregorianCalendar gc = DatatypeFactory.newInstance().newXMLGregorianCalendar( c );
gc.setTimezone( DatatypeConstants.FIELD_UNDEFINED );
gc.setTime( DatatypeConstants.FIELD_UNDEFINED,
            DatatypeConstants.FIELD_UNDEFINED,
            DatatypeConstants.FIELD_UNDEFINED );
p.birthday = gc;
```

Die abstrakte Klasse DatatypeFactory bietet weitere statische Methoden für Mapper-Objekte, die XML in Objekte überführen oder umgekehrt:

```
abstract class javax.xml.datatype.DatatypeFactory
```

- static DatatypeFactory newInstance()
  Liefert eine DatatypeFactory-Implementierung.
- abstract XMLGregorianCalendar newXMLGregorianCalendar()
  Liefert einen XMLGregorianCalendar, bei dem alle Werte undefiniert sind.
- abstract XMLGregorianCalendar newXMLGregorianCalendar(GregorianCalendar cal)
- XMLGregorianCalendar newXMLGregorianCalendarDate(int year, int month, int day, int timezone)
- XMLGregorianCalendar newXMLGregorianCalendarTime(int hours, int minutes, int seconds, int timezone)

- `XMLGregorianCalendar newXMLGregorianCalendarTime(int hours, int minutes, int seconds, BigDecimal fractionalSecond, int timezone)`
- `XMLGregorianCalendar newXMLGregorianCalendar(int year, int month, int day, int hour, int minute, int second, int millisecond, int timezone)`
- `abstract XMLGregorianCalendar newXMLGregorianCalendar(BigInteger year, int month, int day, int hour, int minute, int second, BigDecimal fractionalSecond, int timezone)`
  Liefert ein `XMLGregorianCalendar`-Objekt mit unterschiedlichen Vorbelegungen.

Weiterhin gibt es `newDuration(…)`-Methoden, die `javax.xml.datatype.Duration`-Objekte liefern. Die `Duration`-Objekte können auf `XMLGregorianCalendar` aufaddiert werden bzw. repräsentieren in XML-Schema-Dateien den Typ `xs:duration`.

Beispiel

Eine XML-Schema-Datei soll für das Element `period` eine `Dauer` definieren:

```
<xs:element name="period" type="xs:duration"/>
```

Angewendet kann es so aussehen, um die Dauer von einem Jahr und einem Monat anzugeben:

```
<period>P1Y1M</period>
```

Werden aus Schema-Dateien die JavaBeans automatisch generiert, wird `Duration` für `xs:duration` eingesetzt.

Hierarchien einsetzen

Die XML-Abbildung von Objekten, die in Klassenbeziehungen organisiert sind, bedarf einer besonderen Vorbereitung. Nehmen wir an, `Player` und `Key` sind zwei Klassen, die von `GameObject` abgeleitet sind (eine Schnittstelle wäre für JAXB auch möglich). Unser Ziel ist es, Spieler und Schlüssel in einen Raum zu setzen:

```
abstract class GameObject {
  public String name;
}

@XmlRootElement public class Player extends GameObject { }

@XmlRootElement public class Key extends GameObject {
  public int id;
}
```

Zunächst gilt, dass die konkreten Klassen die Annotation `@XmlRootElement` tragen müssen. Ein Beispielraum soll einen Spieler und einen Schlüssel beherbergen:

```
Player player= new Player();
player.name = "Chris";

Key key = new Key();
key.name = "Entretenimiento";
key.id = 12;

Room room = new Room();
room.objects.add( key );
room.objects.add( player );
```

Der Raum referenziert in einer Liste allgemeine Objekte vom Typ `GameObject`. Nun reicht im `Room` ein einfaches

```
public List<GameObject> objects = new ArrayList<GameObject>();
```

zum Halten der Objektverweise aber nicht aus! Beim Verarbeiten würde JAXB die Information fehlen, welches Element denn tatsächlich in der Liste ist, denn ein `Player` sollte ja etwa durch `<player>` beschrieben sein und ein Schlüssel durch `<key>`. Die Abbildung kann nicht `<objects>` lauten, denn beim Lesen muss ein konkreter Untertyp rekonstruiert werden; wenn JAXB beim Lesen ein `<objects>` sieht, weiß es erst einmal nicht, ob ein `Player` oder ein `Key` zu erzeugen und in die Liste zu hängen ist. Das Ziel ist aber die folgende Abbildung:

```
<room>
  <key>
    <name>Entretenimiento</name>
    <id>12</id>
  </key>
  <player>
    <name>Chris</name>
  </player>
</room>
```

Die Lösung liegt in der Anwendung der Annotationen `@XmlElementRefs` und `@XmlElementRef`. Ersteres ist ein Container, und das Zweite bestimmt den Typ, der in der Liste zu erwarten ist:

```
@XmlRootElement public class Room {
  @XmlElementRefs( {
    @XmlElementRef( type = Player.class ),
    @XmlElementRef( type = Key.class ),
  } )
  public List<GameObject> objects = new ArrayList<GameObject>();
}
```

Mit diesem Hinweis berücksichtigt JAXB den Typ der Kinder und schreibt nicht einfach `<objects>`. Die Elementtypen in der Sammlung sind von uns mit `@XmlRootElement` annotiert und geben den Namen der XML-Elemente »player« und »key« vor (wir hätten natürlich mit so etwas wie `@XmlRootElement(name="sportsman")` den XML-Elementnamen überschreiben können).

8.4.7 Beans aus XML-Schema-Datei generieren

Da es für existierende XML-Dateien mühselig ist, die annotierten JavaBeans von Hand aufzubauen, gibt es einen Generator, genannt *Java Architecture for XML Binding Compiler*, kurz `xjc`.Er kann von der Kommandozeile, vom Ant-Skript oder auch von Entwicklungsumgebungen aus aufgerufen werden. Er nimmt eine XML-Schema-Datei und generiert die Java-Klassen und eine `ObjectFactory`, die als – wie der Name schon sagt – Fabrik für die gemappten Objekte aus den XML-Elementen fungiert.

xjc aufrufen

Im ersten Schritt wechseln wir auf die Kommandozeile und testen entweder, ob das *bin*-Verzeichnis vom JDK im Suchpfad ist, oder wir wechseln in das *bin*-Verzeichnis, sodass wir `xjc` direkt aufrufen können, und folgende Ausgabe erscheint:

```
$ xjc

Usage: xjc [-options ...] <schema file/URL/dir/jar> ... [-b <bindinfo>] ...
If dir is specified, all schema files in it will be compiled.
If jar is specified, /META-INF/sun-jaxb.episode binding file will be compiled.
Options:
  -nv                : do not perform strict validation of the input schema(s)
  -extension         : allow vendor extensions - do not strictly follow the
                       Compatibility Rules and App E.2 from the JAXB Spec
  -b <file/dir>      : specify external bindings files (each <file> must have its own -b)
                       If a directory is given, **/*.xjb is searched
  -d <dir>           : generated files will go into this directory
  -p <pkg>           : specifies the target package
  -httpproxy <proxy> : set HTTP/HTTPS proxy. Format is [user[:password]@]
                       proxyHost:proxyPort
  -httpproxyfile <f> : Works like -httpproxy but takes the argument in a file to
                       protect password
  -classpath <arg>   : specify where to find user class files
  -catalog <file>    : specify catalog files to resolve external entity references
                       support TR9401, XCatalog, and OASIS XML Catalog format.
  -readOnly          : generated files will be in read-only mode
  -npa               : suppress generation of package level annotations
                       (**/package-info.java)
  -no-header         : suppress generation of a file header with timestamp
  -target (2.0|2.1)  : behave like XJC 2.0 or 2.1 and generate code that doesnt use
                       any 2.2 features.
```

```
  -enableIntrospection :  enable correct generation of Boolean getters/setters to
                          enable Bean Introspection apis
  -contentForWildcard  :  generates content property for types with multiple
                          xs:any derived elements
  -xmlschema          : treat input as W3C XML Schema (default)
  -relaxng            : treat input as RELAX NG (experimental,unsupported)
  -relaxng-compact    : treat input as RELAX NG compact syntax (experimental,unsupported)
  -dtd                : treat input as XML DTD (experimental,unsupported)
  -wsdl               : treat input as WSDL and compile schemas inside it
                        (experimental,unsupported)
  -verbose            : be extra verbose
  -quiet              : suppress compiler output
  -help               : display this help message
  -version            : display version information
  -fullversion        : display full version information

Extensions:
  -Xinject-code       : inject specified Java code fragments into the generated code
  -Xlocator           : enable source location support for generated code
  -Xsync-methods      : generate accessor methods with the 'synchronized' keyword
  -mark-generated     : mark the generated code as @javax.annotation.Generated
  -episode <FILE>     : generate the episode file for separate compilation
```

Eigentlich ist bis auf die Angabe der Schema-Quelle (aus einer Datei oder alternativ die URL) keine weitere Angabe nötig. Es ist aber praktisch, zwei Optionen zu setzen: `-p` bestimmt das Java-Paket für die generierten Klassen und `-d` das Ausgabeverzeichnis, in dem der Generator die erzeugten Dateien ablegt.

Wetterdaten von Open Weather Map beziehen

Für ein Beispiel wählen wir einen Dienst der Open Weather Map, eines frei zugänglichen Servers für Wetterdaten. Die Webseite *http://openweathermap.org/API* zeigt den Einsatz der einfachen API, bei der ganz simpel in der URL ein Ort kodiert ist, von dem die Wetterdaten erfragt werden sollen, etwa so: *http://api.openweathermap.org/data/2.5/find?q=Frankfurt&units=metric&mode=xml*. Alternativ lassen sich Grafiken aufbauen, nach Geo-Koordinaten suchen oder statt XML auch JSON produzieren – für unser Beispiel ist XML ganz gut, das für die Anfrage wie folgt aussieht:

```
<?xml version="1.0" encoding="utf-8"?>
<cities>
  <calctime>0.0027</calctime>
  <count>1</count>
  <mode>name</mode>
  <list>
    <item>
```

```
    <city id="2925533" name="Frankfurt am Main">
      <coord lon="8.68341" lat="50.1121"/>
      <country>Germany</country>
      <sun rise="2014-03-13T05:42:01" set="2014-03-13T17:27:13"/>
    </city>
    <temperature value="15.25" min="13.2" max="17" unit="celsius"/>
    <humidity value="38" unit="%"/>
    <pressure value="1026" unit="hPa"/>
    <wind>
      <speed value="0.5" name="Calm"/>
      <direction value="60" code="ENE" name="East-northeast"/>
    </wind>
    <clouds value="0" name="sky is clear"/>
    <precipitation mode="no"/>
    <weather number="800" value="Sky is Clear" icon="01n"/>
    <lastupdate value="2014-03-13T17:56:36" unix="1394733396"/>
  </item>
 </list>
</cities>
```


Für unser Beispiel wollen wir das XML-Dokument nicht von Hand auseinanderpflücken, sondern JAXB soll uns eine gefüllte JavaBean mit allen Informationen liefern. Leider gibt es für diese einfache XML-Datei kein XML-Schema, sodass wir uns mit einem Trick behelfen, nämlich aus einer XML-Datei ein Schema generieren lassen und dann mit diesem zu `xjc` gehen. Es gibt im Internet einige freie XML-nach-Schema-Konverter, für mein Beispiel nutze ich *http://www.xmlforasp.net/CodeBank/System_Xml_Schema/BuildSchema/BuildXMLSchema.aspx*. Damit die Datentypen korrekt erkannt werden, ändere ich in dem Beispiel die Windrichtung vom Ganzzahltyp `<direction value="60"...>` auf eine Fließkommazahl, etwa `value="60.123"`, sonst steht im generierten Schema der Typ `xsd:int`, was später zu Problemen führt, wenn der Dienst eine Fließkommazahl liefert.

```
<?xml version="1.0" encoding="utf-16"?>
<xsd:schema attributeFormDefault="unqualified" elementFormDefault="qualified"
version="1.0" xmlns:xsd="http://www.w3.org/2001/XMLSchema">
  <xsd:element name="cities">
    <xsd:complexType>
      <xsd:sequence>
        <xsd:element name="calctime" type="xsd:decimal" />
        <xsd:element name="count" type="xsd:int" />
        <xsd:element name="mode" type="xsd:string" />
        <xsd:element name="list">
          <xsd:complexType>
            <xsd:sequence>
              <xsd:element name="item">
```

```
<xsd:complexType>
  <xsd:sequence>
    <xsd:element name="city">
      <xsd:complexType>
        <xsd:sequence>
          <xsd:element name="coord">
            <xsd:complexType>
              <xsd:attribute name="lon" type="xsd:decimal" />
              <xsd:attribute name="lat" type="xsd:decimal" />
            </xsd:complexType>
          </xsd:element>
          <xsd:element name="country" type="xsd:string" />
          <xsd:element name="sun">
            <xsd:complexType>
              <xsd:attribute name="rise" type="xsd:dateTime" />
              <xsd:attribute name="set" type="xsd:dateTime" />
            </xsd:complexType>
          </xsd:element>
        </xsd:sequence>
        <xsd:attribute name="id" type="xsd:int" />
        <xsd:attribute name="name" type="xsd:string" />
      </xsd:complexType>
    </xsd:element>
    <xsd:element name="temperature">
      <xsd:complexType>
        <xsd:attribute name="value" type="xsd:decimal" />
        <xsd:attribute name="min" type="xsd:decimal" />
        <xsd:attribute name="max" type="xsd:int" />
        <xsd:attribute name="unit" type="xsd:string" />
      </xsd:complexType>
    </xsd:element>
    <xsd:element name="humidity">
      <xsd:complexType>
        <xsd:attribute name="value" type="xsd:int" />
        <xsd:attribute name="unit" type="xsd:string" />
      </xsd:complexType>
    </xsd:element>
    <xsd:element name="pressure">
      <xsd:complexType>
        <xsd:attribute name="value" type="xsd:int" />
        <xsd:attribute name="unit" type="xsd:string" />
      </xsd:complexType>
    </xsd:element>
    <xsd:element name="wind">
```

```
      <xsd:complexType>
        <xsd:sequence>
          <xsd:element name="speed">
            <xsd:complexType>
              <xsd:attribute name="value" type="xsd:decimal" />
              <xsd:attribute name="name" type="xsd:string" />
            </xsd:complexType>
          </xsd:element>
          <xsd:element name="direction">
            <xsd:complexType>
              <xsd:attribute name="value" type="xsd:decimal" />
              <xsd:attribute name="code" type="xsd:string" />
              <xsd:attribute name="name" type="xsd:string" />
            </xsd:complexType>
          </xsd:element>
        </xsd:sequence>
      </xsd:complexType>
    </xsd:element>
    <xsd:element name="clouds">
      <xsd:complexType>
        <xsd:attribute name="value" type="xsd:int" />
        <xsd:attribute name="name" type="xsd:string" />
      </xsd:complexType>
    </xsd:element>
    <xsd:element name="precipitation">
      <xsd:complexType>
        <xsd:attribute name="mode" type="xsd:string" />
      </xsd:complexType>
    </xsd:element>
    <xsd:element name="weather">
      <xsd:complexType>
        <xsd:attribute name="number" type="xsd:int" />
        <xsd:attribute name="value" type="xsd:string" />
        <xsd:attribute name="icon" type="xsd:string" />
      </xsd:complexType>
    </xsd:element>
    <xsd:element name="lastupdate">
      <xsd:complexType>
        <xsd:attribute name="value" type="xsd:dateTime" />
        <xsd:attribute name="unix" type="xsd:int" />
      </xsd:complexType>
    </xsd:element>
  </xsd:sequence>
</xsd:complexType>
```

```
            </xsd:element>
          </xsd:sequence>
        </xsd:complexType>
      </xsd:element>
    </xsd:sequence>
  </xsd:complexType>
</xsd:element>
</xsd:schema>
```

Diese Ausgabe sollte in einer Datei gespeichert werden, damit sie von `xjc` verwendet werden kann; nennen wir diese Datei etwa *weather.xsd*.

In Eclipse lässt sich xjc einfach aufrufen. Selektiere im Package-Explorer WEATER.XSD, im Kontextmenü GENERATE • JAXB CLASSES..., dann wähle das Java-Projekt aus, anschließend NEXT. Im folgenden Dialog gib als Paket »com.tutego.insel.xml.jaxb.weather« ein, dann klicke auf FINISH. Wichtig! Damit xjc gefunden wird, muss das JDK aktiviert sein, nicht das JRE; nur das JDK bringt das Werkzeug xjc mit.

Ein Aufruf von der Kommandozeile sieht so aus (Ausgabe wie sie Eclipse liefert):

```
$ xjc -p com.tutego.insel.xml.jaxb.weather weather.xsd
Ein Schema wird geparst ...
Ein Schema wird kompiliert ...
com\tutego\insel\xml\jaxb\weather\Cities.java
com\tutego\insel\xml\jaxb\weather\ObjectFactory.java
```

Das Tool generiert alle Typen für den komplexen Typ aus dem XML-Schema, um eine Paket-Annotation festmachen zu können, und `ObjectFactory`, die einfache Fabrikmethoden enthält, um die gemappten Objekte aufbauen zu können.

Dann kann ein Java-Programm den Service mit einer URL ansprechen und sich das Ergebnis-XML in eine JavaBean konvertieren lassen.

Listing 8.18 com/tutego/insel/xml/jaxb/Weather.java, main()

```
String url = "http://api.openweathermap.org/data/2.5/find?q=Frankfurt&units=metric&mode=xml";
Cities city = JAXB.unmarshal( url, Cities.class );
System.out.printf( "%.1f° C%n", city.getList().getItem().getTemperature().getValue() );
// z.B. 15,1° C
```

Konflikte in der Schema-Datei *

Leider haben viele XML-Schemas ein Problem, sodass sie nicht direkt vom Schema-Compiler verarbeitet werden können. Ein Beispiel zeigt das Dilemma:

```
<container>
 <head><content title="Titel"/></head>
 <body><content doc="doc.txt"/></body>
</container>
```

In der hierarchischen Struktur heißt das in <head> und <body> vorkommende XML-Element gleich, nämlich content. Die Schema-Datei kann widerspruchslos definieren, dass die beiden XML-Elemente gleich heißen, aber unterschiedliche Attribute erlauben, sozusagen das Head-Content und das Body-Content. Allein durch ihre Hierarchie, also dadurch, dass sie einmal unter head und einmal unter body liegen, sind sie eindeutig bestimmt. Der Schema-Compiler von Java bekommt aber Probleme, da er diese hierarchische Information in eine flache bringt. Er kann einfach eine Klasse Head und Body aufbauen, aber bei <content> steht er vor einem Problem. Da die Schema-Definitionen unterschiedlich sind, müssten zwei verschiedene Java-Klassen unter dem gleichen Namen Content generiert werden. Das geht nicht, und xjc bricht mit Fehlern ab.

Fehler dieser Art gibt es leider häufig, und sie sind der Grund, warum aus vielen Schemas nicht einfach JavaBeans generiert werden können. Erfolglos ohne weitere Einstellungen sind beispielsweise DocBook, Office Open XML, SVG, MathML und weitere. Doch was könnte die Lösung sein? xjc sieht Konfigurationsdateien vor, die das Mapping anpassen können. In diesen Mapping-Dokumenten identifiziert ein XPath-Ausdruck die problematische Stelle und gibt einen Substitutionstyp an. Die Dokumentation auf der JAXB-Homepage weist Interessierte in die richtige Richtung.

JAXB-Plugins

Auf der Webseite *http://java.net/projects/jaxb2-commons/* gibt es eine Reihe nützlicher zusätzlicher Plugins für JAXB. Zu ihnen gehören:

- **JAXB2 Basic Plugins**: Diese Plugin-Sammlung besteht aus Equals (erzeugt die equals(…)-Methode, wobei der Gleichheitstest über ein Equals-Strategie-Objekt austauschbar ist), HashCode (erzeugt hashCode(), wobei auch hier die Berechnung des Hashwerts über ein Strategie-Objekt erfolgt), ToString (erzeugt toString(), auch wieder über ein externes ToStringStrategy-Objekt), Copyable (erzeugt copyTo(…), um Objektzustände in ein anderes typkompatibles Objekt zu kopieren, und auch clone(); arbeitet dabei mit CopyStrategie), Mergeable (realisiert mergeFrom(…)-Methoden mit MergeStrategy-Objekten, die Zustände eines anderen Objekts mit den eigenen vereinen), JAXBIndex (generiert eine *jaxb.index*-Datei, die alle generierten Schema-Klassen auflistet), Inheritance und AutoInheritance (erlauben JAXB-Beans, globale Elemente oder komplexe Typen von gewünschten Basisklassen zu erben oder Schnittstellen zu implementieren), Wildcard (spezifiziert, wie sich das Wildcard-Property verhalten soll), Setters (etwas andere Setter-Implementierung bei Sammlungen) und Simplify Plugin (komplexe Properties in Einzel-Properties aufspalten).
- **Camelcase Always Plugin**: Sind die Elementnamen groß geschrieben, so wird JAXB automatisch groß geschriebene Properties umsetzen, sodass etwa aus NAME der Setter/Getter

`setNAME(...)` und `getNAME()` entsteht. Das Plugin verhindert dies und nennt die Setter/Getter wie gewohnt `setName(...)` und `getName()`.

- **Value-Constructor Plugin**: Jede JavaBean bekommt von `xjc` nur einen Standard-Konstruktor. Das Plugin gibt einen weiteren Konstruktor hinzu, der alle Attribute direkt initialisiert.
- **Default Value Plugin**: Ein XML-Schema kann mit `defaultValue` vordefinierte Initialbelegungen für Attribute angeben. `xjc` ignoriert diese. Das Plugin wertet diese Vorbelegungen aus und initialisiert die Attribute der JavaBean gemäß den Werten.
- **Property Change Listener Injector Plugin**: Eine über `xjc` generierte JavaBean schreibt einen bei `setXXX(...)` übergebenen Wert direkt in das private Attribut durch. Mit dem Plugin wird ein `VetoableChangeListener` eingeführt, der gegen Wertänderungen votieren kann.
- **Fluent API Plugin**: Anstatt eine Bean nur mit Setter-Aufrufen zu initialisieren, etwa eine `Person` mit `setName(...)` und `setAge(...)`, generiert das Fluent API Plugin kaskadierbare Methoden, sodass im Beispiel unserer `Person` nur `new Person().withName(...).withAge(...)` zu schreiben ist.

8.5 Serielle Verarbeitung mit StAX

Mit der Pull-API *StAX* lassen sich XML-Dokumente sehr performant ablaufen, jedoch nicht ändern.

Die allgemeine Vorgehensweise zum Parsen eines XML-Dokuments ist folgende:

1. Erzeuge eine `XMLInputFactory`.
2. Erzeuge den passenden Parser.
3. Wähle `XMLStreamReader` für die Cursor-Verarbeitung oder `XMLEventReader` für die Iterator-Verarbeitung.
4. Erfrage mit `next()` die nächste Komponente des XML-Dokuments.
5. Ermittle den Typ der Komponente, und verarbeite ihn.

8.5.1 Unterschiede der Verarbeitungsmodelle

Die Unterschiede zwischen der Cursor- und der Iterator-Verarbeitung sind auf den ersten Blick nicht eindeutig. Beide Verarbeitungsmodelle bieten ähnliche Methoden, und die Verarbeitung der Inhalte ist auch sehr ähnlich. Der wesentliche Unterschied ist die Art und Weise, wie die Komponenten des XML-Dokuments geliefert werden:

- Bei der *Cursor-Verarbeitung* wird die Komponente direkt mit dem Parser-Objekt verarbeitet. Hier ist die zentrale Klasse der `XMLStreamReader`, mit dem auch auf die Inhalte der XML-Datei zugegriffen wird. Da diese Klasse ebenso verwendet wird, um auf das nächste Element der XML-Datei zugreifen zu können, steht zu einem Zeitpunkt immer nur eine Komponente des XML-Dokuments zur Verfügung. Der Vorteil ist die hohe Effizienz, da bei der Verarbeitung keine neuen Objekte erzeugt werden. Ein XML-Parser ist ein Zustandsautomat, und Methoden führen den Automaten von einem Zustand in den nächsten.

- Bei der *Iterator-Verarbeitung* wird ein `XMLEvent`-Objekt geliefert, das anderen Methoden übergeben und in einer Datenstruktur gespeichert werden kann.

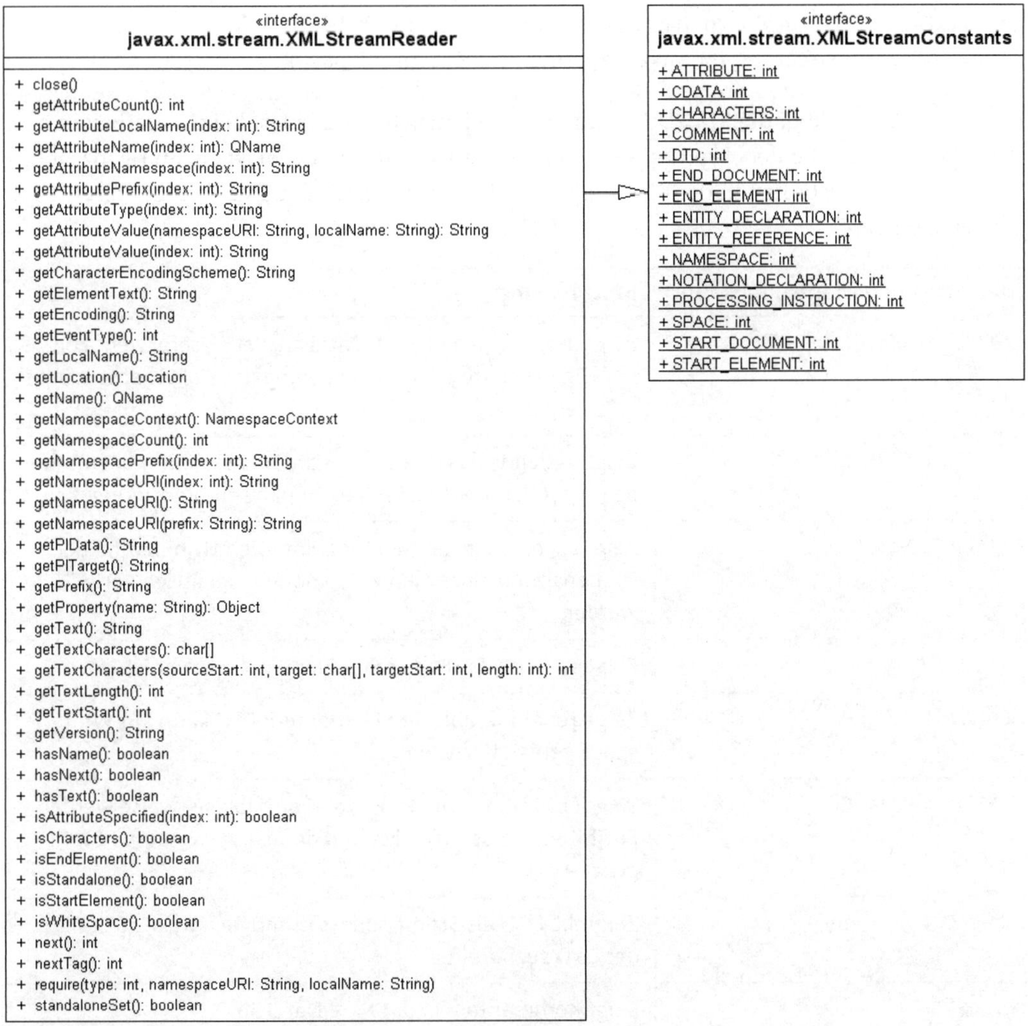

Abbildung 8.2 XMLStreamReader-Objekte erzeugen Ereignisse.

StAX ist eine symmetrische API, was bedeutet, dass es Klassen zum Lesen und auch zum Schreiben von XML-Dokumenten gibt. So wie es für das Lesen die Prinzipien *Cursor* und *Iterator* gibt, so bietet die StAX-API die Typen `XMLStreamWriter` und `XMLEventWriter`. Damit ist es möglich, Elemente, die über die Reader gelesen werden, an die Writer zu übergeben und damit Änderungen an den Inhalten zu schreiben.

8.5.2 XML-Dateien mit dem Cursor-Verfahren lesen

Zunächst muss ein Parser erzeugt werden, der das XML-Dokument verarbeiten soll:

```
XMLInputFactory factory = XMLInputFactory.newInstance();
XMLStreamReader parser  = factory.createXMLStreamReader( input );
```

Der Parser iteriert über die XML-Datei mit einer Tiefensuche und liefert beim Verarbeiten eine Reihe von Events, die den Typ des XML-Elements anzeigen. Die Eventtypen sind ganzzahlige Werte und als Konstanten in der Klasse `XMLStreamConstants` festgelegt. Der Parser liefert die folgenden Elemente:

XMLStreamConstants-Konstante	Beschreibung
`START_DOCUMENT`	Zeigt den Beginn der XML-Datei an. Bei diesem Event können Eigenschaften wie das Encoding des Dokuments ermittelt werden.
`END_DOCUMENT`	Zeigt das Ende des Dokuments an. Hier steht nur die Methode `close()` zum Schließen der Eingabe zur Verfügung.
`START_ELEMENT`	Zeigt an, dass ein Element beginnt. Die Attribute und der Namensraum eines Elements können hier ausgewertet werden.
`END_ELEMENT`	Zeigt an, dass das Ende eines Elements erreicht ist.
`CHARACTERS`	Zeigt Text innerhalb von Elementen. Text kann auf Whitespace getestet werden.
`ENTITY_REFERENCE`	Zeigt Entitäten in der XML-Datei an. Üblicherweise werden Entitäten zuerst aufgelöst und dann als `CHARACTERS`-Event geliefert.
`DTD`	Zeigt die DTD als String, sodass es möglich wird, auf Teile der DTD zuzugreifen.
`COMMENT`	Zeigt Kommentare in der XML-Datei an.
`PROCESSING_INSTRUCTION`	Zeigt Verarbeitungsanweisungen wie Stylesheet-Angaben.

Tabelle 8.14 Event-Typen und was sie bedeuten

Die Events `ATTRIBUTE` und `NAMESPACE` liefert der Parser nur in Ausnahmefällen. Inhalte von Attributen sowie die Namensraumdaten lassen sich beim Event `START_ELEMENT` erfragen.

Passend zum Event sind verschiedene Methodenaufrufe gültig, etwa `getAttributeCount()` im Fall eines Elements, das die Anzahl der Attribute liefert. Mit einer Schleife und einer `switch`-Anweisung lassen sich die Inhalte der XML-Datei dann einfach auswerten:

Listing 8.19 com/tutego/insel/xml/stax/XMLStreamReaderDemo.java, main() Ausschnitt

```
try ( Reader in =
 Files.newBufferedReader( Paths.get( "party.xml" ), StandardCharsets.UTF_8 ) ) {
XMLStreamReader parser = XMLInputFactory.newInstance().createXMLStreamReader( in );
StringBuilder spacer = new StringBuilder();

while ( parser.hasNext() ) {
  System.out.println( "Event: " + parser.getEventType() );

  switch ( parser.getEventType() ) {
    case XMLStreamConstants.START_DOCUMENT:
      System.out.println( "START_DOCUMENT: " + parser.getVersion() );
      break;

    case XMLStreamConstants.END_DOCUMENT:
      System.out.println( "END_DOCUMENT: " );
      parser.close();
      break;

    case XMLStreamConstants.NAMESPACE:
      System.out.println( "NAMESPACE: " + parser.getNamespaceURI() );
      break;

    case XMLStreamConstants.START_ELEMENT:
      spacer.append( "  " );
      System.out.println( spacer + "START_ELEMENT: " + parser.getLocalName() );

      // Der Event XMLStreamConstants.ATTRIBUTE wird nicht geliefert!
      for ( int i = 0; i < parser.getAttributeCount(); i++ )
        System.out.println( spacer + "  Attribut: "
                            + parser.getAttributeLocalName( i )
                            + " Wert: " + parser.getAttributeValue( i ) );
      break;

    case XMLStreamConstants.CHARACTERS:
      if ( ! parser.isWhiteSpace() )
        System.out.println( spacer + "  CHARACTERS: " + parser.getText() );
      break;

    case XMLStreamConstants.END_ELEMENT:
      System.out.println( spacer + "END_ELEMENT: " + parser.getLocalName() );
      spacer.delete( (spacer.length() - 2), spacer.length() );
      break;
```

```
      default:
        break;
    }
    parser.next();
  }
  parser.close();
}
catch ( IOException | XMLStreamException e ) {
  e.printStackTrace();
}
```

Dieses Beispiel demonstriert das Lesen einer XML-Datei mit dem Cursor-Verfahren. Der folgende Abschnitt 8.5.3 zeigt die Verarbeitung mit dem Iterator-Verfahren.

[+]

Hinweis

Der `XMLStreamReader` liefert beim Parsen keinen Typ `XMLStreamConstants.ATTRIBUTE`. Dieses Event kann nur im Zusammenhang mit XPath auftreten, wenn der Ausdruck ein Attribut als Rückgabe liefert. Beim Parsen von XML-Dokumenten werden Attribute über ihre Elemente geliefert.

```
abstract class javax.xml.stream.XMLInputFactory
```

- `static XMLInputFactory newInstance()`
  Liefert ein Exemplar der Fabrik `XMLInputFactory`. Aus dem Objekt erfolgt als Nächstes üblicherweise ein Aufruf von `createXMLEventReader(…)`.
- `abstract XMLStreamReader createXMLStreamReader(InputStream stream)`
- `abstract XMLStreamReader createXMLStreamReader(InputStream stream, String encoding)`
- `abstract XMLStreamReader createXMLStreamReader(Reader reader)`
- `abstract createXMLStreamReader(Source source)`
  Liefert einen `XMLStreamReader`, der aus unterschiedlichen Quellen liest.

```
interface javax.xml.stream.XMLStreamReader
extends XMLStreamConstants
```

- `boolean hasNext()`
  Sagt, ob es noch ein neues Parse-Event gibt.
- `int getEventType()`
  Liefert den Typ des Parse-Events, so wie in `XMLStreamConstants` deklariert. Die Schnittstelle `XMLStreamReader` erweitert `XMLStreamConstants`.

- `int next()`
  Parst das nächste Element und liefert das nächste Parse-Event.
- Die Javadoc listet die `getXXX()`-Methoden auf, die alle Eigenschaften wie Namensraum, Attribute usw. des Elements liefert. Die nächste Tabelle zeigt, welche Methoden auf welchen Zuständen erlaubt sind:

Event-Typ	Erlaubte Methoden
auf allen Zuständen	`hasNext()`, `require()`, `close()`, `getNamespaceURI()`, `isStartElement()`, `isEndElement()`, `isCharacters()`, `isWhiteSpace()`, `getNamespaceContext()`, `getEventType()`, `getLocation()`, `hasText()`, `hasName()`, `getProperty()`
`START_ELEMENT`	`next()`, `getName()`, `getLocalName()`, `hasName()`, `getPrefix()`, `getAttributeXXX()`, `isAttributeSpecified()`, `getNamespaceXXX()`, `getElementText()`, `nextTag()`
`ATTRIBUTE`	`next()`, `nextTag()`, `getAttributeXXX()`, `isAttributeSpecified()`
`NAMESPACE`	`next()`, `nextTag()`, `getNamespaceXXX()`
`END_ELEMENT`	`next()`, `getName()`, `getLocalName()`, `hasName()`, `getPrefix()`, `getNamespaceXXX()`, `nextTag()`
`CHARACTERS`, `CDATA`, `COMMENT`, `SPACE`	`next()`, `getTextXXX()`, `nextTag()`
`START_DOCUMENT`	`next()`, `getEncoding()`, `getVersion()`, `isStandalone()`, `standaloneSet()`, `getCharacterEncodingScheme()`, `nextTag()`
`PROCESSING_INSTRUCTION`	`next()`, `getPITarget()`, `getPIData()`, `nextTag()`
`ENTITY_REFERENCE`	`next()`, `getLocalName()`, `getText()`, `nextTag()`
`DTD`	`next()`, `getText()`, `nextTag()`
`END_DOCUMENT`	`close()`

Tabelle 8.15 Erlaubte Methoden der Event-Typen

8.5.3 XML-Dateien mit dem Iterator-Verfahren verarbeiten *

Die Verarbeitung mit der Iterator-Variante der StAX-API ist ein wenig komplizierter, aber auch viel flexibler. Es wird nicht direkt mit dem allgemeinen Parser-Objekt auf die Daten zugegriffen, sondern es wird bei jeder Iteration ein `XMLEvent`-Objekt erzeugt. Mit diesem Objekt kann der Typ des Events ermittelt und ganz ähnlich wie bei der Cursor-API ausgewertet werden.

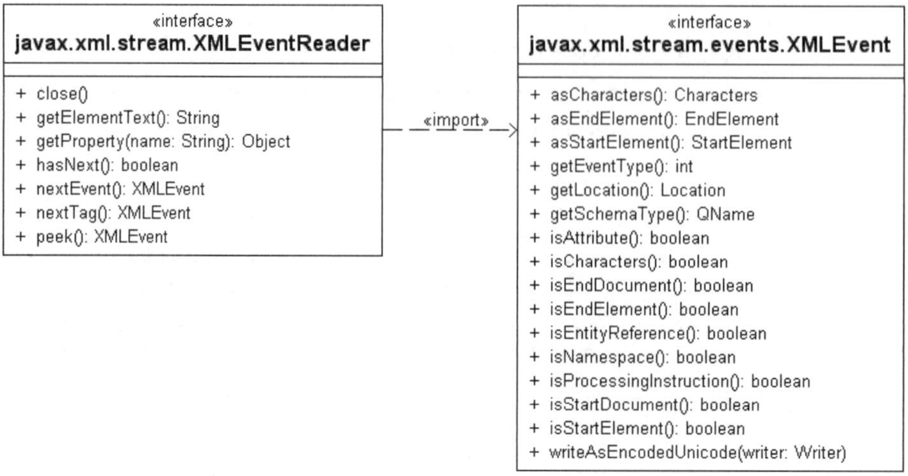

Abbildung 8.3 Klassendiagramm für XMLEventReader und erzeugte Events

Am Anfang wird ein Parser vom Typ `XMLEventReader` erzeugt, und in einer Schleife werden die einzelnen Komponenten ausgewertet:

Listing 8.20 com/tutego/insel/xml/stax/XMLEventReaderDemo.java, main()

```
try ( Reader in = Files.newBufferedReader( Paths.get( "party.xml" ),
                                          StandardCharsets.UTF_8 ) ) {
  XMLInputFactory factory = XMLInputFactory.newInstance();
  XMLEventReader parser = factory.createXMLEventReader( in );

  StringBuilder spacer = new StringBuilder();
  while ( parser.hasNext() ) {
    XMLEvent event = parser.nextEvent();

    switch ( event.getEventType() ) {
      case XMLStreamConstants.START_DOCUMENT:
        System.out.println( "START_DOCUMENT:" );
        break;
      case XMLStreamConstants.END_DOCUMENT:
        System.out.println( "END_DOCUMENT:" );
        parser.close();
        break;
      case XMLStreamConstants.START_ELEMENT:
        StartElement element = event.asStartElement();
        System.out.println( spacer.append("  ")
                            + "START_ELEMENT: "
                            + element.getName() );
```

```
        for ( Iterator<?> attributes = element.getAttributes();
              attributes.hasNext(); ) {
          Attribute attribute = (Attribute) attributes.next();
          System.out.println( spacer + "  Attribut: "
                              + attribute.getName() + " Wert: "
                              + attribute.getValue() );
        }
        break;
      case XMLStreamConstants.CHARACTERS:
       Characters characters = event.asCharacters();
        if ( ! characters.isWhiteSpace() )
          System.out.println( spacer
                              + "  CHARACTERS: "
                              + characters.getData() );
        break;
      case XMLStreamConstants.END_ELEMENT:
        System.out.println( spacer
                            + "END_ELEMENT: "
                            + event.asEndElement().getName() );
        spacer.delete( (spacer.length() - 2), spacer.length() );
        break;
      case XMLStreamConstants.ATTRIBUTE:
        break;

      default :
        break;
    }
  }
  parser.close();
}
catch ( IOException | XMLStreamException e ) {
  e.printStackTrace();
}
```

Diese Form der Verarbeitung sieht auf den ersten Blick komplizierter aus, bietet aber zusätzliche Möglichkeiten, weil die erzeugten Objekte für die weitere Verarbeitung zur Verfügung stehen.

abstract class javax.xml.stream.**XMLInputFactory**

- abstract XMLEventReader createXMLEventReader(InputStream stream)
- abstract XMLEventReader createXMLEventReader(InputStream stream, String encoding)
- abstract XMLEventReader createXMLEventReader(Reader reader)
- abstract XMLEventReader createXMLEventReader(Source source)

- `abstract XMLEventReader createXMLEventReader(XMLStreamReader reader)`
  Liefert `XMLEventReader`, der die Eingabe aus unterschiedlichen Quellen liest.

Der `XMLEventReader` implementiert nicht `AutoCloseable`, bietet aber eine `close()`-Methode. Unüblicherweise schließt sie aber nicht die Ressource, auf der sie arbeitet. Explizit schließt in unserem Beispiel das `try` mit Ressourcen die Datei.

8.5.4 Mit Filtern arbeiten *

Mithilfe von Filtern gibt es die Möglichkeit, nur Teile eines XML-Dokuments zu parsen. Diese Filter werden durch die Implementierung einer der Schnittstellen `javax.xml.stream.EventFilter` (für die XML-Events) oder `javax.xml.stream.StreamFilter` (für die `XMLStreamReader`) programmiert. Es muss lediglich die Methode `accept(XMLEvent)` implementiert und ein `boolean`-Wert zurückgegeben werden. Als Parameter erwartet diese Methode entweder einen `javax.xml.stream.events.XMLEvent` bei der Iterator-Variante oder einen `XMLStreamReader` bei der Cursor-Variante. Dazu ein Beispiel: Ein Filter soll für die Iterator-Variante die schließenden Tags auslassen:

Listing 8.21 com/tutego/insel/xml/stax/PartyEventFilter.java

```
package com.tutego.insel.xml.stax;

import javax.xml.stream.EventFilter;
import javax.xml.stream.events.XMLEvent;

public class PartyEventFilter implements EventFilter {
  @Override public boolean accept( XMLEvent event ) {
    return ! event.isEndElement();
  }
}
```

Der Filter wird beim Erzeugen des Parsers mit der `XMLInputFactory` und dem vorhandenen `XMLEventReader` erzeugt. Dazu ein Beispiel zur Erzeugung des Parsers mit dem Event-Filter:

```
XMLEventReader filteredParser = factory.createFilteredReader(
                                  parser, new PartyEventFilter() );
```

Dieses Verfahren der Dekoration wird in ähnlicher Form bei Streams verwendet.

Das Erzeugen eines Parsers mit einem Filter für die Cursor-Variante funktioniert analog. Mit Filtern bietet die API eine einfache Lösung, wenn nur bestimmte Teile des XML-Dokuments verarbeitet werden sollen.

```
abstract class javax.xml.stream.XMLInputFactory
```

- `abstract XMLEventReader createFilteredReader(XMLEventReader reader, EventFilter filter)`

- abstract XMLStreamReader createFilteredReader(XMLStreamReader reader, StreamFilter filter)
  Liefert XMLEventReader oder XMLStreamReader mit einem Filter.

```
interface javax.xml.stream.EventFilter
```

- boolean accept(XMLEvent event)
  Liefert true, wenn das Ereignis in den Ergebnisstrom soll.

```
interface javax.xml.stream.StreamFilter
```

- boolean accept(XMLStreamReader reader)
  Liefert false, wenn der XMLStreamReader in einem Zustand ist, bei dem das Element ignoriert werden soll.

8.5.5 XML-Dokumente schreiben

Im Gegensatz zu DOM-orientierten APIs, bei denen das gesamte Dokument im Speicher vorliegt und verändert werden kann, ist es bei StAX nicht möglich, die vorhandene XML-Datei zu verändern. Es ist aber trotzdem möglich, XML zu schreiben. Auch hier wird zwischen der Cursor- und der Iterator-Variante unterschieden. Bei der Iterator-Variante werden Event-Objekte geschrieben, die entweder aus einem gelesenen XML-Dokument stammen oder mit einer XMLEventFactory erzeugt werden. Bei der Cursor-Variante wird mit einem XMLStreamWriter die XML-Komponente direkt erzeugt und geschrieben. In beiden Fällen wird über die XMLOutputFactory ein passender Writer erzeugt. Die Reihenfolge, in der die Komponenten geschrieben werden, entscheidet über den Aufbau des zu erzeugenden XML-Dokuments.

XMLStreamWriter

Zuerst zeigen wir, wie mit der Cursor-Variante eine XML-Datei geschrieben werden kann. Dazu erzeugen wir mit der XMLOutputFactory einen XMLStreamWriter, der die Elemente und Attribute direkt in eine XML-Datei schreibt:

Listing 8.22 com/tutego/insel/xml/stax/XMLStreamWriterDemo.java, Ausschnitt main()

```
XMLOutputFactory factory = XMLOutputFactory.newInstance();
try ( OutputStream stream =
  Files.newOutputStream( Paths.get( "writenParty.xml" ) ) ) {
XMLStreamWriter writer = factory.createXMLStreamWriter( stream );
// Der XML-Header wird erzeugt
writer.writeStartDocument();
// Zuerst wird das Wurzelelement mit Attribut geschrieben
  writer.writeStartElement( "party" );
    writer.writeAttribute( "datum", "31.12.2012" );
```

```
    // Unter diesem Element das Element gast mit einem Attribut erzeugen
    writer.writeStartElement( "gast" );
      writer.writeAttribute( "name", "Albert Angsthase" );
    writer.writeEndElement();
  writer.writeEndElement();
writer.writeEndDocument();
writer.close();
}
```

Beim Schreiben werden zuvor keine speziellen Objekte in einem XML-Baum erzeugt, sondern die Elemente werden direkt geschrieben. Der große Vorteil ist, dass das Schreiben sehr performant ist und die Größe der XML-Ausgabe beliebig sein kann.

XMLEventWriter *

Das Schreiben von XML-Dokumenten mit dem `XMLEventWriter` erfolgt in drei Stufen:

1. Von der `XMLOutputFactory` wird ein Objekt vom Typ `XMLEventWriter` erfragt. In den `XMLEventWriter` werden dann die Ereignisobjekte geschrieben.
2. Für das Erzeugen der Event-Objekte wird eine `XMLEventFactory` benötigt. Mit ihr lassen sich neue `XMLEvent`-Objekte erzeugen und irgendwo speichern.
3. Die `XMLEvent`-Objekte werden geschrieben.

Der zentrale Unterschied zwischen dem `XMLStreamWriter` und `XMLEventWriter` ist also, dass beim `XMLEventWriter` erst die `XMLEvent`-Objekte erzeugt werden – in beliebiger Reihenfolge – und dass sie dann in den `XMLEventWriter` kommen; die Reihenfolge beim Erzeugen hat keinen Einfluss auf die Reihenfolge in der späteren Ausgabe:

Listing 8.23 com/tutego/insel/xml/stax/XMLEventWriterDemo.java, main() Teil 1

```
try ( Writer out =
 Files.newBufferedWriter( Paths.get( "writenParty.xml" ), StandardCharsets.UTF_8 ) ) {
XMLEventWriter writer = XMLOutputFactory.newInstance().createXMLEventWriter( out );
XMLEventFactory eventFactory = XMLEventFactory.newInstance();
XMLEvent header = eventFactory.createStartDocument();
XMLEvent startRoot = eventFactory.createStartElement( "", "", "party" );
XMLEvent datumAttribut = eventFactory.createAttribute( "datum", "31.12.2012" );
XMLEvent endRoot = eventFactory.createEndElement( "", "", "party" );

XMLEvent startGast = eventFactory.createStartElement( "", "", "gast" );
XMLEvent name = eventFactory.createAttribute( "name",  "Albert Angsthase" );
XMLEvent endGast = eventFactory.createEndElement( "", "", "gast" );
XMLEvent endDocument = eventFactory.createEndDocument();
```

Zuerst werden für das Wurzelelement das öffnende und schließende Tag sowie das Attribut `datum` erzeugt. Hierfür wird die Methode `createStartElement(…)` verwendet.

Um die Elemente zu schreiben, werden sie dem `XMLEventWriter` übergeben. Hier entscheidet die Reihenfolge über den Aufbau der XML-Datei:

Listing 8.24 com/tutego/insel/xml/stax/XMLEventWriterDemo.java, main() Teil 2

```
writer.add( header );
writer.add( startRoot );
    writer.add( datumAttribut );
    writer.add( startGast );
      writer.add( name );
    writer.add( endGast );
  writer.add( endRoot );
writer.add( endDocument );
writer.close();
}
catch ( IOException | XMLStreamException e ) {
  e.printStackTrace();
}
```

In diesem Beispiel wurde gezeigt, wie Events erzeugt werden können und wie sie geschrieben werden. Der Strom muss explizit mit `close()` vom `XMLEventWriter` geschlossen werden, wobei `XMLEventWriter` nicht `AutoCloseable` ist. Die Ressource selbst (also der `Writer` in unserem Fall) muss ebenfalls geschlossen werden, was aber unser `try` mit Ressourcen übernimmt.

Das Schreiben von Elementen aus einer Eingabe funktioniert analog. Falls sich Elemente wiederholen oder aus einer anderen Quelle stammen (etwa ein `XMLEvent`, das serialisiert vom Netzwerk kommt), können sie direkt in den `XMLEventWriter` geschrieben werden. In dem Fall ist die Iterator-Variante flexibler als die Cursor-Variante. Diese Flexibilität wird durch einen etwas höheren Aufwand erkauft.

[+]

Hinweis

Die Ausgabe ist weder beim `XMLStreamWriter` noch beim `XMLEventWriter` formatiert oder eingerückt, und die XML-Elemente stehen einfach hintereinander:

```
<?xml version="1.0" ?><party datum="31.12.2012"><gast name="Albert Angsthase">
<getraenk>Wein</getraenk><getraenk>Bier</getraenk><zustand ledig="true"
nuechtern="true"/></gast></party>
```

Besteht die Anforderung, dass die XML-Ausgabe eingerückt ist, kann Java SE standardmäßig nichts machen, und es muss auf externe Hilfsklassen zurückgegriffen werden. Die StAX-Utility-Sammlung unter *https://java.net/projects/stax-utils/pages/Utilities* bietet den `javanet.staxutils.IndentingXMLEventWriter` bzw. `IndentingXMLStreamWriter`, dessen Nutzung so aussieht:

```
XMLStreamWriter writer =
  XMLOutputFactory.newInstance().createXMLStreamWriter( out );
```

```
writer = new IndentingXMLStreamWriter( writer );
writer.writeStartDocument();
```

Der `IndentingXMLStreamWriter` realisiert das Dekorator-Pattern.

Zusammenfassung

Wir haben gesehen, wie mit der StAX-API XML gelesen und geschrieben werden kann, welche Unterschiede zwischen der Cursor- und der Iterator-Variante bestehen und welche Filter für die Eingabe zur Verfügung stehen. Grundsätzlich ist die Iterator-Variante die flexiblere Lösung und in den meisten Fällen performant genug. Sie ist in jedem Fall performanter als eine DOM-basierte Lösung, wenn nicht die gesamte XML-Struktur im Speicher benötigt wird. Die Cursor-Variante sollte gewählt werden, wenn hohe Verarbeitungsgeschwindigkeit und geringer Speicherverbrauch Priorität haben. Diese Variante ist insbesondere für Endgeräte mit wenig Speicher und geringer Rechenleistung die bessere Wahl.

Die Anwendungsgebiete der StAX-API sind die gleichen wie die der SAX-API, weil die Vorteile beider Verfahren gute Performance und geringer Speicherverbrauch sind. Für die meisten Programmierer ist diese Form der Verarbeitung einfacher als die SAX-Variante, weil der XML-Inhalt direkt gelesen wird. SAX hat den Vorteil, dass es weit verbreitet ist und in vielen Programmiersprachen zur Verfügung steht. Wir stellen SAX im folgenden Abschnitt kurz vor.

8.6 Serielle Verarbeitung von XML mit SAX *

Die Verarbeitung von XML-Dateien mit SAX ist vor dem Erscheinen von StAX die schnellste und speicherschonendste Methode gewesen. Der Parser liest die XML-Datei seriell und ruft für jeden Bestandteil der XML-Datei eine spezielle Methode auf. Der Nachteil ist, dass immer nur ein kleiner Bestandteil einer XML-Datei betrachtet wird und nicht die gesamte Struktur zur Verfügung steht.

8.6.1 Schnittstellen von SAX

Die bei der Verarbeitung mit SAX anfallenden Ereignisse sind in verschiedenen Schnittstellen festgelegt. Die wichtigste Schnittstelle ist `org.xml.sax.ContentHandler`. Die Schnittstelle legt die wichtigsten Operationen für die Verarbeitung fest, denn die später realisierten Methoden ruft der Parser beim Verarbeiten der XML-Daten auf.

Die Klasse `org.xml.sax.helpers.DefaultHandler` ist eine leere Implementierung aller Operationen aus `ContentHandler`. Zusätzlich implementiert `DefaultHandler` die Schnittstellen `DTDHandler`, `EntityResolver` und `ErrorHandler`. Auf diese Schnittstellen wird hier nicht näher eingegangen.

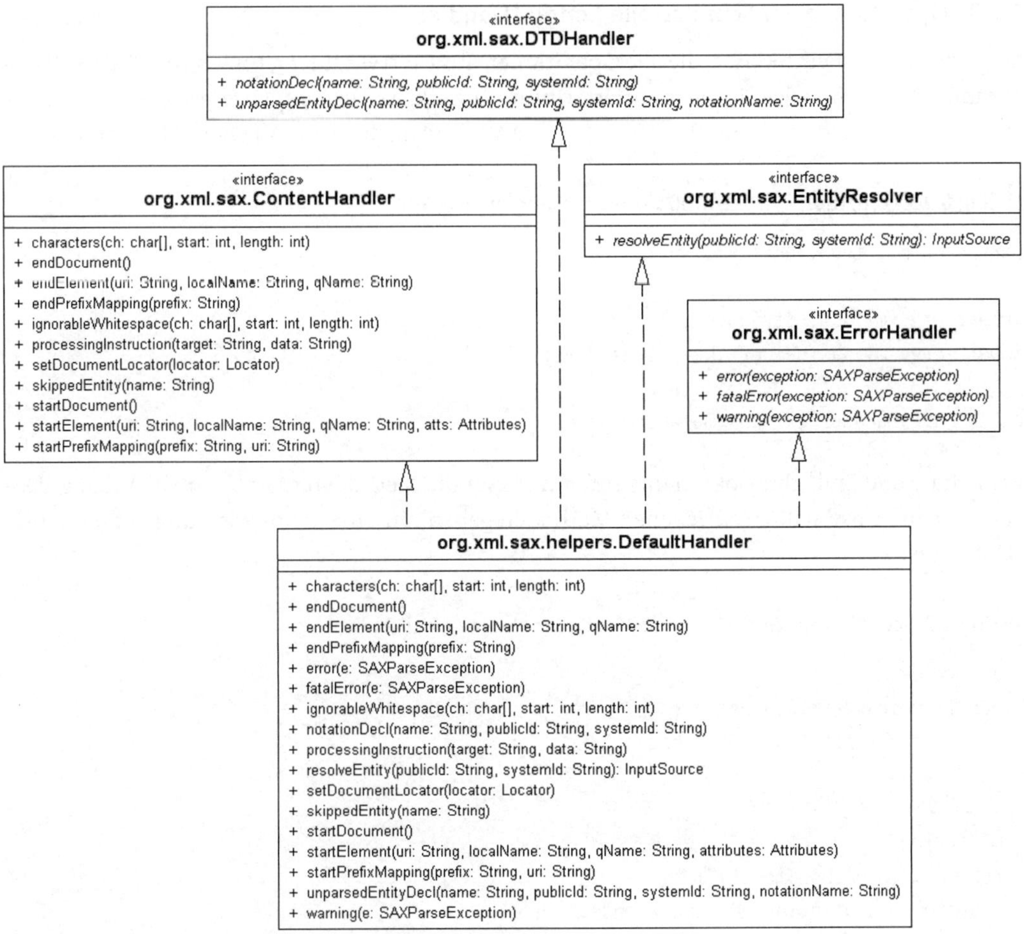

Abbildung 8.4 Vererbungsbeziehung der SAX-Handler

8.6.2 SAX-Parser erzeugen

Um zum Parsen einer Datei zu kommen, führt der Weg über zwei Fabrikmethoden:

Listing 8.25 com/tutego/insel/xml/sax/SaxParty.java, main()

```
SAXParserFactory factory = SAXParserFactory.newInstance();
SAXParser saxParser = factory.newSAXParser();
DefaultHandler handler = new PartyHandler();
try ( InputStream in = Files.newInputStream( Paths.get( "party.xml" ) ) ) {
  saxParser.parse( in, handler );
}
```

Mit dem `SAXParser` erledigt `parse(…)` das Einlesen. Die Methode benötigt die Datei und eine Implementierung der Callback-Methoden, die wir als `PartyHandler` bereitstellen.

8.6.3 Operationen der Schnittstelle ContentHandler

DefaultHandler ist eine Klasse, die alle Operationen aus EntityResolver, DTDHandler, ContentHandler und ErrorHandler leer implementiert. Unsere Unterklasse PartyHandler erweitert die Klasse DefaultHandler und überschreibt interessantere Methoden, die wir mit Leben füllen wollen:

Listing 8.26 com/tutego/insel/xml/sax/PartyHandler.java, Teil 1

```
package com.tutego.insel.xml.sax;

import org.xml.sax.Attributes;
import org.xml.sax.helpers.DefaultHandler;

class PartyHandler extends DefaultHandler {
```

Beim Start und Ende des Dokuments ruft der Parser die Methoden startDocument() und endDocument() auf. Unsere überschriebenen Methoden geben nur eine kleine Meldung auf dem Bildschirm aus:

Listing 8.27 com/tutego/insel/xml/sax/PartyHandler.java, Teil 2

```
  @Override
  public void startDocument() {
    System.out.println( "Document starts." );
  }

  @Override
  public void endDocument() {
    System.out.println( "Document ends." );
  }
```

Sobald der Parser ein Element erreicht, ruft er die Methode startElement(…) auf. Der Parser übergibt der Methode die Namensraumadresse, den lokalen Namen, den qualifizierenden Namen und Attribute:

Listing 8.28 com/tutego/insel/xml/sax/PartyHandler.java, Teil 3

```
  @Override
  public void startElement( String namespaceURI, String localName,
                            String qName, Attributes atts ) {
    System.out.println( "namespaceURI: " + namespaceURI );
    System.out.println( "localName: " + localName );
    System.out.println( "qName: " + qName );
```

```
    for ( int i = 0; i < atts.getLength(); i++ )
      System.out.printf( "Attribut no. %d: %s = %s%n", i,
                         atts.getQName( i ), atts.getValue( i ) );
  }
```

Unsere Methode gibt alle notwendigen Informationen eines Elements aus. Falls kein spezieller Namensraum vergeben ist, sind die Strings namespaceURI und localName leer. Der String qName ist immer gefüllt. Die Attribute enthält der Container Attributes. Das schließende Tag eines Elements verarbeitet die Methode endElement(String namespaceURI, String localName, String qName). Bis auf die Attribute sind auch bei dem schließenden Tag alle Informationen für die Identifizierung des Elements vorhanden. Auch hier sind die Strings namespaceURI und localName leer, falls kein spezieller Namensraum verwendet wird.

Den Inhalt eines Elements verarbeitet unsere letzte Methode, characters():

Listing 8.29 com/tutego/insel/sax/PartyHandler.java, Teil 4

```
  @Override
  public void characters( char[] ch, int start, int length ) {
    System.out.println( "Characters:" );

    for ( int i = start; i < (start + length); i++ )
      System.out.printf( "%1$c (%1$x) ", (int) ch[i] );

    System.out.println();
  }
}
```

Es ist nicht festgelegt, ob der Parser den Text in einem Stück liefert oder in kleinen Stücken.[4] Zur besseren Sichtbarkeit geben wir neben dem Zeichen selbst auch seinen Hexadezimalwert aus. So beginnt die Ausgabe mit den Zeilen:

```
Document starts.
namespaceURI:
localName:
qName: party
Attribut no. 0: datum = 31.12.2012
Characters:

 (a)
 (a)   (20)   (20)   (20)
namespaceURI:
```

4 Die Eigenschaft nennt sich *Character Chunking*: *http://www.tutego.de/blog/javainsel/2007/01/character-%E2%80%9Echunking%E2%80%9C-bei-sax/*

```
localName:
qName: gast
Attribut no. 0: name = Albert Angsthase
Characters:

 (a)   (20)   (20)   (20)   (20)   (20)   (20)
namespaceURI:
localName:
qName: getraenk
Characters:
W (57) e (65) i (69) n (6e)
Characters:

 (a)   (20)   (20)   (20)   (20)   (20)   (20)
namespaceURI:
localName:
qName: getraenk
Characters:
B (42) i (69) e (65) r (72)
```

8.6.4 ErrorHandler und EntityResolver

Immer dann, wenn der Parser einen Fehler melden muss, ruft er die im `ErrorHandler` deklarierten Operationen auf:

```
interface org.xml.sax.ErrorHandler
```

- void `warning(SAXParseException exception)`
- void `error(SAXParseException exception)`
- void `fatalError(SAXParseException exception)`

Da der `DefaultHandler` die Methoden `warning(…)` und `error(…)` leer implementiert, fällt kein Fehler wirklich auf; nur bei `fatalError(…)` leitet die Methode den empfangenen Fehler mit `throw` weiter. Das heißt aber auch, dass zum Beispiel schwache Validierungsfehler nicht auffallen. Eine Implementierung kann aber wie folgt aussehen:

```
public void error( SAXParseException e ) throws SAXException {
  throw new SAXException( saxMsg(e) );
}
private String saxMsg( SAXParseException e ) {
  return   "Line: " + e.getLineNumber() + ", Column: "
         + e.getColumnNumber() + ", Error: " + e.getMessage();
}
```

Die Klasse `DefaultHandler` implementiert ebenso die Schnittstelle `EntityResolver`, aber auch hier einfach die eine Methode `InputSource resolveEntity (String publicId, String systemId)` mit einem `return null`. Das heißt, die Standardimplementierung löst keine Entities auf. Eigene Implementierungen sehen meist im Kern so aus:

```
InputStream stream = MyEntityResolver.class.getResourceAsStream( dtd );
return new InputSource( new InputStreamReader( stream ) );
```

Die Variable `dtd` ist mit dem Pfadnamen einer DTD belegt, die im Klassenpfad liegen muss.

8.7 XML-Dateien mit JDOM verarbeiten

Über JDOM lassen sich die XML-formatierten Dateien einlesen, manipulieren und dann wieder schreiben. Mit einfachen Aufrufen lässt sich ein Dokument im Speicher erstellen. Zur internen JDOM-Repräsentation werden einige Java-typische Features verwendet, beispielsweise die Collection-API zur Speicherung, Reflection oder schwache Referenzen. Die Nutzung der Collection-API ist ein Vorteil, der unter dem herkömmlichen DOM nicht zum Tragen kommt. Durch JDOM können mit dem `new`-Operator auch Elemente und Attribute einfach erzeugt werden. Es gibt spezielle Klassen für das Dokument, nämlich Elemente, Attribute und Kommentare. Es sind keine Fabrikschnittstellen, die konfiguriert werden müssen, sondern alles wird direkt erzeugt.

Die Modelle StAX, SAX oder DOM liegen eine Ebene unter JDOM, denn sie dienen als Ausgangspunkt zum Aufbau eines JDOM-Baums. Das heißt, dass ein vorgeschalteter SAX- oder StAX-Parser (bei JDOM *Builder* genannt) die JDOM-Baumstruktur im Speicher erzeugt. Die Bibliothek bietet daher eine neutrale Schnittstelle für diverse Parser, um die Verarbeitung der XML-Daten so unabhängig von den Implementierungen wie möglich zu machen. JDOM unterstützt dabei aktuelle Standards wie DOM Level 3, SAX 2.0 oder XML Schema. Wenn es nötig wird, DOM oder SAX zu unterstützen, bieten Schnittstellen diesen Einstieg an.

Mit JDOM wird auch eine interne Datenstruktur der XML-Datei erzeugt. Dadurch kann jederzeit auf alle Elemente der XML-Datei zugegriffen werden. Da JDOM Java-spezifische Datenstrukturen verwendet, ist die Verarbeitung effizienter als bei DOM. JDOM stellt eine echte Alternative zu DOM dar. Eine Zusammenarbeit von JDOM und SAX ist auch möglich, weil JDOM in der Lage ist, als Ausgabe SAX-Ereignisse auszulösen. Diese können mit SAX-basierten Tools weiterverarbeitet werden. So lässt sich JDOM auch sehr gut in Umgebungen einsetzen, in denen weitere Tools zur Verarbeitung von XML genutzt werden.

8.7.1 JDOM beziehen

Die Projekt-Homepage *http://www.jdom.org/* bietet Download, Dokumentation und Mailinglisten. Das ZIP-Archiv *http://www.jdom.org/dist/binary/jdom-2.0.5.zip* enthält das Java-Archiv *jdom-2.0.5.jar*, das wir dem Klassenpfad hinzufügen. Die API-Dokumentation liegt online unter *http://jdom.org/docs/apidocs/index.html*. JDOM ist freie Software, die auf der Apache-Lizenz beruht. Das heißt, dass JDOM auch in kommerziellen Produkten eingesetzt werden kann, ohne dass diese automatisch Open Source sein müssen.

JDOM-Version und JDOM-Alternativen

JDOM ist vor Java 5 und dem Einzug von Generics entwickelt worden, und es dauerte lange, bis JDOM 2 auf Java 5 umzog. dom4j dagegen nutzte schon recht früh Generics. XOM nutzt nach außen keine Typen der Collection-API, denn spezielle XOM-Klassen wie `Nodes` und `Elements` sind Container und liefern typisierte Objekte. Leider implementieren sie keine neuen Java-Collection-API-Klassen wie `Iterable`, und die Weiterentwicklung ist fraglich. Wenn wir im Folgenden von JDOM sprechen, meinen wir immer die aktuelle Version JDOM 2.

8.7.2 Paketübersicht *

JDOM besteht aus 15 Paketen und Unterpaketen mit den Klassen zur Repräsentation des Dokuments, zum Einlesen und Ausgeben, zur Transformation und für XPath-Anfragen. Die wichtigsten davon stellen die nächsten Abschnitte vor.

Das Paket org.jdom2

Das Paket `org.jdom2` (ab JDOM 2, vorher `org.jdom`) fasst alle Klassen zusammen, um ein XML-Dokument im Speicher zu repräsentieren. Dazu gehören zum Beispiel die Klassen `Attribute`, `Comment`, `CDATA`, `DocType`, `Document`, `Element`, `Entity` und `ProcessingInstruction`. Ein Dokument-Objekt hat ein Wurzelelement, eventuell Kommentare, einen `DocType` und eine `ProcessingInstruction`. `Content` ist die abstrakte Basisklasse und Oberklasse von `Comment`, `DocType`, `Element`, `EntityRef`, `ProcessingInstruction` und `Text`. Die Schnittstelle `Parent` implementieren alle Klassen, die `Content` haben können. Viele Schnittstellen gibt es in JDOM nicht. Andere XML-APIs verfolgen bei dieser Frage andere Ansätze; *domj4* definiert zentrale Elemente als Schnittstellen, und die pure DOM-API beschreibt alles über Schnittstellen – konkrete Objekte kommen nur aus Fabriken, und die Implementierung ist unsichtbar.

Die Pakete org.jdom2.output und org.jdom2.input

In den beiden Paketen `org.jdom2.output` und `org.jdom2.input` liegen die Klassen, die XML-Dateien lesen und schreiben können. `XMLOutputter` übernimmt die interne Repräsentation und erzeugt eine XML-Ausgabe in einen `PrintWriter`. Daneben werden die unterschiedlichen Verarbeitungsstrategien DOM und SAX durch die Ausgabeklassen `SAXOutputter` und `DOMOutputter` berücksichtigt. `SAXOutputter` nimmt einen JDOM-Baum und erzeugt benutzerdefinierte SAX2-Ereignisse. Der `SAXOutputter` ist eine sehr einfache Klasse und bietet lediglich eine `output(Document)`-Methode an. Mit `DOMOutputter` wird aus dem internen Baum ein DOM-Baum erstellt.

Ein Builder nimmt XML-Daten in verschiedenen Formaten entgegen und erzeugt daraus ein JDOM-`Document`-Objekt. Das ist bei JDOM der wirkliche Verdienst, dass unabhängig von der Eingabeverarbeitung ein API-Set zur Verfügung steht. Die verschiedenen DOM-Implementierungen unterscheiden sich an manchen Stellen. Die Schnittstelle Builder wird von allen einlesenden Klassen implementiert. Im Input-Paket befinden sich dafür die Klassen DOMBuilder, die einen JDOM-Baum mit DOM erzeugt, und SAXBuilder, die dafür SAX verwendet. Damit kann das Dokument aus einer Datei, einem Stream oder einer URL erzeugt werden. Nach dem Einlesen sind die Daten vom konkreten Parser des Herstellers unabhängig und können weiterverarbeitet werden. SAXBuilder ist schneller und speicherschonender. Ein DOMBuilder wird meistens nur dann benutzt, wenn ein DOM-Baum weiterverarbeitet werden soll.

Das Paket org.jdom2.transform

Mit dem Paket org.jdom2.transform wird das JAXP-TraX-Modell in JDOM integriert. Dies ermöglicht es JDOM, XSLT-Transformationen von XML-Dokumenten zu unterstützen. Das Paket enthält die beiden Klassen JDOMResult und JDOMSource. Die Klasse JDOMSource ist eine Wrapper-Klasse, die ein JDOM-Dokument als Parameter nimmt und diesen als Eingabe für das JAXP-TraX-Modell bereitstellt. Die Klasse JDOMResult enthält das Ergebnis der Transformation als JDOM-Dokument. Die beiden Klassen haben nur wenige Methoden, und in der API sind Beispiele für die Benutzung dieser Klassen angegeben.

Das Paket org.jdom2.xpath

Im Paket org.jdom2.xpath befindet sich nur eine Utility-Klasse XPath. Diese Klasse bildet die Basis für die Verwendung der Abfragesprache XPath mit JDOM. Eine kurze Einführung in XPath sowie Beispiele für den Einsatz in JDOM bietet Abschnitt 8.7.12, »XPath«. Neben der Implementierung, die mit JDOM geliefert wird, kann auch eine spezielle Implementierung der XPath-Methoden für JDOM eingesetzt werden. JDOM bringt keine eigene XPath-Implementierung mit, sondern basiert auf der Open-Source-Implementierung *Jaxen* (*http://jaxen.codehaus.org/*).

8.7.3 Die Document-Klasse

Dokumente werden bei JDOM über die Klasse Document verwaltet. Ein Dokument besteht aus einem DocType, einer ProcessingInstruction, einem Wurzelelement und Kommentaren. Die Klasse Document gibt es auch in der Standardschnittstelle für das DOM. Falls sowohl JDOM als auch DOM verwendet werden, muss für die Klasse Document der voll qualifizierte Klassenname mit vollständiger Angabe der Pakete verwendet werden, weil sonst nicht klar ist, welche Document-Klasse verwendet wird.

Ein JDOM-Document im Speicher erstellen

Um ein Document-Objekt zu erzeugen, bietet die Klasse drei Konstruktoren an. Über einen Standard-Konstruktor erzeugen wir ein leeres Dokument. Dieses können wir später bearbeiten, indem wir zum Beispiel Elemente (Objekte vom Typ Element), Entitäten oder Kommentare einfügen. Ein neues Dokument mit einem Element erhalten wir über einen Konstruktor, zu dem wir ein Wurzelelement angeben. Jedes XML-Dokument hat ein Wurzelelement.

[»] **Beispiel**

Die folgende Zeile erzeugt ein JDOM-Dokument mit einem Wurzelelement:

Listing 8.30 com/tutego/insel/xml/jdom/CreateRoot.java, main()

```
Document doc = new Document( new Element("party") );
```

In XML formatiert, könnte das so aussehen:

```
<party>
</party>
```

8.7.4 Eingaben aus der Datei lesen

Ein zweiter Weg, um ein JDOM-Dokument anzulegen, führt über einen Eingabestrom oder einen Dateinamen. Dafür benötigen wir einen Builder, zum Beispiel den `SAXBuilder` (den wir bevorzugen wollen).

[»] **Beispiel**

Lies die Datei *party.xml* ein:

Listing 8.31 com/tutego/insel/xml/jdom/ReadXmlFile.java, main() Teil 1

```
try ( Reader in = Files.newBufferedReader( Paths.get( "party.xml" ),
                                           StandardCharsets.UTF_8 ) ) {
  Document doc = new SAXBuilder().build( in );
  …
}
```

Die mögliche Ausnahme `JDOMException` bei `build(…)` muss die Anwendung abfangen. Kürzer ist das Programm bei XML-Dateien im Standard-Dateisystem, doch die Kodierung ist hier nicht explizit.

```
Document doc = new SAXBuilder().build( "party.xml" );
```

Bei dieser Abkürzung muss die Anwendung `IOException` und `JDOMException` behandeln.

Die Klasse `Document` bietet selbst keine Lesemethoden. Es sind immer die Builder, die `Document`-Objekte liefern. Es ist ebenso möglich, ein JDOM-Dokument mithilfe des DOM-Parsers über `DOMBuilder` zu erzeugen. Neben den Standard-Konstruktoren bei `SAXBuilder` und `DOMBuilder` lässt sich unter anderem ein `boolean`-Wert angeben, der die Validierung auf wohldefinierten XML-Code einschaltet.

[+]

Tipp

Wenn ein DOM-Baum nicht schon vorliegt, ist es sinnvoll, ein JDOM-Dokument stets mit dem SAX-Parser zu erzeugen. Das schont die Ressourcen und geht viel schneller, weil keine spezielle Datenstruktur für den DOM-Baum erzeugt werden muss. Das Ergebnis ist in beiden Fällen ein JDOM-Dokument, das die XML-Datei in einer baumähnlichen Struktur abbildet.

```
class org.jdom2.input.SAXBuilder
implements SAXEngine
```


- `SAXBuilder()`
  Baut einen XML-Leser auf Basis von SAX auf. Es wird nicht validiert.
- `SAXBuilder(boolean validate)`
  Baut einen validierenden `SAXBuilder` auf.
- `Document build(File file)`
- `Document build(InputSource in)`
- `Document build(InputStream in)`
- `Document build(InputStream in, String systemId)`
- `Document build(Reader characterStream)`
- `Document build(Reader characterStream, String systemId)`
- `Document build(String systemId)`
- `Document build(URL url)`
  Baut ein JDOM-Dokument aus der gegebenen Quelle auf. Im Fall des `String`-Arguments handelt es sich um einen URI-Namen und nicht um ein XML-Dokument im String.

8.7.5 Das Dokument im XML-Format ausgeben

Mit einem `XMLOutputter` lässt sich der interne JDOM-Baum als XML-Datenstrom in einen `OutputStream` oder `Writer` schieben.

[«]

Beispiel

Gib das JDOM-Dokument auf der Konsole aus:

Listing 8.32 com/tutego/insel/xml/jdom/ReadXmlFile.java, main() Teil 2

```
XMLOutputter out = new XMLOutputter();
out.output( doc, System.out );
```

Die Standardparametrisierung des Formatierers schreibt die XML-Daten mit schönen Einrückungen. Jeder Eintrag kommt in eine einzelne Zeile. Weitere Anpassungen der Formatierung übernimmt ein `org.jdom2.output.Format`-Objekt. Einige statische Methoden bereiten `Format`-Objekte mit unterschiedlichen Belegungen vor, so `getPrettyFormat()` für hübsch eingerückte Ausgaben und `getCompactFormat()` mit so genannter Leerraum-Normalisierung, wie es die API-Dokumentation nennt, und `getRawFormat()`.

```
XMLOutputter out = new XMLOutputter( Format.getPrettyFormat() );
out.output( doc, System.out );
```

Unterschiedliche `setXXX(…)`-Methoden auf dem `XMLOutputter`-Objekt ermöglichen eine weitere individuelle Anpassung der `Format`-Objekte. Soll das Ergebnis als String vorliegen, kann `outputString(…)` verwendet werden, das ein `String`-Objekt liefert.

[»]

Beispiel

Konvertiere einen String in XML:

```
String s = new XMLOutputter().outputString( new Text("<Hallo\nWelt>") );
```

8.7.6 Der Dokumenttyp *

Ein XML-Dokument beschreibt in seinem Dokumenttyp den Typ der Datei und besitzt oft einen Verweis auf die beschreibende DTD.

[»]

Beispiel

Ein gültiger Dokumenttyp für XHTML-Dateien hat folgendes Format:

```
<!DOCTYPE html PUBLIC
  "-//W3C//DTD XHTML 1.0 Transitional//EN"
  "http://www.w3.org/TR/xhtml1/DTD/xhtml1-transitional.dtd">
```

Bearbeiten wir dies über JDOM, so liefert die Methode `getDocType()` vom Dokument-Objekt ein `DocType`-Objekt, das wir nach den IDs fragen können. Über `setDocType(DocType)` kann der veränderte Dokumenttyp neu zugewiesen werden.

```
class org.jdom2.Document
implements Parent
```

- `DocType getDocType()`
  Liefert das zugehörige `DocType`-Objekt oder `null`, wenn keines existiert.
- `Document setDocType(DocType docType)`
  Setzt ein neues `DocType`-Objekt für das Dokument.

Beispiel

Wir erfragen vom Dokument den Elementnamen, die öffentliche ID und die System-ID:

```
DocType docType = doc.getDocType();
System.out.println( "Element: "   + docType.getElementName() );
System.out.println( "Public ID: " + docType.getPublicID() );
System.out.println( "System ID: " + docType.getSystemID() );
```

Zu den Methoden `getPublicID()` und `getSystemID()` gibt es entsprechende Setze-Methoden, nicht aber für den Elementnamen; dieser kann nachträglich nicht mehr modifiziert werden. Wir müssen dann ein neues `DocType`-Objekt anlegen. Es gibt mehrere Varianten von Konstruktoren, mit denen gesteuert werden kann, welche Einträge gesetzt werden.

Beispiel

Wir legen ein neues `DocType`-Objekt an und weisen es einem Dokument `doc` zu:

```
DocType doctype = new DocType( "html", "-//W3C...", "http://..." );
doc.setDocType( doctype );
```

8.7.7 Elemente

Jedes Dokument besteht aus einem Wurzelelement. Wir haben schon gesehen, dass dieses durch die allgemeine Klasse `Element` abgebildet wird. Mit dem Wurzelelement gelingt der Zugriff auf die anderen Elemente des Dokumentenbaums.

Wurzelelement

Die folgenden Beispieldateien verwenden die XML-Datei *party.xml*, um die Methoden von JDOM vorzustellen. Durch das Erzeugen eines leeren JDOM-Dokuments und die Methoden zur Erstellung von Elementen und Attributen kann JDOM den Dateiinhalt auch leicht aufbauen:

Listing 8.33 party.xml

```
<party datum="31.12.2012">
    <gast name="Albert Angsthase">
        <getraenk>Wein</getraenk>
        <getraenk>Bier</getraenk>
        <zustand ledig="true" nuechtern="false"/>
    </gast>
    <gast name="Martina Mutig">
        <getraenk>Apfelsaft</getraenk>
        <zustand ledig="true" nuechtern="true"/>
    </gast>
```

```
    <gast name="Zacharias Zottelig"></gast>
</party>
```

Um an das Wurzelelement `<party>` zu gelangen und von dort aus weitere Elemente oder Attribute auslesen zu können, erzeugen wir zunächst ein JDOM-Dokument aus der Datei *party.xml* und nutzen zum Zugriff `getRootElement()`.

[»]

Beispiel

Lies die Datei *party.xml*, und erfrage das Wurzelelement:

Listing 8.34 com/tutego/insel/xml/jdom/RootElement.java, main()

```
Document doc = new SAXBuilder().build( "party.xml" );
Element party = doc.getRootElement();
```

```
class org.jdom2.Document
implements Parent
```

- `Element getRootElement()`
  Gibt das `Root`-Element zurück oder `null`, falls kein `Root`-Element vorhanden ist.

Durch die oben gezeigten Anweisungen wird aus der XML-Datei *party.xml* eine JDOM-Datenstruktur im Speicher erzeugt. Um mit dem Inhalt der XML-Datei arbeiten zu können, ist der Zugriff auf die einzelnen Elemente notwendig. Durch die Methode `getRootElement()` wird das Wurzelelement der XML-Datei zurückgegeben. Dieses Element ist der Ausgangspunkt für die weitere Verarbeitung der Datei.

Zugriff auf Elemente

Um ein bestimmtes Element zu erhalten, gibt es die Methode `getChild(String name)`. Mit dieser Methode wird das nächste Unterelement des Elements zurückgegeben, das diesen Namen trägt.

[»]

Beispiel

Wenn wir den ersten Gast auf der Party haben möchten, schreiben wir:

Listing 8.35 com/tutego/insel/xml/jdom/AlbertTheFirst.java, main()

```
Element party = doc.getRootElement();
Element albert = party.getChild( "gast" );
```

Wenn wir wissen wollen, was Albert trinkt, schreiben wir:

```
Element albertGetraenk = albert.getChild( "getraenk" );
```

Durch eine Kaskadierung ist es möglich, über das Wurzelelement auf das Getränk des ersten Gastes zuzugreifen:

```
Element albertGetraenk = party.getChild( "gast" ).getChild( "getraenk" );
```

Eine Liste mit allen Elementen liefert die Methode `getChildren()`. Sie gibt eine mit `Element` generisch deklarierte `java.util.List` mit allen Elementen dieses Namens zurück.

[«]

Beispiel

Falls wir eine Gästeliste der Party haben wollen, schreiben wir:

```
List<Element> gaeste = party.getChildren( "gast" );
```

Diese Liste enthält alle Elemente der Form `<gast ...> ... </gast>`, die direkt unter dem Element `<party>` liegen.

8

```
class org.jdom2.Element
extends Content
implements Parent
```

- `Element getChild(String name)`
  Rückgabe des ersten untergeordneten Elements mit dem lokalen Namen `name`, das keinem Namensraum zugeordnet ist.
- `Element getChild(String name, Namespace ns)`
  Rückgabe des ersten untergeordneten Elements mit dem lokalen Namen `name`, das dem Namensraum `ns` zugeordnet ist.
- `List<Element> getChildren()`
  Rückgabe einer Liste der Elemente, die diesem Element direkt untergeordnet sind. Falls keine Elemente existieren, wird eine leere Liste zurückgegeben. Änderungen an der Liste spiegeln sich auch in der JDOM-Datenstruktur wider.
- `List<Element> getChildren(String name)`
  Rückgabe einer Liste der Elemente mit dem Namen `name`, die diesem Element direkt untergeordnet sind. Falls keine Elemente existieren, wird eine leere Liste zurückgegeben. Änderungen an der Liste spiegeln sich auch in der JDOM-Datenstruktur wider.
- `List getChildren(String name, Namespace ns)`
  Rückgabe einer Liste der Elemente mit dem Namen `name`, die diesem Namensraum zugeordnet und diesem Element direkt untergeordnet sind. Falls keine Elemente existieren, wird eine leere Liste zurückgegeben. Änderungen an der Liste spiegeln sich auch in der JDOM-Datenstruktur wider.
- `boolean hasChildren()`
  Rückgabe eines `boolean`-Werts, der ausdrückt, ob Elemente untergeordnet sind oder nicht.
- `boolean isRootElement()`
  Gibt einen Wahrheitswert zurück, der ausdrückt, ob das Element die Wurzel der JDOM-Datenstruktur ist.

8.7.8 Zugriff auf Elementinhalte

Von Beginn eines Elements bis zu dessen Ende treffen wir auf drei unterschiedliche Informationen:

- Es können weitere Elemente folgen. Im oberen Beispiel folgt in `<gast>` noch ein Element `<getraenk>`.
- Das Element enthält Text (wie das Element `<getraenk>`).
- Zusätzlich kann ein Element auch Attribute beinhalten. Dies haben wir auch beim Element `<gast>` gesehen, das als Attribut den Namen des Gastes enthält. Der Inhalt von Attributen ist immer Text.

Für diese Aufgaben bietet die `Element`-Klasse unterschiedliche Anfrage- und Setze-Methoden. Wir wollen mit dem Einfachsten, dem Zugriff auf den Textinhalt eines Elements, beginnen.

Elementinhalte auslesen und setzen

Betrachten wir das Element, dessen Inhalt wir auslesen wollen, so nutzen wir dazu die Methode `getText()`:

```
<getraenk>Wein</getraenk>
```

Sie liefert einen String, sofern eine String-Repräsentation des Inhalts erlaubt ist. Falls das Element keinen Text oder nur Unterelemente besitzt, ist der Rückgabewert ein Leer-String.

[»]

Beispiel

Um an das erste Getränk von Albert zu kommen, schreiben wir:

Listing 8.36 com/tutego/insel/xml/jdom/AlbertsDrink.java, Ausschnitt main()

```
Element party = doc.getRootElement();
Element albertGetraenk = party.getChild( "gast" ).getChild( "getraenk" );
String getraenk = albertGetraenk.getText();
```

```
class org.jdom2.Element
extends Content
implements Parent
```

- `String getText()`
  Rückgabe des Inhalts des Elements. Dies beinhaltet allen Weißraum und CDATA-Sektionen. Falls der Elementinhalt nicht zurückgegeben werden kann, wird der leere String zurückgegeben.
- `String getTextNormalize()`
  Verhält sich wie `getText()`. Weißraum am Anfang und am Ende des Strings wird entfernt.

Mehrfach hintereinander gesetzter Weißraum innerhalb des Strings wird auf ein Leerzeichen normalisiert. Falls der Text nur aus Weißraum besteht, wird der leere String zurückgegeben.

- `String getTextTrim()`
  Verhält sich wie `getTextNormalize()`, doch Weißraum innerhalb des Strings bleibt erhalten.

Für die Methode `getText()` muss das Element vorliegen, dessen Inhalt gelesen werden soll. Mit der Methode `getChildText()` kann der Inhalt eines untergeordneten Elements auch direkt ermittelt werden.

[«]

Beispiel

Lies den Text des ersten untergeordneten Elements mit dem Namen `getraenk`. Das übergeordnete Element von Getränk ist `albert`:

Listing 8.37 com/tutego/insel/xml/jdom/AlbertsDrink.java, Ausschnitt main()

```
Element albert = party.getChild( "gast" );
String getraenk = albert.getChildText( "getraenk" );
```

In der Implementierung der Methode `getChildText(…)` sind die Methoden `getChild(…)` und `getText()` zusammengefasst.

```
class org.jdom2.Element
extends Content
implements Parent
```

- `String getChildText(String name)`
  Rückgabe des Inhalts des Elements mit dem Namen `name`. Falls der Inhalt kein Text ist, wird ein leerer String zurückgegeben. Falls das Element nicht existiert, wird `null` zurückgegeben.
- `String getChildText(String name, Namespace ns)`
  Verhält sich wie `getChildText(String)` im Namensraum `ns`.
- `String getChildTextTrim(String name)`
  Verhält sich wie `getChildText(String)`. Weißraum am Anfang und am Ende des Strings wird entfernt. Weißraum innerhalb des Strings bleibt erhalten.
- `String getChildTextTrim(String name, Namespace ns)`
  Verhält sich wie `getChildTextTrim(String)` im Namensraum `ns`.
- `String getName()`
  Rückgabe des lokalen Namens des Elements ohne Namensraum-Präfix.
- `Namespace getNamespace()`
  Rückgabe des Namensraums oder eines leeren Strings, falls diesem Element kein Namensraum zugeordnet ist.
- `Namespace getNamespace(String prefix)`
  Rückgabe des Namensraums des Elements mit diesem Präfix. Dies beinhaltet das Hochlaufen

in der Hierarchie des JDOM-Dokuments. Falls kein Namensraum gefunden wird, gibt diese Methode `null` zurück.

- `String getNamespacePrefix()`
  Rückgabe des Namensraum-Präfixes. Falls kein Namensraum-Präfix existiert, wird ein Leer-String zurückgegeben.
- `String getNamespaceURI()`
  Rückgabe des Namensraum-URIs, der dem Präfix dieses Elements zugeordnet ist, oder des Standardnamensraums. Falls kein URI gefunden werden kann, wird ein leerer String zurückgegeben.

8.7.9 Liste mit Unterelementen erzeugen *

Mit den oben beschriebenen Methoden war es bislang immer nur möglich, das erste untergeordnete Element mit einem bestimmten Namen zu lesen. Um gezielt nach bestimmten Elementen zu suchen, ist es notwendig, die untergeordneten Elemente in eine Liste zu übertragen. Mit der Methode `getContent()` wird eine Liste mit allen Elementen und Unterelementen erzeugt. Diese Liste enthält Referenzen der Elemente aus der JDOM-Datenstruktur.

[»]

Beispiel

Hole eine Liste aller Informationen der Party, und laufe sie mit einem Iterator ab:

Listing 8.38 com/tutego/insel/xml/jdom/PartyList.java, main()

```
List<Content> partyInfo = party.getContent();
Iterator<Content> partyIterator = partyInfo.iterator();
while ( partyIterator.hasNext() )
  System.out.println( partyIterator.next() );
```

```
class org.jdom2.Element
extends Content
implements Parent
```

- `List<Content> getContent()`
  Dies liefert den vollständigen Inhalt eines Elements mit allen Unterelementen. Die Liste kann Objekte vom Typ `String`, `Element`, `Comment`, `ProcessingInstruction` und `Entity` enthalten. Falls keine Elemente vorhanden sind, wird eine leere Liste zurückgegeben.

8.7.10 Neue Elemente einfügen und ändern

Um neue Elemente zu erzeugen, bietet die Klasse `Element` unter anderem den Konstruktor `Element(String)` an. Es wird ein Element mit dem entsprechenden Namen erzeugt.

[«]

Beispiel

Erfrage eine Liste mit allen Unterelementen von albert, erzeuge ein neues Element, und füge es in die Liste ein:

Listing 8.39 com/tutego/insel/xml/jdom/AlbertsWater.java, main()

```
Element party = doc.getRootElement();
Element albert = party.getChild( "gast" );
List<Content> albertInfo = albert.getContent();
Element wasser = new Element( "getraenk" );
wasser.addContent( "Wasser" );
```

Um den Wert eines Elements zu ändern, gibt es die Methoden setText(…) und addContent(…). Die Methode setText(…) hat allerdings die unangenehme Eigenschaft, alle Unterelemente zu entfernen. Die Methode addContent(…) fügt neuen Inhalt hinzu.

Wenn der Inhalt eines Elements ausgetauscht werden soll, muss der alte entfernt und der neue mit addContent(…) hinzugefügt werden. Die Methode addContent(…) kann nicht nur Text, sondern jeden beliebigen Inhalt einfügen.

[«]

Beispiel

Albert will in Zukunft keinen Wein mehr trinken, sondern nur noch Wasser und Bier. Dazu wird zuerst das erste Unterelement gelöscht:

```
albert.removeChild( "getraenk" );
```

Ein neues Element wasser wird erzeugt und mit Inhalt gefüllt:

```
Element wasser = new Element( "getraenk" );
wasser.addContent( "Wasser" );
```

Das neue Element wird dem Element albert untergeordnet:

```
albert.addContent( wasser );
```

Werfen wir erneut einen Blick auf unsere XML-Datei, und entfernen wir das erste Element <getraenk>, das dem ersten Element <gast> untergeordnet ist:

```
<party datum="31.12.2012">
    <gast name="Albert Angsthase">
        <getraenk>Wein</getraenk>
        <getraenk>Bier</getraenk>
        <zustand ledig="true" nuechtern="false"/>
    </gast>
<party>
```

[»]

Beispiel

Die Methode removeChild entfernt das Element <getraenk>:

```
Element party = doc.getRootElement();
Element albert = party.getChild( "gast" );
```

Es werden nur die direkten Nachfolger durchsucht. Diese Methode findet das Element <getraenk>Wein</getraenk> nicht.

```
party.removeChild( "getraenk" );
```

Mit removeChild(...) wird das Element <getraenk>Wein</getraenk> gelöscht.

```
albert.removeChild( "getraenk" );
```

```
class org.jdom2.Element
extends Content
implements Parent
```

- Element(String name)
  Dieser Konstruktor erzeugt ein Element mit dem Namen name ohne Zuordnung zu einem Namensraum.
- Element(String name, Namespace namespace)
  Dieser Konstruktor erzeugt ein Element mit dem Namen name und dem Namensraum namespace.
- Element(String name, String uri)
  Dieser Konstruktor erzeugt ein neues Element mit dem lokalen Namen name und dem URI des Namensraums, die zu dem Element ohne Präfix gehören.
- Element(String name, String prefix, String uri)
  Dieser Konstruktor erzeugt ein neues Element mit dem lokalen Namen name, dem Namenspräfix prefix und dem URI des Namensraums.

Von diesen Konstruktoren ist in den Beispielen nur der erste benutzt worden.

- boolean removeChild(String name)
  Entfernt das erste gefundene Unterelement mit dem Namen name, das keinem Namensraum zugeordnet ist. Es werden nur die direkten Nachfolger durchsucht.
- boolean removeChild(String name, Namespace ns)
  Verhält sich wie removeChild(String name). Der Namensraum wird bei der Auswahl des Elements berücksichtigt.
- boolean removeChildren()
  Entfernt alle untergeordneten Elemente.
- boolean removeChildren(String name)
  Entfernt alle Unterelemente mit den Namen name, die gefunden werden und keinem Namensraum zugeordnet sind. Es werden nur die direkten Nachfolger durchsucht.

- `boolean removeChildren(String name, Namespace ns)`
  Verhält sich wie `removeChildren(String)` im Namensraum `ns`.

Bei den folgenden Methoden wird als Rückgabewert das geänderte Element zurückgegeben:

- `Element setText(String text)`
  Setzt den Inhalt des Elements. Alle anderen Inhalte und alle Unterelemente werden gelöscht.
- `Element addContent(String text)`
  Ergänzt den Inhalt des Elements um den Text.
- `Element addContent(content child)`
  Ergänzt den Inhalt des Elements um das Element als Unterelement.
- `Element getCopy(String name)`
  Erzeugt eine Kopie des Elements mit dem neuen Namen `name`, ohne Zuordnung zu einem Namensraum.
- `Element getCopy(String name, Namespace ns)`
  Erzeugt eine Kopie des Elements mit dem neuem Namen `name` und eine Zuordnung zu dem Namensraum `ns`.
- `Document getDocument()`
  Liefert das Dokument dieses Elements oder `null`, falls das Element keinem Dokument zugeordnet ist.

8.7.11 Attributinhalte lesen und ändern

Ein Element kann auch einen Attributwert enthalten. Dies ist der Wert, der direkt in dem Tag mit angegeben ist. Betrachten wir dazu folgendes Element:

```
<gast name="Albert Angsthase">
```

Das Element hat als Attribut `name="Albert Angsthase"`. Diesen Wert liefert die Methode `getAttribute(String).getValue()` der Klasse `Element`.

Beispiel

Lies den Namen des ersten Gastes:

Listing 8.40 com/tutego/insel/xml/jdom/Wedding.java, main()

```
Element   party       = doc.getRootElement();
Element   albert      = party.getChild( "gast" );
Attribute albertAttr  = albert.getAttribute( "name" );
String albertName     = albert.getAttribute( "name" ).getValue();
```

Martina möchte wissen, ob Albert noch ledig ist:

```
albert.getChild( "zustand" ).getAttribute( "ledig" ).getValue();
```

Auf ähnliche Weise lässt sich der Wert eines Attributs ändern. Dazu gibt es die Methoden `setAttribute(String)` der Klasse `Attribute` und `addAttribute(Attribute)` der Klasse `Element`.

[»]

Beispiel

Martina und Albert haben geheiratet, und Albert nimmt den Namen von Martina an:

```
albert.getAttribute( "name" ).setAttribute( "Albert Mutig" );
```

Seit der Hochzeit mit Albert trinkt Martina auch Wein. Also muss ein neues Element `wein` unter dem Element `<gast name="Martina Mutig">` eingefügt werden. Zuerst erzeugen wir ein Element der Form `<getraenk>Wein</getraenk>`:

```
Element wein = new Element( "getraenk" );
wein.addContent( "Wein" );
```

Danach suchen wir Martina in der Gästeliste und fügen das Element `<wein>` ein:

```
Iterator<Element> gaesteListe = party.getChildren( "gast" ).iterator();
while ( gaesteListe.hasNext() ) {
  Element gast = (Element) gaesteListe.next();

  if ( "Martina Mutig".equals(
         gast.getAttribute( "name" ).getValue()) )
    gast.addContent( wein );
}
```

Das Beispiel macht deutlich, wie flexibel die Methode `addContent(Inhalt)` ist. Es zeigt ebenso, wie JDOM für Java, etwa durch die Implementierung der Schnittstelle `List`, optimiert wurde.

```
class org.jdom2.Element
extends Content
implements Parent
```

- `Attribute getAttribute(String name)`
  Rückgabe des Attributs mit dem Namen `name`, das keinem Namensraum zugeordnet ist. Falls das Element kein Attribut mit dem Namen `name` hat, ist die Rückgabe `null`.
- `Attribute getAttribute(String name, Namespace ns)`
  Verhält sich wie `getAttribute(String)` in dem Namensraum `ns`.
- `List getAttributes()`
  Rückgabe einer Liste aller Attribute eines Elements oder einer leeren Liste, falls das Element keine Attribute hat.
- `String getAttributeValue(String name)`
  Rückgabe des Attributwerts mit dem Namen `name`, dem kein Namensraum zugeordnet ist. Es wird `null` zurückgegeben, falls keine Attribute dieses Namens existieren, und der leere String, falls der Wert des Attributs leer ist.

- `String getAttributeValue(String name, Namespace ns)`
  Verhält sich wie `getAttributeValue(String)` in dem Namensraum `ns`.
- `Element setAttributes(List attributes)`
  Fügt alle Attribute der Liste dem Element hinzu. Alle vorhandenen Attribute werden entfernt. Das geänderte Element wird zurückgegeben.
- `Element addAttribute(Attribute attribute)`
  Einfügen des Attributs `attribute`. Bereits vorhandene Attribute mit gleichem Namen und gleichem Namensraum werden ersetzt.
- `Element addAttribute(String name, String value)`
  Einfügen des Attributs mit dem Namen `name` und dem Wert `value`. Um Attribute mit einem Namensraum hinzuzufügen, sollte die Methode `addAttribute(Attribute attribute)` verwendet werden.


```
class org.jdom2.Attribute
implements NamespaceAware, Serializable, Cloneable
```

- `String getValue()`
  Rückgabe des Werts dieses Attributs

Die folgenden Methoden versuchen eine Umwandlung in einen primitiven Datentyp. Falls eine Umwandlung nicht möglich ist, wird eine `DataConversionException` ausgelöst.

- `getBooleanValue()`
  Gibt den Wert des Attributs als `boolean` zurück.
- `double getDoubleValue()`
  Gibt den Wert des Attributs als `double` zurück.
- `float getFloatValue()`
  Gibt den Wert des Attributs als `float` zurück.
- `int getIntValue()`
  Gibt den Wert des Attributs als `int` zurück.
- `long getLongValue()`
  Gibt den Wert des Attributs als `long` zurück.
- `String getName()`
  Gibt den lokalen Namen des Attributs zurück. Falls der Name die Form `[namespacePrefix]:[elementName]` hat, wird `[elementName]` zurückgegeben. Wenn der Name kein Namensraum-Präfix hat, wird einfach nur der Name ausgegeben.
- `Namespace getNamespace()`
  Gibt den Namensraum des Attributs zurück. Falls kein Namensraum vorhanden ist, wird das konstante Namensraum-Objekt `NO_NAMESPACE` zurückgegeben. Diese Konstante enthält ein Namensraum-Objekt mit dem leeren String als Namensraum.

- `String getNamespacePrefix()`
  Gibt das Präfix des Namensraums zurück. Falls kein Namensraum zugeordnet ist, wird ein leerer String zurückgegeben.
- `String getNamespaceURI()`
  Gibt den URI zurück, der zu dem Namensraum dieses Elements gehört. Falls kein Namensraum zugeordnet ist, wird ein leerer String zurückgegeben.
- `Element getParent()`
  Gibt das Element zurück, das dem Element dieses Attributs übergeordnet ist. Falls kein übergeordnetes Element vorhanden ist, wird `null` zurückgegeben.
- `String getQualifiedName()`
  Rückgabe des qualifizierten Namens des Attributs. Falls der Name die Form `[namespacePrefix]:[elementName]` hat, wird dies zurückgegeben. Ansonsten wird der lokale Name zurückgegeben.
- `Attribute setValue(String value)`
  Setzt den Wert dieses Attributs.

8.7.12 XPath

Der Standard *XPath* (*http://www.w3.org/TR/xpath20/*) bietet eine Syntax, um einzelne Knoten oder Knotenmengen aus einer XML-Struktur zu erhalten, so wie auch eine Notation im Dateisystem die Angabe einer Datei erlaubt. Der XPath-Standard wird vom W3C verwaltet und findet in vielen Bereichen Anwendung, etwa in XSLT.

XPath betrachtet die XML-Datenstruktur als Baum. Am Anfang dieses Baums steht die *XPath-Wurzel*, die sich wie üblich vor dem ersten Element des XML-Dokuments befindet. Innerhalb des Baums kann ein XPath-Ausdruck die einzelnen Elemente, deren Attribute und Werte, Verarbeitungsanweisungen und Kommentare selektieren. Die folgenden Beispiele stellen den Zugriff auf Elemente, Elementwerte, Attribute und Attributwerte vor.

Knoten(-mengen) selektieren

XPath bietet zwei Notationen zur Selektierung:

- Die einfachere Form ist die Dateisystem-Notation, die sich an den Regeln für das UNIX-Dateisystem orientiert.
- Daneben gibt es noch eine spezielle XPath-Notation, die etwas komplizierter ist.

In Tabelle 8.16 werden einige Sprachkonstrukte der beiden Notationen exemplarisch einander gegenübergestellt:

Beschreibung	XPath-Notation	Dateisystem-Notation
Zugriff auf den ersten Knoten namens `party`	`/child::party`	`/party`
übergeordnete Knoten verwenden	`/child::party/child::gast/↩ child::zustand/parent::node()`	`/party/gast/zustand/..`
der erste Gast unserer Party	`/child::party/child::gast[1]`	`/party/gast[1]`
alle ledigen Gäste	`/child::party/child::gast/↩ child::zustand/↩ attribute::ledig[ (child::text() = ↩ "true")]`	`/party/gast/↩ zustand[@ledig="true"]`

Tabelle 8.16 Dateisystem-Notation und XPath-Notation im Vergleich

Es gibt ebenso die Möglichkeit, auf Geschwisterknoten und den aktuellen Knoten zuzugreifen. Zudem können Knoten in Abhängigkeit zu der Position im XML-Dokument und bestimmten Werten von Elementen und Attributen abgefragt werden. Um die Beispiele einfach zu halten, wollen wir allerdings immer die Dateisystem-Notation verwenden.

XPath-Tools

Im Code Strings mit XPath-Ausdrücken für XML-Dateien zu nutzen ist nicht immer so praktisch, vor allen Dingen wenn der Ausdruck komplexer ist. Es bietet sich daher an, XML-Dokumente in ein entsprechendes Werkzeug zu laden und über eine grafische Oberfläche die XPath-Ausdrücke zu testen, bis sie »passen«. Eines der Tools ist etwa der *XPath Visualizer* von Microsoft unter *https://xpathvisualizer.codeplex.com/*.

XPath-APIs

So, wie es unterschiedliche APIs zur Repräsentation der XML-Bäume im Speicher gibt (W3C DOM, JDOM ...), gibt es auch mehrere XPath-APIs. Zwei wichtige sind:

- **DOM Level 3 XPath**: Eine programmiersprachenunabhängige API ausschließlich für Bäume nach dem offiziellen W3C-DOM-Modell. Das Paket `javax.xml.xpath` setzt diese API in Java um.
- **Jaxen**: eine Java-API, die unterschiedliche DOM-Modelle wie DOM, JDOM und dom4j zusammenbringt

XPath mit JDOM

Um XPath-Anfragen mit JDOM durchzuführen, stehen die Typen `org.jdom2.xpath. XPathFactory` (nicht `javax.xml.xpath.XPathFactory`!) und `XPathExpression` (nicht `javax.xml.xpath.XPathExpression`!) im Zentrum. Im Hintergrund arbeitet standardmäßig Jaxen. JDOM bringt das nötige

Java-Archiv für Jaxen mit. Damit die folgenden Beispiele laufen, muss aus dem Ordner *lib* des Archivs *jdom-xyz.zip* die JAR-Datei *jaxen-1.1.6.jar* in den Klassenpfad aufgenommen werden. Unter *http://jaxen.codehaus.org/releases.html* lässt sich die jeweils aktuelle Version beziehen, Updates sind aber selten.

Zu einem `XPathFactory`-Objekt führt die Fabrikmethode `XPathFactory.instance()`. Diesem Objekt wird im nächsten Schritt der eigentliche XPath-Ausdruck übergeben: `XPathFactory.instance().compile(xpath)`. Das Ergebnis ist ein `XPathExpression`-Objekt, welches wir fragen können, welche Knoten in der Ergebnismenge liegen. Der XPath-Ausdruck legt fest, was aus dem XML-Dokument gewünscht ist. Die Liste kann Elemente, Attribute oder Strings enthalten, daher sind keine Typinformationen vorhanden und Generics helfen nicht viel.

[»]

Beispiel

Gib die Namen aller Gäste aus:

Listing 8.41 com/tutego/insel/jdom/xpath/XPathDemo1.java, Ausschnitt

```
XPathExpression<Object> xpath = XPathFactory.instance().compile( "/party/gast/@name" );
List<Object> names = xpath.evaluate( doc );
for ( Object object : names ) {
  Attribute attribute = (Attribute) object;
  System.out.println( attribute.getValue() );
}
```

Da es keine Typinformationen gibt, liefert `evaluate(…)` immer nur eine Liste von unbekannten Objekten, die von uns über eine explizite Typanpassung in einen sinnvollen Typ gebracht werden müssen.

[»]

Beispiel

Selektiere mit einem XPath-Ausdruck die Getränke der Gäste, und gib sie auf den Bildschirm aus:

Listing 8.42 com/tutego/insel/jdom/xpath/XPathDemo2.java, Ausschnitt

```
XPathExpression<Object> xpath = XPathFactory.instance().compile( "/party/gast/
getraenk" );
for ( Object object : xpath.evaluate( doc ) )
  System.out.println( ((Element)object).getValue() );
```

Das Ergebnis dieser beiden Aufrufe ist immer eine Knotenmenge. Es gibt aber auch Situationen, in denen nur das erste Element der Ergebnisliste verarbeitet werden soll oder nur ein Element als Ergebnis bei einem XPath-Ausdruck möglich ist, wie zum Beispiel bei der Abfrage von Elementen mit Index-Angabe. Für diesen Fall bietet die Klasse `XPathExpression` die praktische Methode `evaluateFirst(Object context)`.

[«]

Beispiel

Gib den Namen des ersten Gastes aus:

Listing 8.43 com/tutego/insel/jdom/xpath/XPathDemo3.java, Ausschnitt

```
XPathExpression<Object> xpath = XPathFactory.instance().compile( "/party/gast[1]/
@name" );
Object firstGuest = xpath.evaluateFirst( doc );
System.out.println( ((Attribute) firstGuest).getValue() );
```



```
abstract class org.jdom2.xpath.XPathFactory
```

- `static XPathFactory newInstance()`
  Liefert eine `XPathFactory` basierend auf der Standard-XPath-Implementierung Jaxen.
- `XPathExpression<Object> compile(String expression)`
  Übersetzt einen XPath-Ausdruck. Weitere überladene Methoden von `compile(…)` erlauben Filter und Variablen.

```
interface org.jdom2.xpath.XPathExpression<T>
extends java.lang.Cloneable
```

- `List<T> evaluate(Object context)`
  Wertet den vorcompilierten XPath-Ausdruck auf dem übergebenen Inhalt aus.
- `T evaluateFirst(Object context)`
  Liefert das erste Ergebnis vom ausgewerteten XPath-Ausdruck.
- `String getExpression()`
  Liefert den XPath-Ausdruck aus `String`.
- Weitere Methoden können Variablen setzen und Diagnosen durchführen.

Nutzen von XPath-Ausdrücken

Die Möglichkeiten von XPath können als Alternative zu den Zugriffen über die Datenstrukturen von Java betrachtet werden. Es ist häufig einfacher, mit einem XPath-Ausdruck als mit einzelnen Methodenaufrufen den Pfad zu den Inhalten zu kodieren. Eine Anwendung, die dem Benutzer einen Zugriff auf die XML-Daten bietet, sollte auf jeden Fall XPath anbieten, weil dies der Standard für den Zugriff ist.

Speziell für Datenbanken, die sich auf die Speicherung von XML-Dokumenten spezialisiert haben, ist es üblich, XPath als Abfragesprache zu verwenden. Als Standard in diesem Umfeld gilt XQuery, das eine SQL-ähnliche deklarative Syntax bietet. Ebenso wird XPath im Standard XSLT verwendet, um Knoten für die Umwandlung auszuwählen. Wir stellen diesen Standard im nächsten Abschnitt kurz vor.

8.8 Transformationen mit XSLT *

XSLT ist eine XML-Applikation zur Umwandlung von XML-Dateien in andere textbasierte Dateien. Die Ausgabedatei kann ein beliebiges Format haben. Die XSLT-Datei, in der Umwandlungsregeln festgelegt werden, muss ebenfalls eine XML-Datei sein. Das bedeutet insbesondere, dass HTML-Tags in der XSLT-Datei die Regeln für XML-Elemente erfüllen müssen.

8.8.1 Templates und XPath als Kernelemente von XSLT

In der XSLT-Datei werden die Elemente der XML-Quelldatei durch Templates ausgewählt und wird die Formatierung der Ausgabe beschrieben. Es ist möglich, die Formatierung von Bedingungen abhängig zu machen, Elemente in der Ausgabe auszublenden und die Reihenfolge der Ausgabe festzulegen.

Die Auswahl der Elemente wird durch *XPath*-Ausdrücke beschrieben. XPath ist eine XML-Applikation, in der eine XML-Datei als Baumstruktur abgebildet wird. Durch eine Notation, die an die Baumstruktur von Verzeichnisbäumen angelehnt ist, können einzelne Elemente oder ganze Unterbäume ausgewählt werden.

Für unser Beispiel ist hier eine einfache XSLT-Datei angegeben, die eine XML-Ausgabe aus der Datei *party.xml* erzeugt. Dabei wird in dem ersten Template ein HTML-Rumpf erzeugt, in den die Ausgabe der anderen Templates eingebettet wird. Mit dem Element `party` wird eine Überschrift für die Ausgabedatei erzeugt. Das Element `<gast>` wird in einem Template benutzt, um für jeden Gast eine persönliche Anrede zu erzeugen. Jedem Gast wird sein Lieblingsgetränk serviert. Zum Schluss beschreibt noch jeder kurz, wie es ihm geht und ob er noch ledig ist. Hier ist die XSLT-Datei für die Umwandlung:

party.xsl

```
<?xml version="1.0" encoding="UTF-8"?>
<xsl:stylesheet version="1.0" xmlns:xsl="http://www.w3.org/1999/XSL/Transform">
<!-- Match auf das Root-Element des XPath-Baums -->
<!-- Ausgabe von HTML-Kopf und -Fuss -->
   <xsl:template match="/">
      <html>
         <head>
            <title>Wir machen eine Party</title>
         </head>
         <body>
<!-- An dieser Stelle wird tiefer in den XPath-Baum -->
<!-- verzweigt. Die Ausgabe der anderen Templates   -->
<!-- wird an dieser Stelle eingefuegt               -->
            <xsl:apply-templates />
         </body>
      </html>
   </xsl:template>
```

```
<!-- Fuer das Element party der XML-Datei wird eine Ueberschrift -->
<!-- fuer die Ausgabe erzeugt. Das Attribut Datum wird in der   -->
<!-- Ueberschrift ausgegeben. -->
   <xsl:template match="party">
      <h1>Partytabelle fuer den
      <xsl:value-of select="@datum" />
      </h1>
      <xsl:apply-templates />
   </xsl:template>
<!-- Fuer jeden einzelnen Gast wird eine Begruessung ausgegeben -->
   <xsl:template match="gast">
      <p>
         <h2>Hallo
         <xsl:value-of select="@name" />
         </h2>
      </p>
      <xsl:apply-templates />
   </xsl:template>
<!-- Jedem Gast wird sein Lieblingsgetraenk angeboten. -->
   <xsl:template match="getraenk">
      <p>Hier ist ein
      <xsl:value-of select="." />
      fuer dich.</p>
   </xsl:template>
<!-- Hier wird eine bedingte Ausgabe erzeugt. Jeder Gast -->
<!-- zeigt seinen Zustand und sagt, ob er noch ledig ist. -->
   <xsl:template match="zustand">
      <xsl:if test="@nuechtern='true'">
         <h3>Ich bin noch nuechtern!</h3>
      </xsl:if>
      <xsl:if test="@ledig='true'">
         <h3>Ich bin noch zu haben!</h3>
      </xsl:if>
      <hr />
   </xsl:template>
</xsl:stylesheet>
```

Das Ergebnis der Umwandlung ist folgende HTML-Datei:

```
<html>
  <head>
    <title>Wir machen eine Party</title>
  </head>
  <body>
    <h1>Partytabelle fuer den 31.12.12</h1>
```

```
    <p><h2>Hallo Albert Angsthase</h2></p>
    <p>Hier ist ein Wein fuer dich.</p>
    <p>Hier ist ein Bier fuer dich.</p>
    <h3>Ich bin noch zu haben!</h3>
    <hr>
    <p><h2>Hallo Martina Mutig</h2></p>
    <p>Hier ist ein Apfelsaft fuer dich.</p>
    <h3>Ich bin noch nuechtern!</h3>
    <h3>Ich bin noch zu haben!</h3>
    <hr>
    <p><h2>Hallo Zacharias Zottelig</h2></p>
  </body>
</html>
```

Die Ausgabe des Parsers ist nicht so schön formatiert, aber das ist für die Ausgabe in HTML nicht relevant. Diese Datei wurde nachträglich formatiert, damit die Ausgabe besser lesbar ist. Trotz der Definition des Zeichensatzes im Kopf der XSLT-Datei sind Umlaute immer noch ein Problem.

8.8.2 Umwandlung von XML-Dateien mit JDOM und JAXP

Damit die Umwandlung mit JDOM möglich ist, wird das JDOM-Dokument von einem Wrapper-Objekt aufgenommen und mit einem XSLT-Parser von JAXP umgewandelt. Das Ergebnis ist ein Wrapper-Objekt und kann in eine JDOM-Datenstruktur umgewandelt werden:

Listing 8.44 com/tutego/insel/xml/xslt/XslTransformer.java, main()

```
Document   doc        = new SAXBuilder().build( "party.xml" );
Source     xmlFile    = new JDOMSource( doc );
JDOMResult htmlResult = new JDOMResult();
Transformer transformer =
   TransformerFactory.newInstance().newTransformer(
      new StreamSource("party.xsl") );
transformer.transform( xmlFile, htmlResult );
XMLOutputter xmlOutputter = new XMLOutputter();
xmlOutputter.output( doc, System.out );
xmlOutputter.output( htmlResult.getDocument(), System.out );
```

Das JDOM-Dokument `doc` wird vom Objekt `xmlFile` vom Typ `JDOMSource` ummantelt, das ein `javax.xml.transform.Source` ist. Das Ergebnis der Transformation nimmt ein `JDOMResult`-Objekt entgegen, das vom Typ `javax.xml.transform.Result` ist.

Eine Fabrikmethode der `TransformerFactory` erzeugt ein Objekt der Klasse `Transformer`. Dies ist ein Objekt aus dem JAXP-Paket, und es übernimmt die Umwandlung von XML-Dateien mithilfe einer XSLT-Datei. Für die Ein- und Ausgabe können Streams, SAX-Eigenschaften oder eine DOM-

Datenstruktur verwendet werden. In diesem Beispiel wird die Datei als Stream an den Transformer übergeben. Mit dem `Transformer`-Objekt und einem `Source`- und `Result`-Objekt aus JAXP stößt `transform(…)` die Übersetzung an.

Das Ergebnis der Umwandlung steht in unserem `JDOMResult`-Objekt, und die Methode `getDocument()` wandelt es wieder in eine JDOM-Datenstruktur um.

Dieses Beispiel zeigt das Zusammenspiel von JDOM und JAXP. JDOM ist kein Ersatz für JAXP, sondern bietet eine komfortable Möglichkeit, XML-Dateien mit einer gewohnten Java-API zu verarbeiten. Dabei können Elemente aus JAXP, die nicht in JDOM implementiert sind, genutzt werden, ohne auf die Vorteile von JDOM zu verzichten.

8.9 XML-Schema-Validierung *

XML ist ein sehr freies Format, und Dokumente können leicht XML-Elemente enthalten, die so eigentlich vom Designer nicht vorgesehen waren. Um sicherzustellen, dass XML-Dokumente nicht zu »frei« sind, sondern sich an bestimmte Regeln halten, gibt es unterschiedliche Korrektheitsbeschreibungen. Die populärste ist *XML Schema* (siehe auch Abschnitt 8.2.3, »Schema – die moderne Alternative zu DTD«), die das ältere DTD ersetzt hat. Eine XML-Schema-Datei hat ebenfalls das XML-Format (anders als DTD) und wird einem Parser zusammen mit der XML-Datei gegeben. Der liest ein XML-Dokument ein und prüft, ob die Regeln eingehalten werden.

8.9.1 SchemaFactory und Schema

Java unterstützt die Schema-Validierung, die jedoch standardmäßig ausgeschaltet ist. Ein Grund ist, dass die Validierung die Rechenzeit und den Speicherbedarf erhöht. Um die Validierung zu aktivieren, muss zunächst ein `Schema`-Objekt aufgebaut werden. Bei JAXB haben wir die Validierung schon genutzt und Folgendes geschrieben:

```
SchemaFactory sf = SchemaFactory.newInstance(
  XMLConstants.W3C_XML_SCHEMA_NS_URI );
Schema schema = sf.newSchema(
  ValidatingRoomUnmarshaller.class.getResource( "/schema1.xsd" ) );
```

Das Objekt vom Typ `Schema` repräsentiert die Schema-Beschreibung.

8.9.2 Validator

Im Fall von JAXB wurde das `Schema`-Objekt direkt an JAXB festgemacht und zur Validierung genutzt. Unabhängig davon bietet das `Schema`-Objekt die zentrale Methode `newValidator()`, die einen `Validator` liefert, der letztlich die Validierung durchführt.

```
Schema schema = ...
Validator validator = schema.newValidator();
```

```
abstract class javax.xml.validation.SchemaFactory
```

- `final SchemaFactory newInstance(String schemaLanguage)`
  Liefert eine `SchemaFactory`, die die angegebene Schema-Sprache unterstützt. Bei der XML-Schema-Validierung wird der String immer `XMLConstants.W3C_XML_SCHEMA_NS_URI` sein, also `"http://www.w3.org/2001/XMLSchema"`. Es gibt zwar auch die Konstante `RELAXNG_NS_URI` für *RELAX NG Schema*-Validierung, doch JAXP unterstützt dies nicht.
- `Schema newSchema(File schema) throws SAXException`
  Parst die Datei und baut das `Schema`-Objekt aus. Gibt es beim Parsen Fehler, folgt die `SAXException`.
- `Schema newSchema(URL schema) throws SAXException`
  Holt sich die Schema-Datei von der URL, parst sie und baut das `Schema`-Objekt auf. Gibt es beim Parsen Fehler, folgt die `SAXException`.

```
abstract class javax.xml.validation.Schema
```

- `abstract Validator newValidator()`
  Liefert einen `Validator` für das Schema.

8.9.3 Validierung unterschiedlicher Datenquellen durchführen

Dieser `Validator` bietet die Methode `validate(…)`, und ihr wird entweder eine `DOMSource`, `JAXBSource`, `SAXSource`, `StAXSource` oder `StreamSource` – also ganz allgemein gesprochen ein Objekt vom Typ `javax.xml.transform.Source` – übergeben. An dem Paket lässt sich ablesen, dass `Source` ein Typ aus dem XSLT-Paket ist.

Wie ist nun der Weg, um etwa einen DOM-Baum zu validieren? Der DOM-Baum muss als `Source`-Objekt verpackt und dann der `validate(…)`-Methode übergeben werden. Etwa so:

```
Document document = ...
validator.validate( new DOMSource(document) );
```

Gibt es Fehler, gibt es eine `SAXException`, die eine geprüfte Ausnahme ist, also behandelt werden muss. Es lässt sich mit `setErrorHandler(…)` ein spezieller `ErrorHandler` setzen, damit Fehler dort aufgefangen und dokumentiert werden können.

```
abstract class javax.xml.validation.Validator
```

- `void validate(Source source) throws SAXException, IOException`
  Führt die Validierung der Eingabe durch.
- `abstract void setErrorHandler(ErrorHandler errorHandler)`
  Setzt ein Objekt zum Auffangen der Fehler.

8.10 Zum Weiterlesen

Als XML sich etablierte, bildete es mit Java ein gutes Gespann. Einer der Gründe lag in Unicode: XML ermöglicht Dokumente mit beliebigen Zeichenkodierungen, die in Java abgebildet werden konnten. Mittlerweile ist diese Abbildung nicht mehr so einfach, da in XML schnell eine Kodierung mit 32 Bit ausgewählt werden kann, die in Java nur Surrogate abbildet – nun macht die Verarbeitung nicht mehr richtig Spaß.

Das online unter *http://tutego.de/go/xmlbook* frei verfügbare Buch »Processing XML with Java« von Elliotte Rusty Harold gibt einen guten Überblick über die Funktionen von JDOM und die Verarbeitung von XML mit Java. Genauere Informationen finden sich auf der Website von JDOM (*http://www.jdom.org/*). Zur JAXB gibt *http://jaxb.java.net/tutorial/* tiefere Einblicke. JAXB ist sehr nützlich, insbesondere für eigene XML-Formate; für Standardformate wie RSS-Feeds, SVG, MathML, OpenDocument oder XUL gibt es in der Regel schon Zugriffsklassen, sodass die Daten nicht aus rohen XML-Dokumenten extrahiert werden müssen – eine objektorientierte Vorgehensweise ist immer besser, als in XML-Zeichenketten direkt zu lesen und diese zu verändern. XPath als Anfragesprache für XML auch für beliebige Java-Objekte zu erweitern, hat sich das Apache-Projekt *JXPath (http://tutego.de/go/jxpath)* zum Ziel gesetzt. Es ist auf jeden Fall einen Blick wert.

XML wird im Internet mehr und mehr durch JSON abgelöst. Die Java SE bringt zur Verarbeitung nichts mit, wohl aber Java EE und auch Jersey, und zwar die REST-API, die in Kapitel 15, »RESTful und SOAP-Web-Services«, vorgestellt wird.

Kapitel 9
Dateiformate

»Ein Gramm Information wiegt schwerer als tausend Tonnen Meinung.«
*– Gerd Bacher (*1925)*

Beim Austausch von Dokumenten ist das *Dateiformat* entscheidend, damit die Darstellung und Wiedergabe optimal gelingt. Bei jedem Dokument – sei es binär oder textuell, eine Grafik oder eine Musikdatei – muss das Format der Zeichen oder Bytes definiert sein, damit das Einlesen und die Verarbeitung möglich sind. Die Definition vom Format ist je nachdem offen beschrieben (wie bei XML, PNG, OpenDocument), proprietär, aber dokumentiert (RTF, DOC) oder auch intern nur den Unternehmen bekannt (wie das Skype-Datenformat).

Einige Textformate sind gleichzeitig *Auszeichnungssprachen*, denn wenn alles Text ist, muss irgendwie unterschieden werden, was Auszeichnungen sind und was die eigentliche Information ist. Bei XML zum Beispiel stehen die Auszeichnungen in spitzen Klammern. Die bekannteste Auszeichnungssprache ist sicherlich HTML; Akademikern war oder ist TeX vertraut. Mittlerweile sind viele moderne Auszeichnungssprachen XML-basiert. Dazu zählen DocBook für Dokumentationen, Atom für Web-Feeds, ebXML für elektronische Geschäftsprozesse, MathML für mathematische Formeln, OpenDocument und Office Open XML (die jedoch in einem ZIP-Archiv standardmäßig komprimiert werden).

Oft gehen Betriebssysteme über die Dateiendung, um den Typ bzw. das Format einer Datei herauszulesen, oder nutzen spezielle Metadaten bzw. interpretieren die ersten Bytes, um das Format zu erkennen. Wenn Dokumente etwa in einer Datenbank abgelegt oder vom Webserver verschickt werden, haben sie keinen Dateinamen, und so werden zusätzliche Metadaten gespeichert. Im Internet beschreibt der MIME-Typ die Mediendaten. NIO.2 kann versuchen, den MIME-Typ zu ermitteln.

Da die Grundlage jedes Dokuments ein Byte ist, lässt sich natürlich immer ein Bytestrom öffnen und lassen sich die Daten selbst verarbeiten. Wir suchen jedoch eine andere, höhere Abstraktion. Die fängt schon in Java selbst damit an, dass Textdokumente nicht mit `InputStream`/`OutputStream` verarbeitet und die Strings dann von Hand in Unicode konvertiert werden, sondern dass ein `Reader`/`Writer` die Arbeit verrichtet. Wenn wir es mit XML-Dateien zu tun haben, so holen wir uns auch keinen `Reader` zum Lesen, sondern greifen auf elegante XML-Klassen zurück, die uns die Arbeit beim Lesen der Elemente abnehmen.

Dieses Kapitel stellt unterschiedliche Aspekte mit Dateiformaten und Java heraus. Zum einen werden unterschiedliche Dateien und Dokumentenformate vorgestellt, und zum anderen werden auch Aspekte wie Darstellung, Wiedergabe und Konvertierung angesprochen.

9.1 Einfache Dateiformate für strukturierte Daten

Daten sind in der Regel immer strukturiert. Diese Strukturierung bekommen die Daten durch das Format oder eingebettete besondere Symbole bzw. Symbolfolgen. Das kann etwa ein Zeilenumbruchzeichen sein oder ein Token-Separator wie »=« oder XML für hierarchische Dokumente.

9.1.1 Property-Dateien mit java.util.Properties lesen und schreiben

Dateien, die Schlüssel-Wert-Paare als String repräsentieren und die Schlüssel und Wert durch ein Gleichheitszeichen trennen, nennen sich *Property-Dateien*. Sie kommen zur Programmkonfiguration häufig vor, und Java bietet mit der Klasse `Properties` die Möglichkeit, die Property-Dateien einzulesen und zu schreiben. In Kapitel 4, »Datenstrukturen und Algorithmen«, kam die Klasse mit Beispielen schon zur Sprache.

store() und load()-Methoden vom Properties-Objekt

Die Methode `store(…)` dient dem Speichern der Zustände und `load(…)` dem Initialisieren eines `Properties`-Objekts aus einem Datenstrom. Die Schlüssel und Werte trennt ein Gleichheitszeichen. Die Lade-/Speichermethoden sind:

```
class java.util.Properties
extends Hashtable<Object,Object>
```

- `void store(OutputStream out, String comments)`
- `void store(Writer writer, String comments)`
  Schreibt die `Properties`-Liste in den Ausgabestrom. An den Kopf der Datei kann ein Kommentar gesetzt werden, wenn das Argument `comments` nicht `null` ist; bei `null` kommt kein eigener Kommentar.
- `void load(InputStream inStream)`
- `void load(Reader reader) throws IOException`
  Liest eine `Properties`-Liste aus einem Eingabestrom.

Ist der Typ ein Binärstrom also `OutputStream`/`InputStream`, so behandeln die Methoden die Zeichen in der ISO-8859-1-Kodierung. `Reader`/`Writer` erlauben eine freie Kodierung. Eine ähnliche Methode `list(…)` ist nur für Testausgaben gedacht, sie sollte nicht mit `store(…)` verwechselt werden.

Das folgende Beispiel initialisiert ein `Properties`-Objekt mit den Systemeigenschaften und fügt dann einen Wert hinzu. Anschließend macht `store(…)` die Daten persistent, `load(…)` liest sie wieder, und `list(…)` gibt die Eigenschaften auf dem Bildschirm aus:

Listing 9.1 com/tutego/insel/util/map/SaveProperties.java, main()

```
Path path = Paths.get( "properties.txt" );

try ( Writer writer = Files.newBufferedWriter( path, StandardCharsets.UTF_8 ) ) {
  Properties prop1 = new Properties( System.getProperties() );
  prop1.setProperty( "MeinNameIst", "Forrest Gump" );
  prop1.store( writer, "Eine Insel mit zwei Bergen" );

  try ( Reader reader = Files.newBufferedReader( path, StandardCharsets.UTF_8 ) ) {
    Properties prop2 = new Properties();
    prop2.load( reader );
    prop2.list( System.out );
  }
}
catch ( IOException e ) {
  e.printStackTrace();
}
```


Besonderheiten des Formats

Beginnt eine Zeile mit einem »#« oder »!«, gilt sie als Kommentar und wird überlesen. Da der Schlüssel selbst aus einem Gleichheitszeichen bestehen kann, steht in dem Fall ein »\« voran, folglich liefert `Properties p = new Properties(); p.setProperty("=", "="); p.store(System.out, null);` neben dem Kommentar die Zeile »\==\=«. Beim Einlesen berücksichtigen die Lesemethoden auch Zeilenumbrüche: Eine Zeile darf mit »\« enden, und dann führt die folgende Zeile die vorangehende fort. Die Property »cars« ist also »Honda, Mazda, BMW«, wenn steht:

```
cars = \
 Honda, Mazda, \
 BMW
```

Properties im XML-Format speichern

Die `Properties`-Klasse kann die Eigenschaften auch im XML-Format speichern und laden. Dem Speichern dienen zwei überladene Methoden `storeToXML(…)`, und das Laden übernimmt `loadFromXML(…)`. Das XML-Format hat einen festen Aufbau, wie es der Einzeiler `System.getProperties().storeToXML(System.out, "");` zeigt:

```
<?xml version="1.0" encoding="UTF-8" standalone="no"?>
<!DOCTYPE properties SYSTEM "http://java.sun.com/dtd/properties.dtd">
<properties>
<comment/>
<entry key="java.runtime.name">Java(TM) SE Runtime Environment</entry>
```

```
...
<entry key="sun.cpu.isalist">amd64</entry>
</properties>
```

Die Methode `loadFromXML(…)` liest aus einem `InputStream` und löst im Fall eines fehlerhaften Dateiformats eine `InvalidPropertiesFormatException` aus. Beim Speichern kann so ein Fehler natürlich nicht auftreten. Und genauso, wie bei `store(…)` ein `OutputStream` mit einem Kommentar gespeichert wird, macht das auch `storeToXML(…)`. Die Methode ist mit einem zusätzlichen Parameter überladen, der eine XML-Kodierung erlaubt. Ist der Wert nicht gesetzt, so ist die Standardkodierung UTF-8.

```
class java.util.Properties
extends Hashtable<Object,Object>
```

- `void store(OutputStream out, String header)`
  Speichert die `Properties`-Liste mithilfe des Ausgabestroms ab. Am Kopf der Datei wird eine Kennung geschrieben, die im zweiten Argument steht. Die Kennung darf `null` sein.
- `void load(InputStream inStream)`
  Lädt eine `Properties`-Liste aus einem Eingabestrom.
- `void storeToXML(OutputStream os, String comment, String encoding) throws IOException`
  Speichert die `Properties` im XML-Format. `comment` kann `null` sein, wenn ein Kommentar erwünschst ist. `encoding` steht für die Zeichenkodierung, etwa »Latin-1« oder »UTF-8«.
- `void loadFromXML(InputStream in) throws IOException, InvalidPropertiesFormatException`
  Liest `Properites` im XML-Format von einem Eingabestrom ein.

9.1.2 CSV-Dateien

Eine CSV-(*Comma-separated-Values-*)Datei bildet die Zeilen und Spalten einer Tabelle in einer ASCII-Datei ab. Die Zellen sind dabei durch ein Komma oder ein anderes Trennzeichen separiert. Texte können in Anführungszeichen gesetzt werden, um etwa Weißraum zu berücksichtigen.

```
Rodney,King,"Fahrer"
Bryant,Allen,"Gast auf dem Rücksitz"
```

Auch Microsoft Excel kann Tabellen in das CSV-Format exportieren, nutzt aber in der deutschen Version als Trenner ein Semikolon – CSV wird bei Microsoft also zu einer sprachabhängigen Datei (außer der Export wird über ein englischsprachiges Makro angestoßen, da ist es wieder ein Komma). In der ersten Zeile stehen die Tabellenköpfe.

Sollten CSV-Dateien in Java verarbeitet werden, fallen einem zum Einlesen spontan die Klassen `Scanner` und vielleicht `StringTokenizer` ein, allerdings sind diese zum Einlesen nicht besonders gut geeignet. Welches Trennsymbol sollte gewählt werden? Sicherlich das Semikolon. Doch was passiert, wenn dieses im Text vorkommt? Dann wird der Text in zwei Tokens aufgeteilt – was falsch ist. Des Weiteren kann der Java-`StringTokenizer` nicht mit Leer-Strings umgehen, also auf Zeilenfolgen wie `;;` im Datenstrom reagieren; er würde sie überlesen, aber nicht einen leeren String zurückgeben.

Die Java-Standardbibliothek hilft bei CSV-Daten nicht weiter, wohl aber diverse quelloffene Bibliotheken.

Ostermiller Java Utilities

Eine freie Java-Bibliothek stammt von Stephen Ostermiller unter *http://tutego.de/go/ostermillercsv*. Mit dem `CSVParser` lassen sich leicht CSV-Daten einlesen, und er behandelt auch Fluchtsymbole korrekt.

[«]

Beispiel

Lies aus einem Eingabestrom die CSV-Daten, und gib Element für Element auf der Konsole aus:

```
CSVParser csvParser = new CSVParser( inputStream );
for ( String s; (s = csvParser.nextValue()) != null; )
  System.out.println( csvParser.lastLineNumber() + " " + s );
```

Jsefa (Java Simple Exchange Format API)

Der Reiz der freien Bibliothek Jsefa (*http://jsefa.sourceforge.net/*) liegt in der Abbildung von Objekten auf das Datenformat, wobei Annotationen die Daten beschreiben.

[«]

Beispiel

Annotiere eine Person, und Jsefa soll ein Objekt auf das CSV-Format abbilden und zurückkonvertieren. Beispiel aus dem Tutorial[1]:

```
@CsvDataType()
public class Person {
  @CsvField(pos = 1)
  String name;
  @CsvField(pos = 2, format = "dd.MM.yyyy")
  Date birthDate;
}
```

Geschrieben wird auf diese Weise:

```
Serializer serializer = CsvIOFactory.createFactory(Person.class).createSerializer();
serializer.open( writer ); // so oft ausführen wie Objekte vorhanden sind
serializer.close( true );
```

1 *http://jsefa.sourceforge.net/quick-tutorial.html*

Zum Einlesen Folgendes:

```
Deserializer deserializer =
 CsvIOFactory.createFactory(Person.class).createDeserializer();
StringReader reader = new StringReader( writer.toString() );
deserializer.open( reader );
while ( deserializer.hasNext() ) {
  Person p = deserializer.next();
  …
}
deserializer.close( true );
```

9.1.3 JSON-Serialisierung mit Jackson

Im Internet hat JSON das XML-Format zwecks Objektübertragung zwischen Server und Browser fast vollständig verdrängt. Das liegt daran, dass ein Browser JSON-Strings direkt in JavaScript-Objekte konvertieren kann, XML-Dokumente aber erst aufwändiger verarbeitet werden müssen. Neben dem Einsatzgebiet im Internet bietet JSON auch ein kompaktes Format, um etwa lokale Konfigurationsdateien zu kodieren.

Nehmen wir folgende Zeile JavaScript-Code, die ein Person-Objekt mit zwei Properties für Name und Alter definiert. Eine Property wird über ein Schlüssel-Wert-Paar beschrieben:

```
var person = { "name" : "Michael Jackson", "age" : 50 };
```

Die Definition eines Objekts geschieht in der JSON *(JavaScript Object Notation)*. Als Datentypen unterstützt JSON Zahlen, Wahrheitswerte, Strings, Arrays, `null` und Objekte – wie unser Beispiel zeigt. Die Deklarationen können geschachtelt sein, um Unterobjekte aufzubauen.

Zum Zugriff auf die JSON-Daten kommt der Punkt zum Einsatz, sodass der Name nach der Auswertung durch `person.name` zugänglich ist.

Eine Personenbeschreibung wie diese kann auch in einem String stehen, der von JavaScript zur Laufzeit ausgewertet wird.

```
var json = 'person = { "name" : "Michael Jackson", "age" : 50 };';
eval( json );
```

Der Zugriff auf `person.name` liefert wie vorher den Namen, denn nach der Auswertung mit `eval(…)` wird JavaScript ein neues Objekt mit `person` im Kontext anlegen.

JSON ist besonders praktisch, wenn es darum geht, Daten zwischen einem Server und einem Browser mit JavaScript-Interpreter auszutauschen. Denn wenn der String `json` nicht von Hand mit einem String initialisiert wurde, sondern ein Server die Zeichenkette `person = { ... };` liefert, haben wir das, was heutzutage in modernen Ajax-Webanwendungen passiert. Die letzte Frage ist nun, wie elegant der Server Zeichenketten im Datenaustauschformat JSON erzeugt und so Objekte überträgt. Den String per Hand aufzubauen ist eine Lösung, aber es geht besser.

JSON-Verarbeitung mit JSON

Die Open-Source-Bibliothek *Jackson* (*http://tutego.de/go/jackson*) gehört zu den populärsten Lösungen. Sie liest JSON-Daten ein, gibt sie aus und überträgt sie auf JavaBeans, sodass eine unkomplizierte Serialisierung in JSON möglich wird:

```
ObjectMapper mapper = new ObjectMapper();
MyClass myObject = mapper.readValue( input, MyClass.class );
mapper.writeValue( output, myObject );
```


Der `ObjectMapper` übernimmt das Lesen/Schreiben. In der zweiten Zeile wird aus der Eingabequelle `input` gelesen und ein Objekt vom Typ `MyClass` rekonstruiert. In der dritten Zeile wird es in die Ausgabe `output` geschrieben.

JSON mit JavaScript-Engine von Java

Praktischerweise liefert jede (aktuelle) Java-Installation eine JavaScript-Engine mit aus, und so lassen sich JSON-Daten auch direkt über die Java-API einlesen. In Kapitel 18, »Dynamische Übersetzung und Skriptsprachen«, kommt das genauer zur Sprache, daher hier nur kurz ein Beispiel:

[«]

Beispiel

Ein String enthält JSON-kodierte Daten. Dieser wird von der JavaScript-Engine eingelesen und dann ein Element erfragt. Es bedarf wenig Fantasie, sich die Daten aus einer Datei vorzustellen und hier die Flexibilität für Konfigurationsdateien zu erkennen:

Listing 9.2 com/tutego/insel/json/JavaSciptJSONDemo.java

```
ScriptEngine engine = new ScriptEngineManager().getEngineByName( "JavaScript" );
engine.eval( "person = { 'name' : 'Michael Jackson', 'age' : 2*25 }" );
JSObject obj = (JSObject) engine.get( "person" );
System.out.println( obj.getMember( "age" ) );        // 50
```

9.2 Dokumentenformate

Ein *Dokumentenformat* ist entweder textuell oder binär und beschreibt Textdokumente. Das Dokumentenformat kann selbst Text sein (wie HTML oder TeX) oder binär sein (wie DOC für Word-Dokumente).

ASCII- bzw. UTF-8-kodierte Texte bilden die einfachste Form. Ihnen ist mit Dateiströmen leicht beizukommen. Das XML-Format wurde im vorangegangenen Kapitel schon ausführlich vorgestellt – widmen wir uns anderen Dokumentenformaten.

9.2.1 (X)HTML

Ein Webbrowser bezieht (X)HTML-Seiten aus dem Internet und stellt sie dar. Doch ist (X)HTML nicht nur dort das Standardformat, sondern auch an anderen Stellen anzutreffen, etwa bei den Hilfeseiten von Eclipse oder bei Büchern, die ein Lesegerät wie der Amazon-Kindle darstellt. Sind die HTML-Dokumente als XHTML-Dokumente geschrieben, so lassen sie sich auch einfach einlesen, nämlich über die bekannten XML-Technologien. Und läge dann ein HTML-Dokument als DOM-Baum vor, so hätte das den Vorteil, dass sich das HTML-Dokument einfach untersuchen – etwa mit XPath – oder leicht konvertieren ließe. Beim Schreiben ist es genauso: Ein DOM-Baum mit XHTML ist leicht geschrieben, genauso wie ein StAX-Writer schnell einen XHTML-Strom generiert.

Das Problem dabei ist nur, dass HTML-Dokumente oft nicht XML-konform sind (oder direkt validiertes XHTML sind), also Fehler enthalten. Beim Einlesen von nichtvaliden HTML-Dokumenten würde der strenge XML-Parser Fehler melden und abbrechen. Ein einfaches Erfragen mit XPath ist dann nicht mehr möglich.

JTidy

Für HTML-Dokumente, die nicht ganz XML-rein sind, gibt es mit *JTidy* (*http://jtidy.sourceforge.net/*) eine freie Bibliothek, die HTML-Dokumente einliest, Fehler (so weit wie möglich) korrigiert und das XML-Dokument als ordentlichen DOM-Baum repräsentiert. Die Benutzung ist einfach:

```
Tidy tidy = new Tidy();
// tidy.setMakeClean( true );   // Ohne Störungen
// tidy.setXmlTags( true );     // Eingabe als XML behandeln
org.w3c.dom.Document node = tidy.parseDOM( in, null );
```

`in` steht für einen `InputStream`, der die Daten bereitstellt. Neben `parseDOM(…)`, das ein `org.w3c.dom.Document` liefert, gibt es auch `parse(…)`, das das Wurzelelement als `org.w3c.tidy.Node` liefert. Der zweite Parameter von `parseDOM(…)` – in unserem Beispiel mit `null` belegt – steht für ein Ausgabe-Objekt. Wird auf dem `Tidy`-Objekt die Methode `parseXXX(in, out)` aufgerufen, so schreibt JTidy einen korrekten XML-Strom in das gegebene `OutputStream`-Objekt. Unter *http://jtidy.sourceforge.net/apidocs/index.html* ist die API-Dokumentation verfügbar. Die Lizenz von JTidy ist zwar keine übliche, wie GPL oder Apache, aber trotzdem lässt sich die Bibliothek frei verwenden.

CyberNeko HTML Parser

In einigen Fällen zickt auch JTidy und bricht mit vielen Meldungen ab. Für diesen Fall bietet sich eine Alternative an: der *CyberNeko HTML Parser* (*http://tutego.de/go/nekohmtl*).

```
InputStream in = Files.newInputStream( path );
org.cyberneko.html.parsers.DOMParser parser =
 new org.cyberneko.html.parsers.DOMParser();
parser.parse( new InputSource(in) );
```

Um das XML-Dokument als JDOM-`Document` weiterzuverarbeiten, nutzen wir einen `DOMBuilder`:

```
DOMBuilder builder = new DOMBuilder();
org.jdom.Document document = builder.build( parser.getDocument() );
```

HtmlCleaner

Der *HtmlCleaner* (*http://htmlcleaner.sourceforge.net/*) ist eine Bibliothek unter der BSD-Lizenz, die mit Zeilen wie den folgenden eine Eingabe in einen String, Ausgabestrom oder DOM-Baum überträgt:


```
HtmlCleaner cleaner = new HtmlCleaner( input );
String s = cleaner.getCompactXmlAsString();
cleaner.writeXmlToStream( outputStream );
org.w3c.dom.Document dom1 = cleaner.createDOM();
org.jdom.Document dom2 = cleaner.createJDom();
```

Der *HtmlCleaner* kommt zusätzlich mit einem Kommandozeilenprogramm und Ant-Task daher.

9.2.2 PDF-Dokumente

Der PDF-Standard ist ein offener Standard, der gut beschrieben ist und für den es unterschiedliche Generatoren und Tools zum Editieren gibt. In Java hat die Open-Source-Bibliothek *iText* (*http://itextpdf.com/*) einen guten Ruf, um PDF-Dokumente zu erzeugen, sie zu verschmelzen oder PDF-Formulare zu füllen. Selbst ein Buch gibt es zu iText, und die Bibliothek wurde wegen ihres Erfolges nach .NET portiert. Leider hat iText die Lizenz auf GPL gewechselt und kann somit nicht mehr ohne Lizenzgebühren in geschlossenen Projekten verwendet werden. Bis Version 2.1.7 stand es unter der liberalen MPL, seit 5.x nicht mehr – es gab keine 3er- und 4er-Version dazwischen.

Eine weitere PDF-Bibliothek ist *Apache PDFBox* (*http://pdfbox.apache.org/*) mit einem etwas anderen Fokus. Die Stärke von iText ist eher das Erstellen von PDF-Dokumenten nach den neusten PDF-Standards, und die PDFBox kann gut Texte extrahieren und Dokumente modifizieren.

9.2.3 Microsoft Office Dokumente

Auch wenn sich die Welt nach freien und quelloffenen Lösungen sehnt, Microsoft Office ist immer noch eines der bestverkauften Produkte auf diesem Planeten – mit dem MS-Dokumentenformat als Sonne im Mittepunkt. Da die Dokumentation von Microsofts Dateiformaten mittlerweile zugänglich[2] ist, gibt es auch Java-Bibliotheken, die MS-Office-Dokumente einlesen, modifizieren und schreiben. Bekannt dafür ist *Apache POI*[3] (*http://poi.apache.org/*), das APIs für folgende Formate (*Komponenten* genannt) bietet:

POI-Komponente	Aufgabe	Grad der Unterstützung
HSSF, XSSF	Excel XLS, Excel XLSX	gut
HSLF, XSLF	PowerPoint PPT, PowerPoint PPTX	befriedigend
HWPF, XWPF	Word DOC, Word DOCX	befriedigend
HDGF	Visio VSD	rudimentär, nur lesen
HPBF	Publisher PUB	rudimentär, nur lesen
HMEF/HSMF	Outlook MSG/Microsoft TNEF (Transport Neutral Encoding Format)	rudimentär, nur lesen
OpenXML4J	Open Packaging Conventions (OPC)/OOXML	gut
POIFS	OLE 2 Compound Document (OLE2 Filesystem)	sehr gut
HPSF	OLE2 Property Sets	sehr gut

Tabelle 9.1 POI-Komponenten nach http://poi.apache.org/overview.html#components

OpenXML4J und POIFS sind keine üblichen Dokumentenformate, aber Archivformate für Microsoft-Dokumente (analog zu ZIP). HPSF erlaubt den Zugriff auf Datei-Metadaten wie Autor, Titel usw.

Neben POI gibt es nicht mehr so viele Alternativen, eher kleinere Bibliotheken, die sich auf ein Format spezialisiert haben. So gibt es etwa *Java Excel API* (*http://jexcelapi.sourceforge.net/*) für Excel, das eine sehr einfache und intuitive API hat, aber beim Lesen oft Probleme bereitet. Nur wurde es bisher seit 2 Jahren nicht mehr aktualisiert. Eine kommerzielle und gute Lösung bieten die *Aspose.Total for Java* (*http://tutego.de/go/apose*). Der Vorteil jeder gekauften Lösung ist, dass damit auch gleich Support enthalten ist, und die Java-Bibliothek von Aspose hat einen guten Ruf. Die Bibliotheken gibt es auch für .NET.

Für den Zugriff auf MS-Access-Datenbanken gibt es die quelloffene Bibliothek *Jackcess* (*http://jackcess.sourceforge.net/*), die auch eine sehr aktuelle Fluent-API hat. Auf MS Access lässt sich seit Java 8 nicht mehr automatisch per ODBC zurückgreifen, weil kein JDBC-ODBC-Treiber mehr zum JDK gehört.

2 *http://www.microsoft.com/interop/docs/officebinaryformats.mspx*

3 POI steht für *Poor Obfuscation Implementation*, weil das Dateiformat so kryptisch ist. Die Kürzel der Komponenten beginnen in der Regel mit »H« was für »Horrible« steht.

Office Open XML und DOCX, XLSX, PPTX

Das Format *Office Open XML* definiert ein Dokumentenformat für Microsoft-Office-Dokumente. Im Grunde sind es XML-Dokumente und Ressourcen in ZIP-Archiven. Solche Dokumente sind deutlich einfacher zu verarbeiten als das binare Format, und es wäre auch mit Bordmitteln möglich, denn Java kann ZIP-Archive und auch XML-Dokumente problemlos auslesen. Doch gibt es einige Bibliotheken, die hier helfen. Zum Beispiel zählt Apache POI wieder dazu und noch einige andere Projekte, etwa das relativ neue Projekt *java2word* (*http://github.com/leonardoanalista/java2word*) und *docx4j* (*http://www.docx4java.org/*), die über JAXB die ganze XML-Dokumentenstruktur nachstellen. Um DOCX-Objekte wie Vorlagen zu verwenden und automatisch zu füllen gibt es das feine quelloffene *XDocReport* (*http://code.google.com/p/xdocreport/*).

9.2.4 OASIS Open Document Format

Neben Office Open XML gibt es das *OASIS Open Document Format* – mit Dateiformaten wie *OpenDocument* (ODF) für Textdokumente, die etwa von OpenOffice verarbeitet werden. Eine Bibliothek zum Verarbeiten bietet das *ODF Toolkit* (*http://odftoolkit.org/*). OpenOffice kann auch mit einer so genannten *UNO-Brücke* gesteuert werden, doch das ist extrem ressourcenlastig, denn OpenOffice läuft dann komplett im Hintergrund. Das bietet aber zumindest die Möglichkeit, Dokumente in PDF zu konvertieren. Eine andere quelloffene Bibliothek ist *jOpenDocument* (*http://jopendocument.org/*) vom französischen Unternehmen *ILM Informatique*. jOpenDocument kann Texte und Tabellen lesen, modifizieren und schreiben sowie grafisch in einem Swing-Fenster darstellen. Allerdings steht die Bibliothek unter der GPL, was bedeutet, dass für den kommerziellen Einsatz mit geschlossenen Quellen eine Lizenzgebühr zu entrichten ist. Updates sind in letzter Zeit etwas unregelmäßiger geworden.

9.3 Datenkompression *

Damit Daten weniger Platz auf dem Datenträger einnehmen, werden sie komprimiert. Bei Netzwerkverbindungen ist die logische Konsequenz, dass weniger Daten natürlich auch schneller übertragen werden. Über alle Plattformen hinweg haben sich Standards gebildet. Zwei Kompressionsstandards sollen an dieser Stelle beschrieben werden.

compress/uncompress, gzip/gunzip

Seitdem der LZW-Algorithmus im Juni 1984 im IEEE-Journal beschrieben wurde, gibt es in jedem Unix-System die Dienstprogramme *compress* und *uncompress*, die verlustfrei Daten zusammenpacken und wieder auspacken.[4] *gzip* und *gunzip*[5] sind freie Unix-Tools von *compress/uncompress* und unterliegen der GNU Public License. Das Format enthält eine zyklische Überprüfung bezüglich defekter Daten. Die Endung einer Datei, die mit *gzip* gepackt ist, wird mit *.gz*

4 Interessanterweise wurde danach der LZW-Algorithmus von der Sperry Company patentiert – dies zeigt eigentlich, wie unsinnig das Patentrecht in den USA ist.

5 Gibt es sogar für den C64: *http://www.cs.tut.fi/~albert/Dev/gunzip/*

angegeben, wobei die Endung unter *compress* nur *.Z* ist. *gzip* behält die Rechte und Zeitattribute der Dateien bei.

ZIP

Das Dienstprogramm *zip* bündelt in einem Archiv mehrere Dateien und kann die hierarchische Struktur der Ordner erhalten. Auf jede Datei im ZIP-Archiv lässt sich anschließend individuell zugreifen. Programme wie 7-Zip können unter Windows ZIP-Dateien verarbeiten. Obwohl *zip* und *gzip* von der Anwendung her unterschiedlich arbeiten – *gzip* stellt einen Filter dar, der einen Datenstrom komprimiert –, verwenden sie denselben Algorithmus. Beide basieren auf Algorithmen, die im RFC 1952 definiert sind.

Es gibt auch unkomprimierte ZIP-Archive (allerdings selten). Ein Beispiel dafür waren die Java-Archive des frühen Internet Explorers. Die größte Datei war unkomprimiert 5,3 MB groß, gepackt wäre sie 2 MB leicht. Sie wurde aus Gründen der Geschwindigkeit nicht gepackt, da sich die Daten aus unkomprimierten Archiven schneller lesen lassen, weil keine Prozessorleistung für das Entpacken aufzuwenden ist.

Das Archivformat und Archivierungsprogramm tar

Das unter Unix-Systemen bekannte Dienstprogramm *tar*[6] bündelt mehrere Dateien zu einer neuen Datei, ohne sie zu komprimieren. Das Ergebnis, ein TAR-Archiv, wird oft anschließend mit dem Tool *gzip* bzw. *bzip2* gepackt. Die Endung ist dann *.tar.Z*. Werden mehrere Daten erst in einem TAR-Archiv zusammengefasst und dann gepackt, ist die Kompressionsrate höher, als wenn jede Datei einzeln komprimiert wird. Der Grund ist simpel: Das Kompressionsprogramm kann die Redundanz besser ausnutzen. Der Nachteil ist freilich, dass für eine Datei gleich das ganze TAR-Archiv ausgepackt werden muss.

9.3.1 Java-Unterstützung beim Komprimieren

Unter Java ist ein Paket `java.util.zip` eingerichtet, um mit komprimierten Dateien zu operieren. Das Paket bietet zur Komprimierung zwei allgemein gebräuchliche Formate: gzip/gunzip zum Komprimieren bzw. Dekomprimieren von Datenströmen und ZIP zum Behandeln von Archiven und zum Komprimieren von Dateien. Auch wird das eigene Archiv-Format JAR (Java Archive) durch das Paket `java.util.jar` unterstützt. JAR ist eine Erweiterung des ZIP-Formats. Speziell Klassendateien (*.class*-Dateien) in Java-Archiven können durch `java.util.jar.Pack200` noch höher komprimiert werden.

Ingesamt finden sich in der Java-Standard-API Klassen zum

- Packen/Entpacken von Bytefeldern,
- Behandeln von ZIP-/JAR-Archiven und zum
- (De-)Komprimieren von Datenströmen.

6 »tar« steht für *tape archiver*, was übersetzt *Bandarchivierer* heißt.

Für JAR und das Pack200-Format gibt es im *bin*-Verzeichnis vom JDK auch entsprechende Kommandozeilenwerkzeuge, namentlich *jar*, *pack200* und *unpack200*.

Unterstützung von tar und bzip2 von Drittanbietern

TAR-Archive werden nicht unterstützt, doch gibt es eine Reihe freier Implementierungen, unter anderem von der Apache Software Foundation: *http://tutego.de/go/tarcvs*; sie definieren Ein- und Ausgabeströme. Für bzip2 bietet die Apache Foundation Unterstützung über das Paket *Commons Compress* (*http://tutego.de/go/bzip2*). Neben der Unterstützung durch das Paket `java.util.zip` für bzip2-Ströme und ZIP-Dateien ist *TrueZIP* (*http://truezip.java.net/*) eine sehr interessante Open-Source-Bibliothek, die die Archivarbeit stark vereinfacht, etwa erlaubt, Einträge in ZIP-Dateien hinzuzufügen. Mit NIO.2 lässt sich auf ZIP-Archiven wie auf einem Dateisystem arbeiten, doch implementiert TrueZip neben ZIP noch weitere Containerformate, für die das JDK aktuell keine Unterstützung mitbringt. TrueZIP integriert sich nahtlos als FileSystem-Provider in Java 7.

9

Beispiel

Lies mit TrueZIP eine Datei aus einem komprimierten Archiv aus dem Internet:[7]

```
String url = "http://acme.com/download/everything.tar.gz/README.TXT";
Path path = new TPath( new URI( url ) );
try ( InputStream in = Files.newInputStream(path) ) {
  // Archiv-Eintrag lesen
}
```

9.3.2 Daten packen und entpacken

Im Mittelpunkt der Kompression/Dekompression stehen die Klassen `java.util.zip.Deflater` (komprimieren) und `java.util.zip.Inflater` (entpacken). Dort sind die zentralen Methoden `deflate(…)` und `inflate(…)` zu finden. Ein Beispiel zeigt die Nutzung anschaulich:

Listing 9.3 com/tutego/insel/io/zip/InflaterDeflaterDemo.java, main()

```
byte[] input = "aaaaaaaaaaaaaaaa".getBytes();

System.out.printf( "%X%n", new BigInteger( 1, input ) );

// Komprimieren

byte[] output = new byte[100];
Deflater compresser = new Deflater( Deflater.BEST_COMPRESSION );
```

7 *http://truezip.java.net/truezip-path/index.html*

```
compresser.setInput( input );
compresser.finish();
int compressedBytes = compresser.deflate( output );

System.out.printf( "%X%n", new BigInteger( 1, Arrays.copyOf( output, compressedBytes ) ) );

// Dekomprimieren

Inflater decompresser = new Inflater();
decompresser.setInput( output, 0, compressedBytes );
byte[] result = new byte[100];
int uncompressedBytes = decompresser.inflate( result );
decompresser.end();

System.out.printf( "%X%n", new BigInteger( 1, Arrays.copyOf( result, uncompressedBytes ) ) );
```

Dem `Deflater` kann im Konstruktor eine Kompressionsqualität mitgegeben werden; ohne Angabe ist das `DEFAULT_COMPRESSION`. Als Nächstes werden dem `Deflater` die zu komprimierenden Daten übergeben – das übernimmt `setInput(…)`, eine Methode, die es auch überladen gibt, um nur einen Ausschnitt eines Arrays beachten zu können. Die `finish()`-Methode signalisiert, dass die Kompression mit den gegebenen Daten endet. `deflate(…)` startet die eigentliche Kompression und schreibt das Ergebnis in das übergebene Byte-Array. Die Rückgabe der Methode sagt etwas über die komprimierten Bytes aus. Die Feldgröße muss für das komprimierte Ergebnis groß genug sein, andernfalls wird das Ergebnis einfach abgeschnitten, und die Rückgabe ist gleich der Feldgröße, was wenig nützlich ist.

Das Entpacken ist im Prinzip genauso zu verstehen. Dem `Inflater` ist nicht die Kompressionsqualität zu übergeben, die steckt im komprimierten Feld selbst. Die Eingabe setzt `setInput(…)`, wobei auch diese Methode wieder überladen ist. Da wir hier nur einen Teil des Puffers betrachten, ist die Methode mit dem Feld, Start- und Endwert genau richtig. Abschließend packt `inflate(…)` aus und setzt das unkomprimierte Ergebnis in das Feld, das der Methode übergeben wurde. Die Rückgabe ist die Anzahl entpackter Bytes. `end()` gibt Ressourcen frei. Damit folgt die Ausgabe:

```
61616161616161616161616161616161
78DA4B4C44050033980611
61616161616161616161616161616161
```

Die Klassen `Deflater` und `Inflater` sind einfach gestrickt und behandeln nur Arrays, sind aber keine Datenströme (`InputStream`/`OutputStream`), mit denen Entwickler oft Daten verarbeiten. Daher bietet die Java-Bibliothek spezielle Stream-Klassen, die im Hintergrund mit den `Deflater`/`Inflater`-Klassen arbeiten.

9.3.3 Datenströme komprimieren

Zum Packen und Entpacken von Strömen wollen wir uns im Folgenden das populäre gzip-Kompressionsformat und die Datenströme `java.util.zip.GZIPInputStream` (ein spezieller `FilterInputStream`) und `java.util.zip.GZIPOutputStream` (ein `FilterOutputStream`) genauer anschauen.

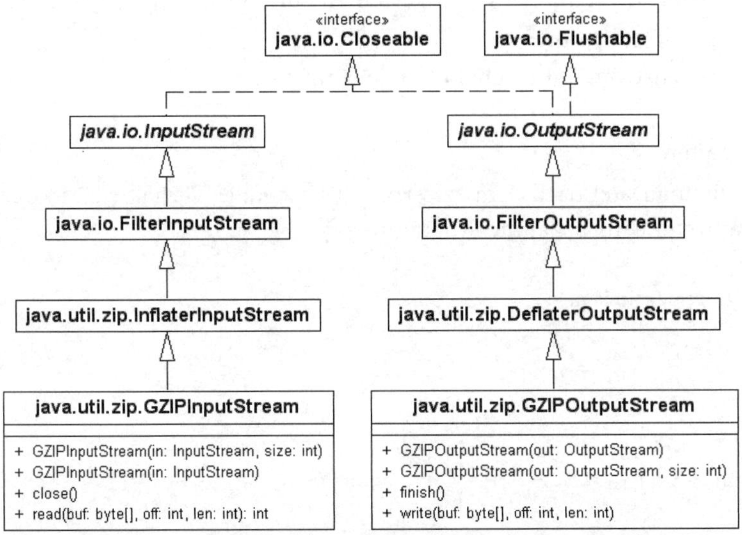

Abbildung 9.1 UML-Diagramm mit den GZIPXXXStream-Klassen

Daten packen

Das Paket `java.util.zip` bietet zwei Unterklassen von `DeflaterOutputStream` (eine Unterklasse von `FilterOutputStream`), die das Schreiben komprimierter Daten ermöglichen: `GZIPOutputStream` und `ZipOutputStream`. Um Daten unter dem gzip-Algorithmus zu packen, müssen wir einfach einen vorhandenen Datenstrom zu einem `GZIPOutputStream` erweitern. Die Klasse `ZipOutputStream` dient ZIP-Archiven, denen wir uns später widmen werden.

```
OutputStream fos    = Files.newOutputStream( path );
OutputStream zipout = new GZIPOutputStream( fos );
```

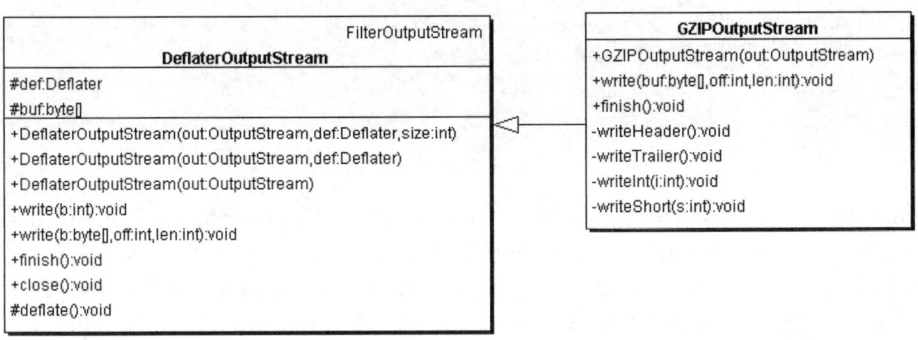

Abbildung 9.2 Klassendiagramm mit Methoden aus GZIPOutputStream und ihrer Oberklasse

```
class java.util.zip.GZIPOutputStream
extends DeflaterOutputStream
```

- `GZIPOutputStream(OutputStream out)`
  Erzeugt einen packenden Datenstrom mit der voreingestellten Puffergröße von 512 Byte.
- `GZIPOutputStream(OutputStream out, int size)`
  Erzeugt einen packenden Datenstrom mit einem Puffer der Größe `size`.

gzip-Kommandozeilenprogramm

Das folgende Programm soll eine Datei nach dem gzip-Format packen. Es verhält sich in der Arbeitsweise ähnlich wie das unter Unix bekannte Programm *gzip*:

Listing 9.4 com/tutego/insel/io/zip/gzip.java

```
package com.tutego.insel.io.zip;

import java.io.*;
import java.nio.file.*;
import java.util.zip.GZIPOutputStream;

public class gzip {

  public static void main( String[] args ) {
    if ( args.length != 1 ) {
      System.err.println( "Benutzung: gzip <source>" );
      return;
    }

    Path gzPath = Paths.get( args[ 0 ] + ".gz" );
    try ( OutputStream gos = new GZIPOutputStream( Files.newOutputStream( gzPath ) ) ) {
      Files.copy( Paths.get( args[ 0 ] ), gos );
    }
    catch ( IOException e ) {
      System.err.println( "Fehler: Kann nicht packen " + args[ 0 ] );
    }
  }
}
```

Das Programm prüft zuerst, ob ein Argument auf der Kommandozeile vorhanden ist. Aus diesem Argument konstruiert es einen Pfad mit der Endung *.gz*. Den `OutputStream` dekoriert anschließend der `GZIPOutputStream`. Mit `Files.copy(…)` bekommen wir automatisch den Pfad geöffnet, alle Bytes ausgelesen und in den Ausgabestrom kopiert. Wir müssen also nicht von Hand aus dem Eingabestrom Block für Block per `read(…)` auslesen und per `write(…)` in den Ausgabestrom übertragen, sondern diese Funktionalität steckt schon in der `copy(…)`-Methode.

Daten entpacken

Um die Daten zu entpacken, müssen wir nur den umgekehrten Weg beschreiten. Zum Einsatz kommt hier eine der beiden Unterklassen von `DeflaterInputStream` (einer direkten Unterklasse von `FilterInputStream`). Wieder wickeln wir einen `GZIPInputStream` um einen `InputStream` und lesen dann daraus.

```
class java.util.zip.GZIPInputStream
extends InflaterInputStream
```

- `GZIPInputStream(InputStream in, int size)`
  Erzeugt einen auspackenden Datenstrom mit einem Puffer der Größe `size`.
- `GZIPInputStream(InputStream in)`
  Erzeugt einen auspackenden Datenstrom mit der voreingestellten Puffergröße von 512 Byte.

gunzip-Kommandozeilenprogramm

Zum Java-Programm `gzip` wollen wir eine zweite Anwendung hinzunehmen, die sich so verhält, wie das unter Unix bekannte Kommandozeilenprogramm *gunzip*:

Listing 9.5 com/tutego/insel/io/zip/gunzip.java

```
package com.tutego.insel.io.zip;

import java.io.*;
import java.nio.file.*;
import java.util.zip.GZIPInputStream;

public class gunzip {

  public static void main( String[] args ) {
    if ( args.length != 1 ) {
      System.err.println( "Benutzung: gunzip <source>" );
      return;
    }

    String filename = args[ 0 ];
    Path srcPath, destPath;

    if ( filename.toLowerCase().endsWith( ".gz" ) ) {
      srcPath  = Paths.get( filename );
      destPath = Paths.get( filename.replaceAll( "\\.gz$", "" ) );
    }
    else {
      srcPath  = Paths.get( filename + ".gz" );
```

```
      destPath = Paths.get( filename );
    }

    try ( InputStream is  = new GZIPInputStream( Files.newInputStream( srcPath ) ) ) {
      Files.copy( is, destPath );
    }
    catch ( IOException e ) {
      System.err.println( "Fehler: Kann nicht entpacken " + filename );
    }
  }
}
```

Endet die Datei auf *.gz*, so entwickeln wir daraus den herkömmlichen Dateinamen. Endet sie nicht auf dieses Suffix, so nehmen wir einfach an, dass die gepackte Datei diese Endung besitzt, der Benutzer diese aber nicht angegeben hat. Nach dem Zusammensetzen des Dateinamens holen wir von der gepackten Datei einen `InputStream` und packen einen `GZIPInputStream` darum. Das Kopieren der Bytes aus dem entpackenden Eingabestrom in die Ausgabe übernimmt die praktische `Files.copy(…)`-Methode.

9.3.4 ZIP-Archive

Der Zugriff auf die Daten eines ZIP-Archivs unterscheidet sich schon deshalb vom Zugriff auf die Daten eines gzip-Streams, weil diese in Form eines Archivs vorliegen. Unter ZIP wird jede eingebettete Datei einzeln und unabhängig komprimiert. Wurden etwa über TAR vorher alle Dateien in ein unkomprimiertes Archiv übernommen, kann der Packalgorithmus gzip beim Packen dieser Dateisammlung bessere Ergebnisse erzielen, als wenn – wie beim ZIP-Verfahren – alle Dateien einzeln gepackt würden.

Das ursprüngliche ZIP-Format behandelt nur Dateien bis 4 GB. Diese Beschränkung behebt ZIP64, was Java ebenfalls ab der Version 7 unterstützt.

Die Klassen ZipFile und ZipEntry

Objekte der Klasse `ZipFile` repräsentieren ein ZIP-Archiv. Die Einträge im ZIP-Archiv sind Dateien und Ordner, die Java durch die Klasse `ZipEntry` darstellt. Liegt einmal ein `ZipEntry`-Objekt vor, können ihm durch verschiedene Methoden Dateiattribute entlockt werden, beispielsweise die Originalgröße, das Kompressionsverhältnis, das Datum, wann die Datei angelegt wurde und weitere Informationen. Auch kann ein Datenstrom erzeugt werden, sodass sich eine komprimierte Datei im Archiv lesen und schreiben lässt.

Um auf die Dateien eines Archivs zuzugreifen, muss zunächst ein ZipFile-Objekt erzeugt werden:

```
class java.util.zip.ZipFile
```

- ZipFile(String name) throws ZipException, IOException
- ZipFile(File file) throws ZipException, IOException
  Öffnet ein ZIP-Archiv zum Lesen über den Dateinamen oder das File-Objekt.
- ZipFile(File file, int mode) throws ZipException, IOException
  Öffnet ein ZIP-Archiv mit dem gegebenen File-Objekt. Der Modus ZipFile.OPEN_READ oder ZipFile.OPEN_READ|ZipFile.OPEN_DELETE bestimmt den Zugriff auf das Archiv.

Eine ZipException ist eine Unterklasse von IOException.

Die im ZIP-Archiv abgelegten Dateien oder Verzeichnisse, also die ZipEntry-Einträge, können auf zwei Arten ermittelt werden:

- Die Methode entries() von ZipFile liefert eine Aufzählung von ZipEntry-Einträgen. Genauer gesagt ist der Rückgabetyp Enumeration<? extends ZipEntry>.
- Ist der Name der komprimierten Datei oder des Ordners bekannt, liefert getEntry(String) sofort ein ZipEntry-Objekt.

Beispiel

Iteriere durch die Einträge eines Archivs, und gib die Namen aus:

```
ZipFile zf = new ZipFile( "foo.zip" );
for ( Enumeration<? extends ZipEntry> e = zf.entries();
      e.hasMoreElements(); )
{
  ZipEntry entry = e.nextElement();
  System.out.println( entry.getName() );
}
```

Mit Collections.list(Enumeration<T> e) lässt sich die Schleife mit einem erweiterten for verkürzen. Die folgenden Beispiele nutzen diese Möglichkeit.

```
class java.util.zip.ZipFile
```

- ZipEntry getEntry(String name)
  Liefert eine Datei aus dem Archiv. Liefert null, wenn kein Eintrag mit dem Namen existiert.
- Enumeration<? extends ZipEntry> entries()
  Gibt eine Aufzählung des ZIP-Archivs in Form von ZipEntry-Objekten zurück.
- Stream<? extends ZipEntry> stream()
  Liefert einen Stream mit ZipEntry-Objekt. Neu in Java 8.

- `String getName()`
  Liefert den Pfadnamen des ZIP-Archivs.
- `int size()`
  Gibt die Anzahl der Einträge im ZIP-Archiv zurück.
- `void close() throws IOException`
  Schließt das ZIP-Archiv.

Eine `IllegalStateException` ist bei `getEntry(String)` und `entries()` die Folge, wenn das ZIP-Archiv schon geschlossen wurde.

ZipEntry und die Datei-Attribute

Ein `ZipEntry`-Objekt repräsentiert eine Datei oder ein Verzeichnis eines Archivs. Diese Datei kann gepackt (dafür ist die Konstante `ZipEntry.DEFLATED` reserviert) oder auch ungepackt sein (angezeigt durch die Konstante `ZipEntry.STORED`). Auf dem Objekt können verschiedene Attribute gesetzt und abgefragt werden. Dadurch lassen sich Statistiken über Kompressionsraten und Weiteres ermitteln:

Listing 9.6 com/tutego/insel/io/zip/ZipListDemo.java, main()

```
try ( ZipFile zipFile = new ZipFile( "c:/a/b.zip" ) ) {
  for ( ZipEntry entry : Collections.list( zipFile.entries() ) )
    System.out.printf( "%s%-54s  Größe: %6d  Gepackt: %6d  %tc%n",
                       entry.isDirectory() ? "+" : " ",
                       entry.getName(),
                       entry.getSize(),
                       entry.getCompressedSize(),
                       entry.getTime() );
}
```

Die Ausgabe könnte zum Beispiel sein:

```
+a/                 Größe:     0  Gepackt:     0  Do Mai 24 10:13:46 CEST 2007
 a/a.html           Größe: 42924  Gepackt:  6962  Do Mai 24 10:03:20 CEST 2007
 a/links.xml        Größe: 18900  Gepackt:  1406  Do Mai 24 10:03:20 CEST 2007
```

```
class java.util.zip.ZipEntry
implements Cloneable
```

- `String getName()`
  Liefert den Namen des Eintrags.
- `void setTime(long time)`
  Ändert die Modifikationszeit des Eintrags.
- `long getTime()`
  Liefert die Modifikationszeit des Eintrags oder –1, wenn diese nicht angegeben ist.

- `void setSize(long size)`
  Setzt die Größe der unkomprimierten Datei. Wir werden mit einer `IllegalArgumentException` bestraft, wenn die Größe kleiner 0 oder größer 0xFFFFFFFF ist.
- `long getSize()`
  Liefert die Größe der unkomprimierten Datei oder –1, falls diese unbekannt ist.
- `long getCrc()`
  Liefert die CRC-32-Checksumme der unkomprimierten Datei oder –1, falls diese unbekannt ist.
- `void setMethod(int method)`
  Setzt die Kompressionsmethode entweder auf `STORED` oder auf `DEFLATED`.
- `int getMethod()`
  Liefert die Kompressionsmethode. Die Rückgabe ist entweder `STORED`, `DEFLATED` oder –1, falls unbekannt.
- `void setExtra(byte[] extra)`
  Setzt das optionale Zusatzfeld für den Eintrag. Übersteigt die Größe des Zusatzfeldes 0xFFFF Byte, dann wird eine `IllegalArgumentException` ausgelöst.
- `byte[] getExtra()`
  Liefert das Extrafeld oder `null`, falls es nicht belegt ist.
- `void setComment(String comment)`
  Setzt einen Kommentar-String, der 0xFFFF Zeichen lang sein darf (sonst wird eine `IllegalArgumentException` ausgelöst).
- `String getComment()`
  Gibt den Kommentar oder `null` zurück.
- `long getCompressedSize()`
  Liefert die Dateigröße nach dem Komprimieren oder –1, falls diese unbekannt ist. Ist der Kompressionstyp `ZipEntry.STORED`, dann stimmt diese Größe natürlich mit dem Rückgabewert von `getSize()` überein.
- `boolean isDirectory()`
  Liefert `true`, falls der Eintrag ein Verzeichnis ist. Der Name der Datei endet mit einem Slash (/).

Seit Java 8 lässt sich auch der Zeitstempel eines `ZipEntry` auslesen und ändern. Die neuen Methoden sind:

- `ZipEntry setCreationTime(FileTime time)`
- `FileTime getCreationTime()`
- `ZipEntry setLastModifiedTime(FileTime time)`
- `FileTime getLastModifiedTime()`
- `ZipEntry setLastAccessTime(FileTime time)`
- `FileTime getLastAccessTime()`

Der Typ `java.nio.file.attribute.FileTime` repräsentiert Dateizeiten und fällt etwas aus dem Rahmen, da hier `java.util.zip` mit `java.nio` gemischt wird, aber so ist das heutzutage, wo sich APIs weiterentwickeln.

Auch überschreibt `ZipEntry` die Methoden `toString()` (entspricht `getName()`), `hashCode()` (entspricht `getName().hashCode()`) und `clone()` aus `Object`, `equals(Object)` aber merkwürdigerweise nicht; eine Hashcode-Implementierung ohne Gleichheitstest ist quasi wertlos.

Dateien auspacken

Um Dateien auszupacken, bietet die Java-Bibliothek zwei Möglichkeiten. Die erste ist, mittels `getInputStream(ZipEntry)` ein `InputStream`-Objekt zu holen und dann auf den Inhalt der Datei zuzugreifen (es ist bemerkenswert, dass `getInputStream(ZipEntry)` keine Methode von `ZipEntry` ist, sondern von `ZipFile`). Die andere Variante arbeitet über `ZipInputStream`, einen Weg, den wir hier nicht weiter beschreiben.

[»]

Beispiel

Liegt im Archiv *moers.zip* die gepackte Datei *DerAlteSack.png*, dann gelangen wir mit folgenden Zeilen an deren entpackten Inhalt:

```
ZipFile     zipFile = new ZipFile( "moers.zip" );
ZipEntry    entry   = zipFile.getEntry( "DerAlteSack.png" );
InputStream is      = zipFile.getInputStream( entry );
```

```
class java.util.zip.ZipFile
```

- `InputStream getInputStream(ZipEntry entry) throws IOException`
  Gibt einen Eingabestrom zurück, mit dem auf den Inhalt einer Datei zugegriffen werden kann. Es folgt eine `IllegalStateException`, wenn das ZIP-Archiv schon geschlossen wurde.

Ein Archiv Datei für Datei entpacken

Damit ein Java-Programm das gesamte ZIP-Archiv entpackt, lässt sich mit der Aufzählung von `entries()` durch das Archiv laufen und für jeden Eintrag eine Datei oder ein Verzeichnis erzeugen. Das Speichern soll eine eigene Methode `extractEntry(ZipFile, ZipEntry, String)` übernehmen, die zunächst erkennt, ob es sich bei der Datei im ZIP-Archiv um ein Verzeichnis handelt oder nicht:

- Liefert das `ZipEntry`-Objekt bei `isDirectory()` ein `true`, dann legen wir nur Ordner mittels `Files.createDirectories()` an und keine Datei.
- Steht das `ZipEntry` für eine Datei, dann kann diese in einem Unterordner stehen, und es müssen ebenfalls die nötigen Ordner angelegt werden. Nachdem für ein Ziel ein `OutputStream` angelegt wurde, lassen sich alle `ZipFile`-Bytes von `getInputStream(ZipEntry)` kopieren.

So sieht das fertige Programm aus:

Listing 9.7 com/tutego/insel/io/zip/unzip.java

```
package com.tutego.insel.io.zip;

import java.io.*;
import java.nio.file.*;
import java.util.Collections;
import java.util.zip.*;

public class unzip {

  public static void main( String[] args ) {
    if ( args.length != 2 )
      System.out.println( "Benutzung: unzip <zipfile> <destination>" );
    else {
      try ( ZipFile zipFile = new ZipFile( args[ 0 ] ) ) {
        for ( ZipEntry entry : Collections.list( zipFile.entries() ) ) {
          System.out.print( entry.getName() + "." );
          extractEntry( zipFile, entry, args[ 1 ] );
          System.out.println( ".. entpackt" );
        }
      }
      catch ( FileNotFoundException e ) {
        System.err.println( "Fehler: Zip-Datei nicht gefunden!" );
      }
      catch ( IOException e ) {
        System.err.println( "Fehler: Allgemeiner Ein-/Ausgabefehler!" );
      }
    }
  }

  private static void extractEntry( ZipFile zipFile, ZipEntry entry, String destDir )
      throws IOException {
    Path destPath = Paths.get( destDir, entry.getName() );

    if ( entry.isDirectory() )
      Files.createDirectories( destPath );
    else {
      Files.createDirectories( destPath.getParent() );
```

```
        try ( InputStream  is = zipFile.getInputStream( entry ) ) {
          Files.copy( is, destPath );
        }
      }
    }
  }
```

ZIP-Archiv aufbauen und Dateien hinzufügen

Das Hinzufügen von Dateien zu einem neuen ZIP-Archiv unterscheidet sich ein wenig vom Lesen der Dateien, da hier die Klasse `ZipFile` nicht benötigt wird. Im Mittelpunkt steht die Klasse `ZipOutputStream` mit zwei Schritten:

1. Ein `ZipOutputStream` wird aufgebaut, etwa über `new ZipOutputStream(Files.newOutputStream(zipfilePath))`.
2. `new ZipEntry(String)` oder `new ZipEntry(ZipEntry)` erzeugt einen Archiv-Eintrag, und `putNextEntry(ZipEntry)` verbindet diesen mit dem `ZipOutputStream`. Nach dem Schreiben schließt `closeEntry()` das Hinzufügen ab.

Erzeugt `ZipOutputStream` eine Datei, lässt sich die Kompressionsrate über die Methode `setLevel(int)` einstellen. Der Level ist eine Zahl zwischen 0 und 9. Die Kompression übernimmt ein `Deflater`-Objekt, das im `DeflaterOutputStream` (das ist die Oberklasse von `ZipOutputStream`) verwaltet wird. So ruft `ZipOutputStream` lediglich vom `Deflater` die Methode `setLevel(int)` auf.

[+]

Hinweis

ZIP-Archive können über `ZipOutputStream` nur neu angelegt, aber nicht erweitert werden. Sollen Dateien/Verzeichnisse hinzukommen, müssen alte Elemente in das neue ZIP kopiert werden. NIO.2 und ein ZIP-Provider lösen allerdings das Problem sowie die quelloffene Bibliothek TrueZIP.

9.3.5 JAR-Archive

JAR-Archive sind mit ZIP-Archiven vergleichbar, mit dem Unterschied, dass sie eine Manifest-Datei beinhalten. Die Arbeitsweise und der Zugriff auf die Einträge sind daher denen der ZIP-Dateien sehr ähnlich. Die Klasse `java.util.jar.JarFile` repräsentiert ein JAR-Archiv, und ein `java.util.jar.JarEntry` ist ein Eintrag in dem Archiv. `JarFile` ist eine Unterklasse von `ZipFile`, und `JarEntry` ist eine Unterklasse von `ZipEntry`.

9.4 Bildformate

Java kann Bilder einlesen und diese als `Image`- und `BufferedImage`-Objekte repräsentieren. Eine API bietet Java dafür schon an, und die Standardformate JPEG, PNG, GIF werden lesend und schreibend unterstützt; in Kapitel 11, »Grafikprogrammierung«, wird das vorgestellt.

9.5 Audiodateien

Audiodateien lassen sich in Java mit Bordmitteln wiedergeben, aber zum Erstellen und Modifizieren von Sound-Dateien und zur Untersuchung von Metadaten sind Extrabibliotheken notwendig.

Für die Audiowiedergabe in Java gibt es drei Möglichkeiten: über die Applet-Klasse, mit Klassen aus dem Paket `javax.sound` oder seit Java 8 über JavaFX.

9.5.1 Die Arbeit mit Applets AudioClip

Die `Applet`-Klasse verfügt über zwei überladene Objektmethoden `getAudioClip(…)` und über eine statische Methode `newAudioClip(…)`, die alle eine Audiodatei als `AudioClip`-Objekt liefern. Die Quelle ist als URL angegeben. Mit der statischen Methode `newAudioClip(…)` lässt sich ein `AudioClip`-Objekt auch außerhalb von Applets erzeugen, sodass sich die Methode für normale Applikationen anbietet. Die `play()`-Methode auf dem `AudioClip` spielt das Stück ab.

9

[«]

Beispiel

Spiele die Datei *uups.wav* in einer Applikation ab:

Listing 9.8 com/tutego/insel/sound/AudioClipDemo.java, main()

```
Path path = Paths.get( "uups.wav" );
AudioClip sound = Applet.newAudioClip( path.toUri().toURL() );
sound.play();
Thread.sleep( 100000 );
```

```
class java.applet.Applet
extends Panel
```

- `AudioClip getAudioClip(URL url)`
  Liefert ein `AudioClip`-Objekt, das durch die URL angegeben ist.
- `AudioClip getAudioClip(URL url, String name)`
  Aufruf von `getAudioClip(new URL(url, name))`.
- `static AudioClip newAudioClip(URL url)`
  Liefert ein `AudioClip`-Objekt, das durch die URL angegeben ist.

9.5.2 AudioClip von JavaFX

JavaFX verfügt im Paket `javafx.scene.media` ebenfalls über eine `AudioClip`-Klasse, die genauso einfach zu nutzen ist wie die aus dem Applet-Paket. Auch mp3-Daten lassen sich abspielen.

[»]

Beispiel

Spiele die über eine URL gegebene Sound-Datei ab:

```
AudioClip sound = new AudioClip( url );
sound.play();
```

9.5.3 MIDI-Dateien abspielen

Die Sound-Engine seit Java-Urtagen kann Dateien im Format AIFF, AU und WAV abspielen. Ebenso ist ein MIDI-Renderer enthalten, der die Dateiformate TYPE 0 MIDI, TYPE 1 MIDI und RMF unterstützt. Dieser erzeugt softwaremäßig mit einem Wave-RAM General Midi. Die Sound-Maschine kann 8- oder 16-Bit-Audiodaten rendern, entweder mono oder stereo. Dabei werden Sampling-Raten von 8 bis zu 48 KHz unterstützt.

Soundbanks

Unter Windows funktioniert das Abspielen von MIDI-Dateien auf Anhieb, da Java für die Wiedergabe die Instrumente des Betriebssystems nutzt. Für andere Betriebssysteme müssen Instrumentendateien, so genannte *Soundbanks*, nachinstalliert werden. Dazu stellt die Seite *http://www.oracle.com/technetwork/java/soundbanks-135798.html* Soundbanks in drei Qualitätsstufen zur Verfügung. Die Soundbank-Datei wird dann in das Verzeichnis *jre8\lib\audio* gesetzt.

MIDI-Dateien abspielen

Die Klassen zum Abspielen von MIDI-Dateien liegen unter `javax.sound.midi`. Die Hardware (oder Software), die MIDI-Daten abspielt, heißt *Sequencer*.

Listing 9.9 com/tutego/insel/sound/MidiDemo.java, main()

```
try ( Sequencer sequencer = MidiSystem.getSequencer();
    InputStream midiFile = ClassLoader.getSystemResourceAsStream( "media/beginn.mid" ) ) {

  sequencer.open();
  sequencer.setSequence( MidiSystem.getSequence( midiFile ) );
  sequencer.start();

  System.out.println( "Return beendet das Abspielen" );
  System.in.read();

  sequencer.stop();
}
System.exit( 0 );
```

Um an die Sequencer-Instanz zu kommen, wird die Fabrikmethode MidiSystem.getSequencer() bemüht. Anschließend muss die Abspieleinheit initialisiert werden – das geschieht mit open(). Der nächste Schritt besteht darin, die Musik-Informationen bereitzustellen und dem Sequencer zu übergeben. Diese Daten liegen als Sequence-Objekte vor. Sie lassen sich mit MidiSystem.getSequence(...) vorbereiten. Die getSequence(...)-Methode erlaubt als Parameter File-, InputStream- und URL-Objekte. Nun lässt sich der Sequencer mit start() zur Arbeit bewegen; stop() beendet das Abspielen. start() startet automatisch einen Hintergrundprozess, sodass das Abspielen auch dann fortfährt, wenn die statische main(String[])-Methode und der main-Thread schon beendet sind.

```
class javax.sound.midi.MidiSystem
```

- static Sequencer getSequencer()
  Liefert den Standard-Sequencer vom System, also die Standard-Abspieleinheit, die MIDI-Sequenzen abspielt.

```
interface javax.sound.midi.MidiSystem
extends MidiDevice
```

- void setSequence(InputStream stream) throws IOException, InvalidMidiDataException
  Weist dem aktuellen MIDI-System eine MIDI-Datei zu. Der stream muss auf eine MIDI-Datei zeigen. Bei Zugriffsfehlern gibt es eine IOException, und ist das Datenformat fehlerhaft oder wird es nicht vom Java-MIDI-System unterstützt, folgt eine InvalidMidiDataException.
- void start()
  Startet die Wiedergabe.
- void stop()
  Stoppt die Wiedergabe.
- boolean isRunning()
  Liefert true, wenn die Wiedergabe mit start() gestartet wurde und noch läuft, also noch nicht mit stop() beendet wurde. Sonst false.

Bemerkung

Die Entwicklung der *Java Sound API* steht still. Zuletzt arbeitete nur noch ein Entwickler am Projekt, der ging aber auch irgendwann. So wie die Java Sound API auf Eis gelegt ist, ist auch das *Java Media Framework* (JMF) erst einmal gestorben. Sun wollte ursprünglich das JMF zum Abspielen von Multimedia-Dateien etablieren, doch wird es schon lange nicht mehr weiterentwickelt, und bei der letzten Änderung Ende 2004 ist lediglich mp3 hinzugekommen. Für die Medienwiedergabe wird sich wohl JavaFX etablieren, aber damit stehen immer noch nicht alle Codecs zur Verfügung.

9.5.4 ID-Tags aus mp3-Dateien

mp3-Dateien enthalten neben den komprimierten Musikinformationen zusätzliche Infos, wobei dies kein Teil des offiziellen mp3-Standards ist. Diese Metadaten sind in *ID3-Tags* abgelegt. Sie beschreiben zum Beispiel den Künstler, den Titel des Liedes, den Namen des Albums oder das Erscheinungsjahr, und ein Genre-Feld schreibt dem Lied eine Stilrichtung zu. Ein mp3-Player wertet diese Tags aus und zeigt sie an.

Seit der ersten Version der Tags hat die Datenstruktur in ihrer Komplexität erheblich zugenommen, da zusätzliche Informationen interessant sind; dies führte zur erweiterten Definition der Tags. Die Möglichkeit, eine variable Anzahl von Tags mittels Frames einzusetzen (ähnlich ist die Verkettung in IPv6), erlaubt eine präzise Einordnung des Songs mit Angaben über Songtexter, das produzierende Label, Handel und Weiteres. Mehr als 70 Frame-Typen sind dokumentiert.

Tags lesen und schreiben

Zum Lesen und Schreiben von ID3-Tags bringt Java standardmäßig keine Unterstützung mit. Doch gibt es im Bereich quelloffener Software einige externe Bibliotheken, darunter *http://sourceforge.net/projects/jd3lib*. Damit lassen sich die Tags auslesen; und da die Metadaten nicht immer sinnvoll gefüllt sind, lassen sie sich von Java auch neu beschreiben.

Kapitel 10
Grafische Oberflächen mit Swing

»Jedenfalls ist es besser, ein eckiges Etwas zu sein
als ein rundes Nichts.«
– Friedrich Hebbel (1813–1863)

10.1 AWT, JavaFoundation Classes und Swing

10.1.1 Das Abstract Window Toolkit (AWT)

Ein Urgestein der Java-Bibliothek ist das Das *Abstract Window Toolkit* (AWT); es steht auf gleicher Stufe wie die Klassen-Oldies `Object` und `String`. Die GUI-Bibliothek bietet Methoden für die Primitivoperationen zum Zeichnen, zur Ereignisbehandlung und einen Satz von GUI-Komponenten.

Peer-Klassen *

Eine Besonderheit des AWT ist, dass es jede grafische Komponente in Java auf eine Komponente der darunterliegenden Plattform abbildet. Dazu bedient sich das AWT so genannter *Peer-Klassen*, also Partnern auf der Seite der speziellen Benutzeroberfläche. Eine Schaltfläche unter AWT leitet somit die Visualisierung und Interaktion an eine Peer-Klasse auf der Betriebssystemseite weiter. Damit sehen AWT-Anwendungen unter Windows so aus wie jede andere Windows-Anwendung, und für Anwendungen unter Mac OS oder X11 gilt das Gleiche.

Die Partner haben Vor- und Nachteile:

- Durch die nativen Peer-Klassen verhält sich die Oberfläche exakt so wie erwartet und ist optisch nicht von anderen nativen Programmen zu unterscheiden.
- Leider zeigen die Programme unter den verschiedenen Betriebssystemen bisweilen merkwürdige Seiteneffekte. So kann ein Textfeld unter Windows weniger als 64 KiB Zeichen aufnehmen, bei anderen Oberflächen ist dies egal.
- Da das AWT auch nur Komponenten anbietet, die auf jeder Plattform verfügbar sind, ist das Angebot an Widgets sehr beschränkt. Moderne grafische Elemente, sei es auch nur ein Icon auf einer Schaltfläche, bietet das AWT nicht an, und sie müssen neu geschrieben werden.

Da jede AWT-Komponente Ressourcen von der nativen Plattform bezieht und diese außerhalb der Speicherverwaltung von Java liegen, nennen sich diese Komponenten *schwergewichtige Komponenten* (engl. *heavyweight components*).

10.1.2 Java Foundation Classes (JFC)

Obwohl das Abstract Window Toolkit das Problem einer einheitlichen Benutzeroberfläche lösen sollte, ist dies Sun damals nicht ganz gelungen. Das AWT war von Anfang an zusammengepfuscht. So meinte auch James Gosling, Vater von Java:

> *»The AWT was something we put together in six weeks to run on as many platforms as we could, and its goal was really just to work. So we came out with this very simple, lowest-common-denominator thing that actually worked quite well. But we knew at the time we were doing it that it was really limited. After that was out, we started doing the Swing thing, and that involved working with Netscape and IBM and folks from all over the place.«*[1]

Nicht nur das das Design ist schwach, auch lassen sich professionelle Oberflächen mangels leistungsfähiger Komponenten nicht erstellen. Daher sind für die Abkürzung AWT noch einige hämische Deutungen im Umlauf: »Awful Window Toolkit«, »Awkward Window Toolkit« oder »Annoying Window Toolkit«.

Da Sun das AWT einfach hielt, Entwickler von Oberflächen jedoch immer einen unstillbaren Hunger nach Komponenten haben, konzipierte Netscape die *Internet Foundation Classes* (IFC), die das AWT in wesentlichen Punkten ergänzten. Im April des Jahres 1997 einigten sich Sun, Netscape und IBM auf eine GUI-Bibliothek, die auf Netscapes IFC aufbaut und das AWT erweiterte; der Name des Toolkits: JFC*(Java Foundation Classes)*. Die JFC waren zunächst als Ergänzung zu Java 1.1 entwickelt worden, flossen dann aber als fester Bestandteil in Java 1.2 ein, wo sie heute noch einen festen Platz einnehmen.

Bestandteile der Java Foundation Classes

Die Java Foundation Classes bestehen im Wesentlichen aus:

- **GUI-Komponenten**: Unter die so genannten *Swing-Komponenten* fallen ganz neue grafische Elemente. Diese sind, anders als die plattformabhängigen Peer-Komponenten des herkömmlichen AWT, fast vollständig in Java implementiert.
- **Pluggable Look & Feel**: Dies gibt uns die Möglichkeit, das Aussehen der Komponenten zur Laufzeit zu ändern, ohne das Programm neu zu starten. Alle Komponenten des Swing-Sets haben diese Fähigkeit automatisch.
- **Java 2D API**: Die 2D-Klassenbibliothek ist eine neue Technik, die über eine Objektbeschreibung – ähnlich wie PostScript – Objekte bildet und diese auf dem Bildschirm darstellt. Zu den Fähigkeiten der Bibliothek gehört es, komplexe Objekte durch Pfade zu bilden und darauf Bewegungs- und Verschiebeoperationen anzuwenden.
- **Drag & Drop**: Daten können mittels Drag & Drop leicht von einer Applikation zur anderen übertragen werden. Dabei profitieren Java-Programme auch davon, Daten zu nutzen, die nicht aus Java-Programmen stammen.
- **Accessibility** (Unterstützung für Menschen mit Behinderungen): Diese API erlaubt mit neuen Interaktionstechniken den Zugriff auf die JFC- und AWT-Komponenten. Zu diesen Techni-

1 Das Interview vom 24. März 1998 ist leider nicht mehr online – Oracle hat die Seite gelöscht.

ken zählen unter anderem Lesegeräte für Blinde, eine Lupe für den Bildschirm und auch die Spracherkennung.

Swing-Komponenten sind ein wesentlicher Bestandteil der JFC, und oft wird in der Öffentlichkeit »Swing« als Synonym für JFC verstanden.

Warum Swing Swing heißt

Als 1997 in San Francisco auf der JavaOne die neuen Komponenten vorgestellt wurden, entschied sich Georges Saab, ein Mitglied des JFC-Teams, für Musik parallel zur Präsentation, und zwar für Swing-Musik, weil der Entwickler glaubte, dass sie wieder in Mode käme. Dementsprechend wurden die neuen grafischen Elemente in einem Paket namens *Swing* abgelegt. Obwohl der Name offiziell dem Kürzel JFC weichen musste, war er doch so populär, dass er bestehen blieb.

Leichtgewichtige Swing-Komponenten

Eine *Leichtgewicht-Komponente* (engl. *lightweight component*) verfügt über keinen Peer, also über keine direkte Repräsentation im Fenstersystem. Somit gibt es keine speziellen Implementierungen des Systems beispielsweise auf Windows, Mac OS oder X11. Alle Komponenten werden mit primitiven Zeichenoperationen gemalt, so etwa eine Schaltfläche aus einem Rechteck mit Schatten und einem Text in der Mitte. Ein Vorteil: Eine Leichtgewicht-Komponente kann durchsichtig sein und muss nicht mehr in einen rechteckigen Bereich passen. Da alle Komponenten nun gemalt werden, lässt sich alles ohne Rücksicht auf das zugrunde liegende grafische System zeichnen. Dieser Weg ist also plattformunabhängiger, aber nutzt nicht unbedingt alle optimalen Möglichkeiten, wie zum Beispiel Antialiasing, des Betriebssystems oder die Möglichkeiten einer Plattformkomponente, wie den komplexeren Dateiauswahldialog.

Während viele Swing-Komponenten gar keine Beziehung zu schwergewichtigen AWT-Komponenten haben, gilt das nicht für alle. Ein `javax.swing.JFrame` basiert zum Beispiel auf der AWT-Komponente `java.awt.Frame`, denn `JFrame` ist eine Unterklasse von `Frame`.

Übersicht über Swing-Komponenten

Swing-Komponente	Klassenname
	`JLabel`
	`JButton`
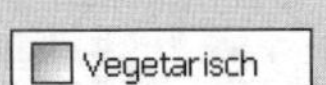	`JCheckBox`
	`JRadioButton`

Tabelle 10.1 Die Swing-Komponenten und Klassennamen

Swing-Komponente	Klassenname
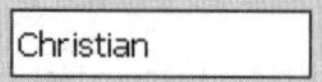	`JTextField`
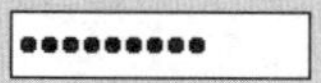	`JPasswordField`
	`JComboBox`
	`JScrollBar`
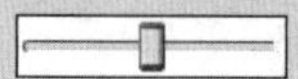	`JSlider`
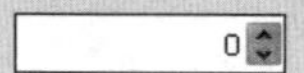	`JSpinner`
	`JProgressBar`
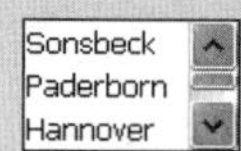	`JList`
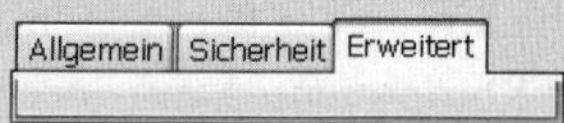	`JTabbedPane`
	`JToolBar`
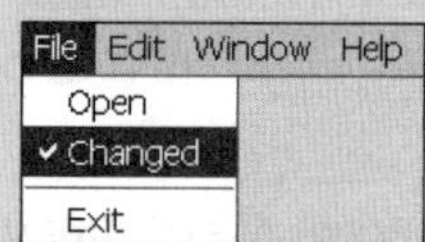	`JMenu`
	`JScrollPane`
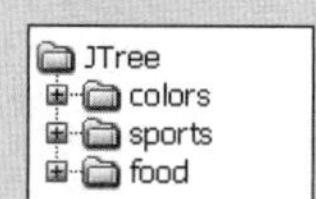	`JTree`
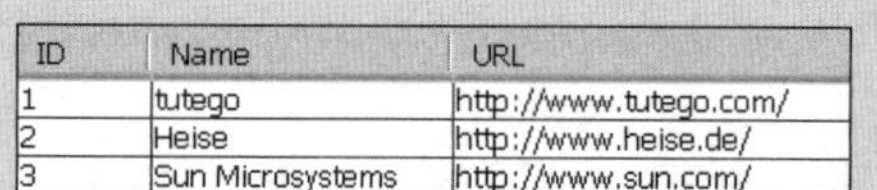	`JTable`
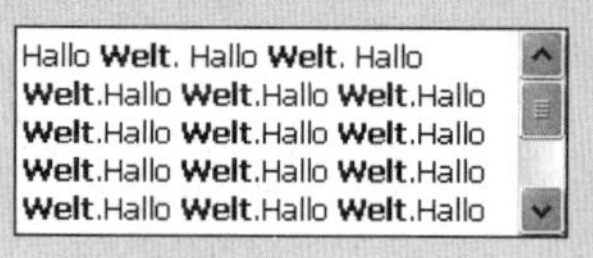	`JEditorPane`

Tabelle 10.1 Die Swing-Komponenten und Klassennamen (Forts.)

SwingSet-Demos

Um sich einen Überblick über die Swing-Komponenten zu verschaffen, stellt Oracle ein interessantes Swing-Demo über die Technologie WebStart im Internet zur Verfügung. Setzen wir die URL *http://download.java.net/javadesktop/swingset3/SwingSet3.jnlp* in den Browser, laden wir die JNLP-Datei, und nach dem Start wird Java beginnen, das Program zu laden und auszuführen.

Abbildung 10.1 SwingSet3 Demo

10.1.3 Was Swing von AWT-Komponenten unterscheidet

AWT bzw. die Java Foundation Classes bilden mit Ereignisbehandlung, Fenster-Management und einer mächtigen 2D-API das Fundament. Die Swing-Komponenten setzen auf dem AWT auf und sind somit eng damit verbunden. Sie sind in der Regel selbst in Java implementiert, wobei es Optimierungen gibt, dass wie im Fall von Windows das Betriebssystem selbst nativ die Komponenten zeichnet. Wir haben dazu schon die Begriffe leichtgewichtige und schwergewichtige Komponenten eingeführt.

Während das AWT an die Partnerkomponenten des darunterliegenden grafischen Systems gebunden ist, ist Swing flexibler, weil es alle Komponenten beliebig selber zeichnen kann. Daraus ergibt sich viel Flexibilität, etwa:

- Swing-Schaltflächen und Beschriftungen nehmen Symbole auf, die sie beliebig um Text angeordnet darstellen. So etwas bietet AWT nicht, in Swing ist es möglich.
- Das AWT bietet keine komplexen Komponenten wie Tabellen oder Bäume. Swing integriert diese sehr leistungsfähigen grafischen Elemente und bildet die komplette Logik in Java nach, ohne auf irgendeinen Programmcode vom nativen Betriebssystem zurückzugreifen.
- Jede Swing-Komponente kann einen Rahmen bekommen; eine Schaltfläche kann wie unter Mac OS X abgerundet sein.
- Swing-Komponenten können transparent und beliebig geformt sein.

Neben der reinen Optik gibt es noch andere Unterschiede:

- AWT-Komponenten nehmen alle Daten auf und kümmern sich um die Darstellung. Swing ist in dieser Hinsicht moderner, weil es nach dem Model-View-Prinzip Daten getrennt von den Komponenten hält, sodass beide Teile unabhängig weiter entwickelt werden können.
- Die AWT-Methoden sind threadsicher, es können also mehrere Threads zur gleichen Zeit Methoden der AWT-Komponenten aufrufen. Die meisten Swing-Methoden sind nicht threadsicher, und Entwickler müssen darauf achten, dass Parallelität keine problematischen Zustände erzeugt.

10.2 Mit NetBeans zur ersten Swing-Oberfläche

Ohne uns daher groß mit den Klassen auseinanderzusetzen, wollen wir ein erstes Beispiel programmieren und das Swing-Wissen sozusagen im Vorbeigehen mitnehmen. Das eigene Programm *Bing*, das im Folgenden entwickelt wird, bietet einen Schieberegler, mit dem sich eine Zeit einstellen lässt, nach der eine Meldung auf dem Bildschirm erscheint. Wer vor lauter Java immer vergisst, den Teebeutel aus der Tasse zu nehmen, für den ist diese Applikation genau richtig!

[+]

Hinweis

NetBeans nutzt keine proprietären Klassen, sodass der Programmcode 1:1 auch in ein Eclipse-Projekt kopiert werden kann und dort ohne Anpassung läuft. Auch funktioniert es problemlos, zwei Entwicklungsumgebungen, also NetBeans und Eclipse, auf einen Projektordner »loszulassen«. Am einfachsten geht das so: Erst wird ein Java-Projekt mit NetBeans angelegt. Dann wird unter Eclipse ein Java-Projekt angelegt, aber der Projektpfad auf das Verzeichnis des existierenden NetBeans-Projekts gelegt. Dann können beide IDEs gleichzeitig das gleiche Projekt verarbeiten.

10.2.1 Projekt anlegen

Nach dem Start von NetBeans wählen wir File • New Project.

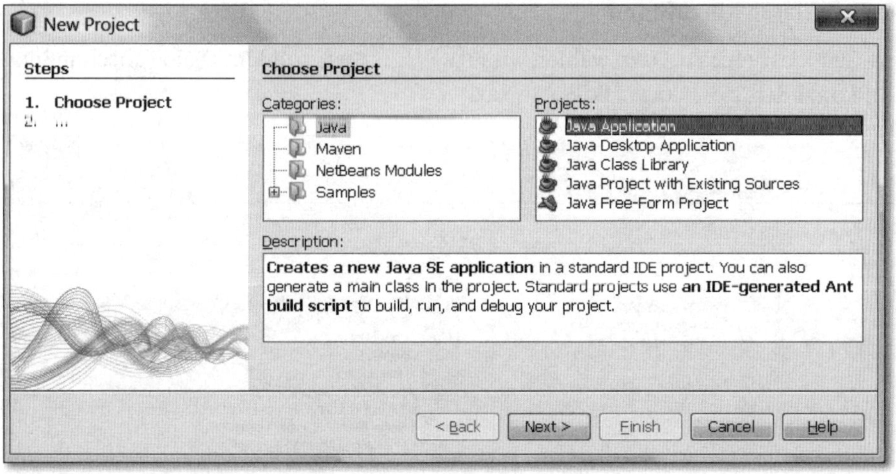

Abbildung 10.2 Projekttyp in NetBeans auswählen

Anschließend wählen wir Java Application und dann Next. Den Projektnamen und Paketnamen setzen wir auf etwas Sinnvolleres, die Einstellungen könnten aber auch so bleiben.

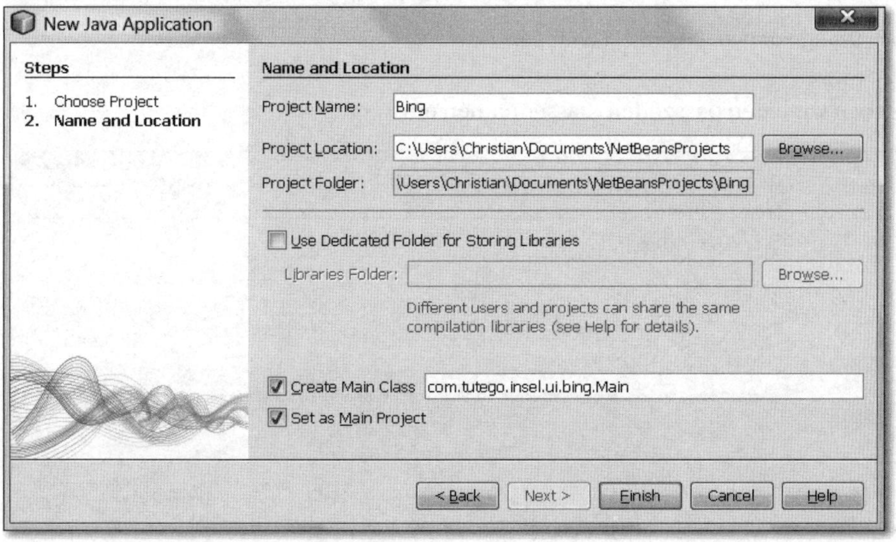

Abbildung 10.3 Neues Java-Projekt anlegen

Nach Finish öffnet NetBeans den Editor mit der Klasse. F6 startet das Programm, aber ohne Funktion bleibt das langweilig.

10.2.2 Eine GUI-Klasse hinzufügen

Fügen wir eine GUI-Klasse hinzu. Dazu wählen wir FILE • NEW FILE... und im Dialog anschließend bei SWING GUI FORM den Typ JFRAME FORM.

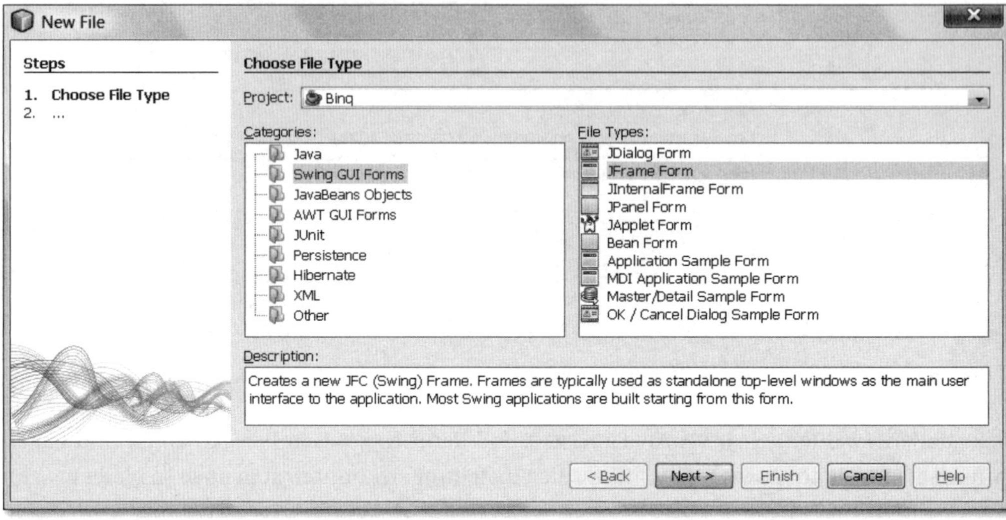

Abbildung 10.4 Swing-Form in das Projekt einfügen

Nach NEXT geben wir einen passenden Klassennamen ein.

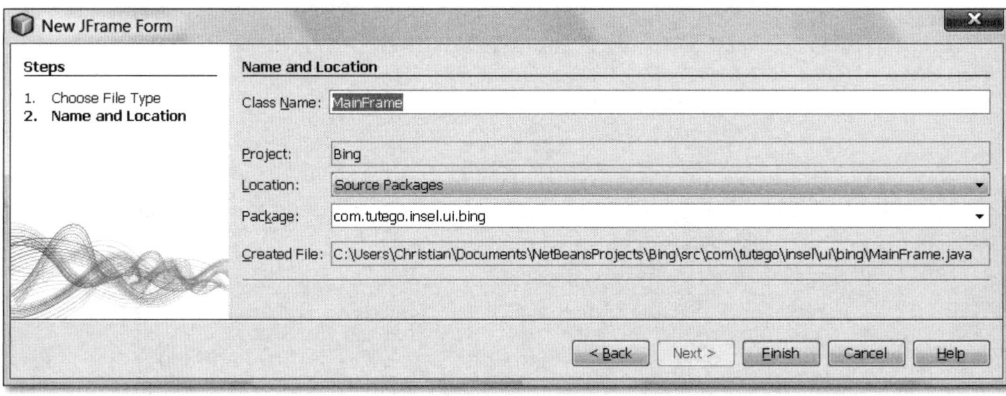

Abbildung 10.5 Klassennamen und Paket für das JFrame wählen

NetBeans erzeugt eine neue Klasse und öffnet den *grafischen Editor*, der auch *Matisse* heißt.

NetBeans zeigt in unterschiedlichen Ansichten unterschiedliche Details an. In der Mitte steht die Hauptansicht mit dem grafischen Editor. Rechts sind unter PALETTE die Komponenten aufgelistet, die wir per Drag & Drop auf den Formulardesigner ziehen können. Ebenfalls rechts bei PROPERTIES finden wir die Eigenschaften von Komponenten, etwa den Titel des Fensters.

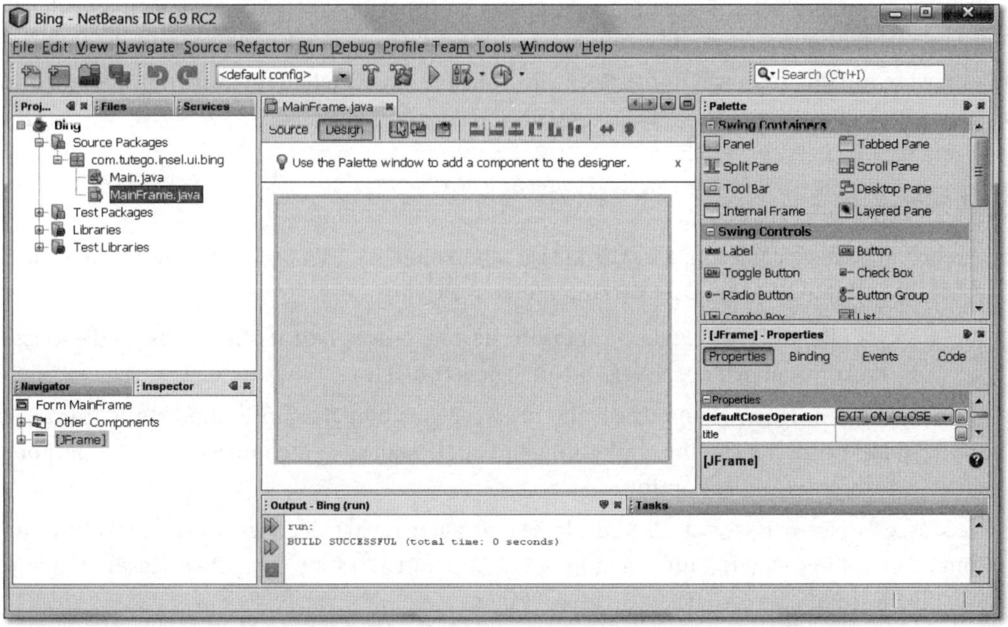

Abbildung 10.6 NetBeans-Oberfläche mit dem Formular und der Komponentenpalette

Interessant an Matisse ist, dass die grafische Oberfläche direkt in Quellcode gegossen wird. Den Quellcode können wir einsehen, indem wir von DESIGN auf SOURCE wechseln.

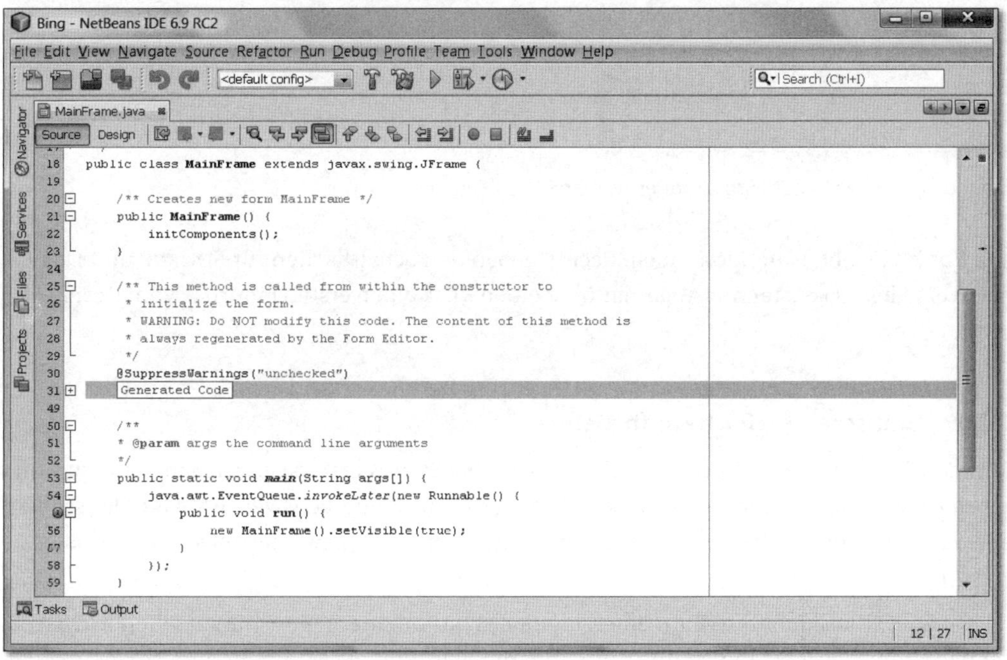

Abbildung 10.7 Code-Editor und geschützte Bereiche

Auffällig sind graue Blöcke, die geschützt sind. Der Grund ist, dass NetBeans den Quellcode aktualisiert, wann immer es über den GUI-Designer Veränderungen gibt. Den Quellcode direkt zu ändern, wäre töricht, denn so könnte NetBeans mitunter die Quellen nicht mehr einlesen, und das ganze Projekt wäre kaputt.

10.2.3 Programm starten

Im Quellcode lässt sich ablesen, dass die Klasse schon eine `main(String[])`-Methode hat, sodass wir `MainFrame` starten können. Drei Varianten bieten sich an:

1. Mit [⇧] + [F6] lässt sich direkt das Programm starten, dessen Editor offen ist. Ist es die Klasse `MainFrame`, bekommen wir anschließend ein leeres Fenster.
2. In unserer eigentlichen Hauptklasse, die bei NetBeans eingetragen ist und standardmäßig mit [F6] startet, lässt sich eine Umleitung einbauen, sodass in die dortige `main(…)`-Methode ein `MainFrame.main(args);` kommt.
3. Die Klasse `MainFrame` lässt sich als Startklasse eintragen. Dazu tragen wir vom Projekt BING im Kontextmenü PROPERTIES im Zweig RUN bei MAIN CLASS statt `com.tutego.insel.ui.bing.Main` die Klasse `com.tutego.insel.ui.bing.MainFrame` ein.

Welche Variante es wird, ist für die Demo egal; Variante 2 ist nicht schlecht. Mit [F6] springt dann ein unspektakuläres leeres Fenster auf.

Abbildung 10.8 Nach dem Start gibt es nur ein leeres Fenster.

Eine Vorschau gibt es übrigens auch. Rechts neben den Schaltflächen für SOURCE und DESIGN gibt es ein kleines Fenster mit Auge, das über einen Klick einen ersten Eindruck vom Design vermittelt.

10.2.4 Grafische Oberfläche aufbauen

Kommen wir zurück zum Designer. In der Palette bei SWING CONTROLS suchen wir LABEL und ziehen es per Drag & Drop auf die graue Designerfläche. Bemerkenswert ist, dass Matisse vorgibt, was eine gute Position für die Beschriftung ist. Positionieren wir sie links oben, so rastet sie quasi ein.

Das hat zwei Konsequenzen: Zum einen ergibt sich automatisch eine gut aussehende Oberfläche mit sinnvollen Abständen, und zum anderen »kleben« die Komponenten so aneinander, dass sie bei einer Größenanpassung nicht auseinandergerissen werden.

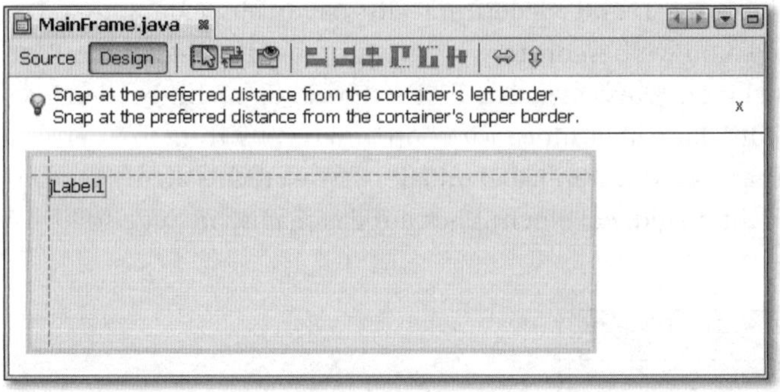

Abbildung 10.9 Das Anordnen der Komponenten ist »magnetisch«.

Nachdem das Label positioniert ist, geben wir ihm einen Namen. Dazu kann rechts bei den PROPERTIES der Text verändert werden oder auch im Designer über einen Doppelklick auf den Text.

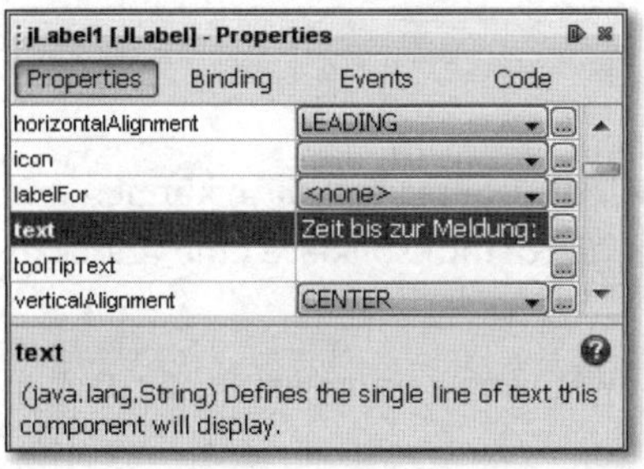

Abbildung 10.10 Eigenschaften des JLabel-Objekts

Jetzt, wo die erste Beschriftung steht, komplettieren wir das GUI. Unter der Beschriftung setzen wir einen SLIDER, allerdings nicht auf die ganze Breite, sondern etwa bis zur Hälfte. Unter den PROPERTIES auf der rechten Seite gibt es Eigenschaften für MINIMUM (0) und MAXIMUM (100). Das Minimum 0 erhöhen wir auf 1 und das Maximum auf 1.440 (24 Stunden sollten reichen).

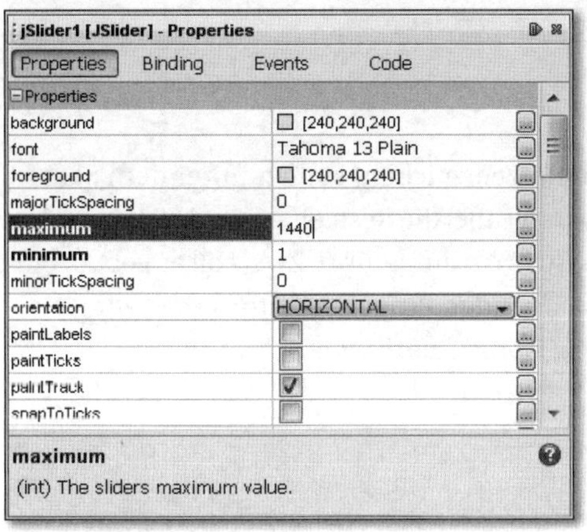

Abbildung 10.11 Eigenschaften des JSlider-Objekts

Rechts vom SLIDER setzen wir ein TEXT FIELD und wiederum rechts davon ein neues LABEL. Das Label hängt am rechten Fensterrand, und wir beschriften es mit MINUTEN. Den Inhalt des Textfeldes (`jTextField1`) löschen wir mit einem Doppelklick in die Textbox (oder rechts bei den PROPERTIES unter TEXT). Die Textbox wird dann klein, doch wir können sie etwas größer ziehen. Anschließend wird die Textbox rechts an das Minuten-Label und der SLIDER rechts an die Textbox gesetzt, sodass alle drei gut ausgerichtet sind. Bei einem Klick auf das magische Auge sollte die Vorschau so aussehen:

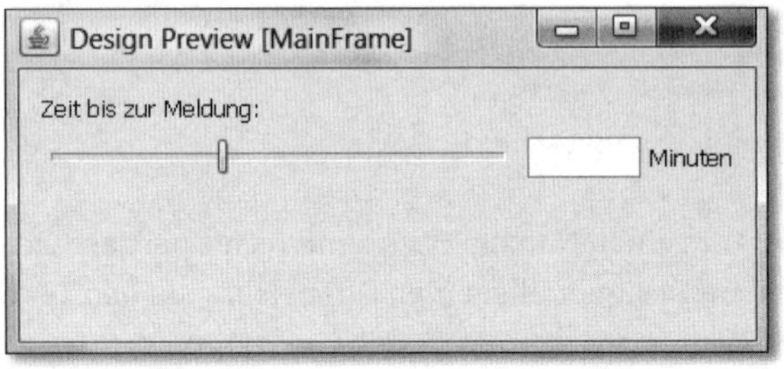

Abbildung 10.12 Anwendung jetzt mit Schieberegler und Textfeld

Das Schöne an den automatischen Ausrichtungen ist, dass wir die Breite verändern können und die Komponenten alle mitlaufen, also nicht absolut positioniert sind; so sollte eine grafische Oberfläche sein!

Die Oberfläche ist jetzt schon fast fertig. Geben wir noch zwei Labels und zwei Schaltflächen hinzu.

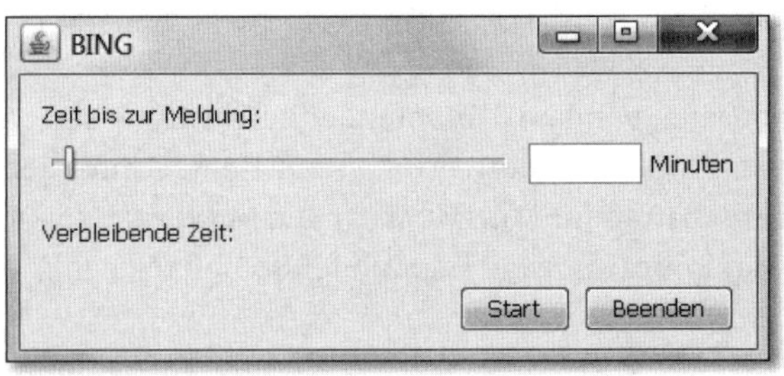

Abbildung 10.13 Vollständige Anwendung

Zwei Labels nebeneinander (das zweite enthält nur ein Leerzeichen) stehen unter dem SLIDER. Startet später die Anwendung, soll im jetzt unsichtbaren Label die Restzeit eingeblendet werden. Die Schaltflächen sind bei den SWING CONTROLS als BUTTON aufgeführt. Zwei soll es geben: eine zum Starten der Applikation und eine zum Beenden. Über den Property-Editor geben wir gleichzeitig dem Fenster noch einen Titel (BING), und fertig ist die Oberfläche.

10.2.5 Swing-Komponenten-Klassen

Die Oberfläche ist jetzt fertig, und in der Ansicht SOURCE lässt sich ablesen, dass viel Quellcode für die Ausrichtung erstellt wurde. Der Quellcode gliedert sich in folgende Teile:

- einen Standard-Konstruktor: Er ruft `initComponents()` auf. Eigene Funktionalität können wir hier hinzuschreiben.
- die Methode `initComponents()`: Sie ist geschützt; sie initialisiert die Komponenten und setzt sie auf den `JFrame`.
- Die statische `main(String[])`-Methode könnte das Fenster gleich starten, denn sie baut ein Exemplar der eigenen Klasse auf, die ja Unterklasse von `JFrame` ist, und zeigt es mit `setVisible(true)` an.
- Am Ende finden sich die Komponenten. Es sind Objektvariablen, sodass jede Objektmethode auf sie Zugriff hat. Sie sehen etwa so aus:

```
// Variables declaration - do not modify
private javax.swing.JButton jButton1;
private javax.swing.JButton jButton2;
private javax.swing.JLabel jLabel1;
private javax.swing.JLabel jLabel2;
private javax.swing.JLabel jLabel3;
private javax.swing.JLabel jLabel4;
private javax.swing.JSlider jSlider1;
private javax.swing.JTextField jTextField1;
// End of variables declaration
```


Es lässt sich ablesen, dass für Schaltflächen die Klasse `JButton`, für Beschriftungen die Klasse `JLabel`, für den Slider ein `JSlider` und für einfache Textfelder die Klasse `JTextField` zum Einsatz kommen.

Variablen umbenennen

Die Variablen sind standardmäßig `privat` und nichtssagend benannt. Wir wollen die Variablennamen ändern, sodass klarer wird, was welche Komponenten sind. Jetzt kommt auf der linken Seite der NAVIGATOR/INSPECTOR ins Spiel. Er zeigt die hierarchische Struktur der Komponenten an. Mit der Taste F2 lässt sich jeder Variablenname ändern. Das wollen wir machen.

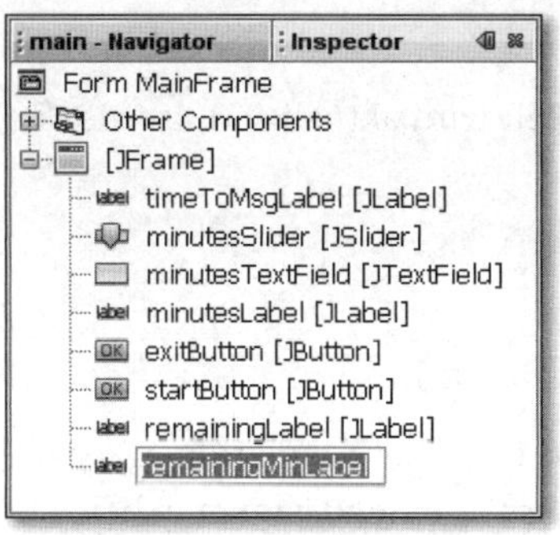

Abbildung 10.14 Umbenennung der Variablen im Komponentenbaum

In der Quellcodeansicht sind die Komponenten jetzt besser unterscheidbar:

```
// Variables declaration - do not modify
private javax.swing.JButton exitButton;
private javax.swing.JLabel minutesLabel;
private javax.swing.JSlider minutesSlider;
private javax.swing.JTextField minutesTextField;
private javax.swing.JLabel remainingLabel;
private javax.swing.JLabel remainingMinLabel;
private javax.swing.JButton startButton;
private javax.swing.JLabel timeToMsgLabel;
// End of variables declaration
```

Da wir im Konstruktor auf die Elemente Zugriff haben, wollen wir nach dem Aufruf von `initComponents()` die Schiebereglerposition auf 1 setzen und das Textfeld ebenfalls mit 1 vorbelegen:

```
/** Creates new form MainFrame */
public MainFrame() {
  initComponents();
  minutesSlider.setValue( 1 );
  minutesTextField.setText( "1" );
}
```

Die Methode `setValue(int)` erwartet einen numerischen Wert für den Slider, und `setText(String)` erwartet einen String für das Textfeld.

10.2.6 Funktionalität geben

Nachdem die Variablen gut benannt sind, soll es an die Implementierung der Funktionalität gehen. Folgendes gilt es, zu realisieren:

1. Das Aktivieren der Schaltfläche BEENDEN beendet das Programm.
2. Das Bewegen des Sliders aktualisiert das Textfeld.
3. Das Verändern des Textfeldes aktualisiert den SLIDER.
4. Nach dem Start läuft das Programm, und die verbleibende Zeit wird aktualisiert. Ist die Zeit um, erscheint eine Dialogbox.

Der erste Punkt ist am einfachsten: Beginnen wir dort.

Applikation beenden

Nötig für Interaktionen sind die so genannten Listener, die auf Benutzerinteraktionen reagieren. Wenn etwa auf die Schaltfläche BEENDEN geklickt wird, muss es einen Listener geben, der das Klick-Ereignis mitbekommt und reagiert.

Für Schaltflächen gibt es eine einfache Möglichkeit, einen Listener hinzuzufügen: Wir doppelklicken im Designer schnell auf die Schaltfläche. Machen wir das für BEENDEN: NetBeans wechselt dann von der Design-Ansicht in den Quellcode und hat eine neue Methode hinzugefügt – in ihr setzen wir `System.exit(0);` ein, sodass sich Folgendes ergibt:

```
private void exitButtonActionPerformed(java.awt.event.ActionEvent evt) {
  System.exit( 0 );
}
```

Nur der Rumpf der Methode ist editierbar. Wer versehentlich einen Doppelklick gesetzt hat, kann ein Undo in der Design-Ansicht durchführen.

Ein Programmstart über [F6] zeigt schließlich, dass die Applikation mit einem Klick auf BEENDEN auch tatsächlich beendet wird.

Sliderwert und Textfeld synchronisieren

Als Nächstes halten wir den Sliderwert und den Wert im Textfeld synchron. Zurück in der Design-Ansicht selektieren wir den SLIDER und finden im Kontextmenü den Menüpunkt EVENTS. Das sind alle Ereignisse, die der Slider auslösen kann. Wir interessieren uns für CHANGE.

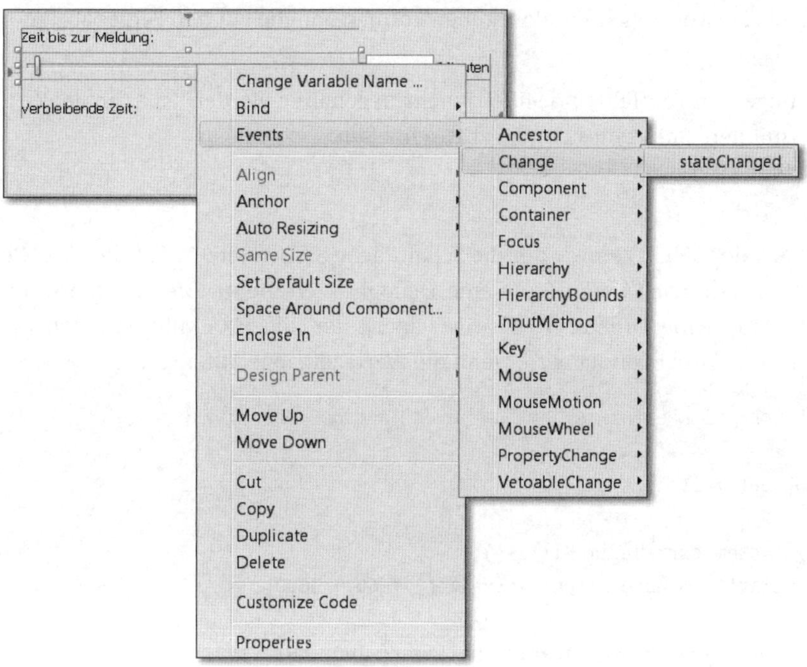

Abbildung 10.15 Im Formulardesigner einen Ereignisbehandler hinzufügen

Nach dem Aktivieren des Menüpunktes bekommen wir von NetBeans wieder Quellcode generiert. Die Listener-Methode wird immer dann aufgerufen, wenn der Slider vom Benutzer bewegt wird. Lesen wir einfach den aktuellen Wert aus, und schreiben wir ihn in das Textfeld:

```
private void minutesSliderStateChanged(javax.swing.event.ChangeEvent evt) {
  minutesTextField.setText( "" + minutesSlider.getValue() );
}
```

Die JSlider-Methode getValue() liefert also den aktuell eingestellten Wert, und setText(String) vom JTextField setzt einen String in die Textzeile.

Nach dem Start des Programms können wir den Slider bewegen, und im Textfeld steht die ausgewählte Zahl.

Jetzt der umgekehrte Fall: Wenn das Textfeld mit [↵] bestätigt wird, soll der Wert ausgelesen und damit die JSlider-Position gesetzt werden. Doppelklicken wir im Designer auf das Textfeld, dann wird wieder der passende Listener in den Quellcode eingefügt. Füllen wir ihn wie folgt:

```
private void minutesTextFieldActionPerformed(java.awt.event.ActionEvent evt) {
  try {
    minutesSlider.setValue( Integer.parseInt( minutesTextField.getText() ) );
  }
  catch ( NumberFormatException e ) { }
}
```

Da im Textfeld ja fälschlicherweise Nicht-Zahlen stehen können, fangen wir den Fehler ab, ignorieren ihn aber.

Nachdem jetzt Änderungen im Textfeld und Slider synchron gehalten werden, ist es an der Zeit, die Implementierung mit dem Start eines Timers abzuschließen.

Timer starten

In der Ansicht Designer doppelklicken wir auf die Schaltfläche Start. Jetzt muss die aktuelle Wartezeit ausgelesen werden, nach deren Ende eine Dialogbox erscheint. Die konstante Abarbeitung übernimmt ein Swing-Timer (javax.swing.Timer), der alle 100 Millisekunden die Oberfläche aktualisiert und dann beendet wird, wenn die Wartezeit abgelaufen ist:

```
private void startButtonActionPerformed(java.awt.event.ActionEvent evt) {

  startButton.setEnabled( false );

  final long start = System.currentTimeMillis();
  final long end   = start + minutesSlider.getValue() * 60 * 1000;

  final javax.swing.Timer timer = new javax.swing.Timer( 100, null );
  timer.addActionListener( new ActionListener() {
    public void actionPerformed( ActionEvent e ) {
      long now = System.currentTimeMillis();
      if ( now >= end )
      {
```

```
        remainingMinLabel.setText( "" );
        startButton.setEnabled( true );
        JOptionPane.showMessageDialog( null, "BING!" );
        timer.stop();
      }
      else
        remainingMinLabel.setText( (end - now) / 1000 + " Sekunden" );
    }
  } );
  timer.start();
}
```

Und das Programm ist fertig.

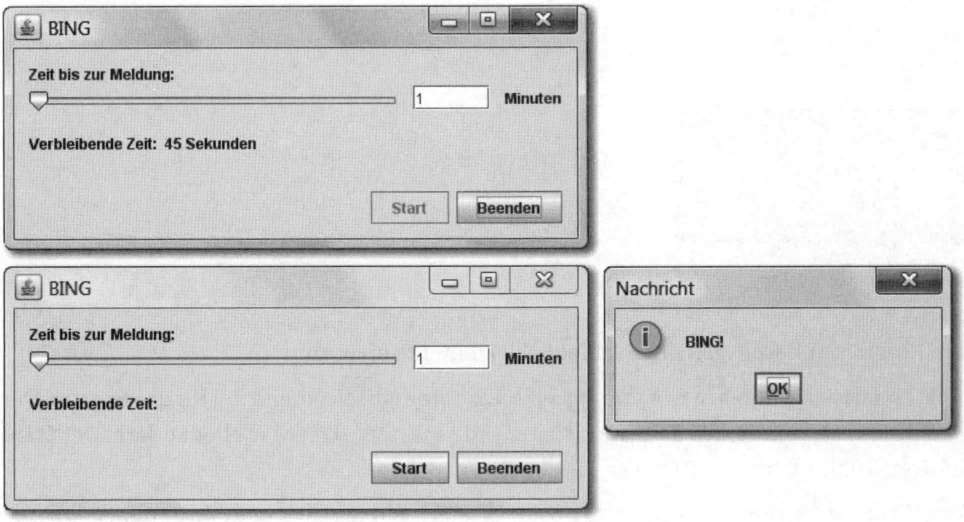

Abbildung 10.16 Die Anwendung in Aktion

10.3 Aller Swing-Anfang – Fenster zur Welt

Der Anfang aller GUI-Programme ist das Fenster (engl. *frame* für Rahmen), das einen so genannten *Top-Level-Container* bildet. Wir müssen uns daher erst mit den Fenstern beschäftigen, bevor wir auf den Fensterinhalt näher eingehen können. Das Fenster dient auch als Grundlage von Dialogen: speziellen Fenstern, die entweder modal oder nichtmodal arbeiten können. Wobei ein modaler Dialog erst bedient werden möchte, bis es mit dem Gesamtsystem weitergehen kann.

10.3.1 Eine Uhr, bei der die Zeit nie vergeht

Ein kleines Beispiel soll die aktuelle Uhrzeit in einer Beschriftung anzeigen:

Listing 10.1 com/tutego/insel/ui/swing/ClockApplication.java

```
package com.tutego.insel.ui.swing;

import java.util.Date;
import javax.swing.*;

public class ClockApplication {
  public static void main( String[] args ) {
    JFrame f = new JFrame( "Uhrzeit" );
    f.setDefaultCloseOperation( JFrame.EXIT_ON_CLOSE );
    f.setSize( 250, 100 );
    f.add( new JLabel( String.format( "%tT", new Date() ) ) );
    f.setVisible( true );
  }
}
```

Abbildung 10.17 Swing-Fenster mit Datum

Aus dem Programm lassen sich unterschiedliche Elemente ablesen:

- Der parametrisierte Konstruktor von `JFrame` setzt automatisch einen Titel für das Fenster. Der Titel eines Fensters lässt sich aber auch später mit `setTitle(String)` wieder ändern. Der Standard-Konstruktor lässt den Titel leer.
- Mit `setDefaultCloseOperation(JFrame.EXIT_ON_CLOSE)` setzen wir einen Zustand, sodass die Anwendung mit einem Klick auf das `X` sofort beendet wird. Das ist zum Testen praktisch, aber für echte GUI-Anwendungen natürlich keine Lösung.
- Die Methode `setSize(int, int)` setzt die Fenstergröße in Pixel.
- Abschließend zeigt `setVisible(true)` das Fenster an.

10.3.2 Swing-Fenster mit javax.swing.JFrame darstellen

Um unter Swing ein Fenster zu öffnen, müssen wir die zentrale Klasse `JFrame` über das Paket `javax.swing` einbinden. Die allermeisten Swing-Komponenten befinden sich in diesem Paket, und nur ausgewählte komplexe Klassen wie Textkomponenten sind in Unterpaketen untergebracht. Viele Methoden der `JFrame`-Klasse stammen von den Oberklassen `java.awt.Frame`, `java.awt.Window` und `java.awt.Component`.

Die beiden interessanten Konstruktoren sind:

```
class javax.swing.JFrame
extends Frame
implements WindowConstants, Accessible, RootPaneContainer
```

- `JFrame()`
  Erzeugt ein neues `JFrame`-Objekt, das am Anfang unsichtbar ist.
- `JFrame(String title)`
  Erzeugt ein neues `JFrame`-Objekt mit einem Fenstertitel, das am Anfang unsichtbar ist.

Der Titel eines AWT- und Swing-Fensters lässt sich später mit `setTitle()` wieder ändern.

10.3.3 Mit add(...) auf den Container

Das Beispielprogramm erzeugt ein `JLabel`-Objekt und setzt es mit `add(Component)` auf den `JFrame`. Die `add(...)`-Methode erbt `JFrame` von der indirekten Oberklasse `Container`. Der `JFrame` referenziert diverse Kinder, doch behandelt er den Kind-Container für unser `JLabel` bevorzugt bei `add(...)`. In älteren Programmen findet sich auch `f.getContentPane().add(component)`, an dem sich ablesen lässt, dass der Container die *Content-Pane* direkt erfragt und dass auf ihm die Komponente gesetzt wird.

10.3.4 Fenster schließbar machen – setDefaultCloseOperation(int)

Die `JFrame`-Methode `setDefaultCloseOperation(int)` mit dem Argument `JFrame.EXIT_ON_CLOSE` beendet die Applikation über `System.exit(0)`, wenn der Benutzer über das × in der Fensterleiste das Fenster schließt. Ohne die Anweisung verschwindet das Fenster lediglich in den Hintergrund: Es wird also geschlossen, die Applikation wird jedoch nicht beendet. Neben `EXIT_ON_CLOSE` gibt es weitere Konstanten. Mit `DO_NOTHING_ON_CLOSE` bekommen wir das Standardverhalten eines AWT-Frames: Beim Schließen passiert nichts. Weder geht das Fenster zu, noch beendet die JVM das Programm.

```
class javax.swing.JFrame
extends Frame
implements WindowConstants, Accessible, RootPaneContainer
```

- `void setDefaultCloseOperation(int operation)`
  Bestimmt, was passieren soll, wenn der Benutzer das Fenster schließt. Gültig sind die Konstanten `WindowConstants.DO_NOTHING_ON_CLOSE`, `WindowConstants.HIDE_ON_CLOSE`, `WindowConstants.DISPOSE_ON_CLOSE`, `JFrame.EXIT_ON_CLOSE`. Eine weitere Erklärung findet sich bei der Ereignisbehandlung.
- `int getDefaultCloseOperation()`
  Liefert die eingestellte Eigenschaft beim Schließen des Fensters.

[+]

Hinweis

Ein AWT-Fenster (also `java.awt.Frame`) kann nicht mit × in der Titelleiste geschlossen werden, da noch keine Ereignisbehandlung implementiert ist – der `Frame` bietet auch keine Methode `setDefaultCloseOperation(int)` an. Wir müssten selbst Fensterereignisse abfangen. Unter Swing horcht der `JFrame` selbstständig auf ein `WindowEvent`, reagiert bei `WINDOW_CLOSING` und kann das Fenster nach Wunsch auch ohne hinzugefügten Ereignisbehandler schließen.

10.3.5 Sichtbarkeit des Fensters

Nach der Konstruktion ist das Fenster vorbereitet, aber erst der Aufruf von `setVisible(true)` macht es sichtbar. `setVisible(boolean)` stammt, wie auch weitere Methoden, die für `JFrame` und `Frame` interessant sind, von der Oberklasse `Window`.

```
class java.awt.Window
extends Container
implements Accessible
```

- `void setVisible(boolean b)`
  Der Aufruf von `setVisible(true)` zeigt das Fenster an. Liegt es im Hintergrund, holt der Aufruf es wieder in den Vordergrund.
- `boolean isShowing()`
  Liefert `true`, wenn sich das Fenster auf dem Bildschirm befindet.
- `void toBack()`
  Reiht das Fenster als hinterstes in die Fensterreihenfolge ein. Ein anderes Fenster wird somit sichtbar.
- `void toFront()`
  Platziert das Fenster als vorderstes in der Darstellung aller Fenster auf dem Schirm.

[+]

Hinweis

In der Java-Steinzeit wurden die Methoden `show()` und `hide()` genutzt. Sie sind heute veraltet (*deprecated*).

10.3.6 Größe und Position des Fensters verändern

`JFrame` erbt von `java.awt.Window` zwei `setSize(…)`-Methoden. Sie verändern die Maße des Fensters:

```
class java.awt.Window
extends Container
implements Accessible
```

- `void setSize(int width, int height)`
  Verändert die Größe einer Komponente.
- `void setSize(Dimension d)`
  Verändert die Größe einer Komponente; entspricht `setSize(d.width, d.height)`.

[+]

Hinweis

Die Position eines Fensters kann mit `setLocation(…)` geändert werden. Wer das Fenster zum Beispiel in der Mitte des Bildschirms positionieren möchte, kann aber einfach die `Window`-Objektmethode `setLocationRelativeTo(null)` aufrufen.

Wurde vor der Anzeige mit `setVisible(true)` die Methode `setLocationByPlatform(true)` von einem `java.awt.Window` aufgerufen, wählt der Fenster-Manager automatisch eine gute Position, und `setLocation(…)` ist nicht mehr nötig. Mit `isLocationByPlatform()` lässt sich später erfragen, wer die Position gesetzt hat; die Rückgabe ist `true`, wenn es das Fenstersystem war, und `false`, wenn wir mit `setLocation(…)` an der Position herumgespielt haben.

```
abstract class java.awt.Component
implements ImageObserver, MenuContainer, Serializable
```

- `void setLocation(int x, int y)`
  Setzt die Komponente an die Position `x`, `y`; ehemals `move(…)`.
- `void setLocation(Point p)`
  Setzt die Komponente an die gewünschte Position.
- `Point getLocation()`
  Liefert die Position der Komponente als `Point`-Objekt.

10.3.7 Fenster- und Dialogdekoration, Transparenz *

Für bestimmte Anwendungen ist es günstig, bei Fenstern und Dialogen die Standarddialogelemente (etwa Titelleiste, Systemmenü) auszuschalten, etwa dann, wenn der Benutzer das Fenster nicht verkleinern soll.

Für die Abschaltung bieten die Klassen `Frame` und `Dialog` (und damit auch die Unterklassen `JFrame` und `JDialog`) eine Methode `setUndecorated(boolean)`, die vor der Darstellung aufgerufen werden kann. Ist das Fenster schon dargestellt, folgt eine Ausnahme, denn die Dekoration lässt sich nicht einfach ein- oder ausblenden. Hier hilft folgender Trick: Zuerst entfernt `dispose()` das

Fenster, dann kann `setUndecorated(boolean)` folgen, und ein `setVisible(true)` stellt das Fenster neu dar.

```
class java.awt.Frame extends Window implements MenuContainer
class java.awt.Dialog extends Window
```

- `void setUndecorated(boolean undecorated)`
  Setzt/löscht die Dekoration.
- `boolean isUndecorated()`
  Erfragt die Dekoration.

Die `JFrame`-Methode `setDefaultLookAndFeelDecorated(true)` gibt dem jeweiligen Look-and-Feel den Hinweis, dass es die Fensterdekoration selbst darstellen kann.

Transparenz und nicht rechteckige Fenster

Mit den `Window`-Methoden `setOpacity(float)` und `setShape(Shape)` können alle von `Window` abgeleiteten Klassen, also auch `Frame` und `JFrame`, transparent sein und beschnitten werden. Sofern es also das grafische System unterstützt, können Fenster durchscheinen und auch nicht rechteckig dargestellt werden.

[»]

Beispiel

Stelle ein Fenster zu 50 % durchscheinend dar, und lasse nur Inhalte zu, die in einem angegebenen Kreis liegen:

Listing 10.2 com/tutego/insel/ui/awt/TranslucentNonRectFrame.java, main()

```
JFrame f = new JFrame();
f.setSize( 100, 100 );
f.setOpacity( 0.5F );
f.setShape( new Ellipse2D.Float(0.0F, 0.0F, 100.0F, 100.0F) );
f.setDefaultCloseOperation( JFrame.EXIT_ON_CLOSE );
f.setVisible( true );
```

10.3.8 Die Klasse Toolkit *

Die abstrakte Klasse `java.awt.Toolkit` abstrahiert von system- und bildschirmabhängigen Implementierungen. Es gibt für jede Plattform eine Implementierung der abstrakten Klasse, unter Windows zum Beispiel die interne Klasse `WToolkit`. Das konkrete `Toolkit`-Objekt liefert die Fabrikmethode `getDefaultToolkit()`. Die implementierten Methoden liefern dem AWT zum Beispiel die Peer-Objekte, doch für uns Endanwender ist das kaum interessant.

[«]

Beispiel

Gib die Maße des Bildschirms aus:

```
Dimension d = Toolkit.getDefaultToolkit().getScreenSize();
System.out.println( d );    // java.awt.Dimension[width=1024,height=768]
```

```
abstract class java.awt.Toolkit
```

- `static Toolkit getDefaultToolkit()`
  Liefert das aktuelle Toolkit zurück.
- `abstract Dimension getScreenSize()`
  Liefert ein `Dimension`-Objekt mit der Größe des Bildschirms. (Bei mehreren Bildschirmen liefert sie nur den ersten.)
- `abstract void beep()`
  Versucht, einen Beep auszugeben. Diese Lösung ist nicht in allen Fällen von Erfolg gekrönt. In einigen Fällen funktioniert stattdessen `System.out.print('\007'); System.out.flush();`. Eine ganz andere Möglichkeit, um Sounds abzuspielen, bieten die Sound-API oder JavaFX.

10

[«]

Beispiel

Vergrößere ein Fenster `f`, sodass es die maximale Ausdehnung annimmt:

```
f.setLocation( 0, 0 );
f.setSize( Toolkit.getDefaultToolkit().getScreenSize() );
```

Soll der Benutzer die Größe des Fensters nicht ändern können, setzen wir `setResizable(false)`:

```
JFrame frame = new JFrame( "Du kriegst mich nicht klein." );
frame.setResizable( false );
```

10.3.9 Zum Vergleich: AWT-Fenster darstellen *

Um Komponenten in ein Fenster zu setzen oder etwas in ein Fenster zu zeichnen, muss vorher die Entscheidung zwischen Swing oder AWT gefällt werden. Abhängig davon gibt es drei Fensterklassen, mit denen alles beginnen kann:

	Swing	AWT
Fenster mit Dekoration	`javax.swing.JFrame`	`java.awt.Frame`
Fenster ohne Dekoration	`javax.swing.JWindow`	`java.awt.Window`
Dialog	`javax.swing.JDialog`	`java.awt.Dialog`

Tabelle 10.2 Die drei Fensterklassen in Swing und AWT

An den Paketnamen ist schon abzulesen, dass die AWT-Klassen nicht im Paket javax.swing liegen, sondern im Paket java.awt, wo auch noch andere grundlegende AWT-Möglichkeiten sitzen, etwa der Grafikkontext zum Zeichnen auf der Oberfläche oder die Funktionalität zur Ereignisbehandlung.

Die drei Swing-Klassen sind alle direkte Unterklassen der AWT-Klassen: So erweitert JFrame die Klasse java.awt.Frame, und JDialog erweitert die Klasse java.awt.Dialog. Für Applets gibt es ebenfalls eine eigene Swing-Klasse, und javax.swing.JApplet erbt von java.applet.Applet.

Listing 10.3 com/tutego/insel/ui/awt/HelloAwtFrame.java

```
package com.tutego.insel.ui.awt;

import java.awt.Frame;

public class HelloAwtFrame {
  public static void main( String[] args ) {
    Frame f = new Frame( "Das Fenster zur Welt" );
    f.setSize( 300, 200 );
    f.setVisible( true );
  }
}
```

Neben dem Standard-Konstruktor gibt es einen weiteren, bei dem wir den Namen in der Titelleiste bestimmen können, wie im Beispiel geschehen.

Die Methoden zum Hinzufügen einer Komponente sind die gleichen wie bei JFrame und auch die Methoden zur Positionierung. Das sollte uns nicht wundern, denn eigentlich kommen die Methoden aus dem Frame, und JFrame erbt sie.

```
class java.awt.Frame
extends Window
implements MenuContainer
```

- Frame()
  Erzeugt ein neues Frame-Objekt, das am Anfang unsichtbar ist.
- Frame(String title)
  Erzeugt ein neues Frame-Objekt mit einem Fenster-Titel, das am Anfang unsichtbar ist.

10.4 Beschriftungen (JLabel)

Die erste Komponente, die wir kennenlernen wollen, ist das javax.swing.JLabel. Es repräsentiert eine Zeichenkette oder ein Icon, die bzw. das der Benutzer nicht editieren kann. Zum Einsatz kommt die Beschriftung zum Beispiel in einer Dialogbox.

Wie jede andere Komponente wird auch `JLabel` mit der `add(Component)`-Methode auf den Bildschirm gebracht. Labels lösen selbst keine eigenen Events aus, da aber `JLabel` eine Unterklasse von `Component` und `JComponent` ist, reagiert es auf Ereignisse wie das Erzeugen und auch auf Maus-Operationen.

Listing 10.4 com/tutego/insel/ui/swing/JLabelDemo.java

```
package com.tutego.insel.ui.swing;

import java.awt.Color;
import javax.swing.*;

public class JLabelDemo {
  public static void main( String[] args ) {
    JFrame frame = new JFrame();
    frame.setDefaultCloseOperation( JFrame.EXIT_ON_CLOSE );

    JLabel l = new JLabel( "Lebe immer First-Class, sonst tun es deine Erben!" );
    l.setForeground( Color.BLUE );
    frame.add( l );

    frame.pack();
    frame.setVisible( true );
  }
}
```

Abbildung 10.18 Ein Swing-Label

Im Nachhinein lässt sich der Text mit `setText(String)` ändern. Der Text wird sofort angezeigt, da das `JLabel` (das Gleiche gilt auch für andere Komponenten) einen Auftrag zur Neuzeichnung vergibt, sodass kurze Zeit später der neue Text – inklusive nötiger Neuausrichtung durch Größenänderungen – erscheint. Mit `getText()` lässt sich der aktuelle Text auslesen.

```
class javax.swing.JLabel
extends JComponent
implements SwingConstants, Accessible
```

- `JLabel()`
  Erzeugt ein leeres Label mit links angeordnetem Text.

- `JLabel(String text)`
  Erzeugt ein Label mit gegebenem Text.
- `void setText(String text)`
  Ändert die Aufschrift des Labels im laufenden Betrieb.
- `String getText()`
  Liefert den Text des Labels.

Grafik und Beschriftung

Anders als das AWT-`Label` kann Swings `JLabel` ein Bild (Icon) anzeigen. Hinzu kommt, dass sich Icon und Text auch gemeinsam verwenden lassen. Über verschiedene Möglichkeiten können horizontale und vertikale Positionen vom Text relativ zum Icon gesetzt werden. Auch die relative Position des Inhalts innerhalb der Komponente lässt sich spezifizieren. Die Voreinstellung für Labels ist eine zentrierte vertikale Darstellung im angezeigten Bereich. Enthalten die Labels nur Text, so ist dieser standardmäßig linksbündig angeordnet, und Bilder sind horizontal zentriert. Ist keine relative Position des Textes zum Bild angegeben, befindet sich der Text standardmäßig auf der rechten Seite des Bildes, und beide sind auf der Vertikalen angeordnet. Der Abstand von Bild und Text lässt sich beliebig ändern und ist im Standard-Look-and-Feel mit 4 Pixeln vordefiniert.

```
class javax.swing.JLabel
extends JComponent
implements SwingConstants, Accessible
```

- `JLabel(Icon icon)`
  Erzeugt ein Label mit links angeordnetem Icon.
- `String getIcon()`
  Liefert das Icon.
- `void setIcon(Icon icon)`
  Ändert das Icon.

Text und Ausrichtung des JLabel

Neben dem Standard-Konstruktor, der einen leeren String schreibt, existiert eine weitere Variante neben dem Konstruktor mit Textinhalt, der die Ausrichtung des Labels angibt. Diese kann `LEFT` – dies ist voreingestellt –, `CENTER`, `RIGHT`, `LEADING` oder `TRAILING` sein.

```
class javax.swing.JLabel
extends JComponent
implements SwingConstants, Accessible
```

- `JLabel(String text, int horizontalAlignment)`
  Erzeugt ein Label mit ausgerichtetem Text. `horizontalAlignment` ist eine der Konstanten

`JLabel.LEFT`, `JLabel.RIGHT`, `JLabel.CENTER`, `JLabel.LEADING` oder `JLabel.TRAILING`. Wird die Größe der Komponente, auf der das Label liegt, neu berechnet, so passt sich auch die Position neu an.

- `JLabel(Icon icon, int horizontalAlignment)`
  Erzeugt ein Label mit Icon und horizontaler Anordnung.
- `JLabel(string text, Iconicon, int horizontalAlignment)`
  Erzeugt ein Label mit Text und Icon und horizontaler Anordnung.
- `JLabel(String, int alignment)`
  Erzeugt ein Label mit ausgerichtetem Text. `alignment` ist eine der Konstanten `JLabel.LEFT`, `JLabel.RIGHT`, `JLabel.CENTER`, `JLabel.LEADING` oder `JLabel.TRAILING`. Wird die Größe der Komponente, auf der das Label liegt, neu berechnet, so passt sich auch die Position neu an.
- `int getHorizontalAlignment()`
  Liefert die Ausrichtung zurück.
- `void setHorizontalAlignment(int alignment)`
  Setzt die Ausrichtung des Labels. Mögliche Werte entsprechen denen im Konstruktor.

10.4.1 Mehrzeiliger Text, HTML in der Darstellung

Sporadisch tritt das Problem auf, dass ein Text mit Zeilenumbruch gesetzt werden soll, etwa bei Dialogen, die mehrzeilige Meldungen anzeigen. Eine Anweisung wie zum Beispiel `new JLabel("erste Zeile\nzweite Zeile");` führt allerdings nicht zum Ziel, weil Swing die Zeilenumbruchzeichen nicht beachtet.

Eine einfache Lösung für das Problem besteht in der Nutzung von HTML; im Label-Text schreiben wir einfach:

```
JLabel l = new JLabel( "<html>Huhu.<p/>Jetzt bin ich hier.</html>" );
```

HTML kann auch über ein Cascading Stylesheet formatiert werden. Das minimiert Formatierungsanweisungen und erlaubt eine zentrale Veränderung der Darstellungsattribute.

Falls die Applikation nicht auf Swing aufbaut, besteht eine Lösung darin, die `TextArea`-Klasse zu nehmen und den Rahmen auszublenden.

Eine andere Möglichkeit wäre, eine Hilfsmethode zu bauen, die den Text auseinandernimmt und ihn in mehrere Zeilen aufteilt.

[+]

Tipp

Entwickle eine Oberfläche nach den Wünschen der Benutzer, nicht nach der Schwierigkeit der Umsetzung oder der Begrenzung der Hardware.

10.5 Icon und ImageIcon für Bilder auf Swing-Komponenten

Beschriftungen und Schaltflächen können unter Swing neben dem Text auch kleine Grafiken anzeigen. Der Schlüssel für Grafiken auf Swing-Komponenten liegt in der Schnittstelle `Icon`. Sollen vorhandene Grafiken einfach geladen werden, kommt die Klasse `ImageIcon` zum Einsatz, die `Icon` implementiert.

[»]

Beispiel

Die folgende Zeile reicht aus, um ein Icon zu laden:

```
Icon icon = new ImageIcon( "image.gif" );
```

10.5.1 Die Klasse ImageIcon

Unser folgendes Beispiel soll eine Grafik auf eine Schaltfläche setzen. Nach dem Aktivieren der Schaltfläche wechselt ein Listener die Grafik:

Listing 10.5 com/tutego/insel/ui/swing/ImageIconDemo.java, Ausschnitt

```
URL resource1 = ImageIconDemo.class.getResource( "/images/user-trash-full.png" );
URL resource2 = ImageIconDemo.class.getResource( "/images/user-trash.png" );
Icon icon1 = new ImageIcon( resource1 );
Icon icon2 = new ImageIcon( resource2 );

JButton button = new JButton();
button.setIcon( icon1 );
frame.add( button );
frame.add( new JLabel( icon2 ) );
```

Das ausgeführte Beispiel ergibt folgendes Bild:

Abbildung 10.19 JButton mit Bild

Die Konstruktoren von `JLabel` und `JButton` nehmen ein `Icon` an und können dieses nach dem Erzeugen auch mit `setIcon(Icon)` ändern. Das obere Beispiel zeigt die Variante `setIcon(Icon)` für die Schaltfläche, es hätte aber auch `new JButton(icon1)` funktioniert. Das Beispiel nutzt den mit `URL` parametrisierten `ImageIcon`-Konstruktor. Die URL liefert `getResource(String)`, um Ressourcen – also die beiden Bilder – vom Klassenpfad zu beziehen. Wenn sich `ImageIconDemo` im

Verzeichnis *BASE/com/tutego/insel/ui/swing* befindet, liegt die Grafik unter *BASE/images/user-trash-full.png*.

[+]

Hinweis

Ein `Container` bietet keine Methode `add(Icon)`, sondern nur `add(Component)`. Ein `Icon`-Objekt ist nicht vom Typ `Component` und kann daher auch nicht als Argument für eine `add(…)`-Methode dienen. Icons müssen erst auf Komponenten wie ein `JLabel` gesetzt werden, um sich darstellen zu lassen. Dennoch gibt es einige Konstruktoren/Methoden, die `Icon`-Objekte aufnehmen, etwa `JLabel`, `JButton`, `JTabbedPane`, `JOptionPane`, `DefaultTreeCellRenderer`.

ImageIcon-API

Ein Exemplar der Klasse `ImageIcon` kann mit vielen Parametern erzeugt werden. Die interessantesten stammen aus einer Datei und von einer URL. Ist die Grafik ein Animated GIF, so stellt Swing es wirklich animiert dar. Swing berücksichtigt ebenso die Transparenz der Bilder.

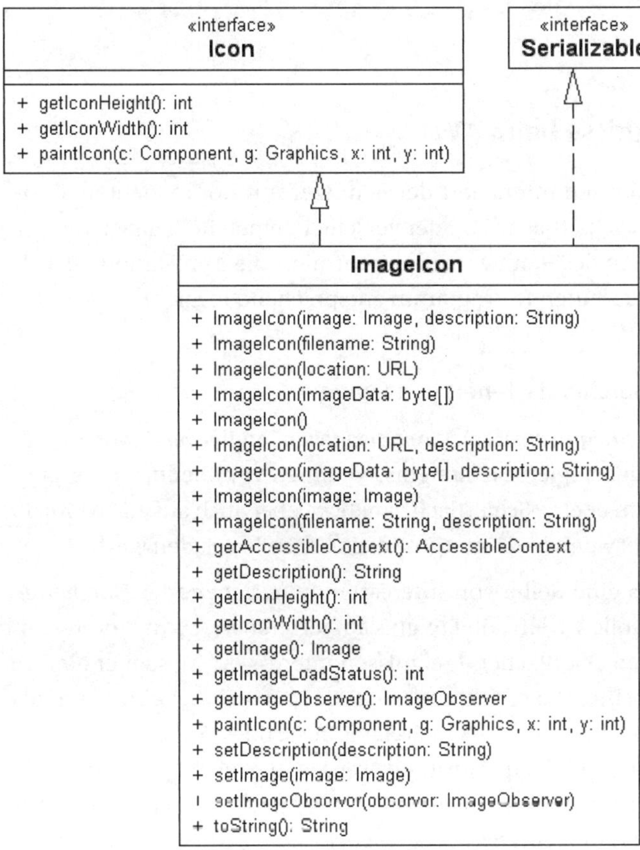

Abbildung 10.20 Klassendiagramm von ImageIcon

Die wichtigsten Konstruktoren:

```
class javax.swing.ImageIcon
implements Accessible, Icon, Serializable
```

- `ImageIcon(byte[] imageData)`
- `ImageIcon(Image image)`
- `ImageIcon(String filename)`
- `ImageIcon(URL location)`

[+]

Hinweis

Die Klasse `ImageIcon` implementiert `Serializable` (die Schnittstelle `Icon` erweitert sie nicht). Doch die Serialisierung schreibt vom `ImageIcon` lediglich das interne unkomprimierte Byte-Feld mit den Farbwerten, und das Datenvolumen ist in der Regel größer als das Bild, aus dem das `ImageIcon` konstruiert wurde.

10.6 Es tut sich was – Ereignisse beim AWT

Beim Arbeiten mit grafischen Oberflächen interagiert der Benutzer mit Komponenten. Er bewegt die Maus im Fenster, klickt eine Schaltfläche an oder verschiebt einen Rollbalken. Das grafische System beobachtet die Aktionen des Benutzers und informiert die Applikation über die anfallenden Ereignisse. Dann kann das laufende Programm entsprechend reagieren.

10.6.1 Die Ereignisquellen und Horcher (Listener) von Swing

Im Ereignismodell von Java gibt es *Ereignisauslöser* (*Ereignisquellen*, engl. *event sources*), wie zum Beispiel Schaltflächen oder Schieberegler. Die Ereignisse können vom Benutzer der grafischen Oberfläche kommen, etwa wenn er eine Schaltfläche anklickt, aber auch auf eigene Auslöser zurückzuführen sein, zum Beispiel wenn im Hintergrund eine Tabelle geladen wird.

Neben den Ereignisauslösern gibt es eine Reihe von Interessenten (*Listener* oder *Horcher* genannt), die gern informiert werden wollen, wenn ein Ereignis aufgetreten ist. Da der Interessent in der Regel nicht an allen ausgelösten Oberflächen-Ereignissen interessiert ist, sagt er einfach, welche Ereignisse er empfangen möchte. Dies funktioniert so, dass er sich bei einer Ereignisquelle anmeldet, und diese informiert ihn, wenn sie ein Ereignis aussendet. Auf diese Weise leidet die Systemeffizienz nicht, da nur diejenigen informiert werden, die auch Verwendung für das Ereignis haben. Für jedes Ereignis gibt es einen eigenen Listener, an den das Ereignis weitergeleitet wird – darum der Name für das Modell: *Delegation Model*[2].

2 Die Entwickler hatten vorher den Namen »Command Model« vergeben, doch drückte dies die Arbeitsweise nicht richtig aus.

Tabelle 10.3 gibt eine Übersicht über einige Listener und zeigt, was für Ereignisse sie melden:

Listener	Ereignisse
`ActionListener`	Der Benutzer aktiviert eine Schaltfläche bzw. ein Menü oder drückt [↵] auf einem Textfeld.
`WindowListener`	Der Benutzer schließt ein Fenster oder möchte es verkleinern.
`MouseListener`	Der Benutzer drückt auf eine Maustaste.
`MouseMotionListener`	Der Benutzer bewegt die Maus.

Tabelle 10.3 Einige Listener und die von ihnen gemeldeten Ereignisse

Dem Listener übergibt das Swing-Grafiksystem jeweils ein Ereignis-Objekt, etwa dem `ActionListener` ein `ActionEvent`-Objekt, dem `WindowListener` ein `WindowEvent`-Objekt usw. Die Einzigen, die etwas aus der Reihe tanzen, sind `MouseListener` und `MouseMotionListener`, denn beide melden `MouseEvent`-Objekte.

Schritte zum richtigen Horchen

Damit die Quelle Ereignisse sendet und der Client darauf reagiert, sind zwei Schritte durchzuführen:

1. Implementieren des Listeners
2. Anmelden des Listeners

Um dieses Konzept kennenzulernen, wollen wir einen Fenster-Horcher programmieren, der registriert, ob ein Fenster geschlossen werden soll. Wenn ja, bietet er einen Dialog; bestätigt der Benutzer den Dialog, wird die Applikation beendet.

10.6.2 Listener implementieren

Der Listener selbst ist eine Schnittstelle, die von den Interessenten implementiert wird. Da die Ereignis-Schnittstelle Callback-Methoden vorschreibt, muss der Interessent diese Operation implementieren. Wird im nächsten Schritt ein Horcher mit dem Ereignisauslöser verbunden, kann die Ereignisquelle davon ausgehen, dass der Horcher die entsprechende Methode besitzt. Diese ruft die Ereignisquelle bei einem Ereignis später auf.

Die Schnittstelle WindowListener

Alle Meldungen rund um Fenster werden über einen `WindowListener` abgewickelt. Implementierungen können so etwa erfahren, ob das Fenster vergrößert oder verkleinert wurde. Die Schnittstelle deklariert folgende Operationen:

```
interface java.awt.event.WindowListener
extends EventListener
```

- `void windowOpened(WindowEvent e)`
  Wird aufgerufen, wenn das Fenster geöffnet wird.
- `void windowClosing(WindowEvent e)`
  Wird aufgerufen, wenn das Fenster geschlossen wird.
- `void windowClosed(WindowEvent e)`
  Wird aufgerufen, wenn das Fenster mit `dispose()` geschlossen wurde.
- `void windowIconified(WindowEvent e)`
  Wird aufgerufen, wenn das Fenster zum Icon verkleinert wird.
- `void windowDeiconified(WindowEvent e)`
  Wird aufgerufen, wenn das Fenster wieder hochgeholt wird.
- `void windowActivated(WindowEvent e)`
  Wird aufgerufen, wenn das Fenster aktiviert wird.
- `void windowDeactivated(WindowEvent e)`
  Wird aufgerufen, wenn das Fenster deaktiviert wird.

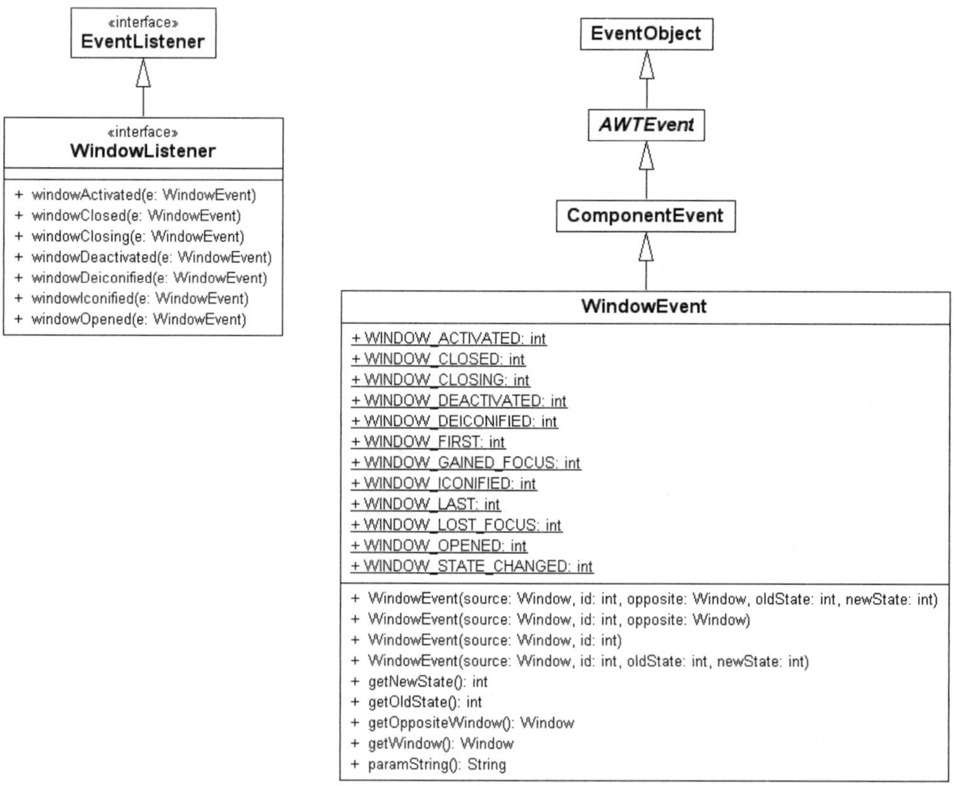

Abbildung 10.21 UML-Diagramm von WindowListener und WindowEvent

Der nächste Schritt ist, die Schnittstelle zu implementieren und in `windowClosing(WindowEvent)` Programmcode einzubetten, der den Benutzer fragt, ob die Anwendung wirklich geschlossen werden soll.

Wer implementiert die Schnittstelle WindowListener?

Bei der Implementierung der Schnittstelle `WindowListener` gibt es unterschiedliche Varianten:

- Eine Klasse, die zum Beispiel `JFrame` erweitert, implementiert gleichzeitig `WindowListener`.
- Eine externe Klasse implementiert die Listener-Schnittstelle.
- Eine innere anonyme Klasse implementiert den Listener.

Die Lösungen haben Vor- und Nachteile. Wenn die eigene Klasse den Listener implementiert, ist das Programm schön kurz und der Listener hat einfachen Zugriff auf alle Zustände oder Variablen. Den Listener von einer anderen Klasse implementieren zu lassen hat dagegen den Vorteil, dass die Implementierung wiederverwendbar ist. Das ist bei einem allgemeinen Horcher für Fensterschließereignisse sicherlich angebracht.

Fensterschließ-Horcher

Die Implementierung fragt mit `JOptionPane.showConfirmDialog(…)`, ob das Fenster wirklich geschlossen werden soll. Die nicht genutzten Callback-Methoden implementieren wir leer.

Listing 10.6 com/tutego/insel/ui/event/DialogWindowClosingListener.java

```
package com.tutego.insel.ui.event;

import java.awt.event.*;
import javax.swing.JOptionPane;

public class DialogWindowClosingListener implements WindowListener {
  @Override public void windowClosing( WindowEvent event ) {
    int option = JOptionPane.showConfirmDialog( null, "Applikation beenden?" );
    if ( option == JOptionPane.OK_OPTION )
      System.exit( 0 );
  }

  @Override public void windowClosed( WindowEvent event ) { /*Empty*/ }
  @Override public void windowDeiconified( WindowEvent event ) { /*Empty*/ }
  @Override public void windowIconified( WindowEvent event ) { /*Empty*/ }
  @Override public void windowActivated( WindowEvent event ) { /*Empty*/ }
  @Override public void windowDeactivated( WindowEvent event ) { /*Empty*/ }
  @Override public void windowOpened( WindowEvent event ) { /*Empty*/ }
}
```

An diesem Beispiel ist abzulesen, dass jeder, der ein `WindowListener` sein möchte, die vorgeschriebenen Methoden implementieren muss. Damit zeigt er Interesse an dem `WindowEvent`. Bis auf `windowClosing(…)` haben wir die anderen Operationen nicht implementiert, da sie uns nicht interessieren. Die Implementierung ist so, dass die Anwendung beendet wird, wenn der Anwender auf das × klickt und den Dialog mit `OK` bestätigt.

10.6.3 Listener bei dem Ereignisauslöser anmelden/abmelden

Hat der Listener die Schnittstelle implementiert, wird er mit dem Ereignisauslöser verbunden. Dafür gibt es eine Reihe von Hinzufügen- und Entfernen-Methoden, die einer Namenskonvention folgen:

- `addEreignisListener( EreignisListener )`
- `removeEreignisListener( EreignisListener )`

Üblicherweise lassen sich beliebig viele Listener an einen Ereignisauslöser hängen.

addXXXListener(…) nur dann möglich, wenn es auch Ereignisse gibt

Nicht jede Komponente kann jedes Ereignis auslösen. Daher gibt es nur `addXXXListener(…)` für Ereignisse, die die Komponenten tatsächlich auslösen, und unterschiedliche Komponenten bieten unterschiedliche Hinzufügen-Methoden. Die `JFrame`-Klasse bietet zum Beispiel `addWindowListener(…)` für Fensterereignisse, aber kein `addActionListener(…)` – das wiederum bietet `JButton`, damit er die Aktivierung der Schaltfläche melden kann. Eine Schaltfläche löst eben keine Fensterereignisse aus, und daher gibt es die Methode `addWindowListener(…)` bei Schaltflächen nicht. So lassen sich über die angebotenen `addXXXListener(…)`-Methoden gut die Ereignisse ablesen, die eine Komponente auslösen kann, denn das `XXX` wird dann nach der Namenskonvention der Ereignistyp sein.

Fensterschließer registrieren

Den Listener für Fensterereignisse, unseren `DialogWindowClosingListener`, binden wir mit der Methode `addWindowListener(…)` an ein Fenster. Wird genau dieses Fenster geschlossen, bekommen wir das mit und können reagieren.

Listing 10.7 com/tutego/insel/ui/event/CloseWithDialogFrame.java

```
package com.tutego.insel.ui.event;

import javax.swing.*;

public class CloseWithDialogFrame {
  public static void main( String[] args ) {
```

```
    JFrame f = new JFrame();
    f.setDefaultCloseOperation( JFrame.DO_NOTHING_ON_CLOSE );
    f.add( new JLabel( "Zyklone bringen Regen" ) );
    f.pack();
    f.addWindowListener( new DialogWindowClosingListener() );
    f.setVisible( true );
  }
}
```

Wir tragen mit addWindowListener(…) den Listener ein. Immer wenn ein Window-Event ausgelöst wird, kümmert sich die jeweilige Methode um dessen Abarbeitung.

Normalerweise schließt Swing einen JFrame automatisch, wenn das × gedrückt wird – anders als beim AWT-Frame. Die Anweisung setDefaultCloseOperation(JFrame.DO_NOTHING_ON_CLOSE) verändert dieses Standardverhalten, damit nichts passiert und wir selbst zu 100 % die Kontrolle behalten. Denn ist die Zeile nicht im Programm, so merkt Swing, dass das × gedrückt wurde, und versteckt das Fenster, egal, was der Benutzer im Dialog angibt.

setDefaultCloseOperation(int) und der WindowListener *

Die ersten Swing-Programme, die wir geschrieben haben, nutzen setDefaultCloseOperation(JFrame.EXIT_ON_CLOSE), damit Swing automatisch die Anwendung beendet, wenn der Anwender auf × klickt. Diese Belegung ist für kleine Testprogramme in Ordnung, in ausgewachsenen GUI-Anwendungen sollte sich die Applikation jedoch nicht einfach schließen, sondern mit einem Dialog über das Ende informieren. Die Voreinstellung für die Default-Close-Operation von JFrame ist HIDE_ON_CLOSE, was das Fenster automatisch verdeckt (das Fenster kann später wieder aktiviert werden), nachdem die WindowListener aufgerufen wurden. Eine weitere Konstante ist DISPOSE_ON_CLOSE, was ebenfalls die Listener abarbeitet, aber das Fenster automatisch schließt und alle Ressourcen freigibt. Übernehmen wir selbst die komplette Kontrolle, ist die Belegung mit JFrame.DO_NOTHING_ON_CLOSE angebracht.

Der Unterschied zwischen windowClosing(…) und windowClosed(…) *

Die Schnittstelle WindowListener schreibt zwei Methoden vor, deren Namen sich ziemlich ähnlich anhören: windowClosing(…) und windowClosed(…). Betrachten wir den Unterschied zwischen beiden, und sehen wir uns an, wie ein Programm beide Methoden nutzen oder meiden kann.

In den einfachen Programmen setzen wir in die windowClosing(…)-Methode einen Aufruf von System.exit(0), um die Applikation zu beenden, da windowClosing(…) immer bei Beendigung der Applikation mit dem × am Fenster aufgerufen wird. Was allerdings leicht vergessen wird, ist die Tatsache, dass nicht nur der Benutzer über das × das Fenster schließen kann, sondern auch die Applikation über die spezielle Methode dispose(). Sie gibt alle Ressourcen frei und schließt das Fenster. Die Applikation ist dann allerdings noch nicht beendet. Damit wir das Schließen mit dem × und durch dispose() unterscheiden können, kümmert sich windowClosing(…) um das ×

und windowClosed(…) um das dispose(). Wenn wir lediglich mit dem × das Fenster schließen und die Applikation beendet werden soll, muss nicht noch extra dispose() schön brav die Ressourcen freigeben. Daher reicht oft ein System.exit(0). Soll das Fenster jedoch mit × und dispose() einfach nur geschlossen werden oder ist eine gemeinsame Behandlung gewünscht, so ist es sinnvoll, in windowClosing(…) mit dispose() indirekt windowClosed(…) aufzurufen, etwa so:

```
@Override public void windowClosing( WindowEvent e ) {
  e.getWindow().dispose();
}
@Override public void windowClosed( WindowEvent e ) {
  // Das Fenster ist geschlossen, und jetzt können wir hier
  // weitermachen, etwa mit System.exit(0), wenn alles
  // vorbei sein soll.
}
```

10.6.4 Adapterklassen nutzen

Hat eine Schnittstelle wie WindowListener viele Methoden, so hat eine Implementierung alle Methoden zu realisieren, auch wenn die Mehrzahl einen leeren Rumpf hat. Das ist lästig. Hier helfen *Adapterklassen* – Klassen, die die Schnittstellen mit leeren Rümpfen implementieren. Hat beispielsweise die Schnittstelle WindowListener sieben Methoden, so steht in der Adapterklasse folgende Implementierung:

Listing 10.8 java.awt.event.WindowAdapter.java

```
public abstract class WindowAdapter
  implements WindowListener, WindowStateListener, WindowFocusListener
{
    public void windowOpened( WindowEvent e ) { }
    public void windowClosing( WindowEvent e ) { }
    public void windowClosed( WindowEvent e ) { }
    public void windowIconified( WindowEvent e ) { }
    public void windowDeiconified( WindowEvent e ) { }
    public void windowActivated( WindowEvent e ) { }
    public void windowDeactivated( WindowEvent e ) { }
    public void windowStateChanged( WindowEvent e ) { }
    public void windowGainedFocus( WindowEvent e ) { }
    public void windowLostFocus( WindowEvent e ) { }
}
```

Zusätzlich entdecken wir einige Methoden, die nicht direkt von unserem WindowListener stammen, sondern von zwei weiteren Schnittstellen, die jetzt keine Rolle spielen.

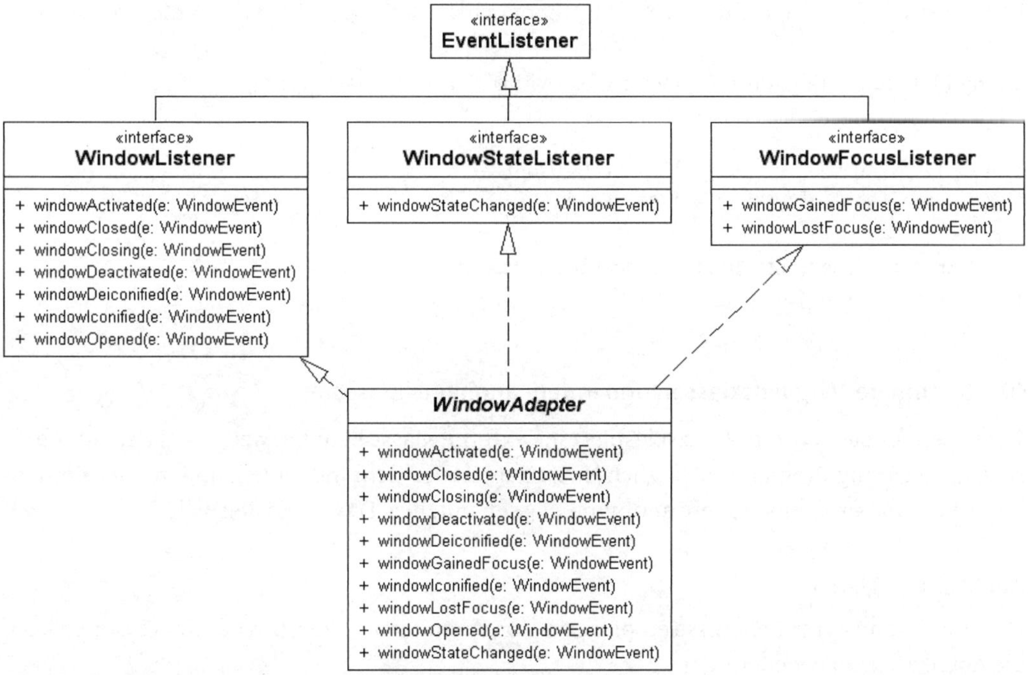

Abbildung 10.22 UML-Diagramm von WindowAdapter

Wenn wir jetzt einen Ereignisbehandler implementieren müssen, erweitern wir einfach die Adapterklasse und überschreiben nur die relevanten Methoden. Der Listener zum Schließen des Fensters mit einer Adapterklasse sieht dann wie folgt aus:

Listing 10.9 com/tutego/insel/ui/event/DialogWindowClosingListener2.java

```
package com.tutego.insel.ui.event;

import java.awt.event.*;
import javax.swing.JOptionPane;

public class DialogWindowClosingListener2 extends WindowAdapter {
  @Override public void windowClosing( WindowEvent event ) {
    int option = JOptionPane.showConfirmDialog( null, "Applikation beenden?" );
    if ( option == JOptionPane.OK_OPTION )
      System.exit( 0 );
  }
}
```

Beim Client ändert sich nicht viel, es ist immer noch die addWindowListener(…)-Methode:

Listing 10.10 com/tutego/insel/ui/event/CloseWithDialogFrame2.java, main()

```
JFrame f = new JFrame();
f.setDefaultCloseOperation( JFrame.DO_NOTHING_ON_CLOSE );
f.add( new JLabel( "Zyklone bringen Regen" ) );
f.pack();
f.addWindowListener( new DialogWindowClosingListener2() );
f.setVisible( true );
```

10.6.5 Innere Mitgliedsklassen und innere anonyme Klassen

Wir haben für das Fensterschließ-Beispiel eine externe Klasse benutzt, weil die Klasse für unterschiedliche Swing-Programme nützlich ist. Ist der Listener sehr individuell und mit der Komponente verbunden, so sind innere anonyme Klassen nützlich. Dazu zwei Beispiele.

Auf Klicks reagieren

Das JLabel kann Maus-Ereignisse empfangen, was wir nutzen wollen, um bei einem Doppelklick die Applikation zu beenden:

Listing 10.11 com/tutego/insel/ui/event/ClickOnJLabelToClose.java, main()

```
JFrame frame = new JFrame();
frame.setDefaultCloseOperation( JFrame.EXIT_ON_CLOSE );

JLabel label = new JLabel( "Lebe immer First-Class, sonst tun es deine Erben!" );
label.setForeground( Color.BLUE );

frame.add( label );

label.addMouseListener( new MouseAdapter() {
  @Override public void mouseClicked( MouseEvent e ) {
    if ( e.getClickCount() > 1 )
      System.exit( 0 );
  }
} );

frame.pack();
frame.setVisible( true );
```

Die Lösung hat den Vorteil, dass nicht extra eine eigene Klasse mit einem häufig überflüssigen Namen angelegt wird. Die Unterklasse von MouseAdapter ist nur hier sinnvoll und wird nur in diesem Kontext benötigt.

Dezimal-in-Hexadezimal-Umwandler

Innere Klassen sind elegant, denn sie können leicht auf Zustände der äußeren Klasse zugreifen. Das folgende Programm realisiert einen Hexadezimalwandler:

Listing 10.12 com/tutego/insel/ui/event/HexConverter.java

```
package com.tutego.insel.ui.event;

import java.awt.FlowLayout;
import java.awt.event.*;
import javax.swing.*;

public class HexConverter {
  public static void main( String[] args ) {
    JFrame frame = new JFrame();
    frame.setDefaultCloseOperation( JFrame.EXIT_ON_CLOSE );
    frame.setLayout( new FlowLayout() );

    final JTextField decTextField = new JTextField();
    decTextField.setColumns( 5 );
    frame.add( decTextField );
    frame.add( new JLabel(" ist hexadezimal " ) );
    final JTextField hexTextField = new JTextField();
    hexTextField.setColumns( 5 );
    frame.add( hexTextField );
    JButton okButton = new JButton( "Konvertiere" );
    frame.add( okButton );

    okButton.addActionListener( new ActionListener() {
      @Override public void actionPerformed( ActionEvent e ) {
        int    dec = Integer.parseInt( decTextField.getText() );
        String hex = Integer.toHexString( dec );
        hexTextField.setText( hex );
      }
    } );

    frame.pack();
    frame.setVisible( true );
  }
}
```

Das Programm nutzt einige Dinge, die neu sind, aber gut verständlich: Damit mehrere Komponenten nebeneinandergesetzt werden, konfigurieren wir das Fenster mit einem `FlowLayout`.

Dann platzieren wir ein Textfeld, eine Beschriftung, ein Textfeld und eine Schaltfläche nebeneinander. An die Schaltfläche kommt ein Listener, damit wir mitbekommen, ob sie bestätigt wurde. Wenn sie bestätigt wurde, erfolgt die Konvertierung (Fehler werden nicht abgefangen). Die anonyme Klasse kann dabei sehr gut auf die beiden Textfelder zurückgreifen. Wäre der Listener eine externe Klasse, so müssten ihr – etwa im Konstruktor – die beiden Textfelder mitgegeben werden.

10.6.6 Aufrufen der Listener im AWT-Event-Thread

Nachdem der Listener implementiert und angemeldet wurde, ist das System im Fall eines aufkommenden Ereignisses bereit, es zu verteilen. Aktiviert zum Beispiel der Benutzer eine Schaltfläche, so führt der *AWT-Event-Thread* – auch *Event-Dispatching-Thread* genannt – den Programmcode im Listener selbstständig aus. Sehr wichtig ist Folgendes: Der Programmcode im Listener sollte nicht zu lange laufen, da sich sonst Ereignisse in der Queue sammeln, die der AWT-Thread nicht mehr verarbeiten kann. Diese Eigenschaft fällt dann schnell auf, wenn sich Aufforderungen zum Neuzeigen (Repaint-Ereignisse) aufstauen, da auf diese Weise leicht ein »stehendes System« entsteht.

Die Reihenfolge, in der die Listener abgearbeitet werden, ist im Prinzip undefiniert. Zwar reiht das JDK sie in eine Liste ein, sodass es dadurch eine Reihenfolge gibt, doch sollte diesem Implementierungsdetail keine Beachtung geschenkt werden.

10.6.7 Ereignisse, etwas genauer betrachtet *

Die ausgesandten Botschaften werden in Ereignisklassen kategorisiert. Da es unterschiedliche Ereignisse (engl. *events*) gibt, kann das System somit die Ereignisse unterteilen und eine Vorauswahl treffen.

AWTEvent und Unterklassen WindowEvent, KeyEvent, ...

Alle Ereignisse der grafischen Oberfläche sind Objekte, die aus einer Unterklasse von `AWTEvent` gebildet sind. Die Klasse `AWTEvent` ist abstrakt und selbst von `EventObject` aus dem `util`-Paket abgeleitet. Obwohl sich die meisten Oberflächen-Ereignisklassen in dem Unterpaket `java.awt.event` befinden, liegt `AWTEvent` selbst direkt unter `java.awt` und damit nicht im Ereignis-Paket.

Eine wichtige Methode ist `getID()`. Jede Ereignisklasse definiert eine ID, durch die sich die Ereignisse neben ihrer Klassenzugehörigkeit unterscheiden. Für Ereignisse gedrückter Schaltflächen ist die ID etwa `ActionEvent.ACTION_PERFORMED`.

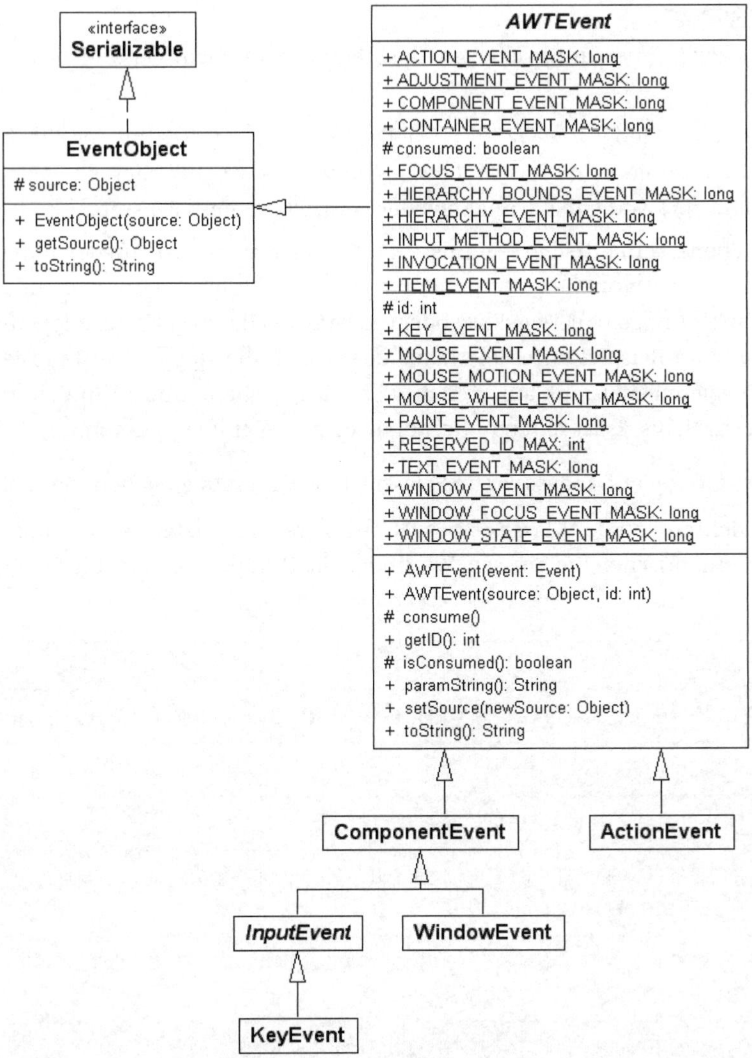

Abbildung 10.23 Die AWTEvent-Klasse und ihre Unterklassen

Natürlich stellt sich die Frage, wieso eine ID für die Ereignisse notwendig sein soll, weil die Vererbungsbeziehung doch den Typ klärt? Das ist zwar korrekt, doch gäbe es für mehr als 30 Events zu viele Klassen. Daher haben die Entwickler ähnliche Ereignisse zu Gruppen zusammengefasst: so etwa bei einem `WindowEvent`, das dann versandt wird, wenn etwa das Fenster geschlossen oder verkleinert wird. In diesem Fall gibt es ein Ereignis vom Typ `WindowEvent`, aber zwei unterschiedliche IDs. So wird eine unübersehbare Anzahl von Event-Klassen vermieden. Einige Klassen verwalten weitere Konstanten, etwa für die gedrückten Tasten. Es wäre kaum sinnvoll, für jede Taste eine eigene Klasse zu schreiben. Statt einer neuen Klasse wird der Typ als eigenes Attribut im `KeyEvent` gespeichert.

Events auf verschiedenen Ebenen

Bei den Ereignissen werden zwei Typen unterschieden: die Ereignisse auf niedriger und die auf hoher Ebene:

- **Ereignisse auf niedriger Ebene** (engl. *low-level events*): Damit sind Ereignisse auf der Ebene des grafischen Betriebssystems gemeint. Das sind etwa eine Mausbewegung oder ein Fokus auf Komponenten, Tastendrücke oder das Schließen oder Vergrößern eines Fensters.
- **Ereignisse auf höherer Ebene, semantische Ereignisse** (engl. *high-level events*): Auf der anderen Seite gibt es Ereignisse, die von GUI-Komponenten erzeugt werden, wenn etwa eine Schaltfläche aktiviert (etwa durch einen Mausklick oder das Drücken der [↵]-Taste) oder ein Rollbalken bewegt wird (zum Beispiel durch die Maus oder durch die [Bild↑]-Taste). Die Swing-Komponenten reagieren meistens auf Ereignisse niedriger Ebene und formulieren daraus ein semantisches Ereignis. Es ist selten nötig, auf niedrige Ereignisse zu hören.

Die Trennung fällt aber nicht weiter auf, sodass wir im Folgenden nicht darauf eingehen werden.

Da alle grafischen Komponenten von der Klasse `Component` abgeleitet sind, liefern sie automatisch eine Reihe von nicht semantischen Ereignissen. Wir finden die Unterklassen und die Ereignistypen in Tabelle 10.4:

Klasse	ID
ComponentEvent	COMPONENT_MOVED, COMPONENT_RESIZED, COMPONENT_SHOWN, COMPONENT_HIDDEN
FocusEvent	FOCUS_GAINED, FOCUS_LOST
KeyEvent	KEY_PRESSED, KEY_RELEASED, KEY_TYPED
MouseEvent	MOUSE_CLICKED, MOUSE_DRAGGED, MOUSE_ENTERED, MOUSE_EXITED, MOUSE_MOVED, MOUSE_PRESSED, MOUSE_RELEASED
HierarchyEvent	ANCESTOR_MOVED, ANCESTOR_RESIZED, DISPLAYABILITY_CHANGED, HIERARCHY_CHANGED, PARENT_CHANGED SHOWING_CHANGED
InputMethodEvent	CARET_POSITION_CHANGED, INPUT_METHOD_TEXT_CHANGED

Tabelle 10.4 Ereignisklassen und ihre IDs

Weitere Ereignisse auf niedriger Ebene werden von Fenstern und Dialogen ausgelöst; sie senden Ereignisobjekte vom Typ `WindowEvent`. Wir werden uns in diesem Kapitel auch mit den unterschiedlichen Komponenten beschäftigen und immer gleich die zugehörigen Ereignisse untersuchen.

Tabelle 10.5 zeigt für einige grafische Komponenten die Ereignisse und gibt an, wann sie ausgelöst werden können.

Auslöser	Wann das Event ausgelöst wird	Ereignis
`JButton`	Aktivierung der Schaltfläche	`ActionEvent`
`JScrollBar`	Wertänderung	`AdjustmentEvent`
`JTextComponent`	Verschiebung des Cursors	`CaretEvent`
`JSlider`	Änderung der Werte	`ChangeEvent`
`Component`	Änderung der Sichtbarkeit oder Größe	`ComponentEvent`
`Container`	Änderung des Inhalts	`ContainerEvent`
`JComponent`	neuer Fokus (bei Tastatureingaben)	`FocusEvent`
`JEditorPane`	Hyperlink-Auswahl	`HyperlinkEvent`
`JList`	Auswahl	`ItemEvent`
`JComponent`	Tastatur	`KeyEvent`
`JMenu`	Menüauswahl	`MenuEvent`
`JComponent`	Betreten oder Verlassen einer Komponente	`MouseEvent`
`JComponent`	Bewegung	`MouseMotionEvent`
`JWindow`	Zustandsänderung	`WindowEvent`
`Eye*`	Augenzwinkern	`EyelidEvent`
*) Nicht in der Java-API, aber in der Welt-API.		

Tabelle 10.5 Einige Ereignisauslöser

10.7 Schaltflächen

Eine *Schaltfläche* (engl. *button*) ermöglicht es dem Anwender, eine Aktion auszulösen. Schaltflächen sind meistens beschriftet und stellen eine Zeichenkette dar oder tragen eine Grafik, etwa im Fall eines Symbols in der Symbolleiste. Unter dem AWT kann eine Schaltfläche nur Text, aber keine Icons darstellen.

Swing kennt unterschiedliche Schaltflächen. Dazu zählen `JButton` für einfache Schaltflächen, aber auch Schaltflächen zum Ankreuzen.

10.7.1 Normale Schaltflächen (JButton)

Die Schaltfläche `JButton` reagiert auf Aktivierung und erzeugt ein `ActionEvent`, das ein angehängter `ActionListener` meldet.

Abbildung 10.24 JButton mit einer einfachen Schaltfläche zum Schließen

Listing 10.13 com/tutego/insel/ui/swing/JButtonDemo.java, main()

```
JFrame frame = new JFrame();
frame.setDefaultCloseOperation( JFrame.EXIT_ON_CLOSE );
frame.setLayout( new FlowLayout() );

// Button 1

final Icon icon1 = new ImageIcon(
        JButtonDemo.class.getResource( "/images/user-trash-full.png" ) );
final Icon icon2 = new ImageIcon(
        JButtonDemo.class.getResource( "/images/user-trash.png" ) );

final JButton button1 = new JButton( icon1 );
frame.add( button1 );

ActionListener al = new ActionListener() {
  @Override public void actionPerformed( ActionEvent e ) {
    button1.setIcon( icon2 );
  }
};

button1.addActionListener( al );

// Button 2

final JButton button2 = new JButton( "Ende" );
frame.add( button2 );

button2.addActionListener( new ActionListener() {
  @Override public void actionPerformed( ActionEvent e ) {
    System.exit( 0 );
  }
} );

frame.pack();
frame.setVisible( true );
```

Die JButton-API

Es gibt mehrere Konstruktoren für `JButton`-Objekte. Die parameterlose Variante erzeugt eine Schaltfläche ohne Text. Der Text lässt sich mit `setText(String)` nachträglich ändern. In der Regel nutzen wir den Konstruktor, dem ein String mitgegeben wird.

```
class javax.swing.JButton
extends AbstractButton
implements Accessible
```

- `JButton()`
  Erzeugt eine neue Schaltfläche ohne Aufschrift.
- `JButton(String text)`
  Erzeugt eine neue Schaltfläche mit Aufschrift.
- `JButton(Icon icon)`
  Erzeugt eine neue Schaltfläche mit Icon.
- `JButton(String text, Icon icon)`
  Erzeugt eine neue Schaltfläche mit Aufschrift und Icon.
- `void setText(String text)`
  Ändert die Aufschrift der Schaltfläche auch im laufenden Betrieb.[3]
- `String getText()`
  Liefert die Aufschrift der Schaltfläche.
- `void addActionListener(ActionListener l)`
  Fügt dem Button einen `ActionListener` hinzu, der die Ereignisse abgreift, die durch die Schaltfläche ausgelöst werden.
- `void removeActionListener(ActionListener l)`
  Entfernt den `ActionListener` wieder. Somit kann er keine weiteren Ereignisse mehr abgreifen.

10

[+]

Hinweis

Wörter mit einer starken emotionalen Bindung sollten vermieden werden. In englischen Programmen müssen Wörter wie »kill« oder »abort« umgangen werden.[4]

---

3 Vergleichen wir das mit den Methoden der Klasse `java.awt.Label`. Hier heißen die Methoden zum Lesen und Ändern des Textes `setLabel()` und `getLabel()`. Dies ist für mich wieder eines der AWT-Rätsel. Warum heißt es bei einem `java.awt.Label`-Objekt `setText()`/`getText()` und bei einem `java.awt.Button`-Objekt `setLabel()`/`getLabel()`? Immerhin heißt es bei den Swing-Komponenten `JLabel` und `JButton` konsequent `setText()`/`getText()`.

4 Siehe dazu das Buch »Tog on Interface« von Bruce Tognazzini, auszugsweise unter *http://www.asktog.com/TOI/toi06KeyboardVMouse1.html*.

10.7.2 Der aufmerksame ActionListener

Klicken wir auf die Schaltfläche, so sollte die Aktion gemeldet werden. Diese wird in Form eines `ActionEvent`-Objekts an den Zuhörer (einen `ActionListener`) gesendet. Ein `ActionListener` wird mit der Methode `addActionListener(ActionListener)` an die Objekte angeheftet, die Aktionen auslösen können. `ActionListener` ist eine Schnittstelle mit der Methode `actionPerformed(…)`. Die Schnittstelle `ActionListener` wiederum erweitert die Schnittstelle `EventListener`, die von allen Listener-Interfaces implementiert werden muss.

```
interface java.awt.event.ActionListener
extends EventListener
```

- `void actionPerformed(ActionEvent e)`
  Wird aufgerufen, wenn eine Aktion ausgelöst wird.

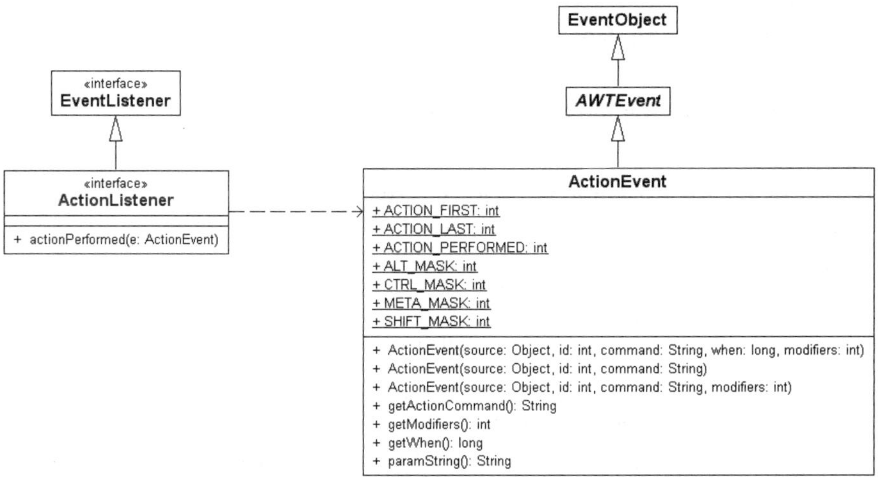

Abbildung 10.25 Die Beziehung zwischen ActionListener und ActionEvent

Werfen wir noch einmal einen Blick auf die Implementierung unserer beiden `ActionListener`-Klassen, die als anonyme innere Klasse realisiert sind:

```
ActionListener al = new ActionListener() {
  @Override public void actionPerformed( ActionEvent e ) {
    button1.setIcon( icon2 );
  }
};

button2.addActionListener( new ActionListener() {
  @Override public void actionPerformed( ActionEvent e ) {
    System.exit( 0 );
  }
} );
```

10.7.3 Schaltflächen-Ereignisse vom Typ ActionEvent

Registriert die Schaltfläche einen Klick, wird ein `ActionEvent` erzeugt und auf allen angemeldeten Listenern die Methode `actionPerformed(ActionEvent)` aufgerufen.

```
class java.awt.event.ActionEvent
extends AWTEvent
```

- `int getModifiers()`
  Liefert den Umschaltcode für Tasten, die während des Ereignisses gedrückt waren, als Verknüpfung der Konstanten `SHIFT_MASK`, `CTRL_MASK`, `META_MASK` (etwa die [Alt]-, [⌘]- oder [Apple]-Taste) und `ALT_MASK`. Diese Konstanten kommen direkt aus der `Event`-Klasse, so ist etwa `ALT_MASK = Event.ALT_MASK`. Außerdem gibt es die Konstanten `ACTION_FIRST`, `ACTION_LAST` und `ACTION_PERFORMED`, die aber alle für den gleichen Wert stehen.
- `long getWhen()`
  Liefert einen Zeitstempel, wann das Ereignis ausgelöst wurde.
- `String paramString()`
  Liefert einen Erkennungs-String für das Ereignis.

10

10.7.4 Basisklasse AbstractButton

Alle Schaltflächen haben in Java eine gemeinsame Oberklasse, die Eigenschaften wie Listener, Abstand Text/Icon und Weiteres bestimmt. Diese Oberklasse ist `AbstractButton` und ist Basis von:

- `JButton`
- `JToggleButton`
- `JMenuItem` (somit auch für die weiteren Unterklassen `JCheckBox` und `JRadioButton`)

Der `AbstractButton` ist, wie der Name schon sagt, eine abstrakte Klasse, die aus `JComponent` hervorgeht. Über die Oberklasse lassen sich die folgenden Eigenschaften für alle Schaltflächen steuern:

- Das Mnemonik-Zeichen – ein Kürzel, das im Text unterstrichen dargestellt wird und schnell über die [Alt]-Taste aufgerufen werden kann. Dies übernimmt die Methode `setMnemonic(char)`.
- Sich selbst auslösen durch `doClick()`.
- Icons mit `setDisabledIcon(Icon)`, `setDisabledSelectedIcon(Icon)`, `setPressedIcon(Icon)`, `setRolloverIcon(Icon)`, `setRolloverSelectedIcon(Icon)` und `setSelectedIcon(Icon)` ändern.
- Die Ausrichtung von Text und Icon in der Schaltfläche durch `setVerticalAlignment(…)` und `setHorizontalAlignment(…)` bestimmen.
- Die Position von Icon und Text untereinander durch `setVerticalTextPosition(…)` und `setHorizontalTextPosition(…)` bestimmen.

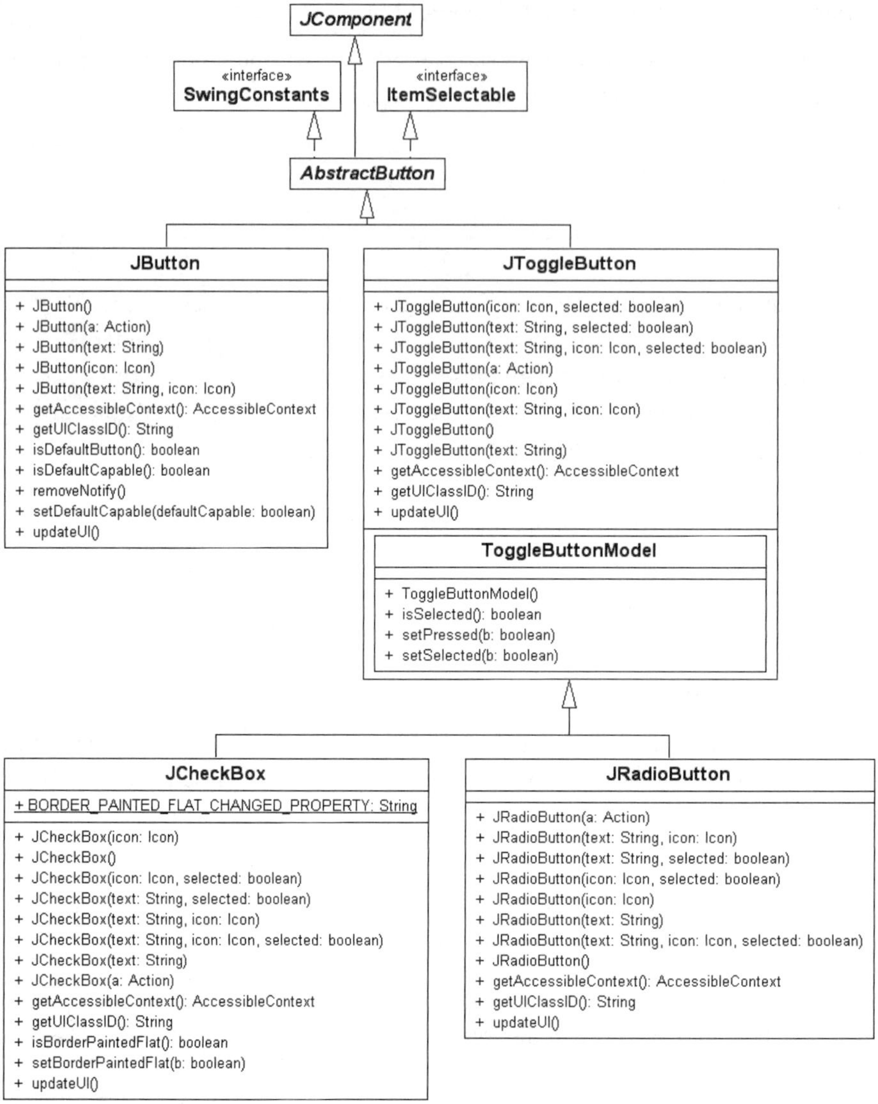

Abbildung 10.26 Die Klasse AbstractButton und ihre Unterklassen

Den Erkennungs-String (Action-Command) einer Schaltfläche ändern *

Manche Ereignisbehandler für Schaltflächen sind einander so ähnlich, dass Entwickler nur einen Listener mit mehreren Schaltflächen verbinden möchten. Dann taucht nur das Problem auf, wie der Listener die Schaltflächen unterscheiden soll. Eine Idee wäre, die Beschriftung mit `getText()` auszulesen – was allerdings ein Problem mit sich bringt, wenn die Software stark landessprachlich ist, da sich bei mehrsprachigen Anwendungen die Aufschrift ändert. Eine andere Lösung bestünde darin, mit `getSource()` zu arbeiten. Dann müsste im Listener allerdings die Komponente für einen Vergleich verfügbar sein (was oft nicht der Fall ist).

Als Lösung bietet die `AbstractButton`-Klasse die Methode `setActionCommand(String)` an, mit der sich eine Kennung, der so genannte *Action-Command*, setzen lässt:

```
abstract class javax.swing.AbstractButton
extends JComponent
implements ItemSelectable, SwingConstants
```

- `void setActionCommand(String command)`
  Setzt einen neuen Kommando-String, wenn das Ereignis ausgeführt wird.

Der Listener kann diesen Action-Command mit `getActionCommand()` aus dem `ActionEvent` auslesen.

```
class java.awt.event.ActionEvent
extends AWTEvent
```

- `String getActionCommand()`
  Liefert den String, der mit dieser Aktion verbunden ist.

Ohne explizites Setzen ist der Action-Command standardmäßig mit der Beschriftung der Schaltfläche initialisiert.

10.7.5 Wechselknopf (JToggleButton)

Ein `JToggleButton` (zu Deutsch *Wechselknopf*) hat im Gegensatz zum `JButton` zwei Zustände. Dies ist vergleichbar mit einem Schalter, der den Zustand »ein« oder »aus« annimmt. Der `JButton` gerät in diesen Zustand nur bei der Aktivierung, springt dann aber wieder in seinen ursprünglichen Zustand zurück. Der `JToggleButton` springt bei der ersten Aktivierung in einen festen Zustand und bleibt dort so lange, bis er wieder aktiviert wird. `JToggleButton` ist die Oberklasse für die Auswahlknöpfe `JCheckBox` und `JRadioButton`.

10.8 Textkomponenten

Swing bietet eine Reihe von Textkomponenten:

- `JTextField`: einzeiliges Textfeld
- `JFormattedTextField`: einzeiliges Textfeld mit Formatierungsvorgaben
- `JPasswordField`: einzeilige Eingabe mit verdeckten Zeichen
- `JTextArea`: mehrzeiliges Textfeld
- `JEditorPane`: Editor-Komponente
- `JTextPane`: Spezialisierung der Editor-Komponente

Die `JEditorPane` (mehr dazu in Abschnitt 10.8.6, »Editor-Klasse (JEditorPane) * «) ist die leistungsfähigste Komponente, die über so genannte Editor-Kits reinen Text, HTML oder RTF darstellen und verwalten kann.

[+]

Hinweis

Swings Textkomponenten sind sehr leistungsfähig und allemal beeindruckend, da Swing ja allerlei Dinge von Hand erledigt, weil es nicht auf die nativen Textkomponenten vom grafischen Teil des Betriebssystems zurückgreift. Der aufwändigste Teil ist die korrekte Darstellung des Textes (die Java 2D übernimmt), aber Selektion, effektive Verwaltung von großen Textmengen, schnelles Scrolling, Tastaturkommandos, einfache Programmier-API sind weitere Anforderungen.

Viele wichtige Methoden sind in der Oberklasse `javax.swing.text.JTextComponent` zu finden. Zwar liegt diese Klasse im Paket `javax.swing.text`, doch liegen alle anderen Klassen »klassischerweise« unter `javax.swing`.

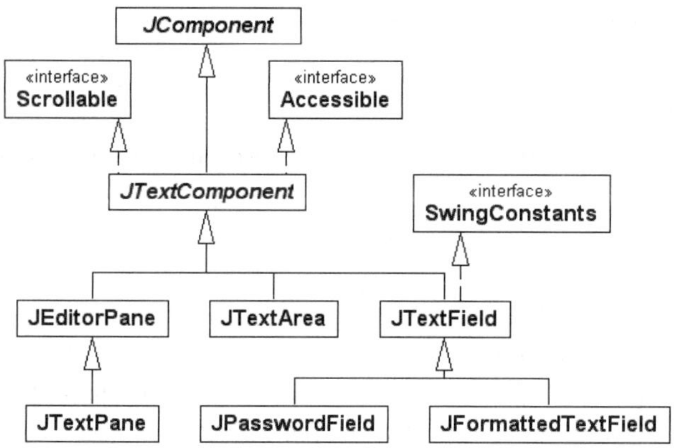

Abbildung 10.27 Vererbungsbeziehung der Swing-Textkomponenten

10.8.1 Text in einer Eingabezeile

Einzeilige Textfelder werden mit der Klasse `JTextField` erstellt. Unterschiedliche Konstruktoren legen einen Start-String oder die Anzahl der Zeichen fest, die ein Textfeld anzeigen kann. Ein `JTextField` löst mit der [↵]-Taste ein `ActionEvent` auf diesen Ereignistyp aus – das kennen wir schon von `JButton`.

Ein kleiner Rechner soll über eine Textzeile mit einer Länge von 20 Zeichen verfügen. Bei Aktivierung der [↵]-Taste soll der Ausdruck berechnet werden und in der Textzeile erscheinen:

Listing 10.14 com/tutego/insel/ui/text/JTextFieldDemo.java, main()

```
JFrame frame = new JFrame();
frame.setDefaultCloseOperation( JFrame.EXIT_ON_CLOSE );

final JTextField input = new JTextField( "12 * 3 + 2", 20 );
```

```
input.addActionListener( new ActionListener() {
  @Override public void actionPerformed( ActionEvent e ) {
    try {
      input.setText( "" +
        new ScriptEngineManager().getEngineByName("JavaScript")
                                 .eval(input.getText()) );
    }
    catch ( ScriptException ex ) {
      ex.printStackTrace();
    }
  }
} );
frame.add( input );
frame.pack();
frame.setVisible( true );
```



```
class javax.swing.JTextField
extends JTextComponent
```

- `JTextField()`
  Erzeugt ein leeres Textfeld.
- `JTextField(int columns)`
  Erzeugt ein Textfeld mit einer gegebenen Anzahl von Spalten.
- `JTextField(String text)`
  Erzeugt ein mit `text` initialisiertes Textfeld.
- `JTextField(String text, int columns)`
  Erzeugt ein mit `text` initialisiertes Textfeld mit `columns` Spalten.

10.8.2 Die Oberklasse der Textkomponenten (JTextComponent)

Alle Texteingabefelder unter Swing sind von der abstrakten Oberklasse `JTextComponent` abgeleitet. Die wichtigsten Methoden sind `setText(String)` und `getText()`, mit denen sich Zeichenketten setzen und erfragen lassen.

```
class javax.swing.text.JTextComponent
extends JComponent
implements Scrollable, Accessible
```

- `String getText()`
  Liefert den Inhalt des Textfeldes.

- `String getText(int offs, int len)`
  Liefert den Inhalt des Textfeldes von `offs` bis `offs + len`. Stimmen die Bereiche nicht, wird eine `BadLocationException` ausgelöst.
- `String getSelectedText()`
  Liefert den selektierten Text. Keine Selektion ergibt die Rückgabe `null`.
- `void setText(String t)`
  Setzt den Text neu.
- `void read(Reader in, Object desc) throws IOException`
  Liest den Inhalt aus dem Reader in das Textfeld. `desc` beschreibt den Datenstrom näher, kann aber `null` sein. Die `read(…)`-Methode erzeugt intern ein neues `Document`-Objekt und verwirft das alte.
- `void write(Writer out) throws IOException`
  Schreibt den Inhalt des Textfeldes in den `Writer`.

Das Caret *

Der Cursor in einem Textfeld heißt *Caret*. Unterschiedliche Anfragen lassen sich an ein Textfeld stellen, um mehr über das Caret herauszufinden. Ein Listener kann an eine `JTextComponent` gehängt werden, und ebenso kann das Caret frei bewegt werden.

```
class javax.swing.text.JTextComponent
extends JComponent
implements Scrollable, Accessible
```

- `int getCaretPosition()`
- `setCaretPosition(int position)`
  Liefert bzw. verändert die Position des Eingabe-Cursors.
- `Color getCaretColor()`
- `void setCaretColor(Color c)`
  Liest oder ändert die Farbe des Carets.

[»]

Beispiel

Der Cursor soll an das Textende gesetzt werden. `textfield.getText().length()` erfragt die Länge des Strings, und `textfield.setCaretPosition(int)` setzt die Position des Cursors. Für ein Textfeld `textfield` ist Folgendes also die Lösung:

```
textfield.setCaretPosition( textfield.getText().length() );
```

Beispiel

Setze die Markierung einer Textkomponente auf das Suchergebnis eines Pattern-Matchers.

```
JTextComponent text = ...;
text.getCaret().setDot( matcher.start() );
text.getCaret().moveDot( matcher.end() );
text.getCaret().setSelectionVisible( true );
```

10.8.3 Geschützte Eingaben (JPasswordField)

Das `JPasswordField` ist ein spezielles `JTextField`, das die Zeichen nicht auf dem Bildschirm darstellt, sondern ein alternatives Zeichen zeigt, das so genannte *Echozeichen*. Standardmäßig ist das ein Sternchen. So lassen sich Passwort-Felder anlegen, die eine Eingabe verbergen:

Listing 10.15 com/tutego/insel/ui/text/JPasswordFieldDemo.java, Ausschnitt

```
JPasswordField pass = new JPasswordField( 15 );
pass.setEchoChar( '#' );
comp.add( pass );
```

Im Konstruktor geben wir die Länge der Textzeile an. Mit der Methode `setEchoChar(char)` lässt sich das Echozeichen festlegen.[5]

Leider bleibt das Problem, dass die Sternchen auf die Anzahl der geheimen Zeichen schließen lassen.

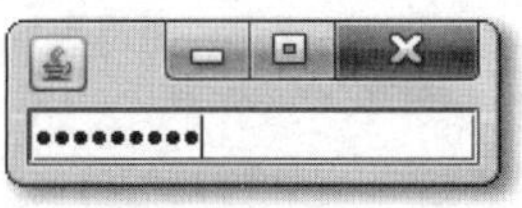

Abbildung 10.28 Das Passwort-Feld

10.8.4 Validierende Eingabefelder (JFormattedTextField)

Textfelder, in denen Benutzer Zeichenfolgen eintragen, müssen oft die Eingabe validieren. So dürfen Zahlenfelder keine beliebigen Zeichen annehmen, sondern nur Ziffern und vielleicht Vorzeichen oder Dezimaltrenner. Komplizierte Felder wie ISB-Nummern oder Datumsformate haben noch weitere Regeln. Eine Implementierung dieser Textfelder sieht häufig so aus, dass auf Tastatureingaben reagiert und sofort geprüft wird, ob alles in Ordnung ist, oder später nach einer `actionPerformed(…)`. Schlaue Programmierer nutzen gern die `parse(…)`-Methode des `Format`-Objekts aus dem `text`-Paket, um die Beschränkungen zu prüfen.

5 Wird das Echozeichen auf `(char)0` gesetzt, erscheint die Eingabe nicht im Klartext. So macht es nur die AWT-Komponente `TextField`.

Die Swing-Komponente `JFormattedTextField` ist ein `JTextField` mit einer Möglichkeit zur Formatierung und Validierung der Daten. Gültige Werte bestimmt ein im Konstruktor übergebenes `java.text.Format`-Objekt. Wollen wir Zahlenformate testen, geben wir zum Beispiel ein `SimpleDateFormat`-Objekt mit und für Dezimalfeldeingaben ein `DecimalFormat`-Exemplar.

Das folgende Programm zeigt die Anwendung eines Eingabefeldes, das nur Datumswerte eines bestimmten Formats und Dezimalzahlen annimmt:

Listing 10.16 com/tutego/insel/ui/text/JFormattedTextDemo.java

```
JFrame frame = new JFrame();
frame.setDefaultCloseOperation( JFrame.EXIT_ON_CLOSE );
frame.setLayout( new GridLayout(0,1) );

ActionListener actionListener = new ActionListener() {
  @Override public void actionPerformed( ActionEvent e ) {
    System.out.println( ((JFormattedTextField)e.getSource()).getText() );
} };

JTextField textField1 = new JFormattedTextField(
    new SimpleDateFormat("MM/dd/yy") );
frame.add( textField1 );
textField1.addActionListener( actionListener );

JTextField textField2 = new JFormattedTextField(
    new DecimalFormat("#,###") );
frame.add( textField2 );
textField2.addActionListener( actionListener );

frame.pack();
frame.setVisible( true );
```

[+]

Hinweis

Während der Eingabe, also bei jedem Tastendruck, testet `JFormattedTextField` die Zeichenkette nicht auf ihre Korrektheit. So lässt sich in beide Textfelder erst einmal beliebiger Text eintragen. Erst bei einem Fokuswechsel oder einer Bestätigung mit [↵] arbeitet die Validierung von `JTextField` – hier allerdings nicht konsistent. Während bei einem zugewiesenen Datumsformat Eingaben wie »23/234/334« noch durchgehen und offensichtlich falsche Eingaben wie »blub« abgewiesen werden und nicht zu einem `ActionEvent` führen, benachrichtigt `JTextField` mit einem `DecimalFormat("#,###")` und dem Text »1,bla« unseren `ActionListener`. Das ist natürlich unsinnig, und wir müssen erneut prüfen. Ein Fokuswechsel validiert jedoch und trägt in das Textfeld »1« ein.

10.8.5 Einfache mehrzeilige Textfelder (JTextArea)

Mit der Klasse `JTextArea` lassen sich mehrzeilige editierbare Textfelder erzeugen. Der Zeichensatz kann genau ein Attribut annehmen, das heißt, die Schrift verfügt über genau eine Farbe und eine Schriftart; der Zeichensatz lässt sich mit `setFont(Font)` zuweisen.

Die `JTextArea`-Klasse stellt im Gegensatz zur AWT-Komponente `TextArea` keine automatischen Bildlaufleisten dar, eine Scroll-Eigenschaft muss nachträglich über eine `JScrollPane` realisiert werden:

Listing 10.17 com/tutego/insel/ui/text/JTextAreaDemo.java

```
package com.tutego.insel.ui.text;

import javax.swing.*;
import java.awt.*;
import java.awt.event.*;

class JTextAreaDemo extends JFrame {

  private Font font = new Font( Font.SANS_SERIF, Font.PLAIN, 12 );

  public JTextAreaDemo() {
    setDefaultCloseOperation( JFrame.EXIT_ON_CLOSE );

    final JTextArea t = new JTextArea();
    t.setFont( font );
    add( new JScrollPane( t ) );

    ActionListener al = new ActionListener() {
      @Override public void actionPerformed( ActionEvent e ) {
        switch ( e.getActionCommand() ) {
          case "Ende":
            System.exit( 0 );
          case "fett":
            t.setFont( font = font.deriveFont( font.getStyle() ^ Font.BOLD ) );
            break;
          case "kursiv":
            t.setFont( font = font.deriveFont( font.getStyle() ^ Font.ITALIC ) );
            break;
        }
      }
    };

    JPanel panel = new JPanel( new GridLayout(1,3) );
    add( panel, BorderLayout.PAGE_START );
```

```
    AbstractButton button;

    panel.add( button = new JToggleButton("fett") );
    button.addActionListener( al );
    button.setFont( font.deriveFont( Font.BOLD ) );

    panel.add( button = new JToggleButton("kursiv") );
    button.addActionListener( al );
    button.setFont( font.deriveFont( Font.ITALIC ) );

    panel.add( button = new JButton("Ende") );
    button.addActionListener( al );

    setSize( 400, 600 );
  }

  public static void main( String[] args ) {
    new JTextAreaDemo().setVisible( true );
  }
}
```

Die Zeile mit der Anweisung `font.getStyle() ^ Font.BOLD` dreht über den XOR-Operator das entsprechende Flag um. War das Bit für `Font.BOLD` vorher gesetzt, ist es nach der XOR-Operation gelöscht. Genauso ist es umgekehrt: War es nicht gesetzt, ist es anschließend gesetzt. Die Konstanten sind mit 1 (`BOLD`), 2 (`ITALIC`) vorbelegt – also einmal Bit 1 und einmal Bit 2.

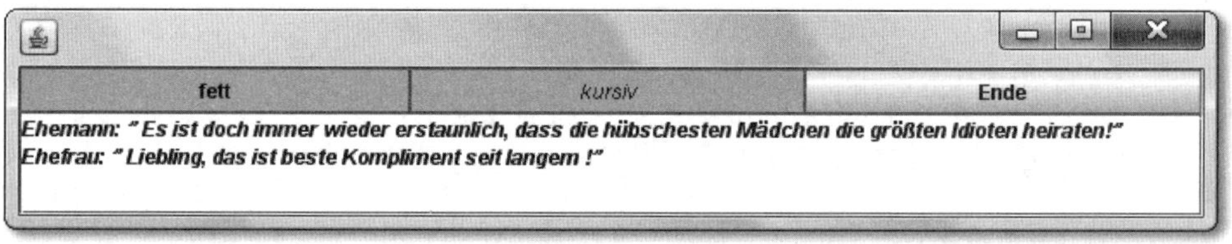

Abbildung 10.29 Eine JTextArea mit einfacher Formatierung

```
class javax.swing.JTextArea
extends JTextComponent
```

- `JTextArea()`
  Ein neues `JTextArea`-Objekt wird erzeugt.
- `JTextArea(int rows, int columns)`
  Erzeugt ein neues Objekt mit gegebener Anzahl an Zeilen und Spalten.
- `JTextArea(String text)`
  Erzeugt ein `JTextArea`-Objekt mit einem Starttext.

- `JTextArea(String, int rows, int columns)`
  Eine Kombination aus den beiden vorigen Konstruktoren.

Unterschiedliche Methoden erfragen das Layout und erlauben eine Änderung:

- `int getColumns()`
- `int getRows()`
  Gibt die Anzahl der Spalten bzw. Zeilen an.
- `void setColumns(int columns)`
- `void setRows(int rows)`
  Setzt die Anzahl der Spalten bzw. Zeilen neu.
- `int getLineCount()`
  Liefert die Anzahl der Zeilen.

Praktisch sind die `int`-gebenden Methoden `getLineEndOffset(int line)`, `getLineStartOffset(int line)` und `getLineOfOffset(int offset)`, die die Zeichenposition mit Zeilennummern zusammenbringen.

Modifikationen des Textes sind ebenfalls möglich und gehen über die Methoden der Oberklasse `JTextComponent` hinaus:

- `void append(String str)`
  Hängt den String an den vorhandenen Text an. Diese Methode steht in der Oberklasse `JTextComponent` nicht zur Verfügung.
- `void insert(String str, int pos)`
  Fügt den String an die Position `pos` ein.
- `void replaceRange(String str, int start, int end)`
  Ersetzt Text von `start` bis `end` durch den neuen Text `str`.

Scrolling

Wie üblich besitzt die `JTextArea` keine Rollbalken und muss zwecks Scrolling in eine `JScrollPane` eingebaut werden. Es ist praktisch, zu wissen, dass sich einzelne Rollbalken einer `JScrollPane` mit `get[Vertical|Horizontal]ScrollBar` erfragen lassen. Denn wenn zum Beispiel am Ende etwas angehängt wird, scrollt die `JTextArea` nicht automatisch mit nach unten. Nach dem Einfügen können wir jedoch den vertikalen Rollbalken erfragen und von Hand den Wert auf das Maximum setzen:

```
JScrollBar bar = scrollPane.getVerticalScrollBar();
bar.setValue( bar.getMaximum() );
```

10.8.6 Editor-Klasse (JEditorPane) *

Die Klasse `JEditorPane` ist eine sehr leistungsfähige Textkomponente für verschiedene Textformate. Die Swing-Implementierung unterstützt HTML und das *Rich Text Format* (RTF), und eigene Implementierungen lassen sich ohne große Probleme ergänzen. Diese werden *Editor-Kits* genannt. Der Editor stellt Text dar, der ihm mit `setContentType(String)` übergeben wird. Das Editor-Kit wird dann mit `setEditorKit(EditorKit)` zugewiesen. Ohne eigene Erweiterungen sind »text/html« (Standard), »text/plain« und »text/rtf« erlaubt. Soll nur Text ohne Formatierungen und ohne Attribute dargestellt werden, lässt sich auch gleich `JTextArea` verwenden.

Meistens wird eine `JEditorPane` über einen Konstruktor erzeugt, dem eine URL oder ein String mit einer URL übergeben wird. Für Programme mit Dateien auf dem lokalen Dateisystem wird dann die URL mit `file://` beginnen. Wird mit dem Standard-Konstruktor gearbeitet, kann später mit `setPage(URL)`/`setPage(String)` eine Seite neu belegt werden. Auch `setText(String)` erlaubt ein Setzen des Inhalts. Zu guter Letzt lässt sich der Editor auch mit einem `InputStream` über `read(Reader in, Object desc)` mit Inhalt füllen – diese Methode steht im Übrigen allen Unterklassen von `JTextComponent` zur Verfügung.

Mit diesem Wissen lässt sich ein kleiner Webbrowser implementieren:

Listing 10.18 com/tutego/insel/ui/text/JBrowser.java

```
package com.tutego.insel.ui.text;

import javax.swing.*;
import javax.swing.event.*;
import java.io.*;
import java.net.*;

public class JBrowser extends JEditorPane implements HyperlinkListener {

  public JBrowser( String url ) {
    setEditable( false );
    addHyperlinkListener( this );

    try {
      setPage( new URL(url) );
    }
    catch ( IOException e ) { e.printStackTrace(); }
  }

  @Override public void hyperlinkUpdate( HyperlinkEvent event ) {
    HyperlinkEvent.EventType type = event.getEventType();

    if ( type == HyperlinkEvent.EventType.ACTIVATED ) {
      try {
        setPage( event.getURL() );
      }
```

```
      catch( IOException e ) {
        JOptionPane.showMessageDialog( this,
                                       "Kann dem Link nicht folgen: "
                                       + event.getURL().toExternalForm(),
                                       "Ladefehler",
                                       JOptionPane.ERROR_MESSAGE );
      }
    }
  }

  public static void main( String[] args ) {
    JFrame f = new JFrame();
    f.setDefaultCloseOperation( JFrame.EXIT_ON_CLOSE );
    f.setSize( 600, 500 );
    f.add( new JScrollPane(new JBrowser("http://computer.museum/")) );
    f.setVisible( true );
  }
}
```



```
class javax.swing.JEditorPane
extends JTextComponent
```

- `JEditorPane()`
  Erzeugt einen neuen Editor.
- `JEditorPane(String url)`
- `JEditorPane(URL url)`
  Erzeugt einen neuen Editor mit dem Inhalt, auf den die URL zeigt.
- `void setPage(String url)`
- `void setPage(URL page)`
  Zeigt eine neue Seite an.
- `void addHyperlinkListener(HyperlinkListener l)`
  Reagiert auf das Aktivieren von Hyperlinks.
- `void removeHyperlinkListener(HyperlinkListener l)`
  Entfernt den Horcher.

[+]

Hinweis

Die HTML-Fähigkeiten der `JEditorPane` sind armselig und wirklich nur für einfachstes HTML zu gebrauchen. Besser ist es, auf JavaFX zu setzen oder alternativ eine Java-Implementierung wie *http://code.google.com/p/flying-saucer/* zu nutzen.

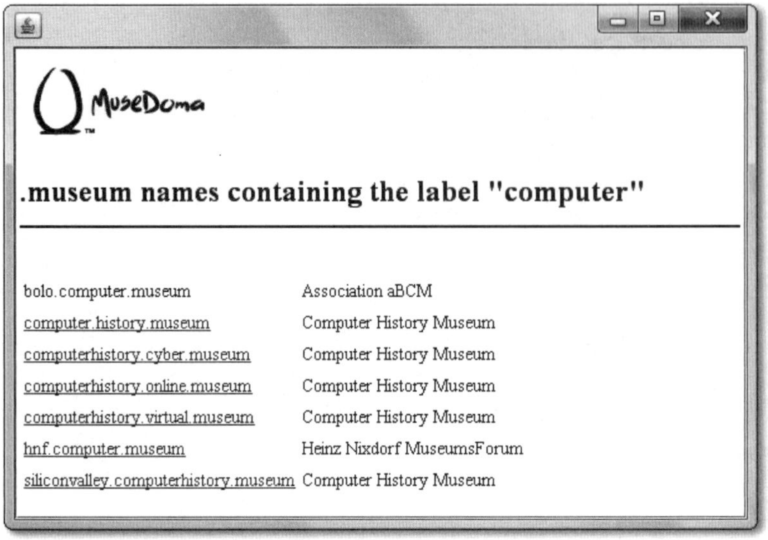

Abbildung 10.30 JEditorPane als einfacher Webbrowser

10.9 Swing Action *

Aktiviert der Nutzer eine Schaltfläche, etwa für »Ende« oder einen Eintrag im Menü, löst er damit eine Aktion aus. Das Hinzufügen der Ereignisbehandler zu den Schaltflächen ist die offensichtliche Möglichkeit. Swing bietet mit Aktionen aber eine weitere Möglichkeit, deren Sinn klar wird, wenn wir uns folgendes Szenario überlegen: Der Benutzer soll nicht nur über das Menü eine Aktion auslösen, sondern auch über die Symbolleiste. Die spontane Antwort bestünde darin, beiden Schaltflächen einfach den gleichen Ereignisbehandler zu geben. Sicherlich ist das möglich. Gehen wir aber einen Schritt weiter: Was geschieht, wenn aufgrund eines bestimmten Zustands die beiden Auslöser deaktiviert werden müssen? Und wie sieht der Aufbau aus, wenn beide beispielsweise das gleiche Icon, den gleichen Tooltip und den gleichen Text tragen? Das wäre eine Quellcodeduplizierung und unschön.

javax.swing.Action

Swing beantwortet die Fragen mit der Schnittstelle `javax.swing.Action`, mit der sich Programmlogik und Zustände wie Aufschrift und Text repräsentieren lassen. In unserem Szenario müssten wir nun einmal das `Action`-Objekt aufbauen und dann in das Menü und die Symbolleiste hängen.

Während `Action` eine Schnittstelle ist, die `ActionListener` erweitert und zusätzliche Operationen deklariert, nutzen wir im Allgemeinen Unterklassen von `AbstractAction`. Bei dieser Klasse müssen wir nur noch `actionPerformed(ActionEvent)` überschreiben und dort die Aktion implementieren:

Listing 10.19 com/tutego/insel/ui/swing/JButtonAction.java, Ausschnitt

```
Action exitAction = new AbstractAction( "Ende" ) {
  @Override public void actionPerformed( ActionEvent e ) {
    System.exit( 0 );
  }
};

JButton button2 = new JButton( exitAction );
frame.add( button2 );
```

Ein `Action`-Objekt lässt sich in jedem Konstruktor einer Schaltfläche übergeben, so auch dem `JButton` oder `JMenuItem`. Sie kann alternativ über `setAction(Action)` mit jeder Schaltfläche verbunden werden, die `AbstractButton` erweitert.

Eigenschaften der Action-Objekte

Während Listener keinen Zustand haben, haben Action-Objekte ganz klar einen Zustand – das ist ja auch ihre Aufgabe. Die konkreten Zustände einer Aktion, wie Beschriftung oder Tooltip, bestimmen Schlüssel-Wert-Paare, die `putValue(String, Object)` setzt. Für den Schlüssel von `putValue(…)` deklariert die Klasse bestimmte Zeichenketten über Konstanten, die mit speziellen Bedeutungen verbunden sind. Die wichtigsten sind:

Konstanten	Bedeutung
`Action.NAME`	Name der Aktion, die für die Schaltfläche oder das Menü verwendet wird
`Action.SHORT_DESCRIPTION`	Kurzbeschreibung für Tooltips
`Action.LONG_DESCRIPTION`	Längere Beschreibung, die für die Hilfe verwendet werden könnte
`Action.ACCELERATOR_KEY`	Tastatur-Shortcut
`Action.MNEMONIC_KEY`	Mnemonic
`Action.SMALL_ICON`	kleines Icon für Menüeinträge
`Action.LARGE_ICON_KEY`	größeres Icon für Symbolleisten und Schaltflächen

Tabelle 10.6 Die wichtigsten Konstanten

Die Icons werden nicht für `JCheckBox`, `JToggleButton` oder `JRadioButton` verwendet. Ist für `JButton` kein `LARGE_ICON_KEY` definiert, nimmt es das `SMALL_ICON` an.

Ob eine Aktion aktiviert ist, bestimmt `setEnabled(boolean)` und erfragt `isEnabled()`. Während `putValue(String, Object)` den Wert setzt, erfragt ihn `getValue(String)`.

[»]

Beispiel

Ein Action-Objekt mit zwei gesetzten Properties zum Beenden der Applikation:

Listing 10.20 JButtonAction2.java, ExitAction

```
class ExitAction extends AbstractAction {

  {
    putValue( Action.NAME, "Beenden" );
    putValue( Action.DISPLAYED_MNEMONIC_INDEX_KEY, 0 );
  }

  @Override public void actionPerformed( ActionEvent e ) {
    System.exit( 0 );
  }
}
```

Indem wir DISPLAYED_MNEMONIC_INDEX_KEY auf 0 setzen, erreichen wir, dass vom String "Beenden" das »B« unterstrichen und zum Tastenkürzel wird.

Ein größeres Beispiel mit Aktionen bietet Abschnitt 10.16, »Menüs und Symbolleisten«.

10.10 JComponent und Component als Basis aller Komponenten

Die Klasse Component bildet die Basisklasse der Objekte, die als grafische AWT-Komponenten auf den Schirm kommen. Sie wird für Swing-Komponenten noch einmal zu JComponent erweitert. Allerdings leitet JComponent nicht direkt von Component ab, sondern erst von Container, und Container leitet dann direkt von Component ab (dies hat zur Folge, dass jede JComponent automatisch auch ein Container ist).

Die JComponent bildet mit vielen Methoden die Basis aller Swing-Komponenten und bietet Ihnen unter anderem das auswechselbare Look-and-Feel, Tastaturbedienung, Tooltips, Rahmen, Accessibility, Client-Properties und Doppelpufferung.

10.10.1 Hinzufügen von Komponenten

Ein Container nimmt Komponenten auf und setzt sie mithilfe eines Layoutmanagers an die richtige Position. Alle Container in Java erweitern die Klasse Container. Die add(…)-Methoden setzen Komponenten in den Container.

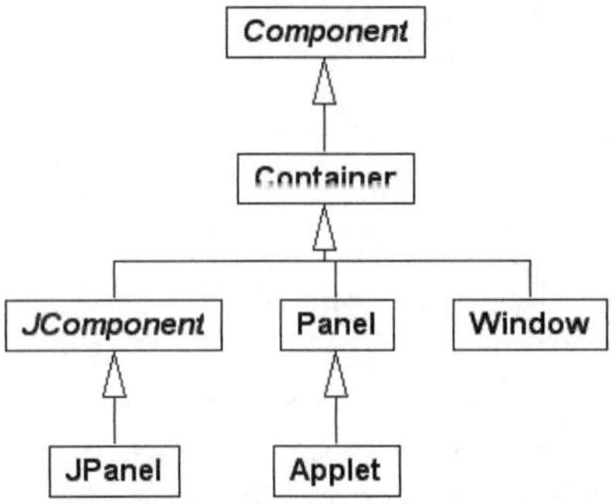

Abbildung 10.31 Die Klasse Container und ihre Unterklassen

> **Hinweis**
> AWT- und Swing-Komponenten sollten nicht gemischt werden. Da AWT-Komponenten schwergewichtig sind und vom Betriebssystem gezeichnet werden, werden sie immer über alle anderen Komponenten gezeichnet.

Da `Container` selbst eine `Component` ist, können auch Container selbst Container aufnehmen. Das ist ein bekanntes Design-Pattern und nennt sich *Composite Pattern*.

10.10.2 Tooltips (Kurzhinweise)

Ein Tooltip ist eine Zeichenkette, die beim längeren Verweilen des Mauszeigers auf einer `JComponent` auftaucht. Dazu öffnet Swing ein Popup-Fenster. Tooltips lassen sich in Swing sehr einfach hinzufügen:

Listing 10.21 com/tutego/insel/ui/swing/Tooltip.java, main()

```
JFrame frame = new JFrame();
frame.setDefaultCloseOperation( JFrame.EXIT_ON_CLOSE );

String text = "<html>Ich brauch' Hilfe.<p>Schnell!</html>";
JButton button = new JButton( text );

String help = "<html>Hier ist sie, die <b>Hilfe:</b>"+
  "<ul><li>Cool bleiben<li>Handbuch lesen</ul></html>";
button.setToolTipText( help );

frame.add( button );
frame.setSize( 250, 250 );
frame.setVisible( true );
```

Dann erscheint Folgendes:

Abbildung 10.32 Die schnelle Hilfe

10.10.3 Rahmen (Border) *

Jeder Swing-Komponente kann mit der Methode `setBorder(Border)` ein Rahmen zugewiesen werden. Ein Rahmen ist eine Klasse, die die Schnittstelle `Border` implementiert. Swing stellt einige Standardrahmen zur Verfügung:

Rahmen	Erläuterung
`AbstractBorder`	abstrakte Klasse, die die Schnittstelle minimal implementiert
`BevelBorder`	(eingelassener) 3D-Rahmen
`CompoundBorder`	Rahmen, der andere Rahmen aufnehmen kann
`EmptyBorder`	Rahmen, dem freier Platz zugewiesen werden kann
`EtchedBorder`	noch deutlicher markierter Rahmen
`LineBorder`	Rahmen in einer einfachen Farbe in gewünschter Dicke
`MatteBorder`	Rahmen, der aus Kacheln von Icons besteht
`SoftBevelBorder`	3D-Rahmen mit besonderen Ecken
`TitledBorder`	Rahmen mit einem String in einer gewünschten Ecke

Tabelle 10.7 Border in Swing

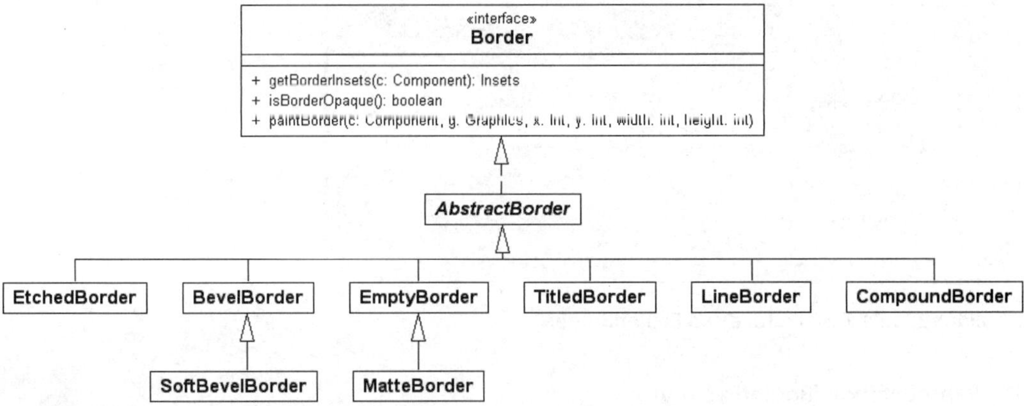

Abbildung 10.33 Border-Implementierungen

Damit können wir ein kleines Testprogramm für Rahmen implementieren:

Listing 10.22 com/tutego/insel/ui/swing/BorderDemo.java, main()

```
JFrame frame = new JFrame();
frame.setDefaultCloseOperation( JFrame.EXIT_ON_CLOSE );
frame.setLayout( new GridLayout(0,2,10,10) );

JButton b1 = new JButton( "Schamlis" );
b1.setBorder( new BevelBorder(BevelBorder.RAISED) );
frame.add( b1 );

JButton b2 = new JButton( "Borfluq" );
b2.setBorder( new BevelBorder(BevelBorder.LOWERED) );
frame.add( b2 );

JButton b3 = new JButton( "Tüm Tüm de Lüm" );
b3.setBorder( BorderFactory.createEtchedBorder() );
frame.add( b3 );

JButton b4 = new JButton( "Skromm" );
b4.setBorder( new EtchedBorder(Color.BLUE, Color.YELLOW) );
frame.add( b4 );

frame.setSize( 500, 200 );
frame.setVisible( true );
```

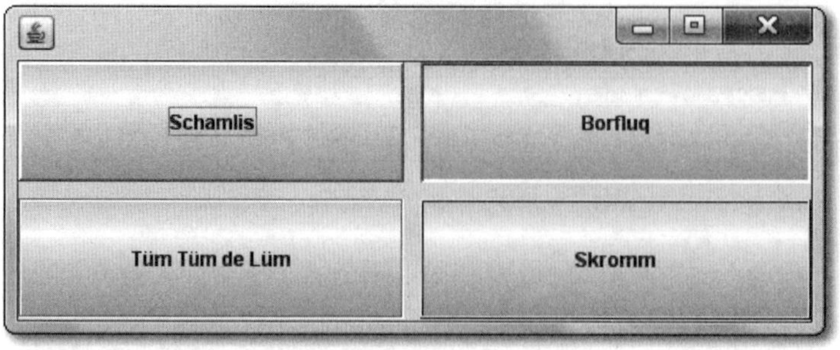

Abbildung 10.34 BevelBorder und EtchedBorder

Die Rahmenfabrik (BorderFactory)

Mithilfe der statischen Methoden `createXXXBorder(…)` der Klasse `BorderFactory` lassen sich ebenfalls Rahmen erzeugen. Die Methode liefert Rahmen-Objekte aus einem Objekt-Pool, sodass nicht immer neue `Border`-Objekte nötig sind.

```
JPanel p = new JPanel();
p.setBorder( BorderFactory.createRaisedBevelBorder() );
```

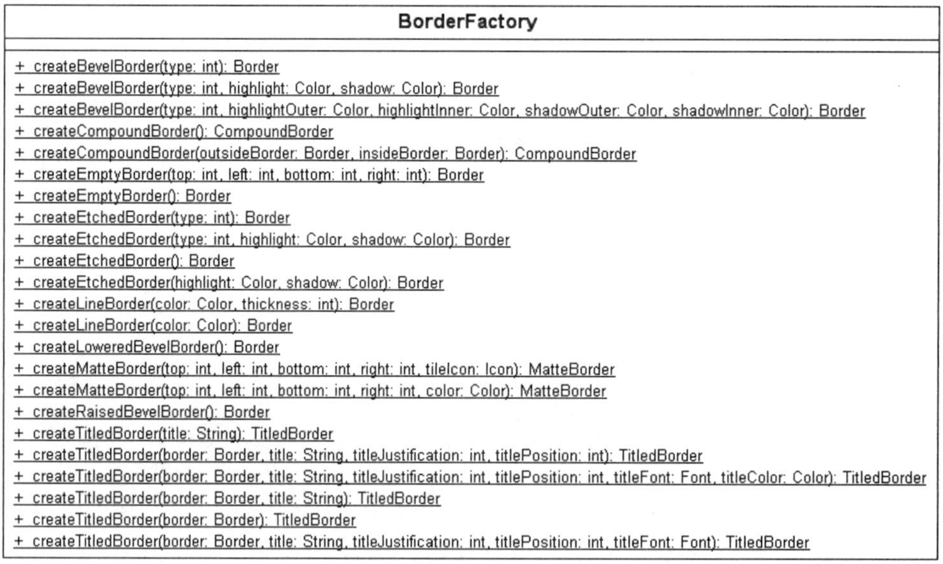

Abbildung 10.35 Methoden der BorderFactory

10.10.4 Fokus und Navigation *

In einem GUI-System hat nur eine Komponente den Fokus. Das bedeutet, dass diese Komponente in einer besonderen Empfangsbereitschaft steht und diese auch hervorhebt, etwa durch einen Rahmen, andere Farben oder im Textfeld durch einen blinkenden Cursor.

Die Navigation und den Fokuswechsel führen durch:

- Mausklick auf die Komponente
- Aktivierung mit einem Tastenkürzel
- Cursortasten bei geöffneten Menüs und in Komponentengruppen
- [Tab]-Taste bzw. [Shift] + [Tab], was die folgende bzw. vorangehende Komponente in der Reihenfolge auswählt. Wer der Nachfolger und Vorgänger ist, bestimmt der Fokus-Manager, der in Java durch die Zentrale namens `KeyboardFocusManager` repräsentiert wird. Eine gute Navigation ist Pflicht.

Es ist nicht selbstverständlich, dass ein Fokuswechsel immer möglich ist. Wenn eine Textkomponente etwa fehlerhafte Eingaben registriert, kann die Komponente den Fokuswechsel untersagen und folglich erzwingen, dass der Benutzer eine gültige Eingabe macht.

[+]

Tipp

Eine gute Navigation zu entwickeln, bedeutet, das übliche Benutzerszenario zu beobachten. Wenn etwa in einem Login-Dialog der Benutzer die [Enter]-Taste drückt, erwartet er, dass der Fokus auf das nächste Textfeld gesetzt wird oder vielleicht direkt auf den OK-Button.

Fokus vom Programm aus setzen

Der Fokuswechsel kann auch programmiert werden, sodass beim Start zum Beispiel die OK-Schaltfläche oder ein Textfeld aktiviert ist. Für diese Aufgabe lässt sich die Methode `requestFocusInWindow()` aus `JComponent` nutzen:

```
button.requestFocusInWindow();          // Fokus auf Schaltfläche übertragen
```

Auf den Fokuswechsel reagieren

Ein `FocusListener` kann einen Fokuswechsel melden. Er kann mit `addFocusListener(FocusListener l)` an jeder `java.awt.Component`, also auch an jeder Swing-Komponente, festgemacht werden.

Weitere Informationen zu Navigation und Fokus findet der Leser unter *http://docs.oracle.com/javase/tutorial/uiswing/misc/focus.html*.

Standardschaltfläche

Wenn ein Dialog Eingabefelder unterbringt und die Dialoge mit Schaltflächen wie `OK` oder `Abbrechen` beendet werden können, so es ist nützlich, mit dem Drücken der Taste [Enter] automatisch die Aktivierung der `OK`-Schaltfläche zu verbinden. Um das zu erreichen, wird von `JRootPane` die Methode `setDefaultButton(JButton)` aufgerufen – eine `JRootPane` liefert `getRootPane()` eines `JFrame`/`JDialog` direkt oder erfragt sie über eine Komponente `SwingUtilities.getRootPane(Component)`.

10.10.5 Ereignisse jeder Komponente *

Ein `Component`- und `JComponent`-Objekt verarbeitet schon eine ganze Reihe von Ereignissen, die allen anderen Komponenten zugutekommen. Mit anderen Worten: An alle Komponenten können Listener für die in Tabelle 10.8 aufgeführten Ereignisse angehängt werden:

Komponente	Erzeugte Ereignisse	Grund
`Component`	`ComponentEvent`	Die Komponente wird bewegt, angezeigt, verdeckt oder verschoben.
	`FocusEvent`	Die Komponente bekommt oder verliert den Fokus.
	`KeyEvent`	Tastendruck
	`MouseEvent`	Die Maus betritt oder verlässt die Komponente. Der Benutzer drückt eine Maustaste oder bewegt den Mauszeiger.
	`InputMethodEvent`	Text- oder Cursor-Veränderung
	`HierarchyEvent`	Die Hierarchie, zu der die Komponente gehört, verändert sich.
	`PropertyChangeEvent`	Eine gebundene Eigenschaft ändert sich.
`Container`	`ContainerEvent`	Komponenten werden dem Container hinzugefügt oder aus ihm gelöscht.
`JComponent`	`PropertyChangeEvent`	Eine gebundene Eigenschaft ändert sich.
	`AncestorEvent`	Der Vorgänger wurde modifiziert.

Tabelle 10.8 Ereignisse der Komponenten

Auf Tastendrücke hören – KeyListener und KeyEvent

Mit `addKeyListener(KeyListener)` lässt sich jeder `java.awt.Component` (und somit auch jeder Swing-Komponente) ein Horcher auf Tastenschläge hinzufügen. Dieser Listener erwartet drei implementierte Methoden:

```
interface java.awt.event.KeyListener
extends EventListener
```

- `void keyTyped(KeyEvent e)`
  Aufruf bei einem eingegebenen Zeichen. Das System löst mehrere Tastendrücke, die ein Zeichen ergeben, zu einem Unicode-Zeichen auf, etwa [⇧] + [A] zum Unicode-Buchstaben »A«. Das gedrückte Zeichen lässt sich über `getKeyChar()` vom `KeyEvent` erfragen. Ist das Zeichen kein gültiges Unicode-Zeichen, dann ist die Rückgabe `CHAR_UNDEFINED` (65535).

- void keyPressed(KeyEvent e)
- void keyReleased(KeyEvent e)

  Die beiden letzten Methoden sind systemabhängig und bekommen auch Metatasten mit, etwa ein Druck auf die [Entf]-Taste, die Funktionstaste [F1], [Num] oder [⇩]. Für diese Tasten ist ein virtueller Code (engl. *virtual key code*) als Konstante in KeyEvent deklariert, die mit VK_ beginnt. Das sind fast 200 Konstanten. Einige Beispiele: VK_BACK_SPACE, VK_BEGIN, VK_CONTROL, VK_DELETE. Selbst die beiden Windows-Tasten sind mit VK_WINDOWS und VK_CONTEXT_MENU vorhanden.

Aufklärung über den Zusammenhang schafft ein Stückchen Quellcode, das an eine Komponente gehängt wird. Beachten Sie den Unterschied zwischen getKeyChar() (das Unicode-Zeichen oder CHAR_UNDEFINED) und getKeyCode() (VK-Code):

```
t.addKeyListener( new KeyListener() {
  @Override public void keyTyped( KeyEvent e ) {
    System.out.println( "typed " + e.getKeyChar() );
    System.out.println( "typed " + e.getKeyCode() );
  }
  @Override public void keyPressed( KeyEvent e ) {
    System.out.println( "pressed " + e.getKeyChar() );
    System.out.println( "pressed " + e.getKeyCode() );
  }
  @Override public void keyReleased( KeyEvent e ) {
    System.out.println( "released " + e.getKeyChar() );
    System.out.println( "released " + e.getKeyCode() );
  }
} );
```

Aktiviert der Benutzer die Taste [A], ist das Ergebnis:

```
pressed a
pressed 65
typed a
typed 0
released a
released 65
```

Aktiviert er [⇧] + [A], ist das Resultat:

```
pressed ?
pressed 16
pressed A
pressed 65
typed A
typed 0
```

```
released A
released 65
released ?
released 16
```

Die Tatsache, dass zweimal ein »pressed« auftaucht, lässt sich dadurch erklären, dass »pressed« und »released« Low-Level-Ereignisse sind, die den Druck auf die [⇧]-Taste registrieren. Das Fragezeichen bei `getKeyChar()` ist nichts anderes als `CHAR_UNDEFINED`.

Soll unser Programm erkennen, ob der Nutzer die [F1]-Taste drückt, schreiben wir in `keyPressed()`:

```
if ( keyEvent.getKeyChar() == KeyEvent.CHAR_UNDEFINED ) {
  if ( keyEvent.getKeyCode() == KeyEvent.VK_F1 )
    ...
}
```

[+]

Hinweis

Bekommt ein `JPanel` einen Listener für Tastendrücke, etwa weil auf dem `JPanel` etwas gezeichnet wird, muss es den Fokus bekommen, denn Tastendrücke gehen nur zu den Komponenten, die den Fokus besitzen. Während zum Beispiel Eingabefelder automatisch den Fokus bekommen können – etwa durch die Aktivierung mit der Maus –, muss das `JPanel` manuell mit `setFocusable(true)` »fokusfähig« gemacht werden.

Mausrad-Unterstützung

Mit dem Ereignis `MouseWheelEvent` gibt es eine Unterstützung des Mausrads (auch Rollrad, engl. *mouse wheel*) für grafische Java-Programme. Jedes `Component`-Objekt kann Interesse an dem Ereignis anmelden:

```
abstract class java.awt.Component
implements ImageObserver, MenuContainer, Serializable
```

- `void addMouseWheelListener(MouseWheelListener l)`
- `void removeMouseWheelListener(MouseWheelListener l)`
- `MouseWheelListener[] getMouseWheelListeners()`

Bei den nativen AWT-Komponenten wird das Rollrad schon vom Betriebssystem her abgefragt und unterstützt, so etwa bei `TextArea`, `Choice`, `FileDialog` und `List`. Die anderen Komponenten geben das Ereignis an den Container weiter. In Swing unterstützt `JScrollPane` automatisch das Rollrad. Mit der Methode `setWheelScrollingEnabled(boolean handleWheel)` kann es angepasst werden.

10.10.6 Die Größe und Position einer Komponente *

Jede Komponente verwaltet drei Größenangaben: die minimale, die maximale und die bevorzugte (engl. *preferred*) Größe. Zum Setzen und Erfragen der Größen bietet `JComponent` die folgenden Methoden:

```
abstract class javax.swing.JComponent
extends Container
implements Serializable
```

- `void setPreferredSize(Dimension preferredSize)`
- `void setMaximumSize(Dimension maximumSize)`
- `void setMinimumSize(Dimension minimumSize)`
- `Dimension getMaximumSize()`
- `Dimension getMinimumSize()`
- `Dimension getPreferredSize()`

Zum Setzen kann die Anwendung `setXXXSize(…)` nutzen oder in einer Komponenten-Unterklasse die `getMXXimumSize()`-Methoden überschreiben. Mit einer Baseline kann der Layoutmanager auch Komponenten mit unterschiedlichen Größen an einer virtuellen Linie anordnen. Beschreibend sind die Methoden `getBaseline()` und `getBaselineResizeBehavior()`.

[+]

Hinweis

Nicht alle Layoutmanager berücksichtigen die Eigenschaften. Einige berücksichtigen die gewünschte Größe, andere wiederum ziehen die Komponenten so lang, wie sie wollen. Einem Container kann mit `pack()` der Auftrag gegeben werden, seine Größe so zu wählen, dass die Kinder mit ihrer `getPreferredSize()` optimal passen.

Die Position der Komponente

Der Klasse `Component` gehört eine ganz nützliche Methode an, um die absolute Position der Komponente auf dem Bildschirm zu ermitteln. Dies ist besonders dann praktisch, wenn die Position eines Fensters gefragt ist.

```
abstract class java.awt.Component
implements ImageObserver, MenuContainer, Serializable
```

- `Point getLocationOnScreen()`
  Liefert die Position der linken oberen Ecke der Komponente als Punkt-Objekt.

10.10.7 Komponenten-Ereignisse *

Die Schnittstelle `ComponentListener` ist die Basis für alle Komponenten-Ereignisse. Sie deklariert vier Methoden, die in der Klasse `ComponentAdapter` wieder mit einem leeren Programmblock gefüllt sind.

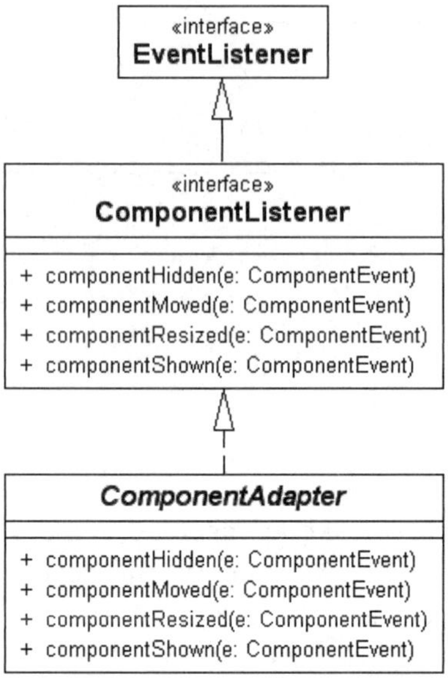

Abbildung 10.36 Vererbungsbeziehung von ComponentListener

```
interface java.awt.event.ComponentListener
extends EventListener
```

- `void componentHidden(ComponentEvent e)`
  Wenn die Komponente versteckt wurde.
- `void componentMoved(ComponentEvent e)`
  Wenn die Komponente bewegt wurde.
- `void componentResized(ComponentEvent e)`
  Wenn die Komponente in der Größe verändert wurde.
- `void componentShown(ComponentEvent e)`
  Wenn die Komponente gezeigt wurde.

10.10.8 UI-Delegate – der wahre Zeichner *

Jede Swing-Komponente ist von `JComponent` abgeleitet, doch üblicherweise zeichnet sie sich nicht selbst. Wegen der Swing-Fähigkeit, das Aussehen der Komponenten beliebig zu wechseln, wäre Zeichencode in der Komponente selbst nicht optimal aufgehoben. Daher delegiert die Komponente die Darstellung an einen *UI-Delegate*, der in einer MVC-Architektur dem Controller entspricht. Da alle dargestellten Komponenten das Äußere ändern können, gibt es einen UI-

Delegate pro Swing-Komponente – so ist javax.swing.plaf.ButtonUI die Basisklasse für eine Schaltflächen-Visualisierung. Alle UI-Delegates sind von javax.swing.plaf.ComponentUI abgeleitet, wo Funktionalitäten wie update(Graphics, JComponent), paint(Graphics, JComponent) oder getPreferredSize(JComponent) gefordert werden. Jede Komponente kann mit setUI(ComponentUI)) mit einem neuen UI-Delegate-Objekt verbunden werden, und getUI() liefert das Darstellungsobjekt vom aktuellen Look-and-Feel. Dass das Standard-Look-and-Feel »Metal« ist, zeigt Folgendes:

```
out.println( new JButton().getUI() );
// javax.swing.plaf.metal.MetalButtonUI@47b480
```

MetalButtonUI erweitert BasicButtonUI, und die weniger als 200 Zeilen Programmcode zeichnen über das Einsprungziel update(…) die Schaltfläche mit einem Gradienten, Icon und dem Text.

Abfolge beim Zeichnen: paint(…), paintComponent(…), UI-Delegate

Wir wollen uns exemplarisch das Zeichnen einer Schaltfläche anschauen. Die zentrale Methode jeder Darstellung ist paint(Graphics). JButton, wie jede andere Komponente auch, erbt die Methode von JComponent und überschreibt sie nicht. paint(Graphics) ruft auf:

Listing 10.23 javax.swing.JComponent.java,paint() Ausschnitt

```
public void paint( Graphics g ) {
  …
  paintComponent( co );
  paintBorder( co );
  paintChildren( co );
  …
}
```

Die Darstellung in paintComponent(Graphics) wird nun an den Delegate delegiert:

Listing 10.24 javax.swing.JComponent.java, Ausschnitt

```
protected transient ComponentUI ui;
protected void paintComponent( Graphics g ) {
  …
  Graphics scratchGraphics = (g == null) ? null : g.create();
  …
  ui.update( scratchGraphics, this );
  …
}
```

Die Objektvariable ui repräsentiert den UI-Delegate, der im Fall von JButton standardmäßig MetalButtonUI ist. Doch wann wird der gesetzt? Der Konstruktor von JButton ruft eine protected Methode init(…) auf, die updateUI() aufruft:

Listing 10.25 javax.swing.JButton.java, updateUI()

```
public void updateUI() {
  setUI((ButtonUI)UIManager.getUI(this));
}
```

Komponenten im Container zeichnen

Zeichnet Swing eine Komponente oder einen Container, ist die Reihenfolge der Zeichenoperationen immer gleich. Die erste Tatsache ist, dass das Zeichnen selbst im AWT-Event-Thread stattfindet. Dieser zentrale Thread setzt damit die Zeichenoperationen in eine sequenzielle Reihenfolge. Bekommt der Thread die Aufforderung, einen `JFrame` zu zeichnen, gibt er die Aufforderung zur Content-Pane weiter. Enthält diese zum Beispiel ein `JPanel`, wird der Thread den Hintergrund zeichnen, dann, falls vorhanden, den Rahmen (engl. *border*) und anschließend die Kinder. So geht das rekursiv bis zu den atomaren Komponenten weiter. Jeder Container kann eigene Zeichenoperationen durchführen – etwa seine Zeichenfläche grau füllen –, die dann eine Rolle spielen, wenn die Kinder nicht den ganzen Platz verbrauchen und es einen Zwischenraum gibt, sodass wir den vom Container gezeichneten Bereich sehen. Zum Schluss steht die atomare Swing-Komponente, die die Zeichenoperation an den UI-Delegate weitergibt.

revalidate(), invalidate(), validate(), repaint()

Jede Swing-Komponente liegt zwangsläufig in einem Container. Die Maße der meisten Container sind von der Größe der Kinder abhängig, sodass sie mitbekommen müssen, wenn sich die Größe der Kinder verändert. Wenn etwa ein `JLabel` einen Text mit einer anderen Länge bekommt, muss sich auch der Container neu darstellen und seine Kinder neu ausrichten. (Bei Änderungen dieser Art soll eine Aktualisierung vom Layout automatisch stattfinden, ohne dass der Entwickler anschließend explizit eine Aufforderung zum Neuzeichnen absetzt.) Diese Mitteilung einer Layoutänderung sendet eine Komponente über `revalidate()`, die eine Neuberechung des Layouts anstößt. Jede Swing-Komponte erbt die Methode von `JComponent`:

Listing 10.26 javax.swing.JLabel.java

```
public void setText( String text ) {
  ...
  revalidate();
  repaint();
  ...
}
```

Das `revalidate()` ruft im AWT-Event-Thread erstens `invalidate()` auf und setzt zweitens die aktuelle Komponente auf eine Liste der invaliden Komponenten, die beim nächsten Zeichnen aktualisiert werden müssen:

Listing 10.27 javax.swing.JComponent.java

```
public void revalidate() {
  ...
  invalidate();
  RepaintManager.currentManager( this ).addInvalidComponent( this );
  ...
}
```

Das `invalidate()` ist eine aus `Container` geerbte Methode, die allen übergeordneten Swing-Containern nach oben und allen Kindern unten mitteilt, dass das Layout nicht mehr aktuell ist, also die Darstellung ungültig ist und aktualisiert werden muss. Die Aufforderung zur Neudarstellung übernimmt `addInvalidComponent(JComponent)`. Die Methode legt ein Event in die Event-Queue, in der alle invaliden Komponenten vermerkt sind. Beim Neuzeichnen ruft der Event-Thread auf allen diesen Komponenten die Berechnungsmethode `validate()` auf, damit das Layout wieder stimmt. Der `Container` überschreibt `validate()` und ruft die `protected`-Methode `validateTree()` auf, was die Komponenten des Containers zur Neuberechnung auffordert. Halten wir drei Aussagen fest:

- Eine Neuzeichnung ist mit `invalidate()` nicht verbunden. Die Methode markiert nur »kaputte« Komponenten.
- Eine Neuberechnung ist mit `invalidate()` nicht verbunden, denn `invalidate()` ruft nicht `validate()` auf.
- Das `validate()` führt ebenfalls nicht zur Neudarstellung, sondern nur zur Neuberechnung der Größen.

Mit diesem Vorgehen führt das `revalidate()` nach einem Markieren der Komponenten im Baum über `invalidate()` zu einem Repaint-Event, das über `validate()` die Größen neu berechnet und zur korrekten Neudarstellung führt. Die Methode `validate()` können wir auch selbst zur Neuberechnung des Layouts aufrufen – doch dürfen wir nicht vergessen, ein `repaint()` aufzurufen.

10.10.9 Undurchsichtige (opake) Komponente *

Eine wichtige Eigenschaft von Swing-Komponenten ist die Undurchsichtigkeit, die *Opazität* genannt wird. Ob eine Komponente *opak* ist oder nicht, erfragt die `JComponent`-Methode `isOpaque()` und setzt `setOpaque(boolean)`. Transparente Komponenten sind nicht opak.

Die Opak-Property bestimmt, ob eine Komponente alle Pixel ihres Bereichs selbst zeichnet oder ob Pixel aus dem Hintergrund durchkommen. Für `JComponent` ist der Standard opak, aber die konkreten Komponenten machen den Wert von ihrem Look-and-Feel abhängig. Die Beschriftung `JLabel` ist üblicherweise nicht opak, also transparent. Bei einer Neudarstellung der Beschriftung muss also der Hintergrund gezeichnet werden, denn es kann sein, dass Teile aus dem Hintergrund hervorlugen. Setzen wir `setOpaque(true)`, zeichnet die Komponente ihren kompletten Bereich selbst, und die darunterliegende Komponente muss nicht gezeichnet werden. Das bedeutet umgekehrt, dass sich ein `setOpaque(false)` negativ auf die Performance auswirken kann, da ein Repaint einer Komponente zu einem Repaint des Containers führt, was sich zum Beispiel bei Fenstervergrößerungen durch ein Flackern bemerkbar macht.

10.10.10 Properties und Listener für Änderungen *

Jeder `JComponent` lassen sich beliebig viele Schlüssel-Wert-Paare zuweisen, die sie intern vermerkt. Die Methode `void putClientProperty(Object key, Object value)` setzt so ein Paar, `Object getClientProperty(Object key)` erfragt es. Zum Löschen eines Paares wird bei `putClientProperty(…)` der Wert mit `null` belegt. Änderungen an den Zuständen lassen sich mit `PropertyChangeListener` verfolgen. Das macht eine Eigenschaft zur *gebundenen Property*, denn nur diese Properties werden über Listener abgehorcht, anders als normale Bean-Properties, die keine Ereignisse bei Änderungen auslösen.

AWT und Swing nutzen an einigen Stellen `PropertyChangeEvent`, an denen kein spezielles AWT-Ereignis vorgesehen ist. Das gilt etwa bei Änderungen von Hintergrund, Vordergrund oder Zeichensatz. Ein `Component`-Ereignis deckt dies nicht ab. Damit wir auch über diese Änderungen informiert werden, fügen wir einen Listener hinzu und horchen auf »foreground«, »background« oder »font«.

10.11 Container

Alle Komponenten müssen auf einem Container platziert werden. Container sind besondere Swing-Elemente, die dazu dienen, andere Kinder aufzunehmen und zu verwalten. Zu den wichtigsten Containern in Swing zählen:

- `JPanel`: Ist im Wesentlichen eine `JComponent` mit der Möglichkeit, Kinder nach einem bestimmten Layoutverfahren anzuordnen.
- `JScrollPane`: Kann Bereiche einer sehr großen Komponente mit Rollbalken anzeigen. Das ist von der Textverarbeitung bekannt, wenn der Text sehr lang ist, aber der Bildschirm viel kleiner.
- `JTabbedPane`: Zeigt Reiter in einem Karteikasten an.
- `JSplitPane`: Ermöglicht die Darstellung zweier Komponenten über- oder nebeneinander, wobei ein so genannter *Divider* eine Größenveränderung erlaubt.

Dazu kommen noch Container wie die `JToolBar` oder `RootPane`, die wir uns für Abschnitt 10.21, »JRootPane und JDesktopPane *«, aufheben.

10.11.1 Standardcontainer (JPanel)

Ein wichtiger Container unter Swing ist `JPanel`. Der zwischen einem Top-Level-Container wie `JFrame` und den Komponenten liegende Container (engl. *intermediate container*) erlaubt Doppel-Pufferung (engl. *double buffering*). Ist diese Pufferung eingeschaltet, werden alle Zeichenoperationen von Komponenten auf dem Panel auf einem Hintergrundbild (engl. *offscreen image*) ausgeführt und zu einem gewählten Zeitpunkt in den Vordergrund geschoben. Die Möglichkeit der Doppelpufferung lässt sich durch den Konstruktor setzen oder über die Methode `setDoubleBuffered(boolean)`.

Die Klasse `JPanel` wird von uns in vielen Beispielen eingesetzt, dort aber lediglich als `Container`-Objekt. Neben den geerbten Methoden von `JComponent`, `Container`, `Component` und natürlich `Object` kommen keine nennenswerten Methoden hinzu.

```
class javax.swing.JPanel
extends JComponent
implements Accessible
```

- `JPanel()`
  Erzeugt ein neues `JPanel` mit Doppelpufferung und einem Flow-Layout.
- `JPanel(boolean isDoubleBuffered)`
  Erzeugt ein neues `JPanel` mit Flow-Layout und der angegebenen Puffer-Strategie.

Sehr wichtig wird das `JPanel` zur Gruppierung von Elementen.

10.11.2 Bereich mit automatischen Rollbalken (JScrollPane)

Die `JScrollPane` ermöglicht die Anzeige von Bereichen einer sehr großen Fläche. Rollbalken (`JScrollBar`-Objekte) synchronisieren automatisch den ausgewählten Bereich. Ob Rollbalken auch dann angezeigt werden sollen, wenn genug Platz ist, bestimmen Konstanten, die dem Konstruktor von `JScrollPane` übergeben werden.

Beispiel

Erzeuge eine `JScrollPane`, die immer Rollbalken besitzt, und setze eine Komponente hinein:

```
JScrollPane sp = new JScrollPane( JScrollPane.VERTICAL_SCROLLBAR_ALWAYS,
                                  JScrollPane.HORIZONTAL_SCROLLBAR_ALWAYS );
sp.setViewportView( componentToScroll );
```

Die zu ummantelnde Komponente lässt sich auch im Konstruktor angeben. Die `Container`-Methode `add()` ist nicht geeignet!

10.11.3 Reiter (JTabbedPane)

Eine `JTabbedPane` hat mehrere Reiter mit eingebetteten Komponenten, die sie automatisch bei Aktivierung anzeigt. Als Beispiel bauen wir eine `JTabbedPane` mit zwei Reitern:

Listing 10.28 com/tutego/insel/ui/swing/JTabbedPaneDemo.java, main()

```
JFrame frame = new JFrame();
frame.setDefaultCloseOperation( JFrame.EXIT_ON_CLOSE );

JTabbedPane tabbedPane = new JTabbedPane();
tabbedPane.addTab( "Reiter 1", new JButton( "Reiter 1" ) );
tabbedPane.addTab( "Reiter 2", new JTextArea() );

frame.add( tabbedPane );

frame.pack();
frame.setVisible( true );
```

Der Reiter kann nicht nur aus einem Titel bestehen, sondern kann zudem eine Grafik und einen Tooltip annehmen. Die Position der Reiteranzeigen bestimmen die Konstanten `JTabbedPane.TOP`, `JTabbedPane.BOTTOM`, `JTabbedPane.LEFT` und `JTabbedPane.RIGHT`, die entweder über den Konstruktor oder die Methode `setTabPlacement(int)` angegeben werden. Eine weitere Einstellung ist die Layout-Angabe, wenn der Container für den Reiter zu klein ist. Im Konstruktor oder über die Methode `setTabLayoutPolicy(int)` lassen sich folgende Reiter-Layouts angeben:

- `JTabbedPane.WRAP_TAB_LAYOUT` für den Umbruch, der üblicherweise Standard ist, oder
- `JTabbedPane.SCROLL_TAB_LAYOUT`, bei dem kleine Schaltflächen zum Weiterschalten angezeigt werden

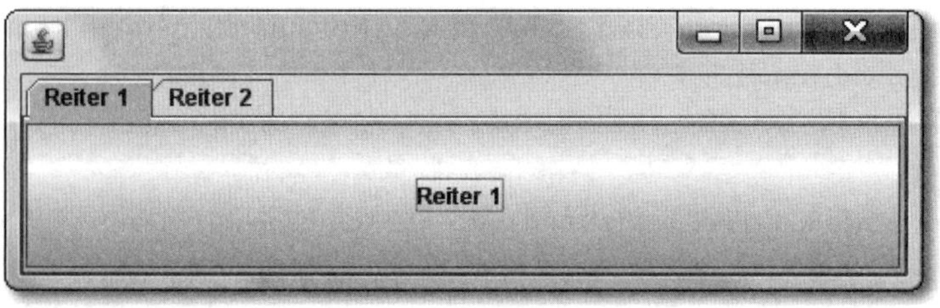

Abbildung 10.37 Screenshot von JTabbedPaneDemo

```
class javax.swing.JTabbedPane
extends JComponent
implements Serializable, Accessible, SwingConstants
```

- `JTabbedPane()`
  Erzeugt einen Karteikasten und positioniert die Reiter oben.
- `JTabbedPane(int tabPlacement)`
  Erzeugt einen Karteikasten mit gewünschter Reiter-Positionierung.
- `JTabbedPane(int tabPlacement, int tabLayoutPolicy)`
  Erzeugt einen Karteikasten mit gewünschter Reiter-Positionierung und Umbruch-Strategie.

- void addTab(String title, Component component)
- void addTab(String title, Icon icon, Component component)
- void addTab(String title, Icon icon, Component component, String tip)
  Fügt eine Komponente als Karteikarte hinzu.

10.11.4 Teilungskomponente (JSplitPane)

Die JSplitPane ist ein Container, der Komponenten nebeneinander (HORIZONTAL_SPLIT) oder übereinander (VERTICAL_SPLIT) anordnet. Eine Bewegung des Dividers führt zu unterschiedlichen Größen der Komponenten im Container. Die JSplitPane lässt sich schachteln, sodass etwa ein Hauptbereich in einen linken und einen rechten unterteilt wird und der andere Teil wiederum eine JSplitPane enthält, die etwa oben/unten unterteilt.

Die Klasse JSplitPane verfügt über mehrere Konstruktoren:

```
class javax.swing.JSplitPane
extends JComponent
implements Accessible
```

- JSplitPane()
- JSplitPane(int newOrientation)
- JSplitPane(int newOrientation, boolean newContinuousLayout)
- JSplitPane(int newOrientation, boolean newContinuousLayout,
  Component newLeftComponent,
  Component newRightComponent)
- JSplitPane(int newOrientation, Component newLeftComponent,
  Component newRightComponent)

Die Konstruktoren können die beiden Komponenten und auch die Orientierung annehmen. set[Top|Bottom|Left|Right]Component(Component) bzw. setOrientation() setzt sie nachträglich. Die Methode setContinuousLayout(boolean) bestimmt, ob die JSplitPane den Inhalt während des Verschiebens des Dividers aktualisiert oder erst am Ende. Die Methoden setDividerLocation(int) oder setDividerLocation(float) setzen das Verhältnis der beiden Komponenten in der JSplitPane. Im Fall von float ist die Angabe prozentual zwischen 0 und 1. Die Methode setOneTouchExpandable(boolean) bestimmt, ob kleine angezeigte Pfeile schnell die Anzeige zusammen- oder auffalten.

10.12 Alles Auslegungssache – die Layoutmanager

Alle Komponenten müssen auf einen Container platziert werden. Container sind besondere Swing-Elemente, die dazu dienen, andere Kinder aufzunehmen und zu verwalten. Ein Container ist zum Beispiel `JPanel`. Er ist im Wesentlichen eine `JComponent` mit der Möglichkeit, Kinder nach einem bestimmten Layoutverfahren anzuordnen.

Ein Layoutmanager ist dafür verantwortlich, Elemente eines Containers nach einem bestimmten Verfahren anzuordnen, zum Beispiel zentriert oder von links nach rechts. Ein Container fragt bei einer Neudarstellung immer seinen Layoutmanager, wie er seine Kinder anordnen soll. Jeder Layoutmanager implementiert eine unterschiedliche Strategie zur Anordnung.

10.12.1 Übersicht über Layoutmanager

Java bietet bisher folgende Layoutmanager:

- `FlowLayout`: Ordnet Komponenten von links nach rechts an.
- `BoxLayout`: Ordnet Komponenten horizontal oder vertikal an.
- `GridLayout`: Setzt Komponenten in ein Raster, wobei jedes Element die gleichen Maße besitzt.
- `BorderLayout`: Setzt Komponenten in vier Himmelsrichtungen oder in die Mitte.
- `GridBagLayout`: sehr flexibler Manager als Erweiterung von `GridLayout`
- `CardLayout`: Verwaltet Komponenten wie auf einem Stapel, sodass nur eine Komponente sichtbar ist.
- `SpringLayout`: Berücksichtigt Abhängigkeiten der Kanten von Komponenten.[6]
- `GroupLayout`: für GUI-Builder im Allgemeinen die beste Wahl

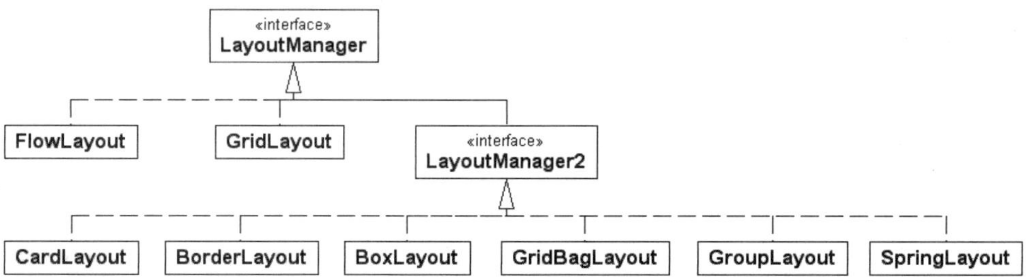

Abbildung 10.38 Typbeziehungen zwischen den Layoutmanagern

10.12.2 Zuweisen eines Layoutmanagers

Die Methode `setLayout(LayoutManager)` weist einem `Container` eine Ausrichtungsstrategie zu.

```
class java.awt.Container
extends Component
```

- `void setLayout(LayoutManager mgr)`
  Setzt einen neuen Layoutmanager für den Container.

6 `SpringLayout` wird selten verwendet – wenn, dann von GUI-Buildern. Mehr Informationen dazu gibt die Webseite *http://docs.oracle.com/javase/tutorial/uiswing/layout/spring.html*.

- `LayoutManager getLayout()`
  Liefert den aktuellen Layoutmanager.

`LayoutManager` ist eine Schnittstelle, die von unterschiedlichsten konkreten Layoutmanagern implementiert wird. Die zentrale Operation ist `layoutContainer(Container)`, die dafür verantwortlich ist, die absoluten Positionen via `setBounds(...)` zu setzen.

JPanel mit einem Layoutmanager verbinden

Erinnern wir uns, dass die Klasse `JPanel` ein Container ist und daher auch ein eigenes Layout besitzen kann. Praktisch ist der Konstruktor, der gleich einen Layoutmanager annimmt (das `JPanel` ist bisher die einzige Klasse, der ein Layoutmanager gleich im Konstruktor übergeben werden kann).


```
class javax.swing.JPanel
extends JComponent
implements Accessible
```

- `JPanel(LayoutManager layout)`
  Erzeugt ein `JPanel` mit Doppelpufferung und dem angegebenen Layoutmanager.
- `JPanel(LayoutManager layout, boolean isDoubleBuffered)`
  Erzeugt ein neues `JPanel` mit dem angegebenen Layoutmanager und der Puffer-Strategie.

[+]

Tipp

Fitts's Law beschreibt die Zeit, die benötigt wird, um von einem Anfangspunkt zu einem Endpunkt zu kommen. Diese Zeit ist abhängig vom Logarithmus der Strecke zwischen dem Start- und dem Endpunkt und der Größe des Ziels. Daher gilt: Platziere die Elemente einer Oberfläche so, dass sie leicht zu erreichen sind. Je weiter das Ziel entfernt und je kleiner der Button ist, desto länger dauert die Operation.

10.12.3 Im Fluss mit FlowLayout

Der `FlowLayout`-Manager setzt seine Elemente von links nach rechts in eine Zeile. Die Komponenten behalten ihre Größe, das heißt, der Layoutmanager gibt keine neue Größe vor. Passen nicht alle Elemente in eine Zeile, so werden sie untereinander angeordnet. Ein zusätzlicher Parameter bestimmt, wie die Elemente im Container positioniert werden: zentriert, rechts- oder linksbündig. Ohne Einstellung ist die Anzeige zentriert. Standardmäßig besitzt jedes neue `JPanel`-Objekt ein `FlowLayout` als Layoutmanager.

Listing 10.29 com/tutego/insel/ui/layout/FlowLayoutDemo.java, main()

```
JFrame f = new JFrame();
f.setDefaultCloseOperation( JFrame.EXIT_ON_CLOSE );
f.setLayout( new FlowLayout() );

JComboBox<String> choice = new JComboBox<>();
choice.addItem( "Mike: Mein Gott Walter" );
choice.addItem( "Sweet: Co Co" );

f.add( choice );
f.add( new JButton(
        new ImageIcon( FlowLayoutDemo.class.getResource("/images/play.png" ) ) ) );

f.pack();
f.setVisible( true );
```

Abbildung 10.39 FlowLayout mit Mike

Den Elementen kann zusätzlich mehr Freiraum (engl. *gap*) gegeben werden. Voreingestellt sind 5 Pixel. Die Ausrichtung (engl. *alignment*), die beim Umbruch angegeben werden kann, ist eine ganzzahlige Konstante aus `FlowLayout`. Es stehen drei Klassenkonstanten zur Verfügung: `FlowLayout.LEFT`, `FlowLayout.CENTER` und `FlowLayout.RIGHT`.

```
class java.awt.FlowLayout
implements LayoutManager, Serializable
```

- `FlowLayout()`
  Erzeugt ein Flow-Layout mit 5 Pixeln horizontalem und vertikalem Freiraum.
- `FlowLayout(int align)`
  Erzeugt ein Flow-Layout mit 5 Pixeln Freiraum und der angegebenen Ausrichtung.
- `FlowLayout(int align, int hgap, int vgap)`
  Erzeugt ein Flow-Layout mit der angegebenen Ausrichtung und einem horizontalen bzw. vertikalen Freiraum.
- `int getAlignment()`
  Liefert das Alignment des Layoutmanagers. Möglich sind `FlowLayout.LEFT`, `FlowLayout.RIGHT` oder `FlowLayout.CENTER`.
- `void setAlignment(int align)`
  Setzt das Alignment mithilfe der Konstanten `FlowLayout.LEFT`, `FlowLayout.RIGHT` oder `FlowLayout.CENTER`.
- `int getHgap()`
- `int getVgap()`
  Liefert den horizontalen/vertikalen Abstand der Komponenten.
- `void setHgap(int hgap)`
- `void setVgap(int vgap)`
  Setzt den horizontalen/vertikalen Abstand zwischen den Komponenten.

10.12.4 BoxLayout

`BoxLayout` ist vergleichbar mit `FlowLayout`, nur ordnet dieses entlang der x- oder y-Achse an und umbricht nicht. Das Layoutmanagement ist etwas seltsam, da `setLayout(LayoutManager)` nicht allein genügt, um den Layoutmanager zuzuweisen. Vielmehr bekommt ein Exemplar von `BoxLayout` zusätzlich eine Referenz auf den Container.

[«]

Beispiel

Erzeuge ein `JPanel`, und füge zwei untereinander angeordnete `JButton`-Objekte hinzu:

```
JPanel p = new JPanel();
p.setLayout( new BoxLayout(p, BoxLayout.Y_AXIS) );
p.add( new JButton("<") );
p.add( new JButton(">") );
```

Swing bringt für das `BoxLayout` noch eine Abkürzung mit: Die Klasse heißt `javax.swing.Box` und verhält sich wie ein Container. Dem `Box`-Objekt ist automatisch der Layoutmanager `BoxLayout` zugewiesen.

[»]

Beispiel

Füge in eine `Box` eine Schaltfläche und ein Textfeld ein:

```
Box box = new Box( BoxLayout.Y_AXIS );
box.add( new JButton("Knopf") );
box.add( new JTextField() );
```

10.12.5 Mit BorderLayout in alle Himmelsrichtungen

Ein `BorderLayout` unterteilt seine Zeichenfläche in fünf Bereiche: Norden, Osten, Süden, Westen und Mitte (»Center«). Die Elemente im Norden und Süden erstrecken sich immer über die gesamte Länge des Containers. Die Höhe des Nordens und Südens ergibt sich aus der Wunschhöhe der Kinder, und die Breite wird angepasst. Die Elemente rechts und links bekommen ihre gewünschte Breite, werden aber in der Höhe gestreckt. Das Element in der Mitte wird in Höhe und Breite angepasst.

Für jeden dieser Bereiche (Richtungen) sieht die Klasse `BorderLayout` eine Konstante vor: `BorderLayout.CENTER`, `BorderLayout.NORTH`, `BorderLayout.EAST`, `BorderLayout.SOUTH` und `BorderLayout.WEST`. Dem Container fügen wir mit der Methode `add(Komponente, Richtung)` eine Komponente hinzu, wobei das zweite Argument die Angabe der Himmelsrichtung ist. Diese Angabe ist jedoch ungünstig für bidirektionale Anwendungen wie Arabisch oder Hebräisch, da eine Komponente, die für uns links liegt, dort rechts liegen soll. Eine Angabe wie `BorderLayout.WEST` ist aber statisch. Seit Java 1.4 bietet `BorderLayout` die Konstanten `LINE_START` und `LINE_END`, was im Fall der Links-nach-rechts-Anordnung bedeutet: `LINE_START` ist `WEST` und `LINE_END` ist `EAST`. Eigentlich gibt es auch `PAGE_START` und `PAGE_END`, die jedoch nicht beachtet werden, da Java bisher keine Verdrehung der Nord-/Südachse unterstützt. Also ist `PAGE_START` immer oben und `PAGE_END` immer unten (also so wie wir das verstehen).

[»]

Beispiel

Setze die Schaltfläche `button` in den Westen:

```
container.add( button, BorderLayout.LINE_START );
```

Wird die Methode `add(Component)` mit nur einem Argument aufgerufen, so wird die Komponente automatisch in die Mitte (Center) gesetzt:

Listing 10.30 com/tutego/insel/ui/layout/BorderLayoutDemo.java, main()

```
JFrame f = new JFrame();
f.setDefaultCloseOperation( JFrame.EXIT_ON_CLOSE );
// f.applyComponentOrientation( ComponentOrientation.RIGHT_TO_LEFT );

f.setLayout( new BorderLayout(5, 5) );
```

```
f.add( new JButton("Nie"), BorderLayout.PAGE_START );
f.add( new JButton("ohne"), BorderLayout.LINE_END );
f.add( new JButton("Seife"), BorderLayout.PAGE_END );
f.add( new JButton("waschen"), BorderLayout.LINE_START );
f.add( new JButton("Center") );

f.setSize( 400, 150 );
f.setVisible( true );
```

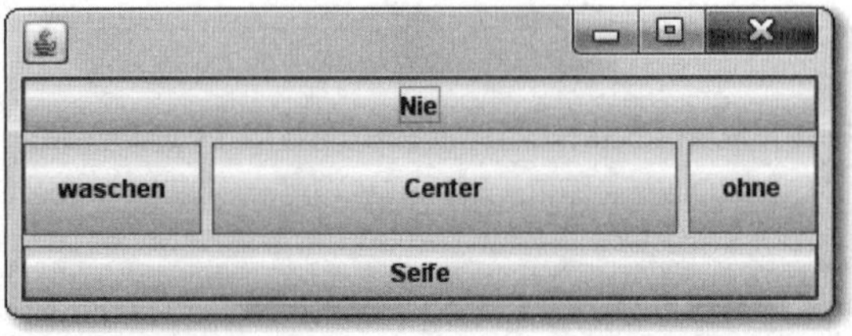

Abbildung 10.40 Der Layoutmanager BorderLayout

> **Hinweis**
> Beim AWT gilt, dass der Container `java.awt.Frame` automatisch mit einem `BorderLayout` verbunden ist. Das gilt bei `JFrame` bzw. seinen Content-Panes ebenso. Allerdings verwendet die `JRootPane`, das heißt der Container für die Content-Panes, den internen Manager `RootLayout`, der nicht mit `BorderLayout` verwandt ist.

[+]

Wer das Vertauschen der Seiten ausprobieren möchte, der muss nur den Kommentar aus der Zeile mit der Methode `applyComponentOrientation(ComponentOrientation)` herausnehmen.

```
class java.awt.BorderLayout
implements LayoutManager, Serializable
```

- `BorderLayout()`
  Erzeugt ein neues `BorderLayout`, wobei die Komponenten ohne Abstand aneinanderliegen.
- `BorderLayout(int hgap, int vgap)`
  Erzeugt ein `BorderLayout`, wobei zwischen den Komponenten ein Freiraum eingefügt wird. `hgap` spezifiziert den Freiraum in der Horizontalen und `vgap` den in der Vertikalen. Die Freiräume werden in Pixeln gemessen.
- `int getHgap()`
- `int getVgap()`
  Gibt den horizontalen/vertikalen Raum zwischen den Komponenten zurück.
- `void setHgap(int hgap)`
- `void setVgap(int vgap)`
  Setzt den horizontalen/vertikalen Zwischenraum.

[+]

Hinweis

An Stelle von `add(Komponente, BorderLayout.Orientierung)` lässt sich eine Komponente auch mit der Variante `add(Orientierungszeichenkette, Komponente)` hinzufügen. Diese Angabe ist jedoch veraltet und sollte nicht mehr verwendet werden.

```
class java.awt.Container
extends Component
```

- `void add(Component comp, Object constraints)`
  Fügt die Komponente in den Container ein. Die Variable `constraints` wird im Fall von `BorderLayout` etwa mit den Konstanten `PAGE_START`, `LINE_END`, `PAGE_END`, `LINE_START` oder `CENTER` belegt.

[+]

Hinweis

Ein einfaches `add(comp)` auf einem Container mit `BorderLayout` hat den gleichen Effekt wie `add(comp, BorderLayout.CENTER)`. Werden mehrmals hintereinander Komponenten einfach mit `add(comp)` dem Container hinzugefügt, so werden sie alle im Zentrum übereinandergestapelt, sodass nur noch die letzte hinzugefügte Komponente sichtbar ist.

10.12.6 Rasteranordnung mit GridLayout

Das `GridLayout` ordnet seine Komponenten in Zellen an, wobei die Zeichenfläche rechteckig ist. Jeder Komponente in der Zelle wird dieselbe Größe zugeordnet, also bei drei Elementen in der Breite ein Drittel des Containers. Wird der Container vergrößert, so werden die Elemente gleichmäßig vergrößert. Sie bekommen so viel Platz wie möglich.

Listing 10.31 com/tutego/insel/ui/layout/GridLayoutDemo.java, main()

```
JFrame f = new JFrame();
f.setDefaultCloseOperation( JFrame.EXIT_ON_CLOSE );

f.setLayout( new GridLayout(/*3*/ 0, 2, 6, 3) );

f.add( new JLabel(" Wie heißt du denn, mein Kleiner?") );
f.add( new JTextField() );
f.add( new JLabel(" Na, wie alt bist du denn?") );
f.add( new JFormattedTextField(NumberFormat.getIntegerInstance()) );
f.add( new JLabel(" Dann mal das Passwort eingeben:") );
f.add( new JPasswordField() );

f.pack();
f.setVisible( true );
```

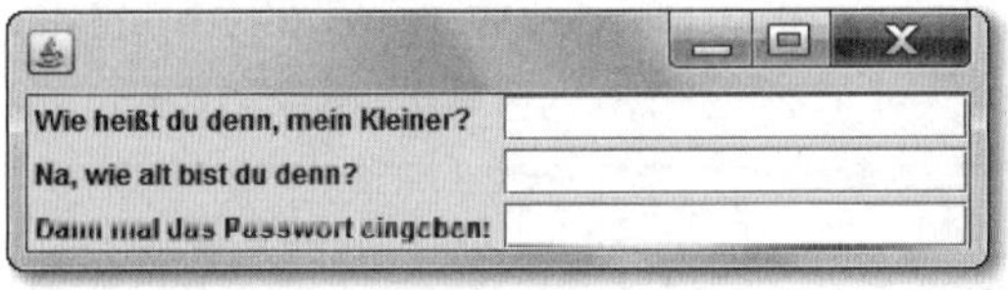

Abbildung 10.41 Beispiel für GridLayout

API-Dokumentation

```
class java.awt.GridLayout
implements LayoutManager, Serializable
```

- `GridLayout()`
  Erzeugt ein `GridLayout` mit einer Spalte pro Komponente in einer Zeile.
- `GridLayout(int rows, int cols)`
  Erzeugt ein `GridLayout` mit `rows` Zeilen oder `cols` Spalten. Die zu berechnende Anzahl sollte auf 0 gesetzt werden.
- `GridLayout(int rows, int cols, int hgap, int vgap)`
  Erzeugt ein `GridLayout` mit `rows` Zeilen oder `cols` Spalten. Horizontale Freiräume werden an die rechten und linken Ecken jeder Zeile sowie zwischen die Spalten gesetzt. Vertikale Freiräume werden an die unteren und oberen Ecken gesetzt, zudem zwischen die Reihen.

Beim Konstruktor, der Zeilen oder Spalten angibt, reicht es, lediglich die Anzahl der Elemente in der Zeile oder Spalte anzugeben; der Layoutmanager nutzt ohnehin nur eine Angabe und berechnet daraus die verbleibende Anzahl. Ein mit Zeilen oder Spalten parametrisierter Konstruktor erlaubt es – so wie beim `BorderLayout` –, Zwischenraum einzufügen.

Beispiel

Setze ein Layout mit drei Zeilen:

```
container.setLayout( new GridLayout(3, 0xcafebabe) );
```

Bei nur vier Elementen können wir auf diese Anzahl von fiktiven Spalten gar nicht kommen. Bei gegebener Zeilenanzahl wird sie nicht genutzt.

`GridLayout` berechnet die Anzahl der passenden Spalten für die Anzahl der Komponenten. Das zeigt die Implementierung:

Listing 10.32 java.awt.GridLayout, Ausschnitt [preferred|minimum]LayoutSize(), layoutContainer()

```
if (nrows > 0)
  ncols = (ncomponents + nrows - 1) / nrows;
else
  nrows = (ncomponents + ncols - 1) / ncols;
```

Ist die Anzahl der Zeilen gleich 0, so berechnet der Layoutmanager den Wert aus der Anzahl der Spalten.

[+]

Tipp

Existiert eine Anzahl Zeilen, so ist die Angabe für die Spalten völlig uninteressant. Der Wert sollte daher der Übersichtlichkeit halber auf 0 gesetzt werden.

10.12.7 Der GridBagLayoutmanager *

Die bisherigen Layoutmanager sind für Teilprobleme zwar einfach, lösen aber komplexe Layoutsituationen nur ungenügend; so blieb bisher nur der Weg über viele geschachtelte `Panel`-Objekte mit eigenen Layoutmanagern. Mit dem `GridBagLayout` gibt es einen sehr flexiblen, aber auch komplizierten Layoutmanager, mit dem sich nahezu jedes Layout gestalten lässt. Die Idee dabei ist wie beim `GridLayout`, dass die Elemente in Zeilen und Spalten eingeteilt werden. Sind bei einem `GridLayout` jedoch alle Elemente gleich hoch und gleich breit, lässt sich beim `GridBagLayout` ein Element über mehrere Zeilen und Spalten ziehen und das Verhältnis bei der Vergrößerung des Containers angeben. Dafür wird ein zusätzliches Objekt eingeführt, das jeder Komponente die Position und Ausrichtung aufzwingt. Dies ist die Klasse `GridBagConstraints`. Der Name *Constraint*, zu Deutsch *Einschränkung*, sagt aus, dass der Container versucht, diese Constraints einzuhalten.

GridBagConstraints

Ein Objekt vom Typ `GridBagConstraints` schreibt dem Layout ganz unterschiedliche Werte vor. Um eine Komponente in einem `GridBagLayout` zu positionieren, muss zuerst ein Exemplar von `GridBagConstraints` konstruiert werden. Anschließend wird eine Komponente mit `setConstraints(Komponente, GridBagConstraints)` beim `GridBagLayout` angemeldet. Danach muss nur noch die Komponente, wie bei jedem anderen Container auch, mit `add(…)` hinzugefügt werden.

Der prinzipielle Weg soll kurz skizziert werden:

```
// Am Anfang Container und Layoutmanager besorgen
Container container;
...
GridBagLayout gbl = new GridBagLayout();
container.setLayout( gbl );
// Für alle Komponenten
Component component;
...
GridBagConstraints gbc = new GridBagConstraints();
gbc.XXX = YYY;              // notwendige Einstellungen machen
// Am Manager die Constraints für die Komponente anmelden
gbl.setConstraints( component, gbc );
```

```
// Element in den Container einfügen
container.add( component );
```

GridBagConstraints-Objekt aufbauen

Um ein GridBagConstraints-Objekt aufzubauen, gibt es zwei Möglichkeiten: Es lässt sich mit dem Standard-Konstruktor erzeugen oder mit einem parametrisierten Konstruktor, der jedoch gleich elf Werte annehmen möchte. Wir entscheiden uns für den Standard-Konstruktor und setzen die Werte über die Objektvariablen. Die wichtigsten Werte sind: Position und Maße der Elemente. Beim Aufbau eines eigenen Layouts ist es sinnvoll, die Elemente in Zeilen und Spalten einzutragen und dann aufzuschreiben, welche Größe sie einnehmen.

Widmen wir uns nun dem Programm, das ein Layout mit fünf Zeilen (0, 1, ..., 4) und drei Spalten (0, 1, 2) realisiert. Gewünscht ist eine Realisierung der folgenden Abbildung:

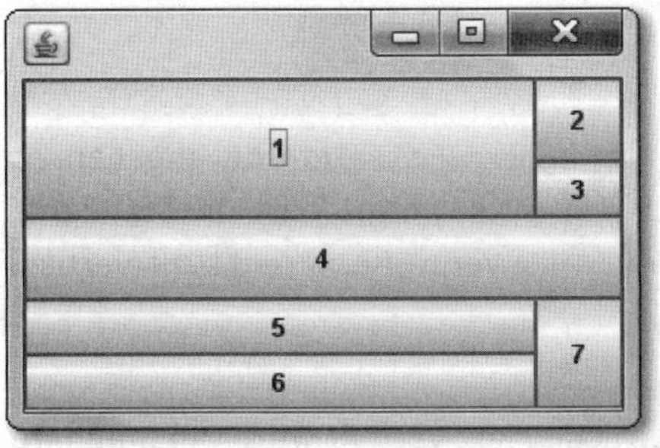

Abbildung 10.42 Beispiel für ein GridBagLayout

Die Schaltfläche »1« nimmt Platz für zwei Spalten ein. Hinsichtlich der Ausdehnung soll die Komponente den ganzen restlichen Platz einnehmen. In der dritten Zeile nimmt die Schaltfläche »4« drei Spalten ein.

Wichtige Attribute des GridBagConstraints: Breite, Höhe und Ausdehnung

Für die GridBagConstraints jeder Komponente sind vier Variablen besonders wichtig:

```
class java.awt.GridBagConstraints
implements Cloneable, Serializable
```

- int gridx, int gridy
  gridx gibt die Position links vom Anzeigebereich an und gridy die Position direkt über dem Anzeigebereich der Komponente. Das Element ganz links hat den Wert 0, und der obersten Zelle ist der Wert 0 zugeordnet. Wenn die Komponenten automatisch rechts bzw. unter der letzten Komponente platziert werden, wird die Konstante GridBagConstraints.RELATIVE vergeben, das heißt, die Komponente wird direkt an der letzten Komponente in der Zeile oder Spalte positioniert. Der Standardwert ist RELATIVE mit dem Wert –1.

Stehen die Werte fest, gilt das für Komponenten, die immer die gleiche Größe von einer Zeile und einer Spalte haben. Das ist aber nicht immer der Fall, und daher lässt sich die Ausdehnung in der Horizontalen und Vertikalen angeben. Dann nimmt ein Element für eine Überschrift etwa zwei Spalten ein.

- `int gridwidth`, `int gridheight`
  Anzahl der Kästchen in einer Zeile und Spalte, die einer Komponente zur Verfügung stehen. Ist der Wert mit der Konstanten `GridBagConstraints.REMAINDER` belegt, so bedeutet dies, dass das Element das letzte der Zeile oder Spalte ist. `GridBagConstraints.REMAINDER` trägt den Wert 0. Der Standard für beide Werte ist 1. Wurde die letzte Komponente allerdings schon mit `gridwidth` gleich `GridBagConstraints.REMAINDER` eingefügt, so wird die nächste Komponente als erste in die nächste Zeile eingesetzt.

Mit diesen Angaben kann schon ein großer Teil einer grafischen Oberfläche entworfen werden.

Eine weitere Variable `fill` bestimmt, ob überhaupt vergrößert werden darf. Wie die Größenänderung aussehen soll, bestimmen zwei weitere Variablen:

- `int fill`
  Für die Belegung von `fill` existieren vier Konstanten in `GridBagConstraints`, die angeben, ob der Bereich für die Komponente variabel ist. Das sind: `NONE` (nicht vergrößern, der Standard), `HORIZONTAL` (nur horizontal vergrößern), `VERTICAL` (nur vertikal vergrößern) und `BOTH` (vertikal und horizontal vergrößern).
- `double weightx`, `double weighty`
  Die Werte geben an, wie der freie horizontale und vertikale Platz verteilt wird. Der Standard ist 0. Ist in diesem Modus die Summe aller Komponenten einer Zeile bzw. Spalte 0, so wird Freiraum rechts und links bzw. oben und unten zwischen den Zeilen und dem Container eingefügt. Soll die Komponente den überschüssigen Platz verwenden, wird ein Wert größer 0 zugeteilt. Damit vergrößert oder verkleinert sie sich bei Veränderungen und behält ihre bevorzugte Größe nicht. Wenn nur ein Element einen Wert größer 0 besitzt, wird genau dieses vergrößert, und die restlichen Komponenten behalten ihre Größe bei.

Programmierung vereinfachen

Mit diesen Informationen wollen wir nun ein Beispiel implementieren. Doch bevor wir uns einem vollständigen Layout zuwenden, ist es sinnvoll, für den Umgang mit `GridBagLayout` und `GridBagConstraints` eine eigene Hilfsmethode zu schreiben, und zwar mit folgender Signatur:

```
static void addComponent( Container cont,
                          GridBagLayout gbl,
                          Component c,
                          int x, int y,
                          int width, int height,
                          double weightx, double weighty )
```

Die Methode soll ein `GridBagConstraints`-Objekt erstellen, die Werte zuweisen und dem Container dieses Constraint-Objekt zuteilen. Mit einer Komponente ist also eine Einschränkung verbunden. Zusätzlich soll die Methode die Komponenten in den Container legen.

Die Informationen über das Layout und unsere Abbildung wollen wir nun in einem Programm abbilden:

Listing 10.33 com/tutego/insel/ui/layout/GridBagLayoutDemo.java

```
package com.tutego.insel.ui.layout;

import java.awt.*;
import javax.swing.*;

class GridBagLayoutDemo {

  static void addComponent( Container cont,
                            GridBagLayout gbl,
                            Component c,
                            int x, int y,
                            int width, int height,
                            double weightx, double weighty ) {
    GridBagConstraints gbc = new GridBagConstraints();
    gbc.fill = GridBagConstraints.BOTH;
    gbc.gridx = x; gbc.gridy = y;
    gbc.gridwidth = width; gbc.gridheight = height;
    gbc.weightx = weightx; gbc.weighty = weighty;
    gbl.setConstraints( c, gbc );
    cont.add( c );
  }

  public static void main( String[] args ) {
    JFrame f = new JFrame();
    f.setDefaultCloseOperation( JFrame.EXIT_ON_CLOSE );
    Container c = f.getContentPane();

    GridBagLayout gbl = new GridBagLayout();
    c.setLayout( gbl );

    //                                      x  y  w  h  wx   wy
    addComponent( c, gbl, new JButton("1"), 0, 0, 2, 2, 1.0, 1.0 );
    addComponent( c, gbl, new JButton("2"), 2, 0, 1, 1, 0  , 1.0 );
    addComponent( c, gbl, new JButton("3"), 2, 1, 1, 1, 0  , 0   );
    addComponent( c, gbl, new JButton("4"), 0, 2, 3, 1, 0  , 1.0 );
    addComponent( c, gbl, new JButton("5"), 0, 3, 2, 1, 0  , 0   );
```

```
    addComponent( c, gbl, new JButton("6"), 0, 4, 2, 1, 0  , 0   );
    addComponent( c, gbl, new JButton("7"), 2, 3, 1, 2, 0  , 0   );

    f.setSize( 300, 200 );
    f.setVisible( true );
  }
}
```

Die restlichen Attribute

Die bisherigen Eigenschaften reichen aus, um die wichtigsten Layouts zu realisieren. Mit den Constraints lassen sich jedoch noch andere Werte einstellen:

```
class java.awt GridBagConstraints
implements Cloneable, Serializable
```

- `int anchor`
  Wird die Komponente nicht auf die ganze Breite oder Höhe skaliert, muss sie irgendwohin gesetzt werden. Die Variable `anchor` setzt sie nach einem bestimmten Verfahren in den Container. Folgende Konstanten deklariert `GridBagConstraints`: `CENTER`, `NORTH`, `EAST`, `WEST`, `SOUTH`, `SOUTHEAST`, `NORTHEAST`, `SOUTHWEST` und `NORTHWEST`. Der Standard ist `CENTER`.
- `Insets insets`
  Ein `Insets`-Objekt bestimmt die minimalen Entfernungen der Komponente vom äußeren Rand in ihrem Anzeigebereich. Für ein `Insets`-Objekt werden vier Werte für `top`, `left`, `bottom` und `right` vergeben. Der Standard ist `Insets(0, 0, 0, 0)`.
- `int ipadx, ipady`
  Geben die inneren Abstände (engl. *internal padding*) einer Komponente zum Rand an. Sie sind standardmäßig 0.

Jetzt haben wir alle Informationen zusammen, um uns noch einmal mit den beiden Konstruktoren zu beschäftigen:

- `GridBagConstraints()`
  Der Standard-Konstruktor; er belegt die Werte, wie die Implementierung zeigt:

```
public GridBagConstraints()
{
  gridx = RELATIVE;   gridy = RELATIVE;
  gridwidth = 1;      gridheight = 1;
  weightx = 0;        weighty = 0;
  anchor = CENTER;
  fill = NONE;
  insets = new Insets( 0, 0, 0, 0 );
  ipadx = 0;          ipady = 0;
}
```

- `GridBagConstraints(int gridx, int gridy, int gridwidth, int gridheight, double weightx, double weighty, int anchor, int fill, Insets insets, int ipadx, int ipady)`
  Belegt das Layout mit den angegebenen Werten

10.12.8 Null-Layout *

Das Argument `null` bei `setLayout(LayoutManager)` setzt keinen Layoutmanager, und die Komponenten müssen absolut positioniert werden. Zum Setzen der Position und Maße bietet jede `Component` die Methode `setBounds(int x, int y, int width, int height)`. Ein üblicher Layoutmanager wird mit genau dieser Methode die Größen zuweisen.

Das Setzen des Null-Layouts sollte nicht die Regel sein, da Änderungen an der Zeichensatzgröße hässliche Effekte nach sich ziehen. Eine Person mit Sehschwierigkeiten, die die Fontgröße auf 40 stellt, sieht dann in einer Schaltfläche vielleicht nur eine halbe, abgeschnittene Zeichenkette.

Beispiel

Ordne zwei Schaltflächen mit dem Null-Layout an. `c` soll ein passender `Container` sein:

```
c.setLayout( null );
JButton b = new JButton( "Snug Weste blau, innen rot" );
b.setBounds( 0, 0, 200, 50 );
c.add( b );
b = new JButton( "HPX Gore-tex Ocean Jacket" );
b.setBounds( 250, 0, 150, 50 );
c.add( b );
```

10.12.9 Weitere Layoutmanager

`OverlayLayout`, `ScrollPaneLayout` und `ViewPortLayout` sind weitere Layoutmanager aus der Java SE. Sie sind sehr speziell mit ihren Containern verbunden und spielen hier keine Rolle.

Weitere Open-Source-Layoutmanager, die nicht zur Standardbibliothek gehören und extra eingebunden werden müssen, sind folgende:

- Die Seite *http://tutego.de/go/tablelayout* beschreibt einen neuen Layoutmanager `TableLayout`, mit dem sich ähnlich wie mit dem `GridBagLayout` Raster aufbauen lassen, nur ist die Programmierung viel einfacher.
- Das `DesignGridLayout` (*http://designgridlayout.java.net/*) arbeitet zeilenorientiert und ohne gesonderte Beschreibungsobjekte mit einer einfachen API. `DesignGridLayout` unterstützt insbesondere den Aufbau von Formularen. Zeile für Zeile baut sich die Oberfläche auf diese Weise auf, ohne großartig Zeit für Layoutparameter aufzuwenden zu müssen.
- Das `RiverLayout` (*http://www.datadosen.se/riverlayout/*) ordnet Komponenten über textuelle Beschreibungen an, etwa »center« oder »tab hfill vfill«.

10.13 Rollbalken und Schieberegler

Ein *Rollbalken* (engl. *scrollbar*, auch *Bildlaufleiste* genannt) ist eine Komponente, die es einem Benutzer auf einfache Weise ermöglicht, einen ganzzahligen Wert aus einem vorher festgelegten Wertebereich auszuwählen.

Ein *Schieberegler* (engl. *slider*) ist mit dem Rollbalken verwandt. Er dient im Speziellen jedoch der Auswahl eines Werts aus einem Zahlenbereich. Beim Slider lässt sich zudem noch eine Skala aus verschieden großen Strichen (engl. *tick marks*) setzen.

10.13.1 Schieberegler (JSlider)

Die Swing-Bibliothek implementiert Slider durch die Klasse `JSlider`. Dass Ticks gezeichnet werden, bestimmt der Aufruf `setPaintTicks(true)`. Damit sich die Abstände der Unterteilungen setzen lassen, wird `setMinorTickSpacing(int)` oder auch `setMajorTickSpacing(int)` verwendet. Die letzten Methoden sind unabhängig voneinander. Zusätzlich zu den Ticks erlaubt die Klasse auch eine automatische Nummerierung der Striche. Dann muss die Methode `setPaintLabels(true)` gesetzt werden. Eigene Wertebereiche werden über `setLabelTable(Dictionary labels)` zugewiesen; der Assoziativspeicher verbindet `Integer`-Objekte für Positionen mit `JComponent`-Komponenten, die dann am `JSlider` gezeichnet werden. Auf Bewegungsereignisse horcht ein `ChangeListener`.

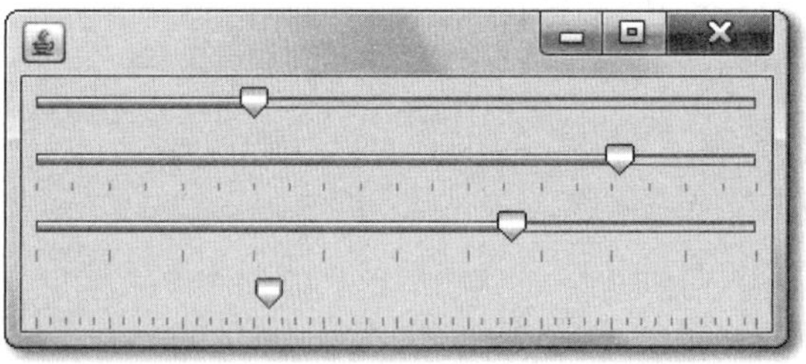

Abbildung 10.43 Die verschiedenen JSlider ohne Nummerierung

Listing 10.34 com/tutego/insel/ui/swing/JSliderDemo.java, main()

```
JFrame frame = new JFrame();
frame.setDefaultCloseOperation( JFrame.EXIT_ON_CLOSE );
frame.setLayout( new GridLayout(4, 0, 0, 7) );

JSlider slider1 = new JSlider( 0, 100, 50 );
frame.add( slider1 );

JSlider slider2 = new JSlider( 0, 100, 50 );
slider2.setPaintTicks( true );
slider2.setMinorTickSpacing( 5 );
frame.add( slider2 );
```

```
JSlider slider3 = new JSlider( 0, 100, 50 );
slider3.setPaintTicks( true );
slider3.setMajorTickSpacing( 10 );
frame.add( slider3 );

JSlider slider4 = new JSlider ( 0, 100, 50 );
slider4.setPaintTicks(true);
slider4.setMajorTickSpacing( 10 );
slider4.setMinorTickSpacing( 2 );
slider4.setPaintTrack( false );
slider4.addChangeListener( new ChangeListener() {
  @Override public void stateChanged( ChangeEvent e ) {
    System.out.println( ((JSlider) e.getSource()).getValue() );
  }
} );
frame.add( slider4 );

frame.pack();
frame.setVisible( true );
```


10.13.2 Rollbalken (JScrollBar) *

Mittels eines verschiebbaren Knopfs oder der Bildlaufpfeile lässt sich ein Wert einstellen. Der Rollbalken kann vertikal oder horizontal angeordnet werden. Er besitzt für Verschiebungen folgende Regel hinsichtlich des internen Werts: Bei einem vertikalen Rollbalken liegt der größte Wert oben, und bei einem horizontalen Rollbalken liegt er auf der linken Seite. Wird der Rollbalken verändert, werden `AdjustmentEvent`-Objekte erzeugt. Dem `JScrollBar` ist ein `BoundedRangeModel` zugewiesen, das die Daten speichert.

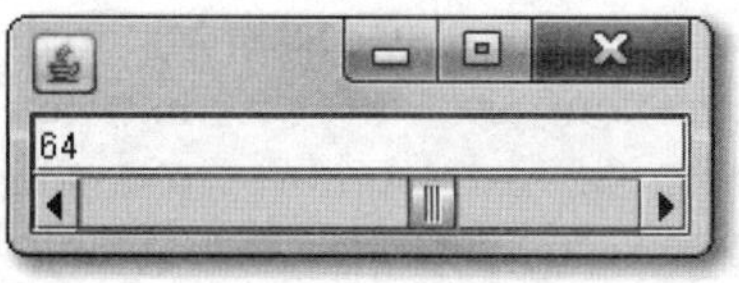

Abbildung 10.44 Ein Rollbalken

Beispiel: Die Position eines Rollbalkens mit dem Textfeldeintrag synchron halten

Das folgende Programm verwendet ein `JScrollBar`- und ein `JTextField`-Objekt. Beide benachrichtigen sich bei Änderungen. Wird also im Textfeld eine neue Zahl eingesetzt, zeigt der Rollbalken diese an. Verändern wir den Regler, so wird die passende Zahl in das Textfeld gesetzt. Die Verbindung zwischen den beiden Komponenten wird mit zwei Listener-Objekten hergestellt:

Listing 10.35 com/tutego/insel/ui/swing/JScrollBarDemo.java, main()

```
JFrame f = new JFrame();
f.setDefaultCloseOperation( JFrame.EXIT_ON_CLOSE );

f.setLayout( new GridLayout(2, 1) );

final JScrollBar sb = new JScrollBar( Adjustable.HORIZONTAL, 50, 10, 0, 100 + 10 );
final JTextField tf = new JTextField( "" + sb.getValue(), 20 );

f.add ( tf );
f.add ( sb );

tf.addActionListener( new ActionListener() {
  @Override public void actionPerformed( ActionEvent e ) {
    sb.setValue( Integer.parseInt(tf.getText()) );
  }
} );

sb.addAdjustmentListener( new AdjustmentListener() {
  @Override public void adjustmentValueChanged( AdjustmentEvent e ) {
    tf.setText( "" + sb.getValue() );
  }
} );

f.pack();
f.setVisible( true );
```

Die JScrollBar-API

Die wichtigen Properties einer `JScrollBar` sind: Orientierung (horizontal, vertikal), Minimalwert, Maximalwert, aktueller Wert. Für die Orientierung sind zwei Konstanten in der Schnittstelle `java.awt.Adjustable` deklariert; die `JScrollBar` implementiert `HORIZONTAL` und `VERTICAL`. Ein Rollbalken kann immer nur eines von beiden sein. Das Minimum steht standardmäßig auf 0 und das Maximum auf 100.

```
class javax.swing.JScrollBar
extends JComponent
implements Adjustable, Accessible
```

- `JScrollBar()`
  Erzeugt einen vertikalen Rollbalken.
- `JScrollBar(int orientation)`
  Erzeugt einen neuen Rollbalken mit der angegebenen Richtung.

- `JScrollBar(int orientation, int value, int extent, int minimum, int maximum)`
  Erzeugt einen neuen Rollbalken mit der angegebenen Richtung. Zudem werden der Initialwert, die Größe, das Minimum und das Maximum gesetzt. Die Eigenschaften `minimum` und `maximum` geben die Grenzen des Werts an, die der Rollbalken annehmen kann. Geben wir `maximum` kleiner oder gleich `minimum` an, dann wird `maximum = minimum + 1` gesetzt. Der weitere zusätzliche Parameter `value` bestimmt den Startwert des Rollbalkens. `value` darf nicht kleiner als `minimum` sein. Ist er es dennoch, so wird `value = minimum` gesetzt. Der `value` steht bei beiden auf 0, das heißt, bei einem vertikalen Rollbalken steht der Knopf unten und bei einem horizontalen Rollbalken links. Mit `extent` können wir die Größe des Schiebers bestimmen. Daneben hat `extent` aber noch eine andere Funktion, denn es bestimmt zusätzlich die Größe der Veränderung, wenn der Schieber bewegt wird – mit anderen Worten die Schrittweite. Da die Schieber unter Windows nicht proportional zur Größe des darzustellenden Inhalts sind, lässt sich hier einfach ein proportionaler Rollbalken implementieren. So können wir leicht von der Größe des Knopfs auf den Umfang schließen. Der Wert von `extent` muss kleiner sein als der Wertebereich des Rollbalkens (`extent <= maximum – minimum`). Verstößt `visible` gegen die einfache Gleichung, wird `visible = maximum minimum` gewählt. Erreicht `extent` einen Wert kleiner 1, wird dieser zurück auf 1 gesetzt. Für die beiden anderen Konstruktoren ist der Wert von `extent` auf 10 festgelegt.
- `int getOrientation()`
  Liefert die Orientierung des Rollbalkens.
- `void setOrientation(int orientation)`
  Setzt die Orientierung neu.
- `int getMaximum()`
- `int getMinimum()`
  Liefert das Maximum bzw. Minimum des Rollbalkens.
- `void setMaximum(int newMaximum)`
- `void setMinimum(int newMinimum)`
  Setzt den maximalen bzw. minimalen anzunehmenden Wert des Rollbalkens.
- `int getValue()`
  Liefert den aktuellen Wert des Rollbalkens.
- `void setValue(int newValue)`
  Setzt einen neuen Wert.
- `int getBlockIncrement()`
  Liefert die Blockschrittweite vom Rollbalken. Diese ist definiert durch die Anzahl an Zeilen, die beim Klick auf die Bildlaufleiste (nicht Pfeile), weitergeblättert wird. Im Allgemeinen führt ein Druck auf die [Bild ↓]-Taste zu demselben Effekt.
- `void setBlockIncrement(int v)`
  Setzt die Blockschrittweite für den Rollbalken.
- `int getUnitIncrement()`
  Liefert die Schrittweite des Rollbalkens, die bestimmt, wie weit die aktuelle Seite weitergeblät-

tert wird, wenn die Pfeile des Rollbalkens angewählt werden. Die Operation ist mit einem Druck auf die [↑]/[↓]-Tasten vergleichbar.

- `void setUnitIncrement(int v)`
  Setzt die Schrittweite neu.
- `int getVisibleAmount()`
  Liefert die Größe des sichtbaren Bereichs.
- `void setVisibleAmount(int extent)`
  Setzt eine neue Größe des sichtbaren Bereichs.
- `void setValues(int newValue, int newExtent, int newMin, int newMax)`
  Setzt die vier Eigenschaften des Rollbalkens.
- `void addAdjustmentListener(AdjustmentListener l)`
  Fügt einen `AdjustmentListener` hinzu, der auf ein `AdjustmentEvent` hört.
- `void removeAdjustmentListener(AdjustmentListener l)`
  Entfernt den `AdjustmentListener` wieder.

Der AdjustmentListener, der auf Änderungen hört

Objekte, die an Änderungen interessiert sind, müssen die Schnittstelle `AdjustmentListener` implementieren und sich beim jeweiligen Rollbalken registrieren. `AdjustmentListener` spielen bis auf `JScrollBar` in Swing keine weitere Rolle; unter AWT haben sie bei der `java.awt.Scrollbar` die Bewegungen gemeldet.

```
interface java.awt.event.AdjustmentListener
extends EventListener
```

- `void adjustmentValueChanged(AdjustmentEvent e)`
  Wird vom Rollbalken aufgerufen, wenn das Objekt seinen Wert verändert.

Das `AdjustmentEvent` verrät uns, welches Ereignis zu der Veränderung geführt hat.

```
class java.awt.AdjustmentEvent
extends AWTEvent
```

- `Adjustable getAdjustable()`
  Gibt das `Adjustable`-Objekt zurück, bei dem das Event auftrat.
- `int getValue()`
  Gibt den Wert im `Adjustment`-Objekt zurück.
- `int getAdjustmentType()`
  Gibt eine der Konstanten `UNIT_INCREMENT`, `UNIT_DECREMENT`, `BLOCK_INCREMENT`, `BLOCK_DECREMENT` oder `TRACK` zurück, die den Typ des Ereignisses beschreiben.

Wir beschreiben im folgenden Programmlisting einen `AdjustmentListener`, der alle möglichen Informationen über die Bewegung des Rollbalkens protokolliert:

Listing 10.36 com/tutego/insel/ui/swing/AllAdjustmentListener.java, adjustmentValueChanged()

```
@Override public void adjustmentValueChanged( AdjustmentEvent e ) {
  System.out.println( e.getAdjustable().getOrientation() == Adjustable.HORIZONTAL ?
                    "Adjustable.HORIZONTAL" : "Adjustable.VERTICAL" );

  switch ( e.getAdjustmentType() ) {
    case AdjustmentEvent.UNIT_INCREMENT:
      System.out.println( "AdjustmentEvent.UNIT_INCREMENT" );
      break;
    case AdjustmentEvent.UNIT_DECREMENT:
      System.out.println( "AdjustmentEvent.UNIT_DECREMENT" );
      break;
    case AdjustmentEvent.BLOCK_DECREMENT:
      System.out.println( "AdjustmentEvent.BLOCK_DECREMENT" );
      break;
    case AdjustmentEvent.BLOCK_INCREMENT:
      System.out.println( "AdjustmentEvent.BLOCK_INCREMENT" );
      break;
    case AdjustmentEvent.TRACK:
      System.out.println( "AdjustmentEvent.TRACK" );
      break;
  }
  System.out.println( " Wert: " + e.getValue() );
}
```

10.14 Kontrollfelder, Optionsfelder, Kontrollfeldgruppen

Ein Kontrollfeld ist eine Komponente mit einem Zustand: »ein« oder »aus«. Der Zustand wird meistens als Rechteck oder Kreis neben einer Zeichenkette dargestellt. Kontrollfelder dienen dem Benutzer meistens als Auswahl von Optionen. Bei einer Pizza-Bestellung kann etwa ein Optionsfeld die Beläge anbieten. Hier wähle ich dann immer Pilze, Paprika und Zwiebeln.

In Swing sind zwei Klassen als besondere Schaltflächen vorgesehen, sodass der Benutzer aus einer Reihe von Optionen wählen kann: `JCheckBox` und `JRadioButton`. Beide sind Unterklassen von `AbstractButton` und haben daher die schon erwähnten Möglichkeiten für HTML-Text, unterschiedliche Grafiken, Abstand usw.

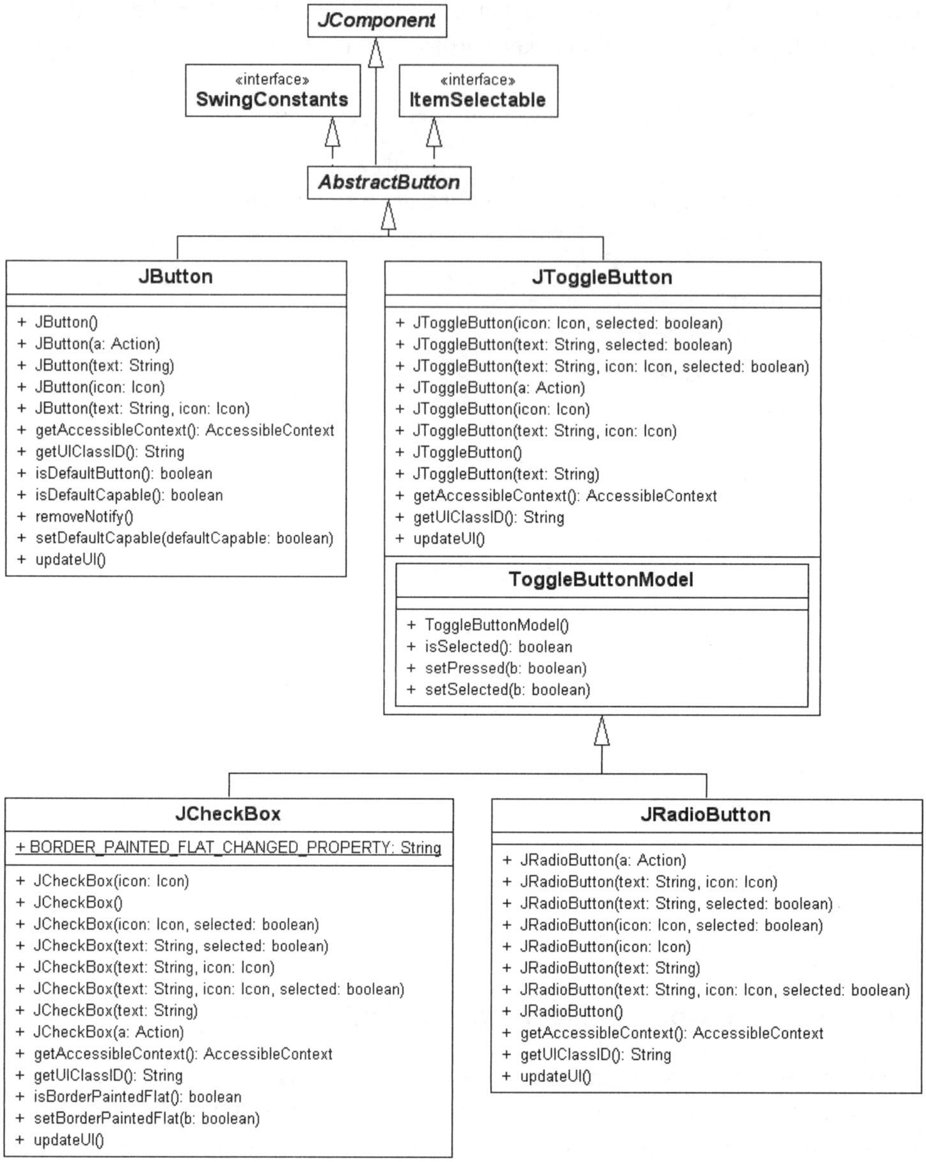

Abbildung 10.45 Vererbungsbeziehung der Schaltflächenklassen

10.14.1 Kontrollfelder (JCheckBox)

Die `JCheckBox` ist als Schaltfläche so flexibel wie ein `JButton` und lässt sich verschiedene Grafiken für den eingeschalteten und ausgeschalteten Zustand zuweisen. Dazu dienen die Methoden `setIcon(Icon)` und `setSelectedIcon(Icon)`. Diese Methoden kommen alle aus der Oberklasse `AbstractButton`. Im Konstruktor lässt sich als zweites Argument ein Wahrheitswert angeben, der bestimmt, ob das Feld am Anfang gesetzt ist oder nicht.

Ändert sich der Zustand eines Feldes (Selektion oder Deselektion), wird ein `ItemEvent` an alle registrierten `ItemListener` weitergeleitet. Nach dem Anlegen des Objekts kann die Methode `setState(boolean)` den Status verändern. Das Argument `true` markiert die Option des Kontrollfeldes. `getState()` liefert den aktuellen Status des Kontrollfeldes.

Abbildung 10.46 Kontrollkästchen für unsere Helden

Listing 10.37 com/tutego/insel/ui/swing/JCheckBoxDemo.java, main()

```
JFrame f = new JFrame( "Tolle Fernsehserien" );
f.setDefaultCloseOperation( JFrame.EXIT_ON_CLOSE );

Icon unchecked = new ImageIcon(
                       JCheckBoxDemo.class.getResource( "/images/cancel.png" ) );
Icon checked   = new ImageIcon(
                       JCheckBoxDemo.class.getResource( "/images/ok.png" ) );

JCheckBox cb1 = new JCheckBox( "Ein Colt für alle Fälle", true );
cb1.setIcon( unchecked );
cb1.setSelectedIcon( checked );
f.add( cb1, BorderLayout.PAGE_START );

JCheckBox cb2 = new JCheckBox( "MacGyver", false );
cb2.setIcon( unchecked );
cb2.setSelectedIcon( checked );
f.add( cb2, BorderLayout.PAGE_END );

ItemListener herosListener = new ItemListener() {
  @Override public void itemStateChanged( ItemEvent e ) {
    System.out.print( ((JCheckBox) e.getItem()).getText() );
    System.out.println( e.getStateChange() == ItemEvent.SELECTED ?
                        " selected" : " unselected" );
  }
};

cb1.addItemListener( herosListener );
cb2.addItemListener( herosListener );

f.pack();
f.setVisible( true );
```

10.14.2 ItemSelectable, ItemListener und das ItemEvent

In Swing gibt es eine Schnittstelle `ItemSelectable`, die alle Swing-Klassen implementieren, bei denen Einträge selektiert werden können:

```
interface java.awt.ItemSelectable
```

- `void addItemListener(ItemListener l)`
- `void removeItemListener(ItemListener l)`
- `Object[] getSelectedObjects()`

Folgende GUI-Komponenten implementieren diese Schnittstelle:

- alle von `AbstractButton` abgeleiteten Schaltflächen, insbesondere `JCheckBox`, `JRadioButton`, `JCheckBoxMenuItem`, `JRadioButtonMenuItem`
- `JComboBox`

ItemListener

Die Schnittstelle `ItemListener` wird von allen Objekten implementiert, die an einem Auswahlereignis interessiert sind. Wird ein Element ausgewählt, wird die Methode `itemStateChanged(ItemEvent)` aufgerufen.

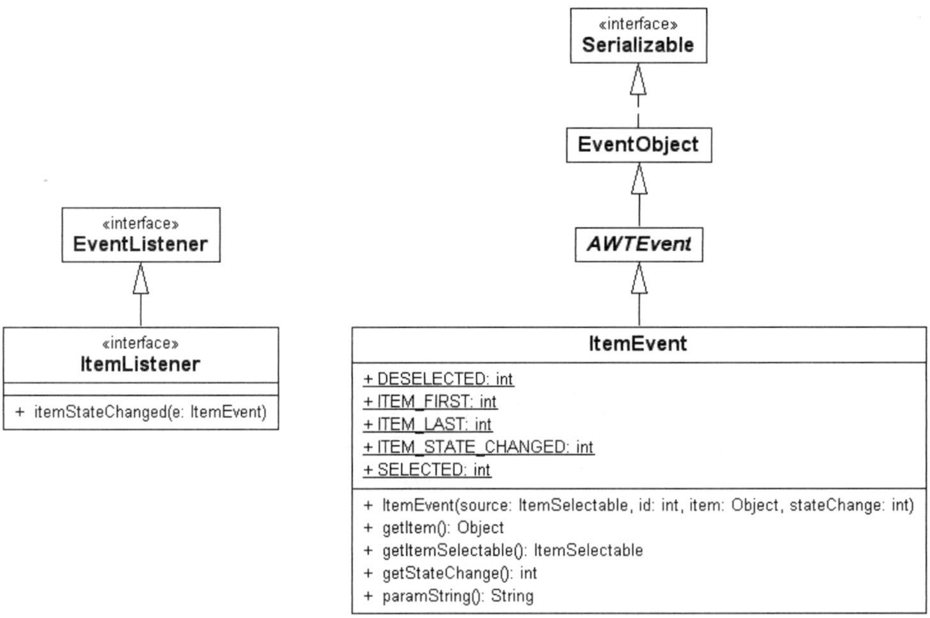

Abbildung 10.47 Klassendiagramme von ItemListener und ItemEvent

```
interface java.awt.event.ItemListener
extends EventListener
```

- `void itemStateChanged(ItemEvent e)`
  Wird aufgerufen, wenn ein Eintrag selektiert oder deselektiert wird.

ItemEvent an ItemListener

Dem Listener wird in `itemStateChanged(ItemEvent)` ein Objekt übergeben, das Zugriff auf die Komponente oder den Zustand liefert.

```
class java.awt.event.ItemEvent
extends AWTEvent
```


- `ItemSelectable getItemSelectable()`
  Gibt ein `ItemSelectable`-Objekt von der Komponente zurück, die das Ereignis ausgelöst hat.
- `Object getItem()`
  Gibt das vom Ereigniserzeuger initialisierte Item zurück. Der Typ kann je nach Komponente unterschiedlich sein. (Die API-Dokumentation ist mit der Erläuterung »The item whose selection state has changed« relativ unspezifisch. Bei einer `JCheckBox` ist es jedenfalls nicht der String.)
- `int getStateChange()`
  Gibt den Status des Eintrags zurück. Die Klasse deklariert dazu die Konstanten `ItemEvent.SELECTED` und `ItemEvent.DESELECTED`.

Innerhalb der Methode `itemStateChanged(ItemEvent)` bezieht wie üblich `getSource()` den Auslöser des Ereignisses. Es gibt aber noch einen zweiten Weg über die Methode `getItemSelectable()`. Das hat den Vorteil, dass die Rückgabe ein `ItemSelectable` ist, wobei eine Typanpassung entfallen kann, wenn etwa über die `ItemSelectable`-Methode `getSelectedObjects()` die selektierten Objekte erfragt werden sollen.

Ob nun eine Selektion oder Deselektion stattfand bzw. wie der aktuelle Zustand ist, lässt sich wiederum über unterschiedliche Wege ermitteln. Die Objektmethoden `getStateChange()` von `ItemEvent` erfragen den Wechsel (Selektion oder Deselektion). Der Rückgabewert ist eine Ganzzahl, und wir sollten ihn mit den Konstanten `ItemEvent.SELECTED` und `ItemEvent.DESELECTED` vergleichen. Der andere Weg geht über die Komponente selbst: Im Fall einer `JCheckBox` – und jeder allgemeinen Schaltflächen-Art, die Unterklasse von `AbstractButton` ist – ermittelt `isSelected()` den aktuellen Zustand.

10.14.3 Sich gegenseitig ausschließende Optionen (JRadioButton)

Wir müssen unterscheiden, ob sich Kontrollkästchen gegenseitig ausschließen oder nicht. Falls sie sich ausschließen, kann nur ein Kontrollfeld markiert sein. Bei sich nicht ausschließenden Feldern gibt es keine Beschränkung. Sind die Kontrollkästchen in einer Gruppe (*Kontrollfeld-*

gruppe) organisiert, werden sie auch *Optionsfelder* genannt. Der Name sagt es bereits: Eine Option kann gesetzt werden oder nicht – bei einem Druckdialog könnte etwa zwischen einem Ausdruck in Farbe oder in Schwarzweiß gewählt werden.

Sich gegenseitig ausschließende Eingaben können die Swing-Komponenten `JRadioButton` und `JComboBox` realisieren. In diesem Abschnitt wollen wir uns mit `JRadioButton` beschäftigen.

Die ButtonGroup

Um die sich gegenseitig ausschließenden Auswahlknöpfe von den standardmäßig rechteckig gezeichneten `JCheckBox`-Objekten unterscheiden zu können, werden diese üblicherweise rund gezeichnet. Ohne Vorbereitung schließt ein `JRadioButton` den anderen allerdings nicht aus; hierfür wird ein spezielles `ButtonGroup`-Objekt verwendet, das die Selektionen überwacht. Werden die `JRadioButton`-Objekte erzeugt, lassen sie sich später einer `ButtonGroup` hinzufügen, sodass nur jeweils ein Element ausgewählt sein kann. Wir selbst müssen nicht durch Listener oder Ähnliches diesen Vorgang verfolgen. Die `ButtonGroup` deselektiert also automatisch ein Feld, wenn ein anderes angewählt wird.

Erzeugen wir zwei `JRadioButton`-Objekte, und fügen wir sie in eine `ButtonGroup` ein. `setSelected(boolean)` setzt den Radioauswahlknopf dort, wo er ausgewählt sein soll.

Abbildung 10.48 Beispiel für ein Optionsfeld

Listing 10.38 com/tutego/insel/ui/swing/JRadioButtonDemo.java, main()

```
JFrame f = new JFrame();
f.setDefaultCloseOperation( JFrame.EXIT_ON_CLOSE );

JRadioButton rb1 = new JRadioButton( "schwarz " );
f.add( rb1, BorderLayout.PAGE_START );
JRadioButton rb2 = new JRadioButton( "weiß" );
f.add( rb2, BorderLayout.PAGE_END );

rb1.setSelected( true );

// Setze die Radio-Buttons auf die ButtonGroup

ButtonGroup g = new ButtonGroup();
g.add( rb1 );
g.add( rb2 );
```

```
f.pack();
f.setVisible( true );
```

Das Hinzufügen ist nicht vergleichbar mit Thread-Gruppen, wo ein Thread beim Erzeugen schon gleich in eine Thread-Gruppe hineinpositioniert werden muss und die Gruppe auch später nie mehr ändern kann.

Verschiedene Komponenten über einen ItemListener

Wird ein `ItemListener` auf unterschiedliche Komponenten gleichzeitig angewendet, so ist es klug, mittels `getSource()` den Typ der Komponente zu erfragen und dann mit dem `instanceof`-Operator die Programmlogik weiter zu untergliedern:


```
@Override public void itemStateChanged( ItemEvent e ) {
  Object comp = e.getSource();
  if ( comp instanceof JCheckBox )
    …
  else if ( comp instanceof JRadioButton )
    …
  else if ( comp instanceof JComboBox )
    …
}
```

Besonders empfehlenswert ist diese Variante aber nicht, und sie löst auch nicht das Problem, wenn zum Beispiel mehrere Exemplare vom Typ einer `JCheckBox` den gleichen Event-Handler bekommen.

10.15 Fortschritte bei Operationen überwachen *

Um den Fortschritt einer Operation zu überwachen, bieten sich zwei Werkzeuge an: ein Fortschrittsbalken oder ein Dialog mit Fortschrittsanzeige. Java sieht für Fortschrittsbalken die Klasse `JProgressBar` vor. Auch kann Java selbstständig bei lange laufenden Operationen eine Dialogbox mit einem Status anzeigen. Von beiden Möglichkeiten handelt dieser Abschnitt.

10.15.1 Fortschrittsbalken (JProgressBar)

Mit der Komponente `JProgressBar` für einen *Fortschrittsbalken* (auch *Verlaufsbalken* oder *Statusanzeige* genannt) lassen sich Anzeigen visualisieren, die das Vorankommen (den Status) einer Anwendung beschreiben.

Der Fortschrittsbalken kann mit mehreren Konstruktoren erzeugt werden. Der Standard-Konstruktor erzeugt einen horizontalen Fortschrittsbalken. Es existieren zusätzliche Konstruktoren für die Orientierung, `JProgressBar.HORIZONTAL` und `JProgressBar.VERTICAL` sowie ein eingestelltes Maximum und Minimum. Nachträglich lassen sich diese Eigenschaften mit `setOrientation(int)`, `setMinimum(int)` und `setMaximum(int)` ändern. Die Methode `setStringPainted(true)` zeigt in Prozent an, in welchem Stadium der Bearbeitung sich ein Auftrag befindet. Einen alternativen String zeigt `setString(String)`.

Abbildung 10.49 Anzeige eines Fortschrittsbalkens

Listing 10.39 com/tutego/insel/ui/swing/JProgressBarDemo.java

```
package com.tutego.insel.ui.swing;

import java.awt.*;
import java.awt.event.*;
import javax.swing.*;

public class JProgressBarDemo {

  public static void main( String[] args ) {
    JFrame f = new JFrame();
    f.setDefaultCloseOperation( JFrame.EXIT_ON_CLOSE );

    final JProgressBar bar = new JProgressBar( 0, 1000000 );
    bar.setStringPainted( true );

    final Thread backgroundThread = new Thread( new Runnable() {
      @Override public void run() {
        for ( int i = 1; i <= bar.getMaximum(); i++ ) {
          final int j = i;

          SwingUtilities.invokeLater( new Runnable() {
            @Override public void run() {
              bar.setValue( j );
            }
          } );
        }
      }
    } );

    JButton but = new JButton( "Start zählen" );
    but.addActionListener( new ActionListener() {
```

```
    @Override public void actionPerformed( ActionEvent e ) {
      backgroundThread.start();
    }
  } );

  f.add( bar, BorderLayout.PAGE_START );
  f.add( but, BorderLayout.PAGE_END );

  f.pack();
  f.setVisible( true );
 }
}
```


Auf der Oberfläche sind ein `JButton` und ein `JProgressBar` aufgebracht. Der `JButton` soll, wenn er gedrückt wird, einen Hintergrund-Thread anstoßen, der die Fortschrittsanzeige hochzählt. Das Beispiel ist insofern komplex, als viele Objekte benötigt werden:

- Für das nebenläufige Programm benötigen wir einen `Thread`.
- Der Listener: Damit die Applikation die Aktivierung der Schaltfläche erkennt, wird eine kleine innere anonyme Klasse den Hintergrund-Thread starten
- Der gestartete Thread darf keine Methoden auf Swing-Komponenten aufrufen – das darf nur der AWT-Thread. Andernfalls könnten zwei Programmteile parallel eine Swing-Komponente verändern, was den Zustand ruinieren kann; Swing-Komponenten sind nicht vor parallelem Zugriff geschützt. Die Veränderung des Fortschritts über `setValue(int)` muss also aus dem eigenen Nicht-AWT-Thread heraus erfolgen. Dazu dient die Methode `invokeLater(Runnable)`. Sie erzeugt ein in die Ereigniswarteschlange eingefügtes Ereignis. Wird das Ereignis vom AWT-Thread bearbeitet, führt er den Programmcode in der `run()`-Methode vom übergebenen `Runnable` aus. Wir sprechen später noch ausführlicher über `invokeLater(Runnable)` (in Abschnitt 10.27.3, »invokeLater(...) und invokeAndWait(...)«), und eine alternative Lösung ist *SwingWorker* (siehe Abschnitt 10.27.4, »SwingWorker«).

10.15.2 Dialog mit Fortschrittsanzeige (ProgressMonitor)

Der `ProgressMonitor` ist keine übliche Swing-Komponente, sondern eine Klasse, hinter der ein Dialog steht, der sich dann öffnet, wenn die Ausführung einer Operation länger als eine bestimmte Zeit dauert. Das Swing-Tutorial liefert unter *http://docs.oracle.com/javase/tutorial/uiswing/components/progress.html* ein Beispiel dazu.

10.16 Menüs und Symbolleisten

Menüs lassen sich in *Fenstermenüs*, die immer mit einem Fenster verbunden sind, oder *Popup-Menüs* einteilen, die an bestimmten Stellen auftauchen und an keine feste Stelle gebunden sind.

An diesem Punkt ist ein Unterschied in den Fensterarchitekturen zu verzeichnen: Während bei den meisten Windows-Systemen die Menüs Teil des Fensterrahmens sind, befinden sich die Menüeinträge beim Mac immer am oberen Bildschirmrand. Dies bedeutet auch, dass beim Mac jede Anwendung die Menüleiste quasi austauscht, während unter Windows jedes Programm über seine eigene Menüleiste verfügt und problemlos mehrere verschiedene Programme mit verschiedenen Menüleisten nebeneinander laufen können. Inzwischen macht sich aber eine neue Tendenz bei den Menüleisten bemerkbar: Der Weg führt weg von den fest verankerten Menüpunkten hin zur flexiblen Anordnung am Fensterrahmen oder als eigenes Fenster. Die Menüs sind somit beweglich geworden, und die Zukunft wird zeigen, ob sich diese Art der Menüs weiter verbreitet.

10.16.1 Die Menüleisten und die Einträge

Der *Menübalken* nimmt Menüeinträge auf und dient als Container für weitere Menüs. Er sitzt auf einem Top-Level-Container außerhalb der Content-Pane. Ein Menü enthält Einträge (engl. *items*), die eine Aktion auslösen. Jeder Eintrag kann weitere Einträge enthalten. Diese werden dann *Untermenü* (engl. *submenu*) genannt.

Zunächst müssen wir einen Menübalken erzeugen. Dazu dient die Klasse `JMenuBar`. Die Einträge erzeugen wir mit der Klasse `JMenu`.

[»]

Beispiel

Erzeuge eine Menüzeile mit einem Menü. Hänge die Menüzeile an ein Fenster `f`:

Listing 10.40 com/tutego/insel/ui/swing/JToolBarDemo.java, Ausschnitt

```
JMenuBar menuBar = new JMenuBar();
JMenu fileMenu = new JMenu( "Datei" );
menuBar.add( fileMenu );
f.setJMenuBar( menuBar );
```

Die `add(…)`-Methode der Klasse `JMenuBar` fügt der Menüzeile einen Eintrag hinzu. Dieser befindet sich dann direkt unter dem Titel des Fensters und ist immer sichtbar. `setJMenuBar(…)`, eine Methode von `JFrame`, weist den Menübalken einem Fenster zu. Auch Applets können unter Swing einen Menübalken besitzen – eine Fähigkeit, die Applets unter dem AWT versagt blieb.

```
class javax.swing.JMenuBar
extends JComponent
implements Accessible, MenuElement
```

- `JMenuBar()`
  Erzeugt eine neue vertikale Menüleiste.

- `JMenu add(JMenu c)`
  Fügt der Menüleiste einen Menüeintrag am Ende hinzu.
- `int getMenuCount()`
  Liefert die Anzahl der Menüeinträge.

```
class javax.swing.JMenu
extends JMenuItem
implements Accessible, MenuElement
```

- `JMenu(String s)`
  Erzeugt einen Menüeintrag mit einem bestimmten Text. Das Menü kann nicht abgezogen werden (kein *Tear-off-Menü*).
- `JMenu()`
  Erzeugt einen Menüeintrag ohne Text (kein Tear-off-Menü).
- `JMenu(String s, boolean b)`
  Erzeugt ein `Menu`-Objekt mit gesetztem Namen, das durch den booleschen Parameter gesteuert abziehbar ist (Tear-off-Menü). Diese Möglichkeit muss nicht in jeder Implementierung gegeben sein.

```
class javax.swing.JFrame
extends Frame
implements WindowConstants, Accessible, RootPaneContainer
```

- `void setJMenuBar(JMenuBar menubar)`
  Setzt die Menüleiste des Fensters.

10.16.2 Menüeinträge definieren

Auf jedem horizontalen Eintrag der Menüzeile, den `JMenu`-Objekten, lassen sich mit `add(…)` die vertikalen Elemente hinzufügen. Der Parametertyp ist `JMenuItem` und umfasst damit:

- `JMenuItem` als direkte Menüelemente, die den typischen Schaltflächen entsprechen
- `JMenu` als Unterklasse von `JMenuItem` für Untermenüs
- `JCheckBoxMenuItem` und `JRadioButtonMenuItem` sind ebenfalls zwei Unterklassen von `JMenuItem`, die einen angewählten Status anzeigen.

[+]

Tipp

Hierarchische Menüs dürfen nur für wenig gebrauchte Operationen benutzt werden. Dies gilt noch mehr für Popup-Menüs.

[»]

Beispiel

Erzeuge ein neues Menüelement für die Hilfe, und hänge ihm einen Eintrag an:

Listing 10.41 com/tutego/insel/ui/swing/JToolBarDemo.java, Ausschnitt

```
JMenu helpMenu = new JMenu( "Hilfe" );
menuBar.add( helpMenu );
helpMenu.add( new JMenuItem("Über das Programm") );
```

Im Beispiel erzeugt ein mit einem String parametrisierter Konstruktor das `JMenuItem` und bestimmt auf diese Weise den Namen der Schaltfläche. Die Klasse bietet jedoch außerdem überladene Konstruktoren, die an `JButton` erinnern – kein Wunder, da `JMenuItem` eine Unterklasse von `AbstractButton` ist.

```
class javax.swing.JMenu
extends JMenuItem
implements Accessible, MenuElement
```

- `MenuItem add(JMenuItem menuItem)`
- `MenuItem add(String s)`
  Fügt dem Menüeintrag ein neues Element hinzu.
- `void addSeparator()`
  Fügt eine Menütrennlinie ein.

```
class javax.swing.JMenuItem
extends AbstractButton
implements Accessible, MenuElement
```

- `JMenuItem()`
  Erzeugt ein `MenuItem` ohne Text und Bild.
- `JMenuItem(String text)`
  Erzeugt einen neuen Eintrag mit Text.
- `JMenuItem(Icon icon)`
  Erzeugt einen neuen Eintrag mit Bild.
- `JMenuItem(String text, Icon icon)`
  Erzeugt einen neuen Eintrag mit vorgeschriebenem Text und Bild.
- `JMenuItem(String text, int mnemonic)`
  Erzeugt `MenuItem` mit Text und Mnemonic.
- `void setEnabled(boolean b)`
  Aktiviert oder deaktiviert den Menüeintrag.
- `void setText(String text)`
  Setzt den Text des Eintrags. Die Methode wird von `AbstractButton` geerbt.

10.16.3 Einträge durch Action-Objekte beschreiben

Menüeinträge lassen sich sehr gut mit Action-Objekten beschreiben, unter anderem deswegen, weil einige Operationen auch über die Symbolleiste aktiviert werden und dahinter der gleiche Programmcode sowie die gleichen Tooltips und Icons stehen. In unserem Menübeispiel sieht ein Action-Objekt für den Menüeintrag DATEI • BEENDEN am Menü fileMenu so aus:

Listing 10.42 com/tutego/insel/ui/swing/JToolBarDemo.java, Ausschnitt

```
Action exitAction = new AbstractAction( "Beenden" ) {
  @Override public void actionPerformed( ActionEvent e ) {
    System.exit( 0 );
  }
};
fileMenu.add( exitAction );
```

Der mit einem String parametrisierte Konstruktor von AbstractAction setzt direkt das Property »name«.

Icons in Menüs und Symbolleisten

Das Setzen von Icons übernehmen zwei Properties: SMALL_ICON und LARGE_ICON_KEY. Swing wählt für den passenden Fall das richtige Icon: für Menüs das kleinere SMALL_ICON und für Symbolleisten das LARGE_ICON_KEY.

Beispiel

Die Properties eines Action-Objekts für die Öffnen-Aktion:

Listing 10.43 com/tutego/insel/ui/swing/JToolBarDemo.java, Ausschnitt

```
final Icon smallIcon = new ImageIcon(
          JToolBarDemo.class.getResource("/images/fileopen16x16.png") );
final Icon largeIcon = new ImageIcon(
          JToolBarDemo.class.getResource("/images/fileopen22x22.png") );

Action openAction = new AbstractAction() {
  { putValue( Action.NAME, "Öffnen" );
    putValue( Action.DISPLAYED_MNEMONIC_INDEX_KEY, 1 );
    putValue( Action.SMALL_ICON,     smallIcon );
    putValue( Action.LARGE_ICON_KEY, largeIcon ); }
  @Override public void actionPerformed( ActionEvent e ) {
    System.out.println( "Öffnen..." );
  }
};
```

[+]

Tipp

Die Ellipse »...« hinter dem Menüeintrag deutet an, dass der Benutzer einen Dialog erhält, bevor er eine Aktion auslöst.

10.16.4 Mit der Tastatur – Mnemonics und Shortcut

Die Auswahl der Menüpunkte über die Maus ist nicht die schnellste (und gesündeste),[7] weil der Benutzer von der Tastatur auf die Maus umgreifen muss, die Auswahl trifft und dann wieder zurück zur Tastatur geht. Dies ist ein Kontextwechsel, der Zeit kostet. Besser – und für Behinderte von großem Vorteil – ist die zusätzliche Möglichkeit der Menüauswahl über die Tastatur. Dazu definieren Swing und die meisten grafischen Oberflächen zwei unterschiedliche Techniken:

- **Tastatur-Shortcuts** werden auch *Accelerators* genannt und definieren Tastenkombinationen, mit denen sich Aktionen direkt ausführen lassen. Die Tastatur-Shortcuts werden immer mit einer Steuerungstaste (üblich ist [Strg]) und einem anderen Buchstaben aktiviert. Eine Abkürzung zum Markieren des gesamten Textes kann zum Beispiel [Strg] + [A] sein, zum Speichern des Textes [Strg] + [S]. Shortcuts beschleunigen die Arbeit ungemein und sollten für häufig benötigte Aktionen immer vergeben werden. Die Funktionstaste [F1] zählt auch zu den Tastatur-Shortcuts.
- **Tastenkürzel**, auch *Mnemonics* genannt. Sie gibt es bei allen Schaltflächen, also auch bei Menüs. Dabei ist ein Buchstabe unterstrichen, zum Beispiel in ALLES MARKIEREN. Bei geöffnetem Menü aktiviert ein Druck auf die Taste [A] dann den Menüpunkt. Die Hauptmenüpunkte werden unter Windows mit der Metataste [Alt] angezeigt. Möchten wir etwa das Menü unter DATEI öffnen, so drücken wir [Alt] + [D].

Zwei Arten der Zuweisung

Für die Zuweisung eines Accelerators und von Mnemonics gibt es zwei Möglichkeiten: einmal das `Action`-Objekt – mit den Möglichkeiten wie oben beschrieben – oder über Setter vom `JMenuItem`.

10.16.5 Der Tastatur-Shortcut (Accelerator)

Die Methode `setAccelerator(KeyStroke)` verbindet ein `JMenuItem` (bzw. deren Unterklassen `JCheckBoxMenuItem`, `JRadioButtonMenuItem`) mit einem Accelerator. Das Argument definiert das Tastenkürzel.

7 *http://de.wikipedia.org/wiki/Mausarm*

Beispiel

Definiere für einen Menüeintrag `item` die Abkürzung [Strg] + [C]:

```
item.setAccelerator(
  KeyStroke.getKeyStroke( 'C', InputEvent.CTRL_DOWN_MASK )
);
```

Die Klasse `KeyStroke` deklariert keine Konstruktoren, nur einige Fabrikmethoden, die `KeyStroke`-Objekte zurückliefern. Neben den normalen Zeichen können auch andere Zeichen – zum Beispiel die Funktionstasten – Aktionen auslösen. Die Taste [F1] ist oft mit einer Hilfe verbunden.

```
class javax.swing.KeyStroke
extends AWTKeyStroke
```

- `static KeyStroke getKeyStroke(char keyChar)`
  Erzeugt ein `KeyStroke`-Objekt mit dem definierten Zeichen.
- `static KeyStroke getKeyStroke(int keyCode, int modifiers)`
  Erzeugt ein `KeyStroke`-Objekt mit dem definierten Zeichen und gegebenen Modifizierern. Dafür deklariert die Klasse `java.awt.event.InputEvent` die Konstanten `SHIFT_MASK`, `CTRL_MASK`, `META_MASK` und `ALT_MASK`.
- `static KeyStroke getKeyStroke(String s)`
  Parst `s` und liefert einen String zurück. Der String beschreibt die Tastenkombination. Der allgemeine Aufbau ist `<modifiers>* (<typedID> | <pressedReleasedID>)`. Zu den Modifizierer-Strings zählen `shift`, `control`, `ctrl`, `meta`, `alt`, `button1`, `button2` und `button3`. So ist zum Beispiel die Zeichenkette »control DELETE« gleichwertig mit `getKeyStroke(KeyEvent.VK_DELETE, InputEvent.CTRL_DOWN_MASK)` und »alt shift Q« gleichwertig mit `getKeyStroke(KeyEvent.VK_Q, InputEvent.ALT_DOWN_MASK | InputEvent.SHIFT_DOWN_MASK)`.

```
class javax.swing.JMenuItem
extends AbstractButton
implements Accessible, MenuElement
```

- `void setAccelerator(KeyStroke keyStroke)`
  Setzt einen neuen Accelerator.
- `KeyStroke getAccelerator()`
  Liefert den aktuell zugewiesenen `KeyStroke`, der als Accelerator eingetragen ist.

Hinweis

Ein `JMenu` ist eine Unterklasse von `JMenuItem` und erbt daher die Methode `setAccelerator(…)`. Da jedoch ein `JMenu` keinen Accelerator besitzen kann, löst die Methode einen Fehler aus. Nur Mnemonics sind möglich.

Standards wahren

Auf keinen Fall dürfen wir es versäumen, uns an die Vorgaben und Normen bei der Wahl der Shortcuts zu halten. Es ist unsinnig, sich neue Tastatur-Shortcuts zu überlegen, die entgegen allen Erwartungen funktionieren. Im Laufe der Zeit haben sich verschiedene Style Guides eingebürgert: So wird beispielsweise für DATEI ÖFFNEN der Shortcut `Strg` + `O` verwendet und nicht etwa `Strg` + `C`, der eine getätigte Selektion in die Zwischenablage (engl. *clipboard*) kopiert. Tabelle 10.9 listet einige Shortcuts auf:

Sequenz	Bedeutung
`Strg` + `N`	neue Datei anlegen
`Strg` + `O`	Datei öffnen
`Strg` + `S`	Datei speichern
`Strg` + `P`	Drucken
`Strg` + `C`	Auswahl in die Zwischenablage kopieren
`Strg` + `V`	aus der Zwischenablage einfügen
`Strg` + `X`	Auswahl ausschneiden und in die Zwischenablage legen
`Strg` + `F`	Suchen
`F1`	Hilfe
`F5`	Darstellung aktualisieren
`Entf`	ausgewähltes Element löschen

Tabelle 10.9 Gängige Shortcuts

[+]

Tipp

Der Benutzer sollte alle Shortcuts ändern können – der Designer gibt lediglich Standardwerte vor. Diese vorgegebenen Werte sollten aber nicht einfach das Alphabet durchwandern.

10.16.6 Tastenkürzel (Mnemonics)

Neben den Shortcuts gibt es die unterstrichenen Buchstaben bei Beschriftungen: die Mnemonics. Sie werden einfach mit der Methode `setMnemonic(char)` gesetzt. Da Menüs spezielle Schaltflächen sind, wird auch die Methode von `AbstractButton` geerbt.

```
abstract class javax.swing.AbstractButton
extends JComponent
implements ItemSelectable, SwingConstants
```

- `void setMnemonic(int mnemonic)`
  Setzt ein Tastatur-Mnemonic.
- `int getMnemonic()`
  Liefert den gesetzten Mnemonic.

10.16.7 Symbolleisten alias Toolbars

Mit der Klasse `JToolBar`, die unter dem AWT keine Entsprechung besitzt, lassen sich Symbolleisten erstellen. Diese Symbolleisten enthalten häufig eine Menge an Schaltflächen, die horizontal oder vertikal angeordnet sein dürfen. Für die `JToolBar`-Klasse ist dies aber unerheblich, da sie beliebige Swing-Komponenten annimmt. Schöner sieht es jedoch aus, wenn alle Komponenten die gleiche Größe aufweisen.

Das nächste Beispiel soll die Möglichkeit bieten, eine Datei zu öffnen und in einem Textbereich anzuzeigen:

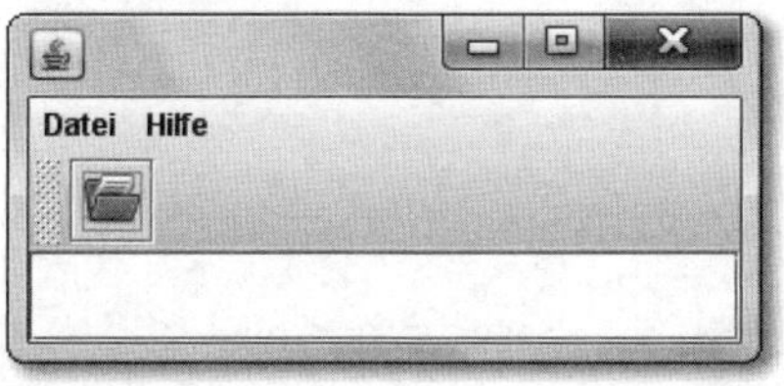

Abbildung 10.50 Screenshot der Anwendung JToolBarDemo

Listing 10.44 com/tutego/insel/ui/swing/JToolBarDemo.java

```
package com.tutego.insel.ui.swing;

import java.awt.BorderLayout;
import java.awt.event.ActionEvent;
import java.io.*;
import java.nio.charset.StandardCharsets;
import java.nio.file.*;
import javax.swing.*;

public class JToolBarDemo {
  public static void main( String[] args ) {
    JFrame f = new JFrame();
    f.setDefaultCloseOperation( JFrame.EXIT_ON_CLOSE );
    f.setSize( 300, 200 );
```

```
final JTextArea textArea = new JTextArea();
f.add( new JScrollPane( textArea ) );

JMenuBar menuBar = new JMenuBar();
JMenu fileMenu = new JMenu( "Datei" );
menuBar.add( fileMenu );
JMenu helpMenu = new JMenu( "Hilfe" );
menuBar.add( helpMenu );
f.setJMenuBar( menuBar );
helpMenu.add( new JMenuItem( "Über das Programm" ) );

final Icon smallIcon = new ImageIcon(
            JToolBarDemo.class.getResource("/images/fileopen16x16.png") );
final Icon largeIcon = new ImageIcon(
            JToolBarDemo.class.getResource("/images/fileopen22x22.png") );

Action openAction = new AbstractAction() {
  {
    putValue( Action.NAME, "Öffnen" );
    putValue( Action.DISPLAYED_MNEMONIC_INDEX_KEY, 1 );
    putValue( Action.SMALL_ICON, smallIcon );
    putValue( Action.LARGE_ICON_KEY, largeIcon );
  }
  @Override public void actionPerformed( ActionEvent e ) {
    JFileChooser fileChooser = new JFileChooser();
    if ( fileChooser.showOpenDialog( null ) == JFileChooser.APPROVE_OPTION ) {
      Path path = fileChooser.getSelectedFile().toPath();
      try ( Reader in = Files.newBufferedReader( path,
                                                 StandardCharsets.ISO_8859_1 ) ) {
        textArea.read( in, null );
      }
      catch ( IOException ex ) {
        textArea.setText( ex.getMessage() );
      }
    }
  }
};

fileMenu.add( openAction );
fileMenu.addSeparator();

fileMenu.add( new AbstractAction() {
  {
    putValue( Action.NAME, "Beenden" );
    putValue( Action.DISPLAYED_MNEMONIC_INDEX_KEY, 0 );
```

```
      }
      @Override public void actionPerformed( ActionEvent e ) {
        System.exit( 0 );
      }
    } ),

    JToolBar toolbar = new JToolBar();
    toolbar.add( openAction );
    f.add( toolbar, BorderLayout.PAGE_START );
    f.setVisible( true );
  }
}
```

10

[+]

Hinweis

Das Laden eines Textes sollte in einem Hintergrund-Thread geschehen, um den AWT-Event-Thread nicht zu blockieren. Das zeigt das Beispiel aufgrund der Kürze nicht, wird jedoch in Abschnitt 10.27, »AWT, Swing und die Threads«, näher beleuchtet.

Der Benutzer kann die Symbolleisten frei verschieben. Dann erscheinen die aufgenommenen Komponenten in einem eigenen Fenster mit einem Titel, der sich im Konstruktor festlegen lässt. Diese Eigenschaft kann mit der Methode `setFloatable(false)` aber ausgeschaltet werden. Das kleine Fenster ist schwergewichtig.

```
class javax.swing.JToolBar
extends JComponent
implements SwingConstants, Accessible
```

- `JToolBar()`
  Erstellt eine neue horizontale Toolbar.
- `JToolBar(String name)`
  Erstellt eine neue Toolbar, die einen Namen in der Titelleiste anzeigt, wenn die Toolbar als Fenster dargestellt wird.
- `JToolBar(String name, int orientation)`
  Erstellt eine neue Toolbar mit Namen und Orientierung (entweder `JToolBar.HORIZONTAL` oder `VERTICAL`).

Aus der Oberklasse `Container` erben wir die Möglichkeit, mittels `add(...)` Elemente aufzunehmen. Dennoch kommen weitere Methoden hinzu. Zu ihnen zählen:

- `void addSeparator()`
- `void addSeparator(Dimension d)`
  Fügt einen Freiraum ein. Bei der parameterlosen Variante bestimmt das aktuelle Look-and-Feel das Aussehen.

- `void setRollover(boolean rollover)`
  Stellt die Elemente mit einem Roll-over-Effekt dar. Die Methode `getRollover()` erfragt diesen Zustand.
- `void setFloatable(boolean f)`
  Lässt sich die Toolbar zu einem Fenster abreißen? Standardmäßig ja. `getFloatable()` erfragt das Flag. Dazu muss die Komponente allerdings in einem Container liegen, der `BorderLayout` nutzt.

10.16.8 Popup-Menüs

Popup-Menüs sind nicht wie normale Menüs an eine bestimmte Position gebunden, sondern tauchen meistens dort auf, wo der Benutzer mit der rechten Maustaste geklickt hat. Eine andere häufig gebrauchte Bezeichnung ist *Kontextmenü*, weil das Menü je nach dem Kontext, in dem es aufgerufen wird, verschiedene Einträge besitzt. Ein Beispiel sind grafische Oberflächen. Wenn wir dort auf einer Datei das Kontextmenü bemühen, findet sich ein Eintrag wie ÖFFNEN und BEARBEITEN. Auf einem Verzeichnis fehlen jedoch solche Bearbeitungsmöglichkeiten.

[+]

Tipp

Popup-Menüs sollen die Navigation erleichtern, deshalb sollten sie nicht zu lang sein oder zu viele Ebenen besitzen. Gleiches gilt übrigens für die Menüstruktur. Wenn es mehr als drei Ebenen werden, sollte über eine Neugestaltung nachgedacht werden. Wenn der Benutzer am unteren Rand ist, so ist nicht abzuschätzen, wo die Auswahlliste angezeigt wird.

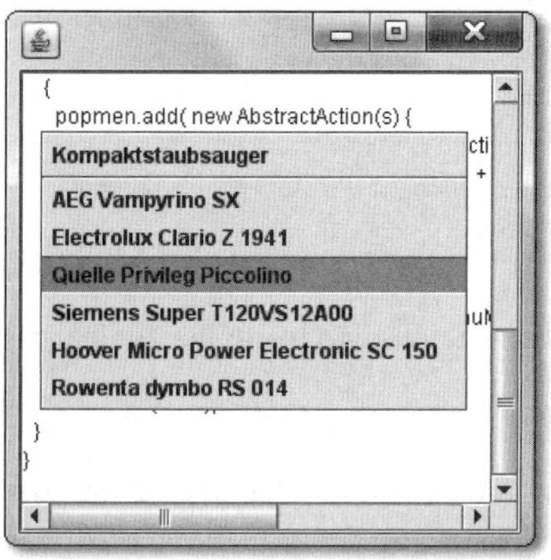

Abbildung 10.51 Ein Popup-Menü auf einem Textfeld

Popup-Menüs (JPopupMenu)

Für Popup-Menüs ist in Swing die Klasse `JPopupMenu` zuständig, beim AWT ist es die Klasse `java.awt.PopupMenu`. `JPopupMenu` ist eine normale `JComponent`, während `PopupMenu` eine Unterklasse von `java.awt.Menu` ist.

Popup-Menüs unterscheiden sich vom Aufbau her nicht von normalen Menüs. Die Menüeinträge vom Typ `JMenuItem` sowie Trennlinien werden wie bekannt eingefügt.

Beispiel

Erzeuge ein Popup-Menü mit zwei Einträgen:

```
JPopupMenu popmen = new JPopupMenu();
JMenuItem menu1 = new JMenuItem( "Eintrag 1");
popmen.add( menu1 );
popmen.add( new JMenuItem("Eintrag 2") );
```

Ein Popup-Menü wird mit der Methode `add(…)` einer Komponente hinzugefügt, doch springt es beim Mausklick nicht selbstständig auf. Wir müssen selbst auf das Maus-Ereignis hören und eigenständig das Menü mit der `show(Component, int, int)`-Methode aufspringen lassen – daher der Name »Popup«. Der Methode müssen die Komponente, auf der das Menü aufspringen soll, und die Koordinaten übergeben werden.

Beispiel

Die Maustaste für das Kontextmenü kann jedes System unterschiedlich definieren, und der Benutzer kann diese Einstellung auch umdefinieren. Das `MouseEvent` aus dem Ereignis bietet über `isPopupTrigger()` aber die Information, ob die Maustaste aktiviert wurde, mit der im Allgemeinen das Popup-Menü erscheint. Die Anzeige erfolgt mit `show(…)`:

```
addMouseListener( new MouseAdapter() {
  @Override public void mouseReleased( MouseEvent me ) {
    if ( me.isPopupTrigger() )
      popmen.show( me.getComponent(), me.getX(), me.getY() );
  }
} );
```

```
class javax.swing.JPopupMenu
extends JComponent
implements Accessible, MenuElement
```

- `JPopupMenu()`
  Erzeugt ein Popup-Menü.
- `JMenuItem add(String s)`
- `JMenuItem add(JMenuItem menuItem)`
  Fügt dem Popup-Menü einen Eintrag hinzu.
- `void addSeparator()`
  Fügt einen Trenner hinzu.

- `void show(Component invoker, int x, int y)`
  Lässt das `PopupMenu` auf der Komponente `invoker` an der Position `x`, `y` aufspringen.

Ein allgemeiner Listener

Es wäre praktisch, wenn Swing eine Standardimplementierung mitbrächte, die aufgrund eines Mausklicks gleich ein Popup-Menü öffnet, doch leider müssen wir eine solche kleine Klasse selbst schreiben:

Listing 10.45 com/tutego/insel/ui/swing/PopupMenuMouseListener.java

```
package com.tutego.insel.ui.swing;

import java.awt.event.*;
import javax.swing.JPopupMenu;

public class PopupMenuMouseListener extends MouseAdapter {

  private final JPopupMenu popmen;

  public PopupMenuMouseListener( JPopupMenu popmen ) {
    this.popmen = popmen;
  }

  @Override public void mouseReleased( MouseEvent me ) {
    if ( me.isPopupTrigger() )
      popmen.show( me.getComponent(), me.getX(), me.getY() );
  }
}
```

Unser `PopupMenuMouseListener` erweitert einen `MouseAdapter` und prüft in der überschriebenen Methode `mouseReleased(MouseEvent)`, ob die richtige Maustaste gedrückt wurde. Wenn sie gedrückt wurde, öffnet `show(…)` das Popup-Menü (es gibt bereits eine Schnittstelle `PopupMenuListener`, die jedoch für das Popup einer `JComboBox` bestimmt ist).

Beispiel für ein JPopupMenu

Wir wollen nun ein Beispiel implementieren, das ein Popup-Menü anzeigt. Das Programm soll bei der Auswahl eines Elements den Menüeintrag in ein Textfeld schreiben:

Listing 10.46 com/tutego/insel/ui/swing/JPopupMenuDemo.java, Teil 1

```
package com.tutego.insel.ui.swing;

import java.awt.event.*;
import javax.swing.*;
```

```
public class JPopupMenuDemo {
  public static void main( String[] args ) {
    JFrame f = new JFrame();
    f.setDefaultCloseOperation( JFrame.EXIT_ON_CLOSE );
    final JPopupMenu popmen = new JPopupMenu();
    final JTextArea textArea = new JTextArea();

    f.add( new JScrollPane(textArea) );

    popmen.add( new JMenuItem( "Kompaktstaubsauger" ) );
    popmen.addSeparator();
```

Der erste Eintrag im Menü ist eine Überschrift ohne verbundenen Listener. Dann sollen einige Einträge in das Popup-Menü folgen; eine Swing-Action enthält den Listener und den Anzeigetext. Damit reagieren wir auf die Ereignisse, wenn der Benutzer einen Eintrag im Menü auswählt.

Listing 10.47 com/tutego/insel/ui/swing/JPopupMenuDemo.java, Teil 2

```
    for ( String s : ("AEG Vampyrino SX,Electrolux Clario Z 1941," +
                      "Quelle Privileg Piccolino,Siemens Super T120VS12A00," +
                      "Hoover Micro Power Electronic,Rowenta dymbo").split(",") ) {
      popmen.add( new AbstractAction( s ) {
        @Override public void actionPerformed( ActionEvent e ) {
          textArea.append( e.getActionCommand() + "\n" );
        }
      } );
    }
```

Der letzte Schritt besteht nun darin, der `JTextArea` einen Listener mitzugeben, der auf die Maustaste hört, damit das Kontextmenü aufgerufen werden kann. Mit unserem `PopupMenuMouseListener` ist das ein Einzeiler:

Listing 10.48 com/tutego/insel/ui/swing/JPopupMenuDemo.java, Teil 3

```
    textArea.addMouseListener( new PopupMenuMouseListener(popmen) );

    f.setSize( 300, 300 );
    f.setVisible( true );
  }
}
```

[+]

Tipp

Popup-Menüs sollten einen ersten nicht selektierbaren Eintrag besitzen. Dies macht die Auswahl nicht wesentlich langsamer, ermöglicht aber das Abbrechen einer Operation auf einfachere Weise.

10.16.9 System-Tray nutzen *

Java kann neue Icons in die System-Tray setzen und zusätzlich mit Popup-Menüs ausstatten. Im Zentrum stehen dabei zwei neue Klassen aus dem `java.awt`-Paket: `TrayIcon` repräsentiert die Symbole und Meldungen, die in die Tray kommen, und `SystemTray` repräsentiert die System-Tray selbst.

Um Symbole mit Popup-Menü in die Tray zu legen, sollte mit der statischen Methode `SystemTray.isSupported()` zunächst das Vorhandensein der Tray getestet werden. Im nächsten Schritt ist ein `TrayIcon` zu bauen, das drei Argumente erwartet: ein `java.awt.Image`, einen String für den Tooltip und ein Exemplar eines `java.awt.PopupMenu`, wenn denn ein Menü definiert werden soll:

Listing 10.49 com/tutego/insel/ui/awt/SystemTrayDemo,java, main() Teil 1

```
Image image = Toolkit.getDefaultToolkit().getImage(
                SystemTrayDemo.class.getResource( "/images/javabean.gif") );

PopupMenu popup = new PopupMenu();
MenuItem item = new MenuItem( "Ende" );
item.addActionListener( new ActionListener() {
  @Override public void actionPerformed( ActionEvent e ) {
    System.exit( 0 );
  }
} );
popup.add( item );

TrayIcon trayIcon = new TrayIcon( image, "Java-Tray ", popup );
trayIcon.setImageAutoSize( true );
```

Die Methode `setImageAutoSize(boolean)` passt das Icon der Größe des Containers an. Die skalierte Variante sieht nicht immer gut aus, ist aber bei verschiedenen vom Benutzer beliebig vorgebbaren Größen sinnvoll.

Dieses `TrayIcon` wird anschließend der System-Tray hinzugefügt:

Listing 10.50 com/tutego/insel/ui/awt/SystemTrayDemo,java, main() Teil 2

```
SystemTray tray = SystemTray.getSystemTray();
tray.add( trayIcon );
```

Mit dem Aufruf der Methode `setImage(Image)` auf einem `TrayIcon`-Objekt lässt sich die Grafik ändern und auf diese Weise eine Animation erzeugen. Den Tooltip ändert `setTooltip(String)`. Zum Anzeigen einer Meldung eignet sich `displayMessage(String, String, MessageType)`, wie die folgenden Zeilen aus dem Demo-Programm zeigen:

Listing 10.51 com/tutego/insel/ui/awt/SystemTrayDemo,java, main() Teil 3

```
trayIcon.displayMessage( "Formatierung beendet.",
                         "Sie können den Rechner jetzt neu installieren.",
                         TrayIcon.MessageType.INFO );
```

Neben `TrayIcon.MessageType.INFO` für eine Informationsmeldung existieren die Aufzählungen `ERROR`, `NONE` und `WARNING`.

10.17 Das Model-View-Controller-Konzept

Erinnern wir uns an die Idee des Observer-Patterns: Ein Beobachter beobachtet den zu Beobachtenden. Konkreter: Es meldete sich ein Beobachter an und wurde bei jeder Änderung der Daten informiert. Übertragen auf grafische Benutzeroberflächen, würde dies bedeuten, dass unterschiedlichste Visualisierungen der Daten möglich wären. Diese Trennung heißt auch Document-View-Struktur. Für grafische Oberflächen lässt sich dieses Modell zum *Model-View-Controller* (MVC) verfeinern. Die Idee wurde um 1978/79 ursprünglich von Professor Trygve Reenskaug am Xerox PARC entwickelt und fand zuerst in Smalltalk Eingang.

Wie die drei Buchstaben von MVC andeuten, gibt es drei interagierende Objekte:

- **Model**: Das Model repräsentiert den internen Zustand eines Objekts und speichert alle interessanten Geschäftsdaten. Ein Model bietet Methoden an, mit denen sich der aktuelle Zustand erfragen und ändern lässt.
- **View**: Die View stellt die Daten des Models in einer Ansicht dar. Die Ansicht nutzt die Methoden des Models, um die Informationen auszulesen.
- **Controller**: Nach einer Interaktion mit der grafischen Oberfläche werden die Daten im Model aktualisiert und anschließend vom Viewer neu angezeigt.

Diese Dreiteilung trennt alle Daten von der visuellen Repräsentation. Der große Vorteil besteht darin, dass sich alle drei Teile unterschiedlich entwickeln und einsetzen lassen. Die grafischen Komponenten können weiterentwickelt werden, und das Model ändert sich nicht. In Java ist dies besonders aufgrund des wechselnden Aussehens interessant, da dort zur Laufzeit eine neue View zu ihrem existierenden Model gelangt.

Modifizierte MVC-Architektur für Swing

Das MVC-Konzept trennt ganz klar die Bereiche ab, führt aber bei praktischer Realisierung zu zwei Problemen. Das erste Problem betrifft die Entwickler der Komponenten. Meistens sind

View und Controller eng verbunden, sodass ein zusätzlicher Schnittstellenaufwand für die Implementierung entsteht. Implementieren wir etwa eine Textkomponente, müsste sie sich um alle Eingaben kümmern und diese dann an die Darstellung weiterleiten. Das zweite sich daraus ergebende Problem ist der erhöhte Kommunikationsaufwand zwischen den Objekten. Wenn sich Ergebnisse in der Darstellung oder dem Model ergeben, führt die Benachrichtigung immer über den Controller.

Demnach ist es sinnvoll, VC (View und Controller) zu einer Komponente zu verschmelzen, um die komplexe Interaktion zwischen View und Controller zu vereinfachen. Genauso sind die Entwickler der JFC vorgegangen. In Swing findet sich keine Reinform des MVC-Models, sondern eine Verquickung von View und Controller. Durch diese Vereinfachung lassen sich die Benutzeroberflächen leichter programmieren, wobei wir nur wenig Flexibilität einbüßen. Das neue Model wird statt MVC auch *Model View Presenter* (MVP-Pattern) genannt. Betrachten wir das MVP-Konzept am Beispiel einer Tabellenkalkulation. Die Daten in einem Arbeitsblatt entsprechen den Daten, die unterschiedlich visualisiert werden können: klassisch in einem Tabellenblatt und modern in einem Diagramm. Ein Model kann problemlos mehrere Ansichten aufweisen. Eine Änderung der Daten im Tabellenblatt führt nun zu einer Änderung in den internen Daten, und umgekehrt führen diese zu einer Änderung des Diagramms.

Die Klasse ComponentUI und Modelle

In Java sind die View und der Controller durch ein Objekt `ComponentUI` repräsentiert. Da wir das Aussehen und Verhalten von Java-Komponenten frei bestimmen können, gibt es demnach für alle konkreten Swing-Komponenten ein `ComponentUI`-Objekt, das die Darstellung und Benutzeraktionen übernimmt. Ein `JList`-Objekt verweist dann auf eine `paint(…)`-Methode im `ComponentUI`-Objekt, das die Darstellung wirklich vornehmen kann. Die Daten der Liste befinden sich im Model.

Model-Klassen

Wenn wir uns mit einigen Modellen beschäftigen, werden wir sehen, dass für manche Komponenten sehr unterschiedliche Modelle gefordert sind. Eine Schaltfläche visualisiert meistens eine Zeichenkette. Eine Tabelle repräsentiert aber nicht immer nur einfache Texte. Hier können die Daten durchaus eine komplexe Objektstruktur darstellen. Um diese visualisieren zu können, muss der Viewer diese Daten erst bekommen. Dafür wird ein spezielles Model implementiert, das die Daten für die Ansicht zur Verfügung stellt. Mit eigenen Modellen werden wir uns bei den Tabellen in Abschnitt 10.19, »Tabellen (JTable)«, beispielhaft beschäftigen.

Model	Klasse, die dieses Model nutzt
ListModel	JList
ComboBoxModel	JComboBox
ButtonModel	JButton, JToggleButton, JCheckBox, JRadioButton, JMenu, JMenuItem, JCheckBoxMenuItem, JRadioButtonMenuItem
Document	JTextField, JPasswordField, JTextArea, JEditorPane, JTextPane
BoundedRangeModel	JProgressBar, JScrollBar, JSlider
SingleSelectionModel	JMenuBar, JPopupMenu, JTabbedPane
TableModel	JTable
TableColumnModel	JTable
TreeModel	JTree
TreeSelectionModel	JTree

Tabelle 10.10 Einige Models und ihre Klassen

10.18 Auswahlmenüs, Listen und Spinner

Stehen dem Benutzer mehrere Möglichkeiten zur Auswahl, so gibt es GUI-Komponenten, die dem Benutzer genau diese Möglichkeiten zeigen. Das macht die Auswahl einfacher und schneller als ein Textfeld, denn aus einer Liste ist absehbar, welche Elemente genau existieren. Die Komponenten zur Auswahl beschreibt dieser Abschnitt.

10.18.1 Listen (JList)

Eine `JList` zeigt in einer Spalte[8] einige Einträge, aus denen der Benutzer wählen kann.

Beispiel

Erzeuge eine `JList` mit einigen Zeichenketten:

```
String[] listData = { "Shinguz", "Glapum'tianer", "Suffus", "Zypanon", "Tschung" };
JComponent jList = new JList( listData );
```

8 Üblicherweise wählt die Liste eine Spalten-Darstellung. Eine `JList` kann jedoch die Einträge auch horizontal anordnen.

Anstatt dem Konstruktor in einem Feld die Daten zu geben, nimmt er auch Daten in einem Vector an.

```
class javax.swing.JList<E>
extends JComponent
implements Scrollable, Accessible
```

- `JList()`
  Erzeugt eine neue leere List-Box.
- `JList(Object[] listData)`
- `JList(Vector<? extends E> listData)`
  Erzeugt eine Liste mit Daten, die dem Feld oder dem Vektor entstammen.

DefaultListModel als modifzierbares ListModel

Eine `JList` verwaltet Einträge immer in einem Listenmodell. Üblicherweise findet nicht der Konstruktor mit dem Objekt-Feld oder `Vector` Verwendung – der ein internes immutables Listenmodell aufbaut –, sondern ein Konstruktor, der ein eigenes Listenmodell annimmt.

Ein Standardlistenmodell, das von der API her dem `java.util.Vector` zum Verwechseln ähnlich sieht, ist das `DefaultListModel<E>`; Elemente lassen sich zu diesem Model einfach mit `addElement(E element)`hinzufügen.

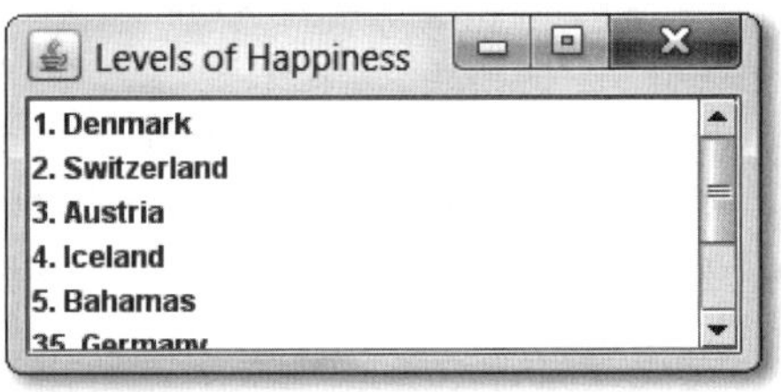

Abbildung 10.52 Screenshot der Anwendung JListDemo

Listing 10.52 com/tutego/insel/ui/list/JListDemo.java, main()

```
JFrame frame = new JFrame( "Levels of Happiness" );
frame.setDefaultCloseOperation( JFrame.EXIT_ON_CLOSE );

final DefaultListModel<String> lykkeligModel = new DefaultListModel<>();

for ( String s : ("1. Denmark,2. Switzerland,3. Austria," +
                  "4. Iceland,5. Bahamas,35. Germany," +
                  "174. Ukraine,178. Burundi,Ende").split(",") )
  lykkeligModel.addElement( s );
```

```
JList<String> list = new JList<>( lykkeligModel );

list.addListSelectionListener( new ListSelectionListener() {
  @Override public void valueChanged( ListSelectionEvent e ) {
    if ( e.getValueIsAdjusting() )
      return;

    System.out.println( e );

    if ( "Ende".equals( lykkeligModel.get( e.getLastIndex() ) ) )
      System.exit( 0 );
  }
} );

frame.add( new JScrollPane(list) );
frame.pack();
frame.setVisible( true );
```


[+]

Hinweis

Eine JList bietet im Gegensatz zur AWT-Liste keine Scroll-Möglichkeit. Enthält eine JList mehr Zeilen, als auf dem Bildschirm sichtbar sind, muss die JList in eine JScrollPane eingebettet werden. Gleiches gilt für ein JTextArea-Objekt.

Die JList zeigt die Einträge über einen Listen-Renderer an. Bei der Auswahl eines Eintrags und beim Doppelklick löst die Komponente ein ListSelectionEvent aus, das ein ListSelectionListener meldet. Die Methode getValueIsAdjusting() vom ListSelectionEvent liefert true, wenn der Benutzer den Selektionsvorgang noch nicht abgeschlossen hat, weil er zum Beispiel mit einem Mausklick ein Element selektiert hat und mit gedrückter Maustaste auf andere Elemente geht. Aus dem ListSelectionEvent kann getFirstIndex()/getLastIndex() den Anfang und das Ende des Selektionsbereichs erfragen, und getElementAt(int) kann vom Listen-Model das Element erfragen.

```
class javax.swing.JList<E>
extends JComponent
implements Scrollable, Accessible
```

- JList(ListModel<E> dataModel)
  Erzeugt die Liste mit einem spezifischen Model.

Da das Model die Daten beinhaltet, fehlen der JList-Komponente die Modifikationsmethoden, und es gibt auch keine Durchreichemethoden an das Model.

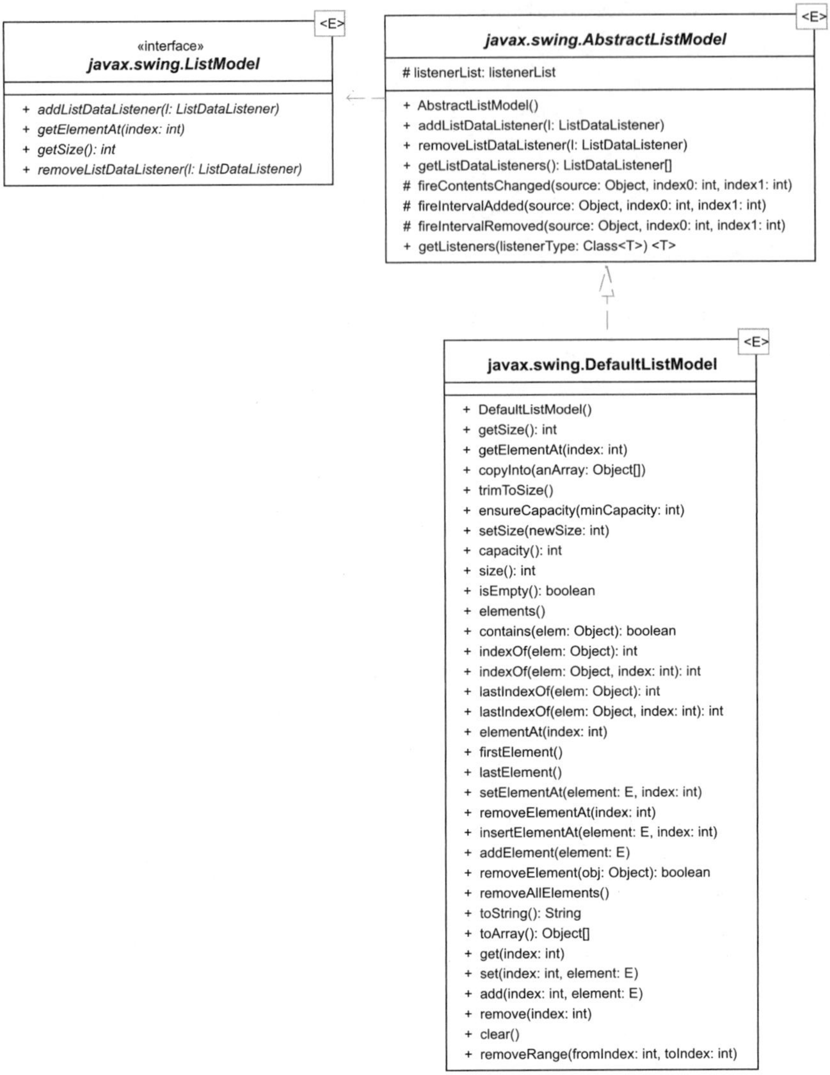

Abbildung 10.53 UML-Diagramm von DefaultListModel

Einen Eintrag selektieren

Eine `JList` kann nicht nur ein selektiertes Element besitzen, sondern auch eine Gruppe von Elementen (*Intervall* genannt) kann markiert sein. Welche Selektionsart möglich ist, bestimmt ein internes `ListSelectionModel`, das drei Konstanten deklariert:

- `SINGLE_SELECTION`: Nur ein Element darf zur gleichen Zeit selektiert sein.
- `SINGLE_INTERVAL_SELECTION`: Eine zusammenhängende Gruppe von Elementen darf selektiert sein.
- `MULTIPLE_INTERVAL_SELECTION`: Auch nicht zusammenhängende Elemente können selektiert sein.

Die Methode `setSelectionMode(int selectionMode)` setzt eine neue Selektionsart bei der `JList`, wobei eine der drei genannten Konstanten übergeben wird:

```
class javax.swing.JList<E>
extends JComponent
implements Scrollable, Accessible
```

- `void setSelectionMode(int selectionMode)`
  Setzt den Selektionsmodus. Das Argument kann die Werte `ListSelectionModel.SINGLE_SELECTION` (nur ein Eintrag), `SINGLE_INTERVAL_SELECTION` (mehrere Werte, aber in einem Intervall) oder, was der Standard ist, `MULTIPLE_INTERVAL_SELECTION` (beliebige Anzahl von Selektionen) annehmen.
- `int getSelectionMode()`
  Liefert den Selektionsmodus.

Ereignis bei einer Selektion

Bei jeder Änderung der Selektion meldet die `JList` ein `ListSelectionEvent`, auf das ein `ListSelectionListener` reagiert. Die Erweiterung von `EventObject` deklariert drei Methoden:

```
class javax.swing.event.ListSelectionEvent
extends EventObject
```

- `int getFirstIndex()`
- `int getLastIndex()`
- `boolean getValueIsAdjusting()`

Einer `JList` wird der Listener über `addListSelectionListener()` hinzugefügt.

```
class javax.swing.JList<E>
extends JComponent
implements Scrollable, Accessible
```

- `void addListSelectionListener(ListSelectionListener listener)`
  Fügt einen Listener hinzu.
- `void removeListSelectionListener(ListSelectionListener listener)`
  Entfernt den Listener.

Die Methoden haben wir im Beispielprogramm schon genutzt.

Zugriff auf selektierte Elemente und der Selektionsmodus

Außer im Ereignis-Listener auf die Selektionseigenschaften zuzugreifen, bietet die `JList` einige praktische Methoden (wie `getSelectedIndex()`), die bei einer einfachen Selektion direkt den Index des markierten Elements geben.

```
class javax.swing.JList<E>
extends JComponent
implements Scrollable, Accessible
```

- void clearSelection()
  Löscht vorgenommene Selektionen.
- int getSelectedIndex()
  Liefert die Position des selektierten Eintrags oder –1, wenn kein Element gewählt wurde.
- int[] getSelectedIndices()
  Liefert die Positionen aller selektierten Einträge.
- E getSelectedValue()
  Liefert den selektieren Eintrag oder null.
- List<E> getSelectedValuesList()
  Liefert alle selektierten Einträge.
- void ensureIndexIsVisible(int index)
  Bewegt die Liste in einem Ausschnitt, sodass der Eintrag an der Stelle index sichtbar ist.

Beispiel mit Textfeld, Schaltfläche und Liste

Eine Oberfläche soll eine Schaltfläche zum Löschen von selektierten Elementen einer Liste anbieten, genauso wie ein Textfeld zum Eintragen neuer Strings. Wir können dazu drei Swing-Komponenten vorsehen und ein DefaultListModel als Datenbehälter:

Listing 10.53 com/tutego/insel/ui/list/JListAddElementsDemo.java, Ausschnitt 1

```
final DefaultListModel<String> listModel = new DefaultListModel<>();
final JList<String> list = new JList<>( listModel );
JButton     btn  = new JButton( "Remove" );
JTextField  tf   = new JTextField();
```

Für die Schaltfläche lässt sich folgender Ereignisbehandler vorsehen:

Listing 10.54 com/tutego/insel/ui/list/JListAddElementsDemo.java, Ausschnitt 2

```
btn.addActionListener( new ActionListener() {
  @Override public void actionPerformed( ActionEvent e ) {
    int index = list.getSelectedIndex();
    if ( index == -1 )
      return;
    listModel.remove( index );
  }
} );
```

Gibt es kein selektiertes Element, liefert getSelectedIndex() die Rückgabe –1, und die Methode beendet die Verarbeitung.

Für das Textfeld nimmt der `ActionListener` einfach den Text heraus und setzt ihn per `addElement(E element)` in das `DefaultListModel`.

Listing 10.55 com/tutego/insel/ui/list/JListAddElementsDemo.java, Ausschnitt 3

```
tf.addActionListener( new ActionListener() {
  @Override public void actionPerformed( ActionEvent e ) {
    String text = ((JTextField)e.getSource()).getText();
    listModel.addElement( text );
    ((JTextField)e.getSource()).setText( "" );
  }
} );
```


Renderer

Die Aufgabe eines Renderers ist es, die Elemente darzustellen. Standardmäßig nutzt die `JList` ein spezielles `JLabel` zur Darstellung, das die `toString()`-Methode auf jedem Listenelement aufruft und darstellt. Ein eigener Renderer ist leicht implementiert: Zunächst ist eine Klasse zu schreiben, die `ListCellRenderer` implementiert – am besten über die abstrakte Basisklasse `DefaultListCellRenderer`. Die `JList`-Methode `setCellRenderer(ListCellRenderer)` setzt ihn dann und verweist bei der Darstellung eines Eintrags auf dieses Objekt.

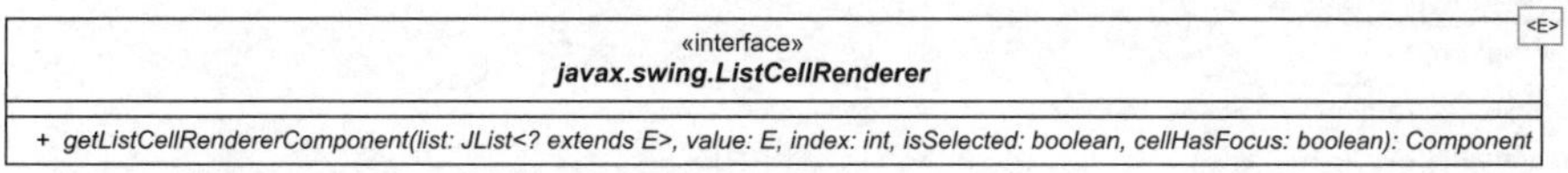

Abbildung 10.54 Die Schnittstelle ListCellRenderer

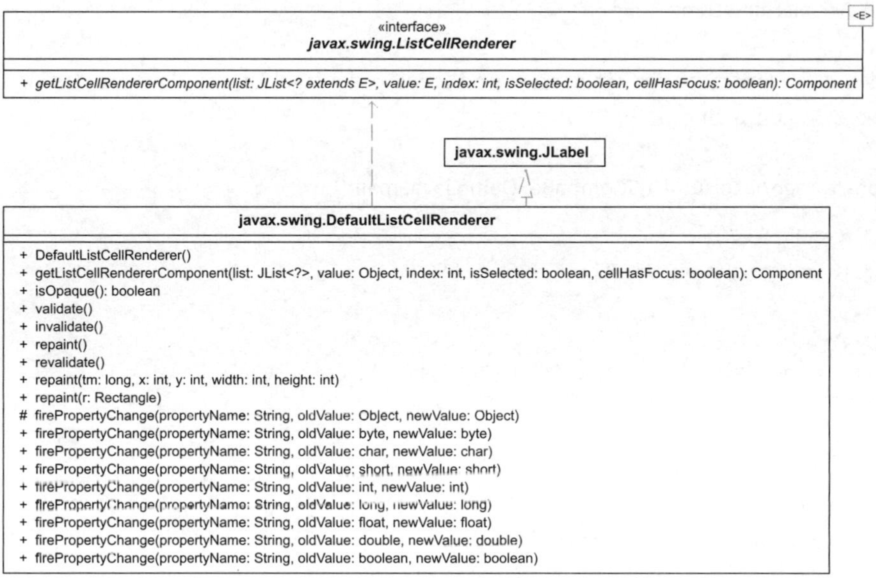

Abbildung 10.55 DefaultListCellRenderer erweitert JLabel und implementiert ListCellRenderer.

Ein Render-Beispiel gibt Abschnitt 10.19.4, »Ein eigener Renderer für Tabellen«, und auch die API-Dokumentation zeigt bei `ListCellRenderer` ein einfaches Beispiel.

10.18.2 Auswahlmenü (JComboBox)

Ein *Auswahlmenü* (engl. *choice box*, auch *combo box*) zeigt eine Zeichenkette aus einer Liste von Möglichkeiten an. Wird die Choice-Box aufgeklappt, kann ein Element aus der List-Box gewählt werden. Ein neuer Eintrag erscheint dann im Titel des Menüs.

Die `JComboBox` ist das Swing-Auswahlmenü, das optional ein Textfeld zur Eingabe anbietet. In diesem Textfeld können Texte in beliebigen Modellen dargestellt und ausgewählt werden; ein Tastendruck lässt die Liste zu dem Eintrag springen, dessen Buchstabe eingegeben wurde. Ob das Textfeld editiert werden kann, bestimmt `setEditable(boolean)`. Befinden sich zu viele Einträge in der Liste, stellt Swing automatisch eine scrollende Liste dar. Ab welcher Anzahl von Elementen die scrollende Liste dargestellt wird, bestimmt `setMaximumRowCount(int)`. Mit `addItem(E item)` lassen sich Elemente dem assoziierten (generischen) `ComboBoxModel<E>` hinzufügen, mit `removeItem(Object)` lassen sie sich wieder entfernen, und `getItemAt(index)` erfragt ein Element. Das aktuell ausgewählte Element erfahren wir mit `getSelectedItem()` und den Index mit `getSelectedIndex()`.

Abbildung 10.56 Beispiel einer JComboBox

Beim Auswählen eines Eintrags wird ein `Action-` und `ItemEvent` ausgelöst, mit dem wir das ausgewählte Objekt erfragen können:

Listing 10.56 com/tutego/insel/ui/list/JComboBoxDemo.java, main()

```
JFrame frame = new JFrame();
frame.setDefaultCloseOperation( JFrame.EXIT_ON_CLOSE );

String[] lang = {
  "Patronengurt", "Hausnummer", "Schmetterling", "Sphinx", "Anbetung",
  "Ende"
};

// Nicht editierbare JComboBox
JComboBox<String> combo1 = new JComboBox<>();
```

```
for ( String s : lang )
  combo1.addItem( s );

combo1.addActionListener( new ActionListener() {
  @Override public void actionPerformed( ActionEvent e ) {
    System.out.println( e );
    JComboBox<?> selectedChoice = (JComboBox<?>) e.getSource();
    if ( "Ende".equals( selectedChoice.getSelectedItem() ) )
      System.exit( 0 );
  }
} );

frame.add( combo1, BorderLayout.LINE_START );

// Editierbare JComboBox
JComboBox<String> combo2 = new JComboBox<>( lang );
combo2.setEditable( true );
combo2.setSelectedItem( "Sphinx" );
combo2.setMaximumRowCount( 4 );

frame.add( combo2, BorderLayout.LINE_END );

frame.pack();
frame.setVisible( true );
```


Die Methode `addItem()` funktioniert nur dann, wenn im Konstruktor kein spezielles Model angegeben wurde. Mit Modellen werden wir uns zu einem späteren Zeitpunkt näher beschäftigen. Sehen wir uns zunächst die Konstruktoren an.

```
class javax.swing.JComboBox<E>
extends JComponent
implements ItemSelectable, ListDataListener, ActionListener, Accessible
```

- `JComboBox()`
  Erzeugt ein leeres Auswahlmenü mit einem Standard-Model.
- `JComboBox(E[] items)`
  Erzeugt ein Auswahlmenü mit Elementen, die im Feld `items` angegeben sind.
- `JComboBox(Vector<?> items)`
  Erzeugt ein Auswahlmenü mit Elementen, die im Vektor `items` abgelegt sind.
- `JComboBox(ComboBoxModel<E> aModel)`
  Erzeugt ein Auswahlmenü mit einem Combo-Box-Model, das die Daten speichert.

Zur Selektion bzw. Abfrage selektierter Elemente bietet die Klasse weitere Methoden an:

- `Object getSelectedItem()`
  Liefert die aktuelle Wahl zurück.
- `Object[] getSelectedObjects()`
  Liefert ein Array mit den selektierten Einträgen.
- `int getSelectedIndex()`
  Liefert den Index des aktuell selektierten Eintrags.
- `void setSelectedIndex(int position)`
  Setzt den Eintrag im Titel des Menüs auf den Eintrag mit der Nummer `position`.
- `void setSelectedItem(Object anObject)`
  Setzt den Eintrag `string` in die Titelleiste, wenn dieser in der Liste ist. Falls mehrere Einträge gleich dem `string` sind, wird jener Eintrag verwendet, der zuerst gefunden wurde. Dieser besitzt dann also den kleinsten Index.

Durchreichemethoden an das Model

Elemente lassen sich jetzt hinzufügen und löschen. Etwas seltsam erscheint uns die Tatsache, dass die `JComboBox` selbst diese Methoden anbietet. Ähnliche Swing-Komponenten (wie die `JList` oder `JTable`) bieten diese Anfrage- und Veränderungsmethoden nicht an, sondern erwarten direkt eine Änderung am Model und nicht an der Komponente. Das Besondere an Swing-Komponenten ist ja gerade, dass das Model verändert und abgefragt wird. Im Fall der `JComboBox` speichert sie die Daten natürlich immer noch nicht selbst, sondern leitet sie an das Model weiter. So sind diese Methoden nur Durchreichemethoden.

```
class javax.swing.JComboBox<E>
extends JComponent
implements ItemSelectable, ListDataListener, ActionListener, Accessible
```

- `void addItem(E item)`
  Fügt dem Model einen Eintrag hinzu.
- `E getItemAt(int index)`
  Liefert den Eintrag an der Position `index`. Die Rückgabe ist `null`, wenn sich der Index außerhalb des Bereichs befindet.
- `int getItemCount()`
  Liefert die Anzahl der Einträge im Auswahlmenü.
- `void insertItemAt(E item, int index)`
  Fügt einen Eintrag an einer bestimmten Stelle ein.
- `void removeItem(Object anObject)`
  Löscht den Eintrag aus der Liste.
- `void removeItemAt(int position)`
  Löscht den Eintrag an der Position `position`.

- `void removeAll()`
  Entfernt alle Einträge aus dem Auswahlmenü.

Die Methoden zum Modifizieren des Models funktionieren nur dann, wenn das `ComboBoxModel` insbesondere ein `MutableComboBoxModel` ist.

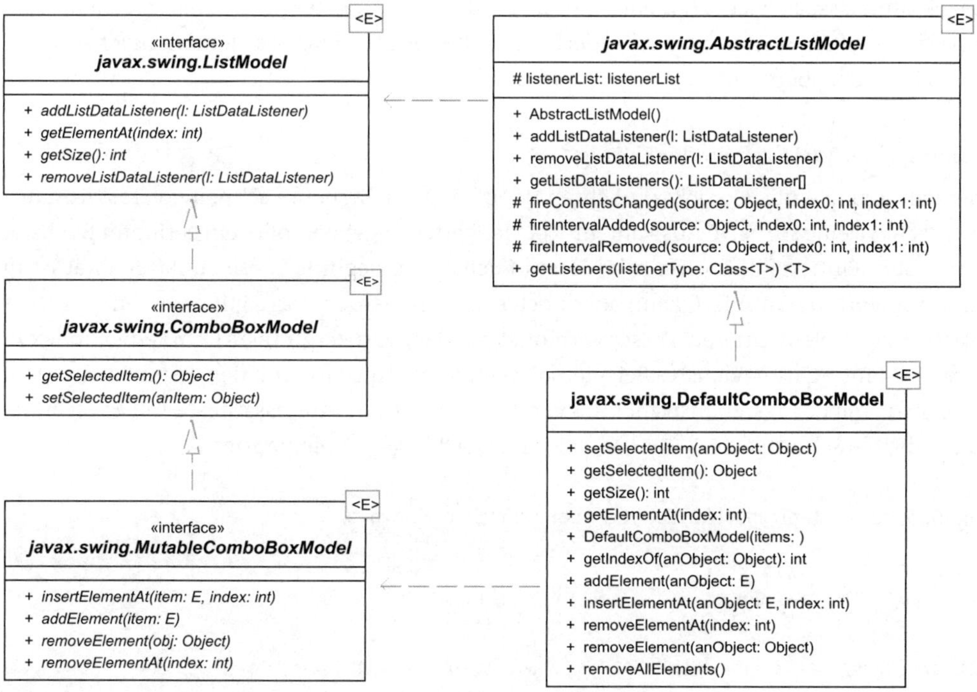

Abbildung 10.57 Komplexe Typbeziehung von DefaultComboBoxModel

Ereignisse der JComboBox

Die `JComboBox` löst bei der Selektion zwei Arten von Ereignissen aus: `ActionEvent` und `ItemEvent`. Zudem lässt sich ein `PopupMenuListener` hinzufügen. Dem An- und Abmelden dienen die üblichen Methoden. Der Unterschied in den Ereignissen `ActionEvent` und `ItemEvent` ist:

- Der `ActionListener` empfängt nur ein Ereignis bei einem neu gewählten Element.
- Der `ItemListener` empfängt alle Veränderungen bei Selektionen. Das heißt, wenn der Benutzer ein neues Element anwählt, gibt es ein Ereignis für die Deselektion und eines für die Selektion. Geht der Benutzer etwa mit den Cursor-Tasten durch die Liste, rasselt es an Ereignissen.

```
class javax.swing.JComboBox<E>
extends JComponent
implements ItemSelectable, ListDataListener, ActionListener, Accessible
```

- `void addItemListener(ItemListener aListener)`
- `void removeItemListener(ItemListener aListener)`

- void addActionListener(ActionListener l)
- void removeActionListener(ActionListener l)

Wenn die Box mit setEditable(true) editierbar gemacht wurde und der Benutzer im Textfeld eine Eingabe getätigt hat, wird ebenfalls der ActionListener informiert, also kommt das Event zweimal! Dann lässt sich jedoch nicht mehr direkt der Ursprung des ActionEvent ersehen. Standardmäßig bleibt die Selektion unverändert, und insbesondere wird das Element nicht automatisch in das Model übertragen.

Zuordnung einer Taste mit einem Eintrag *

Bei der Benutzung einer JComboBox möchten Benutzer gern Elemente schnell per Tastatur auswählen. Ist etwa eine sortierte Auswahl mit Zeichenketten gegeben, sollte ein getippter Buchstabe zum ersten Eintrag führen, der mit diesem Buchstaben beginnt. Diese Funktionalität ist in Swing schon vorprogrammiert, kann aber noch erweitert werden. Dazu gilt es, einen KeySelectionManager zu implementieren. Dieser verbindet mit der gedrückten Taste (char) einen Index in der ComboBox (int). Unser nächstes Beispiel soll zeigen, wie eine Liste mit den ersten Buchstaben des Alphabets mit der Tastenauswahl 1, 2, 3 verbunden wird. Der interessanteste Teil ist die innere Klasse, die die Schnittstelle JComboBox.KeySelectionManager implementiert:

Listing 10.57 com/tutego/insel/ui/list/JComboBoxKeySelection.java

```
JFrame frame = new JFrame();
frame.setDefaultCloseOperation( JFrame.EXIT_ON_CLOSE );

JComboBox<String> cb = new JComboBox<>( "A,B,C".split(",") );

cb.setKeySelectionManager( new JComboBox.KeySelectionManager() {
  @SuppressWarnings( "rawtypes" )
  @Override
  public int selectionForKey( char aKey, ComboBoxModel aModel ) {
    int pos = Math.abs( aKey - 1 - '0' );
    return pos >= aModel.getSize() ? aModel.getSize() - 1 : pos;
  }
} );

frame.add( cb );
frame.pack();
frame.setVisible( true );
```

Die Methode selectionForKey(…) bekommt den ausgewählten Buchstaben und das Model. Dieses Model ist nicht so unnötig, wie es auf den ersten Blick erscheint, denn es ist wichtig, aus ihm die maximale Anzahl an Elementen auszulesen, damit es zu keiner fehlerhaften Rückgabe kommt. Eine Bedingung testet, ob eine Auswahl getätigt wird, die zu einem ungültigen Eintrag führen würde.

10.18.3 Drehfeld (JSpinner) *

Ein JSpinner ist eine Drehfeld-Komponente und besteht aus einem Eingabefeld (Editor) mit zwei kleinen Pfeilen, die eine Veränderung der Werte erlauben. Entweder trägt der Nutzer in das Textfeld eine gültige Zahl ein, die mit den Pfeilen verändert werden kann, oder es wird eine Liste von Auswahlelementen angezeigt, aus denen der Benutzer wählen kann. Am nächsten sind JSpinner mit Combo-Boxen verwandt, doch geht bei ihnen kein Popup-Menü auf.

SpinnerModel

Ein JSpinner arbeitet auf einem Model vom Typ SpinnerModel, das ähnlich wie ein Iterator den Zugriff auf die Elemente ermöglicht. Ein SpinnerModel wird im Konstruktor von JSpinner gesetzt oder über setModel(SpinnerModel).

SpinnerListModel

Ein vorgefertigtes Model ist das SpinnerListModel, das mit einem Feld initialisiert wird.

[«]

Beispiel

Erfrage alle Wochentage über die Klasse DateFormatSymbols. Das Feld von Zeichenfolgen soll dann ein SpinnerModel initialisieren. Dieses Model soll dem JSpinner im Konstruktor übergeben werden:

```
String[]     days    = new DateFormatSymbols().getWeekdays();
SpinnerModel model   = new SpinnerListModel( days );
JSpinner     spinner = new JSpinner( model );
```

SpinnerDateModel

Ein weiteres Model ist das SpinnerDateModel. Es erlaubt dem Benutzer lokalisierte Datumseingaben. Der JSpinner zeigt dann die Eingabezeile an, und das Model speichert die Benutzereingabe und bietet Abfragemethoden, um das gewählte Datum abzufragen.

[«]

Beispiel

Initialisiere den JSpinner mit einem SpinnerDateModel, und erfrage das gesetzte Datum:

```
SpinnerDateModel model   = new SpinnerDateModel();
JSpinner         spinner = new JSpinner( model );
Date             value   = model.getDate();
```

Der Konstruktor SpinnerDateModel(Date value, Comparable start, Comparable end, int stepSize) erlaubt die Angabe eines Start- und eines Enddatums. Sie können null sein, wenn keine Grenzen gewünscht sind. Die Variable stepSize gibt an, welches Format zu editieren ist. Dahinter stehen viele Konstanten aus Calendar, wie etwa YEAR, HOUR oder WEEK_OF_MONTH.

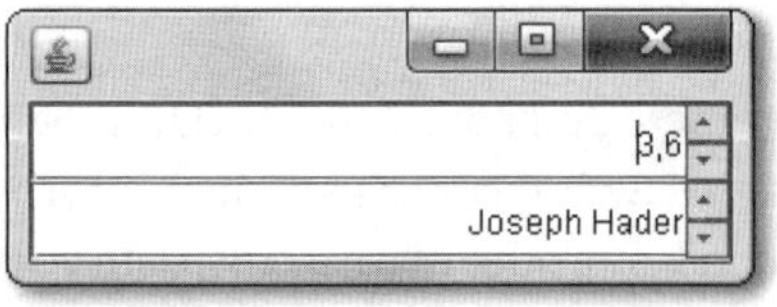

Abbildung 10.58 Screenshot der Anwendung JSpinnerDemo

Listing 10.58 com/tutego/insel/ui/swing/JSpinnerDemo.java, main()

```
JFrame f = new JFrame();
f.setDefaultCloseOperation( JFrame.EXIT_ON_CLOSE );

f.setLayout( new BoxLayout(f.getContentPane(), BoxLayout.Y_AXIS) );


// Spinner für alle Zahlen zwischen 1 und 10 in Schritten von 0.2

SpinnerNumberModel model1 = new SpinnerNumberModel( 5.0, 0.0, 10.0, 0.2 );
JSpinner spin1 = new JSpinner( model1 );

f.add( spin1 );

// Spinner mit einem SpinnerListModel, gefüllt mit Comedians

String[] comedians = {
  "Joseph Hader", "Charlie Chaplin", "Vicco von Bülow",
  "Heinz Erhardt", "Michael Mittermeier" };

SpinnerListModel model2 = new SpinnerListModel( comedians );
JSpinner spin2 = new JSpinner( model2 );

f.add( spin2 );

f.pack();
f.setVisible( true );
```

10.18.4 Datumsauswahl

Einen Dialog oder eine Komponente zur Auswahl eines Datums liefert Java nicht. Auf dem freien Markt gibt es allerdings einige Komponenten, die so etwas nachliefern. Unter ihnen sind zum Beispiel der `JXDatePicker` vom SwingX-Projekt (*http://swingx.java.net/*). Eine Vorstellung gibt die Seite *http://www.javalobby.org/java/forums/t45447.html*.

10.19 Tabellen (JTable)

Mit der Klasse `JTable` lassen sich auf einfache Weise zweidimensionale Tabellendaten darstellen. Die Java-Bibliothek enthält dafür eine einfache Schnittstelle, die über ein Model und eine eigene Visualisierung ergänzt werden kann. Die vorgefertigte Implementierung bietet schon vieles an, wie zum Beispiel die Änderung der Spaltenbreite, die Navigation über die [Tab]-Taste oder die Selektion von Spalten oder Zeilen.

Für `JTable` gibt es einen einfachen Konstruktor, der für die Daten ein zweidimensionales Feld annimmt. Für uns fällt dabei wenig Arbeit an. Das 2D-Feld kann sich aus `Object[][]` oder auch aus Vektoren von Vektoren zusammensetzen. Intern wird ein Objektfeld jedoch in Vektoren kopiert.

Listing 10.59 com/tutego/insel/ui/table/SimpleTable.java

```
package com.tutego.insel.ui.table;

import javax.swing.*;

public class SimpleTable {
  public static void main( String[] args ) {
    String[][] rowData = {
      { "Japan", "245" }, { "USA", "240" }, { "Italien", "220" },
      { "Spanien", "217" }, {"Türkei", "215"} ,{ "England", "214" },
      { "Frankreich", "190" }, {"Griechenland", "185" },
      { "Deutschland", "180" }, {"Portugal", "170" }
    };

    String[] columnNames =  {
      "Land", "Durchschnittliche Fernsehdauer pro Tag in Minuten"
    };

    JFrame f = new JFrame();
    f.setDefaultCloseOperation( JFrame.EXIT_ON_CLOSE );

    JTable table = new JTable( rowData, columnNames );
    f.add( new JScrollPane( table ) );

    f.pack();
    f.setVisible( true );
  }
}
```

Wir setzen die Tabelle in eine `JScrollPane` – auch aus dem Grund, dass dann erst die `JTable` die Köpfe anzeigt. Beim Scrollen in der Tabelle bleiben die Tabellenköpfe immer stehen. Möchten wir die Spaltennamen extra setzen, nimmt der Konstruktor von `JTable` im zweiten Argument ein Feld mit Spaltennamen an.

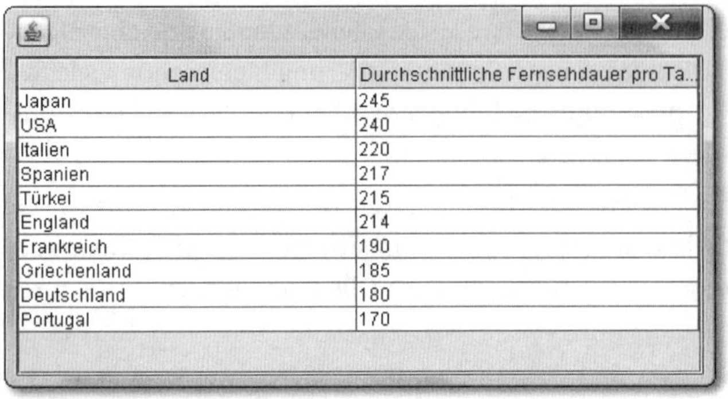

Abbildung 10.59 Einfache Tabelle

Tipp

Eine `JTable` ist nur so hoch, wie sie sein muss, und dehnt sich nicht auf die ihr zur Verfügung stehende Höhe aus. Das macht sich bei der Farbe bemerkbar, denn der vertikal verbleibende Bereich erscheint nicht in dem üblichen Tabellenweiß. Soll die Tabelle den ganzen Bereich (*Viewport* genannt) einnehmen, hilft ein `table.setFillsViewportHeight(true)`.

10.19.1 Ein eigenes Tabellen-Model

`JTable` ist ein gutes Beispiel für die Trennung von Daten und Anzeige. Während View und Controller in der Klasse `JTable` liegen, werden die Daten im Model durch die Schnittstelle `TableModel` beschrieben. Jeder Datencontainer muss `TableModel` implementieren und der Anzeige eine Möglichkeit geben, Einträge in einer Zeile und Spalte zu erfragen. Ändert sich das Model, muss zusätzlich die Visualisierung aktualisiert werden. Daher schreibt `TableModel` einen `TableModelListener` vor, der die Beobachtung übernimmt.

```
interface javax.swing.table.TableModel
```

- `Class<?> getColumnClass(int columnIndex)`
  Liefert das allgemeinste Klassenobjekt, das die Spalte beschreiben kann.
- `int getColumnCount()`
  Liefert die Anzahl der Spalten.
- `String getColumnName(int columnIndex)`
  Gibt den Namen der Spalte `columnIndex` zurück.
- `int getRowCount()`
  Liefert die Anzahl der Zeilen.

- `Object getValueAt(int rowIndex, int columnIndex)`
  Gibt den Eintrag an der Stelle `columnIndex` und `rowIndex` zurück.
- `void setValueAt(Object aValue, int rowIndex, int columnIndex)`
  Setzt den Wert an die gegebene Stelle.
- `boolean isCellEditable(int rowIndex, int columnIndex)`
  Liefert `true`, wenn die Zelle an `rowIndex` und `columnIndex` editierbar ist.
- `void addTableModelListener(TableModelListener l)`
  Fügt einen Ereignisbehandler hinzu, der immer dann informiert wird, wenn Daten geändert werden.
- `void removeTableModelListener(TableModelListener l)`
  Entfernt den Ereignisbehandler.

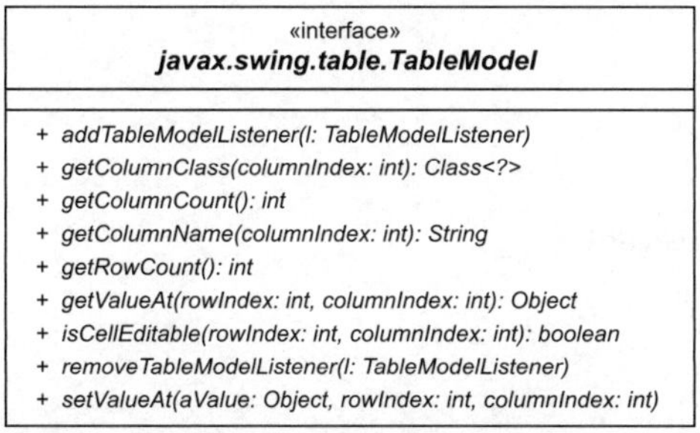

Abbildung 10.60 Schnittstelle TableModel

Wollen wir auf die inneren Daten zugreifen, benötigen wir das `TableModel`. Über `getModel()` lässt sich dies von der `JTable` erfragen. Wir können die Tabelle auch fragen, welche Zelle selektiert ist.

```
int col = t.getSelectedColumn();
int row = t.getSelectedRow();
System.out.println( t.getModel().getValueAt(row, col) );
```

10.19.2 Basisklasse für eigene Modelle (AbstractTableModel)

Für `TableModel` gibt es schon eine Implementierung als abstrakte Klasse, die uns etwa die Aufgabe abnimmt, Listener an- und abzumelden. In Swing kommt es sehr häufig vor, dass eine Schnittstelle so weit wie möglich von einer Klasse vorimplementiert wird. Dieses Vorgehen ist unter dem Namen *Interface/Implementation-Pair* bekannt. Die zu `TableModel` passende Klasse heißt `AbstractTableModel` und gibt für einige Methoden eine Standardimplementierung vor. `AbstractTableModel` bietet über eine `protected`-Variable `listenerList` Zugriff auf die Listener.

Um ein lauffähiges Model zusammenzubauen, müssen nur noch `getColumnCount()`, `getRowCount()` und `getValueAt(int rowIndex, int columnIndex)` implementiert werden, dann ist eine Model-Klasse komplett. `setValueAt(Object aValue, int rowIndex, int columnIndex)` ist in `AbstractTableModel` leer implementiert und muss nur bei editierbaren Datenmodellen angepasst werden. `isCellEditable(int rowIndex, int columnIndex)` liefert `false` und muss bei editierbaren

Modellen ebenso überschrieben werden. `getColumnName(int columnIndex)` liefert Spaltennamen nach dem Muster A, B, C, ..., Z, AA, AB. `getColumnClass(int columnIndex)` liefert `Object.class`. Um nach einer Spalte suchen zu können, gibt `findColumn(String columnName)` den Index der Spalte zurück, die den eingetragenen Namen hat – diese Methode gibt es nur in `AbstractTableModel`, aber die Schnittstelle `TableModel` schreibt sie nicht vor.

Ein Quadratzahlen-Model

Wenn wir eine Tabelle mit Quadrat und Kubus nutzen, können wir ein Model implementieren, das in der ersten Spalte die Zahl, in der zweiten das Quadrat und in der dritten den Kubus abbildet. Die Tabelle verfügt dann über drei Spalten. Sie soll hundert Zeilen groß sein.

Listing 10.60 com/tutego/insel/ui/table/SquareTableModelSimple.java

```java
package com.tutego.insel.ui.table;

import javax.swing.table.AbstractTableModel;

class SquareTableModelSimple extends AbstractTableModel {

  @Override public int getRowCount() {
    return 100;
  }

  @Override public int getColumnCount() {
    return 3;
  }

  @Override public String getValueAt( int row, int col ) {
    if ( col == 0 )
      return "" + row;
    else if ( col == 1 )
      return "" + (row * row);
    else
      return "" + (row * row * row);
  }
}
```

Statt dass `getValueAt(int, int)` nur `Object` zurückgibt, nutzt das Beispiel kovariante Rückgabetypen und liefert den konkreteren Typ `String` zurück.

Das Tabellen-Model zuweisen

Verfügen wir über eine Klasse, die ein `TableModel` implementiert (etwa eine Unterklasse von `AbstractTableModel` oder `DefaultTableModel`), so müssen wir ein `JTable`-Objekt mit diesem Model verbinden. Dafür gibt es zwei Möglichkeiten: Wir können im Konstruktor das Model angeben oder es nachträglich mit `setModel(TableModel)`zuweisen.

Listing 10.61 com/tutego/insel/ui/table/SquareTable.java, main()

```
JFrame f = new JFrame();
f.getContentPane().add( new JScrollPane(
  new JTable( new SquareTableModelSimple() ) ) );
f.setDefaultCloseOperation( JFrame.EXIT_ON_CLOSE );
f.pack();
f.setVisible( true );
```

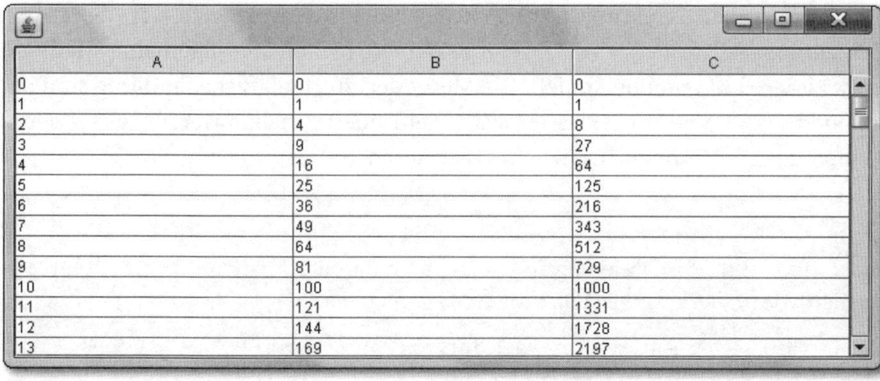

Abbildung 10.61 JTable mit Model

Änderungswünsche

Standardmäßig lassen sich die Zellinhalte nicht ändern. Wenn der Anwender auf eine Zelle klickt, wird es kein Textfeld geben, das eine neue Eingabe ermöglicht. Das ändert sich aber, wenn aus der Schnittstelle `TableModel` die Methode `boolean isCellEditable(int rowIndex, int columnIndex)` überschrieben wird und immer dann `true` liefert, wenn ein Editor eine Änderung der Zelle erlauben soll. Ist diese Änderung für alle Zellen gültig, liefert die Methode immer `true`; soll zum Beispiel nur die erste Spalte verändert werden dürfen, schreiben wir in der Modellklasse:

```
@Override public boolean isCellEditable( int rowIndex, int columnIndex ) {
  return columnIndex == 0;
}
```

Die Methode `isCellEditable(…)` ist aber nur der erste Teil einer Zelländerung. Die `JTable` (vereinfachen wir es mal) fragt zunächst beim Model über `isCellEditable(…)`, ob eine Zelle vom Anwender überhaupt modifiziert werden kann. Wenn das Ergebnis `false` ist, wird kein Editor angezeigt. Falls das Ergebnis `true` ist, sucht die `JTable` einen passenden Editor und ruft nach einer Änderung mit dem neuen Wert die Methode `setValueAt(Object aValue, int rowIndex, int columnIndex)` auf. Hier muss das Ergebnis in den Datenstrukturen auch wirklich gespeichert werden. Anschließend erfragt die `JTable` über `getValueAt(…)` noch einmal den aktuellen Wert.

[»]

Beispiel

Über setValueAt(…) bekommen wir den neuen Wert als erstes Argument. Interessiert uns der alte Wert, können wir ihn aus dem Model erfragen:

```
@Override void setValueAt( Object aValue, int rowIndex, int columnIndex ) {
  Object oldValue = getValueAt( rowIndex, columnIndex );
}
```

Ereignisse bei Änderungen

Die Events, die AbstractTableModel auslöst, sind vom Typ TableModelEvent und werden von fireTableDataChanged(…), fireTableStructureChanged(…), fireTableRowsInserted(…), fireTableRowsUpdated(…), fireTableRowsDeleted(…), fireTableCellUpdated(…) über die allgemeine Methode fireTableChanged(TableModelEvent) behandelt. Die Methoden zur Ereignisbehandlung sind damit vollständig und müssen von Unterklassen nicht mehr überschrieben werden, es sei denn, wir wollten in einer fire(…)-Methode Zusätzliches realisieren.

[»]

Beispiel

Ändern sich die Daten, ist die Visualisierung zu erneuern. Dann sollte fireTableCellUpdated(…) aufgerufen werden, wie für die setValueAt(…)-Methode gezeigt wird:

```
@Override public void setValueAt( Object val, int row, int column ) {
  // zum Beispiel foo[row][column] = val;
  fireTableCellUpdated( row, column );
}
```

Die Methode fireTableCellUpdated(int, int) ist nur eine Abkürzung für Folgendes:

```
public void fireTableCellUpdated(int row, int column) {
  fireTableChanged(new TableModelEvent(this, row, row, column));
}
```

10.19.3 Ein vorgefertigtes Standardmodell (DefaultTableModel)

Praktischerweise bringt die Java-Bibliothek schon eine Model-Klasse mit, die wir direkt verwenden können. Dies ist DefaultTableModel, die ebenso eine Unterklasse von AbstractTableModel ist. Nützliche Ergänzungen sind Methoden, mit denen an beliebiger Stelle Zellen eingetragen, verschoben und gelöscht werden können. Nutzen wir JTable ohne eigenes Model, so verwendet es standardmäßig DefaultTableModel mit einer Implementierung von Vektoren aus Vektoren. Ein Hauptvektor speichert Vektoren für jede Zeile. Die Technik lässt sich gut an einer Methode ablesen:

Listing 10.62 javax/swing/table/DefaultTableModel.java, getValueAt()

```
public Object getValueAt( int row, int column ) {
  Vector rowVector = (Vector) dataVector.elementAt( row );
  return rowVector.elementAt( column );
}
```

Abbildung 10.62 Obertypen von DefaultTableModel

Mit den Methoden `setDataVector(…)` und `getDataVector()` lassen sich die Daten intern setzen und auslesen. Diese interne Abbildung der Daten ist jedoch nicht immer erwünscht, da dynamische Strukturen von der Laufzeit her ineffizient sein können. Ist das zu unflexibel, lässt sich immer noch ein eigenes Model von `AbstractTableModel` ableiten.

10.19.4 Ein eigener Renderer für Tabellen

Damit eine Tabelle nicht nur die typischen Informationen in Zeichenketten darstellen muss, lässt sich ein `TableCellRenderer` einsetzen, mit dem man die Tabelleneinträge beliebig visualisieren kann. Die Schnittstelle `TableCellRenderer` schreibt nur eine Operation vor.

```
interface javax.swing.table.TableCellRenderer
```

- `Component getTableCellRendererComponent(JTable table, Object value, boolean isSelected, boolean hasFocus, int row, int column)`

Die Informationen über `isSelected`, `hasFocus`, `row` und `column` sollen der Zeichenmethode die Möglichkeit geben, ausgewählte Tabellenteile besonders zu behandeln. Steht etwa auf einer Zelle der Fokus, ist ein Rahmen gezeichnet. Ist die Tabelle selektiert, so ist die Zelle mit einer Hintergrundfarbe ausgeschmückt.

DefaultTableCellRenderer

Swing bietet eine Standardimplementierung in Form der Klasse `DefaultTableCellRenderer`. Diese Klasse erweitert `JLabel`, und damit lässt sich schon viel anfangen, denn das Ändern des Textes ist genauso einfach wie das Ändern der Farbe oder das Hinzufügen eines Bildes. Viele Aufgaben sind so schon erledigt. Wenn es aufwändiger realisiert werden soll, dann müssen wir direkt `TableCellRenderer` implementieren.

Für unsere Zwecke soll `DefaultTableCellRenderer` genügen. Die wichtigste Methode zum Überschreiben ist `setValue(Object)`. In `DefaultTableCellRenderer` sieht die Originalmethode wie folgt aus:

Listing 10.63 javax/swing/DefaultTableCellRenderer.java, setValue()

```
protected void setValue( Object value ) {
  setText( (value == null) ? "" : value.toString() );
}
```

Da `JTable` diesen Renderer als Standard nutzt, sagt dies aus, dass alle Daten in der Tabelle als String-Repräsentation eingesetzt werden.

Wenn wir eigene Visualisierungen wünschen, zum Beispiel mit einer anderen Schriftfarbe, so überschreiben wir einfach `setValue(…)` und setzen den Text mit `setText(…)` selbst. Die günstige Eigenschaft, dass `DefaultTableCellRenderer` eine Unterklasse von `JLabel` ist, macht sich auch bei `setForeground(…)` bemerkbar.

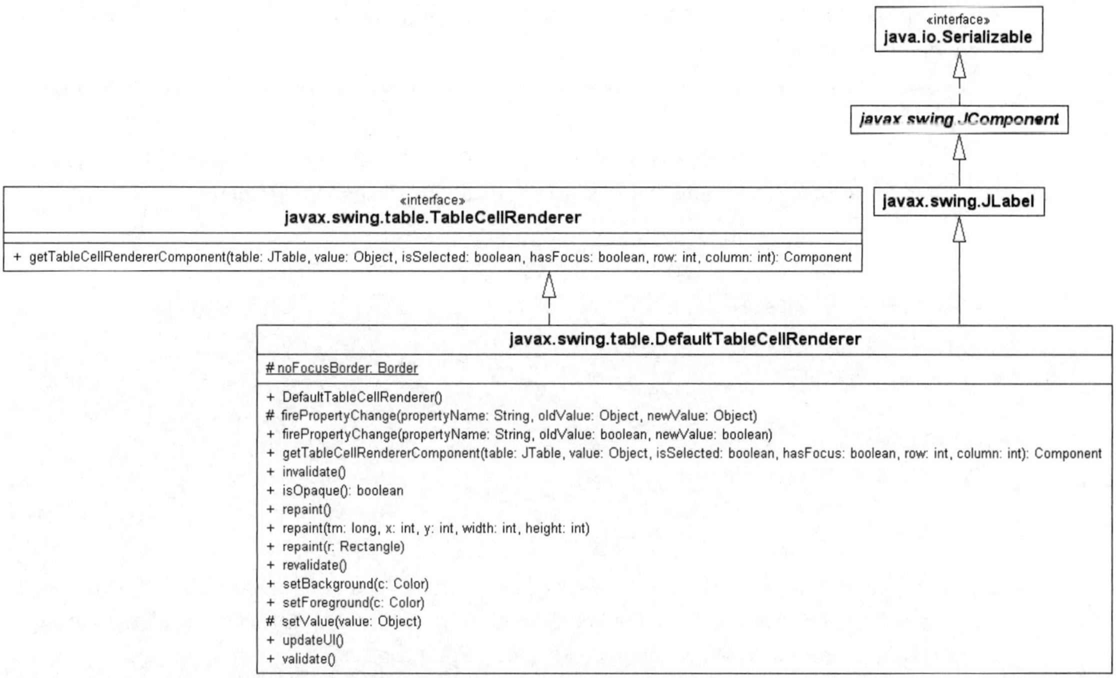

Abbildung 10.63 UML-Diagramm von DefaultTableCellRenderer

Liegen im Model einer `JTable` nicht nur Daten einer Gattung, so lassen sie sich mit `instanceof` aufschlüsseln. Unserer Tabelle mit den Quadrat- und Kubuszahlen wollen wir einen Renderer mitgeben. Er soll die geraden Zahlen in Blau anzeigen und die ungeraden in Grau:

Listing 10.64 com/tutego/insel/ui/table/ColoredTableCellRenderer.java

```
package com.tutego.insel.ui.table;

import java.awt.*;
import javax.swing.table.*;

class ColoredTableCellRenderer extends DefaultTableCellRenderer {
  @Override public void setValue( Object value ) {
    if ( value instanceof Long ) {
      setForeground( (Long) value % 2 == 0 ? Color.BLUE : Color.GRAY );
      setText( value.toString() );
    }
    else
      super.setValue( value );
  }
}
```

Die Typanpassung (Long) value veranlasst den Compiler, das long mittels Unboxing aus dem value-Objekt zu extrahieren.

[»]

Beispiel

In einer Tabelle sollen Zahlen (etwa vom Typ Integer) und Objekte vom Typ Gfx liegen. Gfx-Objekte enthalten ein Icon-Objekt namens icon. Es soll in die Tabelle gesetzt werden:

```
@Override public void setValue( Object value ) {
  if ( value instanceof Gfx ) {
    Gfx gfx = (IconData) value;
    setIcon( gfx.icon );
  }
  else {
    setIcon( null );
    super.setValue( value );
  }
}
```

Die Behandlung im else-Zweig ist sehr wichtig, weil dort der Rest der Daten behandelt wird. Handelt es sich um Text, kümmert sich die Implementierung von DefaultTableCellRenderer darum. Bei setIcon(…) profitieren wir wieder von der Erweiterung von JLabel.

Renderer zuweisen

Ein Renderer übernimmt nicht die Darstellung von allen Zellen, sondern nur die von bestimmten Typen. Daher erwartet die Methode setDefaultRenderer(Class<?> columnClass, TableCellRenderer renderer) von JTable neben dem Renderer ein Class-Objekt. Nimmt die JTable aus dem Model ein Objekt heraus, erfragt es den Typ und lässt den Zelleninhalt von dem Renderer zeichnen, der mit diesem Typ verbunden ist:

Listing 10.65 com/tutego/insel/ui/table/SquareTableWithRenderer.java, Ausschnitt

```
TableCellRenderer ren = new ColoredTableCellRenderer();
table.setDefaultRenderer( Long.class, ren );
```

Stellt die Tabelle ein Element vom Typ Long.class dar, so überlässt sie die Visualisierung dem zugewiesenen ColoredTableCellRenderer. Der Typ Object.class passt auf alle Zelleninhalte.

Mehrzeilige Tabellenzellen

Der DefaultTableCellRenderer ist eine Unterklasse von JLabel, die mehrzeilige Textfelder durch die HTML-Darstellung unterstützt. Für einen Text müsste etwa <HTML>Zeile1-
Zeile2</HTML> geschrieben werden. Eine andere Möglichkeit besteht darin, einen eigenen Renderer zu implementieren, der nicht von DefaultTableCellRenderer abgeleitet ist. Eine weitere Lösung ist, JTextArea als Oberklasse zu nutzen und die notwendige Schnittstelle TableCellRenderer zu implementieren. Die implementierte Methode getTableCellRendererComponent(…) liefert dann das this-Objekt (das JLabel) zurück, das mit dem Text inklusive Zeilenumbruch gesetzt ist:

Listing 10.66 com/tutego/insel/ui/table/TwoLinesCellRenderer.java, TwoLinesCellRenderer

```
public class TwoLinesCellRenderer extends JTextArea implements TableCellRenderer {
  @Override public Component getTableCellRendererComponent(
                              JTable table, Object value, boolean isSelected,
                              boolean hasFocus, int row, int column ) {
    setText( value.toString() );    // Value kann String mit \n enthalten

    return this;
  }
}
```


10.19.5 Zell-Editoren

Anders als bei der JList kann der Benutzer die Zellen einer JTable editieren. Erlaubt das Tabellen-Model eine Veränderung, so stellt die JTable vordefiniert eine Texteingabezeile dar. Ein eigener Editor implementiert die Schnittstelle javax.swing.table.TableCellEditor mit einer Methode getTableCellEditorComponent(…), die die Editor-Komponente liefert. Das kann zum Beispiel ein JTextField sein. Nach der Bearbeitung erfragt die JTable das Ergebnis über die Methode getCellEditorValue(). Auch diese Methode schreibt die Schnittstelle (indirekt) vor:

Listing 10.67 com/tutego/insel/ui/table/SimpleTableCellEditor.java

```
package com.tutego.insel.ui.table;

import java.awt.Component;
import javax.swing.*;
import javax.swing.table.TableCellEditor;

public class SimpleTableCellEditor
  extends AbstractCellEditor implements TableCellEditor {

  private JTextField component = new JTextField();

  @Override
  public Component getTableCellEditorComponent(
                   JTable table, Object value,
                   boolean isSelected, int rowIndex, int colIndex ) {
    component.setText( value.toString() );
    return component;
  }
```

```
  @Override public Object getCellEditorValue() {
    return component.getText();
  }
}
```

Die Schnittstelle TableCellEditor selbst deklariert nur die Methode getTableCellEditorComponent(…), doch weil CellEditor die Ober-Schnittstelle ist, ergeben sich insgesamt 1 + 7 zu implementierende Methoden. CellEditor ist eine ganz allgemeine Schnittstelle für beliebige Zellen, etwa auch für die Zellen in einem JTree-Objekt. Die abstrakte Basisklasse AbstractCellEditor implementiert bis auf getCellEditorValue() alle Operationen aus CellEditor. Und da unsere Klasse die Schnittstelle TableCellEditor annehmen muss, bleibt es bei der Implementierung von getCellEditorValue() und getTableCellEditorComponent(…).

10.19.6 Automatisches Sortieren und Filtern mit RowSorter *

Nicht immer sollen alle Daten aus dem Modell in der Tabelle angezeigt werden. Mitunter ist nur ein Ausschnitt interessant, oder für die Anzeige sollen Werte sortiert werden. All das kann über eine Änderung des Models gemacht werden (etwa über einen Modell-Dekorator, der Elemente nicht durchlässt), aber das ist nicht flexibel.

[»] **Beispiel**

Die einfachste Möglichkeit zum Sortieren bietet die Klasse JTable selbst mit einer Methode:

```
table.setAutoCreateRowSorter( true );
```

Allerdings müssen hier viele Sachen zusammenkommen, sodass das Standardverhalten gut funktioniert, und das ist nicht immer gegeben.

Steigen wir ein wenig tiefer ein, um mehr Kontrolle beim Filtern und Sortieren zu bekommen. Die Java-Bibliothek sieht den Typ RowSorter vor, auf den die JTable zurückgreift, um auch ohne Änderungen am eigenen Modell Elemente herauszufiltern oder Spalten zu sortieren.

Einfache Tabelle und einfaches Modell mit Potenzen

Wir wollen mit einer JTable und einem einfachem Modell beginnen. An der Stelle lässt sich ein RowSorter noch nicht erkennen, der folgt erst im nächsten Schritt:

Listing 10.68 com/tutego/insel/ui/table/TableWithRowSorter.java, main() Teil 1

```
TableModel model = new DefaultTableModel( 100, 3 ) {
  @Override public Integer getValueAt( int row, int column ) {
    return (int) Math.pow( row, column + 1 );
  }
};
```

```
final JTable table = new JTable( model );
JFrame frame = new JFrame();
frame.setDefaultCloseOperation( JFrame.EXIT_ON_CLOSE );
frame.add( new JScrollPane(table) );
frame.pack();
frame.setVisible( true );
```

Das konkrete `TableModel` wird dem Konstruktor von `JTable` übergeben – es hätte auch mit `setModel(…)` gesetzt werden können. Bis dahin ist alles wie gehabt.

TableRowSorter und Standardsortierung

Kommt ein `RowSorter` ins Spiel, muss diesem das Originalmodell übergeben werden und der `RowSorter` der Tabelle mitgeteilt werden.

Listing 10.69 com/tutego/insel/ui/table/TableWithRowSorter.java, main() Teil 2

```
final TableRowSorter<TableModel> rowSorter = new TableRowSorter<>( model );
table.setRowSorter( rowSorter );
```

Der `TableRowSorter` ist eine Unterklasse vom `RowSorter` und bekommt das ursprüngliche `TableModel` im Konstruktor übergeben: Starten wir das Programm, ist schon eine Sortierung eingebaut. Mit einem Klick auf die Kopfzeile der Tabellenspalte zeigt ein kleiner Pfeil die Sortierrichtung an. Die Sortierung ist allerdings auf den ersten Blick etwas verwirrend, denn sie ist auf String-Ebene, was bei Zahlen nicht gut aussieht, denn so ist etwa »19« < »2« < »20«. Woran liegt das?

Jede Spalte hat eine Column-Class, und die ist beim `DefaultTableModel` standardmäßig `Object`. `TableRowSorter` richtet sich zum Sortieren genau nach diesem Klassentyp. Und da bei `Object` nichts zu sortieren ist, ruft `TableRowSorter` einfach `toString()` auf jedem Element auf und nutzt String-Vergleiche. Für Zahlen ist das unerwünscht, und mit zwei Mitteln lässt es sich das Sortierverhalten ändern: Erstens kann unser Tabellenmodell einfach `getColumnClass(…)` überschreiben und `Integer.class` zurückgeben, wobei der `TableRowSorter` dann erkennt, dass die Column-Class vom Typ `Comparable` ist, und dann `compareTo(…)` für einen Vergleich nutzt. Die zweite Möglichkeit ist, einen eigenen `Comparator` für eine Spalte zu setzen, was ein eigenes `getColumnClass(…)` einspart. Zur Logik der Sortierung siehe auch das Javadoc bei der Klasse `TableRowSorter`.

Comparator für die Sortierung zuweisen

Da der `RowSorter` bei der ColumnClass `Object` die Inhalte als String sortiert, wollen wir einen expliziten `Comparator` zuweisen, der nach der Anzahl der gesetzten Bits geht:

Listing 10.70 com/tutego/insel/ui/table/TableWithRowSorter.java, main() Teil 3

```
rowSorter.setComparator( 0, new Comparator<Integer>() {
  @Override public int compare( Integer i1, Integer i2 ) {
```

```
    return Integer.bitCount( i1 ) - Integer.bitCount( i2 );
  }
} );
```

Mit welcher Logik der TableRowSorter eine Spalte sortiert, bestimmt also der Comparator, den wir über setComparator(…) gesetzt haben. Das erste Argument der Methode steht für die Spalte, für die der Comparator gesetzt ist, alle anderen Spalten behalten das Standardverhalten.

Die zweite Spalte soll nicht sortierbar sein, sodass wir die Sortierung abschalten:

Listing 10.71 com/tutego/insel/ui/table/TableWithRowSorter.java, main() Teil 4

```
rowSorter.setSortable( 1, false );
```

Die dritte Spalte behält weiterhin die String-Sortierung.

Filter

Auf die Ergebnismenge lassen sich Filter anwenden, die Elemente herausnehmen. Es gibt einige vordefinierte Filter, die die drei statischen Methoden von RowFilter liefern:

```
abstract class javax.swing.RowFilter<M,I>
```

- regexFilter(String regex, int... indices)
- dateFilter(ComparisonType type, Date date, int... indices)
- numberFilter(ComparisonType type, Number number, int... indices)

Die Rückgaben sind RowFilter<M,I>, die direkt als Argument von setRowFilter(…) taugen; so wird ein Filter beim TableRowSorter gesetzt:

Listing 10.72 TableWithRowSorter.java, main() Teil 5

```
rowSorter.setRowFilter( RowFilter.regexFilter("(0|2|4|6|8)$", 2) );
```

Der RowFilter lässt alle geraden Zahlen in der dritten Spalte durch – das filtert alle Zeilen heraus, in denen der Wert der dritten Spalte ungerade ist. Alle Vergleiche sind natürlich auf der textuellen Repräsentation, und die eine Frage nach Gerade und Ungerade würde in der Praxis sicherlich anders gelöst werden als mit regulären Ausdrücken, aber das Beispiel veranschaulicht die Funktionsweise.

Stellungswechsel

Wird eine Zelle in der Tabelle angeklickt und meldet ein Listener die Selektion, müssen wir darauf achten, eine Umrechnung der Positionen vorzunehmen. Denn wenn der Benutzer eine sortierte und gefilterte Tabelle sieht, stimmen die Positionen der Elemente ja überhaupt nicht mit dem originalen Modell überein.

Ein Listener zeigt das:

Listing 10.73 com/tutego/insel/ui/table/TableWithRowSorter.java, main() Teil 6

```
table.addMouseListener( new MouseAdapter() {
  @Override public void mouseClicked( MouseEvent e ) {
    int rowAtPoint    = table.rowAtPoint( e.getPoint() );
    int columnAtPoint = table.columnAtPoint( e.getPoint() );
    System.out.printf( "%d/%d%n", rowAtPoint, columnAtPoint );

    int convertedRowAtPoint = rowSorter.convertRowIndexToModel( rowAtPoint );
    int convertedColumAtPoint = table.convertColumnIndexToModel( columnAtPoint );
    System.out.println( rowSorter.getModel().getValueAt( convertedRowAtPoint,
                                                         convertedColumAtPoint) );
  }
} );
```


Nehmen wir einen Klick auf die Positionen 2/0 an, was für die dritte Zeile und erste Spalte steht. Es ist dann `rowAtPoint = 2` und `columnAtPoint = 0`. Fragen wir bei dem originalen Modell nach, das die Zahlen 0, 1, 2, 3, ... repräsentiert, bekommen wir bei `getValueAt(2,0)` eine 2. In der Darstellung steht aber keine 2 in der dritten Zeile, sondern eine 4. Und die 4 kommt aus dem internen Modell von `RowSorter`. Also muss gemappt werden, und das ist die Aufgabe von `convertRowIndexToModel(2)`, das 4 liefert.

Wenn die Spalte zum Beispiel per Drag & Drop verschoben wurde, muss auch `columnAtPoint` gemappt werden. Das übernimmt die Tabelle selbst, und sie deklariert eine Methode `convertColumnIndexToModel(int viewColumnIndex)`. Da der `RowSorter` – wie der Name schon sagt – nur auf Zeilen arbeitet, ist bei ihm die Methode nicht zu finden.

10.20 Bäume (JTree)

Um Baumansichten ähnlich der Explorer-Ansicht in Swing zu realisieren, lässt sich die Komponente `JTree` einsetzen. Für sie gibt es unter dem AWT keinen Ersatz.

10.20.1 JTree und sein TreeModel und TreeNode

Die Daten eines Baums sitzen in einem Model, das die Schnittstelle `TreeModel` implementiert. Das Model ist sehr einfach und muss lediglich die Aussage treffen, ob das Element ein Blatt oder eine Wurzel darstellt und wo ein Element in der Baumverästelung liegt.

Für einfache Bäume ist es nicht nötig, sich mit dem `TreeModel` auseinanderzusetzen, da Swing eine andere Möglichkeit bietet, die Verästelung darzustellen. Dazu gibt es für Knoten eine Schnittstelle `TreeNode`, die einen Eintrag im Baum repräsentiert. Die konkrete Klasse `DefaultMutableTreeNode` stellt einen Standardbaumknoten dar, der universell eingesetzt werden kann;

er ist eine Implementierung der Schnittstelle `MutableTreeNode`, die wiederum `TreeNode` erweitert. Mit der `add(DefaultMutableTreeNode newChild)`-Methode von `DefaultMutableTreeNode` kann eine Baumstruktur geschaffen werden.

Listing 10.74 com/tutego/insel/ui/swing/JTreeDemo.java, main()

```
JFrame frame = new JFrame();
frame.setDefaultCloseOperation( JFrame.EXIT_ON_CLOSE );

DefaultMutableTreeNode root = new DefaultMutableTreeNode( "Wurzel" );

for ( int nodeCnt = 0; nodeCnt < 4; nodeCnt++ ) {
  DefaultMutableTreeNode dmtn =
              new DefaultMutableTreeNode( "Knoten " + nodeCnt );
  root.add( dmtn );

  for ( int leafCnt = 1; leafCnt < 4; leafCnt++ )
    dmtn.add( new DefaultMutableTreeNode( "Blatt " +
                                       (nodeCnt * 3 + leafCnt) ) );
}

JTree tree = new JTree( root );
frame.add( new JScrollPane( tree ) );
frame.pack();
frame.setVisible( true );

tree.getSelectionModel().addTreeSelectionListener(
  new TreeSelectionListener() {
    @Override public void valueChanged( TreeSelectionEvent e ) {
      TreePath path = e.getNewLeadSelectionPath();
      System.out.println( path );
    }
  } );
```

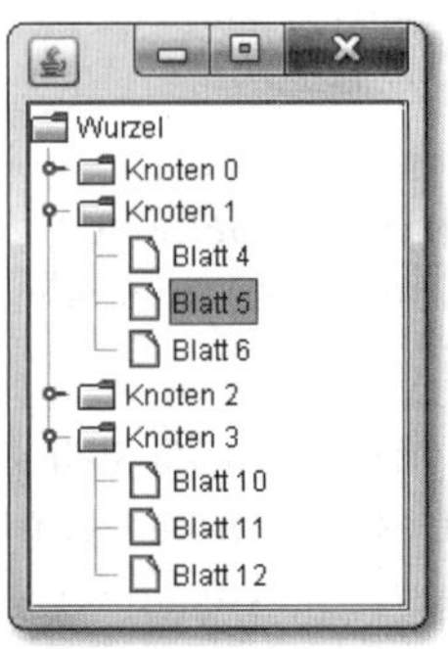

Abbildung 10.64 Screenshot von JTreeDemo

[+]

Tipp

Ein `JTree` besitzt eine Standardbreite, die in einigen Fällen stört. Das ist zum Beispiel der Fall, wenn der Baum in einer `JSplitPane` sitzt. Soll der Bereich mit dem Baum auf null weggeschoben werden, lässt `JSplitPane` dies nicht zu.

Das liegt daran, dass der Baum den Platz einnimmt, den er benötigt, und die `JSplitPane` auf die kleinste Darstellung des Baums hört. Die Lösung für das Problem ist, dem Baum mit `setMinimumSize(…)` eine Minimalgröße von 0 zu geben. Dann lässt sich der `JTree` ganz zusammenschieben:

```
jTree.setMinimumSize( new Dimension() );
```


10.20.2 Selektionen bemerken

Eine Benutzeraktion auf einem Baum wird über einen `TreeSelectionListener` beachtet. Dieser Listener wird an das Model des Baums gehängt. Dazu dient die Methode `addTreeSelectionListener(TreeSelectionListener)`. Die Listener-Schnittstelle deklariert die Methode `valueChanged(TreeSelectionEvent)`, über die wir das angewählte Element erfragen können. Interessieren wir uns für den Pfad des Blatts, kann die Methode `getNewLeadSelectionPath()` vom `TreeSelectionEvent` genutzt werden. Das Ergebnis der Pfad-Anfragemethoden ist ein `TreePath`-Objekt. Dieses gibt den Pfad von der Wurzel des Baums zu einem bestimmten Knoten an. Wenn es die Selektion betrifft, bekommen wir darüber Informationen zum angewählten Objekt:

Listing 10.75 com/tutego/insel/ui/swing/JTreeDemo.java, main()

```
tree.getSelectionModel().addTreeSelectionListener(
  new TreeSelectionListener(){
    @Override public void valueChanged( TreeSelectionEvent e ) {
      TreePath path = e.getNewLeadSelectionPath();
      System.out.println( path );
    }
  }
);
```

10.20.3 Das TreeModel von JTree *

Das `TreeModel` ist eine Schnittstelle, um die Daten eines Baums selbst beschreiben zu können, ohne auf die hierarchische Struktur von `TreeNode` Rücksicht nehmen zu müssen. Ein eigenes `TreeModel` kann daher grundsätzlich jede beliebige Objektstruktur auf Bäume abbilden.

```
interface javax.swing.table.TreeModel
```

- `Object getRoot()`
- `int getChildCount(Object parent)`

- `Object getChild(Object parent, int index)`
- `int getIndexOfChild(Object parent, Object child)`
- `boolean isLeaf(Object node)`
- `void valueForPathChanged(TreePath path, Object newValue)`
- `void addTreeModelListener(TreeModelListener l)`
- `void removeTreeModelListener(TreeModelListener l)`

Liste von Punkten hierarchisch darstellen

In einem kleinen Beispiel soll eine Liste von `java.awt.Point`-Objekten als Baum dargestellt werden. Die Liste selbst bildet die oberste Hierarchie (Wurzel), und die Punkte der Liste stellen die erste Unterhierarchie dar. Der Punkt wiederum bildet einen Knoten mit zwei Blättern, den Koordinaten. Eine einfache Implementierung ohne Berücksichtigung von Ereignissen eines sich ändernden Modells kann so aussehen:

Listing 10.76 com/tutego/insel/ui/tree/PointModel.java, PointModel

```
public class PointModel implements TreeModel {

  private final List<Point> points;

  public PointModel( List<Point> points ) {
    this.points = points;
  }

  @Override public Object getRoot() {
    System.out.println( "getRoot()" );

    return points;
  }

  @Override public boolean isLeaf( Object node ) {
    System.out.printf( "isLeaf( %s )%n", node );

    return node instanceof Number;
  }

  @Override public int getChildCount( Object parent ) {
    System.out.printf( "getChildCount( %s )%n", parent );

    if ( parent instanceof List<?> )
      return ((List<?>)parent).size();
```

```
    // if ( parent instanceof Point )
    return 2;
  }

  @Override public Object getChild( Object parent, int index ) {
    System.out.printf( "getChild( %s, %d )%n", parent, index );

    if ( parent instanceof List<?> )
      return ((List<?>)parent).get( index );
    // if ( parent instanceof Point )
    if ( index == 0 )
      return ((Point)parent).getX();
    return ((Point)parent).getY();
  }

  @Override public int getIndexOfChild( Object parent, Object child ) { return 0; }

  @Override public void removeTreeModelListener( TreeModelListener l ) { }

  @Override public void addTreeModelListener( TreeModelListener l ) { }

  @Override public void valueForPathChanged( TreePath path, Object newValue ) { }
}
```

In den Methoden sind Konsolenausgaben eingebaut, um die Aufrufreihenfolge verstehen zu können. Die letzten vier Methoden sind nur Dummy-Implementierungen, da wir sie in diesem Beispiel nicht benötigen.

Geben wir einem `JTree` nun unser Model:

Listing 10.77 com/tutego/insel/ui/tree/JTreeWithModel.java, Ausschnitt

```
List<Point> points = new ArrayList<>();
points.add( new Point(12,13) );
points.add( new Point(2,123) );
points.add( new Point(23,13) );
JTree tree = new JTree( new PointModel(points) );
```

Damit ist die vereinfachte Ausgabe:

```
getRoot()
isLeaf( [java.awt.Point[x=12,y=13], java.awt.Point[x=2,y=123], java.awt.Point[x=23,y=13]] )
getChildCount( [java.awt.Point[x=12,y=13], java.awt.Point[x=2,y=123], ➲
  java.awt.Point[x=23,y=13]] )
getChild( [java.awt.Point[x=12,y=13], java.awt.Point[x=2,y=123], ➲
  java.awt.Point[x=23,y=13]], 0 )
```

```
isLeaf( java.awt.Point[x=12,y=13] )
getChild( [java.awt.Point[x=12,y=13], java.awt.Point[x=2,y=123], ➥
  java.awt.Point[x=23,y=13]], 1 )
isLeaf( java.awt.Point[x=2,y=123] )
getChild( [java.awt.Point[x=12,y=13], java.awt.Point[x=2,y=123], ➥
  java.awt.Point[x=23,y=13]], 2 )
isLeaf( java.awt.Point[x=23,y=13] )
```

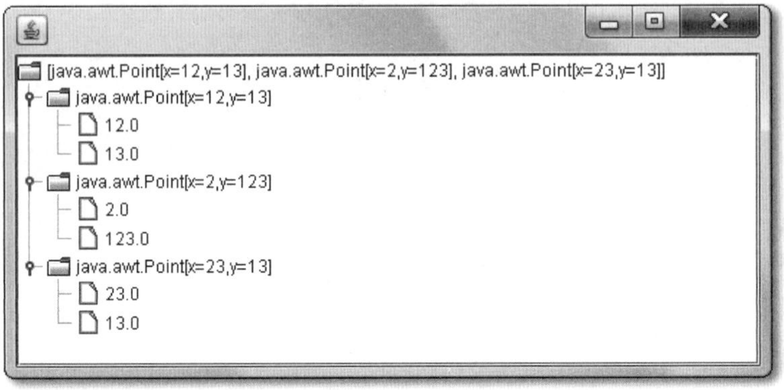

Abbildung 10.65 Screenshot von JTreeWithModel

10.21 JRootPane und JDesktopPane *

Unter den `JComponent`-Objekten gibt es einige ausgezeichnete, die als Container für andere Kinder fungieren.

10.21.1 Wurzelkomponente der Top-Level-Komponenten (JRootPane)

Die Komponenten `JFrame`, `JDialog`, `JWindow`, `JApplet` und `JInternalFrame` enthalten als einziges Kind den leichtgewichtigen Container `JRootPane`. Die Methode `getRootPane()` liefert dieses `JRootPane`-Objekt. Die `JRootPane` verwaltet eine *Layered Pane*, die wiederum *Content-Pane* und Menü aufnimmt, und eine *Glass-Pane*, die wie eine Glasscheibe über allen anderen Komponenten liegt. Sie kann Ereignisse abfangen oder in einer `paint(…)`-Methode etwas über alle Komponenten zeichnen.

[»] **Beispiel**

Weise der Glass-Pane einen wartenden Cursor zu:

```
Component c = getRootPane().getGlassPane();
if( c != null )
  c.setCursor( Cursor.getPredefinedCursor( Cursor.WAIT_CURSOR ) );
```

10.21.2 JDesktopPane und die Kinder von JInternalFrame

Die `JDesktopPane` ist eine Unterklasse von `JLayeredPane` und als Container für interne Fenster – also Objekte vom Typ `JInternalFrame` – gedacht. Mit internen Fenstern (engl. *internal frames*) lassen sich MDI-Applikationen implementieren, also GUI-Anwendungen, bei denen nicht das grafische Betriebssystem die Fenster verwaltet, sondern die eigene Anwendung.

Bevor ein `JInternalFrame` sichtbar wird, muss der Container erzeugt und sichtbar gemacht werden:

```
JDesktopPane desktop = new JDesktopPane();
container.add( desktop );
```

Jetzt können beliebig viele `JInternalFrame`-Objekte erzeugt und auf der `JDesktopPane` platziert werden. Der einfachste Konstruktor ist der Standard-Konstruktor, der einen nicht vergrößerbaren, nicht schließbaren, nicht maximierbaren und nicht zum Icon verkleinerbaren `JInternalFrame` ohne Titel erzeugt. Der ausführlichste Konstruktor erlaubt eine genaue Parametrisierung:


```
JInternalFrame iframe = new JInternalFrame( title, resizable, closeable,
  maximizable, iconifiable );
```

Zwar gibt es nun ein Exemplar, doch wäre es nach dem Aufsetzen auf den Container noch nicht sichtbar:

```
iframe.setVisible( true );
```

Bis zur Vollständigkeit fehlen aber noch die Maße:

```
iframe.setSize( /* width = */ 200, /* height = */ 100 );
```

Nun kann der `iframe` dem Container hinzugefügt werden:

```
desktop.add( iframe );
```

In einem kompletten Programm kann das so aussehen:

Listing 10.78 com/tutego/insel/ui/swing/JInternalFrameDemo.java

```
package com.tutego.insel.ui.swing;

import javax.swing.*;
import static java.lang.Math.random;

public class JInternalFrameDemo {

  static void addInternalToDesktop( JDesktopPane desktop )
```

```
  {
    JInternalFrame iframe;
    iframe = new JInternalFrame( "Ein internes Fenster",  // title
                                 true,                    // resizable
                                 true,                    // closeable
                                 true,                    // maximizable
                                 true );                  // iconifiable

    iframe.setBounds( (int)(random() * 100), (int)(random() * 100),
                      100 + (int)(random() * 400), 100 + (int)(random() * 300) );
    iframe.add( new JScrollPane(new JTextArea()) );
    iframe.setVisible( true );

    desktop.add( iframe );
  }

  public static void main( String[] args ) {
    JFrame f = new JFrame();
    f.setDefaultCloseOperation( JFrame.EXIT_ON_CLOSE );
    JDesktopPane desktop = new JDesktopPane();
    f.add( desktop );
    f.setSize( 500, 400 );
    addInternalToDesktop( desktop );
    addInternalToDesktop( desktop );
    addInternalToDesktop( desktop );
    f.setVisible( true );
  }
}
```

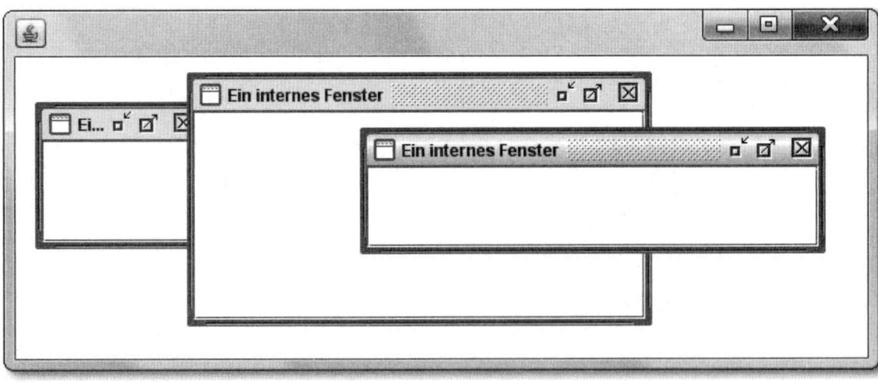

Abbildung 10.66 Screenshot der Anwendung JInternalFrameDemo

Hinweis

Die Schnittstelle von `JInternalFrame` erinnert an `JFrame`, doch ist die Ereignisbehandlung anders. So besitzt `JInternalFrame` eine Methode `addInternalFrameListener(…)` an Stelle von `addWindowListener(…)`. Ein `JInternalFrame` empfängt keine `WindowEvents`, daher darf es `addWindowListener(…)` – wie es `JFrame` von `java.awt.Window` erbt – auch nicht besitzen.

10.21.3 JLayeredPane

Die `JLayeredPane` nimmt `JComponent`-Objekte auf und stellt sie in einer geschichteten Reihenfolge (auch Z-Order genannt) dar. Die Layered Pane besteht selbst wieder aus zwei Objekten, einer Menüzeile und der Inhaltsfläche *Content-Pane*. Container vom Typ `JLayeredPane` platzieren ihre Kinder in Ebenen (engl. *layers*). Jedem Kind wird eine Ebene zugewiesen, und beim Zeichnen werden die Kinder von unten nach oben gezeichnet. Damit werden die Komponenten, die unter anderen Komponenten liegen, unter Umständen verdeckt. Standardmäßig hat die `JLayeredPane` keinen zugewiesenen Layoutmanager, und Objekte müssen mit `setBounds(…)` positioniert werden.

Wird ein `JLayeredPane`-Container verwendet, ist die `add(…)`-Methode so implementiert, dass sie die Komponenten auf einer Standardebene (`JLayeredPane.DEFAULT_LAYER`) platziert. Um Komponenten auf eine eigene Ebene zu setzen, sodass sie vor oder hinter anderen Komponenten liegen, wird ihnen eine eigene Ebene zugewiesen, und zwar mit einem Wert relativ zu `DEFAULT_LAYER`. Kleinere Werte bedeuten, dass die Komponenten unten liegen, und hohe bedeuten, dass sie oben liegen. Ein Beispiel:

```
layeredPane.add( component, new Integer(5000) );
```

Für einige Ebenen sind Werte als Konstanten deklariert. Dazu zählen zum Beispiel `JLayeredPane.DEFAULT_LAYER` (0), `PALETTE_LAYER` (100), `MODAL_LAYER` (200), `POPUP_LAYER` (300) und `DRAG_LAYER` (400).

Neben der Möglichkeit, die Ebenen festzulegen, lässt sich die Reihenfolge innerhalb der Ebene später durch die Methode `moveToFront()` oder `moveToBack()` verändern.

10.22 Dialoge und Window-Objekte

Seit den ersten Swing-Tagen besitzt Swing Standarddialoge, wie einen Dateiauswahl-, Druck- oder Farbauswahldialog. Auf diese Dialogboxen soll dieser Abschnitt eingehen. Allerdings muss fairerweise gesagt werden, dass die Swing-Standarddialoge nur absolutes Minimim sind. Es lohnt sich, auf quelloffene Komponenten zurückzugreifen. Dazu zählen:

- Dialoge zur Auswahl von Zeichensätzen oder Verzeichnissen (etwa bei *http://l2fprod.com/common/*)

- bessere Dialogboxen (*http://github.com/eugener/oxbow*) im Vista-Look
- alternative Dialoge (*http://xito.sourceforge.net/projects/dialog*) im Windows-XP-Look

10.22.1 JWindow und JDialog

Ein `JFrame` ist ein Fenster, das standardmäßig eine Dekoration besitzt. Ein `java.awt.Window` hat diese Dekoration nicht, sodass sich diese Fläche als Willkommensbildschirm oder als komplette Zeichenfläche nutzen lässt. `javax.swing.JWindow` ist die Swing-Unterklasse von `Window`.

Die folgende Tabelle gibt die Unterschiede zwischen Fenster, Window und Dialog an:

Eigenschaft	Frame	Window	Dialog
modal	nein	nein	möglich
größenveränderbar	ja	nein	ja
Titel	ja	nein	ja
Rahmen	ja	nein	ja
Menü	ja	nein	unüblich; bei `JDialog` aber möglich
Symbol-Icon	ja	ja	ja

Tabelle 10.11 Unterschiede zwischen Frame, Window und Dialog

10.22.2 Modal oder nichtmodal?

Bildet eine Java-Applikation zwei Fenster, so kann der Anwender zwischen beiden Fenstern hin- und herschalten. Es ist nicht möglich, ein Fenster aufzubauen und dort Eingaben zu erzwingen, während das andere Fenster gesperrt ist. Dafür gibt es in Java spezielle Fenster, die Dialoge, die Swing mit `javax.swing.JDialog` angeht. `JDialog` ist eine Unterklasse von der AWT-Klasse `Dialog`, und `Dialog` ist wiederum eine Spezialisierung von `Window`. Ist ein Dialog im Zustand *modal*, muss erst der Dialog beendet werden, damit es in einem anderen Fenster weitergehen kann – alle Benutzereingaben an andere Fenster der Java-Anwendung sind so lange gesperrt. Sind mehrere Fenster gleichzeitig offen und können sie Eingaben annehmen, so nennt sich dieser Zustand *nichtmodal*.

Soll der Dialog modal sein, sind ein übergeordnetes Fenster und ein Wahrheitswert `true` für den Modalitätstyp einzusetzen:

```
JDialog d = new JDialog( owner, true );
...
d.setVisible( true );
// Hier geht's erst nach dem Schließen des Dialogs weiter.
```

Der owner kann ein anderer Dialog, ein Frame oder ein Window sein. Da bei modalen Dialogen alle Eingaben zu anderen Fenstern blockiert sind, nehmen erst nach dem Schließen des Dialogs andere Fenster die Eingaben wieder an. Ob der Dialog modal ist oder nicht, lässt sich auch nach dem Erzeugen mit setModal(boolean) setzen.

10.22.3 Standarddialoge mit JOptionPane

Die Klasse JOptionPane erlaubt einfache Meldedialoge, Eingabedialoge, Bestätigungsdialoge und Optionsdialoge mit nur einem einfachen statischen Methodenaufruf der Art showXXXDialog(…):

- showMessageDialog(…): nur Nachricht anzeigen
- showInputDialog(…): Rückgabe ist ein String mit der Benutzereingabe bzw. Auswahl
- showConfirmDialog(…): Frage beantworten mit Möglichkeiten wie ja/nein
- showOptionDialog(…): allgemeinste Funktion

Einige Beispiele:

Listing 10.79 com/tutego/insel/ui/dialog/JOptionPaneDialogDemo.java, main()

```
// Dialog für Nachricht
JOptionPane.showMessageDialog( null, "Wir Kinder aus dem Möwenweg" );

// Dialog für einfache Eingabe
JOptionPane.showInputDialog( "Bitte Zahl eingeben" );

// Dialog mit Auswahl Ja/Nein/Abbrechen
JOptionPane.showConfirmDialog( null, "Alles OK?" );

// Dialog mit unterschiedlichen Auswahlmöglichkeiten
String[] genderOptions = {
  "männlich", "weiblich", "keine Ahnung", "ändert sich ständig" };

String gender = (String) JOptionPane.showInputDialog( null,
          "Geschlecht",
          "Bitte das Geschlecht wählen (eigenes, nicht gewünschtes)",
          JOptionPane.QUESTION_MESSAGE,
          null, genderOptions,
          genderOptions[1] );

System.out.println( gender );

// Angepasster Optionsdialog
String[] yesNoOptions = { "Ja", "Nein", "Abbrechen" };
```

```
int n = JOptionPane.showOptionDialog( null,
          "Ja oder Nein?",              // question
          "Ja/Nein/Abbrechen",          // title
          JOptionPane.YES_NO_CANCEL_OPTION,
          JOptionPane.QUESTION_MESSAGE, // icon
          null, yesNoOptions,yesNoOptions[0] );

if ( n == JOptionPane.YES_OPTION )
  System.out.println("Ja gewählt");
```

Einige Methoden erwarten als erstes Argument eine Vater-Komponente, die `null` sein kann. Sie dient der relativen Ausrichtung des Dialogs und verknüpft den Dialog derart mit einem Fenster, dass, wenn das Fenster versteckt wird, auch der Dialog verschwindet.

Bestätigung einholen

Die statische Methode `showConfirmDialog(…)` gibt es in vier Varianten, denn sie erlaubt die Angabe für ein Icon, eine Überschrift, Fragetext und die Auswahl unterschiedlicher Schaltflächen:

```
class javax.swing.JOptionPane
extends JComponent
implements Accessible
```

- `static int showConfirmDialog(Component parentComponent, Object message)`
  Dialog mit eigener Nachricht und mit Ja/Nein/Abbrechen-Schaltflächen sowie vordefiniertem Titel.
- `static int showConfirmDialog(Component parentComponent, Object message, String title, int optionType)`
  Dialog mit eigener Nachricht sowie Dialogtitel, und der letzte Parameter kann `JOptionPane.YES_NO_OPTION` oder `JOptionPane.YES_NO_CANCEL_OPTION` sein, um entweder Ja/Nein-Schaltflächen darzustellen, oder auch Ja/Nein/Abbrechen-Schaltflächen.

Rückgaben der Methode zeigen Auswahl

Bei den statischen Methoden

- `String showInputDialog(…)` (eine Methode liefert auch `Object` als Rückgabe),
- `int showConfirmDialog(…)`,
- `int showOptionDialog(…)`

zeigt eine Rückgabe an, was der Benutzer gewählt bzw. geschrieben hat (`showMessageDialog(…)` liefert keine Rückgabe, sondern `void`). Mögliche Rückgaben sind bei `showConfirmDialog(…)` und `showOptionDialog(…)` Ganzzahlen, die die Konstanten `YES_OPTION`, `NO_OPTION`, `CANCEL_OPTION`, `OK_OPTION` oder `CLOSED_OPTION` benennen. `showInputDialog(…)` liefert einen String oder `null`, wenn der Benutzer den Dialog abgebrochen hat. Die Methode `showInputDialog(…)` ist flexibel und zeigt nicht einfach nur ein Eingabefeld an, sondern bei entsprechender Parametrisierung auch eine Auswahlliste.

Dialogtyp und Visualisierung mit Icon

Alle vier statischen Dialogmethoden `showMessageDialog(…)`, `showConfirmDialog(…)`, `showOptionDialog(…)` und `showInputDialog(…)` erlauben zusätzlich die Angabe eines Nachrichtentyps; mögliche Konstanten sind `ERROR_MESSAGE`, `INFORMATION_MESSAGE`, `WARNING_MESSAGE`, `QUESTION_MESSAGE` und `PLAIN_MESSAGE`. Sie bestimmen im Allgemeinen ein Standard-Icon, das vom Look-and-Feel abhängig ist. Ein eigenes Icon kann ebenfalls zugewiesen werden.

- `static int showConfirmDialog(Component parentComponent, Object message, String title, int optionType,` **`int messageType`**`)`
- `static int showConfirmDialog(Component parentComponent, Object message, String title, int optionType,` **`int messageType, Icon icon`**`)`
- `static String showInputDialog(Component parentComponent, Object message, String title,` **`int messageType`**`)`
- `static Object showInputDialog(Component parentComponent, Object message, String title,` **`int messageType, Icon icon`**`, Object[] selectionValues, Object initialSelectionValue)`
- `static void showMessageDialog(Component parentComponent, Object message, String title,` **`int messageType`**`)`
- `static void showMessageDialog(Component parentComponent, Object message, String title,` **`int messageType, Icon icon`**`)`
- `showOptionDialog(Component parentComponent, Object message, String title, int optionType,` **`int messageType, Icon icon`**`, Object[] options, Object initialValue)`

Exemplare vom JOptionPane erzeugen

Selten gibt es die Notwendigkeit, andere als die statischen Methoden von `showXXXDialog(…)` einzusetzen. Erforderlich kann ein in einem solchen Fall genutztes Exemplar der Klasse `JOptionPane` aber zum Beispiel dann sein, wenn beim Klick auf das × vom Dialogfenster der Dialog nicht verschwinden soll oder wenn gewisse Werte im Textfeld bei `showInputDialog(…)` nicht erwünscht sind, etwa Weißraum. Grundsätzlich sieht der Aufbau eines eigenen Dialogs dann so aus:

```
JOptionPane pane = new JOptionPane( ... );
JDialog dialog = new JDialog();
dialog.setContentPane( pane );
```

Oder:

```
JOptionPane pane = new JOptionPane( ... );
JDialog dialog = pane.createDialog( parent, title );
```

10.22.4 Der Dateiauswahldialog

Die Klasse `JFileChooser` (unter AWT heißt die Klasse `FileDialog`) simuliert einen betriebssystemabhängigen Dialog zur Auswahl von Dateien und Verzeichnissen. Der Selektor ist modal und kann für das Speichern und Öffnen konfiguriert sein. Zudem lassen sich die Pfade und ein Filter zur Auswahl spezieller Dateien setzen. Nach dem Schließen und Beenden mit dem OK-Button stehen ausgewählte Dateien zur Verfügung.

Vollständiges Programm für eine Auswahlbox

Wir können direkt aus dem Hauptprogramm ein Objekt `JFrame` erzeugen und dann einen Dateiauswahldialog öffnen. Zusätzlich wollen wir ihm einen Filter mitgeben, der Textdateien mit den Endungen *.txt*, *.html* und *.log* zulässt. Die Realisierung des Filterns erfolgt durch eine vorgegebene Implementierung der Schnittstelle `FileFilter`, durch `FileNameExtensionFilter`:

Listing 10.80 com/tutego/insel/ui/dialog/JFileChooserDemo.java, main()

```
JFileChooser fc = new JFileChooser();
FileFilter filter = new FileNameExtensionFilter( "Textdateien",
                                                 "xml", "txt", "html", "log" );
fc.setFileFilter( filter );

switch ( fc.showOpenDialog( null ) ) {
  case JFileChooser.APPROVE_OPTION:
    File file = fc.getSelectedFile();
    System.out.println( file.getName() );
    break;
  default:
    System.out.println( "Auswahl abgebrochen" );
}
System.exit( 0 );
```

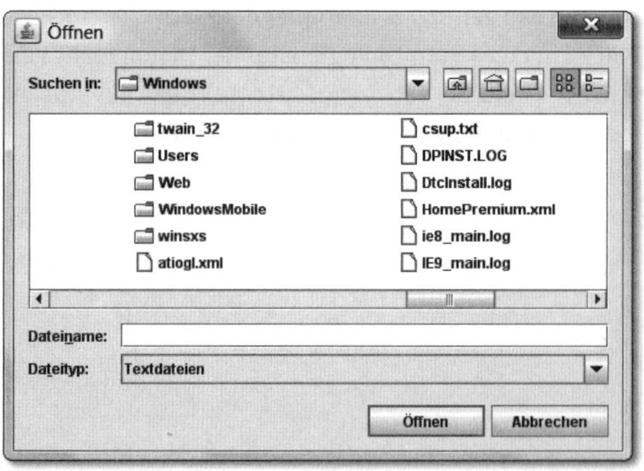

Abbildung 10.67 Screenshot der Anwendung JFileChooseDemo

[+]

Tipp

Im SPEICHERN-Dialog sollte ein Standardname angegeben sein. Im Idealfall richtet er sich nach dem Inhalt der Datei. Dazu bietet die Klasse `JFileChooser` die Methode `setSelectedFile()`:

```
c.setSelectedFile( new File("c:/test.txt") );
```

Zum Erzeugen eines Auswahldialogs steht eine Reihe von Konstruktoren zur Auswahl:

```
class javax.swing.JFileChooser
extends JComponent
implements Accessible
```


- `JFileChooser()`
  Erzeugt einen Dateidialog ohne Titel zum Öffnen einer Datei. Zeigt auf das Benutzerverzeichnis.
- `JFileChooser(File currentDirectory)`
  Erzeugt wie `JFileChooser()` einen Dateidialog ohne Titel zum Öffnen einer Datei, zeigt aber beim Start auf das Verzeichnis `currentDirectory`.
- `JFileChooser(String currentDirectoryPath)`
  Äquivalent zu `JFileChooser(new File(currentDirectoryPath))`.
- `String getDirectory()`
  Liefert das Dialogverzeichnis.
- `File getSelectedFile()`
  Liefert die ausgewählte Datei.
- `File[] getSelectedFiles()`
  Liefert alle ausgewählten Dateien, wenn der Dateiauswahldialog Mehrfachselektion zulässt.
- `void setDialogTitle(String dialogTitle)`
  Setzt einen neuen Fenstertitel.
- `void setDialogType(int dialogType)`
  Handelt es sich um einen Laden/Speichern-Dialog oder um einen angepassten Dialog? Deklarierte Konstanten sind `JFileChooser.OPEN_DIALOG`, `JFileChooser.SAVE_DIALOG` und `JFileChooser.CUSTOM_DIALOG`.
- `void setFileView(FileView fileView)`
  Standardmäßig zeigt der Dialog neben dem Dateinamen ein kleines Bild an. Das lässt sich mit einem `FileView`-Objekt anpassen.
- `void setAccessory(JComponent newAccessory)`
  Setzt eine Komponente für eine mögliche Vorschau.

Filtern der Liste *

Ein Dateiauswahldialog zeigt standardmäßig alle nicht geschützten Dateien und Verzeichnisse an. Dem Dialog lässt sich ein Filter zuweisen, sodass nicht gewünschte Dateien ausgefiltert werden. Standardmäßig beachtet der Dateiauswahldialog drei unterschiedliche Filter:

- Ob der `JFileChooser` geschützte Dateien anzeigt oder nicht, setzt `setFileHidingEnabled(boolean)`. So zeigt `setFileHidingEnabled(false)` alle Dateien, auch die geschützten, an – geschützte Dateien beginnen auf Unix-Systemen mit einem Punkt.
- Ein eigener Dateifilter lässt sich mit `setFileFilter(FileFilter)` setzen. Was der Filter nicht akzeptiert, taucht auch später in der Liste nicht auf.
- Filterlisten bestehen aus mehreren Filtern, die der Benutzer später auswählen kann. Microsoft Word zeigt zum Beispiel beim Laden Filterlisten wie ALLE DATEIEN (*.*), WORD DOKUMENTE (*.DOC; *.DOC*) usw. an. Ein Filter wird mit `addChoosableFileFilter(FileFilter)` einem `JFileChooser` hinzugefügt. Es kann beliebig viele Aufrufe dieser Methode geben, die je einen Filter der Liste hinzufügt.

Einen konkreten Filter implementiert die Schnittstelle `javax.swing.filechooser.FileFilter`. Achtung! Obwohl wir eine Schnittstelle `FileFilter` schon kennen, handelt es sich nicht um diejenige aus dem `java.io`-Paket, sondern um eine Schnittstelle aus dem Paket `javax.swing.filechooser`.

Die Klassen, die die Schnittstelle `FileFilter` implementieren, müssen eine `accept(File)`-Methode realisieren und eine Methode `getDescription()`, die eine Zeichenkette für die Dialogliste liefert. Für reine Dateiendungen bietet sich die vorgefertigte Klasse `javax.swing.filechooser.FileNameExtensionFilter` an.

```
abstract class javax.swing.filechooser.FileFilter
```

- `abstract boolean accept(File f)`
  Akzeptiert der `FileFilter` die Datei oder nicht?
- `abstract String getDescription()`
  Liefert eine Beschreibung für den Filter.

[»]

Beispiel

Nur alle Ordner sowie Dateien, die mit der Tilde (»~«) beginnen, sollen angezeigt werden:

```
fc.setFileFilter( new FileFilter() {
  @Override public boolean accept( File f ) {
    return f.isDirectory() ||
           f.getName().startsWith( "~" );
  }
  @Override public String getDescription() {
```

```
    return "Benutzerverzeichnisse";
  }
} );
```

```
class javax.swing.JFileChooser
extends JComponent
implements Accessible
```

- void setFileHidingEnabled(boolean b)
  Bestimmt, ob verborgene Dateien angezeigt werden sollen.
- void setFileFilter(javax.swing.filechooser.FileFilter filter)
  Setzt einen FileFilter zur Anzeige der gewünschten Dateien.
- void addChoosableFileFilter(javax.swing.filechooser.FileFilter filter)
  Fügt einen Filter hinzu.

[+]

Hinweis

Sollen im Dialog nur Verzeichnisse, aber keine Dateien auftauchen, so lässt sich dies mit setFileSelectionMode(int) und einem passenden Argument einstellen:

```
fileChooser.setFileSelectionMode( JFileChooser.DIRECTORIES_ONLY );
```

Insgesamt sind drei Konstanten deklariert: FILES_ONLY, DIRECTORIES_ONLY und FILES_AND_DIRECTORIES. Der Name verrät schon die Bedeutung.

Vorschaubilder *

Die Methode setAccessory(JComponent) kann eine Komponente für die Vorschau zuweisen, die immer dann aktualisiert wird, wenn der Benutzer im Dialog eine Datei auswählt. Eine Auswahl meldet dabei ein PropertyChangeEvent, das ein Listener abfängt und testet, ob es JFileChooser.SELECTED_FILE_CHANGED_PROPERTY war. Um das Vorgehen kurz zu skizzieren, folgende Ereignisbehandlung:

```
@Override public void propertyChange( PropertyChangeEvent e ) {
  if ( JFileChooser.SELECTED_FILE_CHANGED_PROPERTY.equals(e.getPropertyName()) ) {
    File f = (File) e.getNewValue();
    // File f laden, etwa mit ImageIcon, dann anzeigen.
  }
}
```

10.22.5 Der Farbauswahldialog JColorChooser *

Mit einem JColorChooser lassen sich Farben über drei unterschiedliche Reiter auswählen. Der Benutzer hat die Auswahl zwischen vordefinierten Farben, HSB-Werten und RGB-Werten. Um den Farbauswahldialog auf den Bildschirm zu bekommen, genügt ein Aufruf von JColorChooser.showDialog(Component, String, Color) mit drei Argumenten: einem Component-Objekt (dem Vater des Dialogs), dem Titel und einer Anfangsfarbe. Beendet der Benutzer den Dialog, wird als Rückgabewert die ausgewählte Farbe geliefert. Wird der Dialog abgebrochen, so ist der Rückgabewert null:

Listing 10.81 com/tutego/insel/ui/dialog/JColorChooserDemo.java, main()

```
JFrame f = new JFrame();
f.setDefaultCloseOperation( JFrame.EXIT_ON_CLOSE );
JButton b = new JButton( "Farbe ändern" );
f.add( b );
b.addActionListener( new ActionListener() {
  @Override public void actionPerformed( ActionEvent e ) {
    Component comp = (Component) e.getSource();
    Color newColor = JColorChooser.showDialog( null,
                                               "Wähle neue Farbe",
                                               comp.getBackground() );
    comp.setBackground( newColor );
  }
} );
f.pack();
f.setVisible( true );
```

Den Aufruf mit showDialog(…) einzuleiten, ist nicht der einzige Weg. Wir können auch den Konstruktor nutzen und dieses Exemplar später mit JColorChooser.createDialog(…) übergeben und anzeigen.

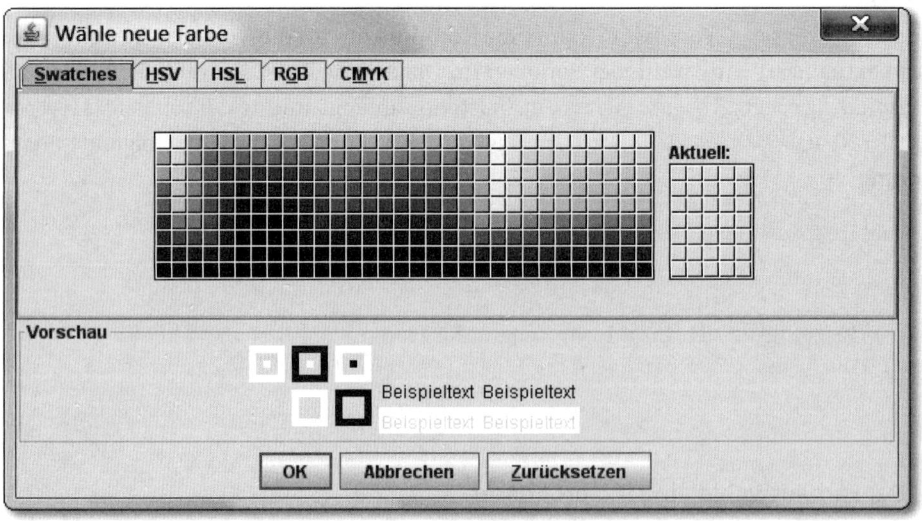

Abbildung 10.68 Screenshot des Farbauswahldialogs des Demoprogramms JColorChooserDemo

```
class javax.swing.JColorChooser
extends JComponent implements Accessible
```

- `JColorChooser()`
  Erzeugt einen neuen Farbauswahldialog.
- `JColorChooser(Color c)`
  Erzeugt einen neuen Farbauswahldialog mit einer vordefinierten Farbe.
- `static Color showDialog(Component c, String title, Color initialColor)`
  Zeigt einen modalen Farbauswahldialog.
- `static JDialog createDialog(Component c, String title, boolean modal, JColorChooser chooserPane, ActionListener okLis, ActionListener cancelLis)`
  Erzeugt einen neuen Dialog aufgrund des `JColorChooser`-Objekts mit Standardschaltflächen zum Bestätigen und Abbrechen.

JColorChooser-Objekte als spezielle Komponenten

Neben der statischen Methode `showDialog(…)` lässt sich auch der Konstruktor nutzen, um ein `JColorChooser` als spezielles `JComponent`-Objekt aufzubauen. Das bringt den Vorteil mit sich, dass die Farbauswahl nicht zwingend in einem eigenständigen Dialog stattfinden muss, sondern dass im Fall einer Komponente diese zusammen mit anderen Komponenten auf einen Container gesetzt werden kann. Änderungen an der Auswahl registriert ein `ChangeListener`, der etwa so angewendet wird:

```
chooser.getSelectionModel().addChangeListener( new ChangeListener() {
  @Override public void stateChanged( ChangeEvent e ) {
    Color c = ((ColorSelectionModel) e.getSource()).getSelectedColor();
  }
} );
```

Weitere Beispiele finden sich unter *http://www.java2s.com/Code/Java/Swing-JFC/Color-Chooser.htm*. Wie ein neuer Reiter mit einer Graustufenanzeige eingebracht wird, zeigt etwa *http://www.java2s.com/Code/Java/Swing-JFC/JColorChooserdialogwiththecustomGrayScalePanelpickertab.htm*.

10.23 Flexibles Java-Look-and-Feel

Das Aussehen und Verhalten der Komponenten, in Java *Look-and-Feel* (LAF) genannt, lässt sich frei bestimmen und erzeugt so bei jedem Benutzer auf seiner Architektur die Illusion, es wäre eine plattformabhängige Applikation. Das Programm gliedert sich hinsichtlich des Aussehens in die anderen Programme ein und fällt nicht als Fremdling auf. Standardmäßig begegnet uns ein

Look-and-Feel mit dem Namen *Ocean* (früher war es *Metal*). Java 6 Update 10 führte ein neues LAF mit dem Namen *Nimbus* ein, das aber dennoch nicht das Standard-LAF ist, sondern dies ist weiterhin Ocean.

Um das Aussehen von Java-Applikationen zu ändern, gibt es eine Reihe von Möglichkeiten:

- beim Programmstart einen Schalter setzen
- eine Konfigurationsdatei in das *lib*-Verzeichnis setzen
- im Java-Programm von Hand das LAF verändern

10.23.1 Look-and-Feel global setzen

Um für alle Java-Programme zentral ein LAF zu setzen, wird in das Verzeichnis *C:\Program Files\Java\jdk1.8.0\jre\lib* eine neue Datei *swing.properties* gesetzt:

Listing 10.82 swing.properties

```
swing.defaultlaf=com.sun.java.swing.plaf.windows.WindowsLookAndFeel
```

Der Schalter `swing.defaultlaf` bestimmt die Klasse für das LAF, in unserem Fall Windows. Automatisch nehmen alle gestarteten Java-Programme dieses Standard-LAF an – es sei denn, sie setzen es wieder im Programm um. Das zeigen die folgenden Abschnitte.

10.23.2 UIManager

Um das LAF von Applikationen zur Laufzeit zu ändern, müssen wir nur die statische Methode `setLookAndFeel(…)` der Klasse `UIManager` aufrufen. Die Klasse kümmert sich um das Aussehen der Java-Programme und bietet verschiedene Methoden, mit denen wir die Klassennamen vom Java-eigenen LAF und vom System-LAF erfragen können. Der Klassenname ist wichtig, denn er muss `setLookAndFeel(…)` als Argument übergeben werden. Da Benutzer von Java-Programmen im Allgemeinen eine Oberfläche erwarten, die genauso aussieht wie der Rest ihres Systems, sollten wir das Java-LAF in das System-LAF umschalten.

Der folgende Programmblock setzt mit `setLookAndFeel(String)` das Aussehen einer Oberfläche, wie sie das System vorgibt. Die Java-Programme sollten dann wie native Programme aussehen:

Listing 10.83 com/tutego/insel/ui/swing/SetLookAndFeel.java, main()

```
try {
// UIManager.setLookAndFeel( "javax.swing.plaf.metal.MetalLookAndFeel" );
  UIManager.setLookAndFeel( UIManager.getSystemLookAndFeelClassName() );
// UIManager.setLookAndFeel( UIManager.getCrossPlatformLookAndFeelClassName() );
//  UIManager.setLookAndFeel( "com.sun.java.swing.plaf.nimbus.NimbusLookAndFeel" );
}
```

```
catch ( ClassNotFoundException | InstantiationException |
        IllegalAccessException | UnsupportedLookAndFeelException e ) {
  e.printStackTrace();
}

JFrame frame = new JFrame();
frame.setDefaultCloseOperation( JFrame.EXIT_ON_CLOSE );
frame.add( new JButton( "Ask Dr. Bob" ) );
frame.pack();
frame.setVisible( true );
```

Ändern wir das Look-and-Feel etwa auf *Nimbus*, sieht die Oberfläche anders aus. Stellen wir die drei »Looks« nebeneinander:

Abbildung 10.69 Standard-Look-and-Feel (Ocean), System-Look-and-Feel und Nimbus

Einige spezielle LAFs sind nicht auf jeder Architektur erlaubt. So verbietet Apple sein eigenes LAF auf Plattformen anderer Hersteller.[9] Dennoch lässt sich das Aqua-LAF installieren, in den Pfad integrieren und dann als `com.apple.mrj.swing.MacLookAndFeel` einbinden. Weitere Infos dazu bietet die Webseite *http://www.ing.unitn.it/~luttero/javaonMac/*.

```
class javax.swing.UIManager
implements Serializable
```

- `static LookAndFeel getLookAndFeel()`
  Gibt das aktuelle LAF zurück.
- `static String getSystemLookAndFeelClassName()`
  Gibt das LAF des aktuellen Fenstersystems zurück.
- `static String getCrossPlatformLookAndFeelClassName()`
  Liefert den Namen der Klassen für das systemunabhängige LAF.

9 Apple betrachtete die Windows-Version 2.1 als Look-and-Feel-Clone und verklagte Microsoft ab 1988 wegen Urheberrechtsverletzungen auf eine Summe von über 5 Milliarden US-$. Letztendlich bekam Apple aber nichts; das Verfahren wurde 1997 eingestellt. 1989 klagte Xerox gegen Apple und beanspruchte das Urheberrecht an grafischen Oberflächen für sich.

- `static void setLookAndFeel(String className)`
  `throws ClassNotFoundException, InstantiationException, IllegalAccessException, UnsupportedLookAndFeelException`
  Setzt ein neues LAF.

Ändern des Aussehens zur Laufzeit

Das Setzen eines LAFs mit `setLookAndFeel(…)` führt zu keinem Neuzeichnen der Komponenten. Wird das neue LAF gesetzt, bevor Swing die Komponenten darstellen muss, fällt das nicht auf. Mit dargestellten Komponenten müssen wir jedoch das Neuzeichnen anstoßen. Dazu dient die statische Methode:

```
SwingUtilities.updateComponentTreeUI( component );
```

Die `component` wird im Allgemeinen das `Window` (also `JFrame`/`JWindow`) sein.

[»]

Beispiel

Aktualisiere alle Fenster mit einem neuen Look-and-Feel:

Listing 10.84 com/tutego/insel/ui/swing/SetLookAndFeel2.java, Ausschnitt

```
for ( Frame f : Frame.getFrames() ) {
  SwingUtilities.updateComponentTreeUI( f );
  for ( Window w : f.getOwnedWindows() )
    SwingUtilities.updateComponentTreeUI( w );
}
```

10.23.3 Die Windows-Optik mit JGoodies Looks verbessern *

Zwar bemüht sich das JDK bestmöglich das Windows-Look-and-Feel zu emulieren, doch das gelingt nicht an allen Stellen. Selbst bei dem aktuellen JDK ist das noch nicht perfekt, wobei die Implementierung unter Windows auf den nativen Windows-Renderer zurückgreift. Und kleine Verbesserungen lassen sich auch nicht so einfach publizieren, da die Release-Zyklen vom JDK lang sind. In diesem Fall hilft *JGoodies Looks* (*http://www.jgoodies.com/freeware/libraries/looks/*), ein freies Look-and-Feel unter der BSD-Lizenz. Das Ziel von *Looks* ist die perfekte Nachbildung des Aussehens für alle Windows-Versionen. Gegenüber dem Windows-Look-and-Feel vom JDK korrigiert es viele Feinheiten, wie passende Insets bei Eingabefeldern, Icons, Farben, Rahmen, den richtigen Font, Menüeigenschaften, Auflösungen von 96 und 120 dpi und vieles mehr. Gesetzt wird *Looks* wie jedes andere LAF:

```
try {
  String laf = Options.getSystemLookAndFeelClassName();
  UIManager.setLookAndFeel( laf );
```

```
} catch ( Exception e ) {
  System.err.println( "L&F lässt sich nicht initialisieren: " + e );
}
```

10.24 Swing-Komponenten neu erstellen oder verändern *

Zum Aufbau neuer Swing-Komponenten kommt eine Reihe von Möglichkeiten in Frage. Wenn es passend ist, lässt sich eine existierende Swing-Komponente als Basisklasse nehmen und um nötige Eigenschaften erweitern, sofern die Basisklassen diese Möglichkeit im Grunde schon bieten. Soll etwa ein Texteingabefeld nur IP-Adressen zulassen, so ist dafür keine völlig neue Textkomponentenimplementierung nötig, sondern nur eine Unterklasse der Standardkomponente mit passendem Dokumentenmodell. Oder soll eine Liste nur Kontrollkästen (mit Text) darstellen, ist das schon über die `JList` mit passendem Renderer und Modell möglich.

Unproblematisch ist auch, wenn sich neue Komponenten aus anderen Swing-Teilkomponenten zusammensetzen lassen. Dann erweitert die neue Swing-Klasse einen Container wie `JPanel`, der einfach die anderen Elemente wie gewünscht platziert. Möglich ist dies zum Beispiel bei einer Statuszeile, da diese nichts Großartigeres macht, als einfach horizontal andere Komponenten anzuordnen und einen besonderen Rahmen zu setzen. Einen Dialog zur Auswahl eines Zeichensatzes bietet Swing bisher auch nicht an, der lässt sich aber als `JDialog` mit passenden Swing-Komponenten leicht nachbauen.

Mehr Arbeit ist nötig, wenn sich auf keine allgemeinen Swing-Komponenten zurückgreifen lässt. Die Swing-Bibliothek bietet etwa keine Ribbon-Komponente, keinen wirklich guten HTML-Renderer oder kein Docking-Framework. Bei Anforderungen dieser Art ist spezieller Programmcode zum Zeichnen nötig. Der wesentliche Unterschied ist der, dass sich die Darstellung nicht vollständig an Standardkomponenten delegieren lässt, sondern immer etwas eigener Java-Code zum Zeichnen nötig ist.

Um es richtig gut zu machen, sind für eine eigene Swing-Komponente drei Dinge nötig: Die Komponentenklasse, eine Modellklasse und ein UI-Delegate. Die Komponentenklasse ist die Hauptklasse und eine `JComponent`, die der Entwickler auf das GUI setzt. Sie bietet die API zum Setzen der Zustände. Die Modelldaten werden nicht selbst in der Komponentenklasse gespeichert, sondern idealerweise über eine eigene Klasse modelliert. Die Tabelle nimmt zum Beispiel die Zellen aus einem Tabellenmodell, eine Textkomponente den Text aus einem Dokumentenmodell. Als Letztes bleibt der UI-Delegate, der das wirkliche Zeichnen und die Ereignisbehandlung übernimmt. Es kann sehr anspruchsvoll sein, ein gutes Aussehen und eine effektive Navigation zu erreichen, und es kann, insbesondere wenn die Komponente in verschiedenen Look-and-Feels arbeiten soll, eine Menge Arbeit werden. Und dass die eigene Swing-Komponente die UI-Eigenschaften wie Farben, Abstände und Antialiasing-Modus toleriert, ist selbstverständlich.

10.24.1 Überlagerungen mit dem Swing-Komponenten-Dekorator JLayer

Können Swing-Komponenten überlagert werden, können dadurch interessante Effekte erzieht werden. Ein paar Beispiele:

- Während ein Text in die Textbox geladen wird, erscheint ein `JProgressBar`.
- Bei aufwändigen Operationen wird das Haupt-Panel gesperrt, und eine drehende Sanduhr erscheint.
- Ist die Eingabe in einem Textfeld falsch, erscheint ein kleines Symbol, das über die ungültige Eingabe informiert.
- Über einer leeren Tabelle liegt eine Beschriftung, die erklärt, dass ein Doppelklick eine neue Zeile einfügt.

Alle diese Darstellungen lassen sich mithilfe der Klasse `JLayer` einfach lösen. Die Haupteigenschaft von `JLayer` ist, sich um existierende Swing-Komponenten zu legen. Soll ein `JLayer` um ein Textfeld gelegt werden, heißt es:

```
JLayer<JComponent> layer = new JLayer<JComponent>( textField );
```

Die zu ummantelnde Komponente wird über den Konstruktor angegeben und nicht über `add(…)`, da `JLayer` kein Container ist. Der nächste Schritt ist die Angabe eines Objekts, das das Zeichnen übernimmt.

```
layer.setUI( layerUI );
```

Die Angabe erfordert ein `LayerUI`-Objekt, das eine `paint(…)`-Methode realisiert. Die Implementierung kann `super.paint(…)` aufrufen, um die ummantelte Komponente zu zeichnen, und dann eigenen Programmcode hinzufügen, um etwa eine Sanduhr darzustellen.

Das folgende Beispiel fasst die Schritte zusammen und realisiert ein Programm, das bei Eingabe von »pu« einen kleinen roten Kreis anzeigt.

Listing 10.85 com/tutego/insel/ui/swing/JLayerDemo.java, main()

```
JFrame f = new JFrame();
f.setDefaultCloseOperation( JFrame.EXIT_ON_CLOSE );
f.setLayout( new BorderLayout(2, 2) );

f.add( new JSeparator(), BorderLayout.PAGE_START );
f.add( new JLabel( "Name:" ), BorderLayout.LINE_START );

final JTextField textField = new JTextField();

LayerUI<JComponent> layerUI = new LayerUI<JComponent>() {
  @Override public void paint( Graphics g, JComponent component ) {
    super.paint( g, component );
```

```
    if ( textField.getText().equalsIgnoreCase( "pu" ) ) {
      g.setColor( new Color( 255, 0, 0, 100 ) );
      g.fillOval( 0, component.getHeight() - 10, 10, 10 );
    }
  }
};

JLayer<JComponent> layer = new JLayer<>( textField );
layer.setUI( layerUI );
f.add( layer );
f.add( new JSeparator(), BorderLayout.PAGE_END );

f.pack();
f.setVisible( true );
```


Die Klasse `JLayer` kann auch das Haupt-Panel dekorieren und die Events auffangen. Das ist ein zweites Anwendungsfeld neben der Änderung der Darstellung. Die `JLayer`-Komponente kann einfach Events auffangen und verarbeiten und so zum Beispiel global [F1] für die Hilfe abfangen.

10.25 Die Zwischenablage (Clipboard)

Seit der Java-Version 1.1 lässt sich von Java aus auf die *Zwischenablage* (engl. *clipboard*) zugreifen. Die Zwischenablage wird von Programmen zum Austausch von Daten und Objekten genutzt. Java-Objekte können von beliebigen Programmen zwischengespeichert und abgerufen werden.

10.25.1 Clipboard-Objekte

Die Zwischenablage ist in Java durch ein `Clipboard`-Objekt repräsentiert. Es gibt bei grafischen Oberflächen ein System-`Clipboard`, das sich über das `Toolkit`-Objekt erfragen lässt.

```
Clipboard systemClip = Toolkit.getDefaultToolkit().getSystemClipboard();
```

Neben einer System-Zwischenablage können wir aber auch beliebig viele eigene `Clipboard`-Objekte einsetzen. Um dann mit der Zwischenablage weiterzuarbeiten, sind noch einige andere Klassen im Spiel: `Transferable` und `DataFlavor`.

```
abstract class java.awt.Toolkit
```

- `abstract Clipboard getSystemClipboard()`
  Liefert ein Exemplar des `Clipboard`-Objekts, das Möglichkeiten zum Zugriff auf die System-Zwischenablage bietet.

Die Betriebssysteme mit dem X11-System (Linux/Solaris ...) definieren laut ICCCM[10] drei Zwischenablagen: Clipboard-Selektion, Primär-Selektion und Sekundär-Selektion. In Java können wir bisher die zweite Selektion nicht nutzen, doch für die Primär-Selektion gibt es die Methode `getSystemSelection()`, die genauso wie `getSystemClipboard()` ein `Clipboard`-Objekt zurückgibt.

10.25.2 Mit Transferable auf den Inhalt zugreifen

Die Klasse `Clipboard` ist recht methodenarm; lediglich drei Methoden werden angeboten. Um an den Inhalt der Zwischenablage zu gelangen, wird die Methode `getContents(Object)` eingesetzt. Jedes Objekt, das in die Zwischenablage gelegt werden kann, implementiert dabei eine ganz spezielle Schnittstelle: `Transferable`. Daher ist es nicht weiter verwunderlich, wenn eine Anfragemethode von `Clipboard` genau ein Objekt vom Typ `Transferable` liefert.

```
class java.awt.datatransfer.Clipboard
```

- `Transferable getContents(Object requestor)`
  Liefert ein `Transferable`-Objekt, das den Inhalt der Zwischenablage verwaltet. Ein `requestor` wird nicht benötigt und ist daher `null`. Gibt es kein Element in der Zwischenablage, ist der Rückgabewert `null`.

Das zurückgegebene Objekt implementiert nun die `Transferable`-Schnittstelle und bietet überdies die Methode `getTransferData(DataFlavor)` an, die den Inhalt der Zwischenablage zurückliefert:

```
Clipboard sysClip = Toolkit.getDefaultToolkit().getSystemClipboard();
Transferable transfer = sysClip.getContents( null );
String data = (String) transfer.getTransferData( DataFlavor.stringFlavor );
```

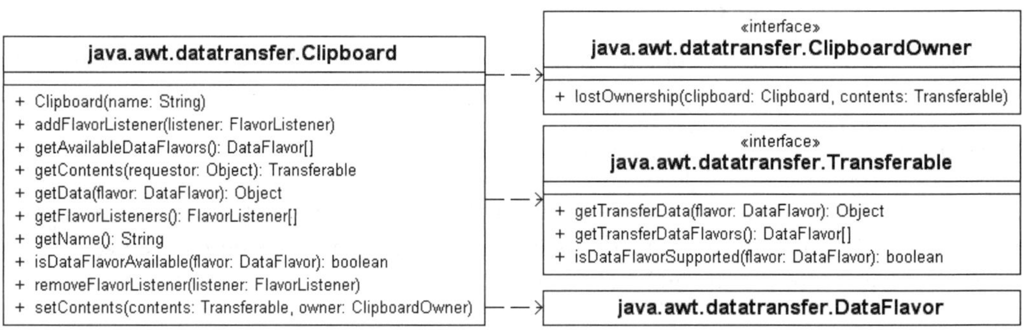

Abbildung 10.70 UML-Diagramm der Abhängigkeiten von Clipboard

10 Das *Inter-Client Communication Convention Manual* (ICCCM) ist ein Handbuch, das die Arbeitsweise des X-Window-Systems beschreibt.

Das letzte Argument `DataFlavor.stringFlavor` – das kleine »s« ist kein Schreibfehler – zeigt an, dass `getTransferData (DataFlavor)` die Daten vom `Transferable`-Objekt als String erwartet. Der nächste Abschnitt verrät mehr über `DataFlavor`.

Inhalte lassen sich mit `void setContents(Transferable contents, ClipboardOwner owner)` in die Zwischenablage setzen. Der `owner` kann `null` sein, wenn nicht gemeldet werden soll, dass der Eigentümer nun ein neuer ist. Andernfalls bekommt der `ClipboardOwner` ein `lostOwnership(Clipboard clipboard, Transferable contents)` angezeigt.

10.25.3 DataFlavor ist das Format der Daten in der Zwischenablage

Die Klasse `DataFlavor` beschreibt das Format der Daten, die in der Zwischenablage liegen. Die Klasse kommt neben dem Einsatz in der Zwischenablage auch bei Drag-&-Drop-Operationen und beim Dateisystem vor.

Das Format eines Elements in der Zwischenablage wird von einem MIME-Typ definiert. So kann ein `DataFlavor`-Objekt den Inhalt auf vielfältige Weise repräsentieren, etwa als ASCII-Text, Unicode oder auch als serialisiertes Objekt. Für einfachen Text ist der MIME-Typ etwa `text/plain; charset=unicode` und für serialisierte Objekte `application/x-java-serialized-object`.

Von einem `Transferable` liefert die Methode `getTransferDataFlavors()` ein Feld unterstützter `DataFlavor`-Objekte. Dies sind in der Regel mehrere, denn der Inhalt der Zwischenablage liegt oft in verschiedenen Formaten vor. Ein von Microsoft Word in die Zwischenablage gesetzter Text liegt etwa in RTF und als Roh-String vor. Das wichtigste Objekt in dem Feld liegt an erster Stelle. Um den Typ erkennen zu können, liefert die Methode `getHumanPresentableName()` von `DataFlavor` einen String mit einer lesbaren Beschreibung zurück; `getMimeType()` liefert den MIME-Typ.

```
interface java.awt.datatransfer.Transferable
```

- `DataFlavor[] getTransferDataFlavors()`
  Liefert ein Feld von `DataFlavor`-Objekten, die den Inhalt und den Typ umfassen. Die Reihenfolge verläuft von der genauesten bis zur ungenauesten Beschreibung.
- `Object getTransferData(DataFlavor flavor)`
  `throws UnsupportedFlavorException, IOException`
  Liefert das Objekt, das dem angegebenen `flavor` entspricht. Eine `UnsupportedFlavorException` wird melden, dass der `flavor` nicht unterstützt wird. Daher ist es sinnvoll, einen der Typen aus der Liste von `getTransferDataFlavors()` zu nutzen.
- `boolean isDataFlavorSupported(DataFlavor flavor)`
  Liefert `true`, wenn der `flavor` unterstützt wird.

Das folgende Programm soll nun zeigen, wie auf die Zwischenablage zugegriffen wird und wie das Element, falls es lesbar ist, ausgegeben wird. Am besten gelingt die Ausgabe mit einfachem ASCII-Text, der über Programme wie *Notepad* in die Zwischenablage gesetzt wurde:

Listing 10.86 com/tutego/insel/ui/datatransfer/PrintClipboard.java, main()

```
Clipboard systemClipboard = Toolkit.getDefaultToolkit().getSystemClipboard();
Transferable transferData = systemClipboard.getContents( null );
for ( DataFlavor dataFlavor : transferData.getTransferDataFlavors() ) {
  Object content = transferData.getTransferData( dataFlavor );
  if ( content instanceof String ) {
    System.out.println( content );
    break;
  }
}
```

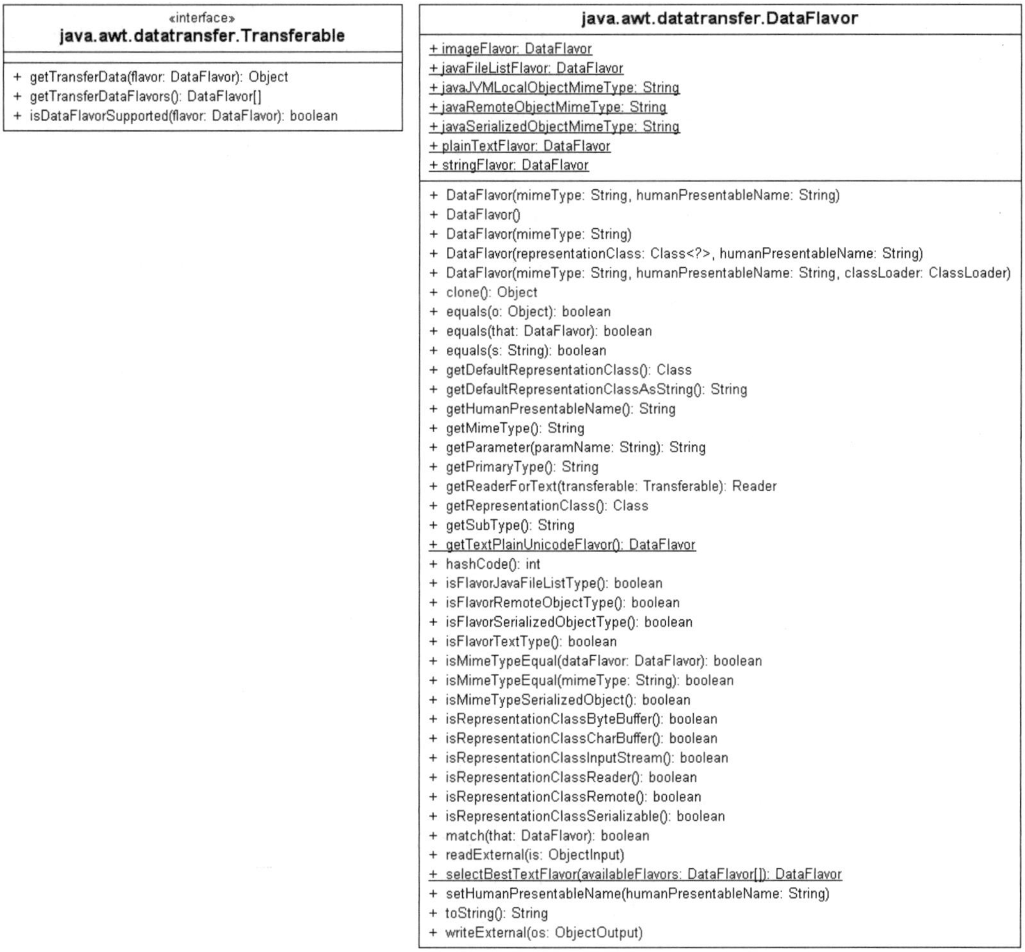

Abbildung 10.71 Klassendiagramm von DataFlavor

10.25.4 Einfügungen in der Zwischenablage erkennen

Setzt der Anwender mit [Strg] + [C] etwas in die Zwischenablage, kann eine andere Applikation den Inhalt der Zwischenablage verwenden. Um Änderungen am Clipboard mitzubekommen, lässt sich über addFlavorListener(FlavorListener) ein FlavorListener anhängen. removeFlavorListener(FlavorListener) entfernt ihn, und FlavorListener[] getFlavorListeners() liefert alle angemeldeten FlavorListener.

10.25.5 Drag & Drop

Mit *Drag & Drop* (D&D bzw. DnD) kann ein Anwender Daten von einer Stelle zu einer anderen übertragen. Viele Java-Standardkomponenten wie JList, JTable, JTextArea, JTree unterstützen direkt den Datentransfer; jede beliebige JComponent lässt sich leicht zur Drag-&-Drop-Komponente erweitern. Standardmäßig ist das DnD-Verhalten abgeschaltet, doch setDragEnabled(true) aktiviert es, wie das folgende Beispiel zeigt. Alle Einträge – also Zeichenketten – eines Standard-JTree lassen sich auf das Textfeld ziehen:

Listing 10.87 com/tutego/insel/ui/datatransfer/DaDDemo.java, main()

```
JFrame f = new JFrame();
f.setDefaultCloseOperation( JFrame.EXIT_ON_CLOSE );
f.setLayout( new BorderLayout() );
JTree tree = new JTree();
tree.setDragEnabled( true );
f.add( tree, BorderLayout.PAGE_START );
JTextArea textArea = new JTextArea();
f.add( new JScrollPane(textArea) );
f.setSize( 300, 300 );
f.setVisible( true );
```

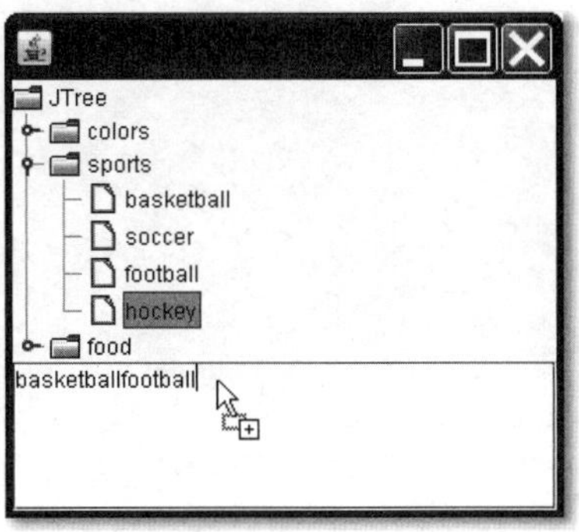

Abbildung 10.72 Einträge aus dem JTree lassen sich auf das Textfeld ziehen.

Das Herz jeder Drag-&-Drop-Anwendung ist der TransferHandler. Er bietet einen Mechanismus zum Übertragen von Daten von oder zur JComponent. Wie schon bei der Zwischenablage be schreibt ein `Transferable`-Objekt die Daten selbst. Das Java-Tutorial »Drag and Drop and Data Transfer« unter *http://docs.oracle.com/javase/tutorial/uiswing/dnd/index.html* beschreibt die beim Drag & Drop beteiligen Typen sehr ausführlich.

10.26 Undo durchführen *

Gute Benutzerschnittstellen zeichnen sich dadurch aus, dass dem Benutzer Fehler unterlaufen dürfen. Die Änderungen müssen jedoch wieder zurückgenommen werden können. Um dies in Java zu realisieren, gibt es Unterstützung durch ein Paket `javax.swing.undo`. Mit ihm lassen sich Undo- und Redo-Operationen mit relativ wenig Aufwand realisieren. Unser Beispiel soll ein Textfeld zeigen, dessen Änderungen auf Knopfdruck rückgängig gemacht werden. Zentrales Objekt ist dabei ein `UndoManager`. Dieser sammelt einzelne Aktionen, im Fall von Benutzereingaben jedes Zeichen. Die Anzahl der zu speichernden Aktionen ist beschränkt, lässt sich aber anpassen. Wir wollen in einem Beispiel ein `JTextField` mit einem Standardtext erzeugen. Anschließend wird ein `UndoManager` mit dem `Document`-Objekt des Textfeldes verbunden. Das `Document` informiert den `UndoManager` über Änderungen, der `UndoManager` speichert diese. Wenn eine Schaltfläche aktiviert ist, wird dem `UndoManager` befohlen, die Aktion rückgängig zu machen. Sichtbar wird dann wieder der Text, so wie er am Anfang in der Textbox stand:

Listing 10.88 com/tutego/insel/ui/undo/IComeUndone.java, IComeUndone

```
package com.tutego.insel.ui.undo;

import java.awt.BorderLayout;
import java.awt.event.*;
import javax.swing.*;
import javax.swing.event.UndoableEditEvent;
import javax.swing.undo.*;

public class IComeUndone {
  public static void main( String[] args ) {
    JFrame f = new JFrame();
    f.setDefaultCloseOperation( JFrame.EXIT_ON_CLOSE );

    final JTextArea textarea = new JTextArea( 20, 40 );
    textarea.setText( "Hier zurück" );
    f.add( new JScrollPane(textarea) );

    //    final UndoManager undomanager = new MyUndoManager();
    final UndoManager undomanager = new UndoManager();
    textarea.getDocument().addUndoableEditListener( undomanager );
    undomanager.setLimit( 1000 );
```

```
    JButton undoB = new JButton( "Undo" );
    undoB.addActionListener( new ActionListener() {
      @Override public void actionPerformed( ActionEvent e ) {
        undomanager.end();

        if ( undomanager.canUndo() )
          undomanager.undo();
        textarea.requestFocus();
      }
    } );

    f.add( undoB, BorderLayout.PAGE_END );
    f.pack();
    f.setVisible( true );
  }
}
```


Um genauer zu sehen, was das UndoManager-Objekt rückgängig macht, schreiben wir eine Unterklasse von UndoManager und überschreiben die Methode undoableEditHappened(UndoableEditEvent) (diese Methode implementiert UndoManager von der Schnittstelle UndoableEditListener). Geben wir in unserer Realisierung auf dem Bildschirm aus, was bei jeder Aktion in den UndoManager kommt:

Listing 10.89 com/tutego/insel/ui/undo/IComeUndone.java, MyUndoManager

```
class MyUndoManager extends UndoManager {
  @Override
  public void undoableEditHappened( UndoableEditEvent e ) {
    UndoableEdit ue = e.getEdit();
    System.out.println( ue );
    addEdit( ue );
  }
}
```

Die Methode undoableEditHappened(UndoableEditEvent) bekommt ein Ereignisobjekt, in dem der Verweis auf eine zurücknehmbare Operation abgelegt ist. An diese kommen wir mit getEdit(). Die Rückgabe ist ein UndoableEdit-Objekt, also genau eine Operation, die zu einem Undo und Redo fähig ist. Der UndoManager speichert diese mit dem Aufruf von addEdit() in einer Datenstruktur ab. Wenn wir das UndoableEdit-Objekt auf dem Bildschirm ausgeben, sehen wir unsere durchgeführte Operation, zum Beispiel bei einem Einfügen:

```
[javax.swing.text.GapContent$InsertUndo@497934 hasBeenDone: true alive: true]
```

Beim Löschen erkennen wir ein:

```
[javax.swing.text.GapContent$RemoveUndo@ca470 hasBeenDone: true alive: true]
```

10.27 AWT, Swing und die Threads

Swing nutzt für Zeichenoperationen und das Abarbeiten von Ereignis-Programmcode einen eigenen Thread. Die folgenden Abschnitte erklären, warum Swing einen eigenen Thread nutzt und welche Konsequenzen das für den Entwickler hat.

10.27.1 Ereignisschlange (EventQueue) und AWT-Event-Thread

Der Benutzer erzeugt bei seiner Arbeit mit der Oberfläche Ereignisse. Diese werden entweder von den Peer-Objekten oder von Klassen der Applikation erzeugt. Bevor sie vom eigenen Programm bearbeitet werden, gelangen sie in eine *Ereignisschlange* (engl. *event queue*). Jedem Fenster ist eine eigene Event-Queue zugeordnet. Diese Event-Queue ist für Programmierer zugänglich und in einer plattformunabhängigen Klasse `EventQueue` implementiert. Elemente der Klasse sind Objekte vom Typ `AWTEvent`. Ein eigener Thread, der *AWT-Event-Thread*, läuft parallel zur Anwendung und arbeitet die angesammelten Ereignisse dieser Warteschlange ab.

Der AWT-Thread führt auch den Programmcode in den Listenern aus. Aus diesem Grund ist es ungünstig, in einen Event-Handler lang dauernden Programmcode zu legen, denn dann »steht« die grafische Applikation und lässt sich nicht fortsetzen, weil der AWT-Thread blockiert ist. Bei einer längeren Aktion in einem Event-Handler sollten wir einen separaten Thread starten, damit die grafische Oberfläche sofort wieder reaktionsfähig ist.

[»]

Beispiel

Wenn eine Schaltfläche angeklickt wird, soll ein langer Text in den Puffer eingelesen werden:

```
ActionListener al = new ActionListener() {
  @Override public void actionPerformed( ActionEvent e ) {
    new Thread( new ReaderThread(e.getActionCommand()) ).start();
  }
};
```

In einer externen Klasse lesen wir zum Beispiel einen Text:

```
class ReaderThread implements Runnable {
  ReaderThread( String actionCommand ) {
    // ...
  }
  public void run() {
    // ...
  }
}
```

Eine Alternative ist der SwingWorker, den wir später in Abschnitt 10.27.4, »SwingWorker«, vorstellen.

Unter dem AWT ist es kein Problem, wenn zwei Threads auf ein und dasselbe Oberflächenelement zugreifen. Bei Swing ist dies jedoch etwas anders, wie wir im nächsten Abschnitt sehen werden.

10.27.2 Swing ist nicht threadsicher

Die Tatsache, dass das Swing-Toolkit nicht threadsicher ist, erstaunt vielleicht auf den ersten Blick. Das AWT ist threadsicher, da AWT auf Plattform-Peer-Elemente vertraut. In einer List-Box unter dem AWT ist es problemlos möglich, ein Element einzufügen und parallel zu löschen. Doch auf die Synchronisation bei Swing wurde aus zwei Gründen verzichtet:

- Operationen können in Threads zu ärgerlichen Deadlock-Situationen führen.
- Der Verzicht auf Synchronisation kann die Ausführungsgeschwindigkeit erhöhen.

[+]

Hinweis

Gibt es konkurrierende Zugriffe auf Swing-Komponenten, kann es zu Exceptions der Art »Exception in thread "AWT-EventQueue-0"« kommen.

Swing weiß mit konkurrierenden Zugriffen nicht allzu viel anzufangen

In einem kleinen Beispiel wollen wir genau einen Fehler provozieren, in dem zwei Threads gleichzeitig eine Datenstruktur modifizieren und somit Swing aus dem Takt werfen. Es ist ein mahnendes Beispiel, Operationen an GUI-Komponenten nur über den AWT-Event-Thread vorzunehmen:

Listing 10.90 com/tutego/insel/ui/swing/SwingNoSyncDemo.java, main()

```
final DefaultListModel<String> model = new DefaultListModel<>();

JFrame frame = new JFrame();
frame.add( new JList<>( model ) );
frame.setSize( 200, 100 );
frame.setVisible( true );

new Thread() {
  @Override public void run() {
    setPriority( Thread.MIN_PRIORITY );
    while ( true )
      model.addElement( "Dumm gelaufen" );
  }
}.start();

new Thread() {
  @Override public void run() {
```

```
    setPriority( Thread.MIN_PRIORITY );
    while ( true )
      model.removeElement( "Dumm gelaufen" );
    }
}.start();
```

Werfen wir einen Blick auf die Ausgabe, die erscheint, wenn das Programm nur kurz läuft:

```
Exception in thread "AWT-EventQueue-0" java.lang.ArrayIndexOutOfBoundsException: 10911
 at javax.swing.plaf.basic.BasicListUI.updateLayoutState(BasicListUI.java:1368)
...
 at java.awt.EventDispatchThread.run(EventDispatchThread.java:90)
Exception in thread "AWT-EventQueue-0" java.lang.ArrayIndexOutOfBoundsException
Exception in thread "AWT-EventQueue-0" java.lang.ArrayIndexOutOfBoundsException
```

Obwohl das `DefaultListModel` als unterliegende Datenstruktur den `Vector` nimmt und dieser nur synchronisierte Methoden besitzt, die beim nebenläufigen Zugriff den `Vector` nicht irritieren, ist er nicht der Übeltäter. Es liegt an Swing, wie mit den Daten umgegangen wird. Wenn der erste Thread Daten in das Model einfügt, muss die Visualisierung aktualisiert werden. Wir wissen von `DefaultListModel`, dass es über `ListDataEvent` das Darstellungsobjekt informiert, wenn es den Inhalt neu zeichnen muss. Merken wir uns die Stelle. Das Darstellungsobjekt wird sich nun vom Model die Daten besorgen. Bis dahin läuft alles ganz gut. Doch der zweite Thread löscht parallel die Daten aus dem Model. Springen wir jetzt zur Markierung zurück. Irgendwann passiert es, dass zwischen der Benachrichtigung der Darstellungskomponente und dem wirklichen Zeichnen sowie der Anfrage an das Model etwas gelöscht wird. Die Visualisierung weiß davon aber nichts und versucht, alle Werte zu zeichnen; es fehlt jedoch mindestens ein Wert. Daher folgt eine `ArrayIndexOutOfBoundsException` in der Methode `elementAt(…)` vom `Vector`. Die Visualisierung fragt mit einem Index im `Vector` nach, doch der `Vector` hat vom Lösch-Thread schon ein Element abgeben müssen. Daher ist die interne Größe des Vektors kleiner als der von Swing erfragte Index.

Erlaubte Methoden

Einige der Methoden sind threadsicher und dürfen von beliebigen anderen Threads aufgerufen werden:

- der Aufruf zum Neuzeichnen mit `repaint()` oder `revalidate()` für die Größenänderung einer Komponente im Container
- alle Aufrufe auf neuen Komponenten, die noch nicht etwa mit `setVisible(boolean)` (früher `show()`) bzw. `pack()` veröffentlicht wurden
- Die Eintragung von Listenern, etwa bei `JComponent` mit den Methoden `addPropertyChangeListener(…)`, `removePropertyChangeListener(…)` und `addVetoableChangeListener(…)`, `removeVetoableChangeListener(…)` ist sicher.
- Bei `JCheckBoxMenuItem` ist es dann die einsame Methode `setState(boolean)`, die synchronisiert ist. Es findet sich intern mal hier, mal da ein synchronisierter Block.

Ansonsten ist jedoch nicht viel dabei, und wir müssen unsere Teile synchronisiert ausführen. Um Programmstücke konform ausführen zu lassen, definiert Swing einige Methoden und Klassen. Dazu gehören:

- `invokeLater(Runnable)`
- `invokeAndWait(Runnable)`
- `JProgressBar`
- `ProgressMonitor`
- `ProgressMonitorInputStream`
- `SwingWorker`

10.27.3 invokeLater(...) und invokeAndWait(...)

Da Swing nicht threadsicher ist, bietet der AWT-Thread die einzige Möglichkeit zur Manipulation von Oberflächenelementen. Wenn wir es schaffen, dort die Aufträge einzureihen, dann wird nichts schiefgehen. Genau für diese Aufgabe gibt es in der Klasse `EventQueue` zwei statische Methoden: `invokeLater(Runnable)` und `invokeAndWait(Runnable)`. Damit lassen sich beliebige Programmstücke in die Warteschlange einführen. In der Warteschlange für das AWT liegen Aufträge und Ereignisse, die an die Oberflächenelemente verteilt werden. Alles spielt sich dabei neben dem Haupt-Thread ab, sodass Parallelität herrscht. Hat die Warteschlange alle Ereignisbehandler aufgerufen, kann der Programmcode von `invokeLater(…)` und `invokeAndWait(…)` durchlaufen werden.

Die beiden Methoden erfüllen unterschiedliche Bedürfnisse:

- `invokeLater(…)` legt einen `Runnable` in die Warteschlange und kehrt sofort zurück. Die Funktion ist somit asynchron. Der Aufrufer weiß nicht, wann der Programmcode abgearbeitet wird.
- `invokeAndWait(…)` legt ebenfalls einen `Runnable` in die Warteschlange, verharrt aber so lange in der Funktion, bis der Programmcode in `run()` aufgerufen wurde. Die Funktion ist also synchron.

Mit diesen statischen Methoden lassen sich jetzt alle Manipulationen an der Oberfläche durchführen. Den statischen Methoden wird ein `Runnable`-Objekt übergeben, das den Programmcode repräsentiert, der im AWT-Event-Thread auszuführen ist.

Beispiel

Ein Fortschrittsbalken `JProgressBar` mit dem Namen `bar` soll aus einem Nicht-AWT-Event-Thread einen Wert gesetzt bekommen:

```
EventQueue.invokeLater( new Runnable() {
  @Override public void run() {
    bar.setValue( i );
  }
} );
```

Bei der Auswahl der beiden Methoden haben wir uns für den Fortschrittsbalken für invokeLater(…) entschieden. Es ist in der Regel wenig sinnvoll, die Methode so lange stehen zu lassen, bis die Anzeige auch wirklich gezeichnet wurde.

Ein Problem stellt für sehr viele Applikationen leider die Tatsache dar, dass das Objekt zur Manipulation immer irgendwie sichtbar sein muss. Hier soll bar einfach direkt für die innere Klasse sichtbar sein.

Die Methoden invokeLater(…) und invokeAndWait(…) befinden sich nicht nur in der Klasse EventQueue, sondern sind noch einmal in der Klasse SwingUtilities untergebracht. Daher ist es gleichgültig, ob wir EventQueue.invokeXXX(…) oder SwingUtilities.invokeXXX(…) schreiben. SwingUtilities hat vielleicht den Vorteil, dass das Paket java.awt für die EventQueue nicht importiert werden muss, sonst gibt es aber keinen Unterschied.

[+]

Hinweis

Einige Entwickler setzen den Programmcode der main(String[])-Methode zum Aufbau eines JFrames ebenfalls in einen invokeLater(…)-Block, etwa so:

```
SwingUtilities.invokeLater( new Runnable() {
  @Override public void run() {
    JFrame f = new JFrame( "Uhrzeit" );
    f.setDefaultCloseOperation( JFrame.EXIT_ON_CLOSE );
    f.add( new JLabel( String.format( "%tT", new Date() ) ) );
    f.setSize( 250, 100 );
    f.setVisible( true );
  }
} );
```

Obwohl ein new JFrame() schon den AWT-Event-Thread startet, muss erst ab der Programmzeile mit setVisible(…) alles abgesichert werden. Die Beispiele in diesem Buch sind also vom Standpunkt des AWT-Threadings aus völlig in Ordnung.

Implementierung *

Genehmigen wir uns abschließend noch einen kurzen Blick auf die Implementierung. Es lässt sich schon erahnen, dass invokeLater(…) einfacher ist:

```
public static void invokeLater( Runnable runnable ) {
  Toolkit.getEventQueue().postEvent(
    new InvocationEvent(Toolkit.getDefaultToolkit(), runnable) );
}
```

Das Ereignis, das in die Event-Queue kommt, ist vom Typ InvocationEvent und damit ein AWTEvent. Wir übergeben unser Runnable-Objekt, damit der AWT-Thread später die run()-Methode aufrufen kann.

Die statische Methode invokeAndWait(…) ist etwas komplizierter; wir wollen von der Implementierung nur wenige Zeilen betrachten. Im Prinzip leistet die Methode das Gleiche wie invokeLater(…); auch sie muss das InvocationEvent in die Warteschlange legen. Hinzu kommt jedoch, dass invokeAndWait(…) auf das Ende des Threads warten muss:

```
InvocationEvent event = new InvocationEvent(
    Toolkit.getDefaultToolkit(), runnable, lock, true);
synchronized (lock) {
    Toolkit.getEventQueue().postEvent(event);
    lock.wait();
}
```

Das konstruierte InvocationEvent bekommt als Argument wieder das runnable. Jetzt erhält es aber zusätzlich ein Lock-Objekt. Wenn der AWT-Thread durch die Ereignis-Warteschlange geht und das InvocationEvent sieht, führt er wieder die run()-Methode aus. Anschließend informiert er über notify() das wartende Objekt. Dann steigt invokeAndWait(…) aus dem synchronized-Block aus, und es geht weiter.

10.27.4 SwingWorker

Mit der Klasse SwingWorker ist es einfach möglich, längere Programmteile im Hintergrund von einem Nicht-AWT-Thread abarbeiten zu lassen und dann später die Ergebnisse über den AWT-Thread wieder in das GUI einfließen zu lassen.

Für einen eigenen SwingWorker ist zunächst eine Unterklasse von javax.swing.SwingWorker zu bilden. Wir wollen eine Klasse ClockPrecision angeben, die zwei Sekunden wartet und dabei die Zeit misst – das Ergebnis ist durch Ungenauigkeit nicht wirklich zwei Sekunden. Wir interessieren uns hier für die Ungenauigkeit. Nach Ablauf der Zeit soll der SwingWorker das Ergebnis auf die Schaltfläche schreiben, die auch der Auslöser für die Warterei ist:

Listing 10.91 com/tutego/insel/ui/event/SwingWorkerDemo.java

```
package com.tutego.insel.ui.event;

import java.awt.event.*;
import javax.swing.*;

public class SwingWorkerDemo extends JFrame {

  private JButton button = new JButton( "Change my mind!" );

  SwingWorkerDemo() {
    setDefaultCloseOperation( JFrame.EXIT_ON_CLOSE );
    add( button );
```

```
    ActionListener al = new ActionListener() {
      @Override public void actionPerformed( ActionEvent e ) {
        new ClockPrecision().execute();
      }
    };

    button.addActionListener( al );

    pack();
  }

  class ClockPrecision extends SwingWorker<Long,Object> {
    @Override public Long doInBackground() {
      long startNano = System.nanoTime();
      try { TimeUnit.SECONDS.sleep( 2 ); } catch ( InterruptedException e ) { }
      return (System.nanoTime() - startNano ) / (1000*1000);
    }

    @Override protected void done() {
      try {
        button.setText( "" + get() );
      }
      catch ( InterruptedException | ExecutionException e ) { e.printStackTrace(); }
    }
  }

  public static void main( String[] args ) {
    new SwingWorkerDemo().setVisible( true );
  }
}
```

Die Methode `done()` bekommt die Rückgabe von `doInBackground()` über die `get()`-Methode. Unser SwingWorker durchläuft mehrere Phasen, an denen wir uns durch Überschreiben einiger Methoden aktiv beteiligen:

- Es beginnt mit `execute()`, was den SwingWorker dazu bewegt, einen so genannten *Worker-Thread* aufzubauen.
- Der Worker-Thread ruft `doInBackground()` auf, in den wir unseren im Hintergrund auszuführenden Programmteil setzen. Der Rückgabetyp ist durch die generische Verwendung frei wählbar. Da `SwingWorker` auch vom Typ `Future` ist, kann das Ergebnis einer Berechnung `get()` liefern. Sind mit `addPropertyChangeListener(…)` neue `PropertyChangeListener`s angemeldet, können wir sie mit `firePropertyChange(…)` aufrufen und während der Verarbeitung Statusereignisse schicken. `publish(V...)` erlaubt das Absenden von Zwischenergebnissen, die sich

unter dem AWT-Event in `process(List<V>)` verarbeiten lassen. Dieser Typ kann ein anderer als der von `get()` sein, und so bestimmt die zweite Typvariable der generischen Klasse diesen Typ.

- Am Ende des Worker-Threads kommt es im AWT Event Thread zu einem Aufruf von `done()`, wo wir unsere Swing-Operationen vornehmen können.

Weiteres ist der API-Dokumentation zu entnehmen.

10.27.5 Eigene Ereignisse in die Queue setzen *

Es ist ohne großen Umweg möglich, eigene Ereignisse zu erzeugen und in der `EventQueue` zu platzieren. Damit lassen sich beispielsweise Eingaben des Benutzers emulieren. Da alle Ereignisse von Komponenten von `AWTEvent` erben, lässt sich ein `ActionEvent` erzeugen, das dann wiederum von einem interessierten Listener entgegengenommen wird. Jetzt fehlt uns nur noch eine Methode, die Ereignisse in die Schlange setzt. Dazu bietet die Klasse `EventQueue` die Methode `postEvent(AWTEvent)` an. Im Beispiel sehen wir die notwendigen Aufrufe, um beginnend bei `Toolkit` an die `SystemEventQueue` zu kommen:

```
Toolkit.getDefaultToolkit().getSystemEventQueue().
  postEvent(
   new ActionEvent( /* Object source, int id, String command */ )
  );
```

class java.awt.**Toolkit**

- `final EventQueue getSystemEventQueue()`
  Liefert ein Exemplar der `EventQueue` für eine Applikation oder ein Applet. Eine `SecurityException` wird ausgelöst, falls der Security-Manager den Zugriff auf `EventQueue` verbietet.

class java.awt.**EventQueue**

- `void postEvent(AWTEvent theEvent)`
  Legt ein Ereignis in die `EventQueue`. Danach werden vorhandene `EventQueueListener` und `notifyEventQueueListener` aufgerufen.

Einer Komponente ein Ereignis schicken

Ist die Komponente bekannt, der ein Ereignis geschickt werden soll, lässt sich die `Component`-Methode `dispatchEvent(AWTEvent e)` verwenden. Sie sendet ein `AWTEvent` – die Basisklasse aller AWT-Ereignisse – an die Komponente, womit alle Listener aufgerufen werden. Für die Aktivierung einer Schaltfläche `b` lautet es dann:

```
b.dispatchEvent( new ActionEvent(b,ActionEvent.ACTION_PERFORMED, "text") );
```

10.27.6 Auf alle Ereignisse hören *

Um keine Ereignisse zu versäumen, lässt sich über das `Toolkit` ein Super-Listener anmelden. Dieser Listener ist vom Typ `AWTEventListener`, der über `addAWTEventListener(…)` mit dem `Toolkit` verbunden wird:

```
AWTEventListener ael = new AWTEventListener() {
  @Override public void eventDispatched( AWTEvent event ) { (…)
  }
};
Toolkit.getDefaultToolkit().addAWTEventListener( ael, mask );
```

Die `mask` bestimmt den Typ eines jeden gemeldeten `AWTEvent`. Hier kann für Mausbewegungen etwa `AWTEvent.MOUSE_MOTION_EVENT_MASK` stehen.

10.28 Barrierefreiheit mit der Java Accessibility API

Eine grafische Oberfläche sollte von jedem Menschen benutzt werden können, auch wenn einige Benutzer Behinderungen haben. Das große Ziel sind Mensch-Maschine-Interaktionen ohne Barrieren, sodass auch Menschen mit Einschränkungen eine Anwendung nutzen können. Spezielle Hilfsmittel (engl. *assistive technology*) geben alternative Möglichkeiten zum Zugriff, etwa über einen Screen-Reader, einen Braille-Terminal, eine Lupe oder ein Spracheingabesystem. Doch auch Dinge wie kontrastreiche Darstellung und der Einsatz von Mnemonics gehören zum Entwurf gut zugänglicher Oberflächen. Die Komponente `JLabel` bietet zum Beispiel eine Methode `setLabelFor(Component)`, die eine Komponente mit einer Beschriftung verbindet mit dem Ziel, dass bei einer Aktivierung der Beschriftung über ein Mnemonic die gewählte Komponente den Fokus bekommt.

In Java wird die Barrierefreiheit durch das *Java Accessibility Application Programming Interface* (JAAPI) erreicht. Eine wichtige Schnittstelle ist `javax.accessibility.Accessible`, die von allen Komponenten implementiert wird, die alternativ zugänglich sind. Komponenten wie `JButton` und `JLabel` implementieren diese Schnittstelle und realisieren eine Methode `getAccessibleContext()`, die ein `AccessibleContext`-Objekt liefert. Dieses Objekt verwaltet für die Komponente etwa einen Accessible-Namen (der beispielsweise von einem Screen-Reader vorgelesen wird, wenn die Komponente den Fokus enthält), eine Accessible-Beschreibung (engl. *accessible description*), einen Status (wie markierter Text) oder für ein Icon eine Textbeschreibung.

Der Accessible-Name wird von Swing, etwa im Fall von `JLabel`, mit der Aufschrift initialisiert und bei dem `JTextField` mit dem Inhalt des Textfeldes. Auch bei der Lösung mit `setLabelFor(…)` kann eine Komponente die Accessible-Beschreibung von `JLabel` übernehmen. Es ist günstig, alle Komponenten mit Tooltips auszustatten, da diese zur genaueren Accessible-Beschreibung verwendet werden. Diese Namen müssen nicht unbedingt die besten sein, und so bietet es sich an, die Werte von Hand zu setzen:

```
JTextField tf = new JTextField( "", 30 );
tf.setName( "nameTextField" );
tf.getAccessibleContext().setAccessibleName( "Name Field" );
tf.getAccessibleContext().setAccessibleDescription( "Enter a name" );
tf.setToolTip( "Name" );
```

Java Access Bridge For Windows Operating System

Während der Entwickler diese Eigenschaften setzt, liest ein Java-Accessibility-Dienstprogramm sie aus und stellt sie dar. Unter *http://www.oracle.com/technetwork/java/javase/tech/index-jsp-136191.html* bietet Oracle mit der *Java Access Bridge For Windows Operating System* eine Brücke zur gegebenen Technologie für Accessible-Unterstützung auf Seiten des Betriebssystems Windows.

10.29 Zeitliches Ausführen mit dem javax.swing.Timer

Der `javax.swing.Timer` ist eine einfache Variante von `java.util.Timer` zum Ausführen von Programmcode eines Action-Listeners im AWT-Event-Thread. Im Konstruktor des `Timer`-Objekts wird für Intervalle die Verzögerungszeit eingestellt – wie im folgenden Beispiel, in dem jede Sekunde auf einer Komponente `p` ein `repaint(…)`, also eine Neudarstellung, motiviert:

```
javax.swing.Timer t = new javax.swing.Timer( 1000, new ActionListener() {
  @Override public void actionPerformed( ActionEvent e ) {
    p.repaint();
  }
} );
t.start();   // t.stop() beendet.
```

Ein `java.util.Timer`-Timer hat mehrere Konstruktoren, doch beim `javax.swing.Timer` gibt es nur einen Konstruktor. Anpassungen vom Swing-Timer werden über Methoden realisiert, die Zustände setzen, etwa ob der Timer mehrmals ausgeführt werden soll.

```
class java.awt.Toolkit
```

- `Timer(int delay, ActionListener listener)`
  Erzeugt einen `Timer`, der nach einer gewissen Verzögerung (oder optional mit Wiederholung) den `listener` abarbeitet.
- `void start()`
  Startet den Timer.
- `void stop()`
  Stoppt den Timer.
- `void setRepeats(boolean flat)`
  Ist `flag false`, wird der Listener nur einmal abgearbeitet.

- `void setDelay(int delay)`
  Setzt die Verzögerung neu.
- `void addActionListener(ActionListener listener)`
  Fügt einen neuen Listener hinzu, den der Timer abarbeitet.
- `void restart()`
  Setzt den Timer in den Startzustand zurück und löscht alle noch hängenden Ereignisse.

10.30 Die Zusatzkomponentenbibliothek SwingX

Für ernsthafte grafische Oberflächen mit Swing sind die Standardkomponenten der Java SE etwas mau. Wichtige Komponenten wie ein Datumsauswahldialog fehlen, zum Teil sind die angebotenen Komponenten nicht leistungsfähig genug. So kann beispielsweise die Swing-Textkomponente zwar einfaches HTML darstellen, scheitert aber an komplexeren Dokumenten mit CSS. Da die *Java Foundation Classes* in den letzten Jahren sehr stabil geblieben sind – es gab keine großen Änderungen oder nennenswerte neue Komponenten –, bleibt Entwicklern nichts anderes übrig, als entweder

- die benötigten Swing-Komponenten selbst zu entwickeln oder
- sich im Open-Source-Umfeld umzuschauen bzw.
- eine kommerzielle Swing-Komponentenbibliothek einzukaufen.

Wie üblich ist die Eigenentwicklung immer nur die letzte Option. Im Laufe der letzten Jahre haben sich einige sehr gute quelloffene Swing-Zusätze etabliert. Hervorzuheben ist SwingX, ein Projekt, von dem lange Zeit gedacht wurde, dass die Komponenten in das `javax.swing`-Paket aufgenommen würden. Das ist aber bisher nicht passiert, nur eine Komponente hat es – wen auch abgewandelt – in die Standardbibliothek geschafft.

10.30.1 Im Angebot: Erweiterte und neue Swing-Komponenten

Die SwingX-Bibliothek erweitert Swing auf zwei Arten:

- Einige SwingX-Komponenten erweitern die Standard-Swing-Komponenten und fügen Funktionalität hinzu. So ist `JXFrame` eine Unterklasse von `JFrame` und kann zum Beispiel eine Statuszeile haben. Oder `JXTable` ist eine Unterklasse von `JTable` mit zusätzlicher Suchfunktionalität und dem Vorteil, dass sich Spalten automatisch ein-/ausblenden lassen.
- SwingX definiert ganz neue Swing-Komponenten, etwa eine Mischung aus Tabelle und Baum (`JXTreeTable`), ausfaltbare Container oder einen Login-Dialog.

Um einen ersten Überblick über SwingX zu bekommen, lohnt es sich, einen Blick auf das SwingX-Demo zu werfen. Auf der SwingX-Homepage *http://swingx.java.net/* wird auf die Web-Startapplikation verlinkt (*http://swinglabs-demos.java.net/demos/swingxset6/swingxset.jnlp*).

10.30.2 Überblick über erweiterte Standard-Swing-Klassen

SwingX nimmt einige Klassen als Basisklassen und fügt Funktionalität hinzu. Die Standardkomponenten lassen sich problemlos gegen die neuen Klassen austauschen.

SwingX-Klasse	Swing-Basisklasse	Aufgabe
JXButton	JButton	Schaltfläche mit Unterstützung für Painter
JXLabel	JLabel	Beschriftung mit Unterstützung für Painter
JXTable	JTable	stark erweiterte Tabelle mit Suche, Sortierung, Filterung, ...
JXList	JList	stark erweiterte Liste mit Suche, Sortierung, Filterung, ...
JXTree	JTree	stark erweiterter Baum mit Suche, Filterung, ...
JXFrame	JFrame	Fenster mit optionaler Statuszeile, Wartezustand, ...
JXDialog	JDialog	Vereinfacht den Aufbau von Dialogen.
JXPanel	JPanel	Panel mit Transparenz und Painter
JXEditorPane	JEditorPane	verbesserte Editor-Funktionalität, Undo/Redo und Suche
JXComboBox	JComboBox	Verbessert den Edit-Modus beim Einsatz in einer Tabelle.
JXFormattedTextField	JFormattedTextField	Unterstützt Prompts und Buddies in formatierten Textzeilen.
JXTextArea	JTextArea	Unterstützt Prompts und Buddies in Textbereichen.
JXTextField	JTextField	Unterstützt Prompts und Buddies in Textzeilen.
JXRootPanel	JRootPanel	Wurzelkomponente mit Symbolleiste und Statuszeile

Tabelle 10.12 Erweiterte Standard-Swing-Klassen

Die Klassen `JXTable`, `JXList`, `JXTreeTable` sind sehr leistungsfähig und daher mit einem kleinen Satz kaum zu beschreiben. Die API-Dokumentation gibt mehr Informationen. Wichtig sind dabei Klassen aus dem Paket `org.jdesktop.swingx.decorator`, die für `JXTable`, `JXTreeTable`, `JXTree` und `JXList` Sortierung, Filterung und Hervorhebung unterstützen.

In den Zellen tauchen zudem die Begriffe *Painter*, *Prompt* und *Buddy* auf:

- Ein Painter ist ein Objekt, das an die SwingX-Komponente gesetzt wird. Zum Zeichnen greift die SwingX-Klasse auf das externe Zeichenobjekt zurück. Der Vorteil ist, dass so keine Unterklassen nötig sind, etwa von `JButton` oder `JLabel`, nur wenn in den Zeichenprozess eingegriffen werden soll.
- Prompts und Buddies zeigen bei `JXTextField`, `JXFormattedTextField` und `JXTextArea` Eingabehinweise oder Fehler.

10.30.3 Neue Swing-Klassen

Zusätzlich zu den Erweiterungen der Standard-Swing-Komponenten bietet SwingX weitere Komponenten. Manche sind dringend nötig, etwa zur Auswahl eines Datums, einige sind sehr speziell, etwa zum Zeichnen eines 2D-Graphen.

SwingX-Klasse	Swing-Basisklasse	Aufgabe
`JXDatePicker`	`JComponent`	Datumseingabe im Textfeld mit Popup-Menü
`JXHyperlink`	`JButton`	Hyperlink
`JXBusyLabel`	`JLabel`	Animation für Ladeprozesse
`JXTreeTable`	`JXTable`	Verschmilzt Tabelle und Baum.
`JXStatusBar`	`JComponent`	Statuszeile, in der Regel unten am Fenster
`JXErrorPane`	`JComponent`	Darstellung von Fehlermeldungen
`JXMultiThumbSlider`	`JComponent`	Slider mit zwei Knöpfen
`JXMonthView`	`JComponent`	Zeigt Monatskalender und erlaubt Monatsauswahl.
`JXSearchField`	`JXTextField`	Textfeld mit kleinem Such-Icon
`JXRadioGroup`	`JPanel`	Vereinfacht die `ButtonGroup`.
`JXMultiSplitPane`	`JPanel`	geschachtelte Split-Panels
`JXCollapsiblePane`	`JXPanel`	animierte ausfaltbare Panels
`JXTaskPane`	`JXPanel`	Titel mit Icon zum Ausfalten der Containerelemente
`JXTaskPaneContainer`	`JXPanel`	Container für mehrere `JXTaskPanes`
`JXTipOfTheDay`	`JXPanel`	Gibt den »Tipp des Tages« aus.

Tabelle 10.13 Neue Klassen, die SwingX bietet

SwingX-Klasse	Swing-Basisklasse	Aufgabe
JXTitledPanel	JXPanel	Panel mit Überschrift
JXTitledSeparator	JXPanel	Trennlinie mit Text
JXImageView	JXPanel	Zeigt ein Bild, ein neues kommt mit Drag & Drop.
JXColorSelectionButton	JButton	Zeigt bei Aktivierung einen Farbauswahldialog.
JXGradientChooser	JXPanel	Panel zum Aufbau eines Farbverlaufs (Gradient)
JXGraph	JXPanel	Zeichnet 2D-Graphen.

Tabelle 10.13 Neue Klassen, die SwingX bietet (Forts.)

Zur Suche gehören noch ein paar andere Komponenten, die nicht aufgeführt sind. Für die `JXTable` gibt es weiterhin `JXTableHeader`, was eine Spezialisierung von `JTableHeader` ist.

10.30.4 Weitere SwingX-Klassen

Des Weiteren gibt es ein paar neue Layoutmanager, etwa `HorizontalLayout`, `VerticalLayout` oder `StackLayout` (setzt alle Komponenten aufeinander). SwingX unterstützt ebenfalls die Tastaturvervollständigung bei Textfeldern und der Combo-Box. Beispiele finden sich im Paket `org.jdesktop.swingx.autocomplete`.

10.30.5 SwingX-Installation

Wer SwingX einsetzen möchte, der lädt von *http://java.net/downloads/swingx/releases/* das Java-Archiv *swingx-all-1.6.4.jar* (etwa 1,4 MiB) herunter und bindet es in den Klassenpfad ein. Auf den Seiten sind auch die Quellen und die Java-API-Dokumentation verlinkt. Nach dem Einbinden stehen die neuen Klassen unter dem Paket `org.jdesktop.swingx` zur Verfügung.

10.31 Zum Weiterlesen

Swing ist ein großartiges Framework, das im Kern unglaublich leistungsfähig und leicht zu erweitern ist. Besonders die Eigenschaften der Textkomponenten sind hervorzuheben; mit ihnen lassen sich in wenigen Zeilen Editoren schreiben. Nur reicht das Wissen über die Komponenten für gute Oberflächen noch lange nicht aus. Es ist eine sehr gute Idee, die Hinweise aus der Praxis zu berücksichtigen, etwa aus diversen Design-Guidelines. Außerdem lohnt sich ein Besuch der Seiten *http://ui-patterns.com/*, *http://developer.yahoo.com/ypatterns/everything.html*, *http://designinginterfaces.com/patterns/* und *http://quince.infragistics.com/*, die GUI-Pattern sammeln – Entwickler können sich hier durch Layout und Lösungen von anderen inspirieren lassen.

Auf der technischen Seite ist Stackoverflow wie üblich eine gute Quelle, auch rund um Swing; unter *http://stackoverflow.com/questions/tagged/swing* sind die Fragen und Antworten versammelt. Eher im Frage-Antwort-Stil präsentiert sich die Webseite mit Swing-FAQs von jGuru unter *http://www.jguru.com/faq/client-side-development/swing*. Weitere Swing-Komponenten listet die Seite *http://tutego.de/java/additional-java-swing-components.htm* auf. Zum Thema Accessibility bietet die IBM-Seite *http://www-03.ibm.com/able/* eine Fülle an Informationen sowie eine »software accessibility checklist« unter *http://www-03.ibm.com/able/guidelines/software/accesssoftware.html*.

Bei modernen grafischen Oberflächen bewegt sich alles und wird weich überblendet. Für Animationen dieser Art gibt es zwei schöne Bibliotheken: *http://java.net/projects/timingframework/* und *http://kenai.com/projects/trident/*. JavaFX integriert Animationen von Haus aus.

Kapitel 11
Grafikprogrammierung

»Die größte Gefahr geht nicht von den Erfahrungen aus, die man machen muss, sondern von denen, die man nicht machen darf.«
– Hellmut Walters (1930–1985)

11.1 Grundlegendes zum Zeichnen

Ist das Fenster geöffnet, lässt sich etwas in dem Fenster zeichnen. Da sich die Wege zwischen AWT und Swing trennen, wollen wir mit dem AWT beginnen und dann alle weiteren Beispiele mit Swing bestreiten.

11.1.1 Die paint(Graphics)-Methode für das AWT-Frame

Als einleitendes Beispiel soll uns genügen, einen Text zu platzieren. Dafür überschreiben wir die Methode `paint(Graphics)` der Klasse `Frame` und setzen dort alles hinein, was gezeichnet werden soll, etwa Linien, Texte oder gefüllte Polygone. Der gewünschte Inhalt wird immer dann gezeichnet, wenn das Fenster neu aufgebaut wird oder wir von außen `repaint(…)` aufrufen, denn genau in diesem Fall wird das Grafiksystem `paint(Graphics)` aufrufen und das Zeichnen anstoßen:

Listing 11.1 com/tutego/insel/ui/graphics/Bee.java

```
package com.tutego.insel.ui.graphics;

import java.awt.*;
import java.awt.event.*;

public class Bee extends Frame {

  private static final long serialVersionUID = -3800165321162121122L;

  public Bee() {
    setSize( 500, 100 );

    addWindowListener( new WindowAdapter() {
      @Override
      public void windowClosing ( WindowEvent e ) { System.exit( 0 ); }
    } );
```

```
  }

  @Override
  public void paint( Graphics g ) {
    g.drawString( "\"Maja, wo bist du?\" (Mittermeier)", 120, 60 );
  }

  public static void main( String[] args ) {
    new Bee().setVisible( true );
  }
}
```

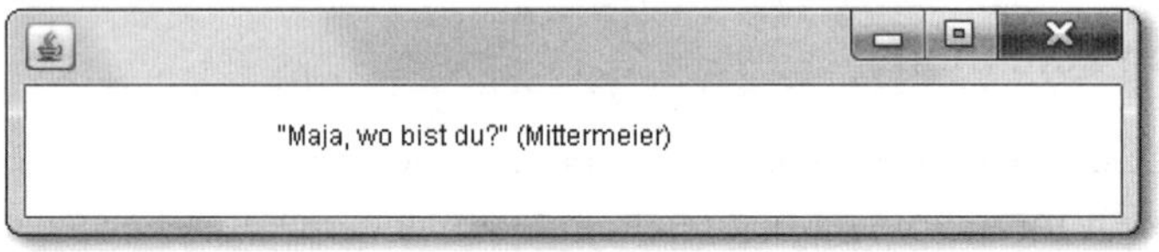

Abbildung 11.1 Ein Fenster mit gezeichnetem Inhalt

Der Grafikkontext Graphics

Das Grafiksystem ruft von unserem Programm die `paint(Graphpics)`-Methode auf und übergibt ein Objekt vom Typ `Graphics` – bzw. `Graphics2D`, wie wir später sehen werden. Dieser Grafikkontext bietet verschiedene Methoden zum Setzen von Zeichenzuständen und zum Zeichnen selbst, etwa von Linien, Kreisen, Ovalen, Rechtecken, Zeichenfolgen oder Bildern. Dies funktioniert auch dann, wenn die Zeichenfläche nicht direkt sichtbar ist, wie bei Hintergrundgrafiken.

Das `Graphics`-Objekt führt Buch über mehrere Dinge:

- die Komponente, auf der gezeichnet wird (hier ist das erst einmal das rohe Fenster)
- Koordinaten des Bildbereichs und des Clipping-Bereichs. Die Zeichenoperationen außerhalb des Clipping-Bereichs werden nicht angezeigt. Daher wird ein Clipping-Bereich auch Beschnitt-Bereich genannt.
- den aktuellen Zeichensatz (`java.awt.Font`) und die aktuelle Farbe (`java.awt.Color`)
- die Pixeloperation (XOR[1] oder Paint)
- die Translation – eine Verschiebung vom Nullpunkt

Wir können nur in der `paint(Graphics)`-Methode auf das `Graphics`-Objekt zugreifen. Diese wird immer dann aufgerufen, wenn die Komponente neu gezeichnet werden muss. Dies nutzen wir, um einen Text zu schreiben. Dem `Bee`-Beispiel ist zu entnehmen, dass die Methode `drawString(String text, int x, int y)` einen Text in den Zeichenbereich des Grafikkontextes schreibt. Im Folgenden werden wir noch weitere Methoden kennenlernen.

1 Zur Bewegung des Grafik-Cursors wird gern eine XOR-Operation eingesetzt. Obwohl dies absolut einfach erscheint, ist die Realisierungsidee patentiert.

[+]

Hinweis

Etwas ungewöhnlich ist die Tatsache, dass der Nullpunkt nicht oben links in den sichtbaren Bereich fällt, sondern dass die Titelleiste den Nullpunkt überdeckt. Um an die Höhe der Titelleiste zu kommen und die Zeichenoperationen so zu verschieben, dass sie in den sichtbaren Bereich fallen, wird ein `java.awt.Insets`-Objekt benötigt. Ist `f` ein `Frame`-Objekt, liefert `f.getInsets().top` die Höhe der Titelleiste.

11.1.2 Die ereignisorientierte Programmierung ändert Fensterinhalte

Der Einstieg in die Welt der Grafikprogrammierung mag etwas seltsam erscheinen, weil in der prozeduralen, nicht ereignisgesteuerten Welt die Programmierung anders verlief. Es gab einige Funktionen, mit denen sich direkt sichtbar auf dem Bildschirm operieren ließ. Ein Beispiel[2] aus der C128-Zeit:


```
10 COLOR 0,1                                    :REM SELECT BACKGROUND COLOR
20 COLOR 1,3                                    :REM SELECT FOREGROUND COLOR
30 COLOR 4,1                                    :REM SELECT BORDER COLOR
40 GRAPHIC 1,1                                  :REM SELECT BIT MAP MODE
60 CIRCLE 1,160,100,40,40                       :REM DRAW A CIRCLE
70 COLOR 1,6                                    :REM CHANGE FOREGROUND COLOR
80 BOX 1,20,60,100,140,0,1                      :REM DRAW A BLOCK
90 COLOR 1,9                                    :REM CHANGE FOREGROUND COLOR
100 BOX 1,220,62,300,140,0,0                    :REM DRAW A BOX
110 COLOR 1,9                                   :REM CHANGE FOREGROUND COLOR
120 DRAW 1,20,180 TO 300,180                    :REM DRAW A LINE
130 DRAW 1,250,0 TO 30,0 TO 40,40 TO 250,0      :REM DRAW A TRIANGLE
140 COLOR 1,15                                  :REM CHANGE FOREGROUND COLOR
150 DRAW 1,160,160                              :REM DRAW A POINT
160 PAINT 1,150,97                              :REM PAINT IN CIRCLE
170 COLOR 1,5                                   :REM CHANGE FOREGROUND COLOR
180 PAINT 1,50,25                               :REM PAINT IN TRIANGLE
190 COLOR 1,7                                   :REM CHANGE FOREGROUND COLOR
200 PAINT 1,225,125                             :REM PAINT IN EMPTY BOX
210 COLOR 1,11                                  :REM CHANGE FOREGROUND COLOR
220 CHAR 1,11,24,"GRAPHIC EXAMPLE"              :REM DISPLAY TEXT
230 FOR I=1 TO 5000:NEXT:GRAPHIC 0,1:COLOR 1,2
```

Diese Vorgehensweise funktioniert in Java (und auch in vielen modernen Grafiksystemen) nicht mehr. Auch mit Objektorientierung hat sie nicht viel zu tun!

2 Commodore 128 System Guide. Commodore Business Machines, Inc. 1985, online zugänglich unter *http://members.tripod.com/~rvbelzen/c128sg/toc.htm*.

In Java führt ein Repaint-Ereignis zum Aufruf der `paint(Graphics)`-Methode. Dieses Ereignis kann ausgelöst werden, wenn der Bildschirm zum ersten Mal gezeichnet wird, aber auch, wenn Teile des Bildschirms verdeckt werden. Falls das Repaint-Ereignis eintritt, springt das Java-System in die `paint(Graphics)`-Methode, in der der Bildschirm aufgebaut werden kann. Nur dort finden die Zeichenoperationen statt. Wenn wir nun selbst etwas zeichnen wollen, kann das nur in der `paint(Graphics)`-Methode geschehen bzw. in Methoden, die von `paint(Graphics)` aufgerufen werden. Wenn wir aber selbst etwas zeichnen wollen, wie lässt sich `paint(Graphics)` dann parametrisieren?

Um mit diesem Problem umzugehen, müssen wir der `paint(Graphics)`-Methode Informationen mitgeben. Diese Informationen kann die Methode aus den Objektattributen beziehen. Daher implementieren wir eine Unterklasse einer Komponente, die eine `paint(Graphics)`-Methode besitzt. Anschließend können wir Objektzustände ändern, sodass `paint(Graphics)` neue Werte bekommt und somit gewünschte Inhalte zeichnen kann.

11.1.3 Zeichnen von Inhalten auf ein JFrame

Wenn Swing eine Komponente zeichnet, ruft es automatisch die Methode `paint(Graphics)` auf. Um eine Grafik selbst in ein Fenster zu zeichnen, ließe sich von `JFrame` eine Unterklasse bilden und `paint(Graphics)` überschreiben – das ist jedoch nicht der übliche Weg.

Stattdessen wählen wir einen anderen Ansatz, der sogar unter AWT eine gute Lösung ist. Wir bilden eine eigene Komponente, eine Unterklasse von `JPanel` (unter AWT `Panel`, was wir aber nicht mehr weiter verfolgen wollen), und setzen diese auf das Fenster. Wird das Fenster neu gezeichnet, gibt das Grafiksystem den Zeichenauftrag an die Kinder weiter, also an unser spezielles `JPanel`, und ruft die überschriebene `paint(Graphics)`-Methode auf. Allerdings überschreiben eigene Unterklassen von Swing-Komponenten im Regelfall nicht `paint(Graphics)`, sondern `paintComponent(Graphics)`. Das liegt daran, dass Swing in `paint(Graphics)` zum Beispiel noch Rahmen zeichnet und sich um eine Pufferung des Bildschirminhalts zur Optimierung kümmert. So ruft `paint(Graphics)` die drei Methoden `paintComponent(Graphics)`, `paintBorder(Graphics)` und `paintChildren(Graphics)` auf, und bei einer Neudarstellung kümmert sich ein `RepaintManager` um eine zügige Darstellung mithilfe der gepufferten Inhalte, was bei normalen Swing-Interaktionskomponenten wie Schaltflächen wichtig ist.

Damit ist die Darstellung von Inhalten in einem `JFrame` einfach. Wir importieren drei Klassen, `JPanel` und `JFrame` aus `javax.swing` sowie `Graphics` aus `java.awt`. Dann bilden wir eine Unterklasse von `JPanel` und überschreiben `paintComponent(Graphics)`:

Listing 11.2 com/tutego/insel/ui/graphics/DrawFirstLine.java, Teil 1

```
package com.tutego.insel.ui.graphics;

import java.awt.Graphics;
import javax.swing.*;
```

```
class DrawPanel extends JPanel {

  @Override protected void paintComponent( Graphics g ) {
    super.paintComponent( g );
    g.drawLine( 10, 10, 100, 50 );
  }
}
```

Die Methode `paintComponent(Graphics)` besitzt in der Oberklasse die Sichtbarkeit `protected`, was wir beibehalten sollten; die Methode wird nicht von uns von anderer Stelle aufgerufen, daher muss eine Unterklasse die Sichtbarkeit nicht zu `public` erweitern. Der Aufruf von `super.paintComponent(…)` ist immer dann angebracht, wenn die Oberklasse ihre Inhalte zeichnen soll. Bei vollständig eigenem Inhalt ist das nicht notwendig.

Der letzte Schritt ist ein Testprogramm, das ein Exemplar des spezialisierten `JPanel` bildet und auf den `JFrame` setzt:

Listing 11.3 com/tutego/insel/ui/graphics/DrawFirstLine.java, Teil 2

```
public class DrawFirstLine {
  public static void main( String[] args ) {
    JFrame f = new JFrame();
    f.setDefaultCloseOperation( JFrame.EXIT_ON_CLOSE );
    f.setSize( 100, 100 );
    f.add( new DrawPanel() );
    f.setVisible( true );
  }
}
```

Die Lösung mit dem `JPanel` muss nicht die Höhe der Titelleiste berücksichtigen; die Komponente `JPanel`, die auf das Fenster gesetzt wird, befindet sich korrekt unterhalb der Titelleiste, und die Zeichenfläche liegt nicht verdeckt unter der Titelleiste.

[+]

Tipp

Für einfache Tests lässt sich auch `JOptionPane.showMessageDialog(null, new DrawPanel());` einsetzen.

11.1.4 Auffordern zum Neuzeichnen mit repaint(…)

Die Methode `repaint()` kann von außen aufgerufen werden, um ein Neuzeichnen zu erzwingen. Wenn die Komponente wie unsere Unterklasse von `JPanel` eine Swing Komponente ist, dann wird die `paint(Graphics)`-Methode der Komponente aufgerufen. Im Fall einer AWT-

Komponente, wie `Frame`, wird `update(Graphics)` aufgerufen, das ja automatisch `paint(Graphics)` aufruft.

```
abstract class java.awt.Component
implements ImageObserver, MenuContainer, Serializable
```

- `void repaint()`
  Erbittet sofortiges Neuzeichnen der Komponente.
- `void repaint(long tm)`
  Erbittet Neuzeichnen in `tm` Millisekunden.
- `void repaint(int x, int y, int width, int height)`
  Erbittet Neuzeichnen der Komponente im angegebenen Bereich.
- `void repaint(long tm, int x, int y, int width, int height)`
  Erbittet Neuzeichnen der Komponente nach `tm` Millisekunden im angegebenen Bereich.

11.1.5 Java 2D-API

Seit dem JDK 1.2 – und das ist nun schon etwas her – hat sich beim Zeichnen einiges getan. So wird der `paint(Graphics)`-Methode – und `paintComponent(Graphics)` ebenso – nicht mehr nur ein `Graphics`-Objekt übergeben, sondern eine Unterklasse von `Graphics`, `Graphics2D`. Die Klasse wurde im Rahmen der Java 2D-API aus den *Java Foundation Classes* (*JFC*) eingeführt und bietet erweiterte Zeichenmöglichkeiten, die mit der Sprache PostScript vergleichbar sind. Als wichtige Ergänzung sind Transformationen auf beliebig geformten Objekten sowie Füllmustern und Kompositionen zu nennen. Die Zeichenoperationen sind optional weichgezeichnet.

Da die Java-Entwickler die Signatur der `paintXXX(Graphics)`-Methoden nicht ändern wollten, blieb `Graphics` als Parametertyp stehen, und wir müssen es, um die erweiterte Funktionalität nutzen zu können, im Rumpf auf `Graphics2D` anpassen:

```
@Override protected void paintComponent( Graphics g ) {
  Graphics2D g2 = (Graphics2D) g;
  ...
}
```

Obwohl `Graphics2D` selbst im `java.awt`-Paket untergebracht ist, befinden sich viele der 2D-Klassen im Paket `java.awt.geom`.

[+]

Hinweis

Das Grafiksystem übergibt uns in der `paintXXX(Graphics)`-Methode zwar immer ein Objekt vom Typ `Graphics2D`, aber wir werden in den Beispielprogrammen nur dann eine Typanpassung vornehmen, wenn wir wirklich die Erweiterungen von `Graphics2D` nutzen.

11.2 Einfache Zeichenmethoden

Im Folgenden wollen wir Beispiele für Zeichenmethoden kennenlernen. Sie können Primitiven wie Linien auf zwei Arten zeichnen: einmal über eine spezielle Methode wie `drawLine(…)`, und dann lassen sich für diese Elemente auch Objekte aufbauen, die anschließend gezeichnet werden. Die Variante über Objekte ist Teil der 2D-API, die wir später vorstellen.

Nahezu alle Zeichenmethoden beginnen mit `draw(…)` oder `fill(…)`. Die Rückgaben sind immer `void`. Es ist nicht so, dass die Methoden durch einen Wahrheitswert mitteilen, ob ein tatsächlicher Zeichenbereich gefüllt werden konnte. Liegen die Koordinaten des zu zeichnenden Objekts nicht im Sichtfenster, geschieht einfach gar nichts. Die Zeichenmethode ist nicht in der Lage, dies dem Aufrufer in irgendeiner Form mitzuteilen.

11.2.1 Linien

11

Die Methode `drawLine(…)` wurde schon im ersten Beispiel vorgestellt.

```
abstract class java.awt.Graphics
```

- `abstract void drawLine(int x1, int y1, int x2, int y2)`
  Zeichnet eine Linie zwischen den Koordinaten (`x1`, `y1`) und (`x2`, `y2`) in der Vordergrundfarbe.

Liegen die Koordinaten des zu zeichnenden Objekts nicht im Sichtfenster, geschieht einfach gar nichts. Die Zeichenmethode ist nicht in der Lage, dies dem Aufrufer in irgendeiner Form mitzuteilen, Überschüssiges wird über das so genannte Clipping abgeschnitten.

Beispiel

Setze einen Punkt an die Stelle (x, y):

```
g.drawLine( x, y, x, y );
```

11.2.2 Rechtecke

Werfen wir einen Blick auf die Methoden, die uns Rechtecke zeichnen lassen:

```
abstract class java.awt.Graphics
```

- `void drawRect(int x, int y, int width, int height)`
  Zeichnet ein Rechteck in der Vordergrundfarbe. Das Rechteck ist `width` + 1 Pixel breit und `height` + 1 Pixel hoch.
- `void abstract fillRect(int x, int y, int width, int height)`
  Zeichnet ein gefülltes Rechteck in der Vordergrundfarbe. Das Rechteck ist `width` Pixel breit und `height` Pixel hoch.

- `void abstract drawRoundRect(int x, y, int width, int height,`
  `int arcWidth, int arcHeight)`
  Zeichnet ein abgerundetes Rechteck in der Vordergrundfarbe. Das Rechteck ist `width` + 1 Pixel breit und `height` + 1 Pixel hoch. `arcWidth` gibt den horizontalen und `arcHeight` den vertikalen Durchmesser der Kreisbögen der Ränder an.
- `void abstract fillRoundRect(int x, int y, int width, int height,`
  `int arcWidth, int arcHeight)`
  Zeichnet wie `drawRoundRect(…)`, nur gefüllt.
- `void draw3DRect(int x, int y, int width, int height, boolean raised)`
  Zeichnet ein dreidimensional angedeutetes Rechteck in der Vordergrundfarbe. Der Parameter `raised` gibt an, ob das Rechteck optisch erhöht oder vertieft wirken soll. Die Farben für den Effekt werden aus den Vordergrundfarben gewonnen.
- `void fill3DRect(int x, int y, int width, int height, boolean raised)`
  Zeichnet wie `draw3Drect(…)`, nur gefüllt.

[+]

Hinweis

Die Breiten der Rechtecke bei den Methoden `drawRect(…)` und `fillRect(…)` unterscheiden sich. `drawRect(0, 0, 10, 10)` zeichnet ein 11 × 11 Pixel breites Rechteck, und `fillRect(0, 0, 10, 10)` zeichnet ein 10 × 10 Pixel breites Rechteck.

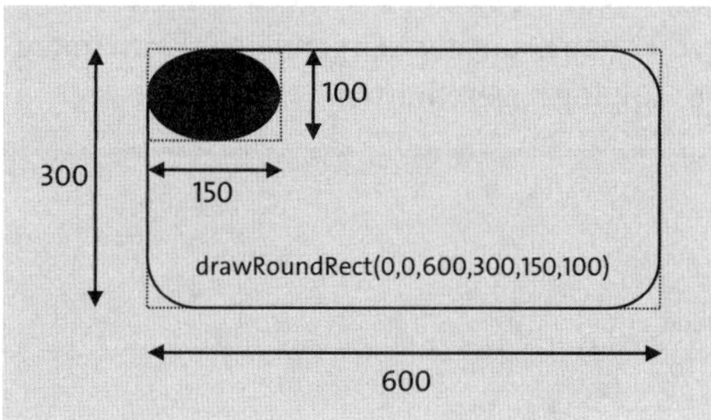

Abbildung 11.2 Beispiel für drawRoundRect()

11.2.3 Ovale und Kreisbögen

Die `Graphics`-Klasse stellt vier Methoden zum Zeichnen von Ovalen und Kreisbögen bereit. Gefüllte und nicht gefüllte Ellipsen sind immer in ein Rechteck eingepasst.

```
abstract class java.awt.Graphics
```

- `abstract drawOval(int x, int y, int width, int height)`
  Zeichnet ein Oval in der Vordergrundfarbe, das die Maße eines Rechtecks hat. Das Oval hat eine Größe von `width` + 1 Pixel in der Breite und `height` + 1 Pixel in der Höhe.

- `abstract fillOval(int x, int y, int width, int height)`
  Zeichnet wie `drawOval(…)`, nur gefüllt.
- `abstract void drawArc(int x, int y, int w, int h, int startAngle, int arcAngle)`
  Zeichnet einen Kreisbogen. Null Grad liegt in der 3-Uhr-Position. Bei einem Aufruf mit den Winkelargumenten 0, 270 wird ein Kreisbogen gezeichnet, bei dem 90 Grad im unteren rechten Bereich nicht gezeichnet sind.
- `abstract void fillArc(int x, int y, int w, int h, int startAngle, int arcAngle)`
  Zeichnet wie `drawArc(…)`, nur gefüllt.

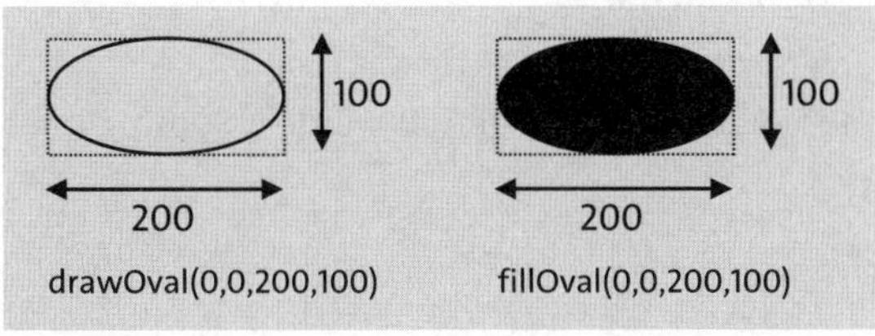

Abbildung 11.3 Parameter bei drawOval(…), Ellipsen sind in Rechtecke eingepasst.

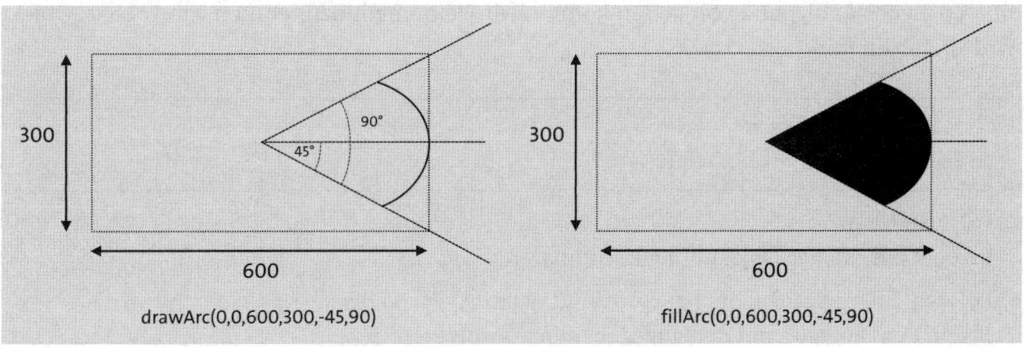

Abbildung 11.4 Parameter bei drawArc(…)

Bei der Methode `drawOval(…)` müssen wir immer daran denken, dass die Ellipse oder im Spezialfall der Kreis in ein Rechteck mit Startkoordinaten und mit Breite und Höhe gezeichnet wird. Dies ist nicht immer die natürliche Vorstellung von einer Ellipse bzw. einem Kreis. Einen Kreis bzw. eine Ellipse um den Mittelpunkt `x`, `y` mit den Radien `rx` und `ry` zeichnet:

```
g.drawOval( x - rx, y - ry, rx + rx, ry + ry );
```

11.2.4 Polygone und Polylines

In Java gibt es verschiedene Möglichkeiten, Polygone und Polylines zu zeichnen. Zunächst beispielsweise über ein Koordinatenfeld:

```
abstract class java.awt.Graphics
```

- `abstract void drawPolyline(int[] xPoints, int[] yPoints, int nPoints)`
  Zeichnet einen Linienzug durch die gegebenen Koordinaten in der Vordergrundfarbe. Die Figur ist nicht automatisch geschlossen, wenn nicht die Start- und Endkoordinaten gleich sind. Mit `nPoint` kontrollieren wir die Anzahl der gezeichneten Linien.
- `abstract void drawPolygon(int[] xPoints, int[] yPoints, int nPoints)`
  Zeichnet wie `drawPolyline(…)` einen Linienzug, schließt diesen aber immer gleich, indem die erste Koordinate mit der Koordinate `nPoints` verbunden wird.
- `abstract void fillPolygon(int[] xPoints, int[] yPoints, int nPoints)`
  Füllt das Polygon aus. Da eine Polyline offen ist, kann sie nicht gefüllt werden. Somit gibt es die Methode `fillPolyline(…)` nicht.

Die Polygon-Klasse *

Neben der Möglichkeit, die Linienzüge durch Koordinatenfelder zu beschreiben, gibt es in Java die Polygon-Klasse `Polygon`, die auch vom Typ `Shape` ist. Ein `Polygon`-Objekt verwaltet seine Koordinaten eigenständig, und von außen können wir Elemente hinzunehmen. Ein `Polygon`-Objekt wird aufgebaut mit:

```
class java.awt.Polygon
implements Shape, Serializable
```

- `Polygon()`
  Erzeugt ein `Polygon`-Objekt ohne Koordinaten.
- `Polygon(int[] xpoints, int[] ypoints, int npoints)`
  Erzeugt ein Polygon mit den angegebenen Koordinaten.

Nun können wir Punkte hinzufügen und Anfragen an das `Polygon`-Objekt stellen:

- `void addPoint(int x, int y)`
  Fügt ein Koordinatenpaar (x, y) hinzu und aktualisiert die Grenzen (engl. *boundings*).
- `Rectangle getBounds()`
  Gibt die Bounding-Box der Figur zurück. Diese beschreibt ein Rechteck, das das Objekt gerade umschließt. Ein `Rectangle`-Objekt besitzt die Variablen `height` (Höhe des Rechtecks), `width` (Breite des Rechtecks), `x` (x-Koordinate) und `y` (y-Koordinate des Rechtecks). Mit verschiedenen Methoden lassen sich Rechtecke zusammenfassen und schneiden.

Zwei Methoden aus `Graphics` zeichnen das `Polygon`: `drawPolygon(Polygon p)` und `fillPolygon(Polygon p)`. Da `Polygon` ein `Shape` ist, funktioniert natürlich auch `draw(Shape)` bzw. `fill(Shape)`; die Methoden stammen jedoch aus `Graphics2D`, nicht aus `Graphics`.

11.3 Zeichenketten schreiben und Fonts

Java kann Zeichenketten in verschiedenen Zeichensätzen (engl. *fonts*) auf die Zeichenfläche bringen. Zum Zeichnen gibt es unterschiedliche Methoden, von denen in jeder Java-Version Varianten und Klassen hinzukamen. Nicht viel besser ist es mit den Font-Informationen; auch dafür gibt es verwirrend viele Möglichkeiten zur Repräsentation der Metadaten.

11.3.1 Zeichenfolgen schreiben

Die Methode `drawString(…)` bringt eine Unicode-Zeichenkette auf den Bildschirm.

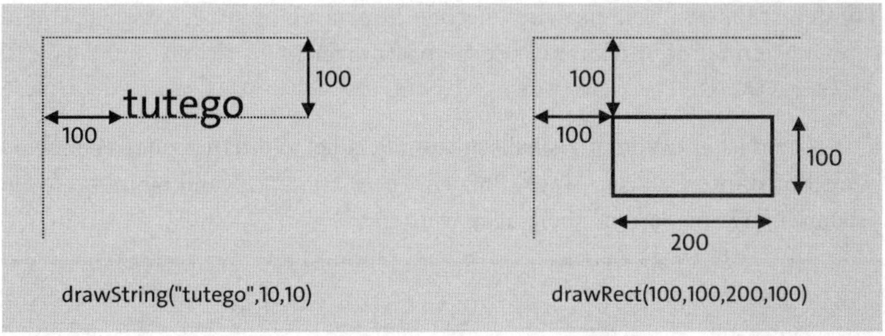

Abbildung 11.5 Koordinatenangaben von drawString(…) und drawRect(…) im Vergleich

Die Parameter von `drawString(…)` beschreiben die zu schreibende Zeichenkette sowie die x- und y-Koordinaten der Schriftlinie.

```
abstract class java.awt.Graphics
```

- `abstract void drawString(String s, int x, int y)`
  Schreibt einen String in der aktuellen Farbe und dem aktuellen Zeichensatz.
- `abstract void drawString(AttributedCharacterIterator iterator, int x, int y)`
  Schreibt einen String, der durch den Attribut-Iterator gegeben ist.

Neben `drawString(…)` gibt es noch `drawChars(char[], …)` und `drawBytes(byte[], …)`, die die Zeichenkette in einem anderen Format annehmen, nämlich als `char`- bzw. `byte`-Feld.

Hinweis [+]

Die Klasse `TextLayout` bietet weiter gehende Möglichkeiten, etwa Farbhervorhebung, Cursor-Funktionalität oder über `TextHitInfo` Tests, welches Zeichen sich an welcher Koordinate befindet, was bei Mausklicks nützlich ist. Ein `draw(…)` vom `TextLayout` bringt den Textbaustein auf den Schirm. Die Dokumentation listet etwas Quellcode zur Verdeutlichung auf.

11.3.2 Die Font-Klasse

Die Methode `drawString(…)` verwendet immer den aktuellen Zeichensatz. Um diesen zu ändern, benutzen wir auf dem aktuellen `Graphics`-Objekt die Methode `setFont(Font)`. Der Übergabeparameter ist ein `Font`-Objekt, das wir von woanders erfragen oder vorher erzeugen müssen.

```
class java.awt.Font
implements Serializable
```

- `Font(String name, int style, int size)`
  Erzeugt ein `Font`-Objekt mit einem gegebenen Namen, einem gegebenen Stil und einer gegebenen Größe. Für den Stil lassen sich die symbolischen Konstanten `Font.PLAIN`, `Font.ITALIC` oder `Font.BOLD` nutzen, ein fetter und kursiver Zeichensatz erreicht `Font.BOLD | Font.ITALIC` (bzw. `Font.BOLD + Font.ITALIC`).

Der Name des Zeichensatzes ist entweder physikalisch (zum Beispiel »Verdana« oder »Geneva«) oder logisch mit `Font`-Konstanten `DIALOG`, `DIALOG_INPUT`, `SANS_SERIF`, `SERIF` und `MONOSPACED`, die später auf die physikalischen Font-Namen übertragen werden.[3]

[»]

Beispiel

Ein `Font`-Objekt erzeugen:

```
Font f = new Font( Font.SERIF, Font.PLAIN, 14 );
```

Häufig wird dieses Zeichensatzobjekt sofort in `setFont(Font)` genutzt, so wie:

```
setFont( new Font( "Verdana", Font.BOLD, 20 ) );
```

Ist im Programm der aktuell verwendete Zeichensatz nötig, können wir `getFont()` von der `Graphics`-Klasse verwenden.

Einen neuen Font aus einem gegebenen Font ableiten

Steht ein `Font` zur Verfügung und soll ausgehend von diesem ein neues `Font`-Objekt mit einer kleinen Änderung, etwa in der Größe oder im Attribut (fett, kursiv), oder sogar nach einer `AffineTransformation` hergestellt werden, so lassen sich die `deriveFont(…)`-Methoden einsetzen.

[»]

Beispiel

Ausgehend von einem existierenden `Font`-Objekt `f` soll ein neuer Font mit dem gleichen Zeichensatz und Stil abgeleitet werden, der jedoch 20 Punkt groß ist:

```
Font font = f.deriveFont( 20f );
```

3 Die Webseite *https://docs.oracle.com/javase/8/docs/technotes/guides/intl/fontconfig.html* beschreibt diese Umsetzung.

11.3.3 Font-Metadaten durch FontMetrics *

Jedes Font-Objekt beinhaltet Informationen zur Schriftsatzfamilie, zum Schriftsatznamen sowie zu Größe und Stil. Was es nicht bietet, ist Zugriff auf Metadaten, etwa auf Abmessungen des Zeichensatzes. Um diese Daten aufzuspüren, ist ein FontMetrics-Objekt nötig. Es verwaltet metrische Informationen, die mit einer Schriftart verbunden sind. Dazu gehören Ober- und Unterlänge, Schrifthöhe und Zeilenabstand.

Da die Klasse FontMetrics keinen öffentlichen Konstruktor und keine statische Fabrikmethode besitzt, müssen wir ein FontMetrics-Objekt von einer anderen Stelle aus erfragen. Es bieten sich unter anderem an:

- getFontMetrics() von Graphics
- getFontMetrics(Font) von Graphics
- getFontMetrics(Font) von Component
- getFontMetrics(Font) von Toolkit (deprecated)

Ein FontMetrics-Objekt lässt sich merkwürdigerweise nicht direkt vom Font-Objekt erfragen. (Umgekehrt liefert aber getFont() aus FontMetrics das Font-Objekt, das diese Metriken beschreibt.)

In der paint(Graphics g)-Methode kann also mittels

```
FontMetrics fm = g.getFontMetrics();
```

auf die Metriken des aktuellen Zeichensatzes zugegriffen werden.

```
abstract class java.awt.Graphics
```

- FontMetrics getFontMetrics()
  Liefert die Font-Metriken zum aktuellen Zeichensatz.
- abstract FontMetrics getFontMetrics(Font f)
  Liefert die Font-Metriken für den Zeichensatz f.

Die Klasse FontMetrics bietet die folgenden Methoden an, wobei sich alle Angaben auf das jeweilige Zeichensatzobjekt beziehen. Beziehen sich die Rückgabeparameter auf die Zeichengröße, so erfolgt die Angabe immer in Pixeln.

```
abstract class java.awt.FontMetrics
implements Serializable
```

- int charWidth(int ch)
- int charWidth(char ch)
  Liefert die Breite zu einem Zeichen.
- int charsWidth(char[] data, int off, int len)

- `int bytesWidth(byte[] data, int off, int len)`
  Gibt die Breite aller Zeichen des Feldes zurück. Beginnt bei `off` und liest `len` Zeichen.
- `int stringWidth(String str)`
  Gibt die Breite der Zeichenkette zurück, wenn diese gezeichnet würde. Die Methode nutzt intern `charsWidth()`.
- `int getAscent()`
  Gibt den Abstand von der Grundlinie zur oberen Grenze (Oberlänge) zurück. Entspricht standardmäßig `getSize()` vom `Font`-Objekt.
- `int getDescent()`
  Gibt den Abstand von der Grundlinie zur unteren Grenze (Unterlänge) zurück, standardmäßig 0.
- `int getLeading()`
  Gibt den Durchschuss (engl. *leading*) zurück. Der Durchschuss ist der Standardabstand zwischen zwei Zeilen.
- `int getHeight()`
  Gibt den Standardzeilenabstand (Abstand zwischen Grundlinie und Grundlinie) in Pixeln zurück. Er berechnet sich aus Durchschuss + Oberlänge + Unterlänge. In Quellcode ausgedrückt: `getAscent() + getDescent() + getLeading()`.
- `int getMaxAdvance()`
  Liefert die Breite des breitesten Zeichens bzw. –1, wenn unbekannt.
- `int getMaxAscent()`
  Liefert das Maximum aller Oberlängen in Pixeln. Einige Zeichen können sich oberhalb der Oberlänge bewegen. Die Standardimplementierung leitet einfach nur an `getAscent()` weiter.
- `int getMaxDescent()`
  Liefert das Maximum aller Unterlängen in Pixeln. Leitet standardmäßig an `getDescent()` weiter.
- `int[] getWidths()`
  Liefert in einem Ganzzahlfeld die Breiten – ermittelt durch `charWidth(char)` – der ersten 256 Zeichen zurück.
- `Font getFont()`
  Liefert den aktuellen Zeichensatz.

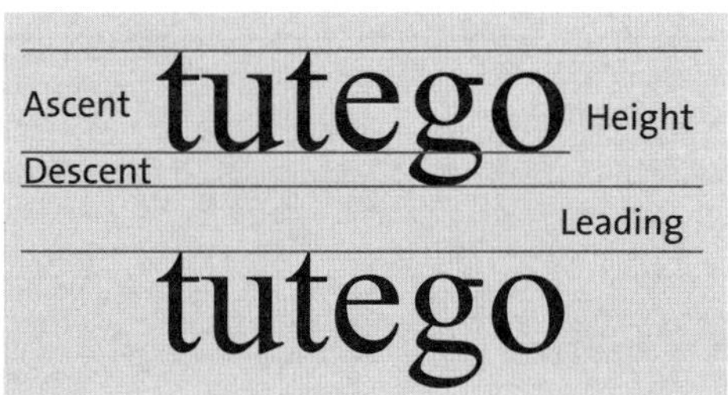

Abbildung 11.6 Die wichtigsten Properties der Font-Metadaten

Hinweis

Die Ergebnisse von `FontMetrics` sind bescheiden und mitunter ungenau. Bessere Ergebnisse, etwa über die Maße eines zu zeichnenden Strings, und interessante Zusatzmethoden bieten `FontRenderContext`, `TextLayout` und `LineMetrics`:

```
Font font = ...;
FontRenderContext frc = g.getFontRenderContext();
TextLayout layout = new TextLayout( "Text", font, frc );
Rectangle2D bounds = layout.getBounds();
```

`LineMetrics` bietet Angaben, wie zum Beispiel die nötige Dicke einer Linie beim Unterstreichen und Durchstreichen:

```
Font font = ...;
FontRenderContext frc = ...;
LineMetrics lm = font.getLineMetrics( str, g.getFontRenderContext() );
```


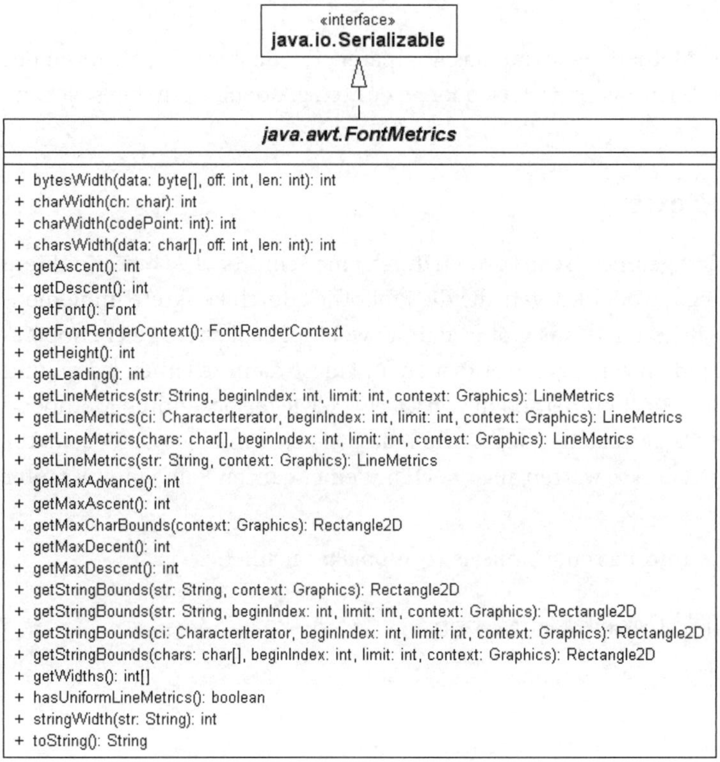

Abbildung 11.7 Klassendiagramm von FontMetrics

Einen String unterstreichen

Wir wollen nun `stringWidth(String)` und die Metadaten nutzen, um einen unterstrichenen Text darzustellen. Dafür gibt es keine offensichtliche Standardmethode in der Java-API. Also schreiben wir uns eine eigene statische Methode `drawUnderlinedString(Graphics, int, int, s)`, die die Koordinaten sowie den String übergeben bekommt und dann mit `drawString(String, int, int)` die Zeichenkette schreibt. Als Zweites zeichnet `drawLine(…)` eine Linie unter der Grundlinie des Textes mit einer Verschiebung und Dicke, die das von `Graphics` erfragte `LineMetrics` angibt, und mit der Länge, die das `FontMetrics`-Objekt für die Zeichenkette liefert:

Listing 11.4 com/tutego/insel/ui/graphics/DrawUnderlinedString.java, drawUnderlinedString()

```
public static void drawUnderlinedString( Graphics g, int x, int y, String s ) {
  g.drawString( s, x, y );

  FontMetrics fm = g.getFontMetrics();
  LineMetrics lm = fm.getLineMetrics( s, g );

  g.fillRect( x, y + (int) lm.getUnderlineOffset(),
              fm.stringWidth(s), (int) lm.getUnderlineThickness() );
}
```

Natürlich achtet so eine kleine Methode nicht auf das Aussparen von Buchstaben, die unter der Grundlinie liegen, und so sind Buchstaben wie »y« oder »q« unten gnadenlos durchgestrichen.

11.4 Geometrische Objekte

Die Java-Bibliothek repräsentiert geometrische Formen durch eine Schnittstelle `Shape`. Konkrete Formen sind etwa Linien, Polygone oder Kurven, die die Bibliothek durch konkrete Implementierungen der Schnittstelle realisiert. Für uns gibt es damit zwei Möglichkeiten, Zeichenoperationen zu tätigen: zum einen indem wir Objekte aufbauen und diese dann zeichnen lassen und zum anderen über die speziellen Zeichenmethoden von `Graphics`, wie die bekannten Methoden `drawLine(…)` und `drawRect(…)`. Objekte bieten den Vorteil, dass sie sich in einer Datenstruktur sammeln lassen, und die `Shape`-Objekte warten auch noch mit einer ganzen Reihe interessanter Methoden auf.

Beginnen wir mit einem Programm, das eine Linie als Formobjekt zeichnet:

Listing 11.5 com/tutego/insel/ui/g2d/First2D.java, First2DDemo

```
class First2D extends JPanel {

  @Override protected void paintComponent( Graphics g ) {
    Graphics2D g2 = (Graphics2D) g;

    g2.setRenderingHint( RenderingHints.KEY_ANTIALIASING,
                         RenderingHints.VALUE_ANTIALIAS_ON);
```

```
    g2.draw( new Line2D.Double( 10, 10, getWidth() - 10, getHeight() - 10 ) );
  }

  public static void main( String[] args ) {
    JFrame f = new JFrame();
    f.setDefaultCloseOperation( JFrame.EXIT_ON_CLOSE );
    f.setSize( 200, 120 );
    f.add( new First2D() );
    f.setVisible( true );
  }
}
```

Die Klasse `Line2D.Double` definiert das Linienobjekt, das `draw(Shape)` zeichnet (und `fill(Shape)` füllen würde). Die Methode `draw(Shape)`, die es nur auf dem `Graphics2D`-Objekt und nicht bei der Basisklasse `Graphics` gibt, nimmt ein beliebiges `Shape`-Objekt und zeichnet es nach den aktuellen Einstellungen wie Muster oder Farbe. Da normalerweise die Ausgabe nicht weichgezeichnet ist, wir dies aber wünschen, setzen wir einen `setRenderingHint(…)`. Die Argumente und die Methoden werden später näher beschrieben.

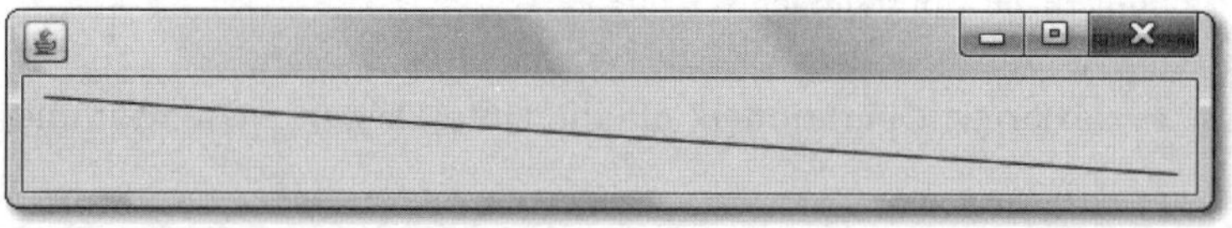

Abbildung 11.8 Eine weiche Linie

```
abstract class java.awt.Graphics2D
extends Graphics
```

- `abstract void draw(Shape s)`
  Zeichnet die Form im aktuellen `Graphics2D`-Kontext. Die Attribute umfassen Clipping, Transformation, Zeichen, Zusammensetzung und Stift-(Stroke-)Attribute.

11.4.1 Die Schnittstelle Shape

Die geometrischen Objekte, die die Schnittstelle `java.awt.Shape` implementieren, sind unter anderem:

- `Line2D`: Einfache Linie von Start- bis Endkoordinaten
- `RectangularShape` mit den Unterklassen `Arc2D`, `Ellipse2D`, `Rectangle2D` und `RoundRectangle2D` sind Objekte, die in einem Rechteck eingefasst sind.
- `Polygon`: geschlossener Linienzug
- `QuadCurve2D`, `CubicCurve2D`: quadratische und kubische Kurven

Fast alle Klassen sind abstrakt, und innen liegende Unterklassen implementieren die äußere Klasse mit den Genauigkeiten `float` und `double`. Ein Beispiel für `Line2D` haben wir im oberen Programm `First2DDemo` schon aufgeführt; die öffentliche konkrete innere Klasse mit der Genauigkeit `double` heißt `Line2D.Double`.

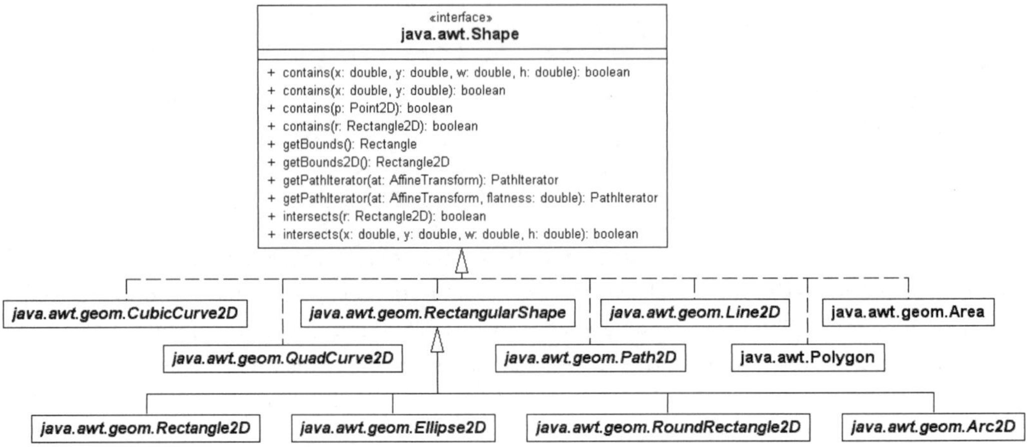

Abbildung 11.9 Vererbungsbeziehungen der Unterklassen von Shape

Die Schnittstelle `java.awt.Shape` deklariert Operationen, die die Unterklassen passend implementieren:

- `contains(…)`: Testet, ob ein Punkt bzw. Rechteck in der Form ist.
- `getBounds()`, `getBounds2D()`: Liefert den kleinsten Rahmen, der die Form vollständig enthält.
- `getPathItererator(…)`: Liefert einen `PathIterator`, der die äußeren Pfade entlangläuft.
- `intersects(…)`: Testet, ob ein Rechteck diese Form schneidet.

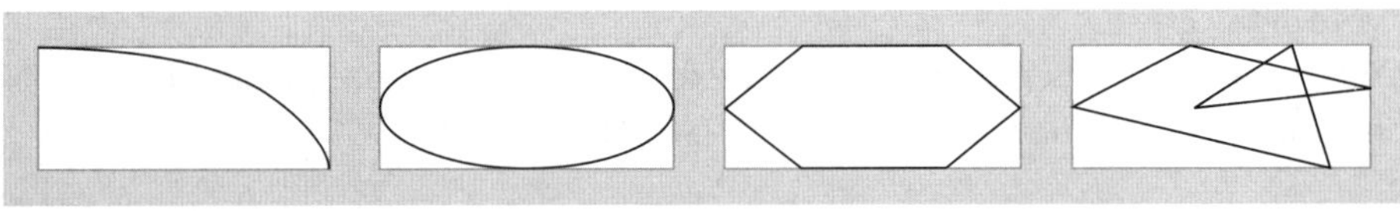

Abbildung 11.10 getBounds() am Beispiel einiger Formen

[+]

Hinweis

Es gibt in der Java-Bibliothek zwar Klassen wie `Point`, `Point2D.Float` und `Point2D.Double`, die `Point2D` erweitern, aber dies sind keine `Shape`-Objekte, und sie können nicht gezeichnet werden. Die Typen repräsentieren x/y-Koordinaten und finden sich nur als Parametertyp, etwa zum Aufbau von Linien, Kurven oder Gradienten. Auch für Text gibt es keine spezielle `Shape`-Implementierung. Um Text zu zeichnen, wird weiterhin die Methode `drawString(string, x, y)` verwendet, allerdings sind die Koordinaten `Graphis2D`-taugliche Fließkommazahlen vom Typ `float`.

11.4.2 Pfade *

Ein Pfad besteht aus zusammengesetzten Segmenten, die miteinander verbunden sind. Die Segmente bestehen nicht wie bei Polygonen ausschließlich aus Linien, sondern können auch quadratische oder kubische Kurven sein. Die Klasse `java.awt.geom.GeneralPath` erbt von `Path2D` (die wiederum von `Path2D.Float` erbt) und hängt Schritt für Schritt die Segmente mit den Methoden `lineTo(…)`, `curveTo(…)`, `quadTo(…)` an und den Umriss anderer Formen mit `append(PathIterator, boolean)`. Da der Startpunkt automatisch bei (0,0) liegt, setzt `moveTo(…)` ihn zum Start – oder auch später – um.

[«]

Beispiel

Zeichnen einer Linie als Pfad mit der 2D-API:

```
@Override protected void paintComponent( Graphics g ) {
  Graphics2D g2 = (Graphics2D) g;
  GeneralPath p = new GeneralPath();
  p.moveTo( 10f, 10f );
  p.lineTo( 100f, 20f );
  g2.setColor( Color.BLACK );
  g2.draw( p );
}
```


Natürlich hätten wir in diesem Fall auch ein `Line2D`-Objekt nehmen können. Doch dieses Beispiel zeigt einfach, wie ein Pfad aufgebaut ist. Zunächst bewegen wir den Zeichenstift mit `moveTo(float, float)` auf eine Position, und anschließend zeichnen wir eine Linie mit `lineTo(float, float)`. Ist der Pfad einmal gezogen, zeichnet `draw(Shape)` die Form, und `fill(Shape)` füllt das Objekt aus.

Um eine Kurve zu einem Punkt zu ziehen, nehmen wir `quadTo(x1, x2, y2, y2)` oder für Bézier-Kurven `curveTo(x1, x2, y2, y2, y3, y3)`. Die Methoden erwarten Argumente vom Typ `float` oder `double`.

11.5 Das Innere und Äußere einer Form

Vor dem Zeichnen sammelt das Grafiksystem die Objekte in einem Kontext. Er bestimmt für die Form den Zeichenbereich (engl. *clipping*), die Transformationen, die Komposition von Objekten. Die diversen `drawXXX(…)`- und `fillXXX(…)`-Methoden von `Graphics2D` berücksichtigen beim Zeichnen Farb- und Texturangaben, Dicken der Umrisslinien, Linienmuster und Weiteres. Unterscheiden müssen wir zwischen zwei Eigenschaften:

- *Umrisslinie (Stroke)*: Bestimmt zum Beispiel die Dicke der Umrisslinie oder das Zeichenmuster.
- *Füllung (Paint)*: Wählt dazu etwa Farbe oder Verläufe.

11.5.1 Farben und die Paint-Schnittstelle

Die Farben für das Innere geben Objekte vom Typ `java.awt.Paint` an. `Paint` ist eine Schnittstelle, die unter anderem folgende Klassen aus dem `java.awt`-Paket implementieren:

- `Color`: Repräsentiert sRGB-Farben und Alpha-Werte (Transparenz).
- `GradientPaint`, `LinearGradientPaint`, `RadialGradientPaint`: Füllt Formen (`Shape`-Objekte) mit Farbverläufen.
- `TexturePaint`: Füllt Formen mit einer Textur.
- `SystemColor`: Repräsentiert Farben, wie sie vom Benutzer in den Systemeinstellungen definiert sind.

Der Zuweisung eines `Paint`-Objekts auf den aktuellen `Graphics2D`-Kontext dient die Methode `setPaint(Paint)`.

11.5.2 Farben mit der Klasse Color

Ein `java.awt.Color`-Objekt repräsentiert üblicherweise einen Wert aus dem sRGB-Farbraum (Standard-RGB), kann aber auch andere Farbräume über den Basistyp `java.awt.color.ColorSpace` darstellen (wir werden das nicht weiter verfolgen).

Die Klasse `Color` stellt Konstanten wie `BLACK`, `WHITE`, für Standardfarben und einige Konstruktoren sowie Anfragemethoden wie `getRed()`, ... bereit. Außerdem gibt es Methoden, die abgewandelte `Color`-Objekte liefern – das ist nötig, da `Color`-Objekte wie `String` oder `File` immutable sind.

```
class java.awt.Color
implements Paint, Serializable
```

- `Color(float r, float g, float b)`
  Erzeugt ein `Color`-Objekt mit den Grundfarben Rot, Grün und Blau. Die Werte müssen im Bereich 0.0 bis 1.0 liegen, sonst folgt eine `IllegalArgumentException`.
- `Color(int r, int g, int b)`
  Erzeugt ein `Color`-Objekt mit den Grundfarben Rot, Grün und Blau. Die Werte müssen im Bereich 0 bis 255 liegen, sonst folgt eine `IllegalArgumentException`.
- `Color(int rgb)`
  Erzeugt ein `Color`-Objekt aus dem `rgb`-Wert, der die Farben Rot, Grün und Blau kodiert. Der Rotanteil befindet sich unter den Bits 16 bis 23, der Grünanteil in 8 bis 15 und der Blauanteil in 0 bis 7. Da ein Integer immer 32 Bit breit ist, ist jede Farbe durch 1 Byte (8 Bit) repräsentiert. Die Farbinformationen werden nur aus den 24 Bit genommen. Sonstige Werte werden einfach nicht betrachtet und mit einem Alpha-Wert gleich 255 überschrieben.
- `Color(int r, int g, int b, int a)`
- `Color(float r, float g, float b, float a)`
  Erzeugt ein `Color`-Objekt mit Alpha-Wert für Transparenz.

- `static Color decode(String nm) throws NumberFormatException`
  Liefert die Farbe von `nm`. Die Zeichenkette ist hexadezimal als 24-Bit-Integer kodiert, etwa `#00AAFF`.

11.5.3 Composite und XOR *

Ein *Composite* ist eine Zusammenfügung der zu zeichnenden Elemente und des Hintergrunds. Auf dem `Graphics2D`-Objekt setzt `setComposite(Composite)` den Modus, wobei bisher `AlphaComposite` die einzige direkte Implementierung der Schnittstelle `Composite` ist. Ein `AlphaComposite`-Objekt bestimmt, wie die Überblendung aussehen soll.

[«]

Beispiel

Zeichne ein Bild `image` mit dem Alpha-Wert `alpha`:

```
Graphics2D g2 = (Graphics2D) g;
g2.setComposite( AlphaComposite.getInstance(AlphaComposite.SRC_OVER, alpha) );
g2.drawImage( image, 0, 0, this );
```

11

Der XOR-Modus

Die zweite Einstellung, wie Farben auf das Ziel wirken, bestimmt der XOR-Modus, der ein spezieller Composite ist, mit dem Pixel, die zweimal gezeichnet werden, ihre Ursprungsfarbe wieder annehmen.

```
abstract class java.awt.Graphics
```

- `abstract void setComposite(Composite comp)`
  Setzt das `Composite`-Objekt, das die Verschmelzung der folgenden Zeichenoperationen mit dem Hintergrund definiert.
- `abstract void setXORMode(Color c)`
  Setzt die Pixel-Operation auf XOR.

11.5.4 Dicke und Art der Linien von Formen bestimmen über Stroke *

Eine noch fehlende Eigenschaft ist die der *Umrisslinie*, *Stroke* genannt. Zu den Eigenschaften einer Umrisslinie zählen:

- die Dicke (engl. *width*)
- die Art, wie Liniensegmente beginnen und enden (engl. *end caps*)
- die Art, wie aufeinandertreffende Linien verbunden werden (engl. *line joins*)
- ein Linien-Pattern (engl. *dash attributes*)

Die Stroke-Schnittstelle

Die Umrisseigenschaften bestimmen Objekte vom Typ `java.awt.Stroke`; die Methode `setStroke(Stroke)` auf dem `Graphics2D`-Kontext setzt sie. Alle nachfolgenden `Graphics2D`-Methoden wie `draw(Shape)`, `drawLine(…)` usw. berücksichtigen diese Umrisslinie anschließend.

Die Schnittstelle `Stroke` schreibt nur eine Operation vor:

```
interface java.awt.Stroke
```

- `Shape createStrokedShape(Shape p)`
  Liefert die Umrandung für ein `Shape p`.

Bisher gibt es in Java nur eine Standardimplementierung der Schnittstelle: `BasicStroke`.

Beispiel

Zeichne die folgenden Formen mit einer Dicke von 10 Pixeln:

```
g2.setStroke( new BasicStroke( 10 ) );
```

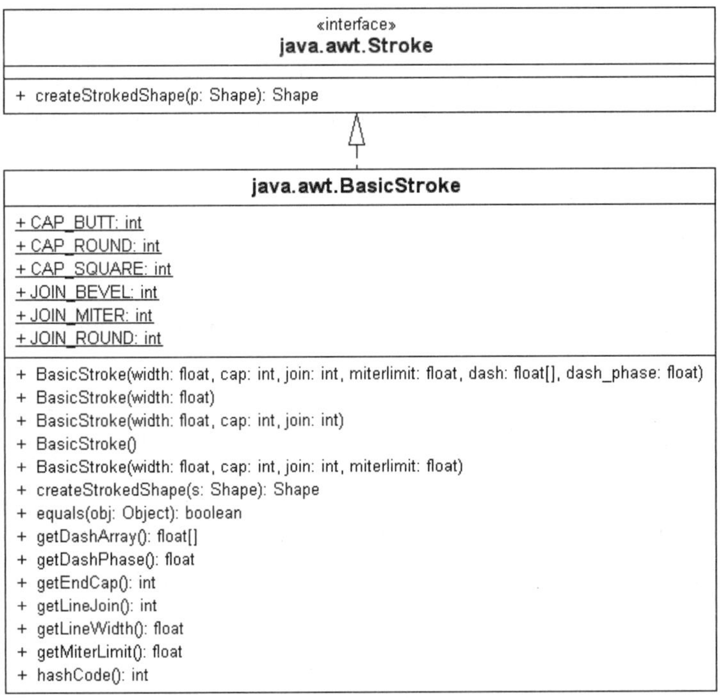

Abbildung 11.11 Vererbungsbeziehung von BasicStroke und Stroke

Linienenden (end caps)

Besonders bei breiten Linien ist es interessant, wie eine allein stehende Linie endet. Sie kann einfach aufhören oder auch abgerundet sein. Drei Konstanten bestimmen diesen Linienende-Typ:

- BasicStroke.CAP_BUTT: Belässt das Ende so, wie es ist.
- BasicStroke.CAP_ROUND: Rundet das Ende mit einem Halbkreis ab.
- BasicStroke.CAP_SQUARE: Setzt einen rechteckigen Bereich an.

Die Typen CAP_ROUND und CAP_SQUARE erweitern die Linie um ein Stück, das halb so groß wie die Dicke der Linie ist:

Listing 11.6 com/tutego/insel/ui/g2d/EndCaps.java, paintComponent()

```
@Override protected void paintComponent( Graphics g ) {
  Graphics2D g2 = (Graphics2D) g;

  g2.setRenderingHint( RenderingHints.KEY_ANTIALIASING,
                       RenderingHints.VALUE_ANTIALIAS_ON);

  g2.setStroke( new BasicStroke( 20, BasicStroke.CAP_BUTT, BasicStroke.JOIN_MITER ) );
  g2.drawLine( 30, 50, 200, 50 );

  g2.setStroke( new BasicStroke( 20, BasicStroke.CAP_SQUARE, BasicStroke.JOIN_MITER ) );
  g2.drawLine( 30, 150, 200, 150 );

  g2.setStroke( new BasicStroke( 20, BasicStroke.CAP_ROUND, BasicStroke.JOIN_MITER ) );
  g2.drawLine( 30, 100, 200, 100 );
}
```

Zwar gibt es von BasicStroke fünf Konstruktoren, aber nur einen einfachen, der Linienenden (immer unterschiedlich in dem Beispiel) und Linienverbindungen (hier BasicStroke.JOIN_MITER) gleichzeitig bestimmt haben möchte.

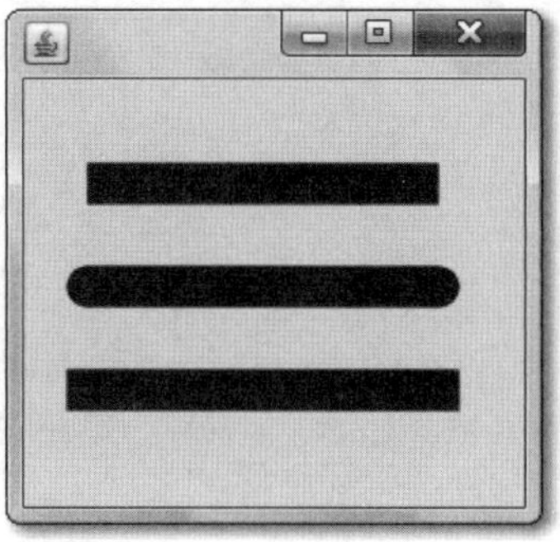

Abbildung 11.12 Unterschiedliche Linienenden

Linienverbindungen (line joins)

Wenn Linien nicht allein stehen, sondern etwa wie in einem Dreieck oder Rechteck verbunden sind, stellt sich die Frage, wie diese Verbindungspunkte gezeichnet werden. Das bestimmen ebenfalls drei Konstanten:

- BasicStroke.JOIN_ROUND: Rundet die Ecken ab.
- BasicStroke.JOIN_BEVEL: Zieht eine Linie zwischen den beiden äußeren Endpunkten.
- BasicStroke.JOIN_MITER: Erweitert die äußeren Linien so weit, bis sie sich treffen.

Listing 11.7 com/tutego/insel/ui/g2d/LineJoins.java, paintComponent()

```
@Override protected void paintComponent( Graphics g ) {
  Graphics2D g2 = (Graphics2D) g;

  g2.setRenderingHint( RenderingHints.KEY_ANTIALIASING,
                       RenderingHints.VALUE_ANTIALIAS_ON);

  BasicStroke stroke = new BasicStroke( 20, BasicStroke.CAP_BUTT,
                                        BasicStroke.JOIN_BEVEL );
  g2.setStroke( stroke );

  Path2D shape = new GeneralPath();
  shape.moveTo( 25, 25 );
  shape.lineTo( 50, 100 );
  shape.lineTo( 75, 25 );
  g2.draw( shape );

  //
  stroke = new BasicStroke( 20, BasicStroke.CAP_BUTT,
                                BasicStroke.JOIN_MITER );
  g2.setStroke( stroke );

  shape = new GeneralPath();
  shape.moveTo( 25+100, 25 );
  shape.lineTo( 50+100, 100 );
  shape.lineTo( 75+100, 25 );
  g2.draw( shape );

  //
  stroke = new BasicStroke( 20, BasicStroke.CAP_BUTT,
                             BasicStroke.JOIN_ROUND );
  g2.setStroke( stroke );

  shape = new GeneralPath();
  shape.moveTo( 25+200, 25 );
  shape.lineTo( 50+200, 100 );
  shape.lineTo( 75+200, 25 );
  g2.draw( shape );
}
```

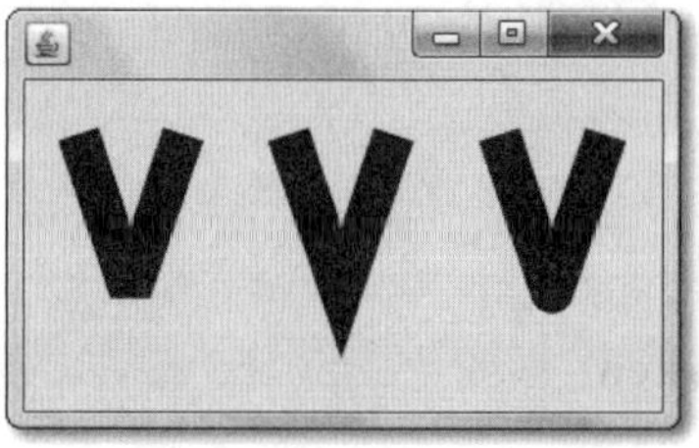

Abbildung 11.13 Unterschiedliche Linienverbindungen BEVEL, MITER, ROUND

Falls der Typ der Linienverbindungen `JOIN_MITER` ist, kann mit einem spitzen Winkel die Verbreiterung sehr lang werden. Die Variable `miterlimit` beim Konstruktor kann die maximale Länge beschränken, sodass die beiden Linien oberhalb einer gewissen Größe mit `JOIN_BEVEL` enden.

Füllmuster (dash)

Auch die Muster, mit denen die Linien oder Kurven gezeichnet werden, lassen sich ändern. Dazu erzeugen wir vorher ein `float`-Feld und übergeben es einem Konstruktor.

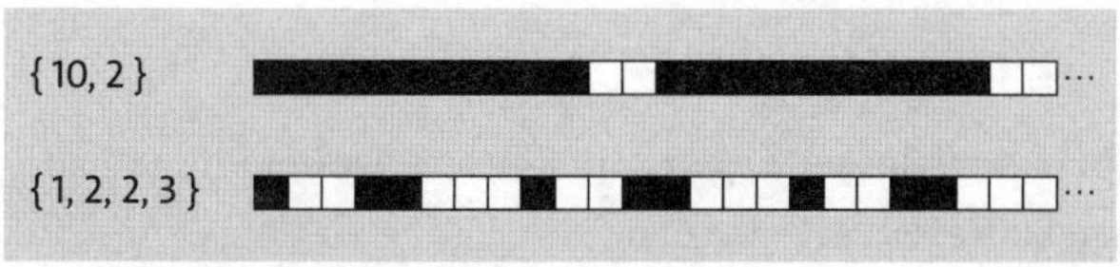

Abbildung 11.14 Kodierung der Füllmuster

Die folgenden Zeilen erzeugen ein Rechteck mit einem einfachen Linienmuster. Es sollen zehn Punkte gesetzt und zwei Punkte frei sein. Damit auch die Muster abgerundet werden, muss `CAP_ROUND` gesetzt sein:

Listing 11.8 com/tutego/insel/ui/g2d/DashWithBasicStroke.java, Ausschnitt 1

```
float[] dash = { 10, 2 };
BasicStroke stroke = new BasicStroke( 2,
  BasicStroke.CAP_BUTT, BasicStroke.JOIN_MITER,
  1,
  dash, 0 );

g2.setStroke( stroke );
g2.draw( new Rectangle2D.Float( 50, 50, 50, 50 ) );
```

Als letztes Argument hängt am Konstruktor von `BasicStroke` noch eine Verschiebung. Dieser Parameter bestimmt, wie viele Pixel im Muster übersprungen werden sollen. Geben wir dort für unser Beispiel etwa 10 an, so beginnt die Linie gleich mit zwei nicht gesetzten Pixeln. Eine 12 ergibt eine Verschiebung wieder an den Anfang. Bei nur einer Zahl im Feld sind der Abstand der Linien und die Breite einer Linie genauso lang, wie diese Zahl angibt. Bei gepunkteten Linien ist das Feld also 1. Hier eignet sich ein anonymes Feld ganz gut, wie die nächsten Zeilen zeigen:

Listing 11.9 com/tutego/insel/ui/g2d/DashWithBasicStroke.java, Ausschnitt 2

```
stroke = new BasicStroke( 1,
  BasicStroke.CAP_BUTT, BasicStroke.JOIN_BEVEL,
  1, new float[]{ 1 }, 0 );
```

Bei feinen Linien sollten wir das Weichzeichnen besser ausschalten.

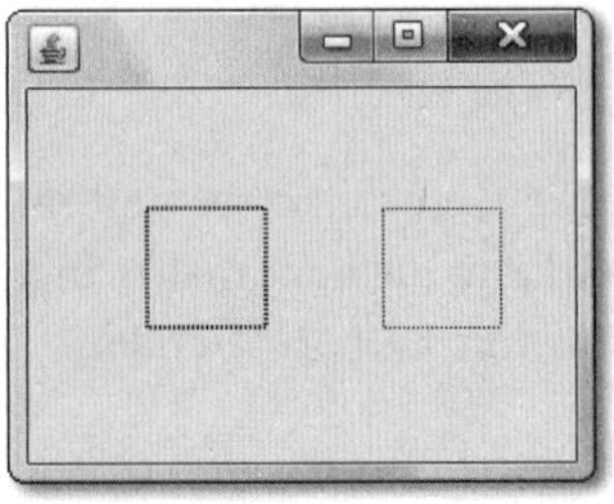

Abbildung 11.15 Zwei Linienmuster

11.6 Bilder

Jede Grafik wird in AWT/Swing als Exemplar der Klasse `Image` repräsentiert, wobei einige Lademethoden auch Exemplare der Unterklasse `BufferedImage` liefern.

11.6.1 Eine Übersicht über die Bilder-Bibliotheken

Die Java-API bietet – historisch gewachsen – mehrere Möglichkeiten zum Laden und für einige Formate auch zum Speichern von Bildern an. Zudem gibt es Zusatzbibliotheken für Spezialformate und besondere Anforderungen, wie etwa für die Verwaltung sehr großer Grafiken:

- Die Methode `getImage(…)` der Klassen `Toolkit` (bei Applikationen) und `Applet` (bei Applets) liefert ein `Image`-Objekt.
- Der Media-Tracker lädt Bilder und informiert über den Ladevorgang.
- Die Klasse `ImageIcon` lädt für Swing Bilder, die sich direkt auf der grafischen Oberfläche auf Komponenten wie Schaltflächen platzieren lassen. Sie nutzt im Hintergrund den Media-Tracker.
- Seit Java 1.4 gibt es das Paket `javax.imageio`, um das Lesen und Schreiben von Grafiken zu vereinheitlichen. Die Klasse `ImageIO` bietet eine einfache statische Methode `read(…)`.

11.6.2 Bilder mit ImageIO lesen

`ImageIO` ist sehr einfach zu nutzen, denn mit einer kleinen statischen Methode `ImageIO.read(…)` ist die Grafik geladen. Unterstützte Dateiformate sind sicher GIF, JPEG und PNG; weitere Formate können von Plattform zu Plattform unterschiedlich sein (eine präzisere Liste der angemeldeten Leser liefern `ImageIO.getReaderFormatNames()` und `ImageIO.getReaderMIMETypes()`).

```
final class javax.imageio.ImageIO
```

- static BufferedImage read(File input) throws IOException
- static BufferedImage read(InputStream input) throws IOException
- static BufferedImage read(URL input) throws IOException
- static BufferedImage read(ImageInputStream input) throws IOException
  Lädt ein Bild und liefert ein BufferedImage oder null, wenn kein Decoder das Bild lesen konnte.

Beispiel

Lesen eines Bildes aus einer Datei, Netzwerkdatenquelle und URL:

```
BufferedImage a = ImageIO.read(new File( "girlfriend1001.png" ));
BufferedImage b = ImageIO.read(socket.getInputStream());
BufferedImage c = ImageIO.read(new URL("http://tutego.de/images/email.gif"));
```

11

Die Bilder können auf unterschiedliche Art weiterverarbeitet werden. Sie lassen sich über drawImage(…) anzeigen und auch als Grafiken in Swing weiterverarbeiten. Zwar fordert Swing sie als ImageIcon an, doch die Klasse ist so gütig, einen Konstruktor anzubieten, der ein Image-Objekt akzeptiert.

Abbildung 11.16 Klassendiagramm von ImageIO

11.6.3 Ein Bild zeichnen

Eine Grafik zeichnet die Methode drawImage(…) der Graphics-Klasse. Die Methode ist mit unterschiedlichen Varianten überladen, um die Grafik auch in anderen Größen zu zeichnen – was sie skaliert – oder auch nur Teile zu zeichnen. Der einfachste Aufruf, der die Grafik in ihrer Originalgröße ab der Position oben links mit der Position (0,0) setzt, ist:

```
Image image = …
g.drawImage( image, 0, 0, this );
```

Die drawImage(…)-Methoden sind mehrheitlich in der Oberklasse Graphics, doch zwei zusätzliche Methoden deklariert die Graphics-Unterklasse Graphics2D. Die wichtigen Methoden sind (auf die Modifizierer abstract und die Rückgabe verzichtet die Aufzählung der Kürze halber):

```
abstract class java.awt.Graphics
```

- drawImage(Image img, int x, int y, ImageObserver observer)
- drawImage(Image img, int x, int y, int width, int height, ImageObserver observer)

```
abstract class java.awt.Graphics2D
extends Graphics
```

- drawImage(Image img, AffineTransform xform, ImageObserver obs)
- drawImage(BufferedImage img, BufferedImageOp op, int x, int y)

[+]

Hinweis

In den Methoden fällt ein besonderer Beobachter auf, der ImageObserver. Der Grund für seinen Einsatz ist die Tatsache, dass Java bei den über das Toolkit angesprochenen Grafiken das Laden so weit hinauszögert, bis eine Darstellung die Pixeldaten wirklich erforderlich macht. Damit aber nach (oder während) des Ladens die Darstellung erfolgen kann, informiert der Lader die Interessenten über den Ladezustand. Nutzen wir drawImage(…) in einer Unterklasse von Component – sie implementiert ImageObserver –, ist das Argument für den ImageObserver oft this, andernfalls null, wenn eine Ladeüberwachung nicht nötig ist.

Bildbetrachter

Das folgende Programmlisting zeigt eine einfache Applikation mit einer Menüleiste, die über einen Dateiauswahldialog eine Grafik lädt und anzeigt. Wir beginnen mit der ersten Klasse, die eine Swing-Komponente darstellt, die das Bild zeichnet:

Listing 11.10 com/tutego/insel/ui/image/ImageViewer.java, ImageComponent

```
class ImageComponent extends JComponent {

  private static final long serialVersionUID = 8055865896136562197L;

  private BufferedImage image;

  public void setImage( BufferedImage image ) {
    this.image = image;
    setPreferredSize( new Dimension(image.getWidth(), image.getHeight()) );
    repaint();
    invalidate();
  }

  @Override protected void paintComponent( Graphics g ) {
    if ( image != null )
      g.drawImage( image, 0, 0, this );
  }
}
```

Da ein Dateiauswahl-Dialog gewünscht ist, der aufgrund einer Menüauswahl die Datei lädt, folgt eine Implementierung einer Swing-Aktion:

Listing 11.11 com/tutego/insel/ui/image/ImageViewer.java, FileOpenAction

```
class FileOpenAction extends AbstractAction
{
  private final ImageComponent viewComponent;

  public FileOpenAction( ImageComponent viewComponent ) {
    this.viewComponent = viewComponent;

    putValue( NAME,             "Öffnen" );
    putValue( ACCELERATOR_KEY, KeyStroke.getKeyStroke( KeyEvent.VK_O,
                                          InputEvent.CTRL_DOWN_MASK ) );
    putValue( MNEMONIC_KEY,    (int) 'f' );
  }

  @Override public void actionPerformed( ActionEvent e ) {
    JFileChooser fileDialog = new JFileChooser();
    fileDialog.setFileFilter(
      new FileNameExtensionFilter("*.jpg;*.gif", "jpg", "gif") );
    fileDialog.showOpenDialog( viewComponent );
    final File file = fileDialog.getSelectedFile();
```

```
    if ( file != null ) {
      new SwingWorker<BufferedImage, Void>() {
        @Override protected BufferedImage doInBackground() throws IOException {
          return ImageIO.read( file );
        }
        @Override protected void done() {
          try { viewComponent.setImage( get() ); }
          catch ( InterruptedException | ExecutionException e ) { }
        }
      }.execute();
    }
  }
}
```

Der Dialog zur Dateiauswahl ist so über einen `FileFilter` eingestellt, dass er nur Verzeichnisse und Dateien anzeigt, die auf *.jpg* oder *.gif* enden. Hat der Benutzer eine gültige Grafik ausgewählt, wird `setImage(BufferedImage)` unserer `ImageComponent` angewiesen, das Bild zu laden und anzuzeigen.

Den letzten Teil bildet das Hauptprogramm. Es erzeugt die Bildkomponente und das Menü, setzt den Listener und zeigt das Fenster an:

Listing 11.12 com/tutego/insel/ui/image/ImageViewer.java, ImageViewer

```
public class ImageViewer {
  public static void main( String[] args ) {
    JFrame f = new JFrame( "Bildbetrachter" );

    ImageComponent imageComponent = new ImageComponent();
    f.add( new JScrollPane(imageComponent) );
    JMenuBar menuBar = new JMenuBar();
    JMenu menu = new JMenu( "Datei" );
    menu.setMnemonic( 'D' );
    menu.add( new JMenuItem( new FileOpenAction(imageComponent) ) );
    menuBar.add( menu );
    f.setJMenuBar( menuBar );

    f.setDefaultCloseOperation( JFrame.EXIT_ON_CLOSE );
    f.setSize( 600, 400 );
    f.setVisible( true );
  }
}
```

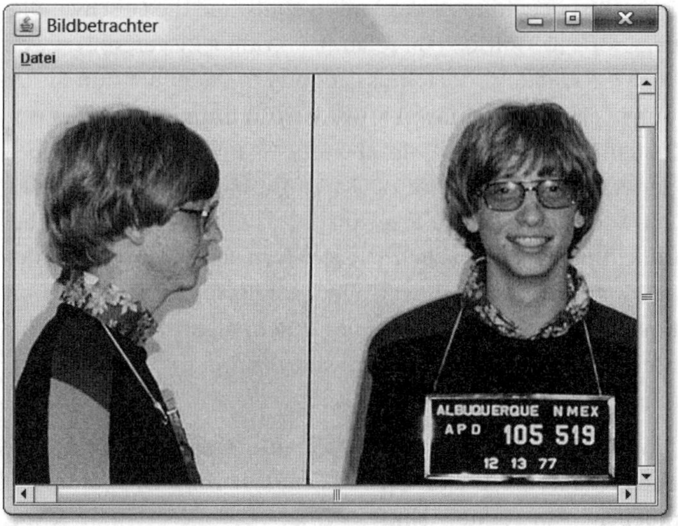

Abbildung 11.17 Ein einfacher Bildbetrachter mit Dateiauswahldialog

11.6.4 Splash-Screen *

Ein *Splash-Screen* ist ein Willkommensbildschirm mit Grafik, der noch vor dem eigentlichen Programmstart über die JVM erscheint und dem Benutzer Informationen über Version und Autor übermittelt. Java kann in zwei Varianten einen Startschirm mit einer beliebigen Grafik – nennen wir sie beispielsweise *splash.png* – anzeigen:

- über den Schalter `-splash` beim Start der JVM; etwa `java -splash:splash.png Main`
- mit einem Eintrag `Splashscreen-Image: splash.png` in der Manifest-Datei

Öffnet unser Java-Programm das erste Fenster, schließt sich der Splash-Screen automatisch. Dennoch gibt es Möglichkeiten, auf den Splash-Screen aus dem Java-Programm zuzugreifen:

```
SplashScreen splash = SplashScreen.getSplashScreen();
Graphics2D g2 = splash.createGraphics();
// Zeichenoperationen
splash.update();
```

Die Methode `close()` schließt den Splash-Screen manuell und wartet nicht auf das erste eigene Fenster, das den Splash-Screen automatisch schließt.

11.6.5 Bilder skalieren *

Die Methode `getScaledInstance(int width, int height, int hints)` der Klasse `Image` gibt ein neues `Image`-Objekt mit größeren oder kleineren Maßen zurück. Das neue Bild wird wieder nur dann berechnet, wenn es auch benötigt wird – das Verhalten ist also ebenso asynchron wie bei der gesamten Bildverwaltung über die `Image`-Klasse. Beim Vergrößern oder Verkleinern kommt es zu

Pixelfehlern, und das Vergrößern der Pixel beeinflusst das Endergebnis und die Geschwindigkeit. Stellen wir uns vor, ein Bild der Größe 100 × 100 Pixel soll um das Doppelte vergrößert werden. Das Resultat ist ein Bild mit 200 × 200 Pixeln, doch muss aus einem Bildpunkt nun die Information für drei weitere Punkte abgeleitet werden. Eine Lösung bestünde darin, die Farbwerte der Punkte einfach zu duplizieren, dann bleibt die Schärfe, aber das Bild wirkt wie aus groben Blöcken zusammengesetzt. Eine andere Möglichkeit wäre, die Farbinformationen für die neuen Punkte aus den Informationen der Nachbarpunkte zu errechnen. Das Bild wirkt glatter, aber auch unschärfer bei hoher Skalierung. Und ebenso wie beim Vergrößern der Bilder sollten auch beim Verkleinern die Bildinformationen nicht einfach wegfallen, sondern, wenn möglich, zu neuen Farbwerten zusammengefasst werden. So erwarten wir von einem Algorithmus, dass dieser bei einer Schrumpfung von drei Farbwerten zu einem Farbwert die drei Informationen zu einem neuen Wert zusammenlegt.

Damit diese Anforderungen erfüllt werden können, verlangt `getScaledInstance(…)` nicht nur die neue Breite und Höhe, sondern auch eine Konstante für die Art der Skalierung. Der Parameter bestimmt den Algorithmus – mögliche Konstanten sind `SCALE_DEFAULT`, `SCALE_FAST`, `SCALE_SMOOTH`, `SCALE_REPLICATE` und `SCALE_AREA_AVERAGING`.

Skalierungsparameter	Bedeutung
`SCALE_DEFAULT`	Verwendet einen Standard-Skalierungsalgorithmus.
`SCALE_FAST`	Verwendet einen Skalierungsalgorithmus, der mehr Wert auf Geschwindigkeit als auf die Glätte des Bildes legt.
`SCALE_SMOOTH`	Verwendet einen Algorithmus mit guter Bildqualität und legt weniger Wert auf Geschwindigkeit.
`SCALE_REPLICATE`	Benutzt für den Skalierungsalgorithmus den `ReplicateScaleFilter`.
`SCALE_AREA_AVERAGING`	Verwendet den `AreaAveragingScaleFilter`.

Tabelle 11.1 Argumente für getScaledImage(…)

Mithilfe dieser Konstanten lässt sich die Methode aufrufen:

```
abstract class java.awt.Image
```

- `Image getScaledInstance(int width, int height, int hints)`
  Liefert ein skaliertes Bild mit den neuen Maßen `width` und `height`. Das neue Bild kann asynchron geholt werden. `hints` gibt den Skalierungsalgorithmus als Konstante an. Ist die Höhe oder Breite negativ, so berechnet sich der Wert aus dem anderen, um das Seitenverhältnis beizubehalten.

Beispiel

Eine Grafik soll geladen und zwei skalierte neue Image-Exemplare sollen abgeleitet werden. Die erste Skalierung soll das Original um einen Prozentwert verändern, und die zweite Skalierung soll – unabhängig von der korrekten Wiedergabe der Seitenverhältnisse – das Bild auf die Größe des Bildschirms bringen. Wir wollen es mit Image.SCALE_SMOOTH skaliert haben:

```
Image image = ImageIO.read( "ottosHaus.jpg" );
int   percent = 175;
Image scaled1 = image.getScaledInstance(
  (image.getWidth() * percent) / 100,
  (image.getHeight() * percent) / 100,
  Image.SCALE_SMOOTH );
Image scaled2 = image.getScaledInstance(
  Toolkit.getDefaultToolkit().getScreenSize().width,
  Toolkit.getDefaultToolkit().getScreenSize().height,
  Image.SCALE_SMOOTH );
```


Hinter den Kulissen

Was auf den ersten Blick wie die Wahl zwischen unglaublich vielen Varianten aussieht, entpuppt sich als typische Informatiker-Lösung: entweder schnell und schmutzig oder schön und gemächlich. Aber so ist nun mal das Leben. Der Quelltext macht dies deutlich:

Listing 11.13 java/awt/Image.java, getScaledInstance()

```
public Image getScaledInstance(int width, int height, int hints) {
  ImageFilter filter;
  if ((hints & (SCALE_SMOOTH | SCALE_AREA_AVERAGING)) != 0)
    filter = new AreaAveragingScaleFilter(width, height);
  else
    filter = new ReplicateScaleFilter(width, height);
  ImageProducer prod;
  prod = new FilteredImageSource(getSource(), filter);
  return Toolkit.getDefaultToolkit().createImage(prod);
}
```

Bei der Wahl zwischen sanftem Bild und schnellem Algorithmus greift getScaledInstance(int, int, int) auf die beiden Filterklassen AreaAveragingScaleFilter und ReplicateScaleFilter zurück. Sie berechnen jeweils das neue Bild über einen Bildproduzenten. ReplicateScaleFilter ist der einfachere von beiden. Bei der Vergrößerung werden die Pixel einer Zeile oder Spalte einfach verdoppelt. Wird verkleinert, so werden einfach Reihen oder Spalten weggelassen. Mit einem AreaAveragingScaleFilter bekommen wir die besseren Resultate, da Pixel nicht einfach kopiert werden, sondern weil wir eingefügte Pixel aus einer Mittelwertberechnung erhalten. Der Algorithmus heißt im Englischen auch *nearest neighbor algorithm*.

11.6.6 Schreiben mit ImageIO

ImageIO ist eine Utility-Klasse mit statischen Methoden zum Lesen und Schreiben von Grafiken und um einen passenden Bildleser/-schreiber herauszusuchen.

So wie die statische Methode ImageIO.read(…) eine Grafik liest, schreibt ImageIO.write(…) sie zum Beispiel im PNG- oder JPG-Format. Voraussetzung ist eine Grafik, die als RenderedImage vorliegt. Die Schnittstelle wird beispielsweise von BufferedImage implementiert, der wichtigsten Klasse für Bildinformationen. Gilt es, die Grafik abzuspeichern, wird die Methode ImageIO.write(…) mit einem Verweis auf das RenderedImage sowie das Datenformat und ein File-Objekt oder den Ausgabestrom aufgerufen.

[»]

Beispiel

Speichere als PNG-Datei ein Bild mit den Maßen 100 × 100 und einem gefüllten Kreis:

Listing 11.14 com/tutego/insel/ui/image/SaveImage.java, main()

```
GraphicsConfiguration gfxConf = GraphicsEnvironment
    .getLocalGraphicsEnvironment().getDefaultScreenDevice()
    .getDefaultConfiguration();
BufferedImage image = gfxConf.createCompatibleImage( 100, 100 );
image.createGraphics().fillOval( 0, 0, 100, 100 );
ImageIO.write( image, "png", new File( "c:/circle.png" ) );
```

Kann ImageIO ein Format behandeln? *

ImageIO erlaubt standardmäßig das Speichern in JPG, PNG und GIF. Eine Liste der unterstützten Formate liefern ImageIO.getWriterFormatNames() bzw. ImageIO.getWriterMIMETypes():

```
String[] types = ImageIO.getWriterMIMETypes();
System.out.println( Arrays.toString(types) );
```

Die Ausgabe sieht etwa so aus:

```
[image/jpeg, image/png, image/x-png, image/vnd.wap.wbmp, image/gif, image/bmp]
```

Ob ImageIO ein Bild mit einem bestimmten Grafikformat lesen kann, bestimmt im Grunde die statische Methode ImageIO.getImageReadersByFormatName(String formatName) – sie liefert eine Liste von ImageReader-Objekten, die das Format übernehmen. Da die Liste über einen Iterator gegeben ist, lässt sich die Frage, ob ImageIO ein bestimmtes Format lesen kann, über das Ergebnis von ImageIO.getImageReadersByFormatName().hasNext() beantworten.

Beispiel

Soll für eine Endung die Möglichkeit des Lesens erfragt werden, liefert eine eigene Methode `canReadExtension(String)` die Antwort – wieder über einen `Iterator`:

```
public static boolean canReadExtension( String ext ) {
  return ImageIO.getImageReadersBySuffix(ext).iter.hasNext();
}
```

`ImageIO.getImageReadersByMIMEType(String)` liefert einen `Iterator` der MIME-Typen für Grafik-Leser.

Die Anfragemöglichkeit gibt es natürlich nicht nur für die Leser, sondern äquivalent auch für die Schreiber. Hier erfüllen drei statische Methoden ihren Zweck:

- `getImageWritersByFormatName(String formatName)`
- `getImageWritersBySuffix(String fileSuffix)`
- `getImageWritersByMIMEType(String MIMEType)`

Die Anfragetypen richten sich bisher nach den Dateiendungen oder MIME-Typen. Diese Aussagen erfordern aber Unterstützung vom Dateisystem oder vom Server. Was ist, wenn eine Grafik über das Netzwerk übertragen wird, die Typinformationen aber fehlen? Dann helfen statische Methoden wie `getImageReadersBySuffix(String)` nicht, sondern eine inhaltliche Analyse muss her. Hilfreich ist die Methode `ImageIO. createImageInputStream(Object)`, die drei Datengeber analysieren kann: `File`-Objekte, lesbare `RandomAccessFile`-Objekte und `InputStream`-Objekte. Weil die Entwickler nun aber nicht drei unterschiedliche statische Methoden mit unterschiedlichen Parametern für `createImageInputStream(…)` vorsehen wollten, nahmen sie die Oberklasse – nämlich `Object` (das glänzt nicht gerade vor gutem Bibliotheksdesign).

```
ImageInputStream iis = ImageIO.createImageInputStream( object );
```

Die Rückgabe ist ein `ImageInputStream`, der, obwohl er `InputStream` im Namen trägt, kein Eingabestrom im klassischen Sinne ist. `ImageInputStream` erlaubt einen Datenzugriff mit wahlfreier Positionierung, und `createImageInputStream(Object)` ist eine Methode, die den `ImageInputStream` für eine Datenquelle liefert. Für Benutzer ist `ImageInputStream` aber immer noch nicht gedacht; Benutzer arbeiten mit `ImageReader`-Objekten. Ein passendes `ImageReader`-Objekt für die Bytes liefert `getImageReaders(Object)`:

```
Iterator = ImageIO.getImageReaders( iis );
```

Der Iterator liefert alle `ImageReader`, die das Datenformat für den Binärstrom verarbeiten können. Uns reicht der erste:

```
if ( iter.hasNext() )
  ImageReader reader = (ImageReader) iter.next();
else
  // Kein Reader, der das Format versteht.
```

Komprimieren mit ImageIO *

Die statischen Methoden `ImageIO.write(...)` und `ImageIO.read(...)` sind nur Hilfsmethoden, die im Hintergrund einen passenden `ImageWriter` und `ImageReader` suchen und ihm die Arbeit überlassen. Während der Kontakt zum tatsächlichen `ImageReader` eher selten ist, gibt es einen guten Grund, sich mit dem schreibenden `ImageWriter` näher zu beschäftigen – ihm können über ein `ImageWriteParam`-Objekt zusätzliche Parameter übertragen werden, etwa der Kompressionsgrad, der sich zwischen 0 und 1 bewegt. JPEG-Bilder sind im Gegensatz zu GIF-Bildern mit Verlust komprimiert, doch lassen sich diese Verluste klein halten. Über eine diskrete Kosinustransformation werden 8 × 8 große Pixelblöcke vereinfacht. Die Komprimierung nutzt die Unfähigkeit des Auges aus, Farbunterschiede so stark wahrzunehmen wie Helligkeitsunterschiede. So können Punkte mit einer ähnlichen Helligkeit, doch einer anderen Farbe zu einem Wert werden. Bei einer hohen Kompression treten jedoch so genannte *Artefakte* auf, die unschön wirken. Bei einer sehr hohen Kompression ist die Bildgröße sehr klein (und die Bilder sind hässlich). Der Qualitätsfaktor ist vom Typ `float` und bewegt sich zwischen 0,0 und 1,0. Der Wert 1 bedeutet im Prinzip keine Kompression und somit höchste Qualität. Ein Wert um 0,75 ist ein hoher Wert für Qualitätsbilder, der Wert 0,5 liefert Bilder mittlerer Qualität, und 0,25 sorgt für stärkere Artefakte und hohe Kompression.

Ein Programm, das ein Bild im JPG-Format in eine Datei schreibt, muss zunächst ein Objekt vom Typ `ImageWriter` erfragen und anschließend den `ImageOutputStream` aufbauen, um die Daten schreiben zu können. Nach dem Aufbau eines `ImageWriteParam`-Objekts für die Parameter lässt sich das Bild speichern. Zwar verfügt `ImageWriter` über eine Methode `write(RenderedImage)`, um zum Beispiel ein `BufferedImage` zu schreiben – `RenderedImage` ist eine Schnittstelle, die `BufferedImage` implementiert –, doch im Fall der Parameter muss das Bild als `IIOImage` vorliegen. `IIOImage` versammelt die Bildinformationen (`RenderedImage` oder `Raster`), zusammen mit Vorschaubild und Metadaten.

Bilder in verschiedenen Kompressionsstufen speichern *

Wir wollen nun ein Programm entwickeln, das einen Screenshot nimmt und ihn in den Qualitätsstufen 1,0 bis 0,0 in 0,25er-Schritten komprimiert und das Ergebnis auf dem Bildschirm ausgibt:

Listing 11.15 com/tutego/insel/ui/image/ImageWriterDemo.java

```java
package com.tutego.insel.ui.image;

import java.awt.*;
import java.awt.image.BufferedImage;
import java.io.*;
import java.util.Locale;
import javax.imageio.*;
import javax.imageio.plugins.jpeg.JPEGImageWriteParam;
import javax.imageio.stream.ImageOutputStream;
```

```
class ImageWriterDemo {
  public static void main( String[] args ) throws Exception {
    BufferedImage img = new Robot().createScreenCapture(
          new Rectangle(Toolkit.getDefaultToolkit().getScreenSize()) );

    int size = 0;

    for ( float quality = 1f; quality >= 0; quality -= 0.25 ) {
      ByteArrayOutputStream out = new ByteArrayOutputStream( 0xfff );

      writeImage( img, out, quality );

      if ( size == 0 ) size = out.size();

      System.out.printf( "Qualität: %.1f - Größe: %,.0f k - Verhältnis: %.2f%n",
                         quality, (double) out.size() / 1024,
                         (double) out.size() / size );
    }
  }

  private static void writeImage( BufferedImage img,
                                  ByteArrayOutputStream out,
                                  float quality ) throws IOException {
    ImageWriter writer = ImageIO.getImageWritersByFormatName( "jpg" ).next();
    try ( ImageOutputStream ios = ImageIO.createImageOutputStream( out ) ) {
      writer.setOutput( ios );
      ImageWriteParam iwparam = new JPEGImageWriteParam( Locale.getDefault() );
      iwparam.setCompressionMode( ImageWriteParam.MODE_EXPLICIT ) ;
      iwparam.setCompressionQuality( quality );
      writer.write( null, new IIOImage(img, null, null), iwparam );
      ios.flush();
      writer.dispose();
    }
  }
}
```

Die Ausgabe des Programms für ein Bild ist in etwa die folgende:

```
Qualität: 1,0 - Größe: 1.005 k - Verhältnis: 1,00
Qualität: 0,8 - Größe: 339 k - Verhältnis: 0,34
Qualität: 0,5 - Größe: 253 k - Verhältnis: 0,25
Qualität: 0,3 - Größe: 182 k - Verhältnis: 0,18
Qualität: 0,0 - Größe: 77 k - Verhältnis: 0,08
```

Da der Bildschirminhalt durch die Konsolenausgabe immer etwas anders aussieht, werden natürlich auch die Dateigrößen immer anders aussehen.

11.6.7 Asynchrones Laden mit getImage(…) und dem MediaTracker *

Das Laden von Bildern mittels `getImage(…)` der Klassen `Toolkit` oder `Applet` wird dann vom System angeregt, wenn das Bild zum ersten Mal benötigt wird. Diese Technik ist zwar recht nett und entzerrt den Netzwerktransfer, eignet sich aber nicht für bestimmte grafische Einsätze. Nehmen wir zum Beispiel eine Animation: Wir können nicht erwarten, die Animation erst dann im vollen Ablauf zu sehen, wenn wir nacheinander alle Bilder im Aufbauprozess gesehen haben. Daher ist zu wünschen, dass zunächst alle Bilder geladen werden können, bevor sie angezeigt werden.

Die Klasse `MediaTracker` ist eine Hilfsklasse, mit der wir den Ladeprozess von Media-Objekten – bisher sind es nur Bilder – beobachten können. Um den Überwachungsprozess zu starten, werden die Media-Objekte dem `MediaTracker` zur Beobachtung übergeben.

Neben diesem besitzt die Klasse gegenüber der herkömmlichen Methode noch weitere Vorteile:

- Bilder lassen sich in Gruppen organisieren.
- Bilder können synchron oder asynchron geladen werden.
- Die Bildergruppen können unabhängig geladen werden.

Bilder dem Cache entnehmen

Eine Webcam erzeugt kontinuierlich neue Bilder. Sollen diese in einem Applet präsentiert werden, so ergibt sich das Problem, dass ein erneuter Aufruf von `getImage(…)` lediglich das alte Bild liefert. Dies liegt an der Verwaltung der `Image`-Objekte, da sie in einem Cache gehalten werden. Für sie gibt es keine automatische Speicherbereinigung, die die Entscheidung fällt: »Das Bild ist alt.« Hier hilft die Methode `flush()` der `Image`-Klasse weiter. Sie löscht das Bild aus der internen Liste. Eine erneute Aufforderung zum Laden bringt also das gewünschte Ergebnis.

```
abstract class java.awt.Image
```

- `abstract void flush()`
  Gibt die für das Image belegten Ressourcen frei.

[+] **Hinweis**

`Image`-Objekte werden nicht automatisch freigegeben. `flush()` entsorgt diese Bilder, macht den Speicher frei und den Rechner wieder schneller.

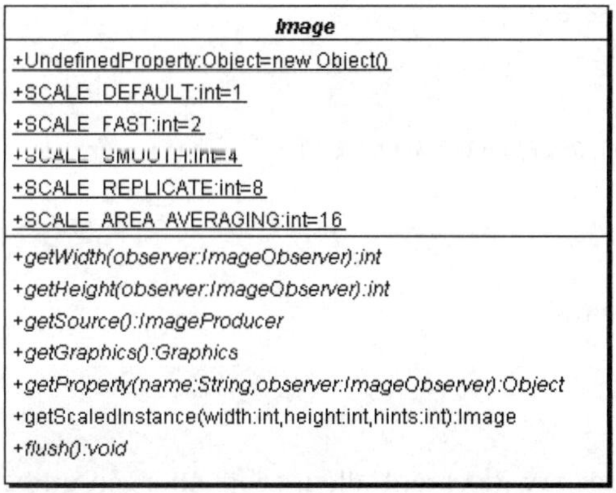

Abbildung 11.18 Klassendiagramm von Image mit Eigenschaften

11.7 Weitere Eigenschaften von Graphics *

11.7.1 Eine Kopie von Graphics erstellen

Das Zeichensystem übergibt an die `paintXXX(…)`-Methoden ein `Graphics`-Objekt, das wir zum Zeichnen oft verändern, etwa um eine Farbe für nachfolgende Operationen zu setzen. Stehen eigene Zeichenmethoden jedoch nicht am Ende der Zeichenfolge, ist es wichtig, den Grafikkontext so zu restaurieren, wie er am Anfang war, um nachfolgende Zeichenoperationen nicht zu beeinflussen. Wichtig ist dies etwa bei Swing-Komponenten, wo `paint(Graphics)` der Reihe nach die Methoden

- `protected void paintComponent(Graphics g)`
- `protected void paintBorder(Graphics g)`
- `protected void paintChildren(Graphics g)`

aufruft. Nun lässt sich leicht ausmalen, was passiert, wenn unsere Methode `paintComponent(Graphics)` ein verhunztes `Graphics`-Objekt hinterlässt.

Die erste Lösung ist, sich die alten Zustände zu merken und später das Objekt auf diese zurückzusetzen:

```
Color oldColor = g.getColor();
g.setColor( newColor );
…
g.setColor( oldColor );          // Farbe zurücksetzen
```

Bei wenigen Eigenschaften funktioniert das gut, doch werden es mehr, ist es sinnvoller, eine Kopie aller Zustände des Grafikkontextes vorzunehmen. Dazu dient die `Graphics`-Methode `create()`. Von großer Wichtigkeit ist hier, diesen temporären Kontext auf jeden Fall mit `dispose()` wieder freizugeben, um keinen Speicherplatz zu blockieren:

```
@Override protected void paintComponent( Graphics g ) {
  Graphics gcopy = g.create();   // Kopie erfragen
  try {
    gcopy.draw...                 // Alle Zeichenoperationen über gcopy
    ...
  }
  finally {
    gcopy.dispose();              // Kopie freigeben
  }
}
```

Ist definitiv keine Ausnahme zu erwarten, kann der try-Block entfallen; er ist aber ein gutes Sicherheitsnetz.

[»]

Beispiel

Es gibt noch eine zweite Notwendigkeit, ein Graphics freizugeben, nämlich dann, wenn es mit getGraphics() von einer Komponente erfragt wurde. Die an Komponenten übergebenen Graphics-Objekte gibt das System frei, denn die Regel lautet immer: Wer Ressourcen anlegt, muss sie auch wieder freigeben.

11.7.2 Koordinatensystem verschieben

Standardmäßig liegt der Koordinatenursprung bei (0,0), also in der oberen linken Ecke. Dem Verschieben des Ursprungs an eine neue Position dient die Graphics-Methode translate(int x, int y). Alle nachfolgenden Zeichenoperationen werden dann relativ zu x, y sein, was auch den Vorteil hat, dass negative Koordinaten bei Zeichenmethoden möglich sind. Soll etwa ein Graph in ein Rechteck x = [-10...+10], y = [-10...10] gezeichnet werden, so ist es viel praktischer, den Koordinatenursprung in die Mitte zu legen.

Da Graphics2D vor dem Zeichnen beliebige affine Transformationen anwenden kann, kommen unter Graphics2D noch einige Methoden hinzu:

- rotate(double theta)
- rotate(double theta, double x, double y)
- scale(double sx, double sy)
- setTransform(AffineTransform Tx)
- shear(double shx, double shy)
- transform(AffineTransform Tx)
- translate(double tx, double ty)

11.7.3 Beschnitt (Clipping)

Alle primitiven Zeichenoperationen wirken sich auf den gesamten Bildschirm aus und sind nicht auf bestimmte Bereiche eingeschränkt. Wenn wir Letzteres erreichen wollen, setzen wir einen so genannten *Clipping-Bereich*, außerhalb dessen nicht mehr gezeichnet wird. Der Beschnittbereich lässt sich mit zwei Methoden des aktuellen `Graphic`-Objekts modifizieren bzw. einschränken:

```
abstract class java.awt.Graphics
```

- `abstract void setClip(int x, int y, int width, int height)`
  Setzt den neuen Beschnittbereich, sodass gezeichnete Zeilen außerhalb des Bereichs nicht sichtbar sind.
- `abstract void clipRect(int x, int y, int width, int height)`
  Verkleinert den Beschnittbereich, indem der aktuelle Bereich (`getClip()`) mit dem übergebenen Rechteck geschnitten wird. Wurde vorher kein Beschnittbereich festgelegt – `getClip()` lieferte `null` –, ist `clipRect(…)` mit `setClip(…)` identisch.

Das folgende Programm setzt den ersten Clipping-Bereich mit `setClip(100, 100, 100, 200)`. Das Füllen eines sehr großen Bereichs wird dann lokal nur im Beschnittbereich ausgeführt. Anschließend verkleinert `clipRect(0, 200, 150, 50)` den Bereich, doch obwohl x bei 0 beginnt, hat schon `setClip(…)` ihn bei 100 gesetzt, sodass die Verbindung der beiden Bereiche (100, 100, 100, 200) geschnitten (0, 200, 150, 50) = (100, 200, 50, 50) ergibt:

Listing 11.16 com/tutego/insel/ui/graphics/SetClipDemo.java

```
package com.tutego.insel.ui.graphics;

import java.awt.*;
import javax.swing.*;

public class SetClipDemo extends JPanel {

  private static final long serialVersionUID = 3020598670163407618L;

  @Override protected void paintComponent( Graphics g ) {
    super.paintComponent( g );

    Graphics gcopy = g.create();

    // Erst die Clipping-Region setzen, clipRect(...) geht auch
    g.setClip( 100, 100, 100, 200 );            // setClip(...)

    g.setColor( Color.ORANGE );
    g.fillRect( 0, 0, getWidth(), getHeight() );
```

```
    g.setColor( Color.BLACK );
    g.drawOval( 150, 100, 100, 100 );

    // Zweite Clipping-Region setzen
    g.clipRect( 0, 200, 150, 50 );                // clipRect(...)

    g.setColor( Color.BLUE );
    g.fillRect( 0, 0, 5000, 5000 );

    // Mit gcopy arbeiten wir wieder mit den Originaleinstellungen
    gcopy.setColor( Color.GREEN );
    gcopy.fillRect( 50, 50, 20, 50 );

    gcopy.dispose();
  }

  public static void main( String[] args ) {
    JFrame f = new JFrame();
    f.setDefaultCloseOperation( JFrame.EXIT_ON_CLOSE );
    f.setSize( 400, 400 );
    f.add( new ClipDemo() );
    f.setVisible( true );
  }
}
```

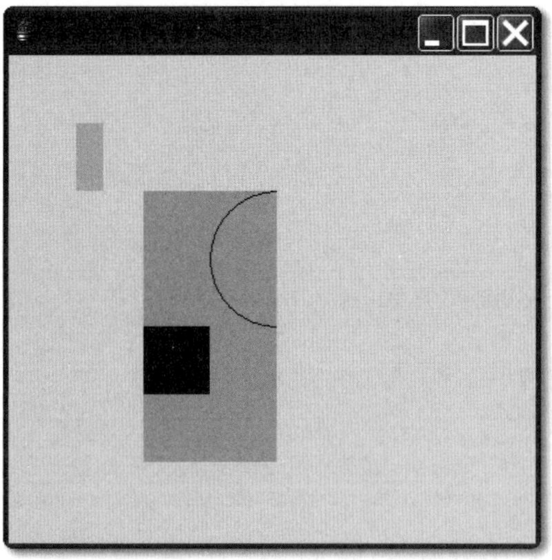

Abbildung 11.19 Screenshot der Anwendung zeigt Clipping-Bereiche.

Alternative Formen

Zum Setzen des Beschnittbereichs gibt es neben setClip(int, int, int, int) auch setClip(Shape), um alternativ zu den rechteckigen Formen auch beliebige Clipping-Formen vorzugeben. Die folgende paintComponent(Graphics)-Methode benutzt als Beschnitt ein Dreieck.

Listing 11.17 com/tutego/insel/ui/graphics/ClipTri.java, Ausschnitt

```
@Override protected void paintComponent( Graphics g ) {
  super.paintComponent( g );

  Rectangle r = g.getClipBounds();

  System.out.println( r );

  Polygon p = new Polygon(            // Dreieck
      new int[] { 200, 100, 300 },
      new int[] { 100, 300, 300},
      3 );

  g.setClip( p );

  g.setColor( Color.ORANGE );
  g.fillRect( 0, 0, 500, 500 );
}
```


Verdeckte Bereiche und schnelles Bildschirm-Erneuern

Clipping-Bereiche sind nicht nur zum Einschränken der Primitiv-Operationen sinnvoll. Bei Bereichsüberdeckungen in Fenstern liefern sie wertvolle Informationen über den neu zu zeichnenden Bereich. Bei einer guten Applikation wird nur der Teil wirklich neu gezeichnet, der auch überdeckt wurde. So lässt sich Rechenzeit sparen.

Beispiel

Informationen über Clipping-Bereiche:

```
@Override public void paint( Graphics g ) {
{
  Rectangle r = g.getClipBounds();
  System.out.println( r );
}
```

Das Programm erzeugt etwa:

```
java.awt.Rectangle[x=4,y=23,width=392,height=373]
java.awt.Rectangle[x=104,y=87,width=292,height=309]
```

```
java.awt.Rectangle[x=104,y=87,width=286,height=211]
java.awt.Rectangle[x=104,y=87,width=243,height=196]
java.awt.Rectangle[x=104,y=87,width=221,height=219]
java.awt.Rectangle[x=101,y=89,width=221,height=219]
...
```

Aus den Ausgaben lassen sich verschiedene Fensteroperationen ableiten: Ein fremdes Fenster wurde über das Java-Fenster geschoben, und dann wurde das fremde Fenster verkleinert.

Die `Rectangle`-Informationen geben Aufschluss über die Größe der neu zu zeichnenden Bereiche. Haben wir schon daran gedacht, die Information in einem `Image`-Objekt abzulegen, lässt sich wunderbar `drawImage(Image img, int dx1, int dy1, int dx2, int dy2, int sx1, int sy1, int sx2, int sy2, ImageObserver observer)` nutzen. Hier müssen wir die Werte aus dem `Rectangle` auslesen und in `drawImage(…)` übertragen. `getClipBounds()` liefert ein `Rectangle`-Objekt, dessen Werte für `drawImage(…)` nötig sind. Da jedoch auch beliebige Formen möglich sind, liefert `getClip()` ein `Shape`-Objekt. `getClipRect()` ist die veraltete Methode zu `getClipBounds()`, sonst aber identisch. Die Methode `getClipBounds(Rectangle)` – eine der wenigen nichtabstrakten Methoden in `Graphics` – legt die Informationen im übergebenen `Rectangle`-Objekt ab, das auch zurückgeliefert wird. Sie ruft nur `getClipBounds()` auf und überträgt die vier Attribute in das Rechteck.

Im Übrigen: In der `paint(Graphics)`-Methode ist es oft klug, mit `clipRect(…)` den Bereich einzuschränken, anstatt ihn mit `setClip(…)` zu setzen, denn er könnte schon relativ klein sein; `setClip(…)` könnte den Beschnittbereich größer machen und unnötige Zeichenoperationen erzwingen.

11.7.4 Zeichenhinweise durch RenderingHints

Bisher haben wir stillschweigend eine Zeile eingefügt, die das *Antialiasing* (eine Art Weichzeichnen) einschaltet. Dadurch erscheinen die Bildpunkte weicher nebeneinander, sind aber etwas dicker, weil in der Nachbarschaft Pixel eingefügt werden.

[»] **Beispiel**

Es soll alles weichgezeichnet werden:

```
g2.setRenderingHint( RenderingHints.KEY_ANTIALIASING,
                     RenderingHints.VALUE_ANTIALIAS_ON );
```

In der Programmzeile nutzen wir die `setRenderingHint(…)`-Methode der Klasse `Graphics2D`. Die Methode nimmt immer einen Schlüssel (daher beginnen die Konstanten mit `KEY_XXX`) und einen Wert (`VALUE_XXX`).

```
abstract class java.awt.Graphics2D
extends Graphics
```

- `abstract void setRenderingHint(RenderingHints.Key hintKey, Object hintValue)`
  Setzt eine Eigenschaft des Rendering-Algorithmus.

Im Beispiel setzen wir den Hinweis auf das `ANTIALIASING`. Da durch das Weichzeichnen mehr Rechenaufwand nötig ist, empfiehlt es sich, für eine schnelle Grafikausgabe auf das Antialiasing zu verzichten. Um dies zu erreichen, übergeben wir den Schlüssel `ANTIALIAS_OFF` als zweites Argument. Weitere Hinweise sind etwa:

- `KEY_ALPHA_INTERPOLATION`, `KEY_COLOR_RENDERING`, `KEY_DITHERING`, `KEY_FRACTIONALMETRICS`, `KEY_INTERPOLATION`, `KEY_RENDERING`, `KEY_TEXT_ANTIALIASING`

Mit dem `RENDERING`-Schlüssel können wir zum Beispiel die Geschwindigkeit bestimmen, die direkt mit der Qualität der Ausgabe korreliert.

11.7.5 Transformationen mit einem AffineTransform-Objekt

Eine *affine Transformation* eines Objekts ist entweder eine Translation (Verschiebung), Rotation, Skalierung oder Scherung[4]. Bei diesen Transformationen bleiben parallele Linien nach der Transformation auch parallel. Um diese Operationen durchzuführen, existiert eine Klasse `AffineTransform`. Transformationen kommen an unterschiedlichen Stellen in der Grafikbibliothek zum Einsatz, unter anderem hier:

- Einem `Graphics2D`-Kontext weist `setTransform(AffineTransform)` eine Transformation zu. Jede anschließend mit `drawXXX(…)` oder `fillXXX(…)` dargestellte Form wird vor dem Zeichnen über die Transformationsangaben angepasst.
- Zum Zeichnen von Grafiken kann bei `drawImage(…)` ein `AffineTransform`-Objekt übergeben werden; die Transformation gilt dann ausschließlich für das Bild.
- Bei der Methode `deriveFont(…)` bestimmt ein übergebenes `AffineTransform`-Objekt die Eigenschaften eines neuen Fonts.

Translation, Rotation, Skalierung oder Scherung

Die zweidimensionalen Objekte können durch die Operationen Translation, Rotation, Skalierung oder Scherung verändert werden. Diese Operationen sind durch eine 3×3-Matrix gekennzeichnet. Die Klasse `AffineTransform` bietet nun Methoden an, damit wir diese Matrix selbst erzeugen können, sowie Hilfsmethoden, die uns die Arbeit abnehmen:

```
AffineTransform trans = new AffineTransform();
trans.rotate( 0.1 );
```

4 Ein Objekt wird geschert, wenn es entlang einer Koordinatenachse verzogen wird. Im Zweidimensionalen gibt es zwei Scherungsarten: entlang der x-Achse und entlang der y-Achse.

```
g2.setTransform( trans );
g2.fill( new Rectangle2D.Float( 150, 100, 60, 60 ) );
```

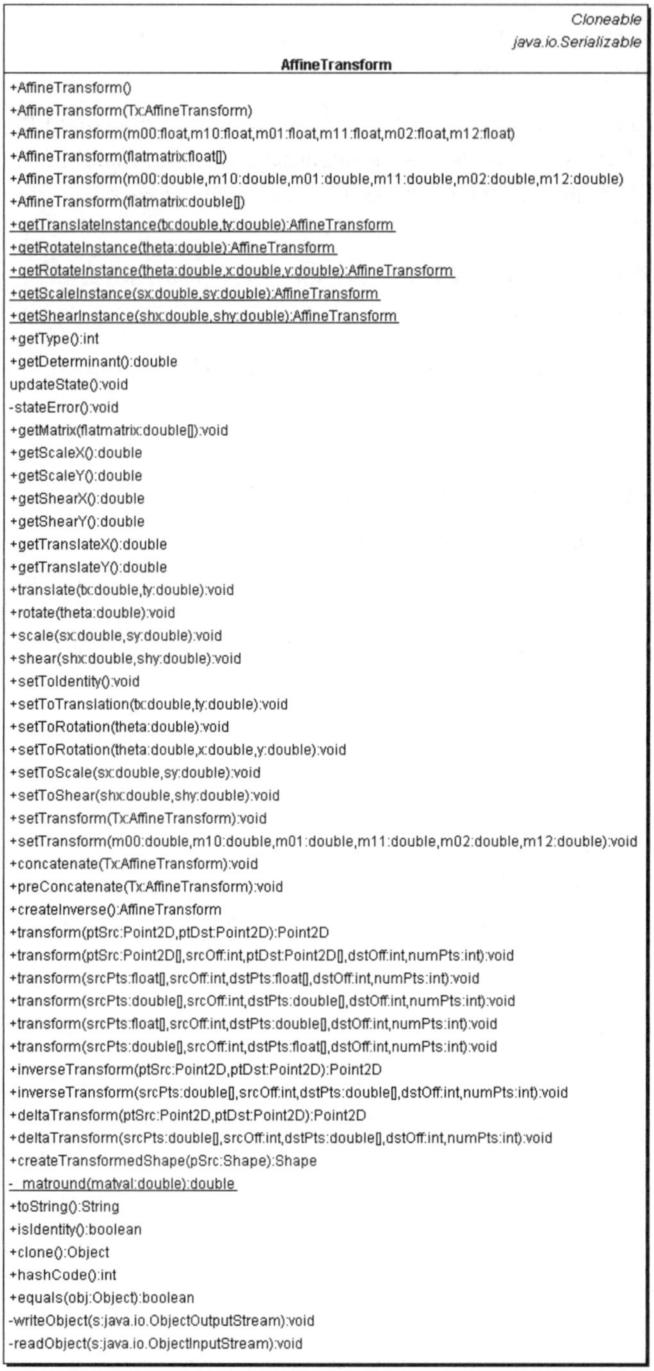

Abbildung 11.20 UML-Diagramm für AffineTransform

Konstruktoren der Klasse AffineTransform

Die Klasse `AffineTransform` besitzt sechs Konstruktoren: zunächst einen Standard-Konstruktor und einen Konstruktor mit einem schon vorhandenen `AffineTransform`-Objekt, dann jeweils einen Konstruktor für eine Matrix mit dem Datentyp `float` und mit dem Datentyp `double` sowie zwei Konstruktoren mit allen sechs Werten der Matrix für `float` und `double`. Eine eigene Matrix ist nur dann sinnvoll, wenn wir mehrere Operationen hintereinander ausführen lassen wollen. So nutzen wir in der Regel den Standard-Konstruktor wie oben und ändern die Form durch die Methoden `rotate(…)`, `scale(…)`, `shear(…)` oder `translate(…)`. Wird nach dem Erzeugen des `AffineTransform`-Objekts direkt eine der Methoden aufgerufen, geht dies auch einfacher über die statischen Erzeugungsmethoden `getRotateInstance(…)`, `getScaledInstance(…)`, `getShearInstance(…)` und `getTranslateInstance(…)`. Sie füllen dann die Matrix mit den passenden Einträgen. Ein Transformationsobjekt kann mit `setToIdentity()` wieder initialisiert werden, sodass `AffineTransform` wieder verwendbar ist.

11.8 Drucken *

Zum Drucken von Inhalten gibt es zwei unterschiedliche Ansätze, da sich die Druck-API beim Übergang von Java 1.1 auf Java 1.2 geändert hat:

- In der Version für Java 1.1 steht die (abstrakte) Klasse `PrintJob` im Mittelpunkt. Sie liefert mit `getGraphics()` den Grafikkontext, über den sich zeichnen lässt. Hier gibt es einen Unterschied zwischen einer leichtgewichtigen Swing-Komponente und den harten, schwergewichtigen nativen AWT-Elementen.
- Java 1.2 druckt Seiten über `Printable`-Objekte nach dem Callback-Prinzip und behandelt selbst gezeichnete und leichtgewichtige Komponenten gleich. Wir wollen uns nur mit dieser Variante beschäftigen.

11.8.1 Drucken der Inhalte

Der Druckvorgang beginnt mit einem Objekt `java.awt.print.PrinterJob`, das die Fabrikmethode `getPrinterJob()` erfragt. Dann kann über `setJobName(String)` ein Name vergeben und über `setCopies(int)` die Anzahl der Kopien festgelegt werden.

Seitenbeschreibung durch Printable

Viel wichtiger ist jedoch, dass dem `PrinterJob` mit `setPrintable(Printable[, PageFormat])` ein Objekt übergeben wird, das die Darstellung der Seite übernimmt:

Listing 11.18 com/tutego/insel/ui/print/PrintStuff.java, TextPrintable

```
static class TextPrintable implements Printable {

  static Font FONT = new Font( Font.SANS_SERIF, Font.PLAIN, 20 );
```

```
  @Override
  public int print( Graphics g, PageFormat pageFormat, int pageIndex ) {
    if ( pageIndex >= 2 )
      return Printable.NO_SUCH_PAGE;

    g.setFont( FONT );
    g.drawString( "Hallo auf Seite " + pageIndex, 100, 100 );

    return Printable.PAGE_EXISTS;
  }
}
```

Die Schnittstelle `java.awt.print.Printable` schreibt eine einzige Operation `print(Graphics, PageFormat, int)` vor. Das Drucksystem ruft später die Methode auf und übergibt ein `Graphics` sowie das Seitenformat und die aktuelle Seitennummer. In einer Implementierung dieser Methode bringen wir das auf den Drucker, was vorher auf den Bildschirm kam. Es lassen sich die bekannten Methoden wie `drawXXX(…)` nutzen. Bei Zeichensätzen ist Vorsicht geboten, weil kein Standardzeichensatz eingestellt ist. Die `print(…)`-Methode liefert `Printable.PAGE_EXISTS` bei einer gezeichneten Seite zurück und `Printable.NO_SUCH_PAGE`, wenn es die Seite nicht gibt.

Drucken über das print() von PrinterJob

Zwei Methoden von `PrinterJob` sind spannend:

- Die Methode `print()` startet direkt mit dem Drucken.
- `printDialog()` öffnet einen Druck-Dialog, und die Methode liefert `true`, wenn der Benutzer einen Ausdruck wünscht.

Wir wollen in einem Beispiel einen Druck-Dialog anzeigen und abhängig davon mit `print()` fortfahren oder die Methode beenden:

Listing 11.19 com/tutego/insel/ui/print/PrintStuff.java, main()

```
PrinterJob pjob = PrinterJob.getPrinterJob();

if ( pjob.printDialog() == false )
  return;

pjob.setPrintable( new TextPrintable() );
pjob.print();
```

Das `print()` vom `PrinterJob` startet den Druckvorgang, was zur Folge hat, dass vom `Printable`-Objekt die Callback-Methode `print(…)` so lange für jede Seite aufgerufen wird, bis das Dokument komplett gedruckt wurde oder `cancel()` vom `PrinterJob` einen Abbruch erzwungen hat.

```
abstract class java.awt.print.PrinterJob
```

- abstract void print()
  Druckt die Seiten.
- abstract void setPrintable(Printable painter)
  Setzt das `Printable`, das die Seite beschreibt.
- abstract void cancel()
  Bricht das Drucken ab.

```
interface java.awt.print.Printable
```

- static final int PAGE_EXISTS, NO_SUCH_PAGE
  Konstanten für die Rückgabe von `print()`.
- int print(Graphics graphics, PageFormat pageFormat, int pageIndex)
  Callback-Methode, die der `PrinterJob` für jede Seite `pageIndex` aufruft.

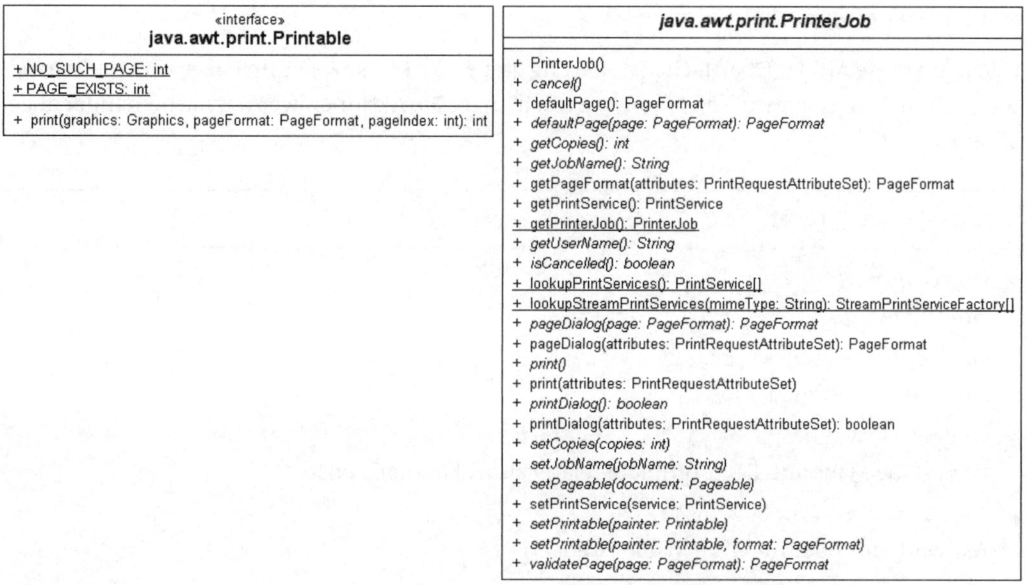

Abbildung 11.21 Die Schnittstelle Printable und die abstrakte Klasse PrintJob

11.8.2 Bekannte Drucker

Die im System bekannten Drucker sind in der Zentrale `PrintService` angemeldet. Dort lassen sie sich auch erfragen:

```
for ( PrintService s : PrintServiceLookup.lookupPrintServices( null, null ) )
  System.out.println( s.getName() );
```

Auf meinem System gibt es zum Beispiel die Ausgabe:

```
pdfFactory Pro
ImageMaker Color Driver
FinePrint
Brother HL-1850/1870N series
Adobe PDF
```

11.9 Benutzerinteraktionen automatisieren, Robot und Screenshots *

Eine besondere Eigenschaft von Präsentationsprogrammen ist die Tatsache, dass Benutzerinteraktionen wie von Zauberhand automatisch vom System vorgenommen werden. Ein Programm kann beispielsweise die Interaktion mit der Maus oder der Tastatur aufnehmen und zu einem späteren Zeitpunkt abspielen. Weitere Nutzer sind GUI-Testwerkzeuge wie FEST-Swing (*https://code.google.com/p/fest/*), die Benutzerinteraktionen automatisieren.

11.9.1 Der Roboter

Genau für diese Art der Oberflächensteuerung gibt es die Klasse `Robot` im Paket AWT. Sie verwaltet eine mit Aktionen gefüllte Ereigniswarteschlange. Die Aktionen werden nacheinander abgearbeitet.

```
class java.awt.Robot
```

- `void keyPress(int keycode)`
  Drückt eine Taste.
- `void keyRelease(int keycode)`
  Lässt die Tasten wieder los.
- `void mouseMove(int x, int y)`
  Bewegt die Maus auf die Koordinate relativ zum aktuellen Fenster.
- `void mousePress(int buttons)`
  Aktiviert eine oder mehrere Maustasten.
- `void mouseRelease(int buttons)`
  Lässt die Maustaste wieder los.
- `void delay(int ms)`
  Wartet Millisekunden. Mehr als 60 Sekunden sind nicht möglich; die Strafe wäre eine `IllegalArgumentException`.

11.9.2 Automatisch in die Tasten hauen

Bei den Methoden keyPress(int), keyRelease(int), mousePress(int) und mouseRelease(int) ist der int-Parameter erklärungsbedürftig. Der Parameter keycode ist der erste, der beachtet werden muss.

[«]

Beispiel

Der Roboter legt Tastendrücke in die Ereignisschlange:

```
Robot rob = new Robot();
rob.keyPress( KeyEvent.VK_SHIFT );
rob.keyPress( KeyEvent.VK_U );
rob.keyPress( 'I' );
rob.keyPress( 'O' ); rob.keyPress( 'O' ); rob.keyPress( '7' );
rob.keyRelease( KeyEvent.VK_SHIFT );
rob.keyPress( KeyEvent.VK_ENTER );
```

Wird das Programmstück in einer grafischen Applikation genutzt, muss sichergestellt sein, dass die Tasten auch die passende Komponente erwischen. Liegt der Fokus zum Beispiel auf einem Rollbalken, werden diese Tastendrücke natürlich ohne Wirkung bleiben. Aus diesem Grund ist es angebracht, in Swing mit requestFocus() den Fokus zu setzen.

Das Argument von keyPress(int) und keyRelease(int) ist eine Konstante der Klasse KeyEvent. Neben den alphanumerischen Tasten auf der Tastatur finden sich unter anderem Konstanten für Funktionstasten, Metatasten, Cursor-Tasten und weitere Sonderzeichen. Die Konstanten für Großbuchstaben und Ziffern decken sich mit den ASCII-Zeichen und können daher alternativ verwendet werden. Bei fast allen Sonderzeichen entspricht die Konstante dem ASCII-Code, doch ist dies nicht selbstverständlich. Die Kleinbuchstaben (ab 0x61) werden zum Beispiel auf den 10er-Block abgebildet (ab 0x60). Ist der übergebene Keycode undefiniert (durch die Konstante KeyEvent.VK_UNDEFINED vorgegeben), so erzeugt der Roboter eine IllegalArgumentException.

Um die Umschalttaste während der Automatisierung einzuschalten, nutzen wir die Methode keyPress(KeyEvent.VK_SHIFT) und lösen die Tasten mit keyRelease(int). Das Beispiel macht deutlich, dass das Freigeben nur für Operationen, wie zum Beispiel Umschalttaste, VK_ALT und VK_ALT_GRAPH nötig ist, allerdings nicht für normale Buchstaben.

11.9.3 Automatisierte Maus-Operationen

Jetzt fehlen uns noch die Methoden mousePress(int) und mouseRelease(int). Beide erhalten als Argument eine Konstante der Klasse InputEvent: entweder BUTTON1_MASK, BUTTON2_MASK oder BUTTON3_MASK oder eine Kombination aus den dreien wie BUTTON2_MASK | BUTTON3_MASK.

[»] **Beispiel**

Aktiviere die (meist linke) Maustaste, warte eine Sekunde, und lass die Maustaste wieder los:

```
rob.mousePress( InputEvent.BUTTON1_MASK );
rob.delay( 1000 );
rob.mouseRelease( InputEvent.BUTTON1_MASK );
```

Wenn die Mausaktion eine Komponente treffen soll, dann gilt das Gleiche wie für Tastendrücke. Nur muss hier der Fokus nicht auf der Komponente liegen, sondern die Mauskoordinaten müssen auf die Komponente zeigen. Damit die Bildschirmkoordinate einer Komponente ausgelesen werden kann, bietet `Component` eine Methode `getLocationOnScreen()` an, die ein `Point`-Objekt mit den Startkoordinaten liefert. Diese können mit einem kleinen Offset an `mouseMove(int, int)` weitergereicht werden. Dann befindet sich der Zeiger über der Komponente, und `mousePress(int)` kann seine Wirkung nicht mehr verfehlen.

11.9.4 Methoden zur Zeitsteuerung

Einige Methoden der Klasse `Robot` steuern Verzögerungen:

```
class java.awt.Robot
```

- `void setAutoDelay(int ms)`
  Die `Robot`-Klasse sendet zum Abspielen Ereignisse an die Oberfläche. Diese Methode setzt die Dauer der Verzögerung fest, die nach dem Ereignis vergehen soll. Mehr als 60 Sekunden sind auch hier nicht gültig.
- `int getAutoDelay()`
  Liefert die Zeit, die nach dem Ereignisaufruf vergehen soll.
- `void waitForIdle()`
  Wartet, bis alle Ereignisse in der Warteschlange bearbeitet sind.
- `void setAutoWaitForIdle(boolean isOn)`
  Ist `isOn = true`, wird `waitForIdle()` nach einem Ereignis aufgerufen.
- `boolean isAutoWaitForIdle()`
  Liefert `true`, falls der Robot automatisch `waitForIdle()` nach einem Ereignis aufruft.

11.9.5 Bildschirmabzüge (Screenshots)

Eine sehr interessante Methode der `Robot`-Klasse ist `createScreenCapture(Rectangle)`. Mit ihr lässt sich ein Bildschirmabzug (engl. *screenshot*) ohne Mauszeiger (zumindest unter Windows, Linux, Solaris und Mac OS X) machen. Die Methode `createScreenCapture(Rectangle)` erwartet als Argument ein Rechteck (speichert `x`, `y`, `height` und `width`), das den zu »fotografierenden« Bereich spezifiziert. Das Ergebnis der Methode ist ein BufferedImage-Objekt, das direkt mit ImageIO in eine Datei kommen kann.

Listing 11.20 com/tutego/insel/ui/image/Screenshot.java, main()

```
BufferedImage bi = new Robot().createScreenCapture(
    new Rectangle(Toolkit.getDefaultToolkit().getScreenSize()) );
ImageIO.write( bi, "jpg", new File("c:/screenshot.jpg") );
System.exit( 0 );
```

Mit createScreenCapture(Rectangle) lassen sich sehr interessante Lösungen realisieren. So lässt sich zum Beispiel überwachen, ob sich Bildschirminhalte ändern. Mit einer Bildanalyse ließe sich auch herausfinden, was der Anwender sich gerade anschaut.

In einem kleinen Beispiel wollen wir feststellen, ob der Benutzer aktiv vor dem Bildschirm ist oder nicht. Wir machen dies an der Anzahl der Pixel fest, die sich jede Sekunde verändern. Ein Programm soll dazu jede Sekunde einen Bildschirmabzug nehmen und ausgeben, um wie viel Prozent sich die Pixel gegenüber dem Vorgängerbild verändert haben:

Listing 11.21 com/tutego/insel/ui/image/ImageDiffs.java

```
package com.tutego.insel.ui.image;

import java.awt.*;
import java.awt.image.*;

public class ImageDiffs {
  public static void main( String args[] ) throws Exception {
    Rectangle screenSize = new Rectangle( Toolkit.getDefaultToolkit().getScreenSize() );

    BufferedImage image1 = new Robot().createScreenCapture( screenSize );

    while ( true ) {
      Thread.sleep( 1000 );

      BufferedImage image2 = new Robot().createScreenCapture( screenSize );

      DataBuffer dataBuffer1 = image1.getData().getDataBuffer();
      DataBuffer dataBuffer2 = image2.getData().getDataBuffer();

      int total = dataBuffer1.getSize(), diff = 0;

      for ( int i = 0; i < total; i++ )
        if ( dataBuffer1.getElem( i ) != dataBuffer2.getElem( i ) )
          diff++;
```

```
        System.out.printf( "Pixel total=%d, unterschiedliche Pixel=%d,
                           Unterschied=%.2f%%%n",
                           total, diff, (double) 100 * diff / total );

        image1 = image2;
      }
    }
}
```

Nachdem der Bildschirmabzug gemacht wurde, gilt es, auf die Pixel zuzugreifen und die beiden Bilder zu vergleichen. Um das Bild abzulaufen, könnten wir entweder vom `BufferedImage` mit der Methode `getRGB(int x, int y)` arbeiten oder uns – anders macht es `getRGB()` auch nicht – das Datenmodell der Grafik holen und es einfach komplett auflaufen; die Größe und Breite der beiden Bildschirmabzüge ist ja immer gleich, und so spielen die Höhe und Breite keine Rolle. Von den beiden `DataBuffer`-Objekten, die die Rohdaten der Grafik repräsentieren, erfragt `getElem(int)` den Farbwert. Wenn es Unterschiede gibt, inkrementiert das Programm einen Zähler. Nach dem Ablaufen aller Pixel folgt eine Statistik, die etwa so beginnen kann:

```
Pixel total=2304000, unterschiedliche Pixel=297, Unterschied=0,01 %
Pixel total=2304000, unterschiedliche Pixel=1708, Unterschied=0,07 %
Pixel total=2304000, unterschiedliche Pixel=1689, Unterschied=0,07 %
Pixel total=2304000, unterschiedliche Pixel=1000568, Unterschied=43,43 %
Pixel total=2304000, unterschiedliche Pixel=1002525, Unterschied=43,51 %
Pixel total=2304000, unterschiedliche Pixel=2087, Unterschied=0,09 %
```

11.9.6 Funktionsweise und Beschränkungen

Für die Steuerung auf der Rechnerseite sind insbesondere unter Unix-Systemen beim netzwerkfähigen X-Window-System (X11) einige Anforderungen zu erfüllen. Hier sind Rechte erforderlich, um auf der unteren Ebene Ereignisse platzieren zu können. Ein X-Window-System benötigt hierfür die aktivierte Standarderweiterung XTEST 2.2. Verletzt die aktuelle Architektur diese Vorgaben, so wird während der Konstruktion eines Robot-Objekts eine `AWTException` ausgelöst.

11.9.7 MouseInfo und PointerInfo

Mit der Klasse `Robot` lassen sich zwar Tastatur- und Maus-Ereignisse produzieren und Screenshots nehmen, doch Informationen über die aktuelle absolute Mausposition liefert die Klasse nicht. Die Klasse `MouseInfo` liefert diese Information. Die statische Methode `MouseInfo.getPointerInfo()` liefert ein `PointerInfo`-Objekt, das Aussagen über die anzeigende Einheit und über die Position des Mauszeigers macht. `MouseInfo.getNumberOfButtons()` liefert die Anzahl der Knöpfe.

Die Anzahl der Anwendungsfälle ist vielfältig. So ermöglicht dies zum Beispiel eine Farbpipette, mit der sich die Farbe eines Punktes nehmen lässt, der unter dem Mauszeiger steht.

```
Point location = MouseInfo.getPointerInfo().getLocation();
Color pixelColor = new Robot().getPixelColor( location.x, location.y );
```

Ein anderes Beispiel ist eine Bildschirmlupe:

Listing 11.22 com/tutego/insel/ui/image/Magnifier.java, main()

```
final ImageIcon icon = new ImageIcon();
final JLabel label = new JLabel( icon );

new Timer( 100, new ActionListener() {
  @Override public void actionPerformed( ActionEvent e ) {
    try {
      Rectangle location = new Rectangle(
            MouseInfo.getPointerInfo().getLocation(), new Dimension( 40, 40 ) );
      location.translate( -20, -20 );
      BufferedImage image = new Robot().createScreenCapture( location );
      icon.setImage( image.getScaledInstance( image.getWidth()*8,
                               image.getHeight()*8, Image.SCALE_FAST ) );
      label.repaint();
    }
    catch ( AWTException ae ) { }
  }
} ).start();

JOptionPane.showMessageDialog( null, label );
```

11

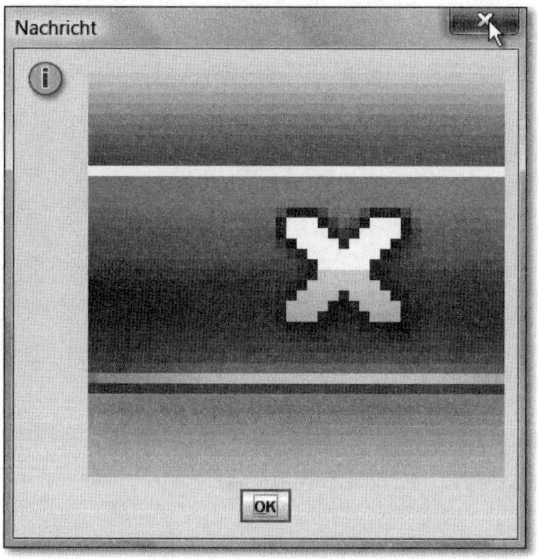

Abbildung 11.22 Screenshot der Anwendung Magnifier

11.10 Zum Weiterlesen

Besonders die Java 2D-API kann aber noch vieles mehr, das hier nicht weiter erwähnt wurde. Dazu zählen Bildfilter, etwa zum Weichzeichnen, die in der Java 2D-Demo des Java JDK vorgestellt werden. Mit der *Binding for the OpenGL API* (JSR-231) und der Referenzimplementierung *Java OpenGL* (kurz *JOGL*) unter *http://jogamp.org/* steht auch anspruchsvollen performanten Spielen nichts mehr im Weg. JOGL ist ein Wrapper um die OpenGLAPI und unterstützt mit Profilen die unterschiedlichen OpenGL-Versionen, wie OpenGL 2.x, OpenGL ES 1.x und ES 2.x, OpenGL 3.1 und 3.2. Tutorials zu JOGL gibt es auf der Webseite *http://jogamp.org/wiki/index.php/Jogl_Tutorial*.

Kapitel 12
JavaFX

»Die Reparatur alter Fehler kostet oft mehr als die Anschaffung neuer.«
– Wieslaw Brudzinski (1920–1996)

JavaFX bietet attraktive Fähigkeiten zum Design moderner grafischer Oberflächen. Dieses Kapitel beleuchtet auf der Basis von JavaFX 8 Aspekte wie den Aufbau der Oberflächen über Programmcode oder deklarative XML-Dateien, Charts und weitere Grundlagen.

12.1 Das erste Programm mit JavaFX

Das erste JavaFX-Programm soll die Grundsätze von JavaFX demonstrieren. Im Mittelpunkt des Interesses stehen der Startprozess und die Art des Objektaufbaus:

Listing 12.1 com/tutego/insel/javafx/HelloJavaFX.java

```
package com.tutego.insel.javafx;

import javafx.application.Application;
import javafx.scene.*;
import javafx.scene.effect.Reflection;
import javafx.scene.text.*;
import javafx.stage.Stage;

public class HelloJavaFX extends Application {

  public static void main( String[] args ) {
    launch( args );
  }

  @Override
  public void start( Stage stage ) {
    Text t = new Text( "Die Java-Insel grüßt JavaFX" );
    t.setX( 10.0f );
    t.setY( 50.0f );
    t.setFont( Font.font( "Calibri", FontWeight.NORMAL, 30 ) );
    t.setEffect( new Reflection() );
```

```
        Group root = new Group( t );
        Scene scene = new Scene( root, 400, 100 );
        stage.setScene( scene );
        stage.setTitle( "JavaFX Demo" );
        stage.show();
    }
}
```

Abbildung 12.1 Erstes Pixelquicky mit JavaFX

Eine JavaFX-Anwendung ist eine javafx.application.Application

JavaFX-Anwendungen erweitern die Basisklasse `Application`. Sie vererbt der eigenen Klasse Lebenszyklusmethoden wie `init()`, `destroy()`, `start(…)` oder `stop()`. Die Methoden werden je nach Wunsch überschrieben – wir überschreiben nur `start(Stage)`.

Die eigene statische `main(String[])`-Methode leitet an die statische `launch(String[])`-Methode der `Application`-Klasse weiter und übergibt ihr alle Kommandozeilenoptionen. Da die Klassenmethode `launch(…)` weiß, in welcher Klasse sie aufgerufen wurde, erzeugt sie ein Exemplar dieser Klasse und ruft dann die Lebenszyklusmethoden auf. Soll `launch(…)` von der eigenen Klasse entkoppelt werden, lässt sich eine überladene Methode einsetzen, die über ein `Class`-Objekt eine andere zu startende JavaFX-Klasse bestimmt.

Start der Anwendung

JavaFX ruft im Lebenszyklus der JavaFX-Anwendung nach dem `init()` die Methode `start(Stage primaryStage)` auf. Unsere Klasse überschreibt `start(…)`, um Programmcode abzuarbeiten und die grafische Ausgabe vorzubereiten. JavaFX übergibt der Methode eine *Stage* (zu Deutsch Bühne), was der Aufgabe eines Haupt-Containers zukommt und am ehesten mit dem Startfenster verglichen werden kann. Diesem `Stage`-Objekt kann wie bei einem Fenster ein Titel zugewiesen werden, auch die Ausmaße und Dekorationen, oder er kann in den Vollbildmodus gesetzt werden. Am wichtigsten ist aber die Zuweisung einer Szene, die auf den eigentlichen Inhalt verweist. Um eine Analogie zu gebrauchen: Die Szene ist die Leinwand und die Stage der Bilderrahmen mit Leinwand, also die gesamte Bühne. Während die primäre Stage von JavaFX kommt, sind wir es, die den Szenegraphen aufbauen, mit Elementen füllen und dann der Stage zuweisen.

[+]

Hinweis

Während ein AWT- oder Swing-Programm selbst ein Fensterobjekt aufbaut, ist die Herangehensweise bei JavaFX fundamental anders. JavaFX baut das Fenster auf und übermittelt es einmalig in der `start(Stage)`-Methode. Dieses `Stage` müssen wir uns gut merken, denn alle Oberflächenelemente kommen später auf diesen Container. `Stage` ist bei Swing mit `JFrame` vergleichbar.

Der Szenegraph

Zentraler Dreh- und Angelpunkt bei JavaFX ist eine besondere Datenstruktur, genannt *Szenegraph* (engl. *scene graph*). Er nimmt grafische Objekte wie Linien, Flächen, Textfelder, Browser, 3D-Objekte auf und verwaltet sie. Zu jedem Zeitpunkt sind also alle grafischen Objekte einer JavaFX-Anwendung im Speicher präsent, und sie existieren nicht nur zum Zeitpunkt des Zeichnens. (Für sehr große Datenmengen lassen sich andere Lösungen finden, etwa dass die Grafiken gezeichnet werden und diese dann in den Szenegraphen gehängt werden.)

JavaFX repräsentiert über die Klasse `Scene` den Szenegraphen, der dann mit `stage.setScene(scene)` auf die Bühne kommt. Jetzt müssen nur noch die Objekte auf die `Scene`.

12

Auf die Bühne

Ein Szenegraph ist eine hierarchische Datenstruktur, die ein Wurzelelement haben muss. Daher wird bei Aufbau eines `Scene`-Objekts im Konstruktor ein Wurzelobjekt übergeben, das ist entweder ein einzelnes GUI-Element oder ein Container. Üblicherweise weisen wir `Scene` einen Knoten-Container vom Typ `Group` zu. Eine `Group` ist selbst ein Knoten, sodass sich Gruppen auch schachteln lassen – es ist das typische Composite-Pattern.

`Group` ist der Behälter für Knoten, die intern in einer beobachtbaren Datenstruktur gehalten werden. Diese Datenstruktur muss mit `getChildren()` erfragt werden – das Ergebnis ist eine `ObservableList<Node>` –, und daran können wir unsere Objekte hängen – ein direktes `add(…)` hat `Group` nicht. Group kann auch gleich im Vararg-Konstruktor alle Knoten annehmen.

Knoten

Alle Objekte im Szenegraphen sind vom Typ `Node`. Ein Untertyp von `Node` ist `javafx.scene.shape.Shape`, was Elemente wie `Line`, `Text` oder `javafx.scene.control.Control` repräsentiert, wozu Texteingabefelder oder Schaltflächen zählen.

`Text`-Objekte repräsentieren Beschriftungen, die über den Konstruktor oder über `setContent(String)` gesetzt werden können. Als Zeilentrenner wird »\n« unterstützt. Wir nutzen einige Setter im Beispiel:

- `setX(float)`/`setY(float)` setzen die Koordinaten.
- `setFill(Paint)` setzt eine Farbe oder Gradienten – bei Farben sind es `javafx.scene.paint.Color`-Objekte.

- setFont(Font) setzt einen neuen Zeichensatz.
- setEffect(...) setzt in unserem Fall einen Spiegeleffekt. Fast 20 Effekte bringt JavaFX mit, darunter GaussianBlur, Glow, SepiaTone oder Shadow.

Alle Knoten wie unser Textelement müssen dem Szenegraphen hinzugefügt werden, wozu wir sie der Group hinzufügen.

JavaFX versus Swing/AWT

Die Java2D-API brachte gegenüber dem AWT die Neuerung, dass es erstmalig grafische Objekte vom Typ java.awt.Shape gab. Sie können in einer Datenstruktur gesammelt werden und repräsentieren die Eigenschaften wie Koordinaten in einem Objekt. Linien mussten also nicht mehr direkt über drawLine() gezeichnet werden, sondern konnten als java.awt.geom.Line2D.Double-Objekte aufgebaut und verwaltet werden. JavaFX geht noch einen Schritt weiter und zeigt uns gar keinen Grafikkontext mehr, sondern gibt uns nur die Möglichkeit, Objekte zu sammeln und in den Graphen zu hängen. Dabei nutzt JavaFX auch Shape-Typen, aber nicht eine Schnittstelle java.awt.Shape mit Implementierungen im Paket java.awt.geom, sondern ganz eigene Typen – JavaFX hat mit den java.awt-Typen überhaupt nichts gemeinsam. So nutzt JavaFX auch eigene Typen für Farben und Fonts, etwa javafx.scene.paint.Color statt java.awt.Color.

12.2 Zentrale Typen in JavaFX

JavaFX hat ein vielschichtiges Klassenkonzept, und diverse Muster finden sich dort wieder.

12.2.1 Szenegraph-Knoten und Container-Typen

Die wichtigsten Klassen aus dem Paket javafx.scene sind folgende:

- Eine zentrale Oberklasse in JavaFX ist Node. Jeder Knoten und jedes Element im Szenegraphen ist ein Untertyp der abstrakten Klasse Node. Jeder Knoten darf nur einmal an einer Stelle im Szenegraphen auftauchen.
- Eine Unterklasse von Node ist Parent. Parent ist ebenfalls eine abstrakte Klasse und Basistyp aller Objekte, die Kinder haben, also Container sind. Ein Text zum Beispiel ist nicht vom Typ Parent, da ein Text nur einen Text darstellt, aber keine eigenen Kinder hat. Von Parent gibt es vier Unterklassen: Control, Group, Region und WebView.
- Control ist ein Basistyp für Komponenten, also etwa für Schaltflächen oder Beschriftungen. Jede Control-Komponente lässt sich über CSS optisch stylen. Die meisten Control-Objekte verarbeiten Ereignisse und nehmen am Fokuswechsel teil.
- Eine Group ist ein einfacher Container, der mehrere Elemente zu einem Knoten zusammenfasst. Interessant ist eine Group deswegen, weil zum Beispiel Transformationen oder Effekte auf eine Gruppe angewendet werden können und dann diese Transformationen auf alle Elemente der Gruppe delegiert werden. Gruppen lassen sich beliebig schachteln. Ein Group-

Objekt hat eine Methode getChildren(), die eine ObservableList<Node> liefert, der dann Knoten zugeführt werden können. Die Gruppe selbst gibt den Kindern aber keine Positionen, was sie von einem typischen Swing-Container wie JPanel unterscheidet.

- Eine Region ist ein besonderer Parent, also ein Container, dem nicht nur Elemente hinzugefügt werden können, sondern der selbst als Container über CSS optisch angepasst werden kann. Von Region gibt es eine Unterklasse Pane, die die Kinder über öffentliche Methoden nach außen gibt. FlowPane ist eine Unterklasse von Pane, die Kinder der Reihe nach anordnet und wenn nötig umbricht. Da eine FlowPane eine Pane ist und eine Pane eine Region, kann etwa eine Reihe von Komponenten über CSS zum Beispiel extern mit einer Hintergrundfarbe konfiguriert werden. Eine Group und eine Region haben in der Vererbungshierarchie nur Parent über sich, stehen also nebeneinander. Um den Unterschied noch einmal zu betonen: Eine Group kümmert sich nicht um die Positionen der Kinder, und sie kann nicht über CSS angepasst werden, eine Region schon.

12.2.2 Datenstrukturen

12

Das Paket javafx.collections deklariert Datenstrukturen, auf die JavaFX zurückgreift, etwa bei einer Group. Diese neuen Typen wurden in Kapitel 4, »Datenstrukturen und Algorithmen«, schon ausführlich vorgestellt, deshalb hier nur noch einmal eine kompakte Zusammenfassung:

Beispiel

Füge einer neuen Gruppe zwei Textobjekte, text1 und text2, hinzu:

```
Group group = new Group();
group.getChildren().addAll( text1, text2 );
```

Neue Container zu deklarieren hat einen guten Grund, denn die JavaFX-Datenstrukturen lösen bei Veränderungen Ereignisse aus. Die Sammlungen aus java.util können zum Beispiel nicht melden, wenn ein Element verschwindet oder hinzugekommen ist.

Für Listen und Assoziativspeicher deklariert JavaFX zwei neue Schnittstellen:

- ObservableList<E> (erweitert java.util.List<E>)
- ObservableMap<K,V> (erweitert java.util.Map<K,V>)

Es gibt keine benutzersichtbaren implementierenden Klassen, sondern eine Utility-Klasse FX-Collections mit statischen Methoden, die Exemplare dieses Typs liefern.

Beispiel

Lege eine ObservableList an, und beobachte die Änderungen:

```
ObservableList<String> list = FXCollections.observableArrayList();
list.addListener( new ListChangeListener<String>() {
```

```
    @Override public void onChanged( ListChangeListener.Change<? extends String> e ) {
      ...
    } } );
  list.add( "1" );
  list.add( "2" );
  list.remove( 1 );
  list.clear();
```

Ein ListChangeListener.Change-Objekt liefert Informationen, etwa ob die Liste wächst oder schrumpft oder an welcher Stelle es Veränderungen gab.

12.3 JavaFX-Komponenten und Layout-Container-Klassen

JavaFX kommt wie Swing mit einem Satz von Standardkomponenten im Paket javafx.scene.control und hat Control als Basisklasse.

12.3.1 Überblick über die Komponenten

Die Klassennamen sind selbsterklärend:

- Label
- Hyperlink
- Button
- RadioButton
- ToggleButton
- CheckBox
- ChoiceBox
- TextField
- PasswordField
- ListView
- TableView
- TitledPane
- ScrollPane
- ProgressBar
- ProgressIndicator
- Pane mit Unterklassen für unterschiedliche Layouts

Styling

Cascading Style Sheets (CSS) können das Aussehen anpassen. Der Vorteil ist, dass dies deklarativ ohne Programmieraufwand möglich ist. Die CSS-Deklaration lässt sich in eine Datei auslagern und für eine ganze JavaFX-Applikation anwenden oder auch lokal mit `setStyle()` setzen. Neben dem Styling lässt sich eine komplett neue Skin definieren, etwa für Oberflächen mit besonders starken Kontrasten.

Bei der Konfiguration findet sich keine Klasse vom AWT oder von Swing wieder. Im eingehenden Beispiel ließ sich das schon an der JavaFX-eigenen Klasse `Font` ablesen. Das geht weiter bei den Icons, die als `ImageView`-Objekte zum Beispiel an Schaltflächen gesetzt werden. Für Farben gibt es die eigene `Color`-Klasse mit reichlich vorgefertigten Farbkonstanten und einer Methode `Color.web()`, die die Farbangaben hexadezimal webüblich annimmt. JavaFX ist als vollständig neue Technologie zu verstehen, die alte Zöpfe abschneidet.

12.3.2 Listener/Handler zur Ereignisbeobachtung

Die Ereignisbehandlung folgt dem bekannten Listener-Prinzip. Es ist unnötig, zu betonen, dass neue JavaFX-Typen verwendet werden. Einen anderen Unterschied gibt es, der an GWT erinnert: Jede Komponente ist ein Knoten, und jedem Knoten lässt sich im Prinzip jeder Listener zuordnen, wobei der Listener bei JavaFX *Handler* genannt wird.

Allgemeiner Event-Handler

Die Klasse für alle Knoten `Node` deklariert:

- `addEventHandler(EventType<T>, EventHandler<? super T>)` zum Hinzufügen der Handler
- `removeEventHandler(EventType<T>, EventHandler<? super T>)` zum Abmelden der Handler

`addEventHandler()` ist also eine allgemeine Möglichkeit, etwa einer Schaltfläche einen Horcher zuzuordnen. Für einen `Button` `b` könnte das so aussehen:

```
b.addEventHandler( ActionEvent.ACTION, new EventHandler<ActionEvent>() {
  @Override public void handle( ActionEvent e ) {
    …
  }
} );
```

Spezielle Handler

Neben der Möglichkeit, über die `addEventHandler()`-Methode einen Handler hinzuzufügen, bieten die Komponentenklassen auch eigene Hinzufügemethoden, etwa der `Button` die Methode `setOnAction(EventHandler<ActionEvent>)`.

Das nächste Beispiel deaktiviert beim Klick auf die Schaltfläche diese:

Listing 12.2 com/tutego/insel/javafx/ButtonSetOnActionDemo.java, start()

```
@Override
public void start( Stage stage ) {
  final Button b = new Button( "OK" );
  b.setFont( Font.font( "Calibri", 30 ) );
  Image image = new Image( getClass().getResourceAsStream( "/images/ok.png" ) );
  b.setGraphic( new ImageView( image ) );
  b.setOnAction( new EventHandler<ActionEvent>() {
    @Override public void handle( ActionEvent e ) {
      b.setDisable( true );
    }
  } );

  stage.setScene( new Scene( b ) );
  stage.show();
}
```

12.3.3 Panels mit speziellen Layouts

Unser Beispiel nutzt zur Positionierung absolute Angaben mit `setX()` und `setY()`. Das ist für Komponenten eher unüblich, und eine Anordnung nach speziellen Layouts ist zu bevorzugen. JavaFX bietet spezielle Container-Klassen, die jeweils ein individuelles Layout realisieren.

Vergleich zwischen Swing und JavaFX

Das ist anders als bei Swing, bei dem das Strategiemuster zum Zuge kommt: Ein Container ist mit einem Layoutmanager assoziiert, der die Kinder anordnet.

JavaFX-Container

Es stehen in JavaFX folgende Container-Klassen zur Verfügung (in Klammern stehen die vergleichbaren Layoutmanager in Swing, die etwa einem `JPanel` zugewiesen werden):

- `BorderPane` (vergleichbar mit `BorderLayout`)
- `FlowPane` (vergleichbar mit `FlowLayout`)
- `HBox`, `VBox` (vergleichbar dem Container über `Box.createHorizontalBox()` bzw. `Box.createVerticalBox()`)
- `StackPane` (vergleichbar mit `CardLayout`)
- `GridPane` (wie ein einfacheres `GridBagLayout`)
- `TilePane` (vergleichbar mit `GridLayout`)
- `AnchorPane` (vergleichbar mit `BorderLayout` und Komponenten in allen Ecken)

Beispiel

Im nächsten Beispiel soll ein kleines Formular Vor- und Nachname erfassen. Die GridPane ist für Anordnungen in einem Raster bestens geeignet.

Listing 12.3 com/tutego/insel/javafx/GridPaneDemo.java, start()

```
@Override
public void start( Stage stage ) {
  GridPane grid = new GridPane();
  grid.setHgap( 10 );
  grid.setVgap( 10 );
  grid.setPadding( new Insets( 10, 10, 10, 10 ) );

  Label header = new Label( "Kontaktdaten" );
  header.setFont( new Font( 20 ) );
  GridPane.setHalignment( header, HPos.CENTER );

  grid.add( header,
            0 /*x*/, 0 /*y*/,
            2 /*colSpan*/, 1 /*rowSpan*/ );
  grid.add( new Label( "Vorname" ), 0, 1 );
  grid.add( new TextField(), 1, 1 );
  grid.add( new Label( "Nachname" ), 0, 2 );
  grid.add( new TextField(), 1, 2 );

  stage.setScene( new Scene( grid ) );
  stage.show();
}
```

Abbildung 12.2 Screenshot der Anwendung GridPaneDemo

Die GridPane wächst automatisch und muss nicht mit einer festen Anzahl von Spalten/Zeilen erzeugt werden. Die add(…)-Methode setzt später eine Komponente an die gewünschte Stelle, wobei es eine überladene add(…)-Methode gibt, die die Komponente über mehrere Zellen verteilen kann. Wie die Komponente dann in ihrem Bereich ausgerichtet wird, bestimmen die statischen Methoden setHalignment(…) und setValignment(…), denen die auszurichtende Komponente und die Orientierung mitgegeben wird.

12.4 Webbrowser

Eine ganz besondere Komponente ist `WebView`, die mit einer referenzierten `WebEngine` HTML rendern kann. JavaFX basiert auf der nativen quelloffenen Bibliothek *WebKit* (*http://www.webkit.org/*), die von Apple, Google, Nokia, Adobe und weiteren IT-Schwergewichten entwickelt wird bzw. wurde. Mit dieser schönen Komponente lassen sich einfach existierende Webanwendungen einbetten, etwa Karten, Bezahlsysteme, E-Mail-Clients oder Kommunikationssoftware.

Um HTML darzustellen, steht am Anfang der Aufbau eines `WebView`-Objekts. Von ihm wird die `WebEngine` erfragt, die weitere Methoden bietet, wie `load(…)` oder `loadContent(…)`; der Ladeprozess lässt sich dann über `stop()` abbrechen oder über `reload()` neu anstoßen.

Verbinden wir das zu einem kleinen Beispiel:

Listing 12.4 com/tutego/insel/javafx/WebViewDemo.java

```
package com.tutego.insel.javafx;

import javafx.application.Application;
import javafx.scene.*;
import javafx.scene.control.*;
import javafx.scene.web.WebView;
import javafx.stage.Stage;

public class WebViewDemo extends Application
{
  @Override
  public void start( Stage stage )
  {
    WebView htmlViewer1 = new WebView();
    htmlViewer1.getEngine().loadContent( "<html>Hallo <b>WebView</b>.</html>" );

    WebView htmlViewer2 = new WebView();
    htmlViewer2.getEngine().load( "http://javafx.com/" );

    SplitPane splitPane = new SplitPane();
    ScrollPane scrollPane = new ScrollPane( htmlViewer2 );
    scrollPane.setFitToWidth( true );
    splitPane.getItems().addAll( htmlViewer1, scrollPane );
    splitPane.setDividerPositions( 0.2f );
    stage.setScene( new Scene( splitPane ) );
    stage.show();
  }

  public static void main( String[] args )
  {
```

```
    launch( args );
  }
}
```

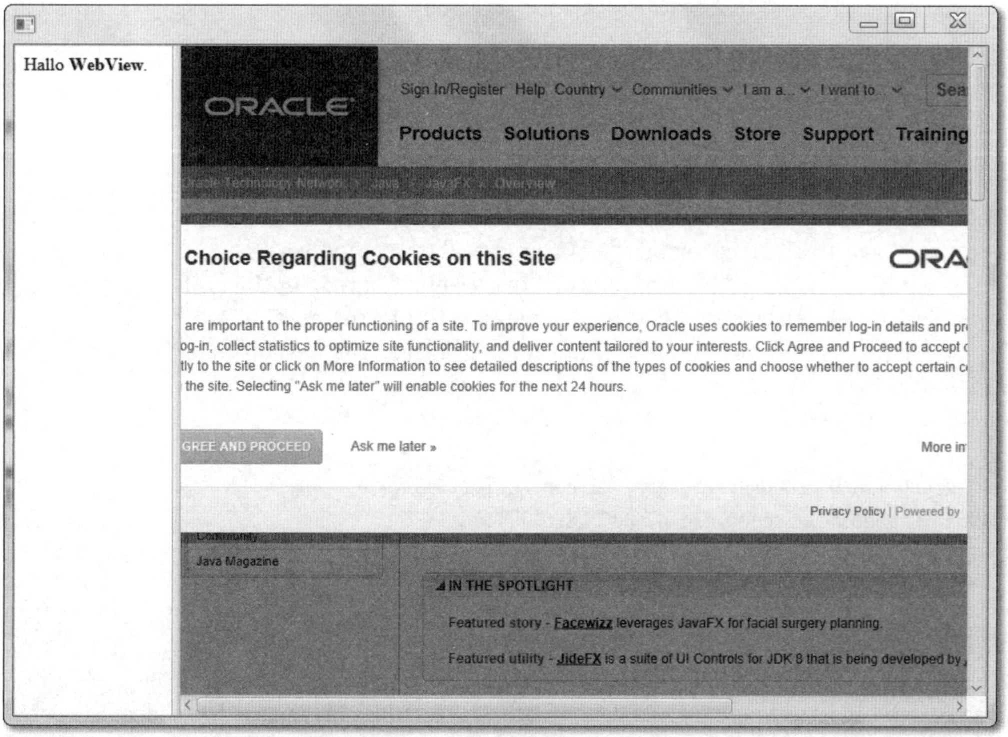

Abbildung 12.3 Screenshot der Anwendung WebViewDemo

Die `SplitPane` stellt zwei HTML-Dokumente links und rechts dar. Im rechten Bereich steht ein über eine URL geladenes Dokument, links ein statisch generiertes Dokument. Mit `load()` auf dem `WebEngine`-Objekt lässt sich jederzeit ein neues HTML-Dokument laden. Interessant ist auch die Methode `executeScript()`, die die `WebEngine` anweist, JavaScript auszuführen. Damit lässt sich aus Java heraus auf das laufende JavaScript-Programm Einfluss nehmen und Zustände im DOM ändern. Aktivierte Hyperlinks verfolgt der Browser automatisch.

12.5 Geometrische Objekte

Die JavaFX-Bibliothek repräsentiert geometrische Formen wie Linien, Polygone oder Kurven durch Objekte. Diese zweidimensionalen Formenobjekte sind abgeleitet von einer abstrakten Basisklasse `javafx.scene.shape.Shape`, die dreidimensionalen von `javafx.scene.shape.Shape3D`. Konkrete Formen realisieren Unterklassen, von `Shape` sind das `Line`, `Rectangle`, `Circle`, `Ellipse`, `Arc`, `Polygon`, `Polyline`, `Path`, `CubicCurve`, `QuadCurve`, `SVGPath` und `Text`. Bis auf `Text` liegen alle `Shape`-Unterklassen im Paket `javafx.scene.shape`.

Erstes Beispiel

Die Oberklasse Shape erweitert javafx.scene.Node, und somit sind die konkreten Formen allesamt gültige Objekte im Szenegraphen. Fünf konkrete Shape-Objekte kommen in unserem Beispiel in eine Group und dann auf den Bildschirm:

Listing 12.5 com/tutego/insel/javafx/ShapeDemo.java, start()

```
Shape text = new Text( 10, 50, "Die Java-Insel grüßt JavaFX" );
Shape arc = new Arc( 100, 100, 20, 40, 0, 180 );
Shape circle = new Ellipse( 100, 200, 20, 20 );
OfInt rnd = new Random().ints( 10, 780 ).iterator();
Shape poly1 = new Polyline( rnd.nextInt(), rnd.nextInt(), rnd.nextInt(),
                            rnd.nextInt(), rnd.nextInt(), rnd.nextInt() );
Shape poly2 = new Polygon( rnd.nextInt(), rnd.nextInt(), rnd.nextInt(),
                           rnd.nextInt(), rnd.nextInt(), rnd.nextInt() );
SVGPath svg = new SVGPath();
svg.setContent( "M300 50 L175 200 L425 200 Z" );

Group group = new Group( text, arc, circle, poly1, poly2, svg );
stage.setScene( new Scene( group, 800, 800 ) );
stage.show();
```

[+]

Hinweis

Um Formen zu zeichnen, gibt es in JavaFX zwei Möglichkeiten: Die eine ist – wie im Beispiel gesehen –, Shape-Objekte zu nutzen und diese in den Szenegraphen zu hängen. Die andere ist, eine Zeichenfläche (Canvas) zu erzeugen, sich darüber einen GraphicsContext zu besorgen und Methoden wie fillOval(…) oder drawImage(…) einzusetzen, um damit auf einer Zeichenfläche zu zeichnen, die dann selbst als Objekt in den Szenegraphen gehängt werden kann. Was es in JavaFX nicht gibt, ist eine Zeichenmethode wie draw(Shape).

12.5.1 Linien und Rechtecke

Bei Linien müssen wir uns von der Vorstellung trennen, die uns die analytische Geometrie nahelegt. Laut Euklid ist eine Linie als kürzeste Verbindung zwischen zwei Punkten definiert. Da Linien eindimensional sind, besitzen sie eine Länge aus unendlich vielen Punkten, doch keine wirkliche Breite. Auf dem Bildschirm besteht eine Linie nur aus endlich vielen Punkten, und wenn eine Linie gezeichnet wird, werden Pixel gesetzt, die nahe an der wirklichen Linie sind. Die Punkte müssen passend in ein Raster gesetzt werden, und so kommt es vor, dass die Linie in Stücke zerbrochen wird. Dieses Problem gibt es bei allen grafischen Operationen, da von Fließkommawerten eine Abbildung auf Ganzzahlen, in unserem Fall absolute Koordinaten des Bildschirms, durchgeführt werden muss. Eine bessere Darstellung der Linien und Kurven ist durch

Antialiasing zu erreichen. Dies ist eine Art Weichzeichnung mit nicht nur einer Farbe, sondern mit Abstufungen, sodass die Qualität auf dem Bildschirm wesentlich besser ist. Auch bei Zeichensätzen ist dadurch eine merkliche Verbesserung der Lesbarkeit auf dem Bildschirm zu erzielen.

Linien

Im ersten Beispiel haben wir schon `javafx.scene.shape.Line` verwendet, das Objekt verwaltet Start- und Endkoordinate:

Property	Property-Typ	Funktion
`startX`, `startY`	`DoubleProperty`	Start-Koordinate x/y
`endX`, `endY`	`DoubleProperty`	End-Koordinate x/y

Tabelle 12.1 Properties von Line

Neben den Settern/Gettern, einem Standard-Konstruktor und dem Konstruktor `Line(double startX, double startY, double endX, double endY)` hat die Klasse nichts zu bieten.

Rechtecke

Rechtecke sind im Grunde nichts anderes als vier Linien. Doch Rechtecke kann JavaFX auch füllen, und zudem können sie abgerundet sein, wofür die Klasse die Angabe eines Bogen-Durchmessers für die Ecken erlaubt – alle Ecken können nur die gleiche Rundung haben.

Property	Property-Typ	Funktion
`X`, `y`	`DoubleProperty`	Start-Koordinate x/y
`width`, `height`	`DoubleProperty`	Breite/Höhe des Rechtecks
`arcHeight`	`DoubleProperty`	Durchmesser für Eckenbogen

Tabelle 12.2 Properties von Rectangle

Die Klasse hat die zu erwartenden Setter/Getter und vier Konstruktoren:

```
class javafx.scene.shape.Rectangle
extends Shape
```

- `Rectangle()`
- `Rectangle(double width, double height)`
- `Rectangle(double x, double y, double width, double height)`
- `Rectangle(double width, double height, Paint fill)`

12.5.2 Kreise, Ellipsen, Kreisförmiges

Ein Kreis wird in JavaFX von der Klasse `Circle` repräsentiert, eine Ellipse durch `Ellipse`. Beide verfügen über einen Mittelpunkt. Während der Kreis nur einen Radius hat, hat die Ellipse zwei Radien, die Breite und Höhe bestimmen:

Klasse	Property	Property-Typ	Funktion
`Circle`, `Ellipse`	`centerX`	`DoubleProperty`	Mittelpunkt, x-Achse
`Circle`, `Ellipse`	`centerY`	`DoubleProperty`	Mittelpunkt, y-Achse
`Circle`	`radius`	`DoubleProperty`	Radius des Kreises
`Ellipse`	`radiusX`	`DoubleProperty`	x-Radius der Ellipse
`Ellipse`	`radiusY`	`DoubleProperty`	y-Radius der Ellipse

Tabelle 12.3 Properties von Circle und Ellipse

Beide Klassen haben einen Standard-Konstruktor und dazu folgende weitere parametrisierte Konstruktoren:

```
class javafx.scene.shape.Circle
extends Shape
```

- `Circle(double radius)`
- `Circle(double centerX, double centerY, double radius)`
- `Circle(double centerX, double centerY, double radius, Paint fill)`
- `Circle(double radius, Paint fill)`

```
class javafx.scene.shape.Ellipse
extends Shape
```

- `Ellipse(double radiusX, double radiusY)`
- `Ellipse(double centerX, double centerY, double radiusX, double radiusY)`

Die Ellipse kann also bisher nicht direkt mit Füllfarbe initialisiert werden.

Kreisbogen

Die Klasse `javafx.scene.shape.Arc` repräsentiert einen Kreisbogen. Diese Bögen ähneln Ellipsen, nur dass sie einen Startwinkel (in Grad) und relativ von dort einen Bogenwinkel haben. Und da ein Kreisbogen an sich »offen« ist, gibt es einige Optionen, ob das so bleibt:

- ArcType.OPEN: Kreisbogen bildet eine einfache Kreislinie, der verbleibende Teil ist offen.
- ArcType.CHORD: Start- und Endpunkt des Bogens werden durch eine Linie verbunden.
- ArcType.ROUND: Start- und Endpunkt des Bogens werden mit dem Mittelpunkt des Kreises verbunden, was dann so aussieht wie ein Kuchen (unter Java 2D noch »Pie« genannt).

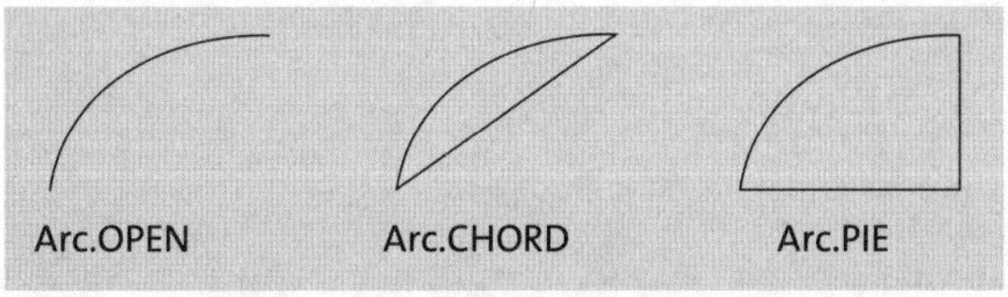

Abbildung 12.4 Die drei Bogentypen

Damit ist jeder Kreisbogen durch folgende Properties bestimmt:

Property	Property-Typ	Funktion
centerX, centerY	DoubleProperty	x-/y-Achse vom Mittelpunkt des Kreisbogens
radiusX, radiusY	DoubleProperty	horizontaler/vertikaler Radius
startAngle	DoubleProperty	Startwinkel
length	DoubleProperty	Winkel des Bogens
type	ObjectProperty<ArcType>	ArcType.OPEN, ArcType.CHORD oder ArcType.ROUND

Tabelle 12.4 Properties von Arc

Neben den Settern/Gettern für die Properties hat die Klasse Arc nichts zu bieten. Zwei Konstruktoren gibt es:

```
class javafx.scene.shape.Arc
extends Shape
```

- Arc()
  Baut einen Kreisbogen ohne irgendwelche gesetzten Properties auf.
- Arc(double centerX, double centerY, double radiusX, double radiusY, double startAngle, double length)
  Baut einen Kreisbogen mit Zustand auf.

12.5.3 Es werde kurvig – quadratische und kubische Splines

Die Klasse QuadCurve beschreibt *quadratische Kurvensegmente*. Dies sind Kurven, die durch zwei Endpunkte und einen dazwischenliegenden Kontrollpunkt definiert sind. CublicCurve beschreibt *kubische Kurvensegmente*, die durch zwei Endpunkte und zwei Kontrollpunkte definiert sind. Kubische Kurvensegmente werden auch *Bézier-Kurven* genannt.

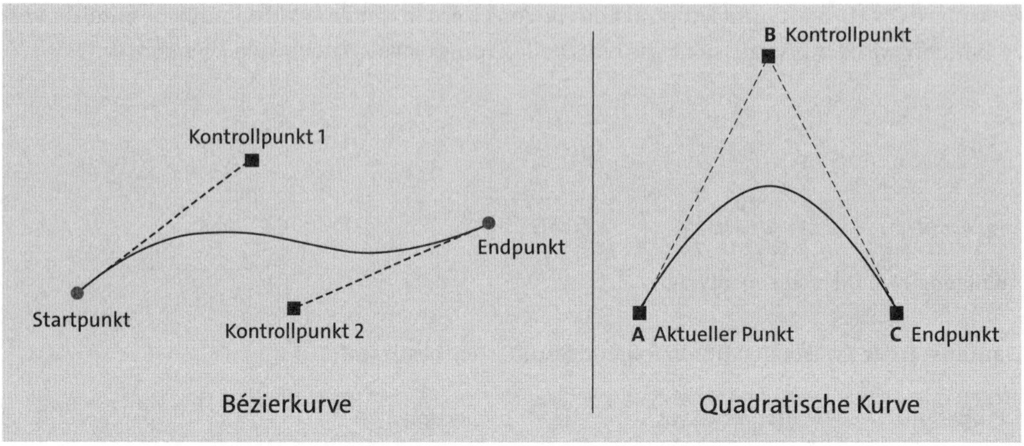

Abbildung 12.5 Kontrollpunkte der Kurven

Listing 12.6 com/tutego/insel/javafx/CubicCurveDemo.java

```
@Override
public void start( Stage stage ) {
  double startX = 200, startY = 200;
  DoubleProperty controlX1 = new SimpleDoubleProperty( 20 );
  DoubleProperty controlY1 = new SimpleDoubleProperty( 20 );
  DoubleProperty controlX2 = new SimpleDoubleProperty( 400 );
  DoubleProperty controlY2 = new SimpleDoubleProperty( 20 );
  double endX = 300, endY = 200;

  // Linie von [controlX1, controlY1] nach [startX, startY]
  Line line1 = new Line( 0, 0, startX, startY );
  line1.startXProperty().bind( controlX1 );
  line1.startYProperty().bind( controlY1 );
  line1.setStrokeWidth( 2 );

  // Linie von [controlX2, controlY2] nach [endX, endY]
  Line line2 = new Line( 0, 0, endX, endY );
  line2.startXProperty().bind( controlX2 );
  line2.startYProperty().bind( controlY2 );
  line2.setStrokeWidth( 2 );

  // Animierte Kontrollpunkte
  Timeline timeline = new Timeline( new KeyFrame( Duration.millis( 1000 ),
                                          new KeyValue( controlX1, 300 ),
                                          new KeyValue( controlY2, 300 ) ) );
```

```
    timeline.setCycleCount( Timeline.INDEFINITE );
    timeline.setAutoReverse( true );
    timeline.play();

    CubicCurve curve = new CubicCurve( startX, startY, 0, 0, 0, 0, endX, endY );
    curve.controlX1Property().bind( controlX1 );
    curve.controlY1Property().bind( controlY1 );
    curve.controlX2Property().bind( controlX2 );
    curve.controlY2Property().bind( controlY2 );
    curve.setFill( null );
    curve.setStroke( Color.BLUEVIOLET );
    curve.setStrokeWidth( 3 );

    stage.setScene( new Scene( new Group( line1, line2, curve ), 450, 300 ) );
    stage.show();
  }
```


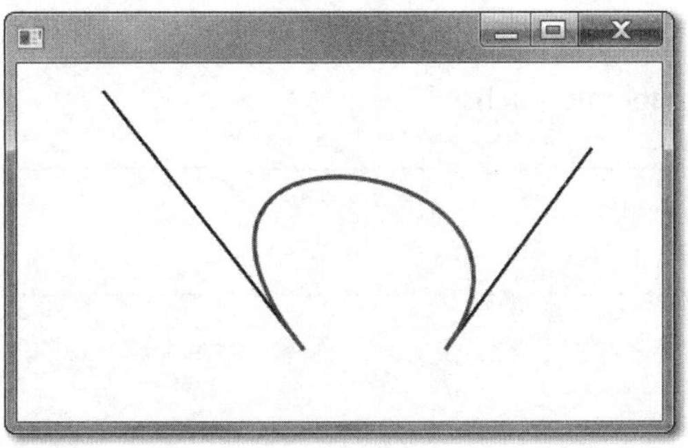

Abbildung 12.6 Screenshot der Anwendung CubicCurveDemo

12.5.4 Pfade *

Ein Pfad besteht aus zusammengesetzten Segmenten, die miteinander verbunden sind. Es ist ein wenig wie Malen nach Zahlen, bei dem der Stift von einem Punkt zum anderen gezogen wird, aber auch abgesetzt und neu positioniert werden darf. Die Segmente bestehen nicht wie bei Polygonen ausschließlich aus Linien, sondern können auch quadratische oder kubische Kurven sein.

Die Klasse `javafx.scene.shape.Path` erbt von `Shape` und repräsentiert eine Liste dieser Pfadsegmente, die in JavaFX vom Typ `PathElement` sind. Die Pfadsegmente sind also Objekte und werden dem `Path` entweder am Anfang über den Konstruktor übergeben oder später der Liste angehängt. Von der abstrakten Basisklasse `PathElement` gibt es folgende Unterklassen: `LineTo`, `HLineTo`, `VLineTo`, `ArcTo`, `CubicCurveTo`, `QuadCurveTo`, `ClosePath` und `MoveTo`. Die letzten beiden Typen nehmen eine gewisse Sonderstellung ein, da `ClosePath` den Pfad abschließt und ein `MoveTo`-Objekt den Zeichenstift absetzt und neu positioniert; da der Startpunkt automatisch bei (0,0) liegt, kann `MoveTo` ihn auch zu Anfang gut setzen.

[»]

Beispiel

Zeichnen einer Linie als Pfad, Variante 1:

Listing 12.7 com/tutego/insel/javafx/PathDemo.java, Ausschnitt

```
Shape path = new Path( new MoveTo( 10, 10 ), new LineTo( 100, 20 ) );
```

Alternativ dazu Variante 2: erst das `Path`-Objekt aufbauen, dann die Liste der Segmente erfragen und schließlich anhängen:

```
Path path = new Path();
path.getElements().add( new MoveTo( 10, 10 ) );
path.getElements().add( new LineTo( 100, 20 ) );
```

Natürlich hätten wir in diesem Fall auch gleich ein `Polyline`- oder ein `Line`-Objekt nehmen können. Doch dieses Beispiel zeigt einfach, wie ein Pfad aufgebaut ist. Zunächst bewegen wir den Zeichenstift mit einem über den `MoveTo(double, double)`-Konstruktor erzeugten Objekt auf die Startposition, und anschließend zeichnen wir eine Linie mit einem über den Konstruktor `LineTo(double, double)` erzeugten Objekt.

Die Eigenschaften der Klasse `Path` sind daher auch übersichtlich:

```
class javafx.scene.shape.Path
extends Shape
```

- `Path()`
- `Path(Collection<? extends PathElement> elements)`
- `Path(PathElement... elements)`
- `ObservableList<PathElement> getElements()`

Des Weiteren gibt es eine `Property fillRule` für die Windungsregel und daher Setter/Getter.

Windungsregel *

Eine wichtige Eigenschaft der Pfade für gefüllte Objekte ist die *Windungsregel* (engl. *winding rule*). Diese Regel beschreibt eine Aufzählung `javafx.scene.shape.FillRule` und kann entweder `NON_ZERO` oder `EVEN_ODD` sein. Wenn Zeichenoperationen aus einer Form herausführen und wir uns dann wieder in der Figur befinden, sagt `EVEN_ODD` aus, dass dann innen und außen umgedreht wird. Wenn wir also zwei Rechtecke durch einen Pfad ineinander positionieren und der Pfad gefüllt wird, bekommt die Form in der Mitte ein Loch.

Das folgende Programm zeichnet ein blaues Rechteck mit `NON_ZERO` und ein rotes Rechteck mit `EVEN_ODD`. Mit der Konstanten `NON_ZERO` bei `setFillRule(FileRule)` wird das innere Rechteck mit ausgefüllt. Ausschlaggebend dafür, ob das innere Rechteck gezeichnet wird, ist die Anzahl der Schnittpunkte nach außen – »außen« heißt in diesem Fall, dass es unendlich viele Schnittpunkte gibt. Diese Regel wird aber nur dann wichtig, wenn wir mit nichtkonvexen Formen arbeiten. Solange sich die Linien nicht schneiden, ist dies kein Problem:

Listing 12.8 com/tutego/insel/javafx/FillRuleDemo.java, start(...)

```
@Override
public void start( Stage stage ) {
  Rectangle rect1 = new Rectangle( 70, 70, 130, 50 );
  rect1.setFill( Color.YELLOW );

  Path rect2 = makeRect( 100, 80, 50, 50 );
  rect2.setFill( Color.BLUE );
  rect2.setFillRule( FillRule.NON_ZERO );

  Path rect3 =  makeRect( 200, 80, 50, 50 );
  rect3.setFill( Color.RED );
  rect3.setFillRule( FillRule.EVEN_ODD );

  Group group = new Group( rect1, rect2, rect3 );
  stage.setScene( new Scene( group, 300, 200 ) );
  stage.show();
}
```

Die eigene statische Methode `makeRect(int, int, int, int)` definiert den Pfad für die Rechtecke mit den Mittelpunktkoordinaten `x` und `y`. Das erste Rechteck besitzt die Breite `width` sowie die Höhe `height`, und das innere Rechteck ist halb so groß:

Listing 12.9 com/tutego/insel/javafx/FillRuleDemo.java, makeRect(...)

```
private static Path makeRect( int x, int y, int width, int height ) {
  Path p = new Path(
    new MoveTo( x + width/2, y - height/2 ), new VLineTo( y + height/2 ),
    new HLineTo( x - width/2 ), new VLineTo( y - height/2 ),
    new ClosePath(),
    new MoveTo( x + width/4, y - height/4 ), new VLineTo( y + height/4 ),
    new HLineTo( x - width/4 ), new VLineTo( y - height/4 ),
    new ClosePath() );

  return p;
}
```

Mit `MoveTo(double, double)` bewegen wir uns zum ersten Punkt. Die weiteren Linien-Direktiven formen das Rechteck. Die Form muss geschlossen werden, doch dieses Beispiel macht durch das innere Rechteck anschaulich, dass die Figuren eines `Path`-Objekts nicht zusammenhängend sein müssen. Das innere Rechteck wird genauso gezeichnet wie das äußere.

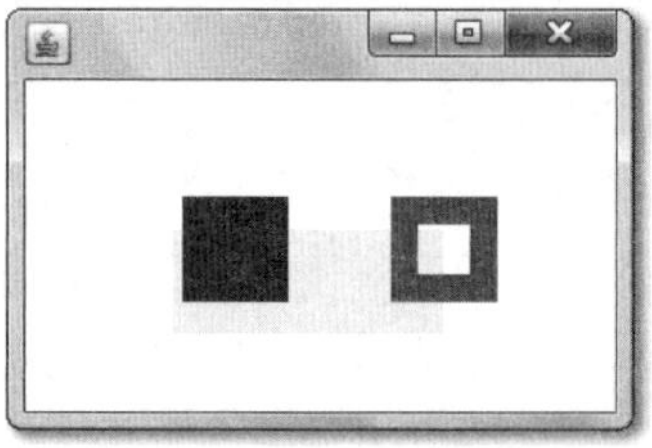

Abbildung 12.7 Die Windungsregeln NO_ZERO und EVEN_ODD

12.5.5 Polygone und Polylines

Eine *Polyline* besteht aus einer Menge von Linien, die einen Linienzug beschreiben. Dieser Linienzug muss nicht geschlossen sein. Ist er es dennoch, sprechen wir von einem *Polygon*. Für beides gibt es in JavaFX Klassen: `Polygon` und `Polyline`. Aufgebaut werden sie über den Standard-Konstruktor oder über einen parametrisierten Konstruktor, der mit `(double... points)` eine Liste von x-/y-Koordinaten annimmt. Die Klassen konvertieren die Punkte in eine interne `ObservableList<Double>`, die mit `getPoints()` zugänglich ist. Die Liste aus der Rückgabe kann problemlos verändert werden. Beide Objekte haben selbst keine Properties, daher gibt es neben `getPoints()` keine Setter/Getter in beiden Klassen.

12.5.6 Beschriftungen, Texte, Fonts

Eine einfach formatierte Beschriftung realisiert die Klasse `Text`. Gesetzt wird ein String an eine Position, wobei der String mit »\n« einen Umbruch enthalten kann, was JavaFX respektiert. Die Koordinaten bestimmen die Position der *Schriftlinie* – auch *Grundlinie* genannt (engl. *baseline*) –, auf der die Buchstaben stehen.

Damit ergeben sich die ersten drei Properties:

Property	Property-Typ	Funktion
`x` und `y`	`DoubleProperty`	x-/y-Koordinate
`Text`	`StringProperty`	Beschriftung

Tabelle 12.5 Properties von Text

Da die Eigenschaften gerne am Anfang gesetzt werden, initialisiert sie zwei Konstruktoren gleich:

- `Text(String text)`
- `Text(double x, double y, String text)`

Einen Standard-Konstruktor hat die Klasse natürlich auch. Die Klasse hat weitere Properties, die die Javadoc aufzeigt, etwa ob der Text durch-/unterstrichen ist oder nicht, die Ausrichtung, wo umbrochen werden soll, oder den `FontSmoothingType`.

Zeichensätze/Fonts

JavaFX bringt die Unicode-Zeichenketten auf den Bildschirm, die aus so genannten *Glyphen* bestehen, das sind konkrete grafische Darstellungen eines Zeichens. Die Darstellung von Zeichen übernimmt in Java ein Font-Renderer, der in JavaFX fest verdrahtet ist.

Mit jeder Beschriftung ist standardmäßig ein Zeichensatz verbunden, der sich ändern lässt, üblicherweise mit `setFont(Font)`. Argument der Methode ist ein `javafx.scene.text.Font`-Objekt, das im Wesentlichen den Zeichensatz, die Größe und Ausrichtung repräsentiert. Aufbauen lässt sich das `Font`-Objekt über zwei Konstruktoren oder über fünf Fabrikmethoden:

`javafx.scene.text.`**`Font`**

- `Font(double size)`
- `Font(String name, double size)`
- `static Font font(String family, double size)`
- `static Font font(String family, FontPosture posture, double size)`
- `static Font font(String family, FontWeight weight, double size)`
- `static Font font(String family, FontWeight weight, FontPosture posture, double size)`

Bis auf `FondPosture` (was eine Aufzählung mit `ITALIC` und `REGULAR` ist) und `FontWeight` (ebenfalls eine Aufzählung aus `THIN`, `EXTRA_LIGHT`, `LIGHT`, `NORMAL`, `MEDIUM`, `SEMI_BOLD`, `BOLD`, `EXTRA_BOLD`, `BLACK`) sind die Parameternamen selbsterklärend: Wir können den Namen des Zeichensatzes angeben und die Größe. Die Größe ist in Punkt angegeben, wobei 1 Punkt 1/72 Zoll (in etwa 0,376 mm) entspricht. Wird ein `Font` einem `Text` zugewiesen, der ja ein `Node` ist, kann der Knoten natürlich noch transformiert, etwa skaliert werden, sodass sich die Größe ändert.

Ist der Font einmal aufgebaut, gibt es die vier Getter, die von dem immutable Objekt die Zustände erfragen: `String getName()`, `double getSize()`, `String getStyle()` und `String getFamily()` – über JavaFX-Properties verfügt die Klasse nicht.

[+]

Hinweis

Die Dokumentation spricht zwar von »Punkt«, in Java sind aber Punkt und Pixel bisher identisch. Würde das Grafiksystem wirklich in Punkt arbeiten, müsste es die Bildschirmauflösung und den Monitor mit berücksichtigen.

Neue TrueType-Fonts in Java nutzen

Die auf allen Systemen vordefinierten Standardzeichensätze sind etwas dürftig, obwohl die `Font`-Klasse selbst jeden installierten Zeichensatz mit `getFontNames()` und `getFamilies()` einlesen kann. Da ein Java-Programm aber nicht von der Existenz eines bestimmten Zeichensatzes ausgehen kann, ist es praktisch, einen Zeichensatz mit der Installation auszuliefern und dann diesen zu laden; das kann die `Font`-Klasse mit `loadFont(…)` machen. Die beiden statischen Methoden loadFont(InputStream in, double size), loadFont(String urlStr, double size) lesen einen Zeichensatz (in der Regel TrueType) ein und erstellen das entsprechende Font-Objekt. Es gibt die Rückgabe null, wenn JavaFX den Zeichensatz nicht einlesen kann, eine Ausnahme sollte es bei einem falschen Format nicht sein.

12.5.7 Die Oberklasse Shape

Die Klassen Shape und Shape3D erben von Node, was jeder Form eine Reihe von Fähigkeiten gibt, etwa:

- Methoden zur Transformation und zum Setzen von Effekten
- Abfangen von diversen Events
- Punkt-in-Form-Test
- Abfragen der umgebenden Box
- Setzen der Transparenz (engl. *opacity*)
- Nehmen eines Bildschirmabzugs (Screenshot) von der Form mit snapshot(...)

Shape ist selbst abstrakt, doch gibt es keine abstrakte Methode, die eine Unterklasse implementieren muss – die Klasse ist nur daher abstrakt, weil es keinen Sinn ergibt, von diesem speziellen Knotentyp ein Exemplar zu bilden.

Fähigkeiten jeder Form

Die Unterklassen von Shape bekommen Funktionalität nicht nur von Shapes Oberklasse Node, sondern Shape liefert den Formen selbst auch noch eine Reihe von Möglichkeiten, wie das Setzen von Muster oder Farbe. Insgesamt deklariert Shape folgende Properties:

Property	Property-Typ	Funktion
smooth	BooleanProperty	Antialiasing ein/aus
fill	ObjectProperty<Paint>	wie das Innere der Form zu füllen ist, in der Regel mit Farbe
stroke	ObjectProperty<Paint>	wie Außenlinien der Form zu zeichnen sind, in der Regel Linienfarbe
strokeDashOffset	DoubleProperty	Abstand im Linienmuster
strokeLineCap	ObjectProperty<StrokeLineCap>	Abschluss einer einzelnen Linie, zum Beispiel abgerundet
strokeLineJoin	ObjectProperty<StrokeLineJoin>	Form von Linienzusammenschlüssen

Tabelle 12.6 Properties eines Shape

Property	Property-Typ	Funktion
strokeMiterLimit	DoubleProperty	Präzisiert strokeLineJoin, veranschaulicht wie »spitz« zwei Linien sich treffen.
strokeWidth	DoubleProperty	Stiftbreite
strokeType	ObjectProperty<StrokeType>	von wo die Stiftbreite eigentlich gibt, etwa außen um die Form

Tabelle 12.6 Properties eines Shape (Forts.)

Konstruktive Flächengeometrie *

Die Klasse Shape bietet statische Methoden, mit der sich zwei Formen zu neuen Formen verknüpfen lassen. Die Verknüpfungen sind Addition (Vereinigung), Subtraktion, und Schnitt (ein XOR gibt es nicht).

Die Signaturen der Methoden sind:

```
abtract class javafx.scene.shape.Shape
implements EventTarget
```

- `static Shape union(Shape shape1, Shape shape2)`
  Bildet eine Vereinigung zweier Formen. Ein Haus lässt sich zum Beispiel auf diese Weise durch ein Polygon mit dreieckiger Form, vereinigt mit einem Rectangle, darstellen.
- `static Shape subtract(Shape shape1, Shape shape2)`
  Schneidet die Form shape2 aus shape1 aus, sozusagen shape1 minus shape2.
- `static Shape intersect(Shape shape1, Shape shape2)`
  Bildet den Schnitt von zwei Formen, also alles, wo beide Formen Pixel haben, bleibt im Ergebnis.

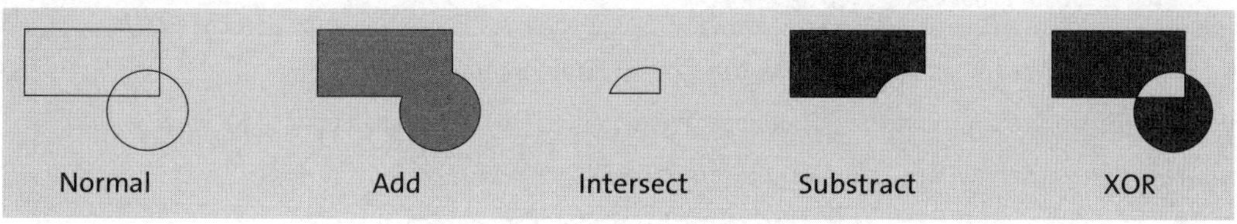

Abbildung 12.8 Beispiele für konstruktive Flächengeometrie mit Rechteck und Kreis

Die Verknüpfungen werden auch *CAG (Constructive Area Geometry)*, zu Deutsch *konstruktive Flächengeometrie*, genannt.

12.6 Füllart von Formen

Ist eine Form gefüllt, so gibt es verschiedene Möglichkeiten, diese Füllung zu beschreiben, wofür JavaFX den Typ `javafx.scene.paint.Paint` deklariert. Folgende Klassen aus dem `javafx.scene.paint`-Paket erweitern sie:

- `Color`: Repräsentiert sRGB-Farben und Alpha-Werte (Transparenz). Das ist die übliche Füllung.
- `ImagePattern`: Füllt Formen mit einer Kachel aus Grafiken.
- `LinearGradient`, `RadialGradient`: Füllen Formen mit Farbverläufen.

Die Zuweisung eines `Paint`-Objekts übernehmen Methoden wie `setFill(Paint)` oder `setStroke(Paint)`.

> **Bemerkung**
> Viele Formen werden standardmäßig gefüllt. Ist keine Füllung gewünscht, ist ein `setFill(null)` nötig.

12.6.1 Farben mit der Klasse Color

Der Einsatz von Farben und Transparenzen ist in Java-Programmen dank der Klasse `Color` einfach. Ein `javafx.scene.paint.Color`-Objekt repräsentiert einen Wert aus dem sRGB-Farbraum (Standard-RGB), andere Farbräume sind nicht vorgesehen.

Die Klasse `Color` stellt Konstanten für Standardfarben und einige Fabrikmethoden (keine Konstruktoren) sowie Anfragemethoden bereit. Außerdem gibt es Methoden, die abgewandelte `Color`-Objekte liefern – das ist nötig, da `Color`-Objekte wie `String` immutable sind. Die wichtigsten Methoden zum Erzeugen von `Color`-Objekten sind:

```
class javafx.scene.paint.Color
extends Paint
implements Interpolatable<Color>
```

- `static Color color(double red, double green, double blue)`
- `static Color color(double red, double green, double blue, double opacity)`
- `static Color rgb(int red, int green, int blue)`
- `static Color rgb(int red, int green, int blue, double opacity)`
  Liefert ein neues `Color`-Objekt aus den Bestandteilen Rot, Grün, Blau, einmal im Wertebereich 0.0 bis 1.0 und dann bei dem Parametertyp `int` im Bereich 0 bis 255.

Des Weiteren sind für hexadezimalkodierte Farben der Form `#rrggbb` die Methoden `web(String colorString)` – synonym dazu `valueOf(String)` – und `web(String colorString, double opacity)` deklariert. Bei Angabe von Farbton (auch Tönung genannt), Sättigung und Helligkeit sind `hsb(double hue, double saturation, double brightness)` und `hsb(double hue, double saturation, double brightness, double opacity)` von Nutzen. Die `web(…)`-Methode erlaubt die gleichen Strings wie auch bei CSS, so sind gültig `web("#f68", 0.5)` – was `color(1.0, 0.4, 0.8, 0.5)` entspricht – oder `web("rgb(255,50%,50%,0.25)", 0.5)` – was gleichkommt mit `color(1.0, 0.5, 0.5, 0.125)`.

Daneben gibt es zur Erzeugung von Grautönen ein paar Spezialmethoden: `gray(double gray)`, `gray(double gray, double opacity)`, `grayRgb(int gray)`, `grayRgb(int gray, double opacity)`.

[+]

Hinweis

Menschen unterscheiden Farben an den drei Eigenschaften Farbton, Helligkeit und Sättigung. Die menschliche Farbwahrnehmung kann etwa 200 Farbtöne unterscheiden. Diese werden durch die Wellenlänge des Lichts bestimmt. Die Lichtintensität und Empfindlichkeit unserer Rezeptoren lässt uns etwa 500 Helligkeitsstufen unterscheiden. Bei der Sättigung handelt es sich um eine Mischung mit weißem Licht. Hier erkennen wir etwa 20 Stufen. Unser visuelles System kann somit ungefähr 2 Millionen (200 × 500 × 20) Farbnuancen unterscheiden.

Zufällige Farbblöcke zeichnen

Um die Möglichkeiten der Farbgestaltung einmal zu beobachten, betrachten wir die Ausgabe eines Programms, das Rechtecke mit wahllosen Farben anzeigt:

Listing 12.10 com/tutego/insel/javafx/ColorDemo.java, start(…)

```
Group group = new Group();
stage.setResizable( true );
stage.setScene( new Scene( group, 800, 800 ) );
Random r = new Random();
for ( int y = 12; y <  stage.getScene().getHeight() - 25; y += 30 )
  for ( int x = 12; x < stage.getScene().getWidth() - 25; x += 30 ) {
    Rectangle rect = new Rectangle( x, y, 25, 25 );
    Color color = Color.rgb( r.nextInt( 256 ), r.nextInt( 256 ), r.nextInt( 256 ) );
    rect.setFill( color );
    rect.setStroke( color.grayscale() );
    group.getChildren().add( rect );
  }
```

Das Fenster der Applikation hat eine gewisse Größe, die wir später in der Breite und Höhe abfragen, falls wir die Fensterausmaße einmal ändern wollen. Anschließend erzeugen wir Blöcke, die mit einer zufälligen Farbe gefüllt sind. `setFill(…)` übernimmt diese Aufgabe. Für den Rahmen der gefüllten Rechtecke setzen wir die Zeichenstiftfarbe mit der Methode `setStroke(…)`. Die Farbe des Randes leiten wir von der Zufallsfarbe ab.

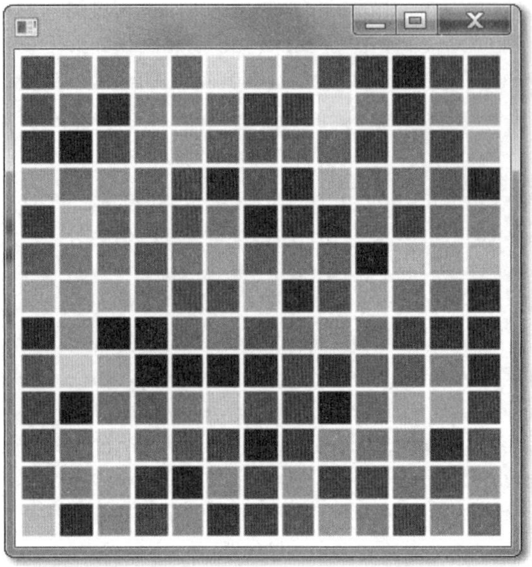

Abbildung 12.9 Programmierter Neoplastizismus

Vordefinierte Farben

Wenn wir Farben benutzen wollen, sind schon an die 150 Werte vordefiniert, wie `Color.WHITE`, `Color.PLUM`. Für eine genauere Übersicht lohnt ein Blick in die Javadoc; neben den Farbkonstanten zeigt die Webseite auch ein Rechteck in der Farbe selbst. Die Farbnamen können auch in den Strings verwendet werden, da es bekannte HTML/CSS-Farben sind, etwa über `Color.web("orange")`.

Farbanteile zurückgeben

Mitunter müssen wir den umgekehrten Weg gehen und von einem gegebenen `Color`-Objekt wieder die Rot-, Grün-, Blau- oder Transparenzanteile extrahieren. Dies ist einfach, und die JavaFX-Bibliothek bietet Entsprechendes an:

```
class javafx.scene.paint.Color
extends Paint
implements Interpolatable<Color>
```

- `int getRed()`
- `int getGreen()`
- `int getBlue()`
  Liefert Rot-, Grün- und Blau-Anteile des Farbobjekts im Bereich von 0 bis 255.
- `int getOpacity()`
  Gibt den Alpha-Anteil zurück.

- `boolean isOpaque()`
  Ist die Farbe komplett durchgängig?
- `int getHue()`
- `int getSaturation()`
- `int getbrightness()`
  Liefert Farbton, Sättigung und Helligkeit.

Eine Methode wie `int getRGB()`, die die RGB-Farbe auf einen Schlag zurückgibt, existiert merkwürdigerweise nicht.

Die Farbmodelle HSB und RGB *

Zwei Farbmodelle sind in der Computergrafik geläufig: das RGB-Modell, bei dem die Farben durch einen Rot-, Grün- und Blau-Anteil definiert werden, und das HSB-Modell, das die Farben durch *Farbton* (engl. *hue*), *Farbsättigung* (engl. *saturation*) und *Helligkeit* (engl. *brightness*) definiert. Die Farbmodelle können die gleichen Farben beschreiben und ineinander umgerechnet werden. Dazu wird zunächst das `Color`-Objekt entweder mit `color(…)` oder mit `hsb(…)` aufgebaut und dann mit den gegenteiligen `getXXX()`-Methoden erfragt. Direkte Umrechenmethoden gibt es nicht.

Farbtöne ableiten

`brighter()` und `darker()` liefern ein Farbobjekt zurück, das jeweils eine Farbnuance heller bzw. dunkler ist. Diese beiden Methoden sind nützlich, um zum Beispiel bei angedeuteten 3D-Objekten die Ränder in hellerem oder dunklerem Farbton zu zeichnen.

`desaturate()` ist eine Methode, die die Sättigung herausnimmt, `saturate()` verstärkt sie. `grayscale()` konvertiert komplett die Farbe in einen Grauton, und `invert()` dreht die Farbe um. Eine besondere Methode ist `interpolate(Color endValue, double t)`, die eine Farbe liefert, die von dem gegebenen Startwert hin zum Endwert laufen kann, wobei `t` von 0 bis 1 geht und sagt, wie nahe die Zielfarbe am Start- bzw. Endwert liegt.

12.7 Grafiken

Bilder sind neben dem Text das wichtigste visuelle Gestaltungsmittel. In Java können Grafiken an verschiedenen Stellen eingebunden werden, so zum Beispiel als Grafiken in Zeichengebieten (Canvas) oder als Icons in Schaltflächen, die angeklickt werden. Über Java können problemlos GIF-, PNG- und JPEG-Bilder geladen werden.

JavaFX bietet ein eigenes Paket `javafx.scene.image` mit diversen Typen rund um Bilder.

[+]

Hinweis

Das GIF-Format (Graphics Interchange Format) ist ein komprimierendes Verfahren, das 1987 von CompuServe-Betreibern zum Austausch von Bildern entwickelt wurde. GIF-Bilder können bis zu 1.600 × 1.600 Punkte umfassen. Die Komprimierung nach einem veränderten LZW[1]-Packverfahren hat keinen Einfluss auf die Bildqualität (sie ist verlustfrei). Jedes GIF-Bild kann aus maximal 256 Farben bestehen – bei einer Palette aus 16,7 Millionen Farben. Entsprechend dem Standard von 1989 können mehrere GIF-Bilder in einer Datei gespeichert werden. JPEG-Bilder sind dagegen in der Regel verlustbehaftet, und das Komprimierungsverfahren speichert die Bilder mit einer 24-Bit-Farbpalette. Der Komprimierungsfaktor kann prozentual eingestellt werden.

12.7.1 Klasse Image

JavaFX repräsentiert Grafiken als `javafx.scene.image.Image`-Objekte. Über den Konstruktor der `Image`-Klasse wird eine Quelle angegeben, woher die Daten für das Bild kommen. Die beiden populären Konstruktoren sind:

- `Image(InputStream is)`
- `Image(String url)`

Ist die Grafik geladen, können Eigenschaften wie Höhe und Breite über Getter und auch über JavaFX-Properties erfragt werden.

Die Klasse `Image` repräsentiert das Bild, aber es ist kein Knoten für den Szenegraphen. Image-Objekte werden in JavaFX an unterschiedlicher Stelle eingesetzt:

- als Grafik für die Fensterdekoration
- als Vorgabe für den Maus-Cursor (`javafx.scene.ImageCursor`)
- als Bild, das auf eine Zeichenfläche (`javafx.scene.canvas.Canvas`) gemalt wird
- bei Effekten
- als Objekt, wenn eine Grafik im der Zwischenablage ist

[+]

Hinweis

Die Klasse `Image` hat in JavaFX zwei Funktionen: Einmal lädt sie Bilder, und einmal repräsentiert sie Bilder. Das ist in AWT/Swing anders, hier gibt es mit `Image` eine Bildrepräsentation, aber das Laden/Speichern übernehmen andere Klassen, etwa `ImageIO`.

12.7.2 ImageView

Um eine Grafik in den Szenegraphen zu hängen, wird sie in eine `ImageView` verpackt; `ImageView` ist eine direkte Unterklasse von `Node`. Zum Aufbau gibt es drei Konstruktoren:

1 Benannt nach den Erfindern Lempel, Ziv und Welch.

- `ImageView()`
- `ImageView(Image image)`
- `ImageView(String url)`

Die Grafik kann mit den JavaFX-Properties `fitHeight` und `fitWidth` (beide `DoubleProperty`) in eine Box gepresst werden. Eine Skalierung geschieht automatisch, und die `BooleanProperty preserveRatio` bestimmt, ob das Verhältnis von Breite zu Höhe gleich bleibt. Eine weitere `BooleanProperty smooth` sagt, ob eine bessere oder schnellere Variante zur Berechnung einer skalierten Version verwendet werden soll. Mit einem Viewport lässt sich ein Teil der Grafik zeigen.

Beispiel

Erzeuge eine `ImageView` mit einer Grafik `image`. Zeige von der Grafik einen Ausschnitt (Viewport), und skaliere die Grafik auf 200 Pixel in der Höhe, wobei sich die Breite im Verhältnis mit ändern soll. Die Skalierung soll eine gute Qualität haben und das Ergebnis aus Performance-Gründen im Cache gehalten werden.

```
ImageView node = new ImageView( image );
Rectangle2D viewportRect = new Rectangle2D( 10, 10, 80, 80 );
node.setViewport( viewportRect );
node.setFitHeight( 200 );
node.setPreserveRatio( true );
node.setSmooth( true );
node.setCache( true );
```

Icon-Sammlungen *

Wer für seine grafischen Oberflächen Icons einsetzt, der findet beim *Tango Desktop Projekt* (*http://tango.freedesktop.org/*) viele Standard-Icons in den Auflösungen 16 × 16, 22 × 22, 32 × 32 und ebenso im SVG-Format. Die Website *http://www.iconfinder.net/* bietet eine Suche nach bestimmten Begriffen und findet freie Icons nach weiteren Kriterien wie Hintergrundfarbe/Transparenz, Größe wie auch kommerziell nutzbare Icons. *Crystal Clear* (*http://commons.wikimedia.org/wiki/Crystal_Clear*) steht unter der Lizenzform LGPL und ist damit auch für kommerzielle Anwendungen nutzbar.

12.7.3 Programm-Icon/Fenster-Icon setzen

Zumindest unter Windows ist jedem Fenster ein kleines Bildchen zugeordnet, das ganz links in der Titelzeile untergebracht ist. Das Programm-Icon lässt sich in JavaFX über das `Stage`-Objekt ändern; wir erinnern uns, dieses Objekt wird in der JavaFX-Startmethode `start(Stage stage)` übergeben. Die `Stage` hat assoziierte Icons, die mit `getIcons()` erfragt werden, das Ergebnis ist vom Typ `ObservableList<Image>`. Interessant ist die Tatsache, dass es nicht nur ein Icon geben kann, sondern mehrere. Eine Grafik der Größe 16 × 16 Pixel ist sinnvoll, doch auch größere Größen sind angebracht, weil das Icon auch beim Minimieren der Anwendung gezeigt wird. Jedes Icon wird aber immer auf die notwendige Größe skaliert.

[»]

Beispiel

Setze ein Programm-Icon:

```
Image programIcon = …
stage.getIcons().add( programIcon );
```

12.7.4 Zugriff auf die Pixel und neue Pixel-Bilder *

Die Klasse `Image` hat keine Methode zum Abfragen und Setzen eines Farbwerts an einer bestimmten Koordinate, das ist ausgelagert in die Extratypen `PixelReader` und `PixelWriter`.

Klasse PixelReader

Ein `Image`-Objekt liefert mit `getPixelReader()` diesen `PixelReader`, und dann sind zum Beispiel mit `int getArgb(int x, int y)` und `Color getColor(int x, int y)` Abfragen möglich oder auch ganze Bereichsanfragen mit Feld-Rückgabe.

[»]

Beispiel

Lies die Farbwerte eines `Image`-Objekts `image`, und zerlege die Rückgabe in die Farbwerte Rot, Grün, Blau und den Alpha-Wert:

```
int argb  = image.getPixelReader().getArgb( x, y );
int alpha = (argb >> 24) & 0xff;
int red   = (argb >> 16) & 0xff;
int green = (argb >> 8)  & 0xff;
int blue  = (argb)       & 0xff;
```

Die Methode `getArgb(…)` liefert als Rückgabe einen Wert im Standard-RGB-Modell – unabhängig von der tatsächlichen physikalischen Kodierung – und im Standard-RGB-Farbraum. Sind nur die rohen Farbwerte nötig, würde auch `getColor(…)` zum Ziel führen, doch hier hätten wir es immer mit einem Zwischenobjekt zu tun, was bei vielen Abfragen nicht so optimal ist.

Ausblick

Grafiken müssen im Speicher repräsentiert werden und dafür gibt es ein Speichermodell. Anschaulich gesagt drückt es aus, wie im Speicher die Farbinformationen eines Bildes abgelegt sind, ob etwa je 8 Bit für Rot/Grün/Blau oder ob, wie bei GIF, ein Index und eine Farbtabelle verwendet werden. JavaFX ist bei den Farb- und Speichermodellen flexibel und abstrahiert in einen Typ `javafx.scene.image.PixelFormat`.

WritableImage und PixelWriter

Nicht immer kommen die Bilder vom Datensystem oder aus dem Internet. Mit der JavaFX-Bibliothek lassen sich einfach neue Grafiken anlegen und die Pixel setzen. Dazu bietet JavaFX eine Unterklasse von `Image`, und zwar `WritableImage`. Während `Image` selbst immutable ist, erlaubt `WritableImage` eine Veränderung der Pixel.

Da `WritableImage` von `Image` erbt, erbt es auch alle Eigenschaften und Properties, wie etwa `getPixelReader()`. Es kommen nur drei Konstruktoren und eine Methode hinzu, die Klasse ist also schlank:

```
class javafx.scene.image.WritableImage
extends Image
```

- `WritableImage(int width, int height)`
- `WritableImage(PixelReader reader, int width, int height)`
- `WritableImage(PixelReader reader, int x, int y, int width, int height)`
  Initialisiert ein `WritableImage` mit einer Größe. Ein anderes Bild kann von einem `PixelReader` übernommen werden, es entsteht also eine Kopie.
- `PixelWriter getPixelWriter()`
  Liefert einen `PixelWriter`, der schreibenden Zugriff auf die Pixel des Bildes ermöglicht.

Bei `WritableImage` finden wir die Methode `getPixelWriter()`, die symmetrisch ist zum `PixelReader` und entsprechende `getXXX(…)`-Methode bietet.

Ein Beispiel zum Lesen und Schreiben von Pixeln

Das folgende Programm lädt ein Bild und setzt einen Bewegungssensor an die `ImageView`, in der ein `WritableImage` eingebettet ist. Bewegt der Nutzer den Mauszeiger über das Bild, erfragen wir den Farbwert unter der Koordinate und lassen uns über die `Color`-Klasse einen invertierten Farbton geben, womit wir den vorherigen Farbwert für das Pixel überschreiben:

Listing 12.11 com/tutego/insel/javafx/WritableImageDemo.java, getImageView()

```
private ImageView getImageView( String filename ) {
 try ( InputStream stream = getClass().getResourceAsStream( filename ) ) {
  if ( stream == null )
   return new ImageView();

  Image img1 = new Image( stream );
  final WritableImage img2 = new WritableImage( img1.getPixelReader(),
                              (int) img1.getWidth(), (int) img1.getHeight() );
  ImageView imageView = new ImageView( img2 );

  imageView.setOnMouseMoved( new EventHandler<MouseEvent>() {
```

```
    @Override public void handle( MouseEvent e ) {
      Color c = img2.getPixelReader().getColor( (int) e.getX(), (int) e.getY() );
      img2.getPixelWriter().setColor( (int) e.getX(), (int) e.getY(), c.invert() );
    }
  } );
  return imageView;
 }
 catch ( IOException e ) { // Exception von close()
  throw new UncheckedIOException( e );
 }
}
```

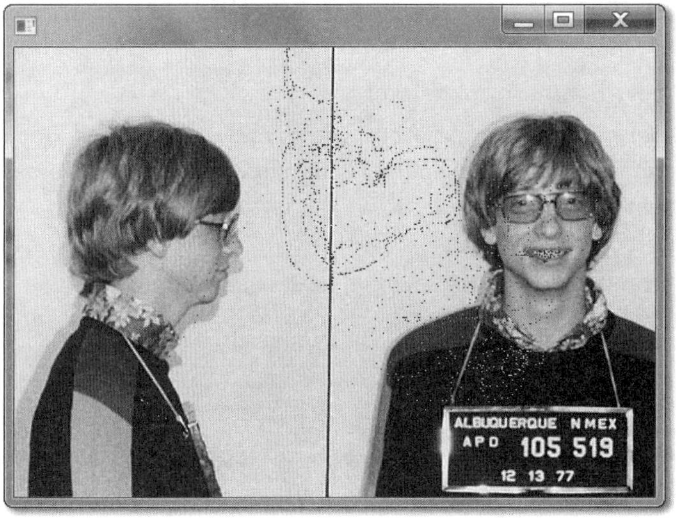

Abbildung 12.10 Screenshot der Anwendung WritableImageDemo

12.8 Deklarative Oberflächen mit FXML

Den Szenegraphen über Java-Programmcode aufzubauen, ist eine Möglichkeit, doch JavaFX erlaubt es auch, die Objekte über XML zu konfigurieren, in so genannten *FXML-Dateien*. Das macht es viel einfacher, grafische Oberflächen über GUI-Builder aufzubauen und sauber das Layout (was) vom Code (wie) zu trennen.

Die hierarchische Struktur von XML passt natürlich prima zu der Hierarchie, die es bei grafischen Oberflächen gibt: Ein Fenster enthält Container, die wiederum Elemente enthalten usw. Für unser kleines Beispiel soll eine Oberfläche drei Elemente bieten: eine Beschriftung, ein Textfeld und eine Schaltfläche. Drückt der Anwender die Schaltfläche, soll der Text im Textfeld in Großbuchstaben konvertiert werden.

FXML-Datei

Die XML-Datei sieht so aus:

Listing 12.12 covert2UpperCase.fxml

```
<?xml version="1.0" encoding="UTF-8"?>

<?import javafx.scene.layout.*?>
<?import javafx.scene.control.*?>

<HBox xmlns:fx="http://javafx.com/fxml"
      fx:controller="com.tutego.insel.javafx.ButtonController">
  <children>
    <Label text="Eingabe: " />
    <TextField fx:id="input" />
    <Button text="Konvertiere" onAction="#convertAction" />
  </children>
</HBox>
```


Die Hierarchie ist gut zu erkennen. Die interessanten Dinge sind andere:

1. Zu Beginn gibt es eine Art `import`-Anweisung, um Typnamen nicht voll qualifizieren zu müssen. Die Typen in FXML (etwa `HBox`, `Label`, ...) heißen genauso wie die Klassennamen. Natürlich könnten auch eigene Klassen über `<?import>` bekannt gemacht werden.
2. `HBox` hat zwei Attribute: Das erste, `xmlns:fx`, deklariert den Namensraum `fx` in der XML-Datei. Dieses Attribut ist keine spezifische Eigenschaft der `HBox`, sondern würde bei allen XML-Wurzelelementen genutzt werden. Das zweite Attribut spezifiziert den *Controller*, der später die Ereignisbehandlung für den Klick übernimmt.
3. Das `TextField` bekommt mit dem Attribut `id` eine ID zugewiesen, unter der das Textfeld später erfragt werden kann. JavaFX geht noch einen Schritt weiter und bildet das Objekt mit der ID automatisch auf ein Attribut der Controller-Klasse ab. Label und Schaltfläche brauchen keine IDs, da sie nicht erfragt werden müssen.
4. Das Attribut `onAction` der Schaltfläche referenziert Programmcode, der immer aufgerufen wird, wenn die Schaltfläche angeklickt wird. Hier kann direkt Java-Quellcode stehen, oder, wie in unserem Fall, ein # und der Name einer Methode, die in einem Controller deklariert werden muss. Den Klassenamen des Controllers haben wir am Wurzelelement deklariert.

Controller-Klasse

Die Ereignisbehandlung ist komplett aus der FXML-Datei rausgezogen und wandert in Controller-Klassen. Die eigene Klasse `ButtonController`, die voll qualifiziert bei `fx:controller` genannt wurde, enthält:

Listing 12.13 com/tutego/insel/javafx/ButtonController.java

```
package com.tutego.insel.javafx;

import javafx.event.ActionEvent;
import javafx.fxml.FXML;
import javafx.scene.control.TextField;

public class ButtonController
{
  @FXML
  private TextField input;

  @FXML
  protected void convertAction( ActionEvent event )
  {
    input.setText( input.getText().trim().toUpperCase() );
  }
}
```

Drei Dinge springen ins Auge:

1. Die Controller-Klasse erweitert keine Schnittstelle.
2. Die Annotation `@FXML` sagt, dass der Verweis auf das `TextField`-Objekt aus dem Szenegraphen in die Variable `input` injiziert werden soll.
3. Da in der FXML-Datei an der Schaltfläche ein `onAction="#convertAction"` steht, muss das einer Methode zugeordnet werden. Die Annotation `@FXML` an der Methode unter dem Namen `convertAction` stellt diese Beziehung her.

Haupt-Anwendung

Das Hauptprogramm ist nun relativ einfach:

Listing 12.14 com/tutego/insel/javafx/FXMLDemo.java, start()

```
@Override
public void start( Stage stage ) throws Exception {
  Parent p = FXMLLoader.load( getClass().getResource( "covert2UpperCase.fxml" ) );
  stage.setScene( new Scene( p, 500, 400 ) );
  stage.show();
}
```

Weitere Informationen liefert *http://download.java.net/jdk8/jfxdocs/javafx/fxml/doc-files/introduction_to_fxml.html.*

12.9 Diagramme (Charts)

Neben den Standardkomponenten bietet JavaFX zusätzliche Klassen für Diagramme – und die sehen toll aus. Als Basisklasse deklariert JavaFX dazu `Chart`, wovon es zwei zentrale Ableitungen gibt: `PieChart` für Kuchendiagramme und `XYChart` für alle Charts, die Daten irgendwie Koordinaten im zweidimensionalen Raum zuordnen. Weil es unterschiedliche 2D-Diagrammtypen gibt, bietet das Framework weitere Unterklassen von `XYChart`. Die Klassenhierarchie sitzt vollständig im Paket `javafx.scene.chart` und sieht so aus:

```
javafx.scene.chart.Chart
  PieChart
  XYChart<X,Y>
    AreaChart<X,Y>
    BarChart<X,Y>
    BubbleChart<X,Y>
    LineChart<X,Y>
    ScatterChart<X,Y>
```


Als Beispiel für `XYChart` wollen wir gleich ein Balkendiagramm aufbauen. Eine ganze Reihe anderer Diagramme liegen für Entwickler zur Introspektion zugänglich unter dem Verzeichnis *ChartsSampler\src\chartssampler* der JavaFX-Demos.

12.9.1 Kuchendiagramm

Kuchendiagramme sind mit JavaFX sehr einfach aufzubauen. Es muss lediglich eine spezielle Sammlung mit `String`-`double`-Paaren (für Titel und Wert) der `PieChart`-Klasse übergeben werden:

Listing 12.15 com/tutego/insel/javafx/BarChartDemo.java

```
package com.tutego.insel.javafx;

import javafx.application.Application;
import javafx.collections.*;
import javafx.scene.*;
import javafx.scene.chart.*;
import javafx.stage.Stage;

public class PieChartDemo extends Application {
  @Override
  public void start( Stage stage ) {
    ObservableList<PieChart.Data> data =
      FXCollections.observableArrayList(
        new PieChart.Data( "Black Sun", 123 ),
        new PieChart.Data( "Long Delight", 88 ),
```

```
        new PieChart.Data( "Careless Whisper", 45 ),
        new PieChart.Data( "Silky Milky", 30 ) );

    PieChart chart = new PieChart( data );
    chart.setTitle( "Die beliebtesten Haarpflegeprodukte" );

    stage.setScene( new Scene( chart ) );
    stage.show();
  }

  public static void main( String[] args ) {
    launch( args );
  }
}
```

Abbildung 12.11 Screenshot des Diagramms

Das Beispiel zeigt, dass der `PieChart`-Konstruktor die Dateien in einem speziellen Container vom Typ `ObservableList` erwartet. Eine Implementierung der Schnittstelle wird mit der Methode `observableArrayList(…)` der Utility-Klasse `FXCollections` bereitgestellt. Die Methode `observableArrayList(…)` ist überladen und hier können gleich über eine variable Argumentliste die Elemente übergeben werden. Der `PieChart` erwartet in der Sammlung `Data`-Objekte, die den Titel und einen Wert angeben. Die Werte werden automatisch in der richtigen Proportion auf den 360-Grad-Kreis gebracht.

12.9.2 Balkendiagramm

Die Diagrammklasse BarChart ist einfach zu nutzen; nur die Vorbereitung der Daten ist etwas Schreibarbeit. Alles ist generisch deklariert, und so wimmelt es in JavaFX-Diagramm-Programmen nur so von spitzen Klammern.

Beginnen wir mit einem kompletten Beispiel zur Darstellung der Bevölkerungsentwicklung in Deutschland,[2] und betrachten wir es dann im Anschluss genauer:

Listing 12.16 com/tutego/insel/javafx/BarChartDemo.java, start()

```
@Override
public void start( Stage stage ) {
  CategoryAxis xAxis = new CategoryAxis();
  xAxis.setLabel( "Jahrgang" );

  NumberAxis yAxis = new NumberAxis( "Bevölkerung",
                                     0        /* lowerBound */,
                                     90000000 /* upperBound */,
                                     30000000 /* tickUnit */ );

  ObservableList<XYChart.Data<String,Number>> series
      = FXCollections.observableArrayList(
          new XYChart.Data<String,Number>( "1950", 69346297 ),
          new XYChart.Data<String,Number>( "1960", 73146809 ),
          new XYChart.Data<String,Number>( "1970", 78069482 ),
          new XYChart.Data<String,Number>( "1980", 78397483 ),
          new XYChart.Data<String,Number>( "1990", 79753227 ),
          new XYChart.Data<String,Number>( "2000", 82259540 ),
          new XYChart.Data<String,Number>( "2009", 81802257 )
      );

  ObservableList<XYChart.Series<String,Number>> data =
        FXCollections.observableArrayList();
  data.add( new BarChart.Series<>( series ) );

  BarChart<String,Number> chart = new BarChart<>( xAxis, yAxis );
  chart.setTitle( "Bevölkerungsentwicklung in Deutschland" );
  chart.setData( data );

  stage.setScene( new Scene( new Group( chart ), 500, 400 ) );
  stage.show();
}
```

2 *http://www.destatis.de/jetspeed/portal/cms/Sites/destatis/Internet/DE/Content/Statistiken/Zeitreihen/LangeReihen/Bevoelkerung/Content100/lrbev01ga,templateId=renderPrint.psml*

Abbildung 12.12 Screenshot des Balkendiagramms

Zum Aufbau eines Balkendiagramms lassen sich drei Schritte ausmachen:

1. **Aufbau der Achsen**: Achsen sind in JavaFX durch den Basistyp `Axis<T>` repräsentiert und werden später dem Diagramm zugewiesen. Von `Axis` gibt es Unterklassen wie `CategoryAxis` und `ValueAxis` (mit der Unterklasse `NumberAxis`). Wir nutzen beide Typen, denn `CategoryAxis` ist für Strings gedacht und `NumberAxis` für numerische Werte.
2. **Datenserien aufbauen**: Die Daten kommen wieder in den speziellen JavaFX-Container `ObservableList` und sind vom Typ `Data`, einer inneren Klasse von `XYChart`. Die enthaltenen Datentypen können beliebig sein, daher ist die Klasse generisch deklariert. In unserem Fall sind die Typen `String` (x-Achse) und `Double` (`Number` für y-Achse). Nachdem eine Serie aufgebaut wurde, kommt diese Serie in einen anderen Container. Das liegt daran, dass etwa ein Balkendiagramm für die Bevölkerungsentwicklung auch mehrere Länder darstellen könnte, etwa für Deutschland Balken in Gelb und für Nigeria Balken in Rot. Der Container kann befüllt werden – einmal, indem die Elemente direkt der Methode `observableArrayList(…)` übergeben werden (erster Fall), oder nachträglich über `add(…)` wie im zweiten Fall.
3. **Chart fertigstellen**: Die Diagrammklasse typisieren wir mit `BarChart<String,Number>` und setzen alle Eigenschaften: die Achsen über den Konstruktor, den Titel und die Daten über Setter.

12.10 Animationen

Grafische Programme müssen sich in AWT oder Swing selbst um Animationen kümmern, etwa indem sie einen Timer-Thread starten und dann ein Neuzeichnen (Repaint) motivieren. In der Zeichenroutine müssen sich die Komponenten dann selbst bewegen, ausblenden – oder was auch immer die Animation fordert.

JavaFX bringt Animationsunterstützung mit und unterstützt Entwickler in dem Trend, dass moderne grafische Oberflächen heutzutage nicht einfach Komponenten irgendwo hinsetzen oder sie verschwinden lassen, sondern den Betrachter subtil über Veränderungen informieren.

Bei Animationen werden Eigenschaften wie Farbe, Transparenz oder Position verändert. Ein zentraler Unterschied ist nur, ob eine Animation etwa eine Bewegung automatisch vornimmt oder ob wir selbst die Koordinaten für eine Bewegung von Hand setzen. Daher unterscheidet JavaFX zwei Typen von Animationen:

- **Übergangsanimationen (Transitions)**: Dazu zählen automatische Animationen, wie das Ausblenden, die Skalierung oder die Bewegung entlang eines Pfades. Es ist lediglich der Start- und Endzustand anzugeben, und den Rest regelt JavaFX automatisch. Die Transitionen können auch kombiniert werden, etwa sequenziell hintereinander oder parallel gepaart werden.
- **Zeitleistenanimationen (Timeline)**: Bei den Transitions geschieht innerhalb einer gewissen Zeit eine Animation, aber es ist nicht offensichtlich, bei welchem Zeitpunkt welche Koordinate oder welcher Zustand modifiziert wird. Das ist bei den Timeline-Animationen anders. Hier stehen die Zeitpunkte im Mittelpunkt, an denen etwas passiert. Innerhalb dieser Zeitleiste arbeitet das System Key-Frames ab. Zwischen dem Start-Key-Frame und dem End-Key-Frame können wir Properties verändern (den KeyValue setzen) oder uns Ticks, also Events, generieren lassen, an denen wir selbst individuell Eigenschaften ändern können.

12.10.1 FadeTransition

Zum Ausblenden von Knoten dient die `FadeTransition`. Die zentralen Parameter sind Dauer, Starttransparenz, Endtransparenz oder das Ein-/Ausblenden, das zyklisch ist. Das nächste Beispiel zeigt, wie der Klick auf die Schaltfläche diese verschwinden lässt:

Listing 12.17 com/tutego/insel/javafx/FadeTransitionDemo.java, start()

```
@Override
public void start( Stage stage ) {
  final Button b = new Button( "Klick mich" );
  b.setOnAction( new EventHandler<ActionEvent>() {
    @Override public void handle( ActionEvent e ) {
      FadeTransition t = new FadeTransition( Duration.seconds( 0.5 ), b );
      t.setFromValue( 1.0f );
      t.setToValue( 0.0f );
      t.play();
    }
  } );
  stage.setScene( new Scene( new Group( b ) ) );
  stage.show();
}
```

Die Vorbelegung der `From`/`To`-Werte ist 1, sodass `setFromValue(1.0f)` unnötig ist.

Wer einen Effekt mit »aus- und dann wieder einblenden« wünscht, also von Animation A1 auf eine A2 gehen möchte und zurück, also A1 → A2 → A1, der kann die Zeilen

```
t.setCycleCount( 2 );
t.setAutoReverse( true );
```

mit aufnehmen. Dann gibt es zwei Animationen, bei denen nach dem ersten Ablauf JavaFX die zweite Animation von hinten nach vorne abspielt. Soll endlos animiert werden, ist ein Aufruf von `setCycleCount(Timeline.INDEFINITE)` möglich.

12.10.2 ScaleTransition

Die `ScaleTransition` skaliert ein Objekt in der x/y-Achse. Werte kleiner 1 lassen es schrumpfen, und Werte größer 1 blasen es auf. Unser nächstes Beispiel zeigt, wie eine Schaltfläche innerhalb von 2 Sekunden auf das Doppelte in der Horizontalen und gegen null auf der Vertikalen skaliert wird:

Listing 12.18 com/tutego/insel/javafx/ScaleTransitionDemo.java, start()

```
@Override
public void start( Stage stage ) {
  final Button button = new Button( "Klick mich" );
  button.setOnAction( new EventHandler<ActionEvent>() {
    @Override public void handle( ActionEvent e ) {
      ScaleTransition t = new ScaleTransition( Duration.seconds( 2 ), button );
      t.setFromX( 1 );
      t.setFromY( 1 );
      t.setToX( 2 );
      t.setToY( 0 );
      t.play();
    }
  } );

  stage.setScene( new Scene( new VBox( new Label("Vor"), button, new Label("Nach") ) ) );
  stage.show();
}
```

Standardmäßig stehen auch hier die Werte auf 1, sodass wir uns `setFromX(1)` und `setFromY(1)` hätten sparen können.

12.10.3 Transitionen parallel oder sequenziell durchführen

Transitionen lassen sich zu Folgen verbinden, wobei zu unterscheiden ist, ob JavaFX die Transitionen parallel oder sequenziell abarbeitet. Dazu wird ein Objekt vom Typ `ParallelTransition` oder SequentialTransition aufgebaut, und dem Container werden dann Transitionen als Kinder zugewiesen.

Unser nächstes Beispiel blendet die Schaltfläche aus und lässt gleichzeitig die y-Achse auf 0 schrumpfen:

Listing 12.19 com/tutego/insel/javafx/ParallelTransitionDemo.java, start()

```
@Override
public void start( Stage stage ) {
  final Button b = new Button( "Klick mich" );
  b.setOnAction( new EventHandler<ActionEvent>() {
    @Override public void handle( ActionEvent e ) {
      ScaleTransition t1 = new ScaleTransition( Duration.seconds( 2 ), b );
      t1.setToY( 0 );

      FadeTransition t2 = new FadeTransition( Duration.seconds( 2 ), b );
      t2.setToValue( 0.0f );

      ParallelTransition parallelTransition = new ParallelTransition();
      parallelTransition.getChildren().addAll( t1, t2 );
      parallelTransition.play();
    }
  } );
  stage.setScene( new Scene( b ) );
  stage.show();
}
```


12.11 Medien abspielen

JavaFX unterstützt das Abspielen von Audio- und Videoformaten, wobei es im Moment gar nicht so schlecht aussieht, da Oracle auf die Container-Formate/Codecs der quelloffenen GStreamer-Bibliothek[3] zurückgreift und so MP3, WAV, ACC, AIFF, PCM, MPEG-4 (H.264/AVC mit AAC) und FLV (VP6 mit MP3) abspielen kann.[4]

Die API ist sehr einfach, und um einen Hintergrundsound abzuspielen, ist bloß ein Einzeiler nötig. Folgende drei Typen im Paket javafx.scene.media stehen im Mittelpunkt:

- Media: Die Klasse repräsentiert eine Audio- oder Videoressource. Sie wird über einen URI aufgebaut und hat Eigenschaften wie Dauer, Ausmaße (bei Videos) und Metadaten.
- MediaPlayer: Die Klasse repräsentiert Zustände eines Medienspielers mit Eigenschaften wie Lautstärke, Anfangs-/Endposition und Abspielgeschwindigkeit und bietet Methoden wie

3 Siehe *http://www.gstreamer.com/* und auch *http://www.gstreamer.com/*.

4 Unterstützte Formate zählt auch die Javadoc unter *http://download.java.net/jdk8/jfxdocs/javafx/scene/media/package-summary.html* auf.

play(), pause() oder stop(). Dabei kann der Media-Player Ereignisse auslösen. Eine grafische Repräsentation ist der MediaPlayer nicht.

- MediaView: Die MediaView-Klasse stellt das Video tatsächlich dar und lässt sich als normaler JavaFX-Knoten in den Szenegraphen setzen.

[»] **Beispiel**

Binde eine Videowiedergabe ein, die nach dem Laden sofort losspielt:

```
URI uri = new File( path ).toURI();
Media media = new Media( uri.toString() );
MediaPlayer player = new MediaPlayer( media );
player.setAutoPlay( true );
MediaView mediaView = new MediaView( player );
stage.setScene( new Scene( new Group( mediaView ) ) );
```

Für kleine Audiodateien gibt es eine spezielle Klasse AudioClip, die ohne große Verarbeitung schnell Audiodateien abspielt. Die Dateien sollten nicht zu groß sein, denn sie werden unkomprimiert im Speicher gehalten.

[»] **Beispiel**

Spiele eine Audiodatei ab:

```
new AudioClip( "http://....." ).play();
```

12.12 Das Geometry-Paket *

Punkte selbst lassen sich nicht in den Szenegraphen einfügen, weil Punkte keine Ausdehnung haben. Wer also einen Punkt benötigt, muss etwa einen Minikreis, ein Rechteck oder eine Linie mit einer sehr kleinen Ausdehnung zeichnen.

Auch wenn JavaFX kein spezielles Shape-Objekt für Punkte bietet, so gibt es dennoch Klassen, die Punkte repräsentieren können und mit ihnen Hilfsmethoden. Denn geometrische Fragen, etwa wie nach dem Abstand eines Punktes zu einer Linie oder ob sich zwei Boxen schneiden, werden nicht von den JavaFX-Shape-Objekten beantwortet, sondern von Klassen aus dem javafx.geometry-Paket. Diese sind sehr leichtgewichtige Objekte, haben keinerlei Listener oder JavaFX-Properties, sondern nur einfache Setter/Getter und Hilfsmethoden. Alle folgenden Klassen sind immutable und bekommen ihre Werte einmalig über den Konstruktor:

- Point2D: Zweidimensionaler Punkt, repräsentiert durch x/y-Koordinaten. Beantwortet etwa Fragen zum Abstand von zwei Punkten oder berechnet den Mittelpunkt zwischen zwei Punkten. Point2D wird auch verwendet, um Vektoren zu spezifizieren, bei denen dann der Ursprung bei (0,0) liegt. Point2D beantwortet auch Fragen, wie etwa nach dem Winkel zwischen zwei Vektoren, oder berechnet das Kreuzprodukt.

- `Point3D`: Dreidimensionaler Punkt, gegeben durch die x/y/z-Koordinaten. Die Methoden sind wie bei `Point2D`, also etwa Abstandsberechnung, Mittelpunkt, Winkelberechnung.
- `Rectangle2D`: Rechteck im zweidimensionalen Raum, gegeben durch Startkoordinaten und Höhe, Breite. Beantwortet, ob ein Punkt im Rechteck liegt oder ob sich ein anderes Rechteck im Rechteck befindet oder es schneidet.
- `Dimension2D`: Ausmaße eines Objekts, gegeben durch Höhe und Breite. Es gibt außer Getter keine weiteren Anfragemethoden.
- `Insets`: Abstände zu oben, unten, rechts, links. Es gibt nur Getter, keine weiteren Anfragemethoden.
- `Bounds`, `BoundingBox`: Die Klasse `BoundingBox` erweitert die abstrakte Klasse `Bounds` und dient der Beschreibung von Ausmaßen und Grenzen von JavaFX-Knoten. JavaFX-`Node`-Objekte liefern zum Beispiel mit `getBoundsInLocal()`/`getBoundsInParent()` die Informationen zur Lage des Objekts als `Bounds`-Objekt.

Java 2D-API versus JavaFX

Bei den Java Foundation Classes sind diese Hilfsmethoden in den Klassen selbst integriert, oft als statische Methoden. So vereinigt `java.awt.geom.Rectangle2D` Funktionalität der JavaFX-Klassen `javafx.scene.shape.Rectangle` und `javafx.geometry.Rectangle2D`. Auch fehlt bei JavaFX eine Methode, die testet, wo sich außerhalb eines Rechtecks ein Punkt befindet. Da JavaFX im `javafx.geometry`-Paket keine Linien kennt, bleiben einige Fragen unbeantwortet, etwa die Frage, ob ein Punkt links oder rechts einer Linie liegt, was die JFC Klasse `Line2D` beantworten kann.

12.13 JavaFX-Scene in Swing-Applikationen einbetten

Obwohl JavaFX von Swing bzw. AWT vollständig entkoppelt ist, ist es doch nötig, beide Technologien zusammenzuführen. Für die nächste Zeit wird Swing (noch) die bevorzugte Plattform für Client-Applikationen bleiben, aber so wie Oracle im Moment die Richtung vorgibt, gibt es Innovationen ausschließlich in JavaFX und nicht in Swing oder AWT. Schon jetzt sind die Charts oder die Webkomponente aus JavaFX großartig und für Swing-Entwickler eine Bereicherung.

Es ist nicht kompliziert, den Szenengraphen in Swing-Anwendungen einzubetten. Im Mittelpunkt der Integration steht die Swing-Komponente `JFXPanel`, die einen JavaFX-Szenengraphen aufnehmen kann. Damit ist eigentlich schon alles gesagt:

Listing 12.20 com/tutego/insel/javafx/JFXPanelDemo.java

```
package com.tutego.insel.javafx;

import javafx.application.Platform;
import javafx.collections.FXCollections;
import javafx.embed.swing.JFXPanel;
```

```
import javafx.scene.*;
import javafx.scene.chart.PieChart;
import javax.swing.*;

public class JFXPanelDemo {
  public static void main( String[] args ) {
    JFrame f = new JFrame();
    final JFXPanel fxPanel = new JFXPanel();
    f.add( new JScrollPane( fxPanel ) );
    f.setDefaultCloseOperation( JFrame.EXIT_ON_CLOSE );
    f.setBounds( 100, 100, 600, 600 );
    f.setVisible( true );

    Platform.runLater( new Runnable() {
      @Override public void run() {
        PieChart chart = new PieChart(
                          FXCollections.observableArrayList(
                            new PieChart.Data( "Java", 199 ),
                            new PieChart.Data( "Rest", 12 ) ) );

        fxPanel.setScene( new Scene( chart ) );
      }
    } );
  }
}
```

Das `JFXPanel` ist eine Swing-Komponente, die genauso leichtgewichtig ist wie alles andere von Swing auch. Das bedeutet: Das `JFXPanel` kann anders als AWT-Komponenten problemlos in Swing-Container wie die `JScrollPane` gesetzt werden, und auch die Transparenz funktioniert tadellos. Wenn also `JFXPanel` auf »nicht opak« gesetzt wird, scheint der Hintergrund durch. Das erlaubt eine perfekte Integration, die sich auch in der transparenten Ereignisbehandlung widerspiegelt. Ereignisse wie ein Klick auf eine JavaFX-Komponente kommen auch dort an und versanden nicht in Swing.

Ein wenig Mühe allerdings macht das Threading, denn Swing und JavaFX nutzen zwar beide Threads, doch unterschiedliche. Aus Swing ist bekannt, dass nach der Darstellung des Fensters Veränderungen an den Komponenten nur vom EDT (*Event Dispatching Thread*) erlaubt sind. Um Programmcode von einem Nicht-EDT- – wie dem Thread, der `main()` ausführt – im EDT-Thread zu platzieren, bietet die Swing-Bibliothek `SwingUtilities.invokeLater(Runnable)`. JavaFX bietet die vergleichbare Methode `Platform.runLater(Runnable)`, um Programmcode vom JavaFX-Thread ausführen zu lassen. Das ist in unserem Beispiel auch nötig, andernfalls wird `fxPanel.setScene()` aus dem `main`-Thread ausgeführt, was JavaFX mit einer `IllegalStateException` »Not on FX application thread; currentThread = main« bestraft. In JavaFX 8 sollten der JavaFX-

Thread und der Event-Dispatch-Thread zusammenwachsen, doch ist das nicht standardmäßig aktiviert und muss erst über eine Property aktiviert werden.

12.14 Zum Weiterlesen

JavaFX 8 ist ganz frisch, und daher ist die Menge an gedruckter Literatur rar. Am besten ist es, den Dokumentationen der Webseite *http://download.oracle.com/javafx/* zu folgen. Die News-Seite *http://fxexperience.com/* veröffentlicht regelmäßig eine Link-Sammlung zu Beiträgen, die Neuerungen beschreiben. Mit RoboVM (*http://www.robovm.org/*) und JavaFX sind auch native Anwendungen auf iOS-Geräten möglich, und die Touch-API ermöglicht moderne gestengesteuerte Anwendungen.

Kapitel 13
Netzwerkprogrammierung

»In einer Fünftelsekunde kannst du eine Botschaft rund um die Welt senden. Aber es kann Jahre dauern, bis sie von der Außenseite eines Menschenschädels nach innen dringt.«
– Charles F. Kettering (1876–1958)

Verbindungen von Rechnern unter Java aufzubauen ist ein Kinderspiel und in der Regel mit einigen wenigen Zeilen erledigt. Für Sun Microsystems (heute Oracle Corporation) waren Netzwerke das zentrale Computerthema, deshalb hat die Firma den Slogan »The Network is the Computer« damals als Warenzeichen eingetragen. Die Netzwerk-API ist mehrheitlich im Paket `java.net` zu finden, wobei es auch zwei Klassen in `javax.net` gibt.

13.1 Grundlegende Begriffe

Wenn ein Anwenderprogramm Daten in einem Netzwerk wie dem Internet erfragt, sind eine ganze Reihe von Technologien und Standards involviert. Die folgenden Abschnitte erklären die zentralen Begriffe kurz, sodass Internet kein Neuland mehr ist.

Ein am Netzwerk angeschlossener Rechner heißt **Host**. Jeder Host bekommt eine eigene **IP-Adresse**, sodass er eindeutig im Netz identifiziert ist. Als IP-Adressen sieht die Version IP4v eine 32-Bit-Zahl vor und das neuere IPv6 eine 128-Bit-Zahl. Da IP-Adressen wie 195.190.9.30 (IPv4) oder 2001:252:0:1::2008:6 (IPv6) nicht leicht zu merken sind, werden **Hostnamen** statt der IP-Nummern verwendet. So steht zum Beispiel *tutego.com* für die IP-Adresse 195.190.9.30. Symbolische Namen haben noch einen weiteren Vorteil: Die IP-Adresse kann sich ändern, etwa wenn ein Server von einem Standort zum anderen zieht, ohne dass der Benutzer davon etwas mitbekommt. Die Zuordnung zwischen Name und IP-Adresse übernimmt ein Dienst namens **DNS (Domain Name Service)**. Online lässt sich dieser Dienst etwa bei Heise auf der Webseite *http://www.heise.de/netze/tools/dns/* nutzen.

Kommunizieren zwei Applikationen via Internet miteinander, tauschen sie **Datenpakete** aus. Der Datenstrom einer Anwendung wird vom Netzwerk-Stack in viele kleine Pakete zerlegt. Jedes Paket macht sich dann, unabhängig von den anderen, im Netzwerk auf die Reise zum Empfänger. Der wichtigste Standard für die Vermittlung eines Pakets ist das **Internet Protocol (IP)**. Ein **IP-Paket** ist ein Byte-Feld, das aus einem Körper (engl. *body*) und Zusatzinformationen (engl. *header*) besteht. Die Weiterleitung der Pakete von einem Rechner zum nächsten wird von einem **Router** übernommen. Dieser spezielle Rechner gibt Pakete zwischen verschiedenen Netzwerken weiter und erzeugt somit eine Route von einem Rechner zum anderen. Es existieren verschiedene **Routing-Protokolle**, die es Routern erlauben, untereinander Informationen auszutauschen, damit immer der optimale Weg für den Datenstrom im Netzwerk gewählt werden kann. Ein Paket soll sich ja nicht im Kreis bewegen oder über zu viele Router laufen, wenn es kürzere Pfade gibt. Welchen Pfad ein Paket vom eigenen Rechner zum Server nimmt, zeigen Tools wie *traceroute* (*http://de.wikipedia.org/wiki/Traceroute*). Für IP-Pakete vom Server *www.heise.de* zu einem gewünschten Rechner listet die Webseite unter *http://www.heise.de/netze/tools/traceroute/* die Route sowie Zeitinformationen auf.

IP ist ein verbindungsloses Protokoll. Das bedeutet, dass Pakete verloren gehen, beschädigt, doppelt oder in der falschen Reihenfolge ankommen können. Und so nutzen Applikationen wie Webbrowser oder E-Mail-Clients nicht direkt das Internet Protocol, sondern ein komfortableres Transportprotokoll, das eine Schicht über den IP-Protokollen (IPv4 oder IPv6) liegt: das **Transmission Control Protocol (TCP)**. Es kümmert sich um die korrekte Reihenfolge der Pakete und fordert sie bei Verlust erneut an. Weil TCP und IP häufig gemeinsam Anwendung finden, entstand die Bezeichnung **TCP/IP**. TCP ist aber nicht das einzige Protokoll, das über der IP-Vermittlungsschicht sitzt. Zwei weitere Protokolle sind das **User Datagram Protocol (UDP)** und das **Stream Control Transmission Protocol (SCTP)**.

Wenn wir mit der Netzwerk-API von Java programmieren, bekommen wir von der Transport- und Vermittlungsschicht nichts mit. Unser Programmiermodell basiert auf **Sockets**, die eine API zur TCP-Ebene darstellen. Und da IP unter TCP liegt, befinden sich Einstellungen auf der Vermittlungs- und Router-Ebene außerhalb unseres Einflussbereichs.

Internetstandards und RFC

Ein RFC (*Request For Comment*) ist ein Standardisierungsvorschlag, der nicht so förmlich wie traditionelle Normen (DIN, ISO oder IEEE) ist, aber im offenen Internet dennoch eine wichtige Rolle einnimmt und quasi ein De-facto-Standard ist. Jeder RFC wird durch eine eigene Nummer referenziert; so ist das *Internet Protocol* (das IP in TCP/IP) in RFC 791 und das Protokoll, mit dem E-Mails befördert werden, in RFC 2821 (früher RFC 821) beschrieben. Der Diskussionsprozess selbst ist in RFC 1310 dokumentiert. Der Titel ist »The Internet Standards Process«. Wer selbst Ideen für einen Standard (*Proposed Standard*) hat, übergibt diese der *Internet Engineering Task Force* (IETF). Die Vorschläge werden diskutiert und können dann, sofern sie stabil, sinnvoll und verständlich sind, zu einem RFC werden. Falls zwei unterschiedliche Implementierungen existieren, kann dieser Vorschlag spätestens nach einem Jahr offiziell werden. RFCs lassen sich über *http://www.rfc-editor.org/* suchen. Die Seite *http://tools.ietf.org/rfc/* bietet die RFCs im HTML-Format mit Verlinkungen.

13.2 URI und URL

Die *URL* (*Uniform Resource Locator*) ist das Adressenformat für eine Ressource im Web. Eine URL ist formal in RFC 1738 beschrieben und stellt so etwas wie einen Dateinamen für das Dateisystem dar. Eine Adresse wie *http://www.tutego.com/seminare/* zeigt eine übliche URL für Webadressen. Die Angaben beginnen mit einem Schema (auch *Protokoll* genannt), es folgen Doppelpunkt und weitere Angaben wie der Servername und ein Pfad auf das Verzeichnis. Das Protokoll bestimmt die Zugriffsart, und das meistverwendete Protokoll ist HTTP (*Hypertext Transfer Protocol*), mit dem auf Inhalte des Webs zugegriffen wird.

13.2.1 Die Klasse URI

Bei der URL geht es darum, dass die Ressource angesprochen werden kann, und daher ist auch immer ein Zugriffsschema mit der URL verbunden, etwa *http*, *ftp* oder *file*. Einfach nur zum Beispiel *download.movies/TheFairlyOddParents* anzugeben reicht nicht aus; erst mit dem Schema kann ein Client auf die Ressource zugreifen, denn ob sie lokal liegt, über HTTP angesprochen wird oder über FTP, das macht einen ziemlich großen Unterschied.

Kommt es aber auf das Protokoll nicht an, und geht es nur darum, eine Ressource eindeutig zu identifizieren, wird der Begriff *URI (Uniform Resource Identifier)* verwendet. Ein URI hat ebenfalls ein Schema, aber er spricht keine Ressource an, zu der eine Verbindung aufgebaut werden kann. So identifiziert der URI *urn:isbn:978-3-8362-2873-2* die Java-Insel, aber keinen Ort. Eine URL ist somit nichts anderes als ein URI mit einer kodierten Zugriffsmöglichkeit. Eigentlich ist der Begriff URL damit veraltet, aber viele Internetbenutzer sind mit dem Begriff aufgewachsen, sodass auch die Insel bei dem Begriff »URL« bleibt.[1]

In Java wird ein URI durch die Klasse `java.net.URI` beschrieben. Eine Aufgabe der Klasse ist die Normalisierung, also das Auflösen von relativen Angaben mit »..«.

13.2.2 Die Klasse URL

Um ein `URL`-Objekt zu erzeugen, ist es am einfachsten, über eine String-Repräsentation der URL-Adresse zu gehen:

```
URL url = new URL( "http://www.tutego.com/index.html" );
```

Die `URL`-Klasse hat zusätzliche Konstruktoren; diese sind nützlich, wenn Komponenten der Adresse – also Zugriffsart (beispielsweise das HTTP), Hostname und Dateireferenz – getrennt angegeben sind. Eine Alternative zur oben genannten Form ist:

```
URL url = new URL( "http", "www.tutego.com", "index.html" );
```

Das zweite Argument in diesem Konstruktor ist die Basisadresse der URL, und das dritte Argument ist der Name der Ressource relativ zur Basisadresse. Ist diese Basisadresse `null`, was möglich ist, dann ist die zweite Angabe absolut zu nehmen. Und ist das zweite Argument in absoluter Notation formuliert, wird alles im ersten String ignoriert.

1 Das Ganze ist schon etwas verwirrend, und selbst das W3C hat extra ein Dokument (*http://www.w3.org/TR/uri-clarification/*) aufgesetzt, das Klarheit schaffen soll.

Da eine URL auch einen entfernten Rechner an einem anderen Port ansprechen kann, existiert dafür ebenfalls ein Konstruktor:

```
URL url = new URL( "http", "www.tutego.com", 8080, "index.html" );
```

Die URL des Objekts wurde durch eine absolute Adresse erzeugt. Diese enthält dann alle Informationen, die für den Aufbau zum Host nötig sind. Es können jedoch auch URL-Objekte erzeugt werden, bei denen nur eine relative Angabe bekannt ist. Relative Angaben werden häufig bei HTML-Seiten verwendet, da die Seite so besser vor Verschiebungen geschützt ist. Damit die Erzeugung eines URL-Objekts mit relativer Adressierung gelingt, muss eine Basisadresse bekannt sein. Ein Konstruktor für relative Adressen erwartet diese Basisadresse als Argument:

```
URL domainUrl = new URL( "http://www.tutego.com/" );
URL indexUrl  = new URL( domainUrl, "index.html");
```

Diese Art und Weise der URL-Objekt-Erzeugung ist besonders praktisch für Referenzen innerhalb von Webseiten (engl. *named anchors*). Besitzt eine Webseite eine Textmarke `lang`, so kann der URL-Konstruktor für relative URLs so verwendet werden:

```
URL url       = new URL( "http:// www.tutego.com" );
URL bottomUrl = new URL( url, "/java/faq.html#lang" );
```

Ausnahmen bei der URL-Erzeugung

Jeder der Konstruktoren löst eine geprüfte Ausnahme vom Typ `MalformedURLException` aus, wenn das Argument im Konstruktor entweder `null` ist oder ein unbekanntes Protokoll (wie in *telepatic:\\ullenboom\brain\java*) beschreibt. Somit ist der Code in der Regel von einem Block der folgenden Art umgeben:

```
try {
  URL myURL = new URL( ... );
}
catch ( MalformedURLException e ) {
  // Fehlerbehandlung
}
```

Es ist wichtig zu erkennen, dass die Ausnahme nicht erzeugt wird, weil der angesprochene Rechner nicht erreicht werden kann. Nur die Schreibweise der URL ist für die Ausnahme ausschlaggebend. Die Konstruktoren bauen keine Internetverbindungen auf.

```
final class java.net.URL
implements Serializable
```

- `URL(String spec) throws MalformedURLException`
  Erzeugt ein Objekt aus der URL-Zeichenkette.

- `URL(String protocol, String host, int port, String file) throws MalformedURLException`
  Erzeugt ein URL-Objekt mit dem gegebenen Protokoll, Hostnamen, der Port-Nummer und Datei. Ist die Port-Nummer –1, wird der Standard-Port verwendet; für das WWW ist der Port zum Beispiel 80.
- `URL(String protocol, String host, String file) throws MalformedURLException`
  Das Gleiche wie `URL(protocol, host, -1, file)`.
- `URL(URL context, String spec) throws MalformedURLException`
  Erzeugt relativ zur gegebenen URL ein neues URL-Objekt.

[+]

Hinweis

Obwohl eine URL ein URI ist, gibt es keine Vererbungsbeziehungen zwischen den Klassen. Es gilt:

```
final class URI implements Comparable<URI>, Serializable
final class URL implements Serializable
```


13.2.3 Informationen über eine URL *

Ist das `URL`-Objekt einmal angelegt, lassen sich Attribute des Objekts erfragen, aber nicht mehr ändern. Es gibt zwar Setter-Methoden, doch sind diese `protected` und somit den Unterklassen vorbehalten. Uns normalen Klassenbenutzern bietet die URL-Klasse nur Methoden zum Zugriff auf Protokoll, Hostname, Port-Nummer und Dateiname. Es lassen sich jedoch nicht alle URL-Adressen so detailliert aufschlüsseln; außerdem sind manche Zugriffsmethoden nur für HTTP sinnvoll.

```
final class java.net.URL
implements Serializable
```

- `String getProtocol()`
  Liefert das Protokoll der URL.
- `String getHost()`
  Liefert den Hostnamen der URL, sofern dies möglich ist. Für das Protokoll »file« ist dies ein leerer String. Im Fall einer IP-Adresse steht die Angabe in [eckigen Klammern].
- `int getPort()`
  Liefert die Port-Nummer. Ist sie nicht gesetzt, liefert `getPort()` eine –1.
- `String getRef()`
  Gibt den Anker – alles hinter dem # – zurück. Bei »vorne#anker« liefert `getRef()` also den String »anker«.
- `String getPath()`
  Gibt nur den Pfad der URL ohne Anker zurück.

- `String getFile()`
  Gibt den Dateinamen der URL zusammen mit dem Anker zurück.
- `String getQuery()`
  Liefert den Anfrage-String, also das, was hinter dem Fragezeichen steht.

Das nachfolgende kleine Programm erzeugt ein `URL`-Objekt für *http://www.tutego.com:80/java/faq.html#lang?key=val* und gibt die ermittelbaren Attribute aus:

Listing 13.1 com/tutego/insel/net/ParseURL.java, main()

```
URL url = new URL( "http://www.tutego.com:80/java/faq.html?key=val#Lang" );

System.out.println( url.getProtocol() );  // http
System.out.println( url.getHost() );      // www.tutego.com
System.out.println( url.getPort() );      // 80
System.out.println( url.getFile() );      // /java/faq.html?key=val
System.out.println( url.getPath() );      // /java/faq.html
System.out.println( url.getQuery() );     // key=val
System.out.println( url.getRef() );       // Lang
```

Verweisen zwei URLs auf die gleiche Seite?

Die `URL`-Klasse untersucht mit `equals(Object)`, ob alle Komponenten der einen URL mit der anderen URL übereinstimmen. Zunächst testet die Methode, ob es sich bei dem zu vergleichenden Objekt um ein Exemplar von `URL` handelt. Wenn ja, untersucht `equals(Object)` über `sameFile(URL)` Protokoll, Host, Port, Datei und dann auch noch, ob die Komponenten Referenzen (Anker) besitzen oder nicht.

```
final class java.net.URL
implements Serializable
```

- `boolean sameFile(URL other)`
  Vergleicht zwei URL-Objekte. Die Methode liefert `true`, wenn beide Objekte auf die gleiche Ressource zeigen. Der Anker der HTML-Dateien ist unwichtig.
- `boolean equals(Object o)`
  Auch `equals(Object)` vergleicht intern mit `sameFile(URL)`, doch zusätzlich auch, ob die beiden Anker gleich sind.

[+]

Hinweis

`equals(…)` führt eine Namensauflösung durch, wenn das nötig ist. Das Gleiche gilt für `hashCode()`. Das bedeutet: `URL`-Objekte in Datenstrukturen wie `HashMap` zu haben kann sehr teuer werden. Eine gute Alternative stellen `URI`-Objekte dar.

13.2.4 Der Zugriff auf die Daten über die Klasse URL

Um auf die auf dem Webserver gespeicherten Dokumente zuzugreifen, gibt es drei Möglichkeiten:

- Jedes URL-Objekt besitzt die Methode openStream(), die einen InputStream zum Weiterverarbeiten liefert, sodass wir dort die Daten auslesen können.
- Die API-Beschreibung erwähnt, dass openStream() eigentlich nur eine Abkürzung für openConnection().getInputStream() ist. openConnection() erzeugt ein URLConnection-Objekt, auf dem getInputStream() den Eingabestrom liefert. So können wir natürlich auch mit openConnection() und URLConnection direkt arbeiten.
- Bei der dritten Möglichkeit ist Handarbeit angesagt, weshalb wir sie in Abschnitt 13.6, »Mit dem Socket zum Server«, beschreiben. Dazu brauchen wir auch die URL-Klasse nicht mehr.

Mit dem Scanner und dem InputStream eine Datei aus dem Netz laden

Verweist die URL auf eine Textdatei, dann erweitern wir oft den InputStream zu einem BufferedReader, da dieser eine readLine()-Methode besitzt. Die Scanner-Klasse lässt sich ebenfalls optimal einsetzen, da sie zum einen Zeile für Zeile und zum anderen mit dem passenden Delimiter auch die ganze Eingabe lesen kann. Insofern unterscheidet sich das Lesen einer Datei nicht vom Lesen eines entfernten URL-Objekts:

Listing 13.2 com/tutego/insel/net/PrintFileFromUrl.java

```
public static void main( String[] args ) {
  try {
    URL url = new URL( "http://www.tutego.com/javabuch/aufgaben/bond.txt" );
    try ( InputStream is = url.openStream();
          Scanner scanner = new Scanner( is, StandardCharsets.UTF_8.name() ) ) {
      System.out.println( scanner.useDelimiter( "\\Z" ).next() );
    }
  }
  catch ( IOException e ) {
    e.printStackTrace();
  }
}
```

Wir erzeugen ein URL-Objekt und rufen darauf die openStream()-Methode auf. Diese liefert einen InputStream auf den Dateiinhalt. Sind die Daten gelesen, schließt close() – aufgerufen über das try mit Ressourcen – den Datenstrom. Auf das Schließen der Ressourcen ist immer zu achten, Ausnahmen dürfen nicht dazu führen, dass diese Ressourcen offen bleiben.

Der Konstruktor-Aufruf URL(String) löst eine MalformedURLException aus, wenn die URL falsch formuliert ist. MalformedURLException ist eine Unterklasse von IOException, sodass es – wie im oberen Beispiel gezeigt – ausreicht, den Obertyp zu fangen, denn openStream() bzw. openConnection() lösen ebenfalls eine IOException aus, wenn beim Netzwerkzugriff etwas schiefgeht. Allerdings sollten die Ausnahmen schon getrennt werden, denn ein falsches Format ist ein grundsätzlich anderer Fehlertyp als ein Netzzugriffsproblem.

[+]

Hinweis

Falls der Computer keinen direkten Internetzugriff hat, kommt es zu einem Timeout. Der übliche Fehler ist eine »java.net.ConnectException: Operation timed out«. Hier gilt zu prüfen, woher der Fehler kommt. Eine Fehlerquelle sind Proxies, die zwischen dem eigenen Rechner und dem Internet hängen. Proxy-Einstellungen können in Java gesetzt werden, wie in Abschnitt 13.10, »Verbindungen durch einen Proxy-Server *«, beschrieben. Eine gute Idee ist, mithilfe des Kommandozeilenprogramms `telnet`[2] die Erreichbarkeit eines Servers zu überprüfen. Es kann auch sein, dass die Verbindung grundsätzlich besteht, sie jedoch langsam ist, und Java aus Ungeduld aufgibt. Die Lösung ist dann, den Timeout hochzusetzen, etwa bei dem `URLConnection`-Objekt über `setConnectTimeout(millis)`.

```
final class java.net.URL
implements Serializable
```

- `final InputStream openStream() throws IOException`
  Öffnet eine Verbindung zum Server und liefert einen `InputStream` zurück. Diese Methode ist eine Abkürzung für `openConnection().getInputStream()`.
- `URLConnection openConnection() throws IOException`
  Liefert ein `URLConnection`-Objekt zurück, das die Verbindung zum entfernten Objekt vertritt. `openConnection()` wird vom Protokoll-Handler immer dann aufgerufen, wenn eine neue Verbindung geöffnet wird.

13.3 Die Klasse URLConnection *

Ein Exemplar des Typs `URLConnection` kann über die gegebene URL eine Verbindung zum Server aufbauen. Die Klasse ist abstrakt, und die Unterklassen implementieren konkrete Protokolle (wie HTTP), mit denen die Verbindung zum Inhalt aufgebaut wird. Die Unterklassen bedienen sich dabei der Objekte der Klasse `URLStreamHandler`, mit denen der eigentliche Inhalt ausgelesen wird.

13.3.1 Methoden und Anwendung von URLConnection

Die Klasse `URLConnection` ist ein wenig HTTP-lastig, denn viele Methoden haben nur für URLs auf Webseiten eine Bedeutung. So stellt die Klasse Methoden bereit, um die HTTP-Header zu lesen.

2 Muss in einem aktuellen Windows erst aktiviert werden.

Das ist etwas untypisch für andere Protokolle, die vielleicht keine Header setzen. Da eine Datei, die vom Webserver kommt, den Inhalt (engl. *content*) immer ankündigt, kann die Klasse `URLConnection` mit einem *Content-Handler* den Inhalt erkennen.

```
java.net.URLConnection
--------------------------------------------------
+ getFileNameMap(): FileNameMap
+ setFileNameMap(map: FileNameMap)
+ connect()
+ setConnectTimeout(timeout: int)
+ getConnectTimeout(): int
+ setReadTimeout(timeout: int)
+ getReadTimeout(): int
# URLConnection(url: URL)
+ getURL(): URL
+ getContentLength(): int
+ getContentType(): String
+ getContentEncoding(): String
+ getExpiration(): long
+ getDate(): long
+ getLastModified(): long
+ getHeaderField(name: String): String
+ getHeaderFields(): Map
+ getHeaderFieldInt(name: String, Default: int): int
+ getHeaderFieldDate(name: String, Default: long): long
+ getHeaderFieldKey(n: int): String
+ getHeaderField(n: int): String
+ getContent(): Object
+ getContent(classes: Class <T>[]): Object
+ getPermission(): Permission
+ getInputStream(): InputStream
+ getOutputStream(): OutputStream
+ toString(): String
+ setDoInput(doinput: boolean)
+ getDoInput(): boolean
+ setDoOutput(dooutput: boolean)
+ getDoOutput(): boolean
+ setAllowUserInteraction(allowuserinteraction: boolean)
+ getAllowUserInteraction(): boolean
+ setDefaultAllowUserInteraction(defaultallowuserinteraction: boolean)
+ getDefaultAllowUserInteraction(): boolean
+ setUseCaches(usecaches: boolean)
+ getUseCaches(): boolean
+ setIfModifiedSince(ifmodifiedsince: long)
+ getIfModifiedSince(): long
+ getDefaultUseCaches(): boolean
+ setDefaultUseCaches(defaultusecaches: boolean)
+ setRequestProperty(key: String, value: String)
+ addRequestProperty(key: String, value: String)
+ getRequestProperty(key: String): String
+ getRequestProperties(): Map
+ setDefaultRequestProperty(key: String, value: String)
+ getDefaultRequestProperty(key: String): String
+ setContentHandlerFactory(fac: ContentHandlerFactory)
+ guessContentTypeFromName(fname: String): String
+ guessContentTypeFromStream(is: InputStream): String
```

Abbildung 13.1 Klassendiagramm für URLConnection

Zum Datum

Um zu erfahren, wann die Datei auf dem Server gelandet ist, kann `getDate()` bzw. `getLastModified()` verwendet werden:

Listing 13.3 com/tutego/insel/net/UrlConnectionHeader.java, main()

```
URL url = new URL( "http://www.tutego.com/index.html" );
URLConnection con = url.openConnection();
System.out.println( con );
System.out.println( "Date            : " + new Date(con.getDate()) );
System.out.println( "Last Modified   : " + new Date(con.getLastModified()) );
System.out.println( "Content encoding: " + con.getContentEncoding() );
System.out.println( "Content type    : " + con.getContentType() );
System.out.println( "Content length  : " + con.getContentLength() );
```

Die Programmzeilen würden etwa folgende Ausgabe erzeugen:

```
sun.net.www.protocol.http.HttpURLConnection:http://www.tutego.com/index.html
Date            : Tue Aug 27 11:10:04 CEST 2013
Last Modified   : Tue Jul 09 11:29:54 CEST 2013
Content encoding: null
Content type    : text/html
Content length  : 20670
```

HTTP-Header

Die meisten Header-Attribute verarbeitet `getHeaderField(String)`. Die Methode `getHeaderFieldInt(String name, int Default)`[3] ist eine Fassade und ruft `Integer.parseInt(getHeaderField(name))` auf. Ebenso wandelt `getHeaderFieldDate(String name, long Default)` mittels `getHeaderField(name)` den String zuerst in ein `long` um und konvertiert ihn anschließend in ein `Date`-Objekt. Sehen wir uns zwei weitere Methoden an:

Listing 13.4 java/net/URLConnection.java, Ausschnitt

```
public String getContentType() {
  return getHeaderField("content-type");
}
public long getLastModified() {
  return getHeaderFieldDate("last-modified", 0);
}
```

Wie nun `getHeaderField(String)` wirklich implementiert ist, können wir nicht sehen, da es sich dabei um eine Methode handelt, die von einer Sun-Unterklasse überschrieben wird. Prinzipiell ist die `URLConnection`-Klasse zwar für alle Protokolle gleichwertig, doch an anderer Stelle wurde

3 Ja, die großgeschriebene Parametervariable steht tatsächlich da.

schon erwähnt, dass sie eher zu Gunsten von HTTP entscheidet. Deshalb muss ein Rückgabewert von `getLastModified()` von einer FTP-Verbindung mit Vorsicht genossen werden.

Verbindung nur mit Lesen oder Schreiben

Über eine `URLConnection` lassen sich Daten lesen und auch schreiben. Standardmäßig ist die Verbindung zur Eingabe bereit, aber zur Ausgabe nicht. Die Zustände ändern die Methoden `setDoInput(boolean)` und `setDoOutput(boolean)`. Insbesondere wenn der initiierende Client Daten zurücksenden möchte, muss er mit `setDoOutput(true)` die `URLConnection` initialisieren.

13.3.2 Protokoll- und Content-Handler

Falls ein passender Content-Handler eingetragen ist, bietet `getContent()` Zugriff auf den Inhalt eines `URL`-Objekts. Mit einer kleinen Zeile können wir erfragen, welches Handler-Objekt eine URL-Klasse für den Datenstrom einsetzt:

```
Object o = u.getContent();
System.out.println( "Schnapp: Ich habe einen " + o.getClass().getName() );
```


`getContent()` erkennt nun am Content-Type oder an den ersten Bytes den Dateitypus. Dann konvertiert ein Content-Handler die Bytes seines Datenstroms in ein Java-Objekt. Der Protokoll-Handler überwacht die Verbindung zum Server und stellt dann die Verbindung zu einem konkreten Content-Handler her, der die Konvertierung in ein Objekt übernimmt.

Zusammenfassend lassen sich Content- und Protokoll-Handler wie folgt definieren:

- **Content-Handler**: Durch einen Content-Handler wird die Funktionalität der URL-Klasse erweitert. Es können Quellen verschiedener MIME-Typen durch die Methode `getContent()` als Objekte zurückgegeben werden. Leider beschreibt die Java-Spezifikation nicht, welche Content-Handler bereitgestellt werden müssen. Für GIFs und JPEGs gibt es Handler, die gleich `ImageProducer` anlegen.
- **Protokoll-Handler**: Auch ein Protokoll-Handler erweitert die Möglichkeiten der `URL`-Klassen. Das Protokoll ist der erste Teil einer URL und gibt bei Übertragungen wie »http« die Kommunikationsmethode an.[4]

```
abstract class java.net.URLConnection
```

- `Object getContent() throws IOException, UnknownServiceException`
  Liefert den Inhalt, auf den die URL verweist. `UnknownServiceException` ist eine Unterklasse von `IOException`, es reicht also ein `catch` auf `IOException` aus.

4 Wer sich mit der Implementierung von Protokoll-Handlern näher auseinandersetzen möchte, der findet in dem Buch »Java Network Programming« von Elliotte Rusty Harold die Beispiele für einen Finger-Protokoll-Handler online unter *http://www.ibiblio.org/java/books/jnp3/examples/16/*.

```
final class java.net.URL
implements Serializable
```

- `final Object getContent() throws IOException`
  Liefert den Inhalt, auf den die URL verweist. Die Methode ist eine Abkürzung für `openConnection().getContent()`. Wegen der Umleitung auf das `URLConnection`-Objekt kann auch hier eine `UnknownServiceException` auftauchen.

13.3.3 Im Detail: Von der URL zur URLConnection

Im Konstruktor des `URL`-Objekts wird festgelegt, um welches Protokoll es sich handelt, etwa um HTTP. Dann wird die interne Methode `getURLStreamHandler(Protokoll)` aufgerufen. Sie ist die eigentliche Arbeitsstelle und findet eine entsprechende Klasse, die das Protokoll behandelt. Das funktioniert so: An das Präfix `sun.net.www.protocol.` wird der Name des Handlers (zum Beispiel `ftp`, `http`) und anschließend ein `.Handler` angehängt. Nun wird über `Class.forName(clsName)` nachgesehen, ob die Klasse schon im System geladen wurde. Wenn nicht, versucht der Klassenlader, über `loadClass(clsName)` an die Klasse zu kommen. Falls die Klasse geladen werden konnte, wird sie mit `newInstance()` initialisiert und als `URLStreamHandler` zurückgegeben. Der Konstruktor von URL merkt sich diesen Handler in einer internen Variablen `handler`. Die Methode würde `null` zurückliefern, falls sie mit dem Protokoll nichts anzufangen weiß – dies bekämen wir zu spüren, denn eine `null` heißt `MalformedURLException()`.

`openConnection()` von `URL` macht nichts weiter, als vom jeweiligen Handler wiederum `openConnection(URL)` aufzurufen. Die Handler wissen für ihr Protokoll, wie die Verbindung aufzubauen ist. Denn für Webseiten mit dem HTTP-Protokoll sieht dies anders aus als bei einer Dateiübertragung mit dem FTP-Protokoll:

```
public URLConnection openConnection() throws java.io.IOException {
  return handler.openConnection( this );
}
```

Der Handler übernimmt selbst das Öffnen. Zurückgegeben wird ein Objekt vom Typ `URLConnection`, und wir können damit auf die Referenz lesend (wir holen uns also Informationen beispielsweise von der Webseite) und schreibend (zum Beispiel für eine CGI-Abfrage) reagieren. Die Klasse `URLConnection` ist selbst abstrakt, und die Unterklassen implementieren ihr eigenes Protokoll.

Es muss betont werden, dass bei der Erzeugung eines `URLConnection`-Objekts noch keine Verbindung aufgebaut wird. Dies erfolgt mit den Methoden `getOutputStream()` oder `getInputStream()`. Der Handler von `URLConnection` ist vom Typ `URLStreamHandler`, eine abstrakte Superklasse, die von allen Stream-Protokoll-Handlern implementiert wird. Leider können wir diese Implementierung nicht im Quelltext sehen.

```
abstract class java.net.URLConnection
```

- `URLConnection openConnection() throws IOException`
  Liefert ein `URLConnection`-Objekt, das die Verbindung zum entfernten Objekt vertritt. `openConnection()` wird vom Protokoll-Handler immer dann aufgerufen, wenn eine neue Verbindung geöffnet wird.

13.3.4 Der Protokoll-Handler für JAR-Dateien

Wir haben gesehen, dass `url.openConnection()` den Datenstrom öffnet und einen passenden Protokoll-Behandler sucht. Um die typischen Behandler-Eigenschaften zu nutzen, passen wir den Typ der Rückgabe an, sodass wir zum Beispiel eine `URLConnection` zu einer `HttpURLConnection` aufwerten, wenn wir wissen, dass der zu erwartende Behandler eine HTTP-Verbindung übernimmt.

So wie `HttpURLConnection` das Protokoll HTTP übernimmt, kümmert sich die `JarURLConnection` um das Protokoll »jar«, das sich auf Java-Archive bezieht. Das Format für die URL beginnt mit dem Namen des Protokolls, dem hinter dem Doppelpunkt die URL folgt. Den Abschluss bildet zwingend die Zeichenfolge »!/«. Des Weiteren lässt sich im Archiv eine bestimmte Datei auswählen. Die Angabe folgt dann hinter dem Trenner »!/«. Somit ist der allgemeine Aufbau:

```
URL url = new URL( "jar:" + host + "!/" + path );
```

Nach dem Aufbau des URL-Objekts liefert `url.openConnection()` das `URLConnection`-Objekt, das wir aber explizit an `JarURLConnection` typanpassen. Das bietet die Möglichkeit, mit `getJarFile()` auf das Java-Archiv zuzugreifen. Das `JarFile` repräsentiert das JAR-Archiv mit den Dateien, die vom Typ `JarEntry` sind. Mit der Methode `getEntry(String)` lässt sich eine bestimmte Datei auswählen. Eine Liste der eingebundenen Dateien liefert `entries()` über eine `Enumeration`:

Beispiel

Gib alle Klassendateien mit ihrer Länge von *rt.jar* aus:

Listing 13.5 com/tutego/insel/net/JarUrl.java

```
Path path = Paths.get( System.getProperty("java.home" ) ).resolve( "lib/rt.jar" );
URL url = new URL( "jar:" + path.toUri() + "!/" );
JarURLConnection conn = (JarURLConnection) url.openConnection();
try ( JarFile jarFile = conn.getJarFile() ) {
  for ( Enumeration<JarEntry> it = jarFile.entries(); it.hasMoreElements(); ) {
    JarEntry entry = it.nextElement();
    if ( ! entry.isDirectory() )
      System.out.println( entry + ", " + entry.getSize() );
  }
}
```

Während `getJarFile()` das gesamte Archiv repräsentiert, kann ja in der URL gleich eine ganz konkrete Datei ausgewählt sein. Dann ist `JarFile` gar nicht nötig, denn das Interesse liegt nun auf einer konkreten Datei. Die liefert `getJarEntry()` auf dem `JarURLConnection`-Objekt wieder als `JarEntry`-Objekt.

So viele Methoden bietet `JarURLConnection` nicht an, doch kann `getManifest()` (liefert ein Manifest-Objekt) nützlich sein, um an die Beschreibung des Archivs zu gelangen. Um den Inhalt zu beziehen, vermuten wir bei `JarEntry` eine Methode, die einen Strom liefert. Dem ist aber nicht so. Stattdessen gibt es eine Methode `getInputStream(JarEntry)` bei `JarFile`:

```
JarFile jarFile = conn.getJarFile();
ZipEntry entry = jarFile.getEntry( "a/a.class" );
InputStream in = new BufferedInputStream( jarFile.getInputStream(entry) );
```

13.3.5 Basic Authentication und Proxy-Authentifizierung

URL-Verbindungen können durch die *Basic Authentication*, also durch ein Passwort, geschützt sein. Anwender bemerken dies, wenn sich ein Eingabedialog öffnet, der die Eingabe eines Namens und eines Passwortes erzwingt. Beispiel: Eine fiktive Webseite *http://www.bla.net/login/* zeigt einen Eingabedialog. Erst die Identifizierung mit dem Benutzernamen »user« und dem Passwort »abc« gibt den Inhalt der Webseite preis.

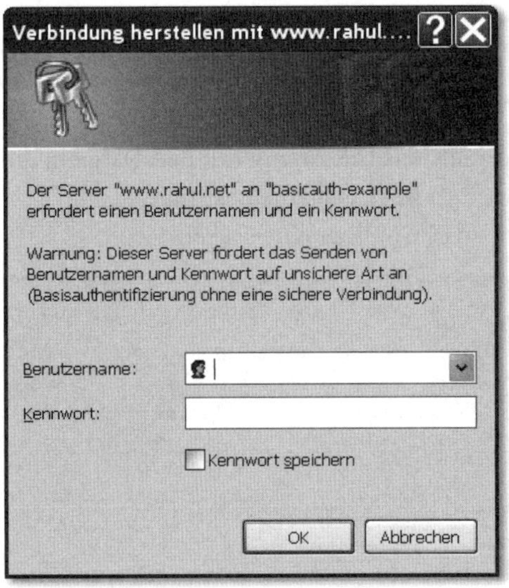

Abbildung 13.2 Windows-Dialog zur Authentifizierung einer Webseite

Ohne das Login kommt auch ein Java-Programm nicht an die Seite. Daher muss der Java-Client der Authentifizierungsbitte nachkommen und Benutzernamen sowie Passwort schicken. Glücklicherweise geht das in Java mit der Klasse `java.net.Authenticator` ganz einfach:

Listing 13.6 com/tutego/insel/net/BasicAuth.java, main()

```
Authenticator.setDefault( new Authenticator() {
  @Override protected PasswordAuthentication getPasswordAuthentication() {
    System.out.printf( "url=%s, host=%s, ip=%s, port=%s%n",
                       getRequestingURL(), getRequestingHost(),
                       getRequestingSite(), getRequestingPort() );

    return new PasswordAuthentication( "user", "abc".toCharArray() );
  }
} );

URL url = new URL( "http://www.bla.net/login/" );
try ( Scanner scanner = new Scanner( url.openStream() ) ) {
  System.out.println( scanner.useDelimiter( "\\Z" ).next() );
}
```


Die Anweisung `Authenticator.setDefault(Authenticator)` setzt einen neuen `Authenticator`, den die `URL`-Klasse immer dann nutzt, wenn eine Verbindung aufgebaut wird. Dann ruft die Java-Bibliothek unsere überschriebene Methode `getPasswordAuthentication()` auf, in der wir ein `PasswordAuthentication`-Objekt liefern, das den Benutzernamen und das Passwort kodiert. Da `getPasswordAuthentication()` eine überschriebene Methode ist, kann sie über diverse `getXXX()`-Methoden auf Zustände zurückgreifen – die Verbindungsdaten wie Host usw. Diese Daten sind nicht unwichtig, da wir ja beabsichtigen, für unterschiedliche Webseiten unterschiedliche Benutzer und Passwörter verwenden zu können.

Proxy-Authorization

Um nicht nur eine Benutzer-Authentifizierung, sondern auch eine Authentifizierung für den Proxy zu realisieren, gibt es zwei Möglichkeiten:

```
System.setProperty( "http.proxyUserName", proxyUser );
System.setProperty( "http.proxyPassword", proxyPass );
```

Eine andere Variante ist, die Header-Variable »Proxy-Authorization« zu setzen:

```
URLConnection conn = url.openConnection();
String base64 = "Basic " +
                new sun.misc.BASE64Encoder().encode(
                  (proxyUser + ":" + proxyPass).getBytes() );
conn.setRequestProperty( "Proxy-Authorization", base64 );
conn.connect();
InputStream in = conn.getInputStream();
```

13.4 Mit GET und POST Daten übergeben *

Beim Aufruf einer Webseite können wir Parameter übergeben – beim Ansprechen einer Suchmaschine etwa den Suchbegriff. Es gibt nun zwei Möglichkeiten, wie diese Parameter zum Server kommen:

- Die Parameter (auch *Query-Strings* genannt) werden an die URL angehängt (GET-Methode).
- Die Daten werden zur Standardeingabe des Webservers gesendet (POST-Methode). Das Serverprogramm muss dann aus dieser Eingabe lesen.

GET und POST unterscheiden sich auch in der Länge der übertragenen Daten. Bei vielen Systemen ist die Länge einer GET-Anfrage auf 1.024 Byte beschränkt. POST-Anfragen sind in ihrer Länge unbegrenzt.

Daten nach der GET-Methode verschicken

Im Fall der GET-Anfrage steht der Anfrage-String (Query-String) hinter dem Fragezeichen, das wiederum hinter der Pfadangabe steht. Mehrere Query-Strings trennt das &-Zeichen. Unter Java setzen wir einfach einen Befehl ab, indem wir ein neues URL-Objekt erzeugen und anschließend den Inhalt auslesen.

Daten nach der POST-Methode versenden

Die Klasse `URLConnection` bietet die schon bekannte Methode `getOutputStream()` an, die eine Verbindung zur Eingabe des serverseitigen Programms möglich macht (POST-Methode).

13.4.1 Kodieren der Parameter für Serverprogramme

Da nicht alle Zeichen in einer URL-Zeile erlaubt sind, müssen sie umkodiert werden. So sind zum Beispiel keine Leerzeichen gültig; sie werden durch ein Pluszeichen umkodiert. Es gibt noch weitere zu übersetzende Zeichen, so das Plus-, Gleichheits- und Und-Zeichen. Von diesen Symbolen wird die Hex-Repräsentation als ASCII übersandt, aus »Ulli + Tina« wird dann »Ulli+%2B+Tina«. Aus dem Leerzeichen wird ein Plus, und aus dem Plus wird »%2B«.

Wollten wir einen String dieser Art zu einer URL zusammenbauen, um etwa eine Anfrage an ein Suchprogramm zu formulieren, müssen wir den String nicht kodieren. Dies übernimmt die Java-Klasse `URLEncoder`; den Weg zurück übernimmt `URLDecoder`.

Listing 13.7 com/tutego/insel/net/URLEncoderDemo.java, main()

```
PrintStream o = System.out;
String utf = StandardCharsets.UTF_8.name();
o.println( URLEncoder.encode( "L e e r z eichen", utf ) ); // L+e+e+r+z+eichen
o.println( URLEncoder.encode( "20%Prozent%", utf ) );      // 20%25Prozent%25
o.println( URLEncoder.encode( "hat+ein+Plus", utf ) );     // hat%2Bein%2BPlus
o.println( URLEncoder.encode( "/temp/data/", utf ) );      // %2Ftemp%2Fdata%2F
```

```
o.println( URLEncoder.encode( "Sagt \"Gänse\"", utf ) ); // Sagt+%22G%C3%A4nse%22
o.println( URLEncoder.encode( ":Doppelpunkt:", utf ) );  // %3ADoppelpunkt%3A
o.println( URLEncoder.encode( "a=b=c", utf ) );          // a%3Db%3Dc
o.println( URLEncoder.encode( "Und&Co", utf ) );         // Und%26Co
o.println( URLEncoder.encode( "..Punkte..", utf ) );     // ..Punkte..
```

Die Klasse URLEncoder bietet encode(…) und URLDecoder entsprechend decode(…):

```
class java.net.URLEncoder
```

- static String encode(String s, String enc) throws UnsupportedEncodingException
  Kodiert einen String s mit einem bestimmten Encoding.

```
class java.net.URLDecoder
```

- static String decode(String s, String enc) throws UnsupportedEncodingException
  Dekodiert einen String s mit einem bestimmten Encoding.

13

13.4.2 In Wikipedia suchen und mit GET-Request absenden

Wikipedia bietet eine API, mit denen sich Aufgaben wie die Suche nach Begriffen oder das Ändern von Seiten automatisieren lassen. Nehmen wir an, wir wollten nach »GmbH & Co. KG« suchen, dann hat für eine Suche mit dem Ausgabeformat Text die Wikipedia-Such-URL folgenden Aufbau: *https://de.wikipedia.org/w/api.php?action=query&generator=search&format=txt&gsrsearch=GmbH_%26_Co._KG*. Wir können gut erkennen, dass im Such-String das Leerzeichen durch einen Unterstrich ersetzt ist und das & durch %26.

Resultat der Anfrage ist ein Ergebnis im Textformat, das Zeilen wie diese enthält:

```
[16945] => Array
 (
   [pageid] => 16945
   [ns] => 0
   [title] => Gesellschaft mit beschränkter Haftung (Deutschland)
 )

[2016] => Array
  (
   [pageid] => 2016
   [ns] => 0
   [title] => GmbH & Co. KG
)
```

In der URL war gut der kodierte Suchbegriff abzulesen, den wir in unserem folgenden Java-Beispiel frei parametrisieren wollen. Unser Programm soll Suchbegriffe als Parameter auf der Kommandozeile entgegennehmen, daraus eine korrekte Anfrage-URL formulieren und alle Suchergebnisse auf der Konsole ausgeben:

Listing 13.8 com/tutego/insel/net/WikipediaSeeker.java, WikipediaSeeker

```
public class WikipediaSeeker {

  public static void main( String[] args ) throws Exception {

    String search = args.length > 0 ? String.join( "_", args ) : "Java (Programmiersprache)";
    search = URLEncoder.encode( search, StandardCharsets.UTF_8.name() );
    URL url = new URL( "http://de.wikipedia.org/w/api.php?action=query&generator=search&
    format=txt&gsrsearch=" + search );
    //      [title] => Java (Programmiersprache)
    Pattern titlePattern = Pattern.compile( "\\s+\\[title\\] => (.*)" );
    try ( Scanner scanner = new Scanner( url.openStream(),
                                         StandardCharsets.UTF_8.name() ) ) {
      while ( scanner.hasNextLine() ) {
        Matcher matcher = titlePattern.matcher( scanner.nextLine() );
        if ( matcher.matches() )
          System.out.println( matcher.group(1) );
      }
    }
  }
}
```

Der erste Teil des Programms kümmert sich um die Parameter, die alle zusammengehängt und dann vom `URLEncoder` in eine korrekte Form gebracht werden – falls kein Parameter vorhanden ist, sucht unser Programm nach »Java (Programmiersprache)«. Den kodierten Such-String hängen wir an die Basis-URL und öffnen eine Verbindung. Der `Scanner` läuft Zeile für Zeile durch das Ergebnis, doch interessieren uns nicht alle Zeilen, sondern nur die, die aussehen wie »[title] => «, denn sie enthalten unsere Suchergebnisse. Ein `Pattern` beschreibt genau das, was wir suchen, und wenn der `Matcher` einen Fund hat, gibt uns das Programm nur das Ergebnis rechts vom Pfeil aus.

13.4.3 POST-Request absenden

Ein POST-Request überträgt die Parameter nicht in der URL, sondern setzt sie in einen Block, der zum Server übertragen wird. Gegenüber einem GET ändert sich einiges, was das folgende Beispiel (zu einem fiktiven Server) zusammenfasst:

Listing 13.9 com/tutego/insel/net/PostRequest.java, main()

```
String body = "param1=" + URLEncoder.encode( "value1", "UTF-8" ) + "&" +
              "param2=" + URLEncoder.encode( "value2", "UTF-8" );
```

```
URL url = new URL( "http://li.la.lu.lo/post/" );
HttpURLConnection connection = (HttpURLConnection) url.openConnection();
connection.setRequestMethod( "POST" );
connection.setDoInput( true );
connection.setDoOutput( true );
connection.setUseCaches( false );
connection.setRequestProperty( "Content-Type",
                               "application/x-www-form-urlencoded" );
connection.setRequestProperty( "Content-Length", String.valueOf(body.length()) );

try ( Writer writer = new OutputStreamWriter( connection.getOutputStream() ) ) {
  writer.write( body );
  writer.flush();

  try ( Scanner scanner = new Scanner( connection.getInputStream() ) ) {
    while ( scanner.hasNextLine() )
      System.out.println( scanner.nextLine() );
  }
}
```


Der MIME-Typ »application/x-www-form-urlencoded« steht für ein Webformular, muss aber je nach Typ angepasst werden.

[+]

Tipp

Für POST-Anfragen gibt es Open-Source-Bibliotheken, die die Serveranfrage vereinfachen. Mehr Informationen geben die Abschnitte Abschnitt 13.8, »Apache HttpComponents und Commons Net *«, und 15.2.10, »PUT/POST/DELETE-Sendungen mit der Jersey-Client-API absetzen«.

13.5 Host- und IP-Adressen

Der Datenaustausch im Internet geschieht durch kleine IP-Pakete. Sie bilden die Basis der Internetübertragung. Immer wenn ein Netzwerkpaket übermittelt werden soll, werden IP-Pakete erzeugt und dann auf die Reise geschickt. Der Empfänger der Pakete ist ein Rechner, der im Netz durch eine Kennung, die numerische IP-Adresse, identifiziert wird. Diese Zahl ist für die meisten Menschen schwer zu behalten, weshalb oft der Hostname Verwendung findet, um einen Rechner im Internet anzusprechen. Die Konvertierung von Hostnamen in IP-Adressen übernimmt ein *Domain Name Server* (DNS). Baut eine Anwendung – etwa ein Internet-Browser – eine Verbindung zu einem Rechner auf, so hilft eine Betriebssystemfunktion, die IP-Adresse für den Rechnernamen zu ermitteln. An diese Adresse kann dann im nächsten Schritt eine Webanfrage gestellt werden.

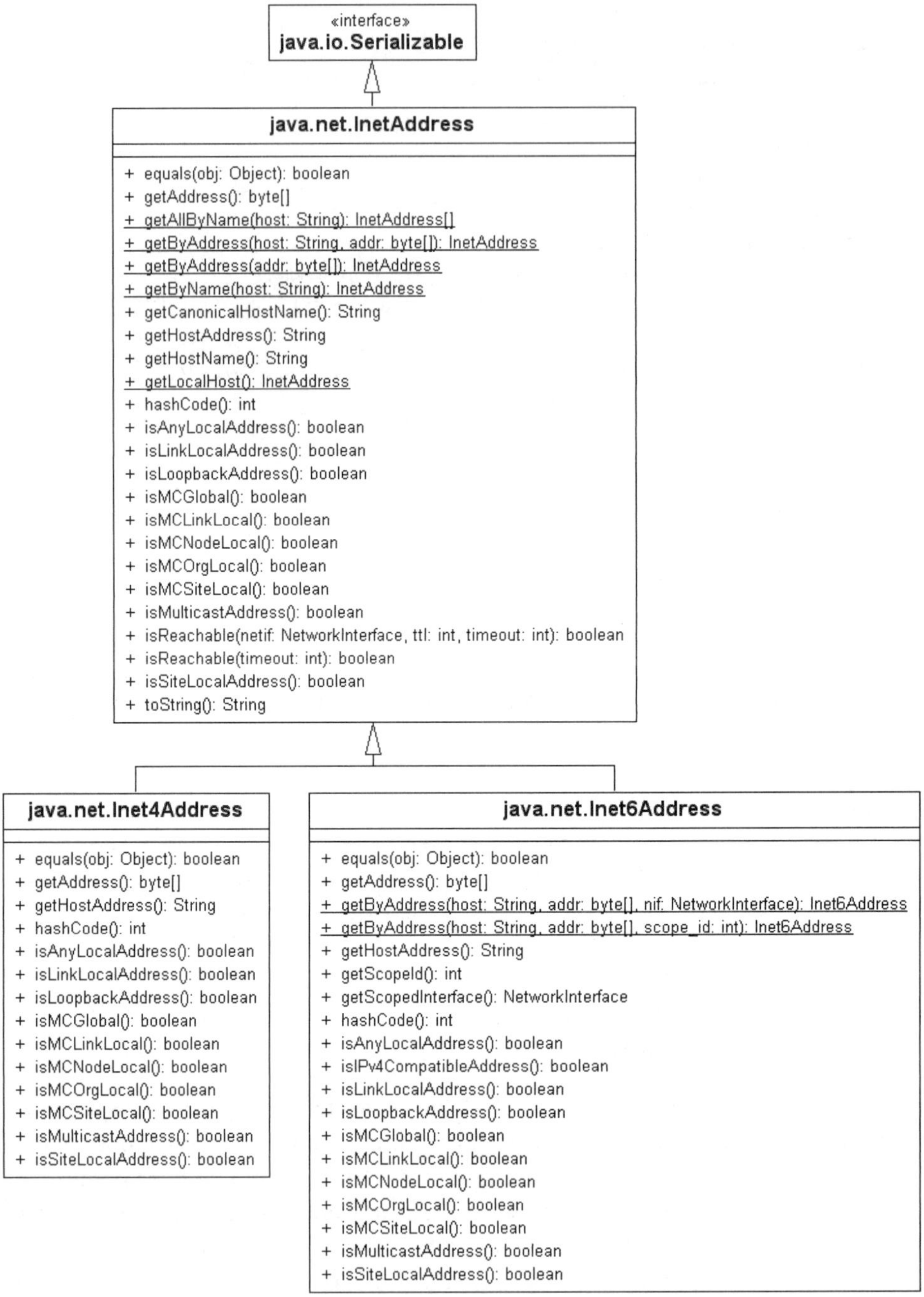

Abbildung 13.3 Vererbungsbeziehung von InetAddress und Unterklassen

Auch wir können in Java zu einem Namen die IP-Adresse erfragen und auch umgekehrt vorgehen und zu einer IP-Adresse den Rechnernamen erfragen – sofern verfügbar. Die Anweisungen laufen über die Klasse `InetAddress`, die eine Internetadresse repräsentiert. Das Objekt wird durch

Fabrikmethoden wie `getByName(String)` oder `getAllByName(String)` erzeugt. Gebotene `getXXX()`-Methoden erfragen dann Resultate, die die Auflösung ergeben hat:

Listing 13.10 com/tutego/insel/net/MyDNS.java

```
InetAddress inet = InetAddress.getByName( "www.tutego.com" );
System.out.println( inet.getCanonicalHostName() ); // web1.networkaholics.de
System.out.println( inet.getHostAddress() );       // 82.96.100.30
System.out.println( inet.getHostName() );          // www.tutego.com
System.out.println( inet.toString() );             // www.tutego.com/82.96.100.30

inet = InetAddress.getByName( "193.99.144.71" );
System.out.println( inet.getHostName() );          // web.heise.de
```

Erfreulicherweise ist es möglich, an Stelle des Rechnernamens auch die IP-Adresse anzugeben; `getHostName()` nimmt dann eine umgekehrte Auflösung vor. So liefert `InetAddress.getByName("193.99.144.71").getHostName()` den String »www.heise.de«.


```
class java.net.InetAddress
implements Serializable
```

- `static InetAddress getByName(String host) throws UnknownHostException`
  Liefert die IP-Adresse eines Hosts anhand des Namens. Der Hostname kann als Maschinenname (»tutego.com«) angegeben sein oder als numerische Repräsentation der IP-Adresse (»66.70.168.193«).
- `static InetAddress[] getAllByName(String host) throws UnknownHostException`
  Wie `getByName(String)`, doch liefert es mehrere Objekte für den Fall, dass es zusätzliche Adressen gab.
- `String getHostName()`
  Liefert den Hostnamen.
- `String getHostAddress()`
  Liefert die IP-Adresse als String im Format »%d.%d.%d.%d«.
- `String getCanonicalHostName()`
  Liefert den voll qualifizierten Domänennamen (FQDN), sofern das möglich ist.
- `byte[] getAddress()`
  Gibt ein Feld mit Oktetten – der Internetbezeichnung für Bytes – für die IP-Adresse zurück.

13.5.1 Lebt der Rechner?

Verwaltet das `InetAddress`-Objekt einen Rechnernamen, so kann das Objekt durch Versenden von Testpaketen überprüfen, ob der Rechner im Internet »lebt«. Dazu dient `isReachable(int)`; das Argument ist eine Anzahl von Millisekunden, die wir dem Prüfvorgang geben wollen.

Listing 13.11 com/tutego/insel/net/IsReachable.java, main()

```
InetAddress.getByName( "193.99.144.71" ).isReachable( 2000 )        // true
InetAddress.getByName( "100.100.100.100" ).isReachable( 2000 )      // false
```

[+]

Tipp

Um Probleme mit der Namensauflösung auszuschließen, sollte die IP-Adresse verwendet werden, da der Namensdienst einen Fehler melden wird, falls er den symbolischen Namen nicht auflösen kann. Und dieser Fehler hat nichts mit der Erreichbarkeit zu tun.

13.5.2 IP-Adresse des lokalen Hosts

Auch dazu benutzen wir die Klasse `InetAddress`. Sie besitzt die statische Methode `getLocalHost()`.

Listing 13.12 com/tutego/insel/net/GetLocalIP.java, main()

```
System.out.println( "Host Name/Adresse: " + InetAddress.getLocalHost() );
```

Das Programm erzeugt zum Beispiel eine Ausgabe der folgenden Art:

```
Host Name/Adresse: dell/192.168.2.138
```

Apropos lokaler Rechner: Die Methode `isSiteLocalAddress()` liefert `true`, wenn das `InetAddress`-Objekt für den eigenen Rechner steht, also eine IP-Adresse wie 192.168.0.0 hat.

```
class java.net.InetAddress
implements Serializable
```

- `static InetAddress getLocalHost() throws UnknownHostException`
  Liefert ein IP-Adressen-Objekt des lokalen Hosts.
- `boolean isSiteLocalAddress()`
  Repräsentiert diese `InetAddress` eine lokale Adresse?

Die statische Methode getAllByName(String host)

Die Klasse `InetAddress` bietet die statische Methode `getLocalHost(String)` an, um die eigene Adresse herauszufinden. Bei mehreren vergebenen IP-Adressen des Rechners lässt sich dann mit einigen wenigen Zeilen alles ausgeben. Dazu lässt sich die statische Methode `InetAddress.getAllByName(String)` nutzen, die alle mit einem Rechner verbundenen `InetAddress`-Objekte liefert.

Listing 13.13 com/tutego/insel/net/GetAllByName.java, main()

```
String localHost = InetAddress.getLocalHost().getHostName();
for ( InetAddress ia : InetAddress.getAllByName(localHost) )
  System.out.println( ia );
```

[+]

Hinweis

Läuft ein Java-Programm und wird die IP-Adresse eines Rechners geändert, dann wird Java diese Änderung nicht registrieren. Das liegt daran, dass alle IP-Adressen und zugehörigen Hostadressen in einem internen Cache gehalten werden. Eine neue Anfrage wird dann einen Cache-Eintrag liefern, aber zu keiner neuen Anfrage an das Betriebssystem führen. Seit Version 1.4 gibt es eine Möglichkeit, die Lebensdauer einer IP-Adresse auf null zu setzen. Dazu wird die Property `networkaddress.cache.ttl` gesetzt. Mehr zu den Netzwerk-Properties bietet wieder die Seite *http://tutego.de/go/netproperties*.

13.5.3 Das Netz ist klasse *

Mit der `getAddress()`-Methode aus der Klasse `InetAddress` lässt sich leicht herausfinden, welches Netz die Adresse beschreibt. Für ein Multicast-Socket ist die Internetadresse ein Klasse-D-Netz. Dieses beginnt mit den vier Bits 1110, hexadezimal 0xE0. Folgende Zeilen fragen dies für eine beliebige `InetAddress` ab:

```
InetAddress ia = ...
boolean isDNet = (ia.getAddress()[0] & 0xF0) == 0xE0;
```

Für den speziellen Fall einer Multicast-Adresse bietet `InetAddress` auch die Methode `isMulticastAddress()` an.

13.5.4 NetworkInterface

Die Klasse `java.net.NetworkInterface` repräsentiert eine Netzwerkschnittstelle und mit ihr einen Namen und eine Reihe von IP-Adressen. Mithilfe der Klasse ist es möglich, alle IP-Adressen des lokalen Rechners auszulesen. Das folgende Beispiel soll die Methoden der Klasse demonstrieren:

Listing 13.14 com/tutego/insel/net/LocalIpAddress.java, main()

```
Enumeration<NetworkInterface> netInter = NetworkInterface.getNetworkInterfaces();
int n = 0;

while ( netInter.hasMoreElements() ) {
  NetworkInterface ni = netInter.nextElement();
```

```
  System.out.println( "NetworkInterface " + n++ + ": " + ni.getDisplayName() );

  for ( InetAddress iaddress : Collections.list( ni.getInetAddresses() ) ) {
    System.out.println( "CanonicalHostName: " +
                        iaddress.getCanonicalHostName() );

    System.out.println( "IP: " +
                        iaddress.getHostAddress() );

    System.out.println( "Loopback? " +
                        iaddress.isLoopbackAddress() );
    System.out.println( "SiteLocal? " +
                        iaddress.isSiteLocalAddress() );
    System.out.println();
  }
}
```

Auf meinem Rechner, der sich hinter einem Router befindet, ergibt sich:

```
NetworkInterface 0: MS TCP Loopback interface
CanonicalHostName: localhost
IP: 127.0.0.1
Loopback? true
SiteLocal? false

NetworkInterface 1: Intel(R) PRO/1000 PL Network Connection - Paketplaner-Miniport
CanonicalHostName: dell
IP: 192.168.2.138
Loopback? false
SiteLocal? true
```

13.6 Mit dem Socket zum Server

Die URL-Verbindungen sind schon High-Level-Verbindungen, und wir müssen uns nicht erst um Übertragungsprotokolle wie HTTP oder – noch tiefer – TCP/IP kümmern. Aber alle höheren Verbindungen bauen auf Sockets auf, und auch die Verbindung zu einem Rechner über eine URL ist mit Sockets realisiert. Beschäftigen wir uns also nun etwas mit dem Hintergrund.

13.6.1 Das Netzwerk ist der Computer

Die Rechner, die im Internet verbunden sind, kommunizieren über Protokolle, wobei TCP/IP das wichtigste Protokoll geworden ist. Die Entwicklung von TCP/IP reicht in die 1980er Jahre zurück. Die ARPA (*Advanced Research Projects Agency*) gab der Universität von Berkeley (Kalifornien) den Auftrag, unter Unix das TCP/IP-Protokoll zu implementieren, um dort im Netzwerk zu kommunizieren.[5] Was sich die Kalifornier ausgedacht hatten, fand auch in der *Berkeley Software Distribution* (BSD), einer Unix-Variante, Verwendung: die Berkeley-Sockets. Mittlerweile hat sich das Berkeley-Socket-Interface über alle Betriebssystemgrenzen hinweg verbreitet und ist der De-facto-Standard für TCP/IP-Kommunikation, so auch unter Windows.

13.6.2 Sockets

Ein Socket dient der Abstraktion und ist ein Verbindungspunkt in einem TCP/IP-Netzwerk. Werden mehrere Computer verbunden, so implementiert jeder Rechner einen Socket: Derjenige, der die Verbindung initiiert und Daten sendet, implementiert einen Client-Socket, und derjenige, der auf eingehende Verbindungen horcht, implementiert einen Server-Socket. Es lässt sich in der Realität nicht immer ganz trennen, wer Client und wer Server ist, da Server zum Datenaustausch ebenfalls Verbindungen aufbauen können. Doch für den Betrachter von außen ist der Server der Wartende und der Client derjenige, der die Verbindung initiiert.

Serveradresse und Port

Damit der Empfänger den Sender auch hören kann, muss Letzterer durch eine eindeutige Adresse als Server ausgemacht werden. Er bekommt also eine IP-Adresse im Netz und eine ebenso eindeutige Port-Adresse. Der Port ist so etwas wie eine Zimmernummer im Hotel. Die Adresse bleibt dieselbe, aber in jedem Zimmer sitzt jemand und erledigt seine Aufgaben. Jeder Dienst (Service), den ein Server zur Verfügung stellt, läuft auf einem anderen Port. Eine Port-Nummer ist eine Ganzzahl und in die Gruppen »System« und »Benutzer« eingeteilt. Die so genannten *Well-known System-Ports* (auch *Contact-Ports* genannt) liegen im Bereich von 0 bis 1023. Die User-Ports umfassen den restlichen Bereich von 1024 bis 65535. Wichtige Port-Nummern sind zum Beispiel 80 für Webserver und 20 für FTP.

Stream-Sockets/Datagram-Sockets

Ein Stream-Socket baut eine feste Verbindung zu einem Rechner auf. Das Besondere daran: Die Verbindung bleibt für die Dauer der Übertragung bestehen. Dies ist bei der anderen Form der Sockets, den Datagram-Sockets, nicht der Fall. Wir behandeln die Stream-Sockets zuerst.

13.6.3 Eine Verbindung zum Server aufbauen

Um Daten von einer Stelle zur anderen zu schicken, muss zunächst eine Verbindung zum Server bestehen. Dieser wiederum beantwortet die eingehenden Fragen. Mit den Netzwerkklassen unter Java lassen sich sowohl client- als auch serverbasierte Programme schreiben. Da die Client-

5 Dass das Internet nur entwickelt wurde, um bei Rechnerausfällen infolge kriegerischer Aktivitäten weiterhin die Kommunikation zu ermöglichen, trifft nicht zu. Larry Roberts bemerkt dazu, dass die Entwickler dem Ministerium die Vorteile des Internets mit diesem Argument verkauften, um mehr Forschungsgelder zu bekommen.

Seite noch einfacher als die Serverseite ist – in Java ist Netzwerkprogrammierung ein Genuss –, beginnen wir mit dem Client. Dieser muss mit einem horchenden Server verbunden werden – eine Verbindung, die durch die `java.net.Socket`-Klasse aufgebaut wird. Dem Konstruktor wird dabei der Server mitgegeben. Die einfachste Variante ist der `Socket(String host, int port)`-Konstruktor.

[»]

Beispiel

Baue eine Verbindung zu einem Rechner auf Port 80 auf, der »die.weite.welt« heißt:

```
try ( Socket socket = new Socket( "die.weite.welt", 80 ) ) { … }
```

Der erste Parameter des Konstruktors erwartet den Namen des Servers (Hostadresse), mit dem wir uns verbinden wollen. Der zweite Parameter steht für den Port. Da `Socket` ein `Closeable` ist, lässt er sich gut in einem `try` mit Ressourcen verwenden.

[+]

Hinweis

Verbinden wir ein Applet mit dem Server, von dem es geladen wurde, würden wir mit `getCodeBase().getHost()` arbeiten, etwa so:

```
try ( Socket socket = new Socket( getCodeBase().getHost(), 80 ) ) { … }
```

Repräsentiert ein `InetAddress`-Objekt die Serveradresse, so kann auch dieses zum Aufbau der Verbindung genutzt werden.

[»]

Beispiel

Erfrage von einem anderen Socket den Server und initialisiere damit ein neues `Socket`-Objekt:

```
Socket socket1 = new Socket( server, port );
Socket socket2 = new Socket( socket1.getInetAddress(), port );
```

Alternativ ermittelt die statische Methode `InetAddress.getByName(String)` die `InetAddress` eines Hosts. Ist der Server nicht erreichbar, so löst das System bei allen Socket-Konstruktionsversuchen eine `UnknownHostException` aus; dabei handelt es sich um eine Unterklasse von `IOException`, sodass grundsätzlich ein Auffangen/Weiterleiten einer `IOException` ausreicht.

```
class java.net.Socket
implements Closeable
```

- `Socket(String host, int port) throws IOException`
  Erzeugt einen Stream-Socket und verbindet ihn mit der Port-Nummer am angegebenen Host.

- `Socket(InetAddress address, int port) throws IOException`
  Erzeugt einen Stream-Socket und verbindet ihn mit der Port-Nummer am Host mit der angegebenen IP-Nummer.
- `Socket(String host, int port, InetAddress localAddr, int localPort) throws IOException`
  Erzeugt einen Socket für den Host `host` am Port `port` und bindet ihn an die lokale Adresse `localAddr` und an den lokalen Port `localPort`.
- `Socket(InetAddress address, int port, InetAddress localAddr, int localPort) throws IOException`
  Erzeugt einen Socket für den durch `address` gegebenen Host am Port `port` und bindet ihn an die lokale Adresse `localAddr` und an den lokalen Port `localPort`.
- `Socket() throws IOException`
  Erzeugt einen nicht verbundenen Socket über die Standard-`SocketImpl`.
- `protected Socket(SocketImpl impl) throws IOException`
  Erzeugt einen unverbundenen Socket mit einer benutzerdefinierten `SocketImpl`. Das ist nützlich für Unterklassen mit angepassten Verbindungen, die etwa den Datenstrom verschlüsseln oder komprimieren.

13.6.4 Server unter Spannung – die Ströme

Besteht erst einmal die Verbindung, so wird mit den Daten vom Server genauso verfahren wie mit den Daten aus einer Datei. Die `Socket`-Klasse liefert uns mit `getInputStream()` und `getOutputStream()` Kommunikationsströme, mit denen wir Daten vom Server lesen und Daten zum Server schreiben können. Oft werden die Ströme aufgewertet, etwa zu einem `BufferedReader` oder `Scanner` zum Lesen oder zu einem `DataOutputStream` oder `PrintWriter` zum Schreiben. Wir kennen das Aufwertungsprinzip schon von den URL-Verbindungen und von der Dateieingabe/-ausgabe.

```
class java.net.Socket
implements Closeable
```

- `InputStream getInputStream() throws IOException`
  Liefert den Eingabestrom für den Socket.
- `OutputStream getOutputStream() throws IOException`
  Liefert den Ausgabestrom für den Socket.

13.6.5 Die Verbindung wieder abbauen

Die Methode `close()` leitet das Ende einer Verbindung ein und gibt dem Betriebssystem die reservierten Handles zurück. Ohne Freigabe könnte das Betriebssystem unter Umständen nach einer gewissen Zeit keine Handles mehr zurückgeben, und eine Fortsetzung der Arbeit wäre nicht möglich. Dies geht so weit, dass auch der Browser keine HTML-Seite mehr vom Server bekommt. Kommt es jedoch vor, dass sich zwar einige Verbindungen aufbauen lassen, danach aber Schluss ist, sollte diese Lücke untersucht werden.

```
class java.net.Socket
implements Closeable
```

- `void close() throws IOException`
  Schließt den Socket. Da Socket vom Typ `Closeable` und somit auch `AutoCloseable` ist, ist die Erzeugung gut mit `try` mit Ressourcen möglich.

13.6.6 Informationen über den Socket *

Wie beim `URL`-Objekt lässt auch die Klasse `Socket` keine grundsätzlich wichtigen Änderungen zu. Die Port-Adresse wie auch das Ziel müssen beim Erzeugen bekannt sein, doch lassen sich wie bei einer URL Informationen über das `Socket`-Objekt einholen.

```
class java.net.Socket
implements Closeable
```

- `InetAddress getInetAddress()`
  Liefert die Adresse, mit der der Socket verbunden ist.
- `InetAddress getLocalAddress()`
  Liefert die lokale Adresse, an die der Socket gebunden ist.
- `int getPort()`
  Gibt den Remote-Port zurück, mit dem der Socket verbunden ist.
- `int getLocalPort()`
  Gibt den lokalen Port des Sockets zurück.

Weitere Methoden kommen noch hinzu, die allerdings an einem Beispiel demonstriert werden sollen:

Listing 13.15 com/tutego/insel/net/SocketProperties.java. main()

```
try ( Socket s = new Socket( "www.tutego.com", 80 ) ) {
  out.println( s.getKeepAlive() );            // false
  out.println( s.getLocalAddress() );         // /192.168.2.138
  out.println( s.getLocalPort() );            // 1456
  out.println( s.getLocalSocketAddress() );   // /192.168.2.138:1202
  out.println( s.getOOBInline() );            // false
  out.println( s.getPort() );                 // 80
  out.println( s.getRemoteSocketAddress() );  // www.tutego.com/82.96.100.30:80
  out.println( s.getReuseAddress() );         // false
  out.println( s.getReceiveBufferSize() );    // 8192
```

```
  out.println( s.getSendBufferSize() );      // 8192
  out.println( s.getSoLinger() );            // -1
  out.println( s.getTcpNoDelay() );          // false
  out.println( s.getTrafficClass() );        // 0
}
```

java.net.Socket
+ Socket(proxy: Proxy) + Socket(host: String, port: int, stream: boolean) + Socket(address: InetAddress, port: int, localAddr: InetAddress, localPort: int) + Socket(host: String, port: int, localAddr: InetAddress, localPort: int) + Socket() + Socket(host: InetAddress, port: int, stream: boolean) + Socket(host: String, port: int) + Socket(address: InetAddress, port: int) + bind(bindpoint: SocketAddress) + close() + connect(endpoint: SocketAddress, timeout: int) + connect(endpoint: SocketAddress) + getChannel(): SocketChannel + getInetAddress(): InetAddress + getInputStream(): InputStream + getKeepAlive(): boolean + getLocalAddress(): InetAddress + getLocalPort(): int + getLocalSocketAddress(): SocketAddress + getOOBInline(): boolean + getOutputStream(): OutputStream + getPort(): int + getReceiveBufferSize(): int + getRemoteSocketAddress(): SocketAddress + getReuseAddress(): boolean + getSendBufferSize(): int + getSoLinger(): int + getSoTimeout(): int + getTcpNoDelay(): boolean + getTrafficClass(): int + isBound(): boolean + isClosed(): boolean + isConnected(): boolean + isInputShutdown(): boolean + isOutputShutdown(): boolean + sendUrgentData(data: int) + setKeepAlive(on: boolean) + setOOBInline(on: boolean) + setPerformancePreferences(connectionTime: int, latency: int, bandwidth: int) + setReceiveBufferSize(size: int) + setReuseAddress(on: boolean) + setSendBufferSize(size: int) + setSoLinger(on: boolean, linger: int) + setSoTimeout(timeout: int) + setSocketImplFactory(fac: SocketImplFactory) + setTcpNoDelay(on: boolean) + setTrafficClass(tc: int) + shutdownInput() + shutdownOutput() + toString(): String

Abbildung 13.4 Klassendiagramm für Socket

13.6.7 Reine Verbindungsdaten über SocketAddress *

Die Socket-Klasse bietet neben der Beschreibung der Verbindungsparameter auch Methoden zum Aufbau der Verbindung und zum Erfragen und Setzen von Metadaten. Sind nur die Verbindungsdaten Adresse und Port nötig, so lassen sich diese auch durch InetSocketAddress-Objekte beschreiben. Alle InetSocketAddress-Objekte sind von der Klasse SocketAddress abgeleitet, wofür es bisher nur InetSocketAddress als Unterklasse gibt. Für den Aufbau von InetSocketAddress-Objekten stehen drei Konstruktoren bereit:

```
class java.net.InetSocketAddress
extends SocketAddress
```

- InetSocketAddress(String hostname, int port)
- InetSocketAddress(InetAddress addr, int port)
- InetSocketAddress(int port)

Natürlich stellt sich die Frage, warum ein Programm InetSocketAddress-Objekte nutzen sollte, wenn doch auch Socket-Objekte alle Verbindungsdaten enthalten. Ein Grund ist, dass Objekte vom Typ InetSocketAddress serialisierbar sind, und ein anderer ist, dass über SocketAddress-Objekte bei einer gewünschten Verbindung leicht ein Timeout gesetzt werden kann.

[»]

Beispiel

Versuche, eine Verbindung zu einem Rechner aufzubauen. Wenn nach 100 Millisekunden kein Kontakt zustande kommt, folgt eine SocketTimeoutException:

```
SocketAddress addr = new InetSocketAddress( host, port );
try ( Socket socket = new Socket() ) {
  socket.connect( addr, 100 /* ms */ );
  …
}
```

```
class java.net.Socket
implements Closeable
```

- void connect(SocketAddress endpoint, int timeout) throws IOException
  Baut eine Socket-Verbindung auf. Die Verbindungsparameter kommen aus dem SocketAddress-Objekt.
- void connect(SocketAddress endpoint, int timeout) throws IOException
  Baut eine Socket-Verbindung auf. Wenn nach timeout Millisekunden keine Verbindung möglich ist, erfolgt eine SocketTimeoutException.

13.7 Client-Server-Kommunikation

Bevor wir weitere Dienste untersuchen, wollen wir einen kleinen Server programmieren. Server horchen an ihrem zugewiesenen Port auf Anfragen und Eingaben. Ein Server wird durch die Klasse `ServerSocket` repräsentiert. Der Konstruktor bekommt einfach die Port-Nummer, zu der sich Clients verbinden können, als Argument übergeben.

Beispiel

Wir richten einen Server ein, der am Port 1234 horcht:

```
try ( ServerSocket serverSocket = new ServerSocket( 1234 ) ) {
  …
}
```

Auch ein `ServerSocket` sollte nach dem Benutzen geschlossen werden. Die Klasse implementiert `Closeable`, ist also ein `AutoCloseable` und perfekt in einem `try` mit Ressourcen platziert.

Natürlich müssen wir unserem Client eine noch nicht zugewiesene Port-Adresse zuteilen, andernfalls ist uns eine `IOException` sicher. Damit der eigene Java-Server nicht mit einem anderen Server in Konflikt gerät, sollten wir einen Blick auf die aktuell laufenden Dienste werfen. Unter Windows listet auf der Kommandozeile `netstat -a` die laufenden Serverdienste und die belegten Ports auf. Bei Unix-Systemen können nur Root-Besitzer Ports unter 1024 nutzen. Unter Windows ist das egal. Läuft ein Server unendlich, so muss darauf geachtet werden, eine alte Instanz erst zu beenden, damit er neu gestartet werden kann.

```
class java.net.ServerSocket
implements Closeable
```

- `ServerSocket(int port) throws IOException`
  Initialisiert einen `ServerSocket` für den angegebenen Port, wobei `port` zwischen 0 und 65536 liegen muss. Ist `port` gleich 0, weist das Betriebssystem selbst einen freien Port zu.

13.7.1 Warten auf Verbindungen

Nachdem der Socket eingerichtet ist, kann er auf hereinkommende Meldungen reagieren. Mit der blockierenden Methode `accept()` der `ServerSocket`-Klasse nehmen wir genau eine wartende Verbindung an:

```
Socket client = serverSocket.accept();
```

Nun können wir mit dem zurückgegebenen Client-Socket genauso verfahren wie mit dem schon programmierten Client. Das heißt: Wir öffnen Ein- und Ausgabekanäle und kommunizieren. In der Regel wird ein Thread den Client-Socket annehmen, damit der Server schnell wieder verfügbar ist und neue Verbindungen annehmen und verarbeiten kann.

Wichtig bleibt zu bemerken, dass die Konversation nicht über den Server-Socket selbst läuft. Dieser ist immer noch aktiv und horcht auf eingehende Anfragen. Die `accept()`-Methode sitzt daher oft in einer Endlosschleife und erzeugt für jeden Hörer einen Thread. Die Schritte, die also jeder Server vollzieht, sind folgende:

1. einen Server-Socket erzeugen, der horcht
2. mit der `accept()`-Methode auf neue Verbindungen warten
3. Ein- und Ausgabestrom vom zurückgegebenen Socket erzeugen
4. mit einem definierten Protokoll die Konversation unterhalten
5. Stream von Client und Socket schließen
6. bei Schritt 2 weitermachen oder Server-Socket schließen

Der Server wartet auch nicht ewig

Soll der Server nur eine gewisse Zeit auf einkommende Nachrichten warten, so lässt sich ein *Timeout* einstellen. Dazu ist der Methode `setSoTimeout(int)` die Anzahl der Millisekunden zu übergeben. Nimmt der Server dann keine Fragen entgegen, bricht die Verarbeitung mit einer `InterruptedIOException` ab. Diese Exception gilt für alle Ein- und Ausgabe-Operationen und ist daher auch eine Ausnahme, die nicht im Net-Paket, sondern im IO-Paket deklariert ist.

[»]

Beispiel

Der Server soll höchstens eine Minute lang auf eingehende Verbindungen warten:

```
try ( ServerSocket serverSocket = new ServerSocket( port ) ) {
  serverSocket.setSoTimeout( 60000 ); // Timeout nach 1 Minute
  Socket clientSocket = serverSocket.accept();
  ...
}
catch ( InterruptedIOException e ) {
  System.err.println( "Timeout nach einer Minute!" );
}
```

13.7.2 Ein Multiplikationsserver

Der erste Server, den wir programmieren wollen, soll zwei Zahlen multiplizieren. Nach dem Aufbau eines `ServerSocket`-Objekts soll der Server mit `accept()` auf einen interessierten Client warten. Nach der akzeptierten Verbindung soll die eigene Methode `handleConnection(Socket)` das Protokoll und die Logik übernehmen: Im Eingabestrom werden zwei Zahlen in der String-Repräsentation erwartet, die multipliziert zurückzuschreiben sind:

Listing 13.16 com/tutego/insel/net/MulServer.java

```
package com.tutego.insel.net;

import java.io.*;
import java.math.BigInteger;
import java.net.*;
import java.util.Scanner;

public class MulServer {

  public static void main( String[] args ) throws IOException {
    try ( ServerSocket server = new ServerSocket( 3141 ) ) {
      while ( true )
        try ( Socket client = server.accept() ) {
          handleConnection( client );
        }
        catch ( IOException e ) {
          e.printStackTrace();
        }
    }
  }

  @SuppressWarnings( "resource" ) // Socket wird in main() geschlossen
  private static void handleConnection( Socket client ) throws IOException {
    Scanner in = new Scanner( client.getInputStream(), StandardCharsets.UTF_8.name() );
    String factor1 = in.nextLine();
    String factor2 = in.nextLine();
    PrintWriter out = new PrintWriter(
      new OutputStreamWriter( client.getOutputStream(),
                              StandardCharsets.UTF_8.name() ), true );
    out.println( new BigInteger( factor1 ).multiply( new BigInteger( factor2 ) ) );
  }
}
```

Kommt es zu einem Verbindungsaufbau, erfragt der Server die Kommunikationsströme, um mit dem Client Daten auszutauschen. Diese einfachen byteorientierten InputStream- und OutputStream-Ströme erweitern wir zum Scanner und PrintWriter, sodass wir Zeichenketten statt roher Bytes lesen und schreiben können. Im Eingabestrom werden dann zwei Zeichenfolgen erwartet; die blockierende nextLine()-Methode übernimmt diese Aufgabe. Kommen die Bytes der Zeichenkette nicht an, wartet der Server ewig auf seine Daten und ist unterdessen blockiert, da er in dieser Implementierung nur einen Client bedient. Bekommt er jedoch die beiden Zeichenfolgen, konvertiert er sie zu einem BigInteger, führt eine Multiplikation durch und sendet das

Ergebnis als String zurück. Nach dem Senden ist das Protokoll beendet, und die Verbindung zum Client kann unterbrochen werden. Durch die Endlosschleife ist der Server bereit für neue Anfragen.

[+]

Hinweis

Werden Ströme eingesetzt, die in irgendeiner Weise puffern, wie `PrintWriter`, `BufferedWriter` oder `BufferedOutputStream`, müssen wir uns bewusst sein, dass die Informationen im Puffer mitunter zwischengespeichert und insofern nicht direkt zum anderen Rechner übertragen werden. In einem Frage-Antwort-Szenario muss der Server oder Client die Anfrage direkt übertragen, und die Nachricht darf nicht im Puffer verweilen. Zu passenden Zeitpunkten müssen die `flush()`-Methoden der Puffer-Klassen die intern gespeicherten Daten verschicken, damit die Kommunikation weitergeht. Wird im Konstruktor von `PrintWriter` ein `true` übergeben, horcht die Klasse auf ein Zeilenumbruch im String und führt automatisch ein `flush()` durch.

Auf der anderen Seite steht der Client, der aktiv eine Verbindung zum Server aufbaut. Er nutzt ein mit Internetadresse und Port initialisiertes `Socket`-Objekt, um den ein- und ausgehenden Datenstrom zu erfragen und zwei Zeichenfolgen zu übertragen. Der Client wartet auf das Ergebnis und gibt es auf dem Bildschirm aus. Nach der Kommunikation wird die Verbindung geschlossen, um die nötigen Ressourcen wieder freizugeben:

Listing 13.17 com/tutego/insel/net/MulClient.java

```
package com.tutego.insel.net;

import java.io.*;
import java.net.*;
import java.util.Scanner;

class MulClient {

  @SuppressWarnings( "resource" ) // try mit Ressourcen schließt Socket
  public static void main( String[] args ) throws IOException {

    // Berechne 2 * 4
    try ( Socket socket = new Socket( "localhost", 3141 ) ) {
      Scanner in = new Scanner( socket.getInputStream(),
                                StandardCharsets.UTF_8.name() );
      PrintWriter out = new PrintWriter(
        new OutputStreamWriter( socket.getOutputStream(),
                                StandardCharsets.UTF_8.name() ), true );

      out.println( "2" );
```

```
      out.println( "4" );
      System.out.println( in.nextLine() );
    }

    // Berechne 23895737895 * 434589358935857
    try ( Socket socket = new Socket( "localhost", 3141 ) ) {
      Scanner in = new Scanner( socket.getInputStream(),
                                StandardCharsets.UTF_8.name() );
      PrintWriter out = new PrintWriter(
        new OutputStreamWriter( socket.getOutputStream(),
                                StandardCharsets.UTF_8.name() ), true );

      out.println( "23895737895" );
      out.println( "434589358935857" );
      System.out.println( in.nextLine() );
    }
  }
}
```


Erweiterung durch Multithreading

Ein anderer Punkt ist die Tatsache, dass Server im Allgemeinen multithreaded ausgelegt sind, damit sie mehrere Anfragen gleichzeitig ausführen können. Der Server erzeugt nicht pro Anfrage einen Thread – dies ist relativ teuer –, sondern nimmt die Threads aus einem Thread-Pool. Mit der Thread-Pool-Klasse aus der Java-Bibliothek lässt sich die Aufgabe vorzüglich bewältigen.

13.7.3 Blockierendes Lesen

Eine Eigenschaft ist bei der Serverprogrammierung zu beachten: Erwartet der Client aus dem `InputStream` Daten, schickt der Server aber keine, dann blockiert die Methode. Aus dieser Sackgasse gibt es zwei Auswege: das einfache Schließen des Sockets mit `close()` und der völlig unterschiedliche Ansatz mit NIO. Wenn der Socket geschlossen wird, werden alle Datenstrom-Operationen abgebrochen, und eine `IOException` wird ausgelöst.

Damit ist ein gutes Mittel gefunden, um wenigstens blockierte Socket-Verbindungen wieder zu befreien. Dies soll auch das nächste Beispiel demonstrieren. Zuerst wird ein nutzloser `ServerSocket` aufgebaut, der weder etwas annimmt noch etwas schickt. Der Client verbindet sich zum Server und versucht zu lesen. Da aber vom Server kein Zeichen gesendet wird, hängt `read()` und wartet auf ein Byte. All das läuft in einem Thread ab. Nach dem Start wird 2 Sekunden später der Socket geschlossen, was zum Abbruch von `read()` und in den Anweisungsblock der Exception-Behandlung führt:

Listing 13.18 com/tutego/insel/net/CloseConnection.java

```
package com.tutego.insel.net;

import java.io.IOException;
import java.net.*;

public class CloseConnection {
  public static void main( String[] args ) throws Exception {
    new ServerSocket( 12345 );     // Server anmelden

    final Socket socket = new Socket( "localhost", 12345 );

    new Thread( new Runnable() {
      @Override public void run() {
        try {
          System.out.println( "Gleich hängt er!" );
          System.out.println( socket.getInputStream().read() );
          System.out.println( "Hier hängt er!" );
        }
        catch ( IOException e ) {
          System.out.println( "Blockierung gelöst" );
        }
      }
    } ).start();

    Thread.sleep( 2000 );

    socket.close();       // Blockierung auflösen
  }
}
```

Die Ausgabe ist:

```
Gleich hängt er!
Blockierung gelöst
```

13.8 Apache HttpComponents und Commons Net *

Das Java-Netzwerkpaket und insbesondere die Klassen `URLConnection` bzw. `HttpConnection` bieten Basisfunktionalität für den Zugriff auf Internetressourcen. Allerdings fehlen komfortable Methoden, etwa für *Multi-Part Form-Data POST*, also Möglichkeiten zum Hochladen von Dateien. Die müsste jeder selbst implementieren, was Zeit und Nerven kostet.

13.8.1 HttpComponents

Die freie, quelloffene Bibliothek *Apache HttpComponents*(*http://hc.apache.org/*) bietet komfortable Unterstützung für alles Mögliche rund um HTTP-Protokolle, HTTP-Methoden, Authentifizierung, Sicherheit usw. Es gibt drei Bestandteile von HttpComponents:

- *HttpComponents Core*
- *HttpComponents Client*
- *HttpComponents AsyncClient*

Der Client bietet eine API für HTTP-Anfragen mit

- allen HTTP-Methoden (GET, POST, PUT, DELETE, HEAD, OPTIONS, TRACE)
- Verschlüsselung mit HTTPS (HTTP über SSL)
- Verbindungen durch HTTP-Proxies
- getunnelten HTTPS-Verbindungen durch HTTP-Proxies via CONNECT
- Verbindungen mit SOCKS-Proxies (Version 4 und 5)
- Authentifizierung mit BASIC, Digest und NTLM (NT LAN Manager)
- Multi-Part Form POST
- und vielem mehr

HttpComponents Core ist ein Baustein für den Aufbau eigener Client-/Server-Protokolle. Synchrone und asynchrone HTTP-Dienste sind damit möglich. HttpComponents AsyncClient ist eine Bibliothek, die auf *HttpCore* und *HttpClient* basiert und eine Alternative zu HttpClient, die für eine große Anzahl anfragender Clients optimiert ist.

Eine weitere freie, quelloffene Bibliothek ist die *Asynchronous Http and WebSocket Client library for Java* (*http://github.com/AsyncHttpClient/async-http-client*). Sie benutzt einen modernen API-Stil und aktuelle Java-Datentypen und unterstützt WebSockets.

Im Rahmen einer Standardisierung für JSON-Endpunkte wurde ebenfalls eine Client-API entworfen; sie lässt sich auch für allgemeine HTTP-Anfragen nutzen. Kapitel 15, »RESTful und SOAP-Web-Services«, stellt diese API vor.

13.8.2 Apache Commons Net

Die Bibliothek *Apache Commons Net* (*http://commons.apache.org/net/*) implementiert bekannte Internetprotokolle. Sie ist auf einem viel höheren Abstraktionsniveau angesiedelt als der HTTP-Client und unterstützt folgende Protokolle:

- **FTP (File Transfer Protocol)**: Dient der Dateiübertragung von und zu jedem beliebigen Rechner im Internet.
- **TFTP (Trivial File Transfer Protocol)**: einfache Variante von FTP ohne Sicherheitsprüfung

- **NNTP (Network News Transfer Protocol)**: Protokoll zum Versenden und Empfangen von Nachrichten in Diskussionsforen
- **SMTP (Simple Mail Transfer Protocol)**: Standardprotokoll, mit dem E-Mails auf einen Server übertragen werden
- **POP3 (Post Office Protocol, Version 3)**: bisheriges Standardprotokoll, mit dem E-Mails vom Server abgeholt werden
- **Telnet (Terminalemulation)**: Bietet die Möglichkeit, sich in spezielle Rechner einzuloggen.
- **Finger, Whois**: Informations- und Nachschlagedienste, um Informationen über Personen einzuholen

Daneben unterstützt die Bibliothek auch die BSD-R-Kommandos `rexec`, `rcmd/rshell` und `rlogin` sowie `rdate`. Für SMTP und POP3 ist die *JavaMail API* im Allgemeinen besser geeignet.

13.9 Arbeitsweise eines Webservers *

In diesem Abschnitt werden die Grundlagen eines Webservers behandelt. Dazu besprechen wir zunächst das Protokoll HTTP, auf dem das Web basiert.

13.9.1 Das Hypertext Transfer Protocol (HTTP)

HTTP ist ein Protokoll für Hypermedia-Systeme und in RFC 2616 genau beschrieben. HTTP wird seit dem Aufkommen des World Wide Web – Näheres dazu finden Sie unter *http://www.w3.org/* – intensiv genutzt. Das Web basiert auf der Seitenbeschreibungssprache HTML, die 1992 von Tim Berners-Lee entwickelt wurde. Die Entwicklung wurde am CERN vorgenommen, und seit den Prototypen ist die Entwicklung nicht nur im Bereich HTML fortgeschritten, sondern auch im Protokoll. Berners-Lee ist mit seiner Erfindung allerdings nicht reich geworden, da er ohne Patent- oder Copyright-Ansprüche nur ein Werkzeug zur Veröffentlichung wissenschaftlicher Berichte ermöglichen wollte.

HTTP definiert eine Kommunikation zwischen Client und Server. Typischerweise horcht der Server auf Port 80 (oder 8080) auf Anfragen des Clients. Das Protokoll benutzt eine TCP/IP-Socket-Verbindung und ist deutlich textbasiert. Alle HTTP-Anfragen haben ein allgemeines Format:

- **eine Zeile am Anfang**: Dies kann entweder eine Anfrage (also eine Nachricht vom Client) oder eine Antwort vom Server sein.
- **einige Kopfzeilen** (engl. *header*): Informationen über den Client oder Server, zum Beispiel über den Inhalt. Der Header endet immer mit einer Leerzeile.
- **einen Körper** (engl. *body*): Der Inhalt der Nachricht; entweder Benutzerdaten vom Client oder die Antwort vom Server

Dieses Protokoll ist also sehr einfach und auch unabhängig von Datentypen, was es ideal einsetzbar für verteilte Hypermedia-Informationssysteme macht.

13.9.2 Anfragen an den Server

Ist die Verbindung aufgebaut, wird eine Anfrage formuliert, auf welches Objekt (Dokument oder Programm) zugegriffen werden soll. Neben der Anfrage wird auch das Protokoll festgelegt, mit dem übertragen wird. HTTP definiert mehrere Hauptmethoden, von denen drei zu den wichtigsten gehören:

- **GET**: Eine einfache Anfrage nach einer Information. Der Client kann Daten an die URL anhängen und so zum Server schicken.
- **POST**: Die POST-Methode erlaubt es dem Client, Daten über einen Datenstrom zum Server zu schicken.
- **HEAD**: Funktioniert ähnlich wie GET, nur dass nicht das gesamte Dokument verschickt wird, sondern allein Informationen über das Objekt. So sendet diese Methode zum Beispiel innerhalb einer HTML-Seite die innerhalb von `<head>...</head>` befindlichen Informationen.

Eine Beispielanfrage an einen Webserver

Hier sehen Sie ein typisches Beispiel einer GET-Anfrage vom Client an den Standard-Webserver:

```
GET /directory/index.html HTTP/1.1
```

Das erste Wort ist die *Methode des Aufrufs* (auch *Anfrage*, engl. *request*). Neben den drei oben aufgeführten Methoden GET, POST und HEAD gibt es noch weitere. Meist finden diese jedoch nur bei speziellen Anwendungen Verwendung.

Methode	Aufgabe
GET	Liefert eine Datei.
HEAD	Liefert nur Dateiinformationen.
POST	Sendet Daten zum Server.
PUT	Sendet Dateien zum Server.
DELETE	Löscht eine Ressource.

Tabelle 13.1 Die wichtigsten Anfragemethoden von HTTP

Die zweite Angabe bei der Anfrage an den Server ist der Dateipfad. Er ist als relative Pfadangabe zu sehen und folgt hinter der Methode.

URL	Erzeugte Anfrage
www.tutego.com/	GET / HTTP/1.1
www.tutego.com/../index.html	GET /../index.html HTTP/1.1
www.tutego.com/classes/applet.html	GET /classes/applet.html HTTP/1.1

Tabelle 13.2 GET-Anfragen

Die Anfrage endet bei einer Leerzeile (Zeile, die nur ein Carriage-Return (`\r`) und ein Linefeed (`\n`) enthält).

[»]

Beispiel

Wir können das in einer Telnet-Sitzung einfach testen. (Ab Windows 7 muss dieses Tool allerdings erst aktiviert werden.[6]) Starten wir zunächst eine Telnet-Sitzung:

```
$ telnet www.tutego.com 80
```

Anschließend fordern wir mit `GET /javabuch/aufgaben/bond.txt HTTP/1.0` und zwei Returns in der Eingabe eine Datei an.

Nach der Zeile mit der Anfrage können optionale Zeilen gesendet werden. So stellt ein HTTP-Client an den Server beispielsweise die folgende Anfrage:

```
GET / HTTP/1.0
Connection: Keep-Alive
User-Agent: SuperBrowser 2000
Host: merlin
Accept: image/gif, image/x-xbitmap, image/jpeg, image/pjpeg, */*
```

Hier sehen wir, dass durch diese Plauderei leicht Statistiken vom Browser-Einsatz erstellt werden können.

13.9.3 Die Antworten vom Server

Der Server antwortet ebenfalls mit einer Statuszeile, einem Header (mit Informationen über sich selbst) und dem Inhalt. Der Webbrowser muss sich also um eine Antwort des Webservers kümmern. Eine vom Microsoft-Webserver generierte Antwort kann etwa wie folgt aussehen:

```
HTTP/1.0 200 OK
Server: Microsoft-PWS/2.0
Date: Sat, 10 Feb 2002 19:03:45 GMT
Content-Type: text/html
```

6 Beschrieben etwa unter *http://praxistipps.chip.de/telnet-client-unter-windows-7-aktivieren_3601.*

```
Accept-Ranges: bytes
Last-Modified: Sat, 09 May 1998 09:52:22 GMT
Content-Length: 26
Hier kommt die HTML Seite
```

Die Antwort ist wieder durch eine Leerzeile getrennt. Der Header vom HTTP setzt sich aus drei Teilen zusammen: dem *General Header* (dazu gehört etwa `Date`), dem *Response-Header* (dazu gehört `Server`) und dem *Entity-Header* (`Content-Length` und `Content-Type`). Der Client kann zusätzlich einen *Request-Header* belegen.

Jedes Feld im Header besteht aus einem Namen, gefolgt von einem Doppelpunkt. Dann folgt der Wert. Groß- und Kleinschreibung sind für die Feldnamen irrelevant.

Die erste Zeile wird *Statuszeile* genannt und beinhaltet die Version des Protokolls und den Statuscode. Der danach folgende Text ist optional und beschreibt in einer für Menschen lesbaren Form den Statuscode.

Die Version

Die erste Version des Protokolls HTTP (HTTP/0.9) sah nur eine einfache Übertragung von Daten über das Internet vor. HTTP/1.0 war da schon eine Erweiterung, denn die Daten konnten als MIME-Nachrichten verschickt werden. Zudem waren Metadaten (wie die Länge der Botschaft) verfügbar. Da aber HTTP/1.0 Nachteile im Caching aufweist und für jede Datei eine neue Verbindung aufbaut, also keine persistenten Verbindungen unterstützt, wurde das HTTP/1.1 eingeführt.

Der Statuscode

Der *Statuscode* gibt Auskunft über das Ergebnis der Anfrage. Er besteht aus einer Zahl mit drei Ziffern. Der zusätzliche optionale Text ist nur für den Menschen.

Das erste Zeichen des Statuscodes definiert die Antwortklasse (ähnlich wie es der FTP-Server macht). Die nachfolgenden Ziffern sind keiner Kategorie zuzuordnen. Für das erste Zeichen gibt es fünf Klassen:

- **1xx:** informierend
  Die Anfrage ist angekommen, und alles geht weiter.
- **2xx:** erfolgreich
  Die Aktion wurde erfolgreich empfangen, verstanden und akzeptiert.
- **3xx:** Rückfrage
  Um die Anfrage auszuführen, sind noch weitere Angaben nötig.
- **4xx:** Fehler beim Client
  Die Anfrage ist syntaktisch falsch oder kann nicht ausgeführt werden.
- **5xx:** Fehler beim Server
  Der Server kann die wahrscheinlich korrekte Anfrage nicht ausführen.

Gehen wir noch etwas genauer auf die Fehlertypen ein:

Statuscode	Optionaler Text
200	OK
201	Created
202	Accepted
204	No Content
300	Multiple Choices
301	Moved Permanently
302	Moved Temporarily
304	Not Modified
400	Bad Request
401	Unauthorized
403	Forbidden
404	Not Found
500	Internal Server Error
501	Not Implemented
502	Bad Gateway
503	Service Unavailable

Tabelle 13.3 Einige Statuscodes bei Antworten des HTTP-Servers

Am häufigsten handelt es sich bei den Rückgabewerten um:

- **200** OK: Die Anfrage vom Client war korrekt, und die Antwort des Servers stellt die gewünschte Information bereit.
- **404** Not Found: Das referenzierte Dokument kann nicht gefunden werden.
- **500** Internal Server Error: Meistens durch schlechte CGI-Programme hervorgerufen.

Der Text in der Tabelle kann vom Statuscode abweichen.

General Header Fields

Zu jeder übermittelten Nachricht (nicht Entity) gibt es abfragbare Felder. Diese gelten sowohl für den Client als auch für den Server. Zu ihnen gehören: Cache-Control, Connection, Date, Pragma, Transfer-Encoding, Upgrade und Via. Zu den Header-Informationen gehört auch die Uhrzeit des abgesendeten Pakets. Das Datum kann in drei verschiedenen Formaten gesendet werden, wobei das erste Format zum Internet-Standard gehört und dementsprechend wünschenswert ist. Es hat gegenüber dem zweiten Format den Vorteil, dass es eine feste Länge besitzt und das Jahr mit vier Ziffern darstellt:

```
Sun, 06 Nov 1994 08:49:37 GMT    ; RFC 822, update in RFC 1123
Sunday, 06-Nov-94 08:49:37 GMT   ; RFC 850, obsolet seit RFC 1036
Sun Nov  6 08:49:37 1994         ; ANSI C asctime() Format
```

Ein HTTP/1.1-Client, der die Datumswerte ausliest, muss also drei Datumsformate akzeptieren.

Felder im Response-Header

Der Response-Header erlaubt dem Server, zusätzliche Informationen zu übermitteln, die nicht in der Statuszeile kodiert sind. Die Felder geben Auskunft über den Server. Folgende Felder sind möglich: `Age`, `Location`, `Proxy-Authenticate`, `Public`, `Retry-After`, `Server`, `Vary`, `Warning` und `WWW-Authenticate`.

Entity Header Fields

Eine Entity ist eine Information, die aufgrund einer Anfrage gesendet wird. Die Entity besteht aus einer *Meta-Information* (Entity-Header) und der Nachricht selbst (überliefert im Entity-Body). Die in einem der Entity-Header-Felder übermittelten Meta-Informationen sind etwa Informationen über die Länge des Blocks oder über die letzte Änderung der Länge. Ist kein Entity-Body definiert, liefern die Felder Informationen über die Ressourcen, ohne sie wirklich im Entity-Body zu senden: `Allow`, `Content-Base`, `Content-Encoding`, `Content-Language`, `Content-Length`, `Content-Location`, `Content-MD5`, `Content-Range`, `Content-Type`, `ETag`, `Expires` und `Last-Modified`.

Der Dateiinhalt und der Content-Type

HTTP nutzt die *Internet-Media-Types* (verwandt mit den MIME-Types) im Content-Type. Dieser Content-Type gibt den Datentyp des übermittelten Datenstroms an. Einige Beispiele mit Referenzen:

Typ	Untertyp	Beschreibung
text	plain	ASCII-Text (RFC 1521)
	html	Hyper-Text Markup Language (RFC 1866)

Tabelle 13.4 Content-Types

Typ	Untertyp	Beschreibung
multipart	mixed	mehrteilige Inhalte (RFC 1521)
	form-data	Formulardaten aus HTML (RFC 1867)
application	octet-stream	allgemeine Binärdaten (RFC 1521)
	postscript	PostScript von Adobe (RFC 1521)
	rtf	Rich Text Format
	pdf	PDF von Adobe
	vnd.ms-excel	Microsoft Excel
	vnd.ms-powerpoint	Microsoft PowerPoint

Tabelle 13.4 Content-Types (Forts.)

Jede über HTTP/1.1 übermittelte Nachricht mit einem Entity-Body sollte einen Header mit Content-Type enthalten. Ist dieser Typ nicht gegeben, versucht der Client anhand der URL-Endung oder durch Betrachtung des Datenstroms herauszufinden, um welchen Typ es sich handelt. Bleibt dies jedoch unklar, wird ihm der Typ »application/octet-stream« zugewiesen. Content-Types werden gern benutzt, um Daten zu komprimieren. Diese verlieren dadurch nicht ihre Identität. In diesem Fall ist das Feld »Content-Encoding« im Entity-Header gesetzt, und bei einem GNU-ZIP-Packverfahren (gzip) ist dann folgende Zeile im Datenstrom mit dabei:

```
Content-Encoding: gzip
```

Nach den Headern folgt als Antwort die Datei. Nachdem diese übertragen worden ist, wird die Socket-Verbindung geschlossen. Da jedes Anfrage-Antwort-Paar in eine Socket-Verbindung mündet, ist dieses Verfahren nicht besonders schnell und schont auch nicht das Netzwerk, da viele Pakete verschickt werden müssen, die sich um den Aufbau der Leitung kümmern.

13.9.4 Webserver mit com.sun.net.httpserver.HttpServer

Java bietet seit der Version 6 eine API, um Web-Services anzusprechen und auch neue Web-Services zu definieren und am eigenen Rechner anzumelden. Doch um Web-Services anbieten und entfernten Clients Zugriff gewähren zu können, ist immer ein Webserver nötig. Aus diesem Grund hat Sun einen einfachen HTTP(S)-Server integriert, der sich auch eigenständig nutzen lässt; die Klassen sind zwar mehr oder weniger privat im Paket `com.sun.net.httpserver` deklariert, dennoch wollen wir ein Beispiel wagen.[7]

7 Bei der normalen API-Dokumentation taucht die Klasse nicht auf. Im ZIP mit der Dokumentation ist die Klasse jedoch bei *docs\jre\api\net\httpserver\spec* beschrieben.

Im Mittelpunkt steht die Klasse HttpServer/HttpsServer – eine abstrakte Oberklasse, von der die Fabrikmethoden create() und create(InetSocketAddress, int) ein konkretes Exemplar liefern. Im nächsten Schritt verbindet die Methode createContext(…) einen Pfad (wie etwa »/webapp1/«) mit einem bestimmten HttpHandler, der die Anfrage an den Pfad übernimmt:

Listing 13.19 com/tutego/insel/httpserver/HttpServerDemo.java

```
public class HttpServerDemo {
  public static void main( String[] args ) throws IOException {
    HttpServer server = HttpServer.create( new InetSocketAddress( 80 ), 0 );
    server.createContext( "/", new DateHandler() );
    server.start();
  }
}
```

Jeder Handler implementiert die Schnittstelle HttpHandler mit der Methode handle(HttpExchange), die über den Parameter HttpExchange Zugriff auf Header, Anfragekörper und Ergebnis ermöglicht.

Ein einfacher HttpHandler, der Anfragen mit einer HTML-Seite beantwortet, die das Datum und den Anfragepfad enthält, kann so aussehen:

Listing 13.20 com/tutego/insel/httpserver/HttpServerDemo.java, DateHandler

```
class DateHandler implements HttpHandler {
  @Override public void handle( HttpExchange httpExchange ) throws IOException {
    httpExchange.getResponseHeaders().add( "Content-type", "text/html" );
    String response = "<b>" + new Date() + "</b> for " +
                      httpExchange.getRequestURI();
    httpExchange.sendResponseHeaders( 200, response.length() );

    try ( OutputStream os = httpExchange.getResponseBody() ) {
      os.write( response.getBytes() );
    }
  }
}
```

Die Methode getResponseHeaders() liefert ein Headers-Objekt (eine Map<String,List<String>>) zum Setzen der Response-Header. Das Beispiel setzt den Content-Type auf »text/html«. Die Methode sendResponseHeaders(…) schließt die Header-Angaben mit einem Statuscode (Response-Code) und der Content-Länge ab. getRequestURI() gibt den Pfad zurück und ermöglicht uns das Zerlegen der Elemente nach Verzeichnis, Datei, Dateiendung, Ankern und Parametern.

HttpExchange liefert mit getResponseBody() einen OutputStream, der das Ergebnisdokument formuliert. Die Methode getRequestBody() liefert einen InputStream für das, was der Client sendet. Das Beispiel schreibt die Bytes vom String in den OutputStream und schließt ihn anschließend.

Nach dem Start des Servers können wir im Webbrowser URLs wie *http://localhost/* oder *http://localhost/webapp/bla* eingeben, und wir erhalten das Datum und die Pfadangabe.

13.10 Verbindungen durch einen Proxy-Server *

In vielen größeren Unternehmen bekommt ein einzelner Client keinen direkten Zugriff auf das Internet. Vielmehr laufen die Verbindungen über eine Zwischenstelle, die Proxy genannt wird. Dieser Proxy cacht zum Beispiel Webseiten und erhöht damit die Performance. Gleichzeitig ist ein Proxy Teil einer wichtigen unternehmensweiten Sicherheitsstrategie. Seiten können geloggt und ausgefiltert werden – welcher Chef möchte schon, dass seine Mitarbeiter laufend Firmenkugelschreiber auf eBay verticken?

13.10.1 System-Properties

Java nutzt zur Festlegung der Proxy-Eigenschaften zwei bzw. drei System-Properties, die unter *http://tutego.de/go/netproperties* genauer beschrieben sind:

- `http.proxyHost`: Adresse des Rechners, der als Proxy dient
- `http.proxyPort`: Port des Proxy-Rechners

Um nun in Applikationen einen Proxy einzusetzen, sind die Eigenschaften zu setzen; eine Möglichkeit besteht über die Kommandozeile mit `-D`, eine andere über `System.setProperty(String, String)`:

```
System.setProperty( "proxySet", "true" );
System.setProperty( "proxyHost", "myProxyHost" );
System.setProperty( "proxyPort", "myProxyPort" );
```

Für Applets sind diese Eigenschaften automatisch über die Browser-Einstellungen gesetzt.

Wenn der Proxy eine Autorisierung erfordert – das ist häufig dann der Fall, wenn der Client einen Fehler mit 407 (*authentication required*) bekommt –, müssen ihm ein Benutzername und ein Passwort übermittelt werden. Hier gibt es bedauerlicherweise eine ganze Reihe unterschiedlicher Lösungen, die von den Java-Versionen abhängen. Funktionieren sollte im Allgemeinen:

```
System.setProperty( "http.proxyUser",     "myProxyUser" );
System.setProperty( "http.proxyPassword", "myProxyPasswort" );
```

Soll ein sicherer Webserver über eine Proxy-Verbindung kontaktiert werden, lassen sich mit installierter *Java Secure Socket Extension* (JSSE) `https.ProxyHost` und `https.ProxyPort` passend setzen.

Im Fall von SOCKS sind die Eigenschaften `socksProxyHost` für den Server und `socksProxyPort` für den Port zu setzen. Letzterer steht standardmäßig auf 1080.

13.10.2 Verbindungen durch die Proxy-API

Die Einstellungen mit `System.setProperty(String, String)` sind global und nicht flexibel genug, um verschiedene URLs mit verschiedenen Proxy-Servern anzusprechen. Daher hat Sun eine Proxy-API entworfen, mit der zwei Dinge möglich sind:

- `Proxy`-Objekte repräsentieren einen Proxy-Server und lassen sich später beim Aufbau von Verbindungen angeben. Die Verbindungen laufen anschließend über den Proxy-Server.
- Aufzählungen aller Proxy-Server, die einen bestimmten URI behandeln

Ein Proxy-Objekt aufbauen

Ein `Proxy`-Objekt lässt sich über einen parametrisierten Konstruktor aufbauen. Etwa so:

```
SocketAddress addr = new InetSocketAddress( "proxy.myserver.com", 8080 );
Proxy proxy = new Proxy( Proxy.Type.HTTP, addr );
```

Der erste Parameter steht für den Proxy-Typ. Drei Konstanten sind deklariert:

- `DIRECT`: kein Proxy, sondern direkte Verbindung
- `HTTP`: Proxy mit HTTP-Protokoll
- `SOCKS`: SOCKS v4 bzw. v5 Proxy

Verbindungen über Proxy-Server aufbauen

Die `Proxy`-Objekte sind dann anzugeben, wenn Verbindungen aufgebaut werden, etwa bei `URLConnection`:

```
URL url = new URL( "http://tutego.de/" );
URConnection conn = url.openConnection( proxy );
```

oder bei `Socket`:

```
Socket socket = new Socket( proxy );
```

Proxy-Server für URI ermitteln

Welche Proxy-Server einen bestimmten URI behandeln, ermittelt der `ProxySelector`. Er liefert für einen `URI` mit `select(URI)` eine Liste von `Proxy`-Objekten:

Listing 13.21 com/tutego/insel/net/ListAllProxies.java, main()

```
List<Proxy> proxies = ProxySelector.getDefault().select( new URI( "http://tutego.de/" ) );
for ( Proxy proxy : proxies ) {
  System.out.println( "Proxy Typ: " + proxy.type() );

  InetSocketAddress addr = (InetSocketAddress) proxy.address();
```

```
  if ( addr == null )
    System.out.println( "Kein Proxy" );
  else
    System.out.printf( "Proxy Hostname %s und Port %s.",
                       addr.getHostName(), addr.getPort() );
}
```

Auch Unterklassen von `ProxySelector` sind möglich. Damit lässt sich erreichen, dass je nach Kriterium ein eigener Proxy-Server zurückgegeben wird. Die eigene Klasse muss dazu die `select(URI)`-Methode realisieren.

13.11 Datagram-Sockets *

Neben den Stream-Sockets gibt es im `java.net`-Paket eine weitere Klasse, die auch den verbindungslosen Pakettransport erlaubt. Dabei handelt es sich um die Klasse `DatagramSocket`. Datagram-Sockets basieren auf dem *User Datagram Protocol* (UDP). Dieses ist auf dem Internetprotokoll aufgesetzt und erlaubt eine ungesicherte Übertragung – da es auf der Transportschicht des OSI-Modells (Schicht 4) angeordnet ist. Auch UDP erlaubt es einer Applikation, einen Service über einen Port zu kontaktieren. Genau wie TCP nutzt auch UDP verschiedene Port-Nummern, sodass mehrere Server unter unterschiedlichen Ports ihre Dienste anbieten können. Wichtig ist, dass UDP-Ports völlig eigenständig sind und mit TCP-Ports nichts gemeinsam haben. So kann ein Server-Socket für TCP am Port 4711 horchen und ein Datagram-Socket ebenso, doch lässt sich für ein Programm nicht unbedingt jeder Port nutzen, da etwa das Unix-Betriebssystem einige Ports reserviert bzw. wir nicht unter die 1024-Grenze kommen. Wir werden später ein Programm kennenlernen, das freie Ports überprüft.

Die Datagram-Sockets benötigen im Gegensatz zu den Stream-Sockets keine feste Verbindung zum Server; jedes Datagramm wird einzeln verschickt und kann folglich auf unterschiedlichen Wegen und in verschiedener Reihenfolge am Client ankommen. So ist der Ausdruck »verbindungslos« zu verstehen. Die Datagramme sind von den anderen völlig unabhängig. Ist die Ordnung der Pakete relevant, muss über ein Zeitfeld die richtige Reihenfolge rekonstruiert werden.

Datagram-Sockets und Stream-Sockets im Vergleich

Stream-Sockets nutzen eine TCP/IP-Verbindung und die Fähigkeit, Daten in der richtigen Reihenfolge zu sortieren. Arbeiten wir also mit Stream-Sockets oder auch mit der URL-Klasse, so müssen wir uns um den Transport nicht kümmern. Wir werden also bei der Benutzung von Stream-Sockets von den unteren Netzwerkschichten getrennt, die die richtige Reihenfolge der Pakete garantieren. Datagram-Sockets nutzen ein anderes Protokoll, das UDP-Protokoll. Dabei wird nur ein einzelner Chunk – durch die Klasse `DatagramPacket` repräsentiert – übertragen, dessen Größe wir fast frei bestimmen können. Da jedoch UDP wie TCP das IP-Protokoll nutzt, ist die Größe eines Datagramms durch das Internetprotokoll beschränkt und beträgt maximal

65.535 Byte (64 KiB – 1). Davon werden allerdings einige Bytes für den Header benötigt, für Daten wie Sender- und Empfängeradresse und Port-Nummer. Eine Checksumme wie CRC ist nicht nötig. Ziehen wir die Bytes für den Header ab, beträgt der nutzbare Bereich 65.507 Byte. Mehr Daten können wir mit einer Übertragung nicht senden. Es ist somit unsere Aufgabe, größere Pakete zu zerteilen.

TCP würde diese Pakete dann wieder richtig zusammensetzen, doch UDP leistet dies nicht. Deswegen garantiert UDP auch nicht, dass die Reihenfolge der Pakete richtig ist. Da UDP nicht mit verlorenen Paketen umgehen kann, ist nicht gewährleistet, dass alle Daten übertragen werden. Die Anwendung muss sich also selbst darum kümmern. Das hört sich jetzt alles mehr nach einem Nachteil als nach einem Vorteil an. Warum werden dann überhaupt Datagram-Sockets verwendet? Die Antwort ist einfach: Datagram-Sockets können schneller sein. Da die Verbindung nicht verbindungsorientiert ist wie TCP/IP, lassen sich der Aufwand für die korrekte Reihenfolge und weitere Leistungen sparen. Verbindungslose Protokolle wie eben UDP bauen keine Verbindung zum Empfänger auf und senden dann die Daten, sondern sie senden einfach die Daten und lassen sie von den Zwischenstationen verteilen. UDP profitiert also davon, dass die Bestätigung der Antwort und die erlaubte Möglichkeit des Sendens nicht vereinbart werden. UDP sendet seine Pakete demnach einfach in den Raum, und es ist egal, ob sie ankommen oder nicht. Bei Diensten mit *Quality of Service* (QoS) könnte der Router aber TCP-Pakete bevorzugen und bei drohendem Vermittlungseinbruch UDP-Pakete verwerfen.

Da allerdings Pakete verloren gehen können, würden wir Datagram-Sockets nicht für große Daten verwenden. Für kleine, häufiger übermittelte Daten eignet sich das Protokoll besser. Nehmen wir einmal an, ein Server sendet Börsendaten für die Interessenten. Dafür ist das UDP-Protokoll gut geeignet, denn die anfragenden Clients können auf ein Datenpaket vermutlich verzichten. Wir können davon ausgehen, dass der Server in regelmäßigen Abständen neue Pakete sendet. Hier geht also Geschwindigkeit vor Sicherheit. Bei einer Audio-Übertragung ist es beispielsweise besser, wenn das Paket verschwindet, als wenn das Paket erst zwei Minuten später ankommt und dann abgespielt wird. Das bedeutet, UDP kann überall dort eingesetzt werden, wo eine Empfangsbestätigung nicht relevant ist. Erhält ein Client innerhalb einer gewissen Zeit keine Antwort, so stellt er seine Anfrage einfach erneut. Wichtige Applikationen, die UDP nutzen, sind das *Domain Name System* (DNS), TFTP (*Trivial File Transfer Protocol*) und auch Suns *Network File System* (NFS). NFS ist so ausgelegt, dass verloren gegangene Pakete wiederbesorgt werden.

Welche Klasse für welche Übertragung?

Im Gegensatz zu TCP-Verbindungen gibt es bei UDP-Verbindungen kein Objekt wie `Socket` oder `ServerSocket` für Client und Server. Das liegt daran, dass in UDP kein Konzept wie virtuelle Verbindungen existiert und die Adresse nicht im Socket gespeichert ist, sondern im Paket selbst. Die Dateneinheiten sind Datagramme, und nach einer Kommunikation wissen die Partner schon nichts mehr voneinander. Bei UDP verwenden beide die Klasse `DatagramSocket`, die für eine eingehende und auch ausgehende Verbindung steht.

Klasse	Protokoll	Verbindungstyp	Richtung
`Socket`	TCP	verbindungsorientiert, korrekte Reihenfolge	ausgehend
`ServerSocket`	TCP	verbindungsorientiert, korrekte Reihenfolge	hereinkommend
`DatagramSocket`	UDP	verbindungslos, Datagramme, beliebige Reihenfolge	ausgehend und hereinkommend

Tabelle 13.5 Welche Klasse für welchen Verbindungstyp

13.11.1 Die Klasse DatagramSocket

Damit wir später einmal ein Paket (durch die Klasse `DatagramPacket` repräsentiert) senden können, erzeugen wir zunächst ein `DatagramSocket`-Objekt. Dieses Objekt steht für einen Kommunikationspunkt auf unserer Rechnerseite. Im Konstruktor wird hier noch nicht die IP-Adresse des Empfängers eingegeben. Dies geschieht später durch `DatagramPacket`, da diese Informationen nur im Paket kodiert sind.

```
class java.net.DatagramSocket
implements Closeable
```

- `DatagramSocket() throws SocketException`
- `DatagramSocket(int port) throws SocketException`
- `DatagramSocket(int port, InetAddress laddr) throws SocketException`
- `DatagramSocket(SocketAddress bindaddr) throws SocketException`

Der Unterschied in den Konstruktoren liegt darin, an welche Ports und Server die `DatagramSocket`-Objekte gebunden sind. Für den Client ist dies nicht so interessant, da er häufig als Absender einen beliebigen Port nutzen kann. Läuft ein Paket zum Server, kann dieser immer anhand der gespeicherten Adresse eine Rückantwort schicken. Wir werden das auch an den Beispielen sehen, in denen wir erst ein leeres Paket als Anfrage schicken und dann den Server über uns informieren. Einen beliebigen Port nimmt der erste Konstruktor, da dieser bedeutet, dass jeder Port zur Kommunikation in Richtung Server verwendet werden kann. Nur ein Client muss wissen, auf welchem Port ein Server seinen Dienst bereitstellt. Die Port-Adresse auf der Client-Seite festzusetzen, ist nur dann wichtig, wenn hinter einer Firewall operiert wird.

13.11.2 Datagramme und die Klasse DatagramPacket

Zum Senden und Empfangen wird in beiden Fällen die Klasse `DatagramPacket` benutzt. Hier sind zwei Fälle zu unterscheiden, die verschiedene Konstruktoren implementieren.

Ein Paket zum Empfang vorbereiten

Wenn wir Daten empfangen, müssen wir nur ein DatagramPacket-Objekt anlegen und den Speicherplatz angeben, an dem die Daten abgelegt werden sollen. Das Feld ist so etwas wie ein Platzhalter. Die folgenden Zeilen reichen für einen Server, der am Port des Duftes 4711 horcht:

```
byte[] data = new byte[ 1024 ];
try ( DatagramSocket socket = new DatagramSocket( 4711 ) ) {
  DatagramPacket packet = new DatagramPacket( data, data.length );
  socket.receive( packet );
}
```

13.11.3 Auf ein hereinkommendes Paket warten

Wenn wir was empfangen wollen, müssen wir warten, bis ein Paket eintrifft. Das geschieht mit der DatagramSocket-Methode receive(DatagramPacket). Die Methode ist vergleichbar mit der accept()-Methode der Klasse ServerSocket, nur dass accept() ein Socket-Objekt zurückgibt und receive(…) die Daten in dem als Argument übergebenen DatagramPacket ablegt. Mit den Methoden getPort() und getAddress() können wir herausfinden, woher das Paket stammt, wer also der Sender war. Mit getData() bekommen wir die Daten als Byte-Feld, und getLength() liefert die Länge. Ist das empfangene Paket größer als unser Puffer, wird das Feld nur bis zur maximalen Größe gefüllt.

Das folgende Programm implementiert einen horchenden Server, der noch nicht auf Pakete antwortet. Es empfängt still und gibt die Informationen über das empfangene Paket aus:

Listing 13.22 com/tutego/insel/net/udp/UDPServer.java

```
package com.tutego.insel.net.udp;

import java.io.IOException;
import java.net.*;

public class UDPServer {
  public static void main( String[] args ) throws IOException {
    try ( DatagramSocket socket = new DatagramSocket( 4711 ) ) {
      while ( true ) {
        // Auf Anfrage warten
        DatagramPacket packet = new DatagramPacket( new byte[1024], 1024 );
        socket.receive( packet );

        // Empfänger auslesen
        InetAddress address = packet.getAddress();
        int         port    = packet.getPort();
        int         len     = packet.getLength();
        byte[]      data    = packet.getData();
```

```
        System.out.printf( "Anfrage von %s vom Port %d mit der Länge %d:%n%s%n",
                           address, port, len, new String( data, 0, len ) );
      }
    }
  }
}
```

13.11.4 Ein Paket zum Senden vorbereiten

Wenn wir ein Paket senden wollen, müssen wir einem `DatagramPacket` auch noch mitteilen, wohin die Reise geht. Das heißt, der Port und die IP-Adresse des entfernten Rechners sind anzugeben. Der Empfänger wird durch ein `InetAddress`-Objekt repräsentiert, der Konstruktor ist leider nicht mit einem String-Objekt überladen, was sicherlich nützlich wäre. Es gibt aber einen speziellen Konstruktor, der die Inet-Adresse und den Port direkt entgegennimmt.

Folgende Zeilen erzeugen ein `DatagramPacket`-Objekt mit einem Byte-Feld für den Empfänger und senden es gleich:

```
InetAddress ia;
ia = InetAddress.getByName( "www.reich-und-schoen-waere.toll" );
int port = 4711;
String s = "Wer andere links liegen lässt, steht rechts.";
byte[] data = s.getBytes();
packet = new DatagramPacket( data, data.length, ia, port );
try ( DatagramSocket toSocket = new DatagramSocket() ) {
  toSocket.send( packet );
}
```

Zusätzlich zum Byte-Feld geben wir die Anzahl der Bytes an, die gesendet werden sollen. Dies erinnert an C-Stil und ist eigentlich unnötig, weil in Java das Byte-Feld in der Länge abgefragt werden kann und hier fast immer `data.length` passt. Doch so sind wir etwas flexibler. Wenn wir Strings übermitteln, was häufig vorkommt, bietet sich `getBytes(…)` zur Umwandlung an. Eine andere Möglichkeit, eine Zeichenkette in ein Byte-Feld umzuwandeln (ohne besondere Berücksichtigung der Kodierung), ist folgende:

```
String s = "Gebt einem Brandstifter nie euren Zündschlüssel."
byte[] data = new byte [ s.length() ];
s.getBytes( 0, data.length, data, 0 );
```

13.11.5 Methoden der Klasse DatagramPacket

Das `DatagramPacket` ist auch nachträglich veränderbar und kann mit Methoden angepasst und auch ausgelesen werden. Das folgende Programm zeigt ein zu sendendes Paket, und wir können die abgelegten Informationen wieder auslesen.

Listing 13.23 com/tutego/insel/net/udp/DatagramPacketEntries.java

```
package com.tutego.insel.net.udp;

import java.net.*;
import java.util.*;

public class DatagramPacketEntries {
  public static void main( String[] args ) throws Exception {
    byte[] data = new Date().toString().getBytes();

    InetAddress ia   = InetAddress.getByName( "localhost" );
    int         port = 7;

    DatagramPacket p = new DatagramPacket( data, data.length, ia, port );

    System.out.printf( "Paket adressiert an %s an Port %d mit %d Byte:%n%s%n",
                       p.getAddress(), p.getPort(), p.getLength(),
                       new String(p.getData()) );
  }
}
```



```
class java.net.DatagramSocket
implements Closeable
```

- `InetAddress getAddress()`
  Hier müssen wir unterscheiden, ob das Paket hereinkommend oder ausgehend ist. Für ein hereinkommendes `DatagramPacket` liefert die Methode die Adresse, von der das Paket kam. Für ein ausgehendes Paket liefert `getAddress()` die Adresse, an die das Paket geht.
- `public int getPort()`
  Liefert für ein hereinkommendes Paket die Port-Nummer vom Sender. Für ein ausgehendes Paket liefert `getPort()` den Port, an den das Datagramm geht.

13.11.6 Das Paket senden

Dem Senden eines `DatagramPacket` dient die `DatagramSocket`-Methode `send(DatagramPacket)`. Sie schickt das Datagramm an die im `DatagramPacket` enthaltene Port-Nummer und -Adresse. Im oberen Beispiel hatten wir diese Informationen einmal ausgelesen. Die Reihenfolge für Sendevorgänge ist also immer die gleiche: Erst ein Datagram-Socket mit einem Standard-Konstruktor aufbauen, dann das `DatagramPacket`-Objekt mit dem Port und der Inet-Adresse des Empfängers erzeugen, und dann schickt `send(…)` das Paket auf die Reise.

Wir sehen im folgenden Beispiel einen Client, der sich mit einem Server verbindet und einfach die Uhrzeit abschickt. Dies dient der Vorbereitung auf einen eigenen UDP-Zeit-Server:

Listing 13.24 com/tutego/insel/net/udp/UDPClient.java

```
package com.tutego.insel.net.udp;

import java.io.IOException;
import java.net.*;
import java.util.*;

class UDPClient {
  public static void main( String[] args ) throws IOException,
                InterruptedException {
    InetAddress ia = InetAddress.getByName( "localhost" );

    while ( true ) {
      byte[] raw = new Date().toString().getBytes();

      DatagramPacket packet = new DatagramPacket( raw, raw.length, ia, 4711 );
      try ( DatagramSocket dSocket = new DatagramSocket() ) {
        dSocket.send( packet );
        System.out.println( "Weg is' es" );
      }
      Thread.sleep( 1000 );
    }
  }
}
```

Broadcast

Ein Client kann ein UPD-Paket im lokalen Netzwerk rundsenden (*broadcast*). Dazu ist als Ziel die besondere IP-Adresse 255.255.255.255 anzugeben. Alle Server im Netz, die empfangsbereit sind, bekommen die Nachricht. Das sieht im Prinzip so aus:

```
InetAddress inetAddress = InetAddress.getByName( "255.255.255.255" );
DatagramPacket packet = new DatagramPacket( bytes, length, inetAddress, port );
try ( DatagramSocket socket = new DatagramSocket() ) {
  socket.setBroadcast( true );
  socket.send( packet );
}
```

Router sperren oft Pakete dieser Art, daher muss der Netzwerkverwalter mitunter gewisse Vorbereitungen treffen.

13.12 E-Mail *

E-Mail ist heute ein wichtiger Teil der modernen Kommunikation. Die Vorteile bei der Technik sind vielfältig: Das Medium ist schnell, die Nachrichtenübertragung erfolgt asynchron, und die Informationen können direkt weiterverarbeitet werden – ein Vorteil, der bei herkömmlichen Briefen nicht gegeben ist.

13.12.1 Wie eine Elektropost um die Welt geht

In einem E-Mail-System kommen mehrere Komponenten vor, die kurz benannt werden sollen:

- **User**: der Benutzer des Mail-Systems, der Nachrichten verschickt oder empfängt
- **Mail User Agent** (MUA): die Schnittstelle zwischen dem Benutzer und dem Mail-System
- **Message Store** (MS): Dient dem *Mail User Agent* zum Ablegen der Nachrichten.
- **Message Transfer Agent** (MTA): Diese Komponente des *Message Transfer Systems* ist für die eigentliche Nachrichtenübermittlung verantwortlich.
- **Message Transfer System** (MTS): die Gesamtheit der *Message Transfer Agents* und ihrer Verbindungen

Die Nachrichtenübermittlung läuft also über diese Komponenten, wobei der Benutzer über seinen *Mail User Agent* (MUA) die Nachricht erstellt. Anschließend wird diese Nachricht vom MUA an den *Message Transfer Agent* (MTA) übergeben. Nun ist es Aufgabe dieser Agenten, die Botschaft entweder direkt (der Empfänger ist im gleichen Netzwerk wie der Sender) oder über *store and forward* zu übermitteln. Danach ist der Sender aus dem Spiel, und der Empfänger nimmt die E-Mail entgegen. Der Abrufer holt sie mit dem MUA vom Ziel-MTA.

13.12.2 Das Simple Mail Transfer Protocol und RFC 822

Für die Übertragung von E-Mail hat sich auf breiter Basis das *Simple Mail Transfer Protocol* (kurz SMTP) etabliert. X.400 war durch die Standardisierung zwar auf einem guten Weg, ist aber dann stecken geblieben. SMTP ist ein Versende-Protokoll, das in RFC 2821 beschrieben ist. Zusammen mit dem RFC 822 (*Standard for the Format of ARPA Internet Text Messages*), das den Austausch textbasierter Nachrichten im Internet beschreibt, bildet es das Gerüst des Mail-Systems. Über RFC 822 wird nur der Aufbau der Nachrichten beschrieben – es ist kein Protokoll –, und in RFC 2821 wird das Protokoll zum Verschicken und Übertragen der Nachrichten von einem Rechner zum anderen beschrieben. Beide Systeme sind schon recht alt, das Simple Mail Transfer Protocol stammt ebenso wie der Standard für die ARPA-Internettextnachrichten aus dem Jahre 1982. Was früher noch durchging, wird heute immer mehr zum Hindernis, da die (böse) kommerzielle Welt ganz andere Weichen stellt.

Multipurpose Internet Mail Extensions (MIME)

In den Anfängen des Internets bestand eine E-Mail meistens aus lesbaren englischen Textnachrichten. Wenn denn einmal binäre Dateien verschickt werden sollten, musste der Benutzer sie unter Unix mit einem UUencode in 7-Bit-ASCII umwandeln, um sie anschließend zu verschicken. Der Standard des RFC 822 kann viele der heute anzutreffenden Daten nicht kodieren:

- Binärdaten (zum Beispiel Audiodaten, Bilder, Video, Datenbanken)
- Nachrichten in Sprachen mit Umlauten und Akzenten (Deutsch, Französisch)
- Nachrichten in nichtlateinischen Schriften (Hebräisch, Russisch) oder sogar Sprachen ohne klassisches Alphabet (Chinesisch, Japanisch)

Um Abhilfe zu schaffen, wurde MIME in RFC 1341 und RFC 1521 vorgeschlagen. Um ASCII-fremde Nachrichten zu kodieren, werden fünf Nachrichten-Header definiert und die Binärdateien nach *Base64-Encoding* umgesetzt. Für Nachrichten, die fast nur aus ASCII-Zeichen bestehen, wäre dies aber zu großer Overhead, sodass *Quoted Printing Encoding* eingesetzt wird. Dies definiert lediglich alle Zeichen über 127 durch zwei hexadezimale Zeichen. Dieses Kodierungsverfahren entdecken wir oft in URLs, die von Formularen erzeugt werden, etwa *http://www.google.de/search?q=r%FCssel.*

13.12.3 POP (Post Office Protocol)

Die Idee eines E-Mail-Programms ist einfach: Zunächst muss eine Verbindung zum richtigen E-Mail-Server stehen, und anschließend lässt sich die Kommunikation mit einigen Kommandos regeln. Mit dieser Technik ist es dann möglich, eine E-Mail zu empfangen und zu senden. Nun besteht das E-Mail-System aber aus zwei Teilen: zum einen aus dem Empfänger und zum anderen aus dem Sender. Die empfangende Seite setzt auf das POP3-Protokoll, die sendende auf SMTP. Der POP3-Server sitzt auf der Empfängerseite und stellt die Infrastruktur bereit, damit die E-Mail eingesehen werden kann. Beide Systeme arbeiten also Hand in Hand. Wird mittels SMTP-Server eine E-Mail versendet, so kann sie durch den POP3-Server abgerufen werden. Alternativ lässt sich für beide Seiten auch das IMAP-Protokoll einsetzen.

13.12.4 Die JavaMail API

Nachdem wir alles eher theoretisch betrachtet haben, wollen wir eine E-Mail-Utility-Klasse `MailUtils` entwickeln, um E-Mails abzurufen, zu verschicken und auch E-Mails mit Anhang zu versenden. Die Beispiele nutzen die *JavaMail API*, eine standardisierte API zur Kommunikation mit dem Mail-Server. Von der JavaMail API gibt es unterschiedliche Implementierungen, und wer im Java EE-Umfeld unterwegs ist, muss sich um eine Implementierung der API auch nicht kümmern, denn *JavaMail* ist Teil vom Java EE-Standard und somit Teil jedes Java EE-Applikationsservers. Als Entwickler von Java SE-Anwendungen müssen wir uns um eine Implementierung bemühen und können zur Referenzimplementierung von Oracle greifen, die mittlerweile auch quelloffen ist; die Webseite ist *http://javamail.java.net/*.

Auf der Webseite ist ein JAR-Archiv *javax.mail.jar* referenziert, das wir im Klassenpfad aufnehmen. JavaMail greift intern auf das *JavaBeans Activation Framework* zu, das seit Java 6 Teil vom JDK ist; wer noch eine alte Java-Version nutzt, muss es ebenfalls in den Klassenpfad nehmen.

Session, die Verbindung

Um eine E-Mail mit *JavaMail* zu verwenden, sind nicht viele Klassen zu verstehen: `Session` steht für eine Verbindung mit dem Mail-Server, dann unterscheidet es sich je nach Sender und Empfänger. Gemeinsam ist beiden Teilen, dass die Verbindung je nach Provider unterschiedlich konfiguriert werden muss. Dazu stellt die `Session`-Klasse eine `getInstance(…)`-Methode bereit, der ein `Properties`-Objekt mit Informationen über Host, Benutzername usw. übergeben werden kann. Eine andere Variante ist, über das `connect(…)` der Typen `Store` (Nachrichtenspeicher) und `Transport` (Sender) die Verbindungsdaten mitzugeben. Die Schlüssel für das `Properties`-Objekt sind standardisiert und unter *http://docs.oracle.com/javaee/7/api/javax/mail/package-summary.html* dokumentiert.

Für unser Beispiel soll auf Google Mail zugegriffen werden. Dazu sind ganz bestimmte Properties zu setzen – für das Empfangen andere als für das Senden. Kommen wir zum ersten Teil unserer Mail-Helferklasse:

Listing 13.25 com/tutego/insel/mail/MailUtils.java, Teil 1

```
package com.tutego.insel.mail;

import java.io.*;
import java.util.*;
import javax.activation.*;
import javax.mail.*;
import javax.mail.internet.*;

public class MailUtils {

  private MailUtils() {}

  public static Session getGMailSession( String user, String pass ) {
    final Properties props = new Properties();

    // Zum Empfangen
    props.setProperty( "mail.pop3.host", "pop.googlemail.com" );
    props.setProperty( "mail.pop3.user", user );
    props.setProperty( "mail.pop3.password", pass );
    props.setProperty( "mail.pop3.port", "995" );
    props.setProperty( "mail.pop3.auth", "true" );
    props.setProperty( "mail.pop3.socketFactory.class",
                       "javax.net.ssl.SSLSocketFactory" );
```

```
    // Zum Senden
    props.setProperty( "mail.smtp.host", "smtp.gmail.com" );
    props.setProperty( "mail.smtp.auth", "true" );
    props.setProperty( "mail.smtp.port", "465" );
    props.setProperty( "mail.smtp.socketFactory.port", "465" );
    props.setProperty( "mail.smtp.socketFactory.class",
                       "javax.net.ssl.SSLSocketFactory" );
    props.setProperty( "mail.smtp.socketFactory.fallback", "false" );

    return Session.getInstance( props, new javax.mail.Authenticator() {
      @Override protected PasswordAuthentication getPasswordAuthentication() {
        return new PasswordAuthentication( props.getProperty( "mail.pop3.user" ),
                                           props.getProperty( "mail.pop3.password" ) );
      }
    } );
//    session.setDebug( true );
  }
  // ...
}
```

Bei Google Mail gibt es eine weitere Spezialität, dass ein Mail-`Authenticator` genutzt werden muss; er liefert beim Authentifizierungsprozess den Benutzernamen und das Passwort. Bei anderen Mail-Servern ist das nicht unbedingt erforderlich, es kommt darauf an, wie die Mail-Server die Authentifizierung vornehmen.

13.12.5 E-Mails mittels POP3 abrufen

Steht die Verbindung zum Server, kann der Client eine Mailbox öffnen. Wir deklarieren dazu eine `openPop3InboxReadOnly(Session)`- und eine `closeInbox(Folder)`-Methode.

Listing 13.26 com/tutego/insel/mail/MailUtils.java, Teil 2

```
public static Folder openPop3InboxReadOnly( Session session )
                     throws MessagingException {
  Store store = session.getStore( "pop3" );
  store.connect();

  Folder folder = store.getFolder( "INBOX" );
  folder.open( Folder.READ_ONLY );

  return folder;
}
```

```
public static void closeInbox( Folder folder ) throws MessagingException {
  folder.close( false );
  folder.getStore().close();
}
```

Die Rückgabe von openPop3InboxRealOnly(Session) ist ein Folder-Objekt, und mit diesem lassen sich letztendlich die E-Mails abrufen:

Listing 13.27 com/tutego/insel/mail/MailUtils.java, Teil 3

```
public static void printAllTextPlainMessages( Folder folder )
                     throws MessagingException, IOException {
  for ( Message m : folder.getMessages() ) {
    System.out.println( "\nNachricht:" );
    System.out.println( "Von: " + Arrays.toString(m.getFrom()) );
    System.out.println( "Betreff: " + m.getSubject() );
    System.out.println( "Gesendet am: " + m.getSentDate() );
    System.out.println( "Content-Type: " +
                        new ContentType( m.getContentType() ) );

    if ( m.isMimeType( "text/plain" ) )
   System.out.println( m.getContent() );
  }
}
```


Die Implementierung holt sich mit getContent() den kompletten Inhalt, aber natürlich lässt sich der auch über einen Eingabestrom holen.

Im Folgenden soll das kleine Demoprogramm erst eine Verbindung mit dem Google-Mail-Server herstellen, dann den INPUT-Ordner öffnen und alle E-Mails ablaufen. Die Nachrichten werden nicht vom Server gelöscht.

Listing 13.28 com/tutego/insel/mail/PrintAllMailsWithMailUtils.java, main()

```
Session session = MailUtils.getGMailSession(
                     JOptionPane.showInputDialog( "user" ),
                     JOptionPane.showInputDialog( "pass" ) );
Folder inbox = MailUtils.openPop3InboxReadOnly( session );
MailUtils.printAllTextPlainMessages( inbox );
MailUtils.closeInbox( inbox );
```

Das Programm öffnet zwei Dialoge: einen für den Benutzernamen und einen für das Passwort. Es ist jedem selbst überlassen, hier feste Strings einzukodieren.

[+]

Hinweis

Um herauszufinden, ob überhaupt Nachrichten auf dem Server vorliegen, können wir auf dem aktuellen `folder`-Objekt die Methode `getMessageCount()` nutzen.

Nachricht löschen

Um eine Nachricht vom Server zu löschen, darf der Ordner nicht mit `READ_ONLY` geöffnet werden, sondern mit `Folder.READ_WRITE`. Anschließend lässt sich einer Nachricht, die durch ein `Message`-Objekt repräsentiert wird, mit `setFlag(…)` ein Lösch-Hinweis geben:

```
message.setFlag( Flags.Flag.DELETED, true );
```

Die Daten werden jedoch nur dann vom Server gelöscht, wenn zum Schluss `folder.close(true)` aufgerufen wird. Ohne den Aufruf von `close()` mit dem Argument `true` bleiben die Nachrichten erhalten.

13.12.6 Multipart-Nachrichten verarbeiten

Ist die Nachricht eine Multipart-Nachricht, besteht sie aus mehreren Teilen und nicht nur einem. Technisch gesehen wird eine Multipart-Nachricht in einem speziellen MIME-Typ kodiert – neben den klassischen MIME-Typen »text/html«, »application«, »audio«, »image«, »video« ist der Typ dann »multipart« und zeigt an, dass eine E-Mail aus mehreren Teilen besteht. Alle diese Teile können wiederum selbst unterschiedliche MIME-Typen besitzen.

Für Multipart-Nachrichten bietet die *JavaMail API* die Klasse `(Mime)Multipart` an. Ist die Aussage `isMimeType("multipart/*")` für eine Nachricht wahr, lässt sich über die Teile iterieren und sie behandeln. Wir erweitern unsere Utility-Klasse um eine neue Methode, die sich nur die Nachrichten anschaut, die vom MIME-Typ `multipart` sind, und auch dann nur XML-Anhänge ausgibt, aber alle anderen Typen kommentiert.

Listing 13.29 com/tutego/insel/mail/MailUtils.java, Teil 4

```
public static void printAllMultipartMessages( Folder folder )
                     throws MessagingException, IOException {
  for ( Message m : folder.getMessages() ) {
    if ( m.isMimeType( "text/plain" ) )
      System.out.println( "Nachricht ist text/plain" );
    else if ( m.isMimeType( "multipart/*" ) ) {
      System.out.println( "Verarbeite multipart/* Nachricht" );
      Multipart mp = (Multipart) m.getContent();

    // Der erste Part ist immer die Hauptnachricht
    if ( mp.getCount() > 1 ) {
```

```
      Part part = mp.getBodyPart( 0 );
      System.out.println( part.getContent() );
    }

    // Laufe über alle Teile (Anhänge)
    for ( int j = 1; j < mp.getCount(); j++ ) {
      Part part = mp.getBodyPart( j );
      String disp = part.getDisposition();
      if ( disp == null || disp.equalsIgnoreCase( Part.ATTACHMENT ) ) {
        MimeBodyPart mimePart = (MimeBodyPart) part;

        // Gib MIME-Typ jedes Anhangs aus; im Fall von XML die Nachricht
        System.out.println( "MIME-Typ ist " + mimePart.getContentType() );
        if ( mimePart.isMimeType( "text/xml" ) )
          System.out.println( mimePart.getContent() );
      }
    }
    System.out.println( "Verarbeitung abgeschlossen" );
  }
}
```


Die erste Nachricht im Bündel ist immer die Hauptnachricht, alles andere sind Anhänge. Ausgaben könnten so aussehen:

```
Nachricht ist text/plain
Nachricht ist text/plain
Verarbeite multipart/* Nachricht
Hallo Peter, alles klar?
MIME-Typ ist application/msword; name=word1.doc
MIME-Typ ist application/msword; name=word2.doc
MIME-Typ ist text/xml; name="Nett.xml"
<?xml version="1.0" encoding="windows-1252"?>
<nett/>
MIME-Typ ist text/xml; name=Toll.xml
<toll/>
Verarbeitung abgeschlossen
Nachricht ist text/plain
Nachricht ist text/plain
Verarbeite multipart/* Nachricht
Gute Nacht!
MIME-Typ ist application/pdf; name=gute-nacht.pdf
Verarbeitung abgeschlossen
```

13.12.7 E-Mails versenden

Um eine E-Mail mit *JavaMail* zu versenden, sind nicht viele Klassen zu verstehen: `Session` steht für eine Verbindung mit dem Mail-Server, `Message` (bzw. `MimeMessage`) für die zu versendende Nachricht, und `Address` repräsentiert einen Sender und die Empfänger. Die Klasse `Transport` ist für den Versand zuständig. Das erweitert unsere Utility-Klasse um eine Methode `postMail()`:

Listing 13.30 com/tutego/insel/mail/MailUtils.java, Teil 5

```
public static void postMail( Session session, String recipient,
                             String subject, String message )
                     throws MessagingException {
  Message msg = new MimeMessage( session );

  InternetAddress addressTo = new InternetAddress( recipient );
  msg.setRecipient( Message.RecipientType.TO, addressTo );

  msg.setSubject( subject );
  msg.setContent( message, "text/plain" );
  Transport.send( msg );
}
```

Und ein dazugehöriges Demoprogramm:

Listing 13.31 com/tutego/insel/mail/SendMailWithMailUtils.java, main()

```
Session session = MailUtils.getGMailSession(
                              JOptionPane.showInputDialog( "user" ),
                              JOptionPane.showInputDialog( "pass" ) );
MailUtils.postMail( session, "a@b.c",
                    "Kurze Info", "Hab's verstanden!" );
```

[+]

Hinweis

Falls das Senden nicht funktioniert, kann dies daran liegen, dass der Server mit einer »POP before send«-Authentifizierung arbeitet. Das heißt: Der Anwender muss erst mit POP die E-Mail erfragen und kann dann eine neue E-Mail senden.

MimeMultipart-Nachrichten schicken

Ein Objekt vom Typ `(Mime)Multipart` ist eine Containerklasse, der mit `addBodyPart(BodyPart part[, int index])` diverse `(Mime)BodyPart`-Objekte hinzugefügt werden können. Zum Schluss – wenn die Körper aufgebaut sind – setzt auf dem `Message`-Objekt `setContent(Multipart mp)` bzw. `setContent(Object obj, String type)` nun nicht mehr das einfache `MimeMessage`-Objekt mit einem expliziten MIME-Typ auf, sondern das `MimeMultipart`-Objekt. Die beiden `setContent(…)`-Methoden werden in der Schnittstelle `Part` deklariert.

Unsere Utility-Klassen wollen wir um eine Methode `postMultipartTextAndHtmlMail(…)` erweitern, die ein `Message`-Objekt aus zwei Teilen zusammensetzt: zum einen aus einer normalen »text/plain«-Nachricht und zum anderen aus einer »text/html«-Nachricht. Den Konstruktor eines `MimeMultipart`-Objekts rufen wir mit `new MimeMultipart("alternative")` auf. Das bedeutet für den Mail-Client, dass die E-Mail verschiedene Versionen desselben Textes enthält und der Client sich die beste Variante aussuchen kann. Standardmäßig versendet so zum Beispiel Microsoft Outlook die E-Mails. Sie werden als reiner Text und als HTML verschickt. Lassen wir den String im Konstruktor weg, sind es einfach mehrere Anhänge.

Listing 13.32 com/tutego/insel/mail/MailUtils.java, Teil 6

```
public static void postMultipartTextAndHtmlMail(
                    Session session, String recipient,
                    String subject, String txtMsg, String htmlMsg )
               throws MessagingException {
  MimeMultipart content = new MimeMultipart( "alternative" );

  MimeBodyPart text = new MimeBodyPart();
  text.setContent( txtMsg, "text/text" );
  content.addBodyPart( text );

  MimeBodyPart html = new MimeBodyPart();
  html.setContent( htmlMsg, "text/html" );
  content.addBodyPart( html );

  Message msg = new MimeMessage( session );

  InternetAddress addressTo = new InternetAddress( recipient );
  msg.setRecipient( Message.RecipientType.TO, addressTo );

  msg.setSubject( subject );
  msg.setContent( content );
  Transport.send( msg );
}
```

Das Beispiel sieht damit einfach aus:

Listing 13.33 com/tutego/insel/mail/SendMultipartMailWithMailUtils.java, main()

```
Session session = MailUtils.getGMailSession(
                   JOptionPane.showInputDialog( "user" ),
                   JOptionPane.showInputDialog( "pass" ) );
```

```
MailUtils.postMultipartTextAndHtmlMail(
           session, "a@b.c",
           "Text und HTML beides in einer E-Mail",
           "1. Text als Text",
           "<html>2. Text als <b>HTML</b></html>" );
```

Anhänge mit senden

Anhänge kodiert die *JavaMail API* über `DataSource`-Objekte; `FileDataSource` steht etwa für einen Datei-Anhang. Soll dieser Anhang an die Nachricht (`MimeBodyPart`) angehängt werden, ist `setDataHandler(DataHandler)` zu verwenden. Unsere Utility-Klasse soll eine Methode bekommen, die eine Datei mit gegebenen Dateinamen in den Anhang setzt:

Listing 13.34 com/tutego/insel/mail/MailUtils.java, Teil 7

```
public static void postAttachement( Session session, String recipient,
                                    String subject, String message,
                                    String filename )
                     throws MessagingException {
  MimeMultipart content = new MimeMultipart( "mixed" );

  MimeBodyPart text = new MimeBodyPart();
  text.setText( message );
  content.addBodyPart( text );

  BodyPart messageBodyPart = new MimeBodyPart();
  messageBodyPart.setDataHandler(
                    new DataHandler( new FileDataSource( filename ) ) );
  messageBodyPart.setFileName( new File(filename).getName() );
  content.addBodyPart( messageBodyPart );

  Message msg = new MimeMessage( session );

  InternetAddress addressTo = new InternetAddress( recipient );
  msg.setRecipient( Message.RecipientType.TO, addressTo );

  msg.setSubject( subject );
  msg.setContent( content );
  Transport.send( msg );
}
```

Es ist sinnvoll, mit `setFileName(String)` einen Namen für den Anhang zu vergeben, damit der Empfänger der E-Mail diesen Anhang einfach unter diesem Namen speichern kann.

Abschließend erstellen wir auch damit ein Demoprogramm:

Listing 13.35 com/tutego/insel/mail/SendMultipartMailWithMailUtils.java, main()

```
Session session = MailUtils.getGMailSession(
                            JOptionPane.showInputDialog( "user" ),
                            JOptionPane.showInputDialog( "pass" ) );
MailUtils.postAttachement( session, "a@b.c", "Mail mit Anhang",
                           "Körper", "c:/eula.1028.txt" );
```

13.12.8 Ereignisse und Suchen

Die *JavaMail API* bietet einige Glanzstücke, unter ihnen ein System für verschiedene Ereignisse:

Listener	Angewendet auf	Aufgaben
MessageCountListener	Folder	Findet neu eingetroffene Nachrichten (bei POP3 muss das Postfach geschlossen sein).
ConnectionListener	Service (Store, Transport), Folder	Benachrichtigung beim Öffnen, Schließen und bei Zwangstrennung
FolderListener	Folder	Ordner angelegt, umbenannt, gelöscht
MessageChangedListener	Folder	Änderung, etwa am Folder oder in Headern
StoreListener	Store	Nachricht mit Wichtigkeit ALERT oder NOTICE
TransportListener	Transport	zugestellt, nicht zugestellt, zum Teil zugestellt

Tabelle 13.6 Einige Listener und ihre Horchposten

Das zweite Glanzstück ist ein Suchsystem, das *JavaMail* über das Paket javax.mail.search bietet. Zunächst wird ein Suchterm aus SearchTerm-Objekten aufgebaut. Diese abstrakte Basisklasse SearchTerm deklariert eine Methode match(Message), die von Unterklassen passend implementiert wird:

- AddressTerm und die Unterklassen FromTerm und RecipientTerm vergleichen javax.mail.Address-Objekte. Address besitzt die Unterklassen InternetAddress und NewsAddress.
- StringTerm sucht nach Teilzeichenketten. Interessant sind die Unterklassen AddressStringTerm (mit den Unterklassen FromStringTerm und RecipientStringTerm), BodyTerm, HeaderTerm, MessageIDTerm und SubjectTerm.
- FlagTerm testet, ob Nachrichten gewisse Flags besitzen.

- ComparisonTerm vergleicht über die Unterklassen DateTerm und IntegerComparisonTerm. Ein Datum ist durch die Unterklassen ReceivedDateTerm und SentDateTerm weiter gegliedert, ein IntegerComparisonTerm besitzt die Unterklassen MessageNumberTerm und SizeTerm.
- AndTerm, NotTerm, OrTerm bieten Verknüpfungen zwischen Termen.

Jedes Message-Objekt deklariert zur Suche boolean match(SearchTerm term).

[»]

Beispiel

Die nächsten Anweisungen bauen ein Suchobjekt auf, das im Betreff ein »Re:« erkennt und auf die Zeichenkette »Nigeria-Connection« im Körper reagiert. search(SearchTerm) durchsucht einen Folder und liefert die Nachrichten, die auf dieses Muster passen:

```
SearchTerm st = new AndTerm( new SubjectTerm( "Re:" ),
                             new BodyTerm( "Nigeria-Connection" ) );
Message[] msgs = folder.search( st );
```

13.13 Tiefer liegende Netzwerkeigenschaften *

Neben dem Internetprotokoll werden weitere Steuerprotokolle auf der Vermittlungsschicht eingesetzt. Auf vieles hat Java standardmäßig keinen Zugriff.

13.13.1 MAC-Adressen auslesen

Die MAC-Adresse (von Media-Access-Control) ist eine (im Idealfall) eindeutige Adresse eines Netzwerkgeräts. MAC-Adressen sind für Ethernet-Verbindungen essenziell, da auf der physikalischen Übertragungsebene Signale zu einer gewünschten Netzwerkkarte aufgebaut werden. Wegen der Eindeutigkeit eignen sie sich gut als Schlüssel, und es ist interessant, auch in Java diese Adresse auszulesen. Das geht mit der Klasse NetworkInterface recht unkompliziert. Alle lokale Netzwerkschnittstellen liefert NetworkInterface.getNetworkInterfaces(), ist die IP-Adresse bekannt, können wir NetworkInterface.getByInetAddress(InetAddress) nutzen:

Listing 13.36 com/tutego/insel/net/MacAddress.java, main()

```
for ( NetworkInterface ni : Collections.list( NetworkInterface.getNetworkInterfaces() ) ) {
  byte[] adr = ni.getHardwareAddress();
  if ( adr == null || adr.length != 6 )
    continue;
  String mac = String.format( "%02X:%02X:%02X:%02X:%02X:%02X",
                              adr[0], adr[1], adr[2], adr[3], adr[4], adr[5] );
  System.out.println( mac );
}
```

Auf der Windows-Kommandozeile liefert `ipconfig /all` alle MAC-Adressen, die dort »physikalische Adressen« heißen.

13.13.2 Internet Control Message Protocol (ICMP)

Das *Internet Control Message Protocol* (ICMP), beschreibt im Prinzip ein IP-Paket mit bestimmten Flags und dient dem Austausch von Informationen und Fehlermeldungen. Dieses ist in RFC 792 definiert. Da das Funktionieren des Internets sehr stark von Routern abhängt, wurde ICMP entwickelt, um unerwartete Ereignisse und Zusatzinformationen zu melden. Java unterstützt zurzeit nur Sockets vom Typ SOCK_STREAM (TCP) und SOCK_DGRAM (UDP), aber keine IP-Pakete (und damit auch nicht das Internet Control Message Protocol) mit dem SOCK-Typ SOCK_RAW. Daher können in Java mit den Standardbibliotheken keine IP-Pakete und ICMP-Nachrichten verschickt werden, um Rechts- und Sicherheitsproblemen vorzubeugen. Viele Unix-Systeme erlauben Sockets vom Typ SOCK_RAW auch nur unter Root-Rechten.

13.14 Zum Weiterlesen

Die JSSE (*Java Secure Socket Extension*) implementiert die verbreiteten Protokolle SSL (*Secure Sockets Layer*) und TLS (*Transport Layer Security*) und erlaubt damit Verschlüsselung, Server-Authentifizierung und die Prüfung auf die Integrität von Nachrichten. TLS ist ein Nachfolger von SSL und basiert weitestgehend darauf. Mit TLS lassen sich jedoch Verschlüsselungsverfahren flexibler auswechseln, weil TLS ein echtes Transportprotokoll ist. Da SSL und TLS direkt unter dem Applikationsprotokoll sitzen, lassen sich damit Dienste wie HTTP, Telnet, NNTP oder FTP sichern. JSSE bietet die Pakete `javax.net` und `javax.net.ssl` mit den wichtigen Klassen `SSLSocket` und `SSLSocketFactory`, die im JAR-Archiv *jsse.jar* gebündelt sind. Die Dokumentation unter *http://tutego.de/go/jsse* beschreibt genauer, was hier passiert und welche Zertifikate wo liegen müssen.

Besteht die Notwendigkeit, dass ein Server Datagramme gleichzeitig an mehrere Clients schickt, dann müssen wir hier auch mehrere einzelne Verbindungen (so genannte *Unicast-Verbindungen*) aufbauen. Diese Möglichkeit ist jedoch sehr ineffizient und belastet die Bandbreite. Anwendungsfelder für Multicast-Kommunikation sind etwa Video oder Audio, Chat-Sitzungen oder interaktive Spiele. In Java lässt sich für diese Aufgabe das Multicasting einsetzen.

Kapitel 14
Verteilte Programmierung mit RMI

»Ich denke, dass es einen Weltmarkt für vielleicht fünf Computer gibt.«
– Thomas Watson (1874–1956), zu seiner Zeit Vorsitzender von IBM

14.1 Entfernte Objekte und Methoden

Bei Unterprogrammaufrufen nutzen wir die Intelligenz der Methode, die zu gegebenen Eingabeparametern Ausgangswerte liefert oder einen Systemzustand verändert. Die Methode ist in diesem Fall Anbieter einer ganz speziellen Dienstleistung. Wenn wir zu einer Eingabeanfrage eine Antwort bekommen wollen, die Implementierung dieser Intelligenz aber auf einer anderen Maschine liegt, handelt es sich um *entfernte Methodenaufrufe*.

Wie lässt sich so etwas elegant implementieren? Der klassische Weg führt über Client-Server-Systeme. Der Client formuliert eine Anfrage, die vom Server verstanden und interpretiert wird. So sieht dies etwa in einfacher Form mit einem Datenbankserver aus. Der Client möchte zum Beispiel den Umsatz einer Disko herausfinden. Er schickt dann eine Anfrage, und das Ergebnis wird zurückgeschickt und ausgewertet. Diese Kommunikation zwischen verteilten Prozessen muss aber aufwändig bei Client-Server-Systemen implementiert werden. Wir müssen also Parameter und Rückgabewerte verpacken, einen horchenden Server einrichten, vielleicht noch HTTP-Tunnel anlegen usw.

Wünschenswert ist eine Sicht auf entfernte Dienste wie auf Methoden innerhalb einer Laufzeitumgebung. Ideal wäre es, wenn ein Methodenaufruf auf einen Server so aussähe, als ob er eine lokale Methode wäre.

14.1.1 Stellvertreter helfen bei entfernten Methodenaufrufen

Birrel und Nelson haben schon 1984 ein Modell vorgestellt, das entfernte Servermethoden wie lokale Methoden aussehen lässt. Die Verbindung von Client und Server realisieren so genannte *Stellvertreterobjekte* (engl. *proxies*). Diese existieren auf der Client- und auf der Serverseite. Die Stellvertretermethoden verdecken den tatsächlichen Übertragungsvorgang, sodass der Client demnach nicht mit einem eigenen Protokoll mit dem Server kommuniziert, sondern eine Methode aufruft, die so aussieht wie eine Servermethode. In Wirklichkeit nimmt die Stellvertretermethode nur die Parameter, verpackt sie in eine Serveranfrage und schickt sie weg.

Wir wollen uns dies anhand eines Beispiels klarmachen. Nehmen wir an, der Client möchte die Entschlüsselungsmethode `String decrypt(String)` nutzen, die in Wirklichkeit auf einem ganz anderen Rechner angeboten wird, einem, der richtige Power hat, um die hochkomplizierte mathematische Operation auszuführen. Da wir aber die Vorgabe haben, eine entfernte Methode so aussehen zu lassen wie eine lokale, wird nun `decrypt(String)` wie gewohnt aufgerufen:

```
System.out.println( decrypt( "/&sa#jkshf=0&safhq34" ) );
```

Der Stellvertreter auf der Client-Seite übernimmt nun das Protokoll, kümmert sich also um das Verpacken der zu transportierenden Werte, die Verschlüsselung, Authentifizierung, Kompression und um alles, was noch so gewünscht sein kann. Kurz skizziert:

```
String decrypt( String s ) {
  // Verbindung aufbauen (etwa über Sockets)
  // String s zum Server schicken (write(s))
  // Auf das Ergebnis vom Server warten (result = read())
  // return result;
}
```

Intern steckt das klassische Client-Server-Konzept dahinter, das wir schon von Sockets her kennen. Der Client mit dem Methodenaufruf initiiert die Anfrage, und der Server wartet, bis ein williger Kunde eintrifft. Der Server nimmt die Anfragen des Clients entgegen, entnimmt dem Anforderungspaket die Daten und ruft die lokale Methode auf, die auf dem Server implementiert sein kann:

```
String decrypt( String s ) {
  return entschlüsselter String;
}
```

Zusätzlich kann es auf der Serverseite auch einen Stellvertreter geben, doch reicht auch ein Server aus, der zunächst auf eingehende Anfragen wartet und dann die entsprechenden Methoden ohne eigenen Stellvertreter aufruft.

An der Aufrufsyntax ist nicht abzulesen, ob der Client an einen Stellvertreter geht, der die Daten weiterleitet, und der Server merkt nicht, dass er in Wirklichkeit nicht mit lokalen Daten gefüttert wird.

14.1.2 Standards für entfernte Objekte

Rund um diese Thematik haben sich in den letzten zwanzig Jahren diverse Standards gebildet, um mitunter auch über Betriebssystemgrenzen hinweg entfernte Dienste nutzen zu können:

- Eine der ersten populären Implementierungen in der prozeduralen Welt stammt von Sun und ist das RPC-Protokoll*(Remote Procedure Call)*. Es geht auf den RFC 707 aus dem Jahre 1976 zurück.
- *RMI* (*Remote Method Invocation*) ist der Mechanismus in Java, um entfernte Objekte und deren Angebote zu nutzen. RMI ist fester Bestandteil der Java-Bibliothek seit der Version 1.1, also offiziell seit Februar 1997.
- Im Gegensatz zu RMI definiert *CORBA (Common Object Request Broker Architecture)* ein großes Framework für verteilte Software-Komponenten und unterschiedliche Programmiersprachen. Die Definition von CORBA geht auf das Jahr 1991 zurück, also vor RMI, und wird von der *OMG (Object Management Group)* gesteuert.
- Das *Distributed Component Object Model (DCOM)* ist eine Microsoft-Erfindung, um COM-Objekte über das Netz zugänglich zu machen. Später als ActiveX getarnt, hat Microsoft 2002 die *.NET Remoting*-API veröffentlicht, die in das .NET-Framework einzog. Später ersetzte *Windows Communication Foundation* (WCF) in NET 3.0 das *.NET Remoting*.

14.2 Java Remote Method Invocation

RMI macht es möglich, auf hohem Abstraktionsniveau zu arbeiten und entfernte Methodenaufrufe zu realisieren. Automatisch generierte Stellvertreter nehmen die Daten entgegen und übertragen sie zum Server. Nach der Antwort präsentiert der Stellvertreter das Ergebnis.

14.2.1 Zusammenspiel von Server, Registry und Client

Damit RMI funktioniert, sind drei Teile mit der Kommunikation beschäftigt:

1. Der *Server* stellt das entfernte Objekt mit der Methodenimplementierung bereit. Die Methode läuft im eigenen Adressraum, und der Server leitet eingehende Anfragen vom Netzwerk an diese Methode weiter.
2. Der Namensdienst (*Registry*) ist ein Anfragedienst, der Objekte und ihre Methoden mit einem eindeutigen Namen verbindet. Der Server meldet Objekte mit ihren Methoden bei diesem Namensdienst an.
3. Der *Client* ist der Nutzer des Dienstes und ruft die Methode auf einem entfernten Objekt auf. Auch er hat einen eigenen Adressraum. Möchte der Client eine Methode nutzen, so fragt er beim Namensdienst an, um Zugriff zu bekommen.

14.2.2 Wie die Stellvertreter die Daten übertragen

Für RMI gibt es wie bei TCP/IP ein Schichtenmodell, das aus mehreren Ebenen besteht. Die oberste Ebene mit dem höchsten Abstraktionsgrad nutzt einen Transportdienst der darunterliegenden Ebene. Dessen Aufgabe ist es, die Daten wirklich zu übermitteln, und die Stellvertreter realisieren es, die Parameter irgendwie von einem Ort zum anderen zu bewegen. Sie setzen also die Transportschicht um.

Eine Implementierung über Sockets

Wir können uns vorstellen, dass die Stellvertreter eine Socket-Verbindung nutzen. Der Server horcht dann in `accept()` auf einkommende Anfragen, und der Stellvertreter vom Client baut anschließend die Verbindung auf. Sind die Argumente der Methode primitive Werte, können sie in unterschiedliche `write(…)`- und `read(…)`-Methoden umgesetzt werden. Doch auch bei komplexen Objekten wie Listen hat Java keine Probleme, da es ja eine Serialisierung gibt. Objekteigenschaften werden dann einfach plattgeklopft und Bit für Bit übertragen und auf der anderen Seite wieder ausgepackt. Bei entfernten Methodenaufrufen wird neben der Serialisierung auch der Begriff *Marshalling* verwendet. Somit ist das Verhalten, wie bei lokalen Methoden fast abgebildet, insbesondere der synchrone Charakter. Die lokale Methode blockiert so lange, bis das Ergebnis der entfernten Methoden ankommt.

RMI Wire Protocol

Das für die Übertragung zuständige Protokoll heißt *RMI Wire Protocol*. Die Übertragung mittels Sockets und TCP ist nur eine Möglichkeit. Neben den Sockets implementiert Java-RMI für Firewalls auch die Übermittlung über HTTP-Anfragen. Wir werden in einem späteren Abschnitt darauf zurückkommen. Über eine eigene RMI-Transportschicht könnten auch andere Protokolle genutzt werden, etwa über UDP oder gesicherte Verbindungen mit SSL. Verschlüsselte RMI-Verbindungen über SSL sind nicht schwer, wie es ein Beispiel unter *http://tutego.de/go/jssesamples* zeigt.

14.2.3 Probleme mit entfernten Methoden

Das Konzept scheint entfernte Methoden so abzubilden wie lokale. Doch es gibt einige feine Unterschiede, sodass wir nicht anfangen müssen, alle lokal deklarierten Methoden verteilt zu nutzen, weil gerade mal ein entfernter Rechner schön schnell ist:

- Zunächst müssen wir ein Kommunikationssystem voraussetzen. Damit fangen aber die bekannten Probleme bei Clients bzw. Servern an. Was geschieht, wenn das Kommunikationssystem zusammenbricht? Was passiert mit verstümmelten Daten?
- Da beide Rechner eigene Lebenszyklen haben, ist nicht immer klar, ob beide Partner miteinander kommunizieren können. Wenn der Server nicht ansprechbar ist, muss der Client darauf reagieren. Hier bleibt nichts anderes übrig, als über einen Zeitablauf (Timeout) zu gehen.

- Da Client und Server über das Kommunikationssystem miteinander sprechen, ist die Zeit für die Abarbeitung eines Auftrags um ein Vielfaches höher als bei lokalen Methodenaufrufen. Zu den Kommunikationskosten über das Rechennetzwerk kommen die Kosten für die zeitaufwändige Serialisierung hinzu, die besonders in den ersten Versionen des JDK hoch waren.

Parameterübergabe bei getrenntem Speicher

Der tatsächliche Unterschied zwischen lokalen und entfernten Methoden ist jedoch das Fehlen des gemeinsamen Kontextes. Die involvierten Rechner führen ihr eigenes Leben mit ihren eigenen Speicherbereichen. Stehen auf einer Maschine zum Beispiel statische Variablen jedem zur Verfügung, ist dies bei entfernten Maschinen nicht der Fall. Ebenso gilt dies für Objekte, die von mehreren Partnern geteilt werden. Die Daten auf einer Maschine müssen erst übertragen werden, also arbeitet der Server mit einer Kopie der Daten. Bei primitiven Daten ist das kein Thema, schwierig wird es erst bei Objektreferenzen. Mit der Referenz auf ein Objekt kann der andere Partner nichts anfangen. Mit der Übertragung der Objekte handeln wir uns jedoch zwei weitere Probleme ein:

- Erstens muss der Zugriff exklusiv erfolgen, weil andere Teilnehmer den Objektzustand ja unter Umständen ändern können. Wenn wir also eine Referenz übergeben, und das Objekt wird serialisiert, könnte der lokale Teilnehmer Änderungen vornehmen, die beim Zurückspielen vom Server eventuell verloren gehen könnten.
- Damit haben wir zweitens den Nachteil, dass »einfach eine Referenz« nicht ausreicht. Große Objekte müssen immer wieder vollständig serialisiert werden. Und mit dem Mechanismus des Serialisierens handeln wir uns ein Problem ein: Nicht alle Objekte sind per se serialisierbar. Gerade die Systemklassen lassen sich nicht so einfach übertragen. Bei einer Trennung von Datenbank und Applikation wird das deutlich. Eine hübsche Lösung wäre etwa, ein RMI-Programm für die Datenbankanbindung einzusetzen sowie eine Applikation, die mit dem RMI-Programm spricht, um unabhängig von der Datenbank zu sein; RMI nimmt hier die Stelle einer so genannten Middleware ein. Bedauerlicherweise implementiert keine der Klassen im Paket `java.sql` die Schnittstelle `Serializable`. Die Ergebnisse müssen in einem neuen Objekt verpackt und verschickt werden oder in einem `RowSet`, das es seit JDBC 2.0 gibt.

Wenn die Daten übertragen werden, müssen sich die Partner zudem über das Austauschformat geeinigt haben. Beide müssen die Daten verstehen. Traditionell bieten sich zwei Verfahren an:

- Zunächst ein symmetrisches Verfahren. Alle Argumente werden in einem festen Format übertragen. Auch wenn Client und Server die Daten gleich darstellen, werden sie in ein neutrales Übertragungsformat konvertiert.
- Dem gegenüber steht das asymmetrische Verfahren. Hier schickt jeder Client die Daten in einem eigenen Format, und der Server hat verschiedene Konvertierungsmethoden, um die Daten zu erkennen.

Da wir uns innerhalb von Java und den Konventionen bewegen, müssen wir uns über das Datenformat keine Gedanken machen. Java konvertiert die Daten unterschiedlichster Plattformen immer gleich. Daher handelt es sich um ein symmetrisches Übertragungsprotokoll.

14.2.4 Nutzen von RMI bei Middleware-Lösungen

Der Begriff *Middleware* ist im vorangegangenem Abschnitt schon einmal gefallen. Ganz einfach gesagt, handelt es sich dabei um eine Schicht, die zwischen zwei Prozessen liegt. Die Middleware ist sozusagen der Server für den Client und der Client für einen Server, vergleichbar mit einem Proxy. Das Großartige an Middleware-Lösungen ist die Tatsache, dass sie eine starke Kopplung von Systemen entzerren und eine bessere Erweiterung ermöglichen. Sprach vorher etwa eine Applikation direkt mit dem Server, würde durch den Einsatz der Middleware die Applikation mit der Zwischenschicht reden und diese dann mit dem Server. Die Applikation weiß dann vom Server rein gar nichts.

Ein oft genanntes Einsatzgebiet für Middleware sind Applikationen, die mit Datenbanken arbeiten. Systeme der ersten Generation verbanden sich direkt mit der Datenbank, lasen Ergebnisse und modifizierten die Tabellen. Der Nachteil ist offensichtlich: Das Programm ist unflexibel bei Änderungen, und diese Änderungen müssten bei einer groß angelegten, verbreiteten Version allen Kunden zugänglich gemacht werden. Erschwerend kommt ein Sicherheitsproblem hinzu. Wenn das Programm mit der Datenbank direkt spricht, etwa in Form von JDBC, dann gelangen Informationen über die internen Tabellen durch die Abfragen leicht nach außen. Bei unsachgemäßer Programmierung kann auch ein Bösewicht das Programm decompilieren und die Tabellen vielleicht mit unsinnigen Werten füllen – denkbar schlecht für den kommerziellen Dauerbetrieb. Die Antwort auf das Problem ist der Einsatz einer Middleware. Dann verbindet sich die Applikation mit der Zwischenschicht, die dann die Daten besorgt, zum Beispiel von der Datenbank. Im Programm sind dann nur noch verteilte Anfragen, und JDBC ist nicht mehr zu entdecken. Als Applikationsentwickler können wir ruhigen Gewissens die Datenbank verändern, und wir müssen »nur« die Middleware anpassen. Der Kunde mit der Applikation sieht davon nichts. Das Sicherheitsproblem ist damit auch vom Tisch. Die Middleware kann zur Performance-Steigerung auch noch mehrgleisig fahren und die schnellste Datenbank nutzen. Lastenverteilung kann nachträglich implementiert werden, und die Software beim Client bleibt schlank.

14.2.5 Zentrale Klassen und Schnittstellen

Für RMI-Aufrufe stehen folgende Klassen und Schnittstellen im Mittelpunkt:

- `java.rmi.Remote`: eine Schnittstelle, die alle entfernten Objekte implementieren müssen
- `java.rmi.RemoteException`: eine Unterklasse von `IOException`, deren Exemplare uns im Fall von Übertragungsproblemen begegnen
- `java.rmi.server.RemoteObject`: Die Klasse implementiert Verhalten von `java.lang.Object` (also `toString()`, `hashCode()` und `equals(Object)`) für entfernte Objekte.
- `java.rmi.server.UnicastRemoteObject`: Unterklasse von `RemoteObject` zum Aufbau und Exportieren (Anmelden) der Remote-Objekte
- `java.rmi.server.RMIClassLoader`: Ermöglicht das Laden von Klassenbeschreibungen vom Server, wenn diese von einem Remote-Objekt benötigt werden.

- `java.rmi.RMISecurityManager`: Der Sicherheitsmanager bestimmt die Möglichkeiten der von `RMIClassLoader` geladenen Klassen. Ohne Sicherheitsmanager lädt der `RMIClassLoader` keine Klassen.
- `Naming`: eine Klasse für den Zugriff auf den Namensserver
- `java.io.Serializable`: Parameter und Rückgaben implementieren die Schnittstelle, wenn sie per Kopie übergeben werden sollen.
- `java.rmi.server.RemoteServer`: Oberklasse für Server-Implementierungen. Zum Setzen eines Loggers interessant.

Die Spezifikation zu RMI unter *http://tutego.de/go/rmispec* stellt alle Typen genauer vor.

14.2.6 Entfernte und lokale Objekte im Vergleich

Vergleichen wir entfernte Objekte und ihre Methoden, fallen Gemeinsamkeiten ins Auge: Die Referenzen auf entfernte Objekte lassen sich wie gewohnt nutzen, etwa als Argumente einer Methode oder als Rückgabewert. Dabei ist es egal, ob die Methode mit den Argumenten oder Rückgabewerten lokal oder entfernt ist. Die Unterschiede zu lokalen Objekten sind aber deutlicher: Da ein Client immer über eine entfernte Schnittstelle das Objekt repräsentiert, hat es nichts mit der tatsächlichen Implementierung zu tun; daher ist auch eine Typumwandlung unmöglich. Die einzige Umwandlung von einer entfernten Schnittstelle wäre `Remote`. Damit ist auch deutlich, dass `instanceof` auch nur testen kann, ob das Objekt entfernt ist oder nicht; die echte Vererbung auf der Serverseite bleibt verborgen.

14.3 Auf der Serverseite

Um entfernte Objekte mit ihren Methoden in Java-Programmen zu nutzen, sind einige Arbeitsschritte nötig, die wir im Folgenden kurz skizzieren. An den Schritten spiegelt sich der Programmieraufwand wider:

1. Eine entfernte Schnittstelle deklariert Methoden.
2. Eine Klasse implementiert die Schnittstelle und füllt die Methode mit Leben. Dies bildet die Remote-Objekt-Implementierung.
3. Mit dieser Implementierung benötigen wir ein exportiertes Exemplar. Wir melden es beim Namensdienst an, damit der Client es finden kann. Dies schließt die Serverseite ab.

14.3.1 Entfernte Schnittstelle deklarieren

Damit der Client eine entfernte Methode nutzen kann, muss er ein Stellvertreterobjekt befragen. Dieses packt die Daten ein und übermittelt sie. Die Stellvertreterobjekte erzeugt Java selbstständig. Damit der Generator korrekten Quellcode für die Übertragung erstellen kann, ist eine Beschreibung nötig. Die Deklaration muss die Signatur eindeutig spezifizieren, und damit weiß der Client, wie die Methode aussieht, die er aufrufen kann, und der Server kann die Methode dann beschreiben. Normalerweise gibt es für die Spezifikation der entfernten Methoden spezielle Beschreibungssprachen (wie IDL bei CORBA), doch bei RMI reicht es, ein Java-Interface mit den Methoden zu deklarieren:

Listing 14.1 com/tutego/insel/rmi/Adder.java

```
package com.tutego.insel.rmi;

import java.rmi.Remote;
import java.rmi.RemoteException;

public interface Adder extends Remote {
  int add( int x, int y ) throws RemoteException;
}
```

An diesem Beispiel können wir mehrere wichtige Eigenschaften der Schnittstelle ablesen:

- Die entfernte Schnittstelle ist öffentlich. Wenn sie nur paketsichtbar oder eingeschränkter ist, kann der Client die entfernte Methode nicht finden, wenn er danach verlangt.
- Die eigene Schnittstelle erweitert die Schnittstelle `Remote`. Nur die Klassen, die `Remote` implementieren, können entfernte Methoden anbieten. `Remote` ist allerdings leer und damit eine Markierungsschnittstelle.
- Die angebotenen Methoden können unbeabsichtigte Fehler auslösen, zum Beispiel, wenn das Transportsystem zusammenbricht. Für diesen Fall muss jede Methode `RemoteException` in einer `throws`-Anweisung aufführen.
- Eine entfernte Methode darf Parameter besitzen. Sind die Argumente primitive Werte, werden diese einfach übertragen. Handelt es sich um Objekte, so müssen diese serialisierbar sein.

14.3.2 Remote-Objekt-Implementierung

Der Client nutzt letztendlich das vom Server bereitgestellte entfernte Objekt. Der Server steht in der Pflicht, eine Implementierung der Remote-Schnittstelle anzugeben, sodass diese im nächsten Schritt exportiert und damit angemeldet werden kann.

Die Implementierung der Geschäftslogik ist einfach:

Listing 14.2 com/tutego/insel/rmi/AdderImpl.java

```
package com.tutego.insel.rmi;

public class AdderImpl implements Adder {
  @Override public int add( int x, int y ) {
    return x + y;
  }
}
```

Da die Klasse eine Implementierung der Schnittstelle ist, geben wir ihr die Endung »Impl« (das ist eine übliche Namensgebung, aber keine Pflicht).

Es steht uns frei, andere Methoden anzugeben, die nicht in der Schnittstelle vorgegeben sind, doch sind diese natürlich nicht nach außen hin sichtbar. Die Argumente und Rückgabewerte können von jedem beliebigen Datentyp sein. Bei primitiven Datentypen werden spezielle Schreib-/Lesefolgen generiert. Objekte müssen die Schnittstelle `Serializable` implementieren (oder `Remote` sein). Dann werden die lokalen Objekte als Kopie übertragen. Über die Serialisierung werden alle nichtstatischen und nichttransienten Attribute übermittelt. Ist das Argument wiederum `instanceof Remote`, wird dieser Verweis als einfache Referenz übergeben. In Wirklichkeit ist die Referenz ein Verweis auf den Stellvertreter.

14.3.3 Stellvertreterobjekte

Die Stellvertreter sind Objekte auf der Client- und Serverseite, die die tatsächliche Kommunikation betreiben. Unsere Clients programmieren ausschließlich gegen eine Remote-Schnittstelle, aber der Stellvertreter (Proxy) auf der Client-Seite ist die Implementierung der Remote-Schnittstelle, die tatsächlich die Client-Anfrage annimmt und auch an das Netzwerk weitergibt. Von Hand müssen diese Stellvertreter nicht programmiert werden; Java generiert sie zur Laufzeit.

14

[+]

Hinweis

In der Anfangszeit, das war vor Java 5, musste der RMI-Compiler `rmic` verwendet werden. Der Generator erzeugte Klassendateien für den *Stub* (Stellvertreter auf der Client-Seite) und den *Skeleton* (Proxy auf der Serverseite) aus der Methodenbeschreibung der Remote-Klasse. Mittlerweile macht Java das alles zur Laufzeit, ein Trend, der auch an anderer Stelle abzulesen ist.

14.3.4 Der Namensdienst (Registry)

Der RMI-Dienst muss im nächsten Schritt beim Namensdienst das entfernte Objekt unter einem öffentlichen Namen anmelden, sodass der Client es finden kann. Java bietet zwei Namensdienste, die in Frage kommen: die RMI-Registry und den JNDI-Dienst.[1] Beides lässt sich in Java nutzen, aber die RMI-Registry ist etwas leichter zu verwenden.

Die Registry ist ein eigenständiger Dienst, der auf zwei Arten gestartet werden kann:

- beim Server selbst, der über `LocateRegistry.createRegistry(int)` den Namensdienst vor dem Exportieren aufbaut
- über ein externes, in Java programmiertes Dienstprogramm *rmiregistry*, das im *bin*-Verzeichnis eines JDK mitgeliefert wird

Die `rmiregistry` von Hand zu starten, hat den Vorteil, dass Client, RMI-Dienst und Registry auf drei unterschiedlichen Servern laufen können, die abweichende Lebenszyklen haben dürfen.

1 Weiteres dazu unter *http://docs.oracle.com/javase/8/docs/technotes/guides/jndi/jndi-rmi.html.*

Wenn der RMI-Server die Registry automatisch startet, ist das praktisch und hat den Vorteil, dass Anpassungen am Klassenpfad nicht nötig sind und der Anwender es nicht vergessen kann.

Der Server startet die Registry selbst

Um die RMI-Registry zu starten, wird einfach `LocateRegistry.createRegistry(int)` aufgerufen:

```
try {
  LocateRegistry.createRegistry( Registry.REGISTRY_PORT );
}
catch ( RemoteException e )  { /* ... */ }
```

Anschließend ist der Namensdienst gestartet, und der Server kann seine Dienste dort anmelden.

```
final class java.rmi.registry.LocateRegistry
```

- `static Registry getRegistry()`
  Liefert den Verweis auf den Namensdienst auf dem Standard-Port 1099.
- `static Registry createRegistry(int port)`
  Startet den Namensdienst auf dem angegebenen Port. `Registry.REGISTRY_PORT` ist der Standard-Port 1099.

Das Dienstprogramm rmiregistry

Unter Windows starten wir den Dienst in einer neuen DOS-Box (sozusagen im Hintergrund) mit folgender Zeile:

```
$ start rmiregistry
```

Unter Unix-Systemen starten wir ihn so:

```
$ rmiregistry &
```

Die Registry können wir uns somit als einen einfachen Assoziativspeicher vorstellen, der Namen und Stub-Objekte verbindet. Der Zustand des Stubs wird bei der Registry hinterlegt.

[+]

Hinweis

Die RMI-Registry ist ein Java-Programm, das zwingend die Remote-Schnittstellen unserer RMI-Klassen im Klassenpfad benötigt. Entweder ist dazu *rmiregistry* auf der Konsole in dem Pfad zu starten, in dem die Klassendateien des RMI-Servers stehen, oder Sie müssen mit dem Schalter `-Djava.rmi.server.codebase=file:/pfad` den Ort der Typen bestimmen.[2] Der Start der RMI-Registry über `LocateRegistry.createRegistry(int)` spart das natürlich, denn so stehen die Klassen automatisch im Suchpfad.

2 Mehr Details zur Codebase bietet *http://docs.oracle.com/javase/8/docs/technotes/guides/rmi/codebase.html*.

Der Port

Der Namensdienst läuft standardmäßig auf dem Port 1099. Für Dienste hinter einer Firewall ist es bedeutend, dass dieser Port auch anders lauten kann. Eine andere Port-Nummer lässt sich einfach als Argument angeben:

```
$ start rmiregistry 2001
```

Der angegebene Port dient nur der Vermittlung vom Client zum Namensdienst. Die Kommunikation von Client und Server läuft über einen anderen Port.

An dieser Stelle haben wir schon fast alles beisammen. Der Namensdienst läuft und wartet auf den Server und den Client. Beginnen wir mit dem Server. Er ist ein normales Java-Programm ohne Einschränkungen und muss weder etwas mit `Remote` noch mit `Serializable` zu schaffen haben.

14.3.5 Remote-Objekt-Implementierung exportieren und beim Namensdienst anmelden

14

Bevor ein Client sich mit dem Server verbinden und die entfernten Methoden aufrufen kann, muss unser Server auf eingehende Netzwerkverbindungen vorbereit sein. Aus diesem Grund muss unsere Remote-Objekt-Implementierung exportiert werden. Dann erst kann unser Server eingehende RMI-Verbindungen annehmen.[3] Nach dem Exportieren erfolgt die Anmeldung beim Namensdienst, und der Servercode ist abgeschlossen. Wir starten vorher die RMI-Registry aus dem Programm, und dann ist der Server bereit:

Listing 14.3 com/tutego/insel/rmi/Server.java

```
package com.tutego.insel.rmi;

import java.rmi.registry.LocateRegistry;
import java.rmi.registry.Registry;
import java.rmi.server.RemoteServer;
import java.rmi.server.UnicastRemoteObject;

public class Server {

  public static void main( String[] args ) throws RemoteException {
    LocateRegistry.createRegistry( Registry.REGISTRY_PORT );

    AdderImpl adder = new AdderImpl();
    Adder stub = (Adder) UnicastRemoteObject.exportObject( adder, 0 );
```

3 Java setzt für die Netzwerkkommunikation vorübersetzte Stubs oder automatisch generierte Proxy-Objekte ein. Mehr dazu in der API-Dokumentation unter *http://docs.oracle.com/javase/8/docs/api/java/rmi/server/UnicastRemoteObject.html.*

```
    RemoteServer.setLog( System.out );

    Registry registry = LocateRegistry.getRegistry();
    registry.rebind( "Adder", stub );

    System.out.println( "Adder angemeldet" );
  }
}
```

Remote-Objekt-Implementierung exportieren

Zum Exportieren von Remote-Objekten wird die Klasse `UnicastRemoteObject` verwendet. Sie lässt sich auf zwei Arten nutzen:

- Das Remote-Objekt wird mit der statischen Methode `UnicastRemoteObject.exportObject(Remote)` exportiert. Die Rückgabe ist ein Remote-Objekt-Proxy, der beim Anmelden beim Namensdienst verwendet wird.
- Die eigene Remote-Objekt-Klasse erweitert `UnicastRemoteObject`. Im Konstruktor von `UnicastRemoteObject`, den unsere Unterklasse ja automatisch aufrufen wird, steht ein Aufruf von `exportObject(Remote)`, sodass sich das Objekt selbst exportiert.[4]

```
class java.rmi.server.UnicastRemoteObject
extends RemoteServer
```

`static RemoteStub exportObject(Remote obj) throws RemoteException`
Exportiert das Remote-Objekt und liefert einen Proxy zurück.

Anmelden/Abmelden am Namensdienst

Ist das Remote-Proxy-Objekt exportiert, wird es bei der `Registry`, beim RMI- Namensdienst, mit `rebind(String, Remote)` oder `bind(String, Remote)` bekannt gemacht. Die RMI-Registry ist als assoziative Datenstruktur zu verstehen, die einen Objektnamen mit einem entfernten Objekt-Proxy assoziiert (es ist der Proxy und nicht das Remote-Objekt `AdderImpl`, obwohl beide die `Remote`-Schnittstelle implementieren – `Adder` in unserem Fall).

Die Notation für den Objektnamen beim Anmelden ist wie bei einer URL:

rmi://Host:Port/Objektname

Ist ein alternativer Port für den Namensdienst gewählt, stellen wir diesen mit einem Doppelpunkt wie üblich hintenan – sonst läuft der Namensdienst standardmäßig unter 1099. Der vorangestellte Protokollname `rmi` ist optional, sodass er auch weggelassen werden kann. Ist kein

4 Eine Unterklasse von `UnicastRemoteObject` zu erzeugen, hat gegenüber `exportObject(…)` den Vorteil, dass die Methoden `hashCode()`, `equals(…)`, `toString()` über die `UnicastRemoteObject`-Oberklasse `RemoteObject` implementiert sind. Das ist interessant, wenn unser exportiertes Objekt als Parameter oder Rückgabe eines Methodenaufrufs über die Leitung geht und die drei Methoden etwa beim Hashing wichtig sind.

Rechnername angegeben, wird `localhost` angenommen. Daher steht im oberen Beispiel einfach nur `rebind("Adder", stub)`.

Zum Binden der Informationen bietet der Namensdienst zwei unterschiedliche Methoden an:

- `bind(String, Remote)` trägt den Service im Namensdienst ein, aber wenn schon ein anderer Dienst unter dem gleichen Namen läuft, wird eine `AlreadyBoundException` ausgelöst.
- `rebind(String, Remote)` dagegen fügt einen neuen Eintrag mit dem gleichen Namen hinzu oder überschreibt den alten.

Ist der Dienst nicht mehr erwünscht, meldet `unbind(String)` ihn wieder ab. Der Namensdienst muss wie beim Anmelden laufen. Aus Sicherheitsgründen erlaubt der Namensdienst nur dem Server, der das Objekt seinerzeit angemeldet hat, es wieder abzumelden. Einen zusätzlichen Namen müssen wir nicht angeben.

```
final class java.rmi.registry.LocateRegistry
```

- `static void static Registry getRegistry()`
  Liefert einen Verweis auf die Registry oder löst eine `RemoteException` aus, wenn die Registry nicht lokalisiert werden konnte.


```
interface java.rmi.registry.Registry
extends Remote
```

- `void bind(String name, Remote obj)`
  `throws AlreadyBoundException, MalformedURLException, RemoteException`
  Bindet das Objekt `obj`, das in der Regel der Stub ist, an den Namen `name` und trägt es so in der Registrierung ein. Eine `AlreadyBoundException` zeigt an, dass der Name schon vergeben ist. Die `MalformedURLException` informiert, wenn der Name ungültig gebunden ist. Eine `RemoteException` wird ausgelöst, wenn der Namensdienst nicht erreicht werden konnte. Fehlende Rechte führen zu einer `AccessException`.
- `void rebind(String name, Remote obj)`
  Verhält sich wie `bind(String, Remote)`, mit dem Unterschied, dass Objekte ersetzt werden, sofern sie schon angemeldet sind.
- `void unbind(String name)`
  Entfernt das Objekt aus der Registrierung. Ist das Objekt nicht gebunden, folgt eine `NotBoundException`. Die anderen Fehler sind wie bei `bind(String, Remote)`.

14.3.6 Einfaches Logging

Um die Aktivität von RMI verfolgen zu können, haben die Entwickler einen einfachen Login-Mechanismus eingebaut. Er gibt Auskunft über die Objekte und entfernte Referenzen. Hier erfahren wir auch, ob alle gewünschten Objekte korrekt gefunden wurden. Das Logging lässt sich mit der Eigenschaft `java.rmi.server.logClass` einschalten, wenn der Wert auf `true` gesetzt ist. Dann erscheinen Ausgaben auf dem `System.err`-Fehlerkanal. Außerdem setzt die statische Methode `RemoteServer.setLog(OutputStream)` einen Fehlerausgabestrom. Die statische Methode `getLog()` liefert diesen Fehlerkanal allerdings als aufgewerteten `PrintStream`.

```
abstract class java.rmi.server.RemoteServer
extends RemoteObject
```

- `static void setLog(OutputStream out)`
  Loggt RMI-Aufrufe, indem sie in den Ausgabestrom `out` geschrieben werden. Ist `out=null`, wird das Logging beendet.
- `static PrintStream getLog()`
  Liefert den Ausgabestrom für das RMI-Logging.

[+]

Tipp

Das Paket `java.rmi.server` hält noch eine andere Klasse bereit, die recht nützlich sein kann: `UID`. Mit dieser Klasse lässt sich eine einfache ID berechnen:

```
String s = new java.rmi.server.UID().toString();
```

14.3.7 Aufräumen mit dem DGC *

Im Fall von verteilten Anwendungen reicht die normale automatische Speicherbereinigung nicht, und das Konzept muss um einen verteilten Garbage-Collector (engl. *distributed GC*, kurz *DGC*) erweitert werden. Im lokalen Fall weiß die lokale Maschine immer, ob ein Objekt referenziert wird, bei verteilten Anwendungen kann aber auf dem Server ein Objekt existieren, für das sich kein Mensch mehr interessiert. Damit auch bei verteilten Anwendungen die automatische Speicherbereinigung nicht mehr benutzte Objekte auf der Serverseite wegräumen kann, verschickt die Maschine beim Nutzen und Lösen von Verbindungen *Referenced* bzw. *Dereferenced*-Meldungen. Ist die Verbindung dann gelöst, bleibt die Klasse jedoch noch einige Zeit auf dem Server und wird nicht sofort gelöscht. Aussagen über die Verweildauer gibt die *Lease* an, die sich über eine Eigenschaft verändern lässt.

[»]

Beispiel

Setze die Verweildauer für Objekte auf eine halbe Stunde hoch:

```
$ java -Djava.rmi.dgc.leaseValue=1800000 MyClass
```

Die Standarddauer ist auf 10 Minuten gesetzt.

14.4 Auf der Client-Seite

Um entfernte Methoden zu nutzen, muss ein entferntes Objekt gesucht und angesprochen werden. Dazu fragen wir den Namensdienst. Der Name für das Objekt setzt sich aus der URL und dem Namen des Dienstes zusammen. Bei Port-Angaben dürfen wir nicht vergessen, diesen Namen wieder hinter einem Doppelpunkt anzugeben:

Listing 14.4 com/tutego/insel/rmi/Client.java

```
package com.tutego.insel.rmi;

import java.rmi.NotBoundException;
import java.rmi.RemoteException;
import java.rmi.registry.LocateRegistry;
import java.rmi.registry.Registry;

public class Client {
  public static void main( String[] args ) throws RemoteException, NotBoundException {
    Registry registry = LocateRegistry.getRegistry();
    Adder adder = (Adder) registry.lookup( "Adder" );
    System.out.println( adder.add( 47, 11 ) );
  }
}
```


Damit ist das letzte Puzzlestück eingepasst und das RMI-Beispiel vollständig. `LocateRegistry.getRegistry()` kennen wir schon – das liefert uns die `Registry`. `lookup(String)` gibt zu einem Objektnamen das Stub-Objekt (daher ist der Rückgabetyp `Remote`), das in unserem Fall die Schnittstelle `Adder` implementiert. Ein lokaler Methodenaufruf unterscheidet sich auf den ersten Blick nicht mehr von einem entfernten! Bedenken wir an dieser Stelle, dass die Rückgabe von `lookup(String)` das Stellvertreter-Objekt ist. Eine Typumwandlung auf `AdderImpl` würde natürlich nicht funktionieren, denn der Typ existiert ja nur auf der Server- und nicht auf der Client-Seite.

```
interface java.rmi.registry.Registry
extends Remote
```

- `Remote lookup(String name)`
  `throws NotBoundException, MalformedURLException, RemoteException`
  Liefert eine Referenz auf den Stub, der mit dem entfernten Objekt `name` verbunden ist. Ist kein Dienst unter dem Namen verfügbar, kommt es zu einer `NotBoundException`. Ist der Namensdienst nicht erreichbar, folgt eine `RemoteException`. Eine `MalformedURLException` kann durch eine falsch gebildete URL ausgelöst werden.

- `String[] list(String name)`
  Liefert ein Feld mit angemeldeten Diensten. Der angegebene Name gibt die URL des Namensdienstes an. Ist die URL falsch konstruiert, folgt eine `MalformedURLException`; ist die Registry nicht erreichbar, folgt eine `RemoteException`.

14.5 Entfernte Objekte übergeben und laden

In unserem bisherigen Beispiel haben wir zwei Ganzzahlwerte übergeben. Die Implementierung der Stellvertreter ist nun so, dass eine Socket-Verbindung die Daten überträgt. Da keine Objekte transportiert werden, muss keine Objekt-Serialisierung die Daten übertragen. Wir wollen uns nun damit beschäftigen, was mit Objekten passiert, die übertragen werden. Wir können verschiedene Klassen unterscheiden:

- Klassen, die auf beiden Seiten vorliegen, weil es zum Beispiel Klassen aus der Standard-API sind
- Klassen, die nur auf der Serverseite vorliegen und dem Client nicht bekannt sind
- Klassen, die selbst wieder `Remote` implementieren

Falls die Klasse auf beiden Seiten als Klassenbeschreibung vorliegt, weil es sich etwa um eine Standardklasse handelt oder sie in beiden Pfaden eingetragen ist, sind keine Probleme zu erwarten. Die übertragenen Daten müssen jedoch von Klassen stammen, die serialisierbar sind.

Wann ist eine Klassenbeschreibung nötig?

Schwierig wird die Lage erst, wenn der Server Klassen benötigt, die beim Client liegen. Es könnte etwa eine entfernte Methode

```
int max( List<?> v );
```

geben, die das Maximum der Elemente aus der Sammlung bildet. Die Elemente sind jedoch Objekte, deren Klassendateien der Server nicht im Klassenpfad hat.

14.5.1 Klassen vom RMI-Klassenlader nachladen

Wir kommen also dazu, dass der Klassenlader Klassen nachladen muss, die für den verteilten Aufruf auf der Client- und Serverseite nötig sind. Das erinnert an einen Applet-Klassenlader, der Gleiches leisten muss. Für RMI-Aufrufe kommt der RMI-Klassenlader `java.rmi.RMIClassLoader` zum Zuge. Dieser Lader lädt jetzt die Stellvertreter (die Stubs) sowie weitere benötigte Klassen in die lokale virtuelle Maschine. Woher die Klassen kommen, ist dem Lader egal. Sie können in `CLASSPATH` stehen, im aktuellen Verzeichnis oder auf einem Webserver. Im letzten Fall steuert die Eigenschaft `java.rmi.server.codebase` den Ort.

Beispiel

Setze die Codebase auf ein Verzeichnis vom Webserver, damit das RMI-Programm die benötigten Klassen aus *http://www.cute-lollipop.com/classimpl* laden kann:

```
$ java -Djava.rmi.codebase=http://www.cute-lollipop.com/classimpl
```

Wenn ein Client einen entfernten Aufruf startet, sucht er die Stub-Klasse. Findet er die Klasse nicht in dem eigenen Namensraum, wird die Codebase hinzugezogen. Der Client wird dann die Stub-Klasse von der angegebenen URL anfordern. Der Server überträgt anschließend die Klassendatei zum RMI-Client. Die Stub-Klasse muss dem Server also bekannt sein, da er sie ja übertragen muss.

Sollten die Klassen nur vom Server geladen werden und aus anderen, vielleicht dunklen Stellen des Dateisystems nicht, ist die Eigenschaft `java.rmi.useCodebaseOnly` auf `true` zu setzen.

14.6 Weitere Eigenschaften von RMI

14.6.1 RMI und CORBA

Neben der reinen Java-Lösung RMI gibt es auf dem weiten Feld der Standards noch das komplexe CORBA. Die *Object Management Group* hatte Sun damals vorgeworfen, mit RMI einen zweiten Standard zu schaffen. Die Frage nach dem Sinn von RMI ist also erlaubt. Die Antwort liegt in der Einfachheit und Integration von RMI.

Mittlerweile ist RMI an den De-facto-Standard CORBA angepasst. Die Stellvertreter-Objekte sprechen nicht nur das eigene *JRMP (Java Remote Method Protocol)*, sondern können ihre Dienste auch über das *Inter-ORB Protocol* (IIOP) von CORBA anbieten; das Protokoll ist dann nicht mehr das proprietäre JRMP, sondern RMI/IIOP (»RMI über IIOP«). Damit kann jeder CORBA-Client entfernte RMI-Objekte nutzen. Oracle bringt einen kleinen Miniserver zur Kommunikation mit und ebenso Schnittstellen und Klassen für die Kommunikation mit dem ORB.

14.6.2 RMI über HTTP getunnelt

Bei der Kommunikation der beiden Partner gibt es eine direkte Verbindung über Socket-Objekte. Diesen Sockets wird ein Port zugewiesen, sodass RMI die serialisierten Daten dann über diese zugewiesenen Ports überträgt. Dies führt jedoch bei einer Firewall, die ein internes Firmennetz schützen möchte und nur genau spezifizierte Ports, Protokolle und Richtungen offen lässt, zu Problemen. Soll eine RMI-Lösung für ein abgeschottetes Netz entwickelt werden, stellt sich die Frage, welche Technik eingesetzt werden soll.

HTTP dient normalerweise zum Übertragen der Daten zwischen Webserver und Browser. RMI bietet zum Übertragen der Daten eine Lösung über HTTP an. Ist das Internetprotokoll installiert, so lässt die Firewall die Anfragen und Antworten der Internetpartner passieren – üblicherweise auf Port 80. Die RMI-Lösung macht es sich zunutze, dass die Daten in spezielle HTTP-Pakete eingepackt (getunnelt) werden. Dazu nutzt das Tunneling-Protokoll veränderte POST-Kommandos. Die Transportschicht des Clients generiert dann eine POST-Anfrage, wobei hier zwei unterschiedliche Verfahren zum Einsatz kommen:

- Der Sender schickt die Anfrage direkt an den RMI-Server, der an dem Port horcht. Dieser nimmt anschließend aus dem POST-Paket die Daten heraus und interpretiert sie. Das wäre eine Lösung, wenn es hinter dem Sender eine Firewall gibt, aber nicht vor dem Empfänger. Wenn Sender und Empfänger geschützt sind, hilft ein zweites Verfahren.
- Der Transportmechanismus arbeitet vollständig über HTTP-Anweisungen. Dann antwortet auf der Serverseite der Webserver, der die Anfragen weiterleiten muss. Dazu dient ein CGI-Skript, das die Daten wiederum zum RMI-Server hochreicht.

Auf diese Weise werden die Objekte übertragen, allerdings mit einer Verzögerung, die durch das zusätzliche Verpacken und den eventuellen Aufruf des CGI-Skripts bedingt ist.

Das Schöne an dieser Lösung ist, dass der Client es gar nicht mitbekommt und nicht besonders konfiguriert werden muss. Soll das Verfahren ausdrücklich verboten werden, ist die Eigenschaft `java.rmi.server.disableHttp` auf `true` zu setzen.

14.6.3 Automatische Remote-Objekt-Aktivierung

Bisher haben wir ein entferntes Objekt erzeugt und angemeldet, sodass das Objekt später schon da ist, wenn es angesprochen wird. Sollten auf einem Objektserver Hunderte Remote-Objekte vor sich hin dämmern, ist das natürlich nicht sonderlich effektiv und kostet unnötig Ressourcen. Daher unterstützt die Bibliothek eine Technik namens *Remote Object Activation (ROA)*, die das automatische Starten eines Dienstes ermöglicht, wenn der erste Zugriff stattfindet; das wird *lazy activation* genannt. Damit ROA funktioniert, müssen wir als Entwickler zwei Schritte tun:

1. Wir leiten unser Remote-Objekt von der abstrakten Klasse `Activatable` ab, die wiederum von `RemoteServer` erbt, oder wir exportieren das Objekt mit `Activatable.exportObject(Remote, …)`. Damit bleiben die entfernten Objekte bis zu ihrer Aktivierung in einem Dämmerzustand. Kommt die erste Anfrage, baut das System dieses Objekt auf, sodass es Anfragen entgegennehmen kann. Wird das Objekt nach seiner Tat wiederum nicht verwendet, kann es wieder eingefroren werden; persistente Daten verwaltet ein serialisierbares `MarshalledObject`. Die unterschiedlichen Klassen zum Aktivieren bei Bedarf liegen alle im Paket `java.rmi.activation`.
2. Damit das System zur Laufzeit den entfernten Zugriff erkennt, ist der *RMI Activation Daemon rmid* nötig. Er läuft auf der gleichen Maschine wie das aktivierbare Remote-Objekt.

Weitere Hinweise gibt die Webseite unter *http://tutego.de/go/rmiactivation*.

14.7 Java Message Service (JMS)

Der JMS (*http://java.sun.com/products/jms/*) dient dem asynchronen Austausch von Nachrichten über Rechnergrenzen hinweg. Er unterstützt zwei unterschiedliche Ansätze zum Versenden von Nachrichten: zum einen die Nachrichtenschlangen (*Message Queues*) und zum anderen ein Anmelde-Versende-System (*Publish-Subscribe*). Bei gerichteten Punkt-zu-Punkt-Verbindungen (auch Point-to-Point-, PTP-, P2P-Systeme genannt) sendet ein Client eine Nachricht an einen Empfänger, der die Nachricht in eine Queue einreiht. JMS definiert, wie der Client Nachrichten verschicken kann und wie die Nachrichten aus der Schlange genommen werden. Beim Anmeldesystem interessiert sich der Client für bestimmte Nachrichten, die dann automatisch verteilt werden. Diese Nachrichten heißen in JMS *Topics*.

Jede Nachricht, die JMS versendet, besteht aus einem Kopf (*Header*), einigen Eigenschaften (*Properties*) und dem Körper (*Body*). Der Header enthält Felder mit Angaben zur Identität und nötige Informationen, damit die Nachricht übermittelt werden kann (Routing-Informationen). Die Properties sind zusätzliche Felder und können von jeder Applikation selbst bestimmt werden. Der Datenteil bildet den Körper, der aus unterschiedlichen Formaten bestehen kann: einem Datenstrom, der sequenziell verarbeitet wird, Schlüssel-Wert-Paaren, Text, einem Java-Objekt oder uninterpretierten Bytes.

14.8 Zum Weiterlesen

RMI ist mittlerweile eher eine Technologie im Hintergrund geworden, wie der Fall von verteilten Anwendungen mit Enterprise JavaBeans zeigt. Die passendere Technologie im Fall einer serviceorientierten Architektur ist SOAP, das auch in der Performance akzeptabel ist.

Um mit RMI effektiv arbeiten zu können, ist ein Blick auf die FAQ nützlich: *http://tutego.de/go/rmifaq*. Über SSL/TLS abgesicherte RMI-Verbindungen sind mit den speziellen RMI-Socket-Fabrikklassen `javax.rmi.ssl.SslRMIClientSocketFactory` und `javax.rmi.ssl.SslRMIServerSocketFactory` möglich; ein kompaktes Beispiel mit den nötigen Belegungen für `javax.net.ssl.trustStore` und `javax.net.ssl.keyStore` zeigt der News-Beitrag unter *http://forum.java.sun.com/thread.jspa?threadID=5119458&tstart=405*.

Diskussionen rund um das Thema »Java im Enterprise-Bereich« finden auf der Website *http://www.theserverside.com/* statt. Sie stellt Bücher vor, bietet Videos mit interessanten Java-Persönlichkeiten und Diskussionsforen für EJB, Web-Services, Servlets und JSP.

RMI ist eine synchrone Technologie für 1:1-Kommunikationen, aber für Lösungen wie Chats, bei denen eine Nachricht zu vielen Empfängern kommen soll (1:n-Kommunikation), nicht geeignet. Hierfür gibt es JMS, was Oracle auf den Seiten *http://www.oracle.com/technetwork/java/jms/index.html* beschreibt. JMS ist als pure Java-Technologie relativ einfach zu nutzen und auch Bestandteil der Java EE-Spezifikation. Ein guter JMS-Provider ist ActiveMQ (*http://activemq.*

apache.org/). ActiveMQ definiert mit OpenWire ein programmiersprachen-unabhängiges Binärprotokoll und ermöglicht Clients in .NET/C++/C die Teilnahme am Nachrichtenverkehr. Auf der Oracle-Webseite gibt es die allgemeine JMS-Spezifikation, Dokumentation und Verweise auf weitere Implementierungen.

Kapitel 15
RESTful und SOAP-Web-Services

»Wenn die Menschen nur über Dinge reden würden, von denen sie etwas verstehen – das Schweigen wäre bedrückend.«
– Robert Lembke (1913–1989)

15.1 Web-Services

Zum Ansprechen entfernter Ressourcen und zum Aufrufen entfernter Methoden gibt es mehrere Ansätze. Ein einfaches Verfahren ist die Anfrage mit Parametern an einen Webserver, der den Inhalt zurückliefert. Das entspricht im Wesentlichen dem, was auch ein Client zum Ansprechen einer Suchmaschine macht – er schickt den Such-String zum Server und bekommt eine Antwort zurück. Sind wir in einer Client-Server-Architektur und gilt es, auf einem Server Operationen auszuführen, so gibt es unterschiedliche Standards wie RMI, CORBA, DCOM, RPC, so wie schon im vorangegangenen Kapitel aufgeführt.

Plattformübergreife Kommunikation

Doch Lösungen wie RMI oder CORBA sind nicht immer optimal, und idealerweise unterhalten sich Client und Server unter folgenden Voraussetzungen:

- Ihre Kommunikation erfolgt über einen offenen Port, denn Sicherheitsbeauftragte tolerieren es nicht, wenn irgendwelche neuen Ports zusätzlich aufgemacht werden müssen. Der Weg über HTML ist hier optimal, da das Protokoll HTTP verbreitet ist und der Port zum HTTP-Server in der Regel frei bzw. über einen Proxy unproblematisch ist. RMI und CORBA lassen sich zwar über HTTP tunneln, aber das ist keine ordentliche und performante Lösung.
- Java ist zwar immer noch die wichtigste Programmiersprache für kritische Geschäftsanwendungen, aber natürlich nicht die einzige. Lösungen sollten plattformübergreifend sein, damit Client und Server auf beliebigen Betriebssystemen und in beliebigen Programmiersprachen entwickelt werden können. Mit RMI lässt sich nicht wirklich ein .NET-Client mit einem Java EE-Server verbinden. Und Byteorder (Big-Endian, Little-Endian) sollen keine Rolle spielen – genauso wie die interne Repräsentation von Fließkommazahlen.
- Im Optimalfall ist der Zugriff ohne aufwändige Generatoren zu realisieren. Das vereinfacht auch das Testen enorm.

Es ist naheliegend, die Übertragung über HTTP vorzunehmen und ein neutrales Textprotokoll einzusetzen, um keine Bindung an Rechnersysteme und Programmiersprachen zu erzwingen.

Bietet ein Webserver Dienste für Clients an, nennen wir das *Web-Service*, wobei wir erst einmal offen lassen, wie genau die Kommunikation zwischen Client und Server aussieht.

REST und SOAP

Da es verschiedene Anforderungen in der Webkommunikation gibt, haben sich zwei bekannte Web-Service-Standards herausgebildet:

- *SOAP-Web-Services*: SOAP ist ein standardisiertes Protokoll, bei dem XML-Nachrichten übertragen werden. SOAP ist ähnlich wie RMI eine Technologie zum entfernten Methodenaufruf, bei der Argumente übergeben und eine Rückgabe eingesammelt wird. Die Parameter und Rückgaben sind exakt in einer WSDL-Datei beschrieben (ebenfalls im XML-Format), und es lassen sich gut Generatoren einsetzen, die mithilfe dieser WSDL-Datei Zugriffsklassen in allen möglichen Programmiersprachen generieren.
- *RESTful Web-Services*: Beim REST-Prinzip wird eine Anfrage über HTTP an den Webserver gestellt. Anstatt entfernte Operationen aufzurufen und Argumente in einem XML-Dokument zu übergeben, kodiert die URL die Ressource, und nur einige wenige Operationen (wie Lesen und Aktualisieren) sind möglich. Im Mittelpunkt steht eine Ressource, die eindeutig adressierbar ist. Die Ressource hat eine Repräsentation, die in jedem Format sein kann, also XML, Text, Bilder oder .mp3-Dateien.

Da SOAP-basierte Web-Services zeitlich vor RESTful Web-Services bekannt wurden, haben sie sozusagen den Begriff »Web-Services« geprägt. RESTful Web-Services kamen später, und so ist der Begriff »Web-Service« eigentlich mehrdeutig. Durch den historischen Vorsprung von SOAP ist der Begriff »Web-Service« in der Öffentlichkeit aber oft noch mit SOAP assoziiert.

Beide Verfahren haben ihre Vorzüge, und es ist nicht so, dass eine Variante immer besser als die andere Variante ist. Wenn es Ressourcenzugriffe und keine entfernten Aufrufe an wirkliche Objekte mit Zuständen und Verhalten gibt, ist ein RESTful Web-Service eine gute Wahl. Stehen entfernte Objekte mit ihren vielfältigen Funktionen im Vordergrund, ist ein SOAP-Web-Service in Ordnung. Beide verfolgen unterschiedliche Philosophien, daher ist die Wahl zwischen REST oder SOAP keine Frage der technischen Realisierung: Web-Services können von einer Variante in die andere überführt werden, doch dann »fühlt« es sich nicht mehr so natürlich an. RESTful ist ein Architekturstil und kein Standard wie SOAP.

15.2 RESTful Web-Services

Dieser Abschnitt stellt das Architekturprinzip REST vor und anschließend den Java-Standard JAX-RS. Es folgen Beispiele mit der JAX-RS-Referenzimplementierung *Jersey*.

15.2.1 Aus Prinzip REST

Bei RESTful Services liegt das Konzept zugrunde, dass eine Ressource über einen Webserver verfügbar ist und eindeutig über einen URI identifiziert wird.

Da unterschieden werden muss, ob eine Ressource neu angelegt, gelesen, aktualisiert, gelöscht oder aufgelistet werden soll, werden dafür die bekannten HTTP-Methoden verwendet:

HTTP-Methode	Operation
GET	Listet Ressourcen auf oder holt eine konkrete Ressource.
PUT	Aktualisiert eine Ressource.
DELETE	Löscht eine Ressource oder eine Sammlung von Ressourcen.
POST	Semantik kann variieren, in der Regel aber geht es um das Anlegen einer neuen Ressource.

Tabelle 15.1 HTTP-Methoden und übliche assoziierte Operationen

Anders als SOAP ist REST kein entfernter Methodenaufruf, sondern eher vergleichbar mit den Kommandos `INSERT`, `UPDATE`, `DELETE` und `SELECT` in SQL.

Ursprung von REST

Die Idee, Web-Services mit dem Webstandard HTTP aufzubauen, beschrieb Roy Thomas Fielding im Jahr 2000 in seiner Dissertation »Architectural Styles and the Design of Network-based Software Architectures«. Das Architekturprinzip nennt er *Representational State Transfer (REST)* – der Begriff ist neu, aber das Konzept ist alt. Aber so wie im richtigen Leben setzen sich manche Dinge erst spät durch. Das liegt auch daran, dass SOAP-basierte Web-Services immer komplizierter wurden und sich die Welt nach etwas anderem sehnte. (Daher beginnen wir im Buch auch mit REST, und dann wird SOAP folgen.)

Wie sieht ein REST-URI aus?

Auf der einen Seite stehen die HTTP-Methoden `GET`, `PUT`, `POST`, `DELETE` und auf der anderen Seite die URIs, die die Ressource kennzeichnen. Ein gutes Beispiel einer REST-URL ist der Blog vom Java-Buch:

*http://www.tutego.de/blog/javainsel/***category***/java-8/***page***/2/*

Das Ergebnis ist ein HTML-Dokument mit ausschließlich den Beiträgen aus der Kategorie *Java 8* und nur denen auf der zweiten Seite.

Fast daneben ist auch vorbei

Da auf den ersten Blick jede HTTP-Anfrage an einen Webserver wie ein REST-Aufruf aussieht, sollten wir uns im Klaren darüber sein, was denn *kein* REST-Aufruf ist. Eine URL wie *http://www.bing.com/search?q=tutego* ist erst einmal *nicht* der typische REST-Stil, da es keine Ressource gibt, die angesprochen wird. Da REST als leichtgewichtig und cool gilt, geben sich natürlich gerne Dienste ein bisschen RESTig. Ein Beispiel ist Flickr, ein Fotoservice von Yahoo. Das Unternehmen wirbt mit einer REST-API, aber es ist alles andere als REST und kein gutes Beispiel.[1] Das Gleiche gilt auch für Twitter, das lediglich einen rudimentären REST-Ansatz hat, aber in der Öffentlichkeit als REST pur wahrgenommen wird.

15.2.2 Jersey

Für Java gibt es mit *JAX-RS* einen Standard zum Deklarieren von REST-basierten Web-Services. Er wurde in der JSR-311, »JAX-RS: The Java API for RESTful Web Services«, definiert. Es fehlt noch eine Implementierung, damit wir Beispiele ausprobieren können:

- Jeder Applikationsserver ab Java EE 6 enthält standardmäßig eine JAX-RS-Implementierung.
- Da wir JAX-RS ohne einen Applikationsserver mit der normalen Java SE ausprobieren möchten, ist eine JAX-RS-Implementierung nötig, da das JDK die JAX-RS-API nicht mitbringt. Es ist naheliegend, die JAX-RS-Referenzimplementierung *Jersey* (*http://jersey.java.net/*) zu nutzen, die auch intern von Applikationsservern verwendet wird.

Mit Jersey lässt sich entweder ein Servlet-Endpunkt definieren, sodass der RESTful Web-Service in einem Servlet-Container wie Tomcat läuft, oder der eingebaute Mini-HTTP-Server nutzen. Wir werden im Folgenden mit dem eingebauten Server arbeiten.

Download und JAR-Dateien

Beginnen wir mit dem Download der nötigen Java-Archive. Die Jersey-Homepage *http://jersey.java.net/* verweist für den Download auf *http://jersey.java.net/download.html*. Klicken wir dort auf

> **Jersey JAX-RS 2.0 RI bundle** *bundle contains the JAX-RS 2.0 API jar, all the core Jersey module jars as well as all the required 3rd-party dependencies.*

dann startet der Download von *jaxrs-ri-2.7.zip*. (Die Datei liegt physikalisch auf den Servern vom Maven Central Repository und könnte neuer sein.) Das ZIP-Archiv können wir auspacken und dann folgende Archive in den Klassenpfad aufnehmen:

- *javax.ws.rs-api-2.0.jar* (aus dem Ordner *api*): Enthält die JAX-RS-API, aber keine Implementierung.
- *jersey-client.jar, jersey-common.jar, jersey-server.jar* (aus dem Ordner *lib*): Jersey-Implementierung
- **.jar* (aus dem Ordner *ext*): Enthält das, worauf die Jersey-Implementierung selbst zurückgreift; um es einfach zu machen: einfach alles.
- Ein JAR müssen wir noch in den Klassenpfad dazusetzen, damit der Jersey-Server den im JDK eingebauten HTTP-Server nutzen kann:
- *http://repo1.maven.org/maven2/org/glassfish/jersey/containers/jersey-container-jdk-http/2.7/jersey-container-jdk-http-2.7.jar*

---

1 Roy Fielding meint dazu nur: »Flickr obviously don't have a clue what REST means since they just use it as an alias for HTTP. Perhaps that is because the Wikipedia entry is also confused. I don't know.« (Quelle: *http://roy.gbiv.com/untangled/2008/no-rest-in-cmis*).

15.2.3 JAX-RS-Annotationen für den ersten REST-Service

JAX-RS definiert einige Annotationen, die zentrale Konfigurationen bei RESTful Web-Services vornehmen, etwa Pfadangaben, Ausgabeformate oder Parameter. In den nächsten Abschnitten werden diese Annotationen an unterschiedlichen Beispielen vorgestellt.

Die Annotationen @Path und @GET

Beginnen wir mit einem REST-Service, der einen simplen Text-String liefert:

Listing 15.1 com/tutego/insel/rest/MessageResource.java

```
package com.tutego.insel.rest;

import javax.ws.rs.*;

@Path( "message" )
public class MessageResource {

  @GET
  @Produces( MediaType.TEXT_PLAIN )
  public String message() {
    return "Yea! ";
  }
}
```

Die ersten beiden Annotationen sind zentral:

- `@Path`: Ist die Pfadangabe, die auf den Basispfad gesetzt wird.
- `@GET`: Die HTTP-Methode. Hier gibt es auch die Annotationen für die anderen HTTP-Methoden `POST`, `PUT`, ...
- `@Produces`: Die Annotation kann zwar grundsätzlich auch entfallen, aber besser ist es, deutlich einen MIME-Typ zu setzen. Es gibt String-Konstanten für die wichtigsten MIME-Typen, wie `MediaType.TEXT_XML` oder `MediaType.TEXT_HTML`, und auch Strings wie »application/pdf« können direkt gesetzt werden.

15.2.4 Test-Server starten

Ein Java EE-Application-Server würde die Klasse aufgrund der Annotationen gleich einlesen und als REST-Service anmelden. Da wir die Klasse jedoch in der Java SE ohne Application-Server verwenden, muss ein REST-Server von Hand aufgebaut werden. Das ist aber problemlos, denn dafür haben wir *jersey-container-jdk-http-2.0.jar* eingebunden, sodass sich Jersey in den im JDK eingebauten HTTP-Server integriert.

Listing 15.2 com/tutego/insel/rest/StartRestServer.java, main()

```
ResourceConfig rc = new ResourceConfig().packages( "com.tutego.insel.rest" );
HttpServer server = JdkHttpServerFactory.createHttpServer(
   URI.create( "http://localhost:8080/rest" ), rc);
JOptionPane.showMessageDialog( null, "Ende" );
server.stop( 0 );
```

Nach dem Start des Servers scannt Jersey die Klassen im genannten Paket daraufhin ab, ob sie passende JAX-RS-Annotationen tragen. Das Class-Scanning wurde aktiviert mit der `package(…)`-Methode beim `ResourceConfig`, es ist aber auch möglich, im Konstruktor von `ResourceConfig` direkt die JAW-RS-Klassen aufzuzählen.

Die statische Methode `JdkHttpServerFactory.createHttpServer(…)` liefert ein Objekt vom Typ `com.sun.net. httpserver.HttpServer`, das Teil der internen Java-API ist. Die `JdkHttpServerFactory` stammt aus dem internen Jersey-Paket.

15.2.5 REST-Services konsumieren

Bei `createHttpServer(…)` ist als Testpfad `"http://localhost:8080/rest"` eingetragen, und zusammen mit `@Path("message")` an der Klasse ergibt sich der Pfad *http://localhost:8080/rest/message* für die Ressource.

REST im Browser

Wird die URL *http://localhost:8080/rest/message* in den Webbrowser eingesetzt, führt das zur Ausgabe von »Yea!«.

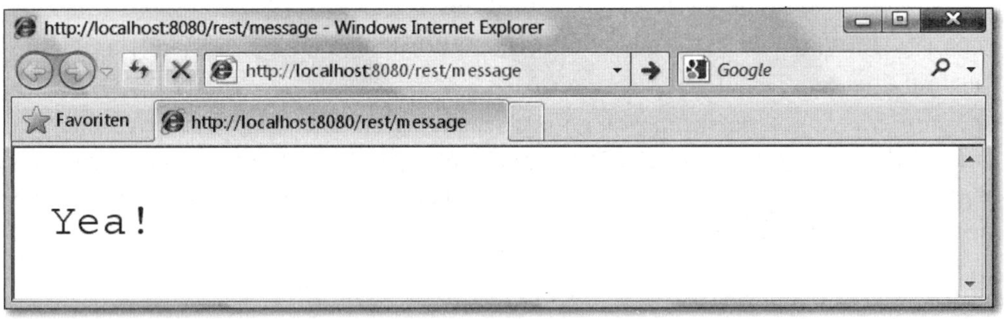

Abbildung 15.1 Screenshot vom Browser mit dem Ergebnis der Anfrage

REST-Client mit Jersey

Sich im Browser das Ergebnis eines REST-Aufrufs anzuschauen, ist nicht das übliche Szenario. Oft sind es JavaScript-Programme im Browser, die REST-Aufrufe starten und die konsumierten Daten auf einer Webseite integrieren.

Ist es ein Java-Programm, das einen REST-Dienst anzapft, so kann dies mit einer einfachen URL-Connection erledigt werden, was eine Standardklasse aus dem java.net-Paket ist, um auf HTTP-Ressourcen zuzugreifen. Doch Jersey definiert eine standardisierte API zum einfachen Zugriff. Es reicht ein Einzeiler:

```
System.out.println(
  ClientBuilder.newClient().target( "http://localhost:8080/rest" )
             .path( "message" ).request().get( String.class )
);
```

Der API-Stil, den die Bibliotheksautoren hier verwenden, nennt sich *Fluent-API*; Methodenaufrufe werden verkettet, um alle Parameter wie URL, MIME-Typ für die Anfrage zu setzen. Das ist eine Alternative zu den bekannten Settern auf JavaBeans bzw. einen überladenen Konstruktor mit unübersichtlichen Parameterlisten.

Um die Typen bei der javax.ws.rs.client-API etwas besser zu verstehen, schreiben wir alles ganz vollständig aus:

Listing 15.3 com/tutego/insel/rest/MessageJerseyClient.java, main()

```
Client client = ClientBuilder.newClient();
WebTarget target = client.target( "http://localhost:8080/rest" );
WebTarget resourceTarget = target.path( "message" );
Invocation.Builder request = resourceTarget.request( MediaType.TEXT_PLAIN );
Response response = request.get();
System.out.println( response.readEntity( String.class ) );
```


Das Response-Objekt hat auch eine Methode getStatus() für den HTTP-Statuscode und hasEntry(), um zu prüfen, ob es ein Ergebnis gibt und keinen Fehler. Apropos Fehler: Ist die URL falsch, gibt es eine RuntimeExcection – geprüfte Ausnahmen verwendet Jersey nicht.

```
Exception in thread "main" javax.ws.rs.NotFoundException: HTTP 404 Not Found
```

15.2.6 Content-Handler, Marshaller und verschiedene MIME-Typen

JAX-RS erlaubt grundsätzlich alle MIME-Typen, und die Daten selbst können auf verschiedene Java-Datentypen übertragen werden. So ist es egal, ob bei Textdokumenten zum Beispiel der Rückgabetyp String oder OutputStream ist; selbst ein File-Objekt lässt sich zurückgeben. Für einen Parametertyp – Parameter werden gleich vorgestellt – gilt das Gleiche: JAX-RS ist hier recht flexibel und kann über einen InputStream oder Writer einen String entgegennehmen. (Reicht das nicht, können so genannte Provider angemeldet werden.)

Bei XML-Dokumenten kommt hinzu, dass JAX-RS wunderbar mit JAXB zusammenspielt.

XML mit JAXB

Dazu ein Beispiel für einen Dienst hinter der URL *http://localhost:8080/rest/message/serverinfo*, der eine Serverinformation im XML-Format liefert. Das XML wird automatisch von JAXB generiert.

Listing 15.4 com/tutego/insel/rest/MessageResource.java, MessageResource Ausschnitt

```
@Path( "message" )
public class MessageResource {

  @GET
  @Path( "serverinfo" )
  @Produces( MediaType.TEXT_XML )
  public ServerInfo serverinfo() {
    ServerInfo info = new ServerInfo();
    info.server =
 System.getProperty( "os.name" )+" "+System.getProperty( "os.version" );
    return info;
  }
}

@XmlRootElement
class ServerInfo {
  public String server;
}
```

Die Klasse `ServerInfo` ist eine JAXB-annotierte Klasse. In der eigenen JAX-RS-Methode `serverinfo()` wird dieses `ServerInfo`-Objekt aufgebaut, das Attribut gesetzt und dann zurückgegeben; der Rückgabetyp ist also nicht `String` wie vorher, sondern explizit `ServerInfo`. Dass der MIME-Typ XML ist, sagt `@Produces(MediaType.TEXT_XML)`. Und noch eine Annotation nutzt das Beispiel: `@Path`. Lokal an der Methode bedeutet es, dass der angegebene Pfad zusätzlich zur Pfadgabe an der Klasse gilt. Also ergibt sich der komplette Pfad aus:

Basispfad + "message" + "/" + "serverinfo"

Unter *http://localhost:8080/rest/message/serverinfo* ist im Browser Folgendes zu sehen:

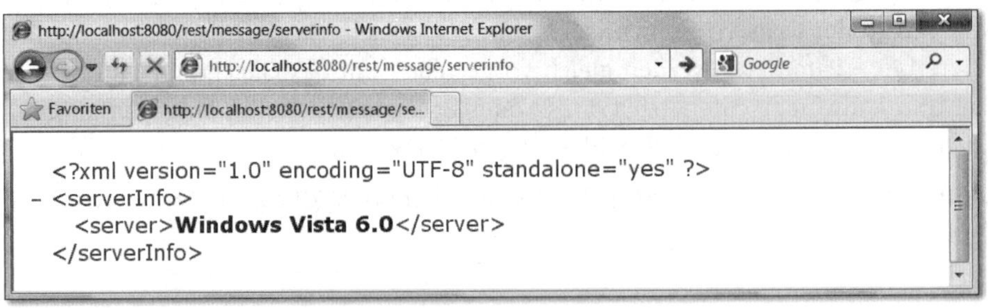

Abbildung 15.2 Ergebnis des REST-Aufrufs im Browser

JSON-Serialisierung *

Ist der Client eines REST-Aufrufs ein JavaScript-Programm in einem Webbrowser, ist es in der Regel günstiger, statt XML das Datenformat JSON zu verwenden. JAX-RS bindet dabei die JABX-annotierten Objekte nicht nur an XML, sondern auch an JSON. Dazu muss lediglich eine kleine Änderung bei den MIME-Typen vorgenommen werden:

```
@Produces( MediaType.APPLICATION_JSON )
```

Das reicht schon aus, und der Client empfängt ein JSON-serialisiertes Objekt.

Damit die Erzeugung von JSON auch mit der Referenzimplementierung Jersey funktioniert, müssen weitere Klassen in den Klassenpfad aufgenommen werden – daher überspringen wir JSON als Format.

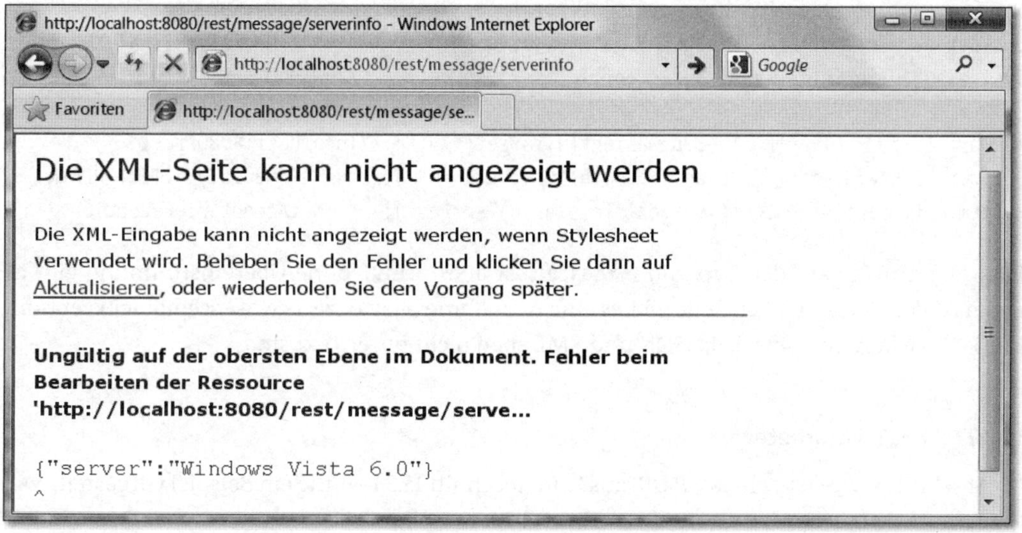

Abbildung 15.3 Der Internet Explorer hält die Datei für XML, Firefox möchte sie als unbekanntes Format abspeichern, und Chrome zeigt das JSON-Dokument einfach als Text an.

15

Jersey-Client

Die JAX-RS-API bietet mit dem MIME-Typ noch eine Besonderheit, dass der Server unterschiedliche Formate liefern kann, je nachdem, was der Client verarbeiten möchte oder kann. Der Server macht das mit `@Produces` klar, denn dort kann eine Liste von MIME-Typen stehen. Soll der Server XML und JSON generieren können, schreiben wir:

Listing 15.5 com/tutego/insel/rest/MessageResource.java, Ausschnitt

```
@GET
@Path( "serverinfo" )
@Produces( { MediaType.TEXT_XML, MediaType.APPLICATION_JSON } )
public ServerInfo serverinfo()
```

Kommt der Client mit dem Wunsch nach XML, bekommt er XML, möchte er JSON, bekommt er JSON. Die Jersey-Client-API teilt über `request(String)` bzw. `request(MediaType... types)` mit, was ihr Wunschtyp ist. (Dieser Typwunsch ist eine Eigenschaft von HTTP und nennt sich *Content Negotiation*.)

Listing 15.6 com/tutego/insel/rest/XmlJsonMessageJerseyClient.java, main()

```
/* Nur mit zusätzlichem JSON-JAR im Klassenpfad!
WebTarget wr1 = ClientBuilder.newClient().target( "http://localhost:8080/rest" );
Builder b1 = wr1.path( "message" ).path( "serverinfo" )
                                  .request( MediaType.APPLICATION_JSON );
System.out.println( b1.get( ServerInfo.class ).server );  // Windows Vista 6.0
*/
WebTarget wr2 = ClientBuilder.newClient().target( "http://localhost:8080/rest" );
Builder b2 = wr2.path( "message" ).path( "serverinfo" ).request( MediaType.TEXT_XML );
System.out.println( b2.get( ServerInfo.class ).server );  // Windows Vista 6.0

WebTarget wr3 = ClientBuilder.newClient().target( "http://localhost:8080/rest" );
Builder b3 = wr3.path( "message" ).path( "serverinfo" ).request( MediaType.TEXT_PLAIN );
System.out.println( b3.get( ServerInfo.class ).server );  // NotAcceptableException
```

Passt die Anfrage auf den Typ von `@Produces`, ist alles prima, ohne Übereinstimmung gibt es einen Fehler. Bei der letzten Zeile gibt es eine Ausnahme (»javax.ws.rs.NotAcceptableException: HTTP 406 Not Acceptable«), da JSON und XML eben nicht purer Text sind.

15.2.7 REST-Parameter

Im Abschnitt »Wie sieht ein REST-URI aus?« in Abschnitt 15.2.1 wurde ein Beispiel vorgestellt, wie Pfadangaben aussehen, wenn sie einen RESTful Service bilden:

*http://www.tutego.de/blog/javainsel/***category***/java-7/***page***/2/*

Als Schlüssel-Wert-Paar lassen sich festhalten: `category=java-7` und `page=2`. Der Server wird die URL auseinanderpflücken und genau die Blog-Einträge liefern, die zur Kategorie »java-7« gehören und sich auf der zweiten Seite befinden.

Bisher sah unser REST-Service auf dem Endpunkt */rest/message/* so aus, dass einfach ein String zurückgegeben wird. Üblicherweise gibt es aber unterschiedliche URLs, die Operationen wie »finde alle« oder »finde alle mit der Einschränkung X« abbilden. Bei unseren Nachrichten wollen wir dem Client drei Varianten zur Abfrage anbieten (mit Beispiel):

- */rest/message/*: alle Nachrichten aller Nutzer
- */rest/message/user/chris*: alle Nachrichten von Benutzer »chris«
- */rest/message/user/chris/search/kitesurfing*: alle Nachrichten von Benutzer »chris« mit dem Betreff »kitesurfing«

Das erste Beispiel macht deutlich, dass hier ohne explizite Angabe weiterer Einschränkungskriterien alle Nachrichten erfragt werden sollen, während mit zunehmend längerer URL weitere Einschränkungen dazukommen.

Parameter in JAX-RS kennzeichnen

Die JAX-RS-API erlaubt es, dass diese Parameter (wie Benutzername oder Such-String) leicht eingefangen werden können. Für die drei möglichen URLs entstehen drei überladene Methoden:

Listing 15.7 com/tutego/insel/rest/MessageResource.java, MessageResource Ausschnitt

```
@GET @Produces( MediaType.TEXT_PLAIN )
public String message() ...

@GET @Produces( MediaType.TEXT_PLAIN )
@Path("user/{user}")
public String message( @PathParam("user") String user ) {
  return String.format( "Benutzer = %s", user );
}

@GET
@Produces( MediaType.TEXT_PLAIN )
@Path("user/{user}/search/{search}")
public String message( @PathParam("user") String user,
                       @PathParam("search") String search ) {
  return String.format( "Benutzer = %s, Suchstring = %s", user, search );
}
```

Die bekannte @Path-Annotation enthält nicht einfach nur einen statischen Pfad, sondern beliebig viele Platzhalter in geschweiften Klammern. Der Name des Platzhalters taucht in der Methode wieder auf, nämlich dann, wenn er mit @PathParam an einen Parameter gebunden wird. Jersey parst für uns die URL und füllt die Parametervariablen passend auf bzw. ruft die richtige Methode auf. Da die JAX-RS-Implementierung den Wert füllt, nennt sich das auch *JAX-RS-Injizierung*.

URL-Endung	Aufgerufene Methode
/rest/message/	message()
/rest/message/user/chris	message(String user)
/rest/message/user/chris/search/kitesurfing	message(String user, String search)

Tabelle 15.2 Welche URL zu welcher Methode führt

Die Implementierungen der Methoden würden jetzt an einen Daten-Service gehen und die selektierten Datensätze zurückgeben. Das zeigt das Beispiel nicht, da dies eine andere Baustelle ist.

[+]

Tipp

Wenn Parameter falsch sind, kann eine Methode eine besondere Ausnahme vom Typ `javax.ws.rs.WebApplicationException` (dies ist eine `RuntimeException`) erzeugen. Im Konstruktor von `javax.ws.rs.WebApplicationException` lässt sich ein Statuscode als `int` oder als Aufzählung vom Typ `Response.Status` übergeben, etwa `new WebApplicationException(Response.Status.EXPECTATION_FAILED)`.

15.2.8 REST-Services mit Parametern über die Jersey-Client-API aufrufen

Wenn die URLs in dem Format *schlüssel1/wert1/schlüssel2/wert2* aufgebaut sind, dann ist ein Aufbau einfach durch Kaskadierung der `path(…)`-Methoden umzusetzen:

Listing 15.8 com/tutego/insel/rest/ParameterizedMessageJerseyClient.java, main()

```
System.out.println( ClientBuilder.newClient()
  .target( "http://localhost:8080/rest" )
  .path( "message" ).path( "user" ).path("chris")
  .request().get(String.class) ); // Benutzer = chris

System.out.println( ClientBuilder.newClient()
  .target( "http://localhost:8080/rest" )
  .path( "message" ).path( "user" )
  .path("chris").path("search").path("kitesurfing")
  .request().get(String.class) ); // Benutzer = chris, Suchstring = kitesurfing
```

Multiwerte

Schlüssel-Wert-Paare lassen sich auch auf anderen Wegen übermitteln statt nur auf dem Weg über *schlüssel1/wert1/schlüssel2/wert2*. Besonders im Web und für Formularparameter ist die Kodierung über *schlüssel1=wert1&schlüssel2=wert2* üblich. Auch das kann in JAX-RS und mit der Jersey-Client-API abgebildet werden:

- Anstatt Parameter mit `@PathParam` zu annotieren, kommt bei Multiwerten `@QueryParam` zum Einsatz.
- Anstatt mit `path(String)` zu arbeiten, wird bei dem Jersey-Client mit `queryParam(String key, Object… value)` gearbeitet.

[+]

Hinweis

Es gibt eine Reihe von Dingen, die in Methoden per Annotation übermittelt werden können, und nicht nur `@PathParam` und `@QueryParam`. Dazu kommen noch Dinge wie `@HeaderParam` für den HTTP-Request-Header, `@CookieParam` für Cookies, `@Context` für Informationsobjekte und weitere Objekte.

15.2.9 PUT-Anforderungen und das Senden von Daten

Zum Senden von Daten an einen REST-Service ist die HTTP-PUT-Methode gedacht. Die Implementierung einer Java-Methode kann so aussehen:

Listing 15.9 com/tutego/insel/rest/MessageResource.java, MessageResource Ausschnitt

```
@PUT
@Path( "user/{user}" )
@Consumes( MediaType.TEXT_PLAIN )
public Response postMessage( @PathParam( "user" ) String user, String message ) {
  System.out.printf( "%s sendet '%s'%n", user, message );
  return Response.noContent().build();
}
```

Zunächst gilt, dass statt `@GET` ein `@PUT` die Methode annotiert. `@Consumes` hält den MIME-Typ dieser gesendeten Daten fest. Ein zusätzlicher `@PathParam` fängt die Benutzerkennung ein, die dann mit der gesendeten PUT-Nachricht auf der Konsole ausgegeben wird.

Diese beiden Annotationen `@PUT` und `@Consumes` sind also nötig. Eine Rückgabe in dem Sinne hat die Methode nicht, und es ist umstritten, ob ein REST-PUT überhaupt neben dem Statuscode etwas zurückgeben soll. Daher ist die Rückgabe ein spezielles JAX-RS-Objekt vom Typ `Response`, das hier für 204 steht. 15

15.2.10 PUT/POST/DELETE-Sendungen mit der Jersey-Client-API absetzen

Ein `Invocation.Builder` bietet neben `get(…)` auch die anderen Java-Methoden für HTTP-Methoden, also `delete(…)`, `post(…)`, `options(…)`, … und eben auch `put(…)` zum Schreiben.

Listing 15.10 com/tutego/insel/rest/ PostMessageJerseyClient.java, main()

```
Client client = ClientBuilder.newClient();
WebTarget target = client.target( "http://localhost:8080/rest" );
Response response = target.path( "message" ).path( "user" ).path( "chris" )
                          .request().put( Entity.text("Hey Chris") );
System.out.println( response );
```

Die `put(…)`-Methode erwartet als Argument den Typ `Entity`, und zum Objektaufbau gibt es diverse statische Methoden in `Entity`. `Entity.text("Hey Chris")` ist eine Abkürzung für `Entity.entity("Hey Chris", MediaType.TEXT_PLAIN)`.

15.3 Daily Soap und das SOAP-Protokoll

Bei den Firmen DevelopMentor, IBM, Lotus Development Corp., Microsoft und UserLand Software entstand das XML-basierte *SOAP*-Protokoll (bis Version 1.2 stand die Abkürzung für *Simple*

Object Access Protocol). Es wird seit 1998 entwickelt und bietet einen einfachen Zugriff auf Serverressourcen mit den etablierten Webstandards HTTP und XML. SOAP selbst beschreibt die Art und Weise, wie Inhalte (Serialisierung) und die XML-Daten übertragen werden. Die Übertragung hat mit SOAP aber eigentlich nichts zu tun, denn dafür sind andere Protokolle definiert. HTTP ist ein ideales Transportprotokoll, da es für Webseiten in der Regel keine Beschränkungen von Firewalls gibt. Die beiden Kommunikationsparteien regeln mit SOAP so einen entfernten Methodenaufruf, der die Parameter und Ergebnisse in XML kodiert und überträgt. Durch die unabhängigen und anerkannten Webstandards bietet SOAP gegenüber RMI oder CORBA den Vorteil, nicht an eine Programmiersprache gebunden zu sein. Java-Client kann gut auf in C# implementierte SOAP-Dienste zurückgreifen, genauso wie ein PHP-Client SOAP-Dienste auf einem Java-Applikationsserver aufrufen kann. Die SOAP-Übertragung kommt auch Oracle mit seinem Ziel einer betriebssystem- und plattformunabhängigen Schnittstelle entgegen.

Probleme von SOAP

Den Vorteilen stehen allerdings einige Nachteile gegenüber. Die XML-Repräsentation der Dokumente macht die Dokumente groß, und das XML-Dokument müsste eigentlich auch Schema-validiert werden. Dann kostet das Parsen der Parameter und der Aufbau der Ergebnisse auf beiden Seiten etwas Zeit, und Mehrdeutigkeiten können sich ergeben, wenn etwa im XML-Text ein Datum ohne Zeitzone steht. In Umgebungen, die eine schmale Übertragung fordern – etwa bei der Kommunikation zwischen mobilem Endgerät und Server –, setzen Entwickler eher auf REST-Aufrufe und komprimierte Datenströme. Des Weiteren ist auch die Sicherheit von SOAP-Verbindungen noch nicht hinreichend gelöst. Ein Client könnte sich mit einem Server verbinden und einen Aufruf starten, obwohl die Berechtigung fehlt. Sicherheitseigenschaften müssten erst auf der Serverseite implementiert werden. Die in Klartext übertragenen Nachrichten bilden ein weiteres Problem, das SSL jedoch verhindern kann.

15.3.1 Die technische Realisierung

Ein Client-Programm besorgt sich, wie bei entfernten Programmen üblich, eine Referenz auf das entfernte Objekt. Das ist eine URL auf einen RPC-Router. Dieser Router wird mittels einer normalen HTTP-POST-Anfrage aktiviert. Er bekommt über den Client eine XML-kodierte Nachricht (der Content-Typ ist einfach `text/html`), in der die aufzurufende Methode und ihre Parameter kodiert sind. Der RPC-Router nimmt diese Nachricht entgegen, parst das empfangene XML-Dokument und leitet die Anfrage an die Methode weiter. Diese produziert die Ausgabe, die wiederum als XML-Dokument über die Antwort vom Server zum Client geschickt wird. Der Client nimmt das Ergebnis entgegen, und die Kommunikation ist beendet.

SOAP bietet für entfernte Methodenaufrufe einige Standarddatentypen an. Zu diesen gehören einfache Datentypen wie Ganzzahlen, Fließkommazahlen, Zeit- und Datumsangaben und Binärdaten. Außerdem unterstützt SOAP zusammengesetzte Datentypen wie Strukturen und Arrays. Wie diese Daten nun tatsächlich in eine XML-Nachricht umgesetzt werden, müssen wir glücklicherweise nicht wissen. Als Endanwender kommen wir mit der Nachricht nicht in Kontakt.

15.3.2 Web-Service-APIs und Implementierungen

SOAP ist nur ein Standard zum Austausch von Daten, aber kein Framework. Für Java gibt es zwei APIs für Web-Services:

- *JAX-WS* (*Java API for XML-Based Web Services*) ist die standardisierte Web-Service-API. Die aktuelle Version ist JAX-WS 2.2, und sie wird im JSR-224 spezifiziert.
- *JAX-RPC* ist der Vorläufer von JAX-WS. Die API wurde im JSR-101, »Java APIs for XML based RPC«, spezifiziert, gilt aber heute als veraltet. Obwohl JAX-WS als Nachfolger von JAX-RPC gilt, haben sie doch eigentlich nichts miteinander zu tun. Die Spezifikation endete mit der Version 1.1.

Diese APIs werden über diverse Implementierungen umgesetzt:

Implementierung	Bemerkungen
JAX-WS Referenzimplementierung (*http://jax-ws.java.net/*)	Die JAX-WS RI ist Teil des Projekts *Metro* eines kompletten Web-Service-Stacks.
JDK	Das JDK ab Version 6 integriert die Referenzimplementierung der aktuellen JAX-WS-2.1-Spezifikation, und JDK 7 JAX-WS 2.2. Sie enthalten nicht das alte JAX-RPC.
Apache Axis2 (*http://ws.apache.org/axis2/*)	Axis ist ein Klassiker im SOAP-Geschäft*. Axis2 implementiert JAX-WS, und das ältere Axis (1) implementiert die JAX-RPC-API.
Apache CXF (*http://cxf.apache.org/*)	CXF implementiert JAX-WS und auch JAX-RPC. Sie geht auf *XFire* und *Ionas Celtix* zurück.
*) Von Axis gibt es zwei Versionen: Axis2 (*http://ws.apache.org/axis2/*) und Axis (*http://ws.apache.org/axis/*). Axis2 ist eine komplette Neuimplementierung von Axis (1), und Axis (1) endete 2006. Vor *Apache Axis* gab es *Apache SOAP*, aber das ist noch viel älter …	

Tabelle 15.3 SOAP-Implementierungen

Da die JAX-WS-API und -Implementierung Teil der Java SE bzw. vom JDK ist, können wir Web-Service-Beispiele ohne Zusatzaufwand realisieren.

15.3.3 @WebService

In Java wurden viele interessante Techniken integriert, um Web-Services einfach zu definieren und anzusprechen. Im ersten Schritt wollen wir einen Web-Service definieren und implementieren sowie ihn automatisch am integrierten Mini-Webserver anmelden. Die zentrale statische Methode dazu heißt `Endpoint.publish(…)`. Im nächsten Schritt lassen wir uns über ein mitgeliefertes Tool *wsimport* Zugriffsklassen generieren, um auf unseren selbst definieren Web-Service sowie den existierenden Web-Service von »JavaPortal News« im Internet zuzugreifen.

15.3.4 Einen Web-Service definieren

Web-Services mit JAX-WS 2 sind einfache Java-Klassen, die mit speziellen Annotationen versehen sind. Die Annotationen aus dem Paket `javax.jws` sind im Einzelnen:

- `@WebService`: Jede Web-Service-Implementierung muss diese Klassen-Annotation besitzen. Optionale Elemente sind zum Beispiel `name` (bestimmt den `<wsdl:portType>`, Standard ist der unqualifizierte Name der Klasse bzw. Schnittstelle), `targetNamespace`, `serviceName` oder `portName`.
- `@SOAPBinding`: Setzt den Stil der Nachrichten auf Dokument oder RPC.
- `@WebMethod`: Die Annotation macht eine Methode zur Web-Service-Operation. Der Standardname unter `<wsdl:operation>` ist der Name der Methode; er lässt sich mit dem Element `operationName` ändern.
- `@WebParam`: Beschreibt die Parameter genauer. Das Element `name` überschreibt den Parameternamen, der sonst »argX« hieße, für das WSDL-Element `<wsdl:part>`.
- `@WebResult`: Bestimmt die Rückgabe einer Web-Service-Methode genauer.
- `@OneWay`: Wird für asynchrone Aufrufe genutzt.

Wirklich nötig sind nur `@WebMethod`, `@SOAPBinding` und `@WebService`.

Beispiel

Unser folgender Web-Service deklariert zwei Methoden zur Veröffentlichung:

Listing 15.11 com/tutego/insel/ws/MyWebServices.java

```
package com.tutego.insel.ws;

import javax.jws.*;
import javax.jws.soap.SOAPBinding;

@WebService(name="ChrisWebServices")
@SOAPBinding(style = SOAPBinding.Style.RPC)
public class MyWebServices {

  @WebMethod
  public String hello( String name ) {
    return "Hello " + name + "!";
  }

  @WebMethod(operationName="body-mass-index")
  @WebResult(name = "your-bmi")
```

```
  public double bmi( @WebParam(name="height") double height,
                     @WebParam(name="weight") double weight ) {
    return weight / ((height * height) / 10000);
  }
}
```

15.3.5 Web-Services veröffentlichen

Ein SOAP-Server muss die Anfragen entgegennehmen und an eine Java-Methode weiterleiten. In der Java-Welt realisieren üblicherweise Servlets eines Webcontainers die Annahme; sie nehmen die XML-Pakete entgegen, nehmen die Anfrage auseinander und leiten sie zur jeweiligen Implementierung weiter.

Die Veröffentlichung eines Web-Services ist sehr stark von der verwendeten Umgebung – sprich dem Container und der Implementierung – abhängig. In der Java Standard Edition ist das Anmelden ein Einzeiler, denn ein kleiner eingebetteter Webserver veröffentlicht einen Web-Service unkompliziert. Im Mittelpunkt stehen die Klasse `Endpoint` und die statische Methode `publish(String address, Object implementor)`, die unter einer gegebenen URL eine Endpunkt-Implementierung anmeldet:

Listing 15.12 com/tutego/insel/ws/PublishWsOnServer.java, main()

```
Endpoint endpoint = Endpoint.publish( "http://localhost:8080/services",
                                      new MyWebServices() );
JOptionPane.showMessageDialog( null, "Server beenden" );
endpoint.stop();
```

Der Server veröffentlicht unseren Web-Service und bietet die WSDL-Beschreibungsdatei unter der URL *http://localhost:8080/services?wsdl* an.

15.3.6 Einen JAX-WS-Client implementieren

Da entfernte Web-Service-Aufrufe am besten wie lokale Aufrufe über eine Java-Schnittstelle statisch gebunden sind, soll ein Dienstprogramm aus einer gegebenen WSDL-Datei Hilfsklassen für den komfortablen Zugriff generieren. Je nach Implementierung gibt es diverse Generatoren, und Oracle liefert das Tool *wsimport* mit.

wsimport

Das Kommandozeilentool *wsimport* wenden wir auf den einen Web-Service an. Des Weiteren gibt es eine Reihe von freien Web-Services im Internet, von denen *http://www.webservicex.net/* einige anbietet. Wir entscheiden uns für einen GEO-IP-Service, der zur IP-Adresse das Land ermittelt, aus dem der Server wohl stammt. Die Webseite *http://www.webservicex.net/ws/WSDetails.aspx?WSID=64&CATID=12* gibt ein paar Informationen und referenziert die WSDL-URL *http://www.webservicex.net/geoipservice.asmx?WSDL.*

Da die Umsetzung automatisiert werden soll, setzen wir den Aufruf von *wsimport* in ein Skript:

Listing 15.13 useWsimport.bat

```
PATH=%PATH%;C:\Program Files\Java\jdk1.8.0\bin
wsimport -s src -p com.tutego.insel.ws.gen.geoipservice http://www.webservicex.net/↩
geoipservice.asmx?WSDL
wsimport -d src -keep -p com.tutego.insel.ws.gen.chrisws http://localhost:8080/↩
services?wsdl
```

Der Schalter `-d` bestimmt den Pfad für die Quellen. Die Option `-keep` legt fest, dass die Quellen überhaupt generiert werden, und `-p` bezeichnet das Paket.

Am Ende hat *wsimport* die gewünschten Pakete mit unterschiedlichen Typen generiert:

- *com.tutego.insel.ws.gen.**chrisws**.ChrisWebServices.java*
- *com.tutego.insel.ws.gen.chrisws.MyWebServicesService.java*
- *com.tutego.insel.ws.gen.**geoipservice**.GeoIP.java*
- *com.tutego.insel.ws.gen.geoipservice.GeoIPService.java*
- *com.tutego.insel.ws.gen.geoipservice.GeoIPServiceSoap.java*
- *com.tutego.insel.ws.gen.geoipservice.GetGeoIP.java*
- *com.tutego.insel.ws.gen.geoipservice.GetGeoIPContext.java*
- *com.tutego.insel.ws.gen.geoipservice.GetGeoIPContextResponse.java*
- *com.tutego.insel.ws.gen.geoipservice.GetGeoIPResponse.java*
- *com.tutego.insel.ws.gen.geoipservice.ObjectFactory.java*
- *com.tutego.insel.ws.gen.geoipservice.package-info.java*

[+]

Hinweis

Leider ist es blauäugig, anzunehmen, dass für jede WSDL-Datei das Tool *wsimport* die Zugriffsklassen baut. Das Dienstprogramm ist sehr wählerisch, und vieles funktioniert nicht. Eine häufige Fehlermeldung – etwa auf Googles WSDL-Datei – wird diese hier sein:

```
error: rpc/encoded wsdls are not supported in JAXWS 2.0.
```

Hier hilft nur eine ausführliche Analyse, Google oder *http://stackoverflow.com/*.

Client mit Service-Klassen

Wichtig sind jeweils die Klassen, die auf `-Service` enden, denn sie ermöglichen den Zugriff auf die entfernten Methoden.

Listing 15.14 com/tutego/insel/ws/ClientForGeneratedStubs.java, main()

```
GeoIPServiceSoap ipService = new GeoIPService().getGeoIPServiceSoap();
GeoIP geoIP = ipService.getGeoIP( "193.99.144.85" );
System.out.println( "IP-Adresse kommt aus " +
                    geoIP.getCountryCode()  );

ChrisWebServices port = new MyWebServicesService().getChrisWebServicesPort();
System.out.printf( "%s Dein BMI ist %.1f%n",
                   port.hello( "Chris" ),
                   port.bodyMassIndex( 183, 84 ) );
```

Mit gestartetem Server gibt der Client zum Beispiel die folgenden Ausgaben aus:

```
IP-Adresse kommt aus DEU
Hello Chris! Your BMI is 25,1
```

15.4 Zum Weiterlesen

REST und SOAP sind wegen ihrer Plattformunabhängigkeit sehr beliebt. SOAP ist ein sehr komplexer Standard geworden, und die WS-*-Standards werden gerne *WS-Deathstar* (Web-Service-Todesstern) genannt. Daher sinkt auch der Einsatz von SOAP im Internet, und die Nutzung REST-ähnlicher APIs nimmt zu. Die ultimative Quelle zur Philosophie von REST ist natürlich Roy Fieldings Dissertation »Architectural Styles and the Design of Network-based Software Architectures«, die online unter *http://www.ics.uci.edu/~fielding/pubs/dissertation/top.htm* einzusehen ist. Die Webseite der Referenzimplementierung des JAX-RS-Standards *Jersey* (*http://jersey.java.net/*) enthält viele Informationen zur API und bietet auch ein Forum für Fragen. Bei den JAX-WS-Implementierungen für SOAP steht der Metro-Stack (*http://metro.java.net/*) ganz oben, und die Webseite hält weitere Informationen bereit. Leider ist der Buchmarkt nicht ganz so gut abgedeckt. Es gibt zwar das Buch »RESTful Java with JAX-RS« von Bill Burke, 2009, ISBN 10:0-596-15804-1, und auch zu SOAP gibt es sehr viel Literatur, aber speziell zur JAX-WS-API sieht es schlecht aus. Der Seminarmarkt ist da besser bestückt.

Kapitel 16
Technologien für die Infrastruktur

»Wenn einer keine Angst hat, hat er keine Phantasie.«
– Erich Kästner (1899–1974)

16.1 Property-Validierung durch Bean Validation

In den Settern einer JavaBean konnten wir mithilfe der `PropertyChangeEvents` Änderungen melden. Gleichsam kann ein Listener gegen eine unerwünschte Belegung sein Veto einlegen. Wenn eine Property selbst einen bestimmten Wert nicht annehmen kann, kann sie gut eine `IllegalArgumentException` melden. Die Validierung innerhalb von Settern ist aber nur lokal und nicht besonders flexibel, wenn es zum Beispiel Abhängigkeiten zwischen den Properties gibt oder temporäre Falschbelegungen erlaubt sein sollten.

So lässt sich ein anderer Weg einschlagen, nämlich dass zunächst eine Property mit allen möglichen Werten initialisiert werden darf (also auch das Alter einer Person mit 1.000) und erst später das Objekt zu einem Validator gegeben wird, der schaut, ob Property-Belegungen erlaubt sind. Hierfür gibt es einen Standard, der im JSR-303, *»Bean Validation«*, beschrieben ist, aktuell ist Bean Validation 1.1 (*http://beanvalidation.org/*).

Bei der Bean-Validation werden an die Properties Annotationen gesetzt, die zum Beispiel erlaubte Minimal-/Maximalwerte für Zahlen bestimmen oder reguläre Ausdrücke für gültige String-Belegungen. Dieses Vorgehen ist deklarativ und kommt ohne Programmierung aus. Im zweiten Schritt wird ein Validierer auf die Bean angesetzt, der die Zustände selbstständig ausliest und auf die Einschränkungen testet.

Bezug der JSR-303-Referenz-Implementierung

Ab Java EE 6 ist Bean-Validierung Teil eines jeden Applikationsservers. Da das JDK nicht mit einer Implementierung der JSR-303 daherkommt, muss sie extra installiert werden. Die Referenzimplementierung hat ihr Zuhause bei *http://hibernate.org/validator/*, und der Download befindet sich bei SourceForge unter *http://sourceforge.net/projects/hibernate/files/hibernate-validator/*. Das ZIP-Archiv, etwa *hibernate-validator-5.0.3.Final-dist.zip* (ca. 18 MiB groß), enthält zwei JAR-Dateien, die wir in den Klassenpfad aufnehmen müssen:

- Im Verzeichnis *dist/lib\required* liegt *validation-api-1.1.0.Final.jar*, das die neuen Annotationen wie `@NotNull`, `@Size`, `@Pattern`, ... deklariert.
- Dann folgt im Verzeichnis *dist* mit *hibernate-validator-5.0.3.Final.jar*die eigentliche Implementierung des Frameworks.

- Aus *dist\lib\required* sind drei zusätzliche JAR-Dateien nötig: *jboss-logging-3.1.1.GA.jar, classmate-1.0.0.jar, javax.el-2.2.4.jar*, auf die die Implementierung intern zurückgreift.

Eine Person, die nie null heißen durfte

Hat ein Spieler einen Namen und ein Alter, so lassen sich leicht erste Gültigkeitsregeln aufstellen. Der Name soll gesetzt sein, also nicht `null` sein, und das Alter soll zwischen 10 und 110 liegen. Genau diese so genannten *Constraints* werden über Annotationen an die Objektvariablen oder Getter gesetzt:

Listing 16.1 com/tutego/insel/bean/validation/Player.java, Player

```
import javax.validation.constraints.*;

public class Player {

  private String name;

  @Min(10)
  @Max(110)
  private int    age;

  public void setName( String name ) {
    this.name = name;
  }

  @NotNull
  public String getName() {
    return name;
  }

  public void setAge( int age ) {
    this.age = age;
  }

  public int getAge() {
    return age;
  }
}
```

Die Annotation `@NotNull` sagt aus, dass `getName()` nie `null` liefern darf, und `@Min(10)`/`@Max(110)` besagt, dass sich `age` zwischen 10 und 110 (jeweils inklusiv) bewegen muss. Dass `@Min(10)` vor `@Max(110)` geschrieben wird, ist unwichtig, denn die Reihenfolge beim Prüfen ist unbestimmt. Ob die Annotation an den Attributen oder Gettern der Property sitzt, ist egal; im ersten Fall greift das Validierungsframework direkt auf das Attribut zu, und sind die Getter annotiert, wird die getXXX()-Methode aufgerufen. Die Sichtbarkeit der Objektvariablen spielt keine Rolle. Statische Variablen können nicht annotiert und geprüft werden.

Durchführen der Validierung

Das Beispiel zeigt die erste Hälfte der JavaBean Validation: die deklarative Angabe von gültigen Belegungen. Die zweite Hälfte von Validiation besteht aus einer API, damit die tatsächliche Überprüfung auch stattfinden kann und Fehler der einzelnen Properties erkannt werden.

Listing 16.2 com/tutego/insel/bean/validation/PlayerValidatorDemo.java, main() Teil 1

```
Player p = new Player();

Validator validator = Validation.buildDefaultValidatorFactory().getValidator();

Set<ConstraintViolation<Player>> constraintViolations = validator.validate( p );

for ( ConstraintViolation<Player> violation : constraintViolations )
  System.out.println( violation.getPropertyPath() + " " + violation.getMessage() );
```

Der Player wird nicht korrekt mit einem Namen und einem Alter initialisiert, sodass zwei Fehler zu erwarten sind. Die tatsächliche Überprüfung übernimmt ein javax.validation.Validator-Objekt, das über eine Fabrik erfragt wird. Der Validator besitzt eine validate(T object, Class<?>... groups)-Methode, die als Argument das zu validierende Objekt bekommt. Die Rückgabe ist eine Menge von Fehler-Objekten; gibt es keinen Fehler, ist die Menge leer. Da wir in unserem Beispiel zwei Fehler haben, iteriert die Schleife durch die Menge mit den ConstraintViolation-Objekten und gibt den Namen der Property und eine vordefinierte Fehlermeldung aus. Nach dem Start ergibt sich folgende Ausgabe (wobei die Ausgaben vom Logger ignoriert werden):

```
age muss grössergleich 10 sein
name kann nicht null sein
```

Dass die Ausgaben auf Deutsch sind, sollte uns nicht verwundern, denn die Implementierung ist internationalisiert.

Der Validator hat also die beiden Fehler korrekt erkannt. In der Ausgabe sehen wir vom ConstraintViolation-Objekt die Rückgaben von getPropertyPath() und getMessage(). Die erste Methode liefert den Namen der Property, die zweite eine Standardmeldung, die wir aber auch überschreiben können, indem wir in der Annotation die Eigenschaft message setzen, etwa so:

```
@NotNull(message="muss ungleich null sein")
```

Zusätzliche Methoden von ConstraintViolation sind unter anderem getRootBean(), getRootBeanClass(), getLeafBean() und getInvalidValue().

Mit validate(p) setzen wir den Validator auf das ganze Player-Objekt an. Es lassen sich aber auch einzelne Properties validieren. Dazu wird validateProperty(T object, String property-

Name, Class<?>... groups) eingesetzt, eine Methode, die erst das zu validierende Objekt erwartet und anschließend im String den Namen der Property.

Listing 16.3 com/tutego/insel/bean/validation/PlayerValidatorDemo.java, main() Teil 2

```
Set<ConstraintViolation<Player>> ageViolation =
                                    validator.validateProperty( p, "age" );
if ( ! ageViolation.isEmpty() )
  System.out.println( new ArrayList<>(ageViolation).get( 0 ).getMessage() );
```

Die von validateProperty(…) zurückgegebene Menge ist entweder leer oder enthält Fehler. In der letzten Zeile kopieren wir zum Test die Fehlermenge in eine Liste und greifen auf den ersten Fehler zu.

class javax.validation.**Validation**

- static ValidatorFactory buildDefaultValidatorFactory()
  Gibt die Standard-ValidatorFactory zurück.

interface javax.validation.**ValidatorFactory**

- Validator getValidator()
  Liefert den Validator der Fabrik.

interface javax.validation.**Validator**

- <T> Set<ConstraintViolation<T>> validateProperty(T object, String propertyName, Class<?>... groups)
  Validiert vom Objekt object die Eigenschaft propertyName. Optionale Gruppen (sie werden später vorgestellt) sind möglich.
- <T> Set<ConstraintViolation<T>> validate(T object, Class<?>... groups)
  Validiert das gesamte Objekt.

interface javax.validation.**ConstraintViolation**<T>

- String getMessage()
  Liefert die Fehlernachricht.
- T getRootBean()
  Liefert die Haupt-Bean, die validiert wird.
- T getLeafBean()
  Liefert die tatsächliche Bean, bei der die Eigenschaft validiert wird.
- Object getInvalidValue()
  Liefert den fehlerhaften Wert.

[+]

Hinweis

Das Validation-Framework kann ganze Objektgraphen beachten und so eine tiefe Validierung durchführen. Wenn etwa ein Game-Objekt einen Player referenziert und die Validierung auf dem Game ausgeführt wird, kann der Player mit überprüft werden. Automatisch wird diese tiefe Prüfung aber nicht durchgeführt. Die Game-Klasse muss an der Player-Referenz die Annotation @Valid tragen. Selbst wenn das Game in einer Datenstruktur (Feld, Map oder alles Iterable wie Collection) viele Player referenziert, werden alle Spieler in der Sammlung überprüft, wenn die Sammlung die @Valid-Annotation trägt.

Die Constraints im Überblick

Unser Player nutzt drei Constraints, aber standardmäßig gibt es noch einige mehr. Zudem lassen sich eigene Constraints leicht programmieren. Tabelle 16.1 gibt einen Überblick über alle vordefinierten Contraints:

Constraint-Annotation	Aufgabe	Gültig an den Typen
@Null @NotNull	Die Referenz muss null bzw. nicht null sein.	Referenzvariablen
@AssertTrue @AssertFalse	Das Element muss true bzw. false sein.	boolean/Boolean
@Min(value=) @Max(value=)	Muss eine Zahl und größer/kleiner oder gleich dem Wert sein.	byte/Byte, short/Short, int/Integer, long/Long, BigInteger, BigDecimal
@DecimalMin(value=) @DecimalMax(value=)	Muss eine Zahl und größer/kleiner oder gleich dem Wert sein.	Double/Double und float/Float sowie String, byte/Byte, short/Short, int/Integer, long/Long, BigInteger, BigDecimal
@Size([min=],[max=])	Die Größe muss sich in einem Intervall bewegen.	String, Collection, Map, Feld
@Digits(integer=, fraction=)	Das Element muss eine gegebene Anzahl an Stellen besitzen.	String, byte/Byte, short/Short, int/Integer, long/Long, BigInteger, BigDecimal
@Past @Future	Das Element ist ein Datum in der Vergangenheit/Zukunft bezogen auf jetzt.	Date, Calendar
@Pattern(regex=[,flags=])	Der String muss einem Pattern gehorchen.	String

Tabelle 16.1 Die wichtigsten Annotationen von Bean-Validation

Der Unterschied zwischen @Min/@Max und @DecimalMin/@DecimalMax ist der, dass im zweiten Fall ein String angegeben wird. So sind @Min(10) und @DecimalMax("10") gleichwertig. Bei @Digits ist die Angabe der Nachkommastellen nicht optional. Bei @Size können min/max alleine oder zusammen angegeben werden.

Beim @Pattern ist flags optional. Ohne Flag wird nur der reguläre Ausdruck als String angegeben, etwa so: @Pattern(regexp = "\\d*"). Falls Flags angegeben werden, entsprechen sie dem Flag der Pattern-Klasse, etwa @Pattern(regexp="\\d*", flags=Pattern.Flag.CASE_INSENSITIVE).

[+]

Hinweis

Der Standard sieht double und float aufgrund von Rundungsproblemen nicht bei @Min/@Max/@DecimalMin/@DecimalMax vor, wobei die tatsächliche Implementierung das durchaus berücksichtigen kann. Wer Einschränkungen auf Fließkommazahlen benötigt, muss also im Moment den Variablentyp auf java.math.BigDecimal setzen.

Alle Annotationstypen deklarieren einen inneren Annotationstyp List, der eine Auflistung vom gleichen Constraint-Typ erlaubt. Die Verkettung erfolgt nach dem Oder-Prinzip. List ist sinnvoll, denn mehrfach kann die gleiche Annotation nicht an einem Element stehen.

[»]

Beispiel

Die Zeichenkette ist entweder eine E-Mail oder eine Webadresse:

```
@Pattern.List({ @Pattern(regexp="[\\w|-]+@\\w[\\w|-]*\\.[a-z]{2,3}"),
                @Pattern(regexp="https?://[-\\w]+(\\.\\w[-\\w]*)") })
String emailOrWeb;
```

Es ist naheliegend, diese beiden komplexen Ausdrücke nicht zu einem großen unleserlichen regulären Ausdruck zu vermengen. Die Liste ist auch sinnvoll, wenn jeder Teilausdruck zu unterschiedlichen Gruppen gehört – zu den Gruppen folgt jetzt mehr.

Validierung von Gruppen

Ist ein Objekt korrekt, erfüllt es alle Validierungs-Constraints. Dieses Alles-oder-nichts-Prinzip ist jedoch etwas hart. Betrachten wir zwei Szenarien:

- In der grafischen Oberfläche wird ein Spieler erfasst und später in der Datenbank gespeichert. Sein Name kann aber in der Oberfläche leer bleiben, da der Platz, falls nichts angegeben ist, mit einem Zufallsnamen gefüllt wird. Geht der Spieler jedoch in die Datenbank, so muss er auf jeden Fall einen Namen tragen. Je nach Lebenszyklus des Spielers sind also unterschiedliche Belegungen erlaubt.
- Eine grafische Oberfläche zeigt einen Wizard über mehrere Seiten an. Auf der ersten Seite muss zum Beispiel der Spieler seinen Namen angeben, auf der zweiten Seite sein Alter. Würde auf der ersten Seite der Spieler komplett validiert werden, wäre das Alter ja noch gar nicht gesetzt, und die Validierung würde einen Fehler melden.

Da ein Objekt in den unterschiedlichsten Phasen korrekt sein kann, lassen sich Gruppen bilden. Um eine eigene Validierungsgruppe zu nutzen, wird

1. eine leere Java-Schnittstelle aufgebaut,
2. einer Annotation wie `@NotNull` ein `Class`-Objekt für die Validierungsschnittstelle mitgegeben und
3. der `validate(…)`-Methode die Validierungsschnittstelle als letzter Parameter bekannt gegeben.

Führen wir das exemplarisch mit einem Spieler durch, der im ersten Schritt einen gültigen Namen haben muss und im zweiten Schritt ebenfalls ein gültiges Alter. Deklarieren wir zwei Schnittstellen in einer Klasse `DialogPlayer`. Um es kurz zu halten, verzichtet der `DialogPlayer` auf Setter/Getter.

Listing 16.4 com/tutego/insel/bean/validation/DialogPlayer.java, main()

```
public class DialogPlayer {
  public interface NameValidation { }
  public interface AgeValidation extends NameValidation { }

  @NotNull( groups = NameValidation.class )
  public String name;

  @Min( value = 10,  groups = AgeValidation.class )
  @Max( value = 110, groups = AgeValidation.class )
  public int age;
}
```

Die ersten beiden Schritte sind hier in dem Spieler schon sichtbar. Die zwei Schnittstellen sind deklariert und als `groups`-Element bei den Validierungsannotationen angegeben. Das Validierungs-Framework erlaubt auch Vererbung, was das Beispiel bei `interface AgeValidation` **`extends NameValidation`** zeigt; `AgeValidation` basiert auf `NameValidation`, sodass der Name auf jeden Fall auch korrekt ist – also nicht `null` sein darf – und sich nicht nur allein das Alter zwischen 10 und 110 bewegt. Jeder Constraint kann zu mehreren Gruppen gehörten, aber das brauchen wir hier nicht. Standardmäßig gibt es auch eine Default-Gruppe, wenn keine eigene Gruppe definiert wird. Versteckt steht dann standardmäßig `groups = Default.class`.

Im dritten Schritt gilt es, der `validate(…)`-Methode das `Class`-Objekt für die Gruppe mitzugeben:

Listing 16.5 com/tutego/insel/bean/validation/DialogPlayerValidatorDemo.java, main() Teil 1

```
Validator v = Validation.buildDefaultValidatorFactory().getValidator();
Set<ConstraintViolation<DialogPlayer>> constraintViolations;

DialogPlayer p = new DialogPlayer();
```

```
constraintViolations = v.validate( p, DialogPlayer.NameValidation.class );
for ( ConstraintViolation<DialogPlayer> violation : constraintViolations )
  System.out.println( violation.getPropertyPath() + " " + violation.getMessage() );
```

Der DialogPlayer hat keinen Namen, daher ist die Ausgabe »name kann nicht null sein«. Weitere Fehler kommen nicht vor, denn DialogPlayer.NameValidation.class validiert nur alle Eigenschaften, die ein groups = NameValidation.class tragen. Und das trägt nur name.

Setzen wir den Namen, und validieren wir neu:

Listing 16.6 com/tutego/insel/bean/validation/DialogPlayerValidatorDemo.java, main() Teil 2

```
p.name = "chris";
System.out.println( v.validate( p, DialogPlayer.NameValidation.class ).size() ); // 0
```

Es gibt keine Fehlermeldungen mehr, auch wenn das Alter nicht gesetzt ist.

Validieren wir mit dem DialogPlayer.AgeValidation, gibt es wieder einen Fehler, da age noch auf 0 war:

Listing 16.7 com/tutego/insel/bean/validation/DialogPlayerValidatorDemo.java, main() Teil 3

```
constraintViolations = v.validate( p, DialogPlayer.AgeValidation.class );
for ( ConstraintViolation<DialogPlayer> violation : constraintViolations )
  System.out.println( violation.getPropertyPath() + " " + violation.getMessage() );
```

Die Ausgabe ist »age muss grössergleich 10 sein«. Dass AgeValidation einen Namen ungleich null und das Alter prüft, zeigt sich, wenn der name auf null gesetzt wird. Initialisieren wir das Alter, damit es nicht zwei Fehler, sondern nur einen Fehler wegen des Namens gibt:

Listing 16.8 com/tutego/insel/bean/validation/DialogPlayerValidatorDemo.java, main() Teil 4

```
p.name = null;
p.age = 60;
constraintViolations = v.validate( p, DialogPlayer.AgeValidation.class );
for ( ConstraintViolation<DialogPlayer> violation : constraintViolations )
  System.out.println( violation.getPropertyPath() + " " + violation.getMessage() );
```

Jetzt ist die Ausgabe nur »name kann nicht null sein«, da sich das Alter im korrekten Bereich befindet. Mit einem gesetzten Namen verschwinden alle Fehler:

Listing 16.9 com/tutego/insel/bean/validation/DialogPlayerValidatorDemo.java, main() Teil 5

```
p.name = "chris";
System.out.println( v.validate( p, DialogPlayer.NameValidation.class ).size() ); // 0
```

[+]

Hinweis

Den `validateXXX(…)`-Methoden kann nicht nur eine Validierungsgruppe mitgegeben werden, sondern über ein Varargs auch mehrere. Doch wenn es etwa `validate(p, V1.class, V2.class)` heißt, ist die Reihenfolge unbestimmt, auch wenn der Aufruf suggeriert, es würden erst die Eigenschaften aus `V1` validiert und dann die aus `V2`. Um eine feste Reihenfolge vorzugeben, muss eine neue Schnittstelle deklariert werden, die eine Annotation `GroupSequence` trägt, in der die Reihenfolge bestimmt wird:

```
@GroupSequence( {V1.class, V2.class} )
public interface OrderedValidation {}
```

Reihenfolgen sind auch nützlich, um schnelle Validierungen zuerst durchzuführen und anschließend Validierungen anzuwenden, die zeitaufwändiger sind.

Eigene Validatoren

Die Anzahl der Standard-Validatoren ist beschränkt, doch Anforderungen nach etwa einem E-Mail-Validator ergeben sich schnell. Wir wollen – ohne auf die Details von eigenen Annotationstypen genau einzugehen – einen neuen Validierungsannotationstyp für E-Mail-Adressen schreiben.

Beginnen wir mit einer Person, die ein Attribut `email` besitzt und deren E-Mail-Adresse geprüft werden soll. Die Variable `email` bekommt unsere eigene Annotation `EMail`:

16

Listing 16.10 com/tutego/insel/bean/validation/PersonValidator.java, PersonValidator

```
public class PersonValidator {

  public static class Person {
    @NotNull
    @EMail
    public String email; // = "a@b.com";
  }

  public static void main( String[] args ) {
    Validator v = Validation.buildDefaultValidatorFactory().getValidator();

    Person p = new Person();

    Set<ConstraintViolation<Person>> constraintViolations = v.validate( p );
    for ( ConstraintViolation<Person> violation : constraintViolations )
      System.out.println( violation.getPropertyPath() + " " +
                          violation.getMessage() );
  }
}
```

Läuft das Programm, gibt es zwei Fehlermeldungen aus, da email gleich null ist und nicht dem entsprechenden Pattern gehorcht:

```
email ist keine gültige E-Mail-Adresse
email kann nicht null sein
```

Die Meldung »ist keine gültige E-Mail-Adresse« kommt von unserem eigenen Annotationstyp. Der ist wie folgt deklariert:

Listing 16.11 com/tutego/insel/bean/validation/Email.java, EMail

```
@Constraint( validatedBy = EMailValidator.class )
@Target({ METHOD, FIELD, ANNOTATION_TYPE })
@Retention( RUNTIME )
@Documented
public @interface EMail {
  String message() default "ist keine gültige E-Mail-Adresse";
  Class<?>[] groups() default {};
  Class<? extends Payload>[] payload() default {};
}
```

Auf die einzelnen Bestandteile, wie @Target, @Retention und die merkwürdige Schreibweise zur Deklaration neuer Annotationstypen, wollen wir an dieser Stelle nicht eingehen.[1] Wichtig sind:

- message(), die unsere Ausgabe bestimmt. Die Meldung lässt sich über ein Resource-Bundle auch internationalisieren, doch auch das überspringen wir.
- Der Verweis auf die Implementierung des eigentlichen Validators. Der Klassenname steht in der Annotation @Constraint(validatedBy = EMailValidator.class).

Der EMailValidator implementiert ConstraintValidator und die zentrale isValid(…)-Methode:

Listing 16.12 com/tutego/insel/bean/validation/EmailValidator.java, EMailValidator

```
public class EMailValidator implements ConstraintValidator<EMail,String> {

  @Override
  public void initialize( EMail constraintAnnotation ) { }

  @Override
  public boolean isValid( String value, ConstraintValidatorContext context ) {
    return    value != null
          && value.matches( "[\\w|-]+@\\w[\\w|-]*\\.[a-z]{2,3}" );
  }
}
```

1 Die Meta-Annotationen sind Bestandteil von Kapitel 17, »Typen, Reflection und Annotationen«.

Ändern wir aus dem Beispielprogramm die Deklaration des Attributs `email` in

```
@NotNull
@EMail
public String email = "a@b.com";
```

so gibt es keinen Validierungsfehler mehr.

```
interface javax.validation.ConstraintValidator<A extends Annotation,T>
```

- `void initialize(A constraintAnnotation)`
  Initialisiert den Validator.
- `boolean isValid(T value, ConstraintValidatorContext context)`
  Validiert den Wert `value`.

16.1.1 Technische Abhängigkeiten und POJOs

In objektorientierten Programmen stehen Klassen ganz im Mittelpunkt. Sie realisieren die komplette Geschäftslogik, aber auch Hilfsdienste wie String-Konvertierungen. In einer guten objektorientierten Modellierung existiert eine wohldurchdachte Objekthierarchie und ein bescheidendes Objektgeflecht, in dem jedes Objekt eine ganz spezielle Aufgabe erfüllt. Das krasse Gegenteil wäre eine Riesenklasse, die alles macht. Neben dem Wunsch, dass ein Objekt nur eine klar umrissene Aufgabe erfüllt, ist es optimal, wenn ein Objekt wenig Abhängigkeiten von anderen Objekten besitzt (das wird *niedrige Kopplung* genannt) sowie technische und fachliche Aspekte sauber trennt. Doch leider ist genau dies schwierig. Oftmals haben Klassen technische Abhängigkeiten und damit eine höhere Kopplung an genau diese technischen Realisierungen. Drei Zwänge erhöhen diese Kopplung:

1. das Implementieren einer Schnittstelle
2. das Erweitern einer Oberklasse
3. das Setzen einer Annotation

Ein Beispiel: Wenn ein Objekt in Java serialisiert werden soll – das heißt, die Objektzustände können automatisch ausgelesen und in einen Datenstrom geschrieben werden –, dann muss die Klasse die Schnittstelle `java.io.Serializable` implementieren. Nehmen wir an, ein Konto-Objekt soll serialisiert werden, so hat das Objekt die fachliche Aufgabe, den Kontostand zu vermerken, hat aber gleichzeitig über die Implementierung der Schnittstelle einen technischen Bezug zur Serialisierung, die überhaupt nichts mit dem Konto an sich zu tun hat. Die Implementierung dieser Schnittstelle ist aber zwingend, denn andernfalls kann das Konto-Objekt nicht an der Standard-Serialisierung teilhaben.

Serialisierung ist nur ein Beispiel einer technischen Realisierung für Objektpersistenz. Es gibt andere Abhängigkeiten für Persistenz, die heutzutage durch Annotationen ausgedrückt werden. Dann ist es etwa die Annotation `@Entity` zur Beschreibung einer auf eine Datenbank abbildbaren

Klasse oder `@XmlElement` für eine Abbildung einer Eigenschaft auf ein XML-Element. Ober wenn ein Dienst als Web-Service angeboten werden kann, kommt zur fachlichen Realisierung noch `@WebMethod` an die Methode.

In den letzten Jahren hat sich die Kopplung, also haben sich die Abhängigkeiten zur technischen Realisierung, verschoben, wurden aber nicht wirklich aufgehoben. Dabei gab es eine interessante Entwicklung. In den Anfängen gab es oftmals Oberklassen, die zu erweitern waren, oder Schnittstellen, die zu implementieren waren. Es folgte dann eine Abkehr von diesen technischen Realisierungen, angestoßen durch IoC-Container[2] wie *Spring*. Der Container verwaltet ein Objekt ohne technische Abhängigkeiten und setze zur Laufzeit etwa Persistenzeigenschaften dazu. Nun muss allerdings die Information, dass ein Objekt in einen Hintergrundspeicher persistiert werden kann, irgendwo vermerkt werden, sodass der Container den Wunsch auf Persistierung erkennt. So genannte Metadaten sind nötig. Hierzu wurden oftmals XML-Dokumente verwendet. Nun hat XML keinen guten Ruf, und es stimmt auch, dass megabyte-große XML-Dokumente keine gute Lösung sind.

Als in Java 5 Metadaten über Annotationen eingeführt wurden, verschwanden im Laufe der Zeit viele XML-Dokumente zur Beschreibung der Metadaten bzw. wurden nur noch als optionaler Zusatz geführt. Annotationen lösten zwar die lästigen XML-Dokumente ab, bedeuten aber wiederum einen Schritt zurück, da sie die technischen Belange wieder in die Klasse hineinnehmen, die die XML-Dokumente gerade erst entfernt hatten.

Heutzutage besitzen alle bedeutenden Java-Frameworks eine große Anzahl von Annotationen zur Beschreibung einer technischen Realisierung, insbesondere für die Objektpersistenz, die bei Geschäftsanwendungen eine gewichtige Rolle einnimmt. Eine Modellierung aufzubauen, die keine technischen Abhängigkeiten hat, ist daher schwierig und wird von den meisten Entwicklern auch nicht verfolgt, da es oft zu aufwändig ist und zu mehr Klassen führt.

Plain Old Java Object (POJO)

Das Gegenteil dieser mit Abhängigkeiten und Annotationen vollgepumpten Klassen sind *POJOs*. Ein POJO[3] ist ein *Plain Old Java Object*, also ein ganz einfaches, nettes Java-Objekt ohne Infrastruktur-Abhängigkeiten. Ist ein POJO[4] ein Objekt der Geschäftslogik, dann sollte es

- keine technische Schnittstelle implementieren,
- keine spezielle technische Oberklasse erweitern und
- keine Annotationen tragen.

2 IoC-Container sind Umgebungen, bei denen die Objekte vom Container die Verweise auf andere Objekte gesetzt bekommen, anstatt sich die Verweise auf die Beteiligten selbst zu besorgen.

3 *http://www.martinfowler.com/bliki/POJO.html*

4 Auch in der .NET-Welt gibt es Vergleichbares. Dort heißt es POCO (*Plain Old CLR Object*). Kurz war auch PONO für *Plain Old .NET Object* im Gespräch, aber das klang den Entwicklern wohl zu sehr nach POrNO. Aber wer schon WIX (*Windows Installer XML*) hat, dem kann PONO nicht zu peinlich sein ...

Die POJOs spielen bei einem Entwurfsmodell des so genannten *Domain Driven Designs* (DDD) eine zentrale Rolle, in dem es um saubere Objektorientierung geht und das fachliche Problem im Mittelpunkt steht.

Ernüchternd lässt sich jedoch feststellen, dass heutzutage auch Klassen, die Annotationen tragen, POJOs genannt werden. Entwickler argumentieren, es seien »nur« Metadaten, die in einem anderen Kontext auch gar nicht ausgewertet und benutzt werden müssten. Das ignoriert jedoch die Tatsache, dass die Klasse mit den Annotationen schlichtweg gar nicht erst compiliert werden kann, wenn der Annotationstyp nicht bekannt ist. Hier gibt es folglich eine ganz klare Abhängigkeit, auch wenn diese geringer als bei zu implementierenden Schnittstellen oder Oberklassen ist.

16.2 Wie eine Implementierung an die richtige Stelle kommt

Je größer eine Java-Anwendung wird, desto größer werden die Abhängigkeiten zwischen Klassen und Typen. Um die Abhängigkeiten zu reduzieren, ist zunächst gewünscht, sich nicht so sehr an Implementierungen zu binden, sondern an Schnittstellen. (Das ist das gelobte »Programmieren gegen Schnittstellen und nicht gegen eine Implementierung.«[5]) Eine Schnittstelle beschreibt dann Dienste, so genannte *Services*, auf die an anderer Stelle zurückgegriffen werden kann.

Die nächste Frage ist, wie Services zusammenfinden. Nehmen wir an, es gibt eine Service-Realisierung für das Drucken und eine andere für die Aufbereitung eines Reports. Wenn wir nun eine Applikation schreiben wollen, die erst auf den Report-Service zugreift und anschließend diesen Report zum Drucker-Service gibt, muss die eigene Applikation irgendwie die Service-Implementierung finden bzw. irgendwie die Service-Implementierung zur Applikation finden. Hier haben sich zwei Konzepte herauskristallisiert:

- **Service-Fabriken**: Eine Service-Fabrik ist eine Zentrale, an die sich Interessenten wenden, wenn sie einen Service nutzen wollen. Die Fabrik liefert ein passendes Objekt, das immer eine Service-Schnittstelle implementiert. Welche Realisierung – also konkrete Klasse – die Fabrik liefert, soll den Nutzer nicht interessieren; es geht eben um das Programmieren gegen Schnittstellen.
- **Dependency Injection/Inversion of Control (IoC)**: Nach diesem Prinzip fragen die Interessenten nicht aktiv über eine zentrale Service-Fabrik nach den Diensten, sondern den Interessenten wird der Service über eine übergeordnete Einheit gegeben (injiziert). Die magische Einheit nennt sich *IoC-Container*. Es gibt für Injizierungen einen relativ neuen Standard, der im JSR-299 definiert wurde – er wird gleich noch kurz beschrieben. In der Vergangenheit hat sich das *Spring-Framework* als De-facto-Standard eines IoC-Containers herauskristallisiert.

5 Wenn etwa eine Klasse `C` eine Schnittstelle `I` implementiert und es werden nur Eigenschaften gebraucht, die `I` bereitstellt, sollte es zum Beispiel `I ref = new C();` heißen statt `C ref = new C();`. Ein Methodenaufruf wie `ref.m();` nennt sich dann »gegen« eine Schnittstelle durchgeführt.

Mittlerweile wird es durch *Guice* oder auch durch JSR-299-Implementierungen wie die Java EE-Container ergänzt.

16.2.1 Arbeiten mit dem ServiceLoader

Java SE bietet bisher keine Bibliothek für Dependency Injection, aber mit der Klasse `java.util.ServiceLoader` eine einfache Realisierung für Service-Fabriken. Ein eigenes Programm soll auf einen Grüßdienst zurückgreifen, aber welche Implementierung das sein wird, soll an anderer Stelle entschieden werden:

Listing 16.13 com/tutego/insel/services/ServiceLoaderDemo.java, main()

```
ServiceLoader<Greeter> greeterServices = ServiceLoader.load( Greeter.class );
for ( Greeter greeter : greeterServices )
  System.out.println( greeter.getClass() + " : " + greeter.greet( "Chris" ) );
```

`ServiceLoader` erfragt mit `load(Class<S> service [, ClassLoader loader])` eine Realisierung, die die Schnittstelle `Greeter` implementieren soll. Die Realisierung ist der *Service-Provider*. `Greeter` deklariert eine `greet(String)`-Operation:

Listing 16.14 com/tutego/insel/services/Greeter.java

```
package com.tutego.insel.services;

public interface Greeter {
  String greet( String name );
}
```

Der Service liefert aber eine konkrete Klasse. Demnach muss es irgendwo eine Zuordnung geben, die einen Typnamen (`Greeter`) mit einer konkreten Klasse, der Service-Implementierung, verbindet. Dazu ist im Wurzelverzeichnis des Klassenpfades ein Ordner *META-INF* mit einem Unterordner *services* anzulegen. In diesem Unterordner ist eine Textdatei (*provider configuration file*) zu setzen, die den gleichen Namen wie die Service-Schnittstelle besitzt:

META-INF/
services/
com.tutego.insel.services.Greeter

Diese Textdatei, die keine Dateiendung aufweist, enthält Zeilen mit voll qualifizierten Klassennamen (*binary name* genannt) für die Implementierung, die später hinter diesem Service steht. Es kann eine Zeile oder durchaus mehrere Zeilen für unterschiedliche Implementierungen angegeben sein:

Listing 16.15 META-INF/services/com.tutego.insel.services.Greeter

```
com.tutego.insel.services.FrisianGreeter
```

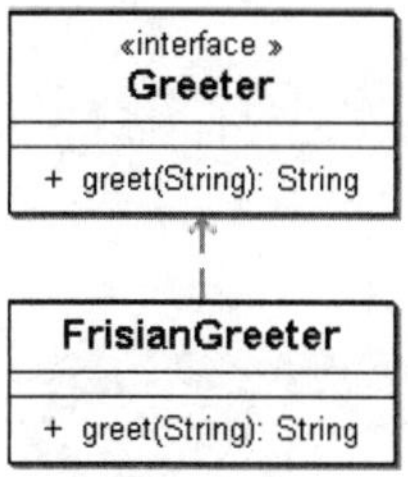

Abbildung 16.1 Vererbungsbeziehung zwischen FrisianGreeter und Greeter

`FrisianGreeter` ist demnach unsere letzte Klasse und eine tatsächliche Implementierung des Services:

Listing 16.16 com/tutego/insel/services/FrisianGreeter.java

```
package com.tutego.insel.services;

public class FrisianGreeter implements Greeter {
  @Override public String greet( String name ) {
    return "Moin " + name + "!";
  }
}
```



```
final class java.util.ServiceLoader<S>
implements Iterable<S>
```

- static <S> ServiceLoader<S> load(Class<S> service)
  Erzeugt einen neuen `ServiceLoader`.
- Iterator<S> iterator()
  Gibt nach und nach alle Services `S` vom `ServiceLoader` zurück.

16.2.2 Die Utility-Klasse Lookup als ServiceLoader-Fassade

So nett der `ServiceLoader` auch ist, die API könnte ein wenig kürzer sein. Denn oftmals gibt es nur eine Service-Implementierung und nicht gleich mehrere. Daher soll eine Fassade eine knackigere API anbieten. Eine eigene kurze Methode `lookup(Class)` liefert genau den ersten Service (oder `null`), und `lookupAll(Class)` gibt alle Service-Klassen in einer Sammlung zurück. (Das Listing nutzt mehrere Dinge, die die Insel bisher nicht vorgestellt hat! Dazu zählen Datenstrukturen, der Iterator und Meta-Objekte.)

Listing 16.17 com/tutego/insel/services/Lookup.java, Lookup

```
public class Lookup {

  public static <T> T lookup( Class<T> clazz ) {
```

```
    Iterator<T> iterator = ServiceLoader.load( clazz ).iterator();
    return iterator.hasNext() ? iterator.next() : null;
  }

  public static <T> Collection<? extends T> lookupAll( Class<T> clazz ) {
    Collection<T> result = new ArrayList<>();
    for ( T e : ServiceLoader.load( clazz ) )
      result.add( e );
    return result;
  }
}
```

Die Nutzung vereinfacht sich damit wie folgt:

Listing 16.18 com/tutego/insel/services/LookupDemo.java, main()

```
String s = Lookup.lookup( Greeter.class ).greet( "Chris" );
System.out.println( s ); // Moin Chris!
System.out.println( Lookup.lookupAll( Greeter.class ).size() ); // 1
```

16.2.3 Contexts and Dependency Injection (CDI) aus dem JSR-299

Dependency Injection gibt es schon eine ganze Weile, aber erst spät hat sich mit dem JSR-299, »Contexts and Dependency Injection for the Java EE platform«, (kurz CDI) ein Standard herausgebildet. CDI ist Teil jedes Java EE-Containers und (bisher) kein Teil der Java SE. Dennoch lohnt es sich, diesen Standard etwas näher anzuschauen.

Die CDI-Referenzimplementierung Weld

Wir wollen für ein Beispiel die Referenzimplementierung *Weld* nutzen, die auch in der Referenzimplementierung *GlassFish* des Java EE-Standards genutzt wird. Von der Webseite *http://seamframework.org/Weld/WeldDistributionDownloads* laden wir das aktuelle *Weld*-Paket (etwa *weld-2.0.3.Final.zip* mit einer Größe von fast 50 MiB), packen es aus und nehmen aus dem Verzeichnis *artifacts\weld* das Java-Archiv *weld-se.jar* in den Klassenpfad auf. Das war es schon.

CDI-Beispiel

Als Demonstrationsobjekt soll ein `Configuration`-Objekt in ein `Application`-Exemplar injiziert werden. `Configuration` soll globale Konfigurationsinformationen repräsentieren, auf die in der Regel andere Java-Objekte zurückgreifen. Anstatt hier selbst etwa eine Fabrik oder ein Singleton zu programmieren, soll der Container später das Objekt aufbauen und zu den interessierten Objekten bringen.

Listing 16.19 com/tutego/insel/cdi/Configuration.java, Configuration

```
public class Configuration {
  public String greetingMessage() { return "Willkommen Lena, ähh, CDI "; }
}
```

Die Klasse `Application` soll das Hauptprogramm bilden, das schon auf `Configuration` zurückgreifen möchte:

Listing 16.20 com/tutego/insel/cdi/Application.java, Application

```
import javax.inject.Inject;

public class Application {

  @Inject Configuration configuration;

  public void start() {
    System.out.println( configuration.greetingMessage() );
  }
}
```

Hier können wir die erste Annotation ablesen: `@Inject`. Dem Objekt `Application` soll ein Verweis auf das `Configuration`-Objekt in die Variable `configuration` injiziert werden. Es kann beliebig viele zu injizierende Attribute geben. Erst danach ist das `Application`-Objekt korrekt initialisiert. (Das ist wichtig zu verstehen, denn im Konstruktor ist der Zugriff auf die injizierten Objekte verboten, da das `Application`-Objekt natürlich zuerst über den Standard-Konstruktor erzeugt werden muss, bevor die Objektvariablen initialisiert werden können.) Die Methode `start()` ist eine selbst gewählte Methode, bei der das gesamte Programm starten soll. Hier lässt sich auf alle injizierten Attribute zurückgreifen, und das Programm testet dies mit einer kleinen Konsolenausgabe.

Damit ist unsere Applikation so weit fertig. Jetzt folgen noch zwei Schritte bis zum erfolgreichen Start:

1. Wir setzen in unserem Projekt im *src*-Ordner ein Verzeichnis *META-INF* und legen dort eine leere Datei mit dem Namen *beans.xml* an. Sie ist dann nützlich, wenn nicht über Annotationen gearbeitet wird, sondern wenn die Beans extern beschrieben werden sollen. Da wir das nicht nutzen, kann die Datei leer bleiben.[6]
2. Als Letztes muss die Applikation gestartet werden. Hier unterscheiden sich die CDI-Container ein wenig, und bei Weld gibt es verschiedene Varianten.[7] Wir wählen eine Klasse mit einer statischen `main(String[])`-Methode, die den Weld-Container initialisiert und dann die `start()`-Methode aufruft, um unser Programm zu starten:

6 Unsinnigerweise muss sie vorhanden sein, auch wenn sie leer ist – vielleicht ändert sich das aber in Zukunft.
7 Dokumentiert unter *http://docs.jboss.org/weld/reference/latest/en-US/html/environments.html*.

Listing 16.21 com/tutego/insel/cdi/StartMain.java, StartMain, main()

```
public static void main( String[] args ) {
  Application app = new Weld().initialize().instance()
                              .select( Application.class ).get();
  app.start();
}
```

Wenn wir das Programm starten, kommen ein paar Logging-Meldungen, die wir jetzt ignorieren wollen, und dann erscheint die erwartete Ausgabe:

```
Willkommen Lena, ähh, CDI
```

Der CDI-Standard ist recht umfangreich, und die Weld-Dokumentation *http://docs.jboss.org/weld/reference/latest/en-US/html/* gibt einen guten Einblick in die API. Kurz ein paar wichtige Fakten:

- Anstatt in Objektvariablen zu injizieren, kann der Container auch Setter aufrufen, die mit `@Inject` annotiert sind. Der Vorteil ist dabei, dass mit dem injizierten Wert gleich etwas gemacht werden kann. Beispielsweise können andere Zustände initialisiert werden.
- Neben der Injizierung in Attribute und dem Aufruf von Settern kann der Container auch einen Konstruktor aufrufen. Dann darf es aber nur einen parametrisierten Konstruktor mit dem zu injizierenden Objekt geben.
- Bei der Injizierung erstellt der Container immer ein neues Objekt. Im Fall von unserer Konfiguration muss das nicht sein. Die Annotation `@Singleton` an einer Klasse weist den Container an, nur einmal das Objekt aufzubauen und dann nur dieses eine Exemplar in alle Injektionspunkte zu spritzen.

16.3 Zum Weiterlesen

Was wir hier angesprochen haben ist eine Kurzeinführung in ein zentrales Thema der Java Enterprise Edition. Als »Erfinder« von IoC gilt Martin Fowler, der auf seiner Webseite *http://martinfowler.com/articles/injection.html* eine prima Einführung gibt.

Kapitel 17
Typen, Reflection und Annotationen

»Aber wofür soll das gut sein?«
– Advanced Computing Systems Division von IBM zum Microchip, 1968

Zentral beim Java-Laufzeitsystem ist die Idee, Klassen zur Laufzeit zu laden. Einmal geladene Klassen können erfragt werden über Reflection; das erlaubt uns, Klassen und Objekte, die zur Laufzeit von der JVM im Speicher gehalten werden, zu untersuchen und in begrenztem Umfang zu modifizieren. Das Konzept der Reflection (oder auch Introspektion) ist besonders bei Java-Beans oder Hilfsprogrammen zum Debuggen oder bei GUI-Buildern interessant. Diese Programme heißen auch *Metaprogramme*, da sie auf den Klassen und Objekten anderer Programme operieren. Reflection fällt daher auch in die Schlagwortkategorie *Meta-Programming*.

17.1 Metadaten

17

Ein Metadatum ist eine Information über eine Information. In Java beschreibt ein `Class`-Objekt, was Typen wie Klassen so »können«, also welche Konstruktoren und Methoden sie haben, welche Attribute sie besitzen und wie die Erweiterungsbeziehungen sind.

17.1.1 Metadaten durch Javadoc-Tags

Seit den ersten Java-Versionen gibt es die *Javadoc-Tags*, die besondere Metadaten darstellen. So ist im folgenden Beispiel die Methode veraltet, weil das Javadoc-Tag `@deprecated` gesetzt ist:

```
/**
 * Sets the day of the month of this <tt>Date</tt>object to the specified value. ....
 * @deprecated As of JDK version 1.1, replaced by ....
 */
@Deprecated
public void setDate( int date ) {
  getCalendarDate().setDayOfMonth( date );
}
```

In diesem Fall gilt das Javadoc-Tag für genau eine Methode, die dann als *annotiert* gilt. Die Beschreibungen können aber noch weiter gehen und müssen nicht nur auf Methodenebene bleiben. So annotiert das Tag `@author` den Autor und damit gleich eine ganze Klasse oder Schnittstelle.

Um die in Kommentaren eingesetzten Javadoc-Tags muss sich der Java-Compiler nicht kümmern, obwohl er `@deprecated` eine Ausnahme zugesteht. Es ist Aufgabe des externen Dienstprogramms *javadoc* und einem so genannten *Doclets* aus diesen Kommentaren etwas zu machen, etwa eine Sammlung von verknüpften HTML-Dokumenten.

17.2 Metadaten der Typen mit dem Class-Objekt

Angenommen, wir wollen einen Klassen-Browser schreiben. Dieser soll alle zum laufenden Programm gehörenden Klassen und darüber hinaus weitere Informationen anzeigen, wie etwa Variablenbelegung, deklarierte Methoden, Konstruktoren und Informationen über die Vererbungshierarchie. Dafür benötigen wir die Bibliotheksklasse `Class`. Exemplare der Klasse `Class` sind Objekte, die entweder eine Java-Klasse oder Java-Schnittstelle repräsentieren (dass auch Schnittstellen durch `Class`-Objekte repräsentiert werden, wird im Folgenden nicht mehr ausführlich unterschieden).

In diesem Punkt unterscheidet sich Java von vielen herkömmlichen Programmiersprachen, da sich Eigenschaften von Klassen vom gerade laufenden Programm mittels der `Class`-Objekte abfragen lassen. Bei den Exemplaren von `Class` handelt es sich um eine eingeschränkte Form von Meta-Objekten[1] – die Beschreibung einer Java-Klasse, die aber nur ausgewählte Informationen preisgibt. Neben normalen Klassen werden auch Schnittstellen durch je ein `Class`-Objekt repräsentiert.

17.2.1 An ein Class-Objekt kommen

Zunächst müssen wir für eine bestimmte Klasse das zugehörige `Class`-Objekt in Erfahrung bringen. `Class`-Objekte selbst kann nur die JVM erzeugen. Wir können das nicht (die Objekte sind immutable, und der Konstruktor ist privat).[2] Um einen Verweis auf ein `Class`-Objekt zu bekommen, bieten sich folgende Lösungen an:

- Ist ein Exemplar der Klasse verfügbar, rufen wir die `getClass()`-Methode des Objekts auf und erhalten das `Class`-Exemplar der zugehörigen Klasse.
- Jede Klasse enthält eine Klassenvariable mit dem Namen `.class` vom Typ `Class`, die auf das zugehörige `Class`-Exemplar verweist.
- Auch auf primitiven Datentypen ist das Ende `.class` erlaubt. Das gleiche `Class`-Objekt liefert die statische Variable `TYPE` der Wrapper-Klassen. Damit ist `int.class == Integer.TYPE`.
- Die Klassenmethode `Class.forName(String)` kann eine Klasse erfragen, und wir erhalten das zugehörige `Class`-Exemplar als Ergebnis. Ist die Klasse noch nicht geladen, sucht und bindet `forName(String)` die Klasse ein. Weil das Suchen schiefgehen kann, ist eine `ClassNotFoundException` möglich.

1 Echte Metaklassen wären Klassen, deren jeweils einziges Exemplar die normale Java-Klasse ist. Dann wären etwa die normalen Klassenvariablen in Wahrheit Objektvariablen in der Metaklasse.

2 Und in der Javadoc heißt es: »Constructor. Only the Java Virtual Machine creates Class objects.«

- Haben wir bereits ein Class-Objekt, sind aber nicht an ihm, sondern an seinen Vorfahren interessiert, so können wir einfach mit getSuperclass() ein Class-Objekt für die Oberklasse erhalten.

Das folgende Beispiel zeigt drei Möglichkeiten auf, um an ein Class-Objekt für java.util.Date heranzukommen:

Listing 17.1 com/tutego/insel/meta/GetClassObject.java, main()

```
Class<Date> c1 = java.util.Date.class;
System.out.println( c1 );          // class java.util.Date
Class<?> c2 = new java.util.Date().getClass();
 // oder Class<? extends Date> c2 = ...

System.out.println( c2 );          // class java.util.Date
try {
  Class<?> c3 = Class.forName( "java.util.Date" );
  System.out.println( c3 );        // class java.util.Date
}
catch ( ClassNotFoundException e ) { e.printStackTrace(); }
```

Die Variante mit forName(String) ist sinnvoll, wenn der Klassenname bei der Übersetzung des Programms noch nicht feststand. Sonst ist die vorhergehende Technik eingängiger, und der Compiler kann prüfen, ob es den Typ gibt.

Beispiel

Klassenobjekte für primitive Elemente liefert forName(String) nicht! Die beiden Anweisungen Class.forName("boolean") und Class.forName(boolean.class.getName()) führen zu einer ClassNotFoundException.

```
class java.lang.Object
```

- final Class<? extends Object> getClass()
  Liefert zur Laufzeit das Class-Exemplar, das die Klasse des Objekts repräsentiert.

```
final class java.lang.Class<T>
implements Serializable, GenericDeclaration, Type, AnnotatedElement
```

- static Class<?> forName(String className) throws ClassNotFoundException
  Liefert das Class-Exemplar für die Klasse oder Schnittstelle mit dem angegebenen voll qualifizierten Namen. Falls sie bisher noch nicht vom Programm benötigt wurde, sucht und lädt der Klassenlader die Klasse. Die Methode liefert niemals null zurück. Falls die Klasse nicht ge-

laden und eingebunden werden konnte, gibt es eine `ClassNotFoundException`. Eine alternative Methode `forName(String name, boolean initialize, ClassLoader loader)` ermöglicht auch das Laden mit einem gewünschten Klassenlader. Der Klassenname muss immer voll qualifiziert sein.

ClassNotFoundException und NoClassDefFoundError *

Eine `ClassNotFoundException` lösen die Methoden `forName(…)` aus `Class` und `loadClass(String name [, boolean resolve])` bzw. `findSystemClass(String name)` aus `ClassLoader` immer dann aus, wenn der Klassenlader die Klasse nach ihrem Klassennamen nicht finden kann.

Neben der Exception-Klasse gibt es ein `NoClassDefFoundError`– ein harter `LinkageError`, den das System immer dann auslöst, wenn die JVM eine im Bytecode referenzierte Klasse nicht laden kann. Nehmen wir zum Beispiel eine Anweisung wie `new MeineKlasse()`. Führt die JVM diese Anweisung aus, versucht sie den Bytecode von `MeineKlasse` zu laden. Ist der Bytecode für `MeineKlasse` nach dem Compilieren entfernt worden, löst die JVM durch den nicht geglückten Ladeversuch den `NoClassDefFoundError` aus. Auch tritt der Fehler auf, wenn beim Laden des Bytecodes die Klasse `MeineKlasse` zwar gefunden wurde, aber `MeineKlasse` einen statischen Initialisierungsblock besitzt, der wiederum eine Klasse referenziert, für die keine Klassendatei vorhanden ist.

Während `ClassNotFoundException` häufiger vorkommt als `NoClassDefFoundError`, ist es im Allgemeinen ein Indiz dafür, dass ein Java-Archiv im Klassenpfad fehlt.

Umbenennungen der Klassennamen durch den Obfuscator *

Dass der Compiler automatisch Bytecode gemäß dieses veränderten Quellcodes erzeugt, führt nur dann zu unerwarteten Problemen, wenn wir einen Obfuscator über den Programmtext laufen lassen, der nachträglich den Bytecode modifiziert und damit die Bedeutung des Programms bzw. des Bytecodes verschleiert und dabei Klassen umbenennt. Offensichtlich darf ein Obfuscator Klassen, deren `Class`-Exemplare abgefragt werden, nicht umbenennen; oder der Obfuscator müsste die entsprechenden Zeichenketten ebenfalls korrekt ersetzen (aber natürlich nicht alle Zeichenketten, die zufällig mit Namen von Klassen übereinstimmen).

17.2.2 Eine Class ist ein Type

In Java gibt es unterschiedliche Typen, wobei Klassen, Schnittstellen und Aufzählungstypen von der JVM als `Class`-Objekte repräsentiert werden. In der Reflection-API repräsentiert die Schnittstelle `Type` alle Typen, und das sind bisher die implementierende Klasse `Class`, dazu kommen einige Unterschnittstellen wie `GenericArrayType`, `ParameterizedType`, `TypeVariable<D>` und `WildcardType`. Die einzige Methode von Type ist `getTypeName()`, und das ist sogar »nur« eine Default-Methode, die `toString()` aufruft.

`Type` ist die Rückgabe diverser Methoden in der Reflection-API, etwa von `getGenericSuperclass()` und `getGenericInterfaces()` der Klasse `Class` und von vielen weiteren Methoden, die die Javadoc unter »USE« aufzählt.

17.3 Klassenlader

In Java ist eine Kaskade von unterschiedlichen Klassenladern für das Laden von Klassen verantwortlich. Bei Java arbeiten mehrere Klassenlader in einer Kette zusammen. An erster Stelle steht der Klassenlader für alle »Kern«-Klassen, wie `Object`, `String`, der Bootstrap-Klassenlader. Findet der eine gewünschte Klasse nicht, geht die Anfrage weiter an einen Klassenlader, der im Extension-Verzeichnis *lib/ext* schaut. Wenn eine Klasse auch dort nicht zu finden ist, folgt die Suche über den benutzerdefinierten Klassenpfad und eigene Klassenlader.

Abfragen des Klassenpfades

Ob der eigene Klassenpfad überhaupt gesetzt ist, ermittelt ein einfaches echo %CLASSPATH% (Windows) bzw. echo $CLASSPATH (Unix).

Zur Laufzeit steht der normale Klassenpfad in der System-Property `java.class.path`. Auch der Bootstrap-Klassenpfad kann ausgelesen werden über die Variable `sun.boot.class.path`. Zusätzliche Erweiterungsverzeichnisse lassen sich über die Systemeigenschaft `java.ext.dirs` auslesen.

Eigenschaft	Beispielbelegung
`java.class.path`	*C:\Users\Christian\Insel\programme\2_18_Reflection_Annotationen*
`java.ext.dirs`	*C:\Program Files\Java\jdk1.8.0\jre\lib\ext;C:\WINDOWS\Sun\Java\lib\ext*
`sun.boot.class.path`	*C:\Program Files\Java\jdk1.8.0\jre\lib\resources.jar;C:\Program Files\Java\jdk1.8.0\jre\lib\rt.jar;C:\Program Files\Java\jdk1.8.0\jre\lib\sunrsasign.jar;C:\Program Files\Java\jdk1.8.0\jre\lib\jsse.jar;C:\Program Files\Java\jdk1.8.0\jre\lib\jce.jar;C:\Program Files\Java\jdk1.8.0\jre\lib\charsets.jar;C:\Program Files\Java\jdk1.8.0\jre\lib\jfr.jar;C:\Program Files\Java\jdk1.8.0\jre\classes*

Tabelle 17.1 Mögliche Ausgaben von com/tutego/insel/lang/ClasspathDir.java

17

[+]

Hinweis

Wird die JVM über `java -jar` aufgerufen, beachtet sie nur Klassen in dem genannten JAR und ignoriert den Klassenpfad.

17.3.1 Das Verzeichnis jre/lib/endorsed *

Im Fall der XML-Parser und weiterer Bibliotheken kommt es häufiger vor, dass sich die Versionen einmal ändern. Es wäre nun müßig, aus diesem Grund die neuen Bibliotheken immer im `bootclasspath` aufzunehmen, da dann immer eine Einstellung über die Kommandozeile stattfände. Die Entwickler haben daher für spezielle Pakete ein Verzeichnis vorgesehen, in dem Updates eingelagert werden können: das Verzeichnis *jre/lib/endorsed* der Java-Installation.

Alternativ können die Klassen und Archive auch durch die Kommandozeilenoption `java.endorsed.dirs` spezifiziert werden.

Wenn der Klassenlader im Verzeichnis *endorsed* eine neue Version – etwa vom XML-Parser – findet, lädt er die Klassen von dort und nicht aus dem JAR-Archiv, aus dem sonst die Klassen geladen würden. Standardmäßig bezieht er die Ressourcen aus der Datei *rt.jar*. Alle im Verzeichnis *endorsed* angegebenen Typen überdecken somit die Standardklassen aus der Java SE; neue Versionen lassen sich einfach einspielen.

Nicht alle Klassen lassen sich mit *endorsed* überdecken. Zum Beispiel lässt sich keine neue Version von `java.lang.String` einfügen. Die Dokumentation »Endorsed Standards Override Mechanism« unter *http://docs.oracle.com/javase/8/docs/technotes/guides/standards/* zeigt die überschreibbaren Pakete an: `javax.rmi.CORBA`, `org.omg.*`, `org.w3c.dom` und `org.xml.*`. (Im Übrigen definiert auch Tomcat, die Servlet-Engine, ein solches Überschreibverzeichnis. Hier können wir Klassen in das Verzeichnis *common/lib/endorsed* aufnehmen, die dann beim Start von Tomcat die Standardklassen überschreiben.)

17.3.2 Die Klasse java.lang.ClassLoader

Jeder Klassenlader in Java ist vom Typ `java.lang.ClassLoader`. Die Methode `loadClass(…)` erwartet einen so genannten »binären Namen«, der an den voll qualifizierten Klassennamen erinnert.

```
abstract class java.lang.ClassLoader
```

- `protected Class<?> loadClass(String name, boolean resolve)`
  Lädt die Klasse und bindet sie mit `resolveClass(…)` ein, wenn `resolve` gleich `true` ist.
- `public Class<?> loadClass(String name)`
  Die öffentliche Methode ruft `loadClass(name, false)` auf, was bedeutet, dass die Klasse nicht standardmäßig angemeldet (gelinkt) wird. Beide Methoden können eine `ClassNotFoundException` auslösen.

Die geschützte Methode führt anschließend drei Schritte durch:

1. Wird `loadClass(…)` auf einer Klasse aufgerufen, die dieser Klassenlader schon eingelesen hat, so kehrt die Methode mit dieser gecachten Klasse zurück.
2. Ist die Klasse nicht gespeichert, darf zuerst der Vater (*parent class loader*) versuchen, die Klasse zu laden.
3. Findet der Vater die Klasse nicht, so darf jetzt der Klassenlader selbst mit `findClass(…)` versuchen, die Klasse zu beziehen.

Eigene Klassenlader überschreiben in der Regel die Methode `findClass(…)`, um nach einem bestimmten Schema zu suchen, etwa nach Klassen aus der Datenbank. In diesen Stufen ist es auch möglich, höher stehende Klassenlader zu umgehen, was beispielsweise bei Servlets Anwendung findet.

Neue Klassenlader

Java nutzt an den verschiedensten Stellen spezielle Klassenlader, etwa für Applets den `sun.applet.AppletClassLoader`. Für uns ist der `java.net.URLClassLoader` interessant, da er Klassen von beliebigen URLs laden kann und die Klassen nicht im klassischen Klassenpfad benötigt. Wie ein eigener Klassenlader aussieht, zeigt das Beispiel unter *http://tutego.com/go/urlclassloader*, das den URL-Classloader vom Prinzip her nachimplementiert.

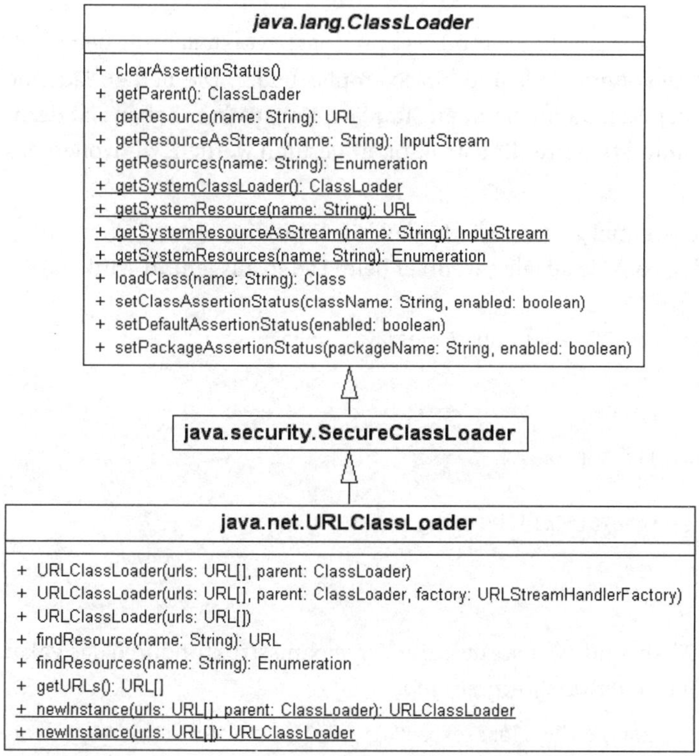

Abbildung 17.1 Klassenhierarchie von URLClassLoader

17.3.3 Hot Deployment mit dem URL-Classloader *

Unter *Hot Deployment* ist die Möglichkeit zu verstehen, zur Laufzeit Klassen auszutauschen. Diese Möglichkeit ist für viele EJB- oder Servlet-Container wichtig, da sie im Dateisystem auf eine neue Klassendatei warten und im gegebenen Fall die alte Klasse durch eine neue ersetzen. Ein Servlet-Container überwacht geladene Klassen und lädt sie bei Änderungen neu. Eine Internetsuche mit dem Stichwort *AdaptiveClassLoader* listet Implementierungen auf.

Damit dieser heiße Wechsel funktioniert, muss die Klasse über einen neuen Klassenlader bezogen werden. Das liegt daran, dass der Standardklassenlader von Haus aus keine Klasse mehr loswird, wenn er sie einmal geladen hat. Mit anderen Worten: Wenn eine Klasse über `Class.forName(Klasse)` angefordert wird, ist sie immer im Cache und wird nicht mehr entladen. Ein neuer Klassenlader fängt immer von vorn an, wenn er die Klasse für sich zum ersten Mal sieht.

Mit immer neuen Klassenladern funktioniert das Neuladen, weil für eine neue Klasse dann jeweils ein eigener Klassenlader zuständig ist. Ändert sich die Klasse, wird ein neuer Klassenlader konstruiert, der die neue Klasse lädt. Doch damit ist die alte Klasse noch nicht aus dem Spiel. Nur wenn sich niemand mehr für die alte Klasse und für den Klassenlader interessiert, kann die Laufzeitumgebung diese nicht benutzten Objekte erkennen und aufräumen.

Gleiche Klasse mehrfach laden

Wir wollen im Folgenden eine eigene statische Methode `newInstance()` vorstellen, die beim Aufruf die neueste Version des Dateisystems lädt und ein Exemplar bildet. Die neu zu ladende Klasse soll ohne Beschränkung der Allgemeinheit einen Standard-Konstruktor haben – andernfalls muss über Reflection ein parametrisierter Konstruktor aufgerufen werden; wir wollen das Beispiel aber kurz halten.

Beginnen wir mit der Klasse, die zweimal geladen werden soll. Sie besitzt einen statischen Initialisierungsblock, der etwas auf der Konsole ausgibt, wenn er beim Laden ausgeführt wird:

Listing 17.2 com/tutego/insel/lang/ClassToLoadMultipleTimes.java

```
package com.tutego.insel.lang;

public class ClassToLoadMultipleTimes {
  static {
    System.out.println( "ClassToLoadMultipleTimes" );
  }
}
```

Die Testklasse legen wir unter *C:* ab, und zwar so, dass die Verzeichnisstruktur durch das Paket erhalten bleibt – demnach unter *C:\com\tutego\insel\lang*.

Jetzt brauchen wir noch eine Testklasse, die `ClassToLoadMultipleTimes` unter dem Wurzelverzeichnis liest (also etwa unter *C:/*):

Listing 17.3 com/tutego/insel/lang/LoadClassMultipleTimes.java

```
package com.tutego.insel.lang;

import java.io.File;
import java.net.*;

public class LoadClassMultipleTimes {

  public static Object newInstance( String path, String classname ) throws Exception {
    URL url = Paths.get( path ).toUri().toURL();
    try ( URLClassLoader cl = new URLClassLoader( new URL[]{ url } ) ) {
      Class<?> c = cl.loadClass( classname );
      return c.newInstance();
```

```
    }
  }

  public static void main( String[] args ) throws Exception {
    newInstance( "/", "com.tutego.insel.lang.ClassToLoadMultipleTimes" );
    newInstance( "/", "com.tutego.insel.lang.ClassToLoadMultipleTimes" );
  }
}
```

Nach dem direkten Start ohne Vorbereitung bekommen wir nur einmal die Ausgabe – anders als erwartet. Der Grund liegt in der Hierarchie der Klassenlader. Wichtig ist hier, dass der Standardklassenlader die Klasse `ClassToLoadMultipleTimes` nicht »sehen« darf. Wir müssen die Klasse also aus dem Zugriffspfad der Laufzeitumgebung löschen, da andernfalls aufgrund des niedrigen Rangs unser eigener URL-Klassenlader nicht zum Zuge kommt. (Und ist die Klassendatei nicht im Pfad, können wir das praktische `ClassToLoadMultipleTimes.class.getName()` nicht nutzen.) Erst nach dem Löschen werden wir Zeuge, wie die virtuelle Maschine auf der Konsole die beiden Meldungen ausgibt, wenn der statische Initialisierungsblock ausgeführt wird.

Die zu ladende Klasse darf nicht den gleichen voll qualifizierten Namen wie eine Standardklasse (etwa `java.lang.String`) tragen. Das liegt daran, dass auch in dem Fall, in dem die Klasse mit dem eigenen `URLClassLoader` bezogen werden soll, die Anfrage trotzdem erst an den System-Klassenlader, dann an den Erweiterungs-Klassenlader und erst ganz zum Schluss an unseren eigenen Klassenlader geht. Es ist also nicht möglich, aus einem Java-Programm Klassen zu beziehen, die prinzipiell vom System-Klassenlader geladen werden. Wir können eine Klasse wie `javax.swing.JButton` nicht selbst beziehen. Wenn sie mit einem Klassenlader ungleich unserem eigenen geladen wird, hat dies wiederum zur Folge, dass wir die geladene Klasse nicht mehr loswerden – was allerdings im Fall der Systemklassen kein Problem sein sollte.

Implementiert die Klasse eine bestimmte Schnittstelle oder erbt sie von einer Basisklasse, lässt sich der Typ der Rückgabe unserer Methode `newInstance()` einschränken. Auf diese Weise ist ein Plugin-Prinzip realisierbar: Die geladene Klasse bietet mit dem Typ Methoden an. Während dieser Typ bekannt ist (der implizite Klassenlader besorgt sie), wird die Klasse selbst erst zur Laufzeit geladen (expliziter Klassenlader).

Einzigartigkeit eines Singletons

Ein Singleton ist ein Erzeugermuster, das ein Exemplar nur einmal hervorbringt. Singletons finden sich in der JVM an einigen Stellen; so gibt es `java.lang.Runtime` nur einmal, genauso wie `java.awt.Toolkit`. Auch Aufzählungen sind Singletons, und so lassen sie sich problemlos mit == vergleichen. Und doch gibt es zwischen den Bibliotheks-Singletons und den von Hand gebauten Singleton-Realisierungen und Aufzählungen einen großen Unterschied: Sie basieren alle auf statischen Variablen, die dieses eine Exemplar referenzieren. Damit ist eine Schwierigkeit verbunden. Denn wie wir an den Beispielen mit dem `URLClassLoader` gesehen haben, ist dieses Exemplar immer nur pro Klassenlader einzigartig, aber nicht in der gesamten JVM an sich, die eine unbestimmte Anzahl von Klassenladern nutzen kann. Die Java-Aufzählungen sind ein gutes Beispiel. In einem Server kann es zwei gleiche `Weekday`-Aufzählungen im gleichen Paket geben. Und doch sind sie völlig unterschiedlich und miteinander inkompatibel, wenn sie zwei unterschiedliche Klassenlader einlesen. Selbst die `Class`-Objekte dieser Aufzählungen, die ja auch Singletons innerhalb eines Klassenladers sind, sind bei zwei verschiedenen Klassenladern nicht identisch. Globale Singletons für die gesamte JVM gibt es nicht – zum Glück. Auf der anderen Seite verursachen diese Klassen-Phantome viele Probleme in Java EE-Umgebungen. Doch das ist eine andere Geschichte für ein Java EE-Buch.

```
class java.net.URLClassLoader
extends SecureClassLoader
```

- `URLClassLoader(URL[] urls)`
  Erzeugt einen neuen `URLClassLoader` für ein Feld von URLs mit dem Standard-Vater-Klassenlader.
- `URLClassLoader(URL[] urls, ClassLoader parent)`
  Erzeugt einen neuen `URLClassLoader` für ein Feld von URLs mit einem gegebenen Vater-Klassenlader.
- `protected void addURL(URL url)`
  Fügt eine URL hinzu.
- `URL[] getURLs()`
  Liefert die URLs.

17.4 Metadaten der Typen mit dem Class-Objekt

Ein `Class`-Objekt beschreibt eine Reihe von Eigenschaften, wie Namen, Beziehungen, Annotationen, die sich mit unterschiedlichen Methoden erfragen lassen.

17.4.1 Der Name des Typs

Liegt zu einem Typ das `Class`-Objekt vor, so können wir zur Laufzeit ihren voll qualifizierten Namen über die Methode `getName()` ausgeben. Da jeder Typ über einen Namen verfügt, führt diese Methode also jedes Mal zum Ziel:

Anweisung	String-Rückgabe
`java.util.Date().getClass().getName()`	`java.util.Date`
`java.util.RandomAccess.class.getName()`	`java.util.RandomAccess`

Tabelle 17.2 getName() liefert eine String-Repräsentation diverser Typen

Anweisung	String-Rückgabe
`Deprecated.class.getName()`	`java.lang.Deprecated`
`Thread.State.class.getName()`	`java.lang.Thread$State`

Tabelle 17.2 getName() liefert eine String-Repräsentation diverser Typen (Forts.)

Während `getName()` den voll qualifizierten Namen liefert, liefert `getSimple()` nur den Typnamen und keine Paketangabe.

toString(), toGenericString(), getCanonicalName()

Die Klasse `Class` überschreibt die Methode `toString()` und greift dabei auf `getName()` zurück. `toString()` fügt zusätzlich Informationen über die Art des repräsentierten Typs (normale Klasse, Schnittstelle oder primitiver Datentyp) ein. Neu in Java 8 ist `toGenericString()`, was auch noch in spitzen Klammern die Typvariablen anzeigt (natürlich nicht den Typparameter, da der zur Laufzeit wegen der Typlöschung nicht bekannt ist). Um die Typvariable zu erfragen, wird (ab Java 8) `getTypeName()` verwendet; die Methode ist eine Implementierung aus der Schnittstelle `Type`, die `Class` implementiert.

Beispiel

Teste für ein `Class`-Objekt die vier String-Repräsentationen:

```
Class<?> c = HashMap.class;
System.out.println( c.getName() );          // java.util.HashMap
System.out.println( c.getSimpleName() );    // HashMap
System.out.println( c.toString() );         // class java.util.HashMap
System.out.println( c.toGenericString() ); // public class java.util.HashMap<K,V>
```

Bei inneren Typen trennt ein $ bei der String-Repräsentation den äußeren und inneren Typ. Anders verhält sich `getCanonicalName()`, wie das Beispiel zeigt:

Anweisung	Rückgabe
`Map.Entry.class.getName()`	`java.util.Map$Entry`
`Map.Entry.class.getCanonicalName()`	`java.util.Map.Entry`
`Map.Entry.class.toString()`	`interface java.util.Map$Entry`
`Map.Entry.class.toGenericString()`	`public abstract static interface java.util.Map$Entry<K,V>`

Tabelle 17.3 String-Repräsentation bei inneren Typen

Kodierung von Feldern *

Schwieriger ist die Kodierung bei Array-Typen, die ja eine besondere Form von Klassen sind. `getName()` kodiert sie mit einer führenden »[«. Jede Klammer steht dabei für eine Dimension des Array-Typs. Nach den Klammern folgt in einer kodierten Form der Typ der Array-Elemente. So liefert

```
System.out.println( int[][][].class.getName() );                   // [[[I
System.out.println( (new int[2][3][4]).getClass().getName() );  // [[[I
```

den String »[[[I«, also einen dreidimensionalen Array-Typ mit Array-Elementen vom primitiven Typ `int`. Der Elementtyp ist wie folgt kodiert:

Kürzel	Datentyp
B	Byte
C	Char
D	Double
F	Float
I	Int
J	Long
LElementtyp;	Klasse oder Schnittstelle
S	Short
Z	Boolean

Tabelle 17.4 Kodierung der Elementtypen

Nimmt das Array Objektreferenzen auf, wird deren Typ in der Form »LKlassenname;« kodiert. So liefert `(new Object[3]).getClass().getName()` den String `[Ljava.lang.Object;`. Der Klassen- bzw. Schnittstellenname ist wie üblich voll qualifiziert.

Der String ist auch für `Class.forName(…)` von Bedeutung. Im Fall von Arrays liefert die Methode ein `Class`-Objekt für den Elementtyp. Die ersten Versuche, ein `Class`-Objekt für Felder zu beziehen, scheitern an einer `ClassNotFoundException`:

```
Class.forName( "String[]" );
Class.forName( "java.lang.String[]" );
```

In der ersten Anweisung ist der Klassenname nicht voll qualifiziert, und auch in der zweiten Anweisung ist der String falsch aufgebaut.

```
out.println( Class.forName("[Ljava.lang.String;") ); // class [Ljava.lang.String;
```

Steht die Frage an, ob ein `Class`-Objekt für ein Feld von Objekten steht oder für ein primitives Feld, lässt sich das Ergebnis von `getName()` auswerten:

```
public static boolean isObjectArray( Class<?> clazz ) {
  if ( clazz != null && clazz.isArray() )
    return clazz.getName().startsWith( "[L" );
  return false;
}
```

So liefert:

```
System.out.println( isObjectArray( Object[].class ) );      // true
System.out.println( isObjectArray( int[].class ) );         // false
System.out.println( isObjectArray( Object.class ) );        // false
```

```
final class java.lang.Class<T>
implements Serializable, GenericDeclaration, Type, AnnotatedElement
```

- `String getName()`
  Liefert für ein `Class`-Exemplar als String den voll qualifizierten Namen der repräsentierten Klasse oder Schnittstelle bzw. des repräsentierten Array-Typs oder des primitiven Datentyps.
- `String toString()`
  Liefert eine für Menschen lesbare String-Repräsentation des `Class`-Objekts.

17.4.2 Was das Class-Objekt beschreibt *

Ein `Class`-Exemplar kann eine Schnittstelle, eine Klasse, einen primitiven Datentyp oder auch einen Array-Typ beschreiben. Dies lässt sich durch die drei `Class`-Methoden `isInterface()`, `isPrimitive()` und `isArray()` herausfinden. Wenn keine der drei Methoden für ein `Class`-Exemplar `true` liefert, repräsentiert das Objekt eine gewöhnliche Klasse.

Dass es auch `Class`-Exemplare gibt, die die primitiven Datentypen von Java beschreiben, erstaunt zunächst. Damit ist es jedoch möglich, die Parameter- und Ergebnistypen beliebiger Java-Methoden einheitlich durch `Class`-Exemplare zu beschreiben. Dazu kodiert jede der acht Wrapper-Klassen, die zu den Datentypen `boolean`, `byte`, `char`, `short`, `int`, `long`, `float` und `double` gehören, eine Konstante `TYPE`. Zusätzlich gib es eine spezielle Klasse `Void` für den »Typ« `void` mit genau einer Konstanten `TYPE`. Benötigen wir ein `Class`-Objekt für den primitiven Typ `int`, so greifen wir mit `Integer.TYPE` (oder alternativ mit `int.class`) darauf zu. Alle `Class`-Exemplare für primitive Datentypen werden automatisch von der JVM erzeugt. Die Methode `isPrimitive()` gibt genau für diese neun besonderen `Class`-Exemplare `true` zurück, sodass sie von Repräsentanten für echte Klassen unterschieden werden können.

[+]

Hinweis

Obwohl void kein Typ ist, meldet isPrimitive() dies:

```
System.out.println( void.class.isPrimitive() ); // true
```

Das folgende Programmstück testet die Attribute von Class-Objekten systematisch durch. Wir benutzen die Class-Methode getName(), um den Namen des Class-Objekts auszugeben. Im nächsten Abschnitt mehr dazu. Das Class-Objekt für Felder setzt sich aus dem Basistyp und Paaren von eckigen Klammern zusammen, etwa double[][].class.

Listing 17.4 com/tutego/insel/meta/CheckClassType.java, CheckClassType

```
class CheckClassType {
  public static void main( String[] args ) {
   checkClassType( Observer.class );
   checkClassType( Observable.class );
   checkClassType( (new int[2][3][4]).getClass() );
   checkClassType( Integer.TYPE );
  }

  static void checkClassType( Class<?> c ) {
   if ( c.isArray() )
   System.out.println( c.getName() + " ist ein Feld." );
   else if ( c.isPrimitive() )
   System.out.println( c + " ist ein primitiver Typ.");
   else if ( c.isInterface() )
   System.out.println( c.getName() + " ist ein Interface." );
   else
   System.out.println( c.getName() + " ist eine Klasse." );
   }
}
```

Die Ausgabe des Programms ist nun:

```
java.util.Observer ist ein Interface.
java.util.Observable ist eine Klasse.
[[[I ist ein Feld.
int ist ein primitiver Typ.
```

```
final class java.lang.Class<T>
implements Serializable, GenericDeclaration, Type, AnnotatedElement
```

- boolean isInterface()
  Liefert true, wenn das Class-Objekt eine Schnittstelle beschreibt.

- `boolean isArray()`
  Liefert `true`, wenn das `Class`-Objekt einen Array-Typ beschreibt.
- `boolean isPrimitive()`
  Testet, ob das `Class`-Objekt einen primitiven Datentyp beschreibt.

Komponententyp bei Feldern

Die Methode `getComponentType()` liefert bei Feldern den Typ der Elemente als `Class`-Objekt. Steht das `Class`-Objekt für kein Feld, ist die Methodenrückgabe `null`:

```
System.out.println( double[].class.getComponentType() );     // double
System.out.println( double[][].class.getComponentType() );   // class [D
System.out.println( double.class.getComponentType() );       // null
```

17.4.3 instanceof mit Class-Objekten *

Der binäre Operator `instanceof` testet, ob ein Objekt Exemplar einer Klasse oder der Oberklasse ist. Wenn das Ergebnis wahr ist, lässt sich das Objekt unter dem gegebenen Typ ansprechen, ist also zuweisungskompatibel. Der rechte Operator bei `instanceof`, der Typname, muss jedoch immer zur Übersetzungszeit bekannt sein und kann nicht dynamisch, etwa durch einen String, festgelegt werden.

Ist der Typname zur Compilezeit vielleicht unbekannt, kann das `Class`-Objekt helfen. Die Methode `isInstance(Object)` ist sozusagen ein dynamisches `instanceof`. Gilt mit dem Operator

```
object instanceof ReferenceType
```

so heißt das mit der Methode:

```
ReferenceType-Class-Objekt.isInstance( object )
```

Gewöhnungsbedürftig ist sicherlich die Tatsache, dass bei der `Class`-Methode `isInstance(Object)` die beiden Operanden umgedreht sind. Dazu ein paar Beispiele:

Listing 17.5 com/tutego/insel/meta/IsAssignableFrom.java, main()

```
Component b = new JLabel();
out.println( b instanceof JLabel );                                  // true
out.println( JLabel.class.isInstance( b ) );                         // true
out.println( Object.class.isInstance( b ) );                         // true
out.println( Class.forName("java.awt.Component").isInstance( b ) );  // true
out.println( String.class.isInstance( b ) );                         // false
```

Die Methode `isInstance(object)` ist natürlich ein wenig dadurch eingeschränkt, dass es immer ein Test-Objekt geben muss. Die Frage etwa, ob das `Class`-Objekt der Schnittstelle `PublicKey` eine

»Ist-eine-Art-von-Serializable« ist, kann isInstance(object) nicht beantworten, denn dann müsste es vorher ein Objekt geben. Für diesen Fall bietet das Class-Objekt noch eine zweite Methode, isAssignableFrom(Class):

```
Class<?> clazz = Serializable.class;
out.println( clazz.isAssignableFrom( String.class ) );          // true
out.println( clazz.isAssignableFrom( Thread.class ) );          // false
out.println( clazz.isAssignableFrom( PublicKey.class ) );       // true
```

Solange der Typname zur Übersetzungszeit bekannt ist, ist instanceof immer noch die beste Lösung. Doch wenn die Klasse nur durch ein Class-Objekt gegeben ist, bleibt immer noch isAssignableFrom(Class<?> cls). Die Methode clazz.isInstance(obj) ist sozusagen eine Kurzform von clazz.isAssignableFrom(obj.getClass()).

17.4.4 Oberklassen finden *

Das Class-Exemplar für eine Klasse gibt Zugriff auf die Oberklasse, die Sichtbarkeitsstufe und weitere Informationen. Die Oberklasse ermittelt getSuperclass(). Die Methode gibt null zurück, falls das Class-Objekt eine Schnittstelle repräsentiert oder wir schon am oberen Ende der Hierarchie sind, also bei dem Class-Objekt für die Wurzelklasse Object. Das folgende Programm findet alle Oberklassen einer Klasse durch den wiederholten Aufruf der Methode getSuperclass():

Listing 17.6 com/tutego/insel/meta/ShowSuperclasses.java

```
Class<?> subclass   = javax.swing.JButton.class;
Class<?> superclass = subclass.getSuperclass();

while ( superclass != null ) {
  String className = superclass.getName();
  System.out.println( className );
  subclass   = superclass;
  superclass = subclass.getSuperclass();
}
```

Wahrscheinlich wäre eine rekursive Variante noch eleganter, aber darauf kommt es jetzt nicht an.

```
javax.swing.AbstractButton
javax.swing.JComponent
java.awt.Container
java.awt.Component
java.lang.Object
```

```
final class java.lang.Class<T>
implements Serializable, GenericDeclaration, Type, AnnotatedElement
```

- `Class<? super T> getSuperclass()`
  Liefert ein `Class`-Exemplar für die Oberklasse der Klasse, die durch das aufrufende `Class`-Objekt repräsentiert wird. Falls wir schon oben auf der Vererbungshierarchie bei `Object` sind oder nach der Oberklasse einer Schnittstelle fragen, liefert die Methode `null`.

17.4.5 Implementierte Interfaces einer Klasse oder eines Interfaces *

Klassen stehen zum einen in einer Vererbungsbeziehung zu einer Oberklasse und können zum anderen mehrere Schnittstellen implementieren. Schnittstellen können ihrerseits wiederum andere Schnittstellen erweitern. Bei einer Klassendeklaration folgt direkt hinter dem Schlüsselwort `implements` eine Auflistung der implementierten Schnittstellen. So implementiert die Klasse `RandomAccessFile` die Schnittstellen `DataOutput`, `DataInput` und `Closeable`:

```
public class RandomAccessFile implements DataOutput, DataInput, Closeable
```

Um zu einem vorhandenen `Class`-Objekt die Schnittstellen aufzulisten, rufen wir `getInterfaces()` auf, die uns ein Array von `Class`-Objekten liefert. Von hier aus kennen wir den Weg zum Namen: Der Aufruf von `getName()` liefert den String für den Namen der Schnittstelle.

Beispiel

Gib die implementierten Schnittstellen von `RandomAccessFile` aus:

Listing 17.7 com/tutego/insel/meta/ShowInterfaces.java, main()

```
for ( Class<?> theInterface: java.io.RandomAccessFile.class.getInterfaces() )
  System.out.println( theInterface.getName() );
```

Die Ausgabe ist:

```
java.io.DataOutput
java.io.DataInput
java.io.Closeable
```

17.4.6 Modifizierer und die Klasse Modifier *

Eine Klassendeklaration kann Modifizierer enthalten, also Schlüsselwörter, die zum Beispiel die Sichtbarkeit bestimmen. Unter anderem sind dies `public`, `protected`, `private` und `final`. Sie stehen etwa in der Klassendeklaration vor dem Schlüsselwort `class` oder auch vor Methoden. Die Modifizierer können auch kombiniert werden: So ist die Klasse `Class` selbst `public final`. Die Methode `getModifiers()` liefert im Rückgabewert die Modifizierer, verschlüsselt als Ganzzahl:

```
System.out.println( Modifier.class.getModifiers() );                    // 1
System.out.println( Modifier.toString(Modifier.class.getModifiers()) ); // public
```

```
final class java.lang.Class<T>
implements Serializable, GenericDeclaration, Type, AnnotatedElement
```

- `int getModifiers()`
  Liefert die Modifizierer für eine Klasse oder eine Schnittstelle.

Dekodieren der Zahlrepräsentationen durch die Klasse Modifier

Damit wir uns bei der Entschlüsselung nicht mit magischen Zahlenwerten der JVM herumschlagen müssen, gibt es in der Klasse `java.lang.reflect.Modifier` einige statische Methoden, die diese Ganzzahl testen und aufbauen. Zudem werden Konstanten deklariert (wie `Modifier.PUBLIC`), mit denen dieser Ganzzahlwert verglichen werden kann. Da die Ganzzahl potenziell eine Kombination mehrerer Modifizierer kodiert, ist die gezielte Abfrage allerdings mit den statischen `isXXX(…)`-Methoden einfacher. Obwohl eine Klasse nicht `transient`, `synchronized`, `nativ` sein kann, listen wir hier alle statischen Methoden auf, da wir diese Modifizierer später auch für die Untersuchung von Methoden und Objekt- bzw. Klassenvariablen per Reflection einsetzen. Jede dieser Testmethoden liefert `true`, wenn der gefragte Modifizierer in dem kodierten Ganzzahlwert enthalten ist. Alle Methoden sind `static` und liefern ein `boolean`-Ergebnis, außer `toString()`.

```
class java.lang.reflect.Modifier
```

- `static boolean isAbstract(int mod)`
- `static boolean isFinal(int mod)`
- `static boolean isInterface(int mod)`
- `static boolean isNative(int mod)`
- `static boolean isPrivate(int mod)`
- `static boolean isProtected(int mod)`
- `static boolean isPublic(int mod)`
- `static boolean isStatic(int mod)`
- `static boolean isSynchronized(int mod)`
- `static boolean isTransient(int mod)`
- `static boolean isVolatile(int mod)`
- `static boolean isDefault(int mod)` (seit Java 8)

Des Weiteren gibt es `xxxModifier()`-Methoden, die über ein `int` aussagen, welche Modifizierer an einem bestimmten Element erlaubt sind:

```
class java.lang.reflect.Modifier
```

- static int classModifiers()
- static int constructorModifiers()
- static int fieldModifiers()
- static int interfaceModifiers()
- static int methodModifiers()
- static int parameterModifiers()
  Liefert ein int, das alle Modifizierer kodiert, die an Klassen/Konstruktoren/Feldern/Schnittstellen/Methoden/Methodenparametern erlaubt sind. So liefert constructorModifiers() zum Beispiel Modifier.PUBLIC | Modifier.PROTECTED | Modifier.PRIVATE.

[+]

Hinweis

Schnittstellen, wie java.io.Serializable, tragen den Modifier abstract:

```
int mod = Serializable.class.getModifiers();
System.out.println( mod );                              // 1537
System.out.println( (mod & Modifier.PUBLIC) != 0);      // true
System.out.println( (mod & Modifier.ABSTRACT) != 0);    // true
System.out.println( Modifier.toString(mod) );           // public abstract interface
```


17.4.7 Die Arbeit auf dem Feld *

Die Utility-Klasse java.lang.reflect.Array stellt statische Methoden bereit, um auf Array-Objekten generisch zu arbeiten. Elemente lassen sich erfragen und setzen und auch Arrays mit einem gewünschten Typ anlegen:

```
Object array = Array.newInstance( int.class, 20 );
System.out.println( Array.getLength(array) );      // 20
Array.setInt( array, 0, -1 );
System.out.println( Array.getInt(array, 0) );      // -1
```

Bei newInstance(…) ist der Typ int.class und nicht int[].class!

Eine allgemeine statische Array-Methode set(…) und auch get(…) arbeiten für Objekte, wobei auch Wrapper für primitive Felder verwendet werden können:

```
Array.set( array, 0, Integer.valueOf(-1) );
System.out.println( Array.get(array, 0) );      // -1
```

Für mehrdimensionale Felder lässt sich bei newInstance(…) ein Feld von Größen angeben:

```
Object array = Array.newInstance( int.class, new int[]{ 2, 2 } );
((int[][])array)[0][0] = 1;
((int[][])array)[1][1] = 1;
System.out.println( Arrays.deepToString( (int[][])array ) ); // [[1, 0], [0, 1]]
```

17.5 Attribute, Methoden und Konstruktoren

Ein `Class`-Objekt bietet nicht nur Zugriff auf Oberklassen, Sichtbarkeiten, Modifizierer und Schnittstellen, sondern natürlich auch auf die Variablen, Methoden und Konstruktoren einer Klasse oder Schnittstelle. Daher kooperiert `Class` mit fünf weiteren Typen:

- `Field`: Ermöglicht den Zugriff auf die Objekt- und Klassenvariablen, um später Belegungen lesen und Werte verändern zu können.
- `Method`: Steht für die Methoden einer Klasse bzw. Operationen der Schnittstellen. So liefert die `Class`-Methode `getDeclaredMethods()` die Methoden, die dann später mit `invoke(Object obj, Object... args)` aufgerufen werden können.
- `Constructor`: Steht für die Konstruktoren einer Klasse. So gibt zum Beispiel die `Class`-Methode `getConstructors()` ein Feld von Konstruktoren zurück.
- `Annotation`: Repräsentiert die Annotationen, die an der Klasse/Schnittstelle festgemacht sind. So liefert zum Beispiel die `Class`-Methode `getAnnotations()` die festgemachten Annotationen.
- `Package`: `getPackage()` liefert ein `Package`-Objekt für die Klasse, die eine Versionsnummer beinhaltet, wenn diese im Manifest gesetzt wurde.

Weiterhin gibt es folgende allgemeine Typbeziehungen:

- `Constructor` und `Method` erweitern (ab Java 8) die abstrakte Oberklasse `Executable` – sie fasst Methoden für codeausführende Reflection-Klassen zusammen.
- Die Klassen `Class`, `Method`, `Field` und `Constructor` implementieren eine Schnittstelle `Member`, um etwa den Namen, die Modifizierer oder die deklarierende Klasse zu erfragen.
- Die Klassen `Class` und `Executable` (und somit indirekt `Constructor` und `Method`) implementieren die Schnittstelle `GenericDeclaration`, da sie generische Typvariablen deklarieren können.
- Die Klassen `Field` und `Executable` (und damit indirekt `Constructor` und `Method`) erweitern `AccessibleObject`, um die Sichtbarkeit zu kontrollieren. Per Reflection ist im Prinzip alles offen (wenn auch nicht standardmäßig), auch private Attribute oder Methoden.
- Diverse Java-Typen können annotiert werden, was die Reflection-Klassen durch die Implementierung der Schnittstelle `AnnotatedElement` ausdrücken. Es implementieren `Class`, `AccessibleObject` (damit indirekt `Field`, `Constructor`, `Method`), `Executable` (und damit wieder indirekt `Constructor`, `Method`), `Package` und `Parameter` (neu in Java 8) die Schnittstelle `AnnotatedElement`. Von der Schnittstelle gibt es diverse Unterschnittstellen (einige neu in Java 8): `AnnotatedArrayType`, `AnnotatedParameterizedType`, `AnnotatedType`, `AnnotatedTypeVariable`, `AnnotatedWildcardType`, `GenericDeclaration`, `TypeVariable<D>`.

Reflections-Exceptions und ReflectiveOperationException

Ist etwas so dynamisch wie Reflection, kann eine Menge schiefgehen. Nahezu alle Methoden zum Zugriff auf Laufzeitinformationen lösen daher die eine oder andere Ausnahme aus. An dieser Stelle sollen die zentralen Ausnahmen kurz vorgestellt werden. Alle stammen aus dem Paket `java.lang`:

- `NoSuchFieldException` und `NoSuchMethodException`: Das Attribut oder die Methode wird erfragt, aber existiert nicht.
- `ClassNotFoundException`: Der Klassenlader versucht, die Klasse zu laden, konnte sie aber nicht bekommen. Wird ausgelöst etwa von `Class.forName(String)`.
- `InstantiationException`: Der Versuch, ein Exemplar aufzubauen, scheitert, etwa wenn versucht wird, eine abstrakte Klasse zu instanziieren oder den Standard-Konstruktor aufzurufen, die Klasse aber nur parametrisierte Konstruktoren deklariert.
- `IllegalAccessException`: Die Sichtbarkeit ist zum Beispiel `private`, sodass von außen ein Attribut nicht erfragt, eine Methode nicht aufgerufen oder ein Exemplar nicht aufgebaut werden kann.
- `InvocationTargetException`: Eine Methode oder ein Konstruktor können eine Exception auslösen. Die `InvocationTargetException` packt diese Exception ein.

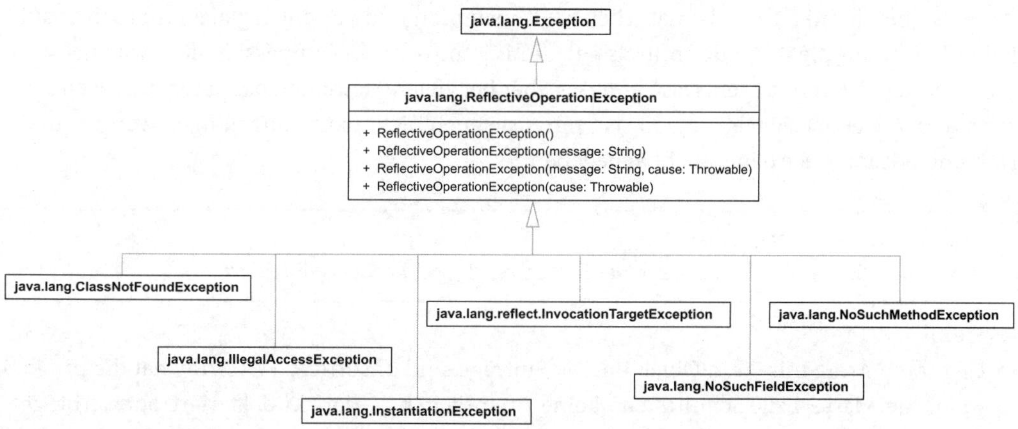

Abbildung 17.2 UML-Diagramm für ReflectiveOperationException

Einige Methoden lösen weniger Ausnahmen im Fehlerfall aus, andere mehr. Die `Constructor`-Methode `newInstance()` führt gleich vier Ausnahmen am `throws` auf. Oftmals führt das zu großen `catch`-Blöcken mit dupliziertem Code. Um den Programmcode etwas einfacher zu gestalten, gibt es für die sechs Ausnahmen eine Oberklasse `ReflectiveOperationException`, sodass bei identischer Behandlung alles vom Typ `ReflectiveOperationException` gecatcht werden kann:

- `ClassNotFoundException extends ReflectiveOperationException`
- `IllegalAccessException extends ReflectiveOperationException`
- `InstantiationException extends ReflectiveOperationException`

- InvocationTargetException extends ReflectiveOperationException
- NoSuchFieldException extends ReflectiveOperationException
- NoSuchMethodException extends ReflectiveOperationException

ReflectiveOperationException selbst ist eine Unterklasse von Exception und nicht von RuntimeException. Sie muss daher explizit behandelt werden, genauso wie die anderen Ausnahmen vorher.

17.5.1 Reflections – Gespür für die Attribute einer Klasse

Besonders bei Klassen-Browsern oder GUI-Buildern ist es interessant, auf die Variablen eines Objekts zuzugreifen, das heißt, ihre Werte auszulesen und zu verändern. Damit wir an beschreibende Objekte für die in einer Klasse deklarierten bzw. aus Oberklassen geerbten Variablen gelangen, rufen wir die Methode getFields() für das Class-Objekt der Klasse auf, die uns interessiert. Als Ergebnis erhalten wir ein Array von Field-Objekten. Jeder Array-Eintrag beschreibt eine Objekt- oder Klassenvariable, auf die wir zugreifen dürfen. Nur auf öffentliche, also public-Elemente, haben wir per (gewöhnlicher) Reflection Zugriff (auf eine privilegierte Reflection gehen wir hier nicht ein). Schnittstellen deklarieren ja bekanntlich nur Konstanten. Somit ist der schreibende Zugriff, den wir später näher betrachten wollen, nur auf in Klassen deklarierte Variablen beschränkt. Lesen ist natürlich bei Konstanten und Variablen gleichermaßen erlaubt. Beim Zugriff auf die Attribute mittels getFields() müssen wir aufpassen, dass wir uns keine SecurityException einfangen. Das kann uns aber bei vielen Methoden passieren, und weil SecurityException eine RuntimeException ist, muss sie auch nicht extra aufgefangen werden. In der Dokumentation ist sie daher nicht angegeben.

```
final class java.lang.Class<T>
implements Serializable, GenericDeclaration, Type, AnnotatedElement
```

- Field[] getFields()
  Liefert ein Array mit Field-Objekten. Die Einträge sind unsortiert. Das Array hat die Länge 0, wenn die Klasse bzw. Schnittstelle keine öffentlichen Variablen deklariert oder erbt. getFields() liefert automatisch auch Einträge für die aus Oberklassen bzw. Schnittstellen geerbten öffentlichen Variablen.
- Field getField(String name) throws NoSuchFieldException
  Erfragt ein bestimmtes Feld.

Beispiel: Attribute von SimpleDateFormat

Um für SimpleDateFormat alle Objekt- und Klassenvariablen mit ihren Datentypen herauszufinden, lassen wir eine Schleife über das Field-Array laufen. Ein Field-Objekt liefert mit getName() den Namen der Variablen. Den zugehörigen Datentyp bekommen wir mit getType(), was ein Class-Objekt für den Typ liefert, und dann gibt darauf ein getName() eine String-Repräsentation des Typs:

Listing 17.8 com/tutego/insel/meta/ShowFields.java, main()

```
Class<?> c = java.text.SimpleDateFormat.class;
System.out.println( "class " + c.getName() + " {" );
for ( Field publicField : c.getFields() ) {
  String fieldName = publicField.getName();
  String fieldType = publicField.getType().getName();
  System.out.printf( " %s %s;%n", fieldType, fieldName );
}
System.out.println( "}" );
```

Dies ergibt die (gekürzte) Ausgabe:

```
class java.text.SimpleDateFormat {
  int ERA_FIELD;
  int YEAR_FIELD;
  ...
  int SHORT;
  int DEFAULT;
}
```

17.5.2 Schnittstelle Member für Eigenschaften

Klassen haben Eigenschaften, und zwar Attribute und Methoden bzw. Konstruktoren. In der Reflection-API gibt es dazu eine Schnittstelle `Member`, die beschreibt, was allen Eigenschaften gegeben ist, etwa der Name. Neben `Field`implementiert auch `Executable` das Interface `Member`, sodass auch die `Executable`-Unterklassen `Method` und `Constructor` die folgenden vier Methoden besitzen:


```
interface java.lang.reflect.Member
```

- `String getName()`
  Liefert den Namen der Eigenschaft. Das ist entweder der Name einer Variablen, ein Methodenname oder der Name eines Konstruktors.
- `int getModifiers()`
  Liefert die Modifizierer für die Eigenschaft, kodiert als Ganzzahl. Siehe dazu auch Abschnitt 17.4.6, »Modifizierer und die Klasse Modifier *«.
- `Class<?> getDeclaringClass()`
  Liefert das `Class`-Exemplar für den Typ, in dem die Eigenschaft deklariert wurde.
- `boolean isSynthetic()`
  Ist die Eigenschaft vom Compiler angelegt, also synthetisch? Der Compiler legt für Generics oftmals so genannte Brückenmethoden an, die sind dann synthetisch.

17.5.3 Field-Klasse

Die Klasse `Field` implementiert die von der Schnittstelle `Member` vorgeschriebenen Operationen, etwa zum Geben des Variablennamens. Insgesamt bietet ein `Field`-Objekt damit alles Nötige, um den Namen des Attributs, den Datentyp und auch wieder die deklarierten Modifizierer zu erfragen.

[»]

Beispiel

Laufe in einer Schleife über die `Field`-Objekte von `SimpleDateFormat`, und rufe `toString()` auf jedem Element auf:

```
for ( Field field : java.text.SimpleDateFormat.class.getFields() )
  System.out.println( field );
```

Die Ausgabe ist:

```
public static final int java.text.DateFormat.ERA_FIELD
public static final int java.text.DateFormat.YEAR_FIELD
...
public static final int java.text.DateFormat.SHORT
public static final int java.text.DateFormat.DEFAULT
```

Werfen wir einen Blick auf die Implementierung der `toString()`-Methode der Klasse `Field`, dann sind einige der Anfragemethoden gut sichtbar:

Listing 17.9 java.lang.reflect.Field.java, toString()

```
public String toString() {
  int mod = getModifiers();
  return (((mod == 0) ? "" : (Modifier.toString(mod) + " "))
          + getType().getTypeName() + " "
          + getDeclaringClass().getTypeName() + "."
          + getName());
}
```

Die aus `Member` stammenden Methoden sind nicht noch einmal aufgeführt, und `Field` hat auch noch mehr Methoden; eine vollständigere Beschreibung folgt später, da die verbleibenden Methoden mit dem Anfragen und Setzen von Variablenbelegungen verbunden sind.

```
final class java.lang.reflect.Field
extends AccessibleObject
implements Member
```

- `Class<?> getType()`
  Liefert ein `Class`-Objekt, das dem Datentyp der Variablen entspricht.

- `String toString()`
  Liefert eine `String`-Repräsentation. Am Anfang stehen die Sichtbarkeitsmodifizierer (`public`, `protected` oder `private`), und es folgen die weiteren Modifizierer (`static`, `final`, `transient`, `volatile`). Dann kommen der Datentyp, gefolgt vom voll qualifizierten Namen der deklarierenden Klasse, und schließlich der Name der Variablen.

17.5.4 Methoden einer Klasse erfragen

Um herauszufinden, über welche Methoden eine Klasse verfügt, wenden wir eine ähnliche Vorgehensweise an wie bei den Variablen: `getMethods()`. Diese Methode liefert ein Array mit `Method`-Objekten. Über ein `Method`-Objekt lassen sich Methodenname, Ergebnistyp, Parametertypen, Modifizierer und eventuell resultierende Exceptions erfragen. Wir werden später sehen, dass sich die durch ein `Method`-Exemplar repräsentierte Methode über `invoke(…)` aufrufen lässt.

[+]

Hinweis

Auch wenn zwei Klassen die gleiche Methode besitzen, muss doch ein `Method`-Objekt immer für jede Klasse erfragt werden. `Method`-Objekte sind immer mit dem `Class`-Objekt verbunden.

```
final class java.lang.Class<T>
implements Serializable, GenericDeclaration, Type, AnnotatedElement
```

17

- `Method[] getMethods()`
  Gibt ein Array von `Method`-Objekten zurück, die alle öffentlichen Methoden der Klasse/Schnittstelle beschreiben. Geerbte Methoden werden mit in die Liste übernommen. Die Elemente sind nicht sortiert, noch gibt es keine Reihenfolge. Die Länge des Arrays ist `null`, wenn es keine öffentlichen Methoden gibt.
- `Method getMethod(String name, Class... parameterTypes) throws NoSuchMethodException`
  Liefert zu einem Methodennamen und einer Parameterliste das passende `Method`-Objekt oder löst eine `NoSuchMethodException` aus. Besitzt die Methode keine Parameter – wie eine übliche `getXXX()`-Methode –, ist das Argument `null` und wird wegen der Varargs auf `Class[]` angepasst.

Nachdem wir nun mittels `getMethods()` ein Array von `Method`-Objekten erhalten haben, lassen die `Method`-Objekte verschiedene Abfragen zu. So liefert `getName()` den Namen der Methode, `getReturnType()` den Ergebnistyp, und `getParameterTypes()` erzeugt ein Array von `Class`-Objekten, das die Typen der Methodenparameter widerspiegelt. Wir kennen dies schon von den Attributen.

Wir wollen nun ein Programm betrachten, das alle Methoden und ihre Parametertypen sowie Ausnahmen ausgibt:

Listing 17.10 com/tutego/insel/meta/ShowMethods.java

```
package com.tutego.insel.meta;

import java.lang.reflect.*;

class ShowMethods {
  public static void main( String[] args ) {
    showMethods( java.awt.Color.BLACK );
  }

  static void showMethods( Object o ) {
    for ( Method method : o.getClass().getMethods() ) {
      String returnString = method.getReturnType().getName();
      System.out.print( returnString + " " + method.getName() + "(" );

      Class<?>[] parameterTypes = method.getParameterTypes();

      for ( int k = 0; k < parameterTypes.length; k++ ) {
        String parameterString = parameterTypes[k].getName();
        System.out.print( " " + parameterString );

        if ( k < parameterTypes.length - 1 )
          System.out.print( ", " );
      }
      System.out.print( " )" );

      Class<?>[] exceptions = method.getExceptionTypes();

      if ( exceptions.length > 0 ) {
        System.out.print( " throws " );
        for ( int k = 0; k < exceptions.length; k++ ) {
          System.out.print( exceptions[k].getName() );
          if ( k < exceptions.length - 1 )
            System.out.print( ", " );
        }
      }

      System.out.println();
    }
  }
}
```

Die Ausgabe sieht gekürzt so aus:

```
int hashCode( )
boolean equals( java.lang.Object )
java.lang.String toString( )
...
[F getRGBColorComponents( [F )
...
void wait( long ) throws java.lang.InterruptedException
void notify( )
void notifyAll( )
```

Wir bemerken an einigen Stellen eine kryptische Notation, wie etwa »[F«. Dies ist aber lediglich wieder die schon erwähnte Kodierung für Array-Typen. So gibt `getRGBComponents(float[])` ein `float`-Array zurück.

```
abstract class java.lang.reflect.Executable<T>
extends AccessibleObject
implements Member, GenericDeclaration
```

- `abstract Class<?> getDeclaringClass()`
  Liefert das `Class`-Exemplar für die Klasse oder die Schnittstelle, in der die Methode deklariert wurde. Diese Methode ist Teil der Schnittstelle `Member`.
- `abstract String getName()`
  Liefert den Namen der Methode. Diese Methode ist Teil der Schnittstelle `Member`.
- `abstract int getModifiers()`
  Liefert die Modifizierer. Diese Methode ist Teil der Schnittstelle `Member`.
- `abstract Class<?>[] getParameterTypes()`
  Liefert ein Array von `Class`-Objekten, die die Typen der Parameter beschreiben. Die Reihenfolge entspricht der deklarierten Parameterliste. Das Array hat die Länge `null`, wenn die Methode keine Parameter erwartet.
- `abstract Class<?>[] getExceptionTypes()`
  Liefert ein Array von `Class`-Objekten, die mögliche Exceptions beschreiben. Das Array hat die Länge `null`, wenn die Methode keine solchen Exceptions mittels `throws` deklariert. Das Feld spiegelt nur die `throws`-Klausel wider. Sie kann prinzipiell auch zu viele Exceptions enthalten, bei einer Methode `foo() throws RuntimeException, NullPointerException` etwa genau die beiden Ausnahmen.

Da Konstruktoren keinen Rückgabetyp habe, gibt es die Methode `getReturnType()` nur in `Method`, aber nicht im Obertyp `Executable`:

```
final class java.lang.reflect.Method
extends Executable
```

- `Class<?> getReturnType()`
  Gibt ein `Class`-Objekt zurück, das den Ergebnistyp beschreibt.
- `String toString()`
  Liefert eine String-Repräsentation der Methode, ähnlich dem Methodenkopf in einer Deklaration.

17.5.5 Properties einer Bean erfragen

Eine Bean besitzt Properties (Eigenschaften), die in Java (bisher) durch Setter und Getter ausgedrückt werden, also Methoden, die einer festen Namenskonvention folgen. Gibt es Interesse an den Properties, lässt sich natürlich `getMethods()` auf dem `Class`-Objekt aufrufen und nach den Methoden filtern, die der Namenskonvention entsprechen. Die Java-Bibliothek bietet aber im Paket `java.beans` eine einfachere Lösung für Beans: einen `PropertyDescriptor`.

[»]

Beispiel

Gib alle Properties von `Color` aus (es gibt nur lesbare):

Listing 17.11 com/tutego/insel/meta/PropertyDescriptors.java, main()

```
BeanInfo beanInfo = Introspector.getBeanInfo( Color.class );
for ( PropertyDescriptor pd : beanInfo.getPropertyDescriptors() )
  System.out.println( pd.getDisplayName() + " : " +
                      pd.getPropertyType().getName() );
```

Die Ausgabe:

```
RGB : int
alpha : int
blue : int
class : java.lang.Class
colorSpace : java.awt.color.ColorSpace
green : int
red : int
transparency : int
```

Interessanter sind vom `PropertyDescriptor` die Methoden `getReadMethod()` und `getWriteMethod()`, die beide ein `Method`-Objekt liefern – sofern es verfügbar ist –, um so die Methode gleich aufrufen zu können.

BeanInfo liefert mit getPropertyDescriptors() zwar die Properties, kann jedoch über getMethodDescriptors() auch alle anderen Methoden liefern.

17.5.6 Konstruktoren einer Klasse

Konstruktoren und Methoden haben einige Gemeinsamkeiten, unterscheiden sich aber insofern, als Konstruktoren keinen Rückgabewert haben. Die Ähnlichkeit zeigt sich auch in der Methode getConstructors(), die ein Array von Constructor-Objekten zurückgibt. Über dieses Array lassen sich dann wieder Name, Modifizierer, Parameter und Exceptions der Konstruktoren einer Klasse erfragen. Wie wir in Abschnitt 17.6.1, »Objekte erzeugen«, sehen werden, lassen sich auch über die Methode newInstance(Object... initargs) neue Objekte erzeugen. Wegen der weitgehenden Ähnlichkeit der Klassen Constructor und Method sind die folgenden Methoden hier nicht näher beschrieben.

[«]

Beispiel

Zeige alle Konstruktoren der Color-Klasse:

Listing 17.12 com/tutego/insel/meta/ShowConstructors.java, main()

```
for ( Constructor<?> c : java.awt.Color.class.getConstructors() )
  System.out.println( c );
```

Die Klasse Constructor implementiert eine auskunftsfreudige toString()-Methode. Die String-Repräsentation zeigt die Signatur mit Sichtbarkeit. Nach dem Aufruf erhalten wir:


```
public java.awt.Color(float,float,float,float)
public java.awt.Color(int)
public java.awt.Color(int,int,int)
public java.awt.Color(int,int,int,int)
public java.awt.Color(java.awt.color.ColorSpace,float[],float)
public java.awt.Color(int,boolean)
public java.awt.Color(float,float,float)
```

```
final class java.lang.Class<T>
implements Serializable, GenericDeclaration, Type, AnnotatedElement
```

- Constructor[] getConstructors()
  Liefert ein Feld mit Constructor-Objekten.
- Constructor<T> getConstructor(Class... parameterTypes)
  throws NoSuchMethodException
  Liefert ein ausgewähltes Constructor-Objekt.

Das, was auf dem Konstruktor (oder der Methode) möglich ist, gibt die Oberklasse Executable vor; Constructor und Method erweitern Executable. Die wichtigen Methoden:

```
abstract class java.lang.reflect.Executable<T>
extends AccessibleObject
implements Member, GenericDeclaration
```

- abstract Class<T> getDeclaringClass()
  Eine ziemlich langweilige Methode, da Konstruktoren nicht vererbt werden. Sie gibt immer nur jene Klasse aus, von der das Class-Objekt kommt. Das ist ein wichtiger Unterschied zwischen Methoden und Konstruktoren, der bei dieser Methode deutlich auffällt.
- abstract Class<?>[] getExceptionTypes()
- abstract int getModifiers()
- abstract String getName()
- int getParameterCount()
- Parameter[] getParameters()
- abstract Class<?>[] getParameterTypes()
- boolean isVarArgs()

Einige Methoden sind schon aus Member bekannt, denn Executable implementiert die Schnittstelle, und daraus die vier Methoden.

17.5.7 Annotationen

Annotationen erfragen Methoden der Schnittstelle AnnotatedElement, die Class, Field, Executable (und damit Constructor, Method), Package und Parameter implementieren. Abschnitt 17.7, »Eigene Annotationstypen *«, kommt auf Annotationen zurück und darauf, wie sie praktisch erfragt werden.

17.6 Objekte erzeugen und manipulieren

Nachdem wir nun genügend über das Ausfragen von Klassen-, Variablen-, Methoden- und Konstruktor-Objekten wissen, wollen wir aktiv eigene Objekte erzeugen, Werte von Variablen abfragen und verändern sowie Methoden dynamisch per Reflection aufrufen.

17.6.1 Objekte erzeugen

Der new-Operator erzeugt in Java zur Laufzeit ein Exemplar einer Klasse. Der Compiler muss dazu den Namen der Klasse kennen, sodass er einen passenden Konstruktor-Aufruf erzeugen kann.

Kennen wir aber erst später zur Laufzeit den Namen der gewünschten Klasse für unser Objekt, so fällt die new-Operation flach, weil der new-Operator nicht für diesen Spezialfall gedacht ist.

Um Exemplare bestimmter Klassen dynamisch zu erzeugen, brauchen wir wieder ein passendes Class-Objekt. Ab hier gibt es zwei Wege.

newInstance() von Class

Der einfachste Weg führt über die newInstance()-Methode vom Class-Objekt.

```
final class java.lang.Class<T>
implements Serializable, GenericDeclaration, Type, AnnotatedElement
```

- T newInstance() throws InstantiationException,IllegalAccessException
  Erzeugt ein neues Exemplar über den Standard-Konstruktor.

Mit dieser Variante lassen sich jedoch keine parametrisierten Konstruktoren aufrufen.

newInstance() von Constructor

Holen wir uns vom Class-Objekt mit getConstructor() ein Konstruktor-Objekt, das den gewünschten Konstruktor beschreibt. Jedes Konstruktor-Objekt kennt eine newInstance(Object... initargs)-Methode, die ein neues Exemplar erschafft, indem sie den zugrunde liegenden Konstruktor aufruft. Der Parameter von newInstance(...) ist ein Vararg von Werten, die an den echten Konstruktor gehen. Bei einem parameterlosen Konstruktor können wir also einfach newInstance() aufrufen.

Beispiel

Ein Reflection-Konstruktor erzeugt ein Point-Objekt mit den Koordinaten 10, 20:

Listing 17.13 com/tutego/insel/meta/CreateObject.java, main()

```
Class<Point> pointClass = Point.class;
Constructor<Point> constructor =
  pointClass.getConstructor( int.class, int.class );
Point p = constructor.newInstance( 10, 20 );
System.out.println( p );
```

```
final class java.lang.Class<T>
implements Serializable, GenericDeclaration, Type, AnnotatedElement
```

- Constructor<T> getConstructor(Class... parameterTypes)
    throws NoSuchMethodException
  Liefert den sichtbaren Konstruktor mit dem gewünschten Typ.

```
final class java.lang.reflect.Constructor<T>
extends Executable
```

- `T newInstance(Object... initargs) throws InstantiationException, IllegalAccessException, IllegalArgumentException, InvocationTargetException`
  Erzeugt ein neues Exemplar, indem es den durch das `Constructor`-Objekt repräsentierten Konstruktor mit den im Array angegebenen Parametern aufruft. Auf einige Exceptions ist zu achten:
  - `IllegalAccessException`: Auf den Konstruktor kann nicht zugegriffen werden (zum Beispiel, weil er privat ist).
  - `IllegalArgumentException`: Die Anzahl der Parameter ist falsch bzw. eine Konvertierung der Parameterwerte in die benötigten Typen ist nicht möglich.
  - `InstantiationException`: Das `Constructor`-Objekt bezieht sich auf einen Konstruktor einer abstrakten Klasse.

InvocationTargetException

Die Ausnahme `InvocationTargetException` ist keine `RuntimeException` und kommt bei zwei Methoden aus der Reflection-API vor:

- `newInstance(…)` zum Erzeugen von Objekten bei `Constructor`
- `invoke(…)` zum Aufruf von Methoden bei `Method`

Die `InvocationTargetException` ist ein Mantel um genau die Ausnahme, die der aufgerufene Konstruktor bzw. die Methode ausgelöst hat. Lösen der Konstruktor oder die Methode eine Ausnahme aus, so generiert die JVM eine `InvocationTargetException` und lässt uns mit `getCause()` bzw. mit `getTargetException()` den Grund als `Throwable` erfragen.

17.6.2 Die Belegung der Variablen erfragen

Schreiben wir einen GUI-Builder oder einen Debugger, so reicht es nicht aus, nur die Namen und Datentypen der Variablen zu kennen. Wir wollen auch auf ihre Inhalte lesend und schreibend zugreifen. Das ist mithilfe der verschiedenen `getXXX()`-Methoden für ein `Field`-Objekt leicht machbar. Der erste Schritt besteht also wieder darin, ein `Class`-Objekt zu erfragen. Dann besorgen wir uns mittels `getFields()` ein Array von Attributbeschreibungen – oder mit `getField(String)` ein spezielles Attribut – und nehmen das `Field`-Objekt für unsere gewünschte Variable. Den Wert, den das `Field` dann speichert, erfragt die Methode `get(Object)`. Sie ist auf allen Variablentypen möglich und konvertiert automatisch in Wrapper-Objekte, wenn der Typ primitiv war. Die `Field`-Klasse bietet einige spezielle `getXXX(Object)`-Methoden, um besonders einfach an die Werte von Variablen primitiven Typs zu gelangen. So liefert `getDouble(Object)` einen double-Wert und getInt(Object) ein int. Wir müssen daran denken, dass IllegalArgumentException und IllegalAccessException bei falschem Zugriff auftreten können.

Alle getXXX(Object)-Methoden zum Erfragen – und auch setXXX(Object, ...)-Methoden zum Setzen – erwarten ein Argument mit dem Verweis auf das Objekt, das die Variable besitzt. Das Argument wird ignoriert (und sollte null sein), wenn es sich um eine statische Variable handelt.

Rechtecke erzeugen und erfragen

Ein Programm soll ein Rectangle-Objekt mit einer Belegung für x, y, Höhe und Breite erzeugen. Anschließend erfragt getField(String) das Field-Objekt für eine Beschreibung der Variablen mit dem gegebenen Namen. Das Field-Objekt gibt mit getXXX(...) den Inhalt der Variablen preis. Um das Prinzip zu demonstrieren, erfragt die get(Object)-Methode die Höhe height, die ein Integer-Objekt zurückgibt. Alle anderen Ganzzahlwerte liefert die spezialisierte Helfermethode getInt(Object):

Listing 17.14 com/tutego/insel/meta/GetFieldElements.java

```
package com.tutego.insel.meta;

import java.lang.reflect.*;

class GetFieldElements {
  public static void main( String[] args ) {
    Object   o = new java.awt.Rectangle( 11, 22, 33, 44 );
    Class<?> c = o.getClass();

    try {
      Field heightField = c.getField( "height" ),
            widthField  = c.getField( "width" ),
            xField      = c.getField( "x" ),
            yField      = c.getField( "y" );

      Integer height = (Integer) heightField.get( o );

      int width = widthField.getInt( o ),
              x = xField.getInt( o ),
              y = yField.getInt( o );

      String s = c.getName() + "[x=" + x + ",y=" + y +
                 ",width=" + width + ",height=" + height + "]";

      System.out.println( s ); // java.awt.Rectangle[x=11,y=22,width=33,height=44]
      System.out.println( o ); // java.awt.Rectangle[x=11,y=22,width=33,height=44]
    }
```

```
    catch ( ReflectiveOperationException e ) {
      e.printStackTrace();
    }
  }
}
```

Es erzeugt nun nach dem Aufruf die Ausgabe:

```
java.awt.Rectangle[x=11,y=22,width=33,height=44]
java.awt.Rectangle[x=11,y=22,width=33,height=44]
```

```
final class java.lang.reflect.Field
extends AccessibleObject
implements Member
```

- `String getName()`
  Liefert den Namen der Variablen. Diese Methode ist Teil der Schnittstelle `Member`.
- `int getModifiers()`
  Liefert die Modifizierer. Diese Methode ist Teil der Schnittstelle `Member`.
- `Object get(Object obj)`
- `boolean getBoolean(Object obj)`
- `byte getByte(Object obj)`
- `char getChar(Object obj)`
- `double getDouble(Object obj)`
- `float getFloat(Object obj)`
- `int getInt(Object obj)`
- `long getLong(Object obj)`
- `short getShort(Object obj)`
  Erfragt den Wert eines Attributs. Die Referenz von `obj` zeigt auf das Objekt, das das Attribut enthält. Es sollte `null` übergeben werden, wenn es sich um eine statische Variable handelt.

17.6.3 Eine generische eigene toString()-Methode *

Die `toString()`-Methode ist für viele Klassen nicht überlebenswichtig, aber außerordentlich praktisch. Es ist viel zu schade, hier Zeit für die Entwicklung zu investieren. Toll wäre es, wenn `toString()` ganz automatisch die Attribute und Belegungen analysierte und ausgäbe. Aber wer Allgemeines sucht, findet die Antwort in Reflection. Wir schreiben einfach eine statische Methode `toString(Object)` in eine Hilfsklasse und erfragen dann alle Attribute und die Werte des zu untersuchenden Objekts. Etwas Programmieraufwand müssen wir noch in die Behandlung der Oberklasse investieren, denn Reflection auf einem Objekt zeigt nur die in der Klasse deklarierten Attribute, nicht aber die geerbten Attribute an. Die Lösung ergibt sich fast von selbst:

Listing 17.15 com/tutego/insel/meta/ToStringHelper.java

```
package com.tutego.insel.meta;

import java.lang.reflect.*;
import java.util.*;

public class ToStringHelper {
  public static String toString( Object o ) {
    Collection<String> result = new ArrayList<>();

    toString( o, o.getClass(), result );

    return o.getClass().getName().concat( result.toString() );
  }

  private static void toString( Object o, Class<?> clazz,
                                Collection<String> list ) {
    Field[] fields = clazz.getDeclaredFields();
    AccessibleObject.setAccessible( fields, true );

    for ( Field f : fields ) {
      try {
        list.add( f.getName() + "=" + f.get( o ) );
      }
      catch ( IllegalAccessException e ) {
        e.printStackTrace();
      }
    }
    if ( clazz.getSuperclass().getSuperclass() != null )
      toString( o, clazz.getSuperclass(), list );
  }
}
```

Die private Methode `toString(Object, Class, ArrayList)` dient eigentlich nur dem rekursiven Aufruf durch die Oberklassen. Falls es eine Oberklasse gibt, also `clazz.getSuperclass().getSuperclass()` ein Objekt liefert, müssen wir für die Oberklasse ebenfalls die Attribute ablaufen. Das machen wir rekursiv.

Testen wir anschließend `ToStringHelper` in einer Klasse `ToStringHelperDemo`, die von `Ober` abgeleitet ist. Damit bekommen wir zwei Attribute in der Oberklasse. Eines davon ist interessant (die Variable `i`), denn die Unterklasse überdeckt sie. Dennoch findet unser `toString(Object)` beide Belegungen. Wäre das nicht erwünscht, müssten wir einfach die Liste durchschauen und suchen, ob schon ein Attribut mit dem gleichen Namen vorhanden ist. Da der Algorithmus rekursiv erst die Unterklasse und dann die Oberklasse(n) durchsucht, bekommen wir auch die Attribute in dem sichtbaren Bereich, wie sie auch der Benutzer sieht:

Listing 17.16 com/tutego/insel/meta/ToStringHelperDemo.java

```
package com.tutego.insel.meta;

class Ober {
  int i = 123;
  /* private */double d = 3.1415;
}

public class ToStringHelperDemo extends Ober {
  String hello = "world";
  int    i     = 42;

  public static void main( String[] args ) {
    ToStringHelperDemo t = new ToStringHelperDemo();

    System.out.println( ToStringHelper.toString( t ) );
   // com.tutego.insel.meta.ToStringHelperDemo[hello=world, i=42, i=123, d=3.1415]
  }
}
```

17.6.4 Variablen setzen

Bei Debuggern oder grafischen Editoren ist es nur eine Seite der Medaille, die Werte von Variablen anzuzeigen. Hinzu kommt noch das Setzen der Werte von Variablen. Dies ist aber genauso einfach wie das Abfragen. An Stelle der getXXX(…)-Methoden kommen nun verschiedene setXXX(…)-Methoden zum Einsatz. So trägt setBoolean(…) einen Wahrheitswert oder setDouble(…) eine Fließkommazahl in eine Variable ein. Eine allgemeine set(Object obj, Object value)-Methode dient Objektreferenzen wie im Fall von get(…). Die Methode set(…) nimmt ebenso Wrapper-Objekte für Variablen von primitiven Datentypen. Die folgenden set<Typ>(Object obj, …)-Methoden setzen daher alle »ihren« Datentyp. Wir müssen aber dafür sorgen, dass die Variable existiert und wir Zugriff darauf haben. In allen Fällen muss auf IllegalArgumentException und IllegalAccessException geachtet werden.

Das folgende Programm erzeugt klassisch ein Point-Objekt mit dem Konstruktor, der x und y setzt. Anschließend verändert die eigene Methode modify(…) ein gewünschtes Attribut:

Listing 17.17 com/tutego/insel/meta/SetFieldElements.java

```
package com.tutego.insel.meta;

import java.lang.reflect.*;
import java.awt.*;
```

```
class SetFieldElements {
  public static void main( String[] args ) {
    Point p = new Point( 11, 22 );
    System.out.println( p );

    modify( p, "x", 1111 );   // java.awt.Point[x=11,y=22]
    modify( p, "y", 2222 );   // java.awt.Point[x=1111,y=2222]

    System.out.println( p );

    modify( p, "z", 0 );      // java.lang.NoSuchFieldException: z
  }

  static void modify( Object o, String name, Integer param ) {
    try {
      Field field = o.getClass().getField( name );
      field.set( o, param );
    }
    catch ( ReflectiveOperationException e ) {
      e.printStackTrace();
    }
  }
}
```


Die Veränderung der Variablen erfolgt mit der `set(Object, Object)`-Methode. Da wir primitive Datentypen übergeben, wickeln wir sie für die `modify(…)`-Methode in ein `Integer`-Objekt ein. Das `Integer`-Objekt haben wir nicht explizit programmiert, denn es wird über Boxing vom Compiler selbst zur Verfügung gestellt. Für bekannte Typen könnten wir neben der allgemeinen Methode `set(…)` auch etwa `setInt(…)` verwenden.

```
final class java.lang.reflect.Field
extends AccessibleObject
implements Member
```

- `void set(Object obj, Object value)`
  Setzt das Attribut des Objekts `obj`, das dieses `Field`-Objekt repräsentiert, auf den neuen Wert `value`.
- `void setBoolean(Object obj, boolean z)`
- `void setByte(Object obj, byte b)`
- `void setChar(Object obj, char c)`
- `void setDouble(Object obj, double d)`
- `void setFloat(Object obj, float f)`

- `void setInt(Object obj, int i)`
- `void setLong(Object obj, long l)`
- `void setShort(Object obj, short s)`
  Belegt das Feld eines Objekts `obj` mit einem primitiven Element.

17.6.5 Bean-Zustände kopieren *

In mehrschichtigen Anwendungen gibt es oft das Muster, dass eine JavaBean etwa über eine objektrelationale Mapping-Technologie automatisch aus einer Datenbankzeile aufgebaut wird und dann intern in der Geschäftsschicht verwendet wird. Soll nun diese Information über das Netzwerk an einen anderen Rechner verteilt werden, ist es nicht immer angebracht, diese JavaBean etwa direkt über Serialisierung zu versenden. Stattdessen kann ein *Transfer-Objekt* aufgebaut werden, eine spezielle JavaBean zum Beispiel, sodass der Empfänger keine Abhängigkeit zu der Bean in der internen Geschäftsschicht hat. Nun werden sich aber diese Geschäftsschicht-Bean und die Transfer-Bean sehr ähnlich sein, und viele Entwickler scheuen die Mühe, lästigen Kopiercode zu erstellen. Doch manuelle Arbeit ist nicht nötig, und eine Lösung für das Kopierproblem ist über Reflection schnell geschrieben. Über die `BeanInfo` kommen wir an den `PropertyDescriptor` (siehe dazu Abschnitt 17.5.5, »Properties einer Bean erfragen«), und dann liefern `getReadMethod()` und `getWriteMethod()` die Setter/Getter. Bei einer eigenen Kopiermethode wie `copyProperties(Object source, Object target)` müssen wir bei der Quell-Bean jede Property auslesen und entsprechend bei der Ziel-Bean nach der Property suchen und den Setter aufrufen. Wenn das Ganze ohne Typkonvertierungen programmiert werden soll, sind es nur wenige Zeilen Programmcode. Kommen einfache Konvertierungen dazu, etwa wenn einmal ein Wrapper als Property-Typ genutzt wird und einmal der primitive Datentyp, ist es etwas mehr.

Der Aufwand mit einer eigenen Implementierung ist allerdings nicht nötig, denn zwei populäre Implementierungen können helfen:

- *Apache Commons BeanUtils* (*http://commons.apache.org/proper/commons-beanutils/*):
  Die Klasse `org.apache.commons.beanutils.BeanUtils` bietet praktische statische Methoden wie `copyProperty(Object bean, String name, Object value)`, `copyProperties(Object dest, Object orig)`, `Object cloneBean(Object bean)` oder `populate(Object bean, Map properties)`.
- *Dozer* (*http://dozer.sourceforge.net/*): Dozer bringt ausgefeilte Mapping-Möglichkeiten mit, die weit über BeansUtils hinausgehen. Das geht so weit, dass es ein Eclipse-Plugin zur Konfiguration der Abbildungen gibt.

17.6.6 Private Attribute ändern

Wenn es der Sicherheitsmanager zulässt, kann ein Programm auch `private`- oder `protected`-Attribute ändern und Methoden/Konstruktoren eingeschränkter Sichtbarkeit aufrufen. Die Schlüsselfigur in diesem Spiel ist die Oberklasse `java.lang.reflect.AccessibleObject`, die den Klassen `Field` und `Excecutable` (und damit `Constructor` und `Method`) die Methode `setAccessi-`

ble(boolean) vererbt. Ist das Argument true und lässt der Sicherheitsmanager die Operation zu, lässt sich auf jedes Element (also Konstruktor, Attribut oder Methode) ungleich der Sichtbarkeitseinstellungen zugreifen:

Listing 17.18 com/tutego/insel/meta/ReadPrivate.java

```
package com.tutego.insel.meta;

public class ReadPrivate {

  @SuppressWarnings( "unused" )
  private String privateKey = "Schnuppelhase";

  public static void main( String[] args ) throws Exception {
    ReadPrivate key = new ReadPrivate();
    Class<?> c = key.getClass();
    java.lang.reflect.Field field = c.getDeclaredField( "privateKey" );
    field.setAccessible( true );
    System.out.println( field.get(key) ); // Schnuppelhase
    field.set( key, "Schnuckibutzihasidrachelchen");
    System.out.println( field.get(key) ); // Schnuckibutzihasidrachelchen
  }
}
```


[!]

Warnung

Mit dieser Technik lässt sich viel Unsinn anrichten. Es gibt Dinge, die in der Laufzeitumgebung einfach fest sein müssen. Dazu zählen einmal angelegte Strings oder Wrapper-Objekte. Strings sind immutable, weil sie intern in einem privaten char-Feld gehalten werden und es keine Modifikationsmöglichkeiten gibt. Auch Wrapper-Objekte sind, wenn sie einmal mit einem Konstruktor angelegt wurden, nicht über öffentliche Methoden veränderbar. Sie anschließend per Reflection zu modifizieren, bringt große Unordnung, insbesondere bei den gecachten Integer/Long-Wrapper-Objekten, die die statischen valueOf(...)-Methoden liefern.

17.6.7 Methoden aufrufen

Nach dem Abfragen und Setzen von Variablenwerten und Konstruktor-Aufrufen zum Erzeugen eines Objekts ist das Aufrufen von Methoden per Reflection der letzte Schritt. Wenn zur Compilezeit der Name der Methode nicht feststeht, lässt sich zur Laufzeit dennoch eine im Programm deklarierte Methode aufrufen, wenn ihr Name als Zeichenkette vorliegt.

Zunächst gehen wir wieder von einem Class-Objekt aus, das die Klasse des Objekts beschreibt, für das eine Objektmethode aufgerufen werden soll. Anschließend wird ein Method-Objekt als Beschreibung der gewünschten Methode benötigt; wir bekommen dies mit der Methode `getMethod(String name, Class<?>... parameterTypes)` aus dem `Class`-Exemplar. `getMethod(…)` verlangt zwei Argumente: einen String mit dem Namen der Methode und ein Array von `Class`-Objekten. Jedes Element dieses Arrays entspricht einem Parametertyp aus der Signatur der Methode. Damit werden überladene Methoden unterschieden. Nachdem wir das beschreibende `Method`-Exemplar und die Parameterwerte für den Aufruf vorbereitet haben, ruft `invoke(…)` die Zielmethode auf – im Englischen heißt dies *dynamic invocation*. `invoke(…)` erwartet zwei Argumente: ein Array mit Argumenten, die der aufgerufenen Methode übergeben werden, und eine Referenz auf das Objekt, auf dem die Methode aufgerufen werden soll und das der Auflösung der dynamischen Bindung dient.

```
final class java.lang.reflect.Method
extends Executable
```

- `Object invoke(Object obj, Object... args)`
  `throws IllegalAccessException, IllegalArgumentException, InvocationTargetException`
  Ruft eine Methode des Objekts `obj` mit den gegebenen Argumenten auf. Wie schon beim Konstruktor löst die Methode eine `InvocationTargetException` aus, wenn die aufzurufende Methode eine Exception auslöst.

[»]

Beispiel

Wir erzeugen ein `Point`-Objekt und setzen im Konstruktor den x-Wert auf 10. Anschließend fragen wir mit der Methode `getX()`, die wir dynamisch aufrufen, den x-Wert wieder ab:

Listing 17.19 com/tutego/insel/meta/InvokeMethod.java, main()

```
Point p = new Point( 10, 0 );
Method method = p.getClass().getMethod( "getX" );
String returnType = method.getReturnType().getName();
Object returnValue = method.invoke( p );
System.out.printf( "(%s) %s", returnType, returnValue ); // (double) 10.0
```

Beispiele der Varargs sind bei `getMethod(String name, Class<?>... parameterTypes)` die Parametertypen und bei `invoke(Object obj, Object... args)` die Argumente für `setLocation(…)`. Da `getMethod(…)` eine beliebige Anzahl von Argumenten annehmen kann und kein Argument dazuzählt, muss die Methode *nicht* so parametrisiert werden:

```
Method method = p.getClass().getMethod( "getX", (Class[]) null );
```

Auffälliger ist die Möglichkeit der variablen Argumentanzahl bei `invoke(…)`. Da ein Getter keine Parameter besitzt, heißt es kurz `method.invoke(p)`, Folgendes ist *nicht* nötig:

```
method.invoke( p, (Object[]) null );
```

Interessant sind Methoden mit Parameterliste, wie setLocation(int, int):

```
Point p = new Point();
Method method = p.getClass().getMethod( "setLocation", int.class, int.class );
method.invoke( p, 1, 2 );
System.out.println( p );
```

17.6.8 Statische Methoden aufrufen

Wir programmieren ein Beispiel in dem die Klasse InvokeMain die statische main(String[])-Methode einer anderen Klasse, HasMain, mit einem Parameter aufruft:

Listing 17.20 com/tutego/insel/meta/InvokeMain.java

```
package com.tutego.insel.meta;

import java.lang.reflect.*;
import java.util.Arrays;

public class InvokeMain {
  public static void main( String[] args ) throws Exception {
    String[] argv = { "-option", "Parameter" };

    Method method = Class.forName( "com.tutego.insel.meta.HasMain" ).
                        getMethod( "main", argv.getClass() );

    method.invoke( null, new Object[]{ argv } );
  }
}

class HasMain {
  public static void main( String[] args ) {
    System.out.println( "Got: " + Arrays.toString( args ) );
  }
}
```

17.6.9 Dynamische Methodenaufrufe bei festen Methoden beschleunigen *

Werden über Reflection Methoden aufgerufen, deren Methodennamen erst zur Laufzeit bestimmt werden, so verlieren wir die Typsicherheit vom Compiler, und die Geschwindigkeit ist vermindert. Diese Aufrufe lassen sich prinzipbedingt auch durch einen JIT-Compiler nicht weiter beschleunigen.[3] Wir müssen also nach einer Lösung suchen, mit der wir diese Art von Aufruf

3 Wohl aber lässt sich über invokedynamic wieder mehr Performance gewinnen, doch das ist eine eigene Geschichte für Compilerbauer.

beschleunigen können. Ein möglicher Weg hierbei ist, in Kenntnis des Namens der Methode – nennen wir die Methode `meth()` – den Namen in einer (abstrakten) Oberklasse dem Compiler bereits bekannt zu machen. Reflection ist nur zum Laden einer Unterklasse mit gegebenem Namen nötig; die normale, dynamische Methodenbindung erledigt den Rest – ganz ohne versteckte Schnüre, doppelte Böden oder Spiegel (Reflection).

Versuchen wir, den folgenden Code nach diesem Schema zu ändern:

Listing 17.21 com/tutego/insel/meta/DynamReflection.java, main()

```
Class<?> clazz = Class.forName("com.tutego.insel.meta.DynamReflectionMethod" );
Object o = clazz.newInstance();
clazz.getMethod( "meth" ).invoke( o );
```

`DynamReflection` ist die Hauptklasse, die die Klasse `DynamReflectionMethod` über `Class.forName(String)` anfordert:

Listing 17.22 com/tutego/insel/meta/DynamReflectionMethod.java

```
package com.tutego.insel.meta;

public class DynamReflectionMethod {
  @Override public void meth() {
    System.out.println( "Bewusste Raucher trinken Filterkaffee" );
  }
}
```

Über das `Class`-Objekt erzeugt `newInstance()` ein neues Exemplar. `getMethod("meth")` sucht die Beschreibung der Methode `meth()` heraus, und `invoke(…)` ruft die Methode `meth()` auf. Hier genau entsteht ein kleiner Geschwindigkeitsverlust. Wenn es uns gelänge, um das `invoke(…)` herumzukommen, wäre das schon ein großer Fortschritt. Dies schaffen wir, indem wir eine Schnittstelle (oder Oberklasse) für `DynamReflectionMethod` konstruieren, die genau diese Methode vorschreibt. Die implementierende Klasse (bzw. Unterklasse) wird dann eine Implementierung angeben:

Listing 17.23 com/tutego/insel/meta/DynamAbstract.java

```
package com.tutego.insel.meta;

interface DynamBase {
  void meth();
}

class DynamBaseMethod implements DynamBase {
  public void meth() {
    System.out.println( "Bewusste Raucher trinken Filterkaffee" );
  }
```

```
}

public class DynamAbstract {
  public static void main( String[] args ) throws Exception {
    Class<?> clazz = Class.forName( "com.tutego.insel.meta.DynamBaseMethod" );
    DynamBase o = (DynamBase) clazz.newInstance();
    o.meth();
  }
}
```

DynamBase ist eine Schnittstelle, die zur Übersetzungszeit bekannt ist. Die virtuelle Maschine löst den Aufruf nach den üblichen Regeln der dynamischen Bindung selbst auf. Die Klasse DynamBaseMethod wird ebenfalls erst zur Laufzeit geladen. Wir verstecken hier sehr elegant den Aufwand. Wir haben die gleiche Funktionalität und Flexibilität wie im vorangegangenen Reflection-Beispiel – wenn wir die Möglichkeit, den Klassennamen durch einen String anzugeben, außer Acht lassen –, aber mit der höheren Geschwindigkeit eines konventionellen Methodenaufrufs ohne Reflection.

[+]

Hinweis

Der Aufruf von Class.forName(…) liefert ein Class-Objekt, bei dem der Typ nicht bekannt ist. Daher ist unsere Variable clazz mit Class<?> deklariert. Bei newInstance() ist dann auch eine explizite Typanpassung auf den Ergebnistyp nötig, was nicht nötig wäre, wenn das Class-Objekt korrekter wäre. Um das Class-Objekt von Class.forName(…) zu spezialisieren, gibt es eine Methode asSubclass(…). Dann lässt sich statt des bekannten

```
Class<?> clazz = Class.forName( "DynamBaseMethod" );
DynamBase o = (DynamBase) clazz.newInstance();
```

Folgendes schreiben:

```
Class<? extends DynamBase> clazz =
  Class.forName( "DynamBaseMethod" ).asSubclass( DynamBase.class );
DynamBase o = clazz.newInstance();
```


17.6.10 java.lang.reflect.Parameter

Ein Parameter repräsentiert einen Parameter einer Methode oder eines Konstruktors. Zu den neuen Methoden zählen:

```
final class java.lang.reflect.Parameter
implements AnnotatedElement
```

- String getName()
- int getModifiers()

- boolean isNamePresent()
- boolean isImplicit()
- boolean isSynthetic()
- boolean isVarArgs()
- Type getParameterizedType()
- Executable getDeclaringExecutable()
- Class<?> getType()
- AnnotatedType getAnnotatedType()

Die in Java 8 eingeführte finale Klasse Parameter implementiert AnnotatedElement, da seit Java 8 auch Parametervariablen annotiert sein können; die Methoden sind in der oberen Aufzählung nicht noch einmal aufgeführt.

Um an einen Parameter zu gelangen, nutzen wir getParameters() auf einem Executable, also konkret Constructor, Method.

```
abstract class java.lang.reflect.Executable<T>
extends AccessibleObject
implements Member, GenericDeclaration
```

- public Parameter[] getParameters()

Falls etwas beim Erfragen schiefgeht, gibt es eine MalformedParametersException, eine ungeprüfte Ausnahme.

[»]

Beispiel

```
Constructor<?>[] constructors = Point.class.getDeclaredConstructors();
for ( Constructor<?> constructor : constructors ) {
  System.out.println( constructor );
  for ( Parameter param : constructor.getParameters() )
    System.out.printf( " %s %s%n", param.getType(), param.getName() );
}
```

Mit der Ausgabe (an der abzusehen ist, dass die Parameternamen für die JVM nicht bekannt sind):

```
public java.awt.Point(int,int)
 int arg0
 int arg1
public java.awt.Point(java.awt.Point)
 class java.awt.Point arg0
public java.awt.Point()
```

17.7 Eigene Annotationstypen *

Die in der Java-Standardbibliothek vorgegebenen Annotationen haben entweder eine besondere Semantik für den Compiler, wie `@Override` oder `@SuppressWarnings`, oder dienen zum Beispiel der Definition von Web-Services (`@WebService`, `@WebMethod`, ...) oder von Komponenten mit XML-Abbildung (`@XmlRootElement`, `@XmlElement`, ...). Insbesondere die Java Enterprise Edition (Java EE) macht von Annotationen fleißig Gebrauch, und es lassen sich auch neue Annotationstypen deklarieren.

17.7.1 Annotationen zum Laden von Ressourcen

Im Folgenden wollen wir drei Annotationstypen deklarieren, die den Inhalt von Objektvariablen beschreiben. Zunächst werden die Annotationstypen selbst beschrieben, und abschließend folgt eine Klasse, die die Annotationen ausliest und die Ressourcen initialisiert.

Es soll möglich sein, mit `@CurrentDateResource` eine Objektvariable mit dem aktuellen Datum zu belegen:

```
@CurrentDateResource
public Date now;
```

Ist eine Variable mit `@ListOfFilesResource` annotiert, so sollen alle Dateien und Unterverzeichnisse aus einem gegebenen Verzeichnis aufgelistet und damit ein Feld initialisiert werden:

```
@ListOfFilesResource( "c:/" )
String[] files;
```

Die Annotation `@UrlResource` ist die komplexeste Annotation. Sie beschreibt im einfachsten Fall eine URL mit Daten von einem HTTP-Server (mit dem URL-Protokoll *file://* auch vom lokalen Dateisystem), sodass eine Variable mit dem Inhalt initialisiert werden kann:

```
@UrlResource( "http://tutego.de/javabuch/aufgaben/bond.txt" )
String testFile;
```

Der Annotation lassen sich noch einige Attribute (Element-Wert-Paare) übergeben, sodass etwa Leerraum entfernt wird oder der String in Groß-/Kleinbuchstaben konvertiert wird:

```
@UrlResource( value = "http://tutego.de/javabuch/aufgaben/bond.txt",
              trim = true,
              upperLowerCase = UpperLowerCase.UPPERCASE )
public String testFile;
```

Zu guter Letzt lassen sich bei `@UrlResource` auch beliebige Konvertierer-Klassen angeben, die den Text der Ressource transformieren:

```
@UrlResource( value = "http://tutego.de/javabuch/aufgaben/bond.txt",
              converter = { RemoveNoWordCharactersConverter.class,
                            SortConverter.class } )
public String testFile;
```

17.7.2 Neue Annotationen deklarieren

Ein Annotationstyp (engl. *annotation type*) wird so deklariert wie eine Schnittstelle, nur steht vor dem Schlüsselwort `interface` ein @-Zeichen.

Beginnen wir mit dem einfachsten Annotationstyp, `CurrentDateResource`:

```
public @interface CurrentDateResource { }
```

Die Ähnlichkeit von neuen Annotationstypen und Schnittstellen ist so groß, dass in der *Java Language Specification* die Annotationen auch im Kapitel über Schnittstellen behandelt werden. (Später erfahren wir den Grund dafür: Der Compiler übersetzt die Annotationstypen in Schnittstellen.)

Wo sich der Annotationstyp festmachen lässt, kann eingeschränkt werden. Im Standardfall kann er überall angeheftet werden, das heißt an beliebigen Typdeklarationen, Annotationen, Aufzählungen, Objekt-/Klassenvariablen, lokalen Variablen, Parametern, Methoden, Konstruktoren oder auch an Paketen (wobei die Syntax da etwas anders ist).

Damit ist Folgendes erlaubt:

```
@CurrentDateResource public Date now;
```

17.7.3 Annotationen mit genau einem Attribut

Der Annotationstyp `@CurrentDateResource` kann mit keinem zusätzlichen Attribut versehen werden, da er in der bisherigen Schreibweise eine Markierungsannotation ist. Erlaubt sind zwar ein Paar runde Klammern hinter dem Namen und auch Kommentare, aber eben kein zusätzliches Attribut, wie es `@ListOfFilesResource` etwa wünscht:

```
@CurrentDateResource public Date now;
@CurrentDateResource() public Date now;
@CurrentDateRessource( "gestern" ) public Date now;          // ☠ Compilerfehler
```

Damit zusätzliche Informationen für den Pfadnamen bei `@ListOfFilesResource("c:/")` möglich sind, werden im Annotationstyp Deklarationen für Attribute eingesetzt, deren Schreibweise an Operationen einer Java-Schnittstelle erinnert. (Aber die Operationen dürfen keinen Parameter besitzen, die Rückgabe darf nicht `void` sein und kein `throws` besitzen. Und Operationen, die so heißen wie die Methoden aus `Object`, sind nicht zugelassen.)

Damit ein zusätzliches Attribut den Pfadnamen annehmen kann, sieht die Deklaration des Annotationstyps `ListOfFilesResource` so aus:

```
public @interface ListOfFilesResource {
  String value();
}
```

Damit haben wir den zweiten Annotationstyp aus unserem Beispiel vorbereitet, und gültig wäre:

```
@ListOfFilesResource( "c:/" )
String[] files;
```

Fehlt das erwartete Element, also der Pfad-String, gibt es einen Compilerfehler.

Attributtypen

Das, was so wie ein Rückgabetyp einer Methode aussieht, bestimmt den Typ des Attributs und ist im begrenzten Rahmen wählbar. Der Typ muss nicht immer nur String sein. Insgesamt erlaubt Java:

- alle primitiven Datentypen (`byte`, `short`, `int`, `long`, `float`, `double`, `boolean`), aber keine Wrapper
- `String`
- `Class`. Insbesondere mit der generischen Angabe ermöglicht er eine präzise Klassenangabe.
- Aufzählungstypen
- andere Annotationen (was zu geschachtelten Annotationen führt)
- Felder von oben genannten Typen. Felder von Feldern (mehrdimensionale Felder) sind aber nicht gestattet.

17

[+]

> **Hinweis**
>
> Die Attribute sind typisiert, und fehlerhafte Typen lehnt der Compiler ab. `null` ist als Argument nie erlaubt. Mögliche Typkonvertierungen führt der Compiler automatisch durch:
>
> ```
> @ListOfFilesResource( "" ) String[] files;              // OK
> @ListOfFilesResource() String[] files;                  // ☠ Compilerfehler
> @ListOfFilesResource( null ) String[] files;            // ☠ Compilerfehler
> @ListOfFilesResource( 1 ) String[] files;               // ☠ Compilerfehler
> @ListOfFilesResource( 'C' ) String[] files;             // ☠ Compilerfehler
> @ListOfFilesResource( "C:" + '/' ) String[] files;      // OK
> ```

17.7.4 Element-Wert-Paare (Attribute) hinzufügen

Wenn der Annotationstyp ein Attribut mit dem Namen `value` deklariert, so muss keine Angabe über einen Schlüsselnamen gemacht werden. Möglich wäre das aber schon, und geschrieben würde das so:

```
@ListOfFilesResource( value = "c:/" )
String[] files;
```

Eine Annotation lässt sich mit einer beliebigen Anzahl an Attributen deklarieren, und das Attribut muss auch nur dann `value` heißen, wenn der Schlüssel nicht ausdrücklich genannt werden soll – also `@ListOfFilesResource("c:/")` statt `@ListOfFilesResource(value = "c:/")`. Ist mehr als ein Attribut nötig, muss ohnehin immer der Attributname zusammen mit der Belegung genannt werden.

Wenn `@ListOfFilesResource` mit einem Attribut `trim` ausgestattet wird, sodass die gelesenen Texte automatisch vorne und hinten den Weißraum abgeschnitten bekommen, so könnte die Deklaration des Annotationstyps so aussehen:

```
public @interface UrlResource {
  String   value();
  boolean  trim();
}
```

Und in der Anwendung:

```
@UrlResource( value = "http://tutego.de/javabuch/aufgaben/bond.txt",
              trim = true )
String testFile;
```

17.7.5 Annotationsattribute vom Typ einer Aufzählung

Bisher haben wir als Attributtyp `String` und `boolean` eingesetzt. Attribute dürfen auch Aufzählungen sein. Wir wollen das für `@UrlResource` nutzen, damit wir beim Einlesen wählen können, ob der Text in Groß- oder Kleinbuchstaben konvertiert wird:

```
@UrlResource( value = "http://tutego.de/javabuch/aufgaben/bond.txt",
              upperLowerCase = UpperLowerCase.UPPERCASE )
String testFile;
```

Für die Konvertierungsart deklarieren wir zunächst eine Aufzählung und deklarieren das Attribut `upperLowerCase` dann genau mit dem Aufzählungstyp:

```
public @interface UrlResource {
  public enum UpperLowerCase { UNCHANGED, LOWERCASE, UPPERCASE }

  String         value();
  UpperLowerCase upperLowerCase();
}
```

Die Aufzählung UpperLowerCase als inneren Typ zu deklarieren, ist interessant, da sie ja nicht allgemein ist, sondern ausschließlich mit der Annotation @UrlResource Sinn ergibt.

17.7.6 Felder von Annotationsattributen

Von den unterschiedlichen Elementtypen dürfen eindimensionale Felder gebildet werden. Da es keine anderen Sammlungen gibt, stellt das Feld die einzige Möglichkeit dar, beliebig viele Elemente anzugeben.

Der @UrlResource sollen beliebig viele Konvertierungsfilter zugewiesen werden. Konvertierungsfilter sind Klassen, die die Schnittstelle ResourceConverter implementieren und den eingelesenen String transformieren. Dann heißt es in der Deklaration des Annotationstyps:

```
public @interface UrlResource {
  String value();
  Class<? extends ResourceConverter>[] converter();
}
```

Der interessante Teil ist natürlich Class<? extends ResourceConverter>[]. Der setzt sich wie folgt zusammen:

- Da Java es nicht erlaubt, dass beliebige Attributtypen verwendet werden, bleiben bei der Angabe der Konverter nur Class-Objekte und nicht etwa ResourceConverter[].
- Die Typangabe Class[] wäre nicht ausreichend, da Class mit einem generischen Typ präzisiert werden muss. Jetzt ist aber Class<ResourceConverter> auch noch nicht präzise, denn wir wollen ja nicht nur exakt den Typ RessourceConverter treffen, sondern Untertypen, also Klassen, die RessourceConverter erweitern. Damit sind wir bei Class<? extends ResourceConverter>.
- Da es eine Liste von Class-Angaben werden kann, muss das Paar eckiger Klammen an die Deklaration.

Weisen wir zum Beispiel zwei Konverter – die Klassen wurden noch nicht vorgestellt, aber das folgt – der @UrlResource zu:

```
@UrlResource( value = "http://tutego.de/javabuch/aufgaben/bond.txt",
              converter = { RemoveNoWordCharactersConverter.class,
                            SortConverter.class } )
public String testFile;
```

Bei nur einem angegebenen Konverter können die geschweiften Klammern sogar entfallen:

```
@UrlResource( value = "http://tutego.de/javabuch/aufgaben/bond.txt",
              converter = RemoveNoWordCharactersConverter.class )
```

[+]

Hinweis

Da ein Attribut wieder eine Annotation sein kann, ergeben sich interessante Möglichkeiten. Nehmen wir an, der Annotationstyp `Name` speichert Vor- und Nachnamen:

```
public @interface Name {
  String firstname();
  String lastname();
}
```

Ein Annotationstyp `Author` soll `Name` als Elementtyp für `value` nutzen:

```
public @interface Author {
  Name[] value();
}
```

Vor `Name` steht nicht das @-Zeichen. Nur in der Anwendung:

```
@Author( @Name( firstname = "Christian", lastname = "Ullenboom" ) )
```

Hätten wir das Element nicht `value`, sondern etwa `name` genannt, müsste die Angabe so heißen:

```
name = @Name( firstname = "Christian", lastname = "Ullenboom" )
```

Und hätten wir mehrere Autoren angegeben, würden wir Folgendes schreiben:

```
@Author(
  {
    @Name( firstname = "Christian", lastname = "Ullenboom" ),
    @Name( firstname = "Hansi", lastname = "Hinterweltler" )
  } )
```

17.7.7 Vorbelegte Attribute

Im bisherigen Fall mussten alle Attributbelegungen angegeben werden, und wir konnten kein Element-Wert-Paar auslassen. Die Annotationstypen ermöglichen allerdings für Attribute Standardwerte, sodass ein Wert angeben werden kann, aber nicht muss. Statt

```
@UrlResource( value = "http://tutego.de/javabuch/aufgaben/bond.txt", trim = false )
```

soll es möglich sein, `trim = false` wegzulasssen, weil es Standard sein soll:

```
@UrlResource( value = "http://tutego.de/javabuch/aufgaben/bond.txt" )
```

Beziehungsweise dann wieder kürzer:

```
@UrlResource( "http://tutego.de/javabuch/aufgaben/bond.txt" )
```

In der Syntax für Vorbelegungen hält dafür das Schlüsselwort `default` her, was auch zu einer neuen Schreibweise führt, die von den Schnittstellen abweicht.

Bei unserem `@UrlResource` ist nur die Angabe der Textquelle vonnöten; alles andere soll mit Default-Werten belegt sein:

```
public @interface UrlResource {

  enum UpperLowerCase { UNCHANGED, LOWERCASE, UPPERCASE }

  String value();
  boolean trim() default false;
  UpperLowerCase upperLowerCase() default UpperLowerCase.UNCHANGED;
  Class<? extends ResourceConverter>[] converter() default { };
}
```

Nachträgliche Änderung und die Sinnhaftigkeit von Standardwerten

Annotationstypen können ebenso wenig einfach geändert werden wie Schnittstellendeklarationen. Wird eine Methode nie über den Basistyp einer Schnittstelle aufgerufen, sondern die Schnittstelle lediglich implementiert, so kann diese ungenutzte Operation im Prinzip gelöscht werden. Bei Annotationen ist das genauso: Wenn ein Annotationselement mit einem Standardwert belegt ist und es nie genutzt wird, kann es gelöscht werden. Aber hier gilt analog zu den Schnittstellen: Gibt es eine dynamische Bindung über eine Schnittstelle und werden die Operationen entfernt, so gibt es genauso einen Compilerfehler, wie wenn es einen Zugriff auf ein Annotationselement gibt und es dann gelöscht wird. Auch das Ändern von Elementtypen führt im Allgemeinen zu Compilerfehlern, denn wenn aus einem `int` plötzlich ein `String` wird, fehlen Anführungszeichen.

Standardwerte sind für Annotationen ein sehr wichtiges Instrument, um neue Annotationselemente schmerzfrei einzuführen. Werden neue Elemente in bestehende Annotationstypen eingefügt, dann müssten alle existierenden konkreten Annotationen das neue Element setzen, was eine sehr große Änderung ist, vergleichbar einer neuen Operation in einer Schnittstelle. Anders als bei Schnittstellen lösen Default-Werte das Problem, da auf diese Weise für das neue Element immer gleich ein Wert vorhanden ist, der, sofern erwünscht, neu belegt werden kann. Ohne Probleme ist es möglich, einen Default-Wert hinzuzunehmen, während das Entfernen von Standardwerten wiederum kritisch ist.

17.7.8 Annotieren von Annotationstypen

Drei Annotationstypen aus dem Paket `java.lang` haben wir schon kennengelernt. Die restlichen vier Annotationen aus dem Paket `java.lang.annotation` dienen dazu, Annotationstypen zu annotieren. In diesem Fall wird von *Meta-Annotationen* gesprochen.

Annotation	Beschreibung
@Target	Was lässt sich annotieren? Klasse, Methode ...?
@Retention	Wo ist die Annotation sichtbar? Nur für den Compiler oder auch für die Laufzeitumgebung?
@Documented	Zeigt den Wunsch an, die Annotation in der Dokumentation zu erwähnen.
@Inherited	Macht deutlich, dass ein annotiertes Element auch in der Unterklasse annotiert ist.
@Repeatable	wenn eine Annotation mehrmals angewendet werden darf

Tabelle 17.5 Meta-Annotationen

@Target

Die Meta-Annotation `@java.lang.annotation.Target` beschreibt, wo eine Annotation angeheftet werden kann. Ist kein ausdrückliches `@Target` gewählt, gilt es für alle Elemente; die Annotation kann also etwa an Klassen stehen, aber auch an lokalen Variablen. In der Regel gibt es bei `@Target` ein Element, und das ist von der Aufzählung `java.lang.annotation.ElementType`; es deklariert die folgenden Ziele:

ElementType	Erlaubt Annotationen ...
ANNOTATION_TYPE	nur an anderen Annotationstypen, was `@Target(ANNOTATION_TYPE)` somit zu einer Meta-Annotation macht
TYPE	an allen Typdeklarationen, also Klassen, Schnittstellen, Annotationstypen, Aufzählungen
CONSTRUCTOR	an Konstruktor-Deklarationen
METHOD	an Deklarationen von statischen und nichtstatischen Methoden
FIELD	an Deklarationen von statischen Variablen und Objekt-Variablen
PARAMETER	an Parametervariablen von Methoden
LOCAL_VARIABLE	an lokalen Variablen
PACKAGE	an `package`-Deklarationen
TYPE_PARAMETER	an der Deklaration einer Typvariablen für generische Typ-Parameter. Neu in Java 8. Wenn es etwa heißt `class List<@AnAnnotation T>`

Tabelle 17.6 ElementType bestimmt Orte, an denen Annotationen erlaubt sind.

ElementType	Erlaubt Annotationen ...
TYPE_USE	an allen Stellen, wo Typen eingesetzt werden, adressiert also Typ-Annotationen. Ebenfalls neu in Java 8. So etwas wie @NonNull (keine Annotation aus der Java SE!) ist ein Beispiel.

Tabelle 17.6 ElementType bestimmt Orte, an denen Annotationen erlaubt sind. (Forts.)

Soll eine Annotation etwa vor beliebigen Typen, Methoden, Paketen und Konstruktoren erlaubt sein, so setzen wir Folgendes an die Deklaration des Annotationstyps:

```
@Target( { TYPE, METHOD, CONSTRUCTOR, PACKAGE } )
public @interface ...
```

Unsere eigenen drei Annotationstypen sind nur für Attribute sinnvoll. So nutzen wir FIELD, was hier an CurrentDateResource gezeigt wird:

```
@Target( java.lang.annotation.ElementType.FIELD )
public @interface CurrentDateResource { }
```

[+]

Hinweis

Soll statt ElementType.FIELD einfach nur FIELD verwendet werden, so muss FIELD entsprechend aus ElementType statisch eingebunden werden. Damit ist folgender Programmcode eine Alternative:

```
import static java.lang.annotation.ElementType.*;
import java.lang.annotation.Target;

@Target( FIELD )
public @interface CurrentDateResource { }
```

Mit ElementType.TYPE ist die Annotation vor allen Typen – Klassen, Schnittstellen, Annotationen, Aufzählungstypen – erlaubt. Eine Einschränkung, etwa nur auf Klassen, ist nicht möglich. Interessant ist die Tatsache, dass eine Unterteilung für Methoden und Konstruktoren möglich ist und dass sogar lokale Variablen annotiert werden können.

[«]

Beispiel

Beim existierenden Annotationstyp @Override ist die Annotation @Target schön zu erkennen:

```
@Target( value = METHOD )
public @interface Override
```

Die Idee der Meta-Annotation: Es gibt nur überschriebene Methoden.

Annotationen für Pakete sind speziell, weil sich die Frage stellt, wo hier die Metadaten über ein Paket stehen sollen. Eine Klasse selbst wird ja einem Paket zugeordnet – sollte das heißen, in irgendeiner wahllosen Typdeklaration stehen dann an der package-Deklaration die Meta-Annotationen für das Paket? Nein, denn dann würde zum einen die Annotation bei vielen Typen vielleicht nie mehr wiedergefunden, und zum anderen gäbe es bestimmt Konflikte, wenn aus Versehen an zwei Typen widersprüchliche Annotationen an der package-Deklaration stünden. Java wählt eine andere Lösung. Es muss eine Datei mit dem Namen *package-info.java* im jeweiligen Paket stehen, und dort darf die package-Deklaration annotiert sein. Da der Dateiname schon kein Klassenname sein kann (Minuszeichen sind nicht erlaubt), wird die Datei auch keine Typdeklaration enthalten, aber der Compiler erzeugt natürlich eine *.class*-Datei für die Metadaten des Pakets. Kommentare sind selbstverständlich erlaubt, und die Datei wird auch für die API-Dokumentation eines Pakets verwendet.

Dazu ein Beispiel. Ein neuer Annotationstyp `AutomaticUmlDiagram` soll deklariert werden, und er soll nur an Paketen gültig sein:

Listing 17.24 com/tutego/insel/annotation/AutomaticUmlDiagram.java

```
package com.tutego.insel.annotation;
import java.lang.annotation.*;
@Target( value = ElementType.PACKAGE  )
public @interface AutomaticUmlDiagram {}
```

Das Paket `com.tutego.insel.annotation` soll nun mit `AutomaticUmlDiagram` annotiert werden:

Listing 17.25 com/tutego/insel/annotation/package-info.java

```
@AutomaticUmlDiagram
package com.tutego.insel.annotation;
```

Die Datei *package-info.java* ist schlank, wird aber in der Regel größer sein, da sie das Javadoc des Pakets enthält.

@Retention

Die Annotation `@Retention` steuert, wer die Annotation sehen kann. Es gibt drei Typen, die in der Aufzählung `java.lang.annotation.RetentionPolicy` genannt sind:

- `SOURCE`: Nützlich für Tools, die den Quellcode analysieren, aber die Annotationen werden vom Compiler verworfen, sodass sie nicht den Weg in den Bytecode finden.
- `CLASS`: Die Annotationen speichert der Compiler in der Klassendatei, aber sie werden nicht in die Laufzeitumgebung gebracht.
- `RUNTIME`: Die Annotationen werden in der Klassendatei gespeichert und sind zur Laufzeit in der JVM verfügbar.

Die Unterscheidung haben die Java-Designer vorgesehen, da nicht automatisch jede Annotation zur Laufzeit verfügbar ist (eine Begründung: andernfalls würde es den Ressourcenverbrauch erhöhen). Der Standard ist `RetentionPolicy.CLASS`.

Beispiel

[«]

Der Annotationstyp `@Deprecated` ist nur für den Compiler und nicht für die Laufzeit von Interesse:

```
@Retention( value = SOURCE )
public @interface Deprecated
```

Ist ein Element mit `@Target` annotiert, so soll diese Information auch zur Laufzeit vorliegen:

```
@Retention( value = RUNTIME )
@Target( value = ANNOTATION_TYPE )
public @interface Target
```

Das Beispiel zeigt, dass die Anwendung auch rekursiv sein kann (natürlich auch indirekt rekursiv, denn nicht nur `@Retention` annotiert `@Target`, auch `@Target` annotiert `@Retention`).

Für den Zugriff auf die Annotationen gibt es dann, je nach Retention-Typ, unterschiedliche Varianten. Im Fall von `Source` ist es ein Tool, das auf Textebene arbeitet, also etwa ein Compiler oder ein statisches Analysetool, das Quellcode analysiert. Sind die Annotationen im Bytecode abgelegt, so lassen sie sich über ein Werkzeug bzw. eine Bibliothek auslesen. Drei Wege sind möglich:

- Zunächst bietet Java mit der *Pluggable Annotation Processing API* (spezifiziert im JSR-269) eine standardisierte API zum Zugriff auf die Elemente im Quellcode. Es geht dann darum, einen *Annotation Processor* (eine Implementierung von der Schnittstelle `javax.annotation.processing.Processor`) im Compiler einzuhaken, der dann zum Beispiel Artefakte erstellen oder Fehler melden kann.
- Eine andere Variante funktioniert über rohe Tools, die direkt auf der Ebene vom Bytecode arbeiten. In Frage kommen etwa Bibliotheken wie ASM (unter *http://asm.ow2.org/*), die alles auslesen können, was in der Klassendatei steht, also auch die Annotationen. Sie sind aber proprietär und nicht einfach zu nutzen.
- Die dritte Variante ist einfach, da hier Reflection eine Möglichkeit bietet. Das schauen wir uns gleich im Anschluss an, in Abschnitt 17.7.10, »Annotierte Elemente auslesen«. Natürlich funktioniert das nur bei `@Retention(RUNTIME)`.

17

@Documented

Die Annotation `@Documented` zeigt an, dass die Annotation in der API-Dokumentation genannt werden soll. Alle Standard-Annotationen von Java werden so angezeigt, auch `@Documented` selbst. In der API-Dokumentation ist für die Annotationen ein neues Segment vorgesehen.

[»]

Beispiel

`@Documented` ist selbst `@Documented`:

```
@Documented
@Target( value = ANNOTATION_TYPE )
public @interface Documented
```

@Repeatable

Normalerweise nutzen Entwickler Annotationen wie einmalige Modifizierer, und es ergibt keinen Sinn, etwa `@Override @Override String toString()` zu schreiben, genauso wenig wie es einen Sinn ergibt, `final static final double PI` zu deklarieren. Doch da es durchaus Metadaten, insbesondere mit verschiedenen Werten, gibt, die mehrmals auftauchen können, bietet Java 8 eine Erweiterung, dass Annotationen wiederholt werden dürfen. Allerdings müssen die Annotationstypen dieser wiederholbaren Annotationen selbst mit einer besonderen Meta-Annotation `@Repeatable` ausgezeichnet werden. Damit ist es aber noch nicht getan, denn `@Repeatable` muss als Element einen Typ bekommen, der den Container angibt.

[»]

Beispiel

Der Annotationstyp für Autoren kann so aussehen:

```
public @interface Author { String name(); }
```

Soll nun die Annotation mehrfach verwendet werden, ist die Meta-Annotation nötig und mit ihr die Angabe eines Containers:

```
@Repeatable( Authors.class )
public @interface Author { String name(); }
```

Der Container ist selbst ein Annotationstyp mit einem Feld als Element. Der Typ des Feldes ist exakt der wiederholbare Annotationstyp:

```
public @interface Authors {
  Autor[] value;
}
```

Ohne `@Repeatable` am Annotationstyp wird eine mehrmalige Verwendung einer Annotation zu einem Compilerfehler führen. In der Java SE 8 gibt es bisher keine Verwendung dieses Annotationstyps, also auch keine wiederholbaren Annotationen in der Standardbibliothek.

Erfragt werden wiederholbare Annotationen durch Methoden der Schnittstelle `java.lang.reflect.AnnotatedElement` (und das ist `AccessibleObject`, `Class`, `Constructor`, `Executable`, `Field`, `Method`, `Package`, `Parameter`):

```
interface java.lang.reflect.AnnotatedElement
```

- `default <T extends Annotation> T[] getAnnotationsByType(Class<T> annotationClass)`
- `default <T extends Annotation> T[] getDeclaredAnnotationsByType(Class<T> annotationClass)`

17.7.9 Deklarationen für unsere Ressourcen-Annotationen

Da unsere drei Annotationen zur Laufzeit ausgelesen werden sollen, muss die `@Retention` mit `RetentionPolicy.RUNTIME` gesetzt sein. Damit sind unsere Annotationstypen vollständig, und der Quellcode soll an dieser Stelle aufgeführt werden.

Der einfachste Annotationstyp war `CurrentDateResource`:

Listing 17.26 com/tutego/insel/annotation/CurrentDateResource.java, CurrentDateResource

```
@Documented
@Target( ElementType.FIELD )
@Retention( RetentionPolicy.RUNTIME )
public @interface CurrentDateResource { }
```

Der Annotationstyp `ListOfFilesResource` erwartet eine Pfadangabe, ist aber nicht deutlich komplexer als `CurrentDateResource`:

Listing 17.27 com/tutego/insel/annotation/ListOfFilesResource.java, ListOfFilesResource

```
@Documented
@Target( ElementType.FIELD )
@Retention( RetentionPolicy.RUNTIME )
public @interface ListOfFilesResource {
  String value();
}
```

Und zu guter Letzt: Der Annotationstyp `UrlResource` hat am meisten zu bieten. Doch beginnen wir zunächst mit der Deklaration der Schnittstelle für die Konverter:

Listing 17.28 com/tutego/insel/annotation/ResourceConverter.java, ResourceConverter

```
public interface ResourceConverter {
  String convert( String input );
}
```

Zwei Implementierungen sollen für das Beispiel genügen:

Listing 17.29 com/tutego/insel/annotation/SortConverter.java, SortConverter Teil 1

```
public class RemoveNoWordCharactersConverter implements ResourceConverter {
  @Override public String convert( String input ) {
    return input.replaceAll( "\\W", "" );
  }
}
```

Listing 17.30 com/tutego/insel/annotation/SortConverter.java, SortConverter Teil 2

```
public class SortConverter implements ResourceConverter {
  @Override public String convert( String input ) {
    char[] chars = input.toCharArray();
    Arrays.sort( chars );
    return new String( chars );
  }
}
```

Damit kann dann der letzte Annotationstyp übersetzt werden:

Listing 17.31 com/tutego/insel/annotation/UrlResource.java, UrlResource

```
@Documented
@Target( ElementType.FIELD )
@Retention( RetentionPolicy.RUNTIME )
public @interface UrlResource {

  enum UpperLowerCase { UNCHANGED, LOWERCASE, UPPERCASE }

  String value();
  boolean trim() default false;
  UpperLowerCase upperLowerCase() default UpperLowerCase.UNCHANGED;
  Class<? extends ResourceConverter>[] converter() default { };
}
```

17.7.10 Annotierte Elemente auslesen

Ob eine Klasse annotiert ist, erfragt ganz einfach die Methode `isAnnotationPresent(Class<? extends Annotation> annotationClass)` auf dem `Class`-Objekt:

Listing 17.32 com/tutego/insel/annotation/CheckIsStringBufferInputStreamDeprecated.java, main()

```
println( String.class.isAnnotationPresent( Deprecated.class ) );                    // false
println( StringBufferInputStream.class.isAnnotationPresent( Deprecated.class ) ); // true
```

Schnittstelle AnnotatedElement

Da unterschiedliche Dinge annotierbar sind, schreibt eine Schnittstelle `AnnotatedElement` für die Klassen `Class`, `Constructor`, `Field`, `Method`, `Package` und `AccessibleObject` folgende Operationen vor:

```
interface java.lang.reflect.AnnotatedElement
```

- `Annotation[] getAnnotations()`
  Liefert die an dem Element festgemachten Annotationen. Gibt es keine Annotation, ist das Feld leer. Die Methode liefert auch Annotationen, die aus den Obertypen kommen.
- `Annotation[] getDeclaredAnnotations()`
  Liefert die Annotationen, die exakt an diesem Element festgemacht sind, sprich, vererbte Annotationen zählen nicht dazu.
- `<T extends Annotation> T getAnnotation(Class<T> annotationType)`
  Liefert die Annotation für einen bestimmten Typ. Ist keine Annotation vorhanden, ist die Rückgabe `null`. Der generische Typ ist bei der Rückgabe hilfreich. Denn das Argument ist ein `Class`-Objekt, das den Annotationstyp repräsentiert. Die Rückgabe ist genau die konkrete Annotation für das annotierte Element. Betrachtet auch Annotationen, die aus den Obertypen kommen.
- `boolean isAnnotationPresent(Class<? extends Annotation> annotationType)`
  Gibt es die angegebene Annotation? Betrachtet auch geerbte Annotationen. Im Grunde `getAnnotation(annotationType) != null`.
- `default <T extends Annotation> T getDeclaredAnnotation(Class<T> annotationClass)`
  Wie `getAnnotation(Class<T>)`, nur ohne geerbte Annotation.
- `default <T extends Annotation> T[] getAnnotationsByType(Class<T> annotationClass)`
- `default <T extends Annotation> T[] getDeclaredAnnotationsByType(Class<T> annotationClass)`
  Liefert ein Array von Annotationen vom gewünschten Typ; ein Array ist nötig bei wiederholten Annotationen. Neu in Java 8. Einmal inklusive/exklusive geerbter Annotationen.

Um die Annotationen etwa von Variablen oder Methoden zu erfragen, ist ein wenig Reflection-Wissen nötig. Ist `obj` ein Objekt, so findet folgende Schleife alle mit `CurrentDateResource` annotierten Objektvariablen und gibt eine Meldung aus:

```
for ( Field field : obj.getFields() )
  if ( field.isAnnotationPresent( CurrentDateResource.class ) )
    System.out.println( "CurrentDateResource gesetzt" );
```

AnnotatedType

Vier Methoden kommen in Java 8 in `Executable` hinzu:

```
abstract class java.lang.reflect.Executable<T>
extends AccessibleObject
implements Member, GenericDeclaration
```

- abstract AnnotatedType getAnnotatedReturnType()
- AnnotatedType getAnnotatedReceiverType()
- AnnotatedType[] getAnnotatedParameterTypes()
- AnnotatedType[] getAnnotatedExceptionTypes()

Die Schnittstelle AnnotatedType (erweitert AnnotatedElement) ist ebenfalls neu in Java 8 und repräsentiert einen annotierten Typ. Constructor überschreibt Executable die Methode getAnnotatedReturnType(), da Konstruktoren aber keine Rückgabe haben, ist das Ergebnis der Typ des erzeugten Objekts.

Zudem hat Field seit Java 8 eine Methode getAnnotatedType(), die ebenso AnnotatedType als Rückgabe hat.

Class besitzt seit Java 8 zwei neue Methoden:

- AnnotatedType[] getAnnotatedInterfaces()
- AnnotatedType getAnnotatedSuperclass()

17.7.11 Auf die Annotationsattribute zugreifen

Um auf die einzelnen Attribute einer Annotation zuzugreifen, müssen wir etwas mehr über die Umsetzung einer Annotation vom Compiler und der JVM wissen. Übersetzt der Compiler einen Annotationstyp, generiert er daraus eine Schnittstelle.

[»] **Beispiel**

Für den Annotationstyp ListOfFilesResource generiert der Compiler:

```
import java.lang.annotation.Annotation;

public interface ListOfFilesResource extends Annotation {
    public abstract String value();
}
```

Rufen wir auf einem AnnotatedElement, etwa Field, eine Methode wie getAnnotations() oder getAnnotation(Class<T> annotationClass) auf, bekommen wir ein Objekt, das Zugriff auf unsere Element-Wert-Paare liefert. Denn zur Laufzeit werden über java.lang.reflect.Proxy Objekte gebaut, die unsere Schnittstelle – das ist ListOfFilesResource – implementiert und so die Methode value() anbietet.

[+]

Hinweis

Die Annotation ist zur Laufzeit ein Proxy-Objekt, und daher kann der Annotationstyp keine eigene Klasse erweitern und auch keine anderen eigenen Schnittstellen implementieren. Ein Annotationstyp kann auch keine anderen Annotationstypen erweitern. Es könnte eine eigene Klasse zwar die Schnittstelle `java.lang.annotation.Annotation` implementieren, doch entsteht dadurch keine echte Annotation, was den Versuch sinnlos macht.

Testen wir die Möglichkeit, indem wir zwei annotierte Variablen in eine Klasse setzen und dann per Reflection über alle Variablen laufen und alle Annotationen erfragen lassen:

Listing 17.33 com/tutego/insel/annotation/GetTheUrlResourceValues.java, GetTheUrlResourceValues

```
public class GetTheUrlResourceValues {

  @UrlResource( value = "http://tutego.de/javabuch/aufgaben/bond.txt",
                upperLowerCase = UpperLowerCase.UPPERCASE, trim = true,
                converter = { RemoveNoWordCharactersConverter.class,
                              SortConverter.class } )
  public String testFile;

  @XmlValue @Deprecated
  public String xmlValue;

  public static void main( String[] args ) throws Exception {
    for ( Field field : GetTheUrlResourceValues.class.getFields() )
      for ( Annotation a : field.getAnnotations() )
        System.out.println( a );
  }
}
```

Die Ausgabe zeigt drei Annotationen:

```
@com.tutego.insel.annotation.UrlResource(converter=[class com.tutego.insel.annotation.➘
RemoveNoWordCharactersConverter, class com.tutego.insel.annotation.SortConverter], ➘
upperLowerCase=UPPERCASE, value=http://tutego.de/javabuch/aufgaben/bond.txt)
@javax.xml.bind.annotation.XmlValue()
@java.lang.Deprecated()
```

Die Default-Werte werden zur Laufzeit gesetzt.

17.7.12 Komplettbeispiel zum Initialisieren von Ressourcen

Zusammenfassend können wir jetzt eine Klasse vorstellen, die tatsächlich die mit den Ressourcen-Annotationen versehenen Variablen mit sinnvollem Inhalt füllt. Zunächst betrachten wir ein Beispiel, das die Nutzung einer solchen Klasse aufzeigt.

Die Klasse Resources bildet den Rahmen für Objekte, die automatisch aufgebaut und korrekt initialisiert werden sollen:

Listing 17.34 com/tutego/insel/annotation/AnnotatedResourceExample.java, Resources

```
class Resources {

  @CurrentDateResource()
  public Date now;

  @ListOfFilesResource( value = "c:/" )
  public String[] files;

  @UrlResource( "http://tutego.de/javabuch/aufgaben/bond.txt" )
  public String testFile;
}
```

Einer zweiten Klasse geben wir ein main(String[]) und setzen dort die Aufforderung, ein Objekt vom Typ Resources anzulegen und zu initialisieren:

Listing 17.35 com/tutego/insel/annotation/AnnotatedResourceExample.java, AnnotatedResourceExample

```
public class AnnotatedResourceExample {
  public static void main( String[] ars ) {
    Resources resources =
      ResourceReader.getInitializedInstance( Resources.class );
    System.out.println( resources.now );
    System.out.println( Arrays.toString( resources.files ) );
    System.out.println( resources.testFile );
  }
}
```

Kommen wir zum Herzen, der Klasse ResourceReader:

Listing 17.36 com/tutego/insel/annotation/ResourceReader.java

```
package com.tutego.insel.annotation;

import java.io.File;
import java.lang.reflect.Field;
import java.net.URL;
import java.util.Date;
import java.util.Scanner;
```

```
public class ResourceReader {
  public static <T> T getInitializeInstace( Class<T> ressources ) {
    try {
      T obj = ressources.newInstance();

      for ( Field field : ressources.getFields() ) {
        if ( field.isAnnotationPresent( CurrentDateResource.class ) )
          field.set( obj, new Date() );

        else if ( field.isAnnotationPresent( ListOfFilesResource.class ) )
          field.set( obj, new File(field.getAnnotation(
            ListOfFilesResource.class ).value().toString()).list() );

        else if ( field.isAnnotationPresent( UrlResource.class ) ) {
          String url = field.getAnnotation( UrlResource.class ).value();
          try ( Scanner scanner = new Scanner( new URL( url ).openStream() ) ) {
            String content = scanner.useDelimiter( "\\Z" ).next();

            if ( field.getAnnotation( UrlResource.class ).trim() )
              content = content.trim();

            switch ( field.getAnnotation( UrlResource.class ).upperLowerCase() ) {
              case UPPERCASE: content = content.toUpperCase(); break;
              case LOWERCASE: content = content.toLowerCase(); break;
              default: // Nichts zu tun
            }

            Class<? extends ResourceConverter>[] converterClasses =
              field.getAnnotation( UrlResource.class ).converter();
            for ( Class<? extends ResourceConverter> converterClass : converterClasses )
              content = converterClass.newInstance().convert( content );

            field.set( obj, content );
          }
        }
      }

      return obj;
    }
    catch ( Exception e ) {  // Ignoriere alle Ausnahmen
      return null;
    }
  }
}
```

17

An den folgenden Anweisungen ist das Prinzip gut ablesbar:

```
T newInstance = ressources.newInstance();
for ( Field field : ressources.getFields() )
  if ( field.isAnnotationPresent( CurrentDateResource.class ) )
    field.set( newInstance, new Date() );
```

Zunächst wird ein neues Exemplar, ein Behälter, aufgebaut. Dann läuft eine Schleife über alle Variablen. Gibt es zum Beispiel die Annotation `CurrentDateResource` an einer Variablen, so wird ein `Date`-Objekt aufgebaut und mit `set(…)` die Variable mit dem Datum initialisiert.

17.7.13 Mögliche Nachteile von Annotationen

Annotationen sind eine gewaltige Neuerung und sicherlich die wichtigste seit vielen Java-Jahren. Auch wenn die Generics auf den ersten Blick bedeutsam erscheinen, sind die Annotationen ein ganz neuer Schritt in die deklarative Programmierung, wie sie Frameworks schon heute aufzeigen. Völlig problemlos sind Annotationen allerdings nicht, und so müssen wir etwas Wasser in den Wein gießen:

- Die Annotationen sind stark mit dem Quellcode verbunden, können also auch nur dort geändert werden. Ist der Original-Quellcode nicht verfügbar, etwa weil der Auftraggeber ihn geschlossen hält, ist eine Änderung der Werte nahezu unmöglich.
- Wenn Annotationen allerdings nach der Übersetzung nicht mehr geändert werden können, stellt das bei externen Konfigurationsdateien kein Problem dar. Externe Konfigurationsdateien können ebenso den Vorteil bieten, dass die relevanten Informationen auf einen Blick erfassbar sind und sich mitunter nicht redundant auf unterschiedliche Java-Klassen verteilen.
- Klassen mit Annotationen sind invasiv und binden auch die Implementierungen an einen gewissen Typ, wie es Schnittstellen tun. Sind die Annotationstypen nicht im Klassenpfad, kommt es zu einem Compilerfehler.
- Bisher gibt es keine Vererbung von Annotationen: Ein Annotationstyp kann keinen anderen Annotationstyp erweitern.
- Die bei den Annotationen gesetzten Werte lassen sich zur Laufzeit erfragen, aber nicht modifizieren.
- Warum werden Annotationen mit `@interface` deklariert, einer Schreibweise, die in Java sonst völlig unbekannt ist?

Ein Problem gibt es allerdings nur bei finalen statischen Variablen (Konstanten), das bei den Default-Werten der Annotationen nicht vorkommt: Weil die Default-Werte zur Laufzeit gesetzt werden, lassen sie sich in der Deklaration vom Annotationstyp leicht ändern, und eine Neuübersetzung des Projekts kann somit unterbleiben.

Zur Ehrenrettung sei erwähnt, dass moderne Frameworks wie JPA oder JSF 2 aus dem Java EE-Standard immer noch den Einsatz von XML vorsehen. So lässt sich auf Annotationen verzichten bzw. XML einsetzen, sodass Zuweisungen aus den Annotationen überschrieben werden können.

17.8 Zum Weiterlesen

Reflection ist ein mächtiges Werkzeug, aber wie alle Werkzeuge kann es leicht missbraucht werden. Oftmals wird in der Softwareentwicklung eine weitere Zwischenschicht zur Abstraktion gezogen und alles generisch gehalten – die Konsequenz ist unwartbare Software. Die Bedeutung von Annotationen wurde am Anfang sicherlich unterschätzt, aber mittlerweile sind sie ein unverzichtbares Sprachmittel. Leser können die Möglichkeiten an folgenden Frameworks ablesen: JPA, EJB, JAXB, JSefa (*http://jsefa.sourceforge.net/*). Mit der *Pluggable Annotation Processing API* lassen sich interessante Lösungen erzielen, etwa auf den internen AST vom Java-Compiler zugreifen; zwei sehr kreative Lösungen zeigt *http://tutego.de/go/beyond269/* auf.

Kapitel 18

Dynamische Übersetzung und Skriptsprachen

»Wenn einer einen wirklich klaren Gedanken hat, kann er ihn auch darstellen.«
– Michel de Montaigne (1533–1592)

Für Java-Entwickler besteht der Alltag im Allgemeinen darin, neuen Java-Quellcode zu schreiben und eigenen oder fremden Quellcode zu lesen, zu verstehen und zu ändern. Nun ist Java als Programmiersprache aber nicht immer die effizienteste Darstellungsform für einen Algorithmus oder ein Geschäftsproblem. Es gibt je nach Anwendungsfall kompaktere und bessere Ausdrucksformen. So kann eine grafische Notation für gewisse Problemstellungen sinnvoller sein als eine Gruppe von Java-Klassen, oder Tests können vielleicht besser in natürlicher Sprache formuliert werden. Installer oder Dialoge könnten alternativ in XML beschrieben werden. Besonders Skriptsprachen haben deutlich kompaktere Ausdrucksformen als Java. Ein Trend sind so genannte *Domain Specific Languages (DSL)*. Das sind Spezial-Sprachen, die nur für ein ganz gewisses Problem definiert wurden und optimal ein Problem lösen sollen. So ist PDF eine optimale DSL für die Beschreibung von zweidimensionalen Grafiken, und Shell-Skripte sind perfekt zum Automatisieren von Vorgängen. Die Lösung hätte durchaus mit Java formuliert werden können, jedoch ist Java hierzu nicht optimal geeignet. Java ist als universell einsetzbare Programmiersprache eher das Gegenteil einer DSL. Und das Ziel sollte immer sein, das beste Werkzeug für eine Aufgabe zu wählen und viel zu automatisieren.

Da unabhängig von der Darstellungsform aber letztendlich eine Java-Laufzeitumgebung das Programm abarbeiten muss, stellt sich die Frage, wie die unterschiedlichen Darstellungsformen wie eine DSL ausgeführt werden, denn die JVM versteht nur Bytecode. Hier bieten sich zwei Wege an:

- Ein Generator überführt die Darstellungsform in Java-Quellcode, der später wie die anderen Java-Klassen eines Projekts übersetzt wird. In einer erweiterten Form wird nicht nur Java-Quellcode erzeugt, sondern mit einem nachgeschalteten Compiler der Programmcode gleich übersetzt, sodass am Ende Klassendateien stehen oder sogar ein Java-Archiv. Die generierten Java-Klassen können vor dem Entwickler verborgen werden, indem sie zwar temporär generiert, aber nach dem Übersetzungsvorgang sofort wieder gelöscht werden. Der Nachteil des Generator-Ansatzes ist, dass im Build-Prozess ein extra Schritt nötig ist. Da der Entwickler aber immer sieht, was der Generator macht, ist dieser Prozess gut zu verstehen.

- Die Beschreibung wird zur Laufzeit über einen Interpreter (oder Generator) verarbeitet. Es entstehen möglicherweise auch neue Klassendateien (vielleicht sogar mit dem Java-Standard-Compiler), aber das Generieren findet zur Laufzeit statt und nicht wie im ersten Fall vor dem Start des Programms. Es ist ein wenig mit der JVM vergleichbar, die Java-Programme in Maschinencode übersetzt. Traditionelle Compiler machen das vor dem Programmstart, und eine moderne JVM übersetzt dynamisch zur Laufzeitzeit.

In diesem Kapitel schauen wir uns genau diese Bereiche an. Zunächst wollen wir sehen, welche Möglichkeiten es gibt, Java-Programmcode zu generieren. Ob vor dem Programmstart oder dynamisch ist dann unerheblich. Der zweite Schritt soll das Problem lösen, wie (generierter) Java-Programmcode in Java-Bytecode übersetzt wird. Der letzte Teil des Kapitels stellt Skriptsprachen vor, von denen einige rein interpretiert werden und andere zur Laufzeit Bytecode erstellen, sodass sie von den Optimierungsmöglichkeiten der JVM profitieren.

18.1 Codegenerierung

Der Ausgangspunkt der Codegenerierung ist ein Artefakt, das ein Übersetzer in Java-Quellcode oder Java-Bytecode überführt. Ob das Ergebnis Quellcode oder direkt Java-Bytecode ist, hat verschiedene Vor- und Nachteile:

	Vorteil	Nachteil
Generierung von Quellcode	▸ Der Quellcode ist einsehbar. ▸ leichter zu debuggen ▸ Der Generator ist leicht zu schreiben.	▸ Ein Compiler ist erforderlich. ▸ Die Übersetzung kostet Zeit und Speicher.
Direkte Bytecode-Generierung	▸ sehr performant ▸ Es ist kein Java-Compiler nötig. ▸ sinnvoll bei Bytecode-zu-Bytecode-Transformationen	▸ Der Bytecode ist schlecht einsehbar. ▸ Das Debugging ist schwierig. ▸ Der Generator ist schwer zu schreiben, da Wissen über Bytecode nötig ist.

Tabelle 18.1 Vor- und Nachteile vom Compiler und von direkter Bytecode-Erzeugung

Generatoren, die – aus welchem Zielformat auch immer – Java-Quellcode generieren, sind relativ einfach zu entwickeln. Der Aufwand besteht in der Entwicklung des Parsers, aber das Abbilden in einen Quellcode-String ist einfach. Ganz anders sieht es bei der Bytecode-Ausgabe aus. Zwar vereinfachen Bibliotheken das Generieren von Bytecode, doch bleibt eine deutlich höhere Komplexität bestehen. Der Vorteil ist jedoch, dass das Generieren und Verändern vom Bytecode recht performant ist und so problemlos zur Laufzeit vorgenommen werden kann. Sogar beim

Laden der Klassen lassen sich Bytecode-Modifizierungen vornehmen, und in der Laufzeit macht sich das nicht auffällig negativ bemerkbar.

18.1.1 Generierung von Java-Quellcode

Wir haben gesehen, dass ein Generator entweder Java-Quellcode oder Java-Bytecode generieren kann. Soll die Ausgabe ein Java-Programm im Quellcode sein, so lassen sich unterschiedliche Techniken zur Erzeugung nutzen:

Quellcode als Text		Quellcode über abstrakte Repräsentation
Einfach	**Template**	
Konkatenation von Strings oder Ausgaben über `printXXX(...)`	Ein Template enthält Platzhalter, die später gefüllt werden.	Es wird kein String erzeugt, sondern das Java-Programm wird über eine API aufgebaut. Nach dem Aufbau kann eine String-Repräsentation erzeugt werden.

Tabelle 18.2 Möglichkeiten zur Erzeugung von Quellcode

Generieren von Text

Im ersten Fall wird Java-Quellcode als String behandelt, der etwa über Konkatenation zusammengesetzt wird. Das kann so aussehen:


```
String generate( String classname, String output ) {
  return "public class " +
         classname +
         "{ public static void main(String[] args){System.out.println(\"" +
         output + "\");}}";
}
```

Der Nachteil ist offensichtlich und erinnert an Servlets, die HTML ausgeben: Das Programm selbst lässt sich kaum ändern, und der Programmautor verheddert sich schnell beim Escapen der Anführungsstriche. Besser ist es, das Java-Programm als Template zu nehmen und später Platzhalter mit den tatsächlichen Daten zu füllen. Die Java-Bibliothek bietet hier schon einen einfachen Mechanismus über `String.format(...)`:

```
String generate( String classname, String output ) {
  String template = "public class %1$s {" +
                    "public static void main(String[] args)" +
                    "{System.out.println(\"%2$s\");}}";
  return String.format( template, classname, output );
}
```

Das Ganze können wir in eine Datei *template.txt* auslagern.

```
public class %1$s {
  public static void main( String[] args ) {
    System.out.println( "%2$s" );
  }
}
```

Steht die Template-Datei im Klassenpfad, so greift das folgende `generate(…)` nun auf die Datei zurück und füllt die Platzhalter:

```
String generate( String classname, String output ) {
  String template = new Scanner(getClass().getResourceAsStream( "template.txt" ))
                    .useDelimiter( "\\Z" ).next();
  return String.format( template, classname, output );
}
```

Fortgeschrittener ist es, statt Positionen Namen einzusetzen. Dann ist auch `String.format(…)` nicht mehr nötig, sondern ein einfaches `replace(…)` ersetzt Platzhalter:

```
public class %CLASSNAME% {
  public static void main( String[] args ) {
    System.out.println( "%OUTPUT%" );
  }
}
```

Und die `generate(…)`-Methode wird zu:

```
String generate( String classname, String output ) {
  String template = new Scanner(getClass().getResourceAsStream( "template.txt" ))
                    .useDelimiter( "\\Z" ).next();
  return template.replace( "%CLASSNAME%", classname).replace( "%OUTPUT%", output );
}
```

Das Ganze lässt sich noch generalisieren, indem statt der zwei Parameter eine `Map` an die Methode übergeben wird. Anstatt dann zwei feste `replace(…)`-Aufrufe zu setzen, läuft eine Schleife über die `Map` und führt das Ersetzen durch, sodass der Schlüssel – Name des Platzhalters – durch den assoziierten Wert ersetzt wird.

Anstatt so etwas selbst zu programmieren, können wir auf vorgefertigte Lösungen zurückgreifen. Es bieten sich Template-Engines an, die neben einer einfachen Ersetzung noch viel mehr können, etwa Variablendeklarationen, Berechnungen, Schleifen, Makros. Bekannte Vertreter sind:

- Apache Velocity (*http://velocity.apache.org/*)
- FreeMarker (*http://freemarker.org/*)
- StringTemplate (*http://www.stringtemplate.org/*)

Quellcodegenerierung über Modelle

Das Generieren von Text ist sehr einfach, doch prinzipiell mit Fehlern behaftet. Es kann sein, dass Bezeichner ungültig sind, Typen nicht passen oder Sonderzeichen eines Strings nicht richtig ausmaskiert sind. Das Herausschreiben von Text ist über die Vorlage praktisch, doch kann eine Bibliothek zum Generieren von Java-Quellcode helfen:

- *Eclipse Abstract Syntax Tree* (AST) aus dem JDT: Eclipse bietet eine API, mit der sich Java-Programmcode aufbauen lässt.
- *CodeModel* (*http://codemodel.java.net/*): Ein »Abfallprodukt« von JAXB, da JAXB mit *xjc* aus einem XML-Schema den Quellcode von JavaBeans generiert.

Nachdem der Syntax-Baum aufgebaut wurde, kann er in eine Textrepräsentation überführt werden. Die Eclipse-API ist angenehm, doch natürlich voll an den Eclipse-Compiler gebunden. Sprachänderungen der neuen Versionen kommen immer etwas verspätet. Die API von CodeModel ist nicht so komfortabel, und die Weiterentwicklung ist fragwürdig, da es lediglich als Unterprojekt von JAXB wirkt.

Fazit: Für ein einfaches Generieren von Quellcode sind die beiden APIs zu speziell. Templates sind sehr praktisch, wenn der Quellcode einem sehr festen Muster folgt, wie in unserem ersten Beispiel, in dem lediglich der Klassenname und ein String eingesetzt werden. Besser werden die API-Varianten, wenn der Quellcode weniger »frei« ist. Der größte Vorteil dieser Variante ist jedoch, dass sich der AST später einfacher modifizieren lässt. Auf der Basis von Quellcode ist das nicht möglich. Für Refactorings ist das optimal, aber um einfach Quellcode zu erzeugen, ist es etwas zu aufwändig.

18.1.2 Codetransformationen

Bisher haben wir uns darauf konzentriert, Java-Quellcode über ein Java-Programm zu generieren. Es geht aber auch anders, etwa wenn der Ausgang ein XML-Dokument mit einer Beschreibung ist. Dann kann mittels XSLT eine Transformation von XML in ein Java-Programm stattfinden. Allerdings sind solche Transformationen nicht besonders angenehmen zu schreiben, doch möglich. *XMLVM* (*http://www.xmlvm.org/*) ist ein spannendes Projekt, das Java-Bytecode zunächst in XML abbildet. Eine anschließende XSLT-Transformation kann dann den Bytecode in ein anderes Zielformat überführen. Das Projekt ist aber nur ein Prototyp und seit Jahren inaktiv.

18.1.3 Erstellen von Java-Bytecode

Ein Generator kann Java-Bytecode direkt erzeugen. Zwei bekannte APIs sind:

- ASM (*http://asm.ow2.org/*)
- Byte Code Engineering Library (Apache Commons BCEL; *http://commons.apache.org/proper/commons-bcel/*)

Beispiele finden sich auf den Webseiten. Insbesondere ASM ist beliebt, um Bytecode zur Laufzeit zu transformieren, um etwa bei der aspektorientierten Programmierung Aspekte, also Quellcode, einzuweben. Wir wollen das Erzeugen von Bytecode an dieser Stelle nicht weiter vertiefen und dem Compiler das Generieren von Bytecode überlassen.

18.2 Programme mit der Java Compiler API übersetzen

Es gibt verschiedene Gründe, warum eigene Java-Programme selbst andere Programme übersetzen müssen. Ein zentraler Grund sind Codegeneratoren, die Java-Programme erzeugen; anschließend lassen sich die Exporte übersetzen und über einen eigenen Klassenlader direkt einbinden. Auch für eine IDE ist der Zugriff auf Compilermeldungen interessant. Sie kann Java-Programme übersetzen und mögliche Fehler live im Editor anzeigen.

Zum Übersetzen von Java-Programmen in Bytecode gibt es unterschiedliche Vorgehensweisen:

- Nutzen der standardisierten *Java Compiler API* im Paket `javax.tools`
- Rückgriff auf den Java-Compiler von Oracle oder Eclipse. *Apache Commons Java Compiler Interface (JCI)* unter *http://tutego.de/go/jci* ist eine Abstraktion, um mit einer API beide Compiler ansprechen zu können.
- Aufruf eines Compilers über einen externen Prozess. Das funktioniert mit jedem Compiler, ist aber langsam, da das Starten eines externen Prozesses immer problematisch ist. Zudem kann ein externer Compiler nicht den Quellcode aus dem Speicher lesen oder die Klassendateien im Speicher ablegen, sodass ein Klassenlader gleich Zugriff auf den Bytecode hat.

Wir greifen im Folgenden auf die standardisierte Java Compiler API zurück.

18.2.1 Java Compiler API

In Java 6 wurde eine Compiler-API integriert, die erstmals im JSR-199, »Java Compiler API«, definiert wurde. Damit lässt sich der Java-Compiler über eine standardisierte API aufrufen und lassen sich Optionen wie Pfade oder Quellen setzen und Diagnosemeldungen einholen.

Wir wollen im folgenden Beispiel ein einfaches Programm entwickeln, das Java-Quellcode zur Laufzeit schreibt, diesen dann mit der Java Compiler API übersetzt und anschließend über einen eigenen Klassenlader lädt.

Das Generieren einer Datei mit dem Quellcode bereitet die wenigsten Schwierigkeiten:

Listing 18.1 com/tutego/insel/tools/CompileDemo.java, main() Teil 1

```
Path javaSrc = Paths.get( "A.java" );

Files.write( javaSrc,
             Collections.singleton( "class A { static { ➲
                                    System.out.println(\"Java Compiler API\"); } }" ),
             StandardCharsets.UTF_8 );
```

Im nächsten Schritt ist die Compiler-API gefragt:

Listing 18.2 com/tutego/insel/tools/CompileDemo.java, main() Teil 2

```
try ( StandardJavaFileManager fm = compiler.getStandardFileManager(
        null /*DiagnosticListener*/, null /*Locale*/, null /*Charset*/ ) ) {
  Iterable<? extends JavaFileObject> files =
      fm.getJavaFileObjectsFromStrings( Collections.singleton( javaSrc.toString() ) );
  CompilationTask task = compiler.getTask(
    null /*Writer*/, fm, null /*DiagnosticListener*/, null /*Iterable<String>*/,
    null /*Iterable<String>*/, files );
  task.call();
}
```

Folgende Typen spielen mit:

- `javax.tools.ToolProvider` bietet Einstieg zu den JDK-Dienstprogrammen. Bisher können Entwickler zum Compiler über `getSystemJavaCompiler()` und zum Javadoc-Tool über `getSystemDocumentationTool()` Zugang bekommen; das Dokumentationstool wird in Kapitel 23, »Dienstprogramme für die Java-Umgebung«, besprochen. Die statische Methode `getSystemJavaCompiler()` liefert ein Objekt vom Typ `JavaCompiler` zurück oder `null`, wenn das JRE installiert ist, aber nicht das JDK bzw. wenn *tools.jar* nicht im Klassenpfad ist.
- Vor der Übersetzung muss der Compiler initialisiert werden, etwa mit dem Ursprung der zu übersetzenden Quellen. Dazu wird dem Compiler bei `getTask(…)` ein Objekt vom Typ `JavaFileManager` mitgegeben. Vom `JavaCompiler` lässt sich über `getStandardFileManager(…)` ein `StandardJavaFileManager` holen, der dateiorientiert arbeitet. Es lassen sich eigene `JavaFileManager` entwickeln – das werden wir später machen, wenn die Klassen aus Bytefeldern stammen.
- Über den `JavaFileManager` weiß der Compiler, wo er die Quellen zu suchen hat und wohin er die Bytecode-Dateien schreiben soll. Doch weiß er nicht, welche Klassen er genau übersetzen soll. Dazu beschreibt `JavaFileObject` die zu übersetzende Kompilationseinheit. Den Aufbau dieser `JavaFileObject`-Exemplare übernimmt in unserem Fall `getJavaFileObjectsFromStrings(Iterable<String> names)`, das eine Sammlung von Dateinamen in `JavaFileObject`-Typen konvertiert. Die Alternative nimmt `File`-Objekte statt Strings mit Pfadnamen und heißt `getJavaFileObjectsFromFiles(Iterable<? extends File> files)`, passt also `File`-Objekte in die gewünschten `JavaFileObject`-Typen an.
- Mit dem `JavaFileManager` und der Liste der Kompilationseinheiten in Form von `JavaFileObject`-Objekten liefert das `JavaCompilerTool`-Objekt anschließend mit `getTask(…)` ein `JavaCompilerTool.CompilationTask`-Objekt. Ein Aufruf von `call()` auf dem `CompilationTask` startet die Übersetzung.

Die Methode `getTask(…)` ist besonders lang und enthält viele `null`-Argumente. `null` ist oft als Argument erlaubt und setzt dann das Standardverhalten. An der Signatur der Methode lassen sich die Parameter besser ablesen:

```
CompilationTask getTask( Writer out,
                         JavaFileManager fileManager,
                         DiagnosticListener<? super JavaFileObject> diagnosticListener,
                         Iterable<String> options,
                         Iterable<String> classes,
                         Iterable<? extends JavaFileObject> compilationUnits )
```

[+]

Hinweis

Als viertes Argument von `getTask(…)` lassen sich dem Compiler die üblichen Compileroptionen übergeben, also Pfade und sonstige Einstellungen:

```
Iterable<String> options = Arrays.asList( "-verbose" );
CompilationTask task = compiler.getTask( null, fm, null, options, null, files );
```

Im letzten Schritt soll ein eigener Klassenlader die Klasse laden und anschließend den Quellcode löschen. Es folgt eine Ausgabe vom Klasseninitialisierer auf dem Bildschirm:

Listing 18.3 com/tutego/insel/tools/CompileDemo.java, main() Teil 3

```
URL[] url = { javaSrc.toAbsolutePath().getParent().toUri().toURL() };
try ( URLClassLoader classLoader = new URLClassLoader( url ) ) {
  Class.forName( "A", true, classLoader );    // Java Compiler API
}

Files.delete( javaSrc );
```

[+]

Hinweis

Der Typ `CompilationTask` ist methodenarm. Neben der `call()`-Methode gibt es gerade einmal `setLocale(Locale)` zum Setzen der Sprache für Fehler- und Diagnosemeldungen sowie `setProcessors(Iterable<? extends Processor> processors)`. Die letzte Methode ermöglicht die Zuweisung von Annotations-Prozessoren. Mit ihnen haben wir uns schon in Kapitel 17, »Typen, Reflection und Annotationen«, beschäftigt.

18.2.2 Fehlerdiagnose

Entwicklern ist leidvoll bekannt, dass die Übersetzung nicht immer gut geht. Der erste Hinweis ist die Rückgabe von `call()`; sie ist `false`, wenn die Übersetzung fehlschlägt. Des Weiteren bietet die Compiler-API zwei Möglichkeiten, einen Statusbericht zu bekommen:

- Ein `DiagnosticListener` wird immer genau dann benachrichtigt, wenn der Compiler auf ein Problem stößt.
- Ein `DiagnosticCollector` ist ein vordefinierter `DiagnosticListener`, der alle Meldungen sammelt und später zugänglich macht.

Sehen wir uns an, was der `DiagnosticCollector` an Hinweisen liefert:

Listing 18.4 com/tutego/insel/tools/CompileWithDiagnosticsDemo.java, main() Ausschnitt

```
JavaCompiler compiler = ToolProvider.getSystemJavaCompiler();
DiagnosticCollector<JavaFileObject> diagnostics =
  new DiagnosticCollector<>();
try ( StandardJavaFileManager fm =
 compiler.getStandardFileManager( diagnostics, null, null ) ) {
  Iterable<? extends JavaFileObject> files =
    fm.getJavaFileObjectsFromFiles( Arrays.asList( new File("QQ.java"), javaSrc.toFile()
 ) );
  CompilationTask task = compiler.getTask( null, fm, diagnostics, null, null, files );
  boolean success = task.call();
  System.out.println( success );     // false
}

for ( Diagnostic<?> diagnostic : diagnostics.getDiagnostics() ) {
  System.out.printf( "Kind: %s%n", diagnostic.getKind() );
  System.out.printf( "Quelle: %s%n", diagnostic.getSource() );
  System.out.printf( "Code und Nachricht: %s: %s%n", diagnostic.getCode(),
                                                   diagnostic.getMessage( null ) );
  System.out.printf( "Zeile: %s%n", diagnostic.getLineNumber() );
  System.out.printf( "Position/Spalte: %s/%s%n", diagnostic.getPosition(),
                                               diagnostic.getColumnNumber() );
  System.out.printf( "Startpostion/Endposition: %s/%s%n", diagnostic.getStartPosition(),
                                                        diagnostic.getEndPosition() );
  System.out.println();
}
```

Wir bitten den Compiler, eine nicht existierende Datei *QQ.java* zu übersetzen und folgenden Quellcode:

```
class A
{
staticccc
{
System.outprintln("Java Compiler API")
```

Die Reaktion des Compilers sieht so aus:

```
false
Kind: ERROR
Quelle: QQ.java
Code und Nachricht: compiler.err.error.reading.file: error: error reading QQ.java;
QQ.java (Das System kann die angegebene Datei nicht finden)
```

```
Zeile: -1
Position/Spalte: -1/-1
Startpostion/Endposition: -1/-1

Kind: ERROR
Quelle: A.java
Code und Nachricht: compiler.err.expected: A.java:3: <identifier> expected
Zeile: 3
Position/Spalte: 19/10
Startpostion/Endposition: 19/19

Kind: ERROR
Quelle: A.java
Code und Nachricht: compiler.err.expected: A.java:5: <identifier> expected
Zeile: 5
Position/Spalte: 39/18
Startpostion/Endposition: 39/39

Kind: ERROR
Quelle: A.java
Code und Nachricht: compiler.err.illegal.start.of.type: A.java:5: illegal start of type
Zeile: 5
Position/Spalte: 40/19
Startpostion/Endposition: 40/40

Kind: ERROR
Quelle: A.java
Code und Nachricht: compiler.err.premature.eof: A.java:5: reached end of file while
parsing
Zeile: 5
Position/Spalte: 60/39
Startpostion/Endposition: 60/60
```

Die Nutzung eines `DiagnosticListener` ist nicht viel anders. Anstatt den `DiagnosticCollector` als Parameter zu übergeben, wird eine `DiagnosticListener`-Implementierung übergeben. So kann sie aussehen:

Listing 18.5 com/tutego/insel/tools/ SimpleDiagnosticListener.java, SimpleDiagnosticListener

```
public class SimpleDiagnosticListener implements DiagnosticListener<JavaFileObject> {
  @Override
  public void report( Diagnostic<? extends JavaFileObject> diagnostic ) {
    // ...
  }
}
```

18.2.3 Eine im String angegebene Kompilationseinheit übersetzen

Steht der Quellcode einer Kompilationseinheit in einer Zeichenkette, so muss das Programm diese nicht erst in eine temporäre Datei schreiben. Zwar sieht die Compiler-API nicht direkt eine einfache Methode zum Übersetzen von Klassen aus Strings vor, doch viel an Infrastruktur ist schon vorhanden, sodass diese Funktionalität schnell realisiert ist.

Der erste Schritt ist die Entwicklung einer Unterklasse von `JavaFileObject`, die wir `StringJavaFileObject` nennen wollen. Das können wir dann wieder problemlos in eine Datenstruktur setzen und an `getTask(...)` übergeben. Die `StringJavaFileObject`-Klasse muss lediglich den Quellcode der Kompilationseinheit über `getCharContent(boolean)` verfügbar machen:

Listing 18.6 com/tutego/insel/tools/StringJavaFileObject.java, StringJavaFileObject

```
public class StringJavaFileObject extends SimpleJavaFileObject {

  private final CharSequence code;

  public StringJavaFileObject( String name, CharSequence code ) {
    super( URI.create( "string:///" + name.replace( '.', '/' ) + Kind.SOURCE.extension ),
                       Kind.SOURCE );
    this.code = code;
  }

  @Override
  public CharSequence getCharContent( boolean ignoreEncodingErrors ) {
    return code;
  }
}
```

Der Konstruktor erwartet den Namen der zu übersetzenden Klasse und ein `CharSequence` (etwa `String`, `StringBuilder`) mit der Kompilationseinheit. Der Klassenname wird an die Oberklasse weitergegeben. `KIND` ist eine in `JavaFileObject` deklarierte Aufzählung mit `SOURCE` (für Dateien mit der Endung *.java*), `CLASS` (für Klassendateien mit der Endung *.class*), `HTML` (für HTML-Dokumente) und `OTHER`.

Um den String mit dem Java-Quellcode in Bytecode zu übersetzen, wird die bekannte Zeile

```
Iterable<? extends JavaFileObject> files =
  fileManager.getJavaFileObjectsFromFiles( Arrays.asList( javaSrc.toFile() ) );
```

ersetzt durch:

```
Iterable<? extends JavaFileObject> files = Arrays.asList( javaFile );
```

Das gesamte Programm sieht so aus:

Listing 18.7 com/tutego/insel/tools/CompileFromStringDemo.java, main()

```
String src = "class A { static { System.out.println(\"Java Compiler API 2\"); } }";
StringJavaFileObject javaFile = new StringJavaFileObject( "A", src );

JavaCompiler compiler = ToolProvider.getSystemJavaCompiler();
StandardJavaFileManager fileManager = compiler.getStandardFileManager( null, null, null );
Iterable<? extends JavaFileObject> files = Arrays.asList( javaFile );
CompilationTask task = compiler.getTask( null, fileManager, null, null, null, files );
task.call();
fileManager.close();

URL[] urls = new URL[] { Paths.get( "." ).toUri().toURL() };
try ( URLClassLoader classLoader = new URLClassLoader( urls ) ) {
  Class.forName( "A", true, classLoader );    // Java Compiler API 2
}
```

18.2.4 Wenn Quelle und Ziel der Speicher sind

Stammt nur der Quellcode aus dem Hauptspeicher, ist wenig Programmieraufwand nötig. Doch bisher legte der Compiler die Klassendateien immer auf dem Laufwerk in ein Ausgabeverzeichnis ab. Soll er nicht nur die Quellen aus dem Speicher beziehen, sondern ebenso die generierten Bytecode-Dateien im Speicher ablegen, ist mehr Aufwand nötig. Die Quellen (Units) gibt weiterhin eine Sammlung von `JavaFileObject` an, sodass hier nichts zu ändern ist. Jedoch ist ein neuer `JavaFileManager` nötig.

Das folgende Programm übersetzt eine Klassendeklaration aus einer Zeichenkette und schreibt in ein spezielles »Dateisystem«. Die gegenüber der letzten Version geänderten Stellen sind fett hervorgehoben:

Listing 18.8 com/tutego/insel/tools/CompileToMemoryDemo.java, main()

```
String src = "public class A { static { System.out.println(\"Java Compiler API 3\"); } }";

JavaCompiler compiler = ToolProvider.getSystemJavaCompiler();
MemClassLoader classLoader = new MemClassLoader();
try ( JavaFileManager fm = new MemJavaFileManager( compiler, classLoader ) ) {
  JavaFileObject javaFile = new StringJavaFileObject( "A", src );
  Collection<JavaFileObject> files = Collections.singleton( javaFile );
  CompilationTask task = compiler.getTask( null, fm, null,
                                           null, null, files );
```

```
  task.call();
}

Class.forName( "A", true, classLoader ).newInstance(); // Java Compiler API 3
```

Die nötigen Typen im Überblick

Zwei neue Klassen, `MemJavaFileManager` und `MemClassLoader`, sind im Beispiel sichtbar. Eine weitere interne Klasse `MemJavaFileObject` muss ebenfalls implementiert werden:

- `MemJavaFileManager`: Was im Text »Dateimanager« für den Compiler genannt wurde, ist natürlich ein spezieller `JavaFileManager`. Der Compiler ruft immer dann die Methode `getJavaFileForOutput(JavaFileManager.Location location, String className, JavaFileObject.Kind kind, FileObject sibling)` auf dem speziellen `JavaFileManager` auf, wenn er eine Datei ablegen möchte. Es ist nun Aufgabe von `MemJavaFileManager` und der Methode `MemJavaFileObject`, dem Compiler ein `JavaFileObject` zu geben, das die Bytes der Klassendatei speichert.
- `MemJavaFileObject` ist genau so ein `JavaFileObject`, das der `MemJavaFileManager` bei `getJavaFileForOutput(…)` liefert. Der Compiler ruft die von `MemJavaFileObject` überschriebene Methode `openOutputStream()` auf und bekommt so die Möglichkeit, die Klassendatei herauszuschreiben. An der Stelle würden wir auch ansetzen, wenn der Compiler einen anderen Speicherort wählen sollte, etwa eine Datenbank, oder den Bytecode gleich verschlüsselt ablegen soll.
- `MemClassLoader` ist ein Klassenlader und das letzte Teilchen. Der erzeugte Bytecode pro Klasse oder Schnittstelle steht ja in einem `MemJavaFileObject`-Objekt. Der eigene Klassenlader macht diese erzeugen Bytefelder für das `Class.forName(String)` zugänglich.

Zu den drei Klassen:

Listing 18.9 com/tutego/insel/tools/MemJavaFileManager.java

```
package com.tutego.insel.tools;

import javax.tools.*;
import javax.tools.JavaFileObject.Kind;

public class MemJavaFileManager extends
  ForwardingJavaFileManager<StandardJavaFileManager> {

  private final MemClassLoader classLoader;

  public MemJavaFileManager( JavaCompiler compiler, MemClassLoader classLoader ) {
    super( compiler.getStandardFileManager( null, null, null ) );
```

```
    this.classLoader = classLoader;
  }

  @Override
  public JavaFileObject getJavaFileForOutput( Location location,
                                              String className,
                                              Kind kind,
                                              FileObject sibling ) {
    MemJavaFileObject fileObject = new MemJavaFileObject( className );
    classLoader.addClassFile( fileObject );
    return fileObject;
  }
}
```

Listing 18.10 com/tutego/insel/tools/MemJavaFileObject.java

```
package com.tutego.insel.tools;

import java.io.*;
import java.net.*;
import javax.tools.*;

class MemJavaFileObject extends SimpleJavaFileObject {

  private final ByteArrayOutputStream baos = new ByteArrayOutputStream( 8192 );
  private final String className;

  MemJavaFileObject( String className ) {
    super( URI.create( "string:///" + className.replace( '.', '/' ) +
           Kind.CLASS.extension ),
           Kind.CLASS );
    this.className = className;
  }

  String getClassName() {
    return className;
  }

  byte[] getClassBytes() {
    return baos.toByteArray();
  }
```

```
  @Override public OutputStream openOutputStream() {
    return baos;
  }
}
```

Listing 18.11 com/tutego/insel/tools/MemClassLoader.java

```
package com.tutego.insel.tools;

import java.util.*;

public class MemClassLoader extends ClassLoader {
  private final Map<String, MemJavaFileObject> classFiles =
    new HashMap<>();

  public MemClassLoader() {
    super( ClassLoader.getSystemClassLoader() );
  }

  public void addClassFile( MemJavaFileObject memJavaFileObject ) {
    classFiles.put( memJavaFileObject.getClassName(), memJavaFileObject );
  }

  @Override
  protected Class<?> findClass( String name ) throws ClassNotFoundException {
    MemJavaFileObject fileObject = classFiles.get( name );

    if ( fileObject != null ) {
      byte[] bytes = fileObject.getClassBytes();
      return defineClass( name, bytes, 0, bytes.length );
    }

    return super.findClass( name );
  }
}
```

18.3 Ausführen von Skripten

Java ist zwar eine tolle Allround-Programmiersprache, aber die explizite Typisierung und der Zwang, Klassen und Methoden zu deklarieren, machen Java nicht wirklich attraktiv für Skripte, wo eher die Kompaktheit zählt und wo keine lange zu pflegenden Programme entstehen. Um die JVM und die Java-Bibliotheken auch zur Automatisierung von Abläufen einzusetzen, lassen sich neben der Java-Syntax auch alternative Programmiersprachen einsetzen.

18.3.1 Java-Programme mit JavaScript schreiben

JavaScript ist eine flexible, interessante Programmiersprache, die mittlerweile auch außerhalb von Browsern populär ist, serverseitig eingesetzt wird und auch für die Entwicklung von Desktop-Anwendungen – siehe Gnome 3, WinRT, Chrome Apps oder FirefoxOS.

Das Oracle JDK/OpenJDK bzw. das JRE[1] bringt ab Java 6 neben dem Java-Compiler eine JavaScript-Engine und ein Kommandozeilentool mit, das Skript ausführt. So lässt sich JavaScript als alternative Programmiersprache einsetzen – die Sprache ist also auswechselbar und steht versinnbildlicht auf den Bibliotheken und der Laufzeitumgebung. Auch lässt sich die JavaScript-Umgebung in eigene Java-Programme einbetten und integrieren.

Die Java-Distribution liefert eine JavaScript-Engine aus, die sich allerdings von Java 6 auf Java 8 verändert hat:

- Java 6, Java 7: *Rhino* (*https://developer.mozilla.org/en-US/docs/Rhino*). Die JavaScript-Engine – in Java programmiert – kommt von Mozilla und basiert auf einer Implementierung von Netscape, die ihren Browser damals komplett in Java schreiben wollten. Die Browser-Implementierung »Javagator« wurde zwar eingestellt, doch die JavaScript-Umgebung lebte weiter, und Sun lizenzierte die Technologie und bettete sie (minimal verändert) in das JDK ein.
- Ab Java 8: *Nashorn* (*http://openjdk.java.net/projects/nashorn/*, *http://openjdk.java.net/jeps/174*). Oracle entwickelte von Grund auf eine ganz neue JavaScript-Engine, die den Code ohne Interpretation direkt in Bytecode übersetzt und eine exzellente Performance und Kompatibilität mit ECMAScript-262 Edition 5.1 zeigt. Obwohl die JavaScript Edition 6 noch keine Rolle spielt, unterstützt Nashorn einige Spracherweiterungen, etwa Abkürzungen für Lambda-Ausdrücke. Da Nashorn nur JavaScript selbst unterstützt, Rhino aber noch einige Mozilla-Bibliotheken, kommt es zu Inkompatibilitäten, falls Nashorn unreines JavaScript ausführen soll.

18.3.2 Kommandozeilenprogramme jrunscript und jjs

Java bringt zwei Werkzeuge im *bin*-Verzeichnis zum Ausführen von Skripten mit:

- *jrunscript*: Führt ein Skript mit einer JSR-223-kompatiblen Skript-Engine aus. Standardmäßig ist das JavaScript, weil keine andere Skript-Engine vorinstalliert ist. Der Schalter `-I` bestimmt alternative Skriptsprachen. Zur weiteren Dokumentation der Optionen siehe *http://docs.oracle.com/javase/8/docs/technotes/tools/windows/jrunscript.html*.
- *jjs:* Führt immer JavaScript-Programme mit Nashorn aus. Siehe auch *http://docs.oracle.com/javase/8/docs/technotes/tools/windows/jjs.html* für weitere Optionen. Interessant für JavaFX-Anwendungen ist der Schalter `-fx`, um verkürzte JavaFX-Anwendungen in JavaScript schreiben zu können.

Während also *jrunscript* generisch für alle Skriptsprachen ist, ist *jjs* exklusiv für Nashorn und bietet bei Angabe eines Log-Levels die Möglichkeit, den abstrakten Syntaxbaum anzuzeigen und vieles mehr.

1 Bei anderen Java SE-Implementierungen muss das nicht zwingend gegeben sein.

[+]

Hinweis

Ohne Argumente gehen beide in einen interaktiven Modus:

```
$ jjs
jjs> print("Hallo Nashorn")
Hallo Nashorn
jjs> 12+3
15
jjs>
```

18.3.3 javax.script-API

Die Standardbibliothek bietet über das Paket `javax.script` eine API, um beliebige Skriptsprachen wie JavaScript, Groovy oder Jython anzusprechen. Diese API wurde im JSR-223, »Scripting for the Java Platform«, definiert.

Die im *bin*-Verzeichnis stehenden Kommandozeilenprogramme *jrunscript* und *jjs* ermöglichen das Setzen von Variablen, das Ausführen von Skriptcode und das Auswerten von Ergebnissen. Eine Skriptsprache kann auf den vollen Umfang der Java-API zurückgreifen, definiert aber üblicherweise auch eigene Bibliotheken.

[«]

Beispiel

Führe ein simples Skript über das Kommandozeilenprogramm aus:

```
$ jrunscript -e "print('Hallo JavaScript')"
```


Eine *Skript-Engine* führt die Skripte aus, indem sie das Parsen, Interpretieren und Verwalten der Objekte übernimmt. Nashorn übernimmt JavaScript, doch es gibt eine große Anzahl weiterer Skriptsprachen; die Webseite *http://java-source.net/open-source/scripting-languages* führt mehrere auf.

18.3.4 JavaScript-Programme ausführen

Bevor wir uns mit der Java-Seite beschäftigen, wollen wir ein kleines JavaScript-Programm schreiben. Es liest aus einer Variablen im Kontext, gibt etwas auf der Konsole aus und deklariert und initialisiert eine neue Variable:

Listing 18.12 com/tutego/insel/script/tutego.js

```
f = new javax.swing.JFrame()
f.setSize( 500, 100 )
f.defaultCloseOperation = javax.swing.JFrame.EXIT_ON_CLOSE
f.title = "Hallo " + name + "."
f.visible = true
```

```
today = new Date()
println( today )
month = today.getMonth() + 1
```

Damit ein Java-Programm das Skript laden und ausführen kann, sind nur zwei Klassen nötig. Der `ScriptEngineManager` verschafft uns Zugang zu einer gewünschten Skript-Engine. Erfragt wird eine Skript-Engine über einen Namen (wie »JavaScript«) oder über eine Dateiendung, die die Skriptdateien üblicherweise haben (wie »js«).

Listing 18.13 com/tutego/insel/script/JavaScriptDemo.java, main() Teil 1

```
ScriptEngine engine = new ScriptEngineManager().getEngineByName("JavaScript");
```

Die Methode `getEngineByName(String)` liefert ein `ScriptEngine`-Objekt, dessen `eval(…)`-Methoden die Interpretation starten:

Listing 18.14 com/tutego/insel/script/JavaScriptDemo.java, main() Teil 2

```
engine.put( "name", "Christian Ullenboom" );
engine.eval( new InputStreamReader(
               ScriptDemo.class.getResourceAsStream( "tutego.js" ) ) );
System.out.println( engine.get( "month" ) );
```

Ausgeführt stellt das Programm ein Swing-Fenster dar und gibt Folgendes auf der Konsole aus:

```
Hallo Christian Ullenboom.
Sun Jul 08 2007 15:25:12 GMT+0200 (CEST)
7.0
```

18.3.5 Alternative Sprachen für die JVM

Die hochoptimierte JVM und die umfangreichen Java-Bibliotheken lassen sich mittlerweile durch alternative Programmiersprachen nutzen. Auf der einen Seite existieren klassische Interpreter und Compiler für existierende Sprachen wie Ruby, Prolog, LISP, BASIC, Python, die bestmöglich auf die Java-Umgebung portiert werden. Auf der anderen Seite sind es ganz neue Programmiersprachen (wie schon das genannte Groovy), die sich als echte Alternative zur Programmiersprache Java etablieren. Skriptsprachen werden oft über die JSR 223, »Scripting for the Java Platform«, eine standardisierte API, angesprochen.

Dieser Abschnitt gibt einen kleinen Überblick über aktuelle Programmiersprachen auf der JVM. Im ersten Teil geht es um existierende Programmiersprachen, die auf die JVM gebracht werden.

JRuby

JRuby (*http://jruby.org/*) ist die Java-Version der dynamisch getypten Programmiersprache *Ruby* (*http://www.ruby-lang.org/*). Ruby wird in einem Atemzug mit dem Web-Framework *Ruby on*

Rails genannt, einem Framework für Webapplikationen, welches dank JRuby auch auf jedem Tomcat- und Java Application-Server läuft.

Jython

Die beliebte Programmiersprache *Python* (*http://www.python.org/*) bringt *Jython* (*http://jython.org/*) auf die Java-Plattform. Auch Jython übersetzt Python-Programme in Java-Bytecode und erlaubt relativ schnelle Ausführungszeiten. Jython 2.5 implementiert Python auf 2.5, für Python 2.7 gibt es eine Jython Beta, doch hat sich (C-)Python mit Version 3.4 auch schon weiterentwickelt. Auch sonst gibt es Unterschiede, etwa bei den eingebauten (nativen) Funktionen. Auf der Basis von Eclipse gibt es die Entwicklungsumgebung PyDev (*http://pydev.org/*).

Quercus

Quercus (*http://quercus.caucho.com/*) ist eine Implementierung der Programmiersprache PHP, entwickelt von Caucho Technology. Mit Quercus lassen sich viele beliebte PHP-Projekte in einer Java-Umgebung ausführen. In der Java-Welt werden zwar nicht alle PHP-Funktionen unterstützt, aber dafür gibt es dort keine Speicherüberläufe oder Sicherheitsprobleme.

Clojure

Die Programmiersprache *Clojure* (*http://clojure.org/*) ist ein LISP-Dialekt und fällt so in die Kategorie der funktionalen Programmiersprachen. Der Compiler erzeugt direkten Bytecode. Für die Kommandozeile gibt es ein kleines Tool (Read-Eval-Print-Loop, REPL), mit dem jeder erste Versuche von der Kommandozeile aus machen kann. Seit einiger Zeit gibt es auch Umsetzungen für .NET und JavaScript.

LuaJava und Juaj

Eine Umsetzung der Programmiersprache *Lua* (*http://www.lua.org/*) für die JVM ist *LuaJava* (*http://www.keplerproject.org/luajava/*) bzw. *Juaj* (*http://sourceforge.net/projects/luaj/*). Die aus Brasilien stammende dynamisch getypte Programmiersprache Lua zählt zu den performantesten interpretierten Skriptsprachen. Sie ist in erster Linie als eingebettete Programmiersprache zur Applikationssteuerung entworfen worden; prominente Nutzer sind Sim City, World of Warcraft, Adobe Photoshop Lightroom, SciTE, mehr unter *http://www.lua.org/uses.html*.

Prolog

GNU Prolog for Java (*http://www.gnu.org/software/gnuprologjava/*) implementiert einen ISO-standardisierten PROLOG-Interpreter. GNU Prolog kann sehr einfach in eigene Java-Programme eingebettet werden.

Die Wikipedia-Seite *https://en.wikipedia.org/wiki/List_of_JVM_languages* führt weitere Programmiersprachen für die JVM auf. Allerdings sind viele der gelisteten Sprachen für sehr spezielle Anwendungsfälle entworfen, experimentell oder werden nicht mehr gepflegt.

Die genannten Implementierungen bringen eine bekannte Sprache auf die Java-Umgebung, sodass zum Beispiel Code zwischen Plattformen ausgetauscht werden kann. Es gibt auch komplette Neuentwicklungen für neue Programmiersprachen.

Groovy

Groovy bietet eine starke Syntax mit Closures, Listen/Mengen, regulären Ausdrücken, einer dynamischen und statischen Typisierung und vielem mehr. Moderne IDEs wie Eclipse oder NetBeans unterstützen Groovy durch Plugins (*http://groovy.codehaus.org/Eclipse+Plugin*, *http://groovy.codehaus.org/NetBeans+Plugin*). Der Groovy-Compiler erzeugt für die Groovy-Klassen den typischen Bytecode, sodass normale Java-Klassen problemlos Groovy-Klassen nutzen können – oder umgekehrt.

Scala

Scala ist eine funktionale objektorientierte Programmiersprache, die in der Java-Community große Zustimmung findet. Plugins für diverse Entwicklungsumgebungen stehen ebenfalls bereit. Auch für die .NET-Plattform gibt es eine Implementierung. Besonders zeichnet Scala ein durchdachtes Typsystem aus. Für viele Entwickler ist es »Java 2.0«.

In den letzten Jahren sind vermehrt neue JVM-Programmiersprachen aufgetaucht, sie sind vom Sprachdesign her auf jeden Fall interessant, finden aber bisher kaum großen Einsatz. Zu diesen zählen etwa *Fantom* (*http://fantom.org/*), *Ceylon* (*http://ceylon-lang.org/*) oder *Gosu* (*http://gosu-lang.org/*).

Geschichte

Als Java noch unter der Sonne stand, stellte Sun zentrale Entwickler ein, um die Weiterentwicklung von Skriptsprachen unter der JVM zu unterstützen. Darunter etwa im März 2008 Frank Wierzbicki, Hauptentwickler von Jython. Doch schon nach 1,5 Jahren verließ er Sun wieder.[2] Das gleiche Spiel mit den Entwicklern von JRuby, Charles Nutter und Thomas Enebo, die 2006 zu Sun gingen und 2009 das Unternehmen in der Oracle- Akquisitionsphase verließen.[3] NetBeans bot einst den besten (J)Ruby-Editor, doch entfernte die Version NetBeans 7.0 die Unterstützung komplett.[4] Umgekehrt wird der C++-Editor immer ausgefeilter.

18.3.6 Von den Schwierigkeiten, dynamische Programmiersprachen auf die JVM zu bringen *

Seit Java vor über 10 Jahren auf dem Markt erschien, hat sich vieles geändert (und vieles ist auch gleich geblieben). Auffällig ist eine starke Zunahme von Skriptsprachen – spielten sie vor 10 Jahren kaum eine Rolle, sind sie heute unübersehbar. Möglicherweise ist ein Grund dafür, dass vor

2 *http://fwierzbicki.blogspot.de/2009/11/leaving-sun.html*

3 *http://news.idg.no/cw/art.cfm?id=C0D2078D-1A64-6A71-CE889FFB617BA47D*

4 *https://netbeans.org/features/ruby/index.html*

10–20 Jahren nicht compilierte Sprachen einfach nicht die nötige Performance brachten, während heute auch durch leistungsfähige Maschinen und intelligente Ausführung die Leistung einfach da ist.

Skriptsprachen auf der JVM

Eine unübersehbare Tatsache ist, dass viele Skriptsprachen heute in einer virtuellen Maschine laufen. Eine besondere Rolle nehmen dabei die Java-Plattform (mit der JVM) und die .NET-Plattform mit CLR (einer virtuellen Maschine für .NET) ein. Zwei Trends zeichnen sich ab: Zum einen werden existierende Skriptsprachen auf die JVM/CLR übertragen und zum anderen Sprachen explizit für die virtuellen Maschinen entworfen:

Skriptsprache	Für JVM	Für CLR
Python	Jython*	IronPython
Ruby	JRuby**	IronRuby
Lua	Jill, Kahlua	LuaCLR
JavaScript	Rhino/Nashorn	IronJS
PHP	Quercus***	
Tcl	Jacl	
	Groovy****	
	JavaFX	
		Boo
*) *http://www.jython.org/* **) *http://www.jruby.org/* ***) *http://quercus.caucho.com/* ****) *http://groovy.codehaus.org/*		

Tabelle 18.3 Skriptsprachen auf der JVM (Java) und CLR (.NET)

Rhino[5] ist als JavaScript-Engine in Java 6 und Java 7 integriert, in Java 8 wurde Rhino von Nashorn abgelöst.

Umsetzung der Skriptsprachen auf der JVM

Eine Skriptsprache, die explizit für eine VM entworfen wurde, berücksichtigt natürlich Einschränkungen der JVM. Existierende Programmiersprachen sind eine ganz andere Herausforde-

5 *http://developer.mozilla.org/en-US/docs/Rhino*

rung, da sie Sprach- und Laufzeitkonstrukte bieten können, die auf der JVM vielleicht nicht unterstützt werden. Das ist ein Problem, und drei Strategien zur Lösung bieten sich an:

- **Ignorieren der Eigenschaften**: Python ermöglicht Mehrfachvererbung, Java nicht. Daher kann das Verhalten von Python unter Java nicht perfekt nachgebildet werden, obwohl Jython sein Bestes gibt. Weiterhin kann Python Interrupts auffangen, aber so etwas gibt es unter Java nicht, also auch nicht in Jython. (Das ist aber eher eine Bibliotheks- und weniger eine Spracheigenschaft.)
- **Nachbilden der Eigenschaften**: In Sprachen wie JavaScript, Python oder Ruby gibt es das so genannte *Duck Typing*. Erst zur Laufzeit wird das Vorhandensein von Methoden geprüft, und die Typen müssen nicht im Quellcode stehen. In JavaScript ist zum Beispiel `function add(x, y){return x + y;}` oder `function isEmpty(s){return s == null || s.length() == 0;}` erlaubt, und erst später beim Aufruf stellt sich heraus, was `x` und `y` überhaupt ist und ob ein Plus-Operator/eine `length()`-Methode definiert ist. Deklarationen und Aufrufe dieser Art sind nur mit vielen Tricks auf der JVM umzusetzen.
- **Ändern der JVM zur Unterstützung der Eigenschaften**: Die Spracheigenschaften zu ignorieren ist natürlich keine schöne Sache. Glücklicherweise kommt das selten vor, denn die JVM macht vieles mit. Ruby erlaubt etwa Methodennamen wie ==, <, >, +, und 1.+2 ist gültig. Die Bezeichner sind in Java zwar nicht möglich, aber die JVM hat grundsätzlich keine Probleme mit den Bezeichnern. Es ist interessant zu sehen, wie unterschiedlich Java als Sprache und die JVM sind, denn vieles in Java gibt es in der JVM gar nicht. Aufzählungstypen zum Beispiel setzt der Compiler als einfache Klassen um. Oder dass eine Klasse ohne einen vom Entwickler explizit geschriebenen Konstruktor automatisch einen Standard-Konstruktor bekommt, ist nur etwas, das der Compiler generiert. Oder ein `super()` als ersten Aufruf im Konstruktor – alles das sind Compilereigenschaften, von Generics ganz zu schweigen.

Wenn die Besonderheiten einer Skriptsprache über Tricks und intelligentes Übersetzen in Bytecode realisiert werden können, stellt sich die Frage, ob an der JVM überhaupt Änderungen nötig sind. Wie bei vielen Diskussionen kommt dann ein Argument auf, das Änderungen oft rechtfertigt: Performance. Wenn eine Änderung in der JVM die Abarbeitung bestimmter Konstrukte massiv beschleunigt, ist das ein Grund für die Änderung. Und somit sind wir beim neuen Bytecode `invokedynamic` angelangt.

Umsetzung von Duck Typing

Reine Java-Programme benötigen den Bytecode `invokedynamic` nicht (obwohl der Java-Compiler in Java 8 Closures so umsetzt). Er ist einzig und allein in die JVM eingeführt worden, um Methodenaufrufe der Skriptsprachen auf der JVM zu beschleunigen. Die bisherigen Bytecodes von Methodenaufrufen tragen alle nötigen Typinformationen, so wie es bei Java üblich ist. Nehmen wir:

```
System.out.println( 1 );
```

Der Compiler setzt den Methodenaufruf seit eh und je mit dem Befehl invoke**virtual** um, wobei der Compiler für die Laufzeit alle Typinformationen in den Bytecode setzt:

- Der Empfänger ist PrintStream, und seine Methode ist println.
- Der Parametertyp ist ein int.
- Die »Rückgabe« ist void.

Exakt diese Typen müssen vom Compiler in Bytecode gegossen werden, sonst kann die JVM den Aufruf nicht durchführen.

Skriptsprachen hingegen sind da lascher. Nehmen wir noch einmal unser Beispiel aus JavaScript:

```
function isEmpty(s) { return s == null || s.length() == 0; }
```

Zur Laufzeit ist klar, mit welchem Typ s die Methode aufgerufen wird, aber eben nicht zur Compilezeit, in der der Bytecode erstellt werden muss. Was soll der Compiler also machen, wenn er Bytecode erstellen soll, aber ganz offensichtlich der Rückgabe- und der Parametertyp fehlen? Natürlich könnten sie über einen Trick zu Object ergänzt werden. Spielen wir kurz die Konsequenzen durch, wenn der Java-Compiler folgende Umsetzung wählt:

```
Object isEmpty( Object s )
```

Das sieht gut aus. Aber jetzt wird es haarig bei length(), das keine Methode von Object ist. Das Problem kann ein Compiler auf zwei Arten lösen. Zunächst kann der Aufruf von length() an das unbekannte Objekt s über Reflection gelöst werden. Da Reflection-Aufrufe aber nicht so performant sind wie richtige Methodenaufrufe, ist diese Lösung nicht so effizient. Eine zweite Lösung besteht in der Einführung einer Schnittstelle, die genau die fehlenden Operationen deklariert: 18

```
interface I { int length(); }
Object isEmpty( I s ) { return s == null || s.length() == 0; }
```

Ja, das geht – irgendwie. Das ist performanter als Reflection, aber auf diese Weise kommt eine riesige Anzahl neuer Schnittstellen bzw. Klassen in die JVM, deren Behandlung recht speicherintensiv ist. Außerdem können die Deklarationen von Methoden in Skriptsprachen auch außerhalb von Klassen vorkommen, sodass für Java ein Fake-Methoden-Empfänger erzeugt werden müsste.

invokedynamic und Hilfsklassen

Um die sonderbare Methodendeklaration in Java performant umzusetzen, hat der JSR-292, »Supporting Dynamically Typed Languages on the Java Platform«, den neuen Bytecode invokedynamic definiert. Bei invokedynamic sind viel weniger Typinformationen nötig als bei den anderen vier existierenden Bytecodes für Methodenaufrufe. Generiert wird der Bytecode zum Beispiel von Skriptsprachen, wenn Typinformationen fehlen. Die Compiler der Skriptsprachen nutzen Bytecode-Bibliotheken wie ASM (*http://asm.ow2.org/*) und umgehen den Java-Compiler zur Erstellung der Klassendateien.

Der neue Bytecode ist die eine Seite. Aber wenn die Typinformationen fehlen, insbesondere der wichtige Empfänger (wie `PrintStream` bei `println(…)`), wie kommt die JVM zur wirklichen Implementierung? Etwa bei unserem Beispiel von `isEmpty(s)`, in dem es einen `invokedynamic`-Aufruf von `s.length()` gibt. Der Aufruf muss ja irgendwo landen.

Zwei Dinge sind hier zusätzlich nötig: Das erste ist, dass es neben dem Aufruf von `invokedynamic` noch eine zusätzliche Information im Bytecode gibt, nämlich von einer *Bootstrap-Methode*. Findet die JVM zum ersten Mal ein `invokedynamic`, dann weiß sie nicht, an wen der Aufruf geht, und wendet sich an die Bootstrap-Methode. Zur passenden Auswahl der Zielmethode übergibt die JVM an die Bootstrap-Methode Informationen über den Aufrufer und den Namen, sodass alle wichtigen Informationen zur Auswahl des Ziels vorhanden sind. Hier sind wir nun in der zweiten Hälfte, denn zusätzlich zum neuen Bytecode gibt es ein neues Paket `java.lang.invoke`. Die Bootstrap-Methode spezifiziert mit der API des neuen Pakets die Zielmethode und gibt diese an die JVM weiter. Wenn das einmal geschehen ist, ist der Aufruf gebunden, und die JVM ruft beim dynamischen Aufruf direkt die vom Bootstrap gelieferte Methode auf. Der genaue Ablauf bei den `invokedynamic`-Aufrufen dokumentiert das Paket.

Generiert wird er von dynamischen Skriptsprachen, um die Aufrufe schnell von der JVM ausführen zu lassen. Nur Bytecode-Bauer werden mit `invokedynamic` in Kontakt kommen, »08-15«-Entwickler nie. Der neue Bytecode muss von der JVM natürlich unterstützt werden, sonst ist die Umsetzung zwecklos.

18.4 Zum Weiterlesen

Insbesondere Entwicklungsumgebungen generieren an verschiedenen Stellen Quellcode. Das Eclipse-Projekt bietet mit JET einen Codegenerator, mit dem sich sehr elegant Code generieren lässt. Wer Groovy nutzt, der wird *http://groovy.codehaus.org/Groovy+Templates* mögen.

JavaScript ist heutzutage eine der populärsten Sprachen, und immer mehr Bibliotheken und Frameworks entstehen. Nashorn hat eine eigene API, die *http://docs.oracle.com/javase/8/docs/technotes/guides/scripting/nashorn/* weiter ausführt. Auch in Verbindung mit JavaFX ist JavaScript spannend, denn JavaFX kann einen Browser einbetten, der eigenes JavaScript ausführen kann, und die Integration von JavaScript und Java ist nahtlos. Oracle bietet mit dem Projekt Avatar (*https://avatar.java.net/*, *https://avatar-js.java.net/*) ein Framework für leichtgewichtige Webanwendungen an, das auf Java 8/Nashorn aufsetzt und Node.js auf Java bringt.

Goovy erweitert die Java-Standard-API um viele Methoden. Sie werden aufgeführt in der Groovy-API unter *http://groovy.codehaus.org/groovy-jdk/*. Die Sprache definiert viele weitere Möglichkeiten, die kurz auf *http://groovy.codehaus.org/Getting+Started+Guide* aufgeführt werden. Die Präsentation *http://www.slideshare.net/paulk_asert/groovy-tutorial* gibt einen schönen kompakten Einstieg in die Sprache.

Kapitel 19
Logging und Monitoring

»Alle menschlichen Fehler sind Ungeduld.«
– Franz Kafka (1883–1924)

Nicht nur in der Informatik ist der rasante Wechsel der Technologien zu beobachten. Ein Beispiel ist das Automobil, das in den letzten 100 Jahren tiefgreifende Änderungen durchmachte. Von den vielen Schlagwörtern sind ESP und ABS nur zwei, die zudem eine Elektrifizierung bedeuten. Die Komponenten eines Autos sind vernetzt, und Signalgeber melden in Echtzeit Informationen an elektronische Steuereinheiten (*Electronic Control Units, ECU*). In modernen Kraftfahrzeugen werten fast 100 ECUs mehr als 1 GB an Daten pro Sekunde aus. Damit verschiebt sich auch eine Fehlerquelle: Während früher erst eine Sicherung durchbrennen musste, bleibt ein Auto heute schon stehen, wenn der Bordcomputer einen Fehler meldet. Auch in der Entwicklung ist das teuer: BMW gibt an, dass 40 % der Herstellungskosten auf Elektronik und Software anfallen.

19.1 Logging mit Java

Das Loggen (Protokollieren) von Informationen über Programmzustände ist ein wichtiger Teil, um später den Ablauf und die Zustände von Programmen rekonstruieren und verstehen zu können. Mit einer Logging-API lassen sich Meldungen auf die Konsole oder in externe Speicher wie Text- oder XML-Dateien bzw. in eine Datenbank schreiben oder über einen Chat verbreiten.

19.1.1 Logging-APIs

Bei den Logging-Bibliotheken und APIs ist die Java-Welt leider gespalten. Da die Java-Standardbibliothek in den ersten Versionen keine Logging-API anbot, füllte die Open-Source-Bibliothek *log4j* schnell diese Lücke. Sie wird heute in nahezu jedem größeren Java-Projekt eingesetzt. Als Sun dann in Java 1.4 eine eigene Logging-API (JSR-47) einführte, war die Java-Gemeinde erstaunt, dass `java.util.logging` (JUL) weder API-kompatibel zum beliebten log4j noch so leistungsfähig wie log4j ist.[1]

---

1 Suns Logging-API ist dagegen nur ein laues Lüftchen, das nur Grundlegendes wie hierarchische Logger bietet. An die Leistungsfähigkeit von log4j mit einer großen Anzahl von Schreibern in Dateien (FileAppender, RollingFileAppender, DailyRollingFileAppender), Syslog und NT-Logger (SyslogAppender, NTEventLogAppender), Datenbanken, Versand über das Netzwerk (JMSAppender, SMTPAppender, SocketAppender, TelnetAppender) kommt das Sun-Logging nicht heran.

Im Laufe der Jahre veränderte sich das Bild. Während in der Anfangszeit Entwickler ausschließlich auf log4j bauten, werden es langsam mehr Projekte mit der JUL. Ein erster Grund ist der, externe Abhängigkeiten zu vermeiden (wobei das nicht wirklich funktioniert, da nahezu jede eingebundene Java-Bibliothek selbst auf log4j baut), und der zweite, dass für viele Projekte JUL einfach reicht. In der Praxis bedeutet dies für größere Projekte, dass mehrere Logging-Konfigurationen das eigene Programm verschmutzen, da jede Logging-Implementierung unterschiedlich konfiguriert wird.

19.1.2 Logging mit java.util.logging

Mit der Java-Logging-API lässt sich eine Meldung schreiben, die sich dann zur Wartung oder zur Sicherheitskontrolle einsetzen lässt. Die API ist einfach:

Listing 19.1 com/tutego/insel/logging/cul/CULDemo.java, JULDemo

```
public class CULDemo {

  private static final Logger log = Logger.getLogger( CULDemo.class.getName() );

  public static void main( String[] args ) {
    log.info( "Dann mal los." );

    try {
      ((Object) null).toString();
    }
    catch ( Exception e ) {
      log.log( Level.SEVERE, "oh oh", e );
    }

    log.info( "Ging alles glatt." );
  }
}
```

Lassen wir das Beispiel laufen, folgt auf der Konsole die Warnung:

```
Jun 08, 2012 2:14:18 PM com.tutego.insel.logging.jul.CULDemo main
Schwerwiegend: oh oh
java.lang.NullPointerException
  at com.tutego.insel.logging.jul.CULDemo.main(CULDemo.java:14)
Jun 08, 2012 2:14:18 PM com.tutego.insel.logging.jul.CULDemo main
Information: Ging alles glatt.
```

Das Logger-Objekt

Zentral ist das `Logger`-Objekt, das über `Logger.getAnonymousLogger()` oder über `Logger.getLogger(String name)` geholt werden kann, wobei `name` in der Regel mit dem voll qualifizierten Klassennamen belegt ist. In der Regel ist der `Logger` als private statische finale Variable in der Klasse deklariert.

Loggen mit Log-Level

Nicht jede Meldung ist gleich wichtig. Einige sind für das Debuggen oder wegen der Zeitmessungen hilfreich, doch Fehlermeldungen in den `catch`-Zweigen sind enorm wichtig. Damit verschiedene Detailgrade unterstützt werden, lässt sich ein *Log-Level* festlegen. Er bestimmt, wie »ernst« der Fehler bzw. eine Meldung ist. Das ist später wichtig, wenn die Fehler nach ihrer Dringlichkeit aussortiert werden. Die Log-Level sind in der Klasse `Level` als Konstanten deklariert:[2]

- `FINEST` (kleinste Stufe)
- `FINER`
- `FINE`
- `CONFIG`
- `INFO`
- `WARNING`
- `SEVERE` (höchste Stufe)

Zum Loggen selbst bietet die `Logger`-Klasse die allgemeine Methode `log(Level level, String msg)` bzw. für jeden Level eine eigene Methode:

Level	Aufruf über log(...)	Spezielle Log-Methode
`SEVERE`	`log(Level.SEVERE, msg)`	`severe(String msg)`
`WARNING`	`log(Level.WARNING, msg)`	`warning(String msg)`
`INFO`	`log(Level.INFO, msg)`	`info(String msg)`
`CONFIG`	`log(Level.CONGIF, msg)`	`config(String msg)`
`FINE`	`log(Level.FINE, msg)`	`fine(String msg)`
`FINER`	`log(Level.FINER, msg)`	`finer(String msg)`
`FINEST`	`log(Level.FINEST, msg)`	`finest(String msg)`

Tabelle 19.1 Log-Level und Methoden

2 Da das Logging-Framework in Version 1.4 zu Java stieß, nutzt es noch keine typisierten Aufzählungen, denn die gibt es erst seit Java 5.

Alle diese Methoden setzen eine Mitteilung vom Typ String ab. Sollen eine Ausnahme und der dazugehörende Strack-Trace geloggt werden, müssen Entwickler zu folgender Logger-Methode greifen, die auch schon das Beispiel nutzt:

- void log(Level level, String msg, Throwable thrown)

Die Varianten von severe(…), warning(…) usw. sind nicht überladen mit einem Parametertyp Throwable.

Log-Meldungen formatieren

Um Log-Nachrichten einfach zu formatieren – und um Kosten für eine String-Konkatenation einzusparen, falls die Nachricht nicht geloggt wird –, gibt es von der Methode log(…) zwei weitere Version:

- void log(Level level, String msg, Object param1)
- void log(Level level, String msg, Object[] params)

Um von der Log-Nachricht auf den Parameter zuzugreifen, gibt es einen Platzhalter der Art {0}, {1}, der auf die Log-Parameter der angegebenen Position zugreift. Wollen wir zum Beispiel den Dateinamen als INFO loggen, sieht das so aus:

```
log.log( Level.INFO, "Open {0}", file );
```

Sollen Dateiname und Länge in die Nachricht einfließen, muss für die Argumente ein Minifeld aufgebaut werden, da die Logging-API ein Object[] erwartet und nicht mit Varargs arbeitet:

```
log.log( Level.INFO, "Open {0}, size {1}",
                     new Object[]{ file, Files.size( Path.get(file) ) } );
```

Würde geloggt werden?

Das Logging-Framework versucht, so schnell wie möglich zu entscheiden, ob eine Nachricht bei einem eingestellten Log-Level geloggt werden soll oder nicht. Ist die Stufe in der Produktion zum Beispiel auf WARNING, sind INFO-Meldungen zu ignorieren. Problematisch aus Performance-Sicht sind zum Beispiel aufwändig aufgebaute Log-Nachrichten, die dann sowieso nicht geloggt werden. Ein

```
log.info( "Open " + file + ", size " + Files.size( Path.get(file) ) );
```

führt zur Laufzeit immer zu einer String-Konkatenation und einem Attributzugriff auf das Dateisystem, egal, ob die erzeugte Nachricht später geloggt wird oder nicht. Platzhalter schaffen Abhilfe, aber der teure Zugriff auf die Dateilänge bleibt, denn Java wertet erst alle Argumente aus, bevor die Methode aufgerufen wird.

JUL bietet zur Umgehung des Problems zwei Lösungen. Als Erstes bietet die Logger-Klasse eine Testmethode boolean isLoggable(Level level), über die ein schneller Test durchgeführt werden kann:

```
if ( log.isLoggable(Level.INFO) )
  log.info( "Open " … );
```

Natürlich kann info(…) nicht wissen, dass es auf jeden Fall loggen soll, daher findet der Test noch einmal statt. Eine allgemeine Überprüfung für alle Logging-Ausgaben bietet sich daher nicht an, sondern nur dann, wenn eine aufwändige Operation im Logging-Fall ausgeführt werden soll.

Die zweite Möglichkeit ist neu in Java 8. Sie nutzt Objekte vom Typ Supplier, die eine Implementierung enthalten, also etwa die Konkatenation oder teure Zugriffe auf das Dateisystem. Im Prinzip hätte Oracle das auch schon vor Java 8 integrieren können, doch erst Lambda-Ausdrücke führen zu einer kompakten Schreibweise. Das sieht zum Beispiel so aus:

```
log.info( () -> { "Open " + file + ", size " + Files.size( Path.get(file) ) } );
```

Der Programmcode wird so lange nicht ausgewertet, bis das Logging-Framework entscheidet, dass der Block ausgeführt werden muss. Erst dann gibt es Kosten für String-Operationen und Dateizugriff.

Neue log(…)-Methoden seit Java 8 in java.util.logging.Logger mit Supplier sind: log(Level, Throwable, Supplier), severe(Supplier), warning(Supplier), info(Supplier), config(Supplier), fine(Supplier), finer(Supplier) und finest(Supplier).

Handler und Logging in eine Datei

Wenn der Logger Nachrichten herausschreibt, dann baut er zunächst ein LogRecord-Objekt – es enthält Informationen wie die Log-Nachricht, Zeit, Thread-ID, Log-Level. Anschließend gibt das Logging-Framework dieses Objekt an einen assoziierten Handler weiter. Soll der Logger in eine Datei schreiben, so kann er mit einem FileHandler verbunden werden; sollen die Meldungen nach System.err gehen, so lässt sich der ConsoleHandler nutzen.

19

Hinzugefügt wird ein Handler mit addHandler(Handler), etwa so:

```
Handler handler = new FileHandler( "log.txt" );
log.addHandler( hanlder );
```

Um das Datenvolumen zu kontrollieren und einzuschränken, lassen sich die Logger bzw. Handler mit einem Filter versehen, der nur das in den Datenstrom schreibt, was den Filter passiert. Und das Datenformat selbst kann zusätzlich mit Formatobjekten angepasst und lokalisiert werden, bevor der Logger sie in den Datenstrom schreibt. Die Logging-API unterstützt hierzu Resource-Bundles.

Log-Level

Der Logger und der Handler sind beide mit einem Log-Level verbunden. Externe Konfigurationseinstellungen oder die Methode setLevel(Level) setzen diesen Level. Jede Meldung, die einen höheren Level als diesen gesetzt hat, kommt zur Ausgabe. Die Prüfung ist zweistufig: Wenn die Meldung den Logger passiert, kann der Handler (oder die Handler, es kann mehrere geben) die Nachricht noch verwerfen. Soll wirklich alles geloggt werden, müssen der Logger und auch der Handler mit `setLevel(Level.ALL)` initialisiert werden. `setLevel(Level.OFF)` schaltet das Logging aus.

[»]

Beispiel

Setze einen `ConsoleHandler`, und gib alle Log-Meldungen aus:

```
Logger log = Logger.getLogger( CULDemo.class.getName() );
Handler handler = new ConsoleHandler();
handler.setLevel( Level.FINEST );
log.addHandler( handler );
log.setLevel( Level.FINEST );
log.fine( "Alles ist fein!" );
```

[+]

Hinweis

Wenn in unserem Beispiel etwas `fine(…)` geloggt wird und `setLevel(Level.ALL)` gesetzt ist, erscheint die Ausgabe dennoch nicht, da Oracle mit der Datei *logging.properties* im *lib*-Verzeichnis vom JRE den Standard-Log-Level vom Konsolen-Handler mit `INFO` vorbelegt hat. Und es sind ja immer zwei Level-Tests, die eine Log-Meldung bestehen muss. Selbst wenn unser Logger die Meldung annimmt, so verwirft sie der voreingestellte Konsolen-Logger.

Methoden logp(…)

Die normalen `log(…)`- und Hilfsmethoden loggen eine Nachricht nach einem gewissen Log-Level. Es gibt weiterhin mehrere überladene `logp(…)`-Methoden, die zusätzlich über einen String einen Klassennamen und Methodennamen annehmen, der dann mit geloggt wird. Die einfachste Variante ist `logp(Level level, String sourceClass, String sourceMethod, String msg)`.

Während die normalen Logger-Methoden wie `fine(…)` oder `severe(…)` nicht auf `logp(…)` zurückgreifen, sondern auf `log(Level level, …)`, gibt es zwei Methoden in `Logger`, die über `logp(…)` arbeiten, das sind `entering(…)` und `exiting(…)`, die verwendet werden, um das Betreten bzw. Verlassen von Methoden zu dokumentieren.

Internationalisierung mit setResourceBundle(…) und logrb(…)

Nutzer von `log(…)` und `logp(…)` können die Meldungen internationalisieren. Dafür bietet die API zwei Möglichkeiten. Als Erstes kann seit Java 8 global für den `Logger` mit `setResourceBundle(ResourceBundle bundle)` ein `ResourceBundle` zugewiesen werden. Immer dann, wenn eine Log-Nachricht geschrieben wird, wird der `Logger` zunächst die Nachricht als Schlüssel in der Ressourcen-Abbildung nutzen; gibt es zu dem Schlüssel keine Übersetzung, gilt die Nachricht als Log-Ausgabe.

Neben dieser globalen Zuweisung über `setResourceBundle(…)` gibt es zwei Extra-Methoden `logrb(…)`, die `ResourceBundle`-Objekte direkt annehmen:

- `void logrb(Level level, String sourceClass, String sourceMethod,` **`ResourceBundle bundle`**`, String msg, Object... params)`
- `void logrb(Level level, String sourceClass, String sourceMethod,` **`ResourceBundle bundle`**`, String msg, Throwable thrown)`

[«]

Beispiel

Die Log-Meldung nimmt `logrb(…)` also aus einem `ResourceBundle`, und das kann so aussehen:

```
logger.logrb( Level.SEVERE, "Application", "main",
              bundle, "resource.MissingInput" );
```

Erfragt wird also vom `ResourceBundle bundle` die Kennung mit der ID `resource.MissingInput`.

Konfiguration über externe Dateien

Eine weitere Anpassung von Logging besteht darin, es von außen über Property-Dateien zu verfeinern. Sie lassen sich dann beim Start der Anwendung über den Schalter `Djava.util.logging.config.file= logging.properties` übergeben. Die Datei *logging.properties* kann etwa so aussehen:

```
handlers=java.util.logging.FileHandler, java.util.logging.ConsoleHandler

tutego.level = ALL

java.util.logging.ConsoleHandler.level=ALL
java.util.logging.ConsoleHandler.formatter=java.util.logging.SimpleFormatter

java.util.logging.FileHandler.level=SEVERE
java.util.logging.FileHandler.pattern=tutego.log
java.util.logging.FileHandler.formatter=java.util.logging.SimpleFormatter
```


[+]

Tipp

Um die Datei zur Laufzeit zu laden und sie nicht explizit beim Programmstart anzugeben, kann Folgendes verwendet werden:

```
System.setProperty( "java.util.logging.config.file", "logging.properties" );
try { LogManager.getLogManager().readConfiguration(); }
catch ( Exception e ) { e.printStackTrace(); }
```

19.1.3 Logging mit log4j *

Die Logging-Bibliothek log4j (*http://logging.apache.org/log4j/*) ist Open Source und unterliegt der unternehmerfreundlichen *Apache Software License*. Log4j ist so populär geworden, dass die API auch in andere Programmiersprachen übersetzt wurde, etwa in C++ (*log4cxx*), Microsoft .NET (*log4net*) oder PHP (*log4php*). Aktuell läuft ein Update von der ursprünglichen Version auf die neue Version Log4j 2.

Die Installation im Fall von Java besteht darin, ein Java-Archiv, wie *log4j-1.2.16.jar*, in den Klassenpfad aufzunehmen.

Das erste Beispiel

Eine Beispielklasse deklariert ein `org.apache.log4j.Logger`-Objekt als statische Variable, damit unser `main(String[])` später über `log.info(Object message)` und `log.error(Object message [, Throwable t])` Meldungen über den Logger absetzen kann. Das Hauptprogramm nutzt zur ersten Konfiguration den `BasicConfigurator` – im nächsten Schritt ersetzen wir diesen durch eine Konfigurationsdatei.

Listing 19.2 com/tutego/insel/logging/log4j/Log4jDemo.java, Log4jDemo

```
public class Log4jDemo {

  private final static Logger log = Logger.getLogger( Log4jDemo.class );

  public static void main( String[] args )
  {
    BasicConfigurator.configure();

    log.info( "Dann mal los." );

    try {
      ((Object) null).toString();
    }
    catch ( Exception e ) {
      log.error( "oh oh", e );
    }

    log.info( "Ging alles glatt." );
  }
}
```

Die Ausgabe ist:

```
0 [main] INFO com.tutego.insel.logging.log4j.Log4jDemo  - Dann mal los.
3 [main] ERROR com.tutego.insel.logging.log4j.Log4jDemo  - oh oh
```

```
java.lang.NullPointerException
  at com.tutego.insel.logging.log4j.Log4jDemo.main(Log4jDemo.java:15)
6 [main] INFO com.tutego.insel.logging.log4j.Log4jDemo  - Ging alles glatt.
```

Zu sehen sind: die Anzahl vergangener Millisekunden seit dem Start des Programms, der Name des loggenden Threads, der Log-Level, der Name des Loggers und die geloggte Nachricht.

Best Practice

Werden Ausnahmen aufgefangen, sollten diese immer mit geloggt werden. Alle Logging-Methoden `debug(…)`, `error(…)`, `fatal(…)`, `info(…)` und `warn(…)` sind überladen und existieren einmal mit nur einem Parameter für die Nachricht selbst und dann mit zwei Parametern für die Nachricht und ein `Throwable`.

Logger, Level, Appenders, Layout

Beim Logging mit log4j sind vier zentrale Begriffe anzutreffen:

- **Logger**: Derjenige, der die zu loggenden Einträge annimmt. Steuert, ob überhaupt geloggt werden soll. Steht im Zentrum des Interesses.
- **Level**: Was soll geloggt werden? Nur Fehler oder auch Warnungen und Informationen? Der Level priorisiert die Ausgaben, damit die Entwickler den Wald vor lauter Bäumen sehen können.
- **Appenders**: Hängen die Log-Ausgabe irgendwo an, etwa an Dateien, die Konsole, NT-Event-Log, Unix Syslog, …
- **Layout**: Wie sollen die Ausgaben formatiert werden? Etwa in HTML oder XML?

Der Logger ist mit einem Appender, einem Log-Level und mit einem Layout assoziiert.

Logger-Konfiguration

Log4j lässt sich mit Java-Anweisungen im Quellcode oder mit Konfigurationsdateien im XML- oder Properties-Format konfigurieren. Nehmen wir die programmierte Konfiguration über `BasicConfigurator.configure()` aus dem Programm, so liefert log4j lediglich folgende Ausgabe:

```
log4j:WARN No appenders could be found for logger (com.tutego.insel.logging.Log4jDemo).
log4j:WARN Please initialize the log4j system properly.
```

Der Hinweis ist klar: Es muss eine Konfiguration geben. Setzen wir daher in den Klassenpfad eine Datei mit genau dem Namen *log4j.properties* und dem folgenden Inhalt:

Listing 19.3 log4j.properties

```
log4j.rootLogger=DEBUG, A
log4j.appender.A=org.apache.log4j.ConsoleAppender
```

```
log4j.appender.A.layout=org.apache.log4j.PatternLayout
log4j.appender.A.layout.ConversionPattern=%-4r [%t] %-5p %c %x - %m%n
```

Starten wir wiederum das Programm, ist die Ausgabe wie vorher:

```
0 [main] INFO  com.tutego.insel.logging.log4j.Log4jDemo  - Dann mal los.
3 [main] ERROR com.tutego.insel.logging.log4j.Log4jDemo  - oh oh
java.lang.NullPointerException
 at com.tutego.insel.logging.log4j.Log4jDemo.main(Log4jDemo.java:15)
5 [main] INFO  com.tutego.insel.logging.log4j.Log4jDemo  - Ging alles glatt.
```

Das Muster =%-4r [%t] %-5p %c %x - %m%n bestimmt demnach die Formatierung der Ausgabe in den ConsoleAppender. Der Log-Level ist alles, was »größer« als DEBUG ist. Wenn wir das auf

```
log4j.rootLogger=ERROR, A
```

einschränken, bekommen wir lediglich in der Konsolenausgabe Folgendes geschrieben:

```
0    [main] ERROR com.tutego.insel.logging.Log4jDemo  - oh oh
java.lang.NullPointerException
   at com.tutego.insel.logging.Log4jDemo.main(Log4jDemo.java:17)
```

Logger-Hierarchien

Ohne eine Logging-API würden Entwickler vermutlich mit System.out oder System.err Ausgaben schreiben. Dabei gelangen jedoch alle an System.out gesendeten Zeichenketten in den Standardausgabekanal und alle an System.err gesendeten Fehler oder Warnungen in den Fehlerstrom. Ein Wunsch ist, dass die Ausgaben nur für gewisse Pakete oder Klassen gelten sollten. Bei Ausgaben über System.out/err lässt sich das »Logging« aber nicht einfach ausschalten und dann wieder einschalten.

Eine gute Logging-API bietet daher Hierarchien, sodass gewisse Einstellungen einer Ebene auf untergeordnete Ebenen übertragen werden. Diese Baumstruktur kennen wir schon von Paketen:

com	Vater von com.tutego
com.tutego	Nachfolger von com

Die Wurzel-Hierarchie steht am Anfang aller Hierarchien. Sie bildet den Root-Logger. Er hat keinen Namen.

Wenn wir in unserem Fall für das Paket com.tutego und alle Unterpakete den Log-Level auf WARN stellen, schreiben wir in der Konfigurationsdatei:

```
log4j.logger.com.tutego=WARN
```

19.1.4 Die Simple Logging Facade

Immer wieder gibt es Versuche, die Logging-Bibliothek aus der Java-Standardbibliothek und log4j unter einen Hut zu bringen. Das kann so aussehen, dass die Client-API eine andere ist als die darunterliegende Bibliothek, die das Logging wirklich durchführt. Der populärste Versuch ist eine leichtgewichtige Bibliothek namens *Simple Logging Facade*[3] *for Java (http://www.slf4j.org/)*, abgekürzt *SLF4J*. Die API sieht etwa so aus:

```
import org.slf4j.*;

public class HelloMyLogger {
  private final static Logger log = LoggerFactory.getLogger( HelloMyLogger.class );
  public static void main( String[] args ) {
    log.info( "Hallo {}", "Welt" );
  }
}
```

SLF4J hat sich mittlerweile als Logging-Fassade etabliert und schiebt eine alternative API, die *Commons Logging* (*http://commons.apache.org/proper/commons-logging/*), abgekürzt JCL, in den Hintergrund. JCL führte in der Praxis zu gewaltigen Problemen mit Klassenladern[4] und wurde von einigen Kritikern als größter Irrsinn beschimpft. So ist es vielleicht kein Wunder, dass die letzte JCL-Version 1.1.1 von Ende 2007 ist. SLF4J hat keine Probleme mit Klassenladern.

19.1.5 Aktuelle Entwicklungen der Java-Logging-APIs

Die Welt der Logging-APIs ist unübersichtlich und macht es mit der Einführung von Log4j 2 nicht einfacher. Viele Teams sind von log4j weggegangen und zu Alternativen wie *Logback* (*http://logback.qos.ch/*) gewechselt, das die Nachfolge von log4j antreten wollte. Logback implementiert auch die API von SLF4J direkt. Der Autor von log4j und Logback ist in beiden Fällen Ceki Gülcü, sodass Logback von der langen Logging-Erfahrung des Autors profitiert. Da es nun allerdings mit Log4j 2 einen guten Nachfolger vom populären log4j gibt, ist offen, für was sich die Breite Masse der Entwickler entscheiden wird. Fakt ist, dass Log4j 2 deutlicher schneller arbeitet. Log4j 2 und Logback wiederum haben unterschiedliche Möglichkeiten, die *http://stackoverflow.com/questions/18816234/log4j-2-0-vs-logback* kurz aufzählt.

19.2 Systemzustände überwachen

In diesem Abschnitt geht es um die Überwachung (auf Neudeutsch *Monitoring*) eines Systems. Die Steuereinheiten überwachen im laufenden Betrieb das System bzw. den Ressourcenverbrauch. Notwendig ist viel: Statusmeldungen, Diagnose bzw. Debugging, Performance-Analyse

3 Das Prinzip, eine einfache API vor eine komplexe Implementierung zu setzen, ist als das Entwurfsmuster *Fassade* bekannt.

4 *http://www.qos.ch/logging/thinkAgain.jsp*

zum Tuning und Weiteres. Außerdem sollen zur Laufzeit Konfigurationen am System vorgenommen werden, um zum Beispiel Logging ein- oder auszuschalten.

Übertragen wir das Monitoring auf Java, stellt sich das erste Problem, nämlich dass es auf den unterschiedlichsten Ebenen etwas zu überwachen gibt: Auf der Hardwareseite finden wir die CPU-Auslastung oder den Ein-/Ausgabe-Durchsatz, auf der Seite des Betriebssystems die Zuteilung bei Mehrprozessorsystemen, bei der JVM den Garbage-Collector, bei einem Servlet-Container die Frage nach den Verbindungen pro Minute und bei unserer Anwendung die Angabe, wie viele Kunden die Bestellung abgebrochen haben. All diese zu überwachenden Elemente unter einen Hut zu bekommen, ist fast unmöglich, und so sind in den letzten Jahren Standards für bestimmte Teile entstanden; der bekannteste ist das *Simple Network Management Protocol* (SNMP).

Für das Management von Java-Applikationen wurde die *Java Management Extensions (JMX)* entwickelt. JMX wird kontinuierlich im Java-Community-Prozess weiterentwickelt und ist eine bewährte Technologie, die seit einigen Jahren verfügbar ist. JMX war erst als optionales Paket für Java SE/Java EE erhältlich, zog dann aber fest in die Java SE ein. Software aus dem Java EE-Umfeld nutzt JMX, um zum Beispiel Performance-Statistiken zu liefern oder Konfigurationen vorzunehmen.

19.3 MBean-Typen, MBean-Server und weitere Begriffe

Um mit JMX zu arbeiten, ist ein wenig Vokabular nötig. Eine *Managed Component* ist die überwachte Komponente. Hinter den beobachtbaren Komponenten stehen die so genannten *MBeans*, die an einem *MBean-Server* registriert werden. Der Zugriff auf die Komponenten erfolgt über einen *Adapter*, etwa einen HTTP-Adapter, der dann einem Webbrowser die Administration erlaubt. Neben einem HTTP-Adapter sind für den Zugriff auf die MBeans andere Adaptoren denkbar: RMI oder SNMP zum Beispiel. Sie stehen auf dem *Connector-Level*. Der Webbrowser steht hingegen auf einer höheren Stufe beim *Remote Manager*. Ganz unten stehen die zu überwachenden Komponenten. Sie heißen *instrumentalisierte Objekte*, und alle Java-Objekte können mit JMX instrumentalisiert werden (Hardware, Software, Dienste, ...). Diese Instrumentalisierung erfolgt über MBeans. Wichtig zum Verständnis ist die Tatsache, dass die überwachten Elemente selbst im Allgemeinen nicht auch die über JMX administrierten Objekte sind, sondern dass die MBeans die Repräsentanten sind.

Die JMX-Spezifikation definiert fünf Typen von MBeans:

- *Standard-MBeans*
- *Dynamic MBeans*
- *Model-MBeans*
- *Open MBeans*
- *MXBeans*

Die Standard-MBeans stellen den einfachsten Weg für die JMX-Instrumentierung dar. Die nach außen offengelegte Schnittstelle (*Management Interface*) spezifiziert der Entwickler explizit, indem er sie in einem Java-Interface deklariert.

Wir werden uns im Folgenden mit den einfachen MBeans und MXBeans beschäftigen. Neben den anderen MBeans-Typen bietet der JMX-Standard weitere Möglichkeiten, etwa ein Benachrichtigungsmodell (engl. *notification model*), das Änderungen an den Komponenten überwacht und meldet, oder die Möglichkeit, remote auf MBeans zuzugreifen.

19.3.1 MXBeans des Systems

Die JVM repräsentiert Systeminformationen nicht nur über die System-Properties, sondern auch über *MXBeans(Java Management Beans)*. MXBeans sind eine Erweiterung der MBeans, damit sie in einer Management-Konsole leichter zu verwenden sind. Vorhandene MXBeans geben Auskünfte über den Zustand der JVM. Zu ihnen zählen:

- `ClassLoadingMXBean`: Informiert darüber, wie viele Klassen geladen sind und wann die Laufzeitumgebung eine Klasse lädt.
- `CompilationMXBean`: Zeit für die Übersetzung
- `MemoryMXBean`: komplexe Bean mit Informationen über den Speicherverbrauch
- `ThreadMXBean`: komplexe Bean mit Infos über Threads
- `RuntimeMXBean`: Welche Laufzeitumgebung führt aus? Wie ist der Bibliothekspfad/Klassenpfad ...?
- `OperatingSystemMXBean`: wenige Systeminfos
- `GarbageCollectorMXBean`: Implementierungen zur automatischen Speicherbereinigung: *Copy*, *MarkSweepCompact*
- `MemoryManagerMXBean`: Welche Speicherverwaltung: *CodeCacheManager*, *Copy*, *MarkSweepCompact*?
- `MemoryPoolMXBean`: komplexe MBean für Speicherinformationen, etwa für *Code Cache*, *Eden Space*, *Survivor Space*, *Tenured Gen*, *Perm Gen*

Die Typen liegen im Paket `java.lang.management`, aber es gibt noch einen Typ `com.sun.management.OperatingSystemMXBean` (nicht das namensgleiche `java.lang.management.OperatingSystemMXBean`) mit neuen Methoden `getSystemCpuLoad()` und `getProcessCpuLoad()`.

Exemplare konkreter Klassen, die oben genannte Schnittstellen implementieren, liefern Fabrikmethoden der Klasse `ManagementFactory`. Die Typen stammen alle aus dem Paket `java.lang.management`:

```
class java.lang.management.ManagementFactory
```

- `static ClassLoadingMXBean getClassLoadingMXBean()`
- `static CompilationMXBean getCompilationMXBean()`

- static List<GarbageCollectorMXBean> getGarbageCollectorMXBeans()
- static List<MemoryManagerMXBean> getMemoryManagerMXBeans()
- static MemoryMXBean getMemoryMXBean()
- static List<MemoryPoolMXBean> getMemoryPoolMXBeans()
- static OperatingSystemMXBean getOperatingSystemMXBean()
- static RuntimeMXBean getRuntimeMXBean()
- static ThreadMXBean getThreadMXBean()

Testen wir das an einem Beispiel:

Listing 19.4 com/tutego/insel/jmx/JvmMBeans.java

```
package com.tutego.insel.jmx;

import java.lang.management.*;

public class JvmMBeans {
  public static void main( String[] args ) {
    MemoryMXBean memoryMXBean = ManagementFactory.getMemoryMXBean();

    // init = 0(0K) used = 169568(165K) committed = 2031616(1984K) max = 66650112(65088K)
    System.out.println( memoryMXBean.getHeapMemoryUsage() );

    // init = 29556736(28864K) used = 12026264(11744K)
    // committed = 29851648(29152K) max = 121634816(118784K)
    System.out.println( memoryMXBean.getNonHeapMemoryUsage() );

    ClassLoadingMXBean classLoadingMXBean =
    ManagementFactory.getClassLoadingMXBean();
    System.out.println( classLoadingMXBean.getLoadedClassCount() );       // 301
    System.out.println( classLoadingMXBean.getTotalLoadedClassCount() ); // 301


    System.out.println( classLoadingMXBean.getUnloadedClassCount() );    // 0
  }
}
```

19.4 Geschwätzige Programme und JConsole

Viele von uns kennen aus dem *bin*-Verzeichnis nur die Konsolenanwendungen *java* und *javac*. Doch tummeln sich dort insgesamt mehr als 50 ausführbare Programme.

19.4.1 JConsole

Die JConsole ist ein Swing-Programm, das sich an die JVM anhängt und die MBean-Informationen grafisch aufbereitet. Beginnen wir mit einem kleinen Programm, das unendlich viele neue Objekte erzeugt:

Listing 19.5 com/tutego/insel/jmx/Exhibitionism.java

```
package com.tutego.insel.jmx;

import javax.swing.*;

public class Exhibitionism {
  public static void main( String[] args ) {
    new Thread() {
      @Override public void run() { while ( true ) { new JTree(); } }
    }.start();
    JOptionPane.showMessageDialog( null, "OK bei Ende" );
    System.exit( 0 );
  }
}
```

Die JConsole kann einen Kontakt mit Java-Programmen aufnehmen:

```
$ jconsole
```

Sie bietet im ersten Dialog an, mit einem Programm zu verbinden, das sich mit dem passenden Schalter geöffnet hat.

Abbildung 19.1 Verbindung aufbauen mit JConsole

Nach der geglückten Verbindung (über eine ungesicherte Leitung) zeigen unterschiedliche Reiter die einzelnen MBean-Informationen. Der erste Reiter zeigt eine Übersicht über interessantere Eigenschaften der Anwendung.

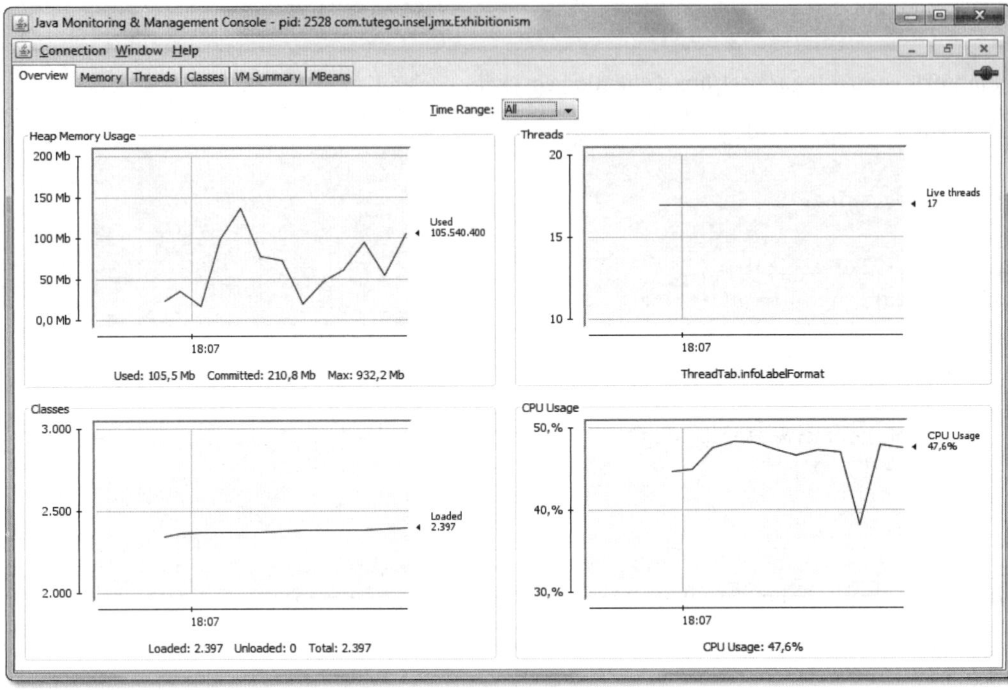

Abbildung 19.2 Oberfläche von JConsole

19.5 Der MBeanServer

Alle MBeans sind beim MBean-Server angemeldet. Java verwaltet selbstständig ohne Zutun von außen einen solchen Server, den wir über die `ManagementFactory` erfragen können:

```
class java.lang.management.ManagementFactory
```

- `static MBeanServer getPlatformMBeanServer()`
  Liefert den MBean-Server der Plattform.

Die dort eingetragenen MBeans haben einen Namen, der nicht direkt ein String ist, sondern ein Objekt vom Typ `ObjectName`. Der Name besteht aus zwei Teilen: dem Domänennamen und einer Liste von Properties, also Schlüssel-Wert-Paaren. In der String-Repräsentation sind die beiden Teile durch einen Doppelpunkt getrennt.

Das nächste Beispiel zeigt eine Suchanfrage nach allen eingetragenen MBeans:

Listing 19.6 com/tutego/insel/jmx/MBeanServerDemo.java, main()

```
MBeanServer server = ManagementFactory.getPlatformMBeanServer();
System.out.println( server.getMBeanCount() );

for ( Object object : server.queryMBeans(new ObjectName("*:*"), null) )
  System.out.println( ((ObjectInstance)object).getObjectName() );
```

`queryMBeans(…)` sucht nach den MBeans mit dem gegebenen Muster. Wir haben hier ein Pattern übergeben, doch das erste Argument kann auch `null` sein. In beiden Fällen beginnt die Ausgabe mit:

```
18
java.lang:type=MemoryPool,name=Tenured Gen
java.lang:type=GarbageCollector,name=Copy
java.lang:type=Memory
JMImplementation:type=MBeanServerDelegate
java.lang:type=MemoryPool,name=Eden Space
java.lang:type=MemoryPool,name=Code Cache
java.util.logging:type=Logging
java.lang:type=Threading
java.lang:type=MemoryManager,name=CodeCacheManager
...
```

Die Namen der MBeans, die von der JVM eingetragen wurden, sind als String-Konstanten in `ManagementFactory` aufgeführt und erklärt.

19.6 Eine eigene Standard-MBean

Auf dem Weg zu einer eigenen Bean müssen wir erst aus den MBean-Typen wählen. Da eine Standard-MBean der einfachste Typ ist, wollen wir diesen nutzen und mit der Deklaration der MBean-Schnittstelle beginnen. Sie deklariert Setter/Getter, die später über die JConsole nutzbar sind, und Operationen, die wir ebenfalls über die JConsole anstoßen können.

19.6.1 Management-Schnittstelle

Die Management-Schnittstelle im Fall einfacher Standard-MBeans definiert genau die Operationen, die der Client von außen nutzen kann. Der Name der Schnittstelle muss auf `MBean` enden, oder die Annotation `@javax.management.MXBean` muss an die Schnittstelle.

Listing 19.7 com/tutego/insel/jmx/MazeMBean.java

```
package com.tutego.insel.jmx;

public interface MazeMBean {
  void setMaxNumberOfPlayers( int numberOfPlayers );
  int  getMaxNumberOfPlayers();
  void dragonAlarm();
}
```

Die Schnittstelle beschreibt einen Irrgarten, der eine maximale Anzahl von Spielern über einfache Setter/Getter erlaubt. Außerdem sollte es möglich sein, von außen die Ankunft eines Drachens zu melden und so ein wenig Aufregung ins Spiel zu bringen.

19.6.2 Implementierung der Managed-Ressource

Als Nächstes implementieren wir die Klasse, die die Management-Schnittstelle implementiert. (Eigentlich sollten die Geschäftsobjekte selbst keine MBeans sein, da sie »reine« Objekte sein sollten, ohne Bindung an eine Management-API wie JMX. In unserem kleinen Beispiel ist das jedoch in Ordnung.)

Listing 19.8 com/tutego/insel/jmx/Maze.java

```
package com.tutego.insel.jmx;

public class Maze implements MazeMBean {

  private int numberOfPersons;

  @Override
  public void setMaxNumberOfPlayers( int numberOfPersons ) {
    this.numberOfPersons = numberOfPersons;
  }

  @Override
  public int getMaxNumberOfPlayers() {
    return numberOfPersons;
  }

  @Override
  public void dragonAlarm() {
    System.out.println( "Heul. Huhuhuhu." );
  }
}
```

19.6.3 Anmeldung beim Server

Der letzte Teil ist der Server, der die MBean anmeldet. Die statische Methode `ManagementFactory.getPlatformMBeanServer()` liefert den vordefinierten Standardserver für Managed Beans. Unter einem `ObjectName` können wir dann eigene MBeans registrieren:

Listing 19.9 com/tutego/insel/jmx/RegisterMazeMBean.java, main()

```
MBeanServer server = ManagementFactory.getPlatformMBeanServer();
ObjectName  name   = new ObjectName( "com.tutego.insel.jmx:type=Maze" );
MazeMBean   maze   = new Maze();
server.registerMBean( maze, name );

JOptionPane.showMessageDialog( null, "Ende" );
System.exit( 0 );
```

19.6.4 Eine eigene Bean in JConsole einbringen

Starten wir `RegisterMazeMBean`, zeigt die JConsole unser Programm an. Wir können einen Blick auf den Reiter `MBeans` werfen (siehe Abbildung 19.3). Dort lässt sich die Property `MaxNumberOfPlayers` einsehen und ändern. Zusätzlich lässt sich unsere Operation anstoßen, die dann auf der Konsole die gewünschte Ausgabe ergibt. Es ist schon erstaunlich, welche Möglichkeiten es für die Administration gibt, wenn die JConsole ein Remote-Programm überwacht und steuert.

Zur Anbindung an den JMX-Server dient nicht nur die JConsole, sondern es sind verschiedene andere Wege denkbar, etwa über HTTP oder über einen eigenen Client, der über RMI kommuniziert.

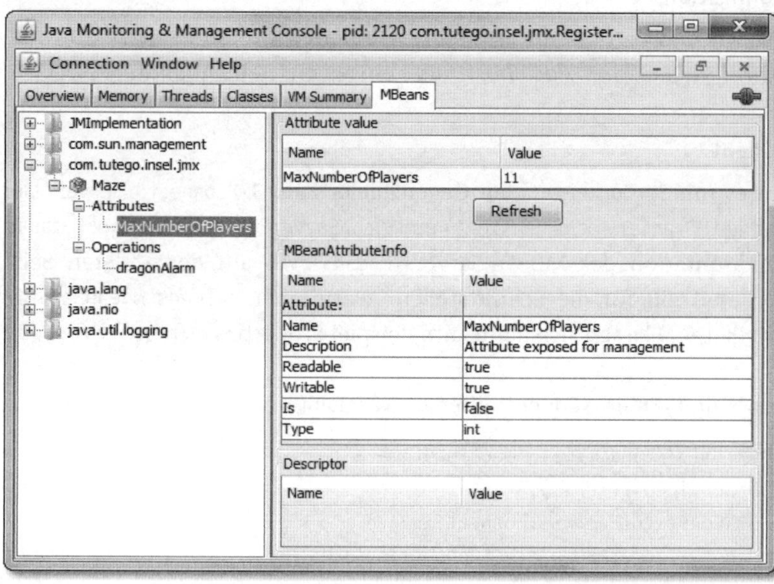

Abbildung 19.3 Infos zu MaxNumberOfPlayers einsehen und ändern

JMXConnectorServer für den Server *

Für die Veröffentlichung der MBeans über RMI ist der `JMXConnectorServer` verantwortlich. Damit die MBeans an die RMI-Registry gebunden werden, wird eine besondere URL verwendet, die den Service genau beschreibt. Die JMXService-URL hat den allgemeinen Aufbau:

```
service:jmx:<protocol>://[[[<host>]:<port>]/<path>]
```

Vor dem Start des Programms muss die RMI-Registry für Anmeldungen bereit sein; da unser Programm auf dem gleichen Rechner arbeitet, starten wir den RMI-Namensdienst selbst:

Listing 19.10 com/tutego/insel/jmx/RmiJMXConnectorServerDemo.java, main()

```
LocateRegistry.createRegistry( 1099 );
MBeanServer server = ManagementFactory.getPlatformMBeanServer();
String url = "service:jmx:rmi:///jndi/rmi://localhost/maze";
JMXConnectorServer connectorServer = JMXConnectorServerFactory.newJMXConnectorServer(
                                      new JMXServiceURL( url ), null, server );
connectorServer.start();

ObjectName name = new ObjectName( "com.tutego.insel.jmx:type=Maze" );
MazeMBean maze = new Maze();
server.registerMBean( maze, name );

JOptionPane.showMessageDialog( null, "Ende" );
System.exit( 0 );
```

JConsole mit Remote-Connection *

Mit der JConsole könnten wir nun Verbindung aufnehmen, indem wir unter REMOTE CONNECTION die URL *service:jmx:rmi:///jndi/rmi://localhost/maze* einsetzen (siehe Abbildung 19.4).

JMXConnector für den Client *

Auf der Client-Seite gibt es mit `JMXConnector` den Gegenspieler zum `JMXConnectorServer`. Der `JMXConnector` gibt uns mit `getMBeanServerConnection()` ein `MBeanServerConnection`-Objekt, das in gewisser Weise der Repräsentation des MBean-Servers `MBeanServer` auf der anderen Seite entspricht (genau genommen gilt für die Schnittstellen: `MBeanServer extends MBeanServerConnection`). Über `getAttribute(…)` lassen sich dann zum Beispiel Properties erfragen:

Listing 19.11 com/tutego/insel/jmx/RmiJMXConnectorDemo.java, main()

```
String url = "service:jmx:rmi:///jndi/rmi://localhost/maze";
JMXServiceURL u = new JMXServiceURL( url );
try ( JMXConnector c = JMXConnectorFactory.connect( u ) ) {
  MBeanServerConnection mbsc = c.getMBeanServerConnection();
```

```
  ObjectName name = new ObjectName( "com.tutego.insel.jmx:type=Maze" );
  System.out.println( mbsc.getAttribute( name, "MaxNumberOfPlayers" ) );
}
```

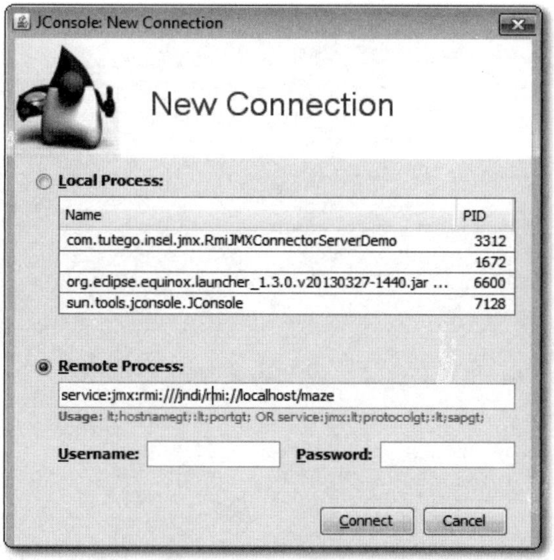

Abbildung 19.4 Verbindung mit der JConsole herstellen

19.7 Zum Weiterlesen

Das Kapitel beschreibt MBeans und die Management-Schnittstelle sehr oberflächlich, was aber für den ersten Einblick ausreichen dürfte. Moderne Java EE-Container wie JBoss setzen MBeans und ihre Verwaltung ins Zentrum und bauen die Applikation um diesen »MBean-Bus« herum. Die API-Dokumentation zur Annotation `javax.management.MXBean` gibt weitere Details zur Annotation und zum Vergleich MXBean und MBean. Interessant sind Notifications, also Benachrichtigungen, die *http://docs.oracle.com/javase/8/docs/technotes/guides/jmx/tutorial/tutorialTOC.html* beschreibt.

Kapitel 20
Sicherheitskonzepte

»Vorsicht ist die Einstellung, die das Leben sicherer macht,
aber selten glücklich.«
– Samuel Johnson (1709–1784)

20.1 Zentrale Elemente der Java-Sicherheit

Damit Java-Programme sicher arbeiten, greift eine Reihe von Elementen ineinander: die Sprache, die JVM, die Bibliotheken. Einige Dinge gibt schon die Sprache selbst vor (wie fehlende Pointer-Arithmetik, Sichtbarkeitsbereiche, Überwachung der Feldgrenzen), und andere ergeben sich durch die Laufzeitumgebung selbst.

20.1.1 Sichere Java Virtual Machine

Zunächst ist da der *Bytecode-Verifier*, der grob sicherstellt, dass der Java-Bytecode korrekt geformt ist. Zu den Prüfungen zählt zum Beispiel, dass Bytecode nicht in der Mitte enden darf, dass der Index auf Variablen korrekt ist und dass Sprünge nicht außerhalb des Programmcodes erfolgen. Der Klassenlader ist die nächste Einheit, und sein Einfluss auf die Sicherheit ist nicht offensichtlich. Er stellt jedoch sicher, dass sich Klassen in Paketen nicht überschreiben können und dass ein selbst geschriebenes `java.lang.Object` nicht plötzlich das Original überdeckt; beide befinden sich in unterschiedlichen *Runtime Packages*. Durch eine Hierarchie der Klassenlader kommt eine Anforderung an die Klasse `java.lang.Object` auch zuerst an den obersten Vater-Klassenlader, den *Bootstrap Class Loader*. Sind die Klassen geladen, überwacht zur Laufzeit der Sicherheitsmanager gültige Aufrufe; er sitzt immer zwischen unserer Java-Applikation und dem Betriebssystem. Der Sicherheitsmanager existiert seit Java 1.0, gibt aber die Arbeit seit Java 1.2 an eine verallgemeinerte Einheit weiter, den *Access Controller*. Er nutzt Tricks wie Stack-Überprüfung, um herauszufinden, ob Aufrufer einer Methode schon gewisse Rechte erworben haben, um die Operation ausführen zu können. Der Access Controller stellt sicher, dass Programmcode nur dann ausgeführt werden kann, wenn die passenden Rechte vorhanden sind.

20.1.2 Der Sandkasten (Sandbox)

Seit den ersten Java-Versionen gibt es das Prinzip der *Sandbox*, wonach Applikationen nur ganz bestimmte Rechte haben und sich nicht mehr ergaunern können. Das gilt insbesondere für Applets im Browser. Sie dürfen nicht das Gleiche tun wie Applikationen: auf Festplatten zugreifen, die Zwischenablage auslesen und vieles mehr.

Die Sandbox besteht aus zwei Teilen, die für die Java-Sicherheit sehr wichtig sind: dem *Klassenlader* (Klasse `ClassLoader`) und dem *Sicherheitsmanager* (`SecurityManager`). Der Klassenlader lädt die *.class*-Dateien und erzeugt (unter anderem) die dazugehörigen `Class`-Exemplare. Wir wollen uns in diesem Kapitel intensiver mit dem zweiten Teil, dem Sicherheitsmanager, auseinandersetzen.

Normale Applikationen benutzen den Standardklassenlader und verwenden keinen Sicherheitsmanager. Applets aus dem Internet fordern besondere Sicherheit, sodass Browser einen besonderen Klassenlader und Sicherheitsmanager nutzen. Der Security-Manager für Applets erlaubt zum Beispiel kein Ausführen von externen Programmen, da auf diese Weise die Festplatte formatiert werden könnte. Auch darf ein Applet keine Klassen von einem fremden Server laden; zulässig ist nur der Server, von dem das Applet selbst geladen wurde. Diese Vorgabe stellt der Klassenlader sicher.

20.1.3 Security-API der Java SE

Die Gesamtheit aller Bibliotheken, die sich in Java um die Sicherheit kümmern, wird *Security-API* genannt. Sie besteht aus unterschiedlichen Teilen:

- **Verschlüsselung und Nachrichten-Authentifizierung**: Seit Java 1.1 gibt es die *Java-Cryptography-API*. Die *Java Cryptography Architecture (JCA)* beschreibt, wie diese API benutzt werden kann. Ihr ist das Paket `java.security` gewidmet. In Java 1.4 ist dann die *Java Cryptography Extension (JCE)* hinzugekommen, die vorher nur als optionales Paket seit 1.2 erhältlich war. Sie erweitert die Möglichkeiten der JCA. Die Klassen und Schnittstellen sind an dem Paket `javax.crypto` zu erkennen.
- **Sichere Verbindungen** sind ein Teilaspekt der Verschlüsslung auf Netzwerkebene, wobei hier SSL/TLS hervorzuheben sind.
- **Public-Key-Infrastruktur**: Sie dient dem Verwalten von Schlüsseln in Keystores und dem Prüfen von digitalen X.509-Zertifikaten.
- **Authentifizierung und Zugriffskontrolle**: *Java Authentication and Authorization Service (JAAS)* ist eine API mit Benutzerauthentifizierung, etwa über ein Kerberos-System.

20.1.4 Cryptographic Service Providers

Die Security-API ist so entworfen worden, dass über so genannte *Cryptographic Service Provider* Implementierungen ausgewechselt werden können. Die Security-API von Java ist völlig unabhängig von der Implementierung der kryptografischen Algorithmen und bietet zunächst Schnittstellen an. Die konkreten Algorithmen wie RC5, RSA oder DES realisieren Provider.

[«]

Beispiel

Welche Provider das JDK bietet, zeigt folgender Zweizeiler:

```
for ( Provider p : Security.getProviders() )
  System.out.printf( "%s (%s): %s%n", p.getName(), p.getVersion(), p.getInfo() );
```

Das Ergebnis sind zehn Provider, wobei bei der Standardinstallation alle Implementierungen von Oracle kommen:

```
SUN (1.8): SUN (DSA key/parameter generation; DSA signing; SHA-1, MD5 digests; Secure-
Random; X.509 certificates; JKS & DKS keystores; PKIX CertPathValidator; PKIX CertPath-
Builder; LDAP, Collection CertStores, JavaPolicy Policy; JavaLoginConfig Configuration)
SunRsaSign (1.8): Sun RSA signature provider
SunEC (1.8): Sun Elliptic Curve provider (EC, ECDSA, ECDH)
SunJSSE (1.8): Sun JSSE provider(PKCS12, SunX509/PKIX key/trust factories, SSLv3/TLSv1/
TLSv1.1/TLSv1.2)
SunJCE (1.8): SunJCE Provider (implements RSA, DES, Triple DES, AES, Blowfish, ARCFOUR,
RC2, PBE, Diffie-Hellman, HMAC)
SunJGSS (1.8): Sun (Kerberos v5, SPNEGO)
SunSASL (1.8): Sun SASL provider(implements client mechanisms for: DIGEST-MD5, GSSAPI,
EXTERNAL, PLAIN, CRAM-MD5, NTLM; server mechanisms for: DIGEST-MD5, GSSAPI, CRAM-MD5,
NTLM)
XMLDSig (1.8): XMLDSig (DOM XMLSignatureFactory; DOM KeyInfoFactory; C14N 1.0, C14N 1.1,
Exclusive C14N, Base64, Enveloped, XPath, XPath2, XSLT TransformServices)
SunPCSC (1.8): Sun PC/SC provider
SunMSCAPI (1.8): Sun's Microsoft Crypto API provider
```


Jeder Provider hat einen Namen und implementiert einen oder mehrere Algorithmen. Die Provider aus dem JDK sind unter *http://download.java.net/jdk8/docs/technotes/guides/security/StandardNames.html* aufgelistet und erklärt. Vieles ist historisch gewachsen und würde wohl heute anders aussehen.

Neue Provider lassen sich jederzeit einbringen, insbesondere dann, wenn uns die Amerikaner nicht erlauben, eine starke Verschlüsselung zu verwenden. Sonst ist jedoch die Benennung eines speziellen Providers nicht notwendig.[1]

1 Mehr Details auch zu den Namen unter *http://download.java.net/jdk8/docs/technotes/guides/security/SunProviders.html.*

20.2 Sicherheitsmanager (Security-Manager)

Über Applets wissen wir bereits, dass sie auf einige Ressourcen des Rechners nicht zugreifen dürfen. Zwischen dem Aufrufer einer Bibliotheksmethode und dem Betriebssystem sitzt eine Einheit, die unsere Aktionen genau kontrolliert. Dieses Zwischensystem ist der Sicherheitsmanager. Standardmäßig startet die Laufzeitumgebung für Applikationen ohne Sicherheitsmanager, für Applets gibt es jedoch spezielle Sicherheitsmanager. Jeder Sicherheitsmanager ist eine Unterklasse von `SecurityManager`. Den aktuellen Sicherheitsmanager liefert die statische Methode `System.getSecurityManager()`. Führen wir folgende Zeile in einer Applikation aus, so sehen wir, dass anfänglich kein Sicherheitsmanager gesetzt ist, da die Ausgabe `null` ist:

```
public class ApplicationSecManager {
  static public void main( String[] args ) {
    System.out.println( System.getSecurityManager() );
  }
}
```

Im Gegensatz dazu sind wir bei Applets mit einem etwas anderen Bild konfrontiert. Das folgende Programm liefert eine Ausgabe wie `sun.applet.AppletSecurity@123456` auf dem Bildschirm. Die Zahl ist der Hashcode des Objekts:

```
public class Applet1 extends java.applet.Applet {
  public void paint( java.awt.Graphics g ) {
    g.drawString( System.getSecurityManager().toString(), 10, 10 );
  }
}
```

20.2.1 Der Sicherheitsmanager bei Applets

Die beiden Beispiele machen deutlich, dass dem Applet ein Security-Manager zugewiesen ist und den Applikationen kein Sicherheitsmanager etwas verbietet. Doch was ist einem Applet eigentlich verboten?

- Applets dürfen nicht auf lokale Dateien des Client-Rechners zugreifen, wo sie etwa erzeugen, lesen, modifizieren oder löschen könnten. Sonst könnten sie wichtige Systemdateien an ihren Heimatserver übermitteln, und das stellt ein ernsthaftes Risiko dar.
- Applets können außerdem keine Netzwerkverbindungen zu anderen Computern als dem Heimatserver aufnehmen; dies gilt für alle Verbindungen, die mit den Netzwerk-Klassen `URL`, `Socket` und `DatagramSocket` möglich sind – was oft einen Einschnitt darstellt, weil etwa ein Börsenticker-Applet Kursdaten von einem anderen Server holen möchte. Das Internet als verteiltes System sollte auch vollständig genutzt werden können. Da Applets nicht in der Lage sind, Verbindungen zu Fremdrechnern aufzubauen, können sie natürlich auch nicht als Server fungieren.

- Weiterhin kann ein Applet keine Programme ausführen, die auf dem lokalen Rechner liegen. Applets dürfen auch keine anderen Programme starten und keine nativen Bibliotheken laden. (Für normale System-DLLs bringt das ohnehin nichts, da sie nicht über die benötigte Namenskonvention verfügen.)
- Threads sind ein etwas anderes Problem. Da alle Applets gemeinsam in einer JVM laufen, muss gewährleistet sein, dass sich nur die Threads eines Applets (also die Threads in der Thread-Gruppe des Applets) beeinflussen dürfen. In der Vergangenheit traten mehrfach Sicherheitsprobleme auf, bei denen sich Threads verschiedener Applets in die Quere kamen. Auch darf kein Applet die gemeinsam genutzte virtuelle Maschine beenden.
- Applets dürfen keinen eigenen Sicherheitsmanager installieren. Könnte ein Applet das tun, ließen sich leicht die für Applets geltenden Beschränkungen aushebeln. Der Java-fähige Webbrowser erzeugt für uns ein spezielles `ClassLoader`-Objekt, das abgesichert arbeitet.
- Die Java-Umgebung setzt automatisch einige Properties, damit unser Programm etwas über seine Umgebung erfahren kann. Diese Variablen lassen sich über `System.getProperty(String)` auslesen. Applets dürfen nur manche Variablen lesen. Sie haben keinen Zugriff auf Informationen über das Java-Home-Directory, den Java-Klassenpfad, den User-Namen, das Home-Verzeichnis und das Arbeitsverzeichnis des Anwenders. Die anderen Daten in den Variablen sind frei. Dazu gehören etwa: `java.version`, `java.vendor`, `java.vendor.url`, `java.class.version`, `os.name`, `os.arch`, `os.version`, `file.separator`, `path.separator`, `line.separator`. Obwohl diese Daten natürlich für statistische Zwecke missbraucht werden können, sind sie doch für ein Applet unter Umständen lebensnotwendig: So kann es etwa einfach an der Versionsnummer ablesen, ob eine bestimmte Klasse mit Methoden bestimmter Versionen implementiert ist oder nicht (andernfalls muss die Implementierung dies über eine Exception testen).

20.2.2 Sicherheitsmanager aktivieren

Nehmen wir ein Programm `SecTest` an, das den aktuellen Sicherheitsmanager anzeigt und dann die Länge einer Datei ausgibt.

Listing 20.1 com/tutego/security/SecTest.java

```
package com.tutego.security;

import java.io.File;

public class SecTest {
  public static void main( String[] args ) {
    System.err.println( System.getSecurityManager() );
    System.err.println( new File( "c:/address.txt" ).length() );
  }
}
```

Die Schalter -Djava.security.debug und -Djava.security.manager

Wenn wir das Programm starten, läuft es durch und gibt die Länge der Datei aus. Mit dem Schalter -Djava.security.debug=all können Sicherheitsprüfungen geloggt werden, und wir bekommen Ausgaben wie diese:

```
$ java -Djava.security.debug=all com.tutego.security.SecTest
scl:  getPermissions ProtectionDomain  (file:/S:/25_Sicherheitskonzepte/
 <no signer certificates>)
 sun.misc.Launcher$AppClassLoader@11b86e7
 <no principals>
 java.security.Permissions@1a46e30 (
 (java.io.FilePermission \S:\25_Sicherheitskonzepte\- read)
 (java.lang.RuntimePermission exitVM)
)
scl:
null
42924
```

Geben wir beim Start den Schalter -Djava.security.manager an, so meldet die Laufzeitumgebung einen Standardsicherheitsmanager an. Ein println(System.getSecurityManager()) liefert dann eine Ausgabe wie »java.lang.SecurityManager@26b249«. (Auch mit Djava.security. manager=MeineSecManagerKlasse lässt sich arbeiten.)

Soll eine potenziell kritische Operation wie das Erfragen der Dateilänge ausgeführt werden, steigt die Laufzeitumgebung mit einer Exception aus, weil der Sicherheitsmanager das standardmäßig nicht zulässt:

```
$ java -Djava.security.manager com.tutego.security.SecTest
java.lang.SecurityManager@26b249
Exception in thread "main" java.security.AccessControlException: access denied (
java.io.FilePermission c:\address.txt read)
      at java.security.AccessControlContext.checkPermission(AccessControlContext
         .java:270)
      at java.security.AccessController.checkPermission(AccessController.java:401)
      at java.lang.SecurityManager.checkPermission(SecurityManager.java:542)
      at java.lang.SecurityManager.checkRead(SecurityManager.java:887)
      at java.io.File.length(File.java:790)
      at SecTest.main(SecTest.java:9)
```

Wie nutzen die Java-Bibliotheken den Sicherheitsmanager?

Ein Sicherheitsmanager hat die Kontrolle über alle problematischen (also potenziell gefährlichen) Methoden in der Java-Bibliothek. Alle Methoden, die irgendetwas mit Sicherheit zu schaffen haben, fragen vorher den Sicherheitsmanager, ob sie überhaupt zu der kritischen Aktion berechtigt sind. Sehen wir uns dazu die Methode list() aus der Klasse java.io.File an:

Listing 20.2 java/io/File.java, list()

```
public String[] list() {
  SecurityManager security = System.getSecurityManager();
  if (security != null)
      security.checkRead(path);
  if (isInvalid())
      return null;
  return fs.list(this);
}
```

Wir erkennen, dass die Methode zunächst den Sicherheitsmanager konsultiert und dann erst die wahre Aktion ausführt. Betrachten wir das Beispiel, so ist dies typisch für alle anderen Methoden aus der `File`-Klasse und macht deutlich, dass es keine Möglichkeit gibt, um diesen Sicherheitsmanager herumzukommen; es sei denn, die Methode `list()` vom internen `FileSystem`-Objekt ließe sich direkt aufrufen – was aber nicht möglich ist, weil `fs` fest als privates statisches Attribut in der Klasse `File` verankert ist. Sogar Unterklassen können `fs` also weder sehen noch nutzen.

So wie die `File`-Klasse mit dem `SecurityManager` arbeitet, rufen auch andere Klassen Prüfmethoden auf, um zu entscheiden, ob der Zugriff auf eine Ressource erlaubt ist. Verweigert der Sicherheitsmanager eine Operation, löst er eine `SecurityException` aus. Der Sicherheitsmanager kann zum Beispiel folgende Klassen beschränken:

- `Toolkit`: Können wir mit `getSystemEventQueue()` die Systemschlange für Ereignisse abfragen?
- `Window`: Erzeugt in einem Applet zusätzlich die Einblendung »Warning: Applet Window«.
- `FileInputStream`: Dürfen wir ein solches Objekt überhaupt erzeugen?
- `Class`: Dürfen wir auf Elemente der Klasse zugreifen?
- `ClassLoader`: Können wir einen neuen Klassenlader definieren?
- `Runtime`: Können wir mit `exit(int)` aussteigen oder externe Programme ausführen?

20.2.3 Rechte durch Policy-Dateien vergeben

Zwar könnte ein Programm einen eigenen Sicherheitsmanager vom Typ `SecurityManager` installieren, doch das ist in Java in der Regel nicht nötig. Es gibt bessere Möglichkeiten, Sicherheitseinstellungen vorzunehmen. Um einem Programm die passenden Rechte zu geben – und damit in unserem Fall Zugriff auf die Dateilänge zu bekommen –, werden die zugesicherten Rechte in einer *Policy-Datei* gesammelt. Bekommt die Laufzeitumgebung beim Start einen Verweis auf die Policy-Datei, wird der Security-Manager auf die vergebenen Berechtigungen Rücksicht nehmen. Bei der Vergabe von Rechten können zusätzlich angegeben werden:

- **Codebase**: Vergibt Rechte für Klassen, die von einem bestimmten Ort kommen.
- **Signierung**: Es wird nur das Recht eingeräumt, wenn Programmcode signiert ist.
- **Principal**: Gewährt bestimmte Rechte für authentifizierte Benutzer.

Policy-Dateien mit grant-Anweisungen

Die Policy-Dateien bestehen aus einer Reihe von `grant`-Anweisungen. Sehen wir uns die Datei *myPol.policy* an, die für alle Dateien eine Leseberechtigung vergibt:

Listing 20.3 myPol.policy

```
grant {
 permission java.io.FilePermission   "<<ALL FILES>>",  "read";
};
```

java.security.manager

Nun muss diese Berechtigungsdatei mit dem Sicherheitsmanager verbunden werden. Das geschieht am komfortabelsten von der Kommandozeile aus:

```
$ java -Djava.security.manager -Djava.security.policy=
myPol.policy com.tutego.security.SecTest
java.lang.SecurityManager@26b249
28
```

Wir sehen, dass das Programm nun durchläuft und die Dateilänge ausgibt. Der Schalter `-Djava.security.policy` gibt einen Pfad auf die Berechtigungsdatei an. Die Datei muss im Pfad gefunden oder absolut adressiert werden.

Standard-Policy-Dateien

Neben diesen benutzerdefinierten Rechteregeln gibt es vom System vergebene Policy-Dateien. Sie werden von Java standardmäßig in der Datei *java.policy* im Unterverzeichnis *lib\security* (etwa *C:\Program Files\Java\jre8\lib\security*, aber auch *C:\Program Files\Java\jdk1.8.0\jre\lib\security*) der Java-Installation gespeichert. Diese Rechtedatei definiert damit die »Standardberechtigungen«. Schauen wir uns Teile der Datei an:

Listing 20.4 C:\Program Files\Java\jre8\lib\security\java.policy, Ausschnitt

```
// Standard extensions get all permissions by default
grant codeBase "file:${{java.ext.dirs}}/*" {
  permission java.security.AllPermission;
};
```

Alle Bibliotheken, die in das *ext*-Verzeichnis gelegt werden, bekommen alle Rechte. Das liegt an den Systemrechten. Das zeigt auch die Verwendung einer Code-Base: Sie spezifiziert den genauen Pfad, in dem die Rechte gelten. Also werden nur für das *lib/ext*-Verzeichnis alle Rechte vergeben, aber nicht für alle anderen. (Das *ext*-Verzeichnis ist nicht direkt angegeben, sondern über eine Variable. In älteren Java-Versionen wurde es als `"file:${java.home}/lib/ext/*"` geschrieben.)

Eigene, systemunabhängige Rechtedateien können wir unter dem Namen *java.policy* im Benutzerverzeichnis ablegen. Auch diese Dateien kann der Systemverwalter anpassen. Zunächst werden die Standardsicherheitsdateien genutzt und die Benutzerdateien »nachgeladen«. Eine weitere Datei *java.security* im Verzeichnis *security* der JRE und des JDK beschreibt, welche Rechtedateien genutzt werden. Genau dort befinden sich die beiden Dateien.

Listing 20.5 C:\Program Files\Java\jre8\lib\security\java.security, Ausschnitt

```
# The default is to have a single system-wide policy file,
# and a policy file in the user's home directory.
policy.url.1=file:${java.home}/lib/security/java.policy
policy.url.2=file:${user.home}/.java.policy
```

Die Datei ist ebenso wichtig, wenn neue Provider, also Implementierungen der Kryptografie-API, angemeldet werden.

Da Rechte nur vergeben, aber bisher nicht genommen werden können, besteht das Sicherheitsproblem darin, dass eine eigene Policy-Datei alle Rechte vergibt, wogegen die Systemdatei Einschränkungen vorsieht. In diesem Fall kann der Programmverwalter auch dem Benutzer das Recht nehmen, eigene Rechtedateien anlegen zu können. Dazu editiert er die Datei *java.security*. Der Eintrag `allowSystemProperty` muss `false` sein. Standardmäßig ist er `true`, wie der Ausschnitt zeigt:

Listing 20.6 C:\Program Files\Java\jre8\lib\security\java.security, Ausschnitt

```
# whether or not we allow an extra policy to be passed on the command line
# with -Djava.security.policy=somefile. Comment out this line to disable
# this feature.
policy.allowSystemProperty=true
```

20.2.4 Erstellen von Rechtedateien mit dem grafischen Policy-Tool

Das grafische Dienstprogramm *policytool* gibt uns die Möglichkeit, Applikationen und signierten Applets spezielle Rechte einzuräumen oder zu verweigern. Das Policy-Tool nimmt uns die Arbeit ab, die Rechtedateien von Hand zu editieren.

Nach dem Aufruf des Programms *policytool* öffnet sich ein Fenster, das uns einige Menüpunkte bereitstellt, über die wir bestehende Rechtedateien editieren oder auch neue anlegen können.

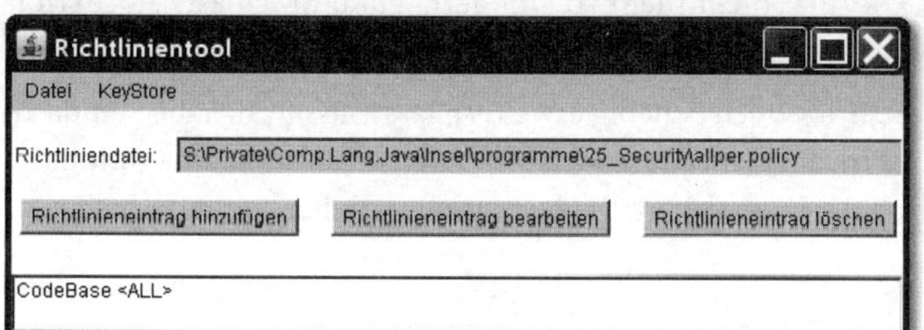

Abbildung 20.1 Das grafische Policy-Tool

Neue Einträge für die Zugeständnisse der Laufzeitumgebung an das Programm werden über das Menü ADD POLICY ENTRY vorgenommen. Über das Dialogfenster können wir anschließend eine Reihe von erlaubten Eigenschaften sowie Permissions auswählen. Tabelle 20.1 zeigt einige Permissions und ihre Bedeutungen:

Permission	Bedeutung
`AllPermission`	Die Anwendung oder das Applet darf alles.
`FilePermission`	Zugriff auf Dateien und Verzeichnisse
`NetPermission`	Zugriff auf Netzwerkressourcen
`PropertyPermission`	Zugriff auf Systemeigenschaften
`ReflectPermission`	Zugriff über Reflection auf andere Objekte erlauben
`RuntimePermission`	Einschränkungen von Laufzeitsystemen wie Klassenlader
`SecurityPermission`	Einstellen eines allgemeinen Sicherheitskonzepts, etwa für den Zugriff auf Policies
`SerializablePermission`	Beschränkung der Serialisierung
`SocketPermission`	spezielle Einschränkungen an einer Socket-Verbindung

Tabelle 20.1 Auswahl einiger Permissions

20.2.5 Kritik an den Policies

Die Policies sind eine nette Sache, um für eine Applikation die Rechte einzuschränken oder zu vergeben, doch sie sind nicht unproblematisch.

Format der Policy-Dateien

Policy-Dateien sind standardmäßig Textdateien auf der Client-Seite des Anwenders. Ein Anwender kann diese Textdateien ohne große Probleme ändern und mehr Rechte zugestehen. Die Rechtedateien sind durch keine Prüfsumme gesichert, um Änderungen gegebenenfalls zu erkennen. Zum anderen ist das Textformat nicht mehr so »modern«, und XML-basierte Textformate lösen proprietäre Dateiformate immer mehr ab.

Da sich das Sicherheitssystem von Java jedoch beliebig erweitern lässt, lassen sich die Standardtextformate durch ein neues System ersetzen, das etwa XML-Dateien liest und eine (mit einer digitalen Signatur gesicherte) Prüfsumme speichert, die nicht mehr so leicht veränderbar ist.

Kein Refresh

Wurden Policy-Dateien einmal vom System eingelesen, können sie zwar nachträglich verändert werden, doch das Java-System erkennt diese Änderung nicht. Als Konsequenz muss die Applikation neu gestartet werden. Das ist für Benutzerapplikationen kein großes Dilemma, doch für serverseitige Applikationen ein großes Problem. Es ist unmöglich, für eine kleine Änderung an den Policy-Dateien etwa den EJB-Server herunterzufahren und wieder neu zu starten. Angenommen, das System ist ein Five-Nine-System, weist also eine Verfügbarkeit von 99,999 % auf, so würde dies eine erlaubte Ausfallzeit von etwa fünf Minuten ausmachen – was bei laufender Änderung der Policies kaum zu erreichen ist.

Keine Rollen bei der Rechtevergabe

Der Zweck des Policy-Verfahrens besteht darin, einem Programm Rechte zuzuordnen. Die Rechte können weiterhin für Programme vergeben werden, die von einem bestimmten Ort kommen (*CodeSource*) und von einem bestimmten Anwender signiert sind (*SignedBy*). Was wäre, wenn wir einem bestimmten Benutzer Rechte zuordnen wollten? Das ist nicht so einfach möglich. Jeder Benutzer müsste dann das JAR-Archiv signieren, und der Policy-Datei wäre zu entnehmen, was jedem Benutzer zustünde. Doch das taugt nichts! Käme ein Benutzer hinzu, müsste das Archiv neu signiert werden – bei 10.000 Benutzern ein undenkbares Unterfangen. Des Weiteren könnte der Benutzer selbst seine Rechte erweitern, was nicht sinnvoll wäre.

Wir brauchen also nicht nur ein Verfahren, das nach den Quellen, sondern auch nach Rollen unterscheidet. Dieses Verfahren heißt *rollenbasierte Rechtevergabe*. Jedem Benutzer ist eine Rolle zugeordnet, und anhand dieser Rolle werden ihm Rechte zugewiesen. Das Betriebssystem Windows nutzt zum Beispiel diesen Typ der Rechtevergabe.

JAAS (Java Authentication and Authorization Service)

Für ein rollenbasiertes Sicherheitssystem gibt es *JAAS* (*Java Authentication and Authorization Service*). Es ist Bestandteil seit Java 1.4. Die beiden Hauptteile sind:

- **Authentifikation/Authentifizierung.** Gibt die Identität einer Person oder eines Programms gegenüber einem Kommunikationspartner an.
- **Autorisierung.** Sicherstellen der Rechte, sodass ein Benutzer Aktionen durchführen kann bzw. ihm Aktionen verwehrt bleiben.

Das JAAS ist damit eine Java-Version eines *Pluggable Authentication Module* (PAM).

Wichtig in diesem Zusammenhang sind *Login-Module*. Sie erlauben die Anmeldung an eine Instanz, sodass sich der Benutzer authentifizieren kann. Dies kann ein komplexes System wie Kerberos sein, aber auch eine Smart-Card oder ein biometrisches System. Einige Login-Module liefert das JDK mit jeder Laufzeitumgebung mit aus. Hat sich der Benutzer (das *Subject*) mit dem Login-Modul authentifiziert, verbindet JAAS ihn mit authentifizierten Benutzerkennungen, die *Principal* heißen.

Bei den Policy-Dateien haben wir nun gesehen, wie die Rechte auch für eine Codebase, einen Signierer und auch einen Principal vergeben werden können. Der Sicherheitsmanager ermöglicht also einem Programmstück nur dann die Ausführung, wenn ein Benutzer angemeldet ist und die nötigen Rechte hat. Der Programmcode muss also keine Implementierung mit Fallunterscheidungen für diverse Rollen aufweisen, sondern kann einfach in der Policy-Datei mit einem Principal assoziiert werden.

20.3 Signierung

Wir wollen uns in diesem Kapitel mit einigen Werkzeugen beschäftigen, die zur Signierung von Java-Archiven vom JDK angeboten werden. Zum Signieren von Applikationen sowie von Applets und zur Vergabe der Zugriffsrechte und -beschränkungen stellt Oracle die Dienstprogramme *keytool*, *jarsigner* und *policytool* bereit.

20.3.1 Warum signieren?

Die Sandbox einer Java-VM ist sinnvoll, damit Amok laufende Applikationen keine ernsthaften Schäden anrichten können. Es gibt aber genauso gut Szenarien, in denen es nützlich ist, Applets mehr Freiräume einzuräumen. Gründe können sein: Eingebundene native Bibliotheken sollen eine Authentifizierung über das Ohrläppchen eines Anwenders vornehmen oder auf die Festplatten zum Caching zurückgreifen können.

20.3.2 Digitale Ausweise und die Zertifizierungsstelle

Wenn nun das Java-Programm diesen Zugriff eigentlich nicht machen darf, aber möchte, was ist die Lösung? Die Antwort ist, Programme mit einem Autor zu verbinden und die Programme dann auszuführen, wenn wir dem Autor vertrauen. Zentral bei diesem Spiel ist die sichere Identifizierung des Autors. Das übernimmt eine *Zertifizierungsstelle* (*Certificate Authority, CA*), die digitale Signaturen ausstellt, um eine Person oder Organisation zu identifizieren. Ein Programmstück wird dann mit einer Signatur verbunden, sodass immer der Autor bekannt ist, wenn kritische Programmstellen Unheil anrichten und ich dem Autor so richtig meine Meinung sagen möchte.

Die Zertifizierungsstelle ist ein kleiner Schwachpunkt in diesem Szenario, denn erst einmal hindert uns keiner daran, selbst die Zertifizierungsstelle zu spielen und das Zertifikat auf Mickey Mouse auszustellen – das machen wir auch gleich. Dem Anwender obliegt die Verantwortung, nur Zertifikate von wirklich autorisierten Stellen anzunehmen. Die Bundesnetzagentur akkreditiert Zertifizierungsstellen. Hier gibt es einige bekannte CAs wie *VeriSign*, *CAcert* oder *Thawte*.

Das Zertifikat selbst verbindet die Person mit einem kryptografischen Schlüssel und weiteren Informationen wie Seriennummer, Aussteller und Lebensdauer. Dem Schlüssel kommt die größte Bedeutung zu, denn damit wird das Java-Archiv signiert. Der wichtigste Standard für Zertifikate ist der ITU-T-Standard *X.509*. Die Zertifikate sind in *ASN.1 (Abstract Syntax Notation One)* kodiert.

20.3.3 Mit keytool Schlüssel erzeugen

Das Programm *keytool* erzeugt öffentliche und private Schlüssel und legt sie in einer passwortgeschützten und verschlüsselten Datei ab. Die Datei hat standardmäßig den Namen *.keystore* und befindet sich im Benutzerverzeichnis des Anwenders. Mit dem Programm *keytool* lassen sich neben der Schlüsselgenerierung auch Zertifikate importieren, Zertifikatsanforderungen ausstellen und Schlüssel als vertrauenswürdig festlegen.

Möchten wir einen Schlüssel erstellen, rufen wir das Programm *keytool* mit der Option `genkey` auf. Daneben gibt die Option `-alias` einen Namen für den Schlüsselinhaber an. Nehmen wir an, dass das JDK-Programm *keytool* (zum Beispiel im Verzeichnis *C:\Program Files\Java\jdk1.8.0\bin*) im Suchpfad eingebunden ist.

```
$ keytool -genkey -alias CUllenboom
```

Anschließend fragt *keytool* nach dem Passwort des Schlüsselspeichers und erfragt weitere Angaben zum Inhaber. Mit diesen Informationen erzeugt das Programm ein Schlüsselpaar mit einem selbstzertifizierenden Zertifikat. Bei diesem speziellen Zertifikat sind Aussteller und Inhaber identisch.

Option	Bedeutung
`-genkey`	Erzeugung eines Schlüsselpaars
`-import`	Importieren eines Zertifikats
`-selfcert`	Erstellung eines selbstinitiierten Zertifikats
`-certreq`	Export einer Zertifikatsanforderung; sie kann als Datei an eine CA geschickt werden.
`-export`	Export eines Zertifikats. Dieses kann dann von einem anderen Benutzer importiert und als vertrauenswürdig deklariert werden.
`-list`	Listet alle Zertifikate und Schlüssel auf.
`-delete`	Entfernt ein Schlüsselpaar.
`-help`	Zeigt eine kurze Hilfe an.

Tabelle 20.2 Optionen von keytool

Die Angabe der Optionen ist immer dann sinnvoll, wenn die Standardeinstellungen unpassend sind. Über die Optionen lassen sich die Algorithmen zur Verschlüsselung und Schlüsselgenerierung ebenso angeben wie eine Pfadangabe des Schlüsselspeichers oder die Gültigkeitsdauer.

20.3.4 Signieren mit jarsigner

Das Dienstprogramm *jarsigner* signiert und verifiziert JAR-Archive. Dazu erstellt *jarsigner* zunächst einen Hashcode des Archivs und verschlüsselt ihn anschließend mit dem privaten Schlüssel des Nutzers. Das Zertifikat und der öffentliche Schlüssel werden dem Archiv beigelegt.

[»]

Beispiel

Signiere das Archiv *archiv.jar* mit dem Schlüsselspeicher (Keystore) von CUllenboom.

```
$ jarsigner archiv.jar CUllenboom
```

Die Anwendung mit *jarsigner* fügt dem Archiv zwei weitere Dateien hinzu: eine Signatur-Datei mit der Endung *.sf* und eine Signaturblock-Datei mit der Endung *.dsa*. Die Signatur-Datei enthält eine Liste aller Dateien im Archiv und speichert zudem den Hashwert zu einer mit aufgeführten Hashfunktion. Diese Signatur-Datei wird dann mit dem privaten Schlüssel des Signierers signiert und zusammen mit dem verschlüsselten Zertifikat des Signierers in der Signaturblock-Datei gespeichert.

[»]

Beispiel

Wir möchten wissen, ob ein Archiv verifiziert ist:

```
$ jarsigner -verify archiv.jar
```

20.4 Kryptografische Hashfunktion

Bei der *kryptografischen Hashfunktion* geht es darum, aus Dokumenten einen »Fingerabdruck« (auch *Message-Digest* genannt) in Form einer Zahl zu berechnen. So etwas ist notwendig, wenn Änderungen an wichtigen Dokumenten erkannt werden sollen. Ändern wir etwa die Kontoverbindungen einer Rechnung, soll dies nicht unbemerkt bleiben; eine Änderung des Dokuments soll zu einer Änderung des Fingerabdrucks führen. Anders gesagt: Die Fingerabdrücke dienen dazu, veränderte Botschaften zu bemerken, und sind wichtig zur Erzeugung digitaler Unterschriften (elektronischer Signaturen) für Dokumente.

Wir haben ähnliche Funktionen schon beim Hash-Verfahren kennengelernt. Die meisten Klassen überschreiben die Methode `hashCode()` der Oberklasse `Object`, um ein `int` (also 32 Bit) als Identifizierer zu liefern. Allerdings soll so eine Hashfunktion möglichst schnell sein und muss nicht unbedingt sicher sein – ganz anders sieht das bei kryptografischen Hashfunktionen aus. Der berechnende Algorithmus ist auch wieder eine Einwegfunktion und liefert aus einer Botschaft beliebiger Länge einen Wert, aber nicht nur 32 Bit, sondern etwa bei SHA-256-Verfahren 256 Bit, also das Achtfache eines `int`.

Zum Umfeld kryptografischer Hashfunktionen gibt es weitere Synonyme und verwandte Begriffe: *Kompressionsfunktion*, *Kontraktionsfunktion*, *kryptografische Prüfsumme* (falls die Unterschrift zusätzlich verschlüsselt ist), *Integritätsprüfung von Nachrichten* (*Message Integrity Check*,

MIC) oder *Erkennung von Manipulationen* (*Manipulation Detection Code*, MDC). Ist dem Fingerabdruck ein Schlüssel beigefügt, fällt auch der Begriff *Message Authentication Code* (MAC).

20.4.1 Die MDx-Reihe

Die Firma *RSA*[2] *Data Security* entwickelte mit der Reihe MD2, MD4 und MD5 drei Verfahren zur Berechnung kryptografischer Prüfsummen. MD5 produziert 128-Bit-Hashwerte; das ist eine 32-stellige Hexadezimalzahl. Während sich bei MD2 (1989) und MD4 (1990) relativ schnell Schwächen zeigten, dauerte es beim MD5-Verfahren (1991) mehr als 10 Jahre, bis im August 2004 von der Arbeitsgruppe um Xiaoyun Wang Methoden zur Kollision und von Patrick Stach[3] ein Kollisionsgenerator entwickelt wurden. Wir haben uns schon beim Hashing in Kapitel 3, »Threads und nebenläufige Programierung«, mit *Kollisionen* beschäftigt. Da ein MD5-Hashwert 128 Bit lang ist, kann er 2^128 verschiedene Ausgabewerte annehmen. Zwangsläufig sind unter 2^128 + 1 verschiedenen Nachrichten mindestens zwei Texte mit gleichem Hashwert. Die Wahrscheinlichkeit, dass eine beliebige Nachricht den gleichen Hashwert wie eine vorgegebene Nachricht hat, liegt bei 0,000 000 000 000 000 000 000 000 000 000 000 000 029 % (1/2^128). (Die Wahrscheinlichkeit, dass zwei beliebig gewählte unterschiedliche Nachrichten den gleichen Hashwert haben, ist jedoch deutlich höher. Dieses Phänomen heißt *Geburtstagsparadoxon*.)

Die chinesische Arbeitsgruppe führte einen erfolgreichen *Kollisionsangriff* vor und generierte zwei Dokumente mit dem gleichen MD5-Hash. Am 1. März 2005 konnten zwei X.509-Zertifikate erstellt werden, die den gleichen MD5-Hash besaßen, aber unterschiedliche öffentliche Schlüssel. Dabei hat die Forschergruppe lediglich Kommentarfelder mit unterschiedlichen Werten belegt. Dabei ist ein Kollisionsangriff der einfachere Fall, denn hier müssen lediglich zwei verschiedene Nachrichten mit gleichem MD5-Hash gefunden werden. Spannender ist ein *Preimage-Angriff*, bei dem zu einem gegebenen Hashwert (etwa von einem X.509-Zertifikat) ein neues Dokument (also wieder ein X.509-Zertifikat) mit gleichem MD5-Hashwert erzeugt wird. Doch ein Preimage-Angriff ist für X.509-Zertifikate bisher nicht bekannt, und daher geht von MD5 im Moment auch keine echte Gefahr für digitale Signaturen aus.

20.4.2 Secure Hash Algorithm (SHA)

Das *National Institute of Standards and Technology* (*http://www.nist.gov*) entwickelte im *Secure Hash Standard* (SHS) den *Secure Hash Algorithm* (*SHA*)[4] mit einem Hashwert von 160 Bit. Der Secure-Hash-Standard ist Teil des Digital-Signature-Standards (DSS), und dieser wiederum ist Teil des Capstone-Projekts. Dieses Projekt definiert Standards für öffentlich verfügbare Kryptografie. Es besteht aus vier Hauptkomponenten. Dazu gehören ein symmetrischer Verschlüsse-

2 Programmiert wurde es von Ron Rivest, einem der Mitentwickler des RSA-Public-Key-Verfahrens. Daher auch das »R«. Die Kollegen waren Adi Shamir und Leonard Adleman.

3 *http://www.stachliu.com/collisions.html*

4 Eine Beschreibung des Algorithmus ist unter *http://www.itl.nist.gov/fipspubs/fip180-1.htm* abgelegt. FIPS ist die Abkürzung für *Federal Information Processing Standards Publication* – ich glaube nicht, dass es eine Verwandtschaft mit Heinz Erhardts Fips gibt.

lungsalgorithmus (*Skipjack*, auch *Clipper* genannt), ein Schlüsselaustauschprotokoll (bisher nicht öffentlich, ein Diffie-Hellman-Verfahren), ein Hash-Algorithmus (SHA) und ein Algorithmus für die digitale Unterschrift (DSA, die SHA benutzt). Die Auswahl der Algorithmen treffen das NIST und die NSA.

Die erste Version von SHA hatte eine undokumentierte Schwachstelle, die in einer neuen Implementierung, SHA-1, nicht mehr vorhanden ist. Wir nennen SHA-1 im Folgenden einfach SHA und beziehen uns damit auf die neueste Version. Im Vergleich zu MD5 generiert SHA einen Hashwert von 160 Bit, was Brute-Force-Angriffe erschwert. Die Analysen von Xiaoyun Wang, Yiqun Lisa Yin und Hongbo Yu zeigten jedoch auch Schwächen von SHA-1 auf. Das Team konnte die Anzahl der Kollisionsberechnungen von Brute-Force-Angriffen von 2^80 auf 2^69 und später auf 2^63 senken – Security-Guru Bruce Schneier vermeldet auf seiner Webseite[5], dass SHA-1 damit mehr oder weniger geknackt sei.

20.4.3 Mit der Security-API einen Fingerabdruck berechnen

Der Einstiegspunkt für Fingerabdrücke ist eine statische Methode, `MessageDigest.getInstance(String)`, die ein Exemplar eines konkreten kryptografischen Algorithmus liefert. Das Argument ist ein Name für den Algorithmus, etwa MD5 oder SHA. Das JDK implementiert den DSA-Algorithmus *NIST Digital Signature Algorithm* und für digitale Signaturen SHA-1 und MD5. Da wir uns etwas näher mit Signaturen beschäftigt haben, wollen wir zunächst die Klasse `MessageDigest` für digitale Fingerabdrücke untersuchen.

20.4.4 Die Klasse MessageDigest

Mit der statischen Methode `getInstance(String)` bekommen wir einen Algorithmus, der eine bestimmte Berechnungsfunktion implementiert. Als Namen sind etwa möglich:

- SHA-512
- MD2
- MD5

[»]

Beispiel

Erzeuge ein `MessageDigest`-Objekt für SHA:

```
MessageDigest md = MessageDigest.getInstance( "SHA" );
```

Die Methode `getInstance(…)` gibt es in zwei Varianten. Beiden gemeinsam ist der Name des Algorithmus im Methodenparameter. Eine zweite Variante spezifiziert den Provider, also die Implementierungsvariante, näher, wobei als zweiter Parametertyp entweder `String` oder `java.security.Provider` in Frage kommt.

5 *http://www.schneier.com/blog/archives/2005/08/new_cryptanalyt.html* und *http://www.schneier.com/blog/archives/2005/02/sha1_broken.html*

Beispiel

Es soll die Implementierung vom Provider »SUN« kommen:

```
MessageDigest digest = MessageDigest.getInstance( "SHA", "SUN" );
```

Die explizite Provider-Angabe ist nur dann nötig, wenn ein eigener Provider verwendet werden soll.

[«]

Ist der Algorithmus nicht bekannt, bekommen wir eine `NoSuchAlgorithmException`. Ein unbekannter Hersteller führt zu einer `NoSuchProviderException`.

Welche MessageDigest-Algorithmen werden unterstützt?

Die Java-API bietet keine direkte Anfragemethode, die alle MD-Algorithmen liefert. Diese sind jedoch unter *http://docs.oracle.com/javase/8/docs/technotes/guides/security/StandardNames.html* dokumentiert. Bei Java 8 sind dies:

- MD2, MD5
- SHA-1, SHA-224, SHA-256, SHA-384, SHA-512

Wer sich zur Laufzeit dennoch eine Aufzählung wünscht, kann einen Trick anwenden. Am Anfang des Kapitels kam schon zur Sprache, dass `Security.getProviders()` alle Provider liefert, und alle Provider für kryptografische Hashfunktionen sind auch darunter. Wir können also ganz gezielt die Sammlung nach einem MD filtern, denn deren String-Repräsentation beginnt mit »MessageDigest.« bzw. »Alg.Alias.MessageDigest«.

Den Fingerabdruck berechnen

Nun können wir eine Nachricht kodieren. Dafür gibt es zwei Möglichkeiten: Die Nachricht wird als Ganzes übergeben, oder sie wird Schritt für Schritt kodiert. Die Funktionsweise erinnert sehr an die Schnittstelle `java.util.zip.Checksum`.

Beispiel

Die folgenden Zeilen berechnen den Hashwert für eine Zeichenkette:

```
MessageDigest md = MessageDigest.getInstance( "SHA" );
md.update( "Hello".getBytes( StandardCharsets.UTF_8 ) );
```

[«]

Die `update(byte)`-Methode ist auch für ein einzelnes Byte deklariert. Für große Dateien ist es besser, immer wieder `update(byte[])` oder `update(byte[], int, int)` auf größeren Blöcken aufzurufen, anstatt die ganze Datei auf einmal zu übergeben, da dafür die Datei vollständig im Speicher stehen müsste. Schritt für Schritt nehmen wir mit `update(…)` immer mehr von der Nachricht hinzu.

Ein Beispiel: Berechne den Hashwert für alle Daten eines Eingabestroms:

Listing 20.7 com/tutego/security/digest/MessageDigestDemo.java, messageDigest()

```
static byte[] messageDigest( InputStream in, String algo ) throws Exception {
  MessageDigest messageDigest = MessageDigest.getInstance( algo );
  byte[] md = new byte[ 8192 ];

  for ( int n = 0; (n = in.read( md )) > -1; )
    messageDigest.update( md, 0, n );

  return messageDigest.digest();
}
```

Den Fingerabdruck auslesen

Nach dem Sammeln berechnet die Methode `digest()` die Signatur. Sie hat eine bestimmte Länge in Byte, die wir mit `getDigestLength()` erfragen können. Da `digest()` ein Byte-Array zurückliefert, ist der Wert von `getDigestLength()` mit der Länge des Arrays identisch. `digest(byte[])` und `digest(byte[], int, int)` gibt es auch, und sie zeigen, dass wir der Methode auch direkt ein Byte-Feld für den Abschluss übergeben lassen können. Ein einfaches SHA-Programm für den String sieht daher so aus:

Listing 20.8 com/tutego/security/digest/SHATest.java, main()

```
MessageDigest md = MessageDigest.getInstance( "SHA" );
byte[] digest1 = md.digest( "abc".getBytes( StandardCharsets.UTF_8 ) );
System.out.printf( "%032X%n", new BigInteger( 1, digest1 ) );
byte[] digest2 = md.digest( "Abc".getBytes( StandardCharsets.UTF_8 ) );
System.out.printf( "%032X%n", new BigInteger( 1, digest2 ) );
byte[] digest3 = md.digest( "abd".getBytes( StandardCharsets.UTF_8 ) );
System.out.printf( "%032X%n", new BigInteger( 1, digest3 ) );
```

Das Programm erzeugt in der ersten Zeile:

```
A9993E364706816ABA3E25717850C26C9CD0D89D    // abc
```

Schon eine einfache Veränderung wirkt sich global aus. Statt »abc« kodieren wir jetzt »Abc« und »abd«. Einmal ändert sich der Kleinbuchstabe in einen Großbuchstaben, und im anderen Fall nehmen wir einfach das nachfolgende Zeichen im Alphabet. Kein Byte bleibt gleich:

```
915858AFA2278F25527F192038108346164B47F2    // Abc
CB4CC28DF0FDBE0ECF9D9662E294B118092A5735    // abd
```

20.5 Verschlüsseln von Daten(-strömen) *

Kryptografie unterscheidet zwischen asymmetrischer und symmetrischer Verschlüsselung. Ist die Kommunikation asymmetrisch, sind zwei Schlüssel nötig: ein öffentlicher und ein privater. Bei der symmetrischen Verschlüsselung ist nur ein Schlüssel erforderlich, der bei der Ver- und Entschlüsselung gleich ist. Bekanntester Vertreter der symmetrischen Verschlüsselung ist *DES (Data Encryption Standard)*, der allerdings wegen seiner geringen Schlüssellänge nicht mehr aktuell ist. DES wurde 1981 in den USA als ANSI-Standard normiert. Bei den asymmetrischen Verfahren ist die RSA-Verschlüsselung die bekannteste. Ihre Sicherheit basiert auf dem mathematischen Problem, für eine große Ganzzahl eine Primfaktorzerlegung zu finden. Asymmetrische Verschlüsselung ist im Vergleich zu symmetrischen Verschlüsselungen langsam.

20.5.1 Den Schlüssel, bitte

Jeder Schlüssel, sei er privat oder öffentlich, implementiert die Basisschnittstelle `java.security.Key`. Von dieser Schnittstelle gibt es Unterschnittstellen, etwa `PublicKey`, `PrivateKey` für die asymmetrischen Schlüssel oder `SecretKey` für den symmetrischen Schlüssel. Von diesen Schnittstellen existieren weitere Unterschnittstellen.

Schlüssel aus der Fabrik

Um Schlüssel zu erzeugen, gibt es zwei Fabriken: `KeyGenerator` erzeugt symmetrische Schlüssel und `KeyPairGenerator` asymmetrische. Der Fabrikmethode `getInstance(String)` ist dabei eine Kennung zu übergeben, die für den Algorithmus steht.

Listing 20.9 com/tutego/security/crypto/KeyGeneratorDemo.java, main()

```
KeyGenerator kg = KeyGenerator.getInstance( "DES" );
KeyPairGenerator kpg = KeyPairGenerator.getInstance( "RSA" );
```

Der nächste Schritt sieht eine Initialisierung des Schlüssels mit zufälligen Werten vor. Ohne Initialisierung kann jeder Provider unterschiedlich verfahren.

```
kg.init( 56 );                    // nicht größer als 56!
kpg.initialize( 1024 );
```

Nicht besonders schlau ist, dass einmal bei `javax.crypto.KeyGenerator` die Methode `init(…)` heißt und dann einmal `initialize(…)` bei `java.security.KeyPairGenerator`. Beiden Methoden lässt sich noch ein Zufallszahlengenerator mitgeben, doch intern ist das `SecureRandom` schon sehr gut. Kryptografische Angaben kann ein Objekt vom Typ `AlgorithmParameterSpec` einführen.

Der letzte Schritt besteht im Erfragen der Schlüssel:

```
SecretKey secKey  = kg.generateKey();
KeyPair   keyPair = kpg.genKeyPair();
```

Bei einer Ausgabe des symmetrischen Schlüssels über System.out.println(…) kommt nicht viel Sinnvolles heraus, doch bei den privaten und öffentlichen Schlüsseln, die keyPair mit getPublic() und getPrivate() offenlegt, implementieren PublicKey und PrivateKey eine ansehnliche toString()-Methode:

```
System.out.println( keyPair.getPublic() );
```

Liefert:

```
SunJSSE RSA public key:
  public exponent:
    010001
  modulus:
    a8186ac3 03b9417e c0247c70 d225ae75 04d2fa3b 9b21e009 ca32a1f3 3cc7404f
    aeb6df52 0aa4d9ab ae35a5d5 d7b30f38 ce670895 3234fab2 c67f1211 b9dab8d2
    edda3a7b 710fbf86 0274a2a6 842c4d73 76fc2166 80ef1e82 36a949f9 8180c5c7
    004cffdd c103b42b 9abf216d 5f797440 20b8ec52 afe44407 a871e1f7 0e27fec9
```

System.out.println(keyPair.getPrivate()) liefert eine noch längere Ausgabe mit Exponent, Modulo usw.

SecretKeySpec

Schlüssel für die symmetrische Verschlüsselung sind nichts anderes als Binärfelder. Die Klasse javax.crypto.spec.SecretKeySpec dient dem Erzeugen eines symmetrischen Schlüssels und erwartet im Konstruktor das Byte-Feld und den Algorithmus.

```
Key k = new SecretKeySpec( "01234567".getBytes(), "DES" );
```

Für andere Typen existieren wiederum andere Klassen. Zum Beispiel erzeugt DSAPrivateKeySpec einen privaten Schlüssel aus einem anderen Schlüssel, zwei Primzahlen und einer Basis, die als BigInteger-Objekte angegeben sind.

20.5.2 Verschlüsseln mit Cipher

Die Klasse javax.crypto.Cipher bildet das Zentrum der JCE. Nachdem init(…) das Objekt mit einem Modus und Schlüssel initialisiert hat, lassen sich mit update(byte[]) Daten durchschleusen. doFinal() bzw. doFinal(byte[][, …])-Varianten runden das Ganze dann ab. Die Rückgabe ist immer ein verschlüsselter byte-Block:

```
Cipher cipher = Cipher.getInstance( "DES" );
cipher.init( Cipher.ENCRYPT_MODE, key );
byte[] verschlüsselt = cipher.doFinal( unverschlüsselt );
```

Beim Entschlüsseln wird der Cipher einfach in den Modus Cipher.DECRYPT_MODE gesetzt.

20.5.3 Verschlüsseln von Datenströmen

Zum Verschlüsseln von Datenströmen bietet die Java-Bibliothek die praktischen Klassen `javax.crypto.CipherInputStream` und `CipherOutputStream` an. Sie erwarten ein `Cipher`-Objekt, das eine DES-Verschlüsselung durchführt:

Listing 20.10 com/tutego/security/crypto/ReadWriteDES.java

```
package com.tutego.security.crypto;

import java.io.*;
import java.math.BigInteger;
import java.security.*;
import javax.crypto.*;
import javax.crypto.spec.SecretKeySpec;

public class ReadWriteDES {

  static void encode( byte[] bytes, OutputStream out, String pass )
      throws GeneralSecurityException, IOException {
    Cipher c = Cipher.getInstance( "DES" );
    Key k = new SecretKeySpec( pass.getBytes(), "DES" );
    c.init( Cipher.ENCRYPT_MODE, k );

    try ( OutputStream cos = new CipherOutputStream( out, c ) ) {
      cos.write( bytes );
    }
  }

  static byte[] decode( InputStream is, String pass )
      throws GeneralSecurityException, IOException {
    Cipher c = Cipher.getInstance( "DES" );
    Key k = new SecretKeySpec( pass.getBytes(), "DES" );
    c.init( Cipher.DECRYPT_MODE, k );

    ByteArrayOutputStream bos = new ByteArrayOutputStream( 1024 );

    try ( CipherInputStream cis = new CipherInputStream( is, c ) ) {
      for ( int b; (b = cis.read()) != -1; )
        bos.write( b );
    }

    return bos.toByteArray();
  }
```

```
  public static void main( String[] args ) throws Exception {
    ByteArrayOutputStream out = new ByteArrayOutputStream();
    encode( "Das wird anders werden".getBytes(), out, "01234567" );

    byte[] encoded = out.toByteArray();
    String s = new BigInteger( encoded ).toString( 16 );
    System.out.println( s );

    byte[] decoded = new BigInteger( s, 16 ).toByteArray();
    InputStream is = new ByteArrayInputStream( decoded );
    System.out.println( new String( decode( is, "01234567" ) ) );
  }
}
```

Unsere Methoden `encode(…)` und `decode(…)` leiten eine `GeneralSecurityException` an den Aufrufer weiter, eine Basisklasse von `NoSuchAlgorithmException` und `NoSuchPaddingException`; das sind zwei Ausnahmen, die der `Cipher` auslöst.

20.6 Zum Weiterlesen

Die Oracle-Seite *http://docs.oracle.com/javase/8/docs/technotes/guides/security/crypto/CryptoSpec.html* gibt in ihrem »Java Cryptography Architecture (JCA) Reference Guide« einen prima Überblick über die Sicherheitsmerkmale von Java.

Da jeder etwas anderes unter Sicherheit versteht, sind auch die Möglichkeiten zum Weiterlesen nahezu unbeschränkt. Die Verifizierung ist sehr trickreich, und insbesondere ein `finally`-Block verlangt einiges an Aufmerksamkeit. Abschnitt 4.9 der »Java Language Specification« beschreibt die Validierung genauer. Auf die Probleme geht der Artikel »The Problem of Bytecode Verification in Current Implementations of the JVM« (*http://citeseer.ist.psu.edu/484520.html*) etwas präziser ein. Das Zusammengreifen der einzelnen Elemente wie Klassenlader, Verifier, Sicherheitsmanager ist gut im Online-Kapitel von »Inside the Java Virtual Machine« (*http://www.artima.com/insidejvm/ed2/security.html*) nachzulesen.

Kapitel 21
Datenbankmanagement mit JDBC

»Alle Entwicklung ist bis jetzt nichts weiter als ein Taumeln von einem Irrtum in den anderen.«
– Henrik Ibsen (1828–1906)

Das Sammeln, Zugreifen auf und Verwalten von Informationen ist im »Informationszeitalter« für die Wirtschaft eine der zentralen Säulen. Während früher Informationen auf Papier gebracht wurden, bietet die EDV hierfür Datenbankverwaltungssysteme (DBMS, engl. *database management systems*) an. Diese arbeiten auf einer *Datenbasis*, also auf Informationseinheiten, die miteinander in Beziehung stehen. Die Programme, die die Datenbasis kontrollieren, bilden die zweite Hälfte der DBMS. Die Netzwerk- oder hierarchischen Datenmodelle sind mittlerweile den relationalen Modellen – kurz gesagt, Tabellen, die miteinander in Beziehung stehen – gewichen.

Mittlerweile gibt es neben den relationalen Modellen auch andere Speicherformen für Datenbanken. Immer populärer werden objektorientierte Datenbanken und XML-Datenbanken. Auch mit ihnen werden wir uns kurz beschäftigen.

21.1 Relationale Datenbanken

21.1.1 Das relationale Modell

Die Grundlage für relationale Datenbanken sind Tabellen mit ihren Spalten und Zeilen. In der Vertikalen sind die Spalten und in der Horizontalen die Zeilen angegeben. Eine *Zeile* (auch *Tupel* genannt) entspricht einem Element einer Tabelle, eine *Spalte* (auch *Attribut* genannt) einem Eintrag einer Tabelle.

Lfr_Code	Lfr_Name	Adresse	Wohnort
004	Hoven G. H.	Sandweg 50	Linz
009	Baumgarten R.	Tankstraße 23	Hannover
011	Strauch GmbH	Beerenweg 34a	Linz
013	Spitzmann	Hintergarten 9	Aalen
...	...	...	...

Tabelle 21.1 Eine Beispieltabelle

Jede Tabelle entspricht einer logischen Sicht des Benutzers. Die Zeilen einer Relation stellen die *Datenbankausprägung* dar, während das *Datenbankschema* die Struktur der Tabelle – also Anzahl, Name und Typ der Spalten – beschreibt.

Wenn wir nun auf diese Tabellen Zugriff erhalten wollen, um damit die Datenbankausprägung zu erfahren, benötigen wir Abfragemöglichkeiten. Java erlaubt mit JDBC den Zugriff auf relationale Datenbanken.

21.2 Datenbanken und Tools

Vor dem Glück, eine Datenbank in Java ansprechen zu können, steht die Inbetriebnahme des Datenbanksystems (für dieses Kapitel ist das fast schon der schwierigste Teil). Nun gibt es eine große Anzahl von Datenbanken – manche sind frei und Open Source, manche sehr teuer –, sodass sich dieses Tutorial nur auf eine Datenbank beschränkt. Das Rennen macht in dieser Auflage die pure Java-Datenbank *HSQLDB*, die sehr leicht ohne Administratorrechte läuft und leistungsfähig genug ist. Da JDBC aber von Datenbanken abstrahiert, ist der Java-Programmcode natürlich auf jeder Datenbank lauffähig.

[+]

Hinweis

Das JDK-Unterverzeichnis *db*, also etwa *C:\Program Files\Java\jdk1.8.0\db*, liefert die Datenbank *Java DB* (*http://www.oracle.com/technetwork/java/javadb/overview/*) mit aus. Sie basiert auf Apache *Derby*, dem früheren *Cloudscape* von IBM. Im *bin*-Verzeichnis von *db* befinden sich mehrere Tools. Ein Aufruf von `startNetworkServer -p 60000` startet den Datenbankserver und lässt ihn auf Port 60000 hören. Mit dem interaktiven SQL-Kommandozeilentool *ij* lässt sich dann zur Datenbank verbinden oder wieder mit den Datenbanktools von NetBeans und Eclipse.

21.2.1 HSQLDB

HSQLDB (*http://hsqldb.org/*) ist ein pures Java-RDBMS unter der freien BSD-Lizenz. Die Datenbank lässt sich in zwei Modi fahren: als eingebettetes Datenbanksystem und als Netzwerkserver. Im Fall eines eingebauten Datenbanksystems ist lediglich die Treiberklasse zu laden und die Datenbank zu bestimmen, und schon geht's los. Wir werden für die folgenden Beispiele diese Variante wählen.

Auf der Download-Seite *http://sourceforge.net/projects/hsqldb/files/* von SourceForge befindet sich ein Archiv wie *hsqldb-2.3.1.zip* (ca. 7 MiB), das wir auspacken, zum Beispiel nach *C:\Programme\hsqldb*. Unter *C:\Programme\hsqldb\bin* befindet sich ein Skript *runManagerSwing.bat*, das ein kleines Datenbank-Frontend öffnet. Im folgenden Dialog CONNECT setzen wir

1. den Typ auf HSQL DATABASE ENGINE STANDALONE und
2. die JDBC-URL auf *jdbc:hsqldb:file:c:\TutegoDB* (statt *c:\TutegoDB* einen anderen Pfad eintragen, wohin die Datenbank geschrieben werden soll; das Wurzelverzeichnis *C:* unter Windows kann in der Regel nicht beschrieben werden). Der Teil hinter *file:* gibt also den Pfad zu

der Datenbank an, wobei der Pfad relativ oder absolut sein kann. Liegt die Datenbank im Eclipse-Workspace, kann später die absolute Angabe entfallen. Existiert die Datenbank nicht, wird sie unter dem angegebenen Pfad angelegt – das machen wir im ersten Schritt –, existiert sie, wird sie zum Bearbeiten geöffnet.

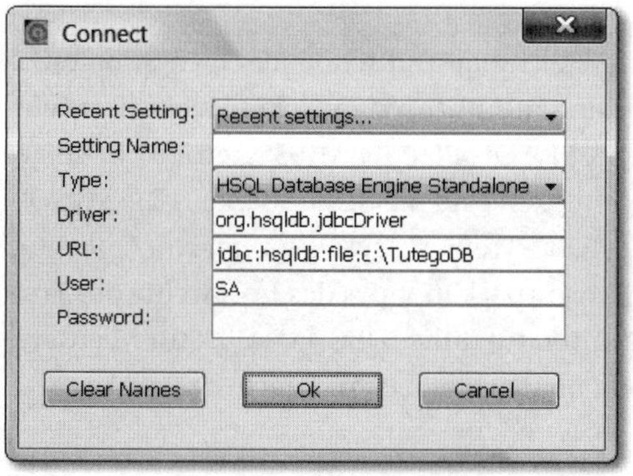

Abbildung 21.1 Verbindung aufbauen zur Datenbank

Nach dem Beenden des Dialogs mit OK fügt im Menü OPTIONS die Operation INSERT TEST DATA einige Tabellen mit Dummy-Daten ein und führt ein SQL-SELECT aus, das uns den Inhalt der Customer-Tabelle zeigt. Beenden wir anschließend das Swing-Programm mit FILE • EXIT. Im Dateisystem hat der Manager jetzt eine *.log*-Datei angelegt – zu ihr gesellen sich später noch eine *.script*-Datei, eine *.properties*-Datei und eine *.lck*-Datei.

Für den Datenbankzugriff aus Java ist nur das Archiv *hsqldb.jar* aus dem *lib*-Verzeichnis von HSQLDB in den Klassenpfad aufzunehmen.

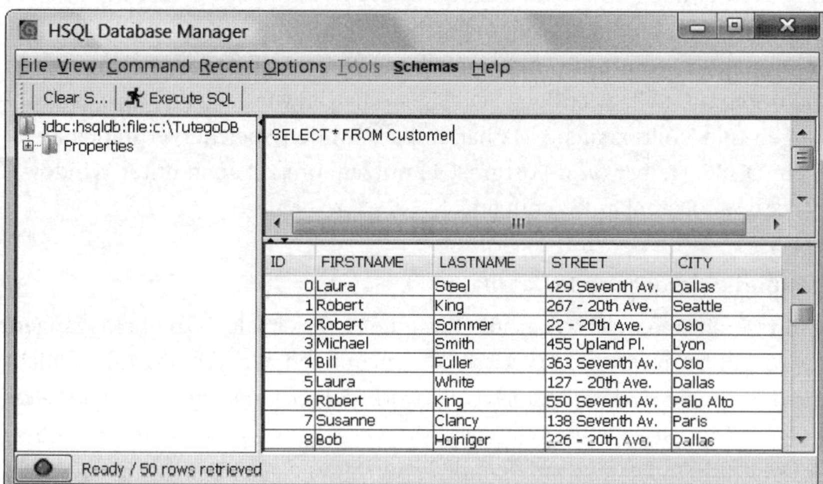

Abbildung 21.2 SQL-Kommandos absetzen und Resultate einsehen

21.2.2 Weitere Datenbanken *

Die Anzahl der Datenbanken ist zwar groß, aber es gibt immer wieder Standarddatenbanken und freie Datenbank-Management-Systeme.

MySQL

MySQL (*http://www.mysql.de/*) ist ein häufig eingesetzter freier und schneller Open-Source-Datenbankserver. Er wird oft im Internet in Zusammenhang mit dynamischen Webseiten eingesetzt; das Zusammenspiel zwischen Linux, Apache, MySQL, PHP (LAMP-System) ist hoch gelobt. Herausragende Eigenschaften sind die Geschwindigkeit und die Bedienbarkeit. Die MySQL-Datenbank spricht der unter der LGPL stehende JDBC-Treiber *MySQL Connector/J* (*http://dev.mysql.com/downloads/connector/j/*) an. Nach dem Entpacken muss das JAR-Archiv des Treibers in den Klassenpfad aufgenommen werden. Er unterstützt die JDBC 4.0-API. Sun Microsystems hat im Februar 2008 MySQL übernommen, und heute gehört es zu Oracle.

PostgreSQL

Die *PostgreSQL*-Datenbank (*http://www.postgresql.org/*) ist ebenfalls quelloffen, läuft auf vielen Architekturen und unterstützt weitgehend den SQL-Standard 92. Gespeicherte Prozeduren, Schnittstellen zu vielen Programmiersprachen, Views und die Unterstützung für Geoinformationssysteme (GIS) haben das unter der BSD-Lizenz stehende PostgreSQL sehr beliebt gemacht. Es gibt moderne JDBC 4.1-Treiber unter *http://jdbc.postgresql.org/*.

H2

Die Beispiele im Buch basieren auf der HSQLDB-Datenbank, da sie so schön einfach ist. Eine andere leistungsfähige und einfach einzusetzende pure Java-Datenbank ist H2 (*http://www.h2database.com*). Auch sie ist als Stand-alone oder eingebettet lauffähig und verfügt gegenüber HSQLDB noch über einige Extra-Features. H2 hat eine schöne Weboberfläche zur Konfiguration und für Abfragen und unterstützt alle wichtigen SQL-Eigenschaften wie Trigger, Joins, dazu abgesicherte Verbindungen und Volltextsuche. H2 hält außerdem den Speicherverbrauch klein. Weiterhin lässt sich ein ODBC-Treiber (von PostgreSQL) nutzen, um H2 auch unter Windows-Programmen (etwa Access) als Datenbank zu nutzen.

Oracle Database 11g Express Edition (Oracle Database XE)

Um die Verbreitung ihrer Produkte weiter zu erhöhen, ist die Firma Oracle dazu übergegangen, eine vollwertige freie Version zum Download oder als CD anzubieten. Wer den Download nicht scheut, der kann unter *http://www.oracle.com/technetwork/database/database-technologies/express-edition/* die *Oracle Database XE* für Windows, Mac OS X, Linux und weitere Unix-Systeme herunterladen. Die JDBC-Treiber sind auf dem neuesten Stand.

DB2 Universal Database Express/DB2 Express-C

Von IBM stammt die etwas eingeschränkte, aber freie Version von DB2 mit exzellenter Java-Unterstützung. Unter *http://tutego.de/go/db2express* lässt sich die Datenbank für Windows und Linux herunterladen.

Microsoft SQL Server und JDBC-Treiber

Mit *SQL Server Express 2012* (*http://www.microsoft.com/express/Database/*) bietet Microsoft eine freie Datenbank. Auch für die nicht freie Version, den Microsoft SQL Server, bietet Microsoft unter *http://www.microsoft.com/de-de/download/details.aspx?id=11774* einen aktuellen JDBC 4.0-Treiber. Er benötigt mindestens Java 5 und ist plattformunabhängig.

21.2.3 Eclipse Data Tools Platform (DTP) zum Durchschauen von Datenbanken

Es gibt fast genauso viele Tools zum Administrieren von Datenbanken wie Datenbanken selbst. NetBeans bringt ein Werkzeug zum Durchstöbern von Datenbanken mit, und für Eclipse gibt es die *Data Tools Platform* (DTP)[1], die das Paket *Eclipse IDE for Java EE Developers* integriert – eine herkömmliche Eclipse-Installation kann dieses Plugin einfach nachinstallieren.

Es gibt für die Eclipse-Perspektive DATABASE DEVELOPEMENT einige neue Ansichten. Eine ist DATA SOURCE EXPLORER, die sich auch durch WINDOW • SHOW VIEW • OTHER... • DATA MANAGEMENT • DATA SOURCE EXPLORER für andere Perspektiven aktivieren lässt.

Beim DATA SOURCE EXPLORER wählen wir im Zweig DATABASE CONNECTIONS über das Kontextmenü den Eintrag NEW... So lässt sich eine neue Datenbankverbindung einrichten. Im folgenden Dialog wählen wir HSQLDB aus der Liste. NEXT bringt uns zu einem neuen Dialog. Rechts neben dem Auswahlfeld bei DRIVERS ist eine unscheinbare Schaltfläche mit einem Kreis und +-Symbol.

Nach dem Aktivieren öffnet sich ein weiterer Dialog mit dem TITEL NEW DRIVER DEFINITION. Aus der Liste wählen wir unter DATABASE den HSQLB JDBC DRIVER aus und gehen auf den zweiten Reiter, auf JAR LIST. Mit ADD JAR/ZIP... kommt ein Auswahldialog, und wir navigieren zu HSQLDB.JAR.

Zurück im Dialog ist dann der HSQLDB JDBC DRIVER voreingestellt und mit der Treiberklasse *org.hsqldb.jdbcDriver* verbunden. Im ersten Reiter, GENERAL, tragen wir Folgendes ein:

- DATABASE: einen beliebigen Namen, der nur der Anzeige dient, etwa *tutegoDB*
- DATABASE LOCATION: den Ablageort für die angelegte Datenbank, etwa *file:c:/TutegoDB*
- Unter USER NAME tragen wir »sa« ein, PASSWORD kann leer bleiben.

Die JDBC-URL mit dem Präfix *jdbc:hsqldb:* wird automatisch zusammengesetzt.

1 *http://www.eclipse.org/datatools/*

Abbildung 21.3 Dialog mit Verbindungsdaten

Mit FINISH bestätigen wir den Dialog, und anschließend sollte der Klick auf die Schaltfläche TEST CONNECTION bezeugen, dass alles gut geht und es keine Probleme mit den Parametern gab. FINISH schließt den Dialog, und nach einer erfolgreichen Verbindung sind in der Ansicht die Datenbank sowie ihre Schemas zu sehen.

Um eine SQL-Abfrage auszuführen, öffnen wir den Dialog unter FILE • NEW • OTHER... • SQL DEVELOPMENT • SQL FILE, klicken auf NEXT und geben einen Dateinamen wie *test* für eine Skriptdatei an. Im unteren Bereich des Dialogs lässt sich direkt die Datenbank auswählen. Wählen wir für DATABASE SERVER TYPE den Eintrag HSQLDB_1.8, für CONNECTION PROFILE NAME anschließend NEW HSQLDB und abschließend als DATABASE NAME aus dem Auswahlmenü PUBLIC. FINISH schließt den Dialog, legt eine Datei *test.sqlpage* an und öffnet diese in einem neuen Editor für SQL-Anweisungen. Tragen wir dort Folgendes ein:

```
SELECT * FROM Customer
```

Das Kontextmenü im SQL-Editor bietet EXECUTE ALL. In der Ansicht SQL RESULTS sind die Ergebnisse dann abzulesen.

[+]

Tipp

Mit der rechten Maustaste lassen sich im Kontextmenü EDIT IN SQL QUERY BUILDER... die Abfragen auch etwas mehr grafisch visualisieren.

Wenn wir unsere Beispiele beendet haben, sollten wir im DATA SOURCE EXPLORER die Verbindung wieder schließen; dazu ist auf unserer Datenbank in der Ansicht DATABASE EXPLORER im Kontextmenü DISCONNECT zu wählen.

[+]

Hinweis

Wenn HSQLDB im Embedded-Modus arbeitet, sollte Eclipse neu gestartet werden, weil das Datenbanktool nicht zwingend die Verbindung korrekt schließt und sonst die folgenden Beispiele nicht funktionieren, da noch ein Datei-Lock vorhanden ist.

21.3 JDBC und Datenbanktreiber

JDBC ist die inoffizielle Abkürzung für *Java Database Connectivity* und bezeichnet einen Satz von Schnittstellen, um relationale Datenbanksysteme von Java zu nutzen. Die erste JDBC-Spezifikation gab es im Juni 1996. Die Schnittstellen und wenigen Klassen sind ab dem JDK 1.1 im Core-Paket integriert. Die JDBC-API und ihre Treiber erreichen eine wirksame Abstraktion von relationalen Datenbanken, sodass durch die einheitliche Programmierschnittstelle die Funktionen differierender Datenbanken in gleicher Weise genutzt werden können. Das Lernen von verschiedenen Zugriffsmethoden für unterschiedliche Datenbanken der Hersteller entfällt. Wie jedoch diese spezielle Datenbank nun wirklich aussieht, verheimlicht uns die Abstraktion. Jede Datenbank hat ihr eigenes Protokoll (und eventuell auch Netzwerkprotokoll), doch die Implementierung ist nur dem Datenbanktreiber bekannt.

Das Modell von JDBC setzt auf dem X/OPEN-SQL-Call-Level-Interface (CLI) auf und bietet somit die gleiche Schnittstelle wie Microsofts ODBC (Open Database Connectivity). Dem Programmierer gibt JDBC Methoden, um Verbindungen zu Datenbanken aufzubauen, Datensätze zu lesen oder neue Datensätze zu verfassen. Zusätzlich können Tabellen aktualisiert und Prozeduren auf der Serverseite ausgeführt werden.

[+]

Hinweis

Ein JDBC-Treiber muss nicht unbedingt relationale Datenbanken ansprechen, obwohl das der häufigste Fall ist. Mit der freien Bibliothek *CsvJdbc (http://csvjdbc.sourceforge.net/)*ist etwa der Zugriff auf Comma-Separated-Value-(CSV-)Dateien möglich. Es gibt weitere Treiber für Excel-Tabellen oder alte dBASE-Datenbanken.

Implementierung der JDBC-API

Um eine Datenbank ansprechen zu können, müssen wir einen Treiber haben, der die JDBC-API implementiert und zwischen dem Java-Programm und der Datenbank vermittelt. Jeder Treiber ist üblicherweise anders implementiert, denn er muss die datenbankunabhängige JDBC-API auf die konkrete Datenbank übertragen. Die Hersteller liefern in der Regel selbst einen JDBC-Treiber mit aus, den wir als JAR-Datei in den Klassenpfad mit aufnehmen.

21.3.1 Treibertypen *

Oracle definiert vier Treiberkategorien, die wir im Folgenden beschreiben. Sie unterscheiden sich im Wesentlichen darin, ob sie über einen nativen Anteil verfügen oder nicht.

Typ 1: JDBC-ODBC-Brücke (JDBC-ODBC Bridge driver)

ODBC (*Open Database Connectivity Standard*) ist ein Standard von Microsoft, der den Zugriff auf Datenbanken über eine genormte Schnittstelle möglich macht. ODBC ist insbesondere in der Windows-Welt weit verbreitet, und für jede ernst zu nehmende Datenbank gibt es einen Treiber.

Da es am Anfang der JDBC-Entwicklung keine Treiber gab, haben sich JavaSoft und *Intersolv* (seit 2000 *Merant*) etwas ausgedacht: eine JDBC-ODBC-Brücke, die die Aufrufe von JDBC in ODBC-Aufrufe der Client-Seite umwandelt. Da die Performance oft nicht optimal und die Brücke nicht auf jeder Plattform verfügbar ist, stellt diese JDBC-Anbindung häufig eine Notlösung dar. Und weil ODBC eine systembezogene Lösung ist, hat der Typ-1-Treiber native Methoden, was die Portierung und seinen Einsatz – etwa über das Netz – erschwert. Die JDBC-ODBC-Brücke implementiert seit Version 1.4 den JDBC 2-Standard. In Java 8 wurde die Brücke entfernt, ist also kein Teil mehr vom JDK. Es gibt existierende Lösungen auf dem Markt, allerdings gibt es keine wirkliche Notwendigkeit mehr dafür, da es für jede bedeutende Datenbank einen direkten JDBC-Treiber gibt.

Typ 2: Native plattformeigene JDBC-Treiber (Native-API Java driver)

Diese Treiber übersetzen die JDBC-Aufrufe direkt in Aufrufe der Datenbank-API. Dazu enthält der Treiber Programmcode, der native Methoden aufruft.

Treiber vom Typ 1 oder 2 sind nicht portabel auf jeder Plattform, da sie zum einen für die JDBC-ODBC-Brücke auf die Plattform-Bibliothek für ODBC zurückgreifen müssen und zum anderen auf plattformspezifische Zugriffsmöglichkeiten für die Datenbank angewiesen sind. Den Treiber auf einen anderen Computer zu übertragen funktioniert in der Regel nicht, da sie eng mit der Datenbank verbunden sind. Läuft auf einem Server etwa eine alte dBASE-Datenbank und ein nativer Typ-2-Treiber greift direkt auf die lokale Datenbank zu, dann kann dieser JDBC-Treiber nicht einfach auf einen Tablet-PC mit ARM-Prozessor kopiert werden – zum einen würde er dort wegen der anderen Hardware-Architektur nicht laufen, und zum anderen würde der Treiber dann wohl kaum über das Netzwerk auf die Datenbank zugreifen können.

Typ 3: Universeller JDBC-Treiber (Native-protocol all Java driver)

Der universelle JDBC-Treiber ist ein in Java programmierter Treiber, der beim Datenbankzugriff auf den Client geladen wird. Der Treiber kommuniziert mit der Datenbank nicht direkt, sondern über eine Softwareschicht, die zwischen der Anwendung und der Datenbank sitzt: der *Middleware*. Damit erfüllen Typ-3-Treiber eine Vermittlerrolle, denn erst die Middleware leitet die Anweisungen an die Datenbank weiter. Für Applets und Internetdienste hat ein Typ-3-Treiber den großen Vorteil, dass seine Klassendateien oft kleiner als Typ-4-Treiber sind, da ein komprimiertes Protokoll eingesetzt werden kann. Über das spezielle Protokoll zur Middleware ist auch eine Verschlüsselung der Verbindung möglich. Kaum eine Datenbank unterstützt verschlüsselte Datenbankverbindungen. Da zudem das Middleware-Protokoll unabhängig von der Datenbank ist, müssen auf der Client-Seite für einen Datenbankzugriff auf mehrere Datenbanken auch nicht mehr alle Treiber installiert werden, sondern im günstigsten Fall nur noch ein Typ-3-Treiber von einem Anbieter. Die Ladezeiten sind damit deutlich geringer.

Typ 4: Direkte Netzwerktreiber (Net-protocol all Java driver)

Diese Treiber sind vollständig in Java programmiert und kommunizieren direkt mit dem Datenbankserver. Sie sprechen mithilfe des datenbankspezifischen Protokolls direkt mit der Datenbank über einen offenen IP-Port. Dies ist in einer Direktverbindung die performanteste Lösung. Sie ist jedoch nicht immer realisierbar, etwa bei Datenbanken wie MS Access, dBase oder Paradox, die kein Netzwerkprotokoll definieren.

21.3.2 JDBC-Versionen *

Mit den Java-Versionen ist auch die Versionsnummer von JDBC gestiegen:

- Am Anfang stand *JDBC 1.0*, das Sun im Jahr 1997 in Java 1.1 integrierte. JDBC 1.0 basiert auf SQL-92.
- Die nächste Spezifikation ist die *JDBC 2.0 API*. Sie berücksichtigt SQL-99 (SQL-3). Die Spezifikation der Version 2 setzt sich aus zwei Teilen zusammen: einer *JDBC 2.0 core API* und einer *JDBC 2.0 Optional Package API*. Die Core-API im Paket `java.sql` erweitert das Ur-JDBC um Batch-Updates und SQL 3-Datentypen. Das JDBC Optional Package liegt im Paket `javax.sql` und bietet unter anderem Data-Source, Connection-Pooling und verteilte Transaktionen. Während das Core-Paket fester Bestandteil von Java 1.2 war, ist das optionale Paket in Java 1.2 noch echt optional und erst in Java 1.3 fest integriert. Für fast alle Datenbanken gibt es JDBC 2.0-Treiber.
- JDBC 3.0 ist Teil von Java 1.4. Es integriert die JDBC 2.1 core API, das JDBC 2.0 Optional Package und nimmt neu unter anderem hinzu: Savepoints in Transaktionen, Wiederverwendung von Prepared-Statements, die JDBC-Datentypen `BOOLEAN` und `DATALINK`, Abrufen automatisch generierter Schlüssel, Änderungen von LOBs und mehrere gleichzeitig geöffnete `ResultSet`s.
- In Java 5 hat sich nicht viel an JDBC geändert. Es ist immer noch JDBC 3.0, doch sind JDBC-`RowSet`-Implementierungen hinzugekommen.
- In JDBC 4.0, das in Java 6 Einzug gehalten hat, werden Treiber – wenn mit einer speziellen Mata-Datei vorbereitet – automatisch angemeldet. Weiterhin gibt es XML-Datentypen aus SQL:2003 und Zugriff auf die SQL-ROWID.
- Ein kleines Update auf JDBC 4.1 brachte Java 7 mit sich. Die API unterstützt etwa das neue Sprachfeature `try` mit Ressourcen, in dem JDBC-Typen `AutoCloseable` implementieren.
- Java 8 aktualisiert auf JDBC 4.2; die Änderungen sind minimal.

[+]

Hinweis

Die aktuellen Treiber für die Datenbanken Oracle 11, Java DB (Apache Derby), DB 2 und MySQL implementieren einige JDBC 4-Eigenschaften, wenngleich nicht alle. Entwickler können nicht davon ausgehen, dass jede Datenbank und jeder Treiber alle JDBC-Operationen vollständig realisiert, was die Portabilität einschränken kann.

Der Grad der SQL-Unterstützung

Auch wenn uns der neueste Treiber einer Datenbank vorliegt, heißt das nicht, dass er auch alle JDBC-Möglichkeiten ausschöpft. Zum einen kann das daran liegen, dass die Datenbank diese Möglichkeiten gar nicht bietet – etwa Savepoints – oder dass der Treiber nicht hinreichend aktuell ist.

Einige Möglichkeiten lassen sich über die Metadaten einer Datenbank erfragen. Dazu zählt zum Beispiel, ob ein Treiber bzw. eine Datenbank den vollen ANSI-92-Standard unterstützt. Methoden wie `supportsANSI92XXXSQL()` eines `DatabaseMetaData`-Objekts liefern den Hinweis, ob die Datenbank ANSI 92 *Entry Level* (gilt immer), *Intermediate SQL* oder *Full SQL* unterstützt. Auch für ODBC gibt es unterschiedliche Level: *Minimum SQL Grammar, Core SQL Grammar* und *Extended SQL Grammar.*

21.4 Eine Beispielabfrage

21.4.1 Schritte zur Datenbankabfrage

Wir wollen kurz die Schritte skizzieren, die für einen Zugriff auf eine relationale Datenbank mit JDBC erforderlich sind:

1. Einbinden der JDBC-Datenbanktreiber in den Klassenpfad
2. unter Umständen Anmelden der Treiberklassen
3. Verbindung zur Datenbank aufbauen
4. eine SQL-Anweisung erzeugen
5. SQL-Anweisung ausführen
6. das Ergebnis der Anweisung holen, bei Ergebnismengen über diese iterieren
7. die Datenbankverbindung schließen

Wir beschränken uns im Folgenden auf die Verbindung zum freien Datenbanksystem HSQLDB.

21.4.2 Ein Client für die HSQLDB-Datenbank

Ein Beispiel soll zu Beginn die Programmkonzepte für JDBC veranschaulichen, bevor wir im Folgenden das Java-Programm weiter sezieren. Das Programm in der Klasse `FirstSqlAccess` nutzt die Datenbank TutegoDB, die sich im Suchpfad befinden muss; wir können ebenso absolute Pfade bei HSQLDB angeben, etwa *C:/TutegoDB*. Bei der Parametrisierung »jdbc:hsqldb:**file**:...« von HSQLDB liest die Datenbank beim ersten Start die Daten aus der Datei ein, verwaltet sie im Speicher und schreibt sie am Ende des Programms wieder in eine Datei zurück.

Da wir die Datenbank schon früher mit Demodaten gefüllt haben, lässt sich jetzt eine SQL-SELECT-Abfrage absetzen:

Listing 21.1 com/tutego/insel/jdbc/FirstSqlAccess.java

```
package com.tutego.insel.jdbc;

import java.sql.*;

public class FirstSqlAccess {
  public static void main( String[] args ) {
    try {
      Class.forName( "org.hsqldb.jdbcDriver" );
    }
    catch ( ClassNotFoundException e ) {
      System.err.println( "Keine Treiber-Klasse!" );
      return;
    }

    String url = "jdbc:hsqldb:file:TutegoDB;shutdown=true";
    try ( Connection con = DriverManager.getConnection( url, "sa", "" );
          Statement stmt = con.createStatement() ) {
//      stmt.executeUpdate( "INSERT INTO CUSTOMER VALUES(" +
//              "50,'Christian','Ullenboom','Immengarten 6','Hannover')" );

      ResultSet rs = stmt.executeQuery( "SELECT * FROM Customer" );

      while ( rs.next() )
        System.out.printf( "%s, %s %s%n", rs.getString(1),
                           rs.getString(2), rs.getString(3) );

      rs.close();
    }
    catch ( SQLException e ) {
      e.printStackTrace();
    }
  }
}
```

Dem Beispiel ist in diesem Status schon die aufwändige Fehlerbehandlung anzusehen. Das Schließen vom `ResultSet` und `Statement` ist vereinfacht, aber okay, weil das `try` mit Ressourcen auf jeden Fall die `Connection` schließt, und darauf kommt es an.

[+]

Hinweis

Es ist möglich, auch ohne ODBC-Eintrag Zugriff auf eine Access-Datenbank aufzubauen – nützlich ist das zum Beispiel dann, wenn der Name der Datenbank erst später bekannt wird.

```
con = DriverManager.getConnection( "jdbc:odbc:Driver="+
          "{Microsoft Access Driver (*.mdb)};DBQ=c:/daten/test.mdb",
          "name", "pass" );
```

Ein ähnlicher String kann auch für den Zugriff auf eine dBase-Datenbank genutzt werden, für die ein ODBC-Treiber angemeldet ist:

```
jdbc:odbc:Driver={Microsoft dBase Driver (*.dbf)};DBQ=c:\database.dbf
```

Das funktioniert jedoch nicht mehr unter Java 8, da der JDBC-ODBC-Treiber nicht mehr Teil der Standarddistribution ist.

21.5 Mit Java an eine Datenbank andocken

Zum Aufbau einer Datenbankverbindung und zur Herstellung einer `Connection` gibt es zwei Möglichkeiten:

- **Direkt über den `DriverManager`:** Die Verbindungsdaten stehen im Quellcode (entweder direkt, oder sie werden über Konfigurationsdateien bestimmt). Diesen Weg zeigte das Beispiel bisher.
- **Über einen zentralen Namensdienst:** Im JNDI ist eine vorkonfigurierte Datenquelle (`DataSource`) abgelegt, die wir entnehmen und über die wir eine Verbindung aufbauen.

Im Java-Enterprise-Bereich ist das übliche Vorgehen der zweite Weg über eine `DataSource`. Wir wollen uns doch zunächst mit dem `DriverManager` beschäftigen, bevor wir zur `DataSource` und zum JNDI kommen.

Alle verwendeten Klassen und Schnittstellen für den Datenbankteil liegen unter `java.sql.*`. Wenn wir mit einem Namensdienst arbeiten, sind Typen aus dem Paket `javax.naming` nötig.

21.5.1 Der Treiber-Manager *

Alle Datenbanktreiber werden an einer zentralen Stelle, dem *Treiber-Manager*, gesammelt. Die Zentrale ist in Java durch die Klasse `DriverManager` gegeben. Die Methoden der Klasse sind statisch, da sich ein Exemplar dieser Klasse nicht erzeugen lässt; der Konstruktor ist privat. Die wichtigste Methode des Treiber-Managers ist statisch und heißt `getConnection(…)`. Mit ihr können wir eine Verbindung zur Datenbank aufbauen. Es lassen sich aber auch alle angemeldeten Treiber erfragen.

21.5.2 Den Treiber laden

Vor der Ausführung der JDBC-Befehle muss ein passender Datenbanktreiber geladen werden. Der Datenbanktreiber ist eine Java-Klasse, die beim Treiber-Manager angemeldet sein muss.

[+]

Hinweis

Treiberklassen können im Prinzip – soweit das vom Treiberproduzenten vorbereitet ist – automatisch geladen werden. Der Entwickler muss den Namen der Treiberklassen nicht mehr kennen. Intern funktioniert das über Service-Provider. Für eigene, automatisch zu ladende Klassen ist `java.util.ServiceLoader` einen Blick wert. Bei unserer HSQLDB kann das `Class.forName(…)` daher entfallen.

Ist das automatische Laden der Treiberklasse nicht vorbereitet, muss sie von Hand eingebunden werden. Zwei Möglichkeiten sind populär:

- Die Property `jdbc.drivers` enthält den Namen des Datenbanktreibers. Auf der Kommandozeile lässt sich die Variable mit dem Schalter `-D` einfach setzen:

  ```
  $ java -Djdbc.drivers=org.hsqldb.jdbcDriver <Javaklasse>
  ```

- Die zweite Möglichkeit bietet der Aufruf von `Class.forName(driverclassname)`, die eine Treiberklasse lädt. Sie trägt sich automatisch beim Treiber-Manager ein.

```
final class java.lang.Class<T>
implements Serializable, GenericDeclaration, Type, AnnotatedElement
```


- `static Class<?> forName(String className) throws ClassNotFoundException`
  Sucht, lädt und bindet die Klasse mit dem qualifizierten Namen `className` ins Laufzeitsystem ein. Die statische Methode liefert ein `Class`-Objekt zurück, falls sie die Klasse laden kann, andernfalls quittiert sie einen Fehler mit einer `ClassNotFoundException`.

Die Programmzeilen für das manuelle Laden der Klasse `org.hsqldb.jdbcDriver` sind somit:

Listing 21.2 com/tutego/insel/jdbc/DriverManagerDemo.java, Ausschnitt

```
try {
  Class.forName( "org.hsqldb.jdbcDriver" );
}
catch ( ClassNotFoundException e ) {
  // Blöd: Treiber konnte nicht geladen werden.
  e.printStackTrace();
}
```

Da wir die Klasse nur laden, aber die Referenz auf den Klassen-Deskriptor nicht benötigen, belassen wir es bei einem Aufruf und beachten den Rückgabewert nicht. Diese `Class.forName(String)` löst eine `ClassNotFoundException` aus, falls die Klasse nicht gefunden wurde, der Treiber also nicht geladen werden konnte.

Datenbank	Klassenname für den JDBC-Treiber
Adabas D	`de.sag.jdbc.adabasd.Adriver`
Borland JDataStore	`com.borland.datastore.jdbc.DataStoreDriver`
Borland Interbase	`interbase.interclient.Driver`
DB2/Derby	`com.ibm.db2.jcc.DB2Driver`
Informix	`com.informix.jdbc.IfxDriver`
IDS Server	`ids.sql.IDSDriver`
Microsoft SQL Server	`com.microsoft.jdbc.sqlserver.SQLServerDriver`
mSQL	`COM.imaginary.sql.msql.MsqlDriver`
MySQL	`com.mysql.jdbc.Driver`
Oracle	`oracle.jdbc.driver.OracleDriver`
Pointbase	`com.pointbase.jdbc.jdbcUniversalDriver`
PostgreSQL	`org.postgresql.Driver`
Sybase	`com.sybase.jdbc2.jdbc.SybDriver`

Tabelle 21.2 Übersicht der jeweiligen voll qualifizierten Klassennamen für den JDBC-Treiber

21.5.3 Eine Aufzählung aller Treiber *

Die statische Methode `DriverManager.getDrivers()` liefert eine `Enumeration<Driver>` der angemeldeten Treiber. Die folgenden Zeilen geben einfach den Klassennamen aus – die Treiber implementieren nicht unbedingt eine sinnvolle `toString()`-Methode, sodass wir uns mit dem Klassennamen begnügen:

```
for ( Driver driver : Collections.list( DriverManager.getDrivers() ) )
  System.out.println( driver.getClass().getName() );
```

Die Elemente, die durch die `Enumeration` ausgelesen werden, sind Treiberobjekte vom Typ `Driver`. Jeder Datenbanktreiber implementiert diese Schnittstelle. Mit dem Treiber für HSQLDB im Klassenpfad ist die Ausgabe:

```
org.hsqldb.jdbc.JDBCDriver
```

Vor Java 8 tauchte auch der Standard-JDBC-ODBC-Treiber auf.

21.5.4 Log-Informationen *

Zu Testzwecken bietet es sich an, Informationen des Treibers und der Datenbank in einen speziellen Ausgabekanal zu schreiben. Wir können die Log-Informationen so umlenken, dass sie in den Standardausgabestrom geschrieben werden. Das macht die statische Methode `setLogWriter(PrintWriter)`:

```
DriverManager.setLogWriter( new PrintWriter( System.out ) );
```

Nicht nur Treiber und SQL-Klassen nutzen den Log-Stream, auch wir können Zeichenketten ausgeben. Dazu dient die statische Methode `println(String)`, die als Parameter nur einen Zeichenfolge annimmt. `println(String)` ist so implementiert, dass bei einem nicht gesetzten Log-Stream die Ausgabe unterbleibt.

```
class java.sql.DriverManager
```

- `static void setLogWriter(PrintWriter out)`
  Setzt den Log-Writer und startet damit das Logging. Mit dem Argument `null` wird das Logging wieder ausgeschaltet.
- `static PrintWriter getLogWriter()`
  Liefert den angemeldeten Log-Writer.
- `static void println(String message)`
  Schreibt eine Meldung in den Log-Stream.

21.5.5 Verbindung zur Datenbank auf- und abbauen

Nach dem Laden des Treibers können wir eine Verbindung zur Datenbank mithilfe des `Connection`-Objekts aufbauen, das `DriverManager.getConnection(…)` zurückgibt. Der Methode wird eine Datenbank-URL mitgegeben und optional Benutzername und Passwort.

Die Datenquelle angeben

Alle Datenquellen sind durch eine besondere URL qualifiziert, die folgendes Format besitzt:

jdbc:Subprotokoll:Datenquellenname

Die Datenbank definieren jeweils unterschiedliche Subprotokolle, und die Angabe des Servernamens ist auch immer individuell:

Datenbank	Subprotokoll	Beispiel
Derby	derby:net	*jdbc:derby:net://host:1527/*
IBM DB2	db2	*jdbc:db2://database*
HSQLDB	hsqldb	*jdbc:hsqldb:file:database*
Interbase	interbase	*jdbc:interbase://host/dabase.gdb*
MySQL	mysql	*jdbc:mysql://host/database*
ODBC-Datenquellen	odbc	*jdbc:odbc:database*
Oracle Thin	oracle:thin	*jdbc:oracle:thin:@host:1243:database*
Sybase	sybase:Tds	*jdbc:sybase:Tds:host:1234/database*
MS SQL-Server	sqlserver	*jdbc:sqlserver://localhost;integratedSecurity=true;*

Tabelle 21.3 Protokoll-URLs einiger Datenbanken

Verbindung aufnehmen

Der Aufruf von `DriverManager.getConnection(…)` liefert – wenn alles gut geht – ein `Connection`-Objekt, das die Verbindung mit der Datenbank repräsentiert.

[»]

Beispiel

Verbinde mit einer Datenbank, die den Namen »TutegoDB« trägt (im Fall von ODBC wurde der Name im Datenquellen-Administrator festgelegt und hat nichts mit dem Dateinamen zu tun):

```
con = DriverManager.getConnection( "jdbc:hsqldb:file:TutegoDB;shutdown=true",
                                   "sa", "" );
```

Die statische Methode `getConnection(…)` erwartet bis zu drei Parameter: Die URL der Datenbank, zu der die Verbindung aufgenommen werden soll, ist der Pflichtparameter. Der Anmeldename und das Passwort sind optional und können auch leere Strings ("") sein, wenn eine Authentifizierung keine Rolle spielt.

Meldet `getConnection(…)` keinen Fehler, so liefert sie uns eine geöffnete Datenbankverbindung.

```
class java.sql.DriverManager
```

- `static Connection getConnection(String url) throws SQLException`
  Versucht, eine Verbindung zur Datenbank aufzubauen. Die Klasse `DriverManager` sucht dabei einen passenden Treiber aus der Liste der registrierten JDBC-Treiber für die Datenbank.

- `static Connection getConnection(String url, String user, String password) throws SQLException`
  Versucht, eine Verbindung zur Datenbank aufzubauen. `user` und `password` werden für die Verbindung zur Datenbank verwendet.
- `static Connection getConnection(String url, Properties info) throws SQLException`
  Versucht, eine Verbindung zur Datenbank aufzubauen. Im `Properties`-Objekt können die Felder `user` und `password` sowie weitere Informationen vorhanden sein.

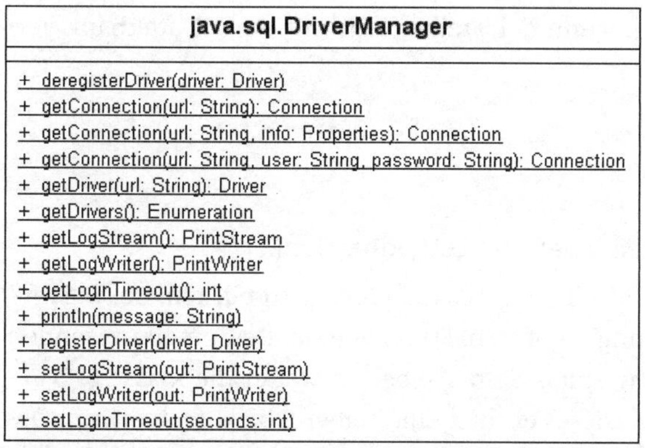

Abbildung 21.4 Klassendiagramm für DriverManager

Verbindung beenden

Eine offene Verbindung ist nach der Nutzung immer zu schließen. Daher ist der Aufruf der `close()`-Methode vom `Connection`-Objekt zwingend. Am besten wird der Aufbau der Verbindung gleich in einen `try` mit Ressourcen-Block gesetzt, denn `Connection` implementiert `AutoCloseable`:

Listing 21.3 com/tutego/insel/jdbc/FirstSqlAccess.java, Ausschnitt

```
try ( Connection con = DriverManager.getConnection( … ); … ) {
  …
}
catch ( SQLException e ) {
  …
}
```

```
interface java.sql.Connection
extends Wrapper, AutoCloseable
```

- `void close() throws SQLException`
  Schließt die Verbindung zur Datenbank. Auch hier kann eine `SQLException` auftauchen.

Wartezeit einstellen

Wenn wir uns mit der Datenbank verbinden, lässt sich noch eine Wartezeit in Sekunden einstellen, die angibt, wie lange der Treiber für die Verbindung mit der Datenbank warten darf. Gesetzt wird dieser Wert mit `setLoginTimeout(int)`, und entsprechend wird er mit `getLoginTimeout()` ausgelesen. Standardmäßig ist dieser Wert 0.

```
class java.sql.DriverManager
```

- `static void setLoginTimeout(int seconds)`
  Setzt die Zeit, die maximal gewartet wird, wenn der Treiber sich mit einer Datenbank verbindet.
- `static int getLoginTimeout()`
  Liefert die Wartezeit in Sekunden.

Wie der Treiber gefunden wird – hinter den Kulissen von getConnection(...) *

Es lohnt sich, einmal hinter die Kulissen der Methode `getConnection(...)` zu blicken. Das `DriverManager`-Objekt wird veranlasst, die Verbindung zu öffnen. Dabei versucht es, einen passenden Treiber aus der Liste der JDBC-Treiber auszuwählen. Sein Treiber verwaltet die Klasse `DriverManager` in einem privaten Objekt `DriverInfo`. Dieses enthält ein Treiber-Objekt (`Driver`), ein Objekt (`securityContext`) und den Klassennamen (`className`).

Bei `getConnection(...)` geht der `DriverManager` die Liste der `DriverInfo`-Objekte ab und versucht, sich über die `connect(...)`-Methode anzumelden. Bemerkt der Treiber, dass er mit der URL nicht viel anfangen kann, gibt er `null` zurück, und `getConnection(...)` versucht es mit dem nächsten Treiber. Ging alles daneben und konnte keiner der angemeldeten Treiber etwas mit dem Subprotokoll anfangen, so bekommen wir eine `SQLException("No suitable driver", "08001")`.

21.6 Datenbankabfragen

Mit einer gelungenen Verbindung und dem `Connection`-Objekt in der Hand lassen sich SQL-Kommandos absetzen, und die Datenbank kann gesteuert werden.

21.6.1 Abfragen über das Statement-Objekt

Für alle SQL-Abfragen und Manipulationen der Datenbank sind Anweisungsobjekte von der `Connection` zu erfragen. JDBC bietet drei Typen von Anweisungsobjekten:

- normale Anweisungen vom Typ `Statement`
- vorbereitete Anweisungen (Prepared Statement) vom Typ `PreparedStatement`
- gespeicherte Prozeduren (Stored Procedures) vom Typ `CallableStatement`

Für einfache Anweisungen liefert uns die Methode `createStatement()` ein `Statement`-Objekt, mit dem sich im nächsten Schritt Abfragen stellen lassen.

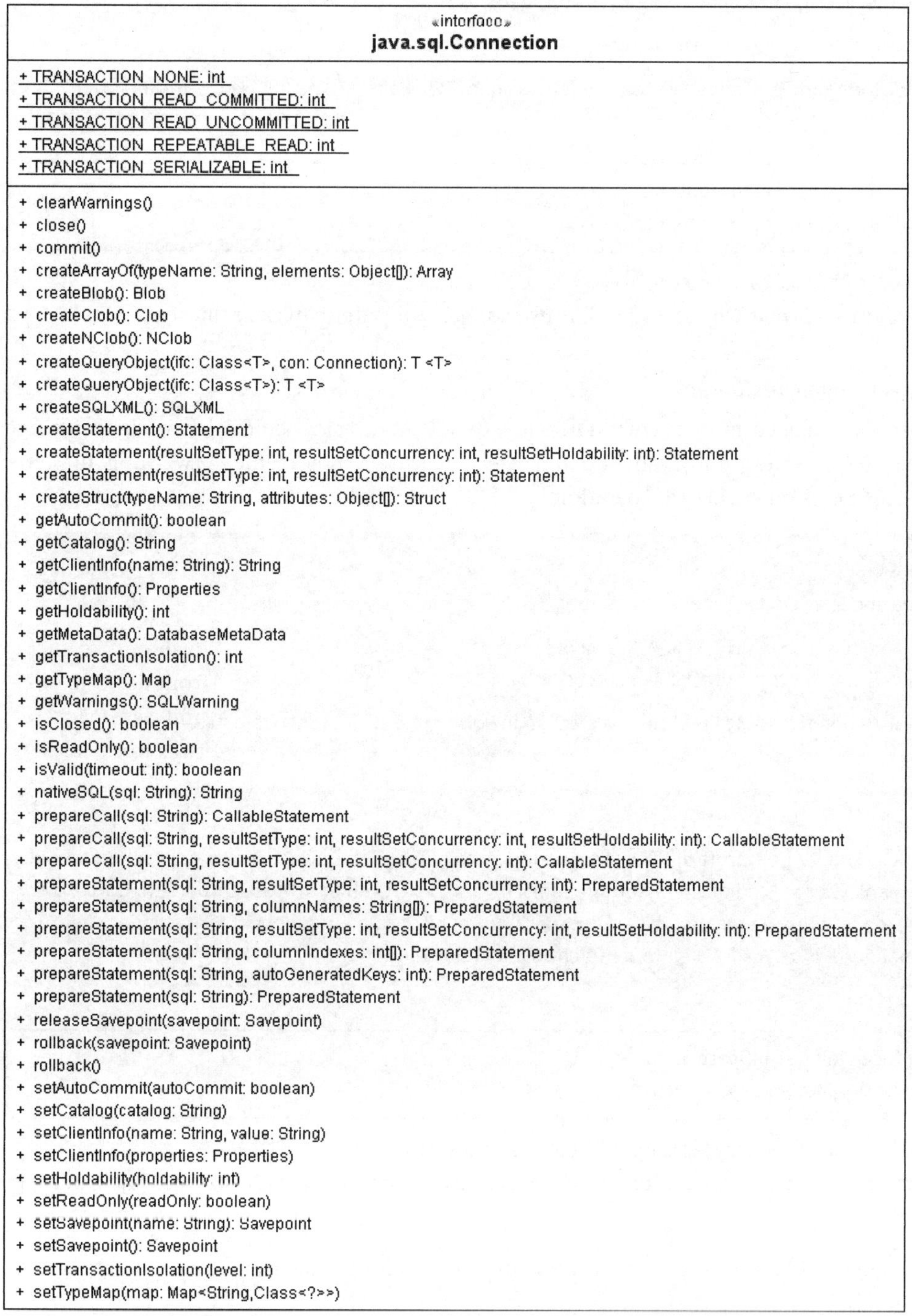

Abbildung 21.5 Klassendiagramm für Connection

[»]

Beispiel

Hole ein `Statement`-Objekt für einfache Abfragen:

```
Statement stmt = con.createStatement();
```

Die Methode kann – wie fast alle Methoden aus dem SQL-Paket – eine `SQLException` auslösen.

```
interface java.sql.Connection
extends Wrapper, AutoCloseable
```

- `Statement createStatement() throws SQLException`
  Liefert ein `Statement`-Objekt, um SQL-Anweisungen zur Datenbank zu schicken.

SQL-Anweisungen ausführen

Das `Statement`-Objekt nimmt mit der Methode `executeQuery(String)` eine Zeichenfolge mit einer SQL-SELECT-Anweisung entgegen und mit `executeUpdate(String)` eine Anweisung für eine UPDATE-, INSERT- oder DELETE-Operation.

[»]

Beispiel

Erfrage alle Spalten der Tabelle »Customer«:

```
String query = "SELECT * FROM Customer";
ResultSet rs = stmt.executeQuery( query );
```

Der Aufruf liefert uns die Ergebnisse als Zeilen in Form eines `ResultSet`-Objekts.

[+]

Hinweis

Der JDBC-Treiber überprüft die SQL-Anweisungen nicht, sondern leitet sie fast ungesehen an die Datenbank weiter. Sind die SQL-Abfragen falsch, lassen sich Fehler schwer entdecken. Daher bietet es sich an, zum Testen erst die Kommandos auf der Konsole auszugeben. Insbesondere bei zusammengesetzten Ausdrücken finden sich so leichter Fehler.

```
interface java.sql.Statement
extends Wrapper, AutoCloseable
```

- `ResultSet executeQuery(String sql) throws SQLException`
  Führt ein SQL-Statement aus, das für die Ergebnisliste ein einzelnes `ResultSet`-Objekt zurückgibt.

Wird die gleiche SQL-Anweisung mehrmals ausgeführt, lohnt es sich, ein `PreparedStatement` zu konstruieren.

21.6.2 Ergebnisse einer Abfrage in ResultSet

Um mit der Auswertung vom `ResultSet` beginnen zu können, muss der Treiber die Informationen von der Datenbank bezogen haben. Ein Aufruf der `next()`-Methode von `ResultSet` setzt den internen Cursor auf die erste Zeile der geladenen Ergebnisse. Mit diversen Methoden von `ResultSet` können wir die unterschiedlichen Spalten ansprechen und die Zeilen auswerten. Um weitere Zeilen zu erhalten, nutzen wir wieder `next()`. Die Methode gibt `false` zurück, falls es keine neue Zeile mehr gibt.

[«]

Beispiel

Gehe mit einer `while`-Schleife durch die gesamte Ergebnisliste, und gib das Ergebnis der Spalten 1, 2 und 3 auf dem Bildschirm aus:

```
ResultSet rs = stmt.executeQuery( "SELECT * FROM Customer" );
while ( rs.next() )
  System.out.printf( "%s, %s, %s%n", rs.getString(1),
                     rs.getString(2), rs.getString(3) );
```

Der numerische Parameter steht für den Spaltenindex, der bei 1 beginnt. Wird der Methode `getString(…)` ein String übergeben, so bestimmt er den Namen der Spalte.

Die Methode `executeQuery(String)` liefert immer ein `ResultSet`-Objekt (bis auf den Fehlerfall, der zu einer `SQLException` führt), auch wenn das `ResultSet` keine Zeilen enthält. So lassen sich über das `ResultSet` immer noch Metadaten abfragen.

```
interface java.sql.ResultSet
extends Wrapper, AutoCloseable
```

- `boolean next() throws SQLException`
  Der erste Aufruf muss `next()` sein, damit der Cursor auf die erste Zeile gesetzt wird. Die folgenden Aufrufe setzen den Cursor immer eine Zeile tiefer. Falls es keine Zeilen mehr gibt, liefert die Methode `false`.

getXXX(int) und getXXX(String)

Da die Spalten verschiedene Datentypen besitzen können, bietet die Schnittstelle `ResultSet` für jeden Datentyp eine entsprechende Methode `getXXX(…)` an – `XXX` ist ein Datentyp wie `int`. Zwei Ausführungen der Methode `getXXX(…)` sind verfügbar: Bei der ersten Variante ist eine Ganzzahl als Parameter aufgeführt. Dieser Parameter gibt die Spalte der Operation an. Die zweite Variante erlaubt es, den Namen der Spalte anzugeben.

Da alle Spalten immer als String ausgelesen werden können, ist es möglich, einfach `getString(…)` zu verwenden. Im Folgenden soll der Typ `String` stellvertretend für andere Typen wie `int`, `double` usw. stehen.

```
interface java.sql.ResultSet
extends Wrapper, AutoCloseable
```

- `String getString(int column) throws SQLException`
  Liefert aus der aktuellen Zeile den Inhalt der Spalte `column` als String. Die erste Spalte ist mit 1 adressiert.
- `String getString(String columnName) throws SQLException`
  Liefert in der aktuellen Zeile den Inhalt der Spalte mit dem Namen `columnName` als String.

[+]

Hinweis

Üblicherweise ist es performanter, ein Spaltenelement über den Index astatt über den Spaltennamen zu erfragen. Gibt es zwei Spalten mit dem gleichen Namen, liefert die mit dem Namen aufgerufene Methode immer die erste Spalte.

21.6.3 Java und SQL-Datentypen

Jeder Datentyp in SQL hat einen mehr oder weniger passenden Datentyp in Java. Die Klasse `java.sql.Types` identifiziert alle SQL-Typen. So konvertiert der JDBC-Treiber bei jeder `getXXX(…)`-Methode diese zu einem Datentyp, doch nur dann, wenn diese Konvertierung möglich ist. So lässt er es nicht zu, bei einer String-Spalte die `getInteger(…)`-Methode auszuführen. Umgekehrt lassen sich alle Datentypen als String auslesen. Tabelle 21.4 zeigt die Übereinstimmungen. Einige SQL-Datentypen können durch mehrere Zugriffsmethoden geholt werden: Ein `INTEGER` lässt sich mit `getInt(…)` oder `getBigDecimal(…)` holen und `TIMESTAMP` mit `getDate(…)`, `getTime(…)` oder `getTimestamp(…)`.

Java-Methode	SQL-Typ
`getInt(…)`	INTEGER
`getLong(…)`	BIG INT
`getFloat(…)`	REAL
`getDouble(…)`	FLOAT
`getBignum(…)`	DECIMAL
`getBigDecimal(…)`	NUMBER
`getBoolean(…)`	BIT
`getString(…)`	VARCHAR
`getString(…)`	CHAR

Tabelle 21.4 Datentypen in SQL und ihre Entsprechung in Java

Java-Methode	SQL-Typ
getAsciiStream(...)	LONGVARCHAR
getDate(...)	DATE
getTime(...)	TIME
getTimestamp(...)	TIME STAMP
getObject(...)	jeder Typ

Tabelle 21.4 Datentypen in SQL und ihre Entsprechung in Java (Forts.)

In der Regel passen die Typen recht gut in das Java-System. So liefert `getInt(...)` ein `int` und `getString(...)` ein `String`-Objekt. Für einige Daten wurden jedoch spezielle Klassen entworfen; am auffälligsten ist die Klasse `java.sql.Date`, auf die wir gleich noch zu sprechen kommen. Ist ein Eintrag in der Datenbank mit `NULL` belegt, so liefert die Methode eine `null`-Referenz.

```
interface java.sql.ResultSet
extends Wrapper, AutoCloseable
```

- `String getString(int columnIndex)`
- `String getString(String columnLabel)`
  Liefert den Wert in der Spalte als Java-`String`.
- `boolean getBoolean(int columnIndex)`
- `boolean getBoolean(String columnLabel)`
  Liefert den Wert in der Spalte als Java-`boolean`.
- `byte getByte(int columnIndex)`
- `byte getByte(String columnLabel)`
  Liefert den Wert in der Spalte als Java-`byte`.
- `short getShort(int columnIndex)`
- `short getShort(String columnLabel)`
  Liefert den Wert in der Spalte als Java-`short`.
- `int getInt(int columnIndex)`
- `int getInt(String columnLabel)`
  Liefert den Wert in der Spalte als Java-`int`.
- `long getLong(int columnIndex)`
- `long getLong(String columnLabel)`
  Liefert den Wert in der Spalte als Java-`long`.
- `float getFloat(int columnIndex)`

- `float getFloat(String columnLabel)`
  Liefert den Wert in der Spalte als Java-`float`.
- `double getDouble(int columnIndex)`
- `double getDouble(String columnLabel)`
  Liefert den Wert in der Spalte als Java-`double`.
- `BigDecimal getBigDecimal(int columnIndex, int scale)`
- `BigDecimal getBigDecimal(String columnLabel, int scale)`
  Liefert den Wert in der Spalte als `java.lang.BigDecimal`-Objekt.
- `byte[] getBytes(int columnIndex)`
- `byte[] getBytes(String columnLabel)`
  Liefert den Wert in der Spalte als Byte-Feld. Es besteht aus uninterpretierten Rohdaten.
- `Date getDate(int columnIndex)`
- `Date getDate(String columnLabel)`
  Liefert den Wert in der Spalte als `java.sql.Date`-Objekt.
- `Time getTime(int columnIndex)`
- `Time getTime(String columnLabel)`
  Liefert den Wert in der Spalte als `java.sql.Time`-Objekt.
- `Timestamp getTimestamp(int columnIndex)`
- `Timestamp getTimestamp(String columnLabel)`
  Liefert den Wert in der Spalte als `java.sql.Timestamp`-Objekt.
- `InputStream getAsciiStream(int columnIndex)`
- `InputStream getAsciiStream(String columnLabel)`
  Die Methode ermöglicht über einen `InputStream` Zugriff auf den Inhalt der Spalte. Nützlich ist dies für den Datentyp `LONGVARCHAR`. Der JDBC-Treiber konvertiert die Daten mitunter in das ASCII-Format.
- `InputStream getBinaryStream(int columnIndex)`
- `InputStream getBinaryStream(String columnLabel)`
  Die Methode erlaubt es, auf den Inhalt der Spalte als `InputStream` zuzugreifen. Nützlich ist dies für den Datentyp `LONGVARBINARY`. Der JDBC-Treiber konvertiert die Daten mitunter in das ASCII-Format. Bevor aus einer anderen Spalte Daten ausgelesen werden, müssen die Daten vom Stream gelesen werden. Ein weiterer Aufruf schließt selbstständig den Datenstrom. Die Methode `available()` liefert die Rückgabe `null`, sofern keine Daten anliegen.

Alle `getXXX(...)`-Methoden können eine `SQLException` in dem Fall auslösen, dass etwas mit der Datenbank nicht stimmt. Der `throws`-Ausdruck ist also in der Aufzählung nicht explizit angegeben.

Aufzählung JDBCType, Schnittstelle SQLType in Java 8 *

Neu in Java 8 ist eine Aufzählung `JDBCType`, die knapp 40 JDBC-Typen enthält und mit `ARRAY` und `BIGINT` anfängt. Die Aufzählungstypen implementieren eine Schnittstelle `SQLType`, die ebenfalls neu ist in Java 8 und die Methoden getName(), getVendor() und getVendorTypeNumber() vorschreibt.

Mithilfe von SQLType ist es nun möglich, mit nur einer Methode alle möglichen SQL-Typen zu schreiben. So findet sich in der PreparedStatement-Methode in Java 8 setObject(int parameterIndex, Object x, SQLType targetSqlType), das dann die JDBC-spezifischen Typmethoden wie setArray(int parameterIndex, Array x), setBigDecimal(int parameterIndex, BigDecimal x), ... ergänzt. Ähnliche Methoden haben ResultSet und CallableStatement.

21.6.4 Date, Time und Timestamp

Datenbankseitig können Datumswerte in den SQL-Typen DATE, TIME und TIMESTAMP abgelegt sein:

- DATE speichert ein Datum, also Tag, Monat und Jahr. Die Textrepräsentation hat die Form »YYYY-MM-DD«.
- TIME speichert eine Zeit im 24-Stundenformat, also Stunden, Minuten und Sekunden. Sekunden können einen Sekundenbruchteil haben, sodass die Genauigkeit in die Nanosekunden geht. Die Darstellung ist »hh:mm:ss« bzw. »hh:mm:ss.nnnnnnn«.
- TIMESTAMP verbindet DATE und TIME.

Unterschiedliche Datenbanken erlauben weitere Spezialitäten wie TIMESTAMP WITH TIME ZONE, was hier aber keine Rolle spielen soll.

Zur Abbildung der SQL-Typen auf Java sieht JDBC drei entsprechende Klassen vor:

SQL-Typ	Java-Klasse
DATE	java.sql.Date
TIME	java.sql.Time
TIMESTAMP	java.sql.Timestamp

Tabelle 21.5 Datum-/Zeittypen in SQL und ihre Entsprechung in Java

Es fällt auf, dass alle drei JDBC-Klassen von der Basisklasse java.util.Date erben. Das hat unterschiedliche Konsequenzen. Im Einzelnen:

- Die Klasse java.sql.Date repräsentiert das SQL-DATE. Die Basisklasse java.util.Date ist natürlich etwas merkwürdig und kollidiert mit dem liskovschen Substitutionsprinzip, da die Unterklasse Eigenschaften wegdefiniert, die die Oberklasse bietet. Denn ein java.util.Date ist ja für Datum und Zeit verantwortlich, wobei java.sql.Date nur Tag, Monat, Jahr speichert. Wenn also ein java.sql.Date mit Zeitinformationen gefüllt wird, so wird beim Abspeichern in die Datenbank diese Zeit auf null gesetzt. Das nennt die API-Dokumentation »Normalisierung«.

- Die Klasse `Time` repräsentiert ein SQL-`TIME`. Die Basisklasse `java.util.Date` ist genauso widersprüchlich, denn hier wird der Datumsteil ausgeblendet, und nur der Zeitanteil ist erlaubt.
- Für den SQL-Typ `TIMESTAMP` fasst die Java-Klasse `Timestamp` die Datums- und Zeitangaben mit einer Genauigkeit von Nanosekunden zusammen. Das ist wichtig zu beachten, denn bei einer Umwandlung eines `Timestamp` in ein `java.util.Date` gehen die Nanosekunden verloren, da `java.util.Date` diese Genauigkeit nicht bietet. Die Klasse `Timestamp` erbt von `Date` und fügt intern ein `int nano`-Attribut hinzu.

Die Verwandtschaft von java.sql.Date und java.util.Date

Ein Datenbankprogramm, das die Klasse `java.sql.Date` nutzt und ebenfalls `java.util` eingebunden hat, wird bei der Compilierung zu einem Fehler führen, da der Compiler den Bezug auf die Klasse `Date` nicht zuordnen kann. Denkbar sind zwei Lösungen: Wird `util` nur deswegen eingebunden, weil Datenstrukturen, aber nicht die `Date`-Klasse genutzt werden, dann ließe sich die `import`-Deklaration umbauen, sodass die von `util` genutzten Klassen direkt in `import` genannt werden, etwa `import java.util.ArrayList`. Bei vielen benutzten Klassen aus dem `util`-Paket ist aber eine andere Lösung einfacher. Wir setzen vor die Klasse, die uns Ärger bereitet, einfach die volle Qualifizierung, schreiben also zum Beispiel:

```
java.sql.Date date = rs.getDate( "birthday" );
```

Konvertierung von java.sql.Date in java.util.Date und umgekehrt

Ein weiteres Problem betrifft die Konvertierung der beiden Klassen. Wollen wir beispielsweise eine Zeichenkette aus der Eingabe in eine Datenbank schreiben, dann haben wir das Problem, dass das Parsen mittels `DateFormat` nur ein `java.util.Date` liefert. Wir müssen also erst mit `getTime()` die Zeit erfragen und auf das SQL-DATE übertragen:

```
java.sql.Date sqlDate = new java.sql.Date( java_util_Date.getTime() );
```

Der Konstruktor von `java.sql.Date(…)` mit den Millisekunden ist auch der einzige Konstruktor, der nicht veraltet ist. Daneben hat die Klasse `java.sql.Date` aber noch drei andere Methoden:

```
class java.sql.Date
extends java.util.Date
```

- `static Date valueOf(String s)`
  Wandelt einen String im JDBC-Stil (also »yyyy-mm-dd«) in ein `Date`-Objekt um.
- `String toString()`
  Liefert das Datum im JDBC-Datenformat.
- `void setTime(long date)`
  Setzt das Datum mit den Millisekunden.

Aktualisierungen durch java.time-Inklusion in Java 8

In Java 8 berücksichtigt auch JDBC an wenigen Stellen Typen der neuen Datum- und Zeit-API aus dem Paket `java.time`, namentlich `LocalDate`, `LocalTime`, `LocalDateTime` und `Instant`. Neuen Methoden sind:

- `java.sql.Date`: `toLocalDate()`, `valueOf(LocalDate)`
- `java.sql.Time`: `toLocalTime()`, `valueOf(LocalTime)`
- `java.sql.Timestamp`: `toLocalDateTime()`, `valueOf(LocalDateTime)`, `toInstant()`, `from(Instant)`

21.6.5 Unicode in der Spalte korrekt auslesen

Der Aufruf von `getString(…)` führt bei Unicode-kodierten Zeichenfolgen in der Datenbank unter Umständen zu Problemen. Bemerkbar macht sich dies durch seltsame Zeichen wie »?« oder Hexadezimal »0x3f«, die im String an Stelle der Sonderzeichen auftauchen. Das liegt oft daran, dass der JDBC-Treiber die Kodierung nicht kennt und einfach jedes ASCII-Byte in ein Char umwandelt, obwohl in der Datenbank Umlaute als 2-Byte-Unicode oder Latin-1 kodiert werden.

Bei eigenen Datenbanken funktioniert es, die Kodierung beim Verbindungsaufbau ausdrücklich zu setzen, um damit eine Konvertierung vorzuschreiben. `getString(…)` sollte dann die richtige Zeichenkette liefern. Bei anderen Datenbanken funktioniert es wiederum, den Text als Byte-Feld zu holen und dann ausdrücklich umzukodieren. Das Folgende ist etwa eine Lösung: `new String(rs.getBytes(column), "ISO-8859-1")`.

21.6.6 Eine SQL-NULL und wasNull() bei ResultSet

Ist der Wert einer Spalte eine SQL-`NULL`, so ist bei einer Abfrage mit der `getXXX(…)`-Methode Vorsicht geboten. Eine Methode wie `getString(…)` liefert standardmäßig `null`, und `getInt(…)`, `getLong(…)`, `getFloat(…)`, `getDouble(…)` und weitere Methoden liefern 0; `getBoolean(…)` liefert ein `false`, und bei anderen Methoden sieht es ähnlich aus – keine Methode löst eine Ausnahme aus.

Die Behandlung von Nullwerten ist in JDBC recht ungewöhnlich gelöst. Wir würden erwarten, dass es eine Methode `isNull(column)` auf einem `ResultSet`-Objekt gibt, die uns ja oder nein liefert hinsichtlich der Frage, ob ein Spalteninhalt unbelegt ist. Dass die Methode `wasNull()` heißt, ist vielleicht noch zu verkraften, aber dass sie parameterlos ist, erstaunt.

Beispiel

Die allgemeine Vorgehensweise für einen SQL-`NULL`-Test am Beispiel einer String-Abfrage ist:

```
String s = rs.getString( column );
if ( rs.wasNull() )
  System.out.println( "SQL-NULL" );
```

21

```
interface java.sql.ResultSet
extends Wrapper, AutoCloseable
```

- `boolean wasNull()`
  Ermittelt, ob die Spalte ein SQL-`NULL` enthält. Vorher muss eine `getXXX()`-Methode für die Spalte aufgerufen werden!

21.6.7 Wie viele Zeilen hat ein ResultSet? *

Um herauszufinden, wie viele Zeilen ein `ResultSet` liefern kann, lassen sich trickreiche JDBC 2-Eigenschaften nutzen. Soll in der Variablen `row` die Anzahl der Zeilen stehen, schreiben wir:

```
rs.last();
int rows = rs.getRow();
rs.beforeFirst();
```

Bei dieser Programmierung muss natürlich ein Treiber JDBC 2-fähig sein und scrollbare Cursor unterstützen, das heißt Cursor, die auch rückwärts laufen können. Gleichzeitig muss dann aber auch beim Aufbau eines `Statement`-Objekts ein scrollbarer Cursor angemeldet werden:

```
stmt = con.createStatement( ResultSet.TYPE_SCROLL_INSENSITIVE,
                            ResultSet.CONCUR_UPDATABLE );
```

Unterstützt ein Treiber kein JDBC 2, kann immer noch über eine Zeile wie `SELECT COUNT(*)` erfragt werden, wie viele Ergebnisse die Datenbank produziert.

21.7 Elemente einer Datenbank ändern

Bisher haben wir `executeQuery(…)` benutzt, um Abfragen zu verfassen. Es lassen sich jedoch mit dieser Methode keine Veränderungen an Datensätzen und Einfüge-/Löschoperationen vornehmen, denn `executeQuery(…)` ist nur für Anfragen gedacht. Für Datenbankänderungen mit den SQL-Kommandos `INSERT` (fügt neue Zeilen ein), `UPDATE` (aktualisiert existierende Zeilen), `DELETE` (löscht Zeilen) gibt es andere Wege.

21.7.1 Einzelne INSERT-, UPDATE- oder DELETE-Anweisungen senden

Damit Zeilen verändert werden können, müssen wir in zwei Schritten vorgehen:

1. eine SQL-Anweisung mit einem `UPDATE`/`INSERT`/`DELETE` aufbauen und
2. anschließend die `Statement`-Methode `executeUpdate(…)` aufrufen. Damit wird die Änderung wirksam.

Neben den Methodennamen gibt es aber noch einen anderen Unterschied zu `executeQuery(…)`: `executeUpdate(…)` liefert als Rückgabewert ein `int`, das angibt, wie viele Zeilen von der Änderung betroffen sind, der Rückgabetyp ist kein `ResultSet`.

Beispiel

Füge einen Eintrag ein, und aktualisiere einen Eintrag:

```
String sqlInsert = "INSERT INTO Tabelle (…) VALUES (…)";
int updates1 = stmt.executeUpdate( sqlInsert );
String sqlUpdate = "UPDATE Tabelle SET …;
int updates2 = stmt.executeUpdate( sqlUpdate );
```

[«]

Die Methode `executeUpdate(…)` gibt zurück, wie viele Zeilen von den Änderungen betroffen sind. Sie ist 0, falls das SQL-Statement nichts bewirkt.

```
interface java.sql.Statement
extends Wrapper, AutoCloseable
```

- `int executeUpdate(String sql) throws SQLException`
  Führt eine SQL-Anweisung aus, die Manipulationen an der Datenbank vornimmt. Die SQL-Anweisungen sind in der Regel `INSERT`-, `UPDATE`- oder `DELETE`-Anweisungen. Zurückgegeben wird die Anzahl der veränderten Zeilen oder null, falls eine SQL-Anweisung nichts verändert hat.

21.7.2 Aktualisierbares ResultSet

Bisher haben wir das `ResultSet` nur als rein lesbare Sammlung angesehen, bei der ein Cursor einmal von oben nach unten durchläuft. Allerdings unterstützt JDBC auch flexiblere `ResultSet`s, die auch veränderbar sind und bei denen sich der Cursor frei bewegen lässt – Voraussetzung ist nur, dass der JDBC-Treiber und die Datenbank das auch realisieren, dieses Feature ist optional.

Um sich in einem `ResultSet` frei bewegen und Updates an Zeilen realisieren zu können, muss im ersten Schritt statt des einfachen `createStatement()` eine überladene Variante aufgerufen werden:

```
Statement statement = connection.createStatement(
                          ResultSet.TYPE_SCROLL_SENSITIVE,
                          ResultSet.CONCUR_UPDATABLE );
```

Wurde das `ResultSet` vorher auf eine Zeile bewegt, können die Belegungen einer Spalte mit den `updateXXX(column, XXX)`-Methoden auf den neuesten Stand gebracht und mit `updateRow()` dann persistiert werden; `cancelRowUpdates()` verwirft die angedachten Änderungen. Eine Zeile neu aus der Datenbank zu lesen macht `refreshRow()`, aus der Datenbank zu löschen übernimmt `deleteRow()`.

Anstatt nur existierende Zeilen zu aktualisieren, kann mit `moveToInsertRow()` eine neue Zeile eingefügt werden (erst einmal als eine Art Puffer), dann mit den `updateXXX(…)`-Methoden gefüllt und final mit `insertRow()` in die Datenbank geschrieben werden.

Bei der Navigation durch ein `ResultSet` sind weitere Methoden nützlich, bisher haben wir nur `next()` benutzt: `first()`, `last()`, `previous()`, `beforeFirst()`, `afterLast()` und `absolute(int)` bzw. `relative(int)`.

[»] **Beispiel**

Lösche das letzte Ergebnis eines `ResultSet` `rs` aus der Datenbank:

```
rs.last();
rs.deleteRow();
```

21.7.3 Batch-Updates

Das Einfügen und Ändern großer Mengen von Daten kostet viel Zeit, da für jede Modifikation ein `INSERT` oder `UPDATE` über ein `Statement`-Objekt abgewickelt werden muss. Eine Verbesserung stellen Batch-Updates dar, die in einem Rutsch gleich eine ganze Reihe von Daten zur Datenbank transferieren. Anstatt mit `execute(…)` und deren Varianten zu arbeiten, nutzen wir die Methode `executeBatch()`. Damit zuvor die einzelnen Aktionen dem `Statement`-Objekt mitgeteilt werden können, bietet die Klasse die Methoden `addBatch(String sql)` und `clearBatch()` an. Die Datenbank führt die Anweisungen in der Reihenfolge aus, wie sie im Batch-Prozess eingefügt wurden. Ein Fehler wird über eine `BatchUpdateException` angezeigt.

[»] **Beispiel**

Wir fügen einige Einträge der Datenbank als Batch hinzu. `con` sei unser `Connection`-Objekt:

```
try {
  Statement stmt = con.createStatement();
  stmt.addBatch( "INSERT INTO Lieferanten VALUES (x,y,z)" );
  stmt.addBatch( "INSERT INTO Lieferanten VALUES (a,b,c)" );
  stmt.addBatch( "INSERT INTO Lieferanten VALUES (d,e,f)" );
  int[] updateCounts = updateCounts = s.executeBatch();
}
catch ( BatchUpdateException e ) { /* Behandeln! */ }
catch ( SQLException e ) { /* Behandeln! */ }
```

Nach dem Abarbeiten von `executeBatch()` erhalten wir als Rückgabewert ein `int`-Feld mit den Ergebnissen der Ausführung. Dies liegt daran, dass in der Batch-Verarbeitung ganz unterschiedliche Anweisungen vorgenommen werden können und jede davon einen unterschiedlichen Rückgabewert verwendet.

Soll der gesamte Ablauf als Transaktion gewürdigt werden, so setzen wir im `try`-Block den `AutoCommit`-Modus auf `false`, damit nicht jede SQL-Anweisung als einzelne Transaktion gewertet wird. Im Fall eines Fehlers müssen wir im `catch`-Block ein Rollback ausführen. Übertragen wir dies auf das obere Beispiel, dann müssen nur die beiden Anweisungen für die Transaktion eingesetzt werden:

```
try {
  con.setAutoCommit( false );
  Statement s = …
  …
}
catch ( BatchUpdateException e ) {
  con.rollback();
}
```

21.8 Die Ausnahmen bei JDBC, SQLException und Unterklassen

Normale `Throwable`-Ausnahmen in Java tragen lediglich eine Nachricht, die sich mit `getMessage()` erfragen lässt. Da bei Datenbanken aber viele Dinge schiefgehen können, hätten die Architekten der JDBC-API viel zu tun, wenn sie für jede mögliche Ausnahme eine Exception-Klasse bereitstellen wollten. Doch wegen der schier unüberschaubaren Anzahl an Fehlern haben sie sich für ein anderes Modell entschieden.

21.8.1 JDBC-Fehlerbasisklasse SQLException

Zunächst einmal gibt es für JDBC-Ausnahmen den Basistyp `SQLException`. Zusätzlich speichert jedes `SQLException`-Objekt Fehlercodes, die der JDBC-Treiber der Datenbank setzen und so über den konkreten Fehler informieren kann.

Die genauen Informationen einer SQL-Ausnahme sind über drei Methoden zugänglich:

- `String getMessage()`: eine textuelle Beschreibung des Fehlers
- `String getSQLState()`: Einen String mit dem SQL-Status. Hier gibt es zwei Konventionen. Einmal kann es ein SQL-Status nach der SQL-CLI-Spezifikation der *Open Group* (vor über zehn Jahren hieß sie *X/Open*) sein – oder ein SQL:2003-Code. Beide sind *datenbankunabhängig*. Nach welcher Spezifikation der Code formuliert ist, sagt die Methode `getSQLStateType()` vom `DatabaseMetaData`-Objekt. Der Open-Group-Standard ist üblich.
- `int getErrorCode()`: Einen Fehlercode vom JDBC-Treiber. Er kommt vom Hersteller der Datenbank bzw. vom Datenbanktreiber. Er ist *datenbankabhängig*.

Der Open-Group-SQL-Status ist eigentlich eine Zahl, aber als String verpackt. Im Optimalfall ist der Code »00000«, was »alles paletti« heißt. Die ersten beiden Ziffern stehen für die Fehlerklasse. 01 ist eine Warnung, 02 sagt, dass Daten fehlen, usw.[2]

Eine Verkettung unglücklicher Tatsachen

Eine `SQLException` hat eine Besonderheit, die sonst keine Ausnahme in der Java-Bibliothek aufweist. Sie implementiert die Schnittstelle `Iterable<Throwable>`:

```
class java.sql.SQLException
extends Exception
implements Iterable<Throwable>
```

Das heißt, dass eine `SQLException` ein Bündel von Ausnahmen repräsentieren kann und nicht nur genau eine. Welche JDBC-Ausnahmen noch an der `SQLException` hängen, liefert `getNextException()` bzw. steckt im `Iterator` der `SQLException`.

[»]

Beispiel

Laufe alle Fehler ab:

```
try { … }
catch ( SQLException e ) {
  for ( ; e != null; e = e.getNextException() ) {
    System.err.println( "Message:    " + e.getMessage() );
    System.err.println( "SQL State:  " + e.getSQLState() );
    System.err.println( "Error Code: " + e.getErrorCode() );
  }
}
```

21.8.2 SQLWarning

Nicht jeder Fehler bzw. jede Meldung der Datenbank ist gleich ein kritischer Fehler, der zum Abbruch der Datenbankoperationen führt. Die JDBC-API bietet mit der Klasse `SQLWarning` eine besondere Unterklasse von `SQLException`, doch wird sie nicht als Exception ausgelöst, sondern muss im Programm explizit über `getWarnings()` geholt werden. Die Typen `Connection`, `ResultSet` und `Statement` deklarieren diese Operation. Im besten Fall holen sich Entwickler alle Warnungen und loggen sie.

Da die `SQLWarning` eine `SQLException` ist, ist auch die Verarbeitung von SQL-Code und Fehlercode gleich. Anstatt jedoch mit `getNextException()` zu arbeiten, bietet `SQLWarning` die Methode `get-`

2 Unter *http://pic.dhe.ibm.com/infocenter/db2luw/v9r7/index.jsp?topic=%2Fcom.ibm.db2.luw.messages.doc%2Fdoc%2Frdb2stt.html* bekommen Leser einen Überblick.

NextWarning(), um zur nächsten Warnung vorzustoßen. Werden die Meldungen nicht geholt, dann werden sie bei der Ausführung der nächsten SQL-Anweisung gelöscht.

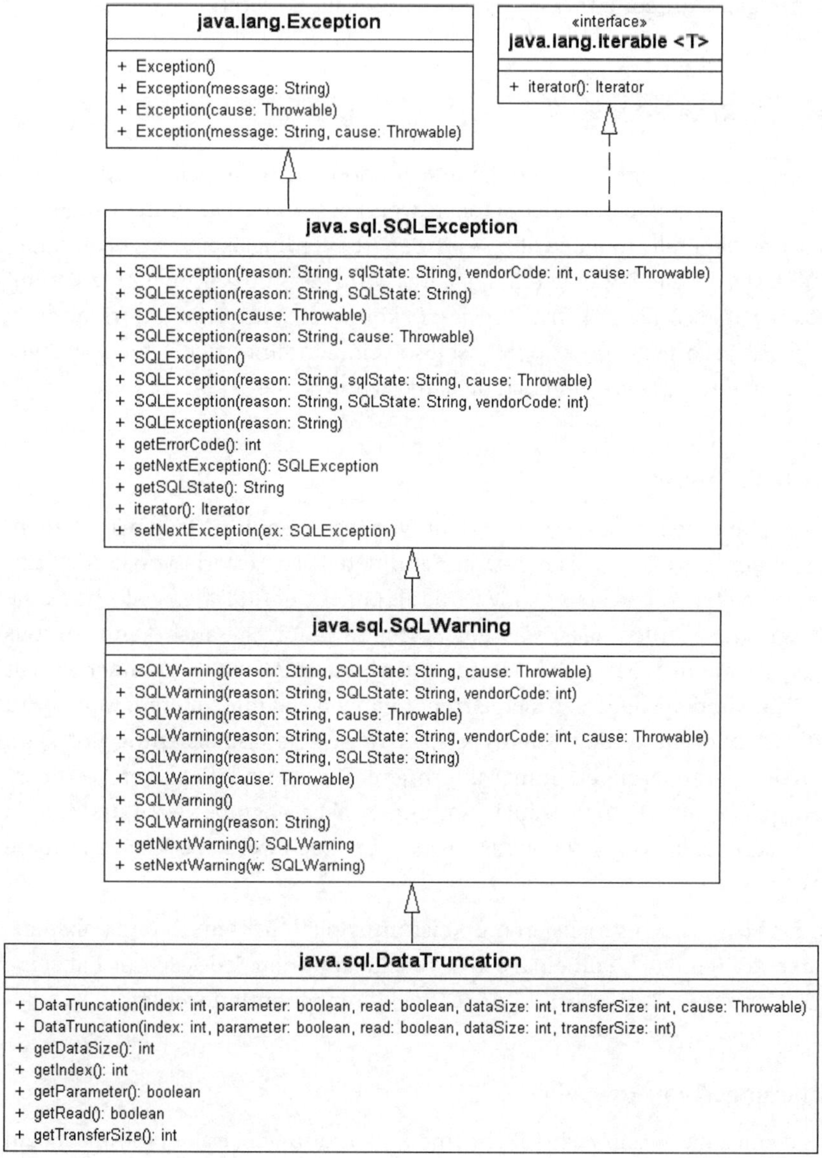

Abbildung 21.6 Vererbungshierarchie der JDBC-Fehlerklassen

Daten fehlen

Für die SQL-Status »01004« und »22001« gibt es eine eigene Fehlerklasse, die DataTruncation. Sie ist ein spezieller Typ einer SQL-Warnung und wird immer dann erzeugt, wenn Daten während der Schreib- oder Leseoperationen verloren gingen. Die Meldung wird genauso geholt wie SQL-Warning, nur wird mittels instanceof DataTruncation überprüft, ob es sich um DataTruncation handelt. Dies erfordert eine Typumwandlung von SQLWarning auf DataTruncation. Dann stehen Methoden wie getIndex() oder getTransferedSize() bereit, die aussagen, für welche Spalte wie viel Bytes korrekt übertragen wurden. DataTruncation ist die einzige Unterklasse von SQLWarning.

21.9 ResultSet und RowSet *

Ein ResultSet haben wir als Lieferanten von Zeileninformationen kennengelernt. Mit einem Cursor konnten wir über Zeilen laufen und auch scrollen, wenn positionierbare Cursor angemeldet waren. Updates waren ebenfalls möglich. Ein ResultSet ist allerdings kein Datencontainer, vergleichbar mit einer Liste, die alle Daten bei sich hat. Das ResultSet muss immer eine Verbindung mit der Datenbank haben, und ein Aufruf von next() könnte sich die Zeileninformationen immer von der Datenbank besorgen. Ein ResultSet ist also kein Container, der Daten speichert. Aus diesem Grund implementiert ResultSet auch nicht die Schnittstelle Serializable.

21.9.1 Die Schnittstelle RowSet

Mittlerweile gibt es die Schnittstelle javax.sql.RowSet, die von interessanten Klassen implementiert wird. Ein RowSet ist ein ResultSet – das heißt, die Schnittstelle RowSet erbt von ResultSet – und schreibt weiteres Verhalten vor. In erster Linie ist sie als Container für Daten gedacht. Da sie ein ResultSet ist, kann sie natürlich alles, was ein normales ResultSet auch kann: mittels getXXX(…) Daten besorgen und mit updateXXX(…) Daten aktualisieren. Aber als Container verhält sie sich wie eine JavaBean, und an sie lassen sich Listener hängen. Sie informieren, wann etwa Elemente eingeführt oder gelöscht werden. Falls es beispielsweise eine Visualisierung gibt, kann sie sich abhängig von den Veränderungen immer informieren lassen und die neuen Werte anzeigen. Zwar kann ein scrollendes ResultSet auch den Cursor nach oben bewegen und ihn an eine beliebige Position setzen, das RowSet kann das aber immer, auch wenn das ResultSet diese Eigenschaft nicht hat.

Zusätzlich lässt sich ein RowSet auch serialisieren und ist prinzipiell nicht an Datenbanken gebunden, und die Daten können auch von einer Excel-Tabelle kommen. Jedes RowSet hat seine eigenen Metadaten, die durch ein RowSetMetaDataImpl-Objekt implementiert werden.

21.9.2 Implementierungen von RowSet

Um ein RowSet aufzubauen, gibt es unterschiedliche Implementierungen. Da es ein Aufsatz auf die JDBC-API ist, ist es auch nicht mit einem Treiber verbunden, sondern kann unabhängig vom Treiber implementiert werden – die Umsetzung ist generisch. Auch gibt es nicht nur ein RowSet, sondern wir unterscheiden zwischen verschiedenen Typen, die als Unterschnittstellen von javax.sql.RowSet im Paket javax.sql.rowset deklariert sind:

- JDBCRowSet ist ein kleiner Wrapper um das ResultSet, um es als JavaBean zugänglich zu machen. Eine Verbindung zur Datenbank muss bestehen.

- Ein CachedRowSet benötigt initial eine Verbindung zur Datenbank, um mit einer SQL-Anweisung automatisch alle Daten zu lesen. Anschließend ist keine Verbindung zur Datenbank nötig, wobei geänderte Daten später zurückgespielt werden können. Das ist perfekt in solchen Fällen, in denen Daten auf ein mobiles Endgerät wandern und dort Änderungen erfahren, die später wieder eingespielt werden sollen.
- Ein WebRowSet erweitert CachedRowSet und bildet Daten und Operationen in XML ab, um sie zum Beispiel für Web-Services übertragen zu können.
- Das FilteredRowSet ist ein WebRowSet und ermöglicht eine zusätzliche Selektion mit Prädikaten.
- Ein JoinRowSet ist ebenfalls ein spezielles WebRowSet, das Daten unterschiedlicher RowSet-Schnittstellen wie über ein SQL-JOIN verbinden kann.

RowSetProvider.createFactory() übergibt eine Implementierung der Schnittstelle RowSetFactory, die mit unterschiedlichen createXXXRowSet()-Methoden die Row-Sets liefert. Einige Datenbankhersteller liefern eigene Schnittstellen-Implementierungen mit aus, die dann explizit angesprochen werden müssen.

21.9.3 Der Typ CachedRowSet

Um ein CachedRowSet aufzubauen, das keine dauerhafte Verbindung zur Datenbank benötigt, ist zunächst mit RowSetProvider.newFactory().createCachedRowSet() eine Implementierung von CachedRowSet aufzubauen. Anschließend ist dem Objekt zu sagen, welcher Datenbank welche Daten zu entnehmen sind. Wie üblich muss vorher der Treiber geladen sein:

Listing 21.4 com/tutego/insel/jdbc/CachedRowSetDemo.java, main()

```
try ( CachedRowSet crset = RowSetProvider.newFactory().createCachedRowSet() ) {
  crset.setDataSourceName( "TutegoDS" );
  crset.setCommand( "SELECT * FROM Customer" );
  crset.execute();

  while ( crset.next() )
    System.out.println( crset.getString( 1 ) );
}
```

Kommen die Daten nicht aus einer DataSource, bestimmt setUrl...() die JDC-URL. In beiden Fällen können setUsername(...) und setPassword(...) den Benutzernamen und das Passwort angeben. Damit die Bean weiß, welche Daten sie aufnehmen soll, ist eine SQL-Anweisung zu formulieren. Der Aufruf execute() füllt das CachedRowSet (mit einem Logger lässt sich gut beobachten, dass die Datenbankverbindung auf- und dann wieder abgebaut wird). Falls eine Verbindung zur Datenbank schon besteht, kann bei execute() auch ein Connection-Objekt übergeben werden. Das CachedRowSet führt dann die gesetzte Anweisung über die bestehende Connection aus und überträgt die Daten aus der Datenbank in die Bean.

Wie aus ResultSet bekannt ist, lässt sich mit next() durch die Ergebnismenge eines RowSet iterieren:

```
while ( crset.next() )
  System.out.println( crset.getString(1) );

crset.close();
```

Eine Position zurück geht previous(). Absolute Positionierung ist erlaubt und mit der Methode absolute(int position) möglich. Die aktuelle Zeile liefert getRow(), und die Anzahl geladener Zeilen liefert size(). Mit den updateXXX(…)-Methoden lassen sich Zeilen ändern. Vor einer Bewegung des Cursors muss updateRow() die Änderung bestätigen. Grundsätzlich müssen Änderungen mit setConcurrency(…) angekündigt sein, denn der Standardmodus ist ResultSet.CONCUR_READ_ONLY:

```
crset.setConcurrency( ResultSet.CONCUR_UPDATABLE );
```

Änderungen werden an die Datenbank nur mit einer speziellen Methode zurückgeschrieben, die in der Regel am Ende aller Operationen aufgerufen wird: acceptChanges(). Spätestens dann muss es wieder eine Verbindung zur Datenbank geben.

```
crset.acceptChanges();
```

Veränderte Werte werden dann in der Datenbank aktualisiert und überschrieben. Wiederum ist auch eine Variante mit einem Connection-Parameter implementiert, die die Daten zu einer existierenden Datenbankverbindung schreibt.

21.9.4 Der Typ WebRowSet

Das WebRowSet schreibt zusätzlich zur Oberschnittstelle CachedRowSet nur zwei Arten von Operationen vor: readXml(…) und writeXml(…). Die Lesemethoden übertragen aus unterschiedlichen Datenquellen – etwa InputStream oder Reader – die Daten auf das WebRowSet. Die Schreibmethoden schreiben das RowSet in einen OutputStream oder Writer:

Listing 21.5 com/tutego/insel/jdbc/WebRowSetDemo.java, main()

```
try ( WebRowSet rowSet = RowSetProvider.newFactory().createWebRowSet() ) {
  rowSet.setDataSourceName( "TutegoDS" );
  rowSet.setCommand( "SELECT * FROM Customer" );
  rowSet.setMaxRows( 2 );
  rowSet.execute();

  rowSet.writeXml( System.out );
}
```

Die (gekürzte) Ausgabe sieht so aus:

```
<?xml version="1.0"?>
<webRowSet xmlns="http://java.sun.com/xml/ns/jdbc" xmlns:xsi="http://www.w3.org/2001/⤶
XMLSchema-instance"
xsi:schemaLocation="http://java.sun.com/xml/ns/jdbc http://java.sun.com/xml/ns/jdbc/⤶
webrowset.xsd">
  <properties>
    <command>SELECT * FROM Customer</command>
    <concurrency>1008</concurrency>
    <datasource>TutegoDS</datasource>
    <escape-processing>true</escape-processing>
    <fetch-direction>1000</fetch-direction>
    <fetch-size>0</fetch-size>
    <isolation-level>2</isolation-level>
    <key-columns>
    </key-columns>
    <map>
    </map>
    <max-field-size>0</max-field-size>
    <max-rows>2</max-rows>
    <query-timeout>0</query-timeout>
    <read-only>true</read-only>
    <rowset-type>ResultSet.TYPE_SCROLL_INSENSITIVE</rowset-type>
    <show-deleted>false</show-deleted>
    <table-name>Customer</table-name>
    <url><null/></url>
    <sync-provider>
      <sync-provider-name>com.sun.rowset.providers.
      RIOptimisticProvider</sync-provider-name>
      <sync-provider-vendor>Sun Microsystems Inc.</sync-provider-vendor>
      <sync-provider-version>1.0</sync-provider-version>
      <sync-provider-grade>2</sync-provider-grade>
      <data-source-lock>1</data-source-lock>
    </sync-provider>
  </properties>
  <metadata>
    <column-count>5</column-count>
    <column-definition>
      <column-index>1</column-index>
      <auto-increment>false</auto-increment>
      <case-sensitive>false</case-sensitive>
      <currency>false</currency>
```

21

```
      <nullable>0</nullable>
      <signed>true</signed>
      <searchable>true</searchable>
      <column-display-size>11</column-display-size>
      <column-label>ID</column-label>
      <column-name>ID</column-name>
      <schema-name>PUBLIC</schema-name>
      <column-precision>10</column-precision>
      <column-scale>0</column-scale>
      <table-name>CUSTOMER</table-name>
      <catalog-name></catalog-name>
      <column-type>4</column-type>
      <column-type-name>INTEGER</column-type-name>
    </column-definition>
    <column-definition> ... </column-definition>
    <column-definition> ... </column-definition>
    <column-definition> ... </column-definition>
    <column-definition> ... </column-definition>
  </metadata>
  <data>
    <currentRow>
      <columnValue>0</columnValue>
      <columnValue>Laura</columnValue>
      <columnValue>Steel</columnValue>
      <columnValue>429 Seventh Av.</columnValue>
      <columnValue>Dallas</columnValue>
    </currentRow>
    <currentRow>
      <columnValue>1</columnValue>
      <columnValue>Susanne</columnValue>
      <columnValue>King</columnValue>
      <columnValue>366 - 20th Ave.</columnValue>
      <columnValue>Olten</columnValue>
    </currentRow>
  </data>
</webRowSet>
```

21.10 Vorbereitete Anweisungen (Prepared Statements)

Die SQL-Anweisungen, die mittels `Statement`-Aufrufen `execute(…)`, `executeQuery(…)` oder `executeUpdate(…)` an die Datenbank gesendet werden, haben bis zur Ausführung im Datenbanksystem einige Umwandlungen vor sich. Zuerst müssen sie auf syntaktische Korrektheit hin getestet werden. Dann werden sie in einen internen Ausführungsplan der Datenbank übersetzt und mit anderen Transaktionen optimal verzahnt. Der Aufwand für jede Anweisung ist messbar. Deutlich besser wäre es jedoch, eine Art Vorübersetzung für SQL-Anweisungen zu nutzen.

Diese Vorübersetzung ist eine Eigenschaft, die JDBC unterstützt und die sich *Prepared Statements* nennt. »Vorbereitet« (engl. *prepared*) deshalb, weil die Anweisungen in einem ersten Schritt zur Datenbank geschickt und dort in ein internes Format umgesetzt werden. Später verweist ein Programm auf diese vorübersetzten Anweisungen, und die Datenbank kann sie schnell ausführen, da sie in einem optimalen Format vorliegen. Ein Geschwindigkeitsvorteil macht sich immer dann besonders bemerkbar, wenn Schleifen Änderungen an Tabellenspalten vornehmen. Dies kann durch die vorbereiteten Anweisungen schneller geschehen.

Hinweis [+]

Nicht jedes Datenbanksystem unterstützt Prepared Statements.

21.10.1 PreparedStatement-Objekte vorbereiten

Wie `createStatement()` auf einem `Connection`-Objekt ein `Statement`-Objekt aufbaut, so legt `prepareStatement(String sql)` ein `PreparedStatement`-Objekt an. Als Argument wird eine SQL-Zeichenkette übergeben, die den gleichen Aufbau wie etwa ein `executeUpdate(…)` hat. Einen Unterschied werden wir jedoch feststellen: Bei den normalen `Statement`-Objekten können wir dynamische Einträge einfach in den String mit einbauen. Dies geht bei vorbereiteten Anweisungen nicht mehr. Woher sollte auch die Anweisung wissen, was der Benutzer in seine Eingabemaske tippt? Damit jetzt auch eine vorbereitete Anweisung Parameter enthalten kann, werden in die Zeichenkette Platzhalter mit einem Fragezeichen eingefügt. 21

Beispiel [«]

Aufbau eines `PreparedStatement`-Objekts mit einem parametrisierten String:

```
PreparedStatement updateLieferant = con.prepareStatement(
  "UPDATE Lieferanten SET Adresse = ? WHERE Adresse LIKE ?" );
```

Die Zeile instruiert die Datenbank, die Zeile zu interpretieren, in das interne Format umzusetzen und vorbereitet zu halten. Im nächsten Schritt muss die Anweisung für die Platzhalter Werte einsetzen.

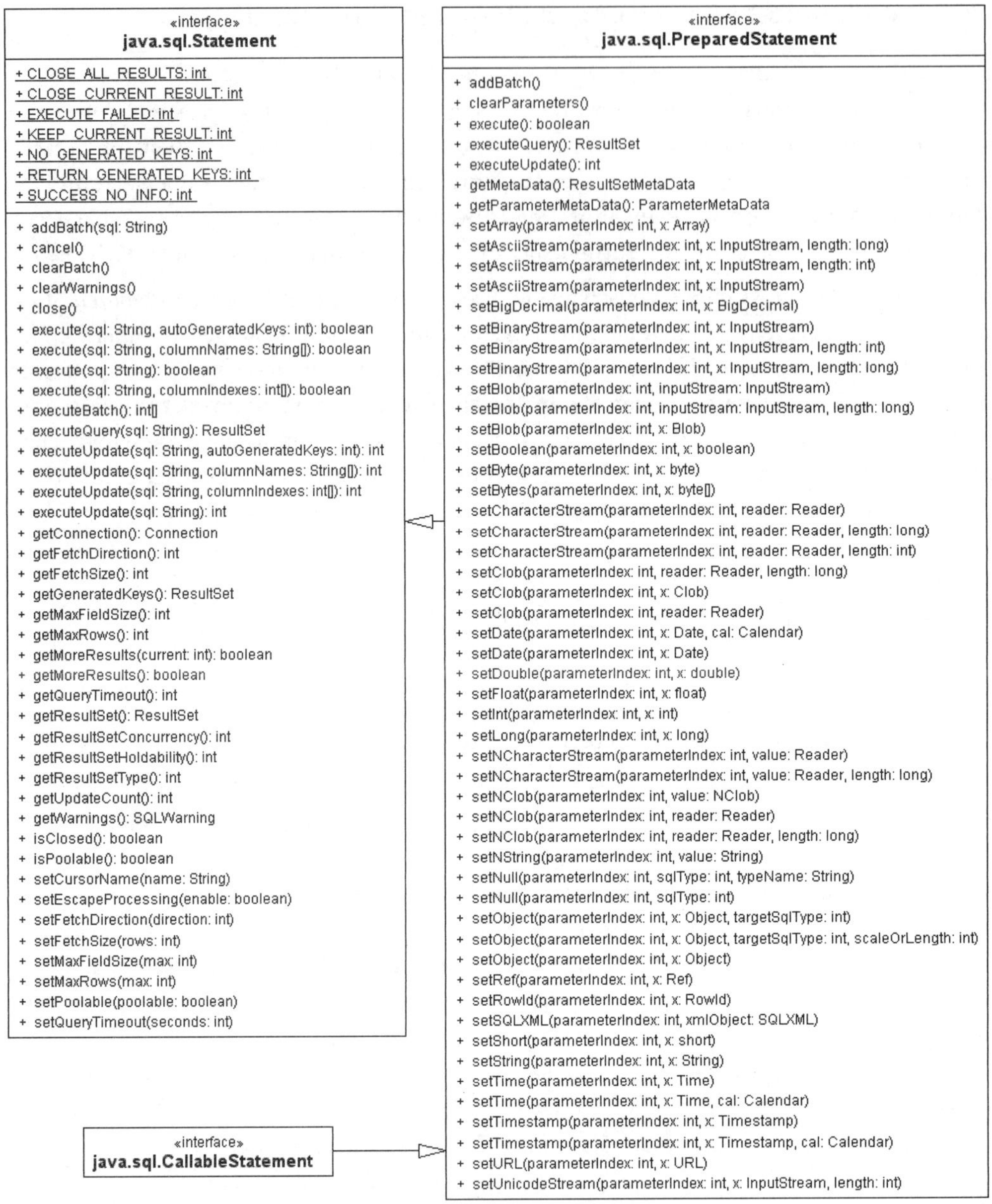

Abbildung 21.7 PreparedStatement ist ein besonderes Statement.

21.10.2 Werte für die Platzhalter eines PreparedStatement

Bevor die `executeUpdate(…)`-Methode die vorbereitete Anweisung abarbeitet, müssen die Platzhalter gefüllt werden. Dazu bietet das `PreparedStatement`-Objekt für die Datentypen jeweils eine `setXXX(…)`-Methode an, die den Wert für einen angegebenen Platzhalter setzt. So wird `set-`

Int(1,100) die Zahl 100 für das erste Fragezeichen einsetzen. Nach der Zuweisung ist das Objekt für die Ausführung bereit. executeUpdate() kann aufgerufen werden:

```
PreparedStatement updateLieferant = con.prepareStatement(
  "UPDATE Lieferanten SET Adresse = ? WHERE Adresse LIKE ?" );
updateLieferant.setString( 1, "Uferstraße 80" );
updateLieferant.setString( 2, "Uferstrasse 78" );
updateLieferant.executeUpdate();
```

Vergleichen wir diese Zeilen mit der Lösung ohne PreparedStatement:

```
String updateString = "UPDATE Lieferanten SET Adresse = 'Uferstraße 80' " +
                      "WHERE Adresse LIKE 'Uferstrasse 78'";
stmt.executeUpdate( updateString );
```

Die Anweisung ist zwar etwas kürzer, aber dadurch mit der notwendigen Übersetzungszeit verbunden, insbesondere dann, wenn sich die Werte ändern. In einer Schleife lässt sich nun immer wieder executeUpdate() aufrufen, und die schon gesetzten Parameter werden übernommen. Ein Aufruf von clearParameters() löscht alle Parameter.

```
PreparedStatement updateLieferant = con.prepareStatement(
  "UPDATE Lieferanten SET Adresse = ? WHERE Adresse LIKE ?" );
updateLieferant.setString( 1, "Uferstraße 80" );
updateLieferant.setString( 2, "Uferstrasse 78" );
updateLieferant.executeUpdate();
updateLieferant.setString( 1, "Sommerstraße 23" );
updateLieferant.setString( 2, "Sommerstrasse 23" );
updateLieferant.executeUpdate();
```


21.11 Transaktionen

Transaktionen sind für Datenbanken ein sehr wichtiges Konzept, denn nur so bleibt die Integrität der Daten erhalten. Transaktionen sind mit einer atomaren Ausführung bei Threads vergleichbar, mit dem Unterschied, dass die Datenbank inmitten einer gescheiterten Transaktion die bisher veränderten Werte rückgängig macht.

In der Standardverarbeitung in JDBC wird jede SQL-Anweisung für sich als Transaktion abgearbeitet. Dies nennt sich *Auto-Commit*. Um jedoch eine Folge von Anweisungen in einer Transaktion auszuführen, muss zunächst das Auto-Commit zurückgesetzt werden. Dann werden die Datenbankmanipulationen ausgeführt, und die Transaktion kann anschließend abgeschlossen (*commit*) oder zurückgesetzt (*rollback*) werden.

[»]

Beispiel

Datenbankoperationen sollen in einer Transaktion ausgeführt werden:

```
con.setAutoCommit( false );
// Datenbankmanipulationen vornehmen
con.commit();
con.setAutoCommit( true );  // Standard wiederherstellen
```

Tritt ein Fehler auf, können wir mit `con.rollback()` die gestartete Transaktion zurücksetzen. Dann ist es lohnenswert, eine Ausnahmebehandlung zu schreiben und im `catch` das `rollback()` einzusetzen.

21.12 Vorbereitete Datenbankverbindungen

Die Arbeit mit dem `DriverManager` sah bisher so aus, dass wir ihn mit der genauen Datenquelle parametrisiert haben. Wir mussten also immer den Namen der Datenbank sowie (optional) den Benutzernamen und das Passwort angeben. Diese feste Verdrahtung im Quellcode ist allerdings nicht so toll, weil Änderungen zwangsläufig zu einer neuen Übersetzung führen (was sich allerdings mit Konfigurationsdateien verändern ließe), doch die Daten stehen auf der Client-Seite, wo sie nicht immer gut aufgehoben sind. Besser ist eine zentrale Stelle für die Konfigurationsdaten und auch für die Datenbank. Nehmen wir an, ein Unternehmen rüstet spontan von Oracle auf DB2 um, so müsste ein Client-Programm an allen Stellen, an denen der Datenbanktreiber geladen und die URL für die Datenbank aufgebaut wird, im Quellcode geändert werden. Das ist unflexibel.

21.12.1 DataSource

So gibt es in Java eine weitere Möglichkeit, nämlich die Konfigurationsdaten an einer zentralen Stelle zu hinterlegen – und das heißt in Java Zugriff über JNDI. Im zentralen Namensdienst werden Informationen über den Treibernamen, Datenbanknamen usw. als *DataSource* abgelegt und dann zum nötigen Zeitpunkt erfragt. Wenn sich die Datenbank einmal ändern sollte, muss nur an dieser zentralen Stelle eine Änderung eingespielt werden, und alle, die anschließend den JNDI-Dienst erfragen, bekommen die neue Information.

Die DataSource-Trilogie

Die Verbindung zu einem Datengeber (es muss nicht unbedingt eine Datenbank sein) realisieren Objekte vom Typ `DataSource`-Objekt. Von der Schnittstelle `DataSource` gibt es drei unterschiedliche Ausführungen:

1. ein Standard-`DataSource`-Objekt – mindestens das muss ein JDBC-2.0-kompatibler Treiber anbieten.

2. ein DataSource-Objekt, das gepoolte Datenbankverbindungen zulässt (ConnectionPoolDataSource), sodass eine beendete Verbindung nicht wirklich beendet, sondern nur in einen Pool zur Wiederverwendung gelegt wird. Damit die Verbindung zurückgelegt werden kann, muss die Verbindung einfach nur geschlossen werden – ein Vorgang, der in jedem Programm mit Verbindungen zu finden sein sollte.
3. ein DataSource-Objekt für verteilte Transaktionen (XADataSource)

Das Schöne daran ist, dass der konkrete Typ verborgen bleiben kann und der Server ohne Änderung des Clients statt einer einfachen DataSource etwa eine ConnectionPoolDataSource in dem Namensdienst ablegen kann.

Verbindung über JNDI

Das DataSource-Objekt ist über JNDI zu erfragen. Mit getConnection(…) wird anschließend das Connection-Objekt besorgt, und wir sind an der gleichen Stelle, an die uns auch der DriverManager geführt hat:

```
Context ctx = new InitialContext();
DataSource ds = (DataSource) ctx.lookup( "jdbc/database" );
Connection con = ds.getConnection( "username", "password" );
```

Das javax.naming.Context-Objekt und dessen Methode lookup(…) erfragen das mit dem Namen assoziierte Objekt vom Verzeichnisdienst. Vorher muss natürlich irgendjemand dieses Objekt dort abgelegt – auf Neudeutsch »deployed« – haben, doch das sehen wir uns später an. Mit dem Verweis auf das DataSource-Objekt können wir getConnection(…) aufrufen und Benutzername und Passwort angeben.

```
interface javax.sql.DataSource
extends Wrapper, AutoCloseable
```


- Connection getConnection(String username, String password)
  Versucht, unter Angabe des Benutzernamens und Passwortes eine Verbindung aufzubauen.
- Connection getConnection()
  Versucht, eine Verbindung ohne Angabe von Benutzernamen und Passwort aufzubauen.

Eine DataSource im JNDI-Kontext deployen *

Der Administrator ist nun dafür verantwortlich, dass das DataSource-Objekt, also die Beschreibung der Datenbankparameter, im Namensdienst eingetragen ist. Im Allgemeinen macht das der Container über eine XML-Beschreibungsdatei oder über ein GUI, sodass kein Programmieraufwand von Hand nötig ist. Wie die JNDI-DataSource in den Webcontainer *Tomcat* integriert werden kann, zeigt die Webseite *http://tomcat.apache.org/tomcat-7.0-doc/jndi-resources-how-to.html*.

Zum Testen wollen wir den einfachen Namensdienst *Simple-JNDI* (*http://code.google.com/p/osjava/wiki/SimpleJNDI*) nutzen, der die Daten im Speicher hält und keinen Server startet. Aus dem ZIP-Archiv von der Webseite *http://code.google.com/p/osjava/downloads/detail?name=simple-jndi-0.11.4.1.zip* muss dazu das Archiv *simple-jndi-0.11.4.1.jar* zusätzlich zum Datenbanktreiber in den Klassenpfad aufgenommen werden. In den Klassenpfad setzen wir auch die Datei *jndi.properties*, die Java bei Bildung eines Exemplars von `InitialContext` automatisch lädt:

Listing 21.6 src/jndi.properties

```
java.naming.factory.initial=org.osjava.sj.SimpleContextFactory
org.osjava.sj.root=config/
```

In das Projektverzeichnis legen wir unter einem neuen Verzeichnis *config* die Datei *TutegoDS.properties*. Damit kann Simple-JNDI die Datenquelle automatisch initialisieren:

Listing 21.7 config/TutegoDS.properties

```
type=javax.sql.DataSource
driver=org.hsqldb.jdbcDriver
url=jdbc:hsqldb:file:TutegoDB;shutdown=true
user=sa
password=
```

Wir könnten den Namensdienst zwar dank der Implementierung der JNDI-API auch selbst konfigurieren, aber eine passende Datei macht das automatisch. Aufgrund des Dateinamens legt Simple-JNDI automatisch für uns eine Datenquelle »TutegoDS« im Namenskontext an. Der Zugriff gestaltet sich einfach:

Listing 21.8 com/tutego/insel/jdbc/JdbcWithDS.java, main()

```
DataSource dataSource = (DataSource) new InitialContext().lookup( "TutegoDS" );
String sql = "SELECT * FROM Customer";
try ( Connection con = dataSource.getConnection();
      ResultSet rs = con.createStatement().executeQuery( sql )  ) {
  while ( rs.next() )
    System.out.printf( "%s, %s %s%n", rs.getString( 1 ), rs.getString( 2 ),
                       rs.getString( 3 ) );
}
```

An diesem Beispiel ist gut abzulesen, dass die Konfiguration nun extern ist. Der Datenbanktreiber muss nun nicht mehr von uns geladen werden, und die Verbindungsdaten sind auch nicht mehr sichtbar.

Hinweis

Eine Alternative ist, über die *rmiregistry* zu gehen, die ebenfalls einen kleinen JNDI-Server enthält. Der Schlüssel für `java.naming.factory.initial` ist dann `com.sun.jndi.rmi.registry.RegistryContextFactory` und die `java.naming.provider.url` lautet entsprechend dem Rechner mit dem Namensdienst, etwa *rmi://localhost:1099*. Der Server muss nur noch die `DataSource` aufbauen und in den Namenskontext legen.

21.12.2 Gepoolte Datenbankverbindungen

Da der Auf- und Abbau von Datenbankverbindungen relativ teuer ist, soll eine Java-Applikation die Verbindung nur vordergründig schließen, ein spezieller poolingfähiger Datenbanktreiber soll die Verbindung allerdings für die nächste Operation offen halten. Für gepoolte Datenbankverbindungen gibt es eine Reihe quelloffener Implementierungen; zu ihnen zählen *Apache Commons DBCP* (*http://commons.apache.org/dbcp/*), *c3p0* (*http://sourceforge.net/projects/c3p0/*) und *Proxool* (*http://proxool.sourceforge.net/*).

In der Regel sind für den Programmierer gepoolte Datenbankverbindungen transparent, denn ein poolender Treiber verhält sich wie ein ganz normaler JDBC-Treiber. Jeder Java EE-Container nutzt standardmäßig gepoolte Verbindungen, sodass sich Enterprise-Entwickler damit nicht beschäftigen müssen – nur Administratoren müssen spezielle Eigenschaften wie die maximale Anzahl offener Verbindungen konfigurieren. In Client-Anwendungen ist die Nutzung anders, auch der Bezug einer Verbindung. Bei Proxool wird zum Beispiel statt der JDBC-Treiberklasse die Proxool-Treiberklasse genannt, und die der Verbindungs-URL kodiert dann die eigentliche JDBC-Treiberklasse; das sieht etwa so aus:

```
Class.forName("org.logicalcobwebs.proxool.ProxoolDriver"); con =
  DriverManager.getConnection("proxool.example:org.hsqldb.↩
  jdbcDriver:jdbc:hsqldb:file:TutegoDB");
```

Anders ist das bei *c3po*, hier wird eine spezielle Klasse `ComboPooledDataSource` eingesetzt, die vom Typ `DataSource` ist.[3]

Simple-JNDI unterstützt DBCP direkt, sodass wir es an dieser Stelle einsetzen wollen. Eine zusätzliche Zeile `pool=true` in der Konfigurationsdatei veranlasst Simple-JNDI dazu:

Listing 21.9 TutegoDS.properties

```
type=javax.sql.DataSource
driver=org.hsqldb.jdbcDriver
url=jdbc:hsqldb:file:TutegoDB;shutdown=true
```

3 Weitere Details unter *http://www.mchange.com/projects/c3p0/index.html*.

```
user=sa
password=
pool=true
```

Dazu müssen in den Klassenpfad das Hauptarchiv *commons-dbcp-1.4.jar* (Download unter *http://commons.apache.org/proper/commons-dbcp/download_dbcp.cgi*) und zusätzlich das Java-Archiv *commons-pool-1.3.jar* (von Apache Commons Pool, Download unter *http://commons.apache.org/proper/commons-pool/download_pool.cgi*) aufgenommen werden.

21.13 Zum Weiterlesen

Direkter Datenbankzugriff über JDBC ist heutzutage selten. Gut entworfene Programme nutzen im Allgemeinen OR-Mapper, also Bibliotheken, die Java-Objekte auf die Datenbankrelationen abbilden. Eine Standard-API für objektrelationale Abbildungen ist die *Java Persistence API* (JPA) – eine kurze Charakterisierung gibt es unter *http://www.oracle.com/technetwork/java/javaee/documentation/index.html*. Eine JPA-Implementierung heißt *Provider*, übernimmt die Abbildung auf die Datenbank und bietet Methoden zum Erzeugen, Lesen, Aktualisieren und Löschen von Datensätzen an (so genannte CRUD-Operationen). JPA ist Teil ab Java EE 5, aber auch ohne Enterprise-Container verwendbar. Zwei Provider sind erwähnenswert: zum einen die Referenzimplementierung *EclipseLink* (*https://www.eclipse.org/eclipselink/*) und die beliebte Open-Source-Software *Hibernate* (*http://www.hibernate.org/*), die von JBoss (also Red Hat) finanziell unterstützt wird; sie implementiert die JPA und bietet darüber hinausgehende Funktionalität. Dass jedoch auch hier Ungemach von der Patentseite droht, diskutiert *http://patentlyo.com/patent/2006/06/red_hat_faces_p.html*.

Kapitel 22
Java Native Interface (JNI)

»Ein klassisches Werk ist ein Buch, das die Leute loben, aber nie lesen.«
– Ernest Hemingway (1899–1961)

Java kann nicht wirklich eine plattformunabhängige Programmiersprache sein – spätestens, wenn es an die tatsächlichen Ressourcen eines Rechners geht, müssen diese in Java eingebunden werden. Ein Sortierverfahren oder eine Datenstruktur sind wirklich plattformneutral, für das Bearbeiten von Dateien oder das Setzen von Punkten auf dem Bildschirm ist jedoch die jeweilige Architektur zuständig. Dazu ruft Java die *nativen Methoden* auf, die nicht in Java implementiert sind. Native Methoden sind in der API-Dokumentation nicht immer zu erkennen, aber ein Blick in den Quellcode verrät sie schnell.

Beispiel

Die Methode `read()` aus der Klasse `FileInputStream` liest ein Byte aus einer Datei ein. Die native Methode ist nicht in Java implementiert.

```
public native int read() throws IOException;
```

22.1 Java Native Interface und Invocation-API

Um diese Schnittstelle zwischen Java und konkreter Plattform kümmert sich das *Java Native Interface* (JNI). Mithilfe von JNI können aus der JVM heraus plattformspezifische Funktionen verwendet werden. Die native Funktion – wir gehen im Folgenden von einer Funktion in C aus – kann aber auch wieder die JVM steuern und Objekte erfragen, Ausnahmen auslösen, neue Klassen laden usw.

Liegt Programmcode in einer anderen Programmiersprache als Java vor, dann muss dieser zu einer dynamisch ladbaren Bibliothek gebunden werden. Diese Bibliothek implementiert die nativen Methoden, hält sich jedoch an spezielle Namenskonventionen. Das bedingt, dass es nicht möglich ist, beliebige Bibliotheken in Java einzubinden, die auf dem System schon vorhanden sind. Unter Windows kann zum Beispiel nicht einfach *twain.dll* verwendet werden, um Scanner anzusteuern.

Ist die dynamische Bibliothek vorhanden, muss sie noch in Java eingebunden werden. Dazu bindet die statische Methode `System.loadLibrary(String libname)` die Bibliothek zur Laufzeit in die

JVM ein. Jeder Aufruf der nativen Java-Methode leitet die Laufzeitumgebung an die C-Funktion weiter.

Invocation-API

Ein C(++)-Programm kann über die so genannte *Invocation-API* eine JVM starten und so Java-Programme ausführen. Mit JNI und der Invocation-API kann eine Migration eines Altsystems nach Java realisiert werden. Mögliche Teile wie die grafische Benutzeroberfläche werden in Java implementiert, und die übrigen Teile werden in der herkömmlichen Sprache belassen; ein Wrapper kapselt die Legacy-Systeme. Damit ist die alte Applikation lauffähig, und Schritt für Schritt können die Altlasten abgebaut werden. Ein Teil kann bestehen bleiben, wenn zum Beispiel eine gekaufte Bibliothek mit eingebunden werden soll oder Teile nicht unter Java implementiert werden können. Natürlich sind wir dann mit Java nicht mehr wirklich plattformunabhängig, da auch die native Bibliothek auf der neuen Plattform immer neu übersetzt werden muss.

22.2 Eine C-Funktion in ein Java-Programm einbinden

Wir wollen in einem kurzen Überblick sehen, wie die Vorgehensweise prinzipiell ist. Dazu werfen wir einen Blick auf die Implementierung einer einfachen Klasse, die lediglich die Länge der Zeichenkette berechnet.

22.2.1 Den Java-Code schreiben

Zunächst benötigen wir eine Klasse mit einer nativen Java-Methode. Wir haben gesehen, dass dafür der Modifizierer `native` nötig ist. Die Methode besitzt – wie eine abstrakte Methode – keine Implementierung:

```
public static native int strlen( String s );
```

Die statische Methode soll in eine Klasse mit einem statischen Initialisierungsblock eingebettet werden, der die dynamische Bibliothek lädt:

Listing 22.1 com/tutego/jni/StrLen.java

```
package com.tutego.jni;

public class StrLen {
  static {
    System.loadLibrary( "strlen" );
  }
  public static native int strlen( String s );
}
```

Die statische Methode System.loadLibrary(String) delegiert an Runtime.getRuntime().loadLibrary(String), die wir auch hätten nutzen können. Der Name der Bibliothek, "strlen", hat nichts mit dem Namen der Methode zu tun.

[+]

Hinweis

Eine dynamische Bibliothek ist an einen Klassenlader gebunden und wird auch entfernt, wenn die Garbage-Collection den Klassenlader entfernt. Dennoch kann dieselbe aktive Bibliothek nur einmal von der JVM geladen werden. Ein zweiter Versuch wird mit einem UnsatisfiedLinkError bestraft.

Eine Beispielklasse soll lediglich unsere statische Methode aufrufen:

Listing 22.2 com/tutego/jni/StrLenDemo.java

```
package com.tutego.jni;

public class StrLenDemo {
  public static void main( String[] args ) {
    System.out.println( StrLen.strlen("2003 UB313") );
  }
}
```

Suchort der dynamischen Bibliothek

Um bei der Aufforderung mit loadLibrary(String) die dynamische Bibliothek zu finden, wertet die Laufzeitumgebung die Umgebungsvariable LD_LIBRARY_PATH aus. Diese muss unter Umständen noch gesetzt werden. Befinden wir uns im selben Verzeichnis, ist das nicht nötig.

Welche Pfade die Laufzeitumgebung durchsucht, zeigt die folgende einfache Zeile:

```
System.out.println( System.getProperty("java.library.path") );
```


Eine Alternative zu System.loadLibrary(String) ist die statische Methode System.load(String). Im Gegensatz zu loadLibrary(String) erwartet load(String) einen absoluten Pfad zur Bibliothek.

22.3 Dynamische Bibliotheken erzeugen

Im zweiten Schritt kann der Java-Code übersetzt werden, denn jetzt würde eine Ausführung einen Fehler produzieren. Existiert die dynamische Bibliothek nicht oder ist sie nicht im Pfad eingebunden, folgt ein Fehler wie der folgende:

```
java.lang.UnsatisfiedLinkError: no strlen in java.library.path
  at java.lang.ClassLoader.loadLibrary(ClassLoader.java:1682)
```

```
  at java.lang.Runtime.loadLibrary0(Runtime.java:822)
  at java.lang.System.loadLibrary(System.java:992)
  at com.tutego.jni.StrLen.<clinit>(StrLen.java:7)
Exception in thread "main"
```

Für die nativen Methoden auf der Java-Seite gibt es auf der C(++)-Seite entsprechende Implementierungen. Da die Implementierung noch nicht erstellt wurde, gibt es logischerweise einen Laufzeitfehler.

22.3.1 Die Header-Datei erzeugen

Die nativ implementierten Funktionen verfügen über eine bestimmte Signatur, damit die JVM bei einem Aufruf aus der Java-Welt an die native Implementierung weiterleiten kann. Wie die Signatur aussieht, definiert die JNI-Spezifikation. Um es so einfach wie möglich zu machen, generiert ein Hilfsprogramm aus der Java-Klasse mit der nativen Methode eine C(++)-Header-Datei. Eine Header-Datei enthält Makros und Konstanten und definiert sowie dokumentiert oftmals die Funktionen, die dann später in der C(++)-Datei realisiert werden. (Ein bisschen entspricht das den Schnittstellen und den Klassen, die sie implementieren.)

Die Header-Datei gibt die Signatur der Funktionen vor und wird nicht verändert. Anschließend inkludiert das C(++)-Programm die Header-Dateien und implementiert die vorgegebene Funktion. Dann kann das C(++)-Programm übersetzt, in eine dynamische Bibliothek eingepackt und von der JVM ausgelesen werden. Kommen wir zum ersten Schritt:

Ein Generator erstellt die Header-Datei, der aus der Klassendatei die Methodensignatur und Rückgabe ausliest und nach einem festen Schema die Funktionen auf der C(++)-Seite benennt. Zum Aufruf des Generators bietet sich ein Ant-Skript an, und auch das JDK bringt mit *javah* ein Dienstprogramm mit. Mit Ant erstellt der Task `<javah>` die entsprechende Header-Datei:

Listing 22.3 build.xml, Ausschnitt

```
<javah classpath="bin" outputFile="strlen.h" verbose="yes">
  <class name="com.tutego.jni.StrLen" />
</javah>
```

In diesem Beispiel soll für die Klasse `StrLen` die Header-Datei *strlen.h* generiert werden.

[+]

Hinweis

Soll das Kommandozeilenprogramm *javah* benutzt werden, so bestimmt der Schalter `-o` den Namen der Ausgabedatei:

```
$ javah -jni -o strlen.h com.tutego.jni.StrLen
```

Die volle Qualifizierung ist wichtig, andernfalls gibt es merkwürdige Fehler wie »error: cannot access StrLen« und »bad class«.

An der entstandenen Header-Datei *strlen.h* sollten keine Änderungen vorgenommen werden. Werfen wir einen Blick hinein, damit wir wissen, welche C-Funktion wir implementieren müssen:

Listing 22.4 strlen.h

```
/* DO NOT EDIT THIS FILE - it is machine generated */
#include <jni.h>
/* Header for class com_tutego_jni_StrLen */

#ifndef _Included_com_tutego_jni_StrLen
#define _Included_com_tutego_jni_StrLen
#ifdef __cplusplus
extern "C" {
#endif
/*
 * Class:      com_tutego_jni_StrLen
 * Method:     strlen
 * Signature: (Ljava/lang/String;)I
 */
JNIEXPORT jint JNICALL Java_com_tutego_jni_StrLen_strlen
  (JNIEnv *, jclass, jstring);

#ifdef __cplusplus
}
#endif
#endif
```

Die Funktion heißt auf der C-Seite nicht einfach `strlen(…)`, weil wegen fehlender Namensräume sonst Verwechslungen mit anderen nativen Methoden anderer Pakete nicht ausgeschlossen sind. Aus diesem Grund enthält der Funktionsname auf der C-Seite den Paketnamen und den Namen der Java-Klasse. Dementsprechend setzt sich der Funktionsname zusammen aus

- einem Präfix `Java`,
- dem vollständigen Klassenbezeichner, wobei die einzelnen Glieder im Paket durch »_« und nicht durch ».« getrennt sind, und
- dem Namen der Methode.

Alle primitiven Java-Typen sind auf spezielle Typen in C abgebildet. So steht `jint` für ein Integer und `jstring` für einen Pointer auf eine Zeichenkette.

22.3.2 Implementierung der Funktion in C

In der automatisch erzeugten Header-Datei lässt sich die Signatur der Funktion ablesen; die Basis für die Implementierung ist:

```
JNIEXPORT jint JNICALL Java_com_tutego_jni_StrLen_strlen(
                                          JNIEnv *, jclass, jstring );
```

Wir erzeugen eine neue Datei, *strlen.c*, mit einer Implementierung für `Java_com_tutego_jni_StrLen_strlen(…)`. Dabei soll zunächst etwas auf dem Bildschirm ausgegeben werden; wir wollen damit testen, ob überhaupt alles zusammen läuft. Anschließend kümmern wir uns um die Zeichenkettenlänge.

Listing 22.5 strlen.c

```
#include <jni.h>
#include "strlen.h"
#include <stdio.h>
JNIEXPORT jint JNICALL Java_com_tutego_jni_StrLen_strlen(
                              JNIEnv *env, jclass clazz, jstring s ) {
  printf( "Hallo Java-Freunde!\n" );
  return 0;
}
```

Der erste Parameter, `env`, zeigt auf die JNI-Umgebung, über die alle JNI-Funktionen zur Verfügung stehen. Wir werden sie später nutzen.

22.3.3 Die C-Programme übersetzen und die dynamische Bibliothek erzeugen

Der C(++)-Compiler muss nun die dynamische Bibliothek übersetzen. Die dynamisch ladbaren Bibliotheken sind unter Windows die *.dll*-Dateien (*dynamic link libraries*) und unter Unix Dateien mit der Endung *.so* (*shared objects*). Die *.dll*- und *.so*-Dateien erzeugt prinzipiell jeder Compiler, wobei zu beachten ist, dass jeder Compiler andere Aufrufkonventionen befolgt.

Auf dem Markt gibt es eine Reihe guter und freier Compiler, die für die Übersetzung verwendet werden können:

- **GCC (GNU Compiler Collection)**
  http://gcc.gnu.org/; freier Klassiker für unzählige Plattformen
- **Microsoft Visual Studio Express**
  http://www.visualstudio.com/en-us/products/visual-studio-express-vs.aspx; Übersetzer für C(++)- und .NET-Programme
- **C++ Compiler**
  https://downloads.embarcadero.com/item/24778; der Compiler ist nur für Windows verfügbar und fast zehn Jahre alt. Embarcadero hat den Compiler von Borland übernommen.

Die GNU Compiler Collection unter Cygwin

Da jeder Compiler andere Aufrufkonventionen hat, führen wir unser Beispiel mit dem GNU Compiler durch. GCC ist klassischerweise ein Unix-Compiler, doch gibt es ihn auch für Windows.

Cygwin portiert die unter Unix bekannten Tools für Windows, und ein Teil der Tool-Sammlung ist der C(++)-Compiler.

Für die Installation wird zunächst unter *http://www.cygwin.com/* das kleine Programm *setup.exe* geladen und ausgeführt (es steckt hinter dem Link INSTALL OR UPDATE CYGWIN NOW):

1. Nach dem Start überspringe das Willkommensfenster mit WEITER >.
2. Wähle den Eintrag INSTALL FROM INTERNET aus, um aus dem Internet alle nötigen Pakete geladen zu bekommen. Wähle dann WEITER >.
3. Gib bei ROOT DIRECTORY zum Beispiel »c:\cygwin« ein, und wähle WEITER >.
4. Cygwin speichert die geladenen Teile erst zwischen und möchte dazu ein Verzeichnis bekommen – das Verzeichnis kann nach der Installation gelöscht werden. Vorgewählt ist der Desktop. Der Eintrag wird geändert oder so belassen. Dann WEITER >.
5. Im Folgenden lassen sich Verbindungsdaten einstellen, damit das Setup-Programm die Programme aus dem Internet laden kann. Die Voreinstellung DIRECT CONNECTION passt im Regelfall. Dann WEITER >.
6. Wähle aus der Liste einen Server aus, von dem die Dateien geladen werden. Dann aktiviere WEITER >. Falls jetzt ein SETUP ALERT kommt, kann dieser mit OK geschlossen werden.
7. Wähle aus dem Zweig DEVEL den Eintrag GCC-CORE (bzw. GCC-G++). (Den *gdb* können wir angeben, wenn C-Programme debuggt werden sollen.) Dann WEITER >. Die Wahl selektiert automatisch ein paar weitere abgeleitete Pakete und zeigt sie an. Dann WEITER >. Der tatsächliche Download beginnt.
8. Es lassen sich Icons setzen. Sie sind nicht nötig und können abgewählt werden. WEITER > schließt die Installation ab.

Übersetzen mit Ant

Das Build-Tool *Ant* bringt in der Standarddistribution keinen Task mit, der einen C-Compiler anstößt. Nichtsdestotrotz lassen sich mit <exec> externe Programme aufrufen. Somit sieht das ganze Build-Skript folgendermaßen aus:

22

Listing 22.6 build.xml

```
<project default="cc" basedir=".">

  <target name="javah">
    <javah classpath="bin" outputFile="strlen.h" verbose="yes">
      <class name="com.tutego.jni.StrLen" />
    </javah>
  </target>

  <target name="cc" depends="javah">
```

```
    <exec dir="c:\cygwin\bin\" executable="c:\cygwin\bin\gcc-3">
      <arg value="-mno-cygwin" />
      <arg value="-I" />
      <arg value="C:\Program Files\Java\jdk1.8.0\include" />
      <arg value="-I" />
      <arg value="C:\Program Files\Java\jdk1.8.0\include\win32" />
      <arg value="-shared" />
      <arg value="-Wl,--add-stdcall-alias" />
      <arg value="-o" />
      <arg value="${basedir}\strlen.dll" />
      <arg value="${basedir}\strlen.c" />
    </exec>

  </target>

</project>
```

[+]

Hinweis

Die dynamische Bibliothek muss unter Windows die Endung *.dll* und unter Unix-Systemen die Endung *.so* haben. In der Unix-Welt beginnen die dynamischen Bibliotheken mit dem Präfix *lib*, sodass sich daraus für eine Datei die Namensgebung *lib*Name*.so* ergibt.

Wer den <exec>-Task nicht verwenden mag, der kann auch die externen CC-Tasks unter *http://ant-contrib.sourceforge.net/* nutzen.

22.4 Nativ die String-Länge ermitteln

Wir haben unsere Funktion noch nicht zu Ende geführt. Es fehlt die Berechnung der Zeichenkettenlänge, für die wir den String zuerst von der Unicode-Implementierung in ein C-Zeichenfeld überführen müssen. Dazu dient eine JNI-Funktion `GetStringUTFChars(…)`, die wir über die Umgebung `env` nutzen können.

```
const char* str = (*env)->GetStringUTFChars( env, s, NULL );
```

[+]

Hinweis

Die Schreibweisen unterscheiden sich im Fall von C oder C++. Während es bei C

```
const char* str = (*env)->GetStringUTFChars( env, s, NULL );
```

heißt, schreiben wir bei C++:

```
const char* str = env->GetStringUTFChars( s, NULL );
```

In der objektorientierten C++-Variante ist env als Argument nicht mehr nötig. Wir bleiben bei unseren Buchbeispielen in der prozeduralen C-Welt und übergeben daher allen JNI-Funktionen das JNIEnv.[1]

Die Zeichenkettenlänge liefert die C-Funktion strlen(…), die im Header string.h definiert ist:

Listing 22.7 strlen.c

```
#include <jni.h>
#include "strlen.h"
#include <stdio.h>
#include <string.h>

JNIEXPORT jint JNICALL
Java_com_tutego_jni_StrLen_strlen( JNIEnv *env, jclass clazz, jstring s ) {
  if ( s == NULL ) {
    jclass exc = (*env)->FindClass( env, "java/lang/NullPointerException" );

    if ( exc != NULL )
      (*env)->ThrowNew( env, exc, "(in C code)" );

    return -1;
  }

  const char* str = (*env)->GetStringUTFChars( env, s, NULL );

  if ( str == NULL )
    return -1;

  int len = strlen( str );

  (*env)->ReleaseStringUTFChars( env, s, str );

  return (jint) len;
}
```

Mit JNI lassen sich auf der C-Seite Java-Objekte erzeugen und zerstören, genauso wie sich Java-Methoden aufrufen und Werte austauschen lassen. Wir nutzen das, um ein Ausnahmeobjekt zu erzeugen, wenn es keine Referenz auf ein String-Objekt gibt.

1 Siehe dazu *http://docs.oracle.com/javase/8/docs/technotes/guides/jni/spec/design.html#native_method_arguments*.

22.5 Erweiterte JNI-Eigenschaften

Im letzten Beispiel haben wir auf der Java-Seite wenig unternommen bzw. lediglich eine C-Funktion aufgerufen und ein Ergebnis zurückgegeben. Nun wollen wir Objekteigenschaften auslesen, Methoden aufrufen und Objekte erzeugen. JNI bietet noch mehr als nur die Übergabe von primitiven Datentypen und Strings.

22.5.1 Klassendefinitionen

JNI repräsentiert ein Java-Objekt durch `jobject`. Um auf Attribute eines Java-Objekts zuzugreifen, müssen wir zunächst die Klassendefinition erfragen. Wir kennen das bereits aus Kapitel 17, »Typen, Reflection und Annotationen«:

```
Class clazz = o.getClass();
```

Ähnlich funktioniert das in JNI. Dort benutzen wir die JNI-Funktion `GetObjectClass(…)`:

```
jclass jclass;   // Zuweisung mit Initialisierung in klassischem C nicht möglich
jclass = (*env)->GetObjectClass( env, obj );
```

`obj` repräsentiert das Objekt, für das wir die Klassendefinition besorgen.

Und wie auch Reflection nicht nur mit `getClass()` das `Class`-Objekt liefert, sondern auch eine Suche nach dem Klassenamen mit `Class.forName(String)` bietet, so ermöglicht JNI Ähnliches mit `FindClass(…)`:

```
jclass = (*env)->FindClass( env, "Klassenname" );
```

[»]

Beispiel

Ein Exemplar der Klasse `C` wird einer nativen Funktion übergeben. Die Deklaration der nativen Methode in Java ist folgende:

```
native void foo( C c );
```

Die Übersetzung liefert uns in etwa:

```
JNIEXPORT jobject JNICALL foo( JNIEnv *env, jobject in_c )
```

Es holt `GetObjectClass(…)` die Klassendefinition, die anschließend in `jclass` steht:

```
jclass jclass = (*env)->GetObjectClass( env, in_c );
```

22.5.2 Zugriff auf Attribute

Um unter Reflection auf die Attribute zuzugreifen, muss das `Class`-Objekt ein `Field`-Objekt akquirieren:

```
Field field = clazz.getField( Feldname );
```

Ähnlich funktioniert auch dieses wieder in JNI. Mit der JNI-Funktion `GetFieldID(…)` erhalten wir einen Zeiger auf den Speicherplatz eines Feldes.

Beispiel

Jetzt müssen wir nur über unsere Klasse `C` weitere Aussagen machen. Geben wir Folgendes vor:

```
class C { int i; }
```

Um die Attribut-ID zu erlangen, schreiben wir:

```
jfieldID jfid;
jfid = (*env)->GetFieldID( env, jclass, "i", "I");
```

Den zweiten Parameter entlarven wir als Zeiger auf die Klassendefinition. Das dritte Argument kennzeichnet den Namen der Variablen (`i` in der Klasse `C`), und das letzte Argument bestimmt den Typ der Variablen. Das große `I` kennzeichnet ein Integer, und die anderen Typen haben wir schon einmal beleuchtet. Zur Wiederholung:

Signatur	Typ
Z	boolean
B	Byte
C	Char
S	Short
I	Int
J	Long
F	Float
D	Double
V	Void
LvollQualifizierterName;	Objekttyp
[Typ	Feld mit Typ

Tabelle 22.1 Kodierung von Typen

Der letzte Schritt ist das Auslesen bzw. Setzen der Werte. Wiederum soll uns Reflection eine Orientierung geben:

```
Class clazz = o.getClass();
Field field = clazz.getField( Feldname );
field.setAttribute( o, new Integer(9) );
```

Beispiel

Die JNI-Funktion `GetIntField(…)` liest das Attribut des Objekts aus:

```
jfieldID jfid;
jclass jclass;
jint val;
jclass = (*env)->GetObjectClass( env, in_c );
jfid   = (*env)->GetFieldID( env, jclass, "i", "I");
val    = (*env)->GetIntField( env, in_c, jfid );
```

Für die unterschiedlichen Typen stehen ebenfalls ganz unterschiedliche `GetXXXField(…)`-Funktionen zur Verfügung. Tabelle 22.2 fasst sie zusammen:

GetField	Nativer Typ	Java-Typ
`GetObjectField(…)`	`jobject`	`Object`
`GetBooleanField(…)`	`jboolean`	`boolean`
`GetByteField(…)`	`Jbyte`	`Byte`
`GetCharField(…)`	`Jchar`	`char`
`GetShortField(…)`	`Jshort`	`short`
`GetIntField(…)`	`Jint`	`int`
`GetLongField(…)`	`Jlong`	`long`
`GetFloatField(…)`	`Jfloat`	`float`
`GetDoubleField(…)`	`jdouble`	`double`

Tabelle 22.2 Zugriff auf Attribute von Java-Objekten

Die entsprechenden `SetXXXField(…)`-Funktionen lassen sich leicht ableiten. Die letzte Frage ist die nach den Datentypen. Tabelle 22.3 zeigt, welcher Java-Typ welchem nativen Typ zugeordnet ist und wie die Wertebereiche sind:

Java-Typ	Nativer Typ	Beschreibung
`boolean`	`jboolean`	8 Bit ohne Vorzeichen
`byte`	`jbyte`	8 Bit mit Vorzeichen
`char`	`jchar`	16 Bit ohne Vorzeichen

Tabelle 22.3 Mapping zwischen Javas primitiven Datentypen (sowie void) und C

Java-Typ	Nativer Typ	Beschreibung
short	jshort	16 Bit mit Vorzeichen
int	jint	32 Bit mit Vorzeichen
long	jlong	64 Bit mit Vorzeichen
float	jfloat	32 Bit
double	jdouble	64 Bit
void	void	

Tabelle 22.3 Mapping zwischen Javas primitiven Datentypen (sowie void) und C (Forts.)

22.5.3 Methoden aufrufen

So wie bei Attributzugriffen eine `jfieldID` nötig ist, so bedarf es bei Methodenaufrufen einer `jmethodID`. Diese liefert die Methode `GetMethodID(…)` für Objektfunktionen und `GetStaticMethodID(…)` für statische Funktionen. Anzugeben bei der ID-Suche ist der Name der Funktion und als String kodiert der Rückgabetyp und die Parametertypen. Ist das Ergebnis des Methodenaufrufs 0, so gibt es die Methode nicht:

```
id = (*env)->GetMethodID( env, cls, "getAbsolutePath", "()Ljava/lang/String;" );
if ( id == 0 ) { /* Fehlerbehandlung */ }
```

[+]

Hinweis

Für die nicht so intuitive String-Signatur der Methode bietet sich das Dienstprogramm *javap* mit dem Schalter `-s` an:

```
$ javap -s java.io.File
```

Der relevante Ausschnitt in unserem Fall lautet:

```
public class java.io.File extends java.lang.Object implements ⤶
  java.io.Serializable,java.lang.Comparable{
    public java.lang.String getAbsolutePath();
      Signature: ()Ljava/lang/String;
}
```

22

Die Funktionen `CallObjectMethod(…)` bzw. `CallStaticMethod(…)` rufen mit der `jmethodID` die Java-Funktion auf. Sie sind für alle Funktionen gedacht, die ein Objekt (also auch Felder) zum Ergebnis haben:

```
id = (*env)->GetMethodID( env, cls, "getAbsolutePath", "()Ljava/lang/String;" );
obj = (*env)->CallObjectMethod( env, file, id );
```

Ist das Ergebnis ein primitiver Typ, steht der Typ der Rückgabe im Funktionsnamen – der Bauplan für die Namen ist Call*Typ*Method(…) bzw. CallStatic*Typ*Method(…), also etwa CallBooleanMethod(…). Im Fall keiner Rückgabe steht für den Typ einfach Void wie in CallStaticVoidMethod(…).

In unserem Beispiel mit getAbsolutePath() vom File-Objekt hat die Methode keinen Parameter. Die C-Methoden Call<*Typ*>Method(…) bzw. CallStatic<*Typ*>Method(…) sind so definiert, dass sie Argumente per Varargs annehmen:

```
Call<type>Method( JNIEnv *env, jclass clazz, jmethodID methodID, ... );
CallStatic<type>Method( JNIEnv *env, jclass clazz, jmethodID methodID, ... );
```

Neben den mit … definierten Varargs gibt es zwei weitere Varianten für alle Funktionen, die auf »A« bzw. auf »V« enden:

- CallStatic<Typ>MethodA(JNIEnv *env, jclass clazz, jmethodID methodID, jvalue *args);
- Call<Typ>MethodA(JNIEnv *env, jclass clazz, jmethodID methodID, jvalue *args);
- CallStatic<Typ>MethodV(JNIEnv *env, jclass clazz, jmethodID methodID, va_list args);
- CallObject<Typ>MethodV(JNIEnv *env, jclass clazz, jmethodID methodID, va_list args);

Die Funktionen mit der Endung »A« nehmen die Argumente für die Java-Funktion über einen Verweis auf ein jvalue-Feld an, und die Methode mit der Endung »V« nimmt die Argumente in einer Struktur vom Typ va_list an.

22.5.4 Threads und Synchronisation

Die Struktur JNIEnv bietet zur Synchronisation die zwei Funktionen, um das Betreten und Verlassen eines synchronisierten Blocks nachzubilden:

- jint MonitorEnter(JNIEnv *env, jobject obj);
- jint MonitorExit(JNIEnv *env, jobject obj);

Das zweite Argument ist genau das Lock-Objekt, an dem synchronisiert wird. Während in purem Java die Laufzeitumgebung bei einer Exception den Lock wieder freigibt, müssten wir das in C selbst überwachen.

22.5.5 @Native Markierungen *

Zwischen Java-Programmen und nativen Programmen gibt es oft eine Wechselwirkung in der Form, dass Java-Programme native Funktionen aufrufen und diese wiederum Java-Methoden aufrufen oder auf Variablen zugreifen. Für den Fall, dass native Methoden auf Java-Konstanten zugreifen, gibt es in Java 8 eine Annotation java.lang.annotation.Native, die genau diese Konstanten markiert. Auf diese Weise kann ein Generatorwerkzeug diese Java-Konstanten in native Header-Dateien kopieren, sodass für den Konstantenzugriff kein JNI-Aufruf nötig ist, sondern die Konstante aus der Header-Datei genommen werden kann. @Native hat den Retention-Typ SOURCE, ist also nur für Tools sichtbar, die auf der Codeebene arbeiten, etwa *javac*.

22.6 Einfache Anbindung von existierenden Bibliotheken

Die Arbeit mit JNI ist nicht besonders komfortabel, sodass im Laufe der Zeit einige Vereinfachungen entstanden sind. Auf der einen Seite stehen Quellcodegeneratoren, auf der anderen Seite sehr dynamische Lösungen.

22.6.1 JNA (Java Native Access)

Eine Bibliothek zum Ansprechen dynamischer Bibliotheken ohne JNI-Kontakt und damit ohne C(++)-Compiler ist *JNA* (*Java Native Access*). Beheimatet ist das Projekt unter *https://github.com/twall/jna/*, und es steht unter der Lizenzform LGPL. JNA benötigt nur das Archiv *jna.jar* im Klassenpfad und geht dann fast von selbst zu dynamischen Bibliotheken. Verschiedene Plattformen werden unterstützt, dazu zählen Windows, Linux und Mac OS X.

Vor dem Zugriff müssen allerdings Java-Schnittstellen als typisierte Versionen der nativen Funktionen deklariert werden, damit auch die Datentypen von der Java-Seite automatisch auf Datentypen der nativen Seite gemappt werden können. Die Dokumentation unter *https://github.com/twall/jna/blob/master/www/GettingStarted.md* zeigt ein Beispiel (hier etwas gekürzt):

```
import com.sun.jna.*;

public class HelloWorld {
  public interface CLibrary extends Library {
    CLibrary INSTANCE = (CLibrary) Native.loadLibrary( Platform.isWindows() ? ➲
                                                       "msvcrt" : "c", CLibrary.class );
    void printf( String format, Object... args );
  }

  public static void main( String[] args ) {
    CLibrary.INSTANCE.printf( "Hello, World\n" );
    for ( int i = 0; i < args.length; i++ )
      CLibrary.INSTANCE.printf( "Argument %d: %s\n", i, args[ i ] );
  }
}
```

Die Übertragung der Funktionen von der C-Seite in Java-Schnittstellen – wie `CLibrary` in dem Beispiel – kann auch mit *JNAerator* (*http://code.google.com/p/jnaerator/*) automatisiert werden.

22.6.2 BridJ

BridJ (*https://code.google.com/p/bridj/*) verfolgt den gleichen Ansatz wie JNA, kann also auch aus Java heraus nativen Code von C(++) und auch Objective-C ansprechen. Nur steht es als quelloffene Bibliothek nicht unter der LGPL-, sondern unter der BSD/Apache-Lizenz. Zudem ist es aktueller, nutzt Generics und diverse Tricks, um noch performantere native Aufrufe zu realisieren.

Auch kann es besser mit den Eigenschaften von C++ umgehen, wie virtuellen Methodenaufrufen, kann Vererbung und Templates »verstehen«. Regelmäßige Updates gibt es für die Systeme Windows (x86, x64), Linux (x86, x64, arm32), Mac OS X (x86, x64, PPC), Solaris 10 (x86, bald x64 und SPARC), Android 3.0 (ARMv5) und experimentell auf jailbroken iOS iPhones (ARM). Ob das ältere JNA oder BridJ besser ist, muss im Einzelfall evaluiert werden. JNAerator unterstützt ebenfalls BidJ zur Generierung der typisierten Schnittstellen und Übergabeobjekten.

22.6.3 Generieren von JNI-Wrappern aus C++-Klassen und C-Headern

cxxwrap (*http://cxxwrap.sourceforge.net/*) liest Header-Dateien von C++ ein und generiert automatisch für die Klassen Stellvertreter auf der Java-Seite sowie Delegates in JNI, die auf die tatsächliche Implementierung weiterleiten. Aus den Beschreibungen der Header-Dateien nimmt *cxxwrap* nicht nur die Klassen mit Methoden, sondern auch die Konstanten. Auch versucht *cxxwrap*, so gut wie möglich die Parametertypen zu übersetzen, etwa `char unsigned char` in `byte`, und Pointer auf primitive Zellen in Arrays umzusetzen. Die Konstruktoren, Destruktoren und Methoden werden von der Java-Seite auf die C++-Seite weitergeleitet. Das Projekt wurde schon lange nicht mehr gepflegt, aber da sich die JNI-API auch nicht groß verändert hat, kann *cxxwarp* ein erster Start sein. Eine aktuellere Alternative ist *gluegen* (*http://java.net/projects/gluegen/*); *gluegen* wird verwendet, um die Open GL-Schnittstellen nach Java zu bringen. Dazu liest es die C-Header-Dateien und macht so die Methoden für Java-Programme zugänglich.

Ein weiterer Generator ist *SWIG* (*Simplified Wrapper and Interface Generator*) unter *http://www.swig.org/*. Mit einer zu schreibenden Interface-Datei generiert SWIG den JNI-Code für den Zugriff auf existierende C(++)-Programme. Das Projekt ist sehr aktiv.

22.6.4 COM-Schnittstellen anzapfen

Sind die nativen Methoden über COM zugänglich, ermöglichen die Bibliotheken *Jawin* (*http://jawinproject.sourceforge.net/*) und *com4j* (*https://github.com/kohsuke/com4j*) mit einer kleinen nativen Bibliothek einfachen Zugriff auf diese Ressourcen; besonders praktisch ist das für MS Office, da es sich so praktisch fernsteuern lässt. *com4j* ist besonders nützlich, denn ein Generator erzeugt Java-Wrapper, sodass typsicheres Arbeiten möglich ist. Damit Programme mit *com4j* übersetzt und zum Laufen gebracht werden können, muss sich *com4j.jar* im Klassenpfad befinden und *com4j.dll* im Suchpfad für externe native Bibliotheken stehen. Ein Beispiel für Word liegt der Distribution bei. *Jawin* wurde schon länger nicht mehr aktualisiert, tut jedoch seine Dienste. *com4j* ist aktueller, aber auch seit zwei Jahren ohne Update.

22.7 Invocation-API

Bisher haben wir JNI nur als Einbahnstraße gesehen (nicht im negativen Sinne). Doch anstatt nur aus Java heraus ein C(++)-Programm anzubinden, bietet JNI auch den anderen Weg: Ein

C(++)-Programm kann die gesamte JVM einbetten. Das ist über die *Invocation-API* möglich. Im Prinzip reicht Folgendes aus:

```
#include <jni.h>

int main() {
  JavaVM *jvm;
  JNIEnv *env;
  JavaVMInitArgs jvmargs;
  jint r;

  jvmargs.nOptions = 0;
  jvmargs.version = JNI_VERSION_1_7;

  r = JNI_CreateJavaVM( &jvm, (void**)&env, &jvmargs );
  if ( r < 0 )
    return -1;

  // Ab hier ist über env alles möglich wie vorher

  (*jvm)->DestroyJavaVM( jvm );
}
```

Wer das Programm übersetzt, der sollte daran denken, die dynamische Bibliothek *jvm.dll* im Suchpfad zu haben; die Datei befindet sich im Java-Verzeichnis unter *jre7\bin\client*.

22.8 Zum Weiterlesen

Die *Java Native Interface Specification* unter *http://docs.oracle.com/javase/8/docs/technotes/guides/jni/spec/jniTOC.html* ist eine der wichtigsten Quellen für diejenigen, die intensiver mit JNI arbeiten wollen. JNI-FAQs bietet die Webseite von JGuru: *http://tutego.de/go/jnifaq* und *http://mindprod.com/jgloss/jni.html*. Mehr Informationen zur Invocation-API gibt *http://docs.oracle.com/javase/8/docs/technotes/guides/jni/spec/invocation.html*.

Kapitel 23
Dienstprogramme für die Java-Umgebung

»Die glücklichen Sklaven sind die erbittertsten Feinde der Freiheit.«
– Marie von Ebner-Eschenbach (1830–1916)

23.1 Programme des JDK

Während das JRE nur eine Laufzeitumgebung enthält, besteht eine JDK-Installation aus dem JRE plus einer größeren Zahl an Tools im *bin*-Ordner (etwa *c:\Program Files\Java\jdk1.8.0\bin*), wobei der Java-Compiler *javac* sicherlich zu den bekanntesten zählt. Während beim JDK 1.0 im Wesentlichen nur der Compiler und die Laufzeitumgebung Teil des Ordners waren, erhöhte sich die Anzahl der Werkzeuge auf etwa 50. Mit den Werkzeugen lassen sich zum Beispiel die gestarteten Java-Programme auflisten oder lässt sich ein kleiner CORBA-Namensdienst-Server starten. Wie andere Dienstprogramme auch, dokumentiert Oracle die Programme unter *http://tutego.de/go/jdktools*.

23.2 Monitoringprogramme vom JDK

Java ist eine beliebte Technologie auf der Serverseite, und da ist das Überwachen einer JVM sehr wichtig. Im *bin*-Verzeichnis vom JDK bringt Oracle daher eine ganze Reihe von Tools mit, von denen wir uns einige anschauen wollen.

23.2.1 jps

Das Programm *jps* ist das *Java Virtual Machine Process Status Tool* und liefert alle laufenden Java-Programme mit einem lokalen VM-Identifizierer:

```
$ jps
3016 Jps
1111 org.eclipse.equinox.launcher_1.3.0.v20130327-1440.jar
```

Denkbare Optionen sind zum Beispiel:

- `-l` listet den Paketnamen der Klasse mit dem `main(String[])` auf.
- `-m` zeigt die an die `main(String[])`-Methode übergebenen Argumente an.
- `-v` und `-V` zeigen die an die JVM übergebenen Parameter an.

Mehr Details gibt es unter *http://docs.oracle.com/javase/8/docs/technotes/tools/windows/jps.html*.

jps selbst ist auch in der Liste. In dieser Sitzung ist die ID von Eclipse 1111. Die folgenden Beispiele nutzen die Eclipse-ID für zusätzliche Anfragen.

23.2.2 jstat

Mit *jstat*, dem *Java Virtual Machine Statistics Monitoring Tool*, ist es möglich, Performance-Statistiken zu erfragen:

```
$ jstat -gcutil 1111
  S0     S1     E      O      P     YGC     YGCT    FGC    FGCT     GCT
  0,00   0,00   0,41  46,19  99,43     42    0,575   278   56,867   57,442
```

Die Ausgaben zeigen zum Beispiel mit FGC die Anzahl der automatischen Speicherbereinigungsereignisse an. Die ID 1111 erfahren wir vom Tool *jps*. Die Seite *http://docs.oracle.com/javase/8/docs/technotes/tools/windows/jstat.html* schlüsselt die Abkürzungen auf.

23.2.3 jmap

Das *Memory-Map*-Tool namens *jmap* zeigt eine Liste mit der Anzahl der Exemplare von Java-Objekten und zeigt auch, wie viel Hauptspeicher sie verbrauchen. Für Eclipse ist die Anzahl der Objekte sehr groß, sodass die Ausgabe hier gekürzt ist:

```
$ jmap -histo 1111

 num     #instances         #bytes  class name
----------------------------------------------
   1:        103936       16083192  <constMethodKlass>
   2:         98630        9517600  [C
   3:        103936        8327696  <methodKlass>
   4:         10042        6929984  <constantPoolKlass>
   5:         10042        4533928  <instanceKlassKlass>
   6:          8560        4067552  <constantPoolCacheKlass>
   7:         85434        3901168  [B
   8:         76434        1834416  java.lang.String
   9:         64731        1553544  java.util.HashMap$Entry
  10:         32035        1416784  [I
  11:         10953        1292104  java.lang.Class
...
4409:             1              8  org.eclipse.jdt.internal.debug.ui....
4410:             1              8  org.eclipse.jdt.ui.actions.Organize...
4411:             1              8  org.eclipse.jdt.internal.corext.refactoring....
Total        818672       68628952
```

Weitere Details sind unter *http://docs.oracle.com/javase/8/docs/technotes/tools/windows/jmap.html* zu finden.

23.2.4 jstack

Das Stack-Trace-Programm *jstack* zeigt laufende Threads an, zusammen mit Informationen über den durch Monitore erzwungenen Wartezustand. Ein Ausschnitt für die Eclipse-Threads:

```
$ jstack 1111
2011-08-12 15:51:37
Full thread dump Java HotSpot(TM) Client VM (21.0-b17 mixed mode, sharing):

"org.eclipse.jdt.internal.ui.text.JavaReconciler" daemon prio=2 tid=0x06214000 nid=
0x30c4 in Object.wait() [0x069df000]
   java.lang.Thread.State: TIMED_WAITING (on object monitor)
        at java.lang.Object.wait(Native Method)
        - waiting on <0x19ff2978> (a org.eclipse.jface.text.reconciler.DirtyRegionQueue)
        at ...

"Worker-28" prio=6 tid=0x06211400 nid=0xad0 in Object.wait() [0x0711f000]
   java.lang.Thread.State: TIMED_WAITING (on object monitor)
        at java.lang.Object.wait(Native Method)
        - waiting on <0x18b981c0> (a org.eclipse.core.internal.jobs.WorkerPool)
        ...
        at org.eclipse.core.internal.jobs.Worker.run(Worker.java:50)

...

"[ThreadPool Manager] - Idle Thread" daemon prio=6 tid=0x06211c00 nid=0x295c in ➲
Object.wait() [0x08d7f000]
   java.lang.Thread.State: WAITING (on object monitor)
        at java.lang.Object.wait(Native Method)
        ...
...

"Service Thread" daemon prio=6 tid=0x01f52000 nid=0x2d78 runnable [0x00000000]
   java.lang.Thread.State: RUNNABLE

"C1 CompilerThread0" daemon prio=10 tid=0x01f36c00 nid=0x2b38 waiting on condition ➲
[0x00000000]
   java.lang.Thread.State: RUNNABLE

"Attach Listener" daemon prio=10 tid=0x01f35800 nid=0x1788 waiting on condition ➲
[0x00000000]
   java.lang.Thread.State: RUNNABLE
```

```
"Signal Dispatcher" daemon prio=10 tid=0x01f32400 nid=0x2ef8 runnable [0x00000000]
   java.lang.Thread.State: RUNNABLE

"Finalizer" daemon prio=8 tid=0x01f2a400 nid=0x2004 in Object.wait() [0x044df000]
   java.lang.Thread.State: WAITING (on object monitor)
        at java.lang.Object.wait(Native Method)
        - waiting on <0x18997800> (a java.lang.ref.ReferenceQueue$Lock)
        at java.lang.ref.ReferenceQueue.remove(Unknown Source)
        - locked <0x18997800> (a java.lang.ref.ReferenceQueue$Lock)
        at java.lang.ref.ReferenceQueue.remove(Unknown Source)
        at java.lang.ref.Finalizer$FinalizerThread.run(Unknown Source)

"Reference Handler" daemon prio=10 tid=0x01f25000 nid=0x2ca8 in Object.wait() [
0x043df000]
   java.lang.Thread.State: WAITING (on object monitor)
        at java.lang.Object.wait(Native Method)
        - waiting on <0x189974a0> (a java.lang.ref.Reference$Lock)
        at java.lang.Object.wait(Object.java:503)
        at java.lang.ref.Reference$ReferenceHandler.run(Unknown Source)
        - locked <0x189974a0> (a java.lang.ref.Reference$Lock)

"main" prio=6 tid=0x01e19c00 nid=0x2b34 runnable [0x0012f000]
   java.lang.Thread.State: RUNNABLE
        at org.eclipse.swt.internal.win32.OS.WaitMessage(Native Method)
        at org.eclipse.swt.widgets.Display.sleep(Display.java:4652)
        ...
        at org.eclipse.equinox.launcher.Main.run(Main.java:1410)

"VM Thread" prio=10 tid=0x01f23c00 nid=0x28ec runnable

"VM Periodic Task Thread" prio=10 tid=0x01f5c000 nid=0x2898 waiting on condition

JNI global references: 373
```

Zum Stack-Trace der Threads gibt es weitere Informationen unter *http://docs.oracle.com/javase/8/docs/technotes/tools/windows/jstack.html*.

23.2.5 jcmd

Mit dem Kommandozeilenprogramm *jcmd* lassen sich Diagnosekommandos zu einer laufenden JVM schicken.[1] Die Java-Programme werden wieder über eine PID identifiziert, die *jcmd* auch anzeigen kann:

1 *http://docs.oracle.com/javase/8/docs/technotes/tools/windows/jcmd.html*

```
$ jcmd.exe
1111 C:\Users\Christian\eclipse\\plugins/org.eclipse.equinox...
18868 sun.tools.jcmd.JCmd
```

Eclipse hat die PID 1111 und das Tool selbst – das bei jedem Starten natürlich eine neue PID bekommt – 18868.

Interessant wird *jcmd* dadurch, dass sich Diagnose-Kommandos senden lassen. Als Erstes steht die PID, dann folgt das Kommando. Um eine Übersicht über die Häufigkeit von geladenen Klassen zu bekommen, ist `GC.class_histogram` zu nutzen:

```
$ jcmd.exe 1111 GC.class_histogram
2484:

 num     #instances         #bytes  class name
----------------------------------------------
   1:        600676       40906520  [C
   2:        549996       13199904  java.lang.String
   3:        121570        4862800  java.util.WeakHashMap$Entry
   4:        117120        3747840  java.lang.ref.WeakReference
   5:         63926        2730616  [Ljava.lang.String;
...
```

Auf der Hilfeseite sind die Kommandos nicht aufgeführt, weil sie abhängig von der jeweiligen JVM sind und nicht im Tool *jcmd* selbst verankert sind. Daher müssen sie dynamisch von einem laufenden Java-Programm erfragt werden. Unser Elcipse-Prozess hatte die PID 2484, und dann kommt die Option `help` zum Einsatz:

```
$ jcmd.exe 1111 help
1111:
The following commands are available:
VM.native_memory
VM.check_commercial_features
VM.unlock_commercial_features
ManagementAgent.stop
ManagementAgent.start_local
ManagementAgent.start
Thread.print
GC.class_stats
GC.class_histogram
GC.heap_dump
GC.run_finalization
GC.run
VM.uptime
VM.flags
VM.system_properties
```

```
VM.command_line
VM.version
help

For more information about a specific command use 'help <command>'.
```

Wie die letzte Zeile verrät, gibt ein angehängtes Kommando weitere Informationen, etwa

```
$ jcmd.exe 1111 help GC.heap_dump
1111:
GC.heap_dump
Generate a HPROF format dump of the Java heap.

Impact: High: Depends on Java heap size and content. Request a full GC unless
the '-all' option is specified.

Permission: java.lang.management.ManagementPermission(monitor)

Syntax : GC.heap_dump [options] <filename>

Arguments:
        filename :  Name of the dump file (STRING, no default value)

Options: (options must be specified using the <key> or <key>=<value> syntax)
        -all : [optional] Dump all objects, including unreachable objects (BOOLEAN, false)
```

23.2.6 VisualVM

VisualVM ist eine grafische Oberfläche mit einfachen Profiling-Möglichkeiten und bettet Kommandozeilenwerkzeuge wie *jstack* ein. VisualVM ist Teil vom JDK, aber eine aktuelle Version findet sich immer unter *http://visualvm.java.net/*. Im JDK befindet es sich wie die anderen Tools im *bin*-Verzeichnis und hört auf den Namen *jvisualvm*. Wir wollen die mitgelieferte Version nutzen. Beim ersten Mal müssen wir eine Kalibrierung starten, doch dann öffnet sich schon die grafische Oberfläche. Wählen wir links im Baum LOCAL • VISUALVM aus, so schauen wir uns die Zustände, etwa den Speicherbedarf und die Thread-Auslastung des Programms VisualVM selbst an (siehe Abbildung 23.1).

Durch den Speicher wühlen – Heap-Dump

Visual VM bietet die großartige Möglichkeit, sich während der Laufzeit zu einem Programm zu verbinden und über die Objektverweise zu navigieren. Unser Beispiel soll ein kleines Programm `HeapUser` sein, von dem wir später die vier Objektvariablen untersuchen wollen:

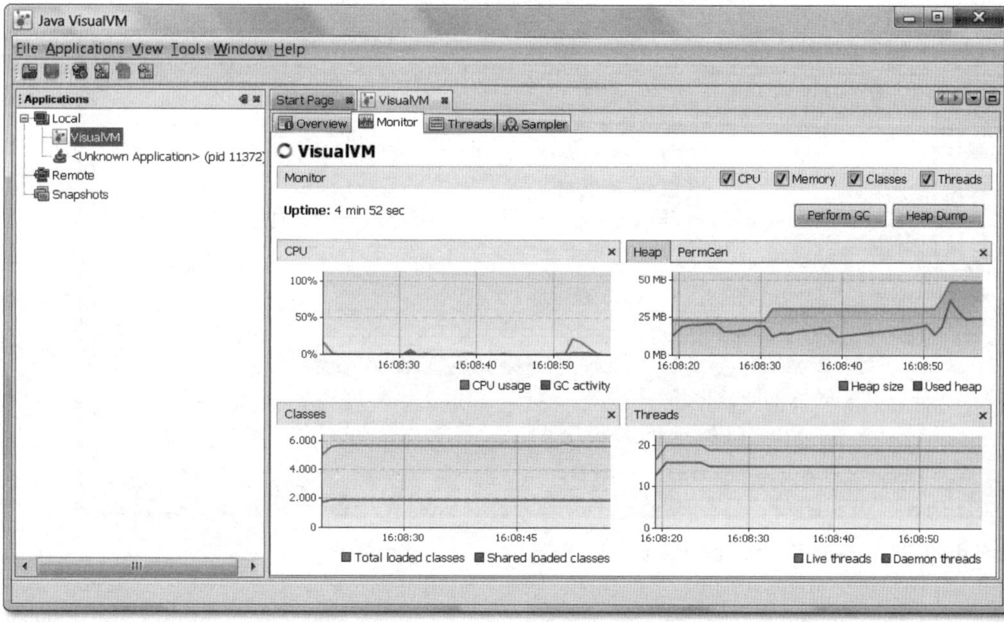

Abbildung 23.1 Screenshot der VisualVM

Listing 23.1 HeapUser.java

```
import java.util.*;

public class HeapUser {

  String string = "Hallo Welt";
  Date   date   = new Date();
  ArrayList<String> list = new ArrayList<>(
                              Arrays.asList( string, date.toString() ) );
  HeapUser heapUser;

  public static void main( String[] args ) {
    HeapUser h = new HeapUser();
    h.heapUser = h;
    new Scanner( System.in ).next();
    System.out.println( h.string );
  }
}
```

Starten wir das Programm und VisualVM läuft noch im Hintergrund, so erkennt VisualVM automatisch das gestartete Programm und aktualisiert die Baumansicht unter LOCAL.

Im Kontextmenü lässt sich über HEAPUSER der Heap-Dump erfragen.

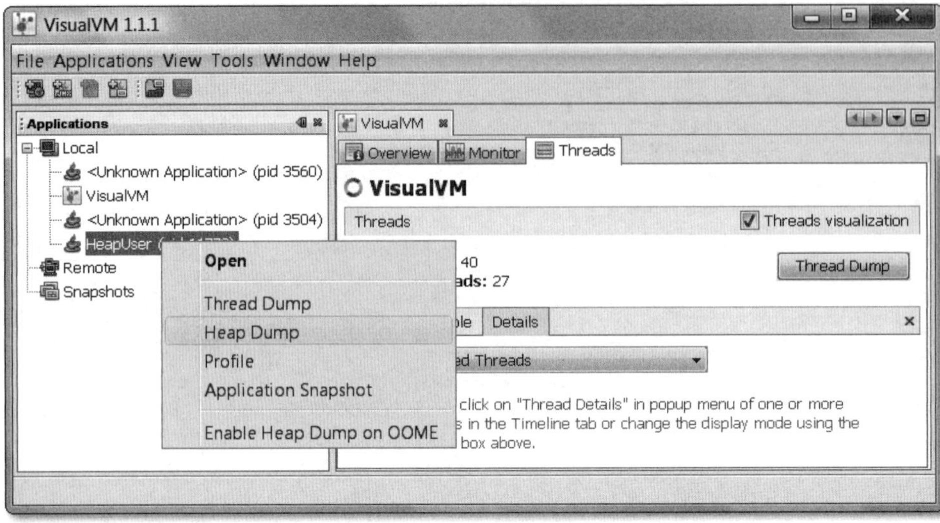

Abbildung 23.2 Heap-Dump anzeigen

Nach dem Aktivieren des Schalters CLASSES sind alle geladenen Klassen aufgeführt, und es ist zu sehen, wie viele Exemplare es von den Klassen gibt.

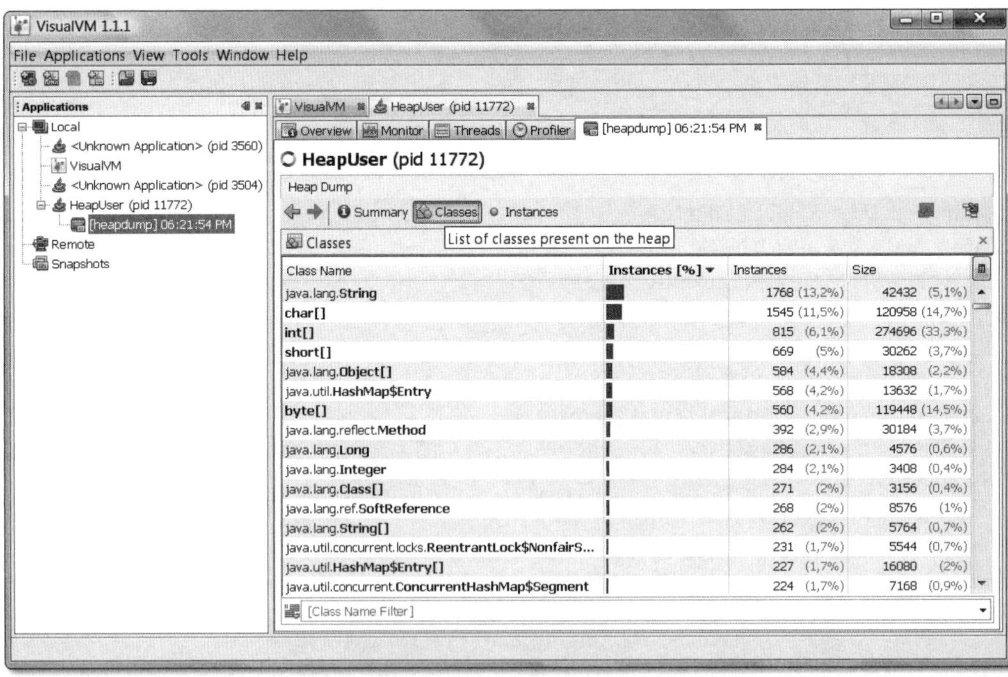

Abbildung 23.3 Anzeige der geladenen Klassen mit Statistik

Unten gibt es ein Suchfeld, in welches wir »HeapUser« eintragen. Es bleibt eine Klasse in der Liste.

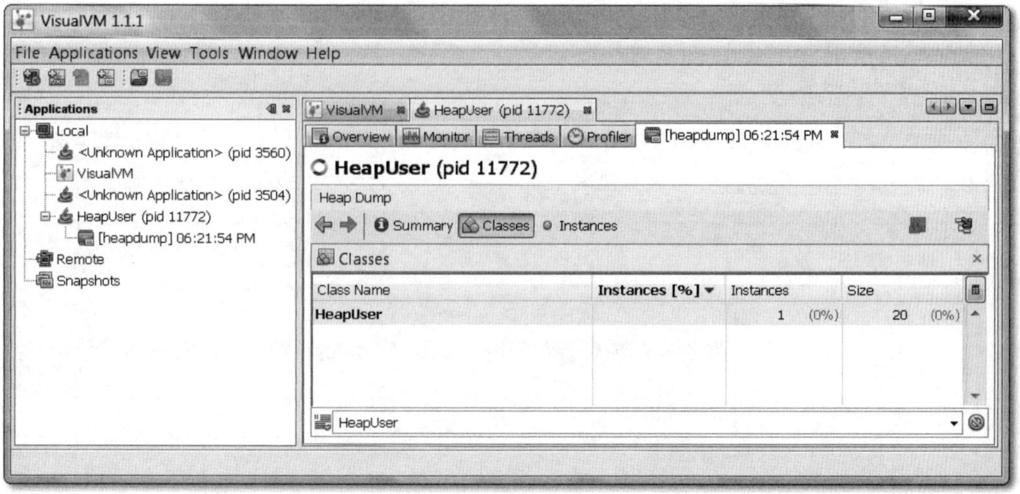

Abbildung 23.4 Suchen nach »HeapUser«

Im Kontextmenü lässt sich nun SHOW IN INSTANCES VIEW aufrufen.

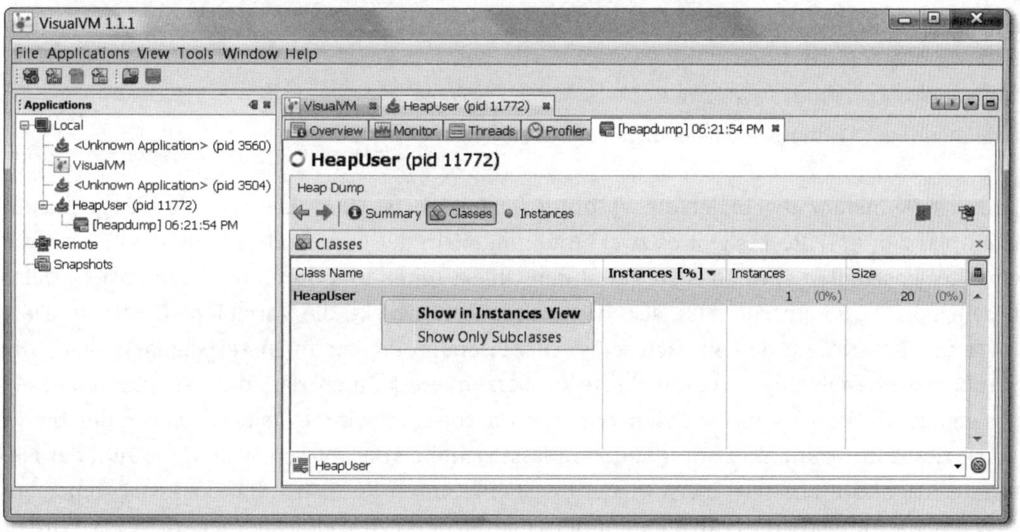

Abbildung 23.5 Exemplare vom Typ HeapUser anfordern

Die folgende Ansicht bildet den Ausgangspunkt für exploratives Arbeiten.

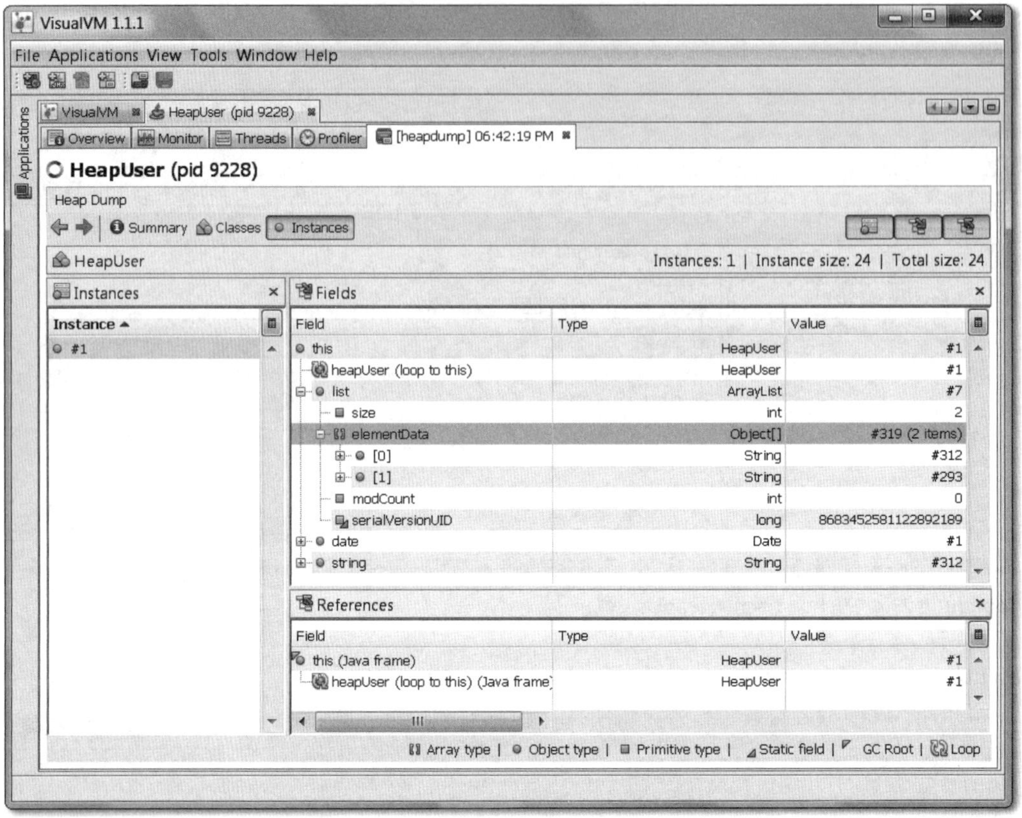

Abbildung 23.6 Attribute und Belegungen einsehen

Links ist die Instanz abgebildet, die wir untersuchen. Das ist HEAPUSER, von dem es genau ein Exemplar gibt (#1). Rechts gibt es zwei Einteilungen. In der oberen Einteilung können wir die Objekteigenschaften vom links ausgewählten Objekt sehen und durch die Baumansicht tiefer hineinzoomen. So enthält THIS, also das ausgewählte Objekt, die Variablen HEAPUSER, LIST, DATE und STRING. An den auf sich selbst verweisenden Pfeilen an HEAPUSER lässt sich – die Symbole werden in einer Art Statusleiste kurz erklärt – erkennen, dass die Variable HEAPUSER das eigene Objekt referenziert. Falten wir LIST auf, so sehen wir die Objektvariablen der `ArrayList`-Instanz im Baum, und unter anderem lässt sich die SIZE ablesen, also die Anzahl der Elemente in der Liste. ELEMENTDATA wiederum ist ein Knoten, der sich auffalten lässt, er repräsentiert das interne Feld – die eckigen Klammern deuten den Typ »Feld« an – der `ArrayList`. Wird er ausgefaltet, gelangen wir zu den beiden Strings. Im unteren Bereich der Einteilung, bei REFERENCES, ist abzulesen, wer das selektierte Objekt referenziert. Es gibt zwei Stellen, an denen das untersuchte Objekt HEAPUSER referenziert wird: Einmal über die lokale Variable in der `main`-Methode, und einmal über die Objektvariable.

Profiling von Java-Applikationen

Ein Profiler zeigt an, an welchen Stellen ein Programm Prozessorzeit verbraucht. Auf der Webseite *http://visualvm.java.net/profiler.html* stellt Oracle eine Dokumentation bereit, wie VisualVM als Profiler genutzt wird.

23.3 Programmieren mit der Tools-API

Tools wie der Java-Compiler *javac*, aber auch *jarsigner*, *javadoc*, *xjc*, *javap* und andere Kommandozeilenwerkzeuge, sind rein in Java geschrieben. Einige Tools bieten Entwicklern eine API, sodass sie erweitert und von Programmen angesprochen werden können. Das ist interessant für Tool-Anbieter, die zum Beispiel den Compiler erweitern oder die Ausgabe vom *javadoc*-Tool anpassen möchten.

23.3.1 Java-Tools in Java implementiert

Alle in Java geschriebenen Programme befinden sich in einem Extra-Java-Archiv mit dem Namens *tools.jar*, das sich im *lib*-Verzeichnis des JDK befindet. Das JDK liefert allerdings nur die Klassendateien mit aus, die Quellen mit Javadoc müssen sich Interessierte selbst aus dem Mercurial Repository[2] holen, denn sie sind nicht im üblichen *src.zip* vom JDK mit dabei.

Die normalen ausführbaren Programme wie *javadoc* oder *javah* haben (unter Windows) alle die gleiche Größe um 15 KiB, da sie nichts anderes machen, als die Java-Laufzeitumgebung mit *tools.jar* im Klassenpfad aufzurufen und dann an die entsprechende `main(String[])`-Methode des Programms weiterzuleiten. Statt *javadoc* aufzurufen, kommt `com.sun.tools.javadoc.Main.main(args)` zum gleichen Ziel.

23.3.2 Tools aus eigenen Java-Programmen ansprechen

Um ein Werkzeug direkt aus einem Java-Programm anzusprechen, gibt es zwei Möglichkeiten:

- Die öffentliche Klasse `javax.tools.ToolProvider` bietet eine API, um Zugang zum Compiler zu bekommen und um das *javadoc*-Tool aufzurufen, mit dem die Java-Dokumentation erstellt oder die Javadoc-Kommentare verarbeitet werden können. Das Problem: Nur zwei Tools sind zugänglich, keine weiteren Tools wie *javap*, *xjc*, …
- Aufrufe der Tool-Einstiegsklassen, etwa `com.sun.tools.javadoc.Main.main(…)`. Da alle Tools über eine solche Klasse verfügen, ist ein direkter Aufruf aus einem Java-Programm immer möglich, aber nicht unproblematisch, da Entwickler sich hier von den internen Paketstrukturen abhängig machen.

2 Für Java 8 liefert *http://hg.openjdk.java.net/jdk8/jdk8/langtools/* den Zugriff auf die Quellen. Sie lassen sich auch in einem Rutsch in unterschiedlichen Archivformaten, auch ZIP, beziehen.

23.3.3 API-Dokumentation der Tools

Die öffentliche Klasse `javax.tools.ToolProvider` ist Teil der Java SE und folglich dokumentiert, so wie auch der Zugang zum Compiler und zum *javadoc*-Werkzeug. Ein Beispiel für die Übersetzung von Java-Quellen zeigte Kapitel 18, »Dynamische Übersetzung und Skriptsprachen«.

Die anderen JDK-Tools, die Entwickler aus Java heraus ansprechen können, haben ebenfalls API-Dokumentationen, die aber nicht zur Java SE-Standarddokumentation gehören, sondern in der Dokumentations-ZIP unter *docs\jdk\api* liegen. Dort lassen sich alle Details ablesen, wie etwa der Java-Compiler angesprochen wird oder wie Programme, die aus der Java-API-Dokumentation zum Beispiel verlinkte HTML-Dokumente aufbauen, so genannte *Doclets*, geschrieben werden. Oracle definiert nicht für jedes Tool eine öffentliche API. So ist es zum Beispiel nicht vorgesehen, in den Erzeugungsprozess von *javah* einzugreifen, und Oracle dokumentiert diese Eigenschaft in den Quellen auch wie folgt:

> *»This is NOT part of any supported API. If you write code that depends on this, you do so at your own risk. This code and its internal interfaces are subject to change or deletion without notice.«*

23.3.4 Eigene Doclets

Das *javadoc*-Tool hat die Aufgabe, den Java-Quellcode auszulesen und die Javadoc-Kommentare zu extrahieren. Was dann mit den Daten passiert, ist die Aufgabe eines Doclets. Das Standard-Doclet von Oracle erzeugt die bekannte Struktur auf verlinkten HTML-Dateien, aber es lassen sich auch eigene Doclets schreiben, um etwa in Javadoc-Kommentaren enthaltene Links auf Erreichbarkeit zu prüfen oder UML-Diagramme aus den Typbeziehungen zu erzeugen.

Die Doclet-API ist nicht Teil der Java-Standardbibliothek und auch nicht im Klassenpfad eingebunden. Um eigene Doclets zu schreiben, muss zunächst *tools.jar* in den Klassenpfad aufgenommen werden. Teil des Java-Archivs ist das Paket `com.sun.javadoc`, was Typen und Methoden deklariert, mit denen sich besuchte Pakete, Klassen, Methoden usw. und deren Javadoc-Texte erfragen lassen.

Im folgenden Beispiel wollen wir ein kleines Doclet schreiben, das Klassen, Methoden und Konstruktoren ausgibt, die das Tag `@since 1.8` tragen (bzw. `@since 8`, was aber eigentlich falsch ist). So lässt sich leicht ermitteln, was in der Version Java 8 alles hinzugekommen ist. Doclets werden normalerweise von der Kommandozeile aufgerufen und dem *javadoc*-Tool übergeben. Unser Programm vereinfacht das, indem es direkt das Tool über Java mit dem passenden Parameter aufruft. *tools.jar* muss dafür im Klassenpfad sein und die Dokumentation ausgepackt am angegeben Ort.

Listing 23.2 com/tutego/tools/javadoc/SinceJava8FinderDoclet.java

```
package com.tutego.tools.javadoc;

import java.util.*;
```

```
import java.util.function.Predicate;
import com.sun.javadoc.*;
import com.sun.tools.javadoc.Main;

public class SinceJava8FinderDoclet {

  public static boolean start( RootDoc root ) {
    for ( ClassDoc clazz : root.classes() )
      processClass( clazz );
    return true;
  }

  private static void processClass( ClassDoc clazz ) {
    Predicate<Tag> isJava18 = tag -> tag.text().matches( "(1\\.)?8" );

    if ( Arrays.stream( clazz.tags( "since" ) ).anyMatch( isJava18 ) )
      System.out.printf( "Neuer Typ %s%n", clazz );

    for ( MethodDoc method : clazz.methods() )
      if ( Arrays.stream( method.tags( "since" ) ).anyMatch( isJava18 ) )
        System.out.printf( "Neue Methode %s%n", method );

    for ( ConstructorDoc constructor : clazz.constructors() )
      if ( Arrays.stream( constructor.tags( "since" ) ).anyMatch( isJava18 ) )
        System.out.printf( "Neuer Konstruktor %s%n", constructor );

    for ( FieldDoc field : clazz.fields() )
      if ( Arrays.stream( field.tags( "since" ) ).anyMatch( isJava18 ) )
        System.out.printf( "Neues Attribut %s%n", field );
  }

  public static void main( String[] args ) {
    String[] params = {
        "-quiet", "-XDignore.symbol.file",
        "-doclet", SinceJava8FinderDoclet.class.getName(),
        "-sourcepath", "C:/Program Files/Java/jdk1.8.0/src/",
//          "java.lang",  // Nur java.lang
        "-subpackages", "java:javax"  // Alles rekursiv unter java.* und javax.*
    };
    Main.execute( params );
  }
}
```

23

Unsere main(String[])-Methode ruft das JDK-Doclet-Programm über Main.execute(String[]) auf und übergibt die eigene Doclet-Klasse per Parameter – die Argumente von execute(String[]) erinnern an die Kommandozeilenparameter. Das Doclet-Hauptprogramm wiederum ruft unsere start(RootDoc root)-Methode auf – das Gleiche würde auch passieren, wenn das Doclet von außen über *javadoc* aufgerufen würde. Unser start(RootDoc) läuft über alle ermittelten Typen und übergibt zum Abarbeiten der Innereien die Verantwortung an processClass(ClassDoc). Die Metadaten kommen dabei über diverse XXXDoc-Typen. Ein Precidate zieht den Tag-Test heraus, ein weiterer Einsatz der neuen Java 8-Streams würde das Programm nicht übersichtlicher machen.

Das Programm nutzt ein paar Tricks, um die Ausgabe auf das Wesentliche zu konzentrieren. Der Schalter -quit schaltet den üblichen Ladestatus ab, der zu Ausgaben wie

```
Loading source files for package java.lang...
Loading source files for package java.applet...
Loading source files for package java.awt...
```

führt.

Der Schalter -XDignore.symbol.file wiederum unterdrückt Meldungen wie diese hier:

```
C:\…\src\java\lang\Class.java:57: warning: Unsafe is internal proprietary API and may ⤶
be removed in a future release
import sun.misc.Unsafe;
               ^
```

Die Meldungen landen auf dem System.err-Kanal, sodass sie auch mit System.setErr(…) in einen ausgabeverwerfenden Strom geschickt werden können, um sie zu unterdrücken.

23.3.5 Auf den Compiler-AST einer Klasse zugreifen

Der Zugriff auf den Java-Compiler ist über die Java-Compiler-API standardisiert, jedoch sind alle Interna, wie die tatsächliche Repräsentation des Programmcodes verborgen. Die Compiler-API abstrahiert alles über Schnittstellen, und so kommen Entwickler nur mit JavaCompiler, StandardJavaFileManager und CompilationTask in Kontakt – alles Schnittstellen aus dem Paket javax.tools. Um etwas tiefer einzusteigen, lässt sich zu einem Trick greifen: Klassen implementieren Schnittstellen, und wenn ein Programm den Schnittstellentyp auf den konkreten Klassentyp anpasst, dann stehen in der Regel mehr Methoden zur Verfügung. So lässt sich der CompilationTask auf eine com.sun.tools.javac.api.JavacTaskImpl casten, und dann steht eine parse()-Methode für Verfügung. Die parse()-Methode liefert als Rückgabe eine Aufzählung von CompilationUnitTree. Damit stehen wir direkt in der internen Repräsentation, die der Compiler von einem Programmcode aufgebaut hat. Er nennt sich *Abstract Syntax Tree (AST)*. Um diesen Baum nun abzulaufen, lässt sich das Besuchermuster einsetzen. CompilationUnitTree bietet eine accept(…)-Methode, der übergeben wir einen TreeScanner mit Callback-Methoden. Die accept(…)-Methode ruft dann beim Ablaufen jedes Knotens unseren Besucher auf:

Listing 23.3 com/tutego/tools/javac/PrintAllMethodNames.java

```
package com.tutego.tools.javac;

import java.io.*;
import java.net.*;
import javax.tools.*;
import javax.tools.JavaCompiler.CompilationTask;
import com.sun.source.tree.*;
import com.sun.source.util.TreeScanner;
import com.sun.tools.javac.api.JavacTaskImpl;

public class PrintAllMethodNames {

  final static TreeScanner<?, ?> methodPrintingTreeVisitor = new TreeScanner<Void, Void>() {
    @Override public Void visitCompilationUnit( CompilationUnitTree unit, Void arg ) {
      System.out.println( "Paket: " + unit.getPackageName() );
      return super.visitCompilationUnit( unit, arg );
    };
    @Override public Void visitClass( ClassTree classTree, Void arg ) {
      System.out.println( "Klasse: " + classTree.getSimpleName() );
      return super.visitClass( classTree, arg );
    }
    @Override public Void visitMethod( MethodTree methodTree, Void arg ) {
      System.out.println( "Methode: " + methodTree.getName() );
      return super.visitMethod( methodTree, arg );
    }
  };

  public static void main( String[] args ) throws IOException, URISyntaxException {
    JavaCompiler compiler = ToolProvider.getSystemJavaCompiler();
    StandardJavaFileManager fileManager = ➲
      compiler.getStandardFileManager( null, null, null );
    URI filename = ➲
      PrintAllMethodNames.class.getResource( "PrintAllMethodNames.java" ).toURI();
    Iterable<? extends JavaFileObject> fileObjects =
 fileManager.getJavaFileObjects( new File( filename ) );
    CompilationTask task = compiler.getTask( null, null, null, null, null, fileObjects );

    JavacTaskImpl javacTask = (JavacTaskImpl) task;

    for ( CompilationUnitTree tree : javacTask.parse() )
      tree.accept( methodPrintingTreeVisitor, null );
  }
}
```

Ein `TreeScanner` hat viele Methoden, wir interessieren uns nur für den Start einer Kompilationseinheit für den Paketnamen, für alle Klassen und Methoden. Wir könnten uns aber auch über alle Annotationen oder `do-while`-Schleifen informieren lassen. Die Ausgabe ist:

```
Paket: com.tutego.tools.javac
Klasse: PrintAllMethodNames
Klasse:
Methode: visitCompilationUnit
Methode: visitClass
Methode: visitMethod
Methode: main
```

Die zweite Angabe für den Klassennamen ist leer, da die anonyme Klasse eben keinen Namen hat.

23.4 Ant

Die Arbeit eines Softwareentwicklers ist nicht immer so spannend, wie es einem die Fantasie vorgaukelt. Der Alltag besteht daraus, Code zu schreiben, aus Compilieren, Testen, Debuggen, Profiling, dem Erstellen von Dokumentationen, dem Aktualisieren von Webseiten, dem Ausliefern von Archiven und Ähnlichem. Der schlaue Zeitgenosse schreibt sich für wiederholende Aufgaben Skripte. Unter Unix wurde für die Sammlung dieser Skripte ein so genanntes *make-Tool* benutzt. Eine besondere Aufgabe von *make* war es, Zusammenhänge zwischen verschiedenen Quellcodedateien zu erkennen und dann die benötigten neu zu übersetzen. Wenn sich zum Beispiel eine Header-Datei ändert, muss auch die C-Datei, die diese Header-Datei einbindet, neu übersetzt werden.

Unter Java können wir mit diesem *make*-Tool nicht so viel anfangen, doch Aufgaben wie das Erstellen von Archiven, die Neuübersetzung aller Quellen und das Erzeugen von Dokumentationen bleiben. Für diese Aufgaben wurde von der Apache-Gruppe ein Tool mit dem Namen *Ant* (*http://ant.apache.org/*) entwickelt. Der Name selbst ist ein Akronym aus *Another Neat Tool*. Ein weiteres populäres Produkt der Apache Software Foundation ist *Maven* (*http://maven.apache.org/*). Es geht einen Schritt weiter und bietet standardisiertes Erstellen von Anwendungen zusammen mit der jeweiligen Dokumentation und Tests für den gesamten Build-Prozess.

23.4.1 Bezug und Installation von Ant

Wir erhalten ein Archiv von Ant auf den Seiten der Indianer-Gruppe, genauer gesagt unter *http://ant.apache.org/bindownload.cgi*. Nach dem Entpacken sollten wir unsere Umgebungsvariable (`PATH`) so erweitern, dass sie auf das *bin/*-Verzeichnis von Ant zeigt.

Wenn wir jetzt `ant` auf der Kommandozeile aufrufen, sollte folgende Ausgabe zu sehen sein:

```
$ ant
Buildfile: build.xml does not exist!
Build failed
```

Die Installation liefert alle benötigten Bibliotheken gleich mit.

Beispielklasse, die Ant übersetzen soll

Wir begnügen uns am Anfang mit einer einfachen Java-Klasse, die Ant verwalten soll:

Listing 23.4 ant/AntDemo.java

```
package ant;

public class AntDemo {
  public static void main( String[] args ) {
    System.out.println( "Ant is beautiful." );
  }
}
```

Dieses Mal soll die Quellcodedatei nicht von Hand übersetzt werden, sondern ein Ant-Skript soll dies erledigen.

23.4.2 Das Build-Skript build.xml

Eine XML-Datei beschreibt, welche Schritte Ant auszuführen hat. Ant nennt die Dateien *Build-Files*, und eine solche Datei heißt oft *build.xml*. Wir wollen sie in das gleiche Verzeichnis stellen, in dem auch unsere Java-Quellcodedatei steht:

Listing 23.5 build.xml

```
<?xml version="1.0"?>
<project name="Insel" default="build" basedir=".">
  <target name="build">
    <javac srcdir="." />
  </target>
</project>
```

Eine DTD-Referenzierung ist für die XML-Datei nicht zwingend nötig, da der Parser die Datei nicht validierend abarbeitet. Der Eintrag `<project>` definiert das Projekt unter dem Namen `Insel`. Das Attribut `default` definiert weiterhin, dass der einfache Aufruf von Ant automatisch das Ziel `build` aufrufen soll.

23.4.3 Build den Build

Im Inneren des Eintrags `<project>` folgen `<target>`-Einträge. Wir definieren das Ziel `build`, das den Compiler starten soll. Das übernimmt der Task `<javac>`, der alle Dateien compiliert, die sich im aktuellen Verzeichnis befinden. Neben `<javac>` stellt Ant eine große Zahl zusätzlicher Tasks bereit. Wechseln wir auf der Kommandozeile in das Verzeichnis mit den Dateien, dann reicht es, Ant aufzurufen, und der Konstruktionsprozess beginnt. Ant sucht selbstständig nach der Datei *build.xml*. Folgendes erscheint:

```
$ ant
Buildfile: build.xml
build:
    [javac] Compiling 1 source file
BUILD SUCCESSFUL
```

Die Option `-verbose` gibt zusätzliche Informationen über den Entstehungsprozess aus. Die Datei *build.xml* lässt sich vielfältig anpassen. Nehmen wir uns den Eintrag `<javac>` noch einmal vor, und erweitern wir ihn zu:

```
<javac srcdir="." debug="true" optimize="false" includes="**/*.java" />
```

Das weist Ant an, während der Übersetzung zu optimieren und Debug-Informationen mit aufzunehmen. Das Attribut `includes` befiehlt, nicht nur Quellcodedateien des aktuellen Verzeichnisses zu übersetzen, sondern auch alle Dateien aller Unterverzeichnisse. Die Notation **/ ist eine Vereinfachung, die für alle Unterverzeichnisse steht. An ihrer Stelle ist auch eine Aufzählung der Verzeichnisse zulässig.

23.4.4 Properties

Eine gute Idee ist es, sich von den konkreten Pfaden im `<javac>`-Element zu lösen, denn Ant erlaubt es, Eigenschaften zu definieren, die Platzhaltern oder Makros ähneln. Um Programme aus einem Verzeichnis (nennen wir es *src*) in ein Zielverzeichnis (nennen wir es *build*) zu übersetzen, schreiben wir:

```
<property name="src" value="." />
<property name="build" value="build" />
<target name="compile" depends="init">
  <javac srcdir="${src}" destdir="${build}" />
</target>
```

Bisher haben wir uns mit der Übersetzung beschäftigt. Dennoch wissen wir, dass wir auch noch andere `target`-Elemente verwenden können. Und obwohl die Benennung dieser Targets prinzipiell willkürlich ist, gibt es eine vorgeschlagene Namenskonvention:

Eintrag	Bedeutung
`init`	Erstellt Verzeichnisse und Initialisierungsdateien.
`build`	inkrementeller Aufbau
`test`	Ablaufen der Tests mit JUnit
`clean`	Ausgabeverzeichnisse löschen
`deploy`	**.jar*, **.war* und sonstige Archive erstellen
`publish`	Veröffentlichen der Ergebnisse
`fetch`	Bezieht Quellcodedateien aus der Versionsverwaltung.
`docs`, `javadocs`	Erstellt die Dokumentation.
`all`	Abfolge von `clean`, `fetch`, `build`, `test`, `docs`, `deploy`
`main`	Erstellt das Projekt, in der Regel `build` oder `build`, `test`.

Tabelle 23.1 Namenskonvention für Targets

Der Eintrag `init` soll eine initiale Verzeichnisstruktur aufbauen. Nehmen wir an, der Compiler soll in unser oben genanntes Verzeichnis *build* übersetzen. Dann muss dieses Verzeichnis natürlich existieren. Das Anlegen des Verzeichnisses kann in `init` geschehen:

```
<target name="init">
  <mkdir dir="${build}" />
</target>
```

Um die erstellten Verzeichnisse in einem Target `clean` zu löschen, wollen wir eine Property `dist` für das Distributionsverzeichnis hinzunehmen:

```
<target name="clean">
  <delete dir="${build}" />
  <delete dir="${dist}" />
</target>
```

23.4.5 Externe und vordefinierte Properties

Falls sich das Versionsrad eine Nummer weiter dreht, ist es ungünstig, wenn Änderungen an der XML-Datei vorzunehmen sind. Eine gute Lösung für das Problem besteht darin, eine externe Datei anzugeben, die die Version definiert. Das kann so aussehen:

Listing 23.6 version.properties

```
version=0.7
```

Jetzt fehlt nur noch der Bezug zu dieser Eigenschaften-Datei in der XML-Datei. Bisher kennen wir zwar einen Eintrag `property name` und `value`, aber eine zweite Variante mit dem Attribut `file` bindet eine Datei ein, die Schlüssel-Wert-Paare wie bei unserer `version.properties` beschreibt:

```
<property file="version.properties" />
```

Jetzt lässt sich auf die Variable `version` ganz normal zugreifen, um zum Beispiel eine zweite Eigenschaft einzuführen:

```
<property name="distname" value="Mein-${version}" />
```

`version` ist unsere Variable, und `${version}` setzt den Inhalt der Variablen ein. Daneben gibt es aber noch einige Standard-Properties:

Property	Bedeutung
`Basedir`	absoluter Pfad zum Basisverzeichnis des Projekts; in `basedir` gesetzt
`ant.file`	absoluter Pfad der Build-Datei
`ant.version`	Version von Ant
`ant.project.name`	Name des Projekts, wie in `<project>` gesetzt
`ant.java.version`	JVM-Version, wie von Ant entdeckt, etwa »1.6«

Tabelle 23.2 Standard-Properties

23.4.6 Weitere Ant-Tasks

Ant kann Programme mit automatischen Tests mit JUnit überprüfen, Klassendateien zu einem Archiv zusammenbinden oder E-Mails verschicken. Die Archive lassen sich automatisch auf einen FTP-Server übertragen. Für Ant gibt es viele Tasks; *http://ant.apache.org/manual/tasks-overview.html* gibt einen Überblick. Die wichtigsten Tasks sind:

Ant-Task	Aufgabe
`javac`	Übersetzt mit Java-Compiler.
`jar`	Bündelt Dokumente in ein Java-Archiv.
`manifest`	Erzeugt eine Manifest-Datei.
`signjar`	Signiert ein Java-Archiv.
`unjar`	Packt Java-Archive aus.
`javadoc`	Erzeugt die Java-Dokumentation.

Tabelle 23.3 Ausgewählte Ant-Tasks

Ant-Task	Aufgabe
exec	Startet ein externes Programm.
copy	Kopiert Dateien.
mkdir	Legt ein Verzeichnis an.
move	Verschiebt Dateien.
echo	Schreibt Ausgaben auf die Konsole.
sql	Sendet SQL-Anweisungen zur Datenbank.
javah	Erzeugt C-Header-Dateien für JNI.
junit	Arbeitet JUnit-Tests ab.

Tabelle 23.3 Ausgewählte Ant-Tasks (Forts.)

Neben Tasks spielen FileSets eine wichtige Rolle. Sie bilden Gruppen von Dateien. Die Gruppen werden nach bestimmten Kriterien gebildet, etwa nach der Dateiendung. Folgendes FileSet umfasst alle Java-Quellcodedateien, schließt aber alle Testdateien aus, die sich in Unterverzeichnissen ausgehend von der Angabe des Wurzelpfades über der Property `src` befinden:

```
<fileset dir="${src}" casesensitive="yes">
  <include name="**/*.java"/>
  <exclude name="**/*Test*"/>
</fileset>
```

Beispiel

Das `ClassFileSet` (*http://ant.apache.org/manual/Types/classfileset.html*) ist ein besonderes FileSet, das nicht einfach alle Dateien von Verzeichnissen auswählt, sondern durch Bytecode-Analyse herausfindet, welche Abhängigkeiten es wirklich gibt. So gelangen nur die Klassendateien in die Gruppe, die vom angegebenen Wurzelelement referenziert werden.

23

23.5 Disassembler, Decompiler und Obfuscator

Ein *Disassembler* ist ein Werkzeug, das den Bytecode und die Struktur einer Java-Klassendatei anzeigt. Ein *Decompiler* geht einen Schritt weiter und versucht aus Klassendateien wieder Quellcodedateien zu gewinnen, die, wenn sie später compiliert werden, wieder den gleichen Bytecode ergeben würden. Genau diese »leichte« Lesbarkeit von Bytecode oder eine Decompliation möchte ein anderes Werkzeug, der *Obfuscator*, erschweren. Das Ziel von Obfuscation ist das möglichst effektive Verschleiern aller Bytecodeinformationen, sodass Menschen den Spaß am Bytecode verlieren und Decompiler bei ihrer Rücktransformation sogar aus dem Tritt kommen.

eclipse

Das *Bytecode Outline plugin for Eclipse* unter *http://andrei.gmxhome.de/bytecode/index.html* zeigt den Bytecode einer Klassendatei. Es basiert auf dem Framework ASM (*http://asm.ow2.org/*).

23.5.1 Der Diassembler javap *

Das JDK liefert im *bin*-Verzeichnis der Installation mit *javap* ein Werkzeug aus, das zwar nicht die Implementierung von Methoden hervorzaubert, aber immerhin die statische Struktur einer Klasse mit den Vererbungsbeziehungen, Variablen, Methoden, Parametern anzeigt.

In der einfachsten Variante wird *javap* mit dem Klassennamen aufgerufen. Wir nehmen im Folgenden an, dass *javap* im Suchpfad steht und wir uns auf der Kommandozeile direkt im *bin*-Verzeichnis vom JDK befinden. Wir setzen zuerst den Klassenpfad und geben anschließend als Kommandozeilenargument für *javap* die Klasse `Quadrat` aus dem ersten Kapitel an, die disassembliert werden soll:

```
$ javap -classpath 1_01_Intro Quadrat
Compiled from "Quadrat.java"
public class Quadrat extends java.lang.Object{
    public Quadrat();
    static int quadrat(int);
    static void ausgabe(int);
    public static void main(java.lang.String[]);
}
```

Abzulesen sind auch Dinge, die der Compiler automatisch generiert und die im Bytecode stehen, die wir aber im Allgemeinen nicht schreiben würden, etwa der voll qualifizierte Klassenname `java.lang.Object` oder `java.lang.String`, die Vererbungsbeziehung zu `Object` oder der automatisch angelegte Standard-Konstruktor.

Das Tool *javap* erlaubt noch mehr Parameter, die die Option `-help` anzeigt:

```
$ javap -help
Usage: javap <options> <classes>...

where options include:
   -c                        Disassemble the code
   -classpath <pathlist>     Specify where to find user class files
   -extdirs <dirs>           Override location of installed extensions
   -help                     Print this usage message
   -J<flag>                  Pass <flag> directly to the runtime system
   -l                        Print line number and local variable tables
   -public                   Show only public classes and members
   -protected                Show protected/public classes and members
```

```
-package                    Show package/protected/public classes
                            and members (default)
-private                    Show all classes and members
-s                          Print internal type signatures
-bootclasspath <pathlist> Override location of class files loaded
                            by the bootstrap class loader
-verbose                    Print stack size, number of locals and args for methods
                            If verifying, print reasons for failure
```

[+]

Hinweis

Auch der Java-Compiler kann mit dem Schalter `-Xprint` ähnliche Informationen ausgeben:

```
$ javac.exe -Xprint Quadrat.java
public class Quadrat {
  public Quadrat();
  static int quadrat(int n);
  static void ausgabe(int n);
  public static void main(java.lang.String[] args);
}
```

Java-Bytecode am Beispiel

Interessanter ist der Schalter `-c`, der den Bytecode der Methoden/Konstruktoren/Initialisierer anzeigt. Am Beispiel:

```
$ javap -c -classpath 1_01_Intro Quadrat
Compiled from "Quadrat.java"
public class Quadrat extends java.lang.Object{ …
```

Steigen wir nicht chronologisch ein, sondern bei der statischen Methode `quadrat(int)`. Sie bekommt als Argument ein `int` und liefert es multipliziert mit sich selbst zurück:

```
static int quadrat(int);
  Code:
   0:   iload_0
   1:   iload_0
   2:   imul
   3:   ireturn
```

Die Ausgabe macht die Stack-Natur der JVM sichtbar. Der Übergabeparameter `n` von `quadrat(int n)` steht auf Position 0 im Stack. Um das Quadrat zu bilden, wird der aktuelle Parameter zweimal mit `iload_0` auf den Stapel gelegt und dann mit `imul` multipliziert. `imul` löscht die beiden Werte vom Stapel und ersetzt sie durch das Ergebnis der Multiplikation. `ireturn` liefert den obersten Stack-Wert als `int` zurück. Das Präfix »i« bei `imul` und `ireturn` zeigt, dass die Operationen auf

Ganzzahlen durchgeführt werden. Andere Präfixe sind »b« für byte, »c« für char, »d« für double oder »a« für Objektreferenzen.

Kommen wir zur statischen main-Methode:

```
public static void main(java.lang.String[]);
  Code:
   0:   iconst_4
   1:   invokestatic    #59; //Method ausgabe:(I)V
   4:   return
```

Im Rumpf der main(String[])-Methode steht der Aufruf ausgabe(4), was im Bytecode dazu führt, dass mit iconst_4 der Wert 4 auf den Stack gelegt wird und dann invokestatic die Methode ausgabe(int) aufruft.

Der Standard-Konstruktor von Quadrat ruft lediglich den Standard-Konstruktor der Oberklasse Object auf:

```
public Quadrat();
  Code:
   0:   aload_0
   1:   invokespecial   #8; //Method java/lang/Object."<init>":()V
   4:   return
```

Bei Konstruktoren und Objektmethoden ist automatisch an Position 0 im Stack die this-Referenz gesetzt, da die Aufrufer automatisch an Position 0 diese Referenz übergeben. (Bei statischen Methoden ist das nicht so.) Bei unserem Konstruktor Quadrat() setzt also aload_0 diese this-Referenz auf den Stack, damit der Konstruktor der Oberklasse, also Object aufgerufen werden kann. Konstruktor-Aufrufe werden im Bytecode mit invokespecial durchgeführt. Im Kern ist ein Konstruktor eine Methode mit dem speziellen Namen <init> und der Rückgabe void. Die Angabe #8 ist ein Verweis auf eine interne Tabelle, doch der Java-Kommentar macht den Eintrag für uns lesbar.

Am komplexesten ist die statische Methode ausgabe(int). Im Original sieht sie so aus:

```
String s;
int    i;
for ( i = 1; i <= n; i = i + 1 ) {
  s = "Quadrat(" + i  + ") = " + quadrat(i);
  System.out.println( s );
}
```

Parameter und lokale Variablen werden auf dem Stack gespeichert und haben intern nur Positionen:

Variable	Positionen der Parameter/Variablen
n	0
s	1
i	2

Tabelle 23.4 Variablen im Beispiel und Stack-Positionen

Der erste Ausschnitt ohne Schleifenrumpf sieht so aus:

```
static void ausgabe(int);
  Code:
   0:   iconst_1
   1:   istore_2
   2:   goto    44
   5:   ...
   ...
   41:  iinc    2, 1
   44:  iload_2
   45:  iload_0
   46:  if_icmple       5
   49:  return
```

Unsere for-Schleife beginnt mit 1, und so setzt `iconst_1` den Wert 1 auf den Stack, und `istore_2` speichert den Wert für die Variable `i` auf dem Stack. Da for-Schleifen kopfgesteuerte Schleifen sind, also erst testen, bevor sie den Rumpf durchlaufen, springt `goto` – im Bytecode gibt es diesen Sprungbefehl – über den Schleifenrumpf zum Test. `iload_2` lädt die Variable `i` und vergleicht sie mit `n`, der Parametervariablen auf Position 0 auf dem Stack. Ist `i` < `n`, dann springt `if_icmple` (für engl. *integer compare less equal*) zur Position 5, was den Schleifenrumpf ausführt. In Zeile 41 inkrementiert `iinc 2, 1` die Variable `i` (2 steht hier für den Index der Variablen, denn die Variable `i` steht auf Platz 2 des Stacks), und 1 ist das Inkrement.

Der Rumpf der Schleife besteht aus zwei Teilen: einmal aus dem Zusammenhängen der Strings und einmal aus der Ausgabe auf dem Bildschirm. Zur Konkatenation müssen wir uns zurückerinnern, dass das + bei Strings zu einer Folge von `append(…)`-Aufrufen auf ein `StringBuilder` (vor Java 5 `StringBuffer`) wird:

```
 5:   new       #20; //class java/lang/StringBuilder
 8:   dup
 9:   ldc       #22; //String Quadrat(
11:  invokespecial   #24; //Method java/lang/StringBuilder."<init>":(Ljava/lang/String;)V
14:  iload_2
15:  invokevirtual   #27; //Method java/lang/StringBuilder.append:(I)Ljava/lang/➥
     StringBuilder;
```

```
18: ldc        #31; //String ) =
20: invokevirtual   #33; //Method java/lang/StringBuilder.append:(Ljava/lang/⤶
    String;)Ljava/lang/StringBuilder;
23: iload_2
24: invokestatic    #36; //Method quadrat:(I)I
27: invokevirtual   #27; //Method java/lang/StringBuilder.append:(I)Ljava/lang/⤶
    StringBuilder;
30: invokevirtual   #38; //Method java/lang/StringBuilder.toString:()Ljava/lang/String;
33: astore_1
```

Nach dem Ablauf steht die Referenz auf das String-Objekt auf dem Stack, und `astore_1` überträgt sie auf den Stack an Position 1, der für die String-Variable `s` reserviert war.

Es folgt die Ausgabe auf dem Bildschirm:

```
34: getstatic       #42; //Field java/lang/System.out:Ljava/io/PrintStream;
37: aload_1
38: invokevirtual   #48; //Method java/io/PrintStream.println:(Ljava/lang/String;)V
```

Hier greift `getstatic` auf die statische Variable `System.out` zu und setzt die Referenz auf den aktuellen `PrintStream` auf den Stack. Dann setzt `aload_1` die Referenz vom String `s` auf den Stack, und `invokevirtual` ruft `println(…)` aus.

Dieses Beispiel gibt einen kleinen Einblick in den Bytecode von Java. Weitere Informationen gibt »The Java Virtual Machine Specification« und insbesondere das Kapitel »Compiling for the Java Virtual Machine« unter *http://docs.oracle.com/javase/specs/jvms/se8/html/jvms-3.html*. Normale Programmierer müssen Bytecode nicht lesen und schreiben können, aber das Wissen ist nützlich und auch nötig, wenn Bytecode selbst erstellt werden soll.

Interna

Wichtig zu wissen ist, dass das Programm im Bytecode keine strikte Ablaufanweisung für die JVM ist. Java-Bytecode ist nur das »Transportformat«, in dem Programmcode zur JVM gelangt. Die JVM wiederum liest den Bytecode ein und transformiert ihn in hochoptimierten Maschinencode. Eine Interpretation gibt es zwar noch am Anfang der Ausführung, aber nach ein paar Durchläufen beginnt *HotSpot* mit der Übersetzung in Maschinencode, und da fallen diverse Operationen aus dem Bytecode heraus.

23.5.2 Decompiler

Der Java-Compiler erzeugt aus der Quellcodedatei eine Klassendatei, und der Decompiler dreht die Arbeitsweise um. Decompiler sind Werkzeuge zum *Reverse Engineering*, bei dem es darum geht, aus einer fertigen Software, die nur etwa in Form von JAR-Dateien vorliegt, die Java-Quellen und Ressourcen zurückzugewinnen. Decompiler gibt es für die verschiedenen Programmiersprachen, und Java gehört zu den Sprachen, bei denen die Zurückübersetzung einfacher ist als bei optimierten Maschinenprogrammen, die zum Beispiel ein C++-Compiler erzeugt. Der Grund ist, dass im Bytecode viele wertvolle Informationen enthalten sind, die im herkömmlichen Maschinencode nicht auftauchen. Darunter sind etwa Typinformationen oder Hinweise, ob ein Methodenaufruf virtuell ist oder nicht. Sie sind für die Java-Laufzeitumgebung wichtig und eine große Hilfe, wenn es darum geht, mit einem Decompiler verlorenen Quellcode wiederzubeleben oder an fehlende Informationen aus Paketen von Fremdherstellern zu gelangen.

Ein Decompiler liest die Klassendatei ein und beginnt mit der Analyse. Da der Bytecode gut dokumentiert ist, ist das Extrahieren von Variablen- oder Methodennamen einfach. Aus dem Java-Bytecode für eine Methode baut ein Decompiler einen Kontrollfluss-Graphen auf und versucht, Anweisungen und Ausdrücke zu erkennen, die bei der Übersetzung bestimmter Sprachkonstrukte entstanden sein müssten. Das ist eine nicht triviale Aufgabe und immer noch Gegenstand einiger Diplomarbeiten. Und da Variablennamen durch einen Obfuscator eventuell ungültig gemacht worden sind, muss ein guter Decompiler diese illegalen Bezeichnernamen korrigieren und weitere Trickserein des Obfuscators rückgängig machen. Diese Umbenennung ändert den Algorithmus nicht, und ein Decompiler hat es bei dieser Art von Verschleierung einfach.

Ist das legal?

Wenn wir einen Decompiler auf fremden Programmcode loslassen, kann das ein rechtliches Problem darstellen. Das Reverse Engineering von vollständigen, unter Urheberschutz stehenden Anwendungen muss nicht unbedingt ein juristisches Nachspiel haben. Vielmehr beginnt die Straftat, wenn dieser zurückgewonnene Quelltext verändert und als Eigenleistung verkauft wird.

Da mittlerweile auch andere Compiler auf dem Markt sind, die Java-Bytecode erzeugen – etwa aus EIFFEL-Programmen oder aus diversen LISP-Dialekten –, ist über den Umweg Compiler/Klassendatei/Decompiler ein Crosscompiling denkbar. Hier sind jedoch einige Einschränkungen bezüglich der auf dem Markt befindlichen Decompiler erkennbar. Denn fremde Compiler, die Java-Bytecode erstellen, haben andere Techniken, die der Decompiler dann nicht immer passend übersetzen kann.

Java Decompiler Project (JD) und Alternativen

Das Angebot an leistungsstarken Decompilatoren ist sehr übersichtlich. Das beste Tool (aber auch nicht ganz fehlerfrei) ist zurzeit *JD* (*http://jd.benow.ca/*). Das frei verfügbare – aber nicht quelloffene – Programm ist als Bibliothek *JD-Core*, als alleinstehende grafische Anwendung *JD-GUI* und Eclipse-Plugin[3] *JD-Eclipse* verfügbar. JD selbst ist in C++ geschrieben und benötigt daher keine JVM. JD verarbeitet den Bytecode verschiedener Compiler, wobei die Ausgaben der Standard-Compiler vom JDK 1.1 bis JDK 7 selbstverständlich mit in der Liste sind, genauso wie vom Eclipse-Compiler. (Die Unterscheidung ist nicht ganz uninteressant, da die Compiler sich in machen Details in der Bytecode-Abbildung doch unterscheiden.) JD-GUI ist für die Plattformen Windows, Linux und Mac unter *http://jd.benow.ca/#jd-gui-download* verfügbar und bietet ne-

3 Für *NetBeans* und *IntelliJ IDEA* gibt es Initiativen von anderer Seite.

ben dem Decompilieren einzelner Java-Klassen und ganzer Java-Archive eine angenehme Quellcodedarstellung mit farblicher Unterlegung und Drag & Drop.

Sehr lange war ein anderer Decompiler namens *Jad* die Referenz. Doch nur von 1997 bis 2001 hat Pavel Kouznetsov das Kommandozeilenprogramm in C++ entwickelt, und dann hat er 2009 seine Webseite vom Netz genommen. Eine Privatperson hat jedoch die Webseite gespiegelt, und unter *http://www.varaneckas.com/jad* lebt das Projekt (auf unbestimmte Zeit) weiter. Wer Projekte bis Java 1.4 decompilieren möchte, ist mit dem Tool sehr gut bedient. Für neuere Projekte hilft *JadRetro* (*http://jadretro.sourceforge.net/*) noch ein wenig nach, indem es Java 5-Bytecode auf Java 1.4 anpasst und kleine Änderungen im Bytecode durchführt. *FrontEnd Plus* ist eine grafische Oberfläche für Jad, doch auch sie ist aus dem Internet verschwunden, seitdem es Jad nicht mehr offiziell gibt.

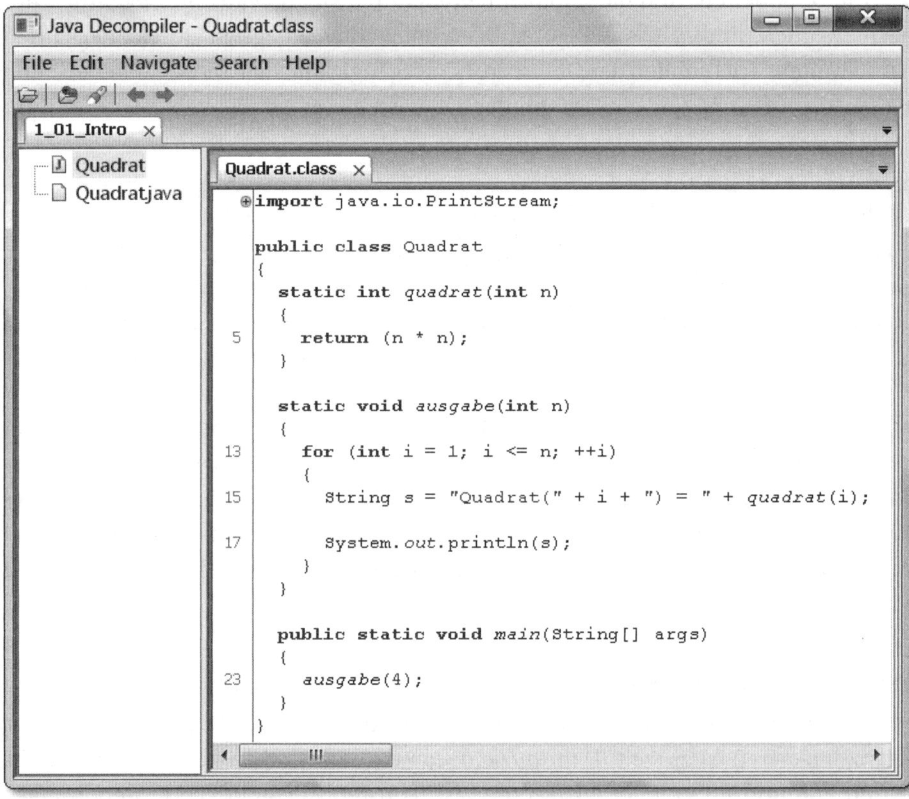

Abbildung 23.7 Decompilation der Quadrat-Klasse mit JD-GUI

23.5.3 Obfuscatoren

Die Existenz eines Disassemblers wie *javap* und eines Decompilers wie *JD* verunsichert Hersteller, da diese in der Regel nicht möchten, dass ihr Quellcode untersucht wird und vielleicht neu zusammengesetzt den Weg zurück in den Markt findet. Ein *Obfuscator* ist ein Werkzeug, das diverse Transformationen am Bytecode vornimmt, um eine einfache Zurückverwandlung zu verhindern. Es bieten sich eine Reihe von Versteck-Aktionen an:

- das Löschen von Debug-Informationen
- das Umbenennen aller Bezeichner für Pakete, Klassen, Methoden und Variablen. Klassen heißen dann zum Beispiel `C1`, `C2`, ... und Methoden `m1`, `m2`, ...
- das Benennen von Bezeichnern mit Java-Schlüsselwörtern oder nicht in Java erlaubten Zeichenfolgen
- das Verlegen von Anweisungen oder Anweisungsfolgen in Methoden (also die Umkehroperation zum Methoden-Inline)
- das Berechnen von Konstanten, sodass etwa `1` in `println(1);` dynamisch durch `int abcde = 2; println(abcde-1);` berechnet wird
- das Einführen leerer Anweisungen, die zur Laufzeit wegoptimiert werden, aber den Bytecode füllen, etwa `if ( 1 != 1) { int a = 123334; }`
- das dynamische Entschlüsseln von Strings, sodass etwa aus `println("google")` ein `println($("tokepa"))` wird; die Methode `$(String)` entschlüsselt »tokepa« zurück zu »google«.
- das Umsortieren oder das Einfügen unsinniger Bytecode-Folgen, sodass sie nicht mehr dem Muster entsprechen, die ein Java-Compiler erzeugt, und auch nicht so einfach vom Decompiler wiedererkannt werden.[4]

Effektivität

Ein Obfuscator verhindert das einfache Zurückverwandeln in Java-Quellcode, kann aber niemals verhindern, dass *javap* den Bytecode offenbart. Ein Obfuscator kann somit nur Dinge möglichst unleserlich machen, aber wirklich geschützt ist das Programm nicht. Dennoch lohnt sich der Einsatz eines Obfuscators, denn er schreckt ab und verdirbt die Lust am Schnüffeln, denn Klassennamen von `C1` bis `C3484` mit Methoden von `m1` bis `m12743` verraten erst einmal überhaupt nichts. Noch besserer Schutz ist nur mit einem eigenen Klassenlader zu erreichen, der verschlüsselten Bytecode einliest. Hier muss dann die JVM gepatcht werden, um an diese Klassendateien zu kommen. Wirklich unmöglich ist das allerdings auch nicht.

Das Obfuscator-Programm ProGuard

ProGuard (*http://proguard.sourceforge.net/*) ist ein Open-Source-Projekt unter der GPL-Lizenz,[5] das Java-Klassen und JAR-Archive verschleiert. Neben der Verschleierung hat es den Nebeneffekt, dass die Klassendateien kleiner werden, was insbesondere für Applets und Midlets (mobile Anwendungen) interessant ist; auch für Android ist es standardmäßig Teil des Android Build-

4 Ideen beschreibt das Paper »Protection Methods of Java Bytecode« unter *http://tutego.de/go/bytecodeprotection*.

5 Obwohl ProGuard selbst unter der GPL steht, darf die Software auch auf Software angewendet werden, die nicht unter der GPL steht.

Systems. Die Software lässt sich über eine Swing-Oberfläche oder über die Kommandozeile bedienen oder aber auch über ein Ant-Skript steuern. Die Webseite nennt ein Beispiel, das alle Typen bis auf Applets eines Java-Archivs berücksichtigt. Auf der Kommandozeile ist Folgendes anzugeben:

```
$ java -jar proguard.jar -injars in.jar -outjars out.jar ⤸
-libraryjars $JAVA_HOME/lib/rt.jarkeep public class * extends java.applet.Applet
```

Einige Dinge dürfen nicht umbenannt werden, sodass sie von ProGuard ausgenommen werden müssen. Das betrifft etwa bestimmte Klassen, die dynamisch geladen werden, wie Plugins, wo es auf den genauen Paket- und Klassennamen ankommt.

23.6 Weitere Dienstprogramme

23.6.1 Sourcecode Beautifier

Ein Quellcode-Verschönerer hat die Aufgabe, Quellcode unter Beibehaltung der logischen Struktur lesbarer und somit wartungsfreundlicher zu machen. Die Möglichkeiten, die ein Beautifier anbietet, sind beispielsweise:

- intelligente Einrückung des Quellcodes mit Tabulatoren oder Leerzeichen und Absatzende-Zeichen
- konsistentes Behandeln der geschweiften Klammern. Unterschiedliche Schulen propagieren sehr unterschiedliche Auffassungen darüber, wo die geschweiften Klammern im Quelltext stehen sollen.
- das Formatieren der Kommentare in einem einheitlichen Format
- automatisches Generieren der Javadoc-Anweisungen. Was aus dem Quelltext hervorgeht, lässt sich automatisch in einen Dokumentationskommentar übersetzen.
- Einfügen von Kopf- und Fußzeilen-Vorlagen (Templates)
- Verarbeitungen im Batch-Prozess
- Einige Produkte bieten eine offene API an, um als Bibliothek von eigenen Programmen genutzt zu werden. Das ist für Programme nützlich, die Java-Quellcode generieren, wie Parser-Generatoren, oder die aus UML Java-Programme erzeugen. Die Software kann dann entlastet werden und muss sich nicht um die Einrückung des erzeugten Quellcodes kümmern.

Einige Programme schicken sich nun an, diese Anforderungen zu erfüllen. Zunächst ist der *Formatierer* in Eclipse zu nennen. Er ist auf vielfältige Art konfigurierbar, und in einem Team sollte ein Formatstil ausgemacht und genutzt werden. Weil die Regeln in XML exportiert werden können, sind sie leicht zu verteilen.

Das Tastenkürzel Strg + ⇧ + F formatiert das gesamte Dokument. Ist ein Abschnitt markiert, so formatiert Eclipse nur diesen.

In NetBeans formatiert Alt + ⇧ + F die Kompilationseinheit.

Jindent unter *http://www.jindent.com/* ist ein kommerzielles Produkt, das es aber auch in einer freien Variante gibt. Das Produkt ist sehr professionell und erlaubt eine sehr feine Einstellung der Ausgabe über Konfigurationsdateien. Daneben kann das Programm auch den Quellcode für Webseiten oder Präsentationen aufbereiten.

23.6.2 Java-Programme als Systemdienst ausführen

Um beim Systemstart gleich Programme auszuführen, lässt sich unter Windows und Unix ein so genannter *Service* (Dienst) einrichten. Damit kann das Betriebssystem Programme – wie einen Tomcat-Server – im Hintergrund laufen lassen, ohne dass ein Benutzer angemeldet sein muss.

Die Standardinstallation enthält keine Möglichkeit, um Java-Programme als Dienst zu starten und zu stoppen. Abhilfe schafft der *YAJSW* (*http://yajsw.sourceforge.net/*), ein Open-Source-Projekt unter der LGPL-Lizenz, das Dienste unter Windows, vielen Unix-Systemen sowie Mac OS X einrichtet. Die sehr ausführliche Dokumentation ist aktuell und lässt keine Fragen offen.

23.7 Zum Weiterlesen

Programmieren mit Java reicht für ein Projekt nicht aus! Um diese Programmiersprache ist eine ganze Sammlung von Tools entstanden, die ein Softwareentwickler beherrschen muss. Das sind neben Compilern und Optimierungsschaltern für die Laufzeitumgebung Build-Tools wie *Ant* und *Maven* (*http://maven.apache.org/*), aber auch Tools zum Bug-Tracking und zur Versionskontrolle.

Dass es außer *JD* (und dem älteren JAD) keinen ernsthaften Decompiler gibt, ist schade. Selbst das jüngere System .NET weist schon eine viel größere Anzahl an Treffern beim Such-String ».NET decompiler« auf als »java decompiler«. Dennoch ist der Hintergrund spannend, und *http://itee.uq.edu.au/~csmweb/decompilation/halstead.htm* erzählt ein bisschen davon.

Oracles HotSpot JVM ist extrem leistungsfähig und performant. Mit unterschiedlichen Werkzeugen (einige davon in diesem Kapitel vorgestellt) lässt sich an die JVM andocken und Leistungsdaten abfragen. Nachdem Oracle die einzige ernsthafte JVM-Alternative JRocket von BEA aufgekauft hat, schmolzen die Laufzeitumgebungen und Werkzeuge zusammen. So floss von JRockit der *Java Flight Recorder* ein, der Interna aufzeichnet, und mit ihm das neue Werkzeug *Java Mission Control* zum Auswerten dieser Daten; amüsanterweise ist das eine Applikation auf Basis von Eclipse RCP (und kann daher auch als Eclipse-Plugin installiert werden). Weitere Informationen gibt die Oracle-Webseite *http://www.oracle.com/technetwork/java/javaseproducts/mission-control/java-mission-control-1998576.html* und direkt zum Eclipse-Plugin unter *http://download.oracle.com/technology/products/missioncontrol/updatesites/base/5.2.0/eclipse/*.

Index

A

B

C

D

E

F

G

H

I

J

K

L

M

N

O

P

Q

R

S

T

U

V

W

X

Y

Z